ALGORITMOS
— TEORIA E PRÁTICA —

CB020748

O GEN | Grupo Editorial Nacional – maior plataforma editorial brasileira no segmento científico, técnico e profissional – publica conteúdos nas áreas de ciências exatas, humanas, jurídicas, da saúde e sociais aplicadas, além de prover serviços direcionados à educação continuada e à preparação para concursos.

As editoras que integram o GEN, das mais respeitadas no mercado editorial, construíram catálogos inigualáveis, com obras decisivas para a formação acadêmica e o aperfeiçoamento de várias gerações de profissionais e estudantes, tendo se tornado sinônimo de qualidade e seriedade.

A missão do GEN e dos núcleos de conteúdo que o compõem é prover a melhor informação científica e distribuí-la de maneira flexível e conveniente, a preços justos, gerando benefícios e servindo a autores, docentes, livreiros, funcionários, colaboradores e acionistas.

Nosso comportamento ético incondicional e nossa responsabilidade social e ambiental são reforçados pela natureza educacional de nossa atividade e dão sustentabilidade ao crescimento contínuo e à rentabilidade do grupo.

ALGORITMOS
— TEORIA E PRÁTICA —

Thomas H. Cormen

Charles E. Leiserson

Ronald L. Rivest

Clifford Stein

Revisão Técnica

João Araujo Ribeiro

Professor Universitário. Graduado em Engenharia Eletrônica pela Universidade Federal do Rio de Janeiro (UFRJ). Mestre em Engenharia Elétrica pelo Instituto Alberto Luiz Coimbra de Pós-Graduação e Pesquisa de Engenharia (COPPE/UFRJ). Doutor em Engenharia de Computação pela Université de Versailles Saint-Quentin-en-Yvelines, França. Pós-doutorado pela École Nationale des Sciences Géographiques (ENSG), França. Professor Associado da Universidade do Estado do Rio de Janeiro (UERJ).

Tradução

Daniel Vieira

4ª edição

- Traduzido de
INTRODUCTION TO ALGORITHMS, FOURTH EDITION
Copyright © 2022 Massachusetts Institute of Technology
All rights reserved.
ISBN: 978-0-262-04630-5

- Direitos exclusivos para a língua portuguesa
Copyright © 2024 by
GEN | Grupo Editorial Nacional S.A.
Publicado pelo selo LTC | Livros Técnicos e Científicos Editora Ltda.
Travessa do Ouvidor, 11
Rio de Janeiro – RJ – CEP 20040-040
www.grupogen.com.br

- Capa: Leonidas Leite

- Imagem da capa: ©Tetiana Lazunova (iStock)

- Editoração eletrônica: Iodesign

- Ficha catalográfica

CIP-BRASIL. CATALOGAÇÃO NA PUBLICAÇÃO
SINDICATO NACIONAL DOS EDITORES DE LIVROS, RJ

A385
4. ed.
Algoritmos : teoria e prática / Thomas H. Cormen ... [et al.] ; revisão técnica João Araujo Ribeiro ; tradução Daniel Vieira. - 4. ed. - Rio de Janeiro : LTC, 2024.
 il.

Tradução de: Introduction to algorithms
Apêndice
Inclui bibliografia e índice
ISBN 978-85-9515-990-7

1. Algoritmos. 2. Programação (Computadores). 3. Estruturas de dados (Computação). I. Cormen, Thomas H. II. Ribeiro, João Araujo. III. Vieira, Daniel.

23-85780

CDD: 005.1
CDU: 004.421

Meri Gleice Rodrigues de Souza - Bibliotecária - CRB-7/6439

abdr
ASSOCIAÇÃO
BRASILEIRA
DE DIREITOS
REPROGRÁFICOS

Respeite o direito autoral

Sumário

Prefácio

Até pouco tempo atrás, qualquer pessoa que tivesse ouvido a palavra "algoritmo" quase certamente era um cientista da computação ou um matemático. Porém, com a prevalência dos computadores em nossas vidas modernas, o termo não é mais tão esotérico. Se você olhar dentro de sua casa, encontrará algoritmos em funcionamento nos lugares mais banais: seu micro-ondas, sua máquina de lavar e, é claro, seu computador. Você pede aos algoritmos que lhe façam recomendações: que música você gostaria de ouvir ou que rota seguir ao dirigir. Nossa sociedade, por bem ou por mal, solicita aos algoritmos que sugiram sentenças para criminosos condenados. Os algoritmos são utilizados até mesmo para manter você vivo ou, pelo menos, para que não morra: nos sistemas de controle do seu carro ou nos equipamentos médicos.[1] Aparentemente, a palavra "algoritmo" aparece em algum lugar nos noticiários todos os dias.

Portanto, cabe a você entender os algoritmos não apenas como estudante ou profissional de ciência da computação, mas como cidadão do mundo. Quando isso acontece, você pode ensinar aos outros o que são os algoritmos, como são os algoritmos operados e quais são suas limitações.

Este livro oferece uma introdução abrangente ao moderno estudo de algoritmos para computadores. Apresenta muitos algoritmos e os examina com considerável profundidade, embora torne seu projeto acessível a leitores de todos os níveis. Todas as análises são apresentadas, algumas simples, outras mais complexas. Tentamos manter as explicações claras, sem sacrificar a profundidade do enfoque ou o rigor matemático.

Cada capítulo apresenta um algoritmo, uma técnica de projeto, uma área de aplicação ou um tópico relacionado. Os algoritmos são descritos em linguagem comum e em pseudocódigo projetado para ser fácil de ler por qualquer pessoa que tenha estudado um pouco de programação. O livro contém 231 figuras — muitas com diversas partes — que ilustram como os algoritmos funcionam. Visto que enfatizamos a *eficiência* como critério de projeto, incluímos análises cuidadosas dos tempos de execução dos algoritmos.

O texto foi planejado principalmente para uso em cursos de graduação e pós-graduação em algoritmos ou estruturas de dados. Como discute questões de engenharia relacionadas com o projeto de algoritmos, bem como aspectos matemáticos, é igualmente adequado para profissionais técnicos autodidatas.

Nesta quarta edição, mais uma vez atualizamos o livro inteiro. As mudanças abrangem um amplo espectro, incluindo novos capítulos e seções, diversas ilustrações e, como acreditamos que você irá notar, um estilo de redação mais atraente.

Ao professor

Este livro foi projetado para ser ao mesmo tempo versátil e completo. Você descobrirá sua utilidade para uma variedade de cursos, desde graduação em estruturas de dados até pós-graduação em algoritmos. Como oferecemos uma quantidade consideravelmente maior de conteúdo do que poderia ser abordado em um curso típico de um período, é possível selecionar o material que atender melhor ao curso que deseja ministrar.

Você verá que é fácil organizar seu curso usando apenas os capítulos de que precisar, pois eles são relativamente autônomos, de modo que você não precisa se preocupar com uma dependência inesperada e desnecessária de um capítulo com relação a outro. Embora em cursos de graduação seja possível destacar somente algumas seções de um capítulo, em cursos de pós-graduação, o capítulo inteiro pode ser utilizado.

---

[1] Para compreender muitas das maneiras como os algoritmos influenciam nossa vida cotidiana, consulte o livro de Fry [162].

Incluímos 931 exercícios e 162 problemas. Cada seção termina com exercícios, e cada capítulo com problemas. Em geral, os exercícios são perguntas curtas que testam o domínio básico do assunto. Alguns são exercícios simples de autoavaliação, enquanto outros são mais substanciais e apropriados para o aluno resolver com mais tempo em casa. Os problemas incluem estudos de casos mais elaborados que, muitas vezes, apresentam novo conteúdo. Frequentemente, consistem em várias partes que conduzem o aluno por etapas específicas para chegar a uma solução.

Assim como na terceira edição, publicamos soluções para alguns problemas e exercícios, que estão disponíveis no *site* da publicação original do livro (conteúdo em inglês): https://mitp-content-server.mit.edu/books/content/sectbyfn/books_pres_0/11599/selected-solutions.pdf. Seria interessante você visitar o *site* para confirmar se há solução para um exercício ou problema que planeja apresentar a seus alunos. Como o conjunto de soluções que postamos pode aumentar com o tempo, recomendamos que você consulte o *site* toda vez que ministrar o curso.

Assinalamos com estrelas (★) as seções e os exercícios mais adequados para alunos de pós-graduação do que de graduação. Uma seção marcada com estrela não é necessariamente mais difícil que outra não sinalizada, mas pode exigir o entendimento de matemática mais avançada. De modo semelhante, exercícios assinalados por estrelas podem exigir um conhecimento mais avançado ou criatividade acima da média.

Ao estudante

Esperamos que este livro proporcione uma introdução agradável à área de algoritmos; tentamos tornar cada algoritmo acessível e interessante. Para ajudá-lo quando encontrar algoritmos pouco familiares ou difíceis, descrevemos cada um deles etapa por etapa. Também apresentamos explicações cuidadosas dos fundamentos matemáticos necessários para entender a análise dos algoritmos, assim como figuras de apoio para ajudar na compreensão no texto.

Este é um livro extenso, e sua turma provavelmente examinará apenas uma parte de seu conteúdo. Embora esperemos que esta obra seja útil para você como livro didático, também tentamos torná-la abrangente o suficiente para merecer um espaço em sua futura estante de referência profissional.

Quais são os pré-requisitos para a leitura deste livro?

- Você deve ter alguma experiência em programação. Especificamente, deve entender procedimentos recursivos e estruturas de dados simples como vetores (*arrays*) e listas encadeadas (embora a Seção 10.2 aborde as listas encadeadas e uma variante que poderá ser novidade para você).
- Você deve ter alguma facilidade com demonstrações matemáticas, sobretudo por indução matemática. Algumas partes dependem de algum conhecimento de cálculo elementar. Embora este livro use matemática em todo o conteúdo, a Parte I e os Apêndices A–D ensinam todas as técnicas matemáticas necessárias.

O *site* da publicação original do livro, https://mitp-content-server.mit.edu/books/content/sectbyfn/books_pres_0/11599/selected-solutions.pdf, apresenta soluções de alguns problemas e exercícios. Você pode comparar suas respostas com as nossas. No entanto, pedimos que não nos envie suas soluções.

Ao profissional

A ampla variedade de tópicos neste livro faz dele um excelente manual sobre algoritmos. Como cada capítulo é relativamente independente, você pode se concentrar nos tópicos que mais lhe interessam.

A maioria dos algoritmos que discutimos tem grande utilidade prática. Portanto, abordamos questões de implementação e outras de engenharia. Muitas vezes, fornecemos alternativas práticas para os poucos algoritmos cujo interesse é primordialmente teórico.

Se desejar implementar qualquer um dos algoritmos, verá que a tradução do nosso pseudocódigo para a sua linguagem de programação favorita é uma tarefa razoavelmente direta. Projetamos o pseudocódigo para apresentar cada algoritmo de forma clara e sucinta. Consequentemente, não abordamos tratamento de erros e outras questões de engenharia de *software* que exigem características específicas do seu ambiente de programação. Tentamos apresentar cada algoritmo de modo simples e direto sem permitir que as particularidades de determinada linguagem de programação obscureçam sua essência. Se você estiver acostumado com vetores com origem em 0, poderá ver nossa prática frequente de indexar os vetores a partir de 1 como um pequeno transtorno. Sempre é possível subtrair 1 de nossos índices ou simplesmente alocar mais espaço no vetor e deixar a posição 0 sem uso.

Compreendemos que, se você estiver usando este livro por conta própria, sem seguir um curso, pode ser que não consiga ter acesso às soluções de problemas e exercícios fornecidos por um instrutor. No *site*, https://mitp-content-server.mit.edu/books/content/sectbyfn/books_pres_0/11599/selected-solutions.pdf, há soluções para alguns problemas e exercícios para que você possa validar suas respostas. Por favor, não nos envie suas soluções.

Aos nossos colegas

Apresentamos indicações e uma extensa bibliografia para a literatura atual. Cada capítulo termina com um conjunto de notas do capítulo que apresentam detalhes e referências históricas. Contudo, as notas dos capítulos não oferecem uma referência completa para toda a área de algoritmos. Embora talvez seja difícil de acreditar, dado o tamanho deste livro, restrições de espaço nos impediram de incluir muitos algoritmos interessantes.

Apesar dos inúmeros pedidos dos alunos, preferimos manter a nossa política de não apresentar referências para as soluções de problemas e exercícios, para evitar que eles cedam à tentação de consultar uma solução fornecida em vez de desenvolvê-la.

Mudanças na quarta edição

Como dissemos sobre as mudanças entre a segunda e a terceira edição, dependendo do ponto de vista de cada leitor, a mudança pode não ser muito grande ou pode ser bem extensa. Um rápido exame do sumário mostra que a maior parte dos capítulos e das seções da terceira edição aparece na quarta edição. Eliminamos três capítulos e diversas seções, mas acrescentamos três novos capítulos e diversas seções inéditas.

Mantivemos a organização híbrida das três primeiras edições. Em vez de organizar os capítulos apenas por domínios de problemas ou somente de acordo com técnicas, este livro tem elementos de ambos. Há capítulos baseados em técnicas de divisão e conquista, programação dinâmica, algoritmos gulosos, análise amortizada, estruturas de dados aumentadas, NP-completo e algoritmos de aproximação bem como há partes inteiras dedicadas à ordenação, estruturas de dados para conjuntos dinâmicos e algoritmos para problemas de grafos. Entendemos que, embora você precise saber como aplicar técnicas para projetar e analisar algoritmos, os problemas raramente informam de antemão quais técnicas são as mais adequadas para resolvê-los.

Algumas das mudanças na quarta edição se aplicam ao livro inteiro, outras são específicas a determinados capítulos ou seções. Veja, a seguir, um resumo das mudanças gerais mais significativas:

- Acrescentamos 140 novos exercícios e 22 novos problemas. Também aprimoramos muitos exercícios e problemas antigos, quase sempre como resultado do *feedback* de leitores. (Agradecemos a todos os leitores que enviaram sugestões.)
- Os procedimentos em pseudocódigo apresentam fundo sombreado, para que sejam localizados mais facilmente, e não necessariamente aparecem na página de sua primeira referência. Quando isso acontece, o texto direciona para o local correto. Da mesma forma, as referências não locais a equações numeradas, teoremas, normas e corolários incluem o número do capítulo ou o da seção ou o do apêndice.
- Removemos os tópicos que raramente eram ministrados, bem como os capítulos sobre *heaps* de Fibonacci, árvores de van Emde Boas e geometria computacional. Além disso, todo o conteúdo a seguir foi excluído: problema do subvetor máximo; implementação de ponteiros e objetos; *hashing* perfeito; árvores de busca binária construídas aleatoriamente; matroides; algoritmos *push-relabel* para fluxo máximo; método iterativo da transformada rápida de Fourier; detalhes do algoritmo simplex para programação linear e fatoração de inteiros. Todo o conteúdo removido pode ser encontrado no *site* da publicação original do livro (conteúdo em inglês), em http://mitpress.mit.edu/algorithms/.
- As notas de capítulo, as referências bibliográficas e o índice alfabético foram atualizados, refletindo o enorme crescimento do campo de algoritmos desde a terceira edição.
- Corrigimos os erros, postando a maior parte das correções no *site* da terceira edição. Aqueles que foram relatados enquanto estávamos finalizando esta edição não foram postados, mas corrigidos nesta edição. (Agradecemos novamente a todos os leitores que nos ajudaram a identificar problemas.)

As mudanças específicas para a quarta edição estão detalhadas a seguir:

- Renomeamos o Capítulo 3 e acrescentamos uma seção com visão geral da notação assintótica antes de nos aprofundarmos nas definições formais.
- O Capítulo 4 passou por mudanças substanciais para melhorar sua base matemática e ficar mais robusto e intuitivo. Foi introduzida a noção de recorrência algorítmica, e o tópico de ignorar os pisos e tetos nas recorrências foi tratado de forma mais rigorosa. O segundo caso do teorema mestre incorpora fatores polilogarítmicos e agora fornecemos uma prova rigorosa de uma versão "contínua" do teorema mestre. Também apresentamos o poderoso e genérico método de Akra-Bazzi (sem prova).
- No Capítulo 9, o algoritmo determinístico de estatísticas de ordem está ligeiramente diferente, e as análises dos algoritmos estatísticos de ordem randomizada e determinísticos foram modificadas.
- Além das pilhas e filas, a Seção 10.1 discute as maneiras de armazenar vetores e matrizes.
- O Capítulo 11, sobre tabelas de espalhamento (*hash*), inclui um tratamento moderno das funções *hash*. Ele também enfatiza a sondagem linear como método eficiente para resolver as colisões quando o *hardware* subjacente implementa o *caching* para favorecer as buscas locais.
- Para substituirmos as seções sobre matroides, no Capítulo 15, convertemos um problema da terceira edição, sobre o *caching off-line,* para uma seção inteira.
- A Seção 16.4 agora contém uma explicação mais intuitiva sobre funções em potencial para analisar a duplicação e a divisão de tabela ao meio.
- O Capítulo 17, sobre expansão de estruturas de dados, foi transferido da Parte III para a Parte V, refletindo nossa visão de que essa técnica deve ficar fora do conteúdo básico.
- O Capítulo 25 sobre correspondências em grafos bipartidos é inédito. Ele apresenta algoritmos para encontrar uma correspondência de máxima cardinalidade, para resolver o problema do casamento estável e para determinar uma correspondência com peso máximo (conhecido como o "problema da atribuição").
- O Capítulo 26, sobre computação paralela de tarefas, foi atualizado com terminologia moderna, incluindo o nome do capítulo.
- O Capítulo 27, que aborda os algoritmos *on-line*, também é novo. Em um algoritmo *on-line*, a entrada chega com o tempo, em vez de estar inteiramente disponível no início do algoritmo. O capítulo descreve diversos exemplos de algoritmos *on-line*, incluindo a determinação de quanto tempo esperar por um elevador antes de decidir subir pelas escadas, mantendo uma lista encadeada por meio da heurística de mover para frente e avaliando políticas de substituição para *caches*.
- No Capítulo 29, removemos a apresentação detalhada do algoritmo simplex, pois utilizava muita matemática avançada sem realmente transmitir tantas ideias algorítmicas. O capítulo agora enfatiza o aspecto-chave de como modelar problemas como programas lineares, com a propriedade essencial da dualidade da programação linear.
- A Seção 32.5 acrescenta ao capítulo sobre correspondência de *strings* a estrutura dos vetores de sufixo que, embora simples, é poderosa.
- O Capítulo 33, sobre aprendizado de máquina, é o terceiro capítulo novo. Ele introduz diversos métodos básicos usados no aprendizado de máquina: agrupamento de itens semelhantes, algoritmos de maioria ponderada e descida de gradiente para encontrar o minimizador de uma função.
- A Seção 34.5.6 resume as estratégias para reduções de tempo polinomial a fim de mostrar que os problemas são NP-difíceis.
- A prova do algoritmo de aproximação para o problema de cobertura de conjuntos da Seção 35.3 foi revisada.

Site

Você poderá acessar o *site* da publicação original do livro (conteúdo em inglês) em http://mitpress.mit.edu/algorithms/ para obter informações suplementares e se comunicar conosco. A página contém *links* para lista de erros conhecidos, material da terceira edição que não está incluído nesta, soluções para exercícios e problemas selecionados, implementações em Python de muitos dos algoritmos do livro, lista explicando as piadas cafonas do professor (é claro), além de conteúdos extras que poderemos incluir. O *site* também explica como relatar erros ou fazer sugestões.

Agradecimentos para a quarta edição

Estamos trabalhando com a MIT Press desde que começamos a escrever a primeira edição em 1987, colaborando com diversos diretores, editores e equipe de produção. Ao longo da nossa associação com a MIT Press, seu suporte sempre foi maravilhoso. Agradecemos especialmente às nossas editoras: Marie Lee, que nos aguentou por tanto tempo, e Elizabeth Swayze, que nos acompanhou até a linha de chegada. Agradecemos também à diretora Amy Brande e a Alex Hoopes.

Assim como na terceira edição, estávamos em lugares diferentes enquanto produzíamos a quarta edição, trabalhando no Dartmouth College Department of Computer Science e no MIT Computer Science and Artificial Intelligence Laboratory, no MIT Department of Electrical Engineering and Computer Science e no Columbia University Department of Industrial Engineering and Operations Research, Department of Computer Science e Data Science Institute. Durante a pandemia da covid-19, trabalhamos principalmente de casa. Agradecemos a nossas respectivas universidades e colegas por proporcionarem ambientes de suporte tão estimulantes. Com a conclusão deste livro, aqueles que não se aposentaram estão ansiosos para retornar às respectivas universidades, agora que a pandemia parece ter se afastado.

Mais uma vez, Julie Sussman, P.P.A., nos salvou como revisora técnica sob uma tremenda pressão de prazo. Se não fosse por Julie, este livro estaria repleto de erros (ou então muito mais erros do que ele possui) e seria muito menos legível. Julie, sempre estaremos em dívida com você. Os erros que permanecem são de responsabilidade dos autores (e provavelmente foram inseridos depois que Julie leu o material).

Dezenas de erros das edições anteriores foram corrigidos no processo de desenvolvimento desta edição. Agradecemos aos nossos leitores — são muitos para listar todos eles — que sinalizaram e sugeriram melhorias durante alguns anos.

Recebemos considerável ajuda na preparação de parte do conteúdo novo desta edição. Neville Campbell (não afiliado), Bill Kuszmaul do MIT e Chee Yap da NYU ofereceram valiosos conselhos com relação ao tratamento de recorrências, no Capítulo 4. Yan Gu, da University of California, Riverside, ofereceu *feedback* sobre algoritmos paralelos, no Capítulo 26. Rob Shapire, da Microsoft Research, alterou nossa abordagem acerca do conteúdo sobre aprendizado de máquina no Capítulo 33. Qi Qi do MIT ajudou com a análise do problema de Monty Hall (Problema C.1).

Molly Seaman e Mary Reilly, da MIT Press, ajudaram-nos a selecionar a paleta de cores nas ilustrações, e Wojciech Jarosz, do Dartmouth College, sugeriu melhorias de projeto para nossa figuras recém-coloridas. Yichen (Annie) Ke e Linda Xiao, que desde então se formaram em Dartmouth, ajudaram a colorir as ilustrações, e Linda também produziu muitas das implementações em Python que estão disponíveis no *site* do livro.

Por fim, agradecemos a nossas esposas — Wendy Leiserson, Gail Rivest, Rebecca Ivry e a falecida Nicole Cormen — e a nossas famílias. A paciência e o estímulo daqueles que nos amam tornaram este projeto possível. Dedicamos este livro afetuosamente a eles.

THOMAS H. CORMEN   *Lebanon, New Hampshire*
CHARLES E. LEISERSON   *Cambridge, Massachusetts*
RONALD L. RIVEST   *Cambridge, Massachusetts*
CLIFFORD STEIN   *New York, New York*

Junho de 2021

Parte I Fundamentos

Introdução

Ao projetarmos e analisarmos algoritmos, precisamos ser capazes de descrever como eles operam e como projetá-los. Também precisamos de alguns instrumentos matemáticos para mostrar que nossos algoritmos realizam a coisa certa e com eficiência. Esta parte do livro irá ajudá-lo a começar. As partes posteriores serão elaboradas sobre essa base.

O Capítulo 1 apresenta uma visão geral de algoritmos e de seu lugar em modernos sistemas de computação. O capítulo define o que é um algoritmo e lista alguns exemplos. Além disso, traz a ideia de que devemos considerar algoritmos como uma tecnologia, lado a lado com tecnologias como *hardware* rápido, interfaces gráficas do usuário, sistemas orientados a objetos e redes.

No Capítulo 2, veremos nossos primeiros algoritmos, que resolvem o problema de ordenar uma sequência de n números. Eles são escritos em um pseudocódigo que, embora não possa ser traduzido diretamente para nenhuma linguagem de programação convencional, transmite a estrutura do algoritmo com clareza suficiente para que você possa implementá-lo na linguagem de sua preferência. Os algoritmos de ordenação que examinamos são a ordenação por inserção, que utiliza uma técnica incremental, e a ordenação por intercalação, que usa uma técnica recursiva conhecida como "dividir e conquistar". Embora o tempo exigido por esses dois algoritmos aumente com o valor de n, a taxa de aumento é diferente para cada um dos dois. Determinamos esses tempos de execução no Capítulo 2 e desenvolvemos uma notação "assintótica" útil para expressá-los.

O Capítulo 3 define com exatidão essa notação. Usaremos a notação assintótica para confinar o crescimento das funções — normalmente, funções que descrevem o tempo de execução dos algoritmos — por cima e por baixo. O capítulo começa definindo informalmente diversas notações assintóticas que utilizamos com mais frequência e dando um exemplo de como aplicá-las. Em seguida, o capítulo define formalmente cinco notações assintóticas e apresenta convenções para juntá-las. O restante do Capítulo 3 é principalmente uma apresentação da notação matemática, cuja finalidade é mais a de assegurar que o uso que você faz da notação corresponda ao deste livro do que lhe ensinar novos conceitos matemáticos.

O Capítulo 4 examina mais a fundo o método de dividir e conquistar apresentado no Capítulo 2. Apresentaremos exemplos adicionais de algoritmos de divisão e conquista para multiplicação de matrizes quadradas, incluindo o surpreendente método de Strassen. O capítulo contém métodos para resolver recorrências, que são úteis para descrever os tempos de execução de algoritmos recursivos. No método de substituição, você estima uma resposta e prova que ela está correta. Árvores de recursão fornecem uma maneira de gerar estimativas. O Capítulo 4 apresenta também a poderosa técnica do "método mestre", frequentemente usada para resolver recorrências que surgem dos algoritmos de divisão e conquista. Embora se ofereça uma prova de um teorema funcional do qual o método mestre depende, você poderá empregar o método mestre sem se aprofundar na prova. O capítulo termina com alguns tópicos mais avançados.

O Capítulo 5 apresenta análise probabilística e algoritmos aleatorizados. Normalmente usamos análise probabilística para determinar o tempo de execução de um algoritmo em casos em que, diante da presença de uma distribuição de probabilidades inerente, o tempo de execução pode variar em entradas diferentes do mesmo tamanho. Em alguns casos, podemos supor que as entradas obedecem a uma distribuição de probabilidades conhecida, de modo que calculamos o tempo de execução médio para todas as entradas possíveis. Em outros casos, a distribuição de probabilidades não vem das entradas, mas de escolhas aleatórias feitas durante o curso do algoritmo. Um algoritmo cujo comportamento seja determinado não apenas por sua entrada mas também pelos valores produzidos por um gerador de números aleatórios é um algoritmo aleatorizado. Podemos usar algoritmos aleatorizados para impor uma distribuição de probabilidade às entradas — garantindo, assim, que nenhuma entrada específica resulte sempre em mau desempenho — ou mesmo para restringir a uma base limitada a taxa de erros de algoritmos que possam produzir resultados incorretos.

Os Apêndices A a D contêm outro material matemático que você poderá achar útil enquanto lê este livro. É provável que você tenha visto grande parte do material dos apêndices antes de ler a obra (embora, em certos casos, as definições e convenções específicas de notação que usamos possam ser diferentes daquelas que você já viu) e, portanto, deve considerar os apêndices como um material de referência. Por outro lado, é provável que você ainda não tenha visto a maior parte do material contido na Parte I. Todos os capítulos da Parte I e os apêndices foram escritos com um toque de tutorial.

1 O Papel dos Algoritmos na Computação

O que são algoritmos? Por que vale a pena estudá-los? Qual é o papel dos algoritmos com relação a outras tecnologias usadas em computadores? Neste capítulo, responderemos a essas perguntas.

1.1 Algoritmos

Informalmente, **algoritmo** é qualquer procedimento computacional bem definido que toma algum valor ou conjunto de valores como **entrada** e produz algum valor ou conjunto de valores como **saída** em um período de tempo finito. Portanto, um algoritmo é uma sequência de etapas computacionais que transformam a entrada em saída.

Também podemos considerar algoritmo um instrumento para resolver um **problema computacional** bem especificado. O enunciado do problema especifica em termos gerais a relação desejada entre entrada e saída para instâncias do problema, geralmente com tamanho arbitrariamente grande. O algoritmo descreve um procedimento computacional específico para se conseguir essa relação entre entrada e saída em todas as instâncias do problema.

Por exemplo, suponha que você precise ordenar uma sequência de números em ordem contínua crescente. Esse problema surge com frequência na prática e oferece um solo fértil para a apresentação de muitas técnicas de projeto e ferramentas de análise padronizadas. Vejamos como definir formalmente o **problema de ordenação**:

Entrada: uma sequência de n números $\langle a_1, a_2, ..., a_n \rangle$.

Saída: uma permutação (reordenação) $\langle a'_1, a'_2, ..., a'_n \rangle$ da sequência de entrada, tal que $a'_1 \le a'_2 \le ... \le a'_n$.

Portanto, dada a sequência de entrada $\langle 31, 41, 59, 26, 41, 58 \rangle$, um algoritmo de ordenação devolve como saída a sequência $\langle 26, 31, 41, 41, 58, 59 \rangle$. Tal sequência de entrada é denominada **instância** do problema de ordenação. Em geral, **instância de um problema**[1] consiste na entrada (que satisfaz quaisquer restrições impostas no enunciado do problema) necessária para calcular uma solução para o problema.

Como muitos programas a utilizam como etapa intermediária, a ordenação é uma operação fundamental em ciência da computação. Por isso, há um grande número de bons algoritmos de ordenação à nossa disposição. O melhor algoritmo para determinada aplicação depende — entre outros fatores — do número de itens a ordenar, do grau de ordenação já apresentado por esses itens, das possíveis restrições aos valores dos itens, da arquitetura do computador e do tipo de dispositivo de armazenamento que será utilizado: memória principal, discos ou até mesmo — de forma arcaica — fitas magnéticas.

Diz-se que um algoritmo para um problema computacional é **correto** se, para toda instância do problema de entrada, ele **parar** — terminar sua computação em um tempo finito — e gerar a solução correta para a instância do problema. Dizemos que um algoritmo correto **resolve** o problema computacional dado. Um algoritmo incorreto poderia não parar em algumas instâncias de entrada ou poderia parar com uma resposta incorreta. Ao contrário do que se poderia esperar, eventualmente, os algoritmos incorretos podem ser úteis, se pudermos controlar sua taxa de erros. No Capítulo 31, veremos um exemplo de algoritmo com taxa de erro controlável

---

[1] Por vezes, quando o contexto do problema é conhecido, as próprias instâncias do problema são chamadas de "problemas".

quando estudarmos algoritmos para encontrar grandes números primos. Porém, de modo geral, nos concentraremos apenas em algoritmos corretos.

Um algoritmo pode ser especificado em linguagem comum, como um programa de computador ou mesmo como um projeto de *hardware*. O único requisito é que a especificação deve fornecer uma descrição precisa do procedimento computacional a ser seguido.

Que tipos de problemas são resolvidos por algoritmos?

A ordenação não é de modo algum o único problema computacional para o qual os algoritmos foram desenvolvidos. (É provável que você já tenha suspeitado disso quando viu o tamanho deste livro.) As aplicações práticas de algoritmos estão por toda parte e incluem os exemplos a seguir:

- O Projeto Genoma Humano vem alcançando grande progresso no cumprimento de suas metas de identificar todos os cerca de 30 mil genes do DNA humano, determinar as sequências de aproximadamente três bilhões de pares de bases químicas que constituem o DNA humano, armazenar essas informações em bancos de dados e desenvolver ferramentas para análise de dados. Cada uma dessas etapas exige algoritmos sofisticados. Embora as soluções para os vários problemas envolvidos estejam fora do escopo deste livro, muitos métodos aplicados à resolução desses problemas biológicos usam ideias aqui apresentadas, permitindo que os cientistas realizem tarefas e, ao mesmo tempo, utilizem os recursos com eficiência. A programação dinâmica, a ser vista no Capítulo 14, é uma técnica importante para solucionar vários desses problemas biológicos, particularmente aqueles que envolvem a determinação da semelhança entre sequências de DNA. As economias observadas são de tempo, tanto humano quanto de máquina, e de dinheiro, já que mais informações podem ser extraídas com técnicas de laboratório.
- A internet permite que pessoas de todo o mundo acessem e obtenham rapidamente grande quantidade de informações. Com o auxílio de algoritmos engenhosos, *sites* da internet conseguem gerenciar e manipular esse grande volume de dados. Exemplos de problemas que dependem essencialmente da utilização de algoritmos são a determinação de boas rotas para a transmissão de dados (técnicas para resolver tais problemas são apresentadas no Capítulo 22) e a utilização de um mecanismo de busca para encontrar rapidamente páginas que contenham determinadas informações (técnicas referentes são apresentadas nos Capítulos 11 e 32).
- O comércio eletrônico permite que mercadorias e serviços sejam negociados e permutados eletronicamente, e isso depende do sigilo de informações pessoais como números de cartões de crédito, senhas e extratos bancários. Entre as principais tecnologias utilizadas no comércio eletrônico, estão a criptografia de chave pública e as assinaturas digitais (estudadas no Capítulo 31), ambas baseadas em algoritmos numéricos e na teoria dos números.
- No setor de manufatura e em outros empreendimentos comerciais, muitas vezes é preciso alocar recursos escassos da maneira mais benéfica possível. Uma empresa petrolífera talvez deseje saber onde localizar seus poços para maximizar o lucro esperado. Um candidato a cargo político talvez queira determinar onde gastar dinheiro em publicidade de campanha para maximizar as chances de vencer uma eleição. Uma empresa de transporte aéreo pode querer designar tripulações para voos da forma menos dispendiosa possível, garantindo que cada voo seja atendido e que as regulamentações do governo relativas à escala de tripulações sejam obedecidas. Um provedor de serviços de internet talvez queira definir onde alocar recursos adicionais para servir a seus clientes com mais eficiência. Todos esses são exemplos de problemas que podem ser resolvidos com a utilização de programação linear, que estudaremos no Capítulo 29.

Embora alguns detalhes desses exemplos estejam fora do escopo deste livro, forneceremos técnicas básicas que se aplicam a esses problemas e áreas de problemas. Também mostraremos como resolver muitos problemas específicos, como os seguintes:

- Temos um mapa rodoviário no qual estão marcadas as distâncias entre cada par de interseções adjacentes e queremos determinar a rota mais curta entre uma interseção e outra. O número de rotas possíveis pode ser enorme, ainda que se descartem as rotas que se entrecruzam. Como escolher a mais curta de todas as rotas possíveis? Aqui, podemos começar modelando o mapa rodoviário (ele próprio um modelo das estradas reais) como um grafo (o que veremos na Parte VI e no Apêndice B). Nesse grafo, desejamos determinar o caminho mais curto de um vértice até outro. Veremos como resolver esse problema com eficiência no Capítulo 22.

- Temos um projeto mecânico apresentado como um catálogo de peças no qual cada uma pode incluir instâncias de outras peças, e precisamos organizar uma lista ordenada de peças de modo que cada uma apareça antes de qualquer peça que a utilize. Se o projeto compreender n peças, então haverá $n!$ ordenações possíveis, em que $n!$ representa a função fatorial. Como a função fatorial cresce mais rapidamente do que uma função exponencial, não existe uma possibilidade viável de gerar cada ordenação possível e então verificar se, dentro daquela ordenação, cada peça aparece antes das peças que a utilizam (a menos que tenhamos apenas um pequeno número de peças). Esse problema é uma instância de ordenação topológica, e estudaremos como resolvê-lo com eficiência no Capítulo 20.
- Um médico precisa determinar se uma imagem representa um tumor cancerígeno ou benigno. O médico tem disponíveis imagens de muitos outros tumores, alguns dos quais são conhecidos por serem cancerígenos e outros por serem benignos. É provável que um tumor canceroso seja mais semelhante a outros tumores cancerígenos do que a tumores benignos, e um tumor benigno é mais semelhante a outros tumores benignos. Usando um algoritmo de agrupamento, como no Capítulo 33, o médico pode identificar qual resultado é mais provável.
- Você precisa compactar um arquivo grande contendo texto para que ocupe menos espaço. São conhecidas muitas maneiras de fazer isso, incluindo "compressão LZW", que procura sequências de caracteres repetidas. O Capítulo 15 estuda uma abordagem diferente, a "codificação de Huffman", que codifica caracteres por sequências de *bits* de vários comprimentos, com caracteres ocorrendo mais frequentemente codificados por sequências de *bits* mais curtas.

Essas listas estão longe de esgotar os exemplos (como é provável que você já tenha imaginado de novo pelo tamanho deste livro), mas exibem duas características comuns a muitos problemas algorítmicos interessantes:

1. Elas têm muitas soluções candidatas, a grande maioria das quais não resolve o problema que temos em mãos. Encontrar uma solução que o resolva, ou uma solução que seja a "melhor", sem examinar explicitamente cada solução possível, pode apresentar um desafio significativo.
2. Elas têm aplicações práticas. Dentre os problemas da lista que apresentamos, o da determinação do caminho mais curto é o que fornece os exemplos mais fáceis. Uma empresa de transporte rodoviário ou ferroviário tem interesse financeiro em determinar os caminhos mais curtos em uma malha rodoviária ou ferroviária porque percursos menores resultam em menores custos de mão de obra e combustível. Ou um nó de roteamento na internet pode precisar encontrar o caminho mais curto na rede para rotear uma mensagem com rapidez. Ou pode ser que alguém que deseje viajar de carro do Rio de Janeiro a Brasília queira encontrar instruções de rota usando um aplicativo de navegação.

Nem todo problema resolvido por algoritmos tem um conjunto de soluções candidatas fáceis de identificar. Por exemplo, dado um conjunto de valores numéricos representando amostras de um sinal em intervalos regulares de tempo, a transformada discreta de Fourier converte o domínio do tempo para o domínio da frequência. Ou seja, ela aproxima o sinal como uma soma ponderada de senoides, produzindo a intensidade de diversas frequências que, quando somadas, aproximam o sinal amostrado. Além de estarem no cerne do processamento de sinais, as transformadas discretas de Fourier também se aplicam na compressão de dados e na multiplicação de grandes polinômios e inteiros. O Capítulo 30 apresenta um algoritmo eficiente para esse problema, a transformada rápida de Fourier (comumente denominada FFT, do inglês *fast Fourier transform*), para este problema. O capítulo também apresenta o esboço do projeto de um circuito de *hardware* para calcular a FFT.

Estruturas de dados

Este livro também apresenta várias estruturas de dados. Uma **estrutura de dados** é um modo de armazenar e organizar dados com o objetivo de facilitar acesso e modificações. O uso da estrutura (ou estruturas) de dados apropriada(s) é uma parte importante do projeto do algoritmo. Nenhuma estrutura de dados funciona bem para todas as finalidades e, por isso, é importante conhecer os pontos fortes e as limitações de várias delas.

Técnica

Embora você possa usar esta obra como um "livro de receitas" para algoritmos, é possível que algum dia encontre um problema para o qual não consiga achar imediatamente algum algoritmo publicado (muitos dos exercícios e problemas deste livro, por exemplo). O livro lhe ensinará técnicas de projeto e análise de algoritmos para que você possa desenvolver algoritmos por conta própria, mostrar que eles fornecem a resposta correta e analisar sua eficiência. Capítulos diferentes abordam aspectos diferentes da solução de problemas por algoritmos. Alguns abordam problemas específicos, como determinar medianas e estatísticas de ordem, no Capítulo 9, calcular árvores geradoras (*spanning trees*) mínimas, no Capítulo 21, e determinar fluxo máximo em uma rede, no Capítulo 24. Outros capítulos abordam técnicas como a de dividir e conquistar, nos Capítulos 2 e 4, programação dinâmica, no Capítulo 14, e análise amortizada, no Capítulo 16.

Problemas difíceis

A maior parte deste livro trata de algoritmos eficientes. Nossa medida habitual de eficiência é a velocidade, isto é, quanto tempo um algoritmo demora para produzir seu resultado. Porém, existem alguns problemas para os quais não se conhece um algoritmo que seja executado em período de tempo razoável. O Capítulo 34 estuda um subconjunto interessante desses problemas, conhecidos como NP-completos.

Por que os problemas NP-completos são interessantes? Em primeiro lugar, embora nenhum algoritmo eficiente para um problema NP-completo tenha sido encontrado até agora, ninguém jamais provou que não é possível existir um algoritmo eficiente para tal problema. Em outras palavras, ninguém sabe se existem ou não algoritmos eficientes para problemas NP-completos. Em segundo lugar, o conjunto de problemas NP-completos tem a propriedade notável de que, se existir um algoritmo eficiente para qualquer um deles, então existirão algoritmos eficientes para todos. Essa relação entre os problemas NP-completos torna a falta de soluções eficientes ainda mais torturante. Em terceiro lugar, vários problemas NP-completos são semelhantes, mas não idênticos, a problemas para os quais sabemos existir algoritmos eficientes. Cientistas da computação ficam intrigados com o fato de que uma pequena mudança no enunciado do problema pode provocar uma grande alteração na eficiência do melhor algoritmo conhecido.

É bom que você conheça os problemas NP-completos porque alguns deles surgem com frequência surpreendente em aplicações reais. Se você tiver de produzir um algoritmo eficiente para um problema NP-completo, é provável que perca muito tempo em uma busca infrutífera. Por outro lado, se você conseguir mostrar que o problema é NP-completo, poderá dedicar seu tempo ao desenvolvimento de um algoritmo de aproximação eficiente, ou seja, um algoritmo que ofereça uma solução boa, embora não necessariamente a melhor possível.

Como exemplo concreto, considere uma empresa transportadora que tenha um depósito central. Todo dia, cada caminhão é carregado no depósito e enviado a diversos locais para fazer entregas de produtos em diversos endereços. No final do dia, cada caminhão tem de estar de volta ao depósito para ser preparado com a carga do dia seguinte. Para reduzir custos, a empresa quer selecionar uma ordem de pontos de entrega que represente a menor distância total a ser percorrida por cada caminhão. Esse problema é o famoso "problema do caixeiro-viajante", e é NP-completo.[2] Ele não tem nenhum algoritmo eficiente conhecido. Contudo, adotando-se certas premissas, conhecemos algoritmos eficientes que fornecem uma distância total próxima da menor possível. O Capítulo 35 discute esses "algoritmos de aproximação".

Modelos de computação alternativos

Durante muitos anos, pudemos contar com uma taxa regular de aumento da velocidade de *clock* dos processadores. Porém, limitações físicas representam um entrave fundamental ao crescimento constante dessas velocidades de *clock*: como a densidade de potência aumenta superlinearmente com a velocidade de *clock*, existe o risco de derretimento dos *chips* quando essas velocidades atingem certo nível. Portanto, para executar mais cálculos por segundo, o projeto moderno de *chips* prevê não apenas um, mas vários "núcleos" de processamento. Podemos comparar esses computadores com vários núcleos a vários computadores sequenciais em um único *chip*. Em outras palavras, eles são um tipo de "computador paralelo". Para obter o melhor desempenho desses processadores com vários núcleos, precisamos produzir algoritmos que considerem o paralelismo. O Capítulo 26 apresenta um modelo de algoritmo "paralelo de tarefas", que tira proveito de núcleos múltiplos. Dos pontos de vista teórico e prático, esse modelo é vantajoso, e muitas plataformas modernas de programação paralela utilizam algo semelhante a esse modelo de paralelismo.

---

[2] Para ser preciso, apenas problemas de decisão — aqueles com resposta "sim/não" — podem ser NP-completos. A versão de decisão do problema do caixeiro-viajante pergunta se existe uma ordem de paradas cuja distância totaliza no máximo um valor específico.

A maioria dos exemplos neste livro presume que todos os dados de entrada estão disponíveis quando um algoritmo começa a ser executado. Grande parte do trabalho no projeto de algoritmos utiliza a mesma premissa. Contudo, para muitos exemplos importantes do mundo real, a entrada chega ao longo do tempo, e o algoritmo deve decidir como prosseguir sem saber quais dados chegarão no futuro. Em um *data center*, as tarefas chegam e partem constantemente, e um algoritmo de agendamento deve decidir quando e onde executar um trabalho, sem saber quais trabalhos chegarão no futuro. O tráfego deve ser roteado na internet com base no estado atual, sem saber de onde o tráfego chegará no futuro. As salas de emergência dos hospitais tomam decisões de triagem sobre quais pacientes tratar primeiro sem saber quando outros pacientes chegarão no futuro e de quais tratamentos eles precisarão. Algoritmos que recebem suas entradas ao longo do tempo, em vez de terem todas as entradas presentes no início, são **algoritmos on-line**, examinados no Capítulo 27.

Exercícios

1.1-1
Cite um exemplo real que exija ordenação. Descreva um que exija encontrar a distância mais curta entre dois pontos.

1.1-2
Além da velocidade, que outras medidas de eficiência poderiam ser usadas em uma configuração real?

1.1-3
Selecione uma estrutura de dados que você já tenha visto e discuta seus pontos fortes e suas limitações.

1.1-4
Em quais aspectos os problemas anteriores do caminho mais curto e do caixeiro-viajante são semelhantes? Em quais aspectos eles são diferentes?

1.1-5
Sugira um problema real no qual apenas a melhor solução servirá. Em seguida, apresente um problema em que baste uma solução que seja "aproximadamente" a melhor.

1.1-6
Descreva um problema real no qual, em algumas vezes, a entrada inteira está disponível antes que você precise resolver o problema, mas, em outras, a entrada não está totalmente disponível com antecedência e chega com o passar do tempo.

1.2   Algoritmos como tecnologia

Suponha que os computadores fossem infinitamente rápidos e que a memória do computador fosse gratuita. Você teria alguma razão para estudar algoritmos? A resposta é sim, ainda que apenas porque você gostaria de demonstrar que seu método de solução termina, e o faz com a resposta correta.

Se os computadores fossem infinitamente rápidos, qualquer método correto para resolver um problema serviria. É provável que você quisesse que sua implementação estivesse dentro dos limites da boa prática de engenharia de *software* (por exemplo, que a sua implementação fosse bem projetada e documentada) mas, na maior parte das vezes, você utilizaria o método que fosse mais fácil de implementar.

É claro que os computadores podem ser rápidos, mas eles não são infinitamente rápidos. Assim, o tempo de computação é um recurso limitado, o que o torna precioso. Embora o ditado afirme que "tempo é dinheiro", o tempo é ainda mais valioso do que o dinheiro: é possível receber dinheiro de volta depois que é gasto, mas, quando o tempo é gasto, não será mais possível retorná-lo. A memória pode ser de baixo custo, mas não é infinita nem gratuita. Assim, é preciso escolher algoritmos que utilizem os recursos de tempo e espaço de modo eficiente.

Eficiência

Algoritmos diferentes criados para resolver o mesmo problema muitas vezes diferem bastante em termos de eficiência. Essas diferenças podem ser muito mais significativas que as diferenças relativas a *hardware* e *software*.

Como exemplo, no Capítulo 2 estudaremos dois algoritmos de ordenação. O primeiro, conhecido como **ordenação por inserção**, leva um tempo aproximadamente igual a $c_1 n^2$ para ordenar n itens, em que c_1 é uma constante que não depende de n. Isto é, ele demora um tempo aproximadamente proporcional a n^2. O segundo, de **ordenação por intercalação**, leva um tempo aproximadamente igual a $c_2 n \lg n$, em que $\lg n$ representa $\log_2 n$ e c_2 é outra constante que também não depende de n. A ordenação por inserção normalmente tem um fator constante menor que a ordenação por intercalação; assim, $c_1 < c_2$. Veremos que os fatores constantes podem causar impacto muito menor sobre o tempo de execução do que a dependência do tamanho da entrada n. Se representarmos o tempo de execução da ordenação por inserção por $c_1 n \cdot n$ e o tempo de execução da ordenação por intercalação por $c_2 n \cdot \lg n$, veremos que, enquanto o fator do tempo de execução da ordenação por inserção é n, o da ordenação por intercalação é $\lg n$, que é muito menor. Por exemplo, quando $n = 1.000$, $\lg n$ é aproximadamente 10, e quando n é igual a 1 milhão, $\lg n$ é aproximadamente apenas 20. Embora, em geral, a ordenação por inserção seja mais rápida que a ordenação por intercalação para pequenos tamanhos de entradas, tão logo o tamanho da entrada n se torne grande o suficiente a vantagem da ordenação por intercalação de $\lg n$ contra n compensará com sobras a diferença em fatores constantes. Independentemente de quanto c_1 seja menor que c_2, sempre haverá um ponto de corte além do qual a ordenação por intercalação será mais rápida.

Como exemplo concreto, vamos comparar um computador mais rápido (computador A) que executa a ordenação por inserção com um computador mais lento (computador B) que executa a ordenação por intercalação. Cada um deve ordenar um vetor de 10 milhões de números. (Embora 10 milhões de números possa parecer muito, se os números forem inteiros de oito *bytes*, a entrada ocupará cerca de 80 *megabytes* e caberá com grande folga até mesmo na memória de um *laptop* barato.) Suponha que o computador A execute 10 bilhões de instruções por segundo (mais rapidamente do que qualquer computador sequencial existente na época da escrita deste livro) e que o computador B execute apenas 10 milhões de instruções por segundo; assim, o computador A será 1.000 vezes mais rápido que o computador B em capacidade bruta de computação. Para tornar a diferença ainda mais drástica, suponha que o programador mais astucioso do mundo codifique a ordenação por inserção em linguagem de máquina para o computador A e que o código resultante exija $2n^2$ instruções para ordenar n números. Suponha ainda que um programador médio implemente a ordenação por intercalação utilizando uma linguagem de alto nível com um compilador ineficiente, sendo que o código resultante totaliza $50n \lg n$ instruções. Para ordenar 10 milhões de números, o computador A leva

$$\frac{2 \cdot (10^7)^2 \text{ instruções}}{10^{10} \text{ instruções/segundo}} = 20.000 \text{ segundos (mais de 5,5 horas)},$$

enquanto, o computador B leva

$$\frac{5 \cdot 10^7 \lg 10^7 \text{ instruções}}{10^7 \text{ instruções/segundo}} \approx 1.163 \text{ segundos (menos de 20 minutos)}.$$

Usando um algoritmo cujo tempo de execução cresce mais lentamente, até mesmo com um compilador fraco, o computador B executa numa rapidez mais de 17 vezes maior que o computador A! A vantagem da ordenação por intercalação é ainda mais evidente quando ordenamos 100 milhões de números: a ordenação por inserção demora mais de 23 dias, enquanto a ordenação por intercalação demora menos de quatro horas. Embora 100 milhões possa parecer um número grande, há mais de 100 milhões de pesquisas na *web* a cada meia hora, mais de 100 milhões de *e-mails* enviados a cada minuto e algumas das menores galáxias (conhecidas como galáxias anãs ultracompactas) contêm cerca de 100 milhões estrelas. Em geral, à medida que o tamanho do problema aumenta, também aumenta a vantagem relativa da ordenação por intercalação.

Algoritmos e outras tecnologias

O exemplo anterior mostra que algoritmos, assim como o *hardware* de computadores, devem ser considerados uma **tecnologia**. O desempenho total do sistema depende da escolha de algoritmos eficientes tanto quanto da escolha de *hardware* rápido. A velocidade dos avanços que ocorrem em outras tecnologias computacionais também é observada em algoritmos.

Você pode questionar se os algoritmos são verdadeiramente tão importantes para os computadores contemporâneos levando em consideração outras tecnologias avançadas, como:

- arquiteturas computacionais e tecnologias de fabricação avançadas;
- interfaces gráficas de usuário (GUIs) intuitivas e fáceis de usar;
- sistemas orientados a objetos;
- tecnologias integradas da *web*;
- redes de alta velocidade, com fio e sem fio;
- aprendizado de máquina;
- dispositivos móveis.

A resposta é sim. Embora algumas aplicações não requeiram explicitamente conteúdo algorítmico no nível da aplicação (como algumas aplicações simples baseadas na *web*), muitas exigem. Por exemplo, considere um serviço da *web* que determina como viajar de um local para outro. Sua implementação dependeria de *hardware* rápido, de uma interface gráfica de usuário, de redes remotas, além de, possivelmente, orientação a objetos. Ela também exigiria algoritmos para certas operações, como descobrir rotas (talvez empregando um algoritmo de caminho mais curto), apresentar mapas e interpolar endereços.

Além disso, mesmo uma aplicação que não exija conteúdo algorítmico no nível da aplicação depende muito de algoritmos. A aplicação depende de *hardware* rápido? O projeto de *hardware* utilizou algoritmos. A aplicação depende de interfaces gráficas de usuário? O projeto de qualquer GUI depende de algoritmos. A aplicação depende de rede? O roteamento em redes depende muito de algoritmos. A aplicação foi escrita em uma linguagem diferente do código de máquina? Então, ela foi processada por um compilador, um interpretador ou um montador (*assembler*), e todos fazem uso extenso de algoritmos. Os algoritmos estão no núcleo da maioria das tecnologias usadas nos computadores contemporâneos.

O aprendizado de máquina (*machine learning*) pode ser pensado como método para executar tarefas algorítmicas sem projetar explicitamente um algoritmo, mas, em vez disso, inferindo padrões de dados e, assim, aprendendo automaticamente uma solução. À primeira vista, o aprendizado de máquina, que automatiza o processo de projeto algorítmico, pode parecer que torna o aprendizado sobre algoritmos obsoleto. No entanto, acontece o oposto. O aprendizado de máquina é em si uma coleção de algoritmos, apenas com nome diferente. Além disso, atualmente, parece que os sucessos do aprendizado de máquina se dão principalmente em problemas para os quais nós, como seres humanos, não entendemos realmente qual é o algoritmo certo. Alguns exemplos mais destacados são visão computacional e tradução automática de idiomas. Para problemas algorítmicos que os humanos entendem bem, como a maioria dos problemas deste livro, algoritmos eficientes projetados para resolver um problema específico geralmente são mais bem-sucedidos do que abordagens de aprendizado de máquina.

A ciência de dados é um campo interdisciplinar com o objetivo de extrair conhecimento e *insights* de dados estruturados e não estruturados. A ciência de dados usa métodos de estatística, ciência da computação e otimização. Projeto e análise de algoritmos são fundamentais para o campo. As principais técnicas da ciência de dados, que se sobrepõem significativamente às do aprendizado de máquina, incluem muitos dos algoritmos deste livro.

Além disso, com a capacidade cada vez maior dos computadores, nós os utilizamos mais do que nunca para resolver problemas cada vez maiores. Como vimos na comparação anterior entre ordenação por inserção e ordenação por intercalação, é nos problemas maiores que as diferenças de eficiência entre os algoritmos se tornam particularmente notáveis.

Uma sólida base de conhecimento e técnica algorítmica é uma das características que definem o programador verdadeiramente qualificado. Com a moderna tecnologia de computação, você pode executar algumas tarefas sem saber muito sobre algoritmos; porém, com uma boa base em algoritmos, é possível fazer muito, muito mais.

Exercícios

1.2-1

Cite um exemplo de aplicação que exige conteúdo algorítmico no nível da aplicação e discuta a função dos algoritmos envolvidos.

1.2-2

Suponha que, para entradas de tamanho n, em determinado computador, a ordenação por inserção é executada em $8n^2$ passos, enquanto a ordenação por intercalação é executada em $64n \lg n$ passos. Para quais valores de n a ordenação por inserção supera a ordenação por intercalação?

1.2-3

Qual é o menor valor de n tal que um algoritmo cujo tempo de execução é $100n^2$ funciona mais rapidamente que um algoritmo cujo tempo de execução é 2^n na mesma máquina?

Problemas

1-1 Comparação entre tempos de execução

Para cada função $f(n)$ e cada tempo t na tabela a seguir, determine o maior tamanho n de um problema que pode ser resolvido no tempo t, considerando que o algoritmo para resolver o problema demore $f(n)$ microssegundos.

	1 segundo	1 minuto	1 hora	1 dia	1 mês	1 ano	1 século
$\lg n$							
$\sqrt{n}$							
n							
$n \lg n$							
n^2							
n^3							
2^n							
$n!$							

Notas do capítulo

Existem muitos textos excelentes sobre o tópico geral de algoritmos, entre eles os de Aho, Hopcroft e Ullman [5, 6], Dasgupta, Papadimitriou e Vazirani [107], Edmonds [133], Erickson [135], Goodrich e Tamassia [195, 196], Kleinberg e Tardos [257], Knuth [259, 260, 261, 262, 263], Levitin [298], Louridas [305], Mehlhorn e Sanders [325], Mitzenmacher e Upfal [331], Neapolitan [342], Roughgarden [385, 386, 387, 388], Sanders, Mehlhorn, Dietzfelbinger e Dementiev [393], Sedgewick e Wayne [402], Skiena [414], Soltys-Kulinicz [419], Wilf [455] e Williamson e Shmoys [459]. Alguns dos aspectos mais práticos do projeto de algoritmos são discutidos por Bentley [49, 50, 51], Bhargava [54], Kochenderfer e Wheeler [268] e McGeoch [321]. Pesquisas na área de algoritmos também podem ser encontradas em livros de Atallah e Blanton [27, 28] e Mehta e Sahhi [326]. Para ver um material menos técnico, consulte os livros de Christian e Griffiths [92], Cormen [104], Erwig [136], MacCormick [307] e Vöcking *et al.* [448]. Avaliações de algoritmos usados em biologia computacional podem ser encontrados em livros de Jones e Pevzner [240], Elloumi e Zomaya [134] e Marchisio [315].

2   Dando a Partida

Este capítulo tem o objetivo de familiarizá-lo com a estrutura que usaremos em todo o livro para refletir sobre o projeto e a análise de algoritmos. Ele é autônomo, mas inclui diversas referências ao material que será apresentado nos Capítulos 3 e 4. (Ele também contém diversos somatórios, que o Apêndice A mostra como resolver.)

Começaremos examinando o algoritmo de ordenação por inserção para resolver o problema de ordenação apresentado no Capítulo 1. Vamos especificar os algoritmos usando um pseudocódigo que deverá ser familiar aos leitores que tenham estudado programação de computadores. Veremos por que a ordenação por inserção ordena corretamente e analisaremos seu tempo de execução. A análise apresentará uma notação que descreve o modo como o tempo aumenta com o número de itens a ordenar. Seguindo nossa discussão da ordenação por inserção, traremos um método de divisão e conquista para desenvolver um algoritmo denominado ordenação por intercalação. Terminaremos com uma análise do tempo de execução da ordenação por intercalação.

2.1   Ordenação por inserção

Nosso primeiro algoritmo, o de ordenação por inserção, resolve o **problema de ordenação** apresentado no Capítulo 1:

Entrada: uma sequência de n números $\langle a_1, a_2, ..., a_n \rangle$.

Saída: uma permutação (reordenação) $\langle a'_1, a'_2, ..., a'_n \rangle$ da sequência de entrada, tal que $a'_1 \leq a'_2 \leq ... \leq a'_n$.

Os números que desejamos ordenar também são conhecidos como **chaves**. Embora conceitualmente estejamos ordenando uma sequência, a entrada é dada na forma de um vetor (ou *array*) com n elementos. Quando queremos classificar números, geralmente é porque eles são as chaves associadas a outros dados, que chamamos de **dados satélites**. Juntos, uma chave e seus dados satélites formam um **registro**. Por exemplo, imagine uma planilha contendo registros de alunos, com muitos dados associados, como idade, média de notas e número de cursos realizados. Qualquer uma dessas quantidades pode ser uma chave, mas quando a planilha classifica, ela move o registro associado (os dados satélites) com a chave. Ao descrevermos um algoritmo de ordenação, focamos nas chaves, mas é importante lembrar que geralmente há dados satélites associados.

Neste livro, geralmente descreveremos algoritmos como programas escritos em um **pseudocódigo**, que é semelhante em vários aspectos a C, C++, Java, Python[1] ou JavaScript. (Pedimos desculpas se omitimos sua linguagem de programação favorita. Não podemos listar todas elas.) Se você já conhece qualquer uma dessas linguagens, deverá ter pouca dificuldade para ler os algoritmos "codificados" em pseudocódigo. O que distingue o pseudocódigo do código real é que, no pseudocódigo, empregamos qualquer método expressivo que seja mais claro e conciso para especificar determinado algoritmo. Por vezes, o método mais claro é a linguagem comum; assim, não se surpreenda se encontrar uma frase ou sentença em nosso idioma (ou em inglês) embutida em uma seção que se parece mais com o código real. Outra diferença entre o pseudocódigo e o código real é que o pseudocódigo, em geral, ignora questões de engenharia de *software* — como abstração de dados, modularidade e tratamento de erros — para transmitir a essência do algoritmo de forma mais concisa.

---

[1] Se você está acostumado somente com Python, pode pensar nos vetores como semelhantes às listas do Python.

Começaremos com a ***ordenação por inserção***, algoritmo eficiente para ordenar um número pequeno de elementos. A ordenação por inserção funciona da mesma forma como muitas pessoas ordenam as cartas em um jogo de baralho. Começamos com a mão esquerda vazia e as cartas viradas para baixo, na mesa. Em seguida, retiramos uma carta de cada vez da mesa e a seguramos com a mão esquerda. Depois, com a mão direita, removemos uma carta de cada vez da mesa e a inserimos na posição correta na mão esquerda. Como ilustra a Figura 2.1, você encontra a posição correta para uma carta comparando-a com cada uma das cartas que já estão na mão esquerda, começando da direita e movendo-se para a esquerda. Assim que for achada uma carta na mão esquerda cujo valor é menor ou igual à carta que você está segurando na sua mão direita, insira essa carta imediatamente à direita da carta em sua mão esquerda. Se todas as cartas em sua mão esquerda tiverem valores maiores que a carta na sua mão direita, então coloque essa carta na posição mais à esquerda de sua mão esquerda. Em todas as vezes, as cartas que seguramos na mão esquerda estão ordenadas, e essas cartas eram originalmente as que estavam na parte superior da pilha sobre a mesa.

O pseudocódigo para ordenação por inserção é apresentado como um procedimento denominado Ordena-Por-Inserção. Ele utiliza dois parâmetros: um vetor A contendo os valores a serem ordenados e o número n de valores de ordenação. Os valores ocupam as posições de $A[1]$ até $A[n]$ do vetor, que indicamos como $A[1 : n]$. Quando o procedimento Ordena-Por-Inserção termina, o vetor $A[1 .. n]$ contém os valores originais, mas ordenados.

Figura 2.1 Ordenando uma mão de cartas com o uso da ordenação por inserção.

```
Ordena-Por-Inserção(A, n)
1   for i = 2 to n
2       chave = A[i]
3       // Inserir A[i] no subvetor ordenado A[1:i – 1].
4       j = i – 1
5       while j > 0 e A[j] > chave
6           A[j + 1] = A[j]
7           j = j – 1
8       A[j + 1] = chave
```

Invariantes de laço e a corretude da ordenação por inserção

A Figura 2.2 mostra como esse algoritmo funciona para um vetor A que começa com a sequência $\langle 5, 2, 4, 6, 1, 3 \rangle$. O índice i indica a "carta atual" que está sendo inserida na mão. No início de cada iteração do laço **for**, indexado por i, o ***subvetor*** (uma parte contígua do vetor) que consiste nos elementos $A[1 : i – 1]$ (que é $A[1]$ até $A[i – 1]$) constitui a mão ordenada atualmente, e o subvetor remanescente $A[i + 1 : n]$ (elementos $A[i + 1]$ até $A[n]$) corresponde à pilha de cartas que ainda está sobre a mesa. Na verdade, os elementos $A[1 : i – 1]$ são os que estavam *originalmente* nas posições 1 a $i – 1$, mas agora em sequência ordenada. Enunciamos essas propriedades de $A[1 : i – 1]$ formalmente como um ***invariante de laço***:

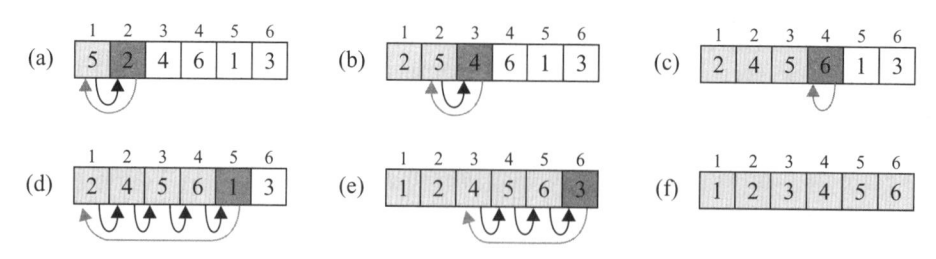

Figura 2.2 Operação de Ordena-Por-Inserção(A, n), em que A contém inicialmente a sequência $\langle 5, 2, 4, 6, 1, 3 \rangle$ e $n = 6$. Os índices do vetor aparecem acima dos retângulos, e os valores armazenados nas posições do vetor aparecem dentro dos retângulos. **(a)–(e)** Iterações do laço **for** das linhas 1–8. Em cada iteração, o *retângulo cinza-escuro* contém a chave obtida de $A[i]$, que é comparada com os valores contidos nos *retângulos cinza-claro* à sua esquerda, no teste da linha 5. *Setas pretas* mostram os valores do vetor deslocados uma posição para a direita na linha 6, e *setas cinza* indicam para onde a chave é deslocada na linha 8. **(f)** O vetor ordenado final.

No início de cada iteração para o laço **for** das linhas 1–8, o subvetor $A[1 : i - 1]$ consiste nos elementos que estavam originalmente em $A[1 : j - 1]$, porém em sequência ordenada.

Usamos invariantes de laço para nos ajudarem a entender por que um algoritmo é correto. Devemos mostrar três detalhes sobre um invariante de laço:

Inicialização: ele é verdadeiro antes da primeira iteração do laço.

Manutenção: se ele for verdadeiro antes de uma iteração do laço, permanecerá verdadeiro antes da próxima iteração.

Término: o laço termina e, quando ele termina, o invariante — normalmente, junto com o motivo para o laço ter terminado — nos fornece uma propriedade útil que ajuda a mostrar que o algoritmo está correto.

Quando as duas primeiras propriedades são válidas, o invariante de laço é verdadeiro antes de cada iteração do laço. (É claro que temos a liberdade de usar fatos confirmados além do invariante de laço em si para provar que ele permanece verdadeiro antes de cada iteração.) Uma prova do invariante de laço é uma forma de indução matemática, em que, para provarmos que uma propriedade é válida, provamos uma base e um passo de indução. Aqui, mostrar que o invariante é válido antes da primeira iteração equivale à base, e mostrar que o invariante é válido de uma iteração para outra corresponde ao passo de indução.

A terceira propriedade talvez seja a mais importante, visto que estamos usando o invariante de laço para mostrar a corretude. Normalmente, usamos o invariante de laço juntamente com a condição que provocou o término do laço. A indução matemática normalmente aplica a etapa indutiva indefinidamente, mas, em um invariante de laço, paramos a "indução" quando o laço termina.

Vamos ver como essas propriedades são válidas para ordenação por inserção:

Inicialização: começamos mostrando que o invariante de laço é válido antes da primeira iteração do laço, quando $i = 2$.[2] Então, o subvetor $A[1 : i - 1]$ consiste apenas no único elemento $A[1]$, que é de fato o elemento original em $A[1]$. Além disso, esse subvetor está ordenado (trivialmente, é claro), e isso mostra que o invariante de laço é válido antes da primeira iteração do laço.

Manutenção: em seguida, abordamos a segunda propriedade: mostrar que cada iteração mantém o invariante de laço. Informalmente, o corpo do laço **for** funciona deslocando os valores em $A[i - 1]$, $A[i - 2]$, $A[i - 3]$, e assim por diante, uma posição para a direita até encontrar a posição adequada para $A[i]$ (linhas 4–7); nesse ponto ele insere o valor de $A[i]$ (linha 8). Então, o subvetor $A[1 : i]$ consiste nos elementos presentes originalmente em $A[1 : i]$, mas em sequência ordenada. Portanto, *incrementar i* (aumentar seu valor em 1) para a próxima iteração do laço **for** preserva o invariante de laço.

---

[2]Quando o laço for um laço **for**, o momento no qual verificamos o invariante de laço logo antes da primeira iteração estará imediatamente após a atribuição inicial à variável do contador do laço e logo antes do primeiro teste no cabeçalho do laço. No caso de Ordena-por-Inserção, esse tempo ocorre após atribuir 2 à variável i, mas antes do primeiro teste de $i \leq n$.

Um tratamento mais formal da segunda propriedade nos obrigaria a estabelecer e mostrar um invariante para o laço **while** das linhas 5–7. Porém, neste momento, preferimos não nos prender a tal formalismo, e em vez disso, contamos com nossa análise informal para mostrar que a segunda propriedade é válida para o laço externo.

Término: por fim, examinamos o que acontece quando o laço termina. A variável de laço i começa em 2 e aumenta em 1 a cada iteração. Quando o valor de i ultrapassa n na linha 1, o laço termina. Isto é, o laço termina quando i é igual a $n + 1$. Substituindo i por $n + 1$ no enunciado do invariante de laço, temos que o subvetor $A[1 : n]$ consiste nos elementos originalmente contidos em $A[1 : n]$, mas em sequência ordenada. Portanto, o algoritmo está correto.

Empregaremos esse método de invariantes de laço para mostrar a corretude mais adiante neste capítulo e também em outros capítulos deste livro.

Convenções de pseudocódigo

Utilizaremos as convenções a seguir em nosso pseudocódigo.

- O recuo indica estrutura de bloco. Por exemplo, o corpo do laço **for** que começa na linha 1 consiste nas linhas 2–8, e o corpo do laço **while** que começa na linha 5 contém as linhas 6–7, mas não a linha 8. Nosso estilo de recuo também se aplica a instruções **if-else**.[3] O uso de recuo em vez de indicadores convencionais de estrutura de bloco, como instruções **begin** e **end** ou as chaves, reduz bastante a confusão, ao mesmo tempo que preserva ou até mesmo aumenta a clareza.[4]
- As interpretações das construções de laço **while**, **for** e **repeat-until** e das construções condicionais **if-else** são semelhantes às das linguagens C, C++, Java, Python e JavaScript.[5] Neste livro, o contador do laço mantém seu valor após sair do laço, ao contrário de algumas situações que surgem em C++ e Java. Desse modo, logo depois de um laço **for**, o valor do contador de laço é o valor que primeiro excedeu o limite do laço **for**.[6] Usamos essa propriedade em nosso argumento de corretude para a ordenação por inserção. O cabeçalho do laço **for** na linha 1 é **for** $j = 2$ **to** n e, assim, quando esse laço termina, i é igual a $n + 1$. Usamos a palavra-chave **to** quando um laço **for** incrementa seu contador do laço a cada iteração, e usamos a palavra-chave **downto** quando um laço **for** *decrementa* seu contador de laço (reduz seu valor em 1 a cada iteração). Quando o contador do laço mudar em quantidade maior do que 1, essa quantidade virá após a palavra-chave opcional **by**.
- O símbolo "//" indica que o restante da linha é um comentário.
- Variáveis (como i, j e *chave*) são locais para o procedimento dado. Não usaremos variáveis globais sem indicação explícita.
- Elementos de vetores são acessados especificando-se o nome do vetor seguido pelo índice entre colchetes. Por exemplo, $A[i]$ indica o i-ésimo elemento do vetor A.
  Embora muitas linguagens de programação imponham a indexação com origem 0 para os vetores (0 é o menor índice válido), escolhemos o esquema de indexação mais claro para os leitores humanos entenderem. Como as pessoas geralmente começam a contar em 1, não em 0, a maioria — não todos — dos vetores neste livro utiliza a indexação com origem 1. Para esclarecermos se um algoritmo específico assume indexação com origem 0 ou origem 1, especificaremos os limites dos vetores explicitamente. Se você estiver implementando um

---

[3]Em uma instrução **if-else**, o recuo de **else** estará no mesmo nível do **if** que a acompanha. A primeira linha executável de uma cláusula **else** aparece na mesma linha da palavra-chave **else**. Para testes de múltiplas vias, usamos **elseif** para os testes após o primeiro. Quando é a primeira linha em uma cláusula **else**, uma instrução **if** aparece na linha após o **else**, para que você não o interprete erroneamente como um **elseif**.

[4]Cada procedimento de pseudocódigo neste livro aparece em uma única página; assim, você não terá que discernir níveis de recuo nos códigos que ocupam mais de uma página.

[5]A maioria das linguagens estruturadas em blocos tem construções equivalentes, embora a sintaxe exata possa ser diferente. A linguagem Python não tem laços **repeat-until**, e seus laços **for** funcionam de modo um pouco diferente dos laços **for** utilizados neste livro. Pense na linha de pseudocódigo "**for** $i = 1$ **to** n" como equivalente a "for i in range(1, n+1)" em Python.

[6]Em Python, o contador do laço mantém seu valor depois que o laço é encerrado, mas o valor que ele mantém é o que ele tinha durante a iteração final do laço **for**, em vez do valor que excedeu o limite do laço. Isso ocorre porque um laço **for** do Python percorre uma lista, que pode conter valores não numéricos.

algoritmo que especificamos usando a indexação com origem 1, mas estiver escrevendo em uma linguagem de programação que impõe a indexação com origem 0 (como C, C++, Java, Python ou JavaScript), então sempre será possível fazer o ajuste. Basta subtrair 1 de cada índice ou alocar cada vetor com uma posição extra e simplesmente ignorar a posição 0.

A notação ":" é usada para indicar um subvetor (uma faixa de valores dentro de um vetor). Desse modo, $A[i : j]$ indica o subvetor de A que consiste nos elementos $A[i]$, $A[i + 1]$, ..., $A[j]$.[7] Também usamos essa notação para indicar os limites de um vetor, como fizemos anteriormente quando discutimos sobre o vetor $A[1 : n]$.

- Dados compostos estão organizados geralmente em **objetos**, compostos por **atributos**. Acessamos determinado atributo usando a sintaxe encontrada em muitas linguagens de programação orientadas a objetos: o nome do objeto, seguido por um ponto, seguido pelo nome do atributo. Por exemplo, se um objeto x tem o atributo f, indicamos esse atributo com $x.f$.

  Uma variável que representa um vetor ou objeto é tratada como um ponteiro (conhecido como *referência* em algumas linguagens de programação) para os dados que representam o vetor ou objeto. Para todos os atributos f de um objeto x, definir $y = x$ faz com que $y.f = x.f$. Além disso, se definirmos agora $x.f = 3$, daí em diante não apenas $x.f = 3$, mas também $y.f = 3$. Em outras palavras, x e y apontarão para o mesmo objeto após a atribuição $y = x$. Essa forma de tratar os vetores e os objetos é coerente com a maioria das linguagens de programação contemporâneas.

  A notação que usamos para atributos pode ser utilizada "em cascata". Por exemplo, suponha que o atributo f seja, em si, um ponteiro para algum tipo de objeto que tem um atributo g. Então, a notação $x.f.g$ estará implicitamente entre parênteses como $(x.f).g$. Em outras palavras, se tivéssemos atribuído $y = x.f$, então $x.f.g$ seria o mesmo que $y.g$.

  Por vezes, um ponteiro não fará referência a nenhum objeto. Nesse caso, daremos a ele o valor especial NIL.

- Parâmetros são passados para um procedimento **por valor**: o procedimento chamado recebe sua própria cópia dos parâmetros e, se tal procedimento atribuir valor a um parâmetro, a mudança *não* será vista pelo procedimento que o chamou. Quando objetos são passados, o ponteiro para os dados que representam o objeto é copiado, mas os atributos do objeto, não. Por exemplo, se x é um parâmetro de um procedimento chamado, a atribuição $x = y$ dentro do procedimento chamado não será visível para o procedimento que o chamou. Contudo, a atribuição $x.f = 3$ será visível se o procedimento que chamou tiver um ponteiro para o mesmo objeto de x. De maneira semelhante, vetores são passados por ponteiro; assim, um ponteiro para o vetor é passado, em vez do vetor inteiro, e as mudanças nos elementos individuais do vetor são visíveis para o procedimento que chamou. Mais uma vez, a maioria das linguagens de programação contemporâneas trabalha dessa forma.

- Uma instrução **return** transfere imediatamente o controle de volta ao ponto de chamada no procedimento de origem da chamada. A maioria das instruções **return** também aceita um valor para passar de volta ao chamador. Nosso pseudocódigo é diferente de muitas linguagens de programação, visto que permite que diversos valores sejam retornados em uma única instrução **return**, sem ter que criar objetos para reuni-los.[8]

- Os operadores booleanos "e" e "ou" são operadores de **curto-circuito**. Isto é, quando avaliamos a expressão "x e y", avaliamos primeiro x. Se x for avaliado como FALSO, a expressão inteira não poderá ser avaliada como VERDADEIRO, e assim não avaliamos y. Se, por outro lado, x for avaliado como VERDADEIRO, teremos de avaliar y para determinar o valor da expressão inteira. De modo semelhante, na expressão "x ou y", avaliamos a expressão y somente se x for avaliado como FALSO. Os operadores de curto-circuito nos permitem escrever expressões booleanas como "$x \neq$ NIL e $x.f = y$" sem nos preocuparmos com o que acontece ao tentarmos avaliar $x.f$ quando x é NIL.

- A palavra-chave **error** indica que ocorreu um erro porque as condições para que o procedimento fosse chamado estavam erradas, e o procedimento termina imediatamente. O procedimento de chamada é responsável pelo tratamento do erro, portanto não especificamos a ação que deve ser executada.

---

[7] Se você estiver acostumado com a programação em Python, lembre-se de que, neste livro, o subvetor $A[i : j]$ inclui o elemento $A[j]$. Em Python, o último elemento de $A[i : j]$ é $A[j - 1]$. Python permite o uso de índices negativos, que contam desde a extremidade posterior da lista. Este livro não utiliza índices negativos em vetores.

[8] A notação de tupla do Python permite que instruções **return** retornem diversos valores sem criar objetos a partir de uma classe definida pelo programador.

Exercícios

2.1-1
Usando a Figura 2.2 como modelo, ilustre a operação de Ordena-Por-Inserção no vetor $A = \langle 31, 41, 59, 26, 41, 58 \rangle$.

2.1-2
Considere o procedimento Soma-Vetor a seguir. Ele calcula a soma de n números no vetor $A[1:n]$. Indique um invariante do laço para esse procedimento e utilize suas propriedades de inicialização, manutenção e término para mostrar que o procedimento Soma-Vetor retorna a soma dos números em $A[1:n]$.

```
Soma-Vetor(A, n)

1   soma = 0
2   for i = 1 to n
3       soma = soma + A[i]
4   return soma
```

2.1-3
Reescreva o procedimento Ordena-Por-Inserção para dispor em ordem uniformemente decrescente, em vez da ordem uniformemente crescente.

2.1-4
Considere o **problema de busca**:

Entrada: uma sequência de n números $A = \langle a_1, a_2, ..., a_n \rangle$ armazenada no vetor $A[1:n]$ e um valor x.

Saída: um índice i tal que x é igual a $A[i]$ ou o valor especial NIL, se x não aparecer em A.

Escreva o pseudocódigo para **busca linear**, que faça a varredura do vetor, procurando por x. Usando um invariante de laço, prove que seu algoritmo está correto. Certifique-se de que seu invariante de laço satisfaz as três propriedades necessárias.

2.1-5
Considere o problema de somar dois inteiros binários a e b de n bits, armazenados em dois vetores de n elementos $A[0:n-1]$ e $B[0:n-1]$, em que cada elemento pode ser 0 ou 1, $a = \sum_{i=0}^{n-1} A[i] \cdot 2^i$ e $b = \sum_{i=0}^{n-1} B[i] \cdot 2^i$. A soma $c = a + b$ dos dois inteiros deve ser armazenada em forma binária em um vetor de $(n+1)$ elementos $C[0:n]$, em que $c = \sum_{i=0}^{n} C[i] \cdot 2^i$. Escreva um procedimento Soma-Inteiros-Binários que utilize como entrada os vetores A e B, juntamente com o comprimento n, e retorne o vetor C contendo a soma.

2.2   Análise de algoritmos

Analisar um algoritmo significa prever os recursos de que o algoritmo necessita. Podemos considerar recursos como memória, largura de banda de comunicação ou consumo de energia. Porém, mais frequentemente será o tempo de computação que desejamos medir. Em geral, pela análise de vários algoritmos candidatos para um problema, pode-se identificar facilmente um que seja o mais eficiente. Essa análise pode indicar mais de um candidato viável, porém, normalmente, podemos descartar vários algoritmos de qualidade inferior no processo.

Antes de analisar um algoritmo, devemos ter um modelo da tecnologia em que ele será usado, inclusive um modelo para os recursos dessa tecnologia e uma forma de expressar seus custos. Na maior parte deste livro, consideraremos um modelo de computação genérico de máquina de acesso aleatório (**RAM, do inglês *random-access machine***) com um único processador como nossa tecnologia de implementação e entenderemos que nossos algoritmos serão implementados como programas de computador.

No modelo de RAM, as instruções são executadas uma após outra, sem operações concorrentes. O modelo de RAM assume que cada instrução leva a mesma quantidade de tempo que qualquer outra instrução e que cada acesso aos dados — usando o valor de uma variável ou armazenando em uma variável — leva a mesma quantidade de tempo que qualquer outro acesso a dados. Em outras palavras, no modelo de RAM, cada instrução ou acesso a dados leva um tempo constante — até mesmo indexação em um vetor.[9]

No sentido estrito, deveríamos definir com precisão as instruções do modelo de RAM e seus custos. Porém, isso seria tedioso e nos daria pouca percepção do projeto e da análise de algoritmos. Não obstante, devemos ter cuidado para não abusarmos do modelo de RAM. Por exemplo, e se uma RAM tivesse uma instrução de ordenação? Então, poderíamos ordenar com apenas uma etapa. Tal RAM seria irreal, visto que os computadores reais não possuem tais instruções. Portanto, nosso guia é o modo como os computadores reais são projetados. O modelo de RAM contém instruções comumente encontradas em computadores reais: instruções aritméticas (como soma, subtração, multiplicação, divisão, resto, piso, teto), de movimentação de dados (carregar, armazenar, copiar) e de controle (desvio condicional e incondicional, chamada e retorno de sub-rotinas).

Os tipos de dados no modelo de RAM são inteiros, de ponto flutuante (para armazenar aproximações de números reais) e de caracteres. Os computadores reais normalmente não possuem um tipo de dados separado para os valores booleanos TRUE (verdadeiro) e FALSE (falso). Em vez disso, eles normalmente testam se um valor inteiro é 0 (FALSE) ou diferente de zero (TRUE), como na linguagem C. Embora normalmente não nos preocupemos com a precisão para os valores de ponto flutuante neste livro (muitos números não podem ser representados com exatidão em ponto flutuante), em algumas aplicações a precisão é crucial. Também consideramos um limite no número de *bits* para o tamanho de cada palavra de dados. Por exemplo, ao trabalharmos com entradas de tamanho n, geralmente consideramos que os inteiros são representados por $c(\lfloor \lg_2 n \rfloor + 1)$ *bits* para alguma constante $c \geq 1$, em que $\lfloor \lg_2 n \rfloor$ indica o maior inteiro que é menor que ou igual a $\lg_2 n$. Exigimos $c \geq 1$ para que cada palavra possa conter o valor de n, o que nos permite indexar os elementos individuais da entrada, e c terá de ser obrigatoriamente uma constante para que o tamanho da palavra não cresça arbitrariamente. (Se o tamanho da palavra pudesse crescer arbitrariamente, seria possível armazenar enorme quantidade de dados em uma única palavra e executar operações com tudo isso em tempo constante — claramente, um cenário irreal.)

Computadores reais contêm instruções que não citamos, e tais instruções representam uma área cinzenta no modelo de RAM. Por exemplo, a exponenciação é uma instrução de tempo constante? No caso geral, não; para calcular x^n quando x e n são inteiros gerais, normalmente leva-se um tempo logarítmico em n (ver Equação (31.34), no Capítulo 31), e é preciso verificar se o resultado cabe em uma palavra de computador. No entanto, se x é uma potência exata de 2, a exponenciação normalmente pode ser vista como uma operação de tempo constante. Muitos computadores possuem uma instrução "deslocar para a esquerda" (*shift left*) que desloca em tempo constante os *bits* de um inteiro n posições para a esquerda. Na maioria dos computadores, deslocar os *bits* de um inteiro uma posição para a esquerda equivale a multiplicar por 2; assim, deslocar os *bits* n posições para a esquerda equivale a multiplicar por 2^n. Portanto, tais computadores podem calcular 2^n em uma única instrução de tempo constante deslocando o inteiro 1 n posições para a esquerda, desde que n seja menor que o número de *bits* em uma palavra de computador. Procuraremos evitar essas áreas cinzentas no modelo de RAM, mas trataremos o cálculo de 2^n e a multiplicação por 2^n como uma operação de tempo constante quando o resultado for suficientemente pequeno para caber em uma palavra de computador.

No modelo de RAM, não tentamos modelar a hierarquia da memória que é comum em computadores contemporâneos. Isto é, não modelamos *caches* ou memória virtual. Vários outros modelos computacionais tentam levar em conta os efeitos da hierarquia de memória, que, vez ou outra, são significativos em programas reais, em máquinas reais. A Seção 11.5 e alguns problemas neste livro examinam os efeitos da hierarquia de memória, mas, em sua maioria, as análises neste livro não os considerarão. Os modelos que

---

[9]Assumimos que cada elemento de determinado vetor ocupa o mesmo número de *bytes* e que os elementos de determinado vetor são armazenados em locais de memória contíguos. Por exemplo, se o vetor $A[1 : n]$ começa no endereço de memória 1000 e cada elemento ocupa quatro *bytes*, então o elemento $A[i]$ está no endereço $1000 + 4(i - 1)$. Em geral, calcular o endereço na memória de um elemento específico do vetor requer no máximo uma subtração (ou nenhuma subtração, para um vetor de origem 0), uma multiplicação (frequentemente implementada como uma operação de deslocamento, se o tamanho do elemento for uma potência exata de 2) e uma adição. Além disso, para um código que percorre os elementos de um vetor ordenado, um compilador otimizador pode gerar o endereço de cada elemento usando apenas uma adição, somando o tamanho do elemento ao endereço do elemento anterior.

incluem a hierarquia de memória são bem mais complexos que o modelo de RAM, portanto pode ser difícil trabalhar com eles. Além disso, as análises do modelo de RAM, em geral, permitem previsões excelentes do desempenho em máquinas reais.

Embora geralmente seja simples analisar um algoritmo no modelo de RAM, por vezes isso pode ser um grande desafio. As ferramentas matemáticas exigidas podem incluir análise combinatória, teoria das probabilidades, destreza em álgebra e a capacidade de identificar os termos mais significativos em uma fórmula. Tendo em vista que o comportamento de um algoritmo pode ser diferente para cada entrada possível, precisamos de um meio para resumir esse comportamento em fórmulas simples, de fácil compreensão.

Análise da ordenação por inserção

Quanto tempo demora o procedimento ORDENA-POR-INSERÇÃO? Uma maneira de saber seria executá-lo em seu computador e cronometrar quanto tempo leva para ser executado. Claro, primeiro você teria que implementá-lo em uma linguagem de programação real, já que não é possível executar nosso pseudocódigo diretamente. O que esse teste de tempo lhe diria? Você descobriria quanto tempo a ordenação por inserção leva para ser executada em seu computador específico, com essa entrada específica, sob a implementação específica que você criou, com o compilador ou interpretador específico que você executou, com as bibliotecas específicas que você vinculou e com as tarefas em segundo plano específicas que estavam sendo executadas em seu computador simultaneamente com seu teste de tempo (como a verificação de informações recebidas em uma rede). Se você executar a ordenação por inserção novamente em seu computador com a mesma entrada, poderá até obter um tempo resultante diferente. Ao executar somente uma implementação da ordenação por inserção em apenas um computador e em apenas uma entrada, o que você seria capaz de determinar sobre o tempo de execução da ordenação por inserção se você lhe fornecesse uma entrada diferente, se a executasse em um computador diferente, ou se fosse implementá-la em uma linguagem de programação diferente? Não muito. Precisamos de uma maneira de prever, dada uma nova entrada, quanto tempo a ordenação por inserção levará.

Em vez de cronometrarmos uma execução (ou mesmo várias execuções) da ordenação por inserção, podemos determinar quanto tempo leva analisando o próprio algoritmo. Examinaremos quantas vezes ele executa cada linha de pseudocódigo e quanto tempo cada linha de pseudocódigo leva para ser executada. Primeiro, vamos apresentar uma fórmula precisa, mas complicada, para obter o tempo de execução. Depois, vamos destilar a parte importante da fórmula usando uma notação conveniente, que pode nos ajudar a comparar os tempos de execução de diferentes algoritmos para o mesmo problema.

Como analisamos a ordenação por inserção? Primeiro, vamos reconhecer que o tempo de execução depende da entrada. Não deverá lhe causar muita surpresa saber que ordenar mil números demora mais que ordenar três números. Além disso, a ordenação por inserção pode demorar quantidades de tempo diferentes para ordenar duas sequências de entrada do mesmo tamanho, dependendo de até que ponto elas já estejam ordenadas. Embora o tempo de execução possa depender de muitas características da entrada, vamos nos concentrar em uma que possui o maior efeito, a saber, o tamanho da entrada, e descrever o tempo de execução de um programa em função do tamanho de sua entrada. Para fazermos isso, precisamos definir os termos "tempo de execução" e "tamanho da entrada" com mais cuidado. Também precisamos esclarecer se estamos discutindo o tempo de execução para uma entrada que deduz o comportamento no pior caso, o comportamento no melhor caso ou algum outro caso.

A melhor noção de *tamanho da entrada* depende do problema que está sendo estudado. No caso de muitos problemas, como a ordenação ou o cálculo de transformadas discretas de Fourier, a medida mais natural é o *número de itens na entrada* — por exemplo, a quantidade n dos itens sendo ordenados. Para muitos outros problemas, como a multiplicação de dois inteiros, a melhor medida do tamanho da entrada é o *número total de bits* necessários para representar a entrada em notação binária comum. Por vezes, é mais apropriado descrever o tamanho da entrada com mais do que apenas um número. Por exemplo, se a entrada para um algoritmo é um grafo, normalmente caracterizamos o tamanho da entrada pelos números de vértices e de arestas no grafo. Indicaremos qual medida de tamanho da entrada está sendo usada a cada problema que estudarmos.

O *tempo de execução* de um algoritmo com determinada entrada é o número de instruções e acessos a dados executados. O modo como podemos considerar esses custos deverá ser independente de qualquer computador específico, mas estar dentro da estrutura do modelo de RAM. Por enquanto, vamos adotar a visão a seguir. Uma quantidade de tempo constante é exigida para executar cada linha do nosso pseudocódigo. Uma linha pode demorar uma quantidade de tempo diferente de outra linha, mas consideraremos que cada execução da k-ésima linha leva um tempo c_k, em que c_k é uma constante. Esse ponto de vista está de acordo com o modelo de RAM e também reflete o modo como o pseudocódigo seria implementado na maioria dos computadores reais.[10]

Vamos analisar o procedimento ORDENA-POR-INSERÇÃO. Conforme prometemos, vamos começar definindo uma fórmula precisa que utilize o tamanho da entrada e todos os custos de instrução c_k. Contudo, essa fórmula é bastante confusa. Então, vamos passar para uma notação mais simples, também mais concisa e mais fácil de manipular. Essa notação mais simples também facilitará a tarefa de comparar os tempos de execução dos algoritmos, especialmente quando o tamanho da entrada aumentar.

Para analisarmos o procedimento ORDENA-POR-INSERÇÃO, vamos apresentá-lo com o custo de tempo de cada instrução e o número de vezes que cada instrução é executada. Para cada $i = 2, 3, ..., n$, seja t_i o número de vezes que o teste do laço **while** na linha 5 é executado para aquele valor de i. Quando um laço **for** ou **while** termina da maneira usual — porque o teste no cabeçalho do laço resultou em FALSO —, o teste é executado uma vez a mais do que o corpo do laço. Consideramos que comentários não são instruções executáveis e, portanto, não demandam nenhum tempo.

O tempo de execução do algoritmo é a soma dos tempos de execução para cada instrução executada. Uma instrução que demanda c_k passos para ser executada e é executada m vezes contribuirá com $c_k m$ para o tempo de execução total.[11] Normalmente, indicamos o tempo de execução de um algoritmo sobre uma entrada de tamanho n com $T(n)$. Para calcularmos $T(n)$, o tempo de execução de ORDENA-POR-INSERÇÃO de uma entrada de n valores, somamos os produtos das colunas *custo* e *vezes*, obtendo

ORDENA-POR-INSERÇÃO(A, n)		*custo*	*vezes*
1	**for** $i = 2$ **to** n	c_1	n
2	$chave = A[i]$	c_2	$n - 1$
3	// Inserir $A[i]$ no subvetor ordenado $A[1 : i - i]$	0	$n - 1$
4	$j = i - 1$	c_4	$n - 1$
5	**while** $j > 0$ e $A[j] > chave$	c_5	$\sum_{i=2}^{n} t_i$
6	$A[j + 1] = A[j]$	c_6	$\sum_{i=2}^{n}(t_i - 1)$
7	$j = j - 1$	c_7	$\sum_{i=2}^{n}(t_i - 1)$
8	$A[j + 1] = chave$	c_8	$n - 1$

$$T(n) = c_1 n + c_2(n - 1) + c_4(n - 1) + c_5 \sum_{i=2}^{n} t_i + c_6 \sum_{i=2}^{n}(t_i - 1)$$

$$+ c_7 \sum_{i=2}^{n}(t_i - 1) + c_8(n - 1) .$$

Mesmo para entradas de determinado tamanho, o tempo de execução de um algoritmo pode depender de *qual* entrada desse tamanho é dada. Por exemplo, em ORDENA-POR-INSERÇÃO, o melhor caso ocorre se o vetor já está ordenado. Nesse caso, toda vez que a linha 5 é executada, o valor de *chave* — o valor originalmente em $A[i]$ — já é maior ou igual a todos os valores em $A[1 : i - 1]$, de modo que o laço **while** das linhas 5–7 sempre

---

[10]Há algumas sutilezas aqui. As etapas computacionais que especificamos em linguagem comum frequentemente são variantes de um procedimento que exige mais que apenas uma quantidade constante de tempo. Por exemplo, no procedimento ORDENA-POR-DÍGITO da Seção 8.3, uma linha diz "usar uma ordenação estável para ordenar o vetor A sobre o dígito i", que, como veremos, demora mais que uma quantidade constante de tempo. Além disso, observe que uma instrução que chama uma sub-rotina demora um tempo constante, embora a sub-rotina, uma vez invocada, possa durar mais. Ou seja, separamos o processo de **chamar** a sub-rotina — passar parâmetros a ela etc. — do processo de **executar** a sub-rotina.

[11]Essa característica não se mantém necessariamente para um recurso como a memória. Uma instrução que referencia m palavras de memória e é executada n vezes não referencia necessariamente mn palavras de memória distintas.

termina no primeiro teste na linha 5. Portanto, temos que $t_i = 1$ para $i = 2, 3, ..., n$, e o tempo de execução do melhor caso é dado por

$$T(n) = c_1 n + c_2(n-1) + c_4(n-1) + c_5(n-1) + c_8(n-1)$$
$$= (c_1 + c_2 + c_4 + c_5 + c_8)n - (c_2 + c_4 + c_5 + c_8). \tag{2.1}$$

Podemos expressar esse tempo de execução como $an + b$ para *constantes a* e *b* que dependem dos custos de instrução c_k (em que $a = c_1 + c_2 + c_4 + c_5 + c_8$ e $b = -(c_2 + c_4 + c_5 + c_8)$). Assim, o tempo de execução é uma ***função linear*** de n.

O pior caso resulta quando o vetor está disposto em ordem inversa — ou seja, em ordem decrescente. O procedimento deve comparar cada elemento $A[i]$ com cada elemento do subvetor ordenado inteiro, $A[1 : i-1]$, e então, $t_i = i$ para $i = 2, 3, ..., n$. (O procedimento descobre que $A[j] > chave$ toda vez que a linha 5 é executada, e o laço **while** termina somente quando j alcança o valor 0.) Observando que

$$\sum_{i=2}^{n} i = \left(\sum_{i=1}^{n} i \right) - 1$$
$$= \frac{n(n+1)}{2} - 1 \text{ (pela Equação (A.2), no Apêndice A)}$$

e

$$\sum_{i=2}^{n} (i-1) = \sum_{i=1}^{n-1} i$$
$$= \frac{n(n-1)}{2} \text{ (novamente, pela Equação (A.2)),}$$

descobrimos que, no pior caso, o tempo de execução de ORDENA-POR-INSERÇÃO é

$$T(n) = c_1 n + c_2(n-1) + c_4(n-1) + c_5 \left(\frac{n(n+1)}{2} - 1 \right)$$
$$+ c_6 \left(\frac{n(n-1)}{2} \right) + c_7 \left(\frac{n(n-1)}{2} \right) + c_8(n-1)$$
$$= \left(\frac{c_5}{2} + \frac{c_6}{2} + \frac{c_7}{2} \right) n^2 + \left(c_1 + c_2 + c_4 + \frac{c_5}{2} - \frac{c_6}{2} - \frac{c_7}{2} + c_8 \right) n$$
$$- (c_2 + c_4 + c_5 + c_8). \tag{2.2}$$

Podemos expressar esse tempo de execução do pior caso como $an^2 + bn + c$ para constantes a, b e c que, mais uma vez, dependem dos custos de instrução c_k (agora, $a = c_5/2 + c_6/2 + c_7/2$, $b = c_1 + c_2 + c_4 + c_5/2 - c_6/2 - c_7/2 + c_8$, e $c = -(c_2 + c_4 + c_5 + c_8)$). Portanto, o tempo de execução é uma ***função quadrática*** de n.

Em geral, como na ordenação por inserção, o tempo de execução de um algoritmo é fixo para determinada entrada, embora em capítulos posteriores vejamos alguns algoritmos "aleatorizados" interessantes, cujo comportamento pode variar até mesmo para uma entrada fixa.

Análise do pior caso e do caso médio

Em nossa análise da ordenação por inserção, examinamos tanto o melhor caso, no qual o vetor de entrada já estava ordenado, quanto o pior caso, no qual o vetor de entrada estava ordenado em ordem inversa. Porém, no restante deste livro, em geral (mas nem sempre), nos concentraremos em determinar apenas o ***tempo de execução do pior caso***; ou seja, o tempo de execução mais longo para *qualquer* entrada de tamanho n. Por quê? Apresentamos três razões para essa orientação:

- O tempo de execução do pior caso de um algoritmo estabelece um limite superior no tempo de execução para qualquer entrada. Conhecê-lo nos dá uma garantia de que o algoritmo nunca demorará mais do que esse tempo. Não precisamos fazer nenhuma suposição sobre o tempo de execução esperando que ele nunca seja muito pior. Esse recurso é especialmente importante para a computação em tempo real, em que as operações precisam ser concluídas dentro de um prazo.

- Para alguns algoritmos, o pior caso ocorre com bastante frequência. Por exemplo, na pesquisa de um banco de dados em busca de determinada informação, o pior caso do algoritmo de busca frequentemente ocorre quando a informação não está presente no banco de dados. Em algumas aplicações, a busca de informações ausentes pode ser frequente.

- Muitas vezes, o "caso médio" é quase tão ruim quanto o pior caso. Suponha que escolhemos n números aleatoriamente e aplicamos a ordenação por inserção. Quanto tempo transcorrerá até que o algoritmo determine o lugar no subvetor $A[1 : i - 1]$ em que deve ser inserido o elemento $A[i]$? Em média, metade dos elementos em $A[1 : i - 1]$ é menor que $A[i]$ e metade dos elementos é maior. Portanto, em média, $A[i]$ é comparado com apenas metade do subvetor $A[1 : i - 1]$ e, portanto, t_i é aproximadamente $i/2$. Resulta que o tempo de execução obtido para o caso médio é uma função quadrática do tamanho da entrada, exatamente o que ocorre com o tempo de execução do pior caso.

Em alguns casos particulares, estaremos interessados no tempo de execução do *caso médio* de um algoritmo. Veremos, neste livro, a técnica da *análise probabilística* aplicada a vários algoritmos. O escopo da análise do caso médio é limitado, porque pode não ser evidente o que constitui uma entrada "média" para determinado problema. Muitas vezes, consideraremos que todas as entradas de um tamanho dado são igualmente prováveis. Na prática, é possível que essa suposição seja violada, mas, por vezes, podemos utilizar um *algoritmo aleatorizado*, que efetua escolhas ao acaso, para permitir uma análise probabilística e produzir um tempo *esperado* de execução. Estudaremos algoritmos randomizados com mais detalhes no Capítulo 5 e em vários outros capítulos subsequentes.

Ordem de crescimento

Usamos algumas abstrações simplificadoras para facilitar nossa análise do procedimento ORDENA-POR-INSERÇÃO. Primeiro, ignoramos o custo real de cada instrução, usando as constantes c_k para representar esses custos. Ainda assim, os tempos de execução no pior e no melhor caso, nas Equações (2.1) e (2.2), são um tanto difíceis de se manejar. As constantes nessas expressões nos dão mais detalhes do que realmente necessitamos. É por isso que expressamos o tempo de execução do melhor caso como $an + b$, com as constantes a e b que dependem dos custos de instrução c_k, e expressamos o tempo de execução do pior caso como $an^2 + bn + c$, com constantes a, b e c que dependem também dos custos de instrução. Desse modo, ignoramos não apenas os custos reais de instrução, mas também os custos abstratos c_k.

Agora, faremos mais uma abstração simplificadora: é a *taxa de crescimento*, ou *ordem de crescimento*, do tempo de execução que realmente nos interessa. Portanto, consideramos apenas o termo inicial de uma fórmula (por exemplo, an^2), já que os termos de ordem mais baixa são relativamente insignificantes para grandes valores de n. Também ignoramos o coeficiente constante do termo inicial, visto que fatores constantes são menos significativos que a taxa de crescimento na determinação da eficiência computacional para grandes entradas. No caso do tempo de execução da ordenação por inserção, quando ignoramos os termos de ordem mais baixa e o coeficiente constante do termo inicial, resta apenas o fator de n^2 do termo inicial. Esse fator, n^2, é de longe a parte mais importante do tempo de execução. Por exemplo, suponha que um algoritmo implementado em uma máquina específica leve $n^2/100 + 100n + 17$ microssegundos com uma entrada de tamanho n. Embora os coeficientes de $1/100$ para o termo n^2 e 100 para o termo n difiram em quatro ordens de grandeza, o termo $n^2/100$ domina o termo $100n$ quando n ultrapassa 10.000. Embora 10.000 possa parecer grande, é um número menor do que a população de uma cidade média. Muitos problemas do mundo real possuem tamanhos de entrada muito maiores.

Para destacar a ordem de crescimento do tempo de execução, temos uma notação especial que usa a letra grega Θ (teta). Afirmamos que a ordenação por inserção tem um tempo de execução do pior caso igual a $\Theta(n^2)$ (lido como "teta de n ao quadrado" ou apenas "teta n ao quadrado"). Também escrevemos que a ordenação por inserção tem um tempo de execução do melhor caso igual a $\Theta(n)$ ("teta de n" ou "teta n"). Por enquanto, pense na notação Θ como indicando "aproximadamente proporcional quando n é grande", de modo que $\Theta(n^2)$ significa "aproximadamente proporcional a n^2 quando n é grande" e $\Theta(n)$ significa "aproximadamente proporcional a n quando n é grande". Usaremos informalmente a notação Θ neste capítulo e a definiremos com precisão no Capítulo 3.

Em geral, consideramos que um algoritmo é mais eficiente que outro se seu tempo de execução do pior caso apresenta uma ordem de crescimento mais baixa. Em razão de fatores constantes e termos de ordem mais baixa, um algoritmo cujo tempo de execução tenha uma ordem de crescimento mais alta pode demorar menos tempo para pequenas entradas do que um algoritmo cuja ordem de crescimento seja mais baixa. Porém, para entradas suficientemente grandes, um algoritmo cujo tempo de execução no pior caso é $\Theta(n^2)$, por exemplo, leva menos tempo no pior caso que um algoritmo cujo tempo de execução no pior caso é $\Theta(n^3)$. Independentemente das constantes ocultadas pela notação Θ, há sempre algum número, digamos, n_0, tal que, para todos os tamanhos de entrada $n \geq n_0$, o algoritmo $\Theta(n^2)$ supera o algoritmo $\Theta(n^3)$ no pior caso.

Exercícios

2.2-1
Expresse a função $n^3/1000 + 100n^2 - 100n + 3$ em termos da notação Θ.

2.2-2
Considere a ordenação de n números armazenados no vetor $A[1:n]$, localizando primeiro o menor elemento de $A[1:n]$ e permutando esse elemento com o elemento contido em $A[1]$. Em seguida, determine o menor elemento de $A[2:n]$ e permute-o com $A[2]$. Depois encontre o menor elemento de $A[3:n]$ e permute-o com $A[3]$. Continue dessa maneira para os primeiros $n-1$ elementos de A. Escreva o pseudocódigo para esse algoritmo, conhecido como ***ordenação por seleção***. Qual invariante de laço esse algoritmo mantém? Por que ele só precisa ser executado para os primeiros $n-1$ elementos, e não para todos os n elementos? Forneça os tempos de execução do pior caso da ordenação por seleção em notação Θ. O tempo de execução do melhor caso consegue ser melhor?

2.2-3
Considere mais uma vez a busca linear (ver Exercício 2.1-4). Quantos elementos do vetor de entrada precisam ser verificados em média, considerando que o elemento que está sendo procurado tenha a mesma probabilidade de ser qualquer elemento no vetor? E no pior caso? Usando a notação Θ, quais são os tempos de execução do caso médio e do pior caso da busca linear? Justifique suas respostas.

2.2-4
Como podemos modificar qualquer algoritmo para ter um bom tempo de execução no melhor caso?

2.3 Projeto de algoritmos

Há uma grande variedade de técnicas de projeto de algoritmos à nossa disposição. Para a ordenação por inserção, utilizamos o método ***incremental***: para cada elemento $A[i]$, inserimos esse elemento em seu lugar apropriado no subvetor $A[1:i]$, já tendo ordenado o subvetor $A[1:i-1]$.

Nesta seção, examinaremos outra abordagem de projeto, conhecida como "divisão e conquista", que estudaremos com mais detalhes no Capítulo 4. Usaremos tal abordagem para projetar um algoritmo de ordenação cujo tempo de execução do pior caso é muito menor que o da ordenação por inserção. Uma vantagem dos algoritmos de divisão e conquista é que a análise de seus tempos de execução é frequentemente simples, com a utilização de técnicas que serão apresentadas no Capítulo 4.

2.3.1 Abordagem de divisão e conquista

Muitos algoritmos úteis são ***recursivos*** em sua estrutura: para resolver dado problema, eles chamam a si mesmos ***recursivamente*** uma ou mais vezes para lidar com subproblemas intimamente relacionados. Em geral, esses algoritmos seguem uma abordagem de ***divisão e conquista***: eles desmembram o problema em vários subproblemas que são semelhantes ao problema original, mas de menor tamanho, resolvem os subproblemas recursivamente e depois combinam essas soluções com o objetivo de encontrar uma solução para o problema original.

No método de divisão e conquista, se o problema for pequeno o suficiente — o ***caso-base*** —, ele é resolvido diretamente, sem necessidade de recursão. Caso contrário — o ***caso recursivo*** —, são realizadas três etapas características:

Divisão do problema em um ou mais subproblemas, que são instâncias menores do problema original.

Conquista dos subproblemas, resolvendo-os recursivamente.

Combinação das soluções dadas aos subproblemas na solução para o problema original.

O algoritmo de ***ordenação por intercalação*** obedece rigorosamente o método de divisão e conquista. Em cada etapa, ele ordena um subvetor $A[p:r]$, começando com o vetor inteiro $A[1:n]$ e realizando a recursão para subvetores cada vez menores. Veja como a ordenação por intercalação funciona:

Divisão do subvetor $A[p:r]$ para ser ordenado em dois subvetores adjacentes, cada um com metade do tamanho total. Para fazer isso, calcule o ponto médio q de $A[p:r]$ (tomando a média de p e r) e divida $A[p:r]$ em subvetores $A[p:q]$ e $A[q+1:r]$.

Conquista ordenando os dois subvetores $A[p:q]$ e $A[q+1:r]$ recursivamente, utilizando a ordenação por intercalação.

Combinação intercalando os dois subvetores ordenados $A[p:q]$ e $A[q+1:r]$ e gerando $A[p:r]$ de volta, para produzir a resposta ordenada.

A recursão "se esgotará" — alcançará o caso-base — quando o subvetor $A[p:r]$ a ser ordenado tiver apenas um elemento, ou seja, quando p for igual a r. Como foi observado no argumento de inicialização para o invariante de laço do Ordena-Por-Inserção, um subvetor compreendendo apenas um único elemento sempre está ordenado.

A operação-chave do algoritmo de ordenação por intercalação ocorre na etapa "combinar", que intercala dois subvetores adjacentes e ordenados. A operação de intercalação é realizada pelo procedimento auxiliar Merge(A, p, q, r), a seguir, em que A é um vetor e p, q e r são índices de enumeração dos elementos do vetor, tais que $p \leq q < r$. O procedimento considera que os subvetores adjacentes $A[p:q]$ e $A[q+1:r]$ já foram ordenados recursivamente. Ele ***intercala*** (ou ***mescla***) os dois subvetores ordenados para formar um único subvetor ordenado, que substitui o subvetor atual $A[p:r]$.

Para compreendermos o funcionamento do procedimento Merge, vamos retornar ao nosso exemplo do jogo de cartas. Suponha que temos duas pilhas de cartas com a face para cima sobre uma mesa. Cada pilha está ordenada, com as cartas de menor valor em cima. Desejamos juntar as duas pilhas (fazendo a intercalação) em uma única pilha de saída ordenada, que ficará com a face para baixo na mesa. Nosso passo básico consiste em escolher a menor das duas cartas superiores nas duas pilhas viradas para cima, removê-la de sua pilha (o que exporá uma nova carta superior) e colocar essa carta com a face voltada para baixo sobre a pilha de saída. Repetimos esse passo até uma pilha de entrada se esvaziar e, então, simplesmente pegamos a pilha de entrada restante e a colocamos virada para baixo sobre a pilha de saída.

Vamos determinar quanto tempo leva para mesclar duas pilhas de cartas já ordenadas. Cada etapa básica leva um tempo constante, já que estamos comparando apenas as duas cartas do topo. Se as duas pilhas ordenadas com as quais começamos têm cada uma $n/2$ cartas, então o número de etapas básicas é pelo menos $n/2$ (uma vez que, em qualquer pilha que foi esvaziada, todas as cartas são menores do que algumas cartas da outra pilha) e no máximo n (na verdade, no máximo $n-1$, pois, após $n-1$ etapas básicas, uma das pilhas deverá estar vazia). Com cada etapa básica levando um tempo constante e o número total de etapas básicas entre $n/2$ e n, podemos dizer que a intercalação leva um tempo aproximadamente proporcional a n. Ou seja, a intercalação leva um tempo $\Theta(n)$.

Em detalhe, o procedimento Merge funciona da maneira ilustrada a seguir. Ele copia os dois subvetores $A[p:q]$ e $A[q+1:r]$ para os vetores temporários L e R (de "*left*" e "*right*", em inglês, ou "esquerda" e "direita") e depois intercala os valores em L e R de volta para $A[p:r]$. As linhas 1 e 2 calculam os tamanhos n_L e n_R dos subvetores $A[p:q]$ e $A[q+1:r]$, respectivamente. Em seguida, a linha 3 cria os vetores $L[0:n_L-1]$

e $R[0 : n_R - 1]$ com os respectivos tamanhos n_L e n_R.[12] O laço **for** das linhas 4–5 copia o subvetor $A[p : q]$ para L, e o laço **for** das linhas 6–7 copia o subvetor $A[q + 1 : r]$ para R.

MERGE(A, p, q, r)

```
 1   n_L = q - p + 1              // tamanho de A[p : q]
 2   n_R = r - q                  // tamanho de A[q + 1 : r]
 3   sejam L[0 : n_L - 1] e R[0 : n_R - 1] novos vetores
 4   for i = 0 to n_L - 1         // copia A[p : q] para L[0 : n_L - 1]
 5       L[i] = A[p + i]
 6   for j = 0 to n_R - 1         // copia A[q + 1 : r] para R[0 : n_R - 1]
 7       R[j] = A[q + j + 1]
 8       i = 0                    // i indexa o menor elemento restante em L
 9       j = 0                    // j indexa o menor elemento restante em R
10       k = p                    // k indexa o local em A para preencher
11   // Enquanto cada um de L e R contém um elemento não intercalado,
     //    copia o menor elemento não intercalado de volta a A[p : r].
12   while i < n_L e j < n_R
13       if L[i] ≤ R[j]
14           A[k] = L[i]
15           i = i + 1
16       else A[k] = R[j]
17           j = j + 1
18       k = k + 1
19   // Tendo percorrido L ou R totalmente, copia o restante
     //    do outro para o final de A[p : r].
20   while i < n_L
21       A[k] = L[i]
22       i = i + 1
23       k = k + 1
24   while j < n_R
25       A[k] = R[j]
26       j = j + 1
27       k = k + 1
```

As linhas 8–18, ilustradas na Figura 2.3, executam as etapas básicas. O laço **while** das linhas 12–18 identifica repetidamente o menor valor em L e R que ainda precisa ser copiado de volta para $A[p : r]$ e o copia. Conforme indicado no comentário, o índice k indica a posição de A que está sendo preenchida, e os índices i e j representam as posições em L e R, respectivamente, dos menores valores restantes. Por fim, todos os elementos de L ou todos os de R estarão copiados de volta para $A[p : r]$, e esse laço termina. Se o laço terminar porque o R inteiro foi copiado de volta, ou seja, porque j é igual a n_R, então i é menor que n_L, de modo que parte de L ainda deve ser copiada de volta, e esses valores são os maiores tanto em L quanto em R. Nesse caso, o laço **while** das linhas 20–23 copia esses valores restantes de L para as últimas poucas posições de $A[p : r]$. Como j é igual a n_R, o laço **while** das linhas 24–27 não é executado nenhuma vez. Se, em vez disso, o laço **while** das linhas 12–18 terminar porque i é igual a n_L, então o L inteiro foi copiado de volta para $A[p : r]$, e o laço **while** das linhas 24–27 copia os valores restantes de R de volta para o final de $A[p : r]$.

---

[12]Este procedimento é o caso raro que usa a indexação tanto com origem 1 (para o vetor A) quanto com origem 0 (para os vetores L e R). O uso da indexação com origem 0 para L e R torna o invariante de laço mais simples no Exercício 2.3-3.

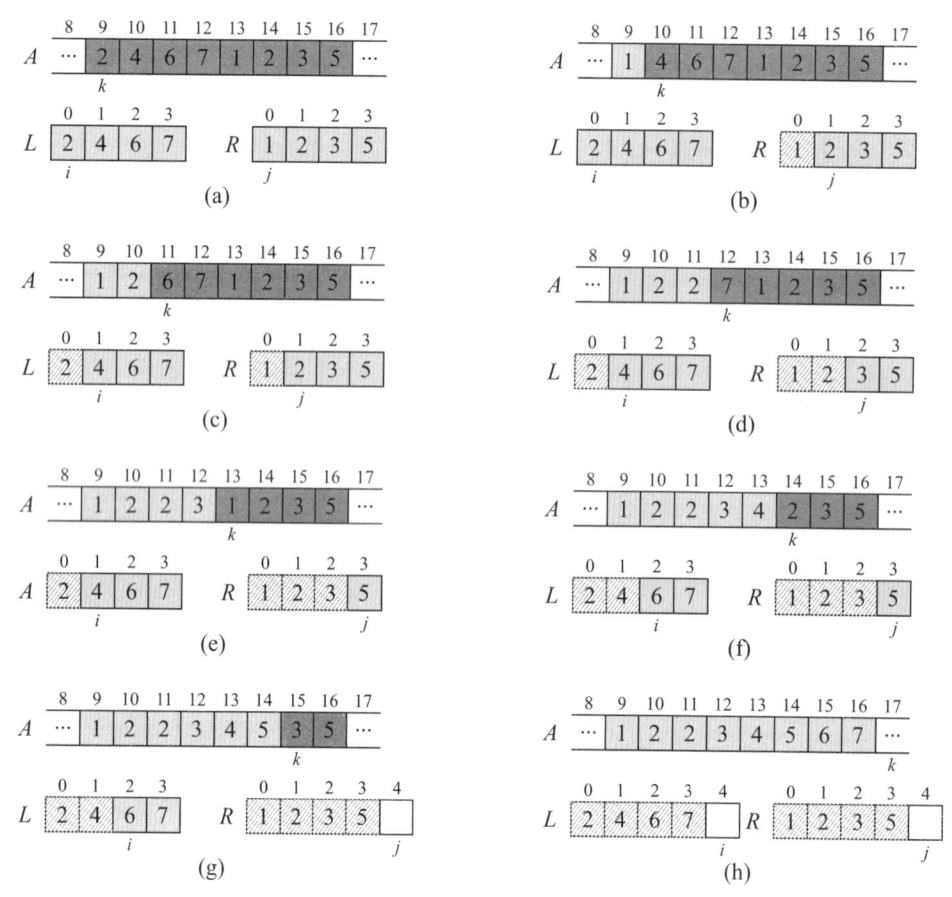

Figura 2.3 Operação do laço **while** das linhas 8–18 na chamada Merge(A, 9, 12, 16) quando o subvetor A[9 : 16] contém a sequência ⟨2, 4, 6, 7, 1, 2, 3, 5⟩. Depois de alocar e copiar para os vetores L e R, o vetor L contém ⟨2, 4, 6, 7⟩ e o vetor R contém (1, 2, 3, 5). Posições em *cinza-claro* em A contêm seus valores finais, e posições em *cinza-claro* em L e R contêm valores que ainda têm de ser copiados de volta em A. Juntas, as posições em *cinza-claro* sempre incluem os valores contidos originalmente em A [9 : 16]. Posições em *cinza-escuro* em A contêm valores que serão sobrescritos, e posições com *fundo tracejado* em L e R contêm valores que já foram copiados de volta em A. (**a**)–(**g**) Os vetores A, L e R e seus respectivos índices k, i, e j antes de cada iteração do laço das linhas 12–18. No ponto da parte (g), todos os valores em R já foram copiados de volta para A (indicado por j sendo igual ao tamanho de R), e assim, o laço **while** das linhas 12–18 termina. (**h**) Os vetores e índices ao término da execução. Os laços das linhas 20–23 e 24–27 copiaram de volta para A os valores restantes em L e R, que são os maiores valores originalmente em A[9 : 16]. Aqui, as linhas 20–23 copiaram L[2 : 3] para A[15 : 16] e, como todos os valores em R já foram copiados para A, o laço **while** das linhas 24–27 não é percorrido nenhuma vez. Nesse ponto, o subvetor em A[9 : 16] está ordenado.

Para ver que o procedimento Merge é executado no tempo $\Theta(n)$, em que $n = r - p + 1$,[13] observe que cada uma das linhas 1–3 e 8–11 demora um tempo constante, e que os laços **for** das linhas 4–7 demoram o tempo $\Theta(n_L + n_R) = \Theta(n)$.[14] Para levar em conta os três laços **while** das linhas 12–18, 20–23 e 24–27, observe que cada iteração desses laços copia exatamente um valor de L ou de R para A, e que cada valor é copiado de volta para A exatamente uma vez. Portanto, esses três laços juntos resultam em um total de n iterações. Como cada iteração de cada um desses três laços demora um tempo constante, o tempo total gasto nesses três laços é $\Theta(n)$.

Agora, podemos usar o procedimento Merge como uma sub-rotina no algoritmo de ordenação por intercalação. O procedimento Merge-Sort(A, p, r), mostrado mais adiante, ordena os elementos do subvetor A[p : r]. Se p é igual a r, o subvetor tem apenas 1 elemento e, portanto, já está ordenado. Caso contrário, devemos ter $p < r$, e o Merge-Sort executa as etapas de divisão, conquista e combinação. A etapa de divisão simplesmente calcula

---

[13]Se você quiser saber de onde vem o "+1", imagine que $r = p + 1$. Então, o subvetor $A[p : r]$ consiste em dois elementos, e $r - p + 1 = 2$.

[14]O Capítulo 3 mostra como interpretar formalmente as equações contendo a notação Θ.

um índice q que subdivide $A[p : r]$ em dois subvetores adjacentes: $A[p : q]$, contendo $[n/2]$ elementos, e $A[q + 1 : r]$, contendo $[n/2]$ elementos.[15] A chamada inicial MERGE-SORT$(A, 1, n)$ ordena o vetor $A[1 : n]$ inteiro.

MERGE-SORT(A, p, r)
1   **if** $p \geq r$ // zero ou um elemento?
2   **return**
3   $q = \lfloor (p + r)/2 \rfloor$ // ponto médio de $A[p : r]$
4   MERGE-SORT(A, p, q) // ordena $A[p : q]$ recursivamente
5   MERGE-SORT $(A, q + 1, r)$ // ordena $A[q + 1 : r]$ recursivamente
6   // Intercala $A[p : q]$ e $A[q + 1 : r]$ em $A[p : r]$.
7   MERGE(A, p, q, r)

A Figura 2.4 ilustra a operação do procedimento para $n = 8$, mostrando também a sequência de etapas de divisão e intercalação. O algoritmo divide recursivamente o vetor até chegar a subvetores de 1 elemento. As etapas de combinação intercalam pares de subvetores de 1 elemento, formando os subvetores ordenados de tamanho 2, intercalando-os para formarem subvetores ordenados de tamanho 4, e intercalando-os para formarem o subvetor ordenado final, de tamanho 8. Se n não é uma potência exata de 2, então algumas etapas de divisão criam subvetores cujos tamanhos são diferentes de 1. (Por exemplo, ao dividir-se um subvetor de tamanho 7, um subvetor terá tamanho 4 e o outro terá tamanho 3.) Independentemente dos tamanhos dos dois subvetores sendo intercalados, o tempo para intercalar um total de n itens é $\Theta(n)$.

2.3.2   Análise de algoritmos de divisão e conquista

Quando um algoritmo contém uma chamada recursiva, seu tempo de execução pode ser descrito frequentemente por uma *equação de recorrência* ou *recorrência*, que descreve o tempo de execução global para um problema de tamanho n em termos do tempo de execução para entradas menores. Então, podemos usar ferramentas matemáticas para resolvermos a recorrência e estabelecermos limites para o desempenho do algoritmo.

Uma recorrência para o tempo de execução de um algoritmo de divisão e conquista resulta dos três passos do método básico. Como fizemos para a ordenação por inserção, consideramos $T(n)$ o tempo de execução do pior caso para um problema de tamanho n. Se o tamanho do problema for pequeno o bastante, digamos $n \leq n_0$ para alguma constante $n_0 > 0$, a solução direta demorará um tempo constante, que representamos por $\Theta(1)$.[16] Vamos supor que a subdivisão que adotamos para o problema produza a subproblemas, cada um deles com n/b, ou seja $1/b$ do tamanho do problema original. No caso da ordenação por intercalação, a e b são 2, mas veremos outros algoritmos de divisão e conquista nos quais $a \neq b$. O algoritmo leva o tempo $T(n/b)$ para resolver um subproblema de tamanho n/b e, portanto, leva o tempo $aT(n/b)$ para resolver um número a desses problemas. Se o algoritmo levar o tempo $D(n)$ para dividir o problema em subproblemas e o tempo $C(n)$ para combinar as soluções dadas aos subproblemas na solução para o problema original, obteremos a recorrência

$$T(n) = \begin{cases} \Theta(1) & \text{se } n < n_0 \\ D(n) + aT(n/b) + C(n) & \text{caso contrário.} \end{cases}$$

No Capítulo 4, veremos como resolver recorrências comuns que tenham essa forma.

Às vezes, o tamanho n/b da etapa de divisão não é um número inteiro. Por exemplo, o procedimento MERGE-SORT divide um problema de tamanho n em subproblemas de tamanhos $[n/2]$ e $\lfloor n/2 \rfloor$. Como a diferença

---

[15]A expressão $[x]$ indica o menor inteiro maior ou igual a x, e $\lfloor x \rfloor$ indica o maior inteiro menor ou igual a x. Essas notações são definidas na Seção 3.3. O modo mais fácil para verificar que definir q como $\lfloor (p + r)/2 \rfloor$ produz os subvetores $A[p : q]$ e $A[q + 1 : r]$ de tamanhos $[n/2]$ e $\lfloor n/2 \rfloor$, respectivamente, é examinar os quatro casos que surgem dependendo de cada valor de p e r ser ímpar ou par.

[16]Para saber de onde vem o $\Theta(1)$, pense dessa forma. Quando dizemos que $n^2/100$ é $\Theta(n^2)$, estamos ignorando o coeficiente $1/100$ do fator n^2. Do mesmo modo, quando dizemos que uma constante c é $\Theta(1)$, estamos ignorando o coeficiente c do fator 1 (que também pode ser indicado por n^0).

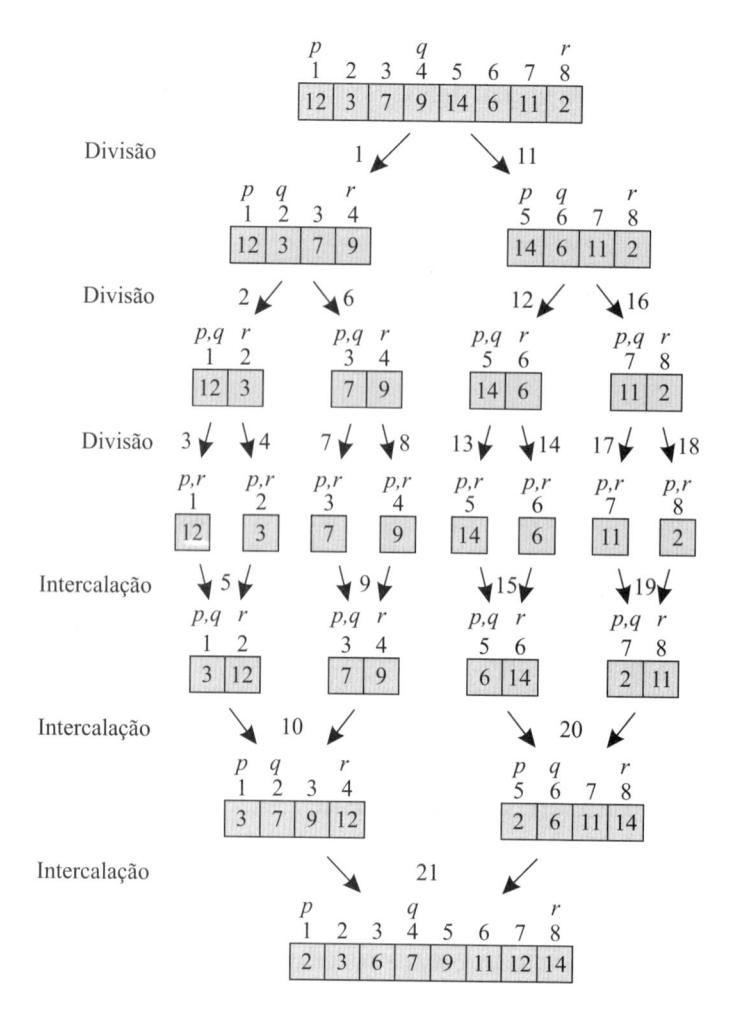

Figura 2.4 Operação de ordenação por intercalação sobre o vetor de tamanho 8 que contém inicialmente a sequência ⟨12, 3, 7, 9, 14, 6, 11, 2⟩. Os índices p, q e r para cada subvetor aparecem logo acima de seus valores. Os números em itálico indicam a ordem em que os procedimentos MERGE-SORT e MERGE são chamados após a chamada inicial de MERGE-SORT(A, 1, 8).

entre $\lceil n/2 \rceil$ e $\lfloor n/2 \rfloor$ é no máximo 1, o que para n grande é muito menor do que o efeito de dividir n por 2, vamos forçar um pouco a barra e apenas chamar os dois de tamanho $n/2$. Como o Capítulo 4 discutirá, essa simplificação de ignorar pisos e tetos geralmente não afeta a ordem de crescimento de uma solução para uma recorrência do tipo divisão e conquista.

Outra convenção que adotaremos é omitir uma declaração dos casos básicos da recorrência, que também discutiremos com mais detalhes no Capítulo 4. O motivo é que os casos básicos são quase sempre $T(n) = \Theta(1)$ se $n < n_0$ para alguma constante $n_0 > 0$. Isso ocorre porque o tempo de execução de um algoritmo em uma entrada de tamanho constante também é constante. Economizamos muita escrita extra ao adotar essa convenção.

Análise da ordenação por intercalação

Apresentamos a seguir o raciocínio usado para configurar a recorrência para $T(n)$, o tempo de execução do pior caso da ordenação por intercalação para n números.

Divisão: a etapa de divisão simplesmente calcula o ponto médio do subvetor, o que demora um tempo constante. Portanto, $D(n) = \Theta(1)$.

Conquista: resolvemos recursivamente dois subproblemas, cada um de tamanho $n/2$, o que contribui com $2T(n/2)$ para o tempo de execução (ignorando os pisos e tetos, como já dissemos).

Combinação: já observamos que o procedimento MERGE em um subvetor de n elementos leva o tempo $\Theta(n)$; assim, $C(n) = \Theta(n)$.

Quando somamos as funções $D(n)$ e $C(n)$ para a análise da ordenação por intercalação, estamos somando uma função que é $\Theta(n)$ e uma função que é $\Theta(1)$. Essa soma é uma função linear de n. Ou seja, ela é aproximadamente proporcional a n quando n é grande, e portanto, os tempos de divisão e combinação da ordenação por intercalação são $\Theta(n)$. A adição de $\Theta(n)$ ao termo $2T(n/2)$ da etapa de conquista fornece a recorrência para o tempo de execução do pior caso $T(n)$ da ordenação por intercalação:

$$T(n) = 2T(n/2) + \Theta(n) . \tag{2.3}$$

No Capítulo 4, veremos o "teorema mestre", que podemos utilizar para mostrar que $T(n) = \Theta(n \lg n)$.[17] Em comparação com a ordenação por inserção, cujo tempo de execução do pior caso é $\Theta(n^2)$, a ordenação por intercalação troca um fator de n por um fator de $\lg n$. Como a função logarítmica cresce mais lentamente do que qualquer função linear, essa troca é um bom negócio. Para entradas suficientemente grandes, a ordenação por intercalação, com seu tempo de execução $\Theta(n \lg n)$ do pior caso, supera a ordenação por inserção, cujo tempo de execução é $\Theta(n^2)$, no pior caso.

Não precisamos do teorema mestre para entendermos intuitivamente por que a solução para a recorrência (2.3) é $T(n) = \Theta(n \lg n)$. Para simplificar, suponha que n seja uma potência exata de 2 e que o caso-base implícito seja $n = 1$. Assim, a recorrência (2.3) é basicamente

$$T(n) = \begin{cases} c_1 & \text{se } n = 1, \\ 2T(n/2) + c_2 n & \text{se } n > 1, \end{cases} \tag{2.4}$$

em que a constante $c_1 > 0$ representa o tempo exigido para resolver problemas de tamanho 1, e $c_2 > 0$ é o tempo por elemento do vetor para as etapas de divisão e combinação.[18]

A Figura 2.5 mostra como podemos resolver a recorrência (2.4). A parte (a) da figura mostra $T(n)$, que, na parte (b), é expandida em uma árvore equivalente que representa a recorrência. O termo $c_2 n$ indica o custo incorrido na divisão e combinação no nível superior da recursão, e as duas subárvores da raiz são as duas recorrências menores $T(n/2)$. A parte (c) mostra esse processo levado uma etapa adiante pela expansão de $T(n/2)$. O custo para divisão e combinação incorrido em cada um dos dois nós no segundo nível de recursão é $c_2 n/2$. Continuamos a expandir cada nó na árvore, desmembrando-o em suas partes constituintes, como determinado pela recorrência, até que os tamanhos de problemas se reduzam a 1, cada qual com o custo c_1. A parte (d) mostra a *árvore de recursão* resultante.

Em seguida, somamos os custos em cada nível da árvore. O nível superior tem custo total $c_2 n$, o próximo nível abaixo tem custo total $c_2(n/2) + c_2(n/2) = c_2 n$, o nível após esse tem custo total $c_2(n/4) + c_2(n/4) + c_2(n/4) + c_2(n/4) = c_2 n$, e assim por diante. Cada nível tem o dobro do número de nós de cada nível acima, mas cada nó contribui somente com metade do custo de um nó do nível superior. De um nível para o próximo, dobrar e dividir ao meio cancela um ao outro, de modo que o custo por cada nível é o mesmo: $c_2 n$. Em geral, o nível i abaixo do topo tem 2^i nós, cada qual contribuindo com um custo $c_2(n/2^i)$, de modo que o i-ésimo nível abaixo do topo tem custo total $2^i \cdot c_2(n/2^i) = c_2 n$. O nível inferior tem n nós, cada um contribuindo com um custo c_1, para um custo total $c_1 n$.

O número total de níveis da árvore de recursão da Figura 2.5 é $\lg n + 1$, em que n é o número de folhas, correspondente ao tamanho da entrada. Um argumento indutivo informal justifica essa afirmação. O caso-base ocorre quando $n = 1$ e, nesse caso, a árvore tem só um nível. Como $\lg 1 = 0$, temos que $\lg n + 1$ dá o número correto de níveis. Agora suponha, como hipótese indutiva, que o número de níveis de uma árvore de recursão com 2^i folhas seja $\lg 2^i + 1 = i + 1$ (visto que, para qualquer valor de i, temos que $\lg 2^i = i$). Como estamos supondo que o tamanho da entrada é uma potência de 2, o tamanho da próxima entrada a considerar é 2^{i+1}.

---

[17] A notação $\lg n$ significa $\log_2 n$, embora a base do logaritmo não importe aqui, mas, como cientistas da computação, gostamos de logaritmos com base 2. A Seção 3.3 discute outros padrões de notação.

[18] É improvável que c_1 seja exatamente o tempo para resolver problemas de tamanho 1 e que $c_2 n$ seja exatamente o tempo das etapas de divisão e combinação. Veremos mais de perto os limites de recorrência no Capítulo 4, onde esse tipo de detalhe será tratado com mais cuidado.

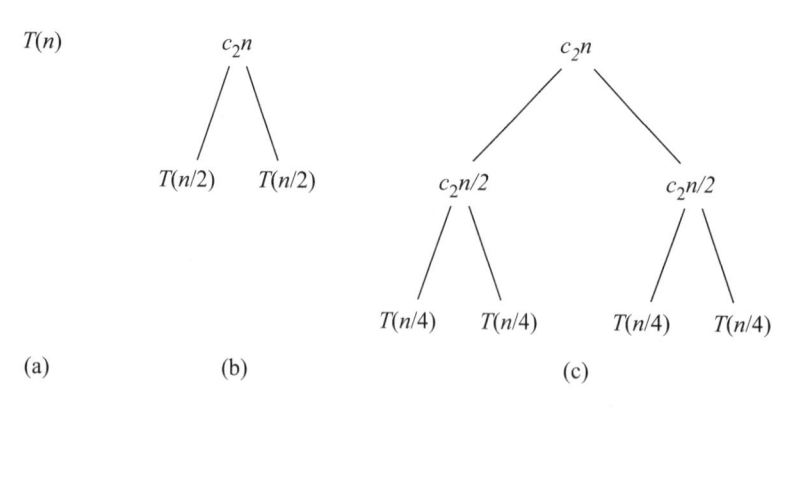

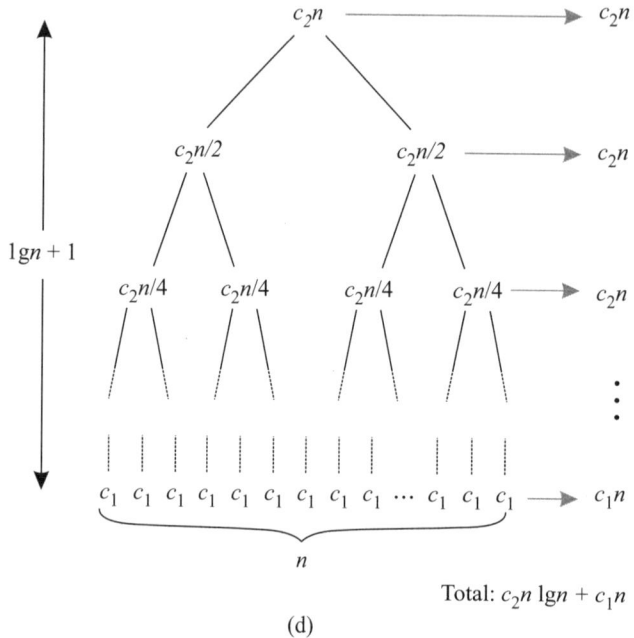

Figura 2.5 Como construir uma árvore de recursão para a recorrência (2.4). A parte (**a**) mostra $T(n)$, que se expande progressivamente em (**b**) – (**d**) para formar a árvore de recursão. A árvore completamente expandida da parte (d) tem $\lg n + 1$ níveis. Cada nível acima das folhas contribui com o custo total $c_2 n$, e o nível de folha contribui com $c_1 n$. Portanto, o custo total é $c_2 n \lg n + c_1 n = \Theta(n \lg n)$.

Uma árvore com 2^{i+1} folhas tem um nível a mais que uma árvore de 2^i folhas, e então o número total de níveis é $(i + 1) + 1 = \lg 2^{i+1} + 1$.

Para calcularmos o custo total representado pela recorrência (2.4), simplesmente somamos os custos de todos os níveis. A árvore de recursão tem $\lg n + 1$ níveis. Os níveis acima das folhas têm um custo $c_2 n$ cada, e o nível de folha tem um custo $c_1 n$, que nos dá o custo total $c_2 n \lg n + c_1 n = \Theta(n \lg n)$.

Exercícios

2.3-1
Usando a Figura 2.4 como modelo, ilustre a operação de ordenação por intercalação para o vetor contendo inicialmente a sequência $\langle 3, 41, 52, 26, 38, 57, 9, 49 \rangle$.

2.3-2
O teste na linha 1 do procedimento MERGE-SORT contém "**if** $p \geq r$" em vez de "**if** $p \neq r$". Se o MERGE-SORT for chamado com $p > r$, então o subvetor $A[p : r]$ ficará vazio. Demonstre que, enquanto a chamada inicial de

MERGE-SORT(A, 1, n) tiver $n \geq 1$, o teste "**if** $p \neq r$" será suficiente para garantir que nenhuma chamada recursiva tenha $p > r$.

2.3-3
Indique um invariante para o laço **while** das linhas 12–18 do procedimento MERGE. Mostre como utilizá-lo, juntamente com os laços **while** das linhas 20–23 e 24–27, para provar que o procedimento MERGE está correto.

2.3-4
Use a indução matemática para mostrar que, quando $n \geq 2$ é uma potência exata de 2, a solução da recorrência

$$T(n) = \begin{cases} 2 & \text{se } n = 2 \,, \\ 2T(n/2) + n & \text{se } n > 2 \end{cases}$$

é $T(n) = n \lg n$.

2.3-5
A ordenação por inserção pode ser expressa como um procedimento recursivo. Para ordenarmos $A[1 : n]$, ordenamos recursivamente o subvetor $A[1 : n - 1]$ e depois inserimos $A[n]$ no vetor ordenado $A[1 : n - 1]$. Escreva o pseudocódigo para essa versão recursiva da ordenação por inserção. Indique uma recorrência para o seu tempo de execução do pior caso.

2.3-6
Voltando ao problema da busca (ver Exercício 2.1-4), observe que, se o subvetor sendo pesquisado já estiver ordenado, o algoritmo de busca poderá verificar o ponto médio do subvetor contra x e evitar que metade do subvetor seja considerado. O algoritmo de ***busca binária*** repete esse procedimento, dividindo ao meio o tamanho da porção restante da sequência a cada vez. Escreva o pseudocódigo, iterativo ou recursivo, para busca binária. Demonstre que o tempo de execução do pior caso da busca binária é $\Theta(\lg n)$.

2.3-7
Observe que o laço **while** das linhas 5–7 do procedimento ORDENA-POR-INSERÇÃO na Seção 2.1 utiliza uma pesquisa linear para varrer (no sentido inverso) o subvetor ordenado $A[1 : j - 1]$. Podemos usar, em vez disso, uma busca binária (ver Exercício 2.3-6) para melhorar o tempo de execução global do pior caso da ordenação por inserção para $\Theta(n \lg n)$?

2.3-8
Descreva um algoritmo que, dado um conjunto S de n inteiros e um outro inteiro x, determine se existem ou não dois elementos em S cuja soma seja exatamente x. Seu algoritmo deverá levar um tempo $\Theta(n \lg n)$ no pior caso.

Problemas

2-1   *Ordenação por inserção para vetores pequenos na ordenação por intercalação*

Embora a ordenação por intercalação funcione no tempo de pior caso $\Theta(n \lg n)$ e a ordenação por inserção funcione no tempo de pior caso $\Theta(n^2)$, os fatores constantes na ordenação por inserção podem torná-la mais rápida para problemas de pequeno tamanho em algumas máquinas. Assim, faz sentido **adensar** as folhas da recursão usando a ordenação por inserção dentro da ordenação por intercalação quando os subproblemas se tornam suficientemente pequenos. Considere uma modificação na ordenação por intercalação, na qual n/k sublistas de comprimento k são ordenadas usando-se a ordenação por inserção e depois intercaladas com a utilização do mecanismo-padrão de intercalação, em que k é um valor a ser determinado.

a. Mostre que a ordenação por inserção pode ordenar as n/k sublistas, cada uma de comprimento k, em tempo $\Theta(nk)$ para o pior caso.

b. Mostre como intercalar as sublistas em tempo $\Theta(n \lg(n/k))$ para o pior caso.

c. Dado que o algoritmo modificado é executado em tempo $\Theta(nk + n \lg(n/k))$ para o pior caso, qual é o maior valor de k em função de n para o qual o algoritmo modificado tem o mesmo tempo de execução que a ordenação por intercalação-padrão, em termos da notação Θ?

d. Como k deve ser escolhido na prática?

2-2   Corretude do bubblesort

O *bubblesort* (ordenação da bolha) é um algoritmo de ordenação popular, porém ineficiente. Ele funciona permutando repetidamente elementos adjacentes que estão fora de ordem. O procedimento BUBBLESORT a seguir ordena o vetor $A[1:n]$.

```
BUBBLESORT(A,n)

1   for i = 1 to n − 1
2       for j = n downto i + 1
3           if A[j] < A[j − 1]
4               trocar A[j] com A[j − 1]
```

a. Seja A' o vetor A depois que BUBBLESORT(A) é executado. Para provarmos que BUBBLESORT está correto, precisamos provar que ele termina e que

$$A'[1] \leq A'[2] \leq \cdots \leq A'[n] .$$

(2.5)

O que mais deve ser provado para mostrar que BUBBLESORT realmente realiza a ordenação?

As duas partes seguintes provarão a desigualdade (2.5).

b. Enuncie com precisão um invariante de laço para o laço **for** das linhas 2–4 e prove que esse invariante de laço é válido. Sua prova deverá usar a estrutura da prova do invariante de laço apresentada neste capítulo.

c. Usando a condição de término do invariante de laço demonstrado na parte (b), enuncie um invariante de laço para o laço **for** das linhas 1–4 que permita provar a desigualdade (2.5). Sua prova deverá empregar a estrutura da prova do invariante de laço apresentada neste capítulo.

d. Qual é o tempo de execução do pior caso de BUBBLESORT? Como ele se compara com o tempo de execução de ORDENA-POR-INSERÇÃO?

2-3 Corretude da regra de Horner

São dados os coeficientes $a_0, a_1, a_2, ..., a_n$ de um polinômio

$$P(x) = \sum_{k=0}^{n} a_k x^k$$
$$= a_0 + a_1 x + a_2 x^2 + \cdots + a_{n-1} x^{n-1} + a_n x^n ,$$

e é necessário avaliar esse polinômio para determinado valor de x. A **regra de Horner** diz que o polinômio deve ser avaliado de acordo com esta estrutura de parênteses:

$$P(x) = a_0 + x\Big(a_1 + x \big(a_2 + \cdots + x(a_{n-1} + xa_n)\cdots\big)\Big) .$$

O procedimento HORNER implementa a regra de Horner para avaliar $P(x)$, dados os coeficientes $a_0, a_1, a_2, .., a_n$ em um vetor $A[0:n]$ e o valor de x.

```
HORNER(A, n, x)

1   p = 0
2   for i = n downto 0
3       p = A[i] + x · p
4   return p
```

a. Em termos da notação Θ, qual é o tempo de execução desse procedimento?

b. Escreva o pseudocódigo para implementar o algoritmo ingênuo de avaliação polinomial que calcula cada termo do polinômio desde o início. Qual é o tempo de execução desse algoritmo? Como ele se compara com a regra de Horner?

c. Considere o seguinte invariante de laço para o procedimento HORNER:

No início de cada iteração do laço **for** nas linhas 2–3,

$$p = \sum_{k=0}^{n-(i+1)} A[k+i+1] \cdot x^k .$$

Interprete como igual a zero um somatório que não tenha nenhum termo. Seguindo a estrutura do invariante de laço apresentada neste capítulo, use esse invariante de laço para mostrar que, no término, $p = \sum_{k=0}^{n} A[k] \cdot x^k$.

2-4 Inversões

Seja $A[1 : n]$ um vetor de n números distintos. Se $i < j$ e $A[i] > A[j]$, então o par (i, j) é denominado **inversão** de A.

a. Apresente uma lista com as cinco inversões do vetor $\langle 2, 3, 8, 6, 1 \rangle$.

b. Qual vetor com elementos do conjunto $\{1, 2, ..., n\}$ tem o maior número de inversões? Quantas inversões ele tem?

c. Qual é a relação entre o tempo de execução da ordenação por inserção e o número de inversões no vetor de entrada? Justifique sua resposta.

d. Dê um algoritmo que determine o número de inversões em qualquer permutação com os n elementos em tempo $\Theta(n \lg n)$ para o pior caso. (*Sugestão:* modifique a ordenação por intercalação.)

Notas do capítulo

Em 1968, Knuth publicou o primeiro de três volumes com o título geral *The Art of Computer Programming* (*A Arte da Programação de Computador*) [259, 260, 261]. O primeiro volume apresentou o estudo moderno de algoritmos de computação com foco na análise do tempo de execução. A série inteira continua a ser uma referência valiosa e interessante para muitos dos tópicos apresentados aqui. De acordo com Knuth, a palavra "algoritmo" é derivada do nome "al-Khowârizmî", um matemático persa do século IX.

Aho, Hopcroft e Ullman [5] defenderam a análise assintótica dos algoritmos — utilizando notações apresentadas no Capítulo 3, incluindo a notação Θ — como meio de comparar o desempenho relativo. Eles também popularizaram a utilização de relações de recorrência para descrever os tempos de execução de algoritmos recursivos.

Knuth [261] oferece um tratamento enciclopédico de muitos algoritmos de ordenação. Sua comparação de algoritmos de ordenação (Capítulo 14) inclui análises exatas de contagem de passos, como a que realizamos aqui para a ordenação por inserção. A discussão da ordenação por inserção feita por Knuth engloba diversas variações do algoritmo. A mais importante delas é a ordenação de Shell (*Shell sort*), introduzida por D. L. Shell, que utiliza a ordenação por inserção em subvetores periódicos da entrada para produzir um algoritmo de ordenação mais rápido.

A ordenação por intercalação também é descrita por Knuth. Ele menciona que um sequenciador mecânico, capaz de intercalar dois conjuntos de cartões perfurados em uma única passagem, foi inventado em 1938. J. von Neumann, um dos pioneiros da ciência da computação, aparentemente escreveu um programa para ordenação por intercalação no computador EDVAC, em 1945.

A história da prova de corretude de programas é descrita por Gries [200], que credita a P. Naur o primeiro artigo nessa área. Gries atribui invariantes de laço a R. W. Floyd. O livro de Mitchell [329] é uma boa referência sobre como provar a corretude de programas.

3   Caracterização dos Tempos de Execução

A ordem de crescimento do tempo de execução de um algoritmo, definida no Capítulo 2, proporciona um modo simples de caracterizar a eficiência do algoritmo e também nos permite comparar o desempenho relativo de algoritmos alternativos. Tão logo o tamanho da entrada n se torne suficientemente grande, a ordenação por intercalação, com seu tempo de execução $\Theta(n \lg n)$ no pior caso, é superior à ordenação por inserção, cujo tempo de execução no pior caso é $\Theta(n^2)$. Embora, por vezes, seja possível determinar o tempo exato de execução de um algoritmo, como fizemos no caso da ordenação por inserção no Capítulo 2, o que ganhamos em precisão, em geral, não vale o esforço do cálculo. Para entradas suficientemente grandes, as constantes multiplicativas e os termos de ordem mais baixa de um tempo de execução exato são dominados pelos efeitos do próprio tamanho da entrada.

Quando observamos tamanhos de entrada suficientemente grandes para tornar relevante apenas a ordem de crescimento do tempo de execução, estamos estudando a eficiência **assintótica** dos algoritmos. Isto é, estamos preocupados com o modo como o tempo de execução de um algoritmo aumenta com o tamanho da entrada *no limite*, à medida que o tamanho da entrada aumenta sem limitação. Em geral, um algoritmo que é assintoticamente mais eficiente será a melhor escolha para todas as entradas, exceto as muito pequenas.

Este capítulo oferece vários métodos padrões para simplificar a análise assintótica de algoritmos. A próxima seção apresenta informalmente os três tipos mais usados de "notação assintótica", dos quais já vimos um exemplo na notação Θ. Ele também mostra uma forma de usar essas notações assintóticas para justificar o tempo de execução da ordenação por inserção no pior caso. Em seguida, examinamos as notações assintóticas mais formalmente e apresentamos diversas convenções de notação usadas em todo este livro. Na última seção, faremos uma revisão do comportamento de funções que surgem comumente na análise de algoritmos.

3.1   Notação O, notação Ω e notação Θ

No Capítulo 2, quando analisamos o tempo de execução da ordenação por inserção para o pior caso, começamos com a complicada expressão

$$\left(\frac{c_5}{2} + \frac{c_6}{2} + \frac{c_7}{2} \right) n^2 + \left(c_1 + c_2 + c_4 + \frac{c_5}{2} - \frac{c_6}{2} - \frac{c_7}{2} + c_8 \right) n$$
$$- (c_2 + c_4 + c_5 + c_8) \, .$$

Depois, descartamos os termos de mais baixa ordem $(c_1 + c_2 + c_4 + c_5/2 - c_6/2 - c_7/2 + c_8)n$ e $c_2 + c_4 + c_5 + c_8$, e também ignoramos o coeficiente $c_5/2 + c_6/2 + c_7/2$ de n^2. Com isso, restou apenas o fator n^2, que colocamos na notação Θ como $\Theta(n^2)$. Esse estilo foi utilizado para caracterizar os tempos de execução dos algoritmos: descartar os termos de mais baixa ordem e o coeficiente do termo inicial, usando uma notação que enfatiza a taxa de crescimento do tempo de execução.

A notação Θ não é a única "notação assintótica" desse tipo. Nesta seção, veremos também outras formas de notação assintótica. Começaremos examinando essas notações de forma intuitiva, revisando a ordenação por inserção para ver como poderemos aplicá-las. Na próxima seção, veremos as definições formais de nossas notações assintóticas, juntamente com as convenções para utilizá-las.

Antes de entrarmos nos detalhes, tenha em mente que as notações assintóticas que veremos são elaboradas para caracterizar funções em geral. Acontece que as funções que mais nos interessam indicam os tempos de execução dos algoritmos. Entretanto, a notação assintótica pode ser aplicada em funções que caracterizam algum outro aspecto dos algoritmos (a quantidade de espaço que eles usam, por exemplo), ou mesmo em funções que não têm qualquer relação com algoritmos.

Notação O

A notação O caracteriza um *limite superior* sobre o comportamento assintótico de uma função. Em outras palavras, diz que uma função não cresce *mais rápido* do que uma certa taxa, com base no termo de mais alta ordem. Por exemplo, considere a função $7n^3 + 100n^2 - 20n + 6$. Seu termo de mais alta ordem é $7n^3$, e com isso dizemos que a taxa de crescimento dessa função é n^3. Como essa função não cresce mais rápido que n^3, podemos escrever que ela é $O(n^3)$. Você pode ficar surpreso ao saber que também podemos escrever que a função $7n^3 + 100n^2 - 20n + 6$ é $O(n^4)$. Mas por quê? Como a função cresce mais lentamente que n^4, está correto afirmar que ela não cresce mais rápido. Como você deve ter adivinhado, essa função também é $O(n^5)$, $O(n^6)$ e assim por diante. De um modo geral, ela é $O(n^c)$ para qualquer constante $c \geq 3$.

Notação Ω

A notação Ω caracteriza um *limite inferior* sobre o comportamento assintótico de uma função. Em outras palavras, ela diz que uma função cresce *pelo menos tão rapidamente* quanto uma certa taxa, com base — assim como na notação O — no termo de mais alta ordem. Como o termo de mais alta ordem na função $7n^3 + 100n^2 - 20n + 6$ cresce pelo menos tão rapidamente quanto n^3, essa função é $\Omega(n^3)$. Essa função também é $\Omega(n^2)$ e $\Omega(n)$. De modo geral, ela é $\Omega(n^c)$ para qualquer constante $c \leq 3$.

Notação Θ

A notação Θ caracteriza um *limite restrito* sobre o comportamento assintótico de uma função. Ela diz que uma função cresce *precisamente* em determinada taxa, baseada — mais uma vez — no termo de mais alta ordem. Em outras palavras, a notação Θ caracteriza a taxa de crescimento da função para dentro de um fator constante limitado acima e abaixo. Esses dois fatores constantes não precisam ser iguais.

Se pudermos mostrar que uma função é tanto $O(f(n))$ quanto $\Omega(f(n))$ para alguma função $f(n)$, então podemos demonstrar que a função é $\Theta(f(n))$. (A próxima seção declara esse fato como um teorema.) Por exemplo, visto que a função $7n^3 + 100n^2 - 20n + 6$ é tanto $O(n^3)$ quanto $\Omega(n^3)$, ela também é $\Theta(n^3)$.

Exemplo: Ordenação por inserção

Vamos retornar à ordenação por inserção e ver como trabalhar com a notação assintótica para caracterizar seu tempo de execução $\Theta(n^2)$ para o pior caso sem avaliar as somatórias, como fizemos no Capítulo 2. Aqui está o procedimento ORDENA-POR-INSERÇÃO mais uma vez:

```
ORDENA-POR-INSERÇÃO(A, n)
1  for i = 2 to n
2      chave = A[i]
3      // Inserir A[i] no subvetor ordenado A[1:i – 1].
4      j = i – 1
5      while j > 0 e A[j] > chave
6          A[j + 1] = A[j]
7          j = j – 1
8      A[j + 1] = chave
```

O que podemos observar sobre o modo como o pseudocódigo opera? O procedimento possui laços encaixados. O laço externo é um laço **for** que é executado $n - 1$ vezes, independentemente dos valores a serem ordenados.

O laço mais interno é um laço **while**, mas o número de iterações que são realizadas depende dos valores ordenados. A variável de laço j começa com $i - 1$ e diminui em 1 a cada iteração, até que chegue a 0 ou a $A[j] \leq$ *chave*. Para determinado valor de i, o laço **while** pode ser executado nenhuma vez, $i - 1$ vezes ou qualquer quantidade intermediária. O corpo do laço **while** (linhas 6–7) leva um tempo constante para cada iteração do laço **while**.

Essas observações são suficientes para deduzir um tempo de execução $O(n^2)$ para qualquer caso de ORDENA-POR-INSERÇÃO, fornecendo uma declaração geral que abrange todas as entradas. O tempo de execução é dominado pelo laço interno. Como cada uma das $n - 1$ iterações do laço externo faz com que o laço interno seja repetido no máximo $i - 1$ vezes, e como i pode ser no máximo n, o número total de iterações do laço interno é no máximo $(n - 1)(n - 1)$, que é menor que n^2. Como cada iteração do laço interno exige um tempo constante, o tempo total gasto no laço interno é, no máximo, uma constante vezes n^2, ou $O(n^2)$.

Com um pouco de criatividade, também podemos ver que o tempo de execução para o pior caso de ORDENA-POR-INSERÇÃO é $\Omega(n^2)$. Ao dizermos que o tempo de execução no pior caso de um algoritmo é $\Omega(n^2)$, queremos dizer que, para cada entrada de tamanho n acima de certo limite, há pelo menos uma entrada de tamanho n para a qual o algoritmo leva pelo menos cn^2 tempo, para alguma constante positiva c. Isso não significa necessariamente que o algoritmo leva pelo menos cn^2 tempo para todas as entradas.

Vamos agora ver por que o tempo de execução do pior caso de ORDENA-POR-INSERÇÃO é $\Omega(n^2)$. Para um valor terminar à direita de onde começou, ele deve ter sido movido na linha 6. De fato, para um valor terminar k posições à direita de onde começou, a linha 6 deve ter sido executada k vezes. Como mostra a Figura 3.1, vamos supor que n é um múltiplo de 3 para que possamos dividir o vetor A em grupos de $n/3$ posições. Suponha que, na entrada para ORDENA-POR-INSERÇÃO, os $n/3$ maiores valores ocupem as primeiras $n/3$ posições do vetor $A[1 : n/3]$. (Não importa qual seja a ordem relativa que eles tenham nas primeiras $n/3$ posições.) Uma vez que o vetor esteja ordenado, cada um desses $n/3$ valores termina em algum lugar nas últimas $n/3$ posições, $A[2n/3 + 1 : n]$. Para que isso aconteça, cada um desses $n/3$ valores deve passar por cada uma das $n/3$ posições intermediárias, $A[n/3 + 1 : 2n/3]$. Cada um desses $n/3$ valores passa por essas $n/3$ posições intermediárias uma posição por vez, por pelo menos $n/3$ execuções da linha 6. Visto que pelo menos $n/3$ valores precisam passar por pelo menos $n/3$ posições, o tempo gasto pelo ORDENA-POR-INSERÇÃO no pior caso é pelo menos proporcional a $(n/3)(n/3) = n^2/9$, que é $\Omega(n^2)$.

Como mostramos que ORDENA-POR-INSERÇÃO é executado em tempo $O(n^2)$ em todos os casos e que existe uma entrada que o faz demorar $\Omega(n^2)$, podemos concluir que o tempo de execução do pior caso de ORDENA-POR-INSERÇÃO é $\Theta(n^2)$. Não importa se os fatores constantes para os limites superior e inferior são diferentes. O que importa é que caracterizamos o tempo de execução no pior caso para dentro de fatores constantes (descontando os termos de ordem inferior). Esse argumento não mostra que ORDENA-POR-INSERÇÃO é executado em tempo $\Theta(n^2)$ em *todos* os casos. De fato, vimos no Capítulo 2 que o tempo de execução é $\Theta(n)$ para o melhor caso.

Exercícios

3.1-1

Modifique o argumento de limite inferior para a ordenação por inserção para tratar de tamanhos de entrada que não sejam necessariamente múltiplos de 3.

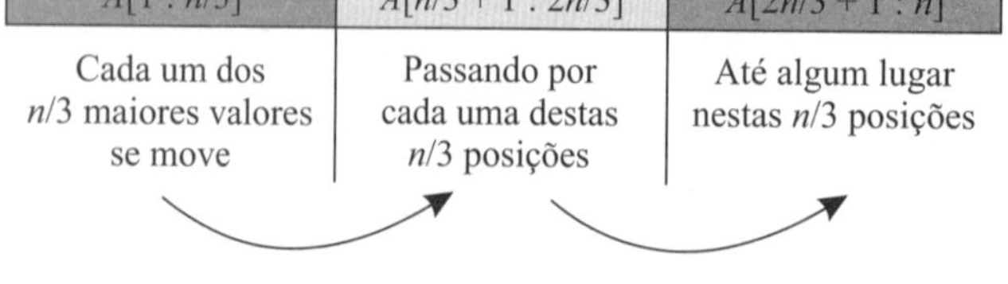

Figura 3.1 Limite inferior $\Omega(n^2)$ para ordenação por inserção. Se as primeiras $n/3$ posições contiverem os $n/3$ maiores valores, cada um desses valores deve passar por cada uma das $n/3$ posições intermediárias, uma posição de cada vez, para terminar em algum lugar nas últimas $n/3$ posições. Uma vez que cada um dos valores $n/3$ se move por pelo menos cada uma das $n/3$ posições, o tempo gasto neste caso é pelo menos proporcional a $(n/3)(n/3) = n^2/9$, ou $\Omega(n^2)$.

3.1-2
Usando um raciocínio semelhante ao que usamos para a ordenação por inserção, analise o tempo de execução do algoritmo de ordenação por seleção do Exercício 2.2-2.

3.1-3
Suponha que α seja uma fração no intervalo $0 < \alpha < 1$. Mostre como o argumento de limite inferior para a ordenação por inserção pode ser generalizado de modo a considerar uma entrada em que os αn maiores valores comecem nas primeiras n posições. Que restrição adicional teria que ser imposta sobre α? Que valor de α maximiza o número de vezes que os αn maiores valores deverão passar por cada uma das $(1 - 2\alpha)n$ posições intermediárias do vetor?

3.2   Notação assintótica: definições formais

Tendo visto a notação assintótica de modo informal, vamos agora ser mais formais. As notações que usamos para descrever o tempo de execução assintótico de um algoritmo são definidas em termos de funções cujos domínios são tipicamente o conjunto $\mathbb{N}$ de números naturais ou o conjunto $\mathbb{R}$ de números reais. Tais notações são convenientes para descrever uma função de tempo de execução $T(n)$. Esta seção define as notações assintóticas básicas e também apresenta alguns abusos comuns da notação "apropriada".

Notação O

Como vimos na Seção 3.1, a notação O descreve um ***limite assintótico superior***. Usamos a notação O para oferecer limite superior em uma função, dentro de um fator constante.

Aqui, apresentamos a definição formal da notação O. Para determinada função $g(n)$, indicamos com $O(g(n))$ (também pronunciado como "big-ó de g de n" ["grande ó de g de n"], ou apenas "ó de g de n") o *conjunto de funções*

$O(g(n)) = \{f(n) :$ existem constantes positivas c e n_0 tais que
$\qquad 0 \leq f(n) \leq cg(n)$ para todo $n \geq n_0\}$.[1]

Uma função $f(n)$ pertencerá ao conjunto $O(g(n))$ se houver uma constante positiva c tal que $f(n) \leq cg(n)$ para um n suficientemente grande. A Figura 3.2(a) mostra a intuição por trás da notação O. Para todos os valores n na posição e à direita de n_0, o valor da função $f(n)$ está na altura de $cg(n)$ ou abaixo.

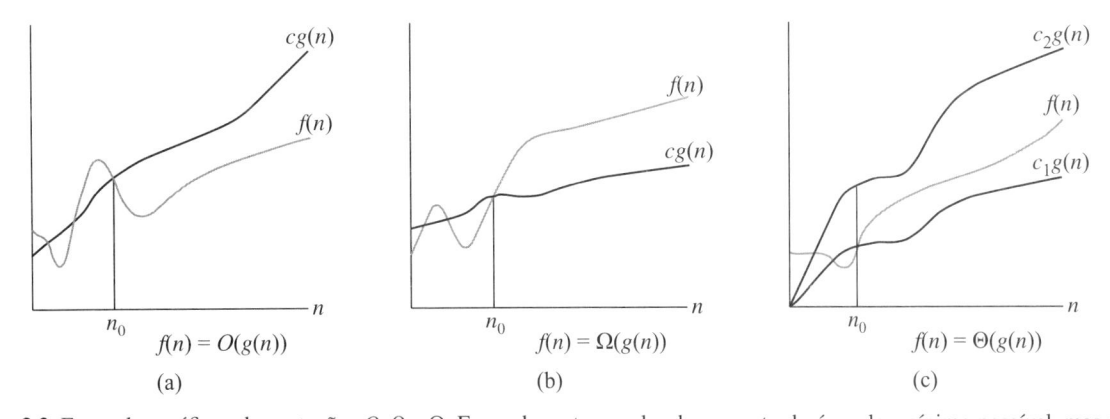

Figura 3.2 Exemplos gráficos das notações O, Ω e Θ. Em cada parte, o valor de n_0 mostrado é o valor mínimo possível, mas qualquer valor maior também funcionaria. (**a**) A notação O oferece limite superior para uma função dentro de um fator constante. Escrevemos $f(n) = O(g(n))$ se há constantes positivas n_0 e c tais que, em n_0 e à sua direita, o valor de $f(n)$ sempre está em $cg(n)$ ou abaixo disso. (**b**) A notação Ω fornece limite inferior para uma função dentro de um fator constante. Escrevemos $f(n) = \Omega(g(n))$ se há constantes positivas n_0 e c tais que, em n_0 à sua direita, o valor de $f(n)$ sempre está em $cg(n)$ ou acima disso. (**c**) A notação Θ limita uma função dentro de fatores constantes. Escrevemos $f(n) = \Theta(g(n))$ se existem constantes positivas n_0, c_1 e c_2 tais que, em n_0 e à sua direita, o valor de $f(n)$ sempre está entre $c_1g(n)$ e $c_2g(n)$, inclusive.

---

[1] Na notação de conjuntos, um sinal de dois-pontos deve ser lido como "tal que".

A definição de $O(g(n))$ requer que cada função $f(n)$ no conjunto $O(g(n))$ seja **assintoticamente não negativa**: $f(n)$ precisa ser não negativo sempre que n for suficientemente grande. (Uma função **assintoticamente positiva** é aquela que é positiva para todo n suficientemente grande.) Consequentemente, a própria função $g(n)$ precisa ser assintoticamente não negativa, ou então o conjunto $O(g(n))$ estará vazio. Portanto, consideramos que cada função usada dentro da notação O é assintoticamente não negativa. Essa suposição também é mantida para as outras notações assintóticas neste capítulo.

Pode parecer estranho que tenhamos definido a notação O em termos de conjuntos. Na verdade, você poderia esperar que escrevêssemos "$f(n) \in O(g(n))$" para indicar que $f(n)$ pertence ao conjunto $O(g(n))$. Em vez disso, normalmente escrevemos "$f(n) = O(g(n))$" e dizemos que "$f(n)$ é ó de $g(n)$" para expressar a mesma noção. Embora a princípio possa parecer confuso abusar da igualdade dessa maneira, mais adiante nesta seção veremos que isso tem suas vantagens.

Vamos explorar um exemplo de como usar a definição formal da notação O para justificar nossa prática de descartar os termos de mais baixa ordem e ignorar o coeficiente constante do termo de mais alta ordem. Mostraremos que $4n^2 + 100n + 500 = O(n^2)$, embora os termos de mais baixa ordem tenham coeficientes muito maiores do que o termo inicial. Precisamos encontrar constantes positivas c e n_0 tais que $4n^2 + 100n + 500 \le cn^2$ para todo $n \ge n_0$. Dividindo os dois lados por n^2, obtemos $4 + 100/n + 500/n^2 \ge c$. Essa inequação é satisfeita por muitas escolhas de c e n_0. Por exemplo, se escolhermos $n_0 = 1$, então essa inequação é verdadeira para $c = 604$. Se escolhermos $n_0 = 10$, então $c = 19$ funciona, e a escolha de $n_0 = 100$ nos permite usar $c = 5,05$.

Também podemos usar a definição formal da notação O para mostrar que a função $n^3 - 100n^2$ não pertence ao conjunto $O(n^2)$, embora o coeficiente de n^2 seja um número negativo grande. Se tivéssemos $n^3 - 100n^2 = O(n^2)$, então haveria constantes positivas c e n_0 tais que $n^3 - 100n^2 \le cn^2$ para todo $n \ge n_0$. Novamente, dividimos os dois lados por n^2, resultando em $n - 100 \le c$. Não importando o valor que tenhamos escolhido para a constante c, essa inequação não é verdadeira para qualquer valor de $n > c + 100$.

Notação Ω

Assim como a notação O oferece um limite assintótico *superior* sobre uma função, a notação Ω oferece um **limite assintótico inferior**. Para determinada função $g(n)$, indicamos com $\Omega(g(n))$ (também pronunciado como "big-ômega de g de n" ["grande ômega de g de n"], ou apenas "ômega de g de n") o conjunto de funções

$\Omega(g(n)) = \{f(n) : \text{existem constantes positivas } c \text{ e } n_0 \text{ tais que}$
$\qquad 0 \le cg(n) \le f(n) \text{ para todo } n \ge n_0\}.$

A Figura 3.2(b) mostra a intuição por trás da notação Ω. Para todos os valores de n em n_0 ou à sua direita, o valor de $f(n)$ está em $cg(n)$ ou acima disso.

Já mostramos que $4n^2 + 100n + 500 = O(n^2)$. Agora, vamos mostrar que $4n^2 + 100n + 500 = \Omega(n^2)$. Precisamos encontrar constantes positivas c e n_0 tais que $4n^2 + 100n + 500 \ge cn^2$ para todo $n \ge n_0$. Como antes, dividimos os dois lados por n^2, resultando em $4 + 100/n + 500/n^2 \ge c$. Essa inequação é verdadeira quando n_0 é qualquer inteiro positivo e $c = 4$.

Mas o que aconteceria se subtraíssemos os termos de ordem mais baixa do termo $4n^2$ em vez de somá-los? E se tivéssemos um coeficiente pequeno para o termo n^2? A função ainda seria $\Omega(n^2)$. Por exemplo, vamos mostrar que $n^2/100 - 100n - 500 = \Omega(n^2)$. Dividindo por n^2, obtemos $1/100 - 100/n - 500/n^2 \ge c$. Podemos escolher qualquer valor para n_0 que seja pelo menos 10.005 e encontrar um valor positivo para c. Por exemplo, quando $n_0 = 10.005$, podemos escolher $c = 2,49 \times 10^{-9}$. Sim, esse é um valor muito pequeno para c, mas ainda é positivo. Se selecionarmos um valor maior para n_0, também podemos aumentar c. Por exemplo, se $n_0 = 100.000$, então podemos escolher $c = 0,0089$. Quanto maior for o valor de n_0, mais perto do coeficiente $1/100$ podemos escolher como valor de c.

Notação Θ

Usamos a notação Θ para **limites assintoticamente restritos**. Para determinada função $g(n)$, indicamos com $\Theta(g(n))$ ("teta de g de n") o conjunto de funções

$\Theta(g(n)) = \{f(n) :$ existem constantes positivas c_1, c_2 e n_0 tais que
$$0 \le c_1 g(n) \le f(n) \le c_2 g(n) \text{ para todo } n \ge n_0\}.$$

A Figura 3.2(c) mostra a intuição por trás da notação Θ. Para todos os valores de n em n_0 ou à sua direita, o valor de $f(n)$ está em $c_1 g(n)$ ou acima disso e abaixo de $c_2 g(n)$. Em outras palavras, para todo $n \ge n_0$, a função $f(n)$ é igual a $g(n)$, dentro de fatores constantes.

As definições das notações O, Ω e Θ levam ao teorema a seguir, cuja prova deixaremos como Exercício 3.2-4.

Teorema 3.1

Para quaisquer duas funções $f(n)$ e $g(n)$, temos $f(n) = \Theta(g(n))$ se, e somente se, $f(n) = O(g(n))$ e $f(n) = \Omega(g(n))$. ∎

O Teorema 3.1 é comumente aplicado para provar limites assintoticamente restritos a partir de limites assintóticos superiores e inferiores.

Notação assintótica e tempos de execução

Quando utilizamos a notação assintótica para caracterizar o tempo de execução de um algoritmo, devemos ter certeza de que a notação assintótica utilizada é a mais precisa possível, sem exagerar o tempo de execução ao qual se aplica. Aqui apresentamos alguns exemplos de uso correto e impróprio da notação assintótica para caracterizar os tempos de execução.

Vamos começar com a ordenação por inserção. Podemos dizer corretamente que o tempo de execução no pior caso da ordenação por inserção é $O(n^2)$, $\Omega(n^2)$ e, em razão do Teorema 3.1, $\Theta(n^2)$. Embora todas as três formas de caracterizar os tempos de execução no pior caso estejam corretas, o limite $\Theta(n^2)$ é o mais preciso e, portanto, o preferido. Também podemos dizer corretamente que o tempo de execução no melhor caso da ordenação por inserção é $O(n)$, $\Omega(n)$ e $\Theta(n)$, novamente com $\Theta(n)$ sendo o mais preciso e, portanto, o preferido.

Aqui está o que *não podemos* dizer corretamente: o tempo de execução da ordenação por inserção é $\Theta(n^2)$. Isso é um exagero porque, ao omitirmos "pior caso" da declaração, ficamos com uma declaração geral cobrindo todos os casos. O erro aqui é que a ordenação por inserção não é executada em tempo $\Theta(n^2)$ em todos os casos, pois, como já vimos, ele é executado em tempo $\Theta(n)$ no melhor caso. Contudo, podemos dizer corretamente que o tempo de execução da ordenação por inserção é $O(n^2)$ porque, em todos os casos, seu tempo de execução não cresce mais rápido que n^2. Quando dizemos $O(n^2)$ em vez de $\Theta(n^2)$, não há problema em ter casos cujo tempo de execução cresce mais lentamente que n^2. Da mesma forma, não podemos dizer corretamente que o tempo de execução da ordenação por inserção é $\Theta(n)$, mas podemos dizer que seu tempo de execução é $\Omega(n)$.

E quanto à ordenação por intercalação? Como a ordenação por intercalação é executada em tempo $\Theta(n \lg n)$ para todos os casos, podemos simplesmente dizer que seu tempo de execução é $\Theta(n \lg n)$, sem especificar se é no pior caso, no melhor caso ou em qualquer outro caso.

Ocasionalmente, as pessoas confundem notação O com notação Θ, usando erroneamente a notação O para indicar um limite assintoticamente restrito. Elas dizem coisas como "um algoritmo com tempo de duração $O(n \lg n)$ é mais rápido que um algoritmo com tempo $O(n^2)$". Talvez sim, talvez não. Como a notação O indica apenas um limite assintótico superior, o chamado algoritmo com tempo $O(n^2)$ pode realmente ser executado em tempo $\Theta(n)$. Você deve ter o cuidado de escolher a notação assintótica apropriada. Se quiser indicar um limite assintoticamente restrito, use a notação Θ.

Normalmente, usamos notação assintótica para fornecer os limites mais simples e precisos possíveis. Por exemplo, se um algoritmo tem tempo de execução de $3n^2 + 20n$ em todos os casos, usamos a notação assintótica para escrever que seu tempo de execução é $\Theta(n^2)$. Estritamente falando, também estamos corretos ao escrever que o tempo de execução é $O(n^3)$ ou $\Theta(3n^2 + 20n)$. No entanto, nenhuma dessas expressões é tão útil quanto escrever $\Theta(n^2)$ neste caso: $O(n^3)$ é menos preciso que $\Theta(n^2)$ se o tempo de execução é $3n^2 + 20n$, e $\Theta(3n^2 + 20n)$ introduz uma complexidade que obscurece a ordem do crescimento. Ao escrevermos o limite mais simples e preciso, como $\Theta(n^2)$, podemos categorizar e comparar diferentes algoritmos. No decorrer deste livro, você verá tempos de execução assintóticos que quase sempre são baseados em polinômios e logaritmos: funções como n, $n \lg^2 n$, $n^2 \lg n$ ou $n^{1/2}$. Também verá algumas outras funções, como exponenciais, $\lg \lg n$ e $\lg^* n$ (ver Seção 3.3). Geralmente, é bastante fácil comparar as taxas de crescimento dessas funções. O Problema 3.3 oferece uma boa prática.

Notação assintótica em equações e inequações

Embora tenhamos definido a notação assintótica formalmente em termos de conjuntos, usamos o sinal de igual (=) no lugar do sinal de pertence (∈) dentro das fórmulas. Por exemplo, escrevemos que $4n^2 + 100n + 500 = O(n^2)$. Também poderíamos escrever $2n^2 + 3n + 1 = 2n^2 + \Theta(n)$. Como interpretaremos tais fórmulas?

Quando a notação assintótica está sozinha (isto é, não está dentro de uma fórmula maior) no lado direito de uma equação (ou inequação), como em $4n^2 + 100n + 500 = O(n^2)$, o sinal de igualdade significa pertencer a um conjunto: $4n^2 + 100n + 500 \in O(n^2)$. Porém, em geral, quando a notação assintótica aparece em uma fórmula, interpretamos que ela representa alguma função anônima que não nos preocupamos em nomear. Por exemplo, a fórmula $2n^2 + 3n + 1 = 2n^2 + \Theta(n)$ significa que $2n^2 + 3n + 1 = 2n^2 + f(n)$, em que $f(n) \in \Theta(n)$. Nesse caso, vale $f(n) = 3n + 1$, que de fato pertence a $\Theta(n)$.

Utilizar a notação assintótica dessa maneira pode ajudar a eliminar detalhes não essenciais e confusos em uma equação. Por exemplo, no Capítulo 2, expressamos o tempo de execução do pior caso da ordenação por intercalação como a recorrência

$$T(n) = 2T(n/2) + \Theta(n).$$

Se estamos interessados apenas no comportamento assintótico de $T(n)$, não há sentido em especificar exatamente todos os termos de mais baixa ordem, pois entendemos que todos eles estão incluídos na função anônima representada pelo termo $\Theta(n)$.

Entendemos também que o número de funções anônimas em uma expressão é igual ao número de vezes que a notação assintótica aparece. Por exemplo, na expressão

$$\sum_{i=1}^{n} O(i) \,,$$

há apenas uma função anônima (uma função de i). Portanto, essa expressão *não* é a mesma que $O(1) + O(2) + ... + O(n)$, que, na realidade, não tem uma interpretação clara.

Em alguns casos, a notação assintótica aparece no lado esquerdo de uma equação, como em

$$2n^2 + \Theta(n) = \Theta(n^2) \,.$$

Interpretamos tais equações usando a seguinte regra: *independentemente de como as funções anônimas são escolhidas no lado esquerdo do sinal de igualdade, existe um modo de escolher as funções anônimas no lado direito do sinal de igualdade para tornar a equação válida.* Assim, nosso exemplo significa que, para *qualquer* função $f(n) \in \Theta(n)$, existe *alguma* função $g(n) \in \Theta(n^2)$, tal que $2n^2 + f(n) = g(n)$ para todo n. Em outras palavras, o lado direito de uma equação fornece um nível mais grosseiro de detalhes que o lado esquerdo.

Podemos encadear várias dessas relações, como em

$$2n^2 + 3n + 1 = 2n^2 + \Theta(n)$$
$$= \Theta(n^2).$$

Podemos interpretar cada equação separadamente pelas regras citadas. A primeira equação diz que existe *alguma* função $f(n) \in \Theta(n)$ tal que $2n^2 + 3n + 1 = 2n^2 + f(n)$ para todo n. A segunda equação afirma que, para *qualquer* função $g(n) \in \Theta(n)$ (como a função $f(n)$ que acabamos de mencionar), existe *alguma* função $h(n) \in \Theta(n^2)$ tal que $2n^2 + g(n) = h(n)$ para todo n. Observe que essa interpretação implica que $2n^2 + 3n + 1 = \Theta(n^2)$, que é aquilo que o encadeamento de equações nos dá intuitivamente.

Abusos apropriados da notação assintótica

Além do abuso do sinal de igualdade para significar pertinência ao conjunto, que agora vemos ter uma interpretação matemática precisa, outro abuso de notação assintótica ocorre quando a variável tendendo a ∞ deve ser inferida pelo contexto. Por exemplo, quando dizemos $O(g(n))$, podemos supor que estamos interessados no crescimento de $g(n)$ à medida que n cresce, e se dizemos $O(g(m))$ estamos falando sobre o crescimento de $g(m)$ à medida que m cresce. A variável livre na expressão indica qual variável está indo para ∞.

A situação mais comum que requer conhecimento contextual de qual variável tende a ∞ ocorre quando a função dentro da notação assintótica é uma constante, como na expressão $O(1)$. Não podemos deduzir pela expressão qual variável vai para ∞, porque nenhuma variável aparece lá. O contexto precisa resolver a ambiguidade. Por exemplo, se a equação usando notação assintótica for $f(n) = O(1)$, é evidente que a variável em que estamos interessados é n. Contudo, sabermos a partir do contexto que a variável de interesse é n nos permite entender perfeitamente a expressão usando a definição formal da notação O: a expressão $f(n) = O(1)$ significa que a função $f(n)$ é limitada a partir de cima por uma constante quando n vai para ∞. Tecnicamente, pode ser menos ambíguo se indicarmos explicitamente a variável tendendo a ∞ na própria notação assintótica, mas isso atrapalharia a notação. Em vez disso, simplesmente garantimos que o contexto deixe claro qual variável (ou variáveis) tende a ∞.

Quando a função dentro da notação assintótica é limitada por uma constante positiva, como em $T(n) = O(1)$, muitas vezes abusamos da notação assintótica de outra maneira, especialmente quando são declaradas recorrências. Podemos escrever algo como $T(n) = O(1)$ para $n < 3$. De acordo com a definição formal da notação O, esta afirmação não tem sentido, porque a definição apenas diz que $T(n)$ é limitado acima por uma constante positiva c para $n \geq n_0$ para algum $n_0 > 0$. O valor de $T(n)$ para $n < n_0$ não precisa ser tão limitado. Assim, no exemplo $T(n) = O(1)$ para $n < 3$, não podemos deduzir qualquer restrição em $T(n)$ quando $n < 3$, porque pode ser que $n_0 > 3$.

O que se entende convencionalmente quando dizemos $T(n) = O(1)$ para $n < 3$ é que existe uma constante positiva c tal que $T(n) \leq c$ para $n < 3$. Essa convenção nos poupa o trabalho de nomear a constante de limite, permitindo que permaneça anônima enquanto nos concentramos em variáveis mais importantes em uma análise. Acontecem abusos semelhantes com as outras notações assintóticas. Por exemplo, $T(n) = \Theta(1)$ para $n < 3$ significa que $T(n)$ é limitado acima e abaixo por constantes positivas quando $n < 3$.

Ocasionalmente, a função que descreve o tempo de execução de um algoritmo pode não ser definida para determinados tamanhos de entrada — por exemplo, quando um algoritmo assume que o tamanho da entrada é uma potência exata de 2. Usamos notação assintótica ainda para descrever o crescimento do tempo de execução, entendendo que quaisquer restrições se aplicam somente quando a função é definida. Por exemplo, suponha que $f(n)$ seja definida apenas em um subconjunto dos números reais naturais ou não negativos. Então, $f(n) = O(g(n))$ significa que o limite $0 \leq f(n) \leq cg(n)$ na definição da notação O vale para todo $n \geq n_0$ sobre o domínio de $f(n)$, isto é, onde $f(n)$ é definido. Este abuso raramente é apontado, uma vez que o que se quer dizer é geralmente claro a partir do contexto.

Em matemática, é válido — e, muitas vezes, desejável — abusar de uma notação, desde que não a usemos mal. Se entendermos precisamente o que se entende por abuso e não tirarmos conclusões incorretas, isso pode simplificar nossa linguagem matemática, contribuir para nossa compreensão de alto nível e nos ajudar a enfatizar o que realmente importa.

Notação o

O limite assintótico superior fornecido pela notação O pode ser ou não ser assintoticamente justo. O limite $2n^2 = O(n^2)$ é assintoticamente justo, mas o limite $2n = O(n^2)$ não é. Usamos a notação o para denotar um limite superior que não é assintoticamente justo. Definimos formalmente $o(g(n))$ (lê-se "ó pequeno de g de n") como o conjunto

$o(g(n)) = \{f(n) :$ para qualquer constante positiva $c > 0$, existe uma
constante $n_0 > 0$ tal que $0 \leq f(n) < cg(n)$ para todo $n \leq n_0\}$.

Por exemplo, $2n = o(n^2)$, mas $2n^2 \neq o(n^2)$.

As definições da notação O e da notação o são semelhantes. A principal diferença é que, em $f(n) = O(g(n))$, o limite $0 \leq f(n) \leq cg(n)$ se mantém válido para *alguma* constante $c > 0$ mas, em $f(n) = o(g(n))$, o limite $0 \leq f(n) < cg(n)$ é válido para *todas* as constantes $c > 0$. Intuitivamente, na notação o, a função $f(n)$ torna-se insignificante com relação a $g(n)$ à medida que n se torna grande:

$$\lim_{n \to \infty} \frac{f(n)}{g(n)} = 0 \, .$$

Alguns autores usam esse limite como uma definição da notação o, mas a definição neste livro também restringe as funções anônimas a serem assintoticamente não negativas.

Notação ω

Por analogia, a notação ω está para a notação Ω como a notação o está para a notação O. Usamos a notação ω para indicar um limite inferior que não é assintoticamente justo. Um modo de defini-lo é

$f(n) \in \omega(g(n))$ se, e somente se, $g(n) \in o(f(n))$.

Porém, formalmente, definimos $\omega(g(n))$ (lê-se "ômega pequeno de g de n") como o conjunto

$\omega(g(n)) = \{\ f(n)$: para qualquer constante positiva $c > 0$, existe uma
constante $n_0 > 0$ tal que $0 \leq cg(n) < f(n)$ para todo $n \geq n_0\}$.

Enquanto a definição da notação o diz que $f(n) < cg(n)$, a definição da notação ω diz o oposto: que $cg(n) < f(n)$. Como exemplos da notação ω, temos $n^2/2 = \omega(n)$, mas $n^2/2 \neq \omega(n^2)$. A relação $f(n) = \omega(g(n))$ implica que

$$\lim_{n \to \infty} \frac{f(n)}{g(n)} = \infty ,$$

se o limite existir. Isto é, $f(n)$ se torna arbitrariamente grande com relação a $g(n)$ à medida que n se aproxima do infinito.

Comparação de funções

Muitas das propriedades relacionais de números reais também se aplicam às comparações assintóticas. No caso das propriedades seguintes, considere que $f(n)$ e $g(n)$ são assintoticamente positivas.

Transitividade:

$$f(n) = \Theta(g(n)) \quad \text{e} \quad g(n) = \Theta(h(n)) \quad \text{implicam} \quad f(n) = \Theta(h(n)),$$
$$f(n) = O(g(n)) \quad \text{e} \quad g(n) = O(h(n)) \quad \text{implicam} \quad f(n) = O(h(n)),$$
$$f(n) = \Omega(g(n)) \quad \text{e} \quad g(n) = \Omega(h(n)) \quad \text{implicam} \quad f(n) = \Omega(h(n)),$$
$$f(n) = o(g(n)) \quad \text{e} \quad g(n) = o(h(n)) \quad \text{implicam} \quad f(n) = o(h(n)),$$
$$f(n) = \omega(g(n)) \quad \text{e} \quad g(n) = \omega(h(n)) \quad \text{implicam} \quad f(n) = \omega(h(n)).$$

Reflexividade:

$$f(n) = \Theta(f(n)),$$
$$f(n) = O(f(n)),$$
$$f(n) = \Omega(f(n)).$$

Simetria:

$$f(n) = \Theta(g(n)) \text{ se, e somente se, } g(n) = \Theta(f(n)).$$

Simetria de transposição:

$$f(n) = O(g(n)) \text{ se, e somente se, } g(n) = \Omega(f(n)),$$
$$f(n) = o(g(n)) \text{ se, e somente se, } g(n) = \omega(f(n)).$$

Como essas propriedades se mantêm válidas para notações assintóticas, podemos traçar uma analogia entre a comparação assintótica de duas funções f e g e a comparação de dois números reais a e b:

$$f(n) = O(g(n)) \quad \text{é} \quad \text{como} \quad a \leq b,$$
$$f(n) = \Omega(g(n)) \quad \text{é} \quad \text{como} \quad a \geq b,$$
$$f(n) = \Theta(g(n)) \quad \text{é} \quad \text{como} \quad a = b,$$
$$f(n) = o(g(n)) \quad \text{é} \quad \text{como} \quad a < b,$$
$$f(n) = \omega(g(n)) \quad \text{é} \quad \text{como} \quad a > b.$$

Dizemos que $f(n)$ é *assintoticamente menor* que $g(n)$ se $f(n) = o(g(n))$ e que $f(n)$ é *assintoticamente maior* que $g(n)$ se $f(n) = \omega(g(n))$.

Contudo, uma das propriedades de números reais não é transportada para a notação assintótica:

Tricotomia: Para quaisquer dois números reais a e b, exatamente uma das seguintes propriedades deve ser válida: $a < b$, $a = b$ ou $a > b$.

Embora quaisquer dois números reais possam ser comparados, nem todas as funções são assintoticamente comparáveis. Isto é, para duas funções $f(n)$ e $g(n)$, pode acontecer que nem $f(n) = O(g(n))$ nem $f(n) = \Omega(g(n))$ sejam válidas. Por exemplo, não podemos comparar as funções n e $n^{1+\operatorname{sen} n}$ utilizando a notação assintótica, visto que o valor do expoente em $n^{1+\operatorname{sen} n}$ oscila entre 0 e 2, assumindo todos os valores intermediários.

Exercícios

3.2-1
Sejam $f(n)$ e $g(n)$ funções assintoticamente não negativas. Usando a definição básica da notação Θ, prove que $\máx\{f(n), g(n)\} = \Theta(f(n) + g(n))$.

3.2-2
Explique por que a declaração "O tempo de execução no algoritmo A é no mínimo $O(n^2)$" não tem sentido.

3.2-3
É verdade que $2^{n+1} = O(2^n)$? E $2^{2n} = O(2)$? Por quê?

3.2-4
Demonstre o Teorema 3.1.

3.2-5
Prove que o tempo de execução de um algoritmo é $\Theta(g(n))$ se, e somente se, seu tempo de execução do pior caso é $O(g(n))$ e seu tempo de execução do melhor caso é $\Omega(g(n))$.

3.2-6
Prove que $o(g(n)) \cap \omega(g(n))$ é o conjunto vazio.

3.2-7
Podemos estender nossa notação ao caso de dois parâmetros n e m que podem tender a infinito independentemente sob taxas distintas. Para uma dada função $g(n, m)$, indicamos por $O(g(n, m))$ o conjunto de funções

$$O(g(n, m)) = \{f(n, m) : \text{existem constantes positivas } c, n_0 \text{ e } m_0$$
$$\text{tais que } 0 \leq f(n, m) \leq cg(n, m)$$
$$\text{para todo } n \geq n_0 \text{ ou } m \geq m_0\}.$$

Forneça definições correspondentes para $\Omega(g(n, m))$ e $\Theta(g(n, m))$.

3.3   Notações-padrão e funções comuns

Esta seção revê algumas funções e notações matemáticas padrão e explora as relações entre elas. A seção também ilustra o uso das notações assintóticas.

Monotonicidade

Uma função $f(n)$ é *monotonicamente crescente* se $m \leq n$ implica $f(m) \leq f(n)$. De modo semelhante, ela é *monotonicamente decrescente* se $m \leq n$ implica $f(m) \geq f(n)$. Uma função $f(n)$ é *estritamente crescente* se $m < n$ implica $f(m) < f(n)$ e *estritamente decrescente* se $m < n$ implica $f(m) > f(n)$.

Pisos e tetos

Para qualquer número real x, indicamos o maior inteiro menor ou igual a x por $\lfloor x \rfloor$ (lê-se "o piso de x") e o menor inteiro maior ou igual a x por $\lceil x \rceil$ (lê-se "o teto de x"). A função de piso é monotonicamente crescente, assim como a função de teto.

Pisos e tetos obedecem às propriedades a seguir. Para qualquer inteiro n, temos

$$\lfloor n \rfloor = n = \lceil n \rceil \ . \tag{3.1}$$

Para todo número real x, temos

$$x - 1 \ < \ \lfloor x \rfloor \ \leq \ x \ \leq \ \lceil x \rceil \ < \ x + 1 \ . \tag{3.2}$$

Temos também

$$- \lfloor x \rfloor = \lceil -x \rceil \ , \tag{3.3}$$

ou, de modo equivalente,

$$- \lceil x \rceil = \lfloor -x \rfloor \ . \tag{3.4}$$

Para qualquer número real $x \geq 0$ e inteiros $a, b > 0$, temos

$$\left\lceil \frac{\lceil x/a \rceil}{b} \right\rceil = \left\lceil \frac{x}{ab} \right\rceil \ , \tag{3.5}$$

$$\left\lfloor \frac{\lfloor x/a \rfloor}{b} \right\rfloor = \left\lfloor \frac{x}{ab} \right\rfloor \ , \tag{3.6}$$

$$\left\lceil \frac{a}{b} \right\rceil \leq \frac{a + (b - 1)}{b} \ , \tag{3.7}$$

$$\left\lfloor \frac{a}{b} \right\rfloor \geq \frac{a - (b - 1)}{b} \ . \tag{3.8}$$

Para qualquer inteiro n e número real x, temos

$$\lfloor n + x \rfloor = n + \lfloor x \rfloor \ , \tag{3.9}$$

$$\lceil n + x \rceil = n + \lceil x \rceil \ . \tag{3.10}$$

Aritmética modular

Para qualquer inteiro a e qualquer inteiro positivo n, o valor $a \bmod n$ é o **resto** (ou **resíduo**) do quociente a/n:

$$a \bmod n = a - n \lfloor a/n \rfloor \ . \tag{3.11}$$

Segue-se que

$$0 \leq a \bmod n < n \ , \tag{3.12}$$

mesmo quando a é negativo.

Dada uma noção bem definida do resto da divisão de um inteiro por outro, é conveniente providenciar notação especial para indicar a igualdade de restos. Se $(a \bmod n) = (b \bmod n)$, escrevemos $a \equiv b \pmod{n}$ e dizemos que a é **congruente** a b, módulo n. Em outras palavras, $a \equiv b \pmod{n}$ se a e b têm o mesmo resto quando divididos por n.

De modo equivalente, $a = b \pmod{n}$ se, e somente se, n é um divisor de $b - a$. Escrevemos $a \neq b \pmod{n}$ se a não é congruente a b, módulo n.

Polinômios

Dado um inteiro não negativo d, um **polinômio em n de grau d** é uma função $p(n)$ da forma

$$p(n) = \sum_{i=0}^{d} a_i n^i ,$$

em que as constantes $a_0, a_1, ..., a_d$ são os **coeficientes** do polinômio e $a_d \neq 0$. Um polinômio é assintoticamente positivo se, e somente se, $a_d > 0$. No caso de um polinômio assintoticamente positivo $p(n)$ de grau d, temos $p(n) = \Theta(n^d)$. Para qualquer constante real $a \geq 0$, a função n^a é monotonicamente crescente, e para qualquer constante real $a \leq 0$, a função n^a é monotonicamente decrescente. Dizemos que uma função $f(n)$ é **polinomialmente limitada** se $f(n) = O(n^k)$ para alguma constante k.

Exponenciais

Para todos os valores $a > 0$, m e n reais, temos as seguintes identidades:

$$
\begin{aligned}
a^0 &= 1 , \\
a^1 &= a , \\
a^{-1} &= 1/a , \\
(a^m)^n &= a^{mn} , \\
(a^m)^n &= (a^n)^m , \\
a^m a^n &= a^{m+n} .
\end{aligned}
$$

Para todo n e $a \geq 1$, a função a^n é monotonicamente crescente em n. Quando conveniente, consideraremos que $0^0 = 1$.

Podemos relacionar as taxas de crescimento de polinômios e exponenciais pelo fato a seguir. Para todas as constantes reais $a > 1$ e b, temos

$$\lim_{n \to \infty} \frac{n^b}{a^n} = 0 ,$$

da qual podemos concluir que

$$n^b = o(a^n) . \tag{3.13}$$

Portanto, qualquer função exponencial com uma base estritamente maior que 1 cresce mais rapidamente que qualquer função polinomial.

Usando e para representar $2,71828...$, a base da função logaritmo natural, temos para todo x real,

$$e^x = 1 + x + \frac{x^2}{2!} + \frac{x^3}{3!} + \cdots = \sum_{i=0}^{\infty} \frac{x^i}{i!} ,$$

em que "!" indica a função fatorial, definida mais adiante nesta seção. Para todo x real, temos a inequação

$$1 + x \leq e^x , \tag{3.14}$$

em que a igualdade vale somente quando $x = 0$. Quando $|x| \leq 1$, temos a aproximação

$$1 + x \leq e^x \leq 1 + x + x^2 . \tag{3.15}$$

Quando $x \to 0$, a aproximação de e^x por $1 + x$ é bastante boa:

$$e^x = 1 + x + \Theta(x^2) .$$

(Nessa equação, a notação assintótica é usada para descrever o comportamento limitante como $x \to 0$ em vez de $x \to \infty$.) Temos, para todo x,

$$\lim_{n \to \infty} \left(1 + \frac{x}{n}\right)^n = e^x \,. \tag{3.16}$$

Logaritmos

Utilizaremos as seguintes notações:

$$\lg n = \log_2 n \quad \text{(logaritmo binário)},$$
$$\ln n = \log_e n \quad \text{(logaritmo natural)},$$
$$\lg^k n = (\lg n)^k \quad \text{(exponenciação)},$$
$$\lg \lg n = \lg(\lg n) \quad \text{(composição)}.$$

Uma importante convenção de notação que adotaremos é esta: na ausência de parênteses, *funções logarítmicas se aplicarão apenas ao próximo termo na fórmula*; assim, $\lg n + 1$ significará $(\lg n) + 1$ e não $\lg(n + 1)$.

Para qualquer constante $b > 1$, a função $\log_b n$ é indefinida se $n \le 0$, estritamente crescente se $n > 0$, negativa se $0 < n < 1$, positiva se $n > 1$, e 0 se $n = 1$. Para todo $a > 0$, $b > 0$, $c > 0$ e n real, temos

$$a = b^{\log_b a} \,, \tag{3.17}$$

$$\log_c(ab) = \log_c a + \log_c b \,, \tag{3.18}$$

$$\log_b a^n = n \log_b a \,,$$

$$\log_b a = \frac{\log_c a}{\log_c b} \,, \tag{3.19}$$

$$\log_b(1/a) = -\log_b a \,, \tag{3.20}$$

$$\log_b a = \frac{1}{\log_a b} \,,$$

$$a^{\log_b c} = c^{\log_b a} \,, \tag{3.21}$$

onde, em cada uma dessas equações, nenhuma das bases de logaritmos é 1.

Pela Equação (3.19), mudar a base de um logaritmo de uma constante para outra altera o valor do logaritmo somente por um fator constante. Por conseguinte, usaremos frequentemente a notação "$\lg n$" quando não nos importarmos com fatores constantes, como na notação O. Os cientistas da computação consideram que 2 é a base mais natural para logaritmos, porque muitos algoritmos e estruturas de dados envolvem a divisão de um problema em duas partes.

Existe uma expansão de série simples para $\ln(1 + x)$ quando $|x| < 1$:

$$\ln(1 + x) = x - \frac{x^2}{2} + \frac{x^3}{3} - \frac{x^4}{4} + \frac{x^5}{5} - \cdots \,. \tag{3.22}$$

Também temos as seguintes inequações para $x > -1$:

$$\frac{x}{1 + x} \le \ln(1 + x) \le x \,, \tag{3.23}$$

em que a igualdade é válida somente para $x = 0$.

Dizemos que uma função $f(n)$ é **polilogaritmicamente limitada** se $f(n) = O(\lg^k n)$ para alguma constante k. Podemos relacionar o crescimento de polinômios e polilogaritmos substituindo $\lg n$ por n e 2^a por a na Equação (3.13). Para todas as constantes $a > 0$ e b reais, temos

$$\lg^b n = o(n^a) \,. \tag{3.24}$$

Desse modo, qualquer função polinomial positiva cresce mais rapidamente que qualquer função polilogarítmica.

Fatoriais

A notação $n!$ (lê-se "n fatorial") é definida para inteiros $n \geq 0$ como

$$n! = \begin{cases} 1 & \text{se } n = 0 , \\ n \cdot (n-1)! & \text{se } n > 0 . \end{cases}$$

Assim, $n! = 1 \cdot 2 \cdot 3 \cdots n$.

Um limite superior fraco para a função fatorial é $n! \leq n^n$, visto que cada um dos n termos no produto do fatorial é no máximo n. A ***aproximação de Stirling***,

$$n! = \sqrt{2\pi n} \left(\frac{n}{e}\right)^n \left(1 + \Theta\left(\frac{1}{n}\right)\right) , \tag{3.25}$$

em que e é a base do logaritmo natural, dá um limitante superior mais preciso, e também um limitante inferior. O Exercício 3.3-4 pede para provar os três fatos:

$$n! = o(n^n) , \tag{3.26}$$
$$n! = \omega(2^n) , \tag{3.27}$$
$$\lg(n!) = \Theta(n \lg n) , \tag{3.28}$$

em que a aproximação de Stirling é útil na demonstração da Equação (3.28). A equação a seguir também é válida para todo $n \geq 1$:

$$n! = \sqrt{2\pi n} \left(\frac{n}{e}\right)^n e^{\alpha_n} \tag{3.29}$$

em que

$$\frac{1}{12n + 1} < \alpha_n < \frac{1}{12n} .$$

Iteração funcional

Usamos a notação $f^{(i)}(n)$ para indicar a função $f(n)$ aplicada iterativamente i vezes a um valor inicial de n. Formalmente, seja $f(n)$ uma função no domínio dos números reais. Para inteiros não negativos i, definimos recursivamente:

$$f^{(i)}(n) = \begin{cases} n & \text{se } i = 0 , \\ f(f^{(i-1)}(n)) & \text{se } i > 0 . \end{cases} \tag{3.30}$$

Por exemplo, se $f(n) = 2n$, então $f^{(i)}(n) = 2^i n$.

Função logaritmo iterado

Usamos a notação $\lg^* n$ (lê-se "log estrela de n") para indicar o logaritmo iterado, que é definido da seguinte maneira: seja $\lg^{(i)} n$ definida da maneira anterior, com $f(n) = \lg n$. Como o logaritmo de um número não positivo é indefinido, $\lg^{(i)} n$ só é definido se $\lg^{(i-1)} n > 0$. Certifique-se de distinguir $\lg^{(i)} n$ (a função logaritmo aplicada i vezes em sequência, começando com o argumento n) de $\lg^i n$ (o logaritmo de n elevado à i-ésima potência). Então, definimos a função logaritmo iterado como

$$\lg^* n = \min \left\{ i \geq 0 : \lg^{(i)} n \leq 1 \right\} .$$

O logaritmo iterado é uma função que cresce *muito* lentamente:

$$\lg^* 2 = 1 ,$$
$$\lg^* 4 = 2 ,$$
$$\lg^* 16 = 3 ,$$
$$\lg^* 65536 = 4 ,$$
$$\lg^* (2^{65536}) = 5 .$$

Tendo em vista que o número de átomos no universo visível é estimado em cerca 10^{80}, que é muito menor que $2^{65536} = 10^{65536/\lg 10} \approx 10^{19,728}$, raramente encontraremos uma entrada de tamanho n tal que $\lg^* n > 5$.

Números de Fibonacci

Definimos os **números de Fibonacci** F_i, para $i \geq 0$, da seguinte forma:

$$F_i = \begin{cases} 0 & \text{se } i = 0 , \\ 1 & \text{se } i = 1 , \\ F_{i-1} + F_{i-2} & \text{se } i \geq 2 . \end{cases} \tag{3.31}$$

Portanto, após os dois primeiros, cada número de Fibonacci é a soma dos dois números anteriores, produzindo a sequência

$0, 1, 1, 2, 3, 5, 8, 13, 21, 34, 55, \ldots$.

Os números de Fibonacci estão relacionados com a **razão áurea** ϕ e com seu conjugado $\hat{\phi}$, que são as duas raízes da equação

$x^2 = x + 1$.

Conforme o Exercício 3.3-7 pede para provar, a razão áurea é dada por

$$\phi = \frac{1 + \sqrt{5}}{2} \tag{3.32}$$
$$= 1,61803\ldots ,$$

e seu conjugado, por

$$\hat{\phi} = \frac{1 - \sqrt{5}}{2} \tag{3.33}$$
$$= -0,61803\ldots .$$

Especificamente, temos

$$F_i = \frac{\phi^i - \hat{\phi}^i}{\sqrt{5}} ,$$

que pode ser provado por indução (Exercício 3.3-8). Visto que $\left| \hat{\phi} \right| < 1$, temos

$$\frac{\left| \hat{\phi}^i \right|}{\sqrt{5}} < \frac{1}{\sqrt{5}}$$
$$< \frac{1}{2} ,$$

que implica

$$F_i = \left\lfloor \frac{\phi^i}{\sqrt{5}} + \frac{1}{2} \right\rfloor , \tag{3.34}$$

o que equivale a dizer que o i-ésimo número de Fibonacci F_i é igual a $\phi^i / \sqrt{5}$, arredondado para o inteiro mais próximo. Portanto, os números de Fibonacci crescem exponencialmente.

Exercícios

3.3-1

Mostre que, se $f(n)$ e $g(n)$ são funções monotonicamente crescentes, então as funções $f(n) + g(n)$ e $f(g(n))$ também são e, se além disso $f(n)$ e $g(n)$ são não negativas, então $f(n) \cdot g(n)$ é monotonicamente crescente.

3.3-2
Prove que $\lfloor \alpha n \rfloor + \lceil (1 - \alpha)n \rceil = n$ para qualquer inteiro n e número real α no intervalo $0 \leq \alpha \leq 1$.

3.3-3
Use a Equação (3.14) ou outro meio para mostrar que $(n + o(n))^k = \Theta(n^k)$ para qualquer constante real k. Conclua que $\lceil n \rceil^k = \Theta(n^k)$ e que $\lfloor n \rfloor^k = \Theta(n^k)$.

3.3-4
Prove o seguinte:
a. Equação (3.21).
b. Equações (3.26) a (3.28).
c. $\lg(\Theta(n)) = \Theta(\lg n)$.

★ *3.3-5*
A função $\lceil \lg n \rceil!$ é polinomialmente limitada? A função $\lceil \lg \lg n \rceil!$ é polinomialmente limitada?

★ *3.3-6*
Qual é assintoticamente maior: $\lg(\lg^* n)$ ou $\lg^* (\lg n)$?

3.3-7
Mostre que a razão áurea ϕ e seu conjugado $\widehat{\phi}$ satisfazem à equação $x^2 = x + 1$.

3.3-8
Prove por indução que o i-ésimo número de Fibonacci satisfaz à equação

$$F_i = (\phi^i - \widehat{\phi}^i) / \sqrt{5} \, ,$$

em que ϕ é a razão áurea e $\widehat{\phi}$ é o seu conjugado.

3.3-9
Prove que $k \lg k = \Theta(n)$ implica $k = \Theta(n/\lg n)$.

Problemas

3-1   Comportamento assintótico de polinômios
Seja

$$p(n) = \sum_{i=0}^{d} a_i n^i \, ,$$

em que $a_d > 0$ é um polinômio de grau d em n, e seja k uma constante. Use as definições das notações assintóticas para provar as propriedades a seguir.
a. Se $k \geq d$, então $p(n) = O(n^k)$.
b. Se $k \leq d$, então $p(n) = \Omega(n^k)$.
c. Se $k = d$, então $p(n) = \Theta(n^k)$.
d. Se $k > d$, então $p(n) = o(n^k)$.
e. Se $k < d$, então $p(n) = \omega(n^k)$.

3-2   Crescimentos assintóticos relativos
Indique, para cada par de expressões (A, B) na tabela a seguir, se A é O, o, Ω, ω ou Θ de B. Considere que $k \geq 1$, $\varepsilon > 0$ e $c > 1$ são constantes. Sua resposta deve estar na forma da tabela, com "sim" ou "não" escrito em cada retângulo.

	A	B	O	o	Ω	ω	Θ
a.	$\lg^k n$	n^ϵ					
b.	n^k	c^n					
c.	$\sqrt{n}$	$n^{\sin n}$					
d.	2^n	$2^{n/2}$					
e.	$n^{\lg c}$	$c^{\lg n}$					
f.	$\lg(n!)$	$\lg(n^n)$					

3-3   Ordenação por taxas de crescimento assintóticas

a. Classifique as funções a seguir por ordem de crescimento; isto é, determine um vetor $g_1, g_2, ..., g_{30}$ das funções que satisfazem a $g_1 = \Omega(g_2)$, $g2 = \Omega(g_3)$, ..., $g_{29} = \Omega(g_{30})$. Subdivida sua lista em classes de equivalência tais que as funções $f(n)$ e $g(n)$ estejam na mesma classe se, e somente se, $f(n) = \Theta(g(n))$.

$$\lg(\lg^* n) \quad 2^{\lg^* n} \quad (\sqrt{2})^{\lg n} \quad n^2 \quad n! \quad (\lg n)!$$

$$(3/2)^n \quad n^3 \quad \lg^2 n \quad \lg(n!) \quad 2^{2^n} \quad n^{1/\lg n}$$

$$\ln\ln n \quad \lg^* n \quad n \cdot 2^n \quad n^{\lg\lg n} \quad \ln n \quad 1$$

$$2^{\lg n} \quad (\lg n)^{\lg n} \quad e^n \quad 4^{\lg n} \quad (n+1)! \quad \sqrt{\lg n}$$

$$\lg^*(\lg n) \quad 2^{\sqrt{2\lg n}} \quad n \quad 2^n \quad n\lg n \quad 2^{2^{n+1}}$$

b. Dê um exemplo de função não negativa $f(n)$ tal que, para todas as funções $g_i(n)$ da parte (a), $f(n)$ não seja nem $O(g_i(n))$ nem $\Omega(g_i(n))$.

3-4   Propriedades da notação assintótica

Sejam $f(n)$ e $g(n)$ funções assintoticamente positivas. Prove ou refute cada uma das seguintes conjecturas:

a. $f(n) = O(g(n))$ implica $g(n) = O(f(n))$.
b. $f(n) + g(n) = \Theta(\min\{(f(n), g(n)\})$.
c. $f(n) = O(g(n))$ implica $\lg f(n) = O(\lg g(n))$, em que $\lg g(n) \geq 1$ e $f(n) \geq 1$ para todo n suficientemente grande.
d. $f(n) = O(g(n))$ implica $2^{f(n)} = O(2^{g(n)})$.
e. $f(n) = O((f(n))^2)$.
f. $f(n) = O(g(n))$ implica $g(n) = \Omega(f(n))$.
g. $f(n) = \Theta(f(n/2))$.
h. $f(n) + o(f(n)) = \Theta(f(n))$.

3-5   Manipulação da notação assintótica

Sejam $f(n)$ e $g(n)$ funções assintoticamente positivas. Prove as seguintes identidades:

a. $\Theta(\Theta(f(n))) = \Theta(f(n))$.
b. $\Theta(f(n)) + O(f(n)) = \Theta(f(n))$.
c. $\Theta(f(n)) + \Theta(g(n)) = \Theta(f(n) + g(n))$.
d. $\Theta(f(n)) \cdot \Theta(g(n)) = \Theta(f(n) \cdot g(n))$.
e. Demonstre que, para quaisquer constantes reais $a_1, b_1 > 0$ e constantes inteiras k_1, k_2, o limite assintótico a seguir é válido:

$$(a_1 n)^{k_1} \lg^{k_2}(a_2 n) = \Theta(n^{k_1} \lg^{k_2} n) .$$

★ **f.** Prove que, para $S \subseteq \mathbb{Z}$, temos

$$\sum_{k \in S} \Theta(f(k)) = \Theta\left(\sum_{k \in S} f(k)\right) ,$$

considerando que as duas somatórias convergem.

★ **g.** Mostre que, para $S \subseteq \mathbb{Z}$, o seguinte limite assintótico não necessariamente é válido, mesmo considerando que os dois produtos convergem, fornecendo um contraexemplo:

$$\prod_{k \in S} \Theta(f(k)) = \Theta\left(\prod_{k \in S} f(k)\right) .$$

3-6   Variações para O e Ω

Alguns autores definem a notação Ω de modo ligeiramente diferente daquele utilizado neste livro. Vamos usar a nomenclatura $\overset{\infty}{\Omega}$ (lê-se "ômega infinito") para essa definição alternativa. Dizemos que $f(n) = \overset{\infty}{\Omega}(g(n))$ se existe uma constante positiva c tal que $f(n) \geq cg(n) \geq 0$ para infinitos inteiros n.

a. Mostre que, para quaisquer duas funções $f(n)$ e $g(n)$ que são assintoticamente não negativas, $f(n) = O(g(n))$ ou $f(n) = \overset{\infty}{\Omega}(g(n))$ ou ambas.

b. Mostre que existem duas funções $f(n)$ e $g(n)$ que são assintoticamente não negativas para as quais nem $f(n) = O(g(n))$ nem $f(n) = \Omega(g(n))$ são válidos.

c. Descreva as vantagens e as desvantagens potenciais de se usar a notação $\overset{\infty}{\Omega}$ em vez da notação Ω para caracterizar os tempos de execução de programas.

Alguns autores também definem O de modo ligeiramente diferente. Vamos usar O' para a definição alternativa. Dizemos que $f(n) = O'(g(n))$ se, e somente se, $|f(n)| = O(g(n))$.

d. O que acontece para cada direção de "se e somente se" no Teorema 3.1 se substituirmos O por O', mas ainda usarmos Ω?

Alguns autores definem $\widetilde{O}$ (lê-se "ó suave") para indicar O com fatores logarítmicos ignorados:

$\widetilde{O}(g(n)) = \{f(n) :$ existem constantes positivas c, k e n_0 tais que
$\qquad 0 \leq f(n) \leq cg(n) \lg^k(n)$ para todo $n \geq n_0\}.$

e. Defina $\widetilde{\Omega}$ e $\widetilde{\Theta}$ de maneira semelhante. Prove a analogia correspondente ao Teorema 3.1.

3-7   Funções iteradas

Podemos aplicar o operador de iteração * usado na função $\lg^*$ em qualquer função monotonicamente crescente $f(n)$ no domínio dos números reais. Para uma dada constante $c \in \mathbb{R}$, definimos a função iterada (ou repetida) f_c^* por

$$f_c^*(n) = \min\left\{i \geq 0 : f^{(i)}(n) \leq c\right\} ,$$

que não necessita ser bem definida em todos os casos. Em outras palavras, a quantidade $f_c^*(n)$ é o número mínimo de aplicações iteradas da função f necessárias para reduzir seu argumento a c ou menos.

Para cada uma das funções $f(n)$ e constantes c na tabela a seguir, forneça um limite tão justo quanto possível para $f_c^*(n)$. Se não houver um i tal que $f^{(i)}(n) \leq c$, escreva "indefinido" como sua resposta.

	$f(n)$	c	$f_c^*(n)$
a.	$n - 1$	0	
b.	$\lg n$	1	
c.	$n/2$	1	
d.	$n/2$	2	
e.	$\sqrt{n}$	2	
f.	$\sqrt{n}$	1	
g.	$n^{1/3}$	2	

Notas do capítulo

Knuth [259] traça a origem da notação O em texto de teoria dos números escrito por P. Bachmann em 1892. A notação o foi criada por E. Landau, em 1909, para sua discussão da distribuição de números primos. As notações

Ω e Θ foram defendidas por Knuth [265] para corrigir a prática popular, mas tecnicamente descuidada, de se usar na literatura a notação O para os limites superiores e inferiores. Muitas pessoas continuam a usar a notação O onde a notação Θ é mais precisa tecnicamenté. A notação "ó suave" $\widetilde{O}$ do Problema 3.6 foi introduzida por Babai, Luks e Seress [31], embora tenha sido escrita originalmente como $O\sim$. Alguns autores agora definem $\widetilde{O}(g(n))$ ignorando fatores que são logarítmicos em $g(n)$, no lugar de n. Com essa definição, podemos dizer que $n2^n = \widetilde{O}(2^n)$, mas, com a definição no Problema 3.6, esta afirmação não é verdadeira. Uma discussão adicional da história e do desenvolvimento de notações assintóticas pode ser encontrada em obras de Knuth [259, 265] e em Brassard e Bratley [70].

Nem todos os autores definem as notações assintóticas do mesmo modo, embora as várias definições concordem na maioria das situações comuns. Algumas das definições alternativas abrangem funções que não são assintoticamente não negativas, desde que seus valores absolutos sejam adequadamente limitados.

A Equação (3.29) se deve a Robbins [381]. Outras propriedades de funções matemáticas elementares podem ser encontradas em qualquer bom livro de referência de matemática, como Abramowitz e Stegun [1] ou Zwillinger [468], ou em um livro de cálculo, como Apostol [19] ou Thomas *et al.* [433]. Knuth [259] e Graham, Knuth e Patashnik [199] contêm grande quantidade de material sobre matemática discreta, tal como utilizada em ciência da computação.

4   Divisão e Conquista

O método da divisão e conquista é uma poderosa estratégia para o projeto de algoritmos assintoticamente eficientes. Na Seção 2.3.1, vimos um exemplo de divisão e conquista quando aprendemos a respeito da ordenação por intercalação (*merge sort*). Neste capítulo, vamos explorar as aplicações do método de divisão e conquista e adquirir ferramentas matemáticas valiosas que poderão ser usadas para resolver as recorrências que surgem quando se analisam os algoritmos de divisão e conquista.

Lembre-se de que, para o paradigma da divisão e conquista, resolvemos um problema (instância) recursivamente. Se o problema for pequeno o suficiente — o ***caso-base*** —, basta resolvê-lo diretamente, sem qualquer recursão. Caso contrário — o ***caso recursivo*** —, realizamos três etapas características da recursão:

Divisão do problema em certo número de subproblemas que são instâncias menores do mesmo problema.

Conquista dos subproblemas, resolvendo-os recursivamente.

Combinação das soluções dos subproblemas para formar a solução do problema original.

Um algoritmo de divisão e conquista desmembra um problema grande em subproblemas menores, que, por sua vez, podem ser desmembrados em subproblemas ainda menores, e assim por diante. Dizemos que a recursão se ***esgota*** quando alcança o caso-base e o subproblema é pequeno o suficiente para ser resolvido diretamente, sem mais recursão.

Recorrências

Para analisar algoritmos recursivos de divisão e conquista, precisaremos lançar mão de algumas ferramentas matemáticas. Uma ***recorrência*** é uma equação que descreve uma função em termos de seu valor em outros argumentos, normalmente menores. As recorrências andam de mãos dadas com o método de divisão e conquista porque nos dão uma maneira natural de caracterizar matematicamente os tempos de execução de algoritmos recursivos. Pudemos ver um exemplo de recorrência na Seção 2.3.2, quando analisamos o tempo de execução do pior caso da ordenação por intercalação.

Para os algoritmos de multiplicação de matrizes por divisão e conquista apresentados nas Seções 4.1 e 4.2, derivaremos recorrências que descrevem seus tempos de execução do pior caso. Para entender por que esses dois algoritmos de divisão e conquista funcionam da forma como são usados, você precisará aprender a resolver as recorrências que descrevem seus tempos de execução. As Seções 4.3 a 4.7 ensinam vários métodos para resolver recorrências. Essas seções também exploram a matemática por trás das recorrências, o que pode dar a você uma ideia melhor de como projetar seus próprios algoritmos de divisão e conquista.

Queremos chegar aos algoritmos o mais rápido possível. Então, vamos apenas cobrir alguns conceitos básicos de recorrência agora, e então veremos mais profundamente as recorrências, especialmente como resolvê-las, depois dos exemplos de multiplicação de matrizes.

A forma geral de uma recorrência é uma equação ou inequação que descreve uma função sobre os valores inteiros ou reais usando a própria função. Ela contém dois ou mais casos, dependendo do argumento. Se um caso envolve a chamada recursiva da função em entradas diferentes (geralmente menores), esse é um ***caso recursivo***. Se um caso não envolve uma chamada recursiva, esse é um ***caso-base***. Pode haver zero, uma ou muitas funções que satisfaçam à afirmação da recorrência. A recorrência está ***bem definida*** se houver pelo menos uma função que a satisfaça, e ***mal definida*** caso contrário.

Recorrências algorítmicas

Estaremos particularmente interessados nas recorrências que descrevem os tempos de execução dos algoritmos de divisão e conquista. Uma recorrência $T(n)$ é ***algorítmica*** se, para cada constante de ***limiar*** suficientemente grande $n_0 > 0$, as seguintes propriedades forem verdadeiras:

1. Para todo $n < n_0$, temos $T(n) = \Theta(1)$.
2. Para todo $n \geq n_0$, cada caminho de recursão termina em um caso-base dentro de um número finito de chamadas recursivas.

Semelhante ao modo como eventualmente abusamos da notação assintótica (ver Capítulo 3), quando uma função não é definida para todos os argumentos, entendemos que essa definição é restrita a valores de n para os quais $T(n)$ é definido.

Por que uma recorrência $T(n)$ que representa o tempo de execução do pior caso de um algoritmo de divisão e conquista (correto) satisfaz essas propriedades para todas as constantes de limite suficientemente grandes? A primeira propriedade diz que existem constantes c_1, c_2 tais que $0 < c_1 \leq T(n) \leq c_2$ para $n < n_0$. Para cada entrada válida, o algoritmo deve produzir, em tempo finito, a solução para o problema que está resolvendo (ver Seção 1.1). Assim, podemos considerar c_1 a quantidade mínima de tempo para chamar e retornar de um procedimento, que deve ser positivo, porque instruções de máquina precisam ser executadas para chamar um procedimento. O tempo de execução do algoritmo pode não ser definido para alguns valores de n se não houver entradas válidas desse tamanho, mas deve ser definido para pelo menos uma, ou então o "algoritmo" não resolve problema algum. Assim, podemos considerar c_2 o tempo máximo de execução do algoritmo em qualquer entrada de tamanho $n < n_0$, em que n_0 é suficientemente grande para que o algoritmo resolva pelo menos um problema com tamanho menor que n_0. O máximo está bem definido, pois há no máximo um número finito de entradas de tamanho menor que n_0, e há pelo menos uma se n_0 for suficientemente grande. Por conseguinte, $T(n)$ satisfaz à primeira propriedade. Se a segunda propriedade não for válida para $T(n)$, então o algoritmo não está correto, pois terminaria em um laço recursivo infinito ou falharia em calcular uma solução. Assim, é razoável pensar que uma recorrência para o tempo de execução do pior caso de um algoritmo de divisão e conquista correto seria algorítmica.

Convenções para recorrências

Adotamos a seguinte convenção:

> *Sempre que uma recorrência é enunciada sem um caso-base explícito, consideramos que a recorrência é algorítmica.*

Isso significa que você pode escolher qualquer constante de limiar n_0 suficientemente grande para o intervalo de casos base em que $T(n) = \Theta(1)$. Curiosamente, as soluções assintóticas da maioria das recorrências algorítmicas que você provavelmente verá ao analisar algoritmos não dependem da escolha da constante de limiar, desde que seja grande o suficiente para tornar a recorrência bem definida.

As soluções assintóticas de recorrências algorítmicas de divisão e conquista também não costumam mudar quando descartamos quaisquer pisos ou tetos em uma recorrência definida nos valores inteiros para convertê-la em uma recorrência definida nos valores reais. A Seção 4.7 contém uma condição suficiente para ignorar pisos e tetos que se aplica à maioria das recorrências de divisão e conquista que, provavelmente, serão encontradas. Em decorrência, frequentemente declararemos recorrências algorítmicas sem pisos e tetos. Fazer isso geralmente simplifica a declaração das recorrências, bem como qualquer matemática que façamos com elas.

Ocasionalmente, veremos recorrências que não são equações, mas sim inequações, como $T(n) \leq 2T(n/2) + \Theta(n)$. Como tal recorrência declara somente um limite superior para $T(n)$, expressaremos sua solução usando a notação O em vez da notação Θ. De modo semelhante, se a desigualdade for invertida para $T(n) \geq 2T(n/2) + \Theta(n)$, então, como a recorrência dá apenas um limite inferior para $T(n)$, usaríamos a notação Ω em sua solução.

Divisão e conquista e recorrências

Este capítulo ilustra o método de divisão e conquista apresentando e usando recorrências para analisar dois algoritmos de divisão e conquista para multiplicar matrizes $n \times n$. A Seção 4.1 descreve um algoritmo de divisão e conquista simples, que resolve um problema de multiplicação de matrizes de tamanho n dividindo-o em oito subproblemas de tamanho $n/2$, que ele resolve então recursivamente. O tempo de execução do algoritmo pode ser caracterizado pela recorrência

$$T(n) = 8T(n/2) + \Theta(1) \,,$$

que acaba por ter a solução $T(n) = \Theta(n^3)$. Embora esse algoritmo de divisão e conquista não seja mais rápido do que o método direto que usa um laço triplamente encaixado, ele leva a um algoritmo de divisão e conquista assintoticamente mais rápido, atribuído a V. Strassen, que exploraremos na Seção 4.2. O notável algoritmo de Strassen divide um problema de tamanho n em sete subproblemas de tamanho $n/2$ que é resolvido recursivamente. O tempo de execução do algoritmo de Strassen pode ser descrito pela recorrência

$$T(n) = 7T(n/2) + \Theta(n^2) \,,$$

que tem a solução $T(n) = \Theta(n^{\lg 7}) = O(n^{2,81})$. O algoritmo de Strassen supera assintoticamente o método de laço direto.

Esses dois algoritmos de divisão e conquista dividem um problema de tamanho n em vários subproblemas de tamanho $n/2$. Embora seja comum, ao se usar a divisão e conquista, que todos os subproblemas tenham o mesmo tamanho, nem sempre isso acontece. Por vezes, é produtivo dividir um problema de tamanho n em subproblemas de tamanhos diferentes e, então, a recorrência que descreve o tempo de execução reflete a irregularidade. Por exemplo, considere um algoritmo de divisão e conquista que divide um problema de tamanho n em um subproblema de tamanho $n/3$ e outro de tamanho $2n/3$, levando um tempo $\Theta(n)$ para dividir o problema e combinar as soluções do subproblemas. Então, o tempo de execução do algoritmo pode ser descrito pela recorrência

$$T(n) = T(n/3) + T(2n/3) + \Theta(n) \,,$$

que acaba por ter solução $T(n) = \Theta(n \lg n)$. Veremos até mesmo um algoritmo no Capítulo 9 que resolve um problema de tamanho n resolvendo recursivamente um subproblema de tamanho $n/5$ e outro de tamanho $7n/10$, levando um tempo $\Theta(n)$ para as etapas de divisão e combinação. Seu desempenho satisfaz à recorrência

$$T(n) = T(n/5) + T(7n/10) + \Theta(n) \,,$$

que tem solução $T(n) = \Theta(n)$.

Embora os algoritmos de divisão e conquista geralmente criem subproblemas com os tamanhos de uma fração constante do tamanho original do problema, isso nem sempre acontece. Por exemplo, uma versão recursiva da busca linear (ver Exercício 2.1-4) cria apenas um subproblema, com um elemento a menos que o problema original. Cada chamada recursiva leva tempo constante mais o tempo para resolver recursivamente um subproblema com um elemento a menos, gerando a recorrência

$$T(n) = T(n - 1) + \Theta(1) \,,$$

que tem solução $T(n) = \Theta(n)$. No entanto, a grande maioria dos algoritmos eficientes de divisão e conquista resolve subproblemas que são uma fração constante do tamanho do problema original, que é onde focaremos nossos esforços.

Resolvendo recorrências

Depois de ter aprendido sobre algoritmos de divisão e conquista para multiplicação de matrizes nas Seções 4.1 e 4.2, exploraremos diversas ferramentas matemáticas para resolver recorrências — isto é, para obter limites assintóticos Θ, O ou Ω em suas soluções. Queremos ferramentas simples de usar e que possam lidar com as situações mais comuns. Mas também queremos ferramentas gerais que funcionem, talvez com um pouco mais de esforço, para casos menos comuns. Este capítulo oferece quatro métodos para resolver recorrências:

- No ***método de substituição*** (Seção 4.3), arriscamos um palpite para a forma de um limite e então usamos indução matemática para provar que nosso palpite estava correto e resolver as constantes. Esse método talvez seja o mais robusto para resolver recorrências, mas também exige que você faça uma boa suposição e produza uma prova indutiva.

- O **método da árvore de recursão** (Seção 4.4) converte a recorrência em uma árvore cujos nós representam os custos envolvidos em vários níveis da recursão. Para resolver a recorrência, você determina os custos em cada nível e os soma, talvez usando técnicas para limitar somatórios da Seção A.2. Mesmo que você não use esse método para provar um limite de modo formal, ele pode ser útil para adivinhar a forma do limite para uso no método de substituição.
- O **método mestre** (Seções 4.5 e 4.6) é o mais fácil, quando aplicável. Ele dá limites para recorrências da forma

$$T(n) = aT(n/b) + f(n) \,,$$

em que $a > 0$ e $b > 1$ são constantes e $f(n)$ é uma função de "direção" dada. Esse tipo de recorrência ocorre com mais frequência no estudo de algoritmos do que em qualquer outro. Ele caracteriza um algoritmo de divisão e conquista que cria a subproblemas, cada um com $1/b$ do tamanho do problema original e no qual as etapas de divisão e conquista, juntas, levam o tempo $f(n)$. Para utilizar o método mestre, você terá de memorizar três casos; porém, com isso, será fácil determinar limites assintóticos para muitos algoritmos de divisão e conquista.
- O **método de Akra-Bazzi** (Seção 4.7) é um método geral para resolver recorrências de divisão e conquista. Embora envolva cálculo, ele pode ser usado para atacar recorrências mais complicadas do que aquelas tratadas pelo método mestre.

4.1 Multiplicação de matrizes quadradas

Podemos usar o método de divisão e conquista para multiplicar matrizes quadradas. Se você já trabalhou com matrizes, então provavelmente saberá multiplicá-las. (Caso contrário, deve ler a Seção D.1, no Apêndice D.) Considere as matrizes $n \times n$ quadradas $A = (a_{ik})$ e $B = (b_{kj})$. O produto matricial $C = A \cdot B$ também é uma matriz $n \times n$, em que, para $i, j = 1, 2, ..., n$, a entrada (i, j) de C é dada por

$$c_{ij} = \sum_{k=1}^{n} a_{ik} \cdot b_{kj} \,. \tag{4.1}$$

Em geral, vamos supor que as matrizes são **densas**, o que significa que a maioria das n^2 entradas não é 0, ao contrário de **esparsas**, nas quais a maioria das n^2 entradas é 0 e as entradas diferentes de zero podem ser armazenadas de forma mais compacta do que em uma matriz $n \times n$.

O cálculo da matriz C requer o cálculo de n^2 entradas da matriz, cada uma das quais é a soma de n produtos aos pares de elementos de entrada de A e B. O procedimento MULTIPLICA-MATRIZES implementa essa estratégia de maneira direta e generaliza um pouco o problema. Ele recebe como entrada três matrizes $n \times n$ A, B e C, e soma o produto matricial $A \cdot B$ a C, armazenando o resultado em C. Assim, ele calcula $C = C + A \cdot B$, em vez de apenas $C = A \cdot B$. Se apenas o produto $A \cdot B$ for necessário, basta inicializar todas as n^2 entradas de C para 0 antes de chamar o procedimento, o que leva um tempo $\Theta(n^2)$ adicional. Veremos que o custo da multiplicação de matrizes domina assintoticamente esse custo de inicialização.

MULTIPLICA-MATRIZES(A, B, C, n)
1　**for** $i = 1$ **to** n　　　　　　// calcula entradas em cada uma das n linhas
2　　**for** $j = 1$ **to** n　　　　　// calcula n entradas na linha i
3　　　**for** $k = 1$ **to** n
4　　　　$c_{ij} = c_{ij} + a_{ik} \cdot b_{kj}$　　// soma em outro termo da Equação (4.1)

O pseudocódigo para MULTIPLICA-MATRIZES funciona como segue. O laço **for** das linhas 1-4 calcula as entradas de cada linha i, e dentro de determinada linha i, o laço **for** das linhas 2-4 calcula cada uma das entradas c_{ij} para cada coluna j. Cada iteração do laço **for** das linhas 3-4 adiciona mais um termo da Equação (4.1).

Como cada um dos laços **for** triplamente encaixados é executado por exatamente n iterações, e cada execução da linha 4 leva um tempo constante, o procedimento MULTIPLICA-MATRIZES opera em tempo $\Theta(n^3)$. Mesmo se adicionarmos o tempo $\Theta(n^2)$ para inicializar C em 0, o tempo de execução ainda é $\Theta(n^3)$.

Algoritmo simples de divisão e conquista

Vejamos como calcular o produto da matriz $A \cdot B$ usando divisão e conquista. Para $n > 1$, a etapa de divisão divide as matrizes $n \times n$ em quatro submatrizes $n/2 \times n/2$. Vamos supor que n é uma potência exata de 2, de modo que, à medida que o algoritmo se repete, tenhamos a garantia de que as dimensões da submatriz são inteiras. (O Exercício 4.1-1 pede que você relaxe essa suposição.) Assim como no algoritmo MULTI-PLICA-MATRIZES, na verdade, calcularemos $C = C + A \cdot B$. Porém, para simplificar a matemática por trás do algoritmo, vamos supor que C foi inicializado na matriz zero, de modo que estamos de fato calculando $C = A \cdot B$.

A etapa de divisão visualiza cada uma das matrizes $n \times n$ A, B e C como quatro submatrizes $n/2 \times n/2$:

$$A = \begin{pmatrix} A_{11} & A_{12} \\ A_{21} & A_{22} \end{pmatrix}, \quad B = \begin{pmatrix} B_{11} & B_{12} \\ B_{21} & B_{22} \end{pmatrix}, \quad C = \begin{pmatrix} C_{11} & C_{12} \\ C_{21} & C_{22} \end{pmatrix}. \tag{4.2}$$

Depois, podemos escrever o produto matricial como

$$\begin{pmatrix} C_{11} & C_{12} \\ C_{21} & C_{22} \end{pmatrix} = \begin{pmatrix} A_{11} & A_{12} \\ A_{21} & A_{22} \end{pmatrix} \begin{pmatrix} B_{11} & B_{12} \\ B_{21} & B_{22} \end{pmatrix} \tag{4.3}$$

$$= \begin{pmatrix} A_{11} \cdot B_{11} + A_{12} \cdot B_{21} & A_{11} \cdot B_{12} + A_{12} \cdot B_{22} \\ A_{21} \cdot B_{11} + A_{22} \cdot B_{21} & A_{21} \cdot B_{12} + A_{22} \cdot B_{22} \end{pmatrix}, \tag{4.4}$$

que corresponde às equações

$$C_{11} = A_{11} \cdot B_{11} + A_{12} \cdot B_{21}, \tag{4.5}$$
$$C_{12} = A_{11} \cdot B_{12} + A_{12} \cdot B_{22}, \tag{4.6}$$
$$C_{21} = A_{21} \cdot B_{11} + A_{22} \cdot B_{21}, \tag{4.7}$$
$$C_{22} = A_{21} \cdot B_{12} + A_{22} \cdot B_{22}. \tag{4.8}$$

As Equações (4.5) a (4.8) envolvem oito multiplicações e quatro adições de submatrizes $n/2 \times n/2$.

À medida que procuramos transformar essas equações em um algoritmo que pode ser descrito com pseudocódigo, ou mesmo realmente implementado, existem duas abordagens comuns para implementar o particionamento de matrizes.

Uma estratégia é alocar armazenamento temporário para as quatro submatrizes A_{11}, A_{12}, A_{21} e A_{22} de A e as quatro submatrizes B_{11}, B_{12}, B_{21} e B_{22} de B. Em seguida, copiar cada elemento em A e de B para sua localização correspondente na submatriz apropriada. Após a etapa de conquista recursiva, copiar os elementos em cada uma das quatro submatrizes de C, C_{11}, C_{12}, C_{21} e C_{22}, para seus locais correspondentes em C. Essa abordagem leva um tempo $\Theta(n^2)$, pois são copiados $3n^2$ elementos.

A segunda abordagem usa cálculos de índice e é mais rápida e prática. Uma submatriz pode ser especificada dentro de uma matriz indicando onde a submatriz se encontra dentro da matriz sem tocar em nenhum elemento dessa matriz. Particionar uma matriz (ou, recursivamente, uma submatriz) envolve apenas aritmética sobre essa informação de localização, que tem tamanho constante, independentemente do tamanho da matriz. As mudanças nos elementos da submatriz atualizam a matriz original, pois ocupam o mesmo espaço de armazenamento.

Daqui para frente, vamos supor que os cálculos de índice são usados e que o particionamento pode ser executado em um tempo $\Theta(1)$. O Exercício 4.1-3 pede que você mostre que, no entanto, não faz diferença para o tempo de execução assintótico geral da multiplicação de matrizes se o particionamento usa o primeiro método de cópia ou o segundo método de cálculo de índice. Mas para outros cálculos de matriz, como a soma de matrizes, o método de particionamento para divisão e conquista pode fazer diferença, como o Exercício 4.1-4 pede para você mostrar.

O procedimento MULTIPLICA-MATRIZES-RECURSIVO usa as Equações (4.5) a (4.8) para implementar uma estratégia de divisão e conquista para multiplicação de matrizes quadradas. Assim como MULTIPLICA-MATRIZES, o procedimento MULTIPLICA-MATRIZES-RECURSIVO calcula $C = C + A \cdot B$, pois, se necessário, C pode ser inicializado em 0 antes que o procedimento seja chamado para calcular apenas $C = A \cdot B$.

MULTIPLICA-MATRIZES-RECURSIVO(A, B, C, n)

1   **if** $n == 1$
2   // Caso-base.
3           $c_{11} = c_{11} + a_{11} \cdot b_{11}$
4   **return**
5   // Divisão.
6   particionar A, B e C em submatrizes $n/2 \times n/2$
        $A_{11}, A_{12}, A_{21}, A_{22};\ B_{11}, B_{12}, B_{21}, B_{22},$
        e $C_{11}, C_{12}, C_{21}, C_{22};$ respectivamente
7   // Conquista.
8   MULTIPLICA-MATRIZES-RECURSIVO(A_{11}, B_{11}, C_{11}, $n/2$)
9   MULTIPLICA-MATRIZES-RECURSIVO(A_{11}, B_{12}, C_{12}, $n/2$)
10 MULTIPLICA-MATRIZES-RECURSIVO(A_{21}, B_{11}, C_{21}, $n/2$)
11 MULTIPLICA-MATRIZES-RECURSIVO(A_{21}, B_{12}, C_{22}, $n/2$)
12 MULTIPLICA-MATRIZES-RECURSIVO(A_{12}, B_{21}, C_{11}, $n/2$)
13 MULTIPLICA-MATRIZES-RECURSIVO(A_{12}, B_{22}, C_{12}, $n/2$)
14 MULTIPLICA-MATRIZES-RECURSIVO(A_{22}, B_{21}, C_{21}, $n/2$)
15 MULTIPLICA-MATRIZES-RECURSIVO(A_{22}, B_{22}, C_{22}, $n/2$)

À medida que percorremos o pseudocódigo, derivamos uma recorrência para caracterizar seu tempo de execução. Seja $T(n)$ o tempo de pior caso para multiplicar duas matrizes $n \times n$ usando esse procedimento.

No caso-base, quando $n = 1$, a linha 3 executa apenas uma multiplicação escalar e uma adição, o que significa que $T(1) = \Theta(1)$. Como é nossa convenção para casos-base constantes, podemos omitir esse caso-base no enunciado da recorrência.

O caso recursivo ocorre quando $n > 1$. Conforme discutido, usaremos cálculos de índice para particionar as matrizes na linha 6, levando um tempo $\Theta(1)$. As linhas 8-15 chamam recursivamente MULTIPLICA-MATRIZES-RECURSIVO por um total de oito vezes. As primeiras quatro chamadas recursivas calculam os primeiros termos das Equações (4.5) a (4.8), e as quatro chamadas recursivas seguintes calculam e somam os segundos termos. Cada chamada recursiva soma o produto de uma submatriz de A e uma submatriz de B à submatriz apropriada de C no local, graças aos cálculos de índice. Como cada chamada recursiva multiplica duas matrizes $n/2 \times n/2$, contribuindo, assim, com $T(n/2)$ para o tempo de execução geral, o tempo gasto por todas as oito chamadas recursivas é $8T(n/2)$. Não há etapa de combinação, pois a matriz C é atualizada no local. Portanto, o tempo total para o caso recursivo é a soma do tempo de particionamento e o tempo para todas as chamadas recursivas, ou $\Theta(1) + 8T(n/2)$.

Assim, omitindo o enunciado do caso-base, nossa recorrência para o tempo de execução de MULTIPLICA-MATRIZES-RECURSIVO é

$$T(n) = 8T(n/2) + \Theta(1) .\tag{4.9}$$

Como veremos no método mestre na Seção 4.5, a recorrência (4.9) tem a solução $T(n) = \Theta(n^3)$, o que significa que tem o mesmo tempo de execução assintótico que o procedimento MULTIPLICA-MATRIZES direto.

Por que a solução $\Theta(n^3)$ para essa recorrência é muito maior do que a solução $\Theta(n \lg n)$ para a recorrência (2.3) para ordenação por intercalação vista no Capítulo 2? Afinal, a recorrência para ordenação por intercalação contém um termo $\Theta(n)$, enquanto a recorrência para multiplicação recursiva de matrizes contém apenas um termo $\Theta(1)$.

Vamos pensar sobre como seria a árvore de recursão para recorrência (4.9) em comparação com a árvore de recursão para ordenação por intercalação, ilustrada na Figura 2.5. O fator 2 na recorrência para ordenação por intercalação determina quantos filhos cada nó da árvore tem, o que, por sua vez, determina quantos termos contribuem para a soma em cada nível da árvore. Em comparação, para a recorrência (4.9) de MULTIPLICA-MATRIZES-RECURSIVO, cada nó interno na árvore de recursão tem oito filhos, não dois, levando a uma árvore de recursão "mais densa", com muito mais folhas, apesar do fato de que cada um dos nós internos é muito menor. Consequentemente, a solução para a recorrência (4.9) cresce muito mais rapidamente do que a solução para a recorrência (2.3), que é confirmada nas soluções reais: $\Theta(n^3)$ *versus* $\Theta(n \lg n)$.

Exercícios

Observação: aconselhamos a leitura da Seção 4.5 antes de tentar responder a alguns destes exercícios.

4.1-1

Torne o procedimento MULTIPLICA-MATRIZES-RECURSIVO genérico para multiplicar matrizes $n \times n$ para as quais n não é necessariamente uma potência exata de 2. Indique uma recorrência descrevendo seu tempo de execução. Argumente que ela é executada em um tempo $\Theta(n^3)$ para o pior caso.

4.1-2

Com que rapidez você consegue multiplicar uma matriz $kn \times n$ (kn linhas e n colunas) por uma matriz $n \times kn$, em que $k \geq 1$, usando MULTIPLICA-MATRIZES-RECURSIVO como sub-rotina? Responda à mesma pergunta para a multiplicação de uma matriz $n \times kn$ por uma matriz $kn \times n$. Qual delas é assintoticamente mais rápida, e por quanto?

4.1-3

Suponha que, em vez de particionar as matrizes por cálculo de índice em MULTIPLICA-MATRIZES-RECURSIVO, você copie os elementos apropriados de A, B e C para submatrizes $n/2 \times n/2$ separadas, $A_{11}, A_{12}, A_{21}, A_{22}$; B_{11}, B_{12}, B_{21}, B_{22}; e $C_{11}, C_{12}, C_{21}, C_{22}$, respectivamente. Após as chamadas recursivas, você copia os resultados de $C_{11}, C_{12}, C_{21}, C_{22}$ de volta para os locais apropriados em C. Como a recorrência (4.9) é alterada e qual é sua solução?

4.1-4

Escreva o pseudocódigo para um algoritmo de divisão e conquista SOMA-MATRIZES-RECURSIVO que some duas matrizes $n \times n$ A e B particionando cada uma delas em quatro submatrizes $n/2 \times n/2$ e, então, somando recursivamente os pares correspondentes de submatrizes. Suponha que o particionamento de matrizes use cálculos de índice com tempo $\Theta(1)$. Escreva uma recorrência para o tempo de execução do pior caso de SOMA-MATRIZES-RECURSIVO e resolva sua recorrência. O que acontece se você usar a cópia com tempo $\Theta(n^2)$ para implementar o particionamento em vez de cálculos de índice?

4.2   Algoritmo de Strassen para multiplicação de matrizes

Pode parecer difícil imaginar que qualquer algoritmo de multiplicação de matrizes possa levar menos do que um tempo de execução $\Theta(n^3)$, já que a definição natural de multiplicação de matrizes requer n^3 multiplicações escalares. De fato, muitos matemáticos presumiram que não era possível multiplicar matrizes em tempo $o(n^3)$ até 1969, quando V. Strassen [424] publicou um algoritmo recursivo notável para multiplicar matrizes $n \times n$. O algoritmo de Strassen é executado em tempo $\Theta(n^{\lg 7})$. Visto que $\lg 7 = 2,8073549...$, o algoritmo de Strassen é executado em tempo $O(n^{2,81})$, que é assintoticamente melhor do que os procedimentos MULTIPLICA-MATRIZES e MULTIPLICA-MATRIZES-RECURSIVO com tempo de $\Theta(n^3)$.

A chave para o método de Strassen é usar a ideia de divisão e conquista do procedimento MULTIPLICA-MATRIZES-RECURSIVO, mas tornar a árvore de recursão menos espessa. Na verdade, aumentaremos o trabalho para cada etapa de divisão e combinação por um fator constante, mas a redução na quantidade de folhas valerá a pena. Não reduziremos a quantidade de folhas da ramificação de recorrência (4.9) de oito vias até a ramificação de recorrência (2.3) de duas vias, mas melhoraremos um pouco, e isso causará um grande diferença. Em vez de realizar oito multiplicações recursivas de matrizes $n/2 \times n/2$, o algoritmo de Strassen realiza apenas sete. O custo de eliminar uma multiplicação de matrizes é ter várias novas adições e subtrações de matrizes $n/2 \times n/2$, mas esse custo é ainda apenas um número constante. Em vez de dizermos "adições e subtrações" em todos os lugares, adotaremos a terminologia comum de chamá-las de "adições" porque a subtração utiliza estruturalmente o mesmo cálculo que a adição, exceto por uma mudança de sinal.

Para ter uma ideia de como o número de multiplicações pode ser reduzido, bem como por que reduzir o número de multiplicações pode ser desejável para cálculos de matrizes, suponha que você tenha dois números

x e y e queira calcular a quantidade $x^2 - y^2$. O cálculo direto requer duas multiplicações para elevar x e y ao quadrado, seguidas por uma subtração (que você pode considerar uma "adição negativa"). Mas vamos relembrar o velho truque de álgebra $x^2 - y^2 = x^2 - xy + xy - y^2 = x(x - y) + y(x - y) = (x + y)(x - y)$. Usando essa formulação da quantidade desejada, podemos calcular a soma $x + y$ e a diferença $x - y$ e depois multiplicá-las, exigindo apenas uma única multiplicação e duas adições. À custa de uma adição extra, apenas uma multiplicação é necessária para calcular uma expressão que parece exigir duas. Se x e y são escalares, não há muita diferença: ambas as abordagens requerem três operações escalares. Se x e y forem matrizes grandes, no entanto, o custo de multiplicação superará o custo da adição, caso em que o segundo método supera o primeiro, embora não assintoticamente.

A estratégia de Strassen para reduzir o número de multiplicações de matrizes à custa de mais adições de matrizes não é nada óbvia — talvez o maior eufemismo neste livro! Tal como acontece com Multiplica-Matrizes-Recursivo, o algoritmo de Strassen usa o método de divisão e conquista para calcular $C = C + A \cdot B$, em que A, B e C são todas matrizes $n \times n$ e n é uma potência exata de 2. O algoritmo de Strassen calcula as quatro submatrizes C_{11}, C_{12}, C_{21} e C_{22} de C das Equações (4.5) a (4.8) em quatro etapas. Analisaremos os custos à medida que desenvolvermos uma recorrência $T(n)$ para o tempo de execução geral. Vamos ver como isso funciona:

1. Se $n = 1$, cada matriz contém um único elemento. Realize uma única multiplicação escalar e uma única adição escalar, como na linha 3 de Multiplica-Matrizes-Recursivo, levando um tempo $\Theta(1)$, e retorne. Caso contrário, particione as matrizes de entrada A e B e a matriz de saída C em submatrizes $n/2 \times n/2$, como na Equação (4.2). Essa etapa leva um tempo $\Theta(1)$ pelo cálculo do índice, assim como em Multiplica-Matrizes-Recursivo.

2. Crie matrizes $n/2 \times n/2$ S_1, S_2, ..., S_{10}, cada uma delas sendo a soma ou a diferença de duas submatrizes da etapa 1. Crie e zere as entradas de sete matrizes $n/2 \times n/2$ P_1, P_2, ..., P_7 para que contenham sete produtos de matriz $n/2 \times n/2$. Todas as 17 matrizes podem ser criadas, e o P_i inicializado, em tempo $\Theta(n^2)$.

3. Usando as submatrizes da etapa 1 e as matrizes S_1, S_2, ..., S_{10} da etapa 2, calcule recursivamente cada um dos sete produtos matriciais P_1, P_2, ..., P_7, levando um tempo $7T(n/2)$.

4. Atualize as quatro submatrizes C_{11}, C_{12}, C_{21} e C_{22} da matriz resultante C, somando ou subtraindo várias matrizes P_i, o que leva um tempo $\Theta(n^2)$.

Veremos os detalhes das etapas 2 a 4 em breve, mas já temos informações suficientes para configurar uma recorrência para o tempo de execução do método de Strassen. Como é comum, o caso-base na etapa 1 leva um tempo $\Theta(1)$, que omitiremos ao declararmos a recorrência. Quando $n > 1$, as etapas 1, 2 e 4 levam um tempo total de $\Theta(n^2)$, e a etapa 3 requer sete multiplicações de matrizes $n/2 \times n/2$. Portanto, obtemos a seguinte recorrência para o tempo de execução do algoritmo de Strassen:

$$T(n) = 7T(n/2) + \Theta(n^2) . \tag{4.10}$$

Em comparação com Multiplica-Matrizes-Recursivo, trocamos uma multiplicação de submatriz recursiva por um número constante de soma de submatrizes. Assim que entendermos recorrências e suas soluções, veremos por que essa compensação realmente leva a um tempo de execução assintótico mais baixo. Pelo método mestre na Seção 4.5, a solução da recorrência (4.10) é $T(n) = \Theta(n^{\lg 7}) = O(n^{2,81})$, superando os algoritmos com tempo $\Theta(n^3)$.

Agora, vamos nos aprofundar nos detalhes. Na etapa 2, criamos as 10 matrizes a seguir:

$$
\begin{aligned}
S_1 &= B_{12} - B_{22} , \\
S_2 &= A_{11} + A_{12} , \\
S_3 &= A_{21} + A_{22} , \\
S_4 &= B_{21} - B_{11} , \\
S_5 &= A_{11} + A_{22} , \\
S_6 &= B_{11} + B_{22} , \\
S_7 &= A_{12} - A_{22} , \\
S_8 &= B_{21} + B_{22} , \\
S_9 &= A_{11} - A_{21} , \\
S_{10} &= B_{11} + B_{12} .
\end{aligned}
$$

Esta etapa deve somar ou subtrair matrizes $n/2 \times n/2$ dez vezes, levando um tempo $\Theta(n^2)$.

Na etapa 3, multiplicamos recursivamente matrizes $n/2 \times n/2$ sete vezes para calcular as seguintes matrizes $n/2 \times n/2$, cada uma das quais é a soma ou a diferença de produtos de submatrizes A e B:

$$
\begin{aligned}
P_1 &= A_{11} \cdot S_1 \ (= A_{11} \cdot B_{12} - A_{11} \cdot B_{22}), \\
P_2 &= S_2 \cdot B_{22} \ (= A_{11} \cdot B_{22} + A_{12} \cdot B_{22}), \\
P_3 &= S_3 \cdot B_{11} \ (= A_{21} \cdot B_{11} + A_{22} \cdot B_{11}), \\
P_4 &= A_{22} \cdot S_4 \ (= A_{22} \cdot B_{21} - A_{22} \cdot B_{11}), \\
P_5 &= S_5 \cdot S_6 \ (= A_{11} \cdot B_{11} + A_{11} \cdot B_{22} + A_{22} \cdot B_{11} + A_{22} \cdot B_{22}), \\
P_6 &= S_7 \cdot S_8 \ (= A_{12} \cdot B_{21} + A_{12} \cdot B_{22} - A_{22} \cdot B_{21} - A_{22} \cdot B_{22}), \\
P_7 &= S_9 \cdot S_{10} \ (= A_{11} \cdot B_{11} + A_{11} \cdot B_{12} - A_{21} \cdot B_{11} - A_{21} \cdot B_{12}).
\end{aligned}
$$

As únicas multiplicações que o algoritmo executa são as que se encontram na coluna do meio dessas equações. A coluna do lado direito mostra apenas em que esses produtos são iguais em termos das submatrizes originais criadas na etapa 1, mas os termos nunca são calculados explicitamente pelo algoritmo.

A etapa 4 soma e subtrai as P_i matrizes criadas na etapa 3 para construir as quatro submatrizes $n/2 \times n/2$ do produto C. Começamos com

$$
C_{11} = C_{11} + P_5 + P_4 - P_2 + P_6.
$$

Expandindo o cálculo do lado direito, com a expansão de cada P_i em sua própria linha e alinhando na vertical os termos cancelados, vemos que C_{11} é igual a

$$
\begin{array}{l}
A_{11} \cdot B_{11} + A_{11} \cdot B_{22} + A_{22} \cdot B_{11} + A_{22} \cdot B_{22} \\
\qquad\qquad - A_{22} \cdot B_{11} \qquad\qquad\quad + A_{22} \cdot B_{21} \\
\qquad - A_{11} \cdot B_{22} \qquad\qquad\qquad\qquad\qquad - A_{12} \cdot B_{22} \\
\qquad\qquad\qquad\quad - A_{22} \cdot B_{22} - A_{22} \cdot B_{21} + A_{12} \cdot B_{22} + A_{12} \cdot B_{21} \\
\hline
A_{11} \cdot B_{11} \qquad\qquad\qquad\qquad\qquad\qquad\qquad\qquad + A_{12} \cdot B_{21},
\end{array}
$$

que corresponde à Equação (4.5). De modo semelhante, fazemos

$$
C_{12} = C_{12} + P_1 + P_2
$$

o que significa que C_{12} é igual a

$$
\begin{array}{l}
A_{11} \cdot B_{12} - A_{11} \cdot B_{22} \\
\qquad\qquad + A_{11} \cdot B_{22} + A_{12} \cdot B_{22} \\
\hline
A_{11} \cdot B_{12} \qquad\qquad + A_{12} \cdot B_{22},
\end{array}
$$

correspondendo à Equação (4.6). Fazer

$$
C_{21} = C_{21} + P_3 + P_4
$$

torna C_{21} igual a

$$
\begin{array}{l}
A_{21} \cdot B_{11} + A_{22} \cdot B_{11} \\
\qquad\qquad - A_{22} \cdot B_{11} + A_{22} \cdot B_{21} \\
\hline
A_{21} \cdot B_{11} \qquad\qquad + A_{22} \cdot B_{21},
\end{array}
$$

correspondente à Equação (4.7). Finalmente, fazemos

$$
C_{22} = C_{22} + P_5 + P_1 - P_3 - P_7
$$

de modo que a atualização de C_{22} seja igual a

$$
\begin{aligned}
A_{11} \cdot B_{11} + A_{11} \cdot B_{22} &+ A_{22} \cdot B_{11} + A_{22} \cdot B_{22} \\
- A_{11} \cdot B_{22} & \qquad\qquad + A_{11} \cdot B_{12} \\
- A_{22} \cdot B_{11} & \qquad\qquad - A_{21} \cdot B_{11} \\
- A_{11} \cdot B_{11} & \qquad\qquad - A_{11} \cdot B_{12} + A_{21} \cdot B_{11} + A_{21} \cdot B_{12} \\
\hline
A_{22} \cdot B_{22} & \qquad\qquad + A_{21} \cdot B_{12} \,,
\end{aligned}
$$

que corresponde à Equação (4.8). No total, somamos ou subtraímos matrizes $n/2 \times n/2$ 12 vezes na etapa 4 e, portanto, essa etapa leva de fato o tempo $\Theta(n^2)$.

Assim, vemos que o notável algoritmo de Strassen, que compreende as etapas 1 a 4, gera o produto correto de matrizes utilizando 7 multiplicações e 18 adições de submatrizes. Percebemos também que a recorrência (4.10) caracteriza seu tempo de execução. Como a Seção 4.5 mostra que essa recorrência tem a solução $T(n) = \Theta(n^{\lg 7}) = o(n^3)$, o método de Strassen é assintoticamente mais rápido que $\Theta(n^3)$ dos procedimentos Multiplica-Matrizes e Multiplica-Matrizes-Recursivo.

Exercícios

Observação: aconselhamos a leitura da Seção 4.5 antes de tentar responder a alguns destes exercícios.

4.2-1
Use o algoritmo de Strassen para calcular o produto matricial

$$
\begin{pmatrix} 1 & 3 \\ 7 & 5 \end{pmatrix} \begin{pmatrix} 6 & 8 \\ 4 & 2 \end{pmatrix} .
$$

Mostre seu raciocínio para resolver a questão.

4.2-2
Escreva o pseudocódigo para o algoritmo de Strassen.

4.2-3
Qual é o maior k tal que, se você puder multiplicar matrizes 3×3 usando k multiplicações (sem considerar a comutatividade da multiplicação), poderá multiplicar matrizes $n \times n$ no tempo $o(n^{\lg 7})$? Qual seria o tempo de execução desse algoritmo?

4.2-4
V. Pan descobriu um modo de multiplicar matrizes 68×68 usando 132.464 multiplicações, um modo de multiplicar matrizes 70×70 usando 143.640 multiplicações e um modo de multiplicar matrizes 72×72 usando 155.424 multiplicações. Qual é o método que produz o melhor tempo de execução assintótico quando usado em um algoritmo de divisão e conquista para multiplicação de matrizes? Compare-o com o tempo do algoritmo de Strassen.

4.2-5
Mostre como multiplicar os números complexos $a + bi$ e $c + di$ usando apenas três multiplicações de números reais. O algoritmo deve tomar a, b, c e d como entrada e produzir o componente real $ac - bd$ e o componente imaginário $ad + bc$ separadamente.

4.2-6
Suponha que você tenha um algoritmo de tempo $\Theta(n^\alpha)$ para elevar matrizes $n \times n$ ao quadrado, em que $\alpha \geq 2$. Mostre como usar esse algoritmo para multiplicar duas matrizes $n \times n$ diferentes no tempo de execução $\Theta(n^\alpha)$.

4.3   Método de substituição para resolver recorrências

Agora, que já vimos como as recorrências caracterizam os tempos dos algoritmos de divisão e conquista, aprenderemos como resolver recorrências. Começamos esta seção com o ***método de substituição***, que é o mais geral dos quatro métodos neste capítulo. O método de substituição envolve duas etapas:

1. Arriscar um palpite para a forma da solução usando constantes simbólicas.
2. Usar indução matemática para mostrar que a solução funciona e determinar as constantes.

Substituímos a função pela solução suposta na primeira etapa quando aplicamos a hipótese indutiva a valores menores — daí o nome "método de substituição". Esse método é poderoso, mas temos de adivinhar a forma da resposta para aplicá-lo. Embora a geração de uma boa escolha possa parecer difícil, um pouco de prática pode rapidamente melhorar nossa intuição.

Podemos usar o método de substituição para estabelecer limites superiores ou inferiores para uma recorrência. Normalmente, é melhor não tentar fazer ambos ao mesmo tempo. Isto é, em vez de tentar provar um limite Θ diretamente, primeiro prove um limite O e depois prove um limite Ω. Juntos, eles lhe darão um limite Θ (Teorema 3.1, mostrado no Capítulo 3).

Como exemplo do método de substituição, vamos determinar um limite assintótico superior para a recorrência:

$$T(n) = 2T(\lfloor n/2 \rfloor) + \Theta(n) .$$ (4.11)

Essa recorrência é semelhante à recorrência (2.3), para a ordenação por intercalação, exceto para a função de piso, que garante que $T(n)$ é definido sobre os inteiros. Vamos supor que o limite assintótico superior seja o mesmo — $T(n) = O(n \lg n)$ — e usar o método da substituição para provar isso.

Vamos adotar a hipótese indutiva de que $T(n) \le cn \lg n$ para todo $n \ge n_0$, em que escolheremos as constantes específicas $c > 0$ e $n_0 > 0$ posteriormente, depois de vermos as restrições às quais elas precisam obedecer. Se estabelecermos essa hipótese indutiva, poderemos concluir que $T(n) = O(n \lg n)$. Seria arriscado usar $T(n) = O(n \lg n)$ como hipótese indutiva porque as constantes importam, conforme veremos mais adiante, em nossa discussão sobre armadilhas.

Suponha, por indução, que esse limite seja válido para todos os números pelo menos tão grandes quanto n_0 e menores que n. Em particular, portanto, se $n \ge 2n_0$, ele se mantém para $\lfloor n/2 \rfloor$, o que produz $T(\lfloor n/2 \rfloor) \le c \lfloor n/2 \rfloor \lg(\lfloor n/2 \rfloor)$. Substituindo na recorrência (4.11) — daí o nome "método de substituição" — obtemos

$$
\begin{aligned}
T(n) &\le 2(c \lfloor n/2 \rfloor \lg(\lfloor n/2 \rfloor)) + \Theta(n) \\
&\le 2(c(n/2) \lg(n/2)) + \Theta(n) \\
&= cn \lg(n/2) + \Theta(n) \\
&= cn \lg n - cn \lg 2 + \Theta(n) \\
&= cn \lg n - cn + \Theta(n) \\
&\le cn \lg n ,
\end{aligned}
$$

em que a última etapa é válida desde que restrinjamos as constantes n_0 e c a serem suficientemente grandes de modo que, para $n \ge 2n_0$, a quantidade cn domine a função anônima ocultada pelo termo $\Theta(n)$.

Mostramos que a hipótese indutiva é válida para o caso indutivo, mas também precisamos provar que a hipótese indutiva vale para os casos-base da indução, ou seja, que $T(n) \le cn \lg n$ quando $n_0 \le n < 2n_0$. Enquanto $n_0 > 1$ (uma nova restrição sobre n_0), temos $\lg n > 0$, o que implica que $n \lg n > 0$. Portanto, vamos escolher $n_0 = 2$. Como o caso-base da recorrência (4.11) não é declarado explicitamente, por nossa convenção, $T(n)$ é algorítmico, o que significa que $T(2)$ e $T(3)$ são constantes (como devem ser se descrevem o tempo de execução do pior caso de qualquer programa real sobre entradas de tamanho 2 ou 3). A escolha de $c = \text{máx}\{T(2), T(3)\}$ produz $T(2) \le c < (2 \lg 2)c$ e $T(3) \le c < (3 \lg 3)c$, estabelecendo a hipótese indutiva para os casos-base.

Assim, temos $T(n) \le cn \lg n$ para todo $n \ge 2$, o que implica que a solução para a recorrência (4.11) é $T(n) = O(n \lg n)$.

Na literatura sobre algoritmos, as pessoas raramente realizam suas provas de substituição com esse nível de detalhe, especialmente no tratamento de casos-base. O motivo é que, para a maioria das recorrências algorítmicas de divisão e conquista, os casos-base são todos tratados praticamente da mesma maneira. Você fundamenta a indução em um intervalo de valores a partir de uma constante positiva conveniente n_0 até alguma constante $n_0' > n_0$ tal que, para $n \geq n_0'$, a recorrência sempre termina em um caso-base de tamanho constante entre n_0 e n_0'. (Este exemplo usou $n_0' = 2n_0$.) Então, geralmente é aparente, sem entrar em detalhes, que, com uma escolha adequadamente grande da constante inicial (como c, para este exemplo), a hipótese indutiva pode ser mantida para todos os valores no intervalo de n_0 a n_0'.

Como dar um bom palpite

Infelizmente, não há nenhum modo geral para adivinhar corretamente as soluções assintóticas mais restritas para recorrências arbitrárias. Arriscar um palpite para solução exige experiência e, ocasionalmente, criatividade. Entretanto, por sorte, você pode usar a heurística, além de trabalhar com as recorrências para ganhar mais experiência e, e assim, conseguir se tornar um bom adivinhador. Além disso, poderá também usar árvores de recursão, que veremos na Seção 4.4, para gerar bons palpites.

Se uma recorrência for semelhante a alguma que você já tenha visto antes, será razoável supor uma solução semelhante. Como exemplo, considere a recorrência

$$T(n) = 2T(n/2 + 17) + \Theta(n) \,,$$

definida sobre valores reais. Essa recorrência se parece um pouco com a recorrência de ordenação por intercalação (2.3), porém é mais complicada em razão do "17" acrescentado ao argumento de T no lado direito. Porém, intuitivamente, esse termo adicional não pode afetar substancialmente a solução para a recorrência. Quando n é grande, a diferença entre $n/2$ e $n/2 + 17$ não é tão grande: ambos cortam n quase uniformemente pela metade. Em consequência disso, arriscamos $T(n) = O(n \lg n)$, o que você pode verificar que é correto usando o método de substituição (ver Exercício 4.3-1).

Outro modo de dar um bom palpite é comprovar limites superiores e inferiores frouxos para a recorrência e, então, reduzir a faixa de incerteza. Por exemplo, poderíamos começar com um limite inferior de $T(n) = \Omega(n)$ para a recorrência (4.11), já que a recorrência inclui o termo $\Theta(n)$, e podemos comprovar um limite superior inicial de $T(n) = O(n^2)$. Então, dividimos o tempo entre tentar reduzir o limite superior e elevar o limite inferior, até convergirmos na solução correta, assintoticamente restrita, que neste caso é $T(n) = \Theta(n \lg n)$.

Pequeno truque: subtrair um termo de baixa ordem

Por vezes, você pode dar um palpite correto para limite assintótico da solução de uma recorrência, mas, por alguma razão, a matemática não consegue funcionar na prova por indução. Em geral, observamos que a hipótese indutiva não é suficientemente forte. O truque para resolver esse problema é revisar sua escolha *subtraindo* um termo de ordem mais baixa quando chegar a um impasse como esse. Com isso, a matemática frequentemente funcionará.

Considere a recorrência

$$T(n) = 2T(n/2) + \Theta(1) \tag{4.12}$$

definida sobre valores reais. Adivinhamos que a solução é $T(n) = O(n)$, e tentamos mostrar que $T(n) \leq cn$ para $n \geq n_0$, em que escolhemos as constantes c, $n_0 > 0$ adequadamente. Substituindo nosso palpite na recorrência, obtemos

$$
\begin{aligned}
T(n) &\leq 2(c(n/2)) + \Theta(1) \\
&= cn + \Theta(1) \,,
\end{aligned}
$$

o que, infelizmente, não implica $T(n) \leq cn$ para *qualquer* escolha de c. Poderíamos ficar tentados a experimentar um palpite maior, digamos $T(n) = O(n^2)$. Embora possamos fazer esse palpite maior funcionar, ele oferece apenas um limite superior frouxo. Acontece que nosso palpite original $T(n) = O(n)$ é correto e restrito. Porém, para mostrar que ele é correto, temos de fazer uma hipótese indutiva mais forte.

Intuitivamente, nosso palpite quase correto é: a única diferença é a constante $\Theta(1)$, um termo de ordem mais baixa. Apesar disso, a indução matemática exige que provemos a forma *exata* da hipótese indutiva.

Vamos experimentar nosso truque *subtraindo* um termo de ordem mais baixa de nosso palpite anterior: $T(n) \leq cn - d$, em que $d \geq 0$ é uma constante. Agora temos

$$
\begin{aligned}
T(n) &\leq 2(c(n/2) - d) + \Theta(1) \\
&= cn - 2d + \Theta(1) \\
&\leq cn - d - (d - \Theta(1)) \\
&\leq cn - d
\end{aligned}
$$

desde que escolhamos um d maior que a constante do limite superior anônimo, ocultada pela notação Θ. Subtrair um termo de ordem mais baixa funciona! Naturalmente, não devemos nos esquecer de lidar com o caso-base, que é escolher a constante c suficientemente grande para que $cn - d$ domine os casos-base implícitos.

Você pode achar que a ideia de subtrair um termo de ordem mais baixa é anti-intuitiva. Afinal, se a matemática não funciona, o certo não seria aumentar nosso palpite? Não necessariamente! Quando a recorrência contém mais de uma chamada recursiva (a recorrência [4.12] contém duas), se você acrescentar um termo de ordem mais baixa ao palpite, então acabará somando-o uma vez para cada uma das chamadas recursivas. Isso o afastará ainda mais da hipótese indutiva. Por outro lado, se você subtrair um termo de ordem mais baixa do palpite, consegue subtraí-lo uma vez para cada uma das chamadas recursivas. No exemplo anterior, subtraímos a constante d duas vezes, porque para o coeficiente de $T(n/2)$ é 2. Terminamos com a inequação $T(n) \leq cn - d - (d - \Theta(1))$, e prontamente encontramos valores adequados para d.

Como evitar armadilhas

Evite utilizar a notação assintótica na hipótese indutiva para o método de substituição, pois ela é passível de erros. Por exemplo, para a recorrência (4.11), "provaremos" falsamente que $T(n) = O(n)$, se adotarmos indevidamente $T(n) = O(n)$ como nossa hipótese indutiva:

$$
\begin{aligned}
T(n) &\leq 2 \cdot O(\lfloor n/2 \rfloor) + \Theta(n) \\
&= 2 \cdot O(n) + \Theta(n) \\
&= O(n) . \qquad \Longleftarrow errado!
\end{aligned}
$$

O problema com esse raciocínio é que a constante oculta pela notação O muda. Podemos expor a falácia repetindo a "prova" usando uma constante explícita. Para a hipótese indutiva, suponha que $T(n) \leq cn$ para todo $n \geq n_0$, em que $c, n_0 > 0$ são constantes. A repetição das duas primeiras etapas na cadeia de desigualdade produz

$$
\begin{aligned}
T(n) &\leq 2(c \lfloor n/2 \rfloor) + \Theta(n) \\
&\leq cn + \Theta(n) .
\end{aligned}
$$

Agora, realmente $cn + \Theta(n) = O(n)$, mas a constante ocultada pela notação O deve ser maior do que c porque a função anônima ocultada por $\Theta(n)$ é assintoticamente positiva. Não podemos tomar a terceira etapa para concluir que $cn + \Theta(n) \leq cn$, expondo, assim, a falácia.

Ao usar o método de substituição ou, de modo mais geral, a indução matemática, é preciso ter cuidado para que as constantes ocultadas por qualquer notação assintótica sejam as mesmas constantes no decorrer da prova. Por conseguinte, é melhor evitar a notação assintótica em sua hipótese indutiva e nomear as constantes explicitamente.

Veja outro uso falacioso do método de substituição para demonstrar que a solução para a recorrência (4.11) é $T(n) = O(n)$. Imaginamos que $T(n) \leq cn$ e, então, argumentamos

$$
\begin{aligned}
T(n) &\leq 2(c \lfloor n/2 \rfloor) + \Theta(n) \\
&\leq cn + \Theta(n) \\
&= O(n) , \qquad \Longleftarrow errado!
\end{aligned}
$$

porque c é uma constante positiva. O erro vem da diferença entre nosso objetivo — provar que $T(n) = O(n)$ — e nossa hipótese indutiva — provar que $T(n) \leq cn$. Ao se usar o método da substituição, ou em qualquer prova indutiva, é preciso provar a declaração *exata* da hipótese indutiva. Neste caso, temos que provar explicitamente que $T(n) \leq cn$ para mostrarmos que $T(n) = O(n)$.

Exercícios

4.3-1

Use o método da substituição para mostrar que cada uma das seguintes recorrências definida sobre valores reais tem a solução assintótica especificada:

a. $T(n) = T(n-1) + n$ tem solução $T(n) = O(n^2)$.

b. $T(n) = T(n/2) + \Theta(1)$ tem solução $T(n) = O(\lg n)$.

c. $T(n) = 2T(n/2) + n$ tem solução $T(n) = \Theta(n \lg n)$.

d. $T(n) = 2T(n/2 + 17) + n$ tem solução $T(n) = O(n \lg n)$.

e. $T(n) = 2T(n/3) + \Theta(n)$ tem solução $T(n) = \Theta(n)$.

f. $T(n) = 4T(n/2) + \Theta(n)$ tem solução $T(n) = \Theta(n^2)$.

4.3-2

A solução para a recorrência $T(n) = 4T(n/2) + n$ é $T(n) = \Theta(n^2)$. Mostre que uma prova por substituição com a hipótese $T(n) \leq cn^2$ é falsa. Depois, mostre como subtrair um termo de mais baixa ordem para fazer com que uma prova por substituição funcione.

4.3-3

A recorrência $T(n) = 2T(n-1) + 1$ tem a solução $T(n) = O(2^n)$. Mostre que uma prova por substituição falha com a hipótese $T(n) \leq c2^n$, em que $c > 0$ é constante. Depois, mostre como subtrair um termo de mais baixa ordem para fazer com que uma prova por substituição funcione.

4.4   Método da árvore de recursão para resolver recorrências

Embora você possa usar o método de substituição para obter uma prova sucinta de que uma solução para recorrência é correta, por vezes, é difícil apresentar um bom palpite. Traçar uma árvore de recursão, como fizemos em nossa análise da recorrência da ordenação por intercalação na Seção 2.3.2, pode ajudar. Em uma **árvore de recursão**, cada nó representa o custo de um único subproblema em algum lugar no conjunto de invocações da função recursiva. Somamos os custos em cada nível da árvore para obter um conjunto de custos por nível e depois somamos todos os custos por nível para determinar o custo total de todos os níveis da recursão. Porém, eventualmente, o somatório do custo total exige mais criatividade.

Uma árvore de recursão é mais bem usada para gerar um bom palpite, que é então verificado pelo método de substituição. No entanto, se você for muito cuidadoso ao desenhar uma árvore de recursão e somar os custos, poderá usar uma árvore de recursão como prova direta de solução para uma recorrência. Porém, se ela for usada somente para gerar um bom palpite, você pode tolerar um pouco de "desleixo", o que pode simplificar a matemática. Ao verificar seu palpite com o método de substituição mais adiante, sua matemática deverá ser precisa. Esta seção demonstra como usar árvores de recursão para resolver recorrências, gerar bons palpites e ganhar intuição para as recorrências.

Exemplo ilustrativo

Vejamos como uma árvore de recursão pode oferecer um bom palpite para solução do limite superior da recorrência

$$T(n) = 3T(n/4) + \Theta(n^2) . \tag{4.13}$$

A Figura 4.1 mostra como derivamos a árvore de recursão para $T(n) = 3T(n/4) + cn^2$, em que a constante $c > 0$ é a constante do limite superior no termo $\Theta(n^2)$. A parte (a) da figura mostra $T(n)$ que, na parte (b), expandimos para uma árvore equivalente que representa a recorrência. O termo cn^2 na raiz representa o custo no nível superior da recursão, e as três subárvores da raiz representam os custos incorridos pelos subproblemas de tamanho $n/4$. A parte (c) mostra a continuação desse processo em uma etapa posterior representada pela expansão de cada nó com custo $T(n/4)$ da parte (b). O custo para cada um dos três filhos da raiz é $c(n/4)^2$.

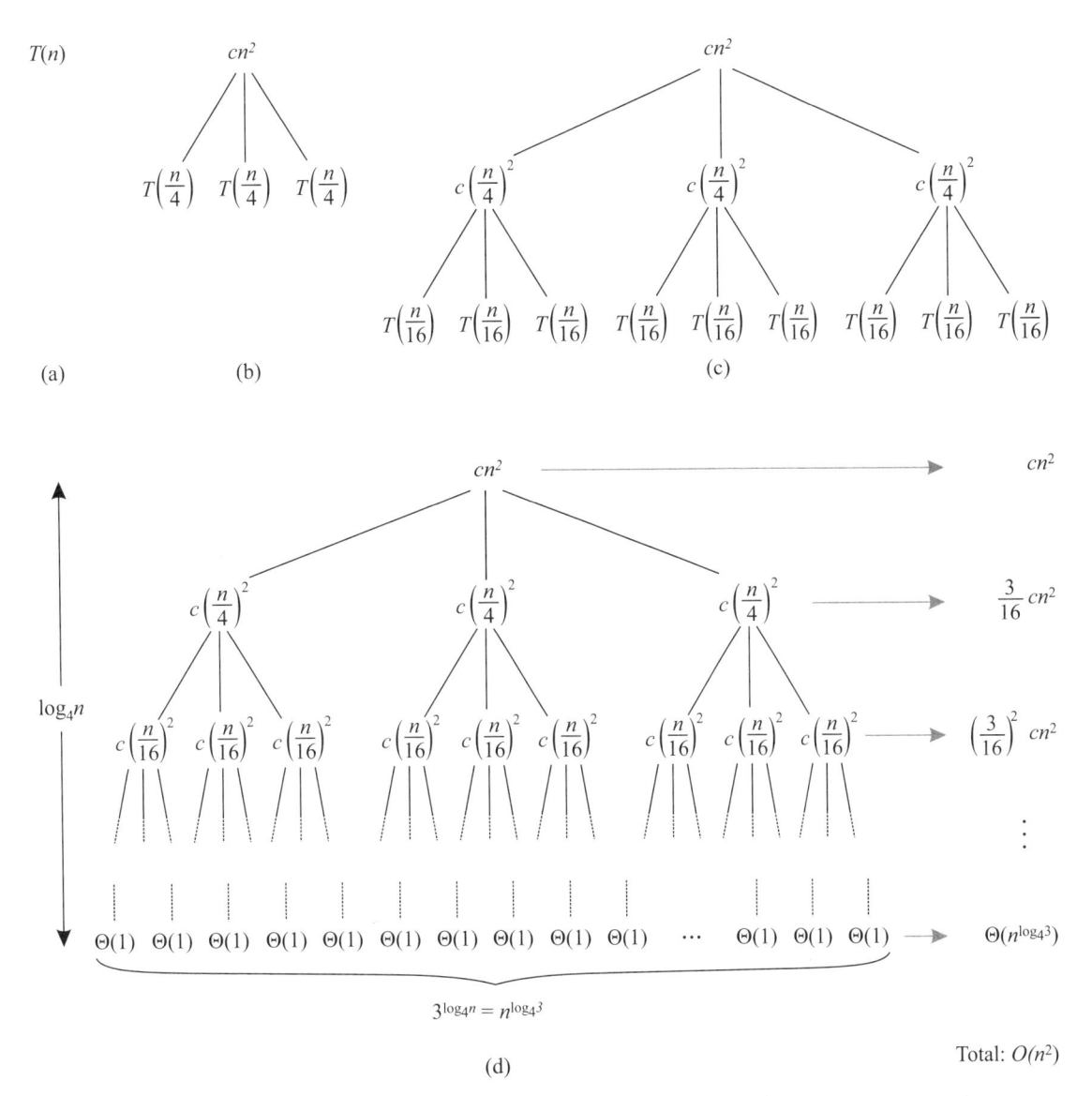

Figura 4.1 Construção de uma árvore de recursão para a recorrência $T(n) = 3T(n/4) + cn^2$. A parte (**a**) mostra $T(n)$, que se expande progressivamente em (**b**)–(**d**) para formar a árvore de recursão. A árvore completamente expandida na parte (**d**) tem altura $\log_4 n$.

Continuamos a expandir cada nó na árvore, desmembrando-o em suas partes constituintes conforme determinado pela recorrência.

Visto que os tamanhos dos subproblemas diminuem por um fator de 4 toda vez que descemos um nível, a certa altura devemos alcançar um caso-base em que $n < n_0$. Por convenção, o caso-base é $T(n) = \Theta(1)$ para $n < n_0$, em que $n_0 > 0$ é qualquer constante de limiar suficientemente grande para que a recorrência seja bem definida. Contudo, por questão de intuição, vamos simplificar um pouco a matemática. Vamos supor que n seja uma potência exata de 4 e que o caso-base é $T(1) = \Theta(1)$. Acontece que essas hipóteses não afetam a solução assintótica.

Qual é a altura da árvore de recursão? O tamanho do subproblema para um nó na profundidade i é $n/4^i$. Ao descermos a árvore a partir da raiz, o tamanho do subproblema chega a $n = 1$ quando $n/4^i = 1$ ou, o que é equivalente, quando $i = \log_4 n$. Assim, a árvore tem nós internos nas profundidades 0, 1, 2, ..., $\log_4 n - 1$ e folhas na profundidade $\log_4 n$.

A parte (d) da Figura 4.1 mostra o custo em cada nível da árvore. Cada nível tem três vezes mais nós que o nível acima dele, portanto o número de nós na profundidade i é 3^i. Como os tamanhos dos subproblemas se reduzem por um fator de 4 para cada nível que descemos a partir da raiz, cada nó na profundidade i, para $i = 0$, 1, 2, ..., $\log_4 n - 1$, tem o custo de $c(n/4^i)^2$. Multiplicando, vemos que o custo total para todos os nós na profundidade i é $3^i c(n/4^i)^2 = (3/16)^i cn^2$. O nível inferior, na profundidade $\log_4 n$, tem $3^{\log_4 n} = n^{\log_4 3}$ folhas (usando a Equação (3.21), na Seção 3.3), Cada folha contribui com $\Theta(1)$, levando a um custo total de $\Theta(n^{\log_4 3})$.

Agora somamos os custos em todos os níveis para determinar o custo da árvore inteira:

$$
\begin{aligned}
T(n) &= cn^2 + \frac{3}{16}cn^2 + \left(\frac{3}{16}\right)^2 cn^2 + \cdots + \left(\frac{3}{16}\right)^{\log_4 n - 1} cn^2 + \Theta(n^{\log_4 3}) \\
&= \sum_{i=0}^{\log_4 n - 1} \left(\frac{3}{16}\right)^i cn^2 + \Theta(n^{\log_4 3}) \\
&< \sum_{i=0}^{\infty} \left(\frac{3}{16}\right)^i cn^2 + \Theta(n^{\log_4 3}) \\
&= \frac{1}{1-(3/16)}cn^2 + \Theta(n^{\log_4 3}) \qquad \text{(pela Equação (A.7), no Apêndice A)} \\
&= \frac{16}{13}cn^2 + \Theta(n^{\log_4 3}) \\
&= O(n^2) \qquad\qquad\qquad\qquad (\Theta(n^{\log_4 3}) = O(n^{0,8}) = O(n^2)) \ .
\end{aligned}
$$

Derivamos um palpite de $T(n) = O(n^2)$ para nossa recorrência original. Nesse exemplo, os coeficientes de cn^2 formam uma série geométrica decrescente. Pela Equação (A.7), a soma desses coeficientes é limitada na parte superior pela constante 16/13. Visto que a contribuição da raiz para o custo total é cn^2, o custo da raiz domina o custo total da árvore.

De fato, se $O(n^2)$ é realmente um limite superior para a recorrência (como verificaremos em breve), ele deve ser um limite restrito. Por quê? A primeira chamada recursiva contribui com o custo $\Theta(n^2)$, então $\Omega(n^2)$ deve ser um limite inferior para a recorrência.

Agora podemos usar o método de substituição para verificar que nosso palpite era correto, isto é, $T(n) = O(n^2)$ é um limite superior para a recorrência $T(n) = 3T(n/4) + \Theta(n^2)$. Queremos mostrar que $T(n) \le dn^2$ para alguma constante $d > 0$. Usando a mesma constante $c > 0$ de antes, temos

$$
\begin{aligned}
T(n) &\le 3T(n/4) + cn^2 \\
&\le 3d(n/4)^2 + cn^2 \\
&= \frac{3}{16}dn^2 + cn^2 \\
&\le dn^2 \ ,
\end{aligned}
$$

em que a última etapa é válida desde que seja escolhido um $d \ge (16/13)c$.

Para o caso-base da indução, seja $n_0 > 0$ uma constante de limiar suficientemente grande para que a recorrência seja bem definida quando $T(n) = \Theta(1)$ para $n < n_0$. Podemos escolher um valor para d grande o suficiente para que d domine a constante oculta por Θ, caso em que $dn^2 \ge T(n)$ para $1 \le n < n_0$, completando a prova do caso-base.

A prova de substituição que acabamos de ver envolve duas constantes nomeadas, c e d. Chamamos c e a usamos para representar a constante de limite superior oculta e garantida pela notação Θ. Não podemos escolher c de modo arbitrário — ela nos é dada — embora, para qualquer c, qualquer constante $c' \ge c$ também seja suficiente. Também nomeamos d, mas tínhamos a liberdade de escolher qualquer valor para ela que atendesse às nossas necessidades. Neste exemplo, o valor de d depende do valor de c, o que é bom, já que d será constante se c for constante.

Exemplo irregular

Vamos descobrir um limite superior assintótico para outro exemplo, mais irregular. A Figura 4.2 mostra a árvore de recursão para a recorrência

$$
T(n) = T(n/3) + T(2n/3) + \Theta(n) \ . \tag{4.14}
$$

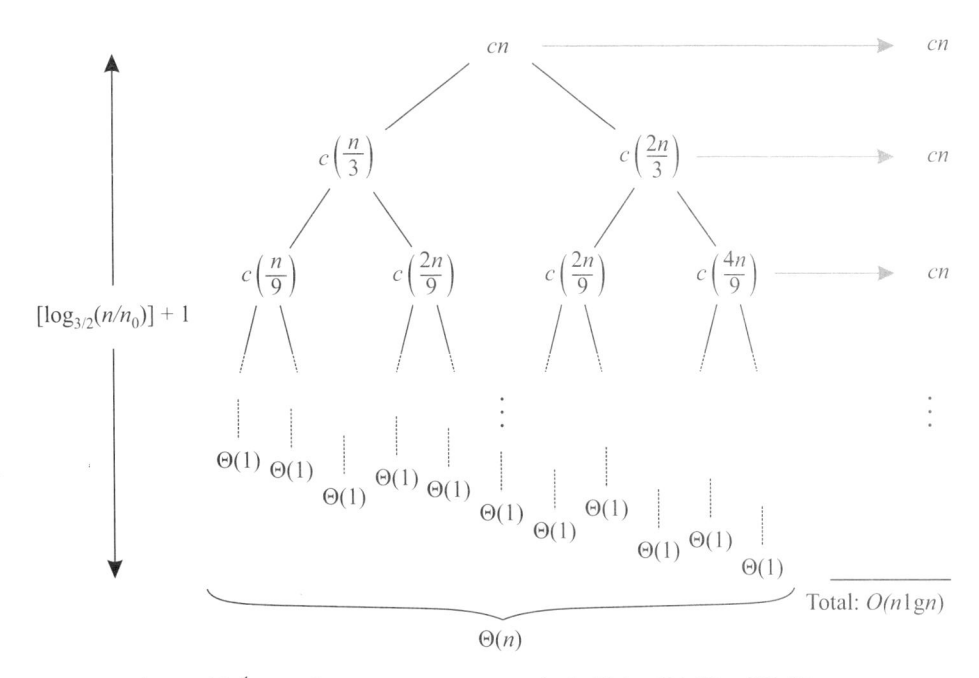

Figura 4.2 Árvore de recursão para a recorrência $T(n) = T(n/3) + T(2n/3) + cn$.

Essa árvore de recursão não é balanceada, com diferentes caminhos entre a raiz e as folhas tendo diferentes comprimentos. Partindo da esquerda em qualquer nó, produz-se um subproblema com um terço do tamanho, e partindo para a direita produz-se um subproblema com dois terços do tamanho. Considere que $n_0 > 0$ seja a constante de limiar implícita, tal que $T(n) = \Theta(1)$ para $0 < n < n_0$, e considere que c representa a constante de limite superior ocultada pelo termo $\Theta(n)$ para $n \geq n_0$. Na realidade, existem duas constantes n_0 aqui, uma para o limiar na recorrência e outra para o limiar na notação Θ, de modo que consideramos n_0 como a maior das duas constantes.

A altura da árvore desce pela sua borda direita, o que corresponde aos subproblemas de tamanhos n, $(2/3)n$, $(4/9)n$, ..., $\Theta(1)$ com custos limitados por cn, $c(2n/3)$, $c(4n/9)$, ..., $\Theta(1)$, respectivamente. Alcançamos a folha mais à direita quando $(2/3)^h n < n_0 \leq (2/3)^{h-1}n$, o que acontece quando $h = \lfloor \log_{3/2}(n/n_0) \rfloor + 1$ porque, aplicando os limites de piso na Equação (3.2) com $x = \log_{3/2}(n/n_0)$, temos $(2/3)^h n = (2/3)^{\lfloor x \rfloor+1}n < (2/3)^x n = (n_0/n)n = n_0$ e $(2/3)^{h-1}n = (2/3)^{\lfloor x \rfloor}n \geq (2/3)^x n = (n_0/n)n = n_0$. Portanto, a altura da árvore é $h = \Theta(\lg n)$.

Agora estamos em condições de entender o limite superior. Vamos adiar o tratamento das folhas por um momento. Somando os custos dos nós internos em cada nível, temos no máximo cn por nível vezes a altura da árvore $\Theta(\lg n)$ para obtermos um custo total de $O(n \lg n)$ para todos os nós internos.

Resta lidar com as folhas da árvore de recursão, que representam casos-base, cada um custando $\Theta(1)$. Quantas folhas existem? É tentador estabelecer um limite superior pelo número de folhas em uma árvore binária completa, de altura $h = \lfloor \log_{3/2}(n/n_0) \rfloor + 1$, já que a árvore de recursão está contida em uma árvore binária completa. Mas essa abordagem acaba nos dando um limite ruim. A árvore binária completa tem 1 nó na raiz, 2 nós na profundidade 1 e geralmente 2^k nós na profundidade k. Visto que a altura é $h = \lfloor \log_{3/2} n \rfloor + 1$, existem $2^h = 2^{\lfloor \log 3/2 n \rfloor + 1} \leq 2^{\log 3/2 2^2}$ folhas na árvore binária completa, que é um limite superior para o número de folhas na árvore de recursão. Como o custo de cada folha é $\Theta(1)$, essa análise diz que o custo total de todas as folhas na árvore de recursão é $O(n^{\log 3/2 2^2}) = O(n^{1,71})$, que é um limite assintoticamente maior que o custo $O(n \lg n)$ de todos os nós internos. Na verdade, como veremos, esse limite não é restrito. O custo de todas as folhas na árvore de recursão é $O(n)$ — assintoticamente *menor* que $O(n \lg n)$. Em outras palavras, o custo dos nós internos domina o custo das folhas, e não vice-versa.

Em vez de analisarmos as folhas, poderíamos encerrar imediatamente e provar por substituição que $T(n) = \Theta(n \lg n)$. Essa técnica funciona (ver Exercício 4.4-3), mas é instrutivo entender quantas folhas essa árvore de recursão possui. Você poderá ver recorrências para as quais o custo das folhas domina o custo dos nós internos, e então estará mais preparado se tiver tido alguma experiência analisando o número de folhas.

Para descobrirmos quantas folhas realmente existem, vamos escrever uma recorrência $L(n)$ para o número de folhas na árvore de recursão para $T(n)$. Como todas as folhas em $T(n)$ pertencem ou à subárvore da esquerda ou à subárvore da direita da raiz, temos

$$L(n) = \begin{cases} 1 & \text{se } n < n_0 \,, \\ L(n/3) + L(2n/3) & \text{se } n \geq n_0 \,. \end{cases} \qquad (4.15)$$

Essa recorrência é semelhante à recorrência (4.14), mas não possui o termo $\Theta(n)$ e contém um caso-base explíci-to. Visto que esta recorrência omite o termo $\Theta(n)$, ela é muito mais fácil de ser resolvida. Vamos aplicar o método da substituição para mostrar que ela tem a solução $L(n) = O(n)$. Usando a hipótese indutiva $L(n) \leq dn$ para alguma constante $d > 0$, e supondo que a hipótese indutiva é válida para todos os valores menores que n, temos

$$\begin{aligned} L(n) &= L(n/3) + L(2n/3) \\ &\leq dn/3 + 2(dn)/3 \\ &\leq dn \,, \end{aligned}$$

que é válida para qualquer $d > 0$. Podemos agora escolher um valor para d grande o suficiente para lidar com o caso-base $L(n) = 1$ para $0 < n < n_0$, para o qual $d = 1$ é suficiente, completando, assim, o método de substituição para o limite superior nas folhas. (O Exercício 4.4-2 pede que você prove que $L(n) = \Theta(n)$.)

Retornando à recorrência (4.14) para $T(n)$, agora fica aparente que o custo total das folhas por todos os níveis deverá ser $L(n) \cdot \Theta(1) = \Theta(n)$. Visto que derivamos o limite de $O(n \lg n)$ sobre o custo dos nós internos, segue-se que a solução para a recorrência (4.14) é $T(n) = O(n \lg n) + \Theta(n) = O(n \lg n)$. (O Exercício 4.4-3 pede que você prove que $T(n) = \Theta(n \lg n)$.)

É aconselhável verificar qualquer limite obtido com uma árvore de recursão utilizando o método da substituição, especialmente se você tiver feito hipóteses de simplificação. Porém, outra estratégia completamente diferente é usar uma matemática mais poderosa, normalmente na forma do método mestre na próxima seção (que infelizmente não se aplica à recorrência [4.14]), ou o método Akra-Bazzi (que funciona, mas exige cál-culo). Mesmo que você use um método poderoso, uma árvore de recursão pode melhorar sua intuição sobre o que está acontecendo por trás da matemática pesada.

Exercícios

4.4-1

Para cada uma das recorrências a seguir, esboce sua árvore de recursão e escolha um bom limite assintótico superior em sua solução. Depois, use o método da substituição para verificar sua resposta.

a. $T(n) = T(n/2) + n^3$.

b. $T(n) = 4T(n/3) + n$.

c. $T(n) = 4T(n/2) + n$.

d. $T(n) = 3T(n-1) + 1$.

4.4-2

Use o método de substituição para provar que a recorrência (4.15) tem o limite inferior assintótico $L(n) = \Omega(n)$. Conclua que $L(n) = \Theta(n)$.

4.4-3

Use o método de substituição para provar que a recorrência (4.14) tem a solução $T(n) = \Omega(n \lg n)$. Conclua que $T(n) = \Theta(n \lg n)$.

4.4-4

Use uma árvore de recursão para justificar um bom palpite para a recorrência $T(n) = T(\alpha n) + T((1 - \alpha)n) + \Theta(n)$, em que α é uma constante no intervalo $0 < \alpha < 1$.

4.5   Método mestre para resolver recorrências

O método mestre fornece uma "receita" para resolver recorrências algorítmicas da forma

$$T(n) = aT(n/b) + f(n) \,, \qquad (4.16)$$

em que $a > 0$ e $b > 1$ são constantes. Chamamos $f(n)$ de **função condutora**, e chamamos uma recorrência desse formato geral de **recorrência mestre**. Para usar o método mestre, você terá de memorizar três casos, mas poderá resolver muitas recorrências mestres com grande facilidade.

A recorrência mestre descreve o tempo de execução de um algoritmo de divisão e conquista que divide um problema de tamanho n em a subproblemas, cada um de tamanho $n/b < n$. Os a subproblemas são resolvidos recursivamente pelo algoritmo, cada um no tempo $T(n/b)$. A função condutora $f(n)$ abrange o custo de dividir o problema antes da recursão, além do custo de combinar os resultados das soluções recursivas dos subproblemas. Por exemplo, a recorrência que surge do algoritmo de Strassen é uma recorrência mestre com $a = 7$, $b = 2$, e função condutora $f(n) = \Theta(n^2)$.

Como mencionamos, ao resolver uma recorrência que descreve o tempo de execução de um algoritmo, um detalhe técnico que muitas vezes preferimos ignorar é o requisito de que o tamanho n da entrada seja um número inteiro. Por exemplo, vimos que o tempo de execução da ordenação por intercalação pode ser descrito pela recorrência (2.3), $T(n) = 2T(n/2) + \Theta(n)$. Contudo, se n for um número ímpar, nós realmente não teremos dois problemas com exatamente metade do tamanho. Em vez disso, para garantir que o tamanho de cada problema seja inteiro, arredondamos um subproblema para o tamanho $\lfloor n/2 \rfloor$ e o outro para o tamanho $\lceil n/2 \rceil$, de modo que a recorrência verdadeira seja $T(\lceil n/2 \rceil + T(\lfloor n/2 \rfloor) + \Theta(n)$. Mas essa recorrência de pisos e tetos é mais demorada para escrever e mais complicada de lidar do que a recorrência (2.3), que é definida sobre valores reais. Preferimos não nos preocupar com pisos e tetos, se não for necessário, especialmente porque as duas recorrências têm a mesma solução $\Theta(n \lg n)$.

O método mestre permite declarar uma recorrência mestre sem pisos e tetos e deduzi-los implicitamente. Não importa, para o inteiro mais próximo, como os argumentos são arredondados para cima ou para baixo, os limites assintóticos que ele fornece continuam sendo os mesmos. Além disso, como veremos na Seção 4.6, se você definir sua recorrência mestre sobre valores reais, sem pisos e tetos implícitos, os limites assintóticos ainda não mudam. Portanto, para as recorrências mestre, pisos e tetos podem ser ignorados. A Seção 4.7 fornece condições suficientes para ignorar pisos e tetos em recorrências mais gerais de divisão e conquista.

Teorema mestre

O método mestre depende do teorema a seguir.

Teorema 4.1 (Teorema mestre)

Sejam $a > 0$ e $b > 1$ constantes, seja $f(n)$ uma função condutora que é definida e não negativa sobre todos os valores reais suficientemente grandes. Defina a recorrência $T(n)$ em $n \in \mathbb{N}$ por

$$T(n) = aT(n/b) + f(n),\qquad(4.17)$$

em que $aT(n/b)$, na realidade, significa $a'T(\lfloor n/b \rfloor) + a''T(\lceil n/b \rceil)$ para algumas constantes $a' \geq 0$ e $a'' \geq 0$ satisfazendo $a = a' + a''$. Então, o comportamento assintótico de $T(n)$ pode ser caracterizado da seguinte forma:

1. Se existe uma constante $\epsilon > 0$ tal que $f(n) = O(n^{\log_b a - \epsilon})$, então $T(n) = \Theta(n^{\log_b a})$.
2. Se existe uma constante $k \geq 0$ tal que $f(n) = \Theta(n^{\log_b a} \lg^k n)$, então $T(n) = \Theta(n^{\log_b a} \lg^{k+1} n)$.
3. Se existe uma constante $\epsilon > 0$ tal que $f(n) = \Omega(n^{\log_b a - \epsilon})$, e se $f(n)$ além disso satisfizer à **condição de regularidade** $af(n/b) \leq cf(n)$ para alguma constante $c < 1$ e todos os n suficientemente grandes, então $T(n) = \Theta(f(n))$. ∎

Antes de aplicarmos o teorema mestre em alguns exemplos, vamos dedicar algum tempo a tentar entender o que ele significa. A função é chamada de **função divisora de águas**. Em cada um dos três casos, comparamos a função condutora $f(n)$ com a função divisora de águas $n^{\log_b a}$. Intuitivamente, se a função divisora de águas crescer assintoticamente mais rápido do que a função condutora, então o caso 1 se aplica. O caso 2 se aplica se as duas funções crescerem praticamente na mesma taxa assintótica. O caso 3 é o "oposto" do caso 1, em que a função condutora cresce assintoticamente mais rápido do que a função divisora de águas. Mas é preciso estar ciente de alguns detalhes técnicos.

No caso 1, não somente a função divisora de águas cresce assintoticamente mais rápido do que a função condutora, mas ela deve crescer *polinomialmente* mais rápido. Isto é, a função divisora de águas deve ser assintoticamente maior que a função condutora $f(n)$ por um fator de pelo menos $\Theta(n^\epsilon)$ para alguma constante $\epsilon > 0$. O teorema mestre diz então que a solução é $T(n) = \Theta(n^{\log_b a})$. Nesse caso, se examinarmos a árvore de recursão para a recorrência, o custo por nível cresce pelo menos geograficamente da raiz às folhas, e o custo total das folhas é superior ao custo total dos nós internos.

No caso 2, as funções divisora de águas e condutora crescem quase na mesma taxa assintótica. Porém, mais especificamente, a função condutora cresce mais rápido que a função divisora de águas por um fator de $\Theta(\lg^k n)$, em que $k \geq 0$. O teorema mestre diz que acrescentamos um fator $\lg n$ extra a $f(n)$, resultando na solução $T(n) = \Theta(n^{\log_b a} \lg^{k+1} n)$. Nesse caso, cada nível da árvore de recursão custa aproximadamente o mesmo — $\Theta(n^{\log_b a} \lg^k n)$ — e existem $\Theta(\lg n)$ níveis. Na prática, a situação mais comum para o caso 2 ocorre quando $k = 0$, caso em que as funções divisoras de água e condutora têm o mesmo crescimento assintótico, e a solução é $T(n) = \Theta(n^{\log_b a} \lg n)$.

O caso 3 espelha o caso 1. Não apenas a função condutora deve crescer assintoticamente mais rápido que a função divisora de águas, mas ela deve crescer *polinomialmente* mais rápido. Isto é, a função condutora $f(n)$ deve ser assintoticamente maior que a função divisora de águas $n^{\log_b a}$ por pelo menos um fator de $\Theta(n^\epsilon)$ para alguma constante $\epsilon > 0$. Além disso, a função condutora deve satisfazer à condição de regularidade de que $af(n/b) \leq cf(n)$. Essa condição é satisfeita pela maioria das funções polinomialmente limitadas que você provavelmente encontrará ao aplicar o caso 3. A condição de regularidade pode não ser satisfeita se a função condutora crescer lentamente em áreas locais, mas de forma relativamente rápida em geral. (O Exercício 4.5-5 dá um exemplo de tal função.) Para o caso 3, o teorema mestre diz que a solução é $T(n) = \Theta(f(n))$. Se olharmos para a árvore de recursão, o custo por nível cai pelo menos geometricamente da raiz para as folhas, e o custo da raiz domina o custo de todos os outros nós.

Vale a pena olhar novamente para o requisito de que haja separação polinomial entre a função divisora de águas e a função condutora para o caso 1 ou o caso 3 a ser aplicado. A separação não precisa ser grande, mas deve existir e precisa crescer polinomialmente. Por exemplo, para a recorrência $T(n) = 4T(n/2) + n^{1,99}$ (reconhecidamente não é uma recorrência que provavelmente será vista ao se analisar um algoritmo), a função divisora de águas é $n^{\log_b a} = n^2$. Portanto, a função condutora $f(n) = n^{1,99}$ é polinomialmente menor por um fator de $n^{0,01}$. Assim, o caso 1 se aplica com $\epsilon = 0,01$.

Como usar o método mestre

Para usarmos o método mestre, simplesmente determinamos qual caso (se houver algum) do teorema mestre se aplica e anotamos a resposta.

Como primeiro exemplo, considere a recorrência $T(n) = 9T(n/3) + n$. Para essa recorrência, temos $a = 9$, $b = 3$, implicando que $n^{\log_b a} = n^{\log_3 9} = \Theta(n^2)$. Visto que $f(n) = n = O(n^{2 - \epsilon})$, para qualquer constante $\epsilon \leq 1$, podemos aplicar o caso 1 do teorema mestre e concluir que a solução é $T(n) = \Theta(n^2)$.

Agora, considere a recorrência $T(n) = T(2n/3) + 1$, na qual $a = 1$ e $b = 3/2$, o que significa que a função divisora de águas é $n^{\log_b a} = n^{\log_{3/2} 1} = n^0 = 1$. Aplica-se o caso 2, já que $f(n) = 1 = \Theta(\lg^0 n) = \Theta(1)$ e, assim, a solução para a recorrência é $T(n) = \Theta(\lg n)$.

Para a recorrência $T(n) = 3T(n/4) + n \lg n$, temos $a = 3$ e $b = 4$, o que significa que $n^{\log_b a} = n^{\log_4 3} = O(n^{0,793})$. Visto que $f(n) = n \lg n = \Omega(n^{\log_4 + \epsilon})$, em que ϵ pode ser tão grande quanto aproximadamente $0,2$, o caso 3 se aplica desde que a condição de regularidade seja mantida para $f(n)$. Isso acontece porque, para n suficientemente grande, temos que $af(n/b) = 3(n/4) \lg(n/4) \leq (3/4)n \lg n = cf(n)$ para $c = 3/4$. Pelo caso 3, a solução para a recorrência é $T(n) = \Theta(n \lg n)$.

Em seguida, vejamos a recorrência $T(n) = 2T(n/2) + n \lg n$, em que temos $a = 2$, $b = 2$ e $n^{\log_b a} = n^{\log_2 2} = n$. O caso 2 se aplica porque $f(n) = n \lg n = \Theta(\lg^1 n)$. Concluímos que a solução é $T(n) = \Theta(n \lg^2 n)$.

Podemos usar o método mestre para resolver as recorrências que vimos nas Seções 2.3.2, 4.1 e 4.2.

A recorrência (2.3), $T(n) = 2T(n/2) + \Theta(n)$ caracteriza o tempo de execução da ordenação por intercalação. Visto que $a = 2$ e $b = 2$, a função divisora de águas é $n^{\log_b a} = n^{\log_2 2} = n$. O caso 2 se aplica porque $f(n) = \Theta(n)$, e a solução é $T(n) = \Theta(n \lg n)$.

A recorrência (4.9), $T(n) = 8T(n/2) + \Theta(1)$ descreve o tempo de execução do algoritmo recursivo simples para multiplicação de matrizes. Agora, temos $a = 8$ e $b = 2$, o que significa que a função divisora de águas é $n^{\log_b a} = n^{\log_2 8} = n^3$. Visto que n^3 é polinomialmente maior que a função condutora $f(n) = \Theta(1)$ — na verdade, temos $f(n) = O(n^{3-\epsilon})$ para qualquer ϵ positivo < 3 —, o caso 1 se aplica. Concluímos que $T(n) = \Theta(n^3)$.

Por fim, considere a recorrência (4.10), $T(n) = 7T(n/2) + \Theta(n^2)$, que surgiu da análise do algoritmo de Strassen para multiplicação matricial. Para essa recorrência, temos $a = 7$ e $b = 2$, e a função divisora de águas é $n^{\log_b a} = n^{\lg 7}$. Observando que $\lg 7 = 2,807355...$, podemos considerar $\epsilon = 0,8$ e limitar a função condutora $f(n) = \Theta(n^2) = O(n^{\lg 7 - \epsilon})$. O caso 1 se aplica e temos a solução $T(n) = \Theta(n^{\lg 7})$.

Quando o método mestre não se aplica

Há situações em que não é possível usar o teorema mestre. Por exemplo, pode ser que a função divisora de águas e a função condutora não possam ser comparadas assintoticamente. Podemos ter que $f(n) \gg n^{\log_b a}$ para um número infinito de valores de n, mas também que $f(n) \ll n^{\log_b a}$ para um número infinito de valores diferentes de n. Como questão prática, no entanto, a maioria das funções condutoras que surgem no estudo de algoritmos pode ser significativamente comparada com a função divisora de águas. Se encontrarmos uma recorrência mestre para a qual isso não acontece, teremos que recorrer à substituição ou outros métodos.

Mesmo quando os crescimentos relativos das funções condutoras e divisoras de águas podem ser comparados, o teorema mestre não abrange todas as possibilidades. Há uma lacuna entre os casos 1 e 2 quando $f(n) = o(n^{\log_b a})$, mas a função divisora de águas não cresce polinomialmente mais rápido que a função condutora. Da mesma forma, há uma lacuna entre os casos 2 e 3 quando $f(n) = \omega(n^{\log_b a})$ e a função condutora cresce mais que polilogaritmicamente mais rápido do que a função divisora de águas, mas não cresce polinomialmente mais rápido. Se a função condutora cair em uma dessas lacunas, ou se a condição de regularidade no caso 3 falhar, você precisará usar algo diferente do método mestre para resolver a recorrência.

Como exemplo de função condutora caindo em uma lacuna, considere a recorrência $T(n) = 2T(n/2) + n/\lg n$. Como $a = 2$ e $b = 2$, a função divisora de águas é $n^{\log_b a} = n^{\log_2 2} = n^1 = n$. A função condutora é $n/\lg n = o(n)$, o que significa que ela cresce assintoticamente mais devagar do que a função divisora de águas n. Mas $n/\lg n$ cresce apenas logaritmicamente mais lento que n, e não polinomialmente mais lento. Mais precisamente, a Equação (3.24) diz que $\lg n = o(n^\epsilon)$ para qualquer constante $\epsilon > 0$, o que significa que $1/\lg n = \omega(n^{-\epsilon})$ e $n/\lg n = \omega(n^{1-\epsilon}) = \omega(n^{\log_b a - \epsilon})$. Assim, nenhuma constante $\epsilon > 0$ existe tal que $n/\lg n = O(n^{\log_b a - \epsilon})$, que é necessário para o caso 1 se aplicar. O caso 2 também não se aplica, pois $n/\lg n = \Theta(n^{\log_b a} \lg^k n)$, em que $k = -1$, mas k deve ser não negativo para que o caso 2 se aplique.

Para resolver esse tipo de recorrência, é preciso utilizar outro método, como o método de substituição (Seção 4.3) ou o método de Akra-Bazzi (Seção 4.7). (O Exercício 4.6-3 pede que você mostre que a resposta é $\Theta(n \lg \lg n)$.) Embora o teorema mestre não lide com essa recorrência específica, ele lida com a esmagadora maioria das recorrências que costumam aparecer na prática.

Exercícios

4.5-1
Use o método mestre para fornecer limites assintóticos restritos às recorrências a seguir.

a. $T(n) = 2T(n/4) + 1$.
b. $T(n) = 2T(n/4) + \sqrt{n}$.
c. $T(n) = 2T(n/4) + \sqrt{n} \lg^2 n$.
d. $T(n) = 2T(n/4) + n$.
e. $T(n) = 2T(n/4) + n^2$.

4.5-2
O professor César quer desenvolver um algoritmo para multiplicação de matrizes que seja assintoticamente mais rápido do que o algoritmo de Strassen. Seu algoritmo usará o método de divisão e conquista, repartindo cada matriz em submatrizes de tamanho $n/4 \times n/4$, e, juntas, as etapas de dividir e combinar levarão o tempo $\Theta(n^2)$. Suponha que o algoritmo do professor crie a subproblemas recursivos de tamanho $n/4$. Qual é o maior valor inteiro de a para o qual o algoritmo seria assintoticamente mais rápido que o algoritmo de Strassen?

4.5-3
Use o método mestre para mostrar que a solução para a recorrência de busca binária $T(n) = T(n/2) + \Theta(1)$ é $T(n) = \Theta(\lg n)$. (Ver no Exercício 2.3-6 uma descrição da busca binária.)

4.5-4
Considere a função $f(n) = \lg n$. Argumente que, embora $f(n/2) < f(n)$, a condição de regularidade $af(n/b) \leq cf(n)$ com $a = 1$ e $b = 2$ não é válida para qualquer constante $c < 1$. Argumente ainda que, para qualquer $\epsilon > 0$, a condição no caso 3, de que $f(n) = \Omega(n^{\log_b a + \epsilon})$, não é válida.

4.5-5

Mostre que, para constantes a, b e ϵ apropriadas, a função $f(n) = 2^{\lceil \lg n \rceil}$ satisfaz a todas as condições no caso 3 do teorema mestre, exceto a condição de regularidade.

★ 4.6 Prova do teorema mestre contínuo

A prova do teorema mestre (Teorema 4.1) em sua total generalidade, especialmente ao lidar com a complicada questão técnica de pisos e tetos, está fora do escopo deste livro. No entanto, esta seção declara e prova uma variante do teorema mestre, chamada **teorema mestre contínuo**,[1] em que a recorrência mestre (4.17) é definida sobre números reais positivos e suficientemente grandes. A prova dessa versão, não complicada por pisos e tetos, contém as principais ideias necessárias para que se compreenda o comportamento das recorrências mestres. A Seção 4.7 discute os pisos e tetos das recorrências por meio de divisão e conquista com mais detalhes, apresentando condições suficientes para que elas não afetem as soluções assintóticas.

É claro que, como você não precisa entender a prova do teorema mestre para aplicar o método mestre, pode optar por pular esta seção. Porém, se você deseja estudar algoritmos mais avançados além do escopo deste livro, pode apreciar uma compreensão melhor da matemática subjacente, oferecida pela prova do teorema mestre contínuo.

Embora geralmente consideremos que as recorrências são algorítmicas e não exigem uma declaração explícita de caso-base, é preciso ser muito mais cuidadoso com provas que justifiquem a prática. Os lemas e o teorema nesta seção declaram explicitamente os casos-base, porque as provas indutivas exigem fundamentação matemática. No mundo da matemática, é comum sermos extraordinariamente cuidadosos ao provar teoremas que justificam agir de forma mais casual na prática.

A prova do teorema mestre contínuo envolve dois lemas. O Lema 4.2 utiliza uma recorrência mestre ligeiramente simplificada, com uma constante de limiar de $n_0 = 1$, em vez da constante de limiar mais geral de $n_0 > 0$, implícita no caso-base não declarado. O lema emprega uma árvore de recursão para reduzir a solução da recorrência mestre simplificada àquela de avaliar um somatório. O Lema 4.3 fornece então os limites assintóticos para a soma, espelhando os três casos do teorema mestre. Por fim, o próprio teorema mestre contínuo (Teorema 4.4) fornece limites assintóticos para recorrências mestres, enquanto generaliza para uma constante de limiar arbitrária $n_0 > 0$, conforme implicado pelo caso base não declarado.

Algumas das provas utilizam as propriedades descritas no Problema 3.5, no Capítulo 3, para combinar e simplificar expressões assintóticas complicadas. Embora o Problema 3.5 trate apenas da notação Θ, as propriedades lá enumeradas podem também ser estendidas para as notações O e Ω.

Aqui está o primeiro lema.

Lema 4.2

Sejam $a > 0$ e $b > 1$ constantes, e seja $f(n)$ uma função não negativa definida para números reais $n \geq 1$. Então, a recorrência

$$T(n) = \begin{cases} \Theta(1) & \text{se } 0 \leq n < 1, \\ aT(n/b) + f(n) & \text{se } n \geq 1 \end{cases}$$

tem solução

$$T(n) = \Theta(n^{\log_b a}) + \sum_{j=0}^{\lfloor \log_b n \rfloor} a^j f(n/b^j). \tag{4.18}$$

Prova Considere a árvore de recursão da Figura 4.3. Vejamos primeiro seus nós internos. A raiz da árvore tem custo $f(n)$, e ela tem a filhas, cada uma com custo $f(n/b)$. (É conveniente imaginar a como um inteiro, especialmente se visualizamos a árvore de recursão, mas a matemática não o exige.) Cada uma dessas filhas tem a

---

[1]Esta terminologia não significa que $T(n)$ ou $f(n)$ precisem ser contínuas, mas somente que o domínio de $T(n)$ são os números reais, em vez de inteiros.

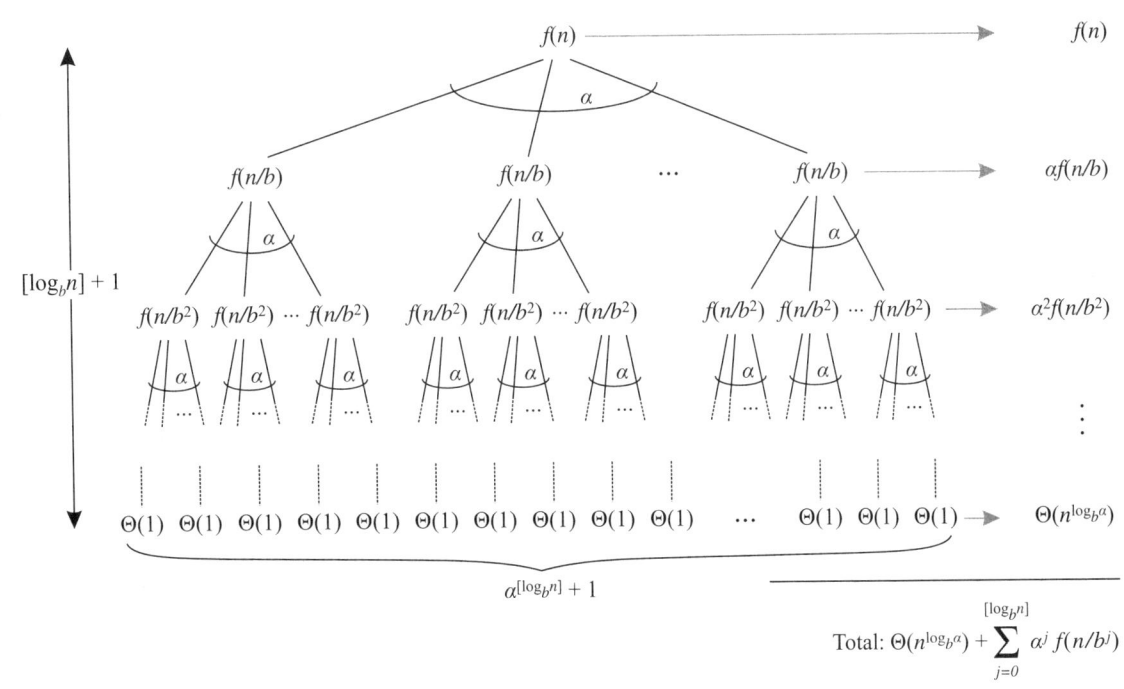

Figura 4.3 Árvore de recursão gerada por $T(n) = aT(n/b) + f(n)$. Essa é uma árvore a-ária completa com folhas e altura $\lfloor \log_b n \rfloor + 1$. O custo dos nós em cada profundidade é mostrado à direita, e sua soma é dada na Equação (4.18).

filhas, o que resulta em a^2 nós na profundidade 2, e cada uma das a filhas tem custo $f(n/b^2)$. Em geral, há a^j nós à profundidade j, e cada um tem o custo $f(n/b^j)$.

Agora, vamos prosseguir para entendermos as folhas. A árvore cresce para baixo até que n/b^j se torne menor que 1. Portanto, a árvore tem altura $\lfloor \log_b n \rfloor + 1$, porque $n/b^{\lfloor \log_b n \rfloor} \geq n/b^{\log_b n} = 1$ e $n/b^{\lfloor \log_b n \rfloor +1} < n/b^{\log_b n} = 1$. Visto que, conforme observamos, o número de nós na profundidade j é a^j e todas as folhas estão na profundidade $\lfloor \log_b n \rfloor + 1$, a árvore contém $a^{\lfloor \log_b n \rfloor + 1}$ folhas. Usando a identidade (3.21), na Seção 3.3, vemos que $a^{\lfloor \log_b n \rfloor + 1} \leq a^{\log_b n + 1} = an^{\log_b a} = \Omega(n^{\log_b a})$. Consequentemente, o número total de folhas é $\Theta(n^{\log_b a})$ — assintoticamente, a função divisora de águas.

Assim, estamos em posição de obter a Equação (4.18) somando os custos dos nós em cada profundidade da árvore, como mostra a figura. O primeiro termo na equação corresponde aos custos totais das folhas. Como cada folha está na profundidade $\lfloor \log_b n \rfloor + 1$ e $n/b^{\lfloor \log_b n \rfloor + 1} < 1$, o caso-base da recorrência fornece o custo de uma folha: $T(n/b^{\lfloor \log_b n \rfloor + 1}) = \Theta(1)$. Portanto, o custo de todas as $\Theta(n^{\log_b a})$ folhas é $\Theta(n^{\log_b a}) \cdot \Theta(1) = \Theta(n^{\log_b a})$ pelo Problema 3.5(d). O segundo termo na Equação (4.18) é o custo dos nós internos, o qual, no algoritmo subjacente de divisão e conquista, representa os custos de dividir os problemas em subproblemas e depois recombiná-los. Como o custo para todos os nós internos na profundidade j é $a^j f(n/b^j)$, o custo total de todos os nós internos é

$$\sum_{j=0}^{\lfloor \log_b n \rfloor} a^j f(n/b^j) .$$

Conforme veremos, os três casos do teorema mestre dependem da distribuição do custo total a partir dos níveis da árvore de recursão:

Caso 1: os custos aumentam geometricamente a partir da raiz até as folhas, crescendo por um fator constante a cada nível.

Caso 2: os custos dependem do valor de k no teorema. Com $k = 0$, os custos são iguais para cada nível; com $k = 1$, os custos crescem linearmente da raiz até as folhas; com $k = 2$, o crescimento é quadrático; e, em geral, os custos crescem polinomialmente em k.

Caso 3: os custos diminuem geometricamente da raiz até as folhas, diminuindo por um fator constante a cada nível.

O somatório na Equação (4.18) descreve o custo das etapas de divisão e combinação no algoritmo de divisão e conquista subjacente. O próximo lema oferece limites assintóticos para o crescimento do somatório.

Lema 4.3

Sejam $a > 0$ e $b > 1$ constantes, e seja $f(n)$ uma função definida sobre números reais $n \geq 1$. Então, o comportamento assintótico da função

$$g(n) = \sum_{j=0}^{\lfloor \log_b n \rfloor} a^j f(n/b^j) \,,$$ (4.19)

definida para $n \geq 1$, pode ser caracterizado da seguinte forma:

1. Se houver uma constante $\epsilon > 0$ tal que $f(n) = O(n^{\log_b a - \epsilon})$, então $g(n) = O(n^{\log_b a})$.
2. Se houver uma constante $k \geq 0$ tal que $f(n) = \Theta(n^{\log_b a} \lg^k n)$, então $g(n) = \Theta(n^{\log_b a} \lg^{k+1} n)$.
3. Se houver uma constante c no intervalo $0 < c < 1$ tal que $0 < af(n/b) \leq cf(n)$ para todo $n \geq 1$, então $g(n) = \Theta(f(n))$.

Prova Para o caso 1, temos $f(n) = O((n^{\log_b a - \epsilon})$, o que implica que $f(n/b^j) = O((n/b^j)^{\log_b a - \epsilon})$. Substituindo na Equação (4.19), temos

$$g(n) = \sum_{j=0}^{\lfloor \log_b n \rfloor} a^j O\left(\left(\frac{n}{b^j} \right)^{\log_b a - \epsilon} \right)$$

$$= O\left(\sum_{j=0}^{\lfloor \log_b n \rfloor} a^j \left(\frac{n}{b^j} \right)^{\log_b a - \epsilon} \right) \quad \text{(pelo Problema 3.5(c), repetidamente)}$$

$$= O\left(n^{\log_b a - \epsilon} \sum_{j=0}^{\lfloor \log_b n \rfloor} \left(\frac{ab^\epsilon}{b^{\log_b a}} \right)^j \right)$$

$$= O\left(n^{\log_b a - \epsilon} \sum_{j=0}^{\lfloor \log_b n \rfloor} (b^\epsilon)^j \right) \quad \text{(pela Equação (3.17), Capítulo 3)}$$

$$= O\left(n^{\log_b a - \epsilon} \left(\frac{b^{\epsilon(\lfloor \log_b n \rfloor + 1)} - 1}{b^\epsilon - 1} \right) \right) \quad \text{(pela Equação (A.6), Apêndice A),}$$

sendo que as últimas séries são geométricas. Visto que b e ϵ são constantes, o denominador $b^\epsilon - 1$ não afeta o crescimento assintótico de $g(n)$, nem o -1 no numerador. Visto que $b^{\epsilon(\lfloor \log_b n \rfloor + 1)} \leq (b^{\log_b n + 1})^\epsilon = O(n^\epsilon)$, obtemos $g(n) = O(n^{\log a - \epsilon} \cdot O(n^\epsilon)) = O(n^{\log_b a})$, provando, assim, o caso 1.

O caso 2 assume que $f(n) = \Theta(n^{\log_b a} \lg^k n)$, de onde podemos concluir que $f((n/b^j) = \Theta((n/b^j)^{\log_b a} \lg^k(n/b^j))$. Substituindo na Equação (4.19) e aplicando o Problema 3.5(c) repetidamente, obtemos

$$g(n) = \Theta\left(\sum_{j=0}^{\lfloor \log_b n \rfloor} a^j \left(\frac{n}{b^j} \right)^{\log_b a} \lg^k \left(\frac{n}{b^j} \right) \right)$$

$$= \Theta\left(n^{\log_b a} \sum_{j=0}^{\lfloor \log_b n \rfloor} \frac{a^j}{b^{j \log_b a}} \lg^k \left(\frac{n}{b^j} \right) \right)$$

$$= \Theta\left(n^{\log_b a} \sum_{j=0}^{\lfloor \log_b n \rfloor} \lg^k \left(\frac{n}{b^j} \right) \right)$$

$$= \Theta\left(n^{\log_b a} \sum_{j=0}^{\lfloor \log_b n \rfloor} \left(\frac{\log_b(n/b^j)}{\log_b 2} \right)^k \right) \quad \text{(pela Equação (3.19))}$$

$$= \Theta \left(n^{\log_b a} \sum_{j=0}^{\lfloor \log_b n \rfloor} \left(\frac{\log_b n - j}{\log_b 2} \right)^k \right) \qquad \text{(pelas Equações (3.17), (3.18)}$$
$$\text{e (3.20))}$$

$$= \Theta \left(\frac{n^{\log_b a}}{\log_b^k 2} \sum_{j=0}^{\lfloor \log_b n \rfloor} (\log_b n - j)^k \right)$$

$$= \Theta \left(n^{\log_b a} \sum_{j=0}^{\lfloor \log_b n \rfloor} (\log_b n - j)^k \right) \qquad (b > 1 \text{ e } k \text{ são constantes)}.$$

O somatório dentro da notação Θ pode ser limitado do alto, da seguinte forma:

$$\sum_{j=0}^{\lfloor \log_b n \rfloor} (\log_b n - j)^k \leq \sum_{j=0}^{\lfloor \log_b n \rfloor} (\lfloor \log_b n \rfloor + 1 - j)^k$$

$$= \sum_{j=1}^{\lfloor \log_b n \rfloor + 1} j^k \qquad \text{(reindexando — Apêndice A)}$$

$$= O((\lfloor \log_b n \rfloor + 1)^{k+1}) \quad \text{(pelo Exercício A.1-5, Apêndice A)}$$

$$= O(\log_b^{k+1} n) \qquad \text{(pelo Exercício 3.3-3, Capítulo 3)}.$$

O Exercício 4.6-1 pede que você mostre que o somatório pode, de modo semelhante, ser limitado por baixo a partir de $\Omega(\log_b^{k+1} n)$. Visto que temos limites superiores e inferiores restritos, o somatório é $\Theta(\log_b^{k+1} n)$, do qual podemos concluir que $g(n) = \Theta(\log_b^{k+1} n)$, completando, assim, a prova do caso 2.

Para o caso 3, observe que $f(n)$ aparece na definição (4.19) de $g(n)$ (quando $j = 0$) e que todos os termos de $g(n)$ são positivos. Portanto, devemos ter $g(n) = \Omega(f(n))$, e só resta provar que $g(n) = O(f(n))$. Ao realizarmos j iterações da inequação $af(n/b) \leq cf(n)$, produzimos $a^j f(n/b^j) \leq c^j f(n)$. Substituindo na Equação (4.19), obtemos

$$g(n) = \sum_{j=0}^{\lfloor \log_b n \rfloor} a^j f(n/b^j)$$

$$\leq \sum_{j=0}^{\lfloor \log_b n \rfloor} c^j f(n)$$

$$\leq f(n) \sum_{j=0}^{\infty} c^j$$

$$= f(n) \left(\frac{1}{1-c} \right) \qquad \text{(pela Equação (A.7), Apêndice A, pois } |c| < 1)$$

$$= O(f(n)).$$

Com isso, podemos concluir que $g(n) = \Theta(f(n))$. Com o caso 3 provado, a prova inteira do lema está concluída. ∎

Agora, podemos declarar e provar o teorema mestre contínuo.

Teorema 4.4 (Teorema mestre contínuo)

Considere que $a > 0$ e $b > 1$ sejam constantes, e seja $f(n)$ uma função condutora que é definida e não negativa sobre todos os valores reais suficientemente grandes. Defina a recorrência algorítmica $T(n)$ sobre os números reais positivos com

$$T(n) = aT(n/b) + f(n).$$

Assim, o comportamento assintótico de $T(n)$ pode ser caracterizado da seguinte forma:

1. Se houver uma constante $\epsilon > 0$ tal que $f(n) = O(n^{\log_b a - \epsilon})$, então $T(n) = \Theta(n^{\log_b a})$.
2. Se houver uma constante $k \geq 0$ tal que $f(n) = \Theta(n^{\log_b a - \epsilon} \lg^k n)$, então $T(n) = \Theta(n^{\log_b a} \lg^{k+1} n)$.
3. Se houver uma constante $\epsilon > 0$ tal que $f(n) = \Omega(n^{\log_b a + \epsilon})$, e se $f(n)$ além disso satisfizer à condição de regularidade $af(n/b) \leq cf(n)$ para alguma constante $c < 1$ e todo n suficientemente grande, então $T(n) = \Theta(f(n))$.

Prova A ideia é limitar o somatório (4.18) do Lema 4.2 aplicando o Lema 4.3. Mas devemos considerar que o Lema 4.2 utiliza um caso-base para $0 < n < 1$, enquanto este teorema utiliza um caso-base implícito para $0 < n < n_0$, em que $n_0 > 0$ é uma constante de limiar arbitrária. Visto que a recorrência é algorítmica, podemos considerar que $f(n)$ é definida para $n \geq n_0$.

Para $n > 0$, vamos definir duas funções auxiliares $T'(n) = T(n_0 n)$ e $f'(n) = f(n_0 n)$. Temos

$$
\begin{aligned}
T'(n) &= T(n_0 n) \\
&= \begin{cases} \Theta(1) & \text{se } n_0 n < n_0 , \\ aT(n_0 n/b) + f(n_0 n) & \text{se } n_0 n \geq n_0 \end{cases} \\
&= \begin{cases} \Theta(1) & \text{se } n < 1 , \\ aT'(n/b) + f'(n) & \text{se } n \geq 1 . \end{cases}
\end{aligned}
$$

Obtivemos uma recorrência para $T'(n)$ que satisfaz às condições do Lema 4.2 e, por esse lema, a solução é

$$
T'(n) = \Theta(n^{\log_b a}) + \sum_{j=0}^{\lfloor \log_b n \rfloor} a^j f'(n/b^j) . \tag{4.21}
$$

Para resolvermos $T'(n)$, primeiro é preciso limitarmos $f'(n)$. Vamos examinar os casos individuais no teorema.

A condição para o caso 1 é $f(n) = O(n^{\log_b a - \epsilon})$ para alguma constante $\epsilon > 0$. Temos

$$
\begin{aligned}
f'(n) &= f(n_0 n) \\
&= O((n_0 n)^{\log_b a - \epsilon}) \\
&= O(n^{\log_b a - \epsilon}) ,
\end{aligned}
$$

visto que a, b, n_0 e ϵ são todos constantes. A função $f'(n)$ satisfaz às condições do caso 1 do Lema 4.3 e o somatório na Equação (4.18) do Lema 4.2 é avaliado como $O(n^{\log_b a})$. Como a, b e n_0 são todos constantes, temos

$$
\begin{aligned}
T(n) &= T'(n/n_0) \\
&= \Theta((n/n_0)^{\log_b a}) + O((n/n_0)^{\log_b a}) \\
&= \Theta(n^{\log_b a}) + O(n^{\log_b a}) \\
&= \Theta(n^{\log_b a}) \qquad \text{(pelo Problema 3-5(b)),}
\end{aligned}
$$

Completando, assim, o caso 1 do teorema.

A condição para o caso 2 é $f(n) = \Theta(n^{\log_b a} \lg^k n)$ para alguma constante $k \geq 0$. Temos

$$
\begin{aligned}
f'(n) &= f(n_0 n) \\
&= \Theta((n_0 n)^{\log_b a} \lg^k (n_0 n)) \\
&= \Theta(n^{\log_b a} \lg^k n) \qquad \text{(eliminando os termos constantes).}
\end{aligned}
$$

De modo semelhante à prova do caso 1, a função $f'(n)$ satisfaz às condições do caso 2 do Lema 4.3. O somatório na Equação (4.18) do Lema 4.2, portanto, é $\Theta(n^{\log_b a} \lg^{k+1} n)$, que implica

$$
\begin{aligned}
T(n) &= T'(n/n_0) \\
&= \Theta((n/n_0)^{\log_b a}) + \Theta((n/n_0)^{\log_b a} \lg^{k+1} (n/n_0)) \\
&= \Theta(n^{\log_b a}) + \Theta(n^{\log_b a} \lg^{k+1} n) \\
&= \Theta(n^{\log_b a} \lg^{k+1} n) \qquad \text{(pelo Problema 3.5(c)),}
\end{aligned}
$$

o que prova o caso 2 do teorema.

Por fim, a condição para o caso 3 é $f(n) = \Omega(n^{\log_b a + \epsilon})$ para alguma constante $\epsilon > 0$ e $f(n)$ que satisfaça ainda à condição de regularidade $af(n/b) \leq cf(n)$ para todo $n \geq n_0$ e algumas constantes $c < 1$ e $n_0 > 1$. A primeira parte do caso 3 é como o caso 1:

$$
\begin{aligned}
f'(n) &= f(n_0 n) \\
&= \Omega((n_0 n)^{\log_b a + \epsilon}) \\
&= \Omega(n^{\log_b a + \epsilon}) \,.
\end{aligned}
$$

Usando a definição de $f'(n)$ e o fato de que $n_0 n \geq n_0$ para todo $n \geq 1$, temos para $n \geq 1$ que

$$
\begin{aligned}
af'(n/b) &= af(n_0 n/b) \\
&\leq cf(n_0 n) \\
&= cf'(n) \,.
\end{aligned}
$$

Portanto, $f'(n)$ satisfaz aos requisitos para o caso 3 do Lema 4.3, e o somatório na Equação (4.18) do Lema 4.2 é avaliado como $\Theta(f'(n))$, produzindo

$$
\begin{aligned}
T(n) &= T'(n/n_0) \\
&= \Theta((n/n_0)^{\log_b a}) + \Theta(f'(n/n_0)) \\
&= \Theta(f'(n/n_0)) \\
&= \Theta(f(n)) \,,
\end{aligned}
$$

que conclui a prova do caso 3 do teorema e, portanto, o teorema inteiro.   ∎

Exercícios

4.6-1
Mostre que $\sum_{j=0}^{\lfloor \log_b n \rfloor} (\log_b n - j)^k = \Omega(\log_b^{k+1} n)$.

★ *4.6-2*
Mostre que o caso 3 do teorema mestre é exagerado (sendo este também o motivo para o caso 3 do Lema 4.3 não exigir que $f(n) = \Omega(n^{\log_b a + \epsilon})$) no sentido de que a condição de regularidade $af(n/b) \leq cf(n)$ para alguma constante $c < 1$ implica que existe uma constante $\epsilon > 0$ tal que $f(n) = \Omega()$.

★ *4.6-3*
Para $f(n) = \Theta(n^{\log_b a}/ \lg n)$, prove que o somatório na Equação (4.19) tem solução $g(n) = \Theta(n^{\log_b a} \lg \lg n)$. Conclua que uma recorrência mestre $T(n)$ usando $f(n)$ como função condutora tem solução $T(n) = \Theta(n^{\log_b a} \lg \lg n)$.

★ 4.7 Recorrências de Akra-Bazzi

Esta seção oferece uma visão geral de dois tópicos avançados relacionados com recorrências de divisão e conquista. O primeiro trata de tecnicismos decorrentes do uso de pisos e tetos, e o segundo discute o método de Akra-Bazzi, que envolve um pouco de cálculo, para resolver recorrências complicadas de divisão e conquista.

Em particular, veremos a classe de recorrências algorítmicas de divisão e conquista originalmente estudada por M. Akra e L. Bazzi [13]. Essas recorrências de **Akra-Bazzi** assumem o formato

$$
T(n) = f(n) + \sum_{i=1}^{k} a_i T(n/b_i) \,, \tag{4.22}
$$

em que k é um número inteiro positivo; todas as constantes $a_1, a_2, \dots, a_k \in \mathbb{R}$ são estritamente positivas; todas as constantes $b_1, b_2, \dots, b_k \in \mathbb{R}$ são estritamente maiores que 1; e a função condutora $f(n)$ é definida em reais não negativos suficientemente grandes e ela própria é não negativa.

As recorrências de Akra-Bazzi generalizam a classe de recorrências tratada pelo teorema mestre. Enquanto as recorrências mestres caracterizam os tempos de execução de algoritmos de divisão e conquista que desmembram um problema em subproblemas com tamanhos iguais (pisos e tetos do módulo), as recorrências de Akra-Bazzi podem descrever o tempo de execução de algoritmos de divisão e conquista que desmembram um problema em subproblemas de tamanhos diferentes. O teorema mestre, no entanto, permite que pisos e tetos sejam ignorados, mas o método de Akra-Bazzi para resolver recorrências de Akra-Bazzi precisa de um requisito adicional para lidar com pisos e tetos.

Porém, antes de mergulharmos no método de Akra-Bazzi propriamente dito, vamos entender as limitações envolvidas em ignorar pisos e tetos nas recorrências de Akra-Bazzi. Como sabemos, os algoritmos geralmente lidam com entradas de tamanho inteiro. No entanto, a matemática para recorrências geralmente é mais fácil com números reais do que com números inteiros, caso em que devemos lidar com pisos e tetos para garantir que os termos sejam bem definidos. A diferença pode não parecer grande — especialmente porque isso costuma ser verdade com recorrências — mas, para sermos matematicamente corretos, devemos ter cuidado com nossas suposições. Como nosso objetivo final é entender algoritmos e não os caprichos dos casos matemáticos, gostaríamos de ser casuais, porém rigorosos. Como podemos tratar pisos e tetos com naturalidade e ao mesmo tempo garantir o rigor?

Do ponto de vista matemático, a dificuldade em lidar com pisos e tetos é que algumas funções de direção podem ser, realmente, muito estranhas. Portanto, não é correto ignorar pisos e tetos nas recorrências de Akra-Bazzi. Felizmente, a maioria das funções de condução que encontramos no estudo de algoritmos se comporta bem, e pisos e tetos não fazem diferença.

Condição de crescimento polinomial

Se a função condutora $f(n)$ na Equação (4.22) for bem comportada no sentido da afirmação a seguir, não haverá problema em descartar pisos e tetos.

> Uma função $f(n)$ definida sobre todos os valores reais positivos suficientemente grandes satisfaz à *condição de crescimento polinomial* se houver uma constante $\hat{n} > 0$ tal que o seguinte seja válido: para cada constante $\phi \geq 1$, existe uma constante $d > 1$ (dependendo de ϕ) tal que $f(n)/d \leq f(\psi n) \leq df(n)$ para todo $1 \leq \psi \leq \phi$ e $n \geq \hat{n}$.

Essa definição pode ser uma das mais difíceis de entender neste livro. Em primeira ordem, ela diz que $f(n)$ satisfaz à propriedade que $f(\Theta(n)) = \Theta(f(n))$, embora a condição de crescimento polinomial seja, na verdade, um pouco mais forte (ver Exercício 4.7-4). A definição também implica que $f(n)$ é assintoticamente positiva (ver Exercício 4.7-3).

Exemplos de funções que satisfazem à condição de crescimento polinomial incluem qualquer função da forma $f(n) = \Theta(n^\alpha \lg^\beta n \lg \lg^\gamma n)$, em que α, β e γ são constantes. A maioria das funções limitadas polinomialmente usadas neste livro satisfaz essa condição. Exponenciais e superexponenciais, não (ver Exercício 4.7-2, por exemplo), e também existem funções limitadas polinomialmente que não a satisfazem.

Pisos e tetos em recorrências "válidas"

Quando a função condutora em uma recorrência de Akra-Bazzi satisfaz à condição de crescimento polinomial, pisos e tetos não alteram o comportamento assintótico da solução. O teorema a seguir, apresentado sem demonstração, formaliza essa noção.

Teorema 4.5

Seja $T(n)$ uma função definida sobre valores reais não negativos, que satisfaz à recorrência (4.22), em que $f(n)$ satisfaz à condição de crescimento polinomial. Seja $T'(n)$ outra função definida sobre números naturais também satisfazendo à recorrência (4.22), exceto que cada $T(n/b_i)$ é substituído por $T(\lceil n/b_i \rceil)$ ou por $T(\lfloor n/b_i \rfloor)$. Então, temos $T'(n) = \Theta(T(n))$.   ∎

Pisos e tetos representam uma pequena perturbação nos argumentos da recursão. Pela inequação (3.2), no Capítulo 3, eles perturbam um argumento por no máximo 1. Mas perturbações muito maiores são toleráveis. Desde que a função condutora $f(n)$ na recorrência (4.22) satisfaça à condição de crescimento polinomial, verifica-se que substituir qualquer termo $T(n/b_i)$ por $T(n/b_i + h_i(n))$, em que $|h_i(n)| = O(n/\lg^{1+\epsilon} n)$ para alguma constante $\epsilon > 0$ e n suficientemente grande, deixa a solução assintótica inalterada. Assim, a etapa de divisão em um algoritmo de divisão e conquista pode ser moderadamente aproximada, sem afetar a solução para sua recorrência em tempo de execução.

Método de Akra-Bazzi

O método de Akra-Bazzi, não surpreendentemente, foi desenvolvido para resolver as recorrências de Akra-Bazzi (4.22), que por força do Teorema 4.5 se aplica na presença de pisos e tetos ou perturbações ainda maiores, como acabamos de discutir. O método envolve primeiro determinar o único número real p tal que $\sum_{i=1}^{k} a_i/b_i^p = 1$. Tal p sempre existe, porque quando $p \to -\infty$, a soma vai para ∞; ela diminui à medida que p aumenta; e quando $p \to \infty$, ela vai para 0. O método de Akra-Bazzi, então, dá a solução para a recorrência como

$$T(n) = \Theta\left(n^p\left(1 + \int_1^n \frac{f(x)}{x^{p+1}}\,dx\right)\right).$$
(4.23)

Como exemplo, considere a recorrência

$$T(n) = T(n/5) + T(7n/10) + n.$$
(4.24)

Veremos a recorrência semelhante (9.1), no Capítulo 9, quando estudarmos um algoritmo para selecionar o i-ésimo menor elemento de um conjunto de n números. Essa recorrência tem a forma da Equação (4.22), em que $a_1 = a_2 = 1$, $b_1 = 5$, $b_2 = 10/7$ e $f(n) = n$. Para resolvê-la, o método de Akra-Bazzi diz que devemos determinar o único p que satisfaz

$$\left(\frac{1}{5}\right)^p + \left(\frac{7}{10}\right)^p = 1.$$

Resolver para p é meio confuso — acontece que $p = 0{,}83978\ldots$ — mas podemos resolver a recorrência sem realmente sabermos o valor exato de p. Observe que $(1/5)^0 + (7/10)^0 = 2$ e $(1/5)^1 + (7/10)^1 = 9/10$, e assim, p se encontra no intervalo $0 < p < 1$. Isso acaba sendo suficiente para que o método de Akra-Bazzi nos dê a solução. Usaremos o fato do cálculo que, se $k \neq -1$, então $\int x^k\,dx = x^{k+1}/(k+1)$, que aplicaremos com $k = -p \neq -1$. A solução de Akra-Bazzi (4.23) nos dá

$$
\begin{aligned}
T(n) &= \Theta\left(n^p\left(1 + \int_1^n \frac{f(x)}{x^{p+1}}\,dx\right)\right) \\
&= \Theta\left(n^p\left(1 + \int_1^n x^{-p}\,dx\right)\right) \\
&= \Theta\left(n^p\left(1 + \left[\frac{x^{1-p}}{1-p}\right]_1^n\right)\right) \\
&= \Theta\left(n^p\left(1 + \left(\frac{n^{1-p}}{1-p} - \frac{1}{1-p}\right)\right)\right) \\
&= \Theta\left(n^p \cdot \Theta(n^{1-p})\right) \qquad \text{(porque } 1-p \text{ é uma constante positiva)} \\
&= \Theta(n) \qquad \text{(pelo Problema 3.5(d)).}
\end{aligned}
$$

Embora o método de Akra-Bazzi seja mais geral que o teorema mestre, ele requer cálculo e, às vezes, um pouco mais de raciocínio. Também é preciso garantir que a função condutora satisfaça à condição de crescimento polinomial para poder ignorar pisos e tetos, embora isso raramente seja um problema. Quando se aplica, o método mestre é muito mais simples de usar, mas apenas quando os tamanhos dos subproblemas são mais ou menos iguais. Ambas são boas ferramentas para o seu *kit* de ferramentas algorítmicas.

Exercícios

★ *4.7-1*

Considere uma recorrência de Akra-Bazzi $T(n)$ sobre valores reais, conforme dada na recorrência (4.22), e defina $T'(n)$ como

$$T'(n) = cf(n) + \sum_{i=1}^{k} a_i T'(n/b_i) \,,$$

em que $c > 0$ é constante. Prove que, quaisquer que sejam as condições iniciais implícitas para $T(n)$, existem condições para $T'(n)$ tais que $T'(n) = cT(n)$ para todo $n > 0$. Conclua que podemos descartar os assintóticos em uma função condutora de qualquer recorrência de Akra-Bazzi sem afetar sua solução assintótica.

4.7-2
Mostre que $f(n) = n^2$ satisfaz à condição de crescimento polinomial, mas que $f(n) = 2^n$ não o faz.

4.7-3
Seja $f(n)$ uma função que satisfaça à condição de crescimento polinomial. Prove que $f(n)$ é assintoticamente positiva, ou seja, que existe uma constante $n_0 \geq 0$ tal que $f(n) \geq 0$ para todo $n \geq n_0$.

★ 4.7-4
Dê um exemplo de função $f(n)$ que não satisfaça à condição de crescimento polinomial, mas para a qual $f(\Theta(n)) = \Theta(f(n))$.

4.7-5
Use o método de Akra-Bazzi para resolver as recorrências a seguir.
a. $T(n) = T(n/2) + T(n/3) + T(n/6) + n \lg n$.
b. $T(n) = 3T(n/3) + 8T(n/4) + n^2/\lg n$.
c. $T(n) = (2/3)T(n/3) + (1/3)T(2n/3) + \lg n$.
d. $T(n) = (1/3)T(n/3) + 1/n$.
e. $T(n) = 3T(n/3) + 3T(2n/3) + n^2$.

★ 4.7-6
Use o método de Akra-Bazzi para provar o teorema mestre contínuo.

Problemas

4-1   Exemplos de recorrência
Dê limites assintóticos superiores e inferiores restritos para $T(n)$ em cada uma das recorrências algorítmicas a seguir. Justifique suas respostas.
a. $T(n) = 2T(n/2) + n^3$.
b. $T(n) = T(8n/11) + n$.
c. $T(n) = 16T(n/4) + n^2$.
d. $T(n) = 4T(n/2) + n^2 \lg n$.
e. $T(n) = 8T(n/3) + n^2$.
f. $T(n) = 7T(n/2) + n^2 \lg n$.
g. $T(n) = 2T(n/4) + \sqrt{n}$.
h. $T(n) = T(n-2) + n^2$.

4-2   Custos da passagem de parâmetros
Em todo este livro, supomos que a passagem de parâmetros durante chamadas de procedimento demora um tempo constante, mesmo para passar um vetor de N elementos. Essa premissa é válida na maioria dos sistemas porque é passado um ponteiro para o vetor, e não o próprio vetor. Este problema examina as implicações de três estratégias de passagem de parâmetros:

1. Um vetor é passado por ponteiro. Tempo = $\Theta(1)$.
2. Um vetor é passado por cópia. Tempo = $\Theta(N)$, em que N é o tamanho do vetor.

3. Um vetor é passado por cópia somente da subfaixa que poderia ser acessada pelo procedimento chamado. Tempo = $\Theta(n)$ se o subvetor contém n elementos.

Considere os três algoritmos a seguir:

a. O algoritmo de busca binária recursiva para localizar um número em um vetor ordenado (ver Exercício 2.3-6).

b. O procedimento MERGE-SORT da Seção 2.3.1.

c. O procedimento MULTIPLICA-MATRIZES-RECURSIVO da Seção 4.1.

Indique nove recorrências $T_{a1}(N, n)$, $T_{a2}(N, n)$, ..., $T_{c3}(N, n)$ para os tempos de execução no pior caso de cada um desses três algoritmos quando vetores e matrizes são passados usando cada uma das três estratégias de passagem de parâmetros mencionadas. Resolva suas recorrências, dando limites assintóticos restritos.

4-3   Solução de recorrências com uma mudança de variáveis

Por vezes, um pouco de manipulação algébrica pode tornar uma recorrência desconhecida semelhante àquela que já vimos antes. Vamos resolver a recorrência

$$T(n) = 2T\left(\sqrt{n}\right) + \Theta(\lg n) \tag{4.25}$$

usando o método da mudança de variáveis.

a. Defina $m = \lg n$ e $S(m) = T(2^m)$. Reescreva a recorrência (4.25) em termos de m e $S(m)$.

b. Resolva sua recorrência para $S(m)$.

c. Use a sua solução para $S(m)$ para concluir que $T(n) = \Theta(\lg n \lg \lg n)$.

d. Esboce a árvore de recursão para a recorrência (4.25), e use-a para explicar intuitivamente por que a solução é $T(n) = \Theta(\lg n \lg \lg n)$.

Resolva as recorrências a seguir mudando as variáveis:

e. $T(n) = 2T(\sqrt{n}) + \Theta(1)$.

f. $T(n) = 3T(\sqrt[3]{n}) + \Theta(n)$.

4-4   Outros exemplos de recorrência

Dê limites superiores e inferiores assintoticamente restritos para $T(n)$ em cada uma das recorrências a seguir. Justifique suas respostas.

a. $T(n) = 5T(n/3) + n \lg n$.

b. $T(n) = 3T(n/3) + n/\lg n$.

c. $T(n) = 8T(n/2) + n^3 \sqrt{n}$.

d. $T(n) = 2T(n/2 - 2) + n/2$.

e. $T(n) = 2T(n/2) + n/\lg n$.

f. $T(n) = T(n/2) + T(n/4) + T(n/8) + n$.

g. $T(n) = T(n - 1) + 1/n$.

h. $T(n) = T(n - 1) + \lg n$.

i. $T(n) = T(n - 2) + 1/\lg n$.

j. $T(n) = \sqrt{n}\, T(\sqrt{n}) + n$.

4-5   Números de Fibonacci

Este problema desenvolve propriedades dos números de Fibonacci, que são definidos pela recorrência (3.31), na Seção 3.3. Usaremos a técnica de gerar funções para resolver a recorrência de Fibonacci. Defina a *função geradora* (ou *série formal de potências*) $\mathcal{F}$ como

$$\mathcal{F}(z) = \sum_{i=0}^{\infty} F_i z^i$$
$$= 0 + z + z^2 + 2z^3 + 3z^4 + 5z^5 + 8z^6 + 13z^7 + 21z^8 + \cdots,$$

em que F_i é o i-ésimo número de Fibonacci.

a. Mostre que $\mathcal{F}(z) = z + z\mathcal{F}(z) + z^2\mathcal{F}(z)$.

b. Mostre que

$$\mathcal{F}(z) = \frac{z}{1 - z - z^2}$$
$$= \frac{z}{(1 - \phi z)(1 - \widehat{\phi} z)}$$
$$= \frac{1}{\sqrt{5}} \left(\frac{1}{1 - \phi z} - \frac{1}{1 - \widehat{\phi} z} \right) ,$$

em que ϕ é a razão áurea e $\widehat{\phi}$ é o seu conjugado (ver Capítulo 3).

c. Mostre que

$$\mathcal{F}(z) = \sum_{i=0}^{\infty} \frac{1}{\sqrt{5}} (\phi^i - \widehat{\phi}^i) z^i .$$

Sem provar, você pode usar a versão da função geradora da Equação (A.7), $\sum_{k=0}^{\infty} x^k = 1/(1-x)$. Como esta equação envolve uma função geradora, x é uma variável formal, e não uma variável com valor real, de modo que não é preciso se preocupar com a convergência do somatório ou com o requisito na Equação (A.7) de que $|x| < 1$, o que não faz sentido aqui.

d. Use o item (c) para provar que $F_i = \phi^i/\sqrt{5}$ para $i > 0$, arredondado até o inteiro mais próximo. (*Sugestão*: observe que $|\widehat{\phi}| < 1$.)

e. Prove que $F_{i+2} \geq \phi^i$ para $i \geq 0$.

4-6   *Testes de* chips

O professor Diógenes tem n *chips* de circuito integrado supostamente idênticos que, em princípio, são capazes de testar uns aos outros. O aparelho de teste do professor acomoda dois *chips* de cada vez. Quando o aparelho é carregado, cada *chip* testa o outro e informa se este está bom ou ruim. Um *chip* bom sempre informa com precisão se o outro *chip* está bom ou ruim, mas o professor não pode confiar na resposta de um *chip* ruim. Portanto, os quatro resultados possíveis de um teste são:

Chip A informa	*Chip B* informa	Conclusão
B está bom	*A* está bom	Ambos estão bons ou ambos estão ruins
B está bom	*A* está ruim	Ao menos um está ruim
B está ruim	*A* está bom	Ao menos um está ruim
B está ruim	*A* está bom	Ao menos um está ruim

a. Mostre que, se mais de $n/2$ *chips* estiverem ruins, o professor não pode necessariamente determinar quais *chips* estão bons usando qualquer estratégia baseada nessa espécie de teste aos pares. Suponha que os *chips* ruins possam conspirar para enganar o professor.

Agora você projetará um algoritmo para identificar quais *chips* estão bons e quais estão ruins, supondo que mais de $n/2$ dos *chips* estão bons. Primeiro, você determinará como identificar um chip bom.

b. Mostre que $\lfloor n/2 \rfloor$ testes em pares são suficientes para reduzir o problema a quase metade do tamanho. Ou seja, mostre como usar $\lfloor n/2 \rfloor$ testes em pares para obter um conjunto com no máximo $\lceil n/2 \rceil$ *chips*, que ainda tem a propriedade de que mais da metade dos *chips* estão bons.

c. Mostre como aplicar a solução do item (b) recursivamente para identificar um *chip* bom. Indique e resolva a recorrência que descreve o número de testes necessários para identificar um *chip* bom.

Agora você já determinou como identificar um *chip* bom.

d. Mostre como identificar todos os *chips* bons com $\Theta(n)$ testes de pares adicionais.

4-7   *Vetores de Monge*

Um vetor $m \times n$ de números reais, representado por A, é um ***vetor de Monge*** se, para todo i, j, k e l tais que $1 \leq i < k \leq m$ e $1 \leq j < l \leq n$, temos

$$A[i, j] + A[k, l] \leq A[i, l] + A[k, j] .$$

Em outras palavras, sempre que escolhemos duas linhas e duas colunas de um vetor de Monge e consideramos os quatro elementos nas interseções das linhas e das colunas, a soma dos elementos na parte superior esquerda e na parte inferior direita é menor ou igual à soma dos elementos na parte inferior esquerda e na parte superior direita. Por exemplo, o vetor a seguir é um vetor de Monge:

```
10  17  13  28  23
17  22  16  29  23
24  28  22  34  24
11  13   6  17   7
45  44  32  37  23
36  33  19  21   6
75  66  51  53  34
```

a. Prove que um vetor é de Monge se, e somente se, para todo $i = 1, 2, ..., m - 1$ e $j = 1, 2, ..., n - 1$, temos

$$A[i, j] + A[i + 1, j + 1] \leq A[i, j + 1] + A[i + 1, j] \, .$$

(*Sugestão:* para a parte "se", aplique indução às linhas e colunas separadamente.)

b. O vetor a seguir não é de Monge. Troque a ordem de um elemento para transformá-lo em um vetor de Monge. (*Sugestão:* use o item (a).)

```
37  23  22  32
21   6   7  10
53  34  30  31
32  13   9   6
43  21  15   8
```

c. Seja $f(i)$ o índice da coluna que contém o elemento mínimo da extrema esquerda da linha i. Prove que $f(1) \leq f(2) \leq ... \leq f(m)$ para qualquer vetor de Monge $m \times n$.

d. Apresentamos a seguir a descrição de um algoritmo de divisão e conquista que calcula o elemento mínimo da extrema esquerda em cada linha de um vetor de Monge $m \times n$ A:

Construa uma submatriz A' de A composta pelas linhas de numeração par de A. Determine recursivamente o mínimo da extrema esquerda para cada linha de A'. Em seguida, calcule o mínimo da extrema esquerda nas linhas de numeração ímpar de A.

Explique como calcular o mínimo da extrema esquerda nas linhas de numeração ímpar de A (dado que o mínimo da extrema esquerda das linhas de numeração par seja conhecido) no tempo $O(m + n)$.

e. Escreva a recorrência que descreve o tempo de execução do algoritmo descrito no item (d). Mostre que sua solução é $O(m + n \log m)$.

Notas do capítulo

O método de divisão e conquista como técnica para projeto de algoritmos data, no mínimo, de 1962, com a publicação de um artigo escrito por Karatsuba e Ofman [242], mas é possível que ele tenha sido usado bem antes disso. De acordo com Heideman, Johnson e Burrus [211], C. F. Gauss inventou o primeiro algoritmo de transformada rápida de Fourier em 1805, e a formulação de Gauss desmembra o problema em subproblemas menores, cujas soluções são combinadas.

O algoritmo de Strassen [424] causou grande sensação quando foi publicado em 1969. Antes dessa data, poucos imaginavam a possibilidade de um algoritmo assintoticamente mais rápido do que o procedimento básico MULTIPLICA-MATRIZES. Pouco tempo depois, S. Winograd reduziu o número de adições de submatriz de 18 para 15, ainda utilizando sete multiplicações de submatriz. Essa melhoria, que Winograd aparentemente nunca publicou (e que é frequentemente citada por engano na literatura), pode melhorar a praticidade do método, mas não afeta seu desempenho assintótico. Probert [368] descreveu o algoritmo de Winograd e mostrou que, com sete multiplicações, 15 adições é o mínimo possível.

O limite de $\Theta(n^{\lg 7}) = O(n^{2,81})$ do algoritmo de Strassen para multiplicação de matriz manteve-se até 1987, quando Coppersmith e Winograd [103] fizeram um avanço significativo, melhorando o limite para um tempo $O(n^{2,376})$ com um algoritmo matematicamente sofisticado, embora impraticável, baseado em produtos tensoriais. Foram necessários aproximadamente 25 anos antes que o limite superior assintótico fosse novamente melhorado. Em 2012, Vassilevska Williams [445] o melhorou para $O(n^{2,37287})$, e dois anos depois Le Gall [278] alcançou $O(n^{2,37286})$, ambos usando algoritmos matematicamente fascinantes, porém impraticáveis. O melhor limite inferior até hoje é apenas o limite $\Omega(n^2)$ óbvio (óbvio porque qualquer algoritmo para multiplicação de matrizes deve preencher os n^2 elementos da matriz produto).

O desempenho de Multiplica-Matrizes-Recursivo pode ser melhorado na prática tornando as folhas da recursão mais espessas. Ele também exibe um comportamento de cache melhor do que Multiplica-Matrizes, embora Multiplica-Matrizes possa ser melhorado por "ladrilhamento". Leiserson *et al.* [293] conduziram um estudo de engenharia sobre o desempenho da multiplicação de matrizes no qual um algoritmo de divisão e conquista paralelo e vetorizado alcançou o melhor desempenho. O algoritmo de Strassen pode ser prático para matrizes grandes e densas, embora matrizes grandes tendam a ser esparsas e métodos esparsos possam ser muito mais rápidos. Ao usar valores de ponto flutuante com precisão limitada, o algoritmo de Strassen produz erros numéricos maiores do que os algoritmos $\Theta(n^3)$, embora Higham [215] tenha demonstrado que o algoritmo de Strassen é amplamente preciso para algumas aplicações.

As recorrências foram estudadas já em 1202 por Leonardo Bonacci [66], também conhecido como Fibonacci, de onde veio o termo para os números de Fibonacci, embora matemáticos indianos tenham descoberto os números de Fibonacci séculos antes. O matemático francês De Moivre [108] introduziu o método de geração de funções com o qual estudou os números de Fibonacci (ver Problema 4.5). Knuth [259] e Liu [302] são boas fontes para aprender o método de funções geradoras.

Aho, Hopcroft e Ullman [5, 6] ofereceram um dos primeiros métodos gerais para resolver recorrências decorrentes da análise de algoritmos de divisão e conquista. O método mestre foi adaptado de Bentley, Haken e Saxe [52]. O método de Akra-Bazzi, sem surpresa, foi concebido por Akra e Bazzi [13]. Recorrências de dividir e conquistar têm sido estudadas por muitos pesquisadores, incluindo Campbell [79], Graham, Knuth e Patashnik [199], Kuszmaul e Leiserson [274], Leighton [287], Purdom e Brown [371], Roura [389], Verma [447] e Yap [462].

A questão de pisos e tetos em recorrências do tipo divisão e conquista, incluindo um teorema semelhante ao Teorema 4.5, foi estudada por Leighton [287]. Leighton propôs uma versão da condição de crescimento polinomial. Campbell [79] retirou várias limitações na declaração de Leighton e mostrou que havia funções polinomialmente limitadas que não satisfaziam à condição de Leighton. Campbell também estudou cuidadosamente muitas outras questões técnicas, incluindo a condição de recorrências bem definidas da divisão e conquista. Kuszmaul e Leiserson [274] forneceram uma prova do Teorema 4.5 que não envolve cálculo ou outra matemática avançada. Tanto Campbell quanto Leighton exploraram as perturbações dos argumentos além dos pisos e tetos simples.

5   Análise Probabilística e Algoritmos Aleatorizados

Este capítulo apresenta a análise probabilística e os algoritmos aleatorizados. Se você não estiver familiarizado com os fundamentos da teoria das probabilidades, leia as Seções C.1 a C.4 do Apêndice C, que apresenta uma revisão desse assunto. A análise probabilística e os algoritmos aleatorizados serão revistos várias vezes ao longo deste livro.

5.1   Problema da contratação

Suponha que você precise contratar um novo auxiliar de escritório. Suas tentativas anteriores de contratação não tiveram sucesso e você decidiu usar uma agência de empregos. A agência de empregos lhe envia um candidato por dia e você o entrevista e depois decide contratá-lo ou não. Você terá de pagar à agência de empregos uma pequena taxa para entrevistar um candidato. Porém, a contratação de um candidato é mais onerosa, já que você tem de demitir seu auxiliar de escritório atual e pagar uma taxa de contratação substancial à agência de empregos. A política de sua empresa é ter sempre a melhor pessoa possível para o cargo. Portanto, você decide que, depois de entrevistar cada candidato, se esse candidato for mais bem qualificado que o auxiliar de escritório atual, o auxiliar de escritório atual será demitido e o novo candidato será contratado. Você está disposto a pagar o preço resultante dessa estratégia, mas deseja avaliar qual será esse preço.

O procedimento CONTRATAR-AUXILIAR dado a seguir expressa essa estratégia de contratação em pseudocódigo. Tal procedimento considera que os candidatos ao emprego de auxiliar de escritório são numerados de 1 a n e também que, depois de entrevistar o candidato i, você poderá determinar se esse candidato i é o melhor até então. Para iniciar, o procedimento cria um candidato fictício, de número 0, menos qualificado que cada um dos outros candidatos.

```
CONTRATAR-AUXILIAR(n)
1   melhor = 0   // o candidato 0 é fictício e menos qualificado
2   for i = 1 to n
3       entrevistar candidato i
4       if candidato i é melhor que candidato melhor
5           melhor = i
6           contratar candidato i
```

O modelo de custo para esse problema é diferente do modelo descrito no Capítulo 2. Não estamos preocupados com o tempo de execução de CONTRATAR-AUXILIAR, mas com os custos incorridos na entrevista e na contratação. À primeira vista, analisar o custo desse algoritmo pode parecer muito diferente de analisar o tempo de execução, digamos, da ordenação por intercalação. Porém, as técnicas analíticas usadas são idênticas, quer estejamos analisando custo ou tempo de execução. Em um ou outro caso, estamos contando o número de vezes que certas operações básicas são executadas.

Entrevistar tem um custo baixo, digamos c_i, enquanto contratar é caro e custa c_h. Se m for o número de pessoas contratadas, o custo total associado a esse algoritmo é $O(c_i n + c_h m)$. Independentemente de quantas pessoas contratarmos, sempre entrevistaremos n candidatos e, portanto, sempre incorreremos no custo $c_i n$

associado a entrevistar. Assim, nos concentraremos na análise de $c_h m$, o custo de contratação. Essa quantidade varia a cada execução do algoritmo.

Esse cenário serve como modelo para um paradigma computacional bem comum. Muitas vezes, os algoritmos precisam determinar o valor máximo ou mínimo em uma sequência examinando cada elemento da sequência e mantendo um "vencedor" atual. O problema da contratação modela a frequência com que um procedimento atualiza sua noção de qual elemento está vencendo no momento em questão.

Análise do pior caso

No pior caso, contratamos cada candidato que entrevistamos. Essa situação ocorre se os candidatos vierem em ordem estritamente crescente de qualidade, e nesse caso, contratamos n vezes para um custo total de contratação $O(c_h n)$.

Porém, é claro que os candidatos nem sempre vêm em ordem crescente de qualidade. De fato, não temos nenhuma ideia da ordem com que eles chegam nem temos qualquer controle sobre essa ordem. Portanto, é natural perguntar o que esperamos que aconteça em um caso típico ou médio.

Análise probabilística

A *análise probabilística* é a utilização da probabilidade na análise de problemas. Na maior parte das vezes, usamos análise probabilística para analisar o tempo de execução de um algoritmo. Por vezes, nós a usamos para analisar outras quantidades, como o custo da contratação no procedimento CONTRATAR-AUXILIAR. Para efetuar uma análise probabilística, temos de conhecer ou supor a distribuição das entradas. Em seguida, analisamos nosso algoritmo, calculando o tempo de execução para o caso médio, onde tomamos a média, ou valor esperado, sobre a distribuição das entradas possíveis. Quando informarmos esse tempo de execução, nós o denominaremos *tempo de execução do caso médio*.

Temos de tomar muito cuidado quando decidimos a distribuição das entradas. Em alguns problemas pode-se deduzir razoavelmente alguma coisa sobre o conjunto de todas as entradas possíveis; então, poderemos usar a análise probabilística como técnica para projetar um algoritmo eficiente e como um meio de compreender melhor um problema. Em outros problemas, não é possível descrever uma distribuição de entradas razoável e, nesses casos, não podemos utilizar a análise probabilística.

No caso do problema da contratação, podemos considerar que os candidatos vêm em uma ordem aleatória. O que isso significa para esse problema? Supomos que podemos comparar dois candidatos quaisquer e decidir qual é o mais bem qualificado; isto é, existe uma ordem total para os candidatos. (Ver Seção B.2 para entender a definição de uma ordem total.) Assim, podemos classificar cada candidato com um número exclusivo de 1 a n, usando *ordenação*(i) para representar a classificação do candidato i, adotando a convenção de que uma classificação mais alta corresponde a um candidato mais bem qualificado. A lista ordenada ⟨*ordenação*(1), *ordenação*(2), ..., *ordenação*(n)⟩ é uma permutação da lista ⟨1, 2, ..., n⟩. Dizer que os candidatos chegam em ordem aleatória quer dizer que essa lista de classificações tem igual probabilidade de ser qualquer uma das $n!$ permutações dos números 1 a n. Como alternativa, dizemos que as classificações formam uma *permutação aleatória uniforme*; isto é, cada uma das $n!$ permutações possíveis aparece com igual probabilidade.

A Seção 5.2 contém uma análise probabilística do problema da contratação.

Algoritmos aleatorizados

Para utilizarmos a análise probabilística, precisamos saber alguma coisa sobre a distribuição das entradas. Em muitos casos, sabemos bem pouco sobre tal distribuição. Mesmo que saibamos algo sobre a distribuição, talvez não possamos modelar esse conhecimento em termos computacionais. Ainda assim, muitas vezes podemos usar probabilidade e aleatoriedade como ferramentas para projeto e análise de algoritmos, aleatorizando o comportamento de parte do algoritmo.

No problema da contratação, pode parecer que os candidatos estão sendo apresentados em ordem aleatória, mas não temos nenhum meio de saber se isso realmente acontece ou não. Portanto, para desenvolvermos um algoritmo aleatorizado para o problema da contratação, devemos ter maior controle sobre a ordem com que entrevistamos os candidatos. Portanto, vamos alterar um pouco o modelo. Dizemos que a agência de empregos tem n candidatos e que ela nos envia uma lista dos candidatos com antecedência. A cada dia, escolhemos aleatoriamente qual candidato entrevistar. Embora não saibamos nada sobre os candidatos (além de seus nomes), fizemos uma mudança significativa. Em vez de confiarmos em uma suposição de que os candidatos virão em ordem aleatória, obtivemos o controle do processo e impusemos uma ordem aleatória.

De modo mais geral, dizemos que um algoritmo é *aleatorizado* se seu comportamento for determinado não apenas por sua entrada, mas também por valores produzidos por um *gerador de números aleatórios*. Consideraremos que temos à nossa disposição um gerador de números aleatórios ALEATÓRIO. Uma chamada a ALEATÓRIO(a, b) retorna um inteiro entre a e b, inclusive, sendo cada inteiro igualmente provável. Por exemplo, ALEATÓRIO(0, 1) produz 0 com probabilidade 1/2 e produz 1 com probabilidade 1/2. Uma chamada a ALEATÓRIO(3, 7) retorna 3, 4, 5, 6 ou 7, cada um com probabilidade 1/5. Cada inteiro retornado por ALEATÓRIO é independente dos inteiros retornados em chamadas anteriores. Você pode imaginar ALEATÓRIO como o lançamento de um dado de $(b - a + 1)$ lados para obter seu resultado. (Na prática, a maioria dos ambientes de programação oferece um *gerador de números pseudoaleatórios*: um algoritmo determinístico que retorna números que "parecem" aleatórios estatisticamente.)

Quando analisamos o tempo de execução de um algoritmo aleatorizado, adotamos a expectativa do tempo de execução para a distribuição de valores retornada pelo gerador de números aleatórios. Distinguimos esses algoritmos daqueles cuja entrada é aleatória referindo-nos ao tempo de execução de um algoritmo aleatorizado como um *tempo de execução esperado.* Em geral, discutimos o tempo de execução do caso médio quando a distribuição de probabilidade refere-se às entradas do algoritmo, e discutimos o tempo de execução esperado quando o próprio algoritmo faz escolhas aleatórias.

Exercícios

5.1-1
Mostre que a suposição de que sempre somos capazes de determinar qual candidato é o melhor, na linha 4 do procedimento CONTRATAR-AUXILIAR, implica que conhecemos uma ordem total para as classificações dos candidatos.

★ *5.1-2*
Descreva uma implementação do procedimento ALEATÓRIO(a, b) que só faça chamadas a ALEATÓRIO(0, 1). Qual é o tempo de execução esperado de seu procedimento, em função de a e b?

★ *5.1-3*
Você deseja implementar um programa que tenha resultado 0 com probabilidade 1/2 e 1 com probabilidade 1/2. Há um procedimento ALEATÓRIO-TENDENCIOSO à sua disposição que produz como saída 0 ou 1, mas a saída é 1 com alguma probabilidade p e 0 com probabilidade $1 - p$, em que $0 < p < 1$, mas você não sabe qual é o valor de p. Elabore um algoritmo que utilize ALEATÓRIO-TENDENCIOSO como uma sub-rotina e retorne uma resposta imparcial, retornando 0 com probabilidade 1/2 e 1 com probabilidade 1/2. Qual é o tempo de execução esperado de seu algoritmo em função de p?

5.2 Variáveis aleatórias indicadoras

Para analisarmos muitos algoritmos, inclusive o problema da contratação, usamos variáveis aleatórias indicadoras. Variáveis aleatórias indicadoras nos dão um método conveniente para converter probabilidades em expectativas. Suponha que temos um espaço amostral S e um evento A. Então, a *variável aleatória indicadora* $I\{A\}$ associada ao evento A é definida como

$$I\{A\} = \begin{cases} 1 & \text{se } A \text{ ocorrer,} \\ 0 & \text{se } A \text{ não ocorrer.} \end{cases} \tag{5.1}$$

Como exemplo simples, vamos determinar o número esperado de caras que obtemos quando lançamos uma moeda não viciada. Nosso espaço amostral é $S = \{H, T\}$ com $\Pr\{H\} = \Pr\{T\} = 1/2$. Então, podemos definir uma variável aleatória indicadora X_H, associada ao resultado "cara" do lançamento da moeda, que é o evento H (de *head*). Essa variável conta o número de caras obtidas nesse lançamento, e é 1 se a moeda der cara, caso contrário é 0. Escrevemos

$$X_H = I\{H\}$$

$$= \begin{cases} 1 & \text{se } H \text{ ocorrer,} \\ 0 & \text{se } T \text{ ocorrer.} \end{cases}$$

O número esperado de caras obtidas em um lançamento da moeda é simplesmente o valor esperado de nossa variável indicadora X_H:

$$\begin{aligned} E[X_H] &= E[I\{H\}] \\ &= 1 \cdot \Pr\{H\} + 0 \cdot \Pr\{T\} \\ &= 1 \cdot (1/2) + 0 \cdot (1/2) \\ &= 1/2 . \end{aligned}$$

Desse modo, o número esperado de caras obtidas por um lançamento de uma moeda não viciada é 1/2. Como mostra o lema a seguir, o valor esperado de uma variável aleatória indicadora associada a um evento A é igual à probabilidade de A ocorrer.

Lema 5.1

Dado um espaço amostral S e um evento A no espaço amostral S, seja $X_A = I\{A\}$. Então, $E[X_A] = \Pr\{A\}$.

Prova Pela definição de variável aleatória indicadora da Equação (5.1) e pela definição de valor esperado, temos

$$\begin{aligned} E[X_A] &= E[I\{A\}] \\ &= 1 \cdot \Pr\{A\} + 0 \cdot \Pr\{\overline{A}\} \\ &= \Pr\{A\} , \end{aligned}$$

em que $\overline{A}$ indica $S - A$, o complemento de A. ∎

Embora variáveis aleatórias indicadoras possam parecer desajeitadas para uma aplicação como a contagem do número esperado de caras no lançamento de uma única moeda, elas são úteis para analisar situações em que realizamos testes aleatórios repetidos. No Apêndice C, por exemplo, as variáveis aleatórias indicadoras nos dão um caminho simples para determinar o número esperado de caras em n lançamentos de moeda. Uma opção é considerar separadamente a probabilidade de obter 0 cara, 1 cara, 2 caras etc. para chegar ao resultado da Equação (C.41), no Apêndice C. Como alternativa, podemos empregar o método mais simples proposto na Equação (C.42), que utiliza implicitamente variáveis aleatórias indicadoras. Tornando esse argumento mais explícito, fazemos X_i a variável aleatória indicadora associada ao evento no qual o i-ésimo lançamento dá cara: $X_i = I\{$o i-ésimo lançamento resulta no evento $H\}$. Seja X a variável aleatória que indica o número total de caras nos n lançamentos da moeda, de modo que

$$X = \sum_{i=1}^{n} X_i .$$

Para calcularmos o número esperado de caras, tomamos a expectativa de ambos os lados da equação anterior para obter

$$E[X] = E\left[\sum_{i=1}^{n} X_i\right] . \tag{5.2}$$

Pelo Lema 5.1, a expectativa de cada uma das variáveis aleatórias é $E[X_i] = 1/2$ para $i = 1, 2, \dots, n$. Então, podemos calcular facilmente o somatório das expectativas: $\sum_{i=1}^{n} E[X_i] = n/2$. Mas a Equação (5.2) exige a expectativa da soma, e não a soma das expectativas. Como podemos resolver essa questão? A linearidade de expectativa, Equação (C.24), no Apêndice C, é a resposta: *a expectativa da soma é sempre igual à soma das expectativas*. A linearidade de expectativa se aplica até mesmo quando existe dependência entre as variáveis aleatórias. A combinação das variáveis aleatórias indicadoras com a linearidade da expectativa nos oferece uma técnica poderosa para calcular os valores esperados quando ocorrem múltiplos eventos. Agora podemos calcular o número esperado de caras:

$$
\begin{aligned}
\mathrm{E}\,[X] &= \mathrm{E}\left[\sum_{i=1}^{n} X_i\right] \\
&= \sum_{i=1}^{n} \mathrm{E}\,[X_i] \\
&= \sum_{i=1}^{n} 1/2 \\
&= n/2 \; .
\end{aligned}
$$

Assim, em comparação com o método empregado na Equação (C.41), as variáveis aleatórias indicadoras simplificam muito o cálculo. Utilizaremos variáveis aleatórias indicadoras em todo este livro.

Análise do problema da contratação com utilização de variáveis aleatórias indicadoras

Voltando ao problema da contratação, agora desejamos calcular o número esperado de vezes que contratamos um novo auxiliar de escritório. Para usar uma análise probabilística, supomos que os candidatos chegam em ordem aleatória, como discutimos na Seção 5.1. (Veremos na Seção 5.3 como descartar essa premissa.) Seja X a variável aleatória cujo valor é igual ao número de vezes que contratamos um novo auxiliar de escritório. Então, poderíamos aplicar a definição de valor esperado da Equação (C.23) para obter

$$
\mathrm{E}\,[X] = \sum_{x=1}^{n} x \, \Pr\{X = x\} \; ,
$$

mas esse cálculo seria incômodo. Em vez disso, utilizaremos variáveis aleatórias indicadoras para simplificar o cálculo.

Para usarmos variáveis aleatórias indicadoras, em vez de calcularmos E[X] definindo uma única variável associada ao número de vezes que contratamos um novo auxiliar de escritório, definimos n variáveis relacionadas com a contratação ou não contratação de cada candidato específico. Em particular, tomamos X_i como a variável aleatória indicadora associada ao evento em que o i-ésimo candidato é contratado. Desse modo,

$$
\begin{aligned}
X_i &= \{\text{candidato } i \text{ é contratado}\} \\
&= \begin{cases} 1 & \text{se candidato } i \text{ é contratado,} \\ 0 & \text{se candidato } i \text{ não é contratado,} \end{cases}
\end{aligned}
$$

e

$$
X = X_1 + X_2 + \cdots + X_n \; . \tag{5.3}
$$

Pelo Lema 5.1, temos que

E[X_i] = Pr {o candidato i é contratado},

e, portanto, devemos calcular a probabilidade de as linhas 5–6 de CONTRATAR-AUXILIAR serem executadas.

O candidato i é contratado, na linha 6, exatamente quando ele é melhor que cada um dos candidatos de 1 a $i - 1$. Como supomos que os candidatos chegam em ordem aleatória, os primeiros i candidatos apareceram em ordem aleatória. Qualquer um desses i primeiros candidatos tem igual probabilidade de ser o mais bem qualificado até o momento. O candidato i tem uma probabilidade $1/i$ de ser mais bem qualificado que os candidatos de 1 a $i - 1$ e, assim, uma probabilidade $1/i$ de ser contratado. Pelo Lema 5.1, concluímos que

$$
\mathrm{E}\,[X_i] = 1/i \; . \tag{5.4}
$$

Agora, podemos calcular E[X]:

$$E[X] = E\left[\sum_{i=1}^{n} X_i\right] \quad \text{(pela Equação (5.3))} \tag{5.5}$$

$$= \sum_{i=1}^{n} E[X_i] \quad \text{(pela Equação (C.24), a linearidade da expectativa)}$$

$$= \sum_{i=1}^{n} \frac{1}{i} \quad \text{(pela Equação (5.4))}$$

$$= \ln n + O(1) \quad \text{(pela Equação (A.9), a série harmônica).} \tag{5.6}$$

Apesar de entrevistarmos n pessoas, na realidade, só contratamos aproximadamente $\ln n$ delas, em média. Resumimos esse resultado no lema a seguir.

Lema 5.2

Considerando que os candidatos sejam apresentados em ordem aleatória, o algoritmo CONTRATAR-AUXILIAR tem um custo total de contratação $O(c_h \ln n)$ no caso médio.

Prova O limite decorre imediatamente de nossa definição do custo de contratação e da Equação (5.6), que mostra que o número esperado de contratações é aproximadamente $\ln n$. ∎

O custo de contratação do caso médio é uma melhoria significativa com relação ao custo de contratação do pior caso, $O(c_h n)$.

Exercícios

5.2-1
Em CONTRATAR-AUXILIAR, supondo que os candidatos sejam apresentados em ordem aleatória, qual é a probabilidade de você contratar exatamente uma vez? Qual é a probabilidade de você contratar exatamente n vezes?

5.2-2
Em CONTRATAR-AUXILIAR, supondo que os candidatos sejam apresentados em ordem aleatória, qual é a probabilidade de você contratar exatamente duas vezes?

5.2-3
Use variáveis aleatórias indicadoras para calcular o valor esperado da soma do lançamento de n dados.

5.2-4
Este exercício pede que você verifique (parcialmente) se a linearidade da expectativa é válida mesmo que as variáveis aleatórias não sejam independentes. Considere dois dados de 6 faces, lançados independentemente. Qual é o valor esperado da soma dos resultados? Agora, considere o caso em que o primeiro dado é lançado normalmente e, em seguida, o segundo dado é igualado ao valor mostrado no primeiro dado. Qual é o valor esperado da soma? Então, considere o caso em que o primeiro dado é lançado normalmente e o segundo dado mostra 7 menos o valor do primeiro dado. Qual é o valor esperado da soma?

5.2-5
Use variáveis aleatórias indicadoras para resolver o problema a seguir, conhecido como **problema da chapelaria**. Cada um de n clientes entrega um chapéu ao funcionário da chapelaria em um restaurante. O funcionário devolve os chapéus aos clientes em ordem aleatória. Qual é o número esperado de clientes que recebem de volta seus próprios chapéus?

5.2-6

Seja $A[1 : n]$ um vetor de n números distintos. Se $i < j$ e $A[i] > A[j]$, então o par (i, j) é denominado ***inversão*** de A. (Ver no Problema 2.4, Capítulo 2, mais informações sobre inversões.) Suponha que os elementos de A formem uma permutação aleatória uniforme de $\langle 1, 2, \ldots, n \rangle$. Use variáveis aleatórias indicadoras para calcular o número esperado de inversões.

5.3   Algoritmos aleatorizados

Na seção anterior, mostramos como conhecer uma distribuição para as entradas pode nos ajudar a analisar o comportamento do caso médio de um algoritmo. Mas, e se não conhecemos a distribuição? Então, isso impossibilita uma análise do caso médio. No entanto, como mencionamos na Seção 5.1, talvez possamos usar um algoritmo aleatorizado.

No caso de um problema como o da contratação, no qual é útil considerar que todas as permutações da entrada são igualmente prováveis, uma análise probabilística pode orientar o desenvolvimento de um algoritmo aleatorizado. Em vez de *supormos* uma distribuição de entradas, podemos *impor* uma distribuição. Em particular, antes de executar o algoritmo, permutamos aleatoriamente os candidatos, de modo a impor a propriedade de cada permutação ser igualmente provável. Embora tenhamos modificado o algoritmo, ainda esperamos contratar um novo auxiliar de escritório aproximadamente ln n vezes. Porém, agora esperamos que seja esse o caso para *qualquer* entrada, e não somente para entradas obtidas de uma distribuição particular.

Vamos explorar um pouco mais a distinção entre análise probabilística e algoritmos aleatorizados. Na Seção 5.2 afirmamos que, supondo que os candidatos se apresentem em ordem aleatória, o número esperado de vezes que contratamos um novo auxiliar de escritório é aproximadamente ln n. Observe que aqui o algoritmo é determinístico: para qualquer entrada particular, o número de vezes que contratamos um novo auxiliar de escritório é sempre o mesmo. Além disso, o número de vezes que contratamos um novo auxiliar de escritório é diferente para entradas diferentes e depende das classificações dos diversos candidatos. Visto que esse número depende apenas das classificações dos candidatos, podemos representar uma entrada particular fazendo uma lista ordenada das classificações dos candidatos, isto é, $\langle ordenação(1), ordenação(2), \ldots, ordenação(n) \rangle$. Dada a lista de classificações $A_1 = \langle 1, 2, 3, 4, 5, 6, 7, 8, 9, 10 \rangle$, um novo auxiliar de escritório é sempre contratado 10 vezes, já que cada candidato sucessivo é melhor que o anterior, e as linhas 5–6 de CONTRATAR-AUXILIAR são executadas em cada iteração. Dada a lista de classificações $A_2 = \langle 10, 9, 8, 7, 6, 5, 4, 3, 2, 1 \rangle$, um novo auxiliar de escritório é contratado apenas uma vez, na primeira iteração. Dada uma lista de classificações $A_3 = \langle 5, 2, 1, 8, 4, 7, 10, 9, 3, 6 \rangle$, um novo auxiliar de escritório é contratado três vezes após as entrevistas com os candidatos classificados como 5, 8 e 10. Lembrando que o custo de nosso algoritmo depende de quantas vezes contratamos um novo auxiliar de escritório, vemos que existem entradas custosas, como A_1, entradas econômicas, como A_2, e entradas moderadamente custosas, como A_3.

Por outro lado, considere o algoritmo aleatorizado que primeiro permuta os candidatos e depois determina o melhor candidato. Nesse caso, a aleatoriedade está no algoritmo e não na distribuição de entradas. Dada uma entrada específica, digamos a entrada A_3 citada, não podemos dizer quantas vezes o máximo será atualizado porque essa quantidade é diferente a cada execução do algoritmo. A primeira vez em que executamos o algoritmo sobre A_3 ele pode produzir a permutação A_1 e executar 10 atualizações. Porém, na segunda vez em que executamos o algoritmo, podemos produzir a permutação A_2 e executar apenas uma atualização. Na terceira vez em que o executamos, podemos produzir algum outro número de atualizações. A cada vez que executamos o algoritmo, a execução depende das escolhas aleatórias feitas, e ela provavelmente será diferente da execução anterior do algoritmo. Para esse algoritmo e muitos outros algoritmos aleatorizados, *nenhuma entrada específica induz seu comportamento do pior caso*. Nem mesmo o seu pior inimigo poderá produzir um vetor de entrada ruim, já que a permutação aleatória torna irrelevante a ordem de entrada. O algoritmo aleatorizado só funcionará mal se o gerador de números aleatórios produzir uma permutação "azarada".

No caso do problema da contratação, a única alteração necessária no código é a permutação aleatória do vetor, por exemplo, como feito no procedimento CONTRATAR-AUXILIAR-ALEATORIZADO. Com essa mudança simples, criamos um algoritmo aleatorizado cujo desempenho corresponde àquele obtido considerando que os candidatos se apresentavam em ordem aleatória.

CONTRATAR-AUXILIAR-ALEATORIZADO(n)
1 permuta aleatoriamente a lista de candidatos
2 CONTRATAR-AUXILIAR(n)

Lema 5.3

O custo de contratação esperado do procedimento CONTRATAR-AUXILIAR-ALEATORIZADO é $O(c_h \ln n)$.

Prova Depois de permutar o vetor de entrada, chegamos a uma situação idêntica à da análise probabilística de CONTRATAR-AUXILIAR da Seção 5.2. ∎

A comparação cuidadosa entre os Lemas 5.2 e 5.3 destaca a diferença entre análise probabilística e algoritmos aleatorizados. No Lema 5.2, fazemos uma suposição sobre a entrada. No Lema 5.3, não fazemos tal suposição, embora tornar a entrada aleatória demore algum tempo adicional. Para manter a consistência com a terminologia que adotamos, expressamos o Lema 5.2 em termos do custo de contratação do caso médio e o Lema 5.3 em termos do custo de contratação esperado. No restante desta seção, discutiremos algumas questões relacionadas com a permutação aleatória das entradas.

Permutação aleatória de vetores

Muitos algoritmos aleatorizados aleatorizam a entrada permutando o vetor de entrada fornecido. Conheceremos outras formas de aleatorizar um algoritmo em outras partes deste livro, mas aqui veremos como permutar aleatoriamente um vetor de n elementos. Nosso objetivo é produzir uma **permutação aleatória do vetor**, isto é, uma permutação que seja tão provável quanto qualquer outra permutação. Como existem $n!$ permutações possíveis, queremos que a probabilidade de qualquer permutação particular ser produzida seja $1/n!$.

Você poderia pensar que, para provar que uma permutação é uma permutação aleatória uniforme, basta mostrar que, para cada elemento $A[i]$, a probabilidade de que esse elemento acabe na posição j é $1/n$. O Exercício 5.3-4 mostra que essa condição mais fraca, na verdade, é insuficiente.

Nosso método para gerar uma permutação aleatória permuta o vetor **no local**: no máximo, um número constante de elementos do vetor de entrada é armazenado fora do vetor. O procedimento PERMUTAR-ALEATÓRIO permuta um vetor $A[1 : n]$ no local com um tempo $\Theta(n)$. Em sua i-ésima iteração, o procedimento escolhe o elemento $A[i]$ aleatoriamente entre os elementos $A[i]$ e $A[n]$. Após a i-ésima iteração, $A[i]$ nunca é alterado.

PERMUTAR-ALEATÓRIO(A, n)
1 **for** $i = 1$ **to** n
2   trocar $A[i]$ com $A[$ALEATÓRIO $(i, n)]$

Usaremos um invariante de laço para mostrar que o procedimento PERMUTAR-ALEATÓRIO produz uma permutação aleatória uniforme. Uma **k-permutação** sobre um conjunto de n elementos é uma sequência que contém k dos n elementos, sem nenhuma repetição. (Ver Apêndice C.) Há $n!/(n - k)!$ dessas permutações k possíveis.

Lema 5.4

O procedimento PERMUTAR-ALEATÓRIO calcula uma permutação aleatória uniforme.

Prova Usamos o seguinte invariante de laço:

Imediatamente antes da i-ésima iteração do laço **for** das linhas 1–2, para cada $(i - 1)$-permutação possível dos n elementos, o subvetor $A[1 : i - 1]$ contém essa $(i - 1)$-permutação com probabilidade $(n - i + 1)!/n!$.

Precisamos mostrar que esse invariante é verdadeiro antes da primeira iteração do laço, que cada iteração do laço mantém o invariante, que o laço termina e que o invariante fornece uma propriedade útil para mostrar a corretude quando o laço termina.

Inicialização: considere a situação imediatamente antes da primeira iteração do laço, de modo que $i = 1$. O invariante de laço diz que, para cada 0-permutação possível, o subvetor $A[1:0]$ contém essa 0-permutação com probabilidade $(n-i+1)!/n! = n!/n! = 1$. O subvetor $A[1:0]$ é um subvetor vazio, e uma 0-permutação não tem nenhum elemento. Assim, $A[1:0]$ contém qualquer 0-permutação com probabilidade 1, e o invariante de laço é válido antes da primeira iteração.

Manutenção: com o invariante de laço, supomos que, imediatamente antes da i-ésima iteração, cada $(i-1)$-permutação possível aparece no subvetor $A[1:i-1]$ com probabilidade $(n-i+1)!/n!$. Mostraremos que, após a i-ésima iteração, cada i-permutação possível aparece no subvetor $A[1:i]$ com probabilidade $(n-i)!/n!$. Incrementar i para a próxima iteração mantém o invariante de laço.

Vamos examinar a i-ésima iteração. Considere uma i-permutação específica e indique os elementos que ela contém por $\langle x_1, x_2, ..., x_i \rangle$. Essa permutação consiste em uma $(i-1)$-permutação $\langle x_1, ..., x_{i-1} \rangle$ seguida pelo valor x_i que o algoritmo insere em $A[i]$. Seja E_1 a indicação do evento no qual as primeiras $i-1$ iterações criaram a $(i-1)$-permutação $\langle x_1, ..., x_{i-1} \rangle$ específica em $A[1:i-1]$. Pelo invariante de laço, $\Pr\{E_1\} = (n-i+1)!/n!$. Seja E_2 o evento no qual a i-ésima iteração insere x_i na posição $A[i]$. A i-permutação $\langle x_1, ..., x_i \rangle$ aparece em $A[1:i]$ exatamente quando ocorrem E_1 e E_2 e, assim, desejamos calcular $\Pr\{E_2 \cap E_1\}$. Usando a Equação (C.16), no Apêndice C, temos

$$\Pr\{E_2 \cap E_1\} = \Pr\{E_2 \mid E_1\}\, \Pr\{E_1\}\,.$$

A probabilidade $\Pr\{E_2 \mid E_1\}$ é igual a $1/(n-i+1)$ porque, na linha 2, o algoritmo escolhe x_i aleatoriamente entre os $n-i+1$ valores nas posições $A[i:n]$. Desse modo, temos

$$
\begin{aligned}
\Pr\{E_2 \cap E_1\} &= \Pr\{E_2 \mid E_1\}\Pr\{E_1\} \\
&= \frac{1}{n-i+1} \cdot \frac{(n-i+1)!}{n!} \\
&= \frac{(n-i)!}{n!}\,.
\end{aligned}
$$

Término: o laço termina, pois é um laço **for** que se repete n vezes. No término, $i = n+1$, e temos que o subvetor $A[1:n]$ é uma n-permutação dada com probabilidade $(n-(n+1)+1)!/n! = 0!/n! = 1/n!$.

Assim, PERMUTAR-ALEATÓRIO produz uma permutação aleatória uniforme.   ∎

Muitas vezes, um algoritmo aleatorizado é o modo mais simples e mais eficiente de resolver um problema.

Exercícios

5.3-1
O professor Marceau faz objeções ao invariante de laço usado na prova do Lema 5.4. Ele questiona se o invariante de laço é verdadeiro antes da primeira iteração. Seu raciocínio é que poderíamos, com a mesma facilidade, declarar que um subvetor vazio não contém nenhuma 0-permutação. Portanto, a probabilidade de um subvetor vazio conter uma 0-permutação deve ser 0, o que invalida o invariante de laço antes da primeira iteração. Reescreva o procedimento PERMUTAR-ALEATÓRIO, de modo que seu invariante de laço associado se aplique a um subvetor não vazio antes da primeira iteração, e modifique a prova do Lema 5.4 para o seu procedimento.

5.3-2
O professor Kelp decide escrever um procedimento que produzirá aleatoriamente qualquer permutação exceto a ***permutação identidade***, em que cada elemento acaba onde começou. Ele propõe o procedimento PERMUTAR-SEM-IDENTIDADE. Esse procedimento faz o que professor Kelp pretende?

```
PERMUTAR-SEM-IDENTIDADE(A, n)
1   for i = 1 to n - 1
2       trocar A[i] com A[ALEATÓRIO(i + 1, n)]
```

5.3-3

Considere o procedimento PERMUTAR-COM-TODOS a seguir, que, em vez de trocar o elemento $A[i]$ por um elemento aleatório do subvetor $A[i : n]$, o troque por um elemento aleatório de qualquer lugar no vetor. Será que PERMUTAR-COM-TODOS produz uma permutação aleatória uniforme? Por que motivo?

```
PERMUTAR-COM-TODOS(A, n)
1  for i = 1 to n
2      trocar A[i] com A[ALEATÓRIO(1, n)]
```

5.3-4

O professor Knievel sugere o procedimento PERMUTAR-POR-CICLO para gerar uma permutação aleatória uniforme. Mostre que cada elemento $A[i]$ tem uma probabilidade $1/n$ de acabar ficando em qualquer posição específica em B. Depois, prove que o professor Knievel está enganado, mostrando que a permutação resultante não é uniformemente aleatória.

```
PERMUTAR-POR-CICLO(A, n)
1  seja B[1:n] um novo vetor
2  offset = ALEATÓRIO(1, n)
3  for i = 1 to n
4      dest = i + offset
5      if dest > n
6          dest = dest − n
7      B[dest] = A[i]
8  return B
```

5.3-5

O professor Gallup deseja criar uma *amostra aleatória* do conjunto $\{1, 2, 3, ..., n\}$, isto é, um subconjunto S de m elementos, onde $0 \leq m \leq n$, tal que cada subconjunto m tenha igual probabilidade de ser criado. Um modo seria fazer $A[i] = i$ para $i = 1, 2, 3, ..., n$, chamar PERMUTAR-ALEATÓRIO(A) e depois tomar só os primeiros m elementos do vetor. Esse método faria n chamadas ao procedimento ALEATÓRIO. Na aplicação do professor Gallup, n é muito maior do que m e, portanto, o professor deseja criar uma amostra aleatória com um número menor de chamadas a ALEATÓRIO.

```
AMOSTRA-ALEATÓRIA(m, n)
1  S = ∅
2  for k = n − m + 1 to n          // repete m vezes
3      i = ALEATÓRIO(1, k)
4      if i ∈ S
5          S = S ∪ {k}
6      else S = S ∪ {i}
7  return S
```

Mostre que o procedimento AMOSTRA-ALEATÓRIA retorna um subconjunto aleatório m de $S \{1, 2, 3, ..., n\}$, no qual cada subconjunto m é igualmente provável, enquanto faz somente m chamadas a ALEATÓRIO.

★ 5.4 Análise probabilística e usos adicionais de variáveis aleatórias indicadoras

Esta seção avançada ilustra um pouco mais a análise probabilística por meio de quatro exemplos. O primeiro determina a probabilidade de, em uma sala com k pessoas, duas delas compartilharem a mesma data de aniversário. O segundo exemplo examina o que acontece quando lançamos aleatoriamente bolas em caixas. O terceiro investiga "sequências" de caras consecutivas no lançamento de moedas. O exemplo final analisa uma variante do problema da contratação, na qual você tem de tomar decisões sem entrevistar realmente todos os candidatos.

5.4.1 Paradoxo do aniversário

Nosso primeiro exemplo é o ***paradoxo do aniversário***. Quantas pessoas devem estar em uma sala antes de existir 50% de chance de duas delas terem nascido no mesmo dia do ano? A resposta é um número de pessoas surpreendentemente pequeno. O paradoxo é que esse número é de fato muito menor que o número de dias do ano ou até menor que metade do número de dias do ano, como veremos.

Para responder à pergunta, indexamos as pessoas na sala com os inteiros $1, 2, ..., k$, em que k é o número de pessoas na sala. Ignoramos a questão dos anos bissextos e supomos que todos os anos têm $n = 365$ dias. Para $i = 1, 2, ..., k$, seja b_i o dia do ano no qual cai o aniversário da pessoa i, com $1 \leq b_i \leq n$. Supomos também que os aniversários estão uniformemente distribuídos pelos n dias do ano, de modo que $\Pr\{b_i = r\} = 1/n$ para $i = 1, 2, ..., k$ e $r = 1, 2, ..., n$.

A probabilidade de que duas pessoas, digamos i e j, tenham datas de aniversário coincidentes depende do fato de a seleção aleatória de aniversários ser independente. De agora em diante, supomos que os aniversários são independentes, de modo que a probabilidade de o aniversário de i e o aniversário de j caírem ambos no dia r é

$$\Pr\{b_i = r \text{ e } b_j = r\} = \Pr\{b_i = r\}\Pr\{b_j = r\}$$
$$= \frac{1}{n^2} \, .$$

Assim, a probabilidade de ambos caírem mesmo dia é

$$\Pr\{b_i = b_j\} = \sum_{r=1}^{n} \Pr\{b_i = r \text{ and } b_j = r\}$$

$$= \sum_{r=1}^{n} \frac{1}{n^2}$$

$$= \frac{1}{n} \, . \tag{5.7}$$

Mais intuitivamente, uma vez escolhido b_i, a probabilidade de b_j ser escolhido como o mesmo dia é $1/n$. Desde que os aniversários sejam independentes, a probabilidade de i e j terem o mesmo dia de aniversário é igual à probabilidade de o aniversário de um deles cair em determinado dia.

Podemos analisar a probabilidade de, no mínimo, 2 entre k pessoas terem aniversários coincidentes examinando o evento complementar. A probabilidade de, no mínimo, dois dos aniversários coincidirem é 1 menos a probabilidade de todos os aniversários serem diferentes. O evento no qual k pessoas têm aniversários distintos é

$$B_k = \bigcap_{i=1}^{k} A_i \, ,$$

em que A_i é o evento de o aniversário da pessoa i ser diferente do aniversário da pessoa j para todo $j < i$. Visto que podemos escrever $B_k = A_k \cap B_{k-1}$, obtemos da Equação (C.18), no Apêndice C, a recorrência

$$\Pr\{B_k\} = \Pr\{B_{k-1}\}\Pr\{A_k \mid B_{k-1}\} \, , \tag{5.8}$$

em que tomamos $\Pr\{B_1\} = \Pr\{A_1\} = 1$ como uma condição inicial. Em outras palavras, a probabilidade de que $b_1, b_2, ..., b_k$ sejam aniversários distintos é a probabilidade de $b_1, b_2, ..., b_{k-1}$ serem aniversários distintos vezes a probabilidade de que $b_k \neq b_i$ para $i = 1, 2, ..., k - 1$, dado que $b_1, b_2, ..., b_{k-1}$ são distintos.

Se $b_1, b_2, ..., b_{k-1}$ são distintos, a probabilidade condicional de que $b_k \neq b_i$ para $i = 1, 2, ..., k - 1$ é $\Pr\{A_k \mid B_{k-1}\} = (n - k + 1)/n$, já que, dos n dias, há $n - (k - 1)$ dias que não são tomados. Aplicamos iterativamente a recorrência 5.8 para obter

$$\begin{aligned}
\Pr\{B_k\} &= \Pr\{B_{k-1}\}\Pr\{A_k \mid B_{k-1}\} \\
&= \Pr\{B_{k-2}\}\Pr\{A_{k-1} \mid B_{k-2}\}\Pr\{A_k \mid B_{k-1}\} \\
&\;\;\vdots \\
&= \Pr\{B_1\}\Pr\{A_2 \mid B_1\}\Pr\{A_3 \mid B_2\}\cdots\Pr\{A_k \mid B_{k-1}\} \\
&= 1\cdot\left(\frac{n-1}{n}\right)\left(\frac{n-2}{n}\right)\cdots\left(\frac{n-k+1}{n}\right) \\
&= 1\cdot\left(1-\frac{1}{n}\right)\left(1-\frac{2}{n}\right)\cdots\left(1-\frac{k-1}{n}\right) .
\end{aligned}$$

A inequação (3.14), no Capítulo 3, $1 + x \le e^x$, resulta em

$$\begin{aligned}
\Pr\{B_k\} &\le e^{-1/n}e^{-2/n}\cdots e^{-(k-1)/n} \\
&= e^{-\sum_{i=1}^{k-1} i/n} \\
&= e^{-k(k-1)/2n} \\
&\le \frac{1}{2}
\end{aligned}$$

quando $-k(k-1)/2n \le \ln(1/2)$. A probabilidade de que todos os k aniversários sejam distintos é, no máximo, 1/2 quando $k(k-1) \ge 2n \ln 2$ ou, resolvendo a equação quadrática, quando $k \ge (1 + \sqrt{1 + (8\ln 2)n})/2$. Para $n = 365$, devemos ter $k \ge 23$. Assim, se no mínimo 23 pessoas estiverem em uma sala, a probabilidade de que ao menos duas pessoas tenham a mesma data de aniversário é, no mínimo, 1/2. Em Marte, um ano dura 669 dias marcianos; então, seriam necessários 31 marcianos para conseguirmos o mesmo efeito.

Uma análise usando variáveis aleatórias indicadoras

Podemos usar variáveis aleatórias indicadoras para fornecer uma análise mais simples, embora aproximada, do paradoxo do aniversário. Para cada par (i, j) das k pessoas na sala, definimos a variável aleatória indicadora X_{ij}, para $1 \le i < j \le k$, por

$$\begin{aligned}
X_{ij} &= \mathrm{I}\{\text{a pessoa } i \text{ e a pessoa } j \text{ têm o mesmo dia de aniversário}\} \\
&= \begin{cases} 1 & \text{se a pessoa } i \text{ e a pessoa } j \text{ têm o mesmo dia de aniversário,} \\ 0 & \text{caso contrário.} \end{cases}
\end{aligned}$$

Pela Equação (5.7), a probabilidade de duas pessoas terem aniversários coincidentes é $1/n$ e, assim, pelo Lema 5.1, temos

$$\begin{aligned}
\mathrm{E}[X_{ij}] &= \Pr\{\text{a pessoa } i \text{ e a pessoa } j \text{ têm o mesmo dia de aniversário}\} \\
&= 1/n .
\end{aligned}$$

Sendo X a variável aleatória que conta o número de pares de indivíduos que têm a mesma data de aniversário, temos

$$X = \sum_{i=1}^{k-1}\sum_{j=i+1}^{k} X_{ij} .$$

Tomando as expectativas de ambos os lados e aplicando a linearidade de expectativa, obtemos

$$\begin{aligned}
\mathrm{E}[X] &= \mathrm{E}\left[\sum_{i=1}^{k-1}\sum_{j=i+1}^{k} X_{ij}\right] \\
&= \sum_{i=1}^{k-1}\sum_{j=i+1}^{k} \mathrm{E}[X_{ij}]
\end{aligned}$$

Portanto, quando $k(k-1) \ge 2n$, o número esperado de pares de pessoas com a mesma data de aniversário é, no mínimo, 1. Assim, se tivermos no mínimo $\sqrt{2n} + 1$ indivíduos em uma sala, poderemos esperar que no mínimo dois deles façam aniversário no mesmo dia. Para $n = 365$, se $k = 28$, o número esperado de pares com o mesmo dia de aniversário é $(28 \cdot 27)/(2 \cdot 365) \approx 1{,}0356$. Assim, com no mínimo 28 pessoas, esperamos encontrar no mínimo um par de aniversários coincidentes. Em Marte, onde um ano corresponde a 669 dias marcianos, precisaríamos de no mínimo 38 marcianos.

A primeira análise, que usou somente probabilidades, determinou o número de pessoas necessárias para que a probabilidade de existir um par de datas de aniversário coincidentes exceda 1/2, e a segunda análise, que empregou variáveis aleatórias indicadoras, determinou o número tal que o número esperado de aniversários coincidentes é 1. Embora os números exatos de pessoas sejam diferentes nas duas situações, eles são assintoticamente iguais: $\Theta(\sqrt{n})$.

5.4.2 Bolas e caixas

Considere um processo no qual lançamos aleatoriamente bolas idênticas em b caixas, numeradas 1, 2, ..., b. Os lançamentos são independentes, e em cada lançamento, a bola tem igual probabilidade de terminar em qualquer caixa. A probabilidade de uma bola lançada cair em qualquer caixa é $1/b$. Assim, o processo de lançamento de bolas é uma sequência de tentativas de Bernoulli (ver Apêndice C, Seção C.4) com uma probabilidade de sucesso $1/b$, onde sucesso significa que a bola cai na caixa escolhida. Esse modelo é particularmente útil para analisar o *hashing* (espalhamento) (ver Capítulo 11), e podemos responder a uma variedade de perguntas interessantes sobre o processo de lançamento de bolas. (O Problema C.2 faz perguntas adicionais sobre bolas e caixas.)

- *Quantas bolas caem em determinada caixa?* O número de bolas que caem em uma caixa segue a distribuição binomial $b(k; n, 1/b)$. Se lançamos n bolas, a Equação (C.41) nos informa que o número esperado de bolas que caem em determinada caixa é n/b.

- *Quantas bolas devemos lançar, em média, até que uma caixa designada contenha uma bola?* O número de lançamentos até a caixa designada receber uma bola segue a distribuição geométrica com probabilidade $1/b$ e, pela Equação (C.36), no Apêndice C, o número esperado de lançamentos até o sucesso é $1/(1/b) = b$.

- *Quantas bolas devemos lançar até toda caixa conter no mínimo uma bola?* Vamos chamar um lançamento no qual uma bola cai em uma caixa vazia de "acerto". Queremos saber o número esperado n de lançamentos necessários para conseguir b acertos.

Usando os acertos, podemos dividir os n lançamentos em estágios. O i-ésimo estágio consiste nos lançamentos depois do $(i - 1)$-ésimo acerto até o i-ésimo acerto. O primeiro estágio consiste no primeiro lançamento, já que um acerto já está garantido quando todas as caixas estão vazias. Para cada lançamento durante o i-ésimo estágio, $i - 1$ caixas contêm bolas e $b - i + 1$ caixas estão vazias. Assim, para cada lançamento no i-ésimo estágio, a probabilidade de obter um acerto é $(b - i + 1)/b$.

Seja n_i o número de lançamentos no i-ésimo estágio. Assim, o número de lançamentos exigidos para obter b acertos é $n = \sum_{i=1}^{b} n_i$. Cada variável aleatória n_i tem uma distribuição geométrica com probabilidade de sucesso $(b - i + 1)/b$ e, portanto, pela Equação (C.36), temos

$$E[n_i] = \frac{b}{b - i + 1} \ .$$

Por linearidade de expectativa, temos

$$
\begin{aligned}
E[n] &= E\left[\sum_{i=1}^{b} n_i\right] \\
&= \sum_{i=1}^{b} E[n_i] \\
&= \sum_{i=1}^{b} \frac{b}{b - i + 1} \\
&= b \sum_{i=1}^{b} \frac{1}{i} \qquad \text{(pela Equação (A.14))} \\
&= b(\ln b + O(1)) \quad \text{(pela Equação (A.9))}.
\end{aligned}
$$

Portanto, são necessários aproximadamente $b \ln b$ lançamentos antes de podermos esperar que toda caixa tenha uma bola. Esse problema também é conhecido como **problema do colecionador de cupons**, segundo o qual, se uma pessoa tenta colecionar cada um de b cupons diferentes, então deve esperar que adquira aproximadamente $b \ln b$ cupons obtidos aleatoriamente para ter sucesso.

5.4.3 Sequências

Suponha que você lance uma moeda não viciada n vezes. Qual é a sequência mais longa de caras consecutivas que você espera ver? A resposta é $\Theta(\lg n)$, como provaremos com limites superiores e inferiores na análise a seguir.

Primeiro, provamos que o comprimento esperado da sequência mais longa de caras é $O(\lg n)$. A probabilidade de cada lançamento de moeda ser uma cara é $1/2$. Seja A_{ik} o evento no qual uma sequência de caras de comprimento no mínimo k começa com o i-ésimo lançamento de moeda ou, mais precisamente, o evento no qual os k lançamentos consecutivos de moedas $i, i + 1, ..., i + k - 1$ produzem somente caras, com $1 \leq k \leq n$ e $1 \leq i \leq n - k + 1$. Como os lançamentos de moedas são mutuamente independentes, para qualquer evento escolhido A_{ik}, a probabilidade de todos os k lançamentos serem caras é

$$\Pr\{A_{ik}\} = \frac{1}{2^k} \, . \tag{5.9}$$

Para $k = 2\lceil \lg n \rceil$,

$$\begin{aligned} \Pr\{A_{i,2\lceil \lg n \rceil}\} &= \frac{1}{2^{2\lceil \lg n \rceil}} \\ &\leq \frac{1}{2^{2 \lg n}} \\ &= \frac{1}{n^2} \, , \end{aligned}$$

e, portanto, a probabilidade de uma sequência de caras de comprimento no mínimo igual a $2\lceil \lg n \rceil$ começar na posição i é bastante pequena. Há, no máximo, $n - 2\lceil \lg n \rceil + 1$ posições onde tal sequência pode começar. Portanto, a probabilidade de uma sequência de caras de comprimento no mínimo $2\lceil \lg n \rceil$ começar em qualquer lugar é

$$\begin{aligned} \Pr\left\{ \bigcup_{i=1}^{n-2\lceil \lg n \rceil+1} A_{i,2\lceil \lg n \rceil} \right\} &\leq \sum_{i=1}^{n-2\lceil \lg n \rceil+1} \Pr\{A_{i,2\lceil \lg n \rceil}\} \quad \text{(pela inequação de Boole (C.21), Apêndice C)} \\ &\leq \sum_{i=1}^{n-2\lceil \lg n \rceil+1} \frac{1}{n^2} \\ &< \sum_{i=1}^{n} \frac{1}{n^2} \\ &= \frac{1}{n} \, . \end{aligned} \tag{5.10}$$

Agora, usamos a inequação (5.10) para limitar o comprimento da sequência mais longa. Para $j = 0, 1, 2, ..., n$, seja L_j o evento no qual a sequência mais longa de caras tem comprimento exatamente j, e seja L o comprimento da sequência mais longa. Pela definição de valor esperado, temos

$$\mathrm{E}[L] = \sum_{j=0}^{n} j \Pr\{L_j\} \, . \tag{5.11}$$

Poderíamos tentar avaliar essa soma usando limites superiores para cada $\Pr\{L_j\}$ semelhantes aos que foram calculados na inequação (5.10). Infelizmente, esse método produz limites fracos. Porém, podemos usar certa intuição adquirida na análise anterior para obter um bom limite. Observamos que não há nenhum termo individual no somatório da equação (5.11) para o qual ambos os fatores, j e $\Pr\{L_j\}$, são grandes. Por quê? Quando $j \geq 2\lceil \lg n\rceil$, então $\Pr\{L_j\}$ é muito pequeno e, quando $j < 2\lceil \lg n\rceil$, então j é razoavelmente pequeno. Mais precisamente, visto que os eventos L_j para $j = 0, 1, ..., n$ são disjuntos e, assim, a probabilidade de uma sequência de caras de comprimento no mínimo $2\lceil \lg n\rceil$ começar em qualquer lugar é $\sum_{j=2\lceil \lg n\rceil}^{n}\Pr\{L_j\}$. Pela inequação (5.10), temos que a probabilidade de uma sequência de caras de comprimento no mínimo $2\lceil \lg n\rceil$ começar em qualquer lugar é menor que $1/n$, o que significa que $\sum_{j=2\lceil \lg n\rceil}^{n}\Pr\{L_j\} < 1/n$. Além disso, observando que $\sum_{j=0}^{n}\Pr\{L_j\} = 1$, temos que $\sum_{j=0}^{2\lceil \lg n\rceil - 1}\Pr\{L_j\} \leq 1$. Assim, obtemos

$$
\begin{aligned}
\mathrm{E}[L] &= \sum_{j=0}^{n} j\Pr\{L_j\} \\
&= \sum_{j=0}^{2\lceil \lg n\rceil - 1} j\Pr\{L_j\} + \sum_{j=2\lceil \lg n\rceil}^{n} j\Pr\{L_j\} \\
&< \sum_{j=0}^{2\lceil \lg n\rceil - 1} (2\lceil \lg n\rceil)\Pr\{L_j\} + \sum_{j=2\lceil \lg n\rceil}^{n} n\Pr\{L_j\} \\
&= 2\lceil \lg n\rceil \sum_{j=0}^{2\lceil \lg n\rceil - 1}\Pr\{L_j\} + n\sum_{j=2\lceil \lg n\rceil}^{n}\Pr\{L_j\} \\
&< 2\lceil \lg n\rceil \cdot 1 + n \cdot \frac{1}{n} \\
&= O(\lg n) .
\end{aligned}
$$

A probabilidade de uma sequência de caras exceder $r\lceil \lg n\rceil$ lançamentos diminui rapidamente com r. Vamos obter um limite aproximado para a probabilidade de ocorrer uma sequência de no mínimo $r\lceil \lg n\rceil$ caras, para $r \geq 1$. A probabilidade de uma sequência de no mínimo $r\lceil \lg n\rceil$ caras começar na posição i é

$$
\begin{aligned}
\Pr\{A_{i,r\lceil \lg n\rceil}\} &= \frac{1}{2^{r\lceil \lg n\rceil}} \\
&\leq \frac{1}{n^r} .
\end{aligned}
$$

Uma sequência de no mínimo $r\lceil \lg n\rceil$ caras não pode começar nos últimos $n - r\lceil \lg n\rceil + 1$ lançamentos, mas vamos superestimar a probabilidade de tal sequência permitindo que ela comece em qualquer lugar dentro de n lançamentos de moeda. Assim, a probabilidade de a sequência de no mínimo $r\lceil \lg n\rceil$ caras ocorrer é, no máximo,

$$
\begin{aligned}
\Pr\left\{\bigcup_{i=1}^{n} A_{i,r\lceil \lg n\rceil}\right\} &\leq \sum_{i=1}^{n}\Pr\{A_{i,r\lceil \lg n\rceil}\} \qquad \text{(pela inequação de Boole (C.21))} \\
&\leq \sum_{i=1}^{n}\frac{1}{n^r} \\
&= \frac{1}{n^{r-1}} .
\end{aligned}
$$

De modo equivalente, a probabilidade de a sequência mais longa ter comprimento menor que $r\lceil \lg n\rceil$ é no mínimo $1 - 1/n^{r-1}$.

Como exemplo, durante $n = 1.000$ lançamentos de moeda, a probabilidade de termos uma sequência de no mínimo $2\lceil \lg n\rceil = 20$ caras é no máximo $1/n = 1/1.000$. A chance de termos uma sequência mínima de $3\lceil \lg n\rceil = 30$ caras é no máximo $1/n^2 = 1/1.000.000$.

Agora, vamos provar um limite complementar inferior: o comprimento esperado da sequência mais longa de caras em n lançamentos de moeda é $\Omega(\lg n)$. Para provar esse limite, procuramos sequências de comprimento s repartindo os n lançamentos em aproximadamente n/s grupos de s lançamentos cada. Se escolhermos $s = \lfloor(\lg n)/2\rfloor$, poderemos mostrar que é provável que no mínimo um desses grupos dê somente caras e, consequentemente, é provável que a sequência mais longa tenha comprimento no mínimo igual a $s = \Omega(\lg n)$. Então, mostramos que a sequência mais longa tem comprimento esperado $\Omega(\lg n)$.

Repartimos os n lançamentos de moedas em no mínimo $\lfloor n/\lfloor(\lg n)/2\rfloor\rfloor$ grupos de $\lfloor(\lg n)/2\rfloor$ lançamentos consecutivos e limitamos a probabilidade de nenhum grupo resultar em somente caras. Pela Equação (5.9), a probabilidade de o grupo que começa na posição i apresentar somente caras é

$$\Pr\{A_{i,\lfloor(\lg n)/2\rfloor}\} = \frac{1}{2^{\lfloor(\lg n)/2\rfloor}}$$
$$\geq \frac{1}{\sqrt{n}}\ .$$

Então, a probabilidade de uma sequência de caras de comprimento no mínimo igual a $\lfloor(\lg n)/2\rfloor$ não começar na posição i é no máximo $1 - 1/\sqrt{n}$. Visto que os $\lfloor n/\lfloor(\lg n)/2\rfloor\rfloor$ grupos são formados por lançamentos de moedas mutuamente exclusivos e independentes, a probabilidade de cada um desses grupos *não ser* uma sequência de comprimento $\lfloor(\lg n)/2\rfloor$ é no máximo

$$\left(1 - 1/\sqrt{n}\right)^{\lfloor n/\lfloor(\lg n)/2\rfloor\rfloor} \leq \left(1 - 1/\sqrt{n}\right)^{n/\lfloor(\lg n)/2\rfloor - 1}$$
$$\leq \left(1 - 1/\sqrt{n}\right)^{2n/\lg n - 1}$$
$$\leq e^{-(2n/\lg n - 1)/\sqrt{n}}$$
$$= O(e^{-\ln n})$$
$$= O(1/n)\ . \tag{5.12}$$

Para esse argumento, usamos a inequação (3.14), $1 + x \leq e^x$ e o fato, que seria bem interessante você verificar, de $(2n/\lg n - 1)/\sqrt{n} \geq \lg n$ para n suficientemente grande.

Queremos limitar a probabilidade de que a sequência mais longa seja igual ou superior a $\lfloor(\lg n)/2\rfloor$. Para fazermos isso, seja L o evento de que a maior sequência de caras é igual ou superior a $s = \lfloor(\lg n)/2\rfloor$. Seja $\overline{L}$ o evento complementar, de que a sequência mais longa de caras é estritamente menor que s, de modo que $\Pr\{L\} + \Pr\{\overline{L}\} = 1$. Seja F o evento de que cada grupo de s lançamentos não é uma sequência de s caras. Pela inequação (5.12), temos $\Pr\{F\} = O(1/n)$. Se a sequência mais longa de caras é menor que s, então com certeza cada grupo de s lançamentos não é uma sequência de s caras, o que significa que o evento $\overline{L}$ implica o evento F. Naturalmente, o evento F poderia ocorrer até mesmo sem o evento $\overline{L}$ (por exemplo, se uma sequência de s ou mais caras cruzar o limite entre dois grupos), e portanto, temos $\Pr\{\overline{L}\} \leq \Pr\{F\} = O(1/n)$. Visto que $\Pr\{L\} + \Pr\{\overline{L}\} = 1$, temos que

$$\Pr\{L\} = 1 - \Pr\{\overline{L}\}$$
$$\geq 1 - \Pr\{F\}$$
$$= 1 - O(1/n)\ .$$

Assim, a probabilidade de a sequência mais longa ser igual ou superior a $\lfloor(\lg n)/2\rfloor$ é

$$\sum_{j=\lfloor(\lg n)/2\rfloor}^{n} \Pr\{L_j\} \geq 1 - O(1/n)\ . \tag{5.13}$$

Agora, podemos calcular um limite inferior para o comprimento esperado da sequência mais longa, começando com a Equação (5.11) e prosseguindo de modo semelhante à nossa análise do limite superior:

$$E[L] = \sum_{j=0}^{n} j\,\Pr\{L_j\}$$
$$= \sum_{j=0}^{\lfloor(\lg n)/2\rfloor - 1} j\,\Pr\{L_j\} + \sum_{j=\lfloor(\lg n)/2\rfloor}^{n} j\,\Pr\{L_j\}$$

$$\geq \sum_{j=0} 0 \cdot \Pr\{L_j\} + \sum_{j=\lfloor(\lg n)/2\rfloor} \lfloor(\lg n)/2\rfloor \Pr\{L_j\}$$

$$= 0 \cdot \sum_{j=0}^{\lfloor(\lg n)/2\rfloor-1} \Pr\{L_j\} + \lfloor(\lg n)/2\rfloor \sum_{j=\lfloor(\lg n)/2\rfloor}^{n} \Pr\{L_j\}$$

$$\geq 0 + \lfloor(\lg n)/2\rfloor (1 - O(1/n)) \qquad \text{(pela inequação (5.13))}$$

$$= \Omega(\lg n) \, .$$

Como ocorre no caso do paradoxo do aniversário, podemos obter uma análise mais simples, porém aproximada, usando variáveis aleatórias indicadoras. Em vez de determinarmos o comprimento esperado da sequência mais longa, encontraremos o número esperado de sequências com pelo menos determinado comprimento. Seja $X_{ik} = I\{A_{ik}\}$ a variável aleatória indicadora associada a uma sequência de caras de comprimento no mínimo k que começa com o i-ésimo lançamento da moeda. Para contarmos o número total de tais sequências, definimos

$$X_k = \sum_{i=1}^{n-k+1} X_{ik} \, .$$

Tomando expectativas e usando linearidade de expectativa, temos

$$\begin{aligned}
E[X_k] &= E\left[\sum_{i=1}^{n-k+1} X_{ik}\right] \\
&= \sum_{i=1}^{n-k+1} E[X_{ik}] \\
&= \sum_{i=1}^{n-k+1} \Pr\{A_{ik}\} \\
&= \sum_{i=1}^{n-k+1} \frac{1}{2^k} \\
&= \frac{n-k+1}{2^k} \, .
\end{aligned}$$

Utilizando diversos valores para k, podemos calcular o número esperado de sequências de comprimento k. Se esse número esperado for grande (muito maior que 1), esperamos que ocorram muitas sequências de comprimento k, e a probabilidade de ocorrer uma é alta. Se esse número for pequeno (muito menor que 1), esperamos que ocorra um pequeno número de sequências de comprimento k, e a probabilidade de ocorrer uma é baixa. Se $k = c \lg n$, para alguma constante positiva c, obtemos

$$\begin{aligned}
E[X_{c\lg n}] &= \frac{n - c\lg n + 1}{2^{c\lg n}} \\
&= \frac{n - c\lg n + 1}{n^c} \\
&= \frac{1}{n^{c-1}} - \frac{(c\lg n - 1)/n}{n^{c-1}} \\
&= \Theta(1/n^{c-1}) \, .
\end{aligned}$$

Se c é grande, o número esperado de sequências de comprimento $c \lg n$ é pequeno, e concluímos que é improvável que elas ocorram. Por outro lado, se $c = 1/2$, então obtemos $E[X_{(1/2)\lg n}] = \Theta(1/n^{1/2-1}) = \Theta(n^{1/2})$, e esperamos que exista um número grande de sequências de comprimento $(1/2) \lg n$. Portanto, é provável que ocorra uma sequência de tal comprimento. Podemos concluir que o comprimento esperado da sequência mais longa é $\Theta(\lg n)$.

5.4.4 Problema da contratação *on-line*

Como exemplo final, examinaremos uma variante do problema da contratação. Suponha agora que não desejamos entrevistar todos os candidatos para encontrar o melhor. Também não queremos contratar e demitir à medida que encontrarmos candidatos cada vez melhores. Em vez disso, estamos dispostos a aceitar um candidato próximo do melhor em troca de contratar exatamente uma vez. Devemos obedecer a uma norma da empresa: após cada entrevista, temos de oferecer imediatamente o cargo ao candidato ou rejeitá-lo também imediatamente. Qual é o dilema entre minimizar a quantidade de entrevistas e maximizar a qualidade do candidato contratado?

Podemos modelar esse problema da maneira ilustrada a seguir. Após a reunião com um candidato, podemos atribuir a cada um deles uma pontuação; seja *pontuação(i)* a pontuação dada ao i-ésimo candidato, e suponha que não há dois candidatos que recebam a mesma pontuação. Depois de entrevistar j candidatos, sabemos qual dos j candidatos tem a pontuação mais alta, mas não sabemos se algum dos $n - j$ candidatos restantes receberá uma pontuação mais alta do que aquele. Decidimos adotar a estratégia de selecionar um inteiro positivo $k < n$, entrevistar e depois rejeitar os primeiros k candidatos e, daí em diante, contratar o primeiro candidato que obtiver uma pontuação mais alta que todos os candidatos anteriores. Se notarmos que o candidato mais bem qualificado se encontrava entre os k primeiros entrevistados, contrataremos o n-ésimo candidato — o último candidato entrevistado. Formalizamos essa estratégia no procedimento MÁXIMO-NA-SEQUÊNCIA(k, n), que retorna o índice do candidato que desejamos contratar.

```
MÁXIMO-NA-SEQUÊNCIA(k, n)
1   melhor-pontuação = − ∞
2   for i = 1 to k
3       if pontuação(i) > melhor-pontuação
4           melhor-pontuação = pontuação(i)
5   for i = k + 1 to n
6       if pontuação(i) > melhor-pontuação
7               return i
8   return n
```

Se desejarmos determinar, para cada valor possível de k, a probabilidade de contratarmos o candidato mais bem qualificado, então escolheremos o melhor k possível e implementaremos a estratégia com esse valor. Por enquanto, considere k fixo. Seja $M(j) = \max\{pontuação(i) : 1 \le i \le j\}$ a pontuação máxima entre os candidatos 1 a j. Seja S o evento no qual temos sucesso na escolha do candidato mais bem qualificado, e seja S_i o evento no qual teremos sucesso quando o candidato mais bem qualificado for o i-ésimo entrevistado. Visto que diversos S_i são disjuntos, temos que $\Pr\{S\} = \sum_{i=1}^{n}\Pr\{S_i\}$. Observando que nunca temos sucesso quando o candidato mais bem qualificado é um dos primeiros k, temos que $\Pr\{S_i\} = 0$ para $i = 1, 2, ..., k$. Assim, obtemos

$$\Pr\{S\} = \sum_{i=k+1}^{n} \Pr\{S_i\} \ . \tag{5.14}$$

Agora calculamos $\Pr\{S_i\}$. Para termos sucesso quando o candidato mais bem qualificado é o i-ésimo, duas coisas devem acontecer. Primeiro, o candidato mais bem qualificado deve estar na posição i, um evento que representamos com B_i. Segundo, o algoritmo não deve selecionar nenhum dos candidatos nas posições $k + 1$ a $i - 1$, o que acontece somente se, para cada j tal que $k + 1 \le j \le i - 1$, na linha 6 encontramos *pontuação(j) < melhor-pontuação*. (Como as pontuações são exclusivas, podemos ignorar a possibilidade de *pontuação(j) = melhor-pontuação*.) Em outras palavras, todos os valores de *pontuação(k + 1)* até *pontuação (i − 1)* devem ser menores que $M(k)$. Se qualquer deles for maior que $M(k)$, em vez disso retornaremos o índice do primeiro que for maior. Usamos O_i para indicar o evento no qual nenhum dos candidatos nas posições $k + 1$ a $i − 1$ é escolhido. Felizmente, os dois eventos B_i e O_i são independentes. O evento O_i depende apenas da ordenação relativa dos valores nas posições 1 a $i − 1$, enquanto B_i depende apenas de o valor na posição i ser maior que todos os valores em todas as outras posições. A ordenação dos valores nas posições 1 a $i − 1$

não afeta o fato de o valor na posição i ser maior que todos eles, e o valor na posição i não afeta a ordenação dos valores nas posições 1 a $i - 1$. Assim, podemos aplicar a Equação (C.17), no Apêndice C, para obtermos

$$\Pr\{S_i\} = \Pr\{B_i \cap O_i\} = \Pr\{B_i\}\Pr\{O_i\} \ .$$

Temos $\Pr\{B_i\} = 1/n$, já que o máximo tem igual probabilidade de estar em qualquer uma das n posições. Para o evento O_i ocorrer, o valor máximo nas posições 1 a $i - 1$, que tem a mesma probabilidade de estar em qualquer uma dessas $i - 1$ posições, deve estar em uma das k primeiras posições. Consequentemente, $\Pr\{O_i\} = k/(i - 1)$ e $\Pr\{S_i\} = k/(n\,(i - 1))$. Usando a Equação (5.14), temos

$$\begin{aligned}
\Pr\{S\} &= \sum_{i=k+1}^{n} \Pr\{S_i\} \\
&= \sum_{i=k+1}^{n} \frac{k}{n(i-1)} \\
&= \frac{k}{n} \sum_{i=k+1}^{n} \frac{1}{i-1} \\
&= \frac{k}{n} \sum_{i=k}^{n-1} \frac{1}{i} \ .
\end{aligned}$$

Aproximamos por integrais para limitar esse somatório acima e abaixo. Pelas inequações (A.19), temos

$$\int_{k}^{n} \frac{1}{x}\,dx \le \sum_{i=k}^{n-1} \frac{1}{i} \le \int_{k-1}^{n-1} \frac{1}{x}\,dx \ .$$

A avaliação dessas integrais definidas nos dá os limites

$$\frac{k}{n}(\ln n - \ln k) \le \Pr\{S\} \le \frac{k}{n}(\ln(n-1) - \ln(k-1)) \ ,$$

que representam um limite bastante preciso para $\Pr\{S\}$. Como desejamos maximizar nossa probabilidade de sucesso, vamos focalizar a escolha do valor de k que maximize o limite inferior para $\Pr\{S\}$. (Além disso, a expressão do limite inferior é mais fácil de maximizar que a expressão do limite superior.) Diferenciando a expressão $(k/n)\,(\ln n - \ln k)$ com relação a k, obtemos

$$\frac{1}{n}(\ln n - \ln k - 1) \ .$$

Igualando essa derivada a 0, vemos que maximizamos o limite inferior para a probabilidade quando $\ln k = \ln n - 1 = \ln(n/e)$ ou, o que é equivalente, quando $k = n/e$. Assim, se implementarmos nossa estratégia com $k = n/e$, teremos sucesso na contratação do nosso candidato mais bem qualificado com probabilidade no mínimo $1/e$.

Exercícios

5.4-1
Quantas pessoas devem estar em uma sala antes que a probabilidade de alguém ter a mesma data de aniversário que você seja no mínimo 1/2? Quantas pessoas devem estar presentes antes de a probabilidade de no mínimo duas pessoas fazerem aniversário no dia 7 de setembro ser maior que 1/2?

5.4-2
Quantas pessoas devem estar em uma sala antes que a probabilidade de duas pessoas terem a mesma data de aniversário seja no mínimo 0,99? Para essa quantidade de pessoas, qual é o número esperado de pares de pessoas que fazem aniversário no mesmo dia do ano?

5.4-3

Suponha que lançamos bolas em b caixas até que alguma caixa contenha duas bolas. Cada lançamento é independente e cada bola tem a mesma probabilidade de cair em qualquer caixa. Qual é o número esperado de lançamentos de bolas?

★ 5.4-4

Para a análise do paradoxo do aniversário, é importante que os aniversários sejam mutuamente independentes ou a independência entre os pares é suficiente? Justifique sua resposta.

★ 5.4-5

Quantas pessoas devem ser convidadas para uma festa até ser provável que haja *três* pessoas com a mesma data de aniversário?

★ 5.4-6

Qual é a probabilidade de uma k-*cadeia* (definida na Seção C.1, Apêndice C) em um conjunto de tamanho n formar uma k-permutação? Qual é a relação dessa pergunta com o paradoxo do aniversário?

★ 5.4-7

Suponha que n bolas sejam lançadas em n caixas, em que cada lançamento é independente e a bola tem igual probabilidade de cair em qualquer caixa. Qual é o número esperado de caixas vazias? Qual é o número esperado de caixas com exatamente uma bola?

★ 5.4-8

Aprimore o limite inferior para o comprimento da sequência mostrando que, em n lançamentos de uma moeda não viciada, a probabilidade de não ocorrer nenhuma sequência mais longa que $\lg n - 2 \lg \lg n$ caras consecutivas é no mínimo $1 - 1/n$.

Problemas

5-1   Contagem probabilística

Com um contador de b *bits*, normalmente só podemos contar até $2^b - 1$. Com a **contagem probabilística** de R. Morris, podemos contar até um valor muito maior, à custa de alguma perda de precisão.

Interpretamos um contador com valor i como uma contagem n_i para $i = 0, 1, ..., 2^b - 1$, em que os n_i formam uma sequência crescente de valores não negativos. Supomos que o valor inicial do contador é 0, representando uma contagem de $n_0 = 0$. A operação INCREMENTA funciona de maneira probabilística em um contador que contém o valor i. Se $i = 2^b - 1$, então a operação informa um erro de estouro (*overflow*). Caso contrário, a operação INCREMENTA aumenta 1 no contador com probabilidade $1/(n_{i+1} - n_i)$ e deixa o contador inalterado com probabilidade $1 - 1/(n_{i+1} - n_i)$.

Se selecionarmos $n_i = i$ para todo $i \geq 0$, então o contador será um contador comum. Surgem situações mais interessantes se selecionarmos, digamos, $n_i = 2^{i-1}$ para $i > 0$ ou $n_i = F_i$ (o i-ésimo número de Fibonacci — ver Equação (3.31)).

Para este problema, suponha que $n_{2^b - 1}$ é suficientemente grande, de modo que a probabilidade de um erro de estouro seja desprezível.

a. Mostre que o valor esperado representado pelo contador após a execução de n operações INCREMENTA é exatamente n.

b. A análise da variância da contagem representada pelo contador depende da sequência de n_i. Vamos considerar um caso simples: $n_i = 100i$ para todo $i \geq 0$. Estime a variância no valor representado pelo registrador após a execução de n operações INCREMENTA.

5-2   Busca em um vetor não ordenado

Este problema examina três algoritmos para procurar um valor x em um vetor não ordenado A que consiste em n elementos.

Considere a seguinte estratégia aleatorizada: escolha um índice aleatório i em A. Se $A[i] = x$, então terminamos; caso contrário, continuamos a busca escolhendo um novo índice aleatório em A. Continuamos a escolher índices aleatórios em A até encontrarmos um índice j tal que $A[j] = x$ ou até verificarmos todos os elementos de A. Observe que, por escolher um índice no conjunto inteiro de índices, é possível que essa estratégia examine determinado elemento mais de uma vez.

a. Escreva o pseudocódigo para um procedimento BUSCA-ALEATÓRIA para implementar a estratégia citada. Certifique-se de que o seu algoritmo termina quando todos os índices em A já tiverem sido escolhidos.

b. Suponha que exista exatamente um índice i tal que $A[i] = x$. Qual é o número esperado de índices em A que devemos escolher antes de encontrarmos x e BUSCA-ALEATÓRIA terminar?

c. Generalizando sua solução para o item (b), suponha que existam $k \geq 1$ índices i tais que $A[i] = x$. Qual é o número esperado de índices em A que devemos escolher antes de encontrarmos x e BUSCA-ALEATÓRIA terminar? Sua resposta deve ser uma função de n e k.

d. Suponha que não exista nenhum índice i tal que $A[i] = x$. Qual é o número esperado de índices em A que devemos escolher antes de verificarmos todos os elementos de A e BUSCA-ALEATÓRIA terminar?

Agora, considere um algoritmo de busca linear determinística. O algoritmo, que denominamos BUSCA-DETERMINÍSTICA, procura A para x em ordem, considerando $A[1], A[2], A[3], ..., A[n]$ até encontrar $A[i] = x$ ou chegar ao fim do vetor. Considere que todas as permutações possíveis do vetor de entrada são igualmente prováveis.

e. Suponha que exista exatamente um índice i tal que $A[i] = x$. Qual é o tempo de execução do caso médio de BUSCA-DETERMINÍSTICA? Qual é o tempo de execução do pior caso de BUSCA-DETERMINÍSTICA?

f. Generalizando sua solução para o item (e), suponha que existam $k \geq 1$ índices i tais que $A[i] = x$. Qual é o tempo de execução do caso médio de BUSCA-DETERMINÍSTICA? Qual é o tempo de execução do pior caso de BUSCA-DETERMINÍSTICA? Sua resposta deve ser uma função de n e k.

g. Suponha que não exista nenhum índice i tal que $A[i] = x$. Qual é o tempo de execução do caso médio de BUSCA-DETERMINÍSTICA? Qual é o tempo de execução do pior caso de BUSCA-DETERMINÍSTICA?

Por fim, considere um algoritmo aleatorizado BUSCA-EMBARALHADA que funcione primeiro permutando aleatoriamente o vetor de entrada e depois executando a busca linear determinística, dada anteriormente, sobre o vetor permutado resultante.

h. Sendo k o número de índices i tais que $A[i] = x$, dê os tempos de execução esperado e do pior caso de BUSCA-EMBARALHADA para os casos nos quais $k = 0$ e $k = 1$. Generalize sua solução para tratar o caso no qual $k \geq 1$.

i. Qual dos três algoritmos de busca você usaria? Explique sua resposta.

Notas do capítulo

Bollobás [65] Hofri [223] e Spencer [420] contêm grande número de técnicas probabilísticas avançadas. As vantagens dos algoritmos aleatorizados são discutidas e pesquisadas por Karp [249] e Rabin [372]. O livro didático de Motwani e Raghavan [336] apresenta um tratamento extensivo de algoritmos aleatorizados.

O procedimento PERMUTAR-ALEATÓRIO foi escrito por Durstenfeld [128], baseado em um procedimento anterior de Fisher e Yates [143, p. 34].

Diversas variantes do problema da contratação têm sido amplamente estudadas. Esses problemas são mais comumente referidos como "problemas da secretária". Exemplos de trabalhos nessa área são o artigo de Ajtai, Meggido e Waarts [11] e outro de Kleinberg [258], que relacionam o problema da secretária com os leilões de anúncios *on-line*.

Parte II   Ordenação e Estatísticas de Ordem

Introdução

Esta parte apresenta vários algoritmos que resolvem o ***problema de ordenação*** a seguir:

Entrada: uma sequência de n números $\langle a_1, a_2, ..., a_n \rangle$.

Saída: uma permutação (reordenação) $\langle a_1', a_2', ..., a_n' \rangle$ da sequência de entrada tal que $a_1' \leq a_2' \leq ... \leq a_n'$.

A sequência de entrada normalmente é um vetor de n elementos, embora possa ser representada de algum outro modo, como uma lista encadeada.

Estrutura dos dados

Na prática, os números que devem ser ordenados raramente são valores isolados. Em geral, cada um deles é parte de uma coleção de dados denominada ***registro***. Cada registro contém uma ***chave***, que é o valor a ser ordenado. O restante do registro consiste em ***dados satélites***, que normalmente são transportados junto com a chave. Na prática, quando um algoritmo de ordenação permuta as chaves, também deve permutar os dados satélites. Se cada registro inclui grande quantidade de dados satélites, muitas vezes permutamos um vetor de ponteiros para os registros em vez dos próprios registros, para minimizar a movimentação de dados.

De certo modo, são esses detalhes de implementação que distinguem um algoritmo de um programa completamente desenvolvido. Um algoritmo de ordenação descreve o *método* pelo qual determinamos a sequência ordenada, independentemente de estarmos ordenando números individuais ou grandes registros contendo muitos *bytes* de dados satélites. Assim, quando focalizamos o problema de ordenação, em geral consideramos que a entrada consiste apenas em números. A tradução de um algoritmo para ordenação de números em um programa para ordenação de registros é conceitualmente direta, embora em uma situação específica de engenharia possam surgir outras sutilezas que fazem da tarefa real de programação um desafio.

Por que ordenar?

Muitos cientistas de computação consideram a ordenação o problema mais fundamental no estudo de algoritmos. Há várias razões:

- Por vezes, uma aplicação tem necessidade inerente de ordenar informações. Por exemplo, para preparar extratos de clientes, os bancos precisam ordenar as movimentações por data e hora.
- Os algoritmos frequentemente usam a ordenação como uma sub-rotina-chave. Por exemplo, um programa que apresenta objetos gráficos dispostos uns sobre os outros talvez tenha de ordenar os objetos de acordo com uma relação "acima" para poder desenhar esses objetos de baixo para cima. Neste texto, veremos inúmeros algoritmos que utilizam a ordenação como sub-rotina.
- Podemos escolher entre uma grande variedade de algoritmos de ordenação, e eles empregam um rico conjunto de técnicas. De fato, muitas técnicas importantes usadas em projeto de algoritmos aparecem no corpo de algoritmos de ordenação que foram desenvolvidos ao longo dos anos. Assim, a ordenação também é um problema de interesse histórico.

- Podemos demonstrar um limite inferior não trivial para a ordenação (como faremos no Capítulo 8). Nossos melhores limites superiores correspondem ao limite inferior assintoticamente e, assim, sabemos que nossos algoritmos de ordenação são assintoticamente ótimos. Além disso, podemos usar o limite inferior de ordenação para demonstrar limites inferiores em alguns outros problemas.
- Muitas questões de engenharia vêm à tona na implementação de algoritmos de ordenação. O programa de ordenação mais rápido para determinada situação pode depender de muitos fatores, como o conhecimento anterior das chaves e dos dados satélites, da hierarquia de memória (caches e memória virtual) do computador hospedeiro e do ambiente de *software*. Muitas dessas questões são mais bem tratadas no nível algorítmico, em vez de "retocar" o código.

Algoritmos de ordenação

Apresentamos dois algoritmos para ordenação de n números reais no Capítulo 2. A ordenação por inserção leva o tempo $\Theta(n^2)$ no pior caso. Porém, como seus laços internos são compactos, esse é um algoritmo rápido de ordenação para pequenos tamanhos de entrada. Além disso, diferentemente da ordenação por intercalação, ele executa a ordenação **no lugar**, significando que no máximo um número constante de elementos no vetor de entrada de cada vez é armazenado fora do vetor, o que pode ser vantajoso para se obter um uso eficiente do espaço. A ordenação por intercalação tem um tempo de execução assintótico melhor, $\Theta(n \lg n)$, mas o procedimento MERGE que ela utiliza não funciona no lugar. (Veremos uma versão paralelizada da ordenação por intercalação na Seção 26.3, Capítulo 26.)

Nesta parte, apresentaremos mais dois algoritmos que ordenam números reais arbitrários. A ordenação por *heap*, apresentada no Capítulo 6, ordena n números no lugar, no tempo $O(n \lg n)$. Ela usa uma importante estrutura de dados, denominada *heap*, com a qual também podemos implementar uma fila de prioridades.

O quicksort, no Capítulo 7, também ordena n números no lugar, mas seu tempo de execução do pior caso é $\Theta(n^2)$. Contudo, seu tempo de execução esperado é $\Theta(n \lg n)$ e, em geral, ele supera a ordenação por *heap* na prática. Como a ordenação por inserção, o quicksort tem um código compacto e, assim, o fator constante oculto em seu tempo de execução é pequeno. Ele é um algoritmo popular para ordenação de grandes vetores de entrada.

Ordenação por inserção, ordenação por intercalação, ordenação por *heap* e quicksort são ordenações por comparação: determinam a sequência ordenada de um vetor de entrada por comparação de elementos. O Capítulo 8 começa apresentando o modelo de árvore de decisão para estudar as limitações de desempenho de ordenações por comparação. Usando esse modelo, provamos um limite inferior de $\Omega(n \lg n)$ no tempo de execução do pior caso de qualquer ordenação por comparação para n entradas, mostrando, assim, que a ordenação por *heap* e a ordenação por intercalação são ordenações por comparação assintoticamente ótimas.

Em seguida, o Capítulo 8 mostra que poderemos superar esse limite inferior de $\Omega(n \lg n)$ se for possível reunir informações sobre a sequência ordenada da entrada por outros meios além da comparação de elementos. Por exemplo, o algoritmo de ordenação por contagem considera que os números da entrada estão no conjunto $\{0, 1,..., k\}$. Usando a indexação de vetores como ferramenta para determinar a ordem relativa, a ordenação por contagem pode ordenar n números no tempo $\Theta(k + n)$. Assim, quando $k = O(n)$, a ordenação por contagem é executada em tempo linear no tamanho do vetor de entrada. Um algoritmo relacionado, de ordenação digital (*radix sort*), pode ser usado para estender a faixa da ordenação por contagem. Se houver n inteiros para ordenar, cada inteiro tiver d dígitos e cada dígito puder adotar até k valores possíveis, a ordenação digital poderá ordenar os números no tempo $\Theta(d(n + k))$. Quando d é uma constante e k é $O(n)$, a ordenação digital é executada em tempo linear. Um terceiro algoritmo, ordenação por balde (*bucket sort*), requer o conhecimento da distribuição probabilística dos números no vetor de entrada. Ele pode ordenar n números reais distribuídos uniformemente no intervalo meio aberto $[0, 1)$ no tempo do caso médio $O(n)$.

A tabela a seguir resume os tempos de execução dos algoritmos de ordenação dos Capítulos 2 e 6 a 8. Como sempre, n indica o número de itens a ordenar. Para a ordenação por contagem, os itens a ordenar são inteiros no conjunto $\{0, 1,..., k\}$. Para a ordenação digital, cada item é um número com d dígitos, em que cada dígito assume k valores possíveis. Para a ordenação por balde, consideramos que as chaves são números reais uniformemente distribuídos no intervalo meio aberto $[0, 1)$. A coluna da extrema direita dá o tempo de execução do caso médio ou esperado e indica a qual ela se refere quando é diferente do tempo de execução do pior caso. Omitimos o tempo de execução do caso médio da ordenação por *heap* porque não o analisaremos neste livro.

Algoritmo	Tempo de execução do pior caso	Tempo de execução do caso médio/esperado
Ordenação por inserção	$\Theta(n^2)$	$\Theta(n^2)$
Ordenação por intercalação	$\Theta(n \lg n)$	$\Theta(n \lg n)$
Ordenação por *heap*	$O(n \lg n)$	—
Quicksort	$\Theta(n^2)$	$\Theta(n \lg n)$ (esperado)
Ordenação por contagem	$\Theta(k + n)$	$\Theta(k + n)$
Ordenação digital	$\Theta(d(n + k))$	$\Theta(d(n + k))$
Ordenação por balde	$\Theta(n^2)$	$\Theta(n)$ (caso médio)

Estatísticas de ordem

A i-ésima estatística de ordem de um conjunto de n números é o i-ésimo menor número no conjunto. É claro que podemos selecionar a i-ésima estatística de ordem ordenando a entrada e indexando o i-ésimo elemento da saída. Sem nada supor sobre a distribuição da entrada, esse método é executado no tempo $\Omega(n \lg n)$, como mostra o limite inferior demonstrado no Capítulo 8.

No Capítulo 9, mostramos que podemos determinar o i-ésimo menor elemento no tempo $O(n)$, mesmo quando os elementos são números reais arbitrários. Apresentamos um algoritmo aleatorizado com pseudocódigo compacto que é executado no tempo $\Theta(n^2)$ no pior caso, mas cujo tempo de execução esperado é $O(n)$. Também mostramos um algoritmo mais complicado que é executado no tempo $O(n)$ no pior caso.

Conhecimentos necessários

Embora a maioria das seções desta parte não dependa de conceitos matemáticos difíceis, algumas seções exigem certa sofisticação matemática. Em particular, as análises do quicksort, ordenação por balde e algoritmo de estatística de ordem utilizam probabilidade, que revisamos no Apêndice C, e o material sobre análise probabilística e algoritmos aleatórios é estudado no Capítulo 5.

6   Ordenação por *Heap*

Neste capítulo, introduzimos outro algoritmo de ordenação: ordenação por *heap* (ou *heapsort*). Como a ordenação por intercalação, mas diferentemente da ordenação por inserção, o tempo de execução da ordenação por *heap* é $O(n \lg n)$. Como a ordenação por inserção, mas diferentemente da ordenação por intercalação, a ordenação por *heap* ordena no lugar: apenas um número constante de elementos do vetor é armazenado fora do vetor de entrada em qualquer instante. Assim, a ordenação por *heap* combina os melhores atributos dos dois algoritmos de ordenação que já discutimos.

A ordenação por *heap* também introduz outra técnica de projeto de algoritmos: a utilização de uma estrutura de dados, nesse caso uma estrutura que denominamos "*heap*" para gerenciar informações. A estrutura de dados *heap* não é útil apenas para a ordenação por *heap*, ela também cria uma eficiente fila de prioridades. A estrutura de dados *heap* reaparecerá nos algoritmos de capítulos posteriores.

O termo "*heap*" foi cunhado originalmente no contexto da ordenação por *heap*, mas desde então passou a se referir também a "armazenamento com coleta de lixo", tal como dado pelas linguagens de programação Java e Python. Mas não se confunda. Nossa estrutura de dados *heap não* é armazenamento com coleta de lixo e, sempre que mencionarmos *heaps* neste livro, o termo significa a estrutura de dados definida neste capítulo, não a classe de armazenamento.

6.1   *Heaps*

A estrutura de dados **heap** (**binário**) é um objeto do tipo vetor que pode ser visto como uma árvore binária quase completa (ver Seção B.5.3, Apêndice B), como mostra a Figura 6.1. Cada nó da árvore corresponde a um elemento do vetor. A árvore está completamente preenchida em todos os níveis, exceto possivelmente no nível mais baixo, que é preenchido a partir da esquerda até um ponto. Um vetor $A[1:n]$ que representa um *heap* é um objeto com um atributo *A.tamanho-do-heap*, que representa quantos elementos no *heap* estão armazenados dentro do vetor A. Isto é, embora $A[1:n]$ possa conter números, somente os elementos em $A[1:A.tamanho-do-heap]$, em que $0 \leq A.tamanho-do-heap \leq n$, são elementos válidos do *heap*. Se *A.tamanho-do-heap* $= 0$, então o *heap* está vazio. A raiz da árvore é $A[1]$ e, dado o índice i de um nó, podemos calcular facilmente os índices de seu pai, do filho à esquerda e do filho à direita com os procedimentos de única linha PAI, ESQUERDA e DIREITA.

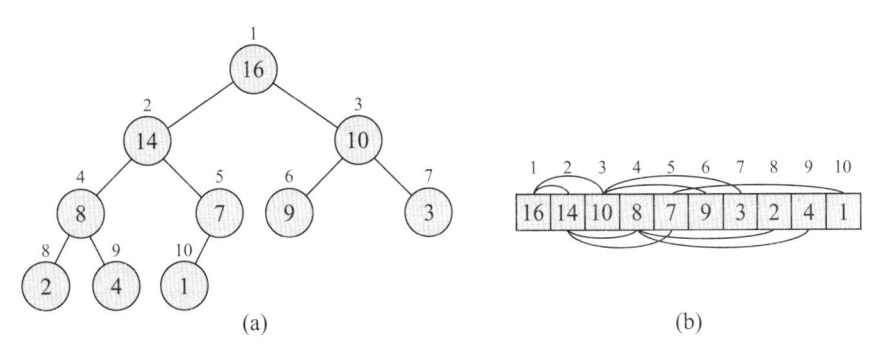

(a)   (b)

Figura 6.1 Um *heap* de máximo visto como (**a**) uma árvore binária e (**b**) um vetor. O número dentro do círculo em cada nó na árvore é o valor armazenado nesse nó. O número acima de um nó é o índice correspondente no vetor. Acima e abaixo do vetor há linhas que mostram relacionamentos pai-filho; os pais estão sempre à esquerda de seus filhos. A árvore tem altura 3; o nó no índice 4 (com valor 8) tem altura 1.

Pai(i)
1 **return** $\lfloor i/2 \rfloor$

Esquerda(i)
1 **return** $2i$

Direita(i)
1 **return** $2i + 1$

Na maioria dos computadores, o procedimento Esquerda pode calcular $2i$ em uma única instrução, simplesmente deslocando a representação binária de i uma posição de *bit* para a esquerda. De modo semelhante, o procedimento Direita pode calcular rapidamente $2i + 1$ deslocando a representação binária de i uma posição de *bit* para a esquerda e depois somando 1. O procedimento Pai pode calcular $\lfloor i/2 \rfloor$ deslocando i uma posição de *bit* para a direita. Uma boa implementação de ordenação por *heap* frequentemente implementa esses procedimentos como "macros" ou "em linha".

Existem dois tipos de *heaps* binários: *heaps* de máximo e *heaps* de mínimo. Em ambos os tipos, os valores nos nós satisfazem a uma **propriedade de heap**, cujos detalhes específicos dependem do tipo de *heap*. Em um **heap de máximo**, a **propriedade de heap de máximo** é que, para todo nó i exceto a raiz,

$A[\text{Pai}(i)] \geq A[i]$,

isto é, o valor de um nó é, no máximo, o valor de seu pai. Assim, o maior elemento em um *heap* de máximo é armazenado na raiz, e a subárvore que tem raiz em um nó contém valores menores que o próprio nó. Um **heap de mínimo** é organizado de modo oposto; a **propriedade de heap de mínimo** é que, para todo nó i exceto a raiz,

$A[\text{Pai}(i)] \leq A[i]$,

O menor elemento em um *heap* de mínimo está na raiz.

Para o algoritmo de ordenação por *heap*, usamos *heaps* de máximo. *Heaps* de mínimo são comumente empregados em filas de prioridades, que discutiremos na Seção 6.5. Seremos precisos ao especificar se necessitamos de um *heap* de máximo ou de um *heap* de mínimo para qualquer aplicação particular e, quando as propriedades se aplicarem tanto a *heaps* de máximo quanto a *heaps* de mínimo, simplesmente usaremos o termo "*heap*".

Visualizando um *heap* como uma árvore, definimos a **altura** de um nó em um *heap* como o número de arestas no caminho descendente simples mais longo desde o nó até uma folha e definiremos a altura do *heap* como a altura de sua raiz. Visto que um *heap* de n elementos é baseado em uma árvore binária completa, sua altura é $\Theta(\lg n)$ (ver Exercício 6.1-2). Veremos que as operações básicas em *heaps* são executadas em tempo que é, no máximo, proporcional à altura da árvore e, assim, demoram um tempo $O(\lg n)$. O restante deste capítulo apresenta alguns procedimentos básicos e mostra como eles são usados em um algoritmo de ordenação e uma estrutura de dados de fila de prioridades.

- O procedimento Maximiza-Heap, que roda no tempo $O(\lg n)$, é a chave para manter a propriedade de *heap* de máximo.
- O procedimento Constrói-Max-Heap, executado em tempo linear, produz um *heap* de máximo a partir de um vetor de entrada não ordenado.
- O procedimento Heapsort, executado no tempo $O(n \lg n)$, ordena um vetor no lugar.
- Os procedimentos Insere-Max-Heap, Extrai-Max-Heap, Aumenta-Chave-Heap e Máximo-Heap permitem que a estrutura de dados do *heap* implemente uma fila de prioridade. Eles rodam em tempo $O(\lg n)$ mais o tempo para o mapeamento entre os objetos sendo inseridos na fila de prioridades e os índices no *heap*.

Exercícios

6.1-1
Quais são os números mínimo e máximo de elementos em um *heap* de altura h?

6.1-2

Mostre que um *heap* de n elementos tem altura $\lfloor \lg n \rfloor$.

6.1-3

Mostre que, em qualquer subárvore de um *heap* de máximo, a raiz da subárvore contém o maior valor que ocorre em qualquer lugar nessa subárvore.

6.1-4

Em que lugar de *heap* de máximo o menor elemento poderia residir, considerando que todos os elementos sejam distintos?

6.1-5

Em que níveis em um *heap* de máximo o k-ésimo maior elemento poderia residir, para $2 \le k \le \lfloor n/2 \rfloor$, considerando que todos os elementos sejam distintos?

6.1-6

Um vetor que está em sequência ordenada é um *heap* de mínimo?

6.1-7

A sequência $\langle 33, 19, 20, 15, 13, 10, 2, 13, 16, 12 \rangle$ é um *heap* de máximo?

6.1-8

Mostre que, com a representação de vetor para ordenar um *heap* de n elementos, as folhas são os nós indexados por $\lfloor n/2 \rfloor + 1, \lfloor n/2 \rfloor + 2, ..., n$.

6.2 Manutenção da propriedade de *heap*

Para mantermos a propriedade de *heap* de máximo, chamamos o procedimento MAXIMIZA-HEAP. Suas entradas são um vetor A com o atributo *tamanho-do-heap* e um índice i para o vetor. Quando chamado, MAXIMIZA-HEAP considera que as árvores binárias com raízes em ESQUERDA(i) e DIREITA(i) são *heaps* de máximo, mas que $A[i]$ pode ser menor que seus filhos, o que viola a propriedade de *heap* de máximo. MAXIMIZA-HEAP permite que o valor em $A[i]$ "flutue para baixo" no *heap* de máximo, de modo que a subárvore com raiz no índice i obedeça à propriedade do *heap* de máximo.

A Figura 6.2 ilustra a ação de MAXIMIZA-HEAP. Em cada etapa, o maior dos elementos $A[i]$, $A[$ESQUERDA(i)] e $A[$DIREITA(i)] é determinado, e seu índice é armazenado em *maior*. Se $A[i]$ é maior, a subárvore com raiz no nó i já é um *heap* de máximo, e nada mais precisa ser feito. Caso contrário, um dos dois filhos tem o maior elemento. As posições i e *maior* trocam seu conteúdo, fazendo com que o nó i e seus filhos satisfaçam à propriedade de *heap* de máximo. Porém, agora o nó indexado por *maior* tem seu valor diminuído e, assim, a subárvore com raiz em *maior* poderia violar a propriedade de *heap* de máximo. Em consequência disso, chamamos MAXIMIZA-HEAP recursivamente nessa subárvore.

```
MAXIMIZA-HEAP(A, i)
 1   l = ESQUERDA(i)
 2   r = DIREITA(i)
 3   if l ≤ A.tamanho-do-heap e A[l] > A[i]
 4        maior = l
 5   else maior = i
 6   if r ≤ A.tamanho-do-heap e A[r] > A[maior]
 7        maior = r
 8   if maior ≠ i
 9        trocar A[i] com A[maior]
10        MAXIMIZA-HEAP(A, maior)
```

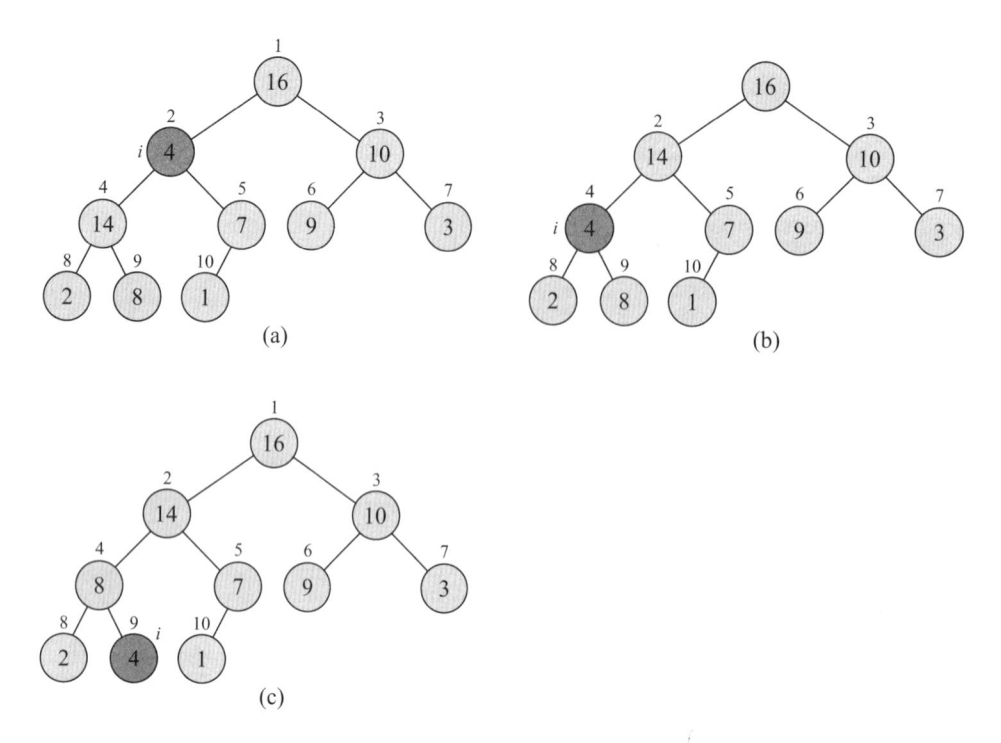

Figura 6.2 Ação de Maximiza-Heap(A, 2), na qual *A.tamanho-do-heap* = 10. O nó que potencialmente viola a propriedade de *heap* de máximo aparece em *cinza-escuro*. (**a**) Configuração inicial, com $A[2]$ no nó $i = 2$, violando a propriedade de *heap* de máximo, já que ele não é maior que os filhos. A propriedade de *heap* de máximo é restabelecida para o nó 2 em (**b**) pela troca de $A[2]$ por $A[4]$, o que destrói a propriedade de *heap* de máximo para o nó 4. A chamada recursiva Maximiza-Heap (A, 4) agora tem $i = 4$. Após trocar $A[4]$ por $A[9]$, como mostramos em (**c**), o nó 4 é corrigido, e a chamada recursiva a Maximiza-Heap(A, 9) não produz nenhuma mudança adicional na estrutura de dados.

Para analisar Maximiza-Heap, seja $T(n)$ o tempo de execução no pior caso que o procedimento leva para uma subárvore de tamanho no máximo n. O tempo de execução de Maximiza-Heap em uma subárvore de tamanho n com raiz em um dado nó i é o tempo $\Theta(1)$ para corrigir as relações entre os elementos $A[i]$, $A[\text{Esquerda}(i)]$ e $A[\text{Direita}(i)]$, mais o tempo para executar Maximiza-Heap em uma subárvore com raiz em um dos filhos do nó i (considerando que a chamada recursiva ocorre). Cada uma das subárvores dos filhos tem, no máximo, tamanho igual a $2n/3$ (ver Exercício 6.2-2) e, portanto, podemos descrever o tempo de execução de Maximiza-Heap pela recorrência

$$T(n) \leq T(2n/3) + \Theta(1) \,. \tag{6.1}$$

A solução para essa recorrência, de acordo com o caso 2 do teorema mestre (Teorema 4.1), é $T(n) = O(\lg n)$. Como alternativa, podemos caracterizar o tempo de execução de Maximiza-Heap em um nó de altura h como $O(h)$.

Exercícios

6.2-1
Usando a Figura 6.2 como modelo, ilustre a operação de Maximiza-Heap (A, 3) sobre o vetor $A = \langle 27, 17, 3, 16, 13, 10, 1, 5, 7, 12, 4, 8, 9, 0 \rangle$.

6.2-2
Mostre que cada filho da raiz de um *heap* com n nós é a raiz de uma subárvore contendo no máximo $2n/3$ nós. Qual é a menor constante α tal que cada subárvore tenha no máximo αn nós? Como isso afeta a recorrência (6.1) e sua solução?

6.2-3

Começando com o procedimento MAXIMIZA-HEAP, escreva o pseudocódigo para o procedimento MINIMIZA-HEAP (A, i), que executa a manipulação correspondente sobre um *heap* de mínimo. Compare o tempo de execução de MINIMIZA-HEAP com o de MAXIMIZA-HEAP.

6.2-4

Qual é o efeito de chamar MAXIMIZA-HEAP(A, i) quando o elemento $A[i]$ é maior que seus filhos?

6.2-5

Qual é o efeito de chamar MAXIMIZA-HEAP(A, i) para $i > A.tamanho$-*do-heap*/2?

6.2-6

O código para MAXIMIZA-HEAP é bastante eficiente em termos de fatores constantes, exceto, possivelmente, para a chamada recursiva na linha 10, que poderia fazer com que alguns compiladores produzissem código ineficiente. Escreva um MAXIMIZA-HEAP eficiente que use uma construção de controle iterativo (um laço) em vez de recursão.

6.2-7

Mostre que o tempo de execução do pior caso de MAXIMIZA-HEAP para um *heap* de tamanho n é $\Omega(\lg n)$. (*Sugestão*: para um *heap* com n nós, dê valores de nós que façam MAXIMIZA-HEAP ser chamado recursivamente em todo nó em um caminho desde a raiz até uma folha.)

6.3   Construção de um *heap*

O procedimento CONSTRÓI-MAX-HEAP converte um vetor $A[1 : n]$ em um *heap* de máximo chamando MAXIMIZA-HEAP de baixo para cima. O Exercício 6.1-8 diz que os elementos no subvetor $A[\lfloor n/2 \rfloor + 1 : n]$ são todos folhas da árvore e, portanto, cada um é um *heap* que inicia com 1 elemento. CONSTRÓI-MAX-HEAP percorre os nós restantes da árvore e executa MAXIMIZA-HEAP sobre cada um. A Figura 6.3 mostra um exemplo da ação de CONSTRÓI-MAX-HEAP.

```
CONSTRÓI-MAX-HEAP(A, n)
1   A.tamanho-do-heap = n
2   for i = ⌊n/2⌋ downto 1
3       MAXIMIZA-HEAP(A, i)
```

Para mostrar por que CONSTRÓI-MAX-HEAP funciona corretamente, usamos o seguinte invariante de laço:

No começo de cada iteração do laço **for** das linhas 2–3, cada nó $i + 1, i + 2, ..., n$ é a raiz de um *heap* de máximo.

Precisamos mostrar que esse invariante é verdadeiro antes da primeira iteração do laço, que cada iteração do laço mantém o invariante, que o laço termina e que o invariante oferece uma propriedade útil para mostrar a corretude quando o laço termina.

Inicialização: antes da primeira iteração do laço, $i = \lfloor n/2 \rfloor$. Cada nó $\lfloor n/2 \rfloor + 1, \lfloor n/2 \rfloor + 2, ..., n$ é uma folha, e é, portanto, a raiz de um *heap* de máximo trivial.

Manutenção: para ver que cada iteração mantém o invariante de laço, observe que os filhos do nó i são numerados com valores mais altos que i. Assim, pelo invariante de laço, ambos são raízes de *heaps* de máximo. Essa é exatamente a condição exigida para a chamada MAXIMIZA-HEAP(A, i) fazer do nó i uma raiz de *heap* de máximo. Além disso, a chamada a MAXIMIZA-HEAP preserva a propriedade de que os nós $i + 1, i + 2, ..., n$ são raízes de *heaps* de máximo. Decrementar i na atualização do laço **for** restabelece o invariante de laço para a próxima iteração.

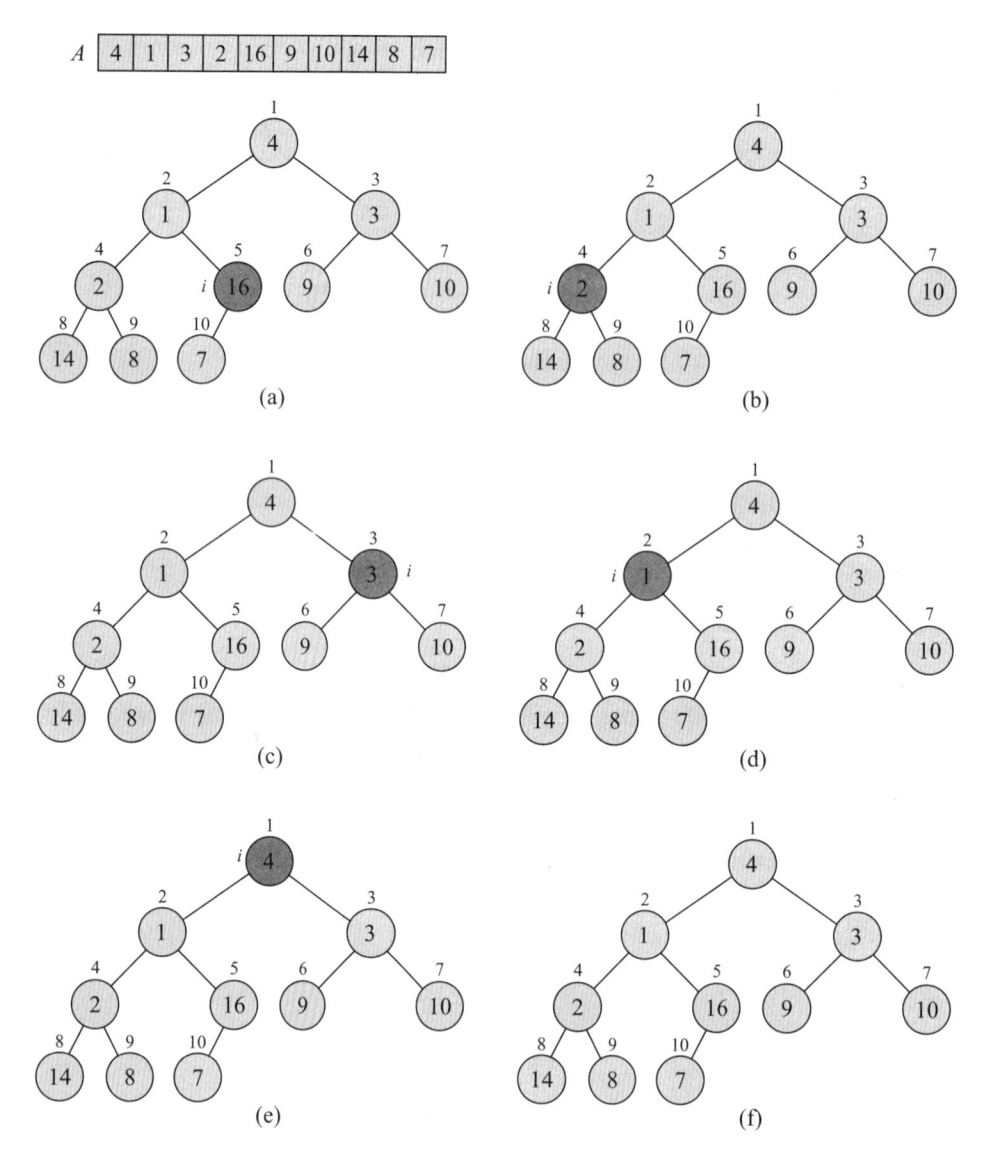

Figura 6.3   Operação de Constrói-Max-Heap, mostrando a estrutura de dados antes da chamada a Maximiza-Heap na linha 3 de Constrói-Max-Heap. O nó indexado por i em cada iteração é mostrado na figura em *cinza-escuro*. **(a)** Vetor de entrada A com 10 elementos e a árvore binária que ele representa. O índice de laço i se refere ao nó 5 antes da chamada a maximiza-heap(A, i). **(b)** Estrutura de dados resultante. O índice de laço i para a próxima iteração aponta para o nó 4. **(c)–(e)** Iterações subsequentes do laço for em Constrói-Max-Heap. Observe que, sempre que Maximiza-Heap é chamado em um nó, as duas subárvores desse nó são *heaps* de máximo. **(f)** O *heap* de máximo após o término de Constrói-Max-Heap.

Término: o laço realiza exatamente $\lceil n/2 \rceil$ iterações, e assim ele termina. No término, $i = 0$. Pelo invariante de laço, cada nó 1, 2, ..., n é a raiz de um *heap* de máximo. Em particular, o nó 1 é uma raiz.

Podemos calcular um limite superior simples para o tempo de execução de Constrói-Max-Heap da seguinte maneira: cada chamada a Maximiza-Heap custa o tempo $O(\lg n)$, e Constrói-Max-Heap faz $O(n)$ dessas chamadas. Assim, o tempo de execução é $O(n \lg n)$. Esse limite superior, embora correto, não é tão restrito quanto poderia ser.

Podemos derivar um limite assintótico mais restrito observando que o tempo de execução de Maximiza-Heap em um nó varia com a altura do nó na árvore, e as alturas na maioria dos nós são pequenas. Nossa análise mais restrita se baseia nas propriedades de que um *heap* de n elementos tem altura $\lfloor \lg n \rfloor$ (ver Exercício 6.1-2) e, no máximo, $\lceil n/2^{h+1} \rceil$ nós em qualquer altura h (ver Exercício 6.3-4).

O tempo exigido por Maximiza-Heap quando chamado em um nó de altura h é $O(h)$. Considerando c a constante implícita na notação assintótica, podemos expressar o custo total de Constrói-Max-Heap limitado por cima por $\sum_{h=0}^{\lfloor \lg n \rfloor} \lceil n/2^{h+1} \rceil ch$. Conforme mostra o Exercício 6.3-2, temos $\lceil n/2^{h+1} \rceil \geq 1/2$ para $0 \leq h \leq \lfloor \lg n \rfloor$. Visto que $\lceil x \rceil \leq 2x$ para qualquer $x \geq 1/2$, temos $\lceil n/2^{h+1} \rceil \leq n/2^h$, o que produz

$$\sum_{h=0}^{\lfloor \lg n \rfloor} \left\lceil \frac{n}{2^{h+1}} \right\rceil ch$$

$$\leq \sum_{h=0}^{\lfloor \lg n \rfloor} \frac{n}{2^h} ch$$

$$= cn \sum_{h=0}^{\lfloor \lg n \rfloor} \frac{h}{2^h}$$

$$\leq cn \sum_{h=0}^{\infty} \frac{h}{2^h}$$

$$\leq cn \cdot \frac{1/2}{(1 - 1/2)^2} \quad \text{(pela Equação (A.11), no Apêndice A, com } x = 1/2)$$

$$= O(n) .$$

Portanto, podemos construir um *heap* de máximo a partir de um vetor não ordenado em tempo linear.

Podemos construir um *heap* de mínimo pelo procedimento Constrói-Min-Heap, que é igual a Constrói-Max-Heap, a não ser pela chamada a Maximiza-Heap na linha 3, que é substituída por uma chamada a Minimiza-Heap (ver Exercício 6.2-3). Constrói-Min-Heap produz um *heap* de mínimo a partir de um vetor linear não ordenado em tempo linear.

Exercícios

6.3-1
Usando a Figura 6.3 como modelo, ilustre a operação de Constrói-Max-Heap no vetor $A = \langle 5, 3, 17, 10, 84, 19, 6, 22, 9 \rangle$.

6.3-2
Mostre que $\lceil n/2^{h+1} \rceil \geq 1/2$ para $0 \geq h \geq \lfloor \lg n \rfloor$.

6.3-3
Por que queremos que o índice de laço i na linha 2 de Constrói-Max-Heap diminua de $\lfloor n/2 \rfloor$ até 1, em vez de aumentar de 1 até $\lfloor n/2 \rfloor$?

6.3-4
Mostre que existem, no máximo, $\lceil n/2^{h+1} \rceil$ nós de altura h em qualquer *heap* de n elementos.

6.4   Algoritmo de ordenação por *heap*

O algoritmo de ordenação por *heap* começa usando Constrói-Max-Heap para construir um *heap* de máximo no vetor de entrada $A[1 : n]$. Visto que o elemento máximo do vetor está armazenado na raiz $A[1]$, Heapsort pode colocá-lo em sua posição final correta trocando-o por $A[n]$. Se o procedimento em seguida descartar o nó n do *heap* — e para isso basta simplesmente decrementar $A.tamanho$-do-$heap$ —, os filhos da raiz continuam sendo *heaps* de máximo, mas o novo elemento raiz pode violar a propriedade de *heap* de máximo. Porém, para restabelecer a propriedade de *heap* de máximo, o procedimento só precisa chamar Maximiza-Heap(A, 1), que deixa um *heap* de máximo em $A[1 : n - 1]$. Então, o procedimento Heapsort repete esse processo para o *heap* de máximo de tamanho $n - 1$ até um *heap* de tamanho 2. (Ver no Exercício 6.4-2 um invariante de laço preciso.)

```
HEAPSORT(A, n)
1   CONSTRÓI-MAX-HEAP(A, n)
2   for i = n downto 2
3       trocar A[1] com A[i]
4       A.tamanho-do-heap = A.tamanho-do-heap – 1
5       MAXIMIZA-HEAP(A, 1)
```

A Figura 6.4 mostra um exemplo da operação de HEAPSORT após a linha 1 ter construído o *heap* de máximo inicial. A figura mostra o *heap* de máximo antes da primeira iteração do laço **for** das linhas 2–5 e após cada iteração.

O procedimento HEAPSORT demora o tempo $O(n \lg n)$, já que a chamada a CONSTRÓI-MAX-HEAP demora o tempo $O(n)$, e cada uma das $n - 1$ chamadas a MAXIMIZA-HEAP demora o tempo $O(\lg n)$.

Exercícios

6.4-1

Usando a Figura 6.4 como modelo, ilustre a operação de HEAPSORT sobre o vetor $A = \langle 5, 13, 2, 25, 7, 17, 20, 8, 4 \rangle$.

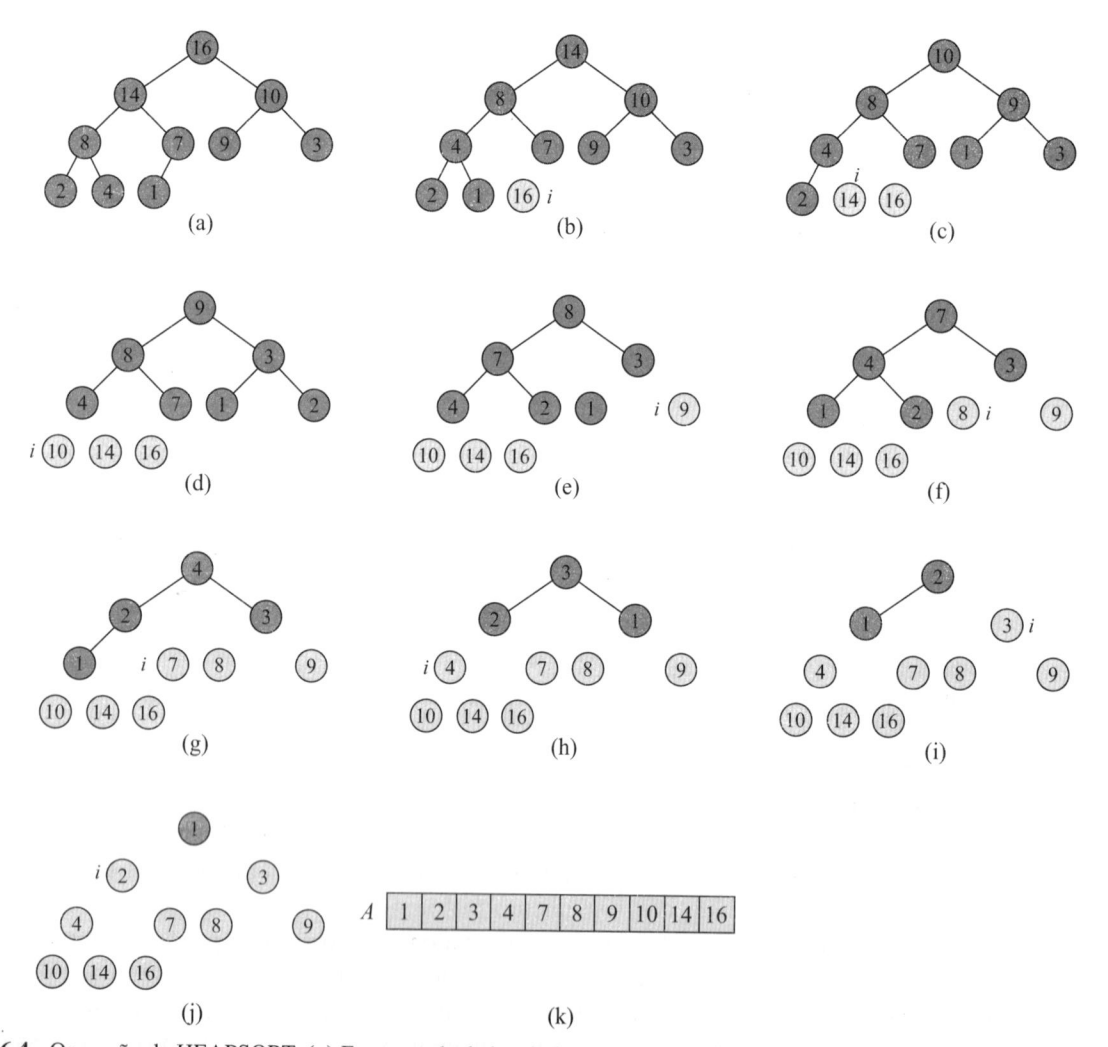

Figura 6.4   Operação de HEAPSORT. **(a)** Estrutura de dados de *heap* de máximo logo após ter sido construída por CONSTRÓI-MAX-HEAP na linha 1. **(b)–(j)** O *heap* de máximo logo após cada chamada de MAXIMIZA-HEAP na linha 5, mostrando o valor de i nesse instante. Apenas os nós *cinza-escuro* permanecem no *heap*. Os outros nós contêm os maiores valores no vetor, ordenados. **(k)** Vetor ordenado resultante A.

6.4-2

Discuta a corretude de HEAPSORT usando o seguinte invariante de laço:

> No início de cada iteração do laço **for** das linhas 2–5, o subvetor $A[1:i]$ é um *heap* de máximo que contém os i menores elementos de $A[1:n]$, e o subvetor $A[i+1:n]$ contém os $n-i$ maiores elementos de $A[1:n]$, ordenados.

6.4-3

Qual é o tempo de execução de HEAPSORT para um vetor A de comprimento n que já está ordenado em ordem crescente? E se o vetor já estiver ordenado em ordem decrescente?

6.4-4

Mostre que o tempo de execução do pior caso de HEAPSORT é $\Omega(n \lg n)$.

★ *6.4-5*

Mostre que, quando todos os elementos de A são distintos, o tempo de execução do melhor caso de HEAPSORT é $\Omega(n \lg n)$.

6.5   Filas de prioridades

No Capítulo 8, veremos que qualquer algoritmo de ordenação baseado em comparação exige $\Omega(n \lg n)$ comparações e, desse modo, um tempo $\Omega(n \lg n)$. Portanto, a ordenação por *heap* é assintoticamente ótima entre os algoritmos de ordenação baseados em comparação. Mas uma boa implementação de quicksort, apresentada no Capítulo 7, normalmente o supera na prática. Não obstante, a estrutura de dados de *heap* propriamente dita tem muitas utilidades. Nesta seção, apresentaremos uma das aplicações mais populares de um *heap*: uma fila de prioridades eficiente. Como ocorre com os *heaps*, existem dois tipos de filas de prioridades: filas de prioridade máxima e filas de prioridade mínima. Focalizaremos aqui a implementação de filas de prioridade máxima, que, por sua vez, se baseiam em *heaps* de máximo. O Exercício 6.5-3 pede que você escreva os procedimentos correspondentes para filas de prioridade mínima.

Uma *fila de prioridade* é uma estrutura de dados para manter um conjunto S de elementos, cada qual com um valor associado denominado **chave**. Uma *fila de prioridade máxima* suporta as seguintes operações:

INSERE(S, x, k) insere o elemento x com chave k no conjunto S, que é equivalente à operação $S = S \cup \{x\}$.

MÁXIMO(S) retorna o elemento de S que tenha a maior chave.

EXTRAI-MAX(S) remove e retorna o elemento de S que tenha a maior chave.

AUMENTA-CHAVE(S, x, k) aumenta o valor da chave do elemento x até o novo valor k, que se admite ser, pelo menos, tão grande quanto o valor da chave atual de x.

Entre outras aplicações, podemos usar filas de prioridade máxima para programar trabalhos em um computador compartilhado por diversos usuários. A fila de prioridade máxima mantém o controle dos trabalhos a executar e suas prioridades relativas. Quando um trabalho termina ou é interrompido, o escalonador seleciona o trabalho de prioridade mais alta entre os trabalhos pendentes chamando EXTRAI-MAX. O escalonador pode acrescentar um novo trabalho à fila em qualquer instante chamando INSERE.

Alternativamente, uma *fila de prioridade mínima* suporta as operações INSERE, MÍNIMO, EXTRAI-MIN e DIMINUI-CHAVE. Uma fila de prioridade mínima pode ser usada em um simulador orientado a eventos. Os itens na fila são eventos a simular, cada qual com um instante de ocorrência associado que serve como sua chave. Os eventos devem ser simulados na ordem de seu instante de ocorrência, porque a simulação de um evento pode provocar outros eventos a simular no futuro. O programa de simulação chama EXTRAI-MIN em cada etapa para escolher o próximo evento a simular. À medida que novos eventos são produzidos, o simulador os insere na fila de prioridade mínima chamando INSERE. Veremos outros usos de filas de prioridade mínima destacando a operação DIMINUI-CHAVE, nos Capítulos 21 e 22.

Quando usamos um *heap* para implementar uma fila de prioridades dentro de determinada aplicação, os elementos na fila de prioridades correspondem a objetos na aplicação. Cada objeto contém uma chave. Se a fila de prioridades for implementada por um *heap*, você precisa determinar qual objeto da aplicação corresponde a determinado elemento do *heap*, e vice-versa. Como os elementos do *heap* são armazenados em um vetor, é preciso encontrar uma maneira de mapear os objetos de aplicação de e para índices do vetor.

Uma forma de mapear entre os objetos de aplicação e os elementos do *heap* utiliza **descritores**, que são informações adicionais armazenadas nos objetos e elementos do *heap* que dão informações suficientes para realizar o mapeamento. Os descritores são frequentemente implementados para serem opacos ao código em redor, mantendo, assim, uma barreira de abstração entre a aplicação e a fila de prioridades. Por exemplo, o descritor dentro de um objeto de aplicação pode conter o índice correspondente para o vetor do *heap*. Porém, como apenas o código para a fila de prioridades acessa esse índice, o índice fica totalmente escondido do código da aplicação. Visto que os elementos do *heap* mudam de local dentro do vetor durante as operações do *heap*, uma implementação real da fila de prioridades, ao relocar um elemento do *heap*, também precisa atualizar os índices do vetor nos descritores correspondentes. Por outro lado, cada elemento no *heap* poderia conter um ponteiro para o objeto correspondente na aplicação, mas o elemento do *heap* conhece esse ponteiro somente como um descritor opaco, e a aplicação mapeia esse descritor a um objeto de aplicação. Normalmente, o custo adicional (*overhead*) no pior caso para a manutenção de descritores é $O(1)$ por acesso.

Como alternativa para incorporar descritores em objetos de aplicação, você pode armazenar na fila de prioridades um mapeamento entre objetos de aplicação e índices de vetor no *heap*. A vantagem de fazer isso é que o mapeamento está totalmente contido na fila de prioridades, de modo que os objetos de aplicação não precisam de mais adornos. A desvantagem está no custo adicional de estabelecer e manter o mapeamento. Uma opção para o mapeamento é uma tabela *hash* (ver Capítulo 11).[1] O tempo esperado adicional para uma tabela *hash* mapear um objeto a um índice do vetor é apenas $O(1)$, embora o tempo no pior caso possa chegar a $\Theta(n)$.

Vejamos como implementar as operações de uma fila de prioridade máxima usando *heap* de máximo. Nas seções anteriores, tratamos os elementos do vetor como as chaves a serem classificadas, supondo implicitamente que quaisquer dados satélites foram movidos com as chaves correspondentes. Quando um *heap* implementa uma fila de prioridades, tratamos cada elemento do vetor como um ponteiro para um objeto na fila de prioridades, de modo que o objeto seja análogo aos dados satélites durante a ordenação. Além disso, assumimos que cada um desses objetos possui uma *chave* de atributo, que determina o local no *heap* ao qual o objeto pertence. Para um *heap* implementado por um vetor A, nos referimos a $A[i].chave$.

O procedimento MÁXIMO-MAX-HEAP a seguir implementa a operação MÁXIMO no tempo $\Theta(1)$, e EXTRAI-MAX-MAX-HEAP implementa a operação EXTRAI-MAX. EXTRAI-MAX-MAX-HEAP é semelhante ao corpo do laço **for** (linhas 3–5) do procedimento HEAPSORT. Assumimos implicitamente que MAXIMIZA-HEAP compara os objetos da fila de prioridades com base em seus atributos de *chave*. Assumimos também que, quando MAXIMIZA-HEAP troca os elementos no vetor, ele está trocando ponteiros, e também que ele atualiza o mapeamento entre objetos e índices do vetor. O tempo de execução de EXTRAI- MAX-MAX-HEAP é $O(\lg n)$, pois ele realiza apenas uma quantidade constante de trabalho além do tempo $O(\lg n)$ para MAXIMIZA-HEAP, mais qualquer custo adicional incorrido com MAXIMIZA-HEAP para mapear objetos da fila de prioridades a índices do vetor.

```
MÁXIMO-MAX-HEAP(A)
1  if A.tamanho-do-heap < 1
2      error "underflow do heap"
3  return A[1]


EXTRAI-MAX-MAX-HEAP(A)
1  max = MÁXIMO-MAX-HEAP(A)
2  A[1] = A[A.tamanho-do-heap]
3  A.tamanho-do-heap = A.tamanho-do-heap − 1
4  MAXIMIZA-HEAP(A, 1)
5  return max
```

---

[1] Em Python, os dicionários são implementados com tabelas *hash*.

O procedimento Aumenta-Chave-Max-Heap, mais adiante, implementa a operação Aumenta-Chave. Primeiro, ele verifica se a nova chave k não causará a diminuição da chave no objeto x e, se não houver problema, ele dará a x o novo valor da chave. Em seguida, o procedimento encontra o índice i no vetor correspondente ao objeto x, de modo que $A[i]$ é x. Uma vez que aumentar a chave de $A[i]$ pode violar a propriedade de *heap* de máximo, o procedimento, de um modo que lembra o laço de inserção (linhas 5–7) de Ordena-Por-Inserção no Capítulo 2, percorre um caminho simples deste nó até a raiz para encontrar um lugar adequado para a chave recém-aumentada. Enquanto Aumenta-Chave-Max-Heap percorre esse caminho, compara repetidamente a chave de um elemento à de seu pai, permutando os ponteiros e continuando se a chave do elemento for maior, e terminando se a chave do elemento for menor, visto que a propriedade de *heap* de máximo agora é válida. (Ver no Exercício 6.5-7 um invariante de laço preciso.) Assim como Maximiza-Heap quando usado em uma fila de prioridades, Aumenta-Chave-Max-Heap atualiza a informação que mapeia os objetos a índices do vetor quando os elementos do vetor são trocados. A Figura 6.5 mostra um exemplo de uma operação de Aumenta-Chave-Max-Heap. Além do custo adicional para o mapeamento de objetos da fila de prioridades a índices do vetor, o tempo de execução de Aumenta-Chave-Max-Heap para um *heap* de n elementos é $O(\lg n)$, visto que o caminho traçado desde o nó atualizado na linha 3 até a raiz tem comprimento $O(\lg n)$.

O procedimento Insere-Max-Heap implementa a operação Insere. Toma como entradas o vetor A que implementa um *heap* de máximo, o novo objeto x a ser inserido no *heap* de máximo e o tamanho n do vetor A. Primeiro, o procedimento verifica se o vetor tem espaço para o novo elemento. Depois ele expande o *heap* de máximo, acrescentando à árvore uma nova folha cuja chave é $-\infty$. Em seguida, chama Aumenta-Chave-Max-Heap para ajustar a chave desse novo nó em seu valor correto e manter a propriedade de *heap* de máximo. O tempo de execução de Insere-Max-Heap para um *heap* de n elementos é $O(\lg n)$ mais o custo adicional para mapear os objetos da fila de prioridades aos índices.

Resumindo, um *heap* pode suportar qualquer operação de fila de prioridade em um conjunto de tamanho n no tempo $O(\lg n)$, mais o custo adicional para mapear os objetos da fila de prioridades aos índices do vetor.

Aumenta-Chave-Max-Heap(A, x, k)

```
1   if k < x.chave
2       error "nova chave é menor que a chave atual"
3   x.chave = k
4   achar o índice i no vetor A onde o objeto x ocorre
5   while i > 1 e A[Pai(i)].chave < A[i].chave
6       troca A[i] com A[Pai(i)], atualizando a informação que
                mapeia objetos da fila de prioridades a índices do vetor
7       i = Pai(i)
```

Insere-Max-Heap(A, x, n)

```
1   if A.tamanho-do-heap == n
2       error "estouro do heap"
3   A.tamanho-do-heap = A.tamanho-do-heap + 1
4   k = x.chave
5   x.chave = - ∞
6   A[A.tamanho-do-heap] = x
7   mapear x ao índice tamanho-do-heap no vetor
8   Aumenta-Chave-Max-Heap(A, x, k)
```

Exercícios

6.5-1

Suponha que os objetos em uma fila de prioridade máxima sejam apenas chaves. Ilustre a operação de Extrai-Max-Max-Heap sobre o *heap* $A = \langle 15, 13, 9, 5, 12, 8, 7, 4, 0, 6, 2, 1 \rangle$.

6.5-2

Suponha que os objetos em uma fila de prioridade máxima sejam apenas chaves. Ilustre a operação de Insere-Max-Heap(A, 10, 15) sobre o *heap* $A = \langle 15, 13, 9, 5, 12, 8, 7, 4, 0, 6, 2, 1 \rangle$.

6.5-3

Escreva o pseudocódigo para implementar uma fila de prioridade mínima com um *heap* de mínimo escrevendo os procedimentos Mínimo-Min-Heap, Extrai-Min-Min-Heap, Diminui-Chave-Min-Heap e Insere-Min-Heap.

6.5-4

Escreva o pseudocódigo para o procedimento Diminui-Chave-Max-Heap(A, x, k) em um *heap* de máximo. Qual é o tempo de execução do seu procedimento?

6.5-5

Por que Insere-Max-Heap se preocupa em definir a chave do objeto inserido como $-\infty$ na linha 5 quando a linha 8 definirá a chave do objeto para o valor desejado?

6.5-6

O professor Uriah sugere substituir o laço **while** das linhas 5–7 de Aumenta-Chave-Max-Heap por uma chamada a Maximiza-Heap. Explique a falha na ideia do professor.

6.5-7

Demonstre a corretude de Aumenta-Chave-Max-Heap usando o invariante de laço a seguir.
No início de cada iteração do laço **while** das linhas 5–7:
a. Se existem os dois nós Pai(i) e Esquerda(i), então $A[\text{Pai}(i)].chave \geq A[\text{Esquerda}(i)].chave$.

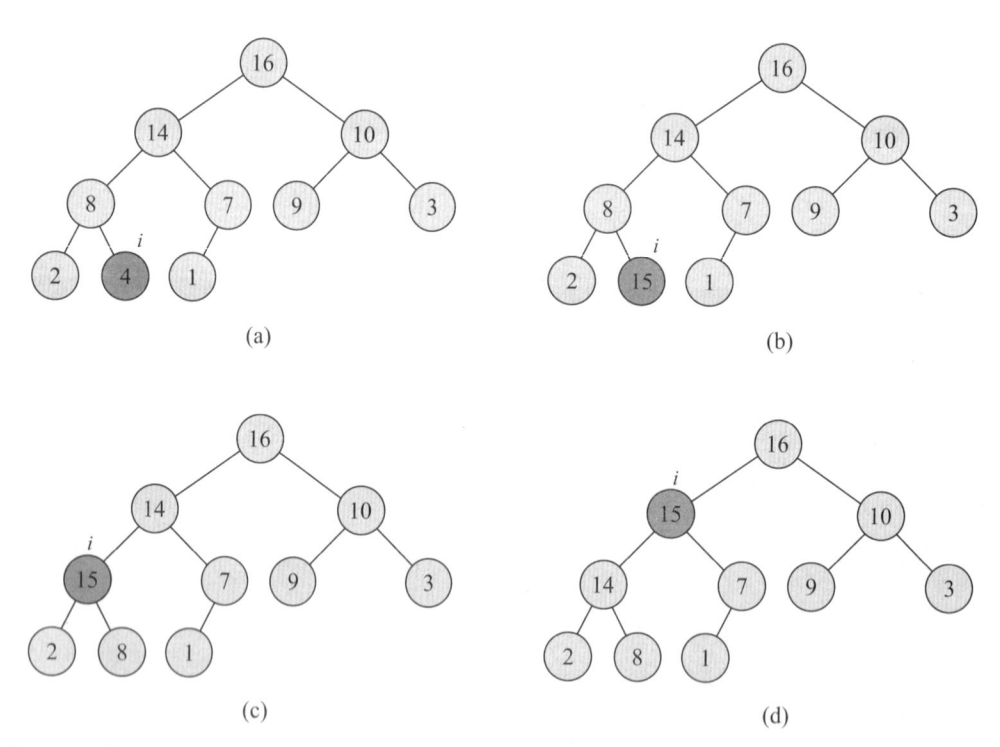

Figura 6.5   Operação de Aumenta-Chave-Max-Heap. Somente a chave de cada elemento na fila de prioridades aparece aqui. O nó indexado por *i* em cada iteração é mostrado em *cinza-escuro*. (**a**) O *heap* de máximo da Figura 6.4(a) com *i* indexando o nó cuja chave está para ser aumentada. (**b**) A chave desse nó é aumentada para 15. (**c**) Depois de uma iteração do laço **while** das linhas 5–7, o nó e seu pai trocaram chaves, e o índice *i* sobe para o pai. (**d**) *Heap* de máximo após mais uma iteração do laço **while**. Nesse ponto, $A[\text{Pai}(i)] \geq A[i]$. Agora, a propriedade de *heap* de máximo é válida e o procedimento termina.

b. Se existem os dois nós Pai(i) e Direita(i), então $A[\text{Pai}(i)].chave \geq A[\text{Direita}(i)].chave$.

c. O subvetor $A[1 : A.tamanho\text{-}do\text{-}heap]$ satisfaz à propriedade de *heap* de máximo, exceto que pode haver uma violação: $A[i].chave$ pode ser maior que $A[\text{Pai}(i)].chave$.

Você pode supor que o subvetor $A[1 : A.tamanho\text{-}do\text{-}heap]$ satisfaz à propriedade de *heap* de máximo no instante em que Aumenta-Chave-Max-Heap é chamado.

6.5-8
Cada operação de troca na linha 6 de Aumenta-Chave-Max-Heap normalmente requer três atribuições, sem contar a atualização do mapeamento entre objetos e índices do vetor. Mostre como usar a ideia do laço interno de Ordena-Por-Inserção para reduzir as três atribuições a apenas uma atribuição.

6.5-9
Mostre como implementar uma fila "primeiro a entrar, primeiro a sair" com uma fila de prioridade. Mostre como implementar uma pilha com uma fila de prioridades. (Filas e pilhas são definidas na Seção 10.1.3.)

6.5-10
A operação Delete-Max-Heap(A, x) elimina o item x do *heap* de máximo. Dê uma implementação de Delete-Max-Heap que seja executada no tempo $O(\lg n)$ mais o custo adicional para o mapeamento de objetos da fila de prioridades a índices do vetor.

6.5-11
Dê um algoritmo de tempo $O(n \lg k)$ para intercalar k listas ordenadas em uma única lista ordenada, em que n é o número total de elementos em todas as listas de entrada. (*Sugestão*: use um *heap* de mínimo para fazer a intercalação de k entradas.)

Problemas

6-1 *Construir um heap com a utilização de inserção*
Podemos construir um *heap* chamando repetidamente Insere-Max-Heap para inserir os elementos no *heap*. Considere a variação a seguir do procedimento Constrói-Max-Heap'. Ela assume que os objetos sendo inseridos são apenas os elementos do *heap*.

```
Constrói-Max-Heap'(A, n)
1   A.tamanho-do-heap = 1
2   for i = 2 to n
3       Insere-Max-Heap(A, A[i], n)
```

a. Os procedimentos Constrói-Max-Heap e Constrói-Max-Heap' sempre criam o mesmo *heap* quando são executados sobre o mesmo vetor de entrada? Prove que isso ocorre ou, então, dê um contraexemplo.

b. Mostre que, no pior caso, Constrói-Max-Heap' requer o tempo $\Theta(n \lg n)$ para construir um *heap* de n elementos.

6-2 *Análise de heaps d-ários*
Um **heap d-ário** é semelhante a um *heap* binário, mas (com uma única exceção possível) nós que não são folhas têm d filhos em vez de dois filhos. Em todos os itens deste problema, suponha que o tempo para manter o mapeamento entre objetos e elementos do *heap* é $O(1)$ por operação.

a. Descreva como você representaria um *heap* d-ário em um vetor.

b. Usando a notação Θ, expresse a altura de um *heap* d-ário de n elementos em termos de n e d.

c. Dê uma implementação eficiente de Extrai-Max em um *heap* de máximo d-ário. Analise seu tempo de execução em termos de d e n.

d. Dê uma implementação eficiente de Aumenta-Chave em um *heap* de máximo d-ário. Analise seu tempo de execução em termos de d e n.

e. Dê uma implementação eficiente de Insere em um *heap* de máximo d-ário. Analise seu tempo de execução em termos de d e n.

6-3   Quadros de Young

Um **quadro de Young** $m \times n$ é uma matriz $m \times n$, tal que as entradas de cada linha estão em sequência ordenada da esquerda para a direita, e as entradas de cada coluna estão em sequência ordenada de cima para baixo. Algumas das entradas de um quadro de Young podem ser ∞, que tratamos como elementos inexistentes. Assim, um quadro de Young pode ser usado para conter $r \leq mn$ números finitos.

a. Trace um quadro de Young 4×4 contendo os elementos $\{9, 16, 3, 2, 4, 8, 5, 14, 12\}$.

b. Demonstre que um quadro de Young $m \times n$ Y é vazio se $Y[1, 1] = \infty$. Demonstre que Y é cheio (contém mn elementos) se $Y[m, n] < \infty$.

c. Dê um algoritmo para implementar Extrai-Min em um quadro de Young $m \times n$ não vazio que é executado no tempo $O(m + n)$. Seu algoritmo deve usar uma sub-rotina recursiva que resolve um problema $m \times n$ resolvendo recursivamente um subproblema $(m - 1) \times n$ ou um subproblema $m \times (n - 1)$. (*Sugestão*: pense em Maximiza-Heap.) Explique por que a sua implementação de Extrai-Min é executada em tempo $O(m+ n)$.

d. Mostre como inserir um novo elemento em um quadro de Young $m \times n$ não cheio no tempo $O(m + n)$.

e. Sem usar nenhum outro método de ordenação como sub-rotina, mostre como utilizar um quadro de Young $n \times n$ para ordenar n^2 números no tempo $O(n^3)$.

f. Dê um algoritmo de tempo $O(m + n)$ para determinar se um dado número está armazenado em determinado quadro de Young $m \times n$.

Notas do capítulo

O algoritmo de ordenação por *heap* foi criado por Williams [456], que também descreveu como implementar uma fila de prioridades com um *heap*. O procedimento Constrói-Max-Heap foi sugerido por Floyd [145]. Schaffer e Sedgewick [395] mostraram que, no melhor caso, o número de vezes que os elementos se movem no *heap* durante a ordenação por *heap* é aproximadamente $(n/2) \lg n$ e que o número médio de movimentos é aproximadamente $n \lg n$.

Usamos *heaps* de mínimo para implementar filas de prioridade mínima nos Capítulos 15, 21 e 22. Outras estruturas de dados mais complicadas oferecem limites de tempo melhorados para certas operações de fila com prioridade mínima. Fredman e Tarjan [156] desenvolveram *heaps* de Fibonacci, que dão suporte a Insere e Diminui-Chave no tempo amortizado $O(1)$ (ver Capítulo 16). Isto é, o tempo de execução médio no pior caso para essas operações é $O(1)$. Brodal, Lagogiannis e Tarjan [73] criaram depois disso os *heaps* de Fibonacci restritos, em que esses limites de tempo se tornam tempos de execução reais. Se as chaves forem exclusivas e retiradas do conjunto $\{0, 1, ..., n - 1\}$ dos inteiros não negativos, as árvores de van Emde Boas [440, 441] dão suporte às operações Insere, Delete, Busca, Mínimo, Máximo, Predecessor e Sucessor no tempo $O(\lg \lg n)$.

Quando os dados são inteiros de b bits e a memória do computador consiste em palavras endereçáveis de b bits, Fredman e Willard [157] mostraram como implementar Mínimo no tempo $O(1)$ e Insere e Extrai-Min no tempo $O(\sqrt{\lg n})$. Thorup [436] melhorou o limite $O(\sqrt{\lg n})$ para o tempo $O(\lg \lg n)$, utilizando o *hashing* aleatorizado, que exige apenas um espaço linear.

Um caso especial importante de filas de prioridades ocorre quando a sequência de operações de Extrai-Min é **monotônica,** isto é, os valores retornados por operações sucessivas de Extrai-Min são monotonicamente crescentes com o tempo. Esse caso surge em várias aplicações importantes, como o algoritmo de caminhos mais curtos de fonte única de Dijkstra, que discutiremos no Capítulo 22, e na simulação de eventos discretos. Para o algoritmo de Dijkstra, é particularmente importante que a operação Diminui-Chave seja implementada eficientemente. No caso monotônico, se os dados são inteiros na faixa 1, 2, ..., C, Ahuja, Mehlhorn, Orlin e Tarjan [8] descrevem como implementar Extrai-Min e Insere no tempo amortizado $O(\lg C)$ (ver Capítulo 16 para obter mais informações sobre análise amortizada) e Diminui-Chave no tempo $O(1)$, usando uma estrutura de dados denominada *heap* digital (*radix heap*). O limite $O(\lg C)$ pode ser melhorado para O $(\sqrt{\lg C})$ com a utilização de *heaps* de Fibonacci em conjunto com *heaps* digitais. Cherkassky, Goldberg e Silverstein [90] melhoraram ainda mais o limite até o tempo esperado $O(\lg^{1/3+\epsilon} C)$ combinando a estrutura de baldes em vários níveis de Denardo e Fox [112] com o *heap* de Thorup já mencionado. Raman [375] aprimorou mais ainda esses resultados para obter um limite de $O(\min\{\lg^{1/4+\epsilon} C, \lg^{1/3+\epsilon} n\})$, para qualquer $\epsilon > 0$ fixo.

Muitas outras variantes dos *heaps* foram propostas. Brodal [72] analisa alguns desses desenvolvimentos.

7 Quicksort

O algoritmo quicksort (ordenação rápida) tem tempo de execução do pior caso de $\Theta(n^2)$ para um vetor de entrada de n números. Apesar desse tempo de execução lento para o pior caso, muitas vezes o quicksort é a melhor opção prática para ordenação, em função de sua notável eficiência na média: seu tempo de execução esperado é $\Theta(n \lg n)$, e os fatores constantes ocultos na notação $\Theta(n \lg n)$ são bastante pequenos. Ele também apresenta a vantagem de ordenar no lugar (ver Capítulo 6) e funciona bem até mesmo em ambientes de memória virtual.

Nosso estudo do quicksort é dividido em quatro seções. A Seção 7.1 descreve o algoritmo e uma sub-rotina importante usada pelo quicksort para particionamento. Como o comportamento do quicksort é complexo, começaremos com uma discussão intuitiva de seu desempenho na Seção 7.2 e adiaremos sua análise precisa até o final do capítulo. A Seção 7.3 apresenta uma versão de quicksort que utiliza uma escolha aleatória. Quando todos os elementos são distintos,[1] esse algoritmo tem um bom tempo de execução esperado, e nenhuma entrada específica induz seu comportamento do pior caso. (Ver, no Problema 7.2, o caso em que pode haver elementos iguais.) A Seção 7.4 analisa o algoritmo aleatorizado, mostrando que ele é executado no tempo $\Theta(n^2)$ no pior caso e, considerando elementos distintos, no tempo esperado $O(n \lg n)$.

7.1 Descrição do quicksort

O quicksort, como a ordenação por intercalação, aplica o paradigma de divisão e conquista apresentado na Seção 2.3.1. Descrevemos, a seguir, o processo de três etapas do método de divisão e conquista para ordenar um subvetor típico $A[p : r]$.

Divisão: particionar (reorganizar) o vetor $A[p : r]$ em dois subvetores (possivelmente vazios) $A[p : q - 1]$ (o *lado baixo*) e $A[q + 1 : r]$ (o *lado alto*) tais que cada elemento no lado baixo da partição seja menor ou igual ao *pivô* $A[q]$ que, por sua vez, é menor ou igual a cada elemento no lado alto. Calcular o índice q do pivô como parte desse procedimento de particionamento.

Conquista: ordenar cada um dos dois subvetores $A[p : q - 1]$ e $A[q + 1 : r]$ por chamadas recursivas a quicksort.

Combinação: não fazer nada. Como os subvetores já estão ordenados, não é necessário nenhum trabalho para combiná-los. Todos os elementos em $A[p : q - 1]$ estão ordenados e são menores ou iguais a $A[q]$, e todos os elementos em $A[q + 1 : r]$ estão ordenados e são maiores ou iguais ao pivô $A[q]$. O subvetor inteiro $A[p : r]$ não tem como deixar de ser ordenado!

O procedimento QUICKSORT implementa o método quicksort. Para ordenar um vetor A inteiro com n elementos, $A[1 : n]$, a chamada inicial é QUICKSORT(A, 1, n).

---

[1] É possível impor a suposição de que os valores no vetor A são distintos ao custo de $\Theta(n)$ espaço adicional e apenas um custo adicional constante no tempo de execução, convertendo cada valor de entrada $A[i]$ para um par ordenado $(A[i].i)$ com $(A[i].i) < (A[j].j)$ se $A[i] < A[j]$ ou se $A[i] = A[j]$ e $i < j$. Há também variantes mais práticas do quicksort que funcionam bem quando os elementos não são distintos.

```
QUICKSORT(A, p, r)
1  if p < r
2      // Divide o subvetor em torno do pivô, que termina com A[q]
3      q = PARTICIONA(A, p, r)
4      QUICKSORT(A, p, q − 1) // ordena o lado baixo recursivamente
5      QUICKSORT(A, q + 1, r) // ordena o lado alto recursivamente
```

Particionamento do vetor

A chave para o algoritmo é o procedimento PARTICIONA, a seguir, que reorganiza o subvetor $A[p : r]$ no lugar, retornando o índice do ponto de divisão entre os dois lados da partição.

A Figura 7.1 mostra como PARTICIONA funciona para um vetor de oito elementos. PARTICIONA sempre seleciona um elemento $x = A[r]$ como um elemento pivô. À medida que é executado, o procedimento reparte o vetor em quatro regiões (algumas podendo estar vazias). No início de cada iteração do laço **for** nas linhas 3–6, as regiões satisfazem certas propriedades, mostradas na Figura 7.2. Enunciamos essas propriedades como um invariante de laço:

```
PARTICIONA(A, p, r)
1   x = A[r]                       // o pivô
2   i = p − 1                      // índice mais alto para o lado baixo
3   for j = p to r − 1            // processa cada elemento, menos o pivô
4       if A[j] ≤ x               // este elemento pertence ao lado baixo?
5           i = i + 1                   // índice de um novo local no lado baixo
6           troca A[i] com A[j]         // coloca este elemento lá
7   troca A[i + 1] com A[r]       // pivô entra logo à direita do lado baixo
8   return i + 1                   // novo índice do pivô
```

No início de cada iteração do laço das linhas 3–6, para qualquer índice k do vetor, as seguintes condições são satisfeitas:

1. se $p \leq k \leq i$, então $A[k] \leq x$ (região mais à esquerda da Figura 7.2, em *cinza-claro*);
2. se $i + 1 \leq k \leq j - 1$, então $A[k] > x$ (região da figura em *cinza-escuro*);
3. se $k = r$, então $A[k] = x$ (região mais à direita da figura, com *preenchimento tracejado*).

Precisamos mostrar que esse invariante de laço é verdadeiro antes da primeira iteração, que cada iteração do laço mantém o invariante, que o laço termina e que o invariante fornece uma propriedade útil para mostrar a corretude quando o laço termina.

Inicialização: antes da primeira iteração do laço, $i = p - 1$ e $j = p$. Como não há nenhum valor entre p e i e nenhum valor entre $i + 1$ e $j - 1$, as duas primeiras condições do invariante de laço são satisfeitas trivialmente. A atribuição na linha 1 satisfaz a terceira condição.

Manutenção: como mostra a Figura 7.3, consideraremos dois casos, dependendo do resultado do teste na linha 4. A Figura 7.3(a) mostra o que acontece quando $A[j] > x$; a única ação no laço é incrementar j. Depois que j é incrementado, a segunda condição é válida para $A[j - 1]$ e todas as outras entradas permanecem inalteradas. A Figura 7.3(b) mostra o que acontece quando $A[j] \leq x$; o laço incrementa i, permuta $A[i]$ e $A[j]$, e então incrementa j. Por causa da troca, agora temos que $A[i] \leq x$, e a condição 1 é satisfeita. De modo semelhante, também temos que $A[j - 1] > x$, visto que o item que foi permutado para dentro de $A[j - 1]$ é, pelo invariante de laço, maior que x.

Término: uma vez que o laço realiza exatamente $r - p$ iterações, ele termina, após o que $j = r$. Nesse ponto, o subvetor não examinado $A[j : r - 1]$ está vazio e cada entrada no vetor pertence a um dos outros três conjuntos descritos pelo invariante. Assim, os valores no vetor foram particionados em três conjuntos: aqueles menores ou iguais a x (o lado baixo), aqueles maiores que x (o lado alto) e um conjunto unitário contendo x (o pivô).

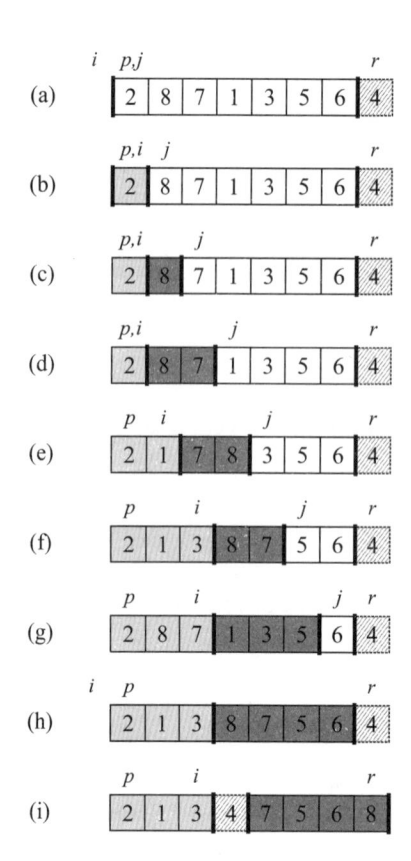

Figura 7.1 Operação PARTICIONA para uma amostra de vetor. A entrada $A[r]$ do vetor torna-se o elemento pivô x. Os elementos do vetor *cinza-claro* estão na primeira partição com valores não maiores que x. Elementos *cinza-escuro* estão na segunda partição com valores maiores que x. Os elementos *brancos* ainda não foram inseridos em uma das duas primeiras partições, e o elemento final, com *preenchimento tracejado*, é o pivô x. (**a**) Configuração inicial do vetor e das variáveis. Nenhum dos elementos foi inserido em nenhuma das duas primeiras partições. (**b**) O valor 2 é "permutado por ele mesmo" e inserido no lado baixo. (**c**)–(**d**) Os valores 8 e 7 são acrescentados ao lado alto. (**e**) Os valores 1 e 8 são permutados, e o lado baixo cresce. (**f**) Os valores 3 e 7 são permutados, e o lado baixo cresce. (**g**)–(**h**) O lado alto cresce para incluir 5 e 6, e o laço termina. (**i**) Na linha 7, o elemento pivô é permutado de modo que se encontra entre os dois lados da partição, e a linha 8 retorna o novo índice do pivô.

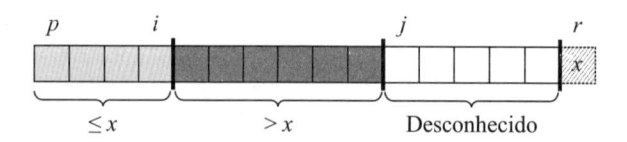

Figura 7.2 As quatro regiões mantidas pelo procedimento PARTICIONA em um subvetor $A[p : r]$. Os valores em $A[p : i]$, na região da esquerda, são menores ou iguais a x, os valores em $A[i + 1 : j - 1]$, à sua direita, são todos maiores que x, os valores à direita, em $A[j : r - 1]$, possuem relações desconhecidas com x, e $A[r] = x$.

As duas linhas finais de PARTICIONA terminam permutando o elemento pivô pelo elemento maior que x mais à esquerda e, com isso, deslocam o pivô até seu lugar correto no vetor particionado; em seguida, retornam o novo índice do pivô. Agora, a saída de PARTICIONA satisfaz às especificações dadas para a etapa de divisão. Na verdade, ela satisfaz uma condição ligeiramente mais forte: após a linha 3 de QUICKSORT, $A[q]$ é estritamente menor do que todo elemento de $A[q + 1 : r]$.

O Exercício 7.1-3 pede que você mostre que o tempo de execução de PARTICIONA para o subvetor $A[p : r]$ de $n = r - p + 1$ elementos é $\Theta(n)$.

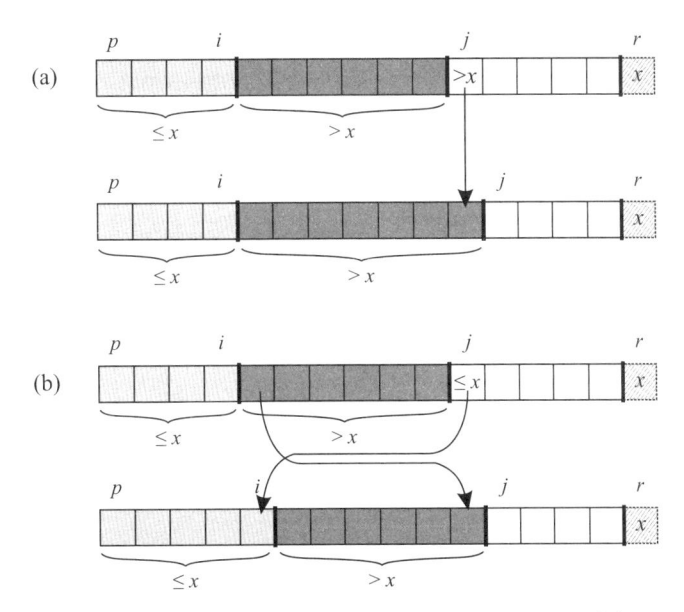

Figura 7.3 Dois casos para uma iteração do procedimento PARTICIONA. (**a**) Se $A[j] > x$, a única ação é incrementar j, que mantém o invariante de laço. (**b**) Se $A[j] \leq x$, o índice i é incrementado, $A[i]$ e $A[j]$ são permutados e, então, j é incrementado. Novamente, o invariante de laço é mantido.

Exercícios

7.1-1
Usando a Figura 7.1 como modelo, ilustre a operação de PARTICIONA sobre o vetor $A = \langle 13, 19, 9, 5, 12, 8, 7, 4, 21, 2, 6, 11 \rangle$.

7.1-2
Qual valor de q que PARTICIONA retorna quando todos os elementos no vetor $A[p:r]$ têm o mesmo valor? Modifique PARTICIONA de modo que $q = \lfloor (p + r)/2 \rfloor$ quando todos os elementos no vetor $A[p:r]$ têm o mesmo valor.

7.1-3
Apresente um breve argumento mostrando que o tempo de execução de PARTICIONA para um subvetor de tamanho n é $\Theta(n)$.

7.1-4
Modifique o procedimento QUICKSORT para ordenar em ordem decrescente.

7.2   Desempenho do quicksort

O tempo de execução do quicksort depende de o particionamento ser balanceado ou não balanceado, o que, por sua vez, depende de quais elementos são usados como pivôs. Se os dois lados de uma partição tiverem aproximadamente o mesmo tamanho — o particionamento é balanceado —, o algoritmo é executado assintoticamente tão rápido quanto a ordenação por intercalação. Contudo, se o particionamento é não balanceado, ele pode ser executado assintoticamente tão lento quanto a ordenação por inserção. Para permitir que você tenha uma ideia melhor antes de nos aprofundarmos na análise formal, esta seção investiga informalmente como o quicksort se comporta sob as premissas do particionamento balanceado e do particionamento não balanceado.

Mas, primeiro, vejamos rapidamente a quantidade máxima de memória que o quicksort requer. Embora o quicksort classifique no local, de acordo com a definição no Capítulo 6, a quantidade de memória que ele usa — além do vetor que está sendo classificado — não é constante. Como cada chamada recursiva requer uma quantidade constante de espaço na pilha de tempo de execução, fora do vetor que está sendo classificado, o quicksort requer espaço proporcional à profundidade máxima da recursão. Como veremos agora, isso pode ser tão ruim quanto $\Theta(n)$ na pior das hipóteses.

Particionamento no pior caso

O comportamento do pior caso para o quicksort ocorre quando a rotina de particionamento produz um subproblema com $n-1$ elementos e um com 0 elemento. (Ver Seção 7.4.1.) Vamos considerar que esse particionamento não balanceado surja em cada chamada recursiva. O particionamento custa o tempo $\Theta(n)$. Visto que a chamada recursiva para um vetor de tamanho 0 apenas retorna, sem fazer nada, $T(0) = \Theta(1)$, e a recorrência para o tempo de execução é

$$T(n) = T(n-1) + T(0) + \Theta(n)$$
$$= T(n-1) + \Theta(n) \ .$$

Se somarmos os custos incorridos em cada nível da recursão, obteremos uma série aritmética (Equação (A.3), no Apêndice A), cujo valor chega a $\Theta(n^2)$. Na realidade, podemos usar o método de substituição para provar que a recorrência $T(n) = T(n-1) + \Theta(n)$ tem a solução $T(n) = \Theta(n^2)$. (Ver Exercício 7.2-1.)

Assim, se o particionamento é maximamente não balanceado em todo nível recursivo do algoritmo, o tempo de execução é $\Theta(n^2)$. Portanto, o tempo de execução do pior caso do quicksort não é melhor que o da ordenação por inserção. Além disso, o tempo de execução $\Theta(n^2)$ ocorre quando o vetor de entrada já está completamente ordenado — uma situação na qual a ordenação por inserção é executada no tempo $O(n)$.

Particionamento do melhor caso

Na divisão mais equitativa possível, PARTICIONA produz dois subproblemas, cada um de tamanho não maior que $n/2$, já que um é de tamanho $\lfloor(n-1)/2\rfloor \le n/2$ e o outro é de tamanho $\lceil(n-1)/2\rceil \le n/2$. Nesse caso, a execução do quicksort é muito mais rápida. Um limite superior para o tempo de execução pode, então, ser descrito pela recorrência

$$T(n) = 2T(n/2) + \Theta(n) \ .$$

Pelo caso 2 do teorema mestre (Teorema 4.1), a solução dessa recorrência é $T(n) = \Theta(n \lg n)$. Portanto, se o particionamento for balanceado igualmente em cada nível da recursão, o resultado é um algoritmo assintoticamente mais rápido.

Particionamento balanceado

O tempo de execução do caso médio do quicksort é muito mais próximo do melhor caso que do pior caso, como mostrarão as análises da Seção 7.4. A chave para entender o porquê é compreender como o equilíbrio do particionamento afeta a recorrência que descreve o tempo de execução.

Por exemplo, suponha que o algoritmo de particionamento sempre produza uma divisão proporcional de 9 para 1, que, à primeira vista, parece bastante desequilibrada. Então, obtemos a recorrência

$$T(n) = T(9n/10) + T(n/10) + \Theta(n) \ ,$$

no tempo de execução do quicksort. A Figura 7.4 mostra a árvore de recursão para essa recorrência, em que, para simplificar, a função condutora $\Theta(n)$ foi substituída por n, que não afetará a solução assintótica da recorrência (conforme justificado pelo Exercício 4.7-1). Note que todo nível da árvore tem custo n até a recursão alcançar uma condição de contorno no caso-base à profundidade $\log_{10} n = \Theta(\lg n)$; daí em diante, os níveis têm no máximo o custo n. A recursão termina na profundidade $\log_{10/9} n = \Theta(\lg n)$. Portanto, com uma divisão na proporção de 9 para 1 em todo nível de recursão, o que intuitivamente parece bastante desequilibrado, o quicksort é executado no tempo $O(n \lg n)$ — assintoticamente, o mesmo tempo que teríamos se a divisão fosse exatamente ao meio. De fato, até mesmo uma divisão de 99 para 1 produz um tempo de execução $O(n \lg n)$. Na verdade, qualquer divisão de proporcionalidade *constante* produz uma árvore de recursão de profundidade $\Theta(\lg n)$, em que o custo em cada nível é $O(n)$. Portanto, o tempo de execução será $O(n \lg n)$ sempre que a divisão tiver proporcionalidade constante. A razão da divisão afeta somente a constante implícita na notação O.

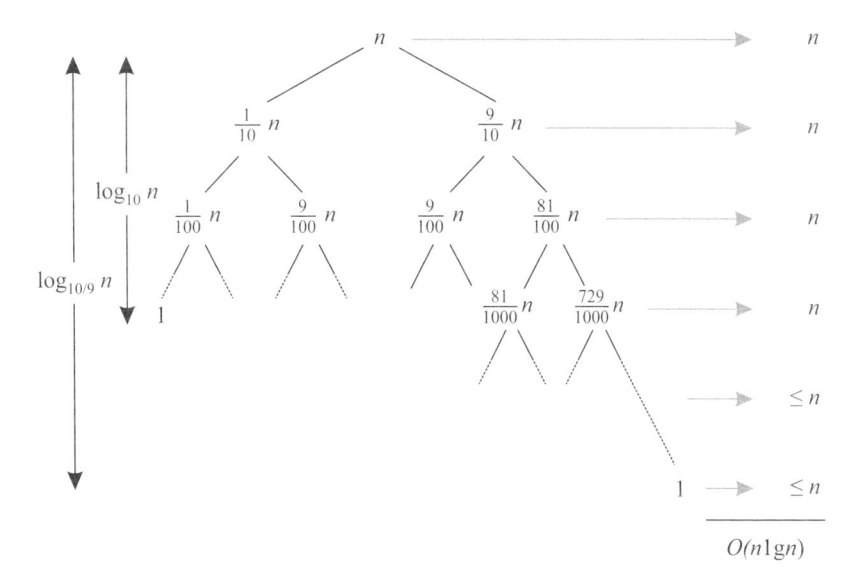

Figura 7.4 Árvore de recursão para Quicksort, na qual Particiona sempre produz uma divisão de 9 para 1, resultando no tempo de execução $O(n \lg n)$. Os nós mostram tamanhos de subproblemas, com custos por nível à direita.

Intuição para o caso médio

Para desenvolvermos uma noção clara do comportamento esperado do quicksort, temos de adotar uma premissa com relação ao modo com que esperamos encontrar as várias entradas. Como o quicksort determina a ordenação usando apenas comparações entre os elementos de entrada, seu comportamento depende da ordenação relativa dos valores nos elementos do vetor dados como entrada, e não dos valores particulares no vetor. Como em nossa análise probabilística do problema da contratação na Seção 5.2, suporemos que todas as permutações dos números de entrada são igualmente prováveis e que os elementos são distintos.

Quando executamos o quicksort sobre um vetor de entrada aleatório, é muito improvável que o particionamento ocorra do mesmo modo em todo nível, como nossa análise informal pressupôs. Esperamos algumas divisões razoavelmente bem equilibradas e outras razoavelmente desequilibradas. Por exemplo, o Exercício 7.2-6 pede para você mostrar que, em aproximadamente 80% do tempo, Particiona produz uma divisão mais equilibrada que 9 para 1, e em aproximadamente 20% do tempo ele produz uma divisão menos equilibrada que 9 para 1.

No caso médio, Particiona produz um misto de divisões "boas" e "ruins". Em uma árvore de recursão para uma execução de Particiona para o caso médio, as divisões boas e ruins estão distribuídas aleatoriamente por toda a árvore. Suponha, por intuição, que as divisões boas e ruins se alternem nos níveis da árvore, que as divisões boas sejam divisões do melhor caso e as divisões ruins sejam divisões do pior caso. A Figura 7.5(a) mostra as divisões em dois níveis consecutivos na árvore de recursão. Na raiz da árvore, o custo é n para particionamento e os subvetores produzidos têm tamanhos $n - 1$ e 0: o pior caso. No nível seguinte, o subvetor de tamanho $n - 1$ sofre particionamento do melhor caso e subdivide-se em dois subvetores de tamanhos $(n - 1)/2 - 1$ e $(n - 1)/2$. Vamos supor que o custo no caso-base é 1 para o subvetor de tamanho 0.

A combinação da divisão ruim seguida pela divisão boa produz três subvetores de tamanhos 0, $(n - 1)/2 - 1$ e $(n - 1)/2$, a um custo de particionamento combinado de $\Theta(n) + \Theta(n - 1) = \Theta(n)$. Essa situação é, no máximo, um fator constante pior que o da Figura 7.5(b), ou seja, um único nível de particionamento que produz dois subvetores de tamanho $(n - 1)/2$, ao custo $\Theta(n)$. Ainda assim, esta última situação é equilibrada! Intuitivamente, o custo $\Theta(n - 1)$ da divisão ruim na Figura 7.5(a) pode ser absorvido no custo $\Theta(n)$ da divisão boa, e a divisão resultante é boa. Assim, o tempo de execução do quicksort, quando os níveis se alternam entre divisões boas e ruins, é semelhante ao tempo de execução para divisões boas sozinhas: ainda $O(n \lg n)$, mas com uma constante ligeiramente maior implícita pela notação O. Faremos uma análise rigorosa do tempo de execução esperado de uma versão aleatorizada do quicksort na Seção 7.4.2.

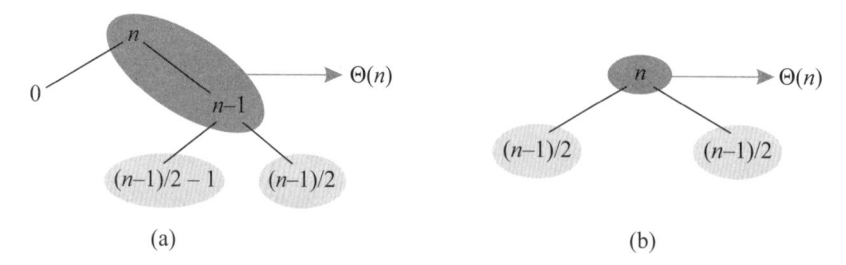

(a)   (b)

Figura 7.5 (**a**) Dois níveis de uma árvore de recursão para quicksort. O particionamento na raiz custa n e produz uma divisão "ruim": dois subvetores de tamanhos 0 e $n - 1$. O particionamento do subvetor de tamanho $n - 1$ custa $n - 1$ e produz uma divisão "boa": subvetores de tamanhos $(n - 1)/2 - 1$ e $(n - 1)/2$. (**b**) Um único nível de uma árvore de recursão que está muito bem equilibrada. Em ambas as partes, o custo de particionamento para os subproblemas mostrados nas elipses *cinza-escuro* é $\Theta(n)$. Ainda assim, os subproblemas que ainda falta resolver em (a), mostrados nas elipses *cinza-claro*, não são maiores que os subproblemas correspondentes que ainda faltam resolver em (b).

Exercícios

7.2-1
Use o método de substituição para provar que a recorrência $T(n) = T(n - 1) + \Theta(n)$ tem a solução $T(n) = \Theta(n^2)$, como afirmamos no início da Seção 7.2.

7.2-2
Qual é o tempo de execução de Quicksort quando todos os elementos do vetor A têm o mesmo valor?

7.2-3
Mostre que o tempo de execução do Quicksort é $\Theta(n^2)$ quando o vetor A contém elementos distintos e está ordenado em ordem decrescente.

7.2-4
Os bancos frequentemente registram transações em uma conta na ordem dos horários das transações, mas muitos clientes gostam de receber em seus extratos bancários uma relação de cheques por ordem do número do cheque. Normalmente, as pessoas preenchem cheques na ordem do número do cheque, e os comerciantes normalmente os descontam com presteza razoável. Portanto, o problema de converter a ordenação pela hora da transação na ordenação pelo número do cheque é o problema de ordenar uma entrada quase ordenada. Explique, de forma persuasiva, por que o procedimento Ordena-Por-Inserção tenderia a superar o procedimento Quicksort nesse problema.

7.2-5
Suponha que as divisões em todo nível do quicksort estejam na proporção constante α para β, em que $\alpha + \beta = 1$ e $0 < \alpha \le \beta < 1$. Mostre que a profundidade mínima de uma folha na árvore de recursão é aproximadamente $\log_{1/\alpha} n$ e que a profundidade máxima é aproximadamente $\log_{1/\beta} n$. (Não se preocupe com o arredondamento de inteiros.)

7.2-6
Considere um vetor com elementos distintos e para o qual todas as permutações dos elementos são igualmente prováveis. Demonstre que, para qualquer constante $0 < \alpha \le 1/2$, a probabilidade de que Particiona produza uma divisão mais equilibrada que $1 - \alpha$ para α é aproximadamente $1 - 2\alpha$.

7.3   Versão aleatorizada do quicksort

Quando exploramos o comportamento do caso médio do quicksort, adotamos a premissa de que todas as permutações dos números de entrada são igualmente prováveis. Porém, essa suposição nem sempre é mantida, por exemplo, como na situação estabelecida pela premissa para o Exercício 7.2-4. Como vimos na Seção 5.3, eventualmente, podemos acrescentar alguma aleatoriedade a um algoritmo para obter bom desempenho esperado para todas as entradas. Para o quicksort, a aleatorização produz um algoritmo rápido e prático. Muitas bibliotecas de *software* oferecem uma versão aleatorizada do quicksort como seu algoritmo preferido para ordenação de grandes conjuntos de dados.

Na Seção 5.3, o procedimento CONTRATAR-AUXILIAR-ALEATORIZADO permuta explicitamente sua entrada e depois executa o procedimento determinístico CONTRATAR-AUXILIAR. Também poderíamos fazer isso para o quicksort, mas uma técnica de aleatorização diferente produz uma análise mais simples. Em vez de sempre usar $A[r]$ como pivô, selecionaremos um elemento escolhido aleatoriamente no subvetor $A[p : r]$, em que cada elemento em $A[p : r]$ tem uma probabilidade igual de ser escolhido. Depois, trocamos esse elemento com $A[r]$ antes de particionar. Como escolhemos o elemento pivô aleatoriamente, esperamos que a divisão do vetor de entrada seja razoavelmente bem equilibrada na média.

As mudanças em PARTICIONA e QUICKSORT são pequenas. No novo procedimento de partição, PARTICIONA-ALEATORIZADO, simplesmente implementamos a troca antes do particionamento propriamente dito. O novo procedimento de quicksort, QUICKSORT-ALEATORIZADO, chama PARTICIONA-ALEATORIZADO em vez de PARTICIONA. Analisaremos esse algoritmo na próxima seção.

PARTICIONA-ALEATORIZADO(A, p, r)
1 $i = $ ALEATÓRIO(p, r)
2 trocar $A[r]$ com $A[i]$
3 **return** PARTICIONA (A, p, r)

QUICKSORT-ALEATORIZADO(A, p, r)
1 **if** $p < r$
2      $q = $ PARTICIONA-ALEATORIZADO(A, p, r)
3   QUICKSORT-ALEATORIZADO($A, p, q - 1$)
4   QUICKSORT-ALEATORIZADO($A, q + 1, r$)

Exercícios

7.3-1
Por que analisamos o tempo de execução esperado de um algoritmo aleatorizado e não seu tempo de execução do pior caso?

7.3-2
Durante a execução do procedimento QUICKSORT-ALEATORIZADO, quantas chamadas são feitas ao gerador de números aleatórios ALEATÓRIO no pior caso? E no melhor caso? Dê a resposta em termos de notação Θ.

7.4   Análise do quicksort

A Seção 7.2 nos deu uma ideia do comportamento do pior caso do quicksort e do motivo por que esperamos que ele funcione rapidamente. Nesta seção, analisaremos o comportamento do quicksort mais rigorosamente. Começaremos com uma análise do pior caso, que se aplica a QUICKSORT ou a QUICKSORT-ALEATORIZADO, e concluímos com uma análise do tempo de execução esperado de QUICKSORT-ALEATORIZADO.

7.4.1 Análise do pior caso

Vimos na Seção 7.2 que uma divisão do pior caso em todo nível de recursão do quicksort produz um tempo de execução $\Theta(n^2)$ que, intuitivamente, é o tempo de execução do pior caso do algoritmo. Agora, vamos provar essa afirmação.

Usando o método de substituição (ver Seção 4.3), podemos mostrar que o tempo de execução do quicksort é $O(n^2)$. Seja $T(n)$ o tempo do pior caso para o procedimento QUICKSORT para uma entrada de tamanho n. Como o procedimento PARTICIONA produz dois subproblemas com tamanho total $n - 1$, obtemos a recorrência

$$T(n) = \max \{T(q) + T(n - 1 - q) : 0 \leq q \leq n - 1\} + \Theta(n) , \tag{7.1}$$

Nosso palpite é que $T(n) \leq cn^2$ para alguma constante $c > 0$. Substituindo esse palpite na recorrência (7.1), obtemos

$$\begin{aligned} T(n) &\leq \max \{cq^2 + c(n - 1 - q)^2 : 0 \leq q \leq n - 1\} + \Theta(n) \\ &= c \cdot \max \{q^2 + (n - 1 - q)^2 : 0 \leq q \leq n - 1\} + \Theta(n) . \end{aligned}$$

Vamos voltar nossa atenção para a maximização. Para $q = 0, 1, ..., n - 1$, temos

$$\begin{aligned} q^2 + (n - 1 - q)^2 &= q^2 + (n - 1)^2 - 2q(n - 1) + q^2 \\ &= (n - 1)^2 + 2q(q - (n - 1)) \\ &\leq (n - 1)^2 \end{aligned}$$

porque $q \leq n - 1$ implica que $2q(q - (n - 1)) \leq 0$. Portanto, cada termo na maximização é limitado por $(n - 1)^2$.

Continuando com nossa análise de $T(n)$, obtemos

$$\begin{aligned} T(n) &\leq c(n - 1)^2 + \Theta(n) \\ &\leq cn^2 - c(2n - 1) + \Theta(n) \\ &\leq cn^2 , \end{aligned}$$

visto que podemos escolher a constante c suficientemente grande de modo que o termo $c(2n - 1)$ domine o termo $\Theta(n)$. Assim, $T(n) = O(n^2)$. Vimos na Seção 7.2 um caso específico no qual o quicksort demora o tempo $\Omega(n^2)$: quando o particionamento é desequilibrado. Assim, o tempo de execução no pior caso do quicksort é $\Theta(n^2)$.

7.4.2 Tempo de execução esperado

Já vimos a intuição que nos diz por que o tempo de execução esperado QUICKSORT-ALEATORIZADO é $O(n \lg n)$: se, em cada nível de recursão, a divisão induzida por PARTICIONA-ALEATORIZADO colocar qualquer fração constante dos elementos em um lado da partição, a árvore de recursão terá a profundidade $\Theta(\lg n)$, e o trabalho $O(n)$ será executado em cada nível. Ainda que acrescentemos alguns novos níveis com a divisão mais desequilibrada possível entre esses níveis, o tempo total permanece $O(n \lg n)$. Podemos analisar precisamente o tempo de execução esperado de QUICKSORT-ALEATORIZADO entendendo, em primeiro lugar, como o procedimento de particionamento funciona, e depois usando essa compreensão para derivar um limite $O(n \lg n)$ para o tempo de execução esperado. Esse limite superior para o tempo de execução esperado, combinado com o limite do melhor caso $\Theta(n \lg n)$ que vimos na Seção 7.2, produz um tempo de execução esperado $\Theta(n \lg n)$. Consideramos, do princípio ao fim, que os valores dos elementos que estão sendo ordenados são distintos.

Tempo de execução e comparações

A única diferença entre os procedimentos QUICKSORT e QUICKSORT-ALEATORIZADO é o modo como selecionam elementos pivôs. Em todos os outros aspectos, eles são iguais. Portanto, podemos expressar nossa análise de QUICKSORT-ALEATORIZADO discutindo os procedimentos QUICKSORT e PARTICIONA, porém considerando que os elementos pivôs são selecionados aleatoriamente no subvetor passado para PARTICIONA-ALEATORIZADO. Vamos começar relacionando o tempo de execução assintótico de QUICKSORT com o número de vezes que os elementos são comparados (tudo na linha 4 de PARTICIONA), entendendo que essa análise também se aplica a QUICKSORT-ALEATORIZADO. Observe que estamos contando o número de vezes que os *elementos do vetor* são comparados, e não comparações de índices.

Lema 7.1

O tempo de execução do QUICKSORT para um vetor de n elementos é $O(n + X)$, em que X é o número de comparações de elementos realizadas.

Prova O tempo de execução de QUICKSORT é dominado pelo tempo gasto no procedimento PARTICIONA. Toda vez que é chamado, ele seleciona um elemento pivô, e esse elemento nunca é incluído em nenhuma chamada recursiva futura a QUICKSORT e PARTICIONA. Assim, pode haver, no máximo, n chamadas a PARTICIONA durante a execução inteira do algoritmo de quicksort. Toda vez que QUICKSORT chama PARTICIONA, ele chama recursivamente a si mesmo duas vezes, de modo que existem no máximo $2n$ chamadas ao procedimento QUICKSORT propriamente dito.

Uma chamada a PARTICIONA demora o tempo $O(1)$ mais uma quantidade de tempo proporcional ao número de iterações do laço **for** nas linhas 3–6. Cada iteração desse laço **for** executa uma comparação na linha 4, comparando o elemento pivô com outro elemento do vetor A. Portanto, o tempo total gasto no laço **for** durante todas as execuções é proporcional a X. Como existem no máximo n chamadas a PARTICIONA e o tempo gasto fora do laço **for** é $O(1)$ para cada chamada, o tempo total gasto em PARTICIONA fora do laço **for** é $O(n)$. Assim, o tempo total para o quicksort é $O(n + X)$.

Portanto, nosso objetivo ao analisar QUICKSORT-ALEATORIZADO é calcular o valor esperado E[X] da variável aleatória X indicando o número total de comparações realizadas em todas as chamadas a PARTICIONA. Para fazermos isso, devemos entender quando o algoritmo de quicksort compara dois elementos do vetor e quando ele não faz isso. Para facilitar a análise, vamos indexar os elementos do vetor A por sua posição na saída ordenada, e não por sua posição na entrada. Isto é, embora os elementos em A possam começar em qualquer ordem, vamos nos referir a eles como $z_1, z_2, ..., z_n$, em que $z_1 < z_2 < ... < z_n$, com a inequação estrita porque consideramos que todos os elementos são distintos. Indicamos o conjunto $\{z_i, z_{i+1}, ..., z_j\}$ com Z_{ij}.

O próximo lema caracteriza quando dois elementos são comparados.

Lema 7.2

Durante a execução de QUICKSORT-ALEATORIZADO sobre um vetor de n elementos distintos $z_1, z_2, ..., z_n$, um elemento z_i é comparado com um elemento z_j, em que $i < j$, se, e somente se, um deles for escolhido como pivô antes de qualquer outro elemento no conjunto Z_{ij}. Além disso, dois elementos nunca são comparados duas vezes.

Prova Vejamos a primeira vez em que um elemento $x \in Z_{ij}$ é escolhido como pivô durante a execução do algoritmo. Existem três casos a serem considerados. Se x não for z_i nem z_j – isto é, $z_i < x < z_j$ –, então z_i e z_j não podem ser comparados em nenhum momento subsequente, pois estão em lados diferentes da partição em torno de x. Se $x = z_i$, então PARTICIONA compara z_i com cada um dos outros itens em Z_{ij}. De modo semelhante, se $x = z_j$, então PARTICIONA compara z_j com cada um dos outros itens em Z_{ij}. Assim, z_i e z_j são comparados se, e somente se, o primeiro elemento a ser escolhido como pivô em Z_{ij} for z_i ou z_j. Nos dois últimos casos, em que um dentre z_i e z_j é escolhido como pivô, como o pivô é removido de comparações futuras, ele nunca é comparado novamente com o outro elemento.

Como exemplo desse lema, considere uma entrada para o quicksort dos números de 1 a 10 em uma ordem qualquer. Suponha que o primeiro elemento pivô seja 7. Então, a primeira chamada a PARTICIONA separa os números em dois conjuntos: $\{1, 2, 3, 4, 5, 6\}$ e $\{8, 9, 10\}$. No processo, o elemento pivô 7 é comparado com todos os outros elementos, mas nenhum número do primeiro conjunto (por exemplo, 2) é ou será comparado com qualquer número do segundo conjunto (por exemplo, 9). Os valores 7 e 9 são comparados porque 7 é o primeiro item de $Z_{7,9}$ a ser escolhido como pivô. Em contraste, 2 e 9 nunca serão comparados porque o primeiro elemento pivô escolhido de $Z_{2,9}$ é 7.

O próximo lema indica a probabilidade de que dois elementos sejam comparados.

Lema 7.3

Considere a execução do procedimento QUICKSORT-ALEATORIZADO em um vetor de n elementos distintos $z_1 < z_2 < ... < z_n$. Dados dois elementos arbitrários z_i e z_j, em que $i < j$, a probabilidade de serem comparados é $2/(j - i + 1)$.

Prova Vamos examinar a árvore de chamadas recursivas que QUICKSORT-ALEATORIZADO faz e considerar os conjuntos de elementos fornecidos como entrada para cada chamada. Inicialmente, o conjunto raiz contém todos os elementos de Z_{ij}, pois esse conjunto raiz contém todos os elementos de A. Os elementos pertencentes a Z_{ij} permanecem todos juntos para cada chamada recursiva de QUICKSORT-ALEATORIZADO até que PARTICIONA escolha algum elemento $x \in Z_{ij}$ como pivô. A partir desse ponto, o pivô x não aparece em nenhum conjunto de entrada subsequente. A primeira vez que QUICKSORT-ALEATORIZADO escolhe um pivô $x \in Z_{ij}$ de um conjunto contendo todos os elementos de Z_{ij}, cada elemento em Z_{ij} tem a mesma probabilidade de ser x porque o pivô é escolhido uniformemente ao acaso. Como $|Z_{ij}| = j - i + 1$, a probabilidade é $1/(j - i + 1)$ de que qualquer elemento em Z_{ij} seja o primeiro pivô escolhido de Z_{ij}. Assim, pelo Lema 7.2, temos

$$
\begin{aligned}
\Pr\{z_i \text{ é comparado com } z_j\} &= \Pr\{z_i \text{ ou } z_j \text{ é o primeiro pivô escolhido de } Z_{ij}\} \\
&= \Pr\{z_i \text{ é o primeiro pivô escolhido de } Z_{ij}\} \\
&\quad + \Pr\{z_j \text{ é o primeiro pivô escolhido de } Z_{ij}\} \\
&= \frac{2}{j - i + 1},
\end{aligned}
$$

em que a segunda linha é decorrente da primeira, porque os dois eventos são mutuamente exclusivos. ∎

Agora, podemos concluir a análise do quicksort aleatorizado.

Lema 7.4

O tempo de execução esperado de QUICKSORT-ALEATORIZADO sobre uma entrada de n elementos distintos é $O(n \lg n)$.

Prova A análise utiliza variáveis aleatórias indicadoras (ver Seção 5.2). Sejam os n elementos distintos $z_1 < z_2 < ... < z_n$, e para $1 \le i < j \le n$, defina a variável aleatória indicadora $X_{ij} = \mathrm{I}\{z_i \text{ é comparado com } z_j\}$. Pelo Lema 7.2, cada par é comparado no máximo uma vez, e portanto, podemos expressar X da seguinte forma:

$$
X = \sum_{i=1}^{n-1} \sum_{j=i+1}^{n} X_{ij} \, .
$$

Tomando as expectativas dos dois lados e usando a linearidade de expectativa (Equação (C.24), no Apêndice C) e o Lema 5.1, no Capítulo 5, obtemos

$$
\begin{aligned}
\mathrm{E}[X] &= \mathrm{E}\left[\sum_{i=1}^{n-1} \sum_{j=i+1}^{n} X_{ij} \right] \\
&= \sum_{i=1}^{n-1} \sum_{j=i+1}^{n} \mathrm{E}[X_{ij}] && \text{(pela linearidade de expectativa)} \\
&= \sum_{i=1}^{n-1} \sum_{j=i+1}^{n} \Pr\{z_i \text{ é comparado com } z_j\} && \text{(pelo Lema 5.1)} \\
&= \sum_{i=1}^{n-1} \sum_{j=i+1}^{n} \frac{2}{j - i + 1} && \text{(pelo Lema 7.3)}.
\end{aligned}
$$

Podemos avaliar essa soma usando uma mudança de variáveis ($k = j - i$) e o limite sobre a série harmônica na Equação (A.9), no Apêndice A.

$$
\begin{aligned}
\mathrm{E}[X] &= \sum_{i=1}^{n-1} \sum_{j=i+1}^{n} \frac{2}{j - i + 1} \\
&= \sum_{i=1}^{n-1} \sum_{k=1}^{n-i} \frac{2}{k + 1}
\end{aligned}
$$

$$< \sum_{i=1}^{n-1} \sum_{k=1}^{n} \frac{2}{k}$$

$$= \sum_{i=1}^{n-1} O(\lg n)$$

$$= O(n \lg n) \,.$$

Este limite e o Lema 7.1 nos permitem concluir que o tempo de execução esperado de Quicksort-Aleatori-zado é $O(n \lg n)$ (supondo que os valores dos elementos sejam distintos).   ∎

Exercícios

7.4-1
Mostre que a recorrência

$$T(n) = \text{máx}\{T(q) + T(n-q-1) : 0 \le q \le n-1\} + \Theta(n)$$

tem um limite inferior de $T(n) = \Omega(n^2)$.

7.4-2
Mostre que o tempo de execução do melhor caso do quicksort é $\Omega(n \lg n)$.

7.4-3
Mostre que a expressão $q^2 + (n-q-1)^2$ atinge um máximo em $q = 0, 1, ..., n-1$ quando $q = 0$ ou $q = n-1$.

7.4-4
Mostre que o tempo de execução esperado do procedimento Quicksort-Aleatorizado é $\Omega(n \lg n)$.

7.4-5
Adensar a recursão, como fizemos no Problema 2.1 para a ordenação por intercalação, é um modo comum de melhorar o tempo de execução do quicksort na prática. Modificamos o caso-base da recursão a fim de que, se o vetor tiver menos de k elementos, o subvetor seja ordenado por inserção, em vez de chamadas recursivas continuadas ao quicksort. Demonstre que a versão aleatorizada desse algoritmo de ordenação é executado no tempo esperado $O(nk + n \lg(n/k))$. Como k deve ser escolhido, tanto na teoria quanto na prática?

★ 7.4-6
Considere modificar o procedimento Particiona escolhendo aleatoriamente três elementos do subvetor $A[p:r]$ e executando a partição em torno de sua mediana (o valor médio dos três elementos). Dê uma aproximação para a probabilidade de obter na pior das hipóteses uma divisão α para $(1 - \alpha)$ em função de α no intervalo $0 < \alpha < 1/2$.

Problemas

7-1   Corretude da partição de Hoare
A versão de Particiona dada neste capítulo não é o algoritmo de particionamento original. Apresentamos a seguir o algoritmo de partição original, que deve seu nome a C. A. R. Hoare:

```
Partição-De-Hoare(A, p, r)
1  x = A[p]
2  i = p - 1
3  j = r + 1
4  while VERDADE
```

(continua)

```
5    repeat
6        j = j − 1
7    until A[j] ≤ x
8    repeat
9        i = i + 1
10   until A[i] ≥ x
11   if i < j
12       trocar A[i] com A[j]
13   else return j
```

a. Demonstre a operação de Partição-De-Hoare sobre o vetor $A = \langle 13, 19, 9, 5, 12, 8, 7, 4, 11, 2, 6, 21 \rangle$, mostrando os valores do vetor e os índices i e j após cada iteração do laço **while** das linhas 4–13.

b. Descreva como o procedimento Particiona, na Seção 7.1, difere de Partição-De-Hoare quando todos os elementos em $A[p : r]$ são iguais. Descreva uma vantagem prática de Partição-De-Hoare sobre Particiona para uso no quicksort.

As três perguntas seguintes pedem que você apresente um argumento cuidadoso de que o procedimento Partição-De-Hoare é correto. Levando em conta que o subvetor $A[p : r]$ contém pelo menos dois elementos, prove que:

c. Os índices i e j são tais que nunca acessamos um elemento de A fora do subvetor $A[p : r]$.

d. Quando Partição-De-Hoare termina, ele retorna um valor j tal que $p \le j < r$.

e. Todo elemento de $A[p : j]$ é menor ou igual a todo elemento de $A[j + 1 : r]$ quando Partição-De-Hoare termina.

O procedimento Particiona da Seção 7.1 separa o valor do pivô (originalmente em $A[r]$) das duas partições que ele forma. Por outro lado, o procedimento Partição-De-Hoare sempre insere o valor do pivô (originalmente em $A[p]$) em uma das duas partições $A[p : j]$ e $A[j + 1 : r]$. Visto que $p \le j < r$, nenhuma partição é vazia.

f. Reescreva o procedimento Quicksort para usar Partição-De-Hoare.

7-2   Quicksort com elementos de valores iguais

A análise do tempo de execução esperado do Quicksort aleatorizado na Seção 7.4.2 supõe que todos os valores dos elementos são distintos. Neste problema, examinamos o que acontece quando não são.

a. Suponha que todos os valores dos elementos sejam iguais. Qual seria o tempo de execução do quicksort aleatorizado nesse caso?

b. O procedimento Particiona retorna um índice q tal que cada elemento de $A[p : q − 1]$ é menor ou igual a $A[q]$ e cada elemento de $A[q + 1 : r]$ é maior que $A[q]$. Modifique o procedimento Particiona para produzir um procedimento Particiona$'$$(A, p, r)$, que permute os elementos de $A[p : r]$ e retorne dois índices q e t, em que $p \le q \le t \le r$, tal que

- todos os elementos de $A[q : t]$ sejam iguais,
- cada elemento de $A[p : q − 1]$ seja menor do que $A[q]$, e
- cada elemento de $A[t + 1 : r]$ seja maior que $A[q]$.

Como o procedimento Particiona, o seu procedimento Particiona$'$ deve demorar o tempo $\Theta(r − p)$.

c. Modifique o procedimento Particiona-Aleatorizado para chamar Particiona$'$ e denomine o novo procedimento Particiona-Aleatorizado$'$. Então, modifique o procedimento Quicksort para produzir um procedimento Quicksort$'$$(A, p, r)$ que chame Particiona-Aleatorizado$'$ e faça a recursão somente sobre partições em que não se sabe se os elementos são iguais uns aos outros.

d. Usando Quicksort$'$, ajuste a análise na Seção 7.4.2 para evitar a premissa de que todos os elementos são distintos.

7-3   Análise alternativa do quicksort

Uma análise alternativa do tempo de execução de quicksort aleatorizado focaliza o tempo de execução esperado de cada chamada recursiva individual a Quicksort-Aleatorizado, em vez do número de comparações executadas. Como na análise da Seção 7.4.2, suponha que os valores dos elementos sejam distintos.

a. Demonstre que, dado um vetor de tamanho n, a probabilidade de qualquer elemento específico ser escolhido como pivô é $1/n$. Use essa probabilidade para definir variáveis aleatórias indicadoras $X_i = I$ {o i-ésimo menor elemento é escolhido como pivô}. Qual é o valor de $E[X_i]$?

b. Seja $T(n)$ uma variável aleatória que indica o tempo de execução do quicksort para um vetor de tamanho n. Demonstre que

$$E[T(n)] = E\left[\sum_{q=1}^{n} X_q \left(T(q-1) + T(n-q) + \Theta(n)\right)\right].$$ (7.2)

c. Mostre que podemos reescrever a Equação (7.2) como

$$E[T(n)] = \frac{2}{n} \sum_{q=1}^{n-1} E[T(q)] + \Theta(n).$$ (7.3)

d. Mostre que

$$\sum_{q=1}^{n-1} q \lg q \leq \frac{n^2}{2} \lg n - \frac{n^2}{8}$$ (7.4)

para $n \geq 2$. (*Sugestão*: divida o somatório em duas partes, uma para $q = 1, 2, ..., \lceil n/2 \rceil - 1$ e uma para $q = \lceil n/2 \rceil, ..., n - 1$.)

e. Usando o limite da Equação (7.4), mostre que a recorrência na Equação (7.3) tem a solução $E[T(n)] = O(n \lg n)$. (*Sugestão*: mostre, por substituição, que $E[T(n)] \leq an \lg n$ para n suficientemente grande e para alguma constante positiva a.)

7-4   Ordenação fantoche

Os professores Howard, Fine e Howard propuseram um algoritmo de ordenação enganosamente simples, chamado ordenação fantoche, que aparece a seguir.

```
ORDENAÇÃO-FANTOCHE(A, p, r)
1   if A[p] > A[r]
2       trocar A[p] com A[r]
3   if p + 1 < r
4       k = ⌊(r - p + 1)/3⌋          // arredonda para baixo
5       ORDENAÇÃO-FANTOCHE(A, p, r - k)   // primeiros dois terços
6       ORDENAÇÃO-FANTOCHE(A, p + k, r)   // últimos dois terços
7       ORDENAÇÃO-FANTOCHE(A, p, r - k)   // primeiros dois terços de novo
```

a. Demonstre que a chamada ORDENAÇÃO-FANTOCHE(A, 1, n) ordena corretamente o vetor $A[1 : n]$.

b. Indique uma recorrência para o tempo de execução do ORDENAÇÃO-FANTOCHE no pior caso e um limite assintótico estrito (notação Θ) sobre o tempo de execução no pior caso.

c. Compare o tempo de execução do ORDENAÇÃO-FANTOCHE no pior caso com o da ordenação por inserção, ordenação por intercalação e quicksort. Os professores merecem ser empossados?

7-5   Profundidade de pilha para quicksort

O algoritmo QUICKSORT da Seção 7.1 contém duas chamadas recursivas a si próprio. Após chamar PARTICIONA, o QUICKSORT ordena recursivamente o lado baixo da partição e depois ordena recursivamente o lado alto da partição. A segunda chamada recursiva em QUICKSORT não é realmente necessária, pois o procedimento, em vez disso, pode utilizar uma estrutura de controle iterativa. Essa técnica de transformação, denominada *eliminação de recursão de cauda*, é automaticamente fornecida por bons compiladores. A aplicação da eliminação de recursão de cauda transforma o QUICKSORT no procedimento TRE-QUICKSORT (TRE, do inglês *tail-recursion elimination*).

```
TRE-QUICKSORT
1   while p < r
2       // Particiona e depois ordena o lado baixo.
3       q = PARTICIONA(A, p, r)
4       TRE-QUICKSORT(A, p, q − 1)
5       p = q + 1
```

a. Mostre que TRE-QUICKSORT(A, 1, n) ordena corretamente o vetor $A[1 : n]$.

Os compiladores normalmente executam procedimentos recursivos usando uma **pilha** que contém informações pertinentes, inclusive os valores de parâmetros para cada chamada recursiva. As informações para a chamada mais recente estão na parte superior da pilha, e as informações para a chamada inicial encontram-se na parte inferior. Quando um procedimento é chamado, suas informações são **empurradas** para a pilha; quando ele termina, suas informações são **extraídas**. Visto que supomos que os parâmetros do vetor são representados por ponteiros, as informações para cada chamada de procedimento na pilha exigem espaço de pilha $O(1)$. A **profundidade de pilha** é a quantidade máxima de espaço de pilha usado em qualquer instante durante uma computação.

b. Descreva um cenário no qual a profundidade de pilha de TRE-QUICKSORT é $\Theta(n)$ para um vetor de entrada de n elementos.

c. Modifique o código de TRE-QUICKSORT de tal modo que a profundidade de pilha do pior caso seja $\Theta(\lg n)$. Mantenha o tempo de execução esperado $O(n \lg n)$ do algoritmo.

7.6   Partição de mediana de 3

Um modo de melhorar o procedimento QUICKSORT-ALEATORIZADO é particionar em torno de um pivô escolhido com maior cuidado do que escolher um elemento aleatório do subvetor. Uma abordagem comum é o método da **mediana de 3**: escolha como pivô a mediana (o elemento do meio) de um conjunto de 3 elementos selecionados aleatoriamente no subvetor (ver Exercício 7.4-6). Para esse problema, vamos supor que os n elementos no vetor de entrada $A[p : r]$ sejam distintos e que $n \geq 3$. Indicamos a versão ordenada de $A[p : r]$ por $z_1, z_2, ..., z_n$. Usando o método da mediana de 3 para escolher o elemento pivô x, defina $p_i = \Pr\{x = z_i\}$.

a. Dê uma fórmula exata para p_i em função de n e i para $i = 2, 3, ..., n - 1$. (Observe que $p_1 = p_n = 0$.)

b. Em que medida o método da mediana de 3 aumenta a probabilidade de escolher como pivô $x = z_{\lfloor (n + 1)/2 \rfloor}$, a mediana de $A[p : r]$, em comparação com a implementação comum? Suponha que $n \to \infty$ e dê o limite da razão dessas probabilidades.

c. Se definirmos que uma "boa" divisão significa escolher o pivô como $x = z_i$, em que $n/3 \leq i \leq 2n/3$, a que ponto o método da mediana de 3 aumenta a probabilidade de obter uma boa divisão em comparação com a implementação comum? (*Sugestão*: aproxime a soma por uma integral.)

d. Mostre que, no tempo de execução $\Omega(n \lg n)$ do quicksort, o método da mediana de 3 só afeta o fator constante.

7.7   Ordenação nebulosa de intervalos

Considere um problema de ordenação no qual não conhecemos os números exatamente. Em vez disso, para cada número conhecemos um intervalo na linha dos números reais ao qual ele pertence. Isto é, temos n intervalos fechados da forma $[a_i, b_i]$, em que $a_i \leq b_i$. Queremos executar a **ordenação nebulosa** desses intervalos, isto é, produzir uma permutação $\langle i_1, i_2, ..., i_n \rangle$ dos intervalos tal que, para $j = 1, 2, ..., n$, exista $c_j \in [a_{ij}, b_{ij}]$ que satisfaz $c_1 \leq c_2 \leq ... \leq c_n$.

a. Projete um algoritmo aleatorizado para executar ordenação nebulosa de n intervalos. Seu algoritmo deve ter a estrutura geral de um algoritmo que executa quicksort nas extremidades esquerdas (os valores a_i), mas deve tirar proveito da sobreposição de intervalos para melhorar o tempo de execução. (À medida que os intervalos se sobrepõem mais e mais, o problema da ordenação nebulosa dos intervalos torna-se cada vez mais fácil. Seu algoritmo deve tirar proveito dessa sobreposição até onde ela existir.)

b. Demonstre que seu algoritmo é executado no tempo esperado $\Theta(n \lg n)$ em geral, mas funciona no tempo esperado $\Theta(n)$ quando todos os intervalos se sobrepõem (isto é, quando existe um valor x tal que $x \in [a_i, b_i]$ para todo i). O algoritmo não deve verificar esse caso explicitamente; em vez disso, seu desempenho deve melhorar naturalmente à medida que a proporção de sobreposição aumentar.

Notas do capítulo

O procedimento quicksort foi inventado por Hoare [219] e sua versão de PARTICIONA aparece no Problema 7.1. Bentley [51, p. 117] atribui o procedimento PARTICIONA dado na Seção 7.1 a N. Lomuto. A análise da Seção 7.4 se deve a Motwani e Raghavan [336]. Sedgewick [401] e Bentley [51] nos dão uma boa referência sobre os detalhes de implementação e como eles são importantes.

McIlroy [323] mostra como gerar um "adversário matador" que produz um vetor para o qual praticamente qualquer implementação do quicksort demora o tempo $\Theta(n^2)$.

8   Ordenação em Tempo Linear

Apresentamos até agora alguns algoritmos que podem ordenar n números no tempo $O(n \lg n)$. Enquanto a ordenação por intercalação e a ordenação por *heap* atingem esse limite superior no pior caso, o quicksort o atinge na média. Além disso, para cada um desses algoritmos, podemos produzir uma sequência de n números de entrada que faz o algoritmo ser executado no tempo $\Omega(n \lg n)$.

Esses algoritmos compartilham uma propriedade interessante: *a sequência ordenada que eles determinam se baseia apenas em comparações entre os elementos da entrada*. Denominamos esses algoritmos **ordenações por comparação**. Todos os algoritmos de ordenação apresentados até aqui são ordenações por comparação.

Na Seção 8.1, provaremos que, para ordenar n elementos, qualquer ordenação por comparação deve efetuar $\Omega(n \lg n)$ comparações no pior caso. Assim, a ordenação por intercalação e a ordenação por *heap* são assintoticamente ótimas e não existe nenhuma ordenação por comparação que seja mais rápida por mais do que um fator constante.

As Seções 8.2, 8.3 e 8.4 examinam três algoritmos de ordenação — ordenação por contagem (*counting sort*), ordenação digital (*radix sort*) e ordenação por balde (*bucket sort*) — que são executados em tempo linear sobre certos tipos de entrada. É claro que esses algoritmos utilizam outras operações diferentes de comparações para determinar a sequência ordenada. Consequentemente, o limite inferior $\Omega(n \lg n)$ não se aplica a eles.

8.1   Limites inferiores para ordenação

Em uma ordenação por comparação, usamos somente comparações entre elementos para obter informações de ordem sobre uma sequência de entrada $\langle a_1, a_2, ..., a_n \rangle$. Isto é, dados dois elementos a_i e a_j, executamos um dos testes $a_i < a_j$, $a_i \leq a_j$, $a_i = a_j$, $a_i \geq a_j$ ou $a_i > a_j$, para determinar sua ordem relativa. Não podemos inspecionar os valores dos elementos nem obter informações de ordem sobre eles de qualquer outro modo.

Visto que estamos provando um limite inferior, consideramos, sem perder a generalidade, que todos os elementos de entrada são distintos. Afinal, um limite inferior para elementos distintos é aplicado quando os elementos podem ou não ser distintos. Consequentemente, comparações da forma $a_i = a_j$ são inúteis, o que significa que podemos admitir que nenhuma comparação de igualdade exata é feita. Também observamos que as comparações $a_i \leq a_j$, $a_i \geq a_j$, $a_i > a_j$ e $a_i < a_j$ são equivalentes, já que produzem informações idênticas sobre a ordem relativa de a_i e a_j. Portanto, consideramos que todas as comparações têm a forma $a_i \leq a_j$.

Modelo de árvore de decisão

Podemos imaginar as ordenações por comparação como árvores de decisão. Uma **árvore de decisão** é uma árvore binária cheia (cada nó é uma folha ou tem ambos os filhos) que representa as comparações entre elementos executadas por determinado algoritmo de ordenação operando sobre uma entrada de dado tamanho. Controle, movimentação de dados e todos os outros aspectos do algoritmo são ignorados. A Figura 8.1 mostra a árvore de decisão correspondente ao algoritmo de ordenação por inserção da Seção 2.1, operando sobre uma sequência de entrada de três elementos.

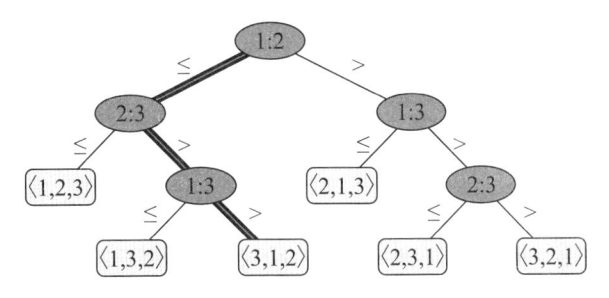

Figura 8.1 Árvore de decisão para ordenação por inserção para três elementos. Um nó interno (em *cinza-escuro*) anotado como *i:j* indica uma comparação entre a_i e a_j. Uma folha anotada como permutação $\langle \pi(1), \pi(2), ..., \pi(n) \rangle$ indica a ordenação $a_{\pi(1)} \leq a_{\pi(2)} \leq ... \leq a_{\pi(n)}$. O caminho com *linha espessa* indica as decisões tomadas durante a ordenação da sequência de entrada $\langle a_1 = 6, a_2 = 8, a_3 = 5 \rangle$. Partindo pela esquerda a partir da raiz, rotulada com 1:2, vemos que $a_1 \leq a_2$. Partindo pela direita a partir do nó rotulado com 2:3, vemos que $a_2 > a_3$. Partindo pela direita a partir do nó rotulado com 1:3, vemos que $a_1 > a_3$. Portanto, temos a ordenação $a_3 \leq a_1 \leq a_2$, conforme indicado na folha rotulada com $\langle 3, 1, 2 \rangle$. Como os três elementos de entrada possuem 3! = 6 permutações possíveis, a árvore de decisão deve ter no mínimo seis folhas.

Em uma árvore de decisão, anotamos cada nó interno como *i:j* para algum *i* e *j* na faixa $1 \leq i, j \leq n$, em que *n* é o número de elementos na sequência de entrada. Também anotamos cada folha como uma permutação $\langle \pi(1), \pi(2), ..., \pi(n) \rangle$. (A Seção C.1 mostra os fundamentos de permutações). Os índices nos nós internos e as folhas sempre se referem às posições originais dos elementos do vetor no início do algoritmo de ordenação. A execução do algoritmo de ordenação corresponde a traçar um caminho simples desde a raiz da árvore de decisão até uma folha. Cada nó interno indica uma comparação $a_i \leq a_j$. Então, a subárvore da esquerda determina comparações subsequentes, já que sabemos que $a_i \leq a_j$ e a subárvore da direita determina comparações subsequentes quando $a_i > a_j$. Quando chegamos a uma folha, o algoritmo de ordenação estabeleceu a ordenação $a_{\pi(1)} \leq a_{\pi(2)} \leq ... \leq a_{\pi(n)}$. Como qualquer algoritmo de ordenação correto deve ser capaz de produzir cada permutação de sua entrada, cada uma das *n*! permutações em *n* elementos deve aparecer como uma das folhas da árvore de decisão para uma ordenação por comparação ser correta. Além disso, cada uma dessas folhas deve ser acessível a partir da raiz por um caminho descendente correspondente a uma execução propriamente dita da ordenação por comparação (essas folhas são denominadas "acessíveis"). Assim, consideraremos apenas árvores de decisão nas quais cada permutação aparece como uma folha acessível.

Limite inferior para o pior caso

O comprimento do caminho simples mais longo desde a raiz de uma árvore de decisão até qualquer uma de suas folhas acessíveis representa o número de comparações do pior caso que o algoritmo de ordenação correspondente executa. Consequentemente, o número de comparações do pior caso para dado algoritmo de ordenação por comparação é igual à altura de sua árvore de decisão. Um limite inferior para as alturas de todas as árvores de decisão nas quais cada permutação aparece como uma folha acessível é, portanto, um limite inferior para o tempo de execução de qualquer algoritmo de ordenação por comparação. O teorema a seguir estabelece esse limite inferior.

Teorema 8.1

Qualquer algoritmo de ordenação por comparação exige $\Omega(n \lg n)$ comparações no pior caso.

Prova Pela discussão anterior, basta determinar a altura de uma árvore de decisão na qual cada permutação aparece como uma folha acessível. Considere uma árvore de decisão de altura *h* com *l* folhas acessíveis correspondente a uma ordenação por comparação sobre *n* elementos. Como cada uma das *n*! permutações da entrada aparece como alguma folha, temos $n! \leq l$. Visto que uma árvore binária de altura *h* não tem mais de 2^h folhas, temos

$$n! \leq l \leq 2^h.$$

que, tomando logaritmos, implica

$h \geq \lg(n!)$ (já que a função $\lg$ é monotonicamente crescente)
  $= \Omega(n \lg n)$ (pela Equação (3.28), no Capítulo 3).   ∎

Corolário 8.2

A ordenação por *heap* e a ordenação por intercalação são ordenações por comparação assintoticamente ótimas.

Prova Os limites superiores $O(n \lg n)$ para os tempos de execução para ordenação por *heap* e ordenação por intercalação correspondem ao limite inferior $\Omega(n \lg n)$ do pior caso do Teorema 8.1.   ∎

Exercícios

8.1-1
Qual é a menor profundidade possível de uma folha em uma árvore de decisão para ordenação por comparação?

8.1-2
Obtenha limites assintoticamente justos para $\lg(n!)$ sem usar a aproximação de Stirling. Em vez disso, avalie o somatório $\sum_{k=1}^{n} \lg k$, empregando técnicas da Seção A.2.

8.1-3
Mostre que não existe nenhuma ordenação por comparação cujo tempo de execução seja linear para, no mínimo, metade das $n!$ entradas de comprimento n. E no caso de uma fração $1/n$ das entradas de comprimento n? E no caso de uma fração $1/2^n$?

8.1-4
Você recebe uma sequência de entrada com n elementos e, de antemão, sabe que ela está parcialmente ordenada no sentido a seguir. Cada elemento inicialmente na posição i tal que $i \bmod 4 = 0$ ou já está em sua posição correta ou está a uma posição de distância do seu local correto. Por exemplo, você sabe que, após a ordenação, o elemento inicialmente na posição 12 pertence à posição 11, 12 ou 13. Você não tem informações antecipadas sobre os outros elementos, nas posições i em que $i \bmod 4 \neq 0$. Mostre que um limite inferior $\Omega(n \lg n)$ na ordenação baseada em comparação ainda vale neste caso.

8.2   Ordenação por contagem

A **ordenação por contagem** supõe que cada um dos n elementos de entrada é um inteiro na faixa 0 a k, para algum inteiro k. Ela é executada em tempo $\Theta(n + k)$, de modo que, quando $k = O(n)$, a ordenação por contagem é executada no tempo $\Theta(n)$.

A ordenação por contagem primeiro determina, para cada elemento de entrada x, o número de elementos menores ou iguais a x. Depois, usa essa informação para inserir o elemento x diretamente em sua posição no vetor de saída. Por exemplo, se 17 elementos são menores ou iguais a x, então x pertence à posição de saída 17. Temos de modificar ligeiramente esse esquema para lidar com a situação na qual vários elementos têm o mesmo valor, já que não queremos inserir todos eles na mesma posição.

No procedimento Ordena-Por-Contagem, consideramos que a entrada é um vetor $A[1 : n]$, o tamanho n desse vetor e o limite k sobre os valores inteiros não negativos em A. Ele retorna sua saída ordenada no vetor $B[1 : n]$ e o vetor $C[0 : k]$ fornece armazenamento temporário adequado.

```
Ordena-Por-Contagem(A, n, k)
1   sejam B[1 : n] e C[0 : k] novos vetores
2   for i = 0 to k
3       C[i] = 0
```

(continua)

```
 4   for j = 1 to n
 5       C[A[j]] = C[A[j]] + 1
 6   // C[i] contém agora o número de elementos iguais a i.
 7   for i = 1 to k
 8       C[i] = C[i] + C[i – 1]
 9   // C[i] contém agora o número de elementos menores ou iguais a i.
10   // Copia A para B, começando do final de A.
11   for j = n downto 1
12       B[C[A[j]]] = A[j]
13       C[A[j]] = C[A[j]] – 1   // para lidar com valores duplicados
14   return B
```

A Figura 8.2 ilustra a ordenação por contagem. Após o laço **for** das linhas 2–3 inicializar o vetor C com todos os valores iguais a zeros, o laço **for** das linhas 4–5 percorre o vetor A para inspecionar cada elemento da entrada. Se o valor de um elemento de entrada é i, incrementamos $C[i]$. Assim, depois da linha 5, $C[i]$ contém o número de elementos de entrada iguais a i para cada inteiro $i = 0, 1, ..., k$. As linhas 7–8 determinam para cada $i = 0, 1, ..., k$ quantos elementos de entrada são menores ou iguais a i, mantendo uma soma atualizada do vetor C.

Finalmente, o laço **for** das linhas 11–13 percorre A novamente, mas na ordem inversa, para colocar cada elemento $A[j]$ em sua posição ordenada correta no vetor de saída B. Se todos os n elementos forem distintos, quando entrarmos pela primeira vez a linha 11, para cada $A[j]$, o valor $C[A[j]]$ será a posição final correta de $A[j]$ no vetor de saída, já que existem $C[A[j]]$ elementos menores ou iguais a $A[j]$. Como os elementos poderiam não ser distintos, o laço decrementa $C[A[j]]$ toda vez que insere um valor $A[j]$ no vetor B. Decrementar $C[A[j]]$ faz com que o elemento anterior em A com valor igual a $A[j]$, se existir algum, vá para a posição imediatamente anterior a $A[j]$ no vetor de saída B.

Quanto tempo a ordenação por contagem exige? O laço **for** das linhas 2–3 demora o tempo $\Theta(k)$, o laço **for** das linhas 4–5 demora o tempo $\Theta(n)$, o laço **for** das linhas 7–8 demora o tempo $\Theta(k)$ e o laço **for** das linhas 11–13 demora o tempo $\Theta(n)$. Assim, o tempo total é $\Theta(k + n)$. Na prática, normalmente usamos a ordenação por contagem quando temos $k = O(n)$, caso em que o tempo de execução é $\Theta(n)$.

A ordenação por contagem supera o limite inferior de $\Omega(n \lg n)$ demonstrado na Seção 8.1, porque não é uma ordenação por comparação. De fato, nenhuma comparação entre elementos de entrada ocorre em qualquer lugar no código. Em vez disso, a ordenação por contagem utiliza os valores reais dos elementos para efetuar a indexação em um vetor. O limite inferior $\Omega(n \lg n)$ para ordenação não se aplica quando nos afastamos do modelo de ordenação por comparação.

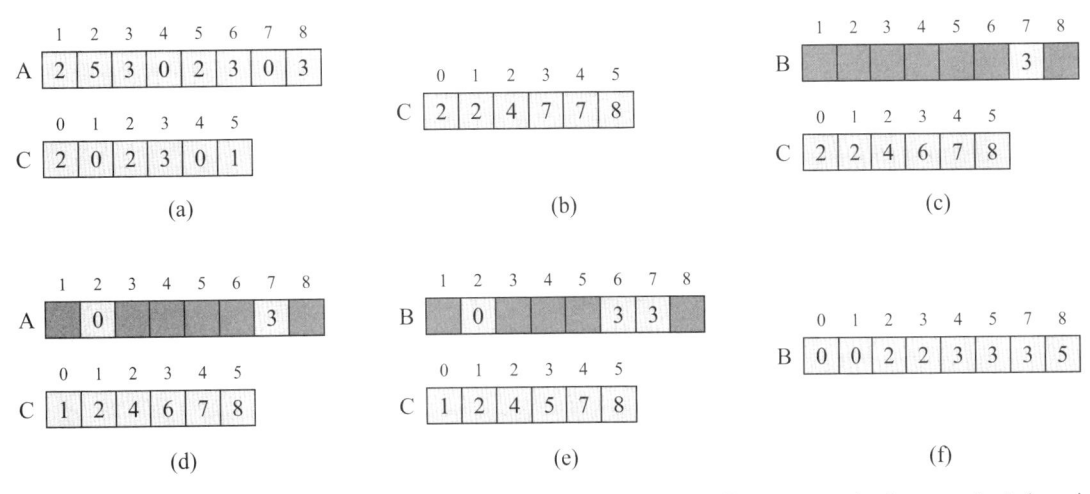

Figura 8.2 Operação de Ordena-Por-Contagem para um vetor de entrada $A[1 : 8]$, em que cada elemento de A é um inteiro não negativo não maior que $k = 5$. (**a**) O vetor A e o vetor auxiliar C após a linha 5. (**b**) O vetor C após a linha 8. (**c**)–(**e**) O vetor de saída B e o vetor auxiliar C após uma, duas e três iterações do laço nas linhas 10–13, respectivamente. Apenas os elementos do vetor B em *cinza-claro* foram preenchidos. (**f**) O vetor de saída ordenado final B.

Uma propriedade importante da ordenação por contagem é ser *estável*: elementos com o mesmo valor aparecem no vetor de saída na mesma ordem em que aparecem no vetor de entrada. Isto é, ela desempata dois números segundo a regra de que qualquer número que aparecer primeiro no vetor de entrada aparecerá primeiro no vetor de saída. Normalmente, a propriedade de estabilidade só é importante quando dados satélites são transportados juntamente com o elemento que está sendo ordenado. A estabilidade da ordenação por contagem é importante por outra razão: a ordenação por contagem é usada frequentemente como uma sub-rotina na ordenação digital. Como veremos na próxima seção, para que a ordenação digital funcione corretamente, a ordenação por contagem deve ser estável.

Exercícios

8.2-1
Usando a Figura 8.2 como modelo, ilustre a operação de Ordena-Por-Contagem sobre o vetor $A = \langle 6, 0, 2, 0, 1, 3, 4, 6, 1, 3, 2 \rangle$.

8.2-2
Prove que Ordena-Por-Contagem é estável.

8.2-3
Suponha que reescrevêssemos o cabeçalho do laço **for** na linha 11 do procedimento Ordena-Por-Contagem como:

11 **for** $j = 1$ **to** n

Mostre que o algoritmo ainda funciona corretamente, mas que não é estável. Depois, reescreva o pseudocódigo para a ordenação por contagem de modo que os elementos com o mesmo valor sejam escritos no vetor de saída por ordem crescente de índice e que o algoritmo seja estável.

8.2-4
Prove o seguinte invariante de laço para Ordena-Por-Contagem:

No início de cada iteração do laço **for** das linhas 11–13, o último elemento em A com valor i que ainda não foi copiado para B pertence a $B[C[i]]$.

8.2-5
Suponha que o vetor sendo ordenado contenha apenas inteiros no intervalo de 0 a k e que não haja dados satélites a serem movidos com essas chaves. Modifique a ordenação por contagem para que use apenas os vetores A e C, colocando o resultado ordenado de volta para o vetor A, em vez de um novo vetor B.

8.2-6
Descreva um algoritmo que, dados n inteiros na faixa 0 a k, pré-processe sua entrada e depois responda a qualquer consulta sobre quantos dos n inteiros caem em uma faixa $[a : b]$ no tempo $O(1)$. Seu algoritmo deve utilizar o tempo de pré-processamento $\Theta(n + k)$.

8.2-7
A ordenação por contagem funciona de modo eficiente se os valores de entrada possuem partes fracionárias, mas o número de dígitos na parte fracionária é pequeno. Suponha que você receba n números no intervalo de 0 a k, cada um com no máximo d dígitos decimais (base 10) após a vírgula decimal. Modifique a ordenação por contagem para que seja executada em tempo $\Theta(n + 10^d k)$.

8.3   Ordenação digital

Ordenação digital (*radix sort*) é o algoritmo usado pelas máquinas de ordenação de cartões que agora só encontramos em museus de computadores. Os cartões têm 80 colunas, e em cada coluna uma máquina pode fazer perfuração em uma das 12 posições. O ordenador pode ser "programado" mecanicamente para examinar determinada coluna de cada cartão em uma pilha e distribuir o cartão em uma das 12 caixas, dependendo do local em que foi perfurado. Então, um operador pode reunir os cartões caixa por caixa, de modo que aqueles que tenham a primeira posição perfurada fiquem sobre os cartões que tenham a segunda posição perfurada, e assim por diante.

No caso de dígitos decimais, cada coluna utiliza apenas 10 posições (as outras duas posições são reservadas para codificar caracteres não numéricos). Então, um número de d dígitos ocuparia um campo de d colunas. Visto que o ordenador de cartões pode examinar apenas uma coluna por vez, o problema de ordenar n cartões em um número de d dígitos requer um algoritmo de ordenação.

Intuitivamente, poderíamos ordenar números sobre seu dígito *mais significativo* (mais à esquerda), ordenar cada uma das caixas resultantes recursivamente e depois combinar as pilhas em ordem. Infelizmente, como os cartões em nove das 10 caixas devem ser postos de lado para ordenar cada uma das caixas, esse procedimento gera muitas pilhas intermediárias de cartões que devem ser controladas (ver Exercício 8.3-6).

A ordenação digital resolve o problema da ordenação de cartões — contra a intuição normal — ordenando primeiro pelo dígito *menos significativo*. Então, o algoritmo combina os cartões em uma única pilha, sendo que os cartões na caixa 0 precedem os cartões na caixa 1, que precedem os cartões na caixa 2, e assim por diante. Então, ele ordena novamente a pilha inteira pelo segundo dígito menos significativo e recombina a pilha de maneira semelhante. O processo continua até que os cartões tenham sido ordenados por todos os d dígitos. Notável é que, nesse ponto, os cartões estão completamente ordenados pelo número de d dígitos. Assim, a ordenação exige apenas d passagens pela pilha. A Figura 8.3 mostra como a ordenação digital funciona para uma "pilha" de sete números de três dígitos.

Para que a ordenação digital funcione corretamente, as ordenações de dígitos devem ser estáveis. A ordenação executada por um ordenador de cartões é estável, mas o operador tem de tomar cuidado para não trocar a ordem dos cartões à medida que eles saem de uma caixa, ainda que todos os cartões em uma caixa tenham o mesmo dígito na coluna escolhida.

Em um computador típico, que é uma máquina sequencial de acesso aleatório, eventualmente, usamos ordenação digital para ordenar registros de informações chaveados por vários campos. Por exemplo, podemos querer ordenar datas por três chaves: ano, mês e dia. Podemos executar um algoritmo de ordenação com uma função de comparação que, conhecidas duas datas, compare anos e, se houver um empate, compare meses e, se ocorrer outro empate, compare dias. Como alternativa, podemos ordenar as informações três vezes com uma ordenação estável: primeiro pelo dia (a parte "menos significativa"), em seguida pelo mês e, finalmente, pelo ano.

O código para ordenação digital é direto. O procedimento ORDENA-POR-DÍGITO a seguir considera que cada elemento no vetor $A[1 : n]$ tem d dígitos, em que o dígito 1 é o dígito de ordem mais baixa e o dígito d é o dígito de ordem mais alta.

ORDENA-POR-DÍGITO(A, n, d)
1 **for** $i = 1$ **to** d
2   usar ordenação estável para ordenar o vetor $A[1 : n]$ no dígito i

Embora o pseudocódigo para ORDENA-POR-DÍGITO não especifique qual ordenação estável deve ser usada, ORDENA-POR-CONTAGEM é bastante utilizado. Se você usar ORDENA-POR-CONTAGEM como a ordenação estável, poderá tornar ORDENA-POR-DÍGITO um pouco mais eficiente revisando ORDENA-POR-CONTAGEM

```
329      720      720      329
457      355      329      355
657      436      436      436
839  →   457  →   839  →   457
436      657      355      657
720      329      457      720
355      839      657      839
```

Figura 8.3 Operação de ordenação digital sobre uma lista de sete números de três dígitos. A coluna mais à esquerda é a entrada. As colunas restantes mostram os números após ordenações sucessivas de posições significativas de dígitos em ordem crescente. O sombreamento *cinza-claro* indica a posição do dígito ordenado para produzir cada lista a partir da anterior.

para levar um ponteiro até o vetor de saída como parâmetro, fazendo com que Ordena-Por-Dígito préaloque esse vetor e alternando entrada e saída entre os dois vetores em iterações sucessivas do laço **for** em Ordena-Por-Dígito.

Lema 8.3

Dados n números de d dígitos nos quais cada dígito pode adotar até k valores possíveis, Ordena-Por-Dígito ordenará corretamente esses números no tempo $\Theta(d(n + k))$ se a ordenação estável levar o tempo $\Theta(n + k)$.

Prova A corretude da ordenação digital decorre por indução para a coluna que está sendo ordenada (ver Exercício 8.3-3). A análise do tempo de execução depende da ordenação estável usada como algoritmo de ordenação intermediária. Quando cada dígito está no intervalo de 0 a $k − 1$ (de modo que pode adotar até k valores possíveis) e k não é muito grande, a ordenação por contagem é a escolha óbvia. Então, cada passagem sobre n números de d dígitos leva o tempo $\Theta(n + k)$. Há d passagens e, assim, o tempo total para ordenação digital é $\Theta(d(n + k))$. ∎

Quando d é constante e $k = O(n)$, podemos executar a ordenação digital em tempo linear. De modo mais geral, temos alguma flexibilidade quanto aos modos de desmembrar cada chave em dígitos.

Lema 8.4

Dados n números de b bits e qualquer inteiro positivo $r \leq b$, Ordena-Por-Dígito ordenará corretamente esses números no tempo $\Theta((b/r)(n + 2^r))$ se a ordenação estável que o procedimento usa levar o tempo $\Theta(n + k)$ para entradas no intervalo de 0 a k.

Prova Para um valor $r \leq b$, enxergamos cada chave como composta de $d = \lceil b/r \rceil$ dígitos de r bits cada. Cada dígito é um inteiro no intervalo de 0 a $2^r − 1$, de modo que podemos usar a ordenação por contagem com $k = 2^r − 1$. (Por exemplo, podemos considerar que uma palavra de 32 *bits* tem quatro dígitos de 8 *bits*, de modo que $b = 32$, $r = 8$, $k = 2^r − 1 = 255$ e $d = b/r = 4$.) Cada passagem da ordenação por contagem leva o tempo $\Theta(n + k) = \Theta(n + 2^r)$ e há d passagens, o que resulta em um tempo de execução total de $\Theta(d(n + 2^r)) = \Theta((b/r)(n + 2^r))$. ∎

Para valores de n e b dados, que valor de $r \leq b$ minimiza a expressão $(b/r)(n + 2^r)$? Quando r diminui, o fator b/r aumenta, mas quando r aumenta, 2^r também aumenta. A resposta depende se $b < \lfloor \lg n \rfloor$. Se $b < \lfloor \lg n \rfloor$, então $r \leq b$ implica $(n + 2^r) = \Theta(n)$. Assim, escolher $r = b$ produz um tempo de execução $(b/b)(n + 2^b) = \Theta(n)$, que é assintoticamente ótimo. Se $b \geq \lfloor \lg n \rfloor$, escolher $r = \lfloor \lg n \rfloor$ dá o melhor tempo de execução dentro de um fator constante, que podemos ver da seguinte maneira:[1] escolher $r = \lfloor \lg n \rfloor$ produz um tempo de execução $\Theta(bn/\lg n)$. À medida que aumentamos r acima de $\lfloor \lg n \rfloor$, o termo 2^r no numerador aumenta mais rapidamente que o termo r no denominador e, assim, aumentar r acima de $\lfloor \lg n \rfloor$ resulta em um tempo de execução $\Omega(bn/\lg n)$. Se, em vez disso, diminuirmos r abaixo de $\lfloor \lg n \rfloor$, o termo b/r aumentará e o termo $n + 2^r$ permanecerá em $\Theta(n)$.

A ordenação digital é preferível a um algoritmo de ordenação baseado em comparação, como o quicksort? Se $b = O(\lg n)$, como é frequentemente o caso, e escolhemos $r \approx \lg n$, o tempo de execução da ordenação digital será $\Theta(n)$, que parece ser melhor que o tempo de execução esperado do quicksort, $\Theta(n \lg n)$. Porém, os fatores constantes ocultos na notação Θ são diferentes. Embora a ordenação digital possa executar menos passagens que o quicksort sobre as n chaves, cada passagem da ordenação digital pode tomar um tempo significativamente maior. A determinação do algoritmo preferido depende das características das implementações, da máquina subjacente (por exemplo, muitas vezes, o quicksort utiliza *caches* de *hardware* mais eficientemente que a ordenação digital) e dos dados de entrada. Além disso, a versão da ordenação digital que utiliza a ordenação por contagem como ordenação estável intermediária não ordena no lugar, o que muitas das ordenações por comparação de tempo $\Theta(n \lg n)$ fazem. Assim, quando o armazenamento de memória primária é escasso, podemos preferir uma algoritmo de ordenação no lugar, como o quicksort.

---

[1] A escolha de $r = \lfloor \lg n \rfloor$ considera que $n > 1$. Se $n \leq 1$, não há nada para ordenar.

Exercícios

8.3-1

Usando a Figura 8.3 como modelo, ilustre a operação de Ordena-Por-Dígito sobre a seguinte lista de palavras em inglês: COW, DOG, SEA, RUG, ROW, MOB, BOX, TAB, BAR, EAR, TAR, DIG, BIG, TEA, NOW, FOX.

8.3-2

Quais dos seguintes algoritmos de ordenação são estáveis: ordenação por inserção, ordenação por intercalação, ordenação por *heap* e quicksort? Forneça um esquema simples que torne estável qualquer algoritmo de ordenação. Quanto tempo e espaço adicionais seu esquema requer?

8.3-3

Use indução para provar que a ordenação digital funciona. Onde sua prova precisa adotar a premissa de que a ordenação intermediária é estável?

8.3-4

Suponha que Ordena-Por-Contagem seja usado como ordenação estável dentro do Ordena-Por-Dígito. Se o Ordena-Por-Dígito chama Ordena-Por-Contagem d vezes, então, como cada chamada de Ordena-Por-Contagem faz duas passagens sobre os dados (linhas 4–5 e 11–13), ocorre um total de $2d$ passagens sobre os dados. Explique como reduzir o número total de passagens para $d + 1$.

8.3-5

Mostre como ordenar n inteiros na faixa de 0 a $n^3 - 1$ no tempo $O(n)$.

★ 8.3-6

No primeiro algoritmo de ordenação de cartões desta seção, que ordena o dígito mais significativo primeiro, exatamente quantas passagens de ordenação são necessárias para ordenar números decimais de d dígitos no pior caso? Quantas pilhas de cartões um operador precisa controlar no pior caso?

8.4   Ordenação por balde

A ordenação por balde (*bucket sort*) supõe que a entrada é retirada de uma distribuição uniforme e tem tempo de execução do caso médio de $O(n)$. Assim como na ordenação por contagem, a ordenação por balde é rápida porque admite alguma coisa com relação à entrada. Enquanto a ordenação por contagem considera que a entrada consiste em inteiros contidos em um pequeno intervalo, a ordenação por balde admite que a entrada é gerada por um processo aleatório que distribui elementos de modo uniforme e independente no intervalo [0, 1). (Ver na Seção C.2 uma definição de distribuição uniforme.)

A ordenação por balde divide o intervalo [0, 1) em n subintervalos de tamanhos iguais, ou **baldes**, e depois distribui os n números de entrada entre os baldes. Visto que as entradas são distribuídas de modo uniforme e independente por [0, 1), não esperamos que muitos números caiam em cada balde. Para produzir a saída, simplesmente ordenamos os números em cada balde e depois percorremos os baldes em ordem, anotando os elementos contidos em cada um.

O procedimento Ordena-Por-Balde a seguir considera que a entrada é um vetor $A[1 : n]$ e que cada elemento $A[i]$ no vetor satisfaz $0 \leq A[i] < 1$. O código exige um vetor auxiliar $B[0 : n - 1]$ de listas encadeadas (baldes) e considera que existe um mecanismo para manter tais listas (a Seção 10.2 descreve como implementar operações básicas para listas encadeadas). A Figura 8.4 mostra a operação de ordenação por balde para um vetor de entrada com 10 números.

Ordena-Por-Balde(A, n)
1   seja $B[0 : n - 1]$ um novo vetor
2   **for** $i = 0$ **to** $n - 1$
3   faça $B[i]$ uma lista vazia

(*continua*)

```
4   for i = 1 to n
5       insira A[i] na lista B[⌊n · A[i]⌋]
6   for i = 0 to n − 1
7       ordene a lista B[i] com ordenação por inserção
8   concatene as listas B[0], B[1], ..., B[n − 1] em ordem
9   return as listas encadeadas
```

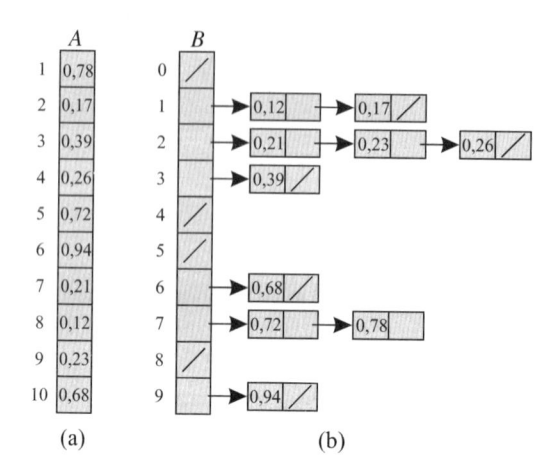

(a)   (b)

Figura 8.4 Operação de Ordena-Por-Balde para $n = 10$. (**a**) Vetor de entrada $A[1 : 10]$. (**b**) Vetor $B[0 : 9]$ de listas ordenadas (baldes) após a linha 7 do algoritmo, com as barras (/) indicando o final de cada balde. O balde i contém valores no intervalo semiaberto $[i/10, (i + 1)/10)$. A saída ordenada consiste em uma concatenação das listas $B[0]$, $B[1]$, ..., $B[9]$ em ordem.

Para ver que esse algoritmo funciona, considere dois elementos $A[i]$ e $A[j]$. Suponha, sem perda de generalidade, que $A[i] \leq A[j]$. Visto que $\lfloor n \cdot A[i] \rfloor \leq \lfloor n \cdot A[j] \rfloor$, o elemento $A[i]$ é inserido no mesmo balde que $A[j]$ ou em um balde com índice mais baixo. Se $A[i]$ e $A[j]$ entrarem no mesmo balde, o laço **for** das linhas 6–7 os colocará na ordem adequada. Se $A[i]$ e $A[j]$ entrarem em baldes diferentes, a linha 8 os colocará na ordem adequada. Portanto, a ordenação por balde funciona corretamente.

Para analisar o tempo de execução, observe que, juntas, todas as linhas, exceto a linha 7, demoram o tempo $O(n)$ no pior caso. Precisamos analisar o tempo total tomado pelas n chamadas à ordenação por inserção na linha 7.

Para analisar o custo das chamadas à ordenação por inserção, seja n_i a variável aleatória que indica o número de elementos inseridos no balde $B[i]$. Visto que a ordenação por inserção funciona em tempo quadrático (ver Seção 2.2), o tempo de execução de ordenação por balde é

$$T(n) = \Theta(n) + \sum_{i=0}^{n-1} O(n_i^2) \,. \tag{8.1}$$

Analisaremos agora o tempo de execução do caso médio da ordenação por balde calculando o valor esperado do tempo de execução e considerando a expectativa para a distribuição da entrada. Considerando as expectativas de ambos os lados e usando a linearidade de expectativa (Equação (C.24), no Apêndice C), temos

$$E[T(n)] = E\left[\Theta(n) + \sum_{i=0}^{n-1} O(n_i^2)\right]$$

$$= \Theta(n) + \sum_{i=0}^{n-1} E\left[O(n_i^2)\right] \quad \text{(pela linearidade de expectativa)}$$

$$= \Theta(n) + \sum_{i=0}^{n-1} O\left(E\left[n_i^2\right]\right) \quad \text{(pela Equação (C.25), no Apêndice C)} \tag{8.2}$$

Afirmamos que

$$E\left[n_i^2\right] = 2 - 1/n \tag{8.3}$$

para $i = 0, 1, ..., n - 1$. Não é nenhuma surpresa que cada balde i tenha o mesmo valor de $E[n_i^2]$, já que cada valor no vetor de entrada A tem igual probabilidade de cair em qualquer balde.

Para provar a Equação (8.3), veja cada variável aleatória n_i como o número de sucessos em n tentativas de Bernoulli (ver Seção C.4). O sucesso em um teste ocorre quando um elemento entra no balde $B[i]$, com probabilidades $p = 1/n$ de sucesso e $q = 1 - 1/n$ de fracasso. Uma distribuição binomial conta n_i, o número de sucessos, nos n testes. Pelas Equações (C.41) e (C.44), no Apêndice C, temos $E[n_i] = np = n(1/n) = 1$ e $Var[n_i] = npq = 1 - 1/n$. A Equação (C.32) resulta em

$$\begin{aligned}
E\left[n_i^2\right] &= Var\left[n_i\right] + E^2\left[n_i\right] \\
&= (1 - 1/n) + 1^2 \\
&= 2 - 1/n \,,
\end{aligned}$$

que prova a Equação (8.3). Usando esse valor esperado na Equação (8.2), concluímos que o tempo do caso médio para ordenação por balde é $\Theta(n) + n \cdot O(2 - 1/n) = \Theta(n)$.

Mesmo que a entrada não seja retirada de uma distribuição uniforme, a ordenação por balde ainda pode ser executada em tempo linear. Desde que a entrada tenha a propriedade da soma dos quadrados dos tamanhos de baldes linear no número total de elementos, a Equação (8.1) nos diz que a ordenação por balde funcionará em tempo linear.

Exercícios

8.4-1
Usando a Figura 8.4 como modelo, ilustre a operação de Ordena-Por-Balde no vetor $A = \langle 0,79, 0,13, 0,16, 0,64, 0,39, 0,20, 0,89, 0,53, 0,71, 0,42 \rangle$.

8.4-2
Explique por que o tempo de execução do pior caso para a ordenação por balde é $\Theta(n^2)$. Qual é a alteração simples no algoritmo que preserva seu tempo de execução linear do caso médio e torna seu tempo de execução do pior caso igual a $O(n \lg n)$?

8.4-3
Seja X uma variável aleatória igual ao número de caras em dois lançamentos de uma moeda não viciada. Qual é $E[X^2]$? Qual é $E^2[X]$?

8.4-4
Um vetor A com tamanho $n > 10$ é preenchido da maneira a seguir Para cada elemento $A[i]$, escolha duas variáveis aleatórias x_i e y_i, uniforme e independentemente de $[0, 1)$. Depois defina

$$A[i] = \frac{\lfloor 10x_i \rfloor}{10} + \frac{y_i}{n} \,.$$

Modifique a ordenação por balde de modo que ela ordene o vetor A no tempo esperado $O(n)$.

★ 8.4-5
Temos n pontos no círculo unitário, $p_i = (x_i, y_i)$, tal que $0 < x_i^2 + y_i^2 \leq 1$ para $i = 1, 2, ..., n$. Suponha que os pontos estejam uniformemente distribuídos; isto é, a probabilidade de encontrar um ponto em qualquer região do círculo é proporcional à área dessa região. Projete um algoritmo com tempo de execução do caso médio de $\Theta(n)$ para ordenar os n pontos por suas distâncias $d_i = \sqrt{x_i^2 + y_i^2}$ com relação à origem. (*Sugestão*: projete os tamanhos dos baldes em Ordena-Por-Balde para refletir a distribuição uniforme dos pontos no círculo unitário.)

★ 8.4-6

Uma *função de distribuição de probabilidade* $P(x)$ para uma variável aleatória X é definida por $P(x) = \Pr\{X \leq x\}$. Suponha que retiremos uma lista de n variáveis aleatórias X_1, X_2, ..., X_n de uma função de distribuição de probabilidade contínua P que pode ser calculada no tempo $O(1)$ (dado y, você pode encontrar x tal que $P(x) = y$ em um tempo $O(1)$). Apresente um algoritmo que ordene esses números em tempo linear no caso médio.

Problemas

8-1   Limites inferiores probabilísticos para ordenação por comparação

Neste problema, provamos um limite inferior $\Omega(n \lg n)$ para o tempo de execução de qualquer ordenação por comparação determinística ou aleatória de n elementos de entrada distintos. Começamos examinando uma ordenação por comparação determinística A com árvore de decisão T_A. Supomos que toda permutação de entradas de A é igualmente provável.

a. Suponha que cada folha de T_A seja rotulada com a probabilidade de ser atingida dada uma entrada aleatória. Prove que exatamente $n!$ folhas são rotuladas por $1/n!$ e que as restantes são rotuladas por 0.

b. Indicamos por $D(T)$ o comprimento do caminho externo de uma árvore de decisão T, isto é, $D(T)$ é a soma das profundidades de todas as folhas de T. Seja T uma árvore de decisão com $k > 1$ folhas, e sejam LT e RT as subárvores esquerda e direita de T. Mostre que $D(T) = D(LT) + D(RT) + k$.

c. Seja $d(k)$ o valor mínimo de $D(T)$ para todas as árvores de decisão T com $k > 1$ folhas. Mostre que $d(k) = \min\{d(i) + d(k - i) + k : 1 \leq i \leq k - 1\}$. (*Sugestão*: considere uma árvore de decisão T com k folhas que atinja o mínimo. Seja i_0 o número de folhas em LT e $k - i_0$ o número de folhas em RT.)

d. Prove que, para dado valor de $k > 1$ e i na faixa $1 \leq i \leq k - 1$, a função $i \lg i + (k - i) \lg(k - i)$ é minimizada em $i = k / 2$. Conclua que $d(k) = \Omega(k \lg k)$.

e. Prove que $D(T_A) = \Omega(n! \lg(n!))$ e conclua que o tempo do caso médio para ordenar n elementos é $\Omega(n \lg n)$.

Agora, considere uma ordenação por comparação *aleatorizada B*. Podemos estender o modelo de árvore de decisão para tratar a aleatoriedade incorporando dois tipos de nós: os nós de comparação comuns e os nós de "aleatorização". Um nó de aleatorização modela uma escolha aleatória da forma ALEATÓRIO$(1, r)$ feita pelo algoritmo B. O nó tem r filhos, cada um com igual probabilidade de ser escolhido durante uma execução do algoritmo.

f. Mostre que, para qualquer ordenação por comparação aleatorizada B, existe uma ordenação por comparação determinística A cujo número de comparações não é maior do que as feitas por B.

8-2   Ordenação no lugar em tempo linear

Suponha que temos um vetor de n registros de dados para ordenar e que a chave de cada registro tem o valor 0 ou 1. Um algoritmo para ordenar tal conjunto de registros poderia ter algum subconjunto das três características desejáveis a seguir:

1. O algoritmo é executado no tempo $O(n)$.
2. O algoritmo é estável.
3. O algoritmo ordena no lugar, utilizando não mais que uma quantidade constante de espaço de armazenamento além do vetor original.

a. Dê um algoritmo que satisfaça aos critérios 1 e 2.

b. Dê um algoritmo que satisfaça aos critérios 1 e 3.

c. Dê um algoritmo que satisfaça aos critérios 2 e 3.

d. Você pode usar qualquer de seus algoritmos de ordenação dados nos itens (a)–(c) como o método de ordenação utilizado na linha 2 de ORDENA-POR-DÍGITO de modo que ORDENA-POR-DÍGITO ordene n registros com chaves de b bits no tempo $O(bn)$? Explique como ou por que isso não é possível.

e. Suponha que os n registros tenham chaves na faixa de 1 a k. Mostre como modificar a ordenação por contagem de modo que ela ordene os registros no lugar no tempo $O(n + k)$. Você pode usar um armazenamento $O(k)$ fora do vetor de entrada. Seu algoritmo é estável?

8-3   Ordenação de itens de comprimento variável

a. Você tem um vetor de inteiros no qual inteiros diferentes podem ter números de dígitos diferentes, mas o número total de dígitos para *todos* os inteiros no vetor é n. Mostre como ordenar o vetor no tempo $O(n)$.

b. Você tem um vetor de cadeias de caracteres, no qual cadeias diferentes podem ter números de caracteres diferentes, mas o número total de caracteres para todas as cadeias é n. Mostre como ordenar as cadeias no tempo $O(n)$. (Observe que a ordem desejada aqui é a ordem alfabética padrão; por exemplo, `a < ab < b`.)

8-4   Jarros de água

Suponha que você tem n jarros de água vermelhos e n jarros azuis, todos de formas e tamanhos diferentes. Todos os jarros vermelhos contêm quantidades diferentes de água, assim como os jarros azuis, e você não tem como saber pelo tamanho de um jarro quanta água ele comporta. Além disso, para todo jarro de uma cor existe um jarro da outra cor que contém a mesma quantidade de água.

Sua tarefa é determinar um agrupamento dos jarros em pares de jarros vermelhos e azuis que contenham a mesma quantidade de água. Para tal, você pode executar a seguinte operação: escolha um par de jarros formado por um jarro vermelho e um jarro azul, encha o jarro vermelho com água e depois despeje a água no jarro azul. Essa operação informará se o jarro vermelho ou o jarro azul pode conter mais água ou se eles têm o mesmo volume. Considere que tal comparação demora uma unidade de tempo. Seu objetivo é encontrar um algoritmo que faça um número mínimo de comparações para determinar o agrupamento. Lembre-se de que você não pode comparar diretamente dois jarros vermelhos ou dois jarros azuis.

a. Descreva um algoritmo determinístico que use $\Theta(n^2)$ comparações para agrupar os jarros em pares.

b. Prove um limite inferior de $\Omega(n \lg n)$ para o número de comparações que deve efetuar um algoritmo capaz de resolver esse problema.

c. Dê um algoritmo aleatorizado cujo número esperado de comparações é $O(n \lg n)$ e prove que esse limite é correto. Qual é o número de comparações do pior caso de seu algoritmo?

8-5   Ordenação por média

Suponha que, em vez de ordenarmos um vetor, queremos simplesmente que os elementos aumentem na média. Mais exatamente, dizemos que o vetor de n elementos A é **k-ordenado** se, para todo $i = 1, 2, ..., n - k$, a seguinte desigualdade é válida:

$$\frac{\sum_{j=i}^{i+k-1} A[j]}{k} \leq \frac{\sum_{j=i+1}^{i+k} A[j]}{k} .$$

a. O que significa um vetor ser 1-ordenado?

b. Dê uma permutação dos números 1, 2, ..., 10 que seja 2-ordenada, mas não ordenada.

c. Prove que um vetor de n elementos é k-ordenado se, e somente se, $A[i] \leq A[i + k]$ para todo $i = 1, 2, ..., n - k$.

d. Dê um algoritmo que execute uma k-ordenação de um vetor de n elementos no tempo $O(n \lg(n/k))$.

Também podemos mostrar um limite inferior no tempo para produzir um vetor k-ordenado quando k é uma constante.

e. Mostre que podemos ordenar um vetor k-ordenado de comprimento n no tempo $O(n \lg k)$. (*Sugestão*: use a solução do Exercício 6.5-11.)

f. Mostre que, quando k é uma constante, executar uma k-ordenação em um vetor de n elementos requer o tempo $\Omega(n \lg n)$. (*Sugestão*: use a solução do item (e) juntamente com o limite inferior para ordenações por comparação.)

8-6   Limite inferior para a intercalação de listas ordenadas

O problema de intercalar duas listas ordenadas aparece com frequência. Vimos um procedimento para tal problema na forma da sub-rotina MERGE, na Seção 2.3.1. Neste problema, mostraremos que existe um limite inferior $2n - 1$ para o número de comparações do pior caso exigidas para intercalar duas listas ordenadas, cada uma contendo n itens. Primeiro, mostraremos um limite inferior de $2n - o(n)$ comparações usando uma árvore de decisão.

a. Dados $2n$ números, calcule o número de modos possíveis de dividi-los em duas listas ordenadas, cada uma com n números.

b. Usando uma árvore de decisão e sua resposta ao item (a), mostre que qualquer algoritmo que intercale corretamente duas listas ordenadas deve executar pelo menos $2n - o(n)$ comparações.

Agora, mostraremos um limite ligeiramente mais restrito $2n - 1$.

c. Mostre que, se dois elementos são consecutivos na sequência ordenada e vêm de listas diferentes, eles devem ser comparados.

d. Usando sua resposta ao item anterior, mostre um limite inferior de $2n - 1$ comparações para intercalar duas listas ordenadas.

8-7   O lema de ordenação 0-1 e ordenação por coluna

Uma operação de **comparação e troca** para dois elementos $A[i]$ e $A[j]$ de um vetor, em que $i < j$, tem a forma

> COMPARA-E-TROCA(A, i, j)
> 1   **if** $A[i] > A[j]$
> 2   trocar $A[i]$ com $A[j]$

Após a operação de comparação e troca, sabemos que $A[i] \leq A[j]$.

Um **algoritmo de comparação e troca desatentas** funciona exclusivamente por uma sequência de operações pré-especificadas de comparação e troca. Os índices das posições comparadas na sequência devem ser determinados com antecedência e, embora possam depender do número de elementos que estão sendo ordenados, não podem depender dos valores que estão sendo ordenados nem do resultado de qualquer operação anterior de comparação e troca. Por exemplo, o procedimento ORDENA-POR-INSERÇÃO-COMPARA-E-TROCA a seguir mostra uma variação da ordenação por inserção como um algoritmo de comparação e troca desatentas. (Ao contrário do procedimento ORDENA-POR-INSERÇÃO, no Capítulo 2, a versão desatenta é executada no tempo $\Theta(n^2)$ em todos os casos.)

O **lema de ordenação 0-1** nos dá um modo poderoso de provar que um algoritmo de comparação e troca desatentas produz um resultado ordenado. O lema declara que, se um algoritmo de comparação e troca desatentas ordenar corretamente todas as sequências de entrada compostas somente por 0s e 1s, então ordenará corretamente todas as entradas que contenham valores arbitrários.

> ORDENA-POR-INSERÇÃO-COMPARA-E-TROCA(A, n)
> 1   **for** $i = 2$ **to** n
> 2   **for** $j = i - 1$ **downto** 1
> 3   COMPARA-E-TROCA($A, j, j + 1$)

Você provará o lema de ordenação 0-1 provando seu contraponto: se um algoritmo de comparação e troca desatentas não ordenar uma entrada que contenha valores arbitrários, então não ordenará alguma entrada 0-1. Suponha que um algoritmo de comparação e troca desatentas X não ordena corretamente o vetor $A[1 : n]$. Seja $A[p]$ o menor valor em A que o algoritmo X coloca na posição errada e seja $A[q]$ o valor que o algoritmo X desloca até a posição para a qual $A[p]$ deveria ter ido. Defina um vetor $B[1 : n]$ de 0s e 1s da seguinte maneira:

$$B[i] = \begin{cases} 0 & \text{se } A[i] \leq A[p] \,, \\ 1 & \text{se } A[i] > A[p] \,. \end{cases}$$

a. Demonstre que $A[q] > A[p]$, de modo que $B[p] = 0$ e $B[q] = 1$.

b. Para concluir a prova do lema de ordenação 0-1, prove que o algoritmo X não ordena o vetor B corretamente.

Agora, usaremos o lema de ordenação 0-1 para provar que determinado algoritmo de ordenação funciona corretamente. O algoritmo de **ordenação por coluna** (**columnsort**) funciona sobre uma matriz retangular de n elementos. A matriz tem r linhas e s colunas (de modo que $n = rs$) e está sujeita a três restrições:

- r deve ser par,
- s deve ser um divisor de r, e
- $r \geq 2s^2$.

Quando o algoritmo de ordenação por coluna termina, a matriz está ordenada por **ordem de coluna**: lendo-se as colunas uma por vez e da esquerda para a direita, os elementos crescem monotonicamente.

A ordenação por coluna funciona em oito etapas, independentemente do valor de n. As etapas ímpares são todas iguais: ordenar cada coluna individualmente. Cada etapa par é uma permutação fixa. As etapas são:

1. Ordenar cada coluna.
2. Transpor e modelar novamente a matriz em r linhas e s colunas. Em outras palavras, transformar a coluna da extrema esquerda nas r/s linhas superiores, em ordem; transformar a coluna seguinte nas r/s linhas seguintes em ordem; e assim por diante.
3. Ordenar cada coluna.
4. Executar o inverso da permutação efetuada na etapa 2.
5. Ordenar cada coluna.
6. Deslocar a metade superior de cada coluna para a metade inferior da mesma coluna e deslocar a metade inferior de cada coluna para a metade superior da próxima coluna à direita. Deixar vazia a metade superior da coluna da extrema esquerda. Deslocar a metade inferior da última coluna para a metade superior de uma nova coluna na extrema direita e deixar vazia a metade inferior dessa nova coluna.
7. Ordenar cada coluna.
8. Executar o inverso da permutação efetuada na etapa 6.

Você pode pensar nas etapas 6 a 8 como uma única etapa que ordena a metade inferior de cada coluna e a metade superior da coluna seguinte. A Figura 8.5 mostra um exemplo das etapas da ordenação por coluna com $r = 6$ e $s = 3$. (Ainda que viole o requisito de $r \geq 2s^2$, este exemplo funciona.)

c. Demonstre que podemos tratar a ordenação por coluna como um algoritmo de comparação e troca desatentas, mesmo que não saibamos qual método de ordenação as etapas ímpares utilizam.

Embora possa parecer difícil acreditar que a ordenação por coluna realmente funciona, você usará o lema da ordenação 0-1 para provar que isso ocorre. O lema de ordenação 0-1 se aplica porque podemos tratar a ordenação por coluna como um algoritmo de comparação e troca desatentas. Algumas definições o ajudarão a aplicar o lema de ordenação 0-1. Dizemos que uma área de uma matriz é *limpa* se soubermos que ela contém só 0s ou só 1s. Caso contrário, a área poderá conter uma mistura de 0s e 1s, e é **suja.** Daqui em diante, considere que a matriz de entrada contém somente 0s e 1s, e que podemos tratá-la como uma matriz com r linhas e s colunas.

d. Prove que, após as etapas 1 a 3, a matriz consiste em linhas limpas de 0s na parte superior, linhas limpas de 1s na parte inferior e, no máximo, s linhas sujas entre elas. (Uma das linhas limpas pode estar vazia.)

(a)			(b)			(c)			(d)			(e)		
10	14	5	4	1	2	4	8	10	1	3	6	1	4	11
8	7	17	8	3	5	12	16	18	2	5	7	3	8	14
12	1	6	10	7	6	1	3	7	4	8	10	6	10	17
16	9	11	12	9	11	9	14	15	9	13	15	2	9	12
4	15	2	16	14	13	2	5	6	11	14	17	5	13	16
18	3	13	18	15	17	11	13	17	12	16	18	7	15	18

(f)			(g)			(h)			(i)		
1	4	11									
2	8	12									
3	9	14									
5	10	16									
6	13	17									
7	15	18									

(f)			(g)			(h)			(i)		
1	4	11	5	10	16	4	10	16	1	7	13
2	8	12	6	13	17	5	11	17	2	8	14
3	9	14	7	15	18	6	12	18	3	9	15
5	10	16	1	4	11	1	7	13	4	10	16
6	13	17	2	8	12	2	8	14	5	11	17
7	15	18	3	9	14	3	9	15	6	12	18

Figura 8.5 Etapas da ordenação por coluna. (**a**) A matriz de entrada com 6 linhas e 3 colunas. (Este exemplo não obedece ao requisito de $r \geq 2s^2$, mas ainda funciona.) (**b**) Após ordenar cada coluna na etapa 1. (**c**) Após transpor e remodelar na etapa 2. (**d**) Após ordenar cada coluna na etapa 3. (**e**) Após executar a etapa 4, que inverte a permutação da etapa 2. (**f**) Após ordenar cada coluna na etapa 5. (**g**) Após deslocar meia coluna na etapa 6. (**h**) Após ordenar cada coluna na etapa 7. (**i**) Após executar a etapa 8, que inverte a permutação da etapa 6. As etapas 6 a 8 ordenam a metade inferior de cada coluna com a metade superior da coluna seguinte. Após a etapa 8, a matriz está ordenada por coluna.

e. Prove que, após a etapa 4, a matriz, lida em ordem de coluna, começa com uma área limpa de 0s, termina com uma área limpa de 1s e tem uma área suja de, no máximo, s^2 elementos no meio. (Novamente, uma das áreas limpas pode estar vazia.)

f. Prove que as etapas 5 a 8 produzem uma saída 0-1 totalmente ordenada. Conclua que a ordenação por coluna ordena corretamente todas as entradas que contêm valores arbitrários.

g. Agora suponha que s não seja divisor de r. Prove que, após as etapas 1 a 3, a matriz consiste em algumas linhas limpas de 0s na parte superior, algumas linhas limpas de 1s na parte inferior e, no máximo, $2s - 1$ linhas sujas entre elas. (Novamente, uma das áreas limpas pode estar vazia.) Qual deverá ser o tamanho de r, em comparação com s, para que a ordenação por coluna ordene corretamente quando s não for um divisor de r?

h. Sugira uma mudança simples na etapa 1 que nos permita manter o requisito de $r \geq 2s^2$ mesmo quando s não é um divisor de r, e prove que, com tal mudança, a ordenação por coluna é realizada corretamente.

Notas do capítulo

O modelo de árvore de decisão para o estudo de ordenações por comparação foi introduzido por Ford e Johnson [150]. O tratado abrangente de Knuth sobre a ordenação [261] aborda muitas variações do problema da ordenação, inclusive o limite inferior da teoria da informação sobre a complexidade da ordenação que demos neste livro. Ben-Or [46] estudou limites inferiores para ordenação utilizando generalizações do modelo de árvore de decisão.

Knuth credita a H. H. Seward a criação da ordenação por contagem, em 1954, e também a ideia de combinar a ordenação por contagem com a ordenação digital. A ordenação digital que começa pelo dígito menos significativo parece ser um algoritmo popular amplamente utilizado por operadores de máquinas mecânicas de ordenação de cartões. De acordo com Knuth, a primeira referência ao método publicada é um documento de 1929 escrito por L. J. Comrie, que descreve o equipamento de perfuração de cartões. A ordenação por balde está em uso desde 1956, quando a ideia básica foi proposta por Isaac e Singleton [235].

Munro e Raman [338] apresentam um algoritmo de ordenação estável que executa $O(n^{1+\epsilon})$ comparações no pior caso, em que $0 < \epsilon \leq 1$ é qualquer constante fixa. Embora qualquer dos algoritmos de tempo $O(n \lg n)$ efetue um número menor de comparações, o algoritmo de Munro e Raman move os dados apenas $O(n)$ vezes e opera no lugar.

O caso da ordenação de n inteiros de b *bits* no tempo $o(n \lg n)$ foi considerado por muitos pesquisadores. Diversos resultados positivos foram obtidos, cada um sob premissas um pouco diferentes sobre o modelo de computação e as restrições impostas ao algoritmo. Todos os resultados supuseram que a memória do computador está dividida em palavras endereçáveis de b *bits*. Fredman e Willard [157] introduziram a estrutura de dados de árvores de fusão e a empregaram para ordenar n inteiros no tempo $O(n \lg n/\lg \lg n)$. Esse limite foi aperfeiçoado mais tarde para o tempo $O(n \sqrt{\lg n})$ por Andersson [17]. Esses algoritmos exigem o uso de multiplicação e de várias constantes pré-calculadas. Andersson, Hagerup, Nilsson e Raman [18] mostraram como ordenar n inteiros no tempo $O(n \lg \lg n)$ sem usar multiplicação, mas seu método exige espaço de armazenamento que pode ser ilimitado em termos de n. Utilizando o *hashing* multiplicativo, podemos reduzir o espaço de armazenamento necessário para $O(n)$, mas então o limite $O(n \lg \lg n)$ do pior caso para o tempo de execução se torna um limite de tempo esperado. Generalizando as árvores de busca exponencial de Andersson [17], Thorup [434] apresentou um algoritmo de ordenação com tempo $O(n(\lg \lg n)^2)$ que não usa multiplicação ou aleatorização e utiliza espaço linear. Combinando essas técnicas com algumas ideias novas, Han [207] melhorou o limite para ordenação até o tempo $O(n \lg \lg n \lg \lg \lg n)$. Embora esses algoritmos sejam inovações teóricas importantes, todos eles são razoavelmente complicados e, até o presente momento, parece improvável que venham a competir na prática com os algoritmos de ordenação existentes.

O algoritmo de ordenação por coluna no Problema 8.7 é de Leighton [286].

9   Medianas e Estatísticas de Ordem

A i-ésima *estatística de ordem* de um conjunto de n elementos é o i-ésimo menor elemento. Por exemplo, o *mínimo* de um conjunto de elementos é a primeira estatística de ordem ($i = 1$), e o *máximo* é a n-ésima estatística de ordem ($i = n$). Informalmente, uma *mediana* é o "ponto do meio" do conjunto. Quando n é ímpar, a mediana é única e ocorre em $i = (n + 1)/2$. Quando n é par, existem duas medianas, que ocorrem em $i = n / 2$ (a *mediana inferior*) e $i = n / 2 + 1$ (a *mediana superior*). Assim, independentemente da paridade de n, as medianas ocorrem em $i = \lfloor (n + 1)/2 \rfloor$ e $i = \lceil (n + 1)/2 \rceil$. Todavia, por simplicidade, neste texto usaremos sempre a expressão "mediana" para nos referirmos à mediana inferior.

Este capítulo aborda o problema de selecionar a i-ésima estatística de ordem de um conjunto de n números distintos. Por conveniência, supomos que o conjunto contém números distintos, embora praticamente tudo que fizermos se estenda à situação na qual um conjunto contém valores repetidos. Especificamos o *problema de seleção* formalmente do seguinte modo:

Entrada: um conjunto A de n números distintos[1] e um inteiro i, com $1 \le i \le n$.

Saída: o elemento $x \in A$, que é maior que exatamente $i - 1$ outros elementos de A.

Podemos resolver o problema de seleção no tempo $O(n \lg n)$ simplesmente ordenando os números com uso de ordenação por *heap* ou por intercalação e, então, simplesmente indexar o i-ésimo elemento no vetor ordenado. Este capítulo apresenta algoritmos assintoticamente mais rápidos.

Na Seção 9.1, examinamos o problema de selecionar o mínimo e o máximo de um conjunto de elementos. Mais interessante é o problema de seleção geral, que investigamos nas duas seções subsequentes. A Seção 9.2 analisa um algoritmo aleatorizado prático que alcança um tempo de execução esperado $O(n)$ considerando elementos distintos. A Seção 9.3 contém um algoritmo de interesse mais teórico, que alcança o tempo de execução $O(n)$ no pior caso.

9.1   Mínimo e máximo

Quantas comparações são necessárias para determinar o mínimo de um conjunto de n elementos? Para obter facilmente um limite superior de $n - 1$ comparações, basta examinar cada elemento do conjunto por vez e acompanhar o menor elemento visto até então. No procedimento Mínimo, consideramos que o conjunto reside no vetor $A[1 : n]$.

```
Mínimo(A, n)
1   min = A[1]
2   for i = 2 to n
3       if min > A[i]
4           min = A[i]
5   return min
```

---

[1]Assim como na primeira nota de rodapé do Capítulo 7, podemos impor a suposição de que os números são distintos, convertendo cada valor de entrada $A[i]$ em um par ordenado $(A[i], i)$ com $(A[i], i) < (A[j], j)$ se $A[i] < A[j]$ ou $A[i] = A[j]$ e $i < j$.

Não é mais difícil determinar o máximo com $n - 1$ comparações.

Esse algoritmo para o mínimo é o melhor que podemos fazer? Sim, desde que possamos obter um limite inferior de $n - 1$ comparações para o problema de determinar o mínimo. Imagine qualquer algoritmo que determine o mínimo como um torneio entre os elementos. Cada comparação é uma partida no torneio, na qual o menor dos dois elementos vence. Observando que todo elemento, exceto o vencedor, deve perder pelo menos uma partida, concluímos que são necessárias $n - 1$ comparações para determinar o mínimo. Logo, o algoritmo MÍNIMO é ótimo com relação ao número de comparações executadas.

Mínimo e máximo simultâneos

Em algumas aplicações, devemos determinar o mínimo e também o máximo de um conjunto de n elementos. Por exemplo, um programa gráfico talvez tenha de ajustar a escala de um conjunto de dados (x, y) para enquadrá-lo em uma tela de exibição retangular ou em outro dispositivo de saída gráfica. Para fazer isso, o programa deve primeiro determinar os valores mínimo e máximo de cada coordenada.

Naturalmente, podemos determinar ambos, mínimo e máximo de n elementos, usando $\Theta(n)$ comparações. Simplesmente encontramos o mínimo e o máximo independentemente, usando $n - 1$ comparações para cada um, chegando a um total de $2n - 2 = \Theta(n)$ comparações.

Embora $2n - 2$ comparações seja assintoticamente ótimo, é possível melhorar a constante inicial. Podemos encontrar o mínimo e o máximo usando até $3 \lfloor n/2 \rfloor$ comparações. O truque é mantermos os elementos mínimo e máximo que vimos até o momento. Em vez de processarmos cada elemento da entrada comparando-o com o mínimo e o máximo atuais, a um custo de 2 comparações por elemento, processamos elementos aos pares. Comparamos pares de elementos da entrada primeiro *uns com os outros* e, depois, comparamos o menor com o mínimo atual e o maior com o máximo atual, a um custo de 3 comparações para cada 2 elementos.

A definição de valores iniciais para o mínimo e o máximo atuais depende de n ser ímpar ou par. Se n é ímpar, igualamos o mínimo e o máximo ao valor do primeiro elemento e processamos os elementos restantes aos pares. Se n é par, executamos 1 comparação sobre os dois primeiros elementos para determinarmos os valores iniciais do mínimo e do máximo, e depois, processamos os elementos restantes aos pares, como no caso de n ímpar.

Vamos contar o número total de comparações. Se n é ímpar, executamos $3 \lfloor n/2 \rfloor$ comparações. Se n é par, executamos 1 comparação inicial seguida por outras $3(n - 2)/2$ comparações, totalizando $3n/2 - 2$. Assim, em qualquer caso, o número total de comparações é, no máximo, $3 \lfloor n/2 \rfloor$.

Exercícios

9.1-1
Mostre que o segundo menor entre n elementos pode ser determinado com $n + \lceil \lg n \rceil - 2$ comparações no pior caso. (*Sugestão*: determine também o menor elemento.)

9.1-2
Dados $n > 2$ números distintos, você deseja encontrar um número que não seja o mínimo nem o máximo. Qual é o menor número de comparações que é preciso realizar?

9.1-3
Um hipódromo pode realizar corridas com cinco cavalos de cada vez, para determinar suas velocidades relativas. Para 25 cavalos, são necessárias seis corridas para determinar o cavalo mais rápido, considerando a transitividade (ver Apêndice B). Qual é o número mínimo de corridas necessárias para determinar os três cavalos mais rápidos dentre os 25?

★ *9.1-4*
Mostre que, no pior caso, $\lceil 3n/2 \rceil - 2$ comparações é o limite inferior para determinar o máximo e o mínimo entre n números. (*Sugestão*: considere quantos números são potencialmente o máximo ou o mínimo, e investigue como uma comparação afeta essas contagens.)

9.2   Seleção em tempo linear esperado

O problema de seleção geral — determinar a estatística de ordem i para qualquer valor de i — parece mais difícil que o problema simples de determinar um mínimo. Ainda assim, surpreendentemente, o tempo de execução assintótico para ambos os problemas é o mesmo: $\Theta(n)$. Nesta seção, apresentamos um algoritmo de divisão e conquista para o problema de seleção. O algoritmo SELEÇÃO-ALEATÓRIA é modelado conforme o algoritmo quicksort do Capítulo 7. Assim como no quicksort, particionamos o vetor de entrada recursivamente. Porém, ao contrário do quicksort, que processa recursivamente ambos os lados da partição, SELEÇÃO-ALEATÓRIA funciona somente de um lado da partição. Essa diferença se destaca na análise: enquanto o quicksort tem um tempo de execução esperado $\Theta(n \lg n)$, o tempo de execução esperado de SELEÇÃO-ALEATÓRIA é $\Theta(n)$, supondo que os elementos são distintos.

SELEÇÃO-ALEATÓRIA utiliza o procedimento PARTICIONA-ALEATORIZADO introduzido na Seção 7.3. Assim como o QUICKSORT-ALEATORIZADO, ele é um algoritmo aleatorizado, já que seu comportamento é determinado em parte pela saída de um gerador de números aleatórios. O código para SELEÇÃO-ALEATÓRIA apresentado a seguir retorna o i-ésimo menor elemento do vetor $A[p : r]$, em que $1 \le i \le r - p + 1$.

```
SELEÇÃO-ALEATÓRIA(A, p, r, i)
1   if p == r
2       return A[p]  // 1 ≤ i ≤ r − p + 1 quando p == r significa que i = 1
3   q = PARTICIONA-ALEATORIZADO(A, p, r)
4   k = q − p + 1
5   if i == k
6       return A[q]   // o valor pivô é a resposta
7   elseif i < k
8       return SELEÇÃO-ALEATÓRIA(A, p, q − 1, i)
9   else return SELEÇÃO-ALEATÓRIA(A, q + 1, r, i − k)
```

A Figura 9.1 ilustra como o procedimento SELEÇÃO-ALEATÓRIA funciona. A linha 1 verifica se é um caso-base da recursão, no qual o subvetor $A[p : r]$ consiste em apenas um elemento. Nesse caso, i deve ser igual a 1, e simplesmente retornamos $A[p]$ na linha 2 como o i-ésimo menor elemento. Caso contrário, a chamada a PARTICIONA-ALEATORIZADO na linha 3 particiona o vetor $A[p : r]$ em dois subvetores $A[p : q − 1]$ e $A[q + 1 : r]$ (possivelmente vazios) tais que cada elemento de $A[p : q − 1]$ é menor ou igual a $A[q]$, que, por sua vez, é menor que cada elemento de $A[q + 1 : r]$. (Embora nossa análise considere que os elementos são distintos, o procedimento ainda produz o resultado correto, mesmo que haja elementos iguais.) Como no quicksort, nos referiremos a $A[q]$ como o elemento ***pivô***. A linha 4 calcula o número k de elementos no subvetor $A[p : q]$, isto é, o número de elementos no lado baixo da partição, mais 1 para o elemento pivô. Então, a linha 5 verifica se $A[q]$ é o i-ésimo menor elemento. Se for, a linha 6 retorna $A[q]$. Caso contrário, o algoritmo determina em qual dos dois subvetores $A[p : q − 1]$ e $A[q + 1 : r]$ se encontra o i-ésimo menor elemento. Se $i < k$, o elemento desejado se encontra no lado baixo da partição, e a linha 8 o seleciona recursivamente no subvetor. Porém, se $i > k$, o elemento desejado se encontra no lado alto da partição. Como já conhecemos k valores menores que o i-ésimo menor elemento de $A[p : r]$ — isto é, os elementos de $A[p : q]$ —, o elemento desejado é o $(i − k)$-ésimo menor elemento de $A[q + 1 : r]$, que a linha 9 determina recursivamente. O código parece permitir chamadas recursivas a subvetores com 0 elemento, mas o Exercício 9.2-1 pede que você mostre que essa situação não pode acontecer.

O tempo de execução do pior caso para SELEÇÃO-ALEATÓRIA é $\Theta(n^2)$, até mesmo para determinar o mínimo, porque poderíamos ter o grande azar de sempre executar a partição em torno do maior elemento restante antes de identificar o i-ésimo menor, quando só resta um elemento. No pior caso, cada etapa recursiva tira de consideração apenas o pivô. Visto que o particionamento de n elementos leva o tempo $\Theta(n)$, a recorrência para o tempo de execução no pior caso é a mesma daquela para QUICKSORT: $T(n) = T(n − 1) + \Theta(n)$, com a solução $T(n) = \Theta(n^2)$. Entretanto, veremos que o algoritmo tem um tempo de execução esperado linear e, como ele é aleatorizado, nenhuma entrada específica provoca o comportamento do pior caso.

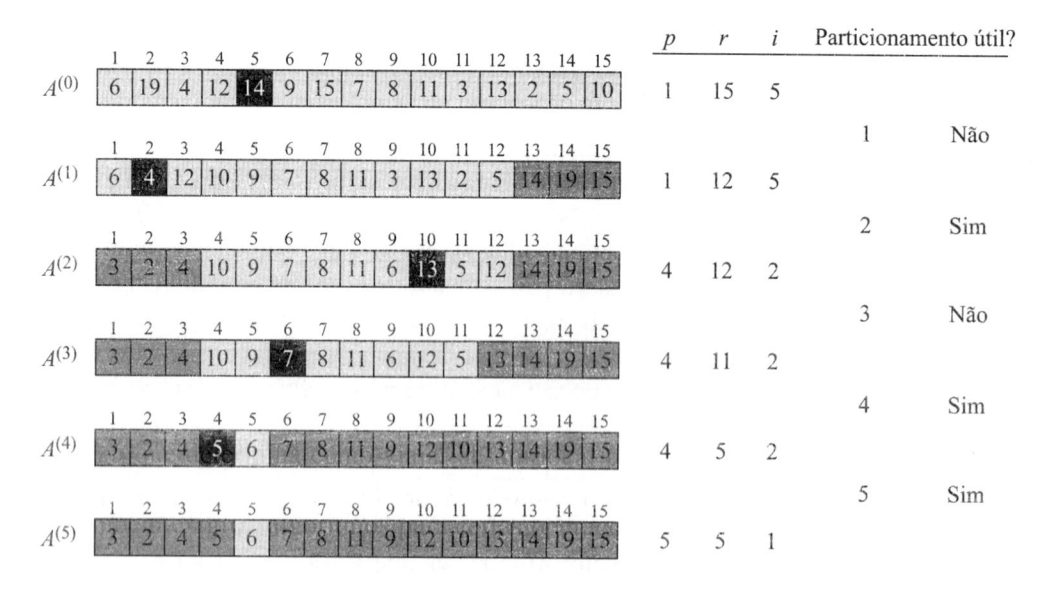

Figura 9.1 Ação de SELEÇÃO-ALEATÓRIA à medida que particionamentos sucessivos estreitam o subvetor $A[p : r]$, mostrando os valores dos parâmetros p, r e i em cada chamada recursiva. O subvetor $A[p : r]$ em cada etapa recursiva aparece em *cinza-claro*, com o elemento em *preto* selecionado como pivô para o próximo particionamento. Os elementos em *cinza-escuro* estão fora de $A[p : r]$. A resposta é o elemento em *cinza-claro* na última fileira, em que $p = r = 5$ e $i = 1$. As designações de vetor $A^{(0)}$, $A^{(1)}$, ..., $A^{(5)}$, os números de particionamento e se o particionamento é útil são explicados mais adiante.

Para entender o que há por trás do tempo de execução linear esperado, suponha que, cada vez que o algoritmo seleciona aleatoriamente um elemento pivô, este fica em algum lugar entre o segundo e o terceiro quartis — a "metade do meio" — dos elementos restantes na sequência ordenada. Se o i-ésimo menor elemento for menor que o pivô, todos os elementos maiores que o pivô serão ignorados em todas as chamadas recursivas futuras. Esses elementos ignorados incluem pelo menos o quartil superior e possivelmente mais. Da mesma forma, se o i-ésimo menor elemento for maior que o pivô, todos os elementos menores que o pivô — pelo menos o primeiro quartil — serão ignorados em todas as chamadas recursivas futuras. De qualquer forma, portanto, pelo menos 1/4 dos elementos restantes é ignorado em todas as chamadas recursivas futuras, deixando no máximo 3/4 dos elementos restantes ***em jogo***: residindo no subvetor $A[p : r]$. Como PARTICIONA-ALEATORIZADO leva um tempo $\Theta(n)$ em um subvetor de n elementos, a recorrência para o tempo de execução do pior caso é $T(n) = T(3n/4) + \Theta(n)$. Pelo caso 3 do método mestre (Teorema 4.1, no Capítulo 4), essa recorrência tem solução $T(n) = \Theta(n)$.

É claro que o pivô não cai necessariamente na metade do meio todas as vezes. Como o pivô é selecionado aleatoriamente, a probabilidade de ele cair na metade do meio é de cerca de 1/2 a cada vez. Podemos ver o processo de seleção do pivô como uma tentativa de Bernoulli (ver Seção C.4) com sucesso igual ao pivô que reside na metade do meio. Assim, o número esperado de tentativas necessárias para o sucesso é dado por uma distribuição geométrica: apenas duas tentativas em média (Equação (C.36), no Apêndice C). Em outras palavras, esperamos que metade dos particionamentos reduza o número de elementos ainda em jogo em pelo menos 1/4 e que metade dos particionamentos não seja tão útil. Consequentemente, o número esperado de partições no máximo dobra para o caso em que o pivô sempre cai na metade do meio. O custo de cada particionamento extra é menor do que aquele que o precedeu, de modo que o tempo de execução esperado ainda é $\Theta(n)$.

Para tornar este argumento rigoroso, começamos definindo a variável aleatória $A^{(j)}$ como o conjunto de elementos de A que ainda estão em jogo após j particionamentos (ou seja, dentro do subvetor $A[p : r]$ após j chamadas de SELEÇÃO-ALEATÓRIA), de modo que $A^{(0)}$ consiste em todos os elementos em A. Como cada particionamento retira pelo menos um elemento (o pivô) do jogo, a sequência $|A^{(0)}|$, $|A^{(1)}|$, $|A^{(2)}|$,... estritamente diminui. O conjunto $A^{(j-1)}$ está em jogo antes do j-ésimo particionamento e o conjunto $A^{(j)}$ permanece em jogo depois. Por conveniência, suponha que o conjunto inicial $A^{(0)}$ seja o resultado de um 0-ésimo particionamento "fictício".

Vamos chamar o j-ésimo particionamento de **útil** se $|A^{(j)}| \leq (3/4)|A^{(j-1)}|$. A Figura 9.1 mostra os conjuntos $A^{(j)}$ e se os particionamentos são úteis para um vetor exemplo. Um particionamento útil corresponde a uma tentativa de Bernoulli bem-sucedida. O lema a seguir mostra que um particionamento tem a mesma probabilidade de ser útil ou não.

Lema 9.1

Um particionamento é útil com probabilidade de pelo menos 1/2.

Prova Se um particionamento é útil ou não, isso depende do pivô escolhido aleatoriamente. Discutimos a "metade do meio" no argumento informal anterior. Vamos definir mais precisamente a metade do meio de um subvetor de n elementos como todos, exceto os menores $\lceil n/4 \rceil - 1$ e os maiores $\lceil n/4 \rceil - 1$ elementos (isto é, todos menos os primeiros $\lceil n/4 \rceil - 1$ e os últimos $\lceil n/4 \rceil - 1$ elementos se o subvetor estivesse ordenado). Vamos provar que, se o pivô cair na metade do meio, então o pivô leva a um particionamento útil, e também provaremos que a probabilidade de o pivô cair na metade do meio é de pelo menos 1/2.

Independentemente de onde o pivô cai, todos os elementos maiores que ele ou todos os elementos menores que ele, juntamente com o próprio pivô, não estarão mais em jogo após o particionamento. Se o pivô cair na metade do meio, portanto, pelo menos $\lceil n/4 \rceil - 1$ elementos menores que o pivô ou $\lceil n/4 \rceil - 1$ elementos maiores que o pivô, mais o pivô, não estarão mais em jogo após o particionamento. Ou seja, pelo menos $\lceil n/4 \rceil - 1$ elementos não estarão mais em jogo. O número de elementos restantes em jogo será no máximo $n - \lceil n/4 \rceil$, que é igual a $\lfloor 3n/4 \rfloor$, segundo o Exercício 3.3-2, no Capítulo 3. Visto que $\lfloor 3n/4 \rfloor \leq 3n/4$, o particionamento é útil.

Para determinar um limite inferior para a probabilidade de que um pivô escolhido aleatoriamente caia na metade do meio, determinamos um limite superior para a probabilidade de que ele não caia. Essa probabilidade é

$$\frac{2(\lceil n/4 \rceil - 1)}{n} \leq \frac{2((n/4 + 1) - 1)}{n} \quad \text{(pela inequação (3.2), no Capítulo 3)}$$
$$= \frac{n/2}{n}$$
$$= 1/2 \, .$$

Portanto, o pivô tem probabilidade de pelo menos 1/2 de cair na partição do meio, e portanto, a probabilidade é de pelo menos 1/2 que um particionamento seja útil.   ∎

Agora, podemos limitar o tempo de execução esperado de SELEÇÃO-ALEATÓRIA.

Teorema 9.2

O procedimento SELEÇÃO-ALEATÓRIA em um vetor de entrada de n elementos distintos tem um tempo de execução esperado de $\Theta(n)$.

Prova Como nem todo particionamento é necessariamente útil, vamos dar a cada particionamento um índice começando em 0 e representado por $\langle h_0, h_1, h_2, ..., h_m \rangle$, a sequência de particionamentos que são úteis, de modo que o h_k-ésimo particionamento seja útil para $k = 0, 1, 2, ..., m$. Embora o número m de particionamentos úteis seja uma variável aleatória, podemos limitá-lo, pois, após no máximo $\lceil \log_{4/3} n \rceil$ particionamentos úteis, apenas um elemento permanece em jogo. Considere o 0-ésimo particionamento fictício como útil, de modo que $h_0 = 0$. Indique $\| $ por n_k, em que $n_0 = |A^{(0)}|$ é o tamanho original do problema. Como o h_k-ésimo particionamento é útil e os tamanhos dos conjuntos $A^{(j)}$ diminuem estritamente, temos $n_k = |A^{(h_k)}| \leq (3/4)|A^{(h_k - 1)}| = (3/4)n_{k-1}$ para $k = 1, 2, ..., m$. Ao iterarmos $n_k \leq (3/4)n_{k-1}$, temos que $n_k \leq (3/4)^k n_0$ para $k = 0, 1, 2, ..., m$.

Como mostra a Figura 9.2, dividimos a sequência de conjuntos $A^{(j)}$ em m **gerações** que consistem em conjuntos particionados consecutivamente, começando com o resultado $A^{(h_k+1-1)}$ de um particionamento útil e terminando com o último conjunto $A^{(h_k+1-1)}$ antes do próximo particionamento útil, de modo que os conjuntos

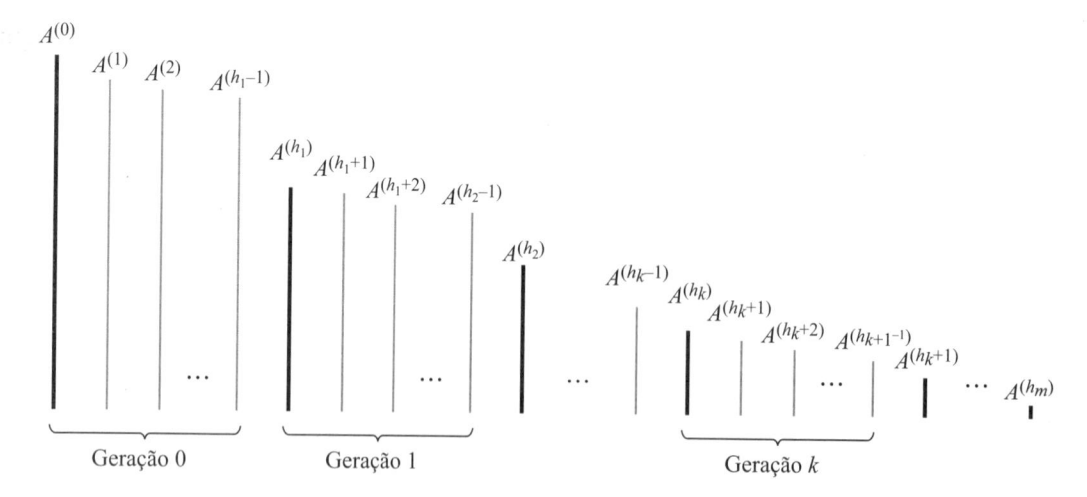

Figura 9.2 Conjuntos dentro de cada geração na prova do Teorema 9.2. As linhas verticais representam os conjuntos, com a altura de cada linha indicando o tamanho do conjunto, que é igual ao número de elementos em jogo. Cada geração começa com um conjunto $A^{(h_k)}$, que é o resultado de um particionamento útil. Esses conjuntos são assinalados com *linhas pretas* e têm no máximo 3/4 do tamanho dos conjuntos imediatamente à esquerda. Conjuntos assinalados com *linhas cinza-claro* não são os primeiros em uma geração. Uma geração pode conter apenas um conjunto. Os conjuntos da geração k são $A^{(h_k)}, A^{(h_k+1)}, \ldots, A^{(h_{k+1}-1)}$. Os conjuntos $A^{(h_k)}$ são definidos de modo que $|A^{(h_k)}| \leq (3/4)|A^{(h_k-1)}|$. Se o particionamento chegar até a geração m, o conjunto $A^{(h_m)}$ tem no máximo um elemento em jogo.

na geração k sejam $A^{(h_k)}, A^{(h_k+1)}, \ldots, A^{(h_{k+1}-1)}$. Então, para cada conjunto de elementos $A^{(j)}$ na k-ésima geração, temos que $|A^{(j)}| \leq |A^{(h_k)}| = n_k \leq (3/4)^k n_0$.

Em seguida, definimos a variável aleatória

$$X_k = h_{k+1} - h_k$$

para $k = 0, 1, 2, \ldots, m - 1$. Ou seja, X_k é o número de conjuntos na k-ésima geração, de modo que os conjuntos na k-ésima geração são $A^{(h_k)}, A^{(h_k+1)}, \ldots, A^{(h_k+X_k-1)}$.

Pelo Lema 9.1, a probabilidade de que um particionamento seja útil é de pelo menos 1/2. A probabilidade é, na verdade, ainda maior, uma vez que um particionamento é útil mesmo que o pivô não caia na metade do meio, mas o i-ésimo menor elemento esteja no lado menor do particionamento. No entanto, usaremos apenas o limite inferior de 1/2, e então, a Equação (C.36) indica que $E[X_k] \leq 2$ para $k = 0, 1, 2, \ldots, m - 1$.

Vamos derivar um limite superior de quantas comparações são feitas ao todo durante o particionamento, já que o tempo de execução é dominado pelas comparações. Como estamos calculando um limite superior, suponha que a recursão vá até o fim até que apenas um elemento permaneça em jogo. O j-ésimo particionamento pega o conjunto $A^{(j-1)}$ de elementos em jogo e compara o pivô escolhido aleatoriamente com todos os outros $|A^{(j-1)}| - 1$ elementos, de modo que o j-ésimo particionamento faz menos comparações do que $|A^{(j-1)}|$. Os conjuntos da k-ésima geração têm tamanhos $|A^{(h_k)}|, |A^{(h_k+1)}|, \ldots, |A^{(h_k+X_k-1)}|$. Assim, o número total de comparações durante o particionamento é menor do que

$$
\begin{aligned}
\sum_{k=0}^{m-1} \sum_{j=h_k}^{h_k+X_k-1} |A^{(j)}| &\leq \sum_{k=0}^{m-1} \sum_{j=h_k}^{h_k+X_k-1} |A^{(h_k)}| \\
&= \sum_{k=0}^{m-1} X_k |A^{(h_k)}| \\
&\leq \sum_{k=0}^{m-1} X_k \left(\frac{3}{4}\right)^k n_0 .
\end{aligned}
$$

Visto que $E[X_k] \leq 2$, temos que o número total esperado de comparações durante o particionamento é menor que

$$
E\left[\sum_{k=0}^{m-1} X_k \left(\frac{3}{4}\right)^k n_0\right] = \sum_{k=0}^{m-1} E\left[X_k \left(\frac{3}{4}\right)^k n_0\right] \quad \text{(pela linearidade de expectativa)}
$$

$$
= n_0 \sum_{k=0}^{m-1} \left(\frac{3}{4}\right)^k E[X_k]
$$

$$
\leq 2n_0 \sum_{k=0}^{m-1} \left(\frac{3}{4}\right)^k
$$

$$
< 2n_0 \sum_{k=0}^{\infty} \left(\frac{3}{4}\right)^k
$$

$$
= 8n_0 \qquad \text{(pela Equação (A.7), no Apêndice A).}
$$

Visto que n_0 é o tamanho do vetor original A, concluímos que o número esperado de comparações e, portanto, o tempo de execução esperado para SELEÇÃO-ALEATÓRIA é $O(n)$. Todos os n elementos são examinados na primeira chamada a PARTICIONA-ALEATORIZADO, resultando em um limite inferior de $\Omega(n)$. Logo, o tempo de execução esperado é $\Theta(n)$. ■

Exercícios

9.2-1
Mostre que SELEÇÃO-ALEATÓRIA nunca faz uma chamada recursiva a um vetor de comprimento 0.

9.2-2
Escreva uma versão iterativa de SELEÇÃO-ALEATÓRIA.

9.2-3
Suponha que usamos SELEÇÃO-ALEATÓRIA para selecionar o elemento mínimo do vetor $A = \langle 2, 3, 0, 5, 7, 9, 1, 8, 6, 4 \rangle$. Descreva uma sequência de partições que resulte em um desempenho do pior caso de SELEÇÃO-ALEATÓRIA.

9.2-4
Argumente que o tempo de execução esperado de SELEÇÃO-ALEATÓRIA não depende da ordem dos elementos em seu vetor de entrada $A[p:r]$. Ou seja, o tempo de execução esperado é o mesmo para qualquer permutação do vetor de entrada $A[p:r]$. (*Sugestão:* argumente por indução sobre o comprimento n do vetor de entrada.)

9.3   Seleção em tempo linear do pior caso

Examinaremos agora um algoritmo de seleção notável e teoricamente interessante, cujo tempo de execução é $\Theta(n)$ no pior caso. Embora o algoritmo SELEÇÃO-ALEATÓRIA da Seção 9.2 atinja um tempo esperado linear, vimos que seu tempo de execução no pior caso é quadrático. O algoritmo de seleção apresentado nesta seção alcança um tempo linear no pior caso, mas não é tão prático quanto SELEÇÃO-ALEATÓRIA. O interesse é principalmente teórico.

Assim como SELEÇÃO-ALEATÓRIA com tempo linear esperado, o algoritmo SELECIONA de tempo linear no pior caso determina o elemento desejado particionando recursivamente o vetor de entrada. Todavia, ao contrário de SELEÇÃO-ALEATÓRIA, SELECIONA *garante* uma boa divisão escolhendo um pivô provavelmente bom ao particionar o vetor. A inteligência do algoritmo é que ele encontra o pivô recursivamente. Assim, existem duas chamadas de SELECIONA: uma para encontrar um bom pivô e uma segunda para encontrar recursivamente a estatística de ordem desejada.

O algoritmo de particionamento usado por Seleciona é semelhante ao algoritmo de particionamento determinístico Particiona do quicksort (ver Seção 7.1), porém modificado para tomar o elemento em torno do qual é executada a partição como um parâmetro de entrada adicional. Assim como Particiona, o algoritmo Particiona-Em-Torno retorna o índice do pivô. Por ser tão semelhante a Particiona, o pseudocódigo de Particiona-Em-Torno não será mostrado.

O procedimento Seleciona toma como entrada um subvetor $A[p : r]$ de $n = r - p + 1$ elementos e um inteiro i no intervalo $1 \le i \le n$. Ele retorna o i-ésimo menor elemento de A. O pseudocódigo, na realidade, é mais inteligível do que poderia parecer a princípio.

```
Seleciona(A, p, r, i)
 1  while (r − p + 1) mod 5 ≠ 0
 2      for j = p + 1 to r                    // coloca o mínimo em A[p]
 3          if A[p] > A[j]
 4              troque A[p] com A[j]
 5      // Se queremos o mínimo de A[p: r], termine.
 6      if i == 1
 7          return A[p]
 8      // Se não, queremos o (i − 1)-ésimo elemento de A[p + 1 : r].
 9      p = p + 1
10      i = i − 1
11  g = (r − p + 1)/5                          // número de grupos de 5 elementos
12  for j = p to p + g − 1                     // ordena cada grupo
13      ordena ⟨A[j], A[j + g], A[j + 2g], A[j + 3g], A[j + 4g]⟩ no local
14  // Todas as medianas do grupo agora estão no quinto do meio de A[p : r].
15  // Ache o pivô x recursivamente como a mediana das medianas do grupo.
16  x = Seleciona(A, p + 2g, p + 3g − 1, ⌈g/2⌉)
17  q = Particiona-Em-Torno(A, p, r, x)       // particiona em torno do pivô
18  // O resto é como as linhas 3–9 de Seleção-Aleatória.
19  k = q − p + 1
20  if i == k
21      return A[q]                            // o valor pivô é a resposta
22  elseif i < k
23      return Seleciona(A, p, q − 1, i)
24  else return Seleciona(A, q + 1, r, i − k)
```

O pseudocódigo começa executando o laço **while** nas linhas 1–10 para reduzir o número $r - p + 1$ de elementos no subvetor até que seja divisível por 5. O laço **while** é executado de 0 a 4 vezes, cada vez reorganizando os elementos de $A[p : r]$ para que $A[p]$ contenha o elemento mínimo. Se $i = 1$, o que significa que realmente queremos o elemento mínimo, então o procedimento simplesmente o retorna na linha 7. Caso contrário, Seleciona elimina o mínimo do subvetor $A[p : r]$ e repete para encontrar o $(i - 1)$-ésimo elemento em $A[p + 1 : r]$. As linhas 9–10 fazem isso incrementando p e decrementando i. Se o laço **while** completa todas as suas iterações sem retornar um resultado, o procedimento executa o núcleo do algoritmo nas linhas 11–24, seguro de que o número $r - p + 1$ de elementos em $A[p : r]$ é divisível por 5.

A próxima parte do algoritmo implementa a ideia a seguir, ilustrada na Figura 9.3. Divida os elementos em $A[p : r]$ em $g = (r - p + 1)/5$ grupos de 5 elementos cada. O primeiro grupo de 5 elementos é

$$\langle A[p], A[p + g], A[p + 2g], A[p + 3g], A[p + 4g]\rangle \,,$$

o segundo é

$$\langle A[p + 1], A[p + g + 1], A[p + 2g + 1], A[p + 3g + 1], A[p + 4g + 1]\rangle \,,$$

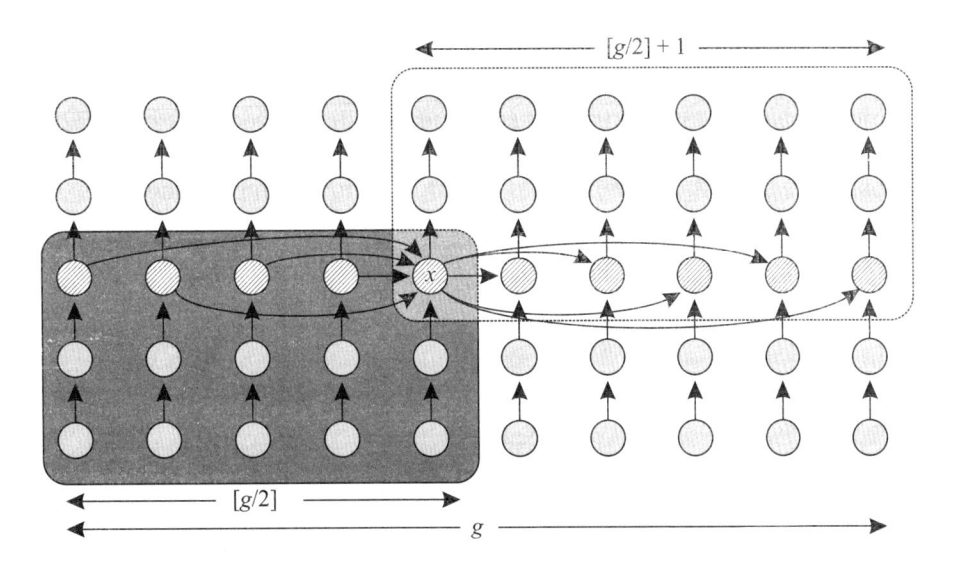

Figura 9.3 Relações entre os elementos (*mostrados como círculos*) imediatamente após a linha 17 do algoritmo de seleção SELECIONA. Existem $g = (r - p + 1)/5$ grupos de 5 elementos, cada um dos quais ocupando uma coluna. Por exemplo, a coluna mais à esquerda contém os elementos $A[p]$, $A[p + g]$, $A[p + 2g]$, $A[p + 3g]$, $A[p + 4g]$, e a próxima coluna contém $A[p + 1]$, $A[p + g + 1]$, $A[p + 2g + 1]$, $A[p + 3g + 1]$, $A[p + 4g + 1]$. As medianas dos grupos são os *círculos tracejados* no meio, e o pivô x está rotulado. As *setas* vão de elementos menores para maiores. Os elementos sobre um fundo retangular *cinza-escuro à esquerda* são todos menores ou iguais a x e não podem cair no lado superior da partição em torno de x. Os elementos dentro do retângulo *tracejado à direita* são maiores ou iguais a x e não podem cair no lado inferior da partição em torno de x. O pivô x pertence às duas regiões retangulares e está destacado na *parte central*. Os elementos restantes (*fora das regiões retangulares*) podem estar em ambos os lados da partição.

e assim por diante até o último, que é

$$\langle A[p + g - 1], A[p + 2g - 1], A[p + 3g - 1], A[p + 4g - 1], A[r] \rangle .$$

(Observe que $r = p + 5g - 1$.) A linha 13 coloca cada grupo em ordem usando, por exemplo, a ordenação por inserção (Seção 2.1), de modo que, para $j = p, p + 1, ..., p + g - 1$, temos

$$A[j] \leq A[j + g] \leq A[j + 2g] \leq A[j + 3g] \leq A[j + 4g] .$$

Cada coluna vertical na Figura 9.3 representa um grupo ordenado de 5 elementos. A mediana de cada grupo de 5 elementos é $A[j + 2g]$, e portanto, todas as medianas de 5 elementos, mostradas nos círculos pretos, se encontram no intervalo $A[p + 2g : p + 3g - 1]$.

Em seguida, a linha 16 determina o pivô x chamando SELECIONA recursivamente para encontrar a mediana (especificamente, o $\lceil g/2 \rceil$ menor) das g medianas do grupo. A linha 17 usa o algoritmo PARTICIONA-EM-TORNO modificado para particionar os elementos de $A[p : r]$ em torno de x, retornando o índice q de x, de modo que os $A[q] = x$ elementos em $A[p : q]$ são todos no máximo x, e os elementos em $A[q : r]$ são maiores ou iguais a x.

O restante do código espelha o de SELEÇÃO-ALEATÓRIA. Se o pivô x for o i-ésimo maior, o procedimento o retorna. Caso contrário, o procedimento chama a si mesmo recursivamente em $A[p : q - 1]$ ou $A[q + 1 : r]$, dependendo do valor de i.

Vamos analisar o tempo de execução de SELECIONA e ver como a escolha criteriosa do pivô x se torna uma garantia em seu tempo de execução do pior caso.

Teorema 9.3

O tempo de execução de SELECIONA sobre uma entrada de n elementos é $\Theta(n)$.

Prova Defina $T(n)$ como o tempo no pior caso para executar SELECIONA sobre qualquer subvetor de entrada $A[p : r]$ com tamanho de no máximo n, isto é, para o qual $r - p + 1 \leq n$. Por essa definição, $T(n)$ é monotonicamente crescente.

Primeiro, determinamos um limite superior para o tempo gasto fora das chamadas recursivas nas linhas 16, 23 e 24. O laço **while** nas linhas 1–10 é executado de 0 a 4 vezes, que é $O(1)$ vezes. Como o tempo dominante dentro do laço é o cálculo do mínimo nas linhas 2–4, que leva um tempo $\Theta(n)$, as linhas 1–10 são executadas em tempo $O(1) \cdot \Theta(n) = O(n)$. A ordenação dos grupos de 5 elementos nas linhas 12–13 leva um tempo $\Theta(n)$, porque cada grupo de 5 elementos leva um tempo $\Theta(1)$ para ser ordenado (mesmo usando um algoritmo de ordenação assintoticamente ineficiente, como a ordenação por inserção), e há g elementos para ordenar, em que $n/5 - 1 < g \leq n/5$. Por fim, o tempo para particionar na linha 17 é $\Theta(n)$, como o Exercício 7.1-3 pede para você demonstrar. Como as operações restantes levam apenas um tempo $\Theta(1)$, a quantidade total de tempo gasto fora das chamadas recursivas é $O(n) + \Theta(n) + \Theta(n) + \Theta(1) = \Theta(n)$.

Agora, vamos determinar o tempo de execução das chamadas recursivas. A chamada recursiva para encontrar o pivô na linha 16 leva um tempo $T(g) \leq T(n/5)$, já que $g \leq n/5$ e $T(n)$ aumenta monotonicamente. Das duas chamadas recursivas nas linhas 23 e 24, no máximo uma é executada. Mas veremos que, não importa qual dessas duas chamadas recursivas para Seleciona seja realmente executada, o número de elementos na chamada recursiva acaba sendo no máximo $7n/10$ e, portanto, o custo no pior caso para as linhas 23 e 24 é, no máximo, $T(7n/10)$. Vamos agora mostrar que as tramas envolvidas nas medianas de grupo e a escolha do pivô x como mediana das medianas de grupo garantem essa propriedade.

A Figura 9.3 nos ajuda a visualizar o que está acontecendo. Existem $g \leq n/5$ grupos de 5 elementos, com cada grupo mostrado como uma coluna ordenada de baixo para cima. As setas indicam a ordenação dos elementos dentro das colunas. As colunas são ordenadas da esquerda para a direita, com os grupos à esquerda do grupo de x tendo uma mediana de grupo menor que x e aquelas à direita do grupo de x tendo uma mediana de grupo maior que x. Embora a ordem relativa dentro de cada grupo importe, a ordem relativa entre os grupos à esquerda da coluna de x realmente não importa, nem a ordem relativa entre os grupos à direita da coluna de x. O importante é que os grupos à esquerda tenham medianas de grupo menores que x (indicadas pelas setas horizontais que entram em x), e que os grupos à direita tenham medianas de grupo maiores que x (indicadas pelas setas horizontais que saem de x). Assim, a região retangular com fundo destacado à direita contém elementos que sabemos serem maiores ou iguais a x, e a região retangular à esquerda contém elementos que sabemos serem menores ou iguais a x.

Cada uma dessas duas regiões contém pelo menos $3g/2$ elementos. O número de medianas de grupo na região com fundo retangular à direita é $\lfloor g/2 \rfloor + 1$, e para cada mediana de grupo, dois elementos adicionais são maiores que ela, perfazendo um total de $3(\lfloor g/2 \rfloor + 1) \geq 3g/2$ elementos. Da mesma forma, o número de medianas de grupo na região com fundo retangular à esquerda é $\lceil g/2 \rceil$, e para cada mediana de grupo, dois elementos adicionais são menores que ela, perfazendo um total de $3 \lceil g/2 \rceil \geq 3g/2$.

Os elementos na região com fundo retangular à direita não podem cair no lado baixo da partição em torno de x, e aqueles na região com fundo retangular à esquerda não podem cair no lado alto. Os elementos que não estão em nenhuma das regiões retangulares — aqueles que estão sobre fundo vazio — podem cair em ambos os lados da partição. Mas como o lado baixo da partição exclui os elementos da região retangular à direita, e há um total de $5g$ elementos, sabemos que o lado baixo da partição pode conter no máximo $5g - 3g/2 = 7g/2 \leq 7n/10$ elementos. Da mesma forma, o lado alto da partição exclui os elementos na região retangular à esquerda, e um cálculo semelhante mostra que também contém no máximo $7n/10$ elementos.

Tudo isso leva à seguinte recorrência para o tempo de execução do pior caso de Seleciona:

$$T(n) \leq T(n/5) + T(7n/10) + \Theta(n) . \tag{9.1}$$

Podemos mostrar que $T(n) = O(n)$ por substituição.[2] Mais especificamente, provaremos que $T(n) \leq cn$ para alguma constante adequadamente grande $c > 0$ e todo $n > 0$. Substituindo essa hipótese indutiva no lado direito da recorrência (9.1) e supondo que $n \geq 5$, obtemos

$$\begin{aligned} T(n) &\leq c(n/5) + c(7n/10) + \Theta(n) \\ &\leq 9cn/10 + \Theta(n) \\ &= cn - cn/10 + \Theta(n) \\ &\leq cn \end{aligned}$$

se escolhermos um c grande o suficiente para que $c/10$ domine a constante de limite superior oculta por $\Theta(n)$. Além dessa restrição, podemos escolher um c com valor grande o suficiente para que $T(n) \leq cn$ para todo

---

[2]Também poderíamos usar o método de Akra-Bazzi, da Seção 4.7, que envolve cálculo, para resolver essa recorrência. Na verdade, uma recorrência semelhante (4.24, no Capítulo 4) foi utilizada para ilustrar esse método.

$n \leq 4$, que é o caso-base da recursão dentro de SELECIONA. O tempo de execução de SELECIONA é, portanto, $O(n)$ no pior caso, e como a linha 13 sozinha leva um tempo $\Theta(n)$, o tempo total é $\Theta(n)$. ∎

Como em uma ordenação por comparação (ver Seção 8.1), SELECIONA e SELEÇÃO-ALEATÓRIA determinam informações sobre a ordem relativa de elementos somente por comparação de elementos. Vimos no Capítulo 8 que a ordenação exige o tempo $\Omega(n \lg n)$ no modelo de comparação, mesmo na média (ver Problema 8.1). Os algoritmos de ordenação de tempo linear do Capítulo 8 adotam premissas sobre o tipo da entrada. Ao contrário, os algoritmos de seleção de tempo linear deste capítulo não exigem nenhuma premissa sobre o tipo da entrada, somente que os elementos sejam distintos e que possam ser comparados em pares de acordo com uma ordem linear. Os algoritmos deste capítulo não estão sujeitos ao limite inferior $\Theta(n \lg n)$ porque conseguem resolver o problema da seleção sem ordenar todos os elementos. Assim, resolver o problema da seleção por ordenação e indexação, como apresentamos no início deste capítulo, é assintoticamente ineficiente no modelo de comparação.

Exercícios

9.3-1
No algoritmo SELECIONA, os elementos de entrada são divididos em grupos de 5. Mostre que o algoritmo funcionará em tempo linear se eles forem divididos em grupos de 7, em vez de 5.

9.3-2
Suponha que o pré-processamento nas linhas 1–10 de SELECIONA seja substituído por um caso-base para $n \geq n_0$, em que n_0 seja uma constante adequada; que g seja escolhido como $\lfloor (r - p + 1)/5 \rfloor$; e que os elementos em $A[5g + 1 : n]$ não pertençam a grupo algum. Mostre que, embora a recorrência para o tempo de execução se torne mais complicada, ela ainda resulta em $\Theta(n)$.

9.3-3
Mostre como usar SELECIONA como uma sub-rotina para fazer com que o quicksort seja executado no tempo $O(n \lg n)$ no pior caso, considerando que todos os elementos são distintos.

★ 9.3-4
Suponha que um algoritmo utilize somente comparações para determinar o i-ésimo menor elemento em um conjunto de n elementos. Mostre que ele também pode determinar os $i - 1$ menores elementos e os $n - i$ maiores elementos sem executar quaisquer comparações adicionais.

9.3-5
Mostre como determinar a mediana de um conjunto de 5 elementos usando apenas 6 comparações.

9.3-6
Dada uma sub-rotina "caixa-preta" para a mediana de tempo linear no pior caso, apresente um algoritmo simples de tempo linear que resolva o problema de seleção para uma estatística de ordem arbitrária.

9.3-7
O professor Olay é consultor de uma empresa petrolífera que está planejando um grande oleoduto no sentido leste-oeste, que atravessa um campo petrolífero com n poços. A empresa quer conectar um duto auxiliar entre cada um desses poços e o oleoduto principal ao longo de um caminho mais curto (para o norte ou para o sul), como mostra a Figura 9.4. Dadas as coordenadas x e y dos poços, como o professor deve escolher a localização ótima do oleoduto principal que minimizará o comprimento total dos dutos auxiliares? Mostre como determinar a localização ótima em tempo linear.

9.3-8
Os k-ésimos **quantis** de um conjunto de n elementos são as estatísticas de ordem $k - 1$ que dividem o conjunto ordenado em k conjuntos de igual tamanho (com aproximação de 1). Apresente um algoritmo de tempo $O(n \lg k)$ para dar uma lista dos k-ésimos quantis de um conjunto.

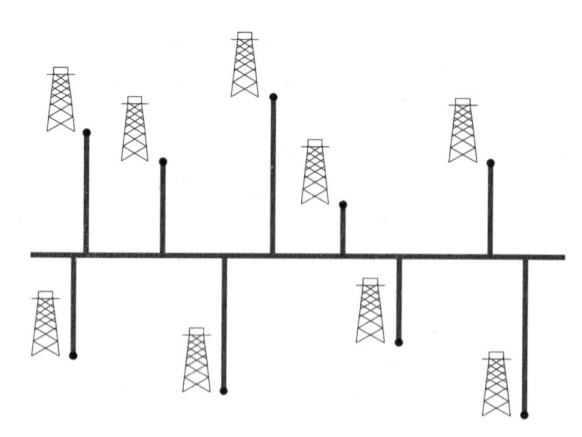

Figura 9.4 O professor Olay precisa determinar a posição do oleoduto no sentido leste-oeste, que minimiza o comprimento total dos dutos auxiliares norte-sul.

9.3-9

Descreva um algoritmo de tempo $O(n)$ que, dados um conjunto S de n números distintos e um inteiro positivo $k \leq n$, determine os k números em S que estão mais próximos da mediana de S.

9.3-10

Sejam $X[1 : n]$ e $Y[1 : n]$ dois vetores, cada um contendo n números já em sequência ordenada. Apresente um algoritmo de tempo $O(\lg n)$ para determinar a mediana de todos os $2n$ elementos nos vetores X e Y. Suponha que todos os $2n$ números sejam distintos.

Problemas

9-1   Os **i** maiores números em sequência ordenada

Dado um conjunto de n números, queremos determinar os i maiores em sequência ordenada usando um algoritmo baseado em comparação. Descubra o algoritmo que implementa cada um dos métodos a seguir com o melhor tempo de execução assintótico do pior caso e analise os tempos de execução dos algoritmos em termos de n e i.

a. Ordene os números e produza uma lista com os i maiores.

b. Construa uma fila de prioridade máxima com os números e chame Extrai-Max i vezes.

c. Use um algoritmo de ordem estatística para determinar o i-ésimo maior número, particionar em torno desse número e ordenar os i maiores números.

9-2   Variante de seleção aleatorizada

O professor Mendel propôs simplificar Seleção-Aleatória eliminando a verificação para descobrir se i e k são iguais. O procedimento simplificado é Seleção-Aleatória-Simplificada.

```
Seleção-Aleatória-Simplificada(A, p, r, i)
1  if p == r
2      return A[p]          // 1 ≤ i ≤ r − p + 1 significa que i = 1
3  q = Particiona-Aleatorizado(A, p, r)
4  k = q − p + 1
5  if i ≤ k
6      return Seleção-Aleatória-Simplificada(A, p, q, i)
7  else return Seleção-Aleatória-Simplificada(A, q + 1, r, i − k)
```

a. Demonstre que, no pior caso, Seleção-Aleatória-Simplificada nunca termina.

b. Prove que o tempo de execução esperado de Seleção-Aleatória-Simplificada ainda é $O(n)$.

9-3   Mediana ponderada

Considere n elementos distintos $x_1, x_2, ..., x_n$, com pesos positivos $w_1, w_2, ..., w_n$, tais que $\sum_{i=1}^{n} w_i = 1$. A **mediana ponderada** (**inferior**) é o elemento x_k que satisfaz

$$\sum_{x_i < x_k} w_i < \frac{1}{2}$$

e

$$\sum_{x_i > x_k} w_i \leq \frac{1}{2}.$$

Por exemplo, considere os seguintes elementos x_i e pesos w_i:

i	1	2	3	4	5	6	7
x_i	3	8	2	5	4	1	6
w_i	0,12	0,35	0,025	0,08	0,15	0,075	0,2

Para esses elementos, a mediana é $x_5 = 4$, mas a mediana ponderada é $x_7 = 6$. Para ver por que a mediana ponderada é x_7, observe que os elementos menores que x_7 são x_1, x_3, x_4, x_5 e x_6, e a soma $w_1 + w_3 + w_4 + w_5 + w_6 = 0{,}45$, que é menor que 1/2. Além disso, somente o elemento x_2 é maior que x_7, e $w_2 = 0{,}35$, que não é maior que 1/2.

a. Mostre que a mediana de $x_1, x_2, ..., x_n$ é a mediana ponderada dos x_i com pesos $w_i = 1/n$ para $i = 1, 2, ..., n$.

b. Mostre como calcular a mediana ponderada de n elementos no tempo $O(n \lg n)$ do pior caso usando ordenação.

c. Mostre como calcular a mediana ponderada no tempo $\Theta(n)$ do pior caso usando um algoritmo de mediana de tempo linear como SELECIONA da Seção 9.3.

O **problema da localização da agência postal** é definido da seguinte maneira: temos como entrada n pontos $p_1, p_2, ..., p_n$ com pesos associados $w_1, w_2, ..., w_n$. Uma solução é um ponto p (não necessariamente um dos pontos de entrada) que minimize o somatório $\sum_{i=1}^{n} w_i\, d(p, p_i)$, em que $d(a, b)$ é a distância entre os pontos a e b.

d. Mostre que a mediana ponderada é uma solução melhor para o problema da localização de agência postal unidimensional, no qual os pontos são simplesmente números reais e a distância entre os pontos a e b é $d(a, b) = |a - b|$.

e. Determine a melhor solução para o problema de localização da agência postal bidimensional, no qual os pontos são pares de coordenadas (x, y) e a distância entre os pontos $a = (x_1, y_1)$ e $b = (x_2, y_2)$ é a **distância Manhattan** dada por $d(a, b) = |x_1 - x_2| + |y_1 - y_2|$.

9-4   Estatísticas de ordem pequena

Indicamos com $S(n)$ o número de comparações do pior caso usadas por SELECIONA para selecionar a i-ésima estatística de ordem dentre n números. Embora $S(n) = \Theta(n)$, a constante oculta pela notação Θ é bastante grande. Quando i é pequeno com relação a n, existe um algoritmo que utiliza SELECIONA como sub-rotina, mas executa um número menor de comparações no pior caso.

a. Descreva um algoritmo que utilize $U_i(n)$ comparações para determinar o i-ésimo menor de n elementos, em que

$$U_i(n) = \begin{cases} S(n) & \text{se } i \geq n/2, \\ \lfloor n/2 \rfloor + U_i(\lceil n/2 \rceil) + S(2i) & \text{caso contrário.} \end{cases}$$

(*Sugestão*: comece com $\lfloor n/2 \rfloor$ comparações disjuntas aos pares e efetue a recursão sobre o conjunto que contém o menor elemento de cada par.)

b. Mostre que, se $i < n/2$, então $U_i(n) = n + O(S(2i) \lg(n/i))$.

c. Mostre que, se i é uma constante menor que $n/2$, então $U_i(n) = n + O(\lg n)$.

d. Mostre que, se $i = n / k$ para $k \geq 2$, então $U_i(n) = n + O(S(2n/k) \lg k)$.

9-5   Análise alternativa da seleção aleatorizada

Neste problema, usamos variáveis aleatórias indicadoras para analisar o procedimento SELEÇÃO-ALEATÓRIA de um modo semelhante ao de nossa análise de QUICKSORT-ALEATORIZADO na Seção 7.4.2.

Como na análise do quicksort, admitimos que todos os elementos são distintos e renomeamos os elementos do vetor de entrada A como $z_1, z_2,..., z_n$, em que z_i é o i-ésimo menor elemento. Assim, a chamada Seleção-Aleatória $(A, 1, n, i)$ retorna z_i.

Para $1 \leq j < k \leq n$, seja

$X_{ijk} = \mathrm{I}\{z_j$ é comparado com z_k em algum momento durante a execução do algoritmo para determinar $z_i\}$.

a. Dê uma expressão exata para $\mathrm{E}[X_{ijk}]$. (*Sugestão:* sua expressão pode ter valores diferentes, dependendo dos valores de i, j e k.)

b. Represente por X_i o número total de comparações entre elementos do vetor A ao determinar z_k. Mostre que

$$\mathrm{E}[X_i] \leq 2 \left(\sum_{j=1}^{i} \sum_{k=i}^{n} \frac{1}{k - j + 1} + \sum_{k=i+1}^{n} \frac{k - i - 1}{k - i + 1} + \sum_{j=1}^{i-2} \frac{i - j - 1}{i - j + 1} \right).$$

c. Mostre que $\mathrm{E}[X_i] \leq 4n$.

d. Conclua que, considerando que todos os elementos do vetor A são distintos, Seleção-Aleatória é executado no tempo esperado $O(n)$.

9-6   Seleção com grupos de 3

O Exercício 9.3-1 pede que você mostre que o algoritmo Seleciona ainda é executado em tempo linear se os elementos forem divididos em grupos de 7. Este problema questiona a divisão em grupos de 3.

a. Mostre que Seleciona é executado em tempo linear se os elementos forem divididos em grupos cujo tamanho seja qualquer constante ímpar maior que 3.

b. Mostre que Seleciona é executado em tempo $O(n \lg n)$ se os elementos forem divididos em grupos de tamanho 3.

Como o limite no item (b) é apenas um limite superior, não sabemos se a estratégia de "grupos de 3" realmente é executada em tempo $O(n)$. Porém, repetindo a ideia dos grupos de 3 no grupo do meio das medianas, podemos escolher um pivô que garanta um tempo $O(n)$. O algoritmo Seleciona3 determina o i-ésimo menor elemento de um vetor de entrada de $n > 1$ elementos distintos.

c. Descreva, em linguagem comum, como o algoritmo Seleciona3 funciona. Em sua descrição, inclua um ou mais diagramas que sejam adequados.

d. Mostre que Seleciona3 é executado em tempo $O(n)$ no pior caso.

```
Seleciona3(A, p, r, i)
 1  while (r − p + 1) mod 9 ≠ 0
 2      for j = p + 1 to r                // coloca o mínimo em A[p]
 3          if A[p] > A[j]
 4              troque A[p] com A[j]
 5      // Se queremos o mínimo de A[p: r], termine.
 6      if i == 1
 7          return A[p]
 8      // Se não, queremos o (i − 1)-ésimo elemento de A[p + 1 : r].
 9      p = p + 1
10      i = i − 1
11  g = (r − p + 1)/3            // número de grupos de 3 elementos
12  for j = p to p + g − 1       // percorre cada grupo
13      ordena ⟨A[j], A[j + g], A[j + 2g]⟩ no local
14  // Todas as medianas do grupo agora estão no terço do meio de A[p : r].
15  g′ = g/3                     // número de subgrupos de 3 elementos
16  for j = p + g to p + g + g′ − 1    // ordena os subgrupos
17      ordena ⟨A[j], A[j + g′], A[j + 2g′]⟩ no local
18  // Todas as medianas do subgrupo agora estão na nona parte do meio de A[p : r].
19  // Ache o pivô x recursivamente como a mediana das medianas do subgrupo.
```

(continua)

```
20    x = Seleciona3(A, p + 4g', p + 5g' − 1, ⌈g'/2⌉)
21    q = Particiona-Em-Torno(A, p, r, x)              // particiona em torno do pivô
22    // O resto é como as linhas 19–24 de Seleciona.
23    k = q − p + 1
24    if i == k
25        return A[q]                                  // o valor pivô é a resposta
26    elseif i < k
27        return Seleciona3(A, p, q − 1, i)
28    else return Seleciona3(A, q + 1, r, i − k)
```

Notas do capítulo

O algoritmo de tempo linear do pior caso para determinar a mediana foi criado por Blum, Floyd, Pratt, Rivest e Tarjan [62]. A versão aleatorizada rápida se deve a Hoare [218]. Floyd e Rivest [147] desenvolveram uma versão aleatorizada melhorada que particiona em torno de um elemento selecionado recursivamente dentre uma pequena amostra dos elementos.

Ainda não se sabe exatamente quantas comparações são necessárias para determinar a mediana. Bent e John [48] deram um limite inferior de $2n$ comparações para determinar a mediana, e Schönhage, Paterson e Pippenger [397] deram um limite superior de $3n$. Dor e Zwick melhoraram esses dois limites. O limite superior dado por eles [123] é ligeiramente menor que $2,95n$, e o limite inferior [124] é $(2 + \epsilon)n$, para uma pequena constante positiva ϵ, o que é uma ligeira melhoria do trabalho relacionado com Dor *et al.* [122]. Paterson [354] descreve alguns desses resultados juntamente com outro trabalho relacionado.

O Problema 9-6 foi inspirado em um artigo de Chen e Dumitrescu [84].

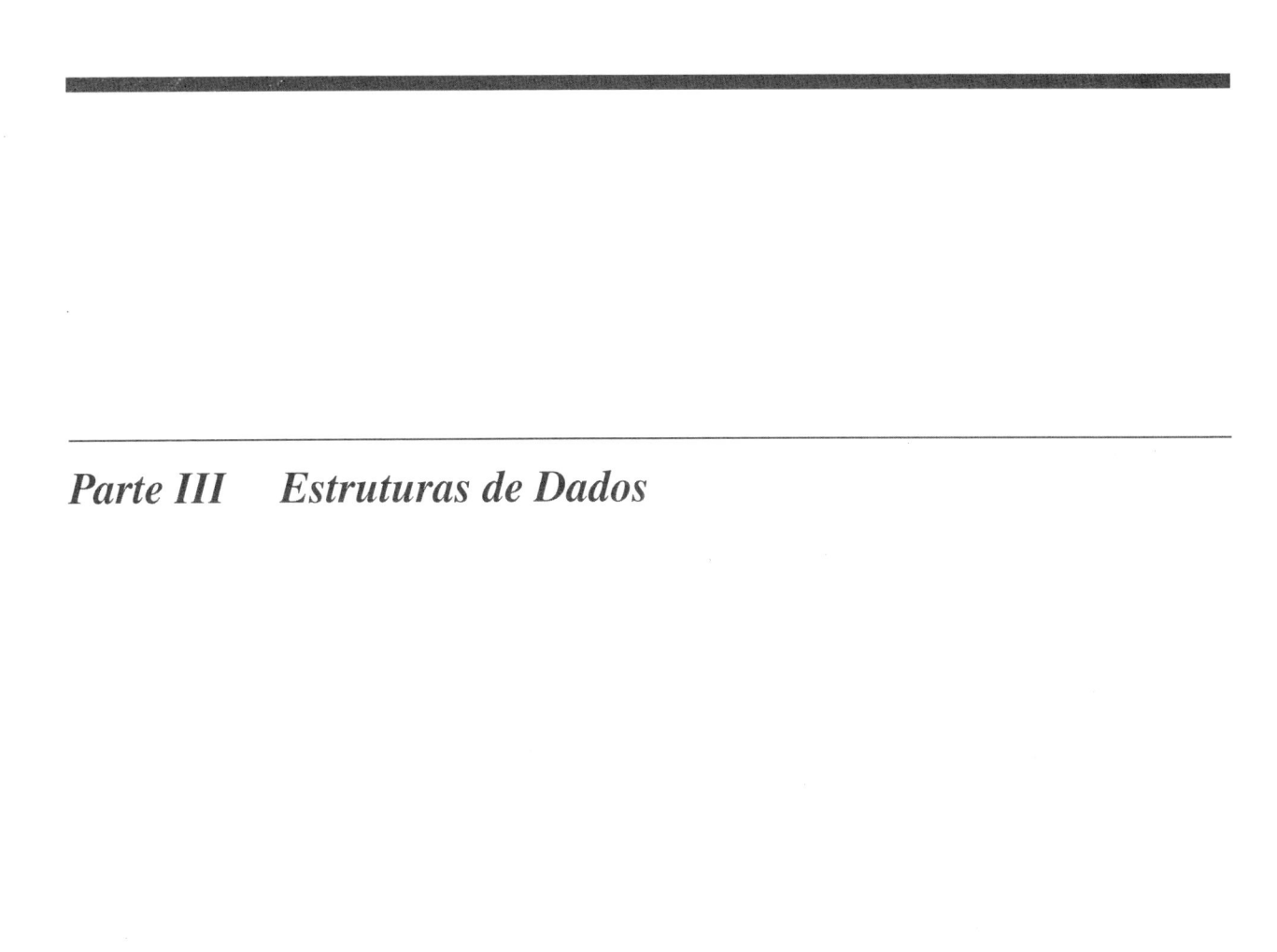

Parte III   Estruturas de Dados

Introdução

Conjuntos são tão fundamentais para a ciência da computação quanto para a matemática. Enquanto os conjuntos matemáticos são invariáveis, os conjuntos manipulados por algoritmos podem crescer, encolher ou sofrer outras mudanças ao longo do tempo. Chamamos tais conjuntos de conjuntos **dinâmicos**. Os próximos quatro capítulos apresentam algumas técnicas básicas para representar conjuntos dinâmicos finitos e para manipular esses conjuntos em um computador.

Algoritmos podem exigir a execução de vários tipos diferentes de operações sobre conjuntos. Por exemplo, muitos algoritmos precisam apenas da capacidade de inserir e eliminar elementos em um conjunto e testar a existência de elementos em um conjunto. Damos o nome de **dicionário** ao conjunto dinâmico que suporta essas operações. Outros algoritmos exigem operações mais complicadas. Por exemplo, filas de prioridade mínima, que foram apresentadas no Capítulo 6 no contexto da estrutura de dados *heap*, suportam as operações de inserção de um elemento no conjunto e de extração do menor elemento de um conjunto. A melhor maneira de implementar um conjunto dinâmico depende das operações que precisam ser suportadas.

Elementos de um conjunto dinâmico

Em uma implementação típica de um conjunto dinâmico, cada elemento é representado por um objeto cujos atributos podem ser examinados e manipulados se tivermos um ponteiro para o objeto. Alguns tipos de conjuntos dinâmicos consideram que um dos atributos do objeto é uma **chave** de identificação. Se as chaves são todas diferentes, podemos imaginar o conjunto dinâmico como um conjunto de valores de chaves. O objeto pode conter **dados satélites**, que são transportados em outros atributos do objeto, mas que, fora isso, não são utilizados pela implementação do conjunto. Também pode ter atributos que são manipulados pelas operações de conjuntos. Esses atributos podem conter dados ou ponteiros para outros objetos no conjunto.

Alguns conjuntos dinâmicos pressupõem que as chaves são extraídas de um conjunto totalmente ordenado, como o dos números reais, ou o conjunto de todas as palavras sob a ordenação alfabética usual. Uma ordenação total nos permite definir o elemento mínimo do conjunto, por exemplo, ou falar do próximo elemento maior que determinado elemento em um conjunto.

Operações em conjuntos dinâmicos

As operações em um conjunto dinâmico podem ser agrupadas em duas categorias: **consultas**, que simplesmente retornam informações sobre o conjunto, e **operações modificadoras**, que alteram o conjunto. A seguir, apresentamos uma lista de operações típicas. Qualquer aplicação específica normalmente exigirá a implementação de apenas algumas dessas operações.

Busca(S, k)

> Uma consulta que, dado um conjunto S e um valor de chave k, retorna um ponteiro x para um elemento em S tal que $x.chave = k$, ou NIL se nenhum elemento desse tipo pertencer a S.

INSERE(S, x)

Uma operação modificadora que aumenta o conjunto S com o elemento apontado por x. Normalmente, consideramos que já foram inicializados quaisquer atributos no elemento x necessários para a implementação do conjunto.

REMOVE(S, x)

Uma operação modificadora que, dado um ponteiro x para um elemento no conjunto S, remove x de S. (Observe que essa operação utiliza um ponteiro para um elemento x, não um valor de chave.)

MÍNIMO(S) e MÁXIMO(S)

Consultas em um conjunto totalmente ordenado S que retornam um ponteiro para o elemento de S que tenha a menor (para MÍNIMO) ou maior (para MÁXIMO) chave.

SUCESSOR(S, x)

Uma consulta que, dado um elemento x cuja chave é de um conjunto totalmente ordenado S, retorna um ponteiro para o elemento maior seguinte em S, ou NIL se x é o elemento máximo.

PREDECESSOR(S, x)

Uma consulta que, dado um elemento x cuja chave é de um conjunto totalmente ordenado S, retorna um ponteiro para o elemento menor seguinte em S, ou NIL se x é o elemento mínimo.

Em algumas situações, podemos estender as consultas SUCESSOR e PREDECESSOR de modo que se apliquem a conjuntos com chaves não distintas. Para um conjunto com n chaves, normalmente presume-se que uma chamada a MÍNIMO seguida por $n-1$ chamadas a SUCESSOR enumera os elementos no conjunto em sequência ordenada.

Em geral, medimos o tempo empregado para executar uma operação de conjunto em termos do tamanho do conjunto. Por exemplo, o Capítulo 13 descreve uma estrutura de dados que pode suportar qualquer das operações da lista apresentada em um conjunto de tamanho n no tempo $O(\lg n)$.

Naturalmente, você sempre pode optar por implementar um conjunto dinâmico com um vetor. A vantagem de fazer isso é que os algoritmos para as operações de conjuntos dinâmicos são simples. A desvantagem, no entanto, é que muitas dessas operações têm um tempo de execução no pior caso de $\Theta(n)$. Se o vetor não estiver ordenado, INSERE e REMOVE podem levar um tempo $\Theta(1)$, mas as operações restantes levam um tempo $\Theta(n)$. Se, em vez disso, o vetor for mantido em uma sequência ordenada, MÍNIMO, MÁXIMO, SUCESSOR e PREDECESSOR levarão um tempo $\Theta(1)$; BUSCA levará um tempo $O(\lg n)$ se implementado com busca binária; mas INSERE e REMOVE levam um tempo $\Theta(n)$ no pior caso. As estruturas de dados estudadas nesta parte melhoram a implementação do vetor para muitas das operações com conjuntos dinâmicos.

Visão geral da Parte III

Os Capítulos 10 a 13 descrevem várias estruturas de dados que podemos usar para implementar conjuntos dinâmicos. Usaremos muitas dessas estruturas para construir algoritmos eficientes para diversos problemas. Já vimos outra estrutura de dados importante — o *heap* — no Capítulo 6.

O Capítulo 10 apresenta os fundamentos essenciais do trabalho com estruturas de dados simples, como vetores, matrizes, pilhas, filas, listas encadeadas e árvores enraizadas. Se você frequentou um curso introdutório de programação, já deve estar familiarizado com grande parte desse material.

O Capítulo 11 introduz as tabelas *hash* (ou tabelas de espalhamento), uma estrutura de dados bastante utilizada para dar suporte às operações de dicionário INSERE, REMOVE e BUSCA. No pior caso, as tabelas *hash* exigem o tempo $\Theta(n)$ para executar uma operação BUSCA, mas o tempo esperado para operações de tabelas *hash* é $O(1)$. A análise do *hashing* se baseia em probabilidade, mas é possível compreender o funcionamento das operações mesmo sem a probabilidade.

As árvores binárias de busca, que são cobertas no Capítulo 12, suportam todas as operações de conjuntos dinâmicos que figuram na lista apresentada. No pior caso, cada operação demora o tempo $\Theta(n)$ em uma árvore com n elementos. As árvores binárias de busca servem como base para muitas outras estruturas de dados.

O Capítulo 13 apresenta as árvores rubro-negras, que são uma variante de árvores binárias de busca. Diferentemente das árvores binárias de busca comuns, o bom funcionamento das árvores rubro-negras é garantido: as operações demoram o tempo $O(\lg n)$ no pior caso. Uma árvore rubro-negra é uma árvore de busca balanceada. O Capítulo 18, na Parte V, apresenta outro tipo de árvore de busca balanceada, denominada árvore B. Embora a mecânica das árvores rubro-negras seja um pouco complicada, você pode perceber grande parte de suas propriedades pelo capítulo, sem estudar detalhadamente a mecânica. Não obstante, você verá que examinar o código é bastante instrutivo.

10   Estruturas de Dados Elementares

Neste capítulo, examinaremos a representação de conjuntos dinâmicos por estruturas de dados simples que utilizam ponteiros. Embora possamos construir muitas estruturas de dados complexas que utilizam ponteiros, apresentaremos apenas as rudimentares: vetores, matrizes, pilhas, filas, listas encadeadas e árvores enraizadas.

10.1 Estruturas de dados simples: vetores, matrizes, pilhas, filas

10.1.1 Vetores

Assumimos que, como na maioria das linguagens de programação, um vetor (ou *array*) é armazenado como uma sequência contígua de *bytes* na memória. Se o primeiro elemento de um vetor tem o índice s (por exemplo, em um vetor com indexação de origem 1, $s = 1$), o vetor começa no endereço de memória a, e cada elemento do vetor ocupa b *bytes*, então o i-ésimo elemento ocupa os *bytes* $a + b(i - s)$ até $a + b(i - s + 1) - 1$. Como quase todos os vetores neste livro são indexados começando em 1, e alguns começam em 0, podemos simplificar um pouco essas fórmulas. Quando $s = 1$, o i-ésimo elemento ocupa os *bytes* $a + b(i - 1)$ até $a + bi - 1$, e quando $s = 0$, o i-ésimo elemento ocupa os *bytes* $a + bi$ até $a + b(i + 1) - 1$. Supondo que o computador possa acessar todas as posições de memória no mesmo período de tempo (como no modelo de RAM descrito na Seção 2.2), leva-se um tempo constante para acessar qualquer elemento do vetor, independentemente do índice.

A maioria das linguagens de programação exige que cada elemento de determinado vetor tenha o mesmo tamanho. Se os elementos de determinado vetor podem ocupar diferentes números de *bytes*, as fórmulas anteriores não se aplicam, pois o tamanho b do elemento não é uma constante. Nesses casos, os elementos do vetor geralmente são objetos de tamanhos variados, e o que realmente aparece em cada elemento do vetor é um ponteiro para o objeto. O número de *bytes* ocupados por um ponteiro é normalmente o mesmo, não importa o que o ponteiro referencie, de modo que, para acessar um objeto em um vetor, aquelas fórmulas fornecem o endereço do ponteiro para o objeto e, em seguida, o ponteiro deve ser seguido para acessar o próprio objeto.

10.1.2 Matrizes

Normalmente representamos uma matriz ou vetor bidimensional por um ou mais vetores unidimensionais. As duas maneiras mais comuns de armazenar uma matriz são com a ordem principal por linha e por coluna. Vamos considerar uma matriz $m \times n$ — uma matriz com m linhas e n colunas. Na ***ordem principal por linha***, a matriz é armazenada linha por linha, e na ***ordem principal por coluna*** a matriz é armazenada coluna por coluna. Por exemplo, considere a matriz 2×3

$$M = \begin{pmatrix} 1 & 2 & 3 \\ 4 & 5 & 6 \end{pmatrix}. \tag{10.1}$$

A ordem principal por linha armazena as duas linhas 1 2 3 e 4 5 6, enquanto a ordem principal por coluna armazena as três colunas 1 4; 2 5; e 3 6.

As partes (a) e (b) da Figura 10.1 mostram como armazenar essa matriz usando um único vetor unidimensional. Ela é armazenada na ordem principal por linha na parte (a) e na ordem principal por coluna na parte (b). Se as linhas, colunas e o único vetor são todos indexados começando em s, então $M[i, j]$ — o elemento na linha i e coluna j — está no índice de vetor $s + (n(i - s)) + (j - s)$ com ordem de principal por

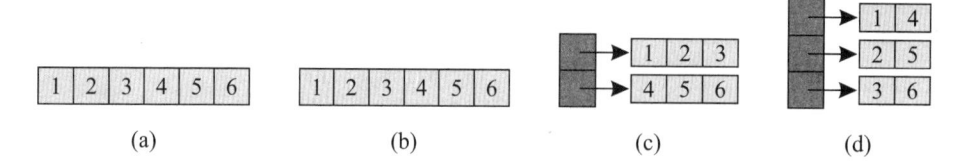

(a)   (b)   (c)   (d)

Figura 10.1 Quatro maneiras de armazenar a matriz 2 × 3 *M* a partir da Equação (10.1). (**a**) Na ordem principal por linha, em um único vetor. (**b**) Na ordem principal por coluna, em um único vetor. (**c**) Na ordem principal por linha, com um vetor por linha (em *cinza-claro*) e um único vetor (em *cinza-escuro*) de ponteiros para os vetores de linha. (**d**) Na ordem principal por coluna, com um vetor por coluna (em *cinza-claro*) e um único vetor (em *cinza-escuro*) de ponteiros para os vetores de coluna.

linha e $s + (m(j - s)) + (i - s)$ com ordem principal por coluna. Quando $s = 1$, os índices de vetor único são $n(i - 1) + j$ com ordem principal por linha e $i + m(j - 1)$ com ordem principal por coluna. Quando $s = 0$, os índices de vetor único são mais simples: $ni + j$ com ordem principal por linha e $i + mj$ com ordem principal por coluna. Para o exemplo da matriz *M* com indexação de origem 1, o elemento $M[2, 1]$ é armazenado no índice $3(2 - 1) + 1 = 4$ no vetor único usando a ordem principal por linha e no índice $2 + 2(1 - 1) = 2$ usando a ordem principal por coluna.

As partes (c) e (d) da Figura 10.1 mostram estratégias de múltiplos vetores para armazenar a matriz de exemplo. Na parte (c), cada linha é armazenada em seu próprio vetor de comprimento *n*, mostrado em *cinza-claro*. Outro vetor, com *m* elementos, mostrado em *cinza-escuro*, aponta para os *m* vetores de linhas. Se chamarmos o vetor em *cinza-escuro* de *A*, então $A[i]$ aponta para o vetor que armazena as entradas para a linha *i* de *M*, e o elemento do vetor $A[i][j]$ armazena o elemento da matriz $M[i, j]$. A parte (d) mostra a versão com ordem principal por coluna da representação de múltiplos vetores, com *n* vetores, cada um de comprimento *m*, representando as *n* colunas. O elemento $M[i, j]$ da matriz é armazenado no elemento $A[j][i]$ do vetor.

As representações em vetor único são normalmente mais eficientes em máquinas modernas do que as representações em vetores múltiplos. Mas as representações em vetores múltiplos podem, por vezes, ser mais flexíveis, por exemplo, permitindo "vetores irregulares", em que as linhas na versão com ordem principal por linha podem ter comprimentos diferentes, ou simetricamente para a versão com ordem principal por coluna, em que as colunas podem ter diferentes comprimentos.

Ocasionalmente, outros esquemas são usados para armazenar matrizes. Na ***representação em bloco***, a matriz é dividida em blocos, e cada bloco é armazenado de forma contígua. Por exemplo, uma matriz 4 × 4 dividida em blocos de 2 × 2, como

$$\begin{pmatrix} 1 & 2 & 3 & 4 \\ 5 & 6 & 7 & 8 \\ 9 & 10 & 11 & 12 \\ 13 & 14 & 15 & 16 \end{pmatrix}$$

poderia ser armazenada em um único vetor na ordem $\langle 1, 2, 5, 6, 3, 4, 7, 8, 9, 10, 13, 14, 11, 12, 15, 16 \rangle$.

10.1.3 Pilhas e filas

Pilhas (*stacks*) e filas (*queues*) são conjuntos dinâmicos nos quais o elemento removido do conjunto pela operação REMOVE é previamente especificado. Em uma ***pilha***, o elemento eliminado do conjunto é o mais recentemente inserido: a pilha implementa uma política de ***último a entrar***, ***primeiro a sair***, ou ***LIFO*** (*last-in, first-out*). De modo semelhante, em uma ***fila*** o elemento eliminado é sempre o que estava no conjunto há mais tempo: a fila implementa uma política de ***primeiro a entrar***, ***primeiro a sair***, ou ***FIFO*** (*first-in, first-out*). Há vários modos eficientes de implementar pilhas e filas em um computador. Nesta seção, mostraremos como usar um vetor simples para implementar cada uma delas.

Pilhas

A operação INSERE em uma pilha é frequentemente denominada PUSH (empilhar), e a operação REMOVE, que não toma um argumento de elemento, é frequentemente denominada POP (desempilhar). Esses nomes são

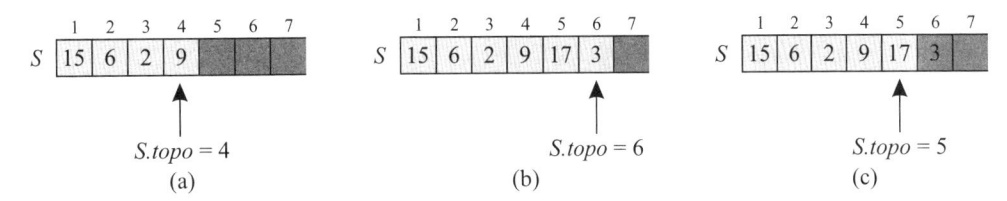

Figura 10.2 Implementação de vetor de uma pilha S. Os elementos da pilha aparecem somente nas posições em *cinza-claro* (**a**) A pilha S tem quatro elementos. O elemento do topo é 9. (**b**) A pilha S após as chamadas PUSH(S, 17) e PUSH(S, 3). (**c**) A pilha S após a chamada POP(S) retornou o elemento 3, que é o elemento mais recentemente inserido na pilha. Embora ainda apareça no vetor, o elemento 3 não está mais na pilha; o topo é o elemento 17.

alusões a pilhas físicas, como as pilhas de pratos acionadas por molas usadas em restaurantes. A ordem em que os pratos são retirados da pilha é o inverso da ordem em que foram colocados na pilha, já que apenas o prato do topo está acessível.

Como mostra a Figura 10.2, podemos implementar uma pilha de no máximo n elementos com um vetor $S[1:n]$. O vetor tem um atributo $S.topo$ que indexa o elemento mais recentemente inserido, e $S.tamanho$, igualando o tamanho n do vetor. A pilha consiste nos elementos $S[1:S.topo]$, em que $S[1]$ é o elemento na parte inferior da pilha, e $S[S.topo]$ é o elemento na parte superior.

Quando $S.topo = 0$, a pilha não contém nenhum elemento e está ***vazia***. Podemos testar se a pilha está vazia pela operação de consulta PILHA-VAZIA. Se tentarmos extrair algo de uma pilha vazia, diremos que a pilha tem ***estouro negativo*** (ou *underflow*), que normalmente é um erro. Se $S.topo$ exceder n, a pilha terá um ***estouro*** (ou *overflow*).

Os procedimentos PILHA-VAZIA, PUSH e POP implementam cada uma das operações em pilhas com apenas algumas linhas de código. A Figura 10.2 mostra os efeitos das operações modificadoras PUSH e POP. Cada uma das três operações em pilha demora o tempo $O(1)$.

```
PILHA-VAZIA(S)
1   if S.top == 0
2       return VERDADE
3   else return FALSO


PUSH(S, x)
1   if S.top == S.tamanho
2       error "overflow"
3   else S.topo = S.topo + 1
4       S[S.topo] = x


POP(S)
1   if PILHA-VAZIA(S)
2       error "underflow"
3   else S.topo = S.topo − 1
4       return S[S.topo + 1]
```

Filas

Designamos a operação INSERE em uma fila por ENQUEUE (enfileirar) e a operação REMOVE por DEQUEUE (desenfileirar). Assim como a operação POP nas pilhas, DEQUEUE não utiliza nenhum argumento de elemento. A propriedade FIFO de uma fila faz com que ela funcione como uma fileira de clientes aguardando atendimento. A fila tem um ***início*** (ou cabeça) e um ***fim*** (ou cauda). Quando um elemento é inserido na fila, ocupa seu lugar no fim da fila, exatamente como um cliente que acabou de chegar ocupa um lugar no final da fila. O elemento retirado da fila é sempre aquele que está no início da fila, como o cliente que está no início de uma fila e esperou por mais tempo.

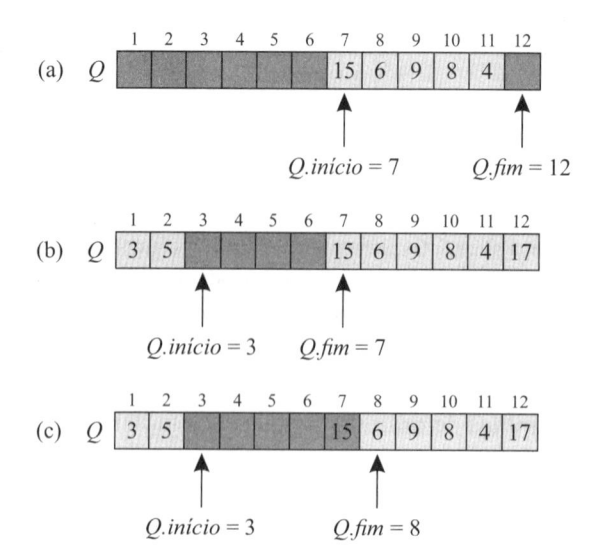

Figura 10.3 Fila implementada com a utilização de um vetor $Q[1 : 12]$. Os elementos da fila aparecem somente nas posições em *cinza-claro*. (**a**) A fila tem cinco elementos, nas posições $Q[7 : 11]$. (**b**) A configuração da fila após as chamadas Enqueue(Q, 17), Enqueue(Q, 3) e Enqueue(Q, 5). (**c**) A configuração da fila após a chamada Dequeue(Q) retornar o valor de chave 15 que se encontrava anteriormente no início da fila. O novo início tem chave 6.

A Figura 10.3 mostra um modo de implementar uma fila de no máximo $n - 1$ elementos usando um vetor $Q[1 : n]$, com o atributo $Q.tamanho$ igual ao tamanho n do vetor. A fila tem um atributo $Q.início$ que indexa ou aponta para seu início. O atributo $Q.fim$ indexa a próxima posição na qual um elemento recém-chegado será inserido na fila. Os elementos na fila estão nas posições $Q.início$, $Q.início + 1$, ..., $Q.fim - 1$, em que "retornamos", no sentido de que a posição 1 segue imediatamente a posição n em ordem circular. Quando $Q.início = Q.fim$, a fila está vazia. Inicialmente, temos $Q.início = Q.fim = 1$. Se tentarmos desenfileirar um elemento de uma fila vazia, a fila sofre estouro negativo (*underflow*). Quando $Q.início = Q.fim + 1$ ou simultaneamente $Q.início = 1$ e $Q.fim = Q.tamanho$, a fila está cheia e, se tentarmos enfileirar um elemento, a fila sofrerá estouro (*overflow*).

Nos procedimentos Enqueue e Dequeue, omitimos a verificação de erros de estouro negativo e estouro. (O Exercício 10.1-5 pede que você forneça o código que verifica essas duas condições de erro.) A Figura 10.3 mostra os efeitos das operações Enqueue e Dequeue. Cada operação demora o tempo $O(1)$.

```
Enqueue(Q, x)
1   Q[Q.fim] = x
2   if Q.fim == Q.tamanho
3       Q.fim = 1
4   else Q.fim = Q.fim + 1

Dequeue(Q)
1   x = Q[Q.início]
2   if Q.início == Q.tamanho
3       Q.início = 1
4   else Q.início = Q.início + 1
5   return x
```

Exercícios

10.1-1

Considere uma matriz $m \times n$ em ordem principal por linha, em que tanto m quanto n são potências de 2 e as linhas e colunas são indexadas a partir de 0. Podemos representar um índice de linha i em binário pelos lg m bits $\langle i_{\lg m-1}, i_{\lg m-2}, ..., i_0 \rangle$ e um índice de coluna j em binário pelos lg n bits $\langle j_{\lg n-1}, j_{\lg n-2}, ..., j_0 \rangle$. Suponha que essa matriz seja uma matriz em bloco de 2×2, em que cada bloco tem $m/2$ linhas e $n/2$ colunas, e ela deve ser representada por um único vetor com indexação iniciando em 0. Mostre como construir a representação binária do índice de (lg m + lg n) *bits* no único vetor a partir das representações binárias de i e j.

10.1-2
Usando a Figura 10.2 como modelo, ilustre o resultado de cada operação na sequência Push(S, 4), Push(S, 1), Push(S, 3), Pop(S), Push(S, 8) e Pop(S) em uma pilha S inicialmente vazia armazenada no vetor $S[1 : 6]$.

10.1-3
Explique como implementar duas pilhas em um único vetor $A[1 : n]$ de tal modo que nenhuma delas sofra um estouro a menos que o número total de elementos em ambas as pilhas juntas seja n. As operações Push e Pop devem ser executadas no tempo $O(1)$.

10.1-4
Usando a Figura 10.3 como modelo, ilustre o resultado de cada operação na sequência Enqueue(Q, 4), Enqueue(Q, 1), Enqueue(Q, 3), Dequeue(Q), Enqueue(Q, 8) e Dequeue(Q) em uma fila Q inicialmente vazia armazenada no vetor $Q[1 : 6]$.

10.1-5
Reescreva Enqueue e Dequeue para detectar o estouro e o estouro negativo de uma fila.

10.1-6
Enquanto uma pilha permite inserção e remoção de elementos em apenas uma extremidade, e uma fila permite inserção em uma extremidade e remoção na outra extremidade, uma *deque* (*double-ended queue*, ou fila de extremidade dupla) permite inserção e remoção em ambas as extremidades. Escreva quatro procedimentos com tempo $O(1)$ para inserir elementos e eliminar elementos de ambas as extremidades de uma deque construída a partir de um vetor.

10.1-7
Mostre como implementar uma fila usando duas pilhas. Analise o tempo de execução das operações na fila.

10.1-8
Mostre como implementar uma pilha usando duas filas. Analise o tempo de execução das operações na pilha.

10.2 Listas encadeadas

Uma *lista encadeada* é uma estrutura de dados onde os objetos estão organizados em ordem linear. Entretanto, diferentemente de um vetor, no qual a ordem linear é determinada pelos índices do vetor, a ordem em uma lista encadeada é determinada por um ponteiro em cada objeto. Como os elementos das listas encadeadas normalmente contêm chaves que podem ser consultadas, as listas encadeadas eventualmente são chamadas de *listas de busca*. Listas encadeadas nos dão uma representação simples e flexível para conjuntos dinâmicos, suportando (embora não necessariamente com eficiência) todas as operações listadas no início da Parte III.

Como mostra a Figura 10.4, cada elemento de uma *lista duplamente encadeada* L é um objeto com um atributo *chave* e dois outros atributos *ponteiros*: *próximo* e *anterior*. O objeto também pode conter outros dados satélites. Havendo um elemento x na lista, x.*próximo* aponta para seu sucessor na lista encadeada, e x.*anterior* aponta para seu predecessor. Se x.*anterior* = NIL, o elemento x não tem nenhum predecessor e, portanto, é o primeiro elemento, ou *início*, da lista. Se x.*próximo* = NIL, o elemento x não tem nenhum sucessor e, assim, é o último elemento, ou *fim*, da lista. Um atributo L.*início* aponta para o primeiro elemento da lista. Se L.*início* = NIL, a lista está vazia.

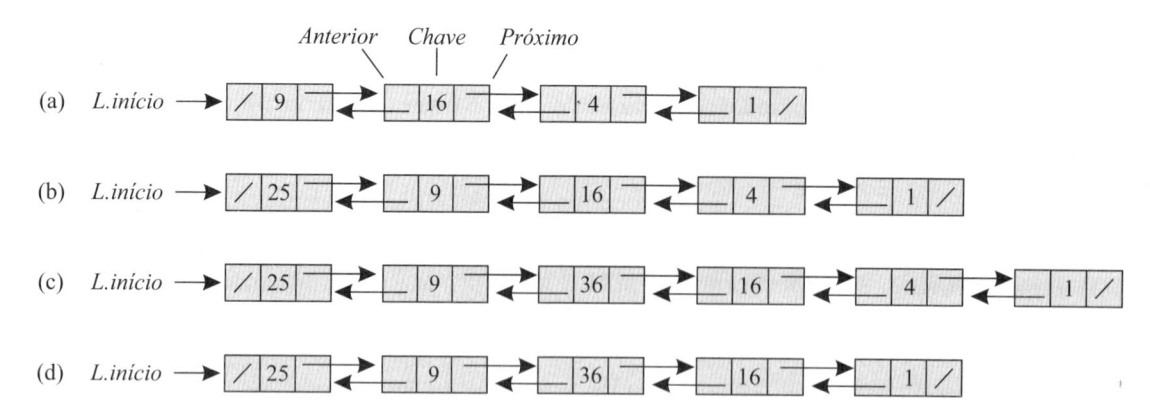

Figura 10.4 (**a**) Lista duplamente encadeada *L* representando o conjunto dinâmico {1, 4, 9, 16}. Cada elemento na lista é um objeto com atributos para a chave e ponteiros (mostrados por *setas*) para o próximo objeto e para o objeto anterior. O atributo *próximo* do fim e o atributo *anterior* do início são NIL, indicados por uma barra diagonal. O atributo *L.início* aponta para o início. (**b**) Seguindo a execução de INSERE-INÍCIO-LISTA(*L*, *x*), em que *x.chave* = 25, a lista encadeada tem um novo objeto com chave 25 como o novo início. Esse novo objeto aponta para o antigo início com chave 9. (**c**) O resultado da chamada subsequente INSERE-LISTA(*x*, *y*), em que *x.chave* = 36 e *y* aponta para o objeto com chave 9. (**d**) O resultado da chamada subsequente REMOVE-LISTA(*L*, *x*), em que *x* aponta para o objeto com chave 4.

Uma lista pode ter uma entre várias formas. Ela pode ser simplesmente encadeada ou duplamente encadeada, pode ser ordenada ou não e pode ser circular ou não. Se uma lista é ***simplesmente encadeada***, cada elemento possui um ponteiro *próximo*, mas não um ponteiro *anterior*. Se uma lista é ***ordenada***, a ordem linear da lista corresponde à ordem linear de chaves armazenadas em elementos da lista. Então, o elemento mínimo é o início da lista, e o elemento máximo é o fim. Se a lista é ***não ordenada***, os elementos podem aparecer em qualquer ordem. Em uma ***lista circular***, o ponteiro *anterior* do início da lista aponta para o fim, e o ponteiro *próximo* do fim da lista aponta para o início. Podemos imaginar uma lista circular como um anel de elementos. No restante desta seção, supomos que as listas com as quais estamos trabalhando são listas não ordenadas e duplamente encadeadas.

Como fazer busca em uma lista encadeada

O procedimento BUSCA-LISTA(*L*, *k*) encontra o primeiro elemento com chave *k* na lista *L* por meio de uma busca linear simples, retornando um ponteiro para esse elemento. Se nenhum objeto com chave *k* aparece na lista, o procedimento retorna NIL. No caso da lista encadeada da Figura 10.4(a), a chamada BUSCA-LISTA (*L*, 4) retorna um ponteiro para o terceiro elemento, e a chamada BUSCA-LISTA(*L*, 7) retorna NIL. Para fazer uma busca em uma lista de *n* objetos, o procedimento BUSCA-LISTA demora o tempo $\Theta(n)$ no pior caso, já que talvez tenha de consultar a lista inteira.

BUSCA-LISTA(*L*, *k*)
1   *x* = *L.início*
2   **while** *x* ≠ NIL e *x.chave* ≠ *k*
3   *x* = *x.próximo*
4   **return** *x*

Inserção em uma lista encadeada

Dado um elemento *x* cujo atributo *chave* já foi definido, o procedimento INSERE-INÍCIO-LISTA acrescenta *x* à frente da lista encadeada, como mostra a Figura 10.4(b). (Lembre-se de que nossa notação de atributo pode ser usada em cascata, de modo que *L.início.anterior* indica o atributo *anterior* do objeto que *L.início* aponta.) O tempo de execução para INSERE-INÍCIO-LISTA para uma lista de *n* elementos é $O(1)$.

INSERE-INÍCIO-LISTA(L, x)
1   $x.próximo = L.início$
2   $x.anterior = $ NIL
3   **if** $L.início \neq$ NIL
4        $L.início.anterior = x$
5   $L.início = x$

É possível inserir em qualquer ponto dentro de uma lista encadeada. Conforme a Figura 10.4(c) mostra, se houver um ponteiro y para um objeto na lista, o procedimento INSERE-LISTA "emenda" um novo elemento x na lista, imediatamente após y, no tempo $O(1)$. Visto que INSERE-LISTA nunca referencia o objeto de lista L, ele não é fornecido como parâmetro.

INSERE-LISTA(x, y)
1   $x.próximo = y.próximo$
2   $x.anterior = y$
3   **if** $y.próximo \neq$ NIL
4        $y.próximo.anterior = x$
5   $y.próximo = x$

Remoção de uma lista encadeada

O procedimento REMOVE-LISTA remove um elemento x de uma lista encadeada L. Ele deve receber um ponteiro para x, e depois "desligar" x da lista, atualizando os ponteiros. Se desejarmos eliminar um elemento com determinada chave, deveremos primeiro chamar BUSCA-LISTA, para obter um ponteiro para o elemento. A Figura 10.4(c) mostra como um elemento é eliminado de uma lista encadeada. REMOVE-LISTA é executado no tempo $O(1)$, mas se desejarmos eliminar um elemento com uma dada chave, será necessário o tempo $\Theta(n)$ no pior caso porque primeiro devemos chamar BUSCA-LISTA.

REMOVE-LISTA(L, x)
1   **if** $x.anterior \neq$ NIL
2        $x.anterior.próximo = x.próximo$
3   **else** $L.início = x.próximo$
3   **if** $x.próximo \neq$ NIL
5        $x.próximo.anterior = x.anterior$

Inserção e exclusão são operações mais rápidas em listas duplamente encadeadas do que em vetores. Se desejamos inserir um novo primeiro elemento em um vetor ou excluir o primeiro elemento em um vetor, mantendo a ordem relativa de todos os elementos existentes, cada um dos elementos existentes precisa ser movido uma posição. No pior caso, portanto, a inserção e a exclusão levam tempo $\Theta(n)$ em um vetor, em comparação com o tempo $O(1)$ para uma lista duplamente encadeada. (O Exercício 10.2-1 pede que você mostre que a remoção de um elemento de uma lista simplesmente encadeada leva tempo $\Theta(n)$ no pior caso.) No entanto, se quisermos encontrar o k-ésimo elemento na ordem linear, isso levará apenas o tempo $O(1)$ em um vetor, independentemente de k, mas, em uma lista encadeada, teriam que ser percorridos k elementos, levando um tempo $\Theta(k)$.

Sentinelas

O código para REMOVE-LISTA seria mais simples se pudéssemos ignorar as condições de contorno no início e no fim da lista:

REMOVE-LISTA'(x)
1   $x.anterior.próximo = x.próximo$
2   $x.próximo.anterior = x.anterior$

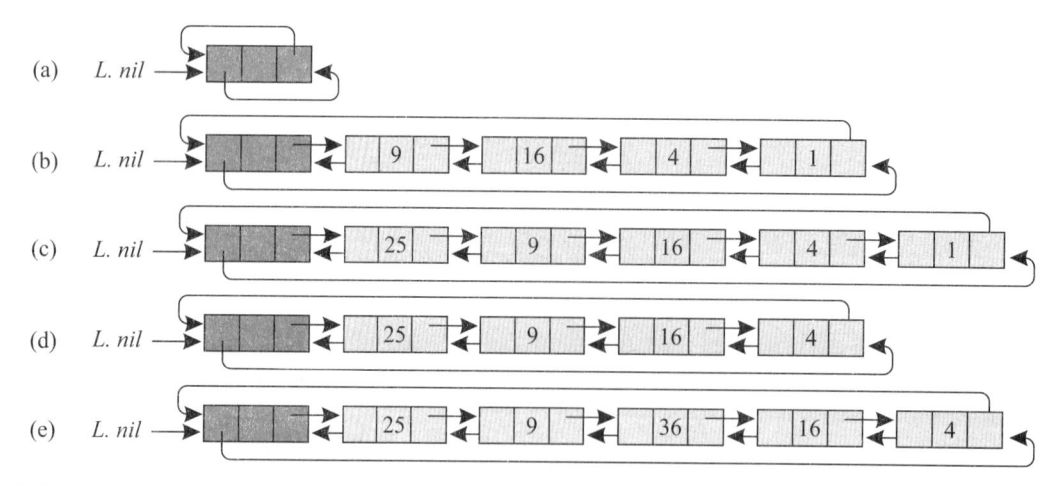

Figura 10.5 Lista circular duplamente encadeada com uma sentinela. A sentinela *L.nil*, em *cinza-escuro*, aparece entre o início e o fim. O atributo *L.início* não é mais necessário, visto que podemos acessar o início da lista por *L.nil.próximo*. (**a**) Uma lista vazia. (**b**) A lista encadeada da Figura 10.4(a), com chave 9 no início e chave 1 no fim. (**c**) A lista após a execução de INSERE-LISTA'(*x*, *L.nil*), em que *x.chave* = 25. O novo objeto se torna o início da lista. (**d**) A lista após a remoção do objeto com chave 1. O novo fim é o objeto com chave 4. (**e**) A lista após a execução de INSERE-LISTA'(*x*, *y*), em que *x.chave* = 36 e *y* aponta para o objeto com chave 9.

Uma ***sentinela*** é um objeto fictício que nos permite simplificar condições de contorno. Em uma lista encadeada *L*, uma sentinela é um objeto *L.nil* que representa NIL, mas tem todos os atributos dos outros objetos da lista. Onde quer que tenhamos uma referência a NIL no código da lista, nós a substituímos por uma referência à sentinela *L.nil*. Como mostra a Figura 10.5, essa mudança transforma uma lista duplamente encadeada normal em uma ***lista circular duplamente encadeada com uma sentinela***, na qual a sentinela *L.nil* se encontra entre o início e o fim. O atributo *L.nil.próximo* aponta para o início da lista, e *L.nil.anterior* aponta para o fim. De modo semelhante, tanto o atributo *próximo* do fim quanto o atributo *anterior* do início apontam para *L.nil*. Visto que *L.nil.próximo* aponta para o início, podemos eliminar totalmente o atributo *L.início*, substituindo as referências a ele por referências a *L.nil.próximo*. A Figura 10.5(a) mostra que uma lista vazia consiste apenas na sentinela e que *L.nil.próximo* e *L.nil.anterior* apontam para *L.nil*.

Para remover um elemento da lista, use apenas o procedimento de duas linhas REMOVE-LISTA' de antes. Assim como INSERE-LISTA nunca referencia o objeto de lista *L*, o mesmo ocorre com REMOVE-LISTA'. A sentinela *L.nil* nunca deve ser removida, a menos que a lista inteira esteja sendo removida!

O procedimento INSERE-LISTA' insere um elemento *x* na lista seguindo o objeto *y*. Nenhum outro procedimento para anexar é necessário: para inserir no início da lista, *y* deve ser *L:nil*; e, para inserir no fim, *y* deve ser *L:nil:prev*. A Figura 10.5 mostra os efeitos de INSERE-LISTA' e REMOVE-LISTA' em uma lista de amostra.

```
INSERE-LISTA'(x, y)
1   x.próximo = y.próximo
2   x.anterior = y
3   y.próximo.anterior = x
4   y.próximo = x
```

Buscar em uma lista circular duplamente encadeada com uma sentinela tem o mesmo tempo de execução assintótico que sem sentinela, mas é possível diminuir o fator constante. O teste na linha 2 de BUSCA-LISTA faz duas comparações: uma para verificar se a consulta saiu do final da lista e, se não, outra para verificar se a chave reside no elemento atual *x*. Suponha que você *saiba* que a chave está em algum lugar da lista. Então não é preciso verificar se a consulta passou do final da lista, eliminando, assim, uma comparação a cada iteração do laço **while**.

A sentinela fornece um local para colocar a chave antes de iniciar a consulta. A consulta começa no cabeçalho *L.nil.próximo* da lista *L* e termina se encontrar a chave em algum lugar da lista. Agora, a consulta com certeza encontrará a chave, seja na sentinela ou antes de chegar à sentinela. Se a chave for encontrada antes de chegar à sentinela, então ela realmente está no elemento onde a consulta termina. Contudo, se a pesquisa passar por todos os elementos da lista e encontrar a chave apenas na sentinela, a chave não está realmente na lista e a pesquisa retornará NIL. O procedimento BUSCA-LISTA′ incorpora essa ideia. (Se a sua sentinela requer que seu atributo de *chave* seja NIL, então você pode querer atribuir *L.nil.chave* = NIL antes da linha 5.)

```
BUSCA-LISTA′(L, k)
1   L.nil.chave = k          // chave na sentinela garante que ela esteja na lista
2   x = L.nil.próximo        // começa no início da lista
3   while x.chave ≠ k
4       x = x.próximo
5   if x == L.nil            // achou k na sentinela
6       return NIL           // k não estava realmente na lista
7   else return x            // achou k no elemento x
```

As sentinelas normalmente simplificam o código e, como na consulta a uma lista encadeada, elas podem agilizar o código por um pequeno fator constante, mas normalmente não melhoram o tempo de execução assintótico. Devemos usar sentinelas com sensatez. Quando houver muitas listas pequenas, o armazenamento extra usado por suas sentinelas poderá representar desperdício significativo de memória. Neste livro, só utilizaremos sentinelas quando elas realmente simplificarem o código.

Exercícios

10.2-1
Explique por que a operação de conjuntos dinâmicos INSERE em uma lista simplesmente encadeada pode ser implementada em tempo $O(1)$, mas o tempo no pior caso para REMOVE é $\Theta(n)$.

10.2-2
Implemente uma pilha usando uma lista simplesmente encadeada. As operações PUSH e POP ainda devem demorar o tempo $O(1)$. É preciso acrescentar algum atributo à lista?

10.2-3
Implemente uma fila por meio de uma lista simplesmente encadeada. As operações ENQUEUE e DEQUEUE ainda devem demorar o tempo $O(1)$. É preciso acrescentar algum atributo à lista?

10.2-4
A operação em conjuntos dinâmicos UNIÃO utiliza dois conjuntos disjuntos S_1 e S_2 como entrada e retorna um conjunto $S = S_1 \cup S_2$ que consiste em todos os elementos de S_1 e S_2. Os conjuntos S_1 e S_2 são normalmente destruídos pela operação. Mostre como suportar UNIÃO no tempo $O(1)$ usando uma estrutura de dados de lista adequada.

10.2-5
Dê um procedimento não recursivo de tempo $\Theta(n)$ que inverta uma lista simplesmente encadeada de n elementos. O procedimento só pode usar armazenamento constante além do necessário para a própria lista.

★ 10.2-6
Explique como implementar listas duplamente encadeadas usando somente um valor de ponteiro *x.pa* por item, em vez dos dois valores usuais (*próximo* e *anterior*). Suponha que todos os valores de ponteiros podem ser interpretados como inteiros de *k bits*, e defina *x.pa* = *x.próximo* XOR *x.anterior* [*x*], o "ou exclusivo" de *k bits* de *x.próximo* e *x.anterior*. O valor NIL é representado por 0. Não esqueça de descrever as informações necessárias para acessar o início da lista. Mostre como implementar as operações BUSCA, INSERE e REMOVE em tal lista. Mostre também como inverter essa lista em tempo $O(1)$.

10.3   Representação de árvores enraizadas

Listas encadeadas funcionam bem para representar relacionamentos lineares, mas nem todos os relacionamentos são lineares. Nesta seção, examinaremos especificamente o problema da representação de árvores enraizadas por estruturas de dados ligadas. Primeiro, veremos as árvores binárias e, depois, apresentaremos um método para árvores enraizadas nas quais os nós podem ter um número arbitrário de filhos.

Representamos cada nó de uma árvore por um objeto. Como no caso das listas encadeadas, supomos que cada nó contém um atributo *chave*. Os atributos de interesse restantes são ponteiros para outros nós e variam de acordo com o tipo de árvore.

Árvores binárias

A Figura 10.6 mostra como usamos os atributos p, *esquerdo* e *direito* para armazenar ponteiros para o pai, o filho da esquerda e o filho da direita de cada nó em uma árvore binária T. Se $x.p$ = NIL, então x é a raiz. Se o nó x não tem nenhum filho à esquerda, então $x.esquerdo$ = NIL, e o mesmo ocorre para o filho à direita. A raiz da árvore T inteira é apontada pelo atributo $T.raiz$. Se $T.raiz$ = NIL, então a árvore está vazia.

Árvores enraizadas com ramificações ilimitadas

É simples estender o esquema para representar uma árvore binária a qualquer classe de árvores na qual o número de filhos de cada nó seja no máximo alguma constante k: substituímos os atributos *esquerdo* e *direito* por $filho_1$, $filho_2$, ..., $filho_k$. No entanto, esse esquema deixa de funcionar quando o número de filhos de um nó é ilimitado, já que não sabemos quantos atributos devemos alocar antecipadamente. Além disso, se k, o número de filhos, for limitado por uma constante grande, mas a maioria dos nós tiver um número pequeno de filhos, é possível que desperdicemos grande quantidade de memória.

Felizmente, existe um esquema inteligente para representar árvores com números arbitrários de filhos. Tal esquema tem a vantagem de utilizar somente o espaço $O(n)$ para qualquer árvore enraizada de n nós. A ***representação filho da esquerda, irmão da direita*** aparece na Figura 10.7. Como antes, cada nó contém um ponteiro pai p, e $T.raiz$ aponta para a raiz da árvore T. Contudo, em vez de ter um ponteiro para cada um de seus filhos, cada nó x tem somente dois ponteiros:

1. $x.filho$-*esquerdo* aponta para o filho da extremidade esquerda do nó x, e
2. $x.irmão$-*direito* aponta para o irmão de x imediatamente à sua direita.

Se o nó x não tem nenhum filho, então $x.filho$-*esquerdo* = NIL e, se o nó x é o filho da extrema direita de seu pai, então $x.irmão$-*direito* = NIL.

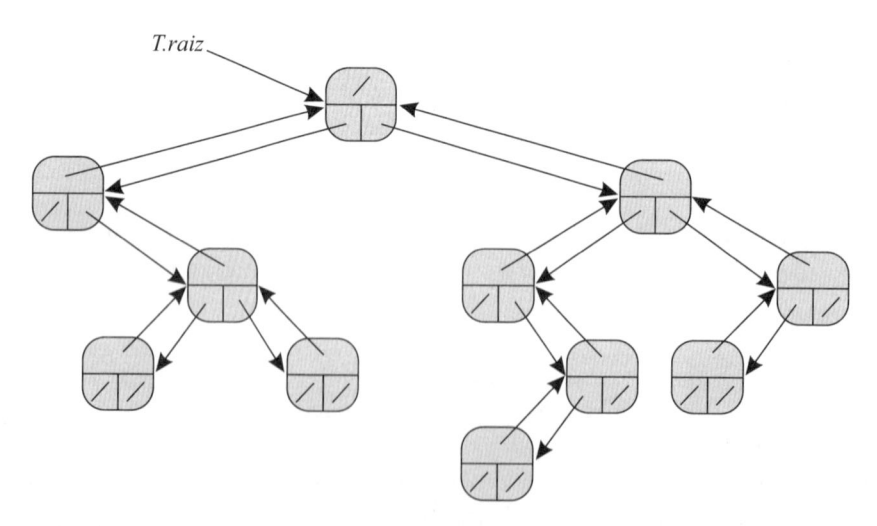

Figura 10.6 Representação de uma árvore binária T. Cada nó x tem os atributos $x.p$ (*superior*), $x.esquerdo$ (*inferior esquerdo*) e $x.direito$ (*inferior direito*). Os atributos *chave* não são mostrados.

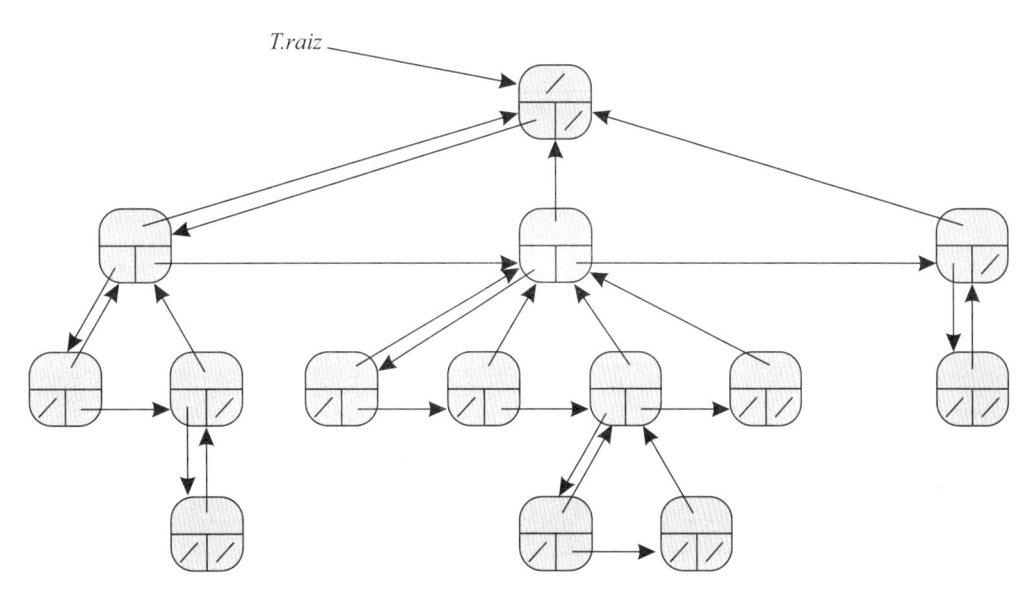

Figura 10.7 Representação filho da esquerda, irmão da direita de uma árvore *T*. Cada nó *x* tem atributos *x.p* (*superior*), *x.filho-esquerdo* (*inferior esquerdo*) e *x.irmão-direito* (*inferior direito*). Os atributos *chave* não são mostrados.

Outras representações de árvores

Algumas vezes, representamos árvores enraizadas de outras maneiras. Por exemplo, no Capítulo 6, representamos um *heap*, que é baseado em uma árvore binária completa, por um único vetor mais o índice do último nó no *heap*. As árvores que aparecem no Capítulo 19 são percorridas somente em direção à raiz; assim, apenas os ponteiros pais estão presentes: não há ponteiros para filhos. Muitos outros esquemas são possíveis. O melhor esquema dependerá da aplicação.

Exercícios

10.3-1
Desenhe a árvore binária enraizada no índice 6 representada pelos seguintes atributos:

Índice	Chave	Esquerdo	Direito
1	17	8	9
2	14	NIL	NIL
3	12	NIL	NIL
4	20	10	NIL
5	33	2	NIL
6	15	1	4
7	28	NIL	NIL
8	22	NIL	NIL
9	13	3	7
10	25	NIL	5

10.3-2
Escreva um procedimento recursivo de tempo $O(n)$ que, dada uma árvore binária de n nós, imprima a chave de cada nó na árvore.

10.3-3
Escreva um procedimento não recursivo de tempo $O(n)$ que, dada uma árvore binária de n nós, imprima a chave de cada nó na árvore. Use uma pilha como estrutura de dados auxiliar.

10.3-4

Escreva um procedimento de tempo $O(n)$ que imprima todas as chaves de uma árvore enraizada arbitrária com n nós, onde a árvore é armazenada usando a representação filho-esquerdo, irmão-direito.

★ 10.3-5

Escreva um procedimento não recursivo de tempo $O(n)$ que, dada uma árvore binária de n nós, imprima a chave de cada nó. Não utilize mais que um espaço extra constante fora da própria árvore e não modifique a árvore, mesmo temporariamente, durante o procedimento.

★ 10.3-6

A representação filho-esquerdo, irmão-direito de uma árvore enraizada arbitrária utiliza três ponteiros em cada nó: *filho da esquerda*, *irmão da direita* e *pai*. De qualquer nó, seu pai pode ser alcançado e identificado em tempo constante e todos os seus filhos podem ser alcançados e identificados em tempo linear em relação ao número de filhos. Mostre como usar somente dois ponteiros e um valor booleano em cada nó para que o pai de x ou todos os filhos de x possam ser acessados em tempo linear em relação ao número de filhos de x.

Problemas

10-1   Comparações entre listas

Para cada um dos quatro tipos de listas na tabela a seguir, qual é o tempo de execução assintótico do pior caso para cada operação em conjuntos dinâmicos apresentada na lista?

	Não ordenada, simplesmente encadeada	Ordenada, simplesmente encadeada	Não ordenada, duplamente encadeada	Ordenada, duplamente encadeada
BUSCA				
INSERE				
REMOVE				
SUCESSOR				
PREDECESSOR				
MÍNIMO				
MÁXIMO				

10-2   Heaps *intercaláveis com a utilização de listas encadeadas*

Um **heap intercalável** suporta as seguintes operações: CRIA-HEAP (que cria um *heap* intercalável vazio), INSERE, MÍNIMO, EXTRAI-MIN e UNIÃO.[1] Mostre como implementar *heaps* intercaláveis com a utilização de listas encadeadas em cada um dos casos a seguir. Procure tornar cada operação tão eficiente quanto possível. Analise o tempo de execução de cada operação em termos do tamanho do(s) conjunto(s) dinâmico(s) sobre o(s) qual(is) é realizada a operação.

a. As listas são ordenadas.

b. As listas são não ordenadas.

c. As listas são não ordenadas, e os conjuntos dinâmicos a serem intercalados são disjuntos.

10-3   Busca em uma lista compacta ordenada

Podemos representar uma lista simplesmente encadeada com dois vetores, *chave* e *próximo*. Dado o índice i de um elemento, seu valor é armazenado em *chave*[i], e o índice de seu sucessor é dado por *próximo*[i], em que *próximo*[i] = NIL para o último elemento. Também precisamos do índice *início* do primeiro elemento na lista.

---

[1]Visto que definimos um *heap* intercalável para suportar MÍNIMO e EXTRAI-MIN, também podemos nos referir a ele como um **heap intercalável de mínimo**. Como alternativa, se o *heap* suportasse MÁXIMO e EXTRAI-MAX, ele seria um **heap intercalável de máximo**.

Uma lista de n elementos armazenada dessa maneira é ***compacta*** se for armazenada apenas nas posições de 1 até n dos vetores *chave* e *próximo*.

Vamos supor que tod as as chaves sejam distintas e que a lista compacta também está ordenada, isto é, *chave*[i] < *chave*[*próximo*[i]] para todo $i = 1, 2, ..., n$ tal que *próximo*[i] ≠ NIL. Com base nessas premissas, você mostrará que o algoritmo aleatorizado BUSCA-LISTA-COMPACTA faz uma busca pela chave k na lista no tempo esperado $O(\sqrt{n})$.

BUSCA-LISTA-COMPACTA(*chave*, *próximo*, *início*, n, k)
```
 1   i = início
 2   while i ≠ NIL e chave[i] < k
 3       j = ALEATÓRIO(1, n)
 4       if chave[i] < chave[j] e chave[j] ≤ k
 5           i = j
 6           if chave[i] == k
 7               return i
 8       i = próximo[i]
 9   if i == NIL ou chave[i] > k
10       return NIL
11   else return i
```

Se ignorarmos as linhas 3–7 do procedimento, teremos um algoritmo comum para busca em uma lista encadeada ordenada, no qual o índice i aponta para cada posição da lista por vez. A busca terminará assim que o índice i "cair" do final da lista ou assim que *chave*[i] ≥ k. Neste último caso, se *chave*[i] = k, o procedimento terá encontrado uma chave com o valor k. Se, porém, *chave*[i] > k, isso significa que nunca encontraremos uma chave com o valor k e, portanto, encerrar a busca era a coisa certa a fazer.

As linhas 3–7 tentam saltar à frente até uma posição j escolhida aleatoriamente. Esse salto nos beneficiará se *chave*[j] for maior que *chave*[i] e não maior que k. Nesse caso, j marca uma posição na lista, a qual i teria de alcançar durante uma busca comum na lista. Como a lista é compacta, sabemos que qualquer escolha de j entre 1 e n indexa algum elemento na lista.

Em vez de analisarmos o desempenho de BUSCA-LISTA-COMPACTA diretamente, analisaremos um algoritmo relacionado, BUSCA-LISTA-COMPACTA′, que executa dois laços separados. Esse algoritmo adota um parâmetro adicional t que determina um limite superior para o número de iterações do primeiro laço.

BUSCA-LISTA-COMPACTA′(*chave*, *próximo*, *início*, n, k, t)
```
 1   i = início
 2   for q = 1 to t
 3       j = ALEATÓRIO(1, n)
 4       if chave[i] < chave[j] e chave[j] ≤ k
 5           i = j
 6           if chave[i] == k
 7               return i
 8   while i ≠ NIL e chave[i] < k
 9       i = próximo[i]
10   if i == NIL ou chave[i] > k
11       return NIL
12   else return i
```

Para comparar a execução dos algoritmos, suponha que a sequência de inteiros retornados pelas chamadas de ALEATÓRIO(1, n) é a mesma para ambos os algoritmos.

a. Mostre que, para qualquer valor de t, BUSCA-LISTA-COMPACTA(*chave*, *próximo*, *início*, n, k) e BUSCA-LISTA-COMPACTA′(*chave*, *próximo*, *início*, n, k, t) retornam o mesmo resultado e que o número de iterações do laço **while** das linhas 2–8 de BUSCA-LISTA-COMPACTA é, no máximo, o número total de iterações dos laços **for** e **while** de BUSCA-LISTA-COMPACTA′.

Na chamada Busca-Lista-Compacta′(*chave, próximo, início, n, k, t*), seja X_t a variável aleatória que descreve a distância na lista encadeada (isto é, do começo ao fim da cadeia de ponteiros *próximo*) da posição i até a chave desejada k, após t iterações do laço **for** das linhas 2–7.

b. Mostre que o tempo de execução esperado de Busca-Lista-Compacta′(*chave, próximo, início, n, k, t*) é $O(t + E[X_t])$.

c. Mostre que $E[X_t] = \sum_{r=1}^{n}(1-r/n)^t$. (*Sugestão:* use a Equação (C.28), do Apêndice C.)

d. Mostre que $\sum_{r=0}^{n-1} r^t \leq n^{t+1}/(t+1)$. (*Sugestão:* use a inequação (A.18), do Apêndice A.)

e. Prove que $E[X_t] \leq n/(t+1)$.

f. Mostre que Busca-Lista-Compacta′(*chave, próximo, início, n, k, t*) é executado no tempo esperado $O(t + n/t)$.

g. Conclua que Busca-Lista-Compacta é executado no tempo esperado $O(\sqrt{n})$.

h. Por que supusemos que todas as chaves são distintas em Busca-Lista-Compacta? Demonstre que saltos aleatórios não necessariamente ajudam assintoticamente quando a lista contém valores de chave repetidos.

Notas do capítulo

Aho, Hopcroft e Ullman [6] e Knuth [259] são excelentes referências para estruturas de dados elementares. Muitos outros textos focalizam estruturas de dados básicas e também sua implementação em uma linguagem de programação particular. Alguns exemplos desses tipos de livros didáticos são Goodrich e Tamassia [196], Main [311], Shaffer [406] e Weiss [452, 453, 454]. O livro de Gonnet e Baeza-Yates [193] fornece dados experimentais sobre o desempenho de muitas operações em estruturas de dados.

A origem de pilhas e filas como estruturas de dados na ciência da computação não é clara, visto que já existiam noções correspondentes em matemática e em práticas comerciais em papel antes do surgimento dos computadores digitais. Knuth [259] cita A. M. Turing sobre o desenvolvimento de pilhas para o encadeamento de sub-rotinas, em 1947.

Estruturas de dados baseadas em ponteiros também parecem ser uma invenção espontânea. De acordo com Knuth, ponteiros eram aparentemente usados nos primeiros computadores com memórias de tambor. A linguagem A-1, desenvolvida por G. M. Hopper em 1951, representava fórmulas algébricas como árvores binárias. Knuth credita à linguagem IPL-II, desenvolvida em 1956 por A. Newell, J. C. Shaw e H. A. Simon, o reconhecimento da importância e a promoção do uso de ponteiros. Sua linguagem IPL-III, desenvolvida em 1957, incluía operações explícitas de pilhas.

11   Tabelas de Espalhamento

Muitas aplicações exigem um conjunto dinâmico que suporte somente as operações de dicionário INSERE, BUSCA e REMOVE. Por exemplo, um compilador que traduz linguagem de programação mantém uma tabela de símbolos na qual as chaves de elementos são cadeias de caracteres arbitrários que correspondem a identificadores na linguagem. Uma tabela de espalhamento, ou *hashing*, é uma estrutura de dados eficaz para implementar dicionários. Embora a busca por um elemento em uma tabela de espalhamento possa demorar tanto quanto a busca por um elemento em uma lista encadeada — o tempo $\Theta(n)$ no pior caso —, na prática, o *hashing* funciona extremamente bem. Sob premissas razoáveis, o tempo médio para pesquisar um elemento em uma tabela de espalhamento é $O(1)$. De fato, os dicionários internos do Python são implementados como tabelas de espalhamento.

Uma tabela de espalhamento generaliza a noção mais simples de um vetor comum. O endereçamento direto em um vetor comum faz uso eficiente de nossa habilidade de examinar uma posição arbitrária em um vetor no tempo $O(1)$. A Seção 11.1 discute o endereçamento direto com mais detalhes. Para usar o endereçamento direto, é preciso haver condições de alocar um vetor que contenha uma posição para cada chave possível.

Quando o número de chaves realmente armazenadas é pequeno com relação ao número total de chaves possíveis, as tabelas de espalhamento se tornam uma alternativa eficaz para endereçar diretamente um vetor, já que normalmente uma tabela de espalhamento utiliza um vetor de tamanho proporcional ao número de chaves realmente armazenadas. Em vez de usar a chave diretamente como índice de vetor, o índice de vetor é *computado* a partir da chave. A Seção 11.2 apresenta as principais ideias, focalizando o "encadeamento" como um modo de tratar "colisões", nas quais mais de uma chave é mapeada para o mesmo índice de vetor. A Seção 11.3 descreve como podemos computar os índices de vetores a partir das chaves com o uso de funções de *hash*. Apresentamos e analisamos diversas variações sobre o tema básico. A Seção 11.4 examina o "endereçamento aberto", outro modo de lidar com colisões. A conclusão é que o *hashing* é uma técnica extremamente eficaz e prática: em média, as operações básicas de dicionário exigem apenas o tempo $O(1)$. A Seção 11.5 discute os sistemas hierárquicos de memória que os sistemas de computação modernos possuem e ilustra como projetar tabelas de espalhamento que funcionem bem em tais sistemas.

11.1   Tabelas de endereço direto

O endereçamento direto é uma técnica simples que funciona bem quando o universo U de chaves é razoavelmente pequeno. Suponha que uma aplicação necessite de um conjunto dinâmico no qual cada elemento tem uma chave distinta extraída do universo $U = \{0, 1, ..., m-1\}$, em que m não é muito grande.

Para representarmos o conjunto dinâmico, usamos um vetor, ou uma tabela *de endereços diretos*, indicada por $T[0 : m-1]$, na qual cada lacuna, ou **posição** (*slot*), corresponde a uma chave no universo U. A Figura 11.1 ilustra a abordagem. A posição k aponta para um elemento no conjunto com chave k. Se o conjunto não contém nenhum elemento com chave k, então $T[k] = $ NIL.

A implementação das operações de dicionário BUSCA-ENDEREÇO-DIRETO, INSERE-ENDEREÇO-DIRETO e REMOVE-ENDEREÇO-DIRETO, a seguir, é trivial. Cada uma dessas operações leva somente o tempo $O(1)$.

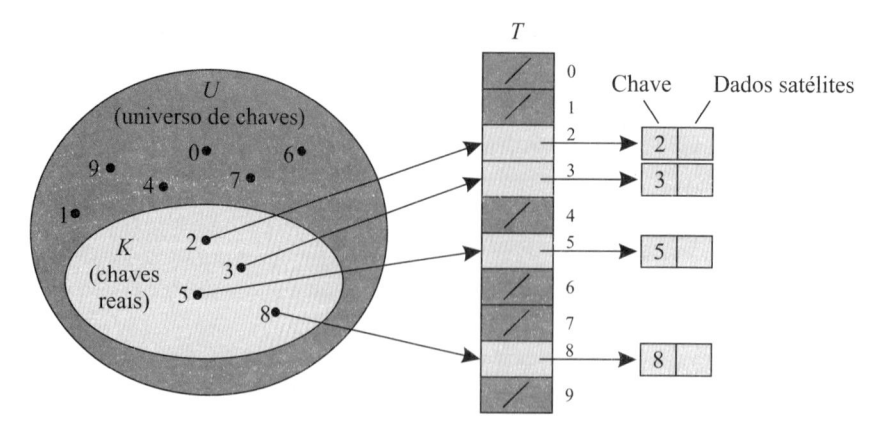

Figura 11.1 Como implementar um conjunto dinâmico por uma tabela de endereços diretos T. Cada chave no universo $U = \{0, 1, ..., 9\}$ corresponde a um índice na tabela. O conjunto $K = \{2, 3, 5, 8\}$ de chaves reais determina as posições na tabela que contêm ponteiros para elementos. As outras posições, em *cinza-escuro*, contêm NIL.

BUSCA-ENDEREÇO-DIRETO(T, k)
1 **return** $T[k]$

INSERE-ENDEREÇO-DIRETO(T, x)
1 $T[x.chave] = x$

REMOVE-ENDEREÇO-DIRETO(T, x)
1 $T[x.chave] = $ NIL

Em algumas aplicações, a própria tabela de endereços diretos pode conter os elementos do conjunto dinâmico. Isto é, em vez de armazenar a chave e os dados satélites de um elemento em um objeto externo à tabela de endereços diretos, com um ponteiro de uma posição na tabela até o objeto, podemos armazenar o objeto na própria posição e, portanto, economizar espaço. Usaríamos uma chave especial dentro de um objeto para indicar uma posição vazia. Mais uma vez, por que armazenar realmente a chave do objeto? O índice do objeto *é* a sua chave! Naturalmente, devemos ter algum modo de saber se a posição está vazia.

Exercícios

11.1-1
Suponha que um conjunto dinâmico S seja representado por uma tabela de endereços diretos T de tamanho m. Descreva um procedimento que determine o elemento máximo de S. Qual é o desempenho do pior caso do seu procedimento?

11.1-2
Um **vetor de bits** é simplesmente um vetor de *bits* (0s e 1s). Um vetor de *bits* de comprimento m ocupa um espaço muito menor que um vetor de m ponteiros. Descreva como usar um vetor de *bits* para representar um conjunto dinâmico de elementos distintos, retirados do conjunto $\{0, 1, ..., m-1\}$ sem dados satélites. Operações de dicionário devem ser executadas no tempo $O(1)$.

11.1-3
Sugira como implementar uma tabela de endereços diretos na qual as chaves de elementos armazenados não precisem ser distintas e os elementos possam ter dados satélites. Todas as três operações de dicionário (INSERE, REMOVE e BUSCA) devem ser executadas no tempo $O(1)$. (Não esqueça que REMOVE adota como argumento um ponteiro para um objeto a ser eliminado, não uma chave.)

★ *11.1-4*
Desejamos implementar um dicionário usando endereçamento direto para um vetor *enorme*. Ou seja, se o tamanho do vetor é m e o dicionário contém no máximo n elementos a qualquer momento, então $m \gg n$.

No início, as entradas do vetor podem conter lixo, e inicializar o vetor inteiro é impraticável em virtude de seu tamanho. Descreva um esquema para implementar um dicionário de endereço direto para um vetor enorme. Cada objeto armazenado deve utilizar espaço $O(1)$; as operações BUSCA, INSERE e REMOVE devem demorar o tempo $O(1)$ cada uma; e a inicialização da estrutura de dados deve demorar o tempo $O(1)$. (*Sugestão*: use um vetor adicional, tratado de certo modo como uma pilha, cujo tamanho é o número de chaves realmente armazenadas no dicionário, para ajudar a determinar se uma dada entrada no vetor enorme é válida ou não.)

11.2 Tabelas de espalhamento

O aspecto negativo do endereçamento direto é aparente: se o universo U é grande ou infinito, armazenar uma tabela T de tamanho $|U|$ pode ser impraticável ou mesmo impossível, dada a memória disponível em um computador típico. Além disso, o conjunto K de chaves *realmente armazenadas* pode ser tão pequeno com relação a U que a maior parte do espaço alocado para T seria desperdiçada.

Quando o conjunto K de chaves armazenadas em um dicionário é muito menor que o universo U de todas as chaves possíveis, uma tabela de espalhamento requer armazenamento muito menor que uma tabela de endereços diretos. Especificamente, podemos reduzir o requisito de armazenamento a $\Theta(|K|)$ e ao mesmo tempo manter o benefício de procurar um elemento na tabela ainda no tempo $O(1)$. A pegadinha é que esse limite é para o *tempo do caso médio*,[1] enquanto no caso do endereçamento direto ele vale para o *tempo do pior caso*.

Com endereçamento direto, um elemento com a chave k é armazenado na posição k, mas, com o *hashing*, usamos uma **função de hash** h para calcular a posição pela chave k, de modo que o elemento é armazenado na posição $h(k)$. A função de *hash* h mapeia o universo U de chaves para as posições de uma **tabela de espalhamento** $T[0 : m - 1]$:

$$h : U \to \{0, 1, \ldots, m - 1\} ,$$

em que o tamanho m da tabela de espalhamento normalmente é muito menor que $|U|$. Dizemos que um elemento com a chave k **se espalha** (*hashes*) até a posição $h(k)$; dizemos também que $h(k)$ é o **valor hash** da chave k. A Figura 11.2 ilustra a ideia básica. A função de *hash* reduz a faixa de índices do vetor e, consequentemente, o tamanho do vetor. Em vez de ter tamanho $|U|$, o vetor pode ter tamanho m. Um exemplo de função de *hash* simples, porém não particularmente boa, é $h(k) = k \bmod m$.

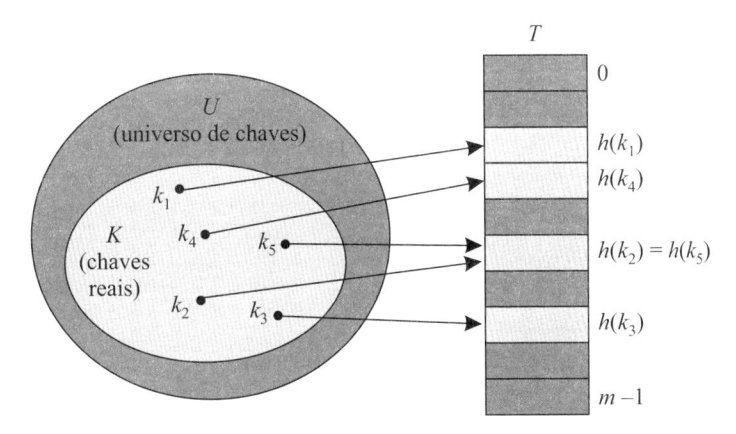

Figura 11.2 Utilização de uma função de *hash h* para mapear chaves em posições de uma tabela de espalhamento. Como são mapeadas para a mesma posição, as chaves k_2 e k_5 colidem.

---

[1]A definição de "caso médio" exige cuidado — estamos considerando uma distribuição de entrada pelas chaves ou aleatorizando a escolha da própria função de *hash*? Vamos considerar as duas abordagens, mas com ênfase no uso de uma função de *hash* escolhida aleatoriamente.

Há, porém, um revés: após o *hash*, duas chaves podem ser mapeadas para a mesma posição. Chamamos essa situação de ***colisão***. Felizmente, existem técnicas eficazes para resolver o conflito causado por colisões.

É claro que a solução ideal seria evitar por completo as colisões. Poderíamos tentar alcançar esse objetivo escolhendo uma função de *hash* adequada h. Uma ideia é fazer h parecer "aleatória", evitando, assim, as colisões ou ao menos minimizando seu número. A expressão "*to hash*", em inglês, que evoca imagens de misturas e retalhamentos aleatórios, capta o espírito dessa abordagem. (É claro que uma função de *hash* h deve ser determinística, no sentido de que uma dada entrada k sempre deve produzir a mesma saída $h(k)$.) Porém, como $|U| > m$, devem existir no mínimo duas chaves que têm o mesmo valor *hash*; portanto, evitar totalmente as colisões é impossível. Assim, embora uma função de *hash* bem projetada e de aparência "aleatória" possa minimizar o número de colisões, ainda precisamos de um método para resolver as colisões que ocorrerem.

O restante desta seção apresenta uma definição de "*hashing* uniforme independente", que captura a noção mais simples do significado de uma função de *hash* ser "aleatória". Depois, ela apresenta e analisa a técnica mais simples para resolução de colisões, denominada encadeamento. A Seção 11.4 apresenta um método alternativo para resolver colisões, denominado endereçamento aberto.

Hashing uniforme independente

Uma função de *hashing* ideal h teria, para cada entrada k possível no domínio U, uma saída $h(k)$ que é um elemento escolhido uniformemente, de modo aleatório e independente, a partir do intervalo $\{0, 1, ..., m-1\}$. Quando um valor $h(k)$ é escolhido aleatoriamente, cada chamada subsequente a h com a mesma entrada k produz o mesmo resultado $h(k)$.

Chamamos uma função de *hash* ideal de ***função de hash uniforme independente***. Essa função também é normalmente chamada de ***oráculo aleatório*** [43]. Quando as tabelas de espalhamento são implementadas com uma função de *hash* uniforme independente, dizemos que estamos usando o ***hashing uniforme independente***.

O *hashing* uniforme independente é uma abstração teórica ideal, mas não é algo que possa ser facilmente implementado na prática. Apesar disso, vamos analisar a eficiência do *hashing* e depois apresentar maneiras de alcançar uma aproximação prática útil para esse ideal.

Resolução de colisões por encadeamento

Em um alto nível, podemos pensar no *hashing* por encadeamento como uma forma não recursiva de divisão e conquista: o conjunto de entrada de n elementos é dividido aleatoriamente em m subconjuntos, cada um com tamanho aproximado de n/m. Uma função de *hash* determina a que subconjunto um elemento pertence. Cada subconjunto é controlado independentemente como uma lista.

A Figura 11.3 mostra a ideia por trás do ***encadeamento***: cada posição não vazia aponta para uma lista encadeada, e todos os elementos que, após o *hash*, vão para a mesma posição seguem para a lista encadeada dessa posição. A posição j contém um ponteiro para o início da lista de todos os elementos armazenados que, após o *hash*, foram para j. Se não houver nenhum desses elementos, a posição j contém NIL.

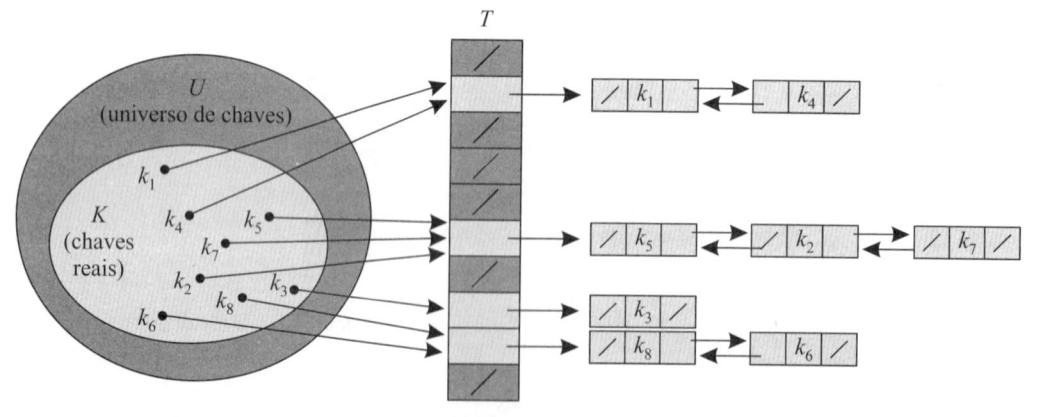

Figura 11.3 Resolução de colisão por encadeamento. Cada posição $T[j]$ da tabela de espalhamento contém uma lista encadeada de todas as chaves cujo valor de *hash* é j. Por exemplo, $h(k_1) = h(k_4)$ e $h(k_5) = h(k_2) = h(k_7)$. A lista encadeada pode ser simplesmente ou duplamente encadeada; aqui, ela é mostrada como duplamente encadeada porque dessa maneira a remoção é mais rápida.

Quando as colisões são resolvidas por encadeamento, as operações de dicionário são fáceis de implementar. Elas aparecem no pseudocódigo a seguir e utilizam os procedimentos de lista encadeada da Seção 10.2. O tempo de execução do pior caso para inserção é $O(1)$. O procedimento de inserção é rápido em parte porque supõe que o elemento x que está sendo inserido ainda não está presente na tabela. Para reforçar essa premissa, podemos procurar (a um custo adicional) um elemento cuja chave é $x.chave$ antes da inserção. Para a busca, o tempo de execução do pior caso é proporcional ao comprimento da lista. (Analisaremos essa operação mais atentamente em seguida.) A remoção levará um tempo $O(1)$ se as listas forem duplamente encadeadas, como mostra a Figura 11.3. (Observe que Remove-Hash-Encadeado toma como entrada um elemento x e não sua chave k, de modo que não temos de procurar x antes. Se a tabela de espalhamento suportar a remoção, então suas listas encadeadas devem ser duplamente encadeadas para podermos eliminar um item rapidamente. Se as listas forem apenas simplesmente encadeadas, então, pelo Exercício 10.2-1, a remoção poderia exigir um tempo proporcional ao tamanho da lista. Com listas simplesmente encadeadas, a remoção e a busca teriam os mesmos tempos de execução assintóticos.)

Insere-Hash-Encadeado(T, x)
1   Insere-Início-Lista($T[h(x.chave)]$, x)

Busca-Hash-Encadeado(T, k)
1   **return** Busca-Lista($T[h(k)]$, k)

Remove-Hash-Encadeado(T, x)
1   Remove-Lista($T[h(x.chave)]$, x)

Análise do *hash* com encadeamento

Como é o desempenho do *hashing* com encadeamento? Em particular, quanto tempo ele leva para procurar um elemento com determinada chave?

Dada uma tabela de espalhamento T com m posições que armazena n elementos, definimos o **fator de carga** α para T como n/m, isto é, o número médio de elementos armazenados em uma cadeia. Nossa análise será em termos de α, que pode ser menor, igual ou maior que 1.

O comportamento do pior caso do *hashing* com encadeamento é terrível: todas as n chaves vão para a mesma posição, criando uma lista de comprimento n. Portanto, o tempo do pior caso para a busca é $\Theta(n)$ mais o tempo necessário para calcular a função de *hash* — não é melhor do que seria se usássemos uma única lista encadeada para todos os elementos. É claro que não usamos as tabelas de espalhamento por seu desempenho no pior caso.

O desempenho do *hashing* para o caso médio depende de como a função de *hash* h distribui o conjunto de chaves a serem armazenadas entre as m posições, em média (o que significa com relação à distribuição de chaves a receberem o *hashing* e com relação à escolha de função de *hash*, se essa escolha for aleatorizada). A Seção 11.3 discute essas questões, mas, por enquanto, devemos considerar que qualquer elemento dado tem igual probabilidade de passar para qualquer uma das m posições. Isto é, a função de *hash* é **uniforme**. Consideramos ainda que a posição onde determinado elemento irá parar é *independente* do lugar para onde qualquer outro elemento tenha passado após essa operação. Em outras palavras, consideramos que estamos usando o **hashing uniforme independente**.

Visto que os *hashes* de chaves distintas são considerados independentes, o *hashing* uniforme independente é **universal**: a chance de colisão entre duas chaves distintas k_1 e k_2 é, no máximo, $1/m$. A universalidade é importante em nossa análise e também na especificação de classes universais de funções de *hash*, que veremos na Seção 11.3.2.

Para $j = 0, 1, ..., m - 1$, vamos indicar o comprimento da lista $T[j]$ por n_j, de modo que

$$n = n_0 + n_1 + \cdots + n_{m-1} \, , \tag{11.1}$$

e o valor esperado de n_j é $E[n_j] = \alpha = n/m$.

Supomos que o tempo $O(1)$ é suficiente para calcular o valor *hash* $h(k)$, de modo que o tempo necessário para procurar um elemento com chave k depende linearmente do comprimento $n_{h(k)}$ da lista $T[h(k)]$. Deixando de lado o tempo $O(1)$ necessário para calcular a função de *hash* e acessar a posição $h(k)$, vamos considerar o número esperado de elementos examinados pelo algoritmo de busca, isto é, o número de elementos na lista $T[h(k)]$ que o algoritmo verifica para ver se qualquer deles tem uma chave igual a k. Consideraremos dois casos. No primeiro, a busca não é bem-sucedida: nenhum elemento na tabela tem a chave k. No segundo caso, a busca consegue encontrar um elemento com chave k.

Teorema 11.1

Em uma tabela de espalhamento na qual as colisões são resolvidas por encadeamento, uma busca malsucedida demora o tempo do caso médio $\Theta(1 + \alpha)$, sob a hipótese de *hashing* uniforme independente.

Prova Sob a hipótese de *hashing* uniforme independente, qualquer chave k ainda não armazenada na tabela tem igual probabilidade de ocupar qualquer das m posições. O tempo esperado para procurar sem sucesso uma chave k é o tempo esperado para pesquisar até o fim da lista $T[h(k)]$, que tem o comprimento esperado $\mathrm{E}[n_{h(k)}] = \alpha$. Assim, o número esperado de elementos examinados em uma busca malsucedida é α, e o tempo total exigido (incluindo o tempo para se calcular $h(k)$) é $\Theta(1 + \alpha)$. ∎

A situação para uma busca bem-sucedida é ligeiramente diferente. Uma busca malsucedida tem a mesma probabilidade de ir para qualquer posição da tabela de espalhamento. No entanto, uma busca bem-sucedida não pode ir para uma posição vazia, pois é para um elemento que está presente em uma das listas encadeadas. Assumimos que o elemento buscado tem a mesma probabilidade de ser qualquer um dos elementos da tabela, portanto, quanto maior a lista, maior a probabilidade de a busca ser por um de seus elementos. Todavia, o tempo de busca esperado ainda acaba sendo $\Theta(1 + \alpha)$.

Teorema 11.2

Em uma tabela de espalhamento na qual as colisões são resolvidas por encadeamento, uma busca bem-sucedida demora o tempo do caso médio $\Theta(1 + \alpha)$ se considerarmos *hashing* uniforme independente.

Prova Supomos que o elemento que está sendo pesquisado tem igual probabilidade de ser qualquer dos n elementos armazenados na tabela. O número de elementos examinados durante uma busca bem-sucedida para um elemento x é uma unidade maior que o número de elementos que aparecem antes de x na lista de x. Como elementos novos são colocados à frente na lista, os elementos antes de x na lista foram todos inseridos após x ser inserido. Seja x_i o i-ésimo elemento inserido na tabela, para $i = 1, 2, ..., n$, e seja $k_i = x_i.chave$.

Nossa análise utiliza muitas variáveis aleatórias indicadoras. Para cada posição q na tabela e para cada par de chaves distintas k_i e k_j, definimos a variável aleatória indicadora

$$X_{ijq} = \mathrm{I}\{\text{a busca é por } x_i, h(k_i) = q \text{ e } h(k_j) = q\}.$$

Isto é, $X_{ijq} = 1$ quando as chaves k_i e k_j colidem na posição q e a busca é pelo elemento x_i. Visto que $\Pr\{\text{a busca é por } x_i\} = 1/n$, $\Pr\{h(k_i) = q\} = 1/m$, $\Pr\{h(k_j) = q\} = 1/m$ e esses eventos são todos independentes, temos que $\Pr\{X_{ijq} = 1\} = 1/nm^2$. O Lema 5.1, no Capítulo 5, indica que $\mathrm{E}[X_{ijq}] = 1/nm^2$.

Em seguida, definimos, para cada elemento x_j, a variável aleatória indicadora

$$Y_j = \mathrm{I}\{x_j \text{ aparece em uma lista antes do elemento que está sendo procurado}\}$$
$$= \sum_{q=0}^{m-1} \sum_{i=1}^{j-1} X_{ijq} \,,$$

Pois no máximo um dos X_{ijq} é igual a 1, a saber, quando o elemento x_i sendo buscado pertence à mesma lista de x_j (apontado pela posição q), e $i < j$ (de modo que x_i aparece após x_j na lista).

Nossa última variável aleatória é Z, que conta quantos elementos aparecem na lista antes do elemento que está sendo buscado:

$$Z = \sum_{j=1}^{n} Y_j \ .$$

Visto que precisamos contar o elemento que está sendo buscado além de todos os que o antecedem em sua lista, precisamos calcular $E[Z + 1]$. Usando a linearidade de expectativa (Equação (C.24), no Apêndice C), temos

$$
\begin{aligned}
\mathrm{E}\,[Z + 1] &= \mathrm{E}\left[1 + \sum_{j=1}^{n} Y_j\right] \\
&= 1 + \mathrm{E}\left[\sum_{j=1}^{n}\sum_{q=0}^{m-1}\sum_{i=1}^{j-1} X_{ijq}\right] \\
&= 1 + \mathrm{E}\left[\sum_{q=0}^{m-1}\sum_{j=1}^{n}\sum_{i=1}^{j-1} X_{ijq}\right] \\
&= 1 + \sum_{q=0}^{m-1}\sum_{j=1}^{n}\sum_{i=1}^{j-1} \mathrm{E}\,[X_{ijq}] \quad \text{(pela linearidade de expectativa)} \\
&= 1 + \sum_{q=0}^{m-1}\sum_{j=1}^{n}\sum_{i=1}^{j-1} \frac{1}{nm^2} \\
&= 1 + m \cdot \frac{n(n-1)}{2} \cdot \frac{1}{nm^2} \quad \text{(pela Equação (A.2) no Apêndice A)} \\
&= 1 + \frac{n-1}{2m} \\
&= 1 + \frac{n}{2m} - \frac{1}{2m} \\
&= 1 + \frac{\alpha}{2} - \frac{\alpha}{2n} \ .
\end{aligned}
$$

Assim, o tempo total exigido para uma busca bem-sucedida (incluindo o tempo para calcular a função de *hash*) é $\Theta(2 + \alpha/2 - \alpha/2n) = \Theta(1 + \alpha)$. ∎

O que significa essa análise? Se o número de posições da tabela de espalhamento é no mínimo proporcional ao número de posições na tabela, temos $n = O(m)$ e, consequentemente, $\alpha = n/m = O(m)/m = O(1)$. Assim, a busca demora tempo constante na média. Visto que a inserção demora o tempo $O(1)$ no pior caso e a remoção demora o tempo $O(1)$ no pior caso quando as listas são duplamente encadeadas (supondo que o elemento da lista a ser removido é conhecido, e não apenas sua chave), podemos suportar todas as operações de dicionário no tempo $O(1)$ na média.

A análise nos dois teoremas apresentados depende apenas de duas propriedades essenciais do *hashing* uniforme independente: uniformidade (cada chave tem a mesma probabilidade de parar em qualquer uma das m posições) e independência (de modo que duas chaves distintas quaisquer colidem com probabilidade $1/m$).

Exercícios

11.2-1
Suponha que utilizamos uma função de *hash* h para efetuar o *hashing* de n chaves distintas em um vetor T de comprimento m. Considerando *hashing* uniforme independente, qual é o número esperado de colisões? Mais precisamente, qual é a cardinalidade esperada de $\{\{k_1, k_2\} : k_1 \neq k_2 \text{ e } h(k_1) = h(k_2)\}$?

11.2-2
Considere uma tabela de espalhamento com 9 posições inicialmente vazia e a função de *hash* $h(k) = k \bmod 9$. Demonstre o que acontece quando inserimos as chaves 5, 28, 19, 15, 20, 33, 12, 17, 10 com as colisões resolvidas por encadeamento.

11.2-3

O professor Marley apresenta a hipótese de que podemos obter ganhos substanciais de desempenho modificando o esquema de encadeamento para manter cada lista em sequência ordenada. Como a modificação do professor afeta o tempo de execução para buscas bem-sucedidas, malsucedidas, inserções e eliminações?

11.2-4

Sugira como alocar e desalocar armazenamento para elementos dentro da própria tabela de espalhamento criando uma "lista livre", uma lista encadeada de todas as posições não utilizadas. Suponha que uma posição pode armazenar um sinalizador e um elemento mais um ponteiro ou dois ponteiros. Todas as operações de dicionário e de lista livre devem ser executadas no tempo esperado $O(1)$. A lista livre precisa ser duplamente encadeada ou uma lista livre simplesmente encadeada é suficiente?

11.2-5

Suponha que estejamos armazenando um conjunto de n chaves em uma tabela de espalhamento de tamanho m. Mostre que, se as chaves forem extraídas de um universo U com $|U| > (n - 1)m$, então U tem um subconjunto de tamanho n composto por chaves que passam todas para uma mesma posição, de modo que o tempo de busca do pior caso para o *hashing* com encadeamento é $\Theta(n)$.

11.2-6

Suponha que armazenemos n chaves em uma tabela de espalhamento de tamanho m, com colisões resolvidas por encadeamento, e que conhecemos o comprimento de cada cadeia, incluindo o comprimento L da cadeia mais longa. Descreva um procedimento que seleciona uma chave uniformemente ao acaso entre as chaves na tabela de espalhamento e a retorna no tempo esperado $O(L \cdot (1 + 1/\alpha))$.

11.3 Funções de *hash*

Para que o *hashing* funcione bem, ele precisa de uma boa função de *hash*. Além de ser eficientemente computável, que propriedades possui uma boa função de *hash*? Como podemos projetar boas funções de *hash*?

Nesta seção, primeiro tentamos responder a essas perguntas com base em duas abordagens ocasionais para a criação de funções de *hash*: *hashing* por divisão e *hashing* por multiplicação. Embora esses métodos funcionem bem para alguns conjuntos de chaves de entrada, eles são limitados porque tentam oferecer uma única função de *hash* fixa que funciona bem sobre quaisquer dados — uma abordagem denominada **hashing estático**.

Depois, veremos que o desempenho provavelmente bom no caso médio para *quaisquer* dados pode ser obtido com o projeto de uma *classe* adequada de funções de *hash* e a escolha de uma função de *hash* ao acaso a partir dessa classe em tempo de execução, independentemente dos dados submetidos à função. A abordagem que examinamos é denominada *hashing* aleatório. Um tipo específico de *hashing* aleatório, o *hashing* universal, funciona muito bem. Como vimos no caso do quicksort, no Capítulo 7, a aleatorização é uma poderosa ferramenta de projeto algorítmico.

O que faz uma boa função de *hash*?

Uma boa função de *hash* satisfaz (aproximadamente) à premissa do *hashing* uniforme independente: cada chave tem igual probabilidade de passar para qualquer das m posições por uma operação de *hash*, independentemente da posição que qualquer outra chave tenha ocupado. O que significa "igual probabilidade" aqui? Se a função de *hash* fosse fixa, quaisquer probabilidades terão que ser baseadas na distribuição de probabilidade das chaves de entrada.

Infelizmente, em geral, não temos nenhum meio de verificar essa condição, já que raramente conhecemos a distribuição de probabilidade da qual as chaves são extraídas. Além disso, as chaves poderiam não ser extraídas independentemente.

Ocasionalmente conhecemos a distribuição. Por exemplo, se soubermos que as chaves são números reais aleatórios k, independente e uniformemente distribuídos no intervalo de $0 \leq k < 1$, então a função de *hash*

$$h(k) = \lfloor km \rfloor$$

satisfaz à condição de *hashing* uniforme independente.

Uma boa abordagem deriva o valor *hash* de um modo que esperamos seja independente de quaisquer padrões que possam existir nos dados. Por exemplo, o "método de divisão" (discutido na Seção 11.3.1) calcula o valor *hash* como o resto quando a chave é dividida por um número primo especificado. Esse método frequentemente dá bons resultados, desde que escolhamos (de alguma forma) um número primo que não esteja relacionado com quaisquer padrões na distribuição de chaves.

O *hashing* aleatório, descrito na Seção 11.3.2, escolhe a função de *hash* a ser usada ao acaso, a partir de uma classe adequada de funções de *hash*. Essa abordagem evita qualquer necessidade de saber algo sobre a distribuição de probabilidade das chaves de entrada, pois a aleatorização necessária para um bom comportamento no caso médio vem do processo aleatório (conhecido) usado para escolher a função de *hash* a partir da classe de funções de *hash*, em vez do processo (desconhecido) usado para criar as chaves de entrada. Recomendamos o uso do *hashing* aleatório.

Chaves são inteiros, vetores ou *strings*

Na prática, uma função de *hash* é projetada para lidar com chaves que são de um dos seguintes dois tipos:

- Um inteiro não negativo curto que se encaixa em uma palavra de máquina com w *bits*. Alguns valores típicos para w seriam 32 ou 64.

- Um vetor curto de inteiros não negativos, cada um de tamanho limitado. Por exemplo, cada elemento poderia ser um inteiro de 8 *bits* (*byte*), em que o vetor é frequentemente chamado de *string*. O vetor poderia ter comprimento variável.

Para começar, consideramos que as chaves são inteiros não negativos curtos. O tratamento de chaves de vetor é mais complicado e será discutido nas Seções 11.3.5 e 11.5.2.

11.3.1 *Hashing* estático

O *hashing* estático usa uma única função de *hash* fixa. A única aleatorização disponível é por meio da distribuição (normalmente desconhecida) de chaves de entrada. Esta seção discute duas abordagens padrão para o *hashing* estático: o método de divisão e o método de multiplicação. Embora o *hashing* estático não seja mais recomendado, o método de multiplicação também oferece um bom fundamento para o *hashing* "não estático" — mais conhecido como *hashing* aleatório —, em que a função de *hash* é escolhida ao acaso a partir de uma classe adequada de funções de *hash*.

Método de divisão

No **método de divisão** para criar funções de *hash*, mapeamos uma chave k para uma de m posições, tomando o resto da divisão de k por m. Ou seja, a função de *hash* é

$h(k) = k \bmod m.$

Por exemplo, se a tabela de espalhamento tem tamanho $m = 12$ e a chave é $k = 100$, então, $h(k) = 4$. Visto que é necessária uma única operação de divisão, o *hash* por divisão é bastante rápido.

O método de divisão pode funcionar bem quando m é um primo não muito próximo de uma potência exata de 2. Contudo, não há garantias de que esse método ofereça bom desempenho no caso médio, e ele pode complicar as aplicações, pois restringe o tamanho das tabelas de espalhamento para que seja um número primo.

Método de multiplicação

O **método de multiplicação** para criar funções de *hash* funciona em duas etapas. Primeiro, multiplicamos a chave k por uma constante A no intervalo de $0 < A < 1$ e extraímos a parte fracionária de kA. Em seguida, multiplicamos esse valor por m e tomamos o piso do resultado. Resumindo, a função de *hash* é

$h(k) = \lfloor m\,(k\,A \bmod 1) \rfloor.$

em que "$k\,A \bmod 1$" significa a parte fracionária de kA, isto é, $kA - \lfloor kA \rfloor$. O método geral de multiplicação tem a vantagem de que o valor de m não é crítico e você pode escolhê-lo independentemente de como escolhe a constante multiplicativa A.

Método de multiplicação-deslocamento

Na prática, o método de multiplicação é melhor no caso especial em que o número m de posições da tabela de espalhamento é uma potência exata de 2, de modo que $m = 2^\ell$ para algum inteiro ℓ, em que $\ell \le w$ e w é o número de *bits* em uma palavra de máquina. Se você escolher um inteiro positivo fixo de w *bits* $a = A\,2^w$, em que $0 < A < 1$, como no método de multiplicação, de modo que a esteja no intervalo de $0 < a < 2^w$, poderá implementar a função na maioria dos computadores como mostraremos a seguir. Consideramos que uma chave k cabe em uma única palavra de w *bits*.

Referindo-nos à Figura 11.4, primeiro multiplicamos k pelo inteiro a de w *bits*. O resultado é um valor de $2w$ *bits* $r_1 2^w + r_0$, em que r_1 é a palavra de w *bits* de ordem alta do produto e r_0 é a palavra de w *bits* de ordem baixa do produto. O valor *hash* de ℓ *bits* desejado consiste nos ℓ *bits* mais significativos de r_0. (Como r_1 é ignorado, a função de *hash* pode ser implementada em um computador que produz apenas um produto de w *bits* dadas duas entradas de w *bits*, isto é, em que a operação de multiplicação calcula o módulo de 2^w.)

Em outras palavras, definimos a função de *hash* $h = h_a$, em que

$$h_a(k) = (ka \bmod 2^w) \ggg (w - \ell) \tag{11.2}$$

para um valor fixo a de w *bits*, diferente de zero. Como o produto ka de duas palavras de w *bits* ocupa 2^w *bits*, tomar este produto módulo 2^w zera os w *bits* de ordem superior (r_1), deixando apenas os w *bits* de ordem inferior (r_0). O operador $\ggg$ realiza um deslocamento lógico para a direita de $w - \ell$ *bits*, deslocando os zeros para as posições vagas à esquerda, de modo que os ℓ *bits* mais significativos de r_0 se movam para as ℓ posições mais à direita. (Isso é o mesmo que dividir por $2^{w-\ell}$ e tomar o piso do resultado.) O valor resultante é igual aos ℓ *bits* mais significativos de r_0. A função de *hash* h_a pode ser implementada com três instruções de máquina: multiplicação, subtração e deslocamento lógico à direita.

Como exemplo, suponha que $k = 123456$, $\ell = 14$, $m = 2^{14} = 16384$ e $w = 32$. Suponha ainda que escolhemos $a = 2654435769$ (seguindo uma sugestão de Knuth [261]). Então, $ka = 327706022297664 = (76300 \cdot 2^{32}) + 17612864$ e, assim, $r_1 = 76300$ e $r_0 = 17612864$. Os 14 *bits* mais significativos de r_0 formam o valor $h_a(k) = 67$.

Embora o método de multiplicação-deslocamento seja rápido, ele não oferece qualquer garantia de bom desempenho no caso médio. A abordagem de *hashing* universal apresentada na próxima seção oferece essa garantia. Uma variante aleatorizada simples do método de multiplicação-deslocamento funciona bem na média, quando o programa começa selecionando a como um número ímpar escolhido aleatoriamente.

11.3.2 *Hashing* aleatório

Se um adversário malicioso escolher as chaves às quais o *hashing* deverá ser aplicado por alguma função de *hash* fixa, ele poderá escolher n chaves que passem para a mesma posição após o *hash*, o que resulta em um tempo médio de recuperação igual a $\Theta(n)$. Qualquer função de *hash* fixa é vulnerável a esse terrível comportamento do pior caso. A única maneira eficaz de melhorar a situação é escolher a função de *hash aleatoriamente*, de um modo que seja *independente* das chaves que realmente serão armazenadas. Essa abordagem é denominada **hashing aleatório**. Um caso especial dessa abordagem, chamado **hashing universal**, pode resultar em um desempenho demonstravelmente bom na média, quando as colisões são tratadas por encadeamento, não importando as chaves escolhidas pelo adversário.

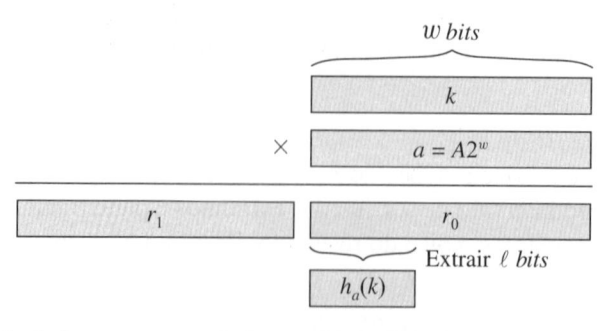

Figura 11.4 Método de multiplicação-deslocamento para calcular uma função de *hash*. A representação de w *bits* da chave k é multiplicada pelo valor de w *bits* $a = A \cdot 2^w$. Os ℓ *bits* de ordem mais alta da metade inferior de w *bits* do produto formam o valor *hash* desejado $h_a(k)$.

Para usar o *hashing* aleatório, no início da execução do programa selecionamos a função de *hash* aleatoriamente de uma classe de funções adequada. Como no caso do quicksort, a aleatorização garante que nenhuma entrada isolada evocará sempre o comportamento do pior caso. Como selecionamos a função de *hash* aleatoriamente, o algoritmo poderá se comportar de modo diferente em cada execução, até mesmo para o mesmo conjunto de chaves a serem posicionadas, garantindo um bom desempenho do caso médio.

Seja $\mathcal{H}$ uma coleção finita de funções de *hash* que mapeiam dado universo U de chaves para o intervalo $\{0, 1, ..., m - 1\}$. Dizemos que ela é **universal** se, para cada par de chaves distintas $k_1, k_2 \in U$, o número de funções de *hash* $h \in \mathcal{H}$ para as quais $h(k_1) = h(k_2)$ é no máximo $|\mathcal{H}|/m$. Em outras palavras, com uma função de *hash* escolhida aleatoriamente de $\mathcal{H}$, a chance de colisão entre chaves distintas k_1 e k_2 não é maior que a chance $1/m$ de colisão se $h(k_1)$ e $h(k_2)$ fossem escolhidas aleatória e independentemente do conjunto $\{0, 1, ..., m - 1\}$.

Hashing uniforme independente é o mesmo que escolher uma função de *hash* uniformemente ao acaso a partir de uma classe de m^n funções de *hash*, com cada membro dessa classe mapeando as n chaves aos m valores de *hash* de forma diferente.

Cada classe aleatória uniforme independente da função de *hash* é universal, mas a recíproca não precisa ser verdadeira: considere o caso em que $U = \{0, 1, ..., m - 1\}$ e a única função de *hash* na classe é a função identidade. A probabilidade de que duas chaves distintas colidam é zero, embora cada chave seja transformada em um valor fixo após o *hashing*.

O seguinte corolário ao Teorema 11.2 diz que o *hashing* universal oferece o desfecho desejado: torna-se impossível que um adversário escolha uma sequência de operações que force o tempo de execução no pior caso.

Corolário 11.3

Usando o *hashing* universal e a resolução de colisão por encadeamento em uma tabela inicialmente vazia com m posições, tratar qualquer sequência de s operações INSERE, BUSCA e REMOVE contendo $n = O(m)$ operações INSERE demora o tempo esperado $\Theta(s)$.

Prova As operações INSERE e REMOVE demoram tempo constante. Como o número n de inserções é $O(m)$, temos que $\alpha = O(1)$. Além disso, o tempo esperado de cada operação BUSCA é $O(1)$, o que pode ser visto examinando-se a prova do Teorema 11.2. Essa análise depende somente das probabilidades de colisão, que são $1/m$ para qualquer par k_1, k_2 de chaves pela escolha de uma função de *hash* uniforme independente nesse teorema. O uso de uma classe universal de funções de *hash* aqui, no lugar do uso do *hashing* uniforme independente, muda a probabilidade de colisão de $1/m$ para, no máximo, $1/m$. Assim, por linearidade da expectativa, o tempo esperado para a sequência de operações inteira é $O(s)$. Visto que cada operação leva o tempo $\Omega(1)$, segue o limite $\Theta(s)$.   ■

11.3.3 Propriedades alcançáveis do *hashing* aleatório

Há muita literatura sobre as propriedades que uma classe $\mathcal{H}$ de funções de *hash* pode ter e o modo como elas se relacionam com a eficiência do *hashing*. Resumimos aqui algumas das mais interessantes.

Seja $\mathcal{H}$ uma classe de funções de *hash*, cada uma com domínio U e intervalo $\{0, 1, ..., m - 1\}$, e seja h qualquer função de *hash* escolhida ao acaso de $\mathcal{H}$. As probabilidades mencionadas são probabilidades sobre as escolhas de h.

- A classe $\mathcal{H}$ será **uniforme** se, para cada chave k em U e qualquer posição q no intervalo $\{0, 1, ..., m - 1\}$, a probabilidade de que $h(k) = q$ for $1/m$.
- A classe $\mathcal{H}$ será **universal** se, para quaisquer chaves distintas k_1 e k_2 em U, a probabilidade de que $h(k_1) = h(k_2)$ for, no máximo, $1/m$.
- A classe $\mathcal{H}$ de funções de *hash* será **ϵ-universal** se, para quaisquer chaves distintas k_1 e k_2 em U, a probabilidade de que $h(k_1) = h(k_2)$ for, no máximo, ϵ. Assim, uma classe universal de funções de *hash* também é $1/m$-universal.[2]

---

[2] Na literatura, uma função de *hash* (c/m) universal por vezes é chamada c-universal ou c-aproximadamente universal. Adotaremos aqui a notação (c/m)-universal.

- A classe $\mathcal{H}$ será **d-independente** se, para quaisquer chaves distintas $k_1, k_2, ..., k_d$ em U e quaisquer posições $q_1, q_2, ..., q_d$, não necessariamente distintos, em $\{0, 1, ..., m-1\}$, a probabilidade de que $h(k_1) = q_i$ para $i = 1, 2, ..., d$ for $1/m^d$.

As classes universais de função de *hash* são particularmente interessantes, pois são o tipo mais simples que oferece suporte a operações provavelmente eficientes com tabela de espalhamento para qualquer conjunto de dados de entrada. Muitas outras propriedades interessantes e desejáveis, como aquelas observadas aqui, também são possíveis e permitem o uso de operações especializadas eficientes com tabelas de espalhamento.

11.3.4 Projeto de uma classe universal de funções de *hash*

Esta seção apresenta duas maneiras de projetar uma classe universal (ou ϵ-*universal*) de funções de *hash*: uma baseada na teoria dos números e outra baseada em uma variante aleatorizada do método de multiplicação-deslocamento, apresentado na Seção 11.3.1. O primeiro método é um pouco mais fácil de ser provado como universal, mas o segundo método é mais recente e mais rápido na prática.

Classe universal de funções de *hash* baseada na teoria dos números

Podemos projetar uma classe universal de funções de *hash* usando um pouco de teoria dos números. Se você não estiver familiarizado com os conceitos básicos da teoria dos números, será bom consultar o Capítulo 31 antes.

Começamos escolhendo um número primo p suficientemente grande para que toda chave k possível esteja no intervalo 0 a $p - 1$, inclusive. Consideramos aqui que p tenha um comprimento "razoável". (Ver na Seção 11.3.5 uma discussão sobre os métodos de tratamento de chaves de entrada longas, como *strings* de comprimento variável.) Seja $\mathbb{Z}_p$ o conjunto $\{0, 1, ..., p-1\}$ e seja $\mathbb{Z}_p^*$ o conjunto $\{1, 2, ..., p-1\}$. Visto que p é primo, podemos resolver equações de módulo p com os métodos dados no Capítulo 31. Como supomos que o tamanho do universo de chaves é maior que o número de posições na tabela de espalhamento (caso contrário, use apenas o endereçamento direto), temos $p > m$.

Dado qualquer $a \in \mathbb{Z}_p^*$ e qualquer $b \in \mathbb{Z}_p$, defina uma função de *hash* h_{ab} como uma transformação afim seguida por reduções de módulo p e, então, de módulo m:

$$h_{ab}(k) = ((ak + b) \bmod p) \bmod m .$$ (11.3)

Por exemplo, com $p = 17$ e $m = 6$, temos

$$
\begin{aligned}
h_{3,4}(8) &= ((3 \cdot 8 + 4) \bmod 17) \bmod 6 \\
&= (28 \bmod 17) \bmod 6 \\
&= 11 \bmod 6 \\
&= 5 .
\end{aligned}
$$

Dados p e m, a classe de todas essas funções de *hash* é

$$\mathcal{H}_{pm} = \{h_{ab} : a \in \mathbb{Z}_p^* \text{ and } b \in \mathbb{Z}_p\} .$$ (11.4)

Cada função de *hash* h_{ab} mapeia $\mathbb{Z}_p$ para $\mathbb{Z}_m$. Essa classe de funções de *hash* tem a interessante propriedade de que o tamanho m do intervalo de saída (que é o tamanho da tabela de espalhamento) é arbitrário — não necessariamente primo. Visto que podemos escolher entre $p - 1$ valores para a e que há p escolhas para b, a classe $\mathcal{H}_{pm}$ contém $p(p - 1)$ funções de *hash*.

Teorema 11.4

A classe $\mathcal{H}_{pm}$ de funções de *hash* definida pelas Equações (11.3) e (11.4) é universal.

Prova Considere duas chaves distintas k_1 e k_2 de $\mathbb{Z}_p$, de modo que $k_1 \neq k_2$. Para uma dada função de *hash* h_{ab} fazemos

$r_1 = (ak_1 + b) \bmod p,$
$r_2 = (ak_2 + b) \bmod p.$

Primeiro, observamos que $r_1 \neq r_2$. Por quê? Como temos $r_1 - r_2 = a\,(k_1 - k_2)\,(\mathrm{mod}\ p)$, decorre que $r_1 \neq r_2$ porque p é primo e ambos, a e $(k_1 - k_2)$, são diferentes de zero para módulo p. Pelo Teorema 31.6, no Capítulo 31, seu produto também deve ser diferente de zero para módulo p. Portanto, na computação de qualquer $h_{ab} \in \mathcal{H}_{pm}$, entradas distintas k_1 e k_2 mapeiam para valores distintos r_1 e r_2 módulo p, e ainda não há colisões no "nível mod p". Além disso, cada uma das $p(p-1)$ escolhas possíveis para o par (a, b) com $a \neq 0$ produz um par resultante (r_1, r_2) *diferente* com $r_1 \neq r_2$, já que podemos resolver para a e b dados r_1 e r_2:

$$a = \big((r_1 - r_2)((k_1 - k_2)^{-1}\ \mathrm{mod}\ p)\big)\ \mathrm{mod}\ p\ ,$$

$$b = (r_1 - ak_1)\ \mathrm{mod}\ p\ ,$$

em que $((k_1 - k_2)^{-1}\ \mathrm{mod}\ p)$ indica o inverso multiplicativo único, módulo p, de $k_1 - k_2$. Para cada um dos p valores possíveis de r_1, existem apenas $p - 1$ valores possíveis de r_2 que não são iguais a r_1, criando apenas $p(p-1)$ pares (r_1, r_2) possíveis com $r_1 \neq r_2$. Portanto, existe uma correspondência de um para um entre pares (a, b) com $a \neq 0$ e pares (r_1, r_2) com $r_1 \neq r_2$. Assim, para qualquer par fornecido de entradas distintas k_1 e k_2, se escolhermos (a, b) uniformemente ao acaso de $\mathbb{Z}_p^* \times \mathbb{Z}_p$, o par resultante (r_1, r_2) terá igual probabilidade de ser qualquer par de valores distintos módulo p.

Portanto, a probabilidade de chaves distintas k_1 e k_2 colidirem é igual à probabilidade de $r_1 = r_2\ (\mathrm{mod}\ m)$ quando r_1 e r_2 são escolhidos aleatoriamente como valores distintos módulo p. Para um valor de r_1, dos $p - 1$ valores restantes possíveis para r_2, o número de valores r_2 tais que $r_2 \neq r_1$ e $r_2 = r_1\ (\mathrm{mod}\ m)$ é no máximo

$$\left\lceil \frac{p}{m} \right\rceil - 1 \leq \frac{p + m - 1}{m} - 1 \quad \text{(pela inequação (3.7), no Capítulo 3)}$$
$$= \frac{p-1}{m}\ .$$

A probabilidade de r_2 colidir com r_1 quando reduzido pelo módulo m é no máximo $((p-1)/m)/(p-1) = 1/m$, pois r_2 tem probabilidade igual de ser qualquer um dos $p - 1$ valores em $\mathbb{Z}_p$ que sejam diferentes de r_1, mas no máximo $(p-1)/m$ desses valores são equivalentes a r_1 módulo m.

Assim, para qualquer par de valores distintos $k_1, k_2 \in \mathbb{Z}_p$,

$$\Pr\{h_{ab}(k_1) = h_{ab}(k_2)\} \leq 1/m\ ,$$

de modo que $\mathcal{H}_{pm}$ é, de fato, universal. ∎

Classe $2/m$-universal de funções de *hash* baseada no método de multiplicação-deslocamento

Recomendamos que, na prática, você use a seguinte classe de função de *hash* baseada no método de multiplicação-deslocamento. Ela é excepcionalmente eficiente e (embora omitamos a prova), provavelmente $2/m$-universal. Definimos $\mathcal{H}$ como a classe de funções de *hash* de multiplicação-deslocamento com constantes ímpares a:

$$\mathcal{H} = \{h_a : a \text{ é ímpar},\ 1 \leq a < m,\ \text{e}\ h_a \text{ é definido pela Equação (11.2)}\} \tag{11.5}$$

Teorema 11.5

A classe de funções de *hash* $\mathcal{H}$ dada pela Equação (11.5) é $2/m$-universal. ∎

Isto é, a probabilidade de que duas chaves distintas quaisquer colidam é de, no máximo, $2/m$. Em muitas situações práticas, a velocidade de computação da função de *hash* mais do que compensa o limite superior mais alto sobre a probabilidade de que duas chaves distintas colidam, quando a comparamos com uma função de *hash* universal.

11.3.5 *Hashing* de entradas longas como vetores ou *strings*

Por vezes, as entradas da função de *hash* são tão longas que não podem ser facilmente codificadas em módulo com um número primo de tamanho razoável p ou codificadas em uma única palavra de, digamos, 64 *bits*. Como exemplo, considere a classe de vetores, como os vetores de *bytes* com 8 *bits* (que é a forma como as *strings* em muitas linguagens de programação são armazenadas). Um vetor pode ter um comprimento não negativo qualquer, caso em que o comprimento da entrada para a função de *hash* pode variar de uma entrada para outra.

Abordagens teóricas dos números

Um modo de projetar boas funções de *hash* para entradas de tamanho variável é estender as ideias usadas na Seção 11.3.4 para projetar funções de *hash* universais. O Exercício 11.3-6 explora uma abordagem desse tipo.

Hashing criptográfico

Outra maneira de projetar uma boa função de *hash* para entradas de tamanho variável é usar uma função de *hash* projetada para aplicações criptográficas. As *funções de hash criptográficas* são funções pseudoaleatórias complexas, projetadas para aplicações que exigem propriedades além das necessárias aqui, mas são robustas, amplamente implementadas e utilizáveis como funções de *hash* para tabelas de espalhamento.

Uma função de *hash* criptográfica recebe como entrada uma *string* de *bytes* arbitrária e retorna uma saída de tamanho fixo. Por exemplo, a função de *hash* criptográfica determinística padrão NIST, SHA-256 [346], produz uma saída de 256 *bits* (32 *bytes*) para qualquer entrada.

Alguns fabricantes de *chips* incluem instruções em suas arquiteturas de CPU para fornecerem implementações rápidas de algumas funções criptográficas. De particular interesse são as instruções que implementam com eficiência rodadas do Advanced Encryption Standard (AES), as instruções "AES-NI". Essas instruções são executadas em algumas dezenas de nanossegundos, o que geralmente é rápido o suficiente para uso com tabelas de espalhamento. Um código de autenticação de mensagem, como CBC-MAC baseado em AES, e o uso das instruções AES-NI podem compor uma função de *hash* útil e eficiente. Aqui, não buscamos o uso potencial de conjuntos de instruções especializados.

As funções de *hash* criptográficas são úteis porque fornecem uma maneira de implementar uma versão aproximada de oráculo aleatório. Como já foi observado, um oráculo aleatório é equivalente a uma classe de funções de *hash* uniformes e independentes. Do ponto de vista teórico, um oráculo aleatório é um ideal inatingível: uma função determinística que fornece uma saída selecionada aleatoriamente para cada entrada. Por ser determinística, ela fornece a mesma saída se consultada novamente para a mesma entrada. Do ponto de vista prático, construções de classes de funções de *hash* baseadas em funções de *hash* criptográficas são substitutos sensatos para os oráculos aleatórios.

Há muitas maneiras de usar uma função de *hash* criptográfica como função de *hash*. Por exemplo, poderíamos definir

$$h(k) = \text{SHA-256}(k) \bmod m \ .$$

Para definir uma classe dessas funções de *hash*, pode-se inserir uma *string* de "sal" a à entrada antes que o *hashing* seja feito, como em

$$h_a(k) = \text{SHA-256}(a \parallel k) \bmod m \ ,$$

em que $a \parallel k$ indica a *string* formada pela concatenação das *strings* a e k. A literatura sobre códigos de autenticação de mensagens (MACs, do inglês *message authentication codes*) oferece outras abordagens.

As abordagens criptográficas para o projeto de funções de *hash* estão se tornando mais práticas à medida que os computadores organizam suas memórias em hierarquias com diferentes capacidades e velocidades. A Seção 11.5 discute um projeto de função de *hash* baseado no método de criptografia RC6.

Exercícios

11.3-1

Suponha que desejemos buscar em uma lista encadeada de comprimento n, onde cada elemento contém uma chave k juntamente com um valor de *hash* $h(k)$. Cada chave é uma *string* de caracteres longa. Como poderíamos tirar proveito dos valores de *hash* ao procurarmos na lista um elemento com uma chave específica?

11.3-2

Suponha que aplicamos *hash* a uma cadeia de r caracteres em m posições, tratando-a como um número de base 128, depois usando o método de divisão. Podemos representar facilmente o número m como uma palavra de computador de 32 *bits*, mas a *string* de r caracteres, tratada como um número de base 128, ocupa muitas palavras. Como podemos aplicar o método de divisão para calcular o valor *hash* da cadeia de caracteres sem usar mais do que um número constante de palavras de armazenamento fora da própria *string*?

11.3-3

Considere uma versão do método de divisão, na qual $h(k) = k \bmod m$, em que $m = 2^p - 1$ e k é uma cadeia de caracteres interpretada em base 2^p. Mostre que, se pudermos derivar a cadeia x da cadeia y por permutação de seus caracteres, o *hash* aplicado a x e y resultará no mesmo valor para ambos. Dê exemplo de uma aplicação na qual essa propriedade seria indesejável em uma função de *hash*.

11.3-4

Considere uma tabela de espalhamento de tamanho $m = 1.000$ e uma função de *hash* correspondente $h(k)$ igual a $\lfloor m (k A \bmod 1) \rfloor$ para $A = (\sqrt{5} - 1)/2$. Calcule as localizações para as quais as chaves 61, 62, 63, 64 e 65 são mapeadas.

★ 11.3-5

Mostre que qualquer classe ϵ-universal $\mathcal{H}$ de funções de *hash* a partir de um conjunto finito U para um conjunto finito Q possui $\epsilon \geq 1/|Q| - 1/|U|$.

★ 11.3-6

Seja U o conjunto de d-tuplas de valores extraídos de $\mathbb{Z}_p$, e seja $Q = \mathbb{Z}_p$, em que p é um número primo. Defina a função de *hash* $h_b \colon U \to Q$ para $b \in \mathbb{Z}_p$ para uma d-tupla de entrada $\langle a_0, a_1, ..., a_{d-1} \rangle$ extraída de U por

$$h_b(\langle a_0, a_1, \ldots, a_{d-1} \rangle) = \left(\sum_{j=0}^{d-1} a_j b^j \right) \bmod p \ ,$$

e seja $\mathcal{H} = \{ h_b \colon b \in \mathbb{Z}_p \}$. Demonstre que $\mathcal{H}$ é ϵ-universal para $\epsilon = (d-1)/p$. (*Sugestão*: ver Exercício 31.4-4.)

11.4   Endereçamento aberto

Esta seção descreve o endereçamento aberto, um método para resolução de colisão que, diferentemente do encadeamento, não utiliza armazenamento fora da própria tabela de espalhamento. No ***endereçamento aberto***, todos os elementos ficam na própria tabela de espalhamento. Isto é, cada entrada da tabela contém um elemento do conjunto dinâmico ou NIL. Diferentemente do encadeamento, não existem nenhuma lista e nenhum elemento armazenado fora da tabela. Assim, no endereçamento aberto, a tabela de espalhamento pode "ficar cheia", de tal forma que nenhuma inserção adicional pode ser feita. Uma consequência é que o fator de carga α nunca pode exceder 1.

As colisões são tratadas da seguinte forma: quando um novo elemento deve ser inserido na tabela, ele é colocado em seu local de "primeira escolha", se possível. Se esse local já estiver ocupado, o novo elemento é colocado em seu local de "segunda escolha". O processo continua até que uma posição vazia seja encontrada para posicionar o novo elemento. Diferentes elementos têm diferentes ordens de preferência para os locais.

Para procurar um elemento, examine sistematicamente as posições de tabela preferidas para esse elemento, em ordem decrescente de preferência, até encontrar o elemento desejado ou encontrar uma posição vazia e, assim, verificar se o elemento não está na tabela.

É claro que poderíamos usar encadeamento e armazenar as listas encadeadas no interior da tabela de espalhamento, nas posições não utilizadas da tabela (ver Exercício 11.2-4), mas a vantagem do endereçamento aberto é que ele evita por completo os ponteiros. Em vez de seguirmos ponteiros, calculamos a sequência de posições a examinar. A memória liberada por não armazenarmos ponteiros fornece à tabela de espalhamento um número maior de posições para a mesma quantidade de memória, o que produz potencialmente menor número de colisões e recuperação mais rápida.

Para executar inserção usando endereçamento aberto, examinamos sucessivamente, ou ***sondamos***, a tabela de espalhamento até encontrar uma posição vazia para inserir a chave. Em vez de ser fixa na ordem 0, 1, ..., $m - 1$ (o que exige o tempo de busca $\Theta(n)$), a sequência de posições sondadas depende da chave que está sendo inserida. Para determinarmos quais serão as posições a sondar, estendemos a função de *hash* para incluir o número da sondagem (a partir de 0) como uma segunda entrada. Assim, a função de *hash* se torna

$$h : U \times \{0, 1, \ldots, m-1\} \to \{0, 1, \ldots, m-1\} \ .$$

Com endereçamento aberto, exigimos que, para toda chave k, a ***sequência de sondagem*** $\langle h(k, 0), h(k, 1), ...,$ $h(k, m-1)\rangle$ seja uma permutação de $\langle 0, 1, ..., m-1\rangle$, de modo que toda posição da tabela de espalhamento seja eventualmente considerada uma posição para uma nova chave, à medida que a tabela é preenchida. O procedimento INSERE-HASH, a seguir, pressupõe que os elementos na tabela de espalhamento T são chaves sem informações satélites; a chave k é idêntica ao elemento que contém a chave k. Cada posição conterá uma chave ou NIL (se a posição estiver vazia). O procedimento INSERE-HASH tem como entrada uma tabela de espalhamento T e uma chave k, considerada como não estando presente na tabela de espalhamento. Ele retorna o número da posição onde armazena a chave k ou sinaliza um erro porque a tabela de espalhamento já está cheia.

```
INSERE-HASH(T, k)
1   i = 0
2   repeat
3       q = h(k, i)
4       if T[q] == NIL
5           T[q] = k
6           return q
7       else i = i + 1
8   until i == m
9   error "estouro da tabela de espalhamento"


BUSCA-HASH(T, k)
1   i = 0
2   repeat
3       q = h(k, i)
4       if T[q] == k
5           return q
6       i = i + 1
7   until T[q] == NIL ou i == m
8   return NIL
```

O algoritmo que procura a chave k sonda a mesma sequência de posições que o algoritmo de inserção examinou quando a chave k foi inserida. Portanto, a busca pode terminar (sem sucesso) quando encontra uma posição vazia, já que k teria sido inserido ali e não mais adiante em sua sequência de sondagem. O procedimento BUSCA-HASH tem como entrada uma tabela de espalhamento T e uma chave k, e retorna q se verificar que a posição q contém a chave k, ou NIL se a chave k não estiver presente na tabela T.

Eliminar algo em uma tabela de espalhamento de endereço aberto é difícil. Quando eliminamos uma chave da posição q, seria um erro marcar essa posição como vazia, simplesmente armazenando NIL nela. Se fizéssemos isso, poderíamos não conseguir recuperar nenhuma chave k em cuja inserção tivéssemos sondado a posição q e verificado que ela estava ocupada. Podemos resolver esse problema marcando a posição, armazenando nela o valor especial DELETED em vez de NIL. Então, o procedimento INSERE-HASH precisa tratar essa posição como vazia, de modo que possa inserir nela uma nova chave. O procedimento BUSCA-HASH passará sobre os valores DELETED enquanto estiver pesquisando, pois as posições contendo DELETED foram preenchidas quando se inseriu a chave que está sendo procurada. Entretanto, quando usamos o valor especial DELETED, os tempos de busca não dependem mais do fator de carga α, e, por essa razão, o encadeamento é mais comumente selecionado como uma técnica de resolução de colisões quando precisamos eliminar chaves. Existe um caso especial simples de endereçamento aberto, a sondagem linear, que evita a necessidade de marcar posições como DELETED. A Seção 11.5.1 mostra como eliminar uma chave de uma tabela de espalhamento quando se usa a sondagem linear.

Em nossa análise, consideramos o ***hashing de permutação uniforme independente*** (também conhecido como ***hashing uniforme*** na literatura): a sequência de sondagem de cada chave tem igual probabilidade de ser qualquer uma das $m!$ permutações de $\langle 0, 1, ..., m-1\rangle$. O *hashing* de permutação uniforme independente generaliza a noção de *hashing* uniforme independente, definida anteriormente, para uma função de *hash* que produz não apenas um número único, mas toda uma sequência de sondagem. Contudo, o verdadeiro *hashing* de permutação uniforme independente é difícil de implementar e, na prática, são usadas aproximações adequadas (como o *hashing* duplo, definido a seguir).

Examinaremos tanto o *hashing* duplo quanto seu caso especial, a sondagem linear. Essas técnicas garantem que $\langle h(k, 0), h(k, 1), ..., h(k, m-1) \rangle$ é uma permutação de $\langle 0, 1, ..., m-1 \rangle$ para cada chave k. (Lembre-se de que o segundo parâmetro para a função de *hash* h é o número da sondagem.) Nem o *hashing* duplo nem a sondagem linear cumprem a suposição do *hashing* de permutação uniforme independente. O *hashing* duplo não consegue gerar mais de m^2 sequências de sondagem diferentes (em vez das $m!$ que o *hashing* de permutação uniforme independente exige). Apesar disso, o *hashing* duplo tem o maior número de sequências de sondagem possíveis e, como seria de esperar, parece dar bons resultados. A sondagem linear é ainda mais restrita, capaz de gerar somente m sequências de sondagem diferentes.

Hashing duplo

O *hashing* duplo oferece um dos melhores métodos disponíveis para endereçamento aberto, porque as permutações produzidas têm muitas das características de permutações escolhidas aleatoriamente. O ***hashing* duplo** usa uma função de *hash* da forma

$$h(k, i) = (h_1(k) + i h_2(k)) \bmod m \, ,$$

em que h_1 e h_2 são *funções de* **hash** *auxiliares*. A sondagem inicial vai à posição $T[h_1(k)]$, e posições de sondagem sucessivas são deslocadas com relação às posições anteriores pela quantidade $h_2(k)$, módulo m. Assim, aqui a sequência de sondagem depende da chave k de duas maneiras, já que a posição inicial de sondagem $h_1(k)$, o tamanho da etapa $h_2(k)$, ou ambos, podem variar. A Figura 11.5 dá um exemplo de inserção por *hashing* duplo.

Para que a tabela de espalhamento inteira seja examinada, o valor $h_2(k)$ e o tamanho m da tabela de espalhamento devem ser primos entre si (ver Exercício 11.4-5). Uma forma conveniente de assegurar essa condição é que m seja uma potência exata de 2 e projetar h_2 de modo que sempre retorne um número ímpar. Outra maneira é que m seja primo e projetar h_2 de modo que sempre retorne um inteiro positivo menor que m. Por exemplo, poderíamos escolher m primo e fazer

$$h_1(k) = k \bmod m \, ,$$
$$h_2(k) = 1 + (k \bmod m') \, ,$$

em que o valor de m' escolhido é ligeiramente menor que m (digamos, $m-1$). Por exemplo, se $k = 123456$, $m = 701$ e $m' = 700$, temos $h_1(k) = 80$ e $h_2(k) = 257$; assim, primeiro sondamos a posição 80 e depois examinamos cada 257-ésima posição (módulo m) até encontrarmos a chave ou termos examinado todas as posições.

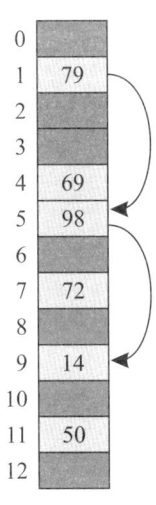

Figura 11.5 Inserção por *hashing* duplo. Aqui, temos uma tabela de espalhamento de tamanho 13 com $h_1(k) = k \bmod 13$ e $h_2(k) = 1 + (k \bmod 11)$. Como $14 \equiv 1 \pmod{13}$ e $14 \equiv 3 \pmod 1$, inserimos a chave 14 na posição vazia 9, após examinarmos as posições 1 e 5 e verificarmos que elas já estão ocupadas.

Embora, em princípio, outros valores de m que não sejam primos nem potências de 2 possam ser utilizados com *hashing* duplo, na prática torna-se mais difícil gerar $h_2(k)$ eficientemente (além de escolher $h_2(k) = 1$, que oferece sondagem linear) de um modo que garanta que esse valor e m são primos entre si, em parte porque a densidade relativa $\varphi(m) / m$ de tais números pode ser pequena (ver Equação (31.25), no Capítulo 31).

Quando m é primo ou uma potência exata de 2, o *hashing* duplo produz $\Theta(m^2)$ sequências de sondagem, já que cada par $(h_1(k), h_2(k))$ possível gera uma sequência de sondagem distinta. O resultado é que, para tais valores de m, o desempenho do *hashing* duplo parece ficar bem próximo do esquema "ideal" do *hashing* de permutação uniforme independente.

Sondagem linear

A *sondagem linear*, um caso especial de *hashing* duplo, é a abordagem de endereçamento aberto mais simples para resolver colisões. Assim como no *hashing* duplo, uma função de *hash* auxiliar h_1 determina a primeira posição de sondagem $h_1(k)$ para a inserção de um elemento. Se a posição $T[h_1(k)]$ já estiver ocupada, sondamos a próxima posição $T[h_1(k) + 1]$. Continue enquanto for necessário, até a posição $T[m - 1]$, e depois retorne às posições $T[0]$, $T[1]$ e assim por diante, mas nunca ultrapassando a posição $T[h_1(k) - 1]$. Para ver a sondagem linear como um caso especial de *hashing* duplo, basta definir a função de passo do *hashing* duplo, h_2, para que seja fixada em 1: $h_2(k) = 1$ para todo k. Isto é, a função de *hash* é

$$h(k, i) = (h_1(k) + i) \bmod m \tag{11.6}$$

para $i = 0, 1, ..., m - 1$. O valor de $h_1(k)$ determina a sequência de sondagem inteira, e considerando que $h_1(k)$ pode assumir qualquer valor em $\{0, 1, ..., m - 1\}$, a sondagem linear só permite m sequências de sondagem distintas.

Vamos retornar à sondagem linear na Seção 11.5.1.

Análise de *hashing* de endereço aberto

Como fizemos na análise do encadeamento, na Seção 11.2, expressamos nossa análise do endereçamento aberto em termos do fator de carga $\alpha = n/m$ da tabela de espalhamento. Com o endereçamento aberto, no máximo um elemento ocupa cada posição, e com isso $n \le m$, implicando $\alpha \le 1$. A análise a seguir exige que α seja estritamente menor que 1, e assim supomos que pelo menos uma posição está vazia. Visto que a remoção a partir de uma tabela de espalhamento de endereço aberto não libera realmente uma posição, podemos supor também que não existem eliminações.

Para a função de *hash*, supomos que estamos usando *hashing* de permutação uniforme independente. Nesse esquema idealizado, a sequência de sondagem $\langle h(k, 0), h(k, 1), ..., h(k, m - 1) \rangle$ usada para inserir ou procurar cada chave k tem igual probabilidade de ser qualquer permutação de $\langle 0, 1, ..., m - 1 \rangle$. É claro que determinada chave tem uma sequência de sondagem fixa e única associada a ela. O que queremos dizer é que, considerando a distribuição de probabilidades no espaço de chaves e a operação da função de *hash* sobre as chaves, cada sequência de sondagem possível é igualmente provável.

Agora, analisamos o número esperado de sondagens para *hashing* com endereçamento aberto, adotando a premissa do *hashing* de permutação uniforme independente, começando com uma análise do número esperado de sondagens realizadas em uma busca malsucedida (supondo, como já foi dito, que $\alpha < 1$).

O limite provado, de $1/(1 - \alpha) = 1 + \alpha + \alpha^2 + \alpha^3 + ...$, tem uma interpretação intuitiva. A primeira sondagem sempre acontece. Com probabilidade aproximada de α, a primeira sondagem encontra uma posição ocupada, de modo que acontece uma segunda sondagem. Com probabilidade aproximada de α^2, as duas primeiras posições estão ocupadas, de modo que ocorre uma terceira sondagem, e assim por diante.

Teorema 11.6

Dada uma tabela de espalhamento de endereço aberto com fator de carga $\alpha = n/m < 1$, o número esperado de sondagens em uma busca malsucedida é no máximo $1/(1 - \alpha)$, supondo *hashing* de permutação uniforme independente e nenhuma remoção.

Prova   Em uma busca malsucedida, toda sondagem exceto a última acessa uma posição ocupada que não contém a chave desejada, e a última posição sondada está vazia. Vamos definir a variável aleatória X como o número de sondagens executadas em uma busca malsucedida, e também definir o evento A_i, para $i = 1, 2, ...,$ como o evento em que ocorre uma i-ésima sondagem e ela é para uma posição ocupada. Então, o evento $\{X \geq i\}$ é a interseção dos eventos $A_1 \cap A_2 \cap ... \cap A_{i-1}$. Limitaremos $\Pr\{X \geq i\}$ limitando $\Pr\{A_1 \cap A_2 \cap ... \cap A_{i-1}\}$. Pelo Exercício C.2-5, no Apêndice C,

$$\Pr\{A_1 \cap A_2 \cap \cdots \cap A_{i-1}\} = \Pr\{A_1\} \cdot \Pr\{A_2 \mid A_1\} \cdot \Pr\{A_3 \mid A_1 \cap A_2\} \cdots$$
$$\Pr\{A_{i-1} \mid A_1 \cap A_2 \cap \cdots \cap A_{i-2}\}.$$

Visto que há n elementos e m posições, $\Pr\{A_1\} = n/m$. Para $j > 1$, a probabilidade de existir uma j-ésima sondagem e ela ser para uma posição ocupada, dado que as primeiras $j-1$ sondagens foram para posições ocupadas, é $(n - j + 1)/(m - j + 1)$. Essa probabilidade decorre porque estaríamos encontrando um dos $(n - (j - 1))$ elementos restantes em uma das $(m - (j - 1))$ posições não examinadas e, pela premissa do *hashing* de permutação uniforme independente, a probabilidade é a razão entre essas quantidades. Observando que $n < m$ implica $(n - j)/(m - j) \leq n/m$ para todo j tal que $0 \leq j < m$, para todo i no intervalo $1 \leq i \leq m$, temos

$$\Pr\{X \geq i\} = \frac{n}{m} \cdot \frac{n-1}{m-1} \cdot \frac{n-2}{m-2} \cdots \frac{n-i+2}{m-i+2}$$
$$\leq \left(\frac{n}{m}\right)^{i-1}$$
$$= \alpha^{i-1}.$$

O produto na primeira linha tem $i - 1$ fatores. Quando $i = 1$, o produto é 1, a identidade para multiplicação, e obtemos $\Pr\{X \geq 1\} = 1$, o que faz sentido, pois deve haver pelo menos uma sondagem. Se cada uma das primeiras n sondagens for para uma posição ocupada, então todas as posições ocupadas terão sido sondadas. Então, a $(n + 1)$-ésima sondagem deverá ser para uma posição vaga, o que resulta em $\Pr\{X \geq i\} = 0$ para $i > n + 1$. Agora, usamos a Equação (C.28), no Apêndice C, para limitar o número esperado de sondagens:

$$E[X] = \sum_{i=1}^{\infty} \Pr\{X \geq i\}$$
$$= \sum_{i=1}^{n+1} \Pr\{X \geq i\} + \sum_{i>n+1} \Pr\{X \geq i\}$$
$$\leq \sum_{i=1}^{\infty} \alpha^{i-1} + 0$$
$$= \sum_{i=0}^{\infty} \alpha^{i}$$
$$= \frac{1}{1-\alpha} \qquad \text{(pela Equação (A.7), no Apêndice A, porque } 0 < \alpha < 1).} \qquad \blacksquare$$

Se α é uma constante, o Teorema 11.6 prevê que uma busca malsucedida é executada no tempo $O(1)$. Por exemplo, se a tabela de espalhamento estiver cheia até a metade, o número médio de sondagens em uma busca malsucedida é no máximo $1/(1 - 0,5) = 2$. Se ela estiver 90% cheia, o número médio de sondagens será no máximo $1/(1 - 0,9) = 10$.

O Teorema 11.6 nos dá o desempenho do   procedimento INSERE-HASH quase imediatamente.

Corolário 11.7

Inserir um elemento em uma tabela de espalhamento de endereço aberto com fator de carga α, em que $\alpha < 1$, exige no máximo $1/(1 - \alpha)$ sondagens, em média, considerando o *hashing* de permutação uniforme independente e nenhuma remoção.

Prova Um elemento é inserido somente se houver espaço na tabela e, portanto, $\alpha < 1$. Inserir uma chave requer uma busca malsucedida seguida pela colocação da chave na primeira posição vazia encontrada. Assim, o número esperado de sondagens é, no máximo, $1/(1 - \alpha)$.   ∎

Temos de trabalhar um pouco mais para calcularmos o número esperado de sondagens para uma busca bem-sucedida.

Teorema 11.8

Dada uma tabela de espalhamento de endereço aberto com fator de carga $\alpha < 1$, o número esperado de sondagens em uma busca bem-sucedida é, no máximo,

$$\frac{1}{\alpha} \ln \frac{1}{1 - \alpha},$$

considerando o *hashing* de permutação uniforme independente sem remoção e supondo também que cada chave na tabela tem igual probabilidade de ser procurada.

Prova A busca de uma chave k reproduz a mesma sequência de sondagem que foi seguida na inserção do elemento com chave k. Se k foi a $(i + 1)$-ésima chave inserida na tabela de espalhamento, então o fator de carga no momento em que ela foi inserida era i/m e, portanto, pelo Corolário 11.7, o número esperado de sondagens efetuadas em uma busca de k é no máximo $1/(1 - i/m) = m/(m - i)$. O cálculo da média para todas as n chaves na tabela de espalhamento nos dá o número esperado de sondagens em uma busca bem-sucedida:

$$\begin{aligned}
\frac{1}{n} \sum_{i=0}^{n-1} \frac{m}{m-i} &= \frac{m}{n} \sum_{i=0}^{n-1} \frac{1}{m-i} \\
&= \frac{1}{\alpha} \sum_{k=m-n+1}^{m} \frac{1}{k} \\
&\leq \frac{1}{\alpha} \int_{m-n}^{m} \frac{1}{x} \, dx \qquad \text{(pela inequação (A.19), no Apêndice A)} \\
&= \frac{1}{\alpha} (\ln m - \ln(m - n)) \\
&= \frac{1}{\alpha} \ln \frac{m}{m-n} \\
&= \frac{1}{\alpha} \ln \frac{1}{1 - \alpha} \, .
\end{aligned}$$

∎

Se a tabela de espalhamento estiver cheia até a metade, o número esperado de sondagens em uma busca bem-sucedida será menor que 1,387. Se a tabela de espalhamento estiver 90% cheia, o número esperado de sondagens será menor que 2,559. Se $\alpha = 1$, então, em uma busca malsucedida, todas as m posições deverão ser sondadas. O Exercício 11.4-4 pede que você analise uma busca bem-sucedida quando $\alpha = 1$.

Exercícios

11.4-1
Considere a inserção das chaves 10, 22, 31, 4, 15, 28, 17, 88, 59 em uma tabela de espalhamento de comprimento $m = 11$ usando endereçamento aberto. Ilustre o resultado da inserção dessas chaves utilizando sondagem linear com $h(k, i) = (k + i) \bmod m$ e utilizando *hashing* duplo com $h_1(k) = k \bmod m$ e $h_2(k) = 1 + (k \bmod (m - 1))$.

11.4-2
Escreva o pseudocódigo para REMOVE-HASH que preencha a posição da chave eliminada com o valor especial DELETED, e modifique BUSCA-HASH como for preciso para lidar com DELETED.

11.4-3

Considere uma tabela de espalhamento de endereço aberto com *hashing* de permutação uniforme independente sem remoção. Dê limites superiores para o número esperado de sondagens em uma busca malsucedida e para o número de sondagens em uma busca bem-sucedida quando o fator de carga for 3/4 e quando for 7/8.

11.4-4

Mostre que o número esperado de sondagens exigidas para uma busca bem-sucedida quando $\alpha = 1$ (ou seja, quando $n = m$) é H_m, o m-ésimo número harmônico.

★ *11.4-5*

Mostre que, com o *hashing* duplo, se m e $h_2(k)$ têm máximo divisor comum $d \geq 1$ para alguma chave k, então uma busca malsucedida para a chave k examina $(1/d)$-ésimo da tabela de espalhamento antes de retornar à posição $h_1(k)$. Assim, quando $d = 1$, de modo que m e $h_2(k)$ são primos entre si, a busca pode examinar a tabela de espalhamento inteira. (*Sugestão:* ver Capítulo 31.)

★ *11.4-6*

Considere uma tabela de espalhamento de endereço aberto com um fator de carga α. Encontre o valor não zero α para o qual o número esperado de sondagens em uma busca malsucedida é igual a duas vezes o número esperado de sondagens em uma busca bem-sucedida. Use os limites superiores dados pelos Teoremas 11.6 e 11.8 para esses números esperados de sondagens.

11.5 Considerações práticas

Algoritmos eficientes de tabela de espalhamento não são apenas de interesse teórico, mas também de imensa importância prática. Fatores constantes podem importar. Por esse motivo, esta seção discute dois aspectos das CPUs modernas que não estão incluídos no modelo-padrão de RAM apresentado na Seção 2.2:

Hierarquias de memória: nas CPUs modernas, a memória possui vários níveis, desde os registradores velozes, passando por um ou mais níveis de ***memória* cache**, até o nível da memória principal. Cada nível sucessivo armazena mais dados do que o nível anterior, porém o acesso é mais lento. Como consequência, uma computação complexa (como uma função de *hash* complicada) que funciona inteiramente dentro dos registradores rápidos pode levar menos tempo do que uma única operação de leitura da memória principal. Além disso, a memória cache é organizada em **blocos de cache** de (digamos) 64 *bytes* cada, que são sempre buscados juntos na memória principal. Há um benefício substancial para garantir que o uso da memória seja local: reutilizar o mesmo bloco de cache é muito mais eficiente do que buscar um bloco de cache diferente da memória principal. O modelo-padrão de RAM mede a eficiência de uma operação de tabela de espalhamento contando o número de posições testadas da tabela de espalhamento. Na prática, essa métrica é apenas uma aproximação bruta da verdade, pois, uma vez que um bloco de cache está no cache, testes sucessivos para esse bloco são muito mais rápidos do que os testes que precisam acessar a memória principal.

Conjuntos de instruções avançados: CPUs modernas podem ter conjuntos de instruções sofisticados, que implementam primitivas avançadas úteis para criptografia ou outras formas de criptografia. Essas instruções podem ser úteis no projeto de funções de *hash* excepcionalmente eficientes.

A Seção 11.5.1 discute a sondagem linear, que se torna o método de resolução de colisão preferido na presença de uma hierarquia de memória. A Seção 11.5.2 sugere como construir funções de *hash* "avançadas", baseadas em primitivas criptográficas, adequadas para uso em computadores com modelos hierárquicos de memória.

11.5.1 Sondagem linear

A sondagem linear é muitas vezes menosprezada em função de seu baixo desempenho no modelo-padrão de RAM. Mas a sondagem linear é excelente para modelos hierárquicos de memória, já que as sondagens sucessivas geralmente são para o mesmo bloco de memória cache.

Remoção com sondagem linear

Outro motivo pelo qual a sondagem linear muitas vezes não é usada na prática é que a remoção parece complicada ou impossível sem usar o valor especial DELETED. No entanto, veremos agora que a remoção de uma tabela de espalhamento baseada em sondagem linear não é tão difícil, mesmo sem o marcador DELETED. O procedimento de remoção funciona para sondagem linear mas não para sondagem de endereço aberto geralmente porque, com chaves de sondagem linear, todas seguem a mesma sequência de sondagem cíclica simples (embora com diferentes pontos de partida).

O procedimento de remoção depende de uma função "inversa" à função de *hash* de sondagem linear $h(k, i) = (h_1(k) + i) \bmod m$, que mapeia uma chave k e um número de sondagem i a um número de posição na tabela de espalhamento. A função inversa g mapeia uma chave k e um número de posição q, em que $0 \le q < m$, ao número da sondagem que atinge a posição q:

$$g(k, q) = (q - h_1(k)) \bmod m.$$

Se $h(k, i) = q$, então $g(k, q) = i$, e, assim, $h(k, g(k, q)) = q$.

O procedimento REMOVE-HASH-SONDAGEM-LINEAR a seguir remove a chave armazenada na posição q da tabela de espalhamento T. A Figura 11.6 mostra como isso funciona. Primeiro, o procedimento remove a chave na posição q definindo $T[q]$ como NIL na linha 2. Em seguida, ele procura uma posição q' (se houver) que contenha uma chave que deva ser movida para a posição q recém-desocupada pela chave k. A linha 9 faz a pergunta crítica: a chave k' na posição q' precisa ser movida para a posição vaga q para preservar a acessibilidade de k'? Se $g(k', q) < g(k', q')$, então, durante a inserção de k' na tabela, a posição q foi examinada, mas descobriu-se que já estava ocupada. Mas agora a posição q, onde uma busca procurará por k', está vazia. Nesse caso, a chave k' se move para a posição q na linha 10 e a busca continua, para ver se alguma chave posterior também precisa ser movida para a posição q' que acabou de ser liberada quando k' foi movido.

REMOVE-HASH-SONDAGEM-LINEAR(T, q)

```
 1  while VERDADE
 2      T[q] = NIL                      // esvazia a posição q
 3      q' = q                          // ponto de partida para a busca
 4      repeat
 5          q' = (q' + 1) mod m         // próxima posição com sondagem linear
 6          k' = T[q']                  // próxima chave a tentar mover
 7          if k' == NIL
 8              return                  // retorna quando acha posição vazia
 9      until g(k', q) < g(k', q')      // posição vazia q foi sondada antes de q'?
10      T[q] = k'                       // move k' para a posição q
11      q = q'                          // libera posição q'
```

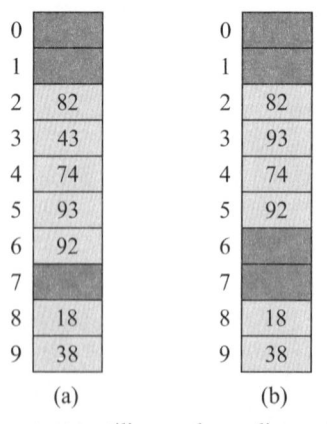

(a)   (b)

Figura 11.6 Remoção em uma tabela de espalhamento que utiliza sondagem linear. A tabela de espalhamento possui tamanho 10 com $h_1(k) = k \bmod 10$. (**a**) Tabela de espalhamento após a inserção de chaves na ordem 74, 43, 93, 18, 82, 38, 92. (**b**) Tabela de espalhamento após a remoção da chave 43 da posição 3. A chave 93 sobe para a posição 3, para mantê-la acessível, e depois a chave 92 move-se para a posição 5, que acabou de ficar vaga pela chave 93. Nenhuma outra chave precisa ser movida.

Análise da sondagem linear

A sondagem linear é uma implementação popular, mas apresenta um fenômeno conhecido como **agrupamento primário**. Longos trechos de posições ocupadas se acumulam, aumentando o tempo médio de busca. Os agrupamentos surgem porque uma posição vazia precedida por i posições ocupadas é preenchida em seguida com probabilidade $(i + 1)/m$. Longos trechos de posições ocupadas costumam ficar mais longos, e o tempo médio de busca aumenta.

No modelo-padrão de RAM, o agrupamento primário é um problema, e o *hashing* duplo geral normalmente tem desempenho melhor do que a sondagem linear. Por outro lado, em um modelo hierárquico de memória, o agrupamento primário é uma propriedade benéfica, pois os elementos geralmente são armazenados juntos no mesmo bloco de cache. A pesquisa prossegue por meio de um bloco de cache antes de avançar para pesquisar o próximo bloco. Com a sondagem linear, o tempo de execução para uma chave k de INSERE-HASH, BUSCA-HASH ou REMOVE-HASH-SONDAGEM-LINEAR é no máximo proporcional à distância de $h_1(k)$ até a próxima posição vazia.

O teorema a seguir é creditado a Pagh *et al.* [351]. Uma prova mais recente é dada por Thorup [438]. Aqui, omitimos a prova. A necessidade da 5-independência não é óbvia; consulte as provas citadas.

Teorema 11.9

Se h_1 é 5-independente e $\alpha \leq 2/3$, então leva um tempo constante esperado para buscar, inserir ou remover uma chave em uma tabela de espalhamento utilizando a sondagem linear.   ■

(De fato, o tempo de operação esperado é $O(1/\epsilon^2)$ para $\alpha = 1 - \epsilon$.)

★ 11.5.2   Funções de *hash* para modelos hierárquicos de memória

Esta seção ilustra uma abordagem para o projeto de tabelas de espalhamento eficientes em um sistema de computador moderno com hierarquia de memória.

Em face da hierarquia de memória, a sondagem linear é uma boa opção para resolver colisões, já que as sequências de sondagem são sequenciais e costumam permanecer dentro dos blocos de cache. Mas a sondagem linear é mais eficiente quando a função de *hash* é complexa (por exemplo, 5-independente, como no Teorema 11.9). Felizmente, ter uma hierarquia de memória significa que funções de *hash* complexas podem ser implementadas com eficiência.

Conforme observado na Seção 11.3.5, uma abordagem é usar uma função de *hash* criptográfica, como SHA-256. Essas funções são complexas e suficientemente aleatórias para aplicações de tabela de espalhamento. Em máquinas com instruções especializadas, as funções criptográficas podem ser bastante eficientes.

Em vez disso, apresentamos aqui uma função de *hash* simples, baseada apenas em adição, multiplicação e troca de metades de uma palavra. Esta função pode ser totalmente implementada dentro dos registradores rápidos e, em uma máquina com hierarquia de memória, sua latência é pequena em comparação com o tempo gasto para acessar uma posição aleatória da tabela de espalhamento. Ela está relacionada com o algoritmo de criptografia RC6 e, para fins práticos, pode ser considerada um "oráculo aleatório".

Função de *hash* minúscula

Seja w o tamanho de palavra da máquina (por exemplo, $w = 64$), considerado par, e sejam a e b inteiros (não negativos) sem sinal com w bits, tais que a é ímpar. Seja swap(x) o resultado com w bits da troca das duas metades de $w/2$ *bits* da entrada x com w *bits*. Isto é,

$$\text{swap}(x) = (x \ggg (w/2)) + (x \lll (w/2))$$

em que "$\ggg$" é o "deslocamento lógico à direita" (como na Equação (11.2)) e "$\lll$" é o "deslocamento à esquerda." Definimos

$$f_a(k) = \text{swap}((2k^2 + ak) \bmod 2^w) .$$

Assim, para calcular $f_a(k)$, calcule a função quadrática $2k^2 + ak$ módulo 2^w e, então, troque as metades esquerda e direita do resultado.

Seja r um número desejado de "rodadas" para o cálculo da função de *hash*. Usaremos $r = 4$, mas a função de *hash* estará bem definida com qualquer r não negativo. Indique por $f_a^{(r)}(k)$ o resultado da iteração de f_a em um total de r vezes (ou seja, em r rodadas), começando com o valor de entrada k. Para qualquer a ímpar e qualquer $r \geq 0$, a função $f_a^{(r)}$, embora complicada, é um para um (ver Exercício 11.5-1). Um criptógrafo veria $f_a^{(r)}$ como uma cifra de bloco simples operando sobre blocos de entrada de w bits, com r rodadas e chave a.

Primeiro, definimos a função de *hash* minúscula h para entradas curtas, em que "curtas" significa dizer "cujo comprimento t é no máximo w *bits*", de modo que a entrada caiba em uma palavra de computador. Gostaríamos que entradas de diferentes comprimentos passassem por um *hash* de formas diferentes. A **função de hash minúscula** $h_{a,b,t,r}(k)$ para os parâmetros a, b e r na entrada k de t *bits* é definida como

$$h_{a,b,t,r}(k) = \left(f_{a+2t}^{(r)}(k + b) \right) \bmod m . \tag{11.7}$$

Ou seja, o valor de *hash* para a entrada k de t *bits* é obtido aplicando $f_{a+2t}^{(r)}$ a $k + b$, depois obtendo o resultado final módulo m. A soma do valor b fornece aleatorização dependente do *hash* para a entrada, de modo a garantir que, para entradas de comprimento variável, a entrada de comprimento 0 não tenha um valor de *hash* fixo. Somar o valor $2t$ a a garante que a função de *hash* atue de maneira diferente para entradas de comprimentos diferentes. (Usamos $2t$ em vez de t para garantir que a chave $a + 2t$ seja ímpar se a for ímpar.) Chamamos essa função de *hash* de "minúscula" porque ela usa uma pequena quantidade de memória — mais precisamente, ela pode ser implementada de modo eficiente usando apenas os velozes registradores do computador. (Essa função de *hash* não tem nome na literatura; é uma variante que desenvolvemos para este livro.)

Velocidade da função de *hash* minúscula

É surpreendente a forma como a localidade pode gerar eficiência. Experimentos dos autores (não publicados) sugerem que avaliar a função de *hash* minúscula leva menos tempo do que sondar uma única posição escolhida aleatoriamente em uma tabela de espalhamento. Esses experimentos foram executados em um *laptop* (MacBook Pro de 2019) com $w = 64$ e $a = 123$. Para tabelas de espalhamento grandes, a avaliação da função de *hash* minúscula foi de 2 a 10 vezes mais rápida do que em uma única sondagem da tabela de espalhamento.

Função de *hash* minúscula para entradas de tamanho variável

Eventualmente, as entradas são longas — mais de uma palavra com w *bits* de comprimento — ou têm comprimento variável, conforme discutimos na Seção 11.3.5. Podemos estender a função de *hash* minúscula, definida antes para entradas que tenham no máximo uma palavra de w *bits* de comprimento, para lidar com entradas longas ou de comprimento variável. Aqui está um método para fazer isso.

Suponha que uma entrada k tenha comprimento t (medido em *bits*). Divida k em uma sequência $\langle k_1, k_2, ..., k_u \rangle$ de palavras de w *bits*, em que $u = \lceil t/w \rceil$, k_1 contém os w *bits* menos significativos de k, e k_u contém os *bits* mais significativos. Se t não for um múltiplo de w, então k_u contém menos que w *bits*, e nesse caso, preencha os *bits* de alta ordem não utilizados de k_u com *bits* 0. Defina a função *chop* para retornar uma sequência das palavras de w *bits* em k:

$$\text{chop}(k) = \langle k_1, k_2, \ldots, k_u \rangle .$$

A propriedade mais importante da operação *chop* é que ela é um para um, dado um valor de t: para duas chaves de t *bits* quaisquer k e k', se $k \neq k'$, então $\text{chop}(k) \neq \text{chop}(k')$, e k pode ser derivado a partir de $\text{chop}(k)$ e t. A operação *chop* também tem a propriedade útil pela qual uma chave de entrada com uma só palavra produz uma sequência de saída com uma única palavra: $\text{chop}(k) = \langle k \rangle$.

Com a função *chop* em mãos, especificamos a função de *hash* minúscula $h_{a,b,t,r}(k)$ para uma entrada k de comprimento t *bits* da seguinte forma:

$$h_{a,b,t,r}(k) = \textsc{Wee}\,(k, a, b, t, r, m),$$

em que o procedimento $\textsc{Wee}$ definido a seguir itera por meio dos elementos das palavras de w *bits* retornadas por $\text{chop}(k)$, aplicando $f_{a+2t}^{(r)}$ à soma da palavra atual k_i com o valor de *hash* calculado anteriormente até agora, retornando finalmente o resultado obtido módulo m. Esta definição para entradas de comprimento variável e longas (múltiplas palavras) é uma extensão consistente da definição na Equação (11.7) para entradas curtas (palavra única). Para uso prático, recomendamos que a seja uma palavra de w *bits* ímpar escolhida aleatoriamente, b seja uma palavra de w *bits* escolhida aleatoriamente e que $r = 4$.

Observe que a função de *hash* minúscula é, na realidade, uma classe de funções de *hash*, com funções de *hash* individuais determinadas pelos parâmetros a, b, t, r e m. A 5-independência (aproximada) da classe de funções de *hash* minúsculas para entradas de comprimento variável pode ser argumentada com base na suposição de que a função de *hash* minúscula de 1 palavra é um oráculo aleatório e na segurança do CBC-MAC (do inglês *cipher-block-chaining message authentication code*), conforme estudado por Bellare *et al.* [42]. O caso aqui é realmente mais simples do que o estudado na literatura, pois, se duas mensagens têm comprimentos t e t' diferentes, então suas "chaves" são diferentes: $a + 2t \neq a + 2t'$. Os detalhes foram omitidos aqui.

WEE(k, a, b, t, r, m)
1   $u = \lceil t/w \rceil$
2   $\langle k_1, k_2, ..., k_u \rangle = \text{chop}(k)$
3   $q = b$
4   **for** $i = 1$ **to** u
5       $q = f_{a+2t}^{(r)}(k_i + q)$
6   **return** $q \bmod m$

Esta definição de uma família de função de *hash* inspirada criptograficamente tem por finalidade ser realista, porém apenas ilustrativa, e muitas variações e melhorias são possíveis. Veja algumas sugestões nas notas ao final do capítulo.

Em suma, vemos que, quando o sistema de memória é hierárquico, torna-se vantajoso usar a sondagem linear (um caso especial de *hashing* duplo), pois sondagens sucessivas tendem a permanecer no mesmo bloco de cache. Além disso, as funções de *hash* que podem ser implementadas usando apenas os registradores rápidos do computador são excepcionalmente eficientes, de modo que podem ser bastante complexas e até inspiradas criptograficamente, fornecendo o alto grau de independência necessário para que a sondagem linear funcione com mais eficiência.

Exercícios

★ 11.5-1
Complete o argumento de que, para qualquer inteiro positivo ímpar a e qualquer inteiro $r \geq 0$, a função $f_a^{(r)}$ é um para um. Use uma prova por contradição e o fato de que a função f_a funciona módulo 2^w.

★ 11.5-2
Demonstre que um oráculo aleatório é 5-independente.

★ 11.5-3
Considere o que acontece com o valor $f_a^{(r)}(k)$ quando invertemos um único *bit* k_i do valor de entrada k, para diversos valores de r. Suponha que $k = \sum_{i=0}^{w-1} k_i 2^i$ e $g_a(k) = \sum_{j=0}^{w-1} b_j 2^j$ definam os valores de *bit* k_i na entrada (com k_0 sendo o *bit* menos significativo) e os valores de *bit* b_j em $g_a(k) = (2k^2 + ak) \bmod 2^w$ (em que $g_a(k)$ é o valor que, quando suas metades são trocadas, torna-se $f_a(k)$). Suponha que a inversão de um único *bit* k_i da entrada k possa fazer com que qualquer *bit* b_j de $g_a(k)$ seja invertido, para $j \geq i$. Qual é o menor valor de r para o qual a inversão do valor de qualquer *bit* isolado k_i possa causar a inversão de *qualquer bit* da saída $f_a^{(r)}(k)$? Explique sua resposta.

Problemas

11-1   *Limite para sondagem mais longa em* hashing

Suponha que usamos uma tabela de espalhamento de endereçamento aberto de tamanho m para armazenar $n \leq m/2$ itens.

a. Considerando o *hashing* de permutação uniforme independente, mostre que, para $i = 1, 2, ..., n$, a probabilidade de a i-ésima inserção exigir estritamente mais de p sondagens é, no máximo, 2^{-p}.

b. Mostre que, para $i = 1, 2, ..., n$, a probabilidade de a i-ésima inserção exigir mais de $2 \lg n$ sondagens é, no máximo, $O(1/n^2)$.

Seja X_i a variável aleatória que representa o número de sondagens exigidas pela i-ésima inserção. Você mostrou no item (b) que $\Pr\{X_i > 2 \lg n\} = O(1/n^2)$. Seja $X = \max \{X_i : 1 \le i \le n\}$ a variável aleatória que indica o número máximo de sondagens exigidas por quaisquer das n inserções.

c. Mostre que $\Pr\{X > 2 \lg n\} = O(1/n)$.

d. Mostre que o comprimento esperado $E[X]$ da sequência de sondagens mais longa é $O(\lg n)$.

11-2   Busca em um conjunto estático

É preciso implementar um conjunto pesquisável de n elementos em que as chaves são números. O conjunto é estático (não existem operações INSERE ou REMOVE) e a única operação necessária é BUSCA. Você recebe um tempo arbitrário para pré-processar os n elementos para que as operações BUSCA sejam executadas rapidamente.

a. Mostre como implementar BUSCA em um tempo $O(\lg n)$ no pior caso sem usar armazenamento extra além do que é necessário para armazenar os próprios elementos do conjunto.

b. Considere a implementação do conjunto por *hashing* de endereço aberto sobre m posições e suponha um *hash* de permutação uniforme independente. Qual é a quantidade mínima de armazenamento extra $m - n$ necessária para fazer com que o desempenho médio de uma operação BUSCA malsucedida seja pelo menos tão bom quanto o limite do item (a)? Sua resposta deve ser um limite assintótico em $m - n$ em termos de n.

11-3   Limite do tamanho por posição no caso de encadeamento

Suponha que temos uma tabela de espalhamento contendo n posições, com colisões resolvidas por encadeamento e que n chaves sejam inseridas na tabela. Cada chave tem igual probabilidade de ocupar cada posição, após a operação de *hash*. Seja M o número máximo de chaves em qualquer posição após todas as chaves terem sido inseridas. Sua missão é provar um limite superior $O(\lg n / \lg \lg n)$ para $E[M]$, o valor esperado de M.

a. Mostre que a probabilidade Q_k de ocorrer *hash* de exatamente k chaves para determinada posição é dada por

$$Q_k = \left(\frac{1}{n}\right)^k \left(1 - \frac{1}{n}\right)^{n-k} \binom{n}{k} .$$

b. Seja P_k a probabilidade de $M = k$, isto é, a probabilidade de a posição que contém o número máximo de chaves conter k chaves. Mostre que $P_k \le nQ_k$.

c. Mostre que $Q_k < e^k/k^k$. *Sugestão:* use a aproximação de Stirling, Equação (3.25), do Capítulo 3.

d. Mostre que existe uma constante $c > 1$ tal que $< 1/n^3$ para $k_0 = c \lg n / \lg \lg n$. Conclua que $P_k < 1/n^2$ para $k \ge k_0 = c \lg n / \lg \lg n$.

e. Prove que

$$E[M] \le \Pr\left\{ M > \frac{c \lg n}{\lg \lg n} \right\} \cdot n + \Pr\left\{ M \le \frac{c \lg n}{\lg \lg n} \right\} \cdot \frac{c \lg n}{\lg \lg n} .$$

Conclua que $E[M] = O(\lg n / \lg \lg n)$.

11-4   Hashing e autenticação

Seja $\mathcal{H}$ uma classe de funções de *hash* na qual cada função de *hash* $h \in \mathcal{H}$ mapeia o universo U de chaves para $\{0, 1, ..., m - 1\}$.

a. Mostre que, se a classe $\mathcal{H}$ de funções de *hash* é 2-independente, então ela é universal.

b. Suponha que o universo U seja o conjunto de n-tuplas de valores extraídos de $\mathbb{Z}_p = \{0, 1,... p - 1\}$, em que p é primo. Considere um elemento $x = \langle x_0, x_1, ..., x_{n-1} \rangle \in U$. Para qualquer n-tupla $a = \langle a_0, a_1, ..., a_{n-1} \rangle \in U$, defina a função de *hash* h_a por

$$h_a(x) = \left(\sum_{j=0}^{n-1} a_j x_j \right) \bmod p .$$

Seja $\mathcal{H} = \{h_a : a \in U\}$. Mostre que $\mathcal{H}$ é universal, mas não 2-independente. (*Sugestão:* encontre uma chave para a qual todas as funções de *hash* em $\mathcal{H}$ produzem o mesmo valor.)

c. Suponha que tenhamos modificado $\mathcal{H}$ ligeiramente com relação ao item (b): para qualquer $a \in U$ e para qualquer $b \in \mathbb{Z}_p$, defina

$$h'_{ab}(x) = \left(\sum_{j=0}^{n-1} a_j x_j + b \right) \bmod p$$

e $\mathcal{H} = \{h'_{ab} : a \in U \text{ e } b \in \mathbb{Z}_p\}$. Demonstre que $\mathcal{H}$ é 2-independente. (*Sugestão:* considere n-tuplas fixas $x \in U$ e $y \in U$, com $x_i \neq y_i$ para algum i. O que acontece com $h'_{ab}(x)$ e $h'_{ab}(y)$ à medida que a_i e b percorrem $\mathbb{Z}_p$?)

d. Suponha que Alice e Bob concordam secretamente com uma função de *hash* h de uma classe $\mathcal{H}$ 2-independente de funções de *hash*. Cada $h \in \mathcal{H}$ mapeia a partir de um universo de chaves U para $\mathbb{Z}_p$, em que p é primo. Mais tarde, Alice envia uma mensagem m a Bob pela internet, na qual $m \in U$. Ela autentica essa mensagem para Bob também enviando uma marca de autenticação $t = h(m)$, e Bob verifica se o par (m, t) que ele recebe satisfaz $t = h(m)$. Suponha que um adversário intercepte (m, t) em trânsito e tente enganar Bob substituindo o par (m, t) que recebeu por um par diferente (m', t'). Mostre que a probabilidade de o adversário conseguir enganar Bob e fazê-lo aceitar (m', t') é, no máximo, $1/p$, independentemente da capacidade de computação que o adversário tenha e até mesmo de o adversário conhecer a classe $\mathcal{H}$ de funções de *hash* usada.

Notas do capítulo

Os livros de Knuth [261] e Gonnet e Baeza-Yates[193] são excelentes referências para a análise de algoritmos de *hashing*. Knuth credita a H. P. Luhn (1953) a criação de tabelas de espalhamento, juntamente com o método de encadeamento para resolver colisões. Aproximadamente na mesma época, G. M. Amdahl apresentou a ideia do endereçamento aberto. A noção de um oráculo aleatório foi apresentada por Bellare *et al.* [43]. Carter e Wegman [80] apresentaram a noção de classes universais de funções de *hash* em 1979.

Dietzfelbinger *et al.* [113] inventaram a função de *hash* de multiplicação-deslocamento e apresentaram uma prova do Teorema 11.5. Thorup [437] fornece extensões e análises adicionais. Thorup [438] oferece uma prova simples de que a sondagem linear com *hashing* 5-independente leva um tempo esperado constante por operação. Thorup também descreve o método de remoção em uma tabela de espalhamento usando sondagem linear.

Fredman, Komlós e Szemerédi [154] desenvolveram o esquema de *hashing* perfeito para conjuntos estáticos — "perfeito", porque todas as colisões são evitadas. Uma extensão de seu método para conjuntos dinâmicos, tratamento de inserções e eliminações em tempo esperado amortizado $O(1)$ foi apresentada por Dietzfelbinger *et al.* [114].

A função de *hash* minúscula é baseada no algoritmo criptográfico RC6 [379]. Leiserson *et al.* [292] propuseram uma função "RC6MIX" que é basicamente a mesma função de *hash* minúscula. Eles mostraram evidência experimental de que ela possui boa aleatoriedade, e também apresentaram uma função "DOTMIX" para lidar com entradas de comprimento variável. Bellare *et al.* [42] oferecem uma análise da segurança do CBC-MAC. Essa análise implica que a função de *hash* minúscula possui as propriedades desejáveis de pseudoaleatoriedade.

12 Árvores Binárias de Busca

A estrutura de dados de árvore de busca suporta muitas operações de conjuntos dinâmicos, incluindo Busca, Mínimo, Máximo, Predecessor, Sucessor, Insere e Remove. Assim, uma árvore de busca pode ser usada como dicionário e também como uma fila de prioridades.

As operações básicas em uma árvore binária de busca demoram um tempo proporcional à altura da árvore. No caso de uma árvore binária completa com n nós, tais operações são executadas no tempo $\Theta(\lg n)$ do pior caso. Porém, se a árvore é uma cadeia linear de n nós, as mesmas operações demoram o tempo $\Theta(n)$ do pior caso. No Capítulo 13, veremos uma variação das árvores binárias de busca, as árvores rubro-negras, cujas operações garantem uma altura $O(\lg n)$. Não provaremos isso aqui, mas, se você montar uma árvore binária de busca sobre um conjunto aleatório de n chaves, sua altura esperada será $O(\lg n)$, mesmo que você não tente limitar sua altura.

Depois da apresentação das propriedades básicas de árvores binárias de busca, as próximas seções mostram como percorrer uma árvore binária de busca para imprimir seus valores em sequência ordenada, como procurar um valor em uma árvore binária de busca, como encontrar o elemento mínimo ou máximo, como encontrar o predecessor ou o sucessor de um elemento e como inserir ou remover elementos em uma árvore binária de busca. As propriedades matemáticas básicas das árvores são apresentadas no Apêndice B.

12.1 O que é uma árvore binária de busca?

Uma árvore binária de busca é organizada, como o nome sugere, em uma árvore binária, conforme mostra a Figura 12.1. Podemos representar tal árvore por uma estrutura de dados ligada, como na Seção 10.3. Além de uma *chave* e de dados satélites, cada objeto de nó contém atributos *esquerda*, *direita* e *p*, que apontam para os nós correspondentes ao seu filho à esquerda, ao seu filho à direita e ao seu pai, respectivamente. Se um filho ou o pai está ausente, o atributo adequado contém o valor NIL. A árvore propriamente dita tem um atributo *raiz* que aponta para o nó raiz, ou NIL se a árvore estiver vazia. O nó raiz $T.raiz$ é o único nó em uma árvore T cujo pai é NIL.

As chaves em uma árvore binária de busca são sempre armazenadas de modo a satisfazer à **propriedade de árvore binária de busca**:

> Seja x um nó em uma árvore binária de busca. Se y é um nó na subárvore esquerda de x, então $y.chave \leq x.chave$. Se y é um nó na subárvore direita de x, então $y.chave \geq x.chave$.

Assim, na Figura 12.1(a), a chave da raiz é 6, as chaves 2, 5 e 5 em sua subárvore esquerda não são maiores que 6, e as chaves 7 e 8 em sua subárvore direita não são menores que 6. A mesma propriedade é válida para todo nó na árvore. Por exemplo, olhando para o filho à esquerda da raiz como a raiz de uma subárvore, a raiz dessa subárvore tem chave 5, a chave 2 em sua subárvore da esquerda não é maior que 5, e a chave 5 em sua subárvore da direita não é menor que 5.

A propriedade de árvore binária de busca nos permite imprimir todas as chaves em uma árvore binária de busca em sequência ordenada por meio de um simples algoritmo recursivo, denominado **percurso de árvore em ordem**, dado pelo procedimento Percurso-De-Árvore-Em-Ordem. Esse algoritmo tem tal nome porque imprime a chave da raiz de uma subárvore entre a impressão dos valores em sua subárvore

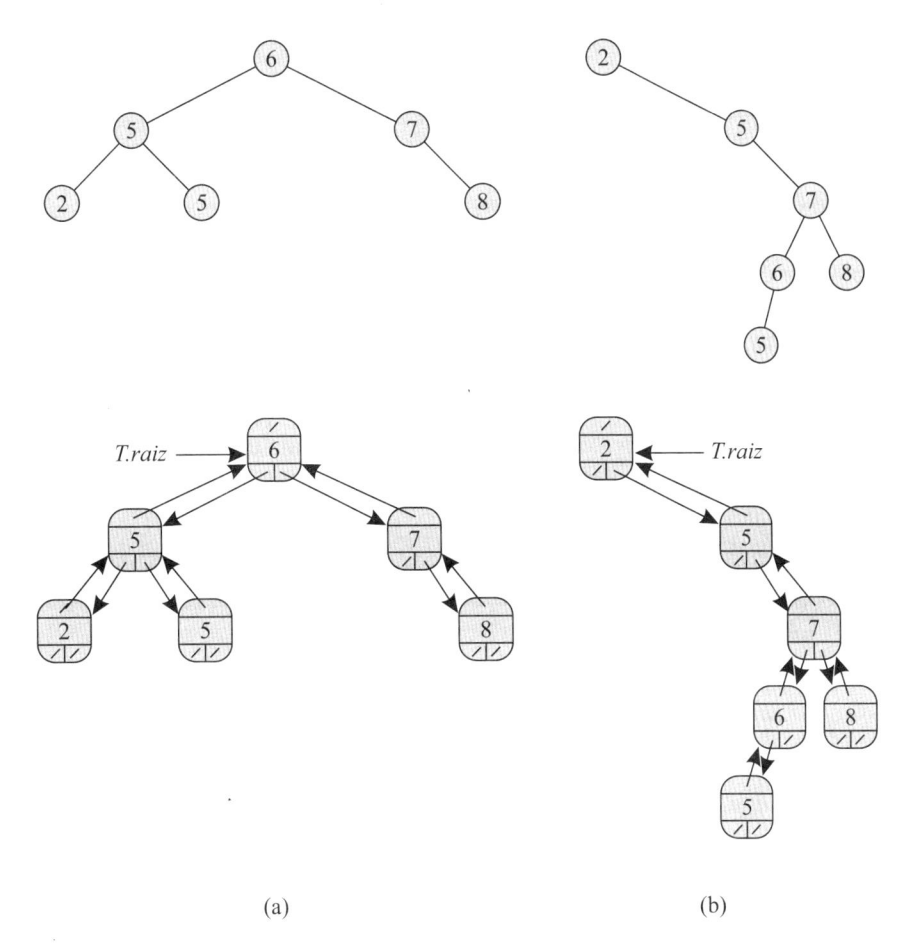

(a)   (b)

Figura 12.1 Árvores binárias de busca. Para qualquer nó x, as chaves na subárvore esquerda de x são no máximo $x.chave$, e as chaves na subárvore direita de x são no mínimo $x.chave$. Árvores binárias de busca diferentes podem representar o mesmo conjunto de valores. O tempo de execução do pior caso para a maioria das operações em árvores de busca é proporcional à altura da árvore. **(a)** Uma árvore binária de busca com seis nós e altura 2. A figura no alto mostra como ver a árvore conceitualmente, e a figura na parte inferior mostra os atributos *esquerda*, *direita* e p em cada nó, no estilo da Figura 10.6, no Capítulo 10. **(b)** Uma árvore binária de busca menos eficiente, com altura 4, que contém as mesmas chaves.

esquerda e a impressão dos valores em sua subárvore direita. (De modo semelhante, um **percurso de árvore em pré-ordem** imprime a raiz antes dos valores das subárvores, e um **percurso de árvore em pós-ordem** imprime a raiz depois dos valores em suas subárvores.) Para usar o procedimento a seguir com o objetivo de imprimir todos os elementos em uma árvore binária de busca T, chamamos PERCURSO-DE-ÁRVORE-EM-ORDEM($T.raiz$). Como exemplo, o percurso de árvore em ordem imprime as chaves em cada uma das duas árvores de busca binária da Figura 12.1 na ordem 2, 5, 5, 6, 7, 8. A exatidão do algoritmo decorre por indução diretamente da propriedade de árvore binária de busca.

PERCURSO-DE-ÁRVORE-EM-ORDEM(x)
1   **if** $x \neq$ NIL
2   PERCURSO-DE-ÁRVORE-EM-ORDEM($x.esquerda$)
3   imprimir $x.chave$
4   PERCURSO-DE-ÁRVORE-EM-ORDEM($x.direita$)

Percorrer uma árvore binária de busca de n nós demora o tempo $\Theta(n)$ já que, após a chamada inicial, o procedimento chama a si mesmo recursivamente exatas duas vezes para cada nó na árvore — uma vez para seu filho à esquerda e uma vez para seu filho à direita. O teorema a seguir apresenta uma prova formal de que o tempo para executar um percurso de árvore em ordem é linear.

Teorema 12.1

Se x é a raiz de uma subárvore de n nós, então a chamada Percurso-De-Árvore-Em-Ordem(x) demora o tempo $\Theta(n)$.

Prova Seja $T(n)$ o tempo tomado por Percurso-De-Árvore-Em-Ordem quando chamado na raiz de uma subárvore de n nós. Visto que Percurso-De-Árvore-Em-Ordem visita todos os n nós da subárvore, temos $T(n) = \Omega(n)$. Resta mostrar que $T(n) = O(n)$.

Uma vez que Percurso-De-Árvore-Em-Ordem demora um tempo pequeno e constante em uma subárvore vazia (para o teste $x \neq$ NIL), temos $T(0) = c$ para alguma constante $c > 0$.

Para $n > 0$, suponha que Percurso-De-Árvore-Em-Ordem seja chamado em um nó x cuja subárvore esquerda tem k nós e cuja subárvore direita tem $n - k - 1$ nós. O tempo para executar Percurso-De-Árvore-Em-Ordem(x) é limitado por $T(n) \leq T(k) + T(n - k - 1) + d$ para alguma constante $d > 0$, que reflete um limite superior para o tempo de execução do corpo de Percurso-De-Árvore-Em-Ordem(x), excluindo o tempo gasto em chamadas recursivas.

Usamos o método de substituição para mostrar que $T(n) = O(n)$, provando que $T(n) \leq (c + d)n + c$. Para $n = 0$, temos $(c + d) \cdot 0 + c = c = T(0)$. Para $n > 0$, temos

$$
\begin{aligned}
T(n) &\leq T(k) + T(n - k - 1) + d \\
&\leq ((c + d)k + c) + ((c + d)(n - k - 1) + c) + d \\
&= (c + d)n + c - (c + d) + c + d \\
&= (c + d)n + c \; ,
\end{aligned}
$$

o que conclui a prova. ∎

Exercícios

12.1-1
Trace árvores binárias de busca de alturas 2, 3, 4, 5 e 6 para o conjunto de chaves $\{1, 4, 5, 10, 16, 17, 21\}$.

12.1-2
Qual é a diferença entre a propriedade de árvore binária de busca e a propriedade de *heap* de mínimo (ver Capítulo 6)? A propriedade de *heap* de mínimo pode ser usada para imprimir as chaves de uma árvore de n nós em sequência ordenada no tempo $O(n)$? Justifique sua resposta.

12.1-3
Dê um algoritmo não recursivo que execute um percurso de árvore em ordem. (*Sugestão:* uma solução fácil usa uma pilha como estrutura de dados auxiliar. Uma solução mais complicada, porém elegante, não emprega nenhuma pilha, mas considera que é possível testar a igualdade entre dois ponteiros.)

12.1-4
Dê algoritmos recursivos que executem percursos de árvores em pré-ordem e pós-ordem no tempo $\Theta(n)$ em uma árvore de n nós.

12.1-5
Mostre que, considerando que a ordenação de n elementos demora o tempo $\Omega(n \lg n)$ no pior caso do modelo de comparação, qualquer algoritmo baseado em comparação para construir uma árvore binária de busca com base em uma lista arbitrária de n elementos demora o tempo $\Omega(n \lg n)$ no pior caso.

12.2   Consultas em uma árvore binária de busca

Além da operação Busca, árvores binárias de busca podem suportar as consultas Mínimo, Máximo, Sucessor e Predecessor. Nesta seção, examinaremos essas operações e mostraremos como suportar cada uma delas no tempo $O(h)$ em qualquer árvore binária de busca de altura h.

Buscas

Usamos o procedimento Busca-Árvore a seguir para procurar um nó com determinada chave em uma árvore binária de busca. Dado um ponteiro x para a raiz da árvore e uma chave k, Busca-Árvore(x, k) retorna um ponteiro para um nó com chave k na subárvore, se existir algum; caso contrário, ele retorna NIL. Para procurar a chave k na árvore binária de busca T inteira, chame Busca-Árvore($T.raiz$, k).

Busca-Árvore(x, k)
1   **if** $x ==$ NIL or $k == x.chave$
2   **return** x
3   **if** $k < x.chave$
4   **return** Busca-Árvore($x.esquerda$, k)
5   **else return** Busca-Árvore($x.direita$, k)

Busca-Iterativa-Árvore(x, k)
1   **while** $x \neq$ NIL e $k \neq x.chave$
2   **if** $k < x.chave$
4           $x = x.esquerda$
5   **else** $x = x.direita$
5   **return** x

O procedimento Busca-Árvore começa sua busca na raiz e traça um caminho simples descendo a árvore, como mostra a Figura 12.2(a). Para cada nó x que encontra, ele compara a chave k com $x.chave$. Se as duas chaves são iguais, a busca termina. Se k é menor que $x.chave$, a busca continua na subárvore esquerda de x, já que a propriedade de árvore binária de busca implica que k não poderia estar armazenada na subárvore direita. Simetricamente, se k é maior que $x.chave$, a busca continua na subárvore direita. Os nós encontrados durante a recursão formam um caminho simples descendente partindo da raiz da árvore e, portanto, o tempo de execução de Busca-Árvore é $O(h)$, em que h é a altura da árvore.

Como o procedimento Busca-Árvore realiza a recursão sobre a subárvore da esquerda ou da direita, mas não ambas, o mesmo procedimento pode ser reescrito "desdobrando" a recursão dentro de um laço **while**. Na maioria dos computadores, o procedimento Busca-Iterativa-Árvore é mais eficiente.

Mínimo e máximo

Sempre podemos encontrar um elemento em uma árvore binária de busca cuja chave é um mínimo seguindo ponteiros de filhos da *esquerda* desde a raiz até encontrarmos um valor NIL, como mostra a Figura 12.2(b). O procedimento Mínimo-Árvore retorna um ponteiro para o elemento mínimo na subárvore enraizada em um nó x dado, que consideramos ser não NIL.

Mínimo-Árvore(x)
1   **while** $x.esquerda \neq$ NIL
2       $x = x.esquerda$
3   **return** x

Máximo-Árvore(x)
1   **while** $x.direita \neq$ NIL
2       $x = x.direita$
3   **return** x

A propriedade de árvore binária de busca garante que Mínimo-Árvore é correto. Se um nó x não tem nenhuma subárvore esquerda, então, visto que toda chave na subárvore direita de x é no mínimo tão grande quanto $x.chave$, a chave mínima na subárvore com raiz em x é $x.chave$. Se o nó x tem uma subárvore esquerda, então, visto que nenhuma chave na subárvore direita é menor que $x.chave$ e toda chave na subárvore esquerda não é maior que $x.chave$, a chave mínima na subárvore cuja raiz é x pode ser encontrada na subárvore cuja raiz está em $x.esquerda$.

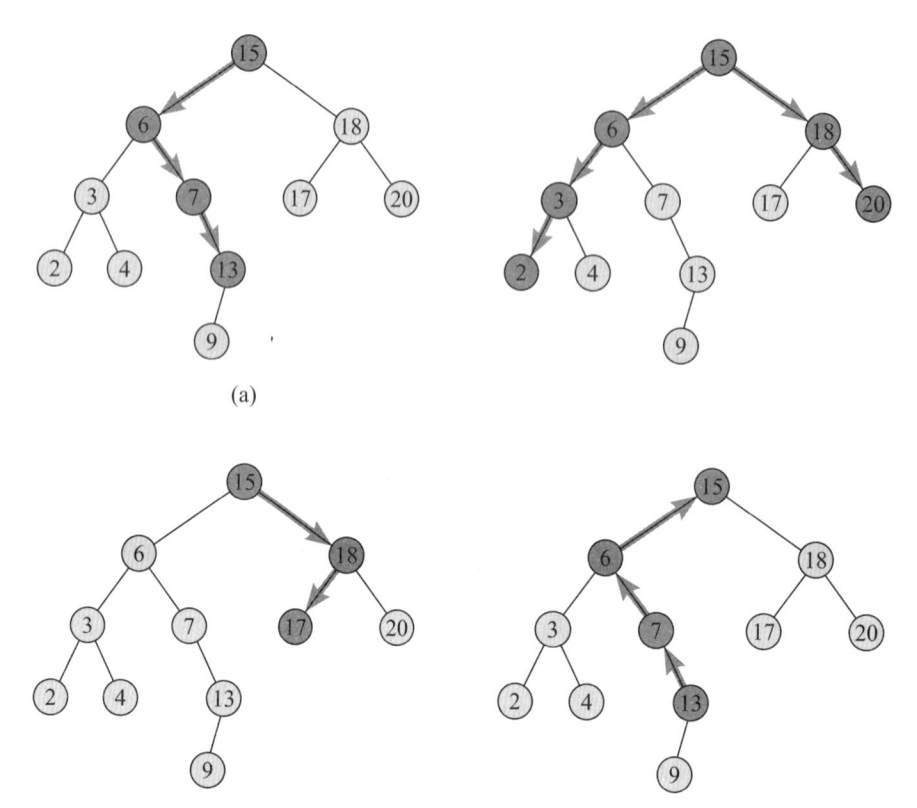

Figura 12.2 Consultas em uma árvore binária de busca. Os nós e os caminhos seguidos em cada consulta estão em *cinza-escuro*. (**a**) Para procurar a chave 13 na árvore, seguimos o caminho 15 → 6 → 7 → 13 partindo da raiz. (**b**) A chave mínima na árvore é 2, encontrada seguindo os ponteiros da *esquerda* partindo da raiz. A chave máxima 20 é encontrada seguindo os ponteiros da *direita* partindo da raiz. (**c**) O sucessor do nó com chave 15 é o nó com chave 17, já que ele é a chave mínima na subárvore direita de 15. (**d**) O nó com chave 13 não tem nenhuma subárvore direita e, assim, seu sucessor é seu ancestral mais baixo cujo filho à esquerda também é um ancestral. Nesse caso, o nó com chave 15 é seu sucessor.

O pseudocódigo para Máximo-Árvore é simétrico. Os procedimentos Mínimo-Árvore e Máximo-Árvore são executados no tempo $O(h)$ em uma árvore de altura h já que, como em Busca-Árvore, a sequência de nós encontrados forma um caminho simples descendente partindo da raiz.

Sucessor e predecessor

Dado um nó em uma árvore binária de busca, por vezes, precisamos encontrar seu sucessor na sequência ordenada determinada por um percurso de árvore em ordem. Se todas as chaves são distintas, o sucessor de um nó x é o nó com a menor chave maior que $x.chave$. Não importando se as chaves são distintas ou não, definimos o *sucessor* de um nó como o próximo nó visitado em uma árvore percorrida em ordem. A estrutura de uma árvore binária de busca nos permite determinar o sucessor de um nó sem sequer comparar chaves. O procedimento Sucessor-Árvore, a seguir, retorna o sucessor de um nó x em uma árvore binária de busca se ele existir, e NIL se x for o último nó que seria visitado durante um percurso em ordem.

Sucessor-Árvore(x)
1   **if** $x.direita \neq$ NIL
2   **return** Mínimo-Árvore($x.direita$)   // nó mais à esquerda na subárvore direita
3   **else** // acha ancestral mais baixo de x cujo filho esquerdo
                é ancestral de x
4       $y = x.p$

(continua)

```
5       while y ≠ NIL e x == y.direita
6           x = y
7           y = y.p
8       return y
```

Subdividimos o código para SUCESSOR-ÁRVORE em dois casos. Se a subárvore direita do nó x for não vazia, então o sucessor de x será exatamente o nó da extrema esquerda na subárvore direita de x, que encontramos na linha 2 chamando MÍNIMO-ÁRVORE($x.direita$). Por exemplo, o sucessor do nó com chave 15 na Figura 12.2(c) é o nó com chave 17.

Por outro lado, como o Exercício 12.2-6 pede que você mostre, se a subárvore direita do nó x é vazia e x tem um sucessor y, então y é o ancestral mais baixo de x cujo filho à esquerda é também um ancestral de x. Na Figura 12.2(d), o sucessor do nó com chave 13 é o nó com chave 15. Para encontrarmos y, simplesmente subimos a árvore desde x até encontrarmos um nó que seja o filho à esquerda de seu pai. Isso é obtido por meio das linhas 4–8 de SUCESSOR-ÁRVORE.

O tempo de execução de SUCESSOR-ÁRVORE em uma árvore de altura h é $O(h)$, já que seguimos um caminho simples para cima na árvore ou, então, um caminho simples para baixo na árvore. O procedimento PREDECESSOR-ÁRVORE, que é simétrico de SUCESSOR-ÁRVORE, também é executado no tempo $O(h)$.

Em suma, demonstramos o teorema a seguir.

Teorema 12.2

Podemos implementar as operações de conjuntos dinâmicos BUSCA, MÍNIMO, MÁXIMO, SUCESSOR e PREDECESSOR de modo que cada uma seja executada no tempo $O(h)$ em uma árvore binária de busca de altura h.   ■

Exercícios

12.2-1
Suponha que temos números entre 1 e 1.000 em uma árvore binária de busca e queremos procurar o número 363. Qual das seguintes sequências *não* poderia ser a sequência de nós examinados?

a. 2, 252, 401, 398, 330, 344, 397, 363.
b. 924, 220, 911, 244, 898, 258, 362, 363.
c. 925, 202, 911, 240, 912, 245, 363.
d. 2, 399, 387, 219, 266, 382, 381, 278, 363.
e. 935, 278, 347, 621, 299, 392, 358, 363.

12.2-2
Escreva versões recursivas de MÍNIMO-ÁRVORE e MÁXIMO-ÁRVORE.

12.2-3
Escreva o procedimento PREDECESSOR-ÁRVORE.

12.2-4
O professor Kilmer pensa ter descoberto uma notável propriedade de árvores binárias de busca. Suponha que a busca da chave k em uma árvore binária de busca termine em uma folha. Considere três conjuntos: A, as chaves à esquerda do caminho de busca; B, as chaves no caminho de busca; e C, as chaves à direita do caminho de busca. O professor Kilmer afirma que quaisquer três chaves $a \in A$, $b \in B$ e $c \in C$ devem satisfazer $a \le b \le c$. Dê um contraexemplo menor possível para a afirmação do professor.

12.2-5
Mostre que, se um nó em uma árvore binária de busca tem dois filhos, então seu sucessor não tem nenhum filho à esquerda e seu predecessor não tem nenhum filho à direita.

12.2-6

Considere uma árvore binária de busca T cujas chaves são distintas. Mostre que, se a subárvore direita de um nó x em T é vazia e x tem um sucessor y, então y é o ancestral mais baixo de x cujo filho à esquerda também é um ancestral de x. (Lembre-se de que todo nó é seu próprio ancestral.)

12.2-7

Um método alternativo de executar um percurso de árvore em ordem em uma árvore binária de busca de n nós encontra o elemento mínimo na árvore chamando Mínimo-Árvore e depois fazendo $n - 1$ chamadas a Sucessor-Árvore. Prove que esse algoritmo é executado no tempo $\Theta(n)$.

12.2-8

Prove que, independentemente do nó onde iniciamos em uma árvore binária de busca de altura h, k chamadas sucessivas a Sucessor-Árvore demoram o tempo $O(k + h)$.

12.2-9

Seja T uma árvore binária de busca cujas chaves são distintas, seja x um nó de folha e seja y seu pai. Mostre que $y.chave$ é a menor chave em T maior que $x.chave$ ou a maior chave em T menor que $x.chave$.

12.3   Inserção e remoção

As operações de inserção e remoção provocam mudanças no conjunto dinâmico representado por uma árvore binária de busca. A estrutura de dados deve ser modificada para refletir essa mudança, mas de tal modo que a propriedade de árvore binária de busca continue válida. Como veremos, modificar a árvore para inserir um novo elemento é uma operação relativamente direta, mas a remoção de um nó de uma árvore binária de busca é mais complicado.

Inserção

O procedimento Insere-Árvore insere um novo nó em uma árvore binária de busca. O procedimento recebe uma árvore binária de busca T e um nó z para o qual $z.chave$ já foi preenchida, $z.esquerda = $ NIL e $z.direita = $ NIL. Ele modifica T e alguns dos atributos de z de modo tal que insere z em uma posição adequada na árvore.

```
Insere-Árvore(T, z)
 1   x = T.raiz                    // nó sendo comparado com z
 2   y = NIL                       // y será o pai de z
 3   while x ≠ NIL                 // desce até alcançar uma folha
 4       y = x
 5       if z.chave < x.chave
 6           x = x.esquerda
 7       else x = x.direita
 8   z.p = y                       // achou o local — insere z com pai y
 9   if y == NIL
10       T.raiz = z                // árvore T estava vazia
11   elseif z.chave < y.chave
12       y.esquerda = z
13   else y.direita = z
```

A Figura 12.3 mostra como Insere-Árvore funciona. Exatamente como os procedimentos Busca-Árvore e Busca-Iterativa-Árvore, Insere-Árvore começa na raiz da árvore e o ponteiro x traça um caminho simples descendente procurando um NIL para substituir pelo nó de entrada z. O procedimento mantém o ***ponteiro acompanhante*** y como o pai de x. Após a inicialização, o laço **while** nas linhas 3–7 faz com que esses dois ponteiros se desloquem para baixo na árvore, indo para a esquerda ou para a direita, dependendo da

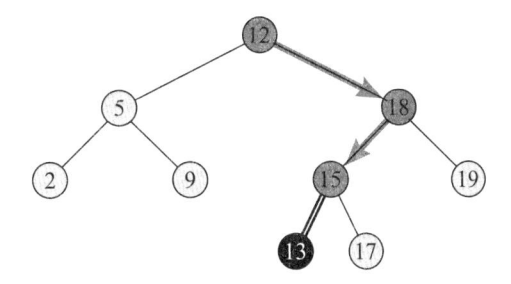

Figura 12.3 Inserção de um nó com chave 13 em uma árvore binária de busca. Os nós *cinza-escuro* indicam o caminho simples da raiz até a posição em que o item é inserido. O novo nó e a ligação até o seu pai estão destacados em *preto* (com a chave 13).

comparação de *z.chave* com *x.chave*, até *x* tornar-se NIL. Esse NIL ocupa a posição na qual desejamos colocar o item de entrada *z*. Mais precisamente, esse NIL é um atributo *esquerda* ou *direita* do nó que se tornará o pai de *z*, ou então é *T.raiz* se a árvore *T* estiver atualmente vazia. Precisamos do ponteiro acompanhante *y* porque, até encontrarmos o NIL ao qual *z* pertence, a busca desenvolveu-se sempre uma etapa à frente do nó que precisa ser mudado. As linhas 8–13 definem os ponteiros que causam a inserção de *z*.

Do mesmo modo que as outras operações primitivas em árvores de busca, o procedimento INSERE-ÁRVORE é executado no tempo $O(h)$ em uma árvore de altura *h*.

Remoção

A estratégia global para remover um nó *z* de uma árvore binária de busca *T* tem três casos básicos, mas, como veremos, um deles é um pouco complicado.

- Se *z* não tem nenhum filho, então simplesmente o removemos modificando seu pai de modo a substituir *z* por NIL como seu filho.
- Se o nó tem apenas um filho, então elevamos esse filho para que ocupe a posição de *z* na árvore modificando o pai de *z* de modo a substituir *z* pelo filho de *z*.
- Se *z* tiver dois filhos, encontramos o sucessor de *z*, *y*, que deve pertencer à subárvore direita de *z*, e movemos *y* para tomar a posição de *z* na árvore. O resto da subárvore direita original de *z* torna-se a nova subárvore direita de *y*, e a subárvore esquerda de *z* torna-se a nova subárvore esquerda de *y*. Como *y* é o sucessor de *z*, ele não pode ter um filho esquerdo, e o filho direito original de *y* move-se para a posição original de *y*, com o restante da subárvore direita original de *y* acompanhando automaticamente. Esse é o caso complicado porque, como veremos, o fato de *y* ser ou não o filho à direita de *z* é importante.

O procedimento para remover determinado nó *z* de uma árvore binária de busca *T* toma como argumentos ponteiros para *T* e *z*. Esse procedimento organiza seus casos de modo um pouco diferente dos três casos descritos, já que considera os quatro casos mostrados na Figura 12.4.

- Se *z* não tiver nenhum filho à esquerda, como na parte (a) da figura, substituímos *z* por seu filho à direita, que pode ser ou não NIL. Quando o filho à direita de *z* é NIL, esse caso trata da situação na qual *z* não tem nenhum filho. Quando o filho à direita de *z* é não NIL, esse caso cuida da situação na qual *z* tem somente um filho, que é o seu filho à direita.
- Caso contrário, se *z* tiver apenas um filho, então esse é o seu filho à esquerda. Assim como na parte (b) da figura, substituímos *z* por seu filho à esquerda.
- Caso contrário, *z* tem um filho à esquerda e também um filho à direita. Encontramos o sucessor de *z*, *y*, que está na subárvore direita de *z* e não tem nenhum filho à esquerda (ver Exercício 12.2-5). Retiramos *y* de sua localização atual e substituímos *z* por *y* na árvore. O modo como isso é feito depende de *y* ser um filho à direita de *z*:
  - Se *y* é o filho à direita de *z*, como na parte (c) da figura, substituímos *z* por *y*, deixando o filho à direita de *y* sozinho.
  - Caso contrário, *y* encontra-se dentro da subárvore direita de *z*, mas não é o filho à direita de *z*. Nesse caso, como na parte (d) da figura, primeiro substituímos *y* por seu próprio filho à direita e depois substituímos *z* por *y*.

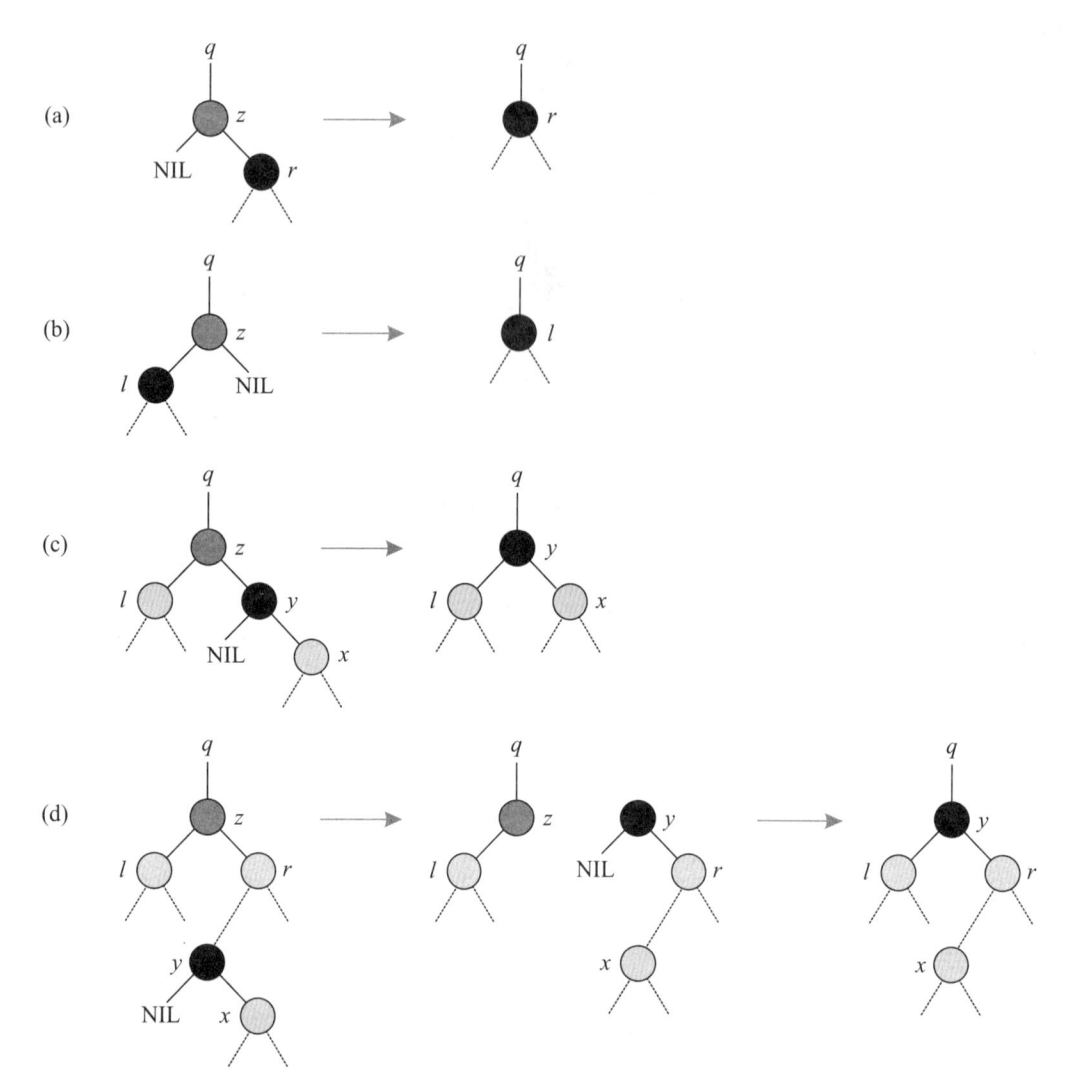

Figura 12.4 Remoção de um nó z, em *cinza-escuro*, de uma árvore binária de busca. O nó z pode ser a raiz, um filho à esquerda do nó q ou um filho à direita de q. O nó que substituirá o nó z em sua posição na árvore tem fundo *preto*. (**a**) O nó z não tem nenhum filho à esquerda. Substituímos z por seu filho à direita r, que pode ou não ser NIL. (**b**) O nó z tem um filho à esquerda l, mas nenhum filho à direita. Substituímos z por l. (**c**) O nó z tem dois filhos; seu filho à esquerda é o nó l, seu filho à direita é seu sucessor y (que não possui filho à esquerda), e o filho à direita de y é o nó x. Substituímos z por y, atualizando o filho à esquerda de y para que se torne l, mas deixando x como o filho à direita de y. (**d**) O nó z tem dois filhos (o filho à esquerda l e o filho à direita r), e seu sucessor $y \neq r$ encontra-se dentro da subárvore que possui raiz em r. Substituímos y por seu próprio filho à direita x, e definimos y como pai de r. Então, definimos y como filho de q e pai de l.

Como parte do processo de exclusão de um nó, as subárvores precisam se movimentar dentro da árvore binária de busca. A sub-rotina TRANSPLANTE substitui uma subárvore como filho de seu pai por outra subárvore. Quando TRANSPLANTE substitui a subárvore com raiz no nó u pela subárvore cuja raiz é o nó v, o pai do nó u torna-se o pai do nó v, e o pai de u acaba ficando com v como seu filho adequado. TRANSPLANTE permite que v seja NIL em vez de um ponteiro para um nó.

```
TRANSPLANTE(T, u, v)
1   if u.p == NIL
2       T.raiz = v
3   elseif u == u.p.esquerda
4       u.p.esquerda = v
5   else u.p.direita = v
6   if v ≠ NIL
7       v.p = u.p
```

Vejamos como TRANSPLANTE funciona. As linhas 1–2 tratam do caso no qual u é a raiz de T. Caso contrário, u é um filho à esquerda ou um filho à direita de seu pai. As linhas 3–4 encarregam-se de atualizar $u.p.esquerda$ se u é um filho à esquerda, e a linha 5 atualiza $u.p.direita$ se u é um filho à direita. Como v pode ser NIL, as linhas 6–7 atualizam $v.p$ *somente* se v não é NIL. Observe que TRANSPLANTE não tenta atualizar $v.esquerda$ e $v.direita$; fazer ou não fazer isso é responsabilidade do chamador de TRANSPLANTE.

O procedimento REMOVE-ÁRVORE utiliza TRANSPLANTE para excluir o nó z da árvore binária de busca T. Ele executa os quatro casos a seguir. As linhas 1–2 tratam do caso no qual o nó z não tem nenhum filho à esquerda (Figura 12.4(a)), e as linhas 3–4 tratam do caso no qual z tem um filho à esquerda mas nenhum filho à direita (Figura 12.4(b)). As linhas 5–12 lidam com os dois casos restantes, nos quais z tem dois filhos. A linha 5 encontra o nó y, que é o sucessor de z. Como z tem uma subárvore direita não vazia, seu sucessor deve ser o nó nessa subárvore que tenha a menor chave; daí a chamada a MÍNIMO-ÁRVORE($z.direita$). Como já observamos, y não tem nenhum filho à esquerda. Queremos recortar y de sua localização atual, e ele deve substituir z na árvore. Se y é o filho à direita de z (Figura 12.4(c)), então as linhas 10–12 substituem z como um filho de seu pai por y e substituem o filho à esquerda de y pelo filho à esquerda de z. O nó y retém seu filho da direita (x na Figura 12.4(c)) e, portanto, não é preciso haver qualquer mudança em $y.direita$. Se y não é o filho à direita de z (Figura 12.4(d)), então os dois nós precisam se mover. As linhas 7–9 substituem y como um filho de seu pai pelo filho à direita de y (x na Figura 12.4(d)) e transformam o filho à direita de z (r na figura) em filho à direita de y. Por fim, as linhas 10–12 substituem z como um filho de seu pai por y e substituem o filho à esquerda de y pelo filho à esquerda de z.

```
REMOVE-ÁRVORE(T, z)
 1  if z.esquerda == NIL
 2      TRANSPLANTE(T, z, z.direita)         // substitui z por seu filho direito
 3  elseif z.direita == NIL
 4      TRANSPLANTE(T, z, z.esquerda)        // substitui z por seu filho esquerdo
 5  else y = MÍNIMO-ÁRVORE(z.direita)        // y é sucessor de z
 6      if y ≠ z.direita                     // y é pai mais abaixo na árvore?
 7          TRANSPLANTE(T, y, y.direita)     // substitui y por seu filho à direita
 8          y.direita = z.direita            // filho direito de z torna-se
 9          y.direita.p = y                  //     filho direito de y
10      TRANSPLANTE(T, z, y)                 // substitui z por seu sucessor y
11      y.esquerda = z.esquerda              // e dá o filho esquerdo de z a y,
12      y.esquerda.p = y                     //     que não tinha filho esquerdo
```

Cada linha de REMOVE-ÁRVORE, incluindo as chamadas a TRANSPLANTE, demora tempo constante, exceto a chamada a MÍNIMO-ÁRVORE na linha 5. Assim, REMOVE-ÁRVORE é executado no tempo $O(h)$ em uma árvore de altura h.

Resumindo, provamos o teorema apresentado a seguir.

Teorema 12.3

Podemos implementar as operações de conjuntos dinâmicos INSERE e REMOVE de modo que cada uma seja executada no tempo $O(h)$ em uma árvore binária de busca de altura h.   ∎

Exercícios

12.3-1
Dê uma versão recursiva do procedimento INSERE-ÁRVORE.

12.3-2
Suponha que construímos uma árvore binária de busca inserindo repetidamente valores distintos na árvore. Mostre que o número de nós examinados na busca de um valor na árvore é uma unidade mais o número de nós examinados quando o valor foi inicialmente inserido na árvore.

12.3-3

Podemos ordenar determinado conjunto de n números construindo primeiro uma árvore binária de busca contendo esses números (usando INSERE-ÁRVORE repetidamente para inserir os números um a um) e, então, imprimindo os números por um percurso de árvore em ordem. Quais são os tempos de execução do pior caso e do melhor caso para esse algoritmo de ordenação?

12.3-4

Quando REMOVE-ÁRVORE chama TRANSPLANTE, sob quais circunstâncias o parâmetro v de TRANSPLANTE pode ser NIL?

12.3-5

A operação de remoção é "comutativa" no sentido de que eliminar x e depois y de uma árvore binária de busca resulta na mesma árvore que eliminar y e depois x? Mostre por que ou dê um contraexemplo.

12.3-6

Suponha que, em vez de cada nó x manter o atributo $x.p$, apontando para o pai de x, ele mantém $x.suc$, apontando para o sucessor de x. Dê o pseudocódigo para BUSCA-ÁRVORE, INSERE-ÁRVORE e REMOVE-ÁRVORE em uma árvore binária de busca T usando essa representação. Esses procedimentos devem funcionar no tempo $O(h)$, em que h é a altura da árvore T. Você pode assumir que todas as chaves na árvore binária de busca são distintas. (*Sugestão*: você pode implementar uma sub-rotina que retorne o pai de um nó.)

12.3-7

Quando o nó z em REMOVE-ÁRVORE tem dois filhos, podemos escolher o nó y como seu predecessor em vez de seu sucessor. Se fizermos isso, quais outras mudanças serão necessárias em REMOVE-ÁRVORE? Há quem defenda que uma estratégia justa, que dá igual prioridade ao predecessor e ao sucessor, produz melhor desempenho empírico. Como REMOVE-ÁRVORE pode ser minimamente modificado para implementar tal estratégia justa?

Problemas

12-1   Árvores binárias de busca com chaves iguais

Chaves iguais apresentam um problema para a implementação de árvores binárias de busca.

a. Qual é o desempenho assintótico de INSERE-ÁRVORE quando usado para inserir n itens com chaves idênticas em uma árvore binária de busca inicialmente vazia?

Propomos modificar INSERE-ÁRVORE testando antes da linha 5 para determinar se $z.chave = x.chave$, e testando antes da linha 11 para determinar se $z.chave = y.chave$. Se a igualdade for válida, implementamos uma das estratégias a seguir. Para cada estratégia, determine o desempenho assintótico da inserção de n itens com chaves idênticas em uma árvore binária de busca inicialmente vazia. (As estratégias são descritas para a linha 5, na qual comparamos as chaves de z e x. Substitua y por x para chegar às estratégias para a linha 11.)

b. Mantenha um sinalizador booleano $x.b$ no nó x, e atribua a x o valor $x.esquerda$ ou $x.direita$, de acordo com o valor de $x.b$, que se alterna entre FALSO e VERDADEIRO a cada vez que INSERE-ÁRVORE visita x durante a inserção de um nó com a mesma chave que x.

b. Mantenha em x uma lista de nós com chaves iguais e insira z na lista.

c. Defina aleatoriamente x como $x.esquerda$ ou $x.direita$. (Indique o desempenho do pior caso e deduza informalmente o tempo de execução esperado.)

12-2   Árvores digitais (radix)

Dadas duas *strings* de caracteres $a = a_0 a_1 \ldots a_p$ e $b = b_0 b_1 \ldots b_q$, em que cada a_i e cada b_j está em algum conjunto ordenado de caracteres, dizemos que a *string a* é ***lexicograficamente menor que*** a *string b* se

1. existe um inteiro j, em que $0 \leq j \leq \min\{p, q\}$, tal que $a_i = b_i$ para todo $i = 0, 1, \ldots, j-1$ e $a_j < b_j$, ou
2. $p < q$ e $a_i = b_i$ para todo $i = 0, 1, \ldots, p$.

Por exemplo, se a e b são cadeias de *bits*, então $10100 < 10110$ pela regra 1 (fazendo $j = 3$) e $10100 < 101000$ pela regra 2. Essa ordenação é semelhante à utilizada em dicionários de idiomas.

A estrutura de dados ***árvore digital*** mostrada na Figura 12.5 armazena as cadeias de *bits* 1011, 10, 011, 100 e 0. Quando procuramos uma chave $a = a_0 a_1 \ldots a_p$, vamos para a esquerda em um nó de profundidade i se $a_i = 0$, e para a direita se $a_i = 1$. Seja S um conjunto de cadeias binárias distintas cujos comprimentos somam n. Mostre como usar uma árvore digital para ordenar S lexicograficamente no tempo $\Theta(n)$. No exemplo da Figura 12.5, a saída da ordenação deve ser a sequência 0, 011, 10, 100, 1011.

12-3   *Profundidade média de nó em uma árvore binária de busca construída aleatoriamente*

Uma ***árvore binária de busca construída aleatoriamente*** sobre n chaves é uma árvore binária de busca criada começando com uma árvore vazia e inserindo as chaves em ordem aleatória, em que cada uma das $n!$ permutações das chaves é igualmente provável. Neste problema, provamos que a profundidade média de um nó em uma árvore binária de busca construída aleatoriamente com n nós é $O(\lg n)$. A técnica que empregaremos revelará uma semelhança surpreendente entre a construção de uma árvore binária de busca e a execução do algoritmo QUICKSORT-ALEATORIZADO da Seção 7.3.

Indicamos a profundidade de qualquer nó x na árvore T por $d(x, T)$. Então, o ***comprimento total de caminho*** $P(T)$ de uma árvore binária T é a soma, contando todos os nós x em T, de $d(x, T)$.

a. Demonstre que a profundidade média de um nó em T é

$$\frac{1}{n} \sum_{x \in T} d(x, T) = \frac{1}{n} P(T) \,.$$

Assim, desejamos mostrar que o valor esperado de $P(T)$ é $O(n \lg n)$.

b. Indique por T_E e T_D as subárvores esquerda e direita da árvore T, respectivamente. Mostre que, se T tem n nós, então

$$P(T) = P(T_L) + P(T_R) + n - 1 \,.$$

c. Seja $P(n)$ o comprimento total de caminho médio de uma árvore binária de busca construída aleatoriamente com n nós. Mostre que

$$P(n) = \frac{1}{n} \sum_{i=0}^{n-1} (P(i) + P(n - i - 1) + n - 1) \,.$$

d. Mostre que $P(n)$ pode ser reescrito como

$$P(n) = \frac{2}{n} \sum_{k=1}^{n-1} P(k) + \Theta(n) \,.$$

e. Recordando a análise alternativa da versão aleatorizada do quicksort dada no Problema 7-3, conclua que $P(n) = O(n \lg n)$.

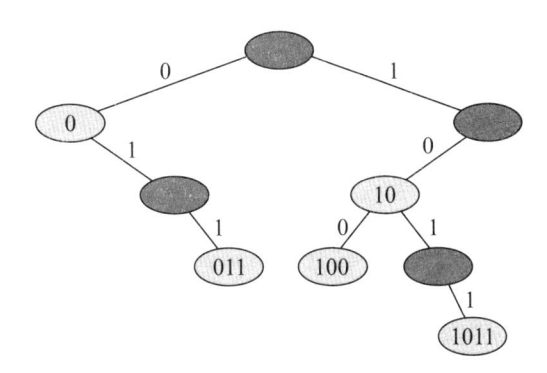

Figura 12.5 Árvore digital (*radix*) que armazena as cadeias de *bits* 1011, 10, 011, 100 e 0. Podemos determinar a chave de cada nó percorrendo o caminho simples da raiz até esse nó. Portanto, não há necessidade de armazenar as chaves nos nós: as chaves são mostradas aqui somente para fins ilustrativos. As chaves correspondentes aos nós *cinza-escuro* não estão na árvore. Esses nós estão presentes apenas para estabelecer um caminho até outros nós.

A cada chamada recursiva do quicksort, escolhemos um elemento pivô aleatório para particionar o conjunto de elementos que está sendo ordenado. Cada nó de uma árvore binária de busca particiona o conjunto de elementos que cai na subárvore digital nesse nó.

f. Descreva uma implementação do quicksort na qual as comparações para ordenar um conjunto de elementos são exatamente iguais às comparações para inserir os elementos em uma árvore binária de busca. (A ordem em que as comparações são efetuadas pode ser diferente, mas as mesmas comparações devem ser executadas.)

12-4   *Número de árvores binárias diferentes*

Seja b_n o número de árvores binárias diferentes com n nós. Neste problema, você determinará uma fórmula para b_n, bem como uma estimativa assintótica.

a. Mostre que $b_0 = 1$ e que, para $n \geq 1$,

$$b_n = \sum_{k=0}^{n-1} b_k b_{n-1-k} \ .$$

b. Consultando o Problema 4-5, no Capítulo 4, para a definição de uma função geradora, seja $B(x)$ a função geradora

$$B(x) = \sum_{n=0}^{\infty} b_n x^n \ .$$

Mostre que $B(x) = xB(x)^2 + 1$ e, consequentemente, um modo de expressar $B(x)$ em forma fechada é

$$B(x) = \frac{1}{2x} \left(1 - \sqrt{1 - 4x} \right) \ .$$

A *expansão de Taylor* de $f(x)$ em torno do ponto $x = a$ é dada por

$$f(x) = \sum_{k=0}^{\infty} \frac{f^{(k)}(a)}{k!} (x - a)^k \ ,$$

em que $f^{(k)}(x)$ é a k-ésima derivada de f avaliada em x.

c. Mostre que

$$b_n = \frac{1}{n+1} \binom{2n}{n}$$

(o n-ésimo *número catalão*) usando a expansão de Taylor de $\sqrt{1 - 4x}$ em torno de $x = 0$. (Se desejar, em vez de usar a expansão de Taylor, você pode empregar a generalização do teorema binomial, Equação (C.4) do Apêndice C, para expoentes não inteiros n em que, para qualquer número real n e qualquer inteiro k, interpretamos $\binom{n}{k}$ como $n(n-1) \ldots (n-k+1)/k!$ se $k \geq 0$, e 0 em caso contrário.)

d. Mostre que

$$b_n = \frac{4^n}{\sqrt{\pi} n^{3/2}} \left(1 + O(1/n) \right) \ .$$

Notas do capítulo

Knuth [261] contém uma boa discussão de árvores binárias de busca simples, bem como de muitas variações. Parece que as árvores binárias de busca foram descobertas independentemente por várias pessoas no final da década de 1950. Árvores digitais (*radix*) são frequentemente denominadas "tries", que vem das letras do meio da palavra *retrieval* em inglês, que significa "recobrar" ou "reaver". Knuth [261] também as discutiu.

Muitos textos, entre eles as duas primeiras edições deste livro, apresentam um método pouco mais simples de remover um nó de uma árvore binária de busca quando ambos os seus filhos estão presentes. Em vez de substituirmos o nó z por seu sucessor y, eliminamos o nó y, mas copiamos sua chave e os dados satélites para o nó z. A desvantagem dessa abordagem é que o nó realmente eliminado poderia não ser o nó passado para o procedimento de remoção. Se outros componentes de um programa mantivessem ponteiros para nós na árvore, poderiam acabar erroneamente com ponteiros "vencidos" para nós que já foram eliminados. Embora seja um pouco mais complicado, o método de remoção apresentado nesta edição garante que uma chamada para eliminar o nó z elimina o nó z e somente o nó z.

A Seção 14.5 mostrará como construir uma árvore binária de busca ótima quando conhecemos as frequências de busca antes da construção da árvore. Isto é, dadas as frequências de busca para cada chave e as frequências de busca para valores que caem entre chaves na árvore, construímos uma árvore binária de busca para a qual um conjunto de buscas que decorre dessas frequências examina o número mínimo de nós.

13 Árvores Rubro-Negras

O Capítulo 12 mostrou que uma árvore binária de busca de altura h pode suportar qualquer das operações básicas de conjuntos dinâmicos — como Busca, Predecessor, Sucessor, Mínimo, Máximo, Insere e Remove — no tempo $O(h)$. Assim, as operações de conjuntos são rápidas se a altura da árvore de busca é pequena. Todavia, se a altura da árvore é grande, a execução dessas operações poderá ser mais lenta do que em uma lista encadeada. Árvores rubro-negras constituem um dos muitos esquemas de árvores de busca que são "balanceadas" de modo a garantir que operações básicas de conjuntos dinâmicos demorem o tempo $O(\lg n)$ no pior caso.

13.1 Propriedades de árvores rubro-negras

Uma ***árvore rubro-negra*** é uma árvore binária de busca com um *bit* extra de armazenamento por nó: sua ***cor***, que pode ser VERMELHA ou PRETA. Restringindo as cores dos nós em qualquer caminho simples da raiz até uma folha, as árvores rubro-negras asseguram que o comprimento de nenhum desses caminhos seja maior que duas vezes o de qualquer outro, de modo que a árvore é aproximadamente ***balanceada***. Na verdade, como veremos em breve, a altura de uma árvore rubro-negra com n chaves é de, no máximo, $2\lg(n + 1)$, que é $O(\lg n)$.

Cada nó da árvore contém agora os atributos *cor*, *chave*, *esquerda*, *direita* e *p*. Se um filho ou o pai de um nó não existir, o atributo do ponteiro correspondente do nó conterá o valor NIL. Trataremos esses valores NIL como se fossem ponteiros para folhas (nós externos) da árvore binária de busca, e os nós normais que portam chaves como nós internos da árvore.

Uma árvore rubro-negra é uma árvore binária de busca que satisfaz às seguintes ***propriedades vermelho-preto***:

1. Todo nó é vermelho ou preto.
2. A raiz é preta.
3. Toda folha (NIL) é preta.
4. Se um nó é vermelho, então os seus filhos são pretos.
5. Para cada nó, todos os caminhos simples do nó até folhas descendentes contêm o mesmo número de nós pretos.

A Figura 13.1 mostra um exemplo de árvore rubro-negra.

Por questão de conveniência no tratamento das condições de fronteira em código de árvores rubro-negras, usamos uma única sentinela para representar NIL (ver Capítulo 10). Para uma árvore rubro-negra T, a sentinela $T.nil$ é um objeto com os mesmos atributos que um nó comum na árvore. Seu atributo *cor* é PRETO e seus outros atributos — *p*, *esquerda*, *direita* e *chave* — podem adotar valores arbitrários. Como mostra a Figura 13.1(b), todos os ponteiros para NIL são substituídos por ponteiros para a sentinela $T.nil$.

Por que usar a sentinela? Usamos a sentinela para podermos tratar um filho NIL de um nó x como um nó comum cujo pai é x. Um projeto alternativo seria usar um nó de sentinela distinto para cada NIL na árvore, de modo que o pai de cada NIL fosse bem definido. Contudo, essa abordagem desperdiçaria espaço. Em vez disso, usamos a única sentinela $T.nil$ para representar todos os nós NIL — todas as folhas e o pai da raiz. Os valores dos atributos *p*, *esquerda*, *direita* e *chave* da sentinela são irrelevantes. Os procedimentos da árvore rubro-negra podem colocar quaisquer valores na sentinela que produzam um código mais simples.

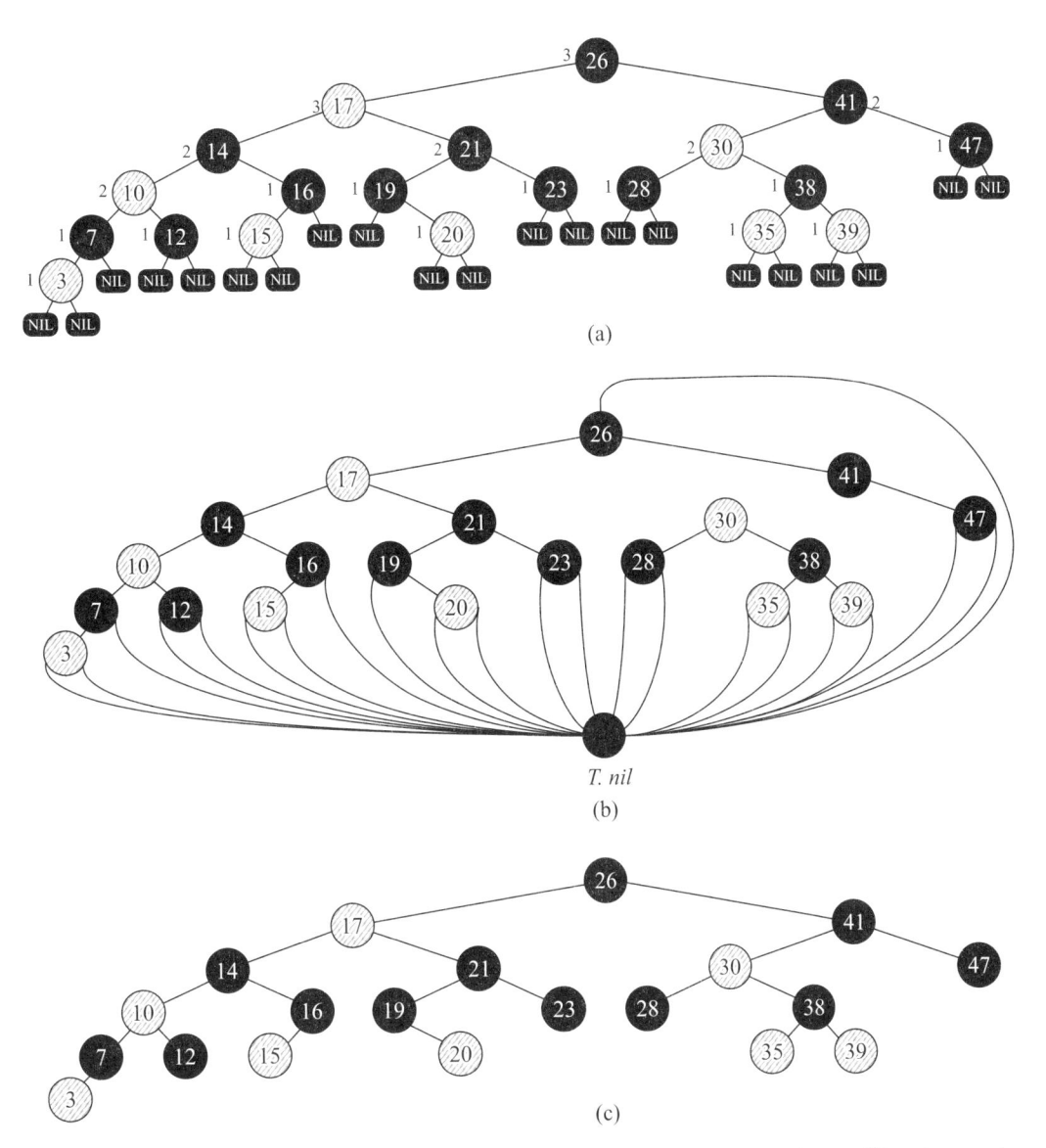

Figura 13.1 Árvore rubro-negra. Todo nó em uma árvore rubro-negra é vermelho ou preto; ambos os filhos de um nó vermelho são pretos, e todo caminho simples de um nó até uma folha descendente contém o mesmo número de nós pretos. (**a**) Toda folha, mostrada como um NIL, é preta. Cada nó não NIL é marcado com sua altura preta: nós NILs têm altura preta igual a 0. (**b**) A mesma árvore rubro-negra, mas com cada NIL substituído pela única sentinela *T.nil*, que é sempre preta, e suas alturas pretas são omitidas. O pai da raiz também é a sentinela. (**c**) A mesma árvore rubro-negra, mas com folhas e pai da raiz totalmente omitidos. (*Atenção: os nós vermelhos estão representados na figura pelos círculos hachurados.*)

Em geral, limitamos nosso interesse aos nós internos de uma árvore rubro-negra, já que eles contêm os valores de chaves. No restante deste capítulo, omitiremos as folhas quando desenharmos árvores rubro-negras, como mostra a Figura 13.1(c).

Denominamos o número de nós pretos em qualquer caminho simples de um nó *x*, sem incluir esse nó, até uma folha, por ***altura preta*** do nó, indicada por ap(*x*). Pela propriedade 5, a noção de altura preta é bem definida, já que todos os caminhos simples descendentes que partem do nó têm o mesmo número de nós pretos. Definimos a altura preta de uma árvore rubro-negra como a altura preta de sua raiz.

O lema a seguir mostra por que as árvores rubro-negras constituem boas árvores de busca.

Lema 13.1

Uma árvore rubro-negra com *n* nós internos tem, no máximo, a altura $2 \lg(n + 1)$.

Prova Começamos mostrando que a subárvore com raiz em qualquer nó x contém no mínimo $2^{ap(x)} - 1$ nós internos. Provamos essa afirmativa por indução sobre a altura de x. Se a altura de x é 0, então x deve ser uma folha (*T.nil*), e a subárvore com raiz em x realmente contém no mínimo $2^{ap(x)} - 1 = 2^0 - 1 = 0$ nós internos. Para a etapa indutiva, considere um nó x que tenha altura positiva e seja um nó interno. Então, o nó x tem dois filhos, um ou ambos podendo ser uma folha. Se um filho é preto, então ele contribui com 1 para a altura preta de x, mas não para a sua própria altura. Se um filho é vermelho, então ele não contribui nem para a altura preta de x nem para a sua própria. Portanto, cada filho tem uma altura preta $ap(x) - 1$ (se for preto) ou $ap(x)$ (se for vermelho). Visto que a altura de um filho de x é menor que a altura do próprio x, podemos aplicar a hipótese indutiva para concluir que cada filho tem, no mínimo, $2^{ap(x)-1} - 1$ nós internos. Assim, a subárvore com raiz em x contém, no mínimo, $(2^{ap(x)-1} - 1) + (2^{ap(x)-1} - 1) + 1 = 2^{ap(x)} - 1$ nós internos, o que prova a afirmativa.

Para completar a prova do lema, seja h a altura da árvore. De acordo com a propriedade 4, no mínimo metade dos nós em qualquer caminho simples da raiz até uma folha, não incluindo a raiz, deve ser preta. Consequentemente, a altura preta da raiz deve ser, no mínimo, $h/2$; assim,

$$n \geq 2^{h/2} - 1.$$

Passando o valor 1 para o lado esquerdo e tomando logaritmos em ambos os lados, temos $\lg(n + 1) \geq h/2$ ou $h \leq 2\lg(n + 1)$. ∎

Uma consequência imediata desse lema é que podemos implementar as operações de conjuntos dinâmicos Busca, Mínimo, Máximo, Sucessor e Predecessor no tempo $O(\lg n)$ em árvores rubro-negras, já que cada execução no tempo $O(h)$ em uma árvore de busca de altura h (como mostra o Capítulo 12) e em qualquer árvore rubro-negra em n nós é uma árvore de busca com altura $O(\lg n)$. (Claro que as referências a NIL nos algoritmos do Capítulo 12 teriam de ser substituídas por *T.nil*.) Embora os algoritmos Insere-Árvore e Remove-Árvore do Capítulo 12 sejam executados no tempo $O(\lg n)$ quando é dada uma árvore rubro-negra como entrada, eles não suportam diretamente as operações de conjuntos dinâmicos Insere e Remove. O resultado pode não ser uma árvore rubro-negra, pois esses algoritmos não necessariamente mantêm as propriedades desse tipo de árvore. O restante deste capítulo mostra como inserir e remover de uma árvore rubro-negra no tempo $O(\lg n)$.

Exercícios

13.1-1
Desenhe, no estilo da Figura 13.1(a), a árvore binária de busca completa de altura 3 nas chaves $\{1, 2, ..., 15\}$. Adicione as folhas NIL e dê três cores diferentes aos nós, de tal modo que as alturas pretas das árvores rubro-negras resultantes sejam 2, 3 e 4.

13.1-2
Desenhe a árvore rubro-negra que resulta após a chamada a Insere-Árvore na árvore da Figura 13.1 com chave 36. Se o nó inserido for vermelho, a árvore resultante é uma árvore rubro-negra? E se ele for preto?

13.1-3
Vamos definir uma ***árvore rubro-negra relaxada*** como uma árvore binária de busca que satisfaz às propriedades vermelho-preto 1, 3, 4 e 5, mas cuja raiz pode ser vermelha ou preta. Considere uma árvore rubro-negra relaxada T cuja raiz é vermelha. Se colorirmos a raiz de T de preto, mas não fizermos nenhuma outra mudança em T, a árvore resultante será uma árvore rubro-negra?

13.1-4
Suponha que "absorvemos" todo nó vermelho em uma árvore rubro-negra em seu pai preto, de modo que os filhos do nó vermelho se tornem filhos do pai preto. (Ignore o que acontece com as chaves.) Quais são os graus possíveis de um nó preto depois que todos os seus filhos vermelhos são absorvidos? O que você pode dizer sobre as profundidades das folhas da árvore resultante?

13.1-5

Mostre que o comprimento do mais longo caminho simples de um nó *x* em uma árvore rubro-negra até uma folha descendente é, no máximo, duas vezes o do caminho simples mais curto do nó *x* até uma folha descendente.

13.1-6

Qual é o maior número possível de nós internos em uma árvore rubro-negra com altura preta *k*? Qual é o menor número possível?

13.1-7

Descreva uma árvore rubro-negra em *n* chaves que permita a maior razão possível entre nós internos vermelhos e nós internos pretos. Qual é essa razão? Qual árvore tem a menor razão possível e qual é essa razão?

13.1-8

Mostre que, em uma árvore rubro-negra, um nó vermelho não pode ter exatamente um filho diferente de NIL.

13.2 Rotações

As operações de árvores de busca INSERE-ÁRVORE e REMOVE-ÁRVORE, quando executadas em uma árvore rubro-negra com *n* chaves, demoram o tempo $O(\lg n)$. Como elas modificam a árvore, o resultado pode violar as propriedades vermelho-preto enumeradas na Seção 13.1. Para restabelecer essas propriedades, devemos mudar as cores de alguns nós na árvore e também mudar a estrutura de ponteiros.

Mudamos a estrutura de ponteiros por meio de ***rotação***, uma operação local em uma árvore de busca que preserva a propriedade de árvore binária de busca. A Figura 13.2 mostra os dois tipos de rotações: rotações para a esquerda e rotações para a direita. Vejamos a rotação para a esquerda em um nó *x*, que transforma a estrutura no lado direito da figura para a estrutura à esquerda. O nó *x* tem um filho à direita *y*, que não pode ser *T.nil*. A rotação para a esquerda muda a subárvore originalmente com raiz em *x* "pivotando" a ligação entre *x* e *y* para a esquerda. A nova raiz da subárvore é o nó *y*, com *x* como filho à esquerda de *y* e filho à esquerda original de *y* (a subárvore representada por β na figura) como filho à direita de *x*.

O pseudocódigo para ROTACIONA-PARA-ESQUERDA supõe que *x.direita* ≠ *T.nil* e que o pai da raiz é *T.nil*. A Figura 13.3 mostra um exemplo de como ROTACIONA-PARA-ESQUERDA modifica uma árvore binária de busca. O código para ROTACIONA-PARA-DIREITA é simétrico. ROTACIONA-PARA-ESQUERDA e ROTACIONA-PARA-DIREITA são executados no tempo $O(1)$. Somente ponteiros são alterados por uma rotação, e todos os outros atributos em um nó permanecem os mesmos.

```
ROTACIONA-PARA-ESQUERDA(T, x)
 1   y = x.direita
 2   x.direita = y.esquerda          // passa subárvore esquerda de y para subárvore direita de x
 3   if y.esquerda ≠ T.nil           // se a subárvore esquerda de y não é vazia...
 4       y.esquerda.p = x            // ... então x torna-se pai da raiz da subárvore
 5   y.p = x.p                       // pai de x torna-se pai de y
 6   if x.p == T.nil                 // se x foi a raiz...
 7       T.raiz = y                  // ... então y torna-se a raiz
 8   elseif x == x.p.esquerda        // se não, se x foi um filho à esquerda...
 9       x.p.esquerda = y            // ... então y torna-se um filho à esquerda
10   else x.p.direita = y            // se não, x era um filho à direita, e agora é y
11   y.esquerda = x                  // faz com que x se torne o filho esquerdo de y
12   x.p = y
```

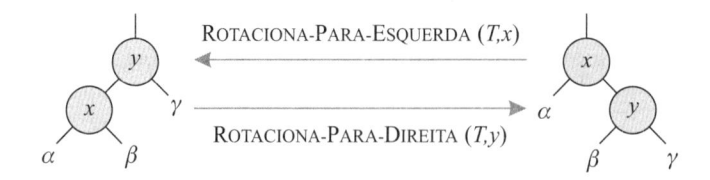

Figura 13.2 Operações de rotação em uma árvore binária de busca. A operação Rotaciona-Para-Esquerda(T, x) transforma a configuração dos dois nós à direita na configuração à esquerda mudando um número constante de ponteiros. A operação inversa Rotaciona-Para-Direita(T, y) transforma a configuração à esquerda na configuração à direita. As letras α, β e γ representam subárvores arbitrárias. Uma operação de rotação preserva a propriedade de árvore binária de busca: as chaves em α precedem $x.chave$, que precede as chaves em β, que precedem $y.chave$, que precede as chaves em γ.

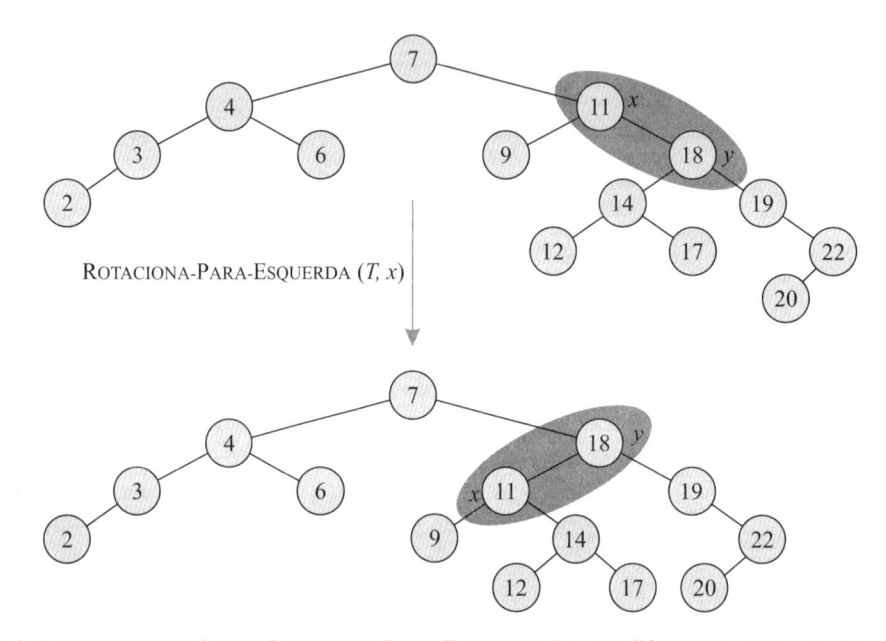

Figura 13.3 Exemplo de como o procedimento Rotaciona-Para-Esquerda(T, x) modifica uma árvore binária de busca. Os percursos de árvore em ordem da árvore de entrada e a árvore modificada produzem a mesma listagem de valores de chaves.

Exercícios

13.2-1
Escreva o pseudocódigo para Rotaciona-Para-Direita.

13.2-2
Demonstre que, em toda árvore binária de busca de n nós, existem exatamente $n - 1$ rotações possíveis.

13.2-3
Sejam a, b e c nós arbitrários nas subárvores α, β e γ, respectivamente, na árvore da direita da Figura 13.2. Como as profundidades de a, b e c mudam quando é realizada uma rotação para a esquerda no nó x na figura?

13.2-4
Mostre que qualquer árvore binária de busca arbitrária de n nós pode ser transformada em qualquer outra árvore binária de busca arbitrária de n nós por meio de $O(n)$ rotações. (*Sugestão*: primeiro, mostre que, no máximo, $n - 1$ rotações para a direita são suficientes para transformar a árvore em uma cadeia orientada para a direita.)

★ *13.2-5*

Dizemos que uma árvore binária de busca T_1 pode ser **convertida para a direita** na árvore binária de busca T_2 se for possível obter T_2 de T_1 por meio de uma série de chamadas a Rotaciona-Para-Direita. Dê um exemplo de duas árvores T_1 e T_2 tais que T_1 não possa ser convertida para a direita em T_2. Em seguida, mostre que, se uma árvore T_1 pode ser convertida para a direita em T_2, ela pode ser convertida para a direita por meio de $O(n^2)$ chamadas a Rotaciona-Para-Direita.

13.3 Inserção

Para inserir um nó em uma árvore rubro-negra de n nós no tempo $O(\lg n)$ e manter as propriedades vermelho-preto, precisaremos usar uma versão ligeiramente modificada do procedimento Insere-Árvore na Seção 13.1. O procedimento Insere-RN começa inserindo o nó z na árvore T como se ela fosse uma árvore binária de busca comum e depois colorindo z de vermelho. (O Exercício 13.3-1 pede que você explique a razão de tornar o nó z vermelho, em vez de preto.) Para garantirmos que as propriedades vermelho-preto sejam preservadas, chamamos um procedimento auxiliar Corrige-Insere-RN para colorir novamente os nós e executar rotações. A chamada Insere-RN(T, z) insere o nó z — cuja *chave* considera-se já ter sido inserida — na árvore rubro-negra T.

```
Insere-RN(T, z)
 1  x = T.raiz                          // nó sendo comparado com z
 2  y = T.nil                           // y será pai de z
 3  while x ≠ T.nil                      // desce até alcançar a sentinela
 4      y = x
 5      if z.chave < x.chave
 6          x = x.esquerda
 7      else x = x.direita
 8  z.p = y                             // encontrou o local — insere z com pai y
 9  if y == T.nil
10      T.raiz = z                      // árvore T estava vazia
11  elseif z.chave < y.chave
12      y.esquerda = z
13  else y.direita = z
14  z.esquerda = T.nil                  // os dois filhos de z são a sentinela
15  z.direita = T.nil
16  z.cor = VERMELHO                    // o novo nó começa vermelho
17  Corrige-Insere-RN(T, z)            // corrige qualquer violação das propriedades vermelho-preto
```

Há quatro diferenças entre os procedimentos Insere-Árvore e Insere-RN. Primeiro, todas as instâncias de NIL em Insere-Árvore são substituídas por $T.nil$. Em segundo lugar, definimos $z.esquerda$ e $z.direita$ como $T.nil$ nas linhas 14 e 15 de Insere-RN, a fim de mantermos a estrutura de árvore adequada (Insere-Árvore considerou que os filhos de z já eram NIL). Em terceiro lugar, colorimos z de vermelho na linha 16. Em quarto lugar, visto que colorir z de vermelho pode causar violação de uma das propriedades vermelho-preto, chamamos Corrige-Insere-RN(T, z) na linha 17 de Insere-RN para restaurar as propriedades vermelho-preto.

```
Corrige-Insere-RN(T, z)
 1  while z.p.cor == VERMELHO
 2      if z.p == z.p.p.esquerda        // pai de z é filho esquerdo?
 3          y = z.p.p.direita           // y é tio de z
```

(continua)

```
 4            if y.cor == VERMELHO              // pai e tio de z são vermelhos?
 5                z.p.cor = PRETO
 6                y.cor = PRETO                    ⎫
 7                z.p.p.cor = VERMELHO             ⎬  caso 1
 8                z = z.p.p                        ⎭
 9            else
10                if z == z.p.direita
11                    z = z.p                      ⎫  caso 2
12                    ROTACIONA-PARA-ESQUERDA(T, z) ⎭
13                z.p.cor = PRETO                  ⎫
14                z.p.p.cor = VERMELHO             ⎬  caso 3
15                ROTACIONA-PARA-DIREITA(T, z.p.p) ⎭
16        else          // igual às linhas 3–15 mas trocando "direita" e "esquerda"
17            y = z.p.p.esquerda
18            if y.cor == VERMELHO
19                z.p.cor = PRETO
20                y.cor = PRETO
21                z.p.p.cor = VERMELHO
22                z = z.p.p
23            else
24                if z == z.p.esquerda
25                    z = z.p
26                    ROTACIONA-PARA-DIREITA(T, z)
27                z.p.cor = PRETO
28                z.p.p.cor = VERMELHO
29                ROTACIONA-PARA-ESQUERDA(T, z.p.p)
30    T.raiz.cor = PRETO
```

Para entendermos como CORRIGE-INSERE-RN funciona, desmembraremos nosso exame do código em três etapas principais. Primeiro, determinaremos quais violações das propriedades vermelho-preto são introduzidas em INSERE- RN quando o nó z é inserido e colorido de vermelho. Em segundo lugar, examinaremos o objetivo geral do laço **while** das linhas 1–29. Por fim, exploraremos cada um dos três casos dentro do corpo do laço **while** (o caso 2 segue para o caso 3, de modo que esses dois casos não são mutuamente exclusivos) e veremos como eles cumprem essa meta.

Ao descrevermos a estrutura de uma árvore rubro-negra, muitas vezes precisaremos nos referir ao irmão do pai de um nó. Usamos o termo *tio* para tal nó. A Figura 13.4 mostra como CORRIGE-INSERE-RN opera sobre uma amostra de árvore rubro-negra, com casos dependendo em parte das cores de um nó, seu pai e seu tio.

Quais das propriedades vermelho-preto podem ser violadas na chamada a CORRIGE-INSERE-RN? A propriedade 1 certamente continua válida (cada nó é vermelho ou preto), bem como a propriedade 3 (cada folha é preta), já que ambos os filhos do nó vermelho recém-inserido são a sentinela $T.nil$. A propriedade 5, que diz que o número de nós pretos é igual em todo caminho simples a partir de certo nó, também é satisfeita porque o nó z substitui a sentinela (preta), e o nó z é vermelho com filhos sentinelas. Assim, as únicas propriedades que poderiam ser violadas são a propriedade 2, que exige que a raiz seja preta, e a propriedade 4, que diz que um nó vermelho não pode ter um filho vermelho. Ambas as violações possíveis se devem a z ser colorido de vermelho. A propriedade 2 é violada se z é a raiz, e a propriedade 4 é violada se o pai de z é vermelho. A Figura 13.4(a) mostra uma violação da propriedade 4 após a inserção do nó z.

O laço **while** das linhas 1–29 possui duas possibilidades simétricas: as linhas 3–15 tratam da situação em que o pai $z.p$ do nó z é um filho à esquerda do avô $z.p.p$ de z, e as linhas 17–29 se aplicam quando o pai de z é um filho à direita. Nossa prova focalizará apenas as linhas 3–15, contando com a simetria nas linhas 17–29. Mostraremos que o laço **while** mantém o seguinte invariante de três partes no início de cada iteração do laço:

a. O nó z é vermelho.

b. Se $z.p$ é a raiz, então $z.p$ é preto.

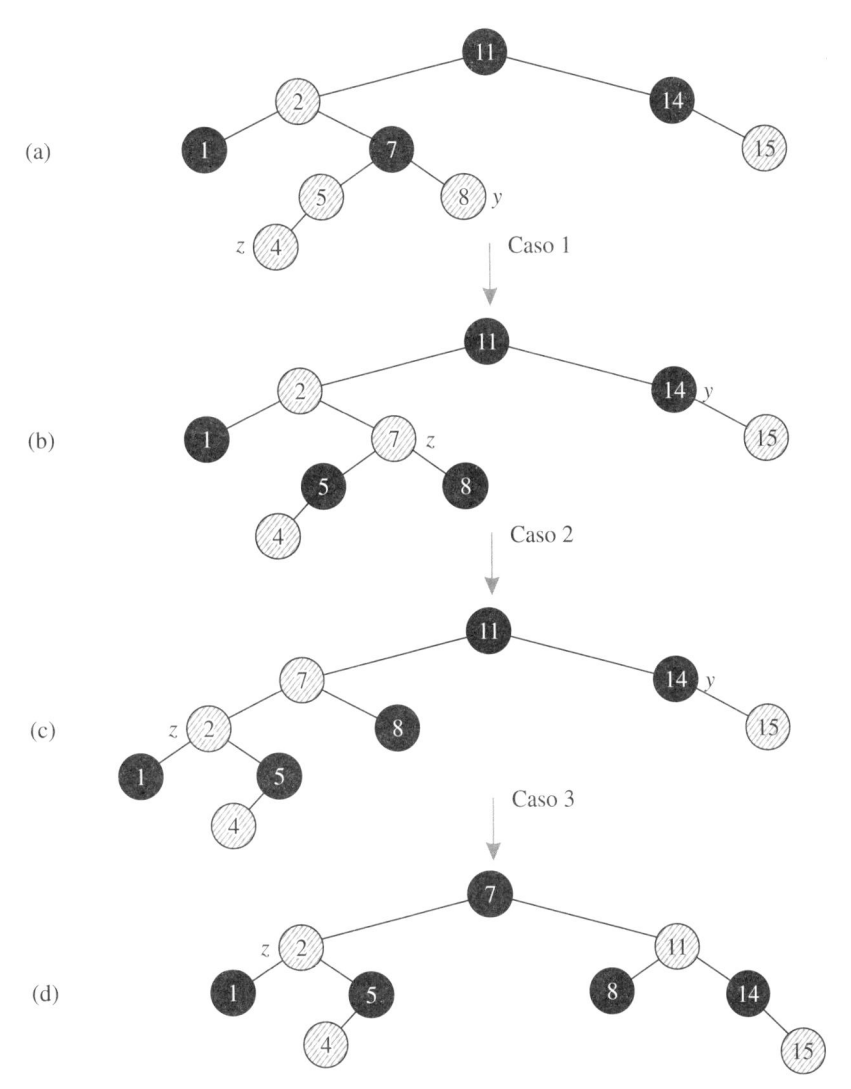

Figura 13.4 Operação de Corrige-Insere-RN. (**a**) Um nó *z* depois da inserção. Como *z* e seu pai *z.p* são vermelhos, ocorre uma violação da propriedade 4. Visto que o tio *y* de *z* é vermelho, o caso 1 no código se aplica. O avô *z.p.p* de *z* precisa ser preto, e essa condição é transferida um nível abaixo para o pai e o tio de *z*. Quando o ponteiro *z* sobe dois níveis na árvore, o resultado é a árvore mostrada em (**b**). Mais uma vez, *z* e seu pai são vermelhos, mas desta vez o tio *y* de *z* é preto. Como *z* é o filho à direita de *z.p*, o caso 2 se aplica. Executamos uma rotação para a esquerda e a árvore resultante é mostrada em (**c**). Agora, *z* é o filho à esquerda de seu pai, e o caso 3 se aplica. Colorindo novamente e executando uma rotação para a direita, é produzida a árvore em (**d**), que é uma árvore rubro-negra válida. (*Atenção: os nós vermelhos estão representados na figura pelos círculos hachurados.*)

c. Se a árvore violar qualquer das propriedades vermelho-preto, ela violará no máximo uma delas, e a violação será da propriedade 2 ou da propriedade 4, mas não de ambas. Se a árvore violar a propriedade 2, é porque *z* é a raiz e é vermelho. Se a árvore violar a propriedade 4, é porque *z* e *z.p* são vermelhos.

O item (c), que trata das violações de propriedades vermelho-preto, é mais fundamental para mostrar que Corrige-Insere-RN restaura as propriedades vermelho-preto do que os itens (a) e (b), que utilizamos no caminho para entender situações no código. Como nos concentraremos no nó *z* e em nós próximos a ele na árvore, é útil saber pelo item (a) que *z* é vermelho. Usaremos o item (b) para mostrarmos que o avô *z.p.p* de *z* existe quando nos referimos a ele nas linhas 2, 3, 7, 8, 14 e 15 (lembre-se de que estamos focalizando apenas as linhas 3–15).

Lembre-se de que, para usarmos um invariante de laço, precisamos mostrar que o invariante é verdadeiro antes da primeira iteração do laço, que cada iteração mantém o invariante de laço e que o invariante de laço nos dá uma propriedade útil ao término do laço. Veremos que cada iteração do laço tem dois resultados possíveis: o ponteiro *z* sobe a árvore, ou executamos algumas rotações e o laço termina.

Inicialização: antes da chamada a Insere-RN, a árvore rubro-negra não tem violações. Insere-RN acrescenta um nó vermelho *z* e chama Corrige-Insere-RN. Mostraremos que cada parte do invariante é válida no momento em que Corrige-Insere-RN é chamado:

a. Quando CORRIGE-INSERE-RN é chamado, z é o nó vermelho que foi acrescentado.

b. Se $z.p$ é a raiz, então $z.p$ começou preto e não mudou antes da chamada de CORRIGE-INSERE-RN.

c. Já vimos que as propriedades 1, 3 e 5 são válidas quando CORRIGE-INSERE-RN é chamado.

Se a árvore violar a propriedade 2 (que a raiz deve ser preta), a raiz vermelha deve ser o nó z recém-acres·centado, que é o único nó interno na árvore. Como o pai e ambos os filhos de z são a sentinela, que é preta, a árvore tampouco viola a propriedade 4 (que ambos os filhos de um nó vermelho são pretos). Assim, essa violação da propriedade 2 é a única violação de propriedades vermelho-preto na árvore inteira.

Se a árvore violar a propriedade 4, como os filhos do nó z são sentinelas pretas e a árvore não tinha nenhuma outra violação antes de z ser acrescentado, a violação tem de ser porque z e $z.p$ são vermelhos. Além disso, a árvore não viola nenhuma outra propriedade vermelho-preto.

Manutenção: existem seis casos no laço **while**, mas examinaremos apenas os três casos nas linhas 3–15, quando o pai $z.p$ de z é um filho à esquerda do avô $z.p.p$ de z. A prova para as linhas 17–29 é simétrica. O nó $z.p.p$ existe, já que, pelo item (b) do invariante de laço, se $z.p$ é a raiz, então $z.p$ é preto. Visto que CORRIGE-INSERE-RN entra em uma iteração de laço somente se $z.p$ é vermelho, sabemos que $z.p$ não pode ser a raiz. Consequentemente, $z.p.p$ existe.

Distinguimos o caso 1 dos casos 2 e 3 pela cor do tio y de z. A linha 3 faz y apontar para o tio $z.p.p.direita$ de z, e a linha 4 testa a cor de y. Se y é vermelho, então executamos o caso 1. Do contrário, o controle passa para os casos 2 e 3. Em todos os três casos, o avô $z.p.p$ de z é preto, já que seu pai $z.p$ é vermelho, e a propriedade 4 é violada apenas entre z e $z.p$.

Caso 1: o tio y de z é vermelho

A Figura 13.5 mostra a situação para o caso 1 (linhas 5–8), que ocorre quando $z.p$ e y são vermelhos. Como $z.p.p$, o avô de z, é preto, podemos colorir $z.p$ e y de preto, o que corrige o problema de z e $z.p$ serem vermelhos. Podemos colorir $z.p.p$ de vermelho, mantendo, assim, a propriedade 5. Então, repetimos o laço **while** com $z.p.p$ como o novo nó z, de modo que o ponteiro z sobe dois níveis na árvore.

Agora, mostramos que o caso 1 mantém o invariante de laço no início da próxima iteração. Usamos z para indicar o nó z na iteração atual, e $z' = z.p.p$ para indicar o nó que será denominado z no teste da linha 1 na iteração seguinte.

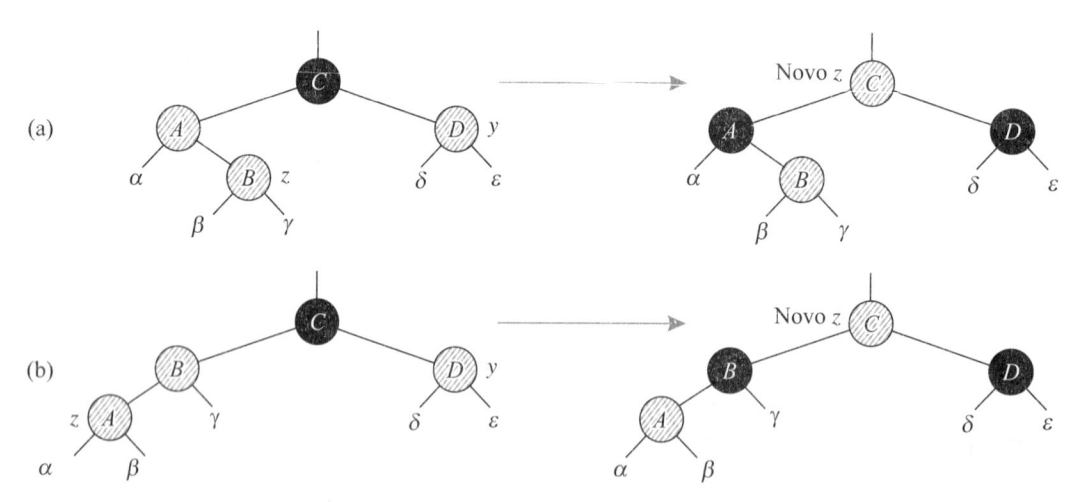

Figura 13.5 Caso 1 do procedimento CORRIGE-INSERE-RN. A propriedade 4 é violada, já que z e seu pai $z.p$ são vermelhos. No caso 1, o tio de z é vermelho. A mesma ação é adotada se (**a**) z é um filho à direita ou (**b**) z é um filho à esquerda. Cada uma das subárvores, α, β, γ, δ e ε tem uma raiz preta — possivelmente, a sentinela — e cada uma tem a mesma altura preta. O código para o caso 1 desloca a cor preta do avô de z para o pai e o tio de z, preservando a propriedade 5: todos os caminhos simples descendentes de um nó até uma folha têm o mesmo número de nós pretos. O laço **while** continua com o avô $z.p.p$ do nó z como o novo z. Se a ação do caso 1 causar uma nova violação da propriedade 4, ela deverá ser apenas entre o novo z, que é vermelho, e seu pai, se também for vermelho. (*Atenção: os nós vermelhos estão representados na figura pelos círculos hachurados.*)

a. Como essa iteração colore $z.p.p$ de vermelho, o nó z' é vermelho no início da próxima iteração.

b. O nó $z'.p$ é $z.p.p.p$ nessa iteração, e a cor desse nó não se altera. Se esse nó é a raiz, ele era preto antes dessa iteração e permanece preto no início da próxima iteração.

c. Já mostramos que o caso 1 mantém a propriedade 5 e não introduz uma violação das propriedades 1 ou 3.

Se o nó z' é a raiz no início da próxima iteração, então o caso 1 corrigiu a única violação da propriedade 4 nessa iteração. Como z' é vermelho e é a raiz, a propriedade 2 passa a ser a única violada, e essa violação se deve a z'.

Se o nó z' não é a raiz no início da próxima iteração, então o caso 1 não causou uma violação da propriedade 2. O caso 1 corrigiu a única violação da propriedade 4 que existia no início dessa iteração. Então, transformou z' em vermelho e deixou $z'.p$ como estava. Se $z'.p$ era preto, não há nenhuma violação da propriedade 4. Se $z'.p$ era vermelho, colorir z' de vermelho acarretou uma violação da propriedade 4 entre z' e $z'.p$.

Caso 2: o tio y de z é preto e z é um filho à direita

Caso 3: o tio y de z é preto e z é um filho à esquerda

Nos casos 2 e 3, a cor do tio y de z é preta. Distinguimos os dois casos, que consideram que o pai $z.p$ de z é vermelho e um filho à esquerda, conforme z seja um filho à direita ou à esquerda de $z.p$. As linhas 11–12 constituem o caso 2, que é mostrado na Figura 13.6, juntamente com o caso 3. No caso 2, o nó z é um filho à direita de seu pai. Usamos imediatamente uma rotação à esquerda para transformar a situação no caso 3 (linhas 13–15), na qual o nó z é um filho à esquerda. Como z e $z.p$ são vermelhos, a rotação não afeta a altura preta dos nós nem a propriedade 5. Quer entremos no caso 3 diretamente ou por meio do caso 2, o tio y de z é preto, já que, do contrário, teríamos executado o caso 1. Além disso, o nó $z.p.p$ existe, visto que demonstramos que esse nó existia no momento em que as linhas 2 e 3 foram executadas e, após z subir um nível na linha 11 e depois descer um nível na linha 12, a identidade de $z.p.p$ permanece inalterada. No caso 3, executamos algumas mudanças de cores e uma rotação para a direita, o que preserva a propriedade 5. Nesse ponto, não temos mais dois nós vermelhos em seguida. O laço **while** termina no próximo teste na linha 1, já que agora $z.p$ é preto.

Agora, mostramos que os casos 2 e 3 mantêm o invariante de laço. (Como acabamos de demonstrar, $z.p$ será preto no próximo teste na linha 1 e o corpo do laço não será executado novamente.)

a. O caso 2 faz z apontar para $z.p$, que é vermelho. Nenhuma mudança adicional em z ou em sua cor ocorre nos casos 2 e 3.

b. O caso 3 torna $z.p$ preto, de modo que, se $z.p$ é a raiz no início da próxima iteração, ele é preto.

c. Como ocorre no caso de 1, as propriedades 1, 3 e 5 são mantidas nos casos 2 e 3.

Visto que o nó z não é a raiz nos casos 2 e 3, sabemos que não há nenhuma violação da propriedade 2. Os casos 2 e 3 não introduzem uma violação da propriedade 2, já que o único nó que se tornou vermelho torna-se um filho de um nó preto pela rotação no caso 3.

Os casos 2 e 3 corrigem a única violação da propriedade 4 e não introduzem outra violação.

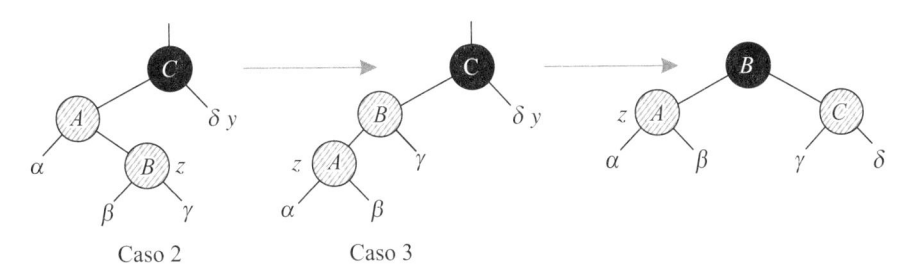

Caso 2   Caso 3

Figura 13.6 Casos 2 e 3 do procedimento Corrige-Insere-RN. Como no caso 1, a propriedade 4 é violada no caso 2 ou no caso 3 porque z e seu pai $z.p$ são vermelhos. Cada uma das subárvores, α, β, γ e δ tem uma raiz preta (α, β e γ pela propriedade 4, e δ porque, caso contrário, estaríamos no caso 1), e cada uma tem a mesma altura preta. Transformamos o caso 2 no caso 3 por uma rotação para a esquerda, o que preserva a propriedade 5: todos os caminhos simples descendentes de um nó até uma folha têm o mesmo número de nós pretos. O caso 3 provoca algumas mudanças de cores e uma rotação para a direita, o que também preserva a propriedade 5. Em seguida, o laço **while** termina porque a propriedade 4 é satisfeita: não há mais dois nós vermelhos em seguida. (*Atenção: os nós vermelhos estão representados na figura pelos círculos hachurados.*)

Término: para ver que o laço termina, observe que, se ocorre apenas o caso 1, então o ponteiro de nó z move-se para a raiz a cada iteração, de modo que, por fim, $z.p$ é preto. (Se z é a raiz, então $z.p$ é a sentinela *T.nil*, que é preta.) Se ocorre o caso 2 ou o caso 3, então vemos que o laço termina. Como o laço termina porque $z.p$ é preto, a árvore não viola a propriedade 4 no término do laço. Pelo invariante de laço, a única propriedade que poderia deixar de ser válida é a propriedade 2. A linha 30 restaura essa propriedade colorindo a raiz com preto, de modo que, quando CORRIGE-INSERE-RN termina, todas as propriedades vermelho-preto são válidas.

Assim, mostramos que CORRIGE-INSERE-RN restaura corretamente as propriedades vermelho-preto.

Análise

Qual é o tempo de execução de INSERE-RN? Visto que a altura de uma árvore rubro-negra em n nós é $O(\lg n)$, as linhas 1–16 de INSERE-RN levam o tempo $O(\lg n)$. Em CORRIGE-INSERE-RN, o laço **while** só é repetido se o caso 1 ocorrer, e então, o ponteiro z sobe dois níveis na árvore. Portanto, o número total de vezes que o laço **while** pode ser executado é $O(\lg n)$. Assim, INSERE-RN demora um tempo total $O(\lg n)$. Além disso, ele nunca executa mais de duas rotações, já que o laço **while** termina se o caso 2 ou o caso 3 for executado.

Exercícios

13.3-1
Na linha 16 de INSERE-RN, atribuímos o nó z recém-inserido com vermelho. Note que, se tivéssemos optado por atribuir z com preto, a propriedade 4 de uma árvore rubro-negra não seria violada. Por que não optamos por definir z como preto?

13.3-2
Mostre as árvores rubro-negras que resultam após a inserção sucessiva das chaves 41, 38, 31, 12, 19, 8 em uma árvore rubro-negra inicialmente vazia.

13.3-3
Suponha que a altura preta de cada uma das subárvores α, β, γ, δ, ε nas Figuras 13.5 e 13.6 seja k. Identifique cada nó em cada figura com sua altura preta para verificar se a transformação indicada preserva a propriedade 5.

13.3-4
O professor Teach está preocupado que CORRIGE-INSERE-RN possa atribuir *T.nil.cor* como VERMELHO, caso em que o teste da linha 1 não faria o laço terminar quando z fosse a raiz. Mostre que a preocupação do professor é infundada, demonstrando que CORRIGE-INSERE-RN nunca atribui *T.nil.cor* com VERMELHO.

13.3-5
Considere uma árvore rubro-negra formada pela inserção de n nós com INSERE-RN. Mostre que, se $n > 1$, a árvore tem, no mínimo, um nó vermelho.

13.3-6
Sugira como implementar INSERE-RN de maneira eficiente se a representação para árvores rubro-negras não incluir nenhum armazenamento para ponteiros pais.

13.4 Remoção

Como as outras operações básicas em uma árvore rubro-negra de n nós, a remoção de um nó demora o tempo $O(\lg n)$. Remover um nó de uma árvore rubro-negra é um pouco mais complicado que inserir um nó.

O procedimento para remover um nó de uma árvore rubro-negra é baseado no procedimento REMOVE-RN do Capítulo 12. Primeiro, precisamos personalizar a sub-rotina TRANSPLANTE do Capítulo 12, que REMOVE-ÁRVORE chama, de modo que ela se aplique a uma árvore rubro-negra. Assim como TRANSPLANTE, o novo procedimento TRANSPLANTE-RN substitui a subárvore com raiz no nó u pela subárvore com raiz no nó v. Primeiro, a linha 1 referencia a sentinela $T.nil$ em vez de NIL. Em segundo lugar, a atribuição a $v.p$ na linha 6 ocorre incondicionalmente: podemos atribuir a $v.p$ mesmo que aponte para a sentinela. De fato, exploraremos a capacidade de atribuir a $v.p$ quando $v = T.nil$.

```
TRANSPLANTE-RN(T, u, v)
1   if u.p == T.nil
2       T.raiz = v
3   elseif u == u.p.esquerda
4       u.p.esquerda = v
5   else u.p.direita = v
6   v.p = u.p
```

O procedimento REMOVE-RN é como o procedimento REMOVE-ÁRVORE, a seguir, porém com linhas adicionais de pseudocódigo. As linhas adicionais lidam com os nós x e y que poderiam estar envolvidos em violações das propriedades vermelho-preto. Quando o nó z sendo eliminado tem no máximo um filho, y será z. Quando z tem dois filhos, então, como em REMOVE-ÁRVORE, y deve ser o sucessor de z, que não tem filho esquerdo, e y passa para a posição de z na árvore. Além disso, y assume a cor de z. Em ambos os casos, o nó y tem no máximo um filho: o nó x, que assume o lugar de y na árvore. (O nó x será a sentinela $T.nil$ se y não tiver filhos.) Visto que y será ou removido da árvore ou movido dentro da árvore, um procedimento precisa rastrear a cor original de y. Se as propriedades vermelho-preto puderem ser violadas após a eliminação do nó z, REMOVE-RN chama o procedimento auxiliar CORRIGE-REMOVE-RN, que muda as cores e executa rotações para restaurar as propriedades vermelho-preto.

```
REMOVE-RN(T, z)
1    y = z
2    y-cor-original = y.cor
3    if z.esquerda == T.nil
4        x = z.direita
5        TRANSPLANTE-RN(T, z, z.direita)          // troca z por seu filho à direita
6    elseif z.direita == T.nil
7        x = z.esquerda
8        TRANSPLANTE-RN(T, z, z.esquerda)         // troca z por seu filho à esquerda
9    else y = MÍNIMO-ÁRVORE(z.direita)            // y é sucessor de z
10       y-cor-original = y.cor
11       x = y.direita
12       if y ≠ z.direita                          // y está mais abaixo na árvore?
13           TRANSPLANTE-RN(T,y,y.direita)         // troca y por seu filho à direita
14           y.direita = z.direita                 // filho à direita de z torna-se
15           y.direita.p = y                       // filho à direita de y
16       else x.p = y                              // caso x seja T.nil
17       TRANSPLANTE-RN(T, z, y)                   // troca z por seu sucessor y
18       y.esquerda = z.esquerda                   // e dá o filho à esquerda de z a y,
19       y.esquerda.p = y                          // que não tinha filho à esquerda
20       y.cor = z.cor
21   if y-cor-original == PRETO                    // se houve violação vermelho-preto,
22       CORRIGE-REMOVE-RN(T, x)                   // então corrige
```

Embora REMOVE-RN contenha quase duas vezes o número de linhas de pseudocódigo de REMOVE-ÁRVORE, os dois procedimentos têm a mesma estrutura básica. Podemos encontrar cada linha de REMOVE-ÁRVORE dentro de REMOVE-RN (se substituirmos $T.nil$ por NIL e as chamadas a TRANSPLANTE-RN por chamadas a TRANSPLANTE) se executado sob as mesmas condições.

Apresentamos, a seguir, as outras diferenças entre os dois procedimentos:

- As linhas 1 e 9 definem o nó y conforme descrito anteriormente: a linha 1 quando o nó z tem no máximo um filho e a linha 9 quando z tem dois filhos.

- Como a cor do nó y pode mudar, a variável *y-cor-original* armazena a cor de y antes de ocorrer qualquer mudança. As linhas 2 e 10 definem essa variável imediatamente após atribuições a y. Quando z tem dois filhos, então os nós y e z são distintos. Nesse caso, a linha 17 move y para a posição original do nó z na árvore (ou seja, o local de z na árvore no momento em que REMOVE-RN foi chamado), e a linha 20 dá a y a mesma cor de z. Quando o nó y era originalmente preto, sua remoção ou mudança poderia causar violações das propriedades vermelho-preto, que são corrigidas pela chamada de CORRIGE-REMOVE-RN na linha 22.

- Como discutimos, o procedimento rastreia o nó x que passa para a posição original do nó y no momento da chamada. As atribuições nas linhas 4, 7 e 11 fazem x apontar para o único filho de y ou, se y não tiver filhos, para a sentinela *T.nil*.

- Visto que o nó x passa para a posição original de y, o atributo $x.p$ sempre deverá estar definido corretamente. Se o nó z tem dois filhos e y for o filho à direita de z, então y simplesmente se move para a posição de z, com o x restante sendo um filho de y. A linha 12 verifica esse caso. Embora você possa pensar que a definição de $x.p$ como y na linha 16 seja desnecessária, pois x é um filho de y, a chamada de CORRIGE-REMOVE-RN conta com $x.p$ sendo y mesmo que x seja *T.nil*. Assim, quando z tem dois filhos e x é o filho à direita de z, a execução da linha 16 é necessária se o filho à direita de y é *T.nil*; caso contrário, nada mudará.

  De outra forma, o nó z é igual ao nó y ou é um ancestral apropriado do pai original de y. Nesses casos, as chamadas de TRANSPLANTE-RN nas linhas 5, 8 e 13 definem $x.p$ corretamente na linha 6 de TRANSPLANTE-RN. (Nessas chamadas de TRANSPLANTE-RN, o terceiro parâmetro passado é o mesmo que x.)

- Por fim, se o nó y era preto, pode ser que tenhamos introduzido uma ou mais violações das propriedades vermelho-preto. Por isso, chamamos CORRIGE-REMOVE-RN na linha 22 para restaurar as propriedades vermelho-preto. Se y era vermelho, as propriedades vermelho-preto ainda são válidas quando y é eliminado ou movido, pelas seguintes razões:

  1. Nenhuma altura preta na árvore mudou. (Ver Exercício 13.4-1.)
  2. Nenhum par de nós vermelhos tornou-se adjacente. Se z tem no máximo um filho, então y e z são o mesmo nó. Esse nó é removido, com um filho tomando seu lugar. Se o nó removido era vermelho, então nem seu pai nem seus filhos também podem ser vermelhos, portanto, mover um filho para ocupar seu lugar não pode tornar dois nós vermelhos adjacentes. Se, por outro lado, z tem dois filhos, então y ocupa o lugar de z na árvore, juntamente com a cor de z, de modo que não possa haver dois nós vermelhos adjacentes na nova posição de y na árvore. Além disso, se y não era o filho à direita de z, então x, o filho à direita original de y, substitui y na árvore. Como y é vermelho, então x deve ser preto; portanto, substituir y por x não pode fazer com que dois nós vermelhos se tornem adjacentes.
  3. Visto que y não poderia ter sido a raiz se fosse vermelho, a raiz permanece preta.

Se o nó y era preto, poderão surgir três problemas, que a chamada de CORRIGE-REMOVE-RN remediará. Primeiro, se y era a raiz e um filho vermelho de y se torna a nova raiz, violamos a propriedade 2. Segundo, se x e seu novo pai são vermelhos, então violamos a propriedade 4. Terceiro, mover y pela árvore faz com que qualquer caminho simples que continha y anteriormente tenha um nó preto a menos. Assim, a propriedade 5 agora é violada por qualquer ancestral de y na árvore. Podemos corrigir a violação da propriedade 5 dizendo que o nó x, que agora ocupa a posição original de y, tem um preto "extra". Isto é, se somarmos 1 à contagem de nós pretos em qualquer caminho simples que contenha x, então, por essa interpretação, a propriedade 5 se mantém válida. Mas agora surge outro problema: o nó x não é nem vermelho nem preto, o que viola a propriedade 1. Em vez disso, o nó x é "duplamente preto" ou "vermelho e preto" e contribui com 2 ou 1, respectivamente, para a contagem de nós pretos em caminhos simples que contêm x. O atributo *cor* de x ainda será VERMELHO (se x é vermelho e preto) ou PRETO (se x é duplamente preto). Em outras palavras, a consequência desse preto extra em um nó é que x apontará para o nó em vez de para o atributo *cor*.

CORRIGE-REMOVE-RN(T, x)

```
 1  while x ≠ T.raiz e x.cor == PRETO
 2      if x == x.p.esquerda                          // x é um filho à esquerda?
 3          w = x.p.direita                           // w é irmão de x
 4          if w.cor == VERMELHO
 5              w.cor = PRETO
 6              x.p.cor = VERMELHO                         caso 1
 7              ROTACIONA-PARA-ESQUERDA(T, x.p)
 8              w = x.p.direita
 9          if w.esquerda.cor == Preto e w.direita.cor == PRETO
10              w.cor = VERMELHO                           caso 2
11              x = x.p
12          else
13              if w.direita.cor == PRETO
14                  w.esquerda.cor = PRETO
15                  w.cor = VERMELHO                        caso 3
16                  ROTACIONA-PARA-DIREITA (T, w)
17                  w = x.p.direita
18              w.cor = x.p.cor
19              x.p.cor = PRETO
20              w.direita.cor = PRETO                       caso 4
21              ROTACIONA-PARA-ESQUERDA(T, x.p)
22              x = T.raiz
23      else   // igual às linhas 3–22, invertendo "direita" e "esquerda"
24          w = x.p.esquerda
25          if w.cor == VERMELHO
26              w.cor = PRETO
27              x.p.cor = VERMELHO
28              ROTACIONA-PARA-DIREITA (T, x.p)
29              w = x.p.esquerda
30          if w.direita.cor == PRETO e w.esquerda.cor == PRETO
31              w.cor = VERMELHO
32              x = x.p
33          else
34              if w.esquerda.cor == PRETO
35                  w.direita.cor = PRETO
36                  w.cor = VERMELHO
37                  ROTACIONA-PARA-ESQUERDA(T, w)
38                  w = x.p.esquerda
39              w.cor = x.p.cor
40              x.p.cor = PRETO
41              w.esquerda.cor = PRETO
42              ROTACIONA-PARA-DIREITA(T, x.p)
43              x = T.raiz
44  x.cor = PRETO
```

O procedimento CORRIGE-REMOVE-RN restaura as propriedades 1, 2 e 4. Os Exercícios 13.4-2 e 13.4-3 pedem que você mostre que o procedimento restaura as propriedades 2 e 4 e, assim, no restante desta seção focalizaremos a propriedade 1. O objetivo do laço **while** nas linhas 1–43 é mover o preto extra para cima na árvore até

1. x apontar para um nó vermelho e preto, caso em que colorimos na linha 44 x (isoladamente) de preto;
2. x apontar para a raiz, caso em que o preto extra simplesmente desaparece; ou
3. que, executadas as operações adequadas de rotações e novas colorações, saiamos do laço.

Assim como CORRIGE-INSERE-RN, o procedimento CORRIGE-REMOVE-RN trata de duas situações simétricas: linhas 3–22 para quando o nó x é um filho à esquerda, e linhas 24–43 para quando x é um filho à direita. Nossa prova focaliza os quatro casos mostrados nas linhas 3–22.

Dentro do laço **while**, x sempre aponta para um nó não raiz duplamente preto. Determinamos na linha 2 se x é um filho à esquerda ou um filho à direita de seu pai $x.p$, de modo que ou as linhas 3–22 ou 24–43 serão executadas em determinada iteração. Mantemos sempre um ponteiro w para o irmão de x. Visto que o nó x é duplamente preto, o nó w não pode ser $T.nil$ porque, caso contrário, o número de pretos no caminho simples de $x.p$ até a folha w (unicamente preta) seria menor que o número no caminho simples de $x.p$ até x.

Lembre-se de que o procedimento REMOVE-RN sempre atribui a $x.p$ antes de chamar CORRIGE-REMOVE-RN (seja dentro da chamada de TRANSPLANTE-RN na linha 13 ou na atribuição da linha 16), mesmo quando o nó x é a sentinela $T.nil$. Isso ocorre porque CORRIGE-REMOVE-RN referencia o pai $x.p$ de x em vários lugares, e esse atributo deve apontar para o nó que se tornou pai de x em REMOVE-RN — mesmo que x seja $T.nil$.

A Figura 13.7 demonstra os quatro casos no código quando o nó x é um filho à esquerda. (Assim como em CORRIGE-INSERE-RN, os casos em CORRIGE-REMOVE-RN não são mutuamente exclusivos.)

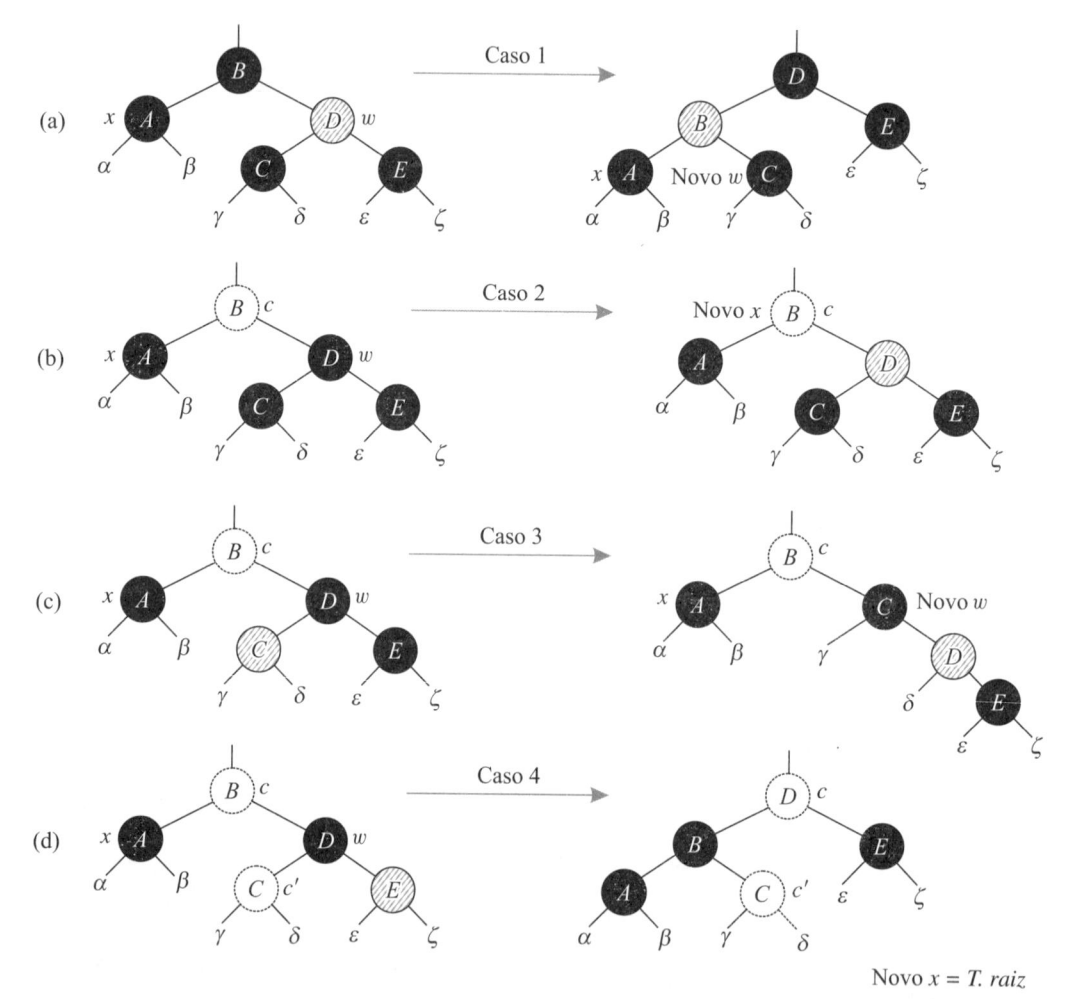

Novo $x = T.\ raiz$

Figura 13.7 Casos nas linhas 3–22 do procedimento CORRIGE-REMOVE-RN. Nós com *borda pontilhada* têm atributos *cor* representados por c e c', que podem ser VERMELHO ou PRETO. As letras $\alpha, \beta, ..., \zeta$ representam subárvores arbitrárias. Cada caso transforma a configuração à esquerda na configuração à direita mudando algumas cores e/ou executando uma rotação. Qualquer nó apontado por x tem um preto extra e é duplamente preto ou vermelho e preto. Somente o caso 2 faz o laço se repetir. (**a**) O caso 1 é transformado no caso 2, 3 ou 4 trocando as cores dos nós B e D e executando uma rotação para a esquerda. (**b**) No caso 2, o preto extra representado pelo ponteiro x é deslocado para cima na árvore colorindo o nó D de vermelho e ajustando x para apontar para o nó B. Se entrarmos no caso 2 por meio do caso 1, o laço **while** termina, já que o novo nó x é vermelho e preto, e portanto, o valor c de seu atributo *cor* é VERMELHO. (**c**) O caso 3 é transformado no caso 4 trocando as cores dos nós C e D e executando uma rotação para a direita. (**d**) O caso 4 remove o preto extra representado por x mudando algumas cores e executando uma rotação para a esquerda (sem violar as propriedades vermelho-preto) e, então, o laço termina. (*Atenção: os nós vermelhos estão representados na figura pelos círculos hachurados.*)

Antes de examinar cada caso em detalhes, vamos ver, de um modo mais geral, como podemos comprovar que, em cada um dos casos, a transformação preserva a propriedade 5. A ideia-chave é que, em cada caso, a transformação aplicada preserva o número de nós pretos (incluindo o preto extra de x) da raiz da subárvore (inclusive) mostrada até cada uma das subárvores α, β, ..., ζ. Assim, se a propriedade 5 é válida antes da transformação, continua a ser válida depois dela. Por exemplo, na Figura 13.7(a), que ilustra o caso 1, o número de nós pretos da raiz até a subárvore α ou β é 3, antes e também depois da transformação. (Mais uma vez, lembre-se de que o nó x adiciona um preto extra.) De modo semelhante, o número de nós pretos da raiz até qualquer das subárvores γ, δ, ε e ζ é 2, antes e também depois da transformação.[1] Na Figura 13.7(b), a contagem deve envolver o valor c do atributo *cor* da raiz da subárvore mostrada, que pode ser VERMELHO ou PRETO. Se definirmos contador(VERMELHO) = 0 e contador(PRETO) = 1, o número de nós pretos da raiz até α é 2 + contador(c), antes e também depois da transformação. Nesse caso, após a transformação, o novo nó x tem o atributo *cor c*, mas na realidade é vermelho e preto (se c = VERMELHO) ou duplamente preto (se c = PRETO). Os outros casos podem ser verificados de maneira semelhante (ver Exercício 13.4-6.)

Caso 1: o irmão w de x é vermelho

O caso 1 (linhas 5–8 e Figura 13.7(a)) ocorre quando o nó w, o irmão do nó x, é vermelho. Visto que w é vermelho, ele deve ter filhos pretos. Este caso troca as cores de w e $x.p$ e depois executa uma rotação para a esquerda em $x.p$ sem violar qualquer das propriedades vermelho-preto. O novo irmão de x, que é um dos filhos de w antes da rotação, agora é preto e, assim, convertemos o caso 1 no caso 2, 3 ou 4.

Os casos 2, 3 e 4 ocorrem quando o nó w é preto; eles são distinguidos pelas cores dos filhos de w.

Caso 2: o irmão w de x é preto e os filhos de w são ambos pretos

No caso 2 (linhas 10–11 e Figura 13.7(b)), ambos os filhos de w são pretos. Visto que w também é preto, retiramos um preto de x e também de w, deixando x com apenas um preto e deixando w vermelho. Para compensar a remoção de um preto de x e de w, gostaríamos de adicionar um preto extra ao pai $x.p$ de x. A linha 11 faz isso subindo x um nível, de modo que o laço **while** se repita com $x.p$ como o novo nó x. Observe que, se entrarmos no caso 2 por meio do caso 1, o novo nó x será vermelho e preto, já que o $x.p$ original era vermelho. Consequentemente, o valor c do atributo *cor* do novo nó x é VERMELHO, e o laço termina quando testa a condição de laço. Então, colorimos o novo nó x de preto (unicamente) na linha 44.

Caso 3: o irmão w de x é preto, o filho à esquerda de w é vermelho e o filho à direita de w é preto

O caso 3 (linhas 14–17 e Figura 13.7(c)) ocorre quando w é preto, seu filho à esquerda é vermelho e seu filho à direita é preto. Podemos permutar as cores de w e de seu filho à esquerda $w.esquerda$ e, então, executar uma rotação para a direita em w sem violar qualquer das propriedades vermelho-preto. O novo irmão w de x é agora um nó preto com um filho à direita vermelho e, assim, transformamos o caso 3 no caso 4.

Caso 4: o irmão w de x é preto e o filho à direita de w é vermelho

O caso 4 (linhas 18–22 e Figura 13.7(d)) ocorre quando o irmão w do nó x é preto e o filho à direita de w é vermelho. Fazendo algumas mudanças de cores e executando uma rotação para a esquerda em $x.p$, podemos remover o preto extra em x, tornando-o unicamente preto, sem violar qualquer das propriedades vermelho-preto. A linha 22 define x como a raiz, e o laço **while** termina ao testar a condição de laço.

Análise

Qual é o tempo de execução de REMOVE-RN? Visto que a altura de uma árvore rubro-negra de n nós é $O(\lg n)$, o custo total do procedimento sem a chamada a CORRIGE-REMOVE-RN demora o tempo $O(\lg n)$.

---

[1] Se a propriedade 5 é válida, então podemos supor que os caminhos das raízes de γ, δ, ε e ζ descendo até as folhas contêm um preto a mais que os caminhos das raízes de α e β descendo até as folhas.

Dentro de CORRIGE-REMOVE-RN, cada um dos casos 1, 3 e 4 leva ao término depois de executar um número constante de mudanças de cores e no máximo três rotações. O caso 2 é o único no qual o laço **while** pode ser repetido, e então, o ponteiro x se move para cima na árvore no máximo $O(\lg n)$ vezes sem executar nenhuma rotação. Assim, o procedimento CORRIGE-REMOVE-RN demora o tempo $O(\lg n)$ e executa no máximo três rotações e, portanto, o tempo global para REMOVE-RN também é $O(\lg n)$.

Exercícios

13.4-1

Mostre que, se o nó y em REMOVE-RN é vermelho, então nenhuma altura preta muda.

13.4-2

Mostre que, após a execução de CORRIGE-REMOVE-RN, a raiz da árvore tem de ser preta.

13.4-3

Mostre que, se x e $x.p$ são vermelhos em REMOVE-RN, então a propriedade 4 é restabelecida pela chamada a CORRIGE-REMOVE-RN(T, x).

13.4-4

No Exercício 13.3-2, você determinou a árvore rubro-negra que resulta da inserção sucessiva das chaves 41, 38, 31, 12, 19, 8 em uma árvore inicialmente vazia. Agora, mostre as árvores rubro-negras que resultam da eliminação sucessiva das chaves na ordem 8, 12, 19, 31, 38, 41.

13.4-5

Em quais linhas do código de CORRIGE-REMOVE-RN poderíamos examinar ou modificar a sentinela $T.nil$?

13.4-6

Em cada um dos casos da Figura 13.7, dê a contagem de nós pretos da raiz da subárvore mostrada até cada uma das subárvores α, β, ..., ζ, e confirme que cada contagem permanece a mesma depois da transformação. Quando um nó tiver um atributo *cor* c ou c', use a notação contagem(c) ou contagem(c') simbolicamente em sua contagem.

13.4-7

Os professores Skelton e Baron estão preocupados porque, no início do caso 1 de CORRIGE-REMOVE-RN, o nó $x.p$ poderia não ser preto. Se $x.p$ não for preto, então as linhas 5–6 estão erradas. Mostre que $x.p$ deve ser preto no início do caso 1 e, portanto, os professores não precisam se preocupar.

13.4-8

Suponha que um nó x seja inserido em uma árvore rubro-negra com INSERE-RN e, então, imediatamente eliminado com REMOVE-RN. A árvore rubro-negra resultante é igual à árvore rubro-negra inicial? Justifique sua resposta.

★ *13.4-9*

Considere a operação ENUMERA-RN(T, r, a, b), que resulta em todas as chaves k tais que $a \le k \le b$ em uma subárvore com raiz com nó r e em uma árvore T rubro-negra com n nós. Descreva como implementar ENUMERA-RN em tempo $\Theta(m + \lg n)$, em que m é o número de chaves produzidas. Suponha que as chaves em T são exclusivas e que os valores a e b aparecem como chaves em T. Qual seria a diferença na sua solução se a e b pudessem não aparecer em T?

Problemas

13-1   Conjuntos dinâmicos persistentes

Durante o curso de um algoritmo, ocasionalmente, percebemos que precisamos manter versões anteriores de um conjunto dinâmico à medida que ele é atualizado. Tal conjunto é denominado **persistente**. Um modo de implementar um conjunto persistente é copiar o conjunto inteiro sempre que ele é modificado, mas essa abordagem pode reduzir a velocidade de um programa e também consumir muito espaço. Por vezes, podemos nos sair muito melhor.

Considere um conjunto persistente S com as operações INSERE, REMOVE e BUSCA, que implementamos usando árvores binárias de busca, como mostra a Figura 13.8(a). Mantemos uma raiz separada para cada versão do conjunto. Para inserirmos a chave 5 no conjunto, criamos um novo nó com chave 5. Esse nó se torna o filho à esquerda de um novo nó com chave 7, já que não podemos modificar o nó existente com chave 7. De modo semelhante, o novo nó com chave 7 se torna o filho à esquerda de um novo nó com chave 8, cujo filho à direita é o nó existente com chave 10. O novo nó com chave 8 se torna, por sua vez, o filho à direita de uma nova raiz r' com chave 4 cujo filho à esquerda é o nó existente com chave 3. Assim, copiamos apenas parte da árvore e compartilhamos alguns dos nós com a árvore original, como mostra a Figura 13.8(b).

Considere que cada nó da árvore tenha os atributos *chave*, *esquerda* e *direita*, mas nenhum pai. (Ver também Exercício 13.3-6.)

a. No caso geral de uma árvore binária de busca persistente (não uma árvore rubro-negra, apenas uma árvore binária de busca), identifique os nós que precisamos mudar para inserir ou eliminar um nó y.

b. Escreva um procedimento INSERE-ÁRVORE-PERSISTENTE que, dada uma árvore binária persistente T e um nó z a ser inserido, retorne uma nova árvore persistente T' que seja o resultado da inserção de z em T. Suponha que você possua um procedimento COPIA-NÓ(x) que faz uma cópia do nó x, incluindo todos os seus atributos.

c. Se a altura da árvore binária de busca persistente T é h, quais são os requisitos de tempo e espaço para a implementação de INSERE-ÁRVORE-PERSISTENTE? (O requisito de espaço é proporcional ao número de nós que são copiados.)

d. Suponha que tivéssemos incluído o atributo pai em cada nó. Nesse caso, INSERE-ÁRVORE-PERSISTENTE precisaria executar cópia adicional. Prove que INSERE-ÁRVORE-PERSISTENTE exigiria tempo e espaço $\Omega(n)$, em que n é o número de nós na árvore.

e. Mostre como usar árvores rubro-negras para garantir que o tempo de execução do pior caso e o espaço são $O(\lg n)$ por inserção ou eliminação. Você pode considerar que todas as chaves são distintas.

13-2   Operação de junção em árvores rubro-negras

Dados elementos com um atributo *chave*, a operação de **junção** toma dois conjuntos dinâmicos S_1 e S_2 e um elemento x tal que, para qualquer $x_1 \in S_1$ e $x_2 \in S_2$, temos $x_1.chave \leq x.chave \leq x_2.chave$. Ela retorna um

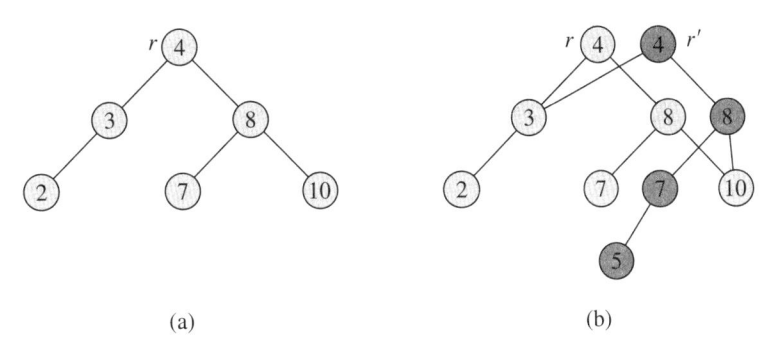

(a)   (b)

Figura 13.8 **(a)** Árvore binária de busca com chaves 2, 3, 4, 7, 8, 10. **(b)** A árvore binária de busca persistente que resulta da inserção da chave 5. A versão mais recente do conjunto consiste nos nós acessíveis que partem da raiz r', e a versão anterior consiste nos nós acessíveis a partir de r. Os nós *cinza-escuro* são adicionados quando a chave 5 é inserida.

conjunto $S = S_1 \cup \{x\} \cup S_2$. Neste problema, investigamos como implementar a operação de junção em árvores rubro-negras.

a. Dada uma árvore rubro-negra T, armazenamos sua altura preta como o novo atributo $T.ap$. Mostre que INSERE-RN e REMOVE-RN podem manter o atributo ap sem exigir armazenamento extra nos nós da árvore e sem aumentar os tempos de execução assintóticos. Mostre como determinar a altura preta de cada nó que visitamos ao descer por T no tempo $O(1)$ por nó visitado.

Sejam T_1 e T_2 árvores rubro-negras e x um elemento representado por um nó tal que, para quaisquer nós $x_1 \in T_1$ e $x_2 \in T_2$, tenhamos $x_1.chave \leq x.chave \leq x_2.chave$. Desejamos implementar a operação JUNTA-RN(T_1, x, T_2), o que destrói T_1 e T_2 e retorna uma árvore rubro-negra $T = T_1 \cup \{x\} \cup T_2$. Seja n o número total de nós em T_1 e T_2.

b. Suponha que $T_1.ap \geq T_2.ap$. Descreva um algoritmo de tempo $O(\lg n)$ que encontre um nó preto y em T_1 com a maior chave entre os nós cuja altura preta é $T_2.ap$.

c. Seja T_y a subárvore com raiz em y. Descreva como $T_y \cup \{x\} \cup T_2$ pode substituir T_y no tempo $O(1)$ sem destruir a propriedade de árvore binária de busca.

d. Que cor x deve ter para que as propriedades vermelho-preto 1, 3 e 5 sejam mantidas? Descreva como impor as propriedades 2 e 4 no tempo $O(\lg n)$.

e. Demonstre que nenhuma generalidade é perdida por adotarmos a premissa no item (b). Descreva a situação simétrica que surge quando $T_1.ap \leq T_2.ap$.

f. Mostre que o tempo de execução de JUNTA-RN é $O(\lg n)$.

13-3   *Árvores AVL*

Uma ***árvore AVL*** é uma árvore binária de busca de ***altura balanceada***: para cada nó x, a diferença entre as alturas das subárvores à esquerda e à direita de x é no máximo 1. Para implementarmos uma árvore AVL, mantemos um atributo extra h em cada nó tal que $x.h$ é a altura do nó x. Como em qualquer outra árvore binária de busca T, supomos que $T.raiz$ aponta para o nó raiz.

a. Prove que uma árvore AVL com n nós tem altura $O(\lg n)$. (*Sugestão:* prove que uma árvore AVL de altura h tem no mínimo F_h nós, com F_h sendo o h-ésimo número de Fibonacci.)

b. No caso da inserção em uma árvore AVL, primeiro colocamos um nó no lugar adequado em ordem de árvore binária de busca. Depois, a árvore poderia deixar de ser de altura balanceada. Especificamente, a diferença entre as alturas dos filhos à esquerda e à direita de algum nó poderia ser 2. Descreva um procedimento EQUILIBRE(x), que toma uma subárvore com raiz em x na qual os filhos à esquerda e à direita são de altura balanceada e a diferença entre suas alturas é no máximo 2, isto é, de modo que $|x.direita.h - x.esquerda.h| \leq 2$, e altera a subárvore com raiz em x de modo que ela se torne de altura balanceada. O procedimento deverá retornar um ponteiro para o nó que é a raiz da subárvore após as alterações. (*Sugestão:* use rotações.)

c. Usando o item (b), descreva um procedimento recursivo INSERE-AVL(T, z), que toma uma árvore AVL T e um nó z recentemente criado e adiciona z à árvore T, mantendo a propriedade de que T é uma árvore AVL. Como no procedimento INSERE-ÁRVORE da Seção 12.3, considere que $z.chave$ já foi preenchida e que $z.esquerda = $ NIL e $z.direita = $ NIL. Considere também que $z.h = 0$.

d. Mostre que executar INSERE-AVL em uma árvore AVL de n nós leva o tempo $O(\lg n)$ e efetua $O(\lg n)$ rotações.

Notas do capítulo

A ideia de balancear uma árvore de busca se deve a Adel'son-Vel'skiĭ e Landis [2], que apresentaram, em 1962, uma classe de árvores de busca balanceadas denominada "árvores AVL", descrita no Problema 13.3. Outra classe de árvores de busca, denominada "árvores 2-3", foi apresentada por J. E. Hopcroft (mas não publicada) em 1970. Uma árvore 2-3 mantém o equilíbrio manipulando os graus de nós na árvore, em que cada nó tem dois ou três filhos. O Capítulo 18 apresenta uma generalização de árvores 2-3 apresentada por Bayer e McCreight [39], denominada "árvores B".

Árvores rubro-negras foram criadas por Bayer [38] sob o nome "árvores B binárias simétricas". Guibas e Sedgewick [202] estudaram extensamente suas propriedades e introduziram a convenção de cores vermelho/preto. Andersson [16] dá uma variante de árvores rubro-negras mais simples de codificar. Weiss [451] chama essa variante de árvores AA. Uma árvore AA é semelhante a uma árvore rubro-negra, exceto que os filhos à esquerda nunca podem ser vermelhos.

Sedgewick e Wayne [402] apresentam árvores rubro-negras como uma versão modificada de árvores 2-3 em que um nó com três filhos é dividido em dois nós com dois filhos cada. Um desses nós se torna o filho esquerdo do outro, e apenas os filhos esquerdos podem ser vermelhos. Eles chamam essa estrutura "árvore binária de busca rubro-negra com inclinação para a esquerda". Embora o código para árvores binária de busca rubro-negra de inclinação à esquerda seja mais conciso do que o pseudocódigo de árvore rubro-negra neste capítulo, as operações em árvores binárias de busca rubro-negra de inclinação à esquerda não limitam o número de rotações por operação a uma constante. Essa distinção será importante no Capítulo 17.

Treaps, um híbrido de árvores binárias de busca e *heaps*, foram propostas por Seidel e Aragon [404]. São a implementação-padrão de um dicionário em LEDA [324], que é uma coleção bem implementada de estruturas de dados e algoritmos.

Há muitas outras variantes em árvores binárias balanceadas, incluindo árvores de peso balanceado [344], árvores de k vizinhos [318] e as árvores de bode expiatório [174]. Talvez as mais curiosas sejam as "árvores oblíquas" (*splay trees*) introduzidas por Sleator e Tarjan [418], que são "autoajustáveis". (Uma boa descrição de árvores oblíquas é dada por Tarjan [429].) Árvores oblíquas mantêm equilíbrio sem qualquer condição explícita de equilíbrio, como cor. Em vez disso, "operações oblíquas" (que envolvem rotações) são executadas dentro da árvore toda vez que um acesso é executado. O custo amortizado (ver Capítulo 16) de cada operação em uma árvore de n nós é $O(\lg n)$. As árvores oblíquas foram conjecturadas para funcionar dentro de um fator constante da melhor árvore baseada em rotação *off-line*. A razão competitiva mais conhecida (ver Capítulo 27) para uma árvore baseada em rotação é a Árvore Tango, de Demaine *et al.* [109].

As listas de saltos (*skip lists*) [369] oferecem uma alternativa às árvores binárias balanceadas. Uma lista de saltos é uma lista encadeada ampliada com uma quantidade de ponteiros adicionais. Cada operação de dicionário é executada no tempo esperado $O(\lg n)$ em uma lista de saltos de n itens.

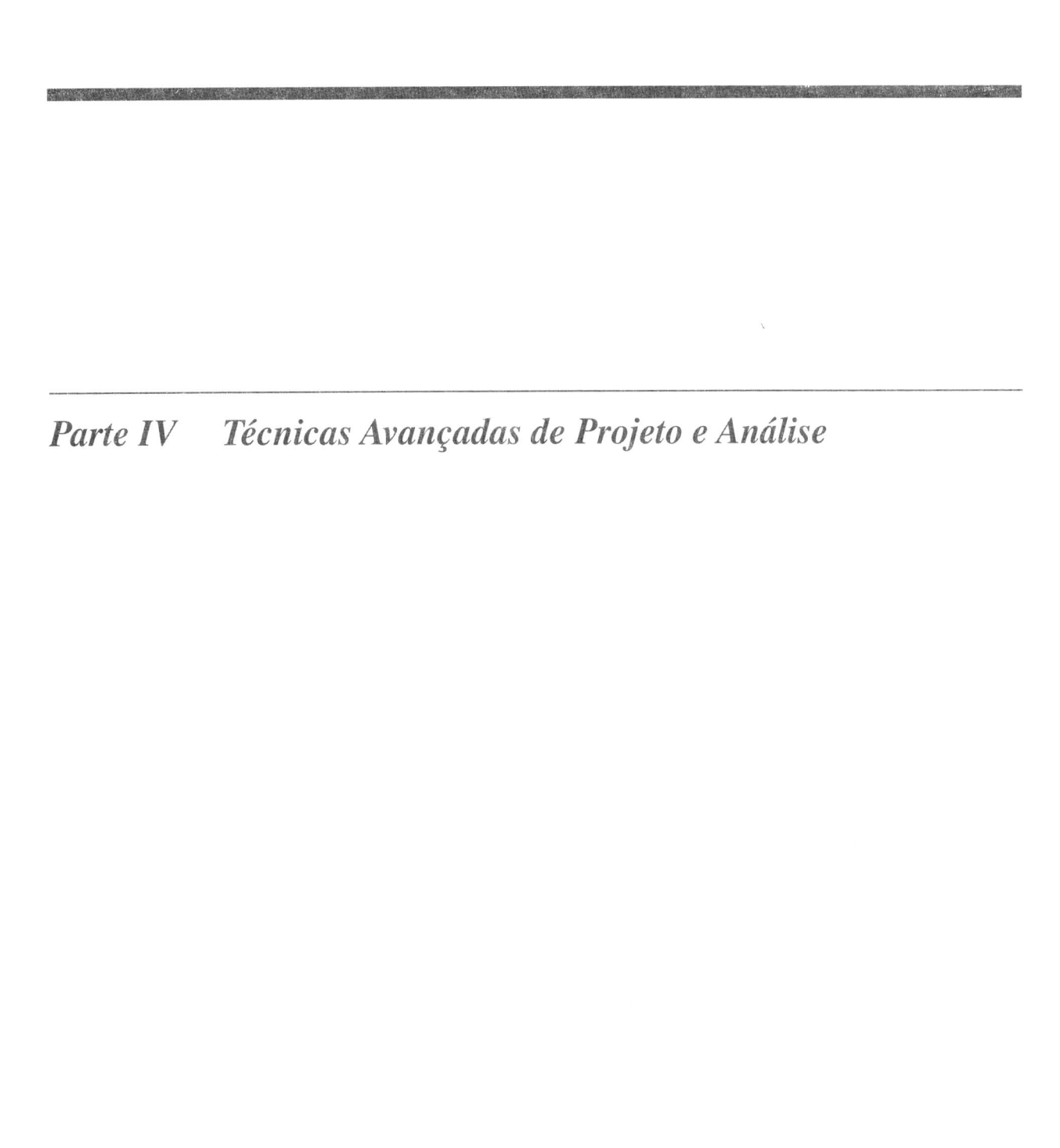

Parte IV Técnicas Avançadas de Projeto e Análise

Introdução

Esta parte focaliza três técnicas importantes usadas no projeto e na análise de algoritmos eficientes: programação dinâmica (Capítulo 14), algoritmos gulosos (Capítulo 15) e análise amortizada (Capítulo 16). Partes anteriores apresentaram outras técnicas de extensa aplicação, como divisão e conquista, aleatorização e solução de recorrências. As técnicas apresentadas na Parte IV são um pouco mais sofisticadas, mas nos ajudam a abordar muitos problemas de computação. Os temas introduzidos nesta parte aparecerão mais adiante no livro.

Em geral, a programação dinâmica se aplica a problemas de otimização nos quais fazemos um conjunto de escolhas para chegar a uma solução ótima, cada escolha gerando subproblemas da mesma forma que o problema original, e os mesmos subproblemas surgem repetidamente. A estratégia fundamental é armazenar a solução para cada um desses subproblemas, em vez de recalculá-la. O Capítulo 14 mostra como essa ideia simples, por vezes, pode transformar algoritmos de tempo exponencial em algoritmos de tempo polinomial.

Como os algoritmos de programação dinâmica, os algoritmos gulosos, em geral, se aplicam a problemas de otimização nos quais fazemos diversas escolhas para chegar a uma solução ótima. A ideia de um algoritmo guloso é fazer cada escolha de maneira ótima local, resultando em um algoritmo mais rápido do que aquele obtido com a programação dinâmica. O Capítulo 15 ajudará a determinar quando a abordagem gulosa funcionar.

Usamos análise amortizada para analisar certos algoritmos que executam uma sequência de operações semelhantes. Em vez de estimar o custo da sequência de operações limitando o custo real de cada operação separadamente, uma análise amortizada impõe limite para o custo real da sequência inteira. Uma vantagem dessa abordagem é que, embora algumas operações possam ser caras, muitas outras podem ser mais acessíveis. Podemos usar a análise amortizada no projeto de algoritmos, já que o projeto de um algoritmo e a análise de seu tempo de execução com frequência estão intimamente relacionados. O Capítulo 16 apresenta três modos de executar a análise amortizada de um algoritmo.

14 Programação Dinâmica

A programação dinâmica, assim como o método de divisão e conquista, resolve problemas combinando as soluções para subproblemas. (Nesse contexto, "programação" se refere a um método tabular, não ao processo de escrever código de computador.) Como vimos nos Capítulos 2 e 4, os algoritmos de divisão e conquista subdividem o problema em subproblemas independentes, resolvem os subproblemas recursivamente e depois combinam suas soluções para resolverem o problema original. Ao contrário, a programação dinâmica se aplica quando os subproblemas se sobrepõem, isto é, quando os subproblemas compartilham subsubproblemas. Nesse contexto, um algoritmo de divisão e conquista trabalha mais que o necessário, resolvendo repetidamente os subsubproblemas comuns. Um algoritmo de programação dinâmica resolve cada subsubproblema apenas uma vez e depois grava sua resposta em uma tabela, evitando, assim, o trabalho de recalcular a resposta toda vez que resolver cada subsubproblema.

Em geral, aplicamos a programação dinâmica em ***problemas de otimização***. Tais problemas podem ter muitas soluções possíveis. Cada solução tem um valor, e desejamos encontrar uma solução com o valor ótimo (mínimo ou máximo). Denominamos tal solução "*uma*" solução ótima para o problema, ao contrário de "*a*" solução ótima, já que podem existir várias soluções que alcançam o valor ótimo.

O desenvolvimento de um algoritmo de programação dinâmica segue uma sequência de quatro etapas:

1. Caracterizar a estrutura de uma solução ótima.
2. Definir recursivamente o valor de uma solução ótima.
3. Calcular o valor de uma solução ótima, normalmente de baixo para cima.
4. Construir uma solução ótima com as informações calculadas.

As etapas 1 a 3 formam a base de uma solução de programação dinâmica para um problema. Se precisarmos apenas do valor de uma solução ótima, e não da solução em si, podemos omitir a etapa 4. Quando executamos a etapa 4, eventualmente mantemos informações adicionais durante a etapa 3, para facilitar a construção de uma solução ótima.

As seções a seguir utilizam o método de programação dinâmica para resolver alguns problemas de otimização. A Seção 14.1 examina o problema de cortar uma haste em hastes de menor comprimento, de modo a maximizar os valores totais. A Seção 14.2 mostra como podemos multiplicar uma cadeia de matrizes e, ao mesmo tempo, executar o menor número total de multiplicações escalares. Dados esses exemplos de programação dinâmica, a Seção 14.3 discute duas características fundamentais que um problema deve ter para que a programação dinâmica seja uma técnica de solução viável. Em seguida, a Seção 14.4 mostra como determinar a subsequência comum mais longa de duas sequências por programação dinâmica. Por fim, a Seção 14.5 utiliza programação dinâmica para construir árvores de busca binária que sejam ótimas, dada uma distribuição conhecida de chaves que devem ser examinadas.

14.1 Corte de hastes

Nosso primeiro exemplo usa programação dinâmica para resolver um problema simples: decidir onde cortar hastes (ou tarugos) de aço. A Serling Enterprises compra hastes de aço longas e as corta em hastes mais curtas, para vendê-las. Cada corte é livre. A direção da Serling Enterprises quer saber qual é o melhor modo de cortar as hastes.

Comprimento i	1	2	3	4	5	6	7	8	9	10
Preço p_i	1	5	8	9	10	17	17	20	24	30

Figura 14.1 Amostra da tabela de preços para hastes. Cada haste de comprimento i polegadas rende p_i dólares de receita para a empresa.

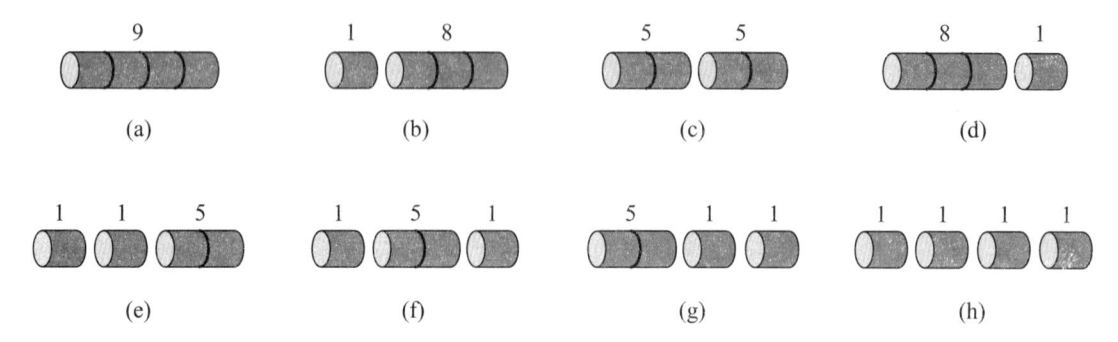

Figura 14.2 Oito modos possíveis de cortar uma haste de comprimento 4. Acima de cada pedaço está o valor de cada um, de acordo com a amostra de tabela de preços na Figura 14.1. A estratégia ótima é a parte (c) — cortar a haste em duas peças de comprimento 2 — cujo valor total é 10.

A Serling Enterprises possui uma tabela indicando, para $i = 1, 2, ..., n$, o preço p_i em dólares que a empresa cobra por uma haste de i polegadas de comprimento. O comprimento de cada haste é sempre um número inteiro de polegadas. A Figura 14.1 apresenta uma amostra de tabela de preços.

O ***problema do corte de hastes*** é o seguinte. Dada uma haste de n polegadas de comprimento e uma tabela de preços p_i para $i = 1, 2, ..., n$, determine a receita máxima r_n que se pode obter cortando a haste e vendendo os pedaços. Observe que, se o preço p_n para uma haste de comprimento n for suficientemente grande, uma solução ótima pode exigir que ela não seja cortada.

Considere o caso quando $n = 4$. A Figura 14.2 mostra todas as maneiras de cortar uma haste de 4 polegadas de comprimento, incluindo não cortá-la. Vemos que cortar uma haste de 4 polegadas em duas peças de 2 polegadas produz a receita $p_2 + p_2 = 5 + 5 = 10$, que é a solução ótima.

A Serling Enterprises pode cortar uma haste de comprimento n de 2^{n-1} modos diferentes, já que há a opção independente de cortar ou não cortar, à distância de i polegadas da extremidade esquerda, para $i = 1, 2, ..., n - 1$.[1] Indicamos um desdobramento em pedaços usando notação de adição comum, portanto, $7 = 2 + 2 + 3$ indica que uma haste de comprimento 7 foi cortada em três peças — duas de comprimento 2 e uma de comprimento 3. Se uma solução ótima cortar a haste em k pedaços, para algum $1 \le k \le n$, então o desdobramento ótimo

$$n = i_1 + i_2 + \cdots + i_k$$

da haste em peças de comprimentos $i_1, i_2, ..., i_k$ gera a receita máxima correspondente

$$r_n = p_{i_1} + p_{i_2} + \cdots + p_{i_k} .$$

Em nosso problema de amostra da Figura 14.1, podemos determinar os números da receita ótima r_i, para $i = 1, 2, ..., 10$, por inspeção, com os correspondentes desdobramentos ótimos

$r_1 = 1$ pela solução $1 = 1$ (nenhum corte),
$r_2 = 5$ pela solução $2 = 2$ (nenhum corte),
$r_3 = 8$ pela solução $3 = 3$ (nenhum corte),
$r_4 = 10$ pela solução $4 = 2 + 2$,
$r_5 = 13$ pela solução $5 = 2 + 3$,
$r_6 = 17$ pela solução $6 = 6$ (nenhum corte),

---

[1] Se exigíssemos que as peças fossem cortadas em ordem monotonicamente crescente de tamanho, haveria um número menor de modos a considerar. Para $n = 4$, consideraríamos somente cinco desses modos: partes (a), (b), (c), (e) e (h) na Figura 14.2. O número de modos é denominado ***função de partição***, que é aproximadamente igual a $e^{\pi\sqrt{2n/3}}/4n\sqrt{3}$. Essa quantidade é menor que 2^{n-1}, porém ainda muito maior do que qualquer polinômio em n. Todavia, não prosseguiremos nessa linha de raciocínio.

$r_7 = 18$ pela solução $7 = 1 + 6$ ou $7 + 2 + 2 + 3$,
$r_8 = 22$ pela solução $8 = 2 + 6$,
$r_9 = 25$ pela solução $9 = 3 + 6$,
$r_{10} = 30$ pela solução $10 = 10$ (nenhum corte).

De modo mais geral, podemos enquadrar os valores r_n para $n \geq 1$ em termos de receitas ótimas advindas de hastes mais curtas:

$$r_n = \max\{p_n, r_1 + r_{n-1}, r_2 + r_{n-2}, \ldots, r_{n-1} + r_1\} \,. \tag{14.1}$$

O primeiro argumento, p_n, corresponde a não fazer nenhum corte e vender a haste de comprimento n como tal. Os outros $n - 1$ argumentos para máx correspondem à receita máxima obtida de um corte inicial da haste em duas peças de tamanhos i e $n - i$, para cada $i = 1, 2, \ldots, n - 1$ e, então prosseguindo com o corte ótimo dessas peças, obtendo as receitas r_i e r_{n-i} dessas duas peças. Visto que não sabemos de antemão qual é o valor de i que otimiza a receita, temos de considerar todos os valores possíveis para i e escolher aquele que maximize a receita. Temos também a opção de não escolher nenhum i se pudermos obter mais receita vendendo a haste sem cortes.

Observe que, para resolvermos o problema original de tamanho n, resolvemos problemas menores do mesmo tipo, porém de tamanhos menores. Uma vez executado o primeiro corte, podemos considerar os dois pedaços como instâncias independentes do problema do corte da haste. A solução ótima global incorpora soluções ótimas para os dois subproblemas relacionados, maximizando a receita gerada por esses dois pedaços. Dizemos que o problema do corte de hastes exibe **subestrutura ótima**: soluções ótimas para um problema incorporam soluções ótimas para subproblemas relacionados, que podemos resolver independentemente.

Um modo relacionado, mas ligeiramente mais simples, de arranjar uma estrutura recursiva para o problema do corte de hastes considera que um desdobramento consiste em uma primeira peça de comprimento i cortada da extremidade esquerda e o que restou do lado direito, com comprimento $n - i$. Somente o resto, e não a primeira peça, pode continuar a ser dividido. Podemos considerar cada desdobramento de uma haste de comprimento n desse modo: uma primeira peça seguida por algum desdobramento do resto. Quando fazemos isso, podemos expressar a solução que não contém nenhum corte dizendo que a primeira peça tem tamanho $i = n$ e receita p_n e que o resto tem tamanho 0 com receita correspondente $r0 = 0$. Assim, obtemos a seguinte versão mais simples da Equação 14.1:

$$r_n = \max\{p_i + r_{n-i} : 1 \leq i \leq n\} \,. \tag{14.2}$$

Nessa formulação, uma solução ótima incorpora a solução para somente *um* subproblema relacionado — o resto — em vez de dois.

Implementação recursiva de cima para baixo

O procedimento CORTA-HASTE implementa o cálculo implícito na Equação (14.2) de modo direto, recursivo, de cima para baixo. O procedimento CORTA-HASTE toma como entrada um vetor $p[1 : n]$ de preços e um inteiro n, e retorna a máxima receita possível para uma haste de comprimento n. Se $n = 0$, nenhuma receita é possível e, portanto, CORTA-HASTE retorna 0 na linha 2. A linha 3 inicializa a receita máxima q para $-\infty$, de modo que o laço **for** nas linhas 4–5 calcula corretamente $q = \max\{p_i + \text{CORTA-HASTE}(p, n - i) : 1 \leq i \leq n\}$. Então, a linha 6 retorna esse valor. Uma simples indução em n prova que essa resposta é igual à resposta desejada r_n, dada pela Equação (14.2).

```
CORTA-HASTE(p, n)
1   if n == 0
2       return 0
3   q = -∞
4   for i = 1 to n
5       q = máx{q, p[i] + CORTA-HASTE(p, n - i)}
6   return q
```

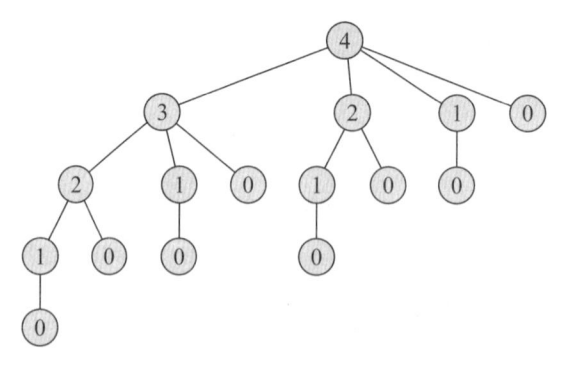

Figura 14.3 Árvore de recursão que mostra chamadas recursivas resultantes de uma chamada a CORTA-HASTE(p, n) para $n = 4$. O rótulo de cada nó indica o tamanho n do subproblema correspondente, de modo que uma aresta de um pai com rótulo s para um filho com rótulo t corresponde a cortar uma peça inicial de tamanho $s - t$ e deixar um subproblema restante de tamanho t. Um caminho da raiz a uma folha corresponde a um dos 2^{n-1} modos de cortar uma haste de comprimento n. Em geral, essa árvore de recursão tem 2^n nós e 2^{n-1} folhas.

Se você tivesse de codificar CORTA-HASTE em sua linguagem de programação favorita e executá-lo em seu computador, veria que, tão logo o tamanho se torna moderadamente grande, seu programa leva um longo tempo para executá-lo. Para $n = 40$, seu programa pode demorar vários minutos e, o que é mais provável, mais de uma hora. Para grandes valores de n, você também constatará que, cada vez que n aumentar de 1, o tempo de execução de seu programa será aproximadamente duas vezes maior.

Por que CORTA-HASTE é tão ineficiente? O problema é que CORTA-HASTE chama a si mesmo recursivamente repetidas vezes com os mesmos valores de parâmetros, o que significa que ele resolve os mesmos problemas repetidamente. A Figura 14.3 mostra uma árvore de recursão demonstrando o que acontece para $n = 4$: CORTA-HASTE(p, n) chama CORTA-HASTE(p, $n - i$) para $i = 1, 2, ..., n$. De modo equivalente, CORTA-HASTE(p, n) chama CORTA-HASTE(p, j) para cada $j = 0, 1,..., n - 1$. Quando esse processo se desenrola recursivamente, a quantidade de trabalho realizada, em função de n, cresce explosivamente.

Para analisarmos o tempo de execução de CORTA-HASTE, indicamos por $T(n)$ o número total de chamadas feitas a CORTA-HASTE(p, n) para um valor particular de n. Essa expressão é igual ao número de nós em uma subárvore cuja raiz é identificada por n na árvore de recursão. A contagem inclui a chamada inicial à raiz. Assim, $T(0) = 1$ e

$$T(n) = 1 + \sum_{j=0}^{n-1} T(j) \,. \tag{14.3}$$

O 1 inicial é para a chamada na raiz, e o termo $T(j)$ conta o número de chamadas (incluindo chamadas recursivas) resultantes da chamada CORTA-HASTE(p, $n - i$), em que $j = n - i$. Como o Exercício 14.1-1 pede que você mostre,

$$T(n) = 2^n \,, \tag{14.4}$$

e, assim, o tempo de execução de CORTA-HASTE é exponencial em n.

Em retrospectiva, esse tempo de execução exponencial não é surpresa. CORTA-HASTE considera explicitamente todos os modos possíveis de cortar uma haste de comprimento n. Quantos modos existem? Uma haste de comprimento n tem $n - 1$ locais em potencial para cortar. Cada modo possível de cortar a haste faz um corte em algum subconjunto desses $n - 1$ locais, incluindo o conjunto vazio, que não realiza corte algum. Vendo cada local de corte como um membro distinto de $n - 1$ elementos, podemos perceber que existem 2^{n-1} subconjuntos. Cada folha na árvore de recursão da Figura 14.3 corresponde a um modo possível de cortar a haste. Logo, a árvore de recursão tem 2^{n-1} folhas. Os rótulos no caminho simples da raiz até uma folha dão os tamanhos de cada pedaço restante do lado direito da haste antes de cada corte. Isto é, os rótulos dão os pontos de corte correspondentes, medidos com relação à extremidade direita da haste.

Utilização de programação dinâmica para o corte ótimo de hastes

Agora, mostramos como converter CORTA-HASTE em um algoritmo eficiente usando programação dinâmica.

O método da programação dinâmica funciona da seguinte maneira. Em vez de resolvermos os mesmos subproblemas repetidamente, como na solução recursiva ingênua, nós a adaptamos para resolver cada problema somente *uma vez*. Há realmente um modo óbvio de fazer isso: na primeira vez que resolvemos um subproblema, *armazenamos sua solução*. Se precisarmos nos referir novamente a esse problema mais tarde, bastará que o examinemos, em vez de o recalcular.

Armazenar soluções de subproblemas tem um custo: a memória adicional necessária para armazenar as soluções. A programação dinâmica serve como exemplo de ***compromisso tempo-memória***. Economias de tempo podem ser espetaculares. Por exemplo, estamos prestes a usar a programação dinâmica para passar de um algoritmo de tempo exponencial do problema do corte de haste para um algoritmo de tempo $\Theta(n^2)$. Uma abordagem de programação dinâmica é executada em tempo polinomial quando o número de problemas *distintos* envolvidos é polinomial no tamanho da entrada e podemos resolver cada subproblema em tempo polinomial.

Normalmente, há dois modos equivalentes de implementar uma abordagem de programação dinâmica. Ilustraremos ambos com as soluções para o nosso exemplo do corte de hastes.

A primeira abordagem é ***de cima para baixo com memoização***.[2] Nessa abordagem, escrevemos o procedimento recursivamente de maneira natural, porém modificado para salvar o resultado de cada subproblema (normalmente, em um vetor ou tabela de espalhamento). Agora, o procedimento primeiro verifica se já resolveu antes esse subproblema. Se já resolveu, retorna o valor salvo, poupando computação adicional nesse nível; se ainda não resolveu, o procedimento calcula o valor da maneira usual, mas também o salva. Dizemos que o procedimento recursivo foi ***memoizado***; ele "lembra" quais resultados já calculou anteriormente.

A segunda abordagem é o ***método de baixo para cima***. Essa abordagem depende normalmente de alguma noção natural do "tamanho" de um subproblema, tal que resolver qualquer subproblema particular depende somente de resolver subproblemas "menores". Resolvemos os subproblemas por ordem de tamanho, o menor primeiro, armazenando a solução de cada subproblema quando ele é resolvido inicialmente. Desse modo, ao resolvemos determinado subproblema, já existem soluções salvas para todos os menores subproblemas dos quais sua solução depende. Resolvemos cada subproblema somente uma vez e, na primeira vez que o vemos, já estão resolvidos todos os seus subproblemas pré-requisitados.

Essas duas abordagens produzem algoritmos com o mesmo tempo de execução assintótico, exceto em circunstâncias incomuns, quando a abordagem de cima para baixo não executa recursão propriamente dita para examinar todos os subproblemas possíveis. Muitas vezes, a abordagem de baixo para cima tem fatores constantes muito melhores, visto que tem menos sobrecarga para chamadas de procedimento.

Os procedimentos CORTA-HASTE-MEMOIZADO e CORTA-HASTE-MEMOIZADO-AUX demonstram como memoizar o procedimento CORTA-HASTE de cima para baixo. O procedimento principal CORTA-HASTE-MEMOIZADO inicializa um novo vetor auxiliar $r[0 : n]$ com o valor $-\infty$, pois os valores de receita conhecidos são sempre não negativos — uma escolha conveniente para indicar "desconhecido". Então, CORTA-HASTE-MEMOIZADO chama sua rotina auxiliar, CORTA-HASTE-MEMOIZADO-AUX, que é apenas a versão memoizada de nosso procedimento de tempo exponencial, CORTA-HASTE. Primeiro, ele consulta a linha 1 para verificar se o valor desejado já é conhecido; se for, a linha 2 retorna esse valor. Caso contrário, as linhas 3–7 calculam o valor desejado q na maneira usual, a linha 8 o salva em $r[n]$ e a linha 9 o retorna.

```
CORTA-HASTE-MEMOIZADO(p, n)
1   seja r[0:n] um novo vetor          // valores da solução salvos em r
2   for i = 0 to n
3       r[i] = -∞
4   return CORTA-HASTE-MEMOIZADO-AUX(p, n, r)
```

(continua)

---

[2]Isso não é um erro de ortografia. A palavra é realmente *memoização*, e não *memorização*. *Memoização* vem de *memo*, já que a técnica consiste em algo como escrevermos um valor de modo que possamos consultá-lo mais tarde.

CORTA-HASTE-MEMOIZADO-AUX(p, n, r)
1   **if** $r[n] \geq 0$ // já tem solução para o tamanho n?
2   **return** $r[n]$
3   **if** $n == 0$
4       $q = 0$
5   **else** $q = -\infty$
6   **for** $i = 1$ **to** n // i é a posição do primeiro corte
7           $q = \text{máx}\{q, p[i] + \text{CORTA-HASTE-MEMOIZADO-AUX}(p, n - i, r)\}$
8   $r[n] = q$ // lembra valor da solução para o tamanho n
9   **return** q

CORTA-HASTE-BAIXO-PARA-CIMA(p, n)
1   seja $r[0{:}n]$ um novo vetor   // valores da solução salvos em r
2   $r[0] = 0$
3   **for** $j = 1$ **to** n // tamanho crescente j da haste
4       $q = -\infty$
5   **for** $i = 1$ **to** j // i é a posição do primeiro corte
6           $q = \text{máx}\{q, p[i] + r[j - i]\}$
7       $r[j] = q$ // lembra valor da solução para o tamanho n
8   **return** $r[n]$

A versão de baixo para cima de CORTA-HASTE-BAIXO-PARA-CIMA é ainda mais simples. No caso da abordagem da programação dinâmica de baixo para cima, CORTA-HASTE-BAIXO-PARA-CIMA usa a ordenação natural dos subproblemas: um subproblema de tamanho i é "menor" do que um subproblema de tamanho j se $i < j$. Assim, o procedimento resolve subproblemas de tamanhos $j = 0, 1, ..., n$, naquela ordem.

A linha 1 do procedimento CORTA-HASTE-BAIXO-PARA-CIMA gera um novo vetor $r[0 : n]$ no qual salva os resultados dos subproblemas, e a linha 2 inicializa $r[0]$ com 0, visto que uma haste de comprimento 0 não rende nenhuma receita. As linhas 3–6 resolvem cada subproblema de tamanho j, para $j = 1, 2, ..., n$, em ordem crescente de tamanho. A abordagem usada para resolver um problema de determinado tamanho j é a mesma usada por CORTA-HASTE, exceto que agora a linha 6 referencia diretamente a entrada $r[j - i]$ em vez de fazer uma chamada recursiva para resolver o subproblema de tamanho $j - i$. A linha 7 salva em $r[j]$ a solução do subproblema de tamanho j. Por fim, a linha 8 retorna $r[n]$, que é igual ao valor ótimo r_n.

As versões de baixo para cima e de cima para baixo têm o mesmo tempo de execução assintótico. O tempo de execução do procedimento CORTA-HASTE-BAIXO-PARA-CIMA é $\Theta(n^2)$, em razão de sua estrutura de laço duplamente aninhado. O número de iterações de seu laço **for** interno nas linhas 5–6 forma uma série aritmética. O tempo de execução de sua contraparte de cima para baixo, CORTA-HASTE-MEMOIZADO, também é $\Theta(n^2)$, embora esse tempo de execução possa ser um pouco mais difícil de ver. Como chamada recursiva para resolver um subproblema já resolvido antes retorna imediatamente, CORTA-HASTE-MEMOIZADO resolve cada subproblema apenas uma vez. Esse procedimento resolve subproblemas para tamanhos 0, 1, ..., n. Para resolver um subproblema de tamanho n, o laço **for** das linhas 6–7 se repete n vezes. Assim, o número total de iterações desse laço **for**, para todas as chamadas recursivas de CORTA-HASTE-MEMOIZADO, forma uma série aritmética que dá um total de $\Theta(n^2)$ iterações, exatamente como o laço **for** interno de CORTA-HASTE-BAIXO-PARA-CIMA. (Na verdade, aqui estamos usando uma forma de análise agregada. Veremos os detalhes da análise agregada na Seção 16.1.)

Grafos de subproblemas

Quando pensamos em um problema de programação dinâmica, temos de entender o conjunto de subproblemas envolvido e como os subproblemas dependem uns dos outros.

O *grafo de subproblemas* para o problema incorpora exatamente essa informação. A Figura 14.4 mostra o grafo de subproblemas para o problema do corte de haste com $n = 4$. É um grafo dirigido, que contém um vértice para cada subproblema distinto. O grafo de subproblemas tem um vértice dirigido do vértice

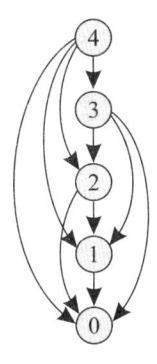

Figura 14.4 Grafo do subproblema para o problema do corte de haste com $n = 4$. Os rótulos nos vértices indicam os tamanhos dos subproblemas correspondentes. Uma aresta dirigida (x, y) indica que precisamos de uma solução para o subproblema y quando resolvemos o subproblema x. Esse grafo é uma versão reduzida da árvore da Figura 14.3, na qual todos os nós que têm o mesmo rótulo são integrados em um único vértice e todas as arestas vão de pai para filho.

para o subproblema x até o vértice para o subproblema y se a determinação de uma solução ótima para o subproblema x envolve considerar diretamente uma solução ótima para o subproblema y. Por exemplo, o grafo de subproblema conterá um vértice de x a y se um procedimento recursivo de cima para baixo para resolver x diretamente chamar a si mesmo para resolver y. Podemos imaginar o grafo de subproblema como uma versão "reduzida" ou "colapsada" da árvore de recursão para o método recursivo de cima para baixo, na qual reunimos todos os nós para o mesmo subproblema em um único vértice e orientamos as arestas de pai para filho.

O método de baixo para cima em programação dinâmica considera os vértices do grafo de subproblema em uma ordem tal que resolvemos os subproblemas y adjacentes a um dado subproblema x antes de resolvermos o subproblema x. (A Seção B.4 observa que, em um gráfico dirigido, a relação de adjacência não é necessariamente simétrica.) Usando a terminologia que veremos na Seção 20.4, em um algoritmo de programação dinâmica de baixo para cima, consideramos os vértices do grafo de subproblema em uma ordem que é uma "ordenação topológica reversa" ou uma "ordenação topológica do transposto" do grafo de subproblema. Em outras palavras, nenhum subproblema é considerado até que todos os subproblemas dos quais ele depende tenham sido resolvidos. De modo semelhante, usando noções que serão vistas na Seção 20.3, podemos considerar o método de cima para baixo (com memoização) para programação dinâmica como uma "busca em profundidade" do grafo de subproblema.

O tamanho do grafo de subproblema $G = (V, E)$ pode nos ajudar a determinar o tempo de execução do algoritmo de programação dinâmica. Visto que resolvemos cada subproblema apenas uma vez, o tempo de execução é a soma dos tempos necessários para resolver cada subproblema. Normalmente, o tempo para calcular a solução de um subproblema é proporcional ao grau (número de arestas de saída) do vértice correspondente no grafo de subproblema, e o número de subproblemas é igual ao número de vértices no grafo de subproblema. Nesse caso comum, o tempo de execução da programação dinâmica é linear com relação ao número de vértices e arestas.

Reconstruindo uma solução

Os procedimentos Corta-Haste-Memoizado e Corta-Haste-Baixo-Para-Cima retornam o *valor* de uma solução ótima para o problema do corte de hastes, mas não retornam a solução *propriamente* dita: uma lista de tamanhos de peças.

Podemos estender a abordagem da programação dinâmica para registrar não apenas o *valor* ótimo calculado para cada subproblema, mas também uma *escolha* que levou ao valor ótimo. Com essa informação, podemos imprimir imediatamente uma solução ótima. O procedimento Corta-Haste-Baixo-Para-Cima-Ext a seguir calcula, para cada tamanho de haste j, não somente a receita máxima r_j, mas também s_j, o tamanho ótimo da primeira peça a ser cortada. Esse procedimento é semelhante a Corta-Haste-Baixo-Para-Cima, exceto pela criação do vetor s na linha 1 e pela atualização de $s[j]$ na linha 8 para guardar o tamanho ótimo i da primeira peça a cortar ao resolver um subproblema de tamanho j.

O procedimento IMPRIME-SOLUÇÃO-CORTA-HASTE apresentado em sequência toma como entrada um vetor $p[1 : n]$ de preços e um tamanho de haste n. Ele chama CORTA-HASTE-BAIXO-PARA-CIMA-EXT para calcular o vetor $s[1 : n]$ de tamanhos ótimos da primeira peça e depois imprime a lista completa de tamanho de peças conforme um desdobramento ótimo de uma haste de comprimento n. Para a tabela de preços de amostra que aparece na Figura 14.1, a chamada CORTA-HASTE-BAIXO-PARA-CIMA-EXT$(p, 10)$ retorna os seguintes vetores:

i	0	1	2	3	4	5	6	7	8	9	10
$r[i]$	0	1	5	8	10	13	17	18	22	25	30
$s[i]$		1	2	3	2	2	6	1	2	3	10

Uma chamada a IMPRIME-SOLUÇÃO-CORTA-HASTE$(p,10)$ imprimiria apenas 10, mas uma chamada com $n = 7$ imprimiria os cortes 1 e 6, correspondentes ao primeiro desdobramento ótimo para r_7 dado anteriormente.

```
CORTA-HASTE-BAIXO-PARA-CIMA-EXT(p, n)
1   sejam r[0:n] e s[1:n] novos vetores
2   r[0] = 0
3   for j = 1 to n                    // tamanho crescente j da haste
4       q = -∞
5       for i = 1 to j                // i é a posição do primeiro corte
6           if q < p[i] + r[j - i]
7               q = p[i] + r[j - i]
8               s[j] = i              // melhor local de corte até aqui para o tamanho j
9       r[j] = q                      // lembra valor da solução para o tamanho j
10  return r e s


IMPRIME-SOLUÇÃO-CORTA-HASTE(p, n)
1   (r, s) = CORTA-HASTE-BAIXO-PARA-CIMA-EXT(p, n)
2   while n > 0
3       imprime s[n]                  // local de corte para tamanho n
4       n = n - s[n]                  // tamanho do restante da haste
```

Exercícios

14.1-1
Mostre que a Equação (14.4) decorre da Equação (14.3) e da condição inicial $T(0) = 1$.

14.1-2
Mostre, por meio de um contraexemplo, que a seguinte estratégia "gulosa" nem sempre determina um modo ótimo de cortar hastes. Defina a **densidade** de uma haste de comprimento i como p_i/i, isto é, seu valor por polegada. A estratégia gulosa para uma haste de comprimento n corta uma primeira peça de comprimento i, em que $1 \leq i \leq n$, com densidade máxima. Então, continua aplicando a estratégia gulosa à peça resultante de comprimento $n - i$.

14.1-3
Considere uma modificação do problema do corte da haste no qual, além de um preço p_i para cada haste, cada corte incorre em um custo fixo c. A receita associada à solução, agora, é a soma dos preços das peças menos os custos da execução dos cortes. Dê um algoritmo de programação dinâmica para resolver esse problema modificado.

14.1-4
Modifique CORTA-HASTE e CORTA-HASTE-MEMOIZADO de modo que seus laços **for** subam para apenas $\lfloor n/2 \rfloor$, em vez de subir para n. Que outras mudanças de procedimentos precisariam ser feitas? Como os tempos de execução seriam afetados?

14.1-5

Modifique CORTA-HASTE-MEMOIZADO para retornar não somente o valor, mas também a solução propriamente dita.

14.1-6

Os números de Fibonacci são definidos pela recorrência (3.31), no Capítulo 3. Forneça um algoritmo de programação dinâmica de tempo $O(n)$ para calcular o n-ésimo número de Fibonacci. Desenhe o grafo de subproblema. Quantos vértices e arestas existem no grafo?

14.2 Multiplicação de cadeias de matrizes

Nosso próximo exemplo de programação dinâmica é um algoritmo que resolve o problema de multiplicação de cadeias de matrizes. Temos uma sequência (cadeia) $\langle A_1, A_2, ..., A_n \rangle$ de n matrizes para multiplicar e desejamos calcular o produto

$$A_1 A_2 \cdots A_n .\tag{14.5}$$

usando o algoritmo-padrão[3] para multiplicação de matrizes retangulares, que veremos em breve, enquanto minimizamos o número de multiplicações escalares.

Podemos avaliar a expressão (14.5) usando o algoritmo-padrão para multiplicação de pares de matrizes como uma sub-rotina, tão logo a tenhamos parentizado para resolver todas as ambiguidades relativas à multiplicação das matrizes entre si. A multiplicação de matrizes é associativa e, portanto, o produto entre elas é sempre o mesmo. Um produto de matrizes é ***totalmente parentizado*** se for uma única matriz ou o produto de dois produtos de matrizes totalmente parentizadas também expresso entre parênteses. Por exemplo, se a cadeia de matrizes é $\langle A_1, A_2, A_3, A_4 \rangle$, podemos expressar o produto $A_1 A_2 A_3 A_4$ como totalmente parentizado de cinco modos distintos:

$(A_1(A_2(A_3 A_4)))$,
$(A_1((A_2 A_3)A_4))$,
$((A_1 A_2)(A_3 A_4))$,
$((A_1(A_2 A_3))A_4)$,
$(((A_1 A_2)A_3)A_4)$.

O modo como colocamos parênteses em uma cadeia de matrizes pode ter impacto expressivo sobre o custo de avaliação do produto. Considere primeiro o custo de multiplicar duas matrizes. O algoritmo-padrão é dado pelo procedimento MULTIPLICA-MATRIZ-RETANGULAR, que generaliza o procedimento de multiplicação de matriz quadrada MULTIPLICA-MATRIZES do Capítulo 4. O procedimento MULTIPLICA-MATRIZ-RETANGULAR calcula $C = C + A \cdot B$ para três matrizes $A = (a_{ij})$, $B = (b_{ij})$ e $C = (c_{ij})$, em que A é $p \times q$, B é $q \times r$ e C é $p \times r$.

MULTIPLICA-MATRIZ-RETANGULAR(A, B, C, p, q, r)
1 **for** $i = 1$ **to** p
2   **for** $j = 1$ **to** r
3   **for** $k = 1$ **to** q
4              $c_{ij} = c_{ij} + a_{ik} \cdot b_{kj}$

O tempo de execução de MULTIPLICA-MATRIZ-RETANGULAR é dominado pelo número de multiplicações escalares na linha 4, que é pqr. Portanto, vamos considerar o custo da multiplicação de matrizes como o número de multiplicações escalares. (O número de multiplicações escalares domina mesmo se considerarmos que a inicialização $C = 10$ executa apenas $C = A \cdot B$.)

Para ilustrar os diferentes custos incorridos pelas diferentes posições dos parênteses em um produto de matrizes, considere o problema de uma cadeia $\langle A_1, A_2, A_3 \rangle$ de três matrizes. Suponha que as dimensões das

---

[3]Nenhum dos três métodos da Seção 4.1 e da Seção 4.2 pode ser usado diretamente, pois eles se aplicam apenas a matrizes quadradas.

matrizes sejam 10×100, 100×5 e 5×50, respectivamente. Se multiplicarmos as matrizes de acordo com a posição dos parênteses $((A_1 A_2)A_3)$, executaremos $10 \cdot 100 \cdot 5 = 5.000$ multiplicações escalares para calcular o produto 10×5 de matrizes $A_1 A_2$, mais outras $10 \cdot 5 \cdot 50 = 2.500$ multiplicações escalares para multiplicar essa matriz por A_3, produzindo um total de 7.500 multiplicações escalares. A multiplicação de acordo com a posição alternativa dos parênteses $(A_1(A_2 A_3))$ executa $100 \cdot 5 \cdot 50 = 25.000$ multiplicações escalares para calcular o produto 100×50 de matrizes $A_2 A_3$, mais outras $10 \cdot 100 \cdot 50 = 50.000$ multiplicações escalares para multiplicar A_1 por essa matriz, resultando em um total de 75.000 multiplicações escalares. Assim, o cálculo do produto de acordo com a primeira posição dos parênteses é 10 vezes mais rápido.

Enunciamos o **problema de multiplicação de cadeias de matrizes** da seguinte maneira: dada uma cadeia $\langle A_1, A_2, ... A_n \rangle$ de n matrizes em que, para $i = 1, 2, ..., n$, a matriz A_i tem dimensão $p_{i-1} \times p_i$, expresse o produto A_1, $A_2, ... A_n$ como um produto totalmente parentizado de modo a minimizar o número de multiplicações escalares. A entrada é a sequência de dimensões $\langle p_0, p_1, p_2, ... p_n \rangle$.

Observe que, no problema de multiplicação de cadeias de matrizes, não estamos realmente multiplicando matrizes. Nossa meta é apenas determinar uma ordem para multiplicar matrizes que tenha o custo mais baixo. Em geral, o tempo investido na determinação dessa ordem ótima é mais que compensado pelo tempo economizado mais tarde, quando as multiplicações de matrizes são de fato executadas (por exemplo, executar apenas 7.500 multiplicações escalares em vez de 75.000).

Contagem do número de parentizações

Antes de resolvermos o problema de multiplicação de cadeias de matrizes por programação dinâmica, precisamos demonstrar que a verificação exaustiva de todas as possíveis parentizações não resulta em um algoritmo eficiente. Vamos representar por $P(n)$ o número de parentizações alternativas de uma sequência de n matrizes. Quando $n = 1$, a sequência consiste em apenas uma matriz e, portanto, somente um modo de parentizar totalmente o produto de matrizes. Quando $n \geq 2$, um produto de matrizes totalmente parentizado é o produto de dois subprodutos de matrizes totalmente parentizados, e a separação entre os dois subprodutos pode ocorrer entre a k-ésima e a $(k + 1)$-ésima matrizes para qualquer $k = 1, 2, ..., n - 1$. Assim, obtemos a recorrência

$$P(n) = \begin{cases} 1 & \text{se } n = 1, \\ \sum_{k=1}^{n-1} P(k)P(n - k) & \text{se } n \geq 2. \end{cases} \tag{14.6}$$

O Problema 12.4 no Capítulo 12 pediu para mostrar que a solução para uma recorrência semelhante é a sequência de **números catalães**, que cresce como $\Omega(4^n / n^{3/2})$. Um exercício mais simples (ver Exercício 14.2-3) é mostrar que a solução para a recorrência (14.6) é $\Omega(2^n)$. Portanto, o número de soluções é exponencial em n e o método de força bruta de busca exaustiva é uma estratégia ruim para determinar a parentização ótima de uma cadeia de matrizes.

Aplicação da programação dinâmica

Usaremos o método da programação dinâmica para determinar a parentização ótima de uma cadeia de matrizes, acompanhando a sequência de quatro etapas declaradas no início deste capítulo:

1. Caracterizar a estrutura de uma solução ótima.
2. Definir recursivamente o valor de uma solução ótima.
3. Calcular o valor de uma solução ótima.
4. Construir uma solução ótima com as informações calculadas.

Percorreremos essas etapas em ordem, demonstrando claramente como aplicar cada etapa ao problema.

Etapa 1: Estrutura de uma parentização ótima

Em nossa primeira etapa do paradigma de programação dinâmica, determinamos a subestrutura ótima e depois a usamos para construir uma solução ótima para o problema partindo de soluções ótimas para subproblemas. No problema de multiplicação de cadeias de matrizes, é conveniente introduzirmos primeiro a notação utilizada.

$A_{i:j}$, em que $i \le j$, indica a matriz que resulta da avaliação do produto $A_i A_{i+1} \cdots A_j$. Observe que, se o problema é não trivial, isto é, se $i < j$, então, para parentizar o produto $A_i A_{i+1} \dots A_j$ temos de separá-lo entre A_k e A_{k+1} para algum inteiro k no intervalo $i \le k < j$. Isto é, para algum valor de k, primeiro calculamos as matrizes $A_{i:k}$ e $A_{k+1:j}$, e depois multiplicamos as duas para gerar o produto final $A_{i:j}$. O custo dessa parentização é o custo de calcular a matriz $A_{i:k}$, mais o custo de calcular $A_{k+1:j}$, mais o custo de multiplicá-las uma pela outra.

A subestrutura ótima desse problema é dada a seguir. Suponha que para efetuar a parentização ótima de $A_i A_{i+1} \cdots A_j$ separamos o produto entre A_k e A_{k+1}. Então, o modo como posicionamos os parênteses na subcadeia "prefixo" $A_i A_{i+1} \dots A_k$ dentro dessa parentização ótima de $A_i A_{i+1} \dots A_j$ deve ser uma parentização ótima de $A_i A_{i+1} \dots A_k$. Por quê? Se existisse um modo menos dispendioso de parentizar $A_i A_{i+1} \dots A_k$, então poderíamos substituir essa parentização na parentização ótima de $A_i A_{i+1} \dots A_j$ para produzir outro modo de parentizar $A_i A_{i+1} \dots A_j$ cujo custo seria mais baixo que o custo ótimo: uma contradição. Observação semelhante é válida para parentizar a subcadeia $A_{k+1} A_{k+2} \dots A_j$ na parentização ótima de $A_i A_{i+1} \dots A_j$: ela deve ser uma parentização ótima de $A_{k+1} A_{k+2} \dots A_j$.

Agora, usamos nossa subestrutura ótima para mostrar que podemos construir uma solução ótima para o problema pelas soluções ótimas para subproblemas. Vimos que qualquer solução para uma instância não trivial do problema de multiplicação de cadeias de matrizes requer que separemos o produto e que qualquer solução ótima contém em si soluções ótimas para instâncias de subproblemas. Assim, podemos construir uma solução ótima para uma instância do problema de multiplicação de cadeias de matrizes separando o problema em dois subproblemas (pela parentização ótima de $A_i A_{i+1} \dots A_k$ e $A_{k+1} A_{k+2} \dots A_j$), determinando soluções ótimas para instâncias de subproblemas e depois combinando essas soluções ótimas de subproblemas. Para termos certeza de que examinamos a opção ótima, é preciso considerar todas as separações possíveis.

Etapa 2: Uma solução recursiva

Em seguida, definimos recursivamente o custo de uma solução ótima em termos das soluções ótimas para subproblemas. No caso do problema de multiplicação de cadeias de matrizes, escolhemos como nossos subproblemas os problemas da determinação do custo mínimo da parentização de $A_i A_{i+1} \dots A_j$ para $1 \le i \le j \le n$. Dadas as dimensões de entrada $\langle p_0, p_1, p_2, \dots p_n \rangle$, um par de índices i, j especifica um subproblema. Seja $m[i,j]$ o número mínimo de multiplicações escalares necessárias para calcular a matriz $A_{i:j}$. Para o problema completo, o custo mínimo para calcular $A_{1:n}$ seria, portanto, $m[1, n]$.

Podemos definir $m[i,j]$ recursivamente da maneira descrita a seguir. Se $i = j$, o problema é trivial; a cadeia consiste em apenas uma matriz $A_{i:i} = A_i$, de modo que nenhuma multiplicação escalar é necessária para calcular o produto. Assim, $m[i,i] = 0$ para $i = 1, 2, \dots, n$. Para calcularmos $m[i,j]$ quando $i < j$, tiramos proveito da estrutura de uma solução ótima da etapa 1. Vamos considerar que, para obtermos a parentização ótima, separamos o produto $A_i A_{i+1} \dots A_j$ entre A_k e A_{k+1}, em que $i \le k < j$. Então, $m[i,j]$ é igual ao custo mínimo $m[i, k]$ para calcular os subprodutos $A_{i:k}$, mais o custo mínimo $m[k + 1, j]$ para calcular o subproduto, $A_{k+1:j}$, mais o custo de multiplicar essas duas matrizes. Recordando que cada matriz A_i é $p_{i-1} \times p_i$, vemos que o cálculo do produto de matrizes $A_{i:k} A_{k+1:j}$ exige $p_{i-1} p_k p_j$ multiplicações escalares. Assim, obtemos

$$m[i, j] = m[i, k] + m[k + 1, j] + p_{i-1} p_k p_j .$$

Essa equação recursiva supõe que conhecemos o valor de k, o que não é verdade — não ainda. Você precisa experimentar todos os valores possíveis de k. Quantos deles existem? Somente $j - i$, a saber, $k = i, i + 1, \dots, j - 1$. Visto que a parentização ótima deve usar um desses valores para k, precisamos apenas verificar todos eles para determinarmos o melhor. Assim, nossa definição recursiva para o custo mínimo de colocar o produto $A_i A_{i+1} \dots A_j$ entre parênteses se torna

$$m[i, j] = \begin{cases} 0 & \text{se } i = j , \\ \min \{m[i, k] + m[k + 1, j] + p_{i-1} p_k p_j : i \le k < j\} & \text{se } i < j . \end{cases} \tag{14.7}$$

Os valores $m[i, j]$ dão os custos de soluções ótimas para subproblemas, mas não dão todas as informações de que necessitamos para construir uma solução ótima. Para conseguirmos fazer isso, definimos $s[i, j]$ como um valor de k no qual separamos o produto $A_i A_{i+1} \dots A_j$ para obtermos uma parentização ótima. Isto é, $s[i, j]$ é igual a um valor k tal que $m[i, j] = m[i, k] + m[k + 1, j] + p_{i-1} p_k p_j$.

Etapa 3: Cálculo dos custos ótimos

Neste ponto, seria fácil escrever um algoritmo recursivo baseado na recorrência (14.7) para calcular o custo mínimo $m[1, n]$ a fim de multiplicar $A_1 A_2 \ldots A_n$. Como vimos no problema do corte de hastes, e como veremos na Seção 14.3, esse algoritmo recursivo demora um tempo exponencial, o que não é nada melhor que o método da força bruta de verificar cada maneira de parentizar o produto.

Felizmente, não existem tantos subproblemas distintos: um problema para cada escolha de i e j que satisfaça $1 \le i \le j \le n$ ou $\binom{n}{2} + n = \Theta(n^2)$ no total.[4] Um algoritmo recursivo pode encontrar cada subproblema, muitas vezes, em diferentes ramos de sua árvore de recursão. Essa propriedade de sobrepor subproblemas é a segunda indicação da aplicabilidade da programação dinâmica (a subestrutura ótima é a primeira).

Em vez de calcularmos a solução para a recorrência (14.7) recursivamente, calculamos o custo ótimo usando uma abordagem tabular, de baixo para cima, como no procedimento ORDENA-CADEIA-DE-MATRIZES. (Na Seção 14.3, apresentaremos a abordagem de cima para baixo correspondente usando memoização.) Sua entrada é uma sequência $p = \langle p_0, p_1, \ldots, p_n \rangle$ de dimensões de matriz, juntamente com n, de modo que, para $i = 1, 2, \ldots, n$, a matriz A_i tem dimensões $p_{i-1} \times p_i$. O procedimento utiliza uma tabela auxiliar $m[1{:}n, 1{:}n]$ para armazenar os custos $m[i, j]$ e outra tabela auxiliar $s[1{:}n-1, 2{:}n]$ que registra qual índice de k alcançou o custo ótimo no cálculo de $m[i, j]$. Usaremos a tabela s para ajudar na construção de uma solução ótima.

```
ORDENA-CADEIA-DE-MATRIZES(p, n)
 1   sejam m[1:n, 1:n] e s[1:n – 1, 2:n] novas tabelas
 2   for i = 1 to n                     // comprimento da cadeia 1
 3       m[i, i] = 0
 4   for c = 2 to n                     // c é o comprimento da cadeia
 5       for i = 1 to n – c + 1         // cadeia começa em A_i
 6           j = i + c – 1              // cadeia trmina em A_j
 7           m[i, j] = ∞
 8           for k = i to j – 1         // experimenta A_{i:k} A_{k+1:j}
 9               q = m[i, k] + m[k + 1, j] + p_{i-1} p_k p_j
10               if q < m[i, j]
11                   m[i, j] = q        // memoriza este custo
12                   s[i, j] = k        // memoriza este índice
13   return m e s
```

Em que ordem o algoritmo deverá preencher as entradas da tabela? Para respondermos a essa pergunta, devemos determinar a quais entradas da tabela nos referimos para calcular $m[i, j]$. A Equação (14.7) mostra que, para calcular o custo do produto matricial $A_{i:j}$, primeiro é preciso calcular os custos dos produtos $A_{i:k}$ e $A_{k+1:j}$ para todo $k = i, i + 1, \ldots, j - 1$. A cadeia $A_i A_{i+1} \ldots A_j$ consiste em $j - i + 1$ matrizes, e as cadeias $A_i A_{i+1} \ldots A_k$ e $A_{k+1} A_{k+2} \ldots A_j$ consistem em $k - i + 1$ e $j - k$ matrizes, respectivamente. Visto que $k < j$, uma cadeia de $k - i + 1$ matrizes consiste em menos de $j - i + 1$ matrizes. De modo semelhante, como $k \ge i$, uma cadeia de $j - k$ matrizes consiste em menos de $j - i + 1$ matrizes. Assim, o algoritmo deve preencher a tabela m de um modo que corresponda a resolver o problema da parentização em cadeias de matrizes de comprimento crescente. Isto é, para o subproblema da parentização ótima da cadeia $A_i A_{i+1} \ldots A_j$, faz sentido considerar o tamanho do subproblema como o comprimento $j - i + 1$ da cadeia.

Agora, vejamos como o procedimento ORDENA-CADEIA-DE-MATRIZES preenche as entradas $m[i, j]$ em ordem crescente de comprimento da cadeia. As linhas 2–3 inicializam $m[i, i] = 0$ para $i = 1, 2, \ldots, n$, pois qualquer cadeia de matriz com apenas uma matriz não requer multiplicações escalares. No laço **for** das linhas 4–12, a variável de laço c indica o comprimento das cadeias de matrizes cujos custos mínimos estão sendo calculados. Cada iteração desse laço utiliza a recorrência (14.7) no cálculo de $m[i, i + c - 1]$ para $i = 1, 2, \ldots, n - c + 1$. Na primeira iteração, $c = 2$, e portanto o laço calcula $m[i, i + 1]$ para $i = 1, 2, \ldots, n - 1$ (os custos mínimos para cadeias de comprimento $c = 2$). Na segunda passagem pelo laço, o algoritmo calcula $m[i, i + 2]$ para

---

[4] O termo $\binom{n}{2}$ conta todos os pares em que $i < j$. Como i e j podem ser iguais, precisamos somar o termo n.

$i = 1, 2, ..., n - 2$ (os custos mínimos para cadeias de comprimento $c = 3$). E assim por diante, terminando com uma única cadeia de matrizes de comprimento $c = n$ e calculando $m[1, n]$. Quando as linhas 7–12 calculam um custo $m[i, j]$, esse custo depende apenas das entradas de tabela $m[i, k]$ e $m[k + 1, j]$, que já foram calculadas.

A Figura 14.5 ilustra as tabelas m e s, preenchidas pelo procedimento ORDENA-CADEIA-DE-MATRIZES em uma cadeia de $n = 6$ matrizes. Visto que definimos $m[i, j]$ somente para $i \leq j$, apenas a porção da tabela m acima ou na diagonal principal é usada. A tabela mostrada na figura sofreu uma rotação para colocar a diagonal principal na posição horizontal. A lista ao longo da parte inferior da figura mostra a cadeia de matrizes. Usando essa configuração, podemos determinar o custo mínimo $m[i, j]$ para multiplicar uma subcadeia de matrizes $A_i A_{i+1} ... A_j$ na interseção de linhas que partem de A_i na direção nordeste e de A_j na direção noroeste. Cada linha diagonal na tabela contém as entradas para cadeias de matrizes do mesmo comprimento. ORDENA-CADEIA-DE-MATRIZES calcula as linhas de baixo para cima e da esquerda para a direita dentro de cada linha. Calcula cada entrada $m[i, j]$ usando os produtos $p_{i-1} p_k pj$ para $k = i, i + 1, ..., j - 1$ e todas as entradas a sudoeste e a sudeste de $m[i, j]$.

Uma simples inspeção da estrutura de laços encaixados de ORDENA-CADEIA-DE-MATRIZES produz um tempo de execução de $O(n^3)$ para o algoritmo. Os laços estão encaixados com profundidade três, e cada índice de laço (c, i e k) adota no máximo $n - 1$ valores. O Exercício 14.2-5 pede que você mostre que o tempo de execução desse algoritmo é também $\Omega(n^3)$. O algoritmo requer espaço $\Theta(n^2)$ para armazenar as tabelas m e s. Assim, ORDENA-CADEIA-DE-MATRIZES é muito mais eficiente que o método de tempo exponencial que enumera todas as possíveis parentizações e verifica cada uma delas.

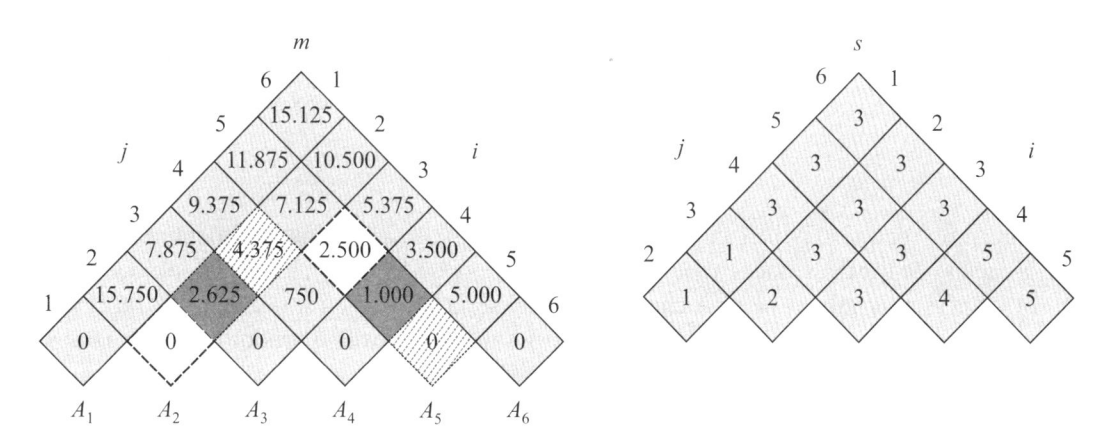

Figura 14.5 Tabelas m e s calculadas por ORDENA-CADEIA-DE-MATRIZES para $n = 6$ e as seguintes dimensões de matrizes:

Matriz	A_1	A_2	A_3	A_4	A_5	A_6
Dimensão	30×35	35×15	15×5	5×10	10×20	20×25

As tabelas sofreram rotação para colocar a diagonal principal na posição horizontal. A tabela m usa somente a diagonal principal e o triângulo superior, e a tabela s usa somente o triângulo superior. O número mínimo de multiplicações escalares para multiplicar as seis matrizes é $m[1, 6] = 15.125$. Entre as entradas destacadas em *cinza-escuro, fundo hachurado e borda tracejada*, os pares que têm o mesmo destaque são tomados juntos na linha 9 quando se calcula

$$m[2, 5] = \min \begin{cases} m[2, 2] + m[3, 5] + p_1 p_2 p_5 = 0 + 2500 + 35 \cdot 15 \cdot 20 = 13.000, \\ m[2, 3] + m[4, 5] + p_1 p_3 p_5 = 2625 + 1000 + 35 \cdot 5 \cdot 20 = 7125, \\ m[2, 4] + m[5, 5] + p_1 p_4 p_5 = 4375 + 0 + 35 \cdot 10 \cdot 20 = 11.375 \end{cases}$$
$$= 7125.$$

Etapa 4: Construção de uma solução ótima

Embora determine o número ótimo de multiplicações escalares necessárias para calcular um produto de cadeias de matrizes, ORDENA-CADEIA-DE-MATRIZES não mostra diretamente como multiplicar as matrizes. A tabela $s[1 : n - 1, 2 : n]$ nos dá a informação que precisamos para fazer isso. Cada entrada $s[i, j]$ registra um valor de k tal que uma parentização ótima de $A_i A_{i+1} \ldots A_j$ separa o produto entre A_k e A_{k+1}. Assim, sabemos que a multiplicação de matrizes final no cálculo ótimo de $A_{1:n}$ é $A_{1:s[1,n]} A_{s[1,n]+1:n}$. A tabela s também contém as informações necessárias para determinar as multiplicações de matrizes anteriores recursivamente, já que $s[1, s[1, n]]$ determina a última multiplicação de matrizes no cálculo de $A_{1:s[1,n]}$ e $s[s[1, n] + 1, n]$ determina a última multiplicação de matrizes no cálculo de $A_{s[1,n]+1:n}$. O procedimento recursivo IMPRIME-PARÊNTESES-ÓTIMOS a seguir imprime uma parentização ótima do produto de cadeias de matrizes $A_i, A_{i+1}, \ldots, A_j$, dada a tabela s calculada por ORDENA-CADEIA-DE-MATRIZES e os índices i e j. A chamada inicial IMPRIME-PARÊNTESES-ÓTIMOS$(s, 1, n)$ imprime uma parentização ótima do produto de cadeias de matrizes $A_1, A_2, \ldots, A_n$. No exemplo da Figura 14.5, a chamada IMPRIME-PARÊNTESES-ÓTIMOS$(s, 1, 6)$ imprime a parentização ótima de $((A_1 (A_2 A_3))((A_4 A_5) A_6))$.

IMPRIME-PARÊNTESES-ÓTIMOS(s, i, j)
1   **if** $i == j$
2   imprime "A"$_i$
3   **else** imprime "("
4   IMPRIME-PARÊNTESES-ÓTIMOS$(s, i, s[i, j])$
5   IMPRIME-PARÊNTESES-ÓTIMOS$(s, s[i, j] + 1, j)$
6   imprime ")"

Exercícios

14.2–1
Determine uma parentização ótima de um produto de cadeias de matrizes cuja sequência de dimensões é $\langle 5, 10, 3, 12, 5, 50, 6 \rangle$.

14.2-2
Forneça um algoritmo recursivo MULTIPLICA-CADEIA-MATRIZES(A, s, i, j) que realmente execute a multiplicação ótima de cadeias de matrizes, dadas a sequência de matrizes $\langle A_1, A_2, \ldots, A_n \rangle$, a tabela s calculada por ORDENA-CADEIA-DE-MATRIZES e os índices i e j. (A chamada inicial seria MULTIPLICA-CADEIA-MATRIZES$(A, s, 1, n)$.) Suponha que a chamada MULTIPLICA-MATRIZ-RETANGULAR(A, B) retorne o produto das matrizes A e B.

14.2-3
Use o método de substituição para mostrar que a solução para a recorrência (14.6) é $\Omega(2^n)$.

14.2-4
Descreva o grafo de subproblema para multiplicação de cadeias de matrizes com uma cadeia de entrada de comprimento n. Quantos vértices ele tem? Quantas arestas ele tem e quais são essas arestas?

14.2-5
Seja $R(i, j)$ o número de vezes que a entrada de tabela $m[i, j]$ é referenciada durante o cálculo de outras entradas de tabela em uma chamada de ORDENA-CADEIA-DE-MATRIZES. Mostre que o número total de referências para a tabela inteira é

$$\sum_{i=1}^{n} \sum_{j=i}^{n} R(i, j) = \frac{n^3 - n}{3} \ .$$

(*Sugestão*: a Equação (A.4) no Apêndice A pode ser útil.)

14.2-6
Mostre que uma parentização completa de uma expressão de n elementos tem exatamente $n - 1$ pares de parênteses.

14.3   Elementos de programação dinâmica

Embora tenhamos acabado de analisar dois exemplos do método de programação dinâmica, é bem possível que você ainda esteja imaginando exatamente quando aplicar o método. Do ponto de vista da engenharia, quando devemos procurar uma solução de programação dinâmica para um problema? Nesta seção, examinamos os dois elementos fundamentais que um problema de otimização deve ter para que a programação dinâmica seja aplicável: subestrutura ótima e sobreposição de subproblemas. Também voltaremos a discutir mais completamente como a memoização pode nos ajudar a aproveitar a propriedade de sobreposição de subproblemas em uma abordagem recursiva de cima para baixo.

Subestrutura ótima

O primeiro passo para resolver um problema de otimização por programação dinâmica é caracterizar a estrutura de uma solução ótima. Lembramos que um problema apresenta ***subestrutura ótima*** se uma solução ótima para o problema contém soluções ótimas para subproblemas. Sempre que um problema exibe subestrutura ótima, temos uma boa indicação de que a programação dinâmica pode se aplicar. (Porém, como discutiremos no Capítulo 15, isso também pode significar que uma estratégia gulosa é aplicável.) Em programação dinâmica, construímos uma solução ótima para o problema partindo de soluções ótimas para subproblemas. Consequentemente, devemos ter o cuidado de garantir que a faixa de subproblemas que consideramos inclui aqueles usados em uma solução ótima.

A subestrutura ótima foi fundamental para solucionar ambos os problemas examinados neste capítulo até agora. Na Seção 14.1, observamos que o modo mais rápido de cortar uma haste de comprimento n (se fizermos quaisquer cortes) envolve cortar otimamente as duas peças resultantes do primeiro corte. Na Seção 14.2, observamos que uma parentização ótima do produto de cadeias de matrizes $A_i A_{i+1} \ldots A_j$ que separa o produto entre A_k e A_{k+1} contém soluções ótimas para os problemas de parentização de $A_i A_{i+1} \ldots A_k$ e $A_{k+1} A_{k+2} \ldots A_j$.

Você perceberá que está seguindo um padrão comum para descobrir a subestrutura ótima:

1. Mostrar que uma solução para o problema consiste em fazer uma escolha, como optar entre um corte inicial em uma haste e um índice no qual separar a cadeia de matrizes. Essa escolha produz um ou mais subproblemas a resolver.

2. Supor que, para dado problema, existe uma escolha que resulta em uma solução ótima. Você ainda não se preocupa com a maneira de determinar essa escolha. Basta supor que ela existe.

3. Dada essa escolha, determinar quais subproblemas dela decorrem e como caracterizar melhor o espaço de subproblemas resultante.

4. Mostrar que as soluções para os subproblemas usados dentro de uma solução ótima para o problema também devem ser ótimas utilizando uma técnica de "recortar e colar". Para tal, você supõe que alguma das soluções de subproblemas não é ótima e, então, deduz uma contradição. Em particular, "recortando" a solução não ótima para cada subproblema e "colando" a solução ótima, você mostra que pode encontrar uma solução melhor para o problema original, o que contradiz a suposição de que você já tinha uma solução ótima. Se uma solução ótima der origem a mais de um subproblema, normalmente eles serão tão semelhantes que você pode modificar o argumento "recortar e colar" usado para um deles e aplicá-lo aos outros com pouco esforço.

Para caracterizar o espaço de subproblemas, uma boa regra prática é tentar manter o espaço tão simples quanto possível e depois expandi-lo conforme necessário. Por exemplo, o espaço de subproblemas que consideramos para o problema do corte da haste continha os problemas de determinar o corte ótimo para uma haste de comprimento i para cada tamanho i. Esse espaço de subproblemas funcionou bem e não tivemos nenhuma necessidade de tentar um espaço de subproblemas mais geral.

Ao contrário, suponha que tivéssemos tentado restringir nosso espaço de subproblemas para a multiplicação de cadeias de matrizes a produtos de matrizes da forma $A_1 A_2 \ldots A_j$. Como antes, uma parentização ótima deve separar esse produto entre A_k e A_{k+1} para algum $1 \le k < j$. A menos que possamos garantir que k é sempre igual a $j-1$, constataremos que tínhamos subproblemas da forma $A_1 A_2 \ldots A_k$ e $A_{k+1} A_{k+2} \ldots A_j$, e que este último subproblema não tem a forma $A_1 A_2 \ldots A_j$. Para resolvermos esse problema com a programação dinâmica, tivemos que permitir que nossos subproblemas variassem em "ambas as extremidades", isto é, permitir que i e j variassem no subproblema de parentizar o produto $A_i A_{i+1} \ldots A_j$.

A subestrutura ótima varia nos domínios de problemas de duas maneiras:

1. o número de subproblemas usados em uma solução ótima para o problema original, e
2. o número de opções que temos para determinar qual(is) subproblema(s) usar em uma solução ótima.

No problema do corte da haste, uma solução ótima para cortar uma haste de tamanho n usa apenas um subproblema (de tamanho $n - i$), mas temos de considerar n escolhas de i para determinar qual deles produz uma solução ótima. A multiplicação de cadeias de matrizes para a subcadeia $A_i A_{i+1} \ldots A_j$ serve como um exemplo com dois subproblemas e $j - i$ escolhas. Para dada matriz A_k na qual separamos o produto, temos dois subproblemas — a parentização de $A_i A_{i+1} \ldots A_k$ e a parentização de $A_{k+1} A_{k+2} \ldots A_j$ — e devemos resolver *ambos* otimamente. Uma vez determinadas as soluções ótimas para subproblemas, escolhemos entre $j - i$ candidatos para o índice k.

Informalmente, o tempo de execução de um algoritmo de programação dinâmica depende do produto de dois fatores: o número global de subproblemas e quantas escolhas consideramos que existem para cada subproblema. No corte de hastes, tínhamos $\Theta(n)$ subproblemas no total e no máximo n escolhas a examinar para cada um, resultando no tempo de execução $O(n^2)$. Na multiplicação de cadeias de matrizes, tínhamos $\Theta(n^2)$ subproblemas no total e, em cada um deles, tínhamos no máximo $n - 1$ escolhas, dando um tempo de execução $O(n^3)$ (na verdade, um tempo de execução $\Theta(n^3)$, conforme o Exercício 14.2-5).

Normalmente, o grafo de subproblemas indica um modo alternativo de executar a mesma análise. Cada vértice corresponde a um subproblema, e as escolhas para um subproblema são as arestas que nele incidem. Lembre-se de que, no corte de hastes, o grafo do subproblema tinha n vértices e no máximo n arestas por vértice, resultando no tempo de execução $O(n^2)$. Na multiplicação de cadeia de matrizes, o grafo de subproblemas, se o tivéssemos desenhado, teria $\Theta(n^2)$ vértices, e cada vértice teria um grau de no máximo $n - 1$, o que resultaria em um total de $O(n^3)$ vértices e arestas.

A programação dinâmica usa frequentemente a subestrutura ótima de baixo para cima. Isto é, primeiro encontramos soluções ótimas para subproblemas e, resolvidos os subproblemas, encontramos uma solução ótima para o problema. Encontrar uma solução ótima para o problema implica escolher, entre os subproblemas, aqueles que usaremos na solução do problema. Normalmente, o custo da solução do problema é igual aos custos dos subproblemas, mais um custo atribuível diretamente à escolha em si. Por exemplo, no corte de hastes, primeiro resolvemos os subproblemas de determinar maneiras ótimas de cortar hastes de comprimento i para $i = 0, 1, \ldots, n - 1$ e depois determinamos qual subproblema produz solução ótima para uma haste de comprimento n, usando a Equação (14.2). O custo atribuível à escolha em si é o termo p_i na Equação (14.2). Na multiplicação de cadeias de matrizes, determinamos a parentização ótima de subcadeias de $A_i A_{i+1} \ldots A_j$, e então escolhemos a matriz A_k para separar o produto. O custo atribuível à escolha propriamente dita é o termo $p_{i-1} p_k p_j$.

No Capítulo 15, examinaremos os "algoritmos gulosos", que guardam muitas semelhanças com a programação dinâmica. Em particular, os problemas aos quais os algoritmos gulosos se aplicam têm subestrutura ótima. Uma diferença importante entre algoritmos gulosos e programação dinâmica é que, em vez de primeiro encontrar soluções ótimas para subproblemas e depois fazer uma escolha fundamentada, os algoritmos gulosos primeiro fazem uma escolha "gulosa" — a que parecer melhor no momento — e depois resolvem um problema resultante, sem se darem ao trabalho de resolver todos os possíveis subproblemas menores relacionados. Surpreendentemente, em alguns casos a estratégia funciona!

Sutilezas

Devemos ter cuidado para não presumirmos que a subestrutura ótima seja aplicável quando não é. Considere os dois problemas a seguir, nos quais temos um grafo dirigido $G = (V, E)$ e vértices $u, v \in V$.

Caminho mais curto não ponderado:[5] Encontrar um caminho de u para v que consista no menor número de arestas. Tal caminho deve ser simples, já que remover um ciclo de um caminho produz um caminho com menos arestas.

Caminho simples mais longo não ponderado: Encontrar um caminho simples de u para v que consista no maior número de arestas. (Sem o requisito de que o caminho deve ser simples, o problema fica indefinido, pois a travessia repetida de um ciclo produz caminhos com um número arbitrariamente grande de arestas.)

O problema do caminho mais curto não ponderado exibe subestrutura ótima, como mostramos a seguir. Suponha que $u \neq v$, de modo que o problema é não trivial. Então, qualquer caminho p de u para v deve conter um vértice intermediário, digamos w. (Observe que w pode ser u ou v.) Assim, podemos decompor o caminho $u \overset{p}{\leadsto} v$ em subcaminhos $u \overset{p_1}{\leadsto} w \overset{p_2}{\leadsto} v$. O número de arestas em p é igual ao número de arestas em p_1 mais o número de arestas em p_2. Afirmamos que, se p é um caminho ótimo (isto é, o mais curto) de u para v, então p_1 deve ser um caminho mais curto de u para w. Por quê? Conforme sugerimos anteriormente, usamos um argumento de "recortar e colar": se existisse outro caminho, digamos p_1' de u para w com menos arestas que p_1, poderíamos recortar p_1 e colar em p_1' para produzir um caminho $u \overset{p_1'}{\leadsto} w \overset{p_2}{\leadsto} v$ com menos arestas que p, assim contradizendo a otimalidade de p. De modo semelhante, p_2 deve ser um caminho mais curto de w para v. Assim, podemos encontrar um caminho mais curto de u para v considerando todos os vértices intermediários w, encontrando um caminho mais curto de u para w e um caminho mais curto de w para v, e escolhendo um vértice intermediário w que produza o caminho mais curto global. Na Seção 23.2, usamos uma variante dessa observação de subestrutura ótima para encontrar um caminho mais curto entre cada par de vértices em um grafo ponderado e dirigido.

É tentador supor que o problema de encontrar um caminho simples mais longo não ponderado também exibe subestrutura ótima. Afinal, se desdobrarmos um caminho simples mais longo $u \overset{p}{\leadsto} v$ em subcaminhos $u \overset{p_1}{\leadsto} w \overset{p_2}{\leadsto} v$, então p_1 não deveria ser um caminho simples mais longo de u para w, e p_2 não deveria ser um caminho simples mais longo de w para v? A resposta é não! A Figura 14.6 nos dá um exemplo. Considere o caminho $q \to r \to t$, que é um caminho simples mais longo de q para t. O caminho $q \to r$ é um caminho simples mais longo de q para r? Não, já que o caminho $q \to s \to t \to r$ é um caminho simples mais longo. $r \to t$ é um caminho simples mais longo de r para t? Novamente não, já que o caminho $r \to q \to s \to t$ é um caminho simples mais longo.

Esse exemplo mostra que, para caminhos simples mais longos, não apenas falta uma subestrutura ótima para o problema, mas tampouco podemos montar necessariamente uma solução "legítima" para o problema a partir de soluções para subproblemas. Se combinarmos os caminhos simples mais longos $q \to s \to t \to r$ e $r \to q \to s \to t$, obteremos o caminho $q \to s \to t \to r \to q \to s \to t$, que não é simples. Na realidade, o problema de encontrar um caminho simples mais longo não ponderado não parece ter nenhum tipo de subestrutura ótima. Nenhum algoritmo eficiente de programação dinâmica foi encontrado para esse problema até hoje. De fato, esse problema é NP-completo, o que — como veremos no Capítulo 34 — significa ser improvável que ele possa ser resolvido em tempo polinomial.

Por que a subestrutura de um caminho simples mais longo é tão diferente da subestrutura de um caminho mais curto? Embora uma solução de problema para ambos, o caminho mais longo e o mais curto, use dois subproblemas, os subproblemas para encontrar o caminho simples mais longo não são ***independentes***, mas o

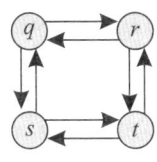

Figura 14.6 Grafo dirigido mostrando que o problema de encontrar um caminho simples mais longo em um grafo dirigido não ponderado não tem subestrutura ótima. O caminho $q \to r \to t$ é um caminho simples mais longo de q para t, mas o subcaminho $q \to r$ não é um caminho simples mais longo de q para r, nem o subcaminho $r \to t$ é um caminho simples mais longo de r para t.

---

[5]Usamos o termo "não ponderado" para distinguir esse problema do problema de encontrar caminhos mais curtos com arestas ponderadas, que veremos nos Capítulos 22 e 23. Podemos usar a técnica da busca em largura apresentada no Capítulo 20 para resolver o problema não ponderado.

são para caminhos mais curtos. O que significa subproblemas independentes? Significa que a solução para um subproblema não afeta a solução para outro subproblema do mesmo problema. No exemplo da Figura 14.6, temos o problema de encontrar um caminho simples mais longo de q para t com dois subproblemas: encontrar caminhos simples mais longos de q para r e de r para t. Para o primeiro desses subproblemas, escolhemos o caminho $q \to s \to t \to r$ e, portanto, também usamos os vértices s e t. Não podemos mais usar esses vértices na solução do segundo subproblema, já que a combinação das duas soluções para subproblemas produziria um caminho que não é simples. Se não podemos usar o vértice t no segundo problema, não podemos resolvê-lo, já que t tem de estar no caminho que encontrarmos, e ele não é o vértice no qual as soluções do subproblema são "unidas" (esse vértice é o r). Como usamos os vértices s e t em uma solução de subproblema, não podemos usá-los na solução do outro subproblema. Porém, temos de usar, no mínimo, um deles para resolver o outro subproblema, bem como usar ambos para resolvê-lo otimamente. Assim, dizemos que esses subproblemas não são independentes. Visto de outro modo, usar recursos para resolver um subproblema (sendo esses recursos os vértices) torna-os indisponíveis para o outro subproblema.

Então, por que os subproblemas são independentes para encontrar um caminho mais curto? A resposta é que, por natureza, os subproblemas não compartilham recursos. Afirmamos que, se um vértice w está em um caminho mais curto p de u para v, então podemos emendar *qualquer* caminho mais curto $u \overset{p_1}{\leadsto} w$ e *qualquer* caminho mais curto $w \overset{p_2}{\leadsto} v$ para produzir um caminho mais curto de u para v. Estamos seguros de que, além de w, nenhum vértice pode aparecer nos caminhos p_1 e p_2. Por quê? Suponha que algum vértice $x \neq w$ apareça tanto em p_1 quanto em p_2, de modo que podemos decompor p_1 como $u \overset{p_{ux}}{\leadsto} x \leadsto w$ e p_2 como $w \leadsto x \overset{p_{xv}}{\leadsto} v$. Pela subestrutura ótima desse problema, o caminho p tem tantas arestas quanto p_1 e p_2 juntos. Vamos dizer que p tenha e arestas. Agora, vamos construir um caminho $p' = u \overset{p_{ux}}{\leadsto} w \overset{p_{xv}}{\leadsto} v$ de u para v. Como cortamos os caminhos de x para w e de w para x e cada um deles contém no mínimo uma aresta, o caminho p' contém no máximo $e - 2$ arestas, o que contradiz a hipótese de p ser um caminho mais curto. Assim, estamos seguros de que os subproblemas para o problema do caminho mais curto são independentes.

Ambos os problemas examinados nas Seções 14.1 e 14.2 têm subproblemas independentes. Na multiplicação de cadeias de matrizes, os subproblemas são multiplicar subcadeias $A_i A_{i+1} \dots A_k$ e $A_{k+1} A_{k+2} \dots A_j$. Essas subcadeias são disjuntas, de modo que não haveria possibilidade de alguma matriz ser incluída em ambas. No corte de hastes, para determinar o melhor modo de cortar uma haste de comprimento n, consideramos os melhores modos de cortar hastes de comprimento i para $i = 0, 1, \dots, n - 1$. Como uma solução ótima para o problema do comprimento n inclui apenas uma dessas soluções de subproblemas (após termos cortado o primeiro pedaço), a independência de subproblemas nem entra em questão.

Subproblemas sobrepostos

O segundo elemento que um problema de otimização deve ter para a programação dinâmica ser aplicável é que o espaço de subproblemas deve ser "pequeno", no sentido de que um algoritmo recursivo para o problema resolve os mesmos subproblemas repetidas vezes, em lugar de sempre produzir novos subproblemas. Em geral, o número total de subproblemas distintos é um polinômio no tamanho de entrada. Quando um algoritmo recursivo reexamina o mesmo problema repetidamente, dizemos que o problema de otimização tem **subproblemas sobrepostos**.[6] Ao contrário, um problema para o qual uma abordagem de divisão e conquista é adequada, em geral, gera problemas absolutamente novos em cada etapa da recursão. Normalmente, algoritmos de programação dinâmica tiram proveito de subproblemas sobrepostos resolvendo cada subproblema uma vez e depois armazenando a solução em uma tabela, onde ela pode ser examinada quando necessário, usando um tempo constante por consulta.

Na Seção 14.1, examinamos de modo breve como uma solução recursiva para o problema do corte de hastes faz exponencialmente muitas chamadas para encontrar soluções de subproblemas menores. A solução de programação dinâmica reduz o tempo de execução do tempo exponencial do algoritmo recursivo e o reduz a um algoritmo de tempo quadrático.

---

[6]Pode parecer estranho que programação dinâmica dependa de subproblemas que são ao mesmo tempo independentes e sobrepostos. Embora possam parecer contraditórios, esses requisitos descrevem duas noções diferentes, em vez de dois pontos no mesmo eixo. Dois subproblemas do mesmo subproblema serão independentes se não compartilharem recursos. Dois subproblemas serão sobrepostos se realmente forem o mesmo subproblema que ocorre como subproblema de problemas diferentes.

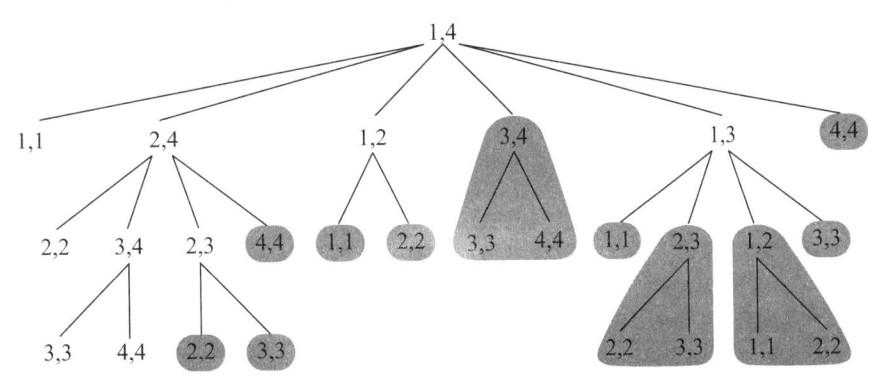

Figura 14.7 Árvore de recursão para a execução do cálculo de Cadeia-De-Matrizes-Recursivo(p, 1, 4). Cada nó contém os parâmetros i e j. Os cálculos executados em uma subárvore sombreada em *cinza-escuro* são substituídos por uma única consulta à tabela em Cadeia-De-Matrizes-Memoizado.

Para ilustrarmos a propriedade de subproblemas sobrepostos com mais detalhes, vamos examinar novamente o problema de multiplicação de cadeias de matrizes. Consultando mais uma vez a Figura 14.5, observe que Ordena-Cadeia-De-Matrizes consulta repetidamente a solução para subproblemas em linhas inferiores quando está resolvendo subproblemas em linhas superiores. Por exemplo, o algoritmo referencia a entrada $m[3, 4]$ quatro vezes: durante os cálculos de $m[2, 4]$, $m[1, 4]$, $m[3, 5]$ e $m[3, 6]$. Se o algoritmo tivesse de recalcular $m[3, 4]$ toda vez, no lugar de apenas consultar essa entrada, o tempo de execução aumentaria expressivamente. Para ver como, considere o procedimento recursivo (ineficiente) Cadeia-De-Matrizes-Recursivo, que determina $m[i, j]$, o número mínimo de multiplicações escalares necessárias para calcular o produto de cadeias de matrizes $A_{i:j} = A_i A_{i+1} \ldots A_j$. O procedimento é diretamente baseado na recorrência (14.7). A Figura 14.7 mostra a árvore de recursão produzida pela chamada Cadeia-De-Matrizes-Recursivo(p, 1, 4). Cada nó é rotulado pelos valores dos parâmetros i e j. Observe que alguns pares de valores ocorrem muitas vezes.

```
Cadeia-De-Matrizes-Recursivo(p, i, j)
1   if i == j
2       return 0
3   m[i, j] = ∞
4   for k = i to j − 1
5       q = Cadeia-De-Matrizes-Recursivo(p, i, k)
              + Cadeia-De-Matrizes-Recursivo(p, k + 1, j)
              + p_{i−1} p_k p_j
6       if q < m[i, j]
7           m[i, j] = q
8   return m[i, j]
```

De fato, podemos mostrar que o tempo para calcular $m[1, n]$ por esse procedimento recursivo é no mínimo exponencial em n. Para entendermos o motivo, seja $T(n)$ o tempo tomado por Cadeia-De-Matrizes-Recursivo para calcular uma parentização ótima de uma cadeia de n matrizes. Como cada uma das execuções das linhas 1–2 e das linhas 6–7 demora no mínimo o tempo unitário, assim como a multiplicação na linha 5, a inspeção do procedimento produz a recorrência

$$T(n) \geq \begin{cases} 1 & \text{se } n = 1\,, \\ 1 + \sum_{k=1}^{n-1} (T(k) + T(n-k) + 1) & \text{se } n > 1\,. \end{cases}$$

Observando que, para $i = 1, 2, \ldots, n - 1$, cada termo $T(i)$ aparece uma vez como $T(k)$ e uma vez como $T(n - k)$, e reunindo os $n - 1$ valores 1 no somatório com o valor 1 à frente, podemos reescrever a recorrência como

$$T(n) \geq 2 \sum_{i=1}^{n-1} T(i) + n\,. \tag{14.8}$$

Provaremos que $T(n) = \Omega(2^n)$ usando o método de substituição. Especificamente, mostraremos que $T(n) \geq 2^{n-1}$ para todo $n \geq 1$. Para o caso-base $n = 1$, o somatório é vazio, e obtemos $T(1) \geq 1 = 2^0$. Por indução, para $n \geq 2$, temos

$$
\begin{aligned}
T(n) &\geq 2\sum_{i=1}^{n-1} 2^{i-1} + n \\
&= 2\sum_{j=0}^{n-2} 2^j + n \quad \text{(sendo } j = i - 1\text{)} \\
&= 2(2^{n-1} - 1) + n \quad \text{(pela Equação (A.6), no Apêndice A)} \\
&= 2^n - 2 + n \\
&\geq 2^{n-1},
\end{aligned}
$$

o que conclui a prova. Assim, a quantidade total de trabalho executado pela chamada CADEIA-DE-MATRIZES-RECURSIVO$(p, 1, n)$ é no mínimo exponencial em n.

Compare esse algoritmo recursivo de cima para baixo (sem memoização) com o algoritmo de programação dinâmica de baixo para cima. Este último é mais eficiente porque tira proveito da propriedade de subproblemas sobrepostos. A multiplicação de cadeias de matrizes tem somente $\Theta(n^2)$ subproblemas distintos, e o algoritmo de programação dinâmica resolve cada um deles exatamente uma vez. Por outro lado, novamente o algoritmo recursivo deve resolver cada subproblema toda vez que ele reaparece na árvore de recursão. Sempre que uma árvore de recursão para a solução recursiva natural de um problema contiver o mesmo subproblema repetidamente e o número total de subproblemas distintos for pequeno, a programação dinâmica poderá melhorar a eficiência, por vezes, expressivamente.

Reconstrução de uma solução ótima

Como regra prática, muitas vezes, armazenamos em uma tabela a opção que escolhemos em cada subproblema, de modo que não tenhamos de reconstruir essa informação a partir da tabela de custos.

Na multiplicação de cadeias de matrizes, a tabela $s[i, j]$ poupa uma quantidade significativa de trabalho durante a reconstrução de uma solução ótima. Suponha que o procedimento ORDENA-CADEIA-DE-MATRIZES não mantivesse a tabela $s[i, j]$, tendo preenchido apenas a tabela $m[i, j]$, que contém custos de subproblemas ótimos. O procedimento escolhe entre $j - i$ possibilidades quando determina quais subproblemas usar em uma solução ótima de modo a parentizar $A_i A_{i+1} \dots A_j$, e $j - i$ não é uma constante. Portanto, demoraria o tempo $\Theta(j - i) = \omega(1)$ para reconstruir os subproblemas escolhidos para solucionar um problema dado. Visto que ORDENA-CADEIA-DE-MATRIZES armazena em $s[i, j]$ o índice da matriz na qual separamos o produto $A_i A_{i+1} \dots A_j$, o procedimento IMPRIME-PARÊNTESES-ÓTIMOS pode consultar cada escolha no tempo $O(1)$.

Memoização

Como vimos no problema do corte de hastes, há uma abordagem alternativa para a programação dinâmica que frequentemente oferece a eficiência da abordagem de programação dinâmica de baixo para cima e ao mesmo tempo mantém uma estratégia de cima para baixo. A ideia é *memoizar* o algoritmo recursivo natural, mas ineficiente. Como na abordagem de baixo para cima, mantemos uma tabela com soluções de subproblemas, mas a estrutura de controle para preencher a tabela é mais semelhante ao algoritmo recursivo.

Um algoritmo recursivo memoizado mantém uma entrada em uma tabela para a solução de cada subproblema. Cada entrada da tabela contém inicialmente um valor especial para indicar que a entrada ainda tem de ser preenchida. Quando o subproblema é encontrado pela primeira vez durante a execução do algoritmo recursivo, sua solução é calculada e depois armazenada na tabela. Cada vez subsequente que encontrarmos esse subproblema, simplesmente consultamos o valor armazenado na tabela e o devolvemos.[7]

---

[7]Essa abordagem pressupõe que conhecemos o conjunto de todos os parâmetros de subproblemas possíveis e que estabelecemos a relação entre posições de tabela e subproblemas. Outra abordagem, mais geral, é memoizar usando *hashing*, com os parâmetros do subproblema sendo usados como chave.

O procedimento CADEIA-DE-MATRIZES-MEMOIZADO, a seguir, é uma versão memoizada de CADEIA-DE-MATRIZES-RECURSIVO apresentada anteriormente. Observe os pontos de semelhança com o método de cima para baixo memoizado para o problema do corte de hastes.

CADEIA-DE-MATRIZES-MEMOIZADO(p, n)
1 seja $m[1{:}n, 1{:}n]$ uma nova tabela
2 **for** $i = 1$ **to** n
3   **for** $j = i$ **to** n
4          $m[i, j] = \infty$
5 **return** PROCURA-CADEIA($m, p, 1, n$)

PROCURA-CADEIA(m, p, i, j)
1 **if** $m[i, j] < \infty$
2   **return** $m[i, j]$
3 **if** $i == j$
4      $m[i, j] = 0$
5 **else for** $k = i$ **to** $j - 1$
6          $q =$ PROCURA-CADEIA(m, p, i, k)
             $+$ PROCURA-CADEIA($m, p, k{+}1, j$) $+ p_{i-1}\, p_k\, p_j$
7   **if** $q < m[i, j]$
8              $m[i, j] = q$
9 **return** $m[i, j]$

O procedimento CADEIA-DE-MATRIZES-MEMOIZADO e o procedimento ORDENA-CADEIA-DE-MATRIZES de baixo para cima mantêm uma tabela $m[1{:}n, 1{:}n]$ de valores calculados de $m[i, j]$, o número mínimo de multiplicações escalares necessárias para calcular a matriz $A_{i..j}$. Cada entrada de tabela contém inicialmente o valor ∞ para indicar que a entrada ainda tem de ser preenchida. Quando a chamada PROCURA-CADEIA(m, p, i, j) é executada, se a linha 1 verificar que $m[i, j] < \infty$, o procedimento simplesmente retorna, na linha 2, o custo $m[i, j]$ calculado anteriormente. Caso contrário, o custo é calculado como em CADEIA-DE-MATRIZES-RECURSIVO, armazenado em $m[i, j]$ e retornado. Assim, PROCURA-CADEIA(m, p, i, j) sempre retorna o valor de $m[i, j]$, mas só o calcula na primeira chamada de PROCURA-CADEIA que tenha esses valores específicos de i e j. A Figura 14.7 ilustra como CADEIA-DE-MATRIZES-MEMOIZADO poupa tempo em comparação com CADEIA-DE-MATRIZES-RECURSIVO. As subárvores sombreadas em *cinza-escuro* representam valores que o procedimento consulta em vez de recalcular.

Do mesmo modo que o procedimento ORDENA-CADEIA-DE-MATRIZES, o procedimento memoizado CADEIA-DE-MATRIZES-MEMOIZADO é executado em tempo $O(n^3)$. Para começar, a linha 4 de CADEIA-DE-MATRIZES-MEMOIZADO é executada $\Theta(n^2)$ vezes, que domina o tempo de execução fora da chamada a PROCURA-CADEIA na linha 5. Podemos classificar as chamadas de PROCURA-CADEIA em dois tipos:

1. chamadas nas quais $m[i, j] = \infty$, de modo que as linhas 3–9 são executadas, e
2. chamadas nas quais $m[i, j] < \infty$, de modo que PROCURA-CADEIA simplesmente retorna na linha 2.

Há $\Theta(n^2)$ chamadas do primeiro tipo, uma por entrada de tabela. Todas as chamadas do segundo tipo são feitas como chamadas recursivas por chamadas do primeiro tipo. Sempre que certa chamada de PROCURA-CADEIA faz chamadas recursivas, ela faz $O(n)$ chamadas. Assim, há ao todo $O(n^3)$ chamadas do segundo tipo. Cada chamada do segundo tipo demora o tempo $O(1)$, e cada chamada do primeiro tipo demora o tempo $O(n)$ mais o tempo gasto em suas chamadas recursivas. Portanto, o tempo total é $O(n^3)$. Deste modo, a memoização transforma um algoritmo de tempo $\Omega(2^n)$ em um algoritmo de tempo $O(n^3)$.

Assim, vimos como resolver o problema de multiplicação de cadeias de matrizes no tempo $O(n^3)$ por um algoritmo de programação dinâmica de cima para baixo memoizado ou por um algoritmo de programação dinâmica de baixo para cima. Ambos os métodos, de baixo para cima e memoizado, tiram proveito da propriedade dos subproblemas sobrepostos. Há apenas $\Theta(n^2)$ subproblemas distintos no total, e qualquer um desses métodos calcula a solução para cada subproblema somente uma vez. Sem memoização, o algoritmo recursivo natural é executado em tempo exponencial, já que subproblemas resolvidos são resolvidos repetidas vezes.

Na prática geral, se todos os subproblemas devem ser resolvidos no mínimo uma vez, o desempenho de um algoritmo de programação dinâmica de baixo para cima normalmente supera o de um algoritmo de cima para baixo memoizado por um fator constante porque o algoritmo de baixo para cima não tem nenhuma sobrecarga para recursão e a sobrecarga associada à manutenção da tabela é menor. Além disso, em alguns problemas podemos explorar o padrão regular de acessos a tabelas no algoritmo de programação dinâmica para reduzir ainda mais os requisitos de tempo ou espaço. Por outro lado, em certas situações, alguns dos subproblemas no espaço de subproblemas podem não precisar ser resolvidos de modo algum. Nesse caso, a solução memoizada tem a vantagem de resolver somente os subproblemas que são definitivamente necessários.

Exercícios

14.3-1
Qual modo é mais eficiente para determinar o número ótimo de multiplicações em um problema de multiplicação de cadeias de matrizes: enumerar todos os modos de parentizar o produto e calcular o número de multiplicações para cada um ou executar CADEIA-DE-MATRIZES-RECURSIVO? Justifique sua resposta.

14.3-2
Desenhe a árvore de recursão para o procedimento MERGE-SORT da Seção 2.3.1 em um vetor de 16 elementos. Explique por que a memoização não aumenta a velocidade de um bom algoritmo de divisão e conquista como MERGE-SORT.

14.3-3
Considere uma variante contrária do problema da multiplicação de cadeias de matrizes na qual a meta é parentizar a sequência de matrizes de modo a maximizar, em vez de minimizar, o número de multiplicações escalares. Esse problema exibe subestrutura ótima?

14.3-4
Como já dissemos, em programação dinâmica, primeiramente resolvemos os subproblemas e depois escolhemos qual deles utilizar em uma solução ótima para o problema. A professora Capuleto afirma que nem sempre é necessário resolver todos os subproblemas para encontrar uma solução ótima. Ela sugere que podemos encontrar uma solução ótima para o problema de multiplicação de cadeias de matrizes escolhendo sempre a matriz A_k na qual separar o subproduto $A_i A_{i+1} \ldots A_j$ (selecionando k para minimizar a quantidade $p_{i-1} p_k p_j$) antes de resolver os subproblemas. Determine uma instância do problema de multiplicação de cadeias de matrizes para a qual essa abordagem gulosa produz uma solução subótima.

14.3-5
Suponha que, no problema do corte de hastes da Seção 14.1, tivéssemos também o limite l_i para o número de peças de comprimento i que fosse permitido produzir, para $i = 1, 2, \ldots, n$. Mostre que a propriedade de subestrutura ótima descrita na Seção 14.1 deixa de ser válida.

14.4   Subsequência comum mais longa

Em aplicações na biologia, muitas vezes, é preciso comparar o DNA de dois (ou mais) organismos diferentes. Um filamento de DNA consiste em uma cadeia de moléculas denominadas **bases**, na qual as bases possíveis são adenina, guanina, citosina e timina. Representando cada uma dessas bases por sua letra inicial, podemos expressar um filamento de DNA como uma cadeia no conjunto finito {A, C, G, T}. (A Seção C.1 dá a definição de uma cadeia.) Por exemplo, o DNA de um organismo pode ser S_1 = AC-CGGTCGAGTGCGCGGAAGCCGGCCGAA, e o DNA de outro organismo pode ser S_2 = GTCGTTCGGAA-TGCCGTTGCTCTGTAAA. Uma razão para a comparação de duas cadeias de DNA é determinar o grau de "semelhança" entre elas, que serve como alguma medida para estabelecer a relação de proximidade entre os dois organismos. Podemos definir (e definimos) a semelhança de muitas maneiras diferentes. Por exemplo, podemos dizer que duas cadeias de DNA são semelhantes se uma delas é uma subcadeia da outra. (O Capítulo 32 explora algoritmos para resolver esse problema.) Em nosso exemplo, nem S_1 nem S_2 é uma subcadeia do outro. Alternativamente, poderíamos dizer que duas cadeias são semelhantes se o número de mudanças necessárias para transformar uma na outra fosse pequeno. (O Problema 14.5 explora essa noção.) Ainda outra maneira de medir a semelhança entre filamentos S_1 e S_2 é encontrar uma terceira cadeia S_3 na qual as bases em S_3 aparecem em cada uma das cadeias S_1 e S_2. Essas bases devem aparecer na mesma ordem, mas não precisam ser necessariamente consecutivas. Quanto mais longa a cadeia S_3 que pudermos encontrar, maior será a semelhança entre S_1 e S_2. Em nosso exemplo, a cadeia S_3 mais longa é GTCGTCGGAAGCCGGCCGAA.

Formalizamos essa última noção de semelhança como o problema da subsequência comum mais longa. Uma subsequência de determinada sequência é apenas a sequência dada na qual foram omitidos zero ou mais elementos. Em termos formais, dada uma sequência $X = \langle x_1, x_2, ..., x_m \rangle$, outra sequência $Z = \langle z_1, z_2, ..., z_k \rangle$ é uma **subsequência** de X se existir uma sequência estritamente crescente $\langle i_1, i_2, ..., i_k \rangle$ de índices de X tais que, para todo $j = 1, 2, ..., k$, temos $x_{i_j} = z_j$. Por exemplo, $Z = \langle B, C, D, B \rangle$ é uma subsequência de $X = \langle A, B, C, B, D, A, B \rangle$ com sequência de índices correspondente $\langle 2, 3, 5, 7 \rangle$.

Dadas duas sequências X e Y, dizemos que uma sequência Z é uma **subsequência comum** de X e Y se Z é uma subsequência de X e Y. Por exemplo, se $X = \langle A, B, C, B, D, A, B \rangle$ e $Y = \langle B, D, C, A, B, A \rangle$, a sequência $\langle B, C, A \rangle$ é uma subsequência comum das sequências X e Y. Porém, a sequência $\langle B, C, A \rangle$ não é uma subsequência comum *mais longa* (LCS, do inglês *longest common subsequence*) de X e Y, já que tem comprimento 3, e a sequência $\langle B, C, B, A \rangle$, que também é comum a X e Y, tem comprimento 4. A sequência $\langle B, C, B, A \rangle$ é uma LCS de X e Y, assim como a sequência $\langle B, D, A, B \rangle$, visto que não existe nenhuma subsequência comum de comprimento 5 ou maior.

No **problema da subsequência comum mais longa**, temos duas sequências $X = \langle x_1, x_2, ..., x_m \rangle$ e $Y = \langle y_1, y_2, ..., y_n \rangle$, e desejamos encontrar uma subsequência comum de comprimento máximo de X e Y. Esta seção mostra como resolver o problema da LCS eficientemente, usando programação dinâmica.

Etapa 1: Caracterização de uma subsequência comum mais longa

Uma abordagem de força bruta para resolver o problema da LCS seria enumerar todas as subsequências de X e conferir cada subsequência para ver se ela também é uma subsequência de Y, sem perder de vista a subsequência mais longa encontrada. Cada subsequência de X corresponde a um subconjunto dos índices $\{1, 2, ..., m\}$ de X. Como X tem 2^m subsequências, essa abordagem requer tempo exponencial, o que a torna impraticável para sequências longas.

Porém, o problema da LCS tem uma propriedade de subestrutura ótima, como mostra o teorema a seguir. Como veremos, as classes naturais de subproblemas correspondem a pares de "prefixos" das duas sequências de entrada. Mais precisamente, dada uma sequência $X = \langle x_1, x_2, ..., x_m \rangle$, definimos o i-ésimo **prefixo** de X, para $i = 0, 1, ..., m$, como $X_i = \langle x_1, x_2, ..., x_i \rangle$. Por exemplo, se $X = \langle A, B, C, B, D, A, B \rangle$, então $X_4 = \langle A, B, C, B \rangle$ e X_0 é a sequência vazia.

Teorema 14.1 (Subestrutura ótima de uma LCS)

Sejam as sequências $X = \langle x_1, x_2, ..., x_m \rangle$ e $Y = \langle y_1, y_2, ..., y_n \rangle$, e seja $Z = \langle z_1, z_2, ..., z_k \rangle$ qualquer LCS de X e Y.

1. Se $x_m = y_n$, então $z_k = x_m = y_n$, e Z_{k-1} é uma LCS de X_{m-1} e Y_{n-1}.
2. Se $x_m \neq y_n$ e $z_k \neq x_m$, então Z é uma LCS de X_{m-1} e Y.
3. Se $x_m \neq y_n$ e $z_k \neq y_n$, então Z é uma LCS de X e Y_{n-1}.

Prova (1) Se $z_k \neq x_m$, então podemos anexar $x_m = y_n$ a Z para obter uma subsequência comum de X e Y de comprimento $k + 1$, contradizendo a suposição de que Z é uma subsequência comum *mais longa* de X e Y. Assim, devemos ter $z_k = x_m = y_n$. Agora, o prefixo Z_{k-1} é uma subsequência comum de comprimento $(k - 1)$ de X_{m-1} e Y_{n-1}. Desejamos mostrar que ela é uma LCS. Suponha, por contradição, que exista uma subsequência comum W de X_{m-1} e Y_{n-1} com comprimento maior que $k - 1$. Então, anexar $x_m = y_n$ a W produz uma subsequência comum de X e Y cujo comprimento é maior que k, o que é uma contradição.

(2) Se $z_k \neq x_m$, então Z é uma subsequência comum de X_{m-1} e Y. Se existisse uma subsequência comum W de X_{m-1} e Y com comprimento maior que k, então W seria também uma subsequência comum de X_m e Y, contradizendo a suposição de que Z é uma LCS de X e Y.

(3) A prova é simétrica a (2).   ∎

O modo como o Teorema 14.1 caracteriza subsequências comuns mais longas nos diz que uma LCS de duas sequências contém uma LCS de prefixos das duas sequências. Assim, o problema de LCS tem uma propriedade de subestrutura ótima. Uma solução recursiva também tem a propriedade de subproblemas sobrepostos, como veremos em breve.

Etapa 2: Uma solução recursiva

O Teorema 14.1 subentende que devemos examinar um ou dois subproblemas quando queremos encontrar uma LCS de $X = \langle x_1, x_2, ..., x_m \rangle$ e $Y = \langle y_1, y_2, ..., y_n \rangle$. Se $x_m = y_n$, devemos encontrar uma LCS de X_{m-1} e Y_{n-1}. Anexar $x_m = y_n$ a essa LCS produz uma LCS de X e Y. Se $x_m \neq y_n$, então devemos resolver dois subproblemas: encontrar uma LCS de X_{m-1} e Y e encontrar uma LCS de X e Y_{n-1}. A mais longa de qualquer dessas duas LCS é uma LCS de X e Y. Como esses casos esgotam todas as possibilidades, sabemos que uma das soluções ótimas de subproblemas certamente aparecerá dentro de uma LCS de X e Y.

O problema da LCS tem a propriedade de subproblemas sobrepostos. Vejamos como. Para encontrar uma LCS de X e Y, pode ser necessário encontrar as LCS de X e Y_{n-1} e de X_{m-1} e Y. Porém, cada um desses subproblemas tem o subsubproblema de encontrar uma LCS de X_{m-1} e Y_{n-1}. Muitos outros subproblemas compartilham subsubproblemas.

Como ocorreu no problema de multiplicação de cadeias de matrizes, nossa solução recursiva para o problema da LCS envolve estabelecer uma recorrência para o valor de uma solução ótima. Vamos definir $c[i, j]$ como o comprimento de uma LCS das sequências X_i e Y_j. Se $i = 0$ ou $j = 0$, uma das sequências tem comprimento 0 e, portanto, a LCS tem comprimento 0. A subestrutura ótima do problema da LCS dá a fórmula recursiva

$$c[i, j] = \begin{cases} 0 & \text{se } i = 0 \text{ ou } j = 0, \\ c[i-1, j-1] + 1 & \text{se } i, j > 0 \text{ e } x_i = y_j, \\ \max\{c[i, j-1], c[i-1, j]\} & \text{se } i, j > 0 \text{ e } x_i \neq y_j. \end{cases} \tag{4.9}$$

Nessa formulação recursiva, uma condição no problema restringe os subproblemas que podemos considerar. Quando $x_i = y_j$, podemos e devemos considerar o subproblema de encontrar a LCS de X_{i-1} e Y_{j-1}. Caso contrário, consideramos os dois subproblemas de encontrar uma LCS de X_i e Y_{j-1} e de X_{i-1} e Y_j. Nos algoritmos de programação dinâmica que já examinamos — para corte de hastes e para multiplicação de cadeias de matrizes —, não descartamos nenhum subproblema por causa de condições no problema. O algoritmo para encontrar uma LCS não é o único algoritmo de programação dinâmica que descarta subproblemas com base em condições no problema. Por exemplo, o problema da distância de edição (ver Problema 14.5) tem essa característica.

Etapa 3: Cálculo do comprimento de uma LCS

Tendo como base a Equação (14.9), seria fácil escrever um algoritmo recursivo de tempo exponencial para calcular o comprimento de uma LCS de duas sequências. Contudo, visto que o problema da LCS tem somente $\Theta(mn)$ subproblemas distintos (calculando $c[i, j]$ para $0 \leq i \leq m$ e $0 \leq j \leq n$), podemos usar programação dinâmica para calcular as soluções de baixo para cima.

O procedimento COMPRIMENTO-LCS recebe duas sequências $X = \langle x_1, x_2, ..., x_m \rangle$ e $Y = \langle y_1, y_2, ..., y_n \rangle$ como entradas, junto com seus comprimentos. Armazena os valores $c[i, j]$ em uma tabela $c[0 : m, 0 : n]$ e calcula as entradas em ordem **orientada por linha**. Isto é, o procedimento preenche a primeira linha de c da esquerda para a direita, depois a segunda linha e assim por diante. O procedimento também mantém a tabela $b[1 : m, 1 : n]$ para ajudar a construir uma solução ótima. Intuitivamente, $b[i, j]$ aponta para a entrada da tabela correspondente à solução ótima de subproblema escolhida ao se calcular $c[i, j]$. O procedimento retorna as tabelas b e c, em que $c[m, n]$ contém o comprimento de uma LCS de X e Y. A Figura 14.8 mostra as tabelas produzidas por COMPRIMENTO-LCS nas sequências $X = \langle A, B, C, B, D, A, B \rangle$ e $Y = \langle B, D, C, A, B, A \rangle$. O tempo de execução do procedimento é $\Theta(mn)$, já que cada entrada de tabela demora o tempo $\Theta(1)$ para ser calculada.

```
COMPRIMENTO-LCS(X, Y, m, n)
 1   sejam b[1:m, 1:n] e c[0:m, 0:n] novas tabelas
 2   for i = 1 to m
 3       c[i, 0] = 0
 4   for j = 0 to n
 5       c[0, j] = 0
 6   for i = 1 to m              // calcula entradas da tabela por ordem de linha
 7       for j = 1 to n
 8           if xᵢ == yⱼ
 9               c[i, j] = c[i − 1, j − 1] + 1
10               b[i, j] = "↖"
11           elseif c[i − 1, j] ≥ c[i, j − 1]
12               c[i, j] = c[i − 1, j]
13               b[i, j] = "↑"
14           else c[i, j] = c[i, j − 1]
15               b[i, j] = "←"
16   return c e b
```

```
IMPRIME-LCS(b, X, i, j)
 1   if i == 0 ou j == 0
 2       return                 // a LCS tem comprimento 0
 3   if b[i, j] == "↖"
 4       IMPRIME-LCS(b, X, i − 1, j − 1)
 5       imprime xᵢ             // o mesmo que yⱼ
 6   elseif b[i, j] == "↑"
 7       IMPRIME-LCS(b, X, i − 1, j)
 8   else IMPRIME-LCS(b, X, i, j − 1)
```

Etapa 4: Construção de uma LCS

Com a tabela b retornada por COMPRIMENTO-LCS, podemos construir rapidamente uma LCS de $X = \langle x_1, x_2, ..., x_m \rangle$ e $Y = \langle y_1, y_2, ..., y_n \rangle$. Começamos em $b[m, n]$ e percorremos a tabela seguindo as setas. Sempre que encontramos "↖" na entrada $b[i, j]$, isso implica que $x_i = y_j$ é um elemento da LCS encontrado por COMPRIMENTO-LCS. Com esse método, encontramos os elementos da LCS em ordem inversa. O procedimento recursivo IMPRIME-LCS imprime uma LCS de X e Y na ordem direta adequada. A chamada inicial é IMPRIME-LCS(b, X, m, n). Para a tabela b na Figura 14.8, esse procedimento imprime *BCBA*. O procedimento demora o tempo $O(m + n)$, já que decrementa no mínimo um de i e j em cada fase da recursão.

Melhorando o código

Depois de ter desenvolvido um algoritmo, você, muitas vezes, constatará que é possível melhorar o tempo ou o espaço que ele utiliza. Algumas mudanças podem simplificar o código e melhorar fatores constantes, porém não produzem melhoria assintótica no desempenho. Outras podem resultar em economias assintóticas significativas de tempo e de espaço.

Por exemplo, no algoritmo LCS podemos eliminar totalmente a tabela b. Cada entrada $c[i, j]$ depende apenas de três outras entradas na tabela: $c[i − 1, j − 1]$, $c[i − 1, j]$ e $c[i, j − 1]$. Dado o valor de $c[i, j]$, podemos determinar em tempo $O(1)$ qual desses três valores foi usado para calcular $c[i, j]$, sem inspecionar a tabela b. Assim, podemos reconstruir uma LCS em tempo $O(m + n)$ usando um procedimento semelhante a IMPRIME-LCS. (O Exercício 14.4-2 pede que você dê o pseudocódigo.) Embora economizemos espaço $\Theta(mn)$ por esse método, o requisito de espaço auxiliar para calcular uma LCS não diminui assintoticamente, já que, de qualquer modo, precisamos do espaço $\Theta(mn)$ para a tabela c.

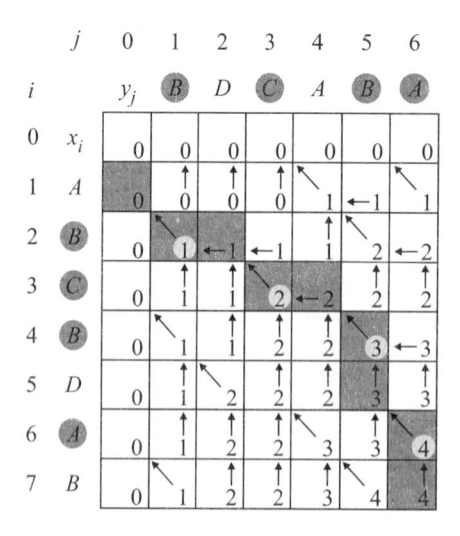

Figura 14.8 Tabelas c e b calculadas por Comprimento-LCS para as sequências $X = \langle A, B, C, B, D, A, B \rangle$ e $Y = \langle B, D, C, A, B, A \rangle$. O quadrado na linha i e coluna j contém o valor de $c[i, j]$ e a seta apropriada para o valor de $b[i, j]$. A entrada 4 em $c[7, 6]$ — o canto inferior direito da tabela — é o comprimento de uma LCS $\langle B, C, B, A \rangle$ de X e Y. Para $i, j > 0$, a entrada $c[i, j]$ depende apenas de $x_i = y_j$ e dos valores nas entradas $c[i - 1, j]$, $c[i, j - 1]$ e $c[i - 1, j - 1]$, que são calculados antes de $c[i, j]$. Para reconstruir os elementos de uma LCS, siga as setas $b[i, j]$ desde o canto inferior direito, conforme mostra a sequência em *cinza-escuro*. Cada "↖" na sequência sombreada corresponde a uma entrada (destacada) para a qual $x_i = y_j$ é membro de uma LCS.

Entretanto, podemos reduzir os requisitos de espaço assintótico para Comprimento-LCS, já que esse procedimento só precisa de duas linhas da tabela c por vez: a linha que está sendo calculada e a linha anterior. (De fato, como o Exercício 14.4-4 pede que você mostre, podemos usar apenas um pouquinho mais que o espaço de uma linha de c para calcular o comprimento de uma LCS.) Essa melhoria funcionará se precisarmos apenas do comprimento de uma LCS. Se precisarmos reconstruir os elementos de uma LCS, a tabela menor não guardará informações suficientes para reconstituir nossas etapas no tempo $O(m + n)$.

Exercícios

14.4-1
Determine uma LCS de $\langle 1, 0, 0, 1, 0, 1, 0, 1 \rangle$ e $\langle 0, 1, 0, 1, 1, 0, 1, 1, 0 \rangle$.

14.4-2
Dê o pseudocódigo para reconstruir uma LCS partindo da tabela c concluída e das sequências originais $X = \langle x_1, x_2, ..., x_m \rangle$ e $Y = \langle y_1, y_2, ..., y_n \rangle$ em tempo $O(m + n)$, sem usar a tabela b.

14.4-3
Dê uma versão memoizada de Comprimento-LCS que seja executada no tempo $O(mn)$.

14.4-4
Mostre como calcular o comprimento de uma LCS usando apenas $2 \cdot \min\{m, n\}$ entradas na tabela c mais o espaço adicional $O(1)$. Em seguida, mostre como fazer a mesma coisa usando $\min\{m, n\}$ entradas mais o espaço adicional $O(1)$.

14.4-5
Forneça um algoritmo de tempo $O(n^2)$ para encontrar a subsequência monotonicamente crescente mais longa de uma sequência de n números.

★ 14.4-6
Forneça um algoritmo de tempo $O(n \lg n)$ para encontrar a subsequência mais longa monotonicamente crescente de uma sequência de n números. (*Sugestão*: observe que o último elemento de uma subsequência candidata de comprimento i é no mínimo tão grande quanto o último elemento de uma subsequência candidata de comprimento $i - 1$. Mantenha as subsequências candidatas ligando-as por meio da sequência de entrada.)

14.5 Árvores de busca binária ótimas

Suponha que estejamos projetando um programa para traduzir texto do inglês para o letão. Para cada ocorrência de cada palavra inglesa no texto, precisamos procurar sua equivalente em letão. Um modo de executar essas operações de busca é construir uma árvore de busca binária com n palavras inglesas como chaves e suas equivalentes em letão como dados satélites. Como pesquisaremos a árvore para cada palavra individual no texto, queremos que o tempo total gasto na busca seja tão breve quanto possível. Poderíamos assegurar um tempo de busca $O(\lg n)$ por ocorrência usando uma árvore vermelho-preto ou qualquer outra árvore de busca binária balanceada. Porém, as palavras aparecem com frequências diferentes, e uma palavra usada frequentemente como *the* pode aparecer longe da raiz, enquanto uma palavra raramente usada como *naumachia* apareceria perto da raiz. Tal organização reduziria a velocidade da tradução, já que o número de nós visitados durante a busca de uma chave em uma árvore de busca binária é igual a uma unidade mais a profundidade do nó que contém a chave. Queremos que palavras que ocorrem com frequência no texto sejam colocadas mais próximas à raiz.[8] Além disso, algumas palavras no texto podem não ter nenhuma tradução para o letão[9] e, portanto, não apareceriam em nenhum lugar na árvore de busca binária. Como organizamos uma árvore de busca binária para minimizar o número de nós visitados em todas as buscas, considerando que sabemos com que frequência cada palavra ocorre?

O que precisamos é conhecido como *árvore de busca binária ótima*. Formalmente, temos uma sequência $K = \langle k_1, k_2, ..., k_n \rangle$ de n chaves distintas em sequência ordenada tal que $k_1 < k_2 < ... < k_n$, e desejamos construir uma árvore de busca binária com essas chaves. Para cada chave k_i, temos probabilidade p_i de que uma busca seja para k_i. Algumas buscas podem ser para valores que não estão em K, e então também temos $n + 1$ "chaves fictícias" $d_0, d_1, d_2, ..., d_n$ que representam esses valores. Em particular, d_0 representa todos os valores menores que k_1, d_n representa todos os valores maiores que k_n e, para $i = 1, 2, ..., n - 1$, a chave fictícia d_i representa todos os valores entre k_i e k_{i+1}. Para cada chave fictícia d_i, uma probabilidade q_i de que uma busca corresponda a d_i. A Figura 14.9 mostra duas árvores de busca binária para um conjunto $n = 5$ chaves. Cada chave k_i é um nó interno e cada chave fictícia d_i é uma folha. Visto que toda busca pode ser bem-sucedida (quando encontra alguma chave k_i) ou malsucedida (quando encontra alguma chave fictícia d_i), temos

$$\sum_{i=1}^{n} p_i + \sum_{i=0}^{n} q_i = 1 \ . \tag{14.10}$$

Conhecendo as probabilidades de busca para cada chave e cada chave fictícia, podemos determinar o custo esperado de uma busca em uma dada árvore de busca binária T. Vamos supor que o custo real de uma busca seja igual ao número de nós examinados, isto é, a profundidade do nó encontrado pela busca em T mais 1. Então, o custo esperado de uma busca em T é

$$
\begin{aligned}
\text{E[custo da busca em } T] &= \sum_{i=1}^{n} (\text{profundidade}_T(k_i) + 1) \cdot p_i + \sum_{i=0}^{n} (\text{profundidade}_T(d_i) + 1) \cdot q_i \\
&= 1 + \sum_{i=1}^{n} \text{profundidade}_T(k_i) \cdot p_i + \sum_{i=0}^{n} \text{profundidade}_T(d_i) \cdot q_i \ , \tag{14.11}
\end{aligned}
$$

em que profundidade_T indica a profundidade de um nó na árvore T. A última igualdade decorre da Equação (14.10). Na Figura 14.9(a), podemos calcular o custo esperado da busca por nó.

Para um dado conjunto de probabilidades, queremos construir uma árvore de busca binária cujo custo de busca esperado seja o menor de todos. Damos a essa árvore o nome de *árvore de busca binária ótima*. A Figura 14.9(a) mostra uma árvore de busca binária, com o custo esperado 2,80 para as probabilidades dadas na legenda da figura. A parte (b) da figura mostra uma árvore de busca binária ótima, com o custo

[8]Se o assunto do texto fosse a Roma antiga, talvez quiséssemos que *naumachia* aparecesse perto da raiz.

[9]Sim, *naumachia* tem uma contraparte em letão: *nomačija*.

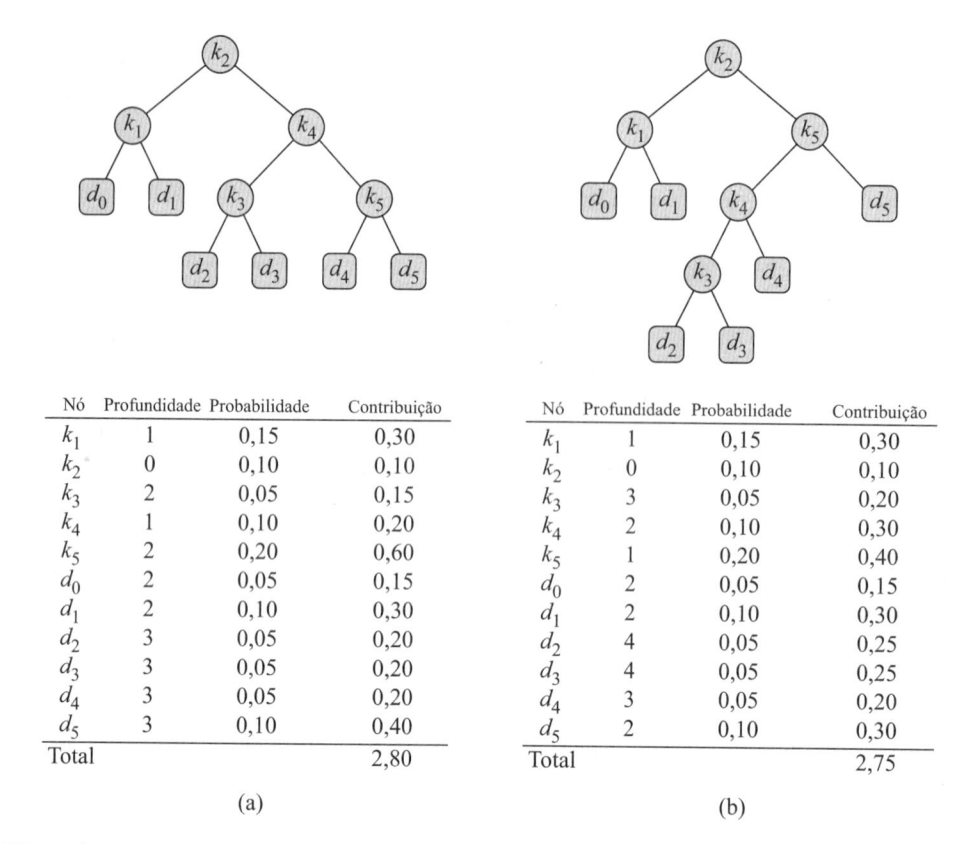

Nó	Profundidade	Probabilidade	Contribuição
k_1	1	0,15	0,30
k_2	0	0,10	0,10
k_3	2	0,05	0,15
k_4	1	0,10	0,20
k_5	2	0,20	0,60
d_0	2	0,05	0,15
d_1	2	0,10	0,30
d_2	3	0,05	0,20
d_3	3	0,05	0,20
d_4	3	0,05	0,20
d_5	3	0,10	0,40
Total			2,80

(a)

Nó	Profundidade	Probabilidade	Contribuição
k_1	1	0,15	0,30
k_2	0	0,10	0,10
k_3	3	0,05	0,20
k_4	2	0,10	0,30
k_5	1	0,20	0,40
d_0	2	0,05	0,15
d_1	2	0,10	0,30
d_2	4	0,05	0,25
d_3	4	0,05	0,25
d_4	3	0,05	0,20
d_5	2	0,10	0,30
Total			2,75

(b)

Figura 14.9 Duas árvores de busca binária para um conjunto de $n = 5$ chaves com as seguintes probabilidades:

i	0	1	2	3	4	5
p_i		0,15	0,10	0,05	0,10	0,20
q_i	0,05	0,10	0,05	0,05	0,05	0,10

(a) Árvore de busca binária com custo de busca esperado 2,80. (b) Árvore de busca binária com custo de busca esperado 2,75. Essa árvore é ótima.

esperado de 2,75. Esse exemplo mostra que uma árvore de busca binária ótima não é necessariamente uma árvore cuja altura global seja a menor. Nem funciona necessariamente construir uma árvore de busca binária ótima sempre colocando a chave com maior probabilidade na raiz. Aqui, a chave k_5 tem a maior probabilidade de busca de qualquer chave, entretanto a raiz da árvore de busca binária ótima mostrada é k_2. (O custo esperado mais baixo de qualquer árvore de busca binária com k_5 na raiz é 2,85.)

Como ocorre com a multiplicação de cadeias de matrizes, a verificação exaustiva de todas as possibilidades não produz um algoritmo eficiente. Podemos identificar os nós de qualquer árvore binária de n nós com as chaves $k_1, k_2,..., k_n$ para construirmos uma árvore de busca binária e depois adicionarmos as chaves fictícias como folhas. No Problema 12.4, vimos que o número de árvores binárias com n nós é $\Omega(4^n/n^{3/2})$. Portanto, em uma busca exaustiva teríamos de examinar um número exponencial de árvores de busca binária. Veremos como resolver esse problema de modo mais eficiente com a programação dinâmica.

Etapa 1: A estrutura de uma árvore de busca binária ótima

Para caracterizarmos a subestrutura ótima de árvores de busca binária ótima, começamos com uma observação sobre subárvores. Considere qualquer subárvore de uma árvore de busca binária. Ela deve conter chaves em uma faixa contígua $k_i, ..., k_j$, para algum $1 \le i \le j \le n$. Além disso, uma subárvore que contém chaves $k_i, ..., k_j$ também deve ter como folhas as chaves fictícias $d_{i-1}, ..., d_j$.

Agora podemos expressar a subestrutura ótima: se uma árvore de busca binária ótima T tem uma subárvore T' que contém chaves $k_i, ..., k_j$, então essa subárvore T' deve também ser ótima para o subproblema com chaves $k_i, ..., k_j$ e chaves fictícias $d_{i-1}, ..., d_j$. O argumento habitual de recortar e colar é aplicável. Se houvesse uma subárvore T'' cujo custo esperado fosse mais baixo que o de T', poderíamos recortar T' de T e colar T'' no seu lugar, resultando em uma árvore de busca binária de custo esperado mais baixo que T, contradizendo, assim, a otimalidade de T.

Precisamos usar a subestrutura ótima para mostrar que podemos construir uma solução ótima para o problema partindo de soluções ótimas para subproblemas. Dadas as chaves k_i, ..., k_j, uma dessas chaves, digamos k_r ($i \le r \le j$), é a raiz de uma subárvore ótima que contém essas chaves. A subárvore esquerda da raiz k_r contém as chaves k_i, ..., k_{r-1} (e chaves fictícias d_{i-1}, ..., d_{r-1}), e a subárvore direita contém as chaves k_{r+1}, ..., k_j (e chaves fictícias d_r, ..., d_j). Desde que examinemos todas as raízes candidatas k_r, em que $i \le r \le j$, e determinemos todas as árvores de busca binária ótimas que contêm k_i, ..., k_{r-1} e as que contêm k_{r+1}, ..., k_j, é garantido que encontraremos uma árvore de busca binária ótima.

Há um detalhe técnico que vale a pena observar sobre subárvores "vazias". Suponha que, em uma subárvore com chaves k_i, ..., k_j, selecionemos k_i como a raiz. Pelo argumento que acabamos de apresentar, a subárvore esquerda de k_i contém as chaves k_i, ..., k_{i-1} (interpretado como nenhuma chave). Contudo, lembre-se de que subárvores também contêm chaves fictícias. Adotamos a seguinte convenção: uma subárvore que contém chaves k_i, ..., k_{i-1} não tem nenhuma chave real, mas contém a única chave fictícia d_{i-1}. Simetricamente, se selecionarmos k_j como a raiz, a subárvore direita de k_j conterá as chaves k_{j+1}, ..., k_j. Essa subárvore direita não contém nenhuma chave real, mas contém a chave fictícia d_j.

Etapa 2: Uma solução recursiva

Estamos prontos para definir o valor de uma solução ótima recursivamente. Escolhemos, como domínio de nosso subproblema, encontrar uma árvore de busca binária ótima que contenha as chaves k_i, ..., k_j, em que $i \ge 1$, $j \le n$ e $j \ge i - 1$. (Quando $j = i - 1$, não existe nenhuma chave real; temos apenas a chave fictícia d_{i-1}.) Vamos definir $e[i, j]$ como o custo esperado de pesquisar uma árvore de busca binária ótima que contenha as chaves k_i, ..., k_j. Em última análise, desejamos calcular $e[1, n]$, o custo esperado da busca em uma árvore binária ideal por todas as chaves reais e fictícias.

O caso fácil ocorre quando $j = i - 1$. Então, temos apenas a chave fictícia d_{i-1}. O custo de busca esperado é $e[i, i - 1] = q_{i-1}$.

Quando $j \ge i$, precisamos selecionar uma raiz k_r que esteja entre k_i, ..., k_j e fazer de uma árvore de busca binária ótima com chaves k_i, ..., k_{r-1} sua subárvore esquerda, e de uma árvore de busca binária ótima com chaves k_{r+1}, ..., k_j sua subárvore direita. O que acontece com o custo de busca esperado de uma subárvore quando ela se torna uma subárvore de um nó? A profundidade de cada nó na subárvore aumenta em 1. Pela Equação (14.11), o custo de busca esperado dessa subárvore aumenta em uma quantidade igual à soma de todas as probabilidades na subárvore. Para uma subárvore com chaves k_i, ..., k_j, vamos indicar essa soma de probabilidades como

$$w(i, j) = \sum_{l=i}^{j} p_l + \sum_{l=i-1}^{j} q_l \,. \tag{14.12}$$

Assim, se k_r é a raiz de uma subárvore ótima contendo chaves k_i, ..., k_j, temos

$$e[i, j] = p_r + (e[i, r - 1] + w(i, r - 1)) + (e[r + 1, j] + w(r + 1, j)) \,.$$

Observando que

$$w(i, j) = w(i, r - 1) + p_r + w(r + 1, j) \,,$$

reescrevemos $e[i, j]$ como

$$e[i, j] = e[i, r - 1] + e[r + 1, j] + w(i, j) \,. \tag{14.13}$$

A equação recursiva (14.13) pressupõe que sabemos qual nó k_r usar como raiz. Escolhemos a raiz que fornece o custo de busca esperado mais baixo, o que dá nossa formulação recursiva final:

$$e[i, j] = \begin{cases} q_{i-1} & \text{se } j = i - 1 \,, \\ \min\left\{ e[i, r - 1] + e[r + 1, j] + w(i, j) : i \le r \le j \right\} & \text{se } i \le j \,. \end{cases} \tag{14.14}$$

Os valores $e[i, j]$ fornecem os custos de busca esperados em árvores de busca binária ótimas. Para ajudar a controlar a estrutura de árvores de busca binária ótimas, definimos $raiz[i, j]$, para $1 \leq i \leq j \leq n$, como o índice r para o qual k_r é a raiz de uma árvore de busca binária ótima contendo chaves $k_i, \ldots, k_j$. Veremos como calcular os valores de $raiz[i, j]$, mas deixamos a construção da árvore de busca binária ótima com esses valores para o Exercício 14.5-1.

Etapa 3: Cálculo do custo de busca esperado de uma árvore de busca binária ótima

Até aqui, você deve ter notado algumas semelhanças entre as caracterizações que fizemos de árvores de busca binária ótimas e multiplicação de cadeias de matrizes. Para esses dois domínios de problemas, nossos subproblemas consistem em subfaixas de índices contíguos. Uma implementação recursiva direta da Equação (14.14) seria tão ineficiente quanto um algoritmo recursivo direto de multiplicação de cadeias de matrizes. Em vez disso, podemos armazenar os valores $e[i, j]$ em uma tabela $e[1 : n + 1, 0 : n]$. O primeiro índice precisa ir até $n + 1$ em vez de n porque, para termos uma subárvore contendo apenas a chave fictícia d_n, precisaremos calcular e armazenar $e[n + 1, n]$. O segundo índice tem de começar de 0 porque, para termos uma subárvore contendo apenas a chave fictícia d_0, precisaremos calcular e armazenar $e[1, 0]$. Usamos somente as entradas $e[i, j]$ para as quais $j \geq i - 1$ são preenchidas. Empregamos também uma tabela $raiz[i, j]$ para registrar a raiz da subárvore que contém as chaves $k_i, \ldots, k_j$. Essa tabela utiliza somente as entradas para as quais $1 \leq i \leq j \leq n$.

Precisaremos de outra tabela para tornar o algoritmo de programação dinâmica um pouco mais rápido. Em vez de calcularmos o valor de $w(i, j)$ desde o início toda vez que estamos calculando $e[i, j]$, o que exigiria $\Theta(j - i)$ adições, armazenamos esses valores em uma tabela $w[1 : n + 1, 0 : n]$. Para o caso-base, calculamos $w[i, i - 1] = q_{i-1}$ para $1 \leq i \leq n$. Para $j \geq i$, calculamos

$$w[i, j] = w[i, j - 1] + p_j + q_j .$$ (14.15)

Assim, podemos calcular cada um dos $\Theta(n^2)$ valores de $w[i, j]$ no tempo $\Theta(1)$.

O procedimento ABB-ÓTIMA toma como entradas as probabilidades $p_1, \ldots, p_n$ e $q_0, \ldots, q_n$ e o tamanho n, e retorna as tabelas e e $raiz$. Pela descrição anterior e pela semelhança com o procedimento ORDENA-CADEIA-DE-MATRIZES da Seção 14.2, você constatará que a operação desse procedimento é razoavelmente direta. O laço **for** das linhas 2–4 inicializa os valores de $e[i, i - 1]$ e $w[i, i - 1]$. Então, o laço **for** das linhas 5–14 usa as recorrências (14.14) e (14.15) para calcular $e[i, j]$ e $w[i, j]$ para $1 \leq i \leq j \leq n$. Na primeira iteração, quando $l = 1$, o laço calcula $e[i, i]$ e $w[i, i]$ para $i = 1, 2, \ldots, n$. A segunda iteração, com $l = 2$, calcula $e[i, i + 1]$ e $w[i, i + 1]$ para $i = 1, 2, \ldots, n - 1$, e assim por diante. O laço **for** mais interno, nas linhas 10–14, experimenta cada índice candidato r para determinar qual chave k_r usar como raiz de uma árvore de busca binária ótima contendo chaves $k_i, \ldots, k_j$. Esse laço **for** salva o valor atual do índice r em $raiz[i, j]$ sempre que encontra uma chave melhor para usar como raiz.

```
ABB-ÓTIMA(p, q, n)
 1   sejam e[1:n + 1, 0:n], w[1:n + 1, 0:n] e
              raiz[1:n, 1:n] novas tabelas
 2   for i = 1 to n + 1                          // casos-base
 3       e[i, i − 1] = q_{i−1}                    // Equação (14.14)
 4       w[i, i − 1] = q_{i−1}
 5   for l = 1 to n
 6       for i = 1 to n − l + 1
 7           j = i + l − 1
 8           e[i, j] = ∞
 9           w[i, j] = w[i, j − 1] + p_j + q_j     // Equação (14.15)
10           for r = i to j                       // tenta todas as raízes r possíveis
11               t = e[i, r − 1 + e[r + 1, j] + w[i, j]   // Equação (14.14)
12               if t < e[i, j]                    // novo mínimo?
13                   e[i, j] = t
14                   raiz[i, j] = r
15   return e e raiz
```

A Figura 14.10 mostra as tabelas $e[i, j]$, $w[i, j]$ e $raiz[i, j]$ calculadas pelo procedimento ABB-Ótima para a distribuição de chaves mostrada na Figura 14.9. Como no exemplo de multiplicação de cadeias de matrizes da Figura 14.5, as tabelas sofreram uma rotação para colocar a diagonal principal na posição horizontal. ABB-Ótima calcula as linhas de baixo para cima e da esquerda para a direita dentro de cada linha.

O procedimento ABB-Ótima demora o tempo $\Theta(n^3)$, exatamente como Ordena-Cadeia-De-Matrizes. Seu tempo de execução é $O(n^3)$, já que seus laços **for** estão encaixados em profundidade três e cada índice de laço exige no máximo n valores. Os índices de laços em ABB-Ótima não têm exatamente os mesmos limites que os de Ordena-Cadeia-De-Matrizes, mas eles abrem no máximo 1 em todas as direções. Assim, exatamente como Ordena-Cadeia-De-Matrizes, o procedimento ABB-Ótima demora o tempo $\Omega(n^3)$.

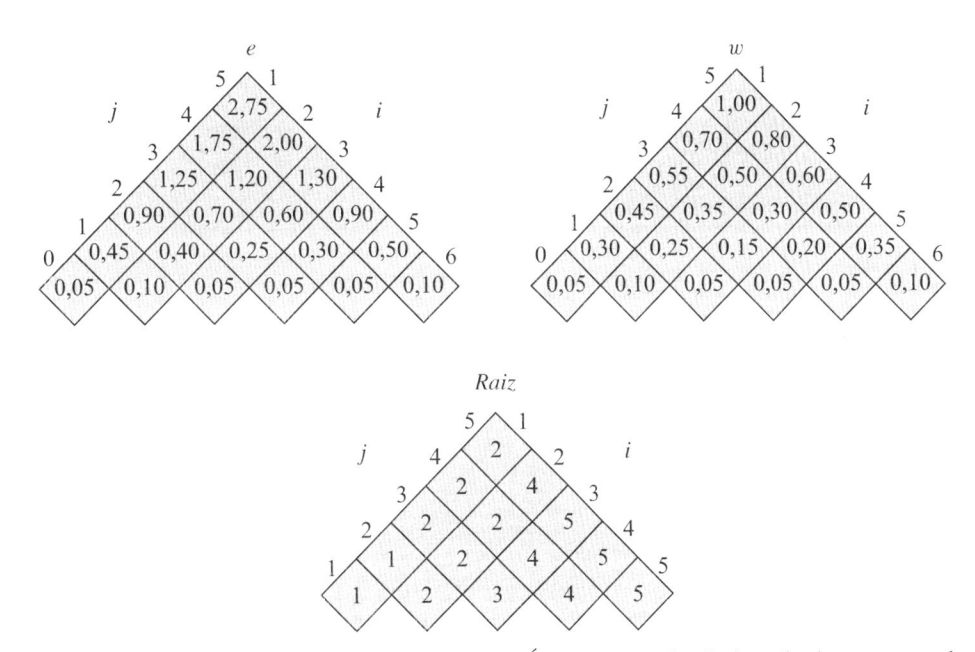

Figura 14.10 Tabelas $e[i, j]$, $w[i, j]$ e $raiz[i, j]$ calculadas por ABB-Ótima para a distribuição de chaves mostrada na Figura 14.9. As tabelas sofreram uma rotação para colocar as diagonais principais na posição horizontal.

Exercícios

14.5-1
Escreva o pseudocódigo para o procedimento Constrói-ABB-Ótima($raiz, n$) que, dada a tabela $raiz[1 : n, 1 : n]$, gere como saída a estrutura de uma árvore de busca binária ótima. No exemplo da Figura 14.10, seu procedimento deve imprimir a estrutura

k_2 é a raiz
k_1 é o filho à esquerda de k_2
d_0 é o filho à esquerda de k_1
d_1 é o filho à direita de k_1
k_5 é o filho à direita de k_2
k_4 é o filho à esquerda de k_5
k_3 é o filho à esquerda de k_4
d_2 é o filho à esquerda de k_3
d_3 é o filho à direita de k_3
d_4 é o filho à direita de k_4
d_5 é o filho à direita de k_5

correspondente à árvore de busca binária ótima mostrada na Figura 14.9(b).

14.5-2

Determine o custo e a estrutura de uma árvore de busca binária ótima para um conjunto de $n = 7$ chaves com as seguintes probabilidades:

i	0	1	2	3	4	5	6	7
p_i		0,04	0,06	0,08	0,02	0,10	0,12	0,14
q_i	0,06	0,06	0,06	0,06	0,05	0,05	0,05	0,05

14.5-3

Suponha que, em vez de mantermos a tabela $w[i, j]$, calculássemos o valor de $w(i, j)$ diretamente da Equação (14.12) na linha 9 de ABB-Ótima e usássemos esse valor calculado na linha 11. Como essa mudança afetaria o tempo de execução assintótico de ABB-Ótima?

★ 14.5-4

Knuth [264] mostrou que sempre existem raízes de subárvores ótimas tais que $raiz[i, j - 1] \le raiz[i, j] \le raiz[i + 1, j]$ para todo $1 \le i < j \le n$. Use esse fato para modificar o procedimento ABB-Ótima de modo que ele seja executado no tempo $\Theta(n^2)$.

Problemas

14-1   Caminho simples mais longo em um grafo acíclico dirigido

Suponha que tenhamos um grafo acíclico dirigido $G = (V, E)$ dotado de pesos de arestas com valores reais e dois vértices distintos s e t. O **peso** de um caminho é a soma dos pesos das arestas no caminho. Descreva uma abordagem de programação dinâmica para determinar um caminho simples ponderado por peso mais longo de s a t. Qual é o tempo de execução do seu algoritmo?

14-2   Subsequência de palíndromo mais longa

Um **palíndromo** é uma cadeia não vazia em algum alfabeto que é lida do mesmo modo da esquerda para a direita ou da direita para a esquerda. Alguns exemplos de palíndromos são: todas as cadeias de comprimento 1, `radar`, `asa`, `reter` e `aibofobia` (medo de palíndromos).

Dê um algoritmo eficiente para encontrar o palíndromo mais longo que é uma subsequência de dada cadeia de entrada. Por exemplo, dada a entrada `character`, nosso algoritmo retornaria `carac`. Qual é o tempo de execução de seu algoritmo?

14-3   Problema do caixeiro-viajante euclidiano bitônico

No **problema do caixeiro-viajante euclidiano,** temos um conjunto de n pontos no plano e queremos determinar o caminho fechado mais curto que conecta todos os n pontos. A Figura 14.11(a) mostra a solução para um

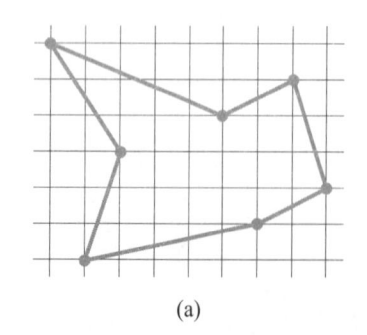
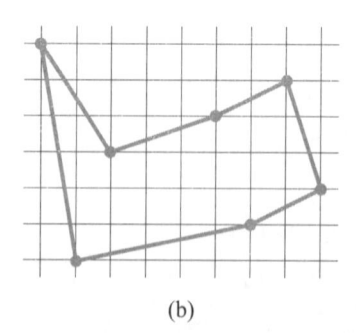

(a)   (b)

Figura 14.11 Sete pontos no plano, mostrados sobre uma grade unitária. (**a**) O caminho fechado mais curto, com comprimento aproximado de 24,89. Esse cáminho não é bitônico. (**b**) O caminho fechado bitônico mais curto para o mesmo conjunto de pontos. Seu comprimento é aproximadamente 25,58.

problema de sete pontos. O problema geral é NP-difícil e, portanto, acredita-se que sua solução requeira mais que o tempo polinomial (ver Capítulo 34).

J. L. Bentley sugeriu que simplificássemos o problema restringindo nossa atenção a **caminhos bitônicos**, isto é, caminhos que começam no ponto da extrema esquerda, seguem estritamente da esquerda para a direita até o ponto da extrema direita e depois voltam estritamente da direita para a esquerda até o ponto de partida. A Figura 14.11(b) mostra o caminho bitônico mais curto para os mesmos sete pontos. Nesse caso, é possível um algoritmo de tempo polinomial.

Descreva um algoritmo de tempo $O(n^2)$ para determinar um caminho bitônico ótimo. Você pode considerar que não existem dois pontos com a mesma coordenada x e que todas as operações sobre números reais levam o tempo unitário. (*Sugestão*: desloque-se da esquerda para a direita, mantendo possibilidades ótimas para as duas partes do caminho.)

14-4 *Como obter uma impressão nítida*

Considere o problema de obter, em uma impressora, a impressão nítida de um parágrafo em fonte monoes-paçada (todos os caracteres tendo a mesma largura). O texto de entrada é uma sequência de n palavras de comprimentos $l_1, l_2, \dots l_n$, medidos em caracteres. Queremos imprimir esse parágrafo nitidamente em uma série de linhas que contenham no máximo M caracteres cada uma. Nenhuma palavra excede o comprimento da linha, de modo que $l_i \le M$ para $i = 1, 2, \dots, n$. Nosso critério de "nitidez" é dado a seguir. Se determinada linha contém palavras de i até j, com $i \le j$, e deixamos exatamente um espaço entre as palavras, o número de caracteres de espaço extras no final da linha é $M - j + i - \sum_{k=i}^{j} l_k$, que deve ser não negativo para que as palavras caibam na linha. O objetivo é minimizar a soma em todas as linhas, exceto a última, dos cubos dos números de caracteres de espaço extras nas extremidades das linhas. Dê um algoritmo de programação dinâmica para imprimir um parágrafo de n palavras nitidamente. Analise o tempo de execução e os requisitos de espaço de seu algoritmo.

14-5 *Distância de edição*

Para transformarmos uma cadeia de texto de origem $x[1 : m]$ na cadeia de texto que desejamos $y[1 : n]$, podemos executar várias operações de transformação. Nossa meta é, dados x e y, produzir uma série de transformações que mudam x para y. Usamos um vetor z — considerado grande o suficiente para conter todos os caracteres de que precisará — para conter os resultados intermediários. Inicialmente, z está vazio e, no término, devemos ter $z[j] = y[j]$ para $j = 1, 2, \dots, n$. Mantemos índices atuais i em x e j em z, e as operações podem alterar z e esses índices. Inicialmente, $i = j = 1$. Temos de examinar cada caractere em x durante a transformação, o que significa que, no fim da sequência de operações de transformação, devemos ter $i = m + 1$.

Podemos escolher entre seis operações de transformação, cada uma com um custo constante, que depende da operação:

Copiar um caractere de x para z fazendo $z[j] = x[i]$ e incrementar i e j. Essa operação examina $x[i]$ e tem custo Q_C.

Substituir um caractere de x por outro caractere c fazendo $z[j] = c$ e incrementar i e j. Essa operação examina $x[i]$ e tem custo Q_S.

Excluir um caractere de x incrementando i, mas deixando j inalterado. Essa operação examina $x[i]$ e tem custo Q_E.

Inserir o caractere c em z definindo $z[j] = c$ e incrementar j, mas deixar i inalterado. Essa operação não examina nenhum caractere de x e tem custo Q_I.

Transpor (isto é, trocar) os dois caracteres seguintes, copiando-os de x para z, mas na ordem oposta; para tal, fazemos $z[j] = x[i + 1]$ e $z[j + 1] = x[i]$, e fazemos $i = i + 2$ e $j = j + 2$. Essa operação examina $x[i]$ e $x[i + 1]$ e tem custo Q_T.

Liquidar o restante de x fazendo $i = m + 1$. Essa operação examina todos os caracteres em x que ainda não foram examinados. Essa operação, se executada, deverá ser a última. Ela tem um custo Q_L.

A Figura 14.12 possui um modo de transformar a *string* de origem `algorithm` na *string* desejada `altruistic`. Observe que há várias outras sequências de operações de transformação que convertem `algorithm` em `altruistic`.

Operação	x	z
strings iniciais	<u>a</u>lgorithm	_
copiar	a<u>l</u>gorithm	a_
copiar	al<u>g</u>orithm	al_
substituir por t	alg<u>o</u>rithm	alt_
excluir	algo<u>r</u>ithm	alt_
copiar	algo<u>r</u>ithm	altr_
inserir u	algor<u>i</u>thm	altru_
inserir i	algor<u>i</u>thm	altrui_
inserir s	algor<u>i</u>thm	altruis_
transpor	algori<u>th</u>m	altruisti_
inserir c	algorit<u>h</u>m	altruistic_
liquidar	algorithm_	altruistic_

Figura 14.12 Sequência de operações que transforma a origem algorithm na sequência de destino altruistic. Os caracteres sublinhados são $x[i]$ e $z[j]$ após a operação.

Suponha que $Q_C < Q_E + Q_I$ e que $Q_S < Q_E + Q_I$ pois, de outra forma, as operações de copiar e substituir não seriam usadas. O custo de determinar a sequência de operações de transformação é a soma dos custos das operações individuais na sequência. Para a sequência que estudamos neste exercício, o custo de transformar algorithm em altruistic é $3Q_C + Q_S + Q_E + 4Q_I + Q_T + Q_L$.

a. Dadas duas sequências $x[1 : m]$ e $y[1 : n]$ e os custos das operações de transformação, a ***distância de edição*** de x para y é o custo da sequência menos dispendiosa de operações que transforma x em y. Descreva um algoritmo de programação dinâmica que determine a distância de edição de $x[1 : m]$ para $y[1 : n]$ e imprime uma sequência de operações ótima. Analise o tempo de execução e os requisitos de espaço de seu algoritmo.

O problema da distância de edição generaliza o problema de alinhar duas sequências de DNA (ver, por exemplo, Setubal e Meidanis [405, Seção 3.2]). Há vários métodos para medir a semelhança entre duas sequências de DNA por alinhamento. Um dos métodos para alinhar duas sequências x e y consiste em inserir espaços em posições arbitrárias nas duas sequências (inclusive em qualquer extremidade) de modo que as sequências resultantes x' e y' tenham o mesmo comprimento, mas não um espaço na mesma posição (isto é, para nenhuma posição j, $x'[j]$ e $y'[j]$ são espaços). Então, atribuímos uma "pontuação" a cada posição. A posição j recebe uma pontuação da seguinte maneira:

- $+1$ se $x'[j] = y'[j]$ e nenhum deles é um espaço,
- -1 se $x'[j] \neq y'[j]$ e nenhum deles é um espaço,
- -2 se $x'[j]$ ou $y'[j]$ é um espaço.

A pontuação para o alinhamento é a soma das pontuações das posições individuais. Por exemplo, dadas as sequências $x =$ GATCGGCAT e $y =$ CAATGTGAATC, um alinhamento é

```
G ATCG GCAT
CAAT GTGAATC
-*++*+*+-++*
```

Um + sob uma posição indica pontuação +1 para aquela posição, um − indica a pontuação −1 e um * indica a pontuação −2; portanto, esse alinhamento tem uma pontuação total igual a $6 \cdot 1 - 2 \cdot 1 - 4 \cdot 2 = -4$.

b. Explique como expressar o problema de determinar um alinhamento ótimo como problema de distância de edição usando um subconjunto das operações de transformação copiar, substituir, excluir, inserir, transpor e liquidar.

14-6   Planejamento de uma festa da empresa

O professor Blutarsky presta consultoria ao presidente de uma corporação, que está planejando uma festa da empresa. A empresa uma estrutura hierárquica, isto é, as relações entre os supervisores formam uma árvore com raiz no presidente. O departamento de recursos humanos classificou cada funcionário segundo uma avaliação de sociabilidade, que é um número real. Pensando em tornar a festa divertida para todos os participantes, o presidente não quer que um funcionário e seu supervisor imediato participem.

O professor Blutarsky recebe a árvore que descreve a estrutura da corporação usando a representação de filho à esquerda, irmão à direita descrita na Seção 10.3. Cada nó da árvore contém, além dos ponteiros, o nome de um funcionário e o posto que ele ocupa na escala de classificação de sociabilidade. Descreva um algoritmo para compor uma lista de convidados que maximize a soma das avaliações de sociabilidade dos convidados. Analise o tempo de execução do seu algoritmo.

14-7   Algoritmo de Viterbi

Podemos usar programação dinâmica em um grafo dirigido para reconhecimento de voz. Um grafo dirigido $G = (V, E)$ com arestas rotuladas constitui um modelo formal de pessoa falando uma linguagem restrita. Cada aresta $(u, v) \in E$ é rotulada com um som $\sigma(u, v)$ a partir de um conjunto finito Σ de sons. Cada caminho dirigido no grafo que parte de um vértice distinto $v_0 \in V$ corresponde a uma sequência possível de sons produzidos pelo modelo, com o rótulo de um caminho dirigido sendo a concatenação dos rótulos das arestas nesse caminho.

a. Descreva um algoritmo eficiente que, dado um grafo com arestas rotuladas G contendo um vértice distinto v_0 e uma sequência $s = \langle \sigma_1, \sigma_2, ..., \sigma_k \rangle$ de sons pertencentes ao conjunto Σ, retorne um caminho em G que comece em v_0 e tenha s como rótulo, se tal caminho existir. Caso contrário, o algoritmo deve retornar Não- Existe-Caminho. Analise o tempo de execução de seu algoritmo. (*Sugestão*: os conceitos do Capítulo 22 poderão ser úteis.)

Agora, suponha que toda aresta $(u, v) \in E$ tenha uma probabilidade associada não negativa $p(u, v)$ de ser percorrida, de modo que o som correspondente seja produzido. A soma das probabilidades das arestas que saem de qualquer vértice é igual a 1. A probabilidade de um caminho é definida como o produto das probabilidades de suas arestas. Podemos considerar a probabilidade de um caminho que começa em v_0 como a probabilidade de um "percurso aleatório" começando em v_0 seguir o caminho especificado, sendo que a aresta saindo de um vértice u é escolhida aleatoriamente, de acordo com as probabilidades das arestas disponíveis saindo de u.

b. Amplie sua resposta ao item (a), de modo que, se um caminho for retornado, ele é um *caminho mais provável* que começa em v_0 e tem rótulo s. Analise o tempo de execução do seu algoritmo.

14-8   Compressão de imagem por descostura (**seam carving**)

Temos uma figura em cores que consiste em um vetor $m \times n$ $A[1 : m, 1 : n]$ de *pixels*, cada *pixel* especificando uma tripla de intensidades de vermelho, verde e azul (RGB). Suponha que queiramos comprimir ligeiramente essa figura. Especificamente, queremos remover um *pixel* de cada uma das m linhas, de modo que a figura inteira fique um *pixel* mais estreita. Porém, para evitar distorção nos efeitos visuais, é necessário que os *pixels* removidos em duas linhas adjacentes estejam na mesma coluna ou em colunas adjacentes. Os *pixels* removidos formam uma "costura" da linha superior até a linha inferior. Nessa costura, os *pixels* sucessivos são adjacentes na vertical e na diagonal.

a. Mostre que o número de tais costuras possíveis cresce no mínimo exponencialmente em m, considerando que $n > 1$.

b. Agora suponha que, juntamente com cada *pixel* $A[i, j]$, calculamos uma medida de distorção de valor real $d[i, j]$, que indica qual seria o grau de distorção causado pela remoção do *pixel* $A[i, j]$. Intuitivamente, quanto mais baixa a medida de distorção causada por um *pixel*, mais semelhante a seus vizinhos é esse *pixel*. Suponha ainda que definimos a medida de distorção de uma costura como a soma das medidas de distorção de seus *pixels*.

Dê um algoritmo para encontrar uma costura que tenha a medida de distorção mais baixa. Qual seria a eficiência desse algoritmo?

14-9   Quebra de string

Certa linguagem de processamento de *strings* permite que um programador quebre uma *string* em dois pedaços. Como essa operação copia a *string*, quebrar uma cadeia de n caracteres em dois pedaços tem o custo de n unidades de tempo. Suponha que um programador queira quebrar uma *string* em muitos pedaços.

A ordem em que as quebras ocorrem pode afetar a quantidade total de tempo gasto. Por exemplo, suponha que o programador queira quebrar uma *string* de 20 caracteres depois dos caracteres 2, 8 e 10 (numerando os caracteres em ordem ascendente a partir da extremidade esquerda e começando em 1). Se ele programar as quebras da esquerda para a direita, a primeira quebra custará 20 unidades de tempo, a segunda quebra custará 18 unidades de tempo (quebra da cadeia dos caracteres 3 a 20 no caractere 8), e a terceira quebra custará 12 unidades de tempo, totalizando 50 unidades de tempo. Entretanto, se as quebras forem programadas da direita para a esquerda, a primeira quebra custará 20 unidades de tempo, a segunda quebra custará 10 unidades de tempo, e a terceira quebra custará 8 unidades de tempo, totalizando 38 unidades de tempo. Ainda em outra ordem, pode-se programar a primeira quebra em 8 (custo 20), quebrar o pedaço à esquerda em 2 (custo 8) e, finalmente, o pedaço à direita em 10 (custo 12), o que dá um custo total de 40.

Projete um algoritmo que, dados os números de posição dos caracteres após os quais ocorrerão as quebras, determine uma sequência de menor custo dessas quebras. Mais formalmente, dado um vetor $L[1:m]$ que contém os pontos de quebra para uma *string* de n caracteres, calcule o menor custo para uma sequência de quebras juntamente com uma sequência de quebras que alcance esse custo.

14-10 Planejamento de uma estratégia de investimento

Como você conhece bem algoritmos, consegue um bom emprego numa interessante *startup*, além de um bônus contratual de $10.000. Você decide investir esse dinheiro com o objetivo de maximizar o retorno em 10 anos. Então, decide contratar seu gerente de investimentos, G. I. Luvcache, para administrar seus investimentos. A empresa em que Luvcache trabalha exige que você observe as regras descritas a seguir. Ela oferece n investimentos diferentes, numerados de 1 a n. Em cada ano j, o investimento dá uma taxa de retorno de r_{ij}. Em outras palavras, se você investiu d dólares no investimento i no ano j, ao final do ano j terá dr_{ij} dólares. As taxas de retorno são garantidas, isto é, a empresa informa todas as taxas de retorno para os próximos 10 anos para cada investimento. Você decide o rumo de seus investimentos uma vez por ano. Ao fim de cada ano, você pode deixar o dinheiro ganho no ano anterior nos mesmos investimentos, ou pode transferir dinheiro para outros investimentos, seja por transferência entre investimentos existentes, seja por transferência para um novo investimento. Se você não movimentar o dinheiro entre dois anos consecutivos, pagará uma taxa de f_1 dólares; se houver transferência, pagará uma taxa de f_2 dólares, com $f_2 > f_1$. Você paga a taxa uma única vez no fim do ano, e é o mesmo valor, f_2, independentemente de você movimentar dinheiro dentro e fora de apenas um investimento, ou dentro e fora de muitos investimentos.

a. O problema, como enunciado, permite que você aplique seu dinheiro em vários investimentos a cada ano. Prove que existe uma estratégia de investimento ótima pela qual, a cada ano, investe todo o dinheiro em um único investimento. (Lembre-se de que uma estratégia de investimento ótima maximiza a quantia investida após 10 anos e não se preocupa com outros objetivos, como minimizar riscos.)

b. Prove que o problema de planejar sua estratégia de investimentos ótima exibe subestrutura ótima.

c. Projete um algoritmo que planeje sua estratégia de investimentos ótima. Qual é o tempo de execução desse algoritmo?

d. Suponha que a empresa de Luvcache tenha imposto a seguinte restrição adicional: a qualquer instante, você não pode ter mais de $15.000 em qualquer dos investimentos. Mostre que o problema de maximizar sua receita ao final de 10 anos deixa de exibir subestrutura ótima.

14-11 Planejamento de estoque

A Companhia Meia-Boca fabrica máquinas para restaurar a superfície de rinques de patinação no gelo. A demanda por tais produtos varia de mês a mês e, por isso, a empresa precisa desenvolver uma estratégia de planejamento de produção dada a demanda flutuante, porém previsível. A empresa quer projetar um plano para os próximos n meses e sabe qual é a demanda d_i para cada mês i, isto é, o número de máquinas que venderá nesse mês. Seja $D = \sum_{i=1}^{n} d_i$ a demanda total para os próximos n meses. A empresa mantém um quadro permanente de funcionários de tempo integral que fornecem a mão de obra para produzir até m máquinas por mês. Se ela precisar fabricar mais de m máquinas em determinado mês, pode contratar mão de obra temporária adicional, a um custo calculado de c dólares por máquina. Além disso, se ao final de um mês a empresa tiver em estoque qualquer número de máquinas não vendidas, terá de pagar custos de estoque. A empresa pode estocar até

D máquinas, mas o custo de estocar *j* máquinas é dado como uma função $h(j)$ para $j = 1, 2, ..., D$ que aumenta monotonicamente com *j*.

Forneça um algoritmo para calcular um plano de produção para a empresa que minimize seus custos e, ao mesmo tempo, atenda à demanda. O tempo de execução deve ser polinomial em *n* e *D*.

14-12   Contratação de jogadores de reserva de futebol

Suponha que você seja o gerente geral de um time de futebol da primeira divisão. No período entre as temporadas, você precisa contratar para sua equipe alguns jogadores de reserva. O dono do time disponibilizou \$*X* para gastar com esses jogadores e você pode gastar menos de \$*X* no total, mas será demitido se gastar mais de \$*X*.

Você está considerando *N* posições diferentes e, para cada posição, há *P* jogadores reservas disponíveis para jogar nessa posição.[10] Como não quer sobrecarregar seu plantel com muitos jogadores em alguma posição, você decide contratar no máximo um jogador reserva adicional para cada posição. (Se não contratar nenhum jogador para determinada posição, você planeja continuar apenas com os jogadores titulares do seu time para tal posição.)

Para determinar o valor futuro de um jogador, você decide usar uma estatística sabermétrica[11] conhecida como xGAR (do inglês *expected goals above replacement* — número de gols com que um jogador contribui acima do valor esperado). Um jogador que tenha um xGAR mais alto é mais valioso que um jogador com xGAR mais baixo. Contratar um jogador que tenha um xGAR mais alto não é necessariamente mais caro que contratar um com xGAR mais baixo porque há outros fatores que determinam o custo do contrato, além do valor do jogador.

Para cada jogador reserva, você tem três informações:

- a posição do jogador,
- *p.custo*, quanto custará contratar o jogador, e
- *p.xgar*, o xGAR do jogador.

Projete um algoritmo que maximize o xGAR total dos jogadores que você contrata e, ao mesmo tempo, não gaste mais de \$*X* no total. Suponha que o contrato de cada jogador seja sempre um múltiplo de \$100.000. Seu algoritmo deve dar como saída o xGAR total dos jogadores contratados, o total de dinheiro gasto e uma lista dos jogadores contratados. Analise o tempo de execução e o requisito de espaço do seu algoritmo.

Notas do capítulo

Bellman [44] iniciou o estudo sistemático de programação dinâmica em 1955, publicando um livro sobre o tema em 1957. A palavra "programação", tanto aqui quanto em programação linear, se refere ao uso de um método de solução tabular. Embora as técnicas de otimização que incorporam elementos de programação dinâmica fossem conhecidas antes, Bellman deu à área uma sólida base matemática.

Galil e Park [172] classificam algoritmos de programação dinâmica de acordo com o tamanho da tabela e o número de outras entradas de tabela das quais cada entrada depende. Eles denominam um algoritmo de programação dinâmica *tD*/*eD* se o tamanho de sua tabela for $O(n^t)$ e cada entrada depender de outras $O(n^e)$ entradas. Por exemplo, o algoritmo de multiplicação de cadeia de matrizes na Seção 14.2 seria 2*D*/1*D*, e o algoritmo da subsequência comum mais longa na Seção 14.4 seria 2*D*/0*D*.

O algoritmo ORDENA-CADEIA-DE-MATRIZES é de Muraoka e Kuck [339]. Hu e Shing [230, 231] apresentam um algoritmo de tempo $O(n \lg n)$ para o problema de multiplicação de cadeias de matrizes.

O algoritmo de tempo $O(mn)$ para o problema da subsequência comum mais longa parece ser um algoritmo folclórico. Knuth [95] levantou a questão da existência ou não de algoritmos subquadráticos para o problema da LCS.

---

[10]Embora haja 11 jogadores em um time de futebol, o número de posições pode variar dependendo da estratégia adotada pelo treinador ou técnico. Por exemplo, um técnico pode considerar os jogadores de defesa (zagueiros, laterais e goleiro) como uma unidade separada dos jogadores de ataque (atacantes, meias e pontas). Além disso, algumas equipes podem ter jogadores especializados em funções específicas, como cobradores de faltas e pênaltis, jogadores de marcação ou jogadores de velocidade, que podem ser considerados "posições" diferentes. Portanto, embora haja 11 jogadores em campo, o número de posições pode variar de acordo com a estratégia e a preferência do treinador.

[11]*Sabermétrica* é a aplicação de análise estatística a registros de dados de jogos de beisebol (N.R.T.: a técnica pode ser aplicada a vários esportes, porém sua origem é o beisebol). A sabermétrica oferece vários modos para comparar valores relativos de jogadores individuais.

Masek e Paterson [316] responderam afirmativamente a essa pergunta, dando um algoritmo que é executado no tempo $O(mn/\lg n)$, em que $n \leq m$ e as sequências são extraídas de um conjunto de tamanho limitado. Para o caso especial no qual nenhum elemento aparece mais de uma vez em uma sequência de entrada, Szymanski [425] mostra como resolver o problema no tempo $O((n + m) \lg(n + m))$. Muitos desses resultados se estendem ao problema de calcular distâncias de edição de *strings* (Problema 14.5).

Um artigo anterior sobre codificações binárias de comprimento variável apresentado por Gilbert e Moore [181] teve aplicações na construção de árvores de busca binária ótimas para o caso no qual todas as probabilidades p_i sejam 0; esse artigo contém um algoritmo de tempo $O(n^3)$. Aho, Hopcroft e Ullman [5] apresentam o algoritmo da Seção 14.5. Árvores oblíquas ("*splay trees*") [418], que modificam a árvore em resposta às consultas de busca, vêm dentro de um fator constante dos limites ótimos sem serem inicializadas com as frequências. O Exercício 14.5-4 se deve a Knuth [264]. Hu e Tucker [232] criaram um algoritmo para o caso no qual todas as probabilidades p_i sejam 0 e que utiliza o tempo $O(n^2)$ e o espaço $O(n)$. Mais tarde, Knuth [261] reduziu o tempo para $O(n \lg n)$.

O Problema 14.8 se deve a Avidan e Shamir [30], que apresentaram na *web* um maravilhoso vídeo ilustrando essa técnica de compressão de imagem.

15 Algoritmos Gulosos

Normalmente, os algoritmos para problemas de otimização passam por uma sequência de etapas, e cada etapa tem um conjunto de escolhas. Para muitos problemas de otimização é um exagero utilizar programação dinâmica para determinar as melhores escolhas, pois algoritmos mais simples e mais eficientes servirão. Um *algoritmo guloso* sempre faz a escolha que parece ser a melhor no momento em questão. Isto é, faz uma escolha localmente ótima, na esperança de que essa escolha leve a uma solução globalmente ótima. Este capítulo explora problemas de otimização para os quais os algoritmos gulosos fornecem soluções ótimas. Antes de ler este capítulo, você deve rever programação dinâmica no Capítulo 14, em particular a Seção 14.3.

Algoritmos gulosos nem sempre produzem soluções ótimas, mas as produzem para muitos problemas. Primeiro, examinaremos na Seção 15.1 um problema simples, mas não trivial: o problema da seleção de atividades, para o qual um algoritmo guloso calcula eficientemente uma solução. Chegaremos ao algoritmo guloso, considerando primeiro uma abordagem de programação dinâmica e depois mostrando que sempre podemos fazer escolhas gulosas para chegar a uma solução ótima. A Seção 15.2 revê os elementos básicos da abordagem gulosa, dando uma abordagem direta para provar que os algoritmos gulosos estão corretos. A Seção 15.3 apresenta uma aplicação importante das técnicas gulosas: o projeto de códigos de compressão de dados (Huffman). Por fim, a Seção 15.4 mostra que, para decidir quais blocos substituir quando ocorre ausência em um cache, a estratégia "mais adiante no futuro" será ótima se a sequência de acessos a blocos for conhecida antecipadamente.

O método guloso é bastante poderoso e funciona bem para uma grande faixa de problemas. Capítulos posteriores apresentarão muitos algoritmos que podem ser vistos como aplicações do método guloso, entre eles os algoritmos de árvore geradora mínima (Capítulo 21), o algoritmo de Dijkstra para caminhos mais curtos que partem de uma origem única (Seção 22.3) e a heurística gulosa de cobertura de conjuntos (Seção 35.3). Os algoritmos de árvores geradoras mínimas fornecem um exemplo clássico do método guloso. Embora este capítulo e o Capítulo 21 possam ser lidos independentemente um do outro, aconselhamos que você os leia juntos.

15.1 Problema de seleção de atividades

Nosso primeiro exemplo é o problema de programar várias atividades concorrentes que requerem o uso exclusivo de um recurso comum, com o objetivo de selecionar um conjunto de tamanho máximo de atividades mutuamente compatíveis. Imagine que você esteja encarregado de reservar uma sala de conferências. Você tem um conjunto $S = \{a_1, a_2, ..., a_n\}$ de n *atividades* propostas que desejam usar a sala de conferências, e a sala só pode ser utilizada uma única atividade por vez. Cada atividade a_i tem um *tempo de início* s_i e um *tempo de término* f_i, em que $0 \leq s_i < f_i < \infty$. Se selecionada, a atividade a_i ocorre durante o intervalo de tempo meio aberto $[s_i, f_i)$. As atividades a_i e a_j são *compatíveis* se os intervalos $[s_i, f_i)$ e $[s_j, f_j)$ não se sobrepõem. Isto é, a_i e a_j são compatíveis se $s_i \geq f_j$ ou $s_j \geq f_i$. (Suponha que, se for necessário algum tempo para preparar a sala entre uma atividade e outra, o tempo de troca está embutido nos intervalos.) No *problema de seleção de atividades*, queremos selecionar um subconjunto de tamanho máximo de atividades mutuamente compatíveis. Supomos que as atividades estão organizadas em ordem monotonicamente crescente de tempo de término:

$$f_1 \leq f_2 \leq f_3 \leq \cdots \leq f_{n-1} \leq f_n \,. \tag{15.1}$$

(Veremos mais tarde como isso é vantajoso.) Por exemplo, considere o conjunto de atividades na Figura 15.1. O subconjunto $\{a_3, a_9, a_{11}\}$ consiste em atividades mutuamente compatíveis. Porém, não é um subconjunto máximo, já que o subconjunto $\{a_1, a_4, a_8, a_{11}\}$ é maior. De fato, $\{a_1, a_4, a_8, a_{11}\}$ é um dos subconjuntos maiores de atividades mutuamente compatíveis; outro subconjunto maior é $\{a_2, a_4, a_9, a_{11}\}$.

Resolveremos esse problema em várias etapas. Começamos examinando uma solução de programação dinâmica na qual consideraremos várias escolhas para determinar quais subproblemas usar em uma solução ótima. Então, observaremos que precisamos considerar somente uma escolha — a escolha gulosa — e que, quando optamos pela escolha gulosa, restará apenas um subproblema. Com base nessas observações, desenvolveremos um algoritmo guloso recursivo para resolver o problema da programação de atividades. Concluiremos o processo de desenvolver uma solução gulosa, convertendo o algoritmo recursivo em um algoritmo iterativo. Embora as etapas que percorreremos nesta seção sejam ligeiramente mais complicadas do que é comum no desenvolvimento de um algoritmo guloso, elas ilustram a relação entre algoritmos gulosos e programação dinâmica.

i	1	2	3	4	5	6	7	8	9	10	11
s_i	1	3	0	5	3	5	6	7	8	2	12
f_i	4	5	6	7	9	9	10	11	12	14	16

Figura 15.1 Conjunto de atividades $\{a_1, a_2, ..., a_{11}\}$. A atividade a_i tem o tempo de início s_i e o tempo de término f_i.

Subestrutura ótima do problema de seleção de atividades

É fácil verificar que o problema de seleção de atividades exibe subestrutura ótima. Vamos indicar por S_{ij} o conjunto de atividades que começam após o término da atividade a_i e terminam antes do início da atividade a_j. Suponha que queremos determinar um conjunto máximo de atividades mutuamente compatíveis em S_{ij}, e suponha ainda mais que tal subconjunto máximo é A_{ij}, que inclui alguma atividade a_k. Incluindo a_k em uma solução ótima, ficamos com dois subproblemas em mãos: determinar atividades mutuamente compatíveis no conjunto S_{ik} (atividades que começam após o término da atividade a_i e terminam antes do início da atividade a_k) e determinar atividades mutuamente compatíveis no conjunto S_{kj} (atividades que começam após o término da atividade a_k e terminam antes do início da atividade a_j). Sejam $A_{ik} = A_{ij} \cap S_{ik}$ e $A_{kj} = A_{ij} \cap S_{kj}$, de modo que A_{ik} contém as atividades em A_{ij} que terminam antes do início de a_k e A_{kj} contém as atividades em A_{ij} que começam após o término de a_k. Assim, temos $A_{ij} = A_{ik} \cup \{a_k\} \cup A_{kj}$ e, portanto, o conjunto de tamanho máximo A_{ij} de atividades mutuamente compatíveis em S_{ij} consiste em $|A_{ij}| = |A_{ik}| + |A_{kj}| + 1$ atividades.

O argumento normal de recortar e colar mostra que a solução ótima A_{ij} deve incluir também soluções ótimas para os dois subproblemas de S_{ik} e S_{kj}. Se pudéssemos determinar um conjunto A'_{kj} de atividades mutuamente compatíveis em S_{kj} com $|A'_{kj}| > |A_{kj}|$, poderíamos usar A'_{kj}, em vez de A_{kj}, em uma solução do subproblema para S_{ij}. Poderíamos ter construído um conjunto de $|A_{ik}| + |A'_{kj}| + 1 > |A_{ik}| + |A_{kj}| + 1 = |A_{ij}|$ atividades mutuamente compatíveis, o que contradiz a suposição de que A_{ij} seja uma solução ótima. Um argumento simétrico se aplica às atividades em S_{ik}.

Esse modo de caracterizar subestrutura ótima sugere que poderíamos resolver o problema de seleção de atividades por programação dinâmica. Vamos indicar o tamanho de uma solução ótima para o conjunto S_{ij} por $c[i, j]$. Então, a abordagem da programação dinâmica produz a recorrência

$$c[i, j] = c[i, k] + c[k, j] + 1 .$$

É claro que, se não soubermos que uma solução ótima para o conjunto S_{ij} inclui a atividade a_k, teremos de examinar todas as atividades em S_{ij} para determinarmos qual delas escolher, de modo que

$$c[i, j] = \begin{cases} 0 & \text{se } S_{ij} = \emptyset , \\ \max \{c[i, k] + c[k, j] + 1 : a_k \in S_{ij}\} & \text{se } S_{ij} \neq \emptyset . \end{cases} \tag{15.2}$$

Então, poderemos desenvolver um algoritmo recursivo e memoizá-lo, ou trabalhar de baixo para cima e preencher entradas de tabela durante o processo. Porém, estaríamos ignorando outra característica importante do problema de seleção de atividades que podemos usar e que seria muito vantajoso.

Fazendo a escolha gulosa

E se pudéssemos escolher uma atividade para acrescentar à nossa solução ótima sem termos de resolver primeiro todos os subproblemas? Isso nos pouparia de ter de considerar todas as escolhas inerentes à recorrência (15.2). Na verdade, no caso do problema de seleção de atividades, precisamos considerar somente uma escolha: a escolha gulosa.

O que quer dizer escolha gulosa para o problema de seleção de atividades? A intuição sugere que deveríamos escolher uma atividade que deixasse o recurso disponível para o maior número possível de outras atividades. Agora, entre as atividades que acabamos escolhendo, uma deve ser a primeira a terminar. Portanto, nossa intuição nos diz para escolher a atividade em S que tenha o tempo de término mais próximo, já que isso deixará o recurso disponível para o maior número possível de atividades que ocorram depois dessa. (Se mais de uma atividade em S tiver o mesmo tempo mais próximo de término, poderemos escolher qualquer uma delas.) Em outras palavras, visto que as atividades são classificadas em ordem monotônica crescente por tempo de término, a escolha gulosa é a atividade a_1. Escolher a primeira atividade a terminar não é o único modo de fazer uma escolha gulosa para esse problema. O Exercício 15.1-3 pede que você explore outras possibilidades.

Se fizermos a escolha gulosa, restará somente um subproblema para resolver: determinar atividades que comecem após o término de a_1. Por que não temos de considerar atividades que terminam antes de a_1 começar? Temos que $s_1 < f_1$, e f_1 é o tempo mais próximo de término de qualquer atividade; portanto, nenhuma atividade pode ter um tempo de término menor ou igual a s_1. Assim, todas as atividades que são compatíveis com a atividade a_1 devem começar depois que a_1 terminar.

Além disso, já estabelecemos que o problema de seleção de atividades exibe subestrutura ótima. Seja $S_k = \{a_i \in S : s_i \geq f_k\}$ o conjunto de atividades que começam após o término de a_k. Se fizermos a escolha gulosa da atividade a_1, S_1 permanecerá como o único problema a resolver.[1] A subestrutura ótima nos diz que, se a_1 pertencer a uma solução ótima, então uma solução ótima para o problema original consistirá na atividade a_1 e todas as atividades em uma solução ótima para o subproblema S_1.

Resta uma grande pergunta: nossa intuição está correta? A escolha gulosa — na qual escolhemos a primeira atividade a terminar — é sempre parte de alguma solução ótima? O teorema que apresentamos a seguir prova que sim.

Teorema 15.1

Considere um subproblema qualquer não vazio S_k, e seja a_m uma atividade em S_k com o tempo mais próximo de término. Então, a_m estará incluída em algum subconjunto de tamanho máximo de atividades mutuamente compatíveis de S_k.

Prova Seja A_k um subconjunto de tamanho máximo de atividades mutuamente compatíveis em S_k, e seja a_j a atividade em A_k que tem o tempo de término mais próximo. Se $a_j = a_m$, terminamos aqui, visto que já mostramos que a_m está em algum subconjunto de tamanho máximo de atividades mutuamente compatíveis de S_k. Se $a_j \neq a_m$, considere o conjunto $A'_k = (A_k - \{a_j\}) \cup \{a_m\}$, que é A_k substituindo a_j por a_m. As atividades em A'_k são compatíveis, o que decorre porque as atividades em A_k são compatíveis, a_j é a primeira atividade a terminar em A_k e $f_m \leq f_j$. Visto que $|A'_k| = |A_k|$, concluímos que A'_k é um subconjunto de tamanho máximo de atividades mutuamente compatíveis de S_k e ele inclui a_m. ∎

Ainda que pudéssemos resolver o problema da seleção de atividades com programação dinâmica, o Teorema 15.1 diz que não precisamos fazê-lo. Em vez disso, podemos escolher repetidamente a atividade que termina primeiro, manter somente as atividades compatíveis com essa atividade e repetir o processo até não restar nenhuma atividade. Além disso, como sempre escolhemos a atividade que tem o tempo de término mais próximo, os tempos de término das atividades que escolhermos deve crescer estritamente. Podemos considerar cada atividade apenas uma vez no total, em ordem monotonicamente crescente de tempos de término.

Um algoritmo para resolver o problema de seleção de atividades não precisa funcionar de baixo para cima, como um algoritmo de programação dinâmica baseado em tabela. Em vez disso, pode trabalhar de cima para

---

[1] Eventualmente, nos referimos aos conjuntos S_k como subproblemas em vez de apenas conjuntos de atividades. Sempre ficará claro pelo contexto se estamos nos referindo a S_k como um conjunto de atividades ou como um subproblema cuja entrada é aquele conjunto.

baixo, escolhendo uma atividade para colocar na solução ótima e, então, resolvendo o problema de escolher atividades entre as que sejam compatíveis com as já escolhidas. Normalmente, algoritmos gulosos têm o seguinte projeto de cima para baixo: faça um escolha e resolva um subproblema, em vez da técnica de baixo para cima, que resolve subproblemas antes de fazer uma escolha.

Algoritmo guloso recursivo

Agora, que já vimos como evitar a abordagem da programação dinâmica e usar um algoritmo guloso de cima para baixo no lugar dela, podemos escrever um procedimento recursivo direto para resolver o problema da seleção de atividades. O procedimento SELECIONA-ATIVIDADE-RECURSIVO toma os tempos de início e término das atividades, representados como vetores s e f,[2] o índice k, que define o subproblema S_k que ele deve resolver, e o tamanho n do problema original. Ele retorna um conjunto de tamanho máximo de atividades mutuamente compatíveis em S_k. Consideramos que as n atividades de entrada já estão organizadas em ordem monotonicamente crescente de tempos de término de acordo com a Equação (15.1). Se não, podemos classificá-las nessa ordem no tempo $O(n \lg n)$, escolhendo arbitrariamente entre atividades com o mesmo tempo de término. Para começar, acrescentamos a atividade fictícia a_0 com $f_0 = 0$, de modo que o subproblema S_0 é o conjunto inteiro de atividades S. A chamada inicial, que resolve o problema inteiro, é SELECIONA-ATIVIDADE-RECURSIVO$(s, f, 0, n)$.

SELECIONA-ATIVIDADE-RECURSIVO(s, f, k, n)
1   $m = k + 1$
2   **while** $m \le n$ e $s[m] < f[k]$ // acha a primeira atividade em S_k a terminar
3        $m = m + 1$
4   **if** $m \le n$
5   **return** $\{a_m\}$ ∪ SELECIONA-ATIVIDADE-RECURSIVO(s, f, m, n)
6   **else return** ∅

A Figura 15.2 mostra como o algoritmo funciona sobre as atividades da Figura 15.1. Em determinada chamada recursiva SELECIONA-ATIVIDADE-RECURSIVO(s, f, k, n), o laço **while** das linhas 2–3 procura em S_k a primeira atividade que termina. O laço examina $a_{k+1}, a_{k+2}, ..., a_n$, até encontrar a primeira atividade a_m que seja compatível com a_k; tal atividade tem $s_m \ge f_k$. Se o laço terminar porque encontrou tal atividade, a linha 5 retorna a união de $\{a_m\}$ com o subconjunto de tamanho máximo de S_m retornado pela chamada recursiva SELECIONA-ATIVIDADE-RECURSIVO(s, f, m, n). Como alternativa, o laço pode terminar porque $m > n$, caso em que já examinamos todas as atividades em S_k e não encontramos uma que seja compatível com a_k. Nesse caso, $S_k = \emptyset$ e, portanto, o procedimento retorna ∅ na linha 6.

Considerando que as atividades já foram ordenadas por tempos de término, o tempo de execução da chamada SELECIONA-ATIVIDADE-RECURSIVO$(s, f, 0, n)$ é $\Theta(n)$. Para entender o motivo, observe que, em todas as chamadas recursivas, cada atividade é examinada exatamente uma vez no teste do laço **while** da linha 2. Em particular, a atividade a_i é examinada na última chamada feita na qual $k < i$.

Algoritmo guloso iterativo

O procedimento recursivo pode ser convertido em um iterativo, porque o procedimento SELECIONA-ATIVIDADE-RECURSIVO é quase "recursivo de cauda" (ver Problema 7.5): ele termina com uma chamada recursiva a si mesmo seguida por uma operação de união. Em geral, transformar um procedimento recursivo de cauda em uma forma iterativa é uma tarefa direta. De fato, alguns compiladores para certas linguagens de programação executam essa tarefa automaticamente.

O procedimento SELECIONA-ATIVIDADE-GULOSO é uma versão iterativa do procedimento SELECIONA-ATIVIDADE-RECURSIVO. Ele também considera que as atividades de entrada estão organizadas em ordem monotonicamente crescente de tempos de término. O procedimento reúne atividades selecionadas em um conjunto A e retorna esse conjunto quando termina.

---

[2]Como o pseudocódigo toma s e f como vetores, ele os indexa com colchetes em vez de subscritos.

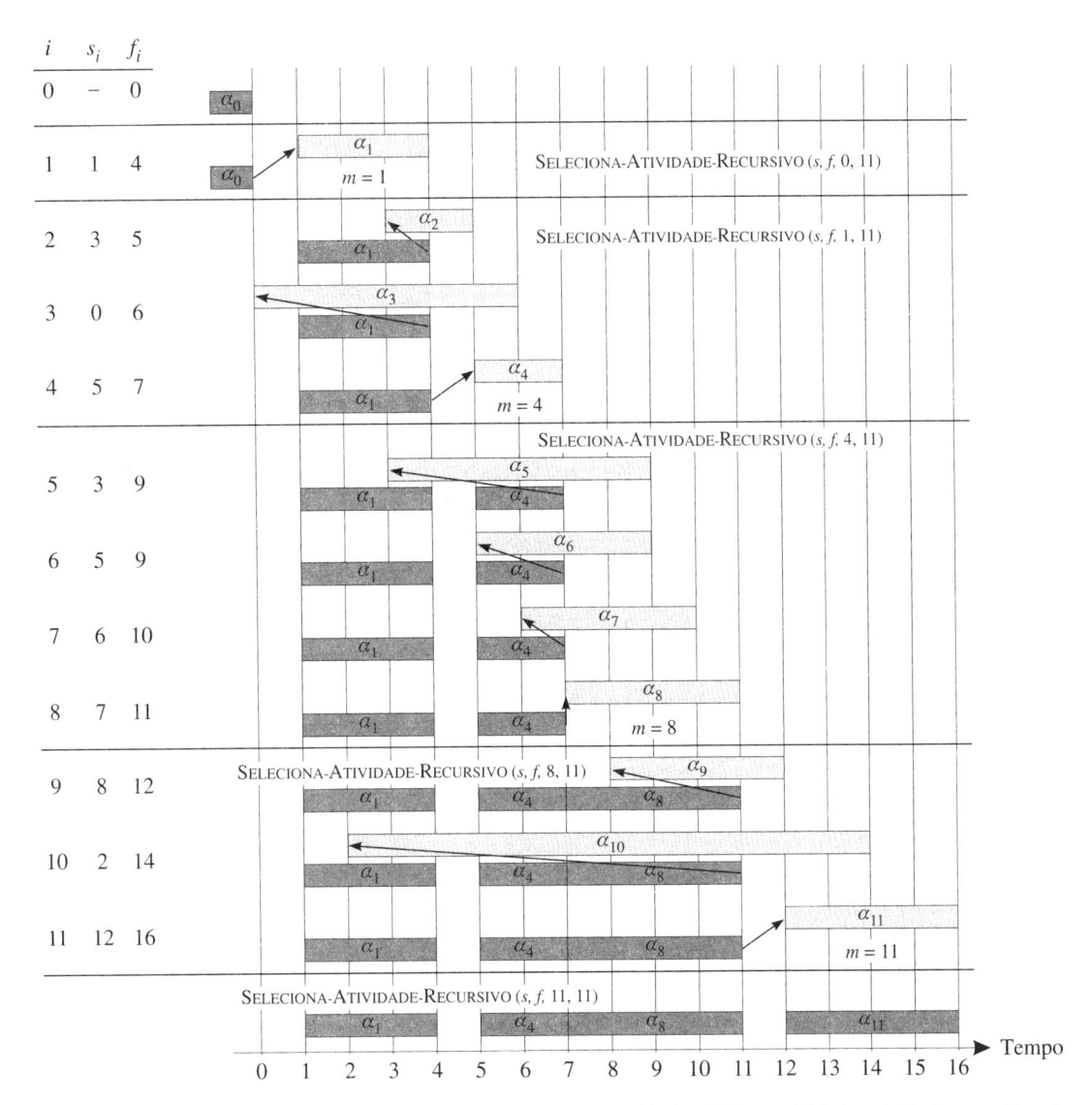

Figura 15.2 Operação de Seleciona-Atividade-Recursivo para as 11 atividades da Figura 15.1. As atividades consideradas em cada chamada recursiva aparecem entre linhas horizontais. A atividade fictícia a_0 termina no tempo 0, e a chamada inicial Seleciona-Atividade-Recursivo($s, f, 0, 11$) seleciona a atividade a_1. Em cada chamada recursiva, as atividades que já foram selecionadas estão em *cinza-escuro*, e a atividade mostrada em *cinza-claro* está sendo considerada. Se o tempo de início de uma atividade ocorre antes do tempo de término da atividade mais recentemente adicionada (a *seta* entre elas aponta para a esquerda), ela é rejeitada. Caso contrário (a *seta* aponta diretamente para cima ou para a direita), ela é selecionada. A última chamada recursiva, Seleciona-Atividade-Recursivo($s, f, 11, 11$), retorna $\emptyset$. O conjunto resultante de atividades selecionadas é $\{a_1, a_4, a_8, a_{11}\}$.

```
SELECIONA-ATIVIDADE-GULOSO(s, f, n)
1   A = {a₁}
2   k = 1
3   for m = 2 to n
4       if s[m] ≥ f[k]        // aₘ está em Sₖ?
5           A = A ∪ {aₘ}      // sim, então a escolhe
6           k = m             // e continua a partir daí
7   return A
```

O procedimento funciona da maneira descrita a seguir. A variável k indexa a adição mais recente a A, correspondente à atividade a_k na versão recursiva. Visto que consideramos as atividades em ordem monotonicamente crescente de tempos de término, f_k é sempre o tempo de término máximo de qualquer atividade em A. Isto é,

$$f_k = \max \{f_i : a_i \in A\} \ . \tag{15.3}$$

As linhas 1–2 selecionam a atividade a_1, inicializam A para conter apenas essa atividade e inicializam k para indexar essa atividade. O laço **for** das linhas 3–6 encontra a atividade que termina mais cedo em S_k. O laço considera cada atividade a_m por vez e acrescenta a_m a A se ela for compatível com todas as atividades selecionadas anteriormente; tal atividade é a que termina mais cedo em S_k. Para ver se a atividade a_m é compatível com cada atividade presente em A no momento em questão, basta utilizar a Equação (15.3) para verificar (na linha 4) se seu tempo de início s_m não é anterior ao tempo de término f_k da atividade mais recentemente adicionada a A. Se a atividade a_m é compatível, as linhas 5–6 adicionam a atividade a_m a A e atribuem $k = m$. O conjunto A retornado pela chamada Seleciona-Atividade-Guloso(s, f) é exatamente o conjunto retornado pela chamada Seleciona-Atividade-Recursivo$(s, f, 0, n)$.

Como na versão recursiva, o procedimento Seleciona-Atividade-Guloso programa um conjunto de n atividades no tempo $\Theta(n)$, considerando que as atividades já estavam ordenadas inicialmente por seus tempos de término.

Exercícios

15.1-1

Dê um algoritmo de programação dinâmica para o problema de seleção de atividades, baseado na recorrência (15.2). Seu algoritmo deve calcular os tamanhos $c[i, j]$ como definidos anteriormente e também produzir o subconjunto de tamanho máximo de atividades mutuamente compatíveis. Suponha que as entradas estão ordenadas como na Equação (15.1). Compare o tempo de execução de sua solução com o tempo de execução de Seleciona-Atividade-Guloso.

15.1-2

Suponha que, em vez de sempre selecionarmos a primeira atividade a terminar, selecionemos a última atividade a começar que seja compatível com todas as atividades selecionadas anteriormente. Descreva como essa abordagem é um algoritmo guloso e prove que ela produz uma solução ótima.

15.1-3

Não é qualquer abordagem gulosa para o problema de seleção de atividades que produz um conjunto de tamanho máximo de atividades mutuamente compatíveis. Dê um exemplo para mostrar que a abordagem de selecionar a atividade de menor duração entre aquelas que são compatíveis com atividades selecionadas anteriormente não funciona. Faça o mesmo para a abordagem de sempre selecionar a atividade compatível que se sobreponha ao menor número de outras atividades e para a abordagem de sempre selecionar a atividade restante compatível com o tempo de início mais cedo.

15.1-4

Suponha que temos um conjunto de atividades para programar entre um grande número de salas de reunião, em que qualquer atividade pode ocorrer em qualquer sala. Desejamos programar todas as atividades usando o menor número possível de salas de reunião. Dê um algoritmo guloso eficiente para determinar qual atividade deve usar cada sala de reunião.

(Este problema também é conhecido como ***problema de colorir grafos de intervalos***. Podemos construir um grafo de intervalos cujos vértices são as atividades dadas e cujas arestas conectam atividades incompatíveis. O menor número de cores necessárias para colorir cada vértice de modo que dois vértices adjacentes nunca tenham a mesma cor corresponde a encontrar o menor número de salas de reunião necessárias para programar todas as atividades dadas.)

15.1-5

Considere uma modificação para o problema de seleção de atividades no qual, além de um tempo de início e término, cada atividade a_i tem um valor v_i. O objetivo não é mais maximizar o número de atividades programadas, mas maximizar o valor total das atividades programadas. Isto é, queremos escolher um conjunto A de atividades compatíveis tal que $\sum_{a_k \in A} v_k$ seja maximizado. Dê um algoritmo de tempo polinomial para esse problema.

15.2 Elementos da estratégia gulosa

Um algoritmo guloso obtém uma solução ótima de problema fazendo uma sequência de escolhas. Para cada ponto de decisão, o algoritmo escolhe a opção que parece melhor no momento. Essa estratégia heurística nem sempre produz uma solução ótima, mas, como vimos no problema de seleção de atividades, algumas vezes, funciona. Esta seção discute algumas propriedades gerais de métodos gulosos.

O processo que seguimos na Seção 15.1 para desenvolver um algoritmo guloso foi um pouco mais complicado que o normal. Seguimos estas etapas:

1. Determinar a subestrutura ótima do problema.
2. Desenvolver uma solução recursiva. (Para o problema de seleção de atividades, formulamos a recorrência (15.2), mas evitamos desenvolver um algoritmo recursivo baseado apenas nessa recorrência.)
3. Mostrar que, se fizermos a escolha gulosa, restará somente um subproblema.
4. Provar que é sempre seguro fazer a escolha gulosa. (As etapas 3 e 4 podem ocorrer em qualquer ordem.)
5. Desenvolver um algoritmo recursivo que implemente a estratégia gulosa.
6. Converter o algoritmo recursivo em um algoritmo iterativo.

Seguindo essas etapas, vimos bem detalhadamente os fundamentos da programação dinâmica de um algoritmo guloso. Por exemplo, no problema da seleção de atividades, primeiro definimos os subproblemas S_{ij}, nos quais i e j variavam. Então, constatamos que, se sempre fizéssemos a escolha gulosa, poderíamos restringir os subproblemas à forma S_k.

Como alternativa, poderíamos ter conformado nossa subestrutura ótima tendo em mente uma escolha gulosa, de modo que a escolha deixasse apenas um problema para resolver. No problema de seleção de atividades, poderíamos ter começado descartando o segundo índice e definindo subproblemas da forma S_k. Então, poderíamos ter provado que uma escolha gulosa (a primeira atividade a_m a terminar em S_k), combinada com uma solução ótima para o conjunto restante S_m de atividades compatíveis, produz uma solução ótima para S_k. De modo mais geral, projetamos algoritmos gulosos de acordo com esta sequência de etapas:

1. Expressar o problema de otimização como problema no qual fazemos uma escolha e ficamos com um único subproblema para resolver.
2. Provar que sempre existe uma solução ótima para o problema original que usa a escolha gulosa, de modo que a escolha gulosa é sempre segura.
3. Demonstrar subestrutura ótima mostrando que, tendo feito a escolha gulosa, o que resta é um subproblema com a seguinte propriedade: se combinarmos uma solução ótima para o subproblema com a escolha gulosa que fizemos, chegamos a uma solução ótima para o problema original.

Usaremos esse processo mais direto em seções posteriores deste capítulo. Apesar disso, embaixo de todo algoritmo guloso, quase sempre existe uma solução de programação dinâmica mais complicada.

Como saber se um algoritmo guloso resolverá determinado problema de otimização? Nenhum método funciona todas as vezes, mas a propriedade de escolha gulosa e a subestrutura ótima são os dois componentes fundamentais. Se pudermos demonstrar que o problema tem essas propriedades, estaremos no caminho certo de desenvolver um algoritmo guloso para ele.

Propriedade de escolha gulosa

O primeiro componente fundamental é a ***propriedade de escolha gulosa***: podemos montar uma solução globalmente ótima fazendo escolhas (gulosas) locais ótimas. Em outras palavras, quando estamos considerando qual escolha fazer, escolhemos a que parece melhor para o problema em questão, sem considerar resultados de subproblemas.

É nesse ponto que os algoritmos gulosos são diferentes da programação dinâmica. Na programação dinâmica, fazemos uma escolha em cada etapa, mas, normalmente, a escolha depende das soluções para subproblemas. Como consequência, em geral, resolvemos problemas de programação dinâmica de baixo para cima, passando de subproblemas menores para subproblemas maiores. (Como alternativa, podemos resolvê-los de cima para baixo, mas usando memoização. É claro que, mesmo que o código funcione de cima para baixo, ainda temos de resolver os subproblemas antes de fazer uma escolha.) Em um algoritmo guloso, fazemos qualquer escolha que pareça melhor no momento e depois resolvemos o subproblema que resta. A escolha feita por um algoritmo guloso pode depender das escolhas até o momento em questão, mas não pode depender de nenhuma escolha futura ou das soluções para subproblemas. Assim, diferentemente da programação dinâmica, que resolve os subproblemas antes de fazer a primeira escolha, um algoritmo guloso faz sua primeira escolha antes de resolver qualquer subproblema. Um algoritmo de programação dinâmica age de baixo para cima, ao passo que uma estratégia gulosa, em geral, age de cima para baixo, fazendo uma escolha gulosa após outra, reduzindo cada instância do problema dado a uma instância menor.

É claro que temos de provar que uma escolha gulosa em cada etapa produz uma solução globalmente ótima. Normalmente, como no caso do Teorema 15.1, a prova examina uma solução globalmente ótima para algum subproblema. Então, mostra como modificar a solução para usar a escolha gulosa no lugar de alguma outra escolha, resultando em um subproblema semelhante, porém menor.

Geralmente, podemos fazer a escolha gulosa com maior eficiência do que quando temos de considerar um conjunto de escolha mais amplo. Por exemplo, no problema de seleção de atividades, considerando que já tivéssemos organizado as atividades em ordem monotonicamente crescente de tempos de término, precisaríamos examinar cada atividade apenas uma vez. Processando a entrada antecipadamente ou usando uma estrutura de dados apropriada (quase sempre uma fila de prioridades), quase sempre podemos fazer escolhas gulosas rapidamente, produzindo, assim, um algoritmo eficiente.

Subestrutura ótima

Como vimos no Capítulo 14, um problema exibe *subestrutura ótima* se uma solução ótima para o problema contiver soluções ótimas para subproblemas. Essa propriedade é um componente fundamental para avaliar se a programação dinâmica se aplica, e também é essencial para algoritmos gulosos. Como exemplo de subestrutura ótima, lembre-se de como demonstramos na Seção 15.1 que, se uma solução ótima para o subproblema S_{ij} incluir uma atividade a_k, então ela também deve conter soluções ótimas para os subproblemas S_{ik} e S_{kj}. Dada essa subestrutura ótima, demonstramos que, se soubéssemos qual atividade usar como a_k, poderíamos construir uma solução ótima para S_{ij} selecionando a_k juntamente com todas as atividades em soluções ótimas para os subproblemas S_{ik} e S_{kj}. Com base nessa observação de subestrutura ótima, pudemos criar a recorrência (15.2), que descreve o valor de uma solução ótima.

Normalmente, usamos uma abordagem mais direta com relação à subestrutura ótima quando a aplicamos em algoritmos gulosos. Conforme já mencionamos, podemos nos permitir o luxo de supor que chegamos a um subproblema por termos feito a escolha gulosa no problema original. Na realidade, basta que demonstremos que uma solução ótima para o subproblema, combinada com a escolha gulosa já feita, produz uma solução ótima para o problema original. Esse esquema utiliza implicitamente indução com relação aos subproblemas para provar que fazer a escolha gulosa em cada etapa produz uma solução ótima.

Estratégia gulosa *versus* programação dinâmica

Como as estratégias gulosa e de programação dinâmica exploram a subestrutura ótima, você poderia ser tentado a gerar uma solução de programação dinâmica para um problema quando uma solução gulosa seria suficiente ou, ao contrário, achar erroneamente que uma solução gulosa funciona quando, na verdade, seria preciso uma solução de programação dinâmica. Para ilustrarmos as sutilezas entre as duas técnicas, vamos investigar duas variantes de um problema clássico de otimização.

Apresentamos, a seguir, o *problema binário da mochila*. Um ladrão que assalta uma loja deseja levar a carga mais valiosa que possa ser transportada em uma mochila capaz de carregar no máximo W quilos. O ladrão pode escolher levar um subconjunto de n itens na loja. O i-ésimo item vale v_i reais e pesa w_i quilos, em que v_i e w_i são inteiros. Que itens ele deve levar? (Esse problema da mochila chama-se binário porque, para cada item, o ladrão tem de decidir se o carrega ou se o deixa para trás; ele não pode levar uma quantidade fracionária de um item nem um item mais de uma vez.)

No ***problema fracionário da mochila***, a configuração é a mesma, mas o ladrão pode levar frações de itens, em vez de ter de fazer uma escolha binária para cada item. Para perceber melhor a diferença, imagine que um item no problema binário da mochila seja como um lingote de ouro, enquanto um item no problema da mochila fracionário seria semelhante a ouro em pó.

Ambos os problemas da mochila exibem a propriedade de subestrutura ótima. No caso do problema binário, se a carga mais valiosa, que pesa no máximo W quilos, inclui o item j, então a carga restante deverá ser a carga mais valiosa que pese no máximo $W - w_j$ que o ladrão pode levar dos $n - 1$ itens originais, excluindo o item j. Por comparação, no caso do problema fracionário, considere que, se removermos um peso w de um item j da carga ótima, a carga restante deverá ser a carga mais valiosa que pese no máximo $W - w$ quilos que o ladrão pode levar dos $n - 1$ itens originais mais $w_j - w$ quilos do item j.

Embora os problemas sejam semelhantes, podemos resolver o problema fracionário da mochila por uma estratégia gulosa, mas não podemos usar essa mesma estratégia para resolver o problema binário. Para resolvermos o problema fracionário, primeiro calculamos o valor por quilo v_i / w_i para cada item. Obedecendo a uma estratégia gulosa, o ladrão começa levando o máximo possível do item que tenha o maior valor por quilo. Se o suprimento desse item se esgotar e o ladrão ainda puder carregar mais, levará o máximo possível do próximo item que tenha o maior valor por quilo e assim por diante até alcançar seu peso limite W. Portanto, ordenando os itens conforme seu valor por quilo, o algoritmo guloso é executado no tempo $O(n \lg n)$. Deixamos para o Exercício 15.2-1 a prova de que o problema fracionário da mochila tem a propriedade de escolha gulosa.

Para ver que essa estratégia gulosa não funciona para o problema binário da mochila, considere a instância do problema ilustrada na Figura 15.3(a). Esse exemplo tem três itens e uma mochila que pode conter 50 quilos. O item 1 pesa 10 quilos e vale 60 reais. O item 2 pesa 20 quilos e vale 100 reais. O item 3 pesa 30 quilos e vale 120 reais. Portanto, o valor por quilo do item 1 é 6 reais por quilo, que é maior que o valor por quilo do item 2 (5 reais por quilo) ou do item 3 (4 reais por quilo). Assim, a estratégia gulosa levaria o item 1 primeiro. Porém, como podemos ver pela análise de caso na Figura 15.3(b), a solução ótima leva os itens 2 e 3 e deixa o item 1 para trás. As duas soluções possíveis que envolvem o item 1 são subótimas.

Contudo, por comparação, a estratégia gulosa para o problema fracionário, que leva o item 1 primeiro, realmente produz uma solução ótima, como mostra a Figura 15.3(c). Levar o item 1 não funciona no problema binário porque o ladrão não consegue encher sua mochila até a capacidade máxima, e o espaço vazio reduz o valor efetivo por quilo de sua carga. No problema binário, quando consideramos incluir um item na mochila, temos de comparar a solução para o subproblema que inclua tal item com a solução para o subproblema que exclua esse mesmo item, antes de podermos fazer a escolha. O problema formulado desse modo dá origem a muitos subproblemas sobrepostos — uma marca registrada da programação dinâmica. Realmente, como o Exercício 15.2-2 pede que você mostre, podemos usar programação dinâmica para resolver o problema binário.

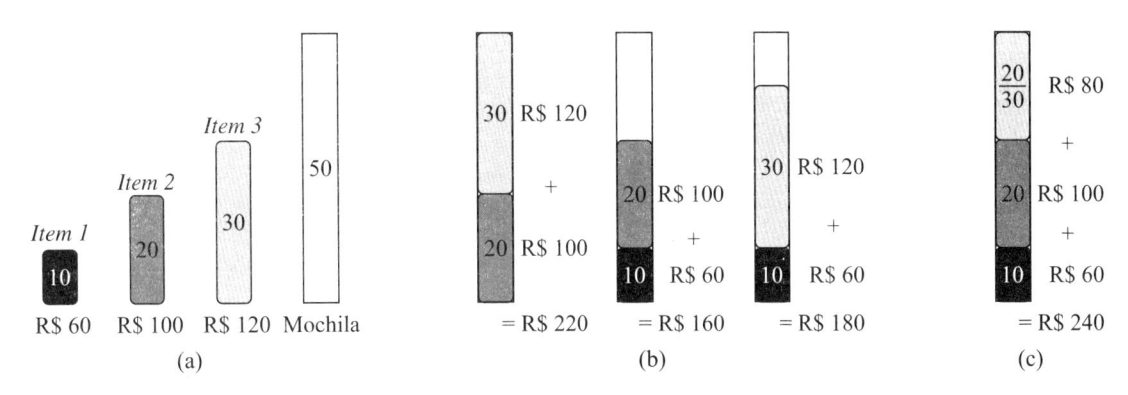

Figura 15.3 Exemplo que mostra que a estratégia gulosa não funciona para o problema binário da mochila. (**a**) O ladrão deve selecionar um subconjunto dos três itens mostrados cujo peso não pode exceder 50 quilos. (**b**) O subconjunto ótimo inclui os itens 2 e 3. Qualquer solução com o item 1 é subótima, embora o item 1 tenha o maior valor por quilo. (**c**) Para o problema fracionário da mochila, tomar os itens em ordem de maior valor por quilo produz uma solução ótima.

Exercícios

15.2-1

Prove que o problema fracionário da mochila tem a propriedade de escolha gulosa.

15.2-2

Forneça uma solução de programação dinâmica para o problema binário da mochila que seja executado no tempo $O(nW)$, em que n é o número de itens e W é o peso máximo de itens que o ladrão pode colocar em sua mochila.

15.2-3

Suponha que, em um problema binário da mochila, a ordem dos itens quando ordenados por peso crescente seja igual à ordem quando ordenados por valor decrescente. Forneça um algoritmo eficiente para determinar uma solução ótima para essa variante do problema da mochila e mostre que seu algoritmo é correto.

15.2-4

O professor Gekko sempre sonhou em atravessar o estado de Dakota do Norte de patins. Ele planeja atravessar o estado pela rodovia U.S. 2, que vai de Grand Forks, na divisa leste com o estado de Minnesota, até Williston, perto da divisa oeste com o estado de Montana. O professor pode carregar dois litros de água e patinar m quilômetros antes de esgotar seu estoque de água. (Como o relevo de Dakota do Norte é relativamente plano, ele não precisa se preocupar em beber uma quantidade maior de água em trechos em aclive do que em trechos em declive e planos.) O professor partirá de Grand Forks com dois litros de água completos. O mapa oficial do estado de Dakota do Norte mostra todos os lugares ao longo da rodovia U.S. 2 onde ele poderá reabastecer seu estoque de água e as distâncias entre eles.

O objetivo do professor é minimizar o número de paradas para reabastecimento de água ao longo de sua rota pelo estado. Indique um método eficiente pelo qual ele possa determinar em quais lugares deverá repor seu estoque de água. Prove que tal estratégia produz uma solução ótima e dê o tempo de execução dessa estratégia.

15.2-5

Descreva um algoritmo eficiente que, dado um conjunto $\{x_1, x_2, ..., x_n\}$ de pontos na reta de números reais, determina o menor conjunto de intervalos fechados de comprimento unitário que contém todos os pontos dados. Mostre que seu algoritmo é correto.

★ 15.2-6

Mostre como resolver o problema fracionário da mochila no tempo $O(n)$.

15.2-7

Suponha que você tenha dois conjuntos A e B, cada um contendo n inteiros positivos, e que possa reordenar cada conjunto como preferir. Depois da reordenação, seja a_i o i-ésimo elemento do conjunto A e seja b_i o i-ésimo elemento do conjunto B. Então, você obtém uma compensação de $\prod_{i=1}^{n} a_i^{b_i}$. Dê um algoritmo que maximize essa compensação. Prove que seu algoritmo maximiza a compensação e dê seu tempo de execução, ignorando o tempo para reordenar os conjuntos.

15.3   Códigos de Huffman

Códigos de Huffman comprimem dados de modo bastante eficaz: economias de 20–90% são típicas, dependendo das características dos dados que estão sendo comprimidos. Consideramos os dados como uma sequência de caracteres. O algoritmo guloso de Huffman utiliza uma tabela que fornece o número de vezes que cada caractere ocorre (isto é, sua frequência) para elaborar um modo ótimo de representar cada caractere como uma cadeia binária.

Suponha que tenhamos um arquivo de dados de 100.000 caracteres que desejamos armazenar de modo compacto e você saiba que os 6 caracteres distintos no arquivo ocorrem com as frequências dadas pela Figura 15.4. Isto é, o caractere a ocorre 45.000 vezes, o caractere b ocorre 13.000 vezes e assim por diante.

	a	b	c	d	e	f
Frequência (em milhares)	45	13	12	16	9	5
Palavra de código de comprimento fixo	000	001	010	011	100	101
Palavra de código de comprimento variável	0	101	100	111	1101	1100

Figura 15.4 Problema de codificação de caracteres. Um arquivo de dados de 100.000 caracteres contém somente os caracteres a-f, com as frequências indicadas. Se atribuirmos a cada caractere uma palavra de código de três *bits*, poderemos codificar o arquivo em 300.000 *bits*. Usando o código de comprimento variável mostrado, podemos codificar o arquivo em apenas 224.000 *bits*.

Há muitas opções para representar tal arquivo de informações. Aqui, consideramos o problema de projetar um *código de caracteres binários* (ou *código*, para abreviar) no qual cada caractere seja representado por uma cadeia binária única que denominaremos *palavra de código*. Se usarmos um *código de comprimento fixo*, precisaremos de $\lceil \lg n \rceil$ *bits* para representarmos $n \geq 2$ caracteres. Para 6 caracteres, portanto, precisamos de 3 *bits*: a = 000, b = 001, c = 010, d = 011, e = 100 e f = 101. Esse método requer 300.000 *bits* para codificar o arquivo inteiro. Podemos fazer algo melhor?

Um *código de comprimento variável* pode funcionar consideravelmente melhor que um código de comprimento fixo. A ideia é simples: atribuir palavras de código curtas a caracteres frequentes e palavras de código longas a caracteres pouco frequentes. A Figura 15.4 mostra um código desse tipo; aqui, a cadeia de 1 *bit* 0 representa a, e a cadeia de 4 *bits* 1100 representa f. Esse código requer

$$(45 \cdot 1 + 13 \cdot 3 + 12 \cdot 3 + 16 \cdot 3 + 9 \cdot 4 + 5 \cdot 4) \cdot 1.000 = 224.000 \; bits$$

para representar o arquivo, uma economia de aproximadamente 25%. De fato, é um código de caracteres ótimo para esse arquivo, como veremos.

Códigos de prefixo

Consideramos aqui apenas códigos nos quais nenhuma palavra de código seja também um prefixo de alguma outra palavra de código. Tais códigos são denominados *códigos de prefixo*. Embora não o provemos aqui, um código de prefixo sempre consegue a compressão de dados ótima em qualquer código de caracteres, portanto não haverá prejuízo para a generalidade se restringirmos nossa atenção a códigos de prefixo.

Codificar é sempre simples para qualquer código de caracteres binários; simplesmente concatenamos as palavras de código que representam cada caractere do arquivo. Por exemplo, com o código de prefixo de comprimento variável da Figura 15.4, codificamos o arquivo de quatro caracteres face como $1100 \cdot 0 \cdot 100 \cdot 1101 = 110001001101$, em que "·" indica concatenação.

Códigos de prefixo são desejáveis porque simplificam a decodificação. Como nenhuma palavra de código é um prefixo de qualquer outra, a palavra de código que inicia um arquivo codificado não é ambígua. Podemos simplesmente identificar a palavra de código inicial, traduzi-la de volta para o caractere original e repetir o processo de decodificação no restante do arquivo codificado. Em nosso exemplo, a cadeia 100011001101 é analisada unicamente como $100 \cdot 0 \cdot 1100 \cdot 1101$, que é decodificada como cafe.

O processo de decodificação precisa de uma representação conveniente para o código de prefixo, de modo que possamos extrair facilmente a palavra de código inicial. Uma árvore binária cujas folhas são os caracteres nos dá tal representação. Interpretamos a palavra de código binária para um caractere como o caminho simples da raiz até esse caractere, onde 0 significa "vá para o filho à esquerda" e 1 significa "vá para o filho à direita". A Figura 15.5 mostra as árvores para os dois códigos do nosso exemplo. Observe que elas não são árvores de busca binária, já que as folhas não precisam aparecer em sequência ordenada e os nós internos não contêm chaves de caracteres.

Um código ótimo para um arquivo é sempre representado por uma árvore *estritamente* binária, na qual cada nó que não é uma folha tem dois filhos (ver Exercício 15.3-2). O código de comprimento fixo em nosso exemplo não é ótimo, já que sua árvore, mostrada na Figura 15.5(a), não é uma árvore estritamente binária: ela contém palavras de código que começam com 10, mas nenhuma com 11. Visto que agora podemos restringir nossa atenção a árvores estritamente binárias, podemos dizer que, se C é o alfabeto do qual os caracteres são extraídos e todas as frequências de caracteres são positivas, então a árvore para um código de prefixo ótimo tem exatamente $|C|$ folhas, uma para cada letra do alfabeto, e exatamente $|C| - 1$ nós internos (ver Exercício B.5-3 no Apêndice B).

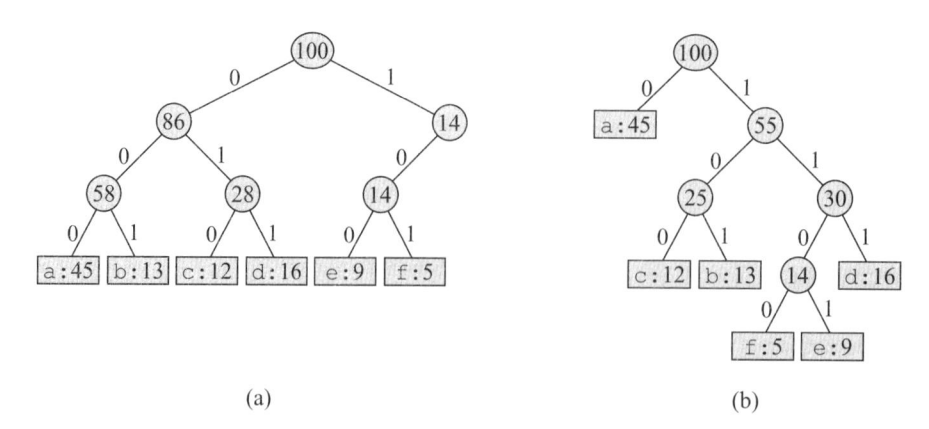

(a)   (b)

Figura 15.5 Árvores correspondentes aos esquemas de codificação da Figura 15.4. Cada folha é identificada com um caractere e sua frequência de ocorrência. Cada nó interno é identificado com a soma das frequências das folhas em sua subárvore. Todas as frequências estão em milhares. (**a**) A árvore correspondente ao código de comprimento fixo a = 000, b = 001, c = 010, d = 011, e = 100, f = 101. (**b**) A árvore correspondente ao código de prefixo ótimo a = 0, b = 101, c = 100, d = 111, e = 1101, f = 1100.

Dada uma árvore T correspondente a um código de prefixo, é fácil calcular o número de *bits* exigidos para codificar um arquivo. Para cada caractere c no alfabeto C, o atributo *c.freq* indica a frequência de c no arquivo e $d_T(c)$ indica a profundidade de folha de c na árvore. Observe que $d_T(c)$ é também o comprimento da palavra de código para o caractere c. Assim, o número de *bits* exigidos para codificar um arquivo é

$$B(T) = \sum_{c \in C} c.freq \cdot d_T(c) \,, \tag{15.4}$$

que definimos como o **custo** da árvore T.

Construção de um código de Huffman

Huffman criou um algoritmo guloso que produz um código de prefixo ótimo denominado ***código de Huffman*** em sua homenagem. De acordo com nossas observações na Seção 15.2, a prova de sua correção se baseia na propriedade de escolha gulosa e subestrutura ótima. Em vez de demonstrarmos que essas propriedades são válidas e depois desenvolvermos pseudocódigo, apresentamos primeiro o pseudocódigo. Isso ajudará a esclarecer como o algoritmo faz escolhas gulosas.

O procedimento Huffman pressupõe que C seja um conjunto de n caracteres e que cada caractere $c \in C$ seja um objeto com atributo *c.freq* que dá sua frequência. O algoritmo constrói de baixo para cima a árvore T correspondente ao código ótimo. Começa com um conjunto de $|C|$ folhas e executa uma sequência de $|C| - 1$ operações de "fusão" para criar a árvore final. O algoritmo usa uma fila de prioridade mínima Q, chaveada no atributo *freq*, para identificar os dois objetos menos frequentes que serão fundidos. Quando fundimos dois objetos, o resultado é um novo objeto cuja frequência é a soma das frequências dos dois objetos que foram fundidos.

```
HUFFMAN(C)
 1  n = |C|
 2  Q = C
 3  for i = 1 to n − 1
 4      alocar um novo nó z
 5      x = EXTRAI-MIN(Q)
 6      y = EXTRAI-MIN(Q)
 7      z.esquerda = x
 8      z.direita = y
 9      z.freq = x.freq + y.freq
10      INSERE(Q, z)
11  return EXTRAI-MIN(Q)          // a raiz da árvore é o único nó restante
```

Em nosso exemplo, o algoritmo de Huffman procede como mostra a Figura 15.6. Visto que o alfabeto contém seis letras, o tamanho da fila inicial é $n = 6$, e cinco etapas de fusão constroem a árvore. A árvore final representa o código de prefixo ótimo. A palavra de código para uma letra é a sequência de identificadores de arestas no caminho simples da raiz até essa letra.

O procedimento HUFFMAN funciona da seguinte forma. A linha 2 inicializa a fila de prioridade mínima Q com os caracteres em C. O laço **for** nas linhas 3–10 extrai repetidamente da fila os dois nós x e y de frequência mais baixa e os substitui na fila por um novo nó z que representa sua fusão. A frequência de z é calculada como a soma das frequências de x e y na linha 9. O nó z tem x como seu filho à esquerda e y como seu filho à direita. (Essa ordem é arbitrária; trocar o filho à esquerda pelo filho à direita de qualquer nó produz um código diferente que tem o mesmo custo.) Depois de $n - 1$ fusões, a linha 11 retorna o único nó que sobrou na fila, que é a raiz da árvore de código.

O algoritmo produz o mesmo resultado sem as variáveis x e y, atribuindo os valores retornados pelas chamadas EXTRAI-MIN diretamente a $z.esquerda$ e $z.direita$ nas linhas 7 e 8, e mudando a linha 9 para $z.freq = z.esquerda.freq + z.direita.freq$. Usaremos os nomes de nó x e y na prova de confirmação do algoritmo. Portanto, achamos conveniente deixá-los como estão.

O tempo de execução do algoritmo de Huffman depende de como a fila de prioridade mínima Q é implementada. Vamos supor que Q seja implementada como um *heap* de mínimo binário (ver Capítulo 6). Para um conjunto C de n caracteres, o procedimento CONSTRÓI-MIN-HEAP discutido na Seção 6.3 pode inicializar Q na linha 2 em tempo $O(n)$. O laço **for** nas linhas 3–10 é executado exatamente $n - 1$ vezes e, visto que cada operação de *heap* requer o tempo $O(\lg n)$, o laço contribui com $O(n \lg n)$ para o tempo de execução. Assim, o tempo de execução total de HUFFMAN em um conjunto de n caracteres é $O(n \lg n)$.

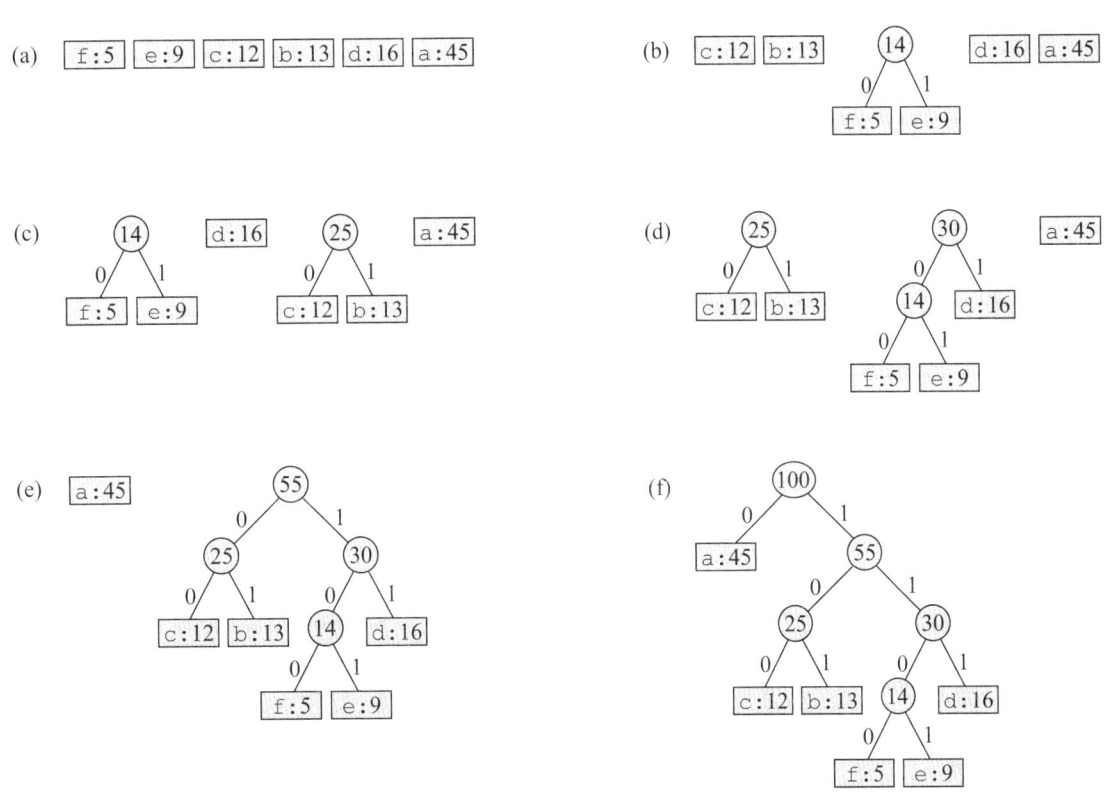

Figura 15.6 Etapas do algoritmo de Huffman para as frequências dadas na Figura 15.4. Cada parte mostra o conteúdo da fila por ordem crescente de frequência. Em cada etapa, as duas árvores com frequências mais baixas são fundidas. As folhas são mostradas como retângulos contendo um caractere e sua frequência. Nós internos são mostrados como círculos, contendo a soma das frequências de seus filhos. Uma aresta conectando um nó interno a seus filhos é rotulada por 0 se é uma aresta para um filho à esquerda, e com 1 se é uma aresta para um filho à direita. A palavra de código para uma letra é a sequência de rótulos nas arestas que conectam a raiz à folha correspondente a essa letra. (**a**) O conjunto inicial de $n = 6$ nós, um para cada letra. (**b**)–(**e**) Estágios intermediários. (**f**) A árvore final.

Corretude do algoritmo de Huffman

Para provar que o algoritmo guloso HUFFMAN está correto, mostramos que o problema de determinar um código de prefixo ótimo exibe as propriedades de escolha gulosa e subestrutura ótima. O lema a seguir mostra que a propriedade de escolha gulosa é válida.

Lema 15.2 (Códigos de prefixo ótimos têm a propriedade de escolha gulosa)

Seja C um alfabeto no qual cada caractere $c \in C$ tem frequência $c.freq$. Sejam x e y dois caracteres em C que têm as frequências mais baixas. Então, existe um código de prefixo ótimo para C no qual as palavras de código para x e y têm o mesmo comprimento e diferem apenas no último *bit*.

Prova A ideia da prova é tomar a árvore T que representa um código de prefixo ótimo arbitrário e modificá-la para criar uma árvore que represente outro código de prefixo ótimo, tal que os caracteres x e y apareçam como folhas irmãs de profundidade máxima na nova árvore. Se pudermos construir tal árvore, suas palavras de código para x e y terão o mesmo comprimento e serão diferentes apenas no último *bit*.

Sejam a e b dois caracteres que são folhas irmãs de profundidade máxima em T. Sem prejuízo da generalidade, supomos que $a.freq \leq b.freq$ e $x.freq \leq y.freq$. Visto que $x.freq$ e $y.freq$ são as duas frequências de folha mais baixas, em ordem, e $a.freq$ e $b.freq$ são duas frequências arbitrárias, em ordem, temos $x.freq \leq a.freq$ e $y.freq \leq b.freq$.

No restante da prova, é possível que tivéssemos $x.freq = a.freq$ ou $y.freq = b.freq$. Contudo, se tivéssemos $x.freq = b.freq$, teríamos também $a.freq = b.freq = x.freq = y.freq$ (ver Exercício 15.3-1), e o lema seria trivialmente verdadeiro. Assim, suporemos que $x.freq \neq b.freq$, o que implica $x \neq b$.

Como a Figura 15.7 mostra, permutamos as posições de a e x em T para produzirmos uma árvore T', e então, permutamos as posições de b e y em T' para produzirmos uma árvore T'' na qual x e y são folhas irmãs de profundidade máxima. (Observe que, se $x = b$, mas $y \neq a$, então a árvore T'' não tem x e y como folhas irmãs de profundidade máxima. Como supomos que $x \neq b$, essa situação não pode ocorrer.) Pela Equação (15.4), a diferença de custo entre T e T' é

$$B(T) - B(T')$$
$$= \sum_{c \in C} c.freq \cdot d_T(c) - \sum_{c \in C} c.freq \cdot d_{T'}(c)$$
$$= x.freq \cdot d_T(x) + a.freq \cdot d_T(a) - x.freq \cdot d_{T'}(x) - a.freq \cdot d_{T'}(a)$$
$$= x.freq \cdot d_T(x) + a.freq \cdot d_T(a) - x.freq \cdot d_T(a) - a.freq \cdot d_T(x)$$
$$= (a.freq - x.freq)(d_T(a) - d_T(x))$$
$$\geq 0 \,,$$

porque $a.freq - x.freq$ e $d_T(a) - d_T(x)$ são não negativas. Mais especificamente, $a.freq - x.freq$ é não negativa porque x é uma folha de frequência mínima, e $d_T(a) - d_T(x)$ é não negativa porque a é uma folha de profundidade máxima em T. De modo semelhante, permutar y e b não aumenta o custo e, assim, $B(T') - B(T'')$ é não negativa. Por consequência, $B(T'') \leq B(T') \leq B(T)$, e, visto que T é ótima, temos $B(T) \leq B(T'')$, o que implica $B(T'') = B(T)$. Assim, T'' é uma árvore ótima na qual x e y aparecem como folhas irmãs de profundidade máxima, da qual o lema decorre. ∎

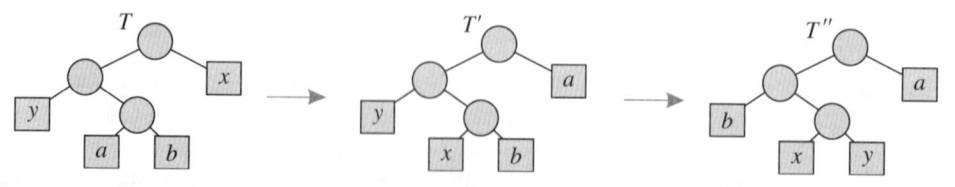

Figura 15.7 Ilustração da etapa fundamental na prova do Lema 15.2. Na árvore ótima T, as folhas a e b são duas irmãs de profundidade máxima. As folhas x e y são os dois caracteres que têm as frequências mais baixas. Eles aparecem em posições arbitrárias em T. Considerando que $x \neq b$, permutar as folhas a e x produz a árvore T', e permutar as folhas b e y produz a árvore T''. Visto que cada permuta não aumenta o custo, a árvore resultante T''é também uma árvore ótima.

O Lema 15.2 implica que o processo de construir uma árvore ótima por fusões pode, sem prejuízo da generalidade, começar com a escolha gulosa de fundir os dois caracteres de frequência mais baixa. Por que essa é uma escolha gulosa? Podemos ver o custo de uma fusão isolada como a soma das frequências dos dois itens que estão sendo fundidos. O Exercício 15.3-4 mostra que o custo total da árvore construída é igual à soma dos custos de suas fusões. De todas as fusões possíveis em cada etapa, HUFFMAN escolhe aquela que incorre no menor custo.

O próximo lema mostra que o problema de construir códigos de prefixo ótimos tem a propriedade de subestrutura ótima.

Lema 15.3 (Códigos de prefixo opcionais têm a propriedade de subestrutura ótima)

Seja C um dado alfabeto com frequência $c.freq$ definida para cada caractere $c \in C$. Sejam x e y dois caracteres em C com frequência mínima. Seja C' o alfabeto C do qual os caracteres x e y foram removidos e um novo caractere z foi acrescentado, de modo que $C' = (C - \{x, y\}) \cup \{z\}$. Defina $freq$ para todos os caracteres em C' com os mesmos valores que em C, juntamente com $z.freq = x.freq + y.freq$. Seja T' qualquer árvore que represente um código de prefixo ótimo para o alfabeto C'. Então a árvore T, obtida de T' pela substituição do nó folha com z por um nó interno que tem x e y como filhos, representa um código de prefixo ótimo para o alfabeto C.

Prova Primeiro, mostramos como expressar o custo $B(T)$ da árvore T em termos do custo $B(T')$ da árvore T', considerando os custos componentes na Equação (15.4). Para cada caractere $c \in C - \{x, y\}$, temos que $d_T(c) = d_{T'}(c)$ e, portanto, $c.freq \cdot d_T(c) = c.freq \cdot d_{T'}(c)$. Visto que $d_T(x) = d_T(y) = d_{T'}(z) + 1$, temos

$$
\begin{aligned}
x.freq \cdot d_T(x) + y.freq \cdot d_T(y) &= (x.freq + y.freq)(d_{T'}(z) + 1) \\
&= z.freq \cdot d_{T'}(z) + (x.freq + y.freq) \,,
\end{aligned}
$$

do qual concluímos que

$$
B(T) = B(T') + x.freq + y.freq
$$

ou, o que é equivalente,

$$
B(T') = B(T) - x.freq - y.freq \,.
$$

Agora, provamos o lema por contradição. Suponha que T não represente um código de prefixo ótimo para C. Então, existe uma árvore T'' tal que $B(T'') < B(T)$. Sem prejuízo da generalidade (pelo Lema 15.2), T'' tem x e y como irmãs. Seja T''' a árvore T'' na qual o pai comum de x e y seja substituído por uma folha z com frequência $z.freq = x.freq + y.freq$. Então,

$$
\begin{aligned}
B(T''') &= B(T'') - x.freq - y.freq \\
&< B(T) - x.freq - y.freq \\
&= B(T') \,,
\end{aligned}
$$

o que produz uma contradição para a suposição de que T' representa um código de prefixo ótimo para C'. Assim, T deve representar um código de prefixo ótimo para o alfabeto C.   ∎

Teorema 15.4

O procedimento HUFFMAN produz um código de prefixo ótimo.

Prova Imediata, pelos Lemas 15.2 e 15.3.   ∎

Exercícios

15.3-1
Explique por que, na prova do Lema 15.2, se $x.freq = b.freq$, devemos ter $a.freq = b.freq = x.freq = y.freq$.

15.3-2

Prove que uma árvore binária que não é estritamente binária não pode corresponder a um código de prefixo ótimo.

15.3-3

Qual é o código de Huffman ótimo para o conjunto de frequências a seguir, baseado nos oito primeiros números de Fibonacci?

a:1 b:1 c:2 d:3 e:5 f:8 g:13 h:21

Você pode generalizar sua resposta para determinar o código ótimo quando as frequências são os primeiros n números de Fibonacci?

15.3-4

Prove que o custo total $B(T)$ de uma árvore binária estritamente binária T para um código é igual à soma, por todos os nós internos, das frequências combinadas dos dois filhos do nó.

15.3-5

Dado um código de prefixo ótimo sobre um conjunto C de n caracteres, desejamos transmitir esse código usando o menor número de *bits* possível. Mostre como representar qualquer código de prefixo ótimo para C usando somente $2n - 1 + n \lceil \lg n \rceil$ *bits*. (Su*gestão*: use $2n - 1$ *bits* para especificar a estrutura da árvore, como constatada por um percurso da árvore.)

15.3-6

Generalize o algoritmo de Huffman para palavras de código ternárias (isto é, palavras de código que utilizam os símbolos 0, 1 e 2), e prove que ele produz códigos ternários ótimos.

15.3-7

Suponha que um arquivo de dados contenha uma sequência de caracteres de 8 *bits* tal que todos os 256 caracteres são, aproximadamente, igualmente comuns: a frequência máxima de caracteres é menor que duas vezes a frequência mínima de caracteres. Prove que a codificação de Huffman nesse caso não é mais eficiente que usar um código normal de comprimento fixo de 8 *bits*.

15.3-8

Mostre que nenhum esquema de compressão sem perdas (invertível) pode garantir que, para todo arquivo de entrada, o arquivo de saída correspondente é mais curto. (Su*gestão*: compare o número de arquivos possíveis com o número de arquivos codificados possíveis.)

15.4 *Caching off-line*

Sistemas de computação podem diminuir o tempo de acesso aos dados armazenando um subconjunto da memória principal na *cache*: uma memória pequena, porém mais rápida. Uma cache organiza os dados em **blocos de cache**, normalmente compreendendo 32, 64 ou 128 *bytes*. Em um sistema de memória virtual, você pode considerar a memória principal como uma cache para os dados residentes em disco, Aqui, os blocos são chamados de **páginas**, e 4096 *bytes* é um tamanho típico.

Quando executado, um programa de computador faz uma sequência de solicitações à memória. Digamos que haja n solicitações à memória, para blocos de dados b_1, b_2, ..., b_n, nessa ordem. Os blocos na sequência de acesso podem não ser distintos e, na verdade, qualquer bloco normalmente é acessado várias vezes. Por exemplo, um programa que acessa quatro blocos distintos p, q, r, s poderia fazer a sequência de solicitações aos blocos $s, q, s, q, q, s, p, p, r, s, s, q, p, r, q$. A cache pode manter até algum número fixo k de blocos de cache. Ela começa vazia, antes da primeira solicitação. Cada solicitação faz com que no máximo um bloco entre na cache e no máximo um bloco seja retirado da cache. Após uma solicitação pelo bloco b_i, qualquer um dos cenários a seguir poderá ocorrer:

1. O bloco b_i já está na cache, em virtude de uma solicitação anterior pelo mesmo bloco. A cache permanece inalterada. Essa situação é conhecida como **acerto de cache** (ou *cache hit*).

2. O bloco b_i não está na cache nesse momento, mas a cache contém menos de k blocos. Nesse caso, o bloco b_i é colocado na cache, de modo que ela contém um bloco a mais do que antes da solicitação.

3. O bloco b_i não está na cache nesse momento e a cache está cheia: ela contém k blocos. O bloco b_i é colocado na cache, mas antes que isso aconteça, algum outro bloco na cache deverá ser retirado de lá para liberar espaço.

As duas últimas situações, em que o bloco solicitado ainda não está na cache, são chamadas de **falha de cache** (ou *cache miss*). O objetivo é reduzir o número de falhas de cache ou, de modo equivalente, aumentar o número de acertos de cache, pela sequência inteira de n solicitações. Uma falha de cache que ocorre enquanto a cache mantém menos de k blocos — isto é, quando a cache está sendo preenchida inicialmente — é conhecida como **falha compulsória**, pois nenhuma decisão anterior poderia ter mantido o bloco solicitado na cache. Quando ocorre uma falha de cache e esta se encontra cheia, a escolha ideal de qual bloco retirar deverá permitir o menor número possível de falhas de cache para toda a sequência de solicitações futuras.

Normalmente, o *caching* é um problema *on-line*. Isto é, o computador precisa tomar decisões sobre quais dados manter na cache sem conhecer as solicitações futuras. Entretanto, aqui, consideramos a versão *off-line* desse problema, na qual o computador tem de antemão toda a sequência de n solicitações e o tamanho da cache k, com o objetivo de minimizar o número total de falhas de cache.

Podemos resolver esse problema *off-line* por uma estratégia gulosa denominada **futuro mais longínquo**, que escolhe excluir o item presente na cache cujo próximo acesso na sequência de solicitações ocorre no futuro mais longínquo. Intuitivamente, essa estratégia faz sentido: se algo não será necessário por um tempo, por que mantê-lo por perto? Veremos que a estratégia do futuro mais longínquo é de fato ótima, mostrando que o problema do *caching off-line* apresenta subestrutura ótima e que o futuro longínquo tem a propriedade de escolha gulosa.

Agora, você pode estar pensando que, como o computador geralmente não conhece a sequência de solicitações com antecedência, não faz sentido estudar o problema *off-line*. Na verdade, faz. Em algumas situações, você conhece a sequência de solicitações com antecedência. Por exemplo, se você visualizar a memória principal como a cache e o conjunto completo de dados como residindo em disco (ou em uma unidade SSD), existem algoritmos que planejam todo o conjunto de leituras e escritas com antecedência. Além disso, podemos usar o número de falhas de cache produzidas por um algoritmo ótimo como uma linha de base para comparar o desempenho dos algoritmos *on-line*. Faremos exatamente isso na Seção 27.3.

O *caching off-line* pode até mesmo modelar problemas do mundo real. Por exemplo, considere um cenário em que você conhece antecipadamente uma programação fixa de n eventos em locais conhecidos. Os eventos podem ocorrer em um local várias vezes, não necessariamente consecutivas. Você está dirigindo um grupo de k agentes, precisa garantir que tenha um agente em cada local quando ocorrer um evento e deseja minimizar o número de vezes que os agentes precisam se mover. Aqui, os agentes são como os blocos, os eventos são como as solicitações, e mover um agente é semelhante a uma falha de cache.

Subestrutura ótima do *caching off-line*

Para mostrarmos que o problema *off-line* apresenta subestrutura ótima, vamos definir o subproblema (C, i) como o processamento de solicitações de blocos $b_i, b_{i+1}, ..., b_n$, com configuração de cache C no momento em que ocorre a solicitação do bloco b_i, isto é, C é um subconjunto do conjunto de blocos tais que $|C| \leq k$. Uma solução para o subproblema (C, i) é uma sequência de decisões que especifica qual bloco remover (se houver) a cada solicitação dos blocos $b_i, b_{i+1}, ..., b_n$. Uma solução ótima para o subproblema (C, i) minimiza o número de falhas de cache.

Considere uma solução ótima S para o subproblema (C, i), sendo C' o conteúdo da cache após o processamento da solicitação do bloco b_i na solução S. Seja S' a solução parcial de S para o subproblema resultante $(C', i + 1)$. Se a solicitação de b_i resultar em um acerto de cache, então a cache permanecerá inalterada, de modo que $C' = C$. Se a solicitação do bloco b_i resultar em uma falha de cache, então o conteúdo da cache mudará, de modo que $C' \neq C$. Afirmamos que nos dois casos S' é uma solução ótima para o subproblema $(C', i + 1)$. Por quê? Se S' não for uma solução ótima para o subproblema $(C', i + 1)$, então haverá outra solução S'' para o subproblema $(C', i + 1)$ que causa menos falhas de cache do que S'. Se combinarmos S'' com a decisão de S na solicitação do bloco b_i, haverá outra solução que resulta em menos falhas de cache do que S, o que contradiz a suposição de que S é uma solução ótima para o subproblema (C, i).

Para quantificarmos uma solução recursiva, precisamos de mais alguma notação. Seja $R_{C,i}$ o conjunto de todas as configurações de cache que podem seguir imediatamente a configuração C após o processamento de uma solicitação do bloco b_i. Se a solicitação resultar em um acerto de cache, então a cache permanece inalterada, de modo que $R_{C,i} = \{C\}$. Se a solicitação de b_i resultar em uma falha de cache, então haverá duas possibilidades. Se a cache não estiver cheia ($|C| < k$), então ela está se enchendo e a única escolha é inserir b_i na cache, de modo que $R_{C,i} = \{C \cup \{b_i\}\}$. Se a cache estiver cheia ($|C| = k$) em uma falha de cache, então $R_{C,i}$ contém k configurações em potencial: uma para cada bloco candidato em C que pudesse ser removido e substituído pelo bloco b_i. Nesse caso, $R_{C,i} = \{(C - \{x\}) \cup \{b_i\} : x \in C\}$. Por exemplo, se $C = \{p, q, r\}$, $k = 3$ e o bloco s é solicitado, então $R_{C,i} = \{\{p, q, s\}, \{p, r, s\}, \{q, r, s\}\}$.

Considere que $falha(C, i)$ indique o número mínimo de ausências da cache em uma solução para o subproblema (C, i). Aqui está uma recorrência para $falha(C, i)$:

$$falha(C, i) = \begin{cases} 0 & \text{se } i = n \text{ e } b_n \in C, \\ 1 & \text{se } i = n \text{ e } b_n \notin C, \\ falha(C, i + 1) & \text{se } i < n \text{ e } b_i \in C, \\ 1 + \min\{falha(C', i + 1) : C' \in R_{C,i}\} & \text{se } i < n \text{ e } b_i \notin C. \end{cases}$$

Propriedade de escolha gulosa

Para provar que a estratégia do futuro longínquo produz uma solução ótima, precisamos mostrar que o *caching off-line* apresenta a propriedade de escolha gulosa. Combinada com a propriedade de subestrutura ótima, a propriedade de escolha gulosa provará que o futuro longínquo produz o menor número possível de falhas de cache.

Teorema 15.5 (O caching off-line ótimo tem a propriedade de escolha gulosa)

Considere um subproblema (C, i) quando a cache C contém k blocos, de modo que está cheia, e ocorre uma falha de cache. Quando o bloco b_i é solicitado, seja $z = b_m$ o bloco em C cujo próximo acesso está mais distante no futuro. (Se algum bloco na cache nunca mais for referenciado, então considere que tal bloco seja o bloco z, e acrescente uma solicitação fictícia para o bloco $z = b_m = b_{n+1}$.) Então, a saída do bloco z quando houver uma solicitação do bloco b_i está incluída em alguma solução ótima para o subproblema (C, i).

Prova Seja S uma solução ótima para o subproblema (C, i). Se S expulsar o bloco z quando o bloco b_i for solicitado, então encerramos, pois mostramos que alguma solução ótima inclui a remoção de z.

Agora, suponha que a solução ótima S expulse algum outro bloco x quando o bloco b_i for solicitado. Vamos construir outra solução S' para o subproblema (C, i) que, quando b_i for solicitado, expulse o bloco z em vez de x e não induza mais falhas de cache do que é feito por S, de modo que S' também é ótima. Visto que diferentes soluções podem resultar em diferentes configurações de cache, indicamos por $C_{S,j}$ a configuração da cache sob a solução S imediatamente antes da solicitação por algum bloco b_j, e da mesma forma para a solução S' e $C_{S',j}$. Vamos mostrar como construir S' com as propriedades a seguir:

1. Para $j = i + 1, ..., m$, seja $D_j = C_{S,j} \cap C_{S',j}$. Então, $|D_j| \geq k - 1$, de modo que as configurações de cache $C_{S,j}$ e $C_{S',j}$ diferem em, no máximo, um bloco. Se diferirem, então $C_{S,j} = D_j \cup \{z\}$ e $C_{S',j} = D_j \cup \{y\}$ para algum bloco $y \neq z$.
2. Para cada solicitação de blocos $b_i, ..., b_{m-1}$, se a solução S tem um acerto de cache, então a solução S' também tem um acerto de cache.
3. Para todo $j > m$, as configurações de cache $C_{S,j}$ e $C_{S',j}$ são idênticas.
4. Pela sequência de solicitações de blocos $b_i, ..., b_m$, o número de falhas de cache produzidas pela solução S' é, no máximo, o número de falhas de cache produzidas pela solução S.

Indutivamente, provaremos que essas propriedades são válidas para cada solicitação.

1. Prosseguimos por indução em j, para $j = i + 1, ..., m$. Para o caso-base, as caches iniciais $C_{S,i}$ e $C_{S',i}$ são idênticas. Na solicitação do bloco b_i, a solução S expulsa x e a solução S' expulsa z. Assim, as configurações de cache $C_{S,i+1}$ e $C_{S',i+1}$ diferem em apenas um bloco, $C_{S,i+1} = D_{i+1} \cup \{z\}$, $C_{S',i+1} = D_{i+1} \cup \{x\}$ e $x \neq z$.

A etapa indutiva define como a solução S' se comporta em uma solicitação do bloco b_j, para $i + 1 \leq j \leq m - 1$. A hipótese indutiva é que a propriedade 1 é mantida quando b_j é solicitado. Como $z = b_m$ é o bloco em $C_{S,i}$ cuja próxima referência está mais distante no futuro, sabemos que $b_j \neq z$. Vamos considerar vários cenários:

- Se $C_{S,j} = C_{S',j}$ (de modo que $|D_j| = k$), então a solução S' toma a mesma decisão feita por S quando b_j é solicitado, de modo que $C_{S,j+1} = C_{S',j+1}$.

- Se $|D_j| = k - 1$ e $b_j \in D_j$, então as duas caches já contêm o bloco b_j, e as soluções S e S' possuem acertos de cache. Portanto, $C_{S,j+1} = C_{S,j}$, e $C_{S',j+1} = C_{S',j}$.

- Se $|D_j| = k - 1$ e $b_j \notin D_j$, então, visto que $C_{S,j} = D_j \cup \{z\}$ e $b_j \neq z$, a solução S tem uma falha de cache. Ela expulsa ou o bloco z ou algum bloco $w \in D_j$.

  ○ Se a solução S expulsa o bloco z, então $C_{S,j+1} = D_j \cup \{b_j\}$. Existem dois casos, dependendo de se $b_j = y$:

    ■ Se $b_j = y$, então a solução S' tem um acerto de cache, de modo que $C_{S',j+1} = C_{S',j} = D_j \cup \{b_j\}$. Portanto, $C_{S,j+1} = C_{S',j+1}$.

    ■ Se $b_j \neq y$, então a solução S' tem uma falha de cache. Ela expulsa o bloco y, de modo que $C_{S',j+1} = D_j \cup \{b_j\}$, e novamente $C_{S,j+1} = C_{S',j+1}$.

  ○ Se a solução S expulsa algum bloco $w \in D_j$, então $C_{S,j+1} = (D_j - \{w\}) \cup \{b_j, z\}$. Mais uma vez, existem dois casos, dependendo de se $b_j = y$:

    ■ Se $b_j = y$, então a solução S' tem um acerto de cache, de modo que $C_{S',j+1} = C_{S',j} = D_j \cup \{b_j\}$. Visto que $w \in D_j$ e w não foi expulso pela solução S', temos $w \in C_{S',j+1}$. Portanto, $w \notin D_{j+1}$ e $b_j \in D_{j+1}$, de modo que $D_{j+1} = (D_j - \{w\}) \cup \{b_j\}$. Assim, $C_{S,j+1} = D_{j+1} \cup \{z\}$, $C_{S',j+1} = D_{j+1} \cup \{w\}$ e, visto que $w \neq z$, a propriedade 1 é válida quando o bloco b_{j+1} é solicitado. (Em outras palavras, o bloco w substitui o bloco y na propriedade 1.)

    ■ Se $b_j \neq y$, então a solução S' tem uma falha de cache. Ela expulsa o bloco w, de modo que $C_{S',j+1} = (D_j - \{w\}) \cup \{b_j, y\}$. Portanto, temos que $D_{j+1} = (D_j - \{w\}) \cup \{b_j\}$ e, assim, $C_{S,j+1} = D_{j+1} \cup \{z\}$ e $C_{S',j+1} = D_{j+1} \cup \{y\}$.

2. Nesta discussão sobre a manutenção da propriedade 1, a solução S tem uma falha de cache apenas nos dois primeiros casos, e a solução S' tem um acerto de cache nesses casos se, e somente se, S a tiver.

3. Se $C_{S,m} = C_{S',m}$, então a solução S' toma a mesma decisão de S na solicitação do bloco $z = b_m$, de modo que $C_{S,m+1} = C_{S',m+1}$. Se $C_{S,m} \neq C_{S',m}$, então, pela propriedade 1, $C_{S,m} = D_m \cup \{z\}$ e $C_{S',m} = D_m \cup \{y\}$, em que $y \neq z$. Nesse caso, a solução S tem um acerto de cache, de modo que $C_{S,m+1} = C_{S,m} = D_m \cup \{z\}$. A solução S' expulsa o bloco y e recebe o bloco z, de modo que $C_{S',m+1} = D_m \cup \{z\} = C_{S,m+1}$. Portanto, não importando se $C_{S,m} = C_{S',m}$ ou não, temos $C_{S,m+1} = C_{S',m+1}$, e começando com a solicitação do bloco b_{m+1}, a solução S' simplesmente toma a mesma decisão de S.

4. Pela propriedade 2, nas solicitações dos blocos $b_i, ..., b_{m-1}$, sempre que a solução S tiver um acerto de cache, o mesmo ocorre com S'. Somente a solicitação do bloco $b_m = z$ precisa ser considerada. Se S tem uma falha de cache na solicitação de b_m, então, não importando se S' tem um acerto ou uma falha de cache, terminamos: S' tem, no máximo, o mesmo número de falhas de cache que S.

   Assim, suponha agora que S tenha um acerto de cache e S' tenha uma falha de cache na solicitação de b_m. Vamos demonstrar que existe solicitação de pelo menos um dos blocos $b_{i+1}, ..., b_{m-1}$ em que a solicitação resulta em uma falha de cache para S e um acerto de cache para S', compensando, assim, o que acontece na solicitação do bloco b_m. A prova é feita por contradição. Suponha que nenhuma solicitação dos blocos $b_{i+1}, ..., b_{m-1}$ resulte em uma falha de cache para S e um acerto de cache para S'.

   Começamos observando que, quando as caches $C_{S,j}$ e $C_{S',j}$ são iguais para algum $j > i$, elas permanecem iguais depois disso. Observe também que, se $b_m \in C_{S,m}$ e $b_m \notin C_{S',m}$, então $C_{S,m} \neq C_{S',m}$. Portanto, a solução S não pode ter expulsado o bloco z durante as solicitações dos blocos $b_i, ..., b_{m-1}$, porque, se o tivesse feito, então essas duas configurações de cache seriam iguais. A possibilidade restante é que, em cada uma dessas solicitações, tivéssemos $C_{S,j} = D_j \cup \{z\}$, $C_{S',j} = D_j \cup \{y\}$ para algum bloco $y \neq z$, e a solução S tivesse expulsado algum bloco $w \in D_j$. Além disso, como nenhuma dessas solicitações resultou em uma falha de cache para S e um acerto de cache para S', o caso de $b_j = y$ nunca ocorreu. Isto é, para cada solicitação dos blocos $b_{i+1}, ..., b_{m-1}$, o bloco solicitado b_j nunca foi o bloco $y \in C_{S',j} - C_{S,j}$. Nesses casos, após o processamento da solicitação, tínhamos $C_{S',j+1} = D_{j+1} \cup \{y\}$: a diferença entre as duas caches não mudou. Agora, vamos retornar à solicitação do bloco b_i, em que, depois disso, tínhamos $C_{S',i+1} = D_{i+1} \cup \{x\}$. Visto que cada solicitação bem-sucedida até a solicitação do bloco b_m não mudou a diferença entre as caches, tínhamos $C_{S',j} = D_j \cup \{x\}$ para $j = i + 1, ..., m$.

Por definição, o bloco $z = b_m$ é solicitado após o bloco x. Isso significa que pelo menos um dos blocos $b_{i+1}, ..., b_{m-1}$ é o bloco x. Porém, para $j = i + 1, ..., m$, temos $x \in C_{S',j}$ e $x \notin C_{S,j}$, de modo que pelo menos uma dessas solicitações teve um acerto de cache para S' e uma falha de cache para S, uma contradição. Concluímos que, se a solução S tem um acerto de cache e a solução S' tem uma falha de cache durante a solicitação para o bloco b_m, então alguma solicitação anterior teve o resultado oposto, e, portanto, a solução S' não produz mais falhas de cache do que a solução S. Como S é considerada ótima, S' é igualmente ótima.   ∎

Com a propriedade da subestrutura ótima, o Teorema 15.5 nos diz que a estratégia do futuro longínquo produz o menor número de falhas de cache.

Exercícios

15.4-1

Escreva o pseudocódigo para um gerenciador de cache que usa a estratégia do futuro longínquo. Ele deverá tomar como entrada um conjunto C de blocos na cache, o número k de blocos que a cache pode conter, uma sequência $b_1, b_2, ..., b_n$ de blocos solicitados e o índice i na sequência do bloco b_i que está sendo solicitado. Para cada solicitação, ele deverá imprimir se ocorre um acerto ou falha de cache e, para cada falha, também deverá imprimir qual bloco, se houver, é expulso.

15.4-2

Os gerenciadores de cache reais não conhecem as solicitações futuras e, portanto, costumam usar o passado para decidir qual bloco expulsar. A estratégia de **usado menos recentemente** (**LRU**, do inglês *least recently used*), expulsa o bloco que, de todos os blocos atualmente na cache, foi solicitado menos recentemente. (Você pode pensar em LRU como o "passado mais longínquo".) Forneça um exemplo de sequência de solicitações na qual a estratégia LRU não é ótima, mostrando que ela induz mais falhas de cache do que a estratégia do futuro longínquo faz com a mesma sequência de solicitações.

15.4-3

O professor Croesus sugere que, na prova do Teorema 15.5, a última cláusula na propriedade 1 poderia ser alterada para $C_{S',j} = D_j \cup \{x\}$ ou, de modo equivalente, exigir que o bloco y, dado na propriedade 1, seja sempre o bloco x expulso pela solução S com a solicitação do bloco b_i. Mostre o ponto em que a prova seria refutada se houvesse essa exigência.

15.4-4

Esta seção considerou que, no máximo, um bloco é colocado na cache sempre que um bloco é solicitado. No entanto, você poderia imaginar uma estratégia em que vários blocos podem entrar para a cache com uma única solicitação. Mostre que, para cada solução que permita que vários blocos entrem na cache a cada solicitação, existe outra solução que recebe apenas um bloco a cada solicitação e que é pelo menos tão boa quanto ela.

Problemas

15-1   *Troco em moedas*

Considere o problema de dar troco para n centavos usando o menor número de moedas. Suponha que o valor de cada moeda seja um inteiro.

a. Descreva um algoritmo guloso para dar um troco utilizando moedas de 25 centavos, 10 centavos, 5 centavos e 1 centavo. Prove que seu algoritmo produz uma solução ótima.

b. Suponha que as moedas disponíveis estejam nas denominações que são potências de c, isto é, as denominações são $c^0, c^1, \ldots, c^k$ para alguns inteiros $c > 1$ e $k \geq 1$. Mostre que o algoritmo guloso sempre produz uma solução ótima.

c. Dê um conjunto de denominações de moedas para o qual o algoritmo guloso não produz uma solução ótima. Seu conjunto deve incluir 1 centavo, de modo que exista uma solução para todo valor de n.

d. Dê um algoritmo de tempo $O(nk)$ que dê o troco para qualquer conjunto de k denominações diferentes de moeda, considerando que uma das moedas é 1 centavo.

15-2   *Programação para minimizar o tempo médio de conclusão*

Suponha que você tenha um conjunto $S = \{a_1, a_2, \ldots, a_n\}$ de tarefas, no qual a tarefa a_i requeira p_i unidades de tempo de processamento para ser concluída, desde que seja iniciada. Você tem um computador no qual executar essas tarefas, e o computador só pode executar uma tarefa por vez. Seja c_i o ***tempo de conclusão*** da tarefa a_i, isto é, o tempo no qual o processamento da tarefa a_i é concluído. Sua meta é minimizar o tempo médio de conclusão, ou seja, minimizar $(1/n) \sum_{i=1}^{n} C_i$. Por exemplo, suponha que haja duas tarefas, a_1 e a_2, com $p_1 = 3$ e $p_2 = 5$, e considere a programação na qual a_2 é executada primeiro, seguida por a_1. Então, $C_2 = 5$, $C_1 = 8$, e o tempo médio de conclusão é $(5 + 8)/2 = 6,5$. Todavia, se a tarefa a_1 for executada primeiro, $C_1 = 3$, $C_2 = 8$, e o tempo médio de conclusão é $(3 + 8)/2 = 5,5$.

a. Forneça um algoritmo que programe as tarefas de modo a minimizar o tempo médio de conclusão. Cada tarefa deve ser executada de modo não preemptivo, isto é, uma vez iniciada a tarefa a_i, ela deve ser executada continuamente durante p_i unidades de tempo. Prove que seu algoritmo minimiza o tempo médio de conclusão e informe o tempo de execução do seu algoritmo.

b. Suponha agora que as tarefas não estejam todas disponíveis ao mesmo tempo. Isto é, nenhuma tarefa pode começar antes de seu ***tempo de liberação*** b_i. Suponha também que permitimos a ***preempção***, de modo que uma tarefa pode ser suspensa e reiniciada mais tarde. Por exemplo, uma tarefa a_i com tempo de processamento $p_i = 6$ e tempo de liberação $b_i = 1$ poderia iniciar sua execução no tempo 1 e ser suspensa no tempo 4. Então, ela poderia recomeçar no tempo 10, mas ser suspensa no tempo 11 e, por fim, recomeçar no tempo 13 e concluir no tempo 15. A tarefa a_i é executada durante um total de seis unidades de tempo, mas seu tempo de execução foi dividido em três partes. Forneça um algoritmo que programe as tarefas de modo a minimizar o tempo médio de conclusão nesse novo cenário. Prove que seu algoritmo minimiza o tempo médio de conclusão e analise o seu tempo de execução.

Notas do capítulo

Uma quantidade muito maior de material sobre algoritmos gulosos pode ser encontrada em Lawler [276] e em Papadimitriou e Steiglitz [353]. O algoritmo guloso apareceu pela primeira vez na literatura de otimização combinatória em um artigo de 1971 escrito por Edmonds [131].

Nossa prova da corretude do algoritmo guloso para o problema de seleção de atividades se baseia na de Gavril [179].

Os códigos de Huffman foram criados em 1952 [233]; Lelewer e Hirschberg [294] pesquisaram técnicas de compressão de dados conhecidas desde 1987.

A estratégia do futuro longínquo foi proposta por Belady [41], que a sugeriu para sistemas de memória virtual. As provas alternativas de que o futuro longínquo é ótimo aparecem em artigos de Lee *et al.* [284] e Van Roy [443].

16 Análise Amortizada

Imagine que você se matricule em uma academia. A academia cobra uma mensalidade de R$ 60, mais R$ 3 por cada vez que você usar a academia. Por ser disciplinado, você visita a academia todos os dias durante o mês de novembro. Além da cobrança mensal de R$ 60 para novembro, você paga outros $R\$ 3 \times 30 = R\$ 90$ naquele mês. Embora você possa pensar em suas taxas como uma taxa fixa de R$ 60 e outros R$ 90 em taxas diárias, pode pensar nisso de outra maneira. Ao todo, você paga R$ 150 em 30 dias, ou uma média de R$ 5 por dia. Quando você analisa suas taxas dessa maneira, está ***amortizando*** a taxa mensal ao longo dos 30 dias do mês, distribuindo-a em R$ 5 por dia.

Você pode fazer a mesma coisa quando analisar os tempos de execução. Em uma ***análise amortizada***, calculamos a média do tempo necessário para executar uma sequência de operações de estruturas de dados em todas as operações executadas. Com a análise amortizada, podemos mostrar que o custo médio de uma operação é pequeno, se calculada a média de uma sequência de operações, ainda que uma única operação dentro da sequência possa ser custosa. A análise amortizada é diferente da análise do caso médio porque não envolve probabilidade. Uma análise amortizada garante o *desempenho médio de cada operação no pior caso*.

As três primeiras seções deste capítulo abordam as três técnicas mais comuns usadas para análise amortizada. A Seção 16.1 começa com a análise agregada, na qual determinamos um limite superior $T(n)$ para o custo total de uma sequência de n operações. Depois, o custo amortizado por operação é $T(n)/n$. Adotamos o custo médio como o custo amortizado de cada operação, de modo que todas as operações tenham o mesmo custo amortizado.

A Seção 16.2 focaliza o método de contabilidade, no qual determinamos um custo amortizado de cada operação. Quando há mais de um tipo de operação, cada tipo de operação pode ter um custo amortizado diferente. O método de contabilidade cobra a mais por algumas operações no início da sequência e armazena essa quantia a mais como "crédito pré-pago" para objetos específicos na estrutura de dados. Mais adiante na sequência, o crédito paga operações que foram cobradas a menor que seu custo real.

A Seção 16.3 discute o método do potencial, que é semelhante ao método de contabilidade no sentido de que determinamos o custo amortizado de cada operação e podemos cobrar a mais por operações no início para mais tarde compensar cobranças a menor. O método do potencial mantém o crédito como a "energia potencial" da estrutura de dados como um todo, em vez de associar o crédito a objetos individuais dentro da estrutura de dados.

Usaremos dois exemplos para examinar esses três métodos. Um é uma pilha com a operação adicional MULTIPOP, que retira de uma pilha vários objetos de uma vez. O outro é um contador binário que conta a partir de 0 por meio da operação isolada INCREMENTA.

Ao ler este capítulo, tenha em mente que as cobranças atribuídas durante uma análise amortizada servem apenas para a análise. Elas não precisam — e não devem — aparecer no código. Se, por exemplo, atribuirmos um crédito a um objeto x quando usamos o método de contabilidade, não precisamos atribuir um valor adequado a algum atributo no código, tal como $x.crédito$.

Muitas vezes, a análise amortizada nos dá uma certa percepção de determinada estrutura de dados, e essa percepção pode nos ajudar a otimizar o projeto. Na Seção 16.4, por exemplo, usaremos o método do potencial para analisar uma tabela que se expande e se contrai dinamicamente.

16.1   Análise agregada

Na *análise agregada*, mostramos que, para todo n, uma sequência de n operações demora o tempo do *pior caso* $T(n)$ no total. Portanto, no pior caso, o custo médio, ou *custo amortizado*, por operação é $T(n)/n$. Observe que esse custo amortizado se aplica a cada operação, mesmo quando há vários tipos de operações na sequência. Os outros dois métodos que estudaremos neste capítulo, o método de contabilidade e o método do potencial, podem atribuir custos amortizados diferentes a tipos de operações diferentes.

Operações de pilha

Em nosso primeiro exemplo de análise agregada, analisamos pilhas que foram expandidas com uma nova operação. A Seção 10.1.3 apresentou as duas operações fundamentais de pilha, cada uma das quais demora o tempo $O(1)$:

Push(S, x) insere o objeto x na pilha S.

Pop(S) retira o topo da pilha S e retorna o objeto retirado da pilha. Chamar Pop em uma pilha vazia gera erro.

Visto que cada uma dessas operações é executada no tempo $O(1)$, vamos considerar o custo de cada uma igual a 1. Então, o custo total de uma sequência de n operações Push e Pop é n e, por conseguinte, o tempo de execução real para n operações é $\Theta(n)$.

Agora, acrescentamos a operação de pilha Multipop(S, k) que remove os k objetos no topo da pilha S ou a pilha inteira se ela contiver menos de k objetos. Naturalmente, o procedimento considera que k é positivo; senão, a operação Multipop deixaria a pilha como está. No pseudocódigo para Multipop, a operação Pilha-Vazia retorna Verdade se não há nenhum objeto na pilha no momento considerado, caso contrário retorna Falso. A Figura 16.1 mostra um exemplo de Multipop.

Multipop(S, k)
1   **while** não Pilha-Vazia(S) e $k > 0$
2   Pop(S)
3       $k = k - 1$

Qual é o tempo de execução de Multipop(S, k) em uma pilha de s objetos? O tempo de execução real é linear com relação ao número de operações Pop realmente executadas e, assim, podemos analisar Multipop considerando o custo abstrato de 1 para cada uma das operações Push e Pop. O número de iterações do laço **while** é o número min$\{s, k\}$ de objetos retirados da pilha. Cada iteração do laço faz uma chamada a Pop na linha 2. Assim, o custo total de Multipop é min$\{s, k\}$, e o tempo de execução real é uma função linear desse custo.

Vamos agora analisar uma sequência de n operações Push, Pop e Multipop em uma pilha inicialmente vazia. O custo do pior caso de uma operação Multipop na sequência é $O(n)$, já que o tamanho da pilha é no máximo n. Portanto, o tempo do pior caso de qualquer operação de pilha é $O(n)$ e, consequentemente, uma sequência de n operações custa $O(n^2)$, visto que podemos ter $O(n)$ operações Multipop custando $O(n)$ cada uma. Embora essa análise esteja correta, o resultado $O(n^2)$ que obtivemos considerando o custo do pior caso de cada operação individual não é exato.

Figura 16.1 Ação de Multipop em uma pilha S, mostrada inicialmente em (**a**). Os quatro objetos no topo são retirados por Multipop $(S, 4)$, e o resultado é mostrado em (**b**). A próxima operação é Multipop$(S, 7)$, que esvazia a pilha — mostrada em (**c**) —, já que restam menos de sete objetos.

De fato, embora uma única operação Multipop possa ser custosa, uma análise agregada mostra que qualquer sequência de n operações Push, Pop e Multipop em uma pilha inicialmente vazia custará no máximo $O(n)$. Por quê? Um objeto não pode ser retirado da pilha a menos que primeiro tenha sido inserido lá. Portanto, o número de vezes que Pop pode ser chamada em uma pilha não vazia, incluídas as chamadas dentro de Multipop, é no máximo o número de operações Push, que é no máximo n. Para qualquer valor de n, qualquer sequência de n operações Push, Pop e Multipop demora o tempo total $O(n)$. O custo médio sobre as n operações gera um custo médio de $O(n)/n = O(1)$ por operação. Na análise agregada, o custo amortizado atribuído a cada operação é o custo médio. Portanto, nesse exemplo, todas as três operações de pilha têm um custo amortizado de $O(1)$.

Recapitulando, embora tenhamos acabado de mostrar que o custo médio, e consequentemente o tempo de execução, de uma operação de pilha é $O(1)$, essa análise não contou com o raciocínio probabilístico. Na realidade, a análise mostrou um limite de *pior caso* $O(n)$ sobre uma sequência de n operações. Dividindo esse custo total por n, notamos que o custo médio por operação — isto é, o custo amortizado — é $O(1)$.

Incremento de um contador binário

Como outro exemplo de análise agregada, considere o problema de implementar um contador binário de k *bits* que efetua contagem crescente a partir de 0. Usamos como contador um vetor $A[0 : k-1]$ de *bits*. Um número binário x armazenado no contador tem seu *bit* de ordem mais baixa em $A[0]$ e seu *bit* de ordem mais alta em $A[k-1]$, de modo que $x = \sum_{i=0}^{k-1} A[i] \cdot 2^i$. Inicialmente, $x = 0$ e, assim, $A[i] = 0$ para $i = 0, 1, ..., k-1$. Para somarmos 1 (módulo 2^k) ao valor do contador, chamamos o procedimento Incrementa.

```
INCREMENTA(A, k)
1   i = 0
2   while i < k e A[i] == 1
3       A[i] = 0
4       i = i + 1
5   if i < k
6       A[i] = 1
```

A Figura 16.2 mostra o que acontece a um contador binário quando o incrementamos 16 vezes, começando com o valor inicial 0 e terminando com o valor 16. No início de cada iteração do laço **while** nas linhas 2–4, desejamos adicionar um 1 na posição i. Se $A[i] = 1$, então a adição de 1 inverte o *bit* para 0 na posição i e produz vai-um de 1, que será somado na posição $i + 1$ na próxima iteração do laço. Caso contrário, o laço termina e, então, se $i < k$, sabemos que $A[i] = 0$, de modo que a linha 6 soma 1 na posição i, invertendo o *bit* de 0 para 1.

Valor do contador	$A[7]$	$A[6]$	$A[5]$	$A[4]$	$A[3]$	$A[2]$	$A[1]$	$A[0]$	Custo total
0	0	0	0	0	0	0	0	0	0
1	0	0	0	0	0	0	0	1	1
2	0	0	0	0	0	0	1	0	3
3	0	0	0	0	0	0	1	1	4
4	0	0	0	0	0	1	0	0	7
5	0	0	0	0	0	1	0	1	8
6	0	0	0	0	0	1	1	0	10
7	0	0	0	0	0	1	1	1	11
8	0	0	0	0	1	0	0	0	15
9	0	0	0	0	1	0	0	0	16
10	0	0	0	0	1	0	1	0	18
11	0	0	0	0	1	0	1	0	19
12	0	0	0	0	1	1	0	0	22
13	0	0	0	0	1	1	0	0	23
14	0	0	0	0	1	1	1	0	25
15	0	0	0	0	1	1	1	1	26
16	0	0	0	0	0	0	0	0	31

Figura 16.2 Contador binário de 8 *bits* à medida que seu valor vai de 0 a 16 por uma sequência de 16 operações Incrementa. Os *bits* que são invertidos para chegar ao próximo valor estão sombreados em *cinza-escuro*. O custo de execução para a inversão de *bits* é mostrado à direita. Observe que o custo total é sempre menor que duas vezes o número total de operações Incrementa.

Se o laço termina com $i = k$, então a chamada de INCREMENTA inverteu todos os k *bits* de 1 para 0. O custo de cada operação INCREMENTA é linear com relação ao número de *bits* invertidos.

Como ocorre no exemplo da pilha, uma análise superficial produz um limite correto, mas não preciso. Uma única execução de INCREMENTA demora o tempo $\Theta(k)$ no pior caso, no qual no qual todos os *bits* do vetor A são 1. Portanto, uma sequência de n operações INCREMENTA em um contador inicialmente igual a zero demora o tempo $O(nk)$ no pior caso.

Embora uma única chamada de INCREMENTA pudesse inverter todos os k *bits*, nem todos os *bits* são invertidos a cada chamada. (Observe a semelhança com MULTIPOP, em que uma única chamada poderia retirar muitos objetos, mas nem toda chamada retira muitos objetos.) Como mostra a Figura 16.2, $A[0]$ é invertido toda vez que INCREMENTA é chamada. O *bit* de ordem mais alta seguinte, $A[1]$, só é invertido em vezes alternadas: uma sequência de n operações INCREMENTA em um contador inicialmente zero faz $A[1]$ inverter $\lfloor n/2 \rfloor$ vezes. De modo semelhante, o *bit* $A[2]$ é invertido somente de quatro em quatro vezes ou $\lfloor n/4 \rfloor$ vezes em uma sequência de n operações INCREMENTA. Em geral, para $i = 0, 1, \dots, k-1$, o *bit* $A[i]$ é invertido $\lfloor n/2^i \rfloor$ vezes em uma sequência de n operações INCREMENTA em um contador que inicialmente é zero. Para $i \geq k$, o *bit* $A[i]$ não existe, portanto não pode ser invertido. Assim, o número total de inversões na sequência é

$$\sum_{i=0}^{k-1} \left\lfloor \frac{n}{2^i} \right\rfloor < n \sum_{i=0}^{\infty} \frac{1}{2^i}$$
$$= 2n \, ,$$

pela Equação (A.7), no Apêndice A. Logo, o tempo do pior caso para uma sequência de n operações INCREMENTA em um contador inicialmente igual a zero é $O(n)$. O custo médio de cada operação e, portanto, o custo amortizado por operação, é $O(n)/n = O(1)$.

Exercícios

16.1-1
Se o conjunto de operações de pilha incluísse uma operação MULTIPUSH, que introduz k itens na pilha, o limite $O(1)$ para o custo amortizado de operações de pilha continuaria válido?

16.1-2
Mostre que, se uma operação DECREMENTA fosse incluída no exemplo do contador de k *bits*, n operações poderiam custar até o tempo $\Theta(nk)$.

16.1-3
Use a análise agregada para determinar o custo amortizado por operação para uma sequência de n operações em uma estrutura de dados na qual a i-ésima operação custa i, se i é uma potência exata de 2, e 1 em caso contrário.

16.2   Método da contabilidade

No *método da contabilidade* de análise amortizada, atribuímos cobranças diferentes a operações diferentes, sendo que algumas operações são cobradas a mais ou a menos do que realmente custam. Denominamos *custo amortizado* o valor que cobramos por uma operação. Quando o custo amortizado de uma operação excede seu custo real, atribuímos a diferença a objetos específicos na estrutura de dados como *crédito*. O crédito pode ajudar a pagar operações posteriores cujo custo amortizado é menor que seu custo real. Assim, podemos considerar o custo amortizado de uma operação como repartido entre seu custo real e o crédito que é depositado ou consumido. Diferentes operações podem ter diferentes custos amortizados. Esse método é diferente da análise agregada, na qual todas as operações têm o mesmo custo amortizado.

Devemos escolher os custos amortizados de operações cuidadosamente. Se quisermos mostrar que, no pior caso, o custo médio por operação é pequeno por análise com custos amortizados, temos de assegurar que o custo amortizado total de uma sequência de operações assegura um limite superior para o custo real total da sequência.

Além disso, como ocorre na análise agregada, o limite superior deve se aplicar a todas as sequências de operações. Vamos indicar o custo real da i-ésima operação por c_i e o custo amortizado da i-ésima operação por $\widehat{c}_i$. Então, precisamos ter

$$\sum_{i=1}^{n} \widehat{c}_i \geq \sum_{i=1}^{n} c_i \tag{16.1}$$

para todas as sequências de n operações. O crédito total armazenado na estrutura de dados é a diferença entre o custo amortizado total e o custo real total, ou $\sum_{i=1}^{n} \widehat{c}_i - \sum_{i=1}^{n} c_i$. Pela inequação (16.1), o crédito total associado à estrutura de dados deve ser não negativo em todos os momentos. Se alguma vez permitíssemos que o crédito total se tornasse negativo (o resultado de cobrar a menos por operações anteriores com a promessa de reembolsar a quantia mais tarde), então os custos amortizados totais incorridos naquele momento estariam abaixo dos custos reais totais incorridos. Nesse caso, para a sequência de operações até aquele mesmo momento, o custo amortizado total não seria um limite superior para custo real total. Assim, devemos cuidar para que o crédito total na estrutura de dados nunca se torne negativo.

Operações de pilha

Para ilustrar o método de contabilidade de análise amortizada, vamos voltar ao exemplo da pilha. Lembre-se de que os custos reais das operações eram

Push   1,
Pop   1,
Multipop $\min\{s, k\}$,

em que k é o argumento fornecido a Multipop e s é o tamanho da pilha quando ela é chamada. Vamos atribuir os seguintes custos amortizados:

Push   2,
Pop   0,
Multipop   0.

Observe que o custo amortizado de Multipop é uma constante (0), enquanto o custo real é variável, e assim, todos os três custos amortizados são constantes. Em geral, os custos amortizados das operações sob consideração podem ser diferentes um do outro, e até mesmo assintoticamente diferentes.

Agora, mostraremos que é possível pagar qualquer sequência de operações de pilha debitando dos custos amortizados. Suponha que usamos uma moeda de 1 real para representar cada unidade de custo. Começamos com uma pilha vazia. Lembre-se da analogia da Seção 10.1.3 entre a estrutura de dados de pilha e uma pilha de pratos em um restaurante. Quando introduzimos um prato na pilha, usamos a moeda de 1 real para pagar o custo propriamente dito do empilhamento e ficamos com um crédito de 1 real (dos 2 reais cobrados). Deixamos 1 real de crédito em cima do prato. Em qualquer instante, há 1 real de crédito em cima de cada prato na pilha.

O real guardado no prato serve como pagamento prévio do custo de retirá-lo da pilha. Quando executamos uma operação Pop, não cobramos nada por ela e pagamos seu custo real usando o crédito armazenado na pilha. Assim, cobrando um pouco mais pela operação Push, não precisamos cobrar nada pela operação Pop.

Além disso, também não precisamos cobrar nada por operações Multipop, pois ela é apenas um grupo de operações Pop repetidas, cada uma sem custo. Se a operação Multipop retira k pratos, então o custo real é pago pelos k reais deixados nos k pratos. Visto que cada prato na pilha tem 1 real de crédito, e a pilha sempre tem um número não negativo de pratos, asseguramos que a quantia que temos de crédito é sempre não negativa. Assim, para *qualquer* sequência de n operações Push, Pop e Multipop, o custo amortizado total é um limite superior para o custo real total. Visto que o custo amortizado total é $O(n)$, também é esse o custo real total.

Incremento de um contador binário

Como outra ilustração do método de contabilidade, analisamos a operação Incrementa em um contador binário que começa em zero. Conforme observamos antes, o tempo de execução dessa operação é proporcional ao número de *bits* invertidos, que usaremos como nosso custo para esse exemplo. Vamos utilizar uma vez mais uma moeda de 1 real para representar cada unidade de custo (a inversão de um *bit* nesse exemplo).

No caso da análise amortizada, vamos cobrar um custo amortizado de 2 reais para inverter um *bit* de 0 para 1. Quando um *bit* é passado para 1, usamos 1 real (dos 2 reais cobrados) para pagar a própria configuração do *bit* e colocamos o outro real no *bit* como crédito a ser usado mais tarde, quando convertermos o *bit* de volta para 0. Em qualquer instante, todo 1 no contador tem um real de crédito e, assim, não precisamos cobrar nada para zerar um *bit*, mas apenas pagamos a operação com o real já contido no *bit*.

Agora, podemos determinar o custo amortizado de INCREMENTA. O custo de passar os *bits* para 0 dentro do laço **while** é pago pelos reais nos *bits* que são zerados. O procedimento INCREMENTA define no máximo um *bit* como 1 na linha 6 e, portanto, o custo amortizado de uma operação INCREMENTA é no máximo 2 reais. A quantidade de *bits* 1 no contador nunca se torna negativa e, portanto, a quantia de crédito permanece não negativa o tempo todo. Assim, para n operações INCREMENTA, o custo amortizado total é $O(n)$, o que limita o custo real total.

Exercícios

16.2-1
Suponha que executamos uma sequência de operações PUSH e POP em uma pilha cujo tamanho nunca excede k. Após cada k operações, é feita uma cópia da pilha automaticamente, como *backup*. Mostre que o custo de n operações de pilha, incluindo copiar a pilha, é $O(n)$ atribuindo custos amortizados adequados às diversas operações de pilha.

16.2-2
Faça novamente o Exercício 16.1-3, usando um método de análise da contabilidade.

16.2-3
Suponha que desejamos não apenas incrementar um contador, mas também redefini-lo para zero (isto é, fazer com que todos os seus *bits* sejam 0). Contando como $\Theta(1)$ o tempo para examinar ou modificar um *bit*, mostre como implementar um contador como vetor de *bits* de modo que qualquer sequência de n operações INCREMENTA e ZERAR demore o tempo $O(n)$ em um contador inicialmente em zero. (*Sugestão*: mantenha um ponteiro para o valor 1 de ordem mais alta.)

16.3   Método do potencial

Em vez de representar o trabalho pago antecipadamente como crédito armazenado por objetos específicos na estrutura de dados, o ***método do potencial*** de análise amortizada representa o trabalho pago antecipadamente como "energia potencial" ou apenas "potencial", que pode ser liberado para pagamento de operações futuras. Associamos o potencial à estrutura de dados como um todo, em vez de associá-lo a objetos específicos dentro da estrutura de dados.

O método do potencial funciona da seguinte maneira. Executaremos n operações, começando com uma estrutura de dados inicial D_0. Para cada $i = 1, 2, ..., n$, seja c_i o custo real da i-ésima operação e seja D_i a estrutura de dados que resulta após a aplicação da i-ésima operação à estrutura de dados D_{i-1}. Uma ***função potencial*** Φ mapeia cada estrutura de dados D_i para um número real $\Phi(D_i)$, que é o ***potencial*** associado à estrutura de dados D_i. O ***custo amortizado*** $\hat{c}_i$ da i-ésima operação referente à função potencial Φ é definido por

$$\hat{c}_i = c_i + \Phi(D_i) - \Phi(D_{i-1}) . \tag{16.2}$$

Então, o custo amortizado de cada operação é seu custo real mais a mudança no potencial em virtude da operação. Pela Equação (16.2), o custo amortizado total das n operações é

$$\sum_{i=1}^{n} \hat{c}_i = \sum_{i=1}^{n} (c_i + \Phi(D_i) - \Phi(D_{i-1}))$$

$$= \sum_{i=1}^{n} c_i + \Phi(D_n) - \Phi(D_0) . \tag{16.3}$$

A segunda equação decorre da Equação (A.12), no Apêndice A, porque os termos $\Phi(D_i)$ se cancelam.

Se pudermos definir uma função potencial Φ de modo que $\Phi(D_n) \geq \Phi(D_0)$, então o custo amortizado total $\sum_{i=1}^{n} \hat{c}_i$ dá um limite superior para o custo real total $\sum_{i=1}^{n} c_i$. Na prática, nem sempre sabemos quantas operações poderiam ser executadas. Portanto, se exigimos que $\Phi(D_i) \geq \Phi(D_0)$ para todo i, então garantimos, como no método da contabilidade, que pagamos antecipadamente. Normalmente, apenas definimos $\Phi(D_0)$ como 0 e, então, mostramos que $\Phi(D_i) \geq 0$ para todo i. (Ver no Exercício 16.3-1 um modo fácil para tratar os casos nos quais $\Phi(D_0) \neq 0$.)

Intuitivamente, se a diferença de potencial $\Phi(D_i) - \Phi(D_{i-1})$ da i-ésima operação é positiva, o custo amortizado $\hat{c}_i$ representa uma cobrança a mais para a i-ésima operação, e o potencial da estrutura de dados aumenta. Se a diferença de potencial é negativa, o custo amortizado representa uma cobrança a menos para a i-ésima operação, e a redução no potencial paga o custo real da operação.

Os custos amortizados definidos pelas Equações (16.2) e (16.3) dependem da escolha da função potencial Φ. Diferentes funções potenciais podem produzir custos amortizados diferentes e ainda assim serem limites superiores para os custos reais. Muitas vezes, constatamos que podemos fazer permutas quando escolhemos uma função potencial. A melhor função potencial a utilizar depende dos limites de tempo desejados.

Operações de pilha

Para ilustrar o método do potencial, retornamos mais uma vez ao exemplo das operações de pilha PUSH, POP e MULTIPOP. Definimos a função potencial Φ em uma pilha como o número de objetos na pilha. Para a pilha vazia D_0 com a qual começamos, temos $\Phi(D_0) = 0$. Como o número de objetos na pilha nunca é negativo, a pilha D_i que resulta após a i-ésima operação tem potencial não negativo e, assim,

$$\Phi(D_i) \geq 0$$
$$= \Phi(D_0) .$$

Portanto, o custo amortizado total de n operações com relação a Φ representa um limite superior para o custo real.

Agora, vamos calcular os custos amortizados das várias operações de pilha. Se a i-ésima operação em uma pilha que contém s objetos é uma operação PUSH, a diferença de potencial é

$$\Phi(D_i) - \Phi(D_{i-1}) = (s + 1) - s$$
$$= 1 .$$

Pela Equação (16.2), o custo amortizado dessa operação PUSH é

$$\hat{c}_i = c_i + \Phi(D_i) - \Phi(D_{i-1})$$
$$= 1 + 1$$
$$= 2 .$$

Suponha que a i-ésima operação na pilha com s objetos seja MULTIPOP (S, k), o que resulta na retirada de $k' = \min\{s, k\}$ objetos da pilha. O custo real da operação é k', e a diferença de potencial é

$$\Phi(D_i) - \Phi(D_{i-1}) = -k' .$$

Assim, o custo amortizado da operação MULTIPOP é

$$\hat{c}_i = c_i + \Phi(D_i) - \Phi(D_{i-1})$$
$$= k' - k'$$
$$= 0 .$$

De modo semelhante, o custo amortizado de uma operação POP comum é 0.

O custo amortizado de cada uma das três operações é $O(1)$ e, por isso, o custo amortizado total de uma sequência de n operações é $O(n)$. Visto que já demonstramos que $\Phi(D_i) \geq \Phi(D_0)$, o custo amortizado total de n operações é um limite superior para o custo real total. Portanto, o custo do pior caso de n operações é $O(n)$.

Incremento de um contador binário

Como outro exemplo do método do potencial, examinamos novamente como incrementar um contador binário de k bits. Dessa vez, definimos o potencial do contador após a i-ésima operação INCREMENTA como b_i, a quantidade de 1s no contador após a i-ésima operação.

Vamos calcular o custo amortizado de uma operação INCREMENTA. Suponha que a i-ésima operação INCREMENTA modifique t_i *bits* para 0. Então, o custo real c_i da operação é no máximo $t_i + 1$, já que, além de modificar t_i *bits*, ela define no máximo um *bit* como 1. Se $b_i = 0$, então a i-ésima operação passa todos os k *bits* para 0, e $b_{i-1} = t_i = k$. Se $b_i > 0$, então $b_i = b_{i-1} - t_i + 1$. Em qualquer dos casos, $b_i \leq b_{i-1} - t_i + 1$, e a diferença de potencial é

$$\begin{aligned}
\Phi(D_i) - \Phi(D_{i-1}) &\leq (b_{i-1} - t_i + 1) - b_{i-1} \\
&= 1 - t_i \, .
\end{aligned}$$

Portanto, o custo amortizado é

$$\begin{aligned}
\widehat{c}_i &= c_i + \Phi(D_i) - \Phi(D_{i-1}) \\
&\leq (t_i + 1) + (1 - t_i) \\
&= 2 \, .
\end{aligned}$$

Se o contador começa em zero, então $\Phi(D_0) = 0$. Como $\Phi(D_i) \geq 0$ para todo i, o custo amortizado total de uma sequência de n operações INCREMENTA é um limite superior para o custo real total e, assim, o custo do pior caso de n operações INCREMENTA é $O(n)$.

O método do potencial nos dá um caminho fácil para analisar o contador até mesmo quando ele não começa em 0. O contador começa com uma quantidade b_0 de *bits* 1 e, após n operações INCREMENTA, ele tem uma quantidade b_n de *bits* 1, em que $0 \leq b_0, b_n \leq k$. Podemos reescrever a Equação (16.3) como

$$\sum_{i=1}^{n} c_i = \sum_{i=1}^{n} \widehat{c}_i - \Phi(D_n) + \Phi(D_0) \, .$$

Visto que $\Phi(D_0) = b_0$, $\Phi(D_n) = b_n$, e $\widehat{c}_i \leq 2$ para todo $1 \leq i \leq n$, o custo real total de n operações INCREMENTA é

$$\begin{aligned}
\sum_{i=1}^{n} c_i &\leq \sum_{i=1}^{n} 2 - b_n + b_0 \\
&= 2n - b_n + b_0 \, .
\end{aligned}$$

Observe em particular que, como $b_0 \leq k$, o custo real total é $O(n)$, contando que $k = O(n)$. Em outras palavras, se houver pelo menos $n = \Omega(k)$ operações INCREMENTA, o custo real total será $O(n)$, não importando o valor inicial que o contador contém.

Exercícios

16.3-1
Suponha que tenhamos uma função potencial Φ tal que $\Phi(D_i) \geq \Phi(D_0)$ para todo i, mas $\Phi(D_0) \neq 0$. Mostre que existe uma função potencial Φ' tal que $\Phi'(D_0) = 0$, $\Phi'(D_i) \geq 0$ para todo $i \geq 1$, e os custos amortizados se usarmos Φ' são iguais aos custos amortizados se usarmos Φ.

16.3-2
Faça novamente o Exercício 16.1-3 usando um método do potencial para a análise.

16.3-3
Considere uma estrutura de dados de *heap* de mínimo binário comum que suporte as instruções INSERE e EXTRAI-MIN que, quando existem n itens no *heap*, implemente cada operação no tempo do pior caso $O(\lg n)$. Dê uma função potencial Φ tal que o custo amortizado de INSERE seja $O(\lg n)$ e o custo amortizado de EXTRAI-MIN seja $O(1)$, e mostre que sua função potencial produz esses limites de tempo amortizados. Observe que, na análise, n é o número de itens atualmente no *heap*, e não conhecemos um limite sobre o número máximo de itens que podem ser armazenados no *heap*.

16.3-4
Qual é o custo total de executar n das operações de pilha PUSH, POP e MULTIPOP considerando que a pilha começa com s_0 objetos e termina com s_n objetos?

16.3-5

Mostre como implementar uma fila com duas pilhas comuns (Exercício 10.1-7) de modo que o custo amortizado de cada operação Enqueue e de cada operação Dequeue seja $O(1)$.

16.3-6

Projete uma estrutura de dados para suportar as duas operações a seguir para um multiconjunto dinâmico S de inteiros que permite valores duplicados:

Insere(S, x) insere x no conjunto S.
Delete-Metade-Maior(S) remove os $\lceil |S| / 2 \rceil$ maiores elementos de S.

Explique como implementar essa estrutura de dados de modo que qualquer sequência de m operações Insere e Delete-Metade-Maior seja executada no tempo $O(m)$. Sua implementação deve também incluir um modo de obter como saída os elementos de S no tempo $O(|S|)$.

16.4   Tabelas dinâmicas

Quando projetamos uma aplicação que utiliza uma tabela, nem sempre sabemos antecipadamente quantos itens a tabela irá conter. Poderíamos alocar espaço para uma tabela e mais tarde constatar que tal espaço não é suficiente. Então, o programa teria de realocar a tabela com um tamanho maior e copiar todos os objetos armazenados na tabela original para a nova tabela maior. De modo semelhante, se muitos itens já foram removidos da tabela, poderia ser vantajoso realocar tal tabela com um tamanho menor. Nesta seção, estudaremos esse problema de expandir e contrair dinamicamente uma tabela. Usando a análise amortizada, mostraremos que o custo amortizado das operações de inserção e remoção é apenas $O(1)$, embora o custo real de uma operação seja grande quando ela ativa uma expansão ou uma contração. Além disso, veremos como garantir que o espaço não utilizado em uma tabela dinâmica nunca exceda uma fração constante do espaço total.

Supomos que a tabela dinâmica suporta as operações Insere-Tabela e Remove-Tabela. Insere-Tabela insere na tabela um item que ocupa uma única **posição**, isto é, um espaço para um só item. Do mesmo modo, Remove-Tabela remove um item da tabela e, por isso, libera uma posição. Os detalhes do método de estruturação de dados usado para organizar a tabela não são importantes; poderíamos usar uma pilha (Seção 10.1.3), um *heap* (Capítulo 6), uma tabela *hash* (Capítulo 11) ou algo mais.

Veremos que é conveniente utilizar um conceito apresentado em nossa análise do *hashing*, na Seção 11.2. Definimos o ***fator de carga*** $\alpha(T)$ de uma tabela não vazia T como o número de itens armazenados na tabela dividido pelo tamanho (número de posições) da tabela. Atribuímos tamanho 0 a uma tabela vazia (uma tabela sem posições) e definimos seu fator de carga como 1. Se o fator de carga de uma tabela dinâmica é limitado por baixo por uma constante, o espaço não utilizado na tabela nunca é maior que uma fração constante da quantidade total de espaço.

Começamos analisando uma tabela dinâmica na qual só inserimos itens. Em seguida, consideramos o caso mais geral em que inserimos e removemos itens.

16.4.1   Expansão de tabelas

Vamos supor que o armazenamento para uma tabela seja alocado como vetor de posições. Uma tabela está cheia quando todas as posições foram usadas ou, o que é equivalente, quando seu fator de carga é 1.[1] Em alguns ambientes de *software*, se é feita uma tentativa para inserir um item em uma tabela cheia, a única alternativa é abortar a operação com erro. Porém, levaremos em conta que nosso ambiente de *software*, como muitos ambientes modernos, fornece um sistema de gerenciamento de memória que pode alocar e liberar blocos de armazenamento por requisição. Assim, ao inserirmos um item em uma tabela cheia, o sistema pode ***expandi-la*** alocando uma nova tabela com mais posições que a tabela antiga. Como sempre precisamos que a tabela resida

---

[1]Em algumas situações, técnico no caso de uma tabela *hash* de endereço aberto, é melhor considerar uma tabela cheia se seu fator de carga for igual a alguma constante estritamente menor que 1 (ver Exercício 16.4-2).

em memória contígua, temos de alocar um novo vetor para a tabela maior e depois copiar itens da tabela antiga para a tabela nova.

Uma heurística comum aloca uma nova tabela que tenha duas vezes o número de posições da antiga. Se as únicas operações de tabela são inserções, então o fator de carga da tabela é sempre no mínimo 1/2 e, assim, a quantidade de espaço desperdiçado nunca excede metade do espaço total na tabela.

No procedimento INSERE-TABELA, consideramos que T é um objeto que representa a tabela. O atributo $T.tabela$ contém um ponteiro para o bloco de armazenamento que representa a tabela, $T.num$ contém o número de itens na tabela e $T.tamanho$ indica o número total de posições na tabela. Inicialmente, a tabela está vazia: $T.num = T.tamanho = 0$.

```
INSERE-TABELA(T, x)
 1  if T.tamanho == 0
 2      alocar T.tabela com 1 posição
 3      T.tamanho = 1
 4  if T.num == T.tamanho
 5      alocar nova-tabela com 2 × T.tamanho posições
 6      inserir todos os itens de T.tabela em nova-tabela
 7      liberar T.tabela
 8      T.tabela = nova-tabela
 9      T.tamanho = 2 × T.tamanho
10  inserir x em T.tabela
11  T.num = T.num + 1
```

Existem dois tipos de inserção aqui: o procedimento INSERE-TABELA propriamente dito e a *inserção elementar* em uma tabela nas linhas 6 e 10. Podemos analisar o tempo de execução de INSERE-TABELA em termos do número de inserções elementares atribuindo um custo igual a 1 para cada inserção elementar. Na maior parte dos ambientes de computação, a sobrecarga de alocação para uma tabela inicial na linha 2 é constante, e a sobrecarga de alocação e liberação de armazenamento nas linhas 5 e 7 é dominada pelo custo de transferir itens na linha 6. Portanto, o tempo de execução real de INSERE-TABELA é linear no número de inserções elementares. Uma *expansão* ocorre quando as linhas 5–9 são executadas.

Vamos agora utilizar as três técnicas de análise amortizada para analisar uma sequência de n operações INSERE-TABELA em uma tabela inicialmente vazia. Primeiro, temos que determinar o custo real c_i da i-ésima operação. Se há espaço para o novo item na tabela atual (ou se essa é a primeira operação), então $c_i = 1$, visto que só precisamos executar a única inserção elementar na linha 10. Entretanto, se a tabela atual está cheia e ocorre uma expansão, então $c_i = i$: o custo é 1 para a inserção elementar na linha 10 mais $i - 1$ para os itens que temos de copiar da tabela antiga para a tabela nova na linha 6. Se executarmos n operações, o custo do pior caso de uma operação é $O(n)$, o que acarreta um limite superior de $O(n^2)$ para o tempo total de execução de n operações.

Esse limite não é restrito porque raramente expandimos a tabela no curso de n operações INSERE-TABELA. Especificamente, a i-ésima operação provoca uma expansão somente quando $i - 1$ é uma potência exata de 2. O custo amortizado de uma operação é de fato $O(1)$, como podemos mostrar usando análise agregada. O custo da i-ésima operação é

$$c_i = \begin{cases} i & \text{se } i - 1 \text{ é uma potência exata de 2,} \\ 1 & \text{caso contrário.} \end{cases}$$

Portanto, o custo total de n operações INSERE-TABELA é

$$\sum_{i=1}^{n} c_i \leq n + \sum_{j=0}^{\lfloor \lg n \rfloor} 2^j$$

$$< n + 2n \qquad \text{(pela Equação (A.6), no Apêndice A)}$$

$$= 3n,$$

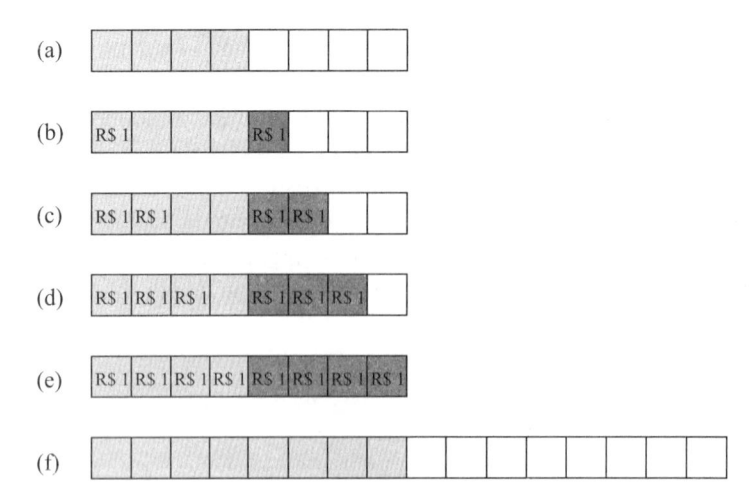

Figura 16.3 Análise da expansão da tabela pelo método da contabilidade. Cada chamada de Insere-Tabela cobra 3 reais da seguinte forma: 1 real para pagar a inserção elementar, 1 real no item inserido como pré-pagamento para ser reinserido posteriormente e 1 real sobre um item que já estava na tabela, também como pré-pagamento para reinserção. (a) A tabela imediatamente após uma expansão, com 8 posições, 4 itens (em *cinza-claro*) e nenhum crédito armazenado. (b)–(e) Após cada uma das 4 chamadas para Insere-Tabela, a tabela tem mais um item, com 1 real armazenado no novo item e 1 real armazenado em um dos 4 itens que estavam presentes imediatamente após a expansão. As posições com esses novos itens estão em *cinza-escuro*. (f) Na próxima chamada para Insere-Tabela, a tabela está cheia e, portanto, se expande novamente. Cada item tinha 1 real a pagar para que fosse reinserido. Agora a tabela se parece com a parte (a), sem crédito armazenado, mas com 16 posições e 8 itens.

já que no máximo n operações custam 1 cada e os custos das operações restantes formam uma série geométrica. Visto que o custo total de n operações Insere-Tabela é limitado por $3n$, o custo amortizado de uma única operação é, no máximo, 3.

Usando o método de contabilidade, podemos ter uma ideia do motivo por que o custo amortizado de uma operação Insere-Tabela deve ser 3. Intuitivamente, cada item paga três inserções elementares: a sua própria inserção na tabela atual, a sua movimentação quando a tabela é expandida e a modificação de outro item que já tinha sido movido uma vez quando a tabela foi expandida. Por exemplo, suponha que o tamanho da tabela seja m imediatamente após uma expansão, como mostra a Figura 16.3 para $m = 8$. Então, a tabela contém $m/2$ itens e não dispõe de nenhum crédito. Cobramos 3 reais para cada chamada de Insere-Tabela. A inserção elementar que ocorre imediatamente custa 1 real. Colocamos outro real como crédito no item inserido. Colocamos o terceiro real como crédito em um dos $m/2$ itens que já estão na tabela. A tabela só estará cheia novamente quando inserirmos outros $m/2 - 1$ itens; assim, quando a tabela contiver m itens e estiver cheia, teremos colocado 1 real em cada item para pagar por sua reinserção durante a expansão.

Agora, vejamos como usar o método do potencial. Usaremos novamente na Seção 16.4.2 para projetar uma operação Remove-Tabela que também tem um custo amortizado $O(1)$. Assim como o método da contabilidade não tinha crédito armazenado imediatamente após uma expansão — isto é, quando $T.num = T.tamanho/2$ —, vamos definir o potencial como 0 quando $T.num = T.tamanho/2$. À medida que ocorrem inserções elementares, o potencial precisa aumentar o suficiente para pagar por todas as reinserções que acontecerão quando a tabela for novamente expandida. A tabela é preenchida depois de outras $T.tamanho/2$ chamadas de Insere-Tabela, quando $T.num = T.tamanho$. A próxima chamada de Insere-Tabela após essas $T.tamanho/2$ chamadas dispara uma expansão com custo de $T.tamanho$ para reinserir todos os itens. Portanto, no decorrer das $T.tamanho/2$ chamadas de Insere-Tabela, o potencial deverá aumentar de 0 para $T.tamanho$. Para alcançarmos esse aumento, vamos projetar o potencial de modo que cada chamada de Insere-Tabela o aumente em

$$\frac{T.tamanho}{T.tamanho/2} = 2$$

até que a tabela seja expandida. Podemos ver que a função potencial

$$\Phi(T) = 2(T.num - T.tamanho/2) \tag{16.4}$$

é igual a 0 imediatamente após a expansão da tabela, quando *T.num = T.tamanho*/2, e aumenta em 2 a cada inserção, até que a tabela esteja cheia. Quando a tabela está cheia, isto é, quando *T.num = T.tamanho*, o potencial $\Phi(T)$ é igual a *T.tamanho*. O valor inicial do potencial é 0, e como a tabela está sempre completa pelo menos até a metade, *T.num* $\geq$ *T.tamanho*/2, o que implica que $\Phi(T)$ é sempre não negativo. Assim, a soma dos custos amortizados de *n* operações Insere-Tabela indica um limite superior para a soma dos custos reais.

Para analisarmos os custos amortizados das operações de tabela, é conveniente pensarmos em termos da mudança no potencial em virtude de cada operação. Considerando que Φ_i indica o potencial após a *i*-ésima operação, podemos reescrever a Equação (16.2) como

$$\begin{aligned} \widehat{c}_i &= c_i + \Phi_i - \Phi_{i-1} \\ &= c_i + \Delta\Phi_i \, , \end{aligned}$$

em que $\Delta\Phi_i$ é a mudança em potencial em função da *i*-ésima operação. Primeiro, considere o caso em que a *i*-ésima inserção não causa a expansão da tabela. Nesse caso, $\Delta\Phi_i$ é 2. Como o custo real c_i é 1, o custo amortizado é

$$\begin{aligned} \widehat{c}_i &= c_i + \Delta\Phi_i \\ &= 1 + 2 \\ &= 3 \, . \end{aligned}$$

Agora, considere a mudança no potencial quando a tabela se expande durante a *i*-ésima inserção, porque estava cheia imediatamente antes da inserção. Seja *num*$_i$ o número de itens armazenados na tabela após a *i*-ésima operação e *tamanho*$_i$ o tamanho total da tabela após a *i*-ésima operação, de modo que *tamanho*$_{i-1}$ = *num*$_{i-1}$ = *i* − 1 e, portanto, $\Phi_{i-1} = 2(tamanho_{i-1} - tamanho_{i-1}/2) = tamanho_{i-1} = i - 1$. Imediatamente após a expansão, o potencial cai para 0, e então o novo item é inserido, fazendo com que o potencial aumente para $\Phi_i = 2$. Assim, quando a *i*-ésima inserção dispara uma expansão, $\Delta\Phi_i = 2 - (i - 1) = 3 - i$. Quando a tabela se expande na *i*-ésima operação Insere-Tabela, o custo real c_i é igual a *i* (para reinserir *i* − 1 itens e inserir o *i*-ésimo item), gerando um custo amortizado de

$$\begin{aligned} \widehat{c}_i &= c_i + \Delta\Phi_i \\ &= i + (3 - i) \\ &= 3 \, . \end{aligned}$$

A Figura 16.4 mostra a representação gráfica dos valores de *num*$_i$, *tamanho*$_i$ e Φ_i com relação a *i*. Observe como o potencial aumenta para pagar a expansão da tabela.

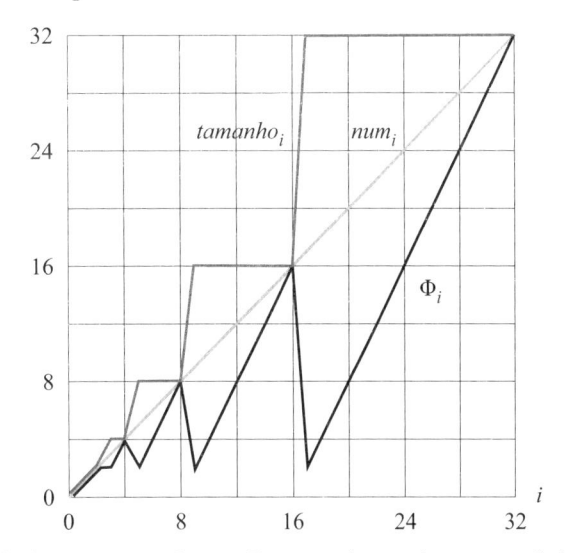

Figura 16.4 Efeito de uma sequência de *n* operações Insere-Tabela sobre o número *num*$_i$ de itens na tabela (*linha diagonal cinza-claro*), o número *tamanho*$_i$ de posições na tabela (*linha cinza-escuro*) e o potencial $\Phi_i = 2(num_i - tamanho_i/2)$ (*linha preta*), cada um medido após a *i*-ésima operação. Imediatamente antes de uma expansão, o potencial cresceu até o número de itens na tabela e, assim, ele pode pagar a movimentação de todos os itens para a nova tabela. Depois, o potencial cai até 0, mas é imediatamente aumentado de 2 quando da inserção do item que causou a expansão.

16.4.2 Expansão e contração de tabelas

Para implementar uma operação REMOVE-TABELA, basta simplesmente remover o item especificado da tabela. Porém, para limitar a quantidade de espaço desperdiçado, seria interessante ***contrair*** a tabela quando o fator de carga da tabela se tornasse demasiadamente pequeno. A contração de tabelas é semelhante à expansão: quando o número de itens na tabela fica muito baixo, alocamos uma nova tabela menor e, em seguida, copiamos os itens da tabela antiga na tabela nova. Então, podemos liberar o armazenamento usado para a tabela antiga devolvendo-o ao sistema de gerenciamento de memória. Para não desperdiçarem espaço, reduzindo ainda os custos amortizados, os procedimentos de inserção e remoção devem preservar duas propriedades:

- O fator de carga da tabela dinâmica é limitado abaixo por uma constante positiva, além de acima por 1 e
- O custo amortizado de uma operação de tabela é limitado acima por uma constante.

O custo real de cada operação é igual ao número de inserções e remoções elementares.

Seria natural pensar que devemos dobrar o tamanho da tabela quando um item é inserido em uma tabela cheia e reduzi-lo à metade quando a remoção de um item resulta em uma tabela menos da metade cheia. Essa estratégia garantiria que o fator de carga da tabela nunca cairia abaixo de 1/2 mas, infelizmente, pode resultar em custo amortizado por operação muito grande. Considere o cenário a seguir. Executamos n operações em uma tabela T de tamanho $n/2$, em que n é uma potência exata de 2. As primeiras $n/2$ operações são inserções que, de acordo com nossa análise anterior, têm custo total $\Theta(n)$. Ao final dessa sequência de inserções, $T.num = T.tamanho = n/2$. Para a segunda série de $n/2$ operações, executamos esta sequência:

inserir, remover, remover, inserir, inserir, remover, remover, inserir, inserir, ...

A primeira inserção causa uma expansão da tabela até o tamanho n. As duas remoções seguintes provocam uma contração da tabela de volta ao tamanho $n/2$. Duas inserções adicionais provocam outra expansão, e assim por diante. O custo de cada expansão e contração é $\Theta(n)$, e há $\Theta(n)$ dessas operações. Assim, o custo total das n operações é $\Theta(n^2)$, e o custo amortizado de uma operação é $\Theta(n)$.

O problema dessa estratégia é que, após expandirmos a tabela, não removemos itens suficientes para pagar uma contração. Do mesmo modo, após contrairmos a tabela, não inserimos itens suficientes para pagar uma expansão.

Como podemos resolver esse problema? Permitimos que o fator de carga da tabela caia abaixo de 1/2. Especificamente, continuamos a duplicar o tamanho da tabela quando um item é inserido em uma tabela cheia, mas o reduzimos à metade quando a remoção de um item resulta em uma tabela menos de 1/4 cheia, em vez de 1/2 cheia como antes. Então, o fator de carga da tabela tem um limite inferior dado pela constante 1/4, e o fator de carga é 1/2 imediatamente após uma contração.

Uma expansão ou contração deverá esgotar todo o potencial acumulado, de modo que, imediatamente após a expansão ou contração, quando o fator de carga é 1/2, o potencial da tabela é 0. A Figura 16.5 mostra a ideia. À medida que o fator de carga se desvia de 1/2, o potencial cresce, de modo que, ao tempo em que expandimos ou contraímos a tabela, ela já acumulou potencial suficiente para pagar a cópia de todos os itens para a tabela recém-alocada. Assim, precisaremos de uma função potencial que cresceu até $T.num$ ao tempo em que o fator de carga tiver crescido até 1 ou diminuído até 1/4. Imediatamente após expandirmos ou contrairmos a tabela, o fator de carga volta a 1/2 e o potencial da tabela diminui e volta a 0.

Omitimos o código para REMOVE-TABELA por ser análogo a INSERE-TABELA. Consideramos que, se ocorre uma contração durante REMOVE-TABELA, ela ocorre depois que o item é removido da tabela. Para a nossa análise, consideraremos que, sempre que o número de itens na tabela cair a 0, a tabela não ocupará espaço de armazenamento. Isto é, se $T.num = 0$, então $T.tamanho = 0$.

Como podemos projetar uma função potencial que forneça um tempo amortizado constante para inserção e remoção? Quando o fator de carga é pelo menos 1/2, a mesma função potencial, $\Phi(T) = 2(T.num - T.tamanho/2)$, que usamos para a inserção ainda funciona. Quando a tabela está pelo menos metade cheia, cada inserção aumentará o potencial em 2 se a tabela não se expandir, e cada remoção reduzirá o potencial em 2 se ela não fizer com que o fator de carga caia para menos de 1/2.

Mas, e quando o fator de carga é menor que 1/2, isto é, quando $1/4 \le \alpha(T) < 1/2$? Como antes, quando $\alpha(T) = 1/2$, de modo que $T.num = T.tamanho/2$, o potencial $\Phi(T)$ deverá ser 0. Para passar o fator de carga de 1/2 para 1/4, é preciso que haja $T.tamanho/4$ remoções, momento em que $T.num = T.tamanho/4$. Para pagar por todas as

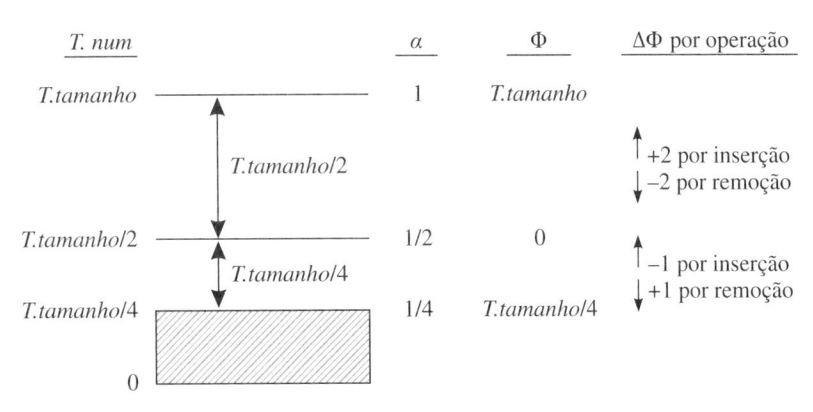

Figura 16.5 Como pensar sobre a função potencial Φ para inserção e remoção de tabelas. Quando o fator de carga α é 1/2, o potencial é 0. Para acumular potencial suficiente para pagar pela reinserção de todos os *T.tamanho* itens quando a tabela for preenchida, o potencial precisa aumentar em 2 a cada inserção quando $\alpha \geq 1/2$. De maneira correspondente, o potencial diminui em 2 a cada remoção que deixa $\alpha \geq 1/2$. Para acumular potencial suficiente para cobrir o custo de reinserção de todos os *T.tamanho*/4 itens quando a tabela se contrair, o potencial precisa aumentar em 1 a cada exclusão quando $\alpha < 1/2$ e, de modo correspondente, o potencial diminui em 1 a cada inserção que deixa $\alpha < 1/2$. A *área retangular hachurada* representa fatores de carga menores que 1/4, que não são permitidos.

reinserções, o potencial precisa aumentar de 0 para *T.tamanho*/4 durante essas *T.tamanho*/4 remoções. Portanto, para cada chamada de Remove-Tabela até a tabela se contrair, o potencial deverá aumentar em

$$\frac{T.tamanho/4}{T.tamanho/4} = 1$$

Da mesma forma, quando $\alpha < 1/2$, cada chamada de Insere-Tabela deve diminuir o potencial em 1. Quando $1/4 \leq \alpha(t) < 1/2$, a função potencial

$$\Phi(T) = T.tamanho/2 - T.num$$

produz esse comportamento desejado.

Reunindo os dois casos, obtemos a função potencial

$$\Phi(T) = \begin{cases} 2(T.num - T.tamanho/2) & \text{se } \alpha(T) \geq 1/2 \,, \\ T.tamanho/2 - T.num & \text{se } \alpha(T) < 1/2 \,. \end{cases} \tag{16.5}$$

O potencial de uma tabela vazia é 0 e nunca é negativo. Portanto, o custo amortizado total de uma sequência de operações com relação a Φ fornece um limite superior para o custo real da sequência. A Figura 16.6 ilustra como a função potencial se comporta durante a sequência de inserções e remoções.

Agora, vamos determinar os custos amortizados de cada operação. Como antes, seja num_i o número de itens armazenados na tabela após a *i*-ésima operação, $tamanho_i$ o tamanho total da tabela após a *i*-ésima operação, $\alpha_i = num_i/tamanho_i$ o fator de carga após a *i*-ésima operação, Φ_i o potencial após a *i*-ésima operação e $\Delta\Phi_i$ a mudança no ocasionada pela *i*-ésima operação. Inicialmente, $num_0 = 0$, $tamanho_0 = 0$ e $\Phi_0 = 0$.

Os casos em que a tabela não se expande ou contrai e o fator de carga não cruza $\alpha = 1/2$ são simples. Como já vimos, se $\alpha_{i-1} \geq 1/2$ e a *i*-ésima operação é uma inserção que não causa expansão da tabela, então $\Delta\Phi_i = 2$. Da mesma forma, se a *i*-ésima operação for uma remoção e $\alpha_i \geq 1/2$, então $\Delta\Phi_i = -2$. Além disso, se $\alpha_{i-1} < 1/2$ e a *i*-ésima operação for uma remoção que não dispara uma contração, então $\Delta\Phi_i = 1$, e se a *i*-ésima operação for uma inserção e $\alpha_i < 1/2$, então $\Delta\Phi_i = -1$. Em outras palavras, se não há expansão ou contração e o fator de carga não cruza $\alpha = 1/2$, então

- se o fator de carga permanecer em 1/2 ou acima, então o potencial aumenta em 2 para uma inserção e diminui em 2 para uma remoção, e
- se o fator de carga permanecer abaixo de 1/2, então o potencial aumenta em 1 para uma remoção e diminui em 1 para uma inserção.

Em cada um desses casos, o custo real c_i da *i*-ésima operação é apenas 1 e, portanto,

- se a *i*-ésima operação for uma inserção, seu custo amortizado $\hat{c}_i$ é $c_i + \Delta\Phi_i$, que é $1 + 2 = 3$ se o fator de carga permanecer em 1/2 ou acima, e $1 + (-1) = 0$ se o fator de carga permanecer abaixo de 1/2, e

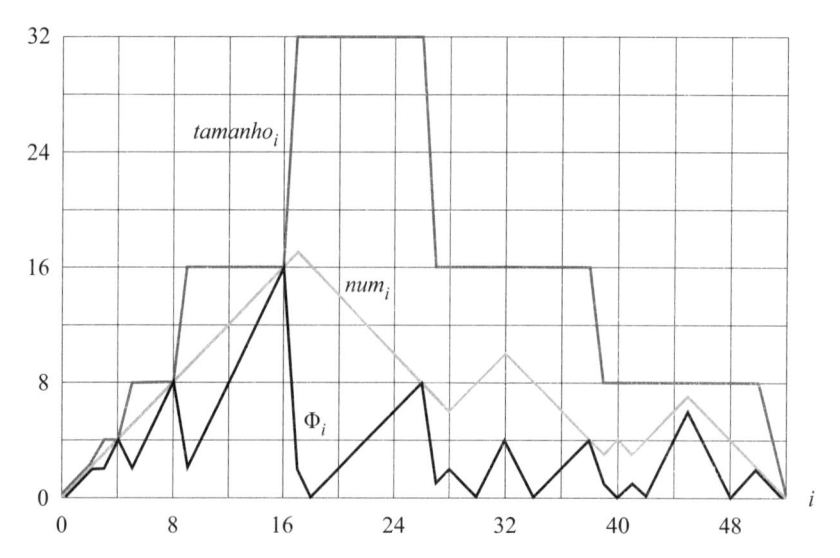

Figura 16.6 Efeito de uma sequência de n operações INSERE-TABELA e REMOVE-TABELA sobre o número num_i de itens na tabela (*linha cinza-claro*), o número $tamanho_i$ de posições na tabela (*linha cinza-escuro*) e o potencial (*linha preta*)

$$\Phi_i = \begin{cases} 2(num_i - tamanho_i/2) & \text{se } \alpha_i \geq 1/2, \\ tamanho_i/2 - num_i & \text{se } \alpha_i < 1/2, \end{cases}$$

em que $\alpha_i = num_i/tamanho_i$, cada uma medida após a i-ésima operação. Imediatamente antes de uma expansão ou contração, o potencial aumenta até o número de itens na tabela e, portanto, pode pagar pela movimentação de todos os itens para a nova tabela.

- se a i-ésima operação for uma remoção, seu custo amortizado $\hat{c}_i$ é $c_i + \Delta\Phi_i$, que é $1 + (-2) = -1$ se o fator de carga permanecer em 1/2 ou acima, e $1 + 1 = 2$ se o fator de carga permanecer abaixo de 1/2.

Restam quatro casos: uma inserção que leva o fator de carga de menos de 1/2 para 1/2, uma remoção que leva o fator de carga de 1/2 para menos de 1/2, uma remoção que causa a contração da tabela e uma inserção que causa expansão da tabela. Analisamos esse último caso no final da Seção 16.4.1 para mostrar que seu custo amortizado é 3.

Quando a i-ésima operação é uma remoção que causa contração da tabela, temos $num_{i-1} = tamanho_{i-1}/4$ antes da contração, depois o item é removido e, por fim, $num_i = tamanho_i/2 - 1$ após a contração. Portanto, pela Equação (16.5), temos

$$\Phi_{i-1} = tamanho_{i-1}/2 - num_{i-1}$$
$$= tamanho_{i-1}/2 - tamanho_{i-1}/4$$
$$= tamanho_{i-1}/4,$$

que também é igual ao custo real c_i da remoção de um item e cópia de $tamanho_{i-1}/4 - 1$ itens para a nova e menor tabela. Como $num_i = tamanho_i/2 - 1$ após a operação ter sido concluída, $\alpha_i < 1/2$ e, portanto,

$$\Phi_i = tamanho_i/2 - num_i$$
$$= 1,$$

resultando em $\Delta\Phi_i = 1 - tamanho_{i-1}/4$. Portanto, quando a i-ésima operação é uma remoção que dispara uma contração, seu custo amortizado é

$$\hat{c}_i = c_i + \Delta\Phi_i$$
$$= tamanho_{i-1}/4 + (1 - tamanho_{i-1}/4)$$
$$= 1.$$

Por fim, vejamos o caso em que o fator de carga se encaixa em um dos casos da Equação (16.5) antes da operação e no outro depois dela. Começamos com a remoção, em que temos $num_{i-1} = tamanho_i/2$, de modo que $\alpha_{i-1} = 1/2$, antes da operação, e $num_i = tamanho_i/2 - 1$, de modo que $\alpha_i < 1/2$, depois dela. Visto que $\alpha_{i-1} = 1/2$, temos $\Phi_{i-1} = 0$, e como $\alpha_i < 1/2$, temos $\Phi_i = tamanho_i/2 - num_i = 1$. Portanto, descobrimos que $\Delta\Phi_i = 1 - 0 = 1$.

Como a i-ésima operação é uma remoção que não causa contração, o custo real c_i é igual a 1, e o custo amortizado $\widehat{c}_i$ é $c_i + \Delta\Phi_i = 1 + 1 = 2$.

Por outro lado, se a i-ésima operação for uma inserção que passe o fator de carga de menos de 1/2 para igualar a 1/2, a mudança no potencial $\Delta\Phi_i$ será igual a -1. Novamente, o custo real c_i é 1, e agora o custo amortizado $\widehat{c}_i$ é $c_i + \Delta\Phi_i = 1 + (-1) = 0$.

Resumindo, visto que o custo amortizado de cada operação é limitado por cima por uma constante, o tempo real para qualquer sequência de n operações em uma tabela dinâmica é $O(n)$.

Exercícios

16.4-1

Usando o método do potencial, analise o custo amortizado da primeira inserção de tabela.

16.4-2

Suponha que desejamos implementar uma tabela *hash* dinâmica de endereço aberto. Por que poderíamos considerar que a tabela está cheia quando seu fator de carga alcança algum valor α que é estritamente menor que 1? Descreva brevemente como fazer a inserção em uma tabela *hash* dinâmica de endereço aberto funcionar de tal maneira que o valor esperado do custo amortizado por inserção seja $O(1)$. Por que o valor esperado do custo real por inserção não é necessariamente $O(1)$ para todas as inserções?

16.4-3

Discuta como usar o método da contabilidade para analisar as operações tanto de inserção quanto de remoção, supondo que a tabela dobre de tamanho quando seu fator de carga é superior a 1 e a tabela seja dividida ao meio quando seu fator de carga desce para 1/4.

16.4-4

Suponha que, em vez de contrair uma tabela reduzindo seu tamanho à metade quando seu fator de carga cai abaixo de 1/4, nós a contraíssemos multiplicando seu tamanho por 2/3 quando seu fator de carga caísse abaixo de 1/3. Usando a função potencial

$$\Phi(T) = \left| 2\ (T.num - T.tamanho/2) \right|,$$

mostre que o custo amortizado de uma operação Remove-Tabela que utiliza essa estratégia é limitado por cima por uma constante.

Problemas

16-1   *Código de Gray binário refletido*

Um ***código de Gray binário*** representa uma sequência de inteiros não negativos em binário tal que, para ir de um inteiro para o próximo, exatamente um *bit* se inverte a cada vez. O ***código de Gray binário refletido*** representa uma sequência de inteiros de 0 a $2^k - 1$ para algum inteiro positivo k de acordo com o seguinte método recursivo:

- Para $k = 1$, o código de Gray binário refletido é $\langle 0, 1 \rangle$.
- Para $k \geq 2$, primeiro forme o código de Gray binário refletido para $k - 1$, fornecendo os 2^{k-1} inteiros de 0 a $2^{k-1} - 1$. Em seguida, forme a reflexão dessa sequência, que é apenas a sequência inversa. (Ou seja, o j-ésimo inteiro na sequência torna-se o $(2^{k-1} - j - 1)$-ésimo inteiro na reflexão.) Em seguida, some 2^{k-1} a cada um dos 2^{k-1} inteiros na sequência refletida. Por fim, concatene as duas sequências.

Por exemplo, para $k = 2$, primeiro forme o código de Gray binário refletido $\langle 0, 1 \rangle$ para $k = 1$. Sua reflexão é a sequência $\langle 1, 0 \rangle$. Somando $2^{k-1} = 2$ a cada inteiro na reflexão, obtemos a sequência $\langle 3, 2 \rangle$. Concatenando as duas sequências, obtemos $\langle 0, 1, 3, 2 \rangle$ ou, em binário, $\langle 00, 01, 11, 10 \rangle$, de modo que cada inteiro difere de seu predecessor em exatamente um *bit*. Para $k = 3$, a reflexão do código de Gray binário refletido para $k = 2$ é $\langle 2, 3, 1, 0 \rangle$, e somando $2^{k-1} = 4$ obtemos $\langle 6, 7, 5, 4 \rangle$. A concatenação produz a sequência $\langle 0, 1, 3, 2, 6, 7, 5, 4 \rangle$, que em binário é $\langle 000, 001, 011, 010, 110, 111, 101, 100 \rangle$. No código de Gray binário refletido, apenas um *bit* é invertido, mesmo ao passar do último inteiro para o primeiro.

a. Indexe os inteiros em um código de Gray binário refletido de 0 a 2^{k-1} e considere o i-ésimo inteiro no código de Gray binário refletido. Para ir do $(i-1)$-ésimo inteiro para o i-ésimo inteiro no código de Gray binário refletido, exatamente um *bit* é invertido. Mostre como determinar qual *bit* inverte, dado o índice i.

b. Supondo que, dado um número de *bit j*, você possa inverter o *bit j* de um inteiro em tempo constante, mostre como calcular toda a sequência binária refletida do código de Gray de 2^k números no tempo $\Theta(2^k)$.

16-2 *Busca binária dinâmica*

A busca binária de um vetor (*array*) ordenado leva tempo de busca logarítmico, mas o tempo para inserir um novo elemento é linear ao tamanho do vetor. Você pode melhorar o tempo de inserção mantendo vários vetores ordenados.

Especificamente, suponha que você deseja oferecer suporte a BUSCA e INSERE em um conjunto de n elementos. Seja $k = \lceil \lg(n+1) \rceil$, e seja a representação binária de n $\langle n_{k-1}, n_{k-2}, ..., n_0 \rangle$. Mantenha k vetores ordenados A_0, A_1, ..., A_{k-1}, em que, para $i = 0, 1, ..., k-1$, o comprimento do vetor A_i seja 2^i. Cada vetor está cheio ou vazio, dependendo de $n_i = 1$ ou $n_i = 0$, respectivamente. O número total de elementos mantidos em todos os k vetores é, portanto, $\sum_{i=0}^{k-1} n_i 2^i = n$. Embora cada vetor individual esteja ordenado, os elementos em vetores diferentes não possuem qualquer relação específica entre si.

a. Descreva como realizar a operação BUSCA para essa estrutura de dados. Analise o tempo de execução do pior caso.

b. Descreva como realizar a operação INSERE. Analise seu pior caso e tempos de execução amortizados supondo que as únicas operações sejam INSERE e BUSCA.

c. Descreva como implementar REMOVE. Analise seu pior caso e tempos de execução amortizados supondo que pode haver operações REMOVE, INSERE e BUSCA.

16-3 *Árvores de peso balanceado amortizadas*

Considere uma árvore de busca binária comum expandida pelo acréscimo a cada nó x do atributo *x.tamanho* que dá o número de chaves armazenadas na subárvore com raiz em x. Seja α uma constante na faixa $1/2 \leq \alpha < 1$. Dizemos que dado nó x é **α-balanceado** se *x.esquerda.tamanho* $\leq \alpha \cdot$ *x.tamanho* e *x.direita.tamanho* $\leq \alpha \cdot$ *x.tamanho*. A árvore como um todo é **α-balanceada** se todo nó na árvore é α-balanceado. A abordagem amortizada para manter árvores de peso balanceado que apresentamos a seguir foi sugerida por G. Varghese.

a. Uma árvore 1/2-balanceada é, em certo sentido, tão balanceada quanto possível. Dado um nó x em uma árvore de busca binária qualquer, mostre como reconstruir a subárvore com raiz em x de modo que ela se torne 1/2-balanceada. Seu algoritmo deve ser executado no tempo $\Theta(x.tamanho)$ e pode utilizar armazenamento auxiliar $O(x.tamanho)$.

b. Mostre que executar busca em uma árvore de busca binária α-balanceada de n nós tem um tempo de $O(\lg n)$ no pior caso.

Para o restante deste problema, considere que a constante α seja estritamente maior que 1/2. Suponha que implementamos INSERE e REMOVE da maneira normal para uma árvore de busca binária de n nós, exceto que, após cada uma dessas operações, se qualquer nó na árvore não for mais α-balanceado, "reconstruímos" a subárvore com raiz no mais alto nó com essa propriedade, de tal forma que ela se torne 1/2-balanceada.

Analisaremos esse esquema de reconstrução usando o método do potencial. Para um nó x em uma árvore de busca binária T, definimos

$$\Delta(x) = |x.esquerda.tamanho - x.direita.tamanho|.$$

Definimos o potencial de T como

$$\Phi(T) = c \sum_{x \in T : \Delta(x) \geq 2} \Delta(x),$$

em que c é uma constante suficientemente grande que depende de α.

c. Demonstre que qualquer árvore de busca binária tem potencial não negativo e que uma árvore 1/2-balanceada tem potencial 0.

d. Suponha que m unidades de potencial possam pagar a reconstrução de uma subárvore de m nós. Que tamanho deve ter c em termos de α, de modo que o tempo amortizado para a reconstrução de uma subárvore não α-balanceada seja $O(1)$?

e. Mostre que a inserção ou a remoção de um nó de uma árvore α-balanceada de n nós tem o custo de tempo amortizado $O(\lg n)$.

16-4   *Custo de reestruturação de árvores rubro-negras*

Há quatro operações básicas em árvores rubro-negras que executam ***modificações estruturais***: inserções de nós, remoções de nós, rotações e mudanças de cor. Vimos que INSERE-RN e REMOVE-RN utilizam somente $O(1)$ rotações, inserções de nós e remoções de nós para manter as propriedades vermelho-preto, mas podem fazer um número muito maior de mudanças de cor.

a. Descreva uma árvore rubro-negra correta com n nós tal que chamar INSERE-RN para adicionar o $(n + 1)$-ésimo nó provoque $\Omega(\lg n)$ mudanças de cor. Então, descreva uma árvore rubro-negra correta com n nós para a qual chamar REMOVE-RN em um nó particular provoca $\Omega(\lg n)$ mudanças de cor.

Embora o número de mudanças de cor do pior caso por operação possa ser logarítmico, provaremos que qualquer sequência de m operações INSERE-RN e REMOVE-RN em uma árvore rubro-negra inicialmente vazia provoca $O(m)$ modificações estruturais no pior caso.

b. Alguns dos casos tratados pelo laço principal do código de CORRIGE-INSERE-RN e CORRIGE-REMOVE-RN são ***terminais***: uma vez encontrados, eles fazem o laço terminar após um número constante de operações adicionais. Para cada um dos casos de CORRIGE-INSERE-RN e CORRIGE-REMOVE-RN, especifique quais são terminais e quais não são. (*Sugestão:* observe as Figuras 13.5, 13.6 e 13.7 nas Seções 13.3 e 13.4.)

Primeiro, analisaremos as modificações estruturais quando são executadas somente inserções. Seja T uma árvore rubro-negra e defina $\Phi(T)$ como o número de nós vermelhos em T. Suponha que uma unidade de potencial pode pagar as modificações estruturais executadas por qualquer um dos três casos de CORRIGE-INSERE-RN.

c. Seja T' o resultado da aplicação do Caso 1 de CORRIGE-INSERE-RN a T. Mostre que $\Phi(T') = \Phi(T) - 1$.

d. Podemos desmembrar a operação do procedimento INSERE-RN em três partes. Faça uma lista das modificações estruturais e mudanças de potencial resultantes das linhas 1–16 de INSERE-RN para casos não terminais de CORRIGE-INSERE-RN e para casos terminais de CORRIGE-INSERE-RN.

e. Usando o item (d), demonstre que o número amortizado de modificações estruturais executadas por qualquer chamada de INSERE-RN é $O(1)$.

Agora, desejamos provar que existem $O(m)$ modificações estruturais quando ocorrem inserções e remoções. Vamos definir, para cada nó x,

$$w(x) = \begin{cases} 0 & \text{se } x \text{ é vermelho,} \\ 1 & \text{se } x \text{ é preto e não tem filhos vermelhos,} \\ 0 & \text{se } x \text{ é preto e tem um filho vermelho,} \\ 2 & \text{se } x \text{ é preto e tem dois filhos vermelhos.} \end{cases}$$

Agora, redefinimos o potencial de uma árvore rubro-negra T como

$$\Phi(T) = \sum_{x \in T} w(x),$$

e seja T' a árvore que resulta da aplicação de qualquer caso não terminal de CORRIGE-INSERE-RN ou CORRIGE-REMOVE-RN a T.

f. Mostre que $\Phi(T') \leq \Phi(T) - 1$ para todos os casos não terminais de CORRIGE-INSERE-RN. Demonstre que o número amortizado de modificações estruturais executadas por qualquer chamada de CORRIGE-INSERE-RN é $O(1)$.

g. Mostre que $\Phi(T') \leq \Phi(T) - 1$ para todos os casos não terminais de Corrige-Remove-RN. Demonstre que o número amortizado de modificações estruturais executadas por qualquer chamada de Corrige-Remove-RN é $O(1)$.

h. Complete a prova de que, no pior caso, qualquer sequência de m operações Insere-RN e Remove-RN executa $O(m)$ modificações estruturais.

Notas do capítulo

Aho, Hopcroft e Ullman [5] usaram análise agregada para determinar o tempo de execução de operações em uma floresta de conjuntos disjuntos. Analisaremos essa estrutura de dados usando o método do potencial no Capítulo 19. Tarjan [430] examina os métodos da contabilidade e de potencial de análise amortizada e apresenta diversas aplicações. Ele atribui o método da contabilidade a vários autores, entre eles M. R. Brown, R. E. Tarjan, S. Huddleston e K. Mehlhorn, e o método do potencial a D. D. Sleator. O termo "amortizado" se deve a D. D. Sleator e R. E. Tarjan.

Funções potenciais também são úteis para provar limites inferiores para certos tipos de problemas. Para cada configuração do problema, definimos uma função potencial que mapeie a configuração a um número real. Então, determinamos o potencial Φ_{inic} da configuração inicial, o potencial Φ_{final} da configuração final e a máxima mudança no potencial $\Delta\Phi_{máx}$ que se deve a qualquer etapa. Portanto, o número de etapas deve ser, no mínimo, $|\Phi_{final} - \Phi_{inic}| / |\Delta\Phi_{máx}|$. Exemplos de funções potenciais para provar limites inferiores para complexidade de E/S aparecem em trabalhos de Cormen, Sundquist e Wisniewski [105]; Floyd [146]; e Aggarwal e Vitter [3]. Krumme, Cybenko e Venkataraman [271] aplicaram funções potenciais para provar limites inferiores para *fofoca*: comunicar um único item de cada vértice em um grafo a todos os outros vértices.

Parte V   Estruturas de Dados Avançadas

Introdução

Esta parte volta ao estudo de estruturas de dados que suportam operações em conjuntos dinâmicos, porém em um nível mais avançado que o da Parte III. Por exemplo, dois dos capítulos fazem uso extensivo das técnicas de análise amortizada que vimos no Capítulo 16.

O Capítulo 17 mostra como expandir as árvores rubro-negras — acrescentando informações adicionais em cada nó — para suportar operações de conjunto dinâmico além das básicas que aparecem nos Capítulos 12 e 13. O primeiro exemplo expande as árvores rubro-negras de modo que possamos manter dinamicamente estatísticas de ordem para um conjunto de chaves. Outro exemplo as expande de um modo diferente para manter intervalos de números reais. O Capítulo 17 inclui um teorema oferecendo condições suficientes para quando uma árvore rubro-negra pode ser expandida enquanto mantém os tempos de execução $O(\lg n)$ para inserção e remoção.

O Capítulo 18 apresenta as árvores B, que são árvores de busca balanceadas projetadas especificamente para armazenamento em discos. Visto que discos funcionam muito mais lentamente que memória de acesso aleatório, medimos o desempenho de árvores B não apenas pela quantidade de tempo de computação que as operações em conjuntos dinâmicos consomem, mas também pela quantidade de acessos a disco que elas executam. Em cada operação de árvore B, o número de acessos a disco aumenta com a altura da árvore B, porém operações de árvore B mantêm a altura baixa.

O Capítulo 19 examina estruturas de dados para conjuntos disjuntos. Começando com um universo de n elementos, cada um inicialmente em seu próprio conjunto único, a operação UNIÃO une dois conjuntos. Em todos os momentos, os n elementos são particionados em conjuntos disjuntos, mesmo que as chamadas para a operação UNIÃO mudem dinamicamente os membros de um conjunto. A consulta ENCONTRA-CONJUNTO identifica o conjunto exclusivo que contém determinado elemento no momento. A representação de cada conjunto como uma árvore com raiz simples produz operações surpreendentemente rápidas: uma sequência de m operações é executada no tempo $O(m\,\alpha(n))$, em que $\alpha(n)$ é uma função de crescimento incrivelmente lento — $\alpha(n)$ é no máximo 4 em qualquer aplicação que se possa imaginar. A análise amortizada que prova esse limite de tempo é tão complexa quanto a estrutura de dados é simples.

Os tópicos abordados nesta parte não são de modo algum os únicos exemplos de estruturas de dados "avançadas". Entre outras estruturas de dados avançadas, citamos as seguintes:

- **Heaps de Fibonacci** [156] implementam *heaps* mescláveis (ver Problema 10.2) com as operações INSERE, MÍNIMO e UNIÃO, levando apenas o tempo tempo real e amortizado $O(1)$, e as operações EXTRAI-MIN e REMOVE levando o tempo amortizado $O(\lg n)$. A vantagem mais significativa dessas estruturas de dados, no entanto, é que DIMINUI-CHAVE leva apenas o tempo amortizado $O(1)$. **Heaps estritos de Fibonacci** [73], desenvolvidos posteriormente, tornaram reais todos esses limites de tempo. Como a operação DIMINUI-CHAVE leva tempo amortizado constante, os *heaps* (estritos) de Fibonacci constituem componentes-chave de alguns dos algoritmos assintoticamente mais rápidos até hoje para problemas com grafos.

- **Árvores dinâmicas** [415, 429] mantêm uma floresta de árvores com raízes disjuntas. Cada aresta em cada árvore tem um custo de valor real. Árvores dinâmicas suportam consultas para encontrar pais, raízes, custos de arestas e o custo de aresta mínimo em um caminho simples de um nó até uma raiz. As árvores podem ser manipuladas por corte de arestas, atualização de todos os custos de arestas em um caminho simples de um nó até uma raiz, ligação de uma raiz à outra árvore e transformação de um nó em raiz da árvore na qual ele aparece. Uma implementação de árvores dinâmicas dá um limite de tempo amortizado $O(\lg n)$ para cada operação; uma implementação mais complicada produz limites de tempo $O(\lg n)$ no pior caso. Árvores dinâmicas são usadas em alguns dos algoritmos de fluxo de rede assintoticamente mais rápidos.

- *Árvores oblíquas* [418, 429] são uma forma de árvore de busca binária, na qual as operações padrões de árvores de busca são executadas em tempo amortizado $O(\lg n)$. Uma das aplicações de árvores oblíquas simplifica árvores dinâmicas.

- Estruturas de dados *persistentes* permitem consultas e, por vezes, também atualizações em versões anteriores de uma estrutura de dados. Por exemplo, estruturas de dados encadeadas podem se tornar persistentes com apenas um pequeno custo de tempo e espaço [126]. O Problema 13.1 apresenta um exemplo simples de conjunto dinâmico persistente.

- Diversas estruturas de dados permitem uma implementação mais rápida de operações de dicionário (INSERE, REMOVE e BUSCA) para um universo restrito de chaves. Tirando proveito dessas restrições, elas podem conseguir melhores tempos de execução assintóticos do pior caso que estruturas de dados baseadas em comparação. Se as chaves são inteiros exclusivos retirados do conjunto $\{0, 1, 2, ..., u - 1\}$, em que u é uma potência exata de 2, então uma estrutura de dados recursiva, conhecida como *árvore de van Emde Boas* [440, 441], oferece suporte a cada uma das operações BUSCA, INSERE, REMOVE, MÍNIMO, MÁXIMO, SUCESSOR e PREDECESSOR em um tempo $O(\lg \lg u)$. As *árvores de fusão* [157] foram as primeiras estruturas de dados a permitir operações de dicionário mais rápidas quando o universo está restrito a inteiros, implementando essas operações no tempo $O(\lg n / \lg \lg n)$. Várias estruturas de dados subsequentes, entre elas as *árvores exponenciais de busca* [17], também apresentaram limites melhorados para algumas ou todas as operações de dicionário e são mencionadas em notas de capítulos em todo este livro.

- *Estruturas de dados de grafos dinâmicos* suportam várias consultas e ao mesmo tempo permitem que a estrutura de um grafo mude por meio de operações que inserem ou eliminam vértices ou arestas. Entre os exemplos das consultas que elas suportam, citamos a conectividade de vértices [214], a conectividade de arestas, as árvores geradoras mínimas [213], a biconectividade e o fecho transitivo [212].

Notas do capítulo em todo o livro mencionam outras estruturas de dados adicionais.

17 Expansão das Estruturas de Dados

Algumas soluções não exigem mais que uma estrutura de dados "de livro didático" — como uma lista duplamente encadeada, uma tabela *hash* ou uma árvore de busca binária —, mas muitas outras requerem uma pitada de criatividade. Entretanto, apenas em raras situações você precisará projetar um tipo inteiramente novo de estrutura de dados. Na maioria das vezes, será suficiente expandir uma estrutura de dados de livro didático e nela armazenar informações adicionais. Então, você poderá programar novas operações para que a estrutura de dados suporte a aplicação desejada. Porém, expandir uma estrutura de dados nem sempre é uma operação direta, já que as informações adicionadas devem ser atualizadas e mantidas pelas operações originais da estrutura.

Este capítulo discute duas estruturas de dados baseadas nas árvores rubro-negras que são expandidas com novas informações. A Seção 17.1 descreve uma estrutura de dados que suporta operações gerais de estatísticas de ordem em um conjunto dinâmico: poderemos encontrar rapidamente o i-ésimo menor número em um conjunto ou o posto de determinado elemento. A Seção 17.2 abstrai o processo de expandir uma estrutura de dados e fornece um teorema que pode simplificar o processo de expansão de árvores rubro-negras. A Seção 17.3 utiliza esse teorema para ajudar a projetar uma estrutura de dados de modo a manter um conjunto dinâmico de intervalos, tais como intervalos de tempo. Dado um intervalo de consultas, poderemos encontrar rapidamente um intervalo no conjunto que se sobreponha a ele.

17.1 Estatísticas de ordem dinâmicas

O Capítulo 9 apresentou a noção de estatística de ordem. Especificamente, a i-ésima estatística de ordem de um conjunto de n elementos, em que $i \in \{1, 2, ..., n\}$, é simplesmente o elemento no conjunto que tenha a i-ésima menor chave. No Capítulo 9, vimos como determinar qualquer estatística de ordem no tempo $O(n)$ em um conjunto não ordenado. Nesta seção, veremos como modificar as árvores rubro-negras para podermos determinar qualquer estatística de ordem para um conjunto dinâmico no tempo $O(\lg n)$, e também como calcular o ***posto*** de um elemento — sua posição na ordem linear do conjunto — no tempo $O(\lg n)$.

A Figura 17.1 mostra uma estrutura de dados que pode suportar operações rápidas de estatísticas de ordem. Uma ***árvore de estatísticas de ordem*** T é simplesmente uma árvore rubro-negra com informações adicionais armazenadas em cada nó. Além dos atributos habituais da árvore rubro-negra, $x.chave$, $x.cor$, $x.p$, $x.esquerda$ e $x.direita$, cada nó x possui outro atributo, $x.tamanho$. Esse atributo contém o número de nós (internos) na subárvore com raiz em x (incluindo o próprio x, mas sem incluir quaisquer sentinelas), isto é, o tamanho da subárvore. Se definirmos o tamanho da sentinela como 0 — isto é, se definirmos $T.nil.tamanho$ como 0 —, então teremos a identidade

$$x.tamanho = x.esquerda.tamanho + x.direita.tamanho + 1 .$$

Não exigimos que as chaves sejam distintas em uma árvore de estatísticas de ordem. Por exemplo, a árvore da Figura 17.1 tem duas chaves com valor 14 e duas chaves com valor 21. Na presença de chaves iguais, a noção de posto que citamos não é bem definida. Eliminamos essa ambiguidade para uma árvore de estatísticas de ordem definindo o posto de um elemento como a posição na qual ele seria impresso em um percurso em ordem da árvore. Por exemplo, na Figura 17.1, a chave 14 armazenada em um nó preto tem ordem 5, e a chave 14 armazenada em um nó vermelho tem ordem 6.

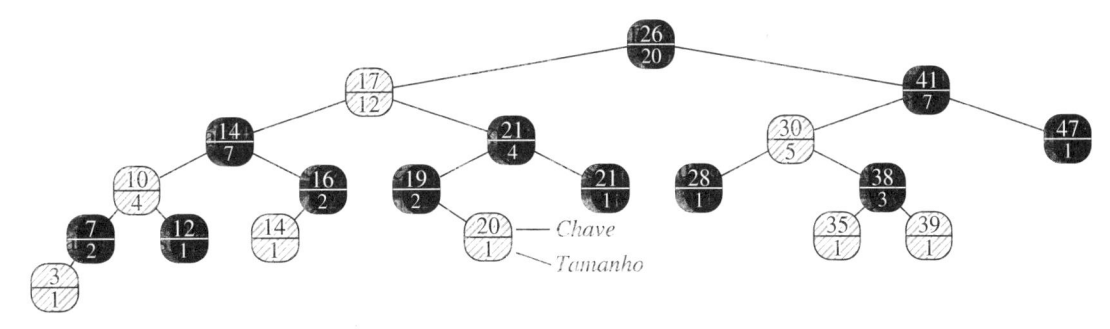

Figura 17.1 Árvore de estatísticas de ordem, que é uma árvore rubro-negra expandida. Além de seus atributos habituais, cada nó x tem um atributo $x.tamanho$, que é o número de nós na subárvore com raiz em x. (*Atenção: os nós vermelhos estão representados na figura pelos nós hachurados.*)

Recuperação de um elemento com determinado posto

Antes de mostrarmos como manter as informações de tamanho durante inserção e remoção, vamos examinar a implementação de duas consultas de estatísticas de ordem que utilizam essas informações adicionais. Começamos com uma operação que recupera um elemento com determinado posto. O procedimento SELECIONA-EO(x, i) retorna um ponteiro para o nó que contém a i-ésima menor chave na subárvore com raiz em x. Para encontrarmos o nó com a i-ésima menor chave em uma árvore de estatísticas de ordem T, chamamos SELECIONA-EO($T.raiz$, i).

```
SELECIONA-EO(x, i)
1   r = x.esquerda.tamanho + 1       // posto de x dentro da subárvore com raiz em x
2   if i == r
3       return x
4   elseif i < r
5       return SELECIONA-EO(x.esquerda, i)
6   else return SELECIONA-EO(x.direita, i − r)
```

Veja como funciona SELECIONA-EO. Na linha 1, calculamos r, o posto do nó x dentro da subárvore com raiz em x. O valor de $x.esquerda.tamanho$ é o número de nós que vêm antes de x em um percurso ordenado da subárvore com raiz em x. Assim, $x.esquerda.tamanho + 1$ é o posto de x dentro da subárvore com raiz em x. Se $i = r$, então o nó x é o i-ésimo menor elemento na subárvore esquerda de x, e assim, retornamos x na linha 3. Se $i < r$, então o i-ésimo menor elemento encontra-se na subárvore à esquerda de x e, portanto, fazemos recursão em $x.esquerda$ na linha 5. Se $i > r$, então o i-ésimo menor elemento encontra-se na subárvore à direita de x. Visto que a subárvore com raiz em x contém r elementos que vêm antes da subárvore à direita de x em um percurso de árvore em ordem, o i-ésimo menor elemento na subárvore com raiz em x é o $(i − r)$-ésimo menor elemento na subárvore com raiz em $x.direita$. A linha 6 determina esse elemento recursivamente.

A título de exemplo de como SELECIONA-EO funciona, considere uma busca pelo 17º menor elemento na árvore de estatísticas de ordem da Figura 17.1. Começamos a busca com x como a raiz, cuja chave é 26, e com $i = 17$. Como o tamanho da subárvore à esquerda de 26 é 12, seu posto é 13. Assim, sabemos que o nó com posto 17 é o $17 − 13 = 4º$ menor elemento na subárvore à direita de 26. Após a chamada recursiva, x é o nó com chave 41 e $i = 4$. Visto que o tamanho da subárvore à esquerda de 41 é 5, seu posto dentro da sua subárvore é 6. Portanto, sabemos que o nó com posto 4 está no 4º menor elemento da subárvore à esquerda de 41. Após a chamada recursiva, x é o nó com chave 30 e seu posto dentro de sua subárvore é 2. Assim, faremos mais uma vez uma recursão para encontrar o $4 − 2 = 2º$ menor elemento na subárvore com raiz no nó com chave 38. Agora, descobrimos que sua subárvore à esquerda tem tamanho 1, o que significa que ele é o 2º menor elemento. Assim, o procedimento retorna um ponteiro para o nó com chave 38.

Como cada chamada recursiva desce um nível na árvore de estatísticas de ordem, o tempo total para SELECIONA-EO é, na pior das hipóteses, proporcional à altura da árvore. Visto que se trata de uma árvore rubro-negra, sua altura é $O(\lg n)$, em que n é o número de nós. Assim, o tempo de execução de SELECIONA-EO é $O(\lg n)$ para um conjunto dinâmico de n elementos.

Determinação do posto de um elemento

Dado um ponteiro para nó x em uma árvore de estatísticas de ordem T, o procedimento Posto-EO, a seguir, retorna a posição de x na ordem linear determinada por um percurso em ordem da árvore T.

```
Posto-EO(T, x)
1   r = x.esquerda.tamanho + 1          // posto de x dentro da subárvore com raiz em x
2   y = x                               // raiz da subárvore sendo examinada
3   while y ≠ T.raiz
4       if y == y.p.direita             // se for raiz de uma subárvore da direita ...
5           r = r + y.p.esquerda.tamanho +1    //... soma o pai e sua subárvore à esquerda
6       y = y.p                         // move y em direção à raiz
7   return r
```

O procedimento Posto-EO funciona da maneira descrita a seguir. Podemos considerar o posto de x como o número de nós que precedem x em um percurso de árvore em ordem, mais 1 para o próprio x. Posto-EO mantém o seguinte invariante de laço:

No início de cada iteração do laço **while** das linhas 3–6, r é o posto de $x.chave$ na subárvore com raiz no nó y.

Usamos esse invariante de laço para mostrar que Posto-EO funciona corretamente como a seguir:

Inicialização: antes da primeira iteração, a linha 1 atribui a r o posto de $x.chave$ dentro da subárvore com raiz em x. Fazer $y = x$ na linha 2 torna o invariante verdadeiro na primeira vez que o teste na linha 3 é executado.

Manutenção: no fim de cada iteração do laço **while**, a linha 6 atribui $y = y.p$. Assim, devemos mostrar que, se r é o posto de $x.chave$ na subárvore com raiz em y no início do corpo do laço, então r é o posto de $x.chave$ na subárvore com raiz em $y.p$ no fim do corpo do laço. Em cada iteração do laço **while**, consideramos a subárvore com raiz em $y.p$. O valor de r já inclui o número de nós na subárvore com raiz no nó y que precedem x em um percurso ordenado; assim, o procedimento deve adicionar os nós na subárvore com raiz no irmão de y que precedem x em um percurso ordenado, mais 1 para $y.p$, se ele também precede x. Se y é um filho da esquerda, nem $y.p$ nem qualquer nó na subárvore à direita de $y.p$ precede x; portanto, Posto-EO deixa r como está. Caso contrário, y é um filho à direita e todos os nós na subárvore à esquerda de $y.p$ precedem x, assim como o próprio $y.p$. Neste caso, a linha 5 adiciona $y.p.esquerda.tamanho + 1$ ao valor atual de r.

Término: visto que cada iteração do laço move y para a raiz e o laço termina quando $y = T.raiz$, o laço por fim termina. Além disso, a subárvore com raiz em y é a árvore inteira. Assim, o valor de r é o posto de $x.chave$ na árvore inteira.

Como exemplo, quando executamos Posto-EO na árvore de estatísticas de ordem da Figura 17.1 para encontrar o posto do nó com chave 38, obtemos a seguinte sequência de valores de $y.chave$ e r no início do laço **while**:

Iteração	$y.chave$	r
1	38	2
2	30	4
3	41	4
4	26	17

O procedimento retorna o posto 17.

Visto que cada iteração do laço **while** leva o tempo $O(1)$ e y sobe um nível na árvore com cada iteração, o tempo de execução de Posto-EO é, na pior das hipóteses, proporcional à altura da árvore: $O(\lg n)$ em uma árvore de estatísticas de ordem de n nós.

Manutenção de tamanhos de subárvores

Dado o atributo *tamanho* em cada nó, Seleciona-EO e Posto-EO podem calcular rapidamente informações de estatísticas de ordem. Porém, a menos que possamos manter eficientemente o atributo *tamanho* dentro das operações modificadoras básicas em árvores rubro-negras, nosso trabalho terá sido em vão.

Agora, mostraremos como manter tamanhos de subárvores para inserção e remoção sem afetar os tempos de execução assintóticos de qualquer uma das operações.

Observamos, na Seção 13.3, que a inserção em uma árvore rubro-negra consiste em duas fases. A primeira fase percorre a árvore de cima para baixo a partir da raiz, inserindo o novo nó como filho de um nó existente. A segunda fase sobe a árvore, alterando cores e executando rotações para manter as propriedades vermelho-preto.

Para mantermos o tamanho das subárvores na primeira fase, simplesmente incrementamos $x.tamanho$ para cada nó x no caminho descendente simples percorrido da raiz até as folhas. O novo nó adicionado obtém um $tamanho$ igual a 1. Visto que existem $O(\lg n)$ nós no caminho percorrido, o custo adicional de manter os atributos $tamanho$ é $O(\lg n)$.

Na segunda fase, as únicas mudanças estruturais na árvore rubro-negra subjacente são causadas por rotações, das quais existem no máximo duas. Além disso, uma rotação é uma operação local: somente dois nós têm seus atributos $tamanho$ invalidados. A ligação em torno da qual a rotação é executada incide nesses dois nós. Referindo-nos ao código de ROTACIONA-PARA-ESQUERDA(T, x) no Capítulo 13, adicionamos as seguintes linhas:

```
13    y.tamanho = x.tamanho
14    x.tamanho = x.esquerda.tamanho + x.direita.tamanho + 1
```

A Figura 17.2 ilustra como os atributos são atualizados. A mudança em ROTACIONA-PARA-DIREITA é simétrica.

Uma vez que são executadas no máximo duas rotações durante a inserção em uma árvore rubro-negra, gastamos somente o tempo adicional $O(1)$ na atualização de atributos $tamanho$ na segunda fase. Portanto, o tempo total para inserção em uma árvore de estatísticas de ordem de n nós é $O(\lg n)$ — assintoticamente igual ao de uma árvore rubro-negra comum.

A remoção em uma árvore rubro-negra também consiste em duas fases: a primeira opera sobre a árvore de busca subjacente, e a segunda provoca no máximo três rotações; fora isso, não executa nenhuma mudança estrutural (ver Seção 13.4). A primeira fase extrai um nó z da árvore e pode mover no máximo dois outros nós dentro da árvore (nós y e x na Figura 12.4, no Capítulo 12). Para atualizarmos o tamanho das subárvores, simplesmente percorremos um caminho simples do nó mais baixo (começando em sua posição original dentro da árvore) até a raiz, decrementando o atributo $tamanho$ de cada nó no caminho. Visto que esse caminho tem o comprimento $O(\lg n)$ em uma árvore rubro-negra de n nós, o tempo adicional despendido na manutenção de atributos $tamanho$ na primeira fase é $O(\lg n)$. Tratamos as $O(1)$ rotações na segunda fase de remoção da mesma maneira que a inserção. Assim, tanto a inserção quanto a remoção, incluindo a manutenção dos atributos $tamanho$, demoram o tempo $O(\lg n)$ para uma árvore de estatísticas de ordem de n nós.

Exercícios

17.1-1
Mostre como SELECIONA-EO($T.raiz$, 10) funciona na árvore rubro-negra T da Figura 17.1.

17.1-2
Mostre como POSTO-EO(T, x) funciona na árvore rubro-negra T da Figura 17.1 e no nó x com $x.chave = 35$.

17.1-3
Escreva uma versão não recursiva de SELECIONA-EO.

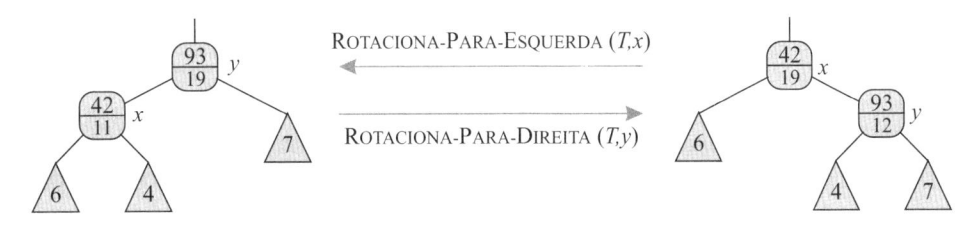

Figura 17.2 Atualização de tamanhos de subárvores durante rotações. As atualizações são locais, exigindo apenas as informações de $tamanho$ armazenadas em x, y e nas raízes das subárvores, mostradas como triângulos.

17.1-4

Escreva um procedimento recursivo Posto-Chave-EO(T, k) que tome como entrada uma árvore de estatísticas de ordem T e uma chave k e retorne o posto de k no conjunto dinâmico representado por T. Suponha que as chaves de T sejam distintas.

17.1-5

Dado um elemento x em uma árvore de estatísticas de ordem de n nós e um número natural i, mostre como determinar o i-ésimo sucessor de x na ordem linear da árvore no tempo $O(\lg n)$.

17.1-6

Os procedimentos Seleciona-EO e Posto-EO utilizam o atributo *tamanho* de um nó somente para calcularem um posto. Suponha que, em vez do atributo *tamanho*, armazenemos em cada nó seu posto na subárvore da qual ele é a raiz. Mostre como manter essas informações durante inserção e remoção. (Lembre-se de que essas duas operações podem provocar rotações.)

17.1-7

Mostre como usar uma árvore de estatísticas de ordem para contar o número de inversões (ver Problema 2.4, no Capítulo 2) em um vetor de tamanho n no tempo $O(n \lg n)$.

★ 17.1-8

Considere n cordas em um círculo, cada uma definida por suas extremidades. Descreva um algoritmo de tempo $O(n \lg n)$ para determinar o número de pares de cordas que se interceptam no interior do círculo. (Por exemplo, se as n cordas são todas diâmetros que se encontram no centro, então a resposta correta é $\binom{n}{2}$.) Suponha que nenhum par de cordas compartilhe um ponto extremo.

17.2 Como expandir uma estrutura de dados

O processo de expandir uma estrutura de dados básica para suportar funcionalidade adicional ocorre com bastante frequência no projeto de algoritmos. Nós o usaremos novamente na próxima seção para projetar-mos uma estrutura de dados que suporta operações em intervalos. Nesta seção, examinaremos as etapas envolvidas em tal expansão. Também provaremos um teorema que nos permite expandir árvores rubro-negras facilmente em muitos casos.

Podemos dividir o processo de expansão de uma estrutura de dados em quatro etapas:

1. Escolher uma estrutura de dados subjacente.
2. Determinar informações adicionais que devem ser mantidas na estrutura de dados subjacente.
3. Verificar se podemos manter as informações adicionais para as operações modificadoras básicas na estrutura de dados subjacente.
4. Desenvolver novas operações.

Como ocorre com qualquer método de projeto prescritivo, raramente poderemos seguir as etapas exatamente na ordem dada. Praticamente todo trabalho de projeto contém um elemento de tentativa e erro e, de modo geral, to-das as etapas são executadas em paralelo. Por exemplo, não tem sentido algum determinar informações adicionais e desenvolver novas operações (etapas 2 e 4) se não conseguirmos manter as informações adicionais de modo eficiente. Apesar disso, esse método de quatro etapas dá um bom foco para nossos esforços de expandir uma es-trutura de dados e é também um bom modo de organizar a documentação de uma estrutura de dados expandida.

Seguimos essas quatro etapas na Seção 17.1 para projetar nossas árvores de estatísticas de ordem. Na etapa 1, escolhemos as árvores rubro-negras como a estrutura de dados subjacente. As árvores rubro-negras pareciam ser um bom ponto de partida devido ao seu suporte eficiente para outras operações de conjuntos dinâmicos em uma ordem total, como Mínimo, Máximo, Sucessor e Predecessor.

Na etapa 2, acrescentamos o atributo *tamanho*, no qual cada nó x armazena o tamanho da subárvore com raiz em x. Em geral, as informações adicionais melhoram a eficiência das operações. Por exemplo, poderíamos ter implementado Seleciona-EO e Posto-EO usando apenas as chaves armazenadas na árvore, mas desse modo eles não teriam sido executados em tempo $O(\lg n)$. Algumas vezes, as informações adicionais são informações de ponteiros e não de dados, como no Exercício 17.2-1.

Na etapa 3, asseguramos que a inserção e a remoção poderiam manter os atributos *tamanho* e ainda assim ser executadas no tempo $O(\lg n)$. No caso ideal, precisaríamos atualizar somente alguns elementos da estrutura de dados para mantermos as informações adicionais. Por exemplo, se simplesmente armazenássemos em cada nó o posto que ele ocupa na árvore, os procedimentos Seleciona-EO e Posto-EO seriam executados rapidamente, mas inserir um novo elemento mínimo causaria uma mudança nessas informações em todos os nós da árvore. Porém, quando armazenamos tamanhos de subárvores, inserir um novo elemento provoca mudanças nas informações de apenas $O(\lg n)$ nós.

Na etapa 4, desenvolvemos as operações Seleciona-EO e Posto-EO. Afinal, a necessidade de novas operações é o motivo pelo qual nos preocupamos em expandir uma estrutura de dados. Ocasionalmente, em vez de desenvolvermos novas operações, usamos as informações adicionais para acelerar operações existentes, como no Exercício 17.2-1.

Como expandir árvores rubro-negras

Quando árvores rubro-negras formam a base de uma estrutura de dados expandida, podemos provar que inserção e remoção sempre podem manter eficientemente certos tipos de informações adicionais, o que simplifica a etapa 3. A prova do teorema a seguir é semelhante ao argumento da Seção 17.1 de que podemos manter o atributo *tamanho* em árvores de estatísticas de ordem.

Teorema 17.1 (Como expandir uma árvore rubro-negra)

Seja f um atributo que expande uma árvore rubro-negra T de n nós, e suponha que o valor de f para cada nó x dependa somente das informações nos nós x, $x.esquerda$ e $x.direita$ (incluindo, possivelmente, $x.esquerda.f$ e $x.direita.f$), e que o valor de $x.f$ possa ser calculado a partir dessa informação em tempo $O(1)$. Então, as operações de inserção e remoção podem manter os valores de f em todos os nós de T, sem afetar assintoticamente o desempenho $O(\lg n)$ dessas operações.

Prova A principal ideia da prova é que uma mudança em um atributo f em um nó x se propaga apenas até os ancestrais de x na árvore. Isto é, mudar $x.f$ pode exigir que $x.p.f$ seja atualizado, mas nada além disso; atualizar $x.p.f$ pode exigir que $x.p.p.f$ seja atualizado, mas nada além disso, e assim por diante subindo a árvore. Uma vez atualizado $T.raiz.f$, nenhum outro nó dependerá do novo valor e, assim, o processo termina. Visto que a altura de uma árvore rubro-negra é $O(\lg n)$, mudar um atributo f em um nó custa o tempo $O(\lg n)$ na atualização de todos os nós que dependem da mudança.

Como vimos na Seção 13.3, a inserção de um nó x na árvore rubro-negra T consiste em duas fases. Se a árvore T está vazia, então a primeira fase simplesmente torna x a raiz de T. Se T não está vazia, então a primeira fase insere x como um filho de um nó existente. Como consideramos que o valor de $x.f$ depende somente das informações em outros atributos do próprio x e das informações nos filhos de x, e como os filhos de x são ambos a sentinela $T.nil$, o valor de $x.f$ pode ser calculado no tempo $O(1)$. Uma vez calculado $x.f$, a mudança se propaga para cima na árvore. Assim, o tempo total para a primeira fase de inserção é $O(\lg n)$. Durante a segunda fase, as únicas mudanças estruturais na árvore vêm de rotações. Visto que apenas dois nós mudam em uma rotação, mas uma mudança de atributo pode precisar ser propagada até a raiz, o tempo total para atualizar os atributos f é $O(\lg n)$ por rotação. Como o número de rotações durante a inserção é no máximo dois, o tempo total para inserção é $O(\lg n)$.

Como a inserção, a remoção tem duas fases, conforme foi discutido na Seção 13.4. Na primeira fase, as mudanças na árvore ocorrem quando um nó é eliminado, e no máximo dois outros nós se movem dentro da árvore. A propagação das atualizações em f causadas por essas mudanças custa, no máximo, $O(\lg n)$, já que as mudanças na árvore são locais ao longo de um caminho simples desde o nó alterado mais baixo até a raiz. Corrigir a árvore rubro-negra durante a segunda fase requer no máximo três rotações, e cada rotação requer, no máximo, o tempo $O(\lg n)$ para propagar as atualizações até f. Portanto, como a inserção, o tempo total para remoção é $O(\lg n)$.   ∎

Em muitos casos, como a manutenção de atributos *tamanho* em árvores de estatísticas de ordem, o custo de atualizar após uma rotação é $O(1)$, em vez do custo $O(\lg n)$ deduzido na prova do Teorema 17.1. O Exercício 17.2-3 apresenta um exemplo.

Por outro lado, quando uma atualização após rotação requer um percurso até a raiz, é importante que a inserção e a remoção em uma árvore rubro-negra exijam um número constante de rotações. As notas do Capítulo 13 listam outros esquemas para balancear árvores de busca que não limitam o número de rotações por inserção ou remoção por uma constante. Se cada operação pode exigir $\Theta(\lg n)$ rotações e cada rotação percorre um caminho até a raiz, então uma única operação pode exigir um tempo $\Theta(\lg^2 n)$, em vez do limite de tempo $O(\lg n)$ indicado no Teorema 17.1.

Exercícios

17.2-1

Mostre, adicionando ponteiros aos nós, como suportar cada uma das consultas de conjuntos dinâmicos MÍNIMO, MÁXIMO, SUCESSOR e PREDECESSOR no tempo de pior caso $O(1)$ em uma árvore de estatísticas de ordem expandida. O desempenho assintótico de outras operações em árvores de estatísticas de ordem não deve ser afetado.

17.2-2

Podemos manter as alturas pretas de nós em uma árvore rubro-negra como atributos nos nós da árvore sem afetar o desempenho assintótico de qualquer das operações em árvores rubro-negras? Mostre como, se sua resposta for positiva, ou justifique uma resposta negativa. E se quiséssemos manter a profundidade dos nós?

17.2-3

Seja $\otimes$ um operador binário associativo e seja a um atributo mantido em cada nó de uma árvore rubro-negra. Suponha que queiramos incluir em cada nó x um atributo adicional f tal que $x.f = x_1.a \otimes x_2.a \otimes \ldots \otimes x_m.a$, em que $x_1, x_2, \ldots, x_m$ é a listagem em ordem de nós da subárvore com raiz em x. Mostre como atualizar os atributos f em tempo $O(1)$ após uma rotação. Modifique ligeiramente seu argumento para aplicá-lo aos atributos *tamanho* em árvores de estatísticas de ordem.

17.3   Árvores de intervalos

Nesta seção, ampliaremos as árvores rubro-negras para suportar operações em conjuntos dinâmicos de intervalos. Aqui, iremos supor que os intervalos são fechados. A extensão dos resultados a intervalos abertos e semiabertos é conceitualmente direta. (Ver no Apêndice B as definições de intervalos fechados, abertos e semiabertos.)

Intervalos são convenientes para representar eventos tais que cada um ocupe um período contínuo de tempo. Por exemplo, poderíamos querer consultar um banco de dados de intervalos de tempo para descobrir quais eventos ocorreram durante determinado intervalo. A estrutura de dados nesta seção fornece um meio eficiente para manter esse banco de dados de intervalos.

Um modo simples de representar um intervalo $[t_1, t_2]$ é como um objeto i, com atributos $i.baixo = t_1$ (o **ponto extremo baixo**) e $i.alto = t_2$ (o **ponto extremo alto**). Dizemos que os intervalos i e i' se **sobrepõem** se $i \cap i' \neq \emptyset$, isto é, se $i.baixo \leq i'.alto$ e $i'.baixo \leq i.alto$. Como mostra a Figura 17.3, quaisquer dois intervalos i e i' satisfazem à **tricotomia de intervalos**; isto é, exatamente uma das três propriedades a seguir é válida:

a. i e i' se sobrepõem.

b. i está à esquerda de i' (isto é, $i.alto < i'.baixo$).

c. i está à direita de i' (isto é, $i'.alto < i.baixo$).

Uma **árvore de intervalos** é uma árvore rubro-negra que mantém um conjunto dinâmico de elementos, sendo que cada elemento x contém um intervalo $x.int$. Árvores de intervalos suportam as seguintes operações:

INSERE-INTERVALO(T, x) acrescenta o elemento x à árvore de intervalos T. Supõe-se que o atributo *int* desse elemento contém um intervalo.

REMOVE-INTERVALO(T, x) remove o elemento x da árvore de intervalos T.

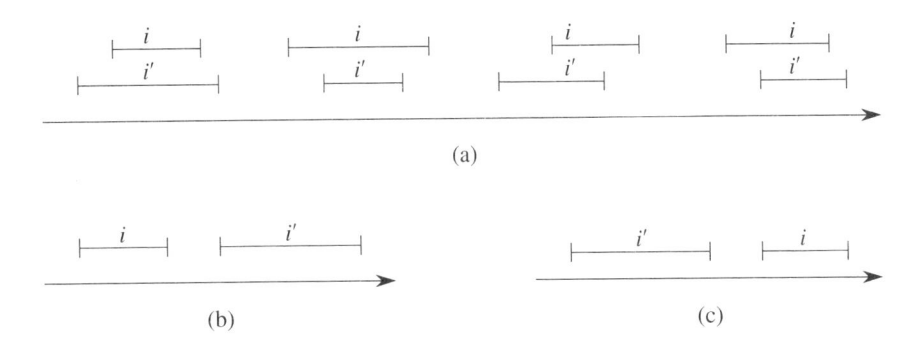

(a)

(b)   (c)

Figura 17.3 Tricotomia de intervalos para dois intervalos fechados i e i'. (**a**) Se i e i' se sobrepõem, há quatro situações; em cada uma, $i.baixo \le i'.alto$ e $i'.baixo \le i.alto$. (**b**) Os intervalos não se sobrepõem, e $i.alto < i'.baixo$. (**c**) Os intervalos não se sobrepõem, e $i'.alto < i.baixo$. (*Atenção: os nós vermelhos estão representados na figura pelos nós hachurados.*)

BUSCA-INTERVALO(T, i) retorna um ponteiro para um elemento x na árvore de intervalos T tal que $x.int$ se sobrepõe ao intervalo i, ou um ponteiro para a sentinela $T.nil$, se não existir tal elemento no conjunto.

A Figura 17.4 mostra como uma árvore de intervalos representa um conjunto de intervalos. O método de quatro etapas da Seção 17.2 orientará nosso projeto de uma árvore de intervalos e as operações nela executadas.

Etapa 1: Estrutura de dados subjacente

Uma árvore rubro-negra serve como estrutura de dados subjacente. Cada nó x contém um intervalo $x.int$, e a chave de x é o ponto extremo baixo, $x.int.baixo$, do intervalo. Assim, um percurso de árvore em ordem pela estrutura de dados produz uma lista de intervalos em sequência ordenada pelo ponto extremo menor.

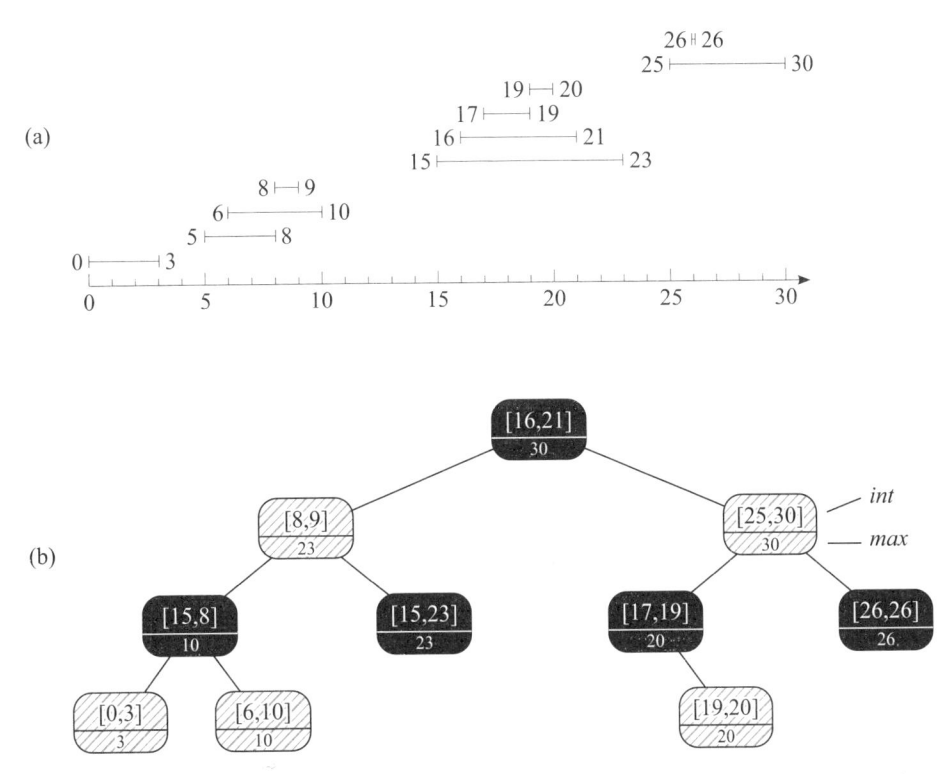

Figura 17.4 Árvore de intervalos. (**a**) Conjunto de 10 intervalos mostrados em sequência ordenada de baixo para cima por ponto extremo esquerdo. (**b**) Árvore de intervalos que os representa. Cada nó x contém um intervalo, mostrado acima da linha, e o máximo valor de qualquer ponto extremo de intervalo na subárvore com raiz em x, mostrado abaixo da linha. Um percurso em ordem da árvore produz uma lista de nós em sequência ordenada por ponto extremo esquerdo. (*Atenção: os nós vermelhos estão representados na figura pelos nós hachurados.*)

Etapa 2: Informações adicionais

Além dos próprios intervalos, cada nó x contém um valor $x.max$, que é o valor máximo de qualquer ponto extremo de intervalo armazenado na subárvore com raiz em x.

Etapa 3: Manutenção das informações

Temos de verificar que inserção e remoção em uma árvore de intervalos de n nós demoram o tempo $O(\lg n)$. É muito simples determinar $x.max$ no tempo $O(1)$, dado o intervalo $x.int$ e os valores max dos filhos do nó x:

$$x.max = \max\{x.int.alto, x.esquerda.max, x.direita.max\}.$$

Assim, pelo Teorema 17.1, inserção e remoção são executadas no tempo $O(\lg n)$. De fato, podemos utilizar os Exercícios 17.2-3 e 17.3-1 para mostrar como atualizar todos os atributos max que mudam após uma rotação apenas no tempo $O(1)$.

Etapa 4: Desenvolvimento de novas operações

A única operação nova de que necessitamos é Busca-Intervalo(T, i), que encontra um nó na árvore T cujo intervalo se sobrepõe ao intervalo i. Se não existir nenhum intervalo que se sobreponha a i na árvore, o procedimento retorna um ponteiro para a sentinela $T.nil$.

```
Busca-Intervalo(T, i)
1   x = T.raiz
2   while x ≠ T.nil e i não sobrepõe x.int
3       if x.esquerda ≠ T.nil e x.esquerda.max ≠ i.baixo
4           x = x.esquerda          // sobrepõe na subárvore à esquerda ou não sobrepõe na direita
5       else x = x.direita          // não sobrepõe na subárvore à esquerda
6   return x
```

A busca de um intervalo que se sobreponha a i começa na raiz da árvore, prossegue no sentido descendente e termina quando encontra um intervalo sobreposto ou quando alcança a sentinela $T.nil$. Como cada iteração do laço básico demora o tempo $O(1)$ e visto que a altura de uma árvore rubro-negra de n nós é $O(\lg n)$, o procedimento Busca-Intervalo demora o tempo $O(\lg n)$.

Antes de vermos por que Busca-Intervalo é correto, vamos examinar como ele funciona na árvore de intervalos da Figura 17.4. Vamos supor que desejamos encontrar um intervalo que se sobreponha ao intervalo $i = [22, 25]$. Começamos com o nó x como raiz, o qual contém $[16, 21]$ e não se sobrepõe a i. Visto que $x.esquerda.max = 23$ é maior que $i.baixo = 22$, o laço continua com x como o filho à esquerda da raiz — o nó que contém $[8, 9]$, que também não se sobrepõe a i. Dessa vez, $x.esquerda.max = 10$ é menor que $i.baixo = 22$ e, assim, o laço continua com o filho à direita de x como o novo x. Como o intervalo $[15, 23]$ armazenado nesse nó se sobrepõe a i, o procedimento retorna esse nó.

Agora, vamos experimentar uma busca malsucedida, para um intervalo que se sobreponha a $i = [11, 14]$ na árvore de intervalos da Figura 17.4. Mais uma vez, começamos com x como a raiz. Visto que o intervalo $[16, 21]$ da raiz não se sobrepõe a i, e considerando que $x.esquerda.max = 23$ é maior que $i.baixo = 11$, vamos para a esquerda até o nó que contém $[8, 9]$. O intervalo $[8, 9]$ não se sobrepõe a i, e $x.esquerda.max = 10$ é menor que $i.baixo = 11$ e, portanto, vamos para a direita. (Observe que nenhum intervalo na subárvore à esquerda se sobrepõe a i.) O intervalo $[15, 23]$ não se sobrepõe a i, e seu filho à esquerda é $T.nil$; assim, vamos novamente para a direita, o laço termina e Busca-Intervalo retorna a sentinela $T.nil$.

Para vermos por que Busca-Intervalo é correto, devemos entender por que basta examinar um único caminho simples que parte da raiz. A ideia básica é que em qualquer nó x, se $x.int$ não se sobrepõe a i, a busca sempre prossegue em uma direção segura: a busca definitivamente encontrará um intervalo sobreposto se a árvore contiver algum. O teorema a seguir enuncia essa propriedade de modo mais preciso.

Teorema 17.2

Qualquer execução de Busca-Intervalo(T, i) retorna um nó cujo intervalo se sobrepõe a i, ou retorna $T.nil$ e a árvore T não contém nenhum nó cujo intervalo se sobrepõe a i.

Prova O laço **while** das linhas 2–5 termina quando $x = T.nil$ ou i se sobrepõe a $x.int$. Nesse último caso, certamente é correto retornar x. Portanto, vamos focalizar o primeiro caso, no qual o laço **while** termina porque $x = T.nil$, que é o nó que Busca-Intervalo retorna.

Provaremos que, se o procedimento retorna $T.nil$, então ele não perdeu quaisquer intervalos em T que se sobrepõem a i. A ideia é mostrar que, não importa se a busca vai da esquerda na linha 4 ou da direita na linha 5, ela sempre segue para um nó contendo um intervalo que se sobrepõe a i, se houver tal intervalo. Em particular, vamos provar que:

1. Se a busca segue para a esquerda na linha 4, então a subárvore à esquerda do nó x contém um intervalo que se sobrepõe a i ou a subárvore à direita de x não contém um intervalo que se sobrepõe a i. Portanto, mesmo que a subárvore à esquerda de x não contenha um intervalo que se sobrepõe a i, mas a busca segue para a esquerda, isso não constitui erro, pois a subárvore à direita de x também não contém um intervalo que se sobrepõe a i.

2. Se a busca segue para a direita na linha 5, então a subárvore à esquerda de x não contém um intervalo que se sobrepõe a i. Portanto, se a busca segue para a direita, isso não constitui erro.

Para ambos os casos, nos baseamos na tricotomia do intervalo. Vamos começar com o caso em que a busca vai para a direita, cuja prova é mais simples. Pelos testes na linha 3, sabemos que $x.esquerda = T.nil$, ou $x.esquerda.max < i.baixo$. Se $x.esquerda = T.nil$, a subárvore à esquerda de x não contém nenhum intervalo que se sobreponha a i e, assim, ela não contém intervalo algum. Agora, suponha que $x.esquerda \neq T.nil$, de modo que temos $x.esquerda.max < i.baixo$. Considere qualquer intervalo i' na subárvore à esquerda de x. Como $x.esquerda.max$ é o ponto extremo máximo na subárvore à esquerda de x, temos $i'.alto \geq x.esquerda.max$. Assim, como mostra a Figura 17.5,

$$i'.alto \leq x.esquerda.max$$
$$< i.baixo.$$

Portanto, pela tricotomia de intervalos, i' e i não se sobrepõem. Assim, a subárvore à esquerda de x não contém nenhum intervalo que se sobreponha a i.

Agora, vamos examinar o caso em que a busca segue para a esquerda. Se a subárvore à esquerda do nó x contém um intervalo que se sobrepõe a i, teremos terminado, então vamos considerar que nenhum nó na subárvore à esquerda de x se sobrepõe a i. Precisamos mostrar que, neste caso, nenhum nó na subárvore à direita de x se sobrepõe a i, de modo que ir para a esquerda não perderá quaisquer sobreposições na subárvore à direita de x. Pelos testes na linha 3, a subárvore à esquerda de x não está vazia e $x.esquerda.max \geq i.baixo$. Pela definição do atributo max, a subárvore à esquerda de x deverá conter algum intervalo i' tal que

$$i'.alto = x.esquerda.max$$
$$\geq i.baixo,$$

conforme ilustra a Figura 17.5(b). Visto que i' está na subárvore à esquerda de x, ele não se sobrepõe a i, e como $i'.alto \geq i.baixo$, decorre pela tricotomia de intervalos que $i.alto < i'.baixo$. Agora, lançamos mão da propriedade de que as árvores de intervalos são chaveadas nas extremidades baixas de intervalos. Visto que i' está na subárvore à esquerda de x, temos que $i'.baixo \leq x.int.baixo$. Agora, considere qualquer intervalo i'' na subárvore à direita de x, de modo que $x.int.baixo \leq i''.baixo$. Reunindo as inequações, obtemos

$$i.alto < i'.baixo$$
$$\leq x.int.baixo$$
$$\leq i''.baixo.$$

Como $i.alto < i''.baixo$, pela tricotomia de intervalos, sabemos que i e i'' não se sobrepõem. Como escolhemos i'' como qualquer intervalo na subárvore à direita de x, nenhum nó na subárvore à direita de x se sobrepõe a i. ∎

Portanto, o procedimento Busca-Intervalo funciona corretamente.

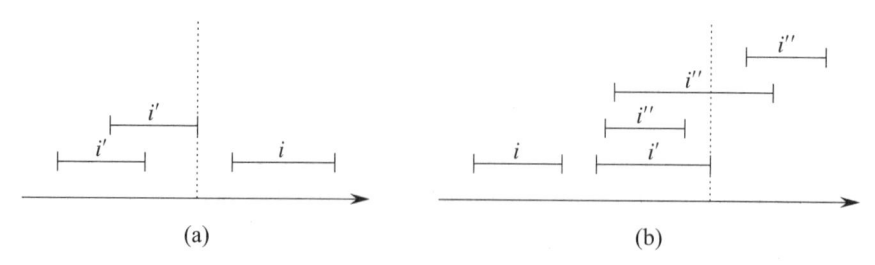

(a)   (b)

Figura 17.5 Intervalos na prova do Teorema 17.2. O valor de *x.esquerda.max* é mostrado em cada caso como uma linha tracejada. (**a**) A busca segue para a direita. Nenhum intervalo *i′* na subárvore à esquerda de *x* pode se sobrepor a *i*. (**b**) A busca segue para a esquerda. A subárvore à esquerda de *x* contém um intervalo que se sobrepõe a *i* (situação não mostrada), ou a árvore à esquerda de *x* contém um intervalo *i′* tal que *i′.alto = x.esquerda.max*. Visto que *i* não se sobrepõe a *i′*, também não se sobrepõe a nenhum intervalo *i″* na subárvore à direita de *x*, já que *i′.baixo ≤ i″.baixo*.

Exercícios

17.3-1
Escreva o pseudocódigo para Rotaciona-Para-Esquerda, que opere, em um tempo $O(1)$, sobre os nós em uma árvore de intervalos e atualize todos os atributos *max* que forem afetados.

17.3-2
Descreva um algoritmo eficiente que, dado um intervalo *i*, retorne um intervalo que se sobreponha a *i* que possua o ponto extremo baixo mínimo ou *T.nil*, se aquele intervalo não existir.

17.3-3
Dada uma árvore de intervalos *T* e um intervalo *i*, descreva como produzir uma lista com todos os intervalos em *T* que se sobrepõem a *i* no tempo $O(\min\{n, k \lg n\})$, em que *k* é o número de intervalos na lista de saída. (*Sugestão:* um método simples executa várias consultas, modificando a árvore entre as consultas. Um método ligeiramente mais complicado não modifica a árvore.)

17.3-4
Sugira modificações para os procedimentos de árvores de intervalos para suportar a nova operação Busca-Exata-Intervalo(*T, i*), em que *T* é uma árvore de intervalos e *i* é um intervalo. A operação deverá retornar um ponteiro para um nó *x* em *T* tal que *x.int.baixo = i.baixo* e *x.int.alto = i.alto* ou *T.nil* se *T* não contiver nenhum nó desse tipo. Todas as operações, incluindo Busca-Exata-Intervalo, devem ser executadas no tempo $O(\lg n)$ em uma árvore de intervalos com *n* nós.

17.3-5
Mostre como manter um conjunto dinâmico *Q* de números que suporte a operação Dif-Min, que indica a magnitude da diferença entre os dois números mais próximos em *Q*. Por exemplo, se $Q = \{1, 5, 9, 15, 18, 22\}$, então Dif-Min(*Q*) retorna 3, já que 15 e 18 são os dois números mais próximos em *Q*. Maximize a eficiência das operações Insere, Remove, Busca e Dif-Min, e analise seus tempos de execução.

★ 17.3-6
Normalmente, os bancos de dados VLSI representam um circuito integrado como uma lista de retângulos. Suponha que cada retângulo seja orientado de modo retilíneo (com os lados paralelos aos eixos *x* e *y*), de forma que podemos representar cada um deles por quatro valores: suas coordenadas *x* e *y* mínima e máxima. Dê um algoritmo de tempo $O(n \lg n)$ para decidir se um conjunto de *n* retângulos assim representados contém ou não dois retângulos que se sobrepõem. Seu algoritmo não precisa informar todos os pares que se interceptam, mas deve esclarecer que existe sobreposição se um retângulo cobrir inteiramente outro retângulo, ainda que as linhas de contorno não se interceptem. (*Sugestão:* movimente uma linha "de varredura" pelo conjunto de retângulos.)

Problemas

17-1   Ponto de sobreposição máxima

Suponha que desejemos manter o controle de um *ponto de sobreposição máxima* em um conjunto de intervalos — um ponto que tenha o maior número de intervalos no conjunto que se sobreponham a ele.

a. Mostre que sempre existirá um ponto de sobreposição máxima que é uma extremidade de um dos segmentos.

b. Projete uma estrutura de dados que suporte eficientemente as operações INSERE-INTERVALO, REMOVE-INTERVALO e ENCONTRA-PSM, que retorna um ponto de sobreposição máxima. (*Sugestão:* mantenha uma árvore rubro-negra de todas as extremidades. Associe o valor +1 a cada ponto extremo esquerdo e associe o valor −1 a cada ponto extremo direito. Expanda cada nó da árvore com algumas informações extras para manter o ponto de sobreposição máxima.)

17-2   Permutação de Josephus

Definimos o *problema de Josephus* da seguinte maneira. Suponha que n pessoas formem um círculo e que temos um inteiro positivo $m \leq n$. Começando com uma primeira pessoa designada, prosseguimos ao redor do círculo, retirando cada m-ésima pessoa. Depois que cada pessoa é retirada, a contagem continua em torno do círculo restante. Esse processo prossegue até retirarmos todas as n pessoas do círculo. A ordem em que as pessoas são retiradas do círculo define a *permutação de Josephus* (n, m) dos inteiros $1, 2,..., n$. Por exemplo, a permutação de Josephus $(7, 3)$ é $\langle 3, 6, 2, 7, 5, 1, 4 \rangle$.

a. Suponha que m seja uma constante. Descreva um algoritmo de tempo $O(n)$ que, dado um inteiro n, forneça como saída a permutação de Josephus (n, m).

b. Suponha que m não seja necessariamente uma constante. Descreva um algoritmo de tempo $O(n \lg n)$ que, dados os inteiros n e m, forneça como saída a permutação de Josephus (n, m).

Notas do capítulo

Em seu livro, Preparata e Shamos [364] descrevem várias árvores de intervalos que aparecem na literatura, citando os trabalhos de H. Edelsbrunner (1980) e E. M. McCreight (1981). O livro detalha uma árvore de intervalos que, dado um banco de dados estático de n intervalos, nos permite enumerar, no tempo $O(k + \lg n)$, todos os k intervalos que se sobrepõem a determinado intervalo de consulta.

18 Árvores B

Árvores B são árvores de busca balanceadas projetadas para funcionar bem em unidades de disco ou outros dispositivos de armazenamento secundário de acesso direto. Árvores B são semelhantes a árvores rubro-negras (Capítulo 13), mas são melhores para minimizar o número de operações de E/S que acessam os discos. (Quase sempre usamos apenas "disco" em vez de "unidade de disco".) Muitos sistemas de bancos de dados utilizam árvores B ou variantes de árvores B para armazenar informações.

As árvores B são diferentes das árvores rubro-negras no sentido de que os nós das árvores B podem ter muitos filhos, de alguns até milhares. Isto é, o "fator de ramificação" de uma árvore B pode ser bastante grande, embora normalmente dependa das características da unidade de disco utilizada. As árvores B são semelhantes às árvores rubro-negras no sentido de que toda árvore B de n nós tem altura $O(\lg n)$, de modo que as árvores B podem implementar muitas operações de conjuntos dinâmicos no tempo $O(\lg n)$. Mas uma árvore B tem um fator de ramificação maior que o de uma árvore rubro-negra, de forma que a base do logaritmo que expressa sua altura pode ser muito maior e, portanto, sua altura pode ser consideravelmente mais baixa.

Árvores B generalizam árvores de busca binária de modo natural. A Figura 18.1 mostra uma árvore B simples. Se um nó interno x de uma árvore B contém $x.n$ chaves, então x tem $x.n + 1$ filhos. As chaves no nó x servem como pontos de divisão que separam a faixa de chaves manipulada por x em $x.n + 1$ subfaixas, cada uma tratada por um filho de x. Quando procuramos uma chave em uma árvore B, tomamos uma decisão de $(x.n + 1)$ vias, com base em comparações com as $x.n$ chaves armazenadas no nó x. Um nó interno contém ponteiros para seus filhos, mas não um nó de folha.

A Seção 18.1 dá uma definição precisa de árvores B e prova que o aumento da altura de uma árvore B é apenas logarítmico de acordo com o número de nós que ela contém. A Seção 18.2 descreve como procurar uma chave e como inseri-la em uma árvore B, e a Seção 18.3 discute a remoção. Porém, antes de prosseguir, precisamos perguntar por que avaliamos estruturas de dados projetadas para funcionar em um disco de modo diferente das estruturas de dados projetadas para funcionar na memória de acesso aleatório principal.

Estruturas de dados em armazenamento secundário

Os sistemas de computador aproveitam várias tecnologias que fornecem capacidade de memória. A *me-mó,ria principal* de um sistema de computador normalmente consiste em *chips* de memória de silício. Em geral, essa tecnologia é mais de uma ordem de grandeza mais cara por *bit* armazenado que a tecnologia de armazenamento magnético, como unidades de fita ou de disco. A maioria dos sistemas de computador também tem *armazenamento secundário* baseado em unidades de estado sólido (SSDs) ou unidades de

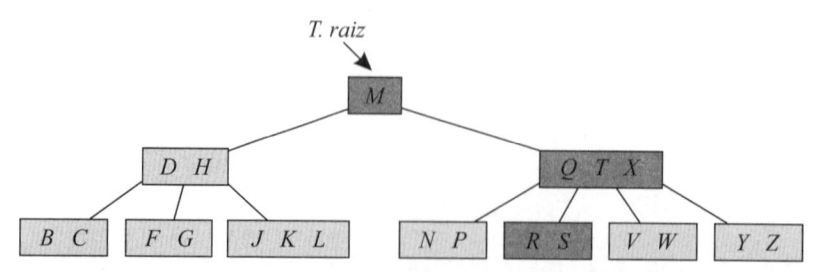

Figura 18.1 Árvore B cujas chaves são as consoantes do alfabeto latino. Um nó interno x contendo $x.n$ chaves tem $x.n + 1$ filhos. Todas as folhas estão na mesma profundidade na árvore. Os três nós *cinza-escuro* são examinados em uma busca pela letra R.

disco magnético. A quantidade desse armazenamento secundário normalmente ultrapassa a quantidade da memória principal em uma a duas ordens de grandeza. SSDs possuem tempos de acesso mais rápido que as unidades de disco magnético, que são dispositivos mecânicos. Nos últimos anos, a capacidade das unidades de SSD tem aumentado enquanto seu preço tem diminuído. As unidades de disco magnético costumam ter capacidade muito maior que os SSDs, e continuam sendo o meio mais econômico para armazenar grandes quantidades de informações. Podem-se encontrar unidades de disco que armazenam vários *terabytes*[1] por menos de $100.

A Figura 18.2 mostra uma unidade de disco típica. A unidade consiste em uma ou mais **lâminas** que giram a velocidade constante em torno de um ***eixo*** comum. Um material magnetizável cobre a superfície de cada lâmina. A unidade de disco lê ou grava cada lâmina por meio de uma ***cabeça*** na extremidade de um ***braço***. Os braços podem movimentar suas cabeças aproximando-se ou afastando-se do eixo. Quando determinada cabeça está estacionária, a superfície que passa sob ela é denominada ***trilha***.

Embora os discos sejam mais baratos e tenham maior capacidade que a memória principal, eles são muito, muito mais lentos porque têm peças mecânicas móveis. O movimento mecânico tem dois componentes: a rotação da lâmina e o movimento do braço. Na época em que este livro foi escrito, a velocidade de rotação dos discos comerciais era de 5.400 a 15.000 rotações por minuto (RPM). O que existia normalmente no comércio eram velocidades de 15.000 RPM em unidades de disco para servidores, 7.200 RPM em unidades de disco para computadores *desktop* e 5.400 RPM em unidades de disco de *notebooks*. Embora a velocidade de 7.200 RPM pareça alta, uma rotação demora 8,33 milissegundos, tempo que é mais de cinco ordens de grandeza maior que os tempos de acesso de 50 nanossegundos (mais ou menos) comumente encontrados na memória principal. Em outras palavras, se um computador espera uma rotação completa para um item específico cair sob a cabeça de leitura/gravação, podemos acessar a memória principal mais de 100.000 vezes durante esse mesmo período. Em média, temos de esperar somente metade de uma rotação, mas, ainda assim, a diferença entre tempos de acesso para memórias principais e para discos é enorme. A movimentação dos braços também demora algum tempo. Na época em que este livro foi escrito, os tempos de acesso médios para discos comerciais estavam na faixa de 4 milissegundos.

Para amortizar o tempo gasto na espera de movimentos mecânicos, também conhecido como ***latência***, os discos acessam vários itens de cada vez, e não apenas um. As informações são divididas em vários ***blocos*** de *bits* de igual tamanho que aparecem consecutivamente dentro de trilhas, e cada leitura ou gravação de disco é de um ou mais blocos inteiros.[2] Para um disco típico, um bloco pode conter de 512 a 4.096 *bytes*. Tão logo a cabeça de leitura/gravação esteja posicionada corretamente e o disco tenha girado até o início do bloco

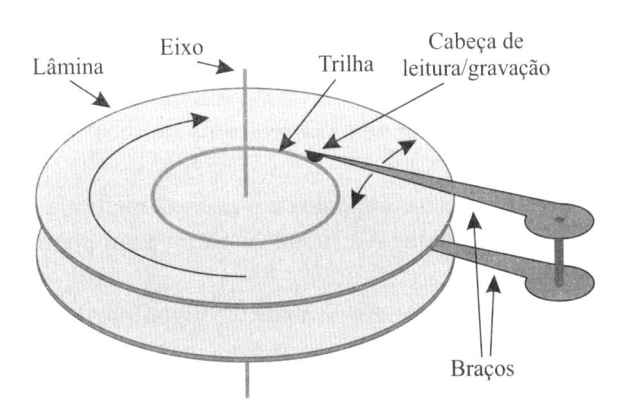

Figura 18.2 Unidade típica de disco magnético. Ela é composta por uma ou mais lâminas cobertas por um material magnetizável (aqui mostramos duas lâminas) que giram em torno de um eixo. Cada lâmina é lida e gravada com uma cabeça na extremidade de um braço. Os braços giram ao redor de um eixo pivô comum. Uma trilha é a superfície que passa sob a cabeça de leitura/gravação quando a cabeça está estacionária.

---

[1] Ao especificar capacidade de disco, um *terabyte* significa um trilhão de *bytes*, em vez de 2^{40} *bytes*.

[2] Unidades SSD também apresentam maior latência do que a memória principal e acessam dados em blocos.

desejado, a leitura ou gravação em disco magnético é inteiramente eletrônica (exceto a rotação do disco), e o disco pode ler ou gravar rapidamente uma grande quantidade de dados.

Muitas vezes, acessar um bloco de informações em um disco e ler esse bloco demora mais que processar todas as informações lidas. Por essa razão, neste capítulo estudaremos separadamente os dois componentes principais do tempo de execução:

- o número de acessos ao disco e
- o tempo de CPU (ou de computação).

Medimos o número de acessos ao disco em termos do número de blocos de informações que precisam ser lidos do disco ou nele gravados. Embora o tempo de acesso ao disco não seja constante — ele depende da distância entre a trilha atual e a trilha desejada, e também da posição de rotação inicial das lâminas —, usaremos o número de blocos lidos ou gravados como uma aproximação de primeira ordem do tempo total gasto no acesso à unidade de disco.

Em uma aplicação típica de árvore B, a quantidade de dados manipulados é tão grande que os dados não cabem todos na memória principal de uma só vez. Os algoritmos de árvores B copiam blocos selecionados do disco para a memória principal conforme necessário e gravam novamente em disco os blocos que foram alterados. Algoritmos de árvores B mantêm somente um número constante de blocos na memória principal em qualquer instante; assim, o tamanho da memória principal não limita o tamanho das árvores B que podem ser manipuladas.

Procedimentos de árvore B precisam ser capazes de ler informações do disco para a memória principal e gravar informações da memória principal para o disco. Considere algum objeto x. Se x estiver atualmente na memória principal do computador, poderemos referenciar os atributos do objeto do modo normal: por exemplo, $x.chave$. Contudo, se x residir no disco, o procedimento terá de executar a operação Lê-Disco(x) para ler o bloco contendo o objeto x para a memória principal antes que ele possa referenciar seus atributos. (Supomos que, se x já está na memória principal, Lê-Disco(x) não requer nenhum acesso ao disco; essa é uma "não operação" — "no-op".) De modo semelhante, os procedimentos chamam Escreve-Disco(x) para salvar quaisquer alterações que tenham sido feitas nos atributos do objeto x, gravando em disco o bloco que contém x. Portanto, o padrão típico de trabalho com um objeto é o seguinte:

```
x = um ponteiro para algum objeto
Lê-Disco(x)
operações que acessam e/ou modificam os atributos de x
Escreve-Disco(x)                    // omitido se nenhum atributo de x foi alterado
outras operações que acessam mas não modificam atributos de x
```

O sistema pode manter somente um número limitado de blocos na memória principal em qualquer instante. Nossos algoritmos de árvore B consideram que o sistema descarrega automaticamente da memória principal os blocos que não estão mais em uso.

Visto que na maioria dos sistemas o tempo de execução de um algoritmo de árvore B depende principalmente do número de operações Lê-Disco e Escreve-Disco que executa, normalmente desejamos que cada uma dessas operações leia ou grave o máximo possível de informações. Assim, um nó de árvore B é, normalmente, tão grande quanto um bloco de disco inteiro, e esse tamanho limita o número de filhos que um nó de árvore B pode ter.

Para uma árvore B grande armazenada em disco, normalmente, os fatores de ramificação estão entre 50 e 2.000, dependendo do tamanho de uma chave com relação ao tamanho de um bloco. Um fator de ramificação grande reduz drasticamente tanto a altura da árvore quanto o número de acessos ao disco necessários para encontrar qualquer chave. A Figura 18.3 mostra uma árvore B com fator de ramificação de 1.001 e altura 2 que pode armazenar mais de um bilhão de chaves. Apesar disso, se o nó raiz for mantido permanentemente na memória principal, poderemos encontrar qualquer chave dessa árvore com, no máximo, dois acessos ao disco.

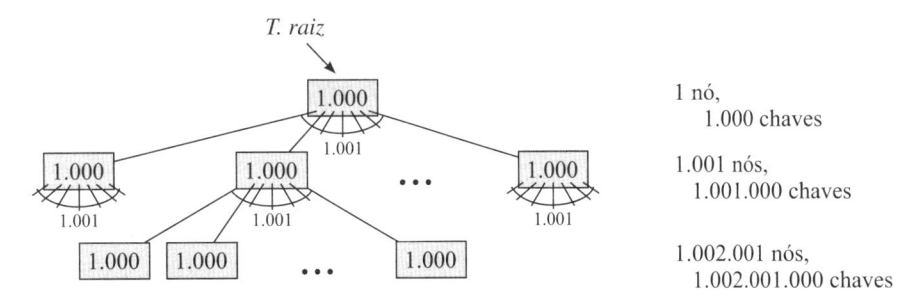

Figura 18.3 Árvore B de altura 2 contendo mais de um bilhão de chaves. Dentro de cada nó x aparece $x.n$, o número de chaves em x. Cada nó interno e cada folha contêm 1.000 chaves. Essa árvore B contém 1.001 nós na profundidade 1 e mais de um milhão de folhas na profundidade 2.

18.1   Definição de árvores B

Por questão de simplicidade, supomos, como fizemos para as árvores de busca binária e árvores rubro-negras, que quaisquer informações satélites associadas a uma chave residem no mesmo nó que a chave. Na prática, poderíamos até mesmo armazenar com cada chave apenas um ponteiro para outro bloco de disco que contenha as informações satélites para essa chave. O pseudocódigo neste capítulo supõe implicitamente que as informações satélites associadas a uma chave, ou o ponteiro para tais informações satélites, acompanham a chave sempre que esta passa de nó para nó. Uma variante comum em uma árvore B, conhecida como **árvore B+**, armazena todas as informações satélites nas folhas e apenas chaves e ponteiros de filhos nos nós internos, o que maximiza o fator de ramificação dos nós internos.

Uma **árvore B** T é uma árvore enraizada (com $T.raiz$) que tem as seguintes propriedades:

1. Todo nó x tem os seguintes atributos:
    a. $x.n$, o número de chaves atualmente armazenadas no nó x,
    b. as próprias $x.n$ chaves, $x.chave_1, x.chave_2, \dots, x.chave_{x.n}$, armazenadas em ordem monotonicamente crescente, de modo que $x.chave_1 \le x.chave_2 \le \dots \le x.chave_{x.n}$,
    c. $x.folha$, um valor booleano que é VERDADE se x é uma folha e FALSO se x é um nó interno.
2. Cada nó interno x também contém $x.n + 1$ ponteiros $x.c_1, x.c_2, \dots, x.c_{x.n+1}$ para seus filhos. Os nós de folhas não têm filhos e, assim, seus atributos c_i são indefinidos.
3. As chaves $x.chave_i$ separam as faixas de chaves armazenadas em cada subárvore: se k_i é qualquer chave armazenada na subárvore com raiz $x.c_i$, então

    $$k_1 \le x.chave_1 \le k_2 \le x.chave_2 \le \dots \le x.chave_{x.n} \le k_{x.n+1}.$$

4. Todas as folhas têm a mesma profundidade, que é a altura h da árvore.
5. Os nós têm limites inferiores e superiores para o número de chaves que podem conter. Expressamos esses limites em termos de um inteiro fixo $t \ge 2$ denominado **grau mínimo** da árvore B:
    a. Todo nó, exceto a raiz, deve ter no mínimo $t - 1$ chaves. Assim, todo nó interno, exceto a raiz, tem no mínimo t filhos. Se a árvore é não vazia, a raiz deve ter no mínimo uma chave.
    b. Todo nó pode conter no máximo $2t - 1$ chaves. Portanto, um nó interno pode ter no máximo $2t$ filhos. Dizemos que um nó está **cheio** se contém exatamente $2t - 1$ chaves.[3]

A árvore B mais simples ocorre quando $t = 2$. Então, todo nó interno tem dois, três ou quatro filhos, e temos uma **árvore 2-3-4**. Todavia, na prática, valores muito mais altos de t produzem árvores B de menor altura.

Altura de uma árvore B

O número de acessos ao disco exigidos para a maioria das operações em uma árvore B é proporcional à altura da árvore B. Analisamos agora a altura do pior caso de uma árvore B.

---

[3]Outra variante comum de uma árvore B, conhecida como **árvore B***, exige que cada nó interno esteja no mínimo 2/3 cheio, em vez de no mínimo metade cheio, como exige uma árvore B.

Teorema 18.1

Se $n \geq 1$, então, para qualquer árvore B T de n nós de altura h e grau mínimo $t \geq 2$,

$$h \leq \log_t \frac{n+1}{2} \,.$$

Prova Por definição, a raiz de uma árvore B T não vazia contém no mínimo uma chave, e todos os outros nós contêm no mínimo $t-1$ chaves. Assim, T, cuja altura é h, contém no mínimo dois nós na profundidade 1, no mínimo $2t$ nós na profundidade 2 e no mínimo $2t^2$ nós na profundidade 3, e assim por diante, até que na profundidade h ela tem no mínimo $2t^{h-1}$ nós. A Figura 18.4 ilustra tal árvore para $h = 3$. Assim, o número n de chaves satisfaz à inequação

$$\begin{aligned} n &\geq 1 + (t-1)\sum_{i=1}^{h} 2t^{i-1} \\ &= 1 + 2(t-1)\left(\frac{t^h - 1}{t-1}\right) \quad \text{(pela Equação (A.6), no Apêndice A)} \\ &= 2t^h - 1\,, \end{aligned}$$

de modo que $t^h \leq (n+1)/2$. Tomando-se logaritmos em base t de ambos os lados, prova-se o teorema. ■

Vemos aqui o poder de árvores B em comparação com árvores rubro-negras. Embora a altura da árvore cresça na proporção $O(\lg n)$ em ambos os casos (lembre-se de que t é uma constante), para as árvores B a base do logaritmo muitas vezes pode ser maior. Assim, árvores B poupam um fator de aproximadamente $\lg t$ com relação a árvores rubro-negras, no que se refere ao número de nós examinados para a maioria das operações de árvore. Como normalmente temos de acessar o disco para examinarmos um nó arbitrário em uma árvore, as árvores B evitam uma quantidade substancial de acessos ao disco.

Exercícios

18.1-1
Por que não permitimos um grau mínimo $t = 1$?

18.1-2
Para quais valores de t a árvore da Figura 18.1 é uma árvore B válida?

18.1-3
Mostre todas as árvores B válidas de grau mínimo 2 que armazenam as chaves 1, 2, 3, 4, 5.

18.1-4
Qual é o número máximo de chaves que podem ser armazenadas em uma árvore B de altura h em função do grau mínimo t?

18.1-5
Descreva a estrutura de dados que resultaria se cada nó preto em uma árvore rubro-negra absorvesse seus filhos vermelhos incorporando os filhos vermelhos a seus próprios filhos pretos.

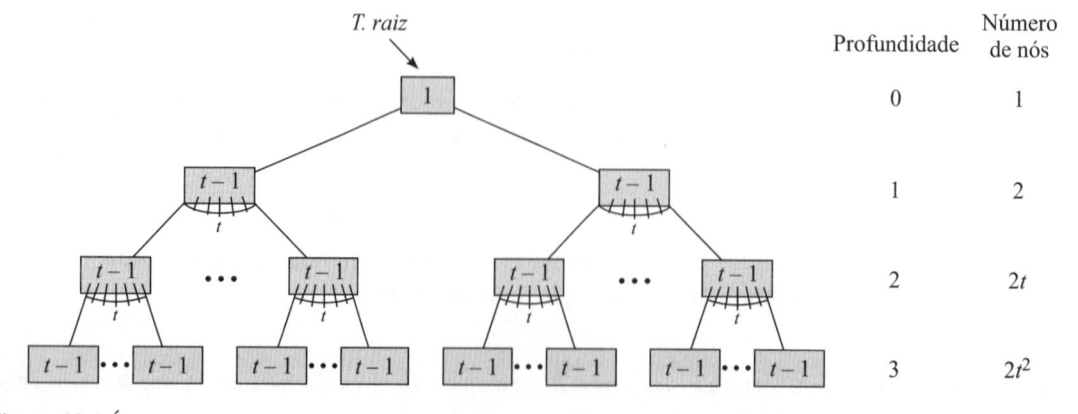

Figura 18.4 Árvore B de altura 3 contendo um número mínimo possível de chaves. Mostramos $x.n$ dentro de cada nó x.

18.2   Operações básicas em árvores B

Nesta seção, apresentamos os detalhes das operações Busca-Árvore-B, Cria-Árvore-B e Insere-Árvore-B. Nesses procedimentos, adotamos duas convenções:

- A raiz da árvore B está sempre na memória principal, de modo que nunca precisamos executar uma operação Lê-Disco na raiz. Porém, temos de executar uma operação Escreve-Disco da raiz sempre que o nó de raiz for modificado.
- Qualquer nó só poderá ser passado como parâmetro após a execução de uma operação Lê-Disco nesse mesmo nó.

Os procedimentos que apresentamos são algoritmos de "uma passagem" cuja execução ocorre na direção descendente com relação à raiz da árvore, sem ter de retornar.

Busca em uma árvore B

Executar uma busca em uma árvore B é muito semelhante a executar uma busca em uma árvore de busca binária, exceto que, em vez de tomar uma decisão de ramificação binária ou de "duas vias" em cada nó, a busca toma uma decisão de ramificação de várias vias, de acordo com o número de filhos do nó. Mais exatamente, em cada nó interno x, a busca toma uma decisão de ramificação de $(x.n + 1)$ vias.

O procedimento Busca-Árvore-B é uma generalização direta do procedimento Busca-Árvore definido para árvores de busca binária no Capítulo 12. Ele toma como entrada um ponteiro para o nó de raiz x de uma subárvore e uma chave k que deve ser procurada nessa subárvore. Assim, a chamada de nível superior é da forma Busca-Árvore-B($T.raiz, k$). Se k está na árvore B, Busca-Árvore-B retorna o par ordenado (y, i), que consiste em um nó y e um índice i tal que $y.chave_i = k$. Caso contrário, o procedimento retorna NIL.

```
Busca-Árvore-B(x, k)
1   i = 1
2   while i ≤ x.n e k > x.chave_i
3       i = i + 1
4   if i ≤ x.n e k == x.chave_i
5       return (x, i)
6   elseif x.folha
7       return NIL
8   else Lê-Disco(x, c_i)
9       return Busca-Árvore-B(x.c_i, k)
```

Usando um procedimento de busca linear, as linhas 1–3 de Busca-Árvore-B encontram o menor índice i tal que $k \leq x.chave_i$, ou definem i como $x.n + 1$. As linhas 4–5 verificam se agora descobrimos a chave e a retornam se a tivermos descoberto. Caso contrário, se x for uma folha, a linha 7 termina a busca sem sucesso, e se x for um nó interno, as linhas 8–9 realizam a recursão para buscar a subárvore adequada de x, após executar o Lê-Disco necessário naquele filho. A Figura 18.1 ilustra a operação de Busca-Árvore-B. Os três nós *cinza-escuro* são aqueles examinados durante uma busca pela chave R.

Como ocorre no procedimento Busca-Árvore para árvores de busca binária, os nós encontrados durante a recursão formam um caminho simples descendente desde a raiz da árvore. Portanto, o procedimento Busca-Árvore-B acessa $O(h) = O(\log_t n)$ blocos de disco, em que h é a altura da árvore B e n é o número de chaves na árvore B. Visto que $x.n < 2t$, o laço **while** das linhas 2–3 demora o tempo $O(t)$ dentro de cada nó, e o tempo total de CPU é $O(th) = O(t \log_t n)$.

Criando uma árvore B vazia

Para construirmos uma árvore B T, primeiro utilizamos o procedimento Cria-Árvore-B para criar um nó de raiz vazio e depois chamamos Insere-Árvore-B, mais adiante, para acrescentar novas chaves.

Esses dois procedimentos usam um procedimento auxiliar ALOCA-Nó, cujo pseudocódigo não apresentamos aqui e que aloca um bloco de disco para ser usado como novo nó no tempo $O(1)$. Podemos considerar que um nó criado por ALOCA-Nó não requer nenhuma operação Lê-Disco, já que ainda não existe nenhuma informação útil armazenada no disco para esse nó. CRIA-ÁRVORE-B requer $O(1)$ operações de disco e $O(1)$ tempo de CPU.

```
CRIA-ÁRVORE-B(T)
1   x = ALOCA-Nó()
2   x.folha = VERDADE
3   x.n = 0
4   ESCREVE-DISCO(x)
5   T.raiz = x
```

Inserindo uma chave em uma árvore B

Inserir uma chave em uma árvore B é significativamente mais complicado que inserir uma chave em uma árvore de busca binária. Quando se trata de árvores de busca binária, procuramos a posição de folha para inserir a nova chave. Porém, quando se trata de uma árvore B, não podemos simplesmente produzir um novo nó de folha e inseri-lo, já que a árvore resultante deixaria de ser uma árvore B válida. Em vez disso, inserimos a nova chave em um nó de folha existente. Visto que não podemos inserir uma chave em um nó de folha que está cheio, recorremos a uma operação que *reparte* um nó cheio y (que tem $2t - 1$ chaves) em torno de sua ***chave mediana*** $y.chave_t$ em dois nós que têm somente $t - 1$ chaves cada. A chave mediana sobe para dentro do pai de y para identificar o ponto de repartição entre as duas novas árvores. Porém, se o pai de y também está cheio, temos de reparti-lo antes de inserirmos a nova chave e, assim, podemos acabar repartindo nós cheios por toda a via até à árvore.

Para evitar subirmos de volta na árvore, basta repartirmos cada nó cheio encontrado pelo caminho enquanto descemos na árvore. Desse modo, sempre que queremos repartir um nó cheio, temos a certeza de que seu pai não está cheio. Então, a inserção de uma chave em uma árvore B requer apenas uma única passada pela árvore, da raiz até uma folha.

Repartindo um nó em uma árvore B

O procedimento REPARTE-FILHO-ÁRVORE-B toma como entrada um nó interno x *não cheio* (que consideramos estar na memória principal) e um índice i tal que $x.c_i$ (que também consideramos estar na memória principal) é um filho *cheio* de x. Então, o procedimento reparte esse filho em dois e ajusta x de modo que ele tenha um filho adicional. Para repartirmos uma raiz cheia, primeiro transformaremos a raiz em um filho de um novo nó de raiz vazio para podermos usar REPARTE-FILHO-ÁRVORE-B. Assim, a altura da árvore aumenta de uma unidade; repartir é o único meio de a árvore crescer.

```
REPARTE-FILHO-ÁRVORE-B(x, i)
1    y = x.c_i                          // nó cheio a ser repartido
2    z = ALOCA-Nó()                     // z tomará metade de y
3    z.folha = y.folha
4    z.n = t - 1
5    for j = 1 to t - 1                 // z toma maiores chaves de y ...
6        z.chave_j = y.chave_{j+t}
7    if não y.folha
8        for j = 1 to t                 // ... e seus filhos correspondentes
9            z.c_j = y.c_{j+t}
10   y.n = t - 1                        // y mantém t - 1 chaves
11   for j = x.n + 1 downto i + 1       // desloca filhos de x para a direita ...
12       x.c_{j+1} = x.c_j
13   x.c_{i+1} = z                      // ... para dar espaço para z como filho
```

(continua)

```
14   for j = x.n downto i              // desloca as chaves correspondentes em x
15   x.chave_{j+1} = x.chave_j
16   x.chave_i = y.chave_t             // insere chave mediana de y
17   x.n = x.n + 1                     // x ganhou um filho
18   Escreve-Disco(y)
19   Escreve-Disco(z)
20   Escreve-Disco(x)
```

A Figura 18.5 ilustra como um nó é repartido. Reparte-Filho-Árvore-B reparte o nó cheio $y = x.c_i$ em torno de sua chave mediana (S, na figura), que sobe para o nó x, pai de y. As chaves em y maiores que a chave mediana passam para um novo nó z, que se torna um novo filho de x.

Reparte-Filho-Árvore-B funciona pelo método direto de "recortar e colar". Aqui, x é o pai do nó y que está sendo repartido, que é o i-ésimo filho de x (definido na linha 1). O nó y tem originalmente $2t$ filhos ($2t - 1$ chaves), mas essa operação reduz y para t filhos e $t - 1$ chaves. O nó z toma os t maiores filhos ($t - 1$ chaves) de y, e z se torna um novo filho de x, posicionado logo após y na tabela de filhos de x. A chave mediana de y sobe e torna-se a chave no nó x que separa os ponteiros para os nós y e z.

As linhas 2–9 criam o nó z e dão a ele as $t - 1$ maiores chaves e, se y e z forem nós internos, os t filhos correspondentes de y. A linha 10 ajusta a contagem de chaves para y. Depois, as linhas 11–17 deslocam chaves e ponteiros de filhos em x para a direita para dar espaço ao novo filho de x, inserem z como um novo filho de x, passam a chave mediana de y para cima até x, para separar y de z, e ajustam a contagem de chaves de x. As linhas 18–20 gravam todos os blocos de disco modificados. O tempo de CPU usado por Reparte-Filho-Árvore-B é $\Theta(t)$, em razão dos laços nas linhas 5–6 e 8–9. (Os laços **for** nas linhas 11–12 e 14–15 também são executados para $O(t)$ iterações.) O procedimento executa $O(1)$ operações de disco.

Inserindo uma chave em uma árvore B em uma única passagem descendente pela árvore

Inserir uma chave k em uma árvore B T de altura h requer uma única passagem descendente pela árvore e $O(h)$ acessos ao disco. O tempo de CPU requerido é $O(th) = O(t \log_t n)$. O procedimento Insere-Árvore-B utiliza Reparte-Filho-Árvore-B para garantir que a recursão nunca desça até um nó cheio. Se a raiz estiver cheia, Insere-Árvore-B a reparte chamando o procedimento Reparte-Raiz-Árvore-B, mais adiante.

```
Insere-Árvore-B(T, k)
1   r = T.raiz
2   if r.n == 2t - 1
3       s = Reparte-Raiz-Árvore-B(T)
4       Insere-Não-Cheio-Árvore-B(s, k)
5   else Insere-Não-Cheio-Árvore-B(r, k)
```

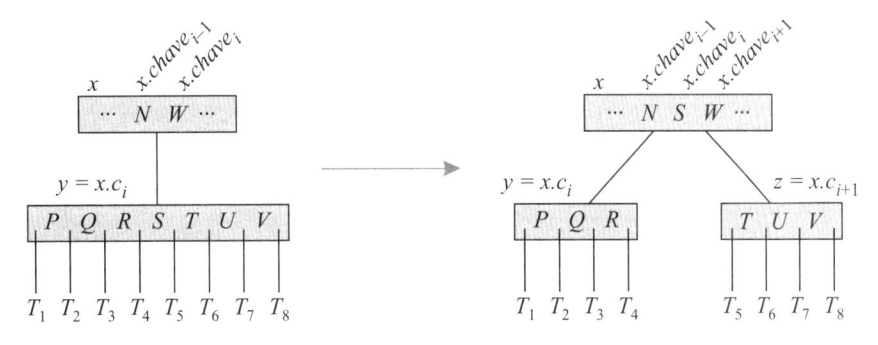

Figura 18.5 Repartição de um nó com $t = 4$. O nó $y = x.c_i$ é repartido em dois nós, y e z, e a chave mediana S de y sobe para dentro do pai de y.

O procedimento INSERE-ÁRVORE-B funciona da seguinte forma. Se a raiz estiver cheia, então a linha 3 chama REPARTE-RAIZ-ÁRVORE-B para reparti-la. Um novo nó s (com dois filhos) se torna a raiz e é retornado por REPARTE-RAIZ-ÁRVORE-B. Repartir a raiz, conforme ilustrado na Figura 18.6, é o único modo de aumentar a altura de uma árvore B. Diferentemente de uma árvore de busca binária, a altura de uma árvore B aumenta em cima, em vez de embaixo. Independentemente de a raiz ser repartida, INSERE-ÁRVORE-B termina chamando INSERE-NÃO-CHEIO-ÁRVORE-B para inserir a chave k na árvore com raiz no nó de raiz não cheio, que pode ser a nova raiz (a chamada na linha 4) ou a raiz original (a chamada na linha 5).

```
REPARTE-RAIZ-ÁRVORE-B(T)
1   s = ALOCA-NÓ()
2   s.folha = FALSO
3   s.n = 0
4   s.c₁ = T.raiz
5   T.raiz = s
6   REPARTE-FILHO-ÁRVORE-B(s, 1)
7   return s
```

O procedimento auxiliar INSERE-NÃO-CHEIO-ÁRVORE-B, mais adiante, insere a chave k no nó x, que é supostamente não cheio quando o procedimento é chamado. INSERE-NÃO-CHEIO-ÁRVORE-B realiza a recursão necessária árvore abaixo, sempre garantindo que o nó em que realiza a recursão não está cheio, chamando REPARTE-FILHO-ÁRVORE-B quando for preciso. A operação de INSERE-ÁRVORE-B e a operação recursiva de INSERE-NÃO-CHEIO-ÁRVORE-B garantem que tal suposição seja válida.

A Figura 18.7 ilustra os diversos casos de como INSERE-NÃO-CHEIO-ÁRVORE-B insere uma chave em uma árvore B. As linhas 3–8 tratam o caso no qual x é um nó folha inserindo a chave k em x, deslocando para a direita todas as chaves em x que são maiores que k. Se x não é um nó folha, devemos inserir k no nó folha adequado na subárvore com raiz no nó interno x. As linhas 9–11 determinam o filho $x.c_i$ de x para o qual a recursão é descendente. A linha 13 detecta se a recursão descerá até um filho cheio, caso em que a linha 14 chama REPARTE-FILHO-ÁRVORE-B para repartir esse filho em dois filhos não cheios, e as linhas 15–16 determinam qual dos dois filhos é agora o filho correto para o qual descer. (Observe que não há nenhuma necessidade de operação LÊ-DISCO($x.c_i$) após a linha 16 incrementar i, já que nesse caso a recursão descerá até um filho que acabou de ser criado por REPARTE-FILHO-ÁRVORE-B.) Portanto, o efeito líquido das linhas 13–16 é garantir que o procedimento nunca executará recursão em um nó cheio. Então, a linha 17 executa recursão para inserir k na subárvore adequada.

```
INSERE-NÃO-CHEIO-ÁRVORE-B(x, k)
 1   i = x.n
 2   if x.folha                          // inserindo em uma folha?
 3       while i ≤ 1 e k < x.chave_i      // desloca chaves em x para dar espaço para k
 4           x.chave_{i+1} = x.chave_i
 5           i = i − 1
 6       x.chave_{i+1} = k                // insere chave k em x
 7       x.n = x.n + 1                    // agora x tem mais 1 chave
 8       ESCREVE-DISCO(x)
 9   else while i ≥ 1 e k < x.chave_i     // acha o filho a que k pertence
10           i = i − 1
11       i = i + 1
12       LÊ-DISCO(x.c_i)
13       if x.ci.n == 2t − 1             // reparte o filho se estiver cheio
14           REPARTE-FILHO-ÁRVORE-B(x, i)
15           if k > x.chave_i            // k cabe em x.c_i ou x.c_{i+1}?
16               i = i + 1
17       INSERE-NÃO-CHEIO-ÁRVORE-B(x.c_i, k)
```

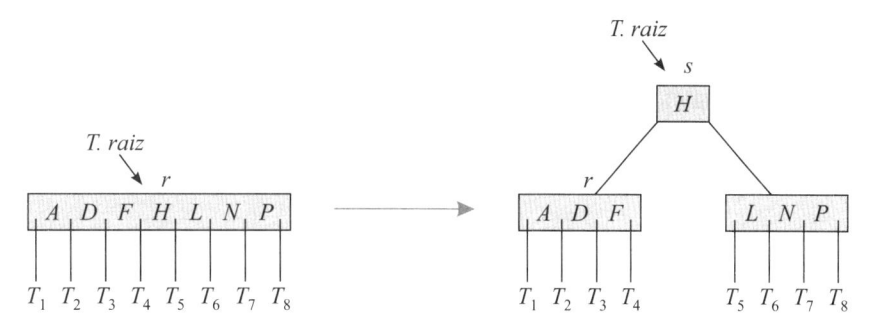

Figura 18.6 Repartição da raiz com $t = 4$. O nó de raiz r é repartido em dois, e um novo nó de raiz s é criado. A nova raiz contém a chave mediana de r e tem como filhos as duas metades de r. A altura da árvore B aumenta de uma unidade, mas somente quando a raiz é repartida.

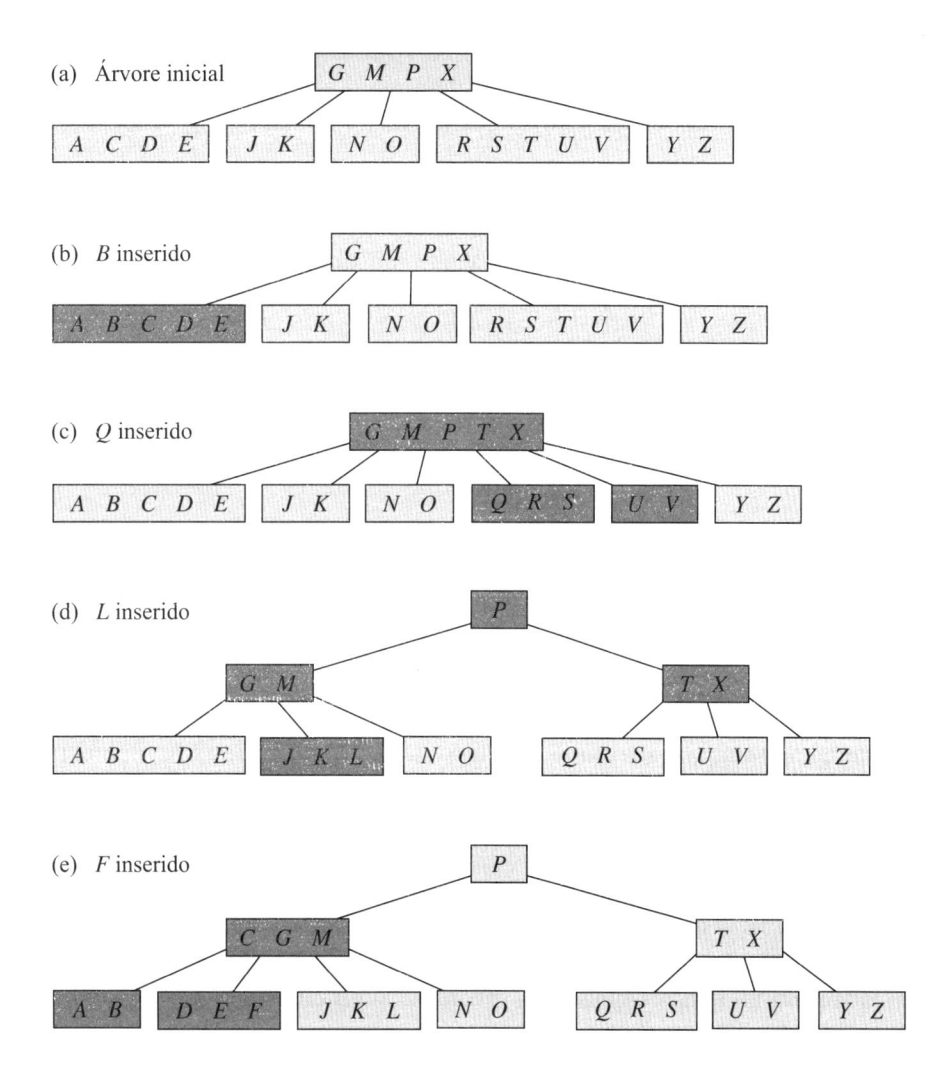

Figura 18.7 Inserção de chaves em uma árvore B. O grau mínimo t para essa árvore B é 3; assim, um nó pode conter no máximo cinco chaves. Nós *cinza-escuro* são modificados pelo processo de inserção. (**a**) Árvore inicial para este exemplo. (**b**) Resultado da inserção de B na árvore inicial. Este caso é uma inserção simples em um nó de folha. (**c**) Resultado da inserção de Q na árvore anterior. O nó $R\,S\,T$ $U\,V$ é repartido em dois nós contendo $R\,S$ e $U\,V$, a chave T é passada para cima até a raiz e Q é inserido na metade mais à esquerda das duas metades (o nó $R\,S$). (**d**) Resultado da inserção de L na árvore anterior. A raiz é repartida imediatamente, já que está cheia, e a altura da árvore B aumenta de uma unidade. Então, L é inserido na folha que contém $J\,K$. (**e**) Resultado da inserção de F na árvore anterior. O nó $A\,B\,C\,D\,E$ é repartido antes de F ser inserido na metade mais à direita das duas metades (o nó $D\,E$).

Para uma árvore B de altura h, Insere-Árvore-B executa $O(h)$ acessos ao disco, já que ocorrem somente $O(1)$ operações Lê-Disco e Escreve-Disco em cada nível da árvore. O tempo total de CPU usado é $O(t)$ em cada nível da árvore, ou $O(th) = O(t \log_t n)$ ao todo. Visto que Insere-Não-Cheio-Árvore-B é recursivo de cauda, podemos implementá-lo alternativamente como um laço **while**, demonstrando assim que o número de blocos que precisam estar na memória principal em qualquer instante é $O(1)$.

Exercícios

18.2-1
Mostre os resultados da inserção das chaves
$F, S, Q, K, C, L, H, T, V, W, M, R, N, P, A, B, X, Y, D, Z, E$
em ordem, em uma árvore B vazia com grau mínimo 2. Desenhe apenas as configurações da árvore imediatamente antes de algum nó ter de ser repartido, e desenhe também a configuração final.

18.2-2
Explique sob quais circunstâncias, se houver, ocorrem operações redundantes Lê-Disco ou Escreve-Disco durante o curso da execução de uma chamada a Insere-Árvore-B. (Uma operação Lê-Disco redundante é uma operação Lê-Disco para um bloco que já está na memória. Uma operação Escreve-Disco redundante grava em disco um bloco de informações idêntico ao que já está ali armazenado.)

18.2-3
O professor Bunyan afirma que o procedimento Insere-Árvore-B sempre resulta em uma árvore B com a menor altura possível. Mostre que o professor está enganado provando que, com $t = 2$ e o conjunto de chaves $\{1, 2, ..., 15\}$, não existe sequência de inserção que resulte em uma árvore B com a menor altura possível.

★ 18.2-4
Suponha que inserimos as chaves $\{1, 2, ..., n\}$ em uma árvore B vazia com grau mínimo 2. Quantos nós tem a árvore B final?

18.2-5
Visto que nós folha não exigem nenhum ponteiro para filhos, eles poderiam usar um valor t diferente (maior) do número de nós internos para o mesmo tamanho de bloco de disco. Mostre como modificar os procedimentos de criação e inserção em uma árvore B para tratar essa variação.

18.2-6
Suponha que quiséssemos implementar Busca-Árvore-B para usar busca binária em vez de busca linear dentro de cada nó. Mostre que essa alteração resulta no tempo de CPU requerido $O(\lg n)$, independentemente do modo como t poderia ser escolhido em função de n.

18.2-7
Suponha que o *hardware* de disco nos permita escolher arbitrariamente o tamanho de um bloco de disco, mas que o tempo necessário para ler o bloco de disco seja $a + bt$, em que a e b são constantes especificadas e t é o grau mínimo para uma árvore B que utiliza blocos do tamanho selecionado. Descreva como escolher t para minimizar (aproximadamente) o tempo de busca na árvore B. Sugira um valor ótimo de t para o caso em que $a = 5$ milissegundos e $b = 10$ microssegundos.

18.3   Remover uma chave de uma árvore B

Remover chave de uma árvore B é procedimento análogo à inserção, mas um pouco mais complicado porque podemos remover uma chave de qualquer nó — não apenas uma folha — e, quando removemos uma chave de um nó interno, temos de rearranjar os filhos do nó. Como na inserção, devemos nos prevenir para que a remoção não produza uma árvore cuja estrutura viole as propriedades de árvores B. Exatamente como tivemos de assegurar que um nó não ficasse demasiadamente grande em virtude da inserção, temos de garantir que um nó não fique demasiadamente pequeno durante a remoção (exceto a raiz, que pode ter menos que o número mínimo $t-1$ de chaves). Assim como um algoritmo de inserção simples poderia ter de retroceder se um nó no caminho até o ponto de inserção da chave estivesse cheio, uma abordagem de remoção simples poderia ter de retroceder se um nó (exceto a raiz) no caminho até o ponto de remoção da chave tivesse o número mínimo de chaves.

O procedimento REMOVE-ÁRVORE-B elimina a chave k da subárvore com raiz em x. Ao contrário dos procedimentos REMOVE-ÁRVORE no Capítulo 12 e REMOVE-RN no Capítulo 13, que recebem o nó a ser eliminado — presumivelmente como resultado de uma busca anterior —, REMOVE-ÁRVORE-B combina a busca pela chave k com o processo de eliminação. Por que combinamos a busca e a eliminação em REMOVE-ÁRVORE-B? Assim como INSERE-ÁRVORE-B impede que qualquer nó fique excessivamente cheio (com mais de $2t-1$ chaves) enquanto faz uma única passagem pela árvore, REMOVE-ÁRVORE-B impede que qualquer nó se torne insuficientemente cheio (com menos de $t-1$ chaves) enquanto também faz uma única passagem descendo pela árvore, procurando e, por fim, removendo a chave.

Para impedir que qualquer nó fique insuficientemente cheio, o projeto de REMOVE-ÁRVORE-B garante que, ao ser chamado recursivamente em um nó x, o número de chaves em x seja pelo menos o grau mínimo t no momento da chamada. (Embora a raiz possa ter menos de t chaves e uma chamada recursiva possa ser feita *a partir* da raiz, nenhuma chamada recursiva é feita *na* raiz.) Essa condição requer uma chave a mais que o mínimo exigido pelas condições da árvore B; portanto, uma chave pode ter que ser movida de x para um de seus nós filhos (deixando ainda x com pelo menos o mínimo de $t-1$ chaves) antes que uma chamada recursiva seja feita nesse filho, permitindo, assim, que ocorra a eliminação em uma passagem para baixo sem ter que atravessar a árvore de volta para cima.

Descrevemos como o procedimento REMOVE-ÁRVORE-B(T, k) remove uma chave k de uma árvore B T em vez de apresentar o pseudocódigo detalhado. Examinamos três casos, ilustrados na Figura 18.8. Os casos são para quando a busca chega a uma folha, a um nó interno contendo a chave k e a um nó interno não contendo a chave k. Conforme mencionamos, em todos os três casos, o nó x tem pelo menos t chaves (com a possível exceção de quando x é a raiz). Os casos 2 e 3 — quando x é um nó interno — garantem essa propriedade enquanto a recursão desce pela árvore B.

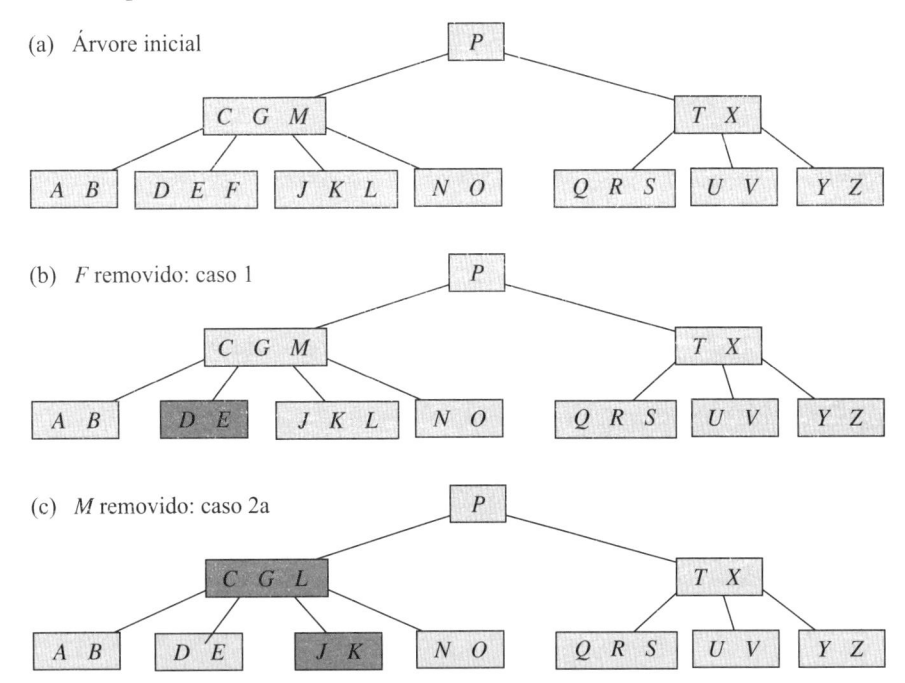

Figura 18.8 Remoção de chaves de uma árvore B. O grau mínimo para essa árvore B é $t = 3$; portanto, cada nó (exceto a raiz) não pode ter menos de duas chaves. Nós *cinza-escuro* são modificados pelo processo de remoção. (**a**) Árvore B da Figura 18.7(e). (**b**) Remoção de F, que é o caso 1: remoção simples de uma folha quando todos os nós visitados durante a busca (a não ser a raiz) têm pelo menos $t = 3$ chaves. (**c**) Remoção de M, que é o caso 2a: o predecessor L de M passa para cima e ocupa a posição de M (*continua*).

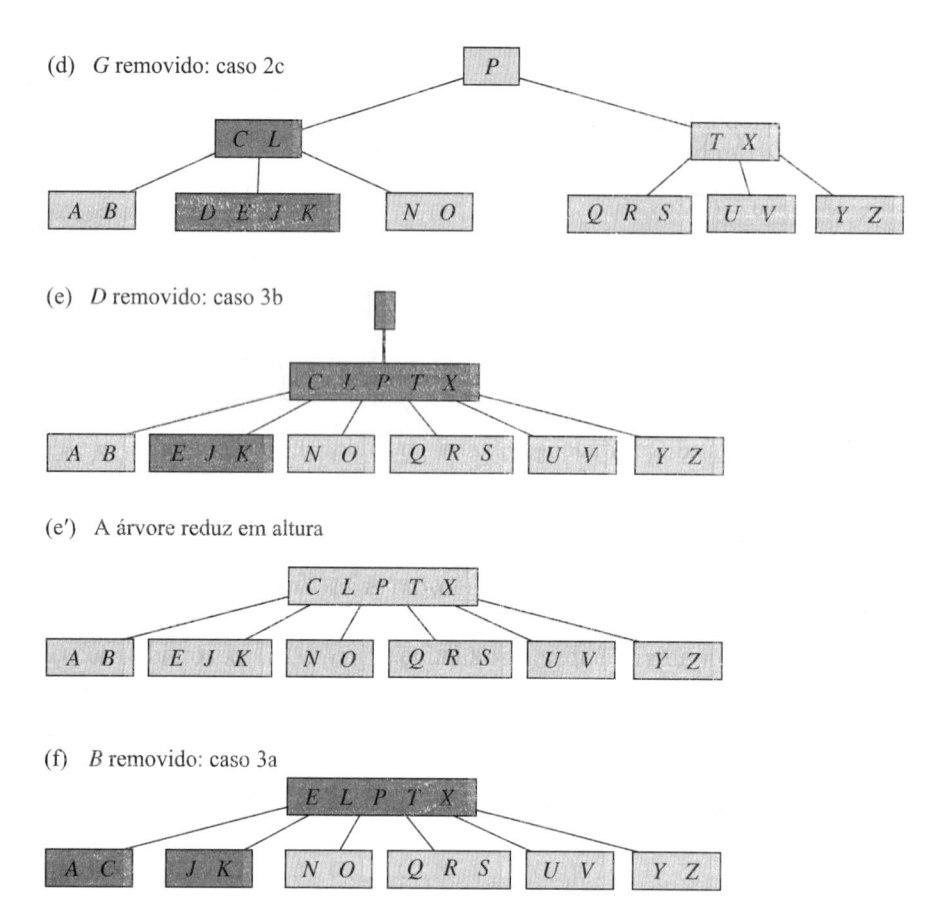

(d) *G* removido: caso 2c

(e) *D* removido: caso 3b

(e′) A árvore reduz em altura

(f) *B* removido: caso 3a

Figura18.8 (*Continuação*) (**d**) Remoção de *G*, que é o caso 2c: empurramos *G* para baixo formando o nó *D E G J K* e depois removemos *G* dessa folha (caso 1). (**e**) Remoção de *D*, que é o caso 3b: como a recursão não pode descer até o nó *C L* porque ele tem apenas duas chaves, empurramos *P* para baixo e o fundimos com *C L* e *T X* para formar *C L P T X*. Então, removemos *D* de uma folha (caso 1). (**e′**) Após (e), removemos a raiz vazia. A altura da árvore reduz uma unidade. (**f**) Remoção de *B*, que é o caso 3a: *C* é movido para preencher a posição de *B* e *E* é movido para preencher a posição de *C*.

Caso 1: *a busca chega a um nó de folha x.* Se *x* contém a chave *k*, então eliminamos *k* de *x*. Se *x* não contém a chave *k*, então *k* não estava na árvore B e nada mais precisa ser feito.

Caso 2: *a busca chega a um nó interno x que contém a chave k.* Seja $k = x.chave_i$. Um dos três casos a seguir se aplica, dependendo do número de chaves em $x.c_i$ (a chave de *x* que precede *k*) e $x.c_{i+1}$ (o filho de *x* que vem após *k*).

   Caso 2a: $x.c_i$ *tem pelo menos t chaves.* Achamos o predecessor *k′* de *k* na subárvore com raiz em $x.c_i$. Removemos recursivamente *k′* de $x.c_i$ e substituímos *k* por *k′* em *x*. (A chave *k′* pode ser encontrada e removida em uma única passagem para baixo.)

   Caso 2b: $x.c_i$ *tem t – 1 chaves e* $x.c_{i+1}$ *tem pelo menos t chaves.* Esse caso é simétrico ao caso 2a. Encontramos o sucessor *k′* de *k* na subárvore com raiz em $x.c_{i+1}$. Removemos recursivamente *k′* de $x.c_{i+1}$ e substituímos *k* por *k′* em *x*. (Novamente, a busca e a remoção de *k′* podem ser feitas em uma única passagem para baixo.)

   Caso 2c: *tanto* $x.c_i$ *quanto* $x.c_{i+1}$ *têm t – 1 chaves.* Intercalamos *k* e todo $x.c_{i+1}$ em $x.c_i$, de modo que *x* perde tanto *k* quanto o ponteiro para $x.c_{i+1}$, e $x.c_i$ agora contém $2t – 1$ chaves. Então, liberamos $x.c_{i+1}$ e eliminamos recursivamente *k* de $x.c_i$.

Caso 3: *a busca chega a um nó interno x que não contém a chave k.* Continuamos buscando para baixo na árvore enquanto garantimos que cada nó visitado tenha pelo menos *t* chaves. Para fazermos isso, determinamos a raiz $x.c_i$ da subárvore apropriada que deve conter *k*, isso se *k* estiver na árvore. Se $x.c_i$ tem apenas $t – 1$ chaves, executamos o caso 3a ou 3b, conforme a necessidade, para garantirmos a descida até um nó contendo pelo menos *t* chaves. Depois, terminamos realizando a recursão no filho apropriado de *x*.

Caso 3a: *$x.c_i$ tem apenas $t-1$ chaves, mas tem um irmão imediato com pelo menos t chaves.* Damos a $x.c_i$ uma chave extra movendo uma chave de x para baixo até $x.c_i$, movendo uma chave do irmão imediato da esquerda ou da direita de $x.c_i$ para cima até x e movendo o ponteiro do filho apropriado do irmão para $x.c_i$.

Caso 3b: *$x.c_i$ e cada um dos irmãos imediatos de $x.c_i$ possuem $t-1$ chaves.* (É possível que $x.c_i$ tenha um ou dois irmãos.) Fundimos $x.c_i$ com um irmão, o que envolve mover uma chave de x para baixo até o novo nó fundido para que se torne a chave mediana desse nó.

Nos casos 2c e 3b, se o nó x for a raiz, ele pode acabar sem nenhuma chave. Quando isso acontece, então eliminamos x, e o único filho de x, $x.c1$, se torna a nova raiz da árvore. Essa ação reduz a altura da árvore em uma unidade e preserva a propriedade de a raiz da árvore conter no mínimo uma chave (a menos que a árvore esteja vazia).

Visto que a maioria das chaves em uma árvore B se encontra nas folhas, podemos esperar que, na prática, operações de remoção sejam usadas na maior parte das vezes para remover chaves de folhas. Então, o procedimento REMOVE-ÁRVORE-B age em uma passagem descendente pela árvore, sem ter de retroceder. Contudo, quando remove uma chave em um nó interno x, o procedimento pode efetuar uma passagem descendente pela árvore para achar o predecessor ou sucessor da chave e depois retornar ao nó x para substituir a chave por seu predecessor ou sucessor (casos 2a e 2b). Contudo, o retorno ao nó x não exige uma travessia por todos os níveis entre x e o nó contendo o predecessor ou sucessor, pois o procedimento pode simplesmente manter um ponteiro para x e a posição da chave dentro de x e colocar a chave do predecessor ou sucessor diretamente lá.

Embora este procedimento pareça complicado, ele envolve apenas $O(h)$ operações de disco para uma árvore B de altura h, já que somente $O(1)$ chamadas a LÊ-DISCO e ESCREVE-DISCO são efetuadas entre invocações recursivas do procedimento. O tempo de CPU necessário é $O(th) = O(t \log_t n)$.

Exercícios

18.3-1
Mostre os resultados da remoção de C, P e V, em ordem, da árvore da Figura 18.8(f).

18.3-2
Escreva o pseudocódigo para REMOVE-ÁRVORE-B.

Problemas

18-1   Pilhas em armazenamento secundário
Considere a implementação de uma pilha em um computador que tenha quantidade relativamente pequena de memória primária rápida e quantidade relativamente grande de armazenamento mais lento em disco. As operações PUSH e POP funcionam com valores de uma única palavra. A pilha pode crescer até seu tamanho ficar tão grande que não caiba mais na memória; por isso, a maior parte dela tem de ser armazenada em disco.

Uma implementação de pilha simples, mas ineficiente, mantém a pilha inteira no disco. Mantemos na memória um ponteiro de pilha, que é o endereço de disco do elemento do topo da pilha. Indexando números de bloco e deslocamentos de palavra dentro dos blocos a partir de 0, se o ponteiro tiver o valor p, o elemento do topo é a $(p \bmod m)$-ésima palavra no bloco $\lfloor p/m \rfloor$ do disco, em que m é o número de palavras por bloco.

Para implementarmos a operação PUSH, incrementamos o ponteiro da pilha, lemos o bloco adequado para a memória de disco, copiamos o elemento a ser inserido na pilha para a palavra adequada no bloco e gravamos o bloco de novo no disco. Uma operação POP é semelhante. Lemos o bloco adequado no disco, salvamos o topo da pilha, decrementamos o ponteiro da pilha e retornamos o valor salvo. Não precisamos gravar de novo o bloco, já que ele não foi modificado, e a palavra no bloco que continha o valor retirado é ignorada.

Como na análise das operações com a árvore B, dois custos são importantes: o número total de acessos ao disco e o tempo total de CPU. Um acesso ao disco também custa tempo de CPU. Particularmente, qualquer acesso de disco a um bloco de m palavras incorre em gastos de acesso de disco e mais $\Theta(m)$ tempo de CPU.

a. Assintoticamente, qual é o número de acessos ao disco do pior caso para n operações de pilhas usando essa implementação simples? Qual é o tempo de CPU para n operações de pilhas? Expresse sua resposta em termos de m e n para este item e para os itens subsequentes.

Agora, considere uma implementação de pilha na qual mantemos um bloco da pilha na memória. (Mantemos também uma pequena quantidade de memória para registrarmos qual bloco está atualmente na memória.) Poderemos executar uma operação de pilha somente se o bloco de disco relevante residir na memória. Se necessário, podemos gravar em disco o bloco atualmente na memória e ler o novo bloco do disco para a memória. Se o bloco de disco relevante já estiver na memória, não será necessário nenhum acesso ao disco.

b. Qual é o número de acessos ao disco do pior caso exigido para n operações Push? Qual é o tempo de CPU?

c. Qual é o número de acessos ao disco necessários para n operações de pilha no pior caso? Qual é o tempo de CPU?

Suponha que implementemos a pilha mantendo dois blocos na memória (além de um pequeno número de palavras para contabilidade).

d. Descreva como gerenciar os blocos da pilha de modo que o número amortizado de acessos ao disco em qualquer operação de pilha seja $O(1/m)$ e o tempo de CPU amortizado em qualquer operação de pilha seja $O(1)$.

18-2 *Junção e repartição de árvores 2-3-4*

A operação de *junção* toma dois conjuntos dinâmicos S' e S'' e um elemento x tal que, para qualquer $x' \in S'$ e $x'' \in S''$, temos $x'.chave < x.chave < x''.chave$. A junção retorna um conjunto $S = S' \cup \{x\} \cup S''$. A operação de **repartição** é como uma junção "inversa": dado um conjunto dinâmico S e um elemento $x \in S$, ela cria um conjunto S' que consiste em todos os elementos de $S - \{x\}$ cujas chaves são menores que $x.chave$, e um conjunto S'' que consiste em todos os elementos em $S - \{x\}$ cujas chaves são maiores que $x.chave$. Neste problema, investigaremos como implementar essas operações em árvores 2-3-4 (árvores B com $t = 2$). Consideramos por conveniência que os elementos consistem apenas em chaves e que todos os valores de chaves são distintos.

a. Mostre como manter, para todo nó x de uma árvore 2-3-4, a altura da subárvore com raiz em x como um atributo $x.altura$. Certifique-se de que sua implementação não afeta os tempos de execução assintóticos de busca, inserção e remoção.

b. Mostre como implementar a operação de junção. Dadas duas árvores 2-3-4 T' e T'' e uma chave k, a operação de junção deve ser executada no tempo $O(1 + |h' - h''|)$, em que h' e h'' são as alturas de T' e T'', respectivamente.

c. Considere o caminho simples p da raiz de uma árvore 2-3-4 T até uma dada chave k, o conjunto S' de chaves em T que são menores que k, e o conjunto S'' de chaves em T que são maiores que k. Mostre que p reparte S' em um conjunto de árvores $\{T'0, T'1, ..., T'_m\}$ e um conjunto de chaves $\{k'_1, k'_2, ..., k'_m\}$ tal que $y < k'_i < z$ para $i = 1, 2, ..., m$ e quaisquer chaves $y \in T'_{i-1}$ e $z \in T'_i$. Qual é a relação entre as alturas de T'_{i-1} e T'_i? Descreva o modo como p reparte S'' em conjuntos de árvores e chaves.

d. Mostre como implementar a operação de repartição em T. Utilize a operação de junção para montar as chaves de S' em uma única árvore 2-3-4 T'e as chaves de S'' em uma única árvore 2-3-4 T''. O tempo de execução da operação de repartição deve ser $O(\lg n)$, em que n é o número de chaves em T. (*Sugestão*: os custos para as operações de junção devem se cancelar.)

Notas do capítulo

Knuth [261], Aho, Hopcroft e Ullman [5], e Sedgewick e Wayne [402] apresentam discussões adicionais de esquemas de árvores balanceadas e árvores B. Comer [99] dá um levantamento abrangente de árvores B. Guibas e Sedgewick [202] discutem as relações entre vários tipos de esquemas de árvores balanceadas, inclusive árvores rubro-negras e árvores 2-3-4.

Em 1970, J. E. Hopcroft criou as árvores 2-3, precursoras das árvores B e das árvores 2-3-4, nas quais todo nó interno tem ou dois ou três filhos. Bayer e McCreight [39] apresentaram as árvores B em 1972, sem qualquer explicação para a escolha desse nome.

Bender, Demaine e Farach-Colton [47] estudaram como fazer árvores B funcionarem bem na presença de efeitos de hierarquia de memória. Seus algoritmos *sem consciência de cache* funcionam eficientemente sem conhecerem explicitamente os tamanhos de transferência de dados dentro da hierarquia de memória.

19   Estruturas de Dados para Conjuntos Disjuntos

Algumas aplicações envolvem agrupar n elementos distintos em uma coleção de conjuntos disjuntos — conjuntos sem elementos em comum. Muitas vezes, essas aplicações precisam executar duas operações em particular: encontrar o único conjunto que contém um dado elemento e unir dois conjuntos. Este capítulo explora métodos para manter uma estrutura de dados que suporta essas operações.

A Seção 19.1 descreve as operações suportadas por uma estrutura de dados de conjuntos disjuntos e apresenta uma aplicação simples. Na Seção 19.2, examinaremos uma implementação de lista encadeada simples para conjuntos disjuntos. A Seção 19.3 apresenta uma representação mais eficiente que utiliza árvores enraizadas. O tempo de execução com a utilização da representação de árvore é teoricamente superlinear, porém, para todas as finalidades práticas, é linear. A Seção 19.4 define e discute uma função de crescimento muito rápido e sua inversa de crescimento muito lento, que aparece no tempo de execução de operações na implementação baseada em árvore e, em seguida, por uma análise amortizada complexa, prova um limite superior para o tempo de execução que é apenas ligeiramente superlinear.

19.1   Operações em conjuntos disjuntos

Uma *estrutura de dados de conjuntos disjuntos* mantém uma coleção $\mathcal{S} = \{S_1, S_2, ..., S_k\}$ de conjuntos dinâmicos disjuntos. Identificamos cada conjunto por um *representante*, que é algum membro do conjunto. Em algumas aplicações, não importa qual membro seja usado como representante; a única coisa que importa é que, se solicitarmos o representante de um conjunto dinâmico duas vezes sem modificar o conjunto entre as solicitações, obteremos a mesma resposta ambas as vezes. Outras aplicações podem exigir uma regra previamente especificada para a escolha do representante, como selecionar o menor elemento no conjunto (para um conjunto cujos elementos podem estar ordenados).

Como nas outras implementações de conjuntos dinâmicos que estudamos, representamos cada elemento de um conjunto por um objeto. Indicando a representação de um objeto por x, desejamos suportar as seguintes operações:

CRIA-CONJUNTO(x), em que x ainda não esteja em algum outro conjunto, cria um conjunto cujo único membro (e, portanto, o representante) é x.

UNIÃO(x, y) une os conjuntos dinâmicos que contêm x e y, digamos S_x e S_y, em um novo conjunto que é a união desses dois conjuntos. O representante do conjunto resultante é qualquer membro de $S_x \cup S_y$, embora muitas implementações de UNIÃO escolham especificamente o representante de S_x ou o de S_y como o novo representante. Visto que exigimos que os conjuntos na coleção sejam disjuntos, a operação UNIÃO destrói os conjuntos S_x e S_y, removendo-os da coleção $\mathcal{S}$. Na prática, frequentemente absorvemos os elementos de um dos conjuntos no outro conjunto.

ENCONTRA-CONJUNTO(x) retorna um ponteiro para o representante do (único) conjunto que contém x.

Ao longo deste capítulo, analisaremos os tempos de execução de estruturas de dados de conjuntos disjuntos em termos de dois parâmetros: n, o número de operações CRIA-CONJUNTO, e m, o número total de operações CRIA-CONJUNTO, UNIÃO e ENCONTRA-CONJUNTO. Visto que o número total m de operações inclui as n operações CRIA-CONJUNTO, $m \geq n$. As primeiras n operações são sempre operações CRIA-CONJUNTO, de modo que, após as primeiras n operações, a coleção consiste em n conjuntos únicos. Como os conjuntos são disjuntos o tempo todo, cada operação União reduz o número de conjuntos de uma unidade. Portanto, após $n - 1$ operações União, resta apenas um conjunto e, assim, só podem ocorrer no máximo $n - 1$ operações União.

Aplicação de estruturas de dados de conjuntos disjuntos

Uma das muitas aplicações de estruturas de dados de conjuntos disjuntos surge na determinação das componentes conexas de um grafo não dirigido (ver Seção B.4). Por exemplo, a Figura 19.1(a) mostra um grafo com quatro componentes conexas.

O procedimento Componentes-Conexas, que apresentamos a seguir, utiliza as operações de conjuntos disjuntos para calcular as componentes conexas de um grafo. Tão logo Componentes-Conexas tenha préprocessado o grafo, o procedimento Mesma-Componente responde, por consulta, se dois vértices pertencem à mesma componente conexa. No pseudocódigo, indicamos o conjunto de vértices de um gráfico G por $G.V$ e o conjunto de arestas por $G.E$.

O procedimento Componentes-Conexas inicialmente coloca cada vértice v em seu próprio conjunto. Em seguida, para cada aresta (u, v), ele une os conjuntos que contêm u e v. Pelo Exercício 19.1-2, após o processamento de todas as arestas, dois vértices estão na mesma componente conexa se e somente se os objetos correspondentes pertencem ao mesmo conjunto. Assim, Componentes-Conexas calcula conjuntos de um modo tal que o procedimento Mesma-Componente pode determinar se dois vértices estão na mesma componente conexa. A Figura 19.1(b) ilustra como os conjuntos disjuntos são calculados por Componentes-Conexas.

```
COMPONENTES-CONEXAS(G)
1   for cada vértice v ∈ G.V
2       CRIA-CONJUNTO(v)
3   for cada aresta (u, v) ∈ G.E
4       if ENCONTRA-CONJUNTO(u) ≠ ENCONTRA-CONJUNTO(v)
5           UNIÃO(u, v)


MESMA-COMPONENTE(u, v)
1   if ENCONTRA-CONJUNTO(u) == ENCONTRA-CONJUNTO(v)
2       return VERDADE
3   else return FALSO
```

Em uma implementação real desse algoritmo de componentes conexas, as representações do grafo e da estrutura de dados de conjuntos disjuntos precisariam referenciar uma à outra. Isto é, um objeto que representa um vértice conteria um ponteiro para o objeto conjunto disjunto correspondente e vice-versa. Esses detalhes de programação dependem da linguagem de implementação, e não os examinaremos mais aqui.

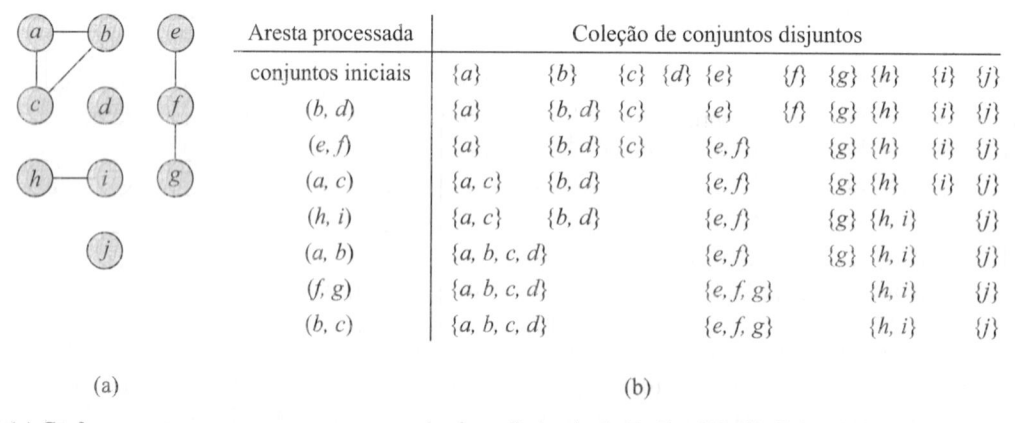

Aresta processada	Coleção de conjuntos disjuntos									
conjuntos iniciais	$\{a\}$	$\{b\}$	$\{c\}$	$\{d\}$	$\{e\}$	$\{f\}$	$\{g\}$	$\{h\}$	$\{i\}$	$\{j\}$
(b, d)	$\{a\}$	$\{b, d\}$	$\{c\}$		$\{e\}$	$\{f\}$	$\{g\}$	$\{h\}$	$\{i\}$	$\{j\}$
(e, f)	$\{a\}$	$\{b, d\}$	$\{c\}$		$\{e, f\}$		$\{g\}$	$\{h\}$	$\{i\}$	$\{j\}$
(a, c)	$\{a, c\}$	$\{b, d\}$			$\{e, f\}$		$\{g\}$	$\{h\}$	$\{i\}$	$\{j\}$
(h, i)	$\{a, c\}$	$\{b, d\}$			$\{e, f\}$		$\{g\}$	$\{h, i\}$		$\{j\}$
(a, b)	$\{a, b, c, d\}$				$\{e, f\}$		$\{g\}$	$\{h, i\}$		$\{j\}$
(f, g)	$\{a, b, c, d\}$				$\{e, f, g\}$			$\{h, i\}$		$\{j\}$
(b, c)	$\{a, b, c, d\}$				$\{e, f, g\}$			$\{h, i\}$		$\{j\}$

(a)   (b)

Figura 19.1 (a) Grafo com quatro componentes conexas: $\{a, b, c, d\}$, $\{e, f, g\}$, $\{h, i\}$ e $\{j\}$. (b) Coleção de conjuntos disjuntos após o processamento de cada aresta.

Quando as arestas do grafo são estáticas — não mudam ao longo do tempo —, a pesquisa em profundidade pode calcular as componentes conexas mais rapidamente (ver Exercício 20.3-12, no Capítulo 20). No entanto, em algumas situações, as arestas são adicionadas dinamicamente, com as componentes conexas sendo atualizadas à medida que cada aresta é adicionada. Nesse caso, a implementação dada aqui pode ser mais eficiente do que executar uma nova busca em profundidade para cada nova aresta.

Exercícios

19.1-1

Suponha que COMPONENTES-CONEXAS seja executado em um grafo não dirigido $G = (V, E)$, em que $V = \{a, b, c, d, e, f, g, h, i, j, k\}$, e as arestas de E sejam processadas na ordem (d, i), (f, k), (g, i), (b, g), (a, h), (i, j), (d, k), (b, j), (d, f), (g, j), (a, e). Faça uma lista de vértices em cada componente conexa após cada iteração das linhas 3–5.

19.1-2

Mostre que, depois de todas as arestas terem sido processadas por COMPONENTES-CONEXAS, dois vértices pertencem à mesma componente conexa se, e somente se, pertencem ao mesmo conjunto.

19.1-3

Durante a execução de COMPONENTES-CONEXAS em um grafo não dirigido $G = (V, E)$ com k componentes conexas, quantas vezes ENCONTRA-CONJUNTO é chamado? Quantas vezes UNIÃO é chamado? Expresse suas respostas em termos de $|V|$, $|E|$ e k.

19.2 Representação de conjuntos disjuntos por listas encadeadas

A Figura 19.2(a) mostra um modo simples de implementar uma estrutura de dados de conjuntos disjuntos: cada conjunto é representado por sua própria lista encadeada. O objeto para cada conjunto tem atributos *head* (início), que aponta para o primeiro objeto na lista, e *tail* (fim), que aponta para o último objeto. Cada objeto na lista encadeada contém um membro de conjunto, um ponteiro para o próximo objeto na lista e um ponteiro de volta para o objeto conjunto. Dentro de cada lista encadeada, os objetos podem aparecer em qualquer ordem. O representante é o membro do conjunto no primeiro objeto na lista.

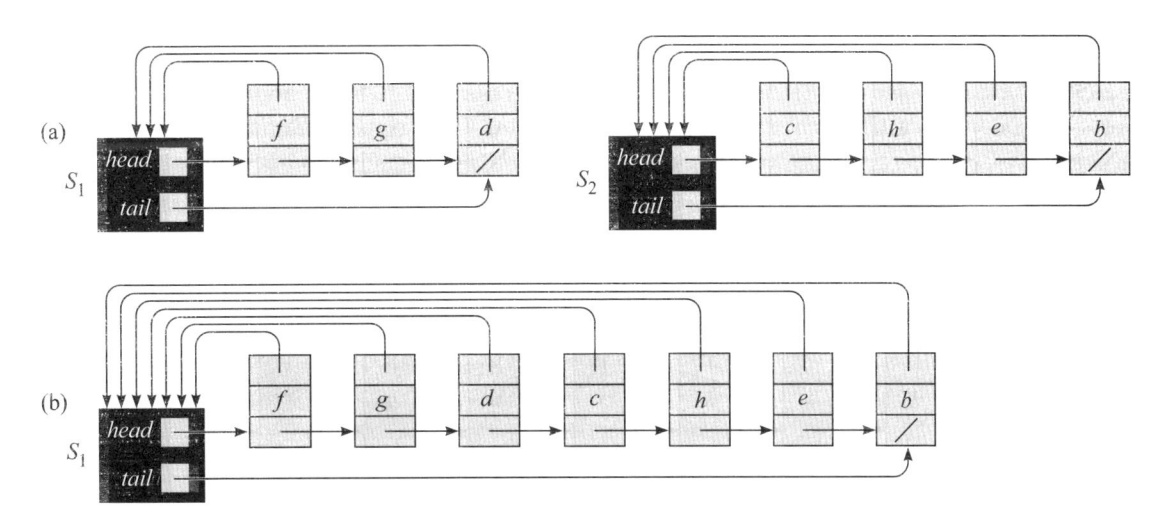

Figura 19.2 (a) Representações de dois conjuntos por listas encadeadas. O conjunto S_1 contém os membros d, f e g, com representante f, e o conjunto S_2 contém os membros b, c, e e h, com representante c. Cada objeto na lista contém um membro de conjunto, um ponteiro para o próximo objetos na lista e um ponteiro de volta ao objeto conjunto. Cada objeto conjunto tem ponteiros *head* (início) e *tail* (fim) para o primeiro e o último objetos, respectivamente. (b) Resultado de UNIÃO (g, e), que anexa a lista encadeada contendo e à lista encadeada contendo g. O representante do conjunto resultante é f. O objeto conjunto para a lista de e, S_2, é destruído.

Com essa representação de lista encadeada, Cria-Conjunto e Encontra-Conjunto exigem apenas o tempo $O(1)$. Para executarmos Cria-Conjunto(x), criamos uma lista encadeada cujo único objeto é x. Para Encontra-Conjunto(x), simplesmente seguimos o ponteiro de x de volta ao seu objeto conjunto e depois retornamos o membro no objeto para o qual *head* aponta. Por exemplo, na Figura 19.2(a), a chamada Encontra-Conjunto(g) retornaria f.

Implementação simples de união

A implementação mais simples da operação União usando a representação de conjunto de lista encadeada demora um tempo significativamente maior que Cria-Conjunto ou Encontra-Conjunto. Como mostra a Figura 19.2(b), executamos União(x, y) anexando a lista de y ao final da lista de x. O representante da lista de x torna-se o representante do conjunto resultante. Usamos o ponteiro *tail* para a lista de x *de modo a encontrarmos* rapidamente onde anexar a lista de y. Como todos os membros da lista de y juntam-se à lista de x, a operação União destrói o objeto conjunto para a lista de y. A operação União é onde essa implementação paga o preço por Encontra-Conjunto levar um tempo constante: União também precisa atualizar o ponteiro do objeto conjunto para cada objeto que estava originalmente na lista de y, o que demora tempo linear com relação ao comprimento da lista de y. Na Figura 19.2, por exemplo, a operação União(g, e) provoca a atualização dos ponteiros nos objetos para b, c, e e h.

De fato, podemos construir facilmente uma sequência de m operações com n objetos que exige o tempo $\Theta(n^2)$. Começando com objetos x_1, x_2, ..., x_n, executamos a sequência de n operações Cria-Conjunto seguida por $n-1$ operações União mostradas na Figura 19.3, de modo que $m = 2n-1$. As n operações Cria-Conjunto gastam o tempo $\Theta(n)$. Como a i-ésima operação União atualiza i objetos, o número total de objetos atualizados por todas as $n-1$ operações União forma uma série aritmética:

$$\sum_{i=1}^{n-1} i = \Theta(n^2) .$$

O número total de operações é $2n-1$ e, portanto, cada operação exige em média o tempo $\Theta(n)$. Isto é, o tempo amortizado de uma operação é $\Theta(n)$.

Heurística de união ponderada

No pior caso, tal implementação do procedimento União exige um tempo médio $\Theta(n)$ por chamada, porque é possível que estejamos anexando uma lista mais longa a uma lista mais curta, e o procedimento precisa atualizar o ponteiro do objeto conjunto para cada membro da lista mais longa. Em vez disso, suponha que cada lista também inclua o comprimento da lista (que podemos manter facilmente com um custo adicional constante) e que o procedimento União sempre anexa a lista mais curta à mais longa, rompendo ligações arbitrariamente. Com essa **heurística de união ponderada** simples, uma única operação União ainda pode demorar o tempo $\Omega(n)$ se ambos os conjuntos têm $\Omega(n)$ membros. Porém, como mostra o teorema a seguir, uma sequência de m operações Cria-Conjunto, União e Encontra-Conjunto, n das quais são operações Cria-Conjunto, demora o tempo $O(m + n \lg n)$.

Operação	Número de objetos atualizados
Cria-Conjunto (x_1)	1
Cria-Conjunto (x_2)	1
$\vdots$	$\vdots$
Cria-Conjunto (x_n)	1
União(x_2, x_1)	1
União(x_3, x_2)	2
União(x_4, x_3)	3
$\vdots$	$\vdots$
União(x_n, x_{n-1})	$n-1$

Figura 19.3 Sequência de $2n-1$ operações em n objetos que demora o tempo $\Theta(n^2)$ ou o tempo $\Theta(n)$ por operação, em média, usando a representação de conjuntos por listas encadeadas e a implementação simples de União.

Teorema 19.1

Usando a representação de lista encadeada de conjuntos disjuntos e a heurística de união ponderada, uma sequência de m operações CRIA-CONJUNTO, UNIÃO e ENCONTRA-CONJUNTO, n das quais são operações CRIA-CONJUNTO, demora o tempo $O(m + n \lg n)$.

Prova Como cada operação UNIÃO une dois conjuntos disjuntos, executamos no máximo $n - 1$ operações UNIÃO no total. Agora, limitamos o tempo total gasto por essas operações UNIÃO. Começamos determinando, para cada objeto, um limite superior para o número de vezes que o ponteiro do objeto de volta ao seu objeto conjunto é atualizado. Considere determinado objeto x. Sabemos que, cada vez que o ponteiro de x foi atualizado, x deve ter começado no conjunto menor. Portanto, na primeira vez que o ponteiro de x foi atualizado, o conjunto resultante devia conter no mínimo dois membros. De modo semelhante, na próxima vez que o ponteiro de x foi atualizado, o conjunto resultante devia ter no mínimo quatro membros. Continuando, observamos que, para qualquer $k \le n$, depois que o ponteiro de x foi atualizado $\lceil \lg k \rceil$ vezes, o conjunto resultante deve ter contido no mínimo k membros. Visto que o conjunto maior tem no máximo n membros, o ponteiro de cada objeto é atualizado no máximo $\lceil \lg n \rceil$ vezes em todas as operações UNIÃO. Assim, o tempo total gasto na atualização de ponteiros de objeto em todas as operações UNIÃO é $O(n \lg n)$. Também devemos considerar a atualização dos ponteiros *tail* e dos comprimentos de listas, que demoram apenas o tempo $\Theta(1)$ por operação UNIÃO. Assim, o tempo total gasto em todas as operações UNIÃO é $O(n \lg n)$.

O tempo para a sequência inteira de m operações decorre facilmente. Cada operação CRIA-CONJUNTO e ENCONTRA-CONJUNTO demora o tempo $O(1)$, e existem $O(m)$ dessas operações. Portanto, o tempo total para a sequência inteira é $O(m + n \lg n)$. ∎

Exercícios

19.2-1
Escreva o pseudocódigo para CRIA-CONJUNTO, ENCONTRA-CONJUNTO e UNIÃO usando a representação de lista encadeada e a heurística de união ponderada. Não esqueça de especificar os atributos que você considera para objetos conjunto e objetos lista.

19.2-2
Mostre a estrutura de dados resultante e as respostas retornadas pelas operações ENCONTRA-CONJUNTO no programa a seguir. Use a representação de lista encadeada com a heurística de união ponderada. Suponha que, se os conjuntos que contêm x_i e x_j tiverem o mesmo tamanho, a operação UNIÃO(x_i, x_j) anexa a lista de x_j à lista de x_i.

```
 1  for i = 1 to 16
 2      CRIA-CONJUNTO(x_i)
 3  for i = 1 to 15 by 2
 4      UNIÃO(x_i, x_{i+1})
 5  for i = 1 to 13 by 4
 6      UNIÃO(x_i, x_{i+2})
 7  UNIÃO(x_1, x_5)
 8  UNIÃO(x_11, x_13)
 9  UNIÃO(x_1, x_10)
10  ENCONTRA-CONJUNTO(x_2)
11  ENCONTRA-CONJUNTO(x_9)
```

19.2-3
Adapte a prova agregada do Teorema 19.1 para obter limites de tempo amortizados $O(1)$ para CRIA-CONJUNTO e ENCONTRA-CONJUNTO, e $O(\lg n)$ para UNIÃO, utilizando a representação de lista encadeada e a heurística de união ponderada.

19.2-4
Dê um limite assintótico restrito para o tempo de execução da sequência de operações na Figura 19.3, considerando a representação de lista encadeada e a heurística de união ponderada.

19.2-5

O professor Gompers suspeita de que poderia ser possível manter apenas um ponteiro em cada objeto conjunto, em vez de dois (*head* e *tail*), e ao mesmo tempo manter em dois o número de ponteiros em cada elemento de lista. Mostre que a suspeita do professor é bem fundamentada, descrevendo como representar cada conjunto por uma lista encadeada de modo que cada operação tenha o mesmo tempo de execução que as operações descritas nesta seção. Descreva também como as operações funcionam. Seu esquema deve levar em consideração a heurística da união ponderada, com o mesmo efeito descrito nesta seção. (*Sugestão*: use o *tail* de uma lista encadeada como seu representante de conjunto.)

19.2-6

Sugira uma mudança simples no procedimento União para a representação de lista encadeada que elimine a necessidade de manter o ponteiro *tail* do último objeto em cada lista. Independentemente de a heurística de união ponderada ser ou não utilizada, a alteração não deve mudar o tempo de execução assintótico do procedimento União. (*Sugestão*: em vez de anexar uma lista à outra, entrelace uma à outra.)

19.3   Florestas de conjuntos disjuntos

Em uma implementação mais rápida de conjuntos disjuntos, representamos conjuntos por árvores enraizadas, sendo que cada nó contém um membro e cada árvore representa um conjunto. Em uma *floresta de conjuntos disjuntos*, ilustrada na Figura 19.4(a), cada membro aponta apenas para seu pai. A raiz de cada árvore contém o representante e é seu próprio pai. Como veremos, embora os algoritmos diretos que utilizam essa representação não sejam mais rápidos que aqueles que usam a representação de lista encadeada, com a introdução de duas heurísticas — "união pelo posto" e "compressão de caminho" — podemos obter uma estrutura de dados de conjuntos disjuntos assintoticamente ótima.

As três operações de conjuntos disjuntos possuem implementações simples. Uma operação Cria-Conjunto simplesmente cria uma árvore com apenas um nó. Uma operação Encontra-Conjunto segue ponteiros de pais até encontrar a raiz da árvore. Os nós visitados nesse caminho simples em direção à raiz constituem o *caminho de busca*. Uma operação União, mostrada na Figura 19.4(b), simplesmente faz a raiz de uma árvore apontar para a raiz da outra.

Heurísticas para melhorar o tempo de execução

Até agora, não melhoramos a implementação de listas encadeadas. Uma sequência de $n - 1$ operações União poderia criar uma árvore que é apenas uma cadeia linear de n nós. Contudo, usando duas heurísticas, podemos conseguir um tempo de execução quase linear com relação ao número total de operações m.

A primeira heurística, *união pelo posto*, é semelhante à heurística de união ponderada que usamos com a representação de listas encadeadas. A abordagem óbvia seria fazer a raiz da árvore que tem um número menor

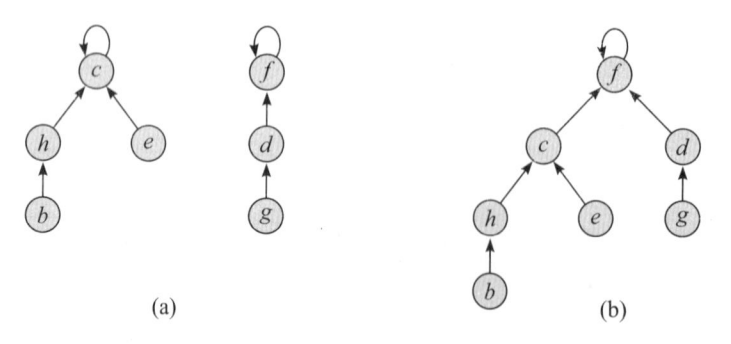

(a)   (b)

Figura 19.4 Floresta de conjuntos disjuntos. (**a**) Duas árvores que representam os dois conjuntos da Figura 19.2. A árvore à esquerda representa o conjunto $\{b, c, e, h\}$, com c como representante, e a árvore à direita representa o conjunto $\{d, f, g\}$, com f como representante. (**b**) Resultado de União(e, g).

de nós apontar para a raiz da árvore que tem mais nós. Entretanto, em vez de controlarmos explicitamente o tamanho da subárvore com raiz em cada nó, usaremos uma abordagem que facilita a análise. Para cada nó, mantemos um ***posto*** (*rank*), que é um limite superior para a altura do nó. Na união pelo posto, fazemos a raiz que ocupa o menor posto apontar para a raiz que ocupa o maior posto durante uma operação UNIÃO.

A segunda heurística, ***compressão de caminho***, também é bastante simples e muito eficiente. Como mostra a Figura 19.5, são usadas operações ENCONTRA-CONJUNTO para fazer cada nó no caminho de localização apontar diretamente para a raiz. A compressão de caminho não altera nenhum posto.

Pseudocódigo para florestas de conjuntos disjuntos

Para implementar uma floresta de conjuntos disjuntos com a heurística de união pelo posto, a implementação precisa controlar os postos. Com cada nó x, mantemos o valor inteiro $x.posto$, que é um limite superior para a altura de x (o número de arestas no caminho mais longo entre uma folha descendente e x). Quando CRIA-CONJUNTO cria um conjunto unitário, o posto inicial do nó único na árvore correspondente é 0. As operações ENCONTRA-CONJUNTO não alteram os postos. A operação UNIÃO tem dois casos, dependendo de as raízes das árvores terem postos iguais ou não. Se as raízes têm postos desiguais, transformamos a raiz de posto mais alto no pai da raiz de posto mais baixo, mas os postos em si permanecem inalterados. Se, em vez disso, as raízes têm postos iguais, escolhemos arbitrariamente uma das raízes como o pai e incrementamos seu posto.

Vamos representar esse método em pseudocódigo, que aparece a seguir. Designamos o pai do nó x por $x.p$. O procedimento CONECTA, uma sub-rotina chamada por UNIÃO, aceita ponteiros para duas raízes como entradas. O procedimento ENCONTRA-CONJUNTO com compressão de caminho é bastante simples.

O procedimento ENCONTRA-CONJUNTO é um ***método de duas passagens***: quando executa recursão, faz uma passagem para cima no caminho de localização para encontrar a raiz; à medida que a recursão se desenvolve, faz uma segunda passagem de volta para baixo no caminho de localização a fim de atualizar cada nó de modo que cada um aponte diretamente para a raiz. Cada chamada de ENCONTRA-CONJUNTO(x) retorna $x.p$ na linha 3. Se x é a raiz, ENCONTRA-CONJUNTO salta a linha 2 e, em vez de executá-la, retorna $x.p$, que é x. Esse é o caso em que a recursão chega ao nível mais baixo. Caso contrário, a linha 2 é executada, e a chamada recursiva com parâmetro $x.p$ retorna um ponteiro para a raiz. A linha 2 atualiza o nó x de maneira a apontar diretamente para a raiz, e a linha 3 retorna esse ponteiro.

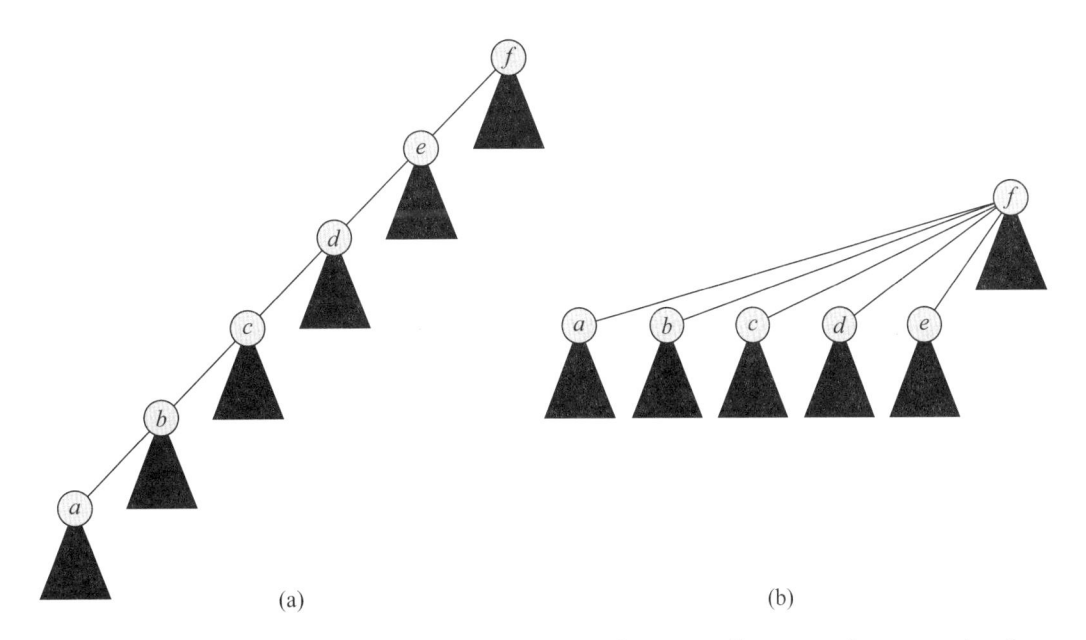

(a)   (b)

Figura 19.5 Compressão de caminho durante a operação ENCONTRA-CONJUNTO. Setas e autolaços nas raízes foram omitidos. (**a**) Árvore que representa um conjunto antes da execução de ENCONTRA-CONJUNTO(a). Triângulos representam subárvores cujas raízes são os nós mostrados. Cada nó tem um ponteiro para seu pai. (**b**) O mesmo conjunto após a execução de ENCONTRA-CONJUNTO(a). Agora, cada nó no caminho de busca aponta diretamente para a raiz.

```
CRIA-CONJUNTO(x)
1   x.p = x
2   x.posto = 0

UNIÃO(x, y)
1   CONECTA(ENCONTRA-CONJUNTO(x), ENCONTRA-CONJUNTO(y))

CONECTA(x, y)
1   if x.posto > y.posto
2       y.p = x
3   else x.p = y
4       if x.posto == y.posto
5           y.posto = y.posto + 1

ENCONTRA-CONJUNTO(x)
1   if x ≠ x.p                               // não é a raiz?
2       x.p = ENCONTRA-CONJUNTO(x.p)          // a raiz torna-se o pai
3   return x.p                               // retorna a raiz
```

Efeito das heurísticas sobre o tempo de execução

Separadamente, união pelo posto ou compressão de caminho melhora o tempo de execução das operações em florestas de conjuntos disjuntos, e a melhora é ainda maior quando usamos as duas heurísticas em conjunto. Sozinha, a união pelo posto produz um tempo de execução de $O(m \lg n)$ para uma sequência de m operações, n das quais são CRIA-CONJUNTO (ver Exercício 19.4-4), e esse limite é justo (ver Exercício 19.3-3). Embora não o demonstremos aqui, para uma sequência de n operações CRIA-CONJUNTO (e, consequentemente, no máximo $n - 1$ operações UNIÃO) e f operações ENCONTRA-CONJUNTO, a heurística de compressão de caminho, se sozinha, fornece um tempo de execução do pior caso igual a $\Theta(n + f \cdot (1 + \log_{2+f/n} n))$.

Quando usamos a união pelo posto e a compressão de caminho, o tempo de execução do pior caso é $O(m \, \alpha(n))$, em que $\alpha(n)$ é uma função de crescimento *muito* lento que definiremos na Seção 19.4. Em qualquer aplicação concebível de uma estrutura de dados de conjuntos disjuntos, $\alpha(n) \leq 4$; assim, podemos considerar o tempo de execução como linear com relação a m em todas as situações práticas. Porém, matematicamente falando, ele é superlinear. Na Seção 19.4, provaremos esse limite superior $O(m \, \alpha(n))$.

Exercícios

19.3-1
Resolva novamente o Exercício 19.2-2 usando uma floresta de conjuntos disjuntos com união pelo posto e compressão de caminho. Mostre a floresta resultante a cada nó, incluindo seu x_i e posto.

19.3-2
Escreva uma versão não recursiva de ENCONTRA-CONJUNTO com compressão de caminho.

19.3-3
Dê uma sequência de m operações CRIA-CONJUNTO, UNIÃO e ENCONTRA-CONJUNTO, sendo que n das quais são operações CRIA-CONJUNTO, que demore o tempo $\Omega(m \lg n)$ quando usamos somente união pelo posto, sem compressão de caminho.

19.3-4
Suponha que queiramos acrescentar a operação IMPRIME-CONJUNTO(x), à qual é dado um nó x e que imprime todos os membros do conjunto de x em qualquer ordem. Mostre como podemos acrescentar apenas

um único atributo a cada nó em uma floresta de conjuntos disjuntos de modo que IMPRIME-CONJUNTO(x) demore um tempo linear com relação ao número de membros do conjunto de x e que os tempos de execução assintóticos das outras operações permaneçam inalterados. Suponha que podemos imprimir cada membro do conjunto no tempo $O(1)$.

★ **19.3-5**

Mostre que qualquer sequência de m operações CRIA-CONJUNTO, ENCONTRA-CONJUNTO e CONECTA, em que todas as operações CONECTA aparecem antes de qualquer das operações ENCONTRA-CONJUNTO, demora apenas o tempo $O(m)$ se usarmos compressão de caminho e união pelo posto. Suponha que os argumentos para CONECTA sejam raízes dentro da floresta de conjuntos disjuntos. O que acontece na mesma situação se usamos somente a heurística de compressão de caminho, e não a união pelo posto?

★ 19.4 Análise da união pelo posto com compressão de caminho

Como observamos na Seção 19.3, o tempo de execução da heurística combinada de união pelo posto e compressão de caminho é executada em tempo $O(m\,\alpha(n))$ para m operações de conjuntos disjuntos em n elementos. Nesta seção, examinaremos a função α para vermos exatamente com que lentidão ela cresce. Então, analisaremos esse tempo de execução empregando o método do potencial de análise amortizada.

Função de crescimento muito rápido e sua inversa de crescimento muito lento

Para inteiros $j, k \geq 0$, definimos a função $A_k(j)$ como

$$A_k(j) = \begin{cases} j + 1 & \text{se } k = 0 , \\ A_{k-1}^{(j+1)}(j) & \text{se } k \geq 1 , \end{cases} \tag{19.1}$$

em que a expressão $A_{k-1}^{(j+1)}(j)$ usa a notação de iteração funcional definida na Equação (3.30), no Capítulo 3. Especificamente, a Equação (3.30) resulta em $A_{k-1}^{(0)}(j) = j$ e $A_{k-1}^{(i)}(j) = A_{k-1}(A_{k-1}^{(i-1)}(j))$ para $i \geq 1$. Chamamos o parâmetro k de **nível** da função A.

A função $A_k(j)$ aumenta estritamente com j e k. Para vermos exatamente com que rapidez essa função cresce, primeiro obtemos expressões de forma fechada para $A_1(j)$ e $A_2(j)$.

Lema 19.2

Para qualquer inteiro $j \geq 1$, temos $A_1(j) = 2j + 1$.

Prova Primeiro, usamos a indução sobre i para mostrar que $A_0^{(i)}(j) = j + i$. Para o caso-base, temos $A_0^{(0)}(j) = j = j + 0$. Para a etapa indutiva, suponha que $A_0^{(i-1)}(j) = j + (i-1)$. Então, $A_0^{(i)}(j) = A_0(A_0^{(i-1)}(j)) = (j + (i-1)) + 1 = j + i$. Por fim, observamos que $A_1(j) = A_0^{(j+1)}(j) = j + (j+1) = 2j + 1$. ∎

Lema 19.3

Para qualquer inteiro $j \geq 1$, temos $A_2(j) = 2^{j+1}(j+1) - 1$.

Prova Primeiro, usamos a indução sobre i para mostrar que $A_1^{(i)}(j) = 2^i(j+1) - 1$. Para o caso-base, temos $A_1^{(0)}(j) = j = 2^0(j+1) - 1$. Para a etapa indutiva, suponha que $A_1^{(i-1)}(j) = 2^{i-1}(j+1) - 1$. Então, $A_1^{(i)}(j) = A_1(A_1^{(i-1)}(j)) = A_1(2^{i-1}(j+1) - 1) = 2\cdot(2^{i-1}(j+1) - 1) + 1 = 2^i(j+1) - 2 + 1 = 2^i(j+1) - 1$. Por fim, observamos que $A_2(j) = A_1^{(i-1)}(j) = 2^{j+1}(j+1) - 1$. ∎

Agora, podemos ver com que rapidez $A_k(j)$ cresce, simplesmente examinando $A_k(1)$ para os níveis $k = 0, 1, 2, 3, 4$. Pela definição de $A_0(j)$ e lemas citados, temos $A_0(1) = 1 + 1 = 2$, $A_1(1) = 2 \cdot 1 + 1 = 3$ e $A_2(1) = 2^{1+1} \cdot (1+1) - 1 = 7$. Também temos

$$
\begin{aligned}
A_3(1) &= A_2^{(2)}(1) \\
&= A_2(A_2(1)) \\
&= A_2(7) \\
&= 2^8 \cdot 8 - 1 \\
&= 2^{11} - 1 \\
&= 2047
\end{aligned}
$$

e

$$
\begin{aligned}
A_4(1) &= A_3^{(2)}(1) \\
&= A_3(A_3(1)) \\
&= A_3(2047) \\
&= A_2^{(2048)}(2047) \\
&\gg A_2(2047) \\
&= 2^{2048} \cdot 2048 - 1 \\
&= 2^{2059} - 1 \\
&> 2^{2056} \\
&= (2^4)^{514} \\
&= 16^{514} \\
&\gg 10^{80} \,,
\end{aligned}
$$

que é o número estimado de átomos no universo observável. (O símbolo "$\gg$" indica a relação "muito maior que".)

Definimos a inversa da função $A_k(n)$, para inteiros $n \geq 0$, por

$$
\alpha(n) = \min\{k : A_k(1) \geq n\} \,. \tag{19.2}
$$

Em linguagem corrente, $\alpha(n)$ é o mais baixo nível k para o qual $A_k(1)$ é no mínimo n. Pelos valores de $A_k(1)$, vemos que

$$
\alpha(n) = \begin{cases}
0 & \text{para } 0 \leq n \leq 2\,, \\
1 & \text{para } n = 3\,, \\
2 & \text{para } 4 \leq n \leq 7\,, \\
3 & \text{para } 8 \leq n \leq 2047\,, \\
4 & \text{para } 2048 \leq n \leq A_4(1)\,.
\end{cases}
$$

É apenas para valores de n tão grandes que nem mesmo o termo "astronômico" dá ideia de seu tamanho (maior do que $A_4(1)$, um número enorme) que $\alpha(n) > 4$. Portanto, $\alpha(n) \leq 4$ para todas as finalidades práticas.

Propriedades de posto

No restante desta seção, provaremos um limite $O(m\,\alpha(n))$ para o tempo de execução das operações de conjuntos disjuntos com união pelo posto e compressão de caminho. Para provarmos esse limite, primeiro demonstraremos algumas propriedades simples de posto.

Lema 19.4

Para todos os nós x, temos $x.posto \leq x.p.posto$, com desigualdade estrita se $x \neq x.p$ (x não é uma raiz). O valor de $x.posto$ é inicialmente 0 e aumenta com o tempo até $x \neq x.p$; daí em diante, $x.posto$ não muda. O valor de $x.p.posto$ cresce monotonicamente com o tempo.

Prova A prova é uma indução direta com relação ao número de operações, com a utilização das implementações de CRIA-CONJUNTO, UNIÃO e ENCONTRA-CONJUNTO que aparecem na Seção 19.3. Vamos deixá-la para o Exercício 19.4-1. ∎

Corolário 19.5

À medida que seguimos o caminho simples subindo de qualquer nó em direção a uma raiz, os postos dos nós aumentam estritamente.   ■

Lema 19.6

Todo nó tem posto, no máximo, igual a $n - 1$.

Prova O posto de cada nó começa em 0 e só aumenta com operações Conecta. Como há no máximo $n - 1$ operações União, há também no máximo $n - 1$ operações Conecta. Como cada operação Conecta deixa todos os postos como estão ou aumenta de 1 o posto de algum nó, todos os postos são no máximo $n - 1$. ■

O Lema 19.6 confere um limite fraco para postos. De fato, todo nó tem posto no máximo $\lfloor \lg n \rfloor$ (ver Exercício 19.4-2). Todavia, o limite mais frouxo do Lema 19.6 será suficiente para a nossa finalidade.

Provando o limite de tempo

Usaremos o método do potencial da análise amortizada da Seção 16.3 para provarmos o limite de tempo $O(m\,\alpha(n))$. Ao executarmos a análise amortizada, é conveniente considerar que chamamos a operação Conecta em vez da operação União. Isto é, visto que os parâmetros do procedimento Conecta são ponteiros para duas raízes, agimos como se executássemos as operações Encontra-Conjunto adequadas separadamente. O lema a seguir mostra que, ainda que contemos as operações Encontra-Conjunto extras induzidas por chamadas União, o tempo de execução assintótico permanece inalterado.

Lema 19.7

Suponha que convertemos uma sequência S' de m' operações Cria-Conjunto, União e Encontra-Conjunto em uma sequência S de m operações Cria-Conjunto, Conecta e Encontra-Conjunto transformando cada União em duas operações Encontra-Conjunto seguidas por uma operação Conecta. Então, se a sequência S for executada no tempo $O(m\,\alpha(n))$, a sequência S' será executada no tempo $O(m'\,\alpha(n))$.

Prova Visto que cada operação União na sequência S' é convertida em três operações em S, temos $m' \leq m \leq 3m'$, de modo que $m = \Theta(m')$. Portanto, um limite de tempo $O(m\,\alpha(n))$ para a sequência convertida S implica um limite de tempo $O(m'\,\alpha(n))$ para a sequência original S'. ■

Daqui por diante, supomos que a sequência inicial de m' operações Cria-Conjunto, União e Encontra-Conjunto foi convertida em uma sequência de m operações Cria-Conjunto, Conecta e Encontra-Conjunto. Agora, provaremos um limite de tempo $O(m\,\alpha(n))$ para a sequência convertida e apelaremos para o Lema 19.7 a fim de provarmos o tempo de execução $O(m'\,\alpha(n))$ da sequência original de m' operações.

Função potencial

A função potencial que usamos atribui um potencial $\phi_q(x)$ a cada nó x na floresta de conjuntos disjuntos após q operações. Para o potencial Φ_q da floresta inteira após q operações, somamos os potenciais de nós individuais: $\Phi_q = \Sigma_x \phi_q(x)$. Como a floresta está vazia antes da primeira operação, assumimos que a soma é um conjunto vazio, e portanto, $\Phi_0 = 0$. Jamais algum potencial Φ_q será negativo.

O valor de $\phi_q(x)$ depende de x ser uma raiz da árvore após a q-ésima operação. Se for, ou se $x.posto = 0$, então $\phi_q(x) = \alpha(n) \cdot x.posto$.

Agora, suponha que após a q-ésima operação x não seja uma raiz e $x.posto \geq 1$. Precisamos definir duas funções auxiliares em x antes de podermos definir $\phi_q(x)$. Primeiro, definimos

$$\text{nível}(x) = \text{máx}\ \{k : x.p.posto \geq A_k(x.posto)\}. \tag{19.3}$$

Isto é, nível(x) é o maior nível k para o qual A_k, aplicada ao posto x, não é maior que o posto do pai de x. Afirmamos que

$$0 \leq \text{nível}(x) < \alpha(n), \tag{19.4}$$

o que vemos a seguir. Temos

$$x.p.posto \geq x.posto + 1 \qquad \text{(pelo Lema 19.4, porque } x \text{ não é uma raiz)}$$
$$= A_0(x.posto) \qquad \text{(pela definição (19.1) de } A_0(j)),$$

o que implica que nível$(x) \geq 0$, e

$$A_{\alpha(n)}(x.posto) \geq A_{\alpha(n)}(1) \qquad \text{(porque } A_k(j) \text{ está estritamente crescendo)}$$
$$\geq n \qquad \text{(pela definição (19.2) de } \alpha(n))$$
$$> x.p.posto \qquad \text{(pelo Lema 19.6),}$$

o que implica que nível$(x) < \alpha(n)$.

Para determinado nó não raiz x, o valor de nível(x) aumenta monotonicamente com o tempo. Por quê? Como x não é uma raiz, seu posto não muda. O posto de $x.p$ aumenta monotonicamente com o tempo, pois se $x.p$ não é uma raiz, então seu posto não muda, e se $x.p$ é uma raiz, então seu posto nunca pode diminuir. Assim, a diferença entre $x.posto$ e $x.p.posto$ aumenta monotonicamente com o tempo. Portanto, o valor de k necessário para $A_k(x.posto)$ alcançar $x.p.posto$ monotonicamente também aumenta com o tempo.

A segunda função auxiliar se aplica quando $x.posto \geq 1$:

$$\text{iter}(x) = \max \left\{ i : x.p.posto \geq A_{\text{nível}(x)}^{(i)} (x.posto) \right\} \tag{19.5}$$

Isto é, iter(x) é o maior número de vezes que podemos aplicar $A_{\text{nível}(x)}$, iterativamente, aplicada inicialmente ao posto de x, antes de obtermos um valor maior que o posto do pai de x.

Afirmamos que, quando $x.posto \geq 1$, temos

$$1 \leq \text{iter}(x) \leq x.posto \tag{19.6}$$

o que mostramos a seguir. Temos

$$x.p.posto \geq A_{\text{nível}(x)}(x.posto) \qquad \text{(pela definição (19.3) de nível}(x))$$
$$= A_{\text{nível}(x)}^{(1)}(x.p.posto) \qquad \text{(pela definição (3.30) da iteração funcional),}$$

o que implica que iter$(x) \geq 1$. Temos também

$$A_{\text{nível}(x)}^{(x.posto + 1)}(x.posto) = A_{\text{nível}(x) + 1}(x.posto) \qquad \text{(pela definição (19.1) de } A_k(j))$$
$$> (x.p.posto) \qquad \text{(pela definição (19.3) de nível}(x))$$

o que implica que iter$(x) \leq x.posto$. Observe que, como $x.p.posto$ cresce monotonicamente com o tempo, para iter(x) diminuir, nível(x) tem de aumentar. Contanto que nível(x) permaneça inalterado, iter(x) deve crescer ou permanecer inalterado.

Estabelecidas essas funções auxiliares, estamos prontos para definir o potencial do nó x após q operações:

$$\phi_q(x) = \begin{cases} \alpha(n) \cdot x.posto & \text{se } x \text{ é uma raiz ou } x.posto = 0, \\ (\alpha(n) - (n) - \text{nível}(x)) \cdot x.posto - \text{iter}(x) & \\ \quad \text{se } x \text{ não é uma raiz e } x.posto \geq 1. \end{cases} \tag{19.7}$$

Em seguida, investigamos algumas propriedades úteis desses potenciais de nós.

Lema 19.8

Para todo nó x, e para todas as contagens de operações q, temos

$$0 \leq \phi_q(x) \leq \alpha(n) \cdot x.posto.$$

Prova Se x é uma raiz ou $x.posto = 0$, então $\phi_q(x) = \alpha(n) \cdot x.posto$ por definição. Agora, suponha que x não seja uma raiz e que $x.posto \geq 1$. Obtemos um limite inferior para $\phi_q(x)$ maximizando nível(x) e iter(x). Pelos limites (19.4) e (19.6), $\alpha(n) - \text{nível}(x) \geq 1$ e iter$(x) \leq x.posto$. Assim, temos

$$\phi_q(x) = (\alpha(n) - \text{nível}(x)) \cdot x.posto - \text{iter}(x)$$
$$\geq x.posto - x.posto$$
$$= 0.$$

De modo semelhante, obtemos um limite superior para $\phi_q(x)$ minimizando nível(x) e iter(x). Pelo limite (19.4), nível(x) ≥ 0 e, pelo limite (19.6), iter(x) ≥ 1. Portanto, temos

$$\phi_q(x) = (\alpha(n) - 0) \cdot x.posto - 1$$
$$= \alpha(n) \cdot x.posto - 1$$
$$< \alpha(n) \cdot x.posto.$$

∎

Corolário 19.9

Se o nó x não é uma raiz e $x.posto > 0$, então $\phi_q(x) < \alpha(n) \cdot x.posto$. ∎

Mudanças de potencial e custos amortizados de operações

Agora, estamos prontos para examinar como as operações de conjuntos disjuntos afetam os potenciais de nós. Se entendermos a mudança de potencial provocada por cada operação, poderemos determinar os custos amortizados.

Lema 19.10

Seja x um nó que não é uma raiz, e suponha que a q-ésima operação é CONECTA ou ENCONTRA-CONJUNTO. Então, após a q-ésima operação, $\phi_q(x) \leq \phi_{q-1}(x)$. Além disso, se $x.posto \geq 1$ e nível(x) ou iter(x) mudar em razão da q-ésima operação, então $\phi_q(x) \leq \phi_{q-1}(x) - 1$. Isto é, o potencial de x não pode aumentar e, se tiver posto positivo e nível(x) ou iter(x) mudar, o potencial de x cairá no mínimo uma unidade.

Prova Como x não é uma raiz, a q-ésima operação não muda $x.posto$ e, como n não muda após as n operações CRIA-CONJUNTO iniciais, $\alpha(n)$ também permanece inalterada. Consequentemente, esses componentes da fórmula para o potencial de x permanecem os mesmos após a q-ésima operação. Se $x.posto = 0$, então $\phi_q(x) = \phi_{q-1}(x) = 0$.

Agora, suponha que $x.posto \geq 1$. Lembre-se de que nível(x) aumenta monotonicamente com o tempo. Se a q-ésima operação deixar nível(x) inalterado, iter(x) aumenta ou permanece inalterado. Se nível(x) e iter(x) permanecem inalterados, $\phi_q(x) = \phi_{q-1}(x)$. Se nível($x$) permanece inalterado e iter(x) aumenta, então ele aumenta, no mínimo, de 1, e assim $\phi_q(x) \leq \phi_{q-1}(x) - 1$.

Por fim, se a q-ésima operação aumentar nível(x), ele aumentará no mínimo de 1, de modo que o valor do termo $(\alpha(n) - $ nível(x)$) \cdot x.posto$ cairá no mínimo $x.posto$. Como nível(x) aumentou, o valor de iter(x) poderá cair, mas, de acordo com o limite (19.6), a queda é no máximo $x.posto - 1$. Assim, o aumento de potencial em função da mudança em iter(x) é menor que a queda de potencial em face da mudança em nível(x), e concluímos que $\phi_q(x) \leq \phi_{q-1}(x) - 1$. ∎

Nossos três lemas finais mostram que o custo amortizado de cada operação CRIA-CONJUNTO, CONECTA e ENCONTRA-CONJUNTO é $O(\alpha(n))$. Lembre-se de que, pela Equação (16.2) no Capítulo 16, o custo amortizado de cada operação é seu custo real mais a mudança em potencial em virtude da operação.

Lema 19.11

O custo amortizado de cada operação CRIA-CONJUNTO é $O(1)$.

Prova Suponha que a q-ésima operação seja CRIA-CONJUNTO (x). Essa operação cria o nó x com posto 0, de modo que $\phi_q(x) = 0$. Nenhum outro posto ou potencial se altera, e então, $\Phi_q = \Phi_{q-1}$. Observar que o custo real da operação CRIA-CONJUNTO é $O(1)$ conclui a prova. ∎

Lema 19.12

O custo amortizado de cada operação CONECTA é $O(\alpha(n))$.

Prova Suponha que a q-ésima operação seja CONECTA(x, y). O custo real da operação CONECTA é $O(1)$. Sem prejuízo da generalidade, suponha que a operação CONECTA torne y o pai de x.

Para determinarmos a mudança de potencial em função de CONECTA, observamos que os únicos nós cujos potenciais podem mudar são x, y e os filhos de y imediatamente antes da operação. Mostraremos que o único nó cujo potencial pode aumentar em função de CONECTA é y e que seu aumento é no máximo $\alpha(n)$:

- Pelo Lema 19.10, qualquer nó que seja filho de y imediatamente antes de CONECTA não pode ter seu aumento de potencial em razão de CONECTA.
- Pela definição (19.7) de $\phi_q(x)$, vemos que, como x era uma raiz antes da q-ésima operação, $\phi_{q-1}(x) = \alpha(n) \cdot x.posto$ naquele momento. Se $x.posto = 0$, então $\phi_q(x) = \phi_{q-1}(x) = 0$. Caso contrário,

$$\phi_q(x) \; < \; \alpha(n) \cdot x.posto \quad \text{(pelo Corolário 19.9)}$$
$$= \; \phi_{q-1}(x) \, ,$$

e, assim, o potencial de x diminui.

- Como y é uma raiz antes do CONECTA, $\phi_{q-1}(y) = \alpha(n) \cdot y.posto$. Após a operação CONECTA, y permanece como raiz, de modo que o potencial de y ainda é igual a $\alpha(n)$ vezes seu posto após a operação. A operação CONECTA ou deixa o posto de y como está ou aumenta o posto de y de 1. Assim, $\phi_q(y) = \phi_{q-1}(y)$ ou $\phi_q(y) = \phi_{q-1}(y) + \alpha(n)$.

Portanto, o aumento de potencial em função da operação CONECTA é no máximo $\alpha(n)$. O custo amortizado da operação CONECTA é $O(1) + \alpha(n) = O(\alpha(n))$. ∎

Lema 19.13

O custo amortizado de cada operação ENCONTRA-CONJUNTO é $O(\alpha(n))$.

Prova Suponha que a q-ésima operação seja ENCONTRA-CONJUNTO e que o caminho de busca contenha s nós. O custo real da operação ENCONTRA-CONJUNTO é $O(s)$. Mostraremos que nenhum potencial de nó aumenta em virtude de ENCONTRA-CONJUNTO e que, no mínimo, máx$\{0, s - (\alpha(n) + 2)\}$ nós no caminho de busca têm seu potencial diminuído de no mínimo 1.

Para vermos que nenhum potencial de nó aumenta, primeiro apelamos ao Lema 19.10 para todos os nós exceto a raiz. Se x é a raiz, seu potencial é $\alpha(n) \cdot x.posto$, que não muda em função da operação ENCONTRA-CONJUNTO.

Agora, mostramos que máx$\{0, s - (\alpha(n) + 2)\}$ nós têm seu potencial diminuído de no mínimo 1. Seja x um nó no caminho de busca, tal que $x.posto > 0$ e x é seguido em algum lugar no caminho de localização por outro nó y que não é uma raiz, em que nível(y) = nível(x) imediatamente antes da operação ENCONTRA-CONJUNTO. (O nó y não precisa seguir x *imediatamente* no caminho de localização.) Todos os nós exceto, no máximo, $\alpha(n) + 2$ nós no caminho de busca satisfazem essas restrições para x. Os que não as satisfazem são o primeiro nó no caminho de localização (se ele tiver posto 0), o último nó no caminho (isto é, a raiz) e o último nó w no caminho para o qual nível$(w) = k$, para cada $k = 0, 1, 2, ..., \alpha(n) - 1$.

Considere tal nó x. Ele possui posto positivo e é seguido em algum ponto no caminho de busca pelo nó não raiz y tal que nível(y) = nível(x) antes que ocorra compressão de caminho. Afirmamos que a compressão de caminho diminui o potencial de x de pelo menos 1. Para provar isso, seja $k =$ nível$(x) =$ nível(y) e $i = $ iter(x) antes da compressão de caminho. Imediatamente antes da compressão de caminho causada por ENCONTRA-CONJUNTO, temos

$x.p.posto \geq A_k^{(i)}(x.posto)$ (pela definição (19.5) de iter(x)),
$y.p.posto \geq A_k(y.posto)$ (pela definição (19.3) de nível(y)),
$y.posto \geq x.p.posto$ (pelo Corolário 19.5 e porque y vem após x no caminho de localização).

Reunindo essas desigualdades, temos

$y.p.posto \geq A_k(y.posto)$
       $\geq A_k(x.p.posto)$ (porque $A_k(j)$ é estritamente crescente)
       $\geq A_k(A_k^{(i)}(x.posto))$
       $= A_k^{(i+1)}(x.posto)$ (pela definição (3.30) da iteração funcional).

Como a compressão de caminho fará x e y terem o mesmo pai, sabemos que, após a compressão de caminho, $x.p.posto = y.p.posto$. O pai de y poderia mudar em virtude da compressão de caminho mas, se o fizer, o posto do novo pai de y em comparação com o posto do pai de y antes da compressão de caminho é o mesmo ou maior. Visto que $x.posto$ não muda, temos que $x.p.posto = y.p.posto \geq A_k^{(i+1)}(x.posto))$ após a compressão de caminho. Pela definição (19.5) da função iter, o valor de iter(x) aumenta de i até pelo menos $i + 1$. Pelo Lema 19.10, temos $\phi_q(x) \leq \phi_{q-1}(x) - 1$, de modo que o potencial de x diminui de no mínimo 1.

O custo amortizado da operação ENCONTRA-CONJUNTO é o custo real mais a mudança de potencial. O custo real é $O(s)$, e mostramos que o potencial total diminui de, no mínimo, máx$\{0, s - (\alpha(n) + 2)\}$. Portanto, o custo amortizado é, no máximo, $O(s) - (s - (\alpha(n) + 2)) = O(s) - s + O(\alpha(n)) = O(\alpha(n))$, já que podemos aumentar a escala das unidades de potencial para dominar a constante oculta em $O(s)$. (Ver Exercício 19.4-6.) ∎

Reunindo os lemas precedentes, temos o teorema a seguir.

Teorema 19.14

Uma sequência de m operações CRIA-CONJUNTO, UNIÃO e ENCONTRA-CONJUNTO, das quais n são operações CRIA-CONJUNTO, pode ser executada em uma floresta de conjuntos disjuntos com união pelo posto e compressão de caminho no tempo $O(m\,\alpha(n))$.

Prova Imediata, pelos Lemas 19.7, 19.11, 19.12 e 19.13. ∎

Exercícios

19.4-1
Prove o Lema 19.4.

19.4-2
Prove que todo nó tem posto no máximo igual a $\lfloor \lg n \rfloor$.

19.4-3
De acordo com o Exercício 19.4-2, quantos *bits* são necessários para armazenar $x.posto$ para cada nó x?

19.4-4
Usando o Exercício 19.4-2, forneça uma prova simples de que operações em uma floresta de conjuntos disjuntos com união pelo posto, mas sem compressão de caminho, são executadas no tempo $O(m \lg n)$.

19.4-5
O professor Dante argumenta que, como os postos de nós aumentam estritamente ao longo de um caminho simples até a raiz, os níveis de nós devem aumentar monotonicamente ao longo do caminho. Em outras palavras, se $x.posto > 0$ e $x.p$ não é uma raiz, nível(x) $\leq$ nível($x.p$). O professor está correto?

19.4-6
A prova do Lema 19.13 termina escalando as unidades de potencial para que dominem a constante oculta no termo $O(s)$. Para sermos mais precisos na prova, precisamos mudar a definição (19.7) da função potencial para multiplicar cada um dos dois casos por uma constante, digamos c, que domina a constante no termo $O(s)$. Como o restante da análise deverá mudar para acomodar essa função potencial atualizada?

★ 19.4-7
Considere a função $\alpha'(n) = \min\{k : A_k(1) \geq \lg(n + 1)\}$. Mostre que $\alpha'(n) \leq 3$ para todos os valores práticos de n e, usando o Exercício 19.4-2, mostre como modificar o argumento da função potencial para provar que podemos executar uma sequência de m operações CRIA-CONJUNTO, UNIÃO e ENCONTRA-CONJUNTO, das quais n são operações CRIA-CONJUNTO, em uma floresta de conjuntos disjuntos com união pelo posto e compressão de caminho no tempo $O(m\,\alpha'(n))$.

Problemas

19-1   *Mínimo* **off-line**

O **problema do mínimo** **off-line** nos pede para mantermos um conjunto dinâmico T de elementos do domínio $\{1, 2, ..., n\}$ sob as operações INSERE e EXTRAI-MIN. A entrada é uma sequência S de n chamadas INSERE e m chamadas EXTRAI-MIN, em que cada chave em $\{1, 2, ..., n\}$ é inserida exatamente uma vez. Desejamos determinar qual chave é retornada por cada chamada EXTRAI-MIN. Especificamente, desejamos preencher um vetor *extraído*$[1 : m]$ em que, para $i = 1, 2, ..., m$, *extraído*$[i]$ é a chave retornada pela i-ésima chamada EXTRAI-MIN. O problema é "*off-line*" no sentido de que temos a possibilidade de processar a sequência S inteira antes de determinarmos quaisquer das chaves retornadas.

a. Na seguinte instância do problema do mínimo *off-line*, cada operação INSERE(i) é representada pelo valor de i, e cada EXTRAI-MIN é representada pela letra E:

4, 8, E, 3, E, 9, 2, 6, E, E, E, 1, 7, E, 5.

Preencha os valores corretos no vetor *extraído*.

Para desenvolvermos um algoritmo para esse problema, desmembramos a sequência S em subsequências homogêneas. Isto é, representamos S por

$$I_1, E, I_2, E, I_3, ..., I_m, E, I_{m+1},$$

em que cada E representa uma única chamada a EXTRAI-MIN, e cada I_j representa uma sequência (possivelmente vazia) de chamadas INSERE. Para cada subsequência I_j, colocamos inicialmente as chaves inseridas por essas operações em um conjunto K_j, que é vazio se I_j for vazio. Em seguida, executamos o procedimento MÍNIMO-OFF-LINE.

```
MÍNIMO-OFF-LINE(m, n)
1  for i = 1 to n
2      determinar j tal que i ∈ K_j
3      if j ≠ m + 1
4          extraído[j] = i
5          seja l o menor valor maior que j para o qual o conjunto K_l existe
6          K_l = K_j ∪ K_l, destruindo K_j
7  return extraído
```

b. Demonstre que o vetor *extraído* retornado por MÍNIMO-OFF-LINE é correto.

c. Descreva como implementar MÍNIMO-OFF-LINE eficientemente com uma estrutura de dados de conjuntos disjuntos. Dê um limite mais justo possível para o tempo de execução do pior caso de sua implementação.

19-2   *Determinação da profundidade*

No **problema de determinação da profundidade**, mantemos uma floresta $\mathcal{F} = \{T_i\}$ de árvores enraizadas sob três operações:

CRIA-ÁRVORE(v) cria uma árvore cujo único nó é v.

ENCONTRA-PROFUNDIDADE(v) retorna a profundidade do nó v dentro de sua árvore.

ENXERTA(r, v) faz o nó r, que supomos ser a raiz de uma árvore, se tornar o filho do nó v, o qual supomos estar em uma árvore diferente de r, mas que pode ou não ser ele próprio uma raiz.

a. Suponha que utilizemos uma representação de árvore semelhante a uma floresta de conjuntos disjuntos: $v.p$ é o pai do nó v, exceto que $v.p = v$ se v é uma raiz. Suponha ainda mais que implementemos ENXERTA(r, v), atribuindo $r.p = v$ e ENCONTRA-PROFUNDIDADE(v) seguindo o caminho de busca até a raiz, devolvendo uma contagem de todos os nós encontrados, exceto v. Mostre que o tempo de execução no pior caso de uma sequência de m operações CRIA-ÁRVORE, ENCONTRA-PROFUNDIDADE e ENXERTA é $\Theta(m^2)$.

Usando a heurística de união pelo posto e compressão de caminho, podemos reduzir o tempo de execução do pior caso. Usamos a floresta de conjuntos disjuntos $\mathcal{S} = \{S_i\}$, em que cada conjunto S_i (que, ele próprio, é uma árvore) corresponde a uma árvore T_i na floresta $\mathcal{F}$. Contudo, a estrutura de árvore dentro de um conjunto S_i não corresponde necessariamente à de T_i. De fato, a implementação de S_i não registra as relações pai-filho exatas, mas, apesar disso, nos permite determinar a profundidade de qualquer nó em T_i.

A ideia fundamental é manter em cada nó v uma "pseudodistância" $v.d$, definida de tal modo que a soma das pseudodistâncias ao longo do caminho simples de v até a raiz de seu conjunto S_i seja igual à profundidade de v em T_i. Isto é, se o caminho simples de v até sua raiz em S_i é $v_0, v_1, \ldots v_k$, em que $v_0 = v$ e v_k é a raiz de S_i, então a profundidade de v em T_i é $\sum_{j=0}^{k} v_j.d$.

b. Forneça uma implementação de CRIA-ÁRVORE.

c. Mostre como modificar ENCONTRA-CONJUNTO para implementar ENCONTRA-PROFUNDIDADE. Sua implementação deve executar compressão de caminho e seu tempo de execução deve ser linear com relação ao comprimento do caminho de busca. Certifique-se de que sua implementação atualiza pseudodistâncias corretamente.

d. Mostre como implementar ENXERTA(r, v), que combina os conjuntos que contêm r e v, modificando os procedimentos UNIÃO e CONECTA. Certifique-se de que sua implementação atualize pseudodistâncias corretamente. Observe que a raiz de um conjunto S_i não é necessariamente a raiz da árvore correspondente T_i.

e. Dê um limite justo para o tempo de execução do pior caso de uma sequência de m operações CRIA-ÁRVORE, ENCONTRA-PROFUNDIDADE e ENXERTA, das quais n são operações CRIA-ÁRVORE.

19-3 *Algoritmo* **off-line** *de Tarjan para o menor ancestral comum*

O **menor ancestral comum** de dois nós u e v em uma árvore enraizada T é o nó w, que é um ancestral de u e v e que tem a maior profundidade em T. No **problema dos menores ancestrais comuns off-line**, temos uma árvore enraizada T e um conjunto arbitrário $P = \{\{u, v\}\}$ de pares não ordenados de nós em T, e desejamos determinar o menor ancestral comum de cada par em P.

Para resolver o problema dos menores ancestrais comuns *off-line*, o procedimento a seguir executa um percurso da árvore T com a chamada inicial MAC($T.raiz$). Supomos que cada nó tem a cor BRANCA antes do percurso.

a. Demonstre que a linha 10 é executada exatamente uma vez para cada par $\{u, v\} \in P$.

b. Demonstre que, no momento da chamada MAC(u), o número de conjuntos na estrutura de dados de conjuntos disjuntos é igual à profundidade de u em T.

```
MAC(u)
 1   CRIA-CONJUNTO (u)
 2   ENCONTRA-CONJUNTO(u).ancestral = u
 3   for cada filho v de u em T
 4       MAC(v)
 5       UNIÃO(u, v)
 6       ENCONTRA-CONJUNTO(u).ancestral = u
 7   u.cor = PRETA
 8   for cada nó v tal que {u, v} ∈ P
 9       if v.cor == PRETA
10           imprimir "O menor ancestral comum de"
                 u "e" v "é" ENCONTRA-CONJUNTO(v).ancestral
```

c. Prove que MAC imprime corretamente o menor ancestral comum de u e v para cada par $\{u, v\} \in P$.

d. Analise o tempo de execução de MAC considerando que usamos a implementação da estrutura de dados de conjuntos disjuntos da Seção 19.3.

Notas do capítulo

Muitos dos resultados importantes para estruturas de dados de conjuntos disjuntos se devem em parte a R. E. Tarjan. Usando análise agregada, Tarjan [427, 429] deu o primeiro limite superior restrito em termos da inversa $\hat{\alpha}(m, n)$ de crescimento muito lento da função de Ackermann. (A função $A_k(j)$ dada na Seção 19.4 é semelhante à função de Ackermann, e a função $\alpha(n)$ é semelhante a $\hat{\alpha}(m, n)$. Ambas $\alpha(n)$ e $\hat{\alpha}(m, n)$ são no máximo 4 para todos os valores concebíveis de m e n.) Um limite superior $O(m \lg^* n)$ foi provado antes por Hopcroft e Ullman [5, 227]. O tratamento na Seção 19.4 foi adaptado de uma análise posterior de Tarjan [431] que, por sua vez, é baseada em uma análise de Kozen [270]. Harfst e Reingold [209] dão uma versão baseada em potencial do limite anterior de Tarjan.

Tarjan e van Leeuwen [432] discutem variantes da heurística de compressão de caminho, inclusive "métodos de uma passagem" que, por vezes, oferecem melhores fatores constantes em seu desempenho que os métodos de duas passagens. Assim como as primeiras análises da heurística básica de compressão de caminho realizadas apenas por Tarjan, as realizadas por Tarjan e Leeuwen são agregadas. Mais tarde, Harfst e Reingold [209] mostraram como fazer uma pequena mudança na função potencial para adaptar sua análise de compressão de caminho a essas variantes de uma passagem. Goel *et al.* [182] provam que a ligação aleatória de árvores de conjuntos disjuntos produz o mesmo tempo de execução assintótico da união por posto. Gabow e Tarjan [166] mostram que, em certas aplicações, é possível fazer com que as operações em conjuntos disjuntos sejam executadas no tempo $O(m)$.

Tarjan [428] mostrou que um limite inferior de tempo $\Omega(m\,\hat{\alpha}(m, n))$ é exigido para operações em qualquer estrutura de dados de conjuntos disjuntos que satisfaça certas condições técnicas. Mais tarde, esse limite inferior foi generalizado por Fredman e Saks [155], os quais mostraram que, no pior caso, $(m\,\hat{\alpha}(m, n))$ palavras de $(\lg n)$ *bits* devem ser acessadas.

Parte VI   *Algoritmos de Grafos*

Introdução

Os problemas sobre grafos estão sempre presentes em ciência da computação, e algoritmos para trabalhar com eles são fundamentais para essa área. Centenas de problemas computacionais interessantes normalmente são expressos em termos de grafos. Nesta parte, examinaremos alguns dos mais significativos.

O Capítulo 20 mostra como podemos representar um grafo em um computador e, em seguida, discute os algoritmos baseados na pesquisa de um grafo utilizando a busca em largura ou a busca em profundidade. O capítulo apresenta duas aplicações de busca em profundidade: ordenação topológica de um grafo acíclico dirigido e decomposição de um grafo dirigido em suas componentes fortemente conexas.

O Capítulo 21 descreve como calcular uma árvore geradora de peso mínimo de um grafo: o modo de menor peso para conectar todos os vértices quando cada aresta tem um peso associado. Os algoritmos para calcular as árvores geradoras mínimas são bons exemplos de algoritmos gulosos (ver Capítulo 15).

Os Capítulos 22 e 23 consideram como calcular caminhos mínimos entre vértices quando cada aresta tem um comprimento ou um "peso" associado. O Capítulo 22 mostra como encontrar caminhos mínimos de determinado vértice de origem até todos os outros vértices, e o Capítulo 23 examina métodos para calcular caminhos mínimos entre cada par de vértices.

O Capítulo 24 mostra como calcular um fluxo máximo de material em uma rede de fluxo, que é um grafo dirigido composto por um vértice de origem de material especificado, um vértice sorvedouro especificado e capacidades especificadas para a quantidade de material que pode percorrer cada aresta dirigida. Esse problema geral surge sob muitas formas, e um bom algoritmo para calcular fluxos máximos pode ajudar a resolver eficientemente uma variedade de problemas relacionados.

Por fim, o Capítulo 25 explora as correspondências em grafos bipartidos: métodos para emparelhar vértices que são particionados em dois conjuntos, selecionando arestas que vão entre os conjuntos. Problemas de correspondência bipartida modelam diversas situações que surgem no mundo real. O capítulo examina como encontrar uma correspondência de cardinalidade máxima; o "problema do casamento estável", que tem a aplicação altamente prática de combinar residentes médicos com hospitais; e problemas de atribuição, que maximizam o peso total de um emparelhamento bipartido.

Quando caracterizamos o tempo de execução de um algoritmo de grafo em determinado grafo $G = (V, E)$, normalmente medimos o tamanho da entrada em termos do número de vértices $|V|$ e do número de arestas $|E|$ do grafo. Isto é, descrevemos o tamanho da entrada com dois parâmetros, não apenas um. Adotamos uma convenção de notação comum para esses parâmetros. Dentro da notação assintótica (como a notação O ou a notação Θ), e *somente* dentro de tal notação, o símbolo V indica $|V|$ e o símbolo E indica $|E|$. Por exemplo, poderíamos dizer que "o algoritmo é executado em tempo $O(VE)$", significando que o algoritmo é executado no tempo $O(|V||E|)$. Essa convenção torna as fórmulas de tempo de execução mais fáceis de ler, sem risco de ambiguidade.

Outra convenção que adotamos aparece no pseudocódigo. Denotamos o conjunto de vértices de um grafo G por $G.V$ e seu conjunto de arestas por $G.E$. Isto é, o pseudocódigo vê os conjuntos de vértices e arestas como atributos de um grafo.

20   Algoritmos Elementares em Grafos

Este capítulo apresenta métodos para representar um grafo e executar busca em um grafo. Executar busca em um grafo significa seguir sistematicamente as arestas do grafo de modo a visitar seus vértices. Um algoritmo de busca em grafo pode revelar muita coisa sobre a sua estrutura. Muitos algoritmos começam executando uma busca em seu grafo de entrada para obter essas informações estruturais. Vários outros algoritmos trabalham em cima de uma busca básica em grafos. As técnicas para executar busca em um grafo estão no núcleo da área de algoritmos em grafos.

A Seção 20.1 discute as duas representações computacionais mais comuns de grafos: como listas de adjacências e como matrizes de adjacências. A Seção 20.2 apresenta um algoritmo simples de busca em grafos, denominado busca em largura, e mostra como criar uma árvore de busca em largura. A Seção 20.3 apresenta a busca em profundidade e prova alguns resultados padrões para a ordem em que a busca em profundidade visita os vértices. A Seção 20.4 dá nossa primeira aplicação real de busca em profundidade: ordenação topológica em um grafo acíclico dirigido. Uma segunda aplicação da busca em profundidade, encontrar as componentes fortemente conexas de um grafo dirigido, é o tópico da Seção 20.5.

20.1   Representações de grafos

Podemos escolher entre dois modos padrões para representar um grafo $G = (V, E)$: como uma coleção de listas de adjacências ou como uma matriz de adjacências. Qualquer desses modos se aplica a grafos dirigidos e não dirigidos. Como a representação por lista de adjacências nos dá um modo compacto de representar grafos *esparsos* — aqueles para os quais $|E|$ é muito menor que $|V|^2$ —, ela é, em geral, o método preferido. A maioria dos algoritmos de grafos apresentados neste livro supõe que um grafo de entrada é representado sob a forma de lista de adjacências. Contudo, uma representação por matriz de adjacências pode ser preferível quando o grafo é *denso* — $|E|$ está próximo de $|V|^2$ — ou quando precisamos saber rapidamente se há uma aresta conectando dois vértices dados. Por exemplo, dois dos algoritmos de caminhos mínimos para todos os pares apresentados no Capítulo 23 supõem que seus grafos de entrada são representados por matrizes de adjacências.

A *representação por lista de adjacências* de um grafo $G = (V, E)$ consiste em um vetor *Adj* de $|V|$ listas, uma para cada vértice em V. Para cada $u \in V$, a lista de adjacências *Adj*[u] contém todos os vértices v tais que existe uma aresta $(u, v) \in E$. Isto é, *Adj*[u] consiste em todos os vértices adjacentes a u em G. (Como alternativa, ela pode conter ponteiros para esses vértices.) Visto que as listas de adjacências representam os vértices de um grafo, em pseudocódigo tratamos o vetor *Adj* como um atributo do grafo, exatamente como tratamos o conjunto de vértices E. Portanto, em pseudocódigo, veremos notação tal como $G.Adj$[u]. A Figura 20.1(b) é uma representação por lista de adjacências do grafo não dirigido na Figura 20.1(a). De modo semelhante, a Figura 20.2(b) é uma representação por lista de adjacências do grafo dirigido na Figura 20.2(a).

Se G é um grafo dirigido, a soma dos comprimentos de todas as listas de adjacências é $|E|$, já que uma aresta da forma (u, v) é representada fazendo com que v apareça em *Adj*[u]. Se G é um grafo não dirigido, a soma dos comprimentos de todas as listas de adjacências é $2|E|$, já que, se (u, v) é uma aresta não dirigida, então u aparece na lista de adjacências de v e *vice-versa*. Quer os grafos sejam dirigidos ou não dirigidos, a representação por lista de adjacências tem a seguinte propriedade interessante: a quantidade de memória que ela exige é $\Theta(V + E)$. A busca de cada aresta no grafo também exige o tempo $\Theta(V + E)$, em vez de apenas $\Theta(E)$, pois cada uma das listas de adjacência $|V|$ deve ser examinada. É claro que, se $|E| = \Omega(V)$ — como em

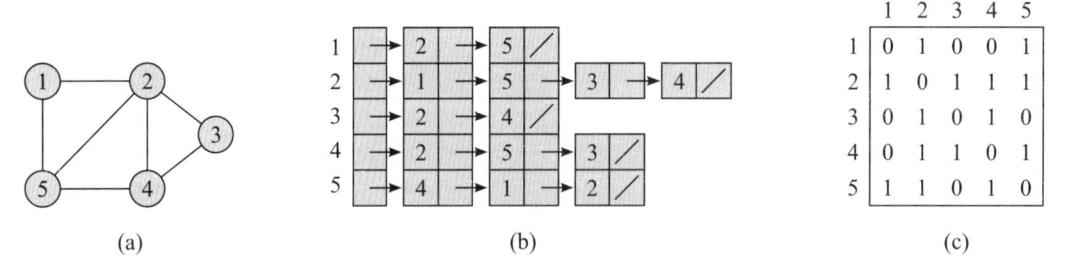

Figura 20.1 Duas representações de um grafo não dirigido. (**a**) Grafo não dirigido G com cinco vértices e sete arestas. (**b**) Representação de G por lista de adjacências. (**c**) Representação de G por matriz de adjacências.

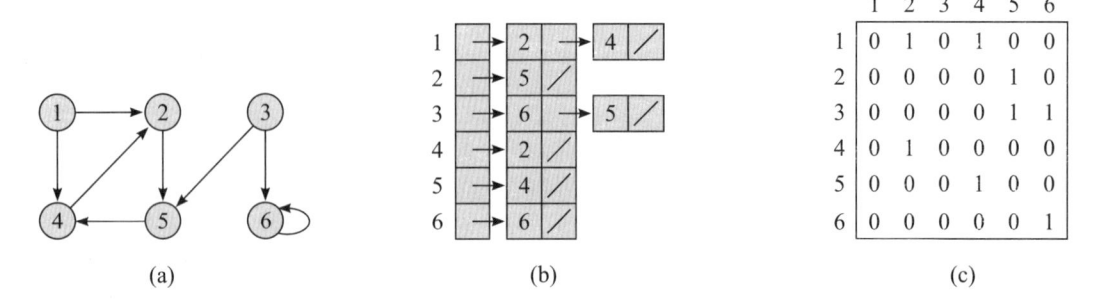

Figura 20.2 Duas representações de um grafo dirigido. (**a**) Grafo dirigido G com seis vértices e oito arestas. (**b**) Representação de G por lista de adjacências. (**c**) Representação de G por matriz de adjacências.

um grafo conexo, não dirigido ou um grafo fortemente conexo, dirigido —, então podemos dizer que a busca por cada aresta exige o tempo $\Theta(E)$.

As listas de adjacências também podem representar **_grafos ponderados_**, isto é, grafos nos quais cada aresta tem um **_peso_** associado, normalmente dado por uma **_função peso_** $w\colon E \to \mathbb{R}$. Por exemplo, seja $G = (V, E)$ um grafo ponderado com função peso w. Simplesmente armazenamos o peso $w(u, v)$ da aresta $(u, v) \in E$ com o vértice v na lista de adjacências de u. A representação por lista de adjacências é bastante robusta no sentido de que podemos modificá-la para suportar muitas outras variantes de grafos.

Uma desvantagem potencial da representação por lista de adjacências é que ela não proporciona nenhum modo mais rápido para determinar se certa aresta (u, v) está presente no grafo do que procurar v na lista de adjacências $Adj[u]$. Essa desvantagem pode ser contornada por uma representação por matriz de adjacências do grafo, porém ao custo de utilizar assintoticamente mais memória. (Ver Exercício 20.1-8 para sugestões de variações nas listas de adjacências que permitem busca mais rápida de arestas.)

No caso da **_representação por matriz de adjacências_** de um grafo $G = (V, E)$, supomos que os vértices são numerados $1, 2, ..., |V|$ de alguma maneira arbitrária. Então, a representação por matriz de adjacências de um grafo G consiste em uma matriz $|V| \times |V|$ $A = (a_{ij})$ tal que

$$a_{ij} = \begin{cases} 1 & \text{se } (i, j) \in E\,, \\ 0 & \text{caso contrário} \end{cases}$$

As Figuras 20.1(c) e 20.2(c) são as matrizes de adjacências do grafo não dirigido e do grafo dirigido nas Figuras 20.1(a) e 20.2(a), respectivamente. A matriz de adjacências de um grafo exige $\Theta(V^2)$ de memória, independentemente do número de arestas no grafo. Como a busca de cada aresta no grafo requer o exame da matriz de adjacências inteira, isso leva um tempo $\Theta(V^2)$.

Observe a simetria ao longo da diagonal principal da matriz de adjacências na Figura 20.1(c). Visto que, em um gráfico não dirigido, (u, v) e (v, u) representam a mesma aresta, a matriz de adjacências A de um grafo não dirigido é sua própria transposta: $A = A^T$. Em algumas aplicações, vale a pena armazenar somente as entradas que estejam na diagonal e acima da diagonal da matriz de adjacências, o que reduz quase à metade a memória necessária para armazenar o grafo.

Assim como a representação por lista de adjacências de um grafo, uma matriz de adjacências pode representar um grafo ponderado. Por exemplo, se $G = (V, E)$ é um grafo ponderado com função peso de aresta w, podemos simplesmente armazenar o peso $w(u, v)$ da aresta $(u, v) \in E$ como a entrada na linha u e na coluna v da matriz de adjacências. Se uma aresta não existe, podemos armazenar um valor NIL como sua entrada de matriz correspondente, se bem que em muitos problemas é conveniente usar um valor como 0 ou ∞.

Embora a representação por lista de adjacências seja assintoticamente, no mínimo, tão eficiente em termos de espaço quanto a representação por matriz de adjacências, matrizes de adjacências são mais simples e, portanto, preferíveis quando os grafos são razoavelmente pequenos. Além disso, matrizes de adjacências trazem uma vantagem adicional para grafos não ponderados: exigem somente um *bit* por entrada.

Representação de atributos

A maioria dos algoritmos que funcionam em grafos precisa manter atributos para vértices e/ou arestas. Indicamos esses atributos usando nossa notação normal, por exemplo, $v.d$ para um atributo d de um vértice v. Quando indicamos arestas como pares de vértices, usamos o mesmo estilo de notação. Por exemplo, se arestas têm atributo f, indicamos esse atributo para a aresta (u, v) por $(u, v).f$. Com a finalidade de apresentar e entender algoritmos, nossa notação de atributo é suficiente.

Implementar atributos de vértice e aresta em programas reais pode ser uma história inteiramente diferente. Não há nenhum modo que seja reconhecidamente melhor para armazenar e acessar atributos de vértice e de aresta. Dada uma situação, é provável que sua decisão dependerá da linguagem de programação que estiver usando, do algoritmo que estiver implementando e de como o resto de seu programa usará o grafo. Se você representar um grafo utilizando listas de adjacências, um projeto possível representará atributos de vértice em vetores adicionais, tal como um vetor $d[1 : |V|]$, que é paralelo ao vetor *Adj*. Se os vértices adjacentes a u estão em *Adj*$[u]$, então aquilo que denominamos atributo $u.d$ seria realmente armazenado na entrada do vetor $d[u]$. Há muitos outros modos possíveis de implementar atributos. Por exemplo, em uma linguagem de programação orientada a objeto, atributos de vértices poderiam ser representados como variáveis de instâncias dentro de uma subclasse de uma classe `Vértice`.

Exercícios

20.1-1
Dada uma representação por lista de adjacências de um grafo dirigido, qual o tempo necessário para calcular os graus de saída de cada um dos vértices? Qual o tempo necessário para calcular os graus de entrada?

20.1-2
Forneça uma representação por lista de adjacências para uma árvore binária completa em sete vértices. Forneça uma representação equivalente por matriz de adjacências. Suponha que as arestas são não dirigidas e que os vértices são numerados de 1 até 7 como em um *heap* binário.

20.1-3
O *transposto* de um grafo dirigido $G = (V, E)$ é o grafo $G^{\mathrm{T}} = (V, E^{\mathrm{T}})$, em que $E^{\mathrm{T}} = \{(v, u) \in V \times V : (u, v) \in E\}$. Isto é, G^{T} é G com todas as suas arestas invertidas. Descreva algoritmos eficientes para calcular G^{T} a partir de G, para a representação por lista de adjacências e também para a representação por matriz de adjacências de G. Analise os tempos de execução de seus algoritmos.

20.1-4
Dada uma representação por lista de adjacências de um multigrafo $G = (V, E)$, descreva um algoritmo de tempo $O(V + E)$ para calcular a representação por lista de adjacências do grafo não dirigido "equivalente" $G' = (V, E')$, em que E' consiste nas arestas em E onde todas as arestas múltiplas entre dois vértices foram substituídas por uma aresta única e onde todos os laços de autorreferência foram removidos.

20.1-5
O *quadrado* de um grafo dirigido $G = (V, E)$ é o grafo $G^2 = (V, E^2)$ em que $(u, v) \in E^2$ se, e somente se, G contiver um caminho que tenha no máximo duas arestas entre u e v. Descreva algoritmos eficientes para

calcular G^2 a partir de G em uma representação por lista de adjacências e em uma representação por matriz de adjacências de G. Analise os tempos de execução de seus algoritmos.

20.1-6

A maioria dos algoritmos em grafos que adota uma representação por matriz de adjacências como entrada exige o tempo (V^2), mas há algumas exceções. Mostre como determinar se um grafo dirigido G contém um ***sorvedouro universal*** — um vértice com grau de entrada $|V| - 1$ e grau de saída 0 — no tempo $O(V)$, dada uma matriz de adjacências para G.

20.1-7

A ***matriz de incidência*** de um grafo dirigido $G = (V, E)$ sem nenhum laço é uma matriz $|V| \times |E|$ $B = (b_{ij})$ tal que

$$b_{ij} = \begin{cases} -1 & \text{se a aresta } j \text{ sai do vértice } i, \\ 1 & \text{se a aresta } j \text{ entra no vértice } i, \\ 0 & \text{caso contrário.} \end{cases}$$

Descreva o que representam as entradas do produto de matrizes BB^T, em que B^T é a transposta de B.

20.1-8

Suponha que, em vez de uma lista encadeada, cada entrada de vetor $Adj[u]$ seja uma tabela de espalhamento que contém os vértices v para os quais $(u, v) \in E$, com as colisões resolvidas pelo encadeamento. Supondo que haja *hashing* independente uniforme, se todas as buscas de arestas forem igualmente prováveis, qual é o tempo esperado para determinar se uma aresta está no grafo? Quais são as desvantagens desse esquema? Sugira uma estrutura de dados alternativa para cada lista de arestas que resolva esses problemas. Sua alternativa tem desvantagens em comparação com a tabela de espalhamento?

20.2   Busca em largura

A ***busca em largura*** é um dos algoritmos mais simples para executar busca em um grafo e o arquétipo de muitos algoritmos de grafos importantes. O algoritmo de árvore geradora mínima de Prim (Seção 21.2) e o algoritmo de caminhos mínimos de origem única de Dijkstra (Seção 22.3) usam ideias semelhantes às que aparecem na busca em largura.

Dado um grafo $G = (V, E)$ e um vértice de ***origem*** distinto s, a busca em largura explora sistematicamente as arestas de G para "descobrir" cada vértice que possa ser alcançado a partir de s. O algoritmo calcula a distância de s até cada vértice que possa ser alcançado, em que a distância até um vértice v é igual ao menor número de arestas necessárias para ir de s até v. A busca em largura produz também uma "árvore de busca em largura" com raiz s que contém todos os vértices que possam ser alcançados. Para qualquer vértice v que pode ser alcançado de s, o caminho simples na árvore de busca em largura de s até v corresponde a um caminho mais curto de s a v em G, isto é, um caminho que contém o menor número de arestas. O algoritmo funciona em grafos dirigidos, bem como em grafos não dirigidos.

A busca em largura tem esse nome porque expande a fronteira entre vértices descobertos e não descobertos uniformemente ao longo da extensão da fronteira. Ela pode ser considerada a descoberta de vértices em ondas emanando do vértice de origem. Isto é, partindo de s, o algoritmo descobre todos os vizinhos de s, que possuem distância 1. Na sequência, ele descobre todos os vértices com distância 2, depois todos os vértices com distância 3, e assim por diante, até que tenha descoberto cada vértice que possa ser alcançado a partir de s.

Para acompanhar as ondas de vértices, a busca em largura poderia manter vetores ou listas separadas dos vértices a cada distância a partir do vértice de origem. Em vez disso, ele usa uma única fila primeiro a entrar, primeiro a sair (ver Seção 10.1.3) contendo alguns vértices a uma distância k, possivelmente seguidos por alguns vértices à distância $k + 1$. A fila, portanto, contém partes de duas ondas consecutivas a qualquer momento.

Para controlar o progresso, a busca em largura pinta cada vértice de branco, cinza ou preto. No início, todos os vértices são brancos, e os vértices que não podem ser alcançados a partir do vértice de origem s permanecem brancos o tempo inteiro. Um vértice que pode ser alcançado a partir de *s* é ***descoberto*** na primeira vez em que é encontrado durante a busca, e nesse momento ele se torna cinza, indicando que agora está na fronteira da busca: o limite entre vértices descobertos e não descobertos. A fila contém todos os vértices cinzas. Por fim, todas as arestas de um vértice cinza serão exploradas, de modo que todos os seus vizinhos serão descobertos. Quando todas as arestas de um vértice tiverem sido exploradas, o vértice estará atrás da fronteira da busca, e passará de cinza para preto.[1]

A busca em largura constrói uma árvore em largura, que contém inicialmente apenas sua raiz, que é o vértice de origem *s*. Sempre que a busca descobre um vértice branco *v* no curso da varredura da lista de adjacências de um vértice cinza *u*, o vértice *v* e a aresta (u, v) são acrescentados à árvore. Dizemos que *u* é o ***predecessor*** ou ***pai*** de *v* na árvore de busca em largura. Visto que cada vértice a partir de *s* é descoberto no máximo uma vez, cada vértice alcançável a partir de *s* tem exatamente um pai. (Há uma exceção: como *s* é a raiz da árvore em largura, ele não tem pai.) Relações de ancestral e descendente na árvore de busca em largura são definidas com relação à raiz *s* da maneira usual: se *u* está em um caminho simples na árvore que vai da raiz *s* até o vértice *v*, então *u* é ancestral de *v* e *v* é descendente de *u*.

O procedimento de busca em largura BFS (do inglês *breadth-first search*) mostrado a seguir supõe que o grafo de entrada $G = (V, E)$ é representado com a utilização de listas de adjacências. Ele indica a fila com *Q*, e anexa três atributos adicionais a cada vértice *v* no grafo:

- *v.cor* é a cor de *v*: BRANCO, CINZA ou PRETO.
- *v.d* contém a distância do vértice de origem *s* até *v*, conforme calculada pelo algoritmo.
- *v.π* é o predecessor na árvore em largura. Se *v* não tem predecessor porque é o vértice de origem ou não é descoberto, então *v.π* = NIL.

```
BFS(G, s)
 1   for cada vértice u ∈ G.V − {s}
 2       u.cor = BRANCO
 3       u.d = ∞
 4       u.π = NIL
 5   s.cor = CINZA
 6   s.d = 0
 7   s.π = NIL
 8   Q = ∅
 9   ENQUEUE(Q, s)
10   while Q ≠ ∅
11       u = DEQUEUE(Q)
12       for cada vértice v em G.Adj[u]        // busca os vizinhos de u
13           if v.cor == BRANCO                // v está sendo descoberto agora?
14               v.cor = CINZA
15               v.d = u.d + 1
16               v.π = u
17               ENQUEUE(Q, v)                 // v agora está na fronteira
18       u.cor = PRETO                         // u agora está atrás da fronteira
```

A Figura 20.3 ilustra o progresso de BFS em um grafo não dirigido.

O procedimento BFS funciona da seguinte maneira. Com a exceção do vértice de origem *s*, as linhas 1–4 pintam todos os vértices de branco, definem *u.d* = ∞ para todo vértice *u* e definem o pai de todo vértice como NIL. Como o vértice de origem *s* é sempre o primeiro vértice descoberto, as linhas 5–7 pintam *s* de cinza, definem *s.d* como 0 e definem o predecessor de *s* como NIL. As linhas 8–9 criam a fila *Q*, inicialmente contendo apenas o vértice de origem.

---

[1]Distinguimos entre vértices cinzas e pretos porque isso nos ajuda a entender como a busca em largura funciona. Na verdade, como o Exercício 20.2-3 mostra, obteríamos o mesmo resultado mesmo que não distinguíssemos entre vértices cinzas e pretos.

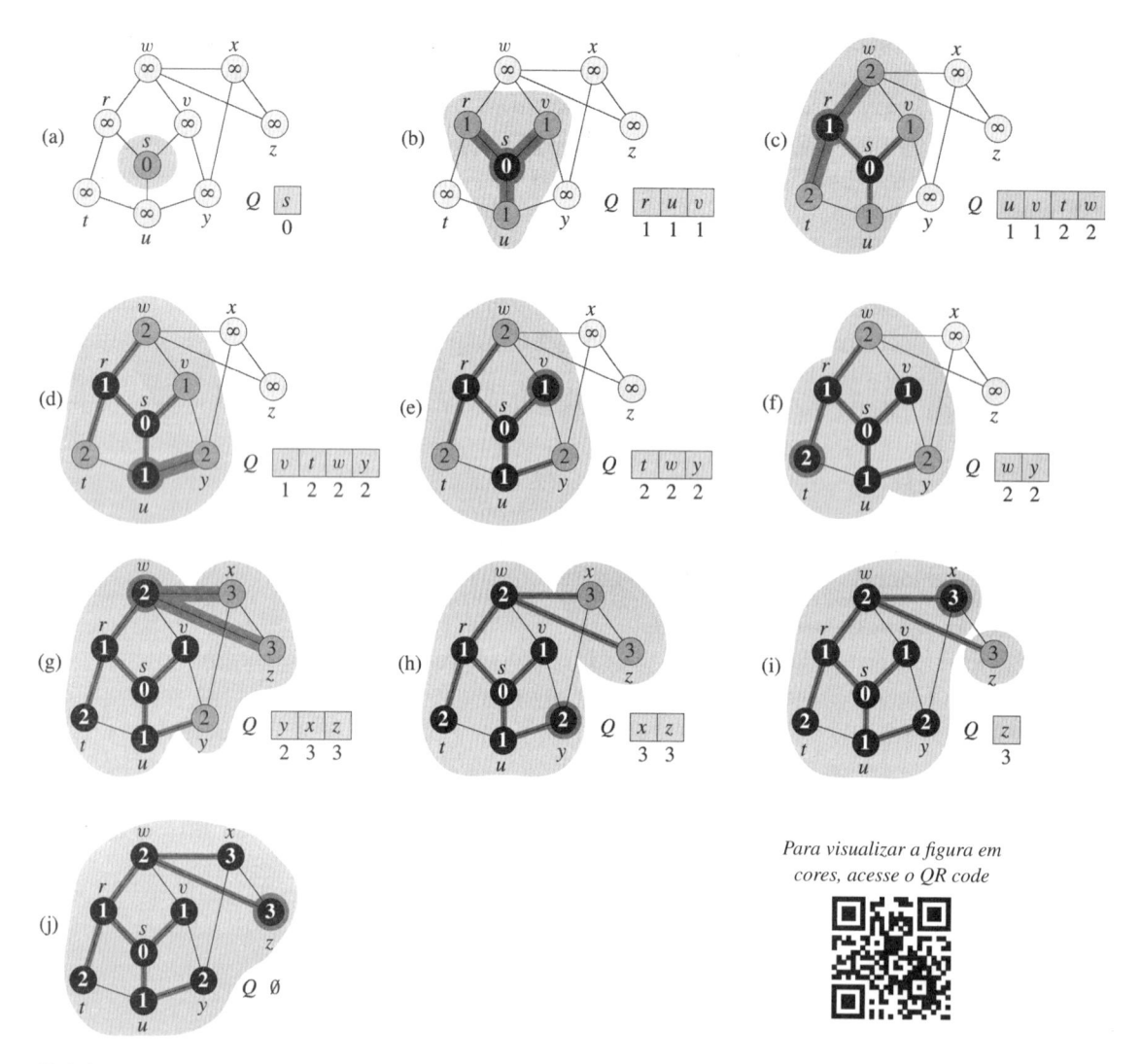

Figura 20.3 Operação de BFS em um grafo não dirigido. Cada parte mostra o grafo e a fila Q no início de cada iteração do laço **while** das linhas 10–18. As distâncias de vértices são mostradas abaixo dos vértices na fila. A região sombreada em *laranja-claro* envolve a fronteira da busca, consistindo nos vértices da fila. A região sombreada em *azul* envolve os vértices por trás da fronteira, que foram tirados da fila. Cada parte destaca com contorno *laranja-escuro* o vértice que saiu da fila e as arestas da árvore em largura acrescentadas, se houver, na interação anterior. As arestas sombreadas em *azul* pertencem à árvore em largura construída até o momento.

O laço **while** das linhas 10–18 itera enquanto há vértices cinzas, que estão na fronteira: vértices descobertos cujas listas de adjacências ainda não foram totalmente examinadas. Esse laço **while** mantém o seguinte invariante:

No teste na linha 10, a fila Q consiste no conjunto de vértices cinzas.

A despeito de não usarmos esse invariante de laço para provar a corretude, é fácil ver que ele é válido antes da primeira iteração e que cada iteração do laço mantém o invariante. Antes da primeira iteração, o único vértice cinza, e o único vértice em Q, é o vértice de origem s. A linha 11 determina o vértice cinza u no início da fila Q e o remove de Q. O laço **for** das linhas 12–17 considera cada vértice v na lista de adjacências de u. Se v é branco, então ainda não foi descoberto, e o procedimento o descobre executando as linhas 14–17. Essas linhas do procedimento pintam o vértice v de cinza, definem sua distância $v.d$ como $u.d + 1$, registram u como seu pai $v.\pi$ e colocam v no final da fila Q. Uma vez examinados todos os vértices na lista de adjacências de u, o procedimento pinta u de preto na linha 18, indicando que u agora está por trás da fronteira. O invariante de laço é mantido porque, sempre que um vértice é pintado de cinza (na linha 14), ele é também enfileirado (na linha 17) e, sempre que um vértice é retirado da fila (na linha 11), ele é também pintado de preto (na linha 18).

Os resultados da busca em largura podem depender da ordem na qual os vizinhos de determinado vértice são visitados na linha 12; a árvore de busca em largura pode variar, mas as distâncias d calculadas pelo algoritmo não variam. (Ver Exercício 20.2-5.)

Uma simples mudança permite que o procedimento BFS termine em muitos casos antes que a fila Q fique vazia. Como cada vértice é descoberto no máximo uma vez e recebe um valor d finito somente quando é descoberto, o algoritmo pode terminar quando cada vértice tiver um valor d finito. Se o BFS mantém a contagem de quantos vértices foram descobertos, ele pode terminar quando a fila Q estiver vazia ou todos os vértices $|V|$ forem descobertos.

Análise

Antes de provarmos as várias propriedades da busca em largura, realizamos o trabalho um pouco mais fácil de analisar seu tempo de execução em um grafo de entrada $G = (V, E)$. Utilizamos análise agregada, como vimos na Seção 16.1. Após a inicialização, a busca em largura nunca pinta um vértice de branco e, assim, o teste na linha 13 assegura que cada vértice seja colocado na fila no máximo uma vez e, portanto, seja retirado da fila no máximo uma vez. As operações de enfileirar e desenfileirar demoram o tempo $O(1)$ e, então, o tempo total dedicado a operações de fila é $O(V)$. Como o procedimento varre a lista de adjacências de cada vértice somente quando o vértice é desenfileirado, varre cada linha de adjacências no máximo uma vez. Visto que a soma dos comprimentos de todas as $|V|$ listas de adjacências é $\Theta(E)$, o tempo total gasto na varredura das listas de adjacências é $O(V + E)$. A sobrecarga de inicialização é $O(V)$ e, portanto, o tempo de execução total do procedimento BFS é $O(V + E)$. Logo, a busca em largura é executada em tempo linear com relação ao tamanho da representação por lista de adjacências de G.

Caminhos mínimos

Agora, vejamos por que a busca em profundidade encontra a distância mais curta de determinado vértice de origem s até cada vértice em um grafo. Defina a ***distância do caminho mínimo*** $\delta(s, v)$ de s a v como o número mínimo de arestas em qualquer caminho do vértice s ao vértice v. Se não há nenhum caminho de s a v, então $\delta(s, v) = \infty$. Denominamos um caminho de comprimento $\delta(s, v)$ de s a v ***caminho mínimo***[2] de s a v. Antes de mostrarmos que a busca em largura calcula corretamente distâncias de caminhos mínimos, examinamos uma propriedade importante de distâncias de caminhos mínimos.

Lema 20.1

Seja $G = (V, E)$ um grafo dirigido ou não dirigido, e seja $s \in V$ um vértice arbitrário. Então, para qualquer aresta $(u, v) \in E$,

$$\delta(s, v) \leq \delta(s, u) + 1.$$

Prova Se u pode ser alcançado a partir de s, então o mesmo ocorre com v. Nesse caso, o caminho mínimo de s a v não pode ser mais longo que o caminho mínimo de s a u seguido pela aresta (u, v) e, assim, a desigualdade vale. Se u não pode ser alcançado de s, então $\delta(s, u) = \infty$, e a desigualdade é válida.   ■

Nosso objetivo é mostrar que o procedimento BFS calcula adequadamente $v.d = \delta(s, v)$ para cada vértice $v \in V$. Primeiro, mostramos que $v.d$ limita $\delta(s, v)$ por cima.

Lema 20.2

Seja $G = (V, E)$ um grafo dirigido ou não dirigido, e suponha que BFS seja executado em G partindo de determinado vértice de origem $s \in V$. Então, para cada vértice $v \in V$, o valor $v.d$ calculado por BFS satisfaz $v.d \geq \delta(s, v)$ o tempo inteiro, inclusive no término.

---

[2]Nos Capítulos 22 e 23, generalizaremos nosso estudo de caminhos mínimos para grafos ponderados, nos quais cada aresta tem um valor de peso real e o peso de um caminho é a soma dos pesos de suas arestas constituintes. Os grafos considerados neste capítulo são grafos não ponderados ou, de modo equivalente, todas as arestas têm peso unitário.

Prova O lema é intuitivamente verdadeiro, pois qualquer valor finito atribuído a $v.d$ é igual ao número de arestas em algum caminho de s para v. A prova formal é por indução com relação ao número de operações Enqueue. A hipótese indutiva é que $v.d \geq \delta(s, v)$ para todo $v \in V$.

O caso-base da indução é a situação imediatamente após s ser enfileirado na linha 9 de BFS. Aqui, a hipótese indutiva se mantém válida porque $s.d = 0 = \delta(s, s)$ e $v.d = \infty \geq \delta(s, v)$ para todo $v \in V - \{s\}$.

Para o passo de indução, considere um vértice branco v que é descoberto durante a busca de um vértice u. A hipótese de indução implica que $u.d \geq \delta(s, u)$. Pela atribuição executada pela linha 15 e pelo Lema 20.1, obtemos

$$v.d = u.d + 1$$
$$\geq \delta(s, u) + 1$$
$$\geq \delta(s, v) .$$

Então, o vértice v é enfileirado e nunca será enfileirado novamente porque ele também é pintado de cinza, e as linhas 14–17 são executadas somente para vértices brancos. Assim, o valor de $v.d$ nunca muda novamente, e a hipótese de indução é mantida.   ∎

Para provarmos que $v.d = \delta(s, v)$, primeiro devemos mostrar com mais precisão como a fila Q funciona durante o curso de BFS. O próximo lema mostra que, em todas as vezes, os valores d dos vértices na fila são todos iguais ou formam uma sequência $\langle k, k, ..., k, k + 1, k + 1, ..., k + 1 \rangle$ para algum inteiro $k \geq 0$.

Lema 20.3

Suponha que, durante a execução de BFS em um grafo $G = (V, E)$, a fila Q contenha os vértices $\langle v_1, v_2, ..., v_r \rangle$, em que v_1 é o início de Q e v_r é o final. Então, $v_r.d \leq v_1.d + 1$ e $v_i.d \leq v_{i+1}.d$ para $i = 1, 2, ..., r - 1$.

Prova A prova é dada por indução com relação ao número de operações de fila. De início, quando a fila contém apenas s, o lema certamente é válido.

Para o passo de indução, devemos provar que o lema se mantém válido tanto depois do desenfileiramento quanto do enfileiramento de um vértice. Primeiro, examinamos o desenfileiramento. Se o início v_1 da fila é desenfileirado, v_2 torna-se o novo início. (Se a fila fica vazia, então o lema se mantém válido por vacuidade.) Pela hipótese de indução, $v_1.d \leq v_2.d$. Mas, então, temos $v_r.d \leq v_1.d + 1 \leq v_2.d + 1$, e as desigualdades restantes não são afetadas. Assim, o lema prossegue com v_2 como novo início.

Agora, examinamos o enfileiramento. Quando a linha 17 de BFS enfileira um vértice v em uma fila contendo os vértices $\langle v_1, v_2, ..., v_r \rangle$, o vértice enfileirado torna-se v_{r+1}. Se a fila estava vazia antes que v fosse desenfileirado, então, após o enfileiramento de v, temos $r = 1$ e o lema se torna trivialmente válido. Agora, suponha que a fila não estava vazia quando v foi enfileirado. Nesse momento, o procedimento removeu mais recentemente o vértice u, cuja lista de adjacências está sendo examinada, da fila Q. Imediatamente antes que u fosse removido, tínhamos $u = v_1$ e a hipótese de indução mantida, de modo que $u.d \leq v_2.d$ e $v_r.d \leq u.d + 1$. Depois que u é removido da fila, o vértice que havia sido v_2 torna-se o novo início v_1 da fila, de modo que agora $u.d \leq v_1.d$. Portanto, $v_{r+1}.d = v.d = u.d + 1 \leq v_1.d + 1$. Como $v_r.d \leq u.d + 1$, temos $v_r.d \leq u.d + 1 = v.d = v_{r+1}.d$, e as inequações restantes não são afetadas. Logo, o lema prossegue quando v é enfileirado.   ∎

O corolário a seguir mostra que os valores d, no momento em que os vértices são enfileirados, aumentam monotonicamente com o tempo.

Corolário 20.4

Suponha que os vértices v_i e v_j sejam enfileirados durante a execução de BFS e que v_i seja enfileirado antes de v_j. Então, $v_i.d \leq v_j.d$ no momento em que v_j é enfileirado.

Prova Imediata pelo Lema 20.3 e pela propriedade de que cada vértice recebe um valor d finito no máximo uma vez durante a execução de BFS.   ∎

Agora, podemos provar que a busca em largura encontra corretamente distâncias de caminhos mínimos.

Teorema 20.5 (Corretude da busca em largura)

Seja $G = (V, E)$ um grafo dirigido ou não dirigido, e suponha que BFS seja executado em G partindo de um vértice de origem $s \in V$. Então, durante sua execução, BFS descobre todo vértice $v \in V$ que possa ser alcançado da origem s e, ao terminar, $v.d = \delta(s, v)$ para todo $v \in V$. Além disso, para qualquer vértice $v \neq s$ que possa ser alcançado de s, um dos caminhos mínimos de s a v é um caminho mínimo de s a $v.\pi$ seguido pela aresta $(v.\pi, v)$.

Prova Suponha, por contradição, que algum vértice receba um valor d não igual à distância de seu caminho mínimo. De todos esses vértices, seja v o vértice que tenha o $\delta(s, v)$ mínimo. Pelo Lema 20.2, $v.d \geq \delta(s, v)$ e, portanto, temos que $v.d > \delta(s, v)$. Não podemos ter $v = s$, pois $s.d = 0$ e $\delta(s, s) = 0$. O vértice v deve poder ser visitado de s porque, se não puder, $\delta(s, v) = \infty \geq v.d$. Seja u o vértice imediatamente anterior a v em um caminho mínimo de s a v (como $v \neq s$, o vértice u deve existir), de modo que $\delta(s, v) = \delta(s, u) + 1$. Como $\delta(s, u) < \delta(s, v)$, e em razão do modo como escolhemos v, temos $u.d = \delta(s, u)$. Reunindo essas propriedades, temos

$$v.d > \delta(s, v) = \delta(s, u) + 1 = u.d + 1. \tag{20.1}$$

Agora considere o momento em que BFS opta por desenfileirar o vértice u de Q na linha 11. Nesse momento, o vértice v é branco, cinza ou preto. Mostraremos que, em cada um desses casos, deduzimos uma contradição para a inequação (20.1). Se v é branco, então a linha 15 define $v.d = u.d + 1$, contradizendo a inequação (20.1). Se v é preto, então já foi removido da fila e, pelo Corolário 20.4, temos $v.d \leq u.d$, que novamente contradiz a inequação (20.1). Se v é cinza, então ele foi pintado de cinza ao se desenfileirar algum vértice w que foi removido de Q antes de u e para o qual $v.d = w.d + 1$. Porém, pelo Corolário 20.4, $w.d \leq u.d$ e, então, temos $v.d = w.d + 1 \leq u.d + 1$, uma vez mais contradizendo a inequação (20.1).

Assim, concluímos que $v.d = \delta(s, v)$ para todo $v \in V$. Todos os vértices v que possam ser visitados de s devem ser descobertos porque, se não fossem, teriam $\infty = v.d > \delta(s, v)$. Para concluir a prova do teorema, observe pelas linhas 15–16 que, se $v.\pi = u$, então $v.d = u.d + 1$. Assim, podemos obter um caminho mínimo de s a v tomando um caminho mínimo de s a $v.\pi$ e depois percorrendo a aresta $(v.\pi, v)$. ∎

Árvores em largura

As arestas com fundo mais escuro na Figura 20.3 mostram a árvore de busca em largura construída pelo procedimento BFS à medida que efetua a busca no grafo. A árvore corresponde aos atributos π. Em linguagem mais formal, para um grafo $G = (V, E)$ com origem s, definimos o **subgrafo dos predecessores** de G como $G_\pi = (V_\pi, E_\pi)$, em que

$$V_\pi = \{v \in V : v.\pi \neq \text{NIL}\} \cup \{s\} \tag{20.2}$$

e

$$E_\pi = \{(v.\pi, v) : v \in V_\pi - \{s\}\}. \tag{20.3}$$

O subgrafo dos predecessores G_π será uma **árvore de busca em largura** se V_π consistir nos vértices que podem ser visitados de s e, para todo $v \in V_\pi$, existe um caminho simples único de s a v em G_π que também é um caminho mais curto de s a v em G. Uma árvore de busca em largura é, na verdade, uma árvore, já que é conexa e $|E| = |V| - 1$ (ver Teorema B.2, no Apêndice B). As arestas em E_π são denominadas **arestas da árvore**.

O lema a seguir mostra que o subgrafo dos predecessores produzido pelo procedimento BFS é uma árvore de busca em largura.

Lema 20.6

Quando aplicado a um grafo dirigido ou não dirigido $G = (V, E)$, o procedimento BFS constrói π de tal forma que o subgrafo predecessor $G_\pi = (V_\pi, E_\pi)$ é uma árvore de busca em largura.

Prova A linha 16 de BFS define $v.\pi = u$ se, e somente se, $(u, v) \in E$ e $\delta(s, v) < \infty$ — isto é, se v pode ser visitado por s — e, assim, V_π consiste nos vértices em V que podem ser visitados por s. Visto que o subgrafo predecessor G_π forma uma árvore, pelo Teorema B.2, ela contém um caminho simples único de s a cada vértice em V_π. Aplicando o Teorema 20.5 por indução, concluímos que todo caminho desse tipo é um caminho mínimo em G. ∎

O procedimento IMPRIME-CAMINHO imprime os vértices em um caminho mínimo de s a v, considerando que BFS já tenha calculado uma árvore em largura. Esse procedimento é executado em tempo linear com relação ao número de vértices no caminho impresso, já que cada chamada recursiva é para um caminho com um vértice a menos.

IMPRIME-CAMINHO(G, s, v)
1 **if** $v == s$
2   imprimir s
3 **elseif** $v.\pi ==$ NIL
4   imprimir "não existe nenhum caminho de" s "para" v
5 **else** IMPRIME-CAMINHO($G, s, v.\pi$)
6   imprimir v

Exercícios

20.2-1
Mostre os valores de d e π que resultam da execução da busca em largura no grafo dirigido da Figura 20.2(a), usando o vértice 3 como origem.

20.2-2
Mostre os valores d e π que resultam da execução da busca em largura no grafo não dirigido da Figura 20.3, usando o vértice u como origem. Suponha que os vizinhos de um vértice sejam visitados em ordem alfabética.

20.2-3
Mostre que usar um único *bit* para armazenar cada cor de vértice é suficiente, demonstrando que o procedimento BFS produziria o mesmo resultado se a linha 18 fosse removida. Depois, mostre como afastar completamente a necessidade de cores de vértice.

20.2-4
Qual é o tempo de execução de BFS se representarmos o seu grafo de entrada por uma matriz de adjacências e modificarmos o algoritmo para tratar essa forma de entrada?

20.2-5
Mostre que, em uma busca em largura, o valor $u.d$ atribuído a um vértice u é independente da ordem na qual os vértices aparecem em cada lista de adjacências. Usando a Figura 20.3 como exemplo, mostre que a árvore de busca em largura calculada por BFS pode depender da ordenação dentro de listas de adjacências.

20.2-6
Forneça um exemplo de grafo dirigido $G = (V, E)$, um vértice de origem $s \in V$ e um conjunto de arestas de árvore $E_\pi \subseteq E$ tal que, para cada vértice $v \in V$, o caminho simples único no grafo (V, E_π) de s a v é um caminho mais curto em G e que, ainda assim, o conjunto de arestas E_π não pode ser produzido executando-se BFS em G, não importando como os vértices estão ordenados em cada lista de adjacências.

20.2-7
Há dois tipos de lutadores profissionais: os "bonzinhos" e os "vilões". Entre qualquer par de lutadores profissionais, pode ou não haver uma rivalidade. Suponha que tenhamos n lutadores profissionais e uma lista de r pares de lutadores entre os quais há rivalidade. Dê um algoritmo de tempo $O(n + r)$ que determine se é possível designar alguns dos lutadores como bonzinhos e os restantes como vilões, de modo que a rivalidade ocorra sempre entre um bonzinho e um vilão. Se for possível realizar tal designação, seu algoritmo deve produzi-la.

★ 20.2-8

O **diâmetro** de uma árvore $T = (V, E)$ é definido por máx$\{\delta(u,v) : u, v \in V\}$, isto é, a maior de todas distâncias de caminhos mínimos na árvore. Forneça um algoritmo eficiente para calcular o diâmetro de uma árvore e analise o tempo de execução de seu algoritmo.

20.3 Busca em profundidade

A estratégia seguida pela busca em profundidade é, como seu nome implica, buscar "mais fundo" no grafo, sempre que possível. A busca em profundidade explora arestas partindo do vértice v mais recentemente descoberto do qual ainda saem arestas inexploradas. Depois que todas as arestas de v foram exploradas, a busca "regressa pelo mesmo caminho" para explorar as arestas que partem do vértice do qual v foi descoberto. Esse processo continua até descobrirmos todos os vértices que podem ser visitados a partir do vértice de origem inicial. Se restarem quaisquer vértices não descobertos, a busca em profundidade seleciona um deles como fonte e repete a busca partindo dessa fonte. O algoritmo repete esse processo inteiro até descobrir todos os vértices.[3]

Como ocorre na busca em largura, sempre que a busca em profundidade descobre um vértice v durante uma varredura da lista de adjacências de um vértice já descoberto u, registra esse evento definindo o atributo predecessor de v, $v.\pi$ como u. Diferentemente da busca em largura, cujo subgrafo dos predecessores forma uma árvore, o subgrafo dos predecessores produzido por uma busca em profundidade pode ser composto por várias árvores, porque a busca pode ser repetida partindo de várias origens. Portanto, definimos o **subgrafo dos predecessores** de uma busca em profundidade de modo ligeiramente diferente do da busca em largura: ele sempre inclui todos os vértices, e considera múltiplas origens. Especificamente, para uma busca em profundidade, o subgrafo predecessor é $G_\pi = (V, E_\pi)$, em que

$$E_\pi = \{(v.\pi, v) : v \in V \text{ e } v.\pi \neq \text{NIL}\}.$$

O subgrafo dos predecessores de uma busca em profundidade forma uma *floresta de busca em profundidade* que abrange várias *árvores de busca em profundidade*. As arestas em E_π são **arestas de árvore**.

Como na busca em largura, a busca em profundidade pinta os vértices durante a busca para indicar o estado de cada um. Cada vértice é inicialmente branco, pintado de cinza quando **descoberto** na busca e pintado de preto quando **terminado**, isto é, quando sua lista de adjacências já foi totalmente examinada. Essa técnica garante que cada vértice acabe em exatamente uma árvore, de forma que essas árvores sejam disjuntas.

Além de criar uma floresta, a busca em profundidade também identifica cada vértice com um **carimbo de tempo**. Cada vértice v tem dois carimbos de tempo: o primeiro carimbo de tempo $v.d$ registra quando v é descoberto pela primeira vez (e pintado de cinza), e o segundo carimbo de tempo $v.f$ registra quando a busca termina de examinar a lista de adjacências de v (e pinta v de preto). Esses carimbos de tempo dão informações importantes sobre a estrutura do grafo e, em geral, são úteis para deduzir o comportamento da busca em profundidade.

O procedimento DFS a seguir registra no atributo $u.d$ o momento em que descobre o vértice u e registra no atributo $u.f$ o momento em que liquida o vértice u. Esses carimbos de tempo são inteiros entre 1 e $2|V|$, já que existe um evento de descoberta e um evento de término para cada um dos $|V|$ vértices. Para todo vértice u,

$$u.d < u.f. \tag{20.4}$$

O vértice u é BRANCO antes do tempo $u.d$, CINZA entre o tempo $u.d$ e o tempo $u.f$, e PRETO daí em diante. No procedimento DFS (do inglês *depth-first search*), o grafo de entrada G pode ser dirigido ou não dirigido. A variável *tempo* é uma variável global que utilizamos para definir carimbos de tempo. A Figura 20.4 ilustra o progresso de DFS no grafo mostrado na Figura 20.2 (mas com vértices rotulados por letras, em vez de números).

---

[3]Pode parecer arbitrário que a busca em largura se limite apenas a uma origem, enquanto a busca em profundidade pode executar busca partindo de várias origens. Embora, em termos conceituais, a busca em largura possa se originar em várias origens e a busca em profundidade possa ser limitada a uma origem, nossa abordagem reflete o modo como os resultados dessas buscas são normalmente usados. Em geral, a busca em largura serve para encontrar distâncias de caminhos mínimos e o subgrafo predecessor associado partindo de determinada origem. A busca em profundidade muitas vezes é uma sub-rotina em outro algoritmo, como veremos mais adiante neste capítulo.

```
DFS(G)
1   for cada vértice u ∈ G.V
2       u.cor = BRANCO
3       u.π = NIL
4   tempo = 0
5   for cada vértice u ∈ G.V
6       if u.cor == BRANCO
7           DFS-VISITA(G, u)

DFS-VISITA(G, u)
1   tempo = tempo + 1              // vértice branco u acabou de ser descoberto
2   u.d = tempo
3   u.cor = CINZA
4   for cada vértice v em G.Adj[u]  // explorar cada aresta (u, v)
5       if v.cor == BRANCO
6           v.π = u
7           DFS-VISITA(G, v)
8   tempo = tempo + 1
9   u.f = tempo
10  u.cor = PRETO                  // pintar u de preto; está terminado
```

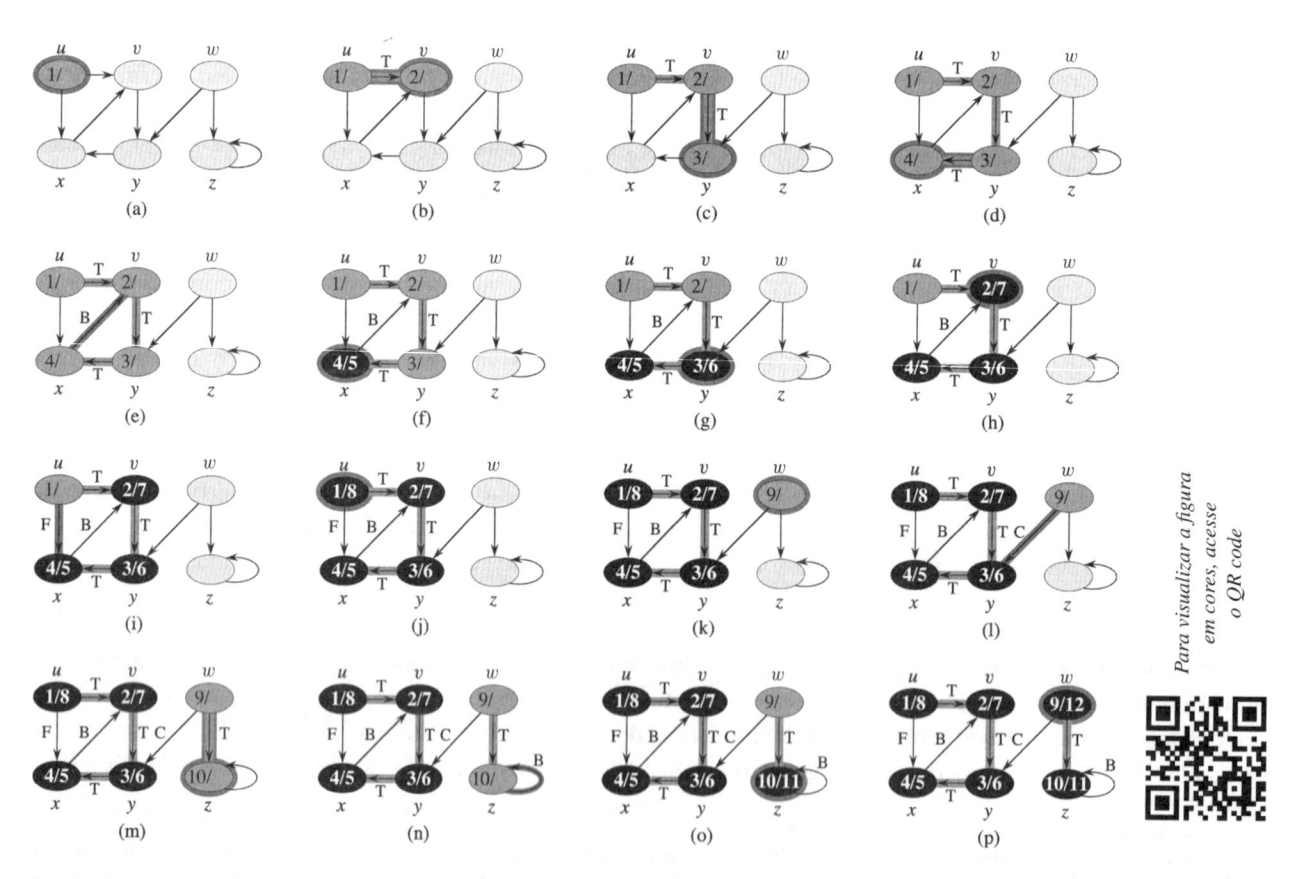

Figura 20.4 Progresso do algoritmo de busca em profundidade DFS em um grafo dirigido. As arestas são classificadas à medida que são exploradas: arestas de árvores são identificadas por T, arestas de retorno por B, arestas de avanço por F e arestas cruzadas por C. Os carimbos de tempo dentro dos vértices indicam tempo de descoberta/tempo de término. As arestas de árvores são destacadas em azul. Os destaques em laranja indicam vértices cujos tempos de descoberta ou término mudam e arestas que são exploradas em cada etapa.

O procedimento DFS funciona da seguinte maneira. As linhas 1–3 pintam todos os vértices de branco e inicializam seus atributos π como NIL. A linha 4 reajusta o contador de tempo global. As linhas 5–7 verificam cada vértice de V por vez e, quando um vértice branco é encontrado, elas o visitam chamando DFS-Visita. Toda vez que DFS-Visita(G, u) é chamado na linha 7, o vértice u se torna a raiz de uma nova árvore na floresta em profundidade. Quando DFS retorna, a todo vértice u é atribuído um **tempo de descoberta** $u.d$ e um **tempo de término** $u.f$.

Em cada chamada DFS-Visita(G, u) o vértice u é inicialmente branco. As linhas 1–3 incrementam a variável global $tempo$, registram o novo valor de $tempo$ como o tempo de descoberta $u.d$ e pintam u de cinza. As linhas 4–7 examinam cada vértice v adjacente a u e visitam recursivamente v se ele é branco. À medida que cada vértice $v \in Adj[u]$ é considerado na linha 4, dizemos que a aresta (u, v) é **explorada** pela busca em profundidade. Por fim, depois que toda aresta que sai de u foi explorada, as linhas 8–10 incrementam $tempo$, registram o tempo de término em $u.f$ e pintam u de preto.

Observe que os resultados da busca em profundidade podem depender da ordem em que a linha 5 de DFS examina os vértices e da ordem em que a linha 4 de DFS-Visita visita os vizinhos de um vértice. Essas diferentes ordens de visitação tendem a não causar problemas na prática, já que muitas aplicações da busca em profundidade podem usar o resultado de qualquer busca em profundidade.

Qual é o tempo de execução de DFS? Os laços nas linhas 1–3 e nas linhas 5–7 de DFS demoram o tempo $\Theta(V)$, excluindo o tempo para executar as chamadas a DFS-Visita. Como fizemos para a busca em largura, usamos análise agregada. O procedimento DFS-Visita é chamado exatamente uma vez para cada vértice $v \in V$, já que o vértice u no qual DFS-Visita é invocado tem de ser branco e a primeira coisa que DFS-Visita faz é pintar o vértice u de cinza. Durante uma execução de DFS-Visita(G, v), o laço nas linhas 4–7 é executado $|Adj[v]|$ vezes. Visto que $\sum_{v \in V} |Adj[v]| = \Theta(E)$ e DFS-Visita é chamado uma vez por vértice, o custo total de executar as linhas 4–7 de DFS-Visita é $\Theta(V + E)$. Portanto, o tempo de execução de DFS é $\Theta(V + E)$.

Propriedades da busca em profundidade

A busca em profundidade produz informações valiosas sobre a estrutura de um grafo. Talvez a propriedade mais básica da busca em profundidade seja que o subgrafo predecessor G_π realmente forma uma floresta de árvores, já que a estrutura das árvores em profundidade reflete exatamente a estrutura de chamadas recursivas de DFS-Visita. Isto é, $u = v.\pi$ se, e somente se, DFS-Visita (G, v) foi chamado durante uma busca da lista de adjacências de u. Além disso, o vértice v é um descendente do vértice u na floresta em profundidade se, e somente se, v é descoberto durante o tempo em que u é cinza.

Outra propriedade importante da busca em profundidade é que os tempos de descoberta e término têm **estrutura de parênteses**. Se o procedimento DFS-Visita representasse a descoberta do vértice u com um parêntese à esquerda "(u" e representasse seu término por um parêntese à direita "u)", então a expressão impressa seria bem formada, no sentido de que os parênteses estariam adequadamente encaixados. Por exemplo, a busca em profundidade da Figura 20.5(a) corresponde ao uso de parênteses mostrado na Figura 20.5(b). O teorema a seguir indica outro modo de caracterizar a estrutura de parênteses.

Teorema 20.7 (Teorema dos parênteses)

Em qualquer busca em profundidade de um grafo (dirigido ou não dirigido) $G = (V, E)$, para quaisquer dois vértices u e v, exatamente uma das três condições seguintes é válida:

- Os intervalos $[u.d, u.f]$ e $[v.d, v.f]$ são completamente disjuntos, e nem u nem v é um descendente do outro na floresta em profundidade.
- O intervalo $[u.d, u.f]$ está contido inteiramente dentro do intervalo $[v.d, v.f]$, e u é um descendente de v em uma árvore em profundidade.
- O intervalo $[v.d, v.f]$ está contido inteiramente dentro do intervalo $[u.d, u.f]$, e v é um descendente de u em uma árvore em profundidade.

Prova Começamos com o caso no qual $u.d < v.d$. Consideramos dois subcasos, conforme $v.d < u.f$ ou não. O primeiro subcaso ocorre quando $v.d < u.f$, portanto, v foi descoberto enquanto u ainda era cinza, o que implica que v é um descendente de u. Além disso, como v foi descoberto mais recentemente que u, todas as

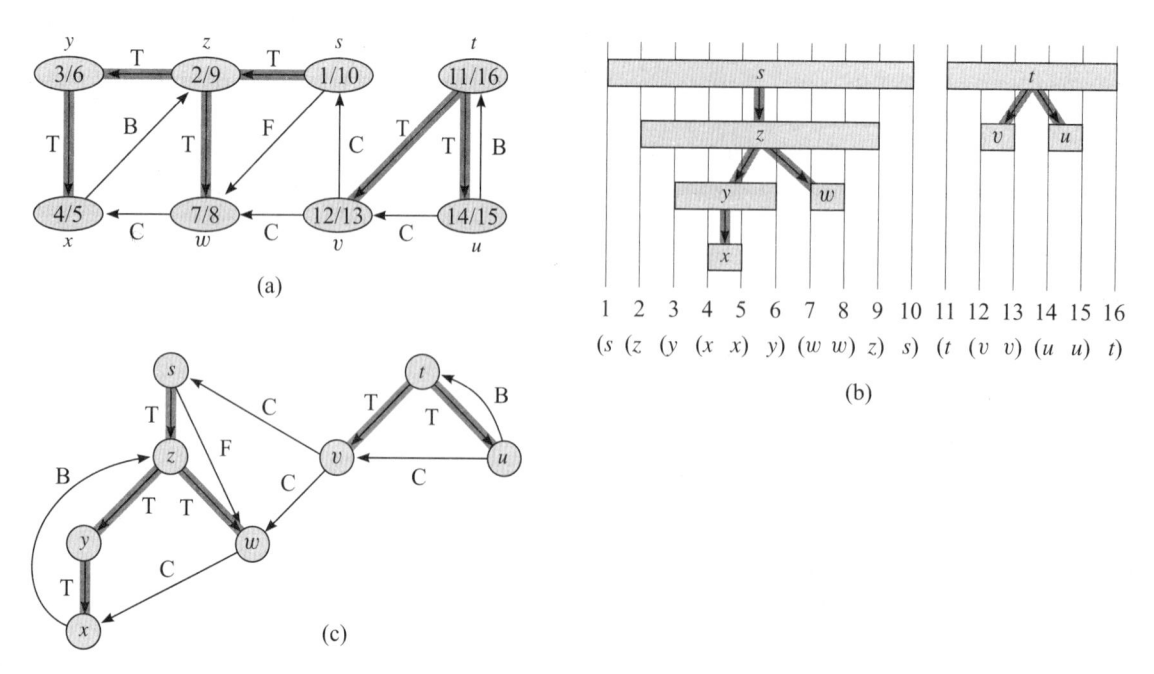

Figura 20.5 Propriedades da busca em profundidade. (**a**) Resultado de uma busca em profundidade de um grafo dirigido. Os vértices são identificados por carimbos de tempo e os tipos de arestas são indicados como na Figura 20.4. (**b**) Intervalos para o tempo de descoberta e o tempo de término de cada vértice correspondem ao uso de parênteses indicado. Cada retângulo compreende o intervalo dado pelos tempos de descoberta e término do vértice correspondente. Somente arestas de árvore são mostradas. Se dois intervalos se sobrepõem, então um deles está encaixado no outro, e o vértice correspondente ao menor intervalo é um descendente do vértice correspondente ao maior. (**c**) O grafo da parte (a) redesenhado com todas as arestas de árvore e de avanço descendo no interior de uma árvore em profundidade e todas as arestas de retorno subindo de um descendente para um ancestral.

suas arestas de saída são exploradas, e v é terminado antes de a busca retornar a u e terminá-lo. Portanto, nesse caso, o intervalo $[v.d, v.f]$ está completamente contido no intervalo $[u.d, u.f]$. No outro subcaso, $u.f < v.d$ e, pela inequação (20.4), $u.d < u.f < v.d < v.f$; assim, os intervalos $[u.d, u.f]$ e $[v.d, v.f]$ são disjuntos. Como os intervalos são disjuntos, nenhum dos vértices foi descoberto enquanto o outro era cinza e, portanto, nenhum dos vértices é descendente do outro.

O caso em que $v.d < u.d$ é semelhante, com os papéis de u e v invertidos no argumento anterior.   ∎

Corolário 20.8 (Encaixe de intervalos de descendentes)

O vértice v é um descendente adequado do vértice u na floresta em profundidade para um grafo (dirigido ou não dirigido) G se, e somente se, $u.d < v.d < v.f < u.f$.

Prova   Imediata, pelo Teorema 20.7.   ∎

O próximo teorema indica outra caracterização importante para quando um vértice é descendente de outro na floresta em profundidade.

Teorema 20.9 (Teorema do caminho branco)

Em uma floresta em profundidade de um grafo (dirigido ou não dirigido) $G = (V, E)$, o vértice v é um descendente do vértice u se, e somente se, no momento $u.d$ em que a busca descobre u, há um caminho de u a v que consiste inteiramente em vértices brancos.

Prova   ⇒: Se $v = u$, então o caminho de u a v contém apenas o vértice u, que ainda é branco quando $u.d$ recebe um valor. Agora, suponha que v seja um descendente próprio de u na floresta em profundidade. Pelo Corolário 20.8, $u.d < v.d$, portanto, v é branco no tempo $u.d$. Visto que v pode ser qualquer descendente de u, todos os vértices em um caminho simples único de u a v na floresta em profundidade são brancos no tempo $u.d$.

⇐: Suponha que haja um caminho de vértices brancos de u a v no tempo $u.d$, mas v não se torna um descendente de u na árvore em profundidade. Sem prejuízo da generalidade, considere que todo vértice exceto v ao longo do caminho se torne um descendente de u. (Caso contrário, seja v o vértice mais próximo de u ao longo do caminho que não se torna um descendente de u.) Seja w o predecessor de v no caminho, de modo que w seja um descendente de u (na verdade, w e u podem ser o mesmo vértice). Pelo Corolário 20.8, $w.f \le u.f$. Como v tem de ser descoberto depois de u ser descoberto, mas antes de w ser terminado, temos $u.d < v.d < w.f \le u.f$. Então, o Teorema 20.7 implica que o intervalo $[v.d, v.f]$ está contido inteiramente no intervalo $[u.d, u.f]$. Pelo Corolário 20.8, v deve ser, afinal, um descendente de u. ∎

Classificação de arestas

Podemos obter informações importantes sobre o grafo classificando suas arestas durante uma busca em profundidade. Por exemplo, a Seção 20.4 mostrará que um grafo dirigido é acíclico se, e somente se, uma busca em profundidade não produz nenhuma aresta "de retorno" (Lema 20.11).

Podemos definir quatro tipos de arestas em termos da floresta em profundidade G_π produzida por uma busca em profundidade em G:

1. **Arestas de árvore** são arestas na floresta em profundidade G_π. A aresta (u, v) é uma aresta de árvore se v foi descoberto primeiro pela exploração da aresta (u, v).
2. **Arestas de retorno** são as arestas (u, v) que conectam um vértice u a um ancestral v em uma árvore em profundidade. Os laços autorreferenciados, que podem ocorrer em grafos dirigidos, são considerados arestas de retorno.
3. **Arestas de avanço** são as arestas (u, v) que não pertencem à árvore, porém conectam um vértice u a um descendente v em uma árvore em profundidade.
4. **Arestas cruzadas** são todas as outras arestas. Elas podem estar entre vértices na mesma árvore, desde que um vértice não seja um ancestral do outro, ou podem estar entre vértices em diferentes árvores em profundidade.

Nas Figuras 20.4 e 20.5, rótulos de arestas indicam os tipos de arestas. A Figura 20.5(c) também mostra como redesenhar o grafo da Figura 20.5(a) de modo que todas as arestas de árvore e de avanço dirijam-se para baixo em uma árvore em profundidade e que todas as arestas de retorno dirijam-se para cima. Podemos redesenhar qualquer grafo dessa maneira.

O algoritmo DFS tem informações suficientes para classificar algumas arestas à medida que as encontra. A ideia fundamental é que, quando exploramos uma aresta (u, v) pela primeira vez, a cor do vértice v nos diga algo sobre a aresta:

1. BRANCO indica uma aresta de árvore.
2. CINZA indica uma aresta de retorno.
3. PRETO indica uma aresta de avanço ou cruzada.

O primeiro caso é imediato pela especificação do algoritmo. Para o segundo caso, observe que os vértices de cor cinza sempre formam uma cadeia linear de descendentes que corresponde à pilha de chamadas ativas de DFS-VISITA; o número de vértices de cor cinza é uma unidade maior que a profundidade na floresta em profundidade do vértice mais recentemente descoberto. A busca em profundidade sempre prossegue do vértice cinza mais profundo, de modo que uma aresta que alcança outro vértice cinza terá alcançado um ancestral. O terceiro caso trata da possibilidade restante. O Exercício 20.3-5 pede que você mostre que tal aresta (u, v) é uma aresta de avanço se $u.d < v.d$ e uma aresta cruzada se $u.d > v.d$.

De acordo com o teorema a seguir, as arestas de avanço e cruzadas nunca ocorrem em uma busca em profundidade de um grafo não dirigido.

Teorema 20.10

Em uma busca em profundidade de um grafo não dirigido G, toda aresta de G é uma aresta de árvore ou é uma aresta de retorno.

Prova Seja (u, v) uma aresta arbitrária de G e suponha, sem perda de generalidade, que $u.d < v.d$. Então, enquanto u tem cor cinza, a busca deve descobrir e terminar v antes de terminar u, já que v está na lista de adjacências de u.

Se, na primeira vez que a busca explorar a aresta *(u, v)*, ela estiver na direção de *u* para *v*, então *v* é não descoberto (branco) até esse momento porque, do contrário, a busca já teria explorado essa aresta na direção de *v* para *u*. Assim, *(u, v)* se torna uma aresta de árvore. Se a busca explorar *(u, v)* primeiro na direção de *v* para *u*, então *(u, v)* é uma aresta de retorno, já que deve haver um caminho de arestas de árvore de *u* para *v*.   ∎

Visto que *(u, v)* e *(v, u)*, na realidade, são a mesma aresta em um grafo não dirigido, a prova do Teorema 20.10 diz como classificar a aresta. Na busca a partir de um vértice, que deverá ser cinza, se o vértice adjacente for branco, então a aresta será uma aresta de árvore. Caso contrário, ela será uma aresta de retorno.

Veremos várias aplicações da busca em profundidade nas duas seções seguintes.

Exercícios

20.3-1
Faça um diagrama 3 por 3 com rótulos de linhas e colunas BRANCO, CINZA e PRETO. Em cada célula (i, j), indique se, em qualquer ponto durante uma busca em profundidade de um grafo dirigido, pode existir uma aresta de um vértice de cor *i* a um vértice de cor *j*. Para cada aresta possível, indique os tipos de aresta que ela pode ser. Faça um segundo diagrama para busca em profundidade de um grafo não dirigido.

20.3-2
Mostre como a busca em profundidade funciona no grafo da Figura 20.6. Suponha que o laço **for** das linhas 5–7 do procedimento DFS considera os vértices em ordem alfabética, e que cada lista de adjacências está em ordem alfabética. Mostre os tempos de descoberta e término para cada vértice e a classificação de cada aresta.

20.3-3
Mostre a estrutura em parênteses da busca em profundidade da Figura 20.4.

20.3-4
Mostre que usar um único *bit* para armazenar a cor de cada vértice é suficiente, demonstrando que o procedimento DFS produziria o mesmo resultado se a linha 10 de DFS-VISITA fosse removida.

20.3-5
Mostre que, em um grafo dirigido, a aresta *(u, v)* é
a. uma aresta de árvore ou aresta de avanço se, e somente se, $u.d < v.d < v.f < u.f$,
b. uma aresta de retorno se, e somente se, $v.d \leq u.d < u.f \leq v.f$,
c. uma aresta cruzada se, e somente se, $v.d < v.f < u.d < u.f$.

20.3-6
Reescreva o procedimento DFS utilizando uma pilha para eliminar a recursão.

20.3-7
Forneça um contraexemplo para a seguinte hipótese: se um grafo dirigido *G* contém um caminho de *u* a *v* e se $u.d < v.d$ em uma busca em profundidade de *G*, então *v* é um descendente de *u* na floresta em profundidade produzida.

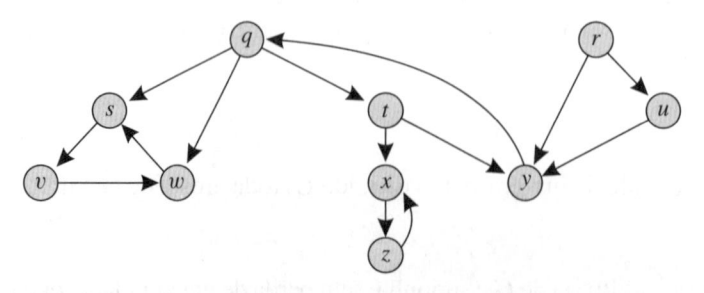

Figura 20.6 Grafo dirigido para uso nos Exercícios 20.3-2 e 20.5-2.

20.3-8

Forneça um contraexemplo para a seguinte hipótese: se um grafo dirigido G contém um caminho de u a v, então qualquer busca em profundidade deve resultar em $v.d \leq u.f$.

20.3-9

Modifique o pseudocódigo para busca em profundidade de modo que ele imprima todas as arestas no grafo dirigido G, juntamente com seu tipo. Mostre quais modificações, se houver, você precisa fazer se G for não dirigido.

20.3-10

Explique como um vértice u de um grafo dirigido pode acabar em uma árvore em profundidade que contenha apenas u, ainda que u tenha arestas de entrada e de saída em G.

20.3-11

Seja $G = (V, E)$ um grafo conectado, não dirigido. Forneça um algoritmo em tempo $O(V + E)$ para calcular um caminho em G que atravesse cada aresta em E exatamente uma vez em cada direção. Descreva como é possível sair de um labirinto se lhe for dada uma grande quantidade de moedas.

20.3-12

Mostre que podemos usar busca em profundidade em um grafo não dirigido G para identificar as componentes conexas de G, e que a floresta de busca em profundidade contém tantas árvores quantas são as componentes conexas de G. Mais precisamente, mostre como modificar a busca em profundidade de modo a atribuir a cada vértice v um rótulo inteiro $v.cc$ entre 1 e k, em que k é o número de componentes conexas de G, tal que $u.cc = v.cc$ se, e somente se, u e v estiverem na mesma componente conexa.

★ ***20.3-13***

Um grafo dirigido $G = (V, E)$ é ***singularmente conexo*** se $u \rightsquigarrow v$ implica que G contém no máximo um caminho simples de u a v para todos os vértices $u, v \in V$. Forneça um algoritmo eficiente para determinar se um grafo dirigido é ou não singularmente conexo.

20.4   Ordenação topológica

Esta seção mostra como podemos usar busca em profundidade para executar a ordenação topológica de um grafo acíclico dirigido, ou "gad", como, por vezes, é chamado. A ***ordenação topológica*** de um gad $G = (V, E)$ é uma ordenação linear de todos os seus vértices, tal que se G contém uma aresta (u, v), então u aparece antes de v na ordenação. A ordenação topológica é definida somente sobre grafos dirigidos que sejam acíclicos; se o grafo contém um ciclo, nenhuma ordenação topológica é possível. Podemos ver uma ordenação topológica de um grafo como ordenação de seus vértices ao longo de uma linha horizontal de modo tal que todas as arestas dirigidas vão da esquerda para a direita. Assim, a ordenação topológica é diferente do tipo habitual de "ordenação" estudado na Parte II.

Muitas aplicações usam grafos acíclicos dirigidos para indicar precedências entre eventos. A Figura 20.7 mostra um exemplo que surge quando o professor Bumstead se veste pela manhã. O professor deve vestir certas peças de roupa antes de outras (por exemplo, meias antes de sapatos). Outros itens podem ser colocados em qualquer ordem (por exemplo, meias e calças). Uma aresta dirigida (u, v) no gráfico acíclico dirigido da Figura 20.7(a) indica que a peça de roupa u deve ser vestida antes da peça v. Portanto, uma ordenação topológica desse gad dá uma ordem para o processo de se vestir. A Figura 20.7(b) mostra o gráfico acíclico dirigido topologicamente ordenado como uma ordenação de vértices ao longo de uma linha horizontal tal que todas as arestas dirigidas vão da esquerda para a direita.

O procedimento ORDENAÇÃO-TOPOLÓGICA ordena topologicamente um gad. A Figura 20.7(b) mostra como os vértices topologicamente ordenados aparecem na ordem inversa de seus tempos de término.

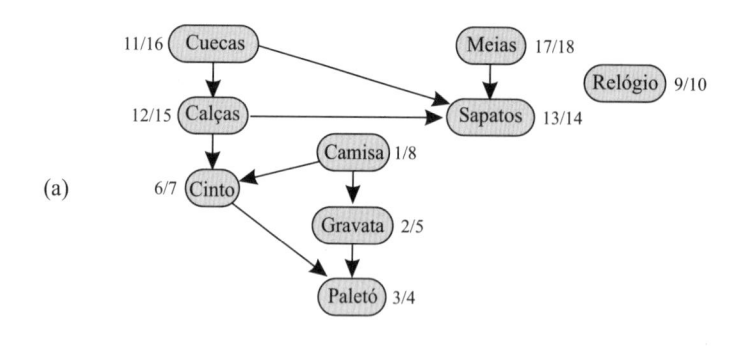

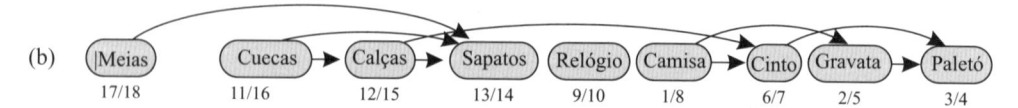

Figura 20.7 (a) Professor Bumstead ordena topologicamente sua roupa ao se vestir. Cada aresta dirigida (u, v) significa que a peça de roupa u deve ser vestida antes da peça v. Os tempos de descoberta e término de uma busca em profundidade são mostrados ao lado de cada vértice. **(b)** O mesmo grafo mostrado com uma ordenação topológica, com seus vértices organizados da esquerda para a direita, em ordem decrescente de tempo de término. Todas as arestas dirigidas vão da esquerda para a direita.

ORDENAÇÃO-TOPOLÓGICA(G)
1   chamar DFS(G) para calcular o tempo de término $v.f$ para cada vértice v
2   à medida que cada vértice termina, inserir o vértice à frente de uma lista encadeada
3   **return** a lista encadeada de vértices

O procedimento ORDENAÇÃO-TOPOLÓGICA é executado no tempo $\Theta(V + E)$, já que a busca em profundidade demora o tempo $\Theta(V + E)$ e inserir cada um dos $|V|$ vértices à frente da lista encadeada leva o tempo $O(1)$.

Para provarmos a corretude desse algoritmo extremamente simples e eficiente, começamos utilizando o lema a seguir, que caracteriza grafos acíclicos dirigidos.

Lema 20.11

Um grafo dirigido G é acíclico se, e somente se, uma busca em profundidade de G não produz nenhuma aresta de retorno.

Prova ⇒: Suponha que uma busca em profundidade produza uma aresta de retorno (u, v). Então, o vértice v é um ancestral do vértice u na floresta em profundidade. Assim, G contém um caminho de v a u, e a aresta de retorno (u, v) completa um ciclo.

⇐: Suponha que G contenha um ciclo c. Mostramos que uma busca em profundidade de G produz uma aresta de retorno. Seja v o primeiro vértice a ser descoberto em c e seja (u, v) a aresta precedente em c. No tempo $v.d$, os vértices de c formam um caminho de vértices brancos de v a u. Pelo teorema do caminho branco, o vértice u se torna descendente de v na floresta em profundidade. Então, (u, v) é uma aresta de retorno.   ∎

Teorema 20.12

ORDENAÇÃO-TOPOLÓGICA produz uma ordenação topológica de um grafo acíclico dirigido dado como sua entrada.

Prova Suponha que DFS seja executado em determinado gad $G = (V, E)$ para definir tempos de término para seus vértices. É suficiente mostrar que, para qualquer par de vértices distintos $u, v \in V$, se G contém uma aresta de u a v, então $v.f < u.f$. Considere qualquer aresta (u, v) explorada por DFS(G). Quando essa aresta é explorada, v não pode ter cor cinza, já que nesse caso v seria um ancestral de u e (u, v) seria uma aresta de retorno, o que contradiz o Lema 20.11. Portanto, v deve ser branco ou preto. Se v é branco, ele se torna um descendente de u e, assim, $v.f < u.f$. Se v é preto, ele já terminou, de modo que $v.f$ já foi definido. Como a busca ainda está explorando a partir de u, ela ainda tem de atribuir um carimbo de tempo a $u.f$, de modo que o carimbo de tempo por fim atribuído a $u.f$ é maior que $v.f$. Assim, para qualquer aresta (u, v) no gráfico acíclico dirigido, temos $v.f < u.f$, o que prova o teorema.   ∎

Exercícios

20.4-1
Mostre a ordenação de vértices produzida por Ordenação-Topológica quando executado no gad da Figura 20.8. Suponha que o laço **for** das linhas 5–7 do procedimento DFS considere os vértices em ordem alfabética e que cada lista de adjacências esteja ordenada alfabeticamente.

20.4-2
Forneça um algoritmo de tempo linear que tome como entrada um grafo acíclico dirigido $G = (V, E)$ e dois vértices $a, b \in V$, e retorne o número de caminhos simples de a para b em G. Por exemplo, o grafo acíclico dirigido da Figura 20.8 contém exatamente quatro caminhos simples do vértice p para o vértice v: $\langle p, o, v \rangle$, $\langle p, o, r, y, v \rangle$, $\langle p, o, s, r, y, v \rangle$ e $\langle p, s, r, y, v \rangle$. Seu algoritmo só precisa contar os caminhos simples, não listá-los.

20.4-3
Forneça um algoritmo que determine se dado grafo não dirigido $G = (V, E)$ contém um ciclo simples. Esse algoritmo deve ser executado no tempo $O(V)$, independentemente de $|E|$.

20.4-4
Prove ou refute: se um grafo dirigido G contém ciclos, então Ordenação-Topológica(G) produz uma ordenação de vértices que minimiza o número de arestas "ruins" que são inconsistentes com a ordenação produzida.

20.4-5
Outro modo de executar ordenação topológica em um grafo acíclico dirigido $G = (V, E)$ é encontrar repetidamente um vértice de grau de entrada 0, imprimi-lo e removê-lo do grafo, bem como todas as suas arestas de saída. Explique como implementar essa ideia, de modo que seja executada no tempo $O(V + E)$. O que acontecerá a esse algoritmo se G tiver ciclos?

20.5   Componentes fortemente conexas

Agora, consideraremos uma aplicação clássica de busca em profundidade: a decomposição de um grafo dirigido em suas componentes fortemente conexas. Esta seção mostra como fazer isso usando duas buscas em profundidade. Muitos algoritmos que funcionam com grafos dirigidos começam por uma decomposição desse tipo. Após a decomposição do grafo em componentes fortemente conexas, tais algoritmos são executados separadamente em cada uma delas e combinados em soluções de acordo com a estrutura das conexões entre componentes.

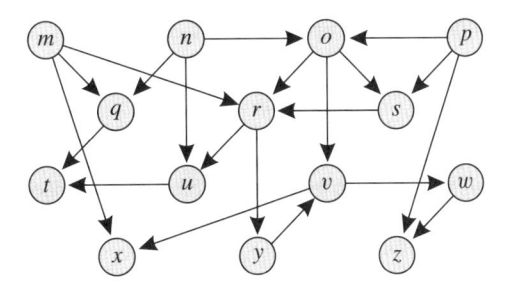

Figura 20.8 Gráfico acíclico dirigido (gad) para ordenação topológica.

Pelo Apêndice B, podemos ver que uma componente fortemente conexa de um grafo dirigido $G = (V, E)$ é um conjunto máximo de vértices $C \subseteq V$ tal que, para todo par de vértices $u, v \in C$, temos $u \rightsquigarrow v$ e $v \rightsquigarrow u$; isto é, u pode ser alcançado a partir do vértice v e vice-versa. A Figura 20.9 mostra um exemplo.

O algoritmo para encontrar componentes fortemente conexas de um grafo dirigido $G = (V, E)$ usa a transposta de G, que é definida no Exercício 20.1-3 como o grafo $G^T = (V, E^T)$, em que $E^T = \{(u, v) : (v, u) \in E\}$. Isto é, E^T consiste nas arestas de G com suas direções invertidas. Dada uma representação por lista de adjacências de G, o tempo para criar G^T é $\Theta(V + E)$. Os grafos G e G^T têm exatamente as mesmas componentes fortemente conexas: u e v podem ser alcançados um a partir do outro em G se, e somente se, puderem ser alcançados um a partir do outro em G^T. A Figura 20.9(b) mostra a transposta do grafo na Figura 20.9(a), com as componentes fortemente conexas sombreadas.

O procedimento de tempo linear (isto é, de tempo $\Theta(V + E)$) COMPONENTES-FORTEMENTE-CONEXAS apresentado a seguir calcula as componentes fortemente conexas de um grafo dirigido $G = (V, E)$ usando duas buscas em profundidade, uma em G e uma em G^T.

COMPONENTES-FORTEMENTE-CONEXAS(G)

1   chamar DFS(G) para calcular tempos de término $u.f$ para cada vértice u
2   calcular G^T
3   chamar DFS(G^T) mas, no laço principal de DFS, considerar os vértices em
     ordem decrescente de $u.f$ (como calculado na linha 1)
4   dar saída aos vértices de cada árvore na floresta em profundidade formada na
     linha 3 como uma componente fortemente conexa separada

A ideia por trás desse algoritmo vem de uma propriedade fundamental do **grafo de componentes** $G^{\text{CFC}} = (V^{\text{CFC}}, E^{\text{CFC}})$, que definimos a seguir. Suponha que G tenha componentes fortemente conexas $C_1, C_2, ..., C_k$. O conjunto de vértices V^{CFC} é $\{v_1, v_2, ..., v_k\}$ e contém um vértice v_i para cada componente fortemente conexa C_i de G. Há uma aresta $(v_i, v_j) \in E^{\text{CFC}}$ se G contém uma aresta dirigida (x, y) para algum $x \in C_i$ e algum $y \in C_j$. Visto de outro modo, contraindo todas as arestas cujos vértices incidentes estão dentro da mesma componente fortemente conexa de G, de modo que apenas um único vértice permaneça, o grafo resultante é G^{CFC}. A Figura 20.9(c) mostra o grafo de componentes do grafo na Figura 20.9(a).

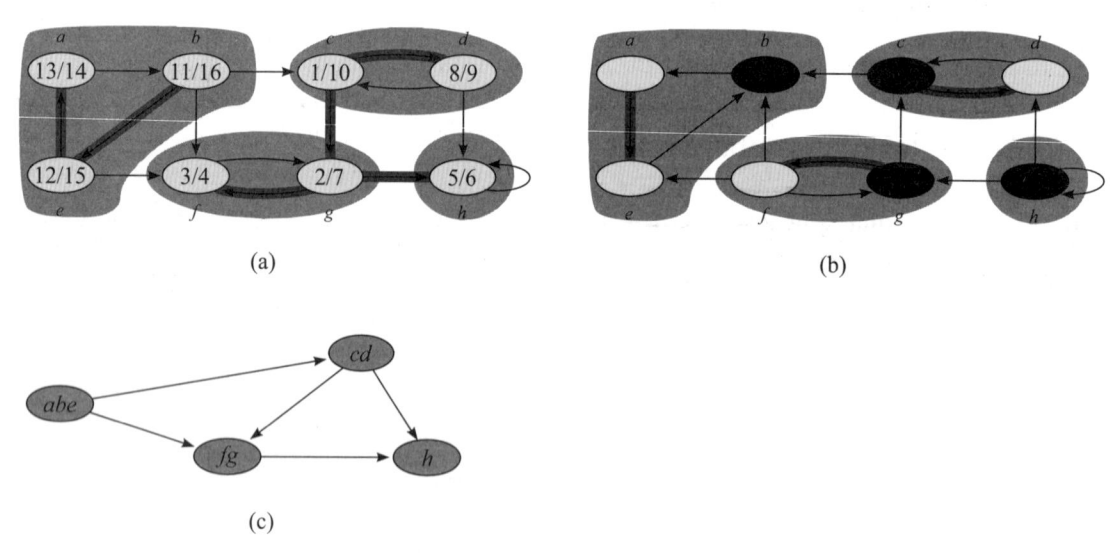

(a)   (b)

(c)

Figura 20.9 (a) Grafo dirigido G. Cada região sombreada em *cinza-escuro* é uma componente fortemente conexa de G. Cada vértice é identificado com seus tempos de descoberta e de término em uma busca em profundidade, e arestas de árvore são as *setas* com sombra destacada. **(b)** Grafo G^T, a transposta de G, na qual é mostrada a árvore em profundidade calculada na linha 3 de COMPONENTES-FORTEMENTE-CONEXAS e as arestas de árvore são as *setas* com sombra destacada. Cada componente fortemente conexa corresponde a uma árvore de busca em profundidade. Os vértices b, c, g e h, preenchidos de *preto*, são as raízes das árvores de busca em profundidade produzidas pela busca em profundidade de G^T. **(c)** O grafo acíclico de componentes G^{CFC} obtido pela contração de cada componente fortemente conexa de G, de modo que apenas um único vértice permaneça em cada componente.

O lema a seguir indica a propriedade-chave de que o grafo de componentes é acíclico. Veremos que o algoritmo utiliza essa propriedade para visitar os vértices do grafo de componentes em uma sequência topologicamente ordenada, considerando os vértices na segunda busca por profundidade em ordem decrescente dos tempos de término que foram calculados na primeira busca em profundidade.

Lema 20.13

Sejam C e C' componentes fortemente conexas distintas em um grafo dirigido $G = (V, E)$, seja $u, v \in C$, seja $u', v' \in C'$, e suponha que G contenha um caminho $u \rightsquigarrow u'$. Então, G não pode conter também um caminho $v' \rightsquigarrow v$.

Prova Se G contém um caminho $v' \rightsquigarrow v$, então contém caminhos $u \rightsquigarrow u' \rightsquigarrow v'$ e $v' \rightsquigarrow v \rightsquigarrow u$ em G. Assim, u e v' podem ser visitados um a partir do outro, o que contradiz a hipótese de que C e C' são componentes fortemente conexas distintas. ∎

Como o procedimento COMPONENTES-FORTEMENTE-CONEXAS executa duas buscas em profundidade, há dois conjuntos distintos de tempos de descoberta e término. Nesta seção, os tempos de descoberta e término sempre se referem àqueles calculados pela *primeira* chamada de DFS, na linha 1.

Estendemos a notação de tempos de descoberta e término a conjuntos de vértices. Para um subconjunto U de vértices, $d(U)$ e $f(U)$ são o tempo de descoberta mais antigo e o tempo de término mais recente, respectivamente, de qualquer vértice em U : $d(U) = \min\{u.d : u \in U\}$ e $f(U) = \max\{u.f : u \in U\}$.

O lema a seguir e seu corolário dão uma propriedade fundamental que relaciona componentes fortemente conexas com tempos de término na primeira busca em profundidade.

Lema 20.14

Sejam C e C' componentes fortemente conexas distintas no grafo dirigido $G = (V, E)$. Suponha que haja uma aresta $(u, v) \in E$, em que $u \in C'$ e $v \in C$. Então, $f(C') > f(C)$.

Prova Consideramos dois casos, dependendo de qual componente fortemente conexa, C ou C', tinha o primeiro vértice descoberto durante a busca em profundidade.

Se $d(C') < d(C)$, seja x o primeiro vértice descoberto em C'. No tempo $x.d$, todos os vértices em C e C' são brancos. Nesse momento, G contém um caminho de x a cada vértice em C' ao longo do qual há apenas vértices brancos. Como $(u, v) \in E$, para qualquer vértice $w \in C$, também há em G um caminho de x a w no tempo $x.d$ que contém somente vértices brancos: $x \rightsquigarrow u \rightarrow v \rightsquigarrow w$. Pelo teorema do caminho branco, todos os vértices em C e C' se tornam descendentes de x na árvore em profundidade. Pelo Corolário 20.8, x tem o tempo de término mais recente que qualquer de seus descendentes, portanto, $x.f = f(C') > f(C)$.

Caso contrário, temos $d(C') > d(C)$. Seja y o primeiro vértice descoberto em C, de modo que $y.d = d(C)$. No tempo $y.d$, todos os vértices em C são brancos e G contém um caminho de y a cada vértice em C formado somente por vértices brancos. Pelo teorema do caminho branco, todos os vértices em C se tornam descendentes de y na árvore em profundidade, e pelo Corolário 20.8, $y.f = f(C)$. Como $d(C') > d(C) = y.d$, todos os vértices em C' são brancos no tempo $y.d$. Como existe uma aresta (u, v) de C' a C, o Lema 20.13 implica que não pode existir um caminho de C a C'. Consequentemente, nenhum vértice em C pode ser visitado por y. Portanto, no tempo $y.f$, todos os vértices em C' ainda são brancos. Assim, para qualquer vértice $w \in C'$, temos $w.f > y.f$, o que implica que $f(C') > f(C)$. ∎

Corolário 20.15

Sejam C e C' componentes fortemente conexas distintas no grafo dirigido $G = (V, E)$, e suponha que $f(C) < f(C')$, Então, E^T não contém uma aresta (v, u) tal que $u \in C'$ e $v \in C$.

Prova A contraprova do Lema 20.14 diz que, se $f(C') < f(C)$, então não existe uma aresta $(u, v) \in E$ tal que $u \in C'$ e $v \in C$. Visto que as componentes fortemente conexas de G e G^T são as mesmas, se não existe tal aresta $(u, v) \in E$, logo não existe uma aresta $(v, u) \in E^T$ tal que $u \in C'$ e $v \in C$. ∎

O Corolário 20.15 nos dá a chave para entendermos por que o algoritmo de componentes fortemente conexas funciona. Vamos examinar o que acontece quando executamos a segunda busca em profundidade, que está em G^{T}. A busca começa a partir do vértice x cujo tempo de término da primeira busca em profundidade é máximo. Esse vértice pertence a alguma componente fortemente conexa C, e como $x.f$ é máximo, $f(C)$ é máximo por todas as componentes fortemente conexas. Quando a busca começa a partir de x, ela visita todos os vértices em C. Pelo Corolário 20.15, G^{T} não contém nenhuma aresta de C para qualquer outra componente fortemente conexa e, por isso, a busca iniciada em x não visitará vértices em qualquer outra componente. Assim, a árvore com raiz em x contém exatamente os vértices de C. Agora que as visitas a todos os vértices em C foram concluídas, a segunda busca em profundidade seleciona como nova raiz um vértice de alguma outra componente fortemente conexa C' cujo tempo de término $f(C')$ é máximo com relação a todas as outras componentes, exceto C. Mais uma vez, a busca visitará todos os vértices em C' mas, pelo Corolário 20.15, as únicas arestas em G^{T} que vão de C' a qualquer outra componente devem ir até C, que a segunda busca em profundidade já visitou. Em geral, quando a busca em profundidade de G^{T} na linha 3 visita qualquer componente fortemente conexa, quaisquer arestas que saem dessa componente devem ir até componentes que a busca já visitou. Então, cada árvore de busca em profundidade corresponde a exatamente uma componente fortemente conexa. O teorema a seguir formaliza esse argumento.

Teorema 20.16

O procedimento COMPONENTES-FORTEMENTE-CONEXAS calcula corretamente as componentes fortemente conexas do grafo dirigido G fornecido como sua entrada.

Prova Mostramos, por indução com relação ao número de árvores de busca encontradas na busca em profundidade de G^{T} na linha 3, que os vértices de cada árvore formam uma componente fortemente conexa. A hipótese de indução é que as primeiras k árvores produzidas na linha 3 são componentes fortemente conexas. A base para a indução, quando $k = 0$, é trivial.

No passo de indução, supomos que cada uma das k primeiras árvores em profundidade produzidas na linha 3 é uma componente fortemente conexa, e consideramos a $(k + 1)$-ésima árvore produzida. Seja o vértice u a raiz dessa árvore, e suponhamos que u esteja na componente fortemente conexa C. Como resultado do modo como a busca em profundidade na linha 3 escolhe as raízes, $u.f = f(C) > f(C')$ para qualquer componente fortemente conexa C' exceto C que ainda tenha de ser visitada. Pela hipótese de indução, no momento em que a busca visita u, todos os outros vértices de C são brancos. Então, pelo teorema do caminho branco, todos os outros vértices de C são descendentes de u nessa árvore em profundidade. Além disso, pela hipótese de indução e pelo Corolário 20.15, quaisquer arestas em G^{T} que saiam de C devem ir até componentes fortemente conexas que já foram visitadas. Assim, nenhum vértice em uma componente fortemente conexa exceto C será um descendente de u durante a busca em profundidade de G^{T}. Portanto, os vértices da árvore de busca em profundidade em G^{T} enraizada em u formam exatamente uma componente fortemente conexa, o que conclui o passo de indução e a prova. ∎

Apresentamos agora outro modo de ver como funciona a segunda busca em profundidade. Considere o grafo de componentes $(G^{\mathrm{T}})^{\mathrm{CFC}}$ de G^{T}. Se mapeamos cada componente fortemente conexa visitada na segunda busca em profundidade até um vértice de $(G^{\mathrm{T}})^{\mathrm{CFC}}$, a segunda busca em profundidade visita os vértices de $(G^{\mathrm{T}})^{\mathrm{CFC}}$ na ordem inversa de uma ordem topológica. Se invertermos as arestas de $(G^{\mathrm{T}})^{\mathrm{CFC}}$, obtemos o grafo $((G^{\mathrm{T}})^{\mathrm{CFC}})^{\mathrm{T}}$. Como $((G^{\mathrm{T}})^{\mathrm{CFC}})^{\mathrm{T}} = G^{\mathrm{CFC}}$ (ver Exercício 20.5-4), a segunda busca em profundidade visita os vértices de G^{CFC} em ordem topológica.

Exercícios

20.5-1
Como o número de componentes fortemente conexas de um grafo pode mudar se uma nova aresta for adicionada?

20.5-2
Mostre como o procedimento COMPONENTES-FORTEMENTE-CONEXAS funciona no grafo da Figura 20.6. Especificamente, mostre os tempos de término calculados na linha 1 e a floresta produzida na linha 3.

Suponha que o laço das linhas 5–7 de DFS toma os vértices em ordem alfabética e que as listas de adjacências estão em ordem alfabética.

20.5-3

O professor Bacon reescreve o algoritmo para componentes fortemente conexas de modo a usar o grafo original (em lugar da transposta) na segunda busca em profundidade e varrer os vértices na ordem *crescente* de tempos de término. Esse algoritmo modificado sempre produzirá resultados corretos?

20.5-4

Prove que, para qualquer grafo dirigido G, a transposta do grafo de componentes de G^T é igual ao grafo de componentes de G. Isto é, $((G^T)^{CFC})^T = G^{CFC}$.

20.5-5

Forneça um algoritmo de tempo $O(V + E)$ para calcular o grafo de componentes de um grafo dirigido $G = (V, E)$. Certifique-se de que haja no máximo uma aresta entre dois vértices no grafo de componentes que o seu algoritmo produz.

20.5-6

Forneça um algoritmo de tempo $O(V + E)$ que, dado um grafo dirigido $G = (V, E)$, construa outro grafo $G' = (V, E')$ tal que G e G' tenham as mesmas componentes fortemente conexas. G' tem o mesmo grafo de componentes que G, e $|E'|$ é o menor possível.

20.5-7

Um grafo dirigido $G = (V, E)$ é *semiconexo* se, para todos os pares de vértices $u, v \in V$, temos $u \rightsquigarrow v$ ou $v \rightsquigarrow u$. Forneça um algoritmo eficiente para determinar se G é ou não semiconexo. Prove que o algoritmo é correto e analise seu tempo de execução.

20.5-8

Seja $G = (V, E)$ um grafo dirigido, e seja $l : V \rightarrow \mathbb{R}$ uma função que atribui um identificador l de valor real a cada vértice. Para os vértices $s, t \in V$, defina

$$\Delta l(s, t) = \begin{cases} l(t) - l(s) & \text{se houver um caminho de } s \text{ a } t \text{ em } G, \\ -\infty & \text{caso contrário.} \end{cases}$$

Forneça um algoritmo de tempo $O(V + E)$ para encontrar os vértices s e t tal que $\Delta l(s, t)$ seja o máximo por todos os pares de vértices. (*Sugestão:* use o Exercício 20.5-5.)

Problemas

20-1   *Classificação de arestas por busca em largura*

Uma floresta de busca em profundidade classifica as arestas de um grafo em arestas de árvore, de retorno, de avanço e cruzadas. Uma árvore de busca em largura também pode ser usada para classificar as arestas que podem ser alcançadas a partir da origem da busca nas mesmas quatro categorias.

a. Prove que, em uma busca em largura de um grafo não dirigido, as seguintes propriedades são válidas:
   1. Não há nenhuma aresta de retorno e nenhuma aresta de avanço.
   2. Se (u, v) é uma aresta de árvore, então $v.d = u.d + 1$.
   3. Se (u, v) é uma aresta cruzada, então $v.d = u.d$ ou $v.d = u.d + 1$.

b. Prove que, em uma busca em largura de um grafo dirigido, as seguintes propriedades são válidas:
   1. Não há arestas de avanço.
   2. Se (u, v) é uma aresta de árvore, então $v.d = u.d + 1$.
   3. Se (u, v) é uma aresta cruzada, então $v.d \leq u.d + 1$.
   4. Se (u, v) é uma aresta de retorno, então $0 \leq v.d \leq u.d$.

20-2   Pontos de articulação, pontes e componentes biconexas

Seja $G = (V, E)$ um grafo conexo não dirigido. Um **ponto de articulação** de G é um vértice cuja remoção desconecta G. Uma **ponte** de G é uma aresta cuja remoção desconecta G. Uma **componente biconexa** de G é um conjunto máximo de arestas tal que quaisquer duas arestas no conjunto encontram-se em um ciclo simples comum. A Figura 20.10 ilustra essas definições. Podemos determinar pontos de articulação, pontes e componentes biconexas utilizando busca em profundidade. Seja $G_\pi = (V, E_\pi)$ uma árvore de busca em profundidade de G.

a. Prove que a raiz de G_π é um ponto de articulação de G se, e somente se, ele tem no mínimo dois filhos em G_π.

b. Seja v um vértice não raiz de G_π. Prove que v é um ponto de articulação de G se, e somente se, v tem um filho s tal que não haja nenhuma aresta de retorno de s ou de qualquer descendente de s até um ancestral próprio de v.

c. Seja

$$v.inferior = \min \begin{cases} v.w\,, \\ w.d : (u,w) \text{ é uma aresta de retorno para algum descendente } u \text{ de } v. \end{cases}$$

Mostre como calcular $v.inferior$ para todos os vértices $v \in V$ no tempo $O(E)$.

d. Mostre como calcular todos os pontos de articulação no tempo $O(E)$.

e. Prove que uma aresta de G é uma ponte se, e somente se, ela não se encontrar em nenhum ciclo simples de G.

f. Mostre como calcular todas as pontes de G no tempo $O(E)$.

g. Prove que as componentes biconexas de G particionam as arestas não pontes de G.

h. Forneça um algoritmo de tempo $O(E)$ para rotular cada aresta e de G com um inteiro positivo $e.cbc$ tal que $e.cbc = e'.cbc$ se, e somente se, e e e' estão na mesma componente biconexa.

20-3   Percurso de Euler

Um **percurso de Euler** de um grafo fortemente conexo dirigido $G = (V, E)$ é um ciclo que percorre cada aresta de G exatamente uma vez, embora possa visitar um vértice mais de uma vez.

a. Mostre que G tem um percurso de Euler se, e somente se, grau-de-entrada(v) = grau-de-saída(v) para cada vértice $v \in V$.

b. Descreva um algoritmo de tempo $O(E)$ para encontrar um percurso de Euler de G se houver algum. (*Sugestão*: fusione ciclos disjuntos de arestas.)

20-4   Acessibilidade

Seja $G = (V, E)$ um grafo dirigido no qual cada vértice $u \in V$ é rotulado com um inteiro único $L(u)$ do conjunto $\{1, 2, ..., |V|\}$. Para cada vértice $u \in V$, seja $R(u) = \{v \in V : u \rightsquigarrow v\}$ o conjunto de vértices que podem ser alcançados a partir de u. Defina min(u) como o vértice em $R(u)$ cujo rótulo é mínimo, isto é, min(u) é o vértice v tal que $L(v) = \min\{L(w) : w \in R(u)\}$. Forneça um algoritmo de tempo $O(V + E)$ que calcule min(u) para todos os vértices $u \in V$.

20-5   Inserindo e consultando vértices em grafos planares

Um grafo **planar** é um grafo não dirigido que pode ser desenhado no plano sem cruzamento de arestas. Euler provou que cada grafo planar tem $|E| < 3\,|V|$.

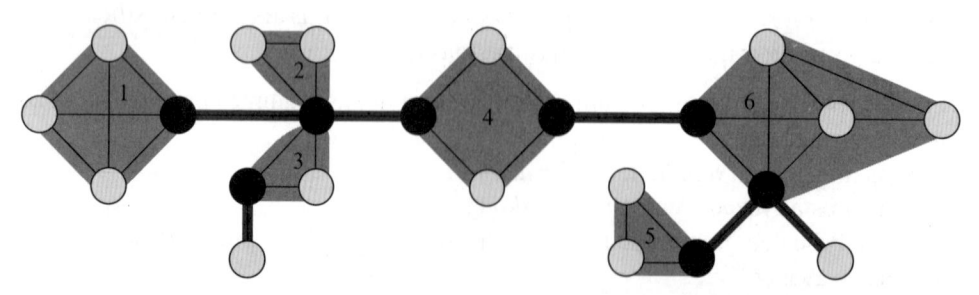

Figura 20.10 Pontos de articulação, pontes e componentes biconexas de um grafo conexo não dirigido para uso no Problema 20.2. Os pontos de articulação são os vértices *pretos*, as pontes são as *arestas sombreadas em cinza-escuro* e as componentes biconexas são as arestas nas *regiões sombreadas em cinza-escuro*, nas quais aparece uma numeração *cbc*.

Considere as duas operações a seguir sobre um grafo planar G:

- INSERE(G, v, *vizinhos*) insere um novo vértice v em G, em que *vizinhos* é um vetor (possivelmente vazio) de vértices que já foi inserido em G e será composto por todos os vizinhos de v em G quando v for inserido.
- VIZINHO-MAIS-RECENTE(G, v) retorna o vizinho do vértice v que foi inserido mais recentemente em G, ou NIL se v não tiver vizinhos.

Elabore uma estrutura de dados que dê suporte a essas duas operações de modo que VIZINHO-MAIS-RECENTE leve o tempo $O(1)$ no pior caso e INSERE leve o tempo amortizado $O(1)$. Observe que o comprimento do vetor *vizinhos* dado a INSERE pode variar. (*Sugestão:* use uma função potencial para a análise amortizada.)

Notas do capítulo

Even [137] e Tarjan [429] são excelentes referências para algoritmos em grafos.

A busca em largura foi descoberta por Moore [334] no contexto de caminhos de localização em labirintos. Lee [280] descobriu independentemente o mesmo algoritmo no contexto de roteamento de fios em placas de circuitos.

Hopcroft e Tarjan [226] defenderam o uso da representação por listas de adjacências em vez da representação por matriz de adjacências, no caso de grafos esparsos, e foram os primeiros a reconhecerem a importância algorítmica da busca em profundidade. A busca em profundidade tem sido amplamente utilizada desde o final da década de 1950, especialmente em programas de inteligência artificial.

Tarjan [426] apresentou um algoritmo de tempo linear para encontrar componentes fortemente conexas. O algoritmo para componentes fortemente conexas na Seção 20.5 foi adaptado de Aho, Hopcroft e Ullman [6], que o creditam a S. R. Kosaraju (não publicado) e Sharir [408]. Dijkstra [117, Capítulo 25] também desenvolveu um algoritmo para componentes fortemente conexas, baseado na contração de ciclos. Subsequentemente, Gabow [163] redescobriu esse algoritmo. Knuth [209] foi o primeiro a apresentar um algoritmo de tempo linear para ordenação topológica.

21 Árvores Geradoras Mínimas

Em projeto de circuitos eletrônicos, muitas vezes, é necessário que os pinos de vários componentes se tornem eletricamente equivalentes, ligando-os uns aos outros. Para interconectarmos um conjunto de n pinos, podemos usar um arranjo de $n - 1$ fios, cada qual conectando dois pinos. De todos os arranjos possíveis, aquele que utiliza menos fio é normalmente o mais desejável.

Podemos modelar esse problema de fiação com um grafo conexo não dirigido $G = (V, E)$, em que V é o conjunto de pinos, E é o conjunto de interconexões possíveis entre pares de pinos e, para cada aresta $(u, v) \in E$, temos um peso $w(u, v)$ que especifica o custo (a quantidade necessária de fios) para conectar u e v. Então, desejamos encontrar um subconjunto acíclico $T \subseteq E$ que conecte todos os vértices e cujo peso total

$$w(T) = \sum_{(u,v) \in T} w(u, v)$$

é minimizado. Visto que T é acíclico e conecta todos os vértices, deve formar uma árvore, que denominaremos ***árvore geradora***, já que "gera" o grafo G. O problema de determinar a árvore T é denominado ***problema da árvore geradora mínima***.[1] A Figura 21.1 mostra um exemplo de grafo conexo e uma árvore geradora mínima.

Neste capítulo, examinaremos dois algoritmos para resolver o problema da árvore geradora mínima: o algoritmo de Kruskal e o algoritmo de Prim, ambos executados no tempo $O(E \lg V)$. O algoritmo de Prim alcança esse limite usando um *heap* binário como uma fila de prioridade. Se usarmos *heaps* de Fibonacci em vez disso (ver Capítulo 17), o algoritmo de Prim é executado no tempo $O(E + V \lg V)$. Esse limite é melhor do que $O(E \lg V)$ sempre que $|E|$ cresce assintoticamente mais rápido do que $|V|$.

Os dois algoritmos são gulosos, como descreve o Capítulo 15. Cada etapa de um algoritmo guloso deve fazer uma entre várias opções possíveis. A estratégia gulosa faz a escolha que seja a melhor no momento. Em geral, tal estratégia não garante que sempre encontrará soluções globalmente ótimas para os problemas. Porém, no caso do problema da árvore geradora mínima, podemos provar que certas estratégias gulosas realmente produzem uma árvore geradora com peso mínimo. Embora este capítulo possa ser lido independentemente do Capítulo 15, os métodos gulosos apresentados aqui são uma aplicação clássica das noções teóricas introduzidas naquele capítulo.

A Seção 21.1 introduz um método "genérico" de árvore geradora mínima que produz uma árvore geradora adicionando uma aresta por vez. A Seção 21.2 dá dois algoritmos que implementam o método genérico.

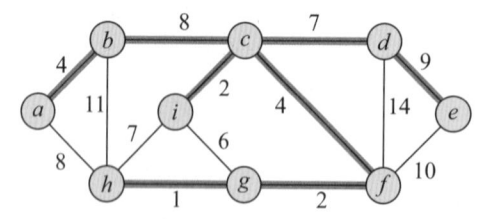

Figura 21.1 Árvore geradora mínima para um grafo conexo. Os pesos nas arestas são mostrados, e as arestas em uma árvore geradora mínima estão realçadas em *cinza-escuro*. O peso total da árvore mostrada é 37. Essa árvore geradora mínima não é única: se removermos a aresta (b, c) e a substituirmos pela aresta (a, h) produziremos outra árvore geradora com peso 37.

---

[1] A expressão "árvore geradora mínima" é uma forma abreviada da expressão "árvore geradora de peso mínimo". Não há sentido em minimizar o número de arestas em T, já que todas as árvores geradoras têm exatamente $|V| - 1$ arestas de acordo com o Teorema B.2 no Apêndice B.

O primeiro algoritmo, desenvolvido por Kruskal, é semelhante ao algoritmo de componentes conexas da Seção 19.1. O segundo, desenvolvido por Prim, é semelhante ao algoritmo de caminhos mínimos de Dijkstra (Seção 22.3).

Como uma árvore é um tipo de grafo, se quisermos ser precisos temos de definir uma árvore em termos não apenas de suas arestas, mas também de seus vértices. Como este capítulo focaliza árvores em termos de suas arestas, continuaremos entendendo implicitamente que os vértices de uma árvore T são aqueles nos quais incide alguma aresta de T.

21.1   Desenvolvendo uma árvore geradora mínima

A entrada para o problema da árvore geradora mínima é um grafo conexo não dirigido $G = (V, E)$ com função peso $w : E \to \mathbb{R}$. O objetivo é encontrar uma árvore geradora mínima para G. Os dois algoritmos que consideramos neste capítulo utilizam abordagem gulosa para o problema, embora os modos como aplicam essa abordagem sejam diferentes.

Essa estratégia gulosa é representada pelo procedimento AGM-GENÉRICA apresentado a seguir, que desenvolve a árvore geradora mínima uma aresta por vez. O método genérico administra um conjunto de arestas A, mantendo o seguinte invariante de laço:

Antes de cada iteração, A é um subconjunto de alguma árvore geradora mínima.

AGM-GENÉRICA(G, w)
1   $A = \emptyset$
2   **while** A não formar uma árvore geradora
3   encontre uma aresta (u, v) que seja segura para A
4       $A = A \cup \{(u, v)\}$
5   **return** A

Em cada etapa, determinamos uma aresta (u, v) que o procedimento pode adicionar a A sem violar esse invariante, no sentido de que $A \cup \{(u, v)\}$ também é subconjunto de uma árvore geradora mínima. Denominamos tal aresta *aresta segura* para A, já que ela pode ser adicionada com segurança a A e, ao mesmo tempo, manter o invariante.

Usamos o invariante de laço da seguinte maneira:

Inicialização: depois da linha 1, o conjunto A satisfaz trivialmente ao invariante de laço.

Manutenção: o laço nas linhas 2–4 mantém o invariante, adicionando apenas arestas seguras.

Término: todas as arestas adicionadas a A pertencem a uma árvore geradora mínima, e o laço deverá terminar quando tiver considerado todas as arestas. Portanto, o conjunto A retornado na linha 5 deve ser uma árvore geradora mínima.

É claro que a parte complicada é encontrar uma aresta segura na linha 3. Deve existir uma, já que, quando a linha 3 é executada, o invariante estabelece que existe uma árvore geradora T tal que $A \subseteq T$. Dentro do corpo do laço **while**, A deve ser um subconjunto próprio de T, e portanto, deve haver uma aresta $(u, v) \in T$ tal que $(u, v) \notin A$ e (u, v) é segura para A.

No restante desta seção, daremos uma regra (Teorema 21.1) para reconhecer arestas seguras. A próxima seção descreve dois algoritmos que usam essa regra para encontrar arestas seguras eficientemente.

Primeiro, precisamos de algumas definições. O *corte* $(S, V - S)$ de um grafo não dirigido $G = (V, E)$ é uma partição de V. A Figura 21.2 ilustra essa noção. Dizemos que uma aresta $(u, v) \in E$ *cruza* o corte $(S, V - S)$ se um de seus pontos extremos está em S e o outro pertence a $V - S$. Dizemos que um corte *respeita* um conjunto A de arestas se nenhuma aresta em A cruza o corte. Uma aresta é uma *aresta leve* que cruza um corte se seu peso é o mínimo de qualquer aresta que cruza o corte. Observe que, no caso de empates, pode haver mais de uma aresta leve que cruza um corte. De modo mais geral, dizemos que uma aresta é uma *aresta leve* que satisfaz a dada propriedade se seu peso é o mínimo de qualquer aresta que satisfaz à propriedade.

Nossa regra para reconhecer arestas seguras é dada pelo teorema a seguir.

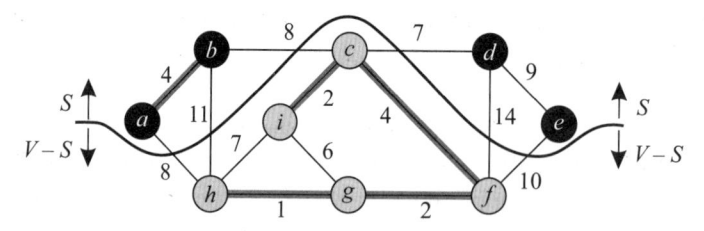

Figura 21.2 Corte $(S, V - S)$ do grafo da Figura 21.1. Vértices *pretos* estão no conjunto S e vértices *cinza-claro* estão em $V - S$. As arestas que cruzam o corte são as que conectam vértices *cinza-claro* com vértices *pretos*. A aresta (d, c) é a única aresta leve que cruza o corte. Arestas realçadas em *cinza-escuro* formam um subconjunto A de arestas. O corte $(S, V - S)$ respeita A, já que nenhuma aresta de A cruza o corte.

Teorema 21.1

Seja $G = (V, E)$ um grafo conexo não dirigido com a função peso de valores reais w definida em E. Seja A um subconjunto de E que está incluído em alguma árvore geradora mínima para G, seja $(S, V - S)$ qualquer corte de G que respeita A e seja (u, v) uma aresta leve que cruza $(S, V - S)$. Então, a aresta (u, v) é segura para A.

Prova Seja T uma árvore geradora mínima que inclui A, e suponha que T não contenha a aresta leve (u, v) já que, se contiver, terminamos. Construiremos outra árvore geradora mínima T' que inclui $A \cup \{(u, v)\}$ usando uma técnica de recortar e colar, mostrando, assim, que (u, v) é uma aresta segura para A.

A aresta (u, v) forma um ciclo com as arestas no caminho simples p de u a v em T, como ilustra a Figura 21.3. Visto que u e v estão em lados opostos do corte $(S, V - S)$, no mínimo uma aresta em T se encontra no caminho simples p e também cruza o corte. Seja (x, y) qualquer dessas arestas. A aresta (x, y) não está em A porque o corte respeita A. Como (x, y) está no único caminho simples de u a v em T, remover (x, y) separa T em duas componentes. A adição de (u, v) reconecta as duas componentes e forma uma nova árvore geradora $T' = (T - \{(x, y)\} \cup \{(u, v)\}$.

Em seguida, mostramos que T' é uma árvore geradora mínima. Visto que (u, v) é uma aresta leve que cruza $(S, V - S)$ e (x, y) também cruza esse corte, $w(u, v) \leq w(x, y)$. Então,

$$w(T') = w(T) - w(x, y) + w(u, v)$$
$$\leq w(T).$$

Porém, T é uma árvore geradora mínima, de modo que $w(T) \leq w(T')$; assim, T' também deve ser uma árvore geradora mínima.

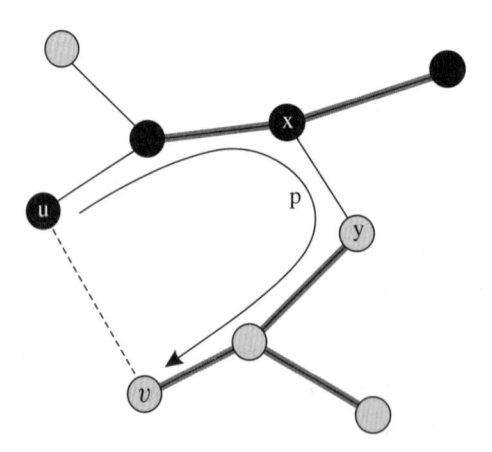

Figura 21.3 Prova do Teorema 21.1. Os vértices *pretos* pertencem a S e os vértices *cinza-claro* pertencem a $V - S$. Somente as arestas na árvore geradora mínima T são mostradas, com a aresta (u, v), que não se encontra em T. As arestas em A estão realçadas em *cinza-escuro*, e (u, v) é uma aresta leve que cruza o corte $(S, V - S)$. A aresta (x, y) é uma aresta no caminho simples único p de u a v em T. Para formar uma árvore geradora mínima T' que contém (u, v), remova a aresta (x, y) de T e adicione a aresta (u, v).

Resta mostrar que (u, v) é realmente uma aresta segura para A. Temos $A \subseteq T'$, já que $A \subseteq T$ e $(x, y) \notin A$; assim, $A \cup \{(u, v)\} \subseteq T'$. Consequentemente, como T' é uma árvore geradora mínima, (u, v) é segura para A. ■

O Teorema 21.1 nos permite compreender melhor o funcionamento do método AGM-Genérica no grafo conexo $G = (V, E)$. À medida que o algoritmo progride, o conjunto A é sempre acíclico, pois é subconjunto de uma árvore geradora mínima e uma árvore não pode conter um ciclo. Em qualquer ponto na execução, o grafo $G_A = (V, A)$ é uma floresta, e cada uma das componentes conexas de G_A é uma árvore. (Algumas das árvores podem conter apenas um vértice, como ocorre, por exemplo, quando o método começa: A é vazio e a floresta contém $|V|$ árvores, uma para cada vértice.) Além disso, qualquer aresta segura (u, v) para A conecta componentes distintos de G_A, já que $A \cup \{(u, v)\}$ deve ser acíclico.

O laço **while** nas linhas 2–4 de AGM-Genérica é executado $|V| - 1$ vezes porque encontra uma das $|V| - 1$ arestas de uma árvore geradora mínima em cada iteração. No início, quando $A = \emptyset$, há $|V|$ árvores em G_A, e cada iteração reduz esse número em uma unidade. Quando a floresta contém apenas uma única árvore, o método termina.

Os dois algoritmos na Seção 21.2 utilizam o corolário do Teorema 21.1 apresentado a seguir.

Corolário 21.2

Seja $G = (V, E)$ um grafo conexo não dirigido com a função peso de valor real w definida em E. Seja A um subconjunto de E que está incluído em alguma árvore geradora mínima para G, e seja $C = (V_C, E_C)$ uma componente conexa (árvore) na floresta $G_A = (V, A)$. Se (u, v) é uma aresta leve que conecta C à outra componente em G_A, então (u, v) é segura para A.

Prova O corte $(V_C, V - V_C)$ respeita A, e (u, v) é então uma aresta leve para esse corte. Portanto, (u, v) é segura para A. ■

Exercícios

21.1-1
Seja (u, v) uma aresta de peso mínimo em um grafo conexo G. Mostre que (u, v) pertence a alguma árvore geradora mínima de G.

21.1-2
O professor Sabatier propõe a recíproca do Teorema 21.1 apresentada a seguir. Seja $G = (V, E)$ um grafo conexo não dirigido com função peso de valor real w definida em E. Seja A um subconjunto de E que está incluído em alguma árvore geradora mínima para G, seja $(S, V - S)$ qualquer corte de G que respeita A, e seja (u, v) uma aresta segura para A que cruza $(S, V - S)$. Então, (u, v) é uma aresta leve para o corte. Mostre que a hipótese do professor está incorreta, dando um contraexemplo.

21.1-3
Mostre que, se uma aresta (u, v) está contida em alguma árvore geradora mínima, então ela é uma aresta leve que cruza algum corte do grafo.

21.1-4
Forneça um exemplo simples de grafo conexo tal que o conjunto de arestas $\{(u, v) :$ há um corte $(S, V - S)$ tal que (u, v) seja uma aresta leve que cruza $(S, V - S)\}$ não forme uma árvore geradora mínima.

21.1-5
Seja e uma aresta de peso máximo em algum ciclo do grafo conexo $G = (V, E)$. Prove que existe uma árvore geradora mínima de $G' = (V, E - \{e\})$ que também é uma árvore geradora mínima de G. Isto é, existe uma árvore geradora mínima de G que não inclui e.

21.1-6
Mostre que um grafo tem árvore geradora mínima única se, para todo corte do grafo, existe uma aresta leve única que cruza o corte. Mostre que a recíproca não é verdadeira, dando um contraexemplo.

21.1-7

Mostre que, se todos os pesos de arestas de um grafo são positivos, qualquer subconjunto de arestas que conecte todos os vértices e tenha peso total mínimo deve ser uma árvore. Forneça um exemplo para mostrar que não encontramos a mesma conclusão se permitimos que alguns pesos sejam não positivos.

21.1-8

Seja T uma árvore geradora mínima de um grafo G e seja L a lista ordenada dos pesos das arestas de T. Mostre que, para qualquer outra árvore geradora mínima T' de G, a lista L é também a lista ordenada de pesos de arestas de T'.

21.1-9

Seja T uma árvore geradora mínima de um grafo $G = (V, E)$ e seja V' um subconjunto de V. Seja T' o subgrafo de T induzido por V' e seja G' o subgrafo de G induzido por V'. Mostre que, se T' é conexo, então T' é uma árvore geradora mínima de G'.

21.1-10

Dado um grafo G e uma árvore geradora mínima T, suponha que diminuímos o peso de uma das arestas em T. Mostre que T ainda é uma árvore geradora mínima para G. Mais formalmente, seja T uma árvore geradora mínima para G com pesos de arestas dados pela função peso w. Escolha uma aresta $(x, y) \in T$ e um número positivo k, e defina a função peso w' por

$$w'(u, v) = \begin{cases} w(u, v) & \text{se } (u, v) \neq (x, y), \\ w(x, y) - k & \text{se } (u, v) = (x, y). \end{cases}$$

Mostre que T é uma árvore geradora mínima para G com pesos de arestas dados por w'.

★ 21.1-11

Dado um grafo G e uma árvore geradora mínima T, suponha que diminuímos o peso de uma das arestas *não* presentes em T. Forneça um algoritmo para encontrar a árvore geradora mínima no grafo modificado.

21.2   Algoritmos de Kruskal e Prim

Os dois algoritmos de árvore geradora mínima descritos nesta seção detalham o método genérico. Cada um deles utiliza uma regra específica para determinar uma aresta segura na linha 3 de AGM-Genérica. No algoritmo de Kruskal, o conjunto A é uma floresta cujos vértices são todos os vértices do grafo dado. A aresta segura adicionada a A é sempre uma aresta de peso mínimo no grafo que conecta duas componentes distintas. No algoritmo de Prim, o conjunto A forma uma árvore única. A aresta segura adicionada a A é sempre uma aresta de peso mínimo que conecta a árvore a um vértice não presente na árvore. Os dois algoritmos consideram que o grafo de entrada é conexo e representado por listas de adjacências.

Algoritmo de Kruskal

O algoritmo de Kruskal acha uma aresta segura para adicionar à floresta que está sendo desenvolvida, encontrando, entre todas as arestas que conectam quaisquer duas árvores na floresta, uma aresta (u, v) de peso mínimo. Sejam C_1 e C_2 as duas árvores que são conectadas por (u, v). Visto que (u, v) deve ser uma aresta leve que conecta C_1 a alguma outra árvore, o Corolário 21.2 implica que (u, v) é uma aresta segura para C_1. O algoritmo de Kruskal se qualifica como um algoritmo guloso porque em cada etapa ele adiciona à floresta uma aresta de menor peso possível.

Assim como o algoritmo para calcular os componentes conexos, da Seção 19.1, o procedimento AGM-Kruskal utiliza uma estrutura de dados de conjuntos disjuntos para manter vários conjuntos disjuntos de elementos. Cada conjunto contém os vértices em uma árvore da floresta atual. A operação Encontra-Conjunto(u) retorna um elemento representativo do conjunto que contém u. Assim, podemos determinar se dois vértices u e v pertencem à mesma árvore testando se Encontra-Conjunto(u) é igual a Encontra-Conjunto(v). Para combinar as árvores, o algoritmo de Kruskal chama o procedimento União.

```
AGM-KRUSKAL(G, w)
 1  A = ∅
 2  for cada vértice v ∈ G.V
 3      CRIA-CONJUNTO(v)
 4  crie uma única lista das arestas em G.E
 5  ordene a lista de arestas em ordem monotonicamente crescente de peso w
 6  for cada aresta (u, v) tomada da lista com sequência ordenada
 7      if ENCONTRA-CONJUNTO(u) ≠ ENCONTRA-CONJUNTO(v)
 8          A = A ∪ {(u, v)}
 9          UNIÃO(u, v)
10  return A
```

A Figura 21.4 mostra como o algoritmo de Kruskal funciona. As linhas 1–3 inicializam o conjunto A para o conjunto vazio e criam $|V|$ árvores, cada uma contendo um vértice. O laço **for** das linhas 6–9 examina arestas em ordem de peso, do mais baixo ao mais alto. O laço verifica, para cada aresta (u, v), se os pontos extremos u e v pertencem à mesma árvore. Se pertencerem, então a aresta (u, v) não poderá ser adicionada à floresta sem produzir um ciclo, e a aresta será descartada. Caso contrário, os dois vértices pertencem a árvores diferentes. Nesse caso, a linha 8 adiciona a aresta (u, v) a A, e a linha 9 funde os vértices das duas árvores.

O tempo de execução do algoritmo de Kruskal para um grafo $G = (V, E)$ depende da implementação da estrutura de dados de conjuntos disjuntos. Suponhamos que usamos a implementação de floresta de conjuntos disjuntos da Seção 19.3 com as heurísticas de união pelo posto e compressão de caminho, já que essa é a implementação assintoticamente mais rápida conhecida. A inicialização do conjunto A na linha 1 demora o tempo $O(1)$, a criação de uma única lista de arestas na linha 4 leva o tempo $O(V + E)$, que é $O(E)$, pois G é conexo, e o tempo para ordenar as arestas na linha 5 é $O(V \lg E)$. (Consideraremos em breve o custo das $|V|$ operações CRIA-CONJUNTO no laço **for** das linhas 2–3.) O laço **for** das linhas 6–9 executa $O(E)$ operações ENCONTRA-CONJUNTO e UNIÃO na floresta de conjuntos disjuntos. Essas operações, mais as $|V|$ operações CRIA-CONJUNTO, demoram o tempo total $O((V + E) \alpha(V))$, em que α é a função de crescimento muito lento definida na Seção 19.4. Como supomos que G é conexo, temos $|E| \geq |V| - 1$ e, assim, as operações de conjuntos disjuntos demoram o tempo $O(E \alpha(V))$. Além disso, visto que $\alpha(|V|) = O(\lg V) = O(\lg E)$, o tempo de execução total do algoritmo de Kruskal é $O(E \lg E)$. Observando que $|E| < |V|^2$, temos $\lg |E| = O(\lg V)$ e, portanto, podemos reescrever o tempo de execução do algoritmo de Kruskal como $O(E \lg V)$.

Algoritmo de Prim

Como o algoritmo de Kruskal, o algoritmo de Prim é um caso especial do método genérico de árvore geradora mínima da Seção 21.1. O algoritmo de Prim funciona de modo muito semelhante ao algoritmo de Dijkstra para localizar caminhos mínimos em um grafo, que veremos na Seção 22.3. O algoritmo de Prim tem a seguinte propriedade: as arestas no conjunto A sempre formam uma árvore única. Como mostra a Figura 21.5, a árvore começa em um vértice raiz arbitrário r e aumenta até que a árvore abranja todos os vértices em V. Cada etapa adiciona à árvore A uma aresta leve que conecta A a um vértice isolado — um vértice no qual nenhuma aresta de A incide. Pelo Corolário 21.2, essa regra adiciona apenas arestas que são seguras para A. Portanto, quando o algoritmo termina, as arestas em A formam uma árvore geradora mínima. Essa estratégia se qualifica como gulosa, já que a cada etapa ela adiciona à árvore uma aresta que contribui com a mínima quantidade possível para o peso da árvore.

No procedimento AGM-PRIM, o grafo conexo G e a raiz r da árvore geradora mínima a ser desenvolvida são entradas para o algoritmo. Para selecionar uma nova aresta com eficiência e adicioná-la à árvore A, o algoritmo mantém uma fila de prioridade mínima Q de todos os vértices que *não* estão na árvore, baseada em um atributo *chave*. Para cada vértice v, o atributo $v.chave$ é o peso mínimo de qualquer aresta que conecta v a um vértice na árvore; por convenção, $v.chave = \infty$ se não existe nenhuma aresta desse tipo. O atributo $v.\pi$ nomeia o pai de v na árvore. O algoritmo mantém implicitamente o conjunto A de AGM-GENÉRICA como

$$A = \{(v, v.\pi) : v \in V - \{r\} - Q\} \ ,$$

em que interpretamos os vértices em Q como formando um conjunto. Quando o algoritmo termina, a fila de prioridade mínima Q está vazia; portanto, a árvore geradora mínima A para G é

$$A = \{(v, v.\pi) : v \in V - \{r\}\} \ .$$

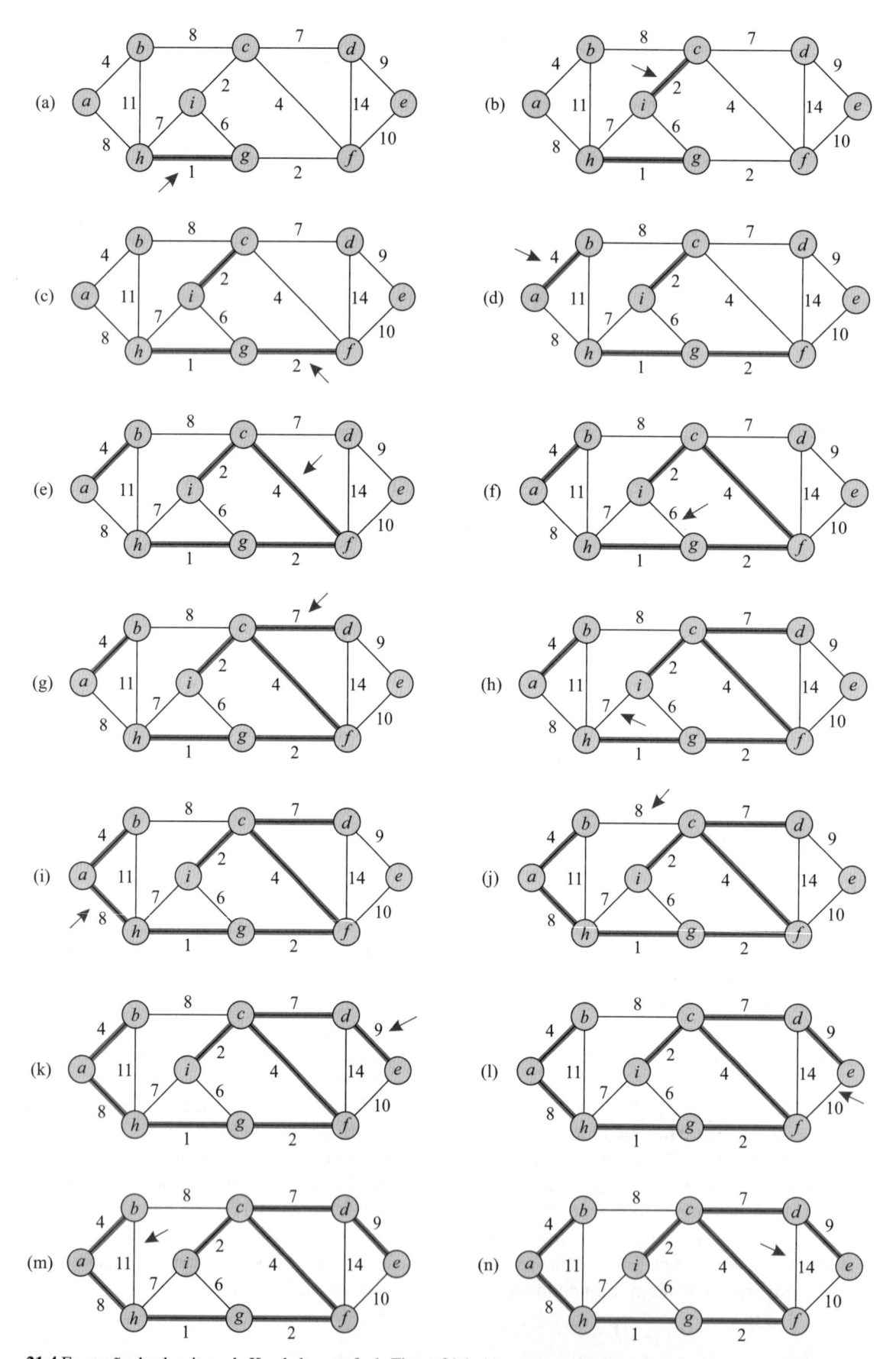

Figura 21.4 Execução do algoritmo de Kruskal no grafo da Figura 21.1. As arestas realçadas em *cinza-escuro* pertencem à floresta que está sendo desenvolvida. O algoritmo considera cada aresta em sequência ordenada por peso. Uma *seta* aponta para a aresta que está sendo considerada em cada etapa do algoritmo. Se a aresta une duas árvores distintas na floresta, ela é adicionada à floresta, juntando, assim, as duas árvores.

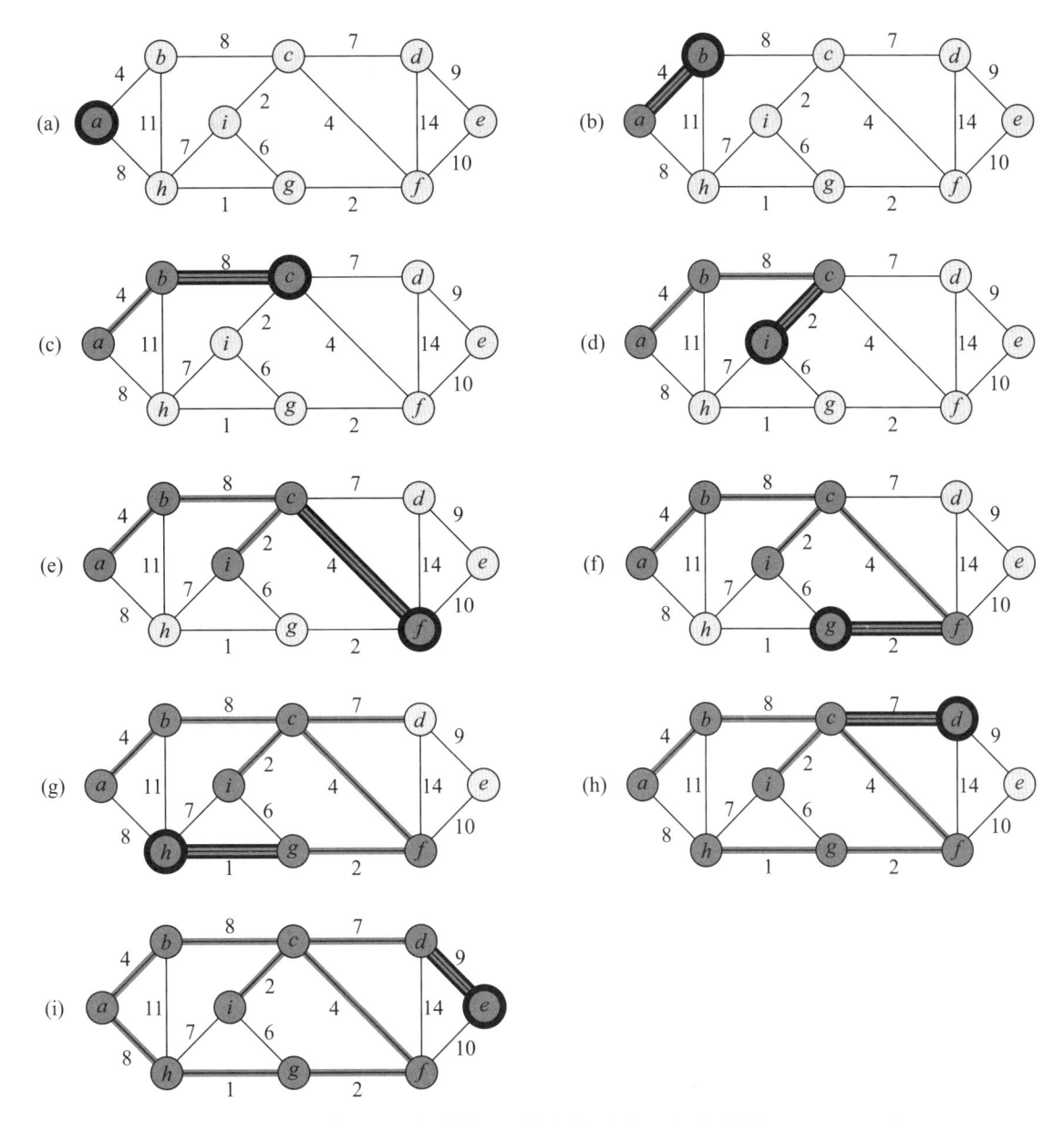

Figura 21.5 Execução do algoritmo de Prim no grafo da Figura 21.1. O vértice raiz é *a*. Vértices e arestas *cinza-escuro* encontram-se na árvore que está sendo desenvolvida, e os vértices *cinza-claro* ainda têm que ser acrescentados à árvore. Em cada etapa do algoritmo, os vértices na árvore determinam um corte do grafo, e uma aresta leve que cruza o corte é acrescentada à árvore. Arestas e vértices acrescentados à árvore são destacados na cor *preta*. Na segunda etapa (parte (c)), por exemplo, o algoritmo tem a opção de adicionar a aresta (*b*, *c*) ou a aresta (*a*, *h*) à árvore, visto que ambas são arestas leves que cruzam o corte.

AGM-PRIM(*G*, *w*, *r*)
1   **for** cada vértice *u* ∈ *G*.*V*
2   *u*.*chave* = ∞
3   *u*.π = NIL
4   *r*.*chave* = 0
5   *Q* = ∅
6   **for** cada vértice *u* ∈ *G*.*V*
7   INSERE(*Q*, *u*)
8   **while** *Q* ≠ ∅
9   *u* = EXTRAI-MIN(*Q*)   // acrescenta *u* à árvore

(*continua*)

```
10        for cada vértice v em G.Adj[u]          // atualiza chaves de vizinhos não árvore de u
11            if v ∈ Q e w(u, v) < v.chave
12                v.π = u
13                v.chave = w(u, v)
14                Diminui-Chave(Q, v, w(u, v))
```

A Figura 21.5 mostra como o algoritmo de Prim funciona. As linhas 1–7 definem a chave de cada vértice como ∞ (exceto a raiz r, cuja chave é definida como 0 e, por isso, será o primeiro vértice processado), definem o pai de cada vértice como NIL e inserem cada vértice na fila de prioridade mínima Q. O algoritmo mantém o seguinte invariante de laço de três partes:

Antes de cada iteração do laço **while** das linhas 8–14,

1. $A = \{(v, v.\pi) : v \in V - \{r\} - Q\}$.
2. Os vértices que já estão presentes na árvore geradora mínima são aqueles em $V - Q$.
3. Para todos os vértices $v \in Q$, se $v.\pi \neq$ NIL, então $v.chave < \infty$ e $v.chave$ é o peso de uma aresta leve $(v, v.\pi)$ que conecta v a algum vértice já inserido na árvore geradora mínima.

A linha 9 identifica um vértice $u \in Q$ incidente em uma aresta leve que cruza o corte $(V - Q, Q)$ (com exceção da primeira iteração, na qual $u = r$ em decorrência das linhas 4–7). Remover u do conjunto Q o acrescenta ao conjunto $V - Q$ de vértices na árvore, adicionando, assim, $(u, u.\pi)$ a A. O laço **for** das linhas 10–14 atualiza os atributos $chave$ e π de cada vértice v adjacente a u, mas não na árvore; por consequência, mantém a terceira parte do invariante de laço. Sempre que a linha 13 atualiza $v.chave$, a linha 14 chama Diminui-Chave para informar a fila de prioridade mínima que a chave de v alterou.

O tempo de execução do algoritmo de Prim depende de como implementamos a fila de prioridade mínima Q. Podemos implementar Q como um *heap* mínimo binário (ver Capítulo 6), incluindo uma forma de mapear entre os vértices e seus elementos de *heap* correspondentes. O procedimento Constrói-Heap-Min pode executar as linhas 5–7 no tempo $O(V)$. Na verdade, não precisamos chamar Constrói-Heap-Min, mas simplesmente colocar a chave de r na raiz do *heap* mínimo e, como todas as outras chaves são ∞, elas podem ir para qualquer outro lugar no *heap* mínimo. O corpo do laço **while** é executado $|V|$ vezes e, como cada operação de Extrai-Min demora o tempo $O(\lg V)$, o tempo total para todas as chamadas a Extrai-Min é $O(V \lg V)$. O laço **for** nas linhas 10–14 é executado $O(E)$ vezes no total, já que a soma dos comprimentos de todas as listas de adjacências é $2|E|$. Dentro do laço **for**, podemos implementar o teste de pertinência em Q na linha 11 em tempo constante mantendo um *bit* para cada vértice que informa se ele está ou não em Q e atualizando o *bit* quando o vértice é removido de Q. Cada chamada a Diminui-Chave na linha 14 leva o tempo $O(\lg V)$. Assim, o tempo total para o algoritmo de Prim é $O(V \lg V + E \lg V) = O(E \lg V)$, que é assintoticamente igual ao da nossa implementação do algoritmo de Kruskal.

Podemos melhorar o tempo de execução assintótico do algoritmo de Prim usando *heaps* de Fibonacci para implementar a fila de prioridade mínima (ver Capítulo 17). Se um *heap* de Fibonacci mantém $|V|$ elementos, uma operação Extrai-Min leva o tempo amortizado $O(\lg V)$, e cada operação Insere e Diminui-Chave leva apenas o tempo amortizado $O(1)$. Portanto, se usarmos um *heap* de Fibonacci para implementar a fila de prioridade mínima Q, o tempo de execução do algoritmo de Prim melhorará para $O(E + V \lg V)$.

Exercícios

21.2-1

O algoritmo de Kruskal pode devolver diferentes árvores geradoras para o mesmo grafo de entrada G, dependendo de como as ligações são rompidas quando as arestas são ordenadas. Mostre que, para cada árvore geradora mínima T de G, existe um modo de ordenar as arestas de G no algoritmo de Kruskal, de tal forma que o algoritmo retorne T.

21.2-2

Forneça uma implementação simples do algoritmo de Prim que seja executada no tempo $O(V^2)$ quando o grafo $G = (V, E)$ é representado como uma matriz de adjacências.

21.2-3

Para um grafo esparso $G = (V, E)$, em que $|E| = \Theta(V)$, a implementação do algoritmo de Prim com um *heap* de Fibonacci é assintoticamente mais rápida que a implementação de *heap* binário? E para um grafo denso, em que $|E| = \Theta(V^2)$? Como os tamanhos $|E|$ e $|V|$ devem estar relacionados para que a implementação de *heap* de Fibonacci seja assintoticamente mais rápida que a implementação de *heap* binário?

21.2-4

Suponha que todos os pesos de arestas em um grafo sejam inteiros na faixa de 1 a $|V|$. Com que rapidez é possível executar o algoritmo de Kruskal? E se os pesos de arestas forem inteiros na faixa de 1 a W para alguma constante W?

21.2-5

Suponha que todos os pesos de arestas em um grafo sejam inteiros na faixa de 1 a $|V|$. Com que rapidez é possível executar o algoritmo de Prim? E se os pesos de arestas forem inteiros na faixa de 1 a W para alguma constante W?

21.2-6

O professor Borden propõe um novo algoritmo de divisão e conquista para calcular árvores geradoras mínimas, que apresentamos a seguir. Dado um grafo $G = (V, E)$, particione o conjunto V de vértices em dois conjuntos V_1 e V_2, tais que a diferença entre $|V_1|$ e $|V_2|$ seja no máximo 1. Seja E_1 o conjunto de arestas incidentes somente em vértices de V_1 e seja E_2 o conjunto de arestas incidentes somente em vértices de V_2. Resolva recursivamente um problema de árvore geradora mínima para cada um dos dois subgrafos $G_1 = (V_1, E_1)$ e $G_2 = (V_2, E_2)$. Por fim, selecione a aresta de peso mínimo em E que cruza o corte (V_1, V_2), e use essa aresta para unir as duas árvores geradoras mínimas resultantes em uma única árvore geradora.

Demonstre que o algoritmo calcula corretamente uma árvore geradora mínima de G ou forneça um exemplo no qual o algoritmo não funciona.

★ *21.2-7*

Suponha que os pesos das arestas em um grafo sejam distribuídos uniformemente pelo intervalo meio aberto [0, 1). Qual algoritmo, de Kruskal ou de Prim, pode ser executado mais rapidamente?

★ *21.2-8*

Suponha que um grafo G tenha uma árvore geradora mínima já calculada. Com que rapidez podemos atualizar a árvore geradora mínima ao incluir em G um novo vértice e arestas incidentes?

Problemas

21-1   Segunda melhor árvore geradora mínima

Seja $G = (V, E)$ um grafo conexo não dirigido com função peso $w : E \to \mathbb{R}$ e suponha que $|E| \geq |V|$ e todos os pesos de arestas sejam distintos.

Definimos uma segunda melhor árvore geradora mínima da seguinte maneira: seja $\mathcal{T}$ o conjunto de todas as árvores de G, e seja T uma árvore geradora mínima de G. Então, uma ***segunda melhor árvore geradora mínima*** é uma árvore geradora mínima T' tal que $w(T') = \text{mín}\{w(T'') : T'' \in \mathcal{T} - \{T\}\}$.

a. Mostre que a árvore geradora mínima é única, mas que a segunda melhor árvore geradora mínima não precisa ser única.

b. Seja T uma árvore geradora mínima de G. Prove que G contém alguma aresta $(u, v) \in T$ e alguma aresta $(x, y) \notin T$ tais que $(T - \{(u, v)\}) \cup \{(x, y)\}$ seja uma segunda melhor árvore geradora mínima de G.

c. Agora, seja T qualquer árvore geradora de G e, para quaisquer dois vértices $u, v \in V$, seja $max[u, v]$ uma aresta de peso máximo no caminho simples único entre u e v em T. Descreva um algoritmo de tempo $O(V^2)$ que, dado T, calcule $max[u, v]$ para todo $u, v \in V$.

d. Forneça um algoritmo eficiente para calcular a segunda melhor árvore geradora mínima de G.

21-2   *Árvore* **geradora** *mínima em grafos esparsos*

Para um grafo conexo muito esparso $G = (V, E)$, podemos melhorar ainda mais o tempo de execução $O(E + V \lg V)$ do algoritmo de Prim com *heaps* de Fibonacci, executando um pré-processamento de G para diminuir o número de vértices antes da execução do algoritmo de Prim. Em particular, escolhemos, para cada vértice u, a aresta de peso mínimo (u, v) incidente em u e colocamos (u, v) na árvore geradora mínima em construção. Depois, contraímos todas as arestas escolhidas (ver Seção B.4). Em vez de contrairmos essas arestas uma por vez, primeiro identificamos conjuntos de vértices que estejam unidos no mesmo novo vértice. Então, criamos o grafo que teria resultado da contração dessas arestas uma por vez, mas fazemos isso "renomeando" arestas de acordo com os conjuntos nos quais seus pontos extremos foram colocados. Várias arestas do grafo original podem ser renomeadas como iguais a outras. Em tal caso, resulta somente uma aresta, e seu peso é o mínimo entre os pesos das arestas originais correspondentes.

Inicialmente, definimos a árvore geradora mínima T que está sendo construída para ser vazia e, para cada aresta $(u, v) \in E$, inicializamos os atributos $(u, v).orig = (u, v)$ e $(u, v).c = w(u, v)$. Usamos o atributo *orig* para referenciar a aresta do grafo inicial que está associada a uma aresta no grafo contraído. O atributo c contém o peso de uma aresta e, à medida que as arestas são contraídas, nós o atualizamos de acordo com o esquema descrito para escolha de pesos de arestas. O procedimento AGM-REDUZ toma as entradas G e T e retorna um grafo contraído G' com atributos atualizados $orig'$ e c'. O procedimento também acumula arestas de G na árvore geradora mínima T.

a. Seja T o conjunto de arestas devolvido por AGM-REDUZ e seja A a árvore geradora mínima do grafo G' formada pela chamada AGM-PRIM(G', c', r), em que c' é o atributo peso para as arestas de $G'.E$ e r é qualquer vértice em $G'.V$. Prove que $T \cup \{(x, y).orig' : (x, y) \in A\}$ é uma árvore geradora mínima de G.

b. Demonstre que $|G'.V| \leq |V|/2$.

c. Mostre como implementar AGM-REDUZ de modo que ele seja executado no tempo $O(E)$. (*Sugestão*: utilize estruturas de dados simples.)

d. Suponha que executamos k fases de AGM-REDUZ usando a saída G' produzida por uma fase como a entrada de G para a fase seguinte e acumulando arestas em T. Demonstre que o tempo de execução global das k fases é $O(kE)$.

e. Suponha que, depois de executarmos k fases de AGM-REDUZ, como no item (d), executamos o algoritmo de Prim chamando AGM-PRIM(G', c', r), em que G', com atributo peso c', é retornado pela última fase e r é qualquer vértice em $G'.V$. Mostre como escolher k de modo que o tempo de execução global seja $O(E \lg \lg V)$. Demonstre que sua escolha de k minimiza o tempo de execução assintótico global.

f. Para quais valores de $|E|$ (em termos de $|V|$) o algoritmo de Prim com pré-processamento é superior assintoticamente ao algoritmo de Prim sem pré-processamento?

```
AGM-REDUZ(G, T)
 1  for cada vértice v ∈ G.V
 2      v.mark = FALSO
 3      CRIA-CONJUNTO(v)
 4  for cada vértice u ∈ G.V
 5      if u.mark == FALSO
 6          escolha v ∈ G.Adj[u] tal que (u, v).c é minimizado
 7          UNIÃO(u, v)
 8          T = T ∪ {(u, v).orig}
 9          u.mark = VERDADE
10          v.mark = VERDADE
11  G'.V = {ENCONTRA-CONJUNTO(v) : v ∈ G.V}
12  G'.E = ∅
13  for cada aresta (x, y) ∈ G.E
14      u = ENCONTRA-CONJUNTO(x)
15      v = ENCONTRA-CONJUNTO(y)
16      if u ≠ v
17          if (u, v) ∉ G'.E
```

(continua)

```
18              G'.E = G'.E ∪ {(u, v)}
19              (u, v).orig' = (x, y).orig
20              (u, v).c' = (x, y).c
21          elseif (x, y).c < (u, v).c'
22              (u, v).orig' = (x, y).orig
23              (u, v).c' = (x, y).c
24      construa listas de adjacências G'.Adj para G'
25      return G' e T
```

21-3   Algoritmos alternativos de árvore geradora mínima

Considere os três algoritmos AGM-Talvez-A, AGM-Talvez-B e AGM-Talvez-C. Cada um recebe um grafo conexo e uma função peso como entrada e retorna um conjunto de arestas T. Para cada algoritmo, prove que T é uma árvore geradora mínima ou que T não é necessariamente uma árvore geradora mínima. Descreva também a implementação mais eficiente de cada algoritmo, quer ele calcule ou não uma árvore geradora mínima.

```
AGM-Talvez-A(G, w)
1   ordene as arestas em ordem monotonicamente decrescente de pesos de arestas w
2   T = E
3   for cada aresta e, tomada em ordem monotonicamente decrescente de peso
4       if T − {e} é um grafo conexo
5           T = T − {e}
6   return T


AGM-Talvez-B(G, w)
1   T = ∅
2   for cada aresta e, tomada em ordem arbitrária
3       if T ∪ {e} não tem nenhum ciclo
4           T = T ∪ {e}
5   return T


AGM-Talvez-C(G, w)
1   T = ∅
2   for cada aresta e, tomada em ordem arbitrária
3       T = T ∪ {e}
4       if T tem um ciclo c
5           seja e' uma aresta de peso máximo em c
6           T = T − {e'}
7   return T
```

21-4   Árvore geradora de gargalo

Uma *árvore geradora de gargalo* T de um grafo não dirigido G é uma árvore geradora de G cujo maior peso de aresta é mínimo com relação a todas as árvores geradoras de G. Dizemos que o valor da árvore geradora de gargalo é o peso da aresta de peso máximo em T.

a. Demonstre que uma árvore geradora mínima é uma árvore geradora de gargalo.

O item (a) mostra que encontrar uma árvore geradora de gargalo não é mais difícil que encontrar uma árvore geradora mínima. Nas partes restantes, mostraremos que é possível encontrá-la em tempo linear.

b. Forneça um algoritmo de tempo linear que, dado um grafo G e um inteiro b, determina se o valor da árvore geradora de gargalo é no máximo b.

c. Use seu algoritmo do item (b) como sub-rotina em um algoritmo de tempo linear para o problema da árvore geradora de gargalo. (*Sugestão:* seria interessante você usar uma sub-rotina que contraísse conjuntos de arestas, como no procedimento AGM-Reduz descrito no Problema 21-2.)

Notas do capítulo

Tarjan [429] faz um levantamento do problema da árvore geradora mínima e oferece um excelente material avançado. Graham e Hell [198] compilaram um histórico do problema da árvore geradora mínima.

Tarjan atribui o primeiro algoritmo de árvore geradora mínima a um artigo de 1926 produzido por O. Borůvka. O algoritmo de Borůvka consiste na execução de $O(\lg V)$ iterações do procedimento AGM-Reduz descrito no Problema 21-2. O algoritmo de Kruskal foi apresentado por Kruskal [272], em 1956. O algoritmo comumente conhecido como algoritmo de Prim foi de fato desenvolvido por Prim [367], mas também foi criado antes por V. Jarník, em 1930.

Quando $|E| = (V \lg V)$, o algoritmo de Prim implementado com *heaps* de Fibonacci é executado no tempo $O(E)$. No caso de grafos mais esparsos, usando uma combinação das ideias do algoritmo de Prim, do algoritmo de Kruskal e do algoritmo de Borůvka, com estruturas de dados avançadas, Fredman e Tarjan [156] dão um algoritmo que é executado no tempo $O(E \lg^* V)$. Gabow, Galil, Spencer e Tarjan [165] melhoraram esse algoritmo para ser executado no tempo $O(E \lg \lg^* V)$. Chazelle [83] dá um algoritmo que é executado no tempo $O(E \, \hat{\alpha}(E, V))$, em que $\hat{\alpha}(E, V)$ é a inversa funcional da função de Ackermann. (Ver, nas notas do Capítulo 19, uma breve discussão da função de Ackermann e sua inversa.) Diferentemente dos algoritmos de árvore geradora mínima anteriores, o algoritmo de Chazelle não segue o método guloso. Pettie e Ramachandran [356] dão um algoritmo baseado nas "árvores de decisão AGM" pré-calculadas, que também é executado no tempo $O(E\hat{\alpha}(E, V))$.

Um problema conexo é a ***verificação de árvore geradora***, na qual temos um grafo $G = (V, E)$ e uma árvore $T \subseteq E$ e desejamos determinar se T é uma árvore geradora mínima de G. King [254] dá um algoritmo de tempo linear para verificação de árvores geradoras, fundamentado no trabalho anterior de Komlós [269] e Dixon, Rauch e Tarjan [120].

Os algoritmos aqui citados são todos determinísticos e se enquadram no modelo baseado em comparação descrito no Capítulo 8. Karger, Klein e Tarjan [243] dão um algoritmo aleatorizado de árvore geradora mínima que é executado no tempo esperado $O(V + E)$. Esse algoritmo emprega recursão de modo semelhante ao algoritmo de seleção de tempo linear na Seção 9.3: uma chamada recursiva para um problema auxiliar identifica um subconjunto das arestas E' que não podem estar em nenhuma árvore geradora mínima. Então, outra chamada recursiva em $E - E'$ encontra a árvore geradora mínima. O algoritmo também usa ideias do algoritmo de Borůvka e do algoritmo de King para verificação de árvores geradoras.

Fredman e Willard [158] mostraram como encontrar uma árvore geradora mínima no tempo $O(V + E)$ usando um algoritmo determinístico que não é baseado em comparação. Seu algoritmo supõe que os dados são inteiros de b *bits* e que a memória do computador consiste em palavras endereçáveis de b *bits*.

22 Caminhos Mínimos de Origem Única

Um motorista deseja encontrar a rota mais curta possível do Rio de Janeiro a São Paulo. Seu GPS contém informações sobre a malha rodoviária inteira do Brasil, incluindo a distância entre cada par de interseções adjacentes. Como o seu GPS consegue determinar essa rota mais curta?

Um modo possível seria enumerar todas as rotas do Rio de Janeiro a São Paulo, somar as distâncias em cada rota e selecionar a mais curta. Porém, é fácil ver que até mesmo se deixarmos de lado as rotas que contêm ciclos, seu GPS terá de examinar um número enorme de possibilidades, a maioria das quais simplesmente não valeria a pena considerar. Por exemplo, uma rota do Rio de Janeiro a São Paulo passando por Brasília é sem dúvida uma escolha ruim, porque Brasília está várias centenas de quilômetros fora do caminho.

Neste capítulo e no Capítulo 23, mostraremos como resolver tais problemas de modo eficiente. A entrada para um ***problema de caminhos mínimos*** é um grafo dirigido ponderado $G = (V, E)$, com função peso $w : E \to \mathbb{R}$ que mapeia arestas para pesos de valores reais. O ***peso*** $w(p)$ do caminho $p = \langle v_0, v_1, ..., v_k \rangle$ é a soma dos pesos de suas arestas constituintes:

$$w(p) = \sum_{i=1}^{k} w(v_{i-1}, v_i) \, .$$

Definimos o ***peso de caminho mínimo*** $\delta(u, v)$ de u a v por

$$\delta(u, v) = \begin{cases} \min\{w(p) : u \overset{p}{\leadsto} v\} & \text{se houver um caminho de } u \text{ a } v, \\ \infty & \text{caso contrário.} \end{cases}$$

Então, um ***caminho mínimo*** do vértice u ao vértice v é definido como qualquer caminho p com peso $w(p) = \delta(u, v)$.

No exemplo da rota entre o Rio de Janeiro e São Paulo, seu GPS pode modelar a malha rodoviária como um grafo: vértices representam interseções, arestas representam segmentos de estradas entre interseções e pesos de arestas representam distâncias rodoviárias. Nossa meta é encontrar um caminho mínimo de dado entroncamento no Rio de Janeiro (por exemplo, entre as avenidas Presidente Vargas e Rio Branco) a dado entroncamento em São Paulo (por exemplo, entre as Avenidas Ipiranga e São João).

Pesos de arestas podem representar outras medidas que não sejam distâncias, como tempo, custo, multas, pedágios ou qualquer outra quantidade que se acumule linearmente ao longo de um caminho e que seria interessante minimizar.

O algoritmo de busca em largura da Seção 20.2 é um algoritmo de caminhos mínimos que funciona em grafos não ponderados, isto é, grafos nos quais cada aresta tem peso unitário. Como muitos dos conceitos da busca em largura surgem no estudo de caminhos mínimos em grafos ponderados, seria interessante o leitor revisar a Seção 20.2 antes de continuar.

Variantes

Neste capítulo, focalizaremos o ***problema de caminhos mínimos de origem única***: dado um grafo $G = (V, E)$, queremos encontrar um caminho mínimo de determinado ***vértice de origem*** $s \in V$ a todo vértice $v \in V$. O algoritmo para o problema da origem única pode resolver muitos outros problemas, entre os quais as variantes apresentadas a seguir.

Problema de caminhos mínimos com destino único: encontrar um caminho mínimo até determinado *vértice de destino* t a partir de cada vértice v. Invertendo a direção de cada aresta no grafo, podemos reduzir esse problema a um problema de origem única.

Problema de caminho mínimo para um par: encontrar um caminho mínimo de u a v para vértices u e v dados. Se resolvermos o problema de origem única com vértice de origem u, também resolveremos esse problema. Além disso, todos os algoritmos conhecidos para esse problema têm o mesmo tempo de execução assintótica do pior caso que os melhores algoritmos de origem única.

Problema de caminhos mínimos para todos os pares: encontrar um caminho mínimo de u a v para todo par de vértices u e v. Embora seja possível resolver esse problema executando um algoritmo de origem única uma vez para cada vértice, em geral podemos resolvê-lo mais rapidamente. Além disso, sua estrutura é interessante por si só. O Capítulo 23 estuda em detalhes o problema para todos os pares.

Subestrutura ótima de um caminho mínimo

Em geral, algoritmos de caminhos mínimos se baseiam na seguinte propriedade: um caminho mínimo entre dois vértices contém outros caminhos mínimos. (O algoritmo de fluxo máximo de Edmonds-Karp no Capítulo 24 também se baseia nessa propriedade.) Lembre-se de que subestrutura ótima é um dos indicadores fundamentais da possível aplicabilidade da programação dinâmica (ver Capítulo 14) e do método guloso (ver Capítulo 15). O algoritmo de Dijkstra, que veremos na Seção 22.3, é um algoritmo guloso, e o algoritmo de Floyd-Warshall, que encontra caminhos mínimos entre todos os pares de vértices (ver Seção 23.2), é um algoritmo de programação dinâmica. O lema a seguir enuncia com maior exatidão a propriedade de subestrutura ótima de caminhos mínimos.

Lema 22.1 (Subcaminhos de caminhos mínimos são caminhos mínimos)

Dado um grafo dirigido ponderado $G = (V, E)$ com função peso $w : E \rightarrow \mathbb{R}$, seja $p = \langle v_0, v_1, ..., v_k \rangle$ um caminho mínimo do vértice v_0 ao v <titértice v_k e, para quaisquer i e j tais que $0 \leq i \leq j \leq k$, seja $p_{ij} = \langle v_i, v_{i+1}, ..., v_j \rangle$ o subcaminho p do vértice v_i ao vértice v_j. Então, p_{ij} é um caminho mínimo de v_i a v_j.

Prova Se decompusermos o caminho p em $v_0 \stackrel{p_{0i}}{\rightsquigarrow} v_i \stackrel{p_{ij}}{\rightsquigarrow} v_j \stackrel{p_{jk}}{\rightsquigarrow} v_k$, teremos que $w(p) = w(p_{0i}) + w(p_{ij}) + w(p_{jk})$. Agora, suponha que haja um caminho p'_{ij} de v_i até v_j com peso $w(p'_{ij}) < w(p_{ij})$. Então, $v_0 \stackrel{p_{0i}}{\rightsquigarrow} v_i \stackrel{p'_{ij}}{\rightsquigarrow} v_j \stackrel{p_{jk}}{\rightsquigarrow} v_k$ é um caminho de v_0 até v_k cujo peso $w(p_{0i}) + w(p'_{ij}) + w(p_{jk})$ é menor que $w(p)$, o que contradiz a hipótese de que p seja um caminho mínimo de v_0 a v_k. ∎

Arestas de peso negativo

Algumas instâncias do problema de caminhos mínimos de origem única podem incluir arestas cujos pesos são negativos. Se o grafo $G = (V, E)$ não contém nenhum ciclo de peso negativo que possa ser alcançado a partir da origem s, então para todo $v \in V$, o peso do caminho mínimo $\delta(s, v)$ permanece bem definido, mesmo que tenha um valor negativo. Contudo, se o grafo contém um ciclo de peso negativo que possa ser alcançado a partir de s, os pesos de caminhos mínimos não são bem definidos. Nenhum caminho de s a um vértice no ciclo pode ser um caminho mínimo — sempre podemos encontrar um caminho de peso menor seguindo o caminho "mínimo" proposto e depois percorrendo o ciclo de peso negativo. Se houver um ciclo de peso negativo em algum caminho de s a v, definiremos $\delta(s, v) = -\infty$.

A Figura 22.1 ilustra o efeito de pesos negativos e ciclos de pesos negativos em pesos de caminhos mínimos. Como há somente um caminho de s a a (o caminho $\langle s, a \rangle$), temos $\delta(s, a) = w(s, a) = 3$. De modo semelhante, há somente um caminho de s a b, e assim $\delta(s, b) = w(s, a) + w(a, b) = 3 + (-4) = -1$. Há um número infinito de caminhos de s a c: $\langle s, c \rangle$, $\langle s, c, d, c \rangle$, $\langle s, c, d, c, d, c \rangle$ e assim por diante. Como o ciclo $\langle c, d, c \rangle$, tem peso $6 + (-3) = 3 > 0$, o caminho mínimo de s a c é $\langle s, c \rangle$, com peso $\delta(s, c) = w(s, c) = 5$, e o caminho mínimo de s a d é $\langle s, c, d \rangle$, com peso $\delta(s, d) = w(s, c) + w(c, d) = 11$. Da mesma forma, há um número infinito de caminhos de s a e: $\langle s, e \rangle$, $\langle s, e, f, e \rangle$, $\langle s, e, f, e, f, e \rangle$ e assim por diante. Porém, visto que o ciclo $\langle e, f, e \rangle$ tem peso $3 + (-6) = -3 < 0$, não há nenhum caminho mínimo de s a e. Percorrendo o ciclo de peso negativo $\langle e, f, e \rangle$ um número arbitrário de vezes, podemos encontrar caminhos de s a e com pesos negativos arbitrariamente grandes

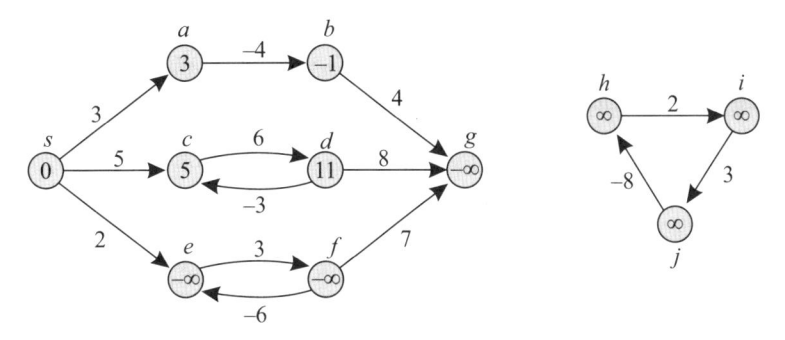

Figura 22.1 Pesos negativos de arestas em um grafo dirigido. O peso do caminho mínimo que sai da origem *s* aparece dentro de cada vértice. Como os vértices *e* e *f* formam um ciclo de peso negativo que pode ser alcançado a partir de *s*, os pesos de seus caminhos mínimos são $-\infty$. Como o vértice *g* pode ser alcançado a partir de um vértice cujo peso de caminho mínimo é $-\infty$, também ele tem um peso de caminho mínimo $-\infty$. Vértices como *h*, *i* e *j* não podem ser alcançados de *s* e, assim, seus pesos de caminho mínimo são ∞, embora eles se encontrem em um ciclo de peso negativo.

e, assim, $\delta(s, e) = -\infty$. De modo semelhante, $\delta(s, f) = -\infty$. Como *g* pode ser alcançado a partir de *f*, também podemos encontrar caminhos com pesos negativos arbitrariamente grandes de *s* a *g* e, portanto, $\delta(s, g) = -\infty$. Os vértices *h*, *i* e *j* também formam um ciclo de peso negativo. Contudo, eles não podem ser alcançados de *s* e, assim, $\delta(s, h) = \delta(s, i) = \delta(s, j) = \infty$.

Alguns algoritmos de caminhos mínimos, como o algoritmo de Dijkstra, consideram que todos os pesos de arestas no grafo de entrada são não negativos, como no exemplo da malha rodoviária. Outros, como o algoritmo de Bellman-Ford, permitem arestas de peso negativo no grafo de entrada e produzem uma resposta correta desde que nenhum ciclo de peso negativo possa ser alcançado a partir da origem. Normalmente, se houver tal ciclo de peso negativo, o algoritmo poderá detectar e relatar sua existência.

Ciclos

Um caminho mínimo pode conter um ciclo? Como acabamos de ver, ele não pode conter um ciclo de peso negativo. Nem pode conter um ciclo de peso positivo, já que remover o ciclo do caminho produz um caminho com os mesmos vértices de origem e destino, e um peso de caminho mais baixo. Isto é, se $p = \langle v_0, v_1, ..., v_k \rangle$ é um caminho e $c = \langle v_i, v_{i+1}, ..., v_j \rangle$ é um ciclo de peso positivo nesse caminho (de modo que $v_i = v_j$ e $w(c) > 0$), então o caminho $p' = \langle v_0, v_1, ..., v_i, v_{j+1}, v_{j+2}, ..., v_k \rangle$ tem peso $w(p') = w(p) - w(c) < w(p)$ e, portanto, *p* não pode ser um caminho mínimo de v_0 a v_k.

Isso deixa apenas ciclos de peso 0. Podemos remover um ciclo de peso 0 de qualquer caminho para produzir outro caminho cujo peso é o mesmo. Assim, se existe um caminho mínimo de um vértice de origem *s* a um vértice de destino *v* que contém um ciclo de peso 0, então existe outro caminho mínimo de *s* a *v* sem esse ciclo. Desde que um caminho mínimo tenha ciclos de peso 0, podemos remover repetidamente esses ciclos do caminho até que tenhamos um caminho mínimo livre de ciclos. Portanto, sem perda da generalidade, podemos considerar que caminhos mínimos não têm ciclos, isto é, eles são caminhos simples. Visto que qualquer caminho acíclico em um grafo $G = (V, E)$ contém no máximo $|V|$ vértices distintos, ele também contém no máximo $|V| - 1$ arestas. Assim, podemos restringir nossa atenção a caminhos mínimos que tenham no máximo $|V| - 1$ arestas.

Representação de caminhos mínimos

Em geral, não é suficiente calcular apenas os pesos de caminhos mínimos. A maioria das aplicações dos caminhos mínimos também precisa conhecer os vértices nos caminhos mínimos. Por exemplo, se o seu GPS lhe dissesse a distância até o seu destino, mas não como chegar até lá, ele não seria tão útil. A representação que usamos para caminhos mínimos é semelhante à que utilizamos para árvores em largura na Seção 20.2. Dado um grafo $G = (V, E)$, mantemos para cada vértice $v \in V$ um ***predecessor*** $v.\pi$ que é outro vértice ou NIL. Os algoritmos de caminhos mínimos apresentados neste capítulo definem os atributos π de modo que a cadeia de predecessores que se origina em um vértice *v* percorra um caminho mínimo de *s* a *v* em sentido contrário. Assim, dado um vértice *v* para o qual $v.\pi \neq$ NIL, o procedimento IMPRIME-CAMINHO(G, s, v) da Seção 20.2 imprimirá um caminho mínimo de *s* a *v*.

Entretanto, durante a execução de um algoritmo de caminhos mínimos, os valores π poderiam não indicar caminhos mínimos. O **subgrafo dos predecessores** $G_\pi = (V_\pi, E_\pi)$ induzido pelos valores π é definido da mesma forma para os caminhos mínimos de origem única e para a busca em largura nas Equações (20.2) e (20.3), no Capítulo 20:

$$V_\pi = \{v \in V : v.\pi \neq \text{NIL}\} \cup \{s\} \ ,$$
$$E_\pi = \{(v.\pi, v) \in E : v \in V_\pi - \{s\}\} \ .$$

Provaremos que os valores de π produzidos pelos algoritmos neste capítulo têm a seguinte propriedade: no término, G_π é uma "árvore de caminhos mínimos" — informalmente, uma árvore enraizada que contém um caminho mínimo da origem s a todo vértice que pode ser alcançado a partir de s. Uma árvore de caminhos mínimos é semelhante à árvore de busca em largura da Seção 20.2, mas contém caminhos mínimos que partem da origem, definidos em termos de pesos de arestas, em vez de números de arestas. Para sermos precisos, seja $G = (V, E)$ um grafo dirigido ponderado com função peso $w: E \to \mathbb{R}$, e considere que G não possui nenhum ciclo de peso negativo que possa ser alcançado do vértice de origem $s \in V$, de modo que esses caminhos mínimos são bem definidos. Uma **árvore de caminhos mínimos** com raiz em s é um subgrafo dirigido $G' = (V', E')$, com $V' \subseteq V$ e $E' \subseteq E$, tal que

1. V' é o conjunto de vértices que podem ser alcançados a partir de s em G,
2. G' forma uma árvore enraizada com raiz s, e
3. para todo $v \in V'$, o único caminho simples de s a v em G' é um caminho mínimo de s a v em G.

Caminhos mínimos não são necessariamente únicos nem são necessariamente únicas as árvores de caminhos mínimos. Por exemplo, a Figura 22.2 mostra um grafo dirigido ponderado e duas árvores de caminhos mínimos com a mesma raiz.

Relaxamento

Os algoritmos neste capítulo usam a técnica de **relaxamento**. Para cada vértice $v \in V$, mantemos um atributo $v.d$, que é um limite superior para o peso de um caminho mínimo da origem s a v. Denominamos $v.d$ uma **estimativa de caminho mínimo**. Inicializamos as estimativas de caminhos mínimos e predecessores pelo procedimento de tempo $\Theta(V)$ INICIALIZA-ORIGEM-ÚNICA. Após a inicialização, temos $v.\pi = \text{NIL}$ para todo $v \in V$, $s.d = 0$ e $v.d = \infty$ para $v \in V - \{s\}$.

INICIALIZA-ORIGEM-ÚNICA(G, s)
1   **for** cada vértice $v \in G.V$
2        $v.d = \infty$
3        $v.\pi = \text{NIL}$
4   $s.d = 0$

O processo de **relaxamento** de uma aresta (u, v) consiste em testar se passar pelo vértice u melhora o caminho mínimo até v que encontramos até agora e, em caso positivo, atualizar $v.d$ e $v.\pi$. Uma etapa de relaxamento pode diminuir o valor da estimativa do caminho mínimo $v.d$ e atualizar o atributo predecessor de v, $v.\pi$. O procedimento RELAXA a seguir executa uma etapa de relaxamento para a aresta (u, v) no tempo $O(1)$. A Figura 22.3 mostra

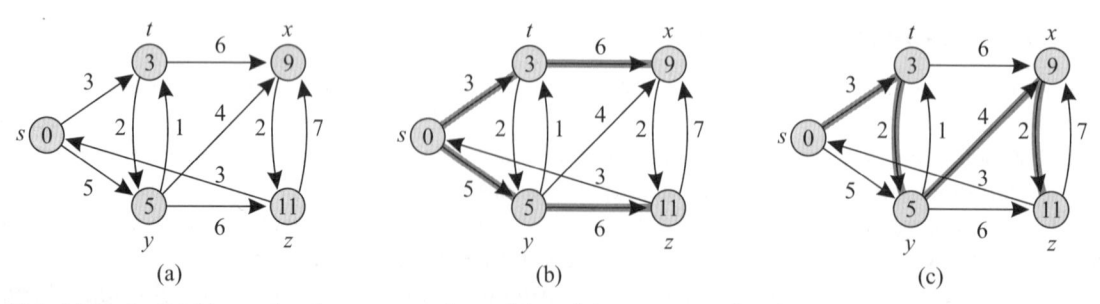

Figura 22.2 (**a**) Grafo dirigido ponderado com pesos do caminho mínimo que parte da origem s. (**b**) As arestas realçadas em *cinza-escuro* formam uma árvore de caminhos mínimos com raiz na origem s. (**c**) Outra árvore de caminhos mínimos com a mesma raiz.

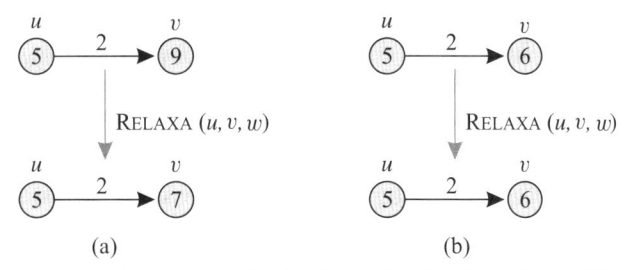

Figura 22.3 Relaxamento de uma aresta (u, v) com peso $w(u, v) = 2$. A estimativa de caminho mínimo de cada vértice aparece dentro do vértice. (**a**) Como $v.d > u.d + w(u, v)$ antes do relaxamento, o valor de $v.d$ diminui. (**b**) Aqui, $v.d \le u.d + w(u, v)$ antes do relaxamento da aresta e, assim, a etapa de relaxamento deixa $v.d$ como estava.

dois exemplos de relaxamento de uma aresta: em um deles a estimativa de caminhos mínimos diminui e, no outro, nenhuma estimativa muda.

```
RELAXA(u, v, w)
1   if v.d > u.d + w(u, v)
2       v.d = u.d + w(u, v)
3       v.π = u
```

Cada algoritmo neste capítulo chama INICIALIZA-ORIGEM-ÚNICA e depois relaxa arestas repetidamente.[1] Além disso, o relaxamento é o único meio de mudar estimativas de caminhos mínimos e predecessores. As diferenças entre os algoritmos apresentados neste capítulo são a quantidade de vezes que relaxam cada aresta e a ordem em que relaxam as arestas. O algoritmo de Dijkstra e o algoritmo de caminhos mínimos para grafos acíclicos dirigidos relaxam cada aresta exatamente uma vez. O algoritmo de Bellman-Ford relaxa cada aresta $|V| - 1$ vezes.

Propriedades de caminhos mínimos e relaxamento

Para provarmos que os algoritmos deste capítulo estão corretos, recorreremos a várias propriedades de caminhos mínimos e relaxamento. Enunciamos essas propriedades aqui, e a Seção 22.5 apresentará a prova formal. Para sua referência, cada propriedade enunciada inclui o número adequado do lema ou corolário da Seção 22.5. As cinco últimas dessas propriedades, que se referem a estimativas de caminhos mínimos ou ao subgrafo dos predecessores, supõem implicitamente que o grafo é inicializado com uma chamada a INICIALIZA-ORIGEM-ÚNICA(G, s) e que o único modo de mudar estimativas de caminhos mínimos e o subgrafo dos predecessores é empregar alguma sequência de etapas de relaxamento.

Inequação triangular (Lema 22.10)
> Para qualquer aresta $(u, v) \in E$, temos $\delta(s, v) \le \delta(s, u) + w(u, v)$.

Propriedade do limite superior (Lema 22.11)
> Sempre temos $v.d \ge \delta(s, v)$ para todos os vértices $v \in V$ e, tão logo $v.d$ alcança o valor $\delta(s, v)$, ele nunca mais muda.

Propriedade de inexistência de caminho (Corolário 22.12)
> Se não existe nenhum caminho de s a v, então sempre temos $v.d = \delta(s, v) = \infty$.

Propriedade de convergência (Lema 22.14)
> Se $s \rightsquigarrow u \to v$ é um caminho mínimo em G para algum $u, v \in V$ e se $u.d = \delta(s, u)$ em qualquer instante antes de relaxar a aresta (u, v), então $v.d = \delta(s, v)$ em todos os instantes posteriores.

---

[1]Pode parecer estranho que o termo "relaxamento" seja usado para uma operação que restringe um limite superior. O uso do termo é histórico. O resultado de uma etapa de relaxamento pode ser visto como um relaxamento da restrição $v.d \le u.d + w(u, v)$ que, pela inequação triangular (Lema 22.10, mais adiante), deve ser satisfeita se $u.d = \delta(s, u)$ e $v.d = \delta(s, v)$. Isto é, se $v.d \le u.d + w(u, v)$, não há nenhuma "pressão" para satisfazer essa restrição e, assim, a restrição é "relaxada".

Propriedade de relaxamento de caminho (Lema 22.15)

Se $p = \langle v_0, v_1, ..., v_k \rangle$ é um caminho mínimo de $s = v_0$ a v_k e relaxamos as arestas de p na ordem (v_0, v_1), (v_1, v_2), ..., (v_{k-1}, v_k), então $v_k.d = \delta(s, v_k)$. Essa propriedade é válida independentemente de quaisquer outras etapas de relaxamento que ocorram, ainda que elas estejam misturadas com relaxamentos das arestas de p.

Propriedade do subgrafo dos predecessores (Lema 22.17)

Assim que $v.d = \delta(s, v)$ para todo $v \in V$, o subgrafo dos predecessores é uma árvore de caminhos mínimos com raiz em s.

Esboço do capítulo

A Seção 22.1 apresenta o algoritmo de Bellman-Ford, que resolve o problema de caminhos mínimos de origem única no caso geral em que as arestas podem ter peso negativo. O algoritmo de Bellman-Ford é notável por sua simplicidade e tem a vantagem adicional de detectar se um ciclo de peso negativo pode ser alcançado a partir da origem. A Seção 22.2 apresenta um algoritmo de tempo linear para calcular caminhos mínimos que partem de uma origem única em um grafo acíclico dirigido. A Seção 22.3 discute o algoritmo de Dijkstra, cujo tempo de execução é menor que o do algoritmo de Bellman-Ford, mas requer que os pesos de arestas sejam não negativos. A Seção 22.4 mostra como podemos usar o algoritmo de Bellman-Ford para resolvermos um caso especial de programação linear. Por fim, a Seção 22.5 prova as propriedades de caminhos mínimos e relaxamento enunciadas anteriormente.

Precisamos de algumas convenções para efetuarmos cálculos aritméticos com valores infinitos, quando ∞ ou $-\infty$ aparece em uma expressão aritmética. Adotaremos, para qualquer número real $a \neq -\infty$, que temos $a + \infty = \infty + a = \infty$. Além disso, para tornarmos nossas provas válidas na presença de ciclos de peso negativo, adotamos, para qualquer número real $a \neq \infty$, que temos $a + (-\infty) = (-\infty) + a = -\infty$.

Todos os algoritmos neste capítulo supõem que o grafo dirigido G é armazenado pela representação de lista de adjacências. Além disso, com cada aresta está armazenado seu peso, de modo que, à medida que cada algoritmo percorre uma lista de adjacências, ele pode determinar os pesos de arestas no tempo $O(1)$ por aresta.

22.1   O algoritmo de Bellman-Ford

O *algoritmo de Bellman-Ford* resolve o problema de caminhos mínimos de origem única no caso geral em que os pesos das arestas podem ser negativos. Dado um grafo dirigido ponderado $G = (V, E)$ com vértice de origem s e função peso $w : E \rightarrow \mathbb{R}$, o algoritmo de Bellman-Ford retorna um valor booleano que indica se existe ou não um ciclo de peso negativo que possa ser alcançado a partir da origem. Se tal ciclo existe, o algoritmo indica que não há nenhuma solução. Se tal ciclo não existe, o algoritmo produz os caminhos mínimos e seus pesos.

O procedimento BELLMAN-FORD relaxa arestas, diminuindo progressivamente uma estimativa $v.d$ do peso de um caminho mínimo da origem s a cada vértice $v \in V$ até chegar ao peso propriamente dito do caminho mínimo $\delta(s, v)$. O algoritmo retorna VERDADE se, e somente se, o grafo não contém nenhum ciclo de peso negativo que possa ser alcançado a partir da origem.

```
BELLMAN-FORD(G, w, s)
1  INICIALIZA-ORIGEM-ÚNICA(G, s)
2  for i = 1 to |G.V| − 1
3      for cada aresta (u, v) ∈ G.E
4          RELAXA(u, v, w)
5  for cada aresta (u, v) ∈ G.E
6      if v.d > u.d + w(u, v)
7          return FALSO
8  return VERDADE
```

A Figura 22.4 mostra a execução do algoritmo de Bellman-Ford para um grafo com cinco vértices. Depois de inicializar os valores de d e π de todos os vértices na linha 1, o algoritmo faz $|V| − 1$ passagens pelas arestas do grafo.

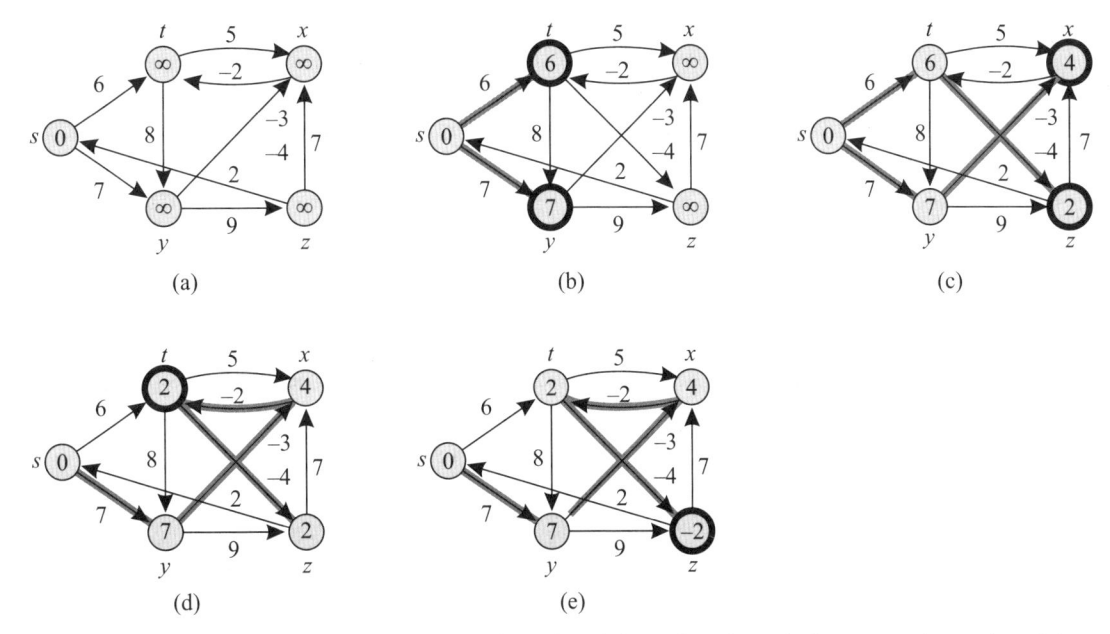

Figura 22.4 Execução do algoritmo de Bellman-Ford. A origem é o vértice s. Os valores de d aparecem dentro dos vértices, e arestas realçadas em *cinza-escuro* indicam os valores de predecessores; se a aresta (u, v) estiver em *cinza-escuro*, então $v.\pi = u$. Nesse exemplo específico, cada passagem relaxa as arestas na ordem (t, x), (t, y), (t, z), (x, t), (y, x), (y, z), (z, x), (z, s), (s, t), (s, y). **(a)** Situação imediatamente antes da primeira passagem pelas arestas. **(b)**–**(e)** Situação após cada passagem sucessiva pelas arestas. Os vértices cujas estimativas de caminho mínimo e predecessores mudaram em face de uma passagem estão circulados em *preto*. Os valores de d e π na parte (e) são os valores finais. O algoritmo de Bellman-Ford retorna VERDADE nesse exemplo.

Cada passagem é uma iteração do laço **for** das linhas 2–4 e consiste em relaxar cada aresta do grafo uma vez. As Figuras 22.4(b)–(e) mostram o estado do algoritmo após cada uma das quatro passagens pelas arestas. Depois de executar $|V| - 1$ passagens, as linhas 5–8 verificam se há um ciclo de peso negativo e devolvem o valor booleano adequado. (Um pouco mais adiante, veremos por que essa verificação funciona.)

O algoritmo de Bellman-Ford é executado no tempo $O(V^2 + VE)$ quando o grafo é representado por listas de adjacências, já que a inicialização na linha 1 demora o tempo $\Theta(V)$, cada uma das $|V| - 1$ passagens pelas arestas nas linhas 2–4 demora o tempo $\Theta(V + E)$ (examinando as $|V|$ listas de adjacências para encontrar as arestas $|E|$), e o laço **for** das linhas 5–7 demora o tempo $O(V + E)$. Menos de $|V| - 1$ passagens pelas arestas por vezes são suficientes (ver Exercício 22.1-3), motivo pelo qual dizemos tempo $O(V^2 + VE)$, em vez do tempo $\Theta(V^2 + VE)$. No caso frequente em que $|E| = \Omega(V)$, podemos expressar esse tempo de execução como $O(VE)$. O Exercício 22.1-5 pede que você faça o algoritmo de Bellman-Ford ser executado no tempo $O(VE)$ mesmo quando $|E| = o(V)$.

Para provarmos a corretude do algoritmo de Bellman-Ford, começamos mostrando que, se não existir nenhum ciclo de peso negativo, o algoritmo calculará pesos de caminhos mínimos corretos para todos os vértices que possam ser alcançados a partir da origem.

Lema 22.2

Seja $G = (V, E)$ um grafo dirigido ponderado com origem s e função peso $w : E \rightarrow \mathbb{R}$, e suponha que G não contenha nenhum ciclo de peso negativo que possa ser alcançado de s. Então, após as $|V| - 1$ iterações do laço **for** das linhas 2–4 de BELLMAN-FORD, temos $v.d = \delta(s, v)$ para todos os vértices v que podem ser alcançados a partir de s.

Prova Provamos o lema apelando para a propriedade de relaxamento de caminho. Considere qualquer vértice v que possa ser alcançado de s e seja $p = \langle v_0, v_1, ..., v_k \rangle$, em que $v_0 = s$ e $v_k = v$, qualquer caminho mínimo de s a v. Como os caminhos mínimos são simples, p tem no máximo $|V| - 1$ arestas e, assim, $k \leq |V| - 1$. Cada uma das $|V| - 1$ iterações do laço **for** das linhas 2–4 relaxa todas as $|E|$ arestas. Entre as arestas relaxadas na i-ésima iteração, para $i = 1, 2, ..., k$, está (v_{i-1}, v_i). Então, pela propriedade de relaxamento de caminho, $v.d = v_k.d = \delta(s, v_k) = \delta(s, v)$.   ∎

Corolário 22.3

Seja $G = (V, E)$ um grafo dirigido ponderado com vértice origem s e função peso $w : E \to \mathbb{R}$. Então, para cada vértice $v \in V$, existe um caminho de s a v se, e somente se, BELLMAN-FORD termina com $v.d < \infty$ quando é executado em G.

Prova A prova fica para o Exercício 22.1-2.   ∎

Teorema 22.4 (Corretude do algoritmo de Bellman-Ford)

Considere o algoritmo de BELLMAN-FORD executado para um grafo dirigido ponderado $G = (V, E)$ com vértice de origem s e função peso $w : E \to \mathbb{R}$. Se G não contém nenhum ciclo de peso negativo que possa ser alcançado de s, então o algoritmo retorna VERDADE, com $v.d = \delta(s, v)$ para todos os vértices $v \in V$, e o subgrafo predecessor G_π é uma árvore de caminhos mínimos com raiz em s. Se G contém um ciclo de peso negativo que possa ser alcançado de s, então o algoritmo retorna FALSO.

Prova Suponha que o grafo G não contenha nenhum ciclo de peso negativo que possa ser alcançado a partir da origem s. Primeiro, provamos a afirmação de que, no término, $v.d = \delta(s, v)$ para todos os vértices $v \in V$. Se o vértice v pode ser alcançado a partir de s, então o Lema 22.2 prova essa afirmação. Se v não pode ser alcançado de s, a afirmação decorre da propriedade da inexistência de caminho. Portanto, a afirmação está provada. A propriedade do subgrafo dos predecessores, com a afirmação, implica que G_π é uma árvore de caminhos mínimos. Agora, usamos a afirmação para mostrar que BELLMAN-FORD retorna VERDADE. No término, para todas as arestas $(u, v) \in E$, temos

$$
\begin{aligned}
v.d &= \delta(s, v) \\
&\leq \delta(s, u) + w(u, v) \qquad \text{(pela inequação triangular)} \\
&= u.d + w(u, v) \,,
\end{aligned}
$$

e, assim, nenhum dos testes na linha 6 faz BELLMAN-FORD retornar FALSO. Então, ele retorna VERDADE.

Agora, suponha que o grafo G contenha um ciclo de peso negativo que possa ser alcançado a partir da origem s; seja esse ciclo $c = \langle v_0, v_1, ..., v_k \rangle$, em que $v_0 = v_k$, quando temos

$$
\sum_{i=1}^{k} w(v_{i-1}, v_i) < 0 \,. \tag{22.1}
$$

Considere, por contradição, que o algoritmo de Bellman-Ford retorne VERDADE. Assim, $v_i.d \leq v_{i-1}.d + w(v_{i-1}, v_i)$ para $i = 1, 2, ..., k$. Somando as inequações em torno do ciclo c, temos

$$
\begin{aligned}
\sum_{i=1}^{k} v_i.d &\leq \sum_{i=1}^{k} (v_{i-1}.d + w(v_{i-1}, v_i)) \\
&= \sum_{i=1}^{k} v_{i-1}.d + \sum_{i=1}^{k} w(v_{i-1}, v_i) \,.
\end{aligned}
$$

Como $v_0 = v_k$, cada vértice em c aparece exatamente uma vez em cada um dos somatórios $\sum_{i=1}^{k} v_i.d$ e $\sum_{i=1}^{k} v_{i-1}.d$, portanto

$$
\sum_{i=1}^{k} v_i.d = \sum_{i=1}^{k} v_{i-1}.d \,.
$$

Além disso, pelo Corolário 22.3, $v_i.d$ é finito para $i = 1, 2, ..., k$. Assim,

$$
0 \leq \sum_{i=1}^{k} w(v_{i-1}, v_i) \,,
$$

o que contradiz a inequação (22.1). Concluímos que o algoritmo de Bellman-Ford retorna VERDADE se o grafo G não contém nenhum ciclo de peso negativo que possa ser alcançado a partir da origem, e FALSO em caso contrário.   ∎

Exercícios

22.1-1

Execute o algoritmo de Bellman-Ford no grafo dirigido da Figura 22.4, usando o vértice z como origem. Em cada passagem, relaxe arestas na mesma ordem da figura e mostre os valores de d e π após cada passagem. Agora, mude o peso da aresta (z, x) para 4 e execute o algoritmo novamente, usando s como origem.

22.1-2

Prove o Corolário 22.3.

22.1-3

Dado um grafo dirigido ponderado $G = (V, E)$ sem ciclos de peso negativo, seja m o máximo para todos os vértices $v \in V$ do número mínimo de arestas em um caminho mínimo da origem s até v. (Aqui, o caminho mínimo é por peso, não pelo número de arestas.) Sugira uma mudança simples no algoritmo de Bellman-Ford que permita terminá-lo em $m + 1$ passagens, ainda que m não seja conhecido com antecedência.

22.1-4

Modifique o algoritmo de Bellman-Ford de modo que ele termine com $v.d$ como $-\infty$ para todos os vértices v para os quais existe um ciclo de peso negativo em algum caminho da origem até v.

22.1-5

Suponha que o grafo dado no algoritmo de Bellman-Ford é representado com uma lista de arestas $|E|$, em que cada aresta indica os vértices onde ela entra e de onde sai, com seu peso. Demonstre que o algoritmo de Bellman-Ford seja executado no tempo $O(VE)$ sem a restrição de que $|E| = \Omega(V)$. Modifique o algoritmo de Bellman-Ford de modo que seja executado no tempo $O(VE)$ em todos os casos nos quais o grafo de entrada for representado com listas de adjacências.

22.1-6

Seja $G = (V, E)$ um grafo dirigido ponderado com função peso $w : E \rightarrow \mathbb{R}$. Forneça um algoritmo de tempo $O(VE)$ para encontrar, para cada vértice $v \in V$, o valor $\delta^*(v) = \min\{\delta(u, v) : u \in V\}$.

22.1-7

Suponha que um grafo dirigido ponderado $G = (V, E)$ tenha ciclo de peso negativo. Forneça um algoritmo eficiente para produzir uma lista de vértices de tal ciclo. Prove que seu algoritmo está correto.

22.2   Caminhos mínimos de origem única em grafos acíclicos dirigidos

Nesta seção, introduzimos mais uma restrição aos grafos dirigidos e ponderados: eles são acíclicos. Ou seja, estamos preocupados com gads ponderados. Caminhos mínimos são sempre bem definidos em um gad já que, mesmo que existam arestas de peso negativo, não deve existir nenhum ciclo de peso negativo. Veremos que, se as arestas de um gad ponderado $G = (V, E)$ são relaxadas de acordo com um tipo topológico de seus vértices, isso leva apenas o tempo $\Theta(V + E)$ para calcular os caminhos mínimos de origem única.

O algoritmo começa ordenando topologicamente o gad (ver Seção 20.4) para impor uma ordenação linear aos vértices. Se o gad contém um caminho do vértice u ao vértice v, então u precede v na ordem topológica. O procedimento Caminhos-Mínimos-Gad faz apenas uma passagem pelos vértices na sequência ordenada topologicamente. À medida que processamos cada vértice, relaxamos cada aresta que sai do vértice. A Figura 22.5 mostra a execução desse algoritmo.

```
Caminhos-Mínimos-Gad(G, w, s)
1   ordenar topologicamente os vértices de G
2   Inicializa-Origem-Única(G, s)
3   for cada vértice u ∈ G.V, tomado em ordem topológica
4       for cada vértice v em G.Adj[u]
5           Relaxa(u, v, w)
```

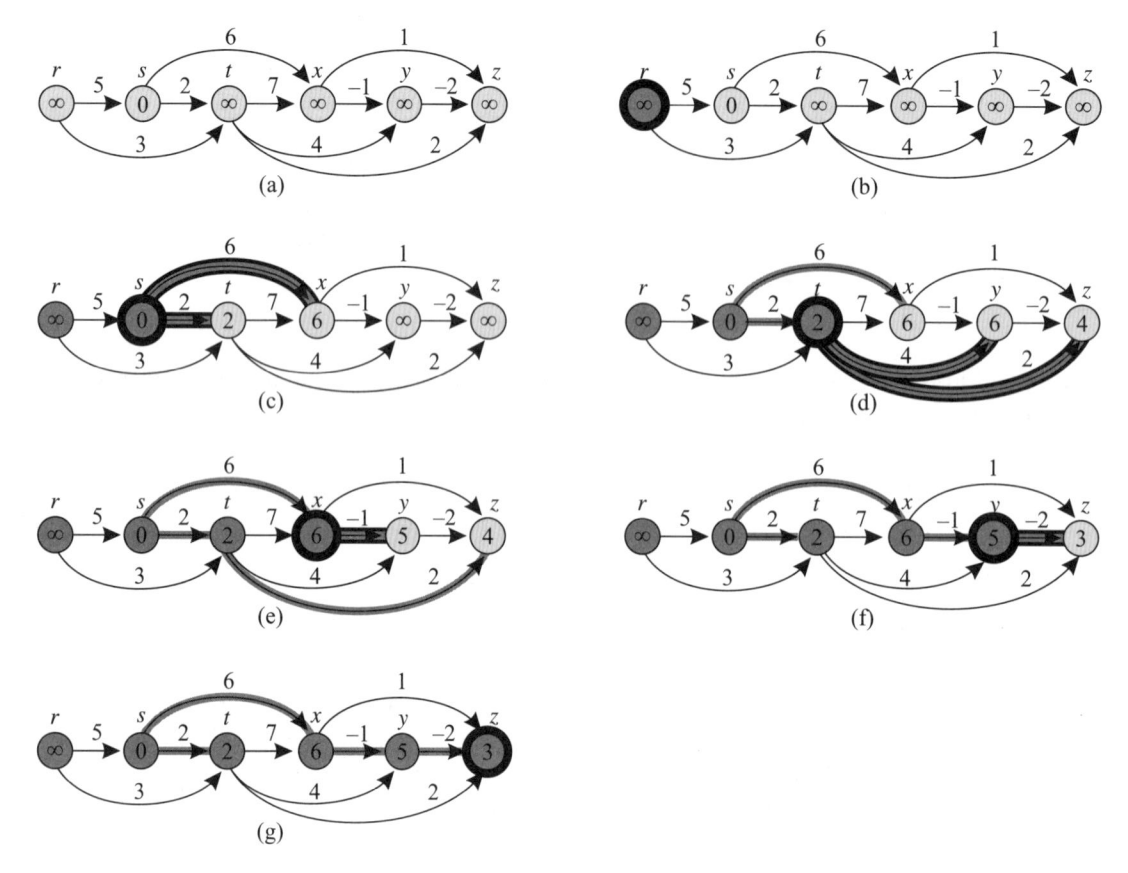

Figura 22.5 Execução do algoritmo para caminhos mínimos em um grafo acíclico dirigido. Os vértices são ordenados topologicamente da esquerda para a direita. O vértice da origem é *s*. Os valores de *d* aparecem dentro dos vértices, e arestas realçadas em *cinza-escuro* indicam os valores de *π*. **(a)** Situação antes da primeira iteração do laço **for** das linhas 3–5. **(b)**–**(g)** Situação após cada iteração do laço **for** das linhas 3–5. Vértices *cinza-escuro* tiveram suas arestas de saída relaxadas. O vértice contornado em *preto* foi usado como *u* nessa iteração. Cada aresta destacada em *preto* fez com que um valor *d* mudasse quando foi relaxado naquela iteração. Os valores mostrados na parte (g) são os valores finais.

Vamos analisar o tempo de execução desse algoritmo. Como mostra a Seção 20.4, a ordenação topológica da linha 1 demora o tempo $\Theta(V + E)$. A chamada de Inicializa-Origem-Única na linha 2 demora o tempo $\Theta(V)$. O laço **for** das linhas 3–5 executa uma iteração por vértice. No total, o laço **for** das linhas 4–5 relaxa cada vértice exatamente uma vez. (Usamos aqui uma análise agregada.) Como cada iteração do laço **for** demora o tempo $\Theta(1)$, o tempo total de execução é $\Theta(V + E)$, que é linear com relação ao tamanho de uma representação de lista de adjacências do grafo.

O teorema apresentado a seguir mostra que o procedimento Caminhos-Mínimos-Gad calcula corretamente os caminhos mínimos.

Teorema 22.5

Se um grafo dirigido ponderado $G = (V, E)$ tem vértice de origem *s* e nenhum ciclo, então no término do procedimento Caminhos-Mínimos-Gad, $v.d = \delta(s, v)$ para todos os vértices $v \in V$, e o subgrafo dos predecessores G_π é uma árvore de caminhos mínimos.

Prova Primeiro, mostramos que $v.d = \delta(s, v)$ para todos os vértices $v \in V$ no término. Se *v* não pode ser alcançado de *s*, então $v.d = \delta(s, v) = \infty$ pela propriedade da inexistência de caminho. Agora, suponha que *v* possa ser alcançado de *s*, de modo que existe um caminho mínimo $p = \langle v_0, v_1, ..., v_k \rangle$, em que $v_0 = s$ e $v_k = v$. Como processamos os vértices em sequência ordenada topologicamente, relaxamos as arestas em *p* na ordem (v_0, v_1), (v_1, v_2), ..., (v_{k-1}, v_k). A propriedade de relaxamento de caminho implica que $v_i.d = \delta(s, v_i)$ no término para $i = 0, 1, ..., k$. Por fim, conforme a propriedade de subgrafo predecessor, G_π é uma árvore de caminhos mínimos. ∎

Uma aplicação útil desse algoritmo surge na determinação de caminhos críticos na análise de ***diagramas PERT***.[2] Um serviço consiste em várias tarefas. Cada tarefa leva certo período de tempo, e algumas delas precisam ser concluídas antes que outras possam ser iniciadas. Por exemplo, se o serviço é construir uma casa, então precisa-se concluir o alicerce antes do início do levantamento das colunas, as quais devem ser finalizadas antes da preparação da laje. Algumas tarefas exigem a conclusão de mais de uma tarefa antes que possam ser iniciadas: antes do revestimento das paredes com o emboço, os sistemas elétrico e hidráulico devem ser instalados. Um gad modela as tarefas e suas dependências. As arestas representam tarefas, e o peso de uma aresta representa o tempo necessário para a execução da tarefa. Os vértices representam "marcos", que serão atingidos quando todas as tarefas representadas pelas arestas que entram no vértice tiverem sido concluídas. Se a aresta (u, v) entra no vértice v e a aresta (v, x) sai de v, então a tarefa (u, v) deve ser concluída antes do início da tarefa (v, x). Um caminho nesse gad representa uma sequência de tarefas que devem ser executadas em determinada ordem. Um ***caminho crítico*** é um caminho *de comprimento máximo* no gad, correspondente ao tempo máximo para a execução de qualquer sequência de tarefas. Assim, o peso de um caminho crítico dá um limite inferior para o tempo total de execução de todas as tarefas, mesmo que o máximo de tarefas possível seja executado simultaneamente. Podemos encontrar um caminho crítico de duas maneiras:

- tornando negativos os pesos de arestas e executando CAMINHOS-MÍNIMOS-GAD, ou
- executando CAMINHOS-MÍNIMOS-GAD, substituindo "∞" por "$-\infty$" na linha 2 de INICIALIZA-ORIGEM-ÚNICA e ">" por "<" no procedimento RELAXA.

Exercícios

22.2-1
Mostre o resultado da execução de CAMINHOS-MÍNIMOS-GAD para o grafo acíclico dirigido da Figura 22.5, usando o vértice r como origem.

22.2-2
Suponha que mudamos a linha 3 de CAMINHOS-MÍNIMOS-GAD para:

3 **for** os primeiros $|V| - 1$ vértices, tomados em ordem topológica

Mostre que o procedimento permanece correto.

22.2-3
Um modo alternativo de representar um diagrama PERT se parece com o gad da Figura 20.7, no Capítulo 20. Os vértices representam tarefas e as arestas representam restrições de sequenciamento; isto é, a aresta (u, v) indica que a tarefa u deve ser executada antes da tarefa v. Então, atribuiríamos pesos a vértices, e não a arestas. Modifique o procedimento CAMINHOS-MÍNIMOS-GAD de modo que ele encontre, em tempo linear, um caminho de comprimento máximo em um grafo acíclico dirigido com vértices ponderados.

★ 22.2-4
Forneça um algoritmo eficiente para contar o número total de caminhos em um grafo acíclico dirigido. A contagem deverá incluir todos os caminhos entre todos os pares de vértices e todos os caminhos com 0 aresta. Analise seu algoritmo.

22.3 Algoritmo de Dijkstra

O algoritmo de Dijkstra resolve o problema de caminhos mínimos de origem única em um grafo dirigido ponderado $G = (V, E)$, mas requer que todos os pesos de arestas sejam não negativos: $w(u, v) \geq 0$ para cada aresta $(u, v) \in E$. Como veremos, com uma boa implementação, o tempo de execução do algoritmo de Dijkstra é inferior ao do algoritmo de Bellman-Ford.

---

[2]PERT é acrônimo de "*program evaluation and review technique*" (técnica de avaliação e revisão de programação).

Podemos imaginar o algoritmo de Dijkstra como generalização da busca em largura para grafos ponderados. Uma onda emana da fonte e, na primeira vez que uma onda chega a um vértice, nova onda emana desse vértice. Enquanto a busca em largura opera como se cada onda levasse uma unidade de tempo para atravessar uma aresta, em um grafo ponderado, o tempo para uma onda atravessar uma aresta é dado pelo peso da aresta. Como o caminho mínimo em um grafo ponderado pode não ter o menor número de arestas, uma fila simples do tipo "primeiro a entrar, primeiro a sair" não será suficiente para escolher o próximo vértice do qual enviar uma onda.

Em vez disso, o algoritmo de Dijkstra mantém um conjunto S de vértices cujos pesos finais de caminhos mínimos que partem da origem s já foram determinados. O algoritmo seleciona repetidamente o vértice $u \in V - S$ que tem a mínima estimativa do caminho mínimo, adiciona u a S e relaxa todas as arestas que saem de u. O procedimento DIJKSTRA substitui a fila "primeiro a entrar, primeiro a sair" da busca em largura por uma fila de prioridades mínimas Q de vértices, cujas chaves são os valores de d.

DIJKSTRA(G, w, s)
 1 INICIALIZA-ORIGEM-ÚNICA(G, s)
 2 $S = \emptyset$
 3 $Q = \emptyset$
 4 **for** cada vértice $u \in G.V$
 5   INSERE(Q, u)
 6 **while** $Q \neq \emptyset$
 7   u = EXTRAI-MIN(Q)
 8      $S = S \cup \{u\}$
 9   **for** cada vértice v em $G.Adj[u]$
10   RELAXA(u, v, w)
11   **if** a chamada de RELAXA diminuiu $v.d$
12   DIMINUI-CHAVE($Q, v, v.d$)

O algoritmo de Dijkstra relaxa arestas, como mostra a Figura 22.6. A linha 1 inicializa os valores de d e π do modo usual, e a linha 2 inicializa o conjunto S como o conjunto vazio. O algoritmo mantém o invariante $Q = V - S$ no início de cada iteração do laço **while** das linhas 6–12. As linhas 3–5 inicializam a fila de prioridades mínimas Q para conter todos os vértices em V. Visto que $S = \emptyset$ nesse momento, o invariante é verdadeiro após alcançar a linha 6 pela primeira vez. Em cada passagem pelo laço **while** das linhas 6–12, a linha 7 extrai um vértice u de $Q = V - S$ e a linha 8 o adiciona ao conjunto S, mantendo, assim, o invariante. (Na primeira passagem por esse laço, $u = s$.) Portanto, o vértice u tem a menor estimativa de caminhos mínimos em comparação com qualquer vértice em $V - S$. Então, as linhas 9–12 relaxam cada aresta (u, v) que sai de u, atualizando, assim, a estimativa $v.d$ e o predecessor $v.\pi$ se, passando por u, pudermos melhorar o caminho mínimo até v que encontramos até aqui. Sempre que uma etapa de relaxamento altera os valores de d e π, a chamada a DIMINUI-CHAVE na linha 12 atualiza a fila de prioridades mínimas. O algoritmo nunca insere vértices em Q após o laço **for** das linhas 4–5, e cada vértice é extraído de Q e adicionado a S exatamente uma vez, de modo que o laço **while** das linhas 6–12 itera exatamente $|V|$ vezes.

Como o algoritmo de Dijkstra sempre escolhe o vértice "mais leve" ou "mais próximo" em $V - S$ para adicionar ao conjunto S, podemos dizer que ele utiliza uma estratégia gulosa. O Capítulo 15 apresenta uma explicação detalhada de estratégias gulosas, mas você não precisa ler aquele capítulo para entender o algoritmo de Dijkstra. Em geral, estratégias gulosas nem sempre produzem resultados ótimos, mas, como mostram o teorema a seguir e seu corolário, o algoritmo de Dijkstra realmente calcula caminhos mínimos. A chave é mostrar que, cada vez que o algoritmo insere um vértice u no conjunto S, temos $u.d = \delta(s, u)$.

Teorema 22.6 (Corretude do algoritmo de Dijkstra)

O algoritmo de Dijkstra, se executado para um grafo dirigido ponderado $G = (V, E)$ com função peso não negativa w e vértice de origem s, termina com $u.d = \delta(s, u)$ para todos os vértices $u \in V$.

Prova Mostraremos que, no início de cada iteração do laço **while** das linhas 6–12, temos $v.d = \delta(s, v)$ para todo $v \in S$. O algoritmo termina quando $S = V$, de modo que $v.d = \delta(s, v)$ para todo $v \in V$.

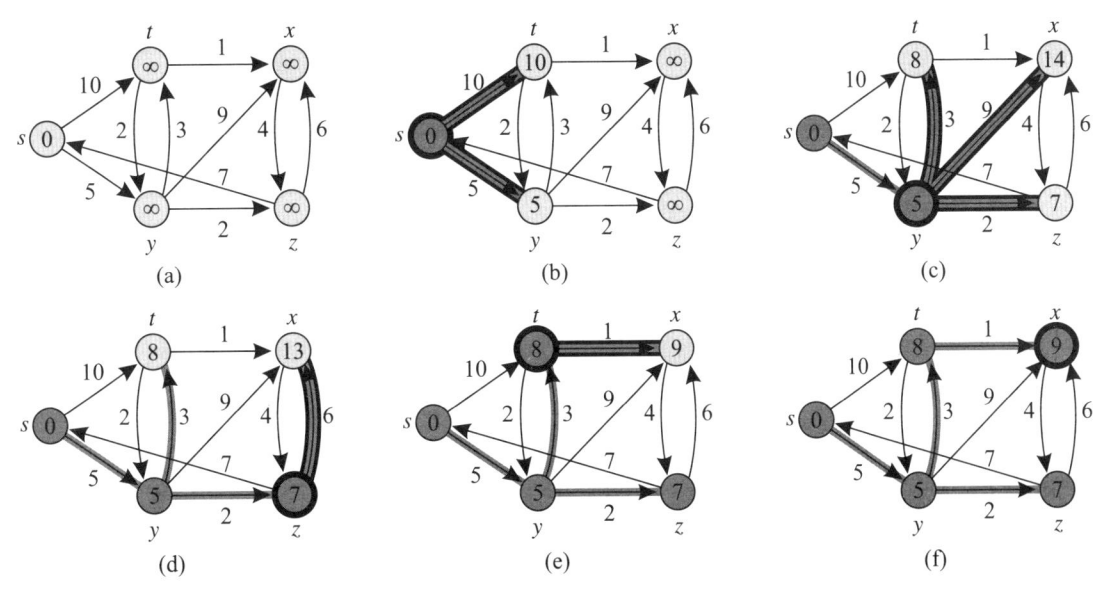

Figura 22.6 Execução do algoritmo de Dijkstra. A origem s é o vértice mais à esquerda. As estimativas de caminho mínimo aparecem dentro dos vértices, e as arestas realçadas em *cinza-escuro* indicam valores de predecessores. Vértices *cinza-escuro* pertencem ao conjunto S e vértices *cinza-claro* estão na fila de prioridades mínimas $Q = V - S$. (**a**) Situação imediatamente antes da primeira iteração do laço **while** das linhas 6–12. (**b**)–(**f**) Situação após cada iteração sucessiva do laço **while**. Em cada parte, o vértice destacado na cor *preta* foi escolhido como vértice u na linha 6, e cada aresta destacada na cor *preta* causou a mudança de um valor d e de um predecessor quando a aresta foi relaxada. Os valores de d e os predecessores mostrados na parte (f) são os valores finais.

A prova é dada por indução sobre o número de iterações do laço **while**, que é igual a $|S|$ no início de cada iteração. Existem duas bases: para $|S| = 0$, de modo que $S = \emptyset$ e a alegação é trivialmente verdadeira, e para $|S| = 1$, de modo que $S = \{s\}$ e $s.d = \delta(s, s) = 0$.

Para a etapa indutiva, a hipótese indutiva é que $v.d = \delta(s, v)$ para todo $v \in S$. O algoritmo extrai o vértice u de $V - S$. Como o algoritmo acrescenta u a S, precisamos mostrar que $u.d = \delta(s, u)$ nesse momento. Se não há um caminho de s a u, então terminamos, pela propriedade de inexistência de caminho. Se há um caminho de s a u, então, como vemos na Figura 22.7, seja y o primeiro vértice em um caminho mínimo de s a u que não esteja em S, e seja $x \in S$ o predecessor de y nesse caminho mínimo. (Poderíamos ter $y = u$ ou $x = s$.) Como y não aparece depois de u no caminho mínimo e todos os pesos de aresta são não negativos, temos $\delta(s, y) \leq \delta(s, u)$. Visto que a chamada de EXTRAI-MIN na linha 7 retornou u com o valor de d mínimo em $V - S$, também temos $u.d \leq y.d$, e a propriedade de limite superior indica que $\delta(s, u) \leq u.d$.

Visto que $x \in S$, a hipótese indutiva implica que $x.d = \delta(s, x)$. Durante a iteração do laço **while** que acrescentou x a S, a aresta (x, y) foi relaxada. Pela propriedade de convergência, $y.d$ recebeu o valor de $\delta(s, y)$ nesse momento. Portanto, temos

$$\delta(s, y) \leq \delta(s, u) \leq u.d \leq y.d \text{ e } y.d = \delta(s, y) \,,$$

de modo que

$$\delta(s, y) = \delta(s, u) = u.d = y.d \,.$$

Consequentemente, $u.d = \delta(s, u)$ e, pela propriedade do limite superior, esse valor é mantido por todo o tempo daí em diante. ∎

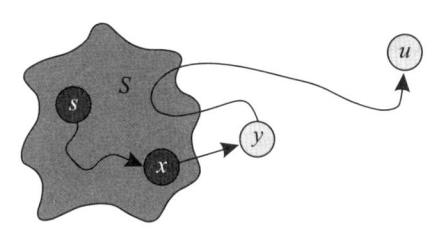

Figura 22.7 Prova do Teorema 22.6. O vértice u é selecionado para ser adicionado ao conjunto S na linha 7 do procedimento DIJKSTRA. O vértice y é o primeiro vértice em um caminho mínimo da origem s ao vértice u que não se encontra no conjunto S, e $x \in S$ é o predecessor de y nesse caminho mínimo. O subcaminho de y a u pode ou não reentrar no conjunto S.

Corolário 22.7

Se executarmos o algoritmo de Dijkstra para um grafo dirigido ponderado $G = (V, E)$ com função peso não negativa w e origem s, então, no término, o subgrafo predecessor G_π será uma árvore de caminhos mínimos com raiz em s.

Prova Imediata pelo Teorema 22.6 e pela propriedade do subgrafo dos predecessores.   ■

Análise

Qual é a rapidez do algoritmo de Dijkstra? Ele mantém a fila de prioridades mínimas Q chamando três operações de filas de prioridades: INSERE (na linha 5), EXTRAI-MIN (na linha 7) e DIMINUI-CHAVE (na linha 12). O algoritmo chama INSERE e EXTRAI-MIN uma vez por vértice. Como cada vértice $u \in V$ é adicionado ao conjunto S exatamente uma vez, cada aresta na lista de adjacências $Adj[u]$ é examinada no laço **for** das linhas 9–12 exatamente uma vez durante o curso do algoritmo. Visto que o número total de arestas em todas as listas de adjacências é $|E|$, esse laço **for** itera um total de $|E|$ vezes e, assim, o algoritmo chama DIMINUI-CHAVE no máximo $|E|$ vezes no total. (Observe, mais uma vez, que estamos usando análise agregada.)

Assim como no algoritmo de Prim, o tempo de execução do algoritmo de Dijkstra depende de como implementamos especificamente a fila de prioridades mínimas Q. Uma implementação simples aproveita que os vértices são numerados de 1 a $|V|$: simplesmente armazenamos $v.d$ na v-ésima entrada de um vetor. Cada operação INSERE e DIMINUI-CHAVE demora o tempo $O(1)$, e cada operação EXTRAI-MIN demora o tempo $O(V)$ (já que temos de executar busca no vetor inteiro), resultando em um tempo total $O(V^2 + E) = O(V^2)$.

Se o grafo é suficientemente esparso — em particular, $E = o(V^2/\lg V)$ —, podemos melhorar o algoritmo implementando a fila de prioridades mínimas com um *heap* de mínimo binário que inclua um modo de mapear entre os vértices e seus elementos de *heap* correspondentes. Então, cada operação EXTRAI-MIN demora o tempo $O(\lg V)$. Como antes, há $|V|$ dessas operações. O tempo para construir o *heap* de mínimo binário é $O(V)$. (Conforme observado na Seção 21.2, nem sequer precisamos chamar CONSTRÓI-HEAP-MIN.) Cada operação DIMINUI-CHAVE demora o tempo $O(\lg V)$ e ainda há, no máximo, $|E|$ dessas operações. Portanto, o tempo de execução total é $O((V + E) \lg V)$, que é $O(E \lg V)$ no caso típico em que $|E| = \Omega(V)$. Esse tempo de execução é uma melhoria com relação ao tempo $O(V^2)$ de implementação direta se $E = o(V^2/\lg V)$.

Na verdade, podemos obter um tempo de execução $O(V \lg V + E)$ implementando a fila de prioridades mínimas com um *heap* de Fibonacci (ver Capítulo 17). O custo amortizado de cada uma das $|V|$ operações EXTRAI-MIN é $O(\lg V)$, e cada chamada DIMINUI-CHAVE, cujo número máximo é $|E|$, demora apenas o tempo amortizado $O(1)$. Historicamente, o desenvolvimento de *heaps* de Fibonacci foi motivado pela observação de que, normalmente, o algoritmo de Dijkstra faz muito mais chamadas DIMINUI-CHAVE que chamadas EXTRAI-MIN; portanto, qualquer método de redução do tempo amortizado de cada operação DIMINUI-CHAVE para $o(\lg V)$ sem aumentar o tempo amortizado de EXTRAI-MIN produzirá uma implementação assintoticamente mais rápida do que a que utilize *heaps* binários.

O algoritmo de Dijkstra é parecido com o algoritmo de busca em largura (ver Seção 20.2) e também com o algoritmo de Prim para calcular árvores geradoras mínimas (ver Seção 21.2). É semelhante à busca em largura no sentido de que o conjunto S corresponde ao conjunto de vértices pretos em uma busca em largura. Exatamente como os vértices em S têm seus pesos finais de caminhos mínimos, os vértices pretos em uma busca em largura têm suas distâncias em largura corretas. O algoritmo de Dijkstra é semelhante ao algoritmo de Prim no sentido de que ambos usam uma fila de prioridades mínimas para encontrar o vértice "mais leve" fora de um conjunto dado (o conjunto S no algoritmo de Dijkstra e a árvore que está sendo desenvolvida no algoritmo de Prim), adicionam esse vértice ao conjunto e ajustam os pesos dos vértices restantes fora do conjunto de acordo com o resultado dessas operações.

Exercícios

22.3-1

Execute o algoritmo de Dijkstra para o grafo dirigido da Figura 22.2, primeiro usando o vértice s como origem e depois usando o vértice z como origem. No estilo da Figura 22.6, mostre os valores de d e π e os vértices no conjunto S após cada iteração do laço **while**.

22.3-2
Dê um exemplo simples de grafo dirigido com arestas de peso negativo para o qual o algoritmo de Dijkstra produza respostas incorretas. Por que a prova do Teorema 22.6 não funciona quando são permitidas arestas de peso negativo?

22.3-3
Suponha que mudemos a linha 6 do algoritmo de Dijkstra para o seguinte:

6 **while** $|Q| > 1$

Essa mudança faz o laço **while** ser executado $|V| - 1$ vezes em lugar de $|V|$ vezes. Esse algoritmo proposto está correto?

22.3-4
Modifique o procedimento Dijkstra de modo que a fila de prioridades Q seja mais semelhante à fila no procedimento BFS no sentido de conter apenas vértices que foram alcançados a partir da origem s até o momento: $Q \subseteq V - S$ e $v \in Q$ implica $v.d \neq \infty$.

22.3-5
O professor Gaedel escreveu um programa que, diz ele, implementa o algoritmo de Dijkstra. O programa produz $v.d$ e $v.\pi$ para cada vértice $v \in V$. Forneça um algoritmo de tempo $O(V + E)$ para verificar a saída do programa do professor. O algoritmo deve determinar se os atributos d e π são compatíveis com os de alguma árvore de caminhos mínimos. Suponha que todos os pesos de arestas são não negativos.

22.3-6
O professor Newman acha que obteve uma prova simples da corretude do algoritmo de Dijkstra. Diz ele que o algoritmo de Dijkstra relaxa as arestas de todos os caminhos mínimos do grafo na ordem em que eles aparecem no caminho e que, portanto, a propriedade de relaxamento de caminho se aplica a todos os vértices que possam ser alcançados a partir da origem. Mostre que o professor está enganado, construindo um grafo dirigido para o qual o algoritmo de Dijkstra poderia relaxar as arestas de um caminho mínimo fora da ordem.

22.3-7
Considere um grafo dirigido $G = (V, E)$ no qual cada aresta $(u, v) \in E$ tem um valor associado $r(u, v)$, que é um número real na faixa $0 \leq r(u, v) \leq 1$ representando a confiabilidade de um canal de comunicação do vértice u ao vértice v. Interpretamos $r(u, v)$ como a probabilidade de o canal de u a v não falhar e consideramos que essas probabilidades são independentes. Dê um algoritmo eficiente para encontrar o caminho mais confiável entre dois vértices dados.

22.3-8
Seja $G = (V, E)$ um grafo dirigido ponderado com função peso positivo $w : E \to \{1, 2, ..., W\}$ para algum inteiro positivo W, e suponha que não haja dois vértices com os mesmos pesos de caminhos mínimos que partem do vértice de origem s. Agora, suponha que definimos um grafo dirigido não ponderado $G' = (V \cup V', E')$ substituindo cada aresta $(u, v) \in E$ por $w(u, v)$ arestas de peso unitário em série. Quantos vértices G' tem? Suponha agora que executemos uma busca em largura em G'. Mostre que a ordem em que G' pinta os vértices em V de preto na busca em largura é igual à ordem em que o algoritmo de Dijkstra extrai os vértices de V da fila de prioridades quando executado em G.

22.3-9
Seja $G = (V, E)$ um grafo dirigido ponderado com função peso não negativo $w : E \to \{0, 1, ..., W\}$ para algum inteiro não negativo W. Modifique o algoritmo de Dijkstra para calcular os caminhos mínimos que partem de determinado vértice de origem s no tempo $O(WV + E)$.

22.3-10

Modifique seu algoritmo do Exercício 22.3-9 para ser executado no tempo $O((V + E) \lg W)$. (*Sugestão*: quantas estimativas distintas de caminhos mínimos podem existir em $V - S$ em qualquer instante?)

22.3-11

Suponha que tenhamos um grafo dirigido ponderado $G = (V, E)$ no qual as arestas que saem do vértice de origem s podem ter pesos negativos, todos os outros pesos de arestas são não negativos e não existe nenhum ciclo de peso negativo. Demonstre que o algoritmo de Dijkstra encontra corretamente caminhos mínimos que partem de s nesse grafo.

22.3-12

Suponha que tenhamos um grafo dirigido ponderado $G = (V, E)$ no qual todos os pesos de aresta sejam valores positivos reais no intervalo $[C, 2C]$ para alguma constante positiva C. Modifique o algoritmo de Dijkstra de modo que seja executado no tempo $O(V + E)$.

22.4   Restrições de diferença e caminhos mínimos

O Capítulo 29 estuda o problema geral de programação linear no qual desejamos otimizar uma função linear sujeita a um conjunto de inequações lineares. Nesta seção, investigaremos um caso especial de programação linear restrita a encontrar caminhos mínimos que partem de uma única origem. Então, podemos resolver o problema de caminhos mínimos de origem única resultante executando o algoritmo de Bellman-Ford e, por consequência, resolvemos também o problema de programação linear.

Programação linear

No ***problema de programação linear*** geral, temos uma matriz $m \times n$ A, um vetor b de m elementos e um vetor c de n elementos. Desejamos encontrar um vetor x de n elementos que maximize a ***função objetivo*** $\sum_{i=1}^{n} c_i x_i$ sujeita às m restrições dadas por $Ax \leq b$.

O método mais popular para resolver programas lineares é o ***algoritmo simplex***, discutido na Seção 29.1. Embora o algoritmo simplex nem sempre seja executado em tempo polinomial com relação ao tamanho de sua entrada, há outros algoritmos de programação linear que são de tempo polinomial. Apresentamos aqui duas razões para entender a formulação de problemas de programação linear. A primeira é que, se soubermos que podemos expressar determinado problema como um problema de programação linear de tamanho polinomial, então temos imediatamente um algoritmo de tempo polinomial para resolver o problema. A segunda é que existem algoritmos mais rápidos para muitos casos especiais de programação linear. Por exemplo, o problema de caminho mínimo para um único par (Exercício 22.4-4) e o problema de fluxo máximo (Exercício 24.1-5) são casos especiais de programação linear.

Por vezes, não nos importamos com a função objetivo; o que queremos é apenas encontrar alguma ***solução viável***, isto é, qualquer vetor x que satisfaça $Ax \leq b$, ou determinar que não existe nenhuma solução viável. Focalizaremos um desses ***problemas de viabilidade***.

Sistemas de restrições de diferença

Em um ***sistema de restrições de diferença***, cada linha da matriz de programação linear A contém um 1 e um -1, e todas as outras entradas de A são 0. Assim, as restrições dadas por $Ax \leq b$ são um conjunto de m ***restrições de diferença*** que envolvem n incógnitas, no qual cada restrição é uma inequação linear simples da forma

$$x_j - x_i \leq b_k,$$

em que $1 \leq i, j \leq n, i \neq j$ e $1 \leq k \leq m$.

Por exemplo, considere o problema de encontrar um vetor de cinco elementos $x = (x_i)$ que satisfaça

$$\begin{pmatrix} 1 & -1 & 0 & 0 & 0 \\ 1 & 0 & 0 & 0 & -1 \\ 0 & 1 & 0 & 0 & -1 \\ -1 & 0 & 1 & 0 & 0 \\ -1 & 0 & 0 & 1 & 0 \\ 0 & 0 & -1 & 1 & 0 \\ 0 & 0 & -1 & 0 & 1 \\ 0 & 0 & 0 & -1 & 1 \end{pmatrix} \begin{pmatrix} x_1 \\ x_2 \\ x_3 \\ x_4 \\ x_5 \end{pmatrix} \leq \begin{pmatrix} 0 \\ -1 \\ 1 \\ 5 \\ 4 \\ -1 \\ -3 \\ -3 \end{pmatrix}$$

Esse problema é equivalente a determinar valores para as incógnitas x_1, x_2, x_3, x_4, x_5, que satisfaçam às seguintes oito restrições de diferença:

$$x_1 - x_2 \leq \ \ 0 \,, \tag{22.2}$$
$$x_1 - x_5 \leq -1 \,, \tag{22.3}$$
$$x_2 - x_5 \leq \ \ 1 \,, \tag{22.4}$$
$$x_3 - x_1 \leq \ \ 5 \,, \tag{22.5}$$
$$x_4 - x_1 \leq \ \ 4 \,, \tag{22.6}$$
$$x_4 - x_3 \leq -1 \,, \tag{22.7}$$
$$x_5 - x_3 \leq -3 \,, \tag{22.8}$$
$$x_5 - x_4 \leq -3 \,. \tag{22.9}$$

Uma solução para esse problema é $x = (-5, -3, 0, -1, -4)$, como podemos verificar diretamente examinando cada inequação. Na verdade, esse problema tem mais de uma solução. Outra é $x' = (0, 2, 5, 4, 1)$. Essas duas soluções estão relacionadas: cada componente de x' é cinco unidades maior que o componente correspondente de x. Esse fato não é mera coincidência.

Lema 22.8

Seja $x = (x_1, x_2, ..., x_n)$ uma solução para um sistema $Ax \leq b$ de restrições de diferença e seja d qualquer constante. Então, $x + d = (x_1 + d, x_2 + d, ..., x_n + d)$ é também uma solução para $Ax \leq b$.

Prova Para cada x_i e x_j, temos $(x_j + d) - (x_i + d) = x_j - x_i$. Assim, se x satisfaz $Ax \leq b$, $x + d$ também satisfaz essa inequação. ∎

Sistemas de restrições de diferença ocorrem em muitas aplicações diferentes. Por exemplo, as incógnitas x_i podem ser os tempos em que certos eventos devem ocorrer. Cada restrição afirma que deve decorrer no mínimo certo período de tempo ou no máximo certo período de tempo entre dois eventos. Talvez os eventos sejam serviços a serem realizados durante a montagem de um produto. Se o fabricante aplicar no tempo x_1 um adesivo que demora duas horas para agir e tivermos de esperar essas duas horas para instalar uma peça no tempo x_2, então temos a seguinte restrição: $x_2 \geq x_1 + 2$ ou, o que é equivalente, $x_1 - x_2 \leq -2$. Como alternativa, o fabricante pode exigir que a peça seja instalada depois da aplicação do adesivo, porém, em vez de esperarmos as duas horas previstas até o adesivo agir, devemos instalar a peça o mais tardar na metade desse tempo. Nesse caso, obtemos o par de restrições $x_2 \geq x_1$ e $x_2 \leq x_1 + 1$ ou, o que é equivalente, $x_1 - x_2 \leq 0$ e $x_2 - x_1 \leq 1$.

Se todas as restrições possuem números não negativos no lado direito — isto é, se $b_i \geq 0$ para $i = 1, 2, ..., m$ —, então a descoberta de uma solução viável é trivial: basta definir todas as incógnitas x_i iguais umas às outras. Assim, todas as diferenças são 0, e cada restrição é satisfeita. O problema de encontrar solução viável para um sistema de restrições de diferença só é interessante se pelo menos uma restrição tiver $b_i < 0$.

Grafos de restrição

Podemos interpretar sistemas de restrições de diferença adotando um ponto de vista de teoria dos grafos. Em um sistema $Ax \leq b$ de restrições de diferença, consideramos a matriz de programação linear A $m \times n$ como a transposta de uma matriz de incidência (ver Exercício 20.1-7) para um grafo com n vértices e m arestas. Cada vértice v_i no grafo, para $i = 1, 2, ..., n$, corresponde a uma das n variáveis incógnitas x_i. Cada aresta dirigida no grafo corresponde a uma das m inequações que envolvem duas incógnitas.

Utilizando uma linguagem mais formal, dado um sistema $Ax \leq b$ de restrições de diferença, o **grafo de restrição** correspondente é um grafo dirigido ponderado $G = (V, E)$, em que

$$V = \{v_0, v_1, \ldots, v_n\}$$

e

$$E = \{(v_i, v_j) : x_j - x_i \leq b_k \text{ é uma restrição}\}$$
$$\cup \{(v_0, v_1), (v_0, v_2), (v_0, v_3), \ldots, (v_0, v_n)\} \ .$$

O grafo de restrição contém o vértice adicional v_0, como veremos em breve, para garantir que o grafo tenha algum vértice que possa alcançar todos os outros vértices. Assim, o conjunto de vértices V consiste em um vértice v_i para cada incógnita x_i, mais um vértice adicional v_0. O conjunto de arestas E contém uma aresta para cada restrição de diferença mais uma aresta (v_0, v_i) para cada incógnita x_i. Se $x_j - x_i \leq b_k$ é uma restrição de diferença, então o peso da aresta (v_i, v_j) é $w(v_i, v_j) = b_k$. O peso de cada aresta que sai de v_0 é 0. A Figura 22.8 mostra o grafo de restrição para o sistema (22.2)–(22.9) de restrições de diferença.

O teorema a seguir mostra que podemos encontrar solução para um sistema de restrições de diferença determinando os pesos de caminhos mínimos no grafo de restrição correspondente.

Teorema 22.9

Dado um sistema $Ax \leq b$ de restrições de diferença, seja $G = (V, E)$ o grafo de restrição correspondente. Se G não contém nenhum ciclo de peso negativo, então

$$x = (\delta(v_0, v_1), \delta(v_0, v_2), \delta(v_0, v_3), \ldots, \delta(v_0, v_n)) \tag{22.10}$$

é uma solução viável para o sistema. Se G contém um ciclo de peso negativo, não há solução viável para o sistema.

Prova Primeiro, mostramos que, se o grafo de restrição não contém nenhum ciclo de peso negativo, a Equação (22.10) apresenta uma solução viável. Considere qualquer aresta $(v_i, v_j) \in E$. Pela inequação triangular, $\delta(v_0, v_j) \leq \delta(v_0, v_i) + w(v_i, v_j)$ ou, o que é equivalente, $\delta(v_0, v_j) - \delta(v_0, v_i) \leq w(v_i, v_j)$. Assim, fazer $x_i = \delta(v_0, v_i)$ e $x_j = \delta(v_0, v_j)$ satisfaz à restrição de diferença $x_j - x_i \leq w(v_i, v_j)$ que corresponde à aresta (v_i, v_j).

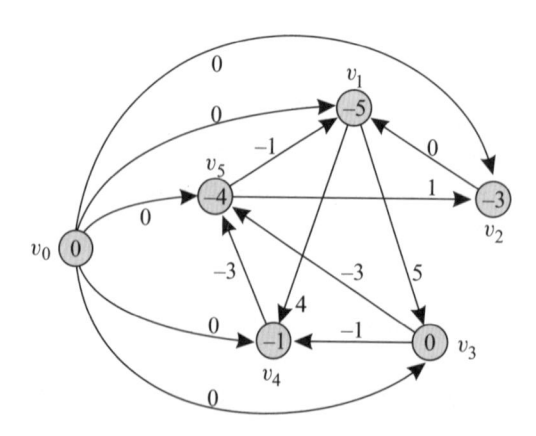

Figura 22.8 Grafo de restrição correspondente ao sistema (22.2)–(22.9) de restrições de diferença. O valor de $\delta(v_0, v_1)$ aparece em cada vértice v_i. Uma solução viável para o sistema é $x = (-5, -3, 0, -1, -4)$.

Agora mostramos que, se o grafo de restrição contém um ciclo de peso negativo, o sistema de restrições de diferença não tem nenhuma solução viável. Sem prejuízo da generalidade, seja o ciclo de peso negativo $c = \langle v_1, v_2, ..., v_k \rangle$, em que $v_1 = v_k$. (O vértice v_0 não pode estar no ciclo c porque não tem nenhuma aresta de entrada.) O ciclo c corresponde às seguintes restrições de diferença:

$$x_2 - x_1 \leq w(v_1, v_2),$$
$$x_3 - x_2 \leq w(v_2, v_3),$$
$$\vdots$$
$$x_{k-1} - x_{k-2} \leq w(v_{k-2}, v_{k-1}),$$
$$x_k - x_{k-1} \leq w(v_{k-1}, v_k).$$

Suponha que x tenha uma solução que satisfaça cada uma dessas k inequações e, então, deduzimos uma contradição. A solução também deve satisfazer à inequação que resulta quando somamos as k inequações. Se somarmos os lados esquerdos, cada incógnita x_i é somada uma vez e subtraída uma vez (lembre-se de que $v_1 = v_k$ implica $x_1 = x_k$), de modo que a soma do lado esquerdo resulta em 0. A soma dos valores do lado direito é o peso $w(c)$ do ciclo, resultando em $0 \leq w(c)$. Porém, visto que c é um ciclo de peso negativo, $w(c) < 0$, e obtemos a contradição de que $0 \leq w(c) < 0$. ∎

Resolução de sistemas de restrições de diferença

O Teorema 22.9 sugere que podemos usar o algoritmo de Bellman-Ford para resolvermos um sistema de restrições de diferenças. Como o grafo de restrição contém arestas que partem do vértice de origem v_0 para todos os outros vértices, qualquer ciclo de peso negativo no grafo de restrição pode ser alcançado a partir de v_0. Se o algoritmo de Bellman-Ford retorna VERDADE, então os pesos dos caminhos mínimos oferecem uma solução viável para o sistema. Por exemplo, na Figura 22.8, os pesos de caminhos mínimos dão a solução viável $x = (-5, -3, 0, -1, -4)$ e, pelo Lema 22.8, $x = (d - 5, d - 3, d, d - 1, d - 4)$ também é uma solução viável para qualquer constante d. Se o algoritmo de Bellman-Ford retorna FALSO, não existe nenhuma solução viável para o sistema de restrições de diferença.

Um sistema de restrições de diferença com m restrições para n incógnitas produz um grafo com $n + 1$ vértices e $n + m$ arestas. Assim, usando o algoritmo de Bellman-Ford, podemos resolver o sistema no tempo $O((n + 1)(n + m)) = O(n^2 + nm)$. O Exercício 22.4-5 pede que você modifique o algoritmo para que seja executado no tempo $O(nm)$, mesmo que m seja muito menor que n.

Exercícios

22.4-1
Encontre uma solução viável ou determine que não existe nenhuma solução viável para o seguinte sistema de restrições de diferença:

$$x_1 - x_2 \leq 1,$$
$$x_1 - x_4 \leq -4,$$
$$x_2 - x_3 \leq 2,$$
$$x_2 - x_5 \leq 7,$$
$$x_2 - x_6 \leq 5,$$
$$x_3 - x_6 \leq 10,$$
$$x_4 - x_2 \leq 2,$$
$$x_5 - x_1 \leq -1,$$
$$x_5 - x_4 \leq 3,$$
$$x_6 - x_3 \leq -8.$$

22.4-2

Encontre uma solução viável ou determine que não existe nenhuma solução viável para o seguinte sistema de restrições de diferença:

$$x_1 - x_2 \leq 4,$$
$$x_1 - x_5 \leq 5,$$
$$x_2 - x_4 \leq -6,$$
$$x_3 - x_2 \leq 1,$$
$$x_4 - x_1 \leq 3,$$
$$x_4 - x_3 \leq 5,$$
$$x_4 - x_5 \leq 10,$$
$$x_5 - x_3 \leq -4,$$
$$x_5 - x_4 \leq -8.$$

22.4-3

Algum peso de caminho mínimo que parta do novo vértice v_0 em um grafo de restrição pode ser positivo? Explique.

22.4-4

Expresse o problema de caminho mínimo para um único par como programa linear.

22.4-5

Mostre como modificar ligeiramente o algoritmo de Bellman-Ford de modo que, ao usarmos esse algoritmo para resolvermos um sistema de restrições de diferença com m inequações para n incógnitas, o tempo de execução seja $O(nm)$.

22.4-6

Considere a inclusão de ***restrições de igualdade*** da forma $x_i = x_j + b_k$ a um sistema de restrições de diferença. Mostre como resolver essa variedade de sistema de restrições.

22.4-7

Mostre como resolver um sistema de restrições de diferença por um algoritmo semelhante ao de Bellman-Ford executado em um grafo de restrição sem o vértice extra v_0.

★ 22.4-8

Seja $Ax \leq b$ um sistema de m restrições de diferença para n incógnitas. Mostre que o algoritmo de Bellman-Ford, quando executado para o grafo de restrições correspondente, maximiza $\sum_{i=1}^{n} x_i$ sujeito a $Ax \leq b$ e $x_i \leq 0$ para todo x_i.

★ 22.4-9

Mostre que o algoritmo de Bellman-Ford, quando executado para o grafo de restrições para um sistema $Ax \leq b$ de restrições de diferença, minimiza a quantidade $(\max\{x_i\} - \min\{x_i\})$ sujeita a $Ax \leq b$. Explique como esse fato poderia ser útil se o algoritmo fosse usado para programar serviços de construção.

22.4-10

Suponha que toda linha na matriz A de um programa linear $Ax \leq b$ corresponda a uma restrição de diferença, a uma restrição de variável única da forma $x_i \leq b_k$ ou a uma restrição de variável única da forma $-x_i \leq b_k$. Mostre como o algoritmo de Bellman-Ford pode ser adaptado para resolver essa variedade de sistema de restrições.

22.4-11

Forneça um algoritmo eficiente para resolver um sistema $Ax \leq b$ de restrições de diferença quando todos os elementos de b são valores reais e todas as incógnitas x_i devem ser valores inteiros.

★ *22.4-12*

Forneça um algoritmo eficiente para resolver um sistema $Ax \leq b$ de restrições de diferença quando todos os elementos de b são valores reais e um subconjunto especificado de algumas incógnitas x_i, mas não necessariamente de todas, devem ser valores inteiros.

22.5 Provas de propriedades de caminhos mínimos

Em todo este capítulo, nossos argumentos com relação à corretude se basearam na inequação triangular, na propriedade do limite superior, na propriedade da inexistência de caminho, na propriedade de convergência, na propriedade de relaxamento de caminhos e na propriedade do subgrafo dos predecessores. Enunciamos essas propriedades sem prová-las no início deste capítulo. Nesta seção, provamos cada uma delas.

Inequação triangular

Quando estudamos a busca em largura (Seção 20.2), provamos no Lema 20.1 uma propriedade simples de distâncias mais curtas em grafos não ponderados. A inequação triangular a seguir generaliza a propriedade para grafos ponderados.

Lema 22.10 (Inequação triangular)

Seja $G = (V, E)$ um grafo dirigido ponderado com função peso $w : E \rightarrow \mathbb{R}$ e vértice de origem s. Então, para todas as arestas $(u, v) \in E$, temos

$$\delta(s, v) \leq \delta(s, u) + w(u, v) .$$

Prova Suponha que p seja um caminho mínimo da origem s ao vértice v. Então, p não tem peso maior que qualquer outro caminho de s a v. Especificamente, o caminho p não tem peso maior que o caminho específico que segue um caminho mínimo da origem s até o vértice u, e depois percorre a aresta (u, v).

O Exercício 22.5-3 pede que você trate do caso em que não existe nenhum caminho mínimo de s a v.   ∎

Efeitos do relaxamento sobre estimativas de caminhos mínimos

O próximo grupo de lemas descreve como as estimativas de caminhos mínimos são afetadas quando executamos uma sequência de etapas de relaxamento nas arestas de um grafo dirigido ponderado que foi inicializado por INICIALIZA-ORIGEM-ÚNICA.

Lema 22.11 (Propriedade de limite superior)

Seja $G = (V, E)$ um grafo dirigido ponderado com função peso $w : E \rightarrow \mathbb{R}$. Seja $s \in V$ o vértice origem e considere G inicializado por INICIALIZA-ORIGEM-ÚNICA(G, s). Então, $v.d \geq \delta(s, v)$ para todo $v \in V$, e esse invariante é mantido para qualquer sequência de etapas de relaxamento nas arestas de G. Além disso, tão logo $v.d$ alcance seu limite inferior $\delta(s, v)$, nunca mais muda.

Prova Provamos o invariante $v.d \geq \delta(s, v)$ para todos os vértices $v \in V$ por indução com relação ao número de etapas de relaxamento.

Para o caso-base, $v.d \geq \delta(s, v)$ é certamente verdadeiro após inicialização, já que $v.d = \infty$ implica $v.d \geq \delta(s, v)$ para todo $v \in V - \{s\}$, e uma vez que $s.d = 0 \geq \delta(s, s)$. (Observe que $\delta(s, s) = -\infty$, se s está em um ciclo de peso negativo, e que $\delta(s, s) = 0$, em caso contrário.)

Para a etapa de indução, considere o relaxamento de uma aresta (u, v). Pela hipótese de indução, $x.d \geq \delta(s, x)$ para todo $x \in V$ antes do relaxamento. O único valor d que pode mudar é $v.d$. Se ele mudar, temos

$$v.d = u.d + w(u, v)$$
$$\geq \delta(s, u) + w(u, v) \quad \text{(pela hipótese de indução)}$$
$$\geq \delta(s, v) \quad\quad\quad \text{(pela inequação triangular),}$$

e, portanto, o invariante é mantido.

O valor de $v.d$ nunca muda depois que $v.d = \delta(s, v)$ porque, uma vez alcançado seu limite inferior, $v.d$ não pode diminuir pois acabamos de mostrar que $v.d \geq \delta(s, v)$, e não pode aumentar porque as etapas de relaxamento não aumentam valores de d. ∎

Corolário 22.12 (Propriedade da inexistência de caminho)

Suponha que, em um grafo dirigido ponderado $G = (V, E)$ com função peso $w : E \rightarrow \mathbb{R}$, nenhum caminho conecte o vértice origem $s \in V$ a determinado vértice $v \in V$. Então, depois que o grafo é inicializado por Iniciializa-Origem-Única(G, s), temos $v.d = \delta(s, v) = \infty$, e essa igualdade é mantida como um invariante para qualquer sequência de etapas de relaxamento nas arestas de G.

Prova Pela propriedade de limite superior, temos sempre $\infty = \delta(s, v) \leq v.d$ e, portanto, $v.d = \infty = \delta(s, v)$. ∎

Lema 22.13

Seja $G = (V, E)$ um grafo dirigido ponderado com função peso $w : E \rightarrow \mathbb{R}$, e seja $(u, v) \in E$. Então, imediatamente após relaxar a aresta (u, v) pela execução de Relaxa(u, v, w), temos $v.d \leq u.d + w(u, v)$.

Prova Se, imediatamente antes de relaxar a aresta (u, v), temos $v.d > u.d + w(u, v)$, então $v.d = u.d + w(u, v)$ daí em diante. Se, em vez disso, $v.d \leq u.d + w(u, v)$ imediatamente antes do relaxamento, então nem $u.d$ nem $v.d$ se alteram e, assim, $v.d \leq u.d + w(u, v)$ daí em diante. ∎

Lema 22.14 (Propriedade de convergência)

Seja $G = (V, E)$ um grafo dirigido ponderado com função peso $w : E \rightarrow \mathbb{R}$, seja $s \in V$ um vértice de origem, e seja $s \rightsquigarrow u \rightarrow v$ um caminho mínimo em G para alguns vértices $u, v \in V$. Suponha que G seja inicializado por Iniciializa-Origem-Única(G, s) e depois uma sequência de etapas de relaxamento que inclua a chamada Relaxa(u, v, w) seja executada para as arestas de G. Se $u.d = \delta(s, u)$ em qualquer tempo anterior à chamada, então $v.d = \delta(s, v)$ em todos os tempos após a chamada.

Prova Pela propriedade do limite superior, se $u.d = \delta(s, u)$ em algum ponto antes do relaxamento da aresta (u, v), então essa igualdade se mantém válida daí em diante. Em particular, após o relaxamento da aresta (u, v), temos

$$v.d \leq u.d + w(u, v) \quad \text{(pelo Lema 22.13)}$$
$$= \delta(s, u) + w(u, v)$$
$$= \delta(s, v) \quad \text{(pelo Lema 22.1)}.$$

Pela propriedade do limite superior, $v.d \geq \delta(s, v)$, da qual concluímos que $v.d = \delta(s, v)$, e essa igualdade é mantida daí em diante. ∎

Lema 22.15 (Propriedade de relaxamento de caminho)

Seja $G = (V, E)$ um grafo dirigido ponderado com função peso $w : E \rightarrow \mathbb{R}$ e seja $s \in V$ um vértice de origem. Considere qualquer caminho mínimo $p = \langle v_0, v_1, ..., v_k \rangle$ de $s = v_0$ a v_k. Se G é inicializado por Iniciializa-Origem-Única(G, s) e depois ocorre uma sequência de etapas de relaxamento que inclui, pela ordem, relaxar as arestas $(v_0, v_1), (v_1, v_2), ..., (v_{k-1}, v_k)$, então $v_k.d = \delta(s, v_k)$ depois desses relaxamentos e todas as vezes daí em diante. Essa propriedade se mantém válida, não importando quais outros relaxamentos de arestas ocorram, inclusive relaxamentos entremeados com relaxamentos das arestas de p.

Prova Mostramos por indução que, depois que a i-ésima aresta do caminho p é relaxada, temos $v_i.d = \delta(s, v_i)$. Para a base, $i = 0$, e antes que quaisquer arestas de p tenham sido relaxadas, temos pela inicialização que $v_0.d = s.d = 0 = \delta(s, s)$. Pela propriedade do limite superior, o valor de $s.d$ nunca muda após a inicialização.

Para a etapa de indução, supomos que $v_{i-1}.d = \delta(s, v_{i-1})$. Mas o que acontece quando relaxamos a aresta (v_{i-1}, v_i)? Pela propriedade de convergência, após o relaxamento dessa aresta, temos $v_i.d = \delta(s, v_i)$, e essa igualdade é mantida todas as vezes depois disso. ∎

Relaxamento e árvores de caminhos mínimos

Agora mostramos que, tão logo uma sequência de relaxamentos tenha provocado a convergência de estimativas de caminhos mínimos para pesos de caminhos mínimos, o subgrafo predecessor G_π induzido pelos valores de π resultantes é uma árvore de caminhos mínimos para G. Começamos com o lema a seguir, que mostra que o subgrafo dos predecessores sempre forma uma árvore enraizada cuja raiz é a origem.

Lema 22.16

Seja $G = (V, E)$ um grafo dirigido ponderado com função peso $w : E \to \mathbb{R}$, seja $s \in V$ um vértice de origem e suponha que G não contenha nenhum ciclo de peso negativo que possa ser alcançado a partir de s. Então, depois que o grafo é inicializado por INICIALIZA-ORIGEM-ÚNICA(G, s), o subgrafo dos predecessores G_π forma uma árvore enraizada com raiz s, e qualquer sequência de etapas de relaxamento em arestas de G mantém essa propriedade como um invariante.

Prova Inicialmente, o único vértice em G_π é o vértice de origem, e o lema é trivialmente verdadeiro. Considere um subgrafo dos predecessores G_π que surja após uma sequência de etapas de relaxamento. Primeiro, provaremos que G_π é acíclico. Suponha, por contradição, que alguma etapa de relaxamento crie um ciclo no grafo G_π. Seja $c = \langle v_0, v_1, ..., v_k \rangle$ o ciclo no qual $v_k = v_0$. Então, $v_i.\pi = v_{i-1}$ para $i = 1, 2, ..., k$ e, sem prejuízo da generalidade, podemos supor que o relaxamento da aresta (v_{k-1}, v_k) criou o ciclo em G_π.

Afirmamos que todos os vértices no ciclo c podem ser alcançados a partir da origem s. Por quê? Cada vértice em c tem um predecessor não NIL; portanto, uma estimativa de caminho mínimo finito foi atribuída a cada vértice c quando lhe foi atribuído seu valor π não NIL. Pela propriedade do limite superior, cada vértice no ciclo c tem um peso de caminho mínimo finito, o que implica que ele pode ser alcançado a partir de s.

Examinaremos as estimativas de caminhos mínimos em c imediatamente antes da chamada RELAXA(v_{k-1}, v_k, w) e mostraremos que c é um ciclo de peso negativo, contradizendo, assim, a hipótese de que G não contém nenhum ciclo de peso negativo que possa ser alcançado a partir da origem. Imediatamente antes da chamada, temos $v_i.\pi = v_{i-1}$ para $i = 1, 2, ..., k - 1$. Assim, para $i = 1, 2, ..., k - 1$, a última atualização para $v_i.d$ foi feita pela atribuição $v_i.d = v_{i-1}.d + w(v_{i-1}, v_i)$. Se $v_{i-1}.d$ mudou desde então, ela diminuiu. Por essa razão, imediatamente antes da chamada RELAXA(v_{k-1}, v_k, w), temos

$$v_i.d \geq v_{i-1}.d + w(v_{i-1}, v_i) \quad \text{para todo } i = 1, 2, ..., k - 1 \tag{22.11}$$

Como $v_k.\pi$ é alterado pela chamada RELAXA(v_{k-1}, v_k, w), imediatamente antes temos também a inequação estrita

$$v_k.d > v_{k-1}.d + w(v_{k-1}, v_k) \, .$$

Somando essa inequação estrita com as $k - 1$ inequações (22.11), obtemos a soma das estimativas dos caminhos mínimos em torno do ciclo c:

$$\sum_{i=1}^{k} v_i.d > \sum_{i=1}^{k} (v_{i-1}.d + w(v_{i-1}, v_i))$$
$$= \sum_{i=1}^{k} v_{i-1}.d + \sum_{i=1}^{k} w(v_{i-1}, v_i) \, .$$

Mas,

$$\sum_{i=1}^{k} v_i.d = \sum_{i=1}^{k} v_{i-1}.d \, ,$$

já que cada vértice no ciclo c aparece exatamente uma vez em cada somatório. Essa equação implica

$$0 > \sum_{i=1}^{k} w(v_{i-1}, v_i) \, .$$

Assim, a soma dos pesos em torno do ciclo c é negativa, o que oferece a contradição desejada.

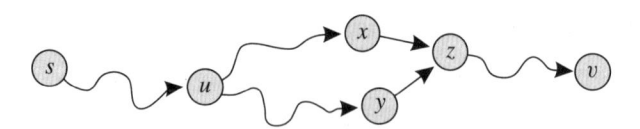

Figura 22.9 Mostra-se que um caminho simples em G_π da origem s ao vértice v é único. Se G_π contém dois caminhos p_1 $(s \rightsquigarrow u \rightsquigarrow$ $x \rightarrow z \rightsquigarrow v)$ e p_2 $(s \rightsquigarrow u \rightsquigarrow y \rightarrow z \rightsquigarrow v)$, em que $x \neq y$, então $z.\pi = x$ e $z.\pi = y$, uma contradição.

Agora já provamos que G_π é um grafo acíclico dirigido. Para mostrar que ele forma uma árvore enraizada com raiz s, basta provar (ver Exercício B.5-2, no Apêndice B) que, para cada vértice $v \in V_\pi$, há um único caminho simples de s a v em G_π.

Os vértices em V_π são os que têm valores π não NIL mais s. O Exercício 22.5-6 pede que você prove que existe um caminho de s a todos os vértices em V_π.

Para concluirmos a prova do lema, devemos mostrar agora que, para qualquer vértice $v \in V_\pi$, o grafo G_π contém no máximo um caminho simples de s a v. Suponha o contrário. Isto é, suponha que, como mostra a Figura 22.9, G_π contenha dois caminhos simples de s a algum vértice v: p_1, que decompomos em $s \rightsquigarrow u \rightsquigarrow x \rightarrow z \rightsquigarrow v$, e p_2, que decompomos em $s \rightsquigarrow u \rightsquigarrow y \rightarrow z \rightsquigarrow v$, em que $x \neq y$ (se bem que u poderia ser s e z poderia ser v). Mas, então, $z.\pi = x$ e $z.\pi = y$, o que implica a contradição $x = y$. Concluímos que G_π contém um caminho simples único de s a v, e assim G_π forma uma árvore enraizada com raiz s. ∎

Agora, podemos mostrar que, se todos os vértices tiverem recebido a atribuição de seus pesos de caminhos mínimos verdadeiros após uma sequência de etapas de relaxamento, o subgrafo dos predecessores G_π será uma árvore de caminhos mínimos.

Lema 22.17 (Propriedade do subgrafos predecessores)

Seja $G = (V, E)$ um grafo dirigido ponderado com função peso $w : E \rightarrow \mathbb{R}$, seja $s \in V$ um vértice origem, e suponha que G não contenha nenhum ciclo de peso negativo que possa ser alcançado a partir de s. Então, após uma chamada INICIALIZA-ORIGEM-ÚNICA(G, s) e depois de executar qualquer sequência de etapas de relaxamento para arestas de G que produza $v.d = \delta(s, v)$ para todo $v \in V$, o subgrafo predecessor G_π é uma árvore de caminhos mínimos com raiz em s.

Prova Devemos provar que as três propriedades de árvores de caminhos mínimos dadas anteriormente neste capítulo são válidas para G_π. Para ilustrarmos a primeira propriedade, devemos mostrar que V_π é o conjunto de vértices que pode ser alcançado a partir de s. Por definição, um peso de caminho mínimo $\delta(s, v)$ é finito se, e somente se, v pode ser alcançado de s e, portanto, os vértices que podem ser alcançados a partir de s são exatamente aqueles que têm valores de d finitos. Porém, um vértice $v \in V - \{s\}$ recebeu a atribuição de um valor finito para $v.d$ se, e somente se, $v.\pi \neq$ NIL, pois as duas atribuições ocorrem em RELAXA. Assim, os vértices em V_π são exatamente aqueles que podem ser alcançados a partir de s.

A segunda propriedade, que G_π forma uma árvore enraizada com raiz s, decorre diretamente do Lema 22.16.

Portanto, resta provar a última propriedade de árvores de caminhos mínimos: para cada vértice $v \in V_\pi$, o único caminho simples $s \overset{p}{\rightsquigarrow} v$ em G_π é um caminho mínimo de s a v em G. Seja $p = \langle v_0, v_1, ..., v_k \rangle$, em que $v_0 = s$ e $v_k = v$. Considere uma aresta (v_{i-1}, v_i) no caminho p. Como essa aresta pertence a G_π, o último relaxamento que alterou $v_i.d$ deve ter sido dessa aresta. Após esse relaxamento, tínhamos $v_i.d = v_{i-1}.d + (v_{i-1}, v_i)$. Subsequentemente, uma aresta entrando em v_{i-1} poderia ter sido relaxada, fazendo com que $v_{i-1}.d$ diminua ainda mais, mas sem alterar $v_i.d$. Portanto, temos $v_i.d \geq v_{i-1}.d + w(v_{i-1}, v_i)$. Assim, para $i = 1, 2, ..., k$, temos $v_i.d = \delta(s, v_i)$ e também $v_i.d \geq v_{i-1}.d + w(v_{i-1}, v_i)$, do que concluímos $w(v_{i-1}, v_i) \leq \delta(s, v_i) - \delta(s, v_{i-1})$. A soma dos pesos ao longo do caminho p produz

$$w(p) = \sum_{i=1}^{k} w(v_{i-1}, v_i)$$

$$\leq \sum_{i=1}^{k} (\delta(s, v_i) - \delta(s, v_{i-1}))$$

$$= \delta(s, v_k) - \delta(s, v_0) \quad \text{(porque a soma diminui)}$$

$$= \delta(s, v_k) \quad \text{(porque } \delta(s, v_0) = \delta(s, s) = 0\text{).}$$

Assim, temos $w(p) \leq \delta(s, v_k)$. Visto que $\delta(s, v_k)$ é um limite inferior para o peso de qualquer caminho de s a v_k, concluímos que $w(p) = \delta(s, v_k)$ e, portanto, p é um caminho mínimo de s a $v = v_k$.   ∎

Exercícios

22.5-1
Forneça duas árvores de caminhos mínimos para o grafo dirigido da Figura 22.2, além das duas mostradas.

22.5-2
Forneça um exemplo de grafo dirigido ponderado $G = (V, E)$ com função peso $w : E \to \mathbb{R}$ e vértice origem s tal que G satisfaça à seguinte propriedade: para toda aresta $(u, v) \in E$ existe uma árvore de caminhos mínimos com raiz em s que contém (u, v) e outra árvore de caminhos mínimos com raiz em s que não contém (u, v).

22.5-3
Modifique a prova do Lema 22.10 para tratar de casos nos quais os pesos de caminhos mínimos são ∞ ou $-\infty$.

22.5-4
Seja $G = (V, E)$ um grafo dirigido ponderado com vértice de origem s e suponha G inicializado por Inicializa-Origem-Única(G, s). Prove que, se uma sequência de etapas de relaxamento define $s.\pi$ com valor não NIL, então G contém um ciclo de peso negativo.

22.5-5
Seja $G = (V, E)$ um grafo dirigido ponderado sem arestas de peso negativo. Seja $s \in V$ o vértice origem e suponha que permitimos que $v.\pi$ seja o predecessor de v em *algum* caminho mínimo de v até a origem s se $v \in V - \{s\}$ puder ser alcançado a partir de s, e NIL em caso contrário. Forneça um exemplo de tal grafo G e de uma atribuição de valores de π que produza um ciclo em G_π. (Pelo Lema 22.16, tal atribuição não pode ser produzida por uma sequência de etapas de relaxamento.)

22.5-6
Seja $G = (V, E)$ um grafo dirigido ponderado com função peso $w : E \to \mathbb{R}$ e sem ciclos de peso negativo. Seja $s \in V$ o vértice de origem e suponha G inicializado por Inicializa-Origem-Única(G, s). Use a indução para provar que, para todo vértice $v \in V_\pi$, existe um caminho de s a v em G_π e que essa propriedade é mantida como um invariante para qualquer sequência de relaxamentos.

22.5-7
Seja $G = (V, E)$ um grafo dirigido ponderado que não contém nenhum ciclo de peso negativo. Seja $s \in V$ o vértice de origem e suponha G inicializado por Inicializa-Origem-Única(G, s). Prove que existe uma sequência de $|V| - 1$ etapas de relaxamento que produz $v.d = \delta(s, v)$ para todo $v \in V$.

22.5-8
Seja G um grafo dirigido ponderado arbitrário com um ciclo de peso negativo que pode ser alcançado a partir do vértice de origem s. Mostre como construir uma sequência infinita de relaxamentos das arestas de G tal que todo relaxamento provoque mudança em uma estimativa de caminho mínimo.

Problemas

22-1   *Aperfeiçoamento de Yen para Bellman-Ford*
O algoritmo de Bellman-Ford não especifica a ordem dos relaxamentos de arestas em cada passagem. Considere o seguinte método para decidir sobre a ordem. Antes da primeira passagem, atribuímos uma ordem linear arbitrária $v_1, v_2, ..., v_{|V|}$ aos vértices do grafo de entrada $G = (V, E)$. Então, particionamos o conjunto de arestas E em $E_f \cup E_b$, em que $E_f = \{(v_i, v_j) \in E : i < j\}$ e $E_b = \{(v_i, v_j) \in E : i > j\}$. (Suponha que G não contenha nenhum laço autorreferenciado, de modo que toda aresta esteja em E_f ou em E_b.) Defina $G_f = (V, E_f)$ e $G_b = (V, E_b)$.

a. Prove que G_f é acíclico com ordenação topológica $\langle v_1, v_2, ..., v_{|V|} \rangle$ e que G_b é acíclico com ordenação topológica $\langle v_{|V|}, v_{|V|-1}, ..., v_1 \rangle$.

Suponha que implementemos cada passagem do algoritmo de Bellman-Ford da maneira descrita a seguir. Visitamos cada vértice na ordem $v_1, v_2, ..., v_{|V|}$, relaxando as arestas de E_f que partem do vértice. Então, visitamos cada vértice na ordem $v_{|V|}, v_{|V|-1}, ..., v_1$, relaxando as arestas de E_b que partem do vértice.

b. Prove que, com esse esquema, se G não contém nenhum ciclo de peso negativo que possa ser alcançado do vértice de origem s, então, depois de apenas $\lceil |V|/2 \rceil$ passagens pelas arestas, $v.d = \delta(s, v)$ para todos os vértices $v \in V$.

c. Esse esquema melhora o tempo de execução assintótico do algoritmo de Bellman-Ford?

22-2 Caixas de encaixe

Uma caixa com d dimensões $(x_1, x_2, ..., x_d)$ se **encaixa** dentro de outra caixa com dimensões $(y_1, y_2, ..., y_d)$ se existe uma permutação π para $\{1, 2, ..., d\}$ tal que $x_{\pi(1)} < y_1, x_{\pi(2)} < y_2, ..., x_{\pi(d)} < y_d$.

a. Demonstre que a relação de encaixe é transitiva.

b. Descreva um método eficiente para determinar se uma caixa com d dimensões se encaixa ou não dentro de outra.

c. Suponha que você recebeu um conjunto de n caixas com d dimensões $\{B_1, B_2, ..., B_n\}$. Forneça um algoritmo eficiente para determinar a sequência mais longa de $\langle B_{i_1}, B_{i_2}, ..., B_{i_k} \rangle$ caixas tal que B_{i_j} fique encaixada dentro de $B_{i_{j+1}}$ para $j = 1, 2, ..., k-1$. Expresse o tempo de execução de seu algoritmo em termos de n e d.

22-3 Arbitragem

Arbitragem é a utilização de discrepâncias em taxas de câmbio para transformar uma unidade de determinada moeda em mais de uma unidade da mesma moeda. Por exemplo, suponha que 1 dólar americano compre 64 rupias indianas. Uma rupia indiana compra 1,8 iene japonês, e um iene japonês compra 0,009 dólar americano. Então, convertendo moedas, um comerciante pode começar com 1 dólar americano e comprar $64 \times 1,8 \times 0,009 = 1,0368$ dólar americano, obtendo, assim, um lucro de 3,68%.

Suponha que recebemos n moedas $c_1, c_2, ..., c_n$ e uma tabela R $n \times n$ de taxas de câmbio, tal que uma unidade da moeda c_i compre $R[i, j]$ unidades da moeda c_j.

a. Forneça um algoritmo eficiente para determinar se existe ou não uma sequência de moedas $\langle c_{i_1}, c_{i_2}, ..., c_{i_k} \rangle$ tal que

$$R[i_1, i_2] \cdot R[i_2, i_3] \cdots R[i_{k-1}, i_k] \cdot R[i_k, i_1] > 1 .$$

Analise o tempo de execução de seu algoritmo.

b. Forneça um algoritmo eficiente para imprimir tal sequência, se ela existir. Analise o tempo de execução do seu algoritmo.

22-4 Algoritmo de escalonamento de Gabow para caminhos mínimos de origem única

Um algoritmo de **escalonamento** resolve um problema considerando inicialmente apenas o *bit* de ordem mais alta de cada valor de entrada relevante, como um peso de aresta, supondo que esses valores sejam inteiros não negativos. Em seguida, refina a solução inicial observando os dois *bits* de ordem mais alta. Prossegue examinando cada vez mais *bits* de ordem mais alta e refinando a solução toda vez, até ter examinado todos os *bits* e calculado a solução correta.

Neste problema, examinamos um algoritmo para calcular os caminhos mínimos de uma origem única por escalonamento de pesos de arestas. Temos um grafo dirigido $G = (V, E)$ com pesos de arestas inteiros não negativos w. Seja $W = \max\{w(u, v) : (u, v) \in E\}$ o peso máximo de qualquer aresta. Neste problema, você desenvolverá um algoritmo que seja executado no tempo $O(E \lg W)$. Supomos que todos os vértices podem ser alcançados da origem.

O algoritmo de escalonamento descobre os *bits* na representação binária dos pesos de arestas um por vez, desde o *bit* mais significativo até o *bit* menos significativo. Especificamente, seja $k = \lceil \lg(W + 1) \rceil$ o número de *bits* na representação binária de W e, para $i = 1, 2, ..., k$, seja $w_i(u, v) = \lfloor w(u, v)/2^{k-i} \rfloor$. Isto é, $w_i(u, v)$ é a versão em "escala reduzida" de $w(u, v)$ dada pelos *i bits* mais significativos de $w(u, v)$. (Assim, $w_k(u, v) = w(u, v)$ para todo $(u, v) \in E$.) Por exemplo, se $k = 5$ e $w(u, v) = 25$, cuja representação binária é $\langle 11001 \rangle$, então $w_3(u, v) = \langle 110 \rangle = 6$. Como outro exemplo com $k = 5$, se $w(u, v) = \langle 00100 \rangle = 4$, então $w_4(u, v) = \langle 0010 \rangle = 2$. Vamos definir $\delta_i(u, v)$ como o peso do caminho mínimo do vértice u ao vértice v utilizando a função peso w_i. Assim, $\delta_k(u, v) = \delta(u, v)$ para todo $u, v \in V$. Para dado vértice origem s, o algoritmo de escalonamento calcula primeiro os pesos de caminhos mínimos $\delta_1(s, v)$ para todo $v \in V$, depois calcula $\delta_2(s, v)$ para todo $v \in V$ e assim por diante, até calcular $\delta_k(s, v)$ para todo $v \in V$. Supomos em todo esse processo que $|E| \geq |V| - 1$. Você mostrará como calcular δ_i a partir de δ_{i-1} no tempo $O(E)$, de modo que o algoritmo inteiro demore o tempo $O(kE) = O(E \lg W)$.

a. Suponha que, para todos os vértices $v \in V$, temos $\delta(s, v) \leq |E|$. Mostre que podemos calcular $\delta(s, v)$ para todo $v \in V$ no tempo $O(E)$.

b. Mostre que podemos calcular $\delta_1(s, v)$ para todo $v \in V$ no tempo $O(E)$.

Agora, vamos focalizar o cálculo de δ_i a partir de δ_{i-1}.

c. Prove que, para $i = 2, 3, ..., k$, temos $w_i(u, v) = 2w_{i-1}(u, v)$ ou $w_i(u, v) = 2w_{i-1}(u, v) + 1$. Em seguida, prove que

$$2\delta_{i-1}(s, v) \leq \delta_i(s, v) \leq 2\delta_{i-1}(s, v) + |V| - 1$$

para todo $v \in V$.

d. Defina, para $i = 2, 3, ..., k$ e para todo $(u, v) \in E$,

$$\widehat{w}_i(u, v) = w_i(u, v) + 2\delta_{i-1}(s, u) - 2\delta_{i-1}(s, v) \,.$$

Prove que, para $i = 2, 3, ..., k$ e todo $u, v \in V$, o valor "reponderado" $\widehat{w}_i(u, v)$ da aresta (u, v) é um inteiro não negativo.

e. Agora, defina $\widehat{\delta}_i(s, v)$ como o peso do caminho mínimo de s a v usando a função peso $\widehat{w}_i$. Prove que, para $i = 2, 3, ..., k$ e todo $v \in V$,

$$\delta_i(s, v) = \widehat{\delta}_i(s, v) + 2\delta_{i-1}(s, v)$$

e que $\widehat{\delta}_i(s, v) \leq |E|$.

f. Mostre como calcular $\delta_i(s, v)$ a partir de $d_{i-1}(s, v)$ para todo $v \in V$ no tempo $O(E)$. Conclua que podemos calcular $\delta(s, v)$ para todo $v \in V$ no tempo $O(E \lg W)$.

22-5   Algoritmo do ciclo de peso médio mínimo de Karp

Seja $G = (V, E)$ um grafo dirigido com função peso $w : E \rightarrow \mathbb{R}$ e seja $n = |V|$. Definimos o **peso médio** de um ciclo $c = \langle e_1, e_2, ..., e_k \rangle$ de arestas em E como

$$\mu(c) = \frac{1}{k} \sum_{i=1}^{k} w(e_i) \,.$$

Seja $\mu^* = \min\{\mu(c) : c$ é um ciclo dirigido em $G\}$. Denominamos **ciclo de peso médio mínimo** um ciclo c para o qual $\mu(c) = \mu^*$. Este problema investiga um algoritmo eficiente para cálculo de μ^*.

Suponha, sem prejuízo da generalidade, que todo vértice $v \in V$ pode ser alcançado de um vértice origem $s \in V$. Seja $\delta(s, v)$ o peso de um caminho mínimo de s a v e seja $\delta_k(s, v)$ o peso de um caminho mínimo de s a v consistindo em *exatamente* k arestas. Se não existe nenhum caminho de s a v com exatamente k arestas, então $\delta_k(s, v) = \infty$.

a. Mostre que, se $\mu^* = 0$, G não contém nenhum ciclo de peso negativo e $\delta(s, v) = \min\{\delta_k(s, v) : 0 \leq k \leq n - 1\}$ para todos os vértices $v \in V$.

b. Mostre que, se $\mu^* = 0$, então

$$\max\left\{\frac{\delta_n(s, v) - \delta_k(s, v)}{n - k} : 0 \leq k \leq n - 1\right\} = 0 \,.$$

para todos os vértices $v \in V$. (*Sugestão*: use ambas as propriedades do item (a).)

c. Seja c um ciclo de peso 0, e sejam u e v quaisquer dois vértices em c. Suponha que $\mu^* = 0$ e que o peso do caminho simples de u a v ao longo do ciclo seja x. Prove que $\delta(s, v) = \delta(s, u) + x$. (*Sugestão*: o peso do caminho simples de v a u ao longo do ciclo é $-x$.)

d. Mostre que, se $\mu^* = 0$, então, em cada ciclo de peso médio mínimo, existe um vértice v tal que

$$\max \left\{ \frac{\delta_n(s, v) - \delta_k(s, v)}{n - k} : 0 \leq k \leq n - 1 \right\} = 0 \ .$$

(*Sugestão*: mostre como estender um caminho mínimo até qualquer vértice em um ciclo de peso médio mínimo ao longo do ciclo para formar um caminho mínimo até o próximo vértice no ciclo.)

e. Mostre que, se $\mu^* = 0$, então o valor mínimo de

$$\max \left\{ \frac{\delta_n(s, v) - \delta_k(s, v)}{n - k} : 0 \leq k \leq n - 1 \right\} \ ,$$

tomado por todos os vértices $v \in V$, é igual a 0.

f. Mostre que, se adicionarmos uma constante t ao peso de cada aresta de G, então μ^* aumenta de t. Use esse fato para mostrar que μ^* é igual ao valor mínimo de

$$\max \left\{ \frac{\delta_n(s, v) - \delta_k(s, v)}{n - k} : 0 \leq k \leq n - 1 \right\} \ ,$$

tomado por todos os vértices $v \in V$.

g. Forneça um algoritmo de tempo $O(VE)$ para calcular μ^*.

22-6   *Caminhos mínimos bitônicos*

Uma sequência é ***bitônica*** se ela cresce monotonicamente e depois decresce monotonicamente ou se, por um deslocamento circular, cresce monotonicamente e depois decresce monotonicamente. Por exemplo, as sequências $\langle 1, 4, 6, 8, 3, -2 \rangle$, $\langle 9, 2, -4, -10, -5 \rangle$ e $\langle 1, 2, 3, 4 \rangle$ são bitônicas, mas $\langle 1, 3, 12, 4, 2, 10 \rangle$ não é bitônica. (Ver Problema 14-3, que aborda o problema do caixeiro-viajante euclidiano bitônico.)

Suponha que tenhamos um grafo dirigido $G = (V, E)$ com função peso $w : E \to \mathbb{R}$ em que todos os pesos de arestas são únicos e desejamos encontrar caminhos mínimos de origem única a partir de um vértice de origem s. Temos uma informação adicional: para cada vértice $v \in V$, os pesos das arestas ao longo de qualquer caminho mínimo de s a v formam uma sequência bitônica.

Forneça o algoritmo mais eficiente que puder para resolver esse problema e analise seu tempo de execução.

Notas do capítulo

O problema de caminho mínimo tem uma longa história, que é muito bem descrita em um artigo de Schrijver [400]. Ele dá o crédito pela ideia geral de executar repetidamente os relaxamentos de aresta a Ford [148]. O algoritmo de Dijkstra [116] surgiu em 1959, mas não fazia nenhuma menção a uma fila de prioridades. O algoritmo de Bellman-Ford se baseia em algoritmos separados desenvolvidos por Bellman [45] e Ford [149]. O mesmo algoritmo também é atribuído a Moore [334]. Bellman descreve a relação entre caminhos mínimos e restrições de diferenças. Lawler [276] descreve o algoritmo de tempo linear para caminhos mínimos em um gad, que ele considera parte do conhecimento tradicional.

Quando os pesos de arestas são inteiros não negativos relativamente pequenos, algoritmos mais eficientes resultam do uso de filas de prioridades mínimas que exigem chaves inteiras e contam com a sequência de valores retornados pelas chamadas a Extrai-Min no algoritmo de Dijkstra crescendo monotonicamente com o tempo. Ahuja, Mehlhorn, Orlin e Tarjan [8] dão um algoritmo que é executado no tempo $O(E + V \sqrt{\lg W})$ para grafos com pesos de arestas não negativos, em que W é o maior peso de qualquer aresta no grafo. Os melhores limites são dados por Thorup [436], que apresenta um algoritmo que é executado no tempo $O(E \lg \lg V)$, e por Raman [375], cujo algoritmo é executado no tempo $O(E + V \min \{(\lg V)^{1/3+\epsilon}, (\lg W)^{1/4+\epsilon}\})$. Esses dois algoritmos usam uma quantidade de espaço que depende do tamanho da palavra da máquina subjacente. Embora a quantidade de espaço utilizada possa ser ilimitada no que se refere ao tamanho da entrada, ela pode ser reduzida a linear em relação ao tamanho da entrada com a utilização de *hashing* aleatorizado.

Para grafos não dirigidos com pesos inteiros, Thorup [435] fornece um algoritmo de tempo $O(V + E)$ para caminhos mínimos de origem única. Ao contrário dos algoritmos mencionados no parágrafo anterior, a sequência de valores retornados por chamadas a EXTRAI-MIN não aumenta monotonicamente com o tempo, de modo que esse algoritmo não é uma implementação do algoritmo de Dijkstra. Pettie e Ramachandran [357] removem a restrição de pesos inteiros em grafos não dirigidos. Seu algoritmo envolve uma fase de pré-processamento, seguida de consultas para vértices de origem específicos. O pré-processamento leva o tempo $O(AGM(V, E) + \min\{V \lg V, V \lg \lg r\})$, em que $AGM(V, E)$ é o tempo para calcular uma árvore geradora mínima e r é a razão entre o peso máximo e mínimo da aresta. Após o pré-processamento, cada consulta leva o tempo $O(E \lg \hat{\alpha}(E, V)$, em que $\hat{\alpha}(E, V)$ é o inverso da função de Ackermann. (Ver nas notas do Capítulo 19 uma breve discussão sobre a função de Ackermann e sua inversa.)

Para grafos com pesos de arestas negativos, um algoritmo criado por Gabow e Tarjan [167] é executado no tempo $O(\sqrt{V} E \lg(V W))$, e outro criado por Goldberg [186] é executado no tempo $O(\sqrt{V} E \lg W)$, em que $W = \max\{|w(u, v)| : (u, v) \in E\}$. Também houve algum progresso baseado nos métodos que utilizam otimização contínua e fluxos elétricos. Cohen *et al.* [98] fornecem tal algoritmo, que é randomizado e executado em um tempo esperado $\widetilde{O}(E^{10/7} \lg W)$ (ver Problema 3-6, no Capítulo 3, para a definição da notação $\widetilde{O}$). Existe também um algoritmo de tempo pseudopolinomial baseado na multiplicação rápida de matrizes. Sankowski [394] e Yuster e Zwick [465] projetaram um algoritmo para caminhos mínimos que é executado no tempo $\widetilde{O}(W V^{\omega})$, em que duas matrizes $n \times n$ podem ser multiplicadas em tempo $O(n^{\omega})$, resultando um algoritmo mais rápido que os algoritmos mencionados anteriormente para pequenos valores de W em grafos densos.

Cherkassky, Goldberg e Radzik [89] realizaram amplos experimentos comparando vários algoritmos de caminhos mínimos. Os algoritmos de caminhos mínimos são bastante utilizados em aplicações de navegação e planejamento de rotas em tempo real. Normalmente baseados no algoritmo de Dijkstra, esses algoritmos usam muitas ideias inteligentes para poderem calcular caminhos mínimos em redes com muitos milhões de vértices e arestas em frações de segundo. Bast *et al.* [36] examinam muitos desses desenvolvimentos.

23   Caminhos Mínimos entre Todos os Pares

Neste capítulo, consideraremos o problema de encontrar caminhos mínimos entre todos os pares de vértices em um grafo. Uma aplicação clássica desse problema acontece na elaboração de uma tabela de distâncias entre todos os pares de cidades em um atlas rodoviário. Talvez clássica, mas não uma aplicação verdadeira para encontrar os caminhos mínimos entre *todos* os pares de vértices. Afinal, um mapa rodoviário modelado como grafo possui um vértice para *cada* interseção de estradas e uma aresta sempre que uma estrada conecta interseções. Uma tabela de distâncias entre cidades em um atlas poderia incluir distâncias para 100 cidades, mas os Estados Unidos, por exemplo, possuem aproximadamente 300.000 interseções[1] controladas por sinal e muito mais interseções não controladas.

Uma aplicação legítima de caminhos mínimos entre todos os pares é determinar o **diâmetro** de uma rede: o mais longo de todos os caminhos mínimos. Se um grafo dirigido modela uma rede de comunicação, com o peso de uma aresta indicando o tempo exigido para uma mensagem atravessar um enlace de comunicação, então o diâmetro indica o tempo de trânsito mais longo possível para uma mensagem na rede.

Como no Capítulo 22, a entrada é um grafo orientado ponderado $G = (V, E)$ com função peso $w : E \to \mathbb{R}$ que mapeia arestas para pesos de valores reais. Desejamos encontrar, para todos os pares de vértices $u, v \in V$, um caminho mínimo (de peso mínimo) de u a v, em que o peso de um caminho é a soma dos pesos das arestas que o constituem. Para o problema de todos os pares, a saída normalmente toma uma forma tabular, em que a entrada na linha de u e na coluna de v deve ser o peso de um caminho mínimo de u a v.

Podemos resolver um problema de caminhos mínimos para todos os pares executando um algoritmo de caminhos mínimos de fonte única $|V|$ vezes, cada uma dessas vezes considerando um vértice como fonte. Se todos os pesos de arestas forem não negativos, podemos usar o algoritmo de Dijkstra. Se usarmos a implementação da fila de prioridade mínima com vetor linear, o tempo de execução será $O(V^3 + VE) = O(V^3)$. A implementação da fila de prioridade mínima por *heap* binário mínimo produz um tempo de execução $O(V(V + E) \lg V) = \Omega(V)$, o tempo de execução torna-se $O(VE \lg V)$, que será mais rápido do que $O(V^3)$ se o grafo for esparso. Como alternativa, podemos implementar a fila de prioridade mínima com um *heap* de Fibonacci, o que produz o tempo de execução de $O(V^2 \lg V + VE)$.

Se o grafo tiver arestas de peso negativo, não podemos usar o algoritmo de Dijkstra. Em vez disso, temos de executar o algoritmo de Bellman-Ford, mais lento, uma vez para cada vértice. O tempo de execução resultante é $O(V^2 E)$, que, em um grafo denso, é $O(V^4)$. Neste capítulo, veremos como garantir um tempo de execução assintótico muito melhor. Também investigaremos a relação entre o problema de caminhos mínimos para todos os pares e a multiplicação de matrizes.

Diferentemente dos algoritmos de origem única, que consideram uma representação do grafo por lista de adjacências, a maioria dos algoritmos neste capítulo utiliza representação por matriz de adjacências. (O algoritmo de Johnson para grafos esparsos, na Seção 23.3, usa listas de adjacências.) Por conveniência, suporemos que os vértices estão numerados como $1, 2, ..., |V|$, de modo que a entrada é uma matriz $n \times n$ $W = (w_{ij})$ que representa os pesos de arestas de um grafo dirigido de n vértices $G = (V, E)$, em que

$$w_{ij} = \begin{cases} 0 & \text{se } i = j \ , \\ \text{o peso da aresta dirigida } (i, j) & \text{se } i \neq j \ \text{ e } \ (i, j) \in E \ , \\ \infty & \text{se } i \neq j \ \text{ e } \ (i, j) \notin E \ . \end{cases} \tag{23.1}$$

---

[1]De acordo com um relatório citado pela Administração Rodoviária Federal do Departamento de Transportes americano, "uma 'regra prática' razoável é uma interseção sinalizada para cada 1.000 pessoas".

O grafo pode conter arestas de peso negativo, mas por enquanto supomos que o grafo de entrada não contém nenhum ciclo de peso negativo.

A saída tabular de cada um dos algoritmos de caminhos mínimos para todos os pares apresentados neste capítulo é uma matriz $n \times n$. A entrada (i, j) da matriz de saída contém $\delta(i, j)$, o peso de caminho mínimo do vértice i ao vértice j, como no Capítulo 22.

Uma solução completa para o problema de caminhos mínimos para todos os pares inclui não apenas os pesos de caminhos mínimos, mas também uma ***matriz de predecessores*** $\Pi = (\pi_{ij})$, em que π_{ij} é NIL se $i = j$ ou se não existe nenhum caminho de i a j e, caso contrário, π_{ij} é o predecessor de j em um caminho mínimo que parte de i. Exatamente como o subgrafo dos predecessores G_π do Capítulo 22 é uma árvore de caminhos mínimos para um dado vértice fonte, o subgrafo induzido pela i-ésima linha da matriz Π deve ser uma árvore de caminhos mínimos com raiz i. Para cada vértice $i \in V$, definimos o ***subgrafo dos predecessores*** de G para i como $G_{\pi,i} = (V_{\pi,i}, E_{\pi,i})$, em que

$$V_{\pi,i} = \{j \in V : \pi_{ij} \neq \text{NIL}\} \cup \{i\}\ ,$$
$$E_{\pi,i} = \{(\pi_{ij}, j) : j \in V_{\pi,i} - \{i\}\}\ .$$

Se G_{π_i} é uma árvore de caminhos mínimos, então o procedimento IMPRIME-TODOS-PARES-CAMINHO-MIN a seguir, que é uma versão modificada do procedimento IMPRIME-CAMINHO do Capítulo 20, imprime um caminho mínimo do vértice i ao vértice j.

Para destacar as características essenciais dos algoritmos em todos os pares neste capítulo, não dedicaremos tanta atenção e espaço à criação e às propriedades de matrizes de predecessores quanto dedicamos aos subgrafos dos predecessores no Capítulo 22. Alguns dos exercícios abordam os aspectos básicos.

```
IMPRIME-TODOS-PARES-CAMINHO-MIN(Π, i, j)
1   if i == j
2       imprimir i
3   elseif π_ij == NIL
4       imprimir "não existe nenhum caminho de" i "para" j
5   else IMPRIME-TODOS-PARES-CAMINHO-MIN(Π, i, π_ij)
6       imprimir j
```

Esboço do capítulo

A Seção 23.1 apresenta um algoritmo de programação dinâmica baseado em multiplicação de matrizes para resolver o problema de caminhos mínimos para todos os pares. Usando a técnica de "elevação ao quadrado repetida", podemos conseguir um tempo de execução $\Theta(V^3 \lg V)$. A Seção 23.2 apresenta outro algoritmo de programação dinâmica, o algoritmo de Floyd-Warshall, que é executado no tempo $\Theta(V^3)$. A Seção 23.2 aborda também o problema de encontrar o fecho transitivo de um grafo dirigido, que está relacionado com o problema de caminhos mínimos para todos os pares em $O(V^2 \lg V + VE)$ e é uma boa escolha para grafos grandes e esparsos.

Antes de prosseguirmos, precisamos estabelecer algumas convenções para representações por matrizes de adjacências. Primeiramente, em geral, suporemos que o grafo de entrada $G = (V, E)$ tem n vértices, de modo que $n = |V|$. Em segundo lugar, usaremos a convenção de denotar matrizes por letras maiúsculas, como W, L ou D, e seus elementos individuais por letras minúsculas indexadas, como w_{ij}, l_{ij} ou d_{ij}. Por fim, algumas matrizes terão índices entre parênteses, como em $L^{(r)} = \left(l_{ij}^{(r)}\right)$ ou $D^{(r)} = \left(d_{ij}^{(r)}\right)$, para indicar iterações.

23.1   Caminhos mínimos e multiplicação de matrizes

Esta seção apresenta um algoritmo de programação dinâmica para o problema de caminhos mínimos em todos os pares em um grafo dirigido $G = (V, E)$. Cada laço principal do programa dinâmico invocará uma operação muito semelhante à multiplicação de matrizes, de modo que o algoritmo será parecido com uma multiplicação de matrizes repetida. Começaremos desenvolvendo um algoritmo de tempo $O(V^4)$ para o problema de caminhos mínimos em todos os pares e depois melhoraremos seu tempo de execução para $O(V^3 \lg V)$.

Antes de continuarmos, vamos recapitular rapidamente as etapas para desenvolver um algoritmo de programação dinâmica dadas no Capítulo 14:

1. Caracterizar a estrutura de uma solução ótima.
2. Definir recursivamente o valor de uma solução ótima.
3. Calcular o valor de uma solução ótima com padrão de baixo para cima.

Reservamos a quarta etapa — construção de uma solução ótima a partir das informações calculadas — para os exercícios.

Estrutura de caminho mínimo

Começaremos caracterizando a estrutura de solução ótima. O Lema 22.1 nos diz que todos os subcaminhos de um caminho mínimo são caminhos mínimos. Considere um caminho mínimo p do vértice i ao vértice j, e suponha que p contenha no máximo r arestas. Considerando que não existe nenhum ciclo de peso negativo, r é finito. Se $i = j$, então p tem peso 0 e nenhuma aresta. Se os vértices i e j são distintos, decompomos o caminho p em $i \overset{p'}{\rightsquigarrow} k \rightarrow j$, em que o caminho p' agora contém no máximo $r - 1$ arestas. Pelo Lema 22.1, p' é um caminho mínimo de i a k e, assim, $\delta(i, j) = \delta(i, k) + w_{kj}$.

Uma solução recursiva para o problema de caminhos mínimos em todos os pares

Agora, seja $l_{ij}^{(r)}$ o peso mínimo de qualquer caminho do vértice i ao vértice j, que contém no máximo r arestas. Quando $r = 0$, existe um caminho mínimo de i a j sem nenhuma aresta se, e somente se, $i = j$, resultando em

$$l_{ij}^{(0)} = \begin{cases} 0 & \text{se } i = j \,, \\ \infty & \text{se } i \neq j \,. \end{cases} \tag{23.2}$$

Para $r \geq 1$, uma forma de alcançar um caminho de peso mínimo de i a j que consiste no máximo em r arestas é tomar um caminho que contenha no máximo $r - 1$ arestas, de modo que $l_{ij}^{(r)} = l_{ij}^{(r-1)}$. Outra forma é tomar um caminho de no máximo $r - 1$ arestas de i a algum vértice k e depois utilizar a aresta (k, j), de modo que $l_{ij}^{(r)} = l_{ik}^{(r-1)} + w(k, j)$. Portanto, para examinar caminhos de i a j que consistem no máximo em r arestas, teste todos os predecessores possíveis k de j, dando a definição recursiva

$$\begin{aligned} l_{ij}^{(r)} &= \min\left\{ l_{ij}^{(r-1)}, \; \min\left\{ l_{ik}^{(r-1)} + w_{kj} : 1 \leq k \leq n \right\} \right\} \\ &= \min\left\{ l_{ik}^{(r-1)} + w_{kj} : 1 \leq k \leq n \right\} \,. \end{aligned} \tag{23.3}$$

A última igualdade decorre da observação de que $w_{jj} = 0$ para todo j.

Quais são os pesos reais de caminhos mínimos $\delta(i, j)$? Se o grafo não contém nenhum ciclo de peso negativo, então, sempre que $\delta(i, j) < \infty$, existe um caminho mínimo do vértice i ao vértice j que é simples. (Um caminho p de i a j que não seja simples contém um ciclo. Como o peso de cada ciclo é não negativo, a remoção de todos os ciclos do caminho deixa um caminho simples com peso não maior do que o peso de p.) Como qualquer caminho simples contém no máximo $n - 1$ arestas, um caminho do vértice i ao vértice j com mais de $n - 1$ arestas não pode ter peso inferior a um caminho mínimo de i ao j. Os pesos reais de caminho mínimo são, portanto, dados por

$$\delta(i, j) = l_{ij}^{(n-1)} = l_{ij}^{(n)} = l_{ij}^{(n+1)} = \cdots \,. \tag{23.4}$$

Cálculo dos pesos de caminhos mínimos de baixo para cima

Tomando como nossa entrada a matriz $W = (w_{ij})$, calculamos agora uma série de matrizes $L^{(0)}, L^{(1)}, ..., L^{(n-1)}$, em que, para $r = 0, 1, ..., n - 1$, temos $L^{(r)} = \left(l_{ij}^{(r)} \right)$. A matriz inicial é $L^{(0)}$, dado pela Equação (23.2). A matriz final $L^{(n-1)}$ contém os pesos reais de caminho mínimo.

O núcleo do algoritmo é o procedimento ESTENDE-CAMINHOS-MIN, que implementa a Equação (23.3) para todo i e j. As quatro entradas são a matriz $L^{(r-1)}$ calculada até o momento; a matriz de pesos de arestas W;

a matriz de saída $L^{(r)}$, que manterá o resultado calculado e cujos elementos são todos inicializados como ∞ antes da chamada do procedimento; e o número n de vértices. Os índices superiores r e $r-1$ ajudam a esclarecer a correspondência do pseudocódigo com a Equação (23.3), mas não desempenham qualquer papel no pseudocódigo. O procedimento estende os caminhos mínimos calculados até o momento por mais uma aresta, produzindo a matriz $L^{(r)}$ dos pesos de caminho mínimo da matriz $L^{(r-1)}$ calculada até o momento. Seu tempo de execução é $\Theta(n^3)$ em razão dos três laços **for** encaixados.

ESTENDE-CAMINHOS-MIN($L^{(r-1)}$, W, $L^{(r)}$, n)
1 // Suponha que os elementos de $L^{(r)}$ sejam inicializados em ∞.
2 **for** $i = 1$ **to** n
3   **for** $j = 1$ **to** n
4   **for** $k = 1$ **to** n
5              $l_{ij}^{(r)} = \min \{l_{ij}^{(r)}, l_{ik}^{(r-1)} + w_{kj}\}$

Podemos então entender a relação desse cálculo com a multiplicação de matrizes. Suponha que desejemos calcular o produto de matrizes $C = A \cdot B$ de duas matrizes $n \times n$ A e B. O método direto usado por MULTIPLICA-MATRIZES no Capítulo 4 utiliza um laço triplamente encaixado para implementar a Equação (4.1), que repetimos aqui por conveniência:

$$c_{ij} = \sum_{k=1}^{n} a_{ik} \cdot b_{kj} , \qquad (23.5)$$

para $i, j = 1, 2, ..., n$. Agora, fazemos as substituições

$$l^{(r-1)} \rightarrow a ,$$
$$w \rightarrow b ,$$
$$l^{(r)} \rightarrow c ,$$
$$\min \rightarrow + ,$$
$$+ \rightarrow \cdot$$

na Equação (23.3). Obtemos a Equação (23.5)! Assim, se fizermos essas mudanças em ESTENDE-CAMINHOS-MIN e também substituirmos ∞ (a identidade para min) por 0 (a identidade para +), obteremos o procedimento MULTIPLICA-MATRIZES. Podemos ver que o procedimento ESTENDE-CAMINHOS-MIN($L^{(r-1)}$, W, $L^{(r)}$, n) calcula o "produto" de matrizes $L^{(r)} = L^{(r-1)} \cdot W$ usando essa definição incomum de multiplicação de matrizes.[2]

Assim, podemos resolver o problema dos caminhos mínimos entre todos os pares multiplicando repetidamente as matrizes. Cada etapa estende os pesos do caminho mais curto calculados até agora por mais uma aresta usando ESTENDE-CAMINHOS-MIN($L^{(r-1)}$, W, $L^{(r)}$, n) para realizar a multiplicação de matrizes. Começando com a matriz $L^{(0)}$, produzimos a seguinte sequência de $n - 1$ matrizes correspondentes a potências de W:

$$
\begin{aligned}
L^{(1)} &= L^{(0)} \cdot W &= W^1 , \\
L^{(2)} &= L^{(1)} \cdot W &= W^2 , \\
L^{(3)} &= L^{(2)} \cdot W &= W^3 , \\
&\;\;\vdots \\
L^{(n-1)} &= L^{(n-2)} \cdot W &= W^{n-1} .
\end{aligned}
$$

No fim, a matriz $L^{(n-1)} = W^{n-1}$ contém os pesos de caminho mínimo.

O procedimento CMTP-LENTO a seguir calcula essa sequência em tempo $\Theta(n^4)$. O procedimento toma as matrizes $n \times n$ W e $L^{(0)}$ como entradas, com n. A Figura 23.1 ilustra sua operação. O pseudocódigo utiliza duas

---

[2]Um ***semianel*** algébrico contém operações $\oplus$, que é comutativo com a identidade $I_\oplus$, e $\otimes$, com identidade $I_\otimes$, em que $\otimes$ se distribui sobre $\oplus$ à esquerda e à direita, e em que $I_\oplus \otimes x = x \otimes I_\oplus = I_\oplus$ para todo x. A multiplicação de matrizes padrão, como em MULTIPLICA-MATRIZES, utiliza o semianel com + para $\oplus$, $\cdot$ para $\otimes$, 0 para $I_\oplus$ e 1 para $I_\otimes$. O procedimento ESTENDE-CAMINHOS-MIN utiliza outro semianel, conhecido como ***semianel tropical***, com min para $\oplus$, + para $\otimes$, ∞ para $I_\oplus$ e 0 para $I_\otimes$.

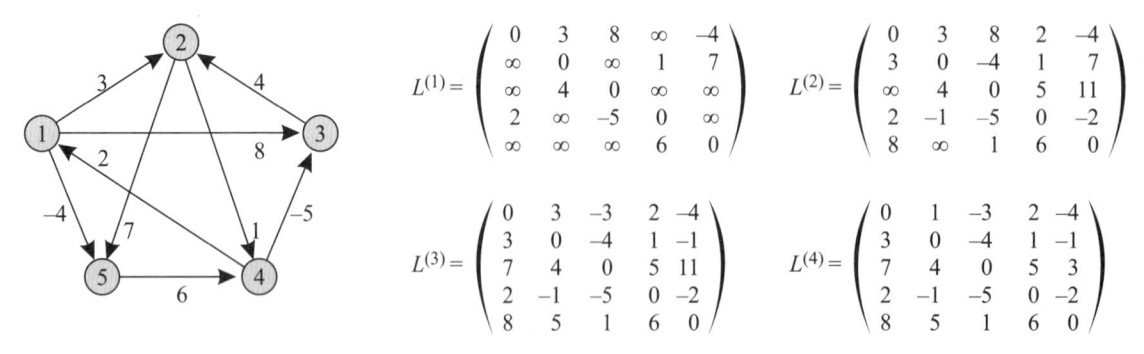

Figura 23.1 Grafo dirigido e sequência de matrizes $L^{(r)}$ calculada por CMTP-Lento. O leitor pode verificar que $L^{(5)}$, definido como $L^{(4)} \cdot W$, é igual a $L^{(4)}$ e, assim, $L^{(r)} = L^{(4)}$ para todo $r \geq 4$.

matrizes $n \times n$, L e M, para armazenar potências de W, calculando $M = L \cdot W$ em cada iteração. A linha 2 inicializa $L = L^{(0)}$. Para cada iteração r, a linha 4 inicializa $M = \infty$, em que ∞ neste contexto é uma matriz de valores ∞ escalares. A r-ésima iteração começa com o invariante $L = L^{(r-1)} = W^{r-1}$. A linha 6 calcula $M = L \cdot W = L^{(r-1)} \cdot W = W^{r-1} \cdot W = W^r = L^{(r)}$, de modo que o invariante pode ser restaurado para a próxima iteração pela linha 7, que atribui $L = M$. No fim, o procedimento retorna a matriz $L = L^{(n-1)} = W^{n-1}$ de pesos de caminho mínimo. As atribuições a matrizes $n \times n$ nas linhas 2, 4 e 7 executam implicitamente laços duplamente encaixados que levam o tempo $\Theta(n^2)$ para cada atribuição. As $n-1$ chamadas de Estende-Caminhos-Min, cada qual levando o tempo $\Theta(n^3)$, dominam os cálculos, resultando em um tempo de execução total de $\Theta(n^4)$.

```
CMTP-Lento(W, L^{(0)}, n)
1   sejam L = (l_{ij}) e M = (m_{ij}) novas matrizes n × n
2   L = L^{(0)}
3   for r = 1 to n − 1
4       M = ∞          // inicializa M
5       // Calcula a matriz "produto" M = L · W.
6       Estende-Caminhos-Min(L, W, M, n)
7       L = M
8   return L
```

Melhoria do tempo de execução

Nosso objetivo, entretanto, não é calcular *todas* as matrizes $L^{(r)}$: estamos interessados somente na matriz $L^{(n-1)}$. Lembre-se de que, na ausência de ciclos de peso negativo, a Equação (23.4) implica $L^{(r)} = L^{(n-1)}$ para todos os inteiros $r \geq n-1$. Exatamente como a multiplicação de matrizes tradicional é associativa, também é associativa a multiplicação de matrizes definida pelo procedimento Estende-Caminhos-Min (ver Exercício 23.1-4). De fato, podemos calcular $L^{(n-1)}$ com somente $\lceil \lg(n-1) \rceil$ produtos de matrizes usando a técnica de *elevação ao quadrado repetida*:

$$
\begin{aligned}
L^{(1)} &= W, \\
L^{(2)} &= W^2 &= W \cdot W, \\
L^{(4)} &= W^4 &= W^2 \cdot W^2 \\
L^{(8)} &= W^8 &= W^4 \cdot W^4, \\
&\vdots
\end{aligned}
$$

$$
L^{(2^{\lceil \lg(n-1) \rceil})} = W^{2^{\lceil \lg(n-1) \rceil}} = W^{2^{\lceil \lg(n-1) \rceil - 1}} \cdot W^{2^{\lceil \lg(n-1) \rceil - 1}}.
$$

Visto que $2^{\lceil \lg(n-1) \rceil} \geq n-1$, o produto final é $L^{2^{\lceil \lg(n-1) \rceil}}(2 = L^{(n-1)}$.

O procedimento CMTP-Rápido implementa essa ideia. Ele utiliza como entradas apenas a matriz $n \times n$ W e o tamanho n. Em cada iteração do laço **while** das linhas 4–8, calculamos o invariante $L = W^r$, que ele eleva ao quadrado usando Estende-Caminhos-Min para obter a matriz $M = L^2 = (W^r)^2 = W^{2r}$. No fim de cada iteração, dobramos o valor de r, e para a próxima iteração L torna-se M, restaurando o invariante. Na saída do laço, quando $r \geq n-1$, o procedimento retorna $L = W^r = L^{(r)} = L^{(n-1)}$ pela Equação (23.4).

Assim como em CMTP-Lento, as atribuições a matrizes $n \times n$ nas linhas 2, 5 e 8 executam implicitamente laços duplamente encaixados, levando o tempo $\Theta(n^2)$ para cada atribuição.

```
CMTP-Rápido(W, n)
1   sejam L e M novas matrizes n × n
2   L = W
3   r = 1
4   while r < n – 1
5       M = ∞                  // inicializa M
6       Estende-Caminhos-Min(L, L, M, n) // calcula M = L²
7       r = 2r
8       L = M                  // apronta para próxima iteração
9   return L
```

Como cada um dos produtos de matrizes $\lceil \lg(n-1) \rceil$ demora o tempo $\Theta(n^3)$, CMTP-Rápido é executado no tempo $\Theta(n^3 \lg n)$. Observe que o código é compacto, não contém nenhuma estrutura de dados elaborada e, portanto, a constante oculta na notação Θ é pequena.

Exercícios

23.1-1
Execute CMTP-Lento no grafo dirigido ponderado da Figura 23.2, mostrando as matrizes que resultam para cada iteração do laço. Depois, faça o mesmo para CMTP-Rápido.

23.1-2
Por que é conveniente para CMTP-Lento e CMTP-Rápido que $w_{ii} = 0$ para todo $i = 1, 2, ..., n$?

23.1-3
A que corresponde, na multiplicação de matrizes comum, a matriz

$$L^{(0)} = \begin{pmatrix} 0 & \infty & \infty & \cdots & \infty \\ \infty & 0 & \infty & \cdots & \infty \\ \infty & \infty & 0 & \cdots & \infty \\ \vdots & \vdots & \vdots & \ddots & \vdots \\ \infty & \infty & \infty & \cdots & 0 \end{pmatrix}$$

usada nos algoritmos de caminhos mínimos?

23.1-4
Mostre que a multiplicação de matrizes definida por Estende-Caminhos-Min é associativa.

23.1-5
Mostre como expressar o problema de caminhos mínimos de fonte única como um produto de matrizes e um vetor. Descreva como a avaliação desse produto corresponde a um algoritmo como o de Bellman-Ford (ver Seção 22.1).

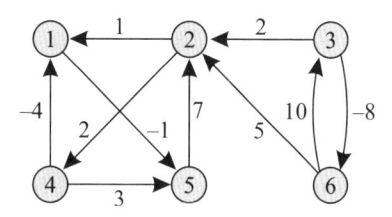

Figura 23.2 Grafo dirigido ponderado para uso nos Exercícios 23.1-1, 23.2-1 e 23.3-1.

23.1-6

Demonstre que não precisamos da matriz M em CMTP-Lento porque, utilizando L no lugar de M e omitindo a inicialização de M, o código ainda funciona corretamente. (*Sugestão:* relacione a linha 5 de Estende-Caminhos-Min a Relaxa, no Capítulo 22.) Precisamos realmente da matriz M em CMTP-Rápido?

23.1-7

Suponha que também desejemos calcular os vértices em caminhos mínimos nos algoritmos desta seção. Mostre como calcular a matriz de predecessores Π pela matriz completada L de pesos de caminhos mínimos no tempo $O(n^3)$.

23.1-8

Podemos calcular também os vértices em caminhos mínimos à medida que calculamos os pesos de caminhos mínimos. Defina $\pi_{ij}^{(r)}$ como o predecessor do vértice j em qualquer caminho de peso mínimo do vértice i ao vértice j que contenha no máximo r arestas. Modifique os procedimentos Estende-Caminhos-Min e CMTP-Lento para calcular as matrizes $\Pi^{(1)}, \Pi^{(2)}, ..., \Pi^{(n-1)}$ à medida que as matrizes $L^{(1)}, L^{(2)}, ..., L^{(n-1)}$ são calculadas.

23.1-9

Modifique CMTP-Rápido de modo que ele possa detectar se o grafo contém um ciclo de peso negativo.

23.1-10

Forneça um algoritmo eficiente para encontrar o comprimento (número de arestas) de um ciclo com peso negativo de comprimento mínimo em um grafo.

23.2   O algoritmo de Floyd-Warshall

Como já vimos uma solução de programação dinâmica para o problema de caminhos mínimos em todos os pares, nesta seção veremos outra: o ***algoritmo de Floyd-Warshall***, que é executado no tempo $\Theta(V^3)$. Como antes, arestas de peso negativo podem estar presentes, mas supomos que não exista nenhum ciclo de peso negativo. Como na Seção 23.1, desenvolvemos o algoritmo seguindo o processo de programação dinâmica. Depois de estudarmos o algoritmo resultante, apresentamos um método semelhante para encontrar o fecho transitivo de um grafo dirigido.

Estrutura de um caminho mínimo

No algoritmo de Floyd-Warshall, caracterizamos a estrutura de um caminho mínimo de um modo diferente do que usamos na Seção 23.1. O algoritmo de Floyd-Warshall considera os vértices intermediários de um caminho mínimo, em que um vértice ***intermediário*** de um caminho simples $p = \langle v_1, v_2, ..., v_l \rangle$ é qualquer vértice de p exceto v_1 ou v_p, isto é, qualquer vértice no conjunto $\{v_2, v_3, ..., v_{l-1}\}$.

O algoritmo de Floyd-Warshall se baseia na seguinte observação: como supomos que os vértices de G são numerados com $V = \{1, 2, ..., n\}$, vamos considerar um subconjunto $\{1, 2, ..., k\}$ de vértices para algum $1 \le k \le n$. Para qualquer par de vértices $i, j \in V$, considere todos os caminhos de i a j cujos vértices intermediários estejam em $\{1, 2, ..., k\}$, e seja p um caminho de peso mínimo entre eles. (O caminho p é simples.) O algoritmo de Floyd-Warshall explora uma relação entre o caminho p e os caminhos mínimos de i a j cujos vértices intermediários estejam todos no conjunto $\{1, 2, ..., k-1\}$. Os detalhes da relação dependem de k ser ou não um vértice intermediário do caminho p.

- Se k não é um vértice intermediário do caminho p, então todos os vértices intermediários do caminho p pertencem ao conjunto $\{1, 2, ..., k-1\}$. Assim, um caminho mínimo do vértice i ao vértice j cujos vértices intermediários estão no conjunto $\{1, 2, ..., k-1\}$ também é um caminho mínimo de i a j cujos vértices intermediários estão no conjunto $\{1, 2, ..., k\}$.

- Se k é um vértice intermediário do caminho p, então desmembramos p em $i \overset{p_1}{\leadsto} k \overset{p_2}{\leadsto} j$, como mostra a Figura 23.3. Pelo Lema 22.1, p_1 é um caminho mínimo de i a k cujos vértices intermediários estão no conjunto $\{1, 2, ..., k\}$. Na verdade, a nossa afirmativa pode ser um pouco mais contundente.

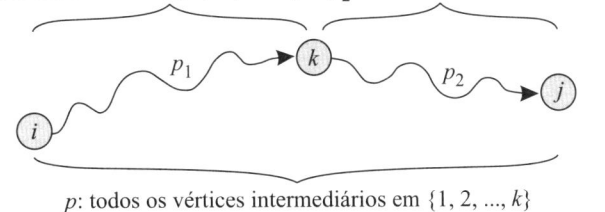

p_1: todos os vértices intermediários em $\{1, 2, ..., k-1\}$ p_2: todos os vértices intermediários em $\{1, 2, ..., k-1\}$

p: todos os vértices intermediários em $\{1, 2, ..., k\}$

Figura 23.3 Subestrutura ótima usada pelo algoritmo de Floyd-Warshall. O caminho p é um caminho mínimo do vértice i ao vértice j, e k é o vértice intermediário de p com numeração mais alta. O caminho p_1, a parte do caminho p do vértice i ao vértice k, tem todos os vértices intermediários no conjunto $\{1, 2, ..., k-1\}$. O mesmo vale para o caminho p_2 do vértice k ao vértice j.

Como o vértice k não é um vértice *intermediário* do caminho p_1, todos os vértices intermediários de p_1 estão no conjunto $\{1, 2, ..., k-1\}$. Portanto, p_1 é um caminho mínimo de i a k cujos vértices intermediários estão no conjunto $\{1, 2, ..., k-1\}$. De modo semelhante, p_2 é um caminho mínimo do vértice k ao vértice j cujos vértices intermediários estão no conjunto $\{1, 2, ..., k-1\}$.

Solução recursiva do problema de caminhos mínimos para todos os pares

Com base nas observações anteriores, definimos uma formulação recursiva de estimativas de caminhos mínimos diferente da que definimos na Seção 23.1. Seja $d_{ij}^{(k)}$ o peso de um caminho mínimo do vértice i ao vértice j cujos vértices intermediários pertencem ao conjunto $\{1, 2, ..., k\}$. Quando $k = 0$, um caminho do vértice i ao vértice j que não tenha nenhum vértice intermediário com numeração mais alta que 0 não tem absolutamente nenhum vértice intermediário. Tal caminho tem, no máximo, uma aresta e então $d_{ij}^{(0)} = w_{ij}$. Conforme essa discussão, definimos $d_{ij}^{(k)}$ recursivamente por

$$d_{ij}^{(k)} = \begin{cases} w_{ij} & \text{se } k = 0 \text{ ,} \\ \min\left\{d_{ij}^{(k-1)}, d_{ik}^{(k-1)} + d_{kj}^{(k-1)}\right\} & \text{se } k \geq 1 \text{ .} \end{cases} \tag{23.6}$$

Considerando que, para qualquer caminho, todos os vértices intermediários estão no conjunto $\{1, 2, ..., n\}$, a matriz $D^{(n)} = \left(d_{ij}^{(n)}\right)$ dá a resposta final: $d_{ij}^{(n)} = \delta(i, j)$ para todo $i, j \in V$.

Cálculo dos pesos de caminhos mínimos de baixo para cima

Com base na recorrência (23.6), podemos usar o procedimento de baixo para cima Floyd-Warshall para calcular os valores $d_{ij}^{(k)}$ em ordem crescente de valores de k. Sua entrada é uma matriz $n \times n$ W definida como na Equação (23.1). O procedimento retorna a matriz $D^{(n)}$ de pesos de caminhos mínimos. A Figura 23.4 mostra as matrizes $D^{(k)}$ calculadas pelo algoritmo de Floyd-Warshall para o grafo na Figura 23.1.

```
Floyd-Warshall(W, n)
1   D(0) = W
2   for k = 1 to n
3       seja D(k) = (d_ij^(k)) uma nova matriz n × n
4       for i = 1 to n
5           for j = 1 to n
6               d_ij^(k) = min {d_ij^(k-1), d_ik^(k-1) + d_kj^(k-1)}
7   return D(n)
```

O tempo de execução do algoritmo de Floyd-Warshall é determinado pelos laços **for** triplamente encaixados das linhas 2–6. Como cada execução da linha 6 demora o tempo $O(1)$, o algoritmo é executado no tempo $\Theta(n^3)$. Assim como no algoritmo final na Seção 23.1, o código é compacto, sem nenhuma estrutura de dados elaborada, portanto a constante oculta na notação Θ é pequena. Assim, o algoritmo de Floyd-Warshall é bastante prático até mesmo para grafos de entrada de dimensões moderadas.

Como construir um caminho mínimo

Existem diferentes métodos para construir caminhos mínimos no algoritmo de Floyd-Warshall. Um deles é calcular a matriz D de pesos de caminhos mínimos e depois construir a matriz de predecessores Π a partir da matriz D. O Exercício 23.1-7 pede que você implemente esse método de modo que seja executado no tempo $O(n^3)$. Dada a matriz de predecessores Π, o procedimento IMPRIME-TODOS-PARES-CAMINHO-MIN imprimirá os vértices em um caminho mínimo dado.

Como alternativa, podemos calcular a matriz de predecessores Π enquanto o algoritmo calcula as matrizes $D^{(0)}, D^{(1)}, ..., D^{(n)}$. Especificamente, calculamos uma sequência de matrizes $\Pi^{(0)}, \Pi^{(1)}, ..., \Pi^{(n)}$, em que $\Pi = \Pi^{(n)}$, e definimos $\pi_{ij}^{(k)}$ como o predecessor do vértice j em um caminho mínimo que parte do vértice i cujos vértices intermediários estão no conjunto $\{1, 2, ..., k\}$.

Podemos dar uma formulação recursiva de $\pi_{ij}^{(k)}$. Quando $k = 0$, um caminho mínimo de i a j não tem absolutamente nenhum vértice intermediário, de modo que

$$\pi_{ij}^{(0)} = \begin{cases} \text{NIL} & \text{se } i = j \text{ ou } w_{ij} = \infty, \\ i & \text{se } i \neq j \text{ e } w_{ij} < \infty. \end{cases} \tag{23.7}$$

Para $k \geq 1$, se o caminho tiver k como vértice intermediário, isto é, se for $i \rightsquigarrow k \rightsquigarrow j$ em que $k \neq j$, então o predecessor de j que escolhemos nesse caminho será igual ao mesmo vértice do predecessor de j que escolhemos em um caminho mínimo que parte de k cujos vértices intermediários estão no conjunto

$$D^{(0)} = \begin{pmatrix} 0 & 3 & 8 & \infty & -4 \\ \infty & 0 & \infty & 1 & 7 \\ \infty & 4 & 0 & \infty & \infty \\ 2 & \infty & -5 & 0 & \infty \\ \infty & \infty & \infty & 6 & 0 \end{pmatrix} \quad \Pi^{(0)} = \begin{pmatrix} \text{NIL} & 1 & 1 & \text{NIL} & 1 \\ \text{NIL} & \text{NIL} & \text{NIL} & 2 & 2 \\ \text{NIL} & 3 & \text{NIL} & \text{NIL} & \text{NIL} \\ 4 & \text{NIL} & 4 & \text{NIL} & \text{NIL} \\ \text{NIL} & \text{NIL} & \text{NIL} & 5 & \text{NIL} \end{pmatrix}$$

$$D^{(1)} = \begin{pmatrix} 0 & 3 & 8 & \infty & -4 \\ \infty & 0 & \infty & 1 & 7 \\ \infty & 4 & 0 & \infty & \infty \\ 2 & 5 & -5 & 0 & -2 \\ \infty & \infty & \infty & 6 & 0 \end{pmatrix} \quad \Pi^{(1)} = \begin{pmatrix} \text{NIL} & 1 & 1 & \text{NIL} & 1 \\ \text{NIL} & \text{NIL} & \text{NIL} & 2 & 2 \\ \text{NIL} & 3 & \text{NIL} & \text{NIL} & \text{NIL} \\ 4 & 1 & 4 & \text{NIL} & 1 \\ \text{NIL} & \text{NIL} & \text{NIL} & 5 & \text{NIL} \end{pmatrix}$$

$$D^{(2)} = \begin{pmatrix} 0 & 3 & 8 & 4 & -4 \\ \infty & 0 & \infty & 1 & 7 \\ \infty & 4 & 0 & 5 & 11 \\ 2 & 5 & -5 & 0 & -2 \\ \infty & \infty & \infty & 6 & 0 \end{pmatrix} \quad \Pi^{(2)} = \begin{pmatrix} \text{NIL} & 1 & 1 & 2 & 1 \\ \text{NIL} & \text{NIL} & \text{NIL} & 2 & 2 \\ \text{NIL} & 3 & \text{NIL} & 2 & 2 \\ 4 & 1 & 4 & \text{NIL} & 1 \\ \text{NIL} & \text{NIL} & \text{NIL} & 5 & \text{NIL} \end{pmatrix}$$

$$D^{(3)} = \begin{pmatrix} 0 & 3 & 8 & 4 & -4 \\ \infty & 0 & \infty & 1 & 7 \\ \infty & 4 & 0 & 5 & 11 \\ 2 & -1 & -5 & 0 & -2 \\ \infty & \infty & \infty & 6 & 0 \end{pmatrix} \quad \Pi^{(3)} = \begin{pmatrix} \text{NIL} & 1 & 1 & 2 & 1 \\ \text{NIL} & \text{NIL} & \text{NIL} & 2 & 2 \\ \text{NIL} & 3 & \text{NIL} & 2 & 2 \\ 4 & 3 & 4 & \text{NIL} & 1 \\ \text{NIL} & \text{NIL} & \text{NIL} & 5 & \text{NIL} \end{pmatrix}$$

$$D^{(4)} = \begin{pmatrix} 0 & 3 & -1 & 4 & -4 \\ 3 & 0 & -4 & 1 & -1 \\ 7 & 4 & 0 & 5 & 3 \\ 2 & -1 & -5 & 0 & -2 \\ 8 & 5 & 1 & 6 & 0 \end{pmatrix} \quad \Pi^{(4)} = \begin{pmatrix} \text{NIL} & 1 & 4 & 2 & 1 \\ 4 & \text{NIL} & 4 & 2 & 1 \\ 4 & 3 & \text{NIL} & 2 & 1 \\ 4 & 3 & 4 & \text{NIL} & 1 \\ 4 & 3 & 4 & 5 & \text{NIL} \end{pmatrix}$$

$$D^{(5)} = \begin{pmatrix} 0 & 1 & -3 & 2 & -4 \\ 3 & 0 & -4 & 1 & -1 \\ 7 & 4 & 0 & 5 & 3 \\ 2 & -1 & -5 & 0 & -2 \\ 8 & 5 & 1 & 6 & 0 \end{pmatrix} \quad \Pi^{(5)} = \begin{pmatrix} \text{NIL} & 3 & 4 & 5 & 1 \\ 4 & \text{NIL} & 4 & 2 & 1 \\ 4 & 3 & \text{NIL} & 2 & 1 \\ 4 & 3 & 4 & \text{NIL} & 1 \\ 4 & 3 & 4 & 5 & \text{NIL} \end{pmatrix}$$

Figura 23.4 Sequência de matrizes $D^{(k)}$ e $\Pi^{(k)}$ calculada pelo algoritmo de Floyd-Warshall para o grafo na Figura 23.1.

$\{1, 2, ..., k-1\}$. Caso contrário, quando o caminho de i a j não tem k como vértice intermediário, escolhemos o mesmo predecessor de j que escolhemos em um caminho mínimo que parte de i cujos vértices intermediários estão no conjunto $\{1, 2, ..., k-1\}$. Formalmente, para $k \geq 1$,

$$\pi_{ij}^{(k)} = \begin{cases} \pi_{kj}^{(k-1)} & \text{se } d_{ij}^{(k-1)} > d_{ik}^{(k-1)} + d_{kj}^{(k-1)} \ (k \text{ é um vértice intermediário}), \\ \pi_{ij}^{(k-1)} & \text{se } d_{ij}^{(k-1)} \leq d_{ik}^{(k-1)} + d_{kj}^{(k-1)} \ (k \text{ não é um vértice intermediário}). \end{cases} \tag{23.8}$$

Deixamos a incorporação dos cálculos das matrizes $\Pi^{(k)}$ ao procedimento de Floyd-Warshall para o Exercício 23.2-3. A Figura 23.4 mostra a sequência de matrizes $\Pi^{(k)}$ que o algoritmo resultante calcula para o grafo da Figura 23.1. O exercício também pede que você realize a tarefa mais difícil de provar que o subgrafo dos predecessores $G_{\pi',i}$ é uma árvore de caminhos mínimos com raiz i. O Exercício 23.2-7 pede ainda outra maneira de reconstruir os caminhos mais curtos.

Fecho transitivo de um grafo dirigido

Dado um grafo dirigido $G = (V, E)$ com o conjunto de vértices $V = \{1, 2, ..., n\}$, desejamos determinar simplesmente se G contém um caminho de i a j para todos os pares de vértices $i, j \in V$, sem considerarmos os pesos de aresta. Definimos o *fecho transitivo* de G como o grafo $G^* = (V, E^*)$, em que

$$E^* = \{(i, j) : \text{existe um caminho do vértice } i \text{ ao vértice } j \text{ em } G\}.$$

Um modo de calcular o fecho transitivo de um grafo no tempo $\Theta(n^3)$ é atribuir peso 1 a cada aresta de E e executar o algoritmo de Floyd-Warshall. Se existe um caminho do vértice i ao vértice j, obtemos $d_{ij} < n$. Caso contrário, obtemos $d_{ij} = \infty$.

Há outro modo semelhante de calcular o fecho transitivo de G no tempo $\Theta(n^3)$ que pode poupar tempo e espaço na prática. Esse método substitui as operações aritméticas min e + no algoritmo de Floyd-Warshall pelas operações lógicas $\vee$ (OU lógico) e $\wedge$ (E lógico). Para $i, j, k = 1, 2, ..., n$, definimos $t_{ij}^{(k)}$ como 1 se existe um caminho no grafo G do vértice i ao vértice j com todos os vértices intermediários no conjunto $\{1, 2, ..., k\}$, e como 0 em caso contrário. Construímos o fecho transitivo $G^* = (V, E^*)$ inserindo a aresta (i, j) em E^* se, e somente se, $t_{ij}^{(n)}$. Uma definição recursiva de $t_{ij}^{(k)}$ análoga à recorrência (23.6) é

$$t_{ij}^{(0)} = \begin{cases} 0 & \text{se } i \neq j \ \text{e} \ (i, j) \notin E, \\ 1 & \text{se } i = j \ \text{ou} \ (i, j) \in E, \end{cases}$$

e para $k \geq 1$,

$$t_{ij}^{(k)} = t_{ij}^{(k-1)} \vee \left(t_{ik}^{(k-1)} \wedge t_{kj}^{(k-1)} \right). \tag{23.9}$$

Como no algoritmo de Floyd-Warshall, o procedimento FECHO-TRANSITIVO calcula as matrizes $T^{(k)} = \left(t_{ij}^{(k)} \right)$ em ordem crescente de k.

```
FECHO-TRANSITIVO(G, n)
 1   seja T⁽⁰⁾ = (t_ij⁽⁰⁾) uma nova matriz n × n
 2   for i = 1 to n
 3       for j = 1 to n
 4           if i == j ou (i, j) ∈ G.E
 5               t_ij⁽⁰⁾ = 1
 6           else t_ij⁽⁰⁾ = 0
 7   for k = 1 to n
 8       seja T⁽ᵏ⁾ = (t_ij⁽ᵏ⁾) uma nova matriz n × n
 9       for i = 1 to n
10           for j = 1 to n
11               t_ij⁽ᵏ⁾ = t_ij⁽ᵏ⁻¹⁾ ∨ (t_ik⁽ᵏ⁻¹⁾ ∧ t_kj⁽ᵏ⁻¹⁾)
12   return T⁽ⁿ⁾
```

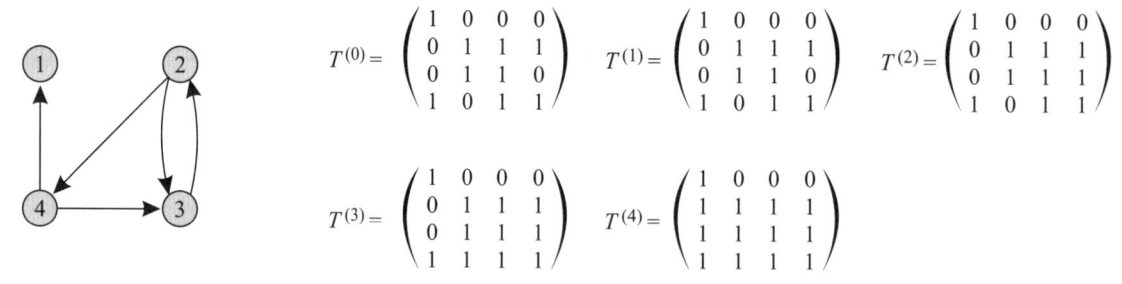

$$T^{(0)} = \begin{pmatrix} 1 & 0 & 0 & 0 \\ 0 & 1 & 1 & 1 \\ 0 & 1 & 1 & 0 \\ 1 & 0 & 1 & 1 \end{pmatrix} \quad T^{(1)} = \begin{pmatrix} 1 & 0 & 0 & 0 \\ 0 & 1 & 1 & 1 \\ 0 & 1 & 1 & 0 \\ 1 & 0 & 1 & 1 \end{pmatrix} \quad T^{(2)} = \begin{pmatrix} 1 & 0 & 0 & 0 \\ 0 & 1 & 1 & 1 \\ 0 & 1 & 1 & 1 \\ 1 & 0 & 1 & 1 \end{pmatrix}$$

$$T^{(3)} = \begin{pmatrix} 1 & 0 & 0 & 0 \\ 0 & 1 & 1 & 1 \\ 0 & 1 & 1 & 1 \\ 1 & 1 & 1 & 1 \end{pmatrix} \quad T^{(4)} = \begin{pmatrix} 1 & 0 & 0 & 0 \\ 1 & 1 & 1 & 1 \\ 1 & 1 & 1 & 1 \\ 1 & 1 & 1 & 1 \end{pmatrix}$$

Figura 23.5 Grafo dirigido e as matrizes $T^{(k)}$ calculadas pelo algoritmo de fecho transitivo.

A Figura 23.5 mostra as matrizes $T^{(k)}$ calculadas pelo procedimento FECHO-TRANSITIVO em um grafo de amostra. O procedimento FECHO-TRANSITIVO, assim como o algoritmo de Floyd-Warshall, é executado no tempo $\Theta(n^3)$. Entretanto, em alguns computadores, operações lógicas em valores de um único *bit* são executadas mais rapidamente que operações aritméticas em palavras de dados inteiras. Além disso, como o algoritmo direto de fecho transitivo usa somente valores booleanos em vez de valores inteiros, seu requisito de espaço é menor que o do algoritmo de Floyd-Warshall por um fator correspondente ao tamanho de uma palavra de armazenamento no computador.

Exercícios

23.2-1

Execute o algoritmo de Floyd-Warshall no grafo dirigido ponderado da Figura 23.2. Mostre a matriz $D^{(k)}$ que resulta de cada iteração do laço externo.

23.2-2

Mostre como calcular o fecho transitivo empregando a técnica da Seção 23.1.

23.2-3

Modifique o procedimento FLOYD-WARSHALL para calcular as matrizes $\Pi^{(k)}$ de acordo com as Equações (23.7) e (23.8). Prove rigorosamente que, para todo $i \in V$, o subgrafo dos predecessores $G_{\pi,i}$ é uma árvore de caminhos mínimos com raiz i. (*Sugestão*: para mostrar que $G_{\pi,i}$ é acíclico, primeiro mostre que $\pi_{ij}^{(k)} = l$ implica $d_{ij}^{(k)} \geq d_{il}^{(k)} + w_{lj}$, de acordo com a definição de $\pi_{ij}^{(k)}$. Então, adapte a prova do Lema 22.16.)

23.2-4

Como foi apresentado anteriormente, o algoritmo de Floyd-Warshall requer o espaço $\Theta(n^3)$, visto que calculamos $d_{ij}^{(k)}$ para $i, j, k = 1, 2, ..., n$. Mostre que o procedimento FLOYD-WARSHALL', que simplesmente descarta todos os índices superiores, é correto e, assim, o espaço requerido é somente $\Theta(n^2)$.

```
FLOYD-WARSHALL'(W, n)
1   D = W
2   for k = 1 to n
3       for i = 1 to n
4           for j = 1 to n
5               d_ij = min{d_ij, d_ik + d_kj}
6   return D
```

23.2-5

Suponha que modificamos o modo como a Equação (23.8) trata a igualdade:

$$\pi_{ij}^{(k)} = \begin{cases} \pi_{kj}^{(k-1)} & \text{se } d_{ij}^{(k-1)} \geq d_{ik}^{(k-1)} + d_{kj}^{(k-1)} \ (k \text{ é um vértice intermediário}), \\ \pi_{ij}^{(k-1)} & \text{se } d_{ij}^{(k-1)} < d_{ik}^{(k-1)} + d_{kj}^{(k-1)} \ (k \text{ não é um vértice intermediário}). \end{cases}$$

Essa definição alternativa da matriz de predecessores Π está correta?

23.2-6

Mostre como podemos usar a saída do algoritmo de Floyd-Warshall para detectar a presença de um ciclo de peso negativo.

23.2-7

Outro modo de reconstruir caminhos mínimos no algoritmo de Floyd-Warshall utiliza valores $\phi_{ij}^{(k)}$ para i, j, $k = 1, 2, ..., n$, em que $\phi_{ij}^{(k)}$ é o vértice intermediário de numeração mais alta de um caminho mínimo de i a j no qual todos os vértices intermediários estão no conjunto $\{1, 2, ..., k\}$. Apresente uma formulação recursiva para $\phi_{ij}^{(k)}$, modifique o procedimento FLOYD-WARSHALL para calcular os valores de $\phi_{ij}^{(k)}$ e reescreva o procedimento IMPRIME-TODOS-PARES-CAMINHO-MIN para adotar a matriz $\Phi = \left(\phi_{ij}^{(n)}\right)$ como entrada. Qual é a semelhança entre a matriz Φ e a tabela s no problema de multiplicação de cadeias de matrizes da Seção 14.2?

23.2-8

Forneça um algoritmo de tempo $O(V E)$ para calcular o fecho transitivo de um grafo dirigido $G = (V, E)$. Suponha que $|V| = O(E)$ e que o grafo seja representado com listas de adjacências.

23.2-9

Suponha que possamos calcular o fecho transitivo de um grafo acíclico no tempo $f(|V|, |E|)$, em que f é uma função monotonicamente crescente tanto de $|V|$ como de $|E|$. Mostre que o tempo para calcular o fecho transitivo $G^* = (V, E^*)$ de um grafo dirigido geral $G = (V, E)$ é $f(|V|, |E|) + O(V + E^*)$.

23.3 Algoritmo de Johnson para grafos esparsos

O algoritmo de Johnson encontra caminhos mínimos entre todos os pares no tempo $O(V^2 \lg V + VE)$. Para grafos esparsos, ele é assintoticamente mais rápido que a elevação ao quadrado repetida de matrizes ou o algoritmo de Floyd-Warshall. O algoritmo retorna uma matriz de pesos de caminhos mínimos para todos os pares de vértices ou informa que o grafo de entrada contém um ciclo de peso negativo. O algoritmo de Johnson usa como sub-rotinas o algoritmo de Dijkstra e o algoritmo de Bellman-Ford, descritos no Capítulo 22.

O algoritmo de Johnson emprega a técnica de ***reponderação***, que funciona da maneira descrita a seguir. Se todos os pesos de arestas w em um grafo $G = (V, E)$ são não negativos, podemos encontrar caminhos mínimos entre todos os pares de vértices executando o algoritmo de Dijkstra uma vez a partir de cada vértice. Com a fila de prioridade mínima do *heap* de Fibonacci, o tempo de execução desse algoritmo para todos os pares é $O(V^2 \lg V + VE)$. Se G tem arestas de peso negativo, mas nenhum ciclo de peso negativo, primeiro calculamos um novo conjunto de pesos de arestas não negativos ao qual o algoritmo de Dijkstra se aplique. O novo conjunto de pesos de arestas $\hat{w}$ deve satisfazer duas propriedades importantes:

1. Para todos os pares de vértices $u, v \in V$, um caminho p é um caminho mínimo de u a v usando a função peso w se, e somente se, p também é um caminho mínimo de u a v usando a função peso $\hat{w}$.
2. Para todas as arestas (u, v), o novo peso $\hat{w}(u, v)$ é não negativo.

Como veremos em breve, podemos pré-processar G para determinar a nova função peso $\hat{w}$ no tempo $O(VE)$.

Reponderação para preservar caminhos mínimos

O lema a seguir mostra como reponderar as arestas para satisfazer à propriedade descrita no item 1. Utilizamos $\hat{\delta}$ para indicar os pesos de caminhos mínimos derivados da função peso w e $\hat{w}$ para indicar os pesos de caminhos mínimos derivados da função peso $\hat{w}$.

Lema 23.1 (Reponderação não muda caminhos mínimos)

Dado um grafo dirigido ponderado $G = (V, E)$ com função peso $w : E \to \mathbb{R}$, seja $h : V \to \mathbb{R}$ qualquer função que mapeie vértices para números reais. Para cada aresta $(u, v) \in E$, defina

$$\hat{w}(u, v) = w(u, v) + h(u) - h(v) .$$

(23.10)

Seja $p = \langle v_0, v_1, ..., v_k \rangle$ qualquer caminho do vértice v_0 ao vértice v_k. Então, p é um caminho mínimo de v_0 a v_k com função peso w se, e somente se, é um caminho mínimo com função peso $\widehat{w}$. Isto é, $w(p) = \delta(v_0, v_k)$ se, e somente se, $\widehat{w}(p) = \widehat{\delta}(v_0, v_k)$. Além disso, G tem um ciclo de peso negativo usando função peso w se, e somente se, G tem um ciclo de peso negativo usando função peso $\widehat{w}$.

Prova   Começamos mostrando que

$$\widehat{w}(p) = w(p) + h(v_0) - h(v_k) \,. \tag{23.11}$$

Temos

$$
\begin{aligned}
\widehat{w}(p) &= \sum_{i=1}^{k} \widehat{w}(v_{i-1}, v_i) \\
&= \sum_{i=1}^{k} (w(v_{i-1}, v_i) + h(v_{i-1}) - h(v_i)) \\
&= \sum_{i=1}^{k} w(v_{i-1}, v_i) + h(v_0) - h(v_k) \quad \text{(porque no somatório os termos se cancelam)} \\
&= w(p) + h(v_0) - h(v_k) \,.
\end{aligned}
$$

Portanto, qualquer caminho p de v_0 a v_k tem $w(p) = \widehat{w}(p) + h(v_0) - h(v_k)$. Como $h(v_0)$ e $h(v_k)$ não dependem do caminho, se um caminho de v_0 a v_k é mais curto que outro usando função peso w, então, ele também é mais curto usando $\widehat{w}$. Assim, $w(p) = \delta(v_0, v_k)$ se, e somente se, $\widehat{w}(p) = \widehat{\delta}(v_0, v_k)$.

Por fim, mostramos que G tem um ciclo de peso negativo usando a função peso w se, e somente se, G tem um ciclo de peso negativo usando a função peso $\widehat{w}$. Considere qualquer ciclo $c = \langle v_0, v_1, ..., v_k \rangle$ com $v_0 = v_k$. Pela Equação (23.11),

$$
\begin{aligned}
\widehat{w}(c) &= w(c) + h(v_0) - h(v_k) \\
&= w(c) \,,
\end{aligned}
$$

e, assim, c tem peso negativo usando w se, e somente se, tem peso negativo usando $\widehat{w}$.   ■

Pesos não negativos produzidos por reponderação

Nossa próxima meta é garantir que a segunda propriedade seja válida: queremos que $\widehat{w}(u, v)$ seja não negativo para todas as arestas $(u, v) \in E$. Dado um grafo dirigido ponderado $G = (V, E)$ com função peso $w : E \to \mathbb{R}$, criamos um novo grafo $G' = (V', E')$, em que $V' = V \cup \{s\}$ para algum novo vértice $s \notin V$ e $E' = E \cup \{(s, v) : v \in V\}$. Para incorporar o novo vértice s, estendemos a função peso w de modo que $w(s, v) = 0$ para todo $v \in V$. Observe que, por s não ter nenhuma aresta de entrada, nenhum caminho mínimo em G', exceto os que partem de s, contém s. Além disso, G' não tem nenhum ciclo de peso negativo se, e somente se, G não tem nenhum ciclo de peso negativo. A Figura 23.6(a) mostra o grafo G' correspondente ao grafo G da Figura 23.1.

Agora, suponha que G e G' não tenham nenhum ciclo de peso negativo. Vamos definir a função $h(v) = \delta(s, v)$ para todo $v \in V'$. Pela inequação triangular (Lema 22.10, no Capítulo 22), temos $h(v) \leq h(u) + w(u, v)$ para todas as arestas $(u, v) \in E'$. Portanto, se definirmos os pesos de aresta reponderados $\widehat{w}$ de acordo com a Equação (23.10), teremos $\widehat{w}(u, v) = w(u, v) + h(u) - h(v) \geq 0$, e satisfaremos à segunda propriedade. A Figura 23.6(b) mostra o grafo G' da Figura 23.6(a) com arestas reponderadas.

Cálculo de caminhos mínimos para todos os pares

O algoritmo de Johnson para calcular caminhos mínimos para todos os pares emprega o algoritmo de Bellman-Ford (Seção 22.1) e o algoritmo de Dijkstra (Seção 22.3) como sub-rotinas. O pseudocódigo aparece no procedimento JOHNSON, mais adiante. Ele supõe implicitamente que as arestas estão armazenadas em listas de adjacências. O algoritmo retorna a matriz $|V| \times |V|$ habitual $D = (d_{ij})$, em que $d_{ij} = \delta(i, j)$, ou informa que o grafo de entrada contém um ciclo de peso negativo. Como é típico, no caso de um algoritmo de caminhos mínimos para todos os pares, supomos que os vértices sejam numerados de 1 a $|V|$.

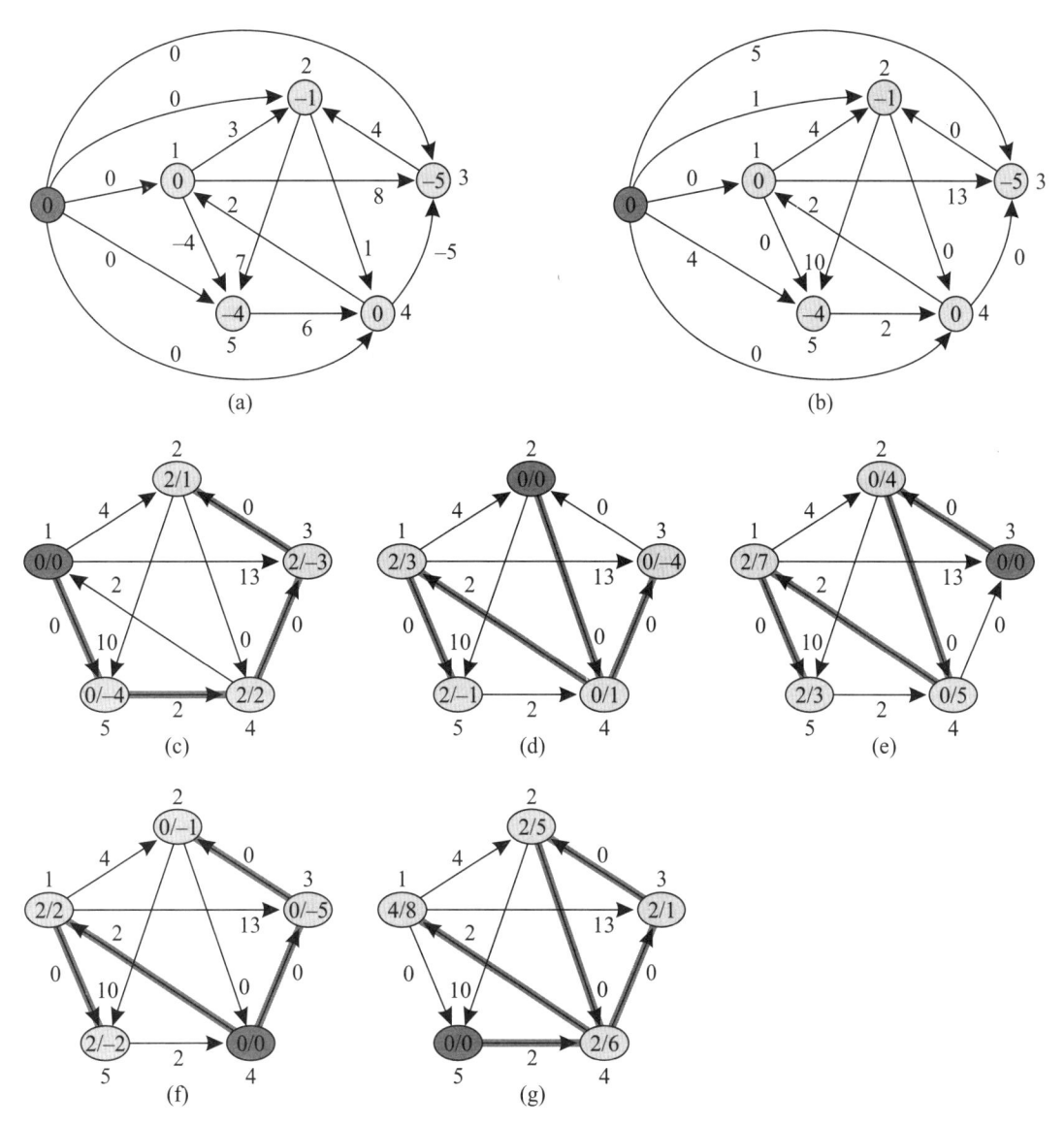

Figura 23.6 Algoritmo de caminhos mínimos para todos os pares de Johnson executado no grafo da Figura 23.1. A numeração dos vértices aparece fora deles. (**a**) O grafo G' com a função peso original w. O novo vértice s é *cinza-escuro*. Dentro de cada vértice v está $h(v) = \delta(s, v)$. (**b**) Após a reponderação de cada aresta (u, v) com a função peso $\hat{w}(u, v) = w(u, v) + h(u) - h(v)$. (**c**)–(**g**) Resultado da execução do algoritmo de Dijkstra sobre cada vértice de G usando a função peso $\hat{w}$. Em cada parte, o vértice de fonte u é *cinza-escuro*, e as arestas realçadas em *cinza-escuro* estão na árvore de caminhos mínimos calculada pelo algoritmo. Dentro de cada vértice v estão os valores $\hat{\delta}(u, v)$ e $\delta(u, v)$, separados por um símbolo de barra (/). O valor $d_{uv} = \delta(u, v)$ é igual a $\hat{\delta}(u, v) + h(v) - h(u)$.

JOHNSON(G, w)
1   calcula G', em que $G'.V = G.V \cup \{s\}$,
        $G'.E = G.E \cup \{(s, v) : v \in G.V\}$ e
        $w(s, v) = 0$ para todo $v \in G.V$
2   **if** BELLMAN-FORD(G', w, s) == FALSO
3   imprimir "o grafo de entrada contém um ciclo de peso negativo"
4   **else for** cada vértice $v \in G'.V$
5   definir $h(v)$ como valor de $\delta(s, v)$
                calculado pelo algoritmo de Bellman-Ford
6   **for** cada aresta $(u, v) \in G'.E$
7           $\hat{w}(u, v) = w(u, v) + h(u) - h(v)$

(*continua*)

```
8         seja D = (d_uv) uma nova matriz n × n
9         for cada vértice u ∈ G.V
10            executar DIJKSTRA(G, ŵ, u) para calcular δ̂(u, v) para todo v ∈ G.V
11            for cada vértice v ∈ G.V
12                d_uv = δ̂(u, v) + h(v) – h(u)
13        return D
```

O procedimento JOHNSON simplesmente executa as ações que especificamos anteriormente. A linha 1 produz G'. A linha 2 executa o algoritmo de Bellman-Ford em G' com função peso w e vértice de origem s. Se G', e consequentemente G, contém um ciclo de peso negativo, a linha 3 relata o problema. As linhas 4–12 consideram que G' não contém nenhum ciclo de peso negativo. As linhas 4–5 definem $h(v)$ como o peso do caminho mínimo $\delta(s, v)$ calculado pelo algoritmo de Bellman-Ford para todo $v \in V'$. As linhas 6–7 calculam os novos pesos $\hat{w}$. Para cada par de vértices $u, v \in V$, o laço **for** das linhas 9–12 calcula o peso do caminho mínimo $\hat{\delta}(u, v)$ chamando o algoritmo de Dijkstra uma vez para cada vértice em V. A linha 12 armazena na entrada de matriz d_{uv} o peso correto do caminho mínimo $\delta(u, v)$, calculado pela Equação (23.11). Por fim, a linha 13 retorna a matriz D completada. A Figura 23.6 mostra a execução do algoritmo de Johnson.

Se implementarmos a fila de prioridade mínima no algoritmo de Dijkstra por um *heap* de Fibonacci, o algoritmo de Johnson será executado no tempo $O(V^2 \lg V + VE)$. A implementação mais simples por *heap* mínimo binário produz o tempo de execução $O(VE \lg V)$, que ainda será assintoticamente mais rápido que o algoritmo de Floyd-Warshall se o grafo for esparso.

Exercícios

23.3-1
Use o algoritmo de Johnson para encontrar os caminhos mínimos entre todos os pares de vértices no grafo da Figura 23.2. Mostre os valores de h e $\hat{w}$ calculados pelo algoritmo.

23.3-2
Qual é a finalidade de adicionar o novo vértice s a V, produzindo V'?

23.3-3
Suponha que $w(u, v) \geq 0$ para todas as arestas $(u, v) \in E$. Qual é a relação entre as funções peso w e $\hat{w}$?

23.3-4
O professor Greenstreet afirma que existe um modo mais simples de reponderar arestas que o método usado no algoritmo de Johnson. Fazendo $w^* = \min\{w(u, v) : (u, v) \in E\}$, basta definir $\hat{w}(u, v) = w(u, v) - w^*$ para todas as arestas $(u, v) \in E$. O que está errado no método de reponderação do professor?

23.3-5
Mostre que, se G contém um ciclo c de peso 0, então $\hat{w}(u, v) = 0$ para toda aresta (u, v) em c.

23.3-6
O professor Michener afirma que não há necessidade de inserir um novo vértice de fonte na linha 1 de JOHNSON. Em vez disso, ele sugere usar $G' = G$ e fazer s ser qualquer vértice. Forneça um exemplo de grafo dirigido ponderado G para o qual a incorporação da ideia do professor em JOHNSON provoca respostas incorretas. Considere que $\infty - \infty$ é indefinido e, particularmente, não é 0. Depois mostre que, se G é fortemente conexo (todo vértice pode ser alcançado de qualquer outro vértice), os resultados retornados por JOHNSON com a modificação do professor são corretos.

Problemas

23-1   Fecho transitivo de um grafo dinâmico

Suponha que desejemos manter o fecho transitivo de um grafo dirigido $G = (V, E)$ à medida que inserimos arestas em E. Isto é, após a inserção de cada aresta, queremos atualizar o fecho transitivo das arestas inseridas até então. Suponha que, inicialmente, o grafo G não tenha nenhuma aresta e que representamos o fecho transitivo como uma matriz booleana.

a. Mostre como atualizar o fecho transitivo $G^* = (V, E^*)$ de um grafo $G = (V, E)$ no tempo $O(V^2)$ quando uma nova aresta é adicionada a G.

b. Forneça um exemplo de grafo G e uma aresta e tal que seja necessário o tempo $\Omega(V^2)$ para atualizar o fecho transitivo após a inserção de e em G, não importando qual algoritmo seja usado.

c. Descreva um algoritmo eficiente para atualizar o fecho transitivo à medida que arestas são inseridas no grafo. Para qualquer sequência de r inserções, seu algoritmo deve ser executado no tempo total $\sum_{i=1}^{r} t_i = O(V^3)$, em que t_i é o tempo para atualizar o fecho transitivo quando a i-ésima aresta é inserida. Prove que seu algoritmo consegue esse limite de tempo.

23-2   Caminhos mínimos em grafos ϵ-densos

Um grafo $G = (V, E)$ é **ϵ-denso** se $|E| = \Theta(V^{1+\epsilon})$ para alguma constante ϵ na faixa $0 < \epsilon \le 1$. O uso de *heaps* de mínimo d-ários (ver Problema 6-2, no Capítulo 6) oferece um modo de combinar os tempos de execução de algoritmos baseados em *heaps* de Fibonacci aos grafos ϵ-densos sem utilizar uma estrutura de dados tão complicada.

a. Quais são os tempos de execução assintóticos para INSERE, EXTRAI-MIN e DIMINUI-CHAVE, em função de d e do número n de elementos em um *heap* d-ário mínimo? Quais são esses tempos de execução se escolhemos $d = \Theta(n^\alpha)$ para alguma constante $0 < \alpha \le 1$? Compare esses tempos de execução com os custos amortizados dessas operações para um *heap* de Fibonacci.

b. Mostre como calcular caminhos mínimos de fonte única em um grafo dirigido ϵ-denso $G = (V, E)$ que não tenha nenhuma aresta de peso negativo no tempo $O(E)$. (*Sugestão*: escolha d em função de ϵ.)

c. Mostre como resolver o problema de caminhos mínimos para todos os pares em um grafo dirigido ϵ-denso $G = (V, E)$ que não tenha nenhuma aresta de peso negativo no tempo $O(VE)$.

d. Mostre como resolver o problema de caminhos mínimos para todos os pares no tempo $O(VE)$ em um grafo dirigido ϵ-denso $G = (V, E)$ que pode ter arestas de peso negativo, mas não tem nenhum ciclo de peso negativo.

Notas do capítulo

Lawler [276] dá uma boa descrição do problema de caminhos mínimos para todos os pares. Ele atribui o algoritmo de multiplicação de matrizes ao conhecimento tradicional. O algoritmo de Floyd-Warshall foi criado por Floyd [144], que tomou como base um teorema de Warshall [450] que descreve como calcular o fecho transitivo de matrizes booleanas. O algoritmo de Johnson foi obtido de [238].

Vários pesquisadores apresentaram algoritmos melhorados para calcular caminhos mínimos por multiplicação de matrizes. Fredman [153] mostra como resolver o problema de caminhos mínimos para todos os pares usando $O(V^{5/2})$ comparações entre somas de pesos de arestas e obtém um algoritmo que é executado no tempo $O(V^3 (\lg \lg V/\lg V)^{1/3})$, ligeiramente melhor que o tempo de execução do algoritmo de Floyd-Warshall. Esse limite foi melhorado diversas vezes, e o algoritmo mais rápido agora é o de Williams [457], com um tempo de execução de $O(V^3/2^{\Omega(\lg^{1/2} V)})$.

Outra linha de pesquisa demonstra que podemos aplicar algoritmos para multiplicação rápida de matrizes (ver Notas do Capítulo 4) ao problema de caminhos mínimos para todos os pares. Seja $O(n^\omega)$ o tempo de execução do algoritmo mais rápido para multiplicar matrizes $n \times n$. Galil e Margalit [170, 171] e Seidel [403] criaram algoritmos que resolvem o problema de caminhos mínimos para todos os pares em grafos não dirigidos e não ponderados no tempo $(V^\omega p(V))$, em que $p(n)$ indica uma função específica que é limitada polilogaritmicamente em n. Em grafos densos, esses algoritmos são mais rápidos que o tempo $O(VE)$ necessário para executar $|V|$

buscas em largura. Vários pesquisadores estenderam esses resultados para fornecer algoritmos que resolvem o problema de caminhos mínimos para todos os pares em grafos não dirigidos nos quais os pesos de arestas são inteiros no intervalo $\{1, 2, ..., W\}$. Desses algoritmos, o mais rápido assintoticamente, criado por Shoshan e Zwick [410], é executado no tempo $O(W V^{\omega} p(VW))$. Em gráficos direcionados, o melhor algoritmo até o momento é o criado por Zwick [467], executado no tempo $\widetilde{O}(W^{1/(4-\omega)} V^{2+1/(4-\omega)})$.

Karger, Koller e Phillips [244] e McGeoch [320], independentemente, deram um limite de tempo que depende de E^*, o conjunto de arestas em E que participam de algum caminho mínimo. Dado um grafo com pesos de arestas não negativos, tais algoritmos são executados no tempo $O(VE^* + V^2 \lg V)$ e melhoram com a execução do algoritmo de Dijkstra $|V|$ vezes quando $|E^*| = o(E)$. Pettie [355] utiliza uma abordagem baseada em hierarquias de componentes para obter um tempo de execução de $O(VE + V^2 \lg \lg V)$, e o mesmo tempo de execução também é alcançado por Hagerup [205].

Baswana, Hariharan e Sen [37] examinaram algoritmos decrementais, que permitem uma sequência de eliminações e consultas entremeadas, para manter informações de caminhos mínimos em todos os pares e de fecho transitivo. Quando existe um caminho, seu algoritmo de fecho transitivo aleatorizado pode deixar de informar que tal caminho existe com probabilidade $1/n^c$ para $c > 0$ arbitrária. Os tempos de consulta são $O(1)$ com alta probabilidade. Para fecho transitivo, o tempo amortizado a cada atualização é $O(V^{4/3} \lg^{1/3} V)$. Por comparação, o Problema 23-1, em que as arestas são inseridas, pede um algoritmo incremental. Para caminhos mínimos a todos os pares, os tempos de atualização dependem das consultas. Para consultas que dão apenas os pesos dos caminhos mínimos, o tempo amortizado por atualização é $O(V^3/E \lg^2 V)$. Para informar o caminho mínimo real, o tempo de atualização amortizado é $\min\{O(V^{3/2}\sqrt{\lg V}), O(V^3/E \lg^2 V)\}$. Demetrescu e Italiano [111] mostraram como tratar operações de atualização e consulta quando as arestas são inseridas e também eliminadas, desde que a faixa de pesos de aresta seja limitada.

Aho, Hopcroft e Ullman [5] definiram uma estrutura algébrica conhecida como "semianel fechado", que serve como uma estrutura geral para resolver problemas de caminhos em grafos dirigidos. O algoritmo de Floyd-Warshall, bem como o do fecho transitivo da Seção 23.2, são instanciações de um algoritmo para todos os pares baseado em semianéis fechados. Maggs e Plotkin [309] mostraram como encontrar árvores geradoras mínimas usando um semianel fechado.

24 Fluxo Máximo

Da mesma maneira como podemos modelar um mapa rodoviário na forma de um grafo dirigido para encontrar o caminho mínimo de um ponto até outro, também podemos interpretar um grafo dirigido como uma "rede de fluxo" e utilizá-lo para responder a perguntas sobre fluxos de materiais. Imagine um material percorrendo certo sistema desde uma origem, onde o material é produzido, até um destino, onde ele é consumido. A origem produz o material a alguma taxa fixa, e o destino consome o material à mesma taxa. O "fluxo" do material em qualquer ponto no sistema é intuitivamente a taxa pela qual o material se move. Redes de fluxo podem modelar muitos problemas, entre eles líquidos que fluem por dentro de tubos, peças que percorrem linhas de montagem, correntes que passam por redes elétricas e informações transmitidas por redes de comunicação.

Podemos imaginar cada aresta dirigida em uma rede de fluxo como um conduto para o material. Cada conduto tem uma capacidade estabelecida, dada como uma taxa máxima pela qual o material pode fluir pelo conduto, como 200 litros de líquido por hora em um cano ou 20 amperes de corrente elétrica por um fio condutor. Vértices são junções de condutos e, exceto quando se trata da origem e do destino, o material flui pelos vértices sem se acumular. Em outras palavras, a taxa pela qual o material entra em um vértice deve ser igual à taxa pela qual sai do vértice. Denominamos essa propriedade "conservação do fluxo", e ela é equivalente à lei das correntes de Kirchhoff, cujo material utilizado é a corrente elétrica.

No problema de fluxo máximo, desejamos calcular a maior taxa pela qual podemos despachar material da origem até o destino sem infringir quaisquer restrições à capacidade. Esse é um dos problemas mais simples relacionados com redes de fluxo e, como veremos neste capítulo, pode ser resolvido por algoritmos eficientes. Além disso, podemos adaptar as técnicas básicas usadas em algoritmos de fluxo máximo para resolver outros problemas de redes de fluxo.

Este capítulo apresenta dois métodos gerais para resolver o problema do fluxo máximo. A Seção 24.1 formaliza as noções de redes de fluxo e fluxos, definindo formalmente o problema do fluxo máximo. A Seção 24.2 descreve o método clássico de Ford e Fulkerson para determinar fluxos máximos. Uma aplicação desse método, encontrar o emparelhamento máximo em um grafo bipartido não dirigido, é dada na Seção 24.3. (A Seção 25.1 fornecerá um algoritmo mais eficiente, projetado especificamente para encontrar emparelhamento máximo em um gráfico bipartido.)

24.1 Redes de fluxo

Nesta seção, daremos uma definição para redes de fluxo do ponto de vista da teoria dos grafos, discutiremos suas propriedades e definiremos com exatidão o problema do fluxo máximo. Apresentaremos, também, algumas regras úteis de notação.

Redes de fluxo e fluxos

Uma *rede de fluxo* $G = (V, E)$ é um grafo dirigido no qual cada aresta $(u, v) \in E$ tem **capacidade** não negativa $c(u, v) \geq 0$. Impomos ainda que, se E contém uma aresta (u, v), então não há nenhuma aresta (v, u) na direção contrária. (Veremos em breve como contornar essa restrição.) Se $(u, v) \notin E$, então, por conveniência, definimos $c(u, v) = 0$, e proibimos laços autorreferenciados. Distinguimos dois vértices em uma rede de fluxo: uma *origem* s e um *destino* t. Por conveniência, consideramos que cada vértice se encontra em algum caminho da origem até o destino. Isto é, para todo vértice $v \in V$, a rede de fluxo contém um caminho $s \leadsto v \leadsto t$. Visto que cada vértice exceto s tem no mínimo uma aresta de entrada, temos $|E| \geq |V| - 1$. A Figura 24.1 mostra um exemplo de rede de fluxo.

Agora, estamos prontos para dar uma definição mais formal de fluxos. Seja $G = (V, E)$ uma rede de fluxo com função capacidade c. Seja s a origem da rede e t, o destino. Um *fluxo* em G é uma função de valor real $f : V \times V \to \mathbb{R}$ que satisfaz às três propriedades seguintes:

Restrição de capacidade: para todo $u, v \in V$, exigimos

$$0 \leq f(u, v) \leq c(u, v) .$$

O fluxo de um vértice para outro deverá ser não negativo e não poderá ultrapassar a capacidade indicada.

Conservação de fluxo: para todo $u \in V - \{s, t\}$, impomos

$$\sum_{v \in V} f(v, u) = \sum_{v \in V} f(u, v) .$$

O fluxo total para um vértice que não seja a origem ou o destino deverá ser igual ao fluxo total que sai desse vértice — informalmente, "o fluxo que entra é igual ao fluxo que sai".

Quando $(u, v) \notin E$, não pode haver nenhum fluxo de u a v, e $f(u, v) = 0$.

A quantidade não negativa $f(u, v)$ é denominada fluxo do vértice u ao vértice v. O *valor* $|f|$ de um fluxo f é definido como

$$|f| = \sum_{v \in V} f(s, v) - \sum_{v \in V} f(v, s) , \tag{24.1}$$

isto é, o fluxo total que sai da origem menos o fluxo que entra na origem. (Aqui, a notação $|\cdot|$ identifica valor de fluxo e não valor absoluto ou cardinalidade.) Normalmente, uma rede de fluxo não terá nenhuma aresta de entrada na origem, e o fluxo que entra na origem, dado pelo somatório $\sum_{v \in V} f(v, s)$, será 0. Contudo, nós o incluímos porque, quando apresentarmos redes residuais mais adiante neste capítulo, o fluxo que entra na origem pode ser positivo. No *problema do fluxo máximo*, a entrada é uma rede de fluxo G com origem s e destino t, e o objetivo é encontrar um fluxo de valor máximo.

Exemplo de fluxo

Uma rede de fluxo pode modelar o problema de transporte rodoviário mostrado na Figura 24.1(a). A Lucky Puck Company tem uma fábrica (origem s) em Vancouver que produz discos para hóquei e um armazém (destino t) em Winnipeg que os mantém em estoque. A Lucky Puck aluga espaço em caminhões de outra empresa para transportar os discos da fábrica ao armazém. Como os caminhões percorrem rotas especificadas (arestas)

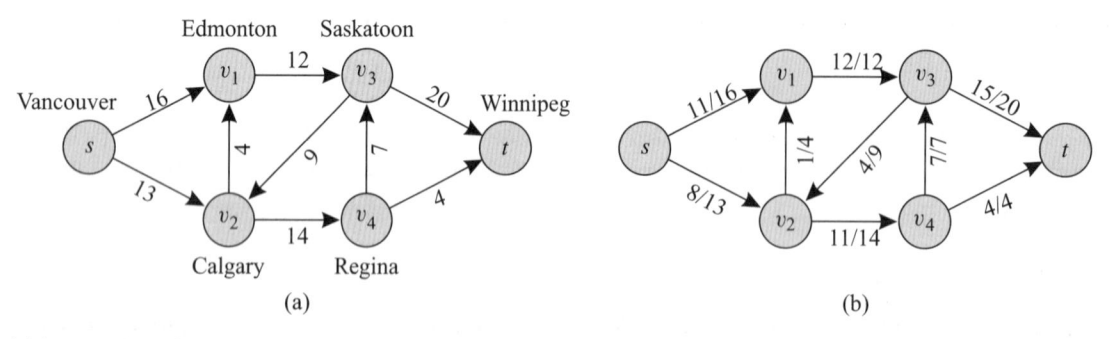

(a)   (b)

Figura 24.1 (a) Rede de fluxo $G = (V, E)$ para o problema do transporte da Lucky Puck Company, no Canadá. A fábrica de Vancouver é a origem s, e o armazém de Winnipeg é o destino t. A empresa entrega discos para hóquei (*pucks*) em cidades intermediárias, mas somente $c(u, v)$ caixotes por dia podem ir da cidade u para a cidade v. Cada aresta é identificada por sua capacidade. **(b)** Fluxo f em G com valor $|f| = 19$. Cada aresta (u, v) é identificada por $f(u, v)/c(u, v)$. A barra inclinada (/) na notação serve apenas para separar o fluxo e a capacidade, não indicando divisão.

entre cidades (vértices) e têm capacidade limitada, a Lucky Puck pode despachar no máximo $c(u, v)$ caixotes por dia entre cada par de cidades u e v na Figura 24.1(a). A Lucky Puck não tem nenhum controle sobre essas rotas e capacidades e, assim, não pode alterar a rede de fluxo mostrada na Figura 24.1(a). A empresa precisa determinar o maior número p de caixotes que pode despachar por dia e depois produzir essa quantidade, pois não tem sentido produzir mais discos do que é possível transportar para o armazém. A Lucky Puck não está preocupada com o tempo gasto para determinado disco ir da fábrica ao armazém; o que interessa à empresa é que p caixotes saiam da fábrica por dia e p caixotes cheguem ao armazém por dia.

Podemos modelar o "fluxo" de remessas com um fluxo nessa rede, porque o número de caixotes despachados por dia de uma cidade para outra está sujeito a uma restrição de capacidade. Além disso, o modelo deve obedecer à conservação de fluxo porque, em regime estável, a taxa de entrada dos discos em uma cidade intermediária tem de ser igual à taxa de saída dos discos dessa mesma cidade. Caso contrário, os caixotes se acumulariam em cidades intermediárias.

Modelando problemas com arestas antiparalelas

Suponha que a empresa transportadora oferecesse à Lucky Puck a oportunidade de alugar espaço para 10 caixotes em caminhões que fazem a rota de Edmonton a Calgary. Seria natural adicionar essa oportunidade ao nosso exemplo e formar a rede mostrada na Figura 24.2(a). Porém, essa rede apresenta um problema: infringe nossa hipótese original, isto é, se uma aresta $(v_1, v_2) \in E$, então $(v_2, v_1) \notin E$. Denominamos as duas arestas (v_1, v_2) e (v_2, v_1) **antiparalelas**. Assim, se quisermos modelar um problema de fluxo com arestas antiparalelas, teremos de transformar a rede em outra rede equivalente que não contenha nenhuma aresta antiparalela. A Figura 24.2(b) mostra essa rede equivalente. Para transformar a rede, escolhemos uma das duas arestas antiparalelas, nesse caso (v_1, v_2), e a dividimos adicionando um novo vértice v' e substituindo a aresta (v_1, v_2) pelo par de arestas (v_1, v') e (v', v_2). Também definimos a capacidade das duas novas arestas como a capacidade da aresta original. A rede resultante satisfaz à seguinte propriedade: se uma aresta pertence à rede, a aresta inversa não pertence. O Exercício 24.1-1 pede que você prove que a rede resultante é equivalente à original.

Redes com várias origens e vários destinos

Um problema de fluxo máximo pode ter várias origens e vários destinos, em vez de apenas uma unidade de cada. Por exemplo, na realidade, a Lucky Puck Company poderia ter um conjunto de m fábricas $\{s_1, s_2, ..., s_m\}$ e um conjunto de n armazéns $\{t_1, t_2, ..., t_n\}$, como mostra a Figura 24.3(a). Felizmente, esse problema não é mais difícil que o fluxo máximo comum.

Podemos reduzir o problema de determinar fluxo máximo em uma rede com várias origens e vários destinos a um problema de fluxo máximo comum. A Figura 24.3(b) mostra como converter a rede de (a) em uma rede de fluxo comum com somente uma origem e um destino. Adicionamos uma **superorigem** s e acrescentamos uma aresta dirigida (s, s_i) com capacidade $c(s, s_i) = \infty$ para cada $i = 1, 2, ..., m$. Definimos também um novo **superdestino** t e acrescentamos uma aresta dirigida (t_i, t) com capacidade $c(t_i, t) = \infty$ para cada $i = 1, 2, ..., n$. Intuitivamente, qualquer fluxo na rede em (a) corresponde a um fluxo na rede em (b), e vice-versa. A única superorigem s simplesmente fornece a quantidade de fluxo desejada para as várias origens s_i, e, igualmente, o único superdestino t consome a quantidade de fluxo desejada para os vários destinos t_i. O Exercício 24.1-2 pede que você prove formalmente que os dois problemas são equivalentes.

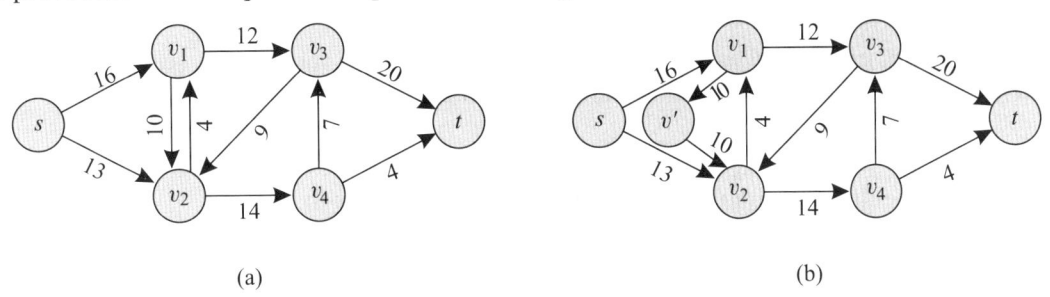

(a)   (b)

Figura 24.2 Conversão de uma rede com arestas antiparalelas em uma rede equivalente sem nenhuma aresta antiparalela. (**a**) Rede de fluxo que contém as arestas (v_1, v_2) e (v_2, v_1). (**b**) Rede equivalente sem arestas antiparalelas. Adicionamos um novo vértice v' e substituímos a aresta (v_1, v_2) pelo par de arestas (v_1, v') e (v', v_2), ambas com a mesma capacidade de (v_1, v_2).

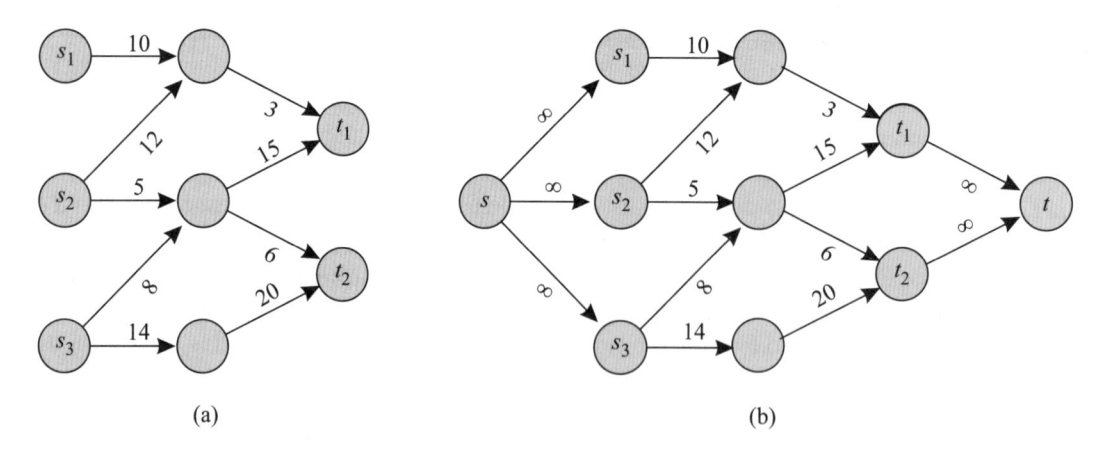

(a)   (b)

Figura 24.3 Conversão de um problema de fluxo máximo de várias origens e vários destinos em um problema com uma única origem e um único destino. (**a**) Rede de fluxo com três origens $S = \{s_1, s_2, s_3\}$ e dois destinos $T = \{t_1, t_2\}$. (**b**) Rede de fluxo equivalente com uma única origem e um único destino. Adicionamos uma superorigem s e uma aresta com capacidade infinita de s até cada uma das várias origens. Adicionamos também um superdestino t e uma aresta com capacidade infinita de cada um dos vários destinos a t.

Exercícios

24.1-1
Mostre que repartir uma aresta n em uma rede de fluxo produz uma rede equivalente. Em linguagem mais formal, suponha que a rede de fluxo G contenha uma aresta (u, v) e que formamos uma nova rede de fluxo G' com novo vértice x e substituindo (u, v) por novas arestas (u, x) e (x, v) com $c(u, x) = c(x, v) = c(u, v)$. Mostre que um fluxo máximo em G' tem o mesmo valor que um fluxo máximo em G.

24.1-2
Estenda as propriedades e definições de fluxo ao problema de várias origens e vários destinos. Mostre que qualquer fluxo em uma rede de fluxo com várias origens e vários destinos corresponde a um fluxo de valor idêntico na rede de origem única e destino único obtida pela adição de uma superorigem e um superdestino, e vice-versa.

24.1-3
Suponha que uma rede de fluxo $G = (V, E)$ transgrida a hipótese de que a rede contém um caminho $s \rightsquigarrow v \rightsquigarrow t$ para todos os vértices $v \in V$. Seja u um vértice para o qual não há nenhum caminho $s \rightsquigarrow u \rightsquigarrow t$. Mostre que deve existir um fluxo máximo f em G tal que $f(u, v) = f(v, u) = 0$ para todos os vértices $v \in V$.

24.1-4
Seja f um fluxo em uma rede e seja α um número real. O **produto escalar do fluxo** denotado por αf é uma função de $V \times V$ para $\mathbb{R}$ definida por

$$(\alpha f)(u, v) = \alpha \cdot f(u, v) \, .$$

Prove que os fluxos em uma rede formam um **conjunto convexo**. Isto é, mostre que, se f_1 e f_2 são fluxos, então $\alpha f_1 + (1 - \alpha)f_2$ também é um fluxo para todo α no intervalo $0 \le \alpha \le 1$.

24.1-5
Enuncie o problema de fluxo máximo como um problema de programação linear.

24.1-6
O professor Adam tem dois filhos que, infelizmente, não gostam um do outro. O problema é tão grave que eles não só se recusam a ir à escola juntos mas, na verdade, cada um se recusa a passar por qualquer quadra pela qual o outro tenha passado naquele dia. Porém, eles não se importam se seus caminhos se cruzarem em uma esquina. Felizmente, tanto a casa do professor como a escola estão situadas em esquinas mas, fora isso, ele não

tem certeza de que será possível enviar os filhos à mesma escola. O professor tem um mapa da cidade. Mostre como formular o problema de determinar se os dois filhos do professor podem frequentar a mesma escola como um problema de fluxo máximo.

24.1-7

Suponha que, além das capacidades de arestas, uma rede de fluxo tenha *capacidades de vértices*. Isto é, cada vértice v tem um limite $l(v)$ para a quantidade de fluxo que pode passar por v. Mostre como transformar uma rede de fluxo $G = (V, E)$ com capacidades de vértices em uma rede de fluxo equivalente $G' = (V', E')$ sem capacidade de vértices, tal que um fluxo máximo em G' tenha o mesmo valor que um fluxo máximo em G. Quantos vértices e quantas arestas G' possui?

24.2 O método Ford-Fulkerson

Esta seção apresenta o método de Ford e Fulkerson para resolver o problema do fluxo máximo. Nós o denominamos "método" em vez de "algoritmo" porque ele abrange diversas implementações com diferentes tempos de execução. O método Ford-Fulkerson depende de três ideias importantes que transcendem o método e são relevantes para muitos algoritmos e problemas de fluxo: redes residuais, caminhos aumentadores e cortes. Essas ideias são essenciais para o importante teorema do fluxo máximo/corte mínimo (Teorema 24.6), que caracteriza o valor de um fluxo máximo em termos de cortes da rede de fluxo. Encerramos esta seção apresentando uma implementação específica do método Ford-Fulkerson e analisando seu tempo de execução.

O método Ford-Fulkerson aumenta iterativamente o valor do fluxo. Começamos com $f(u, v) = 0$ para todo $u, v \in V$, que fornece um fluxo inicial de valor 0. A cada iteração, aumentamos o valor do fluxo em G determinando um "caminho aumentador" em uma "rede residual" G_f associada. As arestas de um caminho aumentador em G_f indicam quais arestas específicas em G deverão atualizar o fluxo a fim de aumentar o valor do fluxo. Embora cada iteração do método Ford-Fulkerson aumente o valor do fluxo, veremos que o fluxo em qualquer aresta particular de G pode aumentar ou diminuir. Embora possa parecer contraintuitivo diminuir o fluxo em uma aresta, isso pode permitir que o fluxo aumente em outras arestas, possibilitando que mais fluxo seja enviado da origem ao destino. O método Ford-Fulkerson, dado no procedimento MÉTODO-FORD-FULKERSON, aumenta repetidamente o fluxo até que a rede residual não tenha mais caminhos aumentadores. O teorema do fluxo máximo/corte mínimo mostrará que, no término, esse processo produz um fluxo máximo.

```
MÉTODO-FORD-FULKERSON(G, s, t)
1   inicializar fluxo f em 0
2   while existir um caminho aumentador p na rede residual G_f
3       aumentar fluxo f ao longo de p
4   return f
```

Para implementarmos e analisar o método Ford-Fulkerson, precisamos introduzir diversos conceitos adicionais.

Redes residuais

Intuitivamente, dados uma rede de fluxo G e um fluxo f, a rede residual G_f consiste em arestas com capacidades que representam como podemos mudar o fluxo em arestas de G. Uma aresta da rede de fluxo pode admitir uma quantidade de fluxo adicional igual à capacidade da aresta menos o fluxo nessa aresta. Se tal valor é positivo, colocamos essa aresta em G_f com uma "capacidade residual" de $c_f(u, v) = c(u, v) - f(u, v)$. As únicas arestas de G que estão em G_f são as que podem receber mais fluxo. As arestas (u, v) cujos fluxos são iguais às suas capacidades têm $c_f(u, v) = 0$, e não estão em G_f.

Pode parecer surpreendente que a rede residual G_f também possa conter arestas que não estão em G. Quando um algoritmo é aplicado a um fluxo com a finalidade de aumentar o fluxo total, pode ser necessário reduzir o fluxo em determinada aresta, a fim de aumentar o fluxo em outra parte. Para representar uma possível diminuição de fluxo positivo $f(u, v)$ em uma aresta em G, a rede residual G_f contém uma aresta (v, u) com capacidade residual $c_f(v, u) = f(u, v)$ — isto é, uma aresta que pode admitir fluxo na direção oposta a (u, v) e, no máximo, eliminar o fluxo em (u, v). Essas arestas invertidas na rede residual permitem que um algoritmo envie de volta o fluxo que já enviou ao longo de uma aresta. Enviar o fluxo de volta ao longo de uma aresta equivale a *diminuir* o fluxo na aresta, uma operação necessária em muitos algoritmos.

Em linguagem mais formal, para uma rede de fluxo $G = (V, E)$ com origem s, destino t e fluxo f, considere um par de vértices $u, v \in V$. Definimos a ***capacidade residual*** $c_f(u, v)$ por

$$c_f(u, v) = \begin{cases} c(u, v) - f(u, v) & \text{se } (u, v) \in E, \\ f(v, u) & \text{se } (v, u) \in E, \\ 0 & \text{caso contrário.} \end{cases} \tag{24.2}$$

Em uma rede de fluxo, $(u, v) \in E$ implica $(v, u) \notin E$, e, portanto, exatamente um caso na Equação (24.2) se aplica a cada par ordenado de vértices.

Como exemplo da Equação (24.2), se $c(u, v) = 16$ e $f(u, v) = 11$, então podemos aumentar $f(u, v)$ em até $c_f(u, v) = 5$ unidades antes de infringir a restrição de capacidade da aresta (u, v). Como alternativa, até 11 unidades de fluxo podem ser retornadas de v para u, de modo que $c_f(v, u) = 11$.

Dada uma rede de fluxo $G = (V, E)$ e um fluxo f, a ***rede residual*** de G induzida por f é $G_f = (V, E_f)$, em que

$$E_f = \{(u, v) \in V \times V : c_f(u, v) > 0\} \ . \tag{23.3}$$

Isto é, como prometido, cada aresta da rede residual, ou ***aresta residual***, pode admitir um fluxo que seja maior do que 0. A Figura 24.4(a) repete a rede de fluxo G e fluxo f da Figura 24.1(b), e a Figura 24.4(b) mostra a rede residual G_f correspondente. As arestas em E_f são arestas em E ou são suas inversas e, assim,

$$|E_f| \leq 2 \, |E| \ .$$

Observe que a rede residual G_f é semelhante a uma rede de fluxo com capacidades dadas por c_f. Ela não satisfaz nossa definição de rede de fluxo porque pode conter arestas antiparalelas. Fora essa diferença, uma rede residual tem as mesmas propriedades que uma rede de fluxo, e podemos definir um fluxo na rede residual como um fluxo que satisfaz à definição de fluxo, porém com relação às capacidades c_f na rede residual G_f.

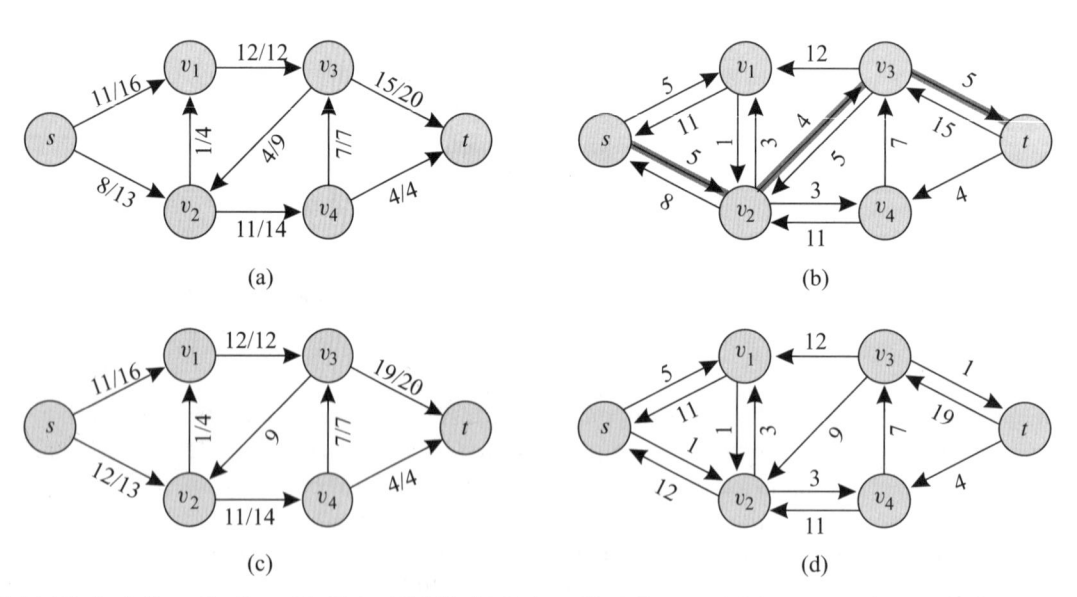

Figura 24.4 (**a**) Rede de fluxo G e fluxo f da Figura 24.1(b). (**b**) Rede residual G_f com caminho aumentador p realçado em *cinza-escuro*, com capacidade residual $cf(p) = cf(v_2, v_3) = 4$. Arestas com capacidade residual igual a 0, como (v_1, v_3), não são mostradas, uma convenção que seguiremos no restante desta seção. (**c**) Fluxo em G que resulta de aumentar essa rede ao longo do caminho p de uma quantidade equivalente à sua capacidade residual, 4. Arestas que não transportam nenhum fluxo, como (v_3, v_2), são identificadas somente por suas capacidades, outra convenção que seguimos neste capítulo. (**d**) Rede residual induzida pelo fluxo em (**c**).

Um fluxo em rede residual nos dá um guia para adicionar fluxo à rede de fluxo original. Se f é um fluxo em G e f' é um fluxo na rede residual G_f correspondente, definimos $f \uparrow f'$, o **aumento** do fluxo f de f', como a função de $V \times V$ em $\mathbb{R}$, definida por

$$(f \uparrow f')(u, v) = \begin{cases} f(u, v) + f'(u, v) - f'(v, u) & \text{se } (u, v) \in E , \\ 0 & \text{caso contrário.} \end{cases} \qquad (24.4)$$

A intuição que fundamenta essa definição decorre da definição da rede residual. Aumentamos o fluxo em (u, v) de $f'(u, v)$ mas o reduzimos de $f'(u, v)$, porque empurrar fluxo pela aresta invertida na rede residual significa reduzir o fluxo na rede original. Empurrar fluxo pela aresta invertida na rede residual é uma operação também conhecida como **cancelamento**. Por exemplo, enviar cinco caixotes de discos de hóquei de u a v e enviar dois caixotes de v a u seria o mesmo (do ponto de vista do resultado final) que enviar três caixotes de u a v e nenhum de v a u. Cancelamento desse tipo é essencial para qualquer algoritmo de fluxo máximo.

O lema seguinte mostra que aumentar um fluxo em G por um fluxo em G_f resulta em novo fluxo em G com valor de fluxo maior.

Lema 24.1

Seja $G = (V, E)$ uma rede de fluxo com origem s e destino t, e seja f um fluxo em G. Seja G_f a rede residual de G induzida por f, e seja f' um fluxo em G_f. Então, a função $f \uparrow f'$ definida na Equação (24.4) é um fluxo em G com valor $|f \uparrow f'| = |f| + |f'|$.

Prova   Em primeiro lugar, temos de verificar se $f \uparrow f'$ obedece às restrições de capacidade para cada aresta em E e conservação de fluxo em cada vértice em $V - \{s, t\}$.

Para a restrição de capacidade, observe em primeiro lugar que, se $(u, v) \in E$, então $c_f(v, u) = f(u, v)$. Visto que f' é um fluxo em G_f, temos $f'(v, u) \leq c_f(v, u)$, que resulta em $f'(v, u) \leq f(u, v)$, por consequência,

$$\begin{aligned} (f \uparrow f')(u, v) &= f(u, v) + f'(u, v) - f'(v, u) & \text{(pela Equação (24.4))} \\ &\geq f(u, v) + f'(u, v) - f(u, v) & \text{(porque } f'(v, u) \leq f(u, v)) \\ &= f'(u, v) \\ &\geq 0 . \end{aligned}$$

Além disso,

$$\begin{aligned} (f \uparrow f')(u, v) & \\ &= f(u, v) + f'(u, v) - f'(v, u) & \text{(pela Equação (24.4))} \\ &\leq f(u, v) + f'(u, v) & \text{(porque os fluxos são não negativos)} \\ &\leq f(u, v) + c_f(u, v) & \text{(restrição de capacidade)} \\ &= f(u, v) + c(u, v) - f(u, v) & \text{(definição de } c_f) \\ &= c(u, v) . \end{aligned}$$

Para mostrarmos que a conservação de fluxo é válida e que $|f \uparrow f'| = |f| + |f'|$, primeiro provamos a afirmação de que, para todo $u \in V$, temos

$$\sum_{v \in V} (f \uparrow f')(u, v) - \sum_{v \in V} (f \uparrow f')(v, u)$$

$$= \sum_{v \in V} f(u, v) - \sum_{v \in V} f(v, u) + \sum_{v \in V} f'(u, v) - \sum_{v \in V} f'(v, u) . \qquad (24.5)$$

Visto que desautorizamos arestas antiparalelas em G (mas não em G_f), sabemos que, para cada vértice u, pode haver uma aresta (u, v) ou (v, u) em G, mas não ambas. Para um vértice fixo u, definimos $V_l(u) = \{v : (u, v) \in E\}$ como o conjunto de vértices com arestas em G que saem de u e definimos $V_e(u) = \{v : (v, u) \in E\}$ como o conjunto de vértices com arestas em G que se dirigem a u. Temos $V_l(u) \cup V_e(u) \subseteq V$ e, como G não contém arestas antiparalelas, $V_l(u) \cap V_e(u) = \emptyset$. Pela definição de aumento de fluxo na Equação (24.4), somente os vértices v em $V_l(u)$ podem ter $(f \uparrow f')(u, v)$ positivo, e somente os vértices v em $V_e(u)$ podem ter $(f \uparrow f')(v, u)$ positivo. Começando no lado esquerdo da Equação (24.5), usamos esse fato e reordenamos e agrupamos termos para obtermos

$$\sum_{v \in V} (f \uparrow f')(u, v) - \sum_{v \in V} (f \uparrow f')(v, u)$$

$$= \sum_{v \in V_l(u)} (f \uparrow f')(u, v) - \sum_{v \in V_e(u)} (f \uparrow f')(v, u)$$

$$= \sum_{v \in V_l(u)} (f(u, v) + f'(u, v) - f'(v, u)) - \sum_{v \in V_e(u)} (f(v, u) + f'(v, u) - f'(u, v))$$

$$= \sum_{v \in V_l(u)} f(u, v) + \sum_{v \in V_l(u)} f'(u, v) - \sum_{v \in V_l(u)} f'(v, u)$$
$$- \sum_{v \in V_e(u)} f(v, u) - \sum_{v \in V_e(u)} f'(v, u) + \sum_{v \in V_e(u)} f'(u, v)$$

$$= \sum_{v \in V_l(u)} f(u, v) - \sum_{v \in V_e(u)} f(v, u)$$
$$+ \sum_{v \in V_l(u)} f'(u, v) + \sum_{v \in V_e(u)} f'(u, v) - \sum_{v \in V_l(u)} f'(v, u) - \sum_{v \in V_e(u)} f'(v, u)$$

$$= \sum_{v \in V_l(u)} f(u, v) - \sum_{v \in V_e(u)} f(v, u) + \sum_{v \in V_l(u) \cup V_e(u)} f'(u, v) - \sum_{v \in V_l(u) \cup V_e(u)} f'(v, u) . \tag{24.6}$$

Na Equação (24.6), todos os quatro somatórios podem ser estendidos para V, já que cada termo adicional tem valor 0. (O Exercício 24.2-1 pede que você prove isso formalmente.) Tomando todos os quatro somatórios para V, em vez de apenas subconjuntos de V, provamos a afirmação na Equação (24.5).

Agora, estamos prontos para provar a conservação de fluxo para $f \uparrow f'$ e que $|f \uparrow f'| = |f| + |f'|$. Para essa última propriedade, seja $u = s$ na Equação (24.5). Então, temos

$$|f \uparrow f'| = \sum_{v \in V} (f \uparrow f')(s, v) - \sum_{v \in V} (f \uparrow f')(v, s)$$

$$= \sum_{v \in V} f(s, v) - \sum_{v \in V} f(v, s) + \sum_{v \in V} f'(s, v) - \sum_{v \in V} f'(v, s)$$

$$= |f| + |f'| .$$

Para a conservação de fluxo, observe que, para qualquer vértice u que não seja s nem t, a conservação de fluxo para f e f' significa que o lado direito da Equação (24.5) é 0, e, portanto, $\sum_{v \in V} (f \uparrow f')(u, v) = \sum_{v \in V} (f \uparrow f')(v, u)$. ∎

Caminhos aumentadores

Dados uma rede de fluxo $G = (V, E)$ e um fluxo f, um ***caminho aumentador*** p é um caminho simples de s a t na rede residual G_f. Pela definição da rede residual, podemos aumentar o fluxo em uma aresta (u, v) de um caminho aumentador até $c_f(u, v)$ sem infringir a restrição de capacidade imposta a qualquer (u, v) e (v, u) que esteja na rede de fluxo original G.

O caminho realçado em *cinza-escuro* na Figura 24.4(b) é um caminho aumentador. Tratando a rede residual G_f na figura como uma rede de fluxo, podemos aumentar o fluxo que percorre cada aresta desse caminho em até quatro unidades sem infringir a restrição de capacidade, já que a menor capacidade residual nesse caminho é $c_f(v_2, v_3) = 4$. A quantidade máxima possível de aumento para o fluxo em cada aresta de um caminho aumentador p é denominada ***capacidade residual*** de p e é dada por

$$c_f(p) = \min\{c_f(u, vv : (u, v) \text{ está em } p\}.$$

O lema a seguir, cuja prova deixamos para o Exercício 24.2-7, torna esse argumento mais preciso.

Lema 24.2

Seja $G = (V, E)$ uma rede de fluxo, seja f um fluxo em G e seja p um caminho aumentador em G_f. Defina uma função $f_p : V \times V \to \mathbb{R}$ por

$$f_p(u, v) = \begin{cases} c_f(p) & \text{se } (u, v) \text{ está em } p, \\ 0 & \text{caso contrário.} \end{cases} \tag{24.7}$$

Então, f_p é um fluxo em G_f com valor $|f_p| = c_f(p) > 0$.   ∎

O corolário a seguir mostra que, se aumentamos f adicionando f_p, obtemos outro fluxo em G cujo valor está mais próximo do máximo. A Figura 24.4(c) mostra o resultado de aumentar o fluxo f da Figura 24.4(a) adicionando o fluxo f_p da Figura 24.4(b), e a Figura 24.4(d) mostra a rede residual resultante.

Corolário 24.3

Seja $G = (V, E)$ uma rede de fluxo, seja f um fluxo em G e seja p um caminho aumentador em G_f. Seja f_p definido como na Equação (24.7) e suponha que aumentamos f adicionando f_p. Então, a função $f \uparrow f_p$ é um fluxo em G com valor $|f \uparrow f_p| = |f| + |f_p| > |f|$.

Prova Imediata, pelos Lemas 24.1 e 24.2.   ∎

Cortes de redes de fluxo

O método Ford-Fulkerson aumenta repetidamente o fluxo ao longo de caminhos aumentadores até encontrar um fluxo máximo. Como podemos saber que, quando o algoritmo termina, realmente encontramos um fluxo máximo? O teorema do fluxo máximo/corte mínimo, que demonstraremos em breve, nos diz que um fluxo é máximo se, e somente se, sua rede residual não contém nenhum caminho aumentador. Entretanto, para provarmos esse teorema, devemos primeiro explorar a noção de corte de uma rede de fluxo.

Um *corte* (S, T) de uma rede de fluxo $G = (V, E)$ é uma partição de V em S e $T = V - S$ tal que $s \in S$ e $t \in T$. (Essa definição é semelhante à definição de "corte" que usamos para árvores geradoras mínimas no Capítulo 21, exceto que aqui estamos cortando um grafo dirigido em vez de um grafo não dirigido, e insistimos que $s \in S$ e $t \in T$.) Se f é um fluxo, então o ***fluxo líquido*** $f(S, T)$ que passa pelo corte (S, T) é definido como

$$f(S, T) = \sum_{u \in S} \sum_{v \in T} f(u, v) - \sum_{u \in S} \sum_{v \in T} f(v, u) . \tag{24.8}$$

A *capacidade* do corte (S, T) é

$$c(S, T) = \sum_{u \in S} \sum_{v \in T} c(u, v) . \tag{24.9}$$

Corte mínimo de uma rede é um corte cuja capacidade é mínima com relação a todos os cortes da rede.

Você provavelmente deve ter observado que as definições de fluxo em um corte e a capacidade de um corte diferem no sentido de que o fluxo conta as arestas seguindo nas duas direções do corte, mas a capacidade conta apenas as arestas seguindo do lado da origem do corte para o lado do destino. Essa assimetria é intencional e importante. A razão para essa diferença ficará clara mais adiante nesta seção.

A Figura 24.5 mostra o corte $(\{s, v_1, v_2\}, \{v_3, v_4, t\})$ na rede de fluxo da Figura 24.1(b). O fluxo líquido por esse corte é

$$f(v_1, v_3) + f(v_2, v_4) - f(v_3, v_2) = 12 + 11 - 4$$
$$= 19 ,$$

e a capacidade desse corte é

$$c(v_1, v_3) + c(v_2, v_4) = 12 + 14$$
$$= 26 .$$

O lema a seguir mostra que, para determinado fluxo f, o fluxo líquido por qualquer corte é o mesmo, e é igual a $|f|$, o valor do fluxo.

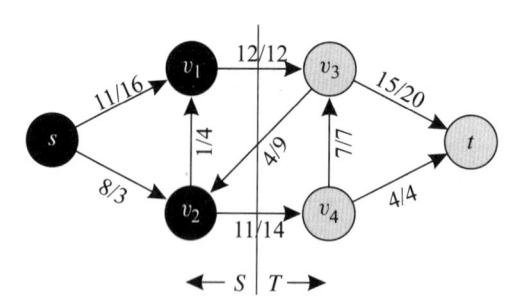

Figura 24.5 Corte (S, T) na rede de fluxo da Figura 24.1(b), em que $S = \{s, v_1, v_2\}$ e $T = \{v_3, v_4, t\}$. Os vértices em S são *pretos*, e os vértices em T são *cinza-claro*. O fluxo líquido por (S, T) é $f(S, T) = 19$, e a capacidade é $c(S, T) = 26$.

Lema 24.4

Seja f um fluxo de uma rede de fluxo G com origem s e destino t, e seja (S, T) qualquer corte de G. Então, o fluxo líquido por (S, T) é $f(S, T) = |f|$.

Prova Para qualquer vértice $u \in V - \{s, t\}$, podemos reescrever a condição de conservação de fluxo como

$$\sum_{v \in V} f(u, v) - \sum_{v \in V} f(v, u) = 0 \,. \tag{24.10}$$

Adotando a definição de $|f|$ dada pela Equação (24.1) e somando o lado esquerdo da Equação (24.10), que é igual a 0, o somatório para todos os vértices em $S - \{s\}$ resulta em

$$|f| = \sum_{v \in V} f(s, v) - \sum_{v \in V} f(v, s) + \sum_{u \in S - \{s\}} \left(\sum_{v \in V} f(u, v) - \sum_{v \in V} f(v, u) \right) \,.$$

Expandindo o somatório do lado direito e reagrupando, obtemos

$$|f| = \sum_{v \in V} f(s, v) - \sum_{v \in V} f(v, s) + \sum_{u \in S - \{s\}} \sum_{v \in V} f(u, v) - \sum_{u \in S - \{s\}} \sum_{v \in V} f(v, u)$$

$$= \sum_{v \in V} \left(f(s, v) + \sum_{u \in S - \{s\}} f(u, v) \right) - \sum_{v \in V} \left(f(v, s) + \sum_{u \in S - \{s\}} f(v, u) \right)$$

$$= \sum_{v \in V} \sum_{u \in S} f(u, v) - \sum_{v \in V} \sum_{u \in S} f(v, u) \,.$$

Como $V = S \cup T$ e $S \cap T = \emptyset$, podemos separar cada somatório sobre V em somatórios sobre S e T para obtermos

$$|f| = \sum_{v \in S} \sum_{u \in S} f(u, v) + \sum_{v \in T} \sum_{u \in S} f(u, v) - \sum_{v \in S} \sum_{u \in S} f(v, u) - \sum_{v \in T} \sum_{u \in S} f(v, u)$$

$$= \sum_{v \in T} \sum_{u \in S} f(u, v) - \sum_{v \in T} \sum_{u \in S} f(v, u)$$

$$+ \left(\sum_{v \in S} \sum_{u \in S} f(u, v) - \sum_{v \in S} \sum_{u \in S} f(v, u) \right) \,.$$

Os dois somatórios entre parênteses são, na verdade, iguais, já que para todos os vértices $x, y \in S$ o termo $f(x, y)$ aparece uma vez em cada somatório. Por consequência, esses somatórios cancelam um ao outro e temos

$$|f| = \sum_{u \in S} \sum_{v \in T} f(u, v) - \sum_{u \in S} \sum_{v \in T} f(v, u)$$

$$= f(S, T) \,. \qquad \blacksquare$$

Um corolário para o Lema 24.4 mostra como podemos usar capacidades de corte para limitar o valor de um fluxo.

Corolário 24.5

O valor de qualquer fluxo f em uma rede de fluxo G é limitado por cima pela capacidade de qualquer corte de G.

Prova Seja (S, T) qualquer corte de G e seja f qualquer fluxo. Pelo Lema 24.4 e pela restrição de capacidade,

$$
\begin{aligned}
|f| &= f(S, T) \\
&= \sum_{u \in S} \sum_{v \in T} f(u, v) - \sum_{u \in S} \sum_{v \in T} f(v, u) \\
&\leq \sum_{u \in S} \sum_{v \in T} f(u, v) \\
&\leq \sum_{u \in S} \sum_{v \in T} c(u, v) \\
&= c(S, T) .
\end{aligned}
$$
∎

O Corolário 24.5 produz a seguinte consequência imediata: o valor de um fluxo máximo em uma rede é limitado por cima pela capacidade de um corte mínimo da rede. O importante teorema de fluxo máximo/corte mínimo que enunciamos e provamos agora diz que o valor de um fluxo máximo é de fato igual à capacidade de um corte mínimo.

Teorema 24.6 (Teorema do fluxo máximo/corte mínimo)

Se f é um fluxo em uma rede de fluxo $G = (V, E)$ com origem s e destino t, então as seguintes condições são equivalentes:

1. f é um fluxo máximo em G.
2. A rede residual G_f não contém nenhum caminho aumentador.
3. $|f| = c(S, T)$ para algum corte (S, T) de G.

Prova $(1) \Rightarrow (2)$: suponha, por contradição, que f seja um fluxo máximo em G, mas que G_f tenha um caminho aumentador p. Então, pelo Corolário 24.3, o fluxo encontrado aumentando f com a adição de f_p, em que f_p é dado pela Equação (24.7), é um fluxo em G com valor estritamente maior que $|f|$, o que contradiz a hipótese de que f seja um fluxo máximo.

$(2) \Rightarrow (3)$: suponha que G_f não tenha nenhum caminho aumentador, isto é, que G_f não contenha nenhum caminho de s a t. Definimos

$S = \{v \in V : \text{existe um caminho de } s \text{ a } v \text{ em } G_f\}$

e $T = V - S$. A partição (S, T) é um corte: temos $s \in S$ trivialmente e $t \notin S$ porque não existe nenhum caminho de s a t em G_f. Agora, considere um par de vértices $u \in S$ e $v \in T$. Se $(u, v) \in E$, devemos ter $f(v, u) = c(v, u)$, já que, caso contrário, $(u, v) \in E_f$, o que colocaria v no conjunto S. Se $(v, u) \in E$, devemos ter $f(v, u) = 0$, porque, caso contrário, $c_f(u, v) = f(v, u)$ seria positivo e teríamos $(u, v) \in E_f$, o que novamente colocaria v em S. É claro que, se nem (u, v) nem (v, u) estão em E, então $f(u, v) = f(v, u) = 0$. Assim, temos

$$
\begin{aligned}
f(S, T) &= \sum_{u \in S} \sum_{v \in T} f(u, v) - \sum_{v \in T} \sum_{u \in S} f(v, u) \\
&= \sum_{u \in S} \sum_{v \in T} c(u, v) - \sum_{v \in T} \sum_{u \in S} 0 \\
&= c(S, T) .
\end{aligned}
$$

Portanto, pelo Lema 24.4, $|f| = f(S, T) = c(S, T)$.

$(3) \Rightarrow (1)$: pelo Corolário 24.5, $|f| \leq c(S, T)$ para todos os cortes (S, T). Assim, a condição $|f| = c(S, T)$ implica que f seja um fluxo máximo.
∎

Algoritmo básico de Ford e Fulkerson

Em cada iteração do método de Ford-Fulkerson, encontramos *algum* caminho aumentador p e usamos p para modificar o fluxo f. Como sugerem o Lema 24.2 e o Corolário 24.3, substituímos f por $f \uparrow f_p$ e obtemos um novo fluxo cujo valor é $|f| + |f_p|$. O procedimento Ford-Fulkerson apresentado a seguir implementa o método atualizando o atributo de origem $(u, v).f$ para cada aresta $(u, v) \in E$.[1] Ele assume implicitamente que $(u, v).f = 0$ se $(u, v) \notin E$. Consideramos também que temos as capacidades $c(u, v)$ com a rede de fluxo, e $c(u, v) = 0$ se $(u, v) \notin E$. O procedimento calcula a capacidade residual $c_f(u, v)$ de acordo com a fórmula (24.2). A expressão $c_f(p)$ no código serve apenas como uma variável temporária que armazena a capacidade residual do caminho p.

```
FORD-FULKERSON(G, s, t)
1   for cada aresta (u, v) ∈ G.E
2       (u, v).f = 0
3   while existir um caminho p de s a t na rede residual G_f
4       c_f(p) = min{c_f(u, v) : (u, v) está em p}
5       for cada aresta (u, v) em p
6           if (u, v) ∈ G.E
7               (u, v).f = (u, v).f + c_f(p)
8           else (v, u).f = (v, u).f − c_f(p)
9   return f
```

O procedimento de Ford-Fulkerson simplesmente expande o pseudocódigo Método-Ford-Fulkerson apresentado anteriormente. A Figura 24.6 mostra o resultado de cada iteração em um exemplo de execução. As linhas 1–2 inicializam o fluxo f como 0. O laço **while** das linhas 3–8 encontra repetidamente um caminho aumentador p em G_f e aumenta o fluxo f ao longo de p adicionando a capacidade residual $c_f(p)$. Cada aresta residual no caminho p é uma aresta na rede original ou é a inversa de uma aresta na rede original. As linhas 6–8 atualizam o fluxo adequadamente em cada caso, adicionando fluxo quando a aresta residual é uma aresta original e subtraindo, caso contrário. Quando não existe nenhum caminho aumentador, o fluxo f é um fluxo máximo.

Análise de Ford-Fulkerson

O tempo de execução de Ford-Fulkerson depende de como determinamos o caminho aumentador p na linha 3. Se as capacidades da aresta forem números irracionais, é possível escolher o caminho aumentador de modo que o algoritmo nem mesmo termine: o valor do fluxo aumentará com os aumentos sucessivos, mas nunca converge para o valor de fluxo máximo. A boa notícia é que, se o algoritmo encontrar o caminho aumentador usando uma busca em largura (que vimos na Seção 20.2), o algoritmo será executado em tempo polinomial. Antes de provarmos esse resultado, obtemos um limite simples para o caso no qual todas as capacidades são inteiras e o algoritmo encontra algum caminho aumentador.

Na prática, as capacidades que aparecem nos problemas de fluxo máximo costumam ser números inteiros. Se as capacidades são números racionais, podemos aplicar uma transformação de escala adequada para transformá-los em números inteiros. Se f^* indica um fluxo máximo na rede transformada, então uma implementação direta de Ford-Fulkerson executa o laço **while** das linhas 3–8 no máximo $|f^*|$ vezes, já que o valor do fluxo aumenta de, no mínimo, uma unidade em cada iteração.

Uma boa implementação deverá realizar o trabalho dentro do laço **while** de modo eficiente. Ela deverá representar a rede de fluxo $G = (V, E)$ com a estrutura de dados correta e encontrar um caminho aumentador por um algoritmo de tempo linear. Vamos supor que a implementação mantém uma estrutura de dados correspondente a um grafo dirigido $G' = (V, E')$, em que $E' = \{(u, v) : (u, v) \in E \text{ ou } (v, u) \in E\}$. As arestas na rede G também são arestas em G' e, portanto, é fácil manter capacidades e fluxos nessa estrutura de dados. Dado um fluxo f em G, as arestas na rede residual G_f consistem em todas as arestas (u, v) de G' tais que $c_f(u, v) > 0$, em que c_f está de acordo com a Equação (24.2). Portanto, o tempo para encontrar um caminho em uma rede

---

[1] Lembre-se de que, na Seção 20.1, representamos um atributo f para a aresta (u, v) com o mesmo estilo de notação — $(u, v).f$ — que usamos para um atributo de qualquer outro objeto.

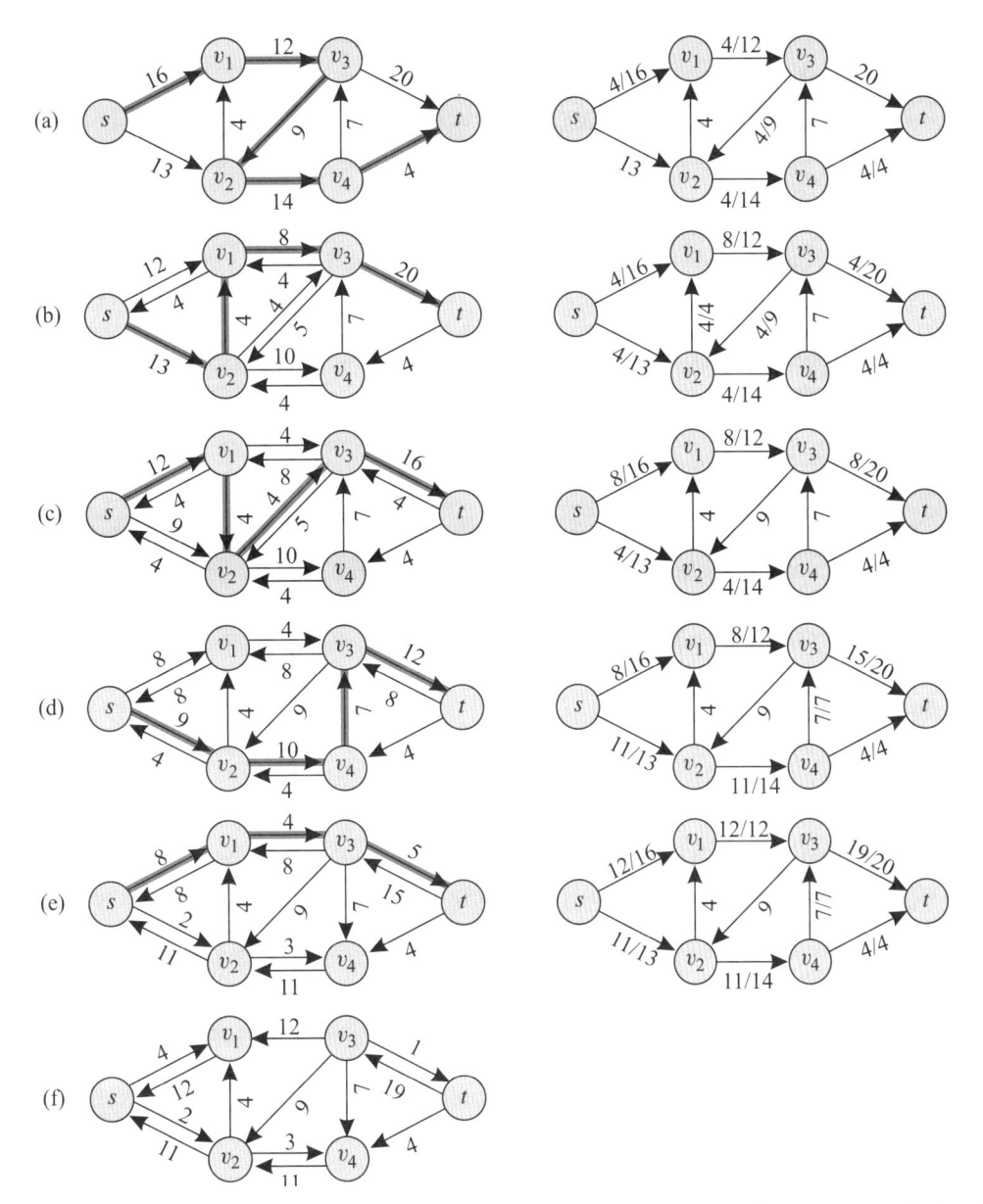

Figura 24.6 Execução do algoritmo básico de Ford-Fulkerson. (**a**)–(**e**) Iterações sucessivas do laço **while**. O lado esquerdo de cada parte mostra a rede residual G_f da linha 3 com um caminho aumentador p realçado em *cinza-escuro*. O lado direito de cada parte mostra o novo fluxo f que resulta do aumento de f pela adição de f_p. A rede residual em (a) é a rede do fluxo de entrada G. (**f**) Rede residual no último teste do laço **while**. Ela não tem nenhum caminho aumentador e, então, o fluxo f mostrado em (e) é um fluxo máximo. O valor do fluxo máximo encontrado é 23.

residual é $O(V + E') = O(E)$ se usarmos busca em profundidade ou busca em largura. Assim, cada iteração do laço **while** demora o tempo $O(E)$, bem como a inicialização nas linhas 1–2, o que resulta no tempo total de execução $O(E \, |f^*|)$ para o algoritmo de Ford-Fulkerson.

Quando as capacidades são números inteiros e o valor de fluxo ótimo $|f^*|$ é pequeno, o tempo de execução do algoritmo de Ford-Fulkerson é bom. A Figura 24.7(a) mostra um exemplo do que pode acontecer em uma rede de fluxo simples para a qual $|f^*|$ é grande. Um fluxo máximo nessa rede tem valor 2.000.000: 1.000.000 unidades de fluxo que percorrem o caminho $s \to u \to t$, outras 1.000.000 unidades percorrem o caminho $s \to v \to t$. Se o primeiro caminho aumentador encontrado por Ford-Fulkerson é $s \to u \to v \to t$, mostrado na Figura 24.7(a), o fluxo tem valor 1 após a primeira iteração. A rede residual resultante é mostrada na Figura 24.7(b). Se a segunda iteração encontra o caminho aumentador $s \to v \to u \to t$, como mostra a Figura 24.7(b), então o fluxo tem valor 2. A Figura 24.7(c) mostra a rede residual resultante. Se o algoritmo continuar escolhendo alternadamente os caminhos aumentadores $s \to u \to v \to t$ e $s \to v \to u \to t$, ele realizará um total de 2.000.000 aumentos, ao incrementar o valor do fluxo de apenas uma unidade a cada vez.

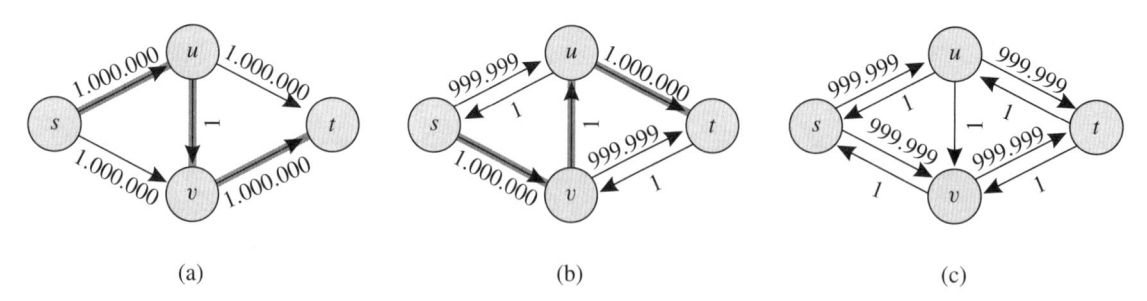

Figura 24.7 (**a**) Uma rede de fluxo para a qual Ford-Fulkerson pode levar o tempo $\Theta(E\,|\,f\,*\,|)$, em que $f\,*$ é um fluxo máximo, mostrado aqui com $|\,f\,*\,|$ = 2.000.000. O caminho realçado em *cinza-escuro* é um caminho aumentador com capacidade residual 1. (**b**) A rede residual resultante, com outro caminho aumentador cuja capacidade residual é 1. (**c**) A rede residual resultante.

Algoritmo de Edmonds-Karp

No exemplo da Figura 24.7, o algoritmo nunca escolhe o caminho aumentador com menos arestas. Mas ele deveria. Usando a busca em largura para encontrar um caminho aumentador na rede residual, o algoritmo é executado em tempo polinomial, independentemente do valor do fluxo máximo. O método Ford-Fulkerson assim implementado é denominado *algoritmo de Edmonds-Karp*.

Agora, provaremos que o algoritmo de Edmonds-Karp é executado no tempo $O(VE^2)$. A análise depende das distâncias até os vértices na rede residual G_f. O lema a seguir usa a notação $\delta_f(u, v)$ para a distância do caminho mínimo de u a v em G_f, onde cada aresta tem distância unitária.

Lema 24.7

Se o algoritmo de Edmonds-Karp é executado em uma rede de fluxo $G = (V, E)$ com origem s e destino t, então, para todos os vértices $v \in V - \{s, t\}$, a distância do caminho mínimo $\delta_f(s, v)$ na rede residual G_f aumenta monotonicamente com cada aumento de fluxo.

Prova Vamos supor que ocorra um aumento de fluxo que provoque a diminuição na distância de caminho mínimo de s a v, para algum vértice $v \in V - \{s, t\}$. Com base nessa suposição, deduziremos uma contradição. Seja f o fluxo imediatamente antes do primeiro aumento que diminui alguma distância de caminho mínimo, e seja f' o fluxo imediatamente após. Seja v o vértice com o mínimo $\delta_{f'}(s, v)$, cuja distância foi diminuída pelo aumento, de modo que $\delta_{f'}(s, v) < \delta_f(s, v)$. Seja $p = s \rightsquigarrow u \rightarrow v$ um caminho mínimo de s a v em $G_{f'}$, de modo que $(u, v) \in E_{f'}$ e

$$\delta_{f'}(s, u) = \delta_{f'}(s, v) - 1 \ . \tag{24.11}$$

Em razão do modo como escolhemos v, sabemos que a distância do vértice u com relação à origem s não diminuiu, isto é,

$$\delta_{f'}(s, u) \geq \delta_f(s, u) \ . \tag{24.12}$$

Afirmamos que $(u, v) \notin E_f$. Por quê? Se tivéssemos $(u, v) \in E_f$, então teríamos também

$$
\begin{aligned}
\delta_f(s, v) \ &\leq \ \delta_f(s, u) + 1 && \text{(pelo Lema 22.10, a inequação triangular)}\\
&\leq \ \delta_{f'}(s, u) + 1 && \text{(pela inequação (24.12))}\\
&= \ \delta_{f'}(s, v) && \text{(pela Equação (24.11)),}
\end{aligned}
$$

o que contradiz nossa hipótese de que $\delta_{f'}(s, v) < \delta_f(s, v)$.

Como podemos ter $(u, v) \notin E_f$ e $(u, v) \in E_{f'}$? O aumento deve ter incrementado o fluxo de v para u, de modo que a aresta (v, u) estava no caminho aumentador. O caminho aumentador foi um caminho mínimo de s a t em G_f, e, como qualquer subcaminho de um caminho mínimo é por si só um caminho mínimo, esse caminho aumentador inclui um caminho mínimo de s a u em G_f que tem (v, u) como sua última aresta. Portanto,

$$\delta_f(s, v) = \delta_f(s, u) - 1$$
$$\leq \delta_{f'}(s, u) - 1 \quad \text{(pela inequação (24.12))}$$
$$= \delta_{f'}(s, v) - 2 \quad \text{(pela Equação (24.11)),}$$

de modo que $\delta_{f'}(s, v) > \delta_f(s, v)$, o que contradiz nossa hipótese de que $\delta_{f'}(s, v) < \delta_f(s, v)$. Concluímos que a hipótese de que tal vértice v existe é incorreta. ∎

O próximo teorema limita o número de iterações do algoritmo de Edmonds-Karp.

Teorema 24.8

Se o algoritmo Edmonds-Karp é executado em uma rede de fluxo $G = (V, E)$ com origem s e destino t, então o número total de aumentos de fluxo executados pelo algoritmo é $O(V E)$.

Prova Dizemos que uma aresta (u, v) em uma rede residual G_f é ***crítica*** em um caminho aumentador p se a capacidade residual de p é a capacidade residual de (u, v), isto é, se $c_f(p) = c_f(u, v)$. Depois de aumentarmos o fluxo ao longo de um caminho aumentador, qualquer aresta crítica no caminho desaparece da rede residual. Além disso, no mínimo uma aresta em qualquer caminho aumentador deve ser crítica. Mostraremos que cada uma das $|E|$ arestas pode se tornar crítica no máximo $|V|/2$ vezes.

Sejam u e v vértices em V que estão conectados por uma aresta em E. Visto que caminhos aumentadores são caminhos mínimos, quando (u, v) é crítica pela primeira vez, temos

$$\delta_f(s, v) = \delta_f(s, u) + 1 \,.$$

Uma vez aumentado o fluxo, a aresta (u, v) desaparece da rede residual. Ela só pode reaparecer mais tarde em outro caminho aumentador depois que o fluxo de u a v for diminuído, o que ocorre somente se (v, u) aparecer em um caminho aumentador. Se f' é o fluxo em G quando esse evento ocorre, então temos

$$\delta_{f'}(s, u) = \delta_{f'}(s, v) + 1 \,.$$

Visto que $\delta_f(s, v) \leq \delta_{f'}(s, v)$ pelo Lema 24.7, temos

$$\delta_{f'}(s, u) = \delta_{f'}(s, v) + 1$$
$$\geq \delta_f(s, v) + 1$$
$$= \delta_f(s, u) + 2 \,.$$

Consequentemente, desde o momento em que (u, v) se torna crítica até o momento em que ela se torna crítica outra vez, a distância de u com relação à origem aumenta de no mínimo 2. A distância de u com relação à origem é inicialmente no mínimo 0. Como a aresta (u, v) está em um caminho aumentador, e os caminhos aumentadores terminam em t, sabemos que u não pode ser t, de modo que, em qualquer rede residual que tenha um caminho de s a u, o menor caminho terá no máximo $|V| - 2$ arestas. Portanto, depois da primeira vez que (u, v) se torna crítica, ela só pode tornar-se crítica novamente no máximo mais $(|V| - 2)/2 = |V|/2 - 1$ vezes, para um total de no máximo $|V|/2$ vezes. Visto que em uma rede residual há $O(E)$ pares de vértices que podem ter uma aresta entre eles, o número total de arestas críticas durante toda a execução do algoritmo Edmonds-Karp é $O(VE)$. Cada caminho aumentador tem no mínimo uma aresta crítica, e assim o teorema decorre. ∎

Como cada iteração de FORD-FULKERSON executa no tempo $O(E)$ quando a busca em largura é utilizada para encontrar o caminho aumentador, o tempo de execução total do algoritmo de Edmonds-Karp é $O(VE^2)$.

Exercícios

24.2-1
Prove que os somatórios na Equação (24.6) são iguais aos somatórios na parte direita da Equação (24.5).

24.2-2
Na Figura 24.1(b), qual é o fluxo líquido pelo corte $(\{s, v_2, v_4\}, \{v_1, v_3, t\})$? Qual é a capacidade desse corte?

24.2-3

Mostre a execução do algoritmo Edmonds-Karp na rede de fluxo da Figura 24.1(a).

24.2-4

No exemplo da Figura 24.6, qual é o corte mínimo correspondente ao fluxo máximo mostrado? Dos caminhos aumentadores que aparecem no exemplo, qual é o que cancela o fluxo?

24.2-5

A construção na Seção 24.1 para converter uma rede de fluxo com várias origens e vários destinos em uma rede com origem única e destino único adiciona arestas com capacidade infinita. Prove que qualquer fluxo na rede resultante tem um valor finito se as arestas da rede original com várias origens e vários destinos têm capacidade finita.

24.2-6

Suponha que cada origem s_i em uma rede de fluxo com várias origens e vários destinos produza exatamente p_i unidades de fluxo, de modo que $\sum_{v \in V} f(s_i, v) = p_i$. Suponha também que cada destino t_j consuma exatamente q_j unidades, de modo que $\sum_{v \in V} f(v, t_j) = q_j$, em que $\sum_i p_i = \sum_j q_j$. Mostre como converter o problema de encontrar um fluxo f que obedeça a essas restrições adicionais no problema de encontrar um fluxo máximo em uma rede de fluxo com origem única e destino único.

24.2-7

Prove o Lema 24.2.

24.2-8

Suponha que tenhamos redefinido a rede residual para desautorizar arestas que entrem em s. Demonstre que o procedimento FORD-FULKERSON ainda calcula corretamente um fluxo máximo.

24.2-9

Suponha que f e f' sejam fluxos em uma rede de fluxo. O fluxo aumentado $f \uparrow f'$ satisfaz à propriedade de conservação de fluxo? Satisfaz à restrição de capacidade?

24.2-10

Mostre como encontrar fluxo máximo em uma rede $G = (V, E)$ por uma sequência de no máximo $|E|$ caminhos aumentadores. (*Sugestão*: determine os caminhos *depois* de determinar o fluxo máximo.)

24.2-11

A **conectividade de aresta** de um grafo não dirigido é o número mínimo k de arestas que devem ser removidas para desconectar o grafo. Por exemplo, a conectividade de aresta de uma árvore é 1, e a conectividade de aresta de uma cadeia cíclica de vértices é 2. Mostre como determinar a conectividade de aresta de um grafo não dirigido $G = (V, E)$ executando um algoritmo de fluxo máximo em, no máximo, $|V|$ redes de fluxo, cada uma com $O(V + E)$ vértices e $O(E)$ arestas.

24.2-12

Suponha que temos uma rede de fluxo G, em que G tenha arestas que entram na origem s. Seja f um fluxo em G com $|V| \geq 0$, no qual uma das arestas (v, s) que entram na origem tem $f(v, s) = 1$. Prove que deve existir outro fluxo f' com $f'(v, s) = 0$ tal que $|f| = |f'|$. Forneça um algoritmo de tempo $O(E)$ para calcular f', dado f e supondo que todas as capacidades de aresta sejam inteiras.

24.2-13

Suponha que você deseje encontrar, entre todos os cortes mínimos em uma rede de fluxo G com capacidades inteiras, um que contenha o menor número de arestas. Mostre como modificar as capacidades de G para construir uma nova rede de fluxo G' na qual qualquer corte mínimo em G' seja um corte com o menor número de arestas em G.

24.3   Emparelhamento máximo em grafo bipartido

Alguns problemas combinatórios podem ser facilmente expressos como problemas de fluxo máximo, como o problema de fluxo máximo de várias origens e vários destinos da Seção 24.1. Outros problemas combinatórios aparentemente têm pouco a ver com redes de fluxo, mas, na verdade, podem ser reduzidos a problemas de fluxo máximo. Esta seção apresenta um desses problemas: encontrar emparelhamento máximo em um grafo bipartido. Para resolvê-lo, aproveitaremos uma propriedade de integralidade proporcionada pelo método Ford-Fulkerson. Também veremos como usar o método Ford-Fulkerson para resolver o problema de emparelhamento máximo em um grafo bipartido $G = (V, E)$ no tempo $O(VE)$. A Seção 25.1 apresentará um algoritmo elaborado especificamente para resolver esse problema.

Problema de emparelhamento máximo em grafo bipartido

Dado um grafo não dirigido $G = (V, E)$, um ***emparelhamento*** é um subconjunto de arestas $M \subseteq E$ tal que, para todos os vértices $v \in V$, no máximo uma aresta de M é incidente em v. Dizemos que um vértice $v \in V$ é ***emparelhado*** pelo emparelhamento M se alguma aresta em M é incidente em v; caso contrário, v é ***não emparelhado***. ***Emparelhamento máximo*** é um emparelhamento de cardinalidade máxima, isto é, um emparelhamento M tal que, para qualquer emparelhamento M', temos $|M| \geq |M'|$. Nesta seção, restringimo-nos a determinar emparelhamentos máximos em grafos bipartidos: grafos nos quais o conjunto de vértices pode ser particionado em $V = L \cup R$, em que L e R são disjuntos e todas as arestas em E passam entre L e R. Suporemos ainda que todo vértice em V tem no mínimo uma aresta incidente. A Figura 24.8 ilustra a noção de emparelhamento em um grafo bipartido.

O problema de encontrar emparelhamento máximo em um grafo bipartido tem muitas aplicações práticas. Como exemplo, poderíamos considerar o emparelhamento de um conjunto L de máquinas com um conjunto R de tarefas que devem ser executadas simultaneamente. Consideramos que a presença da aresta (u, v) em E significa que determinada máquina $u \in L$ é capaz de executar dada tarefa $v \in R$. Um emparelhamento máximo atribui trabalho ao maior número possível de máquinas.

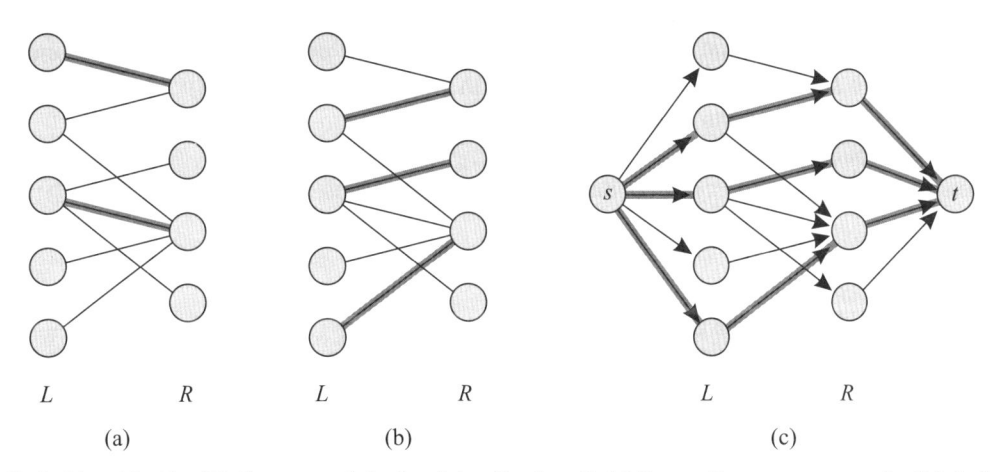

$$L \qquad R \qquad\qquad L \qquad R \qquad\qquad L \qquad R$$

$$\text{(a)} \qquad\qquad\qquad \text{(b)} \qquad\qquad\qquad \text{(c)}$$

Figura 24.8 Grafo bipartido $G = (V, E)$ com partição de vértice $V = L \cup R$. (**a**) Emparelhamento com cardinalidade 2, indicado por arestas realçadas em *cinza-escuro*. (**b**) Emparelhamento máximo com cardinalidade 3. (**c**) Rede de fluxo correspondente G' mostrando um fluxo máximo. Cada arestas realçadas em tem capacidade unitária. Arestas realçadas em *cinza-escuro* têm fluxo de 1, e as outras arestas não transportam nenhum fluxo. As arestas realçadas de L a R correspondem às do emparelhamento máximo em (b).

Encontrando emparelhamento máximo em grafo bipartido

Podemos usar o método Ford-Fulkerson para encontrar emparelhamento máximo em um grafo bipartido não dirigido $G = (V, E)$ em tempo polinomial em $|V|$ e $|E|$. O truque é construir uma rede de fluxo na qual os fluxos correspondem a emparelhamentos, como mostra a Figura 24.8(c). Definimos a ***rede de fluxo correspondente*** $G' = (V', E')$ para o grafo bipartido G da seguinte maneira: sejam a origem s e o destino t novos vértices não pertencentes a V, e seja $V' = V \cup \{s, t\}$. Se a partição de vértices de G é $V = L \cup R$, as arestas dirigidas de G' são as arestas de E, dirigidas de L para R, com $|V|$ novas arestas dirigidas:

$$E' = \{(s, u) : u \in L\}$$
$$\cup \{(u, v) : u \in L, v \in R, \text{e} (u, v) \in E\}$$
$$\cup \{(v, t) : v \in R\} \ .$$

Para concluir a construção, atribuímos capacidade unitária a cada aresta em E'. Visto que cada vértice em V tem no mínimo uma aresta incidente, $|E| \geq |V| / 2$. Assim, $|E| \leq |E'| = |E| + |V| \leq 3|E|$ e, então, $|E'| = \Theta(E)$.

O lema a seguir mostra que um emparelhamento em G equivale diretamente a um fluxo na rede de fluxo G' correspondente em G. Dizemos que um fluxo f em uma rede de fluxo $G = (V, E)$ é de ***valor inteiro*** se $f(u, v)$ é um inteiro para todo $(u, v) \in V \times V$.

Lema 24.9

Seja $G = (V, E)$ um grafo bipartido com partição de vértices $V = L \cup R$, e seja $G' = (V', E')$ sua rede de fluxo correspondente. Se M é um emparelhamento em G, então existe um fluxo de valor inteiro f em G' com valor $|f| = |M|$. Ao contrário, se f é um fluxo de valor inteiro em G', então existe um emparelhamento M em G com cardinalidade $|M| = |f|$ que consiste em arestas $(u, v) \in E$ tal que $f(u, v) > 0$.

Prova Primeiro, mostramos que um emparelhamento M em G corresponde a um fluxo f de valor inteiro em G'. Defina f da seguinte maneira: se $(u, v) \in M$, então $f(s, u) = f(u, v) = f(v, t) = 1$. Para todas as outras arestas $(u, v) \in E'$, definimos $f(u, v) = 0$. É simples verificar que f satisfaz à restrição de capacidade e conservação de fluxo.

Intuitivamente, cada aresta $(u, v) \in M$ corresponde a uma unidade de fluxo em G' que percorre o caminho $s \rightarrow u \rightarrow v \rightarrow t$. Além disso, os caminhos induzidos por arestas em M são de vértices disjuntos, exceto para s e t. O fluxo líquido pelo corte $(L \cup \{s\}, R \cup \{t\})$ é igual a $|M|$; assim, pelo Lema 24.4, o valor do fluxo é $|f| = |M|$.

Para provar o inverso, seja f um fluxo de valor inteiro em G' e seja, como no enunciado do lema,

$$M = \{(u, v) : u \in L, v \in R, \text{e} \ f(u, v) > 0\} \ .$$

Cada vértice $u \in L$ tem somente uma aresta de entrada, isto é, (s, u), e sua capacidade é 1. Assim, em cada $u \in L$ entra no máximo uma unidade de fluxo de entrada e, se uma unidade de fluxo entra, pela conservação de fluxo, uma unidade de fluxo deve sair. Além disso, visto que f tem valor inteiro, para cada $u \in L$, a única unidade de fluxo pode entrar no máximo em uma aresta e pode sair no máximo de uma aresta. Assim, uma unidade de fluxo positivo entra em u se, e somente se, existe exatamente um vértice $v \in R$ tal que $f(u, v) = 1$, e no máximo uma aresta que sai de cada $u \in L$ transporta fluxo positivo. Um argumento simétrico aplica-se a cada $v \in R$. Portanto, o conjunto M é um emparelhamento.

Para verificar que $|M| = |f|$, observe que, das arestas $(u, v) \in E'$ tais que $u \in L$ e $v \in R$,

$$f(u, v) = \begin{cases} 1 & \text{se} (u, v) \in M \ , \\ 0 & \text{se} (u, v) \notin M \ . \end{cases}$$

Consequentemente, $f(L \cup \{s\}, R \cup \{t\})$, o fluxo líquido pelo corte $(L \cup \{s\}, R \cup \{t\})$, é igual a $|M|$. Aplicando o Lema 24.4, temos que $|f| = f(L \cup \{s\}, R \cup \{t\}) = |M|$. ∎

Com base no Lema 24.9, podemos concluir que um emparelhamento máximo em um grafo bipartido G equivale a um fluxo máximo em sua rede de fluxo correspondente G' e, portanto, podemos calcular um emparelhamento máximo em G executando um algoritmo de fluxo máximo em G'. O único senão nesse raciocínio é que o algoritmo de fluxo máximo poderia retornar um fluxo em G' para o qual algum $f(u, v)$ não é um inteiro, ainda que o valor de fluxo $|f|$ tenha de ser um inteiro. O teorema a seguir mostra que o método Ford-Fulkerson não consegue produzir uma solução com esse problema.

Teorema 24.10 (*Teorema de integralidade*)

Se a função capacidade c adota somente valores inteiros, então o fluxo máximo f produzido pelo método Ford-Fulkerson tem a seguinte propriedade: $|f|$ é um inteiro. Além disso, para todos os vértices u e v, o valor de $f(u, v)$ é um inteiro.

Prova O Exercício 24.3-2 pede que você forneça a prova por indução com relação ao número de iterações. ∎

Agora, podemos provar o corolário a seguir para o Lema 24.9.

Corolário 24.11

A cardinalidade de um emparelhamento máximo M em um grafo bipartido G é igual ao valor de um fluxo máximo f em sua rede de fluxo correspondente G'.

Prova Usamos a nomenclatura do Lema 24.9. Suponha que M seja um emparelhamento máximo em G e que o fluxo correspondente f em G' não seja máximo. Então, existe um fluxo máximo f' em G' tal que $|f'| > |f|$. Visto que as capacidades em G' são valores inteiros, pelo Teorema 24.10 podemos supor que f' tem valor inteiro. Assim, f' corresponde a um emparelhamento M' em G com cardinalidade $|M'| = |f'| > |f| = |M|$, o que contradiz nossa hipótese de que M seja um emparelhamento máximo. De modo semelhante, podemos mostrar que, se f é um fluxo máximo em G', seu emparelhamento correspondente será um emparelhamento máximo em G. ∎

Portanto, para encontrarmos um emparelhamento máximo em um grafo bipartido não dirigido G, criamos a rede de fluxo G', executamos o método Ford-Fulkerson em G' e convertemos o fluxo máximo de valor inteiro encontrado em um emparelhamento máximo para G. Visto que qualquer emparelhamento em um grafo bipartido tem cardinalidade no máximo $\min\{|L|, |R|\} = O(V)$, o valor do fluxo máximo em G' é $O(V)$. Portanto, podemos encontrar um emparelhamento máximo em um grafo bipartido no tempo $O(VE') = O(VE)$, visto que $|E'| = \Theta(E)$.

Exercícios

24.3-1
Execute o algoritmo de Ford-Fulkerson sobre a rede de fluxo na Figura 24.8(c) e mostre a rede residual após cada aumento de fluxo. Numere os vértices em L de cima para baixo, de 1 a 5, e em R de cima para baixo, de 6 a 9. Para cada iteração, escolha o caminho aumentador que seja lexicograficamente menor.

24.3-2
Prove o Teorema 24.10. Use a indução sobre o número de iterações do método Ford-Fulkerson.

24.3-3
Seja $G = (V, E)$ um grafo bipartido com partição de vértice $V = L \cup R$, e seja G' sua rede de fluxo correspondente. Forneça um bom limite superior para o comprimento de qualquer caminho aumentador encontrado em G' durante a execução de FORD-FULKERSON.

Problemas

24-1   Problema do escape
Uma **grade** $n \times n$ é um grafo não dirigido que consiste em n linhas e n colunas de vértices, como mostra a Figura 24.9. Indicamos o vértice na i-ésima linha e j-ésima coluna por (i, j). Todos os vértices em uma grade têm exatamente quatro vizinhos, exceto os vértices do contorno, que são os pontos (i, j) para os quais $i = 1$, $i = n$, $j = 1$ ou $j = n$.

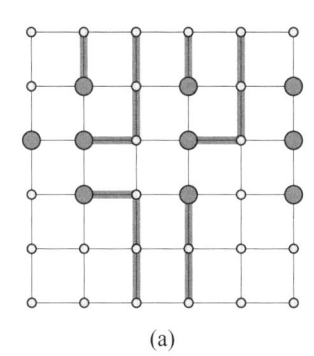
(a)

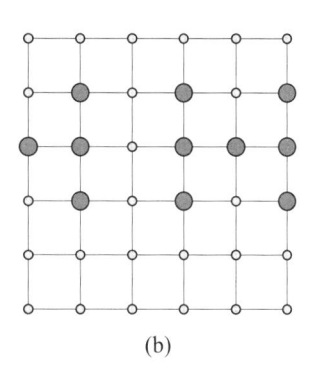
(b)

Figura 24.9 Grades para o problema do escape. Os pontos de partida são *cinza-escuro*, e os outros vértices da grade são *cinza-claro*. (**a**) Grade com escape, mostrado por caminhos realçados em *cinza-escuro*. (**b**) Grade sem escape.

Dados $m \leq n^2$ pontos de partida $(x_1, y_1), (x_2, y_2), ..., (x_m, y_m)$ na grade, o **problema do escape** consiste em determinar se existem ou não m caminhos disjuntos de vértices dos pontos de partida a quaisquer m pontos diferentes no contorno. Por exemplo, a grade na Figura 24.9(a) tem um escape, mas a grade na Figura 24.9(b) não tem.

a. Considere uma rede de fluxo na qual os vértices, bem como as arestas, têm capacidades. Isto é, o fluxo positivo total que entra em qualquer vértice dado está sujeito a uma restrição de capacidade. Mostre como o problema de determinar o fluxo máximo em uma rede com capacidades de arestas e vértices pode ser reduzido a um problema comum de fluxo máximo em uma rede de fluxo de tamanho comparável.

b. Descreva um algoritmo eficiente para resolver o problema do escape e analise seu tempo de execução.

24-2   Cobertura de caminhos mínima

Cobertura de caminhos de um grafo dirigido $G = (V, E)$ é um conjunto P de caminhos disjuntos nos vértices tal que todo vértice em V está incluído em exatamente um caminho em P. Os caminhos podem começar e terminar em qualquer lugar, e ter qualquer comprimento, inclusive 0. **Cobertura de caminho mínima** de G é uma cobertura de caminho que contém o menor número possível de caminhos.

a. Forneça um algoritmo eficiente para encontrar uma cobertura de caminho mínima de um grafo acíclico dirigido $G = (V, E)$. (*Sugestão*: considerando que $V = \{1, 2, ..., n\}$, construa uma rede de fluxo baseado no grafo $G' = (V', E')$, em que

$$V' = \{x_0, x_1, \ldots, x_n\} \cup \{y_0, y_1, \ldots, y_n\} \ ,$$

$$E' = \{(x_0, x_i) : i \in V\} \cup \{(y_i, y_0) : i \in V\} \cup \{(x_i, y_j) : (i, j) \in E\} \ ,$$

e execute um algoritmo de fluxo máximo.)

b. Seu algoritmo funciona para grafos dirigidos que contenham ciclos? Explique.

24-3   Contratação de consultores especializados

O professor Fieri quer abrir uma empresa de consultoria para o setor de alimentos. Ele identificou n categorias importantes de alimentos, que ele representa pelo conjunto $C = \{C_1, C_2, ..., C_n\}$. Para cada categoria C_k, ele pode contratar um profissional especializado nessa categoria por $e_k > 0$ dólares. A empresa de consultoria alinhou um conjunto $J = \{J_1, J_2, ..., J_m\}$ de serviços potenciais. Para executar o serviço J_i, a empresa precisaria ter contratado profissionais em um subconjunto $R_i \subseteq C$ de categorias. Cada profissional pode trabalhar em vários serviços simultaneamente. Se a empresa optar por aceitar o trabalho J_i, deve ter contratado profissionais em todas as categorias em R_i, e conseguirá uma receita de $p_i > 0$ dólares.

O trabalho do professor Fieri é determinar para quais categorias contratar profissionais e quais serviços aceitar, de modo a maximizar a receita líquida, que é a receita total auferida dos trabalhos aceitos menos o custo de empregar os profissionais especializados.

Considere a seguinte rede de fluxo G. Ela contém um vértice de origem s, vértices $C_1, C_2, ..., C_n$, vértices $J_1, J_2, ..., J_m$ e um vértice de destino t. Para $k = 1, 2 ..., n$, a rede de fluxo contém uma aresta (s, C_k) com capacidade $c(s, C_k) = e_k$ e, para $i = 1, 2 ..., m$, a rede de fluxo contém uma aresta (J_i, t) com capacidade $c(J_i, t) = p_i$. Para $k = 1, 2, ..., n$ e $i = 1, 2, ..., m$, se $C_k \in R_i$, então G contém uma aresta (C_k, J_i) com capacidade $c(C_k, J_i) = \infty$.

a. Mostre que, se $J_i \in T$ para um corte de capacidade finita (S, T) de G, então $C_k \in T$ para cada $C_k \in R_i$.

b. Mostre como determinar a receita líquida máxima pela capacidade de um corte mínimo de G e valores p_i dados.

c. Forneça um algoritmo eficiente para determinar quais serviços aceitar e quais profissionais especializados contratar. Analise o tempo de execução de seu algoritmo em termos de m, n e $r = \sum_{i=1}^{m} |R_i|$.

24-4   Atualização do fluxo máximo

Seja $G = (V, E)$ uma rede de fluxo com origem s, destino t e capacidades inteiras. Suponha que temos um fluxo máximo em G.

a. Suponha que aumentamos em 1 a capacidade de uma única aresta $(u, v) \in E$. Forneça um algoritmo de tempo $O(V + E)$ para atualizar o fluxo máximo.

b. Suponha que reduzimos em 1 a capacidade de uma única aresta $(u, v) \in E$. Forneça um algoritmo de tempo $O(V + E)$ para atualizar o fluxo máximo.

24-5   *Fluxo máximo por escalonamento*

Seja $G = (V, E)$ uma rede de fluxo com origem s, destino t e capacidade inteira $c(u, v)$ em cada aresta (u, v) $\in E$. Seja $C = \max\{c(u, v) : (u, v) \in\}$.

a. Demonstre que um corte mínimo de G tem no máximo capacidade $C\,|E|$.

b. Para dado número K, mostre como determinar um caminho aumentador de capacidade no mínimo K no tempo $O(E)$, se tal caminho existir.

O procedimento FLUXO-MAX-POR-ESCALONAMENTO, a seguir, modifica o procedimento MÉTODO-FORD-FULKERSON básico para calcular um fluxo máximo em G.

FLUXO-MAX-POR-ESCALONAMENTO (G, s, T)
1   $C = \max\{c(u, v) : (u, v) \in E\}$
2   inicializar fluxo f como 0
3   $K = 2^{\lfloor \lg C \rfloor}$
4   **while** $K \geq 1$
5   **while** existir um caminho aumentador p de capacidade no mínimo K
6   aumentar o fluxo f ao longo de p
7       $K = K / 2$
8   **return** f

c. Demonstre que FLUXO-MAX-POR-ESCALONAMENTO retorna um fluxo máximo.

d. Mostre que a capacidade de um corte mínimo da rede residual G_f é menor que $2K\,|E|$ cada vez que a linha 4 é executada.

e. Demonstre que o laço **while** interno das linhas 5–6 é executado $O(E)$ vezes para cada valor de K.

f. Conclua que FLUXO-MAX-POR-ESCALONAMENTO pode ser implementado de modo que seja executado no tempo $O(E^2 \lg C)$.

24-6   *Caminho aumentador máximo*

O algoritmo de Edmonds-Karp implementa o algoritmo Ford-Fulkerson escolhendo sempre um caminho aumentador mínimo na rede residual. Suponha, em vez disso, que o algoritmo Ford-Fulkerson escolha um ***caminho aumentador máximo***: um caminho aumentador com a maior capacidade residual. Suponha que $G = (V, E)$ é uma rede de fluxo com origem s e destino t, que todas as capacidades sejam inteiras e que a maior capacidade seja C. Nesse problema, você mostrará que a escolha do caminho aumentador máximo resulta em não mais do que $|E| \ln |f^*|$ aumentos para encontrar um fluxo máximo f^*.

a. Mostre como ajustar o algoritmo de Dijkstra para encontrar o caminho aumentador máximo na rede residual.

b. Mostre que um fluxo máximo em G pode ser formado pelos aumentos de fluxo sucessivos ao longo de no máximo $|E|$ caminhos de s a t.

c. Dado um fluxo f, demonstre que a rede residual G_f tem um caminho aumentador p com capacidade residual $c_f(p) \geq (|f^*| - |f|)\,/\,|E|$.

d. Supondo que cada caminho aumentador seja um caminho aumentador máximo, seja f_i o fluxo após o aumento do fluxo pelo i-ésimo caminho aumentador, em que f_0 tem $f(u, v) = 0$ para todas as arestas (u, v). Mostre que $|f^*| - |f_i| \leq |f^*|\,(1 - 1/|E|)^i$.

e. Mostre que $|f^*| - |f_i| < |f^*|\,|e^{-i/|E|}$.

f. Conclua que após o fluxo ser aumentado no máximo $|E| \ln |f^*|$ vezes, o fluxo é um fluxo máximo.

24-7   *Corte mínimo global*

Corte global em um grafo não dirigido $G = (V, E)$ é uma partição (ver Apêndice B) de V em dois conjuntos não vazios V_1 e V_2. Essa definição é como a definição de corte que usamos neste capítulo, exceto que não distinguimos mais os vértices s e t. Consideramos que qualquer aresta (u, v) com $u \in V_1$ e $v \in V_2$ ***cruza*** o corte.

Podemos estender essa definição de um corte a um multigrafo $G = (V, E)$ (ver Apêndice B), e indicamos com $c(u, v)$ o número de arestas no multigrafo com extremidades u e v. Um corte global em um multigrafo ainda é uma partição dos vértices, e o valor de um corte global (V_1, V_2) é $c(V_1, V_2) = \sum_{u \in V_1, v \in V_2} c(u, v)$. Solução para o ***problema de corte mínimo global*** é um corte (V_1, V_2) tal que $c(V_1, V_2)$ é mínimo. Seja $\mu(G)$ a indicação do valor de um corte mínimo global em um grafo ou multigrafo G.

a. Mostre como encontrar um corte mínimo global de um grafo $G = (V, E)$ resolvendo $\binom{|V|}{2}$ problemas de fluxo máximo, cada um com um par diferente de vértices como origem e destino, e tomando o valor mínimo encontrado para os cortes.

b. Forneça um algoritmo para encontrar um corte mínimo global resolvendo somente $\Theta(V)$ problemas de fluxo máximo. Qual é o tempo de execução do seu algoritmo?

O restante deste problema desenvolve um algoritmo para o problema de corte mínimo global que não usa nenhum cálculo de fluxo máximo. Ele usa a noção de uma contração de aresta, definida no Apêndice B, com uma diferença fundamental. O algoritmo mantém um multigrafo, de modo que, ao contrair uma aresta (u, v), produz um novo vértice x, e para qualquer outro vértice $y \in V$, o número de arestas entre x e y é $c(u, y) + c(v, y)$. O algoritmo não mantém laços autorreferenciados e, portanto, define $c(x, x)$ com 0. Indique por $G/(u, v)$ o multigrafo que resulta da contração da aresta (u, v) no multigrafo G.

Considere o que pode acontecer com o corte mínimo quando uma aresta é contraída. Suponha que, em todos os pontos, o corte mínimo em um multigrafo G seja único. Vamos remover essa suposição mais tarde.

c. Mostre que, para qualquer aresta (u, v), temos $\mu(G/(u, v)) \leq \mu(G)$. Em que condições $\mu(G/(u, v)) < \mu(G)$?

A seguir, você mostrará que, se for escolhida uma aresta uniformemente ao acaso, a probabilidade de ela pertencer ao corte mínimo é pequena.

d. Mostre que, para qualquer multigrafo $G = (V, E)$, o valor do corte mínimo global é no máximo o grau médio de um vértice: que $\mu(G) \leq 2 |E| / |V|$, em que $|E|$ indica o número total de arestas no multigrafo.

e. Usando os resultados dos itens (c) e (d), mostre que, se escolhermos uma aresta (u, v) uniformemente ao acaso, então a probabilidade de que (u, v) pertença ao corte mínimo é, no máximo, $2 / V$.

Considere o algoritmo que escolhe repetidamente uma aresta ao acaso e a contrai até que o multigrafo tenha exatamente dois vértices, digamos u e v. Nesse ponto, o multigrafo corresponde a um corte no grafo original, com o vértice u representando todos os nós em um lado do grafo original e v representando todos os vértices do outro lado. O número de arestas dado por $c(u, v)$ corresponde exatamente ao número de arestas que cruzam o corte correspondente no grafo original. Chamamos esse algoritmo de ***algoritmo de contração***.

f. Suponha que o algoritmo de contração termina com um multigrafo cujos únicos vértices são u e v. Mostre que $\Pr\{c(u, v) = \mu(G)\} = \Omega\left(1/\binom{|V|}{2}\right)$.

g. Prove que, se o algoritmo de contração repete $\binom{|V|}{2} \ln|V|$ vezes, então a probabilidade de que pelo menos uma das execuções retorne o corte mínimo é, pelo menos, $1 - 1 / |V|$.

h. Forneça uma implementação detalhada do algoritmo de contração que é executado no tempo $O(V^2)$.

i. Combine os itens anteriores e remova a suposição de que o corte mínimo deve ser único, para concluir que a execução do algoritmo de contração $\binom{|V|}{2} \ln |V|$ vezes produz um algoritmo que é executado no tempo $O(V^4 \lg V)$ e retorna um corte mínimo com probabilidade de pelo menos $1 - 1/V$.

Notas do capítulo

Ahuja, Magnanti e Orlin [7], Even [137], Lawler [276], Papadimitriou e Steiglitz [353], Tarjan [429] e Williamson [458] são boas referências para redes de fluxo e algoritmos relacionados. Schrijver [399] escreveu uma resenha interessante de desenvolvimentos históricos na área de redes de fluxo.

O crédito pelo método Ford-Fulkerson é dado a Ford e a Fulkerson [149], que deram origem ao estudo formal de muitos dos problemas na área de redes de fluxo, incluindo os problemas de fluxo máximo e emparelhamento em grafo bipartido. Muitas implementações iniciais do método Ford-Fulkerson encontravam caminhos aumentadores usando busca em largura. Edmonds e Karp [132] e, independentemente, Dinic [119] provaram que essa estratégia produz um algoritmo de tempo polinomial. Uma ideia relacionada, a de utilizar "fluxos bloqueadores", também foi desenvolvida primeiro por Dinic [119].

Uma classe de algoritmos conhecida como ***algoritmos push-relabel***, creditado a Goldberg [185] e Goldberg e Tarjan [188], adota uma abordagem diferente do método Ford-Fulkerson. Os algoritmos *push-relabel* permitem que a conservação do fluxo seja violada em vértices diferentes da origem e do destino à medida que são executados. Usando uma ideia desenvolvida pela primeira vez por Karzonov [251], eles permitem um ***pré-fluxo*** em que o fluxo de um vértice pode exceder o fluxo de saída do vértice. Podemos afirmar que tal vértice está ***transbordando*** (*overflowing*). Inicialmente, todas as arestas que saem da origem estão cheias, de modo que todos os vizinhos da origem estão transbordando. Em um algoritmo *push-relabel*, cada vértice recebe uma altura inteira. Um vértice transbordante pode empurrar o fluxo até um vértice vizinho para o qual possui uma aresta residual, desde que seja maior que o vizinho. Se todas as arestas residuais de um vértice transbordante seguirem para vizinhos com alturas iguais ou maiores, então o vértice pode aumentar sua altura. Uma vez que todos os vértices, exceto o de destino, não estão mais transbordando, o pré-fluxo não é apenas um fluxo válido, mas também um fluxo máximo.

Goldberg e Tarjan [188] apresentaram um algoritmo de tempo $O(V^3)$ que usa uma fila para manter o conjunto de vértices que estão transbordando, bem como um algoritmo que usa árvores dinâmicas para conseguir um tempo de execução de $O(VE \lg(V^2/E + 2))$. Vários outros pesquisadores desenvolveram variantes e implementações melhoradas [9, 10, 15, 86, 87, 255, 358], sendo que a mais rápida delas, de King, Rao e Tarjan [255], é executada no tempo $O(VE \log_{E/(V \lg V)} V)$.

Outro algoritmo eficiente para fluxo máximo, de Goldberg e Rao [187], é executado no tempo $O(\min\{V^{2/3}, E^{1/2}\} E \lg(V^2/E + 2) \lg C)$, em que C é a capacidade máxima de qualquer aresta. Orlin [350] apresentou um algoritmo no mesmo espírito, que é executado no tempo $O(VE + E^{31/16} \lg^2 V)$. Sua combinação com o algoritmo de King, Rao e Tarjan resulta em um algoritmo no tempo $O(VE)$.

Uma abordagem diferente para fluxos máximos e problemas relacionados é usar técnicas de otimização contínua, incluindo fluxos elétricos e métodos de pontos internos. O primeiro avanço nesta linha de trabalho deve-se a Madry [308], que apresentou um algoritmo no tempo $\widetilde{O}(E^{10/7})$ para fluxo máximo de capacidade unitária e emparelhamento máximo bipartido. (Ver Problema 3-6, no Capítulo 3, para obter uma definição de $\widetilde{O}$.) Houve uma série de artigos nessa área para emparelhamentos, fluxos máximos e fluxos de custo mínimo. O algoritmo mais rápido até hoje nessa linha de trabalho para fluxo máximo deve-se a Lee e Sidford [285], que é executado no tempo $\widetilde{O}(\sqrt{V} E \lg^{O(1)} C)$. Se as capacidades não forem muito grandes, este algoritmo é mais rápido que o algoritmo de tempo $O(VE)$ mencionado anteriormente. Outro algoritmo, de Liu e Sidford [303], é executado no tempo $\widetilde{O}(E^{11/8} C^{1/4})$, em que C é a capacidade máxima de qualquer aresta. Esse algoritmo não é executado em tempo polinomial, mas, para capacidades suficientemente pequenas, é mais rápido que os anteriores.

Na prática, atualmente os algoritmos *push-relabel* dominam a área dos algoritmos baseados no caminho aumentador, otimização contínua e programação linear para o problema de fluxo máximo [88].

25 Emparelhamentos em Grafos Bipartidos

Muitos problemas do mundo real podem ser modelados como busca de correspondências em um grafo não dirigido. Para um grafo não dirigido $G = (V, E)$, um **emparelhamento** (*matching*) é um subconjunto de arestas $M \subseteq E$ tal que cada vértice em V tem, no máximo, uma aresta incidente em M.

Por exemplo, considere o seguinte cenário. Você tem uma ou mais vagas para preencher e vários candidatos para entrevistar. De acordo com sua agenda, você consegue entrevistar candidatos em determinados horários. Você pede aos candidatos que indiquem os subconjuntos de intervalos de tempo em que estão disponíveis. Como você pode agendar as entrevistas para que cada intervalo de tempo tenha no máximo um candidato agendado, maximizando ainda o número de candidatos que consegue entrevistar? Você pode modelar esse cenário como um problema de emparelhamento em um grafo bipartido no qual cada vértice representa um candidato ou um intervalo de tempo, com uma aresta entre um candidato e um intervalo de tempo se o candidato estiver disponível. Se uma aresta for incluída no emparelhamento, isso significa que você está agendando um candidato específico para um intervalo de tempo em particular. Seu objetivo é encontrar um **emparelhamento máximo**: uma correspondência de cardinalidade máxima. Um dos autores deste livro se deparou exatamente com essa situação ao contratar auxiliares de ensino para uma turma grande. Ele usou o algoritmo Hopcroft-Karp da Seção 25.1 para agendar as entrevistas.

Outra aplicação do emparelhamento é o Programa Nacional de Emparelhamento de Residentes dos Estados Unidos, no qual os estudantes de medicina são encaminhados para hospitais onde serão alocados como residentes médicos. Cada aluno classifica os hospitais por preferência, e cada hospital classifica os alunos. O objetivo é designar estudantes para hospitais de modo que nunca haja um estudante e um hospital arrependidos porque o estudante não foi designado para o hospital, mas cada um classificou o outro acima de quem ou onde foram designados. Esse cenário talvez seja o exemplo mais conhecido no mundo real do "problema do casamento estável", examinado na Seção 25.2.

Outro exemplo em que o emparelhamento entra em ação ocorre quando trabalhadores devem ser atribuídos a tarefas para aumentar a eficácia geral do serviço. Para cada trabalhador e cada tarefa, o trabalhador tem alguma eficácia quantificada para essa tarefa. Supondo que existam números iguais de trabalhadores e tarefas, o objetivo é encontrar uma correspondência com a máxima eficácia total. Tal situação é exemplo de um problema de atribuição, que a Seção 25.3 mostra como resolver.

Os algoritmos neste capítulo encontram emparelhamentos em grafos **bipartidos**. Como na Seção 24.3, a entrada é um grafo não dirigido $G = (V, E)$, em que $V = L \cup R$, os conjuntos de vértices L e R são disjuntos, e cada aresta em E incide em um vértice em L e um vértice em R. Um emparelhamento, portanto, combina vértices em L com vértices em R. Em algumas aplicações, os conjuntos L e R têm a mesma cardinalidade, e em outras eles não precisam ter o mesmo tamanho.

Um grafo não dirigido não precisa ser bipartido para que o conceito de emparelhamento seja aplicado. O emparelhamento em grafos não dirigidos, geralmente, tem aplicações em áreas como agendamento e química computacional. Ele modela problemas nos quais você deseja emparelhar entidades, representadas por vértices. Dois vértices são adjacentes se representam entidades compatíveis e você precisa encontrar um grande conjunto de pares compatíveis. Problemas de correspondência máxima e correspondência de peso máximo em grafos gerais podem ser resolvidos por algoritmos de tempo polinomial cujos tempos de execução são semelhantes aos do emparelhamento bipartido, mas os algoritmos são muito mais complicados. O Exercício 25.2-5 discute a versão geral do problema do casamento estável, conhecido como "problema dos companheiros de quarto estáveis". Embora o emparelhamento se aplique a grafos não dirigido gerais, este capítulo trata apenas de grafos bipartidos.

25.1   Emparelhamento máximo em grafo bipartido (revisitado)

A Seção 24.3 demonstrou uma maneira de encontrar emparelhamento máximo em um grafo bipartido, encontrando um fluxo máximo. Esta seção oferece um método mais eficiente, o algoritmo Hopcroft-Karp, que é executado em tempo $O(\sqrt{V}\,E)$. A Figura 25.1(a) mostra emparelhamento em um grafo bipartido não dirigido. Um vértice que tem aresta incidente no emparelhamento M é *emparelhado* sob M e, caso contrário, é *não emparelhado*. *Emparelhamento maximalista* é um emparelhamento M ao qual nenhuma outra aresta pode ser adicionada, ou seja, para cada aresta $e \in E - M$, o conjunto de arestas $M \cup \{e\}$ não é um emparelhamento. Um emparelhamento máximo é sempre maximalista, mas a recíproca nem sempre é verdadeira.

Muitos algoritmos para encontrar emparelhamentos máximos, incluindo o algoritmo Hopcroft-Karp, funcionam aumentando incrementalmente o tamanho do emparelhamento. Dado um emparelhamento M em um grafo não dirigido $G = (V, E)$, *caminho M-alternante* é um caminho simples cujas arestas alternam entre estar em M e estar em $E - M$. A Figura 25.1(b) mostra um *caminho M-aumentador* (por vezes chamado de caminho aumentador com relação a M): um caminho M-alternante cujas primeira e última arestas pertencem a $E - M$ e cujos primeiros e últimos vértices não estão emparelhados sob M. Como um caminho M-aumentador contém uma aresta a mais em $E - M$ do que em M, ele deve consistir em um número ímpar de arestas.

A Figura 25.1(c) demonstra o lema a seguir, o qual mostra que, removendo do emparelhamento M as arestas em um caminho M-aumentador que pertence a M e acrescentando a M as arestas no caminho M-aumentador que não estão em M, o resultado é um novo emparelhamento com uma aresta a mais do que M. Como emparelhamento é um conjunto de arestas, o lema se baseia na noção da *diferença simétrica* de dois conjuntos: $X \oplus Y = (X - Y) \cup (Y - X)$, isto é, os elementos que pertencem a X ou Y, mas não a ambos. Como alternativa, você pode pensar em $X \oplus Y$ como $(X \cup Y) - (X \cap Y)$. O operador $\oplus$ é comutativo e associativo. Além disso, $X \oplus X = \emptyset$ e $X \oplus \emptyset = \emptyset \oplus X = X$ para qualquer conjunto X, de modo que o conjunto vazio é a identidade para $\oplus$.

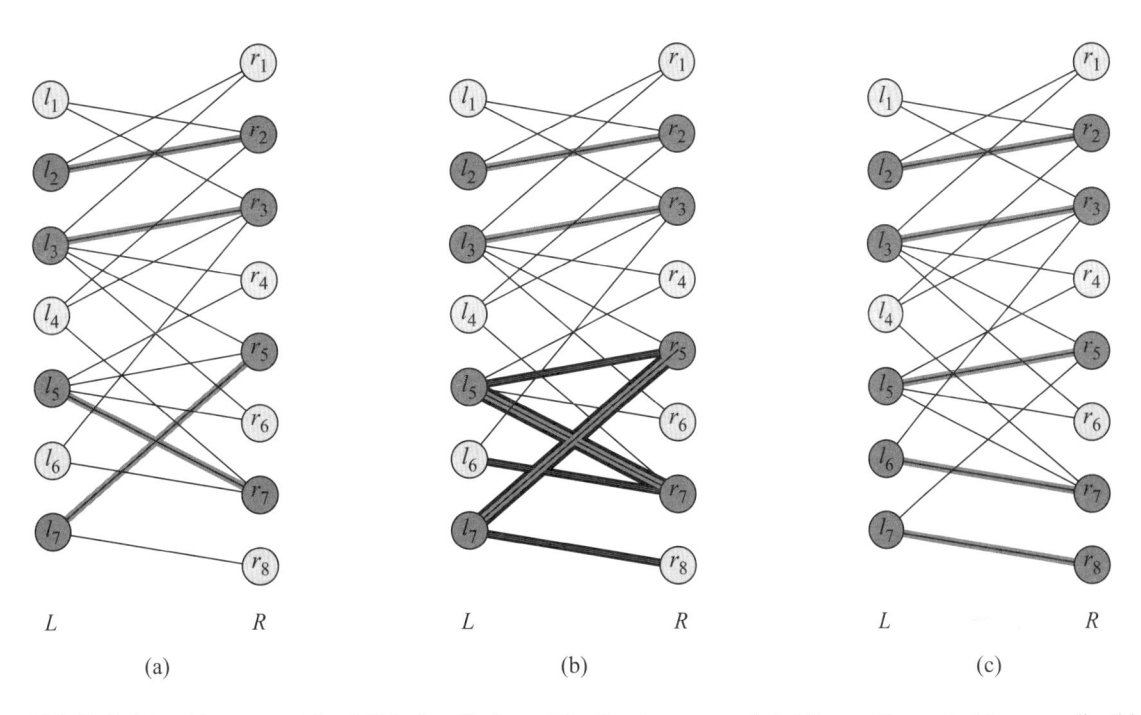

Figura 25.1 Grafo bipartido, em que $V = L \cup R$, $L = \{l_1, l_2, ..., l_7\}$ e $R = \{r_1, r_2, ..., r_8\}$. (**a**) Emparelhamento M com cardinalidade 4, destacado em *cinza-escuro*. Os vértices correspondentes são *cinza-escuro* e os vértices não correspondentes são *cinza-claro*. (**b**) As cinco arestas destacadas em *preto* na parte inferior central formam um caminho M-aumentador P seguindo entre os vértices l_6 e r_8. (**c**) O conjunto de arestas $M' = M \oplus P$ destacadas em *cinza-escuro* é um emparelhamento contendo uma aresta a mais que M e adicionando l_6 e r_8 aos vértices combinados. Esse emparelhamento não é um emparelhamento máximo (ver Exercício 25.1-1).

Lema 25.1

Seja M um emparelhamento em qualquer grafo não dirigido $G = (V, E)$, e seja P um caminho M-aumentador. Então, o conjunto de arestas $M' = M \oplus P$ também é um emparelhamento em G com $|M'| = |M| + 1$.

Prova Suponha que P contenha q arestas, de modo que $\lceil q/2 \rceil$ arestas pertençam a $E - M$ e $\lfloor q/2 \rfloor$ arestas pertençam a M, e sejam essas q arestas $(v_1, v_2), (v_2, v_3), ..., (v_q, v_{q+1})$. Visto que P é um caminho M-aumentador, os vértices v_1 e v_{q+1} não são emparelhados sob M e todos os outros vértices em P são emparelhados. As arestas $(v_1, v_2), (v_3, v_4), ..., (v_q, v_{q+1})$ pertencem a $E - M$, e as arestas $(v_2, v_3), (v_4, v_5), ..., (v_{q-1}, v_q)$ pertencem a M. A diferença simétrica $M' = M \oplus P$ inverte esses papéis, de modo que as arestas $(v_1, v_2), (v_3, v_4), ..., (v_q, v_{q+1})$ pertencem a M' e $(v_2, v_3), (v_4, v_5), ..., (v_{q-1}, v_q)$ pertencem a $E - M'$. Cada vértice $v_1, v_2, ..., v_q, v_{q+1}$ é emparelhado sob M', que ganha uma aresta adicional relativa a M, e nenhum outro vértice ou aresta em G é afetado pela mudança de M para M'. Logo, M' é um emparelhamento em G, e $|M'| = |M| + 1$. ∎

Como tomar a diferença simétrica de um emparelhamento M com um caminho M-aumentador aumenta o tamanho do emparelhamento em 1, o corolário a seguir mostra que tomar a diferença simétrica de M com k caminhos M-aumentadores com vértices disjuntos aumenta em k o tamanho do emparelhamento.

Corolário 25.2

Seja M um emparelhamento em qualquer grafo não dirigido $G = (V, E)$ e sejam $P_1, P_2, ..., P_k$ caminhos M-aumentadores com vértice disjunto. Então, o conjunto de arestas $M' = M \oplus (P_1 \cup P_2 \cup ... \cup P_k)$ é um emparelhamento em G com $|M'| = |M| + k$.

Prova Visto que os caminhos M-aumentadores $P_1, P_2, ..., P_k$ têm vértices disjuntos, temos que $P_1 \cup P_2 \cup ... \cup P_k = P_1 \oplus P_2 \oplus ... \oplus P_k$. Como o operador $\oplus$ é associativo, temos

$$
\begin{aligned}
M \oplus (P_1 \cup P_2 \cup \cdots \cup P_k) &= M \oplus (P_1 \oplus P_2 \oplus \cdots \oplus P_k) \\
&= (\cdots((M \oplus P_1) \oplus P_2) \oplus \cdots \oplus P_{k-1}) \oplus P_k .
\end{aligned}
$$

Uma simples indução sobre i usando o Lema 25.1 mostra que $M \oplus (P_1 \cup P_2 \cup ... \cup P_{i-1})$ é um emparelhamento em G contendo $|M| + i - 1$ arestas e que o caminho P_i é um caminho aumentador com relação a $M \oplus (P_1 \cup P_2 \cup ... \cup P_{i-1})$. Cada um desses caminhos aumentadores aumenta em 1 o tamanho do emparelhamento e, portanto, $|M'| = |M| + k$. ∎

Como o algoritmo Hopcroft-Karp segue de um emparelhamento a outro, será útil considerar a diferença simétrica entre dois emparelhamentos.

Lema 25.3

Sejam M e M^* os emparelhamentos no grafo $G = (V, E)$, e considere o grafo $G' = (V, E')$, em que $E' = M \oplus M^*$. Então, G' é uma união disjunta de caminhos simples, ciclos simples e/ou vértices isolados. As arestas em cada caminho simples ou ciclo simples desse tipo se alternam entre M e M^*. Se $|M^*| > |M|$, então G' contém pelo menos $|M^*| - |M|$ caminhos M-aumentadores com vértice disjunto.

Prova Cada vértice em G' tem grau 0, 1 ou 2, pois no máximo duas arestas de E' podem ser incidentes em um vértice: no máximo uma aresta de M e no máximo uma aresta de M^*. Portanto, cada componente conectado de G' é um vértice isolado, um ciclo simples de comprimento par com arestas alternadamente em M e M^*, ou um caminho simples com arestas alternadamente em M e M^*. Visto que

$$
\begin{aligned}
E' &= M \oplus M^* \\
&= (M \cup M^*) - (M \cap M^*)
\end{aligned}
$$

e $|M^*| > |M|$, o conjunto de arestas E' deverá conter $|M^*| - |M|$ mais arestas de M^* do que de M. Como cada ciclo em G' tem um número par de arestas vindas alternadamente de M e M^*, cada ciclo tem um número igual de arestas de M e M^*. Portanto, os caminhos simples em G' são responsáveis por haver $|M^*| - |M|$ mais arestas de M^* do que de M. Cada caminho contendo um número diferente de arestas de M e M^* ou começa e termina com arestas de M, contendo uma aresta a mais de M do que de M^*, ou começa e termina com arestas de M^*, contendo uma aresta a mais de M^* do que de M. Como E' contém $|M^*| - |M|$ mais arestas de M^* do que de M, existem pelo menos $|M^*| - |M|$ caminho desse último tipo, e cada um é um caminho M-aumentador. Visto que cada vértice tem no máximo duas arestas incidentes de E', esses caminhos deverão ter vértices disjuntos.   ∎

Se um algoritmo encontrar um emparelhamento máximo aumentando incrementalmente o tamanho do emparelhamento, como ele determina o momento de parar? O corolário a seguir oferece a resposta: quando não houver mais caminhos aumentadores disponíveis.

Corolário 25.4
O emparelhamento M no grafo $G = (V, E)$ é um emparelhamento máximo se, e somente se, G não contém um caminho M-aumentador.

Prova Provamos a contrapositiva dos dois sentidos do enunciado do lema. A contrapositiva do sentido direto é simples. Se houver um caminho M-aumentador P em G, então, pelo Lema 25.1, o emparelhamento $M \oplus P$ contém uma aresta a mais que M, significando que M não poderia ser um emparelhamento máximo.

Para mostrar a contrapositiva do sentido contrário — se M não é um emparelhamento máximo, então G contém um caminho M-aumentador —, seja M^* um emparelhamento máximo no Lema 25.3, de modo que $|M^*| > |M|$. Então, G contém pelo menos $|M^*| - |M| > 0$ caminhos M-aumentadores com vértices disjuntos.   ∎

Já aprendemos o suficiente para criar um algoritmo de emparelhamento máximo que seja executado no tempo $O(VE)$. Começamos com um emparelhamento M vazio. Depois, executamos repetidamente uma variante da busca em largura ou da busca em profundidade a partir de um vértice não emparelhado que usa caminhos alternados até encontrarmos outro vértice não emparelhado. Usamos o caminho M-aumentador resultante para aumentar em 1 o tamanho de M.

Algoritmo Hopcroft-Karp

O algoritmo Hopcroft-Karp melhora o tempo de execução para $O(\sqrt{V}E)$. O procedimento Hopcroft-Karp recebe um grafo bipartido não dirigido, usando o Corolário 25.2 para aumentar repetidamente o tamanho do emparelhamento M que ele encontra. O Corolário 25.4 prova que o algoritmo está correto, pois ele termina quando não há mais caminhos M-aumentadores. Resta mostrar que o algoritmo é executado no tempo $O(\sqrt{V}E)$. Veremos que o laço **repeat** das linhas 2–5 é repetido $O(\sqrt{V})$ vezes e como implementar a linha 3 de modo que seja executada no tempo $O(E)$ em cada iteração.

```
Hopcroft-Karp(G)
1   M = ∅
2   repeat
3       seja 𝒫 = {P₁, P₂, ... P_k} um conjunto maximalista de caminhos M-aumentadores
            mínimos com vértices disjuntos
4   M = M ⊕ (P₁ ∪ P₂ ∪ ... ∪ P_k)
5   until 𝒫 == ∅
6   return M
```

Vejamos primeiro como encontrar um conjunto maximalista de caminhos M-aumentadores mínimos com vértices disjuntos no tempo $O(E)$. Existem três fases. A primeira fase forma uma versão dirigida G_M do grafo bipartido não dirigido G. A segunda fase cria um grafo acíclico dirigido (gad) H a partir de G_M por meio de uma variante de busca em largura. A terceira fase encontra um conjunto maximalista de caminhos M-aumentadores mínimos com vértices disjuntos executando uma variante de busca em profundidade na transposta H^{T} de H. (Lembre-se de que a transposta de um grafo dirigido inverte a direção de cada aresta. Como H é acíclico, o mesmo ocorre com H^{T}.)

Dado um emparelhamento M, podemos pensar em um caminho M-aumentador P começando em um vértice não emparelhado em L, atravessando um número ímpar de arestas e terminando em um vértice não emparelhado em R. As arestas em P percorridas de L a R deverão pertencer a $E - M$, e as arestas em P percorridas de R a L

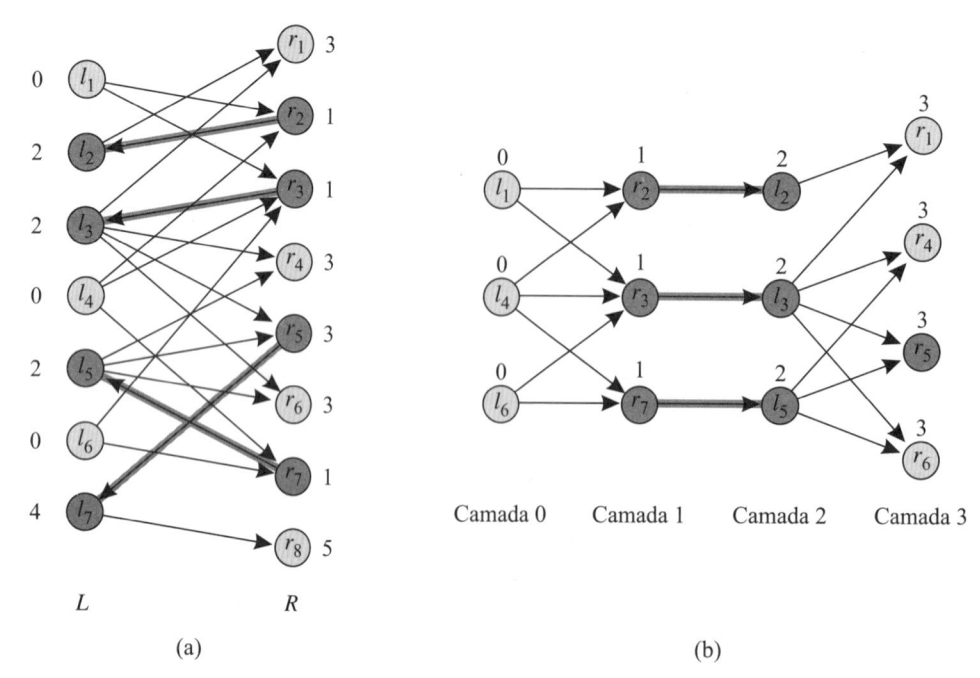

Figura 25.2 (a) Grafo dirigido G_M criado na primeira fase para o grafo bipartido não dirigido G e emparelhamento M da Figura 25.1(a). As distâncias da busca em largura de qualquer vértice não emparelhado em L aparecem ao lado de cada vértice. (b) Gad H criado a partir de G_M na segunda fase. Como a menor distância para um vértice não emparelhado em R é 3, os vértices l_7 e r_8, com distâncias maiores que 3, não estão em H.

deverão pertencer a M. Portanto, a primeira fase cria o grafo dirigido G_M direcionando as arestas adequadamente: $G_M = (V, E_M)$, em que

$$E_M = \{(l, r) : l \in L, r \in R, \text{ e } (l, r) \in E - M\} \quad \text{(arestas de } L \text{ a } R\text{)}$$
$$\cup \{(r, l) : r \in R, l \in L, \text{ e } (l, r) \in M\} \quad \text{(arestas de } R \text{ a } L\text{)}.$$

A Figura 25.2(a) mostra o grafo G_M para o grafo G e o emparelhamento M da Figura 25.1(a).

O gad $H = (V_H, E_H)$ criado pela segunda fase possui camadas de vértices. A Figura 25.2(b) mostra o gad H correspondente ao grafo dirigido G_M na parte (a) da figura. Cada camada contém somente vértices de L ou somente vértices de R, alternando de uma camada a outra. A camada em que um vértice reside é dada pela distância em largura mínima do vértice em G_M a partir de qualquer vértice não emparelhado em L. Os vértices em L aparecem nas camadas de número par, e os vértices em R aparecem em camadas de número ímpar. Seja q a indicação da menor distância em G_M de qualquer vértice não emparelhado em R. Então, a última camada em H contém os vértices em R com distância q. Os vértices cuja distância é superior a q não aparecem em V_H. (O grafo H na Figura 25.2(b) omite os vértices l_7 e r_8 porque suas distâncias a partir de qualquer vértice não emparelhado em L são superiores a $q = 3$.) As arestas em E_H formam um subconjunto de E_M:

$$E_H = \{(l, r) \in E_M : r.d \leq q \text{ e } r.d = l.d + 1\} \cup \{(r, l) \in E_M : l.d \leq q\} ,$$

em que o atributo d de um vértice indica a distância em largura do vértice em G_M a partir de qualquer vértice não emparelhado em L. As arestas que não se encontram entre duas camadas consecutivas são omitidas de E_H.

Para determinar as distâncias em largura dos vértices, execute a pesquisa em largura sobre o grafo G_M, mas começando de todos os vértices não emparelhados em L. (No procedimento BFS do Capítulo 20, substitua o vértice-raiz s pelo conjunto de vértices não emparelhados em L.) Os atributos predecessores π calculados pelo procedimento BFS não são necessários aqui, pois H é um gad e não necessariamente uma árvore.

Cada caminho em H a partir de um vértice na camada 0 para um vértice não emparelhado na camada q corresponde a um caminho M-aumentador mais curto no grafo bipartido original G. Basta usar as versões não dirigidas das arestas dirigidas em H. Além disso, todo caminho M-aumentador mínimo em G está presente em H. A terceira fase identifica um conjunto maximalista de caminhos M-aumentadores mínimos com vértices disjuntos.

Como mostra a Figura 25.3, a fase começa criando a transposta H^T de H. Depois, para cada vértice r não emparelhado na camada q, ela realiza uma busca em profundidade começando em r até que alcance um vértice na camada 0 ou que tenha esgotado todos os caminhos possíveis sem atingir um vértice na camada 0. Em vez de manter os tempos de descoberta e término, a busca em profundidade precisa apenas acompanhar os atributos predecessores π na árvore de busca em profundidade de cada busca. Ao atingir um vértice na camada 0, o rastreamento ao longo dos predecessores identifica um caminho M-aumentador. Cada vértice é pesquisado apenas quando é descoberto pela primeira vez em qualquer busca. Se a busca de um vértice r na camada q não puder encontrar um caminho de vértices não descobertos até um vértice não descoberto na camada 0, então nenhum caminho M-aumentador, incluindo r, entrará no conjunto máximo.

A Figura 25.3 mostra o resultado da terceira fase. A primeira busca em profundidade começa no vértice r_1. Ela identifica o caminho M-aumentador $\langle(r_1, l_3), (l_3, r_3), (r_3, l_1)\rangle$, com destaque *tracejado*, e descobre os vértices r_1, l_3, r_3 e l_1. A próxima busca em profundidade começa no vértice r_4. Essa busca primeiro examina a aresta (r_4, l_3), mas como l_3 já foi descoberto, ela retrocede e examina a aresta (r_4, l_5). A partir daí, ela continua e identifica o caminho M-aumentador $\langle(r_4, l_5), (l_5, r_7), (r_7, l_6)\rangle$, que está destacado em *pontilhado*, e descobre os vértices r_4, l_5, r_7 e l_6. A busca em profundidade do vértice r_6 fica presa nos vértices l_3 e l_5, que já foram descobertos, e assim essa busca falha em encontrar um caminho de vértices não descobertos até um vértice na camada 0. Não há busca em profundidade a partir do vértice r_5 porque é emparelhado, e as buscas em profundidade se dão a partir de vértices não emparelhados. Portanto, o conjunto máximo de caminhos M-aumentadores mínimos com vértices disjuntos encontrados contém apenas os dois caminhos M-aumentadores $\langle(r_1, l_3), (l_3, r_3), (r_3, l_1)\rangle$ e $\langle(r_4, l_5), (l_5, r_7), (r_7, l_6)\rangle$.

Neste exemplo, você deve ter notado que esse conjunto maximalista de dois caminhos de M-aumentadores mínimos com vértices disjuntos não é um conjunto máximo. O grafo contém três caminhos M-aumentadores mínimos com vértices disjuntos: $\langle(r_1, l_2), (l_2, r_2), (r_2, l_1)\rangle$, $\langle(r_4, l_3), (l_3, r_3), (r_3, l_4)\rangle$ e $\langle(r_6, l_5), (l_5, r_7), (r_7, l_6)\rangle$. Não importa: o algoritmo requer que o conjunto de caminhos M-aumentadores mínimos com vértices disjuntos, encontrado na linha 3 de Hopcroft-Karp, seja apenas maximalista, não necessariamente máximo.

Ainda é preciso mostrar que todas as três fases da linha 3 tomam o tempo $O(E)$. Consideramos que, no grafo bipartido original G, cada vértice tem pelo menos uma aresta incidente, de modo que $|V| = O(E)$, que, por sua vez, implica que $|V| + |E| = O(E)$. A primeira fase cria o grafo dirigido G_M simplesmente direcionando cada aresta de G, de modo que $|V_M| = |V|$ e $|E_M| = |E|$. A segunda fase realiza uma busca em largura sobre G_M, levando o tempo $O(V_M + E_M) = O(E_M) = O(E)$. De fato, ela pode terminar quando a primeira distância na fila dentro da busca em largura ultrapassar a distância mínima q até um vértice não emparelhado em R. O gad H tem $|V_H| \leq |V_M|$ e $|E_H| \leq |E_M|$, de modo que exige o tempo $O(V_H + E_H) = O(E)$ para ser construído. Por fim, a terceira fase realiza buscas em profundidade a partir de vértices não emparelhados na camada q. Quando um vértice é descoberto, não se realiza uma busca a partir dele novamente, e portanto, a análise da busca em profundidade da Seção 20.3 se aplica aqui: $O(V_H + E_H) = O(E)$. Logo, todas as três fases levam apenas o tempo $O(E)$.

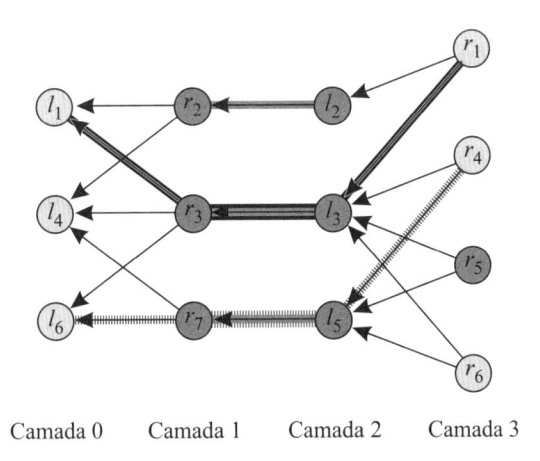

Camada 0   Camada 1   Camada 2   Camada 3

Figura 25.3 Transposta H^T do gad H criado na terceira fase. A primeira busca em profundidade, começando do vértice r_1, identifica o caminho M-aumentador $\langle(r_1, l_3), (l_3, r_3), (r_3, l_1)\rangle$ destacado em *preto* e descobre os vértices r_1, l_3, r_3, l_1. A segunda busca em profundidade, começando do vértice r_4, identifica o caminho M-aumentador $\langle(r_4, l_5), (l_5, r_7), (r_7, l_6)\rangle$, com destaque *tracejado*, descobrindo os vértices r_4, l_5, r_7, l_6.

Uma vez que o conjunto maximalista de caminhos M-aumentadores com vértices disjuntos foi encontrado na linha 3, a atualização do emparelhamento na linha 4 exige o tempo $O(E)$, pois é apenas questão de percorrer as arestas dos caminhos M-aumentadores e acrescentar e remover arestas do emparelhamento M. Portanto, cada iteração do laço **repeat** das linhas 2–5 pode ser executada no tempo $O(E)$.

Resta mostrar que o laço **repeat** é repetido $O(\sqrt{V})$ vezes. Começamos pelo lema a seguir, que mostra que, depois de cada iteração do laço **repeat**, cresce o comprimento de um caminho aumentador.

Lema 25.5

Seja $G = (V, E)$ um grafo bipartido não dirigido com emparelhamento M, e seja q o comprimento de um caminho M-aumentador mínimo. Seja $\mathcal{P} = \{P_1, P_2, ..., P_k\}$ um conjunto maximalista de caminhos M-aumentadores com vértices disjuntos de comprimento q. Seja $M' = M \oplus (P_1 \cup P_2 \cup ... \cup P_k)$ e suponha que P seja o caminho M'-aumentador mínimo. Então, P tem mais de q arestas.

Prova Consideramos separadamente os casos em que P tem vértices disjuntos dos caminhos aumentadores em $\mathcal{P}$ e em que não possui vértices disjuntos.

Primeiro, suponha que P tenha vértices disjuntos a partir dos caminhos aumentadores em $\mathcal{P}$, Então, P contém arestas que estão em M, mas não estão em qualquer um dentre $P_1, P_2, ..., P_k$, de modo que P também é um caminho M-aumentador. Visto que P é disjunto de $P_1, P_2, ..., P_k$, mas também é um caminho M-aumentador, e como $\mathcal{P}$ é um conjunto maximalista dos caminhos M-aumentadores mínimos, P deverá ser mais longo que qualquer um dos caminhos aumentadores em $\mathcal{P}$, cada um dos quais com comprimento q. Portanto, P tem mais de q arestas.

Agora, suponha que P visite pelo menos um vértice dos caminhos M-aumentadores em $\mathcal{P}$. Pelo Corolário 25.2, M' é um emparelhamento em G com $|M'| = |M| + k$. Como P é um caminho M'-aumentador, pelo Lema 25.1, $M' \oplus P$ é um emparelhamento com $|M' \oplus P| = |M'| + 1 = |M| + k + 1$. Agora, seja $A = M \oplus M' \oplus P$. Afirmamos que $A = (P_1 \cup P_2 \cup ... \cup P_k) \oplus P$:

$$
\begin{aligned}
A &= M \oplus M' \oplus P \\
  &= M \oplus (M \oplus (P_1 \cup P_2 \cup \cdots \cup P_k)) \oplus P \\
  &= (M \oplus M) \oplus (P_1 \cup P_2 \cup \cdots \cup P_k) \oplus P \quad &\text{(associatividade de } \oplus\text{)} \\
  &= \emptyset \oplus (P_1 \cup P_2 \cup \cdots \cup P_k) \oplus P \quad &(X \oplus X = \emptyset \text{ para todo } X) \\
  &= (P_1 \cup P_2 \cup \cdots \cup P_k) \oplus P \quad &(\emptyset \oplus X = X \text{ para todo } X).
\end{aligned}
$$

O Lema 25.3 com $M^* = M' \oplus P$ indica que A contém pelo menos $|M' \oplus P| - |M| = k + 1$ caminhos M-aumentadores com vértices disjuntos. Visto que cada um desses caminhos M-aumentadores possui pelo menos q arestas, temos $|A| \geq (k + 1)q = kq + q$.

Agora, afirmamos que P compartilha pelo menos uma aresta com algum caminho M-aumentador em $\mathcal{P}$. Sob o emparelhamento M', todo vértice em cada caminho M-aumentador em $\mathcal{P}$ é emparelhado. (Somente o primeiro e o último vértices em cada caminho M-aumentador P_i não são emparelhados sob M, e sob $M \oplus P_i$, todos os vértices em P_i são emparelhados. Visto que os caminhos M-aumentadores em $\mathcal{P}$ têm vértices disjuntos, nenhum outro caminho em $\mathcal{P}$ poderá afetar o emparelhamento dos vértices em P_i. Isto é, os vértices em P_i são emparelhados sob $(M \oplus P_i) \oplus P_j$ se, e somente se, estiverem emparelhados sob $M \oplus P_i$, para qualquer outro caminho $P_j \in \mathcal{P}$.) Suponha que P compartilhe um vértice v com algum caminho $P_i \in \mathcal{P}$. O vértice v não pode ser uma extremidade de P, pois as extremidades de P não são emparelhadas sob M'. Portanto, v tem uma aresta incidente em P que pertence a M'. Como qualquer vértice tem no máximo uma aresta incidente em um emparelhamento, essa aresta também deve pertencer a P_i, provando assim a afirmação.

Visto que $A = (P_1 \cup P_2 \cup ... \cup P_k) \oplus P$ e P compartilha pelo menos uma aresta com algum $P_i \in \mathcal{P}$, temos que $|A| < |P_1 \cup P_2 \cup ... \cup P_k| + |P|$. Portanto, temos

$$
\begin{aligned}
kq + q &\leq |A| \\
       &< |P_1 \cup P_2 \cup \cdots \cup P_k| + |P| \\
       &= kq + |P|,
\end{aligned}
$$

de modo que $q < |P|$. Concluímos que P contém mais de q arestas.   ■

O próximo lema limita o tamanho de um emparelhamento máximo, com base no comprimento do caminho aumentador mínimo.

Lema 25.6

Seja M um emparelhamento no grafo $G = (V, E)$, com um caminho M-aumentador mínimo em G contendo q arestas. Então, o maior tamanho de um emparelhamento em G é, no máximo, $|M| + |V| / (q + 1)$.

Prova Seja M^* um emparelhamento máximo em G. Segundo o Lema 25.3, G contém pelo menos $|M^*| - |M|$ caminhos M-aumentadores com vértices disjuntos. Cada um desses caminhos contém pelo menos q arestas, consequentemente, pelo menos $q + 1$ vértices. Visto que esses caminhos contêm vértices disjuntos, temos $(|M^*| - |M|)(q + 1) \leq |V|$, de modo que $|M^*| \leq |M| + |V| / (q + 1)$. ∎

O último lema limita o número de iterações do laço **repeat** das linhas 2–5.

Lema 25.7

Quando o procedimento Hopcroft-Karp é executado sobre um grafo bipartido não dirigido $G = (V, E)$, o laço **repeat** das linhas 2–5 é repetido $O(\sqrt{V})$ vezes.

Prova Pelo Lema 25.5, o comprimento q dos caminhos M-aumentadores mínimos encontrados na linha 3 aumenta de uma iteração para outra. Portanto, após $\lceil \sqrt{|V|} \rceil$ iterações, devemos ter $q \geq \lceil \sqrt{|V|} \rceil$. Considere a situação após a primeira vez que a linha 4 é executada com caminhos M-aumentadores cujo comprimento é, pelo menos, $\lceil \sqrt{|V|} \rceil$. Visto que o tamanho de um emparelhamento aumenta em pelo menos uma aresta por iteração, o Lema 25.6 implica que o número de iterações adicionais antes de alcançar o maior emparelhamento é, no máximo,

$$\frac{|V|}{\lceil \sqrt{|V|} \rceil + 1} < \frac{|V|}{\sqrt{|V|}} = \sqrt{|V|} .$$

Assim, o número total de iterações de laço é menor que $2\sqrt{|V|}$. ∎

Portanto, temos o limite a seguir sobre o tempo de execução do procedimento Hopcroft-Karp.

Teorema 25.8

O procedimento Hopcroft-Karp é executado no tempo $O(\sqrt{V} E)$ em um grafo bipartido não dirigido $G = (V, E)$.

Prova Pelo Lema 25.7, o laço **repeat** é repetido $O(\sqrt{V})$ vezes e, assim, vimos como implementar cada iteração no tempo $O(E)$. ∎

Exercícios

25.1-1
Use o algoritmo Hopcroft-Karp para encontrar o emparelhamento máximo para o grafo da Figura 25.1.

25.1-2
Qual é a semelhança entre os caminhos M-aumentadores e os caminhos aumentadores nas redes de fluxo? Qual é a diferença?

25.1-3
Qual é a vantagem da busca na transposta H^{T} dos vértices não emparelhados na camada q (a primeira camada que contém um vértice não emparelhado em R) até a camada 0 com relação à busca no gad H da camada 0 à camada q?

25.1-4

Mostre como limitar o número de iterações do laço **repeat** das linhas 2–5 de Hopcroft-Karp em $\lceil 3\sqrt{|V|}/2 \rceil$.

★ 25.1-5

Um **emparelhamento perfeito** é aquele sob o qual cada vértice é emparelhado. Seja $G = (V, E)$ um grafo bipartido não dirigido com partição de vértice $V = L \cup R$, em que $|L| = |R|$. Para qualquer $X \subseteq V$, defina a **vizinhança** de X como

$$N(X) = \{y \in V : (x, y) \in E \text{ para algum } x \in X\},$$

isto é, o conjunto de vértices adjacentes a algum membro de X. Prove o **teorema de Hall**: existe um emparelhamento perfeito em G se, e somente se, $|A| \leq |N(A)|$ para cada subconjunto $A \subseteq L$.

25.1-6

Em um grafo **d-regular**, cada vértice possui grau d. Se $G = (V, E)$ é um grafo bipartido com partição de vértice $V = L \cup R$ e também é d-regular, então $|L| = |R|$. Use o teorema de Hall (ver Exercício 25.1-5) para provar que cada grafo bipartido d-regular contém um emparelhamento perfeito. Depois, use esse resultado para provar que todo grafo bipartido d-regular contém d emparelhamentos perfeitos disjuntos.

25.2   Problema do casamento estável

Na Seção 25.1, o objetivo era encontrar emparelhamento máximo em um grafo bipartido não dirigido. Se soubermos que o grafo $G = (V, E)$ com partição de vértice $V = L \cup R$ é um **grafo bipartido completo**[1] — contendo uma aresta de cada vértice em L a cada vértice em R —, então podemos encontrar um emparelhamento máximo por um simples algoritmo guloso.

Quando um grafo pode ter vários emparelhamentos, podemos decidir quais emparelhamentos são mais desejáveis. Na Seção 25.3, daremos pesos às arestas e encontraremos um emparelhamento de peso máximo. Nesta seção, em vez disso, adicionaremos algumas informações a cada vértice em um grafo bipartido completo: uma classificação dos vértices no outro lado. Ou seja, cada vértice em L possui uma lista ordenada de todos os vértices em R e vice-versa. Para simplificar, vamos supor que L e R contenham n vértices cada um. O objetivo aqui é corresponder cada vértice em L com um vértice em R de uma forma "estável".

Esse problema deriva seu nome, **problema do casamento estável**, da noção do casamento heteroafetivo, examinando L como um conjunto de mulheres e R como um conjunto de homens.[2] Cada mulher ordena todos os homens em termos de atratividade, e cada homem faz o mesmo com todas as mulheres. O objetivo é formar pares entre mulheres e homens (um emparelhamento) de modo que, se uma mulher e um homem não corresponderem, então pelo menos um deles preferirá seu parceiro designado.

Se uma mulher e um homem não se correspondem, mas cada um prefere o outro no lugar de seu parceiro designado, eles formam um **par bloqueador**. Um par bloqueador tem incentivo ao optar por sair do emparelhamento designado e se juntar à sua própria escolha. Se isso acontecesse, então esse par evitaria que o emparelhamento fosse "estável". Um **emparelhamento estável**, portanto, é um emparelhamento que não possui par bloqueador. Se houver um par bloqueador, então o emparelhamento será **instável**.

Vejamos um exemplo com quatro mulheres — Vanda, Ema, Laís e Karen — e quatro homens — Oscar, Davi, Breno e Hugo — tendo as seguintes preferências:

---

[1] A definição de um grafo bipartido completo difere da definição de grafo completo dada no Apêndice B, porque em um grafo bipartido não existem arestas entre os vértices em L nem arestas entre os vértices em R.

[2] Embora as normas do casamento estejam mudando, é tradição examinar o problema do casamento estável sob a ótica do casamento heteroafetivo.

Vanda: Breno, Hugo, Oscar, Davi
Ema: Davi, Hugo, Oscar, Breno
Laís: Breno, Davi, Hugo, Oscar
Karen: Breno, Hugo, Davi, Oscar

Oscar: Vanda, Karen, Laís, Ema
Davi: Vanda, Laís, Karen, Ema
Breno: Laís, Karen, Vanda, Ema
Hugo: Laís, Vanda, Ema, Karen

Um emparelhamento estável compreende os seguintes pares:

Laís e Breno
Vanda e Hugo
Karen e Davi
Ema e Oscar

Podemos verificar que esse emparelhamento não possui par bloqueador. Por exemplo, embora Karen prefira Breno e Hugo ao seu parceiro Davi, Breno prefere sua parceira Laís a Karen, e Hugo prefere sua parceira Vanda a Karen, de modo que nem Karen e Breno nem Karen e Hugo formam um par bloqueador. De fato, esse emparelhamento estável é único. Suponha, em vez disso, que os dois últimos pares fossem

Ema e Davi
Karen e Oscar

Então, Karen e Davi seriam um par bloqueador porque, como eles não estavam emparelhados, Karen prefere Davi a Oscar, e Davi prefere Karen a Ema. Portanto, esse emparelhamento não é estável.

Os emparelhamentos estáveis não precisam ser únicos. Por exemplo, suponha que haja três mulheres — Mônica, Paloma e Raquel — e três homens — Cláudio, Joel e Roger — com estas preferências:

Mônica: Cláudio, Joel, Roger
Paloma: Joel, Roger, Cláudio
Raquel: Roger, Cláudio, Joel

Cláudio: Paloma, Raquel, Mônica
Joel: Raquel, Mônica, Paloma
Roger: Mônica, Paloma, Raquel

Neste caso, há três emparelhamentos estáveis:

Emparelhamento 1	Emparelhamento 2	Emparelhamento 3
Mônica e Cláudio	Paloma e Cláudio	Raquel e Cláudio
Paloma e Joel	Raquel e Joel	Mônica e Joel
Raquel e Roger	Mônica e Roger	Paloma e Roger

No emparelhamento 1, todas as mulheres têm sua primeira escolha e todos os homens têm sua última escolha. O emparelhamento 2 é o oposto, com todos os homens recebendo sua primeira escolha e todas as mulheres recebendo sua última escolha. Quando todas as mulheres ou todos os homens têm sua primeira escolha, claramente não pode haver par bloqueador. No emparelhamento 3, todos recebem sua segunda escolha. Você pode verificar que não há pares bloqueadores.

Você pode se perguntar se é sempre possível encontrar um emparelhamento estável, independentemente das classificações dadas por cada participante. A resposta é sim. (O Exercício 25.2-3 pede que você mostre que, mesmo no cenário do Programa Nacional de Emparelhamento de Residentes, em que cada hospital recebe vários estudantes, é sempre possível conceber uma atribuição estável.) Um algoritmo simples, conhecido como algoritmo de Gale-Shapley, sempre encontra um emparelhamento estável. O algoritmo possui duas variantes, que se espelham: "orientado à mulher" e "orientado ao homem". Vamos examinar a versão orientada à mulher. Cada participante está "livre" ou "comprometido". Todos começam livres. Os comprometimentos ocorrem quando uma mulher livre se propõe a um homem. Quando um homem é proposto pela primeira vez, ele passa de livre a comprometido, e ele sempre permanece comprometido, embora não necessariamente com a mesma mulher. Se um homem comprometido recebe uma proposta de uma mulher que ele prefere à mulher com quem está atualmente comprometido, esse comprometimento é rompido, a mulher com quem ele estava comprometido fica livre e o homem e a mulher que ele prefere ficam comprometidos. Cada mulher se propõe aos homens que estão em sua lista de preferências, em ordem, até a última vez em que fica comprometida. Quando uma mulher está comprometida, ela para de propor temporariamente, mas, se fica livre novamente, ela continua a usar sua lista. Quando todos estiverem comprometidos, o algoritmo terminará. O procedimento GALE-SHAPLEY a seguir torna esse processo mais concreto. O procedimento permite alguma escolha: qualquer mulher livre pode ser selecionada na linha 2. Veremos que o procedimento produz um emparelhamento estável, independentemente da ordem em que a linha 2 escolhe as mulheres livres. Para a versão orientada a homens, basta inverter os papéis de homens e mulheres no procedimento.

GALE-SHAPLEY(*homens, mulheres, classificação*)
1   designar cada mulher e homem como livres
2   **while** alguma mulher w estiver livre
3   m é o primeiro homem na lista ordenada de w a quem ela não se propôs
4   **if** m está livre
5   w e m se comprometem (deixam de estar livres)
6   **elseif** m classifica w melhor do que a mulher w' com quem ele está comprometido
7   m termina o comprometimento com w', que se torna livre
8   w e m se comprometem (deixam de estar livres)
9   **else** m rejeita w, com w permanecendo livre
10 **return** o emparelhamento estável que consiste nos pares comprometidos

Vejamos como o procedimento GALE-SHAPLEY é executado no exemplo com Vanda, Ema, Laís, Karen, Oscar, Davi, Breno e Hugo. Depois que todos são inicializados como livres, aqui está uma versão possível do que pode ocorrer nas sucessivas iterações do laço **while** das linhas 2–9:

1. Vanda se propõe a Breno. Breno está livre, de modo que Vanda e Breno se comprometem e não estão mais livres.
2. Ema se propõe a Davi. Davi está livre, de modo que Ema e Davi se comprometem e não estão mais livres.
3. Laís se propõe a Breno. Breno está comprometido com Vanda, mas ele prefere Laís. Breno rompe o compromisso com Vanda, que se torna livre. Laís e Breno se comprometem, com Laís não ficando mais livre.
4. Karen se propõe a Breno. Breno está comprometido com Laís, que ele prefere a Karen. Breno rejeita Karen, que permanece livre.
5. Karen se propõe a Hugo. Hugo está livre, de modo que Karen e Hugo se comprometem e não estão mais livres.
6. Vanda se propõe a Hugo. Hugo está comprometido com Karen, mas ele prefere Vanda. Hugo rompe o compromisso com Karen, que se torna livre. Vanda e Hugo se comprometem, com Vanda não ficando mais livre.
7. Karen se propõe a Davi. Davi está comprometido com Ema, mas ele prefere Karen. Davi rompe o compromisso com Ema, que se torna livre. Karen e Davi se comprometem, com Karen não ficando mais livre.
8. Ema se propõe a Hugo. Hugo está comprometido com Vanda, que ele prefere a Ema. Hugo rejeita Ema, que permanece livre.
9. Ema se propõe a Oscar. Oscar está livre, de modo que Ema e Oscar se comprometem e não estão mais livres.

Nesse ponto, todos estão comprometidos e ninguém está livre, de modo que o laço **while** termina. O procedimento retorna o emparelhamento estável que vimos anteriormente.

O teorema a seguir mostra não apenas que GALE-SHAPLEY termina, mas que ele sempre retorna um emparelhamento estável, provando, assim, que sempre existe um emparelhamento estável.

Teorema 25.9

O procedimento GALE-SHAPLEY sempre termina e retorna um emparelhamento estável.

Prova Primeiro, vamos mostrar que o laço **while** das linhas 2–9 sempre termina, de modo que o procedimento também termina. A prova é dada por contradição. Se o laço não termina, é porque alguma mulher continua livre. Para que uma mulher permaneça livre, ela deve ter se proposto a todos os homens e ser rejeitada por cada um. Para um homem rejeitar uma mulher, ele já deve estar comprometido. Portanto, todos os homens estão comprometidos. Uma vez comprometido, um homem permanece nesse estado (embora não necessariamente com a mesma mulher). No entanto, há um mesmo número n de mulheres e homens, o que significa que todas as mulheres estão comprometidas, levando à contradição de que nenhuma mulher está livre. Devemos também mostrar que o laço **while** faz um número limitado de iterações. Como cada uma das n mulheres passa por sua avaliação dos n homens em ordem, possivelmente não chegando ao fim de sua lista, o número total de iterações é no máximo n^2. Portanto, o laço **while** sempre termina e o procedimento retorna um emparelhamento.

Precisamos mostrar que não há pares bloqueadores. Primeiro, observamos que, uma vez que um homem m se compromete a uma mulher w, todas as ações subsequentes para m ocorrem nas linhas 6–8. Portanto, uma vez que um homem está comprometido, ele permanece assim, e toda vez que ele rompe um compromisso com uma mulher w, é para escolher uma mulher w que ele preferiu. Suponha que uma mulher w esteja emparelhada com um homem m, mas ela prefira o homem m'. Mostraremos que w e m' não é um par bloqueador, porque m' não prefere w ao seu parceiro. Como w tem melhor classificação de m' do que de m, ela deve ter se proposto a m' antes de se propor a m, e m' rejeitou sua proposta ou a aceitou e depois rompeu o compromisso. Se m' rejeitou a proposta de w, é porque já estava comprometido com alguma mulher que ele preferiu a w. Se m' aceitou e depois rompeu o compromisso, em algum momento ele se comprometeu com w, mas depois aceitou uma proposta de uma mulher que ele prefere a w. Em ambos os casos, ele acaba ficando com uma parceira que ele prefere a w. Concluímos que, embora w possa preferir m' ao parceiro m, isso não significa que m' prefere w em vez da sua parceira. Portanto, o procedimento retorna uma correspondência que não contém pares bloqueadores. ∎

O Exercício 25.2-1 pede que você ofereça uma prova do corolário a seguir.

Corolário 25.10

Dadas as avaliações de preferência para n mulheres e n homens, o algoritmo Gale-Shapley pode ser implementado para execução no tempo $O(n^2)$. ∎

Como a linha 2 pode escolher qualquer mulher livre, você pode se perguntar se diferentes escolhas podem produzir diferentes emparelhamentos estáveis. A resposta é não: como mostra o teorema a seguir, cada execução de GALE-SHAPLEY produz exatamente o mesmo resultado. Além disso, o emparelhamento estável retornado é ótimo para as mulheres.

Teorema 25.11

Não importando como as mulheres são escolhidas na linha 2 de GALE-SHAPLEY, o procedimento sempre retorna o mesmo emparelhamento estável, em que cada mulher tem o mesmo parceiro possível em qualquer emparelhamento estável.

Prova A prova de que cada mulher tem o melhor parceiro possível em qualquer emparelhamento estável é dada por contradição. Suponha que o procedimento GALE-SHAPLEY retorne um emparelhamento estável M, mas que haja um emparelhamento estável diferente M' no qual alguma mulher w prefere seu parceiro m' ao parceiro m que ela tem em M. Como w classifica m' acima de m, ela deve ter se proposto a m' antes de se propor a m. Então, há uma mulher w' que m' prefere a w, e m' já estava comprometido com w' quando w se propôs ou m' aceitou o pedido de w e depois rompeu o compromisso em favor de w'. De qualquer forma, há um momento em que m' decide contra w em favor de w'. Agora suponha, sem perder a generalidade, que esse momento foi a primeira vez que qualquer homem rejeitou uma parceira que pertence a algum emparelhamento estável.

Afirmamos que w' não pode ter parceiro m'' em um emparelhamento estável que ela prefira a m'. Se existisse tal homem m'', então, para w' se propor a m', ela teria escolhido m'' e teria sido rejeitada em algum momento antes de escolher m'. Se m' aceitou a proposta de w e depois a rompeu para aceitar w', então, como essa foi a primeira rejeição em um emparelhamento estável, obtemos a contradição de que m'' não poderia ter rejeitado w' de antemão. Se m' já estava comprometido com w' quando w o escolheu, então, novamente, m'' não poderia ter rejeitado w' de antemão, provando, assim, a afirmação.

Como w' não prefere ninguém a m' em um emparelhamento estável e w' não está emparelhada com m' em M' (porque m' está emparelhado com w em M'), w' prefere m' a seu parceiro em M'. Como w' prefere m' a seu parceiro em M' e m' prefere w' a sua parceira w em M', o par w' e m' é um par bloqueador em M'. Como M' tem um par bloqueador, ele não pode ser um emparelhamento estável, contradizendo, assim, a suposição de que existe algum emparelhamento estável no qual cada mulher tenha o melhor parceiro possível além do emparelhamento M retornado por GALE-SHAPLEY.

Não colocamos nenhuma condição na execução do procedimento, o que significa que todas as ordens possíveis nas quais a linha 2 seleciona mulheres resultam no retorno do mesmo emparelhamento estável.   ∎

Corolário 25.12

Pode haver emparelhamentos estáveis que o procedimento GALE-SHAPLEY não retorna.

Prova O Teorema 25.11 indica que, para determinado conjunto de avaliações, GALE-SHAPLEY retorna somente um emparelhamento, não importa como ele escolhe as mulheres na linha 2. O exemplo anterior de três mulheres e três homens com três emparelhamentos estáveis diferentes mostra que pode haver vários emparelhamentos estáveis para determinado conjunto de avaliações. Uma chamada de GALE-SHAPLEY é capaz de retornar somente um desses emparelhamentos estáveis.   ∎

Embora o procedimento GALE-SHAPLEY dê o melhor resultado possível para as mulheres, o corolário a seguir mostra que ele também produz o pior resultado possível para os homens.

Corolário 25.13

No emparelhamento estável retornado pelo procedimento GALE-SHAPLEY, cada homem tem a pior parceira possível em qualquer emparelhamento estável.

Prova Seja M o emparelhamento retornado por uma chamada a GALE-SHAPLEY. Suponha que haja outro emparelhamento estável M' e um homem m que prefira sua parceira w em M à sua parceira w' em M'. Seja m' o parceiro de w em M'. Pelo Teorema 25.11, m é o melhor parceiro que w pode ter em qualquer emparelhamento estável, o que significa que w prefere m a m'. Como m prefere w a w', o par w e m é um par bloqueador em M', contradizendo a suposição de que M' seja um emparelhamento estável.   ∎

Exercícios

25.2-1

Descreva como implementar o algoritmo Gale-Shapley de modo que seja executado no tempo $O(n^2)$.

25.2-2

Seria possível ter emparelhamento estável com apenas duas mulheres e dois homens? Se sim, mostre um exemplo e justifique. Se não, explique o motivo.

25.2-3

O Programa Nacional de Emparelhamento de Residentes difere do cenário para o problema do casamento estável, explicado nesta seção, de duas maneiras. Primeiro, um hospital pode ser emparelhado com mais de um estudante, de modo que o hospital j receba $r_h \geq 1$ estudantes. Em segundo lugar, o número de estudantes pode não ser igual ao número de hospitais. Descreva como modificar o algoritmo Gale-Shapley para que se encaixe nos requisitos do Programa Nacional de Emparelhamento de Residentes.

25.2-4
Forneça a prova da propriedade a seguir, conhecida como *otimalidade fraca de Pareto*:

> Seja M o emparelhamento estável produzido pelo procedimento GALE-SHAPLEY, com as mulheres se propondo aos homens. Então, para determinada instância do problema do casamento estável, não existe emparelhamento — estável ou instável — tal que cada mulher tenha um parceiro que ela prefira ao seu parceiro no emparelhamento estável M.

25.2-5
O *problema dos companheiros de quarto estáveis* é semelhante ao problema do casamento estável, exceto que o grafo é um grafo completo, não bipartido, com número par de vértices. Cada vértice representa uma pessoa, e cada pessoa classifica todas as outras pessoas. As definições de pares bloqueadores e emparelhamento estável se estendem pela forma natural: um par bloqueador compreende duas pessoas sendo que ambas preferem uma à outra a seu parceiro atual, e um emparelhamento é estável se não houver pares bloqueadores. Por exemplo, considere quatro pessoas — Wendy, Xênia, Yasmin e Zelda — com as seguintes listas de preferência:

    Wendy: Xenia, Yasmin, Zelda
    Xenia: Wendy, Zelda, Yasmin
    Yasmin: Wendy, Zelda, Xênia
    Zelda: Xênia, Yasmin, Wendy

Podemos verificar que o emparelhamento a seguir é estável:

    Wendy e Xênia
    Yasmin e Zelda

Diferentemente do problema do casamento estável, o problema dos companheiros de quarto estáveis pode ter entradas para as quais não exista emparelhamento estável. Encontre tal entrada e explique por que não existe emparelhamento estável.

25.3   Algoritmo húngaro para o problema de atribuição

Vamos mais uma vez acrescentar algumas informações a um grafo bipartido completo $G = (V, E)$, em que $V = L \cup R$. Desta vez, em lugar de ter os vértices em cada lado avaliando os vértices no outro lado, atribuímos um peso a cada aresta. Novamente, vamos supor que os conjuntos de vértices L e R contenham, cada um, n vértices, de modo que o grafo contém n^2 arestas. Para $l \in L$ e $r \in R$, indicamos o peso da aresta (l, r) com $w(l, r)$, que representa a utilidade ganha pelo emparelhamento do vértice l com o vértice r.

O objetivo é encontrar um emparelhamento perfeito M (ver Exercícios 25.1-5 e 25.1-6) cujas arestas têm o peso total máximo sobre todos os emparelhamentos perfeitos. Isto é, considerando que $w(M) = \sum_{(l,r) \in M} w(l, r)$ indica o peso total das arestas no emparelhamento M, queremos encontrar um emparelhamento perfeito M^* tal que

$$w(M^*) = \max \{w(M) : M \text{ é um emparelhamento perfeito}\}.$$

Chamamos a descoberta de tal emparelhamento perfeito de peso máximo de *problema de atribuição*. Uma solução para o problema de atribuição é um emparelhamento perfeito que maximiza a utilidade total. Assim como no problema do casamento estável, o problema de atribuição encontra um emparelhamento que é "bom", mas com uma definição diferente de bom: maximizar o valor total em vez de alcançar a estabilidade.

Embora você possa enumerar todas as $n!$ correspondências perfeitas para resolver o problema de atribuição, um algoritmo conhecido como *algoritmo húngaro* o resolve muito mais rápido. Esta seção provará um limite de tempo $O(n^4)$, e o Problema 25-2 pede que você refine o algoritmo de modo a reduzir o tempo de execução para $O(n^3)$. Em vez de trabalhar com o grafo bipartido completo G, o algoritmo húngaro trabalha com um subgrafo de G chamado "subgrafo de igualdade". O subgrafo de igualdade, definido a seguir, muda ao longo do tempo e tem a propriedade benéfica de que qualquer emparelhamento perfeito no subgrafo de igualdade também é uma solução ótima para o problema de atribuição.

O subgrafo de igualdade depende da definição de um atributo h a cada vértice. Chamamos h de **rótulo** de um vértice, e dizemos que h é uma **rotulagem viável do vértice** de G se

$l.h + r.h \geq w(l, r)$ para todo $l \in L$ and $r \in R$.

Sempre existe uma rotulagem viável do vértice, de modo que a **rotulagem-padrão do vértice** é dada por

$$l.h = \max\{w(l,r) : r \in R\} \quad \text{para todo } l \in L, \tag{25.1}$$
$$r.h = 0 \qquad\qquad\qquad \text{para todo } r \in R. \tag{25.2}$$

Dada uma rotulagem viável do vértice h, o **subgrafo de igualdade** $G_h = (V, E_h)$ de G consiste nos mesmos vértices de G e no subconjunto de arestas

$E_h = \{(l, r) \in E : l.h + r.h = w(l, r)\}.$

O teorema a seguir une um emparelhamento perfeito em um subgrafo de igualdade e uma solução ideal para o problema de atribuição.

Teorema 25.14

Seja $G = (V, E)$, em que $V = L \cup R$, um grafo bipartido completo em que cada aresta $(l, r) \in E$ tem peso $w(l, r)$. Seja h uma rotulagem viável do vértice de G e seja G_h o subgrafo de igualdade de G. Se G_h contém um emparelhamento perfeito M^*, então M^* é uma solução ótima para o problema de atribuição em G.

Prova Se G_h contém um emparelhamento perfeito M^*, então, visto que G_h e G têm os mesmos conjuntos de vértices, M^* também é um emparelhamento perfeito em G. Como cada aresta de M^* pertence a G_h, e cada vértice tem exatamente uma aresta incidente a partir de qualquer emparelhamento perfeito, temos

$$w(M^*) = \sum_{(l,r)\in M^*} w(l,r)$$

$$= \sum_{(l,r)\in M^*} (l.h + r.h) \quad \text{(porque todas as arestas em } M^* \text{ pertencem a } G_h)$$

$$= \sum_{l\in L} l.h + \sum_{r\in R} r.h \quad \text{(porque } M^* \text{ é um emparelhamento perfeito).}$$

Considerando que M é qualquer emparelhamento perfeito em G, temos

$$w(M) = \sum_{(l,r)\in M} w(l,r)$$

$$\leq \sum_{(l,r)\in M} (l.h + r.h) \quad \text{(porque } h \text{ é uma rotulagem viável do vértice)}$$

$$= \sum_{l\in L} l.h + \sum_{r\in R} r.h \quad \text{(porque } M \text{ é um emparelhamento perfeito).}$$

Portanto, temos

$$w(M) \leq \sum_{l\in L} l.h + \sum_{r\in R} r.h = w(M^*), \tag{25.3}$$

de modo que M^* é um emparelhamento perfeito de peso máximo em G.   ∎

O objetivo agora é encontrar emparelhamento perfeito em um subgrafo de igualdade. Qual subgrafo de igualdade? Isso não importa! Temos liberdade para não apenas escolher um subgrafo de igualdade, mas também para alterar qual subgrafo de igualdade escolhemos à medida que avançamos. Precisamos apenas encontrar *algum* emparelhamento perfeito em *algum* subgrafo de igualdade.

Para entender melhor o subgrafo de igualdade, considere novamente a prova do Teorema 25.14 e, na segunda metade, seja M qualquer emparelhamento. A prova ainda é válida, em particular a inequação (25.3): o peso de qualquer emparelhamento é sempre, no máximo, a soma dos rótulos dos vértices. Se escolhermos qualquer conjunto de rótulos de vértices que definam um subgrafo de igualdade, então um emparelhamento de cardinalidade máxima nesse subgrafo de igualdade terá o valor total de, no máximo, a soma dos rótulos de vértices. Se o conjunto de rótulos de vértices for o "certo", então ele terá valor total igual a $w(M^*)$, e um emparelhamento de cardinalidade máxima no subgrafo de igualdade também será um emparelhamento perfeito de peso máximo. Para alcançar esse objetivo, o algoritmo húngaro modifica repetidamente o emparelhamento e os rótulos dos vértices.

O algoritmo húngaro começa com qualquer rotulagem viável do vértice h e qualquer emparelhamento M no subgrafo de igualdade G_h. Ele encontra repetidamente um caminho M-aumentador P em G_h e, usando o Lema 25.1, atualiza o emparelhamento para $M \oplus P$, incrementando, assim, o tamanho do emparelhamento. Enquanto houver algum subgrafo de igualdade que contenha um caminho M-aumentador, o tamanho do emparelhamento pode aumentar, até que se alcance um emparelhamento perfeito.

Surgem quatro questões:

1. Com que rotulagem inicial viável do vértice o algoritmo deverá começar? Resposta: a rotulagem-padrão do vértice dada pelas Equações (25.1) e (25.2).
2. Com que emparelhamento inicial em G_h o algoritmo deverá começar? Resposta curta: qualquer emparelhamento, mesmo que esteja vazio, mas um emparelhamento máximo guloso funciona bem.
3. Se houver um caminho M-aumentador em G_h, como podemos encontrá-lo? Resposta curta: usando uma variante da busca em largura semelhante à segunda fase do procedimento usado no algoritmo Hopcroft-Karp para encontrar um conjunto máximo de caminhos M-aumentadores mínimos.
4. E se a busca por um caminho M-aumentador falhar? Resposta curta: atualizamos a rotulagem viável do vértice para trazer pelo menos uma nova aresta.

Vamos agora elaborar as respostas curtas usando o exemplo que começa na Figura 25.4. Aqui, $L = \{l_1, l_2, ..., l_7\}$ e $R = \{r_1, r_2, ..., r_7\}$. Os pesos das arestas aparecem na matriz mostrada na parte (a), em que o peso $w(l_i, r_j)$ aparece na linha i e coluna j. Os rótulos de vértice viáveis, dados pela rotulagem-padrão de vértice, aparecem

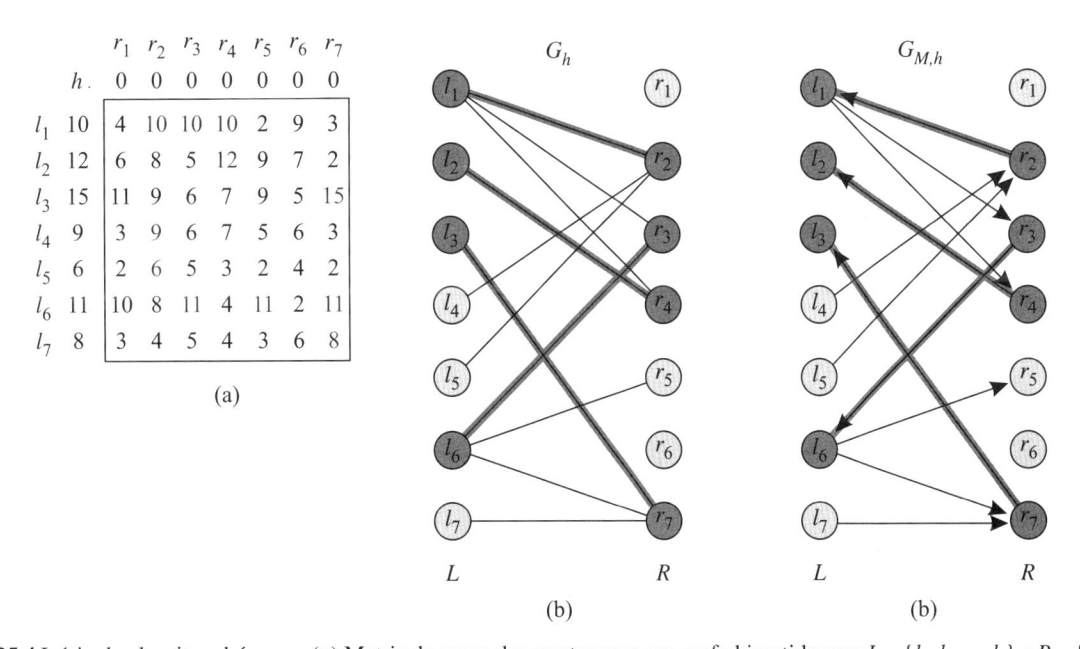

(a)

	h	r_1	r_2	r_3	r_4	r_5	r_6	r_7
h		0	0	0	0	0	0	0
l_1	10	4	10	10	10	2	9	3
l_2	12	6	8	5	12	9	7	2
l_3	15	11	9	6	7	9	5	15
l_4	9	3	9	6	7	5	6	3
l_5	6	2	6	5	3	2	4	2
l_6	11	10	8	11	4	11	2	11
l_7	8	3	4	5	4	3	6	8

(b)   (b)

Figura 25.4 Início do algoritmo húngaro. (**a**) Matriz de pesos das arestas para um grafo bipartido com $L = \{l_1, l_2, ..., l_7\}$ e $R = \{r_1, r_2, ..., r_7\}$. O valor na linha i e coluna j indica $w(l_i, r_j)$. Rótulos de vértice viáveis aparecem acima e ao lado da matriz. As entradas *em cinza* correspondem às arestas no subgrafo de igualdade. (**b**) Subgrafo de igualdade G_h. As arestas destacadas em *cinza-escuro* pertencem ao emparelhamento máximo guloso inicial M. Os vértices *cinza-escuro* estão emparelhados e os vértices *cinza-claro* não estão emparelhados. (**c**) Subgrafo de igualdade dirigido $G_{M,h}$, criado a partir de G_h direcionando as arestas em M de R para L e todas as outras arestas de L para R.

à esquerda e acima da matriz. As entradas da matriz em *cinza* indicam arestas (l_i, r_j) para as quais $l_i.h + r_j.h = w(l_i, r_j)$, isto é, arestas no subgrafo de igualdade G_h que aparece na parte (b) da figura.

Emparelhamento bipartido máximo guloso

Existem várias maneiras de implementar um método guloso para encontrar um emparelhamento bipartido máximo. O procedimento EMPARELHAMENTO-BIPARTIDO-GULOSO mostra uma delas. As arestas em *cinza-escuro* na Figura 25.4(b) indicam o emparelhamento guloso máximo inicial em G_h. O Exercício 25.3-2 pede que você mostre que o procedimento EMPARELHAMENTO-BIPARTIDO-GULOSO retorna um emparelhamento que possui pelo menos metade do caminho de um emparelhamento máximo.

```
EMPARELHAMENTO-BIPARTIDO-GULOSO(G)
1   M = ∅
2   for cada vértice l ∈ L
3       if l tem um vizinho não emparelhado em R
4           escolher qualquer vizinho não emparelhado r ∈ R
5           M = M ∪ {(l, r)}
6   return M
```

Como encontrar um caminho M-aumentador em G_h

Para encontrar um caminho M-aumentador no subgrafo de igualdade G_h com emparelhamento M, o algoritmo húngaro primeiro cria o **subgrafo de igualdade dirigido** $G_{M,h}$ a partir de G_h, assim como o algoritmo Hopcroft-Karp cria G_M a partir de G. Como no algoritmo Hopcroft-Karp, você pode pensar em um caminho M-aumentador começando de um vértice não emparelhado em L, terminando em um vértice não emparelhado em R, levando arestas não correspondidas de L a R e levando arestas emparelhadas de R a L. Assim, $G_{M,h} = (V, E_{M,h})$, em que

$$E_{M,h} = \{(l, r) : l \in L, r \in R, \text{ e } (l, r) \in E_h - M\} \quad \text{(arestas de } L \text{ a } R\text{)}$$
$$\cup \{(r, l) : r \in R, l \in L, \text{ e } (l, r) \in M\} \qquad \text{(arestas de } R \text{ a } L\text{)}.$$

Como um caminho M-aumentador no subgrafo de igualdade dirigido $G_{M,h}$ também é um caminho M-aumentador no subgrafo de igualdade G_h, basta encontrar caminhos M-aumentadores em $G_{M,h}$. A Figura 25.4(c) mostra o subgrafo de igualdade dirigido $G_{M,h}$ correspondente ao subgrafo de igualdade G_h e o emparelhamento M da parte (b) da figura.

Com o subgrafo de igualdade dirigido $G_{M,h}$ em mãos, o algoritmo húngaro procura um caminho M-aumentador de qualquer vértice não emparelhado em L para qualquer vértice não emparelhado em R. Qualquer método exaustivo de busca em grafo será suficiente. Aqui, usaremos a busca em largura, começando por todos os vértices não emparelhados em L (assim como o algoritmo Hopcroft-Karp faz ao criar o gad H), mas parando assim que descobrirmos algum vértice não emparelhado em R. A Figura 25.5 mostra a ideia. A partir de todos os vértices não emparelhados em L, inicialize a fila FIFO (*first-in, first-out* — primeiro a entrar, primeiro a sair) com todos os vértices não emparelhados em L, em vez de apenas um vértice de origem. Ao contrário do gad H no algoritmo Hopcroft-Karp, aqui cada vértice só precisa de um predecessor, de modo que a busca em largura cria uma **floresta em largura** $F = (V_F, E_F)$. Cada vértice não emparelhado em L é uma raiz em F.

Na Figura 25.5(g), a busca em largura encontrou o caminho M-aumentador $\langle(l_4, r_2), (r_2, l_1), (l_1, r_3), (r_3, l_6), (l_6, r_5)\rangle$. A Figura 25.6(a) mostra o novo emparelhamento criado tomando a diferença simétrica do emparelhamento M da Figura 25.5(a) com esse caminho M-aumentador.

Quando a busca por um caminho M-aumentador falha

Tendo atualizado o emparelhamento M de um caminho M-aumentador, o algoritmo húngaro atualiza o subgrafo de igualdade dirigido $G_{M,h}$ de acordo com o novo emparelhamento e, então, inicia uma nova busca em largura de todos os vértices não emparelhados em L. A Figura 25.6 mostra o início desse processo, retomado da Figura 25.5.

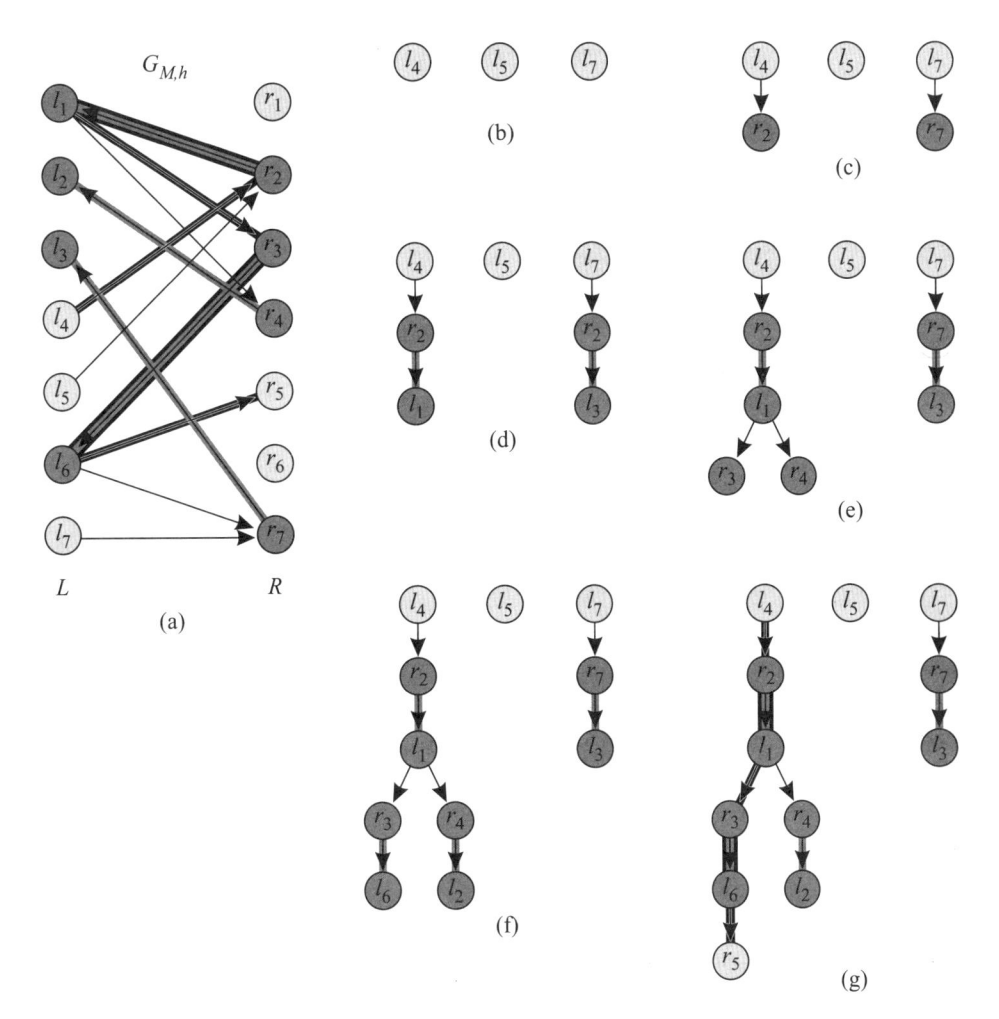

Figura 25.5 Encontrando um caminho M-aumentador em $G_{M,h}$ pela busca em largura. (**a**) Subgrafo de igualdade dirigido $G_{M,h}$ da Figura 25.4(c). (**b**)–(**g**) Versões sucessivas da floresta em largura F, mostradas à medida que os vértices a cada distância a partir das raízes (os vértices não emparelhados em L) são descobertos. Nas partes (b)–(f), a camada de vértices mais próxima da parte inferior da figura é composta daqueles na fila "primeiro a entrar, primeiro a sair". Por exemplo, na parte (b), a fila contém as raízes $\langle l_4, l_5, l_7 \rangle$, e na parte (e), a fila contém $\langle r_3, r_4 \rangle$, a uma distância 3 das raízes. Na parte (g), o vértice não emparelhado r_5 é descoberto, e portanto, a busca em largura termina. O caminho $\langle (l_4, r_2), (r_2, l_1), (l_1, r_3), (r_3, l_6), (l_6, r_5) \rangle$, destacado em *preto* nas partes (a) e (g), é um caminho M-aumentador. Tomando sua diferença simétrica com o emparelhamento M, um novo emparelhamento é produzido com uma aresta a mais que M.

Na Figura 25.6(d), a fila contém os vértices l_4 e l_3. Contudo, nenhum desses vértices tem uma aresta partindo dele, uma vez que, quando esses vértices são removidos da fila, a fila fica vazia. A busca termina nesse ponto, antes de descobrir um vértice não emparelhado em R para produzir um caminho M-aumentador. Sempre que acontece uma situação assim, os vértices descobertos mais recentemente deverão pertencer a L. Por quê? Sempre que é descoberto um vértice não emparelhado em R, a busca encontrou um caminho M-aumentador e, quando é descoberto um vértice emparelhado em R, ele tem um vizinho não visitado em L, que a busca pode então descobrir.

Lembre-se de que temos a liberdade de trabalhar com qualquer subgrafo de igualdade. Podemos alterar o subgrafo de igualdade dirigido "no ato", contanto que não neutralizemos o trabalho já feito. O algoritmo húngaro atualiza a rotulagem viável do vértice h para atender aos seguintes critérios:

1. Nenhuma aresta na floresta em largura F sai do subgrafo de igualdade dirigido.
2. Nenhuma aresta no emparelhamento M sai do subgrafo de igualdade dirigido.
3. Pelo menos uma aresta (l, r), em que $l \in L \cap V_F$ e $r \in R - V_F$ vai para E_h, e daí para $E_{M,h}$. Portanto, pelo menos um vértice em R será recém-descoberto.

Assim, pelo menos uma nova aresta entra no subgrafo de igualdade dirigido, e qualquer aresta que sai desse subgrafo não pertence ao emparelhamento M nem à floresta F. Os vértices recém-descobertos em R são enfileirados, mas suas distâncias não são necessariamente 1 a mais que as distâncias dos vértices descobertos mais recentemente em L.

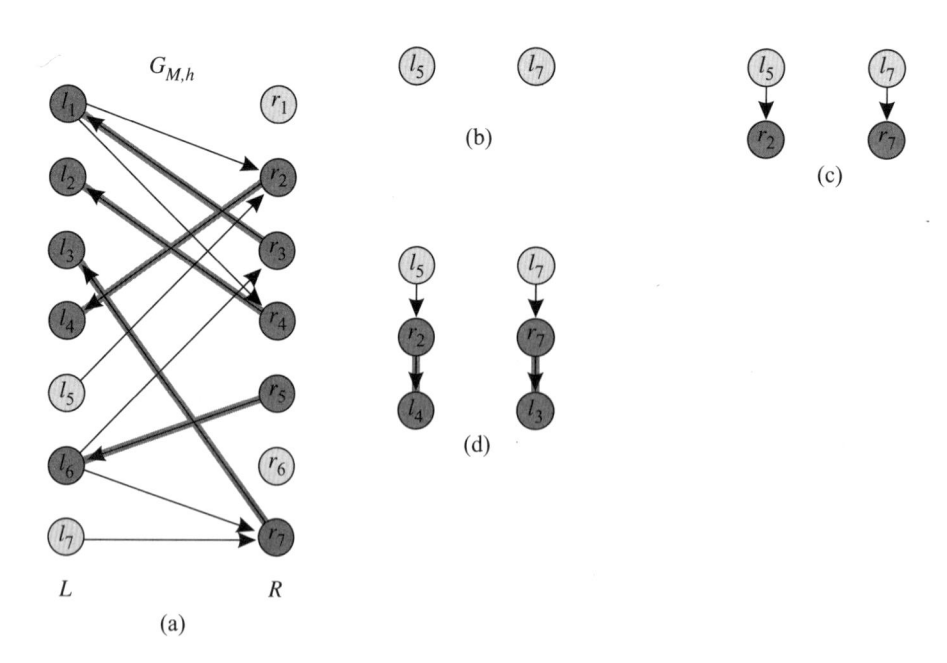

Figura 25.6 (**a**) Novo emparelhamento M e novo subgrafo de igualdade dirigido $G_{M,h}$ após a atualização do emparelhamento da Figura 25.5(a) com o caminho M-aumentador da Figura 25.5(g). (**b**)–(**d**) Versões sucessivas da floresta em largura F em uma nova busca em largura com raízes l_5 e l_7. Após os vértices l_4 e l_3 na parte (**d**) terem sido removidos da fila, a fila é esvaziada antes que a busca possa descobrir um vértice não emparelhado em R.

Para atualizar a rotulagem viável do vértice, o algoritmo húngaro primeiro calcula o valor

$$\delta = \min\{l.h + r.h - w(l,r) : l \in F_L \ \text{ e } \ r \in R - F_R\} \, , \tag{25.4}$$

em que $F_L = L \cap V_F$ e $F_R = R \cap V_F$ indicam os vértices na floresta em largura F que pertencem a L e R, respectivamente. Isto é, δ é a menor diferença pela qual uma aresta incidente em um vértice em F_L deixou de estar no subgrafo de igualdade atual G_h. O algoritmo húngaro produz, então, uma nova rotulagem viável do vértice, digamos, h', subtraindo δ de $l.h$ para todos os vértices $l \in F_L$ e acrescentando δ a $r.h$ para todos os vértices $r \in F_R$:

$$v.h' = \begin{cases} v.h - \delta & \text{se } v \in F_L \, , \\ v.h + \delta & \text{se } v \in F_R \, , \\ v.h & \text{caso contrário} (v \in V - V_F) \, . \end{cases} \tag{25.5}$$

O lema a seguir mostra que essas mudanças atendem aos três critérios citados.

Lema 25.15

Seja h uma rotulagem viável do vértice para o grafo bipartido completo G com subgrafo de igualdade G_h, e seja M um emparelhamento para G_h e F uma floresta em largura que está sendo construída para o subgrafo de igualdade dirigido $G_{M,h}$. Então, a rotulagem h' na Equação (25.5) é uma rotulagem viável do vértice para G com as seguintes propriedades:

1. Se (u, v) é uma aresta na floresta em largura F para $G_{M,h}$, então $(u, v) \in E_{M,h'}$.
2. Se (l, r) pertencem ao emparelhamento M para G_h, então $(r, l) \in E_{M,h'}$.
3. Existem vértices $l \in F_L$ e $r \in R - F_R$ tais que $(l, r) \notin E_{M,h}$, mas $(l, r) \in E_{M,h'}$.

Prova Primeiro, mostramos que h' é uma rotulagem viável do vértice para G. Como h é uma rotulagem viável do vértice, temos $l.h + r.h \geq w(l, r)$ para todo $l \in L$ e $r \in R$. Para que h' não seja uma rotulagem viável do vértice, precisaremos de $l.h' + r.h' < l.h + r.h$ para algum $l \in L$ e $r \in R$. A única maneira de isso ocorrer é quando algum $l \in F_L$ e $r \in R - F_R$. Nesse caso, a quantidade da redução é igual a δ, de modo que $l.h' + r.h' = l.h - \delta + r.h$. Pela Equação (25.4), temos que $l.h - \delta + r.h \geq w(l, r)$ para qualquer $l \in F_L$ e $r \in R - F_R$, de modo que $l.h' + r.h' \geq w(l, r)$. Para todas as outras arestas, temos $l.h' + r.h' \geq l.h + r.h \geq w(l, r)$. Assim, h' é uma rotulagem viável do vértice.

Agora, mostramos que cada uma das três propriedades desejadas é válida:

1. Se $l \in F_L$ e $r \in F_R$, então temos $l.h' + r.h' = l.h + r.h$, pois δ é acrescentado ao rótulo de l e subtraído do rótulo de r. Portanto, se uma aresta pertence a F para o grafo dirigido $G_{M,h}$, ela também pertence a $G_{M,h'}$.

2. Afirmamos que, no momento em que o algoritmo húngaro calcula a nova rotulagem viável do vértice h', para cada aresta $(l, r) \in M$, temos $l \in F_L$ se, e somente se, $r \in F_R$. Para ver por quê, considere um vértice emparelhado r e seja $(l, r) \in M$. Primeiro, suponha que $r \in F_R$, de modo que a busca descobriu r e o enfileirou. Quando r foi removido da fila, l foi descoberto, então $l \in F_L$. Agora suponha que $r \notin F_R$, de modo que r não foi descoberto. Vamos mostrar que $l \notin F_L$. A única aresta em $G_{M,h}$ que entra em l é (r, l), e como r não foi descoberto, a busca não apanhou essa aresta; se $l \in F_L$, não é por causa da aresta (r, l). A única outra maneira de um vértice em L poder estar em F_L é se ele for uma raiz da busca, mas apenas vértices não emparelhados em L são raízes e l é emparelhado. Assim, $l \notin F_L$, e a afirmação está provada.

   Já vimos que $l \in F_L$ e $r \in F_R$ implica $l.h' + r.h' = l.h + r.h$. Para o caso oposto, quando $l \in L - F_L$ e $r \in R - F_R$, temos que $l.h' = l.h$ e $r.h' = r.h$, de modo que novamente $l.h' + r.h' = l.h + r.h$. Assim, se a aresta (l, r) está no emparelhamento M para o gráfico de igualdade G_h, então $(r, l) \in E_{M,h'}$.

3. Seja (l,r) uma aresta fora de E_h tal que $l \in F_L$, $r \in R - F_R$ e $\delta = l.h + r.h - w(l, r)$. Pela definição de δ, existe pelo menos uma aresta desse tipo. Então, temos

$$l.h' + r.h' = l.h - \delta + r.h$$
$$= l.h - (l.h + r.h - w(l, r)) + r.h$$
$$= w(l, r) \,,$$

   e assim $(l, r) \in E_{h'}$. Visto que (l, r) não está em E_h, ela não está no emparelhamento M, de modo que em $E_{M,h'}$ ela deve ser dirigida de L para R. Assim, $(l, r) \in E_{M,h'}$. ■

É possível que uma aresta pertença a $E_{M,h}$ mas não a $E_{M,h'}$. Pelo Lema 25.15, qualquer aresta desse tipo não pertence nem ao emparelhamento M nem à floresta em largura F no momento em que a nova rotulagem viável do vértice h' é calculada. (Ver Exercício 25.3-3.)

Retornando à Figura 25.6(d), a fila ficou vazia antes que um caminho M-aumentador fosse encontrado. A Figura 25.7 mostra os próximos passos tomados pelo algoritmo. O valor de $\delta = 1$ é obtido pela aresta (l_5, r_3) porque, na Figura 25.4(a), $l_5.h + r_3.h - w(l_5, r_3) = 6 + 0 - 5 = 1$. Na Figura 25.7(a), os valores de $l_3.h$, $l_4.h$, $l_5.h$ e $l_7.h$ diminuíram em 1 e os valores de $r_2.h$ e $r_7.h$ aumentaram em 1 porque esses vértices estão em F. Como resultado, as arestas (l_1, r_2) e (l_6, r_7) saem de $G_{M,h}$ e a aresta (l_5, r_3) entra. A Figura 25.7(b) mostra o novo subgrafo de igualdade dirigido $G_{M,h}$. Com a aresta (l_5, r_3) agora em $G_{M,h}$, a Figura 25.7(c) mostra que essa aresta é acrescentada à floresta em largura F e r_3 é acrescentada à fila. As partes (c)–(f) mostram a floresta em largura continuando a ser construída até que, na parte (f), a fila novamente fica vazia depois que o vértice l_2, que não tem arestas saindo, é removido. Novamente, o algoritmo deve atualizar a rotulagem viável do vértice e o subgrafo de igualdade dirigido. Agora, o valor de $\delta = 1$ é alcançado por três arestas: (l_1, r_6), (l_5, r_6) e (l_7, r_6).

Como podemos ver nas partes (a) e (b) da Figura 25.8, essas arestas entram em $G_{M,h}$, e a aresta (l_6, r_3) sai. A parte (c) mostra que a aresta (l_1, r_6) é acrescentada à floresta em largura. (Uma das arestas (l_5, r_6) ou (l_7, r_6) poderia ter sido acrescentada em vez disso.) Como r_6 é não emparelhada, a busca encontra o caminho M-aumentador $\langle (l_5, r_3), (r_3, l_1), (l_1, r_6) \rangle$, destacado em *preto* na figura.

A Figura 25.9(a) mostra $G_{M,h}$ após o emparelhamento M ter sido atualizado pela tomada de sua diferença simétrica com o caminho M-aumentador. O algoritmo húngaro inicia sua última busca em largura, com o vértice l_7 como única raiz. A busca prossegue conforme mostram as partes (b)–(h) da figura, até que a fila fique vazia após remover l_4. Desta vez, descobrimos que $\delta = 2$, alcançado pelas cinco arestas (l_2, r_5), (l_3, r_1), (l_4, r_5), (l_5, r_1) e (l_5, r_5), cada qual entrando em $G_{M,h}$. A Figura 25.10(a) mostra os resultados da diminuição em 2 do rótulo viável de cada vértice em F_L e o aumento em 2 do rótulo viável de cada vértice em F_R, e a Figura 25.10(b) mostra o subgrafo de igualdade dirigido resultante $G_{M,h}$. A parte (c) mostra que a aresta (l_3, r_1) é acrescentada à floresta em largura. Como r_1 é um vértice não emparelhado, a busca termina, tendo encontrado o caminho M-aumentador $\langle (l_7, r_7), (r_7, l_3), (l_3, r_1) \rangle$, destacado em *preto*. Se r_1 estivesse emparelhado, o vértice r_5 também teria sido acrescentado à floresta em largura, com seu pai sendo l_2, l_4 ou l_5.

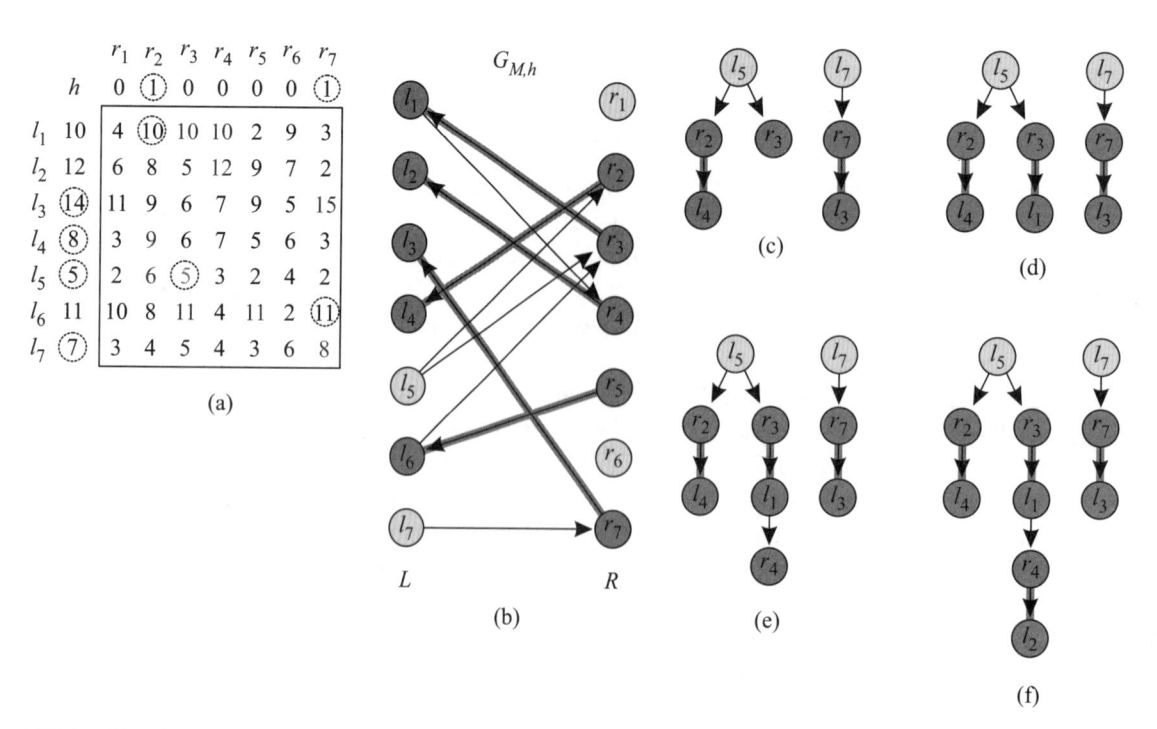

Figura 25.7 Atualizando a rotulagem viável do vértice e o subgrafo de igualdade dirigido $G_{M,h}$ quando a fila é esvaziada antes de encontrar um caminho M-aumentador. (**a**) Com $d = 1$, os valores de $l_3.h$, $l_4.h$, $l_5.h$ e $l_7.h$ diminuíram em 1 e os valores de $r_2.h$ e $r_7.h$ aumentaram em 1. As arestas (l_1, r_2) e (l_6, r_7) saem de $G_{M,h}$, e a aresta (l_5, r_3) entra. Essas mudanças estão destacadas com borda *pontilhada*. (**b**) Subgrafo de igualdade dirigido resultante $G_{M,h}$. (**c**)–(**f**) Com a aresta (l_5, r_3) acrescentada à floresta em largura e r_3 acrescentada à fila, a busca em largura continua até que a fila mais uma vez fique vazia na parte (f).

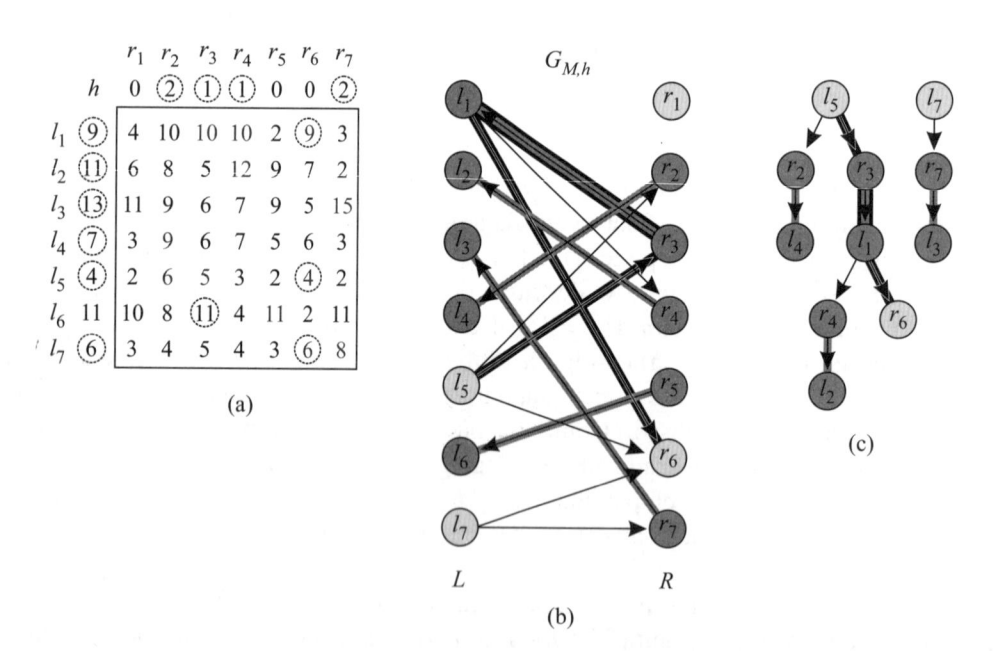

Figura 25.8 Outra atualização da rotulagem viável do vértice e subgrafo de igualdade dirigido $G_{M,h}$ porque a fila ficou vazia antes de encontrar um caminho M-aumentador. (**a**) Com $d = 1$, os valores de $l_1.h$, $l_2.h$, $l_3.h$, $l_4.h$, $l_5.h$ e $l_7.h$ diminuem em 1, e $r_2.h$, $r_3.h$, $r_4.h$ e $r_7.h$, aumentam em 1. A aresta (l_6, r_3) sai de $G_{M,h}$, e as arestas (l_1, r_6), (l_5, r_6) e (l_7, r_6) entram. (**b**) Subgrafo de igualdade dirigido resultante $G_{M,h}$. (**c**) Com a aresta (l_1, r_6) acrescentada à floresta em largura e r_6 não emparelhado, a busca termina, tendo encontrado o caminho M-aumentador $\langle(l_5, r_3), (r_3, l_1), (l_1, r_6)\rangle$, destacado em *preto* nas partes (b) e (c).

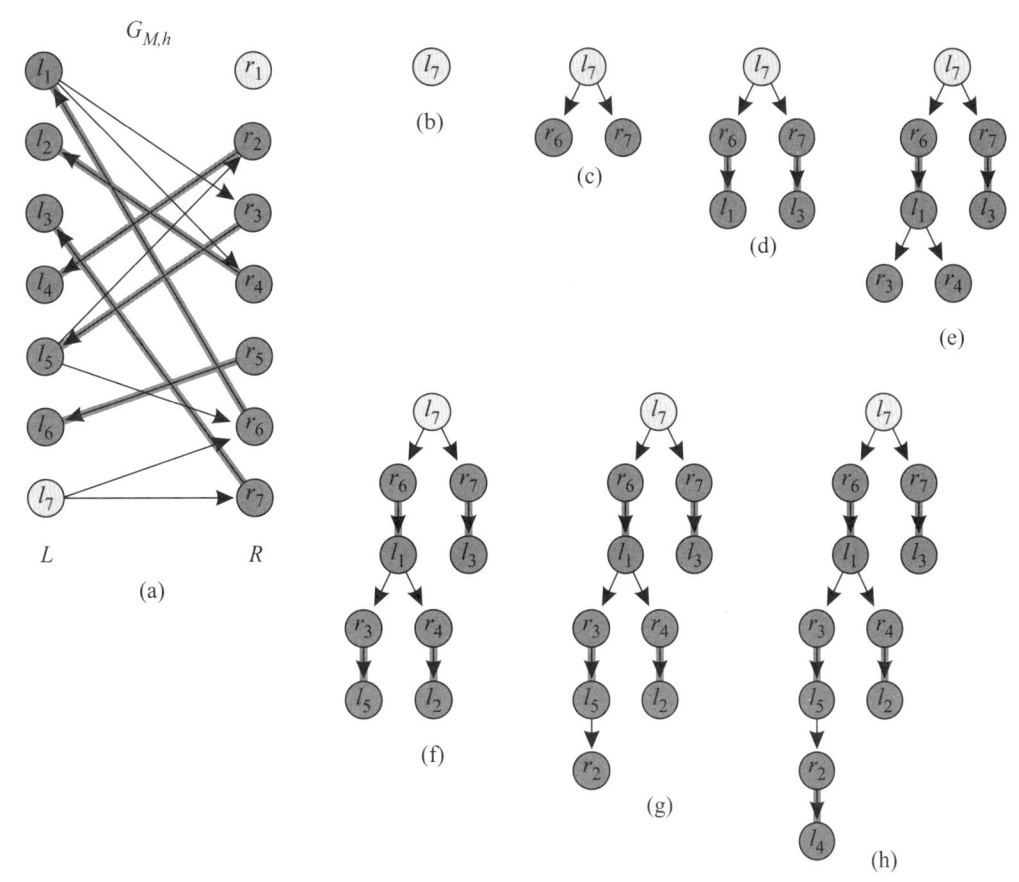

Figura 25.9 (a) Novo emparelhamento M e novo subgrafo de igualdade dirigido $G_{M,h}$ após a atualização do emparelhamento na Figura 25.8 com o caminho M-aumentador das partes (b) e (c) na Figura 25.8. **(b)–(h)** Versões sucessivas da floresta em largura F em uma nova busca em largura com raiz l_7. Após a retirada da fila do vértice l_4 na parte (h), a fila torna-se vazia antes que a busca descubra um vértice não emparelhado em R.

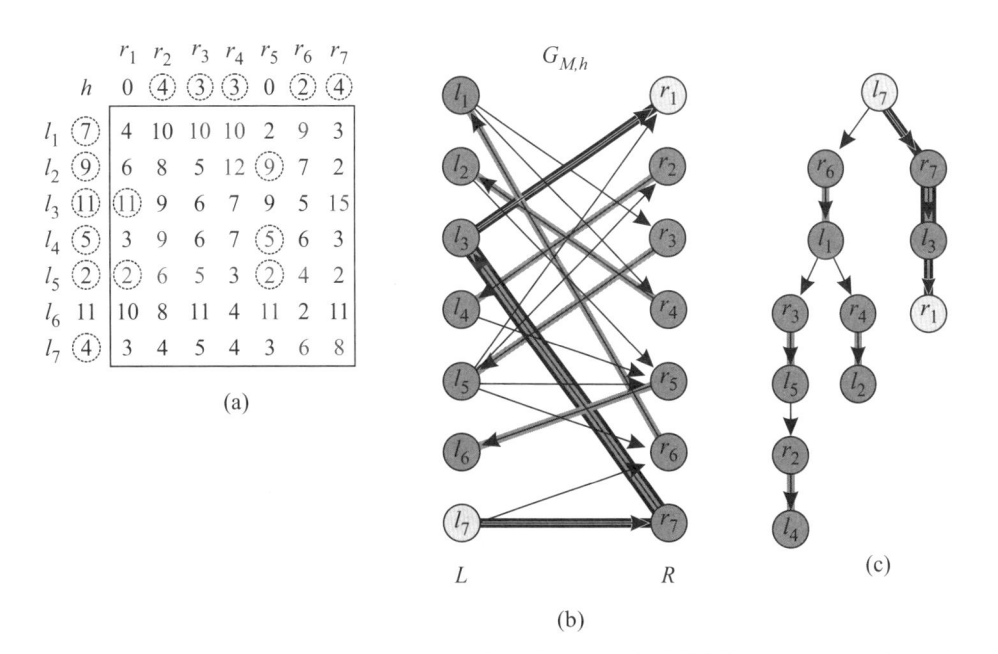

Figura 25.10 Atualização da rotulagem viável dos vértices e subgrafo de igualdade dirigido $G_{M,h}$. **(a)** Aqui, $d = 2$, de modo que os valores de $l_1.h$, $l_2.h$, $l_3.h$, $l_4.h$, $l_5.h$ e $l_7.h$ diminuíram em 2, e os valores de $r_2.h$, $r_3.h$, $r_4.h$, $r_6.h$ e $r_7.h$ aumentaram em 2. As arestas (l_2, r_5), (l_3, r_1), (l_4, r_5), (l_5, r_1) e (l_5, r_5) entram em $G_{M,h}$. **(b)** Grafo dirigido resultante $G_{M,h}$. **(c)** Com a aresta (l_3, r_1) acrescentada à floresta em largura e r_1 não emparelhado, a busca termina, tendo encontrado o caminho M-aumentador $\langle (l_7, r_7), (r_7, l_3), (l_3, r_1) \rangle$, destacado em *preto* nas partes (b) e (c).

Após atualizar o emparelhamento M, o algoritmo chega ao emparelhamento perfeito mostrado para o subgrafo de igualdade G_h na Figura 25.11. Pelo Teorema 25.14, as arestas em M formam uma solução ótima para o problema de atribuição original dado na matriz. Aqui, a soma dos pesos das arestas (l_1, r_6), (l_2, r_4), (l_3, r_1), (l_4, r_2), (l_5, r_3), (l_6, r_5) e (l_7, r_7) é 65, que é o peso máximo de qualquer emparelhamento.

O peso do emparelhamento com peso máximo é igual à soma de todos os rótulos viáveis dos vértices. Esses problemas — maximizar o peso de um emparelhamento e minimizar a soma dos rótulos viáveis dos vértices — são reciprocamente "duais", de modo semelhante a como o valor de um fluxo máximo é igual à capacidade de um corte mínimo. A Seção 29.3 explora a dualidade com mais profundidade.

Algoritmo húngaro

O procedimento HÚNGARO e sua sub-rotina BUSCA-CAMINHO-AUMENTADOR, descritos mais adiante, seguem as etapas que acabamos de examinar. A terceira propriedade do Lema 25.15 garante que, na linha 23 de BUSCA-CAMINHO-AUMENTADOR, a fila Q não esteja vazia. O pseudocódigo utiliza o atributo π para indicar os vértices predecessores na floresta em largura. Em vez de colorir os vértices, como no procedimento BFS do Capítulo 20, a busca coloca os vértices descobertos nos conjuntos F_L e F_R. Como o algoritmo húngaro não precisa de distâncias baseadas em largura, o pseudocódigo omite o atributo d calculado pelo procedimento BFS.

Agora, vejamos por que o algoritmo húngaro é executado no tempo $O(n^4)$, em que $|V| = n/2$ e $|E| = n^2$ no grafo original G. (A seguir, esboçamos como reduzir o tempo de execução para $O(n^3)$.) Podemos percorrer o pseudocódigo de HÚNGARO para verificar que as linhas 1–6 e 11 levam o tempo $O(n^2)$. O laço **while** das linhas 7–10 é repetido no máximo n vezes, pois cada iteração aumenta o tamanho do emparelhamento M em 1. Cada teste na linha 7 pode levar um tempo constante ao simplesmente verificar se $|M| < n$, com cada atualização de M na linha 9 levando o tempo $O(n)$, e as atualizações na linha 10 levam o tempo $O(n^2)$.

Para atingir o limite de tempo $O(n^4)$, resta mostrar que cada chamada de BUSCA-CAMINHO-AUMENTADOR é executada no tempo $O(n^3)$. Vamos chamar de ***etapa de crescimento*** cada execução das linhas 10–22. Ignorando as etapas de crescimento, podemos verificar que BUSCA-CAMINHO-AUMENTADOR é uma busca em largura. Com os conjuntos F_L e F_R representados de forma adequada, a busca em largura leva o tempo $O(V + E) = O(n^2)$. Dentro de uma chamada de BUSCA-CAMINHO-AUMENTADOR, podem ocorrer no máximo n etapas de crescimento, pois cada etapa certamente descobre pelo menos um vértice em R. Como há no máximo n^2 arestas em $G_{M,h}$, o laço **for** das linhas 16–22 é repetido no máximo n^2 vezes por chamada de BUSCA-CAMINHO-AUMENTADOR. O gargalo está nas linhas 10 e 15, que levam o tempo $O(n^2)$, de modo que BUSCA-CAMINHO-AUMENTADOR leva o tempo $O(n^3)$.

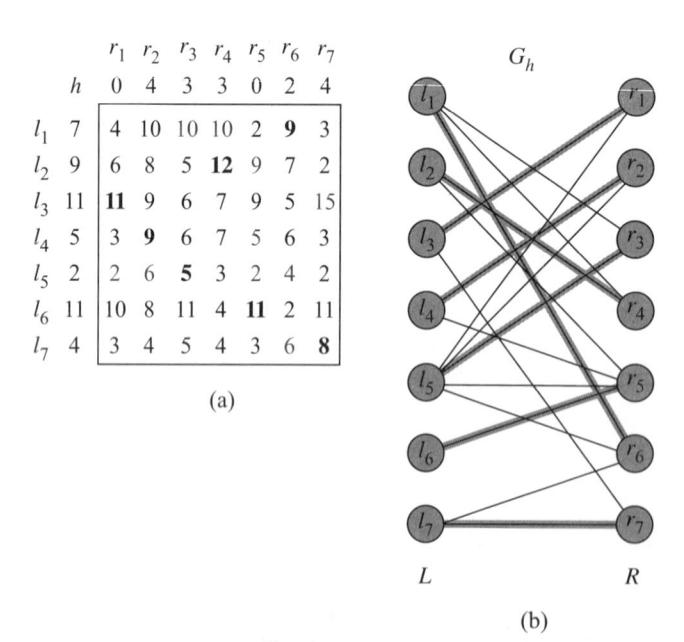

(a)

(b)

Figura 25.11 Emparelhamento final, mostrado para o subgrafo de igualdade G_h com arestas e entradas *cinza-escuro* na matriz. Os pesos das arestas no emparelhamento somam 65, que é o máximo para qualquer emparelhamento no grafo bipartido original completo G, além de ser a soma de todos os rótulos viáveis dos vértices.

O Exercício 25.3-5 pede que você mostre que a reconstrução do subgrafo de igualdade dirigido $G_{M,h}$ na linha 15 é realmente desnecessário, de modo que seu custo pode ser eliminado. A redução do custo de calcular δ na linha 10 para $O(n)$ exige um pouco mais de esforço, e é o assunto do Problema 25-2. Com essas mudanças, cada chamada de Busca-Caminho-Aumentador leva o tempo $O(n^2)$, de modo que o algoritmo húngaro é executado no tempo $O(n^3)$.

HÚNGARO(G)

```
 1   for cada vértice l ∈ L
 2       l.h = max{w(l, r) : r ∈ R}            // pela Equação (25.1)
 3   for cada vértice r ∈ R
 4       r.h = 0                                // pela Equação (25.2)
 5   seja M um emparelhamento em G_h (como aquele retornado por
         EMPARELHAMENTO-BIPARTIDO-GULOSO)
 6   com G, M e h, formar o subgrafo de igualdade G_h
         e o subgrafo de igualdade dirigido G_{M,h}
 7   while M não for um emparelhamento perfeito em G_h
 8       P = BUSCA-CAMINHO-AUMENTADOR(G_{M,h})
 9       M = M ⊕ P
10       atualizar o subgrafo de igualdade G_h
             e o subgrafo de igualdade dirigido G_{M,h}
11   return M
```

BUSCA-CAMINHO-AUMENTADOR($G_{M,h}$)

```
 1   Q = ∅
 2   F_L = ∅
 3   F_R = ∅
 4   for cada vértice não emparelhado l ∈ L
 5       l.π = NIL
 6       ENQUEUE(Q, l)
 7       F_L = F_L ∪ {l}         // floresta F começa com vértices não emparelhados em L
 8   repeat
 9       if Q é vazia            // não há mais vértices para buscar?
10           δ = min{l.h + r.h − w(l, r) : l ∈ F_L e r ∈ R − F_R}
11           for cada vértice l ∈ F_L
12               l.h = l.h − δ    // rotula novamente de acordo com a Equação (25.5)
13           for cada vértice r ∈ F_R
14               r.h = r.h + δ    // rotula novamente de acordo com a Equação (25.5)
15           com G, M e h, formar um novo grafo de igualdade dirigido G_{M,h}
16           for cada nova aresta (l, r) em G_{M,h}  // continua busca com novas arestas
17               if r ∉ F_R
18                   r.π = l                         // descobre r, acrescenta-o a F
19                   if r não está emparelhado
20                       um caminho M-aumentador foi encontrado (sai do laço repeat)
21                   else ENQUEUE(Q, r)              // pode buscar a partir de r mais tarde
22                       F_R = F_R ∪ {r}
23       u = DEQUEUE(Q)                              // busca a partir de u
24       for cada vizinho v de u em G_{M,h}
25           if v ∈ L
26               v.π = u
27               F_L = F_L ∪ {v}                     // descobre v, acrescenta em F
28               ENQUEUE(Q, v)                       // pode buscar a partir de v mais tarde
```

(continua)

```
29        elseif v ∉ F_R                    // v ∈ R, faz o mesmo das linhas 18–22
30            v.π = u
31            if v não está emparelhado
32                um caminho M-aumentador foi encontrado (sai do laço repeat)
33            else ENQUEUE(Q, v)
34                F_R = F_R ∪ {v}
35    until um caminho M-aumentador for encontrado
36    usando os atributos predecessores π, construa um caminho M-aumentador P
      recuando a partir do vértice não emparelhado em R
37    return P
```

Exercícios

25.3-1

O procedimento BUSCA-CAMINHO-AUMENTADOR verifica em dois locais (linhas 19 e 31) se um vértice que ele descobre em R não está emparelhado. Mostre como reescrever o pseudocódigo de modo que ele verifique um vértice não emparelhado em R somente em um local. Qual é a desvantagem de fazer isso?

25.3-2

Mostre que, para qualquer grafo bipartido, o procedimento EMPARELHAMENTO-BIPARTIDO-GULOSO mostrado anteriormente retorna um emparelhamento com pelo menos metade do tamanho de um emparelhamento máximo.

25.3-3

Mostre que, se uma aresta (l, r) pertence ao subgrafo de igualdade dirigido $G_{M,h}$, mas não é membro de $G_{M,h'}$, em que h' é dado pela Equação (25.5), então $l \in L - F_L$ e $r \in F_R$ no momento em que h' é calculado.

25.3-4

Na linha 29 do procedimento BUSCA-CAMINHO-AUMENTADOR, já foi estabelecido que $v \in R$. Essa linha verifica se v já foi descoberto testando se $v \in F_R$. Por que o procedimento não precisa verificar se v já foi descoberto no caso em que $v \in L$, nas linhas 26–28?

25.3-5

O professor Hrabosky garante que o subgrafo de igualdade dirigido $G_{M,h}$ deve ser construído e mantido pelo algoritmo húngaro, de modo que a linha 6 de HÚNGARO e a linha 15 de BUSCA-CAMINHO-AUMENTADOR são necessárias. Demonstre que o professor está incorreto, mostrando como determinar se uma aresta pertence a $E_{M,h}$ sem construir $G_{M,h}$ explicitamente.

25.3-6

Como você pode modificar o algoritmo húngaro para encontrar um emparelhamento de vértices em L com os vértices em R que minimize (em vez de maximizar) a soma dos pesos de aresta no emparelhamento?

25.3-7

Como um problema de atribuição com $|L| \neq |R|$ pode ser modificado de modo que o algoritmo húngaro o resolva?

Problemas

25-1   Emparelhamentos perfeitos em um grafo bipartido regular

a. O Problema 20-3 perguntou sobre os percursos de Euler nos grafos dirigidos. Prove que um grafo conectado e *não dirigido* $G = (V, E)$ possui um percurso de Euler — um ciclo que atravessa cada aresta exatamente uma vez, embora possa visitar um vértice várias vezes — se, e somente se, o grau de cada vértice em V for par.

b. Supondo que G seja conectado e não dirigido, e que cada vértice em V tenha grau par, forneça um algoritmo no tempo $O(E)$ para encontrar um percurso de Euler de G, como no Problema 20-3(b).

c. O Exercício 25.1-6 declara que, se $G = (V, E)$ é um grafo bipartido d-regular, então ele contém d emparelhamentos perfeitos disjuntos. Suponha que d seja uma potência exata de 2. Forneça um algoritmo para encontrar todos os d emparelhamentos perfeitos disjuntos em um grafo bipartido d-regular em tempo $\Theta(E \lg d)$.

25-2   *Redução do tempo de execução do algoritmo húngaro para $O(n^3)$*

Neste problema, você mostrará como reduzir o tempo de execução do algoritmo húngaro de $O(n^4)$ para $O(n^3)$, descrevendo como reduzir o tempo de execução do procedimento BUSCA-CAMINHO-AUMENTADOR de $O(n^3)$ para $O(n^2)$. O Exercício 25.3-5 demonstra que a linha 6 de HÚNGARO e a linha 15 de BUSCA-CAMINHO-AUMENTADOR são desnecessárias. Agora, você mostrará como reduzir o tempo de realizar cada execução da linha 10 em BUSCA-CAMINHO-AUMENTADOR para $O(n)$.

Para cada vértice $r \in R - F_R$, defina um novo atributo $r.\sigma$, em que

$$r.\sigma = \min\{l.h + r.h - w(l, r) : l \in F_L\}.$$

Isto é, $r.\sigma$ indica o quanto r está próximo de ser adjacente a algum vértice $l \in F_L$ no subgrafo de igualdade dirigido $G_{M,h}$. Inicialmente, antes de colocar quaisquer vértices em F_L, defina $r.\sigma$ como ∞ para todo $r \in R$.

a. Mostre como calcular d na linha 10 no tempo $O(n)$, com base no atributo s.

b. Mostre como atualizar todos os atributos s no tempo $O(n)$ depois que d foi calculado.

c. Mostre que a atualização de todos os atributos s quando F_L muda leva o tempo $O(n^2)$ por chamada de BUSCA-CAMINHO-AUMENTADOR.

d. Conclua que o procedimento HÚNGARO pode ser implementado para execução no tempo $O(n^3)$.

25-3   *Outros problemas de emparelhamento*

O algoritmo húngaro encontra um emparelhamento perfeito de peso máximo em um grafo bipartido completo. É possível usar o algoritmo húngaro para resolver problemas em outros grafos modificando o grafo de entrada, executando o algoritmo húngaro e depois, possivelmente, modificando a saída. Mostre como resolver os seguintes problemas de emparelhamento dessa maneira.

a. Forneça um algoritmo para encontrar emparelhamento de peso máximo em um grafo bipartido ponderado que não seja necessariamente completo e com todos os pesos de aresta positivos.

b. Refaça o item (a), mas com pesos de arestas também podendo ser nulos ou negativos.

c. Uma **cobertura de ciclo** em um grafo dirigido, não necessariamente bipartido, é um conjunto de ciclos dirigidos por arestas disjuntas, de modo que cada vértice esteja no máximo em um ciclo. Dados pesos de aresta não negativos $w(u, v)$, faça com que C seja o conjunto de arestas em uma cobertura de ciclo e defina $w(C) = \sum_{(u,v)\in C} w(u, v)$ para ser o peso da cobertura de ciclo. Forneça um algoritmo para encontrar uma cobertura de ciclo com peso máximo.

25-4   *Emparelhamentos fracionários*

É possível definir um **emparelhamento fracionário**. Dado um grafo $G = (V, E)$, definimos um emparelhamento fracionário x como uma função $x : E \to [0,1]$ (números reais entre 0 e 1, inclusive) tal que, para cada vértice $u \in V$, tenhamos $\sum_{(u,v)\in E} x(u, v) \leq 1$. O valor de um emparelhamento fracionário é $\sum_{(u,v)\in E} x(u, v)$. A definição de um emparelhamento fracionário é idêntica à de um emparelhamento, exceto que o emparelhamento tem a restrição adicional de que $x(u, v) \in \{0, 1\}$ para todas as arestas $(u, v) \in E$. Dado um grafo, M^* indica um emparelhamento máximo e x^* indica um emparelhamento fracionário com valor máximo.

a. Demonstre que, para qualquer grafo bipartido, devemos ter $\sum_{(u,v)\in E} x^*(u, v) \geq |M^*|$.

b. Prove que, para qualquer grafo bipartido, devemos ter $\sum_{(u,v)\in E} x^*(e) \leq |M^*|$. (*Sugestão:* forneça um algoritmo que converta um emparelhamento fracionário com valor inteiro em um emparelhamento.) Conclua que o valor máximo de um emparelhamento fracionário em um grafo bipartido é igual ao tamanho do emparelhamento com cardinalidade máxima.

c. Podemos definir um emparelhamento fracionário em um grafo ponderado da mesma maneira: o valor do emparelhamento agora é $\sum_{(u,v)\in E} w(u, v)x(u, v)$. Estenda os resultados dos itens anteriores para mostrar que, em um grafo bipartido ponderado, o valor máximo de um emparelhamento fracionário ponderado é igual ao valor de um emparelhamento ponderado máximo.

d. Em um grafo geral, resultados análogos não são necessariamente válidos. Forneça um exemplo de pequeno grafo que não seja bipartido, para o qual o emparelhamento fracionário com valor máximo não seja um emparelhamento máximo.

25-5   *Cálculo de rótulos de vértice*

Você recebe um grafo bipartido completo $G = (V, E)$ com pesos de aresta $w(l, r)$ para todo $(l, r) \in E$. Também lhe é dado um emparelhamento perfeito com peso máximo M^* para G. Você deseja calcular uma rotulagem viável dos vértices h tal que M^* seja um emparelhamento perfeito no subgrafo de igualdade G_h. Isto é, você deseja calcular uma rotulagem h de vértices tal que

$$l.h + r.h \geq w(l, r) \quad \text{para todo } l \in L \text{ e } r \in R,\tag{25.6}$$

$$l.h + r.h = w(l, r) \quad \text{para todo } (l, r) \in M^*.\tag{25.7}$$

(O requisito (25.6) é válido para todas as arestas, e o requisito mais forte (25.7) é válido para todas as arestas em M^*.) Forneça um algoritmo para calcular a rotulagem viável de vértices h, e prove que ele está correto. (*Sugestão:* use a semelhança entre as condições (25.6) e (25.7) e algumas das propriedades dos caminhos mínimos, provadas no Capítulo 22, particularmente as propriedades da inequação triangular (Lema 22.10) e da convergência (Lema 22.14).)

Notas do capítulo

Os algoritmos de correspondência têm uma longa história e vêm sendo fundamentais para muitos avanços em projeto e análise de algoritmos. O livro de Lovász e Plummer [306] é uma excelente referência sobre problemas de emparelhamento, e o capítulo sobre emparelhamento no livro de Ahuja, Magnanti e Orlin [10] também apresenta muitas referências.

O algoritmo Hopcroft-Karp é de autoria de Hopcroft e Karp [224]. Madry [308] ofereceu um algoritmo no tempo $\widetilde{O}(E^{10/7})$, que é assintoticamente mais rápido que Hopcroft-Karp para grafos esparsos.

O Corolário 25.4 é devido a Berge [53] e também vale em grafos que não sejam bipartidos. A correspondência em grafos gerais requer algoritmos mais complicados. O primeiro algoritmo de tempo polinomial, rodando em tempo $O(V^4)$, é creditado a Edmonds [130] (em um artigo que também apresentou a noção de algoritmo de tempo polinomial). Assim como no caso bipartido, este algoritmo também usa caminhos aumentadores, embora o algoritmo para encontrar caminhos aumentadores em grafos gerais seja mais complicado do que aquele para grafos bipartidos. Posteriormente, surgiram vários algoritmos de tempo $O(\sqrt{V}E)$, incluindo os de Gabow e Tarjan [168] como parte de um algoritmo para emparelhamento ponderado e outro mais simples de Gabow [164].

O algoritmo húngaro é descrito no livro de Bondy e Murty [67] e se baseia no trabalho de Kuhn [273] e Munkres [337]. Kuhn adotou o nome "algoritmo húngaro" porque o algoritmo derivou do trabalho dos matemáticos húngaros D. König e J. Egerváry. O algoritmo é um exemplo inicial de algoritmo primal-dual. Um algoritmo mais rápido que roda em tempo $O(\sqrt{V}E \log(VW))$, em que os pesos das arestas são inteiros de 0 a W, foi apresentado por Gabow e Tarjan [167], e um algoritmo com o mesmo limite de tempo para emparelhamento de peso máximo em grafos gerais foi apresentado por Duan, Pettie e Su [127].

O problema do casamento estável foi definido e analisado pela primeira vez por Gale e Shapley [169]. O problema do casamento estável tem inúmeras variantes. Os livros de Gusfield e Irving [203], Knuth [266] e Manlove [313] servem como excelentes fontes para catalogá-los e resolvê-los.

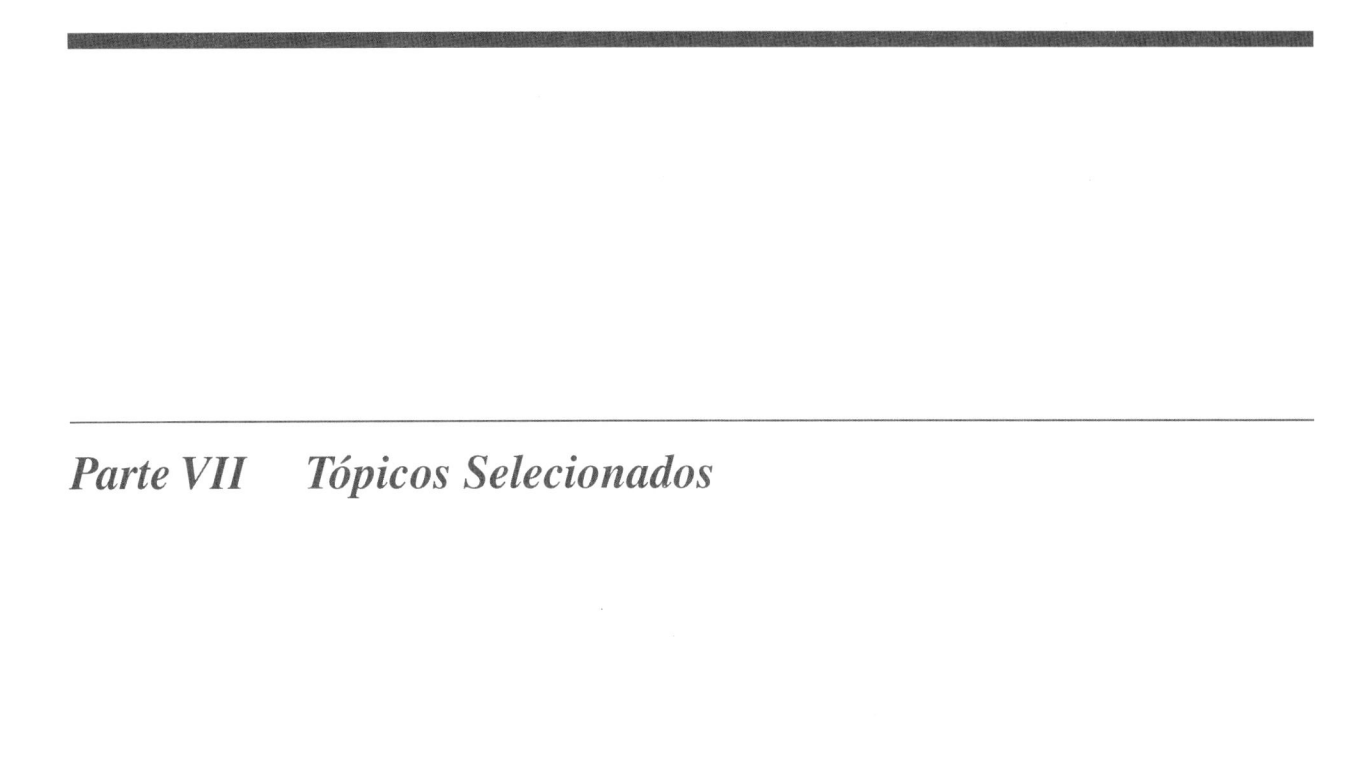

Parte VII *Tópicos Selecionados*

Introdução

Esta parte contém uma seleção de tópicos sobre algoritmos que amplia e complementa o material já apresentado neste livro. Alguns capítulos apresentam novos modelos de computação, como circuitos ou computadores paralelos. Outros abrangem domínios especializados, como matrizes ou teoria dos números. Os dois últimos capítulos discutem algumas das limitações conhecidas para o projeto de algoritmos eficientes e técnicas para enfrentar essas limitações.

O Capítulo 26 apresenta um modelo algorítmico para computação paralela orientada a tarefas e, mais especificamente, paralelismo *fork-join*. O capítulo apresenta os aspectos básicos do modelo e mostra como quantificar o paralelismo em termos de medidas de trabalho e duração. Então, investiga vários algoritmos *fork-join* interessantes, incluindo algoritmos para multiplicação de matrizes e ordenação por intercalação.

Um algoritmo que recebe sua entrada ao longo do tempo, em vez de ter toda a entrada disponível no início, é chamado de algoritmo "*on-line*". O Capítulo 27 examina as técnicas usadas nos algoritmos *on-line*, começando com o problema "básico" de quanto tempo esperar por um elevador antes de subir as escadas. Em seguida, ele estuda a heurística de "mover para a frente" para manter uma lista encadeada e termina com a versão *on-line* do problema de *caching* que vimos na Seção 15.4. As análises desses algoritmos *on-line* são notáveis, pois comprovam que esses algoritmos, que não conhecem suas entradas futuras, funcionam dentro de um fator constante de algoritmos ótimos que conhecem as entradas futuras.

O Capítulo 28 estuda algoritmos eficientes para operações com matrizes. Apresenta dois métodos gerais — decomposição LU e decomposição LUP — para resolver equações lineares pelo método de eliminação de Gauss no tempo $O(n^3)$. Mostra também que inversão de matrizes e multiplicação de matrizes podem ser realizadas com a mesma rapidez. O capítulo termina mostrando como calcular uma solução aproximada de mínimos quadrados quando um conjunto de equações lineares não tem nenhuma solução exata.

O Capítulo 29 estuda como modelar problemas como programas lineares, em que desejamos maximizar ou minimizar um objetivo, dados recursos limitados e restrições concorrentes. A programação linear surge em uma variedade de áreas de aplicação prática. Esse capítulo também abrange o conceito de "dualidade" que, ao estabelecer que um problema de maximização e um problema de minimização têm o mesmo valor objetivo, ajuda a mostrar que as soluções para cada um são ótimas.

O Capítulo 30 estuda operações com polinômios e mostra como usar uma técnica de processamento de sinais muito conhecida — a transformada rápida de Fourier (FFT, do inglês *fast Fourier transform*) — para multiplicar dois polinômios de grau n no tempo $O(n \lg n)$. Ele também deriva um circuito paralelo para o cálculo da FFT.

O Capítulo 31 apresenta algoritmos da teoria dos números. Após revisar a teoria elementar dos números, apresenta o algoritmo de Euclides para calcular o máximo divisor comum. Em seguida, estuda algoritmos para resolver equações lineares modulares e para elevar um número a uma potência módulo de outro número. Então, explora uma importante aplicação de algoritmos de teoria dos números: o criptossistema RSA de chaves públicas. O criptossistema pode ser usado não somente para criptografar mensagens de modo a impedir que um adversário as leia, mas também para fornecer assinaturas digitais. Então, o capítulo apresenta o teste de primalidade aleatorizado de Miller-Rabin, que nos permite encontrar eficientemente grandes números primos — um requisito essencial para o sistema RSA.

O Capítulo 32 estuda o problema de encontrar todas as ocorrências de determinada cadeia-padrão em uma cadeia de texto dada, um problema que surge frequentemente em programas de edição de textos. Após examinar a abordagem ingênua, o capítulo apresenta uma abordagem elegante concebida por Rabin e Karp. Então, depois de mostrar uma solução eficiente baseada em autômatos finitos, o capítulo apresenta o algoritmo de Knuth-Morris-Pratt, que modifica o algoritmo baseado em autômato para poupar espaço mediante o pré-processamento inteligente do padrão. O capítulo termina estudando cadeias de sufixo, que podem não apenas encontrar um padrão em uma sequência de texto, mas também fazer muito mais, como localizar uma subsequência repetida mais longa em um texto e localizar a subsequência comum mais longa que aparece em dois textos.

O Capítulo 33 examina três algoritmos dentro do campo em expansão do aprendizado de máquina. Algoritmos de aprendizado de máquina são projetados para aceitar grandes quantidades de dados, elaborar hipóteses sobre os padrões nos dados e testar essas hipóteses. O capítulo começa com o agrupamento de média k, que agrupa os elementos de dados em k classes com base na semelhança entre eles. Depois, mostra como usar a técnica de pesos multiplicativos para fazer previsões com precisão, baseadas em um conjunto de "especialistas" de qualidade variada. Talvez seja surpresa que, mesmo sem saber quais especialistas são confiáveis e quais não são, é possível prever com quase tanta precisão quanto o mais confiável especialista. O capítulo termina com uma descida de gradiente, uma técnica de otimização que encontra um valor mínimo local para uma função. A descida de gradiente tem muitas aplicações, incluindo a descoberta de valores de parâmetro para muitos modelos de aprendizado de máquina.

O Capítulo 34 aborda problemas NP-completos. Muitos problemas computacionais interessantes são NP-completos, mas não há nenhum algoritmo de tempo polinomial conhecido para resolver qualquer um deles. Esse capítulo apresenta técnicas para determinar quando um problema é NP-completo, usando-as para provar diversos problemas clássicos que são comprovadamente NP-completos: determinar se um grafo tem ciclo hamiltoniano (um ciclo que inclui cada vértice), determinar se uma fórmula booleana pode ser satisfeita (se existe uma atribuição de valores booleanos a suas variáveis que faça com que a fórmula seja avaliada como VERDADE) e determinar se algum conjunto de números tem um subconjunto que equivale a dado valor visado. O capítulo também prova que o famoso problema do caixeiro-viajante (encontrar a rota mais curta que comece e termine no mesmo local e visite uma vez cada um dentre um conjunto de locais) é NP-completo.

O Capítulo 35 mostra como determinar eficientemente soluções aproximadas para problemas NP-completos usando algoritmos de aproximação. Para alguns problemas NP-completos é bastante fácil produzir soluções aproximadas quase ótimas, mas, para outros, até mesmo os melhores algoritmos de aproximação conhecidos funcionam cada vez pior à medida que o tamanho do problema aumenta. Então, há alguns problemas para os quais podemos investir quantidades cada vez maiores de tempo de computação em troca de soluções aproximadas cada vez melhores. Esse capítulo ilustra tais possibilidades com o problema da cobertura de vértices (versões não ponderada e ponderada), uma versão otimizada de satisfatibilidade 3-CNF, o problema do caixeiro-viajante, o problema da cobertura de conjuntos e o problema da soma de subconjuntos.

A grande maioria dos algoritmos neste livro são ***algoritmos seriais*** adequados para execução em um computador com processador único, no qual só uma instrução é executada por vez. Neste capítulo, estendemos nosso modelo algorítmico para abranger ***algoritmos paralelos***, em que múltiplas instruções podem ter execução simultânea. Especificamente, exploraremos o modelo elegante dos algoritmos paralelos orientados a tarefas, que se prestam ao projeto e à análise algorítmicos. Nosso estudo focaliza os algoritmos paralelos *fork-join*, o mais básico e mais bem compreendido tipo de algoritmo paralelo orientado a tarefas. Os algoritmos paralelos *fork-join* podem ser expressos claramente usando extensões linguísticas simples para código serial comum. Além disso, eles podem ter uma implementação eficiente na prática.

Computadores paralelos — computadores com várias unidades de processamento — são cada vez mais comuns. Máquinas portáteis, *notebooks*, *desktops* e em nuvem são todos ***computadores multinúcleo*** (ou simplesmente ***multinúcleos***), contendo vários "núcleos" de processamento, cada um deles um processador completo que pode acessar diretamente qualquer local em uma ***memória compartilhada*** comum. Os computadores multinúcleo podem ser agregados em sistemas maiores, como os grupos (*clusters*), usando uma rede de interconexão. Esses *clusters* multinúcleo normalmente empregam ***memória distribuída***, na qual a memória de cada multinúcleo não pode ser acessada diretamente por um processador em outro multinúcleo. Em vez disso, o processador deve enviar explicitamente uma mensagem pela rede do *cluster* a um processador no multinúcleo remoto, a fim de solicitar qualquer dado que seja necessário. Os *clusters* mais poderosos são supercomputadores, que compreendem muitos milhares de multinúcleos. Porém, como a programação com memória compartilhada costuma ser conceitualmente mais fácil do que a programação com memória distribuída, e as máquinas multinúcleo são muito comuns, este capítulo focaliza os algoritmos paralelos para multinúcleos.

Uma abordagem para a programação de multinúcleos é o ***paralelismo de threads***. Esse modelo de programação paralela centrada no processador emprega uma abstração de *software* dos "processadores virtuais", ou ***threads***, que compartilham uma memória comum. Cada *thread* mantém seu próprio contador de programa e pode executar código independentemente dos outros *threads*. O sistema operacional carrega um *thread* em um núcleo de processamento para execução e o desativa quando outro *thread* precisa ser executado.

Infelizmente, programar um computador paralelo de memória compartilhada usando *threads* é difícil e sujeito a erro. Uma razão é que repartir o trabalho dinamicamente entre os *threads* de modo que cada um receba aproximadamente a mesma carga se revela uma empreitada complicada. Em quaisquer aplicações, exceto as mais simples, o programador deve usar protocolos de comunicação complexos para implementar um escalonador que equilibre a carga de trabalho.

Programação paralela orientada a tarefas

A dificuldade de programação com *threads* levou à criação de ***plataformas de tarefas paralelas***, que oferecem uma camada de *software* acima dos *threads* para coordenar, escalonar e gerenciar os processadores de um multinúcleo. Algumas plataformas de tarefas paralelas são construídas como bibliotecas em tempo real, mas outras oferecem linguagens paralelas plenas com compilador e suporte em tempo real.

A ***programação paralela orientada a tarefas*** permite que o paralelismo seja especificado em um padrão "independente do processador", em que o programador identifica quais tarefas de computação podem ser executadas em paralelo, mas não indica qual *thread* ou processador executa a tarefa. Assim, o programador fica livre de preocupações com protocolos de comunicação, balanceamento de carga e outros eventos imprevisíveis da programação com *threads*. A plataforma de tarefas paralelas contém um escalonador que equilibra a carga de computação automaticamente entre os processadores, o que simplifica muito a tarefa do programador. ***Algoritmos baseados em tarefas paralelas*** oferecem uma extensão natural aos algoritmos seriais comuns, permitindo que a execução seja organizada matematicamente, usando a "análise de trabalho/duração".

Paralelismo *fork-join*

Embora a funcionalidade dos ambientes de tarefas paralelas ainda esteja em desenvolvimento e crescendo, quase todos suportam o ***paralelismo fork-join***, que normalmente está incorporado em dois recursos linguísticos: ***spawning*** (disparo) e ***laços paralelos***. *Spawning* permite que uma sub-rotina seja "*forked*": executada como uma chamada de sub-rotina, exceto por permitir que o chamador prossiga sua execução enquanto a sub-rotina disparada está calculando o seu resultado. Um laço paralelo é como um laço **for** comum, exceto que as múltiplas iterações do laço podem ser executadas ao mesmo tempo.

Os algoritmos paralelos *fork-join* empregam o *spawning* e os laços paralelos para descreverem o paralelismo. Um aspecto fundamental desse modelo paralelo, herdado do modelo paralelo orientado a tarefas, mas diferente do modelo de *threads*, é que o programador não especifica quais tarefas em uma computação *precisam* ser executadas em paralelo, somente quais tarefas *podem* ser executadas em paralelo. O sistema subjacente em tempo real utiliza *threads* para balancear a carga das tarefas entre os processadores. Este capítulo investiga os algoritmos paralelos descritos no modelo *fork-join*, além da forma como o sistema subjacente em tempo real pode escalonar computações baseadas em tarefas paralelas (o que inclui computações *fork-join*) de modo eficiente.

O paralelismo *fork-join* oferece diversas vantagens importantes:

- O modelo de programação *fork-join* é uma simples extensão do nosso conhecido modelo de programação serial usado na maior parte deste livro. Podemos descrever um algoritmo paralelo *fork-join* acrescentando ao nosso pseudocódigo apenas três palavras-chave: **parallel**, **spawn** e **sync**. Além disso, se eliminarmos essas palavras-chave do pseudocódigo paralelo, o texto resultante é pseudocódigo serial para o mesmo problema, o que denominamos "projeção serial" do algoritmo paralelo
- O modelo paralelo orientado a tarefas subjacente proporciona um modo teoricamente claro para quantificar paralelismo com base nas noções de "trabalho" e "duração"
- O *spawning* permite que muitos algoritmos do tipo "divisão e conquista" sejam paralelizados naturalmente. Ademais, exatamente como algoritmos seriais de divisão e conquista se prestam à análise por solução de recorrências, também os algoritmos paralelos se prestam ao modelo *fork-join*
- O modelo de programação *fork-join* é fiel ao modo de evolução da prática da programação multinúcleo. Um número cada vez maior de ambientes multinúcleo suportam uma ou outra variante da programação paralela *fork-join*, entre elas Cilk [290, 291, 383, 396], Habanero-Java [466], Java Fork-Join Framework [279], OpenMP [81], Task Parallel Library [289], Threading Building Blocks [376] e X10 [82].

A Seção 26.1 apresenta o pseudocódigo paralelo, mostra como a execução de uma computação baseada em tarefas paralelas pode ser modelada como um grafo acíclico dirigido (gad) e apresenta as métricas de trabalho, duração e paralelismo, que usaremos para analisar algoritmos paralelos. A Seção 26.2 investiga como multiplicar matrizes em paralelo, e a Seção 26.3 aborda o problema mais árduo de projetar uma ordenação por intercalação paralela.

26.1   Fundamentos do paralelismo *fork-join*

Começaremos nossa exploração da programação paralela usando o exemplo do cálculo recursivo em paralelo dos números de Fibonacci. Veremos um cálculo de Fibonacci serial e direto que, embora ineficaz, serve bem para ilustrar como expressar o paralelismo no pseudocódigo.

Lembre-se de que números de Fibonacci são definidos pela Equação (3.31), no Capítulo 3:

$$F_i = \begin{cases} 0 & \text{se } i = 0, \\ 1 & \text{se } i = 1, \\ F_{i-1} + F_{i-2} & \text{se } i \geq 2. \end{cases}$$

Apresentamos a seguir o procedimento Fib, para calcular o n-ésimo número de Fibonacci usando um algoritmo serial simples e recursivo. Na realidade, não seria interessante calcular grandes números de Fibonacci desse modo, porque esse cálculo realiza muito trabalho repetido e desnecessário, mas paralelizá-lo pode ser instrutivo.

```
Fib(n)
1   if n ≤ 1
2       return n
3   else x = Fib(n − 1)
4        y = Fib(n − 2)
5        return x + y
```

Para analisar esse algoritmo, considere que $T(n)$ indica o tempo de execução de Fib(n). Visto que Fib(n) contém duas chamadas recursivas mais uma quantidade constante de trabalho extra, obtemos a recorrência

$$T(n) = T(n − 1) + T(n − 2) + \Theta(1) \, .$$

Essa recorrência tem solução $T(n) = \Theta(F_n)$, o que podemos mostrar utilizando o método de substituição (ver Seção 4.3). Para mostrarmos que $T(n) = O(F_n)$, adotaremos a hipótese de indução, supondo que $T(n) \leq aF_n − b$, em que $a > 1$ e $b > 0$ são constantes. Substituindo, obtemos

$$\begin{aligned} T(n) &\leq (aF_{n-1} − b) + (aF_{n-2} − b) + \Theta(1) \\ &= a(F_{n-1} + F_{n-2}) − 2b + \Theta(1) \\ &\leq aF_n − b \, , \end{aligned}$$

se escolhermos b grande o suficiente para dominar a constante do limite superior no termo $\Theta(1)$. Então, podemos escolher a grande o suficiente para limitar por cima o caso-base $\Theta(1)$ para um n pequeno. A fim de mostrarmos que $T(n) = \Omega(F_n)$, usamos a hipótese indutiva $T(n) \geq aF_n − b$. Substituindo e seguindo um raciocínio semelhante ao aumento assintótico do limite superior, estabelecemos essa hipótese escolhendo b menor que a constante do limite superior no termo $\Theta(1)$ e a pequeno o suficiente para limitar por baixo o caso-base $\Theta(1)$ em relação a um n pequeno. O Teorema 3.1, no Capítulo 3, estabelece então que $T(n) = \Theta(F_n)$, como desejado. Visto que $F_n = \Theta(\phi^n)$, em que $\phi = (1 + \sqrt{5})/2$ é a razão áurea, pela Equação (3.34) podemos concluir que

$$T(n) = \Theta(\phi^n) \, . \tag{26.1}$$

Assim, esse procedimento é um modo particularmente lento de calcular números de Fibonacci, pois é executado em tempo exponencial. (Ver modos mais rápidos no Problema 31-3.)

Vejamos por que o algoritmo é ineficaz. A Figura 26.1 mostra a árvore de instâncias recursivas do procedimento, criadas quando se calcula F_6 com o procedimento Fib. A chamada a Fib(6) chama recursivamente Fib(5) e depois Fib(4). Porém, a chamada a Fib(5) também resulta em uma chamada a Fib(4). As duas instâncias de Fib(4) retornam o mesmo resultado ($F_4 = 3$). Como o procedimento Fib não memoiza (lembre-se da definição de "memoizar", no Capítulo 14), a segunda chamada a Fib(4) replica o trabalho que a primeira chamada realiza, o que é um desperdício.

Embora seja um modo ruim de calcular números de Fibonacci, o procedimento Fib constitui bom exemplo para ilustrar os principais conceitos do paralelismo. Talvez o conceito mais básico seja compreender que, se duas tarefas paralelas operam sobre dados totalmente diferentes, então — não havendo outra interferência — cada uma delas produz os mesmos resultados tanto quando executadas ao mesmo tempo como quando executadas em série, uma após a outra. Por exemplo, dentro de Fib(n), as duas chamadas recursivas na linha 3 a Fib$(n − 1)$ e na linha 4 a Fib$(n − 2)$ podem ser seguramente executadas em paralelo, pois a computação realizada por uma não afeta de forma alguma a outra.

Palavras-chave de paralelismo

O pseudocódigo P-Fib a seguir calcula os números de Fibonacci, mas usando as *palavras-chave de paralelismo* **spawn** e **sync** para indicar paralelismo no pseudocódigo.

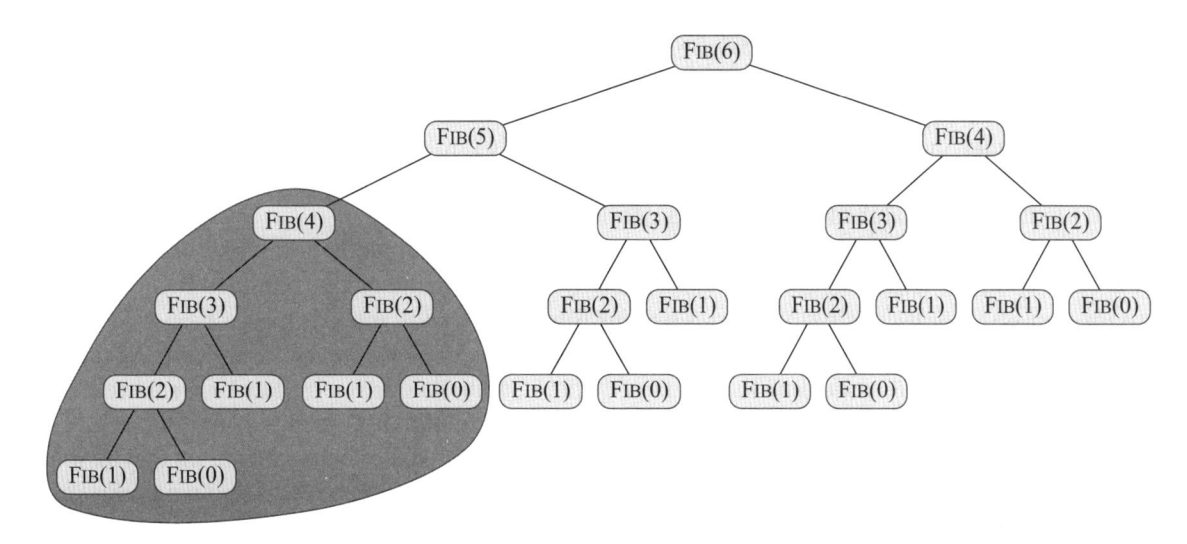

Figura 26.1 Árvore de chamadas para Fib(6). Cada nó na árvore representa uma instância do procedimento cujos filhos são as instâncias do procedimento que ele chama durante sua execução. Visto que cada instância de Fib com o mesmo argumento realiza o mesmo trabalho para produzir o mesmo resultado, a ineficácia desse algoritmo para calcular os números de Fibonacci pode ser vista pela grande quantidade de chamadas repetidas para o cálculo da mesma coisa. A região com fundo sombreado *cinza-escuro*, à esquerda da árvore, aparece na forma de tarefas paralelas na Figura 26.2.

Observe que, se eliminarmos as palavras-chave **spawn** e **sync** de P-Fib, o texto de pseudocódigo resultante será idêntico ao de Fib (exceto o nome do procedimento no cabeçalho e nas duas chamadas recursivas). Definimos a ***projeção serial***[1] de um algoritmo paralelo como o algoritmo serial que resulta da eliminação das diretivas paralelas, que neste caso pode ser feito omitindo-se as palavras-chave **spawn** e **sync.** No caso de laços **for** paralelos, que veremos mais adiante, omitimos a palavra-chave **parallel**. De fato, nosso pseudocódigo paralelo possui a seguinte propriedade atraente: sua projeção serial é sempre pseudocódigo serial comum para resolver o mesmo problema.

```
P-Fib(n)
1   if n ≤ 1
2       return n
3   else x = spawn P-Fib(n – 1)    // não espera a sub-rotina retornar
4       y = P-Fib(n – 2)            // em paralelo com a sub-rotina disparada
5       sync                        // espera a sub-rotina disparada terminar
6       return x + y
```

Semântica das palavras-chave de paralelismo

O *spawning* ocorre quando a palavra-chave **spawn** precede uma chamada de procedimento, como na linha 3 de P-Fib. A semântica de um disparo (*spawn*) é diferente da semântica de uma chamada de procedimento comum, no sentido de que a instância de procedimento que executa o *disparo* — o *pai* — pode continuar a ser executada em paralelo com a sub-rotina disparada — seu *filho* — em vez de esperar pela conclusão do filho, como aconteceria em uma execução serial. Nesse caso, enquanto o filho disparado está calculando P-Fib(n – 1), o pai pode continuar a calcular P-Fib(n – 2) na linha 4, em paralelo com o filho disparado. Visto que o procedimento P-Fib é recursivo, essas mesmas duas chamadas de sub-rotina criam paralelismo *fork-join*, assim como seus filhos, produzindo, assim, uma árvore potencialmente vasta de subcomputações, todas executadas em paralelo.

---

[1]Na matemática, uma projeção é uma função idempotente, ou seja, uma função f tal que $f \circ f = f$. Nesse caso, a função f mapeia o conjunto $\mathcal{P}$ de programas *fork-join* ao conjunto $\mathcal{P}_S \subset \mathcal{P}$ de programas seriais, que por si só são programas *fork-join* sem paralelismo. Para um programa *fork-join* $x \in \mathcal{P}$, visto que temos $f(f(x)) = f(x)$, a projeção serial, conforme a definimos, é na verdade uma projeção matemática.

Contudo, a palavra-chave **spawn** não diz que um procedimento *deve* ser executado paralelamente com seu filho disparado, diz apenas que *pode*. As palavras-chave de paralelismo expressam o ***paralelismo lógico*** da computação, indicando quais partes da computação podem prosseguir em paralelo. Em tempo de execução, cabe a um ***escalonador*** determinar quais subcomputações são de fato executadas paralelamente, designando a elas processadores disponíveis à medida que a computação transcorre. Em breve, neste capítulo, discutiremos a teoria que fundamenta escalonadores de tarefas paralelas.

Um procedimento não pode utilizar com segurança os valores retornados por seus filhos disparados até executar uma declaração **sync**, como na linha 5. A palavra-chave **sync** indica que o procedimento deve esperar o quanto for necessário pela conclusão de todos os seus filhos disparados antes de passar para a declaração depois de **sync** — a "junção", ou "*join*", de uma computação paralela *fork-join*. No procedimento P-Fib, é preciso uma **sync** antes da declaração **return** na linha 6 para evitar a anomalia que ocorreria se x e y fossem somados antes que P-Fib$(n-1)$ tivesse terminado e seu valor de retorno atribuído a x. Além da sincronização explícita proporcionada pela declaração **sync**, é conveniente supor que todo procedimento executa uma **sync** implicitamente antes de retornar, garantindo, assim, que todos os seus filhos terminem antes que o pai possa terminar.

Modelo de grafo para execução paralela

Ajuda imaginar a execução de uma computação paralela — o fluxo dinâmico de instruções em tempo de execução executadas por um processador em nome de um programa paralelo — como um grafo acíclico dirigido $G = (V, E)$, denominado ***traço paralelo***.[2] Conceitualmente, os vértices em V são as instruções executadas, e as arestas em E representam dependências entre instruções, em que $(u, v) \in E$ significa que a instrução u deve ser executada antes da instrução v.

Por vezes é inconveniente, sobretudo se quisermos focar na estrutura paralela de uma computação, que um vértice de um traço represente apenas uma instrução executada. Consequentemente, se uma cadeia de instruções não contém nenhum controle paralelo ou procedural (nenhuma **spawn**, **sync**, chamada de procedimento ou **return** — seja por meio de uma declaração **return** explícita ou por meio de um retorno que ocorre implicitamente ao chegar ao fim de um procedimento), podemos agrupar a cadeia inteira em uma única ***fibra*** (***strand***). Como exemplo, a Figura 26.2 mostra o traço paralelo que resulta do cálculo de P-Fib(4) na parte sombreada

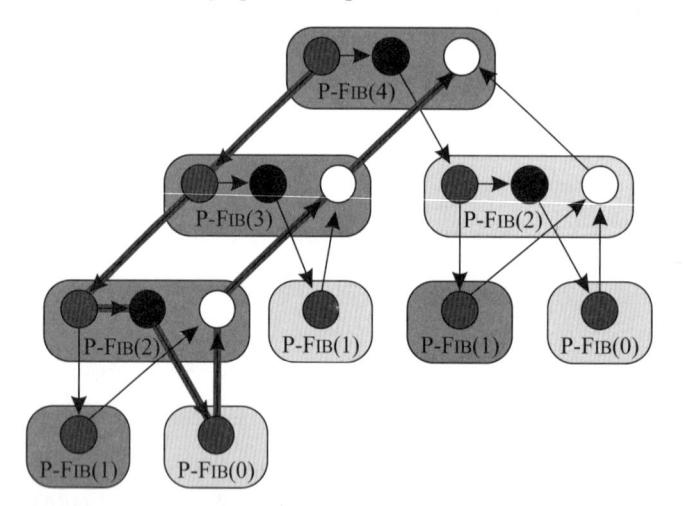

Figura 26.2 Traço de P-Fib(4) correspondente à região sombreada em *cinza-escuro* à esquerda da Figura 26.1. Cada círculo representa uma fibra, com os círculos *cinza-escuro* representando quaisquer instruções executadas na parte do procedimento (instância) até o disparo do P-Fib$(n-1)$ na linha 3; círculos *pretos* representam as instruções executadas na parte do procedimento que chama P-Fib$(n-2)$ na linha 4 até **sync** na linha 5, onde fica suspenso até que P-Fib$(n-1)$ retorne; e círculos *brancos* representam instruções executadas na parte do procedimento depois de **sync**, onde ele soma x e y até o ponto em que retorna o resultado. Cada grupo de fibras que pertencem ao mesmo procedimento é cercado por um retângulo sombreado em *cinza-escuro* para procedimentos disparados e em *cinza-claro* para procedimentos chamados. Considerando que cada fibra demora uma unidade de tempo, o trabalho é igual a 17 unidades de tempo, visto que há 17 fibras, e a duração é de 8 unidades de tempo, já que o caminho crítico — mostrado por arestas *cinza-escuro* — contém 8 fibras.

---

[2]Também chamado ***gad de computação*** na literatura.

cinza-escuro à esquerda da Figura 26.1. As fibras não incluem instruções que envolvem controle paralelo ou procedural. Essas dependências de controle precisam ser representadas como arestas no traço.

Quando um procedimento pai chama um filho, o traço contém uma aresta (u, v) a partir da fibra u no pai, que executa a chamada para a primeira fibra v do filho disparado, conforme ilustrado na Figura 26.2 pela aresta da fibra *preta* em P-Fib(4) até a fibra *cinza-escuro* em P-Fib(2). Quando a última fibra v' no filho retornar, o traço terá uma aresta (v', u') até a fibra u', em que u' é a fibra sucessora de u no pai, como ocorre com a aresta da fibra *branca* em P-Fib(2) até a fibra *branca* em P-Fib(4).

No entanto, quando o pai dispara um filho, o traço é um pouco diferente. A aresta (u, v) vai do pai para o filho como em uma chamada, como a aresta da fibra *cinza-escuro* em P-Fib(4) até a fibra *cinza-escuro* em P-Fib(3), mas o traço contém outra borda (u, u') também, indicando que a fibra sucessora de u, u', pode continuar a ser executada enquanto v está em execução. A aresta da fibra *cinza-escuro* em P-Fib(4) até a fibra *preta* em P-Fib(4) ilustra uma dessas arestas. Assim como em uma chamada, há uma aresta a partir da última fibra v' no filho, mas com um disparo, ela não vai mais para o sucessor de u. Em vez disso, a aresta é (v', x), em que x é a fibra imediatamente após a **sync** no pai que garante que o filho tenha terminado, como a aresta *branca* em P-Fib(3) até a aresta *branca* em P-Fib(4).

Você pode descobrir qual controle paralelo criou determinado traço. Se uma fibra tem dois sucessores, um deles deve ter sido disparado, e uma fibra com vários predecessores indica que os predecessores se uniram por causa de uma declaração **sync.** Assim, no caso geral, o conjunto V forma o conjunto de fibras, e o conjunto E de arestas dirigidas representa dependências entre fibras induzidas por controle paralelo e procedural. Se G contém um caminho dirigido da fibra u até a fibra v, dizemos que as duas fibras estarão (*logicamente*) *em série*. Se não houver um caminho em G de u para v ou de v para u, as fibras u e v estarão (*logicamente*) *em paralelo*.

Podemos representar uma computação paralela *fork-join* como um gad de fibras embutido em uma *árvore de chamada* de instâncias de procedimentos. Por exemplo, a Figura 26.1 mostra a árvore de instâncias de procedimento para P-Fib(6), com as arestas entre instâncias de procedimento agora representando chamadas ou disparos. A Figura 26.2 mostra o detalhe de uma seção sombreada *cinza-escuro* à esquerda daquela árvore, onde podemos ver as fibras que constituem cada instância de procedimento em P-Fib(4). Todas as arestas dirigidas que conectam fibras são executadas ou dentro de um procedimento ou ao longo de arestas não dirigidas na árvore de chamada da Figura 26.1. (Traços de tarefas paralelas mais genéricos, que não são traços *fork-join*, podem conter algumas arestas dirigidas que não são executadas ao longo de arestas não dirigidas da árvore.)

Nossa análise geralmente considera que os algoritmos paralelos são executados em um *computador paralelo ideal*, que consiste em um conjunto de processadores e uma memória compartilhada *sequencialmente consistente*. Para entender a consistência sequencial, primeiro é preciso saber que a memória é acessada por *instruções load*, que copiam dados de um local na memória para um registrador dentro de um processador, e por *instruções store*, que copiam dados de um registrador do processador para um local na memória. Uma única linha de pseudocódigo pode compreender várias dessas instruções. Por exemplo, a linha $x = y + z$ poderia resultar em instruções *load* para buscar cada um dos valores de y e z da memória para um processador, uma instrução para somá-los dentro do processador e uma instrução *store* para colocar o resultado x de volta na memória. Em um computador paralelo, diversos processadores poderiam ter que realizar *load* ou *store* simultaneamente. A consistência sequencial significa que, mesmo que vários processadores tentem acessar a memória simultaneamente, a memória compartilhada comporta-se como se exatamente uma instrução de um dos processadores fosse executada por vez, embora a transferência real de dados possa acontecer ao mesmo tempo. É como se as instruções fossem executadas uma por vez, sequencialmente, de acordo com alguma ordem linear global entre todos os processadores, que preserva as ordens individuais em que cada processador executa suas próprias instruções.

Em relação a computações paralelas orientadas a tarefas, que são escalonadas para processadores automaticamente pelo sistema em tempo de execução, a memória compartilhada sequencialmente consistente comporta-se como se as instruções da computação paralela fossem executadas uma por vez em uma ordenação topológica (ver Seção 20.4) de seu traço. Isto é, você pode pensar na execução imaginando que as instruções individuais (geralmente, não as fibras, que podem agregar muitas instruções) são intercaladas em alguma ordem linear que preserva a ordem parcial do traço. Dependendo do escalonamento, a ordenação linear pode ser diferente de uma execução do programa para outra, mas o comportamento de qualquer execução é sempre como se as instruções fossem executadas em série, em ordem linear coerente com as dependências dentro do traço.

Além de fazer suposições sobre a semântica, o modelo ideal de computador paralelo faz algumas suposições quanto ao desempenho. Especificamente, ele supõe que cada processador na máquina tem a mesma capacidade de computação e ignora o custo do escalonamento. Embora essa última suposição possa parecer otimista, acontece que, para algoritmos com "paralelismo" suficiente (um termo que definiremos exatamente em breve), a sobrecarga de escalonamento, na prática, geralmente é mínima.

Medidas de desempenho

Podemos aferir a eficiência teórica de um algoritmo paralelo orientado a tarefas usando a ***análise de trabalho/duração***, baseada em duas medidas: "trabalho" e "duração". O ***trabalho*** de uma computação baseada em tarefas paralelas é o tempo total para executar a computação inteira em um processador. Em outras palavras, o trabalho é a soma dos tempos gastos por cada uma das fibras. Se cada fibra demora um tempo unitário, o trabalho é apenas o número de vértices no traço. A ***duração*** é o tempo mais longo para executar a computação em um número ilimitado de processadores, que corresponde à soma dos tempos gastos pelas fibras no decorrer do caminho mais longo no traço, em que "mais longo" significa que cada fibra é ponderada por seu tempo de execução. Esse caminho mais longo é denominado ***caminho crítico*** do traço, e, assim, a duração é o peso do caminho mais longo (ponderado) no traço. (Lembre-se de que a Seção 22.2, no Capítulo 22, mostrou que podemos encontrar um caminho crítico em um gad $G = (V, E)$ no tempo $\Theta(V + E)$.) Para um traço em que cada fibra leva o tempo unitário, a duração é igual ao número de fibras no caminho crítico. Por exemplo, o traço da Figura 26.2 tem 17 vértices ao todo e 8 vértices em seu caminho crítico, de modo que, se cada fibra demorar o tempo unitário, seu trabalho será de 17 unidades de tempo e sua duração, de 8 unidades de tempo.

O tempo de execução propriamente dito de uma computação paralela orientada a tarefas depende não somente de seu trabalho e de sua duração, mas também de quantos processadores estão disponíveis e de como o escalonador aloca fibras a processadores. Para indicarmos o tempo de execução de uma computação paralela orientada a tarefas em P processadores, usaremos o subscrito P. Por exemplo, poderíamos indicar o tempo de execução de um algoritmo em P processadores por T_P. O trabalho é o tempo de execução em um único processador, ou T_1. A duração é o tempo de execução se pudéssemos executar cada fibra em seu próprio processador — em outras palavras, se tivéssemos um número ilimitado de processadores — e, portanto, indicamos a duração por T_∞.

O trabalho e a duração dão limites inferiores para o tempo de execução T_P de uma computação paralela orientada a tarefas em P processadores:

- Em uma etapa, um computador paralelo ideal com P processadores pode realizar no máximo P unidades de trabalho, e assim, no tempo T_P, ele pode realizar no máximo o trabalho PT_P. Visto que o trabalho total a realizar é T_1, temos $PT_P \geq T_1$. Dividindo por P, obtemos a ***lei do trabalho***:

$$T_P \geq T_1/P \ . \tag{26.2}$$

- Um computador paralelo ideal com P processadores não pode executar mais rapidamente do que uma máquina com número ilimitado de processadores. Visto por outro ângulo, uma máquina com número ilimitado de processadores pode emular uma máquina com P processadores utilizando apenas P de seus processadores. Assim, decorre a ***lei da duração***:

$$T_P \geq T_\infty \ . \tag{26.3}$$

Definimos o ***fator de aceleração*** de uma computação em P processadores pela razão T_1/T_P, que informa quantas vezes uma computação com P processadores é mais rápida que com 1 processador. Pela lei do trabalho, temos $T_P \geq T_1/P$, o que implica que $T_1/T_P \leq P$. Assim, o fator de aceleração em um computador paralelo ideal com P processadores pode ser no máximo P. Quando o fator de aceleração é linear com relação ao número de processadores, isto é, quando $T_1/T_P = \Theta(P)$, a computação exibe ***fator de aceleração linear***, e quando $T_1/T_P = P$, temos ***fator de aceleração linear perfeito***.

A razão T_1/T_∞ entre o trabalho e a duração indica o ***paralelismo*** da computação paralela. Podemos enxergar o paralelismo de três pontos de vista. Como uma razão, o paralelismo indica a quantidade média de trabalho que pode ser realizada em paralelo para cada etapa ao longo do caminho crítico. Como um limite superior, o paralelismo indica o máximo fator de aceleração possível que pode ser conseguido com qualquer número de processadores. Talvez mais importante, o paralelismo indica um limite para a possibilidade de se conseguir fator de aceleração linear perfeito. Especificamente, tão logo o número de processadores exceda o paralelismo, não há nenhuma possibilidade de se conseguir fator de aceleração linear perfeito na computação. Para ver esse último ponto, suponha que $P > T_1/T_\infty$, caso em que a lei da duração implica que o fator de aceleração satisfaz $T_1/T_P \leq T_1/T_\infty < P$. Além disso, se o número P de processadores no computador paralelo ideal for muito maior do que o paralelismo — isto é, se $P \gg T_1/T_\infty$ —, então, $T_1 / T_P \ll P$, de modo que o fator de aceleração é muito menor que o número de processadores. Em outras palavras, quanto mais processadores usarmos além do paralelismo, menos perfeito o fator de aceleração.

Como exemplo, examine a computação P-Fib(4) na Figura 26.2, e suponha que cada fibra demora o tempo unitário. Visto que o trabalho é $T_1 = 17$ e a duração é $T_\infty = 8$, o paralelismo é $T_1/T_\infty = 17/8 = 2,125$. Consequentemente, é impossível obter muito mais que o dobro do fator de aceleração, não importando quantos processadores empregamos para executar a computação. Contudo, para tamanhos maiores de entrada, veremos que P-Fib(n) exibe um paralelismo substancial.

Definimos a *folga* (*paralela*) de uma computação baseada em tarefas paralelas executada em um computador paralelo ideal com P processadores como a razão $(T_1/T_\infty)/P = T_1/(PT_\infty)$, que é o fator que representa quantas vezes o paralelismo da computação excede o número de processadores na máquina. Assim, se a folga é menor que 1, não podemos esperar conseguir um fator de aceleração linear perfeito, porque $T_1/(PT_\infty) < 1$ e a lei da duração implica que $T_1/T_P \leq T_1/T_\infty < P$. Realmente, à medida que a folga diminui de 1 até 0, o fator de aceleração da computação diverge cada vez mais do fator de aceleração linear perfeito. Se a folga é menor que 1, um paralelismo adicional em um algoritmo pode ter forte impacto sobre a eficiência de sua execução. Todavia, se a folga é maior que 1, o trabalho por processador é a restrição limitativa. Como veremos, conforme a folga aumenta com relação a 1, um bom escalonador pode chegar cada vez mais perto de um fator de aceleração linear perfeito. Mas quando a folga é muito maior que 1, a vantagem do paralelismo adicional mostra retornos decrescentes.

Escalonamento

Bom desempenho depende de mais coisas do que apenas minimizar trabalho e duração. As fibras também têm de ser escalonadas eficientemente nos processadores da máquina paralela. Nosso modelo de programação paralelo *fork-join* não oferece nenhum modo para especificar quais fibras executar em quais processadores. Em vez disso, confiamos no escalonador do sistema em tempo de execução para mapear a computação que está se desenvolvendo dinamicamente para processadores individuais. Na prática, o escalonador mapeia as fibras para *threads* estáticos e o sistema operacional escalona os *threads* nos próprios processadores, mas esse nível extra de indireção é desnecessário para entendermos o escalonamento. Basta imaginar que o escalonador mapeia fibras para processadores diretamente.

Um escalonador de tarefas paralelas deve escalonar a computação sem saber de antemão quando as fibras serão disparadas ou quando serão concluídas — ele tem de funcionar *on-line*. Além disso, um bom escalonador funciona de modo distribuído, no qual os *threads* que implementam o escalonador cooperam no equilíbrio de cargas da computação. Existem escalonadores distribuídos *on-line* comprovadamente bons, mas analisá-los é complicado. Em vez disso, para manter a simplicidade de nossa análise, investigaremos um escalonador *centralizado on-line*, que sabe qual é o estado global da computação a qualquer momento.

Em particular, analisaremos *escalonadores gulosos*, que designam o maior número possível de fibras a processadores em cada etapa de tempo, nunca deixando um processador ocioso se houver trabalho a ser feito. Vamos classificar cada etapa de um escalonador guloso da seguinte forma:

- *Etapa completa*: pelo menos P fibras estão *prontas* para execução, o que significa que todas as fibras das quais elas dependem terminaram a execução. Um escalonador guloso designa qualquer P das fibras prontas a processadores, utilizando completamente todos os recursos do processador.

- *Etapa incompleta*: menos de P fibras estão prontas para execução. Um algoritmo guloso designa cada fibra pronta a seu próprio processador, deixando alguns processadores ociosos para a etapa, mas executando todas as fibras prontas.

Pela lei do trabalho, o melhor tempo de execução T_P que podemos esperar para P processadores deverá ser pelo menos T_1/P. Pela lei da duração, o melhor que podemos esperar é pelo menos T_∞. O teorema a seguir mostra que o escalonamento guloso é provadamente bom no sentido de que faz da soma desses dois limites inferiores um limite superior.

Teorema 26.1

Em um computador paralelo ideal com P processadores, um escalonador guloso executa computação paralela orientada a tarefas com trabalho T_1 e duração T_∞ no tempo

$$T_P \leq T_1/P + T_\infty .$$
(26.4)

Prova Sem perder a generalidade, suponha que cada fibra demore um tempo unitário. (Se for preciso, substitua cada fibra mais demorada por uma cadeia de fibras com tempo unitário.) Vamos considerar as etapas completa e incompleta separadamente.

Em cada etapa completa, os P processadores juntos executam um total de trabalho P. Assim, se o número de etapas completas é k, o trabalho total executando todas as etapas completas é kP. Visto que o escalonador guloso não executa qualquer fibra mais de uma vez e somente T_1 trabalhos precisam ser realizados, sabemos que $kP \leq T_1$, o que nos permite concluir que o número de k etapas completas é no máximo T_1/P.

Agora, considere uma etapa incompleta. Seja G o traço que representa a computação inteira, seja G' o subtraço de G que ainda tem de ser executado no início da etapa incompleta, e seja G'' o subtraço que resta para ser executado depois da etapa incompleta. Considere um conjunto R de fibras que estão prontas no início da etapa incompleta, em que $|R| < P$. Por definição, se uma fibra está pronta, todas as suas predecessoras no traço G já foram executadas. Assim, as predecessoras das fibras em R não pertencem a G'. Um caminho mais longo em G' deve necessariamente começar em uma fibra em R, pois cada outra fibra em G' tem uma predecessora e, portanto, não poderia iniciar um caminho mais longo. Visto que o escalonador guloso executa todas as fibras prontas durante a etapa incompleta, as fibras de G'' são exatamente aquelas em G' menos as fibras em R. Consequentemente, o comprimento de um caminho mais longo em G'' deve ter uma unidade a menos que o comprimento do caminho de comprimento máximo em G'. Em outras palavras, uma etapa incompleta diminui de 1 a duração do traço não executado. Por consequência, o número de etapas incompletas é no máximo T_∞.

Considerando que cada etapa ou é completa ou é incompleta, o teorema é válido.   ∎

O seguinte corolário mostra que um escalonador guloso sempre funciona bem.

Corolário 26.2

O tempo de execução T_P de qualquer computação paralela orientada a tarefas escalonada por um escalonador guloso em um computador paralelo ideal com P processadores está dentro de um fator de 2 com relação ao ótimo.

Prova Seja o tempo de execução produzido por um escalonador ótimo em uma máquina com P processadores, e sejam T_1 e T_∞ o trabalho e a duração da computação, respectivamente. Visto que as leis do trabalho e da duração — inequações (26.2) e (26.3) — nos dão $T_P^* \geq \max\{T_1/P, T_\infty\}$, o Teorema 26.1 implica que

$$\begin{aligned}
T_P &\leq T_1/P + T_\infty \\
&\leq 2 \cdot \max\{T_1/P, T_\infty\} \\
&\leq 2T_P^* .
\end{aligned}$$
∎

O próximo corolário mostra que, de fato, um escalonador guloso consegue um fator de aceleração linear quase perfeito em qualquer computação baseada em tarefas paralelas à medida que a folga aumenta.

Corolário 26.3

Seja T_P o tempo de execução de uma computação paralela orientada a tarefas produzida por um escalonador guloso em um computador paralelo ideal com P processadores, e sejam T_1 e T_∞ o trabalho e a duração da computação, respectivamente. Então, se $P \ll T_1/T_\infty$, ou, de modo equivalente, a folga paralela é muito maior que 1, temos $T_P \approx T_1/P$, um fator de aceleração de aproximadamente P.

Prova Se supusermos que $P \ll T_1/T_\infty$, então temos também $T_\infty \ll T_1/P$ e, por consequência, o Teorema 26.1 nos dá $T_P \leq T_1/P + T_\infty \approx T_1/P$. Visto que a lei do trabalho (26.2) impõe que $T_P \geq T_1/P$, concluímos que $T_P \approx T_1/P$, ou, de forma equivalente, um fator de aceleração é $T_1/T_P \approx P$.   ■

O símbolo $\ll$ indica "muito menor," mas quanto é "muito menor"? Como regra prática, uma folga de no mínimo 10 — isto é, 10 vezes mais paralelismo que processadores — geralmente é suficiente para conseguir um bom fator de aceleração. Então, o termo de duração no limite guloso, a inequação (26.4), é menor que 10% do tempo de trabalho por processador, valor suficientemente bom para a maioria das situações encontradas na engenharia. Por exemplo, se uma computação for executada em somente 10 ou 100 processadores, não tem sentido preferir paralelismo de, digamos, 1.000.000 em comparação com o paralelismo de 10.000, mesmo com o fator de 100 para a diferença. Como mostra o Problema 26-2, reduzindo o paralelismo extremo, eventualmente podemos obter algoritmos melhores com relação a outros tópicos e que aproveitam bem um número razoável de processadores.

Análise de algoritmos paralelos

Agora, temos todas as ferramentas que precisamos para analisarmos algoritmos paralelos usando a análise de trabalho/duração, permitindo-nos limitar o tempo de execução de um algoritmo em qualquer número de processadores. Analisar o trabalho é relativamente direto, visto que nada mais é do que analisar o tempo de execução de um algoritmo serial comum — isto é, a projeção serial do algoritmo paralelo — com o que você já deve estar familiarizado, considerando que a quase totalidade deste livro trata disso! Analisar a duração é algo novo que o paralelismo produz, porém, em geral, não é mais difícil, desde que você pegue o jeito da coisa. Investigaremos as ideias básicas utilizando o programa P-Fib.

Analisar o trabalho $T_1(n)$ de P-Fib(n) não apresenta obstáculos, porque já o fizemos. A projeção serial de P-Fib é efetivamente o procedimento Fib original e, por consequência, $T_1(n) = T(n) = \Theta(\phi^n)$ pela Equação (26.1).

A Figura 26.3 ilustra como analisar a duração. Se dois traços estão ligados em série, suas durações se somam para formar a duração de sua composição, ao passo que, se estiverem ligados em paralelo, a duração de sua composição será a maior das durações dos dois traços. Acontece que o traço de qualquer computação paralela *fork-join* pode ser montado a partir de fibras isoladas por meio da composição série-paralelo.

Conhecendo a composição série-paralelo, podemos analisar a duração de P-Fib(n). A chamada disparada a P-Fib($n-1$) na linha 3 é executada em paralelo com a chamada a P-Fib($(n-2)$) na linha 4. Por consequência, podemos expressar a duração de P-Fib(n) como a recorrência

$$T_\infty(n) = \max\{T_\infty(n-1), T_\infty(n-2)\} + \Theta(1)$$
$$= T_\infty(n-1) + \Theta(1)\,,$$

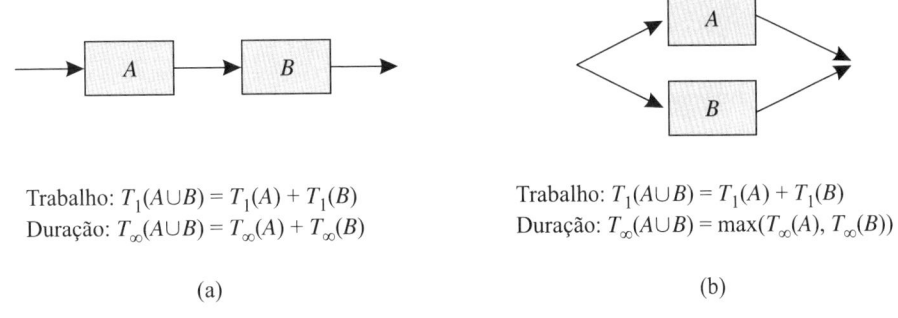

Trabalho: $T_1(A \cup B) = T_1(A) + T_1(B)$
Duração: $T_\infty(A \cup B) = T_\infty(A) + T_\infty(B)$

Trabalho: $T_1(A \cup B) = T_1(A) + T_1(B)$
Duração: $T_\infty(A \cup B) = \max(T_\infty(A), T_\infty(B))$

(a)   (b)

Figura 26.3 Composição série-paralelo de traços paralelos. (**a**) Quando dois traços são ligados em série, o trabalho da composição é a soma de seus trabalhos, e a duração da composição pela soma de suas durações. (**b**) Quando dois traços são ligados em paralelo, o trabalho de composição continua sendo a soma de seus trabalhos, mas a duração da composição é somente a maior de suas durações.

cuja solução é $T_\infty(n) = \Theta(n)$. (A segunda igualdade é decorrente da primeira porque P-Fib$(n-1)$ usa P-Fib $(n-2)$ em sua computação, de modo que a duração de P-Fib$(n-1)$ deverá ter pelo menos a mesma duração de P-Fib$(n-2)$.)

O paralelismo de P-Fib(n) é $T_1(n)/T_\infty(n) = \Theta(\phi^n/n)$, que cresce drasticamente à medida que n aumenta. Assim, mesmo nos maiores computadores paralelos, o Corolário 26.3 nos diz que um valor modesto para n é suficiente para alcançar um fator de aceleração linear quase perfeito para P-Fib(n), porque esse procedimento exibe folgas paralelas consideráveis.

Laços paralelos

Muitos algoritmos contêm laços nos quais todas as iterações podem funcionar em paralelo. Como veremos, podemos paralelizar tais laços utilizando as palavras-chave **spawn** e **sync**, porém é muito mais conveniente especificar diretamente que as iterações de tais laços podem ser executadas em paralelo. Nosso pseudocódigo proporciona essa funcionalidade por meio da palavra-chave **parallel**, que precede a palavra-chave **for** em uma declaração de laço **for**.

Como exemplo, considere o problema de multiplicar uma matriz quadrada $n \times n$ $A = (a_{ij})$ por um n-vetor $x = (x_j)$. O n-vetor resultante $y = (y_i)$ é dado pela equação

$$y_i = \sum_{j=1}^{n} a_{ij}x_j ,$$

para $i = 1, 2, \ldots, n$. O procedimento P-Mat-Vet efetua a multiplicação matriz-vetor (na verdade, $y = y + Ax$) calculando todas as entradas de y em paralelo. As palavras-chave **parallel for** na linha 1 de P-Mat-Vet indicam que as n iterações do corpo do laço, que inclui um laço **for** serial, podem ser executadas em paralelo. A inicialização $y = 0$, se desejado, deverá ser realizada antes da chamada do procedimento (e pode ser feita com um laço **parallel for**).

```
P-Mat-Vet(A, x, y, n)
1    parallel for i = 1 to n          // laço paralelo
2        for j = 1 to n              // laço serial
3            y_i = y_i + a_{ij}x_j
```

Compiladores para programas paralelos *fork-join* podem implementar laços **parallel for** em termos de **spawn** e **sync** usando o disparo recursivo. Por exemplo, para o laço **parallel for** nas linhas 1–3, um compilador pode produzir a sub-rotina auxiliar P-Mat-Vet-Recursivo e chamar P-Mat-Vet-Recursivo$(A, x, y, n, 1, n)$ no lugar onde estaria o laço no código compilado. Como ilustra a Figura 26.4, esse procedimento dispara recursivamente a primeira metade das iterações do laço para ser executada em paralelo (linha 5) com a segunda metade das iterações (linha 6) e depois executa uma **sync** (linha 7), criando, assim, uma árvore binária de execução paralela. Cada folha representa um caso-base, que é o laço **for** serial das linhas 2–3.

```
P-Mat-Vet-Recursivo(A, x, y, n, i, i')
1    if i == i'                          // apenas uma iteração a fazer?
2        for j = 1 to n                  // imita laço serial de P-Mat-Vet
3            y_i = y_i + a_{ij}x_j
4    else meio = ⌊(i + i')/2⌋            // divisão e conquista paralelas
5        spawn P-Mat-Vet-Recursivo(A, x, y, n, i, meio)
6        P-Mat-Vet-Recursivo(A, x, y, n, meio + 1, i')
7        sync
```

Para calcularmos o trabalho $T_1(n)$ de P-Mat-Vet em uma matriz $n \times n$, simplesmente calculamos o tempo de execução de sua projeção serial, o que obtemos substituindo os laços **parallel for** na linha 1 por laços **for** comuns. O tempo de execução do pseudocódigo serial resultante é $\Theta(n^2)$, que significa que $T_1(n) = \Theta(n^2)$. Contudo, essa análise parece ignorar a sobrecarga para disparo recursivo na implementação dos laços paralelos.

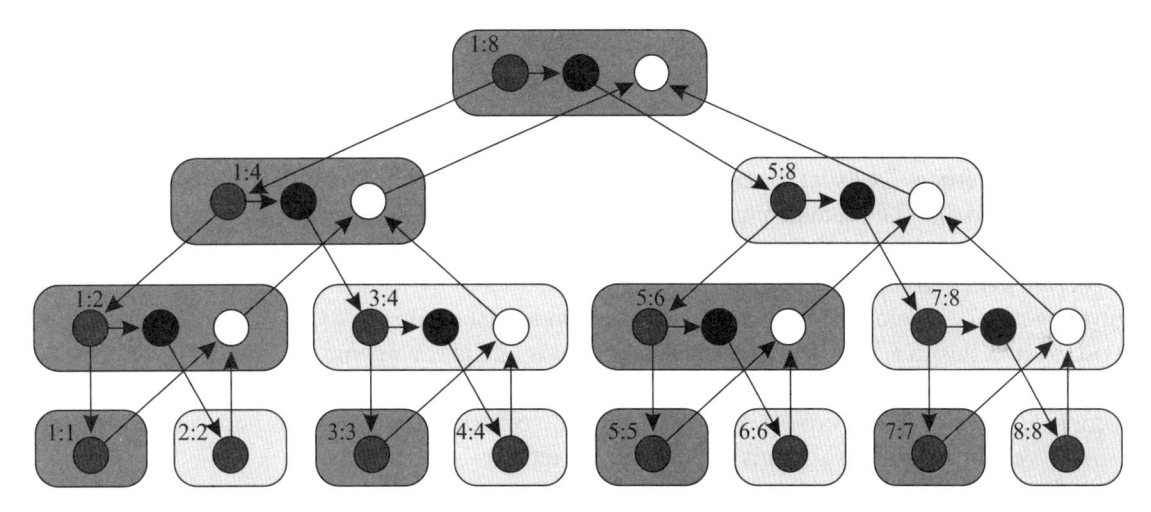

Figura 26.4 Traço que representa a computação de P-Mat-Vet-Recursivo(A, x, y, 8, 1, 8). Os dois números dentro de cada retângulo indicam os valores dos dois últimos parâmetros (i e i' no cabeçalho do procedimento) na invocação (disparo, em *cinza-escuro*, ou chamada, em *cinza-claro*) do procedimento. Os círculos *cinza-escuro* representam fibras que correspondem à parte do procedimento até o disparo de P-Mat-Vet-Recursivo na linha 5. Os círculos *pretos* representam fibras que correspondem à parte do procedimento que chama P-Mat-Vet-Recursivo na linha 6 até a **sync** na linha 7, onde é suspenso até que a sub-rotina disparada na linha 5 retorne. Os círculos *brancos* representam fibras que correspondem à parte (desprezível) do procedimento após a **sync** até o ponto no qual ela retorna.

Na verdade, a sobrecarga do disparo recursivo aumenta o trabalho de um laço paralelo em comparação com o trabalho de sua projeção serial, mas não assintoticamente. Para ver por quê, observe que, como a árvore de instâncias de procedimento recursivo é uma árvore binária cheia, o número de nós internos é uma unidade menor que o número de folhas (ver Exercício B.5-3, no Apêndice B). Cada nó interno realiza trabalho constante para dividir a faixa de iteração, e cada folha corresponde a um caso-base, que demora no mínimo o tempo constante ($\Theta(n)$, nesse caso). Assim, podemos amortizar a sobrecarga de disparo recursivo com relação ao trabalho das iterações, contribuindo no máximo com um fator constante para o trabalho global.

Para reduzirem a sobrecarga do disparo recursivo, as plataformas de tarefas paralelas por vezes ***adensam*** as folhas da recursão executando várias iterações em uma única folha, seja automaticamente, seja sob controle do programador. Todavia, essa sobrecarga reduzida é conseguida à custa de reduzir também o paralelismo. Porém, se a computação tem folga paralela suficiente, o fator de aceleração linear quase perfeito não precisa ser sacrificado.

Embora o disparo recursivo não afete o trabalho de um laço paralelo assintoticamente, devemos levar isso em consideração na análise da duração. Considere um laço paralelo com n iterações, no qual a i-ésima iteração tem duração $iter_\infty(i)$. Visto que a profundidade da chamada recursiva é logarítmica com relação ao número de iterações, a duração do laço paralelo é

$$T_\infty(n) = \Theta(\lg n) + \max\{iter_\infty(i) : 1 \le i \le n\} \; .$$

Por exemplo, vamos calcular a duração dos laços encaixados nas linhas 1–3 de P-Mat-Vet. A duração para o controle do laço **parallel for** é $\Theta(\lg n)$. Para cada iteração do laço paralelo externo, o laço **for** serial interno contém n iterações da linha 3. Como cada iteração demora um tempo constante, a duração total para o laço **for** serial interno é $\Theta(n)$, não importa em qual iteração do laço **parallel for** externo ele esteja. Assim, tomando o máximo de todas as iterações do laço externo e somando $\Theta(\lg n)$ para o controle de laço, produzimos uma duração global de $T_\infty n = \Theta(n) + \Theta(\lg n) = \Theta(n)$ para o procedimento. Visto que o trabalho é $\Theta(n^2)$, o paralelismo é $\Theta(n^2)/\Theta(n) = \Theta(n)$. (O Exercício 26.1-7 pede que você forneça uma implementação que tenha paralelismo ainda maior.)

Condições de corrida

Um algoritmo paralelo é ***determinístico*** se sempre faz a mesma coisa na mesma entrada, não importando como as instruções são escalonadas no computador multinúcleo. É ***não determinístico*** se seu comportamento pode variar de uma execução para outra. No entanto, um algoritmo paralelo que deveria ser determinístico pode agir de forma não determinística, se ele contém um *bug* difícil de diagnosticar chamado "corrida pela determinação".

Entre os *bugs* famosos de corrida, citamos o aparelho de radioterapia Therac-25, que matou três pessoas e feriu várias outras, e o blecaute que ocorreu nos Estados Unidos em 2003, deixando mais de 50 milhões de pessoas sem energia elétrica. Esses *bugs* perniciosos são notoriamente difíceis de descobrir. Você pode executar testes em laboratório dias a fio sem nenhuma falha, só para descobrir que seu *software* quebra esporadicamente em campo, por vezes com consequências terríveis.

Uma ***corrida pela determinação*** ocorre quando duas instruções logicamente paralelas acessam a mesma localização de memória, e pelo menos uma das instruções modifica o valor no local. O procedimento de exemplo EXEMPLO-CORRIDA ilustra a corrida pela determinação. Após inicializar x como 0 na linha 1, EXEMPLO-CORRIDA cria duas fibras paralelas, e cada uma incrementa x na linha 3. Embora aparentemente EXEMPLO-CORRIDA deva sempre imprimir o valor 2 (sua projeção serial certamente o faz), o procedimento poderia imprimir o valor 1 em vez disso. Vejamos como essa anomalia poderia ocorrer.

EXEMPLO-CORRIDA( )
1   $x = 0$
2   **parallel for** $i = 1$ **to** 2
3       $x = x + 1$ // corrida pela determinação
4   imprimir x

Quando um processador incrementa x, a operação não é indivisível, mas composta por uma sequência de instruções:

- Carregue (*load*) x da memória para um dos registradores do processador
- Incremente o valor no registrador
- Armazene (*store*) o valor no registrador de volta em x na memória.

A Figura 26.5(a) ilustra um traço que representa a execução de EXEMPLO-CORRIDA, com as fibras decompostas em instruções individuais. Lembre-se de que, como um computador paralelo ideal suporta consistência sequencial, podemos ver a execução paralela de um algoritmo paralelo como uma intercalação de instruções que respeita as dependências no traço. A parte (b) da figura mostra os valores em uma execução da computação que revela a anomalia. O valor x é mantido na memória, e r_1 e r_2 são registradores do processador. Na etapa 1, um dos processadores atribui 0 a x. Nas etapas 2 e 3, o processador 1 carrega x da memória para seu registrador r_1 e o incrementa, produzindo o valor 1 em r_1. Nesse ponto, o processador 2 entra em cena e executa as instruções 4–6. O processador 2 carrega x da memória para o registrador r_2; incrementa o registrador, produzindo o valor 1 em r_2; depois, armazena esse valor em x, definindo x como 1. Agora, o processador 1 retoma a etapa 7,

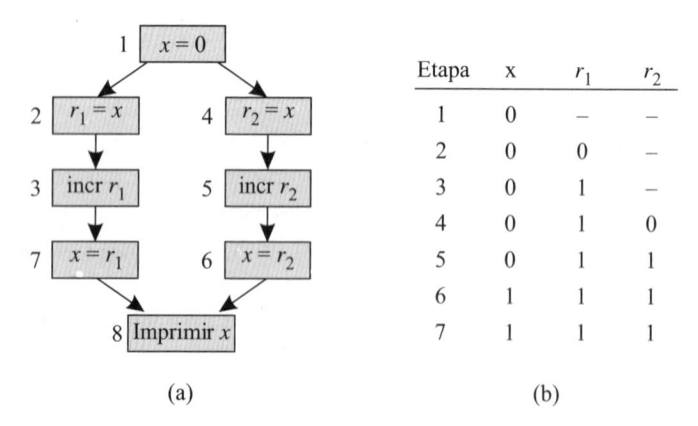

(a)   (b)

Figura 26.5 Ilustração da corrida pela determinação em EXEMPLO-CORRIDA. (**a**) Traço que mostra as dependências entre instruções individuais. Os registradores do processador são r_1 e r_2. Instruções não relacionadas com a corrida, como a implementação de controle de laço, são omitidas. (**b**) Sequência de execução que revela o *bug*, mostrando os valores de x na memória e nos registradores r_1 e r_2 para cada etapa na sequência de execução.

armazenando o valor 1 em r_1 em x, o que deixa o valor de x inalterado. Portanto, a etapa 8 imprime o valor 1, em vez de 2, como a projeção serial imprimiria.

Podemos analisar o que aconteceu. Pela consistência sequencial, o efeito da execução paralela é como se as instruções executadas dos dois processadores estivessem intercaladas. Se o processador 1 executasse todas as suas instruções antes do processador 2, uma intercalação trivial, o valor 2 seria impresso. Ao contrário, se o efeito fosse que o processador 2 executasse todas as suas instruções antes do processador 1, o valor 2 ainda seria impresso. Contudo, quando as instruções dos dois processadores são intercaladas de modo não trivial, é possível, como nesse exemplo de execução, que uma das atualizações para x seja perdida, resultando na impressão do valor 1.

É claro que muitas das execuções não expõem o *bug*. Esse é o problema das corridas de determinação. Em geral, a maioria das ordenações de instruções produz resultados corretos — como qualquer uma na qual as instruções à esquerda são executadas antes das instruções à direita ou vice-versa. Porém, algumas ordenações geram resultados impróprios quando as instruções se intercalam. Consequentemente, pode ser muito difícil testar corridas. Seu programa pode falhar, mas você pode não conseguir reproduzir a falha de modo confiável em testes subsequentes, confundindo suas tentativas de localizar o *bug* em seu código e repará-lo. Ambientes de programação paralela orientada a tarefas com frequência oferecem ferramentas de produtividade de detecção de corrida para ajudá-lo a isolar esses tipos de *bugs*.

Muitos programas paralelos no mundo real são intencionalmente não determinísticos. Eles contêm corridas de determinação, mas aliviam os perigos do não determinismo por meio do uso de bloqueios de exclusão mútua e outros métodos de sincronismo. Contudo, para nossos propósitos, insistiremos na ausência de corridas de determinação nos algoritmos que desenvolvemos. Os programas não determinísticos são realmente interessantes, mas a programação não determinística é um tópico mais avançado e desnecessário para uma ampla gama de algoritmos paralelos interessantes.

Para garantir que os algoritmos sejam determinísticos, duas fibras quaisquer que operam em paralelo devem ser *mutuamente independentes*: elas somente leem e não modificam quaisquer locais da memória acessados por ambas. Consequentemente, em uma construção **parallel for**, como o laço externo de P-Mat-Vet, queremos que todas as iterações do corpo, incluindo qualquer código que uma iteração execute nas sub-rotinas, sejam mutuamente independentes. Entre uma **spawn** e a **sync** correspondente, queremos que não haja interferência mútua entre o código do filho disparado e o código executado pelo pai, mais uma vez incluindo as sub-rotinas chamadas.

Como exemplo que mostra como é fácil gerar código com corridas não intencionais, o procedimento P-Mat-Vet-Errado a seguir é uma implementação defeituosa de multiplicação paralela de matriz por vetor que alcança uma duração de $\Theta(\lg n)$ pela paralelização do laço **for** interno. Infelizmente, esse procedimento é incorreto por causa de corridas de determinação na atualização y_i na linha 3, que é executada em paralelo para todos os n valores de j.

```
P-Mat-Vet-Errado(A, x, y, n)
1   parallel for i = 1 to n
2       parallel for j = 1 to n
3           y_i = y_i + a_ij x_j        // corrida pela determinação
```

Variáveis de índice de laços **parallel for**, como i na linha 1 e j na linha 2, não causam corridas entre as iterações. Por conceito, cada iteração do laço cria uma variável independente para manter o índice dessa iteração durante a execução dessa iteração do corpo do laço. Mesmo que duas iterações paralelas acessem a mesma variável de índice, elas realmente estão acessando diferentes instâncias de variáveis — portanto, diferentes localizações de memória — e nenhuma corrida ocorre.

Um algoritmo paralelo com corridas ocasionalmente pode ser determinístico. Como exemplo, dois *threads* paralelos podem armazenar o mesmo valor em uma variável compartilhada e não importa qual foi o primeiro a armazenar o valor. Para simplificar, no entanto, geralmente preferimos código sem corridas de determinação, mesmo que as corridas sejam benignas. E bons programadores paralelos desaprovam código com corridas de determinação que causem comportamento não determinístico, se o código determinístico com desempenho comparável for uma opção.

Mas o código não determinístico tem seu lugar. Por exemplo, não podemos implementar uma tabela *hash* paralela, uma estrutura de dados altamente prática, sem escrever código contendo corridas de determinação. Muita pesquisa se concentrou em como estender o modelo *fork-join* para incorporar o não determinismo "estruturado" limitado, evitando todas as complicações que surgem quando o não determinismo é completamente irrestrito.

Aula de xadrez

Para ilustrarmos o poder da análise de trabalho/duração, concluímos esta seção com uma história verdadeira que ocorreu durante o desenvolvimento de um dos primeiros programas de classe mundial para jogar xadrez [106] há muitos anos. Os tempos a seguir foram simplificados para essa demonstração.

O programa de xadrez foi desenvolvido e testado em um computador com 32 processadores, mas foi projetado para ser executado em um supercomputador com 512 processadores. Como a disponibilidade do supercomputador era limitada e muito cara, os desenvolvedores executaram comparações no computador pequeno e extrapolaram o desempenho para o computador maior.

A certa altura, os desenvolvedores incorporaram uma otimização no programa que reduzia seu tempo de execução com relação a um importante padrão de comparação estabelecido na máquina pequena, de $T_{32} = 65$ segundos a $T'_{32} = 40$ segundos. No entanto, os desenvolvedores usaram as medidas de desempenho de trabalho e duração para concluir que a versão otimizada, que era mais rápida com 32 processadores, na verdade seria mais lenta que a versão original com 512 processadores. O resultado é que eles abandonaram essa "otimização".

Apresentamos a seguir a análise de trabalho/duração. A versão original do programa tinha trabalho $T_1 = 2048$ segundos e duração $T_\infty = 1$ segundo. Se tratarmos a inequação (26.4) como uma equação $T_P = T_1/P + T_\infty$, e a usarmos como aproximação para o tempo de execução com P processadores, veremos que, de fato, temos $T_{32} = 2048/32 + 1 = 65$. Com a otimização, o trabalho tornou-se $T'_1 = 1024$ segundos e a duração tornou-se $T'_\infty = 8$ segundos. Nossa aproximação resulta em $T'_{32} = 1024/32 + 8 = 40$.

Todavia, as velocidades relativas das duas versões mudam quando calculamos os tempos de execução com 512 processadores. A primeira versão tem um tempo de execução $T_{512} = 2048/512 + 1 = 5$ segundos, e a segunda versão é executada em $T'_{512} = 1024/512 + 8 = 10$ segundos. Então, a otimização que acelerou o programa com 32 processadores faria com que o programa ficasse duas vezes mais lento com 512 processadores! A duração 8 da versão otimizada, que não era o termo dominante no tempo de execução com 32 processadores, tornou-se o termo dominante com 512 processadores, anulando a vantagem de se utilizarem mais processadores. Em outras palavras, a otimização não é escalável.

A moral da história é que a análise de trabalho/duração, e as medições de trabalho e duração, podem ser superiores aos tempos de execução medidos sozinhos na extrapolação da escalabilidade de um algoritmo.

Exercícios

26.1-1
Qual é a aparência de um traço para a execução de um algoritmo serial?

26.1-2
Suponha que disparamos P-Fib$(n - 2)$ na linha 4 de P-Fib, em vez de chamá-la como é feito no código. Como isso mudaria o traço de P-Fib(4) na Figura 26.2? Qual é o impacto no trabalho, na duração e no paralelismo assintóticos?

26.1-3
Desenhe o traço que resulta de executar P-Fib(5). Considerando que cada fibra na computação demora tempo unitário, quais são o trabalho, a duração e o paralelismo da computação? Mostre como escalonar o traço em três processadores com uso de escalonamento guloso rotulando cada fibra com a etapa de tempo na qual é executada.

26.1-4

Prove que um escalonador guloso consegue o seguinte limite de tempo, ligeiramente mais forte que o limite provado no Teorema 26.1:

$$T_P \leq \frac{T_1 - T_\infty}{P} + T_\infty \, . \tag{26.5}$$

26.1-5

Construa um traço para o qual uma execução de escalonador guloso pode demorar quase duas vezes o tempo de outra execução de um escalonador guloso com o mesmo número de processadores. Descreva como ocorreriam as duas execuções.

26.1-6

A professora Karan mede seu algoritmo determinístico de tarefas paralelas com 4, 10 e 64 processadores de um computador paralelo ideal utilizando um escalonador guloso. Diz ela que as três execuções produziram $T_4 = 80$ segundos, $T_{10} = 42$ segundos e $T_{64} = 10$ segundos. Demonstre que a professora está mentindo ou é incompetente. (*Sugestão:* use a lei do trabalho (26.2), a lei da duração (26.3) e a inequação (26.5) do Exercício 26.1-4.)

26.1-7

Forneça um algoritmo paralelo para multiplicar uma matriz $n \times n$ por um n-vetor que consiga paralelismo $\Theta(n^2/\lg n)$, mantendo, ao mesmo tempo, trabalho $\Theta(n^2)$.

26.1-8

Analise o trabalho, a duração e o paralelismo do algoritmo P-TRANSPOSTA, que faz a transposição de uma matriz $n \times n$ A no local.

```
P-TRANSPOSTA(A, n) 1
1   parallel for j = 2 to n
2       parallel for i = 1 to j − 1
3           trocar a_ij com a_ji
```

26.1-9

Suponha que substituímos o laço **parallel for** na linha 2 do procedimento P-TRANSPOSTA no Exercício 26.1-8 por um laço **for** comum. Analise o trabalho, a duração e o paralelismo do algoritmo resultante.

26.1-10

Para quantos processadores as duas versões dos programas de jogo de xadrez são executadas com a mesma rapidez, considerando que $T_P = T_1 /P + T_\infty$?

26.2   Multiplicação paralela de matrizes

Nesta seção, examinamos como tornar paralelos os três algoritmos de multiplicação de matrizes das Seções 4.1 e 4.2. Veremos que cada algoritmo pode ser paralelizado de uma forma direta usando laços paralelos ou o disparo recursivo. Vamos analisá-los usando a análise de trabalho/duração, e veremos que cada algoritmo paralelo consegue o mesmo desempenho em um processador que o seu algoritmo serial correspondente, enquanto aumentamos as quantidades de processadores.

Algoritmo paralelo para multiplicação de matrizes usando laços paralelos

O primeiro algoritmo que estudaremos é P-MULTIPLICA-MATRIZES, simplesmente baseado na paralelização dos dois laços externos no procedimento MULTIPLICA-MATRIZES no Capítulo 4:

P-Multiplica-Matrizes(A, B, C, n)
1   **parallel for** $i = 1$ **to** n // calcula entradas em cada uma das n linhas
2   **parallel for** $j = 1$ **to** n // calcula n entradas na linha i
3   **for** $k = 1$ **to** n
4            $c_{ij} = c_{ij} + a_{ik} \cdot b_{kj}$ // soma outro termo da Equação (4.1)

Vamos analisar o algoritmo P-Multiplica-Matrizes. Visto que a projeção serial do algoritmo é exatamente Multiplica-Matrizes, o trabalho é igual ao tempo de execução de Multiplica-Matrizes: $T_1(n) = \Theta(n^3)$. A duração é $T_\infty(n) = \Theta(n)$, porque segue um caminho que desce pela árvore de recursão para o laço **parallel for** que começa na linha 1, depois desce pela árvore de recursão para o laço **parallel for** que começa na linha 2 e executa todas as n iterações do laço **for** comum, que começa na linha 3, resultando em duração total de $\Theta(\lg n) + \Theta(\lg n) + \Theta(n) = \Theta(n)$. Assim, o paralelismo é $\Theta(n_3)/\Theta(n) = \Theta(n^2)$. (O Exercício 26.2-3 pede que se paralelize o laço interno para obter um paralelismo de $\Theta(n^3/\lg n)$, o que não se pode fazer diretamente utilizando **parallel for** porque seriam criadas corridas.)

Algoritmo paralelo de divisão e conquista para multiplicação de matrizes

Como aprendemos na Seção 4.1, podemos multiplicar matrizes $n \times n$ serialmente no tempo $\Theta(n^3)$ utilizando a estratégia de divisão e conquista. Vejamos como paralelizar esse algoritmo usando o disparo recursivo em vez de chamadas.

O procedimento Multiplica-Matrizes-Recursivo do Capítulo 4 toma como entrada três matrizes $n \times n$ A, B e C, e realiza o cálculo matricial $C = C + A \cdot B$. O procedimento P-Multiplica-Matrizes-Recursivo a seguir implementa a mesma estratégia de divisão e conquista, mas utiliza o disparo para realizar as oito multiplicações em paralelo. Para evitar corridas de determinação na atualização dos elementos de C, ele cria uma matriz temporária D para armazenar quatro dos produtos de submatriz. No fim, ele soma C e D para produzir o resultado final. (O Problema 26-2 pede que você elimine a matriz temporária D à custa de um pouco menos de paralelismo.)

P-Multiplica-Matrizes-Recursivo(A, B, C, n)
1   **if** $n == 1$ // apenas um elemento em cada matriz?
2      $c_{11} = c_{11} + a_{11} \cdot b_{11}$
3   **return**
4   seja D uma nova matriz $n \times n$ // matriz temporária
5   **parallel for** $i = 1$ **to** n // define $D = 0$
6   **parallel for** $j = 1$ **to** n
7         $d_{ij} = 0$
8   particiona A, B, C e D em submatrizes $n/2 \times n/2$
       $A_{11}, A_{12}, A_{21}, A_{22}; B_{11}, B_{12}, B_{21}, B_{22}; C_{11}, C_{12}, C_{21}, C_{22};$
       e $D_{11}, D_{12}, D_{21}, D_{22}$; respectivamente
9   **spawn** P-Multiplica-Matrizes-Recursivo($A_{11}, B_{11}, C_{11}, n/2$)
10 **spawn** P-Multiplica-Matrizes-Recursivo($A_{11}, B_{12}, C_{12}, n/2$)
11 **spawn** P-Multiplica-Matrizes-Recursivo($A_{21}, B_{11}, C_{21}, n/2$)
12 **spawn** P-Multiplica-Matrizes-Recursivo($A_{21}, B_{12}, C_{22}, n/2$)
13 **spawn** P-Multiplica-Matrizes-Recursivo($A_{12}, B_{21}, C_{11}, n/2$)
14 **spawn** P-Multiplica-Matrizes-Recursivo($A_{12}, B_{22}, C_{12}, n/2$)
15 **spawn** P-Multiplica-Matrizes-Recursivo($A_{22}, B_{21}, C_{21}, n/2$)
16 **spawn** P-Multiplica-Matrizes-Recursivo($A_{22}, B_{22}, C_{22}, n/2$)
17 **sync**   // espera produtos disparados de submatrizes
18 **parallel for** $i = 1$ **to** n // atualiza $C = C + D$
19   **parallel for** $j = 1$ **to** n
20        $c_{ij} = c_{ij} + d_{ij}$

As linhas 2–3 de P-Multiplica-Matrizes-Recursivo tratam do caso-base, no qual estamos multiplicando matrizes 1×1. O restante do procedimento trata do caso recursivo. Alocamos uma matriz temporária D na linha 4, e as linhas 5–7 a inicializam em zero. A linha 8 particiona cada uma das quatro matrizes A, B, C e D em submatrizes $n/2 \times n/2$. (Como ocorre com Multiplica-Matrizes-Recursivo, atenuamos a questão de menor importância, que é como usar cálculos de índices para representar seções de submatriz de uma matriz.) A chamada recursiva disparada na linha 9 define a submatriz $C_{11} = C_{11} + A_{11} \cdot B_{11}$, de modo que C_{11} acumula o primeiro dos dois termos que formam sua soma na Equação (4.5), no Capítulo 4. De modo semelhante, as linhas 10–12 definem C_{12}, C_{21} e C_{22} em paralelo para acumular o primeiro dos dois termos nas Equações (4.6) a (4.8). A linha 13 define a submatriz D_{11} como o produto de submatrizes $A_{12} \cdot B_{21}$, de modo que D_{11} é igual ao segundo dos dois termos da Equação (4.5). As linhas 14–16 definem D_{12}, D_{21} e D_{22} em paralelo como o segundo dos dois termos das Equações (4.6) a (4.8), respectivamente. A declaração **sync** na linha 17 garante que todos os subprodutos de matrizes disparados nas linhas 9–16 foram calculados, depois disso, acrescentamos os elementos de D aos elementos correspondentes de C, utilizando os laços **parallel for** duplamente encaixados nas linhas 18–20.

Vamos analisar o procedimento P-Multiplica-Matrizes-Recursivo. Começamos analisando o trabalho $M_1(n)$ do procedimento, ecoando a análise do tempo de execução serial de seu progenitor, Multiplica-Matrizes-Recursivo. O caso recursivo aloca e zera a matriz temporária D no tempo $\Theta(n^2)$, particiona no tempo $\Theta(1)$, executa oito multiplicações recursivas de matrizes $n/2 \times n/2$ e encerra com o trabalho $\Theta(n^2)$ resultante da soma de duas matrizes $n \times n$. Assim, o trabalho fora das chamadas recursivas disparadas é $\Theta(n^2)$, e a recorrência para o trabalho $M_1(n)$ torna-se

$$
\begin{aligned}
M_1(n) &= 8M_1(n/2) + \Theta(n^2) \\
&= \Theta(n^3)
\end{aligned}
$$

pelo caso 1 do teorema mestre (Teorema 4.1). Sem surpresa, o trabalho desse algoritmo paralelo é assintoticamente igual ao tempo de execução do procedimento Multiplica-Matrizes no Capítulo 4, com seus laços triplamente encaixados.

Vamos determinar a duração $M_\infty(n)$ de P-Multiplica-Matrizes-Recursivo. Como todas as oito chamadas recursivas paralelas são executadas em matrizes do mesmo tamanho, a duração máxima para qualquer chamada recursiva é exatamente a duração de qualquer uma, ou $M_\infty(n/2)$. A duração para os laços **parallel for** duplamente encaixados nas linhas 5–7 é $\Theta(\lg n)$, pois cada controle de laço acrescenta $\Theta(\lg n)$ à duração constante da linha 7. De modo semelhante, os laços **parallel for** duplamente encaixados nas linhas 18–20 somam mais $\Theta(\lg n)$. O particionamento de matrizes por cálculo de índice tem duração $\Theta(1)$, que é dominada pela duração $\Theta(\lg n)$ dos laços encaixados. Obtemos a recorrência

$$
M_\infty(n) = M_\infty(n/2) + \Theta(\lg n) . \tag{26.6}
$$

Visto que essa recorrência se enquadra no caso 2 do teorema mestre com $k = 1$, a solução é $M_\infty(n) = \Theta(\lg^2 n)$.

O paralelismo de P-Multiplica-Matrizes-Recursivo é $M_1(n)/M_\infty(n) = \Theta(n^3/\lg^2 n)$, que é muito alto. (O Problema 26-2 pede que você simplifique esse algoritmo paralelo à custa de apenas um pouco menos de paralelismo.)

Paralelização do método de Strassen

Ao paralelizarmos o algoritmo de Strassen, podemos seguir as mesmas linhas gerais do Capítulo 4, só que utilizando o *spawning*. Pode ser útil comparar cada etapa a seguir com a etapa correspondente naquele texto. Vamos analisar os custos enquanto prosseguimos, a fim de desenvolvermos as recorrências $T_1(n)$ e $T_\infty(n)$ para o trabalho e a duração globais, respectivamente.

1. Se $n = 1$, cada uma das matrizes contém um único elemento. Realize uma única multiplicação escalar e uma única adição escalar, para depois retornar. Caso contrário, divida as matrizes de entrada A e B e a matriz de saída C em submatrizes $n/2 \times n/2$, como na Equação (4.2). Pelo cálculo de índice, essa etapa exige trabalho $\Theta(1)$ e duração $\Theta(1)$.

2. Crie matrizes $n/2 \times n/2$, S_1, S_2, ..., S_{10}, cada uma delas sendo a soma ou a diferença das duas submatrizes criadas na etapa 1. Podemos criar e zerar as entradas de sete matrizes $n/2 \times n/2$, P_1, P_2, ..., P_7, para manter

sete produtos matriciais $n/2 \times n/2$. Todas as 17 matrizes podem ser criadas, e as P_i inicializadas, utilizando laços **parallel for** duplamente encaixados, com trabalho $\Theta(n^2)$ e duração $\Theta(\lg n)$.

3. Utilizando as submatrizes criadas na etapa 1 e as matrizes $S_1, S_2, ..., S_{10}$ criadas na etapa 2, dispare recursivamente a computação de cada um dos sete produtos de matrizes $n/2 \times n/2$ $P_1, P_2, ..., P_7$, com trabalho $7T_1(n/2)$ e duração $T_\infty(n/2)$.

4. Atualize as quatro submatrizes $C_{11}, C_{12}, C_{21}, C_{22}$ da matriz de resultados C somando e subtraindo várias matrizes P_i. Usando laços **parallel for** duplamente encaixados, podemos calcular todas as quatro submatrizes com trabalho $\Theta(n^2)$ e duração $\Theta(\lg n)$.

Vamos analisar esse algoritmo. Visto que a projeção serial é igual à do algoritmo serial original, o trabalho é exatamente o tempo de execução da projeção serial, isto é, $\Theta(n^{\lg 7})$. Como fizemos com P-Multiplica-Matrizes-Recursivo, podemos criar uma recorrência para a duração. Nesse caso, sete chamadas recursivas são executadas em paralelo, porém, como todas elas funcionam em matrizes do mesmo tamanho, obtemos a mesma recorrência (26.6) que obtivemos para P-Multiplica-Matrizes-Recursivo, que tem solução $\Theta(\lg^2 n)$. Assim, a versão paralela do método de Strassen tem paralelismo $\Theta(n^{\lg 7} / \lg^2 n)$, que é alto. Embora o paralelismo seja ligeiramente menor que o paralelismo de P-Multiplica-Matrizes-Recursivo, isso ocorre porque o trabalho também é menor.

Exercícios

26.2-1
Desenhe o traço para calcular P-Multiplica-Matrizes de matrizes 2×2, identificando como os vértices em seu diagrama correspondem a fibras na execução do algoritmo. Supondo que cada fibra demora o tempo unitário, analise o trabalho, a duração e o paralelismo dessa computação.

26.2-2
Repita o Exercício 26.2-1 para P-Multiplica-Matrizes-Recursivo.

26.2-3
Forneça o pseudocódigo para um algoritmo paralelo que multiplique duas matrizes $n \times n$ com trabalho $\Theta(n^3)$, mas duração de somente $\Theta(\lg n)$. Analise seu algoritmo.

26.2-4
Forneça o pseudocódigo para um algoritmo paralelo eficiente que multiplique uma matriz $p \times q$ por uma matriz $q \times r$. Seu algoritmo deve ter alto grau de paralelismo, mesmo se qualquer das p, q e r for 1. Analise seu algoritmo.

26.2-5
Forneça o pseudocódigo para uma versão paralela eficiente do algoritmo Floyd-Warshall (ver Seção 23.2) que calcule os caminhos mínimos entre todos os pares de vértices em um grafo de arestas ponderadas. Analise seu algoritmo.

26.3   Ordenação por intercalação paralela

Vimos a ordenação por intercalação (*merge*) serial pela primeira vez na Seção 2.3.1, e na Seção 2.3.2 analisamos seu tempo de execução e mostramos que ele é $\Theta(n \lg n)$. Como a ordenação por intercalação já usa o paradigma de divisão e conquista, essa parece ser uma candidata espetacular para a implementação usando o paralelismo *fork-join*.

O procedimento P-Merge-Sort modifica a ordenação por intercalação para disparar a primeira chamada recursiva. Como sua contraparte serial Merge-Sort no Capítulo 2, o procedimento P-Merge-Sort ordena o subvetor $A[p:r]$. Após a declaração **sync** na linha 8 garantir a conclusão das duas sub-rotinas recursivas nas linhas 5 e 7, P-Merge-Sort chama o procedimento P-Merge, um algoritmo de intercalação paralela, mais adiante, mas não é preciso se preocupar em examiná-lo agora.

```
P-Merge-Sort(A, p, r)
 1   if p ≥ r                    // zero ou um elemento?
 2       return
 3   q = ⌊(p + r)/2⌋             // ponto intermediário de A[p : r]
 4   // Ordena recursivamente A[p : q] em paralelo.
 5   spawn P-Merge-Sort(A, p, q)
 6   // Ordena recursivamente A[q + 1 : r] em paralelo.
 7   spawn P-Merge-Sort(A, q + 1, r)
 8   sync                        // espera pelos spawns
 9   // Intercala A[p : q] e A[q + 1 : r] em A[p : r]
10   P-Merge(A, p, q, r)
```

Primeiro, vamos usar a análise de trabalho/duração para entender por que precisamos de um procedimento de intercalação paralela. Afinal, pode parecer que já existe muito paralelismo simplesmente paralelizando Merge-Sort sem nos preocuparmos com a paralelização da intercalação. Mas o que aconteceria se a chamada a P-Merge na linha 10 de P-Merge-Sort fosse substituída por uma chamada ao procedimento serial Merge do Capítulo 2? Vamos chamar o pseudocódigo modificado dessa forma de P-Merge-Sort-Ingênuo.

Seja $T_1(n)$ o trabalho (no pior caso) de P-Merge-Sort-Ingênuo sobre um subvetor com n elementos, em que $n = r - p + 1$ é o número de elementos em $A[p : r]$, e seja $T_\infty(n)$ a duração. Como Merge é serial com tempo de execução $\Theta(n)$, tanto seu trabalho quanto sua duração são $\Theta(n)$. Visto que a projeção serial de P-Merge-Sort-Ingênuo é exatamente Merge-Sort, seu trabalho é $T_1(n) = \Theta(n \lg n)$. As duas chamadas recursivas nas linhas 5 e 7 são executadas em paralelo, de modo que sua duração é dada pela recorrência

$$T_\infty(n) = T_\infty(n/2) + \Theta(n)$$
$$= \Theta(n),$$

pelo caso 1 do teorema mestre. Assim, o paralelismo de P-Merge-Sort-Ingênuo é $T_1(n)/T_\infty(n) = \Theta(\lg n)$, que é uma quantidade de paralelismo inexpressiva. Para ordenar um milhão de elementos, por exemplo, como $\lg 10^6 \approx 20$, ele poderia alcançar um ganho de velocidade linear em alguns poucos processadores, mas não conseguiria escalar para dezenas de processadores.

O gargalo do paralelismo em P-Merge-Sort-Ingênuo é claramente o procedimento Merge. Se reduzirmos assintoticamente a duração da intercalação, o teorema mestre indica que a duração da ordenação por intercalação paralela também será menor. Quando examinamos o pseudocódigo de Merge, pode parecer que a intercalação é inerentemente serial, mas não é. Podemos formar um algoritmo de intercalação paralela. O objetivo é reduzir a duração da intercalação paralela assintoticamente, mas se quisermos um algoritmo paralelo eficiente, devemos garantir que o limite $\Theta(n)$ para o trabalho não aumentará.

A Figura 26.6 representa a estratégia de divisão e conquista que usaremos em P-Merge. O núcleo do algoritmo é um procedimento auxiliar recursivo P-Merge-Aux, que intercala dois subvetores ordenados de um vetor A em um subvetor de outro vetor B em paralelo. Especificamente, P-Merge-Aux intercala $A[p_1 : r_1]$ e $A[p_2 : r_2]$ para formar o subvetor $B[p_3 : r_3]$, em que $r_3 = p_3 + (r_1 - p_1 + 1) + (r_2 - p_2 + 1) - 1 = p_3 + (r_1 - p_1) + (r_2 - p_2) + 1$.

A ideia principal do algoritmo de intercalação recursiva em P-Merge-Aux é dividir cada um dos dois subvetores ordenados de A em torno de um pivô x, tal que todos os elementos na parte inferior de cada subvetor sejam no máximo x e todos os elementos na parte superior de cada subvetor sejam no mínimo x. O procedimento pode então realizar a recursão em paralelo sobre as duas subtarefas: intercalar as duas partes inferiores e intercalar as duas partes superiores. O truque é encontrar um pivô x de modo que a recursão não fique muito assimétrica. Não queremos uma situação como aquela do Quicksort, no Capítulo 7, em que um particionamento errado dos elementos leva a uma grande perda da eficiência assintótica. Poderíamos optar por particionar em torno de um elemento aleatório, como Quicksort-Aleatorizado, na Seção 7.4.2, mas como os subvetores da entrada estão ordenados, P-Merge-Aux pode determinar rapidamente um pivô que sempre funciona bem.

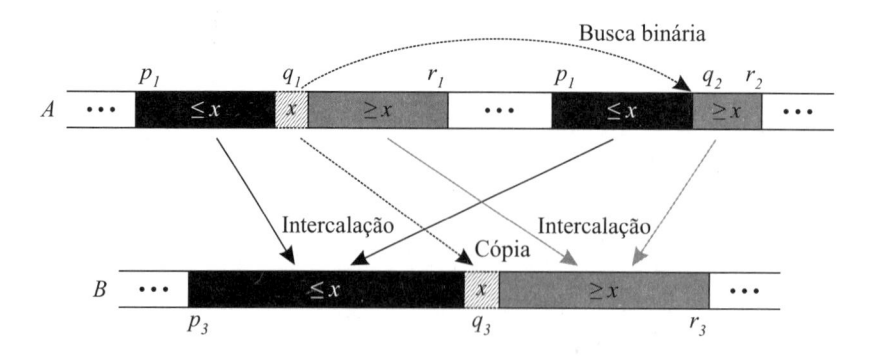

Figura 26.6 Ideia que fundamenta P-MERGE-AUX, o qual intercala dois subvetores ordenados $A[p_1 : r_1]$ e $A[p_2 : r_2]$ para o subvetor $B[p_3 : r_3]$ em paralelo. Fazendo $x = A[q_1]$ (mostrado em *hachurado*) a mediana de $A[p_1 : r_1]$ e q_2 uma posição em $A[p_2 : r_2]$ tal que x ficaria entre $A[q_2 - 1]$ e $A[q_2]$, todo elemento nos subvetores $A[p_1 : q_1 - 1]$ e $A[p_2 : q_2 - 1]$ (mostrado em *preto*) é menor ou igual a x, e todo elemento nos subvetores $A[q_1 + 1 : r_1]$ e $A[q_2 : r_2]$ (mostrado em *cinza-escuro*) é no mínimo x. Para intercalar, calculamos o índice q_3 no local $B[p_3 : r_3]$ ao qual x pertence, copiamos x para $B[q_3]$ e então intercalamos recursivamente $A[p_1 : q_1 - 1]$ com $A[p_2 : q_2 - 1]$ em $B[p_3 : q_3 - 1]$ e $A[q_1 + 1 : r_1]$ com $A[q_2 : r_2]$ em $B[q_3 + 1 : r_3]$.

Especificamente, o algoritmo de intercalação recursiva escolhe o pivô x como o elemento do meio do maior dos dois subvetores de entrada, que podemos considerar, sem perder a generalidade, que é $A[p_1 : r_1]$, pois de outra forma os dois subvetores podem simplesmente trocar seus papéis. Isto é, $x = A[q_1]$, em que $q_1 = \lfloor (p_1 + r_1)/2 \rfloor$. Visto que $A[p_1 : r_1]$ está ordenado, x é uma mediana dos elementos do subvetor: cada elemento em $A[p_1 : q_1 - 1]$ não é maior que x, e cada elemento em $A[q_1 + 1 : r_1]$ não é menor que x. Então, o algoritmo encontra o "ponto de divisão" q_2 no subvetor menor $A[p_2 : r_2]$ tal que todos os elementos em $A[p_2 : q_2 - 1]$ (se houver) sejam no máximo x e todos os elementos em $A[q_2 : r_2]$ (se houver) sejam no mínimo x. Intuitivamente, o subvetor $A[p_2 : r_2]$ ainda estaria ordenado se x fosse inserido entre $A[q_2 - 1]$ e $A[q_2]$ (embora o algoritmo não faça isso). Como $A[p_2 : r_2]$ está ordenado, uma variante menor da busca binária (ver Exercício 2.3-6) com x como chave de busca poderá encontrar o ponto de divisão q_2 no tempo $\Theta(\lg n)$ no pior caso. Conforme veremos quando chegarmos à análise, mesmo que x divida $A[p_2 : r_2]$ de modo indevido — x ou é menor que todos os elementos do subvetor ou é maior —, ainda teremos pelo menos 1/4 dos elementos em cada uma das duas intercalações recursivas. Assim, a maior das intercalações recursivas opera sobre no máximo 3/4 dos elementos, e a recursão certamente terminará após $\Theta(\lg n)$ chamadas recursivas.

Agora, vamos passar essas ideias para o pseudocódigo. Começamos com o procedimento serial ENCONTRA-PONTO-DIVISOR(A, p, r, x) a seguir, que toma como entrada um subvetor ordenado $A[p : r]$ e uma chave x. O procedimento retorna um ponto de divisão de $A[p : r]$: um índice q na faixa $p \leq q \leq r + 1$ tal que todos os elementos em $A[p : q - 1]$ (se houver) sejam no máximo x e todos os elementos em $A[q : r]$ (se houver) sejam no mínimo x.

ENCONTRA-PONTO-DIVISOR(A, p, r, x)
```
1   baixo = p                        // extremo baixo da faixa de busca
2   alto = r + 1                     // extremo alto da faixa de busca
3   while baixo < alto               // mais de um elemento?
4       meio = ⌊(baixo + alto)/2⌋    // ponto intermediário da faixa
5       if x ≥ A[meio]               // a resposta é q ≤ meio?
6           alto = meio              // estreita a busca para A[baixo : meio]
7       else baixo = meio + 1        // estreita a busca para A[meio + 1 : alto]
8   return baixo
```

O procedimento ENCONTRA-PONTO-DIVISOR utiliza a busca binária para encontrar o ponto de divisão. As linhas 1 e 2 estabelecem a faixa de índices para a busca. Toda vez que o laço **while** é executado, a linha 5 compara o elemento do meio da faixa com a chave de busca x, e as linhas 6 e 7 estreitam a faixa de busca para a metade inferior ou a metade superior do subvetor, dependendo do resultado do teste. No fim, depois que a faixa foi estreitada a um único índice, a linha 8 retorna esse índice como ponto de divisão.

Como Encontra-Ponto-Divisor não contém paralelismo, sua duração é apenas o seu tempo de execução serial, que também é o seu trabalho. Em um subvetor $A[p : r]$ de tamanho $n = r - p + 1$, cada iteração do laço **while** divide a faixa de busca ao meio, o que significa que o laço termina após $\Theta(\lg n)$ iterações. Como cada iteração leva um tempo constante, o algoritmo é executado no tempo $\Theta(\lg n)$ (no pior caso). Portanto, o procedimento tem trabalho e duração $\Theta(\lg n)$.

Agora, podemos ver o pseudocódigo para o procedimento de intercalação paralela P-Merge, a seguir. A maior parte do pseudocódigo é dedicada ao procedimento recursivo P-Merge-Aux. O procedimento P-Merge propriamente dito é apenas um "embrulho" ajustado para P-Merge-Aux. Ele aloca um novo vetor $B[p : r]$ para manter a saída de P-Merge-Aux na linha 1. Depois ele chama P-Merge-Aux na linha 2, passando os índices dos dois subvetores a serem mesclados e fornecendo B como destino da saída do resultado intercalado, a começar pelo índice p. Depois que P-Merge-Aux retorna, as linhas 3–4 realizam uma cópia paralela da saída $B[p : r]$ no subvetor $A[p : r]$, que é onde P-Merge-Sort a espera.

```
P-Merge(A, p, q, r)
1   seja B[p : r] um novo vetor                          // aloca vetor temporário
2   P-Merge-Aux(A, p, q, q + 1, r, B, p)                  // intercala de A em B
3   parallel for i = p to r                               // copia B de volta para A em paralelo
4       A[i] = B[i]


P-Merge-Aux(A, p_1, r_1, p_2, r_2, B, p_3)
1   if p_1 > r_1 e p_2 > r_2                              // os dois subvetores estão vazios?
2       return
3   if r_1 - p_1 < r_2 - p_2                              // segundo subvetor maior?
4       trocar p_1 com p_2                                // troca as funções do subvetor
5       trocar r_1 com r_2
6   q_1 = ⌊(p_1 + r_1)/2⌋                                 // ponto intermediário de A[p_1 : r_1]
7   x = A[q_1]                                            // mediana de A[p_1 : r_1] é o pivô x
8   q_2 = Encontra-Ponto-Divisor(A, p_2, r_2, x)         // divide A[p_2 : r_2] em torno de x
9   q_3 = p_3 + (q_1 - p_1) + (q_2 - p_2)                // no local apropriado em B ...
10  B[q_3] = x                                           // ... posiciona x lá
11  // Intercalação recursiva de A[p_1 : q_1 - 1] e A[p_2 : q_2 - 1] em B[p_3 : q_3 - 1]
12  spawn P-Merge-Aux(A, p_1, q_1 - 1, p_2, q_2 - 1, B, p_3)
13  // Intercalação recursiva de A[q_1 + 1 : r_1] e A[q_2 : r_2] em B[q_3 + 1 : r_3]
14  spawn P-Merge-Aux(A, q_1 + 1, r_1, q_2, r_2, B, q_3 + 1)
15  sync                                                 // espera pelos spawns
```

O procedimento P-Merge-Aux é a parte interessante do algoritmo. Vamos começar entendendo os parâmetros desse procedimento paralelo recursivo. O vetor de entrada A e os quatro índices p_1, r_1, p_2, r_2 especificam os subvetores $A[p_1 : r_1]$ e $A[p_2 : r_2]$ a serem intercalados. O vetor B e o índice p_3 indicam que o resultado mesclado deve ser armazenado em $B[p_3 : r_3]$, em que $r_3 = p_3 + (r_1 - p_1) + (r_2 - p_2) + 1$, como vimos anteriormente. O índice final r_3 do subvetor de saída não é necessário para o pseudocódigo, mas ajuda conceitualmente a nomear o índice final, como no comentário da linha 13.

O procedimento começa verificando o caso-base da recursão e fazendo algumas preparações para simplificar o restante do pseudocódigo. As linhas 1 e 2 testam se os dois subvetores estão vazios, caso em que o procedimento retorna. A linha 3 verifica se o primeiro subvetor contém menos elementos que o segundo. Como o número de elementos no primeiro subvetor é $r_1 - p_1 + 1$ e o número no segundo subvetor é $r_2 - p_2 + 1$, o teste omite os dois termos "+1". Se o primeiro subvetor for o menor dos dois, as linhas 4 e 5 trocam as funções dos subvetores de forma que $A[p_1 : r_1]$ se refira ao subvetor maior para o equilíbrio do procedimento.

Estamos agora no ponto crucial de P-Merge-Aux: implementar a estratégia paralela da divisão e conquista. À medida que continuamos nossa caminhada pelo pseudocódigo, pode ser útil consultarmos novamente a Figura 26.6.

Primeiro, a etapa de divisão. A linha 6 calcula o ponto intermediário q_1 de $A[p_1 : r_1]$, que indexa uma mediana $x = A[q_1]$ desse subvetor para ser usado como pivô, e a linha 7 determina o próprio x. Em seguida, a linha 8 usa o procedimento ENCONTRA-PONTO-DIVISOR para encontrar o índice q_2 em $A[p_2 : r_2]$ de modo que todos os elementos em $A[p_2 : q_2 - 1]$ sejam no máximo x e todos os elementos em $A[q_2 : r_2]$ sejam pelo menos x. A linha 9 calcula o índice q_3 do elemento que divide o subvetor de saída $B[p_3 : r_3]$ em $B[p_3 : q_3 - 1]$ e $B[q_3 + 1 : r_3]$ e, em seguida, a linha 10 coloca x diretamente em $B[q_3]$, que é onde ele deve estar no resultado.

A seguir, vem a etapa de conquista, em que ocorre a recursão paralela. As linhas 12 e 14 disparam P-MERGE-AUX para mesclar recursivamente de A para B, a primeira para mesclar os elementos menores e a segunda para mesclar os elementos maiores. A declaração **sync** na linha 15 garante que os subproblemas terminem antes que o procedimento retorne.

Não há uma etapa de combinação, pois $B[p : r]$ já contém a saída ordenada correta.

Análise de trabalho/duração da intercalação paralela

Primeiro, vamos analisar a duração no pior caso $T_\infty(n)$ de P-MERGE-AUX nos subvetores de entrada, que juntos contêm um total de n elementos. A chamada a ENCONTRA-PONTO-DIVISOR na linha 8 contribui com $\Theta(\lg n)$ para a duração no pior caso, e o procedimento realiza no máximo uma quantidade constante de trabalho serial fora dos dois *spawns* recursivos nas linhas 12 e 14.

Como os dois *spawns* recursivos operam logicamente em paralelo, apenas um deles contribui para o intervalo geral do pior caso. Afirmamos anteriormente que nenhuma chamada recursiva opera em mais de $3n/4$ elementos. Vejamos o motivo. Sejam $n_1 = r_1 - p_1 + 1$ e $n_2 = r_2 - p_2 + 1$, em que $n = n_1 + n_2$, os tamanhos dos dois subvetores quando a linha 6 começar a ser executada, isto é, depois de estabelecermos que $n_2 \le n_1$ trocando as funções dos dois subvetores, se for preciso. Como o pivô x é uma mediana de $A[p_1 : r_1]$, no pior caso, uma intercalação recursiva envolve no máximo $n_1/2$ elementos de $A[p_1 : r_1]$, mas pode envolver todos os n_2 dos elementos de $A[p_2 : r_2]$. Assim, podemos limitar o número de elementos envolvidos em uma chamada recursiva de P-MERGE-AUX por

$$
\begin{aligned}
n_1/2 + n_2 &= (2n_1 + 4n_2)/4 \\
&\le (3n_1 + 3n_2)/4 \quad \text{(visto que } n_2 \le n_1) \\
&= 3n/4 \, ,
\end{aligned}
$$

provando a afirmação.

A duração no pior caso de P-MERGE-AUX, portanto, pode ser descrita pela seguinte recorrência:

$$
T_\infty(n) = T_\infty(3n/4) + \Theta(\lg n) \, . \tag{26.7}
$$

Como essa recorrência se encaixa no caso 2 do teorema mestre com $k = 1$, sua solução é $T_\infty(n) = \Theta(\lg^2 n)$.

Agora, vamos verificar que o trabalho $T_1(n)$ de P-MERGE-AUX para n elementos é linear. Um limite inferior de $\Omega(n)$ é direto, pois cada um dos n elementos é copiado do vetor A para o vetor B. Mostraremos que $T_1(n) = O(n)$ derivando uma recorrência para o trabalho no pior caso. A busca binária na linha 8 custa $\Theta(\lg n)$ no pior caso, o que domina o outro trabalho fora dos *spawns* recursivos. Para os *spawns* recursivos, observe que, embora as linhas 12 e 14 possam intercalar quantidades diferentes de elementos, as duas chamadas recursivas juntas intercalam no máximo $n - 1$ elementos (pois $x = A[q]$ não é intercalado). Além disso, como vimos na análise da duração, um *spawn* recursivo funciona para no máximo $3n/4$ elementos. Portanto, obtemos a recorrência

$$
T_1(n) = T_1(\alpha n) + T_1((1 - \alpha)n) + \Theta(\lg n) \, , \tag{26.8}
$$

em que α encontra-se na faixa $1/4 \le \alpha \le 3/4$. O valor de α pode variar para cada nível de recursão.

Usaremos o método da substituição (ver Seção 4.3) para provar que a recorrência (26.8) tem solução $T_1(n) = O(n)$. (Poderíamos também usar o método de Akra-Bazzi, da Seção 4.7.) Suponha que $T_1(n) \le c_1 n - c_2 \lg n$ para algumas constantes positivas c_1 e c_2. Usando as propriedades dos logaritmos, no Capítulo 2 — particularmente, para deduzir que $\lg \alpha + \lg(1 - \alpha) = -\Theta(1)$ —, a substituição produz

$$\begin{aligned}
T_1(n) &\le (c_1\alpha n - c_2\lg(\alpha n)) + (c_1(1-\alpha)n - c_2\lg((1-\alpha)n)) + \Theta(\lg n) \\
&= c_1(\alpha + (1-\alpha))n - c_2(\lg(\alpha n) + \lg((1-\alpha)n)) + \Theta(\lg n) \\
&= c_1 n - c_2(\lg\alpha + \lg n + \lg(1-\alpha) + \lg n) + \Theta(\lg n) \\
&= c_1 n - c_2\lg n - c_2(\lg n + \lg\alpha + \lg(1-\alpha)) + \Theta(\lg n) \\
&= c_1 n - c_2\lg n - c_2(\lg n - \Theta(1)) + \Theta(\lg n) \\
&\le c_1 n - c_2\lg n \;,
\end{aligned}$$

se escolhermos um valor de c_2 grande o suficiente para que o termo $c_2(\lg n - \Theta(1))$ domine o termo $\Theta(\lg n)$ para um valor de n suficientemente grande. Além disso, podemos escolher um valor de c_1 grande o suficiente para satisfazer aos casos-base $\Theta(1)$ implícitos da recorrência, completando a indução. Os limites inferior e superior de $\Omega(n)$ e $O(n)$ resultam em $T_1(n) = \Theta(n)$, assintoticamente o mesmo trabalho resultante da intercalação serial.

A execução do pseudocódigo no próprio procedimento P-Merge não é adicionada assintoticamente ao trabalho e duração de P-Merge-Aux. O laço **parallel for** nas linhas 3–4 tem duração $\Theta(\lg n)$ em razão do controle do laço, e cada iteração é executada em tempo constante. Assim, a duração $\Theta(\lg^2 n)$ de P-Merge-Aux domina, resultando na duração $\Theta(\lg^2 n)$ geral para P-Merge. O laço **parallel for** contém trabalho $\Theta(n)$, correspondendo ao trabalho assintótico de P-Merge-Aux e gerando o trabalho $\Theta(n)$ global para P-Merge.

Análise da ordenação por intercalação paralela

A "tarefa pesada" já terminou. Agora que determinamos o trabalho e a duração de P-Merge, podemos analisar P-Merge-Sort. Sejam $T_1(n)$ e $T_\infty(n)$ o trabalho e a duração, respectivamente, de P-Merge-Sort sobre um vetor de n elementos. A chamada a P-Merge na linha 10 de P-Merge-Sort domina os custos das linhas 1–3, tanto para o trabalho como para a duração. Portanto, obtemos a recorrência

$$T_1(n) = 2T_1(n/2) + \Theta(n)$$

para o trabalho de P-Merge-Sort, e obtemos a recorrência

$$T_\infty(n) = T_\infty(n/2) + \Theta(\lg^2 n)$$

para a sua duração. A recorrência do trabalho tem solução $T_1(n) = \Theta(n\lg n)$ pelo caso 2 do teorema mestre com $k = 0$. A recorrência da duração tem solução $T_\infty(n) = \Theta(\lg^3 n)$, também pelo caso 2 do teorema mestre, mas com $k = 2$.

A intercalação paralela dá a P-Merge-Sort uma vantagem de paralelismo com relação a P-Merge-Sort-Ingênuo. O paralelismo de P-Merge-Sort-Ingênuo, que chama o procedimento serial Merge, é somente $\Theta(\lg n)$. Para P-Merge-Sort, o paralelismo é

$$\begin{aligned}
T_1(n)/T_\infty(n) &= \Theta(n\lg n)/\Theta(\lg^3 n) \\
&= \Theta(n/\lg^2 n) \;,
\end{aligned}$$

que é muito melhor, tanto na teoria como na prática. Uma boa implementação na prática sacrificaria algum paralelismo adensando o caso-base a fim de reduzir as constantes ocultas pela notação assintótica. Por exemplo, poderíamos passar para uma ordenação serial eficiente, talvez a *quicksort*, quando o número de elementos a serem ordenados fosse suficientemente pequeno.

Exercícios

26.3-1
Explique como adensar o caso-base de P-Merge.

26.3-2
Em vez de encontrar o elemento que é a mediana no subvetor maior, como faz P-Merge, considere uma variante que encontre um elemento mediana de todos os elementos nos dois subvetores ordenados utilizando o resultado do Exercício 9.3-10. Forneça o pseudocódigo para um procedimento eficiente de intercalação paralela que use esse procedimento de encontrar o elemento mediana. Analise seu algoritmo.

26.3-3

Forneça um algoritmo paralelo eficiente para particionar um vetor em torno de um pivô, como faz o procedimento PARTICIONA, no Capítulo 7. Você não precisa particionar o vetor no lugar. Seu algoritmo deve ser o mais paralelo possível. Analise seu algoritmo. (*Sugestão:* talvez você precise de um vetor auxiliar e também de fazer mais de uma passagem pelos elementos de entrada.)

26.3-4

Forneça uma versão paralela de FFT, do Capítulo 30. Sua implementação deve ser a mais paralela possível. Analise seu algoritmo.

★ 26.3-5

Mostre como aplicar o paralelismo a SELECIONA, da Seção 9.3. Sua implementação deve ser a mais paralela possível. Analise seu algoritmo.

Problemas

26-1   Implementar laços paralelos utilizando spawning recursivo

Considere o procedimento paralelo SOMA-VETORES para efetuar adição aos pares em vetores de n elementos $A[1 : n]$ e $B[1 : n]$, armazenando as somas em $C[1 : n]$.

```
SOMA-VETORES(A, B, C, n)
1   parallel for i = 1 to n
2       C[i] = A[i] + B[i]
```

a. Reescreva o laço paralelo em SOMA-VETORES utilizando o *spawning* recursivo à maneira de P-MAT-VET-RECURSIVO. Analise o paralelismo de sua implementação.

Considere a seguinte implementação alternativa do laço paralelo em SOMA-VETORES, que contém um valor *granularidade* a ser especificado:

```
SOMA-VETORES'(A, B, C, n)
1   granularidade = ?              // a ser determinada
2   r = ⌈n/granularidade⌉
3   for k = 0 to r − 1
4       spawn SOMA-SUBVETOR(A, B, C, k · granularidade + 1,
                                 min{(k + 1) · granularidade, n})
5   sync

SOMA-SUBVETOR(A, B, C, i, j)
1   for k = i to j
2       C[k] = A[k] + B[k]
```

b. Suponha que definimos *granularidade* = 1. Qual é o paralelismo resultante?

c. Forneça a fórmula para a duração de SOMA-VETORES' em termos de n e *granularidade*. Deduza o melhor valor para *granularidade* para maximizar o paralelismo.

26-2   Evitar uma matriz temporária na multiplicação recursiva de matrizes

O procedimento P-MULTIPLICA-MATRIZES-RECURSIVO mencionado anteriormente apresenta a desvantagem de ter que alocar uma matriz temporária D de tamanho $n \times n$, o que pode acarretar efeitos adversos nas constantes ocultas pela notação Θ. Todavia, o procedimento realmente tem alto paralelismo: $\Theta(n^3 / \log^2 n)$. Por exemplo, ignorando as constantes na notação Θ, o paralelismo para multiplicar matrizes 1000×1000 chega a aproximadamente $1000^3/10^2 = 10^7$, visto que $\lg 1000 \approx 10$. A maioria dos computadores paralelos tem muito menos que 10 milhões de processadores.

a. Paralelize Multiplica-Matrizes-Recursivo sem usar matrizes temporárias, de modo a reter seu trabalho $\Theta(n^3)$. (*Sugestão:* invoque as chamadas recursivas paralelamente com **spawn**, mas insira um **sync** em um local criteriosamente escolhido para evitar corridas.)

b. Forneça e resolva recorrências para o trabalho e a duração de sua implementação.

c. Analise o paralelismo de sua implementação. Ignorando as constantes na notação Θ, estime o paralelismo em matrizes 1000×1000. Compare com o paralelismo de P-Multiplica-Matrizes-Recursivo e discuta se essa escolha valeria a pena.

26-3   *Algoritmos paralelos com matrizes*
Antes de trabalhar com este problema, pode ser útil ler o Capítulo 28.

a. Paralelize o procedimento Decomposição-LU dando o pseudocódigo para uma versão paralela desse algoritmo. Sua implementação deve ser a mais paralela possível; analise seu trabalho, duração e paralelismo.

b. Faça o mesmo para Decomposição-LUP.

c. Faça o mesmo para Resolve-LUP.

d. Usando a Equação (28.14), escreva o pseudocódigo de um algoritmo paralelo para inverter uma matriz simétrica definida positiva. Sua implementação deve ser a mais paralela possível; analise seu trabalho, duração e paralelismo.

26-4   *Reduções paralelas e cálculos de prefixo (scan)*
Uma $\otimes$-*redução* de um vetor $x[1:n]$, em que $\otimes$ é um operador associativo, é o valor $t = x[1] \otimes x[2] \otimes \ldots \otimes x[n]$. O procedimento Reduz, a seguir, calcula serialmente a $\otimes$-redução de um subvetor $x[i:j]$.

```
Reduz(x, i, j)
1   y = x[i]
2   for k = i + 1 to j
3       y = y ⊗ x[k]
4   return y
```

a. Projete e analise um algoritmo paralelo P-Reduz que utilize o *spawning* recursivo para realizar a mesma função com trabalho $\Theta(n)$ e duração $\Theta(\lg n)$.

Um problema relacionado é o de calcular uma ***computação*** $\otimes$-***prefixo***, por vezes denominada $\otimes$-***scan***, em um vetor $x[1:n]$, em que $\otimes$ é novamente um operador associativo. A computação $\otimes$-prefixo, implementada pelo procedimento Prefixo, produz o vetor $[1:n]$ dado por

$$y[1] = x[1],$$
$$y[2] = x[1] \otimes x[2],$$
$$y[3] = x[1] \otimes x[2] \otimes x[3],$$
$$\vdots$$
$$y[n] = x[1] \otimes x[2] \otimes x[3] \otimes \cdots \otimes x[n],$$

isto é, todos os prefixos do vetor x "somados" utilizando o operador $\otimes$.

```
Prefixo(x, n)
1   seja y[1 : n] um novo vetor
2   y[1] = x[1]
3   for i = 2 to n
4       y[i] = y[i − 1] ⊗ x[i]
5   return y
```

Aplicar o paralelismo a Prefixo não é simples. Por exemplo, mudar o laço **for** para um laço **parallel for** criaria corridas, visto que cada iteração do corpo do laço depende da iteração anterior. Os procedimentos P-Prefixo-1 e P-Prefixo-1-Aux executam a computação prefixo $\otimes$ em paralelo, se bem que ineficientemente.

```
P-Prefixo-1(x, n)
1   seja y[1 : n] um novo vetor
2   P-Prefixo-1-Aux(x, y, 1, n)
3   return y

P-Prefixo-1-Aux(x, y, i, j)
1   parallel for l = i to j
2       y[l] = P-Reduz(x, 1, l)
```

b. Analise trabalho, duração e paralelismo de P-Prefixo-1.

Os procedimentos P-Prefixo-2 e P-Prefixo-2-Aux utilizam o *spawning* recursivo para realizar uma computação $\otimes$-prefixo mais eficiente.

```
P-Prefixo-2(x, n)
1   seja y[1 : n] um novo vetor
2   P-Prefixo-2-Aux(x, y, 1, n)
3   return y

P-Prefixo-2-Aux(x, y, i, j)
1   if i == j
2       y[i] = x[i]
3   else k = ⌊(i + j)/2⌋
4       spawn P-Prefixo-2-Aux(x, y, i, k)
5       P-Prefixo-2-Aux(x, y, k + 1, j)
6       sync
7       parallel for l = k + 1 to j
8           y[l] = y[k] ⊗ y[l]
```

c. Demonstre que P-Prefixo-2 é correto, e analise seu trabalho, duração e paralelismo.

Para melhorarmos P-Prefixo-1 e P-Prefixo-2, podemos executar a computação $\otimes$-prefixo em duas passagens distintas pelos dados. Na primeira passagem, reunimos os termos para vários subvetores contíguos de x em um vetor temporário t, e na segunda passagem usamos os termos em t para calcular o resultado final y. O pseudocódigo nos procedimentos P-Prefixo-3, P-Prefixo-Up e P-Prefixo-Down, a seguir, implementa essa estratégia, mas certas expressões foram omitidas.

d. Preencha as três expressões que faltam na linha 8 de P-Prefixo-Upp e nas linhas 5 e 6 de P-Prefixo-Down. Demonstre que, com as expressões que você forneceu, P-Prefixo-3 é correto. (*Sugestão:* prove que o valor v passado para P-Prefixo-Down(v, x, t, y, i, j) satisfaz $v = x[1] \otimes x[2] \otimes \dots \otimes x[i-1]$.)

e. Analise o trabalho, a duração e o paralelismo de P-Prefixo-3.

f. Descreva como reescrever P-Prefixo-3 de modo que não exija o uso do vetor temporário t.

★ **g.** Forneça um algoritmo P-Prefixo-4(x, n) para uma operação prefixo que opere no local. Ele deverá colocar sua saída em x e exigir apenas um armazenamento auxiliar constante.

h. Descreva um algoritmo paralelo eficiente que utilize uma operação +-prefixo (ou seja, em que o prefixo é a operação de adição) para determinar se uma sequência de parênteses está bem formada. Por exemplo, a sequência ( ) ( ) ( ) está bem formada, mas a sequência (( )) ( ) não está. (*Sugestão:* interprete (como 1 e) como −1, e depois execute uma +-scan.)

P-Prefixo-3(x, n)
1   sejam $y[1 : n]$ e $t[1 : n]$ novos vetores
2   $y[i] = x[i]$
3   **if** $n > 1$
4   P-Prefixo-Up($x, t, 2, n$)
5   P-Prefixo-Down($x[1], x, t, y, 2, n$)
6   **return** y

P-Prefixo-Up(x, t, i, j)
1   **if** $i == j$
2   **return** $x[i]$
3   **else**
4       $k = \lfloor (i + j)/2 \rfloor$
5       $t[k] = $ **spawn** P-Prefixo-Up(x, t, i, k)
6       $direita = $ P-Prefixo-Up($x, t, k + 1, j$)
7   **sync**
8   **return** _____   // preencha o espaço

P-Prefixo-Down(v, x, t, y, i, j)
1   **if** $i == j$
2       $y[i] = v \otimes x[i]$
3   **else**
4       $k = \lfloor (i + j)/2 \rfloor$
5   **spawn** P-Prefixo-Down(_____$, x, t, y, i, k$) // preencha o espaço
6   P-Prefixo-Down(_____$, x, t, y, k + 1, j$)   // preencha o espaço
7   **sync**

26-5   *Paralelismo aplicado a um cálculo simples com estêncil*

A ciência da computação está repleta de algoritmos que exigem que as entradas de um vetor sejam preenchidas com valores dependentes dos valores já calculados de certas entradas vizinhas, com outras informações que não mudam no curso da computação. O padrão de entradas vizinhas não muda durante a computação e é denominado *estêncil*. Por exemplo, a Seção 14.4 apresenta um algoritmo estêncil para calcular uma subsequência comum mais longa, em que o valor na entrada $c[i, j]$ depende somente dos valores em $c[i - 1, j]$, $c[i, j - 1]$ e $c[i - 1, j - 1]$, bem como dos elementos x_i e y_j dentro das duas sequências dadas como entradas. As sequências de entrada são fixas, mas o algoritmo preenche o vetor bidimensional c, de modo a calcular a entrada $c[i, j]$ após calcular todas as três entradas $c[i - 1, j]$, $c[i, j - 1]$ e $c[i - 1, j - 1]$.

Nesse problema, examinamos como usar o *spawning* recursivo para aplicar paralelismo a um cálculo simples com estêncil em um vetor $n \times n$ A, no qual, dos valores em A, o valor colocado dentro da entrada $A[i, j]$ depende somente dos valores em $A[i', j']$, em que $i' \leq i$ e $j' \leq j$ (e, é claro, $i' \neq i$ ou $j' \neq j$). Em outras palavras, o valor em uma entrada depende somente dos valores em entradas que estão acima dele ou à sua esquerda, com a informação estática que está fora do vetor. Além disso, supomos em todo esse problema que, uma vez preenchidas as entradas das quais $A[i, j]$ depende, possamos preencher $A[i, j]$ no tempo $\Theta(1)$ (como no procedimento Comprimento-LCS da Seção 14.4).

Podemos particionar o vetor $n \times n$ A em quatro subvetores $n/2 \times n/2$ da seguinte maneira:

$$A = \begin{pmatrix} A_{11} & A_{12} \\ A_{21} & A_{22} \end{pmatrix}. \tag{26.9}$$

Podemos preencher imediatamente o subvetor A_{11} recursivamente, visto que ele não depende das entradas dos outros três subvetores. Uma vez completado A_{11}, podemos continuar a preencher A_{12} e A_{21} recursivamente em paralelo porque, embora ambos dependam de A_{11}, não dependem um do outro. Por fim, podemos preencher A_{22} recursivamente.

a. Forneça o pseudocódigo paralelo que execute esses cálculos simples com estêncil utilizando um algoritmo de divisão e conquista ESTÊNCIL-SIMPLES baseado na decomposição (26.9) e na discussão anterior. (Não se preocupe com os detalhes do caso-base, que depende de cada estêncil específico.) Forneça e resolva recorrências para o trabalho e a duração desse algoritmo em termos de n. Qual é o paralelismo?

b. Modifique sua solução do item (a) para dividir um vetor $n \times n$ em nove subvetores $n/3 \times n/3$, novamente executando recursão com o máximo de paralelismo possível. Analise esse algoritmo. Mais ou menos quanto paralelismo tem esse algoritmo em comparação com o algoritmo do item (a)?

c. Generalize suas soluções para os itens (a) e (b) da seguinte maneira: escolha um inteiro $b \geq 2$. Divida o vetor $n \times n$ em b^2 subvetores, cada um de tamanho $n/b \times n/b$, executando recursão com o máximo de paralelismo possível. Em termos de n e b, quais são o trabalho, a duração e o paralelismo de seu algoritmo? Demonstre que, utilizando essa abordagem, o paralelismo deve ser $o(n)$ para qualquer escolha de $b \geq 2$. (*Sugestão:* para este último argumento, mostre que o expoente de n no paralelismo é estritamente menor que 1 para qualquer escolha de $b \geq 2$.)

d. Forneça o pseudocódigo para um algoritmo paralelo nesse cálculo simples com estêncil que consiga paralelismo $\Theta(n/\lg n)$. Demonstre, utilizando noções de trabalho e duração, que, na verdade, o problema tem paralelismo inerente $\Theta(n)$. Infelizmente, o simples paralelismo *fork-join* não nos permite conseguir esse paralelismo máximo.

26-6   *Algoritmos paralelos aleatorizados*

Exatamente como ocorre com os algoritmos seriais, algoritmos paralelos podem empregar os geradores de números aleatórios. Este problema explora como adaptar as várias medições de trabalho, duração e paralelismo para tratar o comportamento esperado de algoritmos paralelos orientados a tarefas aleatorizados. O problema pede também que você projete e analise um algoritmo paralelo para a ordenação *quicksort* aleatorizada.

a. Explique como modificar a lei do trabalho (26.2), a lei da duração (26.3) e o limite do escalonador guloso (26.4) para trabalhar com expectativas quando T_P, T_1 e T_∞ são variáveis aleatórias.

b. Considere um algoritmo paralelo aleatorizado para o qual durante 1% do tempo tenhamos $T_1 = 10^4$ e $T_{10.000} = 1$, mas durante 99% do tempo tenhamos $T_1 = T_{10.000} = 10^9$. Explique por que o **fator de aceleração** do algoritmo paralelo aleatorizado deve ser definido como $E[T_1] / E[T_P]$, em vez de $E[T_1/T_P]$.

c. Explique por que o **paralelismo** de um algoritmo paralelo aleatorizado deve ser definido como a razão $E[T_1]/E[T_\infty]$.

d. Aplique paralelismo ao algoritmo QUICKSORT-ALEATORIZADO na Seção 7.4.2 utilizando *spawning* recursivo para produzir P-QUICKSORT-ALEATORIZADO. (Não paralelize PARTICIONA-ALEATORIZADO.)

e. Analise seu algoritmo paralelo para a ordenação *quicksort* aleatorizada. (*Sugestão:* revise a análise de SELEÇÃO-ALEATÓRIA, no Capítulo 9.)

f. Aplique paralelismo ao algoritmo SELEÇÃO-ALEATÓRIA. Seu algoritmo deve ser o mais paralelo possível. Analise seu algoritmo. (*Sugestão:* use o algoritmo de particionamento do Exercício 26.3-3.)

Notas do capítulo

Computadores paralelos e modelos algorítmicos para programação paralela estão por aí há anos, sob diversas formas. Edições anteriores deste livro incluíam material sobre redes de ordenação e sobre o modelo PRAM (*parallel random-access machine* – máquina paralela de acesso aleatório). O modelo de dados paralelo [58, 217] é outro modelo popular de programação algorítmica que apresenta operações com vetores e matrizes como primitivas. A noção de consistência sequencial é creditada a Lamport [275].

Graham [197] e Brent [71] mostraram que existem escalonadores que alcançam os limites do Teorema 26.1. Eager, Zahorjan e Lazowska [129] mostraram que todo escalonador guloso atinge o limite e propuseram a metodologia de uso do trabalho e da duração (embora não com esses nomes) para analisar os algoritmos paralelos. Blelloch [57] desenvolveu um modelo de programação algorítmica baseado em trabalho e duração (que ele denominou "profundidade" da computação) para programação de dados paralelos. Blumofe e Leiserson [63] apresentaram um algoritmo de escalonamento distribuído para computações paralelas orientadas a tarefas, baseado em "roubo de trabalho" aleatorizado, e mostraram que ele alcança o limite $E[T_p] \leq T_1/P + O(T_\infty)$. Arora, Blumofe e Plaxton [20] e Blelloch, Gibbons e Matias [61] também apresentaram algoritmos comprovadamente bons para escalonar computações de tarefas paralelas. A literatura recente contém muitos algoritmos e estratégias para o escalonamento de programas paralelos.

O modelo paralelo de pseudocódigo e programação foi muito influenciado por Cilk [290, 291, 383, 396]. O projeto de código-fonte aberto OpenCilk (www.opencilk.org) oferece programação Cilk como uma extensão às linguagens de programação C e C++. Todos os algoritmos paralelos neste capítulo podem ser codificados diretamente em Cilk.

Preocupações sobre programas paralelos não determinísticos foram expressas por Lee [281] e Bocchino, Adve, Adve e Snir [64]. A literatura de algoritmos contém muitas estratégias algorítmicas (ver, por exemplo, [60, 85, 118, 140, 160, 282, 283, 412, 461]) para detectar corridas e estender o modelo *fork-join* a fim de evitar ou incluir com segurança vários tipos de não determinismo. Blelloch, Fineman, Gibbons e Shun [59] mostraram que os algoritmos paralelos determinísticos muitas vezes podem ser tão rápidos ou até mais rápidos do que seus equivalentes não determinísticos.

Muitos dos algoritmos paralelos deste capítulo apareceram em notas não publicadas de conferências realizadas por C. E. Leiserson e H. Prokop, e foram implementados em Cilk. O algoritmo paralelo de ordenação por intercalação foi inspirado em um algoritmo de Akl [12].

27 Algoritmos *On-line*

A maioria dos problemas descritos neste livro pressupôs que a entrada inteira estivesse disponível antes que o algoritmo fosse executado. Porém, em muitas situações, a entrada não está disponível antecipadamente, mas apenas quando o algoritmo é executado. Essa ideia estava implícita em grande parte da discussão sobre estruturas de dados na Parte III. É bem provável que a razão pela qual você deseja projetar, por exemplo, uma estrutura de dados que possa lidar com n operações INSERE, REMOVE e BUSCA em tempo $O(\lg n)$ por operação, é que você receberá n dessas solicitações de operação sem saber, com antecedência, quais operações virão. Essa ideia também estava implícita na análise amortizada do Capítulo 16, em que vimos como manter uma tabela que possa aumentar ou diminuir em resposta a uma sequência de operações de inserção e exclusão, mas com um custo amortizado constante por operação.

Um *algoritmo on-line* recebe sua entrada progressivamente ao longo do tempo, em vez de ter a entrada inteira disponível no início, como em um *algoritmo off-line*. Os algoritmos *on-line* pertencem a muitas situações em que as informações chegam gradualmente. Um corretor de ações deve tomar decisões hoje, sem saber quais serão os preços amanhã, embora queira obter bons retornos. Um sistema de computador deve escalonar as tarefas que chegam sem saber qual tarefa precisará ser feita no futuro. O gerente de uma loja precisa decidir quando pedir mais estoque sem saber qual será a demanda futura. Um motorista de serviço de aplicativo deve decidir se vai aceitar uma corrida sem saber quem solicitará corridas no futuro. Em cada uma dessas situações, e em muitas outras, as decisões algorítmicas devem ser tomadas sem conhecimento do futuro.

Existem várias abordagens para lidar com entradas futuras desconhecidas. Uma delas é formar um modelo probabilístico de entradas futuras e projetar um algoritmo que assuma que as entradas futuras estão de acordo com o modelo. Essa técnica é comum, por exemplo, no campo da teoria das filas, e também está relacionada com o aprendizado de máquina. É claro que você pode não ser capaz de desenvolver um modelo probabilístico viável, ou, mesmo se puder, algumas entradas podem não estar em conformidade com ele. Este capítulo adota uma abordagem diferente. Em vez de assumir qualquer coisa sobre a entrada futura, empregamos uma estratégia conservadora de limitar uma solução ruim para qualquer entrada.

Portanto, este capítulo adota uma abordagem de pior caso, projetando algoritmos *on-line* que garantam a qualidade da solução para todas as possíveis entradas futuras. Analisaremos algoritmos *on-line* comparando a solução produzida pelo algoritmo *on-line* com uma solução produzida por um algoritmo ótimo que conhece as entradas futuras e tomando uma proporção de pior caso sobre todas as instâncias possíveis. Chamamos essa metodologia de *análise competitiva*. Usaremos uma abordagem semelhante quando estudarmos algoritmos de aproximação no Capítulo 35, no qual compararemos a solução retornada por um algoritmo que pode ser inferior ao valor da solução ótima e determinaremos uma proporção de pior caso sobre todas as instâncias possíveis.

Começamos com um problema "básico": decidir entre elevador e escadas. Esse problema apresentará a metodologia básica de pensar sobre algoritmos *on-line* e como analisá-los por meio de análise competitiva. Em seguida, examinaremos dois problemas que usam a análise competitiva. O primeiro é como manter uma lista de pesquisa para que o tempo de acesso não seja muito grande, e o segundo é sobre estratégias para decidir quais blocos de *cache* remover de um *cache* ou outro tipo de memória rápida do computador.

27.1 Espera por elevador

Nosso primeiro exemplo de algoritmo *on-line* modela um problema que você provavelmente já encontrou: se deve esperar o elevador chegar ou simplesmente subir as escadas. Suponha que você entre em um prédio e queira visitar um escritório que fica no andar k. Existem duas opções: subir pelas escadas ou pegar o elevador. Vamos supor, por conveniência, que você pode subir as escadas na velocidade de um andar por minuto. O elevador viaja muito mais rápido do que você pode subir as escadas: ele pode subir todos os k andares em apenas um minuto. Seu dilema é que você não sabe quanto tempo levará até que o elevador chegue ao térreo para buscá-lo. Você deve pegar o elevador ou subir pelas escadas? O que decide?

Vamos analisar o problema. Subir as escadas leva k minutos, não importa a quantidade de andares. Suponha que você saiba que o elevador leva no máximo $B - 1$ minutos para chegar, para algum valor de B consideravelmente maior que k. (O elevador pode estar subindo quando você o chama e depois parar em vários andares enquanto desce.) Para simplificar, vamos supor também que o número de minutos para o elevador chegar seja um número inteiro. Portanto, esperar pelo elevador e subir k andares leva de um minuto (se o elevador já estiver no andar térreo) a $(B - 1) + 1 = B$ minutos (o pior caso). Embora você conheça B e k, não sabe quanto tempo o elevador levará para chegar desta vez. Você pode usar a análise competitiva para tomar uma decisão sobre usar as escadas ou o elevador. No espírito da análise competitiva, você quer ter certeza de que, não importa o que o futuro traga (ou seja, quanto tempo o elevador levará para chegar), não esperará muito mais do que um vidente que sabe quando o elevador chegará.

Vamos considerar primeiro o que o vidente faria. Se o vidente sabe que o elevador chegará em no máximo $k - 1$ minutos, ele espera o elevador, caso contrário, ele sobe as escadas. Se m indicar o número de minutos que leva para o elevador chegar ao andar térreo, podemos expressar o tempo que o vidente gasta como a função

$$t(m) = \begin{cases} m + 1 & \text{se } m \leq k - 1, \\ k & \text{se } m \geq k. \end{cases} \tag{27.1}$$

Normalmente, avaliamos algoritmos *on-line* por sua ***razão competitiva***. Seja $\mathcal{U}$ o conjunto (universo) de todas as entradas possíveis e considere algumas entradas $I \in \mathcal{U}$. Para um problema de minimização, como o problema escada *versus* elevador, se um algoritmo *on-line* A produzir uma solução com valor $A(I)$ sobre a entrada I e a solução de um algoritmo F que conhece o futuro tiver valor $F(I)$ sobre a mesma entrada, então a razão competitiva do algoritmo A será

$$\max\{A(I)/F(I) : I \in \mathcal{U}\}.$$

Se um algoritmo *on-line* tem uma razão competitiva de c, dizemos que ele é ***c-competitivo***. A razão competitiva é sempre pelo menos 1, de modo que queremos um algoritmo *on-line* com razão competitiva o mais próximo possível de 1.

No problema da escada *versus* elevador, a única entrada é o tempo para o elevador chegar. O algoritmo F conhece essa informação, mas um algoritmo *on-line* precisa tomar uma decisão sem saber quando o elevador chegará. Considere o algoritmo "sempre subir pelas escadas", que sempre leva exatamente k minutos. Usando a Equação (27.1), a razão competitiva é

$$\max\{k/t(m) : 0 \leq m \leq B - 1\}. \tag{27.2}$$

Enumerando os termos na Equação (27.2), obtemos a seguinte razão competitiva:

$$\max\left\{\frac{k}{1}, \frac{k}{2}, \frac{k}{3}, \ldots, \frac{k}{(k-1)}, \frac{k}{k}, \frac{k}{k}, \ldots, \frac{k}{k}\right\} = k,$$

de modo que a razão competitiva é k. O máximo é alcançado quando o elevador chega imediatamente. Nesse caso, subir as escadas requer k minutos, mas a solução ótima leva apenas 1 minuto.

Agora, vamos considerar a abordagem contrária: "sempre pegar o elevador". Se o elevador leva m minutos para chegar ao térreo, esse algoritmo sempre levará $m + 1$ minutos. Assim, a razão competitiva torna-se

$$\max\{(m + 1)/t(m) : 0 \leq m \leq B - 1\},$$

que podemos novamente enumerar como

$$\max\left\{\frac{k}{1}, \frac{k}{2}, \frac{k}{3}, \ldots, \frac{k}{(k-1)}, \frac{k}{k}, \frac{k}{k}, \ldots, \frac{k}{k}\right\} = k,$$

Agora, o máximo é alcançado quando o elevador leva $B - 1$ minutos para chegar, em comparação com a abordagem ótima de subir as escadas, que requer k minutos.

Assim, o algoritmo "sempre subir pelas escadas" tem razão competitiva k, e o algoritmo "sempre pegar o elevador" tem razão competitiva B/k. Como preferimos o algoritmo com menor razão competitiva, se $k = 10$ e $B = 300$, preferimos "sempre subir pelas escadas", com razão competitiva 10, a "sempre pegar o elevador", com razão competitiva 30. Subir pelas escadas não é sempre melhor, ou necessariamente melhor com mais frequência. Só que subir pelas escadas protege melhor contra o pior caso futuro.

No entanto, essas duas abordagens de sempre subir pelas escadas e sempre usar o elevador são soluções extremas. Em vez disso, você pode "proteger suas apostas" e se preparar ainda melhor para um futuro pessimista. Em particular, você pode esperar um pouco pelo elevador e, se ele não chegar, subir as escadas. Quanto tempo é "um pouco"? Digamos que "um pouco" é k minutos. Então, o tempo $h(m)$ exigido por essa estratégia de proteção, em função do número m de minutos antes da chegada do elevador, é

$$h(m) = \begin{cases} m + 1 & \text{se } m \leq k \text{ ,} \\ 2k & \text{se } m > k \text{ .} \end{cases}$$

No segundo caso, $h(m) = 2k$, porque você espera k minutos e depois sobe pelas escadas por k minutos. A razão competitiva agora se torna

$$\max \{h(m)/t(m) : 0 \leq m \leq B - 1\} \ .$$

Enumerando essa razão, obtemos

$$\max \left\{ \frac{1}{1}, \frac{2}{2}, \ldots, \frac{k}{k}, \frac{k+1}{k}, \frac{2k}{k}, \frac{2k}{k}, \frac{2k}{k}, \ldots, \frac{2k}{k} \right\} = 2 \ .$$

A razão competitiva agora é *independente* de k e B.

Este exemplo ilustra uma filosofia comum nos algoritmos *on-line*: queremos um algoritmo que proteja contra qualquer pior caso possível. Inicialmente, esperar pelo elevador protege contra o caso em que o elevador chega rápido, mas eventualmente optar pelas escadas protege contra o caso em que o elevador demora muito para chegar.

Exercícios

27.1-1

Suponha que, ao fazer a proteção de suas apostas, você espere p minutos, em vez de k minutos, antes de subir as escadas. Qual é a razão competitiva em função de p e k? Como você deve escolher p de modo a minimizar a razão competitiva?

27.1-2

Imagine que você decidiu praticar esqui nas montanhas. Suponha que um par de esquis custe r dólares para alugar por um dia e b dólares para comprar, em que $b > r$. Se você soubesse com antecedência quantos dias iria esquiar, sua decisão de alugar ou comprar seria fácil. Se você vai esquiar por pelo menos $\lceil b/r \rceil$ dias, então deve comprar esquis, caso contrário, você deve alugar. Essa estratégia minimiza o total que você gastará. Na realidade, você não sabe com antecedência quantos dias vai esquiar. Mesmo depois de esquiar várias vezes, você ainda não sabe quantas vezes mais esquiará. No entanto, você não quer desperdiçar seu dinheiro. Forneça e analise um algoritmo que tenha uma razão competitiva de 2, ou seja, um algoritmo que garanta que, por mais que você esquie, jamais gastará mais do que o dobro do que terá gastado se souber desde o início quantas vezes você irá esquiar.

27.1-3

No "jogo da memória" solitário, um jogo para uma pessoa, você tem n pares de cartas correspondentes. O verso das cartas é todo igual, mas a frente contém fotos de animais. Um par tem fotos de porcos, um par tem fotos de ursos, um par tem fotos de camelos e assim por diante. No início do jogo, as cartas são todas viradas para baixo. A cada rodada, você pode virar duas cartas para revelar suas imagens. Se as imagens combinarem, esse par é retirado do jogo. Se eles não combinarem, você os vira, escondendo suas fotos novamente.

O jogo termina quando você remove todos os *n* pares e sua pontuação é quantas rodadas você precisou para fazer isso. Suponha que você possa se lembrar da imagem em cada cartão que viu. Forneça um algoritmo para o jogo da memória que tenha uma razão competitiva de 2.

27.2 Manutenção de uma lista de busca

O próximo exemplo de algoritmo *on-line* refere-se à manutenção da ordem dos elementos em uma lista encadeada, como na Seção 10.2. Esse problema geralmente aparece na prática para tabelas *hash* quando as colisões são resolvidas por encadeamento (ver Seção 11.2), pois cada posição contém uma lista encadeada. Reordenar a lista encadeada de elementos em cada posição da tabela *hash* pode aumentar o desempenho das pesquisas de forma mensurável.

O problema de manutenção de lista pode ser definido da seguinte maneira. Você recebe uma lista *L* de *n* elementos $\{x_1, x_2, ..., x_n\}$. Assumiremos que a lista está duplamente encadeada, embora os algoritmos e a análise funcionem tão bem quanto para listas simplesmente encadeadas. Indicamos a posição do elemento x_i na lista *L* por $r_L(x_i)$, em que $1 \le r_L(x_i) \le n$. A chamada de Busca-Lista(L, x_i) no Capítulo 10, portanto, leva o tempo $\Theta(r_L(x_i))$.

Se você sabe com antecedência algo sobre a distribuição de solicitações de pesquisa, faz sentido organizar a lista com antecedência para colocar os elementos buscados com mais frequência mais próximos à frente, o que reduz o custo total (ver Exercício 27.2-1). Se, em vez disso, você não tiver qualquer ideia da sequência de busca, não importa como organize a lista, é possível que toda busca seja para qualquer elemento que apareça no fim da lista. O tempo total de busca seria então $\Theta(nm)$, em que *m* é o número de buscas.

Se você perceber padrões na sequência de acesso ou observar diferenças nas frequências em que os elementos são acessados, pode ser desejável reorganizar a lista enquanto executa as buscas. Por exemplo, se você descobrir que toda busca é para determinado elemento, poderá mover esse elemento para o início da lista. Em geral, você pode reorganizar a lista após cada chamada para Busca-Lista. Mas como você faria isso sem conhecer o futuro? Afinal, não importa como você mova os elementos, toda pesquisa pode ser para o último elemento.

Mas acontece que algumas sequências de pesquisa são "mais fáceis" do que outras. Em vez de apenas avaliarmos o desempenho na sequência de pior caso, vamos comparar um esquema de reorganização com o que um algoritmo *off-line* ideal faria se conhecesse a sequência de busca com antecedência. Dessa forma, se a sequência for fundamentalmente difícil, o algoritmo *off-line* ideal também a achará difícil, mas se a sequência for fácil, pode-se esperar um desempenho razoavelmente bom.

Para facilitarmos a análise, descartaremos a notação assintótica e diremos que o custo é apenas *i* para buscar o *i*-ésimo elemento na lista. Vamos supor também que a única maneira de reordenar os elementos na lista é trocando dois elementos adjacentes nela contidos. Como a lista é duplamente encadeada, cada troca incorre em um custo de 1. Assim, por exemplo, uma busca pelo sexto elemento seguida de seu avanço duas casas (implicando duas trocas) incorre em um custo total de 8. O objetivo é minimizar o custo total de chamadas para Busca-Lista mais o número total de trocas realizadas.

O algoritmo *on-line* que exploraremos é Move-Para-Início(L, x). Esse procedimento primeiro procura por *x* na lista duplamente encadeada *L* e, em seguida, move *x* para a frente da lista.[1] Se *x* está localizado na posição $r = r_L(x)$ antes da chamada, Move-Para-Início troca *x* pelo elemento na posição $r - 1$, depois com o elemento na posição $r - 2$ e assim por diante, até finalmente trocar *x* pelo elemento na posição 1. Assim, se a chamada Move-Para-Início$(L, 8)$ for executada na lista $L = \langle 5, 3, 12, 4, 8, 9, 22 \rangle$, a lista torna-se $\langle 8, 5, 3, 12, 4, 9, 22 \rangle$. A chamada Move-Para-Início(L, k) custa $2r_L(k) - 1$: custa $r_L(k)$ para procurar *k* e custa 1 para cada uma das trocas $r_L(k) - 1$ que movem *k* para o início da lista.

Veremos que Move-Para-Início tem uma razão competitiva de 4. Vamos pensar sobre o que isso significa. O Move-Para-Início executa uma série de operações em uma lista duplamente encadeada, acumulando o custo.

---

[1] A heurística de compressão de caminho na Seção 19.3 se assemelha a Move-Para-Início, embora seja expressa com mais precisão como "move-para-próximo-ao-início". Ao contrário de Move-Para-Início em uma lista duplamente encadeada, a compressão de caminho pode realocar vários elementos para se tornarem "próximos ao início".

		PREVÊ					MOVE-PARA-INÍCIO			
				Custo da					Custo da	
Elemento		Custo	Custo	busca	Custo		Custo	Custo	busca	Custo
buscado	L	da busca	da troca	+ troca	cumulativo	L	da busca	da troca	+ troca	cumulativo
5	$(1, 2, 3, 4, 5)$	5	0	5	5	$(1, 2, 3, 4, 5)$	5	4	9	9
3	$(1, 2, 3, 4, 5)$	3	3	6	11	$(5, 1, 2, 3, 4)$	4	3	7	16
4	$(4, 1, 2, 3, 5)$	1	0	1	12	$(3, 5, 1, 2, 4)$	5	4	9	25
4	$(4, 1, 2, 3, 5)$	1	0	1	13	$(4, 3, 5, 1, 2)$	1	0	1	26

Figura 27.1 Custos incorridos pelos procedimentos PREVÊ e MOVE-PARA-INÍCIO na busca dos elementos 5, 3, 4 e 4, começando pela lista $L = \langle 1, 2, 3, 4, 5 \rangle$. Se PREVÊ, em vez disso, movesse 3 para a frente após a busca por 5, o custo cumulativo não mudaria, e também não mudaria se 4 fosse movido para a segunda posição após a busca por 5.

Por comparação, suponha que exista um algoritmo PREVÊ que conhece o futuro. Assim como MOVE-PARA-INÍCIO, ele também faz uma busca na lista e move os elementos, mas depois de cada chamada ele reorganiza a lista de um modo que seja ideal para o futuro. (Pode haver mais de uma ordem ideal.) Portanto, PREVÊ e MOVE-PARA-INÍCIO mantêm listas diferentes dos mesmos elementos.

Considere o exemplo mostrado na Figura 27.1. Começando com a lista $\langle 1, 2, 3, 4, 5 \rangle$, ocorrem quatro buscas, para os elementos 5, 3, 4 e 4. O procedimento hipotético PREVÊ, após buscar 3, move 4 para a frente da lista, sabendo que uma busca por 4 é iminente. Assim, ele incorre em um custo de troca de 3 em sua segunda chamada, após a qual não ocorre qualquer outro custo de troca. MOVE-PARA-INÍCIO incorre em custos de troca em cada etapa, movendo o elemento encontrado para o início. Neste exemplo, MOVE-PARA-INÍCIO tem um custo maior em cada etapa, mas isso nem sempre acontece.

A chave para provar o limite competitivo é mostrar que, em qualquer ponto, o custo total de MOVE-PARA-INÍCIO não é muito maior do que o de PREVÊ. Surpreendentemente, podemos determinar um limite nos custos incorridos por MOVE-PARA-INÍCIO com relação a PREVÊ, embora MOVE-PARA-INÍCIO não possa ver o futuro.

Se compararmos qualquer etapa em particular, MOVE-PARA-INÍCIO e PREVÊ podem estar operando em listas muito diferentes e realizar coisas muito diferentes. No exemplo anterior, se focamos na busca por 4, observamos que PREVÊ realmente o move mais cedo para o início da lista, pagando para mover o elemento até o início antes de ser acessado. Para capturarmos esse conceito, usamos a ideia de uma *inversão*: um par de elementos, digamos a e b, em que a aparece antes de b em uma lista, mas b aparece antes de a em outra lista. Para duas listas L e L', seja $I(L, L')$, chamado de **contagem de inversões**, indica o número de inversões entre as duas listas, ou seja, o número de pares de elementos cuja ordem difere nas duas listas. Por exemplo, com as listas $L = \langle 5, 3, 1, 4, 2 \rangle$ e $L' = \langle 3, 1, 2, 4, 5 \rangle$, então dos $\binom{5}{2} = 10$ pares, exatamente cinco deles — $(1, 5), (2, 4), (2, 5), (3, 5), (4, 5)$ — são inversões, pois esses pares, e apenas esses pares, aparecem em ordens diferentes nas duas listas. Assim, a contagem de inversão é $I(L, L') = 5$.

Para analisarmos o algoritmo, definimos a seguinte notação. Seja L_i^M a lista mantida por MOVE-PARA-INÍCIO imediatamente após a i-ésima busca e, de modo semelhante, seja a lista de PREVÊ imediatamente após a i-ésima busca. Sejam L_i^F e c_i^F os custos incorridos por MOVE-PARA-INÍCIO e PREVÊ em suas i-ésimas chamadas, respectivamente. Não sabemos quantas trocas o PREVÊ realiza em sua i-ésima chamada, mas indicaremos esse número por t_i. Portanto, se a i-ésima operação for uma busca pelo elemento x, então

$$c_i^M = 2r_{L_{i-1}^M}(x) - 1 \,, \tag{27.3}$$

$$c_i^F = r_{L_{i-1}^F}(x) + t_i \,. \tag{27.4}$$

Para compararmos esses custos com mais cuidado, vamos decompor os elementos em subconjuntos, dependendo de suas posições nas duas listas anteriores à i-ésima busca, com relação ao elemento x procurado na i-ésima busca. Definimos três conjuntos:

$BB = \{$elementos antes de x em L_{i-1}^M e em $L_{i-1}^F\}$,

$BA = \{$elementos antes de x em L_{i-1}^M mas depois de x em $L_{i-1}^F\}$,

$AB = \{$elementos depois de x em L_{i-1}^M mas antes de x em $L_{i-1}^F\}$.

Agora, podemos relacionar a posição do elemento x em L_{i-1}^M e L_{i-1}^F com os tamanhos desses conjuntos:

$$r_{L_{i-1}^M}(x) = |BB| + |BA| + 1 \,, \tag{27.5}$$

$$r_{L_{i-1}^F}(x) = |BB| + |AB| + 1 \,. \tag{27.6}$$

Quando ocorre troca em uma das listas, ela altera as posições relativas dos dois elementos envolvidos, o que, por sua vez, altera a contagem de inversão. Suponha que os elementos x e y sejam trocados em alguma lista. Então, a única diferença possível na contagem de inversões entre esta lista e *qualquer* outra lista depende se (x, y) é uma inversão. Na verdade, a contagem de inversões de (x, y) com relação a qualquer outra lista *deve* mudar. Se (x, y) é uma inversão antes da troca, não é mais depois dela, e vice-versa. Portanto, se dois elementos consecutivos x e y trocam de posição em uma lista L, então, para qualquer outra lista L', o valor da contagem de inversões $I(L, L')$ aumenta em 1 ou diminui em 1.

Ao compararmos MOVE-PARA-INÍCIO e PREVÊ pesquisando e modificando suas listas, pensaremos em MOVE-PARA-INÍCIO executando em sua lista pela i-ésima vez e então PREVÊ executando em sua lista pela i-ésima vez. Após MOVE-PARA-INÍCIO ser executado pela i-ésima vez e antes de PREVÊ ser executado pela i-ésima vez, vamos comparar $I(L_{i-1}^M, L_{i-1}^F)$ (a contagem de inversões imediatamente antes da i-ésima chamada de MOVE-PARA-INÍCIO) com $I(, L_{i-1}^F)$ (a contagem de inversão após a i-ésima chamada de MOVE-PARA-INÍCIO, mas antes da i-ésima chamada de PREVÊ). Vamos nos preocupar mais tarde com o que PREVÊ faz.

Vamos analisar o que acontece com a contagem de inversões após executar a i-ésima chamada de MOVE-PARA-INÍCIO, e suponha que ela busque o elemento x. Mais precisamente, calcularemos $I(, L_{i-1}^F) - I(L_{i-1}^M, L_{i-1}^F)$, a mudança na contagem de inversões, que dá uma ideia aproximada de quanto a lista de MOVE-PARA-INÍCIO se torna mais ou menos parecida com a lista de PREVÊ. Após a busca, o MOVE-PARA-INÍCIO executa uma série de trocas com cada um dos elementos da lista L_{i-1}^M que precede x. Usando a notação anterior, o número dessas trocas é $|BB| + |BA|$. Tendo em mente que a lista L_{i-1}^F ainda não foi alterada pela i-ésima chamada de PREVÊ, vamos ver como a contagem de inversões muda.

Considere uma troca com um elemento $y \in BB$. Antes da troca, y precede x em L_{i-1}^M e L_{i-1}^F. Após a troca, x precede y em , e L_{i-1}^F não muda. Portanto, a contagem de inversões aumenta em 1 para cada elemento em BB. Agora, considere uma troca com um elemento $z \in BA$. Antes da troca, z precede x em L_{i-1}^M, mas x precede z em L_{i-1}^F. Após a troca, x precede z em ambas as listas. Portanto, a contagem de inversões diminui em 1 para cada elemento em BA. Assim, no total, a contagem de inversões aumenta em

$$I(L_i^M, L_{i-1}^F) - I(L_{i-1}^M, L_{i-1}^F) = |BB| - |BA| \,. \tag{27.7}$$

Com isso, estabelecemos a base necessária para analisarmos MOVE-PARA-INÍCIO.

Teorema 27.1

O algoritmo MOVE-PARA-INÍCIO tem uma razão competitiva de 4.

Prova A prova usa uma função potencial, conforme descrito no Capítulo 16, sobre análise amortizada. O valor Φ_i da função potencial após as i-ésimas chamadas de MOVE-PARA-INÍCIO e PREVÊ depende da contagem de inversões:

$$\Phi_i = 2I(L_i^M, L_i^F) \,.$$

(Intuitivamente, o fator de 2 incorpora a noção de que cada inversão representa um custo de 2 para MOVE-PARA-INÍCIO com relação a PREVÊ: 1 para busca e 1 para troca.) Pela Equação (27.7), após a i-ésima chamada de MOVE-PARA-INÍCIO, mas antes da i-ésima chamada de PREVÊ, o potencial aumenta de $2(|BB| - |BA|)$. Como a contagem de inversões das duas listas é não negativa, temos $\Phi_i \geq 0$ para todo $i \geq 0$. Supondo que MOVE-PARA-INÍCIO e PREVÊ começam com a mesma lista, o potencial inicial Φ_0 é 0, de modo que $\Phi_i \geq \Phi_0$ para todo i.

Usando a Equação (16.2) do Capítulo 16, o custo amortizado $\hat{c}_i^M$ da i-ésima operação MOVE-PARA-INÍCIO é

$$\hat{c}_i^M = c_i^M + \Phi_i - \Phi_{i-1} \,,$$

em que c_i^M, o custo real da i-ésima operação de MOVE-PARA-INÍCIO, é dado pela Equação (27.3):

$$c_i^M = 2r_{L_{i-1}^M}(x) - 1 \ .$$

Vejamos a variação potencial $\Phi_i - \Phi_{i-1}$. Como L^M e L^F variam, vamos considerar as mudanças em uma lista de cada vez. Lembre-se de que, quando MOVE-PARA-INÍCIO move o elemento x para a frente, ele aumenta o potencial em exatamente $2(|BB| - |BA|)$. Agora, vejamos como o algoritmo ótimo PREVÊ altera sua lista L^F: ele realiza t_i trocas. Cada troca realizada por PREVÊ aumenta ou diminui o potencial em 2 e, portanto, o aumento do potencial de PREVÊ na i-ésima chamada pode ser no máximo $2t_i$. Portanto, temos

$$
\begin{aligned}
\hat{c}_i^M &= c_i^M + \Phi_i - \Phi_{i-1} \\
&\leq 2r_{L_{i-1}^M}(x) - 1 + 2(|BB| - |BA| + t_i) \\
&= 2r_{L_{i-1}^M}(x) - 1 + 2(|BB| - (r_{L_{i-1}^M}(x) - 1 - |BB|) + t_i) \\
&\qquad\qquad\qquad\qquad \text{(pela Equação (27.5))} \\
&= 4|BB| + 1 + 2t_i \\
&\leq 4|BB| + 4|AB| + 4 + 4t_i \qquad \text{(aumentando alguns termos)} \\
&= 4(|BB| + |AB| + 1 + t_i) \\
&= 4(r_{L_{i-1}^F}(x) + t_i) \qquad\qquad \text{(pela Equação (27.6))} \\
&= 4c_i^F \qquad\qquad\qquad\qquad \text{(pela Equação (27.4)).}
\end{aligned}
\tag{27.8}
$$

Aqui, terminamos a prova como no Capítulo 16, mostrando que o custo amortizado total fornece um limite superior para o custo real total, porque a função potencial inicial é 0 e a função potencial é sempre não negativa. Pela Equação (16.3), para qualquer sequência de m operações MOVE-PARA-INÍCIO, temos

$$
\begin{aligned}
\sum_{i=1}^m \hat{c}_i^M &= \sum_{i=1}^m c_i^M + \Phi_m - \Phi_0 \\
&\geq \sum_{i=1}^m c_i^M \qquad \text{(porque } \Phi_m \geq \Phi_0\text{).}
\end{aligned}
\tag{27.9}
$$

Portanto, temos

$$
\begin{aligned}
\sum_{i=1}^m c_i^M &\leq \sum_{i=1}^m \hat{c}_i^M \qquad \text{(pela Equação (27.9))} \\
&\leq \sum_{i=1}^m 4c_i^F \qquad \text{(pela Equação (27.8))} \\
&= 4\sum_{i=1}^m c_i^F \ .
\end{aligned}
$$

Assim, o custo total das m operações de MOVE-PARA-INÍCIO é, no máximo, 4 vezes o custo total das operações de PREVÊ, de modo que MOVE-PARA-INÍCIO é 4-competitivo.   ∎

Não é incrível podermos comparar MOVE-PARA-INÍCIO com o algoritmo ótimo PREVÊ quando não temos ideia das trocas que PREVÊ faz? Conseguimos relacionar o desempenho do MOVE-PARA-INÍCIO com o algoritmo ideal, capturando como as propriedades específicas (trocas, neste caso) devem evoluir com relação ao algoritmo ótimo, sem realmente conhecermos o algoritmo ótimo.

O algoritmo *on-line* MOVE-PARA-INÍCIO tem razão competitiva de 4: em qualquer sequência de entrada, incorre em um custo no máximo 4 vezes o de qualquer outro algoritmo. Em uma sequência de entrada específica, pode custar muito menos do que 4 vezes o algoritmo ideal, talvez até igualando o algoritmo ideal.

Exercícios

27.2-1

Você recebe um conjunto $S = \{x_1, x_2, ..., x_n\}$ de n elementos, e deseja criar uma lista estática L (sem rearrumar depois que a lista for criada) contendo os elementos de S que são bons para busca. Suponha que você tem uma distribuição de probabilidade, em que $p(x_i)$ é a probabilidade de que determinada busca procure o elemento x_i. Demonstre que o custo esperado para m buscas é

$$m \sum_{i=1}^{n} p(x_i) \cdot r_L(x_i) .$$

Prove que essa soma é minimizada quando os elementos de L estão em ordem decrescente com relação a $p(x_i)$.

27.2-2

O professor Carnac afirma que, como Prevê é um algoritmo ótimo que conhece o futuro, a cada etapa ele não deve incorrer em mais custos do que o Move-Para-Início. Prove que o professor Carnac está correto ou forneça um contraexemplo.

27.2-3

Outra forma de manter uma lista encadeada para a busca eficiente é que cada elemento mantenha uma ***contagem de frequência***: o número de vezes que o elemento foi procurado. A ideia é rearrumar os elementos da lista após as buscas, para que a lista seja sempre ordenada por contagem decrescente de frequência, da maior para a menor. Mostre que esse algoritmo é $O(1)$-competitivo ou prove que ele não é.

27.2-4

O modelo analisado nesta seção cobrou um custo de 1 para cada troca. Podemos considerar um modelo de custo alternativo em que, depois de acessar x, você pode mover x para qualquer lugar anterior na lista, sem custo para fazer isso. O único custo refere-se ao custo dos próprios acessos. Mostre que Move-Para-Início é 2-competitivo nesse modelo de custo, supondo que o número de solicitações seja suficientemente grande. (*Sugestão:* use a função potencial $\Phi_i = I(L_i^M, L_i^F)$.)

27.3   *Caching on-line*

Na Seção 15.4, estudamos o problema do *caching*, no qual **blocos** de dados da memória principal de um computador são armazenados em **cache**: uma memória pequena, porém mais rápida. Naquela seção, estudamos a versão *off-line* do problema, na qual consideramos que conhecíamos a sequência de solicitações de memória com antecedência e projetamos um algoritmo para minimizar o número de falhas da *cache*. Em quase todos os sistemas de computador, a *cache* é, de fato, um problema *on-line*. Geralmente, não sabemos com antecedência a série de solicitações de *cache*; elas são apresentadas ao algoritmo apenas quando realmente se fazem as solicitações de blocos. Para entendermos melhor esse cenário mais realista, analisamos os algoritmos *on-line* para uso da *cache*. Primeiro, veremos que todos os algoritmos *on-line* determinísticos para armazenamento em *cache* têm um limite inferior de $\Omega(k)$ para a razão competitiva, em que k é o tamanho da *cache*. Apresentaremos, então, um algoritmo com razão competitiva de $\Theta(n)$, em que o tamanho da entrada é n, e outro com razão competitiva de $O(k)$, que corresponde ao limite inferior. Terminaremos mostrando como usar a aleatoriedade para projetar um algoritmo com uma razão competitiva muito melhor, de $\Theta(\lg k)$. Também discutiremos as suposições subjacentes aos algoritmos *on-line* aleatórios, a partir da noção de um adversário, como vimos no Capítulo 11 e ainda veremos no Capítulo 31.

A terminologia usada para descrever o problema de *cache* pode ser encontrada na Seção 15.4, que talvez você queira revisar antes de prosseguir.

27.3.1 Algoritmos determinísticos de *caching*

No problema de *caching*, a entrada compreende uma sequência de n solicitações de memória, para dados nos blocos $b_1, b_2, ..., b_n$, nessa ordem. Os blocos solicitados não são necessariamente distintos: cada bloco pode aparecer várias vezes dentro da sequência de solicitação. Depois que o bloco b_i é solicitado, ele reside em uma *cache* que pode conter até k blocos, em que k é um tamanho de *cache* fixo. Vamos supor que $n > k$, pois, caso contrário, temos certeza de que a *cache* poderia conter todos os blocos solicitados de uma só vez. Quando um bloco b_i é solicitado, se já estiver em *cache*, ocorre um **acerto na cache** e a *cache* permanece inalterada. Se b_i não estiver em *cache*, ocorrerá uma **falha da cache**. Se a *cache* contiver menos de k blocos após uma falha da *cache*, o bloco b_i será colocado na *cache*, que agora contém um bloco a mais do que antes. Se houver uma falha da *cache* e a *cache* já estiver cheia, no entanto, algum bloco deverá ser removido de lá antes que o bloco b_i possa entrar. Assim, um algoritmo de *cache* deve decidir qual bloco remover de lá em caso de falha da *cache* quando esta estiver cheia. O objetivo é minimizar o número de falhas da *cache* em toda a sequência de solicitações. Os algoritmos de *cache* considerados neste capítulo diferem apenas quanto à decisão de qual bloco remover em uma falha da *cache*. Não consideramos habilidades como a pré-busca, na qual um bloco é trazido para a *cache* antes de uma próxima solicitação, para tentar evitar uma futura falha da *cache*.

Existem muitas políticas de *cache on-line* para determinar qual bloco remover, incluindo as seguintes:

- *First-in, first-out* (FIFO): remover o bloco que esteve na *cache* por mais tempo
- *Last-in, first-out* (LIFO): remover o bloco que esteve na *cache* por menos tempo
- *Least recently used* (LRU): remover o bloco cujo último uso é mais antigo
- *Least frequently used* (LFU): remover o bloco que foi acessado menos vezes, desempatando ao escolher o bloco que esteve na *cache* por mais tempo.

Para analisarmos esses algoritmos, vamos considerar que a *cache* começa vazia, para que não ocorram remoções durante as primeiras k solicitações. O objetivo é comparar o desempenho de um algoritmo *on-line* com um algoritmo *off-line* ótimo, que conhece as solicitações futuras. Como veremos em breve, todos esses algoritmos *on-line* determinísticos têm limite inferior de $\Omega(k)$ para sua razão competitiva. Alguns algoritmos determinísticos também têm uma razão competitiva com limite superior $O(k)$, mas outros algoritmos determinísticos são consideravelmente piores, tendo razão competitiva de $\Theta(n/k)$.

Vamos agora analisar as políticas LIFO e LRU. Além de supormos que $n > k$, assumiremos que pelo menos k blocos distintos são solicitados. Caso contrário, a *cache* nunca seria preenchida e nenhum bloco seria removido, de modo que todos os algoritmos apresentariam o mesmo comportamento. Começamos mostrando que a política LIFO tem uma grande razão competitiva.

Teorema 27.2

O algoritmo LIFO tem razão competitiva de $\Theta(n/k)$ para o problema de *caching on-line* com n solicitações e uma cache com tamanho k.

Prova Em primeiro lugar, vamos mostrar um limite inferior de $\Omega(n/k)$. Suponha que a entrada consista em $k + 1$ blocos, numerados com $1, 2, ..., k + 1$, e a sequência de solicitações seja

$$1, \ 2, \ 3, \ 4, \ \ldots, \ k, \ k + 1, \ k, \ k + 1, \ k, \ k + 1, \ \ldots,$$

em que, após o $1, 2, 3, 4, ..., k, k + 1$ inicial, o restante da sequência alterna entre k e $k + 1$, com um total de n solicitações. A sequência termina no bloco k se n e k forem ambos pares ou ambos ímpares; caso contrário, a sequência termina no bloco $k + 1$. Ou seja, $b_i = i$ para $i = 1, 2, 3, 4, ..., k - 1$, $b_i = k + 1$ para $i = k + 1, k + 3, ...$ e $b_i = k$ para $i = k, k + 2, ...$. Quantos blocos o algoritmo LIFO remove? Após as primeiras k solicitações (consideradas falhas da *cache*), a *cache* é preenchida com os blocos $1, 2, ..., k$. A solicitação de ordem $(k + 1)$, que é para o bloco $k + 1$, faz com que o bloco k seja removido. A solicitação de ordem $(k + 2)$, que é para o bloco k, força o bloco $k + 1$ a ser removido, pois esse bloco acabou de ser colocado na *cache*. Esse comportamento continua removendo alternadamente os blocos k e $k + 1$ para as solicitações restantes. A política LIFO, portanto, sofre uma falha da *cache* em cada uma das n solicitações.

O algoritmo *off-line* ótimo conhece toda a sequência de solicitações com antecedência. Após a primeira solicitação do bloco $k + 1$, ele apenas remove qualquer bloco, exceto o bloco k e, então, nunca mais remove outro bloco. Assim, o algoritmo *off-line* ótimo efetua uma única remoção. Como as primeiras k solicitações são consideradas falhas da *cache*, o número total de falhas da *cache* é $k + 1$. A razão competitiva, portanto, é $n/(k + 1)$, ou $\Omega(n/k)$.

Para o limite superior, observe que em qualquer entrada de tamanho n, qualquer algoritmo de *caching* incorre no máximo em n falhas da *cache*. Como a entrada contém pelo menos k blocos distintos, qualquer algoritmo de *caching*, incluindo o algoritmo *off-line* ótimo, deve incorrer em pelo menos k falhas da *cache*. Portanto, o algoritmo LIFO tem razão competitiva de $O(n/k)$.   ■

Chamamos essa razão competitiva de ***ilimitada***, porque ela cresce com o tamanho da entrada. O Exercício 27.3-2 pede que você mostre que o algoritmo LFU também tem uma razão competitiva ilimitada.

Os algoritmos FIFO e LRU têm uma razão competitiva muito melhor de $\Theta(k)$. Há uma grande diferença entre as razões competitivas de $\Theta(n/k)$ e $\Theta(k)$. O tamanho de *cache* k é independente da sequência de entrada e não aumenta à medida que mais solicitações chegam com o passar do tempo. Uma razão competitiva que depende de n, por outro lado, aumenta com o tamanho da sequência de entrada e, portanto, pode ficar muito grande. É preferível, quando possível, usar um algoritmo com razão competitiva que não cresça com o tamanho da sequência de entrada.

Agora, mostraremos que a política LRU tem razão competitiva de $\Theta(k)$, mostrando primeiro o limite superior.

Teorema 27.3

LRU tem razão competitiva de $O(k)$ para o problema de *caching on-line* com n solicitações e uma *cache* de tamanho k.

Prova Para analisarmos a política LRU, vamos dividir a sequência de solicitações em ***épocas***. A época 1 tem início com a primeira solicitação. A época i, para $i > 1$, começa ao encontrar a solicitação distinta de ordem $(k + 1)$ desde o início da época $i - 1$. Considere o seguinte exemplo de solicitações com $k = 3$:

$$1,\ 2,\ 1,\ 5,\ 4,\ 4,\ 1,\ 2,\ 4,\ 2,\ 3,\ 4,\ 5,\ 2,\ 2,\ 1,\ 2,\ 2\,. \tag{27.10}$$

As primeiras $k = 3$ solicitações distintas são para os blocos 1, 2 e 5, depois a época 2 começa com a primeira solicitação para o bloco 4. Na época 2, as primeiras três solicitações distintas são para os blocos 4, 1 e 2. Solicitações para estes blocos se repetem até a solicitação do bloco 3, e com esta solicitação inicia-se a época 3. Assim, este exemplo tem quatro épocas:

$$1,\ 2,\ 1,\ 5 \qquad 4,\ 4,\ 1,\ 2,\ 4,\ 2 \qquad 3,\ 4,\ 5 \qquad 2,\ 2,\ 1,\ 2,\ 2\,. \tag{27.11}$$

Vamos considerar o comportamento da LRU. Em cada época, na primeira vez que uma solicitação para determinado bloco aparece, ela pode causar uma falha da *cache*, mas as próximas solicitações para aquele bloco dentro da época não podem causar falha da *cache*, já que o bloco agora é um dos k usados mais recentemente. Por exemplo, na época 2, a primeira solicitação para o bloco 4 causa uma falha da *cache*, mas as solicitações subsequentes para o bloco 4 não. (O Exercício 27.3-1 pede que você mostre o conteúdo da *cache* após cada solicitação.) Na época 3, as solicitações dos blocos 3 e 5 causam falhas da *cache*, mas a solicitação do bloco 4 não, porque foi acessada recentemente na época 2. Como apenas a primeira solicitação de um bloco dentro da mesma época pode causar falha da *cache* e a *cache* contém k blocos, cada época incorre no máximo k falhas da *cache*.

Agora, considere o comportamento do algoritmo ótimo. Como uma época começa com o $(k + 1)$-ésimo pedido distinto desde o início da época anterior, qualquer época, com o primeiro pedido da próxima época, compreende $k + 1$ pedidos distintos com pelo menos uma falha da *cache*. Portanto, dentro de quaisquer duas épocas consecutivas, o algoritmo ótimo deve ter pelo menos uma falha da *cache*. Assim, se houver m épocas no total, então o algoritmo LRU incorre em no máximo mk falhas da *cache* e um algoritmo ótimo incorre em pelo menos $m/2$, de modo que a razão competitiva seja no máximo $mk/(m/2) = O(k)$.   ■

O Exercício 27.3-3 pede que você mostre que a política FIFO também tem razão competitiva de $O(k)$.

Poderíamos mostrar limites inferiores de $\Omega(k)$ na LRU e na FIFO, mas, na verdade, podemos fazer uma afirmação muito mais intensa: *qualquer* algoritmo de *caching on-line* determinístico deve ter razão competitiva de $\Omega(k)$. A prova depende de um adversário que conheça o algoritmo *on-line* em uso e pode adaptar as solicitações futuras para fazer com que o algoritmo *on-line* incorra em mais falhas da *cache* do que o algoritmo *off-line* ótimo.

Considere um cenário em que a *cache* tenha tamanho k e o conjunto de blocos possíveis de solicitar seja $\{1, 2, ..., k + 1\}$. As primeiras k solicitações são para os blocos $1, 2, ..., k$, de modo que tanto o adversário quanto o algoritmo *on-line* determinístico colocam esses blocos em *cache*. A próxima solicitação é para o bloco $k + 1$. Para abrir espaço na *cache* no bloco $k + 1$, o algoritmo *on-line* remove algum bloco b_1 da *cache*. O adversário, sabendo que o algoritmo *on-line* acabou de remover o bloco b_1, faz a próxima solicitação ser para b_1, de modo que o algoritmo *on-line* deve remover algum outro bloco b_2 para liberar espaço em *cache* de b_1. Como você deve ter percebido, o adversário faz a próxima solicitação para o bloco b_2, de modo que o algoritmo *on-line* retire algum outro bloco b_3 para abrir espaço a b_2. O algoritmo *on-line* e o adversário continuam dessa maneira. O algoritmo *on-line* incorre em uma falha da *cache* em cada solicitação e, portanto, incorre em n falhas da *cache* nas n solicitações.

Agora, vamos considerar um algoritmo *off-line* ótimo, que conhece o futuro. Conforme discutido na Seção 15.4, esse algoritmo é conhecido como "futuro-mais-longínquo" e sempre remove o bloco cuja próxima solicitação esteja mais distante no futuro. Como existem apenas $k + 1$ blocos únicos, quando futuro-mais-longínquo remove um bloco, sabemos que ele não será acessado durante pelo menos as próximas k solicitações. Assim, após as primeiras k falhas da *cache*, o algoritmo ótimo incorre em uma falha da *cache* no máximo uma vez a cada k solicitações. Portanto, o número de falhas da *cache* em n solicitações é, no máximo, $k + n/k$.

Como o algoritmo *on-line* determinístico incorre em n falhas da *cache* e o algoritmo *off-line* ideal incorre em, no máximo, $k + n/k$ falhas da *cache*, a razão competitiva é de, pelo menos,

$$\frac{n}{k + n/k} = \frac{nk}{n + k^2} \; .$$

Para $n \geq k^2$, a expressão anterior é, pelo menos,

$$\frac{nk}{n + k^2} \geq \frac{nk}{2n} = \frac{k}{2} \; .$$

Assim, para sequências de solicitação suficientemente longas, mostramos o teorema a seguir.

Teorema 27.4

Qualquer algoritmo *on-line* determinístico para armazenamento em *cache* com tamanho de *cache* de k tem razão competitiva $\Omega(k)$. ∎

Embora possamos analisar as estratégias comuns de *caching* do ponto de vista da análise competitiva, os resultados são um tanto insatisfatórios. Sim, podemos distinguir entre algoritmos com razão competitiva de $\Theta(k)$ e aqueles com razões competitivas ilimitadas. No fim, porém, todos esses índices competitivos são bastante altos. Os algoritmos *on-line* que vimos até agora são determinísticos, propriedade essa que o adversário é capaz de explorar.

27.3.2 Algoritmos aleatorizados de *caching*

Se não nos limitarmos a algoritmos *on-line* determinísticos, podemos usar a aleatoriedade para desenvolvermos um algoritmo de *caching on-line* com uma razão competitiva significativamente menor. Antes de descrevermos o algoritmo, vamos discutir a aleatoriedade nos algoritmos *on-line* em geral. Lembre-se de que analisamos algoritmos *on-line* com relação a um adversário que conhece o algoritmo *on-line* e pode projetar solicitações conhecendo as decisões tomadas pelo algoritmo *on-line*. Com a aleatoriedade, devemos perguntar se o adversário também conhece as escolhas aleatórias feitas pelo algoritmo *on-line*. Um adversário que não conhece as escolhas aleatórias é ***alheio***, e um adversário que conhece as escolhas aleatórias é ***não alheio***. Idealmente, preferimos projetar algoritmos contra um adversário não alheio, pois esse adversário é mais forte do que um alheio. Infelizmente, um adversário não alheio mitiga muito do poder da aleatoriedade, pois um adversário que conhece o resultado de escolhas aleatórias normalmente pode agir como se o algoritmo *on-line* fosse determinístico. O adversário alheio, por outro lado, não conhece as escolhas aleatórias do algoritmo *on-line*, e esse é o adversário que normalmente usamos.

Como ilustração simples da diferença entre adversários alheios e não alheios, imagine que você está jogando uma moeda não viciada n vezes, e o adversário quer saber quantas caras você jogou. Um adversário não alheio sabe, depois de cada jogada, se a moeda gerou cara ou coroa e, portanto, sabe quantas caras você tirou. Um adversário alheio, por outro lado, sabe apenas que você está jogando uma moeda não viciada n vezes. O adversário alheio, portanto, pode raciocinar que o número de caras segue uma distribuição binomial, de modo que o número esperado de caras é $n/2$ (pela Equação (C.41), no Apêndice C) e a variância é $n/4$ (pela Equação (C.44)). Mas o adversário alheio não tem como saber exatamente quantas caras você realmente virou.

Vamos voltar ao *caching*. Começaremos com um algoritmo determinístico e depois o tornaremos aleatório. O algoritmo que usaremos é uma aproximação da política LRU, chamada MARCAÇÃO. Em vez de "usado menos recentemente", pense em MARCAÇÃO como simplesmente "usado recentemente". MARCAÇÃO mantém uma *marca* de atributo de 1 *bit* para cada bloco em *cache*. Inicialmente, todos os blocos na *cache* estão desmarcados. Quando um bloco é solicitado, se já estiver em *cache*, ele é marcado. Se a solicitação for uma falha da *cache*, MARCAÇÃO verifica se há algum bloco não marcado na *cache*. Se todos os blocos estiverem marcados, todos serão alterados para não marcados. Agora, independentemente de todos os blocos na *cache* terem sido marcados quando a solicitação ocorreu, haverá pelo menos um bloco não marcado na *cache* e, portanto, um bloco não marcado qualquer será removido e o bloco solicitado será colocado na *cache* e marcado.

Como se deve escolher o bloco a ser removido entre os blocos não marcados na *cache*? O procedimento MARCAÇÃO-ALEATORIZADO a seguir mostra o processo quando o bloco é escolhido aleatoriamente. O procedimento toma como entrada um bloco b, que está sendo solicitado.

```
MARCAÇÃO-ALEATORIZADO(b)
1   if bloco b reside na cache,
2       b.marca = 1
3   else
4       if todos os blocos b' na cache tiverem b'.marca = 1
5           desmarcar todos os blocos b' na cache, definindo b'.marca = 0
6       selecionar bloco desmarcado u com u.marca = 0 de modo aleatório e uniforme
7       remover bloco u
8       colocar bloco b na cache
9       b.mark = 1
```

Para fins de análise, dizemos que uma nova época começa imediatamente após cada execução da linha 5. Uma época começa sem blocos marcados na *cache*. Na primeira vez que um bloco é solicitado durante uma época, o número de blocos marcados aumenta em 1 e quaisquer solicitações subsequentes a esse bloco não alteram o número de blocos marcados. Portanto, o número de blocos marcados aumenta monotonicamente dentro de uma época. Sob essa visão, as épocas são as mesmas da prova do Teorema 27.3: com uma *cache* que contém k blocos, uma época compreende solicitações de k blocos distintos (para a época final, possivelmente menos), e a próxima época começa com uma solicitação de um bloco não esteja naqueles k.

Como vamos analisar um algoritmo aleatório, calcularemos a razão competitiva esperada. Lembre-se de que, para uma entrada I, indicamos o valor da solução de um algoritmo *on-line* A por $A(I)$ e o valor da solução de um algoritmo ótimo F por $F(I)$. O algoritmo *on-line* A terá **razão competitiva esperada** c se, para todas as entradas I, tivermos

$$E[A(I)] \le cF(I),\tag{27.12}$$

em que a expectativa é assumida sobre as escolhas aleatórias feitas por A.

Embora o algoritmo MARCAÇÃO determinístico tenha razão competitiva de $\Theta(k)$ (o Teorema 27.4 fornece o limite inferior; ver Exercício 27.3-4 para o limite superior), o algoritmo MARCAÇÃO-ALEATORIZADO tem uma razão competitiva esperada muito menor, ou seja, $O(\lg k)$. A chave para a razão competitiva melhorada é que o adversário nem sempre pode fazer uma solicitação para um bloco que não esteja na *cache*, pois um adversário alheio não sabe quais blocos estão na *cache*.

Teorema 27.5

MARCAÇÃO-ALEATORIZADO tem uma razão competitiva esperada de $O(\lg k)$ para o problema de *cache on-line* com n solicitações e uma *cache* de tamanho k, contra um adversário alheio.

Antes de provarmos o Teorema 27.5, provamos um fato probabilístico básico.

Lema 27.6

Suponha que uma sacola contenha $x + y$ bolas: $x - 1$ bolas azuis, y bolas brancas e 1 bola vermelha. Você escolhe repetidamente uma bola ao acaso e a remove da sacola até ter escolhido um total de m bolas azuis ou vermelhas, com $m \leq x$. Você separa cada bola branca que escolher. Então, uma das bolas escolhidas é a bola vermelha com probabilidade m/x.

Prova Escolher uma bola branca não afeta, de forma alguma, a quantidade de bolas azuis ou vermelhas escolhidas. Portanto, podemos continuar a análise como se não houvesse bolas brancas e a sacola contivesse apenas $x - 1$ bolas azuis e 1 bola vermelha.

Seja A o evento em que a bola vermelha não é escolhida, e seja A_i o evento em que a i-ésima retirada não escolhe a bola vermelha. Pela Equação (C.22) no Apêndice C, temos

$$
\begin{aligned}
\Pr\{A\} &= \Pr\{A_1 \cap A_2 \cap \cdots \cap A_m\} \\
&= \Pr\{A_1\} \cdot \Pr\{A_2 \mid A_1\} \cdot \Pr\{A_3 \mid A_1 \cap A_2\} \cdots \\
&\quad \Pr\{A_m \mid A_1 \cap A_2 \cap \cdots \cap A_{m-1}\} \ .
\end{aligned}
\tag{27.13}
$$

A probabilidade $\Pr\{A_1\}$ de que a primeira bola seja azul é igual a $(x - 1)/x$, pois inicialmente existem $x - 1$ bolas azuis e 1 bola vermelha. De um modo mais geral, temos

$$
\Pr\{A_i \mid A_1 \cap \cdots \cap A_{i-1}\} = \frac{x - i}{x - i + 1} \ ,
\tag{27.14}
$$

pois a i-ésima retirada é de $x - i$ bolas azuis e 1 bola vermelha. As Equações (27.13) e (27.14) resultam em

$$
\Pr\{A\} = \left(\frac{x-1}{x}\right)\left(\frac{x-2}{x-1}\right)\left(\frac{x-3}{x-2}\right) \cdots \left(\frac{x-m+1}{x-m+2}\right)\left(\frac{x-m}{x-m+1}\right)
\tag{27.15}
$$

O lado direito da Equação (27.15) é um produto que se simplifica, de forma semelhante à série que se simplifica na Equação (A.12), no Apêndice A. O numerador de um termo é igual ao denominador do seguinte, de modo que tudo exceto o primeiro denominador e o último numerador se cancelam, e obtemos $\Pr\{A\} = (x - m)/x$. Como na verdade queremos calcular $\Pr\{\bar{A}\} = 1 - \Pr\{A\}$, ou seja, a probabilidade de a bola vermelha ser escolhida, obtemos $\Pr\{\bar{A}\} = 1 - (x - m)/x = m/x$. ∎

Agora, podemos provar o Teorema 27.5.

Prova Analisaremos MARCAÇÃO-ALEATORIZADO uma época por vez. Dentro da época i, qualquer solicitação de um bloco b que não seja a primeira solicitação do bloco b na época i deve resultar em um acerto na *cache*, pois, após a primeira solicitação da época i, o bloco b passa a residir na *cache* e é marcado, de forma que não pode ser removido durante a época. Portanto, como estamos contando falhas da *cache*, consideraremos apenas a primeira solicitação de cada bloco dentro de cada época, desconsiderando todas as outras solicitações.

Podemos classificar as solicitações em uma época como antigas ou novas. Se o bloco b residir na *cache* no início da época i, cada solicitação para o bloco b durante a época i será uma **solicitação antiga**. Solicitações antigas na época i são para blocos solicitados na época $i - 1$. Se uma solicitação na época i não for antiga, ela será uma **solicitação nova**, e é para um bloco não solicitado na época $i - 1$. Todas as solicitações na época 1 são novas. Por exemplo, vejamos novamente a sequência de solicitações no exemplo (27.11):

1, 2, 1, 5   4, 4, 1, 2, 4, 2   3, 4, 5   2, 2, 1, 2, 2 .

Como podemos desconsiderar todas as solicitações por um bloco dentro de uma época que não seja a primeira solicitação, para analisarmos o comportamento da *cache*, podemos ver essa sequência de solicitações como apenas

1, 2, 5   4, 1, 2   3, 4, 5   2, 1 .

Todas as três solicitações na época 1 são novas. Na época 2, as solicitações dos blocos 1 e 2 são antigas, mas a solicitação do bloco 4 é nova. Na época 3, a solicitação do bloco 4 é antiga e as solicitações dos blocos 3 e 5 são novas. Ambas as solicitações na época 4 são novas.

Dentro de uma época, cada nova solicitação deve causar uma falha da *cache*, já que, por definição, o bloco ainda não está na *cache*. Uma solicitação antiga, por outro lado, pode ou não causar uma falha da *cache*. O bloco antigo está na *cache* no início da época, mas outras solicitações podem fazer com que ele seja removido. Voltando ao nosso exemplo, na época 2, a solicitação do bloco 4 deve causar uma falha da *cache*, pois essa solicitação é nova. A solicitação do bloco 1, que é antigo, pode ou não causar falha da *cache*. Se o bloco 1 foi removido quando o bloco 4 foi solicitado, ocorre uma falha da *cache* e o bloco 1 deve ser trazido de volta para a *cache*. Se, em vez disso, o bloco 1 não foi removido quando o bloco 4 foi solicitado, a solicitação do bloco 1 resultará em um acerto na *cache*. A solicitação do bloco 2 pode incorrer em falha da *cache* em dois cenários. Um é se o bloco 2 foi removido quando o bloco 4 foi solicitado. O outro cenário é se o bloco 1 foi removido quando o bloco 4 foi solicitado e se o bloco 2 foi removido quando o bloco 1 foi solicitado. Podemos ver que, dentro de uma época, cada solicitação antiga subsequente tem uma chance cada vez maior de causar falha da *cache*.

Como consideramos apenas a primeira solicitação para cada bloco dentro de uma época, assumimos que cada época contém exatamente k solicitações, e cada solicitação dentro de uma época é para um único bloco. (A última época pode conter menos de k solicitações. Se contiver, basta adicionar solicitações fictícias para preenchê-la com as k solicitações.) Na época i, indique o número de novas solicitações por $r_i \geq 1$ (uma época deve conter pelo menos uma nova solicitação), de forma que o número de solicitações antigas seja $k - r_i$. Conforme mencionado antes, uma nova solicitação sempre incorre em falha da *cache*.

Vamos agora nos concentrar em uma época qualquer i para obter um limite no número esperado de falhas da *cache* dentro dessa época. Particularmente, vamos pensar na j-ésima solicitação dentro da época, em que $1 \leq j < k$. Indique por b_{ij} o bloco solicitado na j-ésima antiga solicitação da época i, e indique por n_{ij} e o_{ij} o número de novas e antigas solicitações, respectivamente, que ocorrem dentro da época i, mas antes da j-ésima antiga solicitação. Como $j - 1$ antigas solicitações ocorrem antes da j-ésima antiga solicitação, temos $o_{ij} = j - 1$. Mostraremos que a probabilidade de uma falha da *cache* na j-ésima antiga solicitação é $n_{ij}/(k - o_{ij})$, ou $n_{ij}/(k - j + 1)$.

Comece considerando a solicitação mais antiga, para o bloco $b_{i,1}$. Qual é a probabilidade de essa solicitação causar uma falha da *cache*? Ela causa falha da *cache* exatamente quando uma das $n_{i,1}$ solicitações anteriores resultou na remoção de $b_{i,1}$. Podemos determinar a probabilidade de $b_{i,1}$ ter sido escolhido para remoção usando o Lema 27.6: considere os k blocos em *cache* como k bolas, com o bloco $b_{i,1}$ sendo a bola vermelha, os outros $k - 1$ blocos sendo $k - 1$ bolas azuis e nenhuma bola branca. Cada uma das $n_{i,1}$ solicitações escolhe um bloco para remover com a mesma probabilidade, correspondendo a tirar bolas $n_{i,1}$ vezes. Assim, podemos aplicar o Lema 27.6 com $x = k$, $y = 0$ e $m = n_{i,1}$, derivando a probabilidade de falha da *cache* na solicitação mais antiga como $n_{i,1}/k$, que é igual a $n_{i,1}/(k - j + 1)$, visto que $j = 1$.

Para determinarmos a probabilidade de falha da *cache* para solicitações antigas subsequentes, precisaremos de uma observação adicional. Vamos considerar a segunda requisição mais antiga, que é para o bloco $b_{i,2}$. Essa solicitação causa uma falha da *cache* exatamente quando uma das solicitações anteriores remove $b_{i,2}$. Vamos considerar dois casos, com base na solicitação de $b_{i,1}$. No primeiro caso, suponha que a solicitação de $b_{i,1}$ não tenha causado uma remoção, pois $b_{i,1}$ já estava na *cache*. Então, a única maneira pela qual $b_{i,2}$ poderia ter sido removido é por uma das $n_{i,2}$ novas solicitações que o precedem. Qual é a probabilidade de haver essa remoção? Existem $n_{i,2}$ chances de $b_{i,2}$ ser removido, mas também sabemos que há um bloco em *cache*, chamado $b_{i,1}$, que não foi removido. Assim, podemos novamente aplicar o Lema 27.6, mas com $b_{i,1}$ como bola branca, $b_{i,2}$ como bola vermelha, os blocos restantes como bolas azuis e bolas tiradas $n_{i,2}$ vezes. Aplicando o Lema 27.6, com $x = k - 1$, $y = 1$ e $m = n_{i,2}$, descobrimos que a probabilidade de uma falha da *cache* é $n_{i,2}/(k - 1)$. No segundo caso, a solicitação de $b_{i,1}$ causa uma remoção, o que só pode acontecer se uma das novas solicitações anteriores à solicitação de $b_{i,1}$ remover $b_{i,1}$. Então, a solicitação de $b_{i,1}$ traz $b_{i,1}$ de volta à *cache* e remove algum outro bloco. Nesse caso, sabemos que, das novas solicitações, uma delas não resultou em $b_{i,2}$ sendo removido, pois $b_{i,1}$ foi removido. Portanto, $n_{i,2} - 1$ novas solicitações poderiam remover $b_{i,2}$, assim como a solicitação de $b_{i,1}$, de modo que o número de solicitações que poderiam remover $b_{i,2}$ é $n_{i,2}$. Cada solicitação remove um bloco escolhido entre $k - 1$ blocos, uma vez que a solicitação que resultou na remoção de $b_{i,1}$ também não causou a remoção de $b_{i,2}$. Portanto, podemos aplicar o Lema 27.6, com $x = k - 1$, $y = 1$ e $m = n_{i,2}$, e descobrir que a probabilidade de falha é $n_{i,2}/(k - 1)$. Em ambos os casos, a probabilidade é a mesma e é igual a $n_{ij}/(k - j + 1)$, visto que $j = 2$.

De forma mais geral, o_{ij} solicitações antigas ocorrem antes da j-ésima solicitação antiga. Cada uma dessas solicitações anteriores causou uma remoção ou não. Para as que causaram remoção, isso aconteceu porque foram removidas por solicitação anterior, e para as que não causaram remoção, é porque não foram removidas por solicitação anterior. Nos dois casos, podemos diminuir o número de blocos que o processo aleatório está escolhendo em 1 para cada solicitação antiga e, portanto, as o_{ij} solicitações não podem fazer com que b_{ij} seja removido. Logo, podemos usar o Lema 27.6 para determinar a probabilidade de b_{ij} ter sido removido por uma solicitação anterior, com $x = k - o_{ij}$, $y = o_{ij}$ e $m = n_{ij}$. Assim, provamos nossa afirmação de que a probabilidade de falha da *cache* na j-ésima solicitação de um bloco antigo é $n_{ij}/(k - o_{ij})$, ou $n_{ij}/(k - j + 1)$. Como $n_{ij} \leq r_i$ (lembre-se de que r_i é o número de novas solicitações durante a época i), temos um limite superior de $r_i/(k - j + 1)$ para a probabilidade de que a j-ésima solicitação antiga incorra em uma falha da *cache*.

Agora, podemos calcular o número esperado de falhas durante a época i usando variáveis aleatórias indicadoras, conforme apresentado na Seção 5.2. Definimos as variáveis aleatórias indicadoras

$Y_{ij} = I\{a\ j\text{-ésima antiga solicitação na época } i \text{ incorre uma falha da } cache\}$,
$Z_{ij} = I\{a\ j\text{-ésima nova solicitação na época } i \text{ incorre uma falha da } cache\}$.

Temos $Z_{ij} = 1$ para $j = 1, 2, ..., r_i$, pois cada nova solicitação resulta em uma falha da *cache*. Seja X_i a variável aleatória indicando o número de falhas da *cache* durante a época i, de modo que

$$X_i = \sum_{j=1}^{k-r_i} Y_{ij} + \sum_{j=1}^{r_i} Z_{ij} \,,$$

e, assim,

$$
\begin{aligned}
E[X_i] &= E\left[\sum_{j=1}^{k-r_i} Y_{ij} + \sum_{j=1}^{r_i} Z_{ij} \right] \\
&= \sum_{j=1}^{k-r_i} E[Y_{ij}] + \sum_{j=1}^{r_i} E[Z_{ij}] \quad \text{(pela linearidade de expectativa)} \\
&\leq \sum_{j=1}^{k-r_i} \frac{r_i}{k - j + 1} + \sum_{j=1}^{r_i} 1 \quad \text{(pelo Lema 5.1, no Capítulo 5)} \\
&= r_i \left(\sum_{j=1}^{k-r_i} \frac{1}{k - j + 1} + 1 \right) \\
&\leq r_i \left(\sum_{j=1}^{k-1} \frac{1}{k - j + 1} + 1 \right) \\
&= r_i H_k \quad\quad\quad\quad \text{(pela Equação (A.8), no Apêndice A)},
\end{aligned}
\tag{27.16}
$$

em que H_k é o k-ésimo número harmônico.

Para calcularmos o número total esperado de falhas da *cache*, somamos todas as épocas. Seja p o número de épocas e X a variável aleatória que indica o número de falhas da *cache*. Então, temos $X = \sum_{i=1}^{p} X_i$, de modo que

$$
\begin{aligned}
E[X] &= E\left[\sum_{i=1}^{p} X_i \right] \\
&= \sum_{i=1}^{p} E[X_i] \quad \text{(pela linearidade de expectativa)} \\
&\leq \sum_{i=1}^{p} r_i H_k \quad \text{(pela inequação (27.16))} \\
&= H_k \sum_{i=1}^{p} r_i \,.
\end{aligned}
\tag{27.17}
$$

Para concluirmos a análise, precisamos entender o comportamento do algoritmo *off-line* ótimo. Ele poderia tomar um conjunto de decisões completamente diferente daquelas feitas por Marcação-Alea-torizado e, a qualquer momento, sua *cache* pode não se parecer em nada com a *cache* do algoritmo aleatório. Mas queremos relacionar o número de falhas da *cache* do algoritmo *off-line* ótimo com o valor da inequação (27.17), a fim de obtermos uma razão competitiva que não dependa de $\sum_{i=1}^{p} r_i$. Concentrar-se em épocas individuais não será suficiente. No início de qualquer época, o algoritmo *off-line* pode ter carregado a *cache* exatamente com os blocos que serão solicitados naquela época. Portanto, não podemos considerar nenhuma época isoladamente e afirmar que um algoritmo *off-line* deverá sofrer qualquer falha da *cache* durante essa época.

No entanto, se considerarmos duas épocas consecutivas, podemos analisar melhor o algoritmo *off-line* ótimo. Considere duas épocas consecutivas, $i-1$ e i. Cada uma contém k solicitações para k blocos diferentes. (Lembre-se de nossa suposição de que todas as solicitações são as primeiras em uma época.) A época i contém r_i solicitações para novos blocos, ou seja, blocos que não foram solicitados durante a época $i-1$. Portanto, o número de solicitações distintas durante as épocas $i-1$ e i é exatamente $k + r_i$. Não importando qual era o conteúdo da *cache* no início da época $i-1$, após $k + r_i$ solicitações distintas, deve haver pelo menos r_i falhas da *cache*. Poderia haver mais, mas não é possível haver menos. Fazendo m_i indicar o número de falhas da *cache* do algoritmo *off-line* durante a época i, acabamos de demonstrar que

$$m_{i-1} + m_i \geq r_i . \tag{27.18}$$

O número total de falhas da *cache* do algoritmo *off-line* é

$$
\begin{aligned}
\sum_{i=1}^{p} m_i &= \frac{1}{2} \sum_{i=1}^{p} 2m_i \\
&= \frac{1}{2} \left(m_1 + \sum_{i=2}^{p} (m_{i-1} + m_i) + m_p \right) \\
&\geq \frac{1}{2} \left(m_1 + \sum_{i=2}^{p} (m_{i-1} + m_i) \right) \\
&\geq \frac{1}{2} \left(m_1 + \sum_{i=2}^{p} r_i \right) \qquad \text{(pela inequação (27.18))} \\
&= \frac{1}{2} \sum_{i=1}^{p} r_i \qquad \text{(porque } m_1 = r_1\text{)}.
\end{aligned}
$$

A justificativa $m_1 = r_1$ para a última igualdade se deve ao fato de que, por nossas suposições, a *cache* começa vazia e cada solicitação incorre em uma falha da *cache* na primeira época, mesmo para o adversário *off-line* ótimo.

Concluindo a análise, como temos um limite superior de $H_k \sum_{i=1}^{p} r_i$ sobre o número esperado de falhas da *cache* para Marcação-Aleatorizado e um limite inferior de $\frac{1}{2} \sum_{i=1}^{p} r_i$ sobre o número de falhas da *cache* para o algoritmo *off-line* ótimo, a razão competitiva esperada é, no máximo,

$$
\begin{aligned}
\frac{H_k \sum_{i=1}^{p} r_i}{\frac{1}{2} \sum_{i=1}^{p} r_i} &= 2H_k \\
&= 2\ln k + O(1) \quad \text{(pela Equação (A.9), no Apêndice A)} \\
&= O(\lg k) .
\end{aligned}
$$

Exercícios

27.3-1
Para a sequência de *cache* (27.10), mostre o conteúdo da *cache* após cada solicitação e a contagem do número de falhas de *cache*. Quantas falhas são incorridas em cada época?

27.3-2

Mostre que a política LFU tem uma razão competitiva de $\Theta(n/k)$ para o problema de *caching on-line* com n solicitações e tamanho de *cache* k.

27.3-3

Mostre que a política FIFO tem uma razão competitiva de $O(k)$ para o problema de *caching on-line* com n solicitações e tamanho de *cache* k.

27.3-4

Mostre que o algoritmo MARCAÇÃO determinístico tem uma razão competitiva de $O(k)$ para o problema de *caching on-line* com n solicitações e tamanho de *cache* k.

27.3-5

O Teorema 27.4 mostra que qualquer algoritmo *on-line* determinístico para armazenamento em *cache* tem uma razão competitiva de $\Omega(k)$, em que k é o tamanho da *cache*. Um algoritmo poderá ter desempenho melhor se houver alguma forma de saber quais serão as próximas solicitações. Dizemos que um algoritmo é *l-lookahead* se ele tem a capacidade de antecipar as próximas l solicitações. Prove que, para toda constante $l \geq 0$ e todo tamanho de *cache* $k \geq 1$, todo algoritmo determinístico *l-lookahead* tem razão competitiva $\Omega(k)$.

Problemas

27-1   *Problema da trilha das vacas*

A Trilha dos Apalaches é uma trilha de caminhada marcada no leste dos Estados Unidos, que se estende entre a Montanha Springer na Geórgia e o Monte Katahdin no Maine. A trilha tem cerca de 3.500 quilômetros de comprimento. Você decide que vai fazer uma caminhada de ida e volta pela trilha, da Geórgia ao Maine. Você planeja aprender mais sobre algoritmos durante a trilha e, por isso, traz a cópia deste livro em sua mochila.[2] Você já leu este capítulo antes de começar a caminhada. Como a beleza da trilha o distrai, você se esquece de ler este livro até chegar ao Maine e caminhar até a metade do caminho de volta para a Geórgia. Nesse ponto, você decide que já viu a trilha e quer continuar lendo o restante do livro, começando pelo Capítulo 28. Infelizmente, você descobre que o livro não está mais em sua mochila. Você deve ter deixado em algum lugar ao longo da trilha, mas não sabe onde. Pode ter sido em qualquer lugar entre a Geórgia e o Maine. Você quer encontrar o livro, mas, agora que aprendeu algo sobre algoritmos *on-line*, deseja que seu algoritmo para encontrá-lo tenha uma boa razão competitiva. Isto é, não importa onde o livro esteja, se a distância dele for x quilômetros, você gostaria de ter certeza de não andar mais do que cx quilômetros para encontrá-lo, para alguma constante c qualquer. Você não sabe x, embora possa presumir que $x \geq 1$.[3]

Que algoritmo você deverá usar, e qual constante c você pode provar que limita a distância total cx que precisa ser percorrida? Seu algoritmo deverá funcionar para uma trilha de qualquer tamanho, não apenas a Trilha dos Apalaches com 3.500 quilômetros.

27-2   *Escalonamento* **on-line** *para minimizar o tempo médio de conclusão*

O Problema 15-2 discute o escalonamento para minimizar o tempo médio de conclusão em uma máquina, sem tempos de liberação e preempção e com tempos de liberação e preempção. Agora, você desenvolverá um algoritmo *on-line* para escalonar, de forma não preemptiva, um conjunto de tarefas com tempos de liberação. Suponha que você tenha um conjunto $S = \{a_1, a_2, ..., a_n\}$ de tarefas, em que a tarefa a_i tem ***tempo de liberação*** r_i, antes do qual não pode ser iniciada, e requer p_i unidades de tempo de processamento para ser concluída depois de iniciada. Você tem um computador para executar as tarefas, que não podem sofrer ***preempção***, ou seja, uma vez iniciadas, devem ser executadas até a conclusão sem interrupção. (Ver Problema 15-2, Capítulo 15, para obter uma descrição

---

[2]Este livro é pesado. Não recomendamos que você o carregue em uma caminhada longa.

[3]Caso você esteja se perguntando o que esse problema tem a ver com vacas, alguns artigos sobre o assunto exemplificam o problema como uma vaca procurando um campo para pastar.

mais detalhada desse problema.) Dado um escalonamento, seja C_i o **tempo de conclusão** da tarefa a_i, ou seja, o tempo no qual a tarefa a_i conclui o processamento. Seu objetivo é encontrar um escalonamento que minimize o tempo médio de conclusão, ou seja, que minimize $(1/n) \sum_{i=1}^{n} C_i$.

Na versão *on-line* deste problema, você só fica sabendo sobre a tarefa i quando ela chega ao seu tempo de conclusão r_i e, nesse ponto, você conhece seu tempo de processamento p_i. A versão *off-line* deste problema é NP-difícil (ver Capítulo 34), mas você desenvolverá um algoritmo *on-line* 2-competitivo.

a. Mostre que, se houver tempos de liberação, o escalonamento pelo menor tempo de processamento (quando a máquina ficar ociosa, inicie a tarefa já liberada com o menor tempo de processamento que ainda não foi executado) não será d-competitivo para nenhuma constante d.

Para desenvolver um algoritmo *on-line*, considere a versão preemptiva deste problema, discutida no Problema 15-2(b). Uma maneira de escalonar é executar as tarefas de acordo com a ordem do menor tempo restante de processamento (SRPT, do inglês *small remaining processing time*). Ou seja, em qualquer momento, a máquina está executando a tarefa disponível com o menor tempo restante de processamento.

b. Explique como executar o SRPT como um algoritmo *on-line*.

c. Suponha que você execute o SRPT e obtenha os tempos de conclusão $C_1^P, \ldots, C_n^P$. Mostre que

$$\sum_{i=1}^{n} C_i^P \leq \sum_{i=1}^{n} C_i^*,$$

em que os C_i^* são os tempos de término em um escalonamento não preemptivo ótimo.

Considere o algoritmo (*off-line*) ESCALONA-TEMPO-CONCLUSÃO, a seguir.

ESCALONA-TEMPO-CONCLUSÃO(S)
1 calcular um escalonamento ótimo para a versão preemptiva do problema
2 remunerar as tarefas de modo que os tempos de conclusão no escalonamento
      preemptivo ótimo sejam ordenados por seus tempos de conclusão
      $C_1^P < C_2^P < \cdots < C_n^P$ na ordem SRPT
3 programar de forma gulosa as tarefas sem preempção na ordem renumerada
      $a_1, \ldots, a_n$
4 sejam $C_1, \ldots, C_n$ os tempos de conclusão das tarefas renumeradas $a_1, \ldots, a_n$
      na programação não preemptiva
5 **return** $C_1, \ldots, C_n$

d. Prove que $C_i^P \geq \max \left\{ \sum_{j=1}^{i} p_j, \max \{ r_j : j \leq i \} \right\}$ para $i = 1, \ldots, n$.

e. Prove que $C_i \leq \max \{ r_j : j \leq i \} + \sum_{j=1}^{i} p_j$ para $i = 1, \ldots, n$.

f. O algoritmo ESCALONA-TEMPO-CONCLUSÃO é um algoritmo *off-line*. Explique como modificá-lo para produzir um algoritmo *on-line*.

g. Combine os itens (c)–(f) pra mostrar que a versão *on-line* de ESCALONA-TEMPO-CONCLUSÃO é 2-competitiva.

Notas do capítulo

Algoritmos *on-line* são muito utilizados em diversos domínios. Algumas boas visões gerais incluem o livro de Borodin e El-Yaniv [68], a coleção de pesquisas editadas por Fiat e Woeginger [142] e a pesquisa de Albers [14].

A heurística de MOVE-PARA-INÍCIO da Seção 27.2 foi analisada por Sleator e Tarjan [416, 417] como parte de seus primeiros trabalhos sobre análise amortizada. Essa regra funciona muito bem na prática.

A análise competitiva do *caching on-line* também se originou de Sleator e Tarjan [417]. O algoritmo de marcação aleatorizada foi proposto e analisado por Fiat *et al.* [141]. Young [464] pesquisa algoritmos de *caching* e de paginação *on-line*, e Buchbinder e Naor [76] pesquisam o método primal-dual *on-line*.

Tipos específicos de algoritmos *on-line* são descritos usando outros nomes. ***Algoritmos de grafos dinâmicos*** são algoritmos *on-line* sobre grafos, em que um vértice ou uma aresta sofre modificação a cada etapa. Normalmente, é inserido ou excluído um vértice ou uma aresta, ou é alterada alguma propriedade associada, como o peso da aresta. Alguns problemas com grafos precisam ser resolvidos novamente após cada alteração no grafo, e um bom algoritmo de grafo dinâmico não precisará resolvê-los do zero. Por exemplo, arestas são inseridas e excluídas e, após cada alteração no grafo, a árvore geradora mínima é recalculada. O Exercício 21.2-8 aborda essa questão. Questões semelhantes podem ser tratadas para outros algoritmos de grafo, como caminhos mais curtos, conectividade ou emparelhamento. O primeiro artigo neste campo é creditado a Even e Shiloach [138], que estudam como manter uma árvore de caminho mais curto à medida que as arestas são excluídas de um grafo. Desde então, foram publicadas centenas de artigos. Demetrescu *et al.* [110] pesquisam os primeiros desenvolvimentos em algoritmos de grafos dinâmicos.

Para conjuntos de dados massivos, os dados de entrada podem ser muito grandes para que sejam armazenados. Os ***algoritmos de streaming*** modelam essa situação exigindo que a memória usada por um algoritmo seja significativamente menor que o tamanho da entrada. Por exemplo, você pode ter um grafo com n vértices e m arestas com $m \gg n$, mas a memória permitida pode ser apenas $O(n)$. Ou você pode ter n números, mas a memória permitida pode ser apenas $O(\lg n)$ ou $O(\sqrt{n})$. Um algoritmo de *streaming* é medido pelo número de passagens feitas nos dados, além do tempo de execução do algoritmo. McGregor [322] pesquisa algoritmos de *streaming* para grafos e Muthukrishnan [341] pesquisa algoritmos gerais de *streaming*.

28 Operações com Matrizes

Como operações com matrizes encontram-se no núcleo da computação científica, algoritmos eficientes para trabalhar com matrizes têm muitas aplicações práticas. Este capítulo focaliza como multiplicar matrizes e resolver conjuntos de equações lineares simultâneas. O Apêndice D apresenta uma revisão dos fundamentos de matrizes.

A Seção 28.1 mostra como resolver um conjunto de equações lineares usando decomposições LUP. Em seguida, a Seção 28.2 explora a estreita relação entre multiplicar e inverter matrizes. Finalmente, a Seção 28.3 discute a importante classe de matrizes simétricas positivas definidas e mostra como podemos usá-las para determinar uma solução de mínimos quadrados para um conjunto superdeterminado de equações lineares.

Uma questão importante que surge na prática é a *estabilidade numérica*. Em face da precisão limitada da representação dos números de ponto flutuante em computadores reais, erros de arredondamento em cálculos numéricos podem ser amplificados no curso de um cálculo, levando a resultados incorretos. Tais cálculos são denominados *numericamente instáveis*. Embora façamos breve menção à estabilidade numérica, não a abordaremos neste capítulo. Para uma discussão completa de questões de estabilidade, indicamos o excelente livro de Higham [216].

28.1 Resolvendo sistemas de equações lineares

Diversas aplicações precisam resolver conjuntos de equações lineares simultâneas. Podemos formular um sistema linear como uma equação matricial na qual cada elemento de matriz ou de vetor pertence a um campo, normalmente o dos números reais $\mathbb{R}$. Esta seção discute como resolver um sistema de equações lineares usando um método denominado decomposição LUP.

O processo começa por um conjunto de equações lineares com n incógnitas $x_1, x_2, ..., x_n$:

$$
\begin{aligned}
a_{11}x_1 + a_{12}x_2 + \cdots + a_{1n}x_n &= b_1, \\
a_{21}x_1 + a_{22}x_2 + \cdots + a_{2n}x_n &= b_2, \\
&\ \ \vdots \\
a_{n1}x_1 + a_{n2}x_2 + \cdots + a_{nn}x_n &= b_n.
\end{aligned}
\tag{28.1}
$$

Uma *solução* para as Equações (28.1) é um conjunto de valores para $x_1, x_2, ..., x_n$ que satisfaça todas as equações simultaneamente. Nesta seção, trataremos somente do caso em que há exatamente n equações com n incógnitas.

Um modo conveniente de expressar as Equações (28.1) é sob a forma de uma equação matricial de vetores

$$
\begin{pmatrix}
a_{11} & a_{12} & \cdots & a_{1n} \\
a_{21} & a_{22} & \cdots & a_{2n} \\
\vdots & \vdots & \ddots & \vdots \\
a_{n1} & a_{n2} & \cdots & a_{nn}
\end{pmatrix}
\begin{pmatrix}
x_1 \\ x_2 \\ \vdots \\ x_n
\end{pmatrix}
=
\begin{pmatrix}
b_1 \\ b_2 \\ \vdots \\ b_n
\end{pmatrix}
$$

ou, o que é equivalente, escrever $A = (a_{ij})$, $x = (x_i)$ e $b = (b_i)$ como

$$
Ax = b.
\tag{28.2}
$$

Se A é não singular, possui uma inversa A^{-1}, e

$$x = A^{-1}b \tag{28.3}$$

é o vetor solução. Podemos provar que x é a única solução para a Equação (28.2) da seguinte maneira: se existem duas soluções, x e x', então $Ax = Ax' = b$ e, indicando uma matriz identidade por I,

$$
\begin{aligned}
x &= Ix \\
&= (A^{-1}A)x \\
&= A^{-1}(Ax) \\
&= A^{-1}(Ax') \\
&= (A^{-1}A)x' \\
&= Ix' \\
&= x'.
\end{aligned}
$$

Nesta seção, nossa preocupação predominante será o caso em que A é não singular ou, o que é equivalente (pelo Teorema D.1, no Apêndice D), o posto de A é igual ao número n de incógnitas. Contudo, existem outras possibilidades que merecem uma breve discussão. Se o número de equações é menor que o número n de incógnitas ou, de modo mais geral, se o posto de A é menor que n, o sistema é **subdeterminado**. Normalmente, um sistema subdeterminado tem um número infinito de soluções, embora possa não ter absolutamente nenhuma solução, se as equações forem inconsistentes. Se o número de equações for maior que o número n de incógnitas, o sistema é **superdeterminado**, e é possível que não exista nenhuma solução. A Seção 28.3 aborda o importante problema de determinar boas soluções aproximadas para sistemas superdeterminados de equações lineares.

Vamos retornar ao nosso problema de resolver o sistema $Ax = b$ de n equações com n incógnitas. Poderíamos calcular A^{-1} e, depois, usando a Equação (28.3), multiplicar b por A^{-1} e obter $x = A^{-1}b$. Na prática, essa abordagem sofre de instabilidade numérica. Felizmente, existe outra abordagem — a decomposição LUP —, que é numericamente estável e tem a vantagem adicional de ser mais rápida na prática.

Visão geral da decomposição LUP

A ideia por trás da decomposição LUP (do inglês *lower*, *upper*, *permutation* — matriz inferior, superior, permutação) é encontrar três matrizes $n \times n$, L, U e P, tais que

$$PA = LU \tag{28.4}$$

em que

- L é uma matriz triangular inferior unitária
- U é uma matriz triangular superior
- P é uma matriz de permutação.

Denominamos as matrizes L, U e P que satisfazem à Equação (28.4) **decomposição LUP** da matriz A. Mostraremos que toda matriz não singular A possui tal decomposição.

A vantagem de calcular uma decomposição LUP para a matriz A é que é mais fácil resolver sistemas lineares quando as matrizes são triangulares, como no caso das matrizes L e U. Uma vez determinada uma decomposição LUP para A, podemos resolver a Equação (28.2), $Ax = b$, resolvendo somente sistemas lineares triangulares da maneira mostrada a seguir. Multiplicando ambos os lados de $Ax = b$ por P, obtemos a equação equivalente $PAx = Pb$ que, pelo Exercício D.1-4 do Apêndice D, corresponde a permutar as Equações (28.1). Usando nossa decomposição (28.4), substituindo PA por LU, obtemos

$$LUx = Pb.$$

Agora, podemos resolver essa equação resolvendo dois sistemas lineares triangulares. Definimos $y = Ux$, em que x é o vetor solução desejado. Primeiro, resolvemos o sistema triangular inferior

$Ly = Pb.$ (28.5)

para o vetor incógnita y por um método denominado "substituição direta". Depois de resolvido para y, resolvemos o sistema triangular superior

$Ux = y$ (28.6)

para a incógnita x por um método denominado "substituição inversa". Por que esse processo resolve $Ax = b$? Como a matriz de permutação P é inversível (Exercício D.2-3), multiplicar ambos os lados da Equação (28.4) por P^{-1} resulta em $P^{-1}PA = P^{-1}LU$, de modo que

$A = P^{-1}LU$ (28.7)

Por consequência, o vetor x que satisfaz $Ux = y$ é a nossa solução para $Ax = b$:

$$
\begin{aligned}
Ax &= P^{-1}LUx \quad \text{(pela Equação (28.7))} \\
&= P^{-1}Ly \quad \text{(pela Equação (28.6))} \\
&= P^{-1}Pb \quad \text{(pela Equação (28.5))} \\
&= b \, .
\end{aligned}
$$

Nossa próxima etapa é mostrar como funcionam a substituição direta e a substituição inversa e atacar o problema do cálculo da decomposição LUP.

Substituição direta e inversa

A *substituição direta* pode resolver o sistema triangular inferior (28.5) no tempo $\Theta(n^2)$, dados L, P e b. Um vetor $\pi[1 : n]$ representa a permutação P de forma mais compacta do que uma matriz $n \times n$ composta principalmente de valores 0. Para $i = 1, 2, ..., n$, a entrada $\pi[i]$ indica que $P_{i,\pi[i]} = 1$ e $P_{ij} = 0$ para $j \neq \pi[i]$. Assim, PA tem $a_{\pi[i],j}$ na linha i e coluna j, e Pb tem $b_{\pi[i]}$ como seu i-ésimo elemento. Visto que L é triangular inferior unitária, a equação de matriz $Ly = Pb$ é equivalente às n equações

$$
\begin{aligned}
y_1 &= b_{\pi[1]} \, , \\
l_{21}y_1 + y_2 &= b_{\pi[2]} \, , \\
l_{31}y_1 + l_{32}y_2 + y_3 &= b_{\pi[3]} \, , \\
&\vdots \\
l_{n1}y_1 + l_{n2}y_2 + l_{n3}y_3 + \cdots + y_n &= b_{\pi[n]} \, .
\end{aligned}
$$

A primeira equação nos diz diretamente que $y_1 = b_{\pi[1]}$. Conhecendo o valor de y_1, podemos substituí-lo na segunda equação, o que dá

$$y_2 = b_{\pi[2]} - l_{21}y_1 \, .$$

Agora, podemos substituir y_1 e y_2 na terceira equação, obtendo

$$y_3 = b_{\pi[3]} - (l_{31}y_1 + l_{32}y_2) \, .$$

Em geral, substituímos $y_1, y_2, ..., y_{i-1}$ "diretamente" na i-ésima equação a fim de resolver para y_i:

$$y_i = b_{\pi[i]} - \sum_{j=1}^{i-1} l_{ij}y_j \, .$$

À medida que resolvemos para y, resolvemos para x na Equação (28.6) usando *substituição inversa*, que é semelhante à substituição direta. Aqui, resolvemos primeiro a n-ésima equação e trabalhamos em sentido contrário até a primeira equação. Como a substituição direta, esse processo é executado no tempo $\Theta(n^2)$. Visto que U é triangular superior, a equação de matriz $Ux = y$ é equivalente às n equações

$$u_{11}x_1 + u_{12}x_2 + \cdots + \quad u_{1,n-2}x_{n-2} + \quad u_{1,n-1}x_{n-1} + \quad u_{1n}x_n = y_1,$$
$$u_{22}x_2 + \cdots + \quad u_{2,n-2}x_{n-2} + \quad u_{2,n-1}x_{n-1} + \quad u_{2n}x_n = y_2,$$
$$\vdots$$
$$u_{n-2,n-2}x_{n-2} + u_{n-2,n-1}x_{n-1} + u_{n-2,n}x_n = y_{n-2},$$
$$u_{n-1,n-1}x_{n-1} + u_{n-1,n}x_n = y_{n-1},$$
$$u_{n,n}x_n = y_n.$$

Assim, podemos resolver sucessivamente para $x_n, x_{n-1}, ..., x_1$, da seguinte maneira:

$$x_n = y_n/u_{n,n},$$
$$x_{n-1} = (y_{n-1} - u_{n-1,n}x_n)/u_{n-1,n-1},$$
$$x_{n-2} = (y_{n-2} - (u_{n-2,n-1}x_{n-1} + u_{n-2,n}x_n))/u_{n-2,n-2},$$

ou, em geral,

$$x_i = \left(y_i - \sum_{j=i+1}^{n} u_{ij}x_j \right) / u_{ii}.$$

Dados P, L, U e b, o procedimento RESOLVE-LUP resolve para x combinando substituição direta e substituição inversa. A matriz de permutação P é representada pelo vetor π. O procedimento RESOLVE-LUP resolve para y usando substituição direta nas linhas 2–3 e depois resolve para x usando substituição inversa nas linhas 4–5. Visto que o somatório dentro de cada um dos laços **for** inclui um laço implícito, o tempo de execução é (n^2).

RESOLVE-LUP(L, U, π, b, n)
1 sejam x e y novos vetores de comprimento n
2 **for** $i = 1$ **to** n
3      $y_i = b_{\pi[i]} - \sum_{j=1}^{i-1} l_{ij}y_j$
4 **for** $i = n$ **downto** 1
5      $x_i = \left(y_i - \sum_{j=i+1}^{n} u_{ij}x_j \right) / u_{ii}$
6 **return** x

Como exemplo desses métodos, considere o sistema de equações lineares definido por $Ax = b$, em que

$$A = \begin{pmatrix} 1 & 2 & 0 \\ 3 & 4 & 4 \\ 5 & 6 & 3 \end{pmatrix} \quad e \quad b = \begin{pmatrix} 3 \\ 7 \\ 8 \end{pmatrix},$$

que desejamos resolver para a incógnita x. A decomposição LUP é

$$L = \begin{pmatrix} 1 & 0 & 0 \\ 0{,}2 & 1 & 0 \\ 0{,}6 & 0{,}5 & 1 \end{pmatrix}, \quad U = \begin{pmatrix} 5 & 6 & 3 \\ 0 & 0{,}8 & -0{,}6 \\ 0 & 0 & 2{,}5 \end{pmatrix}, \quad e \quad P = \begin{pmatrix} 0 & 0 & 1 \\ 1 & 0 & 0 \\ 0 & 1 & 0 \end{pmatrix}.$$

(Seria interessante você verificar que $PA = LU$.) Usando substituição direta, resolvemos $Ly = Pb$ para y:

$$\begin{pmatrix} 1 & 0 & 0 \\ 0{,}2 & 1 & 0 \\ 0{,}6 & 0{,}5 & 1 \end{pmatrix} \begin{pmatrix} y_1 \\ y_2 \\ y_3 \end{pmatrix} = \begin{pmatrix} 8 \\ 3 \\ 7 \end{pmatrix},$$

e obtemos

$$y = \begin{pmatrix} 8 \\ 1{,}4 \\ 1{,}5 \end{pmatrix}$$

calculando primeiro y_1, depois y_2 e, finalmente, y_3. Depois, usando substituição inversa, resolvemos $Ux = y$ para x:

$$\begin{pmatrix} 5 & 6 & 3 \\ 0 & 0,8 & -0,6 \\ 0 & 0 & 2,5 \end{pmatrix} \begin{pmatrix} x_1 \\ x_2 \\ x_3 \end{pmatrix} = \begin{pmatrix} 8 \\ 1,4 \\ 1,5 \end{pmatrix},$$

obtendo, assim, a resposta desejada

$$x = \begin{pmatrix} -1,4 \\ 2,2 \\ 0,6 \end{pmatrix}$$

calculando primeiro x_3, depois x_2 e, finalmente, x_1.

Calculando uma decomposição LU

Dada uma decomposição LUP para uma matriz não singular A, podemos usar substituição direta e substituição inversa para resolver o sistema $Ax = b$ de equações lineares. Agora, mostraremos como calcular eficientemente uma decomposição LUP para A. Começamos com o caso mais simples no qual A é uma matriz não singular $n \times n$ e P está ausente (ou, o que é equivalente, $P = I_n$, a matriz identidade $n \times n$), de modo que $A = LU$. Denominamos as duas matrizes L e U **decomposição LU** de A.

Para criarmos uma decomposição LU, usaremos um processo conhecido como ***método de eliminação de Gauss***. Começamos subtraindo múltiplos da primeira equação das outras equações para eliminarmos a primeira variável dessas equações. Então, subtraímos múltiplos da segunda equação da terceira equação e das equações subsequentes, de modo que agora a primeira e a segunda variáveis são eliminadas dessas equações. Continuamos esse processo até que o sistema remanescente tenha forma triangular superior — na verdade, ele é a matriz U. A matriz L é formada pelos multiplicadores de linha que provocam a eliminação de variáveis.

Para implementarmos essa estratégia, vamos começar com uma formulação recursiva. A entrada é uma matriz não singular $n \times n$ A. Se $n = 1$, nada precisa ser feito, já que podemos escolher $L = I_1$ e $U = A$. Para $n > 1$, dividimos A em quatro partes:

$$\begin{aligned} A &= \left(\begin{array}{c|ccc} a_{11} & a_{12} & \cdots & a_{1n} \\ \hline a_{21} & a_{22} & \cdots & a_{2n} \\ \vdots & \vdots & \ddots & \vdots \\ a_{n1} & a_{n2} & \cdots & a_{nn} \end{array} \right) \\ &= \begin{pmatrix} a_{11} & w^{\mathrm{T}} \\ v & A' \end{pmatrix}, \end{aligned} \tag{28.8}$$

em que $v = (a_{21}, a_{31}, ..., a_{n1})$ é uma coluna de $(n-1)$ vetores, $w^{\mathrm{T}} = (a_{12}, a_{13}, ..., a_{1n})^{\mathrm{T}}$ é uma linha de $(n-1)$ vetores e A' é uma matriz $(n-1) \times (n-1)$. Então, usando álgebra de matrizes (verifique as equações simplesmente efetuando as multiplicações), podemos fatorar A como

$$\begin{aligned} A &= \begin{pmatrix} a_{11} & w^{\mathrm{T}} \\ v & A' \end{pmatrix} \\ &= \begin{pmatrix} 1 & 0 \\ v/a_{11} & I_{n-1} \end{pmatrix} \begin{pmatrix} a_{11} & w^{\mathrm{T}} \\ 0 & A' - vw^{\mathrm{T}}/a_{11} \end{pmatrix}. \end{aligned} \tag{28.9}$$

Os zeros na primeira e na segunda matrizes da Equação (28.9) são vetores linhas e colunas, respectivamente, de $(n-1)$ vetores. O termo vw^{T}/a_{11} é uma matriz $(n-1) \times (n-1)$ formada tomando o produto externo de v e w e dividindo cada elemento do resultado por a_{11}. Portanto, ele corresponde em tamanho à matriz A' da qual ela é subtraída. A matriz $(n-1) \times (n-1)$ resultante

$$A' - vw^{\mathrm{T}}/a_{11} \tag{28.10}$$

é denominada ***complemento de Schur*** de A com relação a a_{11}.

Afirmamos que, se A é não singular, o complemento de Schur também é não singular. Por quê? Suponha que o complemento de Schur, que é $(n-1) \times (n-1)$, seja singular. Então, pelo Teorema D.1, ele tem posto de linha estritamente menor que $n-1$. Como as $n-1$ entradas inferiores na primeira coluna da matriz

$$\begin{pmatrix} a_{11} & w^{\mathrm{T}} \\ 0 & A' - vw^{\mathrm{T}}/a_{11} \end{pmatrix}$$

são zero, as $n-1$ linhas inferiores dessa matriz devem ter posto estritamente menor que $n-1$. Portanto, o posto de linha da matriz inteira é estritamente menor que n. Aplicando o Exercício D.2-8 à Equação (28.9), A tem posto estritamente menor que n e, pelo Teorema D.1, deduzimos a contradição de que A é singular.

Como o complemento de Schur é não singular, ele também tem uma decomposição LU, que podemos determinar recursivamente. Digamos que

$$A' - vw^{\mathrm{T}}/a_{11} = L'U' \,,$$

em que L' é triangular inferior unitária e U' é triangular superior. A decomposição LU de A é $A = LU$, com

$$L = \begin{pmatrix} 1 & 0 \\ v/a_{11} & L' \end{pmatrix} \quad \text{e} \quad U = \begin{pmatrix} a_{11} & w^{\mathrm{T}} \\ 0 & U' \end{pmatrix},$$

conforme mostrado por

$$\begin{aligned} A &= \begin{pmatrix} 1 & 0 \\ v/a_{11} & I_{n-1} \end{pmatrix}\begin{pmatrix} a_{11} & w^{\mathrm{T}} \\ 0 & A' - vw^{\mathrm{T}}/a_{11} \end{pmatrix} \quad \text{(pela Equação (28.9))} \\ &= \begin{pmatrix} 1 & 0 \\ v/a_{11} & I_{n-1} \end{pmatrix}\begin{pmatrix} a_{11} & w^{\mathrm{T}} \\ 0 & L'U' \end{pmatrix} \\ &= \begin{pmatrix} a_{11} & w^{\mathrm{T}} \\ v & vw^{\mathrm{T}}/a_{11} + L'U' \end{pmatrix} \\ &= \begin{pmatrix} 1 & 0 \\ v/a_{11} & L' \end{pmatrix}\begin{pmatrix} a_{11} & w^{\mathrm{T}} \\ 0 & U' \end{pmatrix} \\ &= LU \,. \end{aligned}$$

Como L' é uma matriz triangular inferior unitária, L também é, e como U' é triangular superior, U também é.

É claro que, se $a_{11} = 0$, esse método não funciona porque divide por zero. Também não funcionará se a entrada superior da extrema esquerda do complemento de Schur $A' - vw^{\mathrm{T}}/a_{11}$ for zero, já que dividimos por ela na etapa seguinte da recursão. Os elementos que usamos como divisores durante a decomposição LU são denominados **pivôs** e ocupam os elementos diagonais da matriz U. A matriz de permutação P incluída na decomposição LUP oferece um modo de evitar a divisão por zero, como veremos a seguir. Quando usamos permutações para evitar a divisão por zero (ou por números pequenos, que podem contribuir para a instabilidade numérica), estamos **pivotando**.

Uma classe importante de matrizes para as quais a decomposição LU sempre funciona corretamente é a classe das matrizes simétricas positivas definidas. Tais matrizes não exigem pivoteamento para evitar a divisão por zero na estratégia recursiva esboçada anteriormente. Provaremos esse resultado, bem como vários outros, na Seção 28.3.

O pseudocódigo no procedimento Decomposição-LU segue a estratégia recursiva, exceto que um laço de iteração substitui a recursão. (Essa transformação é uma otimização-padrão para um procedimento com "recursão de cauda", procedimento cuja última operação é uma chamada recursiva a ele mesmo. Ver Problema 7-5, no Capítulo 7.) O procedimento inicializa a matriz U com 0s abaixo da diagonal e a matriz L com 1s em sua diagonal e 0s acima da diagonal. Cada iteração trabalha com uma submatriz quadrada, usando o elemento do canto superior esquerdo como pivô para computar os vetores v e w e o complemento de Schur, que passa a ser a submatriz quadrada com que a próxima iteração trabalha.

Decomposição-LU(A, n)
1　sejam L e U novas matrizes $n \times n$
2　inicializar U com 0s abaixo da diagonal

(continua)

```
 3    inicializar L com 1s na diagonal e 0s acima da diagonal
 4    for k = 1 to n
 5        u_kk = a_kk
 6        for i = k + 1 to n
 7            l_ik = a_ik/a_kk              // a_ik mantém v_i
 8            u_ki = a_ki                   // a_ki mantém w_i
 9        for i = k + 1 to n                // calcula o complemento de Schur ...
10            for j = k + 1 to n
11                a_ij = a_ij − l_ik u_kj   // ... e o armazena de volta em A
12    return L e U
```

Cada etapa recursiva nessa descrição ocorre em uma iteração do laço **for** externo das linhas 4–11. Dentro desse laço, a linha 5 determina que o pivô é $u_{kk} = a_{kk}$. O laço **for** nas linhas 6–8 (que não é executado quando $k = n$) usa os vetores v e w para atualizar L e U. A linha 7 determina os elementos de L abaixo da diagonal, armazenando v_i/a_{kk} em l_{ik}, e a linha 8 calcula os elementos de U acima da diagonal, armazenando w_i em u_{ki}. Por fim, as linhas 9–11 calculam os elementos do complemento de Schur e os armazenam de volta na matriz A. (Não precisamos dividir por a_{kk} na linha 11 porque já o fizemos quando calculamos l_{ik} na linha 7.) Como a linha 11 é triplamente encaixada, DECOMPOSIÇÃO-LU é executada no tempo $\Theta(n^3)$.

A Figura 28.1 ilustra a operação de DECOMPOSIÇÃO-LU. Ela mostra uma otimização-padrão do procedimento, na qual armazenamos os elementos significativos de L e U no lugar na matriz A. Cada elemento a_{ij} corresponde a l_{ij} (se $i > j$) ou u_{ij} (se $i \le j$), de modo que a matriz A contenha L e U quando o procedimento termina. Para obter o pseudocódigo para essa otimização pelo pseudocódigo para o procedimento DECOMPOSIÇÃO-LU, basta substituir cada referência a l ou u por a. É possível verificar que essa transformação preserva a corretude.

Calculando uma decomposição LUP

Se a diagonal da matriz dada a DECOMPOSIÇÃO-LU contém qualquer 0, então o procedimento tentará dividir por 0, o que causaria um desastre. Mesmo que a diagonal não contenha 0s, mas números com valores absolutos pequenos, a divisão por tais números pode produzir instabilidades numéricas. Portanto, a decomposição LUP tenta pivotar nas entradas com os maiores valores absolutos que encontrar.

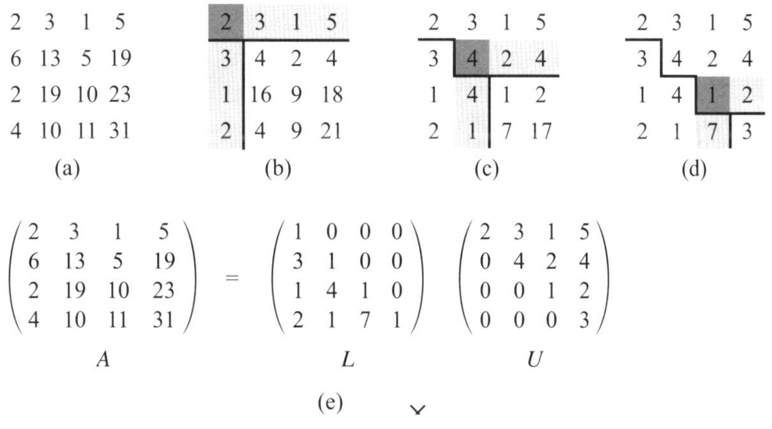

Figura 28.1 Operação de DECOMPOSIÇÃO-LU. (**a**) Matriz A. (**b**) Resultado da primeira iteração do laço **for** externo das linhas 4–11. O elemento $a_{11} = 2$ destacado em *cinza-escuro* é o pivô, a coluna *cinza-claro* é v/a_{11} e a linha *cinza-claro* é w^{T}. Os elementos de U calculados até agora estão acima da linha horizontal, e os elementos de L estão à esquerda da linha vertical. A matriz complemento de Schur $A' − vw^{\mathrm{T}}/a_{11}$ ocupa a parte inferior direita. (**c**) Resultado da próxima iteração do laço **for** externo, na matriz complemento de Schur produzida pela parte (b). O elemento $a_{22} = 4$ destacado em *cinza-escuro* é o pivô, e a coluna e a linha *cinza-claro* são v/a_{22} e w^{T} (no particionamento do complemento de Schur), respectivamente. As linhas dividem a matriz nos elementos de U calculados até agora (*acima*), nos elementos de L calculados até agora (*esquerda*) e o novo complemento de Schur (*inferior direita*). (**d**) Após a próxima iteração, a matriz A está fatorada. O elemento 3 no novo complemento de Schur se torna parte de U quando a recursão termina. (**e**) Fatoração $A = LU$.

Na decomposição LUP, a entrada é uma matriz $n \times n$ não singular A, com o objetivo de encontrar uma matriz de permutação P, uma matriz triangular inferior unitária L e uma matriz triangular superior U, tais que $PA = LU$. Antes de particionar a matriz A, como fizemos para a decomposição LU, a decomposição LUP move um elemento não nulo, digamos a_{k1}, de algum lugar na primeira coluna até a posição $(1, 1)$ da matriz. Para a maior estabilidade numérica, a decomposição LUP escolhe a_{k1} como o elemento na primeira coluna que tem o maior valor absoluto. (A primeira coluna não pode conter somente zeros porque A seria singular, já que seu determinante seria zero pelos Teoremas D.4 e D.5, no Apêndice D.) Para preservar o conjunto de equações, a decomposição LUP troca a linha 1 pela linha k, o que equivale a multiplicar A por uma matriz de permutação Q à esquerda (Exercício D.1-4). Assim, o análogo à Equação (28.8) expressa QA como

$$QA = \begin{pmatrix} a_{k1} & w^{\mathrm{T}} \\ v & A' \end{pmatrix},$$

em que $v = (a_{21}, a_{31}, ..., a_{n1})$, exceto que a_{11} substitui a_{k1}; $w^{\mathrm{T}} = (a_{k2}, a_{k3}, ..., a_{kn})^{\mathrm{T}}$; e A' é uma matriz $(n-1) \times (n-1)$. Visto que $a_{k1} \neq 0$, o análogo à Equação (28.9) garante que não haverá divisão por 0:

$$\begin{aligned} QA &= \begin{pmatrix} a_{k1} & w^{\mathrm{T}} \\ v & A' \end{pmatrix} \\ &= \begin{pmatrix} 1 & 0 \\ v/a_{k1} & I_{n-1} \end{pmatrix} \begin{pmatrix} a_{k1} & w^{\mathrm{T}} \\ 0 & A' - vw^{\mathrm{T}}/a_{k1} \end{pmatrix}. \end{aligned}$$

Como vimos na decomposição LU, se A é não singular, o complemento de Schur $A' = vw^{\mathrm{T}}/a_{k1}$ também é não singular. Portanto, podemos determinar recursivamente uma decomposição LUP para ela com a matriz triangular inferior unitária L', a matriz triangular superior U' e a matriz de permutação P', tais que

$$P'(A' - vw^{\mathrm{T}}/a_{k1}) = L'U'.$$

Defina

$$P = \begin{pmatrix} 1 & 0 \\ 0 & P' \end{pmatrix} Q,$$

que é uma matriz de permutação, visto que é o produto de duas matrizes permutação (Exercício D.1-4). Essa definição de P resulta em

$$\begin{aligned} PA &= \begin{pmatrix} 1 & 0 \\ 0 & P' \end{pmatrix} QA \\ &= \begin{pmatrix} 1 & 0 \\ 0 & P' \end{pmatrix} \begin{pmatrix} 1 & 0 \\ v/a_{k1} & I_{n-1} \end{pmatrix} \begin{pmatrix} a_{k1} & w^{\mathrm{T}} \\ 0 & A' - vw^{\mathrm{T}}/a_{k1} \end{pmatrix} \\ &= \begin{pmatrix} 1 & 0 \\ P'v/a_{k1} & P' \end{pmatrix} \begin{pmatrix} a_{k1} & w^{\mathrm{T}} \\ 0 & A' - vw^{\mathrm{T}}/a_{k1} \end{pmatrix} \\ &= \begin{pmatrix} 1 & 0 \\ P'v/a_{k1} & I_{n-1} \end{pmatrix} \begin{pmatrix} a_{k1} & w^{\mathrm{T}} \\ 0 & P'(A' - vw^{\mathrm{T}}/a_{k1}) \end{pmatrix} \\ &= \begin{pmatrix} 1 & 0 \\ P'v/a_{k1} & I_{n-1} \end{pmatrix} \begin{pmatrix} a_{k1} & w^{\mathrm{T}} \\ 0 & L'U' \end{pmatrix} \\ &= \begin{pmatrix} 1 & 0 \\ P'v/a_{k1} & L' \end{pmatrix} \begin{pmatrix} a_{k1} & w^{\mathrm{T}} \\ 0 & U' \end{pmatrix} \\ &= LU, \end{aligned}$$

o que produz a decomposição LUP. Como L' é triangular inferior unitária, L também é, e como U' é triangular superior, U também é.

Observe que, nessa dedução, diferentemente daquela que ocorre na decomposição LU, temos de multiplicar o vetor coluna v/a_{k1} e o complemento de Schur $A' - vw^{\mathrm{T}}/a_{k1}$ pela matriz de permutação P'. Apresentamos a seguir o procedimento DECOMPOSIÇÃO-LUP para decomposição LUP.

Decomposição-LUP(A, n)
```
 1   seja π[1 : n] um novo vetor
 2   for i = 1 to n
 3       π[i] = i                    // inicializa π para a permutação identidade
 4   for k = 1 to n
 5       p = 0
 6       for i = k to n              // encontra maior valor absoluto na coluna k
 7           if |a_ik| > p
 8               p = |a_ik|
 9               k' = i              // número de linha do maior encontrado até aqui
10       if p == 0
11           error "matriz singular"
12       trocar π[k] por π[k']
13       for i = 1 to n
14           trocar a_ki por a_k'i    // troca linhas k e k'
15       for i = k + 1 to n
16           a_ik = a_ik/a_kk
17           for j = k + 1 to n
18               a_ij = a_ij - a_ik a_kj   // calcula L e U no lugar em A
```

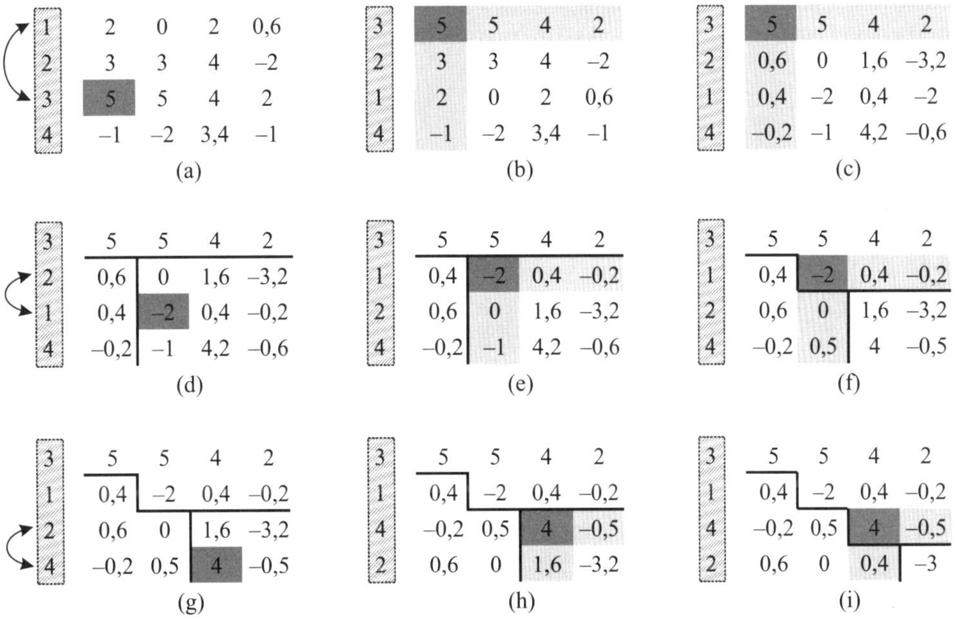

Figura 28.2 Operação de Decomposição-LUP. (**a**) Matriz de entrada A com a permutação identidade das colunas com fundo *hachurado* à esquerda. A primeira etapa do algoritmo determina que o elemento 5 destacado em *cinza-escuro* na terceira linha é o pivô para a primeira coluna. (**b**) As linhas 1 e 3 são trocadas e a permutação é atualizada. A coluna e a linha *cinza-claro* representam v e w^T. (**c**) O vetor v é substituído por $v/5$, e a parte inferior à direita da matriz é atualizada com o complemento de Schur. Segmentos de reta dividem a matriz em três regiões: elementos de U (*acima*), elementos de L (*esquerda*) e elementos do complemento de Schur (*inferior direita*). (**d**)–(**f**) Segunda etapa. (**g**)–(**i**) Terceira etapa. Nenhuma outra mudança ocorre na quarta e última etapa. (**j**) Decomposição LUP $PA = LU$.

Como Decomposição-LU, o procedimento Decomposição-LUP substitui a recursão por um laço de iteração. Como melhoria com relação à implementação direta da recursão, o procedimento mantém dinamicamente a matriz de permutação P como um vetor π, em que $\pi[i] = j$ significa que a i-ésima linha de P contém 1 na coluna j. O procedimento Decomposição-LUP também implementa a melhoria já mencionada, calculando L e U no lugar na matriz A. Portanto, quando o procedimento termina,

$$a_{ij} = \begin{cases} l_{ij} & \text{se } i > j \text{ ,} \\ u_{ij} & \text{se } i \leq j \text{ .} \end{cases}$$

A Figura 28.2 ilustra como Decomposição-LUP fatora uma matriz. As linhas 2–3 inicializam o vetor π para representar a permutação identidade. O laço **for** externo das linhas 4–18 implementa a recursão, encontrando uma decomposição LUP da submatriz $(n - k + 1) \times (n - k + 1)$ cuja esquerda superior está na linha k e coluna k. Cada vez que passamos pelo laço externo, as linhas 5–9 determinam o elemento $a_{k'k}$ com maior valor absoluto dentre os que estão na primeira coluna atual (a coluna k) da submatriz $(n - k + 1) \times (n - k + 1)$ em que o procedimento está trabalhando atualmente. Se todos os elementos na primeira coluna atual são zero, as linhas 10–11 informam que a matriz é singular. Para pivotar, a linha 12 troca $\pi[k']$ por $\pi[k]$, e as linhas 13–14 trocam a k-ésima e a k'-ésima linha de A, o que transforma o elemento a_{kk} em pivô. (As linhas inteiras são trocadas porque, na dedução do método anterior, não só $A' = vw^T/a_{k1}$ é multiplicado por P'; v/a_{k1} também é.) Por fim, o complemento de Schur é calculado pelas linhas 15–18 praticamente do mesmo modo que é calculado pelas linhas 6–11 de Decomposição-LU, exceto que aqui a operação é escrita para funcionar no lugar.

Em função de sua estrutura de laço triplamente encaixado, o tempo de execução de Decomposição-LUP é $\Theta(n^3)$, que é igual ao de Decomposição-LU. Assim, pivotar nos custa no máximo um fator de tempo constante.

Exercícios

28.1-1
Resolva a equação

$$\begin{pmatrix} 1 & 0 & 0 \\ 4 & 1 & 0 \\ -6 & 5 & 1 \end{pmatrix} \begin{pmatrix} x_1 \\ x_2 \\ x_3 \end{pmatrix} = \begin{pmatrix} 3 \\ 14 \\ -7 \end{pmatrix}$$

usando substituição direta.

28.1-2
Determine uma decomposição LU da matriz

$$\begin{pmatrix} 4 & -5 & 6 \\ 8 & -6 & 7 \\ 12 & -7 & 12 \end{pmatrix} .$$

28.1-3
Resolva a equação

$$\begin{pmatrix} 1 & 5 & 4 \\ 2 & 0 & 3 \\ 5 & 8 & 2 \end{pmatrix} \begin{pmatrix} x_1 \\ x_2 \\ x_3 \end{pmatrix} = \begin{pmatrix} 12 \\ 9 \\ 5 \end{pmatrix}$$

usando uma decomposição LUP.

28.1-4
Descreva a decomposição LUP de uma matriz diagonal.

28.1-5
Descreva a decomposição LUP de uma matriz de permutação e prove que ela é única.

28.1-6

Mostre que, para todo $n \geq 1$, existe uma matriz singular $n \times n$ que tem decomposição LU.

28.1-7

Em DECOMPOSIÇÃO-LU, é necessário executar a iteração do laço **for** mais externo quando $k = n$? E em DECOMPOSIÇÃO-LUP?

28.2   Inversão de matrizes

Embora seja possível usar a Equação (28.3) para resolver um sistema de equações lineares calculando a inversa de uma matriz, na prática é melhor usar técnicas numericamente mais estáveis, como a decomposição LUP. Porém, por vezes, precisamos calcular a inversa de uma matriz. Nesta seção, mostramos como usar decomposição LUP para calcular a inversa de uma matriz. Provamos também que a multiplicação de matrizes e o cálculo da inversa de uma matriz são problemas de dificuldade equivalente, no sentido de que (sujeitos a condições técnicas) podemos usar um algoritmo escrito para um dos problemas a fim de resolver o outro no mesmo tempo de execução assintótico. Assim, podemos usar o algoritmo de Strassen (ver Seção 4.2), escrito para multiplicação de matrizes, para inverter uma matriz. Na verdade, o artigo original publicado por Strassen foi motivado pela ideia de que um conjunto de equações lineares podia ser resolvido mais rapidamente do que pelo método comum.

Calculando a inversa de uma matriz a partir de uma decomposição LUP

Suponha que tenhamos uma decomposição LUP de uma matriz A na forma de três matrizes L, U e P tais que $PA = LU$. Usando RESOLVE-LUP, podemos resolver uma equação da forma $Ax = b$ no tempo $\Theta(n^2)$. Visto que a decomposição LUP depende de A, mas não de b, podemos executar RESOLVE-LUP para um segundo conjunto de equações da forma $Ax = b'$ no tempo adicional $\Theta(n^2)$. Em geral, tão logo tenhamos a decomposição LUP de A, podemos resolver, no tempo $\Theta(k\,n^2)$, k versões da equação $Ax = b$ cuja única diferença é o termo b.

Podemos considerar a equação

$$AX = I_n, \qquad (28.11)$$

que define a matriz X, a inversa de A, como um conjunto de n equações distintas da forma $Ax = b$. Para sermos exatos, seja X_i a i-ésima coluna de X, e lembre-se de que o vetor unitário e_i é a i-ésima coluna de I_n. Então, podemos resolver a Equação (28.11) para X, usando a decomposição LUP de A para resolver cada equação

$$AX_i = e_i$$

separadamente para X_i. Tão logo tenhamos a decomposição LUP, podemos calcular cada uma das n colunas X_i no tempo $\Theta(n^2)$ e, portanto, podemos calcular X pela decomposição LUP de A no tempo $\Theta(n^3)$. Visto que podemos determinar a decomposição LUP de A no tempo $\Theta(n^3)$, podemos calcular a inversa A^{-1} de uma matriz A no tempo $\Theta(n^3)$.

Multiplicação e inversão de matrizes

Agora, mostraremos que os fatores de aceleração teóricos obtidos para multiplicação de matrizes se traduzem em fatores de aceleração para inversão de matrizes. Na verdade, provamos algo mais forte: a inversão de matrizes é equivalente à multiplicação de matrizes no seguinte sentido: se $M(n)$ representa o tempo para multiplicar duas matrizes $n \times n$, então podemos inverter uma matriz $n \times n$ não singular no tempo $O(M(n))$. Ademais, se $I(n)$ representa o tempo para inverter uma matriz $n \times n$ não singular, podemos multiplicar duas matrizes $n \times n$ no tempo $O(I(n))$. Provamos esses resultados em dois teoremas separados.

Teorema 28.1 (Multiplicação não é mais difícil que inversão)

Se podemos inverter uma matriz $n \times n$ no tempo $I(n)$, em que $I(n) = \Omega(n^2)$ e $I(n)$ satisfaz à condição de regularidade $I(3n) = O(I(n))$, então podemos multiplicar duas matrizes $n \times n$ no tempo $O(I(n))$.

Prova Sejam A e B matrizes $n \times n$. Para calcularmos seu produto $C = AB$, definimos a matriz $3n \times 3n$ D por

$$D = \begin{pmatrix} I_n & A & 0 \\ 0 & I_n & B \\ 0 & 0 & I_n \end{pmatrix}.$$

A inversa de D é

$$D^{-1} = \begin{pmatrix} I_n & -A & AB \\ 0 & I_n & -B \\ 0 & 0 & I_n \end{pmatrix},$$

e, assim, podemos calcular o produto AB tomando a submatriz superior direita $n \times n$ de D^{-1}.

Podemos construir a matriz D no tempo $\Theta(n^2)$, que é $O(I(n))$, porque supomos que $I(n) = \Omega(n^2)$, e podemos inverter D no tempo $O(I(3n)) = O(I(n))$, pela condição de regularidade para $I(n)$. Assim, temos $M(n) = O(I(n))$. ∎

Observe que $I(n)$ satisfaz à condição de regularidade sempre que $I(n) = \Theta(n^c \lg^d n)$ para quaisquer constantes $c > 0$ e $d \geq 0$.

A prova de que inversão de matrizes não é mais difícil que multiplicação de matrizes se baseia em algumas propriedades de matrizes simétricas positivas definidas que provaremos na Seção 28.3.

Teorema 28.2 (*Inversão não é mais difícil que multiplicação*)

Suponha que podemos multiplicar duas matrizes $n \times n$ reais no tempo $M(n)$, em que $M(n) = \Omega(n^2)$ e $M(n)$ satisfaz às duas condições de regularidade:

1. $M(n + k) = O(M(n))$ para qualquer k na faixa $0 \leq k \leq n$, e
2. $M(n/2) \leq cM(n)$ para alguma constante $c < 1/2$.

Então, podemos calcular a inversa de qualquer matriz $n \times n$ real não singular no tempo $O(M(n))$.

Prova Seja A uma matriz $n \times n$ com entradas de valor real que seja não singular. Suponha que n seja uma potência exata de 2 (isto é, $n = 2^l$ para algum inteiro l); veremos, no fim da prova, o que fazer se n não é uma potência exata de 2.

Por enquanto, vamos supor que a matriz $n \times n$ A seja simétrica positiva definida. Particionamos A e sua inversa A^{-1} em quatro submatrizes $n/2 \times n/2$:

$$A = \begin{pmatrix} B & C^{\mathrm{T}} \\ C & D \end{pmatrix} \quad \text{e} \quad A^{-1} = \begin{pmatrix} R & T \\ U & V \end{pmatrix}. \tag{28.12}$$

Então, se fizermos de

$$S = D - CB^{-1}C^{\mathrm{T}} \tag{28.13}$$

o complemento de Schur de A com relação a B (veremos mais detalhes sobre essa forma do complemento de Schur na Seção 28.3), teremos

$$A^{-1} = \begin{pmatrix} R & T \\ U & V \end{pmatrix} = \begin{pmatrix} B^{-1} + B^{-1}C^{\mathrm{T}}S^{-1}CB^{-1} & -B^{-1}C^{\mathrm{T}}S^{-1} \\ -S^{-1}CB^{-1} & S^{-1} \end{pmatrix}, \tag{28.14}$$

já que $AA^{-1} = I_n$, como podemos verificar executando a multiplicação de matrizes. Como A é simétrica positiva definida, os Lemas 28.4 e 28.5 na Seção 28.3 implicam que B e S são simétricas e positivas definidas. Portanto, pelo Lema 28.3 na Seção 28.3, as inversas B^{-1} e S^{-1} existem e, pelo Exercício D.2-6 no Apêndice D, B^{-1} e S^{-1} são simétricas, de modo que $(B^{-1})^{\mathrm{T}} = B^{-1}$ e $(S^{-1})^{\mathrm{T}} = S^{-1}$. Logo, podemos calcular as submatrizes

$$
\begin{aligned}
R &= B^{-1} + B^{-1}C^{\mathrm{T}}S^{-1}CB^{-1}, \\
T &= -B^{-1}C^{\mathrm{T}}S^{-1}, \\
U &= -S^{-1}CB^{-1}, \quad \text{e} \\
V &= S^{-1}
\end{aligned}
$$

de A^{-1} da maneira descrita a seguir, em que todas as matrizes mencionadas são $n/2 \times n/2$:

1. Forme as submatrizes B, C, C^T e D de A.

2. Calcule recursivamente a inversa B^{-1} de B.

3. Calcule o produto de matrizes $W = CB^{-1}$ e depois sua transposta W^T, que é igual a $B^{-1}C^T$ (pelo Exercício D.1-2 e $(B^{-1})^T = B^{-1}$).

4. Calcule o produto de matrizes $X = WC^T$, que é igual a $CB^{-1}C^T$, e depois a matriz $S = D - X = D - CB^{-1}C^T$.

5. Calcule recursivamente a inversa S^{-1} de S.

6. Calcule o produto de matrizes $Y = S^{-1}W$, que é igual a $S^{-1}CB^{-1}$, e depois sua transposta Y^T, que é igual a $B^{-1}C^TS^{-1}$ (pelo Exercício D.1-2, $(B^{-1})^T = B^{-1}$ e $(S^{-1})^T = S^{-1}$).

7. Calcule o produto de matrizes $Z = W^TY$, que é igual a $B^{-1}C^TS^{-1}CB^{-1}$.

8. Defina $R = B^{-1} + Z$.

9. Defina $T = -Y^T$.

10. Defina $U = -Y$.

11. Defina $V = S^{-1}$.

Assim, podemos inverter uma matriz $n \times n$ simétrica positiva definida invertendo duas matrizes $n/2 \times n/2$ nas etapas 2 e 5, efetuando quatro multiplicações de matrizes $n/2 \times n/2$ nas etapas 3, 4, 6 e 7, mais um custo adicional de $O(n^2)$ para extrair submatrizes de A, inserir submatrizes em A^{-1} e executar um número constante de adições, subtrações e transposições para matrizes $n/2 \times n/2$ matrizes. O tempo de execução é dado pela recorrência

$$
\begin{aligned}
I(n) & \leq 2I(n/2) + 4M(n/2) + O(n^2) \\
& = 2I(n/2) + \Theta(M(n)) \\
& = O(M(n)) \, .
\end{aligned}
\tag{28.15}
$$

A segunda linha segue da suposição de que $M(n) = \Omega(n^2)$ e da segunda condição de regularidade no enunciado do teorema, que implica que $4M(n/2) < 2M(n)$. Como $M(n) = \Omega(n^2)$, o caso 3 do teorema mestre (Teorema 4.1) aplica-se à recorrência (28.15), gerando o resultado $O(M(n))$.

Resta provar que podemos obter o mesmo tempo de execução assintótico para multiplicação de matrizes que o obtido para inversão de matrizes quando A é inversível, mas não simétrica positiva definida. A ideia básica é que, para qualquer matriz não singular A, a matriz A^TA é simétrica (pelo Exercício D.1-2) e positiva definida (pelo Teorema D.6). Então, o artifício é reduzir o problema de inverter A ao problema de inverter A^TA.

A redução é baseada na seguinte observação: quando A é uma matriz $n \times n$ não singular, temos

$$A^{-1} = (A^TA)^{-1}A^T \, ,$$

já que $((A^TA)^{-1}A^T)A = (A^TA)^{-1}(A^TA) = I_n$ e uma matriz inversa é única. Portanto, podemos calcular A^{-1} primeiro multiplicando A^T por A para obter A^TA e depois invertendo a matriz simétrica positiva definida A^TA empregando o algoritmo de divisão e conquista, e finalmente multiplicando o resultado por A^T. Cada uma dessas três etapas demora o tempo $O(M(n))$ e, assim, podemos inverter qualquer matriz não singular com entradas reais no tempo $O(M(n))$.

Esta prova assumiu que A é uma matriz $n \times n$, em que n é uma potência exata de 2. Se n não for uma potência exata de 2, então seja $k < n$ tal que $n + k$ é uma potência exata de 2, e defina a matriz $(n + k) \times (n + k)$ A' como

$$A' = \begin{pmatrix} A & 0 \\ 0 & I_k \end{pmatrix} \, .$$

Assim, a inversa de A' é

$$\begin{pmatrix} A & 0 \\ 0 & I_k \end{pmatrix}^{-1} = \begin{pmatrix} A^{-1} & 0 \\ 0 & I_k \end{pmatrix} \, ,$$

Aplique o método da prova a A' para calcular a inversa de A' e tome as n primeiras linhas e n colunas do resultado como a resposta desejada A^{-1}. A primeira condição de regularidade sobre $M(n)$ garante que a ampliação da matriz dessa forma aumenta o tempo de execução em, no máximo, um fator constante. ∎

A prova do Teorema 28.2 sugere um meio de resolver a equação $Ax = b$ usando decomposição LU sem pivoteamento, desde que A seja não singular. Seja $y = A^T b$. Multiplicamos ambos os lados da equação $Ax = b$ por A^T, o que produz $(A^T A)x = A^T b = y$. Essa transformação não afeta a solução x, já que A^T é inversível. Como $A^T A$ é simétrica positiva definida, ela pode ser fatorada calculando uma decomposição LU. Então, usamos substituição direta e inversa para resolver x com o lado direito $(A^T A)x = y$. Embora esse método esteja teoricamente correto, na prática o procedimento DECOMPOSIÇÃO-LUP funciona muito melhor. A decomposição LUP requer menor número de operações aritméticas por um fator constante e tem propriedades numéricas um pouco melhores.

Exercícios

28.2-1
Seja $M(n)$ o tempo para multiplicar duas matrizes $n \times n$ e seja $S(n)$ o tempo necessário para elevar uma matriz $n \times n$ ao quadrado. Mostre que multiplicar e elevar matrizes ao quadrado têm basicamente a mesma dificuldade: um algoritmo de multiplicação de matrizes de tempo $M(n)$ implica um algoritmo de elevação ao quadrado de tempo $O(M(n))$, e um algoritmo de elevação ao quadrado de tempo $S(n)$ implica um algoritmo de multiplicação de matrizes de tempo $O(S(n))$.

28.2-2
Seja $M(n)$ o tempo para multiplicar duas matrizes $n \times n$. Mostre que um algoritmo de multiplicação de matrizes de tempo $M(n)$ implica um algoritmo de decomposição LUP de tempo $O(M(n))$. (A decomposição LUP que seu método produz não precisa ser igual ao resultado produzido pelo procedimento DECOMPOSIÇÃO-LUP.)

28.2-3
Seja $M(n)$ o tempo para multiplicar duas matrizes booleanas $n \times n$, e seja $T(n)$ o tempo para determinar o fecho transitivo de uma matriz booleana $n \times n$ (ver Seção 23.2). Mostre que um algoritmo de multiplicação de matrizes booleanas de tempo $M(n)$ implica um algoritmo de fecho transitivo de tempo $O(M(n) \lg n)$, e um algoritmo de fecho transitivo de tempo $T(n)$ implica um algoritmo de multiplicação de matrizes booleanas de tempo $O(T(n))$.

28.2-4
O algoritmo de inversão de matrizes baseado no Teorema 28.2 funciona quando elementos de matrizes são retirados do campo de inteiros módulo 2? Explique.

★ 28.2-5
Generalize o algoritmo de inversão de matrizes do Teorema 28.2 para tratar matrizes de números complexos e prove que sua generalização funciona corretamente. (*Sugestão:* em vez da transposta de A, use a **transposta conjugada** A^*, obtida da transposta de A pela substituição de cada entrada por seu conjugado complexo. Em vez de matrizes simétricas, considere matrizes **hermitianas**, que são matrizes A tais que $A = A^*$.)

28.3   Matrizes simétricas positivas definidas e aproximação de mínimos quadrados

Matrizes simétricas positivas definidas têm muitas propriedades interessantes e desejáveis. Uma matriz $n \times n$ A é **simétrica positiva definida** se $A = A^T$ (A é simétrica) e $x^T Ax > 0$ para todos os n-vetores $x \neq 0$ (A é positiva definida). Matrizes simétricas positivas definidas são não singulares, e podemos executar decomposição LU com elas sem precisarmos nos preocupar com divisão por zero. Nesta seção, provaremos estas e várias outras propriedades importantes de matrizes simétricas positivas definidas e mostraremos uma aplicação interessante para ajuste de curvas por aproximação de mínimos quadrados.

A primeira propriedade que provamos talvez seja a mais básica.

Lema 28.3

Qualquer matriz positiva definida é não singular.

Prova Suponha que uma matriz A seja singular. Então, pelo Corolário D.3, no Apêndice D, existe um vetor não nulo x tal que $Ax = 0$. Por consequência, $x^T A x = 0$, e A não pode ser positiva definida. ∎

A prova de que podemos executar a decomposição LU para uma matriz simétrica positiva definida A sem dividir por zero é mais complicada. Começamos provando propriedades de certas submatrizes de A. Defina a k-ésima **submatriz líder** de A como a matriz A_k que consiste na interseção das primeiras k linhas e das primeiras k colunas de A.

Lema 28.4

Se A é uma matriz simétrica positiva definida, então toda submatriz líder de A é simétrica positiva definida.

Prova Visto que A é simétrica, cada submatriz líder A_k também é simétrica. Vamos provar que A_k é positiva definida por contradição. Se A_k não é positiva definida, então existe um k-vetor $x_k \neq 0$ tal que $A_k x_k \leq 0$. Sejam A como $n \times n$, e

$$A = \begin{pmatrix} A_k & B^T \\ B & C \end{pmatrix} \tag{28.16}$$

para submatrizes B (que é $(n-k) \times k$) e C (que é $(n-k) \times (n-k)$). Defina o n-vetor $x = (x_k^T\ 0)^T$, em que $n - k$ zeros vêm depois de x_k. Então, temos

$$\begin{aligned} x^T A x &= (x_k^T\ \ 0) \begin{pmatrix} A_k & B^T \\ B & C \end{pmatrix} \begin{pmatrix} x_k \\ 0 \end{pmatrix} \\ &= (x_k^T\ \ 0) \begin{pmatrix} A_k x_k \\ B x_k \end{pmatrix} \\ &= x_k^T A_k x_k \\ &\leq 0 \,, \end{aligned}$$

o que contradiz a afirmação de que A seja positiva definida. ∎

Agora, voltamos a algumas propriedades essenciais do complemento de Schur. Seja A uma matriz simétrica positiva definida e seja A_k uma submatriz líder $k \times k$ de A. Particione A mais uma vez de acordo com a Equação (28.16). Generalizamos a Equação (28.10) para definir o **complemento de Schur** S de A com relação a A_k como

$$S = C - B A_k^{-1} B^T \,. \tag{28.17}$$

(Pelo Lema 28.4, A_k é simétrica positiva definida; portanto, existe pelo Lema 28.3, e S é bem definida.) A definição (28.10) anterior do complemento de Schur é consistente com a Equação (28.17) se fizermos $k = 1$.

O próximo lema mostra que as matrizes de complemento de Schur de matrizes simétricas positivas definidas são também simétricas e positivas definidas. Usamos esse resultado no Teorema 28.2, e precisamos de seu corolário para provarmos que a decomposição LU funciona para matrizes simétricas positivas definidas.

Lema 28.5 (Lema do complemento de Schur)

Se A é uma matriz simétrica positiva definida e A_k é uma submatriz líder $k \times k$ de A, então o complemento de Schur S de A com relação a A_k é simétrico e positivo definido.

Prova Como A é simétrica, a submatriz C também é. Pelo Exercício D.2-6, o produto BB^T é simétrico. Como C e BB^T são simétricas, pelo Exercício D.1-1, S é simétrica.

Resta mostrar que S é positiva definida. Considere a partição de A dada na Equação (28.16). Para qualquer vetor não nulo x, temos $x^T A x > 0$ pela hipótese de A ser positiva definida. Os subvetores y e z consistem nos primeiros k e últimos $n - k$ elementos em x, respectivamente, e portanto, eles são compatíveis com A_k e C, respectivamente. Como BA_k^{-1} existe, temos

$$
\begin{aligned}
x^{\mathrm{T}}Ax &= (\, y^{\mathrm{T}} \quad z^{\mathrm{T}} \,)\begin{pmatrix} A_k & B^{\mathrm{T}} \\ B & C \end{pmatrix}\begin{pmatrix} y \\ z \end{pmatrix} \\
&= (\, y^{\mathrm{T}} \quad z^{\mathrm{T}} \,)\begin{pmatrix} A_k y + B^{\mathrm{T}}z \\ By + Cz \end{pmatrix} \\
&= y^{\mathrm{T}}A_k y + y^{\mathrm{T}}B^{\mathrm{T}}z + z^{\mathrm{T}}By + z^{\mathrm{T}}Cz \\
&= (y + A_k^{-1}B^{\mathrm{T}}z)^{\mathrm{T}}A_k(y + A_k^{-1}B^{\mathrm{T}}z) + z^{\mathrm{T}}(C - BA_k^{-1}B^{\mathrm{T}})z\ ,
\end{aligned}
\tag{28.18}
$$

Essa última equação, que pode ser verificada pela multiplicação, equivale a "completar o quadrado" da forma quadrática (ver Exercício 28.3-2).

Visto que $x^{\mathrm{T}}Ax > 0$ é válida para qualquer x não nulo, selecionamos qualquer z não nulo e então escolhemos $y = -A_k^{-1}B^{\mathrm{T}}z$, o que faz o primeiro termo da Equação (28.18) desaparecer, restando

$$
z^{\mathrm{T}}(C - BA_k^{-1}B^{\mathrm{T}})z = z^{\mathrm{T}}Sz
$$

como o valor da expressão. Portanto, para qualquer $z \neq 0$, temos $z^{\mathrm{T}}Sz = x^{\mathrm{T}}Ax > 0$ e, assim, S é positiva definida. ∎

Corolário 28.6

A decomposição LU de uma matriz simétrica positiva definida nunca provoca uma divisão por zero.

Prova Seja A uma matriz $n \times n$ simétrica positiva definida. Na verdade, provaremos algo mais forte que o enunciado do corolário: todo pivô é estritamente positivo. O primeiro pivô é a_{11}. Seja e_1 o vetor unitário de comprimento n $(1\ 0\ 0\ \dots\ 0)^{\mathrm{T}}$, de modo que $a_{11}\,e_1^{\mathrm{T}} = Ae_1$, que é positivo porque e_1 é diferente de zero e A é positiva definida. Visto que a primeira etapa da decomposição LU produz o complemento de Schur de A com relação a $A_1 = (a_{11})$, o Lema 28.5 implica por indução que todos os pivôs são positivos. ∎

Aproximação de mínimos quadrados

Uma aplicação importante de matrizes simétricas positivas definidas é o ajuste de curvas a determinados conjuntos de pontos de dados. Suponha que tenhamos um conjunto de m pontos de dados

$$(x_1, y_1), (x_2, y_2), \dots, (x_m, y_m),$$

em que sabemos que os valores y_i estão sujeitos a erros de medição. Gostaríamos de determinar uma função $F(x)$ tal que os erros de aproximação

$$
\eta_i = F(x_i) - y_i
\tag{28.19}
$$

fossem pequenos para $i = 1, 2, \dots, m$. A forma da função F depende do problema em questão. Aqui, consideramos a forma de uma soma linearmente ponderada,

$$
F(x) = \sum_{j=1}^{n} c_j\, f_j(x)\ ,
$$

em que o número de termos n e as **funções de base** f_j específicas são escolhidos com base no conhecimento do problema em questão. Uma opção comum é $f_j(x) = x^{j-1}$, o que significa que

$$
F(x) = c_1 + c_2 x + c_3 x^2 + \cdots + c_n x^{n-1}
$$

é um polinômio de grau $n - 1$ em x. Assim, com m pontos de dados $(x_1, y_1), (x_2, y_2), \dots, (x_m, y_m)$, desejamos calcular n coeficientes $c_1, c_2, \dots, c_n$ que minimizem os erros de aproximação $\eta_1, \eta_2, \dots, \eta_m$.

Escolhendo $n = m$, podemos calcular cada y_i *exatamente* na Equação (28.19). Porém, tal função F de grau elevado "ajusta o ruído", bem como os dados, e, em geral, produz resultados ruins quando usada com a finalidade de predizer y para valores de x que ainda não foram vistos. Normalmente é melhor escolher n significativamente menor que m e esperar que, escolhendo bem os coeficientes c_j, possamos obter uma função F que determine os padrões significativos nos pontos de dados sem prestarmos atenção indevida ao ruído. Existem alguns princípios teóricos para a escolha de n, mas eles não fazem parte do escopo deste texto. Em todo caso, uma vez escolhido um valor de n menor que m, acabamos com um conjunto superdeterminado de equações cuja solução desejamos aproximar. Mostramos agora como fazer isso.

Seja

$$
A = \begin{pmatrix}
f_1(x_1) & f_2(x_1) & \ldots & f_n(x_1) \\
f_1(x_2) & f_2(x_2) & \ldots & f_n(x_2) \\
\vdots & \vdots & \ddots & \vdots \\
f_1(x_m) & f_2(x_m) & \ldots & f_n(x_m)
\end{pmatrix}
$$

a matriz de valores das funções básicas nos pontos dados; isto é, $a_{ij} = f_j(x_i)$. Seja $c = (c_k)$ o n-vetor de coeficientes desejado. Então,

$$
\begin{aligned}
Ac &= \begin{pmatrix}
f_1(x_1) & f_2(x_1) & \ldots & f_n(x_1) \\
f_1(x_2) & f_2(x_2) & \ldots & f_n(x_2) \\
\vdots & \vdots & \ddots & \vdots \\
f_1(x_m) & f_2(x_m) & \ldots & f_n(x_m)
\end{pmatrix}
\begin{pmatrix}
c_1 \\ c_2 \\ \vdots \\ c_n
\end{pmatrix} \\
&= \begin{pmatrix}
F(x_1) \\ F(x_2) \\ \vdots \\ F(x_m)
\end{pmatrix}
\end{aligned}
$$

é o m-vetor de "valores previstos" para y. Assim,

$$
\eta = Ac - y
$$

é o m-vetor de ***erros de aproximação***.

Para minimizarmos erros de aproximação, optamos por minimizar a norma do vetor de erro η, o que nos dá uma ***solução de mínimos quadrados***, já que

$$
\|\eta\| = \left(\sum_{i=1}^{m} \eta_i^2 \right)^{1/2} .
$$

Como

$$
\|\eta\|^2 = \|Ac - y\|^2 = \sum_{i=1}^{m} \left(\sum_{j=1}^{n} a_{ij} c_j - y_i \right)^2 ,
$$

podemos minimizar $\|\eta\|$ diferenciando $\|\eta\|^2$ com relação a cada c_k e, então, exigindo que o resultado seja 0:

$$
\frac{d\,\|\eta\|^2}{dc_k} = \sum_{i=1}^{m} 2 \left(\sum_{j=1}^{n} a_{ij} c_j - y_i \right) a_{ik} = 0 . \tag{28.20}
$$

As n Equações (28.20) para $k = 1, 2, \ldots, n$ são equivalentes à única equação matricial

$$
(Ac - y)^{\mathrm{T}} A = 0
$$

ou, o que é equivalente (usando o Exercício D.1-2), a

$$
A^{\mathrm{T}}(Ac - y) = 0 ,
$$

que implica

$$
A^{\mathrm{T}} Ac = A^{\mathrm{T}} y . \tag{28.21}
$$

Em estatística, a Equação (28.21) é denominada ***equação normal***. A matriz $A^T A$ é simétrica pelo Exercício D.1-2 e, se A tem posto total de coluna, pelo Teorema D.6, no Apêndice D, $A^T A$ também é positiva definida. Por consequência, $(A^T A)^{-1}$ existe, e a solução para a Equação (28.21) é

$$
\begin{aligned}
c &= \left((A^T A)^{-1} A^T \right) y \\
&= A^+ y \,,
\end{aligned}
\tag{28.22}
$$

em que a matriz $A^+ = ((A^T A)^{-1} A^T)$ é denominada ***pseudoinversa*** da matriz A. A pseudoinversa generaliza naturalmente a noção de uma matriz inversa para o caso em que A não é quadrada. (Compare a Equação (28.22) como a solução aproximada para $Ac = y$ com a solução $A^{-1} b$ como a solução exata para $Ax = b$.)

Como exemplo da produção de um ajuste de mínimos quadrados, suponha que tenhamos cinco pontos de dados

$$
\begin{aligned}
(x_1, y_1) &= (-1, 2) \,, \\
(x_2, y_2) &= (1, 1) \,, \\
(x_3, y_3) &= (2, 1) \,, \\
(x_4, y_4) &= (3, 0) \,, \\
(x_5, y_5) &= (5, 3) \,,
\end{aligned}
$$

mostrados como pontos *pretos* na Figura 28.3, e desejamos ajustar esses pontos com um polinômio quadrático

$$
F(x) = c_1 + c_2 x + c_3 x^2 \,.
$$

Começamos com a matriz de valores de funções de base

$$
A = \begin{pmatrix} 1 & x_1 & x_1^2 \\ 1 & x_2 & x_2^2 \\ 1 & x_3 & x_3^2 \\ 1 & x_4 & x_4^2 \\ 1 & x_5 & x_5^2 \end{pmatrix} = \begin{pmatrix} 1 & -1 & 1 \\ 1 & 1 & 1 \\ 1 & 2 & 4 \\ 1 & 3 & 9 \\ 1 & 5 & 25 \end{pmatrix}
$$

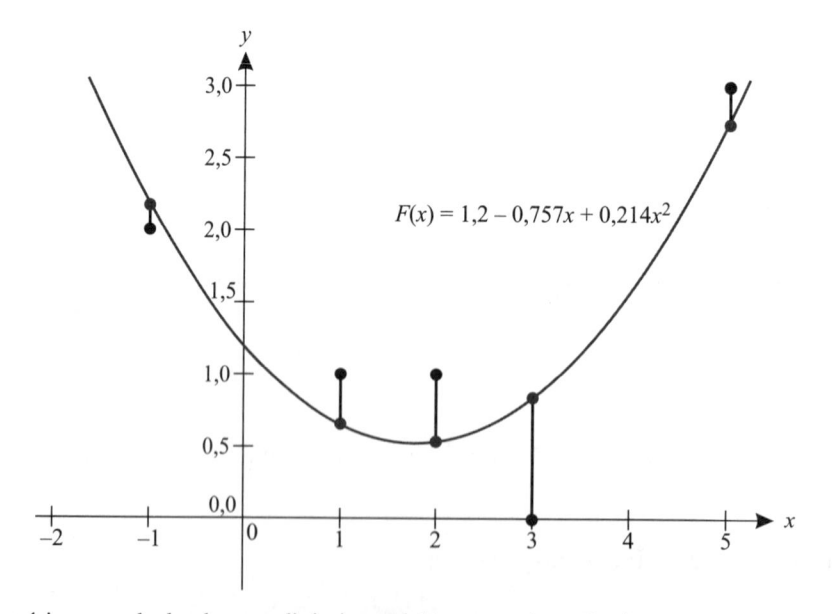

Figura 28.3 Ajuste de mínimos quadrados de um polinômio quadrático ao conjunto de cinco pontos de dados $\{(-1, 2), (1, 1), (2, 1), (3, 0), (5, 3)\}$. Os pontos *pretos* são os pontos de dados, e os pontos *cinza-escuro* são seus valores estimados previstos pelo polinômio $F(x) = 1,2 - 0,757x + 0,214x^2$, o polinômio quadrático que minimiza a soma dos erros elevados ao quadrado, mostrado pela curva em *cinza-escuro*. Cada linha vertical *preta* mostra o erro para um ponto de dados.

cuja pseudoinversa é

$$A^+ = \begin{pmatrix} 0,500 & 0,300 & 0,200 & 0,100 & -0,100 \\ -0,388 & 0,093 & 0,190 & 0,193 & -0,088 \\ 0,060 & -0,036 & -0,048 & -0,036 & 0,060 \end{pmatrix}.$$

Multiplicando y por A^+, obtemos o vetor de coeficientes

$$c = \begin{pmatrix} 1,200 \\ -0,757 \\ 0,214 \end{pmatrix},$$

que corresponde ao polinômio quadrático

$$F(x) = 1,200 - 0,757x + 0,214x^2$$

como polinômio que melhor se ajusta aos dados especificados, em um sentido de mínimos quadrados.

Por uma questão prática, resolvemos a equação normal (28.21) multiplicando y por A^T e determinando uma decomposição LU de A^TA. Se A tem posto total, é garantido que a matriz A^TA é não singular porque é simétrica positiva definida. (Ver Exercício D.1-2 e Teorema D.6.)

Encerramos esta seção com um exemplo na Figura 28.4, ilustrando que uma curva também pode se ajustar a uma função não polinomial. A curva confirma um aspecto da mudança climática: que as concentrações de dióxido de carbono (CO_2) têm aumentado uniformemente por um período de 29 anos. Os termos lineares e quadráticos modelam o aumento anual, e os termos do seno e do cosseno modelam as variações sazonais.

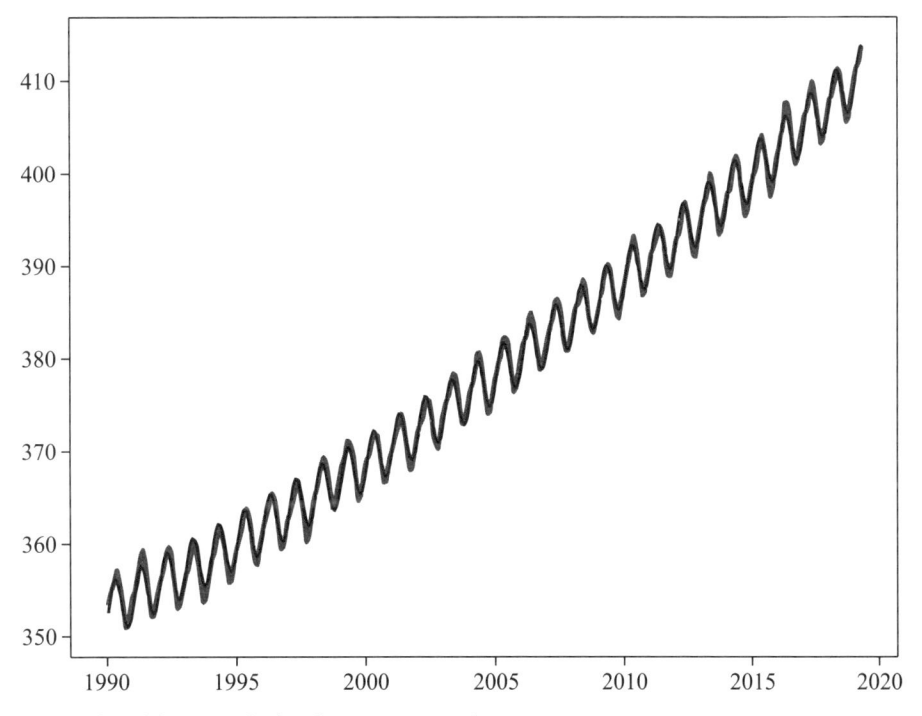

Figura 28.4 Aproximação de mínimos quadrados de uma curva na forma

$$c_1 + c_2x + c_3x^2 + c_4 \operatorname{sen}(2\pi x) + c_5 \cos(2\pi x)$$

para as concentrações de dióxido de carbono medidas em Mauna Loa, Havaí, de 1990[1] até 2019, em que x é o número de anos que se passaram desde 1990. Essa curva é a famosa "curva de Keeling", ilustrando o ajuste da curva a fórmulas não polinomiais. Os termos do seno e do cosseno permitem a modelagem de variações sazonais nas concentrações de CO_2. A curva *cinza* mostra as concentrações de CO_2 medidas. O melhor ajuste, mostrado pela curva *preta*, tem a forma

$$352,83 + 1,39x + 0,02x^2 + 2,83 \operatorname{sen}(2\pi x) - 9,94 \cos(2\pi x).$$

---

[1] O ano em que este livro foi publicado pela primeira vez.

Exercícios

28.3-1

Prove que todo elemento da diagonal de uma matriz simétrica positiva definida é positivo.

28.3-2

Seja $A = \begin{pmatrix} a & b \\ b & c \end{pmatrix}$ uma matriz 2×2 simétrica positiva definida. Prove que seu determinante $ac - b^2$ é positivo "completando o quadrado" de maneira semelhante à usada na prova do Lema 28.5.

28.3-3

Prove que o elemento máximo em uma matriz simétrica positiva definida encontra-se na diagonal.

28.3-4

Prove que o determinante de cada submatriz líder de uma matriz simétrica positiva definida é positivo.

28.3-5

Seja A_k a k-ésima submatriz líder de uma matriz simétrica positiva definida A. Prove que $\det(A_k)/\det(A_{k-1})$ é o k-ésimo pivô durante a decomposição LU em que, por convenção, $\det(A_0) = 1$.

28.3-6

Determine a função da forma

$$F(x) = c_1 + c_2 x \lg x + c_3 e^x$$

que é o melhor ajuste de mínimos quadrados para os pontos de dados

$(1, 1), (2, 1), (3, 3), (4, 8)$.

28.3-7

Mostre que a pseudoinversa A^+ satisfaz às quatro equações a seguir:

$$
\begin{aligned}
A A^+ A &= A, \\
A^+ A A^+ &= A^+, \\
(A A^+)^T &= A A^+, \\
(A^+ A)^T &= A^+ A.
\end{aligned}
$$

Problemas

28-1   Sistemas tridiagonais de equações lineares

Considere a matriz tridiagonal

$$
A = \begin{pmatrix}
1 & -1 & 0 & 0 & 0 \\
-1 & 2 & -1 & 0 & 0 \\
0 & -1 & 2 & -1 & 0 \\
0 & 0 & -1 & 2 & -1 \\
0 & 0 & 0 & -1 & 2
\end{pmatrix}
$$

a. Determine uma decomposição LU de A.

b. Resolva a equação $Ax = (1\ 1\ 1\ 1\ 1)^T$ usando substituição direta e inversa.

c. Determine a inversa de A.

d. Mostre como resolver a equação $Ax = b$ para qualquer matriz tridiagonal $n \times n$ simétrica positiva definida A e qualquer n-vetor b, no tempo $O(n)$, executando uma decomposição LU. Demonstre que qualquer método baseado na formação de A^{-1} é assintoticamente mais caro no pior caso.

e. Mostre como resolver a equação $Ax = b$ para qualquer matriz tridiagonal $n \times n$ não singular A e qualquer vetor b de n elementos, no tempo $O(n)$, executando uma decomposição LUP.

28-2   Splines

Um método prático para interpolar um conjunto de pontos com uma curva é usar **splines cúbicos**. Temos um conjunto $\{(x_i, y_i) : i = 0, 1, ..., n\}$ de $n + 1$ pares de valores de pontos, em que $x_0 < x_1 < ... < x_n$. Desejamos ajustar uma curva cúbica por partes (*spline*) $f(x)$ aos pontos. Isto é, a curva $f(x)$ é formada por n polinômios cúbicos $f_i(x) = a_i + b_i x + c_i x^2 + d_i x^3$ para $i = 0, 1, ..., n - 1$, em que, se x cair na faixa $x_i \leq x \leq x_{i+1}$, o valor da curva será dado por $f(x) = f_i(x - x_i)$. Os pontos x_i em que os polinômios cúbicos são "colados" um ao outro são denominados **nós**. Por simplicidade, vamos supor que $x_i = i$ para $i = 0, 1, ..., n$.

Para garantir continuidade de $f(x)$, é necessário que

$$f(x_i) \quad = \quad f_i(0) \quad = \quad y_i \, ,$$
$$f(x_{i+1}) \quad = \quad f_i(1) \quad = \quad y_{i+1}$$

para $i = 0, 1, ..., n - 1$. Para garantir que $f(x)$ seja suficientemente suave, também insistimos em que a derivada de primeiro grau seja contínua em cada nó:

$$f'(x_{i+1}) \quad = \quad f_i'(1) \quad = \quad f_{i+1}'(0)$$

para $i = 0, 1, ..., n - 2$.

a. Suponha que, para $i = 0, 1, ... n$, tenhamos não somente os pares de valores de pontos $\{(x_i, y_i)\}$, mas também as primeiras derivadas $D_i = f'(x_i)$ em cada nó. Expresse cada coeficiente a_i, b_i, c_i e d_i em termos dos valores y_i, y_{i+1}, D_i e D_{i+1}. (Lembre-se de que $x_i = i$.) Com que rapidez podemos calcular os $4n$ coeficientes a partir dos pares de valores de pontos e derivadas primeiras?

Ainda resta a questão de como escolher as derivadas de $f(x)$ nos nós. Um método é exigir que as derivadas segundas sejam contínuas nos nós:

$$f''(x_{i+1}) \quad = \quad f_i''(1) \quad = \quad f_{i+1}''(0)$$

para $i = 0, 1, ..., n - 2$. No primeiro e no último nós, consideramos que $f''(x_0) = f_0''(0) = 0$ e $f''(x_n) = f_{n-1}''(1) = 0$. Essas hipóteses fazem de $f(x)$ um *spline* cúbico **natural**.

b. Use as restrições de continuidade na derivada segunda para mostrar que, para $i = 1, 2, ... n - 1$,

$$D_{i-1} + 4D_i + D_{i+1} = 3(y_{i+1} - y_{i-1}) \, . \tag{28.23}$$

c. Mostre que

$$2D_0 + D_1 \quad = \quad 3(y_1 - y_0) \, , \tag{28.24}$$
$$D_{n-1} + 2D_n \quad = \quad 3(y_n - y_{n-1}) \, . \tag{28.25}$$

d. Reescreva as Equações (28.23) a (28.25) como uma equação matricial envolvendo o vetor $D = (D_0\, D_1\, D_2\, ..., D_n)^{\mathrm{T}}$ de incógnitas. Quais atributos têm a matriz em sua equação?

e. Demonstre que um *spline* cúbico natural pode interpolar um conjunto de $n + 1$ pares de valores de pontos no tempo $O(n)$ (ver Problema 28-1).

f. Mostre como determinar um *spline* cúbico natural que interpole um conjunto de $n + 1$ pontos (x_i, y_i) satisfazendo $x_0 < x_1 < ... < x_n$, mesmo quando x_i não é necessariamente igual a i. Qual equação matricial seu método deve resolver e com que rapidez seu algoritmo é executado?

Notas do capítulo

Muitos textos excelentes descrevem a computação numérica e científica com muito mais detalhes do que o espaço nos permite aqui. Os textos a seguir são especialmente interessantes: George e Liu [180], Golub e Van Loan [192], Press, Teukolsky, Vetterling e Flannery [365, 366] e Strang [422, 423].

Golub e Van Loan [192] discutem a estabilidade numérica. Eles mostram por que $\det(A)$ não necessariamente é um bom indicador da estabilidade de uma matriz A, propondo em vez disso usar $\|A\|_\infty \|A^{-1}\|_\infty$, em que $\|A\|_\infty = \max\left\{\sum_{j=1}^n |a_{ij}| : 1 \le i \le n\right\}$. Eles também tratam da questão de como calcular esse valor sem ter que realmente calcular A^{-1}.

O método de eliminação de Gauss, no qual se baseiam as decomposições LU e LUP, foi o primeiro método sistemático para resolver sistemas de equações lineares. Também foi um dos primeiros algoritmos numéricos. Embora fosse conhecido antes, sua descoberta é comumente atribuída a C. F. Gauss (1777-1855). Em seu famoso artigo [424], Strassen mostrou que uma matriz $n \times n$ pode ser invertida no tempo $O(n^{\lg 7})$. Winograd [460] provou originalmente que a multiplicação de matrizes não é mais difícil que a inversão de matrizes, e a recíproca se deve a Aho, Hopcroft e Ullman [5].

Outra decomposição de matrizes importante é a ***decomposição de valor singular***, ou ***SVD*** (do inglês *singular value decomposition*). A SVD fatora uma matriz $m \times n$ A em $A = Q_1 \Sigma Q_2^{\mathrm{T}}$, em que Σ é uma matriz $m \times n$ com valores não nulos somente na diagonal, Q_1 é $m \times m$ com colunas mutuamente ortonormais e Q_2 é $n \times n$, também com colunas mutuamente ortonormais. Dois vetores são ***ortonormais*** se seu produto interno é 0 e cada vetor tem uma norma de 1. Os livros de Strang [422, 423] e de Golub e van Loan [192] contêm bons tratamentos da SVD.

Strang [423] tem uma apresentação excelente de matrizes simétricas positivas definidas e de álgebra linear em geral.

29 Programação Linear

Muitos problemas consistem em maximizar ou minimizar um objetivo, dados recursos limitados e restrições concorrentes. Se pudermos especificar o objetivo como uma função linear de certas variáveis e se pudermos especificar as restrições aos recursos como igualdades ou desigualdades lineares nessas variáveis, teremos um *problema de programação linear*. Programas lineares surgem em diversas aplicações práticas. Começamos estudando uma aplicação em política eleitoral.

Problema político

Suponha que você seja um político tentando vencer uma eleição. Seu eleitorado está distribuído por três tipos diferentes de áreas: urbana, suburbana e rural. Essas áreas têm, respectivamente, 100.000, 200.000 e 50.000 eleitores registrados. Embora nem todos os eleitores registrados se apresentem para votar, você decide que para governar efetivamente gostaria que, no mínimo, metade dos eleitores registrados em cada uma das três regiões votasse em você. Você é honrado e nunca consideraria apoiar políticas nas quais não acredita, mas percebe que certas questões têm mais poder para conquistar votos em certos lugares. As questões primordiais de sua campanha como candidato são a preparação para um apocalipse zumbi, instalação de *lasers* em tubarões, construção de vias para carros voadores e permissão para os golfinhos votarem.

De acordo com as pesquisas de sua equipe de campanha, você pode estimar quantos votos conquistará ou perderá em cada segmento da população gastando 1.000 dólares em propaganda para cada questão. Essa informação aparece na tabela da Figura 29.1. Nessa tabela, cada entrada descreve o número em milhares de eleitores urbanos, suburbanos ou rurais que você conquistaria se gastasse \$1.000 com propaganda em defesa de uma questão específica. Entradas negativas representam votos que seriam perdidos. Sua tarefa é determinar a quantidade mínima de dinheiro que seria preciso gastar para obter 50.000 votos urbanos, 100.000 votos suburbanos e 25.000 votos rurais.

Embora você pudesse elaborar, por tentativa e erro, uma estratégia que conquistasse o número necessário de votos, tal estratégia poderia não ser a menos dispendiosa. Por exemplo, você poderia dedicar \$20.000 à propaganda para a preparação de um apocalipse zumbi, \$0 para equipar tubarões com *lasers*, \$4.000 para construir vias para carros voadores e \$9.000 para permitir que os golfinhos votem. Nesse caso, você conquistaria $(20 \cdot -2) + (0 \cdot 8) + (4 \cdot 0) + (9 \cdot 10) = 50$ mil votos urbanos, $(20 \cdot 5) + (0 \cdot 2) + (4 \cdot 0) + (9 \cdot 10) = 100$ mil votos suburbanos e $(20 \cdot 3) + (0 \cdot -5) + (4 \cdot 10) + (9 \cdot -2) = 82$ mil votos rurais. Você obteria o número exato de votos desejados nas áreas urbanas e suburbanas, mais que a quantidade de votos suficientes na área rural. (Na verdade, de acordo com o seu modelo, na área rural você receberia mais votos que o número de eleitores existentes.) Para arrebanhar esses votos, você pagaria $20 + 0 + 4 + 9 = 33$ mil dólares em propaganda.

Política	Urbanos	Suburbanos	Rurais
Apocalipse zumbi	−2	5	3
Tubarões com *lasers*	8	2	−5
Vias para carros voadores	0	0	10
Votos de golfinhos	10	0	−2

Figura 29.1 Efeito das políticas sobre os eleitores. Cada entrada descreve o número em milhares de eleitores urbanos, suburbanos ou rurais que poderiam ser conquistados gastando \$1.000 em propaganda de apoio a uma política para uma questão específica. Entradas negativas representam votos que seriam perdidos.

É natural você pensar se essa estratégia é a melhor possível. Isto é, será que você poderia alcançar suas metas gastando menos com propaganda? Um processo adicional de tentativa e erro pode ajudá-lo a responder a essa pergunta, mas uma abordagem melhor é formular (ou ***modelar***) essa questão matematicamente.

O primeiro passo é decidir quais decisões precisam ser tomadas e introduzir variáveis que capturem essas decisões. Como existem quatro decisões, introduzimos quatro ***variáveis de decisão***:

- x_1 é o número em milhares de dólares gastos com a propaganda para preparação de um apocalipse zumbi,
- x_2 é o número em milhares de dólares gastos com a propaganda sobre a instalação de *lasers* em tubarões,
- x_3 é o número em milhares de dólares gastos com a propaganda para construção de vias para carros voadores e
- x_4 é o número em milhares de dólares gastos com a propaganda para permissão do voto aos golfinhos.

Então, podemos pensar a respeito das ***restrições***, que são limites sobre os valores que as variáveis de decisão podem assumir. Podemos escrever o requisito para ganhar pelo menos 50.000 votos urbanos como

$$-2x_1 + 8x_2 + 0x_3 + 10x_4 \geq 50 . \tag{29.1}$$

De modo semelhante, podemos expressar os requisitos para conquistar no mínimo 100.000 votos suburbanos e 25.000 votos rurais como

$$5x_1 + 2x_2 + 0x_3 + 0x_4 \geq 100 \tag{29.2}$$

e

$$3x_1 - 5x_2 + 10x_3 - 2x_4 \geq 25 . \tag{29.3}$$

Qualquer configuração das variáveis x_1, x_2, x_3, x_4 que satisfaça às inequações (29.1)–(29.3) produz uma estratégia que conquista um número suficiente de cada tipo de voto.

Por fim, podemos pensar a respeito do ***objetivo***, a quantidade que queremos minimizar ou maximizar. Para manter os custos tão baixos quanto possível, você gostaria de minimizar a quantia gasta com propaganda. Isto é, o que você quer é minimizar a expressão

$$x_1 + x_2 + x_3 + x_4 . \tag{29.4}$$

Embora seja comum ocorrer propaganda negativa em campanhas políticas, certamente não existe propaganda de custo negativo. Consequentemente, temos de impor a seguinte condição:

$$x_1 \geq 0, \ x_2 \geq 0, \ x_3 \geq 0, \ \text{ e } \ x_4 \geq 0 . \tag{29.5}$$

Combinando as inequações (29.1)–(29.3) e (29.5) com o objetivo de minimizar (29.4), obtemos o que é conhecido como "programa linear". Formatamos esse problema de forma tabular como

$$\text{minimizar } x_1 + x_2 + x_3 + x_4 \tag{29.6}$$

sujeito a

$$
\begin{array}{rcrcrcrcl}
-2x_1 & + & 8x_2 & + & 0x_3 & + & 10x_4 & \geq & 50 \\
5x_1 & + & 2x_2 & + & 0x_3 & + & 0x_4 & \geq & 100 \\
3x_1 & - & 5x_2 & + & 10x_3 & - & 2x_4 & \geq & 25 \\
& & & & & & x_1, x_2, x_3, x_4 & \geq & 0
\end{array}
$$

$$\tag{26.7}$$
$$\tag{26.8}$$
$$\tag{26.9}$$
$$\tag{26.10}$$

A solução desse programa linear produz sua estratégia ótima.

O restante deste capítulo aborda como formular programas lineares e é uma introdução à modelagem em geral. Modelagem refere-se ao processo geral de converter um problema em uma forma matemática passível de solução por meio de um algoritmo. A Seção 29.1 discute rapidamente os aspectos algorítmicos da programação linear, embora não inclua os detalhes de um algoritmo de programação linear. No decorrer deste livro, vimos maneiras de modelar problemas, como por caminhos mínimos e conectividade em um grafo. Ao modelarmos um problema como programa linear, seguimos as etapas usadas neste exemplo da política — identificar as variáveis de decisão, especificar as restrições e formular a função objetivo. Para modelar um problema como programa linear, as restrições e os objetivos devem ser lineares. Na Seção 29.2, veremos vários outros exemplos de modelagem por meio de programas lineares. A Seção 29.3 discute a dualidade, um conceito importante em programação linear e em outros algoritmos de otimização.

29.1   Formulações e algoritmos de programação linear

Os programas lineares assumem uma forma particular, que examinaremos nesta seção. Vários algoritmos foram desenvolvidos para resolver programas lineares. Alguns são executados em tempo polinomial, outros não, mas são muito complicados para mostrarmos aqui. Em vez disso, daremos um exemplo que demonstra algumas ideias por trás do algoritmo simplex, que, atualmente, constitui o método de solução mais comumente implantado.

Programas lineares gerais

No problema geral de programação linear, desejamos otimizar uma função linear sujeita a um conjunto de desigualdades lineares. Dado um conjunto de números reais $a_1, a_2, ..., a_n$ e um conjunto de variáveis $x_1, x_2, ..., x_n$, definimos uma *função linear* f dessas variáveis por

$$f(x_1, x_2, \ldots, x_n) = a_1 x_1 + a_2 x_2 + \cdots + a_n x_n = \sum_{j=1}^{n} a_j x_j \, .$$

Se b é um número real e f é uma função linear, então a equação

$$f(x_1, x_2, \ldots, x_n) = b$$

é uma *igualdade linear* e as inequações

$$f(x_1, x_2, \ldots, x_n) \leq b \quad \text{e} \quad f(x_1, x_2, \ldots, x_n) \geq b$$

são *desigualdades lineares*. Usamos a expressão geral *restrições lineares* para indicar igualdades ou desigualdades lineares. Em programação linear, não permitimos desigualdades estritas. Formalmente, um *problema de programação linear* é o problema de minimizar ou maximizar uma função linear sujeita a um conjunto finito de restrições lineares. Se formos minimizar, denominamos o programa linear *programa linear de minimização* e, se formos maximizar, denominamos *programa linear de maximização*.

Para discutirmos algoritmos e propriedades da programação linear, será importante usarmos uma notação-padrão para a entrada. Por convenção, um programa linear de maximização toma como entrada n números reais $c_1, c_2, ..., c_n$; m números reais $b_1, b_2, ..., b_m$; e mn números reais a_{ij} para $i = 1, 2, ..., m$ e $j = 1, 2, ..., n$. O objetivo é encontrar n números reais $x_1, x_2, ..., x_n$ que

$$\text{maximizem} \sum_{j=1}^{n} c_j x_j \tag{29.11}$$

sujeito a

$$\sum_{j=1}^{n} a_{ij} x_j \leq b_i \quad \text{para} \quad i = 1, 2, \ldots, m \tag{29.12}$$
$$x_j \geq 0 \quad \text{para} \quad j = 1, 2, \ldots, n \, . \tag{29.13}$$

Chamamos a expressão (29.11) de *função objetivo* e as $n + m$ desigualdades nas linhas (29.12) e (29.13) de *restrições*. As n restrições na linha (29.13) são as *restrições de não negatividade*. Por vezes, pode ser mais conveniente expressar um programa linear de uma forma mais compacta. Se criarmos uma matriz $m \times n$ $A = (a_{ij})$, um m-vetor $b = (b_i)$, um n-vetor $c = (c_j)$ e um n-vetor $x = (x_j)$, então podemos reescrever o programa linear definido em (29.11)–(29.13) como

$$\text{maximizar} \ c^{\mathrm{T}} x \tag{29.14}$$

sujeito a

$$Ax \leq b \tag{29.15}$$
$$x \geq 0 \, . \tag{29.16}$$

Na linha (29.14), $c^{\mathrm{T}} x$ é o produto interno de dois n-vetores. Na desigualdade (29.15), Ax é o m-vetor que é o produto de uma matriz $m \times n$ e um n-vetor, e na desigualdade (29.16), $x \geq 0$ significa que cada entrada do vetor x deverá ser não negativa. Chamamos essa representação de **forma-padrão** para um programa linear, e adotamos a convenção de que A, b e c sempre possuem as dimensões dadas anteriormente.

O formato-padrão mostrado pode não corresponder naturalmente a situações da vida real que você esteja tentando modelar. Por exemplo, podemos ter restrições de igualdade ou variáveis que podem assumir valores negativos. Os Exercícios 29.1-6 e 29.1-7 pedem que você mostre como converter qualquer programa linear para esse formato-padrão.

Agora, vamos apresentar a terminologia para descrever as soluções dos programas lineares. Denominamos qualquer configuração em particular dos valores em uma variável, digamos, x, colocando uma barra sobre o nome da variável: $\bar{x}$. Se $\bar{x}$ satisfaz a todas as restrições, então ela é uma **solução viável**, mas se deixa de satisfazer a pelo menos uma restrição, então ela é uma **solução inviável**. Dizemos que uma solução $\bar{x}$ tem **valor objetivo** $c^{T}\bar{x}$. Uma solução viável $\bar{x}$ cujo valor objetivo é o máximo de todas as soluções viáveis é uma **solução ótima**, e chamamos seu valor objetivo $c^{T}\bar{x}$ **valor objetivo ótimo**. Se um programa linear não tem soluções viáveis, dizemos que o programa linear é **inviável** e, caso contrário, ele é **viável**. O conjunto de pontos que satisfazem a todas as restrições é a **região viável**. Se um programa linear tem algumas soluções viáveis, mas não tem um valor objetivo ótimo finito, então a região viável é *não limitada*, assim como o programa linear. O Exercício 29.1-5 pede que você mostre que um programa linear pode ter um valor objetivo ótimo finito mesmo que a região viável seja não limitada.

Um dos motivos do poder e da popularidade da programação linear é que os programas lineares podem, em geral, ser resolvidos de forma eficiente. Existem duas classes de algoritmos, conhecidos como algoritmos elipsoides e algoritmos de pontos interiores, que resolvem programas lineares em tempo polinomial. Além disso, o algoritmo simplex é muito utilizado. Embora não seja executado em tempo polinomial no pior caso, ele costuma funcionar bem na prática.

Não mostraremos um algoritmo detalhado para programação linear, mas discutiremos algumas ideias importantes. Primeiro, daremos um exemplo de uso de procedimento geométrico para resolver um programa linear de duas variáveis. Embora esse exemplo não generalize imediatamente para um algoritmo eficiente em problemas maiores, ele apresenta alguns conceitos importantes para programação linear e para otimização em geral.

Programa linear com duas variáveis

Primeiro, vamos considerar o seguinte programa linear com duas variáveis:

maximizar $x_1 + x_2$
$$(29.17)$$

sujeito a

$$4x_1 - x_2 \leq 8 \qquad (29.18)$$
$$2x_1 + x_2 \leq 10 \qquad (29.19)$$
$$5x_1 - 2x_2 \geq -2 \qquad (29.20)$$
$$x_1, x_2 \geq 0 \; . \qquad (29.21)$$

A Figura 29.2(a) representa graficamente as restrições em um sistema de coordenadas cartesianas (x_1, x_2). A região viável no espaço bidimensional (destacada em *cinza-escuro* na figura) é convexa.[1] Conceitualmente, podemos avaliar a função objetivo $x_1 + x_2$ em cada ponto da região viável e, então, identificar um ponto que tenha o valor objetivo máximo como uma solução ótima. No entanto, para esse exemplo (e para a maioria dos programas lineares), a região viável contém um número infinito de pontos e, portanto, precisamos determinar um modo eficiente de encontrar um ponto que alcance o valor objetivo máximo sem avaliar explicitamente a função objetivo em cada ponto na região viável.

Em duas dimensões, podemos otimizar por meio de um procedimento gráfico. O conjunto de pontos para os quais $x_1 + x_2 = z$, para qualquer z, é uma reta de inclinação -1. Se representarmos $x_1 + x_2 = 0$ em gráfico, obteremos a reta de inclinação -1 que passa pela origem, como na Figura 29.2(b). A interseção dessa reta com a

---

[1]Uma definição intuitiva de região convexa é que ela cumpre o seguinte requisito: para quaisquer dois pontos na região, todos os pontos sobre um segmento de reta entre eles também estão na região.

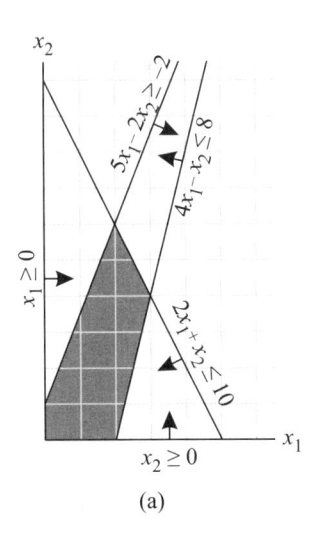
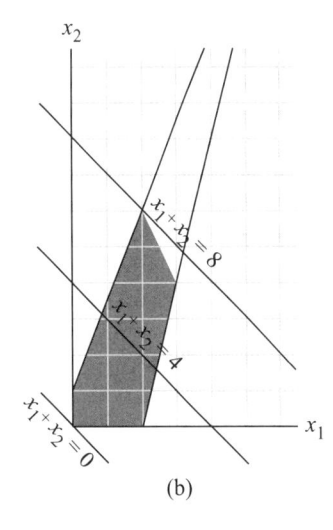

(a)   (b)

Figura 29.2 (**a**) Programa linear dado em (29.18)–(29.21). Cada restrição é representada por uma reta e uma direção. A interseção das restrições, que é a região viável, aparece destacada em *cinza-escuro*. (**b**) As retas *diagonais* mostram, respectivamente, os pontos para os quais o valor objetivo é 0, 4 e 8. A solução ótima para o programa linear é $x_1 = 2$ e $x_2 = 6$ com valor objetivo 8.

região viável é o conjunto de soluções viáveis que têm valor objetivo 0. Nesse caso, essa interseção da reta com a região viável é o ponto único (0, 0). De modo mais geral, para qualquer z, a interseção da reta $x_1 + x_2 = z$ com a região viável é o conjunto de soluções viáveis que têm valor objetivo z. A Figura 29.2(b) mostra as retas $x_1 + x_2 = 0$, $x_1 + x_2 = 4$ e $x_1 + x_2 = 8$. Como a região viável na Figura 29.2 é limitada, deve existir algum valor máximo z para o qual a interseção da reta $x_1 + x_2 = z$ com a região viável é não vazia. Qualquer ponto na região viável que maximize $x_1 + x_2$ é uma solução ótima para o programa linear que, nesse caso, é o vértice da região viável no ponto $x_1 = 2$ e $x_2 = 6$ com valor objetivo 8.

Não é por acaso que uma solução ótima para o programa linear ocorre em um vértice da região viável. O valor máximo de z para o qual a reta $x_1 + x_2 = z$ intercepta a região viável deve estar no contorno da região viável e, assim, a interseção dessa reta com o contorno da região viável é um vértice único ou um segmento de reta. Se a interseção é um vértice único, existe apenas uma solução ótima, e ela é esse vértice. Se a interseção é um segmento de reta, todo ponto nesse segmento de reta deve ter o mesmo valor objetivo; em particular, ambas as extremidades do segmento de reta são soluções ótimas. Visto que cada extremidade de um segmento de reta é um vértice, também nesse caso existe uma solução ótima em um vértice.

Embora não seja fácil representar em gráficos programas lineares com mais de duas variáveis, a mesma intuição é válida. Se temos três variáveis, então cada restrição corresponde a um semiespaço no espaço tridimensional. A interseção desses semiespaços forma a região viável. O conjunto de pontos para os quais a função objetivo obtém um valor z é agora um plano (supondo que não haja condições degenerativas). Se todos os coeficientes da função objetivo são não negativos e se a origem é uma solução viável para o programa linear, então, à medida que afastamos esse plano da origem em uma direção normal à função objetivo, encontramos pontos de valor objetivo crescente. (Se a origem não é viável ou se alguns coeficientes na função objetivo são negativos, o quadro intuitivo se torna um pouco mais complicado.) Como ocorre em duas dimensões, se a região viável é convexa, o conjunto de pontos que alcançam o valor objetivo ótimo deve incluir um vértice da região viável. De modo semelhante, se temos n variáveis, cada restrição define um semiespaço no espaço n dimensional. A região viável formada pela interseção desses semiespaços é denominada **simplex**. A função objetivo é agora um hiperplano e, em razão da convexidade, uma solução ótima ainda ocorre em um vértice da simplex. Qualquer algoritmo para programação linear também deverá identificar programas lineares que não possuam soluções, além de programas lineares que não possuam solução ótima finita.

O **algoritmo simplex** recebe como entrada um programa linear e retorna uma solução ótima. Ele começa em algum vértice do simplex e realiza uma sequência de iterações. Em cada iteração, ele se move ao longo de uma aresta do simplex de um vértice atual para um vértice vizinho cujo valor objetivo não é menor do que o do vértice atual (e geralmente é maior). O algoritmo simplex termina quando alcança um máximo local, que é um vértice no qual todos os vértices vizinhos têm um valor objetivo menor. Em função da convexidade da região viável e da linearidade da função objetivo, esse ótimo local é, na verdade, um ótimo global. Na Seção 29.3, veremos um conceito importante chamado "dualidade", que usaremos para provar que a solução retornada pelo algoritmo simplex é realmente ótima.

O algoritmo simplex, quando implementado cuidadosamente, muitas vezes, resolve programas lineares gerais rapidamente na prática. Porém, com algumas entradas criadas cuidadosamente, o algoritmo simplex pode exigir tempo exponencial. O primeiro algoritmo de tempo polinomial para programação linear foi o **_algoritmo dos elipsoides_**, cuja execução era lenta na prática. Uma segunda classe de algoritmos de tempo polinomial é conhecida como **_métodos de pontos interiores_**. Ao contrário do algoritmo simplex, que percorre o exterior da região viável e mantém uma solução viável que é um vértice do simplex em cada iteração, esses algoritmos percorrem o interior da região viável. As soluções intermediárias, embora viáveis, não são necessariamente vértices do simplex, mas a solução final é um vértice. Para entradas grandes, a execução de algoritmos de pontos interiores pode ser tão rápida quanto a do algoritmo simplex e, por vezes, mais rápida. As notas deste capítulo fazem referência a mais informações sobre esses algoritmos.

Se acrescentamos a um programa linear o requisito adicional de que todas as variáveis devem ter valores inteiros, temos um **_programa linear inteiro_**. O Exercício 34.5-3, no Capítulo 34, pede que você mostre que só determinar uma solução viável para esse problema já é NP-difícil. Visto que não há nenhum algoritmo de tempo polinomial conhecido para quaisquer problemas NP-difíceis, não existe nenhum algoritmo de tempo polinomial conhecido para programação linear inteira. Ao contrário, podemos resolver um problema geral de programação linear em tempo polinomial.

Exercícios

29.1-1
Considere o programa linear

minimizar $-2x_1 + 3x_2$

sujeito a

$$
\begin{aligned}
x_1 + x_2 &= 7 \\
x_1 - 2x_2 &\leq 4 \\
x_1 &\geq 0 \quad .
\end{aligned}
$$

Indique três soluções viáveis para esse programa linear. Qual é o valor objetivo de cada uma delas?

29.1-2
Considere o programa linear a seguir, que tem uma restrição de não positividade:

minimizar $2x_1 + 7x_2 + x_3$

sujeito a

$$
\begin{aligned}
x_1 \qquad - x_3 &= 7 \\
3x_1 + x_2 \qquad &\geq 24 \\
x_2 &\geq 0 \\
x_3 &\leq 0 \quad .
\end{aligned}
$$

Indique três soluções viáveis para esse programa linear. Qual é o valor objetivo de cada uma delas?

29.1-3
Mostre que o seguinte programa linear é inviável:

maximizar $3x_1 - 2x_2$

sujeito a

$$
\begin{aligned}
x_1 + x_2 &\leq 2 \\
-2x_1 - 2x_2 &\leq -10 \\
x_1, x_2 &\geq 0 \quad .
\end{aligned}
$$

29.1-4

Mostre que o seguinte programa linear é ilimitado:

maximizar $x_1 - x_2$

sujeito a

$$
\begin{aligned}
-2x_1 + x_2 &\le -1 \\
-x_1 - 2x_2 &\le -2 \\
x_1, x_2 &\ge 0 \ .
\end{aligned}
$$

29.1-5

Forneça um exemplo de programa linear para o qual a região viável não é limitada, mas o valor objetivo ótimo é finito.

29.1-6

Em um programa linear, ocasionalmente, é preciso converter restrições de uma forma para outra.

a. Mostre como converter uma restrição de igualdade em um conjunto equivalente de desigualdades. Isto é, dada uma restrição $\sum_{j=1}^{n} a_{ij} x_j = b_i$, forneça um conjunto de desigualdades que serão satisfeitas se, e somente se, $\sum_{j=1}^{n} a_{ij} x_j = b_i$,

b. Mostre como converter uma restrição de desigualdade $\sum_{j=1}^{n} a_{ij} x_j \le b_i$ em uma restrição de igualdade e uma restrição de não negatividade. Será preciso introduzir uma variável adicional s e usar a restrição de que $s \ge 0$.

29.1-7

Explique como converter um programa linear de minimização em um programa linear de maximização equivalente, e demonstre que o seu novo programa linear é equivalente ao original.

29.1-8

No problema político do início deste capítulo, existem soluções viáveis que correspondem a ganhar mais eleitores do que realmente existem em uma área. Por exemplo, você pode definir x_2 como 200, x_3 como 200 e $x_1 = x_4 = 0$. Essa solução é viável, mas parece dizer que você ganhará 400.000 eleitores suburbanos, embora haja apenas 200.000 eleitores suburbanos reais. Que restrições você pode adicionar ao programa linear para garantir que nunca pareça ganhar mais eleitores do que realmente existem? Mesmo se você não adicionar essas restrições, demonstre que a solução ótima para esse programa linear nunca pode ganhar mais eleitores do que realmente existem na área.

29.2   Formulação de problemas como programas lineares

A programação linear tem muitas aplicações. Qualquer livro-texto sobre pesquisa operacional está repleto de exemplos de programação linear, e a programação linear tornou-se uma ferramenta-padrão ensinada aos alunos na maioria das escolas de administração. O cenário eleitoral é um exemplo típico. Aqui, estão mais dois exemplos:

- Uma companhia aérea deseja programar a tripulação de seus voos. O órgão regulador impõe várias restrições, como limitar o número de horas consecutivas que cada tripulante pode trabalhar e insistir que determinada tripulação trabalhe apenas em um modelo de aeronave durante cada mês. A companhia aérea deseja agendar a tripulação em todos os seus voos usando o menor número possível de tripulantes.
- Uma companhia petrolífera quer decidir onde perfurar petróleo. Instalar uma perfuratriz em determinado local tem um custo associado e, com base em pesquisas geológicas, um retorno esperado de certo número de barris de petróleo. A empresa tem um orçamento limitado para localizar novas perfurações e deseja maximizar a quantidade de petróleo que espera encontrar com esse orçamento.

Os programas lineares também modelam e resolvem problemas de grafos e combinatórios, como aqueles que aparecem neste livro. Já vimos um caso especial de programação linear usado para resolver problemas de restrições diferentes na Seção 22.4. Nesta seção, estudaremos como formular diversos problemas de grafos e de fluxo de rede como programas lineares. A Seção 35.4 usa a programação linear como ferramenta para encontrar uma solução aproximada para outro problema de grafos.

Talvez o aspecto mais importante da programação linear seja reconhecer quando podemos formular um problema como programa linear. Uma vez expresso o problema como um programa linear de tamanho polinomial, podemos resolvê-lo em tempo polinomial pelo algoritmo dos elipsoides ou dos pontos interiores. Vários pacotes de *software* de programação linear podem resolver problemas eficientemente; portanto, uma vez expresso como programa linear, tal pacote pode resolvê-lo.

Examinaremos vários exemplos concretos de problemas de programação linear. Começamos com dois problemas que já estudamos: o problema de caminhos mínimos de fonte única, do Capítulo 22, e o problema de fluxo máximo, do Capítulo 24. (Embora o problema de fluxo de custo mínimo tenha um algoritmo de tempo polinomial que não se baseia em programação linear, não o descreveremos.) Por fim, descrevemos o problema do fluxo multimercadorias, para o qual o único algoritmo de tempo polinomial conhecido se baseia em programação linear.

Quando resolvemos problemas de grafos na Parte VI, usamos notação de atributo, tal como $v.d$ e $(u, v).f$. Todavia, problemas lineares normalmente usam variáveis com índices em vez de objetos com atributos anexados. Portanto, quando expressarmos variáveis em programas lineares, indicaremos vértices e arestas por meio de subscritos. Por exemplo, não indicamos com $v.d$ o peso do caminho mínimo para o vértice v, mas com d_v. De modo semelhante, não indicamos com $(u, v).f$ o fluxo do vértice u ao vértice v, mas com f_{uv}. Quando se tratar de quantidades dadas como entradas para problemas, por exemplo, pesos ou capacidades de arestas, continuaremos a usar notações como $w(u, v)$ e $c(u, v)$.

Caminhos mínimos

Podemos formular o problema de caminhos mínimos de fonte única como um programa linear. Nesta seção, focalizaremos a formulação do problema de caminhos mínimos para um par, deixando a extensão para o problema mais geral de caminhos mínimos de fonte única para o Exercício 29.2-2.

No problema de caminhos mínimos para um par, temos como entrada um grafo ponderado dirigido $G = (V, E)$, com função peso $w : E \to \mathbb{R}$ que mapeia arestas para pesos de valor real, um vértice de fonte s e um vértice de destino t. Desejamos calcular o valor d_t, que é o peso de um caminho mínimo de s a t. Para expressar esse problema como um programa linear, precisamos determinar um conjunto de variáveis e restrições que definem quando temos um caminho mínimo de s a t. A desigualdade do triângulo (Lema 22.10, no Capítulo 22) resulta em $d_v \leq d_u + w(u, v)$ para cada aresta $(u, v) \in E$. Inicialmente, o vértice de origem recebe um valor $d_s = 0$, que nunca muda. Assim, obtemos o seguinte programa linear para calcular o peso do caminho mínimo de s a t:

maximizar d_t \hfill (29.22)

sujeito a

$$d_v \leq d_u + w(u, v) \quad \text{para cada aresta } (u, v) \in E \tag{29.23}$$
$$d_s = 0 . \tag{29.24}$$

Você talvez se surpreenda porque esse programa linear maximiza uma função objetivo quando supostamente deveria calcular caminhos mínimos. Minimizar a função objetivo seria um engano, porque quando todos os pesos de aresta são não negativos, definir $\bar{d}_v = 0$ para todo $v \in V$ produziria uma solução ótima para o programa linear sem resolver o problema dos caminhos mínimos (lembre-se de que uma barra sobre um nome de variável indica uma configuração específica do valor da variável). Maximizar é a coisa certa a fazer, porque uma solução ótima para o problema dos caminhos mínimos define cada $\bar{d}_v$ como mín$\{\bar{d}_u + w(u, v) : u \in V$ e $(u, v) \in E\}$, de modo que $\bar{d}_v$ é o maior valor que é menor ou igual a todos os valores no conjunto $\{\bar{d}_v + w(u, v)\}$. Portanto, faz sentido maximizar d_v para todos os vértices v em um caminho mínimo de s a t sujeito a essas restrições, e maximizar d_t cumpre esse objetivo.

Esse programa linear tem $|V|$ variáveis d_v, uma para cada vértice $v \in V$. Há também $|E| + 1$ restrições: uma para cada aresta, mais a restrição adicional de que o peso do caminho mínimo do vértice de origem tem o valor 0.

Fluxo máximo

Em seguida, expressamos o problema do fluxo máximo como um programa linear. Lembre-se de que temos um grafo dirigido $G = (V, E)$ no qual cada aresta $(u, v) \in E$ tem capacidade não negativa $c(u, v) \geq 0$, e dois vértices notáveis: uma fonte s e um sorvedouro t. Como definimos na Seção 24.1, um fluxo é uma função não negativa de valor real $f : V \times V \to \mathbb{R}$ que satisfaz à restrição de capacidade e conservação de fluxo. Um fluxo máximo é um fluxo que satisfaz essas restrições e maximiza o valor de fluxo, sendo este o fluxo total que sai da origem menos o fluxo total que entra na origem. Portanto, um fluxo satisfaz restrições lineares, e o valor de um fluxo é uma função linear. Convém lembrar também que convencionamos $c(u, v) = 0$ se $(u, v) \notin E$ e que não há arestas antiparalelas; podemos expressar o problema de fluxo máximo como um programa linear:

$$\text{maximizar} \quad \sum_{v \in V} f_{sv} - \sum_{v \in V} f_{vs} \tag{29.25}$$

sujeito a

$$f_{uv} \leq c(u, v) \quad \text{para cada} \quad u, v \in V \tag{29.26}$$

$$\sum_{v \in V} f_{vu} = \sum_{v \in V} f_{uv} \quad \text{para cada} \quad u \in V - \{s, t\} \tag{29.27}$$

$$f_{uv} \geq 0 \qquad \text{para cada} \quad u, v \in V \ . \tag{29.28}$$

Esse programa linear tem $|V|^2$ variáveis, correspondendo ao fluxo entre cada par de vértices, e $2|V|^2 + |V| - 2$ restrições.

Normalmente, é mais eficiente resolver um programa linear de tamanho menor. O programa linear em (29.25)–(29.28) tem, por facilidade de notação, fluxo e capacidade 0 para cada par de vértices u, v com $(u, v) \notin E$. É mais eficiente reescrever o programa linear de modo que ele tenha $O(V + E)$ restrições. O Exercício 29.2-4 pede que você faça isso.

Fluxo de custo mínimo

Nesta seção, usamos programação linear na resolução de problemas para os quais já conhecíamos algoritmos eficientes. Na verdade, muitas vezes, um algoritmo eficiente projetado especificamente para um problema, como o algoritmo de Dijkstra para o problema de caminhos mínimos de origem única, será mais eficiente que a programação linear, tanto na teoria quanto na prática.

O real poder da programação linear vem da capacidade de resolver novos problemas. Lembre-se do problema enfrentado pelo político no início deste capítulo. O problema de obter um número suficiente de votos e ao mesmo tempo não gastar muito dinheiro não é resolvido por qualquer dos algoritmos que estudamos neste livro; no entanto, podemos resolvê-lo por programação linear. Há muitos livros que descrevem tais problemas reais que a programação linear pode resolver. A programação linear também é particularmente útil para resolver variantes de problemas para os quais talvez ainda não conheçamos um algoritmo eficiente.

Considere, por exemplo, a seguinte generalização do problema de fluxo máximo. Suponha que, além de uma capacidade $c(u, v)$ para cada aresta (u, v), tenhamos um custo de valor real $a(u, v)$. Como no problema do fluxo máximo, convencionamos que $c(u, v) = 0$ se $(u, v) \notin E$ e que não existe nenhuma aresta antiparalela. Se enviarmos f_{uv} unidades de fluxo pela aresta (u, v), incorreremos em um custo $a(u, v) \cdot f_{uv}$. Temos também uma demanda de fluxo d. Desejamos enviar d unidades de fluxo de s a t e ao mesmo tempo minimizar o custo total $\sum_{(u,v) \in E} a(u, v) \cdot f_{uv}$, incorrido pelo fluxo. Esse problema é conhecido como ***problema de fluxo de custo mínimo***.

A Figura 29.3(a) mostra um exemplo do problema de fluxo de custo mínimo, com o objetivo de enviar quatro unidades de fluxo de s para t, incorrendo no custo total mínimo. Qualquer fluxo válido específico, isto é, uma função f que satisfaça às restrições (29.26)–(29.28), incorre em um custo total $\sum_{(u,v) \in E} f_{uv}$. Qual é o fluxo específico de quatro unidades que minimiza esse custo? A Figura 29.3(b) mostra uma solução ótima, com custo total $\sum_{(u,v) \in E} a(u, v) \cdot f_{uv} = (2 \cdot 2) + (5 \cdot 2) + (3 \cdot 1) + (7 \cdot 1) + (1 \cdot 3) = 27$.

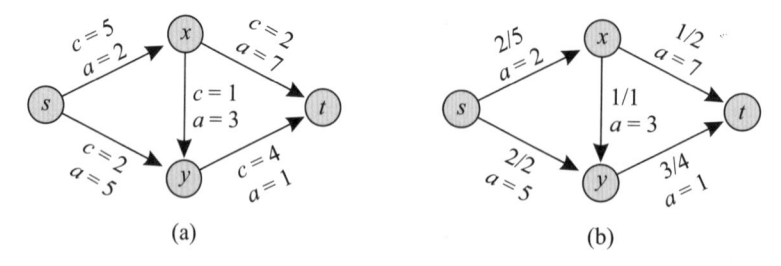

Figura 29.3 (**a**) Exemplo de um problema de fluxo de custo mínimo. Indicamos as capacidades por c e os custos por a. O vértice s é a origem e o vértice t é o sorvedouro, e desejamos enviar quatro unidades de fluxo de s a t. (**b**) Solução para o problema de fluxo de custo mínimo no qual quatro unidades de fluxo são enviadas de s a t. Para cada aresta, o fluxo e a capacidade estão escritos como fluxo/capacidade.

Existem algoritmos de tempo polinomial projetados especificamente para o problema de fluxo de custo mínimo, mas eles não estão no escopo deste livro. Entretanto, podemos expressar o problema de fluxo de custo mínimo como um programa linear. O programa linear é semelhante ao problema de fluxo máximo, com a restrição adicional de que o valor do fluxo deve ser exatamente d unidades e com a nova função objetivo de minimizar o custo:

$$\text{minimizar} \quad \sum_{(u,v)\in E} a(u,v) \cdot f_{uv} \tag{29.29}$$

sujeito a

$$
\begin{aligned}
f_{uv} &\le c(u,v) \quad \text{para cada } u, v \in V \\
\sum_{v\in V} f_{vu} - \sum_{v\in V} f_{uv} &= 0 \qquad \text{para cada } u \in V - \{s,t\} \\
\sum_{v\in V} f_{sv} - \sum_{v\in V} f_{vs} &= d \\
f_{uv} &\ge 0 \qquad \text{para cada } u, v \in V .
\end{aligned}
\tag{29.30}
$$

Fluxo multimercadorias

Como exemplo final, consideramos outro problema de fluxo. Suponha que a empresa Lucky Puck da Seção 24.1 decida diversificar sua linha de produtos e comercializar bastões e capacetes de hóquei, além de discos de hóquei. Cada item de equipamento é produzido em sua própria fábrica, tem seu próprio armazém e deve ser transportado todo dia da fábrica ao armazém. Os bastões são fabricados em Vancouver e devem ser transportados para Saskatoon, e os capacetes são fabricados em Edmonton e devem ser transportados para Regina. No entanto, a capacidade da rede de transporte não muda, e os diferentes itens, ou ***mercadorias***, devem compartilhar a mesma rede.

Esse exemplo é uma instância de um ***problema de fluxo multimercadorias***. Nesse problema, a entrada é novamente um grafo dirigido $G = (V, E)$ no qual cada aresta $(u, v) \in E$ tem uma capacidade não negativa $c(u, v) \ge 0$. Como no problema de fluxo máximo, supomos implicitamente que $c(u, v) = 0$ para $(u, v) \notin E$ e que o grafo não tem nenhuma aresta antiparalela. Além disso, temos k mercadorias diferentes, $K_1, K_2, ..., K_k$, em que especificamos a mercadoria i pela tripla $K_i = (s_i, t_i, d_i)$. Aqui, o vértice s_i é a origem da mercadoria i, o vértice t_i é o sorvedouro da mercadoria i e d_i é a demanda para a mercadoria i, que é o valor de fluxo desejado para a mercadoria de s_i a t_i. Definimos um fluxo para a mercadoria i, indicado por f_i (de modo que f_{iuv} é o fluxo da mercadoria i do vértice u ao vértice v), como uma função de valor real que satisfaz às restrições de conservação de fluxo e capacidade. Agora, definimos f_{uv}, o ***fluxo agregado***, como a soma dos vários fluxos de mercadorias, de modo que $f_{uv} = \sum_{i=1}^{k} f_{iuv}$. O fluxo agregado na aresta (u, v) não deve ser maior que a capacidade da aresta (u, v). Não estamos tentando minimizar qualquer função objetivo nesse problema; precisamos somente determinar se tal fluxo existe. Assim, o programa linear para esse problema tem uma função objetivo "nula":

minimizar   0

sujeito a

$$\sum_{i=1}^{k} f_{iuv} \leq c(u,v) \ \text{para cada} \ \ u, v \in V$$

$$\sum_{v \in V} f_{iuv} - \sum_{v \in V} f_{ivu} = 0 \qquad \begin{array}{l} \text{para cada} \ \ i = 1, 2, \ldots, k \ \text{e} \\ \text{para cada} \ \ u \in V - \{s_i, t_i\} \end{array}$$

$$\sum_{v \in V} f_{i,s_i,v} - \sum_{v \in V} f_{i,v,s_i} = d_i \qquad \text{para cada} \ \ i = 1, 2, \ldots, k$$

$$f_{iuv} \geq 0 \qquad \begin{array}{l} \text{para cada} \ \ u, v \in V \ \text{e} \\ \text{para cada} \ \ i = 1, 2, \ldots, k. \end{array}$$

O único algoritmo de tempo polinomial conhecido para esse problema o expressa como um programa linear e depois o resolve com um algoritmo de programação linear de tempo polinomial.

Exercícios

29.2-1
Escreva explicitamente o programa linear correspondente a determinar o caminho mínimo do vértice s ao vértice x na Figura 22.2(a), no Capítulo 22.

29.2-2
Dado um grafo G, escreva um programa linear para o problema de caminhos mínimos de fonte única. A solução deverá ter a propriedade de que d_v é o peso do caminho mínimo do vértice de origem s a v para cada vértice $v \in V$.

29.2-3
Escreva explicitamente o programa linear correspondente a determinar o fluxo máximo na Figura 24.1(a).

29.2-4
Reescreva o programa linear para fluxo máximo (29.25)–(29.28) de modo que ele use apenas $O(V + E)$ restrições.

29.2-5
Escreva um programa linear que, dado um grafo bipartido $G = (V, E)$, resolva o problema do emparelhamento máximo em grafo bipartido.

29.2-6
Pode haver mais de uma maneira de modelar um problema específico como programa linear. Este exercício indica uma formulação alternativa para o problema de fluxo máximo. Seja $\mathcal{P} = \{P_1, P_2, ..., P_p\}$ o conjunto de *todos* os possíveis caminhos simples dirigidos da origem s ao sorvedouro t. Usando variáveis de decisão $x_1, ..., x_p$, em que x_i é a quantidade de fluxo no caminho i, formule um programa linear para o problema do fluxo máximo. Qual é o limite superior sobre p, o número de caminhos simples dirigidos de s a t?

29.2-7
No ***problema do fluxo de custo mínimo para multimercadorias***, a entrada é um grafo dirigido $G = (V, E)$ no qual cada aresta $(u, v) \in E$ tem uma capacidade não negativa $c(u, v) \geq 0$ e um custo $a(u, v)$. Como no problema de fluxo multimercadorias, temos k mercadorias diferentes, $K_1, K_2, ..., K_k$, em que especificamos a mercadoria i pela tripla $K_i = (s_i, t_i, d_i)$. Definimos o fluxo f_i para a mercadoria i e o fluxo agregado f_{uv} na aresta (u, v) como no problema de fluxo multimercadorias. Um fluxo viável é aquele no qual o fluxo agregado em cada aresta (u, v) não é maior que a capacidade da aresta (u, v). O custo de um fluxo é $\sum_{u,v \in V} a(u, v) \cdot f_{uv}$, e o objetivo é determinar o fluxo viável de custo mínimo. Expresse esse problema como um programa linear.

29.3   Dualidade

Vamos apresentar agora um conceito importante, denominado ***dualidade da programação linear***. Em geral, dado um problema de maximização, a dualidade permite formular um problema de minimização relacionado que tenha o mesmo valor objetivo. A ideia de dualidade é, na verdade, mais geral do que a programação linear, mas restringimos nossa atenção à programação linear nesta seção.

A dualidade nos permite provar que uma solução é de fato ótima. Vimos um exemplo de dualidade no Capítulo 24 com o Teorema 24.6, o teorema do fluxo máximo/corte mínimo. Suponha que, dada uma instância de um problema de fluxo máximo, encontramos um fluxo f com valor $|f|$. Como saber se f é um fluxo máximo? Pelo teorema do fluxo máximo/corte mínimo, se pudermos determinar um corte cujo valor também seja $|f|$, teremos verificado que f é de fato um fluxo máximo. Essa relação nos dá um exemplo de dualidade: dado um problema de maximização, definimos um problema de minimização relacionado, tal que os dois problemas têm os mesmos valores objetivos ótimos.

Dado um programa linear no formato-padrão, no qual o objetivo é maximizar, descreveremos como formular um programa linear ***dual*** no qual o objetivo é minimizar e cujo valor ótimo é idêntico ao do programa linear original. Quando nos referimos a programas lineares duais, denominamos o programa linear original ***primal***.

Dado um programa linear primal

$$\text{maximizar} \quad \sum_{j=1}^{n} c_j x_j \tag{29.31}$$

sujeito a

$$\sum_{j=1}^{n} a_{ij} x_j \le b_i \quad \text{para } i = 1, 2, \ldots, m \tag{29.32}$$
$$x_j \ge 0 \quad \text{para } j = 1, 2, \ldots, n \ , \tag{29.33}$$

seu dual é

$$\text{minimizar} \quad \sum_{i=1}^{m} b_i y_i \tag{29.34}$$

sujeito a

$$\sum_{i=1}^{m} a_{ij} y_i \ge c_j \quad \text{para } j = 1, 2, \ldots, n \tag{29.35}$$
$$y_i \ge 0 \quad \text{para } i = 1, 2, \ldots, m \ . \tag{29.36}$$

Mecanicamente, para formar o dual, mude a maximização para uma minimização, troque os papéis dos coeficientes nos lados da direita e na função objetivo, e substitua cada $\le$ por $\ge$. Cada uma das m restrições no primal corresponde a uma variável y_i no dual. Da mesma forma, cada uma das n restrições no dual corresponde a uma variável x_j no primal. Por exemplo, considere o seguinte programa linear primal:

$$\text{maximizar} \quad 3x_1 + x_2 + 4x_3 \tag{29.37}$$

sujeito a

$$x_1 + x_2 + 3x_3 \le 30 \tag{29.38}$$
$$2x_1 + 2x_2 + 5x_3 \le 24 \tag{29.39}$$
$$4x_1 + x_2 + 2x_3 \le 36 \tag{29.40}$$
$$x_1, x_2, x_3 \ge 0 \ . \tag{29.41}$$

Seu dual é

$$\text{minimizar} \quad 30y_1 + 24y_2 + 36y_3 \tag{29.42}$$

sujeito a

$$y_1 + 2y_2 + 4y_3 \geq 3 \tag{29.43}$$
$$y_1 + 2y_2 + y_3 \geq 1 \tag{29.44}$$
$$3y_1 + 5y_2 + 2y_3 \geq 4 \tag{29.45}$$
$$y_1, y_2, y_3 \geq 0 \ . \tag{29.46}$$

Embora a formação do dual possa ser considerada operação mecânica, existe uma explicação intuitiva. Considere o problema de maximização primal (29.37)–(29.41). Cada restrição gera um limite superior para a função objetivo. Além disso, se tomarmos uma ou mais restrições e adicionarmos múltiplos não negativos delas, obteremos uma restrição válida. Por exemplo, podemos adicionar as restrições (29.38) e (29.39) para obter a restrição $3x_1 + 3x_2 + 8x_3 \leq 54$. Qualquer solução viável para o primal deve satisfazer a essa nova restrição, mas há algo mais interessante nela. Comparando essa nova restrição com a função objetivo (29.37), podemos ver que, para cada variável, o coeficiente correspondente é pelo menos tão grande quanto o coeficiente na função objetivo. Assim, como as variáveis x_1, x_2 e x_3 são não negativas, temos que

$$3x_1 + x_2 + 4x_3 \leq 3x_1 + 3x_2 + 8x_3 \leq 54 \ ,$$

e, portanto, o valor da solução para o primal é, no máximo, 54. Em outras palavras, adicionar essas duas restrições gerou um limite superior sobre o valor objetivo.

Em geral, para quaisquer multiplicadores não negativos y_1, y_2 e y_3, podemos gerar uma restrição

$$y_1(x_1+x_2+3x_3)+y_2(2x_1+2x_2+5x_3)+y_3(4x_1+x_2+2x_3) \leq 30y_1+24y_2+36y_3$$

a partir das restrições primais ou, distribuindo e reagrupando,

$$(y_1+2y_2+4y_3)x_1+(y_1+2y_2+y_3)x_2+(3y_1+5y_2+2y_3)x_3 \leq 30y_1+24y_2+36y_3 \ .$$

Agora, desde que essa restrição tenha coeficientes de x_1, x_2 e x_3 que sejam pelo menos seus coeficientes da função objetivo, ela tem um limite superior válido. Isto é, enquanto

$$y_1 + 2y_2 + 4y_3 \geq 3 \ ,$$
$$y_1 + 2y_2 + y_3 \geq 1 \ ,$$
$$3y_1 + 5y_2 + 2y_3 \geq 4 \ ,$$

temos um limite superior válido de $30y_1 + 24y_2 + 36y_3$. Os multiplicadores y_1, y_2 e y_3 devem ser não negativos, pois de outra forma não poderíamos combinar as desigualdades. É claro que gostaríamos que o limite superior fosse o menor possível e, portanto, queremos escolher y de modo a minimizar $30y_1 + 24y_2 + 36y_3$. Observe que acabamos de descrever o programa linear dual como o problema de encontrar o menor limite superior possível no primal.

Formalizaremos essa ideia e mostraremos no Teorema 29.4 que, se o programa linear e seu dual forem viáveis e limitados, então o valor ótimo do programa linear dual é sempre igual ao valor ótimo do programa linear primal. Começamos demonstrando a *dualidade fraca*, que afirma que qualquer solução viável para o programa linear primal tem um valor não maior que o de qualquer solução viável para o programa linear dual.

Lema 29.1 (Dualidade fraca da programação linear)

Seja $\bar{x}$ uma solução viável para o programa linear primal em (29.31)–(29.33) e seja $\bar{y}$ uma solução viável para o programa linear dual em (29.34)–(29.36). Então, temos

$$\sum_{j=1}^{n} c_j \bar{x}_j \leq \sum_{i=1}^{m} b_i \bar{y}_i \ .$$

Prova Temos

$$
\begin{aligned}
\sum_{j=1}^{n} c_j \bar{x}_j &\leq \sum_{j=1}^{n} \left(\sum_{i=1}^{m} a_{ij} \bar{y}_i \right) \bar{x}_j \quad \text{(pelas desigualdades (29.35))} \\
&= \sum_{i=1}^{m} \left(\sum_{j=1}^{n} a_{ij} \bar{x}_j \right) \bar{y}_i \\
&\leq \sum_{i=1}^{m} b_i \bar{y}_i \qquad\qquad \text{(pelas desigualdades (29.32))}.
\end{aligned}
$$

$\blacksquare$

Corolário 29.2

Seja $\bar{x}$ uma solução viável para um programa linear primal em (29.31)–(29.33), e seja $\bar{y}$ uma solução viável para seu programa linear dual em (29.34)–(29.36). Se

$$
\sum_{j=1}^{n} c_j \bar{x}_j = \sum_{i=1}^{m} b_i \bar{y}_i \, ,
$$

então, x e y são soluções ótimas para os programas lineares primal e dual, respectivamente.

Prova Pelo Lema 29.1, o valor objetivo de uma solução viável para o primal não pode exceder o de uma solução viável para o dual. O programa linear primal é um problema de maximização, e o dual é um problema de minimização. Assim, se as soluções viáveis x e y têm o mesmo valor objetivo, nenhuma delas pode ser melhorada.

$\blacksquare$

Agora mostramos que, na otimização, os valores objetivo primal e dual são de fato iguais. Para provarmos a dualidade da programação linear, precisaremos de um lema da álgebra linear, conhecido como lema de Farkas, cuja prova o Problema 29-4 pede que você forneça. O lema de Farkas pode assumir várias formas, cada uma delas sobre quando um conjunto de igualdades lineares tem uma solução. Ao enunciarmos o lema, usamos $m + 1$ como uma dimensão porque corresponde ao nosso uso em seguida.

Lema 29.3 (lema de Farkas)

Dados $M \in \mathbb{R}^{(m+1) \times n}$ e $g \in \mathbb{R}^{m+1}$, apenas uma das seguintes afirmações é verdadeira:

1. Existe algum $v \in \mathbb{R}^n$ tal que $M v \geq g$,
2. Existe algum $w \in \mathbb{R}^{m+1}$ tal que $w \geq 0$, $w^{\mathrm{T}} M = 0$ (um n-vetor com todos os valores zero), e $w^{\mathrm{T}} g < 0$. $\blacksquare$

Teorema 29.4 (Dualidade da programação linear)

Dados o programa linear primal em (29.31)–(29.33) e seu dual correspondente em (29.34)–(29.36), se ambos forem viáveis e limitados, então, para as soluções ótimas x^* e y^*, temos $c^{\mathrm{T}} x^* = b^{\mathrm{T}} y^*$.

Prova Seja $\mu = b^{\mathrm{T}} y^*$ o valor ótimo do programa linear dual dado em (29.34)–(29.36). Considere um conjunto aumentado de restrições primais em que adicionamos uma restrição a (29.31)–(29.33), para que o valor objetivo seja pelo menos μ. Escrevemos esse ***primal aumentado*** como

$$
A x \leq b , \tag{29.47}
$$
$$
c^{\mathrm{T}} x \geq \mu . \tag{29.48}
$$

Podemos multiplicar (29.48) inteiro por -1 e reescrever (29.47)–(29.48) como

$$
\begin{pmatrix} A \\ -c^{\mathrm{T}} \end{pmatrix} x \leq \begin{pmatrix} b \\ -\mu \end{pmatrix} . \tag{29.49}
$$

Aqui, $\begin{pmatrix} A \\ -c^{\mathrm{T}} \end{pmatrix}$ indica uma matriz $(m + 1) \times n$, x é um n-vetor e $\begin{pmatrix} b \\ -\mu \end{pmatrix}$ indica um $(m + 1)$-vetor.

Afirmamos que, se houver uma solução viável $\bar{x}$ para o primal aumentado, então o teorema estará provado. Para estabelecer essa afirmação, observe que $\bar{x}$ também é uma solução viável para o primal original e que ela tem valor objetivo de, pelo menos, μ. Então, para concluirmos a prova do teorema, podemos aplicar o Lema 29.1, que declara que o valor objetivo do primal é no máximo μ.

Portanto, resta mostrar que o primal aumentado tem uma solução viável. Suponha, por questão de contradição, que o primal aumentado seja inviável, o que significa que não existe um $v \in \mathbb{R}^n$ tal que $\begin{pmatrix} A \\ -c^{\mathrm{T}} \end{pmatrix} v \leq \begin{pmatrix} b \\ -\mu \end{pmatrix}$. Podemos aplicar o lema de Farkas, o Lema 29.3, à desigualdade (29.49) com

$$M = \begin{pmatrix} A \\ -c^{\mathrm{T}} \end{pmatrix} \quad \text{e} \quad g = \begin{pmatrix} b \\ -\mu \end{pmatrix}.$$

Como o primal aumentado é inviável, a condição 1 do lema de Farkas não é válido. Portanto, a condição 2 deve se aplicar, de modo que deverá existir um $w \in \mathbb{R}^{m+1}$ tal que $w \geq 0$, $w^{\mathrm{T}}M = 0$ e $w^{\mathrm{T}}g < 0$. Vamos escrever w como $w = \begin{pmatrix} \bar{y} \\ \lambda \end{pmatrix}$ para algum $y \in \mathbb{R}^m$ e $\bar{y} \in \mathbb{R}$, em que $y \geq 0$ e $\lambda \geq 0$. Substituindo para w, M e g na condição 2, temos

$$\begin{pmatrix} \bar{y} \\ \lambda \end{pmatrix}^{\mathrm{T}} \begin{pmatrix} A \\ -c^{\mathrm{T}} \end{pmatrix} = 0 \quad \text{e} \quad \begin{pmatrix} \bar{y} \\ \lambda \end{pmatrix}^{\mathrm{T}} \begin{pmatrix} b \\ -\mu \end{pmatrix} < 0.$$

Desdobrando a notação de matriz, obtemos

$$\bar{y}^{\mathrm{T}}A - \lambda c^{\mathrm{T}} = 0 \quad \text{e} \quad \bar{y}^{\mathrm{T}}b - \lambda\mu < 0. \tag{29.50}$$

Agora, mostramos que os requisitos em (29.50) contradizem a suposição de que μ é o valor da solução ótima para o programa linear dual. Consideramos dois casos.

O primeiro caso é quando $\lambda = 0$. Nesse caso, (29.50) pode ser simplificado para

$$\bar{y}^{\mathrm{T}}A = 0 \quad \text{e} \quad \bar{y}^{\mathrm{T}}b < 0. \tag{29.51}$$

Agora, construiremos uma solução viável dual y' com um valor objetivo menor que $b^{\mathrm{T}}y^*$. Defina $y' = y^* + \epsilon\bar{y}$, para qualquer $\epsilon > 0$. Visto que

$$\begin{aligned}
y'^{\mathrm{T}}A &= (y^* + \epsilon\bar{y})^{\mathrm{T}}A \\
&= y^{*\mathrm{T}}A + \epsilon\bar{y}^{\mathrm{T}}A \\
&= y^{*\mathrm{T}}A \qquad \text{(por (29.51))} \\
&\geq c^{\mathrm{T}} \qquad\quad \text{(porque } y^* \text{ é viável)},
\end{aligned}$$

então y' é viável. Então, considere o valor objetivo

$$\begin{aligned}
b^{\mathrm{T}}y' &= b^{\mathrm{T}}(y^* + \epsilon\bar{y}) \\
&= b^{\mathrm{T}}y^* + \epsilon b^{\mathrm{T}}\bar{y} \\
&< b^{\mathrm{T}}y^*,
\end{aligned}$$

em que a última desigualdade é válida porque $\epsilon > 0$ e, por (29.51), $\bar{y}^{\mathrm{T}}b = b^{\mathrm{T}}y < 0$ (pois tanto $\bar{y}^{\mathrm{T}}b$ como $b^{\mathrm{T}}y$ são o produto interno de b e y) e, portanto, seu produto é negativo. Assim, temos uma solução dual viável de valor menor que μ, o que contradiz a afirmação de que μ é o valor objetivo ótimo.

Agora, considere o segundo caso, em que $\lambda > 0$. Nesse caso, podemos tomar (29.50) e dividir tudo por λ para obtermos

$$(\bar{y}^{\mathrm{T}}/\lambda)A - (\lambda/\lambda)c^{\mathrm{T}} = 0 \quad \text{e} \quad (\bar{y}^{\mathrm{T}}/\lambda)b - (\lambda/\lambda)\mu < 0. \tag{29.52}$$

Assim, definimos $y' = \bar{y}/\lambda$ em (29.52), obtendo

$$\bar{y}^{\mathrm{T}}A = 0 \quad \text{e} \quad \bar{y}^{\mathrm{T}}b < 0.$$

Portanto, y' é uma solução dual viável com valor objetivo estritamente menor que μ, uma contradição. Concluímos que o primal aumentado tem uma solução viável, e o teorema está provado.   ∎

Teorema fundamental da programação linear

Concluímos este capítulo enunciando o teorema fundamental da programação linear, que estende o Teorema 29.4 para os casos em que o programa linear pode ser viável ou ilimitado. O Exercício 29.3-8 pede que você forneça a prova.

Teorema 29.5 (Teorema fundamental da programação linear)

Qualquer programa linear L, dado na forma-padrão, terá uma das seguintes condições:
1. ter uma solução ótima com valor objetivo finito,
2. ser inviável, ou
3. ser ilimitado.   ■

Exercícios

29.3-1
Formule o dual do programa linear dado nas linhas (29.6)–(29.10).

29.3-2
Suponha que temos um programa linear que não está na forma-padrão. Poderíamos produzir o dual primeiro convertendo-o para a forma-padrão e depois tomando o dual. Porém, seria mais conveniente poder produzir o dual diretamente. Explique como podemos tomar o dual diretamente de um programa linear qualquer.

29.3-3
Escreva o dual do programa linear de fluxo máximo, como dado nas linhas (29.25)–(29.28). Explique como interpretar essa formulação como um problema de corte mínimo.

29.3-4
Escreva o dual do programa linear de fluxo de custo mínimo, como dado nas linhas (29.29)–(29.30). Explique como interpretar esse problema em termos de grafos e fluxos.

29.3-5
Mostre que o dual do dual de um programa linear é o programa linear primal.

29.3-6
Qual resultado do Capítulo 24 pode ser interpretado como dualidade fraca para o problema de fluxo máximo?

29.3-7
Considere o seguinte programa linear primal de variável única:

maximizar tx

sujeito a

$$rx \leq s$$
$$x \geq 0 \, ,$$

em que r, s e t são números reais quaisquer. Indique para quais valores de r, s e t podemos afirmar que

1. Tanto o programa linear primal como seu dual têm soluções ótimas com valores objetivo finitos.
2. O primal é viável, mas o dual é inviável.
3. O dual é viável, mas o primal é inviável.
4. Nem o primal nem o dual são viáveis.

29.3-8
Prove o teorema fundamental da programação linear, Teorema 29.5.

Problemas

29-1   Viabilidade de desigualdade linear

Dado um conjunto de m desigualdades lineares com n variáveis x_1, x_2, ..., x_n, o **problema de viabilidade de desigualdades lineares** pergunta se existe uma configuração das variáveis que satisfaça simultaneamente cada uma das desigualdades.

a. Dado um algoritmo para o problema de programação linear, mostre como usá-lo para resolver o problema de viabilidade de desigualdades lineares. O número de variáveis e restrições que você usar no problema de programação linear deve ser polinomial em n e m.

b. Dado um algoritmo para problema de viabilidade de desigualdades lineares, mostre como usá-lo para resolver um problema de programação linear. O número de variáveis e desigualdades lineares que você usar no problema de viabilidade de desigualdades lineares deve ser polinomial em n e m, o número de variáveis e restrições no programa linear.

29-2   Folgas complementares

Folgas complementares descreve uma relação entre os valores de variáveis primais e restrições duais e entre os valores de variáveis duais e restrições primais. Seja $\bar{x}$ uma solução viável para o programa linear primal dado em (29.31)–(29.33), e seja y uma solução viável para o programa linear dual dado em (29.34)–(29.36). As folgas complementares dizem que as seguintes condições são necessárias e suficientes para x e y serem ótimas:

$$\sum_{i=1}^{m} a_{ij}\bar{y}_i = c_j \quad \text{ou} \quad \bar{x}_j = 0 \quad \text{para} \quad j = 1, 2, \ldots, n$$

e

$$\sum_{j=1}^{n} a_{ij}\bar{x}_j = b_i \quad \text{ou} \quad \bar{y}_i = 0 \quad \text{para} \quad i = 1, 2, \ldots, m .$$

a. Verifique se as folgas complementares são válidas para o programa linear nas linhas (29.37)–(29.41).

b. Prove que as folgas complementares são válidas para qualquer programa linear primal e seu dual correspondente.

c. Prove que uma solução viável $\bar{x}$ para um programa linear primal dado nas linhas (29.31)–(29.33) é ótima se, e somente se, houver valores $y = (\bar{y}_1, \bar{y}_2, ..., \bar{y}_m)$ tais que
  1. $\bar{y}$ é uma solução viável para o programa linear dual dado em (29.34)–(29.36),
  2. $\sum_{i=1}^{m} a_{ij}\bar{y}_i = c_j$ para todo j tal que $\bar{x}_j > 0$ e
  3. $\bar{y}_i = 0$ para todo i tal que $\sum_{j=1}^{n} a_{ij}\bar{x}_j < b_i$.

29-3   Programação linear inteira

Um **problema de programação linear inteira** é um problema de programação linear que tem a seguinte restrição adicional: as variáveis x devem ter valores inteiros. O Exercício 34.5-3 no Capítulo 34 mostra que apenas determinar se um programa linear inteiro tem uma solução viável já é NP-difícil, o que significa que não há algoritmo de tempo polinomial conhecido para esse problema.

a. Mostre que a dualidade fraca (Lema 29.1) é válida para um programa linear inteiro.

b. Mostre que a dualidade (Teorema 29.4) nem sempre é válida para um programa linear inteiro.

c. Dado um programa linear primal na forma-padrão, vamos definir P como o valor objetivo ótimo para o programa linear primal, D como o valor objetivo ótimo para seu dual, IP como o valor objetivo ótimo para a versão inteira do primal (isto é, o primal com a restrição adicional de as variáveis terem valores inteiros) e ID como o valor objetivo ótimo para a versão com inteiros do dual. Supondo que tanto o programa inteiro primal como o programa inteiro dual sejam viáveis e limitados, mostre que
$$IP \leq P = D \leq ID.$$

29-4   Lema de Farkas
Prove o lema de Farkas, Lema 29.3.

29-5   Circulação de custo mínimo
Neste problema, consideramos uma variante do problema de fluxo de custo mínimo da Seção 29.2 no qual não temos nem uma demanda, nem uma origem nem um sorvedouro. Em vez disso, a entrada tem, como antes, uma rede de fluxo, restrições de capacidade $c(u, v)$ e custos de aresta $a(u, v)$. Um fluxo é viável se satisfaz à restrição de capacidade em todas as arestas e de conservação de fluxo em *todos* os vértices. O objetivo desse problema é determinar, entre todos os fluxos viáveis, o que tem o custo mínimo. Esse problema é denominado ***problema da circulação de custo mínimo.***

a. Formule o problema da circulação de custo mínimo como um programa linear.
b. Suponha que, para todas as arestas $(u, v) \in E$, tenhamos $a(u, v) > 0$. Caracterize uma solução ótima para o problema da circulação de custo mínimo.
c. Formule o problema de fluxo máximo como um programa linear para o problema de circulação de custo mínimo. Isto é, dada uma instância de problema de custo máximo $G = (V, E)$ com origem s, sorvedouro t e capacidades de arestas c, crie um problema de circulação de custo mínimo fornecendo uma rede $G' = (V', E')$ (possivelmente diferente) com capacidades de arestas c' e custos de arestas a' tal que você possa obter uma solução para o problema de fluxo máximo a partir de uma solução para o problema de circulação de custo mínimo.
d. Formule o problema de caminho mínimo de fonte única como um programa linear do problema de circulação de custo mínimo.

Notas do capítulo

Este capítulo só inicia o estudo do amplo campo da programação linear. Vários livros se dedicam exclusivamente à programação linear, inclusive os de Chvátal [94], Gass [178], Karloff [246], Schrijver [398] e Vanderbei [444]. Muitos outros livros apresentam uma ampla abordagem da programação linear, entre eles os de Papadimitriou e Steiglitz [353] e Ahuja, Magnanti e Orlin [7]. A abordagem deste capítulo se baseia na adotada por Chvátal.

O algoritmo simplex para programação linear foi inventado por G. Dantzig, em 1947. Logo depois, pesquisadores descobriram como formular vários problemas em diversas áreas como programas lineares e a resolvê-los com o algoritmo simplex. O resultado é que as aplicações da programação linear floresceram, assim como vários algoritmos. Variantes do algoritmo simplex continuam a ser os métodos mais populares para resolver problemas de programação linear. Essa história aparece em vários lugares, inclusive nas notas em [94] e [246].

O algoritmo dos elipsoides foi o primeiro algoritmo de tempo polinomial para programação linear e se deve a L. G. Khachian, em 1979. Ele se baseou em trabalho anterior de N. Z. Shor, D. B. Judin e A. S. Nemirovskii. Grötschel, Lovász e Schrijver [201] descrevem como usar o algoritmo dos elipsoides para resolver diversos problemas de otimização combinatória. Até agora, na prática, parece que o algoritmo dos elipsoides não compete com o algoritmo simplex.

Artigo de Karmarkar [247] inclui uma descrição do primeiro algoritmo de pontos interiores. Muitos pesquisadores depois dele projetaram algoritmos de pontos interiores. Boas resenhas aparecem no artigo de Goldfarb e Todd [189] e no livro de Ye [463].

A análise do algoritmo simplex continua sendo uma área ativa de pesquisa. V. Klee e G. J. Minty construíram um exemplo no qual o algoritmo simplex executa $2^n - 1$ iterações. O algoritmo simplex normalmente funciona muito bem na prática, e muitos pesquisadores tentaram dar justificativa teórica para essa observação empírica. Uma linha de pesquisa iniciada por K. H. Borgwardt e seguida por muitos outros mostra que, sob certas hipóteses probabilísticas com relação à entrada, o algoritmo simplex converge em tempo polinomial esperado. Spielman e Teng [421] fizeram progresso nessa área apresentando a "análise suavizada de algoritmos" e aplicando-a ao algoritmo simplex.

O algoritmo simplex é conhecido por funcionar eficientemente em certos casos especiais. Particularmente digno de nota é o algoritmo simplex de rede, que é o algoritmo simplex especializado para problemas de rede de fluxo. Para certos problemas de rede, inclusive os problemas de caminhos mínimos, fluxo máximo e fluxo de custo mínimo, variantes do algoritmo simplex em rede são executadas em tempo polinomial. Consulte, por exemplo, o artigo de Orlin [349] e as citações ali contidas.

O método direto para somar dois polinômios de grau n demora o tempo $\Theta(n)$, mas o método direto para multiplicá-los demora o tempo $\Theta(n^2)$. Neste capítulo, mostraremos como a transformada rápida de Fourier (FFT, do inglês *fast Fourier transform*) pode reduzir o tempo para multiplicar polinômios a $\Theta(n \lg n)$.

O uso mais comum das transformadas de Fourier, e consequentemente da FFT, se dá no processamento de sinais. Um sinal é dado no ***domínio do tempo***: como uma função que mapeia tempo para amplitude. A análise de Fourier nos permite expressar o sinal como uma soma ponderada de senoides defasadas de frequências variáveis. Os pesos e fases associados às frequências caracterizam o sinal no ***domínio da frequência***. Entre as muitas aplicações corriqueiras da FFT, estão as técnicas de compressão utilizadas para codificar informações digitais de vídeo e áudio, incluindo arquivos MP3. Vários livros de boa qualidade pesquisam a fundo a rica área de processamento de sinais, e as notas do capítulo citam alguns deles.

Polinômios

Um ***polinômio*** na variável x em um corpo algébrico F representa uma função $A(x)$ como soma formal:

$$A(x) = \sum_{j=0}^{n-1} a_j x^j$$

Denominamos os valores a_0, a_1, ..., a_{n-1} ***coeficientes*** do polinômio. Os coeficientes e x são extraídos de um campo algébrico F, normalmente o conjunto $\mathbb{C}$ de números complexos. Um polinômio $A(x)$ terá ***grau*** k se o seu maior coeficiente não nulo for a_k, quando dizemos que $\mathrm{grau}(A) = k$. Qualquer inteiro estritamente maior que o grau de um polinômio é um ***limite do grau*** desse polinômio. Portanto, o grau de um polinômio de grau limitado por n pode ser qualquer inteiro entre 0 e $n - 1$, inclusive.

Diversas operações se estendem a polinômios. No caso da ***adição de polinômios***, se $A(x)$ e $B(x)$ são polinômios de grau limitado por n, sua ***soma*** é um polinômio $C(x)$, também de grau limitado por n, tal que $C(x) = A(x) + B(x)$ para todo x no campo subjacente. Isto é, se

$$A(x) = \sum_{j=0}^{n-1} a_j x^j \quad \text{e} \quad B(x) = \sum_{j=0}^{n-1} b_j x^j ,$$

então,

$$C(x) = \sum_{j=0}^{n-1} c_j x^j ,$$

em que $c_j = a_j + b_j$ para $j = 0, 1, ..., n - 1$. Por exemplo, se tivermos os polinômios $A(x) = 6x^3 + 7x^2 - 10x + 9$ e $B(x) = -2x^3 + 4x - 5$, então a soma é $C(x) = 4x^3 + 7x^2 - 6x + 4$.

No caso da ***multiplicação de polinômios***, se $A(x)$ e $B(x)$ são polinômios de grau limitado por n, seu ***produto*** $C(x)$ é um polinômio de grau limitado por $2n - 1$ tal que $C(x) = A(x)B(x)$ para todo x no campo subjacente. É provável que você já tenha multiplicado polinômios, multiplicando cada termo em $A(x)$ por cada termo em $B(x)$ e combinando termos com potências iguais. Por exemplo, podemos multiplicar $A(x) = 6x^3 + 7x^2 - 10x + 9$ e $B(x) = -2x^3 + 4x - 5$ da seguinte maneira:

$$
\begin{array}{r}
6x^3 + 7x^2 - 10x + 9 \\
- 2x^3 \qquad\quad + 4x - 5 \\
\hline
- 30x^3 - 35x^2 + 50x - 45 \\
24x^4 + 28x^3 - 40x^2 + 36x \\
- 12x^6 - 14x^5 + 20x^4 - 18x^3 \\
\hline
- 12x^6 - 14x^5 + 44x^4 - 20x^3 - 75x^2 + 86x - 45
\end{array}
$$

(multiplicar $A(x)$ por -5)
(multiplicar $A(x)$ por $4x$)
(multiplicar $A(x)$ por $-2x^3$)

Outro modo de expressar o produto $C(x)$ é

$$
C(x) = \sum_{j=0}^{2n-2} c_j x^j \, , \tag{30.1}
$$

em que

$$
c_j = \sum_{k=0}^{j} a_k b_{j-k} \, , \tag{30.2}
$$

(Por definição de grau, $a_k = 0$ para todo $k > \text{grau}(A)$ e $b_k = 0$ para todo $k > \text{grau}(B)$.) Se A é um polinômio de grau limitado por n_a e B é um polinômio de grau limitado por n_b, então C é um polinômio de grau limitado por $n_a + n_b - 1$, porque $\text{grau}(C) = \text{grau}(A) + \text{grau}(B)$. Visto que um polinômio de grau limitado por k é também um polinômio de grau limitado a $k + 1$, normalmente diremos de forma mais simples que o produto de polinômios C é um polinômio de grau limitado por $n_a + n_b$.

Esboço do capítulo

A Seção 30.1 apresenta dois modos de representar polinômios: a representação por coeficientes e a representação por pares ponto-valor. Os métodos diretos para multiplicar polinômios de grau n — Equações (30.1) e (30.2) — demoram o tempo $\Theta(n^2)$ quando representamos polinômios na forma de coeficientes, mas apenas o tempo $\Theta(n)$ quando os representamos na forma de pares ponto-valor. Porém, a multiplicação de polinômios demorará somente o tempo $\Theta(n \lg n)$ se fizermos a conversão entre as duas representações. Para verificarmos por que essa abordagem funciona, primeiro temos de estudar raízes complexas da unidade, o que fazemos na Seção 30.2. Em seguida, a Seção 30.2 usa a FFT e sua inversa para efetuar as conversões. Como a FFT é usada com tanta frequência no processamento de sinais, ela é muitas vezes implementada como um circuito no *hardware*, e a Seção 30.3 ilustra a estrutura desses circuitos.

Este capítulo usa números complexos extensivamente, e o símbolo i será usado exclusivamente para indicar $\sqrt{-1}$.

30.1   Representação de polinômios

As representações de polinômios por coeficientes e por pares ponto-valor são, em certo sentido, equivalentes; isto é, um polinômio na forma de pares ponto-valor tem uma contraparte exclusiva na forma de coeficientes. Nesta seção, apresentamos as duas representações e mostramos como combiná-las de modo a multiplicar dois polinômios de grau limitado a n no tempo $\Theta(n \lg n)$.

Representação por coeficientes

Uma ***representação por coeficientes*** de um polinômio $A(x) = \sum_{j=0}^{n-1} a_j x^j$ de grau limitado a n é um vetor de coeficientes $a = (a_0, a_1, ..., a_{n-1})$. Nas equações matriciais deste capítulo, em geral trataremos vetores como vetores coluna.

A representação por coeficientes é conveniente para certas operações com polinômios. Por exemplo, a operação de ***avaliar*** o polinômio $A(x)$ em determinado ponto x_0 consiste em calcular o valor de $A(x_0)$. Podemos avaliar um polinômio no tempo $\Theta(n)$ usando a ***regra de Horner***:

$$A(x_0) = a_0 + x_0 \left(a_1 + x_0 \left(a_2 + \cdots + x_0 \left(a_{n-2} + x_0(a_{n-1}) \right) \cdots \right) \right) .$$

De modo semelhante, somar dois polinômios representados pelos vetores de coeficientes $a = (a_0, a_1, ..., a_{n-1})$ e $b = (b_0, b_1, ..., b_{n-1})$ demora o tempo $\Theta(n)$: simplesmente produzimos o vetor de coeficientes $c = (c_0, c_1, ..., c_{n-1})$, em que $c_j = a_j + b_j$ para $j = 0, 1, ..., n - 1$.

Agora, considere multiplicar dois polinômios de grau limitado a n, $A(x)$ e $B(x)$, representados na forma de coeficientes. Se usarmos o método descrito pelas Equações (30.1) e (30.2), a multiplicação de polinômios demorará o tempo $\Theta(n^2)$, já que temos de multiplicar cada coeficiente no vetor a por cada coeficiente no vetor b. A operação de multiplicar polinômios em forma de coeficientes parece ser consideravelmente mais difícil que a de avaliar um polinômio ou somar dois polinômios. O vetor de coeficientes c resultante, dado pela Equação (30.2), é também denominado **convolução** dos vetores de entrada a e b, indicada por $c = a \otimes b$. Visto que multiplicar polinômios e calcular convoluções são problemas computacionais fundamentais de considerável importância prática, este capítulo se concentra em algoritmos eficientes para essas operações.

Representação por pares ponto-valor

Uma *representação por pares ponto-valor* de um polinômio $A(x)$ de grau limitado a n é um conjunto de n *pares ponto-valor*

$$\{(x_0, y_0), (x_1, y_1), \ldots, (x_{n-1}, y_{n-1})\}$$

tal que todos os valores x_k são distintos e

$$y_k = A(x_k) \tag{30.3}$$

para $k = 0, 1, ..., n - 1$. Um polinômio tem muitas representações por pares ponto-valor diferentes, já que podemos usar qualquer conjunto de n pontos distintos $x_0, x_1, ..., x_{n-1}$ como base para a representação.

O cálculo de uma representação por pares ponto-valor para dado polinômio na forma de coeficientes é, em princípio, direto, já que tudo o que temos de fazer é selecionar n pontos distintos $x_0, x_1, ..., x_{n-1}$, e então, avaliar $A(x_k)$ para $k = 0, 1, ..., n - 1$. Com o método de Horner, avaliar um polinômio em n pontos demora o tempo $\Theta(n^2)$. Mais adiante veremos que, se escolhermos x_k inteligentemente, podemos acelerar essa operação e alcançar tempo de execução $\Theta(n \lg n)$.

O inverso da avaliação — determinar a forma por coeficientes de um polinômio partindo de uma representação por pares ponto-valor — é a *interpolação*. O teorema a seguir mostra que a interpolação é bem definida quando o polinômio interpolador desejado deve ser um polinômio de grau limitado igual ao número dado de pares ponto-valor.

Teorema 30.1 (Unicidade de um polinômio interpolador)

Para qualquer conjunto $\{(x_0, y_0), (x_1, y_1), ..., (x_{n-1}, y_{n-1})\}$ de n pares ponto-valor tal que todos os valores x_k sejam distintos, existe um polinômio único $A(x)$ de grau limitado por n tal que $y_k = A(x_k)$ para $k = 0, 1, ..., n - 1$.

Prova A prova é baseada na existência da inversa de certa matriz. A Equação (30.3) é equivalente à equação matricial

$$\begin{pmatrix} 1 & x_0 & x_0^2 & \cdots & x_0^{n-1} \\ 1 & x_1 & x_1^2 & \cdots & x_1^{n-1} \\ \vdots & \vdots & \vdots & \ddots & \vdots \\ 1 & x_{n-1} & x_{n-1}^2 & \cdots & x_{n-1}^{n-1} \end{pmatrix} \begin{pmatrix} a_0 \\ a_1 \\ \vdots \\ a_{n-1} \end{pmatrix} = \begin{pmatrix} y_0 \\ y_1 \\ \vdots \\ y_{n-1} \end{pmatrix} . \tag{30.4}$$

A matriz no lado esquerdo é indicada por $V(x_0, x_1, ..., x_{n-1})$ e é conhecida como **matriz de Vandermonde**. Pelo Problema D.1 no Apêndice D, essa matriz tem determinante

$$\prod_{0 \le j < k \le n-1} (x_k - x_j) ,$$

e, portanto, pelo Teorema D.5, ela é inversível (isto é, não singular) se os x_k são distintos. Assim, podemos resolver para os coeficientes a_j unicamente, dada a representação por pares ponto-valor, usando a inversa da matriz de Vandermonde:

$$a = V(x_0, x_1, \ldots, x_{n-1})^{-1} y .$$ ∎

A prova do Teorema 30.1 descreve um algoritmo para interpolação baseado na solução do conjunto (30.4) de equações lineares. A Seção 28.1 mostra como resolver essas equações no tempo $O(n^3)$.

Um algoritmo mais rápido para interpolação de n pontos se baseia na *fórmula de Lagrange*:

$$A(x) = \sum_{k=0}^{n-1} y_k \frac{\prod_{j \ne k} (x - x_j)}{\prod_{j \ne k} (x_k - x_j)} . \tag{30.5}$$

Seria interessante verificar que o lado direito da Equação (30.5) é um polinômio de grau limitado por n que satisfaz $A(x_k) = y_k$ para todo k. O Exercício 30.1-5 pede que você mostre como calcular os coeficientes de A no tempo $\Theta(n^2)$ usando a fórmula de Lagrange.

Assim, avaliação e interpolação de n pontos são operações inversas bem definidas que transformam a representação de um polinômio por coeficientes em uma representação por pares ponto-valor e vice-versa.[1] Os algoritmos já descritos para esses problemas demoram o tempo $\Theta(n^2)$.

A representação por pares ponto-valor é bastante conveniente para muitas operações com polinômios. No caso da adição, se $C(x) = A(x) + B(x)$, então $C(x_k) = A(x_k) + B(x_k)$ para qualquer ponto x_k. Mais precisamente, se temos uma representação por pares ponto-valor para A,

$$\{(x_0, y_0), (x_1, y_1), \ldots, (x_{n-1}, y_{n-1})\} ,$$

e, para B,

$$\{(x_0, y_0'), (x_1, y_1'), \ldots, (x_{n-1}, y_{n-1}')\} ,$$

em que A e B são avaliados nos *mesmos* n pontos, então uma representação por pares ponto-valor para C é

$$\{(x_0, y_0 + y_0'), (x_1, y_1 + y_1'), \ldots, (x_{n-1}, y_{n-1} + y_{n-1}')\} .$$

Assim, o tempo para somar dois polinômios de grau limitado a n na forma de pares ponto-valor é $\Theta(n)$.

De modo semelhante, a representação por pares ponto-valor é conveniente para multiplicar polinômios. Se $C(x) = A(x)B(x)$, então $C(x_k) = A(x_k)B(x_k)$ para qualquer ponto x_k, e podemos multiplicar ponto a ponto uma representação por pares ponto-valor para A por uma representação por pares ponto-valor para B a fim de obtermos uma representação por pares ponto-valor para C. Contudo, a multiplicação de polinômios é diferente da soma de polinômios em um aspecto importante: grau $(C) = $ grau$(A) + $ grau(B); se A e B são polinômios de grau limitado por n, então C é um polinômio de grau limitado por $2n$. Uma representação-padrão por pares ponto-valor para A e B consiste em n pares ponto-valor para cada polinômio. Quando nós os multiplicamos, obtemos n pares ponto-valor, mas precisamos de $2n$ pares para interpolarmos um polinômio único c de grau limitado por $2n$ (ver Exercício 30.1-4). Em vez disso, devemos começar com representações por pares ponto-valor "estendidas" para A e B, consistindo em $2n$ pares ponto-valor cada uma. Dada uma representação por pares ponto-valor estendida para A,

$$\{(x_0, y_0), (x_1, y_1), \ldots, (x_{2n-1}, y_{2n-1})\} ,$$

---

[1] A interpolação é um problema notoriamente complicado do ponto de vista da estabilidade numérica. Embora as abordagens descritas aqui sejam matematicamente corretas, pequenas diferenças nas entradas ou erros de arredondamento durante o cálculo podem gerar grandes diferenças no resultado.

e uma representação por pares ponto-valor estendida correspondente para B,

$$\{(x_0, y_0'), (x_1, y_1'), \ldots, (x_{2n-1}, y_{2n-1}')\} \ ,$$

então, uma representação por pares ponto-valor para C é

$$\{(x_0, y_0 y_0'), (x_1, y_1 y_1'), \ldots, (x_{2n-1}, y_{2n-1} y_{2n-1}')\} \ .$$

Dados dois polinômios de entrada na forma de pares ponto-valor estendida, vemos que o tempo para multiplicá-los de modo a obter a forma com pares ponto-valor do resultado é $\Theta(n)$, muito menor que o tempo $\Theta(n^2)$ requerido para multiplicar polinômios na forma de coeficientes.

Por fim, consideramos como avaliar um polinômio dado na forma de pares ponto-valor em um novo ponto. Para esse problema, não conhecemos nenhuma abordagem mais simples que converter o polinômio primeiro para a forma com coeficientes e depois avaliá-lo no novo ponto.

Multiplicação rápida de polinômios na forma com coeficientes

Podemos usar o método de multiplicação em tempo linear para polinômios na forma de pares ponto-valor para acelerar a multiplicação de polinômios na forma de coeficientes? A resposta depende de podermos ou não converter um polinômio rapidamente da forma com coeficientes para a forma com pares ponto-valor (avaliar) e vice-versa (interpolar).

Podemos usar quaisquer pontos que quisermos como pontos de avaliação, mas certos pontos de avaliação permitem a conversão entre as representações apenas com o tempo $\Theta(n \lg n)$. Como veremos na Seção 30.2, ao escolhermos "raízes complexas da unidade" como pontos de avaliação, então a transformada discreta de Fourier (DFT, do inglês *discrete Fourier transform*) avalia e a DFT inversa interpola. A Seção 30.2 mostrará como a FFT executa as operações DFT e DFT inversa no tempo $\Theta(n \lg n)$.

A Figura 30.1 mostra essa estratégia em forma de gráfico. Um pequeno detalhe referente às limitações de grau: o produto de dois polinômios de grau limitado por n é um polinômio de grau limitado por $2n$. Portanto, antes de avaliarmos os polinômios de entrada A e B, primeiro temos de dobrar as limitações de grau para $2n$ somando n coeficientes de ordem alta iguais a 0. Como os vetores têm $2n$ elementos, usamos "raízes $(2n)$-ésimas complexas da unidade", que são indicadas pelos ω_{2n} termos na Figura 30.1.

O procedimento a seguir utiliza a vantagem da FFT para multiplicar dois polinômios $A(x)$ e $B(x)$ de grau limitado a n, em que as representações de entrada e saída estão na forma de coeficientes, no tempo $\Theta(n \lg n)$. Supomos que n é uma potência exata de 2; se não for, podemos cumprir esse requisito adicionando coeficientes de ordem alta iguais a zero.

1. **Dobrar a limitação do grau:** crie representações por coeficientes de $A(x)$ e $B(x)$ como polinômios de grau limitado por $2n$, adicionando n coeficientes zero de ordem alta a cada um.

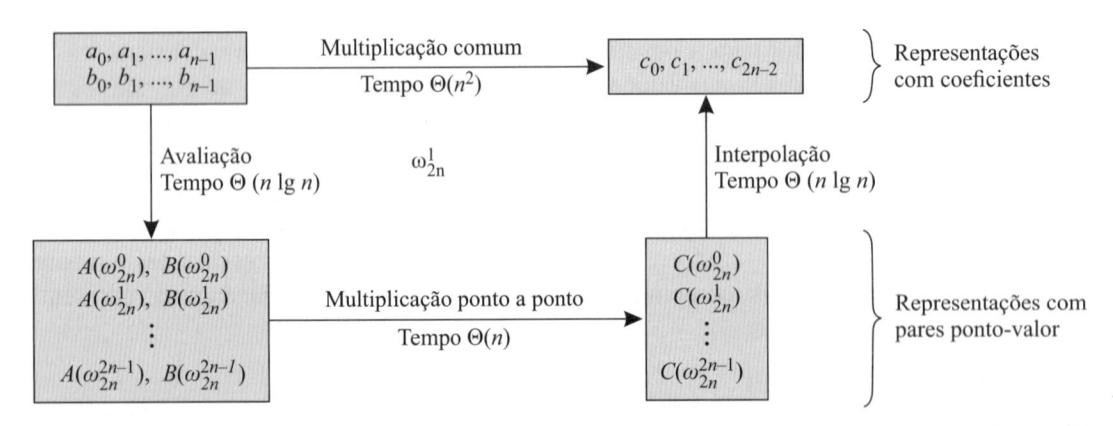

Figura 30.1 Esboço gráfico de um processo eficiente de multiplicação de polinômios. As representações na *parte superior* estão na forma de coeficientes, enquanto as da *parte inferior* estão na forma de pares ponto-valor. As *setas* da esquerda para a direita correspondem à operação de multiplicação. Os ω_{2n} termos são raízes complexas $(2n)$-ésimas da unidade.

2. **Avaliar:** calcule representações por pares ponto-valor de $A(x)$ e $B(x)$ de comprimento $2n$ aplicando a FFT de ordem $2n$ a cada polinômio. Essas representações contêm os valores dos dois polinômios nas raízes $(2n)$-ésimas da unidade.

3. **Multiplicar ponto a ponto:** calcule uma representação por pares ponto-valor para o polinômio $C(x) = A(x)$ $B(x)$ multiplicando esses valores ponto a ponto. Essa representação contém o valor de $C(x)$ em cada raiz $(2n)$-ésima da unidade.

4. **Interpolar:** crie a representação por coeficientes do polinômio $C(x)$ aplicando a FFT a $2n$ pares ponto-valor para calcular a DFT inversa.

As etapas (1) e (3) demoram o tempo $\Theta(n)$, e as etapas (2) e (4) demoram o tempo $\Theta(n \lg n)$. Assim, uma vez demonstrado como usar a FFT, teremos provado o seguinte.

Teorema 30.2

Podemos multiplicar dois polinômios de grau limitado a n no tempo $\Theta(n \lg n)$, com ambas as representações de entrada e saída na forma de coeficientes. ∎

Exercícios

30.1-1
Multiplique os polinômios $A(x) = 7x^3 - x^2 + x - 10$ e $B(x) = 8x^3 - 6x + 3$, usando as Equações (30.1) e (30.2).

30.1-2
Outro modo de avaliar um polinômio $A(x)$ de grau limitado a n em determinado ponto x_0 é dividir $A(x)$ pelo polinômio $(x - x_0)$, obtendo um polinômio quociente $q(x)$ de grau limitado a $n - 1$ e um resto r, tais que

$A(x) = q(x)(x - x_0) + r$.

Claramente, $A(x_0) = r$. Mostre como calcular o resto r e os coeficientes de $q(x)$ no tempo $\Theta(n)$ dados x_0 e os coeficientes de A.1

30.1-3
Dado um polinômio $A(x) = \sum_{j=0}^{n-1} a_j x^j$, defina $A^{\mathrm{rev}}(x) = \sum_{j=0}^{n-1} a_{n-1-j} x^j$. Mostre como derivar uma representação por pares ponto-valor para $A^{\mathrm{rev}}(x)$ partindo de uma representação por pares ponto-valor para $A(x)$, supondo que nenhum dos pontos seja 0.

30.1-4
Prove que são necessários n pares ponto-valor distintos para especificar unicamente um polinômio de grau limitado por n, isto é, se são dados menos do que n pares ponto-valor distintos, eles não conseguem especificar um polinômio de grau limitado por n único. (*Sugestão*: usando o Teorema 30.1, o que você pode dizer sobre um conjunto de $n - 1$ pares ponto-valor ao qual acrescenta um par ponto-valor escolhido de modo arbitrário?)

30.1-5
Mostre como usar a Equação (30.5) para interpolar no tempo $\Theta(n^2)$. (*Sugestão*: primeiro, calcule a representação por coeficientes do polinômio $\prod_j (x - x_j)$ e, então, divida por $(x - x_j)$, conforme necessário, para o numerador de cada termo (ver Exercício 30.1-2). Podemos calcular cada um dos n denominadores no tempo $O(n)$.)

30.1-6
Explique o que está errado na abordagem "óbvia" para divisão de polinômios usando uma representação por pares ponto-valor, isto é, dividindo os valores y correspondentes. Discuta separadamente o caso em que o resultado da divisão é exato e o caso em que não é exato.

30.1-7

Considere dois conjuntos A e B, cada um com n inteiros na faixa de 0 a $10n$. Desejamos calcular a **soma cartesiana** de A e B, definida por

$$C = \{x + y : x \in A \text{ e } y \in B\}.$$

Observe que os inteiros em C estão na faixa de 0 a $20n$. Mostre como resolver o problema no tempo $O(n \lg n)$, para determinar os elementos de C e o número de vezes que cada elemento de C é obtido como uma soma de elementos em A e B. (*Sugestão:* represente A e B como polinômios de grau no máximo $10n$.)

30.2   DFT e FFT

Na Seção 30.1, afirmamos que, calculando a DFT e sua inversa usando a FFT, podemos avaliar e interpolar polinômios de grau n nas raízes complexas da unidade no tempo $\Theta(n \lg n)$. Nesta seção, definimos raízes complexas da unidade e estudamos suas propriedades, definimos a DFT e depois mostramos como a FFT calcula a DFT e sua inversa no tempo $\Theta(n \lg n)$.

Raízes complexas da unidade

Uma **raiz complexa n-ésima da unidade** é um número complexo tal que

$$\omega^n = 1.$$

Há exatamente n raízes n-ésimas complexas da unidade: $e^{2\pi i k/n}$ para $k = 0, 1, ..., n - 1$. Para interpretarmos essa fórmula, usamos a definição da exponencial de um número complexo:

$$e^{iu} = \cos(u) + i \,\mathrm{sen}(u).$$

A Figura 30.2 mostra que as n raízes complexas da unidade estão igualmente espaçadas ao redor do círculo de raio unitário com centro na origem do plano complexo. O valor

$$\omega_n = e^{2\pi i/n} \tag{30.6}$$

é a **raiz n-ésima principal da unidade**;[2] todas as outras raízes n-ésimas complexas da unidade são potências de ω_n.

As n raízes n-ésimas complexas da unidade,

$$\omega_n^0, \omega_n^1, \ldots, \omega_n^{n-1} \,,$$

formam um grupo sob multiplicação (ver Seção 31.3). Esse grupo tem a mesma estrutura que o grupo aditivo $(\mathbb{Z}_n, +)$ módulo n, já que $\omega_n^n = \omega_n^0 = 1$ implica que $\omega_n^j \omega_n^k = \omega_n^{j+k} = \omega_n^{(j+k) \bmod n}$. De modo semelhante,

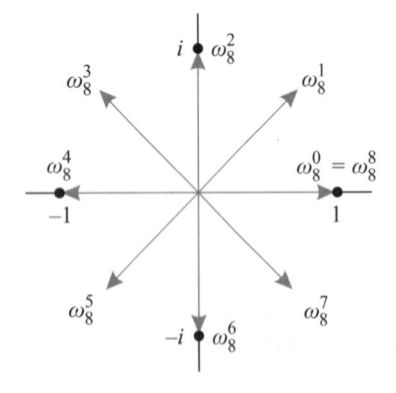

Figura 30.2 Valores de $\omega_8^0, \omega_8^1, \ldots, \omega_8^7$ no plano complexo, em que $\omega_8 = e^{2\pi i/8}$ é a raiz oitava principal da unidade.

---

[2]Muitos outros autores dão diferentes definições de ω_n: $\omega_n = e^{-2\pi i/n}$. Essa definição alternativa costuma ser usada para aplicações de processamento de sinais. A matemática subjacente é substancialmente a mesma com qualquer das definições de ω_n.

$\omega_n^{-1} = \omega_n^{n-1}$. Os lemas apresentados a seguir fornecem algumas propriedades essenciais das raízes n-ésimas complexas da unidade.

Lema 30.3 (Lema do cancelamento)

Para quaisquer inteiros $n \geq 0$, $k \geq 0$ e $d > 0$,

$$\omega_{dn}^{dk} = \omega_n^k .$$

(30.7)

Prova O lema decorre diretamente da Equação (30.6), visto que

$$\begin{aligned}
\omega_{dn}^{dk} &= \left(e^{2\pi i/dn}\right)^{dk} \\
&= \left(e^{2\pi i/n}\right)^{k} \\
&= \omega_n^k .
\end{aligned}$$

■

Corolário 30.4

Para qualquer inteiro par $n > 0$,

$$\omega_n^{n/2} = \omega_2 = -1 .$$

Prova A prova fica para o Exercício 30.2-1.

■

Lema 30.5 (Lema da divisão em metades)

Se $n > 0$ é par, então os quadrados das n raízes n-ésimas complexas da unidade são as $n/2$ raízes $(n/2)$-ésimas complexas da unidade.

Prova Pelo lema do cancelamento, temos $(\omega_n^k)^2 = \omega_{n/2}^k$, para qualquer inteiro não negativo k. Observe que, se elevarmos ao quadrado todas as raízes n-ésimas complexas da unidade, cada raiz $(n/2)$-ésima da unidade será obtida exatamente duas vezes, visto que

$$\begin{aligned}
(\omega_n^{k+n/2})^2 &= \omega_n^{2k+n} \\
&= \omega_n^{2k}\omega_n^{n} \\
&= \omega_n^{2k} \\
&= (\omega_n^k)^2 .
\end{aligned}$$

Assim, ω_n^k e $\omega_n^{k+n/2}$ têm o mesmo quadrado. Também poderíamos ter usado o Corolário 30.4 para provar essa propriedade, já que $\omega_n^{n/2} = -1$ implica $\omega_n^{k+n/2} = \omega_n^k\omega_n^{n/2} = -\omega_n^k$ e, portanto, $(\omega_n^{k+n/2})^2 = (-\omega_n^k)^2 = (\omega_n^k)^2$. ■

Como veremos, o lema da divisão em metades é essencial para nossa abordagem de divisão e conquista para converter representações por coeficientes em representações por pares ponto-valor e vice-versa, já que garante que os subproblemas recursivos terão somente metade do tamanho.

Lema 30.6 (Lema do somatório)

Para qualquer inteiro $n \geq 1$ e inteiro não nulo k não divisível por n,

$$\sum_{j=0}^{n-1} \left(\omega_n^k\right)^j = 0 .$$

Prova A Equação (A.6) no Apêndice A se aplica a valores complexos, bem como a reais, e então temos

$$\sum_{j=0}^{n-1} \left(\omega_n^k\right)^j = \frac{(\omega_n^k)^n - 1}{\omega_n^k - 1}$$

$$= \frac{(\omega_n^n)^k - 1}{\omega_n^k - 1}$$

$$= \frac{(1)^k - 1}{\omega_n^k - 1}$$

$$= 0 \ .$$

Para garantir que o denominador não seja 0, observe que $\omega_n^k = 1$ somente quando k é divisível por n, o que o enunciado do lema proíbe.   ∎

DFT

Lembre-se de que desejamos avaliar um polinômio

$$A(x) = \sum_{j=0}^{n-1} a_j x^j$$

de grau limitado por n em $\omega_n^0, \omega_n^1, \omega_n^2, \ldots, \omega_n^{n-1}$ (isto é, nas n raízes n-ésimas complexas da unidade).[3] Supomos que A seja dado na forma de coeficientes: $a = (a_0, a_1, ..., a_{n-1})$. Vamos definir os resultados y_k, para $k = 0$, 1, ..., $n - 1$, por

$$y_k = A(\omega_n^k)$$
$$= \sum_{j=0}^{n-1} a_j \omega_n^{kj} \ . \tag{30.8}$$

O vetor $y = (y_0, y_1, ..., y_{n-1})$ é a **transformada discreta de Fourier** (**DFT**, do inglês *discrete Fourier transform*) do vetor de coeficientes $a = (a_0, a_1, ..., a_{n-1})$. Escrevemos também $y = \mathrm{DFT}_n(a)$.

FFT

Usando um método conhecido como **transformada rápida de Fourier** (**FFT**, do inglês *fast Fourier transform*), que aproveita as propriedades especiais das raízes complexas da unidade, podemos calcular a $\mathrm{DFT}_n(a)$ no tempo $\Theta(n \lg n)$, em comparação com o tempo $\Theta(n^2)$ do método direto. Supomos o tempo todo que n é uma potência exata de 2. Embora existam estratégias para lidar com tamanhos que não sejam potências de 2, elas estão fora do escopo deste livro.

O método da FFT emprega uma estratégia de divisão e conquista, utilizando separadamente os coeficientes de índice par e os coeficientes de índice ímpar de $A(x)$ para definir os dois novos polinômios de grau limitado por $n/2$, $A^{\mathrm{par}}(x)$ e $A^{\mathrm{ímpar}}(x)$:

$$A^{\mathrm{par}}(x) = a_0 + a_2 x + a_4 x^2 + \cdots + a_{n-2} x^{n/2-1} \ ,$$
$$A^{\mathrm{ímpar}}(x) = a_1 + a_3 x + a_5 x^2 + \cdots + a_{n-1} x^{n/2-1} \ .$$

Observe que A^{par} contém todos os coeficientes de índice par de A (a representação binária do índice termina em 0) e $A^{\mathrm{ímpar}}$ contém todos os coeficientes de índice ímpar (a representação binária do índice termina em 1). Decorre que

$$A(x) = A^{\mathrm{par}}(x^2) + x A^{\mathrm{ímpar}}(x^2), \tag{30.9}$$

de modo que o problema de avaliar $A(x)$ em $\omega_n^0, \omega_n^1, \ldots, \omega_n^{n-1}$ se reduz a

---

[3]O comprimento n é, na realidade, o que denominamos $2n$ na Seção 30.1, visto que dobramos a limitação de grau dos polinômios dados antes da avaliação. Portanto, no contexto da multiplicação de polinômios, na verdade estamos trabalhando com raízes $(2n)$-ésimas complexas da unidade.

1. avaliar os polinômios de grau limitado por $n/2$ $A^{\text{par}}(x)$ e $A^{\text{ímpar}}(x)$ nos pontos

$$(\omega_n^0)^2, (\omega_n^1)^2, \ldots, (\omega_n^{n-1})^2 , \qquad\qquad (30.10)$$

e, então,

2. combinar os resultados de acordo com Equação (30.9).

Pelo lema da divisão em metades, a lista de valores (30.10) não consiste em n valores distintos, mas somente nas $n/2$ raízes $(n/2)$-ésimas complexas da unidade, sendo que cada raiz ocorre exatamente duas vezes. Portanto, a FFT avalia recursivamente os polinômios A^{par} e $A^{\text{ímpar}}$ de grau limitado por $n/2$ nas $n/2$ raízes $(n/2)$-ésimas complexas da unidade. Esses subproblemas têm exatamente a mesma forma do problema original, mas metade do tamanho. Agora, conseguimos dividir o cálculo de uma DFT_n de n elementos em dois cálculos de $\text{DFT}_{n/2}$ de $n/2$ elementos. Essa decomposição é a base para o procedimento FFT a seguir, que calcula a DFT de um vetor de n elementos $a = (a_0, a_1, \ldots, a_{n-1})$, em que n é uma potência exata de 2.

```
FFT(a, n)
 1  if n == 1
 2      return a                          // DFT de 1 elemento é o próprio elemento
 3      ωₙ = e 2^(πi/n)
 4      ω = 1
 5      a^par = (a₀, a₂, ..., a_{n-2})
 6      a^ímpar = (a₁, a₃, ..., a_{n-1})
 7      y^par = FFT(a^par, n/2)
 8      y^ímpar = FFT(a^ímpar, n/2)
 9      for k = 0 to n/2 - 1               // neste ponto, ω = ωₙᵏ
10          y_k = y_k^par + ω y_k^ímpar
11          y_{k+(n/2)} = y_k^par - ω y_k^ímpar
12          ω = ω ωₙ
13  return y
```

O procedimento FFT funciona da seguinte maneira: as linhas 1–2 representam o caso-base da recursão. A DFT de um elemento é o próprio elemento, já que, nesse caso,

$$\begin{aligned} y_0 &= a_0 \, \omega_1^0 \\ &= a_0 \cdot 1 \\ &= a_0 . \end{aligned}$$

As linhas 5–6 definem os vetores de coeficientes para os polinômios A^{par} e $A^{\text{ímpar}}$. As linhas 3, 4 e 12 garantem que ω seja atualizado corretamente de modo que, sempre que as linhas 10–11 são executadas, temos $\omega = \omega_n^k$. (Manter um valor contínuo de iteração a iteração poupa tempo com relação a calcular ω_n^k desde o início a cada passagem pelo laço **for**.)[4] As linhas 7–8 executam os cálculos recursivos de $\text{DFT}_{n/2}$ definindo, para $k = 0, 1, \ldots, n/2 - 1$,

$$y_k^{\text{par}} = A^{\text{par}}(\omega_{n/2}^k) ,$$
$$y_k^{\text{ímpar}} = A^{\text{ímpar}}(\omega_{n/2}^k) ,$$

ou, visto que $\omega_{n/2}^k = \omega_n^{2k}$ pelo lema do cancelamento,

$$y_k^{\text{par}} = A^{\text{par}}(\omega_n^{2k}) ,$$
$$y_k^{\text{ímpar}} = A^{\text{ímpar}}(\omega_n^{2k}) .$$

---

[4]A desvantagem da atualização iterativa de ω é que os erros de arredondamento podem se acumular, especialmente para maiores tamanhos de entrada. Foram propostas diversas técnicas para limitar a magnitude dos erros de arredondamento da FFT, mas elas estão além do escopo deste livro. Se várias FFT forem executadas em entradas do mesmo tamanho, pode valer a pena pré-computar diretamente uma tabela de todos os $n/2$ valores de ω_n^k.

As linhas 10–11 combinam os resultados dos cálculos recursivos das $DFT_{n/2}$. Para os primeiros $n/2$ resultados, $y_0, y_1, ..., y_{n/2-1}$, a linha 10 produz

$$
\begin{aligned}
y_k &= y_k^{par} + \omega_n^k \, y_k^{ímpar} \\
&= A^{par}(\omega_n^{2k}) + \omega_n^k A^{ímpar}(\omega_n^{2k}) \\
&= A(\omega_n^k) \qquad\qquad \text{(pela Equação (30.9)).}
\end{aligned}
$$

Para $y_{n/2}, y_{n/2+1}, ..., y_{n-1}$, fazendo $k = 0, 1, ..., n/2 - 1$, a linha 11 produz

$$
\begin{aligned}
y_{k+(n/2)} &= y_k^{par} - \omega_n^k \, y_k^{ímpar} \\
&= y_k^{par} + \omega_n^{k+(n/2)} y_k^{ímpar} & \text{(visto que } \omega_n^{k+(n/2)} = -\omega_n^k) \\
&= A^{par}(\omega_n^{2k}) + \omega_n^{k+(n/2)} A^{ímpar}(\omega_n^{2k}) \\
&= A^{par}(\omega_n^{2k+n}) + \omega_n^{k+(n/2)} A^{ímpar}(\omega_n^{2k+n}) & \text{(visto que } \omega_n^{2k+n} = \omega_n^{2k}) \\
&= A(\omega_n^{k+(n/2)}) & \text{(pela Equação (30.9)) .}
\end{aligned}
$$

Assim, o vetor y retornado por FFT é de fato a DFT do vetor de entrada a.

As linhas 10 e 11 multiplicam cada valor $y_k^{ímpar}$ por ω_n^k, para $k = 0, 1, ..., n/2 - 1$. A linha 10 soma esse produto a y_k^{par}, e a linha 11 o subtrai. Como usamos cada fator ω_n^k nas formas positiva e negativa, denominamos os fatores ω_n^k **fatores de giro**.

Para determinar o tempo de execução do procedimento FFT, observamos que, com exceção das chamadas recursivas, cada chamada demora o tempo $\Theta(n)$, em que n é o comprimento do vetor de entrada. Portanto, a recorrência para o tempo de execução é

$$
\begin{aligned}
T(n) &= 2T(n/2) + \Theta(n) \\
&= \Theta(n \lg n) \, ,
\end{aligned}
$$

pelo caso 2 do teorema mestre (Teorema 4.1). Assim, podemos avaliar, no tempo $\Theta(n \lg n)$, um polinômio de grau limitado a n nas raízes n-ésimas complexas da unidade.

Interpolação nas raízes complexas da unidade

O esquema de multiplicação de polinômios implica converter da forma de coeficientes para a forma de pares ponto-valor, avaliando o polinômio nas raízes complexas da unidade, multiplicação ponto a ponto e, finalmente, conversão da forma de pares ponto-valor para a forma de coeficientes, por meio da interpolação. Já vimos como avaliar e, portanto, agora veremos como interpolar as raízes complexas da unidade por um polinômio. Interpolamos escrevendo a DFT como uma equação matricial e depois observando a forma da inversa da matriz.

Pela Equação (30.4), podemos escrever a DFT como o produto de matrizes $y = V_n a$, em que V_n é uma matriz de Vandermonde que contém as potências adequadas de ω_n:

$$
\begin{pmatrix} y_0 \\ y_1 \\ y_2 \\ y_3 \\ \vdots \\ y_{n-1} \end{pmatrix} = \begin{pmatrix} 1 & 1 & 1 & 1 & \cdots & 1 \\ 1 & \omega_n & \omega_n^2 & \omega_n^3 & \cdots & \omega_n^{n-1} \\ 1 & \omega_n^2 & \omega_n^4 & \omega_n^6 & \cdots & \omega_n^{2(n-1)} \\ 1 & \omega_n^3 & \omega_n^6 & \omega_n^9 & \cdots & \omega_n^{3(n-1)} \\ \vdots & \vdots & \vdots & \vdots & \ddots & \vdots \\ 1 & \omega_n^{n-1} & \omega_n^{2(n-1)} & \omega_n^{3(n-1)} & \cdots & \omega_n^{(n-1)(n-1)} \end{pmatrix} \begin{pmatrix} a_0 \\ a_1 \\ a_2 \\ a_3 \\ \vdots \\ a_{n-1} \end{pmatrix}
$$

A entrada (k, j) de V_n é ω_n^{kj} para $j, k = 0, 1, ..., n - 1$. Os expoentes das entradas de V_n formam uma tabela de multiplicação para os fatores de 0 a $n - 1$.

Para a operação inversa, que escrevemos como $a = DFT_n^{-1}(y)$, multiplicamos y pela matriz V_n^{-1}, a inversa de V_n.

Teorema 30.7

Para $j, k = 0, 1, ..., n - 1$, a entrada (j, k) de V_n^{-1} é ω_n^{-jk}/n.

Prova Mostraremos que $V_n^{-1}V_n = I_n$, a matriz identidade $n \times n$. Considere a entrada (k, k') de $V_n^{-1}V_n$:

$$[V_n^{-1}V_n]_{kk'} = \sum_{j=0}^{n-1}(\omega_n^{-jk}/n)(\omega_n^{jk'})$$

$$= \sum_{j=0}^{n-1}\omega_n^{j(k'-k)}/n \ .$$

Esse somatório é igual a 1 se $k' = k$, e é 0 caso contrário, de acordo com o lema do somatório (Lema 30.6). Observe que, para que o lema do somatório se aplique, $k' - k$ não pode ser divisível por n. De fato, ele não é, pois $-(n-1) \le k' - k \le n - 1$. ∎

Ao definir a matriz inversa V_n^{-1}, temos que $\mathrm{DFT}_n^{-1}(y)$ é dada por

$$a_j = \sum_{k=0}^{n-1}y_k\frac{\omega^{-jk}}{n}$$

$$= \frac{1}{n}\sum_{k=0}^{n-1}y_k\omega_n^{-kj} \tag{30.11}$$

para $j = 0, 1, ..., n - 1$. Comparando as Equações (30.8) e (30.11), vemos que, modificando o algoritmo FFT para trocar os papéis de a e y, substituir ω_n por ω_n^{-1} e dividir cada elemento do resultado por n, obtemos a DFT inversa (ver Exercício 30.2-4). Assim, podemos calcular a DFT_n^{-1} também no tempo $\Theta(n \lg n)$.

Vemos que, usando a FFT e a FFT inversa, podemos alternar livremente um polinômio de grau limitado por n entre sua representação por coeficientes e sua representação por pares ponto-valor no tempo $\Theta(n \lg n)$. No contexto da multiplicação de polinômios, já mostramos o seguinte sobre a convolução $a \otimes b$ de vetores a e b:

Teorema 30.8 (Teorema de convolução)

Para quaisquer dois vetores a e b de comprimento n, em que n é uma potência exata de 2,

$$a \otimes b = \mathrm{DFT}_{2n}^{-1}(\mathrm{DFT}_{2n}(a) \cdot \mathrm{DFT}_{2n}(b)) \ ,$$

em que os vetores a e b são preenchidos com zeros até o comprimento $2n$, e $\cdot$ indica o produto componente a componente de dois vetores de $2n$ elementos. ∎

Exercícios

30.2-1
Prove o Corolário 30.4.

30.2-2
Calcule a DFT do vetor $(0, 1, 2, 3)$.

30.2-3
Faça o Exercício 30.1-1 usando o esquema de tempo $\Theta(n \lg n)$.

30.2-4
Escreva um pseudocódigo para calcular DFT_n^{-1} no tempo $\Theta(n \lg n)$.

30.2-5
Descreva a generalização do procedimento FFT para o caso em que n é uma potência exata de 3. Forneça uma recorrência para o tempo de execução e resolva a recorrência.

★ *30.2-6*

Suponha que, em vez de executarmos uma FFT de n elementos no campo dos números complexos (em que n é uma potência exata de 2), usamos o anel $\mathbb{Z}_m$ de inteiros módulo m, em que $m = 2^{tn/2} + 1$ e t é um inteiro positivo qualquer. Use $\omega = 2^t$ em vez de ω_n como uma raiz n-ésima principal da unidade, módulo m. Prove que a DFT e a DFT inversa estão bem definidas nesse sistema.

30.2-7

Dada uma lista de valores $z_0, z_1, ..., z_{n-1}$ (possivelmente com repetições), mostre como determinar os coeficientes de um polinômio $P(x)$ de grau limitado por $n + 1$ que tem zeros somente em $z_0, z_1, ..., z_{n-1}$ (possivelmente com repetições). Seu procedimento deve ser executado no tempo $O(n \lg^2 n)$. (*Sugestão*: o polinômio $P(x)$ tem um zero em z_j se, e somente se, $P(x)$ é um múltiplo de $(x - z_j)$.)

★ *30.2-8*

A ***transformada chirp*** de um vetor $a = (a_0, a_1, ..., a_{n-1})$ é o vetor $y = (y_0, y_1, ..., y_{n-1})$, em que $y_k = \sum_{j=0}^{n-1} a_j z^{kj}$ e z é qualquer número complexo. Portanto, a DFT é um caso especial da transformada *chirp* obtida tomando-do $z = \omega_n$. Mostre como avaliar a transformada *chirp* no tempo $O(n \lg n)$ para qualquer número complexo z. (*Sugestão:* use a equação

$$y_k = z^{k^2/2} \sum_{j=0}^{n-1} \left(a_j z^{j^2/2} \right) \left(z^{-(k-j)^2/2} \right)$$

para ver a transformada *chirp* como uma convolução.)

30.3   Circuitos FFT

Muitas das aplicações da DFT no processamento de sinais exigem a máxima velocidade, assim, a FFT muitas vezes é implementada como um circuito no *hardware*. A estrutura de divisão e conquista permite que o circuito tenha uma estrutura paralela, de modo que a ***profundidade*** do circuito — o número máximo de elementos de computação entre qualquer saída e qualquer entrada que possa alcançá-la — é $\Theta(\lg n)$. Além disso, a estrutura do circuito FFT tem diversas propriedades matemáticas interessantes, as quais não serão detalhadas aqui.

Operações borboleta

Observe que o laço **for** das linhas 9–12 do procedimento FFT envolve calcular o valor $\omega_n^k \, y_k^{\text{ímpar}}$ duas vezes por iteração: uma na linha 10 e uma na linha 11. Um bom compilador de otimização produz um código que avalia essa ***subexpressão comum*** apenas uma vez, armazenando seu valor em uma variável temporária, de modo que as linhas 10–11 sejam tratadas como as três linhas

$$t = \omega \, y_k^{\text{ímpar}}$$
$$y_k = y_k^{\text{par}} + t$$
$$y_{k+(n/2)} = y_k^{\text{par}} - t$$

Essa operação, multiplicando o fator de giro $\omega = \omega_n^k$ por $y_k^{\text{ímpar}}$, armazenando o produto na variável temporária t e adicionando e subtraindo t de y_k^{par}, é conhecida como ***operação borboleta***. A Figura 30.3 a mostra como um circuito, e você poderá notar o formato aproximado de uma borboleta. (Embora, sendo menos colorida, ela poderia ter sido chamada de operação "gravata-borboleta".)

Estrutura recursiva do circuito

O procedimento FFT segue a estrutura de divisão e conquista que vimos inicialmente na Seção 2.3.1:

Dividir o vetor de entrada com n elementos em seus $n/2$ elementos de indexação par e $n/2$ elementos de indexação ímpar.

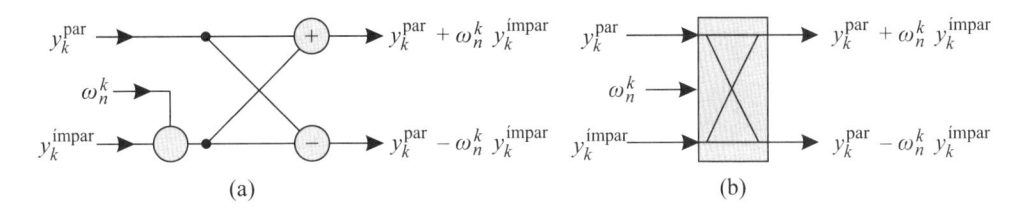

Figura 30.3 Circuito para uma operação borboleta. (**a**) Os dois valores de entrada entram pela esquerda, o fator de giro ω_n^k é multiplicado por $y_k^{\text{ímpar}}$, e a soma e a diferença saem pela direita. (**b**) Desenho simplificado de uma operação borboleta, que usaremos para representar o circuito FFT paralelo.

Conquistar calculando recursivamente as DFT dos dois subproblemas, cada um com tamanho $n/2$.

Combinar realizando as $n/2$ operações borboleta. Essas operações borboleta atuam com os fatores de giro $\omega_n^0, \omega_n^1, \ldots, \omega_n^{n/2-1}$.

O esquema do circuito na Figura 30.4 segue as etapas de conquista e combinação desse padrão para um circuito FFT com n entradas e n saídas, indicadas por FFT_n. Cada linha é um fio que transporta um valor. As entradas entram pela esquerda, uma por fio, e as saídas seguem pela direita. A etapa de conquista executa as entradas por meio de dois circuitos $\text{FFT}_{n/2}$, que também são construídos recursivamente. Os valores produzidos pelos dois circuitos $\text{FFT}_{n/2}$ alimentam $n/2$ circuitos borboleta, com fatores de giro $\omega_n^0, \omega_n^1, \ldots, \omega_n^{n/2-1}$, para combinar os resultados. O caso-base da recursão ocorre quando $n = 1$, em que o único valor de saída é igual ao único valor de entrada. Um circuito FFT_1, portanto, não faz nada e, assim, o menor circuito FFT não trivial é FFT_2, uma única operação borboleta cujo fator de giro é $\omega_2^0 = 1$.

Permutação das entradas

Como a etapa de divisão entra no projeto do circuito? Vamos examinar como os vetores de entrada para as várias chamadas recursivas do procedimento FFT se relacionam com o vetor de entrada original, de modo que o circuito possa simular a etapa de divisão no início para todos os níveis de recursão. A Figura 30.5 organiza os vetores de entrada para as chamadas recursivas em uma invocação de FFT com estrutura de árvore, em que a chamada inicial é para $n = 8$. A árvore tem um nó para cada chamada do procedimento, identificado pelo vetor

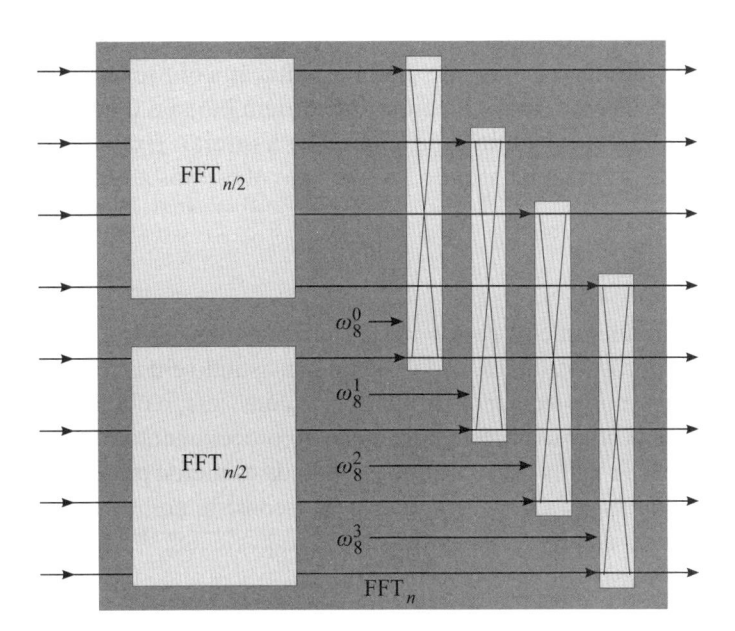

Figura 30.4 Esquema para as etapas de conquista e combinação de um circuito FFT de n entradas e n saídas, FFT_n, mostrado para $n = 8$. As entradas ingressam pela esquerda e as saídas se dão pela direita. Os valores de entrada primeiro passam por dois circuitos $\text{FFT}_{n/2}$, e então, $n/2$ circuitos borboleta combinam os resultados. Apenas os fios superiores e inferiores que entram em uma borboleta interagem com ela: os fios que passam pelo meio de uma borboleta não afetam essa borboleta, nem seus valores são alterados por essa borboleta.

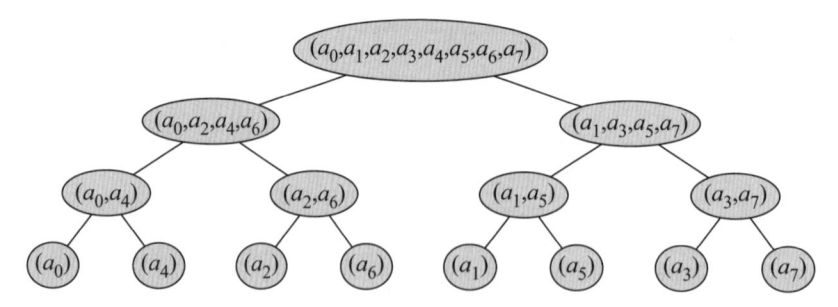

Figura 30.5 Árvore de vetores de entrada para as chamadas recursivas do procedimento FFT. A invocação inicial é para $n = 8$.

de entrada correspondente. Cada invocação de FFT faz duas chamadas recursivas, a menos que tenha recebido um vetor de um elemento. A primeira chamada aparece no filho à esquerda e a segunda chamada aparece no filho à direita.

Examinando a árvore, observamos que, se pudéssemos organizar os elementos do vetor inicial a na ordem em que eles aparecem nas folhas, poderíamos seguir o curso da execução do procedimento FFT, mas de baixo para cima e não de cima para baixo. Primeiro, tomamos os elementos aos pares, calculamos a DFT de cada par usando uma operação borboleta e substituímos o par por sua DFT. Então, o vetor contém $n/2$ DFT de dois elementos. Em seguida, tomamos essas $n/2$ DFT aos pares e calculamos a DFT dos quatro elementos de vetor de onde elas vieram, executando duas operações borboleta, substituindo duas DFT de dois elementos por uma DFT de quatro elementos. Então, o vetor contém $n/4$ DFT de quatro elementos. Continuamos dessa maneira até o vetor conter duas DFT de $(n/2)$ elementos, as quais combinamos usando $n/2$ operações borboleta na DFT final de n elementos. Em outras palavras, podemos começar com os elementos do vetor inicial a, mas na ordem em que eles aparecem nas folhas da árvore da Figura 30.5, e depois os alimentamos diretamente em um circuito que segue o esquema da Figura 30.4.

Vamos pensar sobre a permutação que reorganiza o vetor de entrada. A ordem em que as folhas aparecem na Figura 30.5 é uma **permutação com reversão de bits**. Isto é, se representarmos por rev(k) o inteiro de lg n *bits* formado pela reversão dos *bits* da representação binária de k, então o elemento de vetor a_k se move para a posição rev(k). Na Figura 30.5, por exemplo, as folhas aparecem na ordem 0, 4, 2, 6, 1, 5, 3, 7. Na representação binária, essa sequência é 000, 100, 010, 110, 001, 101, 011, 111, e podemos obtê-la revertendo os *bits* de cada número na sequência 0, 1, 2, 3, 4, 5, 6, 7, ou, em binário, 000, 001, 010, 011, 100, 101, 110, 111. Para ver que precisamos de uma permutação com reversão de *bits* em geral, observamos que, no nível superior da árvore, índices cujo *bit* de ordem baixa é 0 entram na subárvore à esquerda e índices cujo *bit* de ordem baixa é 1 entram na subárvore à direita. Extraindo o *bit* de ordem baixa em cada nível, continuamos esse processo descendo a árvore até obtermos a ordem dada pela permutação por reversão de *bits* nas folhas.

Circuito FFT completo

A Figura 30.6 representa o circuito inteiro para $n = 8$. O circuito começa com uma permutação com reversão de *bits* das entradas, seguida por lg n estágios, cada estágio consistindo em $n/2$ borboletas executadas em paralelo. Supondo que cada circuito borboleta tenha profundidade constante, o circuito completo tem profundidade $\Theta(\lg n)$. As operações borboleta em cada nível de recursão no procedimento FFT são independentes, assim, o circuito as executa em paralelo. A figura mostra fios passando da esquerda para a direita, transportando valores por meio dos lg n estágios. Para $s = 1, 2, \ldots,$ lg n, o estágio s consiste em $n/2^s$ grupos de borboletas, com 2^{s-1} borboletas por grupo. Os fatores de giro no estágio s são $\omega_m^0, \omega_m^1, \ldots, \omega_m^{m/2-1}$, em que $m = 2^s$.

Exercícios

30.3-1

Mostre os valores nos fios para cada entrada e saída da borboleta no circuito FFT da Figura 30.6, dado o vetor de entrada $(0, 2, 3, -1, 4, 5, 7, 9)$.

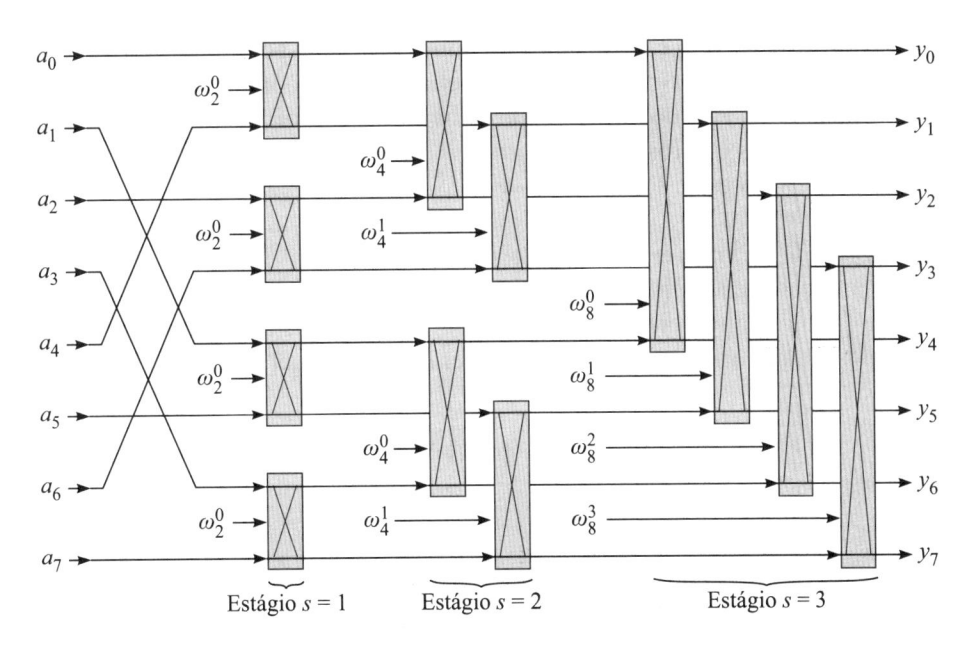

Figura 30.6 Circuito completo que calcula a FFT em paralelo, mostrado aqui para $n = 8$ entradas. Ele tem $\lg n$ estágios, e cada estágio compreende $n/2$ borboletas que podem operar em paralelo. Como na Figura 30.4, somente os fios superior e inferior que entram em uma borboleta interagem com ela. Por exemplo, a borboleta superior no estágio 2 tem entradas e saídas apenas nos fios 0 e 2 (os fios com saídas identificadas por y_0 e y_2, respectivamente). Esse circuito tem profundidade $\Theta(\lg n)$ e executa $\Theta(n \lg n)$ operações borboleta no total.

30.3-2
Considere um circuito FFT_n, como na Figura 30.6, com fios 0, 1, ..., $n - 1$ (fio j tem saída y_j) e estágios numerados como na figura. O estágio s, para $s = 1, 2, ..., \lg n$, consiste em $n/2^s$ grupos de borboletas. Quais dois fios são entradas e saídas para o j-ésimo circuito borboleta no g-ésimo grupo no estágio s?

30.3-3
Considere um inteiro k de b *bits* na faixa $0 \leq k < 2^b$. Tratando k como um vetor de b elementos sobre $\{0, 1\}$, descreva uma matriz $b \times b$ M tal que o produto matriz-vetor $M k$ seja a representação binária de $\text{rev}(k)$.

30.3-4
Escreva o pseudocódigo para o procedimento Permutação-Bit-Reverso(a, n), que realiza a permutação por reversão de *bits* sobre um vetor a de comprimento n no local. Suponha que seja possível chamar o procedimento Bit-Reverso-De(k, b), que retorna um inteiro que é a reversão de b *bits* do inteiro não negativo k, em que $0 \leq k < 2^b$.

★ 30.3-5
Suponha que os somadores dentro das operações borboleta no circuito FFT por vezes falham de tal maneira que sempre produzem uma saída zero, independentemente de suas entradas. Além disso, suponha que exatamente um somador tenha falhado, mas que você não saiba qual. Descreva como é possível identificar o somador que falhou fornecendo entradas para o circuito FFT completo e observando as saídas. Qual é a eficiência do seu método?

Problemas

30-1   *Multiplicação por divisão e conquista*
a. Mostre como multiplicar dois polinômios lineares $ax + b$ e $cx + d$ usando apenas três multiplicações. (*Sugestão:* uma das multiplicações é $(a + b) \cdot (c + d)$.)

b. Forneça dois algoritmos de divisão e conquista para multiplicar dois polinômios de grau limitado por n no tempo $\Theta(n^{\lg 3})$. O primeiro algoritmo deve dividir os coeficientes dos polinômios de entrada em uma metade alta e uma metade baixa, e o segundo algoritmo deve dividi-los conforme o índice seja ímpar ou par.

c. Mostre como multiplicar dois inteiros de n bits em $\Theta(n^{\lg 3})$ etapas, que cada etapa operando no máximo em um número constante de valores de 1 *bit*.

30-2   *Transformada rápida de Fourier multidimensional*

Podemos generalizar a transformada discreta de Fourier unidimensional definida pela Equação (30.8) para d dimensões. A entrada é um arranjo d-dimensional $A = (a_{j_1, j_2, \ldots, j_d})$ cujas dimensões são $n_1, n_2, \ldots, n_d$, em que $n_1 n_2 \ldots n_d = n$. Definimos a transformada discreta de Fourier d-dimensional pela equação

$$y_{k_1, k_2, \ldots, k_d} = \sum_{j_1=0}^{n_1-1} \sum_{j_2=0}^{n_2-1} \cdots \sum_{j_d=0}^{n_d-1} a_{j_1, j_2, \ldots, j_d} \, \omega_{n_1}^{j_1 k_1} \omega_{n_2}^{j_2 k_2} \cdots \omega_{n_d}^{j_d k_d}$$

para $0 \le k_1 < n_1, 0 \le k_2 < n_2, \ldots, 0 \le k_d < n_d$.

a. Mostre como produzir uma DFT d-dimensional calculando DFT unidimensionais em cada dimensão por vez. Isto é, primeiro calculamos n/n_1 DFT unidimensionais separadas ao longo da dimensão 1. Então, usando o resultado das DFT ao longo da dimensão 1 como entrada, calculamos n/n_2 DFT unidimensionais separadas ao longo da dimensão 2. Usando esse resultado como entrada, calcule n/n_3 DFT unidimensionais separadas ao longo da dimensão 3 e assim por diante, até a dimensão d.

b. Mostre que a ordenação de dimensões não importa, de modo que podemos calcular uma DFT d-dimensional calculando as DFT unidimensionais em qualquer ordem das d dimensões.

c. Mostre que, se calcularmos cada DFT unidimensional calculando a transformada rápida de Fourier, o tempo total para calcular uma DFT d-dimensional é $O(n \lg n)$, independentemente de d.

30-3   *Avaliação de todas as derivadas de um polinômio em um ponto*

Dado um polinômio $A(x)$ de grau limitado a n, definimos sua t-ésima derivada por

$$A^{(t)}(x) = \begin{cases} A(x) & \text{se } t = 0 \,, \\ \frac{d}{dx} A^{(t-1)}(x) & \text{se } 1 \le t \le n-1 \,, \\ 0 & \text{se } t \ge n \,. \end{cases}$$

Pela representação por coeficientes $(a_0, a_1, \ldots, a_{n-1})$ de $A(x)$ e um ponto dado x_0, desejamos determinar $A^{(t)}(x_0)$ para $t = 0, 1, \ldots, n-1$.

a. Dados os coeficientes $b_0, b_1, \ldots, b_{n-1}$ tais que

$$A(x) = \sum_{j=0}^{n-1} b_j (x - x_0)^j \,,$$

mostre como calcular $A^{(t)}(x_0)$ para $t = 0, 1, \ldots, n-1$, no tempo $O(n)$.

b. Explique como determinar $b_0, b_1, \ldots, b_{n-1}$ no tempo $O(n \lg n)$, dado $A(x_0 + \omega_n^k)$ para $k = 0, 1, \ldots, n-1$.

c. Prove que

$$A(x_0 + \omega_n^k) = \sum_{r=0}^{n-1} \left(\frac{\omega_n^{kr}}{r!} \sum_{j=0}^{n-1} f(j) g(r-j) \right) \,,$$

em que $f(j) = a_j \cdot j!$ e

$$g(l) = \begin{cases} x_0^{-l}/(-l)! & \text{se } -(n-1) \le l \le 0 \,, \\ 0 & \text{se } 1 \le l \le n-1 \,. \end{cases}$$

d. Explique como avaliar $A(x_0 + \omega_n^k)$ para $k = 0, 1, ..., n - 1$ no tempo $O(n \lg n)$. Conclua que podemos avaliar todas as derivadas não triviais de $A(x)$ em x_0 no tempo $O(n \lg n)$.

30-4 Avaliação de polinômios em vários pontos

O Problema 2-3 mostrou como avaliar um polinômio de grau limitado por n em um ponto isolado no tempo $O(n)$ usando a regra de Horner. Este capítulo descreveu como avaliar tal polinômio em todas as n raízes complexas da unidade no tempo $O(n \lg n)$ usando a FFT. Agora, mostraremos como avaliar um polinômio de grau limitado por n em n pontos arbitrários no tempo $O(n \lg^2 n)$.

Para tal, suponha que possamos calcular o resto do polinômio quando um desses polinômios é dividido por outro no tempo $O(n \lg n)$. Por exemplo, o resto de $3x^3 + x^2 - 3x + 1$ quando dividido por $x^2 + x + 2$ é

$(3x^3 + x^2 - 3x + 1) \bmod (x^2 + x + 2) = -7x + 5$.

Dada a representação por coeficientes de um polinômio $A(x) = \sum_{k=0}^{n-1} a_k x^k$ e n pontos $x_0, x_1, ..., x_{n-1}$, seu objetivo é calcular os n valores $A(x_0), A(x_1), ..., A(x_{n-1})$. Para $0 \le i \le j \le n - 1$, defina os polinômios $P_{ij}(x) = \prod_{k=i}^{j}(x - x_k)$ e $Q_{ij}(x) = A(x) \bmod P_{ij}(x)$. Observe que $Q_{ij}(x)$ tem grau no máximo $j - i$.

a. Prove que $A(x) \bmod (x - z) = A(z)$ para qualquer ponto z.
b. Prove que $Q_{kk}(x) = A(x_k)$ e que $Q_{0,n-1}(x) = A(x)$.
c. Prove que, para $i \le k \le j$, temos $Q_{ik}(x) = Q_{ij}(x) \bmod P_{ik}(x)$ e $Q_{kj}(x) = Q_{ij}(x) \bmod P_{kj}(x)$.
d. Forneça um algoritmo de tempo $O(n \lg^2 n)$ para avaliar $A(x_0), A(x_1), ..., A(x_{n-1})$.

30-5 FFT com aritmética modular

Conforme sua definição, a transformada discreta de Fourier requer cálculo com números complexos, o que pode resultar em perda de precisão em virtude de erros de arredondamento. Para alguns problemas, sabe-se que a resposta contém somente inteiros e, se usarmos uma variante da FFT baseada em aritmética modular, poderemos garantir que a resposta será calculada com exatidão. Um exemplo de tal problema é o de multiplicar dois polinômios com coeficientes inteiros. O Exercício 30.2-6 nos dá uma abordagem, usando um módulo de comprimento $\Omega(n)$ *bits* para tratar uma DFT em n pontos. Este problema apresenta outra abordagem que usa um módulo com o comprimento mais razoável $O(\lg n)$. O problema requer que você entenda o material do Capítulo 31. Seja n uma potência exata de 2.

a. Suponha que procuramos o menor k tal que $p = kn + 1$ é um número primo. Dê um argumento heurístico simples que explique por que podemos esperar que k seja aproximadamente $\ln n$. (O valor de k poderia ser muito maior ou muito menor, mas é razoável esperar que examinemos $O(\lg n)$ valores candidatos de k em média.) Como o comprimento esperado de p se compara com o de n?

Seja g um gerador de $\mathbb{Z}_p^*$ e seja $w = g^k \bmod p$.

b. Demonstre que a DFT e a DFT inversa são operações inversas bem definidas módulo p, em que w é usado como uma raiz n-ésima principal da unidade.
c. Demonstre como fazer com que a FFT e sua inversa funcionem em módulo p no tempo $O(n \lg n)$, em que operações em palavras de $O(\lg n)$ *bits* demoram um tempo unitário. Considere que o algoritmo conhece p e w.
d. Calcule a DFT módulo $p = 17$ do vetor $(0, 5, 3, 7, 7, 2, 1, 6)$. (*Sugestão:* verifique e use o fato de que $g = 3$ é um gerador de $\mathbb{Z}_{17}^*$.)

Notas do capítulo

O livro de Van Loan [442] dá um tratamento extraordinário à transformada rápida de Fourier. Press, Teukolsky, Vetterling e Flannery [365, 366] apresentam uma boa descrição da transformada rápida de Fourier e suas aplicações. Se quiser uma excelente introdução ao processamento de sinais, uma área bem conhecida de aplicação de FFT, consulte os textos de Oppenheim e Schafer [347] e de Oppenheim e Willsky [348]. O livro de Oppenheim e Schafer também mostra como tratar casos em que n não é uma potência exata de 2.

A análise de Fourier não é limitada a dados unidimensionais. Ela é amplamente usada em processamento de imagens para analisar dados em duas ou mais dimensões. Os livros de Gonzalez e Woods [194] e Pratt [363] discutem transformadas de Fourier multidimensionais e seu uso em processamento de imagens, e os livros de Tolimieri, An e Lu [439] e Van Loan [442] discutem os fundamentos matemáticos de transformadas rápidas de Fourier multidimensionais.

Cooley e Tukey [101] são amplamente reconhecidos como os criadores da FFT na década de 1960. Na verdade, a FFT foi descoberta muito antes dessa data, mas sua importância só foi completamente percebida após o advento dos computadores digitais modernos. Embora Press, Teukolsky, Vetterling e Flannery atribuam as origens do método a Runge e König em 1924, um artigo de Heideman, Johnson e Burrus [211] afirma que o histórico da FFT remonta à época de C. F. Gauss, em 1805.

Frigo e Johnson [161] desenvolveram uma implementação rápida e flexível da FFT, denominada FFTW (do inglês *fastest Fourier transform in the West*, ou "a transformada de Fourier mais rápida do oeste"). A FFTW é projetada para situações que exijam múltiplos cálculos de DFT para o mesmo tamanho de problema. Antes de calcular as DFT, a FFTW executa um "planejador" que, por uma série de execuções experimentais, determina como decompor melhor o cálculo da FFT para o tamanho do problema dado no computador hospedeiro. A FFTW adapta-se para utilizar a *cache* do *hardware* eficientemente e, desde que os problemas sejam suficientemente pequenos, a FFTW os resolve com um código otimizado, sem laços. Além disso, a FFTW tem a vantagem incomum de demorar o tempo $\Theta(n \lg n)$ para qualquer tamanho n de problema, mesmo quando n é um número primo grande.

Embora a transformada de Fourier padrão suponha que a entrada representa pontos uniformemente espaçados no domínio do tempo, outras técnicas podem aproximar a FFT para dados que não sejam uniformemente espaçados ("não equiespaçados"). O artigo de Ware [449] proporciona uma visão geral.

31 Algoritmos da Teoria dos Números

A teoria dos números já foi vista como um assunto belo, mas em grande parte inútil na matemática pura. Hoje, os algoritmos da teoria dos números são amplamente utilizados graças, em parte, ao desenvolvimento de esquemas criptográficos baseados em números primos grandes. Esses esquemas são viáveis porque é fácil encontrar primos grandes rapidamente, e são seguros porque não sabemos como fatorar eficientemente o produto de primos grandes (ou resolver outros problemas relacionados, como calcular logaritmos discretos). Este capítulo apresenta alguns dos algoritmos da teoria dos números e relacionados, subjacentes a tais aplicações.

Começamos na Seção 31.1 apresentando conceitos básicos da teoria dos números, como divisibilidade, equivalência modular e fatoração única dos números primos. A Seção 31.2 estuda um dos algoritmos mais antigos do mundo: o algoritmo de Euclides para calcular o máximo divisor comum de dois inteiros, e a Seção 31.3 revê conceitos de aritmética modular. A Seção 31.4 explora então o conjunto de múltiplos de dado número a, módulo n, e mostra como determinar todas as soluções para a equação $ax = b \pmod{n}$ usando o algoritmo de Euclides. O teorema chinês do resto é apresentado na Seção 31.5. A Seção 31.6 considera as potências de dado número a, módulo n, e apresenta um algoritmo de elevação ao quadrado repetido para calcular eficientemente $a^b \bmod n$, dados a, b e n. Essa operação está no núcleo do teste de primalidade eficiente e em grande parte da criptografia moderna, como a criptografia de chave pública RSA, descrita na Seção 31.7. Concluímos com a Seção 31.8, que examina um teste de primalidade aleatorizado. Podemos usar esse teste para determinarmos primos eficientemente, uma etapa essencial na criação de chaves para o sistema de criptografia RSA.

Tamanho de entradas e custo de cálculos aritméticos

Como trabalharemos com inteiros grandes, precisamos ajustar nosso modo de pensar sobre o tamanho de uma entrada e sobre o custo de operações aritméticas elementares.

Neste capítulo, "entrada grande" geralmente significa uma entrada que contenha "inteiros grandes", em vez de uma entrada que contenha "muitos inteiros" (como na ordenação). Assim, mediremos o tamanho de uma entrada em termos do *número de bits* exigidos para representar essa entrada, não apenas em termos do número de inteiros na entrada. Um algoritmo com entradas inteiras a_1, a_2, ..., a_k será um ***algoritmo em tempo polinomial*** se for executado em tempo polinomial com relação a $\lg a_1$, $\lg a_2$, ..., $\lg a_k$, isto é, polinomial com relação aos comprimentos de suas entradas codificadas em binário.

Na maior parte deste livro, verificamos que é conveniente pensar em operações aritméticas elementares (multiplicações, divisões ou cálculo de restos) como operações primitivas que demoram uma unidade de tempo. Contando o número dessas operações aritméticas que um algoritmo efetua, temos base para fazer uma estimativa razoável do tempo de execução real do algoritmo em um computador. Contudo, operações elementares podem ser demoradas quando suas entradas são grandes. Assim, torna-se conveniente medir quantas ***operações com bits*** um algoritmo da teoria dos números exige. Nesse modelo, a multiplicação de dois inteiros de β *bits* pelo método comum utiliza $\Theta(\beta^2)$ operações com *bits*. De modo semelhante, podemos dividir um inteiro de β *bits* por um inteiro mais curto ou tomar o resto da divisão de um inteiro de β *bits* quando dividido por um inteiro mais curto no tempo $\Theta(\beta^2)$ mediante algoritmos simples (ver Exercício 31.1-12). São conhecidos métodos mais rápidos. Por exemplo, um método simples de divisão e conquista para multiplicar dois inteiros de β *bits* tem tempo de execução $\Theta(\beta^{\lg 3})$ e também é possível conseguir um tempo de execução $O(\beta \lg \beta \lg \lg \beta)$. Porém, para finalidades práticas, o algoritmo $\Theta(\beta^2)$ frequentemente é melhor, e utilizaremos esse limite como base para nossas análises. Neste capítulo, geralmente analisamos algoritmos em termos do número de operações aritméticas e também do número de operações com *bits* que eles exigem.

31.1 Noções da teoria elementar dos números

Esta seção apresenta uma breve revisão de noções da teoria elementar dos números concernentes ao conjunto $\mathbb{Z} = \{..., -2, -1, 0, 1, 2, ...\}$ de inteiros e ao conjunto $\mathbb{N} = \{0, 1, 2, ...\}$ de números naturais.

Divisibilidade e divisores

A noção de que um inteiro é divisível por outro é fundamental na teoria dos números. A notação $d \mid a$ (leia "d *divide* a") significa que $a = kd$ para algum inteiro k. Todo inteiro divide 0. Se $a > 0$ e $d \mid a$, então $|d| \le |a|$. Se $d \mid a$, então dizemos também que a é um *múltiplo* de d. Se d não divide a, escrevemos $d \nmid a$.

Se $d \mid a$ e $d \ge 0$, dizemos que d é um *divisor* de a. Note que $d \mid a$ se, e somente se, $-d \mid a$, de modo que não há nenhuma perda de generalidade se definirmos os divisores de a como não negativos, entendendo-se que o negativo de qualquer divisor de a também divide a. O divisor de um inteiro não nulo a é no mínimo 1, mas não maior que $|a|$. Por exemplo, os divisores de 24 são 1, 2, 3, 4, 6, 8, 12 e 24.

Todo inteiro positivo a é divisível pelos *divisores triviais* 1 e a. Os divisores não triviais de a são os *fatores* de a. Por exemplo, os fatores de 20 são 2, 4, 5 e 10.

Números primos e compostos

Um inteiro $a > 1$ cujos únicos divisores são os divisores triviais 1 e a é chamado *número primo* (ou, simplesmente, *primo*). Primos têm muitas propriedades especiais e desempenham papel fundamental na teoria dos números. Os primeiros 20 primos, em ordem crescente, são

2, 3, 5, 7, 11, 13, 17, 19, 23, 29, 31, 37, 41, 43, 47, 53, 59, 61, 67, 71.

O Exercício 31.1-2 pede que você prove que existe um número infinito de primos. Um inteiro $a > 1$ que não é primo denomina-se *número composto* (ou, simplesmente, *composto*). Por exemplo, 39 é composto porque 3 | 39. O inteiro 1 é denominado *unidade*, e não é primo nem composto. De modo semelhante, o inteiro 0 e todos os inteiros negativos não são primos nem compostos.

Teorema da divisão, restos e equivalência modular

Dado um inteiro n, podemos repartir os inteiros entre os que são múltiplos de n e os que não são múltiplos de n. Grande parte da teoria dos números é baseada em um refinamento dessa partição pela classificação dos não múltiplos de n de acordo com seus restos quando divididos por n. O teorema a seguir é a base para esse refinamento. Omitimos a prova (mas veja, por exemplo, Niven e Zuckerman [345]).

Teorema 31.1 (Teorema da divisão)

Para qualquer inteiro a e qualquer inteiro positivo n, existem inteiros únicos q e r tais que $0 \le r < n$ e $a = qn + r$. ∎

O valor $q = \lfloor a/n \rfloor$ é o *quociente* da divisão. O valor $r = a \bmod n$ é o *resto* da divisão, de modo que $n \mid a$ se, e somente se, $a \bmod n = 0$.

Podemos repartir os inteiros em n classes de equivalência, de acordo com seus restos módulo n. A *classe de equivalência módulo n* que contém um inteiro a é

$$[a]_n = \{a + kn : k \in \mathbb{Z}\}.$$

Por exemplo, $[3]_7 = \{..., -11, -4, 3, 10, 17, ...\}$; também podemos representar esse conjunto por $[-4]_7$ e $[10]_7$. Usando a notação definida no Capítulo 3, podemos dizer que escrever $a \in [b]_n$ é o mesmo que escrever $a = b \pmod{n}$. O conjunto de todas essas classes de equivalência é

$$\mathbb{Z}_n = \{[a]_n : 0 \le a \le n - 1\}.$$

(31.1)

Quando vir a definição

$$\mathbb{Z}_n = \{0, 1, \ldots, n - 1\} , \qquad\qquad (31.2)$$

você deve lê-la como equivalente à Equação (31.1), entendendo que 0 representa $[0]_n$, 1 representa $[1]_n$ e assim por diante. Cada classe é representada por seu menor elemento não negativo. Contudo, você deve ter em mente as classes de equivalência subjacentes. Por exemplo, se nos referirmos a –1 como membro de $\mathbb{Z}_n$, na verdade estamos nos referindo a $[n - 1]_n$, já que $-1 = n - 1 \pmod n$.

Divisores comuns e máximos divisores comuns

Se d é um divisor de a e também um divisor de b, então d é *divisor comum* de a e b. Por exemplo, os divisores de 30 são 1, 2, 3, 5, 6, 10, 15 e 30 e, portanto, os divisores comuns de 24 e 30 são 1, 2, 3 e 6. Observe que 1 é divisor comum de dois inteiros quaisquer.

Uma propriedade importante dos divisores comuns é que

$$\text{se } d \mid a \text{ e } d \mid b, \text{ então } d \mid (a + b) \text{ e } d \mid (a - b) . \qquad\qquad (31.3)$$

De modo mais geral, para quaisquer inteiros x e y, temos que

$$\text{se } d \mid a \text{ e } d \mid b, \text{ então } d \mid (ax + by) . \qquad\qquad (31.4)$$

Além disso, se $a \mid b$, então $|a| \leq |b|$ ou $b = 0$, o que implica

$$\text{se } a \mid b \text{ e } b \mid a, \text{ então } a = \pm b . \qquad\qquad (31.5)$$

O *máximo divisor comum* de dois inteiros a e b, que não sejam ambos nulos, é o maior dos divisores comuns de a e b e é indicado por mdc(a, b). Por exemplo, mdc$(24, 30) = 6$, mdc$(5, 7) = 1$ e mdc$(0, 9) = 9$. Se a e b são ambos não nulos, então mdc(a, b) é um inteiro entre 1 e mín$\{|a|, |b|\}$. Definimos mdc$(0, 0)$ como 0; essa definição é necessária para que as propriedades padrões da função mdc (como a Equação (31.9), a seguir) sejam universalmente válidas.

O Exercício 31.1-9 pede que você prove as seguintes propriedades elementares da função mdc:

$$\begin{aligned}
\text{mdc}(a, b) &= \text{mdc}(b, a) , && (31.6) \\
\text{mdc}(a, b) &= \text{mdc}(-a, b) , && (31.7) \\
\text{mdc}(a, b) &= \text{mdc}(|a|, |b|) , && (31.8) \\
\text{mdc}(a, 0) &= |a| , && (31.9) \\
\text{mdc}(a, ka) &= |a| \qquad \text{para qualquer } k \in \mathbb{Z}. && (31.10)
\end{aligned}$$

O teorema apresentado a seguir dá uma caracterização alternativa e útil de mdc(a, b).

Teorema 31.2

Se a e b são inteiros quaisquer e não nulos, então mdc(a, b) é o menor elemento positivo do conjunto $\{ax + by : x, y \in \mathbb{Z}\}$ de combinações lineares de a e b.

Prova Seja s a menor combinação positiva dessas combinações lineares de a e b, e seja $s = ax + by$ para algum $x, y \in \mathbb{Z}$. Seja $q = \lfloor a/s \rfloor$. Então, a Equação (3.11), no Capítulo 3, implica

$$\begin{aligned}
a \bmod s &= a - qs \\
&= a - q(ax + by) \\
&= a(1 - qx) + b(-qy)
\end{aligned}$$

e, portanto, $a \bmod s$ também é uma combinação linear de a e b. Como s é a menor combinação *positiva* dessas combinações lineares e $0 \leq a \bmod s < s$ (inequação (3.12)), $a \bmod s$ não pode ser positivo. Logo, $a \bmod s = 0$.

Portanto, temos que $s \mid a$ e, por raciocínio análogo, $s \mid b$. Assim, s é um divisor comum de a e b, então $\text{mdc}(a, b) \geq s$. Por definição, $\text{mdc}(a, b)$ divide tanto a quanto b, e s é definido como uma combinação linear de a e b. Portanto, a Equação (31.4) implica $\text{mdc}(a, b) \mid s$. Porém, $\text{mdc}(a, b) \mid s$ e $s > 0$ implicam $\text{mdc}(a, b) \leq s$. Combinando $\text{mdc}(a, b) \geq s$ e $\text{mdc}(a, b) \leq s$ obtemos $\text{mdc}(a, b) = s$. Concluímos que s, a menor combinação linear positiva de a e b, é também seu máximo divisor comum. ∎

O Teorema 31.2 produz três corolários úteis.

Corolário 31.3

Para quaisquer inteiros a e b, se $d \mid a$ e $d \mid b$, então $d \mid \text{mdc}(a, b)$.

Prova   Esse corolário decorre da Equação (31.4) e do Teorema 31.2, porque $\text{mdc}(a, b)$ é uma combinação linear de a e b. ∎

Corolário 31.4

Para todos os inteiros a e b e qualquer inteiro não negativo n, temos

$$\text{mdc}(an, bn) = n\,\text{mdc}(a, b).$$

Prova   Se $n = 0$, o corolário é trivial. Se $n > 0$, então $\text{mdc}(an, bn)$ é o menor elemento positivo do conjunto $\{anx + bny : x, y \in \mathbb{Z}\}$, que é n vezes o menor elemento positivo do conjunto $\{ax + by : x, y \in \mathbb{Z}\}$. ∎

Corolário 31.5

Para todos os inteiros positivos n, a e b, se $n \mid ab$ e $\text{mdc}(a, n) = 1$, então $n \mid b$.

Prova   Deixamos a prova para o Exercício 31.1-5. ∎

Inteiros primos entre si

Dois inteiros a e b são **primos entre si** se seu único divisor comum é 1, isto é, se $\text{mdc}(a, b) = 1$. Por exemplo, 8 e 15 são primos entre si já que os divisores de 8 são 1, 2, 4 e 8, enquanto os divisores de 15 são 1, 3, 5 e 15. O teorema a seguir afirma que, se cada um de dois inteiros e um inteiro p são primos entre si, então seu produto e p são primos entre si.

Teorema 31.6

Para quaisquer inteiros a, b e p, temos $\text{mdc}(ab, p) = 1$ se, e somente se, $\text{mdc}(a, p) = 1$ e $\text{mdc}(b, p) = 1$ forem ambos válidos.

Prova   Se $\text{mdc}(a, p) = 1$ e $\text{mdc}(b, p) = 1$, então decorre do Teorema 31.2 que existem inteiros x, y, x' e y' tais que

$$ax + py = 1,$$
$$bx' + py' = 1.$$

Multiplicando essas equações e reorganizando, temos

$$ab(xx') + p(ybx' + y'ax + pyy') = 1.$$

Assim, visto que 1 é uma combinação linear positiva de ab e p, essa é a menor combinação linear positiva. A aplicação do Teorema 31.2 implica $\text{mdc}(ab, p) = 1$, concluindo a prova nessa direção.

Por outro lado, se $\text{mdc}(ab, p) = 1$, então o Teorema 31.2 implica a existência de inteiros x e y tais que

$$abx + py = 1.$$

Escrevendo abx como $a(bx)$ e aplicando o Teorema 31.2 novamente, provamos que $\text{mdc}(a, p) = 1$. A prova de que $\text{mdc}(b, p) = 1$ é semelhante. ∎

Os inteiros $n_1, n_2, \ldots, n_k$ serão **primos dois a dois** se tivermos $\text{mdc}(n_i, n_j) = 1$ para $1 \leq i < j \leq k$.

Fatoração única de primos

Um fato elementar mas importante sobre a divisibilidade por primos é dado a seguir.

Teorema 31.7

Para todos os primos p e todos os inteiros a, b, se $p \mid ab$, então $p \mid a$ ou $p \mid b$ (ou ambos).

Prova Suponha, por contradição, que $p \mid ab$, mas que $p \nmid a$ e $p \nmid b$. Visto que $p > 1$ e $ab = kp$ para algum $k \in \mathbb{Z}$, a Equação (31.10) indica que $\operatorname{mdc}(ab, p) = p$. Temos também que $\operatorname{mdc}(a, p) = 1$ e $\operatorname{mdc}(b, p) = 1$, já que os únicos divisores de p são 1 e p, e estamos supondo que p não divide a nem b. Então, o Teorema 31.6 implica $\operatorname{mdc}(ab, p) = 1$, contradizendo nossa hipótese de que $\operatorname{mdc}(ab, p) = p$. Essa contradição conclui a prova.   ∎

Uma consequência do Teorema 31.7 é que qualquer inteiro composto pode ser fatorado unicamente em um produto de primos. O Exercício 31.1-11 pede que você forneça uma prova.

Teorema 31.8 (Fatoração única em primos)

Há exatamente um modo de escrever qualquer inteiro composto a como um produto da forma

$$a = p_1^{e_1} p_2^{e_2} \cdots p_r^{e_r} \,,$$

em que os p_i são primos, $p_1 < p_2 < \ldots < p_r$, e os e_i são inteiros positivos.   ∎

Como exemplo, o número 6000 pode ser fatorado unicamente em primos como $2^4 \cdot 3^1 \cdot 5^3$.

Exercícios

31.1-1
Prove que, se $a > b > 0$ e $c = a + b$, então $c \bmod a = b$.

31.1-2
Prove que existe um número infinito de primos. (*Sugestão*: mostre que, nenhum dos primos $p_1, p_2, \ldots, p_k$ divide $(p_1 p_2 \ldots p_k) + 1$.)

31.1-3
Prove que, se $a \mid b$ e $b \mid c$, então $a \mid c$.

31.1-4
Prove que, se p é primo e $0 < k < p$, então $\operatorname{mdc}(k, p) = 1$.

31.1-5
Prove o Corolário 31.5.

31.1-6
Prove que, se p é primo e $0 < k < p$, então $p \mid \binom{p}{k}$. Conclua que, para todos os inteiros a, b e todos os primos p, $(a + b)^p = a^p + b^p \pmod{p}$.

31.1-7
Prove que, se a e b são quaisquer inteiros positivos tais que $a \mid b$, então

$(x \bmod b) \bmod a = x \bmod a$

para qualquer x. Prove, sob as mesmas hipóteses, que

$x = y \pmod{b}$ implica $x = y \pmod{a}$

para quaisquer inteiros x e y.

31.1-8

Para qualquer inteiro $k > 0$, dizemos que um inteiro n é uma ***k-ésima potência*** se existe um inteiro a tal que $a^k = n$. Além disso, $n > 1$ é uma ***potência não trivial*** se é uma k-ésima potência para algum inteiro $k > 1$. Mostre como determinar se determinado inteiro n de β *bits* é uma potência não trivial em tempo polinomial em β.

31.1-9

Prove as Equações (31.6)–(31.10).

31.1-10

Mostre que o operador mdc é associativo. Isto é, prove que, para todos os inteiros a, b e c, temos

mdc$(a,$ mdc$(b, c)) =$ mdc(mdc$(a, b), c)$.

★ 31.1-11

Prove o Teorema 31.8.

31.1-12

Forneça algoritmos eficientes para as operações de dividir um inteiro de β *bits* por um inteiro mais curto e de tomar o resto da divisão de um inteiro de β *bits* por um inteiro mais curto. Seus algoritmos devem ser executados no tempo $\Theta(\beta^2)$.

31.1-13

Forneça um algoritmo eficiente para converter determinado inteiro (binário) de β *bits* para representação decimal. Demonstre que, se a multiplicação ou divisão de inteiros cujo comprimento é no máximo β demorar o tempo $M(\beta)$, em que $M(\beta) = \Omega(\beta)$, então podemos converter de binário para decimal no tempo $O(M(\beta) \lg \beta)$. (*Sugestão:* use uma abordagem de divisão e conquista, obtendo as metades superior e inferior do resultado com recursões separadas.)

31.1-14

O professor Marshall dispõe n lâmpadas em fila. Todas as lâmpadas têm interruptores, de modo que, se ele apertar uma lâmpada, ela liga se estiver apagada e apaga se estiver acesa. Todas as lâmpadas começam apagadas. Para $i = 1, 2, 3, ..., n$, o professor pressiona o interruptor da lâmpada $i, 2i, 3i, ...$ Após o último interruptor, quais lâmpadas estão acesas? Prove sua resposta.

31.2   Máximo divisor comum

Nesta seção, descrevemos o algoritmo de Euclides para calcular eficientemente o máximo divisor comum de dois inteiros. Quando analisarmos o tempo de execução, veremos uma conexão surpreendente com os números de Fibonacci, que produz uma entrada do pior caso para o algoritmo de Euclides.

Nesta seção, nos limitaremos a inteiros não negativos. Essa restrição é justificada pela Equação (31.8), que declara que mdc$(a, b) =$ mdc$(|a|, |b|)$.

Em princípio, podemos calcular mdc(a, b) para inteiros positivos a e b pelos fatores primos de a e b. De fato, se

$$a = p_1^{e_1} p_2^{e_2} \cdots p_r^{e_r} \,, \tag{31.11}$$
$$b = p_1^{f_1} p_2^{f_2} \cdots p_r^{f_r} \,, \tag{31.12}$$

sendo que expoentes nulos são usados para tornar o conjunto de primos $p_1, p_2, ..., p_r$ igual para a e b, então, como o Exercício 31.2-1 pede para mostrar,

$$\text{mdc}\,(a, b) = p_1^{\min\{e_1, f_1\}} p_2^{\min\{e_2, f_2\}} \cdots p_r^{\min\{e_r, f_r\}} \,. \tag{31.13}$$

Os melhores algoritmos existentes para fatoração não são executados em tempo polinomial. Assim, parece improvável que essa abordagem para calcular o máximo divisor comum produza um algoritmo eficiente.

O algoritmo de Euclides para calcular máximos divisores comuns é baseado no teorema a seguir.

Teorema 31.9 (Teorema de recursão para o mdc)

Para qualquer inteiro não negativo a e qualquer inteiro positivo b,

$$\text{mdc}(a, b) = \text{mdc}(b, a \bmod b).$$

Prova Mostraremos que $\text{mdc}(a, b)$ e $\text{mdc}(b, a \bmod b)$ são divisíveis entre si, de modo que, pela Equação (31.5), eles devem ser iguais, visto que ambos são não negativos.

Primeiro, mostramos que $\text{mdc}(a, b) \mid \text{mdc}(b, a \bmod b)$. Se fizermos $d = \text{mdc}(a, b)$, então $d \mid a$ e $d \mid b$. Pela Equação (3.11), no Capítulo 3, $a \bmod b = a - qb$, em que $q = \lfloor a/b \rfloor$. Visto que $a \bmod b$ é uma combinação linear de a e b, a Equação (31.4) implica $d \mid (a \bmod b)$. Portanto, visto que $d \mid b$ e $d \mid (a \bmod b)$, o Corolário 31.3 implica $d \mid \text{mdc}(b, a \bmod b)$ ou, o que é equivalente,

$$\text{mdc}(a, b) \mid \text{mdc}(b, a \bmod b). \tag{31.14}$$

Mostrar que $\text{mdc}(b, a \bmod b) \mid \text{mdc}(a, b)$ é quase a mesma coisa. Se agora fizermos $d = \text{mdc}(b, a \bmod b)$, então $d \mid b$ e $d \mid (a \bmod b)$. Visto que $a = qb + (a \bmod b)$, em que $q = \lfloor a/b \rfloor$, temos que a é uma combinação linear de b e $(a \bmod b)$. Pela Equação (31.4), concluímos que $d \mid a$. Como $d \mid b$ e $d \mid a$, temos que $d \mid \text{mdc}(a, b)$ pelo Corolário 31.3, de modo que

$$\text{mdc}(b, a \bmod b) \mid \text{mdc}(a, b). \tag{31.15}$$

Usando a Equação (31.5) para combinar as Equações (31.14) e (31.15), concluímos a prova. ∎

Algoritmo de Euclides

A obra *Elementos*, de Euclides (aproximadamente 300 a.C.), descreve o algoritmo para mdc que apresentamos a seguir, embora sua origem talvez seja ainda mais remota. Expressamos o algoritmo de Euclides como um programa recursivo baseado diretamente no Teorema 31.9. As entradas a e b são inteiros não negativos quaisquer.

```
EUCLIDES(a, b)
1   se b == 0
2        return a
3   else return EUCLIDES(b, a mod b)
```

Por exemplo, considere o cálculo de $\text{mdc}(30, 21)$:

$$
\begin{aligned}
\text{EUCLIDES}(30, 21) &= \text{EUCLIDES}(21, 9) \\
&= \text{EUCLIDES}(9, 3) \\
&= \text{EUCLIDES}(3, 0) \\
&= 3.
\end{aligned}
$$

Esse cálculo chama EUCLIDES recursivamente três vezes.

A corretude de EUCLIDES decorre do Teorema 31.9 e da seguinte propriedade: se o algoritmo retorna a na linha 2, então $b = 0$, de modo que a Equação (31.9) implica $\text{mdc}(a, b) = \text{mdc}(a, 0) = a$. O algoritmo não pode executar recursões indefinidamente, já que o segundo argumento diminui estritamente em cada chamada recursiva e é sempre não negativo. Assim, EUCLIDES sempre termina com a resposta correta.

Tempo de execução do algoritmo de Euclides

Analisamos o tempo de execução do pior caso de Euclides em função do tamanho de a e b. O tempo de execução geral de Euclides é proporcional ao número de chamadas recursivas que ele faz. A análise assume que $a > b \geq 0$, isto é, o primeiro argumento é maior que o segundo argumento. Por quê? Se $b = a > 0$, então a mod $b = 0$ e o procedimento termina após uma chamada recursiva. Se $b > a \geq 0$, então o procedimento faz apenas mais uma chamada recursiva do que quando $a > b$, pois neste caso Euclides(a, b) faz imediatamente uma chamada recursiva a Euclides(b, a) e agora o primeiro argumento é maior que o segundo.

Nossa análise usa os números de Fibonacci F_k, definidos pela equação de recorrência (3.31), no Capítulo 3.

Lema 31.10

Se $a > b \geq 1$ e a chamada Euclides(a, b) executa $k \geq 1$ chamadas recursivas, então $a \geq F_{k+2}$ e $b \geq F_{k+1}$.

Prova A prova prossegue por indução com relação a k. Para a base da indução, seja $k = 1$. Então, $b \geq 1 = F_2$ e, como $a > b$, devemos ter $a \geq 2 = F_3$. Visto que $b > (a \bmod b)$, em cada chamada recursiva o primeiro argumento é estritamente maior que o segundo. Portanto, a hipótese $a > b$ é válida para cada chamada recursiva.

Suponha indutivamente que o lema vale se forem executadas $k - 1$ chamadas recursivas; então, provaremos que o lema vale para k chamadas recursivas. Visto que $k > 0$, temos $b > 0$, e Euclides(a, b) chama Euclides$(b, a \bmod b)$ recursivamente que, por sua vez, efetua $k - 1$ chamadas recursivas. Então, a hipótese de indução implica $b \geq F_{k+1}$ (provando, assim, uma parte do lema), e $a \bmod b \geq F_k$. Temos

$$b + (a \bmod b) = b + (a - b\lfloor a/b \rfloor) \quad \text{(para equação (3.11))}$$
$$\leq a,$$

visto que $a > b > 0$ implica $\lfloor a/b \rfloor \geq 1$. Assim,

$$a \geq b + (a \bmod b)$$
$$\geq F_{k+1} + F_k$$
$$= F_{k+2}.$$

     ■

O teorema a seguir é um corolário imediato desse lema.

Teorema 31.11 (Teorema de Lamé)

Para qualquer inteiro $k \geq 1$, se $a > b \geq 1$ e $b < F_{k+1}$, então a chamada Euclides(a, b) faz menos de k chamadas recursivas.

     ■

Podemos mostrar que o limite superior do Teorema 31.11 é o melhor possível mostrando que a chamada Euclides(F_{k+1}, F_k) faz exatamente $k - 1$ chamadas recursivas quando $k \geq 2$. Usamos indução com relação a k. Para o caso-base, $k = 2$, e a chamada Euclides(F_3, F_2) faz exatamente uma chamada recursiva, a Euclides$(1, 0)$. (Temos de começar em $k = 2$ porque, quando $k = 1$, não temos $F_2 > F_1$.) Para o passo de indução, suponha que Euclides(F_k, F_{k-1}) faz exatamente $k - 2$ chamadas recursivas. Para $k > 2$, temos $F_k > F_{k-1} > 0$ e $F_{k+1} = F_k + F_{k-1}$, e, assim, pelo Exercício 31.1-1, temos $F_{k+1} \bmod F_k = F_{k-1}$. Como Euclides$(a, b)$ chama Euclides$(b, a \bmod b)$ quando $b > 0$, a chamada Euclides(F_{k+1}, F_k) executa uma recursão a mais que a chamada Euclides(F_k, F_{k-1}), ou exatamente $k - 1$ vezes, atingindo o limite superior dado pelo Teorema 31.11.

Visto que F_k é aproximadamente $\phi^k/\sqrt{5}$, em que ϕ é a razão áurea $(1 + \sqrt{5})/2$ definida pela Equação (3.32) no Capítulo 3, o número de chamadas recursivas em Euclides é $O(\lg b)$. (Ver limite mais preciso no Exercício 31.2-5.) Portanto, se chamarmos Euclides para dois números de β *bits*, então o procedimento executa $O(\beta)$ operações aritméticas e $O(\beta^3)$ operações de *bits* (supondo que multiplicação e divisão de números de β *bits* demorem $O(\beta^2)$ operações com *bits*). O Problema 31-2 pede que você mostre um limite $O(\beta^2)$ para o número de operações com *bits*.

Forma estendida do algoritmo de Euclides

Ao reescrevermos o algoritmo de Euclides, podemos ganhar informações adicionais úteis. Especificamente, estendemos o algoritmo para calcular os coeficientes inteiros x e y tais que

$$d = \text{mdc}(a, b) = ax + by \tag{31.16}$$

observando que tanto x como y ou ambos podem ser zeros ou negativos. Esses coeficientes serão úteis mais adiante para calcular inversos multiplicativos modulares. O procedimento EUCLIDES-ESTENDIDO toma como entrada um par de inteiros não negativos e retorna uma tripla da forma (d, x, y) que satisfaz à Equação (31.16). Como exemplo, a Figura 31.1 ilustra a chamada EUCLIDES-ESTENDIDO(99, 78).

EUCLIDES-ESTENDIDO(a, b)
1   **if** $b == 0$
2   **return** $(a, 1, 0)$
3   **else** $(d', x', y') = $ EUCLIDES-ESTENDIDO(b, a mod b)
4       $(d, x, y) = (d', y', x' - \lfloor a/b \rfloor y')$
5   **return** (d, x, y)

O procedimento EUCLIDES-ESTENDIDO é uma variação do procedimento EUCLIDES. A linha 1 é equivalente ao teste "$b == 0$" na linha 1 de EUCLIDES. Se $b = 0$, então EUCLIDES-ESTENDIDO retorna não somente $d = a$ na linha 2, mas também os coeficientes $x = 1$ e $y = 0$, de modo que $a = ax + by$. Se $b \neq 0$, EUCLIDES-ESTENDIDO primeiro calcula (d', x', y') tal que $d' = \text{mdc}(b, a \text{ mod } b)$ e

$$d' = bx' + (a \text{ mod } b)y' . \tag{31.17}$$

Como em EUCLIDES, temos nesse caso $d = \text{mdc}(a, b) = d' = \text{mdc}(b, a \text{ mod } b)$. Para obtermos x e y tais que $d = ax + by$, começamos reescrevendo a Equação (31.17), usando $d = d'$ e usando a Equação (3.11):

$d = d'$ e usando a Equação (3.11):

$$\begin{aligned} d &= bx' + (a - b\lfloor a/b \rfloor)y' \\ &= ay' + b(x' - \lfloor a/b \rfloor y') . \end{aligned}$$

Assim, escolher $x = y'$ e $y = x' - \lfloor a/b \rfloor y'$ satisfaz à equação $d = ax + by$, provando a corretude de EUCLIDES-ESTENDIDO.

Visto que o número de chamadas recursivas feitas em EUCLIDES é igual ao número de chamadas recursivas feitas em EUCLIDES-ESTENDIDO, os tempos de execução de EUCLIDES e EUCLIDES-ESTENDIDO são iguais, dentro de um fator constante. Isto é, para $a > b > 0$, o número de chamadas recursivas é $O(\lg b)$.

a	b	$\lfloor a/b \rfloor$	d	x	y
99	78	1	3	−11	14
78	21	3	3	3	−11
21	15	1	3	−2	3
15	6	2	3	1	−2
6	3	2	3	0	1
3	0	—	3	1	0

Figura 31.1 Cálculo de mdc(99, 78) por EUCLIDES-ESTENDIDO. Cada linha mostra um nível da recursão: os valores das entradas a e b, o valor calculado $\lfloor a/b \rfloor$ e os valores d, x e y retornados. A tripla (d, x, y) retornada se torna a tripla (d', x', y') usada no cálculo do próximo nível mais alto de recursão. A chamada EUCLIDES-ESTENDIDO(99, 78) retorna (3, –11, 14) e, assim, mdc(99, 78) = 3 = 99 · (–11) + 78 · 14.

Exercícios

31.2-1
Prove que as Equações (31.11) e (31.12) implicam a Equação (31.13).

31.2-2
Calcule os valores (d, x, y) que a chamada EUCLIDES-ESTENDIDO(899, 493) retorna.

31.2-3
Prove que, para todos os inteiros a, k e n,

$$\text{mdc}(a, n) = \text{mdc}(a + kn, n). \tag{31.18}$$

Use a Equação (31.18) para mostrar que $a = 1 \pmod{n}$ implica $\text{mdc}(a, n) = 1$.

31.2-4
Reescreva EUCLIDES em uma forma iterativa que use somente uma quantidade constante de memória (isto é, armazene apenas um número constante de valores inteiros).

31.2-5
Se $a > b \geq 0$, mostre que a chamada EUCLIDES(a, b) faz no máximo $1 + \log_\phi b$ chamadas recursivas. Melhore esse limite para $1 + \log_\phi (b/\text{mdc}(a, b))$.

31.2-6
O que EUCLIDES-ESTENDIDO(F_{k+1}, F_k) retorna? Prove que sua resposta está correta.

31.2-7
Defina a função mdc para mais de dois argumentos pela equação recursiva $\text{mdc}(a_0, a_1, ..., a_n) = \text{mdc}(a_0, \text{mdc}(a_1, a_2, ..., a_n))$. Mostre que a função mdc retorna a mesma resposta, independentemente da ordem na qual seus argumentos são especificados. Mostre também como determinar inteiros $x_0, x_1, ..., x_n$ tais que $\text{mdc}(a_0, a_1, ..., a_n) = a_0 x_0, + a_1 x_1, ..., + a_n x_n$. Mostre que o número de divisões executadas por seu algoritmo é $O(n + \lg(\max \{a_0, a_1, ..., a_n\}))$.

31.2-8
Defina $\text{mmc}(a_1, a_2, ..., a_n)$ como o **mínimo múltiplo comum** dos inteiros $a_1, a_2, ..., a_n$, isto é, o menor inteiro não negativo que é um múltiplo de cada a_i. Mostre como calcular $\text{mmc}(a_1, a_2, ..., a_n)$ eficientemente usando a operação mdc (de dois argumentos) como uma sub-rotina.

31.2-9
Prove que n_1, n_2, n_3 e n_4 são primos dois a dois se, e somente se,

$$\text{mdc}(n_1 n_2, n_3, n_4) = \text{mdc}(n_1 n_3, n_2 n_4) = 1.$$

De modo mais geral, mostre que n_1, n_2, ..., n_k são primos entre si aos pares se, e somente se, um conjunto de $\lceil \lg k \rceil$ pares de números derivados de n_i são primos entre si.

31.3 Aritmética modular

Informalmente, podemos entender a aritmética modular como a aritmética usual com inteiros, exceto que, se estamos trabalhando módulo n, todo resultado x é substituído pelo elemento de $\{0, 1, ..., n - 1\}$, que é equivalente a x, módulo n (isto é, x é substituído por x mod n). Esse modelo informal será suficiente se nos limitarmos às operações de adição, subtração e multiplicação. Um modelo mais formal para aritmética modular, que damos agora, é mais bem descrito dentro da estrutura da teoria de grupos.

Grupos finitos

Um **grupo** $(S, \oplus)$ é um conjunto S aliado a uma operação binária $\oplus$ definida em S para a qual são válidas as seguintes propriedades:

1. **Fechamento:** para todo $a, b \in S$, temos $a \oplus b \in S$.
2. **Identidade:** existe um elemento $e \in S$, denominado **identidade** do grupo, tal que $e \oplus a = a \oplus e = a$ para todo $a \in S$.
3. **Associatividade:** para todo $a, b, c \in S$, temos $(a \oplus b) \oplus c = a \oplus (b \oplus c)$.
4. **Inversos:** para cada $a \in S$, existe um elemento único $b \in S$, denominado **inverso** de a, tal que $a \oplus b = b \oplus a = e$.

Como exemplo, considere o conhecido grupo $(\mathbb{Z}, +)$ dos inteiros $\mathbb{Z}$ na operação de adição: 0 é a identidade, e o inverso de a é $-a$. Um **grupo abeliano** $(S, \oplus)$ satisfaz à **lei comutativa** $a \oplus b = b \oplus a$ para todo $a, b \in S$. O **tamanho** do grupo $(S, \oplus)$ é $|S|$, e se $|S| < \infty$, então $(S, \oplus)$ é um **grupo finito**.

Grupos definidos por adição e multiplicação modulares

Podemos formar dois grupos abelianos finitos usando adição e multiplicação módulo n, em que n é um inteiro positivo. Esses grupos são baseados nas classes de equivalência dos inteiros módulo n, mostradas na Seção 31.1.

Para definir um grupo em $\mathbb{Z}_n$, precisamos ter operações binárias adequadas, que obtemos redefinindo as operações comuns de adição e multiplicação. É fácil definir operações de adição e multiplicação para $\mathbb{Z}_n$ porque a classe de equivalência de dois inteiros determina unicamente a classe de equivalência de sua soma ou produto. Isto é, se $a = a' \pmod{n}$ e $b = b' \pmod{n}$, então

$$a + b = a' + b' \pmod{n},$$
$$ab = a'b' \pmod{n}.$$

Assim, definimos adição e multiplicação módulo n, denotadas $+_n$ e $\cdot_n$, por:

$$[a]_n +_n [b]_n = [a + b]_n,$$
$$[a]_n \cdot_n [b]_n = [ab]_n. \tag{31.19}$$

(Podemos definir, de modo semelhante, a subtração em $\mathbb{Z}_n$ por $[a]_n -_n [b]_n = [a - b]_n$, mas a divisão é mais complicada, como veremos.) Esses fatos justificam a prática comum e conveniente de usar o menor elemento não negativo de cada classe de equivalência como seu representante ao executar cálculos em $\mathbb{Z}_n$. Somamos, subtraímos e multiplicamos como sempre, usando os representantes, mas substituímos cada resultado x pelo representante de sua classe, isto é, por $x \bmod n$.

Usando essa definição de adição módulo n, definimos o **grupo aditivo módulo n** como $(\mathbb{Z}_n, +_n)$. O tamanho do grupo aditivo módulo n é $|\mathbb{Z}_n| = n$. A Figura 31.2(a) apresenta a tabela de operação para o grupo $(\mathbb{Z}_6, +_6)$.

$+_6$	0	1	2	3	4	5
0	0	1	2	3	4	5
1	1	2	3	4	5	0
2	2	3	4	5	0	1
3	3	4	5	0	1	2
4	4	5	0	1	2	3
5	5	0	1	2	3	4

$\cdot_{15}$	1	2	4	7	8	11	13	14
1	1	2	4	7	8	11	13	14
2	2	4	8	14	1	7	11	13
4	4	8	1	13	2	14	7	11
7	7	14	13	4	11	2	1	8
8	8	1	2	11	4	13	14	7
11	11	7	14	2	13	1	8	4
13	13	11	7	1	14	8	4	2
14	14	13	11	8	7	4	2	1

(a)   (b)

Figura 31.2 Dois grupos finitos. As classes de equivalência são indicadas por seus elementos representantes. (**a**) O grupo $(\mathbb{Z}_6, +_6)$. (**b**) O grupo $(\mathbb{Z}_{15}^*, \cdot_{15})$.

Teorema 31.12

O sistema $(\mathbb{Z}_n, +_n)$ é um grupo abeliano finito.

Prova A Equação (31.19) mostra que $(\mathbb{Z}_n, +_n)$ é fechado. A associatividade e a comutatividade de $+_n$ decorrem da associatividade e da comutatividade de $+$:

$$
\begin{aligned}
([a]_n +_n [b]_n) +_n [c]_n &= [a+b]_n +_n [c]_n \\
&= [(a+b)+c]_n \\
&= [a+(b+c)]_n \\
&= [a]_n +_n [b+c]_n \\
&= [a]_n +_n ([b]_n +_n [c]_n) ,
\end{aligned}
$$

$$
\begin{aligned}
[a]_n +_n [b]_n &= [a+b]_n \\
&= [b+a]_n \\
&= [b]_n +_n [a]_n .
\end{aligned}
$$

O elemento identidade de $(\mathbb{Z}_n, +_n)$ é 0 (isto é, $[0]_n$). O inverso (aditivo) de um elemento a (isto é, de $[a]_n$) é o elemento $-a$ (isto é, $[-a]_n$ ou $[n-a]_n$), visto que $[a]_n +_n [-a]_n = [a-a]_n = [0]_n$. ∎

Usando a definição de multiplicação módulo n, definimos o **grupo multiplicativo módulo n** como $(\mathbb{Z}_n^*, \cdot_n)$. Os elementos desse grupo são o conjunto $\mathbb{Z}_n^*$ de elementos em $\mathbb{Z}_n$ que são primos entre si com n, de modo que cada um tenha um inverso único, módulo n:

$$\mathbb{Z}_n^* = \{[a]_n \in \mathbb{Z}_n : \mathrm{mdc}(a, n) = 1\} .$$

Para ver que $\mathbb{Z}_n^*$ é bem definido, observe que, para $0 \leq a < n$, temos $a = (a + kn) \pmod{n}$ para todos os inteiros k. Então, pelo Exercício 31.2-3, $\mathrm{mdc}(a, n) = 1$ implica $\mathrm{mdc}(a + kn, n) = 1$ para todos os inteiros k. Visto que $[a]_n = \{a + kn : k \in \mathbb{Z}\}$, o conjunto $\mathbb{Z}_n^*$ é bem definido. Um exemplo de tal grupo é

$$\mathbb{Z}_{15}^* = \{1, 2, 4, 7, 8, 11, 13, 14\} ,$$

em que a operação de grupo é multiplicação módulo 15. (Aqui, indicamos um elemento $[a]_{15}$ por a; assim, por exemplo, indicamos $[7]_{15}$ por 7.) A Figura 31.2(b) mostra o grupo $(\mathbb{Z}_{15}^*, \cdot_{15})$. Por exemplo, $8 \cdot 11 = 13 \pmod{15}$, trabalhando com $\mathbb{Z}_{15}^*$. A identidade para esse grupo é 1.

Teorema 31.13

O sistema $(\mathbb{Z}_n^*, \cdot_n)$ é um grupo abeliano finito.

Prova O Teorema 31.6 significa que $(\mathbb{Z}_n^*, \cdot_n)$ é fechado. Associatividade e comutatividade podem ser provadas para $\cdot_n$ como foram para $+_n$ na prova do Teorema 31.12. O elemento identidade é $[1]_n$. Para mostrar a existência de inversos, seja a um elemento de $(\mathbb{Z}_n^*)$, e seja (d, x, y) retornado por EUCLIDES-ESTENDIDO(a, n). Então, temos $d = 1$, já que $a \in \mathbb{Z}_n^*$, e

$$ax + ny = 1 ; \tag{31.20}$$

ou, o que é equivalente,

$$ax = 1 \pmod{n}.$$

Assim, $[x]_n$ é um inverso multiplicativo de $[a]_n$, módulo n. Além disso, afirmamos que $[x]_n \in \mathbb{Z}_n^*$. Para vermos o porquê, a Equação (31.20) demonstra que a menor combinação linear positiva de x e n deve ser 1. Portanto, o Teorema 31.2 implica $\mathrm{mdc}(x, n) = 1$. Adiamos para o Corolário 31.26, na Seção 31.4, a prova de que inversos são unicamente definidos. ∎

Como exemplo do cálculo de inversos multiplicativos, suponha que $a = 5$ e $n = 11$. Então, EUCLIDES-ESTENDIDO(a, n) retorna $(d, x, y) = (1, -2, 1)$, de modo que $1 = 5 \cdot (-2) + 11 \cdot 1$. Assim, $[-2]_{11}$ (isto é, $[9]_{11}$) é o inverso multiplicativo de $[5]_{11}$.

Quando trabalharmos com os grupos $(\mathbb{Z}_n, +_n)$ e $(\mathbb{Z}_n^*, \cdot_n)$ no restante deste capítulo, seguiremos a prática conveniente de indicar classes de equivalência por seus elementos representantes e indicar as operações $+_n$ e $\cdot_n$ pelas notações aritméticas usuais $+$ e $\cdot$ (ou justaposição, de modo que $ab = a \cdot b$), respectivamente. Além disso, equivalências módulo n também podem ser interpretadas como equações em $\mathbb{Z}_n$. Por exemplo, as duas declarações a seguir são equivalentes:

$$ax = b \ (\text{mod } n)$$

e

$$[a]_n \cdot_n [x]_n = [b]_n.$$

Como conveniência adicional, por vezes, nos referimos a um grupo $(S, \oplus)$ somente como S quando a operação é entendida pelo contexto. Assim, podemos nos referir aos grupos $(\mathbb{Z}_n, +_n)$ e $(\mathbb{Z}_n^*, \cdot_n)$ como apenas $\mathbb{Z}_n$ e $\mathbb{Z}_n^*$, respectivamente.

Indicamos o inverso (multiplicativo) de um elemento a por $(a^{-1} \bmod n)$. Divisão em $\mathbb{Z}_n^*$ é definida pela equação $a / b = ab^{-1}$. Por exemplo, em $\mathbb{Z}_{15}^*$ temos que $7^{-1} = 13 \ (\text{mod } 15)$, visto que $7 \cdot 13 = 91 = 1 \ (\text{mod } 15)$, de modo que $2/7 = 2 \cdot 13 = 11 \ (\text{mod } 15)$.

O tamanho de $\mathbb{Z}_n^*$ é indicado por $\phi(n)$. Essa função, conhecida como **função fi de Euler**, satisfaz à equação

$$\phi(n) = n \prod_{p \text{ primo tal que } p \,|\, n} \left(1 - \frac{1}{p}\right), \tag{31.21}$$

de modo que p percorre todos os primos que dividem n (inclusive o próprio n, se n é primo). Não provaremos essa fórmula aqui. Intuitivamente, começamos com uma lista dos n restos $\{0, 1, ..., n-1\}$ e depois, para cada primo p que divide n, cancelamos todos os múltiplos de p na lista. Por exemplo, como os divisores primos de 45 são 3 e 5,

$$\begin{aligned} \phi(45) &= 45 \left(1 - \frac{1}{3}\right) \left(1 - \frac{1}{5}\right) \\ &= 45 \left(\frac{2}{3}\right) \left(\frac{4}{5}\right) \\ &= 24. \end{aligned}$$

Se p é primo, então $\mathbb{Z}_p^* = \{1, 2, ..., p-1\}$ e

$$\begin{aligned} \phi(p) &= p \left(1 - \frac{1}{p}\right) \\ &= p - 1. \end{aligned} \tag{31.22}$$

Se n é composto, então $\phi(n) < n - 1$, mas pode-se mostrar que

$$\phi(n) > \frac{n}{e^\gamma \ln \ln n + 3/\ln \ln n} \tag{31.23}$$

para $n \geq 3$, em que $= 0{,}5772156649...$ é a **constante de Euler**. Um limite inferior pouco mais simples (porém, mais relaxado) para $n > 5$ é

$$\phi(n) > \frac{n}{6 \ln \ln n}. \tag{31.24}$$

O limite inferior (31.23) é basicamente o melhor possível, visto que

$$\liminf_{n \to \infty} \frac{\phi(n)}{n / \ln \ln n} = e^{-\gamma}. \tag{31.25}$$

Subgrupos

Se $(S, \oplus)$ é um grupo, $S' \subseteq S$ e $(S', \oplus)$ também é um grupo, então $(S', \oplus)$ é um **subgrupo** de $(S, \oplus)$. Por exemplo, os inteiros pares formam um subgrupo dos inteiros para a operação de adição. O teorema a seguir, cuja prova deixamos para o Exercício 31.3-3, oferece uma ferramenta útil para reconhecer subgrupos.

Teorema 31.14 (Um subconjunto fechado não vazio de um grupo finito é um subgrupo)

Se $(S, \oplus)$ é um grupo finito e S' é qualquer subconjunto não vazio de S tal que $a \oplus b \in S'$ para todo $a, b \in S'$, então $(S', \oplus)$ é um subgrupo de $(S, \oplus)$.   ∎

Por exemplo, o conjunto $\{0, 2, 4, 6\}$ forma um subgrupo de $\mathbb{Z}_8$, já que é não vazio e fechado pela operação $+$ (ou seja, é fechado para $+_8$).

O teorema a seguir dá uma restrição extremamente útil para o tamanho de um subgrupo; omitimos a prova.

Teorema 31.15 (Teorema de Lagrange)

Se $(S, \oplus)$ é um grupo finito e $(S', \oplus)$ é um subgrupo de $(S, \oplus)$, então $|S'|$ é um divisor de $|S|$.   ∎

Subgrupo S' de um grupo S é um subgrupo **próprio** se $S' \neq S$. Usamos o corolário a seguir na análise que fazemos na Seção 31.8 do procedimento de teste de primalidade de Miller-Rabin.

Corolário 31.16

Se S' é um subgrupo próprio de um grupo finito S, então $|S'| \leq |S|/2$.   ∎

Subgrupos gerados por um elemento

O Teorema 31.14 nos dá um modo fácil para produzir um subgrupo de um grupo finito $(S, \oplus)$: escolha um elemento a e tome todos os elementos que possam ser gerados de a usando a operação de grupo. Especificamente, defina $a^{(k)}$ para $k \geq 1$ por

$$a^{(k)} = \bigoplus_{i=1}^{k} a = \underbrace{a \oplus a \oplus \cdots \oplus a}_{k} \ .$$

Por exemplo, se tomarmos $a = 2$ no grupo $\mathbb{Z}_6$, produzimos a sequência

$$a^{(1)}, a^{(2)}, a^{(3)}, \ldots = 2, 4, 0, 2, 4, 0, 2, 4, 0, \ldots \ .$$

No grupo $\mathbb{Z}_n$, temos $a^{(k)} = ka \bmod n$, e no grupo $\mathbb{Z}_n^*$, temos $a^{(k)} = a^k \bmod n$. Definimos o **subgrupo gerado por** a, indicado por $\langle a \rangle$ ou $(\langle a \rangle, \oplus)$, por

$$\langle a \rangle = \left\{ a^{(k)} : k \geq 1 \right\} \ .$$

Dizemos que a **gera** o subgrupo $\langle a \rangle$, ou que a é um **gerador** de $\langle a \rangle$. Visto que S é finito, $\langle a \rangle$ é um subconjunto finito de S, possivelmente incluindo todo o conjunto S. Como a associatividade de $\oplus$ implica

$$a^{(i)} \oplus a^{(j)} = a^{(i+j)} \ ,$$

$\langle a \rangle$ é fechado e, portanto, pelo Teorema 31.14, $\langle a \rangle$ é um subgrupo de S. Por exemplo, em $\mathbb{Z}_6$, temos

$$\langle 0 \rangle = \{0\} \ ,$$
$$\langle 1 \rangle = \{0, 1, 2, 3, 4, 5\} \ ,$$
$$\langle 2 \rangle = \{0, 2, 4\} \ .$$

De modo semelhante, em $\mathbb{Z}_7^*$, temos

$$\langle 1 \rangle = \{1\} \ ,$$
$$\langle 2 \rangle = \{1, 2, 4\} \ ,$$
$$\langle 3 \rangle = \{1, 2, 3, 4, 5, 6\} \ .$$

A **ordem** de a (no grupo S), indicada por $\mathrm{ord}(a)$, é definida como o menor inteiro positivo t tal que $a^{(t)} = e$. (Lembre-se de que $e \in S$ é a identidade do grupo.)

Teorema 31.17

Para qualquer grupo finito $(S, \oplus)$ e qualquer $a \in S$, a ordem de a é igual ao tamanho do subgrupo que ele gera, ou $\mathrm{ord}(a) = |\langle a \rangle|$.

Prova Seja $t = \mathrm{ord}(a)$. Visto que $a^{(t)} = e$ e $a^{(t+k)} = a^{(t)} \oplus a^{(k)} = a^{(k)}$ para $k \geq 1$, se $i > t$, então $a^{(i)} = a^{(j)}$ para algum $j < i$. Assim, à medida que geramos elementos por a, não vemos nenhum elemento depois de $a^{(t)}$. Portanto, $\langle a \rangle = \{a^{(1)}, a^{(2)}, ..., a^{(t)}\}$ e $|\langle a \rangle| \leq t$. Para mostrarmos que $|\langle a \rangle| \geq t$, mostramos que cada elemento da sequência $a^{(1)}, a^{(2)}, ..., a^{(t)}$ é distinto. Suponha, por contradição, que $a^{(i)} = a^{(j)}$ para algum i e j que satisfaçam $1 \leq i < j \leq t$. Então, $a^{(i+k)} = a^{(j+k)}$ para $k \geq 0$. Mas essa equação implica $a^{(i+(t-j))} = a^{(j+(t-j))} = e$, uma contradição, já que $i + (t-j) < t$, mas t é o menor valor positivo tal que $a^{(t)} = e$. Portanto, cada elemento da sequência $a^{(1)}, a^{(2)}, ..., a^{(t)}$ é distinto, e $|\langle a \rangle| \geq t$. Concluímos que $\mathrm{ord}(a) = |\langle a \rangle|$. ∎

Corolário 31.18

A sequência $a^{(1)}, a^{(2)}, ...$ é periódica com período $t = \mathrm{ord}(a)$; isto é, $a^{(i)} = a^{(j)}$ se, e somente se, $i = j \ (\mathrm{mod}\ t)$. ∎

Consistente com este corolário, definimos $a^{(0)}$ como e e $a^{(i)}$ como $a^{(i \bmod t)}$, em que $t = \mathrm{ord}(a)$, para todos os inteiros i.

Corolário 31.19

Se $(S, \oplus)$ é um grupo finito com identidade e, então para todo $a \in S$,

$$a^{(|S|)} = e .$$

Prova O Teorema de Lagrange (Teorema 31.15) implica $\mathrm{ord}(a) \mid |S|$, e portanto, $|S| = 0 \ (\mathrm{mod}\ t)$, em que $t = \mathrm{ord}(a)$. Então, $a^{(|S|)} = a^{(0)} = e$. ∎

Exercícios

31.3-1
Desenhe as tabelas de operação de grupo para os grupos $(\mathbb{Z}_4, +_4)$ e $(\mathbb{Z}_5^*, \cdot_5)$. Mostre que esses grupos são isomorfos, exibindo uma correspondência de um para um f entre $\mathbb{Z}_4$ e $\mathbb{Z}_5^*$, tal que $a + b = c \ (\mathrm{mod}\ 4)$ se, e somente se, $f(a) \cdot f(b) = f(c) \ (\mathrm{mod}\ 5)$.

31.3-2
Organize uma lista com todos os subgrupos de $\mathbb{Z}_9$ e de $\mathbb{Z}_{13}^*$.

31.3-3
Prove o Teorema 31.14.

31.3-4
Mostre que, se p é primo e e é um inteiro positivo, então

$$\phi(p^e) = p^{e-1}(p - 1) .$$

31.3-5
Mostre que, para qualquer inteiro $n > 1$ e para qualquer $a \in \mathbb{Z}_n^*$, a função $f_a: \mathbb{Z}_n^* \to \mathbb{Z}_n^*$ definida por $f_a(x) = ax \bmod n$ é uma permutação de $\mathbb{Z}_n^*$.

31.4   Solução de equações lineares modulares

Agora, consideramos o problema de encontrar soluções para a equação

$$ax = b \ (\text{mod } n) \tag{31.26}$$

em que $a > 0$ e $n > 0$. Esse problema tem várias aplicações. Por exemplo, nós o usaremos como parte do procedimento para determinar chaves no sistema de criptografia de chave pública RSA, na Seção 31.7. Supomos que a, b e n são dados, e desejamos determinar todos os valores de x, módulo n, que satisfazem à Equação (31.26). A equação pode ter zero, uma ou mais de uma solução como essa.

Seja $\langle a \rangle$ o subgrupo de $\mathbb{Z}_n$ gerado por a. Visto que $\langle a \rangle = \{a^{(x)} : x > 0\} = \{ax \bmod n : x > 0\}$, a Equação (31.26) tem solução se, e somente se, $[b] \in \langle a \rangle$. O Teorema de Lagrange (Teorema 31.15) afirma que $|\langle a \rangle|$ deve ser um divisor de n. O teorema a seguir nos dá uma caracterização precisa de $\langle a \rangle$.

Teorema 31.20

Para quaisquer inteiros positivos a e n, se $d = \text{mdc}(a, n)$, então

$$\langle a \rangle = \langle d \rangle$$
$$= \{0, d, 2d, \dots, ((n/d) - 1)d\}$$

em $\mathbb{Z}_n$ e, assim,

$$|\langle a \rangle| = n/d \ .$$

Prova   Começamos mostrando que $d \in \langle a \rangle$. Lembre-se de que EUCLIDES-ESTENDIDO(a, n) retorna uma tripla (d, x, y) tal que $ax + ny = d$. Assim, $ax = d \ (\text{mod } n)$, de modo que $d \in \langle a \rangle$. Em outras palavras, d é múltiplo de a em $\mathbb{Z}_n$.

Visto que $d \in \langle a \rangle$, decorre que todo múltiplo de d pertence a $\langle a \rangle$, porque qualquer múltiplo de um múltiplo de a é ele próprio um múltiplo de a. Portanto, $\langle a \rangle$ contém todos os elementos em $\{0, d, 2d, \dots, ((n/d) - 1)d\}$. Isto é, $\langle d \rangle \subseteq \langle a \rangle$.

Agora, mostramos que $\langle a \rangle \subseteq \langle d \rangle$. Se $m \in \langle a \rangle$, então $m = ax \bmod n$ para algum inteiro x, e portanto, $m = ax + ny$ para algum inteiro y. Visto que $d = \text{mdc}(a, n)$, sabemos que $d \mid a$ e $d \mid n$, e assim, $d \mid m$ pela Equação (31.4). Portanto, $m \in \langle d \rangle$.

Combinando esses resultados, temos que $\langle a \rangle = \langle d \rangle$. Para ver que $|\langle a \rangle| = n/d$, observe que há exatamente n/d múltiplos de d entre 0 e $n - 1$, inclusive.   ∎

Corolário 31.21

A equação $ax = b \ (\text{mod } n)$ pode ser resolvida para a incógnita x se, e somente se, $d \mid b$, em que $d = \text{mdc}(a, n)$.

Prova   A equação $ax = b \ (\text{mod } n)$ pode ser resolvida se, e somente se, $[b] \in \langle a \rangle$, que é o mesmo que dizer

$$(b \bmod n) \in \{0, d, 2d, \dots, ((n/d) - 1)d\},$$

pelo Teorema 31.20. Se $0 \le b < n$, então $b \in \langle a \rangle$ se, e somente se, $d \mid b$, visto que os membros de $\langle a \rangle$ são exatamente os múltiplos de d. Se $b < 0$ ou $b \ge n$, então o corolário decorre da observação de que $d \mid b$ se, e somente se, $d \mid (b \bmod n)$, já que a diferença entre b e $b \bmod n$ é um múltiplo de n, que é, ele próprio, um múltiplo de d.   ∎

Corolário 31.22

A equação $ax = b \ (\text{mod } n)$ tem d soluções distintas módulo n, em que $d = \text{mdc}(a, n)$ ou não tem nenhuma solução.

Prova   Se $ax = b \ (\text{mod } n)$ tem uma solução, então $b \in \langle a \rangle$. Pelo Teorema 31.17, $\text{ord}(a) = |\langle a \rangle|$ e, assim, o Corolário 31.18 e o Teorema 31.20 indicam que a sequência $ai \bmod n$, para $i = 0, 1, \dots$ é periódica com período $|\langle a \rangle| = n/d$. Se $b \in \langle a \rangle$, então b aparece exatamente d vezes na sequência $ai \bmod n$, para $i = 0, 1, \dots, n - 1$, já que o bloco de valores $\langle a \rangle$ de comprimento (n/d) é repetido exatamente d vezes à medida que i cresce de 0 a $n - 1$. Os índices x das d posições para as quais $ax = \bmod\ n = b$ são as soluções da equação $ax = b \pmod{n}$. ∎

Teorema 31.23

Seja $d = \mathrm{mdc}(a, n)$ e suponha que $d = ax' + ny'$ para alguns inteiros x' e y' (por exemplo, como calculado por EUCLIDES-ESTENDIDO). Se $d \mid b$, então a equação $ax = b \pmod{n}$ tem como uma de suas soluções o valor x_0, em que

$$x_0 = x'(b/d) \bmod n.$$

Prova Temos

$$
\begin{aligned}
ax_0 &= ax'(b/d) \quad (\bmod\ n) \\
&= d(b/d) \quad (\bmod\ n) \quad (\text{porque } ax' = d \,(\bmod\ n)) \\
&= b \quad\quad\ (\bmod\ n)
\end{aligned}
$$

e, assim, x_0 é uma solução para $ax = b \pmod{n}$. ∎

Teorema 31.24

Suponha que a equação $ax = b \pmod{n}$ tenha solução (isto é, $d \mid b$, em que $d = \mathrm{mdc}(a, n)$), e que x_0 seja alguma solução para essa equação. Então, essa equação tem exatamente d soluções distintas, módulo n, dadas por $x_i = x_0 + i(n/d)$ para $i = 0, 1, ..., d - 1$.

Prova Como $n/d > 0$ e $0 \le i(n/d) < n$ para $i = 0, 1, ..., d - 1$, os valores $x_0, x_1, ..., x_{d-1}$ são todos distintos, módulo n. Como x_0 é uma solução de $ax = b \pmod{n}$, temos $ax_0 \bmod n = b \pmod{n}$. Assim, para $i = 0, 1, ..., d - 1$, temos

$$
\begin{aligned}
ax_i \bmod n &= a(x_0 + in/d) \bmod n \\
&= (ax_0 + ain/d) \bmod n \\
&= ax_0 \bmod n \quad (\text{porque } d \mid a \text{ significa que } ain/d \text{ é múltiplo de } n) \\
&= b \quad (\bmod\ n)\,,
\end{aligned}
$$

e, por consequência, $ax_i = b \pmod{n}$, o que faz de x_i uma solução também. Pelo Corolário 31.22, a equação a $ax = b \pmod{n}$ tem exatamente d soluções, de modo que $x_0, x_1, ..., x_{d-1}$ devem ser todas elas. ∎

Agora, desenvolvemos a matemática necessária para resolver a equação $ax = b \pmod{n}$. O procedimento RESOLVE-EQUAÇÃO-LINEAR-MODULAR imprime todas as soluções para essa equação. As entradas a e n são inteiros positivos quaisquer, e b é um inteiro qualquer.

```
RESOLVE-EQUAÇÃO-LINEAR-MODULAR(a, b, n)
1   (d, x', y') = EUCLIDES-ESTENDIDO(a, n)
2   if d | b
3       x_0 = x'(b/d) mod n
4       for i = 0 to d - 1
5           imprimir (x_0 + i(n/d)) mod n
6   else imprimir "nenhuma solução"
```

Como exemplo da operação de RESOLVE-EQUAÇÃO-LINEAR-MODULAR, considere a equação $14x = 30 \pmod{100}$ (aqui, $a = 14$, $b = 30$ e $n = 100$). Chamando EUCLIDES-ESTENDIDO na linha 1, obtemos $(d, x', y') = (2, -7, 1)$. Como $2 \mid 30$, as linhas 3–5 são executadas. A linha 3 calcula $x_0 = (-7)(15) \bmod 100 = 95$. O laço **for** nas linhas 4–5 imprime as duas soluções: 95 e 45.

O procedimento Resolve-Equação-Linear-Modular funciona da seguinte maneira. A chamada a Euclides-Estendido na linha 1 retorna a tripla (d, x', y'), tal que $d = \mathrm{mdc}(a, n)$ e $d = ax' + ny'$. Portanto, x' é uma solução para a equação $ax' = d \pmod{n}$. Se d não divide b, então a equação $ax = b \pmod{n}$ não tem nenhuma solução, pelo Corolário 31.21. A linha 2 verifica se $d \mid b$; se não, a linha 6 informa que não existe nenhuma solução. Caso contrário, a linha 3 calcula uma solução x_0 para $ax = b \pmod{n}$, conforme o Teorema 31.23 sugere. Dada uma solução, o Teorema 31.24 informa que somar múltiplos de (n/d), módulo n, produz as outras $d - 1$ soluções. O laço **for** das linhas 4–5 imprime todas as d soluções, começando com x_0 e espaçadas entre si por (n/d), módulo n.

Resolve-Equação-Linear-Modular executa $O(\lg n + \mathrm{mdc}(a, n))$ operações aritméticas, já que Euclides-Estendido executa $O(\lg n)$ operações aritméticas, e cada iteração do laço **for** das linhas 4–5 executa um número constante de operações aritméticas.

Os seguintes corolários do Teorema 31.24 dão especializações particularmente interessantes.

Corolário 31.25

Para qualquer $n > 1$, se $\mathrm{mdc}(a, n) = 1$, então a equação $ax = b \pmod{n}$ tem solução única, módulo n.   ■

Se $b = 1$, um caso comum de interesse considerável, o x que estamos procurando é um ***inverso multiplicativo*** de a, módulo n.

Corolário 31.26

Para qualquer $n > 1$, se $\mathrm{mdc}(a, n) = 1$, então a equação $ax = 1 \pmod{n}$ tem solução única, módulo n. Caso contrário, ela não tem nenhuma solução.   ■

Graças ao Corolário 31.26, podemos usar a notação $a^{-1} \bmod n$ para nos referirmos ao inverso multiplicativo de a, módulo n, quando a e n são primos entre si. Se $\mathrm{mdc}(a, n) = 1$, então a única solução para a equação $ax = 1 \pmod{n}$ é o inteiro x retornado por Euclides-Estendido, já que a equação

$$\mathrm{mdc}(a, n) = 1 = ax + ny$$

implica $ax = 1 \pmod{n}$. Assim, podemos calcular $a^{-1} \bmod n$ eficientemente usando Euclides-Estendido.

Exercícios

31.4-1
Determine todas as soluções para a equação $35x = 10 \pmod{50}$.

31.4-2
Prove que a equação $ax = ay \pmod{n}$ implica $x = y \pmod{n}$ sempre que $\mathrm{mdc}(a, n) = 1$. Mostre que a condição $\mathrm{mdc}(a, n) = 1$ é necessária, fornecendo um contraexemplo com $\mathrm{mdc}(a, n) > 1$.

31.4-3
Considere a seguinte mudança na linha 3 do procedimento Resolve-Equação-Linear-Modular:

3    $x_0 = x'(b/d) \bmod(n/d)$

Com essa mudança, o procedimento ainda funcionará? Explique sua resposta.

★ 31.4-4
Seja p primo e $f(x) = (f_0 + f_1 x + \ldots + f_t x^t) \pmod{p}$ um polinômio de grau t, com coeficientes f_i extraídos de $\mathbb{Z}_p$. Dizemos que $a \in \mathbb{Z}_p$ é um ***zero*** de f se $f(a) = 0 \pmod{p}$. Prove que, se a é um zero de f, então $f(x) = (x - a) g(x) \pmod{p}$ para algum polinômio $g(x)$ de grau $t - 1$. Prove por indução com relação a t que, se p é primo, então um polinômio $f(x)$ de grau t pode ter no máximo t zeros distintos módulo p.

31.5   Teorema chinês do resto

Por volta do ano 100 d.C., o matemático chinês Sun-Tsu resolveu o problema de determinar os inteiros x que deixam restos 2, 3 e 2 quando divididos por 3, 5 e 7, respectivamente. Uma dessas soluções é $x = 23$; todas as soluções têm a forma $23 + 105k$ para inteiros arbitrários k. O "teorema chinês do resto" oferece uma correspondência entre um sistema de equações módulo de um conjunto de primos entre si aos pares (por exemplo, 3, 5 e 7) e uma equação módulo o produto desses primos (por exemplo, 105).

O teorema chinês do resto tem duas aplicações importantes. Considere o inteiro n fatorado como $n = n_1 n_2 \cdots n_k$, em que os fatores n_i são primos entre si aos pares. Em primeiro lugar, o teorema chinês do resto é um "teorema de estrutura" descritivo que mostra a estrutura de $\mathbb{Z}_n$ como idêntica à do produto cartesiano $\mathbb{Z}_{n_1} \times \mathbb{Z}_{n_2} \times \cdots \times \mathbb{Z}_{n_k}$, com adição e multiplicação componente a componente módulo n_i no i-ésimo componente. Em segundo lugar, essa descrição nos ajuda a projetar algoritmos eficientes, já que trabalhar em cada um dos sistemas $\mathbb{Z}_{n_i}$ pode ser mais eficiente (em termos de operações com *bits*) que trabalhar com módulo n.

Teorema 31.27 (Teorema chinês do resto)

Seja $n = n_1 n_2 \cdots n_k$, em que os n_i são primos entre si aos pares. Considere a correspondência

$$a \leftrightarrow (a_1, a_2, \ldots, a_k) \,, \tag{31.27}$$

em que $a \in \mathbb{Z}_n$, $a_i \in \mathbb{Z}_{n_i}$, e

$$a_i = a \bmod n_i$$

para $i = 1, 2, \ldots, k$. Então, mapear (31.27) é uma correspondência biunívoca (bijeção) entre $\mathbb{Z}_n$ e o produto cartesiano $\mathbb{Z}_{n_1} \times \mathbb{Z}_{n_2} \times \cdots \times \mathbb{Z}_{n_k}$. Operações executadas nos elementos de $\mathbb{Z}_n$ podem ser executadas de modo equivalente nas k tuplas correspondentes se as operações forem executadas independentemente em cada posição coordenada no sistema adequado. Isto é, se

$$a \leftrightarrow (a_1, a_2, \ldots, a_k) \,,$$
$$b \leftrightarrow (b_1, b_2, \ldots, b_k) \,,$$

então

$$(a + b) \bmod n \leftrightarrow ((a_1 + b_1) \bmod n_1, \ldots, (a_k + b_k) \bmod n_k) \,, \tag{31.28}$$
$$(a - b) \bmod n \leftrightarrow ((a_1 - b_1) \bmod n_1, \ldots, (a_k - b_k) \bmod n_k) \,, \tag{31.29}$$
$$(ab) \bmod n \leftrightarrow (a_1 b_1 \bmod n_1, \ldots, a_k b_k \bmod n_k) \,. \tag{31.30}$$

Prova   Vejamos como transformar uma representação na outra. Passar de a para $(a_1, a_2, \ldots, a_k)$ é bem fácil e requer somente k operações "mod". A recíproca — calcular a pelas entradas $(a_1, a_2, \ldots, a_k)$ — é um pouco mais complicado.

Começamos definindo $m_i = n/n_i$ para $i = 1, 2, \ldots, k$. Assim, m_i é o produto de todos os n_j exceto n_i: $m_i = n_1 n_2 \cdots n_{i-1} n_{i+1} \cdots n_k$. Em seguida, definimos

$$c_i = m_i (m_i^{-1} \bmod n_i) \tag{31.31}$$

para $i = 1, 2, \ldots, k$. A Equação (31.31) é sempre bem definida: visto que m_i e n_i são primos entre si (pelo Teorema 31.6), o Corolário 31.26 garante que $m_i^{-1} \bmod n_i$ existe. Vejamos como calcular a como função de a_i e c_i:

$$a = (a_1 c_1 + a_2 c_2 + \cdots + a_k c_k) \pmod{n} \,. \tag{31.32}$$

Agora, mostramos que a Equação (31.32) garante que $a = a_i \pmod{n_i}$ para $i = 1, 2, ..., k$. Observe que, se $j \neq i$, então $m_j = 0 \pmod{n_i}$, o que implica $c_j = m_j = 0 \pmod{n_i}$. Observe também que $c_i = 1 \pmod{n_i}$, pela Equação (31.31). Assim, temos a interessante e útil correspondência

$$c_i \leftrightarrow (0, 0, \ldots, 0, 1, 0, \ldots, 0) \, ,$$

um vetor que tem zeros em todos os lugares, exceto na i-ésima coordenada, em que tem 1. Assim, em certo sentido, as c_i formam uma "base" para a representação. Então, para cada i, temos

$$
\begin{aligned}
a &= a_i c_i & \pmod{n_i} \\
&= a_i m_i (m_i^{-1} \bmod n_i) & \pmod{n_i} \\
&= a_i & \pmod{n_i} \, ,
\end{aligned}
$$

que é o que queríamos demonstrar: nosso método de calcular a pelos a_i produz um resultado a que satisfaz às restrições $a = a_i \pmod{n_i}$ para $i = 1, 2, ..., k$. A correspondência é biunívoca, já que podemos transformar em ambas as direções. Finalmente, as Equações (31.28)–(31.30) decorrem diretamente do Exercício 31.1-7, já que $x \bmod n_i = (x \bmod n) \bmod n_i$ para qualquer x e $i = 1, 2, ..., k$.   ■

Os corolários a seguir serão usados mais adiante neste capítulo.

Corolário 31.28

Se $n_1, n_2, ..., n_k$ são primos entre si aos pares e $n = n_1, n_2, ..., n_k$ então, para quaisquer inteiros $a_1, a_2, ..., a_k$, o conjunto de equações simultâneas

$$x = a_i \pmod{n_i},$$

para $i = 1, 2, ..., k$, tem solução única módulo n para a incógnita x.   ■

Corolário 31.29

Se $n_1, n_2, ..., n_k$ são primos entre si aos pares e $n = n_1 n_2, ..., n_k$, então, para todos os inteiros x e a,

$$x = a \pmod{n_i}$$

para $i = 1, 2, ..., k$ se, e somente se,

$$x = a \pmod{n}.$$ ■

Como exemplo da aplicação do teorema chinês do resto, suponha que tenhamos as duas equações

$a = 2 \pmod 5$,
$a = 3 \pmod{13}$,

de modo que $a_1 = 2$, $n_1 = m_2 = 5$, $a_2 = 3$ e $n_2 = m_1 = 13$, e desejemos calcular $a \bmod 65$, já que $n = n_1 n_2 = 65$. Como $13^{-1} = 2 \pmod 5$ e $5^{-1} = 8 \pmod{13}$, temos

$c_1 = 13 \cdot (2 \bmod 5) = 26$,
$c_2 = 5 \cdot (8 \bmod 13) = 40$

e

$$
\begin{aligned}
a &= 2 \cdot 26 + 3 \cdot 40 & \pmod{65} \\
&= 52 + 120 & \pmod{65} \\
&= 42 & \pmod{65}.
\end{aligned}
$$

A Figura 31.3 apresenta uma ilustração do teorema chinês do resto, módulo 65.

Assim, podemos trabalhar diretamente em módulo n ou na representação transformada usando cálculos módulo n_i separados, como for conveniente. Os cálculos são totalmente equivalentes.

	0	1	2	3	4	5	6	7	8	9	10	11	12
0	0	40	15	55	30	5	45	20	60	35	10	50	25
1	26	1	41	16	56	31	6	46	21	61	36	11	51
2	52	27	2	42	17	57	32	7	47	22	62	37	12
3	13	53	28	3	43	18	58	33	8	48	23	63	38
4	39	14	54	29	4	44	19	59	34	9	49	24	64

Figura 31.3 Ilustração do teorema chinês do resto para $n_1 = 5$ e $n_2 = 13$. Nesse exemplo, $c_1 = 26$ e $c_2 = 40$. Na linha i, coluna j, é mostrado o valor de a, módulo 65, tal que $a \bmod 5 = i$ e $a \bmod 13 = j$. Observe que a linha 0, coluna 0, contém um 0. De modo semelhante, a linha 4, coluna 12, contém um 64 (equivalente a -1). Visto que $c_1 = 26$, descer uma linha aumenta a de 26. De modo semelhante, $c_2 = 40$ significa que passar para uma coluna à direita aumenta a de 40. Aumentar a de 1 corresponde a descer pela diagonal para a direita, retornar de baixo para cima e da direita para a esquerda.

Exercícios

31.5-1
Determine todas as soluções para as equações $x = 4 \pmod 5$ e $x = 5 \pmod{11}$.

31.5-2
Determine todos os inteiros x que deixam restos 1, 2, 3 quando divididos por 9, 8, 7, respectivamente.

31.5-3
Demonstre que, de acordo com as definições do Teorema 31.27, se mdc$(a, n) = 1$, então

$$(a^{-1} \bmod n) \longleftrightarrow ((a_1^{-1} \bmod n_1), (a_2^{-1} \bmod n_2), ..., (a_k^{-1} \bmod n_k)).$$

31.5-4
Pelas definições do Teorema 31.27, prove que, para qualquer polinômio f, o número de raízes da equação $f(x) = 0 \pmod n$ é igual ao produto do número de raízes de cada uma das equações $f(x) = 0 \pmod{n_1}$, $f(x) = 0 \pmod{n_2}$, ..., $f(x) = 0 \pmod{n_k}$.

31.6   Potências de um elemento

Exatamente como muitas vezes consideramos os múltiplos de dado elemento a, módulo n, consideramos a sequência de potências de a, módulo n, em que $a \in \mathbb{Z}_n^*$:

$$a^0, a^1, a^2, a^3, ...,$$

módulo n. Iniciando a indexação de 0, o 0-ésimo valor nessa sequência é $a^0 \bmod n = 1$, e o i-ésimo valor é $a^i \bmod n$. Por exemplo, as potências de 3 módulo 7 são

i	0	1	2	3	4	5	6	7	8	9	10	11	$\cdots$
$3^i \bmod 7$	1	3	2	6	4	5	1	3	2	6	4	5	$\cdots$

enquanto as potências de 2 módulo 7 são

i	0	1	2	3	4	5	6	7	8	9	10	11	$\cdots$
$2^i \bmod 7$	1	2	4	1	2	4	1	2	4	1	2	4	$\cdots$

Nesta seção, representamos por $\langle a \rangle$ o subgrupo de $\mathbb{Z}_n^*$ gerado por a por multiplicação repetida, e representamos por ord$_n(a)$ (a "ordem de a, módulo n") a ordem de a em $\mathbb{Z}_n^*$. Por exemplo, $\langle 2 \rangle = \{1, 2, 4\}$ em $\mathbb{Z}_7^*$, e ord$_7(2) = 3$. Usando a definição da função fi de Euler $\phi(n)$ como o tamanho de $\mathbb{Z}_n^*$ (ver Seção 31.3), agora traduzimos o Corolário 31.19 para a notação de $\mathbb{Z}_n^*$, para obtermos o Teorema de Euler e especializá-lo para $\mathbb{Z}_p^*$, em que p é primo, para obtermos o Teorema de Fermat.

Teorema 31.30 (Teorema de Euler)

Para qualquer inteiro $n > 1$,

$a^{\phi(n)} = 1 \pmod{n}$ para todo $a \in \mathbb{Z}_n^*$. ∎

Teorema 31.31 (Teorema de Fermat)

Se p é primo, então

$a^{p-1} = 1 \pmod{n}$ para todo $a \in \mathbb{Z}_p^*$.

Prova Pela Equação (31.21), $\phi(p) = p - 1$ se p é primo. ∎

O Teorema de Fermat se aplica a todo elemento em $\mathbb{Z}_p$ exceto 0, visto que $0 \notin \mathbb{Z}_p^*$. Contudo, para todo $a \in \mathbb{Z}_p$, temos $a^p = a \pmod{p}$ se p é primo.

Se $\text{ord}_n(g) = |\mathbb{Z}_n^*|$, então todo elemento em $\mathbb{Z}_n^*$ é uma potência de g, módulo n, e g é uma *raiz primitiva* ou um *gerador* de $\mathbb{Z}_n^*$. Por exemplo, 3 é uma raiz primitiva, módulo 7, mas 2 não é uma raiz primitiva, módulo 7. Se $\mathbb{Z}_n^*$ possui uma raiz primitiva, o grupo $\mathbb{Z}_n^*$ é *cíclico*. Omitimos a prova do teorema a seguir, que é provado por Niven e Zuckerman [345].

Teorema 31.32

Os valores de $n > 1$ para os quais $\mathbb{Z}_n^*$ é cíclico são 2, 4, p^e e $2p^e$, para todos os primos $p > 2$ e todos os inteiros positivos e. ∎

Se g é uma raiz primitiva de $\mathbb{Z}_n^*$ e a é qualquer elemento de $\mathbb{Z}_n^*$, então existe um z tal que $g^z = a \pmod{n}$. Esse z é um *logaritmo discreto* ou um *índice* de a, módulo n, na base g. Indicamos esse valor como $\text{ind}_{n,g}(a)$.

Teorema 31.33 (Teorema do logaritmo discreto)

Se g é uma raiz primitiva de $\mathbb{Z}_n^*$, então a equação $g^x = g^y \pmod{n}$ será válida se, e somente se, a equação $x = y \pmod{\phi(n)}$ for válida.

Prova Primeiro, suponha que $x = y \pmod{\phi(n)}$. Então, $x = y + k\phi(n)$ para algum inteiro k, e assim,

$$
\begin{aligned}
g^x &= g^{y+k\phi(n)} && \pmod{n} \\
&= g^y \cdot (g^{\phi(n)})^k && \pmod{n} \\
&= g^y \cdot 1^k && \pmod{n} && \text{(pelo Teorema de Euler)} \\
&= g^y && \pmod{n} \, .
\end{aligned}
$$

Ao contrário, suponha que $g^x = g^y \pmod{n}$. Como a sequência de potências de g gera todo elemento de $\langle g \rangle$ e $|\langle g \rangle| = \phi(n)$, o Corolário 31.18 significa que a sequência de potências de g é periódica com período $\phi(n)$. Portanto, se $g^x = g^y \pmod{n}$, então devemos ter $x = y \pmod{\phi(n)}$. ∎

Agora, voltamos nossa atenção às raízes quadradas de 1, módulo potência prima. O teorema a seguir será útil no desenvolvimento de um algoritmo de teste de primalidade na Seção 31.8.

Teorema 31.34

Se p é um primo ímpar e $e \geq 1$, então a equação

$$x^2 = 1 \pmod{p^e} \tag{31.33}$$

tem somente duas soluções, isto é, $x = 1$ e $x = -1$.

Prova Pelo Exercício 31.6-2, a Equação (31.33) é equivalente a

$p^e \mid (x - 1)(x + 1)$.

Visto que $p > 2$, podemos ter $p \mid (x - 1)$ ou $p \mid (x + 1)$, mas não ambos. (Caso contrário, pela propriedade (31.3), p também dividiria a diferença entre eles, $(x + 1) - (x - 1) = 2$.) Se $p \nmid (x - 1)$, então mdc($p^e, x - 1) = 1$ e, pelo Corolário 31.5, teríamos $p^e \mid (x + 1)$. Isto é, $x = -1 \pmod{p^e}$. Simetricamente, se $p \nmid (x + 1)$, então mdc(p^e, $x + 1) = 1$, e o Corolário 31.5 implica $p^e \mid (x - 1)$, de modo que $x = 1 \pmod{p^e}$. Portanto, $x = -1 \pmod{p^e}$ ou $x = 1 \pmod{p^e}$. ∎

Um número x será uma ***raiz quadrada não trivial de 1***, ***módulo n***, se satisfizer a equação $x^2 = 1 \pmod n$, mas x não for equivalente a nenhuma das duas raízes quadradas "triviais": 1 ou –1, módulo n. Por exemplo, 6 é uma raiz quadrada não trivial de 1, módulo 35. Usaremos o corolário do Teorema 31.34 apresentado a seguir para provar que o procedimento de teste de primalidade de Miller-Rabin na Seção 31.8 está correto.

Corolário 31.35

Se existe uma raiz quadrada não trivial de 1, módulo n, então n é composto.

Prova Pelo contrapositivo do Teorema 31.34, se existe uma raiz quadrada não trivial de 1, módulo n, então n não pode ser um primo ímpar ou uma potência de um primo ímpar. Da mesma forma, n não pode ser 2, porque se $x^2 = 1 \pmod 2$, então $x = 1 \pmod 2$ e, portanto, todas as raízes quadradas de 1, módulo 2, são triviais. Assim, n não pode ser primo. Por fim, devemos ter $n > 1$ para que exista uma raiz quadrada não trivial de 1. Portanto, n tem de ser composto. ∎

Exponenciação com elevação ao quadrado repetida

Uma operação que ocorre frequentemente em cálculos da teoria dos números é a elevação de um número a uma potência módulo outro número, também conhecida como ***exponenciação modular***. Mais precisamente, o que queremos é um modo eficiente para calcular $a^b \bmod n$, em que a e b são inteiros não negativos e n é um inteiro positivo. A exponenciação modular é uma operação essencial em muitas rotinas de teste de primalidade e no sistema de criptografia de chave pública RSA. O método de ***elevação ao quadrado repetida*** resolve esse problema de modo eficiente.

A elevação ao quadrado repetida é baseada na seguinte fórmula para calcular a^b para inteiros não negativos a e b:

$$a^b = \begin{cases} 1 & \text{se } b = 0 , \\ (a^{b/2})^2 & \text{se } b > 0 \text{ e } b \text{ é par,} \\ a \cdot a^{b-1} & \text{se } b > 0 \text{ e } b \text{ é ímpar.} \end{cases} \qquad (31.34)$$

O último caso, em que b é ímpar, se reduz a um dos dois primeiros casos, pois se b é ímpar, então $b - 1$ é par. O procedimento recursivo EXPONENCIAÇÃO-MODULAR, a seguir, calcula $a^b \bmod n$ usando a Equação (31.34), mas executando todos os cálculos módulo n. O termo "elevação ao quadrado repetida" vem do cálculo do quadrado do resultado intermediário $d = a^{b/2}$ na linha 5. A Figura 31.4 mostra os valores do parâmetro b, a variável local d e o valor retornado em cada nível da recursão para a chamada EXPONENCIAÇÃO-MODULAR(7, 560, 561), que retorna o resultado 1.

```
EXPONENCIAÇÃO-MODULAR(a, b, n)
1  if b == 0
2      return 1
3  elseif b mod 2 == 0
4      d = EXPONENCIAÇÃO-MODULAR(a, b/2, n)      // b é par
5      return (d · d) mod n
6  else d = EXPONENCIAÇÃO-MODULAR(a, b - 1, n)    // b é ímpar
7      return (a · d) mod n
```

b	560	280	140	70	35	34	17	16	8	4	2	1	0
d	67	166	298	241	355	160	103	526	157	49	7	1	–
Valor retornado	1	67	166	298	241	355	160	103	526	157	49	7	1

Figura 31.4 Valores do parâmetro b, variável local d e valor retornado para as chamadas recursivas de Exponenciação-Modular com valores de parâmetro $a = 7$, $b = 560$ e $n = 561$. O valor retornado por cada chamada recursiva é atribuído diretamente a d. O resultado da chamada com $a = 7$, $b = 560$ e $n = 561$ é 1.

O número total de chamadas recursivas depende do número de *bits* de b e dos valores desses *bits*. Suponha que $b > 0$ e que o *bit* mais significativo de b é 1. Cada 0 gera uma chamada recursiva (na linha 4), e cada 1 gera duas chamadas recursivas (uma na linha 6 seguida por uma na linha 4, porque se b é ímpar, então $b - 1$ é par). Se as entradas a, b e n são números de β bits, então há entre β e $2\beta - 1$ chamadas recursivas no total, o número total de operações aritméticas necessárias é $O(\beta)$, e o número total de operações de *bits* necessárias é $O(\beta^3)$.

Exercícios

31.6-1
Desenhe uma tabela mostrando a ordem de todos os elementos em $\mathbb{Z}_{11}^*$. Escolha a menor raiz primitiva g e calcule uma tabela que forneça $\text{ind}_{11,g}(x)$ para todo $x \in \mathbb{Z}_{11}^*$.

31.6-2
Mostre que $x^2 = 1 \pmod{p^e}$ é equivalente a $p^e \mid (x - 1)(x + 1)$.

31.6-3
Reescreva o terceiro caso de Exponenciação-Modular, em que b é ímpar, de modo que, se b tiver β *bits* e o *bit* mais significativo for 1, então sempre haverá exatamente β chamadas recursivas.

31.6-4
Dê uma versão não recursiva (isto é, iterativa) de Exponenciação-Modular.

31.6-5
Supondo que você conheça $\phi(n)$, explique como calcular $a^{-1} \bmod n$ para qualquer $a \in \mathbb{Z}_n^*$ usando o procedimento Exponenciação-Modular.

31.7 Sistema de criptografia de chave pública RSA

Com um sistema de criptografia de chave pública, podemos **criptografar** mensagens enviadas entre dois participantes de uma comunicação, de modo que um intruso que escute as mensagens criptografadas não possa decodificá-las, ou **decifrá-las**. Um sistema de criptografia de chave pública também permite que um dos participantes acrescente uma "assinatura digital" impossível de forjar ao fim de uma mensagem eletrônica. Tal assinatura é a versão eletrônica de uma assinatura manuscrita em um documento em papel e pode ser facilmente verificada por qualquer pessoa, não pode ser forjada por ninguém e perde sua validade se qualquer *bit* da mensagem for alterado. Portanto, permite a autenticação da identidade do signatário, bem como do conteúdo da mensagem assinada. É a ferramenta perfeita para assinar eletronicamente contratos de negócios, cheques eletrônicos, pedidos de compras eletrônicos e outras comunicações eletrônicas que as partes desejem autenticar.

O sistema de criptografia de chave pública RSA se baseia na espetacular diferença entre a facilidade de encontrar números primos grandes e a dificuldade de fatorar o produto de dois números primos grandes. A Seção 31.8 descreve um procedimento eficiente para encontrar números primos grandes.

Sistemas de criptografia de chave pública

Em um sistema de criptografia de chave pública, cada participante tem uma ***chave pública*** e uma ***chave secreta***. Cada chave é uma informação. Por exemplo, no sistema de criptografia RSA, cada chave consiste em um par de inteiros. Os participantes "Alice" e "Bob" são tradicionalmente usados em exemplos de criptografia. Indicamos as chaves públicas como P_A e P_B para Alice e Bob, respectivamente, e as chaves secretas são S_A para Alice e S_B para Bob.

Cada participante cria suas próprias chaves pública e secreta. Chaves secretas são mantidas em segredo, mas chaves públicas podem ser reveladas a qualquer um ou até divulgadas publicamente. Na verdade, muitas vezes, é conveniente supor que a chave pública de qualquer pessoa esteja disponível em um diretório público, de modo que qualquer participante possa obter facilmente a chave pública de qualquer outro participante.

As chaves pública e secreta especificam funções que podem ser aplicadas a qualquer mensagem. Seja $\mathcal{D}$ o conjunto de mensagens permissíveis. Por exemplo, $\mathcal{D}$ poderia ser o conjunto de todas as sequências de *bits* de comprimento finito. Na formulação mais simples e original da criptografia de chave pública, as chaves pública e secreta devem especificar funções biunívocas de $\mathcal{D}$ para ele próprio. Indicamos a função correspondente à chave pública de Alice, P_A, por $P_A()$ e a função correspondente à sua chave secreta, S_A, por $S_A()$. Portanto, as funções $P_A()$ e $S_A()$ são permutações de $\mathcal{D}$. Supomos que as funções $P_A()$ e $S_A()$ possam ser calculadas eficientemente, dada a chave correspondente P_A ou S_A.

As chaves pública e secreta para qualquer participante formam um "par combinado", já que especificam funções que são inversas uma da outra. Isto é,

$$M = S_A(P_A(M))\,, \tag{31.35}$$
$$M = P_A(S_A(M)) \tag{31.36}$$

para qualquer mensagem $M \in \mathcal{D}$. Transformar M com as duas chaves P_A e S_A, sucessivamente, em qualquer ordem, produz novamente a mensagem M.

Em um sistema de criptografia de chave pública, é essencial que ninguém, exceto Alice, possa calcular a função $S_A()$ em qualquer período de tempo prático. Tal proposição é crucial para manter a privacidade das mensagens criptografadas enviadas a Alice e para saber que as assinaturas digitais de Alice são autênticas. Alice deve manter S_A em segredo. Se ela não o fizer, qualquer um que tenha acesso a S_A poderá decifrar as mensagens pretendidas somente para Alice e, também, forjar sua assinatura digital. A pressuposição de que somente Alice pode calcular $S_A()$ deve se manter válida mesmo que todos conheçam P_A e possam calcular eficientemente $P_A()$, a função inversa de $S_A()$. Essa tarefa parece descomunal, mas veremos como podemos executá-la.

Em um sistema de criptografia de chave pública, a codificação funciona como mostra a Figura 31.5. Suponha que Bob queira enviar a Alice uma mensagem M criptografada de tal forma que pareça algo ininteligível para um intruso. O cenário para enviar a mensagem é dado a seguir.

- Bob obtém a chave pública de Alice, P_A, talvez de um diretório público ou diretamente de Alice.
- Bob calcula o ***texto cifrado*** $C = P_A(M)$ correspondente à mensagem M e envia C a Alice.
- Quando recebe o texto cifrado C, Alice aplica sua chave secreta S_A para recuperar a mensagem original: $S_A(C) = S_A(P_A(M)) = M$.

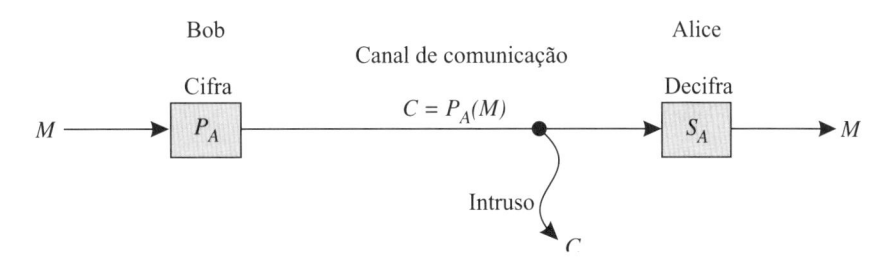

Figura 31.5 Codificação em um sistema de chave pública. Bob codifica a mensagem M usando a chave pública P_A de Alice e transmite o texto cifrado resultante $C = P_A(M)$ a Alice por um canal de comunicação. Um intruso que capturar o texto cifrado transmitido não obterá nenhuma informação sobre M. Alice recebe C e o decifra usando sua chave secreta para obter a mensagem original $M = S_A(C)$.

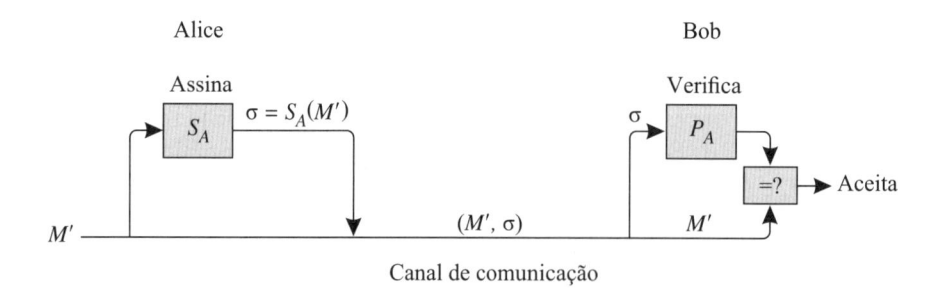

Figura 31.6 Assinaturas digitais em um sistema de chave pública. Alice assina a mensagem M' anexando a ela sua assinatura digital $\sigma = S_A(M')$. Ela transmite o par mensagem/assinatura (M', σ) a Bob, que a verifica conferindo a equação $M' = P_A(\sigma)$. Se a equação é válida, ele aceita (M', σ) como uma mensagem assinada por Alice.

Como $S_A()$ e $P_A()$ são funções inversas, Alice pode calcular M a partir de C. Visto que somente Alice pode calcular $S_A()$, ela é a única pessoa que pode calcular M a partir de C. Como Bob criptografa M usando $P_A()$, só Alice pode entender a mensagem transmitida.

Podemos implementar assinaturas digitais com igual facilidade dentro da nossa formulação de um sistema de criptografia de chave pública. (Há outros modos de abordar o problema de construir assinaturas digitais, mas não os examinaremos aqui.) Suponha agora que Alice queira enviar a Bob uma resposta M' com assinatura digital. A Figura 31.6 mostra como ocorre a assinatura digital.

- Alice calcula sua ***assinatura digital*** σ para a mensagem M' usando sua chave secreta S_A e a equação $\sigma = S_A(M')$.
- Alice envia o par mensagem/assinatura (M', σ) a Bob.
- Ao receber (M', σ), Bob pode confirmar que ela foi enviada por Alice utilizando a chave pública de Alice para verificar a equação $M' = P_A(\sigma)$. (Presumivelmente, M' contém o nome de Alice e, assim, Bob sabe qual chave pública deve usar.) Se a equação é válida, Bob conclui que a mensagem M' foi realmente assinada por Alice. Se a equação não é válida, Bob conclui que a informação que ele recebeu foi corrompida por erros de transmissão ou que o par (M', σ) é uma tentativa de falsificação.

Como proporciona autenticação da identidade do signatário, bem como autenticação do conteúdo da mensagem assinada, uma assinatura digital é análoga a uma assinatura manuscrita no fim de um documento escrito.

Uma assinatura digital tem de ser verificável por quem quer que tenha acesso à chave pública do signatário. Uma mensagem assinada pode ser verificada por uma parte e depois repassada a outras partes que também podem verificar a assinatura. Por exemplo, a mensagem poderia ser um cheque eletrônico de Alice para Bob. Depois de verificar a assinatura de Alice no cheque, Bob pode entregá-lo a seu banco, que então também pode verificar a assinatura e efetuar a transferência de fundos adequada.

Uma mensagem assinada não está necessariamente criptografada. A mensagem pode estar "às claras" e não protegida contra revelação. Compondo os protocolos já citados para codificação e para assinaturas, Alice pode enviar uma mensagem para Bob que seja assinada e criptografada. Primeiro, Alice anexa sua assinatura digital à mensagem e depois criptografa o par mensagem/assinatura resultante com a chave pública de Bob. Bob decodifica a mensagem recebida com sua chave secreta para obter a mensagem original e também sua assinatura digital. Bob pode então verificar a assinatura usando a chave pública de Alice. O processo combinado correspondente quando são utilizados sistemas em papel é assinar o documento em papel e depois lacrá-lo dentro de um envelope de papel que será aberto apenas pelo destinatário pretendido.

Sistema de criptografia RSA

No ***sistema de criptografia de chave pública RSA***, um participante cria suas chaves pública e secreta com o seguinte procedimento:

1. Selecione aleatoriamente dois números primos grandes p e q, tais que $p \neq q$. Os primos p e q podem ter, digamos, 1024 *bits* cada um.

2. Calcule $n = pq$.

3. Selecione um inteiro ímpar pequeno e tal que e seja primo com $\phi(n)$, que, pela Equação 31.21, é igual a $(p-1)(q-1)$.

4. Calcule d como o inverso multiplicativo de e, módulo $\phi(n)$. (O Corolário 31.26 garante que d existe e é definido unicamente. Podemos usar a técnica da Seção 31.4 para calcular d, dados e e $\phi(n)$.)

5. Divulgue o par $P = (e, n)$ como a **chave pública RSA** do participante.

6. Mantenha o par $S = (d, n)$ em segredo como a **chave secreta RSA** do participante.

Por esse esquema, o domínio $\mathcal{D}$ é o conjunto $\mathbb{Z}_n$. Para transformar uma mensagem M associada a uma chave pública $P = (e, n)$ calcule

$$P(M) = M^e \bmod n .\tag{31.37}$$

Para transformar um texto cifrado C associado a uma chave secreta $S = (d, n)$, calcule

$$S(C) = C^d \bmod n .\tag{31.38}$$

Essas equações se aplicam à codificação, bem como a assinaturas. Para criar uma assinatura, o signatário aplica sua chave secreta à mensagem a ser assinada, em vez de a um texto cifrado. Para verificar uma assinatura, a chave pública do signatário é aplicada a ela, em vez de ser aplicada a uma mensagem a ser criptografada.

Podemos implementar as operações de chave pública e chave secreta (31.37) e (31.38) usando o procedimento EXPONENCIAÇÃO-MODULAR descrito na Seção 31.6. Para analisar o tempo de execução dessas operações, suponha que a chave pública (e, n) e a chave secreta (d, n) satisfaçam $\lg e = O(1)$, $\lg d \leq \beta$ e $\lg n \leq \beta$. Então, aplicar uma chave pública requer $O(1)$ multiplicações modulares e usa $O(\beta^2)$ operações com *bits*. Aplicar uma chave secreta requer $O()$ multiplicações modulares, usando $O(\beta^3)$ operações com *bits*.

Teorema 31.36 (Corretude do RSA)

As Equações RSA (31.37) e (31.38) definem transformações inversas de $\mathbb{Z}_n$ que satisfazem às Equações (31.35) e (31.36).

Prova Pelas Equações (31.37) e (31.38), temos que para qualquer $M \in \mathbb{Z}_n$

$$P(S(M)) = S(P(M)) = M^{ed} \pmod n.$$

Visto que e e d são inversos multiplicativos módulo $\phi(n) = (p-1)(q-1)$,

$$ed = 1 + k(p-1)(q-1)$$

para algum inteiro k. Mas, então, se $M \neq 0 \pmod p$, temos

$$
\begin{aligned}
M^{ed} &= M(M^{p-1})^{k(q-1)} && (\bmod\ p) \\
&= M((M \bmod p)^{p-1})^{k(q-1)} && (\bmod\ p) \\
&= M(1)^{k(q-1)} && (\bmod\ p) && \text{(pelo Teorema 31.31)} \\
&= M && (\bmod\ p) .
\end{aligned}
$$

Além disso, $M^{ed} = M \pmod p$ se $M = 0 \pmod p$. Assim,

$$M^{ed} = M \pmod p$$

para todo M. De modo semelhante,

$$M^{ed} = M \pmod q$$

para todo M. Portanto, pelo Corolário 31.29 do teorema chinês do resto,

$$M^{ed} = M \pmod n$$

para todo M. ∎

A segurança do sistema de criptografia RSA se baseia em grande parte na dificuldade de fatorar inteiros grandes. Se um adversário pode fatorar o módulo n em uma chave pública, então pode deduzir a chave secreta a partir da chave pública usando o conhecimento dos fatores p e q do mesmo modo que o criador da chave pública os usou. Portanto, se é fácil fatorar inteiros grandes, então é fácil quebrar o sistema de criptografia RSA. A afirmação inversa, isto é, se for difícil fatorar inteiros grandes será difícil quebrar o RSA, não foi provada. Todavia, depois de duas décadas de pesquisas, não foi encontrado nenhum método mais fácil para quebrar o sistema de criptografia de chave pública RSA do que para fatorar o módulo n. E fatorar inteiros grandes é surpreendentemente difícil. Selecionando aleatoriamente e multiplicando dois primos de 1024 *bits*, podemos criar uma chave pública que não poderá ser "quebrada" em nenhum período de tempo viável com a tecnologia atual. Na ausência de inovação fundamental no projeto de algoritmos da teoria dos números, e quando implementado com cuidado de acordo com padrões recomendados, o sistema de criptografia RSA pode garantir alto grau de segurança em aplicações.

Contudo, para conseguirmos segurança com o sistema de criptografia RSA, devemos trabalhar com inteiros muito longos — mais de 1000 *bits* — para resistir a possíveis avanços na arte da fatoração. Em 2021, os módulos RSA encontravam-se comumente na faixa de 2048 a 4096 *bits*. Para criar módulos desses tamanhos, temos de determinar primos grandes eficientemente. A Seção 31.8 aborda esse problema.

Por questão de eficiência, muitas vezes, o RSA é usado de um modo "híbrido" ou de "gerenciamento de chaves", com sistemas de criptografia rápidos de chaves não públicas. Com um sistema de **chave simétrica**, as chaves de codificação e decodificação são idênticas. Se Alice quer enviar a Bob uma longa mensagem secreta M, ela seleciona uma chave aleatória K para o sistema de criptografia rápido de chave não pública e criptografa M usando K, obtendo o texto cifrado C, em que C é tão longo quanto M, mas K é bem curto. Em seguida, ela codifica K usando a chave pública RSA de Bob. Visto que K é curta, calcular $P_B(K)$ é rápido (muito mais rápido que calcular $P_B(M)$). Então, ela transmite $(C, P_B(K))$ a Bob, que decodifica $P_B(K)$ para obter K e depois usa K para decodificar C, obtendo M.

Podemos usar uma abordagem híbrida semelhante para criar assinaturas digitais eficientemente. Essa abordagem combina RSA com uma **função hash resistente a colisões** h — uma função fácil de calcular, mas para a qual é inviável, em termos computacionais, encontrar duas mensagens M e M' tais que $h(M) = h(M')$. O valor $h(M)$ é uma "impressão digital" curta (digamos, de 256 *bits*) da mensagem M. Se Alice deseja assinar uma mensagem M, em primeiro lugar aplicará h a M para obter a impressão digital $h(M)$ que, então, codificará com sua chave secreta. Ela envia $(M, S_A(h(M)))$ a Bob como sua versão assinada de M. Bob pode confirmar a assinatura calculando $h(M)$ e verificando que P_A aplicada a $S_A(h(M))$ como foi recebida é igual a $h(M)$. Como ninguém poder criar duas mensagens com a mesma impressão digital, é impossível, em termos computacionais, alterar uma mensagem assinada e ainda assim preservar a validade da assinatura.

Uma forma de distribuir chaves públicas é com a utilização de **certificados**. Por exemplo, suponha que existe uma "autoridade confiável" T cuja chave pública é conhecida por todos. Alice pode obter de T uma mensagem assinada (seu certificado) que declara que "a chave pública de Alice é P_A". Esse certificado é "autoautenticado", já que todos conhecem P_T. Alice pode incluir seu certificado em suas mensagens assinadas, de modo que sua chave pública fique imediatamente disponível para o destinatário, que assim pode conferir a assinatura da remetente. Visto que a chave pública de Alice foi assinada por T, o destinatário sabe que a chave de Alice é realmente de Alice.

Exercícios

31.7-1

Considere um conjunto de chaves RSA com $p = 11$, $q = 29$, $n = 319$ e $e = 3$. Que valor de d deve ser usado na chave secreta? Qual é a codificação da mensagem $M = 100$?

31.7-2

Prove que, se o expoente público e de Alice é 3 e um adversário obtém o expoente secreto d de Alice, com $0 < d < \phi(n)$, então o adversário pode fatorar o módulo n de Alice em tempo polinomial com relação ao número de *bits* em n. (Embora não tenhamos pedido que você o prove, seria interessante saber que esse resultado continua verdadeiro mesmo que a condição $e = 3$ seja eliminada. Ver Miller [327].)

★ *31.7-3*

Prove que o RSA é multiplicativo, no sentido de que

$$P_A(M_1)P_A(M_2) = P_A(M_1M_2) \pmod{n}.$$

Use esse fato para provar que, se um adversário tivesse um procedimento que decifrasse eficientemente 1% das mensagens em $\mathbb{Z}_n$ criptografadas com P_A, ele poderia empregar um algoritmo probabilístico para decifrar todas as mensagens criptografadas em P_A com alta probabilidade.

★ 31.8 Teste de primalidade

Nesta seção, consideraremos o problema de encontrar primos grandes. Começamos com uma discussão da densidade de primos, em seguida, examinamos uma abordagem plausível, embora incompleta, para testar primalidade e depois apresentamos um teste de primalidade aleatorizado efetivo desenvolvido por Miller e Rabin.

Densidade de números primos

Para muitas aplicações, como a criptografia, precisamos encontrar primos grandes "aleatórios". Felizmente, primos grandes não são muito raros, de modo que é viável testar inteiros aleatórios do tamanho adequado até encontrar um primo. A *função distribuição de primos* $\pi(n)$ especifica o número de primos menores ou iguais a n. Por exemplo, $\pi(10) = 4$, já que existem quatro números primos menores ou iguais a 10, isto é, 2, 3, 5 e 7. O teorema dos números primos nos dá uma aproximação útil para $\pi(n)$.

Teorema 31.37 (Teorema dos números primos)

$$\lim_{n \to \infty} \frac{\pi(n)}{n/\ln n} = 1 \ .$$

A aproximação $n/\ln n$ produz estimativas razoavelmente precisas de $\pi(n)$, mesmo para n pequeno. Por exemplo, ela erra por menos de 6% em $n = 10^9$, em que $\pi(n) = 50.847.534$ e $n/\ln n \approx 48.254.942$. (Para um especialista em teoria dos números, 10^9 é um número pequeno.)

Podemos ver o processo de selecionar aleatoriamente um inteiro n e determinar se ele é primo como uma tentativa de Bernoulli (ver Seção C.4). Pelo teorema dos números primos, a probabilidade de sucesso — isto é, a probabilidade de n ser primo — é aproximadamente $1/\ln n$. A distribuição geométrica nos diz quantas tentativas precisamos para obter um sucesso e, pela Equação (C.36) no Apêndice C, o número esperado de tentativas é aproximadamente $\ln n$. Assim, esperaríamos examinar aproximadamente $\ln n$ inteiros escolhidos aleatoriamente próximos de n para encontrar um primo com o mesmo comprimento de n. Por exemplo, esperamos que encontrar um primo de 1024 *bits* exigiria testar a primalidade de aproximadamente $\ln 2^{1024} \approx 710$ números de 1024 *bits* escolhidos aleatoriamente. (Naturalmente, podemos reduzir esse número à metade escolhendo somente inteiros ímpares.)

No restante desta seção, consideraremos o problema de determinar se um inteiro ímpar grande n é ou não primo. Por conveniência de notação, supomos que a fatoração de n em primos é

$$n = p_1^{e_1} p_2^{e_2} \cdots p_r^{e_r} \ ,$$

em que $r \geq 1$, $p_1, p_2, ..., p_r$ são os fatores primos de n, e $e_1, e_2, ..., e_r$ são inteiros positivos. O inteiro n é primo se, e somente se, $r = 1$ e $e_1 = 1$.

Uma abordagem simples para o problema de testar a primalidade é a *divisão por tentativa*. Tentamos dividir n por cada inteiro 2, 3, 5, 7, 9, ... $\lfloor\sqrt{n}\rfloor$, ignorando inteiros pares maiores que 2. É fácil ver que n é primo se, e somente se, nenhum dos divisores por tentativa divide n. Considerando que cada tentativa de divisão demora um tempo constante, o tempo de execução do pior caso é $\Theta(\sqrt{n})$, que é exponencial com relação ao comprimento de n. (Lembre-se de que, se n for codificado em binário usando β *bits*, então $\beta = \lceil \lg(n+1) \rceil$, e portanto, $\sqrt{n} = \Theta(2^{\beta/2})$.) Assim, a divisão por tentativa funciona bem somente se n

é muito pequeno ou se por acaso ele tem um fator primo pequeno. Quando funciona, a divisão por tentativa tem a vantagem de não somente determinar se n é primo ou composto, mas também de determinar um dos fatores primos de n, se n for composto.

Nesta seção, estamos interessados apenas em determinar se um dado número n é primo. Se n for composto, não nos preocuparemos em determinar seus fatores primos. Calcular os fatores primos de um número é dispendioso em termos computacionais. Talvez você fique surpreso ao saber que é muito mais fácil verificar se dado número é primo ou não que determinar os fatores primos do número se ele não for primo.

Teste de pseudoprimalidade

Agora, consideramos um método para testar primalidade que "quase funciona" e que, na verdade, é bom o bastante para muitas aplicações práticas. Mais adiante, apresentaremos um refinamento desse método que elimina o pequeno defeito. Representamos por $\mathbb{Z}_n^+$ os elementos não nulos de $\mathbb{Z}_n$:

$$\mathbb{Z}_n^+ = \{1, 2, ..., n-1\}.$$

Se n é primo, então $\mathbb{Z}_n^+ = \mathbb{Z}_n^*$.

Dizemos que n é um ***pseudoprimo de base a*** se n é composto e

$$a^{n-1} \equiv 1 \pmod{n}. \tag{31.39}$$

O Teorema de Fermat (Teorema 31.31) significa que, se n é primo, então n satisfaz à Equação (31.39) para todo a em $\mathbb{Z}_n^+$. Assim, se pudermos encontrar qualquer $a \in \mathbb{Z}_n^+$ tal que n *não* satisfaça à Equação (31.39), então n é certamente composto. É surpreendente que a recíproca *quase* seja válida, de modo que esse critério forma um teste quase perfeito de primalidade. Em vez de testarmos cada valor de $a \in \mathbb{Z}_n^+$, testamos para verificar se n satisfaz à Equação (31.39) somente para $a = 2$. Se não, declaramos que n é composto retornando COMPOSTO. Caso contrário, retornamos PRIMO, supondo que n seja primo (quando, na verdade, tudo o que sabemos é que n é primo ou é um pseudoprimo de base 2).

Desse modo, o procedimento PSEUDOPRIMO pretende verificar a primalidade de n. Ele utiliza o procedimento EXPONENCIAÇÃO-MODULAR da Seção 31.6. A entrada n supõe que n seja um inteiro ímpar maior que 2. Esse procedimento pode cometer erros, mas somente de um tipo. Isto é, se o procedimento afirmar que n é composto, então está sempre correto. Porém, se afirmar que n é primo, comete um erro somente se n é um pseudoprimo de base 2.

```
PSEUDOPRIMO(n)
1   if EXPONENCIAÇÃO-MODULAR(2, n − 1, n) ≠ 1 (mod n)
2       return COMPOSTO          // definitivamente
3   else return PRIMO            // esperamos!
```

Qual é a frequência de erro do procedimento PSEUDOPRIMO? Surpreendentemente rara. Há somente 22 valores de n menores que 10.000 para os quais ele erra; os quatro primeiros desses valores são 341, 561, 645 e 1105. Não provaremos, mas a probabilidade de esse programa cometer erro em um número de β *bits* escolhido aleatoriamente tende a zero quando $\beta \to \infty$. Utilizando estimativas mais precisas concebidas por Pomerance [361] do número de pseudoprimos de base 2 de determinado tamanho, podemos avaliar que a probabilidade de um número de 512 *bits* escolhido aleatoriamente e considerado primo pelo procedimento dado ser um pseudoprimo de base 2 é menor do que uma vez em 10^{20}, e a probabilidade de um número de 1024 *bits* escolhido aleatoriamente e considerado primo ser um pseudoprimo de base 2 é menor que um em 10^{41}. Portanto, se estiver simplesmente tentando encontrar um número primo grande para alguma aplicação, para todos os propósitos práticos você quase nunca estará errado se escolher números grandes aleatoriamente até que, para um deles, PSEUDOPRIMO retorne PRIMO. Porém, quando os números cuja primalidade está sendo testada não são escolhidos aleatoriamente, precisamos de uma abordagem melhor para testar a primalidade. Como veremos, um pouco mais de esperteza e alguma aleatoriedade produzirão um método de teste de primalidade que funcione bem para todas as entradas.

Visto que PSEUDOPRIMO verifica a Equação (31.39) somente para $a = 2$, você pode pensar que é possível eliminar todos os erros simplesmente verificando a Equação (31.39) para um segundo número-base, digamos, $a = 3$.

Melhor ainda, pode conferir a Equação (31.39) para ainda mais valores de a. Infelizmente, até mesmo conferir diversos valores de a não eliminaria todos os erros, pois existem inteiros compostos n, conhecidos como **números de Carmichael**, que satisfazem à Equação (31.39) para *todo* $a \in \mathbb{Z}_n^*$. (Observamos que a equação falha quando mdc$(a, n) > 1$ — isto é, quando $a \notin \mathbb{Z}_n^*$ —, mas esperar demonstrar que n é composto determinando a pode ser difícil se n tiver somente fatores primos grandes.) Os três primeiros números de Carmichael são 561, 1105 e 1729. Números de Carmichael são extremamente raros; há, por exemplo, apenas 255 deles menores que 100.000.000. O Exercício 31.8-2 ajuda a explicar por que eles são tão raros.

Em seguida, mostramos como melhorar nosso teste de primalidade de modo que ele não seja enganado por números de Carmichael.

Teste aleatório de primalidade de Miller-Rabin

O teste de primalidade de Miller-Rabin supera os problemas do teste simples PSEUDOPRIMO com duas modificações:

- Experimenta diversos valores-base a escolhidos aleatoriamente, em vez de apenas um valor-base.
- Enquanto calcula cada exponenciação modular, procura uma raiz quadrada não trivial de 1, módulo n, durante o teste final das elevações ao quadrado. Se encontrar alguma, para e retorna COMPOSTO. O Corolário 31.35 na Seção 31.6 justifica a detecção de compostos feita dessa maneira.

O pseudocódigo para o teste de primalidade de Miller-Rabin é dado nos procedimentos MILLER-RABIN e TESTEMUNHA. A entrada $n > 2$ para MILLER-RABIN é o número ímpar cuja primalidade será testada, e s é o número de valores-base escolhidos aleatoriamente de $\mathbb{Z}_n^+$ que serão experimentados. O código utiliza o gerador de número aleatórios ALEATÓRIO descrito no Capítulo 5: ALEATÓRIO$(2, n - 2)$ retorna um inteiro a escolhido aleatoriamente que satisfaz $2 \le a \le n - 2$. (Essa faixa de valores evita ter $a = \pm 1 \pmod{n}$.) A chamada do procedimento auxiliar TESTEMUNHA(a, n) retorna VERDADEIRO se, e somente se, a é uma "testemunha" de que n é realmente composto — ou seja, se é possível usar a para provar (de um modo que veremos em breve) que n é composto. O teste TESTEMUNHA(a, n) é uma extensão, porém mais eficiente, do teste na Equação (31.39) que formou a base para PSEUDOPRIMO, usando $a = 2$.

Primeiro, vamos entender como TESTEMUNHA funciona, para depois mostrar como o utilizamos no teste de primalidade de Miller-Rabin. Seja $n - 1 = 2^t u$, em que $t \ge 1$ e u é ímpar. Isto é, a representação binária de $n - 1$ é a representação binária do inteiro ímpar u seguido por exatamente t zeros. Portanto, $a^{n-1} = \pmod{n}$, de modo que podemos calcular $a^{n-1} \bmod n$ calculando primeiro $a^u \bmod n$ e depois elevando o resultado ao quadrado t vezes sucessivamente.

```
MILLER-RABIN(n, s)                      // n > 2 é ímpar
1  for j = 1 to s
1      a = ALEATÓRIO(2, n − 2)
3      if TESTEMUNHA(a, n)
4          return COMPOSTO              // definitivamente
5  return PRIMO                         // quase certamente


TESTEMUNHA(a, n)
1  sejam t e u tais que t ≥ 1, u é ímpar, e n − 1 = 2^t u
2  x_0 = EXPONENCIAÇÃO-MODULAR(a, u, n)
3  for i = 1 to t
4      x_i = x²_{i−1} mod n
5      if x_i == 1 e x_{i−1} ≠ 1 e x_{i−1} ≠ n − 1
6          return VERDADEIRO            // achou uma raiz quadrada não trivial de 1
7  if x_t ≠ 1
8      return VERDADEIRO                // composto, como em PSEUDOPRIMO
9  return FALSO
```

Esse pseudocódigo para Testemunha calcula $a^{n-1} \bmod n$ calculando primeiro o valor $x_0 = a^u \bmod n$ na linha 2 e depois elevando o resultado ao quadrado t vezes em sequência no laço **for** das linhas 3–6. Por indução com relação a i, a sequência $x_0, x_1, ..., x_t$ de valores calculados satisfaz à equação $x_i = $ (mod n) para $i = 0, 1, ..., t$, de modo que, em particular, $x_t = a^{n-1}$ (mod n). Contudo, depois que a linha 4 executa uma etapa de elevação ao quadrado, o laço pode terminar prematuramente se as linhas 5–6 perceberem que uma raiz quadrada não trivial de 1 foi encontrada. (Mais adiante, explicaremos esses testes.) Se isso ocorrer, o algoritmo para e retorna VERDADEIRO. As linhas 7–8 retornam VERDADEIRO se o valor calculado para $x_t = a^{n-1}$ (mod n) não é igual a 1, exatamente como o procedimento Pseudoprimo retorna Composto nesse caso. A linha 9 retorna FALSO se não tivermos devolvido VERDADEIRO na linha 6 ou 8.

O lema a seguir prova a corretude de Testemunha.

Lema 31.38

Se Testemunha(a, n) devolve VERDADEIRO, podemos construir uma prova de que n é composto usando a como testemunha.

Prova Se Testemunha devolve VERDADEIRO da linha 8, é porque a linha 7 determinou que $x_t = a^{n-1} \bmod n \neq 1$. Contudo, se n é primo, temos, pelo Teorema de Fermat (Teorema 31.31), que $a^{n-1} = 1$ (mod n) para todo $a \in \mathbb{Z}_n^*$. Visto que $\mathbb{Z}_n^+ = \mathbb{Z}_n^*$ se n for primo, o Teorema de Fermat também diz que $a^{n-1} = 1$ (mod n) para todo $a \in \mathbb{Z}_n^+$. Portanto, n não pode ser primo, e a equação $a^{n-1} \bmod n \neq 1$ prova esse fato.

Se Testemunha retorna VERDADEIRO da linha 6, então descobriu que x_{i-1} é uma raiz quadrada não trivial de 1, módulo n, visto que temos que $x_{i-1} \neq \pm1$ (mod n) apesar de $x_i = x_{i-1}^2 = 1$ (mod n). O Corolário 31.35 afirma que somente se n é composto pode existir uma raiz quadrada não trivial de 1 módulo n, de modo que demonstrar que x_{i-1} é uma raiz quadrada não trivial de 1 módulo n prova que n é composto. ∎

Portanto, se a chamada Testemunha(a, n) retorna VERDADEIRO, então n certamente é composto, e a testemunha a, aliada ao motivo para que o procedimento retorne VERDADEIRO (ele retornou da linha 6 ou da linha 8?), oferece a prova de que n é composto.

Vamos agora explorar uma visão alternativa do comportamento de Testemunha em função da sequência $X = \langle x_0, x_1, ..., x_t \rangle$, que mais tarde verificaremos ser útil quando analisarmos a eficiência do teste de primalidade de Miller-Rabin. Observe que, se $x_i = 1$ para algum $0 \leq i < t$, Testemunha poderia não calcular o restante da sequência. Porém, se o fizesse, cada valor $x_{i+1}, x_{i+2}, ..., x_t$ seria 1, e supomos que essas posições na sequência X são todas iguais a 1. Temos quatro casos:

1. $X = \langle ..., d \rangle$, em que $d \neq 1$: a sequência X não termina em 1. Retorne VERDADEIRO na linha 8; a é uma testemunha de que n é composto (pelo Teorema de Fermat).

2. $X = \langle 1, 1, ..., 1 \rangle$: a sequência X é toda formada por 1. Retorne FALSO; a não é uma testemunha de que n é composto.

3. $X = \langle ..., -1, 1, ..., 1 \rangle$: a sequência X termina em 1, e o último valor não 1 é igual a -1. Retorne FALSO, pois a não é uma testemunha de que n é composto.

4. $X = \langle ..., d, 1, ..., 1 \rangle$, em que $d \neq \pm1$: a sequência X termina em 1, mas o último valor não 1 não é -1. Retorne VERDADEIRO na linha 6; a é uma testemunha de que n é composto, já que d é uma raiz quadrada não trivial de 1.

Agora, examinamos o teste de primalidade de Miller-Rabin com base no uso do procedimento Testemunha. Novamente, supomos que n seja um inteiro ímpar maior que 2.

O procedimento Miller-Rabin é uma busca probabilística de uma prova de que n é composto. O laço principal (que começa na linha 1) escolhe até s valores aleatórios para a de $\mathbb{Z}_n^+$, exceto por 1 e $n - 1$ (linha 2). Se um dos valores de a escolhidos for testemunha de que n é composto, então Miller-Rabin retorna Composto na linha 4. Tal resultado é sempre correto, pela corretude de Testemunha. Se Miller-Rabin não encontrar nenhuma testemunha em s tentativas, entenderá que isso ocorreu porque não existe nenhuma testemunha e, portanto, deduz que n é primo. Veremos que esse resultado é provavelmente correto se s for suficientemente grande, mas que ainda há uma minúscula chance de o procedimento ter sido infeliz em sua escolha dos valores de a, e que as testemunhas realmente existem, ainda que nenhuma tenha sido encontrada.

Para ilustrarmos a operação de MILLER-RABIN, seja n o número de Carmichael 561, de modo que $n - 1 = 560 = 2^4 \cdot 35$, $t = 4$ e $u = 35$. Se o procedimento escolher $a = 7$ como base, a coluna para $b = 35$ na Figura 31.4 (Seção 31.6) mostra que TESTEMUNHA calcula $x_0 = a^{35} = 241 \pmod{561}$. Em face do modo como EXPONEN-CIAÇÃO-MODULAR opera recursivamente sobre seu parâmetro b, as quatro primeiras colunas na Figura 31.4 representam o fator 2^4 de 560 — os quatro zeros mais à direita na representação binária de 560 — lendo esses quatro zeros da direita para a esquerda na representação binária. Portanto, TESTEMUNHA calcula a sequência $X = \langle 241, 298, 166, 67, 1 \rangle$. Assim, TESTEMUNHA descobre uma raiz quadrada não trivial de 1 na última etapa de elevação ao quadrado, já que $a^{280} = 67 \pmod{n}$ e $(a^{280})^2 = a^{560} = 1 \pmod{n}$. Então, $a = 7$ é uma testemunha de que n é composto, TESTEMUNHA$(7, n)$ retorna VERDADEIRO e Miller-Rabin retorna COMPOSTO.

Se n é um número de β bits, MILLER-RABIN requer $O(s\beta)$ operações aritméticas e $O(s\beta^3)$ operações com bits, já que assintoticamente não requer mais trabalho que s exponenciações modulares.

Taxa de erro do teste de primalidade de Miller-Rabin

Se MILLER-RABIN retorna PRIMO, há uma minúscula chance de o procedimento ter cometido erro. Porém, diferentemente de PSEUDOPRIMO, a chance de erro não depende de n; não há nenhuma entrada ruim para esse procedimento. Mais exatamente, ela depende do tamanho de s e da "sorte no jogo" na escolha dos valores-base a. Além disso, visto que cada teste é mais rigoroso que uma simples verificação da Equação (31.39), podemos esperar, em princípios gerais, que a taxa de erro seja pequena para inteiros n escolhidos aleatoriamente. O teorema a seguir apresenta um argumento mais preciso.

Teorema 31.39

Se n é um número composto ímpar, o número de testemunhas de que n é composto é pelo menos $(n - 1)/2$.

Prova A prova mostra que o número de não testemunhas é no máximo $(n - 1)/2$, o que implica o teorema.

Começamos afirmando que qualquer não testemunha deve ser um membro de $\mathbb{Z}_n^*$. Por quê? Considere qualquer não testemunha a. Ela deve satisfazer $a^{n-1} = 1 \pmod{n}$ ou, o que é equivalente, $a \cdot a^{n-2} = 1 \pmod{n}$. Portanto, a equação $ax = 1 \pmod{n}$ tem uma solução, a saber, a^{n-2}. Pelo Corolário 31.21, $\mathrm{mdc}(a, n) \mid 1$, o que, por sua vez, implica que $\mathrm{mdc}(a, n) = 1$. Portanto, a é um membro de $\mathbb{Z}_n^*$, e todas as não testemunhas pertencem a $\mathbb{Z}_n^*$.

Para concluirmos a prova, mostramos não apenas que todas as não testemunhas estão contidas em $\mathbb{Z}_n^*$, mas também que todas elas estão contidas em um subgrupo próprio B de $\mathbb{Z}_n^*$ (lembre-se de que dizemos que B é um subgrupo *próprio* de $\mathbb{Z}_n^*$ quando B é um subgrupo de $\mathbb{Z}_n^*$, mas B não é igual a $\mathbb{Z}_n^*$). Então, pelo Corolário 31.16, temos $|B| \leq |\mathbb{Z}_n^*|/2$. Visto que $|\mathbb{Z}_n^*| \leq n - 1$, obtemos $|B| \leq (n - 1)/2$. Portanto, se todas as não testemunhas estiverem contidas em um subgrupo próprio de $\mathbb{Z}_n^*$, então o número de não testemunhas é no máximo $(n - 1)/2$ e, assim, o número de testemunhas deve ser, no mínimo, $(n - 1)/2$.

Para mostrarmos como encontrar um subgrupo próprio B de $\mathbb{Z}_n^*$, que contém todas as não testemunhas, consideramos dois casos.

Caso 1: existe um $x \in \mathbb{Z}_n^*$ tal que

$$x^{n-1} \neq 1 \pmod{n}.$$

Em outras palavras, n não é um número de Carmichael. Como observamos antes, os números de Carmichael são extremamente raros e, por isso, o Caso 1 é o caso mais típico (por exemplo, quando n foi escolhido aleatoriamente e sua primalidade está sendo testada).

Seja $B = \{b \in \mathbb{Z}_n^* : b^{n-1} = 1 \pmod{n}\}$. Claramente, B é não vazio, já que $1 \in B$. Visto que B é fechado para multiplicação módulo n, temos que B é um subgrupo de $\mathbb{Z}_n^*$ pelo Teorema 31.14. Observe que toda não testemunha pertence a B, já que uma não testemunha a satisfaz $a^{n-1} = 1 \pmod{n}$. Como $x \in \mathbb{Z}_n^* - B$, temos que B é um subgrupo próprio de $\mathbb{Z}_n^*$.

Caso 2: para todo $x \in \mathbb{Z}_n^*$,

$$x^{n-1} = 1 \pmod{n} . \tag{31.40}$$

Em outras palavras, n é um número de Carmichael. Esse caso é extremamente raro na prática. Contudo, diferentemente de um teste de pseudoprimalidade, o teste de Miller-Rabin pode determinar eficientemente que números de Carmichael são compostos, como mostramos agora.

Nesse caso, n não pode ser uma potência de primo. Para vermos por quê, vamos supor, por contradição, que $n = p^e$, em que p é um primo e $e > 1$. Deduzimos uma contradição da seguinte maneira: visto que supomos que n é ímpar, p também deve ser ímpar. O Teorema 31.32 indica que $\mathbb{Z}_n^*$ é um grupo cíclico: contém um gerador g tal que $\mathrm{ord}_n(g) = |\mathbb{Z}_n^*| = \phi(n) = p^e(1 - 1/p) = (p - 1) p^{e-1}$. (A fórmula de $\phi(n)$ vem da Equação (31.21).) Pela Equação (31.40), temos $g^{n-1} = 1 \pmod{n}$. Então, o teorema do logaritmo discreto (Teorema 31.33, tomando $y = 0$) implica $n - 1 = 0 \pmod{\phi(n)}$ ou

$$(p - 1)p^{e-1} \mid p^e - 1 .$$

Essa afirmação é uma contradição para $e > 1$, já que $(p - 1)p^{e-1}$ é divisível pelo primo p, mas $p^e - 1$ não é. Assim, n não é uma potência de primo.

Visto que o número composto ímpar n não é uma potência de primo, decompomos esse número em um produto $n_1 n_2$, em que n_1 e n_2 são números ímpares maiores que 1 e primos entre si. (Pode haver várias maneiras de decompor n, e não importa qual delas escolhemos. Por exemplo, se $n = p_1^{e_1} p_2^{e_2} \cdots p_r^{e_r}$, então podemos escolher $n_1 = p_1^{e_1}$ and $n_2 = p_2^{e_2} p_3^{e_3} \cdots p_r^{e_r}$.)

Lembre-se de que definimos t e u de modo que $n - 1 = 2^t u$, em que $t \geq 1$ é ímpar, e que, para uma entrada a, o procedimento TESTEMUNHA calcula a sequência

$$X = \langle a^u, a^{2u}, a^{2^2 u}, \ldots, a^{2^t u} \rangle$$

em que todos os cálculos são realizados módulo n.

Vamos denominar um par de inteiros (v, j) **aceitáveis** se $v \in \mathbb{Z}_n^*$, $j \in \{0, 1, ..., t\}$, e

$$v^{2^j u} = -1 \pmod{n} .$$

Certamente existem pares aceitáveis, já que u é ímpar. Podemos escolher $v = n - 1$ e $j = 0$, e seja $u = 2k + 1$, de modo que $= (n - 1)^u = (n - 1)^{2k+1}$. Tomando esse número módulo n dá $(n - 1)^{2k+1} = (n - 1)^{2k} \cdot (n - 1) = (-1)^{2k} \cdot -1 = -1 \pmod{n}$. Assim, $(n - 1, 0)$ é um par aceitável. Agora, escolha o maior j possível tal que exista um par aceitável (v, j) e fixe v de modo que (v, j) seja um par aceitável. Seja

$$B = \{x \in \mathbb{Z}_n^* : x^{2^j u} = \pm 1 \pmod{n}\} .$$

Como B é fechado para multiplicação módulo n, ele é um subgrupo de $\mathbb{Z}_n^*$. Portanto, pelo Teorema 31.15, $|B|$ divide $|\mathbb{Z}_n^*|$. Toda não testemunha deve ser um membro de B, já que a sequência X produzida por uma não testemunha deve ser toda 1s ou, então, conter um valor -1 não além da j-ésima posição, pela maximalidade de j. (Se (a, j') é aceitável, em que a é uma não testemunha, devemos ter $j' \leq j$, pelo modo como escolhemos j.)

Agora, usamos a existência de v para demonstrar que existe um $w \in \mathbb{Z}_n^* - B$ e, por consequência, que B é um subgrupo próprio de $\mathbb{Z}_n^*$. Como $v^{2^j u} = -1 \pmod{n}$, temos também que $v^{2^j u} = -1 \pmod{n_1}$ pelo Corolário 31.29 do teorema chinês do resto. Pelo Corolário 31.28, existe um w que satisfaz simultaneamente às equações

$$w = v \pmod{n_1} ,$$
$$w = 1 \pmod{n_2} .$$

Portanto,

$$w^{2^j u} = -1 \pmod{n_1} ,$$
$$w^{2^j u} = 1 \pmod{n_2} .$$

Pelo Corolário 31.29, $w^{2^j u} \neq 1 \pmod{n_1}$ implica $w^{2^j u} \neq 1 \pmod{n}$, e também $w^{2^j u} \neq -1 \pmod{n_2}$ implica $w^{2^j u} \neq -1 \pmod{n}$. Consequentemente, concluímos que $w^{2^j u} \neq \pm 1 \pmod{n}$, e assim, $w \notin B$.

Resta mostrar que $w \in \mathbb{Z}_n^*$. Começamos trabalhando primeiro separadamente em módulo n_1 e em módulo n_2. Trabalhando em módulo n_1, observamos que, como $v \in \mathbb{Z}_n^*$, temos que $\mathrm{mdc}(v, n) = 1$. Assim, também $\mathrm{mdc}(v, n_1) = 1$, pois se v não tem nenhum divisor comum com n, certamente não tem nenhum divisor comum com n_1. Como $w = v \pmod{n_1}$, vemos que $\mathrm{mdc}(w, n_1) = 1$. Trabalhando em módulo n_2, observamos que $w = 1$

(mod n_2) implica mdc(w, n_2) = 1 pelo Exercício 31.2-3. Como mdc(w, n_1) = 1 e mdc(w, n_2) = 1, o Teorema 31.6 produz mdc($w, n_1 n_2$) = mdc(w, n) = 1. Isto é, $w \in \mathbb{Z}_n^*$.

Assim, temos que $w \in \mathbb{Z}_n^* - B$, e finalizamos o Caso 2 concluindo que B, que inclui todas as não testemunhas, é um subgrupo próprio de $\mathbb{Z}_n^*$ e, portanto, tem tamanho no máximo $(n - 1)/2$.

Em qualquer dos casos, vemos que o número de testemunhas de que n é composto é pelo menos $(n - 1)/2$. ∎

Teorema 31.40

Para qualquer inteiro ímpar $n > 2$ e inteiro positivo s, a probabilidade de MILLER-RABIN(n, s) errar é no máximo 2^{-s}.

Prova Usando o Teorema 31.39 vemos que, se n é composto, então cada execução do laço **for** das linhas 1–4 de MILLER-RABIN tem probabilidade de no mínimo ½ de descobrir uma testemunha x de que n é composto. MILLER-RABIN só cometerá erro se for tão sem sorte que não descubra uma testemunha de que n é composto em cada uma das s iterações do laço principal. A probabilidade de ocorrer tal sequência de falhas é no máximo 2^{-s}. ∎

Se n é primo, MILLER-RABIN sempre retorna PRIMO, e se n é composto, a chance de MILLER-RABIN informar PRIMO é no máximo 2^{-s}.

Contudo, ao aplicarmos MILLER-RABIN a um inteiro grande n escolhido aleatoriamente, precisamos considerar também a probabilidade anterior de n ser primo, de modo a interpretar corretamente o resultado de MILLER-RABIN. Suponha que fixamos um comprimento de β *bits* e escolhemos aleatoriamente um inteiro n de β *bits* de comprimento para teste de primalidade, de modo que $\beta \approx \lg n \approx 1{,}443 \ln n$. Indicamos por A o evento de n ser primo. Pelo teorema dos números primos (Teorema 31.37), a probabilidade de n ser primo é aproximadamente

$$\Pr\{A\} \approx 1/\ln n$$
$$\approx 1{,}443/\beta \ .$$

Agora, indicamos por B o evento de MILLER-RABIN retornar PRIMO. Temos que $\Pr\{\overline{B} \mid A\} = 0$ (ou, o que é equivalente, $\Pr\{B \mid A\} = 1$) e $\Pr\{B \mid \overline{A}\} \leq 2^{-s}$ (ou, o que é equivalente, $\Pr\{\overline{B} \mid \overline{A}\} > 1 - 2^{-s}$).

Mas qual é $\Pr\{A \mid B\}$, a probabilidade de n ser primo, dado que MILLER-RABIN retornou PRIMO? Pela forma alternativa do Teorema de Bayes (Equação (C.20) no Apêndice C) e aproximando $\Pr\{B \mid \overline{A}\}$ por 2^{-s}, temos

$$\Pr\{A \mid B\} = \frac{\Pr\{A\}\,\Pr\{B \mid A\}}{\Pr\{A\}\,\Pr\{B \mid A\} + \Pr\{\overline{A}\}\,\Pr\{B \mid \overline{A}\}}$$
$$\approx \frac{(1/\ln n) \cdot 1}{(1/\ln n) \cdot 1 + (1 - 1/\ln n) \cdot 2^{-s}}$$
$$\approx \frac{1}{1 + 2^{-s}(\ln n - 1)} \ .$$

Essa probabilidade não ultrapassa ½ até s exceder $\lg(\ln n - 1)$. Intuitivamente, esse mesmo número de tentativas iniciais é necessário, só para que a confiança derivada de não termos encontrado uma testemunha de que n é composto supere o viés anterior em favor de n ser composto. Para um número com $\beta = 1024$ *bits*, esse teste inicial requer aproximadamente

$$\lg(\ln n - 1) \approx \lg(\beta/1{,}443)$$
$$\approx 9$$

tentativas. De qualquer modo, escolher $s = 50$ deve ser suficiente para quase toda aplicação imaginável.

Na verdade, a situação é muito melhor. Se estamos tentando encontrar primos grandes aplicando MILLER-RABIN a inteiros ímpares grandes escolhidos aleatoriamente, então é muito improvável que escolher um valor pequeno de s (digamos 3) leve a resultados errôneos, embora não provemos isso aqui. Isto porque, para um inteiro ímpar composto n escolhido aleatoriamente, é provável que o número esperado de não testemunhas de que n é composto seja muito menor que $(n - 1)/2$.

Entretanto, se o inteiro n não for escolhido aleatoriamente, o melhor que se pode provar é que o número de não testemunhas é no máximo $(n-1)/4$, usando uma versão melhorada do Teorema 31.39. Além disso, existem inteiros n para os quais o número de não testemunhas é $(n-1)/4$.

Exercícios

31.8-1

Prove que, se um inteiro ímpar $n > 1$ não é primo ou uma potência prima, existe uma raiz quadrada não trivial de 1 módulo n.

★ *31.8-2*

É possível fortalecer ligeiramente o Teorema de Euler (Teorema 31.30) para a forma

$a^{\lambda(n)} = 1 \pmod{n}$ para todo $a \in \mathbb{Z}_n^*$,

em que $n = p_1^{e_1} \cdots p_r^{e_r}$ e $\lambda(n)$ é definido por

$$\lambda(n) = \operatorname{lcm}(\phi(p_1^{e_1}), \ldots, \phi(p_r^{e_r})) \ .$$

Prove que $\lambda(n) \mid \phi(n)$. Um número composto n é um número de Carmichael se $\lambda(n) \mid n-1$. O menor número de Carmichael é $561 = 3 \cdot 11 \cdot 17$, para o qual $\lambda(n) = \operatorname{mmc}(2, 10, 16) = 80$, que é um divisor de 560. Prove que os números de Carmichael devem ser "livres de quadrados" (não divisíveis pelo quadrado de qualquer primo) e o produto de, no mínimo, três primos. (Por essa razão, eles não são muito comuns.)

31.8-3

Prove que, se x é uma raiz quadrada não trivial de 1, módulo n, então $\operatorname{mdc}(x-1, n)$ e $\operatorname{mdc}(x+1, n)$ são divisores não triviais de n.

Problemas

31-1   Algoritmo binário de mdc

A maioria dos computadores pode efetuar operações de subtração, teste de paridade (ímpar ou par) de um inteiro binário e divisão por 2 mais rapidamente que o cálculo de restos. Este problema investiga o **algoritmo de mdc binário**, que evita os cálculos de resto usados no algoritmo de Euclides.

a. Prove que, se a e b são pares, então $\operatorname{mdc}(a, b) = 2 \cdot \operatorname{mdc}(a/2, b/2)$.

b. Prove que, se a é ímpar e b é par, então $\operatorname{mdc}(a, b) = \operatorname{mdc}(a, b/2)$.

c. Prove que, se a e b são ímpares, então $\operatorname{mdc}(a, b) = \operatorname{mdc}((a-b)/2, b)$.

d. Projete um algoritmo de mdc binário eficiente para inteiros de entrada a e b, em que $a \geq b$, que é executado no tempo $O(\lg a)$. Suponha que cada subtração, teste de paridade e divisão em metades possa ser executado em tempo unitário.

31-2   Análise de operações com bits *no algoritmo de Euclides*

a. Considere o algoritmo comum de "lápis e papel" para a divisão longa: dividir a por b, gerando um quociente q e um resto r. Mostre que esse método exige $O((1 + \lg q) \lg b)$ operações com *bits*.

b. Defina $\mu(a, b) = (1 + \lg a)(1 + \lg b)$. Mostre que o número de operações com *bits* executadas por EUCLIDES para reduzir o problema de calcular $\operatorname{mdc}(a, b)$ ao problema de calcular $\operatorname{mdc}(b, a \bmod b)$ é no máximo $c(\mu(a, b) - \mu(b, a \bmod b))$ para alguma constante $c > 0$ suficientemente grande.

c. Mostre que EUCLIDES(a, b) exige $O(\mu(a, b))$ operações com *bits* em geral e $O(\beta^2)$ operações com *bits* quando aplicado a duas entradas de β *bits*.

31-3   Três algoritmos para números de Fibonacci

Este problema compara a eficiência de três métodos para calcular o n-ésimo número de Fibonacci F_n, dado n. Suponha que o custo de somar, subtrair ou multiplicar dois números seja $O(1)$, independentemente do tamanho dos números.

a. Mostre que o tempo de execução do método recursivo direto para calcular F_n baseado na recorrência (3.31) no Capítulo 3 é exponencial em n. (Ver, por exemplo, o procedimento Fib no Capítulo 26.)

b. Mostre como calcular F_n no tempo $O(n)$ usando memoização.

c. Mostre como calcular F_n no tempo $O(\lg n)$ usando apenas soma e multiplicação de inteiros. (*Sugestão:* considere a matriz $\begin{pmatrix} 0 & 1 \\ 1 & 1 \end{pmatrix}$ e suas potências.)

d. Agora, suponha que somar dois números de β *bits* demora o tempo $\Theta(\beta)$ e que multiplicar dois números de β *bits* demora o tempo $\Theta(\beta^2)$. Qual é o tempo de execução desses três métodos sob essa medida de custo mais razoável para as operações aritméticas elementares?

31-4   Resíduos quadráticos

Seja p um primo ímpar. Um número $a \in \mathbb{Z}_p^*$ é um ***resíduo quadrático***, módulo p, se a equação $x^2 = a \pmod p$ tem uma solução para a incógnita x.

a. Mostre que existem exatamente $(p-1)/2$ resíduos quadráticos, módulo p.

b. Se p é primo, definimos o ***símbolo de Legendre*** $\left(\frac{a}{p}\right)$, para $a \in \mathbb{Z}_p^*$, como 1 se a é um resíduo quadrático módulo p, e -1 em caso contrário. Prove que, se $a \in \mathbb{Z}_p^*$, então

$$\left(\frac{a}{p}\right) = a^{(p-1)/2} \pmod p .$$

Forneça um algoritmo eficiente que determine se dado número a é ou não um resíduo quadrático módulo p. Analise a eficiência de seu algoritmo.

c. Prove que, se p é um primo da forma $4k + 3$ e a é um resíduo quadrático em $\mathbb{Z}_p^*$, então $a^{k+1} \bmod p$ é uma raiz quadrada de a, módulo p. Quanto tempo é necessário para determinar a raiz quadrada de um resíduo quadrático a módulo p?

d. Descreva um algoritmo aleatorizado eficiente para determinar um resíduo não quadrático, módulo um primo p arbitrário, isto é, um membro de $\mathbb{Z}_p^*$ que não é um resíduo quadrático. Quantas operações aritméticas seu algoritmo exige em média?

Notas do capítulo

Knuth [260] contém uma boa discussão de algoritmos para encontrar o máximo divisor comum, bem como outros algoritmos básicos da teoria dos números. Dixon [121] apresenta uma visão geral da fatoração e do teste de primalidade. Bach [33] e Riesel [378] e Bach e Shallit [34] fornecem uma visão geral dos fundamentos da teoria computacional dos números. Shoup [411] oferece uma cobertura mais recente. Os anais de conferências editados por Pomerance [362] contêm várias resenhas interessantes.

Knuth [260] discute a origem do algoritmo de Euclides. Ele aparece no Livro 7, Proposições 1 e 2, de *Elementos* do matemático grego Euclides, que foi escrito em torno de 300 a.C. A descrição de Euclides pode ter sido derivada de um algoritmo criado por Eudoxo, por volta de 375 a.C. O algoritmo de Euclides pode ostentar a honra de ser o mais antigo algoritmo não trivial; ele só encontra rival em um algoritmo para multiplicação conhecido pelos antigos egípcios. Shallit [407] narra a história da análise do algoritmo de Euclides.

Knuth atribui um caso especial do teorema chinês do resto (Teorema 31.27) ao matemático chinês Sun-Tsu, que viveu em alguma época entre 200 a.C. e 200 d.C. — a data é bastante incerta. O mesmo caso especial foi apresentado pelo matemático grego Nicômaco por volta de 100 d.C., generalizado por Qin Jiushao em 1247. O teorema chinês do resto foi, por fim, enunciado e provado em sua total generalidade por L. Euler, em 1734.

O algoritmo aleatorizado do teste de primalidade apresentado aqui se deve a Miller [327] e Rabin [373], e é o algoritmo aleatorizado para teste de primalidade mais rápido que se conhece, dentro de fatores constantes. A prova do Teorema 31.40 é uma ligeira adaptação da sugerida por Bach [32]. Prova de um resultado mais forte para Miller-Rabin foi dada por Monier [332, 333]. Por muitos anos, o teste de primalidade foi o exemplo clássico de um problema em que a aleatoriedade pareceu ser necessária para obter um algoritmo eficiente (em tempo polinomial). Contudo, em 2002, Agrawal, Kayal e Saxena [4] surpreenderam a todos com seu algoritmo de teste de primalidade determinístico em tempo polinomial. Até então, o algoritmo determinístico mais rápido conhecido para teste de primalidade era a versão de Cohen e Lenstra [97], executado no tempo $(\lg n)^{O(\lg \lg \lg n)}$ sobre a entrada n, que é apenas ligeiramente superpolinomial. Apesar disso, para fins práticos, os algoritmos do teste de primalidade aleatorizados continuam sendo mais eficiente e geralmente são preferidos.

O problema de encontrar primos grandes "aleatórios" é discutido agradavelmente em um artigo de Beauchemin, Brassard, Crépeau, Gutier e Pomerance [40].

O conceito de sistema de criptografia de chave pública se deve a Diffie e Hellman [115]. O sistema de criptografia RSA foi proposto em 1977 por Rivest, Shamir e Adleman [380]. Desde então, a área da criptografia floresceu. Nosso entendimento do sistema de criptografia RSA se aprofundou, e implementações modernas utilizam refinamentos significativos das técnicas básicas aqui apresentadas. Além disso, muitas novas técnicas foram desenvolvidas para demonstrar que sistemas de criptografia são seguros. Por exemplo, Goldwasser e Micali [190] mostram que a aleatoriedade pode ser uma ferramenta efetiva no projeto de esquemas confiáveis de criptografia de chave pública. Para esquemas de assinaturas, Goldwasser, Micali e Rivest [191] apresentam um esquema de assinatura digital para o qual todo tipo concebível de falsificação é comprovadamente tão difícil quanto a decomposição em fatores primos. Katz e Lindell [253] apresentam uma visão geral da criptografia moderna.

Os melhores algoritmos para fatorar números grandes têm um tempo de execução que cresce de forma aproximadamente exponencial com a raiz cúbica do comprimento do número n a ser fatorado. O algoritmo geral de fatoração por crivo de corpo numérico (desenvolvido por Buhler, Lenstra e Pomerance [77] como extensão das ideias sobre o algoritmo de fatoração por crivo de corpo numérico criado por Pollard [360] e Lenstra *et al.* [295] e refinado por Coppersmith [102] e outros) é talvez o algoritmo geral mais eficiente para grandes entradas. Embora seja difícil apresentar uma análise rigorosa desse algoritmo, sob hipóteses razoáveis podemos deduzir uma estimativa de tempo de execução igual a $L(1/3, n)^{1,902+o(1)}$, em que $L(\alpha, n) = e^{(\ln n)^{\alpha}(\ln \ln n)^{1-\alpha}}$.

O método de curva elíptica criado por Lenstra [296] pode ser mais eficaz para algumas entradas que o método de fatoração por crivo de campo de números, já que pode encontrar um pequeno fator primo p com bastante rapidez. Por esse método, o tempo para encontrar p é estimado em $L(1/2, p)^{\sqrt{2}+o(1)}$.

32 Correspondência de Cadeias

Programas de edição de textos precisam com frequência encontrar todas as ocorrências de um padrão no texto. Em geral, o texto é um documento que está sendo editado, e o padrão procurado é uma palavra específica fornecida pelo usuário. Algoritmos eficientes para esse problema — denominados "algoritmos de correspondência de cadeias" — podem ajudar muito no nível de resposta do programa de edição de textos. Entre muitas outras aplicações, algoritmos de correspondência de cadeias procuram padrões particulares em sequências de DNA. Programas de busca na internet também os usam para encontrarem páginas relevantes em consultas.

Formalizamos o problema de correspondência de cadeias da maneira mostrada a seguir. Supomos que o texto seja um vetor $T[1 : n]$ de comprimento n e que o padrão seja um vetor $P[1 : m]$ de comprimento $m \leq n$. Supomos ainda que os elementos de P e T sejam caracteres extraídos de um alfabeto Σ, que é um conjunto finito de caracteres. Por exemplo, podemos ter Σ como o conjunto $\{0, 1\}$, ou então pode ser o conjunto $\{a, b, ..., z\}$. Os vetores de caracteres P e T são comumente denominados ***cadeias*** (ou ***strings***) de caracteres.

Referindo-nos à Figura 32.1, dizemos que o padrão P ***ocorre com deslocamento s*** no texto T (ou, o que é equivalente, que o padrão P ***ocorre começando na posição s + 1*** no texto T) se $0 \leq s \leq n - m$ e $T[s + 1 : s + m] = P[1 : m]$, isto é, se $T[s + j] = P[j]$, para $1 \leq j \leq m$. Se P ocorre com deslocamento s em T, então denominamos s um ***deslocamento válido***; caso contrário, denominamos s um ***deslocamento inválido***. O ***problema da correspondência de cadeias*** é o problema de encontrar todos os deslocamentos válidos com os quais determinado padrão P ocorre em dado texto T.

Com exceção do algoritmo ingênuo de força bruta, que examinamos na Seção 32.1, cada algoritmo de correspondência de cadeias neste capítulo executa algum pré-processamento baseado no padrão e depois encontra todos os deslocamentos válidos. Denominamos essa fase posterior "correspondência". Apresentamos aqui os tempos de pré-processamento e de correspondência para cada um dos algoritmos de correspondência de cadeias neste capítulo. O tempo de execução total de cada algoritmo é a soma dos tempos de pré-processamento e correspondência:

Algoritmo	Tempo de pré-processamento	Tempo de correspondência
Ingênuo	0	$O((n - m + 1)m)$
Rabin-Karp	$\Theta(m)$	$O((n - m + 1)m)$
Autômato finito	$O(m\|\Sigma\|)$	$\Theta(n)$
Knuth-Morris-Pratt	$\Theta(m)$	$\Theta(n)$
Vetor de sufixos[1]	$O(n \lg n)$	$O(m \lg n + km)$

Figura 32.1 Exemplo do problema da correspondência de cadeias, no qual queremos encontrar todas as ocorrências do padrão $P = \mathtt{abaa}$ no texto $T = \mathtt{abcabaabcabac}$. O padrão ocorre apenas uma vez no texto, no deslocamento $s = 3$, que denominamos deslocamento válido. Uma linha vertical liga cada caractere do padrão a seu caractere correspondente no texto, e todos os caracteres para os quais ocorreu a correspondência estão sombreados em *cinza-escuro*.

---

[1]Para os vetores de sufixos, o tempo de pré-processamento de $O(n \lg n)$ vem do algoritmo apresentado na Seção 32.5. Ele pode ser reduzido para $\Theta(n)$ com o uso do algoritmo do Problema 32-2. O fator k no tempo de correspondência indica o número de ocorrências do padrão no texto.

A Seção 32.2 apresenta um interessante algoritmo de correspondências de cadeias, desenvolvido por Rabin e Karp. Embora o tempo de execução do pior caso $\Theta((n - m + 1)m)$ desse algoritmo não seja melhor que o do método ingênuo, em média ele funciona muito melhor na prática. O algoritmo também pode produzir generalizações interessantes para outros problemas de correspondência de padrões. A Seção 32.3 descreve então um algoritmo de correspondência de cadeias que começa pela construção de um autômato finito projetado especificamente para procurar em um texto ocorrências do padrão P dado. O tempo de pré-processamento desse algoritmo é $O(m|\Sigma|)$, mas o tempo de correspondência é somente $\Theta(n)$. A Seção 32.4 apresenta o algoritmo semelhante, porém muito mais inteligente, de Knuth-Morris-Pratt (ou KMP). Esse algoritmo tem o mesmo tempo de correspondência $\Theta(n)$ e reduz o tempo de pré-processamento a apenas $\Theta(m)$.

Uma abordagem completamente diferente aparece na Seção 32.5, que examina vetores de sufixos e o vetor de prefixo comum mais longo. Podemos usar esses vetores não apenas para encontrar um padrão em um texto, mas também para responder a outras perguntas, como qual é a subcadeia repetida mais longa no texto e qual é a subcadeia comum mais longa entre dois textos. O algoritmo para formar o vetores de sufixos na Seção 32.5 leva um tempo $O(n \lg n)$ e, dado o vetor de sufixos, a seção mostra como calcular o vetor de prefixos comum mais longo no tempo $O(n)$.

Notação e terminologia

Indicamos por Σ^* (lê-se "sigma estrela") o conjunto de todas as cadeias de comprimento finito extraídas do alfabeto Σ. Neste capítulo, consideramos somente cadeias de comprimento finito. A **cadeia vazia** de comprimento zero, indicada por ε, também pertence a Σ^*. O comprimento de uma cadeia x é indicado por $|x|$. A **concatenação** de duas cadeias x e y, representada por xy, tem comprimento $|x| + |y|$ e consiste nos caracteres de x seguidos pelos caracteres de y.

Dizemos que uma cadeia w é **prefixo** de uma cadeia x, indicada por $w \sqsubset x$, se $x = wy$ para alguma cadeia $y \in \Sigma^*$. Observe que, se $w \sqsubset x$, então $|w| \leq |x|$. De modo semelhante, dizemos que uma cadeia w é **sufixo** de uma cadeia x, representada por $w \sqsupset x$, se $x = yw$ para algum $y \in \Sigma^*$. Do mesmo modo que para um prefixo, $w \sqsupset x$ implica $|w| \leq |x|$. Por exemplo, temos ab $\sqsubset$ abcca e cca $\sqsupset$ abcca. A cadeia w é um **prefixo próprio** de x se $w \sqsubset x$ e $|w| < |x|$, e da mesma forma para um **sufixo próprio**. A cadeia vazia ε é um sufixo e também um prefixo para todas as cadeias. Para quaisquer cadeias x e y e qualquer caractere a, temos $x \sqsupset y$ se, e somente se, $xa \sqsupset ya$. Observe também que $\sqsubset$ e $\sqsupset$ são relações transitivas. O lema a seguir será útil mais adiante.

Lema 32.1 (Lema dos sufixos sobrepostos)

Suponha que x, y e z sejam cadeias tais que $x \sqsupset z$ e $y \sqsupset z$. Se $|x| \leq |y|$, então $x \sqsupset y$. Se $|x| \geq |y|$, então $y \sqsupset x$. Se $|x| = |y|$, então $x = y$.

Prova Ver Figura 32.2 para ter uma prova gráfica.   ■

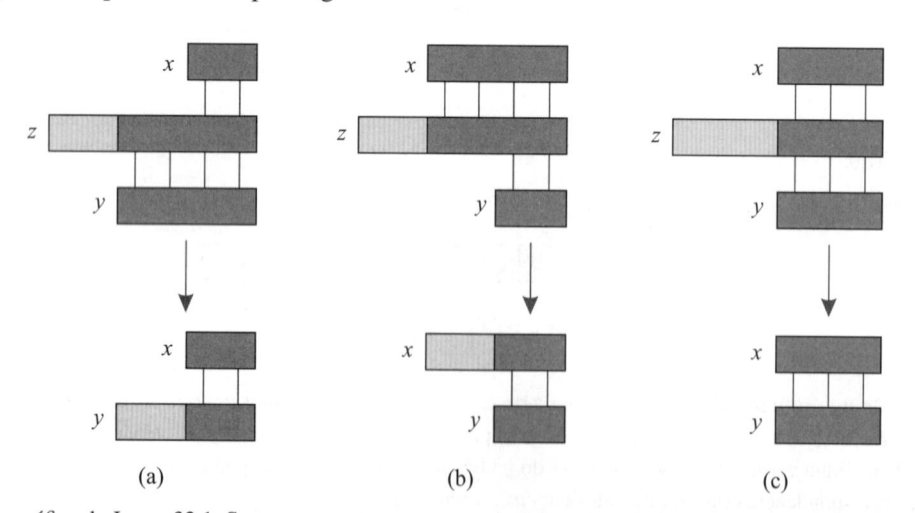

Figura 32.2 Prova gráfica do Lema 32.1. Supomos que $x \sqsupset z$ e $y \sqsupset z$. As três partes da figura ilustram os três casos do lema. Linhas verticais ligam regiões correspondentes (em *cinza-escuro*) das cadeias. (**a**) Se $|x| \leq |y|$, então $x \sqsupset y$. (**b**) Se $|x| \leq |y|$, então $y \sqsupset x$. (**c**) Se $|x| = |y|$, então $x = y$.

Por conveniência, indicamos o prefixo de k caracteres $P[1 : k]$ do padrão $P[1 : m]$ por $P[:k]$. Assim, $P[:0] = \varepsilon$ e $P[:m] = P = P[1 : m]$. De modo semelhante, indicamos o prefixo de k caracteres do texto T por $T[:k]$. Usando essa notação, podemos enunciar o problema da correspondência de cadeias como o de encontrar todos os deslocamentos s no intervalo $0 \leq s \leq n - m$ tais que $P \sqsupset T[:s + m]$.

Em nosso pseudocódigo, permitimos que a igualdade de duas cadeias de comprimentos iguais seja comparada como uma operação primitiva. Se as cadeias são comparadas da esquerda para a direita e a comparação parar quando se descobrir uma incompatibilidade, supomos que o tempo despendido por tal teste é função linear do número de caracteres correspondentes descobertos. Para sermos precisos, supomos que o teste "$x == y$" demora o tempo $\Theta(t)$, em que t é o comprimento da mais longa cadeia z tal que $z \sqsubseteq x$ e $z \sqsubseteq y$.

32.1   Algoritmo ingênuo de correspondência de cadeias

O procedimento CORRESPONDE-CADEIAS-INGÊNUO encontra todos os deslocamentos válidos usando um laço que verifica a condição $P[1 : m] = T[s + 1 : s + m]$ para cada um dos $n - m + 1$ valores possíveis de s.

CORRESPONDE-CADEIAS-INGÊNUO(T, P, n, m)

1 **for** $s = 0$ **to** $n - m$
2   **if** $P[1 : m] == T[s + 1 : s + m]$
3   imprimir "Padrão ocorre com deslocamento" s

A Figura 32.3 retrata o procedimento ingênuo de procurar a correspondência como um deslizamento sobre o texto de um "gabarito" que contém o padrão, verificando em quais deslocamentos todos os caracteres no gabarito são iguais aos caracteres correspondentes no texto. O laço **for** nas linhas 1–3 considera cada deslocamento possível explicitamente. O teste na linha 2 determina se o deslocamento em questão é válido ou não. Esse teste executa o laço implicitamente para verificar posições de caracteres correspondentes até que todas as posições correspondam ou até ser encontrada uma incompatibilidade. A linha 3 imprime cada deslocamento s válido.

O procedimento CORRESPONDE-CADEIAS-INGÊNUO demora o tempo $O((n - m + 1)m)$, e esse limite é justo no pior caso. Por exemplo, considere a cadeia de texto a^n (uma cadeia de n caracteres a) e o padrão a^m. Para cada um dos $n - m + 1$ valores possíveis do deslocamento s, o laço implícito na linha 2 para comparar caracteres correspondentes deve ser executado m vezes para validar o deslocamento. Assim, o tempo de execução do pior caso é $\Theta((n - m + 1)m)$, que é $\Theta(n^2)$ se $m = \lfloor n/2 \rfloor$. Como não requer nenhum pré-processamento, o tempo de execução de CORRESPONDE-CADEIAS-INGÊNUO é igual ao seu tempo de correspondência.

Como veremos, CORRESPONDE-CADEIAS-INGÊNUO não é um procedimento ótimo para esse problema. Na realidade, neste capítulo veremos que o algoritmo Knuth-Morris-Pratt é muito melhor para o pior caso. O combinador de cadeias ingênuo é ineficiente porque ignora totalmente as informações adquiridas do texto para um valor de s quando considera outros valores de s. Porém, tais informações podem ser muito valiosas. Por exemplo, se $P = $ aaab e descobrirmos que $s = 0$ é válido, então nenhum dos deslocamentos 1, 2 ou 3 é válido, já que $T[4] = $ b. Nas próximas seções, examinaremos diversas maneiras de fazer uso efetivo desse tipo de informação.

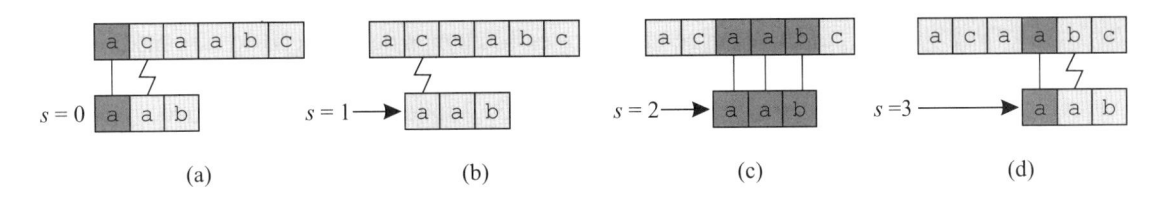

Figura 32.3 Operação do procedimento CORRESPONDE-CADEIAS-INGÊNUO para o padrão $P = $ aab e o texto $T = $ acaabc. Podemos imaginar o padrão P como um gabarito que fazemos deslizar próximo ao texto. **(a)**–**(d)** Os quatro alinhamentos sucessivos tentados pelo algoritmo ingênuo de correspondência de cadeias. Em cada parte, linhas verticais ligam regiões correspondentes que coincidem com o gabarito (em *cinza-escuro*), e uma linha quebrada liga o primeiro caractere incompatível encontrado, se houver. O algoritmo encontra uma ocorrência do padrão, no deslocamento $s = 2$, mostrada na parte **(c)**.

Exercícios

32.1-1
Mostre as comparações que o combinador de cadeias ingênuo realiza para o padrão $P = 0001$ no texto $T = 000010001010001$.

32.1-2
Suponha que todos os caracteres no padrão P sejam diferentes. Mostre como acelerar CORRESPONDE-CADEIAS-INGÊNUO para ser executado no tempo $O(n)$ em um texto T de n caracteres.

32.1-3
Suponha que o padrão P e o texto T sejam cadeias de comprimento m e n, respectivamente, escolhidas *aleatoriamente* de um alfabeto d-ário $\Sigma_d = \{0, 1, ..., d-1\}$, em que $d \geq 2$. Mostre que o número *esperado* de comparações de caractere para caractere feitas pelo laço implícito na linha 2 do algoritmo ingênuo é

$$(n - m + 1)\frac{1 - d^{-m}}{1 - d^{-1}} \leq 2(n - m + 1)$$

para todas as execuções desse laço. (Suponha que o algoritmo ingênuo interrompe a comparação de caracteres para dado deslocamento, assim que encontra uma incompatibilidade ou se o padrão inteiro coincide.) Assim, para cadeias escolhidas aleatoriamente, o algoritmo ingênuo é bastante eficiente.

32.1-4
Suponha que permitimos que o padrão P contenha ocorrências de um **caractere lacuna** $\Diamond$ que pode corresponder a uma cadeia de caracteres *arbitrária* (ou mesmo uma cadeia de comprimento zero). Por exemplo, o padrão $ab\Diamond ba\Diamond c$ ocorre no texto $cabccbacbacab$ como

```
c ab cc ba cba c ab
  ab  ◇  ba  ◇  c
```

e como

```
c ab ccbac ba      c ab .
  ab   ◇   ba  ◇   c
```

Observe que o caractere lacuna pode ocorrer um número arbitrário de vezes no padrão, mas de modo algum no texto. Forneça um algoritmo em tempo polinomial para determinar se tal padrão P ocorre em dado texto T, e analise o tempo de execução de seu algoritmo.

32.2 Algoritmo Rabin-Karp

Rabin e Karp propuseram um algoritmo de correspondência de cadeias que funciona bem na prática e que também pode ser generalizado para outros algoritmos em problemas relacionados, como o da correspondência de padrões bidimensionais. O algoritmo Rabin-Karp usa o tempo de pré-processamento $\Theta(m)$, e seu tempo de execução do pior caso é $\Theta((n - m + 1)m)$. Todavia, com base em certas hipóteses, seu tempo de execução do caso médio é melhor.

Esse algoritmo utiliza noções elementares da teoria dos números, como a equivalência de dois números módulo terceiro número. Seria interessante consultar a Seção 31.1, que apresenta as definições relevantes.

Para fins de explanação, vamos supor que $\Sigma = \{0, 1, 2, ..., 9\}$, de modo que cada caractere seja um dígito decimal. (No caso geral, podemos supor que cada caractere seja um dígito em base d, de modo que tenha um valor numérico no intervalo de 0 a $d - 1$, em que $d = |\Sigma|$.) Então, podemos ver uma cadeia de k caracteres consecutivos como a representação de um número decimal de comprimento k. Por exemplo, a cadeia de caracteres 31415 corresponde ao número decimal 31.415. Como interpretamos os caracteres de entrada como símbolos gráficos e dígitos, nesta seção será conveniente indicá-los como indicaríamos dígitos, em nossa fonte de texto-padrão.

Dado um padrão $P[1 : m]$, seja p seu valor decimal correspondente. De modo semelhante, dado um texto $T[1 : n]$, seja t_s o valor decimal da subcadeia de comprimento m $T[s + 1 : s + m]$, para $s = 0, 1, ..., n - m$. Certamente, $t_s = p$ se, e somente se, $T[s + 1 : s + m] = P[1 : m]$; assim, s é um deslocamento válido se, e somente se, $t_s = p$. Se pudéssemos calcular p no tempo $\Theta(m)$ e todos os valores t_s em um tempo total $\Theta(n - m + 1)$,[2] poderíamos determinar todos os deslocamentos válidos s no tempo $\Theta(m) + \Theta(n - m + 1) = \Theta(n)$, comparando p com cada um dos valores t_s. (Por enquanto, não vamos nos preocupar com a possibilidade de que p e os valores de t_s possam ser números muito grandes.)

Na verdade, podemos calcular p no tempo $\Theta(m)$ usando a regra de Horner (ver Problema 2-3):

$$p = P[m] + 10 \left(P[m - 1] + 10 \left(P[m - 2] + \cdots + 10(P[2] + 10P[1]) \cdots \right) \right) .$$

De modo semelhante, podemos calcular t_0 por $T[1 : m]$ no tempo $\Theta(m)$.

Para calcular os valores restantes $t_1, t_2, ..., t_{n-m}$ no tempo $\Theta(n - m)$, observe que podemos calcular t_{s+1} a partir de t_s em tempo constante, já que

$$t_{s+1} = 10 (t_s - 10^{m-1} T[s + 1]) + T[s + m + 1] . \tag{32.1}$$

Subtrair $10^{m-1}T[s + 1]$ elimina o dígito de ordem mais alta de t_s, multiplicar o resultado por 10 desloca o número uma posição de dígito para a esquerda e somar $T[s + m + 1]$ introduz o dígito de ordem baixa adequado. Por exemplo, suponha que $m = 5$ e $t_s = 31415$, e o novo dígito de ordem baixa é $T[s + 5 + 1] = 2$. O dígito de ordem alta a ser removido é $T[s + 1] = 3$, e, portanto,

$$
\begin{aligned}
t_{s+1} &= 10 (31415 - 10000 \cdot 3) + 2 \\
&= 14152 .
\end{aligned}
$$

Se calcularmos a constante 10^{m-1} com antecedência (o que pode ser feito no tempo $O(\lg m)$ usando as técnicas da Seção 31.6, embora para essa aplicação um método direto de $O(m)$ seja suficiente), cada execução da Equação (32.1) toma um número constante de operações aritméticas. Assim, podemos calcular p no tempo $\Theta(m)$ e calcular todos os $t_0, t_1, ..., t_{n-m}$ no tempo $\Theta(n - m + 1)$. Portanto, podemos encontrar todas as ocorrências do padrão $P[1 : m]$ no texto $T[1 : n]$ com o tempo de pré-processamento $\Theta(m)$ e o tempo de correspondência $\Theta(n - m + 1)$.

Esse esquema funciona bem se P for pequeno o suficiente e o alfabeto Σ for pequeno o suficiente para que as operações aritméticas sobre p e t_s levem um tempo constante. Mas, e se P for longo, ou se o tamanho de Σ significar que, em vez de potências de 10 na Equação (32.1), tivermos que usar potências de um número maior (por exemplo, potências de 256 para o conjunto de caracteres ASCII estendido)? Então os valores de p e t_s podem ser demasiadamente grandes para que possamos trabalhar com eles em tempo constante. Felizmente, é fácil resolver esse problema, como mostra a Figura 32.4: calcule p e os valores t_s módulo um módulo adequado q. Podemos calcular p módulo q no tempo $\Theta(m)$ e todos os valores t_s módulo q no tempo $\Theta(n - m + 1)$. Com $|\Sigma| = 10$, se escolhermos o módulo q como um primo tal que $10q$ caiba exatamente em uma palavra de computador, poderemos executar todos os cálculos necessários com aritmética de precisão simples. Em geral, com um alfabeto d-ário $\{0, 1, ... d - 1\}$, escolhemos q de modo que dq caiba em uma palavra de computador e ajustamos a equação de recorrência (32.1) para calcular com módulo q; assim, ela se torna

$$t_{s+1} = \left(d(t_s - T[s + 1]h) + T[s + m + 1] \right) \bmod q , \tag{32.2}$$

em que $h = d^{m-1} \bmod q$ é o valor do dígito "1" na posição de ordem alta de uma janela de texto de m dígitos.

Entretanto, a solução para trabalhar com módulo q não é perfeita: $t_s = p \pmod q$ não significa automaticamente que $t_s = p$. Por outro lado, se $t_s \neq p \pmod q$, então definitivamente temos que $t_s \neq p$, de modo que o deslocamento s é inválido. Assim, podemos usar o teste $t_s = p \pmod q$ como um teste heurístico rápido para eliminar deslocamentos inválidos. Se $t_s = p \pmod q$ — um **acerto** —, então podemos realizar um teste adicional para verificar se s é realmente válido ou se temos apenas um **acerto espúrio**. Esse teste adicional verifica explicitamente a condição $P[1 : m] = T[s + 1 : s + m]$. Se q é suficientemente grande, esperamos que a ocorrência de acertos espúrios seja infrequente o bastante para que o custo da verificação extra seja baixo.

---

[2]Escrevemos $\Theta(n - m + 1)$ em vez de $\Theta(n - m)$ porque s adota $n - m + 1$ valores diferentes. O "+1" é significativo em um sentido assintótico porque, quando $m = n$, calcular o valor isolado t_s demora um tempo $\Theta(1)$, e não um tempo $\Theta(0)$.

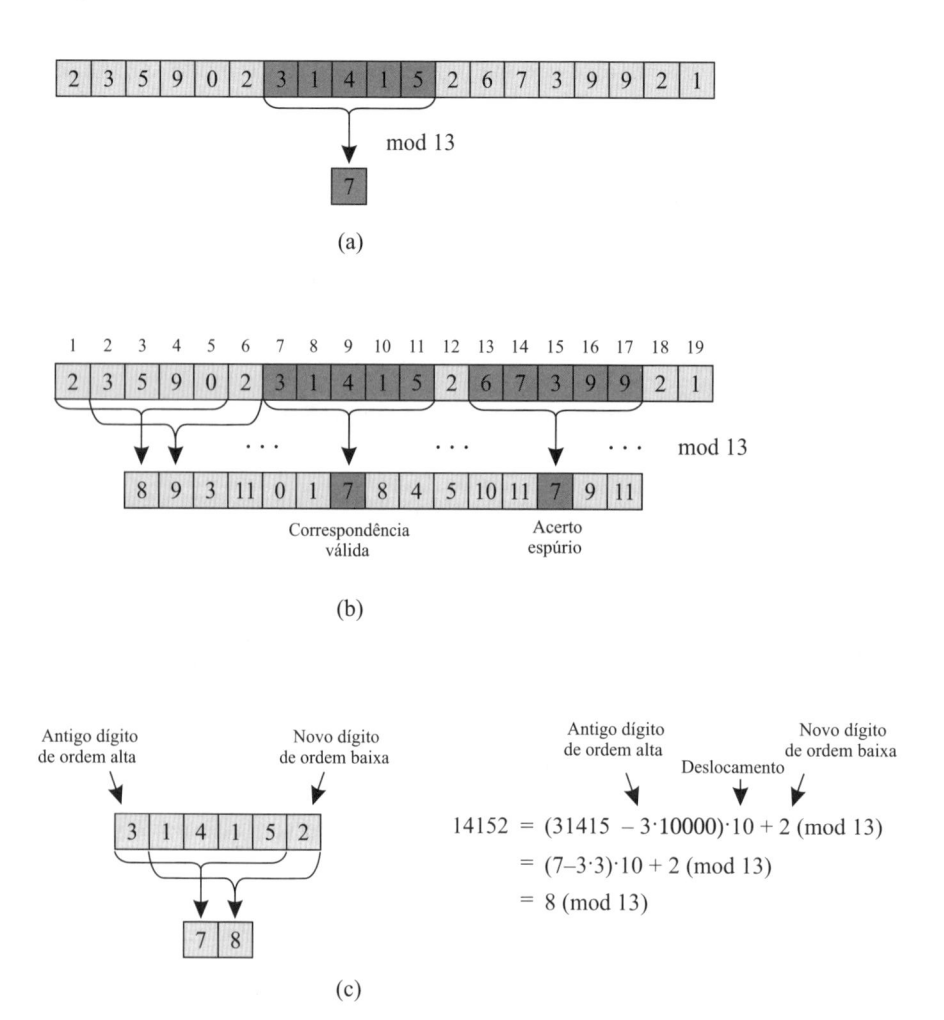

Figura 32.4 Algoritmo Rabin-Karp. Cada caractere é um dígito decimal e calculamos valores módulo 13. (**a**) Uma cadeia de texto. Uma janela de comprimento 5 está sombreada em *cinza-escuro*. O valor numérico do número sombreado, calculado módulo 13, produz o valor 7. (**b**) A mesma cadeia de texto com valores calculados módulo 13 para cada posição possível de uma janela de comprimento 5. Considerando o padrão $P = 31415$, procuramos janelas cujo valor módulo 13 seja 7, já que $31415 = 7 \pmod{13}$. O algoritmo encontra duas dessas janelas, sombreadas em *cinza-escuro* na figura. A primeira, que começa na posição de texto 7, é de fato uma ocorrência do padrão, enquanto a segunda, que começa na posição de texto 13, é um acerto espúrio. (**c**) Como calcular o valor para uma janela em tempo constante, dado o valor para a janela anterior. A primeira janela tem valor 31415. Descartar o dígito 3 de ordem mais alta, deslocar para a esquerda (multiplicando por 10) e depois somar o dígito de ordem baixa 2 resulta no novo valor 14152. Como todos os cálculos são executados módulo 13, o valor para a primeira janela é 7 e o valor calculado para a nova janela é 8.

O procedimento CORRESPONDE-RABIN-KARP torna essas ideias precisas. As entradas para o procedimento são o texto T, o padrão P, seus comprimentos n e m, a base d a utilizar (em geral, considerada $|\Sigma|$) e o primo q a empregar. O procedimento CORRESPONDE-RABIN-KARP funciona da seguinte maneira: todos os caracteres são interpretados como dígitos em base d. Os índices em t são fornecidos apenas para maior clareza; o procedimento funcionará corretamente se todos os índices forem descartados. A linha 1 inicializa h com o valor da posição de dígito de ordem mais alta de uma janela de m dígitos. As linhas 2–6 calculam p como o valor de $P[1 : m] \bmod q$ e t_0 como o valor de $T[1 : m] \bmod q$. O laço **for** das linhas 7–12 itera por todos os deslocamentos s possíveis, mantendo o seguinte invariante:

Sempre que a linha 8 é executada, $t_s = T[s + 1 : s + m] \bmod q$.

CORRESPONDE-RABIN-KARP(T, P, n, m, d, q)
1   $h = d^{m-1} \bmod q$
2   $p = 0$
3   $t_0 = 0$

```
 4   for i = 1 to m                              // pré-processamento
 5       p = (dp + P[i]) mod q
 6       t_0 = (dt_0 + T[i]) mod q
 7   for s = 0 to n − m                          // corresponde — tenta todos os deslocamentos possíveis
 8       if p == t_s                             // um acerto?
 9           if P[1 : m] == T[s + 1 : s + m]     // deslocamento válido?
10               imprime "Padrão ocorre com deslocamento" s
11       if s < n − m
12           t_{s+1} = (d(t_s − T[s + 1]h) + T[s + m + 1]) mod q
```

Se ocorre um acerto porque $p = t_s$ na linha 8, então a linha 9 determina se s é um deslocamento válido ou se o acerto foi espúrio por meio do teste $P[1 : m] == T[s + 1 : s + m]$. A linha 10 imprime quaisquer deslocamentos válidos encontrados. Se $s < n − m$ (verificado na linha 11), então o laço **for** será executado no mínimo mais uma vez e, assim, a linha 12 é executada antes para garantir que o invariante de laço será válido na próxima iteração. A linha 12 calcula o valor de t_{s+1} mod q pelo valor de t_s mod q em tempo constante, usando a Equação (32.2) diretamente.

CORRESPONDE-RABIN-KARP demora o tempo de pré-processamento $\Theta(m)$ e seu tempo de correspondência é $\Theta((n − m + 1)m)$ no pior caso, já que (como no algoritmo ingênuo de correspondência de cadeias) o algoritmo de Rabin-Karp verifica explicitamente todo deslocamento válido. Se $P = a^m$ e $T = a^n$, então a verificação demora o tempo $\Theta((n − m + 1)m)$, visto que cada um dos $n − m + 1$ deslocamentos possíveis é válido.

Em muitas aplicações, esperamos alguns deslocamentos válidos — talvez alguma constante c deles. Nessas aplicações, o tempo de correspondência esperado do algoritmo é apenas $O((n − m + 1) + cm) = O(n + m)$, mais o tempo necessário para processar acertos espúrios. Podemos basear uma análise heurística na seguinte hipótese: a redução dos valores módulo q age como um mapeamento aleatório de Σ^* para $\mathbb{Z}q$. Então, podemos esperar que o número de acertos espúrios seja $O(n/q)$, já que podemos estimar que a chance de que um t_s arbitrário será equivalente a p, módulo q, é $1/q$. Visto que há $O(n)$ posições nas quais o teste da linha 8 falha (na verdade, no máximo $n − m + 1$ posições) e gastamos o tempo $O(m)$ para verificar cada acerto na linha 9, o tempo de correspondência esperado do algoritmo Rabin-Karp é

$$O(n) + O(m(v + n/q)),$$

em que v é o número de deslocamentos válidos. Esse tempo de execução é $O(n)$ se $v = O(1)$ e escolhemos $q \geq m$. Isto é, se o número esperado de deslocamentos válidos é pequeno ($O(1)$) e escolhermos o primo q maior que o comprimento do padrão, então podemos esperar que o procedimento de Rabin-Karp use somente tempo de correspondência $O(n + m)$. Como $m \leq n$, esse tempo de correspondência esperado é $O(n)$.

Exercícios

32.2-1
Trabalhando com módulo $q = 11$, quantos acertos espúrios o procedimento combinador de Rabin-Karp encontra no texto $T = 3141592653589793$ ao procurar o padrão $P = 26$?

32.2-2
Como você estenderia o método Rabin-Karp ao problema de examinar uma cadeia de texto em busca da ocorrência de qualquer padrão de determinado conjunto de k padrões? Comece supondo que todos os k padrões têm o mesmo comprimento. Então, generalize sua solução para permitir que os padrões tenham comprimentos diferentes.

32.2-3
Mostre como estender o método Rabin-Karp para tratar o problema de procurar por um padrão $m \times m$ dado em um vetor de caracteres $n \times n$. (O padrão pode ser deslocado na vertical e na horizontal, mas não pode ser girado.)

32.2-4

Alice tem uma cópia de um longo arquivo de n *bits* $A = \langle a_{n-1}, a_{n-2}, ..., a_0 \rangle$, e Bob tem outro arquivo de n *bits* $B = \langle b_{n-1}, b_{n-2}, ..., b_0 \rangle$. Alice e Bob desejam saber se seus arquivos são idênticos. Para evitarem transmitir os arquivos A ou B inteiros, eles usam a seguinte verificação probabilística rápida. Juntos, os dois selecionam um primo $q > 1000n$ e selecionam aleatoriamente um inteiro x de $\{0, 1, ..., q-1\}$. Então,

$$A(x) = \left(\sum_{i=0}^{n-1} a_i x^i \right) \bmod q \quad \text{and} \quad B(x) = \left(\sum_{i=0}^{n-1} b_i x^i \right) \bmod q ,$$

Alice avalia $A(x)$ e Bob avalia $B(x)$. Prove que, se $A \neq B$, existe no máximo uma chance em 1.000 de que $A(x) = B(x)$; por outro lado, se os dois arquivos forem iguais, $A(x)$ é necessariamente igual a $B(x)$. (*Sugestão*: ver Exercício 31.4-4.)

32.3   Correspondência de cadeias com autômatos finitos

Muitos algoritmos de correspondência de cadeias constroem um autômato finito — uma máquina simples para processar informações — que varre a cadeia de texto T em busca de todas as ocorrências do padrão P. Esta seção apresenta um método para construir tal autômato. Esses autômatos de correspondência de cadeias são muito eficientes: examinam cada caractere de texto *exatamente uma vez* e demoram tempo constante por caractere de texto. Portanto, o tempo de correspondência usado — após o pré-processamento do padrão para construir o autômato — é $\Theta(n)$. Porém, o tempo para construir o autômato pode ser grande, se Σ é grande. A Seção 32.4 descreve uma forma inteligente de contornar esse problema.

Começamos esta seção com a definição de autômato finito. Em seguida, examinamos um autômato especial de correspondência de cadeias e mostramos como usá-lo para encontrar ocorrências de padrão em um texto. Por fim, mostraremos como construir o autômato de correspondência de cadeias para dado padrão de entrada.

Autômatos finitos

Um *autômato finito M*, ilustrado na Figura 32.5, é uma 5-tupla $(Q, q_0, A, \Sigma, \delta)$, em que

- Q é um conjunto finito de *estados*,

- $q_0 \in Q$ é o *estado inicial*,

- $A \subseteq Q$ é um conjunto distinto de *estados aceitadores*,

- Σ^* é um *alfabeto de entrada* finito,

- δ é uma função de $Q \times \Sigma$ em Q, denominada *função de transição* de M.

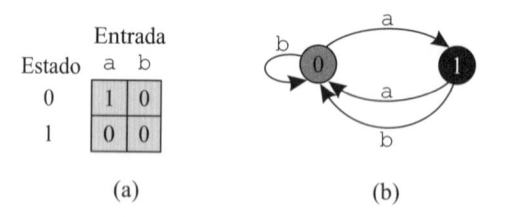

(a)   (b)

Figura 32.5 Autômato finito simples de dois estados com o conjunto de estados $Q = \{0, 1\}$, estado inicial $q_0 = 0$ e alfabeto de entrada $\Sigma = \{a, b\}$. (a) Representação tabular da função de transição δ. (b) Diagrama de transição de estados equivalente. O estado 1, mostrado em *preto*, é o único estado aceitador. Arestas dirigidas representam transições. Por exemplo, a aresta do estado 1 para o estado 0 identificada por b indica que $\delta(1, b) = 0$. Esse autômato aceita as cadeias que terminam em um número ímpar de "a". Mais precisamente, aceita uma cadeia x se, e somente se, $x = yz$, em que $y = \varepsilon$ ou y termina com um b e $z = a^k$, em que k é ímpar. Por exemplo, na entrada abaaa, incluindo o estado tópico inicial, esse autômato registra a sequência de estados $\langle 0, 1, 0, 1, 0, 1 \rangle$ e, portanto, aceita essa entrada. Para a entrada abbaa, ele registra a sequência de estados $\langle 0, 1, 0, 0, 1, 0 \rangle$ e, portanto, rejeita essa entrada.

O autômato finito começa no estado q_0 e lê os caracteres de sua cadeia de entrada um por vez. Se o autômato está no estado q e lê o caractere de entrada a, passa ("faz transição") do estado q para o estado $\delta(q, a)$. Sempre que seu estado atual q é um membro de A, a máquina M **aceitou** a cadeia lida até então. Uma entrada que não é aceita é **rejeitada**.

Um autômato finito M induz uma função ϕ denominada **função estado final**, de Σ^* a Q, tal que $\phi(w)$ é o estado em que M termina após ter escaneado a cadeia w. Assim, M aceita uma cadeia w se, e somente se, $\phi(w) \in A$. Definimos a função ϕ recursivamente usando a função transição:

$$\phi(\varepsilon) = q_0 \,,$$
$$\phi(wa) = \delta(\phi(w), a) \quad \text{para} \quad w \in \Sigma^*, a \in \Sigma \,.$$

Autômatos de correspondência de cadeias

Para um padrão P dado, a etapa de pré-processamento constrói um autômato de correspondência de cadeias específica de P. A automação procura então ocorrências de P na cadeia de texto. A Figura 32.6 ilustra o autômato para o padrão $P = \texttt{ababaca}$. Daqui em diante, suporemos que P seja uma cadeia de padrão fixo dada; por brevidade, não indicamos a dependência de P em nossa notação.

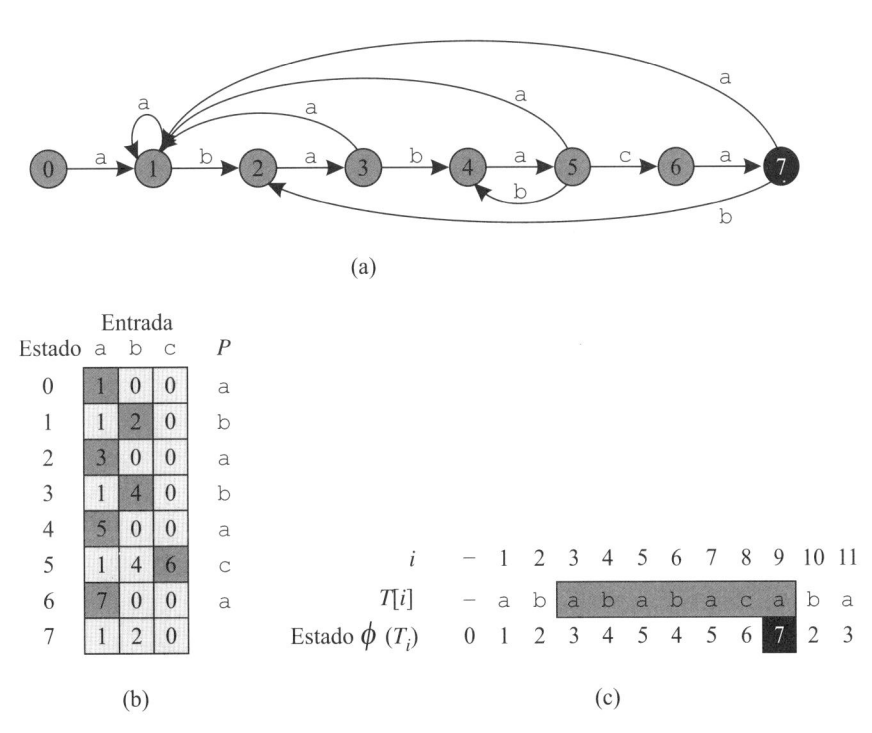

(a)

	Entrada			
Estado	a	b	c	P
0	1	0	0	a
1	1	2	0	b
2	3	0	0	a
3	1	4	0	b
4	5	0	0	a
5	1	4	6	c
6	7	0	0	a
7	1	2	0	

(b)

i	–	1	2	3	4	5	6	7	8	9	10	11
$T[i]$	–	a	b	a	b	a	b	a	c	a	b	a
Estado $\phi(T_i)$	0	1	2	3	4	5	4	5	6	7	2	3

(c)

Figura 32.6 (**a**) Diagrama de transição de estados para o autômato de correspondência de cadeias que aceita todas as cadeias terminadas na cadeia $\texttt{ababaca}$. O estado 0 é o estado inicial, e o estado 7 (mostrado em *preto*) é o único estado aceitador. A função transição δ é definida pela Equação (32.4), e uma aresta dirigida do estado i para o estado j identificada por a representa $\delta(i, a) = j$. As arestas dirigidas para a direita que formam a "espinha dorsal" do autômato, representadas na figura em *cinza-escuro*, correspondem a comparações bem-sucedidas entre caracteres do padrão e da entrada. Exceto pela aresta do estado 7 para os estados 1 e 2, as arestas dirigidas para a esquerda correspondem a comparações malsucedidas. Algumas arestas correspondentes a comparações malsucedidas não são mostradas; por convenção, se um estado i não tem nenhuma aresta de saída identificada por a para algum $a \in \Sigma$, então $\delta(i, a) = 0$. (**b**) A função transição δ correspondente e a cadeia de padrão $P = \texttt{ababaca}$. As entradas correspondentes a comparações bem-sucedidas entre os caracteres do padrão e de entrada aparecem em *cinza-escuro*. (**c**) A operação do autômato sobre o texto $T = \texttt{ababababacaba}$. Sob cada caractere de texto $T[i]$ é dado o estado $\phi(T[:i])$ em que o autômato está depois de processar o prefixo $T[:i]$. A subcadeia do padrão que ocorre no texto aparece destacada em *cinza-escuro*. O autômato encontra essa única ocorrência do padrão e termina na posição 9.

Para especificar o autômato de correspondência de cadeias relacionado com um padrão $P[1:m]$ dado, primeiro definimos uma função auxiliar σ, denominada **função sufixo** correspondente ao padrão P. A função σ mapeia Σ^* para $\{0, 1, ..., m\}$ tal que $\sigma(x)$ é o comprimento do prefixo mais longo de P que é um sufixo de x:

$$\sigma(x) = \max\{k : P[:k] \sqsupset x\} \ . \tag{32.3}$$

A função sufixo σ é bem definida, visto que a cadeia vazia $P[:0] = \varepsilon$ é um sufixo de cada cadeia. Como exemplos, para o padrão $P = \texttt{ab}$, temos $\sigma(\varepsilon) = 0$, $\sigma(\texttt{ccaca}) = 1$ e $\sigma(\texttt{ccab}) = 2$. Para um padrão P de comprimento m, temos $\sigma(x) = m$ se, e somente se, $P \sqsupset x$. Pela definição da função sufixo, $x \sqsupset y$ implica $\sigma(x) \leq \sigma(y)$ (ver Exercício 32.3-4).

Agora, estamos prontos para definir o autômato de correspondência de cadeias relativo a um padrão $P[1:m]$:

- O conjunto de estados Q é $\{0, 1, ..., m\}$. O estado inicial q_0 é o estado 0, e o estado m é o único estado aceitador.
- A função transição δ é definida pela seguinte equação, para qualquer estado q e caractere a:

$$\delta(q, a) = \sigma(P[:q]a) \ . \tag{32.4}$$

Enquanto a automação consome os caracteres do texto T, ela está tentando criar uma correspondência do padrão P contra os caracteres de T vistos mais recentemente. A qualquer momento, o número do estado q indica o comprimento do prefixo mais longo do padrão P que correspondeu aos caracteres de texto vistos mais recentemente. Sempre que o autômato atinge o estado m, os m caracteres de texto vistos mais recentemente correspondem aos primeiros m caracteres de P. Como P tem comprimento m, alcançar o estado m significa que os m caracteres de texto vistos mais recentemente correspondem ao padrão inteiro, de modo que o autômato encontrou uma correspondência.

Com essa intuição por trás do projeto do autômato, este é o raciocínio por trás da definição de $\delta(q, a) = \sigma(P[:q]a)$. Suponha que o autômato esteja no estado q depois de ler os primeiros i caracteres do texto, isto é, $q = \phi(T[:i])$. A ideia intuitiva diz então que q também é igual ao comprimento do prefixo mais longo de P que corresponde a um sufixo de $T[:i]$ ou, de modo equivalente, que $q = \sigma(T[:i])$. Portanto, visto que tanto $\phi(T[:i])$ quanto $\sigma(T[:i])$ são iguais a q, veremos (no Teorema 32.4, mais adiante) que o autômato mantém o seguinte invariante:

$$\phi(T[:i]) = \sigma(T[:i]) \ . \tag{32.5}$$

Se o autômato está no estado q e lê o próximo caractere $T[i+1] = a$, então queremos que a transição leve ao estado correspondente ao prefixo mais longo de P que é um sufixo de $T[:i]a$. Esse estado é $\sigma(T[:i]a)$, e a Equação (32.5) indica $\phi(T[:i]a) = \sigma(T[:i]a)$. Como $P[:q]$ é o prefixo mais longo de P que é um sufixo de $T[:i]$, o prefixo mais longo de P que é um sufixo de $T[:i]a$ tem comprimento não somente $\sigma(T[:i]a)$, mas também $\sigma(P[:q]a)$, e portanto, $\phi(T[:i]a) = \sigma(P[:q]a)$. (O Lema 32.3 provará que $\sigma(T[:i]a) = \sigma(P[:q]a)$.) Assim, quando o autômato está no estado q, queremos que a função transição δ no caractere a leve o autômato para o estado $\delta(q, a) = \delta(\phi(T[:i]), a) = \phi(T[:i]a) = \sigma(P[:q]a)$ (com a última igualdade decorrente da Equação (32.5)).

Há dois casos a considerar, dependendo de o próximo caractere continuar a corresponder ao padrão. No primeiro caso, $a = P[q+1]$, de modo que o caractere a continua a corresponder ao padrão. Nesse caso, como $\delta(q, a) = q + 1$, a transição continua a ocorrer ao longo da "espinha dorsal" do autômato (arestas grossas em cinza-escuro na Figura 32.6(a)). No segundo caso, $a \neq P[q+1]$, de modo que a não continua a corresponder ao padrão. Nesse caso, temos de encontrar um prefixo mais longo de P que também é um sufixo de $T[:i]a$, que terá comprimento de no máximo q. Como a etapa de pré-processamento compara o padrão com ele mesmo quando criamos o autômato de correspondência de cadeias, a função transição pode identificar rapidamente o mais longo de tais prefixos mais curtos de P.

Vamos examinar um exemplo. Considere o estado 5 no autômato de correspondência de cadeias da Figura 32.6. No estado 5, os cinco caracteres de T mais recentemente lidos são $\texttt{ababa}$, os caracteres ao longo da espinha dorsal do autômato que alcançam o estado 5. Se o próximo caractere de T é $\texttt{c}$, então os caracteres mais recentemente lidos de T são $\texttt{ababac}$, que é o prefixo de P com comprimento 6. O autômato deverá continuar ao longo da espinha dorsal até o estado 6. Esse é o primeiro caso, no qual a correspondência continua, e $\delta(5, \text{c}) = 6$. Para ilustrar o segundo caso, suponha que, no estado 5, o próximo caractere de T é b, de modo que os caracteres mais recentemente lidos de T são ababab. Aqui, o prefixo mais longo de P que corresponde aos caracteres mais recentemente lidos de T — isto é, um sufixo do padrão de T lido até aqui — é abab, com comprimento 4, de modo que $\delta(5, \text{b}) = 4$.

Para esclarecer a operação de um autômato de correspondência de cadeias, o programa simples e eficiente CORRESPONDE-AUTÔMATO-FINITO simula o comportamento de tal autômato (representado por sua função transição δ) ao encontrar ocorrências de um padrão P de comprimento m em um texto de entrada $T[1 : n]$. Como em qualquer autômato de correspondência de cadeias para um padrão de comprimento m, o conjunto de estado Q é $\{0, 1, ..., m\}$, o estado inicial é 0 e o único estado aceitador é o estado m. Pela estrutura de laço simples de CORRESPONDE-AUTÔMATO-FINITO, é fácil ver que seu tempo de correspondência para uma cadeia de texto de comprimento n é $\Theta(n)$, supondo que cada pesquisa da função transição δ leve um tempo constante. Porém, esse tempo de correspondência não inclui o tempo de pré-processamento necessário para calcular a função transição. Abordaremos esse problema mais adiante, depois de provarmos que o procedimento CORRESPONDE-AUTÔMATO-FINITO funciona corretamente.

```
CORRESPONDE-AUTÔMATO-FINITO(T, δ, n, m)
1   q = 0
2   for i = 1 to n
3       q = δ(q, T[i])
4       if q == m
5           imprimir "Padrão ocorre com deslocamento" i – m
```

Vamos examinar como o autômato funciona em um texto de entrada $T[1 : n]$. Provaremos que o autômato está no estado $\sigma(T[:i])$ depois de ler o caractere $T[i]$. Visto que $\sigma(T[:i]) = m$ se, e somente se, $P \sqsupset T[:i]$, a máquina está no estado aceitador m se, e somente se, acabou de ler o padrão P. Começamos com dois lemas a respeito da função sufixo σ.

Lema 32.2 (Inequação da função sufixo)

Para qualquer cadeia x e caractere a, temos $\sigma(xa) \leq \sigma(x) + 1$.

Prova Referindo-nos à Figura 32.7, seja $r = \sigma(xa)$. Se $r = 0$, então a conclusão $\sigma(xa) = r \leq \sigma(x) + 1$ é satisfeita trivialmente, pela não negatividade de $\sigma(x)$. Agora, suponha que $r > 0$. Então, $P[:r] \sqsupset xa$, pela definição de σ. Assim, $P[:r-1] \sqsupset x$, descartando o a do fim de $P[:r]$ e do fim de xa. Logo, $r - 1 \leq \sigma(x)$, já que $\sigma(x)$ é o maior k tal que $P[:k] \sqsupset x$, e portanto, $\sigma(xa) = r \leq \sigma(x) + 1$. ∎

Lema 32.3 (Lema de recursão da função sufixo)

Para qualquer cadeia x e caractere a, se $q = \sigma(x)$, então $\sigma(xa) = \sigma(P[:q]a)$.

Prova Pela definição de σ, temos $P[:q] \sqsupset x$. Como mostra a Figura 32.8, temos também $P[:q]a \sqsupset xa$. Se fizermos $r = \sigma(xa)$, então $P[:r] \sqsupset xa$ e, pelo Lema 32.2, $r \leq q + 1$. Assim, temos $|P[:r]| = r \leq q + 1 = |P[:q]a|$. Visto que $P[:q]a \sqsupset xa$, $P[:r] \sqsupset xa$ e $|P[:r]| \leq |P[:q]a|$, o Lema 32.1 implica $P[:r] \sqsupset P[:q]a$. Portanto, $r \leq \sigma(P[:q]a)$, isto é, $\sigma(xa) \leq \sigma(P[:q]a)$. Mas temos também $\sigma(P[:q]a) \leq \sigma(xa)$, visto que $P[:q]a \sqsupset xa$. Assim, $\sigma(xa) = \sigma(P[:q]a)$. ∎

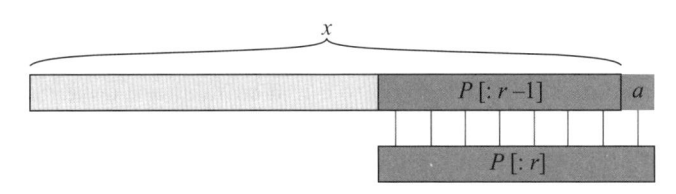

Figura 32.7 Ilustração para a prova do Lema 32.2. A figura mostra que $r \leq \sigma(x) + 1$, em que $r = \sigma(xa)$.

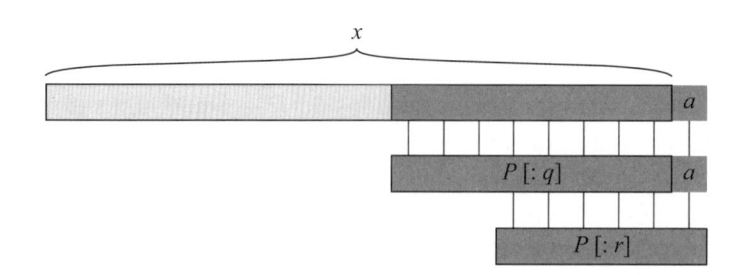

Figura 32.8 Ilustração para a prova do Lema 32.3. A figura mostra que $r = \sigma(P[:q]a)$, em que $q = \sigma(x)$ e $r = \sigma(xa)$.

Agora, estamos prontos para provar nosso teorema principal que caracteriza o comportamento de um autômato de correspondência de cadeias para um texto de entrada dado. Como observamos antes, esse teorema mostra que o autômato está simplesmente controlando, em cada etapa, o prefixo mais longo do padrão que é um sufixo do que foi lido até o momento. Em outras palavras, o autômato mantém o invariante (32.5).

Teorema 32.4

Se ϕ é a função estado final de um autômato de correspondência de cadeias para dado padrão P e $T[1:n]$ é um texto de entrada para o autômato, então

$$\phi(T[:i]) = \sigma(T[:i])$$

para $i = 0, 1, \ldots, n$.

Prova A prova é por indução em i. Para $i = 0$, o teorema é trivialmente verdadeiro, já que $T[:0] = \varepsilon$. Portanto, $\phi(T[:0]) = 0 = \sigma(T[:0])$.

Agora, supomos que $\phi(T[:i]) = \sigma(T[:i])$. Provaremos que $\phi(T[:i + 1]) = \sigma(T[:i + 1])$. Representando $\phi(T[:i])$ por q — de modo que $q = \sigma(T[:i]$ — e $T[i + 1]$ por a, temos

$$
\begin{aligned}
\phi(T[:i + 1]) &= \phi(T[:i]a) && \text{(pelas definições de } T[:i + 1] \text{ e } a) \\
&= \delta(\phi(T[:i]), a) && \text{(pela definição de } \phi) \\
&= \delta(q, a) && \text{(pela definição de } q) \\
&= \sigma(P[:q]a) && \text{(pela definição (32.4) de } \delta) \\
&= \sigma(T[:i]a) && \text{(pelo Lema 32.3)} \\
&= \sigma(T[:i + 1]) && \text{(pela definição de } T[:i + 1]).
\end{aligned}
$$
∎

Pelo Teorema 32.4, se a máquina entra no estado q pela linha 3, então q é o maior valor tal que $P[:q] \sqsupset T[:i]$. Assim, temos $q = m$ na linha 4 se, e somente se, a máquina acabou de ler uma ocorrência do padrão P. Concluímos que Corresponde-Autômato-Finito funciona corretamente.

Cálculo da função transição

O procedimento Calcula-Função-Transição calcula a função transição δ a partir de um padrão $P[1:m]$ dado. Esse procedimento calcula $\delta(q, a)$ de maneira direta, de acordo com sua definição na Equação (32.4). Os laços encaixados que começam nas linhas 1 e 2 consideram todos os estados q e todos os caracteres a, e as linhas 3–6 definem $\delta(q, a)$ como o maior k tal que $P[:k] \sqsupset P[:q]a$. O código começa com o maior valor concebível de k, que é $q + 1$, a menos que $q = m$, quando k não pode ser maior do que m. Então, diminui k até $P[:k]$ ser um sufixo de $P[:q]a$, o que a certa altura deve ocorrer, visto que $P[:0] = \varepsilon$ é um sufixo de toda cadeia.

CALCULA-FUNÇÃO-TRANSIÇÃO(P, Σ, m)
1 **for** $q = 0$ **to** m
2   **for** cada caractere $a \in \Sigma$
3          $k = \min\{m, q + 1\}$
4   **while** $P[:k]$ não é um sufixo de $P[:q]a$
5              $k = k - 1$
6          $\delta(q, a) = k$
7 **return** δ

O tempo de execução de CALCULA-FUNÇÃO-TRANSIÇÃO é $O(m^3 |\Sigma|)$, porque os laços exteriores contribuem com um fator de $m|\Sigma|$, o laço **while** interno pode ser executado no máximo $m + 1$ vezes, e o teste que verifica se $P[:k]$ é um sufixo de $P[:q]a$ na linha 4 pode exigir a comparação de até m caracteres. Existem procedimentos muito mais rápidos. Se usarmos algumas informações sobre o padrão P inteligentemente calculadas (ver Exercício 32.4-8), podemos melhorar para até $O(m|\Sigma|)$ o tempo necessário para calcular δ a partir de P. Com esse procedimento melhorado para calcular δ, é possível encontrar todas as ocorrências de um padrão de comprimento m em um texto de comprimento n que utilizou alfabeto Σ no tempo de pré-processamento $O(m|\Sigma|)$ e tempo de correspondência $\Theta(n)$.

Exercícios

32.3-1
Desenhe o autômato de correspondência de cadeias para o padrão $P = $ aabab sobre o alfabeto $\Sigma = \{$a, b$\}$ e ilustre sua operação sobre a cadeia de texto $T = $ aaababaabaababaab.

32.3-2
Desenhe um diagrama de transição de estados para um autômato de correspondência de cadeias no padrão $P = $ ababbabbababbababbabb sobre o alfabeto $\Sigma = \{$a, b$\}$.

32.3-3
Dizemos que um padrão P é *sem sobreposições* se $P[:k] \sqsupset P[:q]$ implica $k = 0$ ou $k = q$. Descreva o diagrama de transição de estados do autômato de correspondência de cadeias para um padrão sem sobreposições.

32.3-4
Sejam x e y os prefixos do padrão P. Prove que $x \sqsupset y$ implica $\sigma(x) \leq \sigma(y)$.

★ 32.3-5
Dados dois padrões P e P', descreva como construir um autômato finito que determine todas as ocorrências de *quaisquer* desses padrões. Procure minimizar o número de estados em seu autômato.

32.3-6
Dado um padrão P que contém caracteres lacuna (ver Exercício 32.1-4), mostre como construir um autômato finito que possa encontrar uma ocorrência de P em um texto T no tempo de correspondência $O(n)$, em que $n = |T|$.

★ 32.4 Algoritmo Knuth-Morris-Pratt

Knuth, Morris e Pratt desenvolveram um algoritmo de correspondência de cadeias em tempo linear que evita totalmente o cálculo da função transição δ. Em vez disso, o algoritmo KMP utiliza uma função auxiliar π, que é pré-calculada a partir do padrão no tempo $\Theta(m)$ e armazena em um vetor $\pi[1 : m]$. O vetor π permite que o algoritmo calcule a função de transição δ eficientemente (em sentido amortizado) durante a execução, conforme necessário.

Em termos aproximados, para qualquer estado $q = 0, 1, ..., m$ e qualquer caractere $a \in \Sigma$, o valor $\pi[q]$ contém as informações de que precisamos para calcular $\delta(q, a)$, mas que não dependem de a. Visto que o vetor π tem apenas m entradas, enquanto δ tem $\Theta(m|\Sigma|)$ entradas, o algoritmo KMP economiza um fator de $|\Sigma|$ no tempo de pré-processamento calculando π em vez de δ. Assim como o procedimento CORRESPONDE-AUTÔMATO-FINITO, quando o pré-processamento é concluído, o algoritmo KMP utiliza o tempo de correspondência $\Theta(n)$.

Função prefixo para um padrão

A função prefixo π para um padrão captura conhecimento sobre as correspondências entre o padrão e deslocamentos dele próprio. O algoritmo KMP aproveita essa informação para evitar não só testes de deslocamentos inúteis no algoritmo ingênuo de correspondência de padrões, mas também o cálculo antecipado da função transição completa δ para um autômato de correspondência de cadeias.

Considere a operação do algoritmo ingênuo de correspondência de cadeias. A Figura 32.9(a) mostra determinado deslocamento s de um gabarito que contém o padrão $P = \texttt{ababaca}$ quando comparado com um texto T. Para esse exemplo, $q = 5$ dos caracteres corresponderam aos do texto, mas o sexto caractere não correspondeu ao caractere do texto. A informação de que q caracteres do padrão corresponderam aos do texto determina os caracteres de texto correspondentes. Visto que esses q caracteres de texto correspondem, certos deslocamentos deverão ser não válidos. No exemplo da figura, o deslocamento $s + 1$ é necessariamente não válido, já que o primeiro caractere do padrão, ($\texttt{a}$), estaria alinhado a um caractere de texto que sabemos que não corresponde ao primeiro caractere do padrão, mas corresponde ao segundo caractere do padrão, ($\texttt{b}$). Contudo, o deslocamento $s' = s + 2$ mostrado na parte (b) da figura alinha os três primeiros caracteres do padrão com três caracteres de texto que devem necessariamente ser correspondentes.

De uma forma mais geral, suponha que se saiba que $P[:q] \sqsupset T[:s + q]$ ou, equivalentemente, que $P[1:q] = T[s + 1 : s + q]$. Desejamos deslocar P para que algum prefixo mais curto $P[:k]$ de P corresponda a um sufixo de $P[:s + q]$, se possível. Contudo, podemos ter mais de uma escolha para quanto deslocar. Na Figura 32.9(b), deslocar P em duas posições funciona, de modo que $P[:3] \sqsupset T[:s + q]$, mas também deslocar P em quatro posições, de modo que $P[:1] \sqsupset T[:s + q]$ na Figura 32.9(c). Se mais de um valor de deslocamento funcionar, devemos escolher o menor valor de deslocamento para não perdermos nenhuma correspondência em potencial. De modo mais preciso, queremos saber a resposta para a seguinte pergunta:

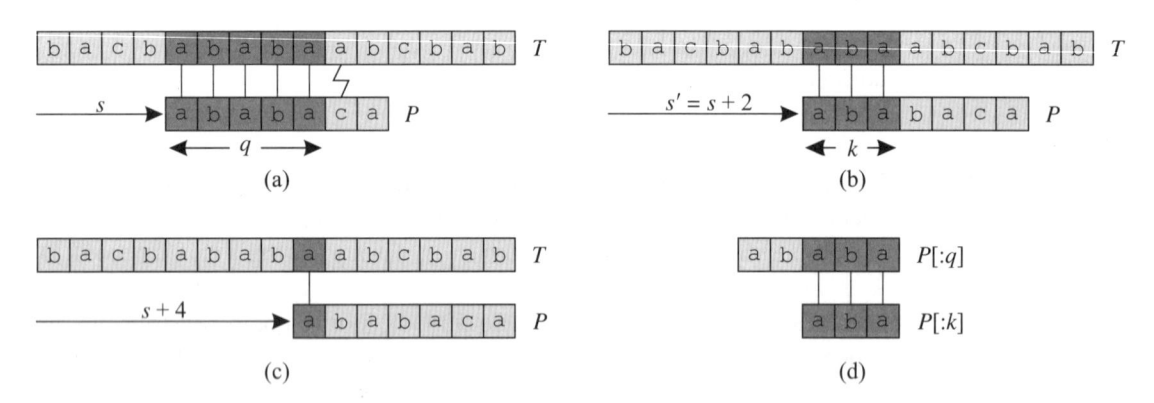

(a)

(b)

(c)

(d)

Figura 32.9 Função prefixo π. (**a**) O padrão $P = \texttt{ababaca}$ se alinha com um texto T de modo que os primeiros $q = 5$ caracteres são correspondentes. Os caracteres correspondentes, em *cinza-escuro*, estão ligados por linhas verticais. (**b**) Usando somente o nosso conhecimento dos cinco caracteres correspondentes ($P[:5]$), podemos deduzir que um deslocamento de $s + 1$ é não válido, mas que um deslocamento de $s' = s + 2$ é compatível com tudo o que sabemos sobre o texto e, portanto, é potencialmente válido. O prefixo $P[:k]$, em que $k = 3$, é alinhado com o texto visto até o momento. (**c**) Um deslocamento de $s + 4$ também é potencialmente válido, mas deixa apenas o prefixo $P[:1]$ alinhado com o texto visto até o momento. (**d**) Podemos calcular antecipadamente informações úteis para tais deduções comparando o padrão com ele próprio. Aqui, vemos que o prefixo mais longo de P que também é um sufixo próprio de $P[:5]$ é $P[:3]$. Representamos essa informação calculada antecipadamente no vetor π, de modo que $\pi[5] = 3$. Dado que q caracteres são correspondentes no deslocamento s, o próximo deslocamento potencialmente válido é em $s' = s + (q - \pi[q])$, como mostra a parte (b).

Dado que caracteres do padrão $P[1 : q]$ correspondem a caracteres de texto $T[s + 1 : s + q]$ (isto é, $P[:q] \sqsupset T[:s + q]$), qual é o menor deslocamento $s' > s$ tal que, para algum $k < q$,

$$P[1:k] = T[s' + 1:s' + k] \tag{32.6}$$

(isto é, $P[:k] \sqsupset T[:s' + q]$), em que $s' + k = s + q$?

Vejamos outra forma de examinar essa questão. Sabendo que $P[:q] \sqsupset T[:s + q]$, como encontrar o prefixo próprio mais longo $P[:k]$ de $P[:q]$ que é também um sufixo de $T[:s + q]$? Essas perguntas são equivalentes porque, se tivermos s e q, exigir $s' + k = s + q$ significa que encontrar o menor deslocamento s' (2 na Figura 32.9(b)) equivale a encontrar o maior comprimento de prefixo k (3 na Figura 32.9(b)). Somamos a diferença $q - k$ nos comprimentos desses prefixos de P ao deslocamento s para chegarmos ao nosso novo deslocamento s', a fim de que $s' = s + (q - k)$. No melhor caso, $k = 0$, de modo que $s' = s + q$, e descartamos imediatamente os deslocamentos $s + 1$, $s + 2$, ..., $s + q - 1$. Em qualquer caso, no novo deslocamento s', seria redundante comparar os k primeiros caracteres de P com os caracteres correspondentes de T, visto que a Equação (32.6) garante que eles correspondem.

Podemos calcular antecipadamente a informação comparando o padrão consigo mesmo, como demonstra a Figura 32.9(d). Como $T[s' + 1 : s' + k]$ é parte da porção conhecida do texto, é um sufixo da cadeia $P[:q]$. Portanto, podemos interpretar que a Equação (32.6) solicita o maior $k < q$ tal que $P[:k] \sqsupset P[:q]$. Então, o novo deslocamento $s' = s + (q - k)$ é o próximo deslocamento potencialmente válido. Veremos que é conveniente armazenar, para cada valor de q, o número k de caracteres correspondentes no novo deslocamento s', em vez de armazenar, digamos, $s' - s$ para deslocar.

Formalizamos a informação que pré-calculamos da seguinte maneira. Dado um padrão $P[1 : m]$, a **função prefixo** para P é a função $\pi : \{1, 2, ..., m\} \to \{0, 1, ..., m - 1\}$ tal que

$$\pi[q[= \max\{k : k < q \text{ e } P[:k] \sqsupset P[:q]\}.$$

Isto é, $\pi[q]$ é o comprimento do prefixo mais longo de P que é um sufixo próprio de $P[:q]$. Aqui está a função prefixo completa π para o padrão `ababaca`:

i	1	2	3	4	5	6	7
$P[i]$	a	b	a	b	a	c	a
$\pi[i]$	0	0	1	2	3	0	1

O procedimento CORRESPONDE-KMP dá o algoritmo de correspondência Knuth-Morris-Pratt. Em sua maior parte, o procedimento decorre de CORRESPONDE-AUTÔMATO-FINITO. CORRESPONDE-KMP chama o procedimento auxiliar CALCULA-FUNÇÃO-PREFIXO para calcular π. Esses dois procedimentos têm muito em comum, porque ambos comparam uma cadeia com o padrão P: CORRESPONDE-KMP compara o texto T com P, e CALCULA-FUNÇÃO-PREFIXO compara P com ele mesmo.

Começamos com uma análise dos tempos de execução desses procedimentos. Depois, provaremos que os procedimentos são corretos, o que será mais complicado.

```
CORRESPONDE-KMP(T, P, n, m)
 1   π = CALCULA-FUNÇÃO-PREFIXO(P, m)
 2   q = 0                          // número de caracteres correspondentes
 3   for i = 1 to n                 // varre o texto da esquerda para a direita
 4       while q > 0 e P[q + 1] ≠ T[i]
 5           q = π[q]               // próximo caractere não é correspondente
 6       if P[q + 1] == T[i]
 7           q = q + 1              // próximo caractere é correspondente
 8       if q == m                  // P inteiro é correspondente?
 9           imprimir "Padrão ocorre com deslocamento" i − m
10           q = π[q]               // procura a próxima correspondência
```

(continua)

```
CALCULA-FUNÇÃO-PREFIXO(P, m)
 1   seja π[1:m] um novo vetor
 2   π[1] = 0
 3   k = 0
 4   for q = 2 to m
 5       while k > 0 e P[k + 1] ≠ P[q]
 6           k = π[k]
 7       if P[k + 1] == P[q]
 8           k = k + 1
 9       π[q] = k
10   return π
```

Análise do tempo de execução

O tempo de execução de CALCULA-FUNÇÃO-PREFIXO é $\Theta(m)$, o que mostramos usando o método agregado de análise amortizada (ver Seção 16.1). A única parte complicada é mostrar que o laço **while** das linhas 5–6 é executado $O(m)$ vezes no total. Começando com algumas observações sobre k, mostraremos que ele faz no máximo $m - 1$ iterações. A primeira é que a linha 3 inicia k em 0, e a única maneira de k aumentar é pela operação de incremento na linha 8, executada no máximo uma vez por iteração do laço **for** das linhas 4–9. Assim, o aumento total em k é no máximo $m - 1$. A segunda é que, visto que $k < q$ quando entra no laço **for** e cada iteração do laço incrementa q, temos sempre $k < q$. Portanto, as atribuições nas linhas 2 e 9 garantem que $\pi[q] < q$ para todo $q = 1, 2,..., m$, o que significa que cada iteração do laço **while** diminui k. A terceira é que k nunca se torna negativo. Juntando esses fatos, vemos que a redução total em k resultante do laço **while** é limitada por cima pelo aumento total de k em todas as iterações do laço **for**, que é $m - 1$. Assim, o laço **while** itera no máximo $m - 1$ vezes no todo, e CALCULA-FUNÇÃO-PREFIXO é executado no tempo $\Theta(m)$.

O Exercício 32.4-4 pede que você mostre, por uma análise agregada semelhante, que o tempo de correspondência de CORRESPONDE-KMP é $\Theta(n)$.

Comparado com CORRESPONDE-AUTÔMATO-FINITO, usando π em vez de δ, o algoritmo KMP reduz o tempo de pré-processamento do padrão de $O(m|\Sigma|)$ para $\Theta(m)$, mantendo o tempo real de correspondência limitado por $\Theta(n)$.

Corretude do cálculo da função prefixo

Veremos, um pouco mais adiante, que a função prefixo π nos ajuda a simular a função transição δ em um autômato de correspondência de cadeias. Porém, em primeiro lugar precisamos provar que o procedimento CALCULA-FUNÇÃO-PREFIXO realmente calcula a função prefixo corretamente. Para tal, precisaremos encontrar todos os prefixos $P[:k]$ que sejam sufixos próprios de um prefixo $P[:q]$ dado. O valor de $\pi[q]$ nos dá o comprimento de tal prefixo mais longo, mas o lema apresentado a seguir, ilustrado na Figura 32.10, mostra que, iterando a função prefixo π, podemos de fato enumerar todos os prefixos $P[:k]$ que são sufixos próprios de $P[:q]$. Seja

$$\pi^*[q] = \left\{\pi[q], \pi^{(2)}[q], \pi^{(3)}[q], \ldots, \pi^{(t)}[q]\right\},$$

em que $\pi^{(i)}[q]$ é definida em termos de iteração funcional, de modo que $\pi^{(0)}[q] = q$ e $\pi^{(i)}[q] = \pi[\pi^{(i-1)}[q]]$ para $i \geq 1$ (de modo que $\pi[q] = \pi^{(1)}[q]$), e onde a sequência em $\pi*[q]$ termina quando $\pi^{(t)}[q] = 0$ para algum $t \geq 1$.

Lema 32.5 (Lema da iteração da função prefixo)

Seja P um padrão de comprimento m com função prefixo π. Então, para $q = 1, 2, ..., m$, temos $\pi*[q] = \{k : k < q$ e $P[:k] \sqsupset P[:q]\}$.

Prova Primeiro, provamos que $\pi*[q] \subseteq \{k : k < q$ e $P[:k] \sqsupset P[:q]\}$ ou, o que é equivalente,

$$i \in \pi^*[q] \text{ implies } P[:i] \sqsupset P[:q]. \tag{32.7}$$

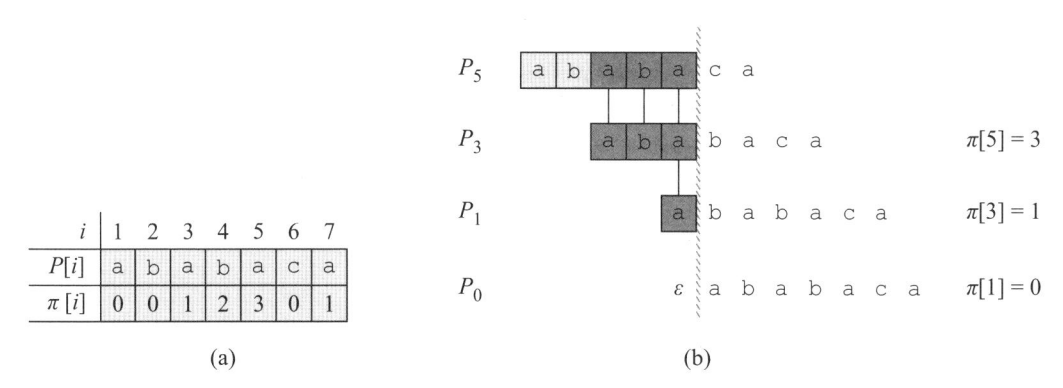

i	1	2	3	4	5	6	7
$P[i]$	a	b	a	b	a	c	a
$\pi[i]$	0	0	1	2	3	0	1

(a)

(b)

Figura 32.10 Ilustração do Lema 32.5 para o padrão $P = \mathtt{ababaca}$ e $q = 5$. (**a**) Função π para o padrão dado. Visto que $\pi[5] = 3$, $\pi[3] = 1$ e $\pi[1] = 0$, iterando π obtemos $\pi*[5] = \{3, 1, 0\}$. (**b**) Deslizamos o gabarito que contém o padrão P para a direita e observamos quando algum prefixo $P[:k]$ de P corresponde a algum sufixo próprio de $P[:5]$. Conseguimos correspondências quando $k = 3$, 1 e 0. Na figura, a primeira linha produz P, e a linha vertical *hachurada* é desenhada logo após $P[:5]$. Linhas sucessivas mostram todos os deslocamentos de P que resultam na concordância entre algum prefixo $P[:k]$ de P e algum sufixo de $P[:5]$. Caracteres correspondentes com sucesso estão em *cinza-escuro*. Linhas verticais *cheias* ligam caracteres correspondentes alinhados. Assim, $\{k : k < 5 \text{ e } P[:k] \sqsupset P[:5]\} = \{3, 1, 0\}$. O Lema 32.5 afirma que $\pi*[q] = \{k : k < q \text{ e } P[:k] \sqsupset P[:q]\}$ para todo q.

Se $i \in \pi*[q]$, então $i = \pi^{(u)}[q]$ para algum $u > 0$. Provamos a Equação (32.7) por indução em u. Para $u = 1$, temos $i = \pi[q]$, e a afirmação decorre, já que $i < q$ e $P[:\pi[q]] \sqsupset P[:q]$ pela definição de π. Agora, considere algum $u \geq 1$ tal que tanto $\pi^{(u)}[q]$ quanto $\pi^{(u+1)}[q]$ pertençam a $\pi*[q]$. Seja $i = \pi^{(u)}[q]$, de modo que $\pi[i] = \pi^{(u+1)}[q]$. A hipótese indutiva é que $P[:i] \sqsupset P[:q]$. Como as relações $<$ e $\sqsupset$ são transitivas, temos $\pi[i] < i < q$ e $P[:\pi[i]] \sqsupset P[:i] \sqsupset P[:q]$, que estabelece a Equação (32.7) para todo i em $\pi*[q]$. Portanto, $\pi*[q] \subseteq \{k : k < q \text{ e } P[:k] \sqsupset P[:q]\}$.

Agora, provamos que $\{k : k < q \text{ e } P[:k] \sqsupset P[:q]\} \subseteq \pi*[q]$ por contradição. Suponha, ao contrário, que o conjunto $\{k : k < q \text{ e } P[:k] \sqsupset P[:q]\} - \pi*[q]$ é não vazio e seja j o maior número no conjunto. Como $\pi[q]$ é o maior valor em $\{k : k < q \text{ e } P[:k] \sqsupset P[:q]\}$ e $\pi[q] \in \pi*[q]$, devemos ter $j < \pi[q]$. Tendo estabelecido que $\pi*[q]$ contém pelo menos um inteiro maior que j, indicamos por j' o menor desses inteiros. (Podemos escolher $j' = \pi[q]$, se nenhum outro número em $\pi*[q]$ é maior que j.) Temos $P[:j] \sqsupset P[:q]$ porque $j \in \{k : k < q \text{ e } P[:k] \sqsupset P[:q]\}$, e por j' e $\pi*[q]$ e a Equação (32.7), temos $P[:j'] \sqsupset P[:q]$. Assim, $P[:j] \sqsupset P[:j']$ pelo Lema 32.1, e j é o maior valor menor que j' com essa propriedade. Portanto, devemos ter $\pi[j'] = j$ e, como $j' \in \pi*[q]$, devemos ter também $j \in \pi*[q]$. Essa contradição prova o lema. ∎

O algoritmo Calcula-Função-Prefixo calcula $\pi[q]$, em ordem, para $q = 1, 2, ..., m$. Fazer $\pi[1] = 0$ na linha 2 de Calcula-Função-Prefixo certamente é correto, já que $\pi[q] < q$ para todo q. Usaremos o lema apresentado a seguir e seu corolário para provarmos que Calcula-Função-Prefixo calcula $\pi[q]$ corretamente para $q > 1$.

Lema 32.6

Seja P um padrão de comprimento m e seja π a função prefixo para P. Para $q = 1, 2, ..., m$, se $\pi[q] > 0$, então $\pi[q] - 1 \in \pi*[q - 1]$.

Prova Se $r = \pi[q] > 0$, então $r < q$ e $P[:r] \sqsupset P[:q]$; portanto, $r - 1 < q - 1$ e $P[:r - 1] \sqsupset P[:q - 1]$ (descartando o último caractere de $P[:r]$ e $P[:q]$, o que podemos fazer porque $r > 0$). Portanto, pelo Lema 32.5, $r - 1 \in \pi*[q - 1]$. Assim, temos $\pi[q] - 1 = r - 1 \in \pi*[q - 1]$. ∎

Para $q = 2, 3, ..., m$, defina o subconjunto $E_{q-1} \subseteq \pi*[q - 1]$ por

$$
\begin{aligned}
E_{q-1} &= \{k \in \pi^*[q - 1] : P[k + 1] = P[q]\} \\
&= \{k : k < q - 1 \text{ e } P[:k] \sqsupset P[:q - 1] \text{ e } P[k + 1] = P[q]\} \\
&\quad \text{(pelo Lema 32.5)} \\
&= \{k : k < q - 1 \text{ e } P[:k + 1] \sqsupset P[:q]\} \, .
\end{aligned}
$$

O conjunto E_{q-1} consiste nos valores $k < q - 1$ para os quais $P[:k] \sqsupset P[:q-1]$ e para os quais, como $P[k+1] = P[q]$, temos $P[:k+1] \sqsupset P[:q]$. Assim, E_{q-1} consiste nesses valores $k \in \pi^*[q-1]$ tais que podemos estender $P[:k]$ a $P[:k+1]$ e obter um sufixo próprio de $P[:q]$.

Corolário 32.7

Seja P um padrão de comprimento m e seja p a função prefixo para P. Para $q = 2, 3, ..., m$,

$$\pi[q] = \begin{cases} 0 & \text{se } E_{q-1} = \emptyset \,, \\ 1 + \max E_{q-1} & \text{se } E_{q-1} \neq \emptyset \,. \end{cases}$$

Prova Se E_{q-1} é vazio, não existe nenhum $k \in \pi^*[q-1]$ (incluindo $k = 0$) para o qual possamos estender $P[:k]$ a $P[:k+1]$ e obter um sufixo próprio de $P[:q]$. Portanto, $\pi[q] = 0$.

Se, em vez disso, E_{q-1} é não vazio, então para cada $k \in E_{q-1}$ temos $k + 1 < q$ e $P[:k+1] \sqsupset P[:q]$. Logo, pela definição de $\pi[q]$, temos

$$\pi[q] \geq 1 + \max E_{q-1} \,. \tag{32.8}$$

Observe que $\pi[q] > 0$. Seja $r = \pi[q] - 1$, de modo que $r + 1 = \pi[q] > 0$ e, portanto, $P[:r+1] \sqsupset P[:q]$. Se uma cadeia não vazia é um sufixo de outra, então as duas cadeias deverão ter o mesmo caractere final. Visto que $r + 1 > 0$, o prefixo $P[:r+1]$ é não vazio e, assim, $P[r+1] = P[q]$. Além disso, pelo Lema 32.6, temos $r \in \pi^*[q-1]$. Portanto, $r \in E_{q-1}$ e, assim, $\pi[q] - 1 = r \leq \text{máx } E_{q-1}$ ou, o que é equivalente,

$$\pi[q] \leq 1 + \max E_{q-1} \,. \tag{32.9}$$

Combinando as Equações (32.8) e (32.9), conclui-se a prova.   ∎

Agora, terminamos a prova de que CALCULA-FUNÇÃO-PREFIXO calcula π corretamente. A chave é combinar a definição de E_{q-1} com o enunciado do Corolário 32.7, de modo que $\pi[q]$ é igual a 1 mais o maior valor de k em $\pi^*[q-1]$ tal que $P[k+1] = P[q]$. Primeiro, no procedimento CALCULA-FUNÇÃO-PREFIXO, temos que $k = \pi[q-1]$ no início de cada iteração do laço **for** das linhas 4–9. Essa condição é imposta pelas linhas 2 e 3 quando entramos no laço pela primeira vez, e permanece verdadeira em cada iteração sucessiva, por causa da linha 9. As linhas 5–8 ajustam k de modo que ele se torna o valor correto de $\pi[q]$. O laço **while** nas linhas 5–6 pesquisa todos os valores $k \in \pi^*[q-1]$ em ordem decrescente para encontrar o valor de $\pi[q]$. O laço termina ou porque k alcança 0 ou se $P[k+1] = P[q]$. Como o operador "e" é uma espécie de curto-circuito, se o laço termina porque $P[k+1] = P[q]$, então k deve ter sido positivo e, portanto, k é o maior valor no conjunto E_{q-1}. Nesse caso, as linhas 7–9 definem $\pi[q]$ como $k + 1$, de acordo com o Corolário 32.7. Se, em vez disso, o laço **while** termina porque $k = 0$, então existem duas possibilidades. Se $P[1] = P[q]$, então $E_{q-1} = \{0\}$, e as linhas 7–9 definem tanto k quanto $\pi[q]$ como 1. Contudo, se $k = 0$ e $P[1] \neq P[q]$, então $E_{q-1} = \emptyset$. Nesse caso, a linha 9 define $\pi[q]$ em 0, novamente de acordo com o Corolário 32.7, que completa a prova da correção de CALCULA-FUNÇÃO-PREFIXO.

Corretude do algoritmo Knuth-Morris-Pratt

Podemos considerar o procedimento CORRESPONDE-KMP como uma versão reimplementada do procedimento CORRESPONDE-AUTÔMATO-FINITO, mas usando a função prefixo π para calcular transições de estado. Especificamente, provaremos que na i-ésima iteração dos laços **for** de ambos, CORRESPONDE-KMP e CORRESPONDE-AUTÔMATO-FINITO, o estado q tem o mesmo valor quando testamos a igualdade com m (na linha 8 em CORRESPONDE-KMP e na linha 4 em CORRESPONDE-AUTÔMATO-FINITO). Uma vez demonstrado que CORRESPONDE-KMP simula o comportamento de CORRESPONDE-AUTÔMATO-FINITO, a corretude de CORRES-PONDE-KMP decorre da corretude de CORRESPONDE-AUTÔMATO-FINITO (embora vejamos mais adiante por que a linha 10 em CORRESPONDE-KMP é necessária).

Antes de provarmos formalmente que CORRESPONDE-KMP simula corretamente CORRESPONDE-AUTÔMATO-FINITO, vamos gastar um instante para entender como a função prefixo π substitui a função transição δ. Lembre-se de que, quando um autômato de correspondência de cadeias está no estado q e varre um caractere

$a = T[i]$, ele passa para um novo estado $\delta(q, a)$. Se $a = P[q + 1]$, de modo que a continua a corresponder ao padrão, então $\delta(q, a) = q + 1$. Caso contrário, $a \neq P[q + 1]$, de forma que a não continua a corresponder ao padrão, e o número do estado não aumenta: $0 \leq \delta(q, a) \leq q$. No primeiro caso, quando a continua a corresponder, CORRESPONDE-KMP passa para o estado $q + 1$ sem referenciar a função π: o teste do laço **while** na linha 4 resulta imediatamente em falso, o teste na 6 resulta verdadeiro e a linha 7 incrementa q.

A função π entra em ação quando o caractere a não continua a corresponder ao padrão, de modo que o novo estado $\delta(q, a)$ é q ou está à esquerda de q ao longo da espinha dorsal do autômato. O laço **while** das linhas 4–5 em CORRESPONDE-KMP itera pelos estados em $\pi*[q]$, e para ou quando chega a um estado, digamos q', tal que a corresponde a $P[q' + 1]$ ou q' já tenha percorrido todo o caminho descendente até 0. Se a corresponde a $P[q' + 1]$, então a linha 7 define o novo estado como $q' + 1$, que deve ser igual a $\delta(q, a)$ para que a simulação funcione corretamente. Em outras palavras, o novo estado $\delta(q, a)$ deve ser ou o estado 0 ou um a mais do que algum estado em $\pi*[q]$.

Vamos examinar as Figuras 32.6 e 32.10, em que os exemplos são para o padrão $P = \texttt{ababaca}$. Suponha que o autômato esteja no estado $q = 5$, tendo correspondido a $\texttt{ababa}$. Os estados em $\pi*[5]$ são, em ordem descendente, 3, 1 e 0. Se o próximo caractere verificado é $\texttt{c}$, então é fácil ver que o autômato passa para o estado $\delta(5, \texttt{c}) = 6$ em CORRESPONDE-AUTÔMATO-FINITO (linha 3) e também em CORRESPONDE-KMP (linha 7). Agora, suponha que o próximo caractere verificado seja $\texttt{b}$, de modo que o autômato deve passar para o estado $\delta(5, \texttt{b}) = 4$. O laço **while** em CORRESPONDE-KMP sai após executar a linha 5 uma vez, e o autômato chega ao estado $q' = \pi[5] = 3$. Visto que $P[q' + 1] = P(4) = \texttt{b}$, o teste na linha 6 revela-se verdadeiro e o autômato move-se para o novo estado $q' + 1 = 4 = \delta(5, \texttt{b})$. Finalmente, suponha que o próximo caractere escaneado seja $\texttt{a}$, de modo que o autômato deve passar para o estado $\delta(5, \texttt{a}) = 1$. Nas três primeiras vezes em que o teste na linha 4 é executado, ele dá verdadeiro. Na primeira vez, verificamos que $P[6] = \texttt{c} \neq \texttt{a}$, e o autômato move-se para o estado $\pi[5] = 3$ (o primeiro estado em $\pi*[5]$). Na segunda vez, verificamos que $P[4] = \texttt{b} \neq \texttt{a}$, e o autômato move-se para o estado $\pi[3] = 1$ (o segundo estado em $\pi*[5]$). Na terceira vez, verificamos que $P[2] = \texttt{b} \neq \texttt{a}$, e o autômato move-se para o estado $\pi[1] = 0$ (o último estado em $\pi*[5]$). O laço **while** sai uma vez que chega ao estado $q' = 0$. Agora, a linha 6 descobre que $P[q' + 1] = P[1] = \texttt{a}$, e a linha 7 passa o autômato para o novo estado $q' + 1 = 1 = \delta(5, \texttt{a})$.

Assim, nossa intuição é que CORRESPONDE-KMP itera em todos os estados em $\pi*[q]$ em ordem decrescente, parando em algum q' e então, possivelmente, passando para o estado $q' + 1$. Embora isso possa parecer muito trabalho só para simular o cálculo de $\delta[q, a]$, não esqueça que, assintoticamente, CORRESPONDE-KMP não é mais lento que CORRESPONDE-AUTÔMATO-FINITO.

Assim, estamos prontos para provar formalmente a corretude do algoritmo Knuth-Morris-Pratt. Pelo Teorema 32.4, temos que $q = \sigma(T[:i])$ após cada vez que executarmos a linha 3 de CORRESPONDE-AUTÔMATO-FINITO. Portanto, basta mostrar que a mesma propriedade é válida com relação ao laço **for** em CORRESPONDE-KMP. A prova é realizada por indução com relação ao número de iterações do laço. Inicialmente, ambos os procedimentos definem q como 0 quando entram em seus respectivos laços **for** pela primeira vez. Considere a iteração i do laço **for** em CORRESPONDE-KMP. Pela hipótese indutiva, o número de estado q é igual a $\sigma(T[:i-1])$ no início dessa iteração do laço. Precisamos mostrar que, quando a linha 8 é alcançada, o novo valor de q é $\sigma(T[:i])$. (Novamente, trataremos a linha 10 separadamente.)

Quando consideramos que q é o número de estado no início da iteração do laço **for**, quando CORRESPONDE-KMP considera o caractere $T[i]$, o prefixo mais longo de P que é um sufixo de $T[:i]$ é $P[q + 1]$ (se $P[q + 1] = T[i]$) ou algum prefixo (não necessariamente próprio, e possivelmente vazio) de $P[:q]$. Consideramos separadamente os três casos nos quais $\sigma(T[:i]) = 0$, $\sigma(T[:i]) = q + 1$ e $0 < \sigma(T[:i]) \leq q$.

- Se $\sigma(T[:i]) = 0$, então $P[:0] = \varepsilon$ é o único prefixo de P que é um sufixo de $T[:i]$. O laço **while** das linhas 4–5 itera pelos valores q' em $\pi*[q]$, mas, embora $P[:q'] \sqsupset P[:q] \sqsupset T[:i-1]$ para todo $q' \in \pi*[q]$ (porque $<$ e $\sqsupset$ são relações transitivas), o laço nunca encontra um q' tal que $P[q' + 1] = T[i]$. O laço termina quando q chega a 0 e, é claro, a linha 7 não é executada. Portanto, $q = 0$ na linha 8, de modo que $q = \sigma(T[:i])$.
- Se $\sigma(T[:i]) = q + 1$, então $P[q + 1] = T[i]$, e o teste do laço **while** na linha 4 falha inteiramente na primeira vez. A linha 7 é executada, incrementando o número do estado para $q + 1$, que é igual a $\sigma(T[:i])$.
- Se $0 < \sigma(T[:i]) \leq q'$, então o laço **while** das linhas 4–5 itera no mínimo uma vez, verificando em ordem decrescente cada valor em $\pi*[q]$ até parar em algum $q' < q$. Assim, $P[:q']$ é o prefixo mais longo de $P[:q]$ para o qual $P[q' + 1] = T[i]$, de modo que, quando o laço **while** termina, $q' + 1 = \sigma(P[:q]T[i])$. Visto que $q = \sigma(T[:i-1])$, o Lema 32.3 implica $\sigma(T[:i-1]T[i]) = \sigma(P[:q]T[i])$ Assim, temos

$$q' + 1 = \sigma(P[:q]T[i])$$
$$= \sigma(T[:i-1]T[i])$$
$$= \sigma(T[:i])$$

quando o laço **while** termina. Após a linha 7 incrementar q, o novo número de estado q é igual a $\sigma(T[:i])$.

A linha 10 é necessária em CORRESPONDE-KMP porque, caso contrário, a linha 4 poderia tentar referenciar $P[m+1]$ após encontrar uma ocorrência de P. (O argumento de que $q = \sigma(T[:i-1])$ na próxima execução da linha 4 permanece válido pela sugestão dada pelo Exercício 32.4-8: que $\delta(m, a) = \delta(\pi[m], a)$ ou, o que é equivalente, $\sigma(Pa) = \sigma(P[:\pi[m]]a)$ para qualquer $a \in \Sigma$.) O argumento restante para a corretude do algoritmo de Knuth-Morris-Pratt decorre da corretude de CORRESPONDE-AUTÔMATO-FINITO, pois mostramos que CORRESPONDE-KMP simula o comportamento de CORRESPONDE-AUTÔMATO-FINITO.

Exercícios

32.4-1
Calcule a função prefixo π para o padrão `ababbabbabbababbabb`.

32.4-2
Forneça um limite superior para o tamanho de $\pi^*[q]$ em função de q. Dê um exemplo para mostrar que seu limite é justo.

32.4-3
Explique como determinar as ocorrências do padrão P no texto T examinando a função π em busca da cadeia PT (a cadeia de comprimento $m + n$ que é a concatenação de P e T).

32.4-4
Use uma análise agregada para mostrar que o tempo de execução de CORRESPONDE-KMP é $\Theta(n)$.

32.4-5
Use uma função potencial para mostrar que o tempo de execução de CORRESPONDE-KMP é $\Theta(n)$.

32.4-6
Mostre como melhorar CORRESPONDE-KMP substituindo a ocorrência de π na linha 5 (mas não na linha 10) por π', em que π' é definido recursivamente para $q = 1, 2, ..., m-1$ pela equação

$$\pi'[q] = \begin{cases} 0 & \text{se } \pi[q] = 0, \\ \pi'[\pi[q]] & \text{se } \pi[q] \neq 0 \ \text{ e } \ P[\pi[q]+1] = P[q+1], \\ \pi[q] & \text{se } \pi[q] \neq 0 \ \text{ e } \ P[\pi[q]+1] \neq P[q+1]. \end{cases}$$

Explique por que o algoritmo modificado é correto e em que sentido essa modificação constitui uma melhoria.

32.4-7
Forneça um algoritmo em tempo linear para determinar se um texto T é uma rotação cíclica de outra cadeia T'. Por exemplo, as cadeias `braze` e `zebra` são rotações cíclicas uma da outra.

★ 32.4-8
Forneça um algoritmo no tempo $O(m|\Sigma|)$ para calcular a função transição d para o autômato de correspondência de cadeias relativo a um padrão P fornecido. (*Sugestão:* prove que $\delta(q, a) = \delta(\pi[q], a)$ se $q = m$ ou $P[q+1] \neq a$.)

32.5 Vetores de sufixos

Os algoritmos que vimos até agora neste capítulo podem encontrar, de modo eficiente, todas as ocorrências de um padrão em um texto. No entanto, isso é tudo o que eles podem fazer. Esta seção apresenta uma abordagem diferente — vetores de sufixos — com a qual você pode encontrar todas as ocorrências de um padrão em um texto, mas também um pouco mais. Um vetor de sufixos não encontrará todas as ocorrências de um padrão tão rapidamente quanto, digamos, o algoritmo Knuth-Morris-Pratt, mas sua flexibilidade adicional faz com que seu estudo seja interessante.

Um vetor de sufixos é simplesmente uma forma compacta de representar a ordem lexicograficamente classificada de todos os n sufixos de um texto de comprimento n. Dado um texto $T[1:n]$, seja $T[i:]$ a indicação do sufixo $T[i:n]$. O **vetor de sufixos** $VS[1:n]$ de T é definido de modo que, se $VS[i] = j$, então $T[j:]$ é o i-ésimo sufixo de T na ordem lexicográfica.[3] Ou seja, o i-ésimo sufixo de T na ordem lexicográfica é $T[VS[i]:]$. Com o vetor de sufixos, outro vetor útil é o **vetor de prefixos comuns mais longos** $LCP[1:n]$ (do inglês *longest common prefix*). A entrada $LCP[i]$ indica o comprimento do prefixo comum mais longo entre os i-ésimos e $(i-1)$-ésimos sufixos na ordem classificada (com $LCP[VS1]$ definido como 0, pois não há prefixo lexicograficamente menor que $T[VS[1]:]$). A Figura 32.11 mostra o vetor de sufixos e o vetor de prefixos comuns mais longos para o texto de 7 caracteres `ratatat`.

Dado o vetor de sufixos para um texto, você pode pesquisar um padrão por meio de pesquisa binária no vetor de sufixos. Cada ocorrência de um padrão no texto inicia algum sufixo do texto e, como o vetor de sufixos está em ordem lexicograficamente classificada, todas as ocorrências de um padrão aparecerão no início de entradas consecutivas do vetor de sufixos. Por exemplo, na Figura 32.11, as três ocorrências de `at` em `ratatat` aparecem nas entradas 1 a 3 do vetor de sufixos. Se você encontrar o padrão de comprimento m no vetor de sufixos de comprimento n por meio de pesquisa binária (levando o tempo $O(m \lg n)$ porque cada comparação leva o tempo $O(m)$), poderá encontrar todas as ocorrências do padrão no texto pesquisando para trás e para frente a partir desse ponto até encontrar um sufixo que não comece com o padrão (ou até que você ultrapasse os limites do vetor de sufixos). Se o padrão ocorre k vezes, então o tempo para encontrar todas as k ocorrências é $O(m \lg n + km)$.

Com o vetor de prefixo comum mais longo, você pode encontrar uma subcadeia repetida mais longa, ou seja, a subcadeia mais longa que ocorre mais de uma vez no texto. Se $LCP[i]$ contiver um valor máximo no vetor LCP, uma subcadeia repetida mais longa aparecerá em $T[VS[i] : VS[i] + LCP[i] - 1]$. No exemplo da Figura 32.11, o vetor LCP tem um valor máximo: $LCP[3] = 4$. Portanto, visto que $VS[3] = 2$, a subcadeia repetida mais longa é $T[2:5] =$ `atat`. O Exercício 32.5-3 pede que você use o vetor de sufixos e o vetor de prefixos comuns mais longos para encontrar as subcadeias comuns mais longas entre dois textos. Em seguida, veremos como calcular o vetor de sufixos para um texto de n caracteres no tempo $O(n \lg n)$ e, considerando o vetor de sufixos e o texto, como calcular o vetor de prefixos comum mais longo no tempo $\Theta(n)$.

i	1	2	3	4	5	6	7
$T[i]$	r	a	t	a	t	a	t

i	$VS[i]$	$rank[i]$	$LCP[i]$	Sufixo $T[VS[i]:]$
1	6	4	0	at
2	4	3	2	atat
3	2	7	4	atatat
4	1	2	0	ratatat
5	7	6	0	t
6	5	1	1	tat
7	3	5	3	tatat

Figura 32.11 O vetor de sufixos VS, o vetor de posições *rank*, o vetor de prefixos comuns mais longos LCP e os sufixos ordenados lexicograficamente do texto $T =$ `ratatat` com comprimento $n = 7$. O valor de *rank*$[i]$ indica a posição do sufixo $T[i:]$ na ordem lexicográfica: *rank*$[VS[i]] = i$ para $i = 1, 2, ..., n$. O vetor *rank* é usado para o cálculo do vetor LCP.

---

[3]Informalmente, a ordem lexicográfica é "ordem alfabética" no conjunto de caracteres subjacente. Uma definição mais precisa de ordem lexicográfica aparece no Problema 12-2, no Capítulo 12.

Calculando o vetor de sufixos

Existem vários algoritmos para calcular o vetor de sufixos de um texto de comprimento n. Alguns são executados em tempo linear, mas são bastante complicados. Um desses algoritmos é fornecido no Problema 32-2. Aqui, vamos explorar um algoritmo mais simples que é executado no tempo $\Theta(n \lg n)$.

A ideia por trás do procedimento no tempo $O(n \lg n)$ Calcula-Vetor-Sufixo, a seguir, é classificar lexicograficamente subcadeias do texto com comprimentos cada vez maiores. O procedimento faz várias passagens pelo texto, com o comprimento da subcadeia dobrando a cada vez. Pela $\lceil \lg n \rceil$-ésima passagem, o procedimento está classificando todos os sufixos, obtendo, assim, as informações necessárias para construir o vetor de sufixos. A chave para obter um algoritmo no tempo $O(n \lg n)$ será realizar cada passagem após a primeira classificação em tempo linear, o que será realmente possível usando a classificação por raiz.

```
Calcula-Vetor-Sufixo(T, n)
 1  alocar vetores subcad-rank[1 : n], rank[1 : n] e VS[1 : n]
 2  for i = 1 to n
 3      subcad-rank[i].pos-esq = ord(T[i])
 4      if i < n
 5          subcad-rank[i].pos-dir = ord(T[i + 1])
 6      else subcad-rank[i].pos-dir = 0
 7      subcad-rank[i].index = i
 8  ordenar o vetor subcad-rank em ordem monotonicamente crescente com base
        nos atributos pos-esq, usando os atributos pos-dir para desempatar;
        se ainda houver empate, a ordem não importa
 9  l = 2
10  while l < n
11      Faz-Rankings(subcad-rank, rank, n)
12      for i = 1 to n
13          subcad-rank[i].pos-esq = rank[i]
14          if i + l ≤ n
15              subcad-rank[i].pos-dir = rank[i + l]
16          else subcad-rank[i].pos-dir = 0
17          subcad-rank[i].index = i
18      ordenar o vetor subcad-rank em ordem monotonicamente crescente com base
            nos atributos pos-esq, usando os atributos pos-dir para desempatar;
            se ainda houver empate, a ordem não importa
19      l = 2l
20  for i = 1 to n
21      VS[i] = subcad-rank[i].index
22  return VS


Faz-Rankings(subcad-rank, rank, n)
 1  r = 1
 2  rank[subcad-rank[1].index] = r
 3  for i = 2 to n
 4      if subcad-rank[i].pos-esq ≠ subcad-rank[i − 1].pos-esq
            ou subcad-rank[i].pos-dir ≠ subcad-rank[i − 1].pos-dir
 5          r = r + 1
 6      rank[subcad-rank[i].index] = r
```

Vamos começar com uma observação simples. Considere duas cadeias quaisquer, s_1 e s_2. Decompomos s_1 em s_1' e s_1'', de modo que s_1 seja s_1' concatenada com s_1''. Da mesma forma, considere que s_2 representa s_2' concatenada com s_2''. Agora, suponha que s_1' seja lexicograficamente menor que s_2' e $|s_1'| = |s_2'|$. Então, independentemente de s_1'' e s_2'', deve acontecer que s_1 seja lexicograficamente menor que s_2. Por exemplo, seja $s_1 = $ aaz e s_2 = aba, e decompomos s_1 em $s_1' = $ aa e $s_1'' = $ z e s_2 em $s_2'' = $ ab e $s_2'' = $ a. Como s_1' é lexicograficamente menor que s_2', segue-se que s_1 é lexicograficamente menor que s_2, embora s_2'' seja lexicograficamente menor que s_1''.

Em vez de comparar subcadeias diretamente, Calcula-Vetor-Sufixo representa subcadeias do texto com *posições* inteiras. As posições (*ranks*) têm a propriedade simples de que uma subcadeia é lexicograficamente menor que outra se, e somente se, tiver posição inferior. Subcadeias idênticas têm posições iguais.

De onde vêm essas posições? Inicialmente, as subcadeias consideradas são apenas caracteres únicos do texto. Suponha que, como em muitas linguagens de programação, exista uma função, ord, que mapeia um caractere para sua codificação subjacente, que é um número inteiro positivo. A função ord pode ser a codificação ASCII ou Unicode ou qualquer outra função que produza uma ordem relativa dos caracteres. Por exemplo, se todos os caracteres forem letras minúsculas, então ord(a) = 1, ord(b) = 2, ..., ord(z) = 26 funcionaria. Uma vez que as subcadeias consideradas contêm vários caracteres, suas posições serão inteiros positivos menores ou iguais a n, provenientes de sua ordem relativa após serem classificadas. Uma subcadeia vazia sempre tem posição 0, já que é lexicograficamente menor que qualquer subcadeia não vazia.

O procedimento Calcula-Vetor-Sufixo utiliza objetos internamente para acompanhar a ordenação relativa das subcadeias de acordo com suas posições. Ao considerar subcadeias de determinado comprimento, o procedimento cria e classifica um vetor *subcad-rank*$[1 : n]$ de n objetos, cada um com os seguintes atributos:

- *pos-esq* contém a posição da parte esquerda da subcadeia
- *pos-dir* contém a posição da parte direita da subcadeia
- *index* contém o índice para o texto T de onde a subcadeia começa.

Antes de nos aprofundarmos nos detalhes de como o procedimento funciona, vamos ver como ele opera no texto de entrada `ratatat`, com $n = 7$. Supondo que a função ord retorne o código ASCII para um caractere, a Figura 32.12 mostra o vetor *subcad-rank* após o laço **for** das linhas 2–7 e, em seguida, após a etapa de classificação na linha 8. Os valores de *pos-esq* e *pos-dir* após as linhas 2–7 são as posições das subcadeias de comprimento 1 nas posições i e $i + 1$, para $i = 1, 2, ..., n$. Essas posições iniciais são os valores ASCII dos caracteres. Nesse ponto, os valores de *pos-esq* e *pos-dir* fornecem as posições das partes esquerda e direita de cada subcadeia de comprimento 2. Como a subcadeia começando no índice 7 consiste em apenas um caractere, sua parte direita está vazia e, portanto, *pos-dir* é 0. Após a etapa de classificação na linha 8, o vetor *subcad-rank* fornece a ordem lexicográfica relativa de todas as subcadeias de comprimento 2, com pontos iniciais dessas subcadeias no atributo *index*. Por exemplo, lexicograficamente, a menor subcadeia de comprimento 2 é at, que começa na posição *subcad-rank*$[1]$.*index*, que é igual a 2. Essa subcadeia também ocorre nas posições *subcad-rank*$[2]$.*index* = 4 e *subcad-rank*$[3]$.*index* = 6.

O procedimento então entra no laço **while** das linhas 10–19. A variável de laço l indica um limite superior para o comprimento das subcadeias que foram classificadas até o momento. Entrando no laço **while**, portanto, as subcadeias de comprimento máximo $l = 2$ são classificadas. A chamada de Faz-Rankings na linha 11 dá a cada uma dessas subcadeias sua posição na ordem classificada, desde 1 até o número de subcadeias exclusivas de comprimento 2, com base nos valores que encontra no vetor *subcad-rank*. Com $l = 2$, Faz-Rankings define *rank*$[i]$ como a posição da subcadeia de comprimento 2 $T[i : i + 1]$. A Figura 32.13 mostra essas novas posições, que não são necessariamente únicas. Por exemplo, visto que a subcadeia de comprimento 2 at ocorre nas posições 2, 4 e 6, Faz-Rankings descobre que *subcad-rank*$[1]$, *subcad-rank*$[2]$ e *subcad-rank*$[3]$ possuem valores iguais em *pos-esq* e em *pos-dir*. Visto que *subcad-rank*$[1]$:*index* = 2, *subcad-rank*$[2]$:*index* = 4 e *subcad-rank*$[3]$:*index* = 6, e visto que at é a menor subcadeia na ordem lexicográfica, Faz-Rankings define *rank*$[2]$ = *rank*$[4]$ = *rank*$[6]$ = 1.

		Após linhas 2–7					Após linha 8		
i	*pos-esq*	*pos-dir*	*index*	subcadeia	i	*pos-esq*	*pos-dir*	*index*	subcadeia
1	114	97	1	ra	1	97	116	2	at
2	97	116	2	at	2	97	116	4	at
3	116	97	3	ta	3	97	116	6	at
4	97	116	4	at	4	114	97	1	ra
5	116	97	5	ta	5	116	0	7	t
6	97	116	6	at	6	116	97	3	ta
7	116	0	7	t	7	116	97	5	ta

Figura 32.12 Vetor *subcad-rank* para os índices $i = 1, 2, ..., 7$ após o laço **for** das linhas 2–7 e após a etapa de classificação na linha 8 para a cadeia de entrada $T =$ `ratatat`.

Após linha 11						*Após linhas 12–17*							*Após linha 18*			
i	*rank*		*i*	*pos-esq*	*pos-dir*	*index*	subcadeia		*i*	*pos-esq*	*pos-dir*	*index*	subcadeia
1	2		1	2	4	1	rata		1	1	0	6	at
2	1		2	1	1	2	atat		2	1	1	2	atat
3	4		3	4	4	3	tata		3	1	1	4	atat
4	1		4	1	1	4	atat		4	2	4	1	rata
5	4		5	4	0	5	tat		5	3	0	7	t
6	1		6	1	0	6	at		6	4	3	5	tat
7	3		7	3	0	7	t		7	4	4	3	tata

Figura 32.13 Vetor *rank* após a linha 11 e o vetor *subcad-rank* após as linhas 12–17 e após a linha 18 na primeira iteração do laço **while** das linhas 10–19, em que $l = 2$.

Esta iteração do laço **while** classificará as subcadeias de comprimento máximo 4 com base nas posições a partir da classificação das subcadeias de comprimento máximo 2. O laço **for** das linhas 12–17 reconstitui o vetor *subcad-rank*, com *subcad-rank*[*i*].*pos-esq* baseado em *rank*[*i*] (a posição da subcadeia de comprimento 2 $T[i : i + 1]$) e *subcad-rank*[*i*].*pos-dir* baseado em *rank*[*i* + 2] (a posição da subcadeia de comprimento 2 $T[i + 2 : i + 3]$, que é 0 se a subcadeia começar além do fim do texto de comprimento *n*). Juntas, essas duas posições dão a posição relativa da subcadeia de comprimento 4 $T[i : i + 3]$. A Figura 32.13 mostra o efeito das linhas 12–17. A figura também mostra o resultado de classificar o vetor *subcad-rank* na linha 18, com base no atributo *pos-esq*, e usar o atributo *pos-dir* para os desempates. Agora, *subcad-rank* indica a ordem ordenada lexicograficamente de todas as subcadeias com comprimento máximo 4.

A próxima iteração do laço **while**, com $l = 4$, classifica as subcadeias de comprimento máximo 8 com base nas posições da classificação das subcadeias de comprimento máximo[4] 4. A Figura 32.14 mostra as posições das subcadeias de comprimento 4 e o vetor *subcad-rank* antes e depois da classificação. Essa iteração é a última, pois, com o comprimento *n* do texto igual a 7, o procedimento terá classificado todas as subcadeias.

Em geral, à medida que a variável de laço l aumenta, mais e mais partes da direita das subcadeias ficam vazias. Portanto, mais valores de *pos-dir* são 0. Como *i* é no máximo *n* dentro do laço das linhas 12 a 17, a parte esquerda de cada subcadeia é sempre não vazia e, portanto, todos os valores de *pos-esq* são sempre positivos.

Este exemplo esclarece por que o procedimento Calcula-Vetor-Sufixo funciona. As posições iniciais estabelecidas nas linhas 2–7 são simplesmente os valores ord dos caracteres no texto e, portanto, quando a linha 8 classifica o vetor *subcad-rank*, sua ordenação corresponde à ordenação lexicográfica das subcadeias de comprimento 2. Cada iteração do laço **while** das linhas 10–19 recebe subcadeias classificadas de comprimento *l* e produz subcadeias classificadas de comprimento 2*l*. Quando *l* atingir ou exceder *n*, todas as subcadeias terão sido classificadas.

Dentro de uma iteração do laço **while**, o procedimento Faz-Rankings "reposiciona" as subcadeias que foram classificadas, seja pela linha 8 antes da primeira iteração, seja pela linha 18 na iteração anterior. Faz-Rankings toma um vetor *subcad-rank*, que foi classificado, e preenche um vetor *rank*[1 : *n*] de modo que *rank*[*i*] seja a posição da *i*-ésima subcadeia representada no vetor *subcad-rank*. Cada posição é um número

Após linha 11						*Após linhas 12–17*							*Após linha 18*			
i	*rank*		*i*	*pos-esq*	*pos-dir*	*index*	subcadeia		*i*	*pos-esq*	*pos-dir*	*index*	subcadeia
1	3		1	3	5	1	ratatat		1	1	0	6	at
2	2		2	2	1	2	atatat		2	2	0	4	atat
3	6		3	6	4	3	tatat		3	2	1	2	atatat
4	2		4	2	0	4	atat		4	3	5	1	ratatat
5	5		5	5	0	5	tat		5	4	0	7	t
6	1		6	1	0	6	at		6	5	0	5	tat
7	4		7	4	0	7	t		7	6	4	3	tatat

Figura 32.14 Vetor *rank* após a linha 11 e o vetor *subcad-rank* após as linhas 12–17 e após a linha 18 na segunda — e última — iteração do laço **while** das linhas 10–19, em que $l = 4$.

---

[4]Por que continuar dizendo "comprimento máximo"? Porque, para determinado valor de *l*, uma subcadeia de comprimento *l* começando na posição *i* é $T[i : i + l - 1]$. Se $i + l - 1 > n$, então a subcadeia é cortada no fim do texto.

inteiro positivo, começando em 1 e subindo até o número de subcadeias únicas de comprimento 2*l*. Subcadeias com valores iguais de *pos-esq* e *pos-dir* recebem a mesma posição. Caso contrário, uma subcadeia que é lexicograficamente menor que outra aparece antes no vetor *subcad-rank* e recebe uma posição inferior. Depois que as subcadeias de comprimento 2*l* são reclassificadas, a linha 18 as classifica por posição, preparando-se para a próxima iteração do laço **while**.

Quando *l* atinge ou excede *n* e todas as subcadeias são classificadas, os valores nos atributos *index* fornecem as posições iniciais das subcadeias classificadas. Esses índices são exatamente os valores que constituem o vetor de sufixos.

Vamos analisar o tempo de execução de CALCULA-VETOR-SUFIXO. As linhas 1–7 levam o tempo $\Theta(n)$. A linha 8 leva o tempo $O(n \lg n)$, usando a ordenação por intercalação (ver Seção 2.3.1) ou a ordenação por *heap* (ver Capítulo 6). Como o valor de *l* dobra em cada iteração do laço **while** das linhas 10–19, esse laço realiza $\lceil \lg n \rceil - 1$ iterações. Dentro de cada iteração, a chamada de FAZ-RANKINGS leva o tempo $\Theta(n)$ tempo, assim como o laço **for** das linhas 12–17. A linha 18, assim como a linha 8, levam o tempo $O(n \lg n)$, usando a ordenação por intercalação ou *heap*. Por fim, o laço **for** das linhas 20–21 leva o tempo $\Theta(n)$. O tempo total resulta em $O(n \lg^2 n)$.

Uma simples observação nos permite reduzir o tempo de execução para $\Theta(n \lg n)$. Os valores de *pos-esq* e *pos-dir* sendo classificados na linha 18 são sempre inteiros no intervalo de 0 a *n*. Portanto, a classificação radix pode classificar o vetor *subcad-rank* no tempo $\Theta(n)$ executando primeiro a classificação por contagem (ver Capítulo 8) com base em *pos-dir* e, em seguida, executando a classificação por contagem com base em *pos-esq*. Agora, cada iteração do laço **while** das linhas 10–19 leva apenas o tempo $\Theta(n)$ tempo, resultando em um tempo total de $\Theta(n \lg n)$.

O Exercício 32.5-2 pede que você faça uma modificação simples em CALCULA-VETOR-SUFIXO permitindo que o laço **while** das linhas 10–19 seja repetido menos do que $\lceil \lg n \rceil - 1$ vezes para certas entradas.

Cálculo do vetor *LCP*

Lembre-se de que *LCP*[*i*] é definido como o comprimento do prefixo comum mais longo dos (*i* – 1)-ésimos e *i*-ésimos menores sufixos lexicograficamente $T[VS[i-1]:]$ e $T[VS[i]:]$. Visto que $T[VS[1]:]$ é o sufixo lexicograficamente menor, definimos *LCP*[1] como 0.

Para calcularmos o vetor *LCP*, precisamos de um vetor *rank* que seja o inverso do vetor *VS*, assim como o vetor final *rank* em CALCULA-VETOR-SUFIXO: se *VS*[*i*] = *j*, então *rank*[*j*] = *i*. Isto é, temos *rank*[*VS*[*i*]] = *i* para *i* = 1, 2, ..., *n*. Para um sufixo *T*[*i*:], o valor de *rank*[*i*] indica a posição desse sufixo na ordem lexicográfica. A Figura 32.11 inclui o vetor *rank* para o exemplo de ratatat. Por exemplo, o sufixo tat é *T*[5:]. Para encontrarmos a posição desse sufixo na classificação, pesquisamos *rank*[5] = 6.

Para calcularmos o vetor *LCP*, precisaremos determinar onde, na ordem lexicograficamente classificada, um sufixo aparece, mas com seu primeiro caractere removido. O vetor *rank* pode ajudar. Considere o *i*-ésimo menor sufixo, que é *T*[*VS*[*i*] :]. Removendo seu primeiro caractere, obtemos o sufixo *T*[*VS*[*i*] + 1 :], isto é, o sufixo começando na posição *VS*[*i*] + 1 no texto. O local desse sufixo na ordem classificada é dado por *rank*[*VS*[*i*] + 1]. Por exemplo, para o sufixo atat, vejamos onde encontrar tat (atat com seu primeiro caractere removido) na ordem classificada lexicograficamente. O sufixo atat aparece na posição 2 do vetor de sufixos, e *VS*[2] = 4. Portanto, *rank*[*VS*[2] + 1] = *rank*[5] = 6, e certamente o sufixo tat aparece no local 6 da ordem classificada.

O procedimento CALCULA-LCP, a seguir, produz o vetor *LCP*. O lema a seguir ajuda a mostrar que o procedimento está correto.

CÁLCULA-LCP(*T*, *VS*, *n*)
1 alocar vetores *rank*[1 : *n*] e *LCP*[1 : *n*]
2 **for** *i* = 1 **to** *n*
3   *rank*[*VS*[*i*]] = *i*   // por definição
4 *LCP*[1] = 0   // também por definição
5 *l* = 0   // inicializa o comprimento de LCP
6 **for** *i* = 1 **to** *n*

(*continua*)

```
 7      if rank[i] > 1
 8          j = VS[rank[i] − 1]                // T[j :] precede T[i :] lexicograficamente
 9          m = max{i, j}
10          while m + l ≤ n e T[i + l] == T[j + l]
11              l = l + 1                      // próximo caractere está no prefixo comum
12          LCP[rank[i]] = l                   // comprimento de LCP de T[j :] e T[i :]
13          if l > 0
14              l = l − 1                      // remove primeiro caractere do prefixo comum
15  return LCP
```

Lema 32.8

Considere os sufixos $T[i − 1 :]$ e $T[i :]$, que aparecem nas posições $rank[i − 1]$ e $rank[i]$, respectivamente, na ordem lexicograficamente classificada dos sufixos. Se $LCP[rank[i − 1]] = l > 1$, então o sufixo $T[i :]$, que é $T[i − 1 :]$ com seu primeiro caractere removido, tem $LCP[rank[i]] \geq l − 1$.

Prova O sufixo $T[i − 1 :]$ aparece na posição $rank[i − 1]$ na ordem lexicograficamente classificada. O sufixo que o antecede imediatamente na ordem classificada aparece na posição $rank[i − 1] − 1$ e é $T[VS[rank[i − 1] − 1] :]$. Por suposição e pela definição do vetor LCP, esses dois sufixos, $T[VS[rank[i − 1] − 1] :]$ e $T[i − 1 :]$, têm o prefixo comum mais longo, de comprimento $l > 1$. Ao removermos o primeiro caractere de cada um desses sufixos, obtemos os sufixos $T[VS[rank[i −1] − 1] + 1 :]$ e $T[i :]$, respectivamente. Esses sufixos têm um prefixo comum mais longo, de comprimento $l − 1$. Se $T[VS[rank[i − 1] − 1] + 1 :]$ precede imediatamente $T[i :]$ na ordem lexicograficamente classificada (isto é, se $rank[VS[rank[i − 1] − 1] + 1] = rank[i] − 1$), então o lema está provado.

Portanto, suponha agora que $T[VS[rank[i − 1] − 1] + 1 :]$ não preceda imediatamente $T[i :]$ na ordem de classificação. Visto que $T[VS[rank[i − 1] − 1] :]$ precede imediatamente $T[i − 1 :]$ e eles têm os mesmos primeiros caracteres $l > 1$, $T[VS[rank[i − 1] − 1] + 1 :]$ deverá aparecer na ordem de classificação antes de $T[i :]$, com um ou mais outros sufixos entre eles. Cada um desses sufixos deverá começar com os mesmos $l − 1$ caracteres como $T[VS[rank[i − 1] − 1] + 1 :]$ e $T[i :]$, pois de outra forma apareceria ou antes de $T[VS[rank[i − 1] − 1] + 1 :]$ ou depois de $T[i :]$. Portanto, qualquer que seja o sufixo que apareça na posição $rank[i] − 1$, imediatamente antes de $T[i :]$, terá pelo menos seus primeiros $l − 1$ caracteres em comum com $T[i :]$. Logo, $LCP[rank[i]] \geq l − 1$.   ∎

O procedimento Calcula-LCP funciona da seguinte maneira. Depois de alocarem os vetores $rank$ e LCP na linha 1, as linhas 2–3 preenchem o vetor $rank$ e a linha 4 marca $LCP[1]$ com 0, conforme a definição do vetor LCP.

O laço **for** das linhas 6–14 preenche o restante do vetor LCP com sufixos de comprimentos decrescentes. Ou seja, ele preenche a posição do vetor LCP na ordem $rank[1]$, $rank[2]$; $rank[3]$, ..., $rank[n]$, com a atribuição ocorrendo na linha 12. Ao considerar um sufixo $T[i :]$, a linha 8 determina o sufixo $T[j :]$ que precede imediatamente $T[i :]$ na ordem lexicograficamente classificada. Nesse ponto, o prefixo comum mais longo de $T[j :]$ e $T[i :]$ tem comprimento de pelo menos l. Essa propriedade certamente se aplica à primeira iteração do laço **for**, quando $l = 0$. Supondo que a linha 12 defina $LCP[rank[i]]$ corretamente, a linha 14 (que decrementa l se for positivo) e o Lema 32.8 mantêm essa propriedade para a próxima iteração. No entanto, o prefixo comum mais longo de $T[j :]$ e $T[i :]$ pode ser ainda maior que o valor de l no início da iteração. As linhas 9–11 incrementam l para cada caractere adicional que os prefixos têm em comum, de modo que atinge o comprimento do prefixo comum mais longo. O índice m é definido na linha 9 e usado no teste na linha 10 para garantir que o teste $T[i + 1] == T[j + 1]$ para estender o prefixo comum mais longo não ultrapasse o fim do texto T. Quando o laço **while** das linhas 10–11 termina, l é o comprimento do prefixo comum mais longo de $T[j :]$ e $T[i :]$.

Como mostra uma análise agregada simples, o procedimento Calcula-LCP é executado no tempo $\Theta(n)$. Cada um dos dois laços **for** é repetido n vezes e, portanto, resta apenas limitar o número total de iterações pelo laço **while** das linhas 10–11. Cada iteração aumenta l em 1, e o teste $m + 1 \leq n$ garante que l seja sempre menor que n. Como l tem valor inicial de 0 e diminui no máximo $n - 1$ vezes na linha 14, a linha 11 incrementa l menos de $2n$ vezes. Assim, CALCULA-LCP leva o tempo $\Theta(n)$.

Exercícios

32.5-1

Mostre os vetores *subcad-rank* e *rank* antes de cada iteração do laço **while** das linhas 10–19 e após a última iteração do laço **while**, o vetor de sufixos VS retornado e os sufixos classificados quando CALCULA-VETOR-SUFIXO é executado sobre o texto `hippityhoppity`. Use a posição de cada letra no alfabeto como seu valor ord, de modo que ord(b) = 2. Em seguida, mostre o vetor LCP após cada iteração do laço for das linhas 6–14 de CALCULA-LCP dado o texto `hippityhoppity` e seu vetor de sufixos.

32.5-2

Para algumas entradas, o procedimento CALCULA-VETOR-SUFIXO pode produzir o resultado correto com menos de $\lceil \lg n \rceil - 1$ iterações do laço **while** das linhas 10–19. Modifique CALCULA-VETOR-SUFIXO (e, se necessário, FAZ-RANKINGS) para que o procedimento possa parar antes de fazer todas as $\lceil \lg n \rceil - 1$ iterações em alguns casos. Descreva uma entrada que permita ao procedimento fazer $O(1)$ iterações. Descreva uma entrada que force o procedimento a fazer o número máximo de iterações.

32.5-3

Dados dois textos, T_1 de comprimento n_1 e T_2 de comprimento n_2, mostre como usar o vetor de sufixos e o vetor de prefixo comum mais longo para encontrar todas as ***subcadeias comuns mais longas***, ou seja, as subcadeias mais longas que aparecem em T_1 e T_2. Seu algoritmo deve ser executado no tempo $O(n \lg n + kl)$, em que $n = n_1 + n_2$ e existem k dessas subcadeias mais longas, cada uma com comprimento l.

32.5-4

O professor Markram propõe o seguinte método para encontrar os palíndromos mais longos em uma cadeia $T[1 : n]$ usando seu vetor de sufixos e o vetor LCP. (Lembre-se, voltando ao Problema 14-2, de que um palíndromo é uma cadeia não vazia em que o mesmo texto pode ser lido nos dois sentidos.)

Seja @ um caractere que não aparece em T. Construa o texto T' como a concatenação de T, @ e o reverso de T. Indique o comprimento de T' por $n' = 2n + 1$. Crie o vetor de sufixos VS e o vetor LCP para T'. Como os índices para um palíndromo e seu reverso aparecem em posições consecutivas no vetor de sufixos, encontre as entradas com o valor LCP máximo $LCP[i]$ tal que $VS[i - 1] = n' - VS[i] - LCP[i] + 2$. (Essa restrição evita que uma subcadeia — e seu reverso — seja interpretada como um palíndromo, a menos que realmente seja um.) Para cada um desses índices i, um dos palíndromos mais longos é $T'[VS[i] : VS[i] + LCP[i] - 1]$.

Por exemplo, se o texto T é `unreferenced`, com $n = 12$, então o texto T' é `unreferenced@decnerefernu`, com $n' = 25$ e o seguinte vetor de sufixos e vetor LCP:

i	1	2	3	4	5	6	7	8	9	10	11	12	13	14	15	16	17	18	19	20	21	22	23	24	25
$T'[i]$	u	n	r	e	f	e	r	e	n	c	e	d	@	d	e	c	n	e	r	e	f	e	r	n	u
$VS[i]$	13	10	16	12	14	15	11	4	20	8	18	6	22	5	21	9	17	2	24	3	19	7	23	25	1
$LCP[i]$	0	0	1	0	1	0	1	1	4	1	1	3	2	0	3	0	1	1	1	0	5	2	1	0	1

O valor máximo de LCP é alcançado em $LCP[21] = 5$, e $VS[20] = 3 = n' - VS[21] - LCP[21] + 2$. Os sufixos de T' começando nos índices $VS[20]$ e $VS[21]$ são `referenced@decnerefernu` e `refernu`, ambos começando com o palíndromo de comprimento 5 `refer`.

Infelizmente, esse método não é infalível. Forneça uma cadeia de entrada T que faça com que esse método produza resultados mais curtos que o palíndromo mais longo contido em T, e explique por que sua entrada faz com que o método falhe.

Problemas

32-1   *Correspondência de cadeias baseada em fatores de repetição*

Seja y^i a concatenação da cadeia y com ela própria i vezes. Por exemplo, $(ab)^3 = $ ababab. Dizemos que uma cadeia $x \in \Sigma^*$ tem **fator de repetição** r se $x = y^r$ para alguma cadeia $y \in \Sigma^*$ e algum $r > 0$. Seja $\rho(x)$ o maior r tal que x tenha fator de repetição r.

a. Forneça um algoritmo eficiente que tome como entrada um padrão $P[1 : m]$ e calcule o valor $\rho(P[:i])$ para $i = 1, 2, ..., m$. Qual é o tempo de execução de seu algoritmo?

b. Para qualquer padrão $P[1 : m]$, seja $\rho^*(P)$ definido como $\max\{\rho(P[:i]) : 1 \leq i \leq m\}$. Prove que, se o padrão P for escolhido aleatoriamente do conjunto de todas as cadeias binárias de comprimento m, então o valor esperado de $\rho^*(P)$ é $O(1)$.

c. Demonstre que o CORRESPONDE-REPETIDOS a seguir encontra corretamente todas as ocorrências do padrão $P[1 : m]$ em um texto $T[1 : n]$ no tempo $O(\rho^*(P)n + m)$. (Esse algoritmo foi desenvolvido por Galil e Seiferas. Estendendo bastante essas ideias, eles obtêm um algoritmo de correspondência de cadeias em tempo linear que utiliza somente o espaço de armazenamento $O(1)$ além do que é necessário para P e T.)

```
CORRESPONDE-REPETIDOS(T, P, n, m)
 1   k = 1 + ρ*(P)
 2   q = 0
 3   s = 0
 4   while s ≤ n − m
 5       if T[s + q + 1] == P[q + 1]
 6           q = q + 1
 7           if q == m
 8               imprimir "Padrão ocorre com deslocamento" s
 9       if q == m ou T[s + q + 1] ≠ P[q + 1]
10           s = s + max{1, ⌈q/k⌉}
11           q = 0
```

32-2   *Algoritmo de vetor de sufixos com tempo linear*

Neste problema, você desenvolverá e analisará um algoritmo de divisão e conquista com tempo linear para calcular o vetor de sufixos de um texto $T[1 : n]$. Assim como na Seção 32.5, suponha que cada caractere no texto seja representado por uma codificação subjacente, que é um inteiro positivo.

A ideia por trás do algoritmo em tempo linear é calcular o vetor de sufixos para os sufixos começando em 2/3 das posições no texto, realizando a recursão conforme necessário, usar as informações resultantes para classificar os sufixos começando em 1/3 das posições restantes e, em seguida, mesclar as informações classificadas em tempo linear para produzir o vetor de sufixos completo.

Para $i = 1, 2, ..., n$, se $i \bmod 3$ é igual a 1 ou 2, então i é uma **posição amostral**, e os sufixos que começam nessas posições são **sufixos amostrais**. As posições 3, 6, 9, ... são **posições não amostrais**, e os sufixos que começam em posições não amostrais são **sufixos não amostrais**.

O algoritmo ordena os sufixos amostrais, ordena os sufixos não amostrais (auxiliado pelo resultado da ordenação dos sufixos amostrais) e mescla os sufixos amostrais e não amostrais ordenados. Usando o texto de exemplo $T = $ bippityboppityboo, aqui está o algoritmo em detalhes, listando as subetapas de cada uma das etapas que apresentamos:

1. Os sufixos amostrais compreendem cerca de 2/3 dos sufixos. Ordene-os seguindo as subetapas, que atuam com uma versão bastante modificada de T e que podem exigir recursão. No item (a) deste problema, mais adiante, você mostrará que as ordens dos sufixos de T e os sufixos da versão modificada de T são iguais.

   A. Construa dois textos P_1 e P_2 compostos de "metacaracteres" que, na realidade, são subcadeias de três caracteres consecutivos de T. Delimitamos cada um desses metacaracteres com parênteses. Construa

   $$P_1 = (T[1 : 3]) (T[4 : 6]) (T[7 : 9]) ... (T[n' : n' + 2]),$$

em que n' é o maior inteiro congruente a 1, módulo 3, que é menor ou igual a n e T é estendido além da posição n com o caractere especial $\emptyset$, com codificação 0. Com o texto de exemplo $T =$ bippity-boppityboo, obtemos

$P_1 =$ (bip)(pit)(ybo)(ppi)(tyb)(oo$\emptyset$).

De modo semelhante, construa

$P_2 = (T[2:4])(T[5:7])(T[8:10]) \dots (T[n'' : n'' + 2])$,

em que n'' é o maior inteiro congruente a 2, módulo 3, que é menor ou igual a n. Para o nosso exemplo, temos

$P_2 =$ (ipp)(ity)(bop)(pit)(ybo)(o$\emptyset\emptyset$).

Se n é um múltiplo de 3, anexe o metacaractere ($\emptyset\emptyset\emptyset$) ao fim de P_1. Desse modo, P_1 certamente terminará com um metacaractere contendo $\emptyset$. (Essa propriedade ajuda no item (a) deste problema.) O texto P_2 pode ou não terminar com um metacaractere contendo $\emptyset$.

B. Concatene P_1 e P_2 para formar um novo texto P. A Figura 32.15 mostra P para o nosso exemplo, com as posições correspondentes de T.

C. Ordene e indique a posição dos metacaracteres exclusivos de P, com as posições começando em 1. No exemplo, P possui 10 metacaracteres exclusivos: na ordem de classificação, eles são (bip), (bop), (ipp), (ity), (o$\emptyset\emptyset$), (oo$\emptyset$), (pit), (ppi), (tyb), (ybo). Cada um dos metacaracteres (pit) e (ybo) aparece duas vezes.

D. Como mostra a Figura 32.15, construa um novo "texto" P' renomeando cada metacaractere em P por sua posição. Se P contém k metacaracteres exclusivos, então cada "caractere" em P' é um inteiro de 1 a k. Os vetores de sufixos para P e P' são idênticos.

E. Calcule o vetor de sufixos $VS_{P'}$ de P'. Se os caracteres de P' (ou seja, as posições dos metacaracteres em P) forem únicos, você poderá calcular seu vetor de sufixos diretamente, pois a ordem dos caracteres individuais fornece o vetor de sufixos. Caso contrário, faça a recursão para calcular o vetor de sufixos de P', tratando as posições em P' como os caracteres de entrada na chamada recursiva. A Figura 32.15 mostra o vetor de sufixos $VS_{P'}$ para nosso exemplo. Como o número de metacaracteres em P e, portanto, o comprimento de P' são aproximadamente $2n/3$, esse subproblema recursivo é menor que o problema atual.

F. A partir de $VS_{P'}$ e das posições em T correspondentes às posições da amostra, calcule a lista de posições dos sufixos amostrais ordenados do texto original T. A Figura 32.15 mostra a lista de posições em T dos sufixos amostrais ordenados em nosso exemplo.

2. Os sufixos não amostrais compreendem cerca de 1/3 dos sufixos. Usando os sufixos amostrais classificados, classifique os sufixos não amostrais pelas subetapas a seguir.

G. Estendendo o texto T com os dois caracteres especiais $\emptyset\emptyset$, de modo que T agora tenha $n + 2$ caracteres, considere cada sufixo $T[i :]$ para $i = 1, 2, \dots, n + 2$. Atribua uma posição r_i a cada sufixo $T[i :]$. Para os dois caracteres especiais $\emptyset\emptyset$, defina $r_{n+1} = r_{n+2} = 0$. Para as posições amostrais de T, baseie a posição na lista de posições amostrais ordenadas de T. A posição (*rank*) é atualmente indefinida para as posições não amostrais de T. Para essas posições, defina $r_i = \square$. A Figura 32.16 mostra as posições para $T =$ bippityboppityboo com $n = 17$.

Posição em T	1	4	7	10	13	16	2	5	8	11	14	17
Metacaracteres em P	(bip)	(pit)	(ybo)	(ppi)	(tyb)	(oo$\emptyset$)	(ipp)	(ity)	(bop)	(pit)	(ybo)	(o$\emptyset\emptyset$)
Caractere em P'	1	7	10	8	9	6	3	4	2	7	10	5
Posição em P'	1	2	3	4	5	6	7	8	9	10	11	12
$VS_{P'}$	1	9	7	8	12	6	10	2	4	5	11	3
Posições em T Dos sufixos amostrais Ordenados de T	1	8	2	5	17	16	11	4	10	13	14	7

Figura 32.15 Valores calculados ao ordenar os sufixos amostrais do algoritmo de vetor de sufixos com tempo linear para o texto $T =$ bippityboppityboo.

i	1	2	3	4	5	6	7	8	9	10	11	12	13	14	15	16	17	18	19
$T[i]$	b	i	p	p	i	t	y	b	o	p	p	i	t	y	b	o	o	∅	∅
r_i	1	3	□	8	4	□	12	2	□	9	7	□	10	11	□	6	5	0	0

Figura 32.16 Posições (*ranks*) de r_1 até r_{n+3} para o texto $T = \texttt{bippityboppityboo}$ com $n = 17$.

H. Ordene os sufixos não amostrais comparando as tuplas $(T[i], r_{i+1})$. Em nosso exemplo, obtemos $T[15\,:]$ < $T[12\,:]$ < $T[9\,:]$ < $T[3\,:]$ < $T[6\,:]$, porque $(\texttt{b}, 6) < (\texttt{i}, 10) < (\texttt{o}, 9) < (\texttt{p}, 8) < (\texttt{t}, 12)$.

3. Mescle os conjuntos ordenados de sufixos. A partir do conjunto ordenado de sufixos, determine o vetor de sufixos de T.

Isto conclui a descrição do algoritmo em tempo linear para calcular vetores de sufixos. Os próximos itens deste problema pedem que você mostre que certas etapas do algoritmo estão corretas e analise o tempo de execução do algoritmo.

a. Defina um *sufixo não vazio* na posição i do texto P criado na subetapa B como todos os metacaracteres da posição i de P até (inclusive) o primeiro metacaractere de P em que ∅ aparece ou até o fim de P. No exemplo da Figura 32.15, os sufixos não vazios de P começando nas posições 1, 4 e 11 de P são $(\texttt{bip})(\texttt{pit})$ $(\texttt{ybo})(\texttt{ppi})(\texttt{tyb})(\texttt{oo∅})$, $(\texttt{ppi})(\texttt{tyb})(\texttt{oo∅})$ e $(\texttt{ybo})(\texttt{o∅∅})$, respectivamente. Prove que a ordem dos sufixos de P é igual à ordem de seus sufixos não vazios. Conclua que a ordem dos sufixos de P indica a ordem dos sufixos amostrais de T. (*Sugestão:* se P contém metacaracteres duplicados, considere separadamente os casos em que dois sufixos começam em P_1, ambos começam em P_2 e um começa em P_1 e o outro começa em P_2. Use a propriedade de que ∅ aparece no último metacaractere de P_1.)

b. Mostre como realizar a subetapa C no tempo $\Theta(n)$, lembrando que, em uma chamada recursiva, os caracteres em T na realidade são posições (*ranks*) em P' na rotina que chama.

c. Demonstre que as tuplas na subetapa H são únicas. Depois, mostre como realizar essa subetapa no tempo $\Theta(n)$.

d. Considere dois sufixos $T[i\,:]$ e $T[j\,:]$, em que $T[i\,:]$ é um sufixo amostral e $T[j\,:]$ é um sufixo não amostral. Mostre como determinar no tempo $\Theta(1)$ se $T[i\,:]$ é lexicograficamente menor que $T[j\,:]$. (*Sugestão:* considere separadamente os casos em que $i \bmod 3 = 1$ e $i \bmod 3 = 2$. Compare as tuplas cujos elementos são caracteres em T e posições (*ranks*) conforme mostra a Figura 32.16. O número de elementos por tupla pode depender de $i \bmod 3$ ser igual a 1 ou 2.) Conclua que a etapa 3 pode ser realizada no tempo $\Theta(n)$.

e. Justifique a recorrência $T(n) \le T(2n/3 + 2) + \Theta(n)$ para o tempo de execução do algoritmo completo, e mostre que sua solução é $O(n)$. Conclua que o algoritmo é executado no tempo $\Theta(n)$.

32-3 *Transformada de Burrows-Wheeler*

A *transformada de Burrows-Wheeler* (ou **BWT**, do inglês *Burrows-Wheeler transform*) para um texto T é definida da seguinte forma. Primeiro, anexe um novo caractere que é comparado lexicograficamente como menor que cada caractere de T, e indique esse caractere por $\$$ e a cadeia resultante por T'. Considerando que n é o comprimento de T', crie n linhas de caracteres, em que cada linha é uma das n rotações cíclicas de T'. Em seguida, ordene as linhas lexicograficamente. A BWT é então a cadeia de n caracteres na coluna mais à direita, lida de cima para baixo.

Por exemplo, considere $T = \texttt{rutabaga}$, de modo que $T' = \texttt{rutabaga\$}$. As rotações cíclicas são

```
rutabaga$
utabaga$r
tabaga$ru
abaga$rut
baga$ruta
aga$rutab
ga$rutaba
a$rutabag
$rutabaga
```

Ordenando as linhas e numerando as linhas ordenadas, obtemos

```
1 $rutabaga
2 a$rutabag
3 abaga$rut
4 aga$rutab
5 baga$ruta
6 ga$rutaba
7 rutabaga$
8 tabaga$ru
9 utabaga$r
```

A BWT é a coluna mais à direita, `agtbaa$ur`. (A numeração da linha será útil para entender como calcular a BWT inversa.)

A BWT tem aplicações em bioinformática e também pode ser um passo para a compressão de texto. Isso ocorre porque ela costuma colocar caracteres idênticos juntos, como na BWT de `rutabaga`, que coloca duas das ocorrências de `a` juntas. Quando caracteres idênticos são colocados juntos, ou mesmo próximos, outros meios de compressão ficam disponíveis. Seguindo a BWT, as combinações da codificação *move-to-front*, codificação *run-length* e codificação Huffman (ver Seção 15.3) podem fornecer compressão de texto significativa. As taxas de compressão com a BWT costumam melhorar à medida que o tamanho do texto aumenta.

a. Dado o vetor de sufixos para T', mostre como calcular a BWT no tempo $\Theta(n)$.

Para descomprimir, a BWT deve poder ser invertida. Supondo que o tamanho do alfabeto seja constante, a BWT inversa pode ser calculada em $\Theta(n)$ a partir da BWT. Vejamos a BWT de `rutabaga`, indicando-a por $BWT[1:n]$. Cada caractere na BWT tem uma posição lexicográfica única de 1 a n. Indique a posição de $BWT[i]$ por $rank[i]$. Se um caractere aparecer várias vezes na BWT, cada ocorrência do caractere terá posição 1 maior que a ocorrência anterior do caractere. Aqui estão BWT e $rank$ para `rutabaga`:

i	1	2	3	4	5	6	7	8	9
$BWT[i]$	a	g	t	b	a	a	$	u	r
$rank[i]$	2	6	8	5	3	4	1	9	7

Por exemplo, $rank[1] = 2$ porque $BWT[1] = $ a e o único caractere que precede o primeiro a lexicograficamente é $ (que definimos para preceder todos os outros caracteres, de modo que $ tem posição 1). Em seguida, temos $rank[2] = 6$ porque $BWT[2] = $ g e cinco caracteres na BWT precedem g lexicograficamente: $, as três ocorrências de a, e b. Avançando para $rank[5] = 3$, isso ocorre porque $BWT[5] = $ a e, como este a é a segunda ocorrência de a na BWT, seu valor de *rank* é 1 a mais que o valor de *rank* para a ocorrência anterior de a, na posição 1.

Há informações suficientes em BWT e em $rank$ para reconstruir T' de trás para frente. Suponha que você conheça a posição r de um caractere c em T'. Então, c é o primeiro caractere na linha r das rotações cíclicas ordenadas. O último caractere na linha r deve ser o caractere que precede c em T'. Mas você sabe qual é o último caractere na linha r, porque ele é $BWT[r]$. Para reconstruir T' de trás para frente, comece com $, que você pode encontrar em BWT. Em seguida, trabalhe para trás usando BWT e $rank$ para reconstruir T'.

Vejamos como essa estratégia funciona para `rutabaga`. O último caractere de T', $, aparece na posição 7 de BWT. Como $rank[7] = 1$, a linha 1 das rotações cíclicas ordenadas de T' começa com $. O caractere que precede $ em T' é o último caractere na linha 1, que é $BWT[1]$: a. Agora sabemos que os dois últimos caracteres de T' são a$. Consultando $rank[1]$, o resultado é 2, de modo que a linha 2 das rotações cíclicas ordenadas de T' começa com a. O último caractere na linha 2 precede a em T', e esse caractere é $BWT[2] = $ g. Agora sabemos que os três últimos caracteres de T' são ga$. Continuando, temos $rank[2] = 6$, de modo que a linha 6 das rotações cíclicas classificadas começa com g. O caractere que precede g em T' é $BWT[6] = $ a e, portanto, os últimos quatro caracteres de T' são aga$. Como $rank[6] = 4$, a inicia a linha 4 das rotações cíclicas ordenadas de T'. O caractere que precede a em T' é o último caractere na linha 4, $BWT[4] = $ b, e os últimos cinco caracteres de T' são baga$. E assim por diante, até que todos os n caracteres de T' tenham sido identificados, de trás para frente.

b. Dado o vetor $BWT[1:n]$, escreva o pseudocódigo para calcular o vetor $rank[1:n]$ no tempo $\Theta(n)$, supondo que o tamanho do alfabeto é constante.

c. Dados os vetores $BWT[1:n]$ e $rank[1:n]$, escreva o pseudocódigo para calcular T' no tempo $\Theta(n)$.

Notas do capítulo

A relação entre correspondência de cadeias e a teoria de autômatos finitos é discutida por Aho, Hopcroft e Ullman [5]. O algoritmo Knuth-Morris-Pratt [267] foi criado independentemente por Knuth e Pratt e por Morris, mas eles publicaram seu trabalho em conjunto. Matiyasevich [317] descobriu anteriormente um algoritmo semelhante, que se aplicava apenas a um alfabeto com dois caracteres e era especificado para uma máquina de Turing com uma fita bidimensional. Reingold, Urban e Gries [377] apresentam um tratamento alternativo para o algoritmo de Knuth-Morris-Pratt. O algoritmo Rabin-Karp foi proposto por Karp e Rabin [250]. Galil e Seiferas [173] apresentam um interessante algoritmo determinístico em tempo linear para correspondência de cadeias que utiliza somente o espaço $O(1)$ além do que é exigido para armazenar o padrão e o texto.

O algoritmo de vetor de sufixos na Seção 32.5 tem autoria de Manber e Myers [312], que primeiro propuseram a noção de vetores de sufixos. O algoritmo em tempo linear para calcular o vetor de prefixo comum mais longo apresentado aqui é de Kasai *et al.* [252]. O Problema 32-2 é baseado no algoritmo DC3 de Kärkkäinen, Sanders e Burkhardt [245]. Para ver um levantamento sobre algoritmos de vetor de sufixos, consulte o artigo de Puglisi, Smyth e Turpin [370]. Para saber mais sobre a transformada de Burrows-Wheeler do Problema 32-3, consulte os artigos de Burrows e Wheeler [78] e Manzini [314].

O aprendizado de máquina pode ser visto como um subcampo da inteligência artificial (IA). Em geral, a inteligência artificial visa permitir que os computadores realizem tarefas complexas de percepção e processamento de informações com desempenho semelhante ao humano. O campo da IA é vasto e usa muitos métodos algorítmicos diferentes.

O aprendizado de máquina é rico e fascinante, tendo fortes vínculos com estatísticas e otimização. A tecnologia, hoje, produz enormes quantidades de dados, oferecendo inúmeras oportunidades para algoritmos de aprendizado de máquina formularem e testarem hipóteses sobre padrões nos dados. Essas hipóteses podem então ser usadas para que se façam previsões sobre as características ou classificações em novos dados. Como o aprendizado de máquina é particularmente bom em tarefas desafiadoras que envolvem incerteza, nas quais os dados observados seguem regras desconhecidas, ele tem transformado profundamente campos como medicina, publicidade e reconhecimento de fala.

Este capítulo apresenta três importantes algoritmos de aprendizado de máquina: agrupamento de k-médias, pesos multiplicativos e gradiente descendente. Você pode visualizar cada uma dessas tarefas como um problema de aprendizado, em que um algoritmo utiliza os dados coletados até o momento para produzir uma hipótese que descreva as regularidades aprendidas e/ou faça previsões sobre novos dados. Os limites do aprendizado de máquina são imprecisos e estão evoluindo — há quem diga que o algoritmo de agrupamento de k-médias deveria ser chamado de "ciência de dados" e não "aprendizado de máquina", e o gradiente descendente, embora seja um algoritmo imensamente importante para o aprendizado de máquina, também tem uma infinidade de aplicativos fora do aprendizado de máquina (principalmente para problemas de otimização).

O aprendizado de máquina geralmente começa com uma *fase de treinamento* seguida por uma *fase de previsão* na qual são feitas previsões sobre novos dados. Para o *aprendizado on-line*, as fases de treinamento e de previsão são mescladas. A fase de treinamento toma como entrada *dados de treinamento*, em que cada ponto de dados de entrada tem uma saída ou *rótulo* associado; o rótulo pode ser um nome de categoria ou algum atributo de valor real. Em seguida, produz como saída uma ou mais *hipóteses* sobre como os rótulos dependem dos atributos dos pontos de dados de entrada. As hipóteses podem assumir várias formas, geralmente algum tipo de fórmula ou algoritmo. O algoritmo de aprendizado usado geralmente é uma forma de gradiente descendente. A fase de previsão então usa a hipótese sobre novos dados para fazer *previsões* sobre os rótulos de novos pontos de dados.

O tipo de aprendizado que acabamos de descrever é conhecido como *aprendizado supervisionado*, pois começa com um conjunto de entradas rotuladas. Por exemplo, considere um algoritmo de aprendizado de máquina para reconhecer correio eletrônico indesejado (*spam e-mail*). Os dados de treinamento compreendem uma coleção de *e-mails*, cada um rotulado como "*spam*" ou "não *spam*". O algoritmo de aprendizado de máquina formula uma hipótese, possivelmente uma regra na forma "se um *e-mail* tiver uma palavra de determinado conjunto, é provável que ele seja *spam*". Ou então ele pode aprender regras que atribuem pontuação de *spam* a cada palavra e, em seguida, avaliam um documento pela soma das pontuações de *spam* de suas palavras constituintes, de modo que um documento com pontuação total acima de determinado valor limite seja classificado como *spam*. O algoritmo de aprendizado de máquina pode prever se um novo *e-mail* é ou não *spam*.

Uma segunda forma de aprendizado de máquina é o *aprendizado não supervisionado*, em que os dados de treinamento não são rotulados, como no problema de agrupamento da Seção 33.1. Aqui, o algoritmo de aprendizado de máquina produz hipóteses referentes aos centros de grupos de pontos de dados de entrada.

Uma terceira forma de aprendizado de máquina (que não detalhamos aqui) é o **_aprendizado por reforço_**, em que o algoritmo de aprendizado de máquina realiza ações em um ambiente, recebe _feedback_ para essas ações do ambiente e, em seguida, atualiza seu modelo do ambiente com base no _feedback_. O aprendiz está em um ambiente que tem algum estado, e as ações do aprendiz têm efeito sobre esse estado. O aprendizado por reforço é uma escolha natural para situações como jogos ou direção de um carro autônomo.

Por vezes, o objetivo em uma aplicação de aprendizado de máquina supervisionado não é fazer previsões exatas de rótulos para novos exemplos, mas realizar **_inferência_** causal: encontrar um modelo explicativo que descreva como os vários recursos de um ponto de dados de entrada afetam seu rótulo associado. Pode ser complicado achar um modelo que se ajuste bem a determinado conjunto de dados de treinamento. Pode envolver métodos de otimização sofisticados, que precisem equilibrar entre a produção de uma hipótese que se ajusta bem aos dados e a produção de uma hipótese que seja simples.

Este capítulo se concentra em três domínios de problemas: encontrar hipóteses que agrupem bem os pontos de dados de entrada (usando um algoritmo de agrupamento), aprender em quais preditores (especialistas) confiar para fazer previsões em um problema de aprendizado _on-line_ (usando o algoritmo de pesos multiplicativos) e ajustar um modelo aos dados (usando gradiente descendente).

A Seção 33.1 considera o problema de agrupamento: como dividir determinado conjunto de n pontos de dados de treinamento em determinado número k de grupos, ou "agrupamentos", com base em uma medida das semelhanças (ou, mais precisamente, das diferenças) entre os pontos. A abordagem é iterativa, começando com um agrupamento inicial qualquer e incorporando otimizações sucessivas até que não ocorram mais otimizações. O agrupamento geralmente é usado como etapa inicial ao trabalhar em um problema de aprendizado de máquina para descobrir a estrutura que existe nos dados.

A Seção 33.2 mostra como fazer previsões _on-line_ com bastante precisão quando você tem um conjunto de preditores, geralmente chamados de "especialistas", em quem confiar, muitos deles podendo ser preditores ruins, mas alguns são bons preditores. A princípio, você não sabe quais preditores são ruins e quais são bons. O objetivo é fazer previsões sobre novos exemplos que sejam quase tão boas quanto as previsões feitas pelo melhor preditor. Estudamos um método eficaz de predição por pesos multiplicativos, que associa um peso real positivo a cada preditor e diminui multiplicativamente os pesos associados aos preditores quando eles fazem previsões ruins. O modelo dessa seção está _on-line_ (ver Capítulo 27): em cada etapa, não sabemos nada sobre os exemplos futuros. Além disso, conseguimos fazer previsões mesmo na presença de especialistas adversários, que estão colaborando contra nós, uma situação que realmente acontece em ambientes de jogo.

Por fim, a Seção 33.3 apresenta o gradiente descendente, uma técnica de otimização poderosa, usada para encontrar configurações de parâmetros em modelos de aprendizado de máquina. A descida de gradiente também tem muitas aplicações fora do aprendizado de máquina. Intuitivamente, o gradiente descendente encontra o valor que produz um mínimo local para uma função "descendo a ladeira". Em uma aplicação de aprendizado, "etapa descendente" é uma etapa que ajusta os parâmetros da hipótese de modo que a hipótese tenha desempenho melhor em dado conjunto de exemplos rotulados.

Este capítulo faz uso extensivo dos vetores. Diferentemente do restante do livro, os nomes dos vetores neste capítulo aparecem em negrito, como **x**, para delinear mais claramente quais quantidades são vetores. Componentes de vetores não aparecem em negrito, portanto, se o vetor **x** tiver d dimensões, podemos escrever $\mathbf{x} = (x_1, x_2, ..., x_d)$.

33.1   Agrupamento

Suponha que você tenha um grande número de pontos de dados (exemplos) e queira agrupá-los em classes com base na semelhança entre eles. Por exemplo, cada ponto de dados pode representar uma estrela celeste, fornecendo sua temperatura, tamanho e características espectrais. Ou, então, cada ponto de dados pode representar um fragmento de fala gravado. O agrupamento adequado desses fragmentos de fala pode revelar o conjunto de sotaques dos fragmentos. Uma vez encontrado um agrupamento dos pontos de dados de treinamento, novos dados podem ser colocados em um grupo apropriado, facilitando o reconhecimento do tipo de estrela ou o reconhecimento da fala.

Estas situações, além de muitas outras, enquadram-se na categoria de agrupamento. A entrada para um problema de **_agrupamento_** é um conjunto de n exemplos (objetos) e um inteiro k, com o objetivo de dividir os exemplos em no máximo k grupos disjuntos de forma que os exemplos em cada grupo sejam semelhantes entre si. O problema de agrupamento tem diversas variações. Por exemplo, o inteiro k pode não ser dado, mas, em vez disso, aparecer a partir do procedimento de agrupamento. Nesta seção, presumimos que k é fornecido.

Vetores de recursos e similaridade

Vamos definir o problema de agrupamento de modo formal. A entrada é um conjunto de n ***exemplos***. Cada exemplo possui um conjunto de ***atributos*** em comum com todos os outros exemplos, embora os valores de atributo possam variar entre os exemplos. O problema de agrupamento mostrado na Figura 33.1 agrupa $n = 49$ exemplos — 48 capitais de estado mais o Distrito de Columbia — em $k = 4$ agrupamentos. Cada exemplo tem dois atributos: a latitude e a longitude da capital. Em determinado problema de agrupamento, cada exemplo tem d atributos, com um exemplo $\mathbf{x}$ sendo especificado por um ***vetor de recursos*** com d dimensões.

$$\mathbf{x} = (x_1, x_2, \ldots, x_d) \,.$$

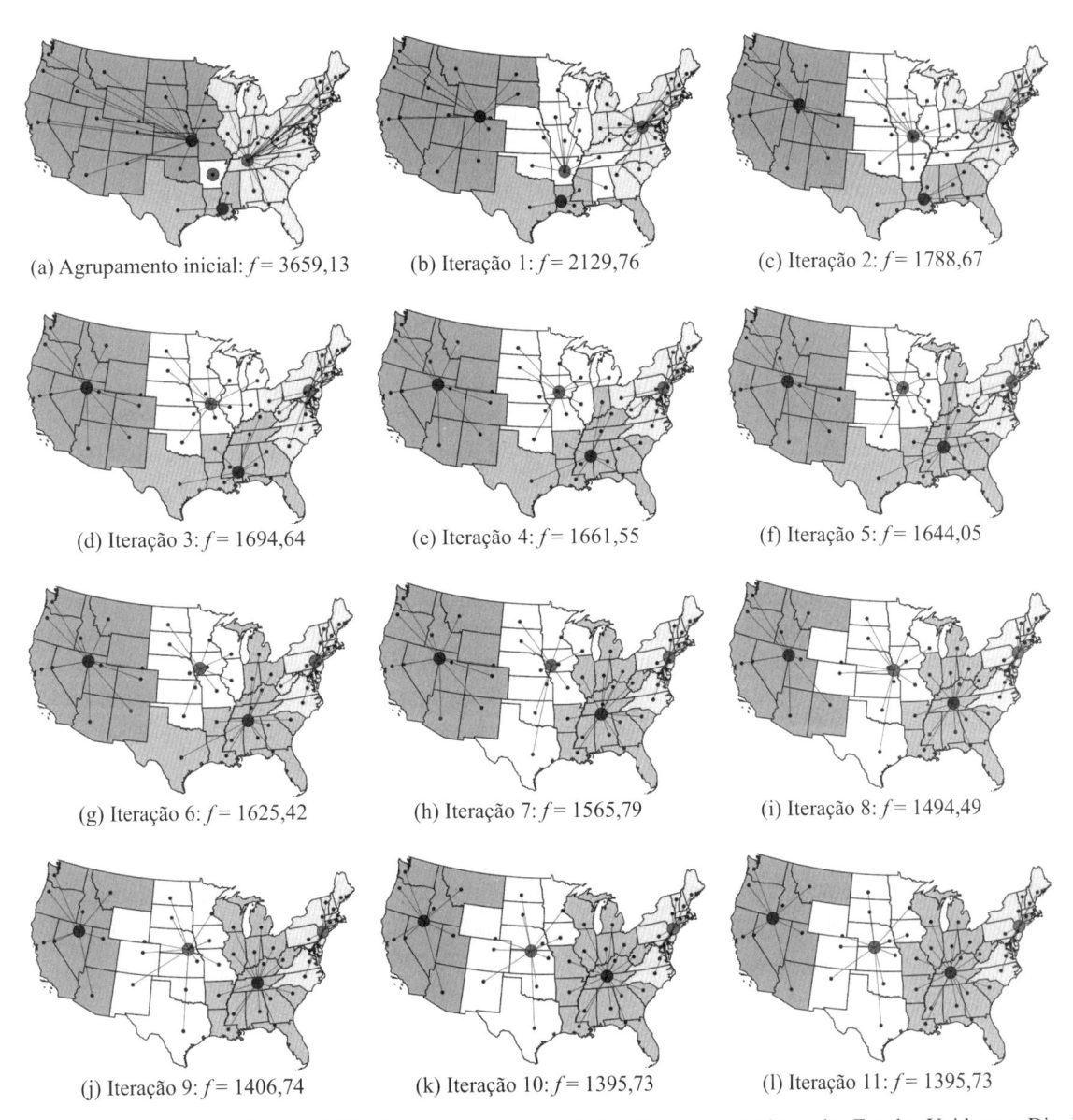

(a) Agrupamento inicial: $f = 3659{,}13$ (b) Iteração 1: $f = 2129{,}76$ (c) Iteração 2: $f = 1788{,}67$

(d) Iteração 3: $f = 1694{,}64$ (e) Iteração 4: $f = 1661{,}55$ (f) Iteração 5: $f = 1644{,}05$

(g) Iteração 6: $f = 1625{,}42$ (h) Iteração 7: $f = 1565{,}79$ (i) Iteração 8: $f = 1494{,}49$

(j) Iteração 9: $f = 1406{,}74$ (k) Iteração 10: $f = 1395{,}73$ (l) Iteração 11: $f = 1395{,}73$

Figura 33.1 Iterações do procedimento de Lloyd ao agrupar as capitais dos 48 estados contíguos dos Estados Unidos e o Distrito de Columbia em $k = 4$ agrupamentos. Cada capital possui dois atributos: latitude e longitude. Cada iteração reduz o valor de f, medindo a soma dos quadrados das distâncias de todas as capitais aos centros de seus agrupamentos, até que o valor de f não mude. (**a**) Os quatro agrupamentos iniciais, com as capitais de Arkansas, Kansas, Louisiana e Tennessee escolhidas como centros. (**b**)–(**k**) Iterações do procedimento de Lloyd. (**l**) A 11ª iteração resulta no mesmo valor de f que a 10ª iteração na parte (k), portanto o procedimento termina.

Aqui, x_a para $a = 1, 2, ..., d$ é um número real indicando o valor do atributo a para o exemplo **x**. Denominamos **x** o *ponto* em $\mathbb{R}^d$ que representa o exemplo. Para o exemplo na Figura 33.1, cada capital **x** tem uma latitude em x_1 e sua longitude em x_2.

Para agruparmos pontos semelhantes, precisamos definir a similaridade. Em vez disso, vamos definir o oposto: a *dissimilaridade* $\Delta(\mathbf{x}, \mathbf{y})$ dos pontos **x** e **y** é a distância euclidiana elevada ao quadrado entre eles:

$$\Delta(\mathbf{x}, \mathbf{y}) = \|\mathbf{x} - \mathbf{y}\|^2$$

$$= \sum_{a=1}^{d} (x_a - y_a)^2 . \tag{33.1}$$

Naturalmente, para que $\Delta(\mathbf{x}, \mathbf{y})$ seja bem definida, todos os valores de atributo precisam estar presentes. Se algum deles estiver faltando, então esse exemplo pode ser ignorado, ou podemos preencher um valor de atributo que falta com o valor mediano para esse atributo.

Os valores de atributo geralmente são "bagunçados" de outras formas, de modo que alguma "limpeza de dados" é necessária antes que o algoritmo de agrupamento seja executado. Por exemplo, a escala de valores de atributo pode variar bastante entre os atributos. No exemplo da Figura 33.1, as escalas dos dois atributos variam por um fator de 2, pois a latitude varia de –90 a +90 graus, mas a longitude varia de –180 a +180 graus. Você pode imaginar outros cenários em que as diferenças nas escalas são ainda maiores. Se os exemplos contiverem informações sobre alunos, um atributo pode ser a média de notas, mas outro pode ser a renda familiar. Portanto, os valores dos atributos são geralmente escalados ou normalizados, de modo que nenhum atributo isolado possa dominar os outros ao se calcularem as dissimilaridades. Uma maneira de fazer isso é escalar os valores de atributo com uma transformação linear, de modo que o valor mínimo se torne 0 e o valor máximo se torne 1. Se os valores de atributo forem valores binários, pode não ser preciso usar uma escala. Outra opção é escalar para que os valores de cada atributo tenham média 0 e variância unitária. Por vezes, faz sentido escolher a mesma regra de escala para vários atributos relacionados (por exemplo, se forem comprimentos medidos na mesma escala).

Além disso, a escolha da medida de dissimilaridade é um tanto arbitrária. O uso da soma das diferenças ao quadrado, como na Equação (33.1), não é obrigatório, mas uma escolha convencional e matematicamente conveniente. Para o exemplo da Figura 33.1, você pode usar a distância real entre as capitais em vez da Equação (33.1).

Agrupamentos

Após definirmos a noção de similaridade (na verdade, *dis*similaridade), vejamos como definir os agrupamentos de pontos similares. Seja S o conjunto dado de n pontos em $\mathbb{R}^d$. Em algumas aplicações, os pontos não são necessariamente distintos, de modo que S é um multiconjunto, em vez de um conjunto.

Como o objetivo é criar k agrupamentos, definimos um *k-agrupamento* de S como decomposição de S em uma sequência $\langle S^{(1)}, S^{(2)}, ..., S^{(k)} \rangle$ de subconjuntos disjuntos, ou *agrupamentos*, de modo que

$$S = S^{(1)} \cup S^{(2)} \cup \cdots \cup S^{(k)} .$$

Um agrupamento pode estar vazio, por exemplo, se $k > 1$ mas todos os pontos em S tiverem os mesmos valores de atributo.

Há muitas maneiras de definir um k-agrupamento de S e muitas maneiras de avaliar a qualidade de determinado k-agrupamento. Consideramos aqui somente os k-agrupamentos de S definidos por uma sequência C de k *centros*

$$C = \langle \mathbf{c}^{(1)}, \mathbf{c}^{(2)}, \ldots, \mathbf{c}^{(k)} \rangle ,$$

em que cada centro é um ponto em $\mathbb{R}^d$, e a *regra do centro mais próximo* diz que um ponto **x** pode pertencer ao agrupamento $S^{(\ell)}$ se o centro de nenhum outro agrupamento estiver mais próximo de **x** do que o centro $\mathbf{c}^{(\ell)}$ de $S^{(\ell)}$:

$$\mathbf{x} \in S^{(\ell)} \text{ somente se } \Delta(\mathbf{x}, \mathbf{c}^{(\ell)}) = \min\{\Delta(\mathbf{x}, \mathbf{c}^{(j)}) : 1 \le j \le k\} .$$

Um centro pode ser qualquer lugar, e não necessariamente um ponto em S.

Empates são possíveis e devem ser desfeitos para que cada ponto fique exatamente em um agrupamento. Em geral, os empates podem ser desfeitos arbitrariamente, embora precisemos da propriedade de nunca mudar o agrupamento ao qual um ponto $\mathbf{x}$ é atribuído, a menos que a distância de $\mathbf{x}$ ao novo centro do agrupamento seja *estritamente menor* que a distância de $\mathbf{x}$ ao antigo centro do agrupamento. Ou seja, se o agrupamento atual tiver um centro que seja um dos centros de agrupamento mais próximos de $\mathbf{x}$, não altere o agrupamento ao qual $\mathbf{x}$ está atribuído.

O **problema das k-médias** é então o seguinte: dado um conjunto S de n pontos e um inteiro positivo k, encontre uma sequência $C = \langle \mathbf{c}^{(1)}, \mathbf{c}^{(2)}, \ldots, \mathbf{c}^{(k)} \rangle$ de k pontos centrais minimizando a soma $f(S, C)$ da distância ao quadrado entre cada ponto e seu centro mais próximo, em que

$$f(S, C) = \sum_{\mathbf{x} \in S} \min \{ \Delta(\mathbf{x}, \mathbf{c}^{(j)}) : 1 \le j \le k \}$$

$$= \sum_{\ell=1}^{k} \sum_{\mathbf{x} \in S^{(\ell)}} \Delta(\mathbf{x}, \mathbf{c}^{(\ell)}) . \tag{33.2}$$

Na segunda linha, o k-agrupamento $\langle S^{(1)}, S^{(2)}, \ldots, S^{(k)} \rangle$ é definido pelos centros C e pela regra do centro mais próximo. Veja, no Exercício 33.1-1, uma formulação alternativa baseada em distâncias entre pontos em pares.

Existe um algoritmo de tempo polinomial para o problema das k-médias? Provavelmente não, porque ele é NP-difícil [310]. Como veremos no Capítulo 34, problemas NP-difíceis não têm nenhum algoritmo em tempo polinomial conhecido, mas ninguém jamais provou que algoritmos em tempo polinomial para problemas NP-difíceis não podem existir. Embora não conheçamos nenhum algoritmo em tempo polinomial que encontre o mínimo global sobre todos os agrupamentos (de acordo com a Equação (33.2)), *podemos* encontrar um mínimo local.

Lloyd [304] propôs um procedimento simples que encontra uma sequência C de k centros que produz um mínimo local de $f(S, C)$. Um mínimo local no problema das k-médias satisfaz duas propriedades simples: cada agrupamento tem um centro ótimo (definido a seguir) e cada ponto é atribuído ao agrupamento (ou a um dos agrupamentos) com o centro mais próximo. O procedimento de Lloyd encontra um agrupamento bom — possivelmente ótimo — que satisfaça essas duas propriedades. Essas propriedades são necessárias, mas não suficientes, para a otimização.

Centro ótimo para determinado agrupamento

Em uma solução ótima para o problema das k-médias, cada ponto central deve ser o **centroide**, ou **média**, dos pontos em seu agrupamento. O centroide é um ponto d-dimensional, em que o valor em cada dimensão é a média dos valores de todos os pontos do agrupamento naquela dimensão (ou seja, a média dos valores de atributos correspondentes no agrupamento). Isto é, se $\mathbf{c}^{(\ell)}$ é o centroide para o agrupamento $S^{(\ell)}$, então, para os atributos $a = 1, 2, \ldots, d$, temos

$$c_a^{(\ell)} = \frac{1}{|S^{(\ell)}|} \sum_{\mathbf{x} \in S^{(\ell)}} x_a .$$

Para todos os atributos, escrevemos

$$\mathbf{c}^{(\ell)} = \frac{1}{|S^{(\ell)}|} \sum_{\mathbf{x} \in S^{(\ell)}} \mathbf{x} . \tag{33.3}$$

Teorema 33.1

Dado um agrupamento não vazio $S^{(\ell)}$, seu centroide (ou média) é a escolha exclusiva para o centro do agrupamento $\mathbf{c}^{(\ell)} \in \mathbb{R}^d$ que minimiza

$$\sum_{\mathbf{x} \in S^{(\ell)}} \Delta(\mathbf{x}, \mathbf{c}^{(\ell)}) .$$

Prova Queremos minimizar, escolhendo $\mathbf{c}^{(\ell)} \in \mathbb{R}^d$, a soma

$$\sum_{\mathbf{x} \in S^{(\ell)}} \Delta(\mathbf{x}, \mathbf{c}^{(\ell)}) = \sum_{\mathbf{x} \in S^{(\ell)}} \sum_{a=1}^{d} (x_a - c_a^{(\ell)})^2$$

$$= \sum_{a=1}^{d} \left(\sum_{\mathbf{x} \in S^{(\ell)}} x_a^2 - 2 \left(\sum_{\mathbf{x} \in S^{(\ell)}} x_a \right) c_a^{(\ell)} + \left| S^{(\ell)} \right| (c_a^{(\ell)})^2 \right).$$

Para cada atributo a, o termo somado é uma função quadrática convexa em $c_a^{(\ell)}$. Para minimizar essa função, tome sua derivada com relação a $c_a^{(\ell)}$ e defina-a como 0:

$$-2 \sum_{\mathbf{x} \in S^{(\ell)}} x_a + 2 \left| S^{(\ell)} \right| c_a^{(\ell)} = 0$$

ou, de modo equivalente,

$$c_a^{(\ell)} = \frac{1}{|S^{(\ell)}|} \sum_{\mathbf{x} \in S^{(\ell)}} x_a.$$

Como o mínimo é obtido exclusivamente quando cada coordenada de $c_a^{(\ell)}$ é a média da coordenada correspondente para $\mathbf{x} \in S^{(\ell)}$, o mínimo global é obtido quando $\mathbf{c}^{(\ell)}$ é o centroide dos pontos $\mathbf{x}$, como na Equação (33.3). ∎

Agrupamentos ótimos para determinados centros

O teorema a seguir mostra que a regra do centro mais próximo — atribuindo cada ponto $\mathbf{x}$ a um dos agrupamentos cujo centro é o mais próximo de $\mathbf{x}$ — produz uma solução ótima para o problema das k-médias.

Teorema 33.2

Dado um conjunto S de n pontos e uma sequência $\langle \mathbf{c}^{(1)}, \mathbf{c}^{(2)}, ..., \mathbf{c}^{(k)} \rangle$ de k centros, um agrupamento $\langle S^{(1)}, S^{(2)}, ..., S^{(k)} \rangle$ minimiza

$$\sum_{\ell=1}^{k} \sum_{\mathbf{x} \in S^{(\ell)}} \Delta(\mathbf{x}, \mathbf{c}^{(\ell)}) \tag{33.4}$$

se, e somente se, ele atribui cada ponto $\mathbf{x} \in S$ a um agrupamento $S^{(\ell)}$ que minimiza $\Delta(\mathbf{x}, \mathbf{c}^{(\ell)})$.

Prova A prova é direta: cada ponto $\mathbf{x} \in S$ contribui exatamente uma vez para a soma (33.4), e a escolha de colocar $\mathbf{x}$ em um agrupamento cujo centro é o mais próximo minimiza a contribuição a partir de $\mathbf{x}$. ∎

Procedimento de Lloyd

O procedimento de Lloyd simplesmente repete duas operações — atribuir pontos aos agrupamentos com base na regra do centro mais próximo, seguida por recalcular os centros dos agrupamentos para serem seus centroides —, até alcançar a convergência dos resultados. Aqui está o procedimento de Lloyd:

Entrada: um conjunto S de pontos em $\mathbb{R}^d$, e um inteiro positivo k.

Saída: um k-agrupamento $\langle S^{(1)}, S^{(2)}, ..., S^{(k)} \rangle$ de S com uma sequência de centros $\langle \mathbf{c}^{(1)}, \mathbf{c}^{(2)}, ..., \mathbf{c}^{(k)} \rangle$.

1. **Inicialize os centros:** gere uma sequência inicial $\langle \mathbf{c}^{(1)}, \mathbf{c}^{(2)}, ..., \mathbf{c}^{(k)} \rangle$ de k centros escolhendo k pontos independentemente de S, ao acaso. (Se os pontos não forem necessariamente distintos, ver Exercício 33.1-3.) Atribua todos os pontos ao agrupamento $S^{(1)}$ para começar.
2. **Atribua pontos aos agrupamentos:** use a regra do centro mais próximo para definir o agrupamento $\langle S^{(1)}, S^{(2)}, ..., S^{(k)} \rangle$. Isto é, atribua cada ponto $\mathbf{x} \in S$ a um agrupamento $S^{(\ell)}$ tendo um centro mais próximo (desfazendo os empates arbitrariamente, mas não alterando a atribuição para um ponto $\mathbf{x}$, a menos que o novo centro do agrupamento esteja estritamente mais próximo de $\mathbf{x}$ do que o antigo).

3. **Pare se não houver mudança:** se a etapa 2 não mudar as atribuições de quaisquer pontos aos agrupamentos, então pare e retorne ao agrupamento $\langle S^{(1)}, S^{(2)}, ..., S^{(k)} \rangle$ e aos centros associados $\langle \mathbf{c}^{(1)}, \mathbf{c}^{(2)}, ..., \mathbf{c}^{(k)} \rangle$. Caso contrário, prossiga para a etapa 4.

4. **Recalcule centros como centroides:** para $\ell = 1, 2, ..., k$, calcule o centro $\mathbf{c}^{(\ell)}$ do agrupamento $S^{(\ell)}$ como o centroide dos pontos em $S^{(\ell)}$. (Se $S^{(\ell)}$ estiver vazio, considere que $\mathbf{c}^{(\ell)}$ é o vetor zero.) Depois, siga para a etapa 2.

É possível que alguns dos agrupamentos retornados estejam vazios, principalmente se muitos dos pontos de entrada forem idênticos.

O procedimento de Lloyd sempre termina. Pelo Teorema 33.1, recalcular os centros de cada agrupamento como o centroide do agrupamento não pode aumentar $f(S, C)$. O procedimento de Lloyd garante que um ponto seja reatribuído a um agrupamento diferente somente quando tal operação diminui estritamente $f(S, C)$. Assim, cada iteração do procedimento de Lloyd, exceto a última iteração, deve estritamente diminuir $f(S, C)$. Como há apenas um número finito de possíveis k-agrupamentos de S (no máximo k^n), o procedimento deverá terminar. Além disso, uma vez que uma iteração do procedimento de Lloyd não produz nenhuma diminuição em f, iterações posteriores não causariam qualquer mudança, e o procedimento pode parar nessa atribuição localmente ótima de pontos para agrupamentos.

Se o procedimento de Lloyd realmente exigisse k^n iterações, ele seria impraticável. Na prática, ocasionalmente basta encerrar o procedimento quando a porcentagem de redução em $f(S, C)$ na última iteração cai abaixo de um limite predeterminado. Como o procedimento de Lloyd é garantido para encontrar apenas um agrupamento ótimo localmente, uma abordagem para encontrar um bom agrupamento é executar o procedimento de Lloyd muitas vezes com diferentes centros iniciais escolhidos aleatoriamente, obtendo o melhor resultado.

O tempo de execução do procedimento de Lloyd é proporcional ao número T de iterações. Em uma iteração, atribuir pontos a agrupamentos com base na regra do centro mais próximo requer um tempo $O(dkn)$, e recalcular novos centros para cada agrupamento requer um tempo $O(dn)$ (porque cada ponto está em um agrupamento). O tempo de execução global do procedimento de k-médias é, portanto, $O(Tdkn)$.

O algoritmo de Lloyd ilustra uma abordagem comum a muitos algoritmos de aprendizado de máquina:

- Primeiro, defina um espaço de hipóteses em termos de uma sequência apropriada θ de parâmetros, de modo que cada um seja associado a uma hipótese específica h_θ. (Para o problema de k-médias, θ é um vetor com dk dimensões, equivalente a C, contendo o centro de d dimensões de cada um dos k agrupamentos, e h_θ é a hipótese de que cada ponto de dados $\mathbf{x}$ deve ser agrupado com um agrupamento tendo centro mais próximo de $\mathbf{x}$.)

- Em segundo lugar, defina uma medida $f(E, \theta)$ descrevendo como a hipótese h_θ se ajusta mal aos dados de treinamento fornecidos E. Valores menores de $f(E, \theta)$ são melhores, e uma solução (localmente) ótima minimiza $f(E, \theta)$ (localmente). (Para o problema de k-médias, $f(E, \theta)$ é apenas $f(S, C)$.)

- Em terceiro lugar, tendo um conjunto de dados de treinamento E, use um procedimento de otimização adequado para encontrar um valor de θ^* que minimize $f(E, \theta^*)$, pelo menos localmente. (Para o problema de k-médias, esse valor de θ^* é a sequência C de k pontos centrais retornados pelo algoritmo de Lloyd.)

- Retorne θ^* como a resposta.

Nessa estrutura, vemos que a otimização se torna uma ferramenta poderosa para o aprendizado de máquina. O uso da otimização dessa maneira é flexível. Por exemplo, podem ser incorporados termos de **_regularização_** na função a ser minimizada, de modo a penalizar hipóteses "demasiado complicadas" e que "sobreajustam" os dados de treinamento. (A regularização é um tópico complexo, e não será abordada mais neste texto.)

Exemplos

A Figura 33.1 demonstra o procedimento de Lloyd em um conjunto de $n = 49$ cidades: 48 capitais dos Estados Unidos e o Distrito de Columbia. Cada cidade tem $d = 2$ dimensões: latitude e longitude. O agrupamento inicial na parte (a) da figura tem os centros de agrupamento iniciais escolhidos arbitrariamente como as capitais de Arkansas, Kansas, Louisiana e Tennessee. À medida que o procedimento itera, o valor da função f diminui, até a 11ª iteração da parte (l), onde permanece igual à 10ª iteração da parte (k). O procedimento de Lloyd então termina com os agrupamentos mostrados na parte (l).

Como mostra a Figura 33.2, o procedimento de Lloyd também pode ser aplicado à "quantização vetorial". Aqui, o objetivo é reduzir o número de cores distintas necessárias para representar uma fotografia, permitindo, assim, que a fotografia seja bastante comprimida (embora havendo perdas). Na parte (a) da figura, uma fotografia original com 700 *pixels* de largura e 500 *pixels* de altura usa 24 *bits* (três *bytes*) por *pixel* para codificar uma tripla das intensidades de cores primárias vermelho, verde e azul (RGB, do inglês *red*, *green*, *blue*). As partes (b)–(e) da figura mostram os resultados do uso do procedimento de Lloyd para comprimir a imagem de um espaço inicial de 2^{24} valores possíveis por *pixel* para um espaço de apenas $k = 4$, $k = 16$, $k = 64$ ou $k = 256$ valores possíveis por *pixel*; esses k valores são os centros de agrupamento. A fotografia pode então ser representada com apenas 2, 4, 6 ou 8 *bits* por *pixel*, respectivamente, em vez dos 24 *bits* por *pixel* necessários para a fotografia inicial. Uma tabela auxiliar, a "paleta", acompanha a imagem comprimida; ela contém os k centros de agrupamento de 24 *bits* e é usada para mapear cada valor de *pixel* ao seu centro de agrupamento de 24 *bits* quando a foto é descomprimida.

(a) Original

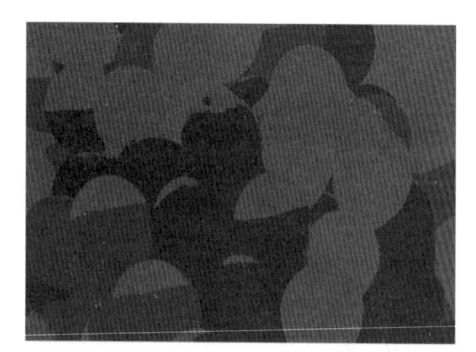

(b) $k = 4$ ($f = 1{,}29 \times 10^9$; 31 iterações)

(c) $k = 16$ ($f = 3{,}31 \times 10^8$; 36 iterações)

(d) $k = 64$ ($f = 5{,}50 \times 10^7$; 59 iterações)

(e) $k = 256$ ($f = 1{,}52 \times 10^7$; 104 iterações)

Para visualizar a figura em cores, acesse o QR code

Figura 33.2 Uso do procedimento de Lloyd para quantização vetorial para comprimir uma foto usando menos cores. (**a**) A foto original tem 350.000 *pixels* (700 × 500), cada um sendo uma tripla RGB (vermelho/verde/azul) de valores de 8 *bits*, formando 24 *bits*; esses *pixels* (cores) são os "pontos" a serem agrupados. Os pontos se repetem, então existem apenas 79.083 cores distintas (menos de 2^{24}). Após a compressão, apenas k cores distintas são usadas, então cada *pixel* é representado por apenas $\lceil \lg k \rceil$ *bits* em vez de 24. Uma "paleta" mapeia esses valores de volta para valores RGB de 24 *bits* (os centros de agrupamento). (**b**)–(**e**) A mesma foto com $k = 4$, 16, 64 e 256 cores. (Foto de standuppaddle, pixabay.com.)

Exercícios

33.1-1

Mostre que a função objetivo $f(S, C)$ da Equação (33.2) pode ser escrita, de modo alternativo, como

$$f(S, C) = \sum_{\ell=1}^{k} \frac{1}{2 \, |S^{(\ell)}|} \sum_{\mathbf{x} \in S^{(\ell)}} \sum_{\mathbf{y} \in S^{(\ell)} : \mathbf{x} \neq \mathbf{y}} \Delta(\mathbf{x}, \mathbf{y}) \, .$$

33.1-2

Dê um exemplo no plano, com $n = 4$ pontos e $k = 2$ agrupamentos, em que uma iteração do procedimento de Lloyd não otimiza $f(S, C)$, embora o k-agrupamento não seja ótimo.

33.1-3

Quando a entrada para o procedimento de Lloyd contém muitos pontos repetidos, um procedimento de inicialização diferente pode ser utilizado. Descreva uma forma de escolher um número de centros ao acaso que maximize o número de centros distintos escolhidos. (*Sugestão:* ver Exercício 5.3-5.)

33.1-4

Mostre como encontrar um k-agrupamento ótimo em tempo polinomial quando há apenas um atributo ($d = 1$).

33.2 Algoritmos de pesos multiplicativos

Esta seção considera problemas que exigem diversas tomadas de decisão. Após cada decisão, você recebe *feedback* para saber se sua decisão foi correta. Estudaremos uma classe de algoritmos chamados **algoritmos de pesos multiplicativos**. Essa classe de algoritmos tem uma grande variedade de aplicações, incluindo jogos em economia, resolução aproximada de problemas de programação linear e multifluxo de mercadorias e diversas aplicações em aprendizado de máquina *on-line*. Enfatizamos a natureza *on-line* do problema aqui: você tem que tomar uma sequência de decisões, mas algumas das informações necessárias para tomar a i-ésima decisão aparecem somente depois que você já tomou a decisão de ordem ($i - 1$). Nesta seção, examinamos um problema específico, conhecido como "aprender com especialistas", e desenvolvemos um exemplo de algoritmo de pesos multiplicativos, denominado algoritmo de maioria ponderada.

Suponha que haverá uma série de eventos e você deseja fazer previsões sobre esses eventos. Por exemplo, durante vários dias, você deseja prever se vai chover. Ou talvez você queira prever se o preço de uma ação aumentará ou diminuirá. Uma forma de tratar desse problema é reunir um grupo de "especialistas" e usar sua sabedoria coletiva para fazer boas previsões. Vamos indicar os especialistas, n deles, por E_1, E_1, ..., E_n, e digamos que T eventos irão acontecer. Cada evento tem um resultado de 0 ou 1, com $o^{(t)}$ indicando o resultado do t-ésimo evento. Antes do evento t, cada especialista $E^{(i)}$ faz uma previsão . Você, como o "aprendiz", toma então o conjunto de n previsões de especialistas para o evento t e produz uma única previsão $p^{(t)} \in \{0, 1\}$ de sua preferência. Baseia sua previsão apenas nas previsões dos especialistas e em qualquer coisa que tenha aprendido sobre os especialistas em suas previsões anteriores. Você não usa nenhuma informação adicional sobre o evento. Somente depois de fazer sua previsão, você determina o resultado $o^{(t)}$ do evento t. Se sua previsão $p^{(t)}$ coincidir com $o^{(t)}$, então você estava correto; caso contrário, cometeu um erro. O objetivo é minimizar m, o número total de erros, em que $m = \sum_{t=1}^{T} \left| p^{(t)} - o^{(t)} \right|$. Você também pode acompanhar o número de erros que cada especialista comete: o especialista E_i comete m_i erros, em que $m_i = \sum_{t=1}^{T} \left| q_i^{(t)} - o^{(t)} \right|$.

Por exemplo, suponha que você esteja acompanhando o preço de uma ação e, a cada dia, decida se deve investir nela apenas naquele dia, comprando-a no início do dia e vendendo-a no fim do dia. Se, em algum dia, você comprar a ação e ela subir, então tomou a decisão correta, mas se a ação cair, é porque cometeu um erro. Da mesma forma, se, em algum dia, você não comprar a ação e ela cair, você tomou a decisão correta, mas se a ação subir, então cometeu um erro. Como você gostaria de cometer o mínimo de erros possível, decide usar os conselhos dos especialistas para tomar suas decisões.

Não assumiremos nada sobre o movimento da ação. Também não assumiremos nada sobre os especialistas: as previsões dos especialistas podem ser correlacionadas, podem ser escolhidas para enganar você ou talvez alguns, afinal, não sejam realmente especialistas. Qual algoritmo você usaria?

Antes de projetarmos um algoritmo para esse problema, precisamos considerar qual é uma maneira justa de avaliar nosso algoritmo. É razoável esperar que nosso algoritmo tenha desempenho melhor quando as previsões dos especialistas são melhores e que tenha desempenho pior quando as previsões dos especialistas são piores. O objetivo do algoritmo é limitar o número de erros que você comete para ficar próximo do número de erros que o melhor dos especialistas comete. A princípio, esse objetivo pode parecer impossível, porque você não sabe até o fim qual especialista é o melhor. No entanto, veremos que, levando em consideração os conselhos de todos os especialistas, você pode alcançar esse objetivo. Mais formalmente, usamos a noção de "arrependimento", que compara nosso algoritmo com o desempenho do melhor especialista (em retrospectiva) com relação a todos. Fazendo com que $m^* = \min\{m_i : 1 \le i \le n\}$ represente o número de erros cometidos pelo melhor especialista, o ***arrependimento*** é $m - m^*$. O objetivo é projetar um algoritmo com baixo arrependimento. (O arrependimento pode ser negativo, embora normalmente não seja, pois é raro você se sair melhor do que o melhor especialista.)

Como aquecimento, vamos considerar o caso em que um dos especialistas faz uma previsão correta a cada vez. Mesmo sem saber quem é esse especialista, você ainda pode obter bons resultados.

Lema 33.3

Suponha que, entre n especialistas, haja um que sempre faz a previsão correta para todos os T eventos. Então, existe um algoritmo que comete no máximo $\lceil \lg n \rceil$ erros.

Prova O algoritmo mantém um conjunto S formado por especialistas que ainda não cometeram erro. Inicialmente, S contém todos os n especialistas. A previsão do algoritmo é sempre a maioria dos votos das previsões dos especialistas restantes no conjunto S. Em caso de empate, o algoritmo faz qualquer previsão. Depois que cada resultado é aprendido, o conjunto S é atualizado para remover todos os especialistas que fizeram uma previsão incorreta sobre esse resultado.

Vamos agora analisar o algoritmo. O especialista que sempre faz a previsão correta sempre estará no conjunto S. Cada vez que o algoritmo comete um erro, pelo menos metade dos especialistas que ainda estavam em S também comete um erro, e esses especialistas são removidos de S. Se S' for o conjunto de especialistas restantes após a remoção dos que erraram, temos que $|S'| \le |S|/2$. O tamanho de S pode ser reduzido pela metade no máximo $\lceil \lg n \rceil$ vezes até $|S| = 1$. Desse ponto em diante, sabemos que o algoritmo nunca comete erro, pois o conjunto S consiste apenas em um especialista que nunca comete erro. Portanto, em geral, o algoritmo comete no máximo $\lceil \lg n \rceil$ erros.   ∎

O Exercício 33.2-1 pede que você generalize esse resultado para o caso em que não há nenhum especialista que faça previsões perfeitas e mostre que, para qualquer conjunto de especialistas, existe um algoritmo que comete no máximo $m^* \lceil \lg n \rceil$ erros. O algoritmo generalizado começa da mesma forma. No entanto, o conjunto S pode se tornar vazio em algum ponto. Se isso acontecer, redefina S para conter todos os especialistas e continue o algoritmo.

Você pode melhorar substancialmente sua capacidade de previsão não apenas rastreando quais especialistas não cometeram nenhum erro ou não cometeram nenhum erro recentemente, mas também com uma avaliação mais detalhada da qualidade de cada especialista. A ideia-chave é usar o *feedback* que você recebe para atualizar sua avaliação de quanta confiança depositar em cada especialista. À medida que os especialistas fazem previsões, você observa se eles estavam corretos e diminui sua confiança nos especialistas que cometem mais erros. Dessa forma, você pode aprender ao longo do tempo quais especialistas são mais confiáveis e quais são menos confiáveis, e ponderar suas previsões de acordo. A mudança nos pesos é realizada por meio da multiplicação, daí o termo "pesos multiplicativos".

O algoritmo aparece no procedimento MAIORIA-PONDERADA, a seguir, que recebe um conjunto $E = \{E_1, E_2, ..., E_n\}$ de especialistas, um número T de eventos, o número n de especialistas e um parâmetro $0 < \gamma \le 1/2$, que controla como os pesos variam. O algoritmo mantém os pesos $w_i^{(t)}$ para $i = 1, 2, ..., n$ e $t = 1, 2, ..., T$, em que $0 < w_i^{(t)} \le 1$. O laço **for** das linhas 1–2 define os pesos iniciais como 1, capturando a ideia de que, sem conhecimento, você confia igualmente em cada especialista. Cada iteração do laço **for** principal das linhas 3–18 faz o seguinte para um evento $t = 1, 2, ..., T$. Cada especialista E_i faz uma previsão para o evento t na linha 4. As linhas 5–8 calculam *upweight*$^{(t)}$, a soma dos pesos dos especialistas que predizem 1 para o evento t, e *downweight*$^{(t)}$, a soma dos pesos dos especialistas que preveem 0 para o evento. As linhas 9–11 decidem sobre a previsão $p^{(t)}$ do algoritmo para o evento t com base na soma ponderada que for maior (desempatando em favor da decisão 1). O resultado do evento t é revelado na linha 12. Por fim, as linhas 14–17 diminuem os pesos dos especialistas que fizeram previsão incorreta para o evento t multiplicando seus pesos por $1 - \gamma$, deixando de lado os pesos dos especialistas que previram corretamente o resultado do evento. Assim, quanto menos erros cada especialista cometer, maior será o peso desse especialista.

MAIORIA-PONDERADA(E, T, n, γ)

```
 1   for i = 1 to n
 2       w_i^(t) = 1                                    // confia igualmente em cada especialista
 3   for t = 1 to T
 4       cada especialista E_i ∈ E faz uma previsão q_i^(t)
 5       U = {E_i : q_i^(t) = 1}                        // especialistas que previram 1
 6       upweight^(t) = ∑_{i:E_i∈U} w_i^(t)             // soma dos pesos que previram 1
 7       D = {E_i : q_i^(t) = 0}                        // especialistas que previram 0
 8       downweight^(t) = ∑_{i:E_i∈D} w_i^(t)          // soma dos pesos que previram 0
 9       if upweight^(t) ≥ downweight^(t)
10           p^(t) = 1                                  // algoritmo prevê 1
11       else p^(t) = 0                                 // algoritmo prevê 0
12       resultado o^(t) é revelado
13       // Se p^(t) ≠ o^(t), o algoritmo cometeu um erro.
14       for i = 1 to n
15           if q_i^(t) ≠ o^(t)                         // se especialista E^(i) cometeu um erro...
16               w_i^(t+1) = (1 − γ)w_i^(t)             // ... então diminui o peso desse especialista
17           else w_i^(t+1) = w_i^(t)
18   return p^(t)
```

O procedimento MAIORIA-PONDERADA não é muito pior do que qualquer especialista. Em particular, ele não faz muito pior do que o melhor especialista. Para quantificar essa afirmação, seja $m^{(t)}$ o número de erros cometidos pelo procedimento até o evento t, e seja $m_i^{(t)}$ o número de erros cometidos pelo especialista E_i até o evento t. O seguinte teorema é a chave.

Teorema 33.4

Ao executarmos MAIORIA-PONDERADA, temos, para cada especialista E_i e cada evento $T' \leq T$,

$$m^{(T')} \leq 2(1 + \gamma)m_i^{(T')} + \frac{2 \ln n}{\gamma} . \tag{33.5}$$

Prova Toda vez que um especialista E_i comete um erro, seu peso, que é inicialmente 1, é multiplicado por $1 - \gamma$ e, portanto, temos

$$w_i^{(t)} = (1 - \gamma)^{m_i^{(t)}} \tag{33.6}$$

para $t = 1, 2, ..., T$.

Usamos uma função potencial $W(t) = \sum_{i=1}^{n} w_i^{(t)}$, somando os pesos para todos os n especialistas após a iteração t do laço **for** das linhas 3–18. Inicialmente, temos $W(0) = n$, pois todos os n pesos começam com o valor 1. Como cada especialista pertence ao conjunto U ou ao conjunto D (definido nas linhas 5 e 7 de MAIORIA-PONDERADA), sempre temos $W(t) = upweight^{(t)} + downweight^{(t)}$ após cada execução da linha 8.

Considere uma iteração t na qual o algoritmo comete um erro em sua previsão, o que significa que o algoritmo prevê 1 e o resultado é 0, ou o algoritmo prevê 0 e o resultado é 1. Sem perda de generalidade, suponha que o algoritmo prevê 1 e o resultado é 0. O algoritmo previu 1 porque $upweight^{(t)} \geq downweight^{(t)}$ na linha 9, o que implica que

$$upweight^{(t)} \geq W(t)/2 \ . \tag{33.7}$$

Cada especialista em U tem então seu peso multiplicado por $1 - \gamma$, e cada especialista em D mantém seu peso inalterado. Assim, temos

$$
\begin{aligned}
W(t+1) &= upweight^{(t)}(1-\gamma) + downweight^{(t)} \\
&= upweight^{(t)} + downweight^{(t)} - \gamma \cdot upweight^{(t)} \\
&= W(t) - \gamma \cdot upweight^{(t)} \\
&\leq W(t) - \gamma \frac{W(t)}{2} \quad \text{(pela inequação (33.7))} \\
&= W(t)(1 - \gamma/2) \ .
\end{aligned}
$$

Portanto, para cada iteração t em que o algoritmo comete um erro, temos

$$W(t+1) \leq (1 - \gamma/2)W(t) \ . \tag{33.8}$$

Em uma iteração na qual o algoritmo não comete erro, alguns dos pesos diminuem e alguns permanecem inalterados, de modo que temos

$$W(t+1) \leq W(t) \ . \tag{33.9}$$

Como existem $m^{(T')}$ erros cometidos até a iteração T', e $W(1) = n$, podemos aplicar repetidamente a inequação (33.8) às iterações em que o algoritmo comete um erro e a inequação (33.9) às iterações em que o algoritmo não comete erro, obtendo

$$W(T') \leq n(1 - \gamma/2)^{m^{(T')}} \ . \tag{33.10}$$

Como a função W é a soma dos pesos e todos os pesos são positivos, seu valor ultrapassa qualquer peso isolado. Portanto, usando a Equação (33.6), temos, para qualquer especialista E_i e para qualquer iteração $T' \leq T$,

$$W(T') \geq w_i^{(T')} = (1 - \gamma)^{m_i^{(T')}} \ . \tag{33.11}$$

Combinando as inequações (33.10) e (33.11), obtemos

$$(1 - \gamma)^{m_i^{(T')}} \leq n(1 - \gamma/2)^{m^{(T')}} \ .$$

Tomando o logaritmo natural dos dois lados, o resultado é

$$m_i^{(T')} \ln(1 - \gamma) \leq m^{(T')} \ln(1 - \gamma/2) + \ln n \ . \tag{33.12}$$

Agora, usamos a expansão da série de Taylor para derivar os limites superior e inferior sobre os fatores logarítmicos na inequação (33.12). A série de Taylor para $\ln(1 + x)$ é dada na Equação (3.22), no Capítulo 3. Substituindo x por $-x$, temos que, para $0 < x \leq 1/2$,

$$\ln(1 - x) = -x - \frac{x^2}{2} - \frac{x^3}{3} - \frac{x^4}{4} - \cdots \ . \tag{33.13}$$

Visto que cada termo no lado direito é negativo, podemos remover todos os termos, exceto o primeiro, e obter um limite superior de $\ln(1 - x) \leq -x$. Visto que $0 < \gamma \leq 1/2$, temos

$$\ln(1 - \gamma/2) \leq -\gamma/2 \ . \tag{33.14}$$

Para o limite inferior, o Exercício 33.2-2 pede que você mostre que $\ln(1 - x) \geq -x - x^2$ quando $0 < x \leq 1/2$, de modo que

$$-\gamma - \gamma^2 \leq \ln(1 - \gamma) \ . \tag{33.15}$$

Assim, temos

$$
\begin{aligned}
m_i^{(T')}(-\gamma - \gamma^2) &\le m_i^{(T')}\ln(1-\gamma) && \text{(pela inequação (33.15))} \\
&\le m^{(T')}\ln(1-\gamma/2) + \ln n && \text{(pela inequação (33.12))} \\
&\le m^{(T')}(-\gamma/2) + \ln n && \text{(pela inequação (33.14))},
\end{aligned}
$$

de modo que

$$
m_i^{(T')}(-\gamma - \gamma^2) \le m^{(T')}(-\gamma/2) + \ln n . \tag{33.16}
$$

Subtraindo $\ln n$ dos dois lados da inequação (33.16) e depois multiplicando os dois lados por $-2/\gamma$, *o resultado é* $m^{(T')} \le 2(1+\gamma)m_i^{(T')} + (2\ln n)/\gamma$, provando, assim, o teorema. ∎

O Teorema 33.4 se aplica a qualquer especialista e a qualquer evento $T' \le T$. Em particular, podemos comparar com o melhor especialista após todos os eventos terem ocorrido, produzindo o corolário a seguir.

Corolário 33.5

Ao fim do procedimento MAIORIA-PONDERADA, temos

$$
m^{(T)} \le 2(1+\gamma)m^* + \frac{2\ln n}{\gamma} . \tag{33.17}
$$

∎

Vamos explorar esse limite. Supondo que $\sqrt{\ln n / m^*} \le 1/2$, podemos escolher $\gamma = \sqrt{\ln n / m^*}$ e encaixar na inequação (33.17) para obtermos

$$
\begin{aligned}
m^{(T)} &\le 2\left(1 + \sqrt{\frac{\ln n}{m^*}}\right)m^* + \frac{2\ln n}{\sqrt{\ln n / m^*}} \\
&= 2m^* + 2\sqrt{m^* \ln n} + 2\sqrt{m^* \ln n} \\
&= 2m^* + 4\sqrt{m^* \ln n}
\end{aligned}
$$

e, assim, o número de erros é no máximo duas vezes o número de erros cometidos pelo melhor especialista mais um termo que geralmente cresce mais lentamente do que m^*. O Exercício 33.2-4 mostra que você pode diminuir o limite do número de erros por um fator de 2 usando a aleatoriedade, o que leva a limites muito mais fortes. Em particular, o limite superior de arrependimento $(m - m^*)$ é reduzido de $(1 + 2\gamma)m^* + (2\ln n)/\gamma$ para um valor esperado de $\epsilon m^* + (\ln n)/\epsilon$, em que tanto γ como ϵ são no máximo $1/2$. Numericamente, podemos ver que, se $\gamma = 1/2$, MAIORIA-PONDERADA comete no máximo 3 vezes o número de erros do melhor especialista, mais $4\ln n$ erros. Como outro exemplo, suponha que $T = 1000$ previsões estão sendo feitas por $n = 20$ especialistas, e o melhor especialista está correto 95% das vezes, cometendo 50 erros. Então, MAIORIA-PONDERADA comete no máximo $100(1+\gamma) + 2\ln 20/\gamma$ erros. Ao escolher $\gamma = 1/4$, MAIORIA-PONDERADA comete no máximo 149 erros, ou uma taxa de sucesso de pelo menos 85%.

Os métodos de pesos multiplicativos geralmente se referem a uma classe mais ampla de algoritmos que inclui MAIORIA-PONDERADA. Os resultados e previsões não precisam ser apenas 0 ou 1, mas podem ser números reais, e pode haver uma perda associada a resultado e previsão específicos. Os pesos podem ser atualizados por um fator multiplicativo que depende da perda, e o algoritmo pode, dado um conjunto de pesos, tratá-los como distribuição de especialistas e usá-los para escolher um especialista a ser seguido em cada evento. Mesmo nessas configurações mais gerais, limites semelhantes ao Teorema 33.4 são válidos.

Exercícios

33.2-1
A prova do Lema 33.3 considera que algum especialista nunca comete um erro. É possível generalizar o algoritmo e a análise para remover essa hipótese. O novo algoritmo começa da mesma forma. No entanto, o conjunto S poderia se tornar vazio em algum ponto. Se isso acontecer, reinicie S para que contenha todos os especialistas e continue com o algoritmo. Mostre que o número de erros que esse algoritmo comete é, no máximo, $m^*\lceil \lg n\rceil$.

33.2-2

Mostre que $\ln(1 - x) \geq -x - x^2$ quando $0 < x \leq 1/2$. (*Sugestão:* comece com a Equação (33.13), agrupe todos os termos após os três primeiros e use a Equação (A.7), no Apêndice A.)

33.2-3

Considere uma variante aleatorizada do algoritmo dado na prova do Lema 33.3, em que algum especialista nunca comete um erro. A cada etapa, escolha um especialista E_i uniformemente, ao acaso, a partir do conjunto S e depois faça a mesma previsão de E_i. Mostre que o número esperado de erros cometidos por esse algoritmo é $\lceil \lg n \rceil$.

33.2-4

Considere uma versão aleatorizada de MAIORIA-PONDERADA. O algoritmo é o mesmo, exceto pela etapa de previsão, que interpreta os pesos como distribuição de probabilidade sobre os especialistas e escolhe um especialista E_i de acordo com essa distribuição. Depois, ele escolhe sua previsão para que seja a mesma previsão feita pelo especialista E_i. Mostre que, para qualquer $0 < \epsilon < 1/2$, o número esperado de erros cometidos por esse algoritmo é, no máximo, $(1 + \epsilon)m^* + (\ln n)/\epsilon$.

33.3   Gradiente descendente

Suponha que você tenha um conjunto $\{p_1, p_2, ..., p_n\}$ de pontos e deseja encontrar a linha que melhor se ajuste a esses pontos. Para qualquer linha ℓ, existe uma distância d_i entre cada ponto p_i e a linha. Você deseja encontrar a linha que minimize alguma função $f(d_1, ... d_n)$. Existem muitas escolhas possíveis para a definição de distância e para a função f. Por exemplo, a distância pode ser a distância de projeção até a linha e a função pode ser a soma dos quadrados das distâncias. Esse tipo de problema é comum em ciência de dados e aprendizado de máquina — a linha é a hipótese que melhor descreve os dados —, em que a definição particular de melhor é determinada pela definição de distância e do objetivo f. Se a definição de distância e a função f são lineares, então temos um problema de programação linear, conforme discutido no Capítulo 29. Embora a estrutura da programação linear capture diversos problemas importantes, muitos outros, incluindo vários problemas de aprendizado de máquina, têm objetivos e restrições que não são necessariamente lineares. Precisamos de estruturas e algoritmos para resolvermos tais problemas.

Nesta seção, consideramos o problema de otimização de uma função contínua e discutimos um dos métodos mais populares para fazê-lo: gradiente descendente. Gradiente descendente é um método geral para encontrar o mínimo local de uma função $f: \mathbb{R}^n \to \mathbb{R}$, em que, informalmente, o mínimo local de uma função f é um ponto $\mathbf{x}$ para o qual $f(\mathbf{x}) \leq f(\mathbf{x}')$ para todos os $\mathbf{x}'$ que estejam "próximos" de $\mathbf{x}$. Quando a função é convexa, ela pode encontrar um ponto próximo ao ***minimizador global*** de f: um argumento de n-vetor $\mathbf{x} = (x_1, x_2, ..., x_n)$ tal que $f(\mathbf{x})$ é mínimo. Quanto à ideia intuitiva por trás do gradiente descendente, imagine-se em uma paisagem de colinas e vales e querendo chegar a um ponto baixo o mais rápido possível. Você examina o terreno e escolhe se mover na direção que o leve mais rápido para baixo de sua posição atual. Você se move nessa direção, mas apenas por um curto período de tempo, porque, à medida que avança, o terreno muda e você pode precisar escolher uma direção diferente. Então, você para, reavalia as possíveis direções e move-se por outra distância curta na direção de descida mais íngreme, que pode ser diferente da direção do seu movimento anterior. Você continua esse processo até chegar a um ponto a partir do qual todas as direções levam para cima. Tal ponto é um mínimo local.

Para tornarmos esse procedimento informal mais formal, precisamos definir o gradiente de uma função, que, na analogia apresentada, é uma medida da inclinação das várias direções. Dada uma função $f: \mathbb{R}^n \to \mathbb{R}$, seu ***gradiente*** ∇f é uma função $\nabla f: \mathbb{R}^n \to \mathbb{R}^n$ compreendendo n derivadas parciais: $(\nabla f)(\mathbf{x}) = \left(\frac{\partial f}{\partial x_1}, \frac{\partial f}{\partial x_2}, ..., \frac{\partial f}{\partial x_n} \right)$. Analogamente à derivada de uma função de uma única variável, o gradiente pode ser visto como uma direção na qual o valor da função aumenta localmente mais rápido, e a taxa desse aumento. Essa visão é informal; para formalizá-la, teríamos que definir na função o que significa local e colocar certas condições, como continuidade ou existência de derivadas. Apesar disso, essa visão motiva a etapa principal do gradiente descendente — mover-se na direção oposta ao gradiente, ao longo de uma distância influenciada pela magnitude do gradiente.

O procedimento geral do gradiente descendente ocorre em etapas. Começamos em algum ponto inicial $\mathbf{x}^{(0)}$, que é um n-vetor. A cada passo t, calculamos o valor do gradiente de f no ponto $\mathbf{x}^{(t)}$, ou seja, $(\nabla f)(\mathbf{x}^{(t)})$, que também é um n-vetor. Então, nos movemos na direção oposta ao gradiente em cada dimensão em $\mathbf{x}^{(t)}$ para chegar ao próximo ponto $\mathbf{x}^{(t+1)}$, que novamente é um n-vetor. Como nos movemos em uma direção monotonicamente decrescente em cada dimensão, devemos ter $f(\mathbf{x}^{(t+1)}) \le f(\mathbf{x}^{(t)})$. Vários detalhes são necessários para transformar essa ideia em um algoritmo real. Os dois detalhes principais são que precisamos de um ponto inicial e que precisamos decidir até onde iremos nos mover na direção do gradiente negativo. Também precisamos entender quando parar e o que podemos concluir sobre a qualidade da solução encontrada. Exploraremos mais essas questões nesta seção, tanto para minimização restrita, em que há restrições adicionais nos pontos, quanto para minimização irrestrita, em que não existe restrição.

Gradiente descendente irrestrito

Para termos uma ideia melhor, vamos considerar o gradiente descendente irrestrito em apenas uma dimensão, ou seja, quando f é uma função com valor escalar x, tal que $f : \mathbb{R} \to \mathbb{R}$. Nesse caso, o gradiente ∇f de f é apenas $f'(x)$, a derivada de f com relação a x. Considere a função f mostrada em *cinza* na Figura 33.3, com minimizador x^* e ponto inicial $x^{(0)}$. O gradiente (derivada) $f'(x^{(0)})$, mostrado em preto, tem inclinação negativa, de modo que um pequeno passo de $x^{(0)}$ na direção do aumento de x resulta em um ponto x' para o qual $f(x') < f(x^{(0)})$. Contudo, um passo muito grande resulta em um ponto x'' para o qual $f(x'') > f(x^{(0)})$, de modo que essa é uma má ideia. Restringir-nos a pequenos passos, em que cada um tem $f(x') < f(x)$, acaba por nos aproximar do ponto $\hat{x}$, que dá um mínimo local. Porém, ao dar apenas pequenos passos de descida, o gradiente descendente não tem chance de chegar ao minimizador global x^*, dado o ponto inicial $x^{(0)}$.

Chegamos a duas observações desse exemplo simples. Primeiro, o gradiente descendente converge para um mínimo local, e não necessariamente para um mínimo global. Em segundo lugar, a velocidade com que ele converge e a maneira como ele se comporta estão relacionados com as propriedades da função, o ponto inicial e o tamanho do passo do algoritmo.

O procedimento GRADIENTE-DESCENDENTE a seguir toma como entrada uma função f, um ponto inicial $\mathbf{x}^{(0)} \in \mathbb{R}_n$, um multiplicador de tamanho de passo fixo $\gamma > 0$ e um número $T > 0$ de passos a serem dados. Cada iteração do laço **for** das linhas 2–4 executa um passo calculando o gradiente n-dimensional no ponto $\mathbf{x}^{(t)}$ e, em seguida, movendo-se pela distância γ em direção oposta no espaço n-dimensional. A complexidade de calcular o gradiente depende da função f e por vezes pode ser dispendiosa. A linha 3 soma os pontos visitados. Depois que o laço termina, a linha 6 retorna **x-média**, a média de todos os pontos visitados, exceto o último, $\mathbf{x}^{(T)}$. Pode parecer mais natural retornar $\mathbf{x}^{(T)}$ e, de fato, em muitas circunstâncias, você pode preferir que a função retorne $\mathbf{x}^{(T)}$. No entanto, para a versão que analisaremos, usamos **x-média**.

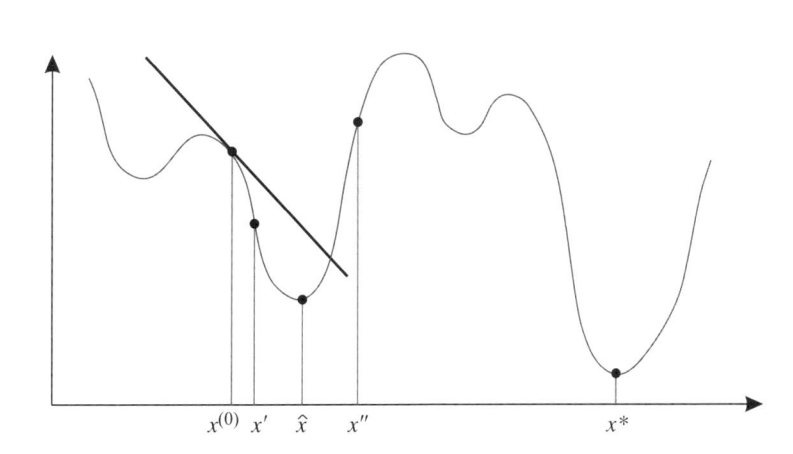

Figura 33.3 Função $f : \mathbb{R} \to \mathbb{R}$, mostrada em *cinza*. Seu gradiente no ponto $x^{(0)}$, *linha diagonal preta*, tem inclinação negativa e, portanto, um pequeno aumento em x de $x^{(0)}$ para x' resulta em $f(x') < f(x^{(0)})$. Pequenos aumentos em x a partir de $x^{(0)}$ levam em direção a $\hat{x}$, que dá um mínimo local. Um aumento muito grande em x pode acabar em x'', para o qual $f(x'') > f(x^{(0)})$. Pequenos passos começando de $x^{(0)}$ e seguindo apenas na direção dos valores decrescentes de f não podem acabar no minimizador global x^*.

GRADIENTE-DESCENDENTE(f, $\mathbf{x}^{(0)}$, γ, T)
1   **soma** = 0   // vetor n-dimensional, inicialmente zerado
2   **for** $t = 0$ **to** $T - 1$
3   **soma** = **soma** + $\mathbf{x}^{(t)}$ // soma cada uma das n dimensões em **soma**
4        $\mathbf{x}^{(t+1)} = \mathbf{x}^{(t)} - \gamma \cdot (\nabla f)(\mathbf{x}^{(t)})$ // $(\nabla f)(\mathbf{x}^{(t)})$, $\mathbf{x}^{(t+1)}$ são n-dimensionais
5   **x-médio** = **soma**/T // divide cada uma das n dimensões por T
6   **return x-média**

A Figura 33.4 descreve como o gradiente descendente funciona de forma ideal em uma função unidimensional convexa.[1] Mais adiante, definiremos a convexidade de modo formal, mas a figura mostra que cada iteração se move na direção oposta ao gradiente, com a distância movida sendo proporcional à magnitude do gradiente. À medida que as iterações avançam, a magnitude do gradiente diminui e, portanto, a distância percorrida ao longo do eixo horizontal diminui. Após cada iteração, a distância para o ponto ótimo $\mathbf{x}^*$ diminui. Não há garantia de que esse comportamento ideal ocorra em geral, mas a análise no restante desta seção formaliza o momento em que esse comportamento ocorre e quantifica o número de iterações necessárias. No entanto, o gradiente descendente nem sempre funciona. Já vimos que, se a função não for convexa, o gradiente descendente pode convergir para um mínimo local, em vez de global. Também vimos que, se o tamanho do passo for muito grande, GRADIENTE-DESCENDENTE pode ultrapassar o mínimo e acabar ficando mais longe. (Também é possível ultrapassar o mínimo e chegar mais perto do ótimo.)

Análise do gradiente descendente irrestrito para funções convexas

Nossa análise do gradiente descendente está focada nas funções convexas. A inequação (C.29), no Apêndice C, define uma função convexa de uma variável, como mostra a Figura 33.5. Podemos estender essa definição a uma função $f: \mathbb{R}^n \rightarrow \mathbb{R}$ e dizemos que f será **convexa** se, para todo $\mathbf{x}, \mathbf{y} \in \mathbb{R}^n$, e para todo $0 \leq \lambda \leq 1$, tivermos

$$f(\lambda \mathbf{x} + (1 - \lambda)\mathbf{y}) \leq \lambda f(\mathbf{x}) + (1 - \lambda)f(\mathbf{y}) . \tag{33.18}$$

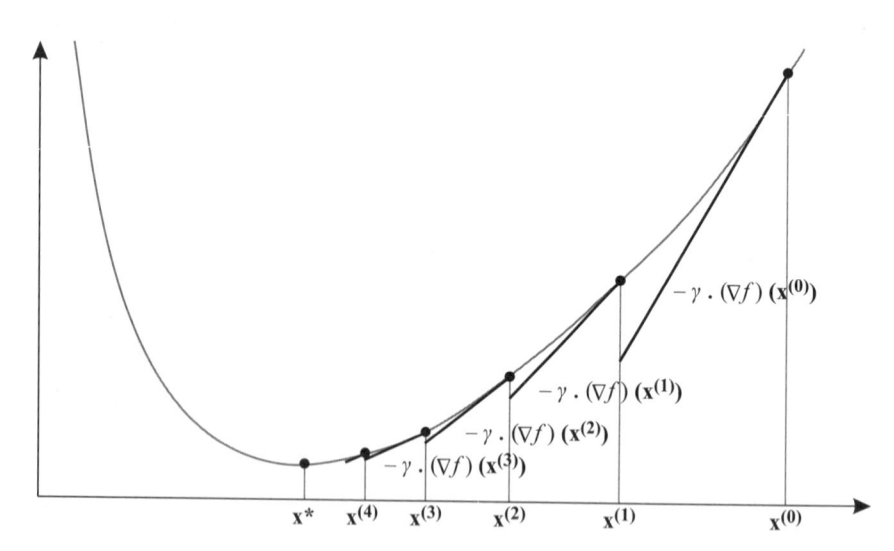

Figura 33.4 Exemplo de gradiente descendente em execução em uma função convexa $f: \mathbb{R} \rightarrow \mathbb{R}$, mostrada na curva *cinza*. Começando no ponto $\mathbf{x}^{(0)}$, cada iteração se move na direção oposta ao gradiente, e a distância percorrida é proporcional à magnitude do gradiente. As *linhas pretas* representam o negativo do gradiente em cada ponto, escalado pelo tamanho do passo γ. À medida que as iterações avançam, a magnitude do gradiente diminui, e a distância percorrida diminui correspondentemente. Após cada iteração, a distância para o ponto ótimo $\mathbf{x}^*$ diminui.

---

[1] Embora a curva da Figura 33.4 possa parecer côncava, de acordo com a definição de convexidade que veremos em seguida, a função f na figura é convexa.

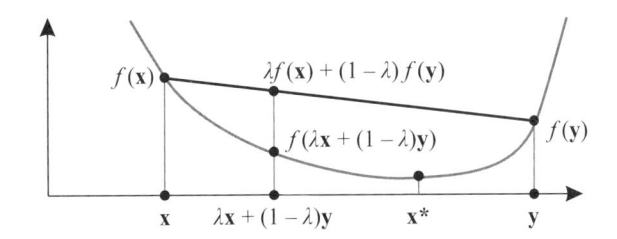

Figura 33.5 Função convexa $f : \mathbb{R}^n \to \mathbb{R}$, mostrada como uma curva, com minimizador local e global $\mathbf{x}^*$. Como f é convexa, $f(\lambda\mathbf{x} + (1 - \lambda)\mathbf{y}) \le \lambda f(\mathbf{x}) + (1 - \lambda)f(\mathbf{y})$ para dois valores $\mathbf{x}$ e $\mathbf{y}$ quaisquer, e todo $0 \le \lambda \le 1$, mostrado para um valor em particular de λ. Aqui, o segmento de reta *preto* representa todos os valores $\lambda f(\mathbf{x}) + (1 - \lambda) f(\mathbf{y})$ para $0 \le \lambda \le 1$, e se encontra acima da curva *cinza*.

(As inequações (33.18) e (C.29) são as mesmas, exceto pelas dimensões de $\mathbf{x}$ e $\mathbf{y}$.) Também consideramos que nossas funções convexas são fechadas[2] e diferenciáveis.

Uma função convexa tem a propriedade de que qualquer mínimo local também é um mínimo global. Para verificar essa propriedade, considere a inequação (3.18), e suponha que, para fins de contradição, $\mathbf{x}$ seja um mínimo local, mas não um mínimo global, e $\mathbf{y} \ne \mathbf{x}$ é um mínimo global, de modo que $f(\mathbf{y}) < f(\mathbf{x})$. Então, temos

$$
\begin{aligned}
f(\lambda\mathbf{x} + (1 - \lambda)\mathbf{y}) &\le \lambda f(\mathbf{x}) + (1 - \lambda) f(\mathbf{y}) \quad \text{(pela inequação (33.18))} \\
&< \lambda f(\mathbf{x}) + (1 - \lambda) f(\mathbf{x}) \\
&= f(\mathbf{x}) \,.
\end{aligned}
$$

Portanto, fazendo λ se aproximar de 1, vemos que existe outro ponto perto de $\mathbf{x}$, digamos $\mathbf{x}'$, tal que $f(\mathbf{x}') < f(\mathbf{x})$, de modo que $\mathbf{x}$ não é um mínimo local.

As funções convexas possuem várias propriedades úteis. A primeira propriedade, cuja prova deixamos como Exercício 33.3-1, diz que uma função convexa sempre se encontra acima de seu hiperplano tangente. No contexto do gradiente descendente, os sinais "<" e ">" indicam a notação para o produto interno definido no Apêndice D, em vez de indicar uma sequência.

Lema 33.6

Para qualquer função diferenciável convexa $f : \mathbb{R}^n \to \mathbb{R}$ e para todo $x, y \in \mathbb{R}^n$, temos $f(\mathbf{x}) \le f(\mathbf{y}) + \langle (\nabla f)(\mathbf{x}), \mathbf{x} - \mathbf{y} \rangle$. ∎

A segunda propriedade, que o Exercício 33.3-2 pede para você provar, é uma aplicação repetida da definição da convexidade na inequação (33.18).

Lema 33.7

Para qualquer função convexa $f : \mathbb{R}^n \to \mathbb{R}$, para qualquer inteiro $T \ge 1$ e para todo $\mathbf{x}^{(0)}, ..., \mathbf{x}^{(T-1)} \in \mathbb{R}^n$, temos

$$
f\left(\frac{\mathbf{x}^{(0)} + \cdots + \mathbf{x}^{(T-1)}}{T} \right) \le \frac{f(\mathbf{x}^{(0)}) + \cdots + f(\mathbf{x}^{(T-1)})}{T} \,. \tag{33.19}
$$

O lado esquerdo da inequação (33.19) é o valor de f no vetor **x-média** retornado por Gradiente-Descendente.

Agora, prosseguimos analisando Gradiente-Descendente. Ele pode não retornar o minimizador global exato $\mathbf{x}^*$. Usamos um limite de erro ϵ, e queremos escolher T de modo que $f(\textbf{x-média}) - f(\mathbf{x}^*) \le \epsilon$ ao término. O valor de ϵ depende do número T de iterações e de dois valores adicionais. Primeiro, como esperamos que é melhor começar perto do minimizador global, ϵ é uma função de

$$
R = \| \mathbf{x}^{(0)} - \mathbf{x}^* \| \,, \tag{33.20}
$$

---

[2] Uma função $f : \mathbb{R}^n \to \mathbb{R}$ será fechada se, para cada $\alpha \in \mathbb{R}$, o conjunto $\{\mathbf{x} \in \mathrm{dom}(f) : f(\mathbf{x}) \le \alpha\}$ for fechado, em que $\mathrm{dom}(f)$ é o domínio de f.

a norma euclidiana (ou distância, definida no Apêndice D) da diferença entre $\mathbf{x}^{(0)}$ e $\mathbf{x}^*$. O limite de erro ϵ também é função de uma quantidade que denominamos L, um limite superior sobre a magnitude $\|(\nabla f)(\mathbf{x})\|$ do gradiente, de modo que

$$\|(\nabla f)(\mathbf{x})\| \le L \,, \tag{33.21}$$

em que $\mathbf{x}$ varia por todos os pontos $\mathbf{x}^{(0)}, \ldots, \mathbf{x}^{(T-1)}$ cujos gradientes são calculados por Gradiente-Descendente. É claro que não conhecemos os valores de L e R, mas por enquanto vamos supor que os conheçamos. Mais adiante, discutiremos como remover essas suposições. A análise de Gradiente-Descendente é resumida no teorema a seguir.

Teorema 33.8

Seja $\mathbf{x}^* \in \mathbb{R}^n$ o minimizador de uma função convexa f, e suponha que uma execução de Gradiente-Descendente $(f, \mathbf{x}^{(0)}, \gamma, T)$ retorne $\mathbf{x}$-média, em que $\gamma = R/(L\sqrt{T})$ e R e L sejam definidos nas Equações (33.20) e (33.21). Seja $\epsilon = RL/\sqrt{T}$. Então, temos $f(\mathbf{x}\text{-média}) - f(\mathbf{x}^*) \le \epsilon$. ∎

Agora, vamos provar este teorema. Não damos um limite absoluto quanto ao progresso que cada iteração faz. Em vez disso, usamos uma função potencial, como na Seção 16.3. Aqui, definimos um potencial $\Phi(t)$ após calcularmos $\mathbf{x}^{(t)}$, tal que $\Phi(t) \ge 0$ para $t = 0, \ldots, T$. Definimos o *progresso amortizado* na iteração que calcula $\mathbf{x}^{(t)}$ como

$$p(t) = f(\mathbf{x}^{(t)}) - f(\mathbf{x}^*) + \Phi(t+1) - \Phi(t) \,. \tag{33.22}$$

Além de incluir a mudança de potencial $(\Phi(t+1) - \Phi(t))$, a Equação (33.22) também subtrai o valor mínimo $f(\mathbf{x}^*)$ porque, em última análise, você não se importa com os valores $f(\mathbf{x}^{(t)})$, mas com a proximidade deles com $f(\mathbf{x}^*)$. Suponha que possamos mostrar que $p(t) \le B$ para algum valor B e $t = 0, \ldots, T-1$. Então, podemos substituir $p(t)$ usando a Equação (33.22), resultando em

$$f(\mathbf{x}^{(t)}) - f(\mathbf{x}^*) \le B - \Phi(t+1) + \Phi(t) \,. \tag{33.23}$$

Somando a inequação (33.23) sobre $t = 0, \ldots, T-1$, obtemos

$$\sum_{t=0}^{T-1} (f(\mathbf{x}^{(t)}) - f(\mathbf{x}^*)) \le \sum_{t=0}^{T-1} (B - \Phi(t+1) + \Phi(t)) \,.$$

Observando que temos uma série cada vez menor à direita e reagrupando os termos, temos que

$$\left(\sum_{t=0}^{T-1} f(\mathbf{x}^{(t)}) \right) - T \cdot f(\mathbf{x}^*) \le TB - \Phi(T) + \Phi(0) \,.$$

Dividindo por T e descartando o termo positivo $\Phi(T)$, obtemos

$$\frac{\sum_{t=0}^{T-1} f(\mathbf{x}^{(t)})}{T} - f(\mathbf{x}^*) \le B + \frac{\Phi(0)}{T} \,, \tag{33.24}$$

e com isso temos

$$
\begin{aligned}
f(\mathbf{x}\text{-média}) - f(\mathbf{x}^*) &= f\left(\frac{\sum_{t=0}^{T-1} \mathbf{x}^{(t)}}{T} \right) - f(\mathbf{x}^*) \quad \text{(pela definição de } \mathbf{x}\text{-média)} \\
&\le \frac{\sum_{t=0}^{T-1} f(\mathbf{x}^{(t)})}{T} - f(\mathbf{x}^*) \quad \text{(pelo Lema 33.7)} \\
&\le B + \frac{\Phi(0)}{T} \quad \text{(pela inequação (33.24)).} \tag{33.25}
\end{aligned}
$$

Em outras palavras, se pudermos mostrar que $p(t) \leq B$ para algum valor B e escolhermos uma função potencial em que $\Phi(0)$ não seja muito grande, então a inequação (33.25) nos dirá quão próximo o valor da função $f(\mathbf{x\text{-médio}})$ está do valor da função $f(\mathbf{x}^*)$ após T iterações. Isto é, podemos definir o limite de erro ϵ como $B + \Phi(0)/T$.

Para limitarmos o progresso amortizado, precisamos chegar a uma função potencial concreta. Definimos a função potencial $\Phi(t)$ como

$$\Phi(t) = \frac{\left\| \mathbf{x}^{(t)} - \mathbf{x}^* \right\|^2}{2\gamma} ,$$ (33.26)

isto é, a função potencial é proporcional ao quadrado da distância entre o ponto atual e o minimizador $\mathbf{x}^*$.

Com essa função potencial em mãos, o lema a seguir oferece um limite para o progresso amortizado feito em qualquer iteração de GRADIENTE-DESCENDENTE.

Lema 33.9

Seja $\mathbf{x}^* \in \mathbb{R}^n$ o minimizador de uma função convexa f, e considere uma execução de GRADIENTE-DESCENDENTE $(f, \mathbf{x}^{(0)}, \gamma, T)$. Então, para cada ponto $\mathbf{x}^{(t)}$ calculado pelo procedimento, temos que

$$p(t) = f(\mathbf{x}^{(t)}) - f(\mathbf{x}^*) + \Phi(t + 1) - \Phi(t) \leq \frac{\gamma L^2}{2} .$$

Prova Primeiro, limitamos a mudança de potencial $\Phi(t + 1) - \Phi(t)$. Usando a definição de $\Phi(t)$ da Equação (33.26), temos

$$\Phi(t + 1) - \Phi(t) = \frac{1}{2\gamma} \left\| \mathbf{x}^{(t+1)} - \mathbf{x}^* \right\|^2 - \frac{1}{2\gamma} \left\| \mathbf{x}^{(t)} - \mathbf{x}^* \right\|^2 .$$ (33.27)

Pela linha 4 de GRADIENTE-DESCENDENTE, sabemos que

$$\mathbf{x}^{(t+1)} - \mathbf{x}^{(t)} = -\gamma \cdot (\nabla f)(\mathbf{x}^{(t)}) ,$$ (33.28)

e, portanto, queremos reescrever a Equação (33.27) para que tenhamos $\mathbf{x}^{(t+1)} - \mathbf{x}^{(t)}$ termos. Conforme o Exercício 33.3-3 pede que você prove, para dois vetores quaisquer $\mathbf{a}, \mathbf{b} \in \mathbb{R}^n$, temos

$$\left\| \mathbf{a} + \mathbf{b} \right\|^2 - \left\| \mathbf{a} \right\|^2 = 2 \langle \mathbf{b}, \mathbf{a} \rangle + \left\| \mathbf{b} \right\|^2 .$$ (33.29)

Sendo $\mathbf{a} = \mathbf{x}^{(t)} - \mathbf{x}^*$ e $\mathbf{b} = \mathbf{x}^{(t+1)} - \mathbf{x}^{(t)}$, podemos escrever no lado direito da Equação (33.27): $\frac{1}{2\gamma} \left(\left\| \mathbf{a} + \mathbf{b} \right\|^2 - \left\| \mathbf{a} \right\|^2 \right)$. Então, podemos expressar a mudança de potencial como

$$
\begin{aligned}
\Phi(t + 1) &- \Phi(t) \\
&= \frac{1}{2\gamma} \left\| \mathbf{x}^{(t+1)} - \mathbf{x}^* \right\|^2 - \frac{1}{2\gamma} \left\| \mathbf{x}^{(t)} - \mathbf{x}^* \right\|^2 && \text{(pela Equação (33.27)))} \\
&= \frac{1}{2\gamma} \left(2 \langle \mathbf{x}^{(t+1)} - \mathbf{x}^{(t)}, \mathbf{x}^{(t)} - \mathbf{x}^* \rangle + \left\| \mathbf{x}^{(t+1)} - \mathbf{x}^{(t)} \right\|^2 \right) && \text{(pela Equação (33.29))} \\
&= \frac{1}{2\nu} \left(2 \langle -\gamma \cdot (\nabla f)(\mathbf{x}^{(t)}), \mathbf{x}^{(t)} - \mathbf{x}^* \rangle + \left\| -\gamma \cdot (\nabla f)(\mathbf{x}^{(t)}) \right\|^2 \right) \\
& && \text{(pela Equação (33.28)} \\
&= -\langle (\nabla f)(\mathbf{x}^{(t)}), \mathbf{x}^{(t)} - \mathbf{x}^* \rangle + \frac{\gamma}{2} \left\| (\nabla f)(\mathbf{x}^{(t)}) \right\|^2 && (33.30) \\
& && \text{(pela Equação (D.3), no Apêndice D)} \\
&\leq -(f(\mathbf{x}^{(t)}) - f(\mathbf{x}^*)) + \frac{\gamma}{2} \left\| (\nabla f)(\mathbf{x}^{(t)}) \right\|^2 && \text{(pelo Lema 33.6),}
\end{aligned}
$$

e, com isso, temos

$$\Phi(t + 1) - \Phi(t) \leq -(f(\mathbf{x}^{(t)}) - f(\mathbf{x}^*)) + \frac{\gamma}{2} \left\| (\nabla f)(\mathbf{x}^{(t)}) \right\|^2$$ (33.31)

Agora, podemos prosseguir para limitar $p(t)$. Pelo limite sobre a mudança de potencial da inequação (33.31), e usando a definição de L (inequação (33.21)), temos

$$
\begin{aligned}
p(t) &= f(\mathbf{x}^{(t)}) - f(\mathbf{x}^*) + \Phi(t+1) - \Phi(t) &\text{(pela Equação (33.22))} \\
&\leq f(\mathbf{x}^{(t)}) - f(\mathbf{x}^*) - (f(\mathbf{x}^{(t)}) - f(\mathbf{x}^*)) + \frac{\gamma}{2}\left\|(\nabla f)(\mathbf{x}^{(t)})\right\|^2 \\
&= \frac{\gamma}{2}\left\|(\nabla f)(\mathbf{x}^{(t)})\right\|^2 &\text{(pela inequação (33.31))} \\
&\leq \frac{\gamma L^2}{2} &\text{(pela inequação (33.21)).} \quad\blacksquare
\end{aligned}
$$

Tendo limitado o progresso amortizado em um passo, agora analisamos o procedimento GRADIENTE-DESCENDENTE inteiro, concluindo a prova do Teorema 33.8.

Prova do Teorema 33.8   A inequação (33.25) nos diz que, se tivermos um limite superior de B para $p(t)$, então também teremos o limite $f(\mathbf{x}\text{-médio}) - f(\mathbf{x}^*) \leq B + \Phi(0)/T$. Pelas Equações (33.20) e (33.26), temos que $\Phi(0) = R^2/(2\gamma)$. O Lema 33.9 nos dá o limite superior de $B = \gamma L^2/2$, e com isso temos

$$
\begin{aligned}
f(\mathbf{x}\text{-média}) - f(\mathbf{x}^*) &\leq B + \frac{\Phi(0)}{T} &\text{(pela inequação (33.25))} \\
&= \frac{\gamma L^2}{2} + \frac{R^2}{2\gamma T}.
\end{aligned}
$$

Nossa escolha de $\gamma = R/(L\sqrt{T})$ no enunciado do Teorema 33.8 equilibra os dois termos, e obtemos

$$
\begin{aligned}
\frac{\gamma L^2}{2} + \frac{R^2}{2\gamma T} &= \frac{R}{L\sqrt{T}} \cdot \frac{L^2}{2} + \frac{R^2}{2T} \cdot \frac{L\sqrt{T}}{R} \\
&= \frac{RL}{2\sqrt{T}} + \frac{RL}{2\sqrt{T}} \\
&= \frac{RL}{\sqrt{T}}.
\end{aligned}
$$

Como escolhemos $\epsilon = RL/\sqrt{T}$ no enunciado do teorema, a prova está concluída. $\blacksquare$

Continuando com a suposição de que conhecemos R (da Equação (33.20)) e L (da inequação (33.21)), podemos pensar na análise de uma maneira ligeiramente diferente. Podemos presumir que temos uma precisão alvo ϵ e, então, calcular o número de iterações necessárias. Ou seja, podemos resolver $\epsilon = RL/\sqrt{T}$ para T, obtendo $T = R^2 L^2/\epsilon^2$. O número de iterações depende, portanto, do quadrado de R e L e, mais importante, de $1/\epsilon^2$. (A definição de L da inequação (33.21) depende de T, mas podemos conhecer um limite superior em L que não dependa do valor em particular de T.) Portanto, se você quiser reduzir pela metade seu limite de erro, precisará executar quatro vezes mais iterações.

É bem possível que realmente não conheçamos R e L, já que precisaríamos conhecer $\mathbf{x}^*$ para conhecer R (pois $R = \|\mathbf{x}^{(0)} - \mathbf{x}^*\|$, e você pode não ter um limite superior explícito no gradiente, que forneceria L. Você pode, no entanto, interpretar a análise do gradiente descendente como uma prova de que existe algum tamanho de passo para o qual o procedimento progride em direção ao mínimo. Pode então calcular um tamanho de passo γ para o qual $f(\mathbf{x}^{(t)}) - f(\mathbf{x}^{(t+1)})$ é grande o suficiente. Na verdade, não ter um multiplicador de tamanho de passo fixo pode realmente ajudar na prática, já que você está livre para usar qualquer tamanho de passo s que alcance diminuição suficiente no valor de f. Você pode procurar um tamanho de etapa que atinja grande diminuição por meio de uma rotina de pesquisa binária, que geralmente é chamada de **pesquisa de linha**. Para dada função f e dado tamanho de passo s, defina a função $g(\mathbf{x}^{(t)}, s) = f(\mathbf{x}^{(t)} - s(\nabla f)(\mathbf{x}^{(t)}))$. Comece com um pequeno tamanho de passo s para o qual $g(\mathbf{x}^{(t)}, s) \leq f(\mathbf{x}^{(t)})$. Em seguida, duplique s repetidamente até que $g(\mathbf{x}^{(t)}, 2s) \geq g(\mathbf{x}^{(t)}, s)$, e então realize uma busca binária no intervalo $[s, 2s]$. Esse procedimento pode produzir um tamanho de passo que atinge uma diminuição significativa na função objetivo. Em outras circunstâncias, no entanto, você pode conhecer bons limites superiores para R e L, normalmente a partir de informações específicas do problema, que podem ser suficientes.

A etapa computacional dominante em cada iteração do laço **for** das linhas 2–4 é calcular o gradiente. A complexidade de calcular e avaliar um gradiente varia muito, dependendo da aplicação em questão. Discutiremos várias aplicações mais adiante.

Gradiente descendente restrito

Podemos adaptar o gradiente descendente para minimização restrita de forma a minimizar uma função convexa fechada $f(\mathbf{x})$, sujeita ao requisito adicional de que $\mathbf{x} \in K$, em que K é um corpo convexo fechado. Um *corpo* $K \subseteq \mathbb{R}^n$ é *convexo* se, para todo $\mathbf{x}, \mathbf{y} \in K$, a combinação convexa $\lambda \mathbf{x} + (1 - \lambda)\mathbf{y} \in K$ para todo $0 \leq \lambda \leq 1$. Um corpo convexo *fechado* contém seus pontos de limite. Surpreendentemente, limitar ao problema restrito não aumenta significativamente o número de iterações do gradiente descendente. A ideia é que você execute o mesmo algoritmo mas, em cada iteração, verifique se o ponto atual $\mathbf{x}^{(t)}$ ainda está dentro do corpo convexo K. Se não estiver, basta mover para o ponto mais próximo em K. Movimentação para o ponto mais próximo é conhecida como *projeção*. Definimos formalmente a projeção $\Pi_K(\mathbf{x})$ de um ponto $\mathbf{x}$ em n dimensões sobre um corpo convexo K como o ponto $\mathbf{y} \in K$ tal que $\|\mathbf{x} - \mathbf{y}\| = \min\{\|\mathbf{x} - \mathbf{z}\| : z \in K\}$. Se tivermos $\mathbf{x} \in K$, então $\Pi_K(\mathbf{x}) = \mathbf{x}$.

Essa alteração produz o procedimento GRADIENTE-DESCENDENTE-RESTRITO, no qual a linha 4 de GRADIENTE-DESCENDENTE é substituída por duas linhas. Ele assume que $\mathbf{x}^{(0)} \in K$. A linha 4 de GRADIENTE-DESCENDENTE-RESTRITO se move na direção do gradiente negativo, e a linha 5 se projeta de volta para K. O lema a seguir ajuda a mostrar que quando $\mathbf{x}^* \in K$, se o passo de projeção na linha 5 se move de um ponto fora de K para um ponto em K, ele não pode estar se afastando de $\mathbf{x}^*$.

GRADIENTE-DESCENDENTE-RESTRITO($f, \mathbf{x}^{(0)}, \gamma, T, K$)
1 **soma** $= 0$ // vetor n-dimensional, inicialmente zerado
2 **for** $t = 0$ **to** $T - 1$
3   **soma** $=$ **soma** $+ \mathbf{x}^{(t)}$ // soma cada uma das n dimensões em **soma**
4      $\mathbf{x}'^{(t+1)} = \mathbf{x}^{(t)} - \gamma \cdot (\nabla f)(\mathbf{x}^{(t)}$ // $(\nabla f)(\mathbf{x}^{(t)})$, $\mathbf{x}'^{(t+1)}$ são n-dimensionais
5      $\mathbf{x}^{(t+1)} = \Pi_K(\mathbf{x}'^{(t+1)}$ // projeção em K
6 **x-médio** $=$ **soma**$/T$ // divide cada uma das n dimensões por T
7 **return x-médio**

Lema 33.10

Considere um corpo convexo $K \subseteq \mathbb{R}^n$ e os pontos $\mathbf{a} \in K$ e $\mathbf{b}' \in \mathbb{R}^n$. Seja $\mathbf{b} = \Pi_K(\mathbf{b}')$. Então, $\|\mathbf{b} - \mathbf{a}\|^2 \leq \|\mathbf{b}' - \mathbf{a}\|^2$.

Prova Se $\mathbf{b}' \in K$, então $\mathbf{b} = \mathbf{b}'$ e o enunciado é verdadeiro. Caso contrário, $\mathbf{b}' \neq \mathbf{b}$ e, como mostra a Figura 33.6, podemos estender o segmento de reta entre $\mathbf{b}$ e $\mathbf{b}'$ para uma linha ℓ. Seja $\mathbf{c}$ a projeção de $\mathbf{a}$ em ℓ. O ponto $\mathbf{c}$ pode estar em K ou não, e se $\mathbf{a}$ estiver na divisa de K, então $\mathbf{c}$ pode coincidir com $\mathbf{b}$. Se $\mathbf{c}$ coincide com $\mathbf{b}$ (parte (c) da figura), então $\mathbf{abb}'$ é um triângulo retângulo, e portanto, $\|\mathbf{b} - \mathbf{a}\|^2 \leq \|\mathbf{b}' - \mathbf{a}\|^2$.

Se $\mathbf{c}$ não coincide com $\mathbf{b}$ (partes (a) e (b) da figura), então, em razão da convexidade, o ângulo $\angle \mathbf{abb}'$ deve ser obtuso. Como o ângulo $\angle \mathbf{abb}'$ é obtuso, $\mathbf{b}$ se encontra entre $\mathbf{c}$ e $\mathbf{b}'$ em ℓ. Além disso, como $\mathbf{c}$ é a projeção de $\mathbf{a}$ na linha ℓ, $\mathbf{acb}$ e $\mathbf{acb}'$ devem ser triângulos retângulos. Pelo teorema de Pitágoras, temos que $\|\mathbf{b}' - \mathbf{a}\|^2 = \|\mathbf{a} - \mathbf{c}\|^2 + \|\mathbf{c} - \mathbf{b}'\|^2$ e $\|\mathbf{b} - \mathbf{a}\|^2 = \|\mathbf{a} - \mathbf{c}\|^2 + \|\mathbf{c} - \mathbf{b}\|^2$. Subtraindo essas duas

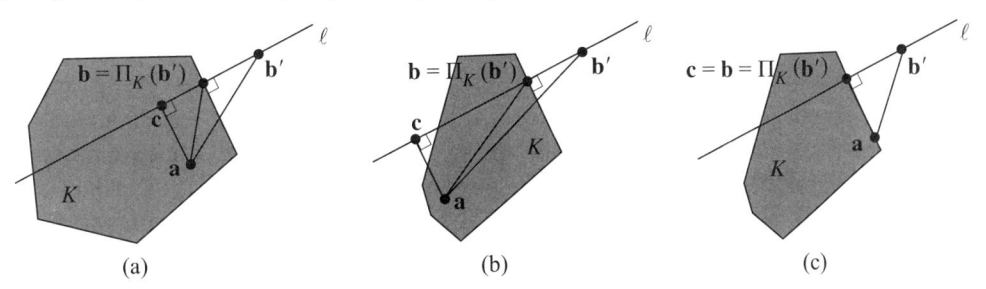

(a)   (b)   (c)

Figura 33.6 Projeção de um ponto $\mathbf{b}'$ fora do corpo convexo K para o ponto mais próximo $\mathbf{b} = \Pi_K(\mathbf{b}')$ em K. A linha ℓ é a linha contendo $\mathbf{b}$ e $\mathbf{b}'$, e o ponto $\mathbf{c}$ é a projeção de $\mathbf{a}$ em ℓ. (a) Quando $\mathbf{c}$ está em K. (b) Quando $\mathbf{c}$ não está em K. (c) Quando $\mathbf{a}$ está na divisa de K e $\mathbf{c}$ coincide com $\mathbf{b}$.

equações, obtemos $\|\mathbf{b}' - \mathbf{a}\|^2 - \|\mathbf{b} - \mathbf{a}\|^2 = \|\mathbf{c} - \mathbf{b}'\|^2 - \|\mathbf{c} - \mathbf{b}\|^2$. Como $\mathbf{b}$ está entre $\mathbf{c}$ e $\mathbf{b}'$, devemos ter $\|\mathbf{c} - \mathbf{b}'\|^2 \geq \|\mathbf{c} - \mathbf{b}\|^2$ e, portanto, $\|\mathbf{b}' - \mathbf{a}\|^2 - \|\mathbf{b} - \mathbf{a}\|^2 \geq 0$. O lema surge em decorrência disso. ∎

Podemos agora repetir a prova inteira para o caso irrestrito e obter os mesmos limites. O Lema 33.10 com $\mathbf{a} = \mathbf{x}^*$, $\mathbf{b} = \mathbf{x}^{(t+1)}$ e $\mathbf{b}' = \mathbf{x}'^{(t+1)}$ nos diz que $\|\mathbf{x}^{(t+1)} - \mathbf{x}^*\|^2 \leq \|\mathbf{x}'^{(t+1)} - \mathbf{x}^*\|^2$. Portanto, podemos derivar um limite superior que corresponda à inequação (33.31). Continuamos a definir $\Phi(t)$ como na Equação (33.26), mas observando que $\mathbf{x}^{(t+1)}$, calculado na linha 5 de GRADIENTE-DESCENDENTE-RESTRITO, tem aqui um significado diferente daquele na inequação (33.31):

$$\Phi(t+1) - \Phi(t)$$
$$= \frac{1}{2\gamma}\left\|\mathbf{x}^{(t+1)} - \mathbf{x}^*\right\|^2 - \frac{1}{2\gamma}\left\|\mathbf{x}^{(t)} - \mathbf{x}^*\right\|^2 \qquad \text{(pela Equação (33.27))}$$
$$\leq \frac{1}{2\gamma}\left\|\mathbf{x}'^{(t+1)} - \mathbf{x}^*\right\|^2 - \frac{1}{2\gamma}\left\|\mathbf{x}^{(t)} - \mathbf{x}^*\right\|^2 \qquad \text{(pelo Lema 33.10)}$$
$$= \frac{1}{2\gamma}\left(2\langle\mathbf{x}'^{(t+1)} - \mathbf{x}^{(t)}, \mathbf{x}^{(t)} - \mathbf{x}^*\rangle + \left\|\mathbf{x}'^{(t+1)} - \mathbf{x}^*\right\|^2\right)$$
$$\qquad\qquad\qquad\qquad\qquad\qquad \text{(pela Equação (33.29))}$$
$$= \frac{1}{2\gamma}\left(2\langle-\gamma\cdot(\nabla f)(\mathbf{x}^{(t)}), \mathbf{x}^{(t)} - \mathbf{x}^*\rangle + \left\|-\gamma\cdot(\nabla f)(\mathbf{x}^{(t)})\right\|^2\right)$$
$$\qquad\qquad\qquad \text{(pela linha 4 de GRADIENTE-DESCENDENTE-RESTRITO)}$$
$$= -\langle(\nabla f)(\mathbf{x}^{(t)}), \mathbf{x}^{(t)} - \mathbf{x}^*\rangle + \frac{\gamma}{2}\left\|(\nabla f)(\mathbf{x}^{(t)})\right\|^2 .$$

Com o mesmo limite superior na variação da função potencial como na Equação (33.30), a prova inteira do Lema 33.9 pode prosseguir como antes. Podemos, portanto, concluir que o procedimento GRADIENTE-DESCENDENTE-RESTRITO tem a mesma complexidade assintótica que GRADIENTE-DESCENDENTE. Resumimos esse resultado no teorema a seguir.

Teorema 33.11

Seja $K \subseteq \mathbb{R}^n$ um corpo convexo, $\mathbf{x}^* \in \mathbb{R}^n$ o minimizador de uma função convexa f sobre K e $\gamma = R/(L\sqrt{T})$, em que R e L são definidos nas Equações (33.20) e (33.21). Suponha que o vetor **x-médio** seja retornado por uma execução de GRADIENTE-DESCENDENTE-RESTRITO$(f, \mathbf{x}^{(0)}, \gamma, T, K)$. Seja $\epsilon = RL/\sqrt{T}$. Então, temos $f(\mathbf{x}\text{-médio}) - f(\mathbf{x}^*) \leq \epsilon$. ∎

Aplicações do gradiente descendente

O gradiente descendente possui muitas aplicações para funções de minimização, sendo bastante utilizado na otimização e no aprendizado de máquina. Aqui, esboçamos como ele pode ser usado para resolver sistemas lineares. Em seguida, discutimos uma aplicação para o aprendizado de máquina: previsão usando regressão linear.

No Capítulo 28, vimos como usar a eliminação gaussiana para resolver um sistema de equações lineares $A\mathbf{x} = \mathbf{b}$, calculando, assim, $\mathbf{x} = A^{-1}\mathbf{b}$. Se A for uma matriz $n \times n$ e $\mathbf{b}$ for um vetor de comprimento n, então o tempo de execução da eliminação gaussiana é $\Theta(n^3)$, o que para matrizes grandes pode ser proibitivamente caro. No entanto, se uma solução aproximada for aceitável, podemos usar o gradiente descendente.

Primeiro, vejamos como usar o gradiente descendente como uma maneira indireta — e reconhecidamente ineficaz — de resolver x na equação escalar $ax = b$, em que $a, x, b \in \mathbb{R}$. Esta equação é equivalente a $ax - b = 0$. Se $ax - b$ é a derivada de uma função convexa $f(x)$, então $ax - b = 0$ para o valor de x que minimiza $f(x)$. Dado $f(x)$, o gradiente descendente pode então determinar esse minimizador. É claro que $f(x)$ é apenas a integral de $ax - b$, ou seja, $f(x) = \frac{1}{2}ax^2 - bx$, que é convexa se $a \geq 0$. Portanto, uma maneira de resolver $ax = b$ para $a \geq 0$ é encontrar o minimizador para $\frac{1}{2}ax^2 - bx$ por meio do gradiente descendente.

Agora generalizamos essa ideia para dimensões mais altas, em que o uso do gradiente descendente pode, na verdade, levar a um algoritmo mais rápido. Um análogo n-dimensional é a função $f(\mathbf{x}) = \frac{1}{2}\mathbf{x}^{\mathrm{T}}A\mathbf{x} - \mathbf{b}^{\mathrm{T}}\mathbf{x}$, em que A é uma matriz $n \times n$. O gradiente de f com relação a $\mathbf{x}$ é a função $A\mathbf{x} - \mathbf{b}$. Para encontrarmos o valor de $\mathbf{x}$ que minimiza f, definimos o gradiente de f como 0 e resolvemos para $\mathbf{x}$. Resolvendo $A\mathbf{x} - \mathbf{b} = 0$ para $\mathbf{x}$, obtemos $\mathbf{x} = A^{-1}\mathbf{b}$. Portanto, minimizar $f(\mathbf{x})$ é equivalente a resolver $A\mathbf{x} = \mathbf{b}$. Se $f(\mathbf{x})$ for convexo, então o gradiente descendente pode calcular aproximadamente esse mínimo.

Uma função unidimensional é convexa quando sua segunda derivada é positiva. A definição equivalente para uma função multidimensional é que ela é convexa quando sua matriz hessiana é semidefinida positiva (ver definição no Apêndice D), em que a **matriz hessiana** $(\nabla^2 f)(\mathbf{x})$ de uma função $f(\mathbf{x})$ é a matriz na qual a entrada (i, j) é a derivada parcial de f com relação a i e j:

$$(\nabla^2 f)(\mathbf{x}) = \begin{pmatrix} \frac{\partial^2 f}{\partial x_1 \partial x_1} & \frac{\partial^2 f}{\partial x_1 \partial x_2} & \cdots & \frac{\partial^2 f}{\partial x_1 \partial x_n} \\ \frac{\partial^2 f}{\partial x_2 \partial x_1} & \frac{\partial^2 f}{\partial x_2 \partial x_2} & \cdots & \frac{\partial^2 f}{\partial x_2 \partial x_n} \\ \vdots & \vdots & \ddots & \vdots \\ \frac{\partial^2 f}{\partial x_n \partial x_1} & \frac{\partial^2 f}{\partial x_n \partial x_2} & \cdots & \frac{\partial^2 f}{\partial x_n \partial x_n} \end{pmatrix}$$

Análogo ao caso unidimensional, a hessiana de f é apenas A e, portanto, se A é uma matriz semidefinida positiva, podemos usar o gradiente descendente para encontrar um ponto $\mathbf{x}$ em que $A\mathbf{x} \approx \mathbf{b}$. Se R e L não forem muito grandes, esse método é mais rápido do que usar a eliminação gaussiana.

Gradiente descendente no aprendizado de máquina

Como exemplo concreto de aprendizado supervisionado para previsão, suponha que você queira prever se um paciente desenvolverá uma doença cardíaca. Para cada um dos m pacientes, você tem n atributos diferentes. Por exemplo, você pode ter $n = 4$ e os quatro dados são idade, altura, pressão arterial e número de parentes próximos com doenças cardíacas. Indique os dados do paciente i como um vetor $\mathbf{x}^{(i)} \in \mathbb{R}^n$, com $x_j^{(i)}$ fornecendo a j-ésima entrada no vetor $\mathbf{x}^{(i)}$. O **rótulo** do paciente i é indicado por um escalar $y^{(i)} \in \mathbb{R}$, significando o grau de severidade da doença cardíaca do paciente. A hipótese deve capturar uma relação entre os valores de $\mathbf{x}^{(i)}$ e $y^{(i)}$. Para este exemplo, fazemos a suposição de modelagem de que a relação é linear e, portanto, o objetivo é calcular a "melhor" relação linear entre os valores de $\mathbf{x}^{(i)}$ e $y^{(i)}$: uma função linear $f : \mathbb{R}^n \to \mathbb{R}$ tal que $f(\mathbf{x}^{(i)}) \approx y^{(i)}$ para cada paciente i. É claro que essa função pode não existir, mas você gostaria de uma que chegasse o mais próximo possível. Uma função linear f pode ser definida por um vetor de pesos $\mathbf{w} = (w_0, w_1, ..., w_n)$, com

$$f(\mathbf{x}) = w_0 + \sum_{j=1}^{n} w_j x_j \,. \tag{33.32}$$

Ao avaliar um modelo de aprendizado de máquina, você precisa medir o quão próximo cada valor $f(\mathbf{x}^{(i)})$ está de seu rótulo correspondente $y^{(i)}$. Neste exemplo, definimos o erro $e^{(i)} \in \mathbb{R}$ associado ao paciente i como $e^{(i)} = f(\mathbf{x}^{(i)}) - y^{(i)}$. A função objetivo que escolhemos é minimizar a soma dos quadrados dos erros, que é

$$\sum_{i=1}^{m} \left(e^{(i)}\right)^2 = \sum_{i=1}^{m} \left(f(\mathbf{x}^{(i)}) - y^{(i)}\right)^2$$

$$= \sum_{i=1}^{m} \left(w_0 + \sum_{j=1}^{n} w_j x_j^{(i)} - y^{(i)}\right)^2 \,. \tag{33.33}$$

A função objetivo é normalmente chamada de **função de perda**, e o **erro de mínimos quadrados** dado pela Equação (33.33) é apenas um exemplo entre muitas das funções de perda possíveis. O objetivo é então, dados os valores $\mathbf{x}^{(i)}$ e $y^{(i)}$, calcular os pesos $w_0, w_1, ..., w_n$ de modo a minimizar a função de perda na Equação (33.33). As variáveis aqui são os pesos $w_0, w_1, ..., w_n$ e não os valores $\mathbf{x}^{(i)}$ ou $y^{(i)}$.

Esse objetivo específico é por vezes conhecido como **ajuste de mínimos quadrados**, e o problema de encontrar uma função linear para ajustar os dados e minimizar o erro de mínimos quadrados é chamado **regressão linear**. A questão de encontrar um ajuste de mínimos quadrados também é tratada na Seção 28.3.

Quando a função f é linear, a função de perda definida na Equação (33.33) é convexa, pois é a soma dos quadrados das funções lineares, que são elas mesmas convexas. Portanto, podemos aplicar o gradiente descendente para calcularmos um conjunto a fim de minimizarmos aproximadamente o erro de mínimos quadrados. O objetivo concreto do aprendizado é ser capaz de fazer previsões sobre novos dados. Informalmente, se os recursos são todos relatados nas mesmas unidades e são do mesmo intervalo (talvez por serem normalizados), então os pesos costumam ter uma interpretação natural porque os recursos dos dados que são melhores preditores do rótulo têm um peso maior associado. Por exemplo, podemos esperar que, após a normalização, o peso associado ao número de familiares com doenças cardíacas seja maior do que o peso associado à altura.

Os pesos calculados formam um modelo dos dados. Depois de termos um modelo, podemos fazer previsões, de modo que, com novos dados, possamos prever seu rótulo. Em nosso exemplo, dado um novo paciente $\mathbf{x}'$ que não faz parte do conjunto de dados de treinamento original, ainda esperamos prever a chance de que o novo paciente desenvolva uma doença cardíaca. Podemos fazer isso calculando o rótulo $f(\mathbf{x}')$, incorporando os pesos calculados pelo gradiente descendente.

Para este problema de regressão linear, o objetivo é minimizar a expressão na Equação (33.33), que é uma quadrática em cada um dos $n + 1$ pesos w_j. Assim, a entrada j no gradiente é linear em w_j. O Exercício 33.3-5 pede que você calcule explicitamente o gradiente e veja que ele pode ser calculado no tempo $O(nm)$, que é linear no tamanho da entrada. Em comparação com o método exato de resolução da Equação (33.33) no Capítulo 28, que precisa inverter uma matriz, o gradiente descendente normalmente é muito mais rápido.

A Seção 33.1 discutiu rapidamente a regularização — a ideia de que uma hipótese complicada deve ser penalizada para evitar o superajuste dos dados de treinamento. A regularização geralmente envolve a adição de um termo à função objetivo, mas também pode ser obtida acrescentando uma restrição. Uma maneira de regularizar este exemplo seria limitar explicitamente a norma dos pesos, adicionando uma restrição que $\|\mathbf{w}\| \le B$ para algum limite $B > 0$. (Lembre-se novamente de que os componentes do vetor $\mathbf{w}$ são as variáveis nesta aplicação.) O acréscimo desta restrição controla a complexidade do modelo, pois o número de valores w_j que podem ter grande valor absoluto agora é limitado.

Para executar Gradiente-Descendente-Restrito em qualquer problema, precisamos implementar a etapa de projeção, bem como calcular limites sobre R e L. Concluímos esta seção descrevendo esses cálculos para o gradiente descendente com a restrição $\|\mathbf{w}\| \le B$. Primeiro, considere a etapa de projeção na linha 5. Suponha que a atualização na linha 4 resulte em um vetor $\mathbf{w}'$. A projeção é implementada pelo cálculo de $\Pi_k(\mathbf{w}')$, em que K é definido por $\|\mathbf{w}\| \le B$. Essa projeção específica pode ser realizada simplesmente dimensionando $\mathbf{w}'$, pois sabemos que o ponto mais próximo de $\mathbf{w}'$ em K deve ser o ponto ao longo do vetor cuja norma é exatamente B. A quantidade z pela qual precisamos escalar $\mathbf{w}'$ para atingir o limite de K é a solução para a equação $z\|\mathbf{w}'\| = B$, que é resolvida por $z = B/\|\mathbf{w}'\|$. Portanto, a linha 5 é implementada calculando $\mathbf{w} = \mathbf{w}'B / \|\mathbf{w}'\|$. Como sempre temos $\|\mathbf{w}\| \le B$, o Exercício 33.3-6 pede que você mostre que o limite superior da magnitude L do gradiente é $O(B)$. Também obtemos um limite em R, como se segue. Pela restrição $\|\mathbf{w}\| \le B$, sabemos que tanto $\|\mathbf{w}^{(0)}\| \le B$ quanto $\|\mathbf{w}^*\| \le B$ e, portanto, $\|\mathbf{w}^{(0)} - \mathbf{w}^*\| \le 2B$. Usando a definição de R na Equação (33.20), temos $R = O(B)$. O limite $RL/\sqrt{T}$ na precisão da solução após T iterações no Teorema 33.11 torna-se $O(B)L/\sqrt{T} = O(B^2/\sqrt{T})$.

Exercícios

33.3-1
Prove o Lema 33.6. Comece pela definição de uma função convexa dada na Equação (33.18). (*Sugestão:* você pode provar o enunciado quando $n = 1$ primeiro. A prova para os valores gerais de n é semelhante.)

33.3-2
Prove o Lema 33.7.

33.3-3
Prove a Equação (33.29). (*Sugestão:* a prova para $n = 1$ dimensão é direta. A prova para valores gerais de n dimensões segue linhas semelhantes.)

33.3-4
Mostre que a função f na Equação (33.32) é uma função convexa das variáveis $w_0, w_1, ..., w_n$.

33.3-5
Calcule o gradiente da expressão (33.33) e explique como avaliar o gradiente no tempo $O(nm)$.

33.3-6

Considere a função f definida na Equação (33.32), e suponha que você tenha um limite $\|\mathbf{w}\| \leq B$, como considerado na discussão sobre regularização. Mostre que $L = O(B)$ nesse caso.

33.3-7

A Equação (33.2) fornece uma função que, quando minimizada, resulta em uma solução ótima para o problema das k-médias. Explique como usar o gradiente descendente para resolver o problema das k-médias.

Problemas

33-1   *Método de Newton*

O gradiente descendente se aproxima iterativamente de um valor desejado (o mínimo) de uma função. Outro algoritmo com esse espírito é conhecido como **método de Newton**, um algoritmo iterativo que encontra a raiz de uma função. Aqui, consideramos o método de Newton que, dada uma função $f : \mathbb{R} \to \mathbb{R}$, encontra um valor x^* tal que $f(x^*) = 0$. O algoritmo se move ao longo de uma série de pontos $x^{(0)}, x^{(1)}, \ldots$. Se o algoritmo está atualmente em um ponto $x^{(t)}$, então, para encontrar o ponto $x^{(t+1)}$, ele primeiro toma a equação da reta tangente à curva em $x = x^{(t)}$,

$$y = f'(x^{(t)})(x - x^{(t)}) + f(x^{(t)}) \, .$$

Depois, usa o x-intercepto dessa linha como o próximo ponto $x^{(t+1)}$.

a. Mostre que o algoritmo descrito anteriormente pode ser resumido pela regra de atualização

$$x^{(t+1)} = x^{(t)} - \frac{f(x^{(t)})}{f'(x^{(t)})} \, .$$

Restringimos nossa atenção a algum domínio I e assumimos que $f'(x) \neq 0$ para todo $x \in I$ e que $f''(x)$ é contínua. Também assumimos que o ponto inicial $x^{(0)}$ está suficientemente próximo de x^*, em que "suficientemente próximo" significa que só podemos usar os dois primeiros termos da expansão de Taylor de $f(x^*)$ sobre $x^{(0)}$, ou seja,

$$f(x^*) = f(x^{(0)}) + f'(x^{(0)})(x^* - x^{(0)}) + \frac{1}{2}f''(\gamma^{(0)})(x^* - x^{(0)})^2 \, , \tag{33.34}$$

em que $\gamma^{(0)}$ é algum valor entre $x^{(0)}$ e x^*. Se a aproximação na Equação (33.34) for válida para $x^{(0)}$, ela também será válida para qualquer ponto mais próximo de x^*.

b. Suponha que a função f tenha exatamente um ponto x^* para o qual $f(x^*) = 0$. Seja $\epsilon^{(t)} = |x^{(t)} - x^*|$. Usando a expansão de Taylor na Equação (33.4), mostre que

$$\epsilon^{(t+1)} = \frac{|f''(\gamma^{(t)})|}{2|f'(\gamma^{(t)})|}\epsilon^{(t)} \, ,$$

em que $\gamma^{(t)}$ é algum valor entre $x^{(t)}$ e x^*.

c. Se

$$\frac{|f''(\gamma^{(t)})|}{2|f'(\gamma^{(t)})|} \leq c$$

para alguma constante c e $\epsilon^{(0)} < 1$, então dizemos que a função f tem **convergência quadrática**, pois o erro diminui quadraticamente. Supondo que f tenha convergência quadrática, quantas iterações são necessárias para encontrar uma raiz de $f(x)$ com precisão de δ? Sua resposta deve incluir δ.

d. Suponha que você queira encontrar uma raiz da função $f(x) = (x - 3)^2$, que também é o minimizador, e comece em $x^{(0)} = 3{,}5$. Compare o número de iterações necessárias pelo gradiente descendente para encontrar o minimizador e pelo método de Newton para encontrar a raiz.

33-2   *Hedge*

Outra variante na estrutura de pesos multiplicativos é conhecida como Hedge. Difere de Maioria-Ponderada de duas maneiras. Primeiro, Hedge faz a previsão aleatoriamente — na iteração t, ele atribui uma probabilidade

$p_i^{(t)} = w_i^{(t)}/Z^{(t)}$ ao especialista $E_{i'}$, em que $Z^{(t)} = \sum_{i=1}^{n} w_i^{(t)}$. Em seguida, ele escolhe um especialista $E_{i'}$ de acordo com essa distribuição de probabilidade e prevê de acordo com $E_{i'}$. Em segundo lugar, a regra de atualização é diferente. Se um especialista comete um erro, a linha 16 atualiza o peso desse especialista pela regra $w_i^{(t+1)} = w_i^{(t)}e^{-\epsilon}$, para algum $0 < \epsilon < 1$. Mostre que o número esperado de erros cometidos por HEDGE, executando T rodadas, é no máximo $m^* + (\ln n)/\epsilon + \epsilon T$.

33-3   Não otimização do procedimento de Lloyd em uma dimensão

Dê um exemplo para mostrar que, mesmo em uma dimensão, o procedimento de Lloyd para encontrar agrupamentos nem sempre retorna um resultado ótimo. Ou seja, o procedimento de Lloyd pode terminar e retornar como resultado um conjunto C de agrupamentos que não minimizam $f(S, C)$, mesmo quando S é um conjunto de pontos em uma reta.

33-4   Gradiente descendente estocástico

Considere o problema descrito na Seção 33.3, de ajustar uma linha $f(x) = ax + b$ a dado conjunto de pares ponto/valor $S = \{(x_1, y_1), ..., (x_T, y_T)\}$ otimizando a escolha dos parâmetros a e b usando gradiente descendente para encontrar o melhor ajuste de mínimos quadrados. Aqui, consideramos o caso em que x é uma variável de valor real, em vez de um vetor.

Suponha que você não receba os pares ponto/valor em S de uma só vez, mas apenas um de cada vez, de forma on-line. Além disso, os pontos são dados em ordem aleatória. Ou seja, você sabe que existem n pontos, mas na iteração t você recebe apenas (x_i, y_i), em que i é independente e aleatoriamente escolhido a partir de $\{1, ..., T\}$.

Você pode usar o gradiente descendente para calcular uma estimativa para a função. À medida que cada ponto (x_i, y_i) é considerado, você pode atualizar os valores atuais de a e b tomando a derivada com relação a a e b do termo da função objetivo, dependendo de (x_i, y_i). Isso fornece uma estimativa estocástica do gradiente, e você pode dar um pequeno passo na direção oposta.

Forneça o pseudocódigo para implementar essa variante do gradiente descendente. Qual seria o valor esperado do erro em função de T, L e R? (*Sugestão:* replique a análise de GRADIENTE-DESCENDENTE, na Seção 33.3, para esta variante.)

Este procedimento e suas variantes são conhecidos como ***gradiente descendente estocástico***.

Notas do capítulo

Para ver uma introdução geral à inteligência artificial, recomendamos Russell e Norvig [391]. Recomendamos Murphy [340] como introdução geral ao aprendizado de máquina.

O procedimento de Lloyd para o problema das k-médias foi proposto pela primeira vez por Lloyd [304] e mais tarde por Forgy [151]. Eventualmente, é chamado de "algoritmo de Lloyd" ou "algoritmo de Lloyd-Forgy". Embora Mahajan *et al.* [310] tenham mostrado que encontrar um agrupamento ideal é NP-difícil, até mesmo no plano, Kanungo *et al.* [241] mostraram que existe um algoritmo de aproximação para o problema das k-médias com razão de aproximação $9 + \epsilon$, para qualquer $\epsilon > 0$.

O método de pesos multiplicativos é pesquisado por Arora, Hazan e Kale [25]. A ideia principal de atualizar os pesos com base no *feedback* foi redescoberta muitas vezes. Um uso inicial se dá na teoria dos jogos, em que Brown definiu o "Jogo Fictício" [74] e conjecturou sua convergência para o valor de um jogo de soma zero. As propriedades de convergência foram estabelecidas por Robinson [382].

No aprendizado de máquina, o primeiro uso de pesos multiplicativos foi feito por Littlestone no algoritmo Winnow [300], que foi posteriormente estendido por Littlestone e Warmuth para o algoritmo de maioria ponderada, descrito na Seção 33.2 [301]. Esse trabalho está intimamente ligado ao algoritmo de impulsão (*boosting*), originalmente creditado a Freund e Shapire [159]. A ideia de pesos multiplicativos também está intimamente relacionada com diversos algoritmos de otimização mais gerais, incluindo o algoritmo *perceptron* [328] e algoritmos para problemas de otimização, como programas lineares de empacotamento [177, 359].

O tratamento do gradiente descendente neste capítulo baseia-se fortemente no manuscrito não publicado de Bansal e Gupta [35]. Eles enfatizam a ideia de usar uma função potencial e também ideias da análise amortizada para explicar o gradiente descendente. Outras apresentações e análises de gradiente descendente incluem trabalhos de Bubeck [75], Boyd e Vanderberghe [69] e Nesterov [343].

O gradiente descendente é conhecido por convergir mais rapidamente quando as funções obedecem a propriedades mais fortes do que a convexidade geral. Por exemplo, uma função f é α-***fortemente convexa*** se $f(\mathbf{y}) \geq f(\mathbf{x}) + \langle (\nabla f)(\mathbf{x}), (\mathbf{y} - \mathbf{x}) \rangle + \alpha \|\mathbf{y} - \mathbf{x}\|$ para todo $\mathbf{x}, \mathbf{y} \in \mathbb{R}^n$. Nesse caso, GRADIENTE-DESCENDENTE pode usar um tamanho de passo variável e retornar $\mathbf{x}^{(T)}$. O tamanho do passo no passo t se torna $\gamma_t = 1/(\alpha(t + 1))$, e o procedimento retorna um ponto tal que $f(\mathbf{x}\text{-médio}) - f(\mathbf{x}^*) \leq L^2/(\alpha(T + 1))$. Essa convergência é melhor que a do Teorema 33.8 porque o número de iterações necessárias é linear, em vez de quadrático, no parâmetro de erro desejado ϵ, e porque o desempenho é independente do ponto inicial.

Outro caso em que o gradiente descendente pode mostrar um desempenho melhor do que sugere a análise da Seção 33.3 é o de funções convexas suaves. Dizemos que uma função é β-**suave** se $f(\mathbf{y}) \leq f(\mathbf{x}) + \langle (\nabla f)(\mathbf{x}), (\mathbf{y} - \mathbf{x}) \rangle + \frac{\beta}{2} \|\mathbf{y} - \mathbf{x}\|^2$. Essa inequação vai na direção oposta àquela para a convexidade α-forte. Aqui, também são possíveis limites melhores no gradiente descendente.

Quase todos os algoritmos que estudamos até aqui são ***algoritmos em tempo polinomial***: em entradas de tamanho n, seu tempo de execução do pior caso é $O(n^k)$ para alguma constante k. Alguém perguntará se *todos* os problemas podem ser resolvidos em tempo polinomial. A resposta é não. Por exemplo, existem problemas, como o famoso "Problema da Parada" de Turing, que não podem ser resolvidos por qualquer computador, não importa quanto tempo você esteja disposto a esperar por uma resposta.[1] Também existem problemas que podem ser resolvidos, mas não no tempo $O(n^k)$ para qualquer constante k. Em geral, pensamos que problemas que podem ser resolvidos por algoritmo em tempo polinomial são tratáveis, ou "fáceis", e que problemas que exigem tempo superpolinomial são intratáveis, ou "difíceis".

Porém, o assunto deste capítulo é uma classe interessante de problemas, denominados problemas "NP-completos", cujo estado é desconhecido. Ainda não foi descoberto nenhum algoritmo em tempo polinomial para um problema NP-completo e ninguém ainda conseguiu provar que não pode existir nenhum algoritmo em tempo polinomial para nenhum deles. Essa questão denominada P $\neq$ NP continua sendo um dos mais profundos e intrigantes problemas de pesquisa ainda em aberto na teoria da ciência da computação, desde que foi proposto pela primeira vez em 1971.

Vários problemas NP-completos são particularmente torturantes porque, à primeira vista, parecem ser semelhantes a problemas que sabemos resolver em tempo polinomial. Em cada um dos pares de problemas a seguir, um deles pode ser resolvido em tempo polinomial e o outro é NP-completo, mas a diferença entre eles parece insignificante:

Caminhos simples mínimos e caminhos simples de comprimento máximo: no Capítulo 22, vimos que até mesmo com pesos de arestas negativos podemos encontrar caminhos *mínimos* que partem de uma única origem em um grafo dirigido $G = (V, E)$ no tempo $O(VE)$. Contudo, determinar o caminho simples *de comprimento máximo* entre dois vértices é difícil. Simplesmente determinar se um grafo contém um caminho simples com pelo menos determinado número de arestas é NP-completo.

Passeio de Euler e ciclo hamiltoniano: *passeio de Euler* de um grafo conexo dirigido $G = (V, E)$ é um ciclo que percorre cada *aresta* de G exatamente uma vez, embora possa visitar cada vértice mais de uma vez. O Problema 20-3, no Capítulo 20, pede que você mostre como determinar se um grafo dirigido, fortemente conectado, tem um passeio de Euler e, se o tiver, a ordem das arestas do passeio de Euler, tudo no tempo $O(E)$. *Ciclo hamiltoniano* de um grafo dirigido $G = (V, E)$ é um ciclo simples que contém cada *vértice* em V. Determinar se um grafo dirigido tem um ciclo hamiltoniano é um problema NP-completo. (Mais adiante, neste capítulo, provaremos que determinar se um grafo *não dirigido* tem um ciclo hamiltoniano é NP-completo.)

Satisfatibilidade 2-CNF e satisfatibilidade 3-CNF: fórmulas booleanas contêm variáveis cujos valores são 0 ou 1; conectivos booleanos como $\wedge$ (E), $\vee$ (OU) e $\neg$ (NÃO); e parênteses. Uma fórmula booleana é ***satisfazível*** se há alguma atribuição dos valores 0 e 1 às suas variáveis que faça com que ela seja avaliada como 1. Definiremos os termos em linguagem mais formal mais adiante neste capítulo; porém, informalmente, uma fórmula booleana está em ***forma normal k-conjuntiva***, ou k-CNF (*k-conjunctive normal form*), se ela é o E de cláusulas OU de exatamente k variáveis ou de suas negações. Por exemplo, a fórmula booleana

---

[1]Para o Problema da Parada e outros problemas insolúveis, há provas de que não pode haver um algoritmo que, para cada entrada, eventualmente produza a resposta correta. Um procedimento que tenta resolver um problema insolúvel sempre pode produzir alguma resposta, mas por vezes é incorreta, ou todas as respostas que ele produz podem estar corretas, mas para algumas entradas ele nunca produz resposta.

$(x_1 \lor x_2) \land (\neg x_1 \lor x_3) \land (\neg x_2 \lor \neg x_3)$ está em 2-CNF (com a atribuição que satisfaz $x_1 = 1$, $x_2 = 0$, $x_3 = 1$). Embora possamos determinar em tempo polinomial se uma fórmula 2-CNF é satisfazível, veremos mais adiante, neste capítulo, que determinar se uma fórmula 3-CNF é satisfazível é NP-completo.

NP-completude e as classes P e NP

Ao longo deste capítulo, nos referiremos a três classes de problemas: P, NP e NPC, sendo a última classe a dos problemas NP-completos. Aqui, as descrevemos de um modo informal; mais adiante, as definiremos em linguagem mais formal.

A classe P consiste nos problemas que podem ser resolvidos em tempo polinomial. Mais especificamente, são problemas que podem ser resolvidos no tempo $O(n^k)$ para alguma constante k, em que n é o tamanho da entrada do problema. A maioria dos problemas examinados em capítulos anteriores pertence à classe P.

A classe NP consiste nos problemas que são "verificáveis" em tempo polinomial. O que significa um problema ser verificável? Se tivéssemos algum tipo de "certificado" de uma solução, poderíamos verificar se o certificado é correto em tempo polinomial para o tamanho da entrada do problema. Por exemplo, no problema do ciclo hamiltoniano, dado um grafo dirigido $G = (V, E)$, um certificado seria uma sequência $\langle v_1, v_2, v_3, ..., v_{|V|} \rangle$ de $|V|$ vértices. É fácil verificar em tempo polinomial que $(v_i, v_{i+1}) \in E$ para $i = 1, 2, 3, ..., |V| - 1$, e também que $(v_{|V|}, v_1) \in E$. Como outro exemplo, para satisfatibilidade 3-CNF, um certificado seria uma atribuição de valores a variáveis. Poderíamos verificar em tempo polinomial que essa atribuição satisfaz à fórmula booleana.

Qualquer problema em P também pertence a NP visto que, se um problema está em P, podemos resolvê-lo em tempo polinomial sem nem mesmo ter um certificado. Formalizaremos essa noção mais adiante neste capítulo, mas, por enquanto, podemos acreditar que $P \subseteq NP$. A famosa questão em aberto é se P é ou não um subconjunto próprio de NP.

Informalmente, um problema pertence à classe NPC — e nos referiremos a ele como um problema ***NP-completo*** — se ele pertence a NP e é tão "difícil" quanto qualquer problema em NP. Definiremos formalmente o que significa ser tão difícil quanto qualquer problema em NP mais adiante, neste capítulo. Enquanto isso, afirmaremos sem provar que, se *qualquer* problema NP-completo pode ser resolvido em tempo polinomial, então *todo* problema em NP tem um algoritmo em tempo polinomial. A maioria dos teóricos da ciência da computação acredita que os problemas NP-completos sejam intratáveis já que, dada a grande quantidade de problemas NP-completos que foram estudados até hoje — sem que ninguém tenha descoberto uma solução em tempo polinomial para nenhum deles —, seria verdadeiramente espantoso se todos eles pudessem ser resolvidos em tempo polinomial. Ainda assim, dado o esforço dedicado até agora para provar que os problemas NP-completos são intratáveis — sem resultado conclusivo —, não podemos descartar a possibilidade de que os problemas NP-completos são de fato solucionáveis em tempo polinomial.

Para se tornar um bom projetista de algoritmos, você deverá compreender os rudimentos da teoria da NP-completude. Se puder determinar que um problema é NP-completo, proporcionará boa evidência de sua intratabilidade. Então, como engenheiro, seria melhor empregar seu tempo no desenvolvimento de um algoritmo de aproximação (ver Capítulo 35) ou resolvendo um caso especial tratável, em vez de procurar um algoritmo rápido que resolva o problema exatamente. Além disso, muitos problemas naturais e interessantes que à primeira vista não parecem mais difíceis que ordenação, busca de grafos ou fluxo em rede são de fato NP-completos. Portanto, é importante se familiarizar com essa notável classe de problemas.

Como mostrar que um problema é NP-completo: visão geral

As técnicas que empregamos para mostrar que determinado problema é NP-completo são fundamentalmente diferentes das técnicas usadas em quase todo este livro para projetar e analisar algoritmos. Se pudermos demonstrar que um problema é NP-completo, estaremos declarando que se trata de um problema difícil de resolver (ou ao menos que achamos difícil), e não de um problema fácil de resolver. Se provarmos que um problema é NP-completo, estaremos dizendo que a busca por um algoritmo eficiente provavelmente será uma tarefa infrutífera. Por essa perspectiva, as provas da NP-completude são um pouco parecidas com a prova na Seção 8.1 de um limite inferior de tempo $\Omega(n \lg n)$ para qualquer algoritmo de ordenação por comparação, embora as técnicas específicas usadas para mostrar a NP-completude sejam diferentes do método da árvore de decisão usado na Seção 8.1.

Contamos com os três conceitos fundamentais a seguir mostrarmos que um problema é NP-completo.

Problemas de decisão versus *problemas de otimização*

Muitos problemas de interesse são ***problemas de otimização***, para os quais cada solução viável (isto é, "válida") tem um valor associado e para os quais desejamos encontrar uma solução viável com o melhor valor. Por exemplo, em um problema que denominamos CAMINHO-MAIS-CURTO, a entrada é um grafo não dirigido G e vértices u e v, e desejamos encontrar o caminho de u a v que utilize o menor número de arestas. Em outras palavras, CAMINHO-MAIS-CURTO é o problema do caminho mínimo para um par em um grafo não ponderado e não dirigido. Porém, a NP-completude não se aplica diretamente a problemas de otimização, mas a ***problemas de decisão***, para os quais a resposta é simplesmente "sim" ou "não" (ou, em linguagem mais formal, "1" ou "0").

Embora problemas NP-completos estejam confinados ao âmbito dos problemas de decisão, normalmente existe um modo de expressar determinado problema de otimização como um problema de decisão relacionado impondo um limite para o valor a ser otimizado. Por exemplo, um problema de decisão relacionado com CAMINHO-MAIS-CURTO é CAMINHO: dado um grafo dirigido G, vértices u e v, e um inteiro k, existe um caminho de u a v que consiste em no máximo k arestas?

A relação entre um problema de otimização e seu problema de decisão relacionado age a nosso favor quando tentamos mostrar que o problema de otimização é "difícil". Isso porque o problema de decisão é de certo modo "mais fácil" ou, ao menos, "não é mais difícil". Como exemplo específico, podemos resolver CAMINHO resolvendo CAMINHO-MAIS-CURTO e depois comparando o número de arestas no caminho mínimo encontrado com o valor do parâmetro k do problema de decisão. Em outras palavras, se um problema de otimização é fácil, seu problema de decisão relacionado também é fácil. Em termos mais relevantes para a NP-completude, se pudermos apresentar evidências de que um problema de decisão é difícil, também apresentamos evidências de que seu problema de otimização relacionado é difícil. Assim, embora isso restrinja a atenção a problemas de decisão, muitas vezes, a teoria da NP-completude também tem implicações para problemas de otimização.

Reduções

Essa ideia de mostrar que um problema não é mais difícil ou não é mais fácil que outro se aplica até mesmo quando ambos são problemas de decisão. Tiramos proveito dessa ideia em quase todas as provas da NP-completude, como veremos em seguida. Vamos considerar um problema de decisão A, que gostaríamos de resolver em tempo polinomial. Denominamos a entrada para determinado problema ***instância*** desse problema. Por exemplo, em CAMINHO, uma instância seria um grafo G particular, vértices específicos u e v de G e determinado inteiro k. Agora, suponha que já sabemos como resolver um problema de decisão diferente, B, em tempo polinomial. Por fim, suponha que temos um procedimento que transforma qualquer instância α de A em alguma instância β de B com as seguintes características:

- A transformação demora tempo polinomial.
- As respostas são as mesmas. Isto é, a resposta para α é "sim" se, e somente se, a resposta para β também é "sim".

Denominamos tal procedimento ***algoritmo de redução*** em tempo polinomial e, como mostra a Figura 34.1, ele proporciona um meio para resolver o problema A em tempo polinomial:

1. Dada uma instância α do problema A, use um algoritmo de redução em tempo polinomial para transformá-la em uma instância β do problema B.
2. Execute o algoritmo de decisão em tempo polinomial para B na instância β.
3. Use a resposta de β como a resposta para α.

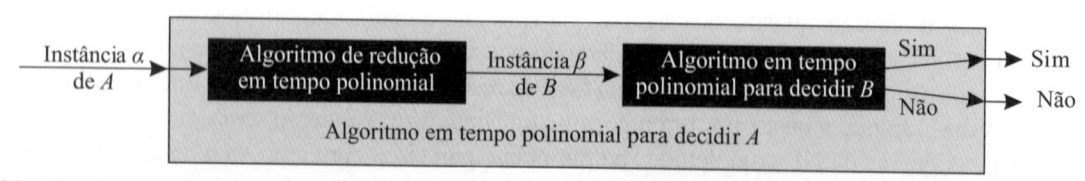

Figura 34.1 Como usar um algoritmo de redução em tempo polinomial para resolver um problema de decisão A em tempo polinomial, dado um algoritmo de decisão em tempo polinomial para outro problema B. Em tempo polinomial, transformamos uma instância α de A em uma instância β de B, resolvemos B em tempo polinomial e usamos a resposta para β como a resposta para α.

Desde que cada uma dessas etapas demore tempo polinomial, as três juntas também demoram um tempo polinomial e, assim, temos um modo de decidir para α em tempo polinomial. Em outras palavras, "reduzindo" a solução do problema A à solução do problema B, usamos a "facilidade" de B para provar a "facilidade" de A.

Lembrando que a NP-completude consiste em mostrar quão difícil um problema é, em vez de mostrar o quanto ele é fácil, usamos reduções em tempo polinomial ao contrário para mostrar que um problema é NP-completo. Vamos avançar com essa ideia e mostrar como poderíamos usar reduções em tempo polinomial para demonstrarmos que não pode existir nenhum algoritmo em tempo polinomial para determinado problema B. Suponha que tenhamos um problema de decisão A para o qual já sabemos que não pode existir nenhum algoritmo em tempo polinomial. (Não vamos nos preocupar por enquanto com a maneira de encontrar tal problema A.) Suponha ainda que tenhamos uma redução em tempo polinomial que transforma instâncias de A em instâncias de B. Agora, podemos usar uma prova simples por contradição para mostrar que não pode existir nenhum algoritmo em tempo polinomial para B. Suponha o contrário: isto é, suponha que B tenha um algoritmo em tempo polinomial. Então, usando o método mostrado na Figura 34.1 teríamos um modo de resolver o problema A em tempo polinomial, o que contradiz nossa hipótese da inexistência de algoritmo em tempo polinomial para A.

Para provarmos que um problema B é NP-completo, a metodologia é semelhante. Embora não possamos supor que não exista absolutamente nenhum algoritmo em tempo polinomial para o problema A, provamos que o problema B é NP-completo considerando que o problema A também é NP-completo.

Primeiro problema NP-completo

Como a técnica de redução se baseia em ter um problema que já sabemos ser NP-completo para provarmos que um problema diferente é NP-completo, precisamos de um "primeiro" problema NP-completo. O problema que usaremos é o da satisfatibilidade de circuitos, no qual temos um circuito combinacional booleano composto por portas E, OU e NÃO, e desejamos saber se existe algum conjunto de entradas booleanas para esse circuito que faça sua saída ser 1. Provaremos que esse primeiro problema é NP-completo na Seção 34.3.

Resumo do capítulo

Este capítulo estuda os aspectos da NP-completude que estão mais diretamente relacionados com a análise de algoritmos. Na Seção 34.1, formalizamos nossa noção de "problema" e definimos a classe de complexidade P de problemas de decisão que podem ser resolvidos em tempo polinomial. Também veremos como essas noções se encaixam na estrutura da teoria de linguagens formais. A Seção 34.2 define a classe NP de problemas de decisão cujas soluções podem ser verificadas em tempo polinomial. Também propõe formalmente a questão $P \neq NP$.

A Seção 34.3 mostra que podemos relacionar problemas por meio de "reduções" em tempo polinomial, define NP-completude e esboça uma prova de que um problema, denominado "satisfatibilidade de circuitos", é NP-completo. Depois de encontrado um problema NP-completo, mostramos na Seção 34.4 como provar que outros problemas são NP-completos de um modo muito mais simples pela metodologia de reduções. Ilustramos essa metodologia mostrando que dois problemas de satisfatibilidade de fórmulas são NP-completos. Com reduções adicionais, mostramos na Seção 34.5 que vários outros problemas são NP-completos. Você provavelmente verá que muitas dessas reduções são bastante criativas, pois elas convertem um problema em um domínio para um problema em um domínio completamente diferente.

34.1   Tempo polinomial

Como a NP-completude se baseia em noções de solução de um problema e verificação de um certificado em tempo polinomial, vamos examinar primeiro o que significa um problema ser solucionável em tempo polinomial.

Lembre-se de que geralmente consideramos problemas que possuem soluções em tempo polinomial como tratáveis. Aqui estão três motivos para isso:

1. Embora seja razoável considerar como intratável um problema que exige o tempo $\Theta(n^{100})$, um número bem pequeno de problemas práticos exige tempo da ordem de um polinômio de grau tão alto. Os problemas calculáveis em tempo polinomial encontrados na prática normalmente exigem tempo muito menor.

A experiência mostrou que, tão logo seja descoberto o primeiro algoritmo em tempo polinomial para um problema, em geral algoritmos mais eficientes vêm logo atrás. Ainda que o melhor algoritmo atual para um problema tenha tempo de execução de $\Theta(n^{100})$, é provável que um algoritmo com tempo de execução muito melhor logo seja descoberto.

2. Para muitos modelos razoáveis de computação, um problema que pode ser resolvido em tempo polinomial em um modelo pode ser resolvido em tempo polinomial em outro modelo. Por exemplo, a classe de problemas solucionáveis em tempo polinomial pela máquina de acesso aleatório serial usada na maior parte deste livro é igual à classe de problemas solucionáveis em tempo polinomial em máquinas abstratas de Turing.[2] Também é igual à classe de problemas solucionáveis em tempo polinomial em um computador paralelo quando o número de processadores cresce polinomialmente com o tamanho da entrada.

3. A classe de problemas solucionáveis em tempo polinomial tem propriedades de fechamento interessantes, já que os polinômios são fechados por adição, multiplicação e composição. Por exemplo, se a saída de um algoritmo em tempo polinomial é alimentada na entrada de outro, o algoritmo composto é polinomial. O Exercício 34.1-5 pede para mostrar que, se um algoritmo faz um número constante de chamadas a sub-rotinas em tempo polinomial e realiza uma quantidade adicional de trabalho que também leva tempo polinomial, então o tempo de execução do algoritmo composto é polinomial.

Problemas abstratos

Para entendermos a classe de problemas solucionáveis em tempo polinomial, primeiro devemos ter uma noção formal do que seja um "problema". Definimos um ***problema abstrato*** Q como relação binária entre um conjunto I de ***instâncias*** de problemas e um conjunto S de ***soluções*** de problemas. Por exemplo, uma instância de CAMINHO-MAIS-CURTO é uma tripla que consiste em um grafo e dois vértices. Uma solução é uma sequência de vértices no grafo, talvez com a sequência vazia indicando que não existe nenhum caminho. O problema CAMINHO-MAIS-CURTO em si é a relação que associa cada instância de um grafo e dois vértices a um caminho mínimo no grafo que conecta os dois vértices. Visto que caminhos mínimos não são necessariamente únicos, dada instância de problema pode ter mais de uma solução.

Essa formulação de um problema abstrato é mais geral que o necessário para nossos propósitos. Como vimos antes, a teoria de NP-completude restringe a atenção a ***problemas de decisão***: aqueles que têm uma solução do tipo sim/não. Nesse caso, podemos ver um problema de decisão abstrato como uma função que mapeia o conjunto de instâncias I para o conjunto de soluções $\{0, 1\}$. Por exemplo, um problema de decisão relacionado com CAMINHO-MAIS-CURTO é o problema CAMINHO que vimos anteriormente. Se $i = \langle G, u, v, k \rangle$ é uma instância do problema de decisão CAMINHO, então CAMINHO(i) = 1 (sim) se um caminho mínimo de u até v tem no máximo k arestas, e CAMINHO(i) = 0 (não) em caso contrário. Muitos problemas abstratos não são problemas de decisão, mas ***problemas de otimização***, que exigem que algum valor seja minimizado ou maximizado. Porém, como vimos anteriormente, em geral podemos reformular um problema de otimização como um problema de decisão que não é mais difícil que o primeiro.

Codificações

Para um programa de computador resolver um problema abstrato, temos de representar as instâncias do problema de um modo que o programa compreenda. ***Codificação*** de um conjunto S de objetos abstratos é um mapeamento e de S para o conjunto de cadeias binárias.[3] Por exemplo, todos conhecemos a codificação dos números naturais $\mathbb{N} = \{0, 1, 2, 3, 4, ...\}$ como as cadeias $\{0, 1, 10, 11, 100, ...\}$. Usando essa codificação, $e(17) = 10001$. Se você já viu representações de computador para caracteres do teclado, provavelmente já viu o código ASCII, pelo qual a codificação de A é 01000001. Podemos codificar um objeto composto como uma cadeia binária combinando as representações de suas partes constituintes. Polígonos, grafos, funções, pares ordenados, programas — todos podem ser codificados como cadeias binárias.

---

[2]Consulte Hopcrotf e Ullman [228], Lewis e Papadimitriou [299] ou Sipser [413] para um tratamento completo do modelo da máquina de Turing.

[3]O contradomínio de e não precisa ser cadeias *binárias*; qualquer conjunto de cadeias sobre um alfabeto finito que tenha pelo menos dois símbolos servirá.

Assim, um algoritmo de computador que "resolve" algum problema de decisão abstrato na realidade toma a codificação de uma instância de problema como entrada. O *tamanho* de uma instância i é simplesmente o comprimento de sua cadeia, que indicamos por $|i|$. Denominamos *problema concreto* um problema cujo conjunto de instâncias é o conjunto de cadeias binárias. Dizemos que um algoritmo *soluciona* um problema concreto no tempo $O(T(n))$ se, dada uma instância i do problema de comprimento $n = |i|$, o algoritmo pode produzir a solução no tempo máximo $O(T(n))$.[4] Portanto, um problema concreto *é solucionável em tempo polinomial* se existe um algoritmo para resolvê-lo no tempo $O(n^k)$ para alguma constante k.

Agora, podemos definir formalmente a *classe de complexidade* **P** como o conjunto de problemas de decisão concretos solucionáveis em tempo polinomial.

Codificações mapeiam problemas abstratos para problemas concretos. Dado um problema de decisão abstrato Q que mapeia um conjunto de instâncias I para $\{0, 1\}$, uma codificação $e : I \to \{0, 1\}^*$ pode induzir um problema de decisão concreto relacionado, que indicamos por $e(Q)$.[5] Se a solução para uma instância de problema abstrato $i \in I$ é $Q(i) \in \{0, 1\}$, então a solução para a instância de problema concreto $e(i) \in \{0, 1\}^*$ também é $Q(i)$. Como detalhe técnico, algumas cadeias binárias poderiam representar uma instância de problema abstrato que não é significativa. Por conveniência, supomos que qualquer cadeia desse tipo mapeia arbitrariamente para 0. Assim, o problema concreto produz as mesmas soluções que o problema abstrato para instâncias de cadeias binárias que representam as codificações de instâncias do problema abstrato.

Gostaríamos de estender a definição de solvabilidade em tempo polinomial de problemas concretos para problemas abstratos usando codificações como ponte, mas gostaríamos também que a definição fosse independente de qualquer codificação específica. Isto é, a eficiência da solução de um problema não deve depender do modo como o problema é codificado. Infelizmente, ela depende bastante da codificação. Por exemplo, suponha que um inteiro k deva ser dado como a única entrada para um algoritmo e que o tempo de execução do algoritmo seja $\Theta(k)$. Se o inteiro k é dado em *unário* — uma cadeia de k "1s" —, então o tempo de execução do algoritmo é $O(n)$ para entradas de comprimento n, que é tempo polinomial. Todavia, se usarmos a representação binária mais natural do inteiro k, o comprimento da entrada será $n = \lfloor \lg k \rfloor + 1$, de modo que o tamanho da codificação unária é exponencial no tamanho da codificação binária. Com a representação binária, o tempo de execução do algoritmo é $\Theta(k) = \Theta(2^n)$, que é exponencial com relação ao tamanho da entrada. Assim, dependendo da codificação, o algoritmo é executado em tempo polinomial ou em tempo superpolinomial.

A codificação de um problema abstrato é muito importante para nossa compreensão do tempo polinomial. Na realidade, não podemos nem falar em resolver um problema abstrato sem primeiro especificarmos uma codificação. Apesar disso, na prática, se eliminarmos codificações "dispendiosas" como as unárias, a codificação propriamente dita de um problema fará pouca diferença para o problema ser resolvido ou não em tempo polinomial. Por exemplo, representar inteiros em base 3 em vez de base 2 (binária) não tem nenhum efeito sobre a solução desse problema em tempo polinomial ou não, já que um inteiro representado em base 3 pode ser convertido em um inteiro representado em base 2 em tempo polinomial.

Dizemos que uma função $f : \{0, 1\}^* \to \{0, 1\}^*$ é *calculável em tempo polinomial* se existe um algoritmo em tempo polinomial A que, dada qualquer entrada $x \in \{0, 1\}^*$, produz como saída $f(x)$. Para algum conjunto I de instâncias de problemas, dizemos que duas codificações e_1 e e_2 são *polinomialmente relacionadas* se existem duas funções calculáveis em tempo polinomial f_{12} e f_{21} tais que, para qualquer $i \in I$, temos $f_{12}(e_1(i)) = e_2(i)$ e $f_{21}(e_2(i)) = e_1(i)$.[6] Isto é, um algoritmo em tempo polinomial pode calcular a codificação $e_2(i)$ pela codificação $e_1(i)$ e vice-versa. Se duas codificações e_1 e e_2 de um problema abstrato são polinomialmente relacionadas, resolver esse problema em tempo polinomial ou não independe da codificação que usamos, como mostra o lema a seguir.

---

[4]Supomos que a saída do algoritmo está separada de sua entrada. Como demora no mínimo uma etapa de tempo para se produzir cada *bit* da saída e o algoritmo leva $O(T(n))$ etapas de tempo, o tamanho da saída é $O(T(n))$.

[5]Indicamos por $\{0, 1\}^*$ o conjunto de todas as cadeias compostas de símbolos do conjunto $\{0, 1\}$.

[6]Tecnicamente, também exigimos que as funções f_{12} e f_{21} "mapeiem não instâncias para não instâncias". A *não instância* de uma codificação e é uma cadeia $x \in \{0, 1\}^*$ tal que não existe nenhuma instância i para a qual $e(i) = x$. É preciso que $f_{12}(x) = y$ para toda não instância x da codificação e_1, em que y é alguma não instância de e_2, e que $f_{21}(x') = y'$ para toda não instância x' de e_2, em que y' é alguma não instância de e_1.

Lema 34.1

Seja Q um problema de decisão abstrato para um conjunto de instâncias I e sejam e_1 e e_2 codificações polinomialmente relacionadas em I. Então, $e_1(Q) \in$ P se, e somente se, $e_2(Q) \in$ P.

Prova Basta provar o enunciado na forma direta, já que a forma inversa é simétrica. Portanto, suponha que $e_1(Q)$ possa ser resolvida no tempo $O(n^k)$ para alguma constante k. Além disso, suponha que, para qualquer instância de problema i, a codificação $e_1(i)$ possa ser calculada pela codificação $e_2(i)$ no tempo $O(n^c)$ para alguma constante c, em que $n = |e_2(i)|$. Para resolvermos o problema $e_2(Q)$, para a entrada $e_2(i)$, primeiro calculamos $e_1(i)$ e depois executamos o algoritmo para $e_1(Q)$ em $e_1(i)$. Quanto tempo isso demora? Converter codificações demora o tempo $O(n^c)$ e, portanto, $|e_1(i)| = O(n^c)$, já que a saída de um computador serial não pode ser mais longa que seu tempo de execução. A solução do problema para $e_1(i)$ demora o tempo $O(|e_1(i)|^k) = O(n^{ck})$, que é polinomial, já que tanto c quanto k são constantes. ∎

Assim, codificar as instâncias de um problema abstrato em binário ou em base 3 não afeta sua "complexidade", isto é, se ele pode ser resolvido em tempo polinomial ou não. Porém, se as instâncias são codificadas em unário, sua complexidade pode mudar. Para que possamos nos expressar independentemente da codificação, vamos supor que, em geral, instâncias de problemas estão codificadas em qualquer forma razoável e concisa, a menos que digamos especificamente que não. Para sermos exatos, vamos supor que a codificação de um inteiro está polinomialmente relacionada com sua representação binária e que a codificação de um conjunto finito está polinomialmente relacionada com a sua codificação por meio de uma lista de seus elementos, entre chaves e separados por vírgulas. (ASCII é um desses esquemas de codificação.) Com tal codificação "padrão" em mãos, podemos derivar codificações razoáveis de outros objetos matemáticos, como tuplas, grafos e fórmulas. Para indicarmos a codificação-padrão de um objeto, colocaremos o objeto entre colchetes angulares. Assim, $\langle G \rangle$ indica a codificação-padrão de um grafo G.

Desde que utilizemos implicitamente uma codificação que esteja polinomialmente relacionada com essa codificação-padrão, podemos conversar diretamente sobre problemas abstratos sem fazermos referência a qualquer codificação particular, sabendo que a resolução de um problema abstrato em tempo polinomial não é afetada pela escolha da codificação. Daqui por diante, vamos supor, em geral, que todas as instâncias de problemas são cadeias binárias codificadas segundo a codificação-padrão, a menos que digamos explicitamente que não. Além disso, normalmente negligenciaremos a distinção entre problemas abstratos e concretos. Contudo, o leitor deve ficar atento aos problemas que surgem na prática, nos quais uma codificação-padrão não é óbvia e a codificação faz diferença.

Estrutura de linguagem formal

Focalizar problemas de decisão nos permite tirar proveito do mecanismo da teoria das linguagens formais, portanto faremos aqui uma revisão de algumas definições dessa teoria. Um ***alfabeto*** Σ é um conjunto finito de símbolos. Uma ***linguagem*** L sobre Σ é qualquer conjunto de cadeias formadas por símbolos extraídos de Σ. Por exemplo, se $\Sigma = \{0, 1\}$, o conjunto $L = \{10, 11, 101, 111, 1011, 1101, 10001, ...\}$ é a linguagem de representações binárias de números primos. Indicamos a ***cadeia vazia*** por ε, a ***linguagem vazia*** por $\emptyset$ e a linguagem de todas as cadeias sobre Σ por Σ^*. Por exemplo, se $\Sigma = \{0, 1\}$, então $\Sigma^* = \{\varepsilon, 0, 1, 00, 01, 10, 11, 000, ...\}$ é o conjunto de todas as cadeias binárias. Toda linguagem L sobre Σ é um subconjunto de Σ^*.

Podemos efetuar uma série de operações em linguagens. Operações da teoria dos conjuntos, como ***união*** e ***interseção***, decorrem diretamente das definições da teoria dos conjuntos. Definimos o ***complemento*** de uma linguagem L por $\overline{L} = \Sigma^* - L$. A ***concatenação*** $L_1 L_2$ de duas linguagens L_1 e L_2 é a linguagem

$$L = \{x_1 x_2 : x_1 \in L_1 \text{ e } x_2 \in L_2\} \,.$$

O ***fechamento*** ou ***estrela de Kleene*** de uma linguagem L é a linguagem

$$L^* = \{\varepsilon\} \cup L \cup L^2 \cup L^3 \cup \cdots \,,$$

em que L^k é a linguagem obtida pela concatenação de L com ela mesma k vezes.

Do ponto de vista da teoria das linguagens, o conjunto de instâncias para qualquer problema de decisão Q é simplesmente o conjunto Σ^*, em que $\Sigma = \{0, 1\}$. Visto que Q é completamente caracterizado pelas instâncias de problema que produzem uma resposta 1 (sim), podemos ver Q como uma linguagem L em $\Sigma = \{0, 1\}$, em que

$$L = \{x \in \Sigma^* : Q(x) = 1\} \ .$$

Por exemplo, o problema de decisão CAMINHO tem a linguagem correspondente

CAMINHO $= \{\langle G, u, v, k \rangle :$ $G = (V, E)$ é um grafo não dirigido,
$u, v \in V$,
$k \geq 0$ é um inteiro, e
G contém um caminho de u a v com no máximo k arestas$\}$.

(Quando for conveniente, eventualmente, usaremos o mesmo nome — CAMINHO, neste caso — para nos referirmos a um problema de decisão e à sua linguagem correspondente.)

A estrutura das linguagens formais nos permite expressar concisamente a relação entre problemas de decisão e algoritmos que os resolvem. Dizemos que um algoritmo A *aceita* uma cadeia $x \in \{0, 1\}^*$ se, dada a entrada x, a saída do algoritmo $A(x)$ é 1. A linguagem *aceita* por um algoritmo A é o conjunto de cadeias $L = \{x \in \{0, 1\}^* : A(x) = 1\}$, isto é, o conjunto de cadeias que o algoritmo aceita. Um algoritmo A *rejeita* uma cadeia x se $A(x) = 0$.

Ainda que a linguagem L seja aceita por um algoritmo A, o algoritmo não rejeitará necessariamente uma cadeia $x \notin L$ dada como entrada para ele. Por exemplo, o algoritmo pode entrar em um laço sem fim. Uma linguagem L é *decidida* por um algoritmo A se toda cadeia binária em L é aceita por A e toda cadeia binária não pertencente a L é rejeitada por A. Uma linguagem L é *aceita em tempo polinomial* por um algoritmo A se ela é aceita por A e se, além disso, existe uma constante k tal que, para qualquer cadeia $x \in L$ de comprimento n, o algoritmo A aceita x no tempo $O(n^k)$. Uma linguagem L é *decidida em tempo polinomial* por um algoritmo A se existe uma constante k tal que, para qualquer cadeia $x \in \{0, 1\}^*$ de comprimento n, o algoritmo decide corretamente se $x \in L$ no tempo $O(n^k)$. Assim, para aceitar uma linguagem, basta que um algoritmo produza uma resposta quando lhe é dada uma cadeia em L, mas para decidir uma linguagem ele deve aceitar ou rejeitar corretamente toda cadeia em $\{0, 1\}^*$.

Como exemplo, a linguagem CAMINHO pode ser aceita em tempo polinomial. Um algoritmo de aceitação em tempo polinomial verifica se G codifica um grafo não dirigido, verifica se u e v são vértices em G, usa busca em largura para calcular um caminho mínimo de u a v em G e depois compara o número de arestas no caminho mínimo obtido com k. Se G codifica um grafo não dirigido e o caminho de u a v tem no máximo k arestas, o algoritmo retorna 1 e para. Caso contrário, o algoritmo é executado para sempre. Todavia, esse algoritmo não decide CAMINHO, já que não produz explicitamente 0 para instâncias nas quais um caminho mínimo tem mais de k arestas. Um algoritmo de decisão para CAMINHO deve rejeitar explicitamente cadeias binárias que não pertençam a CAMINHO. Para um problema de decisão como CAMINHO, tal algoritmo de decisão é fácil de projetar: em vez de ser executado para sempre quando não há um caminho de u a v com no máximo k arestas, ele retorna 0 e para. (Ele também deve retornar 0 e parar se a codificação de entrada estiver errada.) No caso de outros problemas, como o problema da parada de Turing, existe um algoritmo de aceitação, mas nenhum algoritmo de decisão.

Podemos definir informalmente uma *classe de complexidade* como um conjunto de linguagens cuja pertinência é determinada por uma *medida de complexidade*, como o tempo de execução, de um algoritmo que determina se dada cadeia x pertence à linguagem L. A definição real de uma classe de complexidade é um pouco mais técnica.[7]

Usando essa estrutura da teoria das linguagens, podemos dar uma definição alternativa da classe de complexidade P:

P $= \{L \subseteq \{0, 1\}^* :$ existe um algoritmo A que decide L em
tempo polinomial$\}$.

De fato, como podemos ver no teorema a seguir, P também é a classe de linguagens que podem ser aceitas em tempo polinomial.

---

[7] Para saber mais sobre classes de complexidade, consulte o artigo seminal de Hartmanis e Stearns [210].

Teorema 34.2

$P = \{L : L$ é aceita por um algoritmo em tempo polinomial$\}$.

Prova Como a classe de linguagens decidida por algoritmos em tempo polinomial é um subconjunto da classe de linguagens aceita por algoritmos em tempo polinomial, basta mostrar que, se L é aceita por um algoritmo em tempo polinomial, ela é decidida por um algoritmo em tempo polinomial. Seja L a linguagem aceita por algum algoritmo em tempo polinomial A. Usaremos um argumento de "simulação" clássico para construirmos outro algoritmo em tempo polinomial A' que decida L. Como A aceita L no tempo $O(n^k)$ para alguma constante k, também existe uma constante c tal que A aceita L em no máximo cn^k etapas. Para qualquer cadeia de entrada x, o algoritmo A' simula cn^k etapas de A. Após simular cn^k etapas, o algoritmo A' inspeciona o comportamento de A. Se A aceitou x, então A' aceita x, produzindo um 1. Se A não aceitou x, então A' rejeita x, produzindo um 0. A sobrecarga da simulação de A por A' não aumenta o tempo de execução de mais de um fator polinomial e, assim, A' é um algoritmo em tempo polinomial que decide L. ∎

Observe que a prova do Teorema 34.2 é não construtiva. Para dada linguagem $L \in P$, na verdade podemos não conhecer um limite do tempo de execução para o algoritmo A que aceite L. Apesar disso, sabemos que tal limite existe e, portanto, que existe um algoritmo A' que pode verificar o limite, embora talvez não seja fácil encontrar o algoritmo A'.

Exercícios

34.1-1

Defina o problema de otimização CAMINHO-DE-COMPRIMENTO-MÁXIMO como a relação que associa cada instância de um grafo não dirigido e dois vértices ao número de arestas em um caminho simples de comprimento máximo entre os dois vértices. Defina o problema de decisão CAMINHO-MAIS-LONGO $= \{\langle G, u, v, k \rangle : G = (V, E)$ é um grafo não dirigido, $u, v \in V$, $k \geq 0$ é um inteiro e existe um caminho simples de u a v em G que consiste em pelo menos k arestas$\}$. Mostre que o problema de otimização CAMINHO-DE-COMPRIMENTO-MÁXIMO pode ser resolvido em tempo polinomial se, e somente se, CAMINHO-MAIS-LONGO $\in P$.

34.1-2

Dê uma definição formal para o problema de determinar o ciclo simples de comprimento máximo em um grafo não dirigido. Dê um problema de decisão relacionado. Dê a linguagem correspondente ao problema de decisão.

34.1-3

Forneça uma codificação formal de grafos dirigidos como cadeias binárias usando uma representação por matriz de adjacências. Faça o mesmo usando uma representação por lista de adjacências. Demonstre que as duas representações são polinomialmente relacionadas.

34.1-4

O algoritmo de programação dinâmica para o problema da mochila 0-1 apresentado no Exercício 15.2-2 é um algoritmo em tempo polinomial? Explique sua resposta.

34.1-5

Mostre que, se um algoritmo faz no máximo um número constante de chamadas a sub-rotinas em tempo polinomial e realiza uma quantidade adicional de trabalho que também demora tempo polinomial, ele é executado em tempo polinomial. Mostre também que um número polinomial de chamadas a sub-rotinas em tempo polinomial pode resultar em um algoritmo de tempo exponencial.

34.1-6

Mostre que a classe P, vista como um conjunto de linguagens, é fechada sob união, interseção, concatenação, complemento e estrela de Kleene. Isto é, se $L_1, L_2 \in P$, então $L_1 \cup L_2 \in P$, $L_1 \cap L_2 \in P$, $L_1 L_2 \in P$, e $L_1^* \in P$.

34.2   Verificação em tempo polinomial

Agora, examinaremos algoritmos que verificam a pertinência a linguagens. Por exemplo, suponha que para uma dada instância $\langle G, u, v, k \rangle$ do problema de decisão CAMINHO, também temos um caminho p de u a v. É fácil verificar se p é um caminho em G e se o comprimento de p é no máximo k e, se for, podemos visualizar p como um "certificado" de que a instância de fato pertence a CAMINHO. Para o problema de decisão CAMINHO, esse certificado não parece nos dar muito. Afinal, CAMINHO pertence a P — de fato, podemos resolver CAMINHO em tempo linear — e, portanto, verificar a pertinência de determinado certificado demora tanto tempo quanto resolver o problema partindo do zero. Em vez disso, examinaremos, agora, um problema para o qual ainda não conhecemos nenhum algoritmo de decisão em tempo polinomial; porém, dado um certificado, a verificação é fácil.

Ciclos hamiltonianos

O problema de determinar um ciclo hamiltoniano em um grafo não dirigido é estudado há mais de cem anos. Formalmente, ***ciclo hamiltoniano*** de um grafo não dirigido $G = (V, E)$ é um ciclo simples que contém cada vértice em V. O grafo que contém um ciclo hamiltoniano é denominado ***hamiltoniano***; caso contrário, ele é ***não hamiltoniano***. O nome é uma homenagem a W. R. Hamilton, que descreveu um jogo matemático no dodecaedro (Figura 34.2(a)) em que um jogador fixa cinco alfinetes em quaisquer cinco vértices consecutivos e o outro jogador deve completar o caminho para formar um ciclo que contenha todos os vértices.[8] O dodecaedro é hamiltoniano, e a Figura 34.2(a) mostra um ciclo hamiltoniano. Contudo, nem todos os grafos são hamiltonianos. Por exemplo, a Figura 34.2(b) mostra um grafo bipartido com número ímpar de vértices. O Exercício 34.2-2 pede que você mostre que todos esses grafos são não hamiltonianos.

Podemos definir o ***problema do ciclo hamiltoniano***, "Um grafo G tem um ciclo hamiltoniano?", com linguagem formal:

CICLO-HAM = $\{\langle G \rangle : G$ é um grafo hamiltoniano$\}$.

Como poderia um algoritmo decidir a linguagem CICLO-HAM? Dada uma instância de problema $\langle G \rangle$, um algoritmo de decisão possível organiza uma lista de todas as permutações dos vértices de G e depois verifica cada permutação para ver se ela é um ciclo hamiltoniano. Qual é o tempo de execução desse algoritmo?

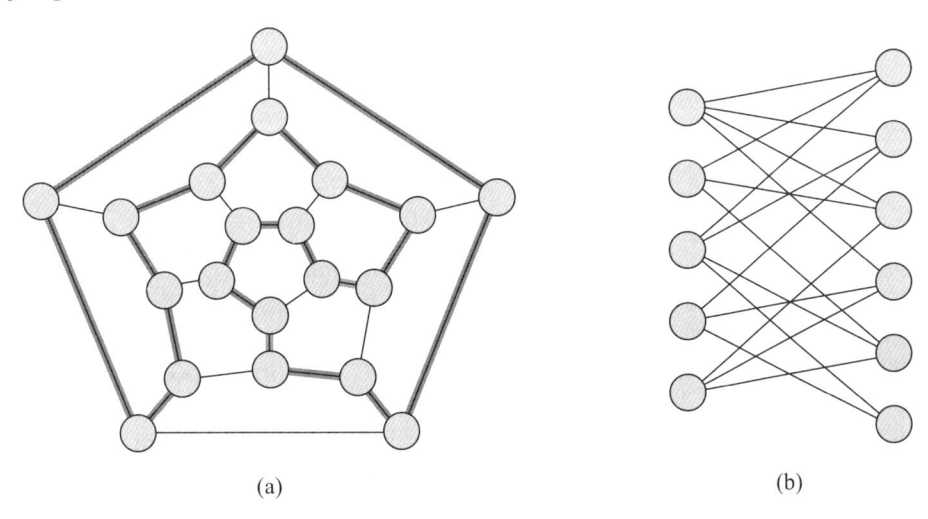

(a)   (b)

Figura 34.2 (**a**) Grafo que representa os vértices, arestas e faces de um dodecaedro, com um ciclo hamiltoniano mostrado por arestas destacadas em *cinza-escuro*. (**b**) Grafo bipartido com um número ímpar de vértices. Qualquer grafo desse tipo é não hamiltoniano.

---

[8]Em uma carta a seu amigo John T. Graves, datada de 17 de outubro de 1856, Hamilton [206, p. 624] escreveu: "Descobri que alguns jovens se divertem muito com um novo jogo matemático que a Icosion fornece, no qual uma pessoa fixa cinco alfinetes em quaisquer cinco pontos consecutivos [...] e o outro jogador tenta inserir, o que pela teoria descrita nesta carta sempre pode ser feito, quinze alfinetes em sucessão cíclica, de modo a passar por todos os pontos e terminar na proximidade imediata do alfinete com o qual o oponente começou."

Isso depende da codificação do grafo G. Digamos que G seja codificado como sua matriz de adjacência. Se a matriz de adjacência contém n entradas, de modo que o comprimento da codificação de G é igual a n, então o número m de vértices no grafo será $\Omega = (\sqrt{n})$. Existem $m!$ permutações possíveis dos vértices, e portanto, o tempo de execução é $\Omega(m!) = \Omega(\sqrt{n}\,!) = \Omega(2^{\sqrt{n}})$, que não é $O(n^k)$ para nenhuma constante k. Assim, esse algoritmo ingênuo não é executado em tempo polinomial. Na verdade, o problema do ciclo hamiltoniano é NP-completo, conforme provaremos na Seção 34.5.

Algoritmos de verificação

Considere um problema ligeiramente mais fácil. Suponha que um amigo lhe diga que dado grafo G é hamiltoniano e depois se ofereça para provar isso dando a você os vértices em ordem ao longo do ciclo hamiltoniano. Certamente será bem fácil verificar a prova: basta confirmar que o ciclo dado é hamiltoniano conferindo se ele é uma permutação dos vértices de V e se cada uma das arestas consecutivas ao longo do ciclo existe realmente no grafo. Você certamente pode implementar esse algoritmo de verificação para ser executado no tempo $O(n^2)$, em que n é o comprimento da codificação de G. Assim, a prova de que um ciclo hamiltoniano existe em um grafo pode ser verificada em tempo polinomial.

Definimos *algoritmo de verificação* como um algoritmo de dois argumentos A, em que um argumento é uma cadeia de entrada comum x e o outro é uma cadeia binária y denominada *certificado*. Um algoritmo A de dois argumentos *verifica* uma cadeia de entrada x se existe um certificado y tal que $A(x, y) = 1$. A *linguagem verificada* por um algoritmo de verificação A é

$$L = \{x \in \{0, 1\}^* : \text{ existe } y \in \{0, 1\}^* \text{ tal que } A(x, y) = 1\} \ .$$

Pensemos em um algoritmo A como verificador de uma linguagem L se, para qualquer cadeia $x \in L$, existe um certificado y que A pode utilizar para provar que $x \in L$. Além disso, para qualquer cadeia $x \notin L$, não deve existir nenhum certificado que prove que $x \in L$. Por exemplo, no problema do ciclo hamiltoniano, o certificado é a lista de vértices em algum ciclo hamiltoniano. Se um grafo é hamiltoniano, o próprio ciclo hamiltoniano oferece informações suficientes para verificar que o grafo é realmente hamiltoniano. Ao contrário, se um grafo não é hamiltoniano, não pode existir nenhuma lista de vértices que engane o algoritmo de verificação fazendo-o acreditar que o grafo é hamiltoniano, já que o algoritmo de verificação examina cuidadosamente o ciclo proposto para ter certeza.

Classe de complexidade NP

A *classe de complexidade NP* é a classe de linguagens que podem ser verificadas por um algoritmo em tempo polinomial.[9] Mais precisamente, uma linguagem L pertence a NP se, e somente se, existe um algoritmo em tempo polinomial de duas entradas A e uma constante c tal que

$$L = \{x \in \{0, 1\}^* : \text{existe um certificado } y \text{ com } |y| = O(|x|^c) \text{ tal que } A(x, y) = 1\}.$$

Dizemos que o algoritmo A *verifica* a linguagem L *em tempo polinomial*.

Pela nossa discussão anterior sobre o problema do ciclo hamiltoniano, agora podemos ver que CICLO-HAM $\in$ NP. (É sempre bom saber que um conjunto importante é não vazio.) Além disso, se $L \in$ P, então $L \in$ NP já que, se existe um algoritmo em tempo polinomial para decidir L, o algoritmo pode ser facilmente convertido em um algoritmo de verificação de dois argumentos com tempo polinomial que simplesmente ignora qualquer certificado e aceita exatamente as cadeias de entrada que ele determina que estão em L. Assim, P $\subseteq$ NP.

Com isso, resta a questão de se P = NP. Não se sabe uma resposta definitiva, mas a maioria dos pesquisadores acredita que P e NP não são a mesma classe. Intuitivamente, a classe P consiste em problemas que podem ser resolvidos rapidamente, e a classe NP consiste em problemas para os quais uma solução pode ser verificada rapidamente. Você deve ter aprendido por experiência que, muitas vezes, é mais difícil resolver um problema partindo do zero do que verificar uma solução apresentada com clareza, em especial quando se trabalha sob

---

[9]O nome "NP" significa, em inglês, "tempo polinomial não determinístico" (*nondeterministic polynomial time*). A classe NP foi estudada originalmente no contexto do não determinismo, mas este livro usa a noção um pouco mais simples, ainda que equivalente, de verificação. Hopcroft e Ullman [228] oferecem uma boa apresentação da NP-completude em termos de modelos não determinísticos de computação.

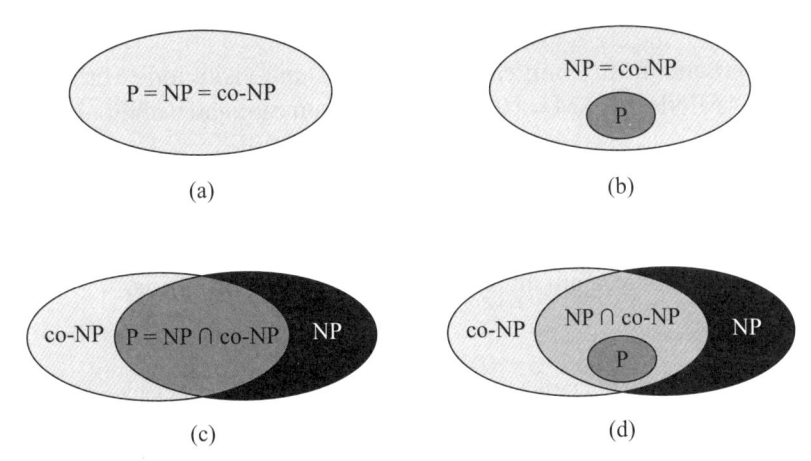

Figura 34.3 Quatro possibilidades de relações entre classes de complexidade. Em cada diagrama, uma região que envolve uma outra indica uma relação de subconjunto próprio. (**a**) P = NP = co-NP. A maioria dos pesquisadores considera essa possibilidade a mais improvável. (**b**) Se NP é fechada sob complemento, então NP = co-NP, mas não é preciso que seja o caso de P = NP. (**c**) P = NP ∩ co-NP, mas NP não é fechada sob complemento. (**d**) NP ≠ co-NP e P ≠ NP ∩ co-NP. A maioria dos pesquisadores considera essa possibilidade a mais provável.

restrições de tempo. Em geral, os teóricos da ciência da computação acreditam que essa analogia se estende às classes P e NP e, por isso, NP inclui linguagens que não pertencem a P.

Existe uma evidência mais instigante, porém não conclusiva, de que P ≠ NP — a existência de linguagens "NP-completas". Estudaremos essa classe na Seção 34.3.

Muitas outras questões fundamentais além da questão P ≠ NP permanecem não resolvidas. A Figura 34.3 mostra alguns cenários possíveis. Apesar do grande trabalho realizado por muitos pesquisadores, ninguém sabe sequer se a classe NP é fechada sob complemento. Isto é, $L \in$ NP implica $\overline{L} \in$ NP? Podemos definir a ***classe de complexidade* co-NP** como o conjunto de linguagens L tal que $\overline{L} \in$ NP, de modo que a questão de saber se NP é fechada sob complemento também é se NP = co-NP. Visto que P é fechada sob complemento (Exercício 34.1-6), decorre do Exercício 34.2-9 (P ⊆ co-NP) que P ⊆ NP ∩ co-NP. Entretanto, mais uma vez, ninguém sabe se P = NP ∩ co-NP ou se existe alguma linguagem em (NP ∩ co-NP) – P.

Assim, nossa compreensão da exata relação entre P e NP é terrivelmente incompleta. Apesar disso, e ainda que não consigamos provar que determinado problema é intratável, se pudermos provar que ele é NP-completo, então já teremos obtido valiosa informação sobre ele.

Exercícios

34.2-1
Considere a linguagem GRAFO-ISOMORFISMO = {⟨G_1, G_2⟩ : G_1 e G_2 são grafos isomorfos}. Prove que GRAFO-ISOMORFISMO ∈ NP, descrevendo um algoritmo em tempo polinomial para verificar a linguagem.

34.2-2
Prove que, se G é um grafo bipartido não dirigido com um número ímpar de vértices, então G é não hamiltoniano.

34.2-3
Mostre que, se CICLO-HAM ∈ P, então o problema de organizar uma lista dos vértices de um ciclo hamiltoniano, em ordem, pode ser resolvido em tempo polinomial.

34.2-4
Prove que a classe NP de linguagens é fechada sob união, interseção, concatenação e estrela de Kleene. Discuta o fechamento de NP sob complemento.

34.2-5
Mostre que qualquer linguagem em NP pode ser decidida por um algoritmo executado no tempo $2^{O(n^k)}$ para alguma constante k.

34.2-6

Caminho hamiltoniano em um grafo é um caminho simples que visita todo vértice exatamente uma vez. Mostre que a linguagem CAMINHO-HAM = $\{\langle G, u, v \rangle :$ existe um caminho hamiltoniano de u até v no grafo $G\}$ pertence a NP.

34.2-7

Mostre que o problema do caminho hamiltoniano do Exercício 34.2-6 pode ser resolvido em tempo polinomial para grafos acíclicos dirigidos. Forneça um algoritmo eficiente para o problema.

34.2-8

Seja ϕ uma fórmula booleana construída pelas variáveis de entrada booleanas $x_1, x_2, ..., xk$, negações ($\neg$), Es ($\wedge$), OUs ($\vee$) e parênteses. A fórmula ϕ é uma **tautologia** se tem valor 1 para toda atribuição de 1 e 0 nas variáveis de entrada. Defina TAUTOLOGIA como a linguagem de fórmulas booleanas que são tautologias. Mostre que TAUTOLOGIA $\in$ co-NP.

34.2-9

Prove que $P \subseteq$ co-NP.

34.2-10

Prove que, se NP $\neq$ co-NP, então P $\neq$ NP.

34.2-11

Seja G um grafo conexo não dirigido com pelo menos três vértices, e seja G^3 o grafo obtido ligando-se todos os pares de vértices que estejam conectados por um caminho em G de comprimento máximo 3. Prove que G^3 é hamiltoniano. (*Sugestão:* construa uma árvore geradora para G e use um argumento indutivo.)

34.3   NP-completude e redutibilidade

Talvez a razão mais forte pela qual os teóricos da ciência da computação acreditem que P $\neq$ NP seja a existência da classe de problemas NP-completos. Essa classe tem a intrigante propriedade de que, se *algum* problema NP-completo pode ser resolvido em tempo polinomial, então *todo* problema em NP tem solução em tempo polinomial, isto é, P = NP. Entretanto, apesar de anos de estudo, nenhum algoritmo em tempo polinomial jamais foi descoberto para qualquer problema NP-completo.

A linguagem CICLO-HAM é um problema NP-completo. Se pudéssemos decidir CICLO-HAM em tempo polinomial, poderíamos resolver todo problema em NP em tempo polinomial. As linguagens NP-completas são, basicamente, as linguagens "mais difíceis" em NP. De fato, se NP – P viesse a ser não vazia, poderíamos dizer com certeza que CICLO-HAM $\in$ NP – P.

Nesta seção, mostraremos como comparar a "dificuldade" relativa de linguagens usando uma noção precisa denominada "redutibilidade em tempo polinomial". Depois, definimos formalmente as linguagens NP-completas e terminamos esboçando uma prova de que uma dessas linguagens, denominada CIRCUITO-SAT, é NP-completa. Nas Seções 34.4 e 34.5, usaremos a noção de redutibilidade para mostrar que muitos outros problemas são NP-completos.

Redutibilidade

Um modo que ocasionalmente funciona para resolver um problema é reformulá-lo como um problema diferente. Chamamos essa estratégia de "redução" de um problema a outro. Pensemos em um problema Q como redutível a outro problema Q' se qualquer instância de Q pode ser "facilmente reformulada" como uma instância de Q', cuja solução dá uma solução para a instância de Q. Por exemplo, o problema de resolver equações lineares em um x indeterminado se reduz ao problema de resolver equações quadráticas. Dada uma instância de equação linear $ax + b = 0$ (com solução $x = -b/a$), podemos transformá-la na equação quadrática $ax^2 + bx + 0 = 0$.

Essa equação quadrática tem as soluções $x = (-b \pm \sqrt{b^2 - 4ac})/2a$, em que $c = 0$, de modo que $\sqrt{b^2 - 4ac} = b$. As soluções são, então, $x = (-b + b)/2a = 0$ e $x = (-b - b)/2a = -b/a$, resultando, assim, em uma solução para $ax + b = 0$. Logo, se um problema Q se reduz a outro problema Q', então Q não é, em certo sentido, "mais difícil de resolver" que Q'.

Retornando à nossa estrutura de linguagens formais para problemas de decisão, dizemos que uma linguagem L_1 é **redutível em tempo polinomial** a uma linguagem L_2, escrita $L_1 \leq_P L_2$, se existe uma função calculável em tempo polinomial $f : \{0, 1\}^* \to \{0, 1\}^*$ tal que, para todo $x \in \{0, 1\}^*$,

$$x \in L_1 \text{ se, e somente se, } f(x) \in L_2 . \tag{34.1}$$

Chamamos a função f de **função redução**, e um algoritmo em tempo polinomial F que calcula f de **algoritmo de redução**.

A Figura 34.4 ilustra a ideia de redução de uma linguagem L_1 a outra linguagem L_2. Cada linguagem é um subconjunto de $\{0, 1\}^*$. A função redução f dá um mapeamento em tempo polinomial tal que, se $x \in L_1$, então $f(x) \in L_2$. Além disso, se $x \notin L_1$, então $f(x) \notin L_2$. Assim, a função redução mapeia qualquer instância x do problema de decisão representado pela linguagem L_1 para uma instância $f(x)$ do problema representado por L_2. Dar uma resposta à questão "$f(x) \in L_2$ ou não" traz diretamente a resposta à questão "$x \in L_1$ ou não". Além disso, se f puder ser calculada em tempo polinomial, ela é uma função de redução em tempo polinomial.

Reduções em tempo polinomial nos dão uma poderosa ferramenta para provar que diversas linguagens pertencem a P.

Lema 34.3

Se $L_1, L_2 \subseteq \{0, 1\}^*$ são linguagens tais que $L_1 \leq_P L_2$, então $L_2 \in P$ implica $L_1 \in P$.

Prova Seja A_2 um algoritmo em tempo polinomial que decide L_2, e seja F um algoritmo de redução em tempo polinomial que calcula a função redução f. Mostraremos como construir um algoritmo em tempo polinomial A_1 que decide L_1.

A Figura 34.5 ilustra a construção de A_1. Para dada entrada $x \in \{0, 1\}^*$, o algoritmo A_1 usa F para transformar x em $f(x)$, e depois usa A_2 para testar se $f(x) \in L_2$. O algoritmo A_1 toma a saída do algoritmo A_2 e produz aquela resposta como a sua própria resposta.

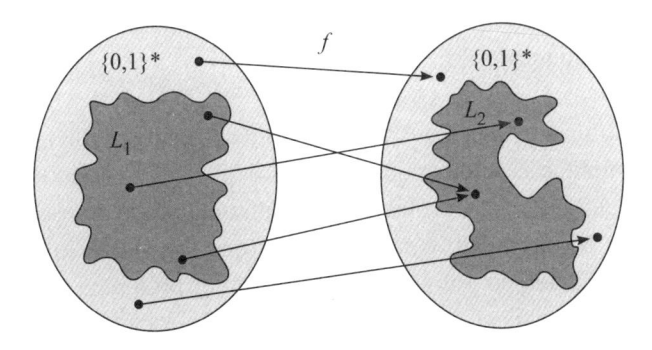

Figura 34.4 Função f que reduz a linguagem L_1 a uma linguagem L_2. Para qualquer entrada $x \in \{0, 1\}^*$, a questão de saber se $x \in L_1$ tem a mesma resposta que a questão de saber se $f(x) \in L_2$.

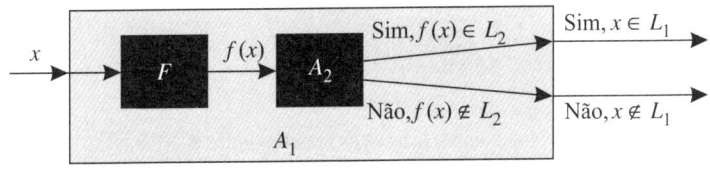

Figura 34.5 Prova do Lema 34.3. O algoritmo F é um algoritmo de redução que calcula a função redução f a partir de L_1 a L_2 em tempo polinomial, e A_2 é um algoritmo em tempo polinomial que decide L_2. O algoritmo A_1 decide se $x \in L_1$ usando F para transformar qualquer entrada x em $f(x)$ e, depois, usando A_2 para decidir se $f(x) \in L_2$.

A exatidão de A_1 decorre da condição (34.1). O algoritmo é executado em tempo polinomial, já que tanto F quanto A_2 são executados em tempo polinomial (ver Exercício 34.1-5).   ∎

NP-completude

Reduções em tempo polinomial proporcionam um meio formal de mostrar que um problema é no mínimo tão difícil quanto outro, dentro de um fator de tempo polinomial. Isto é, se $L_1 \leq_P L_2$, então L_1 não é mais do que um fator polinomial mais difícil que L_2, e esse é o motivo por que a notação "menor que ou igual a" para redução é mnemônica. Agora podemos definir o conjunto de linguagens NP-completas, que são os problemas mais difíceis em NP.

Uma linguagem $L \subseteq \{0, 1\}^*$ é ***NP-completa*** se

1. $L \in$ NP, e
2. $L' \leq_P L$ para todo $L' \in$ NP.

Se uma linguagem L satisfaz à propriedade 2, mas não necessariamente à propriedade 1, dizemos que L é ***NP-difícil***. Também definimos NPC como a classe de linguagens NP-completas.

Como mostra o teorema a seguir, NP-completude é o ponto crucial para decidir se P é de fato igual a NP.

Teorema 34.4

Se algum problema NP-completo é solucionável em tempo polinomial, então P = NP. De modo equivalente, se algum problema em NP não é solucionável em tempo polinomial, nenhum problema NP-completo é solucionável em tempo polinomial.

Prova Suponha que $L \in$ P e também que $L \in$ NPC. Para qualquer $L' \in$ NP, temos $L' \leq_P L$ pela propriedade 2 da definição de NP-completude. Assim, pelo Lema 34.3, também temos que $L' \in$ P, o que prova o primeiro enunciado do teorema.

Para provar o segundo enunciado, observe que ele é o contrapositivo do primeiro enunciado: se P ≠ NP, então existe um problema NP-completo que é solucionável em tempo polinomial. Mas P ≠ NP significa que existe algum problema em NP que não é solucionável em tempo polinomial e, portanto, o segundo enunciado é o contrapositivo do primeira enunciado.   ∎

É por essa razão que a pesquisa da questão P ≠ NP se concentra nos problemas NP-completos. A maioria dos teóricos da ciência da computação acredita que P ≠ NP, o que leva às relações entre P, NP e NPC mostradas na Figura 34.6. Porém, pelo que sabemos, talvez alguém ainda possa apresentar um algoritmo em tempo polinomial para um problema NP-completo e, assim, provar que P = NP. Não obstante, como ainda não foi descoberto nenhum algoritmo em tempo polinomial para qualquer problema NP-completo, prova de que um problema é NP-completo dá uma excelente evidência de que ele é intratável.

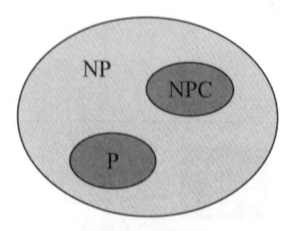

Figura 34.6 Como a maioria dos teóricos da ciência da computação vê as relações entre P, NP e NPC. Tanto P quanto NPC estão inteiramente contidas em NP, e P ∩ NPC = ∅.

Satisfatibilidade de circuitos

Definimos a noção de um problema NP-completo mas, até este ponto, não provamos realmente que nenhum problema é NP-completo. Uma vez provado que pelo menos um problema é NP-completo, poderemos usar redutibilidade em tempo polinomial como ferramenta para provar que outros problemas são NP-completos. Assim, agora focalizamos a demonstração da existência de um problema NP-completo: o problema da satisfatibilidade de circuitos.

Infelizmente, a prova formal de que o problema da satisfatibilidade de circuitos é NP-completo requer detalhes técnicos que estão fora do escopo deste texto. Em vez disso, descreveremos informalmente uma prova que depende de um entendimento básico de circuitos combinacionais booleanos.

Circuitos combinacionais booleanos são construídos com elementos combinacionais booleanos interconectados por fios. Um *elemento combinacional booleano* é qualquer elemento de circuito que tenha número constante de entradas e saídas booleanas e que execute uma função bem definida. Valores booleanos são extraídos do conjunto $\{0, 1\}$, em que 0 representa FALSO e 1 representa VERDADEIRO.

Os elementos combinacionais booleanos que utilizamos no problema da satisfatibilidade de circuitos calculam uma função booleana simples e são conhecidos como *portas lógicas*. A Figura 34.7 mostra as três portas lógicas básicas que usamos no problema da satisfatibilidade de circuitos: a *porta NOT* (ou *inversora*), a *porta AND* e a *porta OR*. A porta NOT toma uma única *entrada* binária x, cujo valor é 0 ou 1, e produz uma *saída* binária z cujo valor é o oposto do valor da entrada. Cada uma das outras duas portas toma duas entradas binárias x e y e produz uma única saída binária z.

Podemos descrever o funcionamento de cada porta e de qualquer elemento combinacional booleano por uma *tabela verdade*, mostrada sob cada porta na Figura 34.7. Uma tabela verdade dá as saídas do elemento combinacional para cada configuração possível das entradas. Por exemplo, a tabela verdade para a porta OR informa que, quando as entradas são $x = 0$ e $y = 1$, o valor da saída é $z = 1$. Usamos os símbolos $\neg$ para indicar a função NOT, $\wedge$ para indicar a função AND e $\vee$ para indicar a função OR. Assim, por exemplo, $0 \vee 1 = 1$.

As portas AND e OR não estão limitadas a somente duas entradas. A saída de uma porta AND é 1 se todas as suas entradas são 1, caso contrário sua saída é 0. A saída de uma porta OR é 1 se qualquer de suas entradas é 1, caso contrário sua saída é 0.

Um *circuito combinacional booleano* consiste em um ou mais elementos combinacionais booleanos interligados por *fios*. Um fio pode ligar a saída de um elemento à entrada de outro, fornecendo, assim, o valor de saída do primeiro elemento como um valor de entrada do segundo. A Figura 34.8 mostra dois circuitos combinacionais booleanos semelhantes, diferentes somente por uma porta. A parte (a) da figura também mostra os valores nos fios individuais, dada a entrada $\langle x_1 = 1, x_2 = 1, x_3 = 0 \rangle$. Embora um único fio não possa ter mais de uma saída de elemento combinacional ligada a ele, esse fio pode alimentar várias entradas de elementos. O número de entradas alimentadas por um fio é denominado *fan-out* do fio. Se nenhuma saída de elemento está ligada a certo fio, esse fio é uma *entrada de circuito*, que aceita valores de entrada de uma fonte externa. Se nenhuma entrada de elemento está ligada a um fio, esse fio é uma *saída de circuito*, que fornece os resultados da computação do circuito para o mundo exterior. (Um fio interno também pode ter um *fan-out* para uma saída de circuito.) Para definirmos o problema da satisfatibilidade de circuitos, limitamos o número de saídas de circuitos a 1, mesmo que, no projeto de *hardware* propriamente dito, um circuito combinacional booleano possa ter várias saídas.

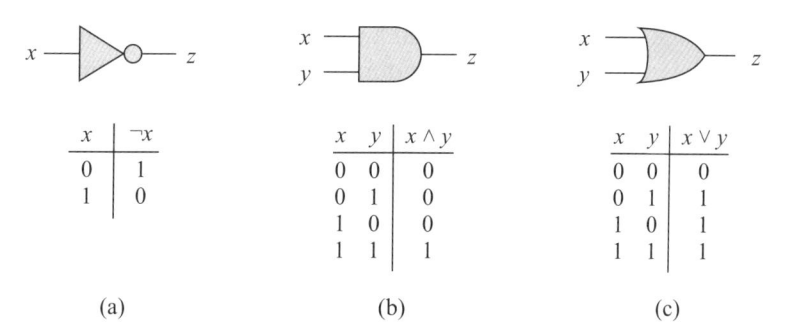

Figura 34.7 Três portas lógicas básicas, com entradas e saídas binárias. Sob cada porta está a tabela verdade que descreve a operação da porta. (**a**) A porta NOT. (**b**) A porta AND. (**c**) A porta OR.

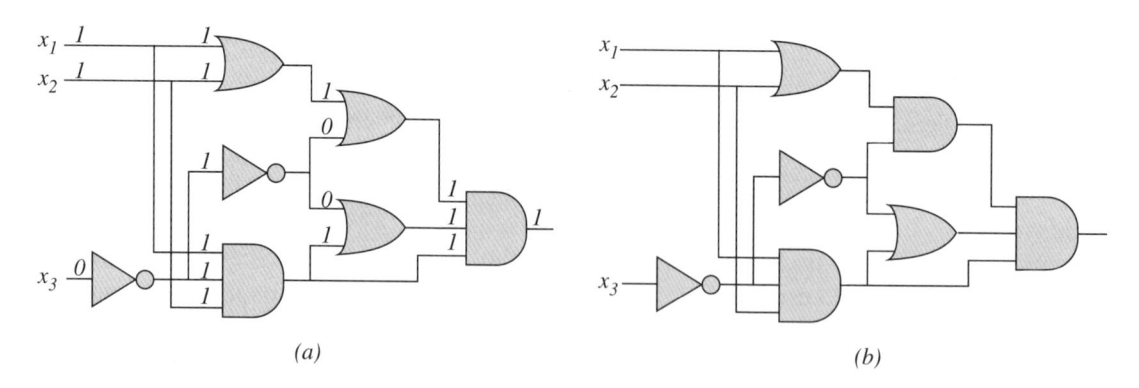

Figura 34.8 Duas instâncias do problema da satisfatibilidade de circuitos. (**a**) A atribuição $\langle x_1 = 1, x_2 = 1, x_3 = 0 \rangle$ para as entradas desse circuito faz com que a saída do circuito seja 1; portanto, o circuito é satisfazível. (**b**) Nenhuma atribuição para as entradas desse circuito pode fazer com que a saída do circuito seja 1; portanto, o circuito é insatisfazível.

Circuitos combinacionais booleanos não contêm nenhum ciclo. Em outras palavras, suponha que criamos um grafo dirigido $G = (V, E)$ com um vértice para cada elemento combinacional e com k arestas dirigidas para cada fio cujo *fan-out* é k; o grafo contém uma aresta dirigida (u, v) se um fio liga a saída do elemento u a uma entrada de elemento v. Então, G deve ser acíclico.

Uma ***atribuição verdade*** para um circuito combinacional booleano é um conjunto de valores de entrada booleanos. Dizemos que um circuito combinacional booleano de uma saída é ***satisfazível*** se tem uma ***atribuição que satisfaz***: uma atribuição verdade que faz com que a saída do circuito seja 1. Por exemplo, o circuito na Figura 34.8(a) tem a atribuição que satisfaz $\langle x_1 = 1, x_2 = 1, x_3 = 0 \rangle$ e, assim, é satisfazível. Como o Exercício 34.3-1 pede para mostrar, nenhuma atribuição de valores para x_1, x_2 e x_3 faz com que o circuito da Figura 34.8(b) produza uma saída 1; ele sempre produz 0 e, portanto, é insatisfazível.

O ***problema da satisfatibilidade de circuitos*** é: "Dado um circuito combinacional booleano composto de portas AND, OR e NOT, ele é satisfazível?" Contudo, para propormos formalmente essa pergunta, temos de concordar com uma codificação-padrão para circuitos. O ***tamanho*** de um circuito combinacional booleano é o número de elementos combinacionais somado ao número de fios no circuito. Poderíamos criar uma codificação semelhante a um grafo que mapeie qualquer circuito C dado para uma cadeia binária $\langle C \rangle$ cujo comprimento é polinomial com relação ao tamanho do próprio circuito. Então, como linguagem formal, podemos definir

CIRCUITO-SAT = $\{\langle C \rangle : C$ é um circuito combinacional booleano satisfazível$\}$.

O problema da satisfatibilidade de circuitos surge na área da otimização de *hardware* auxiliada por computador. Se um subcircuito sempre produz 0, esse subcircuito é desnecessário; o projetista pode substituí-lo por um subcircuito mais simples que omita todas as portas lógicas e produza o valor constante 0 como sua saída. Você pode ver por que gostaríamos de ter um algoritmo em tempo polinomial para esse problema.

Dado um circuito C, poderíamos tentar determinar se ele é satisfazível apenas verificando todas as atribuições possíveis para as entradas. Infelizmente, se o circuito tem k entradas, há 2^k atribuições possíveis. Quando o tamanho de C é polinomial em k, verificar cada atribuição demora o tempo $\Omega(2^k)$, que é superpolinomial com relação ao tamanho do circuito.[10] De fato, como já afirmamos, há fortes evidências de que não existe nenhum algoritmo em tempo polinomial que resolva o problema da satisfatibilidade de circuitos porque a satisfatibilidade de circuitos é um problema NP-completo. Dividimos a prova desse fato em duas partes, com base nas duas partes da definição de NP-completude.

Lema 34.5

O problema da satisfatibilidade de circuitos pertence à classe NP.

---

[10]Por outro lado, se o tamanho do circuito C é $\Theta(2^k)$, então um algoritmo cujo tempo de execução é $O(2^k)$ tem um tempo de execução que é polinomial com relação ao tamanho do circuito. Mesmo se P $\neq$ NP, essa situação não contradiria a NP-completude do problema. A existência de um algoritmo em tempo polinomial para um caso especial não implica que exista um algoritmo em tempo polinomial para todos os casos.

Prova Daremos um algoritmo A em tempo polinomial com duas entradas que pode verificar CIRCUITO-SAT. Uma das entradas para A é (uma codificação-padrão de) um circuito combinacional booleano C. A outra entrada é um certificado que corresponde a uma atribuição de valores booleanos aos fios em C (ver Exercício 34.3-4 para um certificado menor).

O algoritmo A funciona da maneira mostrada a seguir. Para cada porta lógica no circuito, ele verifica se o valor fornecido pelo certificado no fio de saída é calculado corretamente em função dos valores nos fios de entrada. Então, se a saída do circuito inteiro é 1, o algoritmo A produz 1, já que os valores atribuídos às entradas de C fornecem uma atribuição que pode ser satisfeita. Caso contrário, A produz 0.

Sempre que um circuito satisfazível C é dado como entrada para o algoritmo A, existe um certificado cujo comprimento é polinomial com relação ao tamanho de C e que faz com que A produza um 1. Sempre que um circuito insatisfazível é dado como entrada, nenhum certificado pode enganar A e fazê-lo acreditar que o circuito é satisfazível. O algoritmo A é executado em tempo polinomial e, com uma boa implementação, o tempo linear é suficiente. Assim, podemos verificar CIRCUITO-SAT em tempo polinomial, e CIRCUITO-SAT $\in$ NP. ∎

A segunda parte da prova de que CIRCUITO-SAT é NP-completo consiste em mostrar que a linguagem é NP-difícil. Isto é, devemos mostrar que *toda* linguagem em NP é redutível em tempo polinomial a CIRCUITO-SAT. A prova propriamente dita desse fato é repleta de complexidades técnicas, portanto nos contentaremos com um esboço da prova baseado em alguma compreensão do funcionamento interno do *hardware* de computadores.

Um programa de computador é armazenado na memória do computador como uma sequência de instruções. Uma instrução típica codifica uma operação a ser executada, endereços de operandos na memória e um endereço onde o resultado deve ser armazenado. Uma posição especial de memória, denominada ***contador de programa***, controla qual instrução deve ser executada em seguida. O contador de programa é incrementado automaticamente sempre que uma instrução é recuperada, o que faz o computador executar instruções sequencialmente. Contudo, a execução de uma instrução pode fazer com que um valor seja escrito no contador de programa, o que altera a execução sequencial normal e permite que o computador execute laços e desvios condicionais.

Em qualquer ponto durante a execução de um programa, a memória do computador guarda todo o estado da computação. (Entendemos que a memória inclui o programa em si, o contador de programa, a área de armazenamento e quaisquer dos vários *bits* de estado que um computador mantenha para fins de controle.) Denominamos ***configuração*** qualquer estado particular da memória do computador. Quando uma instrução é executada, ela transforma a configuração. A execução de uma instrução pode ser vista como o mapeamento de uma configuração para outra. O *hardware* do computador que executa esse mapeamento pode ser implementado como um circuito combinacional booleano, que indicamos por M na prova do lema a seguir.

Lema 34.6

O problema da satisfatibilidade de circuitos é NP-difícil.

Prova Seja L qualquer linguagem em NP. Descreveremos um algoritmo em tempo polinomial F que calcula uma função redução f, que mapeia toda cadeia binária x para um circuito $C = f(x)$, tal que $x \in L$ se, e somente se, $C \in$ CIRCUITO-SAT.

Visto que $L \in$ NP, deve existir um algoritmo A que verifica L em tempo polinomial. O algoritmo F que construiremos usará o algoritmo A de duas entradas para calcular a função redução f.

Seja $T(n)$ o tempo de execução do pior caso do algoritmo A para cadeias de entrada de comprimento n, e seja $k \geq 1$ uma constante tal que $T(n) = O(n^k)$ e o comprimento do certificado é $O(n^k)$. (O tempo de execução de A é na realidade um polinômio no tamanho total da entrada, o que inclui uma cadeia de entrada, bem como um certificado; porém, como o comprimento do certificado é polinomial no comprimento n da cadeia de entrada, o tempo de execução é polinomial em n.)

A ideia básica da prova é representar a computação de A como uma sequência de configurações. Como mostra a Figura 34.9, podemos dividir cada configuração em partes que compreendam programa para A, contador de programa e estado auxiliar da máquina, entrada x, certificado y e área de armazenamento. O circuito combinacional M, que implementa o *hardware* do computador, mapeia cada configuração c_i para a próxima

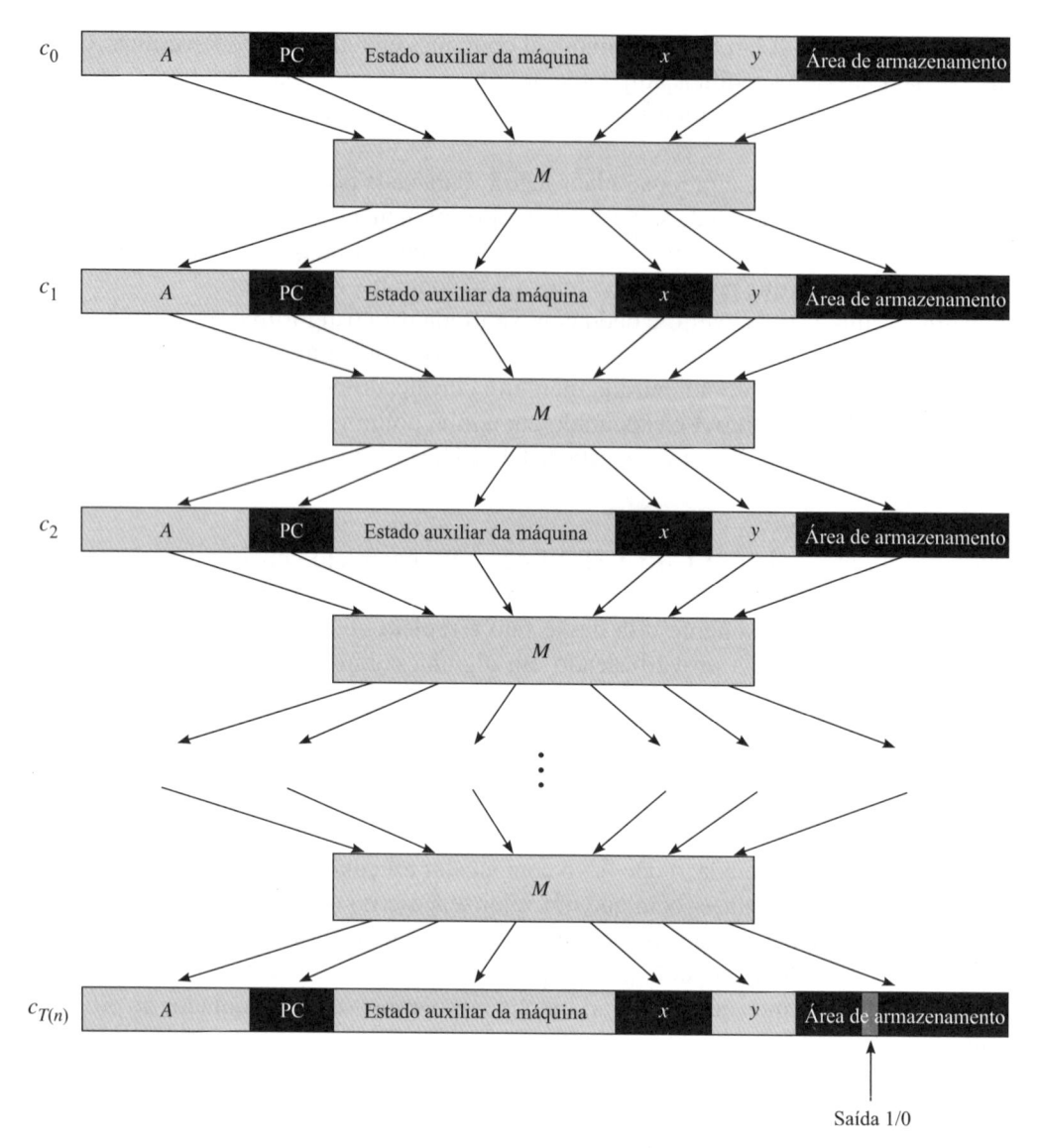

Saída 1/0

Figura 34.9 Sequência de configurações produzidas por um algoritmo A que executa uma entrada x e um certificado y. Cada configuração representa o estado do computador em uma etapa da computação e, além de A, x e y, inclui o contador de programa (PC, do inglês *program counter*), o estado auxiliar da máquina e a área de armazenamento. Exceto pelo certificado y, a configuração inicial c_0 é constante. Um circuito combinacional booleano M mapeia cada configuração para a configuração seguinte. A saída é um *bit* distinto na área de armazenamento.

configuração c_{i+1}, começando da configuração inicial c_0. O algoritmo A escreve sua saída — 0 ou 1 — em alguma localização designada quando termina de executar. Após a parada de A, o valor de saída nunca muda. Assim, se o algoritmo é executado durante no máximo $T(n)$ etapas, a saída aparece como um dos *bits* em $c_{T(n)}$.

O algoritmo de redução F constrói um único circuito combinacional que calcula todas as configurações produzidas por dada configuração inicial. A ideia é colar $T(n)$ cópias do circuito M. A saída do i-ésimo circuito, que produz a configuração c_i, alimenta diretamente a entrada do $(i+1)$-ésimo circuito. Assim, as configurações, em vez de serem armazenadas na memória do computador, simplesmente permanecem como valores nos fios que ligam cópias de M.

Lembre-se do que o algoritmo de redução em tempo polinomial F deve fazer. Dada uma entrada x, ele tem de calcular um circuito $C = f(x)$ que seja satisfazível se, e somente se, existe um certificado y tal que $A(x, y) = 1$. Quando F obtém uma entrada x, primeiro ele calcula $n = |x|$ e constrói um circuito combinacional C' que consiste em $T(n)$ cópias de M. A entrada para C' é uma configuração inicial correspondente a uma computação em $A(x, y)$, e a saída é a configuração $c_{T(n)}$.

O algoritmo F modifica ligeiramente o circuito C' para construir o circuito $C = f(x)$. Primeiro, ele liga as entradas para C' correspondentes ao programa de A, o contador de programa inicial, a entrada x e o estado inicial da memória diretamente a esses valores conhecidos. Assim, as únicas entradas restantes para o circuito correspondem ao certificado y. Depois, ignora todas as saídas do circuito, exceto o *bit* de $c_{T(n)}$ que corresponde à saída de A. Esse circuito C assim construído calcula $C(y) = A(x, y)$ para qualquer entrada y de comprimento $O(n^k)$. O algoritmo de redução F, quando recebe uma cadeia de entrada x, calcula esse circuito C e o produz como saída.

Precisamos provar duas propriedades. Em primeiro lugar, devemos mostrar que F calcula corretamente uma função redução f. Isto é, temos de mostrar que C é satisfazível se, e somente se, existe um certificado y tal que $A(x, y) = 1$. Em segundo lugar, devemos mostrar que F é executado em tempo polinomial.

Para mostrarmos que F calcula corretamente uma função redução, vamos supor que exista um certificado y de comprimento $O(n^k)$ tal que $A(x, y) = 1$. Então, se aplicamos os *bits* de y às entradas de C, a saída de C é $C(y) = A(x, y) = 1$. Assim, se existe um certificado, C é satisfazível. Na direção contrária, suponha que C seja satisfazível. Consequentemente, existe uma entrada y para C tal que $C(y) = 1$, do que concluímos que $A(x, y) = 1$. Logo, F calcula corretamente uma função redução.

Para completar a prova, basta mostrar que F é executado em tempo polinomial em $n = |x|$. A primeira observação que fazemos é que o número de *bits* necessários para representar uma configuração é polinomial em n. Por quê? O programa para A em si tem tamanho constante, independentemente do comprimento de sua entrada x. O comprimento da entrada x é n, e o comprimento do certificado y é $O(n^k)$. Visto que o algoritmo é executado para no máximo $O(n^k)$ etapas, a quantidade de área de armazenamento exigida por A também é polinomial em n. (Supomos implicitamente que essa memória seja contígua. O Exercício 34.3-5 pede para estender o argumento à situação na qual as posições acessadas por A estão espalhadas por uma região de memória muito maior e que o padrão de espalhamento específico pode ser diferente para cada entrada x.)

O circuito combinacional M que implementa o *hardware* do computador tem tamanho polinomial no comprimento de uma configuração, que é $O(n^k)$; por consequência, o tamanho de M é polinomial em n. (A maior parte desses circuitos implementa a lógica do sistema de memória.) O circuito C consiste em no máximo $t = O(n^k)$ cópias de M e, consequentemente, tem tamanho polinomial em n. O algoritmo de redução F pode construir C a partir de x em tempo polinomial, já que cada etapa da construção demora tempo polinomial. ∎

Portanto, a linguagem CIRCUITO-SAT é no mínimo tão difícil quanto qualquer linguagem em NP e, como pertence a NP, ela é NP-completa.

Teorema 34.7

O problema da satisfatibilidade de circuitos é NP-completo.

Prova Imediata, pelos Lemas 34.5 e 34.6 e pela definição de NP-completude. ∎

Exercícios

34.3-1
Confirme que o circuito da Figura 34.8(b) é insatisfazível.

34.3-2
Mostre que a relação $\leq_P$ é uma relação transitiva em linguagens. Isto é, mostre que, se $L_1 \leq_P L_2$ e $L_2 \leq_P L_3$, então $L_1 \leq_P L_3$.

34.3-3
Prove que $L \leq_P \overline{L}$ se, e somente se, $\overline{L} \leq_P L$.

34.3-4
Mostre que poderíamos ter usado uma atribuição satisfatória como certificado em uma prova alternativa do Lema 34.5. Qual certificado facilita a prova?

34.3-5

A prova do Lema 34.6 supõe que a área de armazenamento para o algoritmo A ocupa uma região contígua de tamanho polinomial. Em que parte exploramos essa hipótese? Demonstre que essa hipótese não envolve qualquer perda de generalidade.

34.3-6

Uma linguagem L é **completa** para uma classe de linguagem C com relação a reduções em tempo polinomial se $L \in C$ e $L' \leq_P L$ para todo $L' \in C$. Mostre que $\emptyset$ e $\{0, 1\}^*$ são as únicas linguagens em P que não são completas para P com relação a reduções em tempo polinomial.

34.3-7

Mostre que, no que diz respeito a reduções em tempo polinomial (ver Exercício 34.3-6), L é completa para NP se, e somente se, $\overline{L}$ é completa para co-NP.

34.3-8

O algoritmo de redução F na prova do Lema 34.6 constrói o circuito $C = f(x)$ com base no conhecimento de x, A e k. O professor Sartre observa que a cadeia x é uma entrada para F, mas somente a existência de A, k e do fator constante implícito no tempo de execução $O(n^k)$ é conhecida para F (já que a linguagem L pertence a NP), e não seus valores reais. Assim, o professor conclui que F não pode construir o circuito C e que a linguagem CIRCUITO-SAT não é necessariamente NP-difícil. Explique a falha no raciocínio do professor.

34.4   Provas da NP-completude

Provamos que o problema da satisfatibilidade de circuitos é NP-completo por uma prova direta de que $L \leq_P$ CIRCUITO-SAT para toda linguagem $L \in$ NP. Nesta seção, mostraremos como provar que as linguagens são NP-completas sem reduzir diretamente *toda* linguagem em NP à linguagem dada. Ilustraremos essa metodologia provando que vários problemas de satisfatibilidade de fórmulas são NP-completos. A Seção 34.5 apresenta muitos outros exemplos da metodologia.

O lema a seguir é a base de nosso método para mostrar que uma linguagem é NP-completa.

Lema 34.8

Se L é uma linguagem tal que $L' \leq_P L$ para alguma $L' \in$ NPC, então L é NP-difícil. Se, além disso, $L \in$ NP, então $L \in$ NPC.

Prova   Visto que L' é NP-completa, para todo $L'' \in$ NP, temos $L'' \leq_P L'$. Por hipótese, $L' \leq_P L$ e, assim, por transitividade (Exercício 34.3-2), temos $L'' \leq_P L$, o que mostra que L é NP-difícil. Se $L \in$ NP, também temos $L \in$ NPC.   ∎

Em outras palavras, reduzindo uma linguagem NP-completa L' conhecida a L, reduzimos implicitamente toda linguagem em NP a L. Assim, o Lema 34.8 apresenta um método para provar que uma linguagem L é NP-completa:

1. Prove que $L \in$ NP.
2. Prove que L é NP-difícil:
   a. Selecione uma linguagem NP-completa conhecida L'.
   b. Descreva um algoritmo que calcule uma função f mapeando toda instância $x \in \{0, 1\}^*$ de L' para uma instância $f(x)$ de L.
   c. Prove que a função f satisfaz a $x \in L'$ se, e somente se, $f(x) \in L$ para todo $x \in \{0, 1\}^*$.
   d. Prove que o algoritmo que calcula f é executado em tempo polinomial.

Essa metodologia de redução a partir de uma única linguagem NP-completa conhecida é muitíssimo mais simples que o processo mais complicado de mostrar diretamente como reduzir partindo de toda linguagem em NP.

Provar que CIRCUITO-SAT ∈ NPC já é um ponto de partida. Como sabemos que a satisfatibilidade de circuitos é um problema NP-completo, agora podemos provar com muito mais facilidade que outros problemas são NP-completos. Além disso, à medida que desenvolvermos um catálogo de problemas NP-completos conhecidos, teremos cada vez mais opções de linguagens a partir das quais reduzir.

Satisfatibilidade de fórmulas

Ilustramos a metodologia de redução dando uma prova de NP-completude para o problema de determinar se uma *fórmula* booleana, não um *circuito*, é satisfazível. Esse problema tem a honra histórica de ter sido o primeiro problema a ser apresentado como NP-completo.

Formulamos o problema da ***satisfatibilidade (de fórmulas)*** em termos da linguagem SAT da maneira ilustrada a seguir. Uma instância de SAT é uma fórmula booleana ϕ composta de:

1. n variáveis booleanas: $x_1, x_2, ..., x_n$;
2. m conectivos booleanos: qualquer função booleana com uma ou duas entradas e uma saída, como ∧ (AND), ∨ (OR), ¬ (NOT), → (implicação), ↔ (se, e somente se,); e
3. Parênteses. (Sem prejuízo da generalidade, supomos que não existem parênteses redundantes, isto é, a fórmula contém no máximo um par de parênteses por conetivo booleano.)

Podemos codificar uma fórmula booleana ϕ em um comprimento polinomial em $n + m$. Como em circuitos combinacionais booleanos, uma ***atribuição verdade*** para uma fórmula booleana ϕ é um conjunto de valores para as variáveis de ϕ, e uma ***atribuição satisfatória*** é uma atribuição verdade que faz com que ela seja avaliada como 1. Uma fórmula com atribuição que possa ser satisfeita é uma fórmula ***satisfazível***. O problema da satisfatibilidade pergunta se dada fórmula booleana é satisfazível; em termos das linguagens formais,

SAT = {⟨ϕ⟩ : ϕ é uma fórmula booleana satisfazível}.

Como exemplo, a fórmula

$$\phi = ((x_1 \rightarrow x_2) \vee \neg((\neg x_1 \leftrightarrow x_3) \vee x_4)) \wedge \neg x_2$$

tem a atribuição ⟨$x_1 = 0, x_2 = 0, x_3 = 1, x_4 = 1$⟩ que a satisfaz, já que

$$
\begin{aligned}
\phi &= ((0 \rightarrow 0) \vee \neg((\neg 0 \leftrightarrow 1) \vee 1)) \wedge \neg 0 \\
&= (1 \vee \neg(1 \vee 1)) \wedge 1 \\
&= (1 \vee 0) \wedge 1 \\
&= 1,
\end{aligned}
\tag{34.2}
$$

e, assim, a codificação ϕ dessa fórmula pertence a SAT.

O algoritmo ingênuo para determinar se uma fórmula booleana arbitrária é satisfazível não é executado em tempo polinomial. A fórmula com n variáveis tem 2^n atribuições possíveis. Se o comprimento de ⟨ϕ⟩ é polinomial em n, verificar cada atribuição requer o tempo $\Omega(2^n)$, que é superpolinomial no comprimento de ⟨ϕ⟩. Como mostra o teorema a seguir, é improvável que exista um algoritmo em tempo polinomial.

Teorema 34.9

A satisfatibilidade de fórmulas booleanas é NP-completa.

Prova Começamos demonstrando que SAT ∈ NP. Então, provaremos que SAT é NP-difícil, mostrando que CIRCUITO-SAT $\leq_\text{p}$ SAT; pelo Lema 34.8, isso provará o teorema.

Para mostrar que SAT pertence a NP, mostramos que um certificado que consiste em atribuição satisfatória para uma fórmula de entrada ϕ pode ser verificado em tempo polinomial. O algoritmo de verificação simplesmente substitui cada variável na fórmula por seu valor correspondente e depois avalia a expressão, de um modo muito semelhante ao que fizemos anteriormente na Equação (34.2). Essa tarefa é fácil de realizar em tempo polinomial. Se a expressão tem o valor 1, o algoritmo verificou que a fórmula é satisfazível. Assim, SAT pertence a NP.

Para provarmos que SAT é NP-difícil, mostramos que CIRCUITO-SAT $\leq_P$ SAT. Em outras palavras, precisamos mostrar como reduzir qualquer instância de satisfatibilidade de circuito a uma instância de satisfatibilidade de fórmula em tempo polinomial. Podemos usar indução para expressarmos qualquer circuito combinacional booleano como uma fórmula booleana. Simplesmente observamos a porta que produz a saída do circuito e expressamos indutivamente cada uma das entradas da porta como fórmulas. Então, obtemos a fórmula para o circuito escrevendo uma expressão que aplique a função da porta às fórmulas de suas entradas.

Infelizmente, esse método direto não equivale a uma redução em tempo polinomial. Como o Exercício 34.4-1 pede para mostrar, subfórmulas compartilhadas — que surgem de portas cujos fios de saída têm *fan-out* 2 ou maior — podem fazer o tamanho da fórmula gerada crescer exponencialmente. Assim, o algoritmo de redução deve ser um pouco mais inteligente.

A Figura 34.10 ilustra como superamos esse problema usando como exemplo o circuito da Figura 34.8(a). Para cada fio x_i no circuito C, a fórmula ϕ tem uma variável x_i. Agora podemos expressar como uma porta funciona sob a forma de uma pequena fórmula que envolve as variáveis de seus fios incidentes. A fórmula tem a forma de um "se, e somente se," ($\leftrightarrow$), com a variável para a saída da porta à esquerda e, à direita, uma expressão lógica encapsulando a função da porta sobre suas entradas. Por exemplo, o funcionamento da porta de saída AND (a porta mais à direita na figura) é $x_{10} \leftrightarrow (x_7 \wedge x_8 \wedge x_9)$. Denominamos cada uma dessas pequenas fórmulas por **cláusula.**

A fórmula ϕ produzida pelo algoritmo de redução é o AND da variável do circuito de saída com a conjunção de cláusulas que descrevem a operação de cada porta. Para o circuito da figura, a fórmula é

$$
\begin{aligned}
\phi = x_{10} \,&\wedge\, (x_4 \leftrightarrow \neg x_3) \\
&\wedge\, (x_5 \leftrightarrow (x_1 \vee x_2)) \\
&\wedge\, (x_6 \leftrightarrow \neg x_4) \\
&\wedge\, (x_7 \leftrightarrow (x_1 \wedge x_2 \wedge x_4)) \\
&\wedge\, (x_8 \leftrightarrow (x_5 \vee x_6)) \\
&\wedge\, (x_9 \leftrightarrow (x_6 \vee x_7)) \\
&\wedge\, (x_{10} \leftrightarrow (x_7 \wedge x_8 \wedge x_9)) \,.
\end{aligned}
$$

Dado um circuito C, produzir tal fórmula ϕ em tempo polinomial é direto.

Por que o circuito C é satisfazível exatamente quando a fórmula ϕ é satisfazível? Se C tem atribuição que pode ser satisfeita, cada fio do circuito tem um valor bem definido, e a saída do circuito é 1. Portanto, quando atribuímos valores de fios a variáveis em ϕ, cada cláusula de ϕ tem valor 1 e, assim, a conjunção de todas elas tem valor 1. Ao contrário, se alguma atribuição faz ϕ apresentar o valor 1, o circuito C é satisfazível por um argumento análogo. Assim, mostramos que CIRCUITO-SAT $\leq_P$ SAT, o que conclui a prova.   ■

Satisfatibilidade 3-CNF

Podemos provar que muitos problemas são NP-completos reduzindo a partir da satisfatibilidade de fórmulas. Entretanto, o algoritmo de redução deve tratar qualquer fórmula de entrada, e isso pode levar a um número enorme de casos que temos de considerar. Em vez disso, normalmente é mais simples reduzir partindo

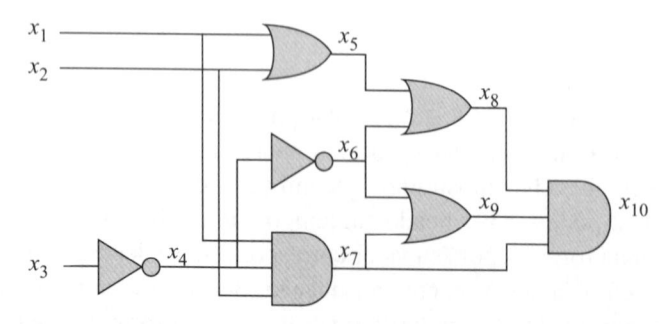

Figura 34.10 Redução da satisfatibilidade de circuito à satisfatibilidade de fórmula. A fórmula produzida pelo algoritmo de redução tem uma variável para cada fio no circuito e uma cláusula para cada porta lógica.

de uma linguagem restrita de fórmulas booleanas. É claro que não devemos restringir tanto a linguagem a ponto de ela se tornar solucionável em tempo polinomial. Uma linguagem conveniente é a satisfatibilidade 3-CNF, ou 3-CNF-SAT.

Para definir a satisfatibilidade 3-CNF, primeiro precisamos definir alguns termos. Um *literal* em uma fórmula booleana é a ocorrência de uma variável (como x_1) ou sua negação ($\neg x_1$). Uma **cláusula** é a OR de um ou mais literais, tal como $x_1 \vee \neg x_2 \vee \neg x_3$. Uma fórmula booleana está em *forma normal conjuntiva*, ou **CNF** (*conjunctive normal form*), se é expressa como um AND de *cláusulas*, e está em *forma normal 3-conjuntiva*, ou *3-CNF*, se cada cláusula tem exatamente três literais distintos.

Por exemplo, a fórmula booleana

$$(x_1 \vee \neg x_1 \vee \neg x_2) \wedge (x_3 \vee x_2 \vee x_4) \wedge (\neg x_1 \vee \neg x_3 \vee \neg x_4)$$

está em 3-CNF. A primeira de suas três cláusulas é $(x_1 \vee \neg x_1 \vee \neg x_2)$, que contém os três literais x_1, $\neg x_1$ e $\neg x_2$.

A linguagem 3-CNF-SAT consiste em codificações de fórmulas booleanas em 3-CNF que são satisfazíveis. O teorema a seguir mostra que é improvável existir um algoritmo em tempo polinomial que possa determinar a satisfatibilidade de fórmulas booleanas, mesmo quando elas são expressas nessa forma normal simples.

Teorema 34.10

A satisfatibilidade de fórmulas booleanas em forma normal conjuntiva 3 é NP-completa.

Prova O argumento que usamos na prova do Teorema 34.9 para mostrar que SAT $\in$ NP se aplica igualmente bem aqui para mostrar que 3-CNF-SAT $\in$ NP. Portanto, pelo Lema 34.8, basta mostrar que SAT $\leq_P$ 3-CNF-SAT.

Dividimos o algoritmo de redução em três etapas básicas. Cada etapa transforma progressivamente a fórmula de entrada ϕ, deixando-a mais próxima da forma normal 3-conjuntiva desejada.

A primeira etapa é semelhante à que usamos para provar CIRCUITO-SAT $\leq_P$ SAT no Teorema 34.9. Primeiro, construímos uma árvore binária "de análise" para a fórmula de entrada ϕ, com literais como folhas e conectivos como nós internos. A Figura 34.11 mostra tal árvore de análise para a fórmula

$$\phi = ((x_1 \rightarrow x_2) \vee \neg((\neg x_1 \leftrightarrow x_3) \vee x_4)) \wedge \neg x_2 \,. \tag{34.3}$$

Caso a fórmula de entrada contenha uma cláusula como a OR de diversos literais, usamos associatividade para colocar a expressão totalmente entre parênteses, de modo que cada nó interno na árvore resultante tenha um ou dois filhos. Agora podemos imaginar a árvore binária de análise como um circuito para calcular a função.

Imitando a redução na prova do Teorema 34.9, introduzimos uma variável y_i para a saída de cada nó interno. Em seguida, reescrevemos a fórmula original ϕ como a AND da variável da raiz da árvore de análise

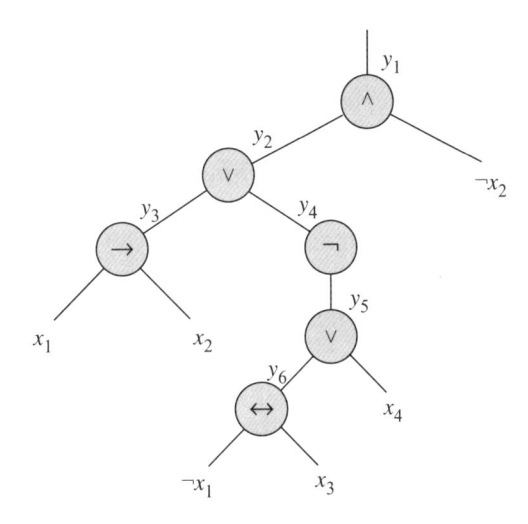

Figura 34.11 Árvore correspondente à fórmula $\phi = ((x_1 \rightarrow x_2) \vee \neg((\neg x_1 \leftrightarrow x_3) \vee x_4)) \wedge \neg x_2$.

e uma conjunção de cláusulas que descreve o funcionamento de cada nó. Para a fórmula (34.3), a expressão resultante é

$$\phi' = y_1 \wedge (y_1 \leftrightarrow (y_2 \wedge \neg x_2))$$
$$\wedge (y_2 \leftrightarrow (y_3 \vee y_4))$$
$$\wedge (y_3 \leftrightarrow (x_1 \rightarrow x_2))$$
$$\wedge (y_4 \leftrightarrow \neg y_5)$$
$$\wedge (y_5 \leftrightarrow (y_6 \vee x_4))$$
$$\wedge (y_6 \leftrightarrow (\neg x_1 \leftrightarrow x_3)) .$$

A fórmula ϕ' assim obtida é uma conjunção de cláusulas ϕ_i', cada qual com no máximo três literais. Essas cláusulas ainda não são ORs de três literais.

A segunda etapa da redução converte cada cláusula ϕ_i' para a forma normal conjuntiva. Construímos uma tabela verdade para ϕ_i' avaliando todas as possíveis atribuições a suas variáveis. Cada linha da tabela verdade consiste em uma atribuição possível das variáveis da cláusula, com o valor da cláusula sob essa atribuição. Usando as entradas da tabela verdade cujo valor é 0, construímos uma fórmula em *forma normal disjuntiva* (**DNF**, do inglês *disjunctive normal form*) — uma OR de ANDs — que é equivalente a $\neg \phi_i'$. Então, negativamos essa fórmula e a convertemos em uma fórmula CNF ϕ_i', usando as *leis de DeMorgan* para lógica proposicional,

$$\neg (a \wedge b) = \neg a \vee \neg b ,$$
$$\neg (a \vee b) = \neg a \wedge \neg b ,$$

para complementarmos todos os literais, trocamos ORs por ANDs e ANDs por ORs.

Em nosso exemplo, convertemos a cláusula $\phi_1' = (y_1 \leftrightarrow (y_2 \wedge \neg x_2))$ em CNF da maneira descrita a seguir. A tabela verdade para ϕ_1' é dada na Figura 34.12. A fórmula DNF equivalente a $\neg \phi_1'$ é

$$(y_1 \wedge y_2 \wedge x_2) \vee (y_1 \wedge \neg y_2 \wedge x_2) \vee (y_1 \wedge \neg y_2 \wedge \neg x_2) \vee (\neg y_1 \wedge y_2 \wedge \neg x_2) .$$

Negativando e aplicando as leis de DeMorgan, obtemos a fórmula CNF

$$\phi_1'' = (\neg y_1 \vee \neg y_2 \vee \neg x_2) \wedge (\neg y_1 \vee y_2 \vee \neg x_2)$$
$$\wedge (\neg y_1 \vee y_2 \vee x_2) \wedge (y_1 \vee \neg y_2 \vee x_2) ,$$

que é equivalente à cláusula original ϕ_1'.

Nesse ponto, já convertemos cada cláusula da fórmula ϕ_1' em uma fórmula CNF e, assim, ϕ' é equivalente à fórmula CFN ϕ'' que consiste na conjunção de ϕ_i''. Além disso, cada cláusula de ϕ'' tem no máximo três literais.

A terceira e última etapa da redução prossegue na transformação da fórmula, de modo que cada cláusula tenha *exatamente* três literais distintos. Construímos a fórmula 3-CNF final ϕ''' pelas cláusulas da fórmula CNF ϕ''. Essa fórmula também usa duas variáveis auxiliares, que denominaremos p e q. Para cada cláusula C_i de ϕ'', incluímos as seguintes cláusulas em ϕ''':

- Se C_i tem três literais distintos, simplesmente inclua C_i como uma cláusula de ϕ'''.
- Se C_i tem exatamente dois literais distintos, isto é, se $C_i = (l_1 \vee l_2)$, em que l_1 e l_2 são literais, inclua $(l_1 \vee l_2 \vee p)$ $\wedge (l_1 \vee l_2 \vee \neg p)$ como cláusulas de ϕ'''. Os literais p e $\neg p$ cumprem apenas o requisito sintático que exige que cada cláusula de ϕ''' tenha exatamente três literais distintos. Se $p = 0$ ou $p = 1$, uma das cláusulas é equivalente a $l_1 \vee l_2$, e o valor da outra é 1, o que é a identidade para AND.
- Se C_i tem apenas um literal distinto l, inclua $(l \vee p \vee q) \wedge (l \vee p \vee \neg q) \wedge (l \vee \neg p \vee q) \wedge (l \vee \neg p \vee \neg q)$ como cláusulas de ϕ'''. Independentemente dos valores de p e q, uma das quatro cláusulas é equivalente a l, e o valor das outras três é 1.

Podemos ver que a fórmula 3-CNF ϕ''' é satisfazível se, e somente se, ϕ é satisfazível inspecionando cada uma das três etapas. Como ocorreu na redução de CIRCUITO-SAT a SAT, a construção de ϕ' por ϕ na primeira etapa preserva a satisfatibilidade. A segunda etapa produz uma fórmula CNF ϕ'', que é algebricamente equivalente a ϕ'. A terceira etapa produz uma fórmula 3-CNF ϕ''', que é efetivamente equivalente a ϕ'', já que qualquer atribuição às variáveis p e q produz uma fórmula algebricamente equivalente a ϕ''.

y_1	y_2	x_2	$(y_1 \leftrightarrow (y_2 \land \neg x_2))$
1	1	1	0
1	1	0	1
1	0	1	0
1	0	0	0
0	1	1	1
0	1	0	0
0	0	1	1
0	0	0	1

Figura 34.12 Tabela verdade para a cláusula $(y_1 \leftrightarrow (y_2 \land \neg x_2))$.

Devemos mostrar também que a redução pode ser calculada em tempo polinomial. Construir ϕ' a partir de ϕ introduz no máximo uma variável e uma cláusula por conectivo em ϕ. Construir ϕ'' a partir de ϕ' pode introduzir no máximo oito cláusulas em ϕ'' para cada cláusula de ϕ', já que cada cláusula de ϕ' tem no máximo três variáveis, e a tabela verdade para cada cláusula tem no máximo $2^3 = 8$ linhas. A construção de ϕ''' a partir de ϕ'' introduz no máximo quatro cláusulas em ϕ''' para cada cláusula de ϕ''. Portanto, o tamanho da fórmula resultante ϕ''' é polinomial no comprimento da fórmula original. Cada uma das construções pode ser facilmente realizada em tempo polinomial.

Exercícios

34.4-1
Considere a redução direta (em tempo não polinomial) na prova do Teorema 34.9. Descreva um circuito de tamanho n que, quando convertido a uma fórmula por esse método, produz uma fórmula cujo tamanho é exponencial em n.

34.4-2
Mostre a fórmula 3-CNF que resulta quando usamos o método do Teorema 34.10 para a fórmula (34.3).

34.4-3
O professor Jagger propõe mostrar que SAT $\leq_P$ 3-CNF-SAT usando somente a técnica da tabela verdade na prova do Teorema 34.10, e não as outras etapas. Isto é, o professor propõe tomar a fórmula booleana ϕ, formar uma tabela verdade para suas variáveis, deduzir da tabela verdade uma fórmula em 3-DNF que seja equivalente a $\neg\phi$ e, então, negativar e aplicar as leis de DeMorgan para produzir uma fórmula 3-CNF equivalente a ϕ. Mostre que essa estratégia não produz redução em tempo polinomial.

34.4-4
Mostre que o problema de determinar se uma fórmula booleana é tautologia é completo para co-NP. (*Sugestão:* ver Exercício 34.3-7.)

34.4-5
Mostre que o problema de determinar a satisfatibilidade de fórmulas booleanas em forma normal disjuntiva é solucionável em tempo polinomial.

34.4-6
Suponha que alguém lhe dê um algoritmo em tempo polinomial para decidir a satisfatibilidade de fórmulas. Descreva como usar esse algoritmo para encontrar atribuições que a satisfaçam em tempo polinomial.

34.4-7
Seja 2-CNF-SAT o conjunto de fórmulas booleanas satisfazíveis em CNF com exatamente dois literais por cláusula. Mostre que 2-CNF-SAT $\in$ P. O seu algoritmo deve ser o mais eficiente possível. (*Sugestão:* observe que $x \lor y$ é equivalente a $\neg x \to y$. Reduza 2-CNF-SAT a um problema eficientemente solucionável em um grafo dirigido.)

34.5   Problemas NP-completos

Os problemas NP-completos surgem em diversos domínios: lógica booleana, grafos, aritmética, projeto de redes, conjuntos e partições, armazenamento e recuperação, sequenciamento e escalonamento, programação matemática, álgebra e teoria dos números, jogos e quebra-cabeças, autômatos e teoria das linguagens, otimização de programas, biologia, química, física e outros. Nesta seção, usaremos a metodologia de redução para dar provas de NP-completude a uma variedade de problemas extraídos da teoria dos grafos e do particionamento de conjuntos.

A Figura 34.13 representa a estrutura das provas de NP-completude nesta seção e na Seção 34.4. Provamos que cada linguagem na figura é NP-completa por redução da linguagem que aponta para ela. Na raiz está CIRCUITO-SAT, que provamos ser NP-completo no Teorema 34.7. Esta seção conclui com uma recapitulação das estratégias de redução.

34.5.1   Problema do clique

Um *clique* em um grafo não dirigido $G = (V, E)$ é um subconjunto $V' \subseteq V$ de vértices, no qual cada par está ligado por uma aresta em E. Em outras palavras, um clique é um subgrafo completo de G. O *tamanho* de um clique é o número de vértices que ele contém. O *problema do clique* é o problema de otimização de encontrar um clique de tamanho máximo em um grafo. O problema de decisão correspondente simplesmente pergunta se um clique de determinado tamanho k existe no grafo. A definição formal é

CLIQUE = {⟨G, K⟩ : G é um grafo com um clique de tamanho k}.

Um algoritmo ingênuo para determinar se um grafo $G = (V, E)$ com $|V|$ vértices contém um clique de tamanho k faz uma lista de todos os subconjuntos k de V e confere cada um para ver se ele forma um clique. O tempo de execução desse algoritmo é $\Omega(k^2 \binom{|V|}{k})$, que é polinomial se k é uma constante. Porém, em geral, k poderia estar próximo de $|V|/2$ e, nesse caso, o algoritmo é executado em tempo superpolinomial. Na verdade, é improvável que exista um algoritmo eficiente para o problema do clique.

Teorema 34.11

O problema do clique é NP-completo.

Prova Primeiro, vamos mostrar que CLIQUE ∈ NP. Para um dado grafo $G = (V, E)$, usamos o conjunto $V' \subseteq V$ de vértices no clique como um certificado para G. Para verificar se V' é um clique em tempo polinomial, verificamos se, para cada par $u, v \in V'$, a aresta (u, v) pertence a E.

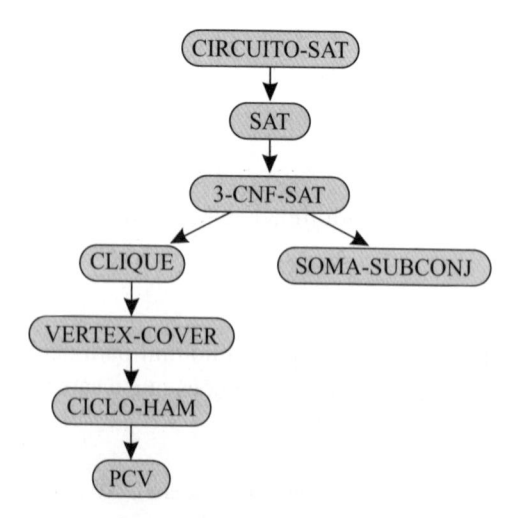

Figura 34.13 Estrutura de provas de NP-completude nas Seções 34.4 e 34.5. Todas as provas decorrem, em última análise, por redução da NP-completude de CIRCUITO-SAT.

Em seguida, provamos que 3-CNF-SAT $\leq_P$ CLIQUE, o que mostra que o problema do clique é NP-difícil. Pode parecer surpreendente que a prova reduz uma instância de 3-CNF-SAT a uma instância de CLIQUE, já que, à primeira vista, fórmulas lógicas parecem ter pouco a ver com grafos.

O algoritmo de redução começa com uma instância de 3-CNF-SAT. Seja $\phi = C_1 \wedge C_2 \wedge \ldots \wedge C_k$ uma fórmula booleana em 3-CNF com k cláusulas. Para $r = 1, 2, \ldots, k$, cada cláusula C_r tem exatamente três literais distintos l_1^r, l_2^r e l_3^r. Construiremos um grafo G tal que ϕ seja satisfazível se, e somente se, G contiver um clique de tamanho k.

Construiremos o grafo não dirigido $G = (V, E)$ da seguinte maneira. Para cada cláusula $C_r = (l_1^r \vee l_2^r \vee l_3^r)$ em ϕ, inserimos uma tripla de vértices v_1^r, v_2^r e v_3^r em V. Inserimos uma aresta (v_i^r, v_j^s) em E se ambas as afirmativas a seguir forem verdadeiras:

- v_i^r e v_j^s estão em triplas diferentes, isto é, $r \neq s$, e
- seus literais correspondentes são ***coerentes***, isto é, l_i^r não é a negação de l_j^s.

Podemos construir esse grafo a partir de ϕ em tempo polinomial. Como exemplo dessa construção, se temos

$$\phi = (x_1 \vee \neg x_2 \vee \neg x_3) \wedge (\neg x_1 \vee x_2 \vee x_3) \wedge (x_1 \vee x_2 \vee x_3),$$

então, G é o grafo mostrado na Figura 34.14.

Devemos mostrar que essa transformação de ϕ em G é uma redução. Primeiro, suponha que ϕ tenha uma atribuição que pode ser satisfeita. Então, cada cláusula C_r contém no mínimo um literal ao qual é atribuído 1, e tal literal corresponde a um vértice v_i^r. Escolher um desses literais "verdadeiros" de cada cláusula produz um conjunto V' de k vértices. Afirmamos que V' é um clique. Para quaisquer dois vértices $v_i^r, v_j^s \in V'$, em que $r \neq s$, ambos os literais correspondentes, l_i^r e l_j^s, mapeiam para 1 pela atribuição dada e, portanto, os literais não podem ser complementos. Assim, pela construção de G, a aresta (v_i^r, v_j^s) pertence a E.

Inversamente, suponha que G tenha um clique V' de tamanho k. Nenhuma aresta em G liga vértices na mesma tripla e, portanto, V' contém exatamente um vértice por tripla. Se $v_i^r \in V'$, então atribuímos 1 ao literal correspondente l_i^r. Visto que G não contém arestas entre literais incoerentes, não se atribui 1 a nenhum literal nem aos seus complementos. Cada cláusula é satisfeita e, assim, ϕ é satisfeita. (Quaisquer variáveis que não correspondam a nenhum vértice no clique podem ser definidas arbitrariamente.) ∎

No exemplo da Figura 34.14, uma atribuição de ϕ que pode ser satisfeita tem $x_2 = 0$ e $x_3 = 1$. Um clique correspondente de tamanho $k = 3$ consiste nos vértices que correspondem a $\neg x_2$ da primeira cláusula, x_3 da segunda cláusula e x_3 da terceira cláusula. Como o clique não contém nenhum vértice correspondente a x_1 nem a $\neg x_1$, podemos definir x_1 como 0 ou 1 nessa atribuição satisfatória.

Observe que, na prova do Teorema 34.11, reduzimos uma instância arbitrária de 3-CNF-SAT a uma instância de CLIQUE com uma estrutura específica. Pode parecer que mostramos apenas que CLIQUE é NP-difícil

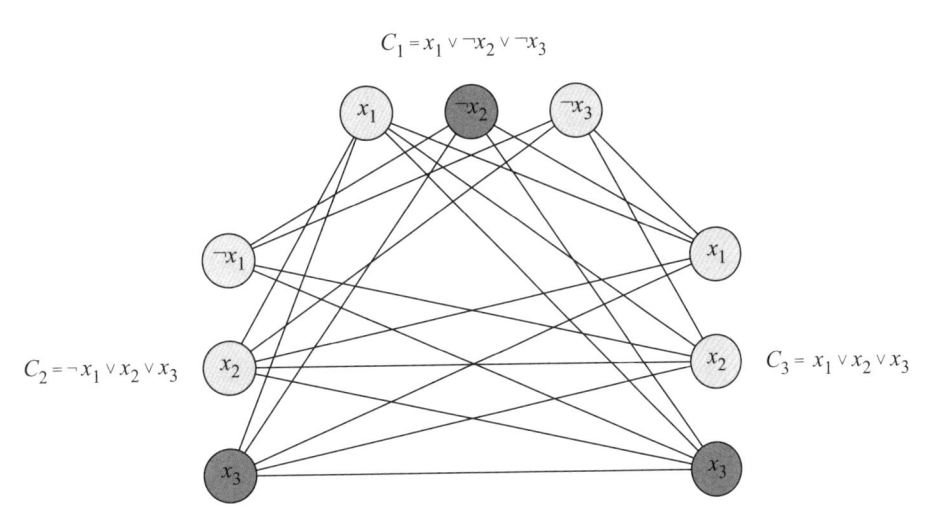

Figura 34.14 Grafo G derivado da fórmula 3-CNF $\phi = C_1 \wedge C_2 \wedge C_3$, em que $C_1 = (x_1 \vee \neg x_2 \vee \neg x_3)$, $C_2 = (\neg x_1 \vee x_2 \vee x_3)$ e $C_3 = (x_1 \vee x_2 \vee x_3)$ na redução de 3-CNF-SAT a CLIQUE. Uma atribuição que satisfaz à fórmula tem $x_2 = 0$, $x_3 = 1$, e x_1 pode ser 0 ou 1. Essa atribuição satisfaz C_1 com $\neg x_2$, e C_2 e C_3 com x_3, correspondente ao clique com vértices *cinza-escuro*.

em grafos nos quais os vértices estão restritos a ocorrer em triplas e nos quais não há arestas entre vértices na mesma tripla. Realmente, já mostramos que CLIQUE é NP-difícil apenas nesse caso restrito, mas essa prova basta para mostrar que CLIQUE é NP-difícil em grafos gerais. Por quê? Se tivéssemos um algoritmo em tempo polinomial que resolvesse CLIQUE em grafos gerais, ele também resolveria CLIQUE em grafos restritos.

Todavia, a abordagem inversa — reduzir instâncias de 3-CNF-SAT com uma estrutura especial a instâncias gerais de CLIQUE — também não teria sido suficiente. Por quê? Talvez as instâncias de 3-CNF-SAT que escolhemos para iniciar a redução fossem "fáceis" e, assim, não teríamos reduzido um problema NP-difícil a CLIQUE.

Observe também que a redução usa a instância de 3-CNF-SAT, mas não a solução. Teríamos errado se a redução em tempo polinomial tivesse sido baseada em saber se a fórmula ϕ é satisfazível, já que não sabemos como decidir se ϕ é satisfazível em tempo polinomial.

34.5.2 Problema de cobertura de vértices

Uma **cobertura de vértices** de um grafo não dirigido $G = (V, E)$ é um subconjunto $V' \subseteq V$ tal que se $(u, v) \in E$, então $u \in V'$ ou $v \in V'$ (ou ambos). Isto é, cada vértice "cobre" suas arestas incidentes, e uma cobertura de vértices para G é um conjunto de vértices que cobre todas as arestas em E. O **tamanho** de uma cobertura de vértices é o número de vértices que ela contém. Por exemplo, o grafo na Figura 34.15(b) tem uma cobertura de vértices $\{w, z\}$ de tamanho 2.

O **problema de cobertura de vértices** é o de encontrar uma cobertura de vértices de tamanho mínimo em determinado grafo. Enunciando novamente esse problema de otimização como um problema de decisão, desejamos determinar se um grafo tem cobertura de vértices de tamanho k dado. Como linguagem, definimos

VERTEX-COVER = $\{\langle G, k \rangle :$ grafo G tem uma cobertura de vértices de tamanho $k\}$.

O teorema a seguir mostra que esse problema é NP-completo.

Teorema 34.12

O problema de cobertura de vértices é NP-completo.

Prova   Primeiro, mostramos que VERTEX-COVER $\in$ NP. Dado um grafo $G = (V, E)$ e um inteiro k, o certificado é a própria cobertura de vértices $V' \subseteq V$. O algoritmo de verificação afirma que $|V'| = k$, e então verifica, para cada aresta $(u, v) \in E$, que $u \in V'$ ou $v \in V'$. É fácil verificar o certificado em tempo polinomial.

Para provarmos que o problema de cobertura de vértices é NP-difícil, reduzimos do problema do clique, mostrando que CLIQUE $\leq_P$ VERTEX-COVER. Essa redução se baseia na noção de "complemento" de um grafo. Dado um grafo não dirigido $G = (V, E)$, definimos o *complemento* de G como $\overline{G} = (V, \overline{E})$, em que $\overline{E} = \{(u, v) : u, v \in V, u \neq v$ e $(u, v) \notin E\}$. Em outras palavras, $\overline{G}$ é o grafo que contém exatamente as arestas que não estão em G. A Figura 34.15 mostra um grafo e seu complemento, e ilustra a redução de CLIQUE a VERTEX-COVER.

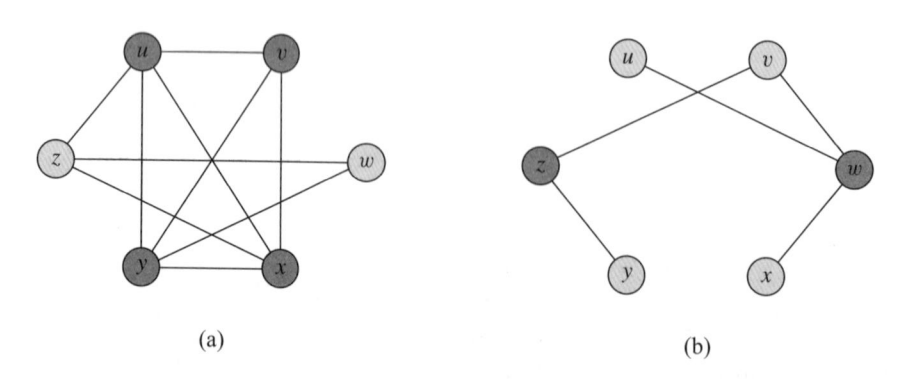

(a)   (b)

Figura 34.15 Redução CLIQUE a VERTEX-COVER. **(a)** Grafo não dirigido $G = (V, E)$ com clique $V' = \{u, v, x, y\}$, mostrado em *cinza-escuro*. **(b)** Grafo $\overline{G}$ produzido pelo algoritmo de redução que tem cobertura de vértices $V - V' = \{w, z\}$, em *cinza-escuro*.

O algoritmo de redução toma como entrada uma instância $\langle G, k \rangle$ do problema do clique e calcula o complemento $\overline{G}$ em tempo polinomial. A saída do algoritmo de redução é a instância $\langle \overline{G}, |V| - k \rangle$ do problema de cobertura de vértices. Para concluirmos a prova, mostramos que essa transformação é de fato uma redução: o grafo G tem um clique de tamanho k se, e somente se, o grafo $\overline{G}$ tem uma cobertura de vértices de tamanho $|V| - k$.

Suponha que G tenha um clique $V' \subseteq V$ com $|V'| = k$. Afirmamos que $V - V'$ é uma cobertura de vértices em $\overline{G}$. Seja (u, v) qualquer aresta em $\overline{E}$. Então, $(u, v) \notin E$, o que implica que pelo menos um de u e v não pertence a V', já que todo par de vértices em V' está ligado por uma aresta de E. De modo equivalente, pelo menos um de u e v está em $V - V'$, o que significa que a aresta (u, v) é coberta por $V - V'$. Visto que (u, v) foi escolhida arbitrariamente em $\overline{E}$, toda aresta de $\overline{E}$ é coberta por um vértice em $V - V'$. Consequentemente, o conjunto $V - V'$, que tem tamanho $|V| - k$, forma uma cobertura de vértices para $\overline{G}$.

Ao contrário, suponha que $\overline{G}$ tenha uma cobertura de vértices $V' \subseteq V$, em que $|V'| = |V| - k$. Então, para todo $u, v \in V$, se $(u, v) \in \overline{E}$, então $u \in V'$ ou $v \in V'$, ou ambos. A contrapositiva dessa implicação é que, para todo u, $v \in V$, se $u \notin V'$ e $v \notin V'$, então $(u, v) \in E$. Em outras palavras, $V - V'$ é um clique e tem tamanho $|V| - |V'| = k$. ∎

Visto que VERTEX-COVER é NP-completo, não esperamos encontrar um algoritmo em tempo polinomial para determinar uma cobertura de vértices de tamanho mínimo. Contudo, a Seção 35.1 apresenta um "algoritmo de aproximação" em tempo polinomial, que produz soluções "aproximadas" para o problema de cobertura de vértices. O tamanho de uma cobertura de vértices produzida pelo algoritmo é no máximo duas vezes o tamanho mínimo de uma cobertura de vértices.

Assim, não devemos deixar de ter esperança só porque um problema é NP-completo. Talvez possamos projetar um algoritmo de aproximação em tempo polinomial que obtenha soluções quase ótimas, embora descobrir uma solução ótima seja NP-completo. O Capítulo 35 fornece vários algoritmos de aproximação para problemas NP-completos.

34.5.3 Problema do ciclo hamiltoniano

Voltamos agora ao problema do ciclo hamiltoniano definido na Seção 34.2.

Teorema 34.13

O problema do ciclo hamiltoniano é NP-completo.

Prova Primeiro, mostramos que CICLO-HAM ∈ NP. Dado um grafo não dirigido $G = (V, E)$, nosso certificado é a sequência de vértices $|V|$ que forma o ciclo hamiltoniano. O algoritmo de verificação confere se essa sequência contém cada vértice em V exatamente uma vez e se, com o primeiro vértice repetido no final, ela forma um ciclo em G. Isto é, verifica se existe uma aresta entre cada par de vértices consecutivos e entre o primeiro e o último vértices. Podemos verificar o certificado em tempo polinomial.

Agora, provamos que VERTEX-COVER $\leq_P$ CICLO-HAM, o que mostra que CICLO-HAM é NP-completo. Dado um grafo não dirigido $G = (V, E)$ e um inteiro k, construímos um grafo não dirigido $G' = (V', E')$ que tem um ciclo hamiltoniano se, e somente se, G tem uma cobertura de vértices de tamanho k. Sem perder a generalidade, consideramos que G não contém vértices isolados (isto é, cada vértice em V tem pelo menos uma aresta incidente) e que $k \leq |V|$. (Se um vértice isolado pertence a uma cobertura de vértice de tamanho k, então também existe uma cobertura de vértices de tamanho $k - 1$ e, para qualquer grafo, o conjunto inteiro V é sempre uma cobertura de vértices.)

Nossa construção é baseada em um ***gadget***, que é um fragmento de grafo que impõe certas propriedades. A Figura 34.16(a) mostra o *gadget* que usamos. Para cada aresta $(u, v) \in E$, o grafo G' que construímos conterá uma cópia desse *gadget*, que indicamos por Γ_{uv}. Indicamos cada vértice em Γ_{uv} por $[u, v, i]$ ou $[v, u, i]$, em que $1 \leq i \leq 6$, de modo que cada *gadget* Γ_{uv} contém 12 vértices. O *gadget* Γ_{uv} também contém as 14 arestas mostradas na Figura 34.16(a).

Com a estrutura interna do *gadget*, impomos as propriedades que queremos, limitando as conexões entre o *gadget* e o restante do grafo G' que construímos. Em particular, somente os vértices $[u, v, 1]$, $[u, v, 6]$, $[v, u, 1]$ e $[v, u, 6]$ terão arestas incidentes que vêm de fora de Γ_{uv}. Qualquer ciclo hamiltoniano de G' terá de percorrer as arestas de Γ_{uv} em um dos três modos mostrados nas Figuras 34.16(b)–(d). Se o ciclo entrar pelo vértice $[u, v, 1]$,

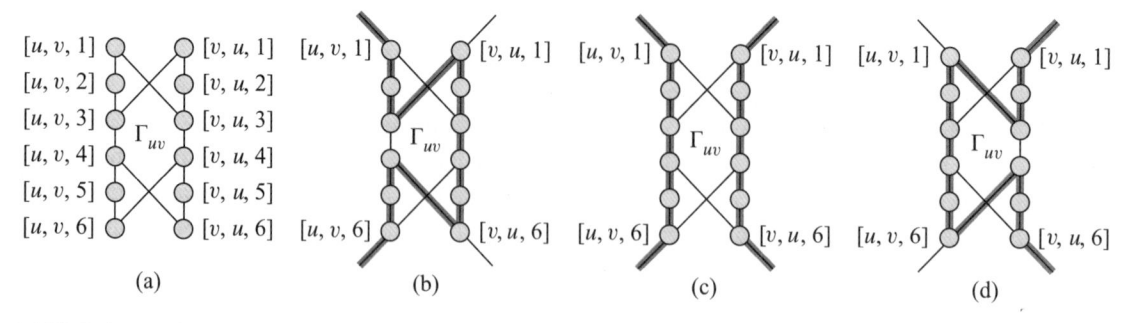

Figura 34.16 *Gadget* usado para reduzir o problema de cobertura de vértices ao problema de ciclo hamiltoniano. Uma aresta (u, v) do grafo G corresponde ao *gadget* Γ_{uv} no grafo G' criado na redução. (**a**) *Gadget* com vértices individuais identificados. (**b**)–(**d**) Os caminhos destacados em *cinza-escuro* são os únicos possíveis que passam pelo *gadget* e incluem todos os vértices, considerando que as únicas ligações do *gadget* com o restante de G' são realizadas pelos vértices $[u, v, 1]$, $[u, v, 6]$, $[v, u, 1]$ e $[v, u, 6]$.

deve sair pelo vértice $[u, v, 6]$, e visitar todos os 12 vértices do *gadget* (Figura 34.16(b)) ou os seis vértices de $[u, v, 1]$ a $[u, v, 6]$ (Figura 34.16(c)). Nesse último caso, o ciclo terá de entrar novamente no *gadget* para visitar os vértices $[v, u, 1]$ a $[v, u, 6]$. De modo semelhante, se o ciclo entrar pelo vértice $[v, u, 1]$, deverá sair pelo vértice $[v, u, 6]$ e visitar todos os 12 vértices do *gadget* (Figura 34.16(d)) ou os seis vértices de $[v, u, 1]$ a $[v, u, 6]$ e reentrar para visitar $[u, v, 1]$ a $[u, v, 6]$ (Figura 34.16(c)). Não é possível nenhum outro caminho que passe pelo *gadget* e visite todos os 12 vértices. Em particular, é impossível construir dois caminhos disjuntos nos vértices, um dos quais ligue $[u, v, 1]$ a $[v, u, 6]$ e o outro ligue $[v, u, 1]$ a $[u, v, 6]$, tais que a união dos dois caminhos contenha todos os vértices do *gadget*.

Os únicos vértices em V' além dos vértices dos *gadgets* são **vértices seletores** s_1, s_2, ..., s_k. Usamos arestas incidentes em vértices seletores de G' para selecionar os k vértices da cobertura em G.

Além das arestas em *gadgets*, E' contém dois outros tipos de arestas, que a Figura 34.17 mostra. Primeiro, para cada vértice $u \in V$, adicionamos arestas para unir pares de *gadgets* de modo a formar em G um caminho que contém todos os *gadgets* correspondentes a arestas incidentes em u. Ordenamos arbitrariamente os vértices adjacentes a cada vértice $u \in V$ como $u^{(1)}$, $u^{(2)}$, ..., $u^{(\mathrm{grau}(u))}$, em que $\mathrm{grau}(u)$ é o número de vértices adjacentes a u. Para criar um caminho em G' que passa por todos os *gadgets* que correspondem a arestas incidentes em u, E' contém as arestas $\{([u, u^{(i)}, 6], [u, u^{(i+1)}, 1]) : 1 \leq i \leq \mathrm{grau}(u) - 1\}$. Por exemplo, na Figura 34.17, ordenamos os vértices adjacentes a w como $\langle x, y, z \rangle$ e, assim, o grafo G' da parte (b) da figura inclui as arestas $([w, x, 6], [w, y, 1])$ e $([w, y, 6], [w, z, 1])$. Os vértices adjacentes a x são ordenados como $\langle w, y \rangle$, de modo que o grafo G' inclui a aresta $([x, w, 6], [x, y, 1])$. Para cada vértice $u \in V$, essas arestas em G' completam um caminho que contém todos os *gadgets* em G correspondentes a arestas incidentes em u.

A intuição por trás dessas arestas é que, se um vértice $u \in V$ pertence à cobertura de vértices de G, então G' contém um caminho de $[u, u^{(1)}, 1]$ até $[u, u^{(\mathrm{grau}(u))}, 6]$ que "cobre" todos os *gadgets* correspondentes a arestas incidentes em u. Isto é, para cada um desses *gadgets*, digamos $\Gamma_{u, u^{(i)}}$, o caminho inclui todos os 12 vértices (se u pertence à cobertura de vértices, mas $u^{(i)}$ não) ou apenas os seis vértices de $[u, u^{(i)}, 1]$ a $[u, u^{(i)}, 6]$ (se u e $u^{(i)}$ pertencem à cobertura de vértices).

O último tipo de aresta em E' une o primeiro vértice $[u, u^{(1)}, 1]$ e o último vértice $[u, u^{(\mathrm{grau}(u))}, 6]$ de cada um desses caminhos a cada um dos vértices seletores. Isto é, E' inclui as arestas

$$\{(s_j, [u, u^{(1)}, 1]) : u \in V \ \text{ e } \ 1 \leq j \leq k\}$$
$$\cup \{(s_j, [u, u^{(\mathrm{grau}(u))}, 6]) : u \in V \ \text{ e } \ 1 \leq j \leq k\}.$$

Em seguida, mostramos que o tamanho de G' é polinomial no tamanho de G e, consequentemente, podemos construir G' em tempo polinomial no tamanho de G. Os vértices de G' são os dos *gadgets*, mais os vértices seletores. Com 12 vértices por *gadget*, mais $k \leq |V|$ vértices seletores, G' contém um total de

$$|V'| = 12 \, |E| + k$$
$$\leq 12 \, |E| + |V|$$

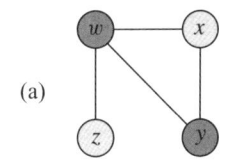

(a)

(b)

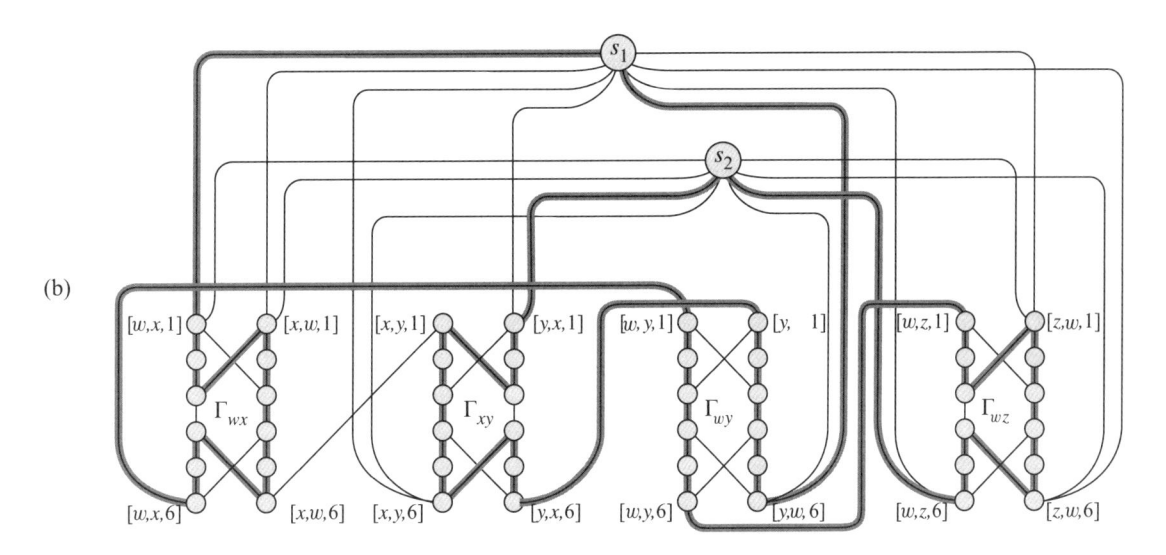

Figura 34.17 Redução de uma instância do problema da cobertura de vértices a uma instância do problema do ciclo hamiltoniano. (a) Grafo não dirigido G com uma cobertura de vértices de tamanho 2, que consiste nos vértices *cinza-escuro* w e y. (b) Grafo não dirigido G' produzido pela redução, com o ciclo hamiltoniano correspondendo à cobertura de vértices *sombreados em cinza-escuro*. A cobertura de vértices $\{w, y\}$ corresponde às arestas $(s_1, [w, x, 1])$ e $(s_2, [y, x, 1])$ que aparecem no ciclo hamiltoniano.

vértices. As arestas de G' são as dos *gadgets*, as que ficam entre *gadgets* e as que ligam vértices seletores a *gadgets*. Cada *gadget* contém 14 arestas, o que dá um total de $14\,|E|$ em todos os *gadgets*. Para cada vértice $u \in V$, o grafo G' tem grau$(u) - 1$ arestas entre os *gadgets*. Portanto, a soma das arestas em todos os vértices em V, é

$$\sum_{u \in V}(\text{grau}\,(u) - 1) = 2\,|E| - |V|$$

arestas entre *gadgets*. Por fim, G' tem duas arestas para cada par que consiste em um vértice seletor e um vértice de V, totalizando $2k\,|V|$ dessas arestas. O número total de arestas de G' é então

$$
\begin{aligned}
|E'| &= (14\,|E|) + (2\,|E| - |V|) + (2k\,|V|) \\
&= 16\,|E| + (2k - 1)\,|V| \\
&\le 16\,|E| + (2\,|V| - 1)\,|V|\ .
\end{aligned}
$$

Agora, mostramos que a transformação do grafo G em G' é uma redução. Isto é, devemos mostrar que G tem uma cobertura de vértices de tamanho k se, e somente se, G' tem um ciclo hamiltoniano.

Suponha que $G = (V, E)$ tenha uma cobertura de vértices $V^* \subseteq V$, em que $|V^*| = k$. Seja $V^* = \{u_1, u_2, ..., u_k\}$. Como mostra a Figura 34.17, podemos construir um ciclo hamiltoniano em G' incluindo as seguintes arestas[11] para cada vértice $u_j \in V^*$. Começamos incluindo as arestas $\{([, 6], [, 1]) : 1 \le i \le \text{grau}(u_j) - 1\}$, que ligam todos os *gadgets* que correspondem a arestas incidentes em u_j. Também incluímos as arestas contidas nesses *gadgets*,

---

[11]Tecnicamente, definimos um ciclo em termos de vértices em vez de arestas (ver Seção B.4). Por questão de clareza, abusamos da notação aqui e definimos o ciclo hamiltoniano em termos de suas arestas.

como mostram as Figuras 34.16(b)–(d), dependendo de a aresta ser coberta por um ou dois vértices em V^*. O ciclo hamiltoniano também inclui as arestas

$$\{(s_j, [u_j, u_j^{(1)}, 1]) : 1 \leq j \leq k\}$$
$$\cup \{(s_{j+1}, [u_j, u_j^{(\text{c grau}(u_j))}, 6]) : 1 \leq j \leq k-1\}$$
$$\cup \{(s_1, [u_k, u_k^{(\text{c grau}(u_k))}, 6])\}\,.$$

Examinando a Figura 34.17, podemos verificar que essas arestas formam um ciclo, em que $u_1 = w$ e $u_2 = y$. O ciclo começa em s_1, visita todos os *gadgets* que correspondem a arestas incidentes em u_1, depois visita s_2, visita todos os *gadgets* que correspondem a arestas incidentes em u_2 e assim por diante, até retornar a s_1. O ciclo visita cada *gadget* uma ou duas vezes, dependendo de um ou dois vértices de V^* cobrir(em) sua aresta correspondente. Como V^* é uma cobertura de vértices para G, cada aresta em E é incidente em algum vértice de V^* e, portanto, o ciclo visita cada vértice em cada *gadget* de G'. Uma vez que o ciclo também visita todo vértice seletor, ele é hamiltoniano.

Inversamente, suponha que $G' = (V', E')$ contenha um ciclo hamiltoniano $C \subseteq E'$. Afirmamos que o conjunto

$$V^* = \{u \in V : (s_j, [u, u^{(1)}, 1]) \in C \text{ para algum } 1 \leq j \leq k\} \tag{34.4}$$

é uma cobertura de vértices para G.

Primeiro, demonstramos que o conjunto V^* é bem definido, isto é, para cada vértice seletor s_j, exatamente uma das arestas incidentes no ciclo hamiltoniano C tem a forma $(s_j, [u, u^{(1)}, 1])$ para algum vértice $u \in V$. Para vermos por quê, particionamos o ciclo hamiltoniano C em caminhos máximos que começam em algum vértice seletor s_i, visitamos um ou mais *gadgets* e terminamos em algum vértice seletor s_j, sem passarmos por nenhum outro vértice seletor. Vamos denominar cada um desses caminhos máximos "caminho de cobertura". Seja P um desses caminhos de cobertura e oriente-o indo de s_i para s_j. Se P contém a aresta $(s_i, [u, u^{(1)}, 1])$ para algum vértice $u \in V$, então mostramos que uma aresta incidente em s_i tem a forma exigida. Suponha, então, que P contém a aresta $(s_i, [v, v^{(\text{grau}(v))}, 6])$ para algum vértice $v \in V$. Esse caminho entra em um *gadget* por baixo, conforme desenhado nas Figuras 34.16 e 34.17, e sai por cima. Ele poderia passar por vários *gadgets*, mas sempre entra por baixo de um *gadget* e sai por cima. As únicas arestas incidentes nos vértices no topo de um *gadget* vão para a parte inferior de outros *gadgets* ou para os vértices seletores. Portanto, após o último *gadget* da série de *gadgets* visitados por P, a aresta tomada deve ir para um vértice seletor s_j, de modo que P contenha uma aresta da forma $(s_j, [u, u^{(1)}, 1])$, em que $[u, u^{(1)}, 1]$ é um vértice no topo de algum *gadget*. Para ver que ambas as arestas incidentes em s_j não têm esta forma, simplesmente inverta a direção da travessia de P no argumento anterior.

Tendo estabelecido que o conjunto V^* é bem definido, vejamos por que ele é uma cobertura de vértices para G. Já estabelecemos que cada caminho de cobertura começa em algum s_i, toma a aresta $(s_i, [u, u^{(1)}, 1])$ correspondente a algum vértice $u \in V$, passa por todos os *gadgets* que correspondem a arestas de E incidentes em u e depois termina em algum vértice seletor s_j. (Essa orientação é o inverso da orientação no parágrafo anterior.) Referimo-nos a esse caminho de cobertura como P_u e, pela Equação (34.4), a cobertura de vértices V^* inclui u. Cada *gadget* visitado por P_u deve ser Γ_{uv} ou Γ_{vu} para algum $v \in V$. Para cada *gadget* visitado por P_u, seus vértices são visitados por um ou por dois caminhos de cobertura. Se forem visitados por um caminho de cobertura, então a aresta $(u, v) \in E$ é coberta em G pelo vértice u. Se dois caminhos de cobertura visitam o *gadget*, então o outro caminho de cobertura deve ser P_v, o que implica que $v \in V^*$, e a aresta $(u, v) \in E$ é coberta por u e por v. Como cada vértice em cada *gadget* é visitado por algum caminho de cobertura, vemos que cada aresta em E é coberta por algum vértice em V^*.   ∎

34.5.4 Problema do caixeiro-viajante

No ***problema do caixeiro-viajante***, que está intimamente relacionado com o problema do ciclo hamiltoniano, um vendedor deve visitar n cidades. Modelando o problema como um grafo completo com n vértices, podemos dizer que o vendedor deseja fazer um ***percurso***, ou um ciclo hamiltoniano, visitando cada cidade exatamente uma vez e terminando na cidade de onde partiu. O vendedor incorre em um custo inteiro não negativo $c(i, j)$ para viajar da cidade i para a cidade j. Na versão de otimização do problema, o vendedor

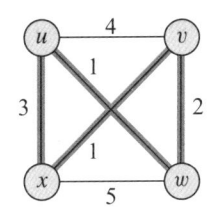

Figura 34.18 Instância do problema do caixeiro-viajante. As arestas destacadas em *cinza-escuro* representam um percurso de custo mínimo, com custo 7.

deseja fazer o percurso cujo custo total seja mínimo, em que o custo total é a soma dos custos individuais ao longo das arestas do percurso. Por exemplo, na Figura 34.18, um percurso de custo mínimo é $\langle u, w, v, x, u \rangle$, com custo 7. A linguagem formal para o problema de decisão correspondente é

TSP $= \{\langle G, c, k \rangle :$ $G = (V, E)$ é um grafo completo,

$\qquad\qquad\qquad$ c é uma função de $V \times V$ para $\mathbb{N}$,

$\qquad\qquad\qquad$ $k \in \mathbb{N}$, e

$\qquad\qquad\qquad$ G tem um percurso do caixeiro-viajante com custo máximo $k\}$.

O teorema a seguir mostra que é improvável existir um algoritmo rápido para o problema do caixeiro-viajante.

Teorema 34.14

O problema do caixeiro-viajante é NP-completo.

Prova Primeiro, mostramos que PCV $\in$ NP. Dada uma instância do problema, usamos como certificado a sequência de n vértices no percurso. O algoritmo de verificação confirma que essa sequência contém cada vértice exatamente uma vez, soma os custos de arestas e verifica se a soma é no máximo k. Esse processo pode certamente ser feito em tempo polinomial.

Para provarmos que PCV é NP-difícil, mostramos que CICLO-HAM $\leq_P$ PCV. Dada uma instância $G = (V, E)$ de CICLO-HAM, construímos uma instância de PCV formando o grafo completo $G' = (V, E')$, em que $E' = \{(i, j) : i, j \in V$ e $i \neq j\}$, e definimos a função custo c como

$$c(i, j) = \begin{cases} 0 & \text{se} (i, j) \in E , \\ 1 & \text{se} (i, j) \notin E . \end{cases}$$

(Observe que, como G é não dirigido, não tem nenhum laço, assim $c(v, v) = 1$ para todos os vértices $v \in V$.) A instância de PCV é então $(G', c, 0)$, que podemos facilmente criar em tempo polinomial.

Agora, mostraremos que o grafo G tem um ciclo hamiltoniano se, e somente se, o grafo G' tem um percurso cujo custo é menor ou igual a 0. Suponha que o grafo G tenha um ciclo hamiltoniano H. Cada aresta em H pertence a E e, portanto, tem custo 0 em G'. Assim, H é um percurso em G' com custo 0. Inversamente, suponha que o grafo G' tenha um percurso H' de custo menor ou igual a 0. Visto que os custos das arestas em E' são 0 e 1, o custo do percurso H' é exatamente 0, e cada aresta no percurso deve ter custo 0. Portanto, H' contém apenas arestas em E. Concluímos que H' é um ciclo hamiltoniano no grafo G. $\blacksquare$

34.5.5 Problema da soma dos subconjuntos

O próximo problema NP-completo que consideraremos é aritmético. No ***problema da soma de subconjuntos***, temos um conjunto finito S de inteiros positivos e um inteiro ***alvo*** $t > 0$. Perguntamos se existe um subconjunto $S' \subseteq S$ cuja soma de seus elementos é t. Por exemplo, se $S = \{1, 2, 7, 14, 49, 98, 343, 686, 2409, 2793, 16808, 17206, 117705, 117993\}$ e $t = 138457$, então o subconjunto $S' = \{1, 2, 7, 98, 343, 686, 2409, 17206, 117705\}$ é uma solução.

762 Parte VII Tópicos Selecionados

Como sempre, definimos o problema como uma linguagem:

SOMA-SUBCONJ = $\{\langle S, t \rangle :$ existe um subconjunto $S' \subseteq S$ tal que $t = \Sigma_{s \in S'} s\}$.

Como ocorre com qualquer problema de aritmética, é importante lembrar que nossa codificação-padrão pressupõe que os inteiros da entrada estão codificados em binário. Com isso em mente, podemos mostrar que é improvável que o problema da soma de subconjuntos tenha um algoritmo rápido.

Teorema 34.15

O problema da soma de subconjuntos é NP-completo.

Prova Para mostrar que SOMA-SUBCONJ $\in$ NP, para uma instância $\langle S, t \rangle$ do problema faça o subconjunto S' ser o certificado. Um algoritmo de verificação pode verificar se $t = \Sigma_{s \in S'} s$ em tempo polinomial.

Agora, mostraremos que 3-CNF-SAT $\leq_P$ SOMA-SUBCONJ. Dada uma fórmula 3-CNF ϕ para as variáveis $x_1, x_2, ..., x_n$ com cláusulas $C_1, C_2, ..., C_k$, cada uma contendo exatamente três literais distintos, o algoritmo de redução constrói uma instância $\langle S, t \rangle$ do problema da soma de subconjuntos, tal que ϕ é satisfazível se, e somente se, houver um subconjunto de S cuja soma seja exatamente t. Sem prejuízo da generalidade, fazemos duas suposições simplificadoras para a fórmula ϕ. A primeira é que nenhuma cláusula contém tanto uma variável como sua negação, visto que tal cláusula é automaticamente satisfeita por qualquer atribuição de valores para as variáveis. A segunda é que cada variável aparece em, no mínimo, uma cláusula, porque não importa qual valor é atribuído a uma variável que não aparece em nenhuma cláusula.

A redução cria dois números no conjunto S para cada variável x_i e dois números em S para cada cláusula C_j. Os números serão representados aqui em base 10, em que cada número contém $n + k$ dígitos e cada dígito corresponde a uma variável ou a uma cláusula. A base 10 (e outras bases, como veremos) tem a propriedade de que precisamos impedir transportes de dígitos mais baixos para dígitos mais altos.

Como mostra a Figura 34.19, construímos o conjunto S e o alvo t da seguinte maneira. Rotulamos cada posição de dígito por uma variável ou por uma cláusula. Os k dígitos menos significativos são rotulados pelas cláusulas, e os n dígitos mais significativos são rotulados por variáveis.

	x_1	x_2	x_3	C_1	C_2	C_3	C_4
v_1 =	1	0	0	1	0	0	1
v_1' =	1	0	0	0	1	1	0
v_2 =	0	1	0	0	0	0	1
v_2' =	0	1	0	1	1	1	0
v_3 =	0	0	1	0	0	1	1
v_3' =	0	0	1	1	1	0	0
s_1 =	0	0	0	1	0	0	0
s_1' =	0	0	0	2	0	0	0
s_2 =	0	0	0	0	1	0	0
s_2' =	0	0	0	0	2	0	0
s_3 =	0	0	0	0	0	1	0
s_3' =	0	0	0	0	0	2	0
s_4 =	0	0	0	0	0	0	1
s_4' =	0	0	0	0	0	0	2
t =	1	1	1	4	4	4	4

Figura 34.19 Redução de 3-CNF-SAT a SOMA-SUBCONJ. A fórmula em 3-CNF é $\phi = C_1 \wedge C_2 \wedge C_3 \wedge C_4$, em que $C_1 = (x_1 \vee \neg x_2 \vee \neg x_3)$, $C_2 = (\neg x_1 \vee \neg x_2 \vee \neg x_3)$, $C_3 = (\neg x_1 \vee \neg x_2 \vee x_3)$ e $C_4 = (x_1 \vee x_2 \vee x_3)$. Uma atribuição satisfatória de ϕ é $\langle x_1 = 0, x_2 = 0, x_3 = 1 \rangle$. O conjunto S produzido pela redução consiste nos números em base 10 mostrados; de cima para baixo, $S = \{1001001, 1000110, 100001, 101110, 10011, 11100, 1000, 2000, 100, 200, 10, 20, 1, 2\}$. O alvo t é 1114444. O subconjunto $S' \subseteq S$ está sombreado em *cinza-escuro* e contém v_1', v_2' e v_3, que correspondem à atribuição satisfatória. O subconjunto S' também contém variáveis de folgas $s_1, s_1', s_2', s_3, s_4$ e s_4' para alcançar o valor de alvo 4 nos dígitos identificados por C_1 a C_4.

- O alvo t tem um 1 em cada dígito rotulado por uma variável, e um 4 em cada dígito rotulado por uma cláusula.
- Para cada variável x_i, o conjunto S contém dois inteiros, v_i e v_i'. Cada v_i e v_i' tem um 1 no dígito rotulado por x_i e 0s nos outros dígitos de variáveis. Se o literal x_i aparece na cláusula C_j, então o dígito rotulado por C_j em v_i contém um 1. Se o literal $\neg x_i$ aparece na cláusula C_j, o dígito rotulado por C_i em v_i' contém um 1. Todos os outros dígitos rotulados por cláusulas em v_i e v_i' são 0.

  Todos os valores v_i e v_i' no conjunto S são únicos. Por quê? Para $\ell \neq i$, nenhum v_ℓ ou v_ℓ' pode ser igual a v_i e v_i' nos n dígitos mais significativos. Além disso, pelas simplificações que adotamos no início, nenhum v_i e v_i' pode ser igual em todos os k dígitos menos significativos. Se v_i e v_i' fossem iguais, então x_i e $\neg x_i$ teriam de aparecer exatamente no mesmo conjunto de cláusulas. Contudo, presumimos que nenhuma cláusula contém x_i e $\neg x_i$ ao mesmo tempo, e que x_i ou $\neg x_i$ aparece em alguma cláusula e, portanto, deve haver alguma cláusula C_j para a qual v_i e v_i' são diferentes.
- Para cada cláusula C_j, o conjunto S contém dois inteiros, s_j e s_j'. Cada s_j e s_j' tem 0s em todos os dígitos exceto o dígito identificado por C_j. Para s_j, existe um 1 no dígito C_j, e s_j' tem um 2 nesse dígito. Esses inteiros são "variáveis de folgas", que usamos para conseguirmos que cada posição de dígito identificada por cláusula alcance o valor alvo de 4.

  A simples inspeção da Figura 34.19 demonstra que todos os valores s_j e s_j' em S são únicos no conjunto S.

Observe que a maior soma de dígitos em qualquer posição de dígito é 6, que ocorre nos dígitos identificados por cláusulas (três 1s dos valores v_i e v_i', mais 1 e 2 dos valores s_j e s_j'). Portanto, interpretando esses números em base 10, não pode ocorrer nenhum transporte de dígitos mais baixos para dígitos mais altos.[12]

Podemos executar a redução em tempo polinomial. O conjunto S contém $2n + 2k$ valores, cada um deles com $n + k$ dígitos, e o tempo para produzir cada dígito é polinomial em $n + k$. O alvo t tem $n + k$ dígitos, e a redução produz cada um deles em tempo constante.

Agora, mostramos que a fórmula 3-CNF ϕ é satisfazível se, e somente se, existe um subconjunto $S' \subseteq S$ cuja soma é t. Primeiro, suponha que ϕ tenha uma atribuição que pode ser satisfeita. Para $i = 1, 2, ..., n$, se $x_i = 1$ nessa atribuição, então incluímos em S'. Caso contrário, incluímos v_i'. Em outras palavras, incluímos em S' exatamente os valores v_i e v_i' que correspondem a literais com o valor 1 na atribuição que pode ser satisfeita. Tendo incluído v_i ou v_i', mas não ambos, para todo i, e como foi inserido 0 nos dígitos rotulados por variáveis em todo s_j e s_j', vemos que para cada dígito rotulado por variável a soma dos valores de S' deve ser 1, o que corresponde aos dígitos do alvo t. Como cada cláusula é satisfeita, a cláusula contém algum literal com o valor 1. Logo, cada dígito rotulado por uma cláusula tem no mínimo um 1 em sua soma, fornecido por um valor v_i e v_i' em S'. De fato, um, dois ou três literais podem ter 1 em cada cláusula, e assim, cada dígito rotulado por cláusula tem soma de 1, 2 ou 3 dos valores v_i e v_i' em S'. Por exemplo, na Figura 34.19, os literais $\neg x_1$, $\neg x_2$ e x_3 têm o valor 1 em uma atribuição que pode ser satisfeita. Cada uma das cláusulas C_1 e C_4 contém exatamente um desses literais e, assim, juntos, v_1', v_2' e v_3 contribuem com 1 para a soma nos dígitos para C_1 e C_4. A cláusula C_2 contém dois desses literais, e v_1', v_2' e v_3 contribuem com 2 para a soma no dígito correspondente a C_2. A cláusula C_3 contém todos esses três literais, e v_1', v_2' e v_3 contribuem com 3 para a soma no dígito correspondente a C_3. Chegamos ao alvo de 4 em cada dígito identificado pela cláusula C_j incluindo em S' o subconjunto não vazio adequado de variáveis de folgas $\{s_j$ e $s_j'\}$. Na Figura 34.19, S' inclui s_1, s_1', s_2', s_3, s_4 e s_4'. Visto que S' equipara o alvo em todos os dígitos da soma e não pode ocorrer nenhum transporte, a soma dos valores de S' é t.

Agora, suponha que exista um subconjunto $S' \subseteq S$ cuja soma seja t. O subconjunto S' deve incluir exatamente um de v_i e v_i' para cada $i = 1, 2, ..., n$ já que, do contrário, os dígitos identificados por variáveis não somariam 1. Se $v_i \in S'$, definimos $x_i = 1$. Caso contrário, $v_i' \in S'$ e definimos $x_i = 0$. Afirmamos que toda cláusula C_j, para $j = 1, 2, ..., k$, é satisfeita por essa atribuição. Para provar essa afirmação, observe que, para alcançar a soma 4 no dígito identificado por C_j, o subconjunto S' deve incluir no mínimo um valor v_i ou v_i' que tenha 1 no dígito identificado por C_j, já que as contribuições das variáveis de folgas s_j e s_j', juntas, somam no máximo 3. Se S' incluir um v_i que tenha um 1 na posição de C_j, então o literal x_i aparece na cláusula C_j. Como definimos $x_i = 1$ quando

---

[12]De fato, qualquer base $b \geq 7$ serviria. A instância no início desta subseção é o conjunto S e alvo t na Figura 34.19 interpretados em base 7, sendo S listado em sequência ordenada.

$v_i' \in S'$, a cláusula C_i é satisfeita. Se S' incluir um v_i' que tenha um 1 nessa posição, então o literal $\neg x_i$ aparecerá em C_j. Visto que definimos $x_i = 0$ quando $v_i' \in S'$, a cláusula C_j é novamente satisfeita. Assim, todas as cláusulas de ϕ são satisfeitas, o que conclui a prova. ∎

34.5.6 Estratégias de redução

A partir das reduções nesta seção, podemos ver que nenhuma estratégia única se aplica a todos os problemas NP-completos. Algumas reduções são diretas, como reduzir o problema do ciclo hamiltoniano ao problema do caixeiro-viajante. Outras são consideravelmente mais complicadas. Aqui estão algumas coisas para manter em mente e algumas estratégias que podemos usar com frequência.

Armadilhas

Certifique-se de não realizar a redução ao contrário. Ou seja, ao tentar mostrar que o problema Y é NP-completo, você poderia apanhar um problema NP-completo conhecido X e fornecer uma redução em tempo polinomial de Y para X. Esse é o sentido contrário. A redução deve ser de X para Y, de modo que uma solução para Y dê uma solução para X.

Lembre-se também de que reduzir um problema NP-completo conhecido X a um problema Y não prova por si só que Y é NP-completo. Isso prova que Y é NP-difícil. Para mostrarmos que Y é NP-completo, também precisamos provar que ele está em NP, mostrando como verificar um certificado para Y em tempo polinomial.

Vá do geral ao específico

Ao reduzirmos o problema X para o problema Y, sempre devemos começar com uma entrada arbitrária para o problema X. Mas podemos restringir a entrada para o problema Y o quanto quisermos. Por exemplo, ao reduzir a satisfatibilidade 3-CNF para o problema da soma de subconjuntos, a redução tinha que ser capaz de lidar com *qualquer* fórmula 3-CNF como entrada, mas a entrada para o problema da soma de subconjuntos que ela produzia tinha uma estrutura particular: $2n + 2k$ inteiros no conjunto, e cada inteiro era formado de maneira específica. A redução não precisava produzir *cada* entrada possível para o problema da soma de subconjuntos. O detalhe aqui é que uma maneira de resolver o problema de satisfatibilidade 3-CNF transforma a entrada em uma entrada para o problema da soma de subconjuntos e, então, usa a resposta para o problema da soma de subconjuntos como a resposta para o problema de satisfatibilidade 3-CNF.

Tire proveito da estrutura do problema que está reduzindo

Na escolha de um problema para reduzir, podemos considerar dois problemas no mesmo domínio, mas um problema tem mais estrutura do que o outro. Por exemplo, é quase sempre muito mais fácil reduzir a partir da satisfatibilidade 3-CNF do que reduzir a partir da satisfatibilidade da fórmula. As fórmulas booleanas podem ser arbitrariamente complicadas, mas podemos explorar a estrutura das fórmulas 3-CNF ao reduzirmos.

Da mesma forma, geralmente é mais direto reduzir do problema do ciclo hamiltoniano do que do problema do caixeiro-viajante, embora eles sejam muito semelhantes. Isso ocorre porque você pode visualizar o problema do ciclo hamiltoniano como um grafo completo, mas com pesos de arestas de apenas 0 ou 1, como apareceriam na matriz de adjacência. Nesse sentido, o problema do ciclo hamiltoniano tem mais estrutura do que o problema do caixeiro-viajante, no qual os pesos das arestas são irrestritos.

Procure casos especiais

Vários problemas NP-completos são apenas casos especiais de outros problemas NP-completos. Por exemplo, considere a versão de decisão do problema da mochila 0-1: dado um conjunto de n itens, cada um com um peso e um valor, existe um subconjunto de itens cujo peso total seja no máximo determinado peso W e cujo valor total é pelo menos determinado valor V? Você pode ver o problema de partição de conjuntos no Exercício 34.5-5 como um caso especial do problema da mochila 0-1: considere que o valor de cada item é igual ao seu peso e defina W e V como metade do peso total. Se o problema X é NP-difícil e é um caso especial do problema Y, então o problema Y também deve ser NP-difícil. Isso ocorre porque uma solução em tempo polinomial para o problema Y fornece automaticamente uma solução em tempo polinomial para o problema X. Mais intuitivamente, o problema Y, sendo mais geral que o problema X, é pelo menos tão difícil quanto ele.

Selecione um problema apropriado para reduzir

Frequentemente, é uma boa estratégia reduzir a partir de um problema em um domínio que seja igual ou pelo menos relacionado com o domínio do problema que você está tentando provar ser NP-completo. Por exemplo, vimos que o problema de cobertura de vértices — um problema de grafo — era NP-difícil ao reduzirmos do problema do clique — também um problema de grafo. Do problema da cobertura de vértices, reduzimos ao problema do ciclo hamiltoniano, e do problema do ciclo hamiltoniano, reduzimos ao problema do caixeiro-viajante. Todos esses problemas recebem gráficos não dirigidos como entradas.

Por vezes, no entanto, você descobrirá que é melhor passar de um domínio para outro, como quando reduzimos a satisfatibilidade 3-CNF para o problema do clique ou para o problema da soma de subconjuntos. A satisfatibilidade 3-CNF muitas vezes acaba sendo uma boa escolha como problema de redução ao cruzar domínios.

Nos problemas de grafos, se você precisar selecionar uma parte do grafo, sem levar em consideração a ordem, o problema de cobertura de vértices costuma ser um bom ponto de partida. Se a ordem for importante, considere começar com o problema do ciclo hamiltoniano ou do caminho hamiltoniano (ver Exercício 34.5-6).

Estabeleça grandes recompensas e grandes penalidades

A estratégia de redução do problema do ciclo hamiltoniano com um grafo G ao problema do caixeiro-viajante incentivou o uso de arestas presentes em G na escolha das arestas para o percurso do caixeiro-viajante. A redução o fez dando a essas arestas um peso baixo: 0. Em outras palavras, demos uma grande recompensa pelo uso dessas arestas.

Como alternativa, a redução poderia ter dado às arestas em G um peso finito e dado às arestas que não estão em G um peso infinito, exigindo, assim, uma grande penalidade por usar arestas que não estão em G. Com essa abordagem, se cada aresta em G tem peso W, então o peso-alvo da viagem do caixeiro-viajante torna-se $W \cdot |V|$. Ocasionalmente, podemos pensar nas penalidades como uma forma de fazer cumprir os requisitos. Por exemplo, se o percurso do caixeiro-viajante inclui uma aresta com peso infinito, então ele viola o requisito de que o percurso deva incluir apenas arestas pertencentes a G.

Projete *gadgets*

A redução do problema da cobertura de vértices para o problema do ciclo hamiltoniano usa o *gadget* mostrado na Figura 34.16. Esse *gadget* é um subgrafo conectado a outras partes do grafo construído a fim de restringir as maneiras pelas quais um ciclo pode visitar cada vértice no *gadget* uma vez. De forma mais geral, um *gadget* é um componente que aplica certas propriedades. *Gadgets* podem ser complicados, como na redução ao problema do ciclo hamiltoniano, ou então podem ser simples: na redução da satisfatibilidade 3-CNF para o problema da soma de subconjuntos, podemos ver as variáveis de folgas s_j e s_j' como dispositivos que permitem que cada posição de dígito marcada na cláusula atinja o valor alvo de 4.

Exercícios

34.5-1

O *problema de isomorfismo de subgrafos* toma dois grafos não dirigidos G_1 e G_2, e pergunta se G_1 é isomorfo a um subgrafo de G_2. Mostre que o problema de isomorfismo de subgrafos é NP-completo.

34.5-2

Dada uma matriz A $m \times n$ de inteiros e um m-vetor de inteiros, b, o *problema de programação de inteiros 0-1* pergunta se existe um n-vetor de inteiros, x, com elementos no conjunto $\{0, 1\}$ tal que $Ax \le b$. Prove que a programação de inteiros 0-1 é NP-completa. (*Sugestão:* reduza partindo de 3-CNF-SAT.)

34.5-3

O *problema de programação linear de inteiros* é semelhante ao problema de programação de inteiros 0-1 dado no Exercício 34.5-2, exceto que os valores do vetor x podem ser quaisquer inteiros em vez de somente 0 ou 1. Considerando que o problema de programação de inteiros 0-1 é NP-difícil, mostre que o problema de programação linear de inteiros é NP-completo.

34.5-4

Mostre como resolver o problema da soma de subconjuntos em tempo polinomial se o valor alvo t é expresso em unário.

34.5-5

O ***problema de partição de conjuntos*** toma como entrada um conjunto S de inteiros positivos. A questão é se os números podem ser particionados em dois conjuntos A e $\overline{A} = S - A$ tais que $\sum_{x \in A} x = \sum_{x \in \overline{A}} x$. Mostre que o problema de partição de conjuntos é NP-completo.

34.5-6

Mostre que o problema do caminho hamiltoniano é NP-completo.

34.5-7

O ***problema do ciclo simples de comprimento máximo*** é o problema de determinar um ciclo simples (sem vértices repetidos) de comprimento máximo em um grafo. Formule um problema de decisão relacionado e mostre que esse problema é NP-completo.

34.5-8

No problema de ***satisfatibilidade da meia forma normal 3-conjuntiva*** (***meia 3-CNF***), temos uma fórmula normal 3-CNF ϕ com n variáveis e m cláusulas, em que m é par. Desejamos determinar se existe uma atribuição verdade para as variáveis de ϕ tal que exatamente metade das cláusulas tenha valor 0 e exatamente metade das cláusulas tenha valor 1. Prove que o problema de satisfatibilidade da meia 3-CNF é NP-completo.

34.5-9

A prova de que VERTEX-COVER $\leq_{\mathrm{p}}$ CICLO-HAM considera que o grafo G dado como entrada para o problema de cobertura de vértices não possui vértices isolados. Mostre como a redução na prova pode ser invalidada se G tiver um vértice isolado.

Problemas

34-1   Conjunto independente

Um ***conjunto independente*** de um grafo $G = (V, E)$ é o subconjunto $V' \subseteq V$ de vértices, tal que cada aresta em E é incidente em no máximo um vértice em V'. O ***problema do conjunto independente*** é encontrar um conjunto independente de tamanho máximo em G.

a. Formule um problema de decisão relacionado para o problema do conjunto independente e prove que ele é NP-completo. (*Sugestão:* reduza partindo do problema do clique.)

b. Suponha que você recebeu uma sub-rotina em "caixa-preta" para resolver o problema de decisão que definiu no item (a). Forneça um algoritmo para encontrar um conjunto independente de tamanho máximo. O tempo de execução de seu algoritmo deve ser polinomial em $|V|$ e $|E|$, contando consultas à caixa-preta como única etapa.

Embora o problema de decisão do conjunto independente seja NP-completo, certos casos especiais são solucionáveis em tempo polinomial.

c. Forneça um algoritmo eficiente para resolver o problema do conjunto independente quando cada vértice em G tem grau 2. Analise o tempo de execução e prove que seu algoritmo funciona corretamente.

d. Forneça um algoritmo eficiente para resolver o problema do conjunto independente quando G é bipartido. Analise o tempo de execução e prove que seu algoritmo funciona corretamente. (*Sugestão:* primeiro, prove que, em um grafo bipartido, o tamanho do conjunto independente máximo mais o tamanho do emparelhamento máximo é igual a $|V|$. Em seguida, use um algoritmo de correspondência máxima — ver Seção 25.1 — como primeiro passo em um algoritmo para encontrar um conjunto independente.)

34-2 Bonnie e Clyde

Bonnie e Clyde acabaram de assaltar um banco. Eles têm uma sacola de dinheiro e querem reparti-lo. Para cada um dos cenários a seguir, forneça um algoritmo em tempo polinomial para dividir o dinheiro ou prove que o problema de dividir o dinheiro da forma descrita é NP-completo. A entrada em cada caso é uma lista dos n itens na sacola, com o valor de cada um.

a. A sacola contém n moedas, mas somente duas denominações diferentes: algumas moedas valem x dólares e algumas valem y dólares. Bonnie e Clyde desejam dividir o dinheiro em partes exatamente iguais.

b. A sacola contém n moedas, com um número arbitrário de denominações diferentes, mas cada denominação é uma potência inteira não negativa de 2, isto é, os valores possíveis das denominações são 1 dólar, 2 dólares, 4 dólares etc. Bonnie e Clyde desejam dividir o dinheiro em partes exatamente iguais.

c. A sacola contém n cheques, que, por uma coincidência incrível, são nominais a "Bonnie ou Clyde". Eles desejam dividir os cheques de modo que cada um receba exatamente a mesma quantia.

d. A sacola contém n cheques como no item (c), mas dessa vez Bonnie e Clyde estão dispostos a aceitar uma divisão em que a diferença não seja maior que 100 dólares.

34-3 Coloração de grafos

Fabricantes de mapas tentam usar o mínimo de cores possível para colorir países em um mapa, desde que dois países que compartilhem fronteira não tenham a mesma cor. Podemos modelar esse problema com um grafo não dirigido $G = (V, E)$ no qual cada vértice representa um país e os vértices cujos respectivos países compartilham fronteira são adjacentes. Então, **colorir um grafo com k cores** é uma função $c : V \rightarrow \{1, 2, ... , k\}$ tal que $c(u) \neq c(v)$ para toda aresta $(u, v) \in E$. Em outras palavras, os números 1, 2, ..., k representam as k cores, e vértices adjacentes devem ter cores diferentes. O **problema da coloração de grafos** é determinar o número mínimo de cores necessárias para colorir determinado grafo.

a. Forneça um algoritmo eficiente para colorir um grafo com duas cores, se ele existir.

b. Expresse o problema de colorir grafos como um problema de decisão. Mostre que seu problema de decisão é solucionável em tempo polinomial se, e somente se, o problema da coloração de grafos é solucionável em tempo polinomial.

c. Seja a linguagem 3-CORES o conjunto de grafos que podem ser coloridos em três cores. Mostre que, se 3-CORES é NP-completo, seu problema de decisão do item (b) é NP-completo.

Para provarmos que 3-CORES é NP-completo, usamos uma redução de 3-CNF-SAT. Dada uma fórmula ϕ, de m cláusulas para n variáveis $x_1, x_2, ..., x_n$, construímos um grafo $G = (V, E)$ da seguinte maneira. O conjunto V consiste em um vértice para cada variável, um vértice para a negação de cada variável, cinco vértices para cada cláusula e três vértices especiais: VERDADEIRO, FALSO e VERMELHO. As arestas do grafo são de dois tipos: arestas "literais", que são independentes das cláusulas, e arestas "cláusulas", que dependem das cláusulas. Conforme mostra a Figura 34.20, as arestas literais formam um triângulo nos vértices especiais VERDADEIRO, FALSO e VERMELHO, e também formam um triângulo em x_i, $\neg x_i$, e VERMELHO para $i = 1, 2, ..., n$.

d. Considere um grafo que contém arestas literais. Demonstre que, em qualquer problema c de colorir em três cores, exatamente uma das variáveis e sua negação é colorida c(VERDADEIRO) e a outra é colorida c(FALSO). Demonstre que, para qualquer atribuição verdade de ϕ, existe uma coloração em três cores do grafo que contém apenas as arestas literais.

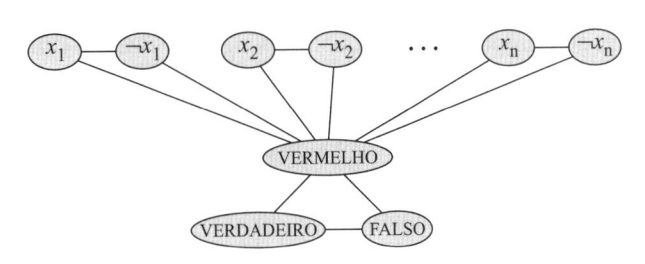

Figura 34.20 Subgrafo de G no Problema 34-3 formado pelas arestas literais. Os vértices especiais VERDADEIRO, FALSO e VERMELHO formam um triângulo, e para cada variável x_i os vértices x_i, $\neg x_i$ e VERMELHO formam um triângulo.

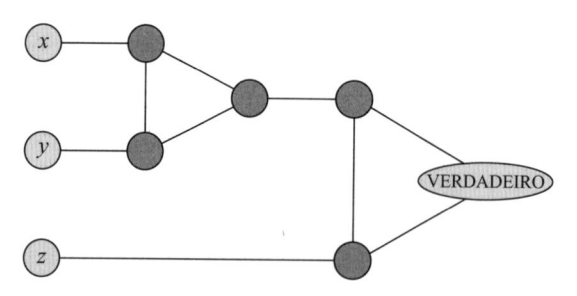

Figura 34.21 *Gadget* correspondente a uma cláusula ($x \lor y \lor z$), usado no Problema 34-3.

O *gadget* mostrado na Figura 34.21 ajuda a impor a condição correspondente a uma cláusula ($x \lor y \lor z$), em que x, y e z são literais. Cada cláusula requer uma cópia única os cinco vértices em *cinza-escuro* na figura. Eles se ligam aos literais da cláusula e ao vértice especial VERDADEIRO da maneira mostrada.

e. Demonstre que, se cada x, y e z é colorido c(VERDADEIRO) ou c(FALSO), então o *gadget* pode ser colorido em três cores se, e somente se, no mínimo um de x, y ou z é colorido c(VERDADEIRO).

f. Conclua a prova de que 3-COLOR é NP-completo.

34-4   *Escalonamento com lucros e prazos finais*

Suponha que tenhamos um computador e um conjunto de n tarefas $\{a_1, a_2, ..., a_n\}$ e cada uma requeira tempo no computador. Cada tarefa a_j requer t_j unidades de tempo no computador (seu tempo de processamento), rende um lucro p_j e tem um prazo final d_j. O computador pode processar somente uma tarefa por vez, e a tarefa a_j deve ser executada ininterruptamente por t_j unidades de tempo consecutivas. Se concluirmos a tarefa a_j em seu prazo final d_j, receberemos um lucro p_j, mas se a concluirmos após seu prazo final não obteremos nenhum lucro. Por ser um problema de otimização, dados os tempos de processamento, lucros e prazos finais para um conjunto de n tarefas, queremos determinar um escalonamento que conclua todas as tarefas e retorne o maior lucro possível. Os tempos de processamento, lucros e prazos finais são todos números não negativos.

a. Enuncie este problema como um problema de decisão.

b. Mostre que o problema de decisão é NP-completo.

c. Forneça um algoritmo em tempo polinomial para o problema de decisão supondo que todos os tempos de processamento são inteiros de 1 a n. (*Sugestão:* use programação dinâmica.)

d. Forneça um algoritmo em tempo polinomial para o problema de otimização, supondo que todos os tempos de processamento são inteiros de 1 a n.

Notas do capítulo

O livro de Garey e Johnson [176] oferece um maravilhoso guia para a NP-completude por discutir a teoria a fundo e fornecer um catálogo de muitos problemas que, em 1979, eram conhecidos como NP-completos. A prova do Teorema 34.13 foi adaptada desse livro, e a lista de domínios de problemas NP-completos no início da Seção 34.5 foi extraída de seu sumário. Johnson escreveu uma série de 23 colunas no *Journal of Algorithms* entre 1981 e 1992 relatando novos desenvolvimentos no estudo da NP-completude. O livro de Fortnow [152] oferece uma história da NP-completude, com suas implicações sociais. Hopcroft, Motwani e Ullman [225], Lewis e Papadimitriou [299], Papadimitriou [352] e Sipser [413] trazem bons tratamentos da NP-completude no contexto da teoria da complexidade. A NP-completude e várias reduções também aparecem em livros de Aho, Hopcroft e Ullman [5], Dasgupta, Papadimitriou e Varizani [107], Johnsonbaugh e Schaefer [239] e Kleinberg e Tardos [257]. O livro de Hromhovič [229] estuda diversos métodos para resolver problemas difíceis.

A classe P foi introduzida em 1964 por Cobham [96] e, independentemente, em 1965 por Edmonds [130], que também apresentou a classe NP e conjecturou que P ≠ NP. A noção da NP-completude foi proposta em 1971 por Cook [100], que deu as primeiras provas da NP-completude para satisfatibilidade de fórmulas e satisfatibilidade 3-CNF. Levin [297] descobriu independentemente a noção, dando prova da NP-completude para um problema de ladrilhamento. Karp [248] introduziu a metodologia de reduções em 1972 e demonstrou a rica variedade de problemas NP-completos. O artigo de Karp incluía as provas originais da NP-completude dos problemas do clique, da cobertura de vértices e do ciclo hamiltoniano. Desde então, muitos pesquisadores provaram que milhares de problemas eram NP-completos.

O trabalho recente em teoria da complexidade lançou alguma luz sobre a complexidade do cálculo de soluções aproximadas. Ele apresentou uma nova definição de NP, usando "provas probabilisticamente verificáveis". Essa nova definição implica que, para problemas como os do clique, da cobertura de vértices, do caixeiro-viajante com a desigualdade triangular e muitos outros, o cálculo de boas soluções aproximadas (ver Capítulo 35) é NP-difícil e, consequentemente, não é mais fácil que o cálculo de soluções ótimas. Uma introdução a esse assunto pode ser encontrada na tese de Arora [21], em um capítulo de Arora e Lund em Hochbaum [221], um levantamento feito por Arora [22], um livro editado por Mayr, Prömel e Steger [319], um artigo de pesquisa de Johnson [237] e um capítulo no livro didático de Arora e Barak [24].

35 Algoritmos de Aproximação

Muitos problemas de significado prático são NP-completos, mas apesar disso são demasiadamente importantes para que os abandonemos simplesmente porque não sabemos como determinar uma solução ótima em tempo polinomial. Mesmo quando um problema é NP-completo, ainda pode haver esperança. Temos no mínimo três modos de contornar a NP-completude. O primeiro é que, se as entradas reais são pequenas, um algoritmo com tempo de execução exponencial pode ser perfeitamente satisfatório. O segundo é que podemos isolar casos especiais importantes para resolvermos em tempo polinomial. O terceiro é que poderíamos encontrar abordagens para determinar soluções *quase ótimas* em tempo polinomial (seja no pior caso ou no caso esperado). Na prática, quase ótimo muitas vezes é suficientemente bom. Denominamos um algoritmo que retorna soluções quase ótimas *algoritmo de aproximação*. Este capítulo apresenta algoritmos de aproximação em tempo polinomial para vários problemas NP-completos.

Razões de desempenho para algoritmos de aproximação

Suponha que estejamos trabalhando em um problema de otimização em que cada solução potencial tenha um custo positivo, e que desejemos encontrar uma solução quase ótima. Dependendo do problema, podemos definir uma solução ótima como solução com o máximo custo possível ou solução com o mínimo custo possível; isto é, pode ser um problema de maximização ou um problema de minimização.

Dizemos que um algoritmo para um problema tem *razão de aproximação* $\rho(n)$ se, para qualquer entrada de tamanho n, o custo C da solução produzida pelo algoritmo está a menos de um fator $\rho(n)$ do custo C^* de uma solução ótima:

$$\max\left\{\frac{C}{C^*}, \frac{C^*}{C}\right\} \leq \rho(n) . \tag{35.1}$$

Se um algoritmo consegue uma razão de aproximação de $\rho(n)$, nós o denominamos *algoritmo de $\rho(n)$-aproximação*. As definições de razão de aproximação e algoritmo de aproximação $\rho(n)$ se aplicam a problemas de minimização, bem como de maximização. Para um problema de maximização, $0 < C \leq C^*$, e a razão C^*/C dá o fator que indica quanto o custo de uma solução ótima é maior que o custo da solução aproximada. De modo semelhante, para um problema de minimização, $0 < C^* \leq C$, e a razão C/C^* dá o fator que indica quanto o custo da solução aproximada é maior que o custo de uma solução ótima. Como supomos que todas as soluções têm custo positivo, essas razões são sempre bem definidas. A razão de aproximação de um algoritmo de aproximação nunca é menor que 1, já que $C/C^* \leq 1$ implica $C^*/C \geq 1$. Então, um algoritmo de aproximação 1[1] produz uma solução ótima, e um algoritmo de aproximação com razão de aproximação grande pode retornar uma solução muito pior que a solução ótima.

Para muitos problemas, temos algoritmos de aproximação em tempo polinomial com razões de aproximação pequenas e constantes, embora para outros problemas os algoritmos de aproximação em tempo polinomial mais conhecidos tenham razões de aproximação que crescem em função do tamanho da entrada n. Um exemplo de tal problema é o problema da cobertura de conjuntos apresentado na Seção 35.3.

---

[1] Quando a razão de aproximação é independente de n, usamos os termos "razão de aproximação de ρ" e "algoritmo de aproximação ρ", que indica a não dependência de n.

Alguns algoritmos de aproximação em tempo polinomial podem alcançar razões de aproximação cada vez melhores, usando mais e mais tempo de computação. Para esses problemas, podemos trocar tempo de computação por qualidade da aproximação. Um exemplo é o problema da soma de subconjuntos, estudado na Seção 35.5. Essa situação é bastante importante para merecer um nome exclusivo.

Esquema de aproximação para um problema de otimização é um algoritmo de aproximação que adota como entrada não somente uma instância do problema, mas também um valor $\epsilon > 0$ tal que, para qualquer ϵ fixo, o esquema é um algoritmo de $(1 + \epsilon)$-aproximação. Dizemos que um esquema de aproximação é um *esquema de aproximação em tempo polinomial* se, para qualquer $\epsilon > 0$ fixo, o esquema é executado em tempo polinomial no tamanho n de sua instância de entrada.

O tempo de execução de um esquema de aproximação em tempo polinomial pode aumentar muito rapidamente à medida que ϵ diminui. Por exemplo, o tempo de execução de um esquema de aproximação em tempo polinomial poderia ser $O(n^{2/\epsilon})$. No caso ideal, se ϵ diminui por um fator constante, o tempo de execução para obter a aproximação desejada não deve aumentar mais do que um fator constante (embora não necessariamente o mesmo fator constante pelo qual ϵ diminuiu).

Dizemos que um esquema de aproximação é um *esquema de aproximação em tempo completamente polinomial* se é um esquema de aproximação e seu tempo de execução é polinomial em $1/\epsilon$, bem como no tamanho n da instância de entrada. Por exemplo, o esquema pode ter tempo de execução $O((1/\epsilon)^2 n^3)$. Com tal esquema, qualquer redução de fator constante em ϵ pode vir acompanhada por um aumento correspondente de fator constante no tempo de execução.

Resumo do capítulo

As quatro primeiras seções deste capítulo apresentam alguns exemplos de algoritmos de aproximação em tempo polinomial para problemas NP-completos, e a quinta seção apresenta um esquema de aproximação em tempo completamente polinomial. Começamos na Seção 35.1 com um estudo do problema de cobertura de vértices, um problema de minimização NP-completo que tem um algoritmo de aproximação com razão de aproximação igual a 2. A Seção 35.2 examina uma versão do problema do caixeiro-viajante, no qual a função custo satisfaz à desigualdade triangular e apresenta um algoritmo de aproximação com razão de aproximação igual a 2. Mostra também que, sem a desigualdade triangular, para qualquer constante $\rho \geq 1$, um algoritmo de ρ-aproximação não pode existir a menos que P = NP. Na Seção 35.3, mostramos como usar um método guloso como algoritmo de aproximação efetivo para o problema da cobertura de conjuntos, obtendo uma cobertura cujo custo é, na pior das hipóteses, um fator logarítmico maior que o custo ótimo. A Seção 35.4 utiliza a aleatorização e a programação linear para desenvolver mais dois algoritmos de aproximação. Primeiro, estudamos a versão de otimização da satisfatibilidade 3-CNF e damos um algoritmo aleatorizado simples que produz solução com uma razão de aproximação esperada de 8/7. Depois, a Seção 35.4 examina uma variante ponderada do problema de cobertura de vértices e mostra como usar programação linear para desenvolver um algoritmo de aproximação 2. Por fim, a Seção 35.5 apresenta um esquema de aproximação em tempo completamente polinomial para o problema da soma de subconjuntos.

35.1   Problema de cobertura de vértices

A Seção 34.5.2 definiu o problema de cobertura de vértices e provou que ele é NP-completo. Lembre-se de que uma *cobertura de vértices* de um grafo não dirigido $G = (V, E)$ é um subconjunto $V' \subseteq V$ tal que, se (u, v) é uma aresta de G, então $u \in V'$ ou $v \in V'$ (ou ambos). O tamanho de uma cobertura de vértices é o número de vértices que ela contém.

O *problema de cobertura de vértices* é encontrar uma cobertura de vértices de tamanho mínimo em dado grafo não dirigido. Denominamos tal cobertura de vértices *cobertura de vértices ótima*. Esse problema é a versão de otimização de um problema de decisão NP-completo.

Embora não saibamos como determinar uma cobertura de vértices ótima em um grafo G em tempo polinomial, existe um algoritmo eficiente para encontrar uma cobertura de vértices quase ótima. O algoritmo de aproximação COBERTURA-VÉRTICE-APROX a seguir adota como entrada um grafo não dirigido G e retorna uma cobertura de vértices para a qual é garantido que seu tamanho não seja mais de duas vezes maior do que a cobertura de vértices ótima.

```
COBERTURA-VÉRTICE-APROX(G)
1   C = ∅
2   E' = G.E
3   while E' ≠ ∅
4       seja (u, v) uma aresta arbitrária de E'
5       C = C ∪ {u, v}
6       remover de E' a aresta (u, v) e cada aresta incidente em u ou v
7   return C
```

A Figura 35.1 ilustra a operação de COBERTURA-VÉRTICE-APROX em um grafo de exemplo. A variável C contém a cobertura de vértices que está sendo construída. A linha 1 inicializa C como o conjunto vazio. A linha 2 define E' como uma cópia do conjunto de arestas $G.E$ do grafo. O laço **while** nas linhas 3–6 escolhe repetidamente uma aresta (u, v) de E', adiciona suas extremidades u e v a C e elimina todas as arestas em E' que sejam cobertas por u ou v. Por fim, a linha 7 retorna a cobertura de vértices C. O tempo de execução desse algoritmo é $O(V + E)$, usando listas de adjacências para representar E'.

Teorema 35.1

COBERTURA-VÉRTICE-APROX é um algoritmo polinomial de aproximação 2.

Prova Já mostramos que COBERTURA-VÉRTICE-APROX é executado em tempo polinomial.

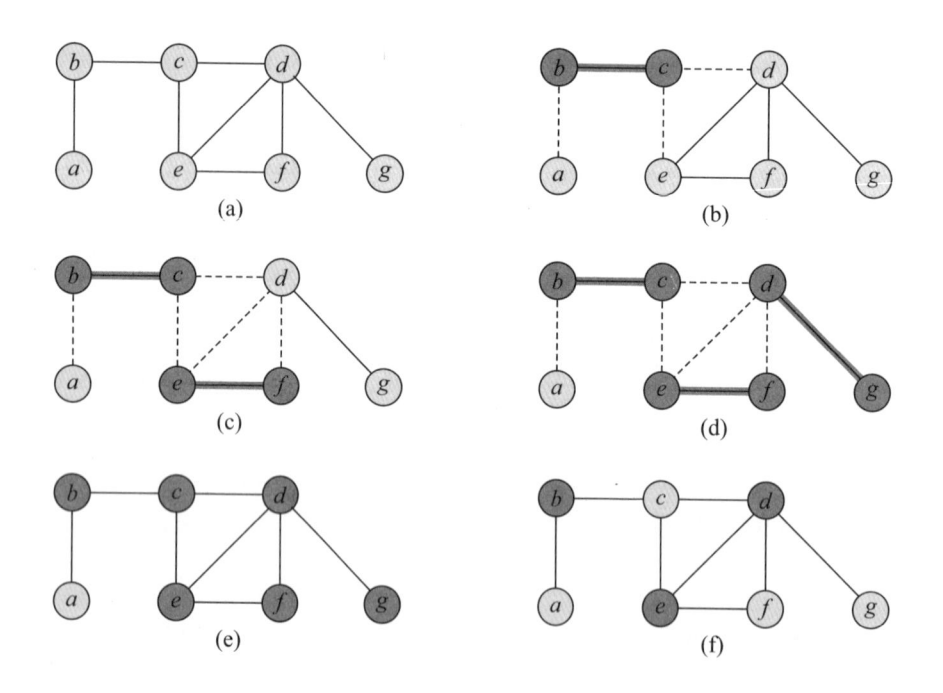

Figura 35.1 Operação de COBERTURA-VÉRTICE-APROX. (**a**) Grafo de entrada G, que tem sete vértices e oito arestas. (**b**) A aresta destacada (b, c) é a primeira aresta escolhida por COBERTURA-VÉRTICE-APROX. Os vértices b e c, em *cinza-escuro*, são adicionados ao conjunto C que contém a cobertura de vértices que está sendo criada. As arestas (a, b), (c, e) e (c, d), mostradas em *linhas tracejadas*, são eliminadas, visto que agora estão cobertas por algum vértice em C. (**c**) A aresta (e, f) é escolhida; os vértices e e f são adicionados a C. (**d**) A aresta (d, g) é escolhida; os vértices d e g são adicionados a C. (**e**) O conjunto C, que é a cobertura de vértices produzida por COBERTURA-VÉRTICE-APROX, contém os seis vértices b, c, d, e, f, g. (**f**) A cobertura de vértices ótima para esse problema contém apenas três vértices: b, d e e.

O conjunto C de vértices retornado por Cobertura-Vértice-Aprox é uma cobertura de vértices, visto que o algoritmo roda até que toda aresta em $G.E$ tenha sido coberta por algum vértice em C.

Para vermos que o procedimento Cobertura-Vértice-Aprox retorna uma cobertura de vértices que é no máximo duas vezes o tamanho de uma cobertura ótima, seja A o conjunto de arestas que foram escolhidas na linha 4 de Cobertura-Vértice-Aprox. Para cobrir as arestas em A, qualquer cobertura de vértices — em particular, uma cobertura ótima C^* — deve incluir no mínimo uma extremidade de cada aresta em A. Duas arestas em A não compartilham uma extremidade, já que, escolhida uma aresta na linha 4, todas as outras arestas que sejam incidentes em suas extremidades são eliminadas de E' na linha 6. Assim, não há duas arestas em A cobertas pelo mesmo vértice de C^*, o que significa que para cada vértice em C^* há no máximo uma aresta em A, e temos o limite inferior

$$|C^*| \geq |A| \tag{35.2}$$

para o tamanho de uma cobertura de vértices ótima. Cada execução da linha 4 escolhe uma aresta para a qual nenhuma de suas extremidades já esteja em C, o que produz um limite superior (na verdade, um limite superior exato) para o tamanho da cobertura de vértices retornada:

$$|C| = 2|A| \ . \tag{35.3}$$

Combinando as Equações (35.2) e (35.3), obtemos

$$\begin{aligned} |C| &= 2|A| \\ &\leq 2|C^*| \ , \end{aligned}$$

provando, assim, o teorema. ∎

Vamos refletir sobre essa prova. A princípio, poderíamos imaginar como é possível provar que o tamanho da cobertura de vértices retornada por Cobertura-Vértice-Aprox é no máximo duas vezes o tamanho de uma cobertura de vértices ótima, já que nem mesmo sabemos qual é o tamanho da cobertura de vértices ótima. Em vez de querermos saber qual é o tamanho exato de uma cobertura de vértices ótima, recorremos a um limite inferior para o tamanho. Como o Exercício 35.1-2 pede para mostrar, o conjunto A de arestas que a linha 4 de Cobertura-Vértice-Aprox seleciona é realmente um emparelhamento maximal no grafo G. (**Emparelhamento maximal** é um emparelhamento ao qual nenhuma aresta pode ser acrescentada e ainda assim ter um emparelhamento.) O tamanho de um emparelhamento maximal é, como demonstramos na prova do Teorema 35.1, um limite inferior para o tamanho de uma cobertura de vértices ótima. O algoritmo retorna uma cobertura de vértices cujo tamanho é, no máximo, duas vezes o tamanho do emparelhamento maximal A. Determinando a razão entre o tamanho da solução retornada e o limite inferior, obtemos nossa razão de aproximação. Utilizaremos essa metodologia também em seções posteriores.

Exercícios

35.1-1
Forneça um exemplo de grafo para o qual Cobertura-Vértice-Aprox sempre produz uma solução subótima.

35.1-2
Prove que o conjunto de arestas escolhido na linha 4 de Cobertura-Vértice-Aprox forma um emparelhamento maximal no grafo G.

★ 35.1-3
Considere a heurística a seguir para resolver o problema de cobertura de vértices. Selecione repetidamente um vértice de grau mais alto e elimine todas as suas arestas incidentes. Dê um exemplo para mostrar que essa heurística não tem razão de aproximação de 2. (*Sugestão:* experimente um grafo bipartido com vértices de grau uniforme à esquerda e vértices de grau variado à direita.)

35.1-4
Dê um algoritmo guloso eficiente para determinar uma cobertura de vértices ótima para uma árvore em tempo linear.

35.1-5

A prova do Teorema 34.12, no Capítulo 34, ilustra que o problema de cobertura de vértices e o problema NP-completo do clique são complementares no sentido de que uma cobertura de vértices ótima é o complemento de um clique de tamanho máximo no grafo de complemento. Essa relação implica que existe um algoritmo de aproximação em tempo polinomial com razão de aproximação constante para o problema do clique? Justifique sua resposta.

35.2   Problema do caixeiro-viajante

No problema do caixeiro-viajante apresentado na Seção 34.5.4, sua entrada é um grafo não dirigido completo $G = (V, E)$ que tem um custo inteiro não negativo $c(u, v)$ associado a cada aresta $(u, v) \in E$. O objetivo é encontrar um ciclo hamiltoniano (um percurso) de G com custo mínimo. Como extensão de nossa notação, seja $c(A)$ o custo total das arestas no subconjunto $A \subseteq E$:

$$c(A) = \sum_{(u,v) \in A} c(u, v) .$$

Em muitas situações práticas, o modo menos caro de ir de um lugar u a um lugar w é ir diretamente, sem nenhuma etapa intermediária. Em outras palavras, eliminar uma parada intermediária nunca aumenta o custo. Tal função custo c satisfaz à *desigualdade triangular* se, para todos os vértices $u, v, w \in V$,

$$c(u, w) \leq c(u, v) + c(v, w) .$$

A desigualdade triangular parece naturalmente válida, e ela é automaticamente satisfeita em muitas aplicações. Por exemplo, se os vértices do grafo são pontos no plano e o custo de viajar entre dois vértices é a distância euclidiana comum entre eles, a desigualdade triangular é satisfeita. Além disso, muitas funções custo além da distância euclidiana satisfazem à desigualdade triangular.

Como mostra o Exercício 35.2-2, o problema do caixeiro-viajante é NP-completo mesmo se exigirmos que a função custo satisfaça à desigualdade triangular. Assim, não devemos esperar encontrar um algoritmo em tempo polinomial para resolver esse problema com exatidão. Seu tempo seria mais bem gasto procurando bons algoritmos de aproximação.

Na Seção 35.2.1 examinamos um algoritmo de aproximação 2 para o problema do caixeiro-viajante com a desigualdade triangular. Na Seção 35.2.2 mostraremos que, sem a desigualdade triangular, não existe algoritmo de aproximação em tempo polinomial com uma razão de aproximação constante, a menos que P = NP.

35.2.1 Problema do caixeiro-viajante com a desigualdade triangular

Aplicando a metodologia da seção anterior, calcularemos primeiro uma estrutura — uma árvore geradora mínima — cujo peso dá um limite inferior para o comprimento de um percurso ótimo do caixeiro-viajante. Depois, usaremos a árvore geradora mínima para criar um percurso cujo custo não é mais que duas vezes o peso da árvore geradora mínima, desde que a função custo satisfaça à desigualdade triangular. O procedimento PERCURSO-PCV-APROX a seguir implementa essa abordagem, chamando o algoritmo de árvore geradora mínima AGM-PRIM do Capítulo 21 como uma sub-rotina. O parâmetro G é um grafo não dirigido completo, e a função custo c satisfaz à desigualdade triangular.

PERCURSO-PCV-APROX(G, c)
1   selecionar um vértice $r \in G.V$ para ser um vértice "raiz"
2   calcular uma árvore geradora mínima T para G a partir da raiz r
         usando AGM-PRIM(G, c, r)
3   seja H uma lista de vértices, ordenada de acordo com quando eles são visitados
         pela primeira vez em um percurso em pré-ordem da árvore T
4   **return** o ciclo hamiltoniano H

Lembre-se de que, na Seção 12.1, dissemos que um passeio de árvore em pré-ordem visita recursivamente todos os vértices da árvore, listando um vértice quando o encontra pela primeira vez, antes de visitar qualquer de seus filhos.

A Figura 35.2 ilustra a operação de Percurso-PCV-Aprox. A parte (a) da figura mostra um grafo não dirigido completo, e a parte (b) mostra a árvore geradora mínima T que AGM-Prim fez crescer partindo do vértice de raiz a. A parte (c) mostra como um passeio em pré-ordem de T visita os vértices, e a parte (d) apresenta o percurso correspondente, que é o percurso retornado por Percurso-PCV-Aprox. A parte (e) exibe um percurso ótimo, que é aproximadamente 23% mais curto.

Pelo Exercício 21.2-2, até mesmo com uma implementação simples de AGM-Prim, o tempo de execução de Percurso-PCV-Aprox é $\Theta(V^2)$. Agora, mostramos que, se a função custo para uma instância do problema do caixeiro-viajante satisfaz à desigualdade triangular, então Percurso-PCV-Aprox retorna um percurso cujo custo não é mais do que duas vezes o custo de um percurso ótimo.

Teorema 35.2

Quando a desigualdade de triângulos é mantida, Percurso-PCV-Aprox é um algoritmo polinomial de aproximação 2 para o problema do caixeiro-viajante.

Prova Já vimos que Percurso-PCV-Aprox é executado em tempo polinomial.

Seja H^* um percurso ótimo para o conjunto de vértices dado. Obtemos uma árvore geradora eliminando qualquer aresta de um percurso, e o custo de cada aresta é não negativo. Portanto, o peso da árvore geradora mínima T calculado na linha 2 de Percurso-PCV-Aprox dá um limite inferior para o custo de um percurso ótimo, ou seja:

$$c(T) \le c(H^*) \,. \tag{35.4}$$

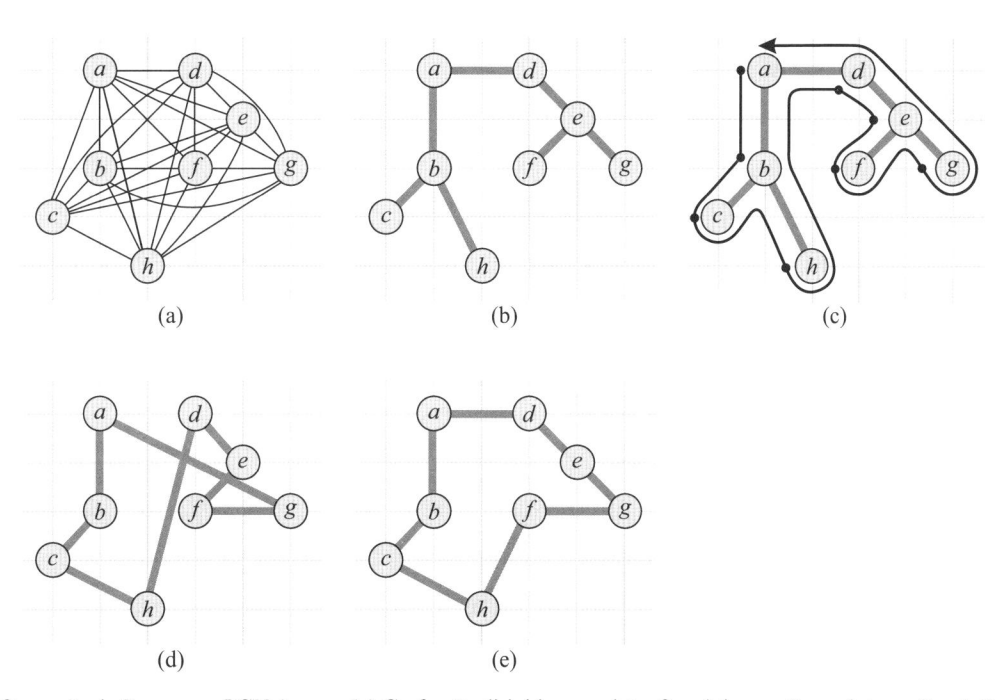

(a)   (b)   (c)

(d)   (e)

Figura 35.2 Operação de Percurso-PCV-Aprox. (**a**) Grafo não dirigido completo. Os vértices estão em interseções de linhas de grade inteiras. Por exemplo, f está uma unidade à direita e duas unidades acima de h. A função custo entre dois pontos é a distância euclidiana normal. (**b**) Árvore geradora mínima T do grafo completo, como calculada por AGM-Prim. O vértice a é o vértice raiz. São mostradas apenas arestas que estão na árvore geradora mínima. Acontece que os vértices são rotulados de tal modo que são adicionados à árvore principal por AGM-Prim em ordem alfabética. (**c**) Passeio de T, começando em a. Um passeio completo da árvore visita os vértices na ordem $a, b, c, b, h, b, a, d, e, f, e, g, e, d, a$. Um passeio em pré-ordem de T acrescenta um vértice à lista de vértices apenas quando ele é encontrado pela primeira vez, conforme indicado pelo ponto ao lado de cada vértice, produzindo a ordenação a, b, c, h, d, e, f, g. (**d**) Percurso obtido pela visita aos vértices na ordem dada pelo passeio em pré-ordem, que é o percurso H retornado por Percurso-PCV-Aprox. Seu custo total é aproximadamente 19,074. (**e**) Percurso ótimo H^* para o grafo completo original. Seu custo total é aproximadamente 14,715.

Um **passeio completo** de T lista os vértices quando eles são visitados pela primeira vez e também sempre que são retornados após visita a uma subárvore. Vamos chamar de W esse passeio completo. O passeio completo de nosso exemplo dá a ordem

$$a, b, c, b, h, b, a, d, e, f, e, g, e, d, a .$$

Visto que o passeio completo percorre todas as arestas de T exatamente duas vezes, estendendo nossa definição do custo c da maneira natural para tratar conjuntos múltiplos de arestas, temos

$$c(W) = 2c(T) . \tag{35.5}$$

A inequação (35.4) e a Equação (35.5) implicam que

$$c(W) \le 2c(H^*) , \tag{35.6}$$

e, portanto, o custo de W está a menos de um fator 2 do custo de um percurso ótimo.

Naturalmente, o passeio completo W não é percurso, já que visita alguns vértices mais de uma vez. Contudo, pela desigualdade triangular, podemos eliminar uma visita a qualquer vértice partindo de W, e o custo não aumenta. (Se eliminarmos um vértice v de W entre visitas a u e w, a ordenação resultante especifica ir diretamente de u para w.) Aplicamos essa operação repetidas vezes em cada visita a um vértice após a primeira vez que ele é visitado em W, de modo que W fica somente com a primeira visita a cada vértice. Em nosso exemplo, esse processo deixa a ordenação

$$a, b, c, h, d, e, f, g .$$

Essa ordenação é a mesma que foi obtida por um passeio em pré-ordem da árvore T. Seja H o ciclo correspondente a esse passeio em pré-ordem. Ele é um ciclo hamiltoniano, visto que todo vértice é visitado exatamente uma vez, e é de fato o ciclo calculado por Percurso-PCV-Aprox. Como H é obtido pela eliminação de vértices do passeio completo W, temos

$$c(H) \le c(W) . \tag{35.7}$$

Combinando as inequações (35.6) e (35.7), resulta $c(H) \le 2c(H^*)$, o que conclui a prova.   ∎

Apesar da pequena razão de aproximação dada pelo Teorema 35.2, normalmente Percurso-PCV-Aprox não é a melhor abordagem para esse problema. Existem outros algoritmos de aproximação que, em geral, funcionam muito melhor na prática. (Ver referências ao fim deste capítulo.)

35.2.2 Problema geral do caixeiro-viajante

Quando a função custo c não satisfaz à desigualdade triangular, não podemos encontrar bons percursos aproximados em tempo polinomial, a menos que $P = NP$.

Teorema 35.3

Se $P \ne NP$, então, para toda constante $\rho \ge 1$, não existe nenhum algoritmo de aproximação em tempo polinomial com razão de aproximação ρ para o problema geral do caixeiro-viajante.

Prova A prova é dada por contradição. Suponha que, ao contrário, para algum número $\rho \ge 1$ exista um algoritmo de aproximação em tempo polinomial A com razão de aproximação ρ. Sem perda da generalidade, supomos que ρ é um inteiro, arredondando-o se necessário. Então, mostraremos como usar A para resolver instâncias do problema do ciclo hamiltoniano (definido na Seção 34.2) em tempo polinomial. Visto que o Teorema 34.13 no Capítulo 34 nos diz que o problema do ciclo hamiltoniano é NP-completo, o Teorema 34.4 implica que, se pudermos resolvê-lo em tempo polinomial, então $P = NP$.

Seja $G = (V, E)$ uma instância do problema do ciclo hamiltoniano. Desejamos determinar eficientemente se G contém um ciclo hamiltoniano fazendo uso do algoritmo de aproximação hipotético A. Transformamos

G em uma instância do problema do caixeiro-viajante da maneira ilustrada a seguir. Seja $G' = (V, E')$ o grafo completo em V, isto é,

$$E' = \{(u, v) : u, v \in V \text{ e } u \neq v\} \ .$$

Atribuímos um custo inteiro a cada aresta em E' da seguinte maneira:

$$c(u, v) = \begin{cases} 1 & \text{se } (u, v) \in E \ , \\ \rho |V| + 1 & \text{caso contrário.} \end{cases}$$

Dada uma representação de G, leva um tempo polinomial em $|V|$ e $|E|$ para criar representações de G' e c.

Agora, considere o problema do caixeiro-viajante (G', c). Se o grafo original G tem um ciclo hamiltoniano H, então a função custo c atribui a cada aresta de H um custo 1 e, assim, (G', c) contém um percurso de custo $|V|$. Por outro lado, se G não contém um ciclo hamiltoniano, qualquer percurso de G' deve usar alguma aresta que não esteja em E. Porém, qualquer percurso que utilize uma aresta que não esteja em E terá um custo de no mínimo

$$\begin{aligned} (\rho |V| + 1) + (|V| - 1) &= \rho |V| + |V| \\ &> \rho |V| \ . \end{aligned}$$

Como as arestas que não estão em G são tão dispendiosas, existe uma lacuna de no mínimo $\rho|V|$ entre o custo de um percurso que é um ciclo hamiltoniano em G (custo $|V|$) e o custo de qualquer outro percurso (custo no mínimo igual a $\rho|V| + |V|$). Portanto, o custo de um percurso que não seja um ciclo hamiltoniano em G é no mínimo um fator $\rho + 1$ maior do que o custo de um percurso que seja um ciclo hamiltoniano em G.

O que acontece quando aplicamos o algoritmo de aproximação A ao problema do caixeiro-viajante (G', c)? Como é garantido que A retorna um percurso de custo não mais do que ρ vezes o custo de um percurso ótimo, se G contém um ciclo hamiltoniano, então A deve devolvê-lo. Se G não tem nenhum ciclo hamiltoniano, então A retorna um ciclo de custo maior que $\rho|V|$. Assim, podemos usar A para resolvermos o problema do ciclo hamiltoniano em tempo polinomial. ∎

A prova do Teorema 35.3 serve como exemplo de uma técnica geral para provar que não existe algoritmo de aproximação bom para um problema específico. Dado um problema de decisão X que é NP-difícil, produza em tempo polinomial um problema de minimização Y tal que as instâncias "sim" de X correspondam a instâncias de Y com valor no máximo k (para algum k), mas que as instâncias "não" de X correspondam a instâncias de Y com valor maior que ρk. Essa técnica mostra que, a menos que P = NP, não existe nenhum algoritmo de aproximação ρ com tempo polinomial para o problema Y.

Exercícios

35.2-1
Seja um grafo não dirigido completo $G = (V, E)$ com no mínimo três vértices, e seja uma função custo c que satisfaz à desigualdade triangular. Prove que $c(u, v) \geq 0$ para todo $u, v \in V$.

35.2-2
Mostre como podemos transformar em tempo polinomial uma instância do problema do caixeiro-viajante em outra instância cuja função custo satisfaça à desigualdade triangular. As duas instâncias devem ter o mesmo conjunto de percursos ótimos. Explique por que tal transformação em tempo polinomial não contradiz o Teorema 35.3, considerando P $\neq$ NP.

35.2-3
Considere a seguinte **heurística do ponto mais próximo** para construir um percurso de caixeiro-viajante aproximado cuja função custo satisfaça à desigualdade triangular. Comece com um ciclo trivial consistindo em um único vértice escolhido arbitrariamente. A cada etapa, identifique o vértice u que não está no ciclo, mas cuja distância até qualquer vértice no ciclo é mínima. Suponha que, nesse ciclo, o vértice que está mais próximo de u seja o vértice v. Estenda o ciclo para incluir u, inserindo u logo depois de v. Repita até que todos os vértices

estejam no ciclo. Prove que essa heurística retorna um percurso cujo custo total não é mais do que duas vezes o custo de um percurso ótimo.

35.2-4

A solução para o *problema do caixeiro-viajante com gargalo* é o ciclo hamiltoniano que minimiza o custo da aresta de maior custo no ciclo. Considerando que a função custo satisfaz à desigualdade triangular, mostre que existe um algoritmo de aproximação em tempo polinomial com razão de aproximação 3 para esse problema. (*Sugestão:* mostre recursivamente que podemos visitar todos os nós em uma árvore geradora de gargalo, como vimos no Problema 21-4, no Capítulo 21, exatamente uma vez, fazendo um passeio completo da árvore e saltando nós, mas sem saltar mais de dois nós intermediários consecutivos. Mostre que a aresta de maior custo em uma árvore geradora de gargalo tem um custo que é no máximo o custo da aresta de maior custo em um ciclo hamiltoniano de gargalo.)

35.2-5

Suponha que os vértices para uma instância do problema do caixeiro-viajante sejam pontos no plano e que o custo $c(u, v)$ seja a distância euclidiana entre os pontos u e v. Mostre que um percurso ótimo nunca cruza com ele mesmo.

35.2-6

Adapte a prova do Teorema 35.3 para mostrar que, para qualquer constante $c \geq 0$, não existe um algoritmo de aproximação em tempo polinomial com razão de aproximação $|V|^c$ para o problema geral do caixeiro-viajante.

35.3   Problema de cobertura de conjuntos

O problema de cobertura de conjuntos é um problema de otimização que modela muitos problemas de alocação de recursos. Seu problema de decisão correspondente generaliza o problema NP-completo de cobertura de vértices e, portanto, também é NP-difícil. No entanto, o algoritmo de aproximação desenvolvido para tratar o problema de cobertura de vértices não se aplica aqui. Em vez disso, esta seção examina uma heurística gulosa simples com uma razão de aproximação logarítmica. Isto é, à medida que o tamanho da instância aumenta, o tamanho da solução aproximada pode crescer com relação ao tamanho de uma solução ótima. Contudo, como a função logaritmo cresce muito lentamente, esse algoritmo de aproximação pode, mesmo assim, apresentar resultados úteis.

Uma instância $(X, \mathcal{F})$ do *problema de cobertura de conjuntos* consiste em um conjunto finito X e uma família $\mathcal{F}$ de subconjuntos de X, tal que todo elemento de X pertence a, no mínimo, um subconjunto em $\mathcal{F}$:

$$X = \bigcup_{S \in \mathcal{F}} S \ .$$

Dizemos que uma subfamília $\mathcal{C} \subseteq \mathcal{F}$ *cobre* um conjunto de elementos U se

$$U \subseteq \bigcup_{S \in \mathcal{C}} S \ .$$

O problema é encontrar uma subfamília de tamanho mínimo $\mathcal{C} \subseteq \mathcal{F}$ cujos membros cubram todo o X:

$$X = \bigcup_{S \in \mathcal{C}} S \ .$$

A Figura 35.3 ilustra o problema de cobertura de conjuntos. O tamanho de $\mathcal{C}$ é o número de conjuntos que ele contém, em vez do número de elementos individuais nesses conjuntos, visto que cada subconjunto de $\mathcal{C}$ que cobre X deve conter todos os $|X|$ elementos individuais. Na Figura 35.3, a cobertura do conjunto mínimo tem tamanho 3.

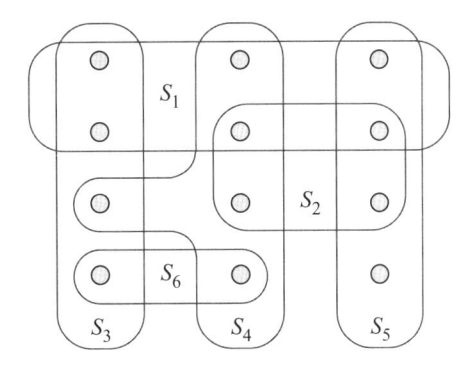

Figura 35.3 Instância $(X, \mathcal{F})$ do problema de cobertura de conjuntos, em que X consiste nos 12 pontos *cinza-claro* e $\mathcal{F} = (S_1, S_2, S_3, S_4, S_5, S_6)$. Cada conjunto $S_i \in \mathcal{F}$ está delimitado por linhas *cinza-escuro*. Uma cobertura de conjuntos de tamanho mínimo é $\mathcal{C} = (S_3, S_4, S_5)$, com tamanho 3. O algoritmo guloso produz uma cobertura de tamanho 4 selecionando os conjuntos S_1, S_4, S_5 e S_3 ou os conjuntos S_1, S_4, S_5 e S_6, em ordem.

O problema de cobertura de conjuntos abstrai muitos problemas combinatórios que surgem comumente. Como exemplo simples, suponha que X represente um conjunto de habilidades necessárias para resolver um problema e que tenhamos certo conjunto de pessoas disponíveis para trabalhar no problema. Desejamos formar um comitê que contenha o menor número de pessoas possível tal que, para toda habilidade requerida em X, exista no mínimo um membro do comitê com essa habilidade. Na versão de decisão do problema de cobertura de conjuntos, perguntamos se existe ou não uma cobertura de tamanho máximo k, em que k é um parâmetro adicional especificado na instância do problema. A versão de decisão do problema é NP-completa, como o Exercício 35.3-2 pede para mostrar.

Algoritmo de aproximação guloso

O método guloso no procedimento Cobertura-Conjuntos-Guloso, a seguir, funciona escolhendo, em cada estágio, o conjunto S que cobre o maior número de elementos restantes que não estão cobertos. No exemplo da Figura 35.3, Cobertura-Conjuntos-Guloso adiciona a $\mathcal{C}$, em ordem, os conjuntos S_1, S_4 e S_5, seguidos por S_3 ou por S_6.

Cobertura-Conjuntos-Guloso$(X, \mathcal{F})$
1 $U_0 = X$
2 $\mathcal{C} = \emptyset$
3 $i = 0$
4 **while** $U_i \neq \emptyset$
5   selecionar $S \in \mathcal{F}$ que maximiza $|S \cap U_i|$
6      $U_{i+1} = U_i - S$
7      $\mathcal{C} = \mathcal{C} \cup \{S\}$
8      $i = i + 1$
9 **return** $\mathcal{C}$

O algoritmo guloso funciona da maneira descrita a seguir. No início de cada iteração, U_i é um subconjunto de X contendo os elementos não cobertos restantes, com o subconjunto inicial U_0 contendo todos os elementos em X. O conjunto $\mathcal{C}$ contém a subfamília sendo construída. A linha 5 é a etapa de tomada de decisão gulosa, que escolhe um subconjunto S que cobre o maior número possível de elementos não cobertos (decidindo empates arbitrariamente). Depois de S ser selecionado, a linha 6 atualiza o conjunto de elementos não cobertos restantes, indicando-o por U_{i+1}, e a linha 7 coloca S em $\mathcal{C}$. Quando o algoritmo termina, $\mathcal{C}$ é uma subfamília de $\mathcal{F}$ que cobre X.

Análise

Agora, mostramos que o algoritmo guloso retorna uma cobertura de conjuntos que não é muito maior que uma cobertura de conjuntos ótima.

Teorema 35.4

O procedimento COBERTURA-CONJUNTOS-GULOSO executado sobre um conjunto X e família de subconjuntos $\mathcal{F}$ é um algoritmo de $O(\lg |X|)$-aproximação em tempo polinomial.

Prova Primeiro, vamos mostrar que o algoritmo é executado em um tempo polinomial em $|X|$ e $|\mathcal{F}|$. O número de iterações do laço nas linhas 4–7 é limitado por cima por $\min\{|X|, |\mathcal{F}|\} = O(|X| + |\mathcal{F}|)$. O corpo do laço pode ser implementado para que seja executado no tempo $O(|X| \cdot |\mathcal{F}|)$. Assim, o algoritmo é executado no tempo $O(|X| \cdot |\mathcal{F}| \cdot (|X| + |\mathcal{F}|))$, que é polinomial no tamanho da entrada. (O Exercício 35.3-3 pede um algoritmo em tempo linear.)

Para provar o limite de aproximação, considere que $\mathcal{C}^*$ seja uma cobertura de conjunto ótima para a instância original $(X, \mathcal{F})$, e seja $k = |\mathcal{C}^*|$. Visto que $\mathcal{C}^*$ também é uma cobertura de conjunto de cada subconjunto U_i de X construído pelo algoritmo, sabemos que qualquer subconjunto U_i construído pelo algoritmo pode ser coberto por k conjuntos. Portanto, se $(U_i, \mathcal{F})$ é uma instância do problema de cobertura de conjuntos, sua cobertura de conjunto ótima tem um tamanho máximo k.

Se uma cobertura de conjunto ótima para uma instância $(U_i, \mathcal{F})$ tem tamanho máximo k, pelo menos um dos conjuntos em $\mathcal{C}$ cobre pelo menos $|U_i|/k$ novos elementos. Assim, a linha 5 de COBERTURA-CONJUNTOS-GULOSO, que escolhe um conjunto com o número máximo de elementos não cobertos, precisa escolher um conjunto em que o número de elementos recém-cobertos seja pelo menos $|U_i|/k$. Esses elementos são removidos na construção de U_{i+1}, resultando em

$$\begin{aligned} |U_{i+1}| &\leq |U_i| - |U_i|/k \\ &= |U_i|(1 - 1/k) . \end{aligned} \tag{35.8}$$

Com a iteração pela inequação (35.8), obtemos

$$|U_0| = |X| ,$$
$$|U_1| \leq |U_0|(1 - 1/k) ,$$
$$|U_2| \leq |U_1|(1 - 1/k) \leq |U_0|(1 - 1/k)^2 ,$$

e, em geral,

$$|U_i| \leq |U_0|(1 - 1/k)^i = |X|(1 - 1/k)^i . \tag{35.9}$$

O algoritmo termina quando $U_i = \emptyset$, o que significa que $|U_i| < 1$. Portanto, um limite superior sobre o número de iterações do algoritmo é o menor valor de i para o qual $|U_i| < 1$.

Visto que $1 + x \leq e^x$ para todo x real (ver inequação (3.14), no Capítulo 3), sendo $x = -1/k$, temos $1 - 1/k \leq e^{-1/k}$, de modo que $(1 - 1/k)^k \leq (e^{-1/k})^k = 1/e$. Indicando o número i de iterações por ck para algum inteiro não negativo c, desejamos um c tal que

$$|X|(1 - 1/k)^{ck} \leq |X|e^{-c} < 1 . \tag{35.10}$$

Multiplicando os dois lados por e^c e depois tomando o logaritmo natural dos dois lados, obtemos $c > \ln|X|$, de modo que podemos escolher para c qualquer inteiro que seja maior que $\ln|X|$. Escolhemos $c = \lceil\ln|X|\rceil + 1$. Visto que $i = ck$ é um limite superior para o número de iterações, que é igual ao tamanho de $\mathcal{C}$, e $k = |\mathcal{C}^*|$, temos $|\mathcal{C}| \leq i = ck = c|\mathcal{C}^*| = |\mathcal{C}^*|(\lceil\ln|X|\rceil + 1)$, e o teorema é comprovado.   ∎

Exercícios

35.3-1

Considere cada uma das seguintes palavras um conjunto de letras: {`arid`, `dash`, `drain`, `heard`, `lost`, `nose`, `shun`, `slate`, `snare`, `thread`}. Mostre qual cobertura de conjuntos COBERTURA-CONJUNTOS-GULOSO produz quando os empates são resolvidos em favor da palavra que aparece em primeiro lugar no dicionário.

35.3-2

Mostre que a versão de decisão do problema de cobertura de conjuntos é NP-completa, reduzindo para ela o problema de cobertura de vértices.

35.3-3

Mostre como implementar COBERTURA-CONJUNTOS-GULOSO de tal maneira que ele seja executado no tempo $O\left(\sum_{S \in \mathcal{F}} |S|\right)$.

35.3-4

A prova do Teorema 35.4 diz que, quando COBERTURA-CONJUNTOS-GULOSO, executado sobre a instância $(X, \mathcal{F})$, retorna a subfamília $\mathcal{C}$, então $|\mathcal{C}| \leq |\mathcal{C}^*| \lceil \ln X \rceil$. Mostre que o limite mais fraco a seguir é trivialmente verdadeiro:

$$|\mathcal{C}| \leq |\mathcal{C}^*| \max \{|S| : S \in \mathcal{F}\} .$$

35.3-5

COBERTURA-CONJUNTOS-GULOSO pode retornar diversas soluções diferentes, dependendo de como decidimos os empates na linha 5. Forneça um procedimento INSTÂNCIA-COBERTURA-CONJUNTOS-RUIM(n) que retorne uma instância de n elementos do problema de cobertura de conjuntos para a qual, dependendo de como decidimos os empates na linha 5, COBERTURA-CONJUNTOS-GULOSO possa retornar uma quantidade de soluções diferentes que é exponencial em n.

35.4 Aleatorização e programação linear

Nesta seção, estudaremos duas técnicas úteis para o projeto de algoritmos de aproximação: aleatorização e programação linear. Apresentaremos um algoritmo aleatorizado simples para uma versão de otimização de satisfatibilidade 3-CNF e depois mostraremos como projetar um algoritmo de aproximação para uma versão ponderada do problema de cobertura de vértices com base na programação linear. Esta seção apenas toca na superfície dessas duas técnicas eficientes. As notas do capítulo apresentam referências para estudo adicional dessas áreas.

Algoritmo de aproximação aleatorizado para satisfatibilidade MAX-3-CNF

Exatamente como os algoritmos aleatorizados calculam soluções exatas, alguns algoritmos aleatorizados calculam soluções aproximadas. Dizemos que um algoritmo aleatorizado para um problema tem *razão de aproximação* $\rho(n)$ se, para qualquer entrada de tamanho n, o custo *esperado* C da solução produzida pelo algoritmo aleatorizado está a menos de um fator $\rho(n)$ do custo C^* de uma solução ótima:

$$\max \left\{ \frac{C}{C^*}, \frac{C^*}{C} \right\} \leq \rho(n) . \tag{35.11}$$

Denominamos um algoritmo aleatorizado que consegue uma razão de aproximação $\rho(n)$ *algoritmo de $\rho(n)$-aproximação aleatorizado*. Em outras palavras, um algoritmo de aproximação aleatorizado é semelhante a um algoritmo de aproximação determinístico, exceto que a razão de aproximação é para o custo esperado.

Uma instância específica de satisfatibilidade 3-CNF, definida na Seção 34.4, pode ou não ser satisfazível. Para ser satisfazível, é preciso que exista uma atribuição das variáveis, de modo que toda cláusula tenha valor 1. Se uma instância não é satisfazível, seria interessante calcular quão "próxima" de satisfazível ela está, isto é, determinar uma atribuição das variáveis que satisfaça ao maior número possível de cláusulas. Denominamos o problema de maximização resultante *satisfatibilidade MAX-3-CNF*. A entrada para a satisfatibilidade MAX-3-CNF é a mesma da satisfatibilidade 3-CNF, e o objetivo é retornar uma atribuição das variáveis que maximize o número de cláusulas de valor 1. O leitor pode se surpreender ao saber que atribuir aleatoriamente a cada variável 1 com probabilidade 1/2 e 0 com probabilidade 1/2 resulta em algoritmo de aproximação 8/7 aleatorizado, mas iremos mostrar o motivo. Lembre-se de que a definição de satisfatibilidade 3-CNF da Seção 34.4 indica que cada cláusula deve consistir em exatamente três literais distintos. Além disso, supomos que nenhuma cláusula contém, ao mesmo tempo, uma variável e sua negação. O Exercício 35.4-1 pede para eliminar esta última hipótese.

Teorema 35.5

Dada uma instância de satisfatibilidade MAX-3-CNF com n variáveis $x_1, x_2, ..., x_n$ e m cláusulas, o algoritmo aleatorizado que atribui independentemente a cada variável 1 com probabilidade 1/2 e 0 com probabilidade 1/2 é um algoritmo de razão de aproximação 8/7 aleatorizado.

Prova Suponha que atribuímos independentemente a cada variável 1 com probabilidade 1/2 e 0 com probabilidade 1/2. Para $i = 1, 2, ..., m$, definimos a variável aleatória indicadora

$Y_i = \mathrm{I}\{$a cláusula i é satisfeita$\}$,

de modo que $Y_i = 1$ desde que tenhamos atribuído no mínimo um dos literais na i-ésima cláusula com 1. Visto que nenhum literal aparece mais de uma vez na mesma cláusula, e como supomos que nenhuma variável e sua negação aparecem ao mesmo tempo na mesma cláusula, as configurações dos três literais em cada cláusula são independentes. Uma cláusula não é satisfeita somente se todos os seus três literais são atribuídos com 0 e, assim, $\Pr\{$cláusula i não é satisfeita$\} = (1/2)^3 = 1/8$. Dessa forma, $\Pr\{$cláusula i é satisfeita$\} = 1 - 1/8 = 7/8$ e, pelo Lema 5.1 no Capítulo 5, temos $\mathrm{E}[Y_i] = 7/8$. Seja Y o número global de cláusulas satisfeitas, de modo que $Y = Y_1 + Y_2 + ... + Y_m$. Então, temos

$$
\begin{aligned}
\mathrm{E}[Y] &= \mathrm{E}\left[\sum_{i=1}^{m} Y_i\right] \\
&= \sum_{i=1}^{m} \mathrm{E}[Y_i] \quad \text{(pela linearidade de expectativa)} \\
&= \sum_{i=1}^{m} 7/8 \\
&= 7m/8 \ .
\end{aligned}
$$

Visto que m é um limite superior para o número de cláusulas satisfeitas, a razão de aproximação é no máximo $m/(7m/8) = 8/7$. ∎

Aproximação de cobertura de vértices ponderada utilizando programação linear

No ***problema de cobertura de vértices de peso mínimo***, temos um grafo não dirigido $G = (V, E)$ no qual cada vértice $v \in V$ tem um peso positivo associado $w(v)$. O peso da cobertura de vértices $w(V')$ de uma cobertura de vértices $V' \subseteq V$ é a soma do peso de seus vértices: $w(V') = \sum_{v \in V'} w(v)$. O objetivo é encontrar uma cobertura de vértices de peso mínimo.

O algoritmo de aproximação para a cobertura de vértices não ponderada da Seção 35.1 não funcionará aqui, pois a solução retornada poderia estar longe do ideal para o problema ponderado. Em vez disso, primeiro calcularemos um limite inferior para o peso da cobertura de vértices de peso mínimo usando um programa linear. Então, "arredondaremos" essa solução e a usaremos para obter uma cobertura de vértices.

Começamos associando uma variável $x(v)$ a cada vértice $v \in V$, e definimos $x(v)$ igual a 0 ou a 1 para cada $v \in V$. Inserimos v na cobertura de vértices se, e somente se, $x(v) = 1$. Então, podemos escrever a seguinte restrição: para qualquer aresta (u, v), no mínimo um dentre u e v deve estar na cobertura de vértices como $x(u) + x(v) \geq 1$. Essa visão dá origem ao seguinte ***programa inteiro 0-1*** para encontrar uma cobertura de vértices de peso mínimo:

$$\text{minimizar} \quad \sum_{v \in V} w(v)\, x(v) \tag{35.12}$$

sujeito a

$$x(u) + x(v) \geq 1 \qquad \text{para cada } (u, v) \in E \tag{35.13}$$

$$x(v) \in \{0, 1\} \quad \text{para cada } v \in V \ . \tag{35.14}$$

No caso especial em que todos os pesos $w(v)$ são iguais a 1, essa formulação é a versão de otimização do problema de cobertura de vértices NP-difícil. Contudo, suponha que eliminamos a restrição $x(v) \in \{0, 1\}$ e a substituímos por $0 \le x(v) \le 1$, resultando no seguinte programa linear:

$$\text{minimizar} \quad \sum_{v \in V} w(v)\, x(v) \tag{35.15}$$

sujeito a

$$x(u) + x(v) \ge 1 \text{ para cada } (u, v) \in E \tag{35.16}$$
$$x(v) \le 1 \text{ para cada } v \in V \tag{35.17}$$
$$x(v) \ge 0 \text{ para cada } v \in V. \tag{35.18}$$

Referimo-nos a esse programa linear como *relaxação de programação linear*. Qualquer solução viável para o programa inteiro 0-1 nas linhas (35.12)–(35.14) também é uma solução viável para a relaxação de programação linear nas linhas (35.15)–(35.18). Portanto, o valor de uma solução ótima para o programa linear confere um limite inferior ao valor de uma solução ótima para o programa inteiro 0-1 e, por consequência, um limite inferior ao peso ótimo no problema de cobertura de vértices de peso mínimo.

O procedimento PESO-MIN-CV-APROX a seguir começa com a solução para a relaxação de programação linear e a usa na construção de uma solução aproximada para o problema de cobertura de vértices de peso mínimo. O procedimento funciona da seguinte maneira. A linha 1 inicializa a cobertura de vértices como vazia. A linha 2 formula a relaxação de programação linear nas linhas (35.15)–(35.18) e depois resolve esse programa linear. Uma solução ótima dá a cada vértice v um valor associado $\bar{x}(v)$, em que $0 \le \bar{x}(v) \le 1$. O procedimento usa esse valor para orientar a escolha dos vértices a adicionar à cobertura de vértices C nas linhas 3–5: a cobertura de vértice C inclui o vértice v se, e somente se, $\bar{x}(v) \ge 1/2$. Na realidade, o procedimento "arredonda" cada variável fracionária na solução da relaxação de programação linear para 0 ou 1, de modo a obter uma solução para o programa inteiro 0-1 nas linhas (35.12)–(35.14). Por fim, a linha 6 retorna a cobertura de vértices C.

```
PESO-MIN-CV-APROX(G, w)
1   C = ∅
2   calcular x̄, uma solução ótima para a relaxação de programação linear
        nas linhas (35.15)–(35.18)
3   for cada vértice v ∈ V
4       if x̄(v) ≠ 1/2
5           C = C ∪ {v}
6   return C
```

Teorema 35.6

O algoritmo PESO-MIN-CV-APROX é um algoritmo polinomial de aproximação 2 para o problema de cobertura de vértices de peso mínimo.

Prova Como existe um algoritmo em tempo polinomial para resolver o programa linear na linha 2, e como o laço **for** das linhas 3–5 é executado em tempo polinomial, PESO-MIN-CV-APROX é um algoritmo em tempo polinomial.

Agora resta mostrar que PESO-MIN-CV-APROX é um algoritmo de aproximação 2. Seja C^* uma solução ótima para o problema de cobertura de vértices de peso mínimo, e seja z^* o valor de uma solução ótima para o programa linear nas linhas (35.15)–(35.18). Visto que uma cobertura de vértices ótima é uma solução viável para a relaxação de programação linear, z^* deve ser um limite inferior para $w(C^*)$, isto é,

$$z^* \le w(C^*). \tag{35.19}$$

Em seguida, afirmamos que, arredondando os valores fracionários das variáveis $\bar{x}(v)$ nas linhas 3–5, produzimos um conjunto C que é uma cobertura de vértices e satisfaz $w(C) \leq 2z^*$. Para ver que C é uma cobertura de vértices, considere qualquer aresta $(u, v) \in E$. Pela restrição (35.16), sabemos que $x(u) + x(v) \geq 1$, o que implica que pelo menos um dentre $\bar{x}(u)$ e $\bar{x}(v)$ é no mínimo 1/2. Portanto, no mínimo um dentre u e v está incluído na cobertura de vértices e, então, toda a aresta estará coberta.

Agora, consideramos o peso da cobertura. Temos

$$
\begin{aligned}
z^* &= \sum_{v \in V} w(v)\, \bar{x}(v) \\
&\geq \sum_{v \in V:\, \bar{x}(v) \geq 1/2} w(v)\, \bar{x}(v) \\
&\geq \sum_{v \in V:\, \bar{x}(v) \geq 1/2} w(v) \cdot \frac{1}{2} \\
&= \sum_{v \in C} w(v) \cdot \frac{1}{2} \\
&= \frac{1}{2} \sum_{v \in C} w(v) \\
&= \frac{1}{2} w(C) \, .
\end{aligned}
\tag{35.20}
$$

Combinando as inequações (35.19) e (35.20), obtemos

$$
w(C) \leq 2z^* \leq 2w(C^*) \, ,
$$

e, consequentemente, Peso-Min-CV-Aprox é um algoritmo de aproximação 2.   ∎

Exercícios

35.4-1
Mostre que, mesmo se permitirmos que uma cláusula contenha ao mesmo tempo uma variável e sua negação, definir uma variável aleatoriamente como 1 com probabilidade 1/2 e como 0 com probabilidade 1/2 ainda resulta em um algoritmo de aproximação 8/7 aleatorizado.

35.4-2
O *problema de satisfatibilidade MAX-CNF* é semelhante ao problema de satisfatibilidade MAX-3-CNF, exceto por não restringir que cada cláusula tenha exatamente três literais. Forneça um algoritmo de aproximação 2 aleatorizado para o problema de satisfatibilidade MAX-CNF.

35.4-3
No problema CORTE-MAX, temos como entrada um grafo não dirigido não ponderado $G = (V, E)$. Definimos um corte $(S, V - S)$ como no Capítulo 21 e o *peso* de um corte como o número de arestas que cruzam o corte. O objetivo é encontrar um corte de peso máximo. Suponha que, para cada vértice v, inserimos, aleatória e independentemente, v em S com probabilidade 1/2 e em $V - S$ com probabilidade 1/2. Mostre que esse é um algoritmo de aproximação 2 aleatorizado.

35.4-4
Mostre que as restrições na linha (35.17) são redundantes no sentido de que, se as eliminarmos da relaxação de programação linear das linhas (35.15)–(35.18), qualquer solução ótima para o programa linear resultante deve satisfazer $x(v) \leq 1$ para cada $v \in V$.

35.5 Problema da soma de subconjuntos

Lembre-se de que dissemos na Seção 34.5.5 que uma instância do problema de soma de subconjuntos é um par (S, t), em que S é um conjunto $\{x_1, x_2, ..., x_n\}$ de inteiros positivos e t é um inteiro positivo. Esse problema de decisão pergunta se existe um subconjunto de S cuja soma seja exatamente o valor alvo t. Como vimos na Seção 34.5.5, esse problema é NP-completo.

O problema de otimização associado a esse problema de decisão surge em aplicações práticas. No problema de otimização, desejamos encontrar um subconjunto de $\{x_1, x_2, ..., x_n\}$ cuja soma seja a maior possível, mas não maior que t. Por exemplo, podemos ter um caminhão que não pode transportar mais de t quilogramas e n caixas diferentes para despachar, das quais a i-ésima caixa pesa x_i quilogramas. Como podemos encher o caminhão com a carga mais pesada possível, sem exceder o limite de peso t dado?

Começamos esta seção apresentando um algoritmo de tempo exponencial que calcula o valor ótimo para esse problema de otimização e depois mostramos como modificar o algoritmo de modo que ele se torne um esquema de aproximação em tempo completamente polinomial. (Lembre-se de que um esquema de aproximação em tempo completamente polinomial tem um tempo de execução que é polinomial em $1/\epsilon$, bem como no tamanho da entrada.)

Algoritmo de tempo exponencial exato

Suponha que calculemos, para cada subconjunto S' de S, a soma dos elementos em S' e então selecionemos, entre os subconjuntos cuja soma não excede t, aquele cuja soma seja a mais próxima de t. Esse algoritmo retorna a solução ótima, mas ele poderia levar um tempo exponencial. Para implementar esse algoritmo, poderíamos utilizar um procedimento iterativo que, na iteração i, calculasse as somas de todos os subconjuntos de $\{x_1, x_2, ..., x_i\}$ usando como ponto de partida as somas de todos os subconjuntos de $\{x_1, x_2, ..., x_{i-1}\}$. Ao fazer isso, perceberíamos que, tão logo determinado subconjunto S' tivesse uma soma maior do que t, não haveria nenhuma razão para mantê-lo, já que nenhum superconjunto de S' poderia ser a solução ótima. Agora, fornecemos uma implementação dessa estratégia.

O procedimento SOMA-SUBCONJ-EXATA toma um conjunto de entrada $S = \{x_1, x_2, ..., x_n\}$, o tamanho $n = |S|$ e um valor alvo t. Esse procedimento calcula iterativamente L_i, a lista de somas de todos os subconjuntos de $\{x_1, ..., x_i\}$ que não excedem t, e depois retorna o valor máximo em L_n.

Se L é uma lista de inteiros positivos e x é outro inteiro positivo, seja $L + x$ a lista de inteiros derivados de L somando x a cada elemento de L. Por exemplo, se $L = \langle 1, 2, 3, 5, 9 \rangle$, então $L + 2 = \langle 3, 4, 5, 7, 11 \rangle$. Também usamos essa notação para conjuntos, de modo que

$$S + x = \{s + x : s \in S\}.$$

```
SOMA-SUBCONJ-EXATA(S, n, t)
1   L_0 = ⟨0⟩
2   for i = 1 to n
3       L_i = INTERCALA-LISTAS(L_{i-1}, L_{i-1} + x_i)
4       remover de L_i cada elemento maior que t
5   return o maior elemento em L_n
```

SOMA-SUBCONJ-EXATA chama um procedimento auxiliar INTERCALA-LISTAS(L, L') que retorna a lista ordenada, que é o resultado da intercalação de suas duas listas ordenadas de entrada L e L', após a remoção de valores duplicados. Como o procedimento MERGE que usamos na ordenação por intercalação no Capítulo 2, INTERCALA-LISTAS é executado no tempo $O(|L| + |L'|)$. Omitimos o pseudocódigo para INTERCALA-LISTAS.

Para ver como SOMA-SUBCONJ-EXATA funciona, seja P_i o conjunto de todos os valores que podem ser obtidos pela seleção de cada subconjunto (possivelmente vazio) de $\{x_1, x_2, ..., x_i\}$ e adição de seus membros. Por exemplo, se $S = \{1, 4, 5\}$, então

$$P_1 = \{0, 1\} ,$$
$$P_2 = \{0, 1, 4, 5\} ,$$
$$P_3 = \{0, 1, 4, 5, 6, 9, 10\} .$$

Dada a identidade

$$P_i = P_{i-1} \cup (P_{i-1} + x_i) , \qquad (35.21)$$

podemos provar por indução em i (ver Exercício 35.5-1) que a lista L_i é uma lista ordenada que contém cada elemento de P_i cujo valor não é maior que t. Visto que o comprimento de L_i pode ser até 2^i, Soma-Subconj-Exata é um algoritmo de tempo exponencial em geral, embora seja um algoritmo em tempo polinomial nos casos especiais em que t é polinomial em $|S|$ ou todos os números em S são limitados por um polinômio em $|S|$.

Esquema de aproximação em tempo completamente polinomial

A chave para derivar um esquema de aproximação em tempo completamente polinomial para o problema da soma de subconjuntos é "desbastar" cada lista L_i depois de criada. A ideia que fundamenta o desbaste é que, se dois valores em L estão próximos um do outro, então, visto que o que queremos é uma solução aproximada, não precisamos manter ambos explicitamente. Mais exatamente, usamos um parâmetro de desbaste δ tal que $0 < \delta < 1$. Quando **desbastamos** uma lista L usando o parâmetro de desbaste δ, eliminamos o maior número possível de elementos de L, de modo que, se L' é o resultado do desbaste de L, então para cada elemento y que foi eliminado de L ainda existe um elemento z em L' que se aproxima de y. Para que z se aproxime de y, ele não poderá ser maior que y e também deve estar dentro de um fator de $1 + \delta$ de y, de maneira que

$$\frac{y}{1 + \delta} \le z \le y . \qquad (35.22)$$

Podemos pensar em z como um "representante" de y na nova lista L'. Cada elemento y eliminado é representado por um elemento z restante que satisfaz à inequação (35.22). Por exemplo, se $\delta = 0,1$, e

$$L = \langle 10, 11, 12, 15, 20, 21, 22, 23, 24, 29 \rangle .$$

Então, podemos desbastar L para obtermos

$$L' = \langle 10, 12, 15, 20, 23, 29 \rangle ,$$

em que o valor eliminado 11 é representado por 10, os valores eliminados 21 e 22 são representados por 20, e o valor eliminado 24 é representado por 23. Como todo elemento da versão desbastada da lista também é um elemento da versão original da lista, o desbaste pode reduzir drasticamente o número de elementos mantidos na lista, ao mesmo tempo que mantém um valor representativo próximo (e ligeiramente menor) na lista para cada elemento eliminado.

O procedimento Trim a seguir desbasta a lista $L = \langle y_1, y_2, ..., y_m \rangle$ no tempo $\Theta(m)$, dados L e o parâmetro de desbaste δ. Ele pressupõe que L está ordenada em sequência monotonicamente crescente. A saída do procedimento é uma lista desbastada e ordenada. O procedimento examina os elementos de L em ordem monotonicamente crescente. Um número é anexado à lista retornada L' somente se ele é o primeiro elemento de L ou se não puder ser representado pelo número mais recente inserido em L'.

```
Trim(L, δ)
1   seja m o comprimento de L
2   L' = ⟨y₁⟩
3   último = y₁
4   for i = 2 to m
5       if yᵢ > último · (1 + δ)          // yᵢ ≥ último porque L está ordenada
6           anexar yᵢ ao fim de L'
7           último = yᵢ
8   return L'
```

Dado o procedimento TRIM, o procedimento SOMA-SUBCONJ-APROX implementa o esquema de aproximação. Esse procedimento toma como entrada um conjunto $S = \{x_1, x_2, ..., x_n\}$ de n inteiros (em uma ordem qualquer), o tamanho $n = |S|$, o inteiro alvo t e um parâmetro de aproximação ϵ, em que

$$0 < \epsilon < 1 .$$ (35.23)

Ele retorna um z^* cujo valor encontra-se a menos de um fator $1 + \epsilon$ da solução ótima.

O procedimento SOMA-SUBCONJ-APROX opera da seguinte forma. A linha 1 inicializa a lista L_0 como a lista que contém apenas o elemento 0. O laço **for** das linhas 2–5 calcula L_i como uma lista ordenada que contém uma versão adequadamente desbastada do conjunto P_i, eliminados todos os elementos maiores que t. Como o procedimento cria L_i a partir de L_{i-1}, ele precisa assegurar que o desbaste repetido não introduza imprecisão composta excessiva. É por isso que, em vez de o parâmetro de desbaste ser ϵ na chamada para TRIM, ele tem o valor menor $\epsilon/2n$. Mais adiante, veremos que SOMA-SUBCONJ-APROX retorna uma aproximação correta, se existir.

SOMA-SUBCONJ-APROX(S, n, t, ϵ)
1   $L_0 = \langle 0 \rangle$
2   **for** $i = 1$ **to** n
3       $L_i = $ INTERCALA-LISTAS($L_{i-1}, L_{i-1} + x_i$)
4       $L_i = $ TRIM($L_i, \epsilon/2n$)
5   remover de L_i cada elemento que seja maior que t
6   seja z^* o maior valor em L_n
7   **return** z^*

Como exemplo, suponha que SOMA-SUBCONJ-APROX receba

$$S = \langle 104, 102, 201, 101 \rangle$$

com $t = 308$ e $\epsilon = 0{,}40$. O parâmetro de desbaste δ é $\epsilon/2n = 0{,}40/8 = 0{,}05$. O procedimento calcula os valores a seguir nas linhas indicadas:

Linha 1: $L_0 = \langle 0 \rangle$,

Linha 3: $L_1 = \langle 0, 104 \rangle$,
Linha 4: $L_1 = \langle 0, 104 \rangle$,
Linha 5: $L_1 = \langle 0, 104 \rangle$,

Linha 3: $L_2 = \langle 0, 102, 104, 206 \rangle$,
Linha 4: $L_2 = \langle 0, 102, 206 \rangle$,
Linha 5: $L_2 = \langle 0, 102, 206 \rangle$,

Linha 3: $L_3 = \langle 0, 102, 201, 206, 303, 407 \rangle$,
Linha 4: $L_3 = \langle 0, 102, 201, 303, 407 \rangle$,
Linha 5: $L_3 = \langle 0, 102, 201, 303 \rangle$,

Linha 3: $L_4 = \langle 0, 101, 102, 201, 203, 302, 303, 404 \rangle$,
Linha 4: $L_4 = \langle 0, 101, 201, 302, 404 \rangle$,
Linha 5: $L_4 = \langle 0, 101, 201, 302 \rangle$.

O algoritmo retorna $z^* = 302$ como sua resposta, que se encontra a bem menos de $\epsilon = 40\%$ da resposta ótima $307 = 104 + 102 + 101$. De fato, ela está a menos de 2%.

Teorema 35.7

SOMA-SUBCONJ-APROX é um esquema de aproximação em tempo completamente polinomial para o problema da soma de subconjuntos.

Prova   As operações de desbaste de L_i na linha 4 e de eliminação em L_i de todo elemento maior que t mantêm a seguinte propriedade: todo elemento de L_i também é um membro de P_i. Portanto, o valor z^* retornado na linha 7 é de fato a soma de algum subconjunto de S, isto é, $z^* \in P_n$. Seja $y^* \in P_n$ uma solução ótima para o problema da soma de subconjuntos, de modo que é o maior valor em P_n que seja menor ou igual a t. Como a linha 5 garante que $z^* \leq t$, sabemos que $z^* \leq y^*$. Pela inequação (35.1), precisamos mostrar que $y^*/z^* \leq 1 + \epsilon$. Devemos também mostrar que o algoritmo é executado em tempo polinomial, tanto em $1/\epsilon$ quanto no tamanho da entrada.

O Exercício 35.5-2 pede para você mostrar que, para todo elemento y em P_i que é no máximo t, existe um elemento $z \in L_i$ tal que

$$\frac{y}{(1 + \epsilon/2n)^i} \leq z \leq y \ . \tag{35.24}$$

A inequação (35.24) deve ser válida para $y^* \in P_n$ e, portanto, há em elemento $z \in L_n$ tal que

$$\frac{y^*}{(1 + \epsilon/2n)^n} \leq z \leq y^* \ ,$$

e, assim,

$$\frac{y^*}{z} \leq \left(1 + \frac{\epsilon}{2n}\right)^n \ . \tag{35.25}$$

Visto que existe um elemento $z \in L_n$ que satisfaz à inequação (35.25), a inequação deve ser válida para z^*, que é o maior valor em L_n, o que significa dizer

$$\frac{y^*}{z^*} \leq \left(1 + \frac{\epsilon}{2n}\right)^n \ . \tag{35.26}$$

Agora, mostramos que $y^*/z^* \leq 1 + \epsilon$. Fazemos isso mostrando que $(1 + \epsilon/2n)^n \leq 1 + \epsilon$. Primeiro, a inequação (35.23), $0 < \epsilon < 1$, implica que

$$(\epsilon/2)^2 \leq \epsilon/2 \ . \tag{35.27}$$

Em seguida, pela Equação (3.16) no Capítulo 3, temos $\lim_{n \to \infty}(1 + \epsilon/2n)^n = e^{\epsilon/2}$. O Exercício 35.5-3 lhe pede para mostrar que

$$\frac{d}{dn}\left(1 + \frac{\epsilon}{2n}\right)^n > 0 \ . \tag{35.28}$$

Portanto, a função $(1 + \epsilon/2n)^n$ cresce com n à medida que tende a seu limite de $e^{\epsilon/2}$, e temos

$$\begin{aligned}
\left(1 + \frac{\epsilon}{2n}\right)^n &\leq e^{\epsilon/2} \\
&\leq 1 + \epsilon/2 + (\epsilon/2)^2 \quad \text{(pela inequação (3.23))} \\
&\leq 1 + \epsilon \qquad\qquad\quad \text{(pela inequação (35.23), } 0 < \epsilon < 1\text{).}
\end{aligned} \tag{35.29}$$

A combinação das inequações (35.26) e (35.29) conclui a análise da razão de aproximação.

Para mostrarmos que Soma-Subconj-Aprox é um esquema de aproximação em tempo completamente polinomial, derivamos um limite para o comprimento de L_i. Após o desbaste, a relação entre os elementos sucessivos z e z' de L_i deve ter a relação $z'/z > 1 + \epsilon/2n$. Isto é, a diferença entre eles deve ser de no mínimo um fator $1 + \epsilon/2n$. Portanto, cada lista contém o valor 0, possivelmente o valor 1, e até $\lfloor \log_{1+\epsilon/2n} t \rfloor$ valores adicionais. O número de elementos em cada lista L_i é no máximo

$$\begin{aligned}
\log_{1+\epsilon/2n} t + 2 &= \frac{\ln t}{\ln(1 + \epsilon/2n)} + 2 \\
&\leq \frac{2n(1 + \epsilon/2n)\ln t}{\epsilon} + 2 \quad \text{(pela inequação (3.23) no Capítulo 3)} \\
&< \frac{3n \ln t}{\epsilon} + 2 \qquad\qquad\quad \text{(pela inequação (35.23), } 0 < \epsilon < 1\text{).}
\end{aligned}$$

Esse limite é polinomial no tamanho da entrada — que é o número de *bits* lg t necessários para representar t, mais o número de *bits* necessários para representar o conjunto S, que, por sua vez, é polinomial em n — e em $1/\epsilon$. Visto que o tempo de execução de SOMA-SUBCONJ-APROX é polinomial nos comprimentos das listas L_i, concluímos que SOMA-SUBCONJ-APROX é um esquema de aproximação em tempo completamente polinomial.

Exercícios

35.5-1
Prove a Equação (35.23), depois mostre que, após a execução da linha 4 de SOMA-SUBCONJ-EXATA, L_i é uma lista ordenada que contém todo elemento de P_i cujo valor não é maior que t.

35.5-2
Usando indução em i, prove a inequação (35.24).

35.5-3
Prove a inequação (35.28).

35.5-4
Como você modificaria o esquema de aproximação apresentado nesta seção para determinar uma boa aproximação para o menor valor não menor que t que é uma soma de algum subconjunto da lista de entrada dada?

35.5-5
Modifique o procedimento SOMA-SUBCONJ-APROX para também retornar o subconjunto de S cuja soma é o valor z^*.

Problemas

35-1   *Empacotamento em caixas*
Suponha que tenhamos um conjunto de n objetos, cujo tamanho s_i do i-ésimo objeto satisfaz $0 < s_i < 1$. Desejamos empacotar todos os objetos no número mínimo de caixas de tamanho unitário. Cada caixa pode conter qualquer subconjunto dos objetos cujo tamanho total não exceda 1.

a. Prove que o problema de determinar o número mínimo de caixas exigidas é NP-difícil. (*Sugestão*: reduza a partir do problema da soma de subconjuntos.)

A heurística do *primeiro que couber* (*first-fit*) toma cada objeto por sua vez e o coloca na primeira caixa que possa acomodá-lo. Ela mantém uma lista ordenada de caixas. Seja b a indicação do número de caixas na lista, em que b aumenta no decorrer do algoritmo, e seja $\langle B_1, ..., B_b \rangle$ a lista de caixas. Inicialmente, $b = 0$ e a lista está vazia. O algoritmo toma cada objeto i por sua vez e o coloca na caixa de menor número que ainda possa acomodá-lo. Se nenhuma caixa puder acomodar o objeto i, então b é incrementado e uma nova caixa B_b é aberta, contendo o objeto i. Seja $S = \sum_{i=1}^{n} s_i$.

b. Demonstre que o número ótimo de caixas necessárias é no mínimo $\lceil S \rceil$.
c. Demonstre que a heurística do primeiro que couber deixa no máximo uma caixa cheia até menos da metade.
d. Prove que o número de caixas usadas pela heurística do primeiro que couber nunca é maior que $\lceil 2S \rceil$.
e. Prove uma razão de aproximação 2 para a heurística do primeiro que couber.
f. Forneça uma implementação eficiente da heurística do primeiro que couber e analise seu tempo de execução.

35-2   *Aproximação do tamanho de um clique máximo*
Seja $G = (V, E)$ um grafo não dirigido. Para qualquer $k \geq 1$, defina $G^{(k)}$ como o grafo não dirigido $(V^{(k)}, E^{(k)})$, em que $V^{(k)}$ é o conjunto de todas as k-tuplas ordenadas de vértices de V, e $E^{(k)}$ é definido de modo que $(v_1, v_2, ..., v_k)$ seja adjacente a $(w_1, w_2, ..., w_k)$ se, e somente se, para algum $i = 1, 2, ..., k$, o vértice v_i for adjacente a w_i em G ou, então, $v_i = w_i$.

a. Prove que o tamanho do clique máximo em $G^{(k)}$ é igual à k-ésima potência do tamanho do clique máximo em G.

b. Demonstre que, se houver um algoritmo de aproximação que tenha razão de aproximação constante para determinar um clique de tamanho máximo, então haverá um esquema de aproximação em tempo completamente polinomial para o problema.

35-3   Problema de cobertura de conjuntos ponderada

Suponha que generalizemos o problema de cobertura de conjuntos de modo que cada conjunto S_i na família $\mathcal{F}$ tenha um peso associado w_i e o peso de uma cobertura $\mathcal{C}$ seja $\sum_{S_i \in \mathcal{C}} w_i$. Desejamos determinar uma cobertura de peso mínimo. (A Seção 35.3 trata o caso em que $w_i = 1$ para todo i.)

Mostre como generalizar a heurística gulosa de cobertura de conjuntos de maneira natural para dar uma solução aproximada a qualquer instância do problema de cobertura de conjuntos ponderada. Mostre que sua heurística tem uma razão de aproximação $H(d) = \sum_{i=1}^{d} 1/i$, em que d é o tamanho máximo de qualquer conjunto S_i.

35-4   Emparelhamento máximo

Lembre-se de que, para um grafo não dirigido G, um emparelhamento é um conjunto de arestas tal que não haja duas arestas no conjunto incidentes no mesmo vértice. Na Seção 25.1, vimos como determinar emparelhamento máximo em um grafo bipartido, isto é, um emparelhamento tal que nenhum outro emparelhamento em G contenha mais arestas. Neste problema, examinaremos emparelhamentos em grafos não dirigidos que não precisam ser bipartidos.

a. Mostre que um emparelhamento maximal não precisa ser um emparelhamento máximo, exibindo um grafo não dirigido G e um emparelhamento maximal M em G que não seja emparelhamento máximo. (*Sugestão:* você pode encontrar tal grafo com apenas quatro vértices.)

b. Considere um grafo conectado e não dirigido $G = (V, E)$. Forneça um algoritmo guloso de tempo $O(E)$ para encontrar um emparelhamento maximal em G.

Neste problema, concentraremos nossa atenção em um algoritmo de aproximação em tempo polinomial para emparelhamento máximo. Enquanto o algoritmo mais rápido conhecido para emparelhamento máximo demora tempo superlinear (mas polinomial), o algoritmo de aproximação aqui apresentado será executado em tempo linear. Você mostrará que o algoritmo guloso de tempo linear para emparelhamento máximo no item (b) é um algoritmo de aproximação 2 para emparelhamento máximo.

c. Mostre que o tamanho de um emparelhamento máximo em G é um limite inferior para o tamanho de qualquer cobertura de vértice para G.

d. Considere um emparelhamento maximal M em $G = (V, E)$. Seja $T = \{v \in V :$ alguma aresta em M é incidente em $v\}$. O que você pode dizer sobre o subgrafo de G induzido pelos vértices de G que não estão em T?

e. Conclua, pelo item (d), que $2|M|$ é o tamanho de uma cobertura de vértices para G.

f. Usando os itens (c) e (e), prove que o algoritmo guloso do item (b) é um algoritmo de aproximação 2 para emparelhamento máximo.

35-5   Escalonamento de máquinas paralelas

No **problema de escalonamento de máquinas paralelas**, a entrada possui duas partes: n tarefas, $J_1, J_2, ..., J_n$, em que cada tarefa J_k tem um tempo de processamento não negativo associado p_k e m máquinas idênticas, $M_1, M_2, ..., M_m$. Qualquer tarefa pode ser executada em qualquer máquina. Um **escalonamento** especifica, para cada tarefa J_k, a máquina na qual ela é executada e o período de tempo durante o qual ela é executada. Cada tarefa J_k deve ser executada em alguma máquina M_i durante p_k unidades de tempo consecutivas e, durante esse período de tempo, nenhuma outra tarefa pode ser executada em M_i. Seja C_k o **tempo de conclusão** da tarefa J_k, isto é, o tempo em que a tarefa J_k conclui o processamento. Dado um escalonamento, definimos $C_{máx} = \max\{C_j : 1 \leq j \leq n\}$ como a **duração** do escalonamento. O objetivo é determinar um escalonamento cuja duração seja mínima.

Por exemplo, suponha que tenhamos duas máquinas M_1 e M_2 e quatro tarefas J_1, J_2, J_3, J_4, com $p_1 = 2$, $p_2 = 12$, $p_3 = 4$ e $p_4 = 5$. Então, um escalonamento possível executa, na máquina M_1, a tarefa J_1 seguida pela tarefa J_2 e, na máquina M_2, ela executa a tarefa J_4 seguida pela tarefa J_3. Para esse escalonamento, $C_1 = 2$, $C_2 = 14$, $C_3 = 9$, $C_4 = 5$ e $C_{max} = 14$. Um escalonamento ótimo executa J_2 na máquina M_1, e as tarefas J_1, J_3 e J_4 na máquina M_2. Para esse escalonamento, $C_1 = 2$, $C_2 = 12$, $C_3 = 6$, $C_4 = 11$ e, assim, $C_{max} = 12$.

Dado um problema de escalonamento de máquinas paralelas, seja a duração de um escalonamento ótimo.

a. Mostre que a duração ótima é no mínimo tão grande quanto o maior tempo de processamento, isto é,

$$C_{max}^* \geq \max\{p_k : 1 \leq k \leq n\} .$$

b. Mostre que a duração ótima é no mínimo tão grande quanto a carga média da máquina, isto é,

$$C_{max}^* \geq \frac{1}{m} \sum_{k=1}^{n} p_k .$$

Suponha que usemos o seguinte algoritmo guloso para escalonamento de máquinas paralelas: sempre que uma máquina estiver ociosa, escalone qualquer tarefa que ainda não tenha sido escalonada.

c. Escreva o pseudocódigo para implementar esse algoritmo guloso. Qual é o tempo de execução de seu algoritmo?

d. Para o escalonamento retornado pelo algoritmo guloso, mostre que

$$C_{max} \leq \frac{1}{m} \sum_{k=1}^{n} p_k + \max\{p_k : 1 \leq k \leq n\} .$$

Conclua que esse algoritmo é um algoritmo polinomial de aproximação 2.

35-6   Aproximação para uma árvore geradora máxima

Seja $G = (V, E)$ um grafo não dirigido com pesos de arestas distintos $w(u, v)$ em cada aresta $(u, v) \in E$. Para cada vértice $v \in V$, seja $\max(v)$ a aresta de peso máximo incidente nesse vértice. Seja $S_G = \{\max(v) : v \in V\}$ o conjunto de arestas de pesos máximos incidentes em cada vértice, e seja T_G a árvore geradora de peso máximo de G, isto é, a árvore geradora de peso total máximo. Para qualquer subconjunto de arestas $E' \subseteq E$, defina $w(E') = \sum_{(u,v) \in E'} w(u, v)$.

a. Forneça um exemplo de grafo com no mínimo quatro vértices para o qual $S_G = T_G$.
b. Forneça um exemplo de grafo com no mínimo quatro vértices para o qual $S_G \neq T_G$.
c. Prove que $S_G \subseteq T_G$ para qualquer grafo G.
d. Prove que $w(S_G) \geq w(T_G)/2$ para qualquer grafo G.
e. Forneça um algoritmo de tempo $O(V + E)$ que calcule uma aproximação 2 para a árvore geradora máxima.

35-7   Algoritmo de aproximação para o problema da mochila 0-1

Lembre-se do problema da mochila na Seção 15.2. A entrada inclui n itens, em que o i-ésimo item vale v_i reais e pesa w_i quilos. A entrada também inclui a capacidade de uma mochila, que é de W quilos. Aqui, adicionamos as premissas de que cada peso w_i é no máximo W e que os itens estão indexados em ordem monotonicamente decrescente de seus valores: $v_1 \geq v_2 \geq \ldots \geq v_n$.

No problema da mochila 0-1, desejamos determinar um subconjunto de itens cujo peso total seja no máximo W e cujo valor total seja máximo. O problema fracionário da mochila é como o problema da mochila 0-1, exceto que é permitido tomar uma fração de cada item, em vez de estarmos restritos a tomar um item inteiro ou nenhuma fração desse item. Se tomarmos uma fração x_i do item i, em que $0 \leq x_i \leq 1$, contribuímos com $x_i w_i$ para o peso da mochila e recebemos o valor $x_i v_i$. O objetivo deste problema é desenvolver um algoritmo de aproximação 2 em tempo polinomial para o problema da mochila 0-1.

Para projetar um algoritmo em tempo polinomial, consideramos instâncias restringidas do problema da mochila 0-1. Dada uma instância I do problema da mochila, formamos instâncias restringidas I_j, para $j = 1$, 2, $\ldots$, n, eliminando itens 1, 2, $\ldots$, $j - 1$ e exigindo que a solução inclua o item j (o item j inteiro, tanto no problema fracionário da mochila quanto no problema da mochila 0-1). Nenhum item é eliminado na instância I_1. Para a instância I_j, seja P_j uma solução ótima para o problema 0-1 e Q_j uma solução ótima para o problema fracionário.

a. Demonstre que uma solução ótima para a instância I do problema da mochila 0-1 pertence a $\{P_1, P_2, \ldots, P_n\}$.

b. Prove que podemos determinar uma solução ótima Q_j do problema fracionário para a instância I_j incluindo o item j e depois usando o algoritmo guloso no qual, a cada etapa, tomamos o máximo possível do item não escolhido no conjunto $\{j + 1, j + 2, ..., n\}$, com o valor máximo por quilo v_i/w_i.

c. Prove que sempre podemos construir uma solução ótima Q_j do problema fracionário para a instância I_j que inclua no máximo um item fracionário. Isto é, para todos os itens, exceto possivelmente um, incluímos na mochila o item inteiro ou nenhuma fração dele.

d. Dada uma solução ótima Q_j do problema fracionário para a instância I_j, forme a solução R_j de Q_j eliminando quaisquer itens fracionários de Q_j. Seja $v(S)$ o valor total de itens tomados em uma solução S. Prove que $v(R_j) \geq v(Q_j)/2 \geq v(P_j)/2$.

e. Forneça um algoritmo em tempo polinomial que retorne uma solução de valor máximo do conjunto $\{R_1, R_2, ..., R_n\}$ e prove que o seu algoritmo é um algoritmo polinomial de aproximação 2 para o problema da mochila 0-1.

Notas do capítulo

Embora métodos que não calculam necessariamente soluções exatas sejam conhecidos há milhares de anos (por exemplo, métodos para aproximar o valor de π), a noção de um algoritmo de aproximação é muito mais recente. Hochbaum [221] credita a Garey, Graham e Ullman [175] e a Johnson [236] a formalização do conceito de um algoritmo de aproximação em tempo polinomial. O primeiro algoritmo desse tipo é frequentemente creditado a Graham [197].

Desde essas primeiras obras, milhares de algoritmos de aproximação têm sido projetados para uma ampla faixa de problemas, e há muita literatura nessa área. Textos de Ausiello *et al.* [29], Hochbaum [221], Vazirani [446] e Williamson e Shmoys [459] tratam exclusivamente de algoritmos de aproximação, assim como os levantamentos de Shmoys [409] e de Klein e Young [256]. Vários outros textos, como os de Garey e Johnson [176] e de Papadimitriou e Steiglitz [353], também apresentam uma cobertura significativa de algoritmos de aproximação. Os livros editados por Lawler, Lenstra, Rinnooy Kan e Shmoys [277] e por Gutin e Punnen [204] dão um tratamento extensivo de algoritmos de aproximação para o problema do caixeiro-viajante.

Papadimitriou e Steiglitz atribuem o algoritmo COBERTURA-VÉRTICE-APROX a F. Gavril e M. Yannakakis. O problema de cobertura de vértices foi estudado extensivamente (Hochbaum [221] apresenta uma lista com 16 algoritmos de aproximação diferentes para esse problema), mas todas as razões de aproximação são no mínimo $2 - o(1)$.

O algoritmo PERCURSO-PCV-APROX aparece em um artigo de Rosenkrantz, Stearns e Lewis [384]. Christofides aperfeiçoou esse algoritmo e apresentou um algoritmo de aproximação 3/2 para o problema do caixeiro-viajante com a desigualdade triangular. Arora [23] e Mitchell [330] mostraram que, se os pontos estão sobre um plano euclidiano, existe um esquema de aproximação em tempo polinomial. O Teorema (35.3) se deve a Sahni e Gonzalez [392].

O algoritmo SOMA-SUBCONJ-APROX e sua análise são modelados livremente conforme os algoritmos de aproximação relacionados para os problemas da mochila e de soma de subconjuntos por Ibarra e Kim [234].

O Problema 35-7 é uma versão combinatória de resultado mais geral para aproximação de programas do tipo do programa da mochila com inteiros por Bienstock e McClosky [55].

O algoritmo aleatorizado para satisfatibilidade MAX-3-CNF está implícito no trabalho de Johnson [236]. O algoritmo de cobertura de vértices ponderada é de Hochbaum [220]. A Seção 35.4 apenas toca no poder da aleatorização e da programação linear para o projeto de algoritmos de aproximação. Uma combinação dessas duas ideias gera uma técnica denominada "arredondamento aleatorizado", que formula um problema como programa linear inteiro, resolve a relaxação de programação linear e interpreta as variáveis na solução como probabilidades. Então, essas probabilidades são usadas para ajudar a orientar a solução do problema original. Essa técnica foi usada inicialmente por Raghavan e Thompson [374], e teve muitos usos subsequentes. (Consulte o levantamento apresentado por Motwani, Naor e Raghavan [335].) Várias outras ideias notáveis no campo de algoritmos de aproximação incluem o método dual primitivo (consulte o levantamento apresentado por Goemans e Williamson [184]), a determinação de cortes esparsos para uso em algoritmos de divisão e conquista [288] e o uso de programação semidefinida [183].

Como mencionamos nas notas do Capítulo 34, resultados recentes em provas que podem ser verificadas probabilisticamente resultaram em limites mais baixos para a capacidade de aproximação de muitos problemas, incluindo vários que aparecem neste capítulo. Além das referências dadas ali, o capítulo de Arora e Lund [26] contém uma boa descrição da relação entre provas que podem ser verificadas probabilisticamente e a dificuldade de aproximar diversos problemas.

Apêndices: Fundamentos de Matemática

Introdução

Quando analisamos algoritmos, muitas vezes, precisamos recorrer a um conjunto de ferramentas matemáticas. Algumas delas são tão simples quanto a álgebra que aprendemos no ensino médio, mas outras podem ser novas para você. Na Parte I, vimos como tratar notações assintóticas e resolver recorrências. Este apêndice compreende um compêndio de vários outros conceitos e métodos que empregamos para analisar algoritmos. Como observamos na introdução à Parte I, é possível que você já tenha visto grande parte do material deste apêndice antes de ler este livro, embora, ocasionalmente, as convenções específicas de notação que utilizamos possam ser diferentes das adotadas em outros lugares. Consequentemente, você deve tratar este apêndice como material de referência. No entanto, como no restante deste livro, incluímos exercícios e problemas para que você possa melhorar suas habilidades nessas áreas.

O Apêndice A oferece métodos para avaliar e limitar somatórios, que ocorrem frequentemente na análise de algoritmos. Muitas das fórmulas apresentadas aqui aparecem em qualquer livro didático de cálculo, mas você verá que é conveniente ter uma compilação desses métodos em um único lugar.

O Apêndice B contém definições e notações básicas para conjuntos, relações, funções, grafos e árvores, e também apresenta algumas propriedades básicas desses objetos matemáticos.

O Apêndice C começa com princípios elementares de contagem: permutações, combinações e outros semelhantes. O restante contém definições e propriedades de probabilidade básica. Grande parte dos algoritmos deste livro não exige nenhum conhecimento de probabilidade para sua análise e, assim, você poderá omitir facilmente as últimas seções desse apêndice em uma primeira leitura, até mesmo sem folheá-las. Mais tarde, quando encontrar uma análise probabilística que queira entender melhor, verá que o Apêndice C é bem organizado como material de referência.

O Apêndice D define matrizes, operações com matrizes e algumas de suas propriedades básicas. É provável que você já tenha estudado a maior parte desse material se já fez algum curso de álgebra linear, mas verá que é útil ter um lugar separado para procurar nossas notações e definições.

A Somatórios

Quando um algoritmo contém uma construção de controle iterativa, como um laço **while** ou **for**, podemos expressar seu tempo de execução como a soma dos tempos gastos em cada execução do corpo do laço. Por exemplo, vimos na Seção 2.2 que a i-ésima iteração da ordenação por inserção demorou um tempo proporcional a i no pior caso. Somando o tempo gasto em cada iteração, obtivemos o somatório (ou a série) $\sum_{i=2}^{n} i$. Quando avaliamos esse somatório, obtivemos um limite de $\Theta(n^2)$ para o tempo de execução do pior caso do algoritmo. Esse exemplo ilustra por que você deve saber como manipular e limitar somatórios.

A Seção A.1 apresenta uma lista de várias fórmulas básicas que envolvem somatórios. A Seção A.2 oferece técnicas úteis para limitar somatórios. Apresentamos as fórmulas da Seção A.1 sem provas, embora provas para algumas delas possam ser encontradas na Seção A.2 para ilustrar os métodos dessa seção. Você pode encontrar a maioria das outras provas em qualquer livro didático de cálculo.

A.1 Fórmulas e propriedades de somatórios

Dada uma sequência de números $a_1, a_2, ..., a_n$, em que n é um inteiro não negativo, podemos escrever a soma finita $a_1 + a_2 + ... + a_n$, como $\sum_{k=1}^{n} a_k$. Se $n = 0$, o valor do somatório é definido como 0. O valor de uma série finita é sempre bem definido, e seus termos podem ser somados em qualquer ordem.

Dada uma sequência infinita de números $a_1, a_2, ...$, podemos escrever a soma infinita $a_1 + a_2 + ...$ como $\sum_{k=1}^{\infty} a_k$, cujo significado interpretamos como $\lim_{n \to \infty} \sum_{k=1}^{n} a_k$. Se o limite não existe ou é ∞, a série **diverge**; caso contrário, ela **converge**. Os termos de uma série convergente nem sempre podem ser somados em qualquer ordem e resultar no mesmo comportamento. Contudo, podemos reorganizar os termos de uma **série absolutamente convergente**, isto é, uma série $\sum_{k=1}^{\infty} a_k$ para a qual a série $\sum_{k=1}^{\infty} |a_k|$ também converge.

Linearidade

Para qualquer número real c e quaisquer sequências finitas $a_1, a_2, ..., a_n$ e $b_1, b_2, ..., b_n$,

$$\sum_{k=1}^{n} (c a_k + b_k) = c \sum_{k=1}^{n} a_k + \sum_{k=1}^{n} b_k .$$

A propriedade de linearidade também se aplica a séries convergentes infinitas.

Podemos explorar a propriedade de linearidade para lidarmos com somatórios que incorporam notação assintótica. Por exemplo,

$$\sum_{k=1}^{n} \Theta(f(k)) = \Theta\left(\sum_{k=1}^{n} f(k) \right) .$$

Nessa equação, a notação Θ no lado esquerdo se aplica à variável k mas, no lado direito, ela se aplica a n. Também podemos aplicar tais manipulações em séries convergentes infinitas.

Série aritmética

O somatório

$$\sum_{k=1}^{n} k = 1 + 2 + \cdots + n \, ,$$

é uma *série aritmética* e tem o valor

$$\sum_{k=1}^{n} k = \frac{n(n+1)}{2} \tag{A.1}$$

$$= \Theta(n^2) \, . \tag{A.2}$$

Uma *série aritmética geral* inclui uma constante aditiva $a \geq 0$ e um coeficiente constante $b > 0$ em cada termo, mas tem o mesmo total assintoticamente:

$$\sum_{k=1}^{n} (a + bk) = \Theta(n^2) \, . \tag{A.3}$$

Somas de quadrados e cubos

Temos os seguintes somatórios de quadrados e cubos:

$$\sum_{k=0}^{n} k^2 = \frac{n(n+1)(2n+1)}{6} \, , \tag{A.4}$$

$$\sum_{k=0}^{n} k^3 = \frac{n^2(n+1)^2}{4} \, . \tag{A.5}$$

Série geométrica

Para números reais $x \neq 1$, o somatório

$$\sum_{k=0}^{n} x^k = 1 + x + x^2 + \cdots + x^n$$

é uma *série geométrica* e tem o valor

$$\sum_{k=0}^{n} x^k = \frac{x^{n+1} - 1}{x - 1} \, . \tag{A.6}$$

Quando o somatório é infinito e $|x| < 1$, temos a série geométrica decrescente infinita:

$$\sum_{k=0}^{\infty} x^k = \frac{1}{1 - x} \, . \tag{A.7}$$

Se adotamos $0^0 = 1$, essas fórmulas valem também quando $x = 0$.

Série harmônica

Para números inteiros positivos n, o n-ésimo **número harmônico** é

$$H_n = 1 + \frac{1}{2} + \frac{1}{3} + \frac{1}{4} + \cdots + \frac{1}{n}$$

$$= \sum_{k=1}^{n} \frac{1}{k} \tag{A.8}$$

$$= \ln n + O(1) \, . \tag{A.9}$$

As inequações (A.20) e (A.21), mais adiante, oferecem limites mais fortes

$$\ln(n + 1) \leq H_n \leq \ln n + 1 \ . \tag{A.10}$$

Integração e diferenciação de séries

Integrando e diferenciando as fórmulas citadas, surgem fórmulas adicionais. Por exemplo, diferenciando ambos os lados da série geométrica infinita (A.7) e multiplicando por x, obtemos

$$\sum_{k=0}^{\infty} k\,x^k = \frac{x}{(1 - x)^2} \tag{A.11}$$

para $|x| < 1$.

Séries telescópicas

Para qualquer sequência $a_1, a_2, ..., a_n$,

$$\sum_{k=1}^{n}(a_k - a_{k-1}) = a_n - a_0 \ , \tag{A.12}$$

já que cada um dos termos $a_1, a_2, ..., a_{n-1}$ é somado exatamente uma vez e subtraído exatamente uma vez. Dizemos que a soma se ***contrai*** (de forma análoga a um telescópio). De modo semelhante,

$$\sum_{k=0}^{n-1}(a_k - a_{k+1}) = a_0 - a_n \ .$$

Como exemplo de uma soma que se contrai, considere a série

$$\sum_{k=1}^{n-1} \frac{1}{k(k + 1)} \ .$$

Visto que podemos reescrever cada termo como

$$\frac{1}{k(k + 1)} = \frac{1}{k} - \frac{1}{k + 1} \ ,$$

obtemos

$$\sum_{k=1}^{n-1} \frac{1}{k(k + 1)} = \sum_{k=1}^{n-1}\left(\frac{1}{k} - \frac{1}{k + 1}\right)$$
$$= 1 - \frac{1}{n} \ .$$

Reindexação de somatórios

Por vezes, uma série pode ser simplificada alterando seu índice, geralmente invertendo a ordem do somatório. Considere a série $\sum_{k=0}^{n} a_{n-k}$. Como os termos nesse somatório são $a_n, n_{n-1}, ..., a_0$, podemos inverter a ordem dos índices usando $j = n - k$ e reescrever esse somatório como

$$\sum_{k=0}^{n} a_{n-k} = \sum_{j=0}^{n} a_j \ . \tag{A.13}$$

Em geral, se o índice do somatório aparece no corpo da soma com um sinal de menos, vale a pena pensar na reindexação.

Como exemplo, considere o somatório

$$\sum_{k=1}^{n} \frac{1}{n-k+1} \ .$$

O índice k aparece com um sinal negativo em $1/(n-k+1)$. Na realidade, podemos simplificar esse somatório, desta vez definindo $j = n - k + 1$, para obtermos

$$\sum_{k=1}^{n} \frac{1}{n-k+1} = \sum_{j=1}^{n} \frac{1}{j} \ , \qquad\qquad\qquad (A.14)$$

que é simplesmente a série harmônica (A.8).

Produtos

Podemos escrever o produto finito $a_1 a_2 \ldots a_n$ como

$$\prod_{k=1}^{n} a_k \ .$$

Se $n = 0$, o valor do produto é definido como 1. Quando todos os fatores são positivos, podemos converter uma fórmula com um produto em uma fórmula com somatório utilizando a identidade

$$\lg\left(\prod_{k=1}^{n} a_k\right) = \sum_{k=1}^{n} \lg a_k \ .$$

Exercícios

A.1-1
Prove que $\sum_{k=1}^{n} O(f_k(i)) = O\left(\sum_{k=1}^{n} f_k(i)\right)$ usando a propriedade da linearidade dos somatórios.

A.1-2
Encontre uma fórmula simples para $\sum_{k=1}^{n}(2k-1)$.

A.1-3
Interprete o número decimal $111.111.111$ à luz da Equação (A.6).

A.1-4
Avalie a série infinita $1 - \frac{1}{2} + \frac{1}{4} - \frac{1}{8} + \frac{1}{16} - \cdots$.

A.1-5
Seja $c \geq 0$ uma constante. Mostre que $\sum_{k=1}^{n} k^c = \Theta(n^{c+1})$.

A.1-6
Mostre que $\sum_{k=0}^{\infty} k^2 x^k = x(1+x)/(1-x)^3$ para $|x| < 1$.

A.1-7
Prove que $\sum_{k=1}^{n} \sqrt{k \lg k} = \Theta(n^{3/2} \lg^{1/2} n)$. (*Sugestão:* mostre os limites assintóticos superiores e inferiores separadamente.)

★ A.1-8
Mostre que $\sum_{k=1}^{n} 1/(2k-1) = \ln(\sqrt{n}) + O(1)$ manipulando a série harmônica.

★ A.1-9
Mostre que $\sum_{k=0}^{\infty} (k-1)/2^k = 0$.

★ *A.1-10*
Avalie a soma $\sum_{k=1}^{\infty}(2k+1)x^{2k}$ para $|x| < 1$.

★ *A.1-11*
Avalie o produto $\prod_{k=2}^{n}(1 - 1/k^2)$.

A.2   Limitando somatórios

Temos muitas técnicas disponíveis para limitar os somatórios que descrevem os tempos de execução de algoritmos. Aqui, apresentamos alguns dos métodos mais frequentemente empregados.

Indução matemática

O modo mais básico para avaliar uma série é usar indução matemática. Como exemplo, vamos provar que a série aritmética $\sum_{k=1}^{n}k$ tem o valor $n(n+1)/2$. Para $n = 1$, temos que $n(n+1)/2 = 1 \cdot 2/2 = 1$, que é igual a $\sum_{k=1}^{1}k$. Com a hipótese indutiva de que ela é válida para n, provamos que ela vale para $n + 1$. Temos

$$\sum_{k=1}^{n+1}k = \sum_{k=1}^{n}k + (n+1)$$
$$= \frac{n(n+1)}{2} + (n+1)$$
$$= \frac{n^2 + n + 2n + 2}{2}$$
$$= \frac{(n+1)(n+2)}{2} .$$

Nem sempre é necessário adivinhar o valor exato de um somatório para usar indução matemática. Em vez disso, podemos usar indução para provar um limite superior ou inferior para um somatório. Como exemplo, vamos provar que a série geométrica $\sum_{k=0}^{n}3^k = O(3^n)$. Mais especificamente, vamos provar que $\sum_{k=0}^{n}3^k \leq c3^n$ para alguma constante c. Para a condição inicial $n = 0$, temos $\sum_{k=0}^{n}3^k = O(3^n)$ desde que $c \geq 1$. Supondo que o limite vale para n, vamos provar que ele é válido para $n + 1$. Temos

$$\sum_{k=0}^{n+1}3^k = \sum_{k=0}^{n}3^k + 3^{n+1}$$
$$\leq c3^n + 3^{n+1} \qquad \text{(pela hipótese indutiva)}$$
$$= \left(\frac{1}{3} + \frac{1}{c}\right)c3^{n+1}$$
$$\leq c3^{n+1}$$

desde que $(1/3 + 1/c) \leq 1$ ou, o que é equivalente, $c \geq 3/2$. Assim, $\sum_{k=0}^{n}3^k = O(3^n)$, como queríamos demonstrar.

Temos de tomar cuidado quando usarmos notação assintótica para provar limites por indução. Considere a seguinte prova falaciosa que $\sum_{k=1}^{n}k = O(n)$. Certamente, $\sum_{k=1}^{1}k = O(1)$. Supondo que o limite é válido para n, agora o provamos para $n + 1$:

$$\sum_{k=1}^{n+1}k = \sum_{k=1}^{n}k + (n+1)$$
$$= O(n) + (n+1) \qquad \Longleftarrow \textit{errado!}$$
$$= O(n+1) .$$

O erro no argumento é que a "constante" oculta pelo "O grande" cresce com n e, portanto, não é constante. Não mostramos que a mesma constante funciona para *todo n*.

Limitando os termos

Eventualmente, podemos obter um bom limite superior para uma série limitando cada termo da série, e muitas vezes basta utilizar o maior termo para limitar os outros. Por exemplo, um limite superior rápido para a série aritmética (A.1) é

$$\sum_{k=1}^{n} k \leq \sum_{k=1}^{n} n$$
$$= n^2 \ .$$

Em geral, para uma série $\sum_{k=1}^{n} a_k$, se fizermos $a_{max} = \max \{a_k : 1 \leq k \leq n\}$, então

$$\sum_{k=1}^{n} a_k \leq n \cdot a_{max} \ .$$

A técnica de limitar cada termo em uma série pelo maior termo é um método fraco quando a série pode ser de fato limitada por uma série geométrica. Dada a série $\sum_{k=0}^{n} a_k$, suponha que $a_{k+1}/a_k \leq r$ para todo $k \geq 0$, em que $0 < r < 1$ é uma constante. Podemos limitar a soma por uma série geométrica decrescente infinita, já que $a_k \leq a_0 r^k$ e, assim,

$$\sum_{k=0}^{n} a_k \leq \sum_{k=0}^{\infty} a_0 r^k$$
$$= a_0 \sum_{k=0}^{\infty} r^k \tag{A.15}$$
$$= a_0 \frac{1}{1-r} \ . \tag{A.16}$$

Podemos aplicar esse método para limitarmos o somatório $\sum_{k=1}^{\infty} (k/3^k)$. Para iniciarmos o somatório em $k = 0$, nós o reescrevemos como $\sum_{k=0}^{\infty} ((k+1)/3^{k+1})$. O primeiro termo ($a_0$) é $1/3$, e a razão (r) entre os termos sucessivos é

$$\frac{(k+2)/3^{k+2}}{(k+1)/3^{k+1}} = \frac{1}{3} \cdot \frac{k+2}{k+1}$$
$$\leq \frac{2}{3}$$

para todo $k \geq 0$. Assim, temos

$$\sum_{k=1}^{\infty} \frac{k}{3^k} = \sum_{k=0}^{\infty} \frac{k+1}{3^{k+1}}$$
$$\leq \frac{1}{3} \cdot \frac{1}{1-2/3}$$
$$= 1 \ .$$

Um erro comum na aplicação desse método é mostrar que a razão entre termos sucessivos é menor que 1 e depois decidir que o somatório é limitado por uma série geométrica. Um exemplo é a série harmônica infinita, que diverge, já que

$$\sum_{k=1}^{\infty} \frac{1}{k} = \lim_{n \to \infty} \sum_{k=1}^{n} \frac{1}{k}$$
$$= \lim_{n \to \infty} \Theta(\lg n)$$
$$= \infty \ .$$

A razão entre o $(k+1)$-ésimo termo e o k-ésimo termo nessa série é $k/(k+1) < 1$, mas a série não é limitada por uma série geométrica decrescente. Para limitarmos uma série por uma série geométrica, devemos mostrar que existe um $r < 1$ que é uma *constante*, tal que a razão entre todos os pares de termos sucessivos nunca exceda r. Na série harmônica, não existe tal r porque a razão se torna arbitrariamente próxima de 1.

Quebra de somatórios

Um dos modos de obter limites para um somatório difícil é expressar a série como a soma de duas ou mais séries particionando a faixa do índice e depois limitando cada uma das séries resultantes. Por exemplo, suponha que tentamos determinar um limite inferior para a série aritmética $\sum_{k=1}^{n} k$, que, como já vimos, tem um limite superior de n^2. Poderíamos tentar limitar cada termo no somatório pelo menor termo mas, como esse termo é 1, obtemos um limite inferior de n para o somatório — bem longe do nosso limite superior de n^2.

Podemos obter um limite inferior melhor quebrando primeiro o somatório. Por conveniência, suponha que n seja par, de modo que

$$\sum_{k=1}^{n} k = \sum_{k=1}^{n/2} k + \sum_{k=n/2+1}^{n} k$$

$$\geq \sum_{k=1}^{n/2} 0 + \sum_{k=n/2+1}^{n} \frac{n}{2}$$

$$= \left(\frac{n}{2}\right)^2$$

$$= \Omega(n^2),$$

que é um limite assintoticamente justo, visto que $\sum_{k=1}^{n} k = O(n^2)$.

Quando se trata de um somatório que surge da análise de um algoritmo, muitas vezes podemos quebrar o somatório e ignorar um número constante de termos iniciais. Em geral, essa técnica se aplica quando cada termo a_k em um somatório $\sum_{k=k_0}^{n} a_k$ é independente de n. Então, para qualquer constante $k_0 > 0$, podemos escrever

$$\sum_{k=0}^{n} a_k = \sum_{k=0}^{k_0-1} a_k + \sum_{k=k_0}^{n} a_k$$

$$= \Theta(1) + \sum_{k=k_0}^{n} a_k,$$

já que os termos iniciais do somatório são constantes e há um número constante deles. Então, podemos usar outros métodos para limitar $\sum_{k=k_0}^{n} a_k$. Esta técnica também se aplica a somatórios infinitos. Por exemplo, vamos determinar um limite superior assintótico para $\sum_{k=0}^{\infty} k^2/2^k$. A razão entre termos consecutivos é

$$\frac{(k+1)^2/2^{k+1}}{k^2/2^k} = \frac{(k+1)^2}{2k^2}$$

$$\leq 8/9$$

se $k \geq 3$. Assim, o somatório também pode ser quebrado em

$$\sum_{k=0}^{\infty} \frac{k^2}{2^k} = \sum_{k=0}^{2} \frac{k^2}{2^k} + \sum_{k=3}^{\infty} \frac{k^2}{2^k}$$

$$= \sum_{k=0}^{2} \frac{k^2}{2^k} + \sum_{k=0}^{\infty} \frac{(k+3)^2}{2^{k+3}} \qquad \text{(pela reindexação)}$$

$$\leq \sum_{k=0}^{2} \frac{k^2}{2^k} + \frac{9}{8} \sum_{k=0}^{\infty} \left(\frac{8}{9}\right)^k \qquad \text{(pela inequação (A.15))}$$

$$= (0 + 1/2 + 1) + \frac{9/8}{1 - 8/9} \qquad \text{(pela Equação (A.16))}$$

$$= O(1).$$

A técnica de quebrar somatórios pode nos ajudar a determinar limites assintóticos em situações muito mais difíceis. Por exemplo, veja como podemos obter um limite de $O(\lg n)$ para a série harmônica A.9:

$$H_n = \sum_{k=1}^{n} \frac{1}{k} \ .$$

Fazemos isso dividindo a faixa de 1 a n em $\lfloor \lg n \rfloor + 1$ partes e limitando por cima a contribuição de cada parte em 1. Para $i = 0, 1, \ldots, \lfloor \lg n \rfloor$, a i-ésima parte consiste nos termos que começam em $1/2^i$ e vão até $1/2^{i+1}$, mas não o incluem. A última parte pode conter termos que não estão na série original e, assim, temos

$$\begin{aligned}
\sum_{k=1}^{n} \frac{1}{k} &\leq \sum_{i=0}^{\lfloor \lg n \rfloor} \sum_{j=0}^{2^i - 1} \frac{1}{2^i + j} \\
&\leq \sum_{i=0}^{\lfloor \lg n \rfloor} \sum_{j=0}^{2^i - 1} \frac{1}{2^i} \\
&= \sum_{i=0}^{\lfloor \lg n \rfloor} \left(2^i \cdot \frac{1}{2^i} \right) \\
&= \sum_{i=0}^{\lfloor \lg n \rfloor} 1 \\
&\leq \lg n + 1 \ .
\end{aligned} \tag{A.17}$$

Aproximação por integrais

Quando um somatório tem a forma $\sum_{k=m}^{n} f(k)$, em que $f(k)$ é uma função monotonicamente crescente, podemos aproximá-lo por integrais:

$$\int_{m-1}^{n} f(x)\, dx \leq \sum_{k=m}^{n} f(k) \leq \int_{m}^{n+1} f(x)\, dx \ . \tag{A.18}$$

A Figura A.1 justifica essa aproximação. O somatório é representado como a área dos retângulos na figura, e a integral é a região *cinza-escuro* sob a curva. Quando $f(k)$ é uma função monotonicamente decrescente, podemos usar um método semelhante para determinar os limites

$$\int_{m}^{n+1} f(x)\, dx \leq \sum_{k=m}^{n} f(k) \leq \int_{m-1}^{n} f(x)\, dx \ . \tag{A.19}$$

A aproximação pela integral (A.19) pode ser usada para provar os limites restritos na inequação (A.10) em relação ao n-ésimo número harmônico. O limite inferior é

$$\begin{aligned}
\sum_{k=1}^{n} \frac{1}{k} &\geq \int_{1}^{n+1} \frac{dx}{x} \\
&= \ln(n + 1) \ ,
\end{aligned} \tag{A.20}$$

Para o limite superior, a aproximação pela integral nos proporciona

$$\begin{aligned}
\sum_{k=1}^{n} \frac{1}{k} &= \sum_{k=2}^{n} \frac{1}{k} + 1 \\
&\leq \int_{1}^{n} \frac{dx}{x} + 1 \\
&= \ln n + 1 \ .
\end{aligned} \tag{A.21}$$

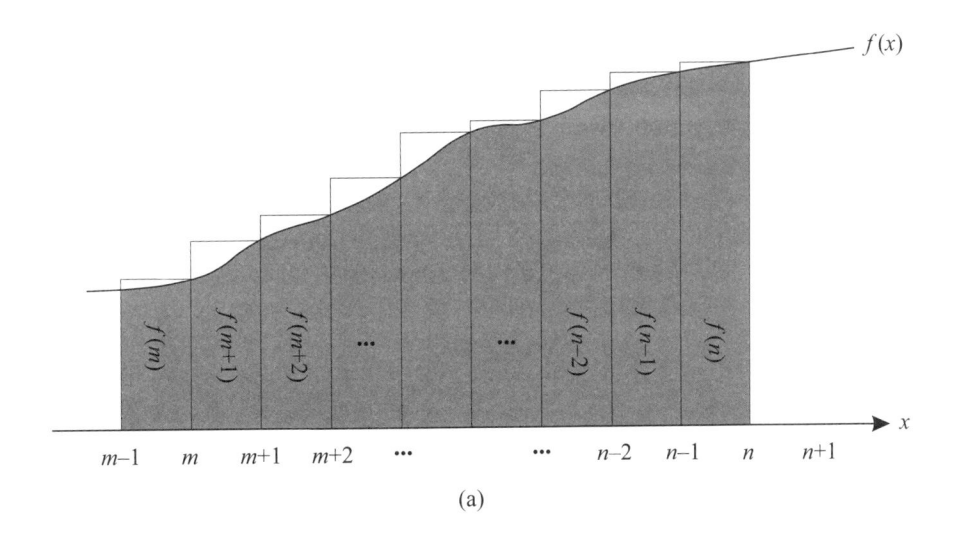

(a)

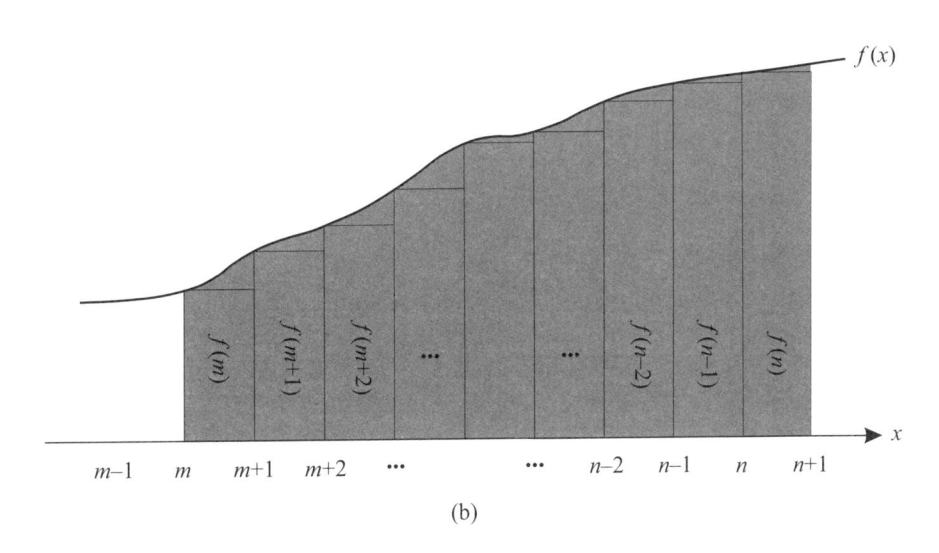

(b)

Figura A.1 Aproximação de $\sum_{k=m}^{n} f(k)$ por integrais. A área de cada retângulo é mostrada dentro do retângulo, e a área total dos retângulos representa o valor do somatório. A integral é representada pela área *cinza-escuro* sob a curva. Comparando as áreas em (**a**), obtemos o limite inferior $\int_{m-1}^{n} f(x)\,dx \leq \sum_{k=m}^{n} f(k)$, e depois, deslocando os retângulos uma unidade para a direita, obtemos o limite superior $\sum_{k=m}^{n} f(k) \leq \int_{m}^{n+1} f(x)\,dx$ em (**b**).

Exercícios

A.2-1
Mostre que $\sum_{k=1}^{n} 1/k^2$ é limitado por cima por uma constante.

A.2-2
Encontre um limite superior assintótico para o somatório

$$\sum_{k=0}^{\lfloor \lg n \rfloor} \left\lceil n/2^k \right\rceil .$$

A.2-3
Mostre que o n-ésimo número harmônico é $\Omega(\lg n)$ quebrando o somatório.

A.2-4
Aproxime $\sum_{k=1}^{n} k^3$ com uma integral.

A.2-5

Por que não podemos usar a aproximação pela integral (A.19) diretamente em $\sum_{k=1}^{n} 1/k$ para obter um limite superior sobre o n-ésimo número harmônico?

Problema

A-1 Limitando somatórios

Forneça limites assintoticamente justos para os somatórios a seguir. Suponha que $r \geq 0$ e $s \geq 0$ são constantes.

a. $\displaystyle\sum_{k=1}^{n} k^r$.

b. $\displaystyle\sum_{k=1}^{n} \lg^s k$.

c. $\displaystyle\sum_{k=1}^{n} k^r \lg^s k$.

Notas do apêndice

Knuth [259] oferece uma excelente referência para o material apresentado aqui. O leitor pode encontrar propriedades básicas de séries em qualquer bom livro de cálculo, como Apostol [19] ou Thomas *et al.* [433].

B   Conjuntos etc.

Muitos capítulos deste livro mencionam elementos da matemática discreta. Este apêndice reexamina de forma mais completa as notações, definições e propriedades elementares de conjuntos, relações, funções, grafos e árvores. Para os leitores que já estão bem versados nesses assuntos, basta dar uma olhada rápida neste capítulo.

B.1   Conjuntos

Um **conjunto** é uma coleção de objetos distintos, denominados **membros** ou **elementos** do conjunto. Se um objeto x é elemento de um conjunto S, escrevemos $x \in S$ (lê-se "x é um membro de S" ou, de modo mais abreviado, "x pertence a S"). Se x não é um elemento de S, escrevemos que $x \notin S$. Podemos descrever um conjunto relacionando explicitamente seus membros em uma lista entre chaves. Por exemplo, podemos definir um conjunto S contendo exatamente os números 1, 2 e 3, escrevendo $S = \{1, 2, 3\}$. Como 2 é um elemento do conjunto S, podemos escrever $2 \in S$; como 4 não é um elemento do conjunto, temos $4 \notin S$. Um conjunto não pode conter o mesmo objeto mais de uma vez,[1] e seus elementos não são ordenados. Dois conjuntos A e B são **iguais**, expresso por $A = B$, se eles contêm os mesmos elementos. Por exemplo, $\{1, 2, 3, 1\} = \{1, 2, 3\} = \{3, 2, 1\}$.

Adotamos notações especiais para conjuntos encontrados com frequência:

- $\emptyset$ representa o **conjunto vazio**, isto é, o conjunto que não contém nenhum elemento
- $\mathbb{Z}$ representa o conjunto de **números inteiros**, isto é, o conjunto $\{..., -2, -1, 0, 1, 2, ...\}$
- $\mathbb{R}$ representa o conjunto de **números reais**
- $\mathbb{N}$ representa o conjunto de **números naturais**, isto é, o conjunto $\{0, 1, 2, ...\}$.[2]

Se todos os elementos de um conjunto A estão contidos em um conjunto B, isto é, se $x \in A$ implica $x \in B$, escrevemos $A \subseteq B$ e dizemos que A é um **subconjunto** de B. Um conjunto A é um **subconjunto próprio** do conjunto B, representado por $A \subset B$, se $A \subseteq B$, mas $A \neq B$. (Alguns autores usam o símbolo "$\subset$" para indicar a relação comum de subconjunto, em vez da relação de subconjunto próprio.) Todo conjunto é um subconjunto de si mesmo: $A \subseteq A$ para qualquer conjunto A. No caso de dois conjuntos A e B, temos $A = B$ se, e somente se, $A \subseteq B$ e $B \subseteq A$. A relação de subconjunto é transitiva (ver mais adiante): para três conjuntos A, B e C quaisquer, se $A \subseteq B$ e $B \subseteq C$, então $A \subseteq C$. O conjunto vazio é um subconjunto de todos os conjuntos: para qualquer conjunto A, temos $\emptyset \subseteq A$.

Algumas vezes, definimos conjuntos em termos de outros conjuntos. Dado um conjunto A, podemos definir um conjunto $B \subseteq A$ enunciando uma propriedade que distingue os elementos de B. Por exemplo, podemos definir o conjunto dos números inteiros pares por $\{x : x \in \mathbb{Z} \text{ e } x/2 \text{ é um inteiro}\}$. Nessa notação, o sinal de dois-pontos significa "tal que". (Alguns autores usam uma barra vertical em vez do sinal de dois-pontos.)

Dados dois conjuntos A e B, também podemos definir novos conjuntos aplicando **operações de conjuntos**:

- A **interseção** de conjuntos A e B é o conjunto

$$A \cap B = \{x : x \in A \text{ e } x \in B\}.$$

---

[1]Uma variação de um conjunto, que pode conter o mesmo objeto mais de uma vez, é denominada **multiconjunto**.

[2]Alguns autores começam os números naturais com 1 em vez de 0. A tendência moderna parece ser começar com 0.

- A *união* de conjuntos A e B é o conjunto

  $A \cup B = \{x : x \in A \text{ ou } x \in B\}$.

- A *diferença* entre dois conjuntos A e B é o conjunto

  $A - B = \{x : x \in A \text{ e } x \notin B\}$.

Operações de conjuntos obedecem às seguintes leis:

Leis do conjunto vazio:

$A \cap \emptyset = \emptyset$,

$A \cup \emptyset = A$.

Leis de idempotência:

$A \cap A = A$,

$A \cup A = A$.

Leis comutativas:

$A \cap B = B \cap A$,

$A \cup B = B \cup A$.

Leis associativas:

$A \cap (B \cap C) = (A \cap B) \cap C$,

$A \cup (B \cup C) = (A \cup B) \cup C$.

Leis distributivas:

$A \cap (B \cup C) = (A \cap B) \cup (A \cap C)$,

$A \cup (B \cap C) = (A \cup B) \cap (A \cup C)$.   (B.1)

Leis da absorção:

$A \cap (A \cup B) = A$,

$A \cup (A \cap B) = A$.

Leis de DeMorgan:

$A - (B \cap C) = (A - B) \cup (A - C)$,

$A - (B \cup C) = (A - B) \cap (A - C)$.   (B.2)

A Figura B.1 ilustra a primeira das leis de DeMorgan por meio de um *diagrama de Venn*: uma imagem gráfica na qual os conjuntos são representados como regiões do plano.

Muitas vezes, todos os conjuntos em consideração são subconjuntos de algum conjunto maior U denominado *universo*. Por exemplo, se estivermos considerando vários conjuntos formados somente por inteiros, o conjunto $\mathbb{Z}$ de inteiros é um universo adequado. Dado um universo U, definimos o *complemento* de um conjunto A como $\overline{A} = U - A = \{x : x \in U \text{ e } x \notin A\}$. Para qualquer conjunto $A \subseteq U$, temos as seguintes leis:

$\overline{\overline{A}} = A$,

$A \cap \overline{A} = \emptyset$,

$A \cup \overline{A} = U$.

Podemos reescrever as leis de DeMorgan (B.2) com complementos de conjuntos. Para dois conjuntos quaisquer $B, C \subseteq U$, temos

$\overline{B \cap C} = \overline{B} \cup \overline{C}$,

$\overline{B \cup C} = \overline{B} \cap \overline{C}$.

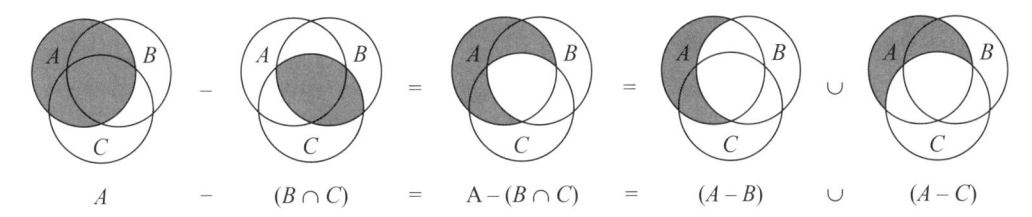

$$A \quad - \quad (B \cap C) \quad = \quad A-(B \cap C) \quad = \quad (A-B) \quad \cup \quad (A-C)$$

Figura B.1 Diagrama de Venn que ilustra a primeira das leis de DeMorgan (B.2). Cada um dos conjuntos A, B e C é representado como um círculo.

Dois conjuntos A e B são ***disjuntos*** se não têm nenhum elemento em comum, isto é, se $A \cap B = \emptyset$. Uma ***coleção*** de conjuntos S_1, S_2, ..., finitos ou infinitos, é um conjunto de conjuntos, em que cada membro é um conjunto S_i. Uma coleção $\mathscr{S} = \{S_i\}$ de conjuntos não vazios forma uma ***partição*** de um conjunto S se

- os conjuntos são ***disjuntos aos pares***, isto é, S_i, $S_j \in \mathscr{S}$ e $i \neq j$ implicam $S_i \cap S_j = \emptyset$, e
- sua união é S, isto é,

$$S = \bigcup_{S_i \in \mathscr{S}} S_i .$$

Em outras palavras, $\mathscr{S}$ forma uma partição de S se cada elemento de S aparece em exatamente um conjunto $S_i \in \mathscr{S}$.

O número de elementos em um conjunto é a ***cardinalidade*** (ou ***tamanho***) do conjunto, indicada por $|S|$. Dois conjuntos têm a mesma cardinalidade se seus elementos podem ser colocados em uma correspondência de um para um. A cardinalidade do conjunto vazio é $|\emptyset| = 0$. Se a cardinalidade de um conjunto é um número natural, dizemos que o conjunto é ***finito***; caso contrário, ele é ***infinito***. Um conjunto infinito que pode ser colocado em uma correspondência de um para um com os números naturais $\mathbb{N}$ é ***infinito contável***; caso contrário, ele é ***não contável***. Por exemplo, os inteiros $\mathbb{Z}$ são contáveis, mas os reais $\mathbb{R}$ são não contáveis.

Para quaisquer dois conjuntos finitos A e B, temos a identidade

$$|A \cup B| = |A| + |B| - |A \cap B| , \qquad (B.3)$$

da qual podemos concluir que

$$|A \cup B| \leq |A| + |B| .$$

Se A e B são disjuntos, então $|A \cup B| = 0$ e, portanto, $|A \cup B| \leq |A| + |B|$. Se $A \subseteq B$, então $|A| \leq |B|$.

Um conjunto finito de n elementos por vezes é denominado ***n-conjunto***. Um conjunto de um elemento é denominado ***conjunto unitário.*** Um subconjunto de k elementos de um conjunto, ocasionalmente, é denominado ***k-subconjunto***.

Indicamos o conjunto de todos os subconjuntos de um conjunto S, incluindo o conjunto vazio e o próprio conjunto S, por 2^S, denominado ***conjunto potência*** de S. Por exemplo, $2^{\{a,b\}} = \{\emptyset, \{a\}, \{b\}, \{a, b\}\}$. O conjunto potência de um conjunto finito S tem cardinalidade $2^{|S|}$ (ver Exercício B.1-5).

Por vezes, utilizamos estruturas semelhantes a conjuntos nas quais os elementos estão ordenados. Um ***par ordenado*** de dois elementos a e b é indicado por (a, b) e definido formalmente como o conjunto $(a, b) = \{a, \{a, b\}\}$. Assim, o par ordenado (a, b) *não* é igual ao par ordenado (b, a).

O ***produto cartesiano*** de dois conjuntos A e B, indicado por $A \times B$, é o conjunto de todos os pares ordenados tais que o primeiro elemento do par é um elemento de A e o segundo é um elemento de B. Em termos mais formais,

$$A \times B = \{(a, b) : a \in A \ \text{e} \ b \in B\} .$$

Por exemplo, $\{a, b\} \times \{a, b, c\} = \{(a, a), (a, b), (a, c), (b, a), (b, b), (b, c)\}$. Quando A e B são conjuntos finitos, a cardinalidade de seu produto cartesiano é

$$|A \times B| = |A| \cdot |B| . \qquad (B.4)$$

O produto cartesiano de n conjuntos $A_1, A_2, \ldots, A_n$ é o conjunto de **n-tuplas**

$$A_1 \times A_2 \times \cdots \times A_n = \{(a_1, a_2, \ldots, a_n) : a_i \in A_i \text{ para } i = 1, 2, \ldots, n\} ,$$

cuja cardinalidade é

$$|A_1 \times A_2 \times \cdots \times A_n| = |A_1| \cdot |A_2| \cdots |A_n|$$

se todos os conjuntos A_i são finitos. Indicamos um produto cartesiano de n termos em um único conjunto A pelo conjunto

$$A^n = \underbrace{A \times A \times \cdots \times A}_{n \text{ vezes}} ,$$

cuja cardinalidade é $|A^n| = |A|^n$ se A é finito. Também podemos ver uma n-tupla como sequência finita de comprimento n (ver adiante).

Intervalos são conjuntos contínuos de números reais. Eles são indicados com parênteses e/ou colchetes. Dados os números reais a e b, o **intervalo fechado** $[a, b]$ é o conjunto $\{x \in \mathbb{R} : a \leq x \leq b\}$ de reais entre a e b, incluindo tanto a quanto b. (Se $a > b$, essa definição implica $[a, b] = \emptyset$.) O **intervalo aberto** $(a, b) = \{x \in \mathbb{R} : a < x < b\}$ omite as duas extremidades do conjunto. Existem dois **intervalos meio-abertos** $[a, b) = \{x \in \mathbb{R} : a \leq x < b\}$ e $(a, b] = \{x \in \mathbb{R} : a < x \leq b\}$, cada um excluindo uma extremidade.

Os intervalos também podem ser definidos sobre os inteiros substituindo $\mathbb{R}$ nessas definições por $\mathbb{Z}$. Normalmente, pelo contexto podemos deduzir se o intervalo é definido em cima de reais ou inteiros.

Exercícios

B.1-1
Esboce diagramas de Venn que ilustrem a primeira das leis distributivas (B.1).

B.1-2
Prove a generalização das leis de DeMorgan para qualquer coleção finita de conjuntos:

$$\overline{A_1 \cap A_2 \cap \cdots \cap A_n} = \overline{A_1} \cup \overline{A_2} \cup \cdots \cup \overline{A_n} ,$$
$$\overline{A_1 \cup A_2 \cup \cdots \cup A_n} = \overline{A_1} \cap \overline{A_2} \cap \cdots \cap \overline{A_n} .$$

★ B.1-3
Prove a generalização da Equação (B.3), denominada **princípio de inclusão e exclusão**:

$$
\begin{aligned}
|A_1 \cup A_2 \cup \cdots \cup A_n| =\ & \\
|A_1| + |A_2| + \cdots + |A_n| & \\
- |A_1 \cap A_2| - |A_1 \cap A_3| - \cdots & \quad \text{(todos os pares)} \\
+ |A_1 \cap A_2 \cap A_3| + \cdots & \quad \text{(todas as triplas)} \\
\vdots & \\
+ (-1)^{n-1} |A_1 \cap A_2 \cap \cdots \cap A_n| &\ .
\end{aligned}
$$

B.1-4
Mostre que o conjunto de números naturais ímpares é contável.

B.1-5
Mostre que, para qualquer conjunto finito S, o conjunto potência 2^S tem $2^{|S|}$ elementos (isto é, existem $2^{|S|}$ subconjuntos distintos de S).

B.1-6
Forneça uma definição indutiva para uma n-tupla estendendo a definição dada para um par ordenado.

B.2   Relações

Uma *relação binária* R para dois conjuntos A e B é um subconjunto do produto cartesiano $A \times B$. Se $(a, b) \in R$, por vezes escrevemos $a\,R\,b$. Quando dizemos que R é uma relação binária em um conjunto A, queremos dizer que R é um subconjunto de $A \times A$. Por exemplo, a relação "menor que" para os números naturais é o conjunto $\{(a, b) : a, b \in \mathbb{N}\ \text{e}\ a < b\}$. Uma relação n-ária para os conjuntos $A_1, A_2, \ldots, A_n$ é um subconjunto de $A_1 \times A_2 \times \ldots \times A_n$.

Uma relação binária $R \subseteq A \times A$ é *reflexiva* se

$$a\,R\,a$$

para todo $a \in A$. Por exemplo, "$=$" e "$\leq$" são relações reflexivas em $\mathbb{N}$, mas "$<$" não é. A relação R é *simétrica* se

$$a\,R\,b\ \text{implica}\ b\,R\,a$$

para todo $a, b \in A$. Por exemplo, "$=$" é simétrica em $\mathbb{N}$, mas "$<$" e "$\leq$" não são. A relação R é *transitiva* se

$$a\,R\,b\ \text{e}\ b\,R\,c\ \text{implicam}\ a\,R\,c$$

para todo $a, b, c \in A$. Por exemplo, as relações "$<$", "$\leq$" e "$=$" são transitivas, mas a relação $R = \{(a, b) : a, b \in \mathbb{N}\ \text{e}\ a = b - 1\}$ não é, visto que $3\,R\,4$ e $4\,R\,5$ não implicam $3\,R\,5$.

Uma relação reflexiva, simétrica e transitiva é uma *relação de equivalência*. Por exemplo, "$=$" é uma relação de equivalência para os números naturais, mas "$<$" não é. Se R é uma relação de equivalência para um conjunto A, então, para $a \in A$, a *classe de equivalência* de a é o conjunto $[a] = \{b \in A : a\,R\,b\}$, isto é, o conjunto de todos os elementos equivalentes a a. Por exemplo, se definimos $R = \{(a, b) : a, b \in \mathbb{N}\ \text{e}\ a + b\ \text{é um}$ número par$\}$, então R é uma relação de equivalência, visto que $a + a$ é par (reflexiva), $a + b$ é par implica $b + a$ é par (simétrica), e $a + b$ é par e $b + c$ é par implicam $a + c$ é par (transitiva). A classe de equivalência de 4 é $[4] = \{0, 2, 4, 6, \ldots\}$ e a classe de equivalência de 3 é $[3] = \{1, 3, 5, 7, \ldots\}$. Apresentamos a seguir um teorema básico de classes de equivalências.

Teorema B.1 (*Uma relação de equivalência é o mesmo que uma partição*)

As classes de equivalência de qualquer relação de equivalência R para um conjunto A formam uma partição de A, e qualquer partição de A determina uma relação de equivalência para A para a qual os conjuntos na partição são as classes de equivalência.

Prova Para a primeira parte da prova, devemos mostrar que as classes de equivalência de R são conjuntos não vazios, disjuntos aos pares, cuja união é A. Como R é reflexiva, $a \in [a]$ e, portanto, as classes de equivalência são não vazias. Além disso, visto que todo elemento $a \in A$ pertence à classe de equivalência $[a]$, a união das classes de equivalência é A. Resta mostrar que as classes de equivalência são conjuntos disjuntos aos pares, isto é, se duas classes de equivalência $[a]$ e $[b]$ têm um elemento c em comum, então elas são de fato o mesmo conjunto. Suponha que $a\,R\,c$ e $b\,R\,c$. Por simetria, $c\,R\,b$, e por transitividade, $a\,R\,b$. Assim, para qualquer elemento arbitrário $x \in [a]$, temos $x\,R\,a$ e, por transitividade, $x\,R\,b$ e, assim, $[a] \subseteq [b]$. De modo semelhante, $[b] \subseteq [a]$ e, assim, $[a] = [b]$.

Para a segunda parte da prova, seja $\mathcal{A} = \{A_i\}$ uma partição de A, e defina $R = \{(a, b) : \text{existe}\ i\ \text{tal que}\ a \in A_i$ e $b \in A_i\}$. Afirmamos que R é uma relação de equivalência em A. A refletividade vale, visto que $a \in A_i$ implica $a\,R\,a$. A simetria vale porque, se $a\,R\,b$, então a e b pertencem ao mesmo conjunto A_i e, por consequência, $b\,R\,a$. Se $a\,R\,b$ e $b\,R\,c$, então os três elementos estão no mesmo conjunto A_i e, assim, $a\,R\,c$ e a transitividade vale. Para verificar que os conjuntos na partição são as classes de equivalência de R, observe que, se $a \in A_i$, então $x \in [a]$ implica $x \in A_i$, e $x \in A_i$ implica $x \in [a]$.   ∎

Uma relação binária R para um conjunto A é *antissimétrica* se

$$a\,R\,b\ \text{e}\ b\,R\,a\ \text{implicam}\ a = b\,.$$

Por exemplo, a relação "≤" para os números naturais é antissimétrica, visto que $a \leq b$ e $b \leq a$ implicam $a = b$. Uma relação reflexiva, antissimétrica e transitiva é uma ***ordem parcial***, e denominamos um conjunto no qual uma ordem parcial é definida ***conjunto parcialmente ordenado***. Por exemplo, a relação "é um descendente de" é uma ordem parcial no conjunto de todas as pessoas (se considerarmos os indivíduos como seus próprios descendentes).

Em um conjunto parcialmente ordenado A, pode ser que não haja nenhum elemento "máximo" a tal que $b \ R \ a$ para todo $b \in A$. Em vez disso, o conjunto pode conter vários elementos ***maximais*** a tais que, para nenhum $b \in A$, em que $b \neq a$, ocorre que $a \ R \ b$. Por exemplo, uma coleção de caixas de tamanhos diferentes pode conter várias caixas maximais que não cabem dentro de qualquer outra caixa e, apesar disso, não ter nenhuma caixa "máxima" única dentro da qual caberá qualquer outra caixa.[3]

Uma relação R em um conjunto A é uma ***relação total*** se para todo $a, b \in A$, temos $a \ R \ b$ ou $b \ R \ a$ (ou ambas), isto é, se cada formação de pares de elementos de A está relacionada por R. Uma ordem parcial que é também uma relação total é uma ***ordem total*** ou ***ordem linear***. Por exemplo, a relação "≤" é uma ordem total para os números naturais, mas a relação "é um descendente de" não é uma ordem total para o conjunto de todas as pessoas, visto que existem grupos de indivíduos nos quais nenhum indivíduo descende de outro. Uma relação total transitiva, mas não necessariamente antissimétrica, é uma ***pré-ordem total***.

Exercícios

B.2-1
Prove que a relação de subconjunto "⊆" em todos os subconjuntos de $\mathbb{Z}$ é uma ordem parcial, mas não uma ordem total.

B.2-2
Mostre que, para qualquer inteiro positivo n, a relação "equivalente módulo n" é uma relação de equivalência para os inteiros. (Dizemos que $a = b \pmod{n}$ se existe um inteiro q tal que $a - b = qn$.) Em que classes de equivalência essa relação particiona os inteiros?

B.2-3
Dê exemplos de relações que sejam
a. reflexivas e simétricas, mas não transitivas,
b. reflexivas e transitivas, mas não simétricas,
c. simétricas e transitivas, mas não reflexivas.

B.2-4
Seja S um conjunto finito e seja R uma relação de equivalência para $S \times S$. Mostre que, se uma adição R é antissimétrica, então as classes de equivalência de S com relação a R são unitárias.

B.2-5
O professor Narciso afirma que, se uma relação R é simétrica e transitiva, então ela também é reflexiva. Ele oferece a seguinte prova. Por simetria, $a \ R \ b$ implica $b \ R \ a$. Portanto, a transitividade implica $a \ R \ a$. O professor está certo?

B.3   Funções

Dados dois conjuntos A e B, uma ***função*** f é uma relação binária entre A e B tal que, para todo $a \in A$, existe exatamente um $b \in B$ tal que $(a, b) \in f$. O conjunto A é denominado ***domínio*** de f e o conjunto B, ***contradomínio*** de f. Por vezes, escrevemos $f : A \rightarrow B$; e, se $(a, b) \in f$, escrevemos $b = f(a)$, visto que b é determinado unicamente pela escolha de a.

---

[3]A bem da exatidão para que a relação "caber dentro de" seja uma ordem parcial, precisamos considerar uma caixa cabendo dentro dela mesma.

Intuitivamente, a função f atribui um elemento de B a cada elemento de A. A nenhum elemento de A são atribuídos dois elementos diferentes de B, mas o mesmo elemento de B pode ser atribuído a dois elementos diferentes de A. Por exemplo, a relação binária

$$f = \{(a, b) : a, b \in \mathbb{N} \text{ e } b = a \bmod 2\}$$

é uma função $f : \mathbb{N} \to \{0, 1\}$ visto que, para cada número natural a, existe exatamente um valor b em $\{0, 1\}$ tal que $b = a \bmod 2$. Para esse exemplo, $0 = f(0)$, $1 = f(1)$, $0 = f(2)$, $1 = f(3)$ etc. Em contraste, a relação binária

$$g = \{(a, b) : a, b \in \mathbb{N} \text{ e } a + b \text{ é par}\}$$

não é uma função, visto que $(1, 3)$ e $(1, 5)$ estão em g e, assim, para a opção $a = 1$, não existe exatamente um b tal que $(a, b) \in g$.

Dada uma função $f : A \to B$, se $b = f(a)$, dizemos que a é o ***argumento*** de f e que b é o ***valor*** de f em a. Podemos definir uma função declarando seu valor para cada elemento de seu domínio. Por exemplo, poderíamos definir $f(n) = 2n$ para $n \in \mathbb{N}$, o que significa $f = \{(n, 2n) : n \in \mathbb{N}\}$. Duas funções f e g são ***iguais*** se elas têm os mesmos domínio e contradomínio e se, para todo a no domínio, $f(a) = g(a)$.

Uma ***sequência finita*** de comprimento n é uma função f cujo domínio é o conjunto de n inteiros $\{0, 1, ..., n - 1\}$. Muitas vezes, indicamos uma sequência finita por uma lista de seus valores em colchetes angulares: $\langle f(0), f(1), ..., f(n - 1) \rangle$. Uma ***sequência infinita*** é uma função cujo domínio é o conjunto $\mathbb{N}$ dos números naturais. Por exemplo, a sequência de Fibonacci, definida pela recorrência (3.31), é a sequência infinita $\langle 0, 1, 1, 2, 3, 5, 8, 13, 21, ... \rangle$.

Quando o domínio de uma função f é um produto cartesiano, frequentemente omitimos os parênteses extras que envolvem o argumento de f. Por exemplo, se tivéssemos uma função $f : A_1 \times A_2 \times ... \times A_n \to B$, escreveríamos $b = f(a_1, a_2, ..., a_n)$ em vez de $b = f((a_1, a_2, ..., a_n))$. Também denominamos cada a_i um ***argumento*** para a função f, embora tecnicamente o único argumento para f seja a n-tupla $(a_1, a_2, ..., a_n)$.

Se $f : A \to B$ é uma função e $b = f(a)$, por vezes, dizemos que b é a ***imagem*** de a sob f. A imagem de um conjunto $A' \subseteq A$ sob f é definida por

$$f(A') = \{b \in B : b = f(a) \text{ para algum } a \in A'\}$$

A ***imagem*** de f é a imagem do seu domínio, isto é, $f(A)$. Por exemplo, a imagem da função $f : \mathbb{N} \to \mathbb{N}$ definida por $f(n) = 2n$ é $f(\mathbb{N}) = \{m : m = 2n \text{ para algum } n \in \mathbb{N}\}$, em outras palavras, o conjunto de inteiros pares não negativos.

Uma função é uma ***sobrejeção*** se sua imagem é seu contradomínio. Por exemplo, a função $f(n) = \lfloor n/2 \rfloor$ é uma função sobrejetora de $\mathbb{N}$ para $\mathbb{N}$, visto que todo elemento em $\mathbb{N}$ aparece como o valor de f para algum argumento. Ao contrário, a função $f(n) = 2n$ não é uma função sobrejetora de $\mathbb{N}$ para $\mathbb{N}$, porque nenhum argumento de f pode produzir qualquer número natural ímpar como valor. Todavia, a função $f(n) = 2n$ é uma função sobrejetora dos números naturais para os números pares. Uma sobrejeção $f : A \to B$ ocasionalmente é descrita como mapeando A ***sobre*** B. Quando dizemos que f é ***sobre***, queremos dizer que ela é sobrejetora.

Uma função $f : A \to B$ é uma ***injeção*** se argumentos distintos de f produzem valores distintos, isto é, se $a \neq a'$ implica $f(a) \neq f(a')$. Por exemplo, a função $f(n) = 2n$ é uma função injetora de $\mathbb{N}$ para $\mathbb{N}$, visto que cada número par b é a imagem sob f de, no máximo, um elemento do domínio, isto é, $b/2$. A função $f(n) = \lfloor n/2 \rfloor$ não é injetora, visto que o valor 1 é produzido por dois argumentos: $f(2) = 1$ e $f(3) = 1$. Eventualmente, uma injeção é denominada função ***um para um***.

Uma função $f : A \to B$ é um ***bijeção*** se é injetora e sobrejetora. Por exemplo, a função $f(n) = (-1)^n \lceil n/2 \rceil$ é uma bijeção de $\mathbb{N}$ para $\mathbb{Z}$:

$$
\begin{array}{rcr}
0 & \to & 0\,, \\
1 & \to & -1\,, \\
2 & \to & 1\,, \\
3 & \to & -2\,, \\
4 & \to & 2\,, \\
& \vdots &
\end{array}
$$

A função é injetora, já que nenhum elemento de $\mathbb{Z}$ é a imagem de mais do que um elemento de $\mathbb{N}$. Ela é sobrejetora, visto que todo elemento de $\mathbb{Z}$ aparece como imagem de algum elemento de $\mathbb{N}$. Por consequência, a função é bijetora. Por vezes, uma bijeção é denominada *correspondência de um para um* porque forma pares com elementos do domínio e do contradomínio. Uma bijeção de um conjunto A para ele mesmo, em algumas ocasiões, é denominada *permutação*.

Quando uma função f é bijetora, definimos sua *inversa f^{-1}* como

$f^{-1}(b) = a$ se, e somente se, $f(a) = b$.

Por exemplo, a inversa da função $f(n) = (-1)^n \lceil n/2 \rceil$ é

$$f^{-1}(m) = \begin{cases} 2m & \text{se } m \geq 0, \\ -2m - 1 & \text{se } m < 0. \end{cases}$$

Exercícios

B.3-1
Sejam A e B conjuntos finitos e seja $f : A \rightarrow B$ uma função. Mostre que
a. se f é injetora, então $|A| \leq |B|$;
b. se f é sobrejetora, então $|A| \geq |B|$.

B.3-2
A função $f(x) = x + 1$ é bijetora quando o domínio e o contradomínio são $\mathbb{N}$? Ela é bijetora quando o domínio e o contradomínio são o conjunto $\mathbb{Z}$?

B.3-3
Forneça uma definição natural para a inversa de uma relação binária tal que, se uma relação é de fato uma função bijetora, sua inversa relacional é sua inversa funcional.

★ B.3-4
Dê uma bijeção de $\mathbb{Z}$ para $\mathbb{Z} \times \mathbb{Z}$.

B.4   Grafos

Esta seção apresenta dois tipos de grafos: dirigido e não dirigido. Certas definições encontradas na literatura são diferentes das dadas aqui, mas, na maioria das vezes, as diferenças são insignificantes. A Seção 20.1 mostra como representar grafos na memória do computador.

Um *grafo dirigido* (ou *digrafo*) G é um par (V, E), em que V é um conjunto finito e E é uma relação binária em V. O conjunto V é denominado *conjunto de vértices* de G, e seus elementos são denominados *vértices*. O conjunto E é denominado *conjunto de arestas* de G, e seus elementos são denominados *arestas*. A Figura B.2(a) é a representação pictórica de um grafo dirigido para o conjunto de vértices $\{1, 2, 3, 4, 5, 6\}$. Os vértices são representados por círculos na figura, e as arestas são representadas por setas. Observe que são possíveis *laços* — arestas de um vértice para ele próprio.

Em um *grafo não dirigido* $G = (V, E)$, o conjunto de arestas E consiste em pares de vértices *não ordenados*, em vez de pares ordenados. Isto é, uma aresta é um conjunto $\{u, v\}$, em que $u, v \in V$ e $u \neq v$. Por convenção, usamos a notação (u, v) para uma aresta, em vez da notação de conjuntos $\{u, v\}$, e consideramos que (u, v) e (v, u) são a mesma aresta. Em um grafo não dirigido, laços são proibidos e, portanto, toda aresta consiste em dois vértices distintos. A Figura B.2(b) é a representação pictórica de um grafo não dirigido para o conjunto de vértices $\{1, 2, 3, 4, 5, 6\}$.

Muitas definições para grafos dirigidos e não dirigidos são idênticas, embora certos termos tenham significados ligeiramente diferentes nos dois contextos. Se (u, v) é uma aresta em um grafo dirigido $G = (V, E)$,

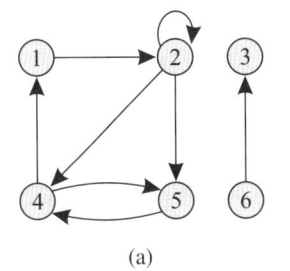 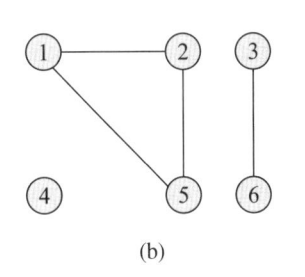 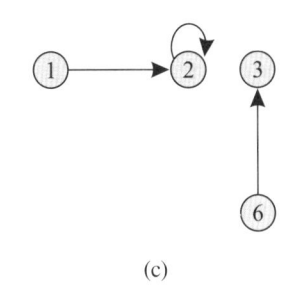

(a)   (b)   (c)

Figura B.2 Grafos dirigidos e não dirigidos. (**a**) Um grafo dirigido $G = (V, E)$, em que $V = \{1, 2, 3, 4, 5, 6\}$ e $E = \{(1, 2), (2, 2), (2, 4), (2, 5),$ $(4, 1), (4, 5), (5, 4), (6, 3)\}$. A aresta $(2, 2)$ é um laço. (**b**) Um grafo não dirigido $G = (V, E)$, em que $V = \{1, 2, 3, 4, 5, 6\}$ e $E = \{(1, 2), (1, 5),$ $(2, 5), (3, 6)\}$. O vértice 4 é isolado. (**c**) O subgrafo do grafo da parte (a) induzido pelo conjunto de vértices $\{1, 2, 3, 6\}$.

dizemos que (u, v) é *incidente do* vértice u ou *sai do* vértice u, e é *incidente no* vértice v ou *entra no* vértice v. Por exemplo, as arestas que saem do vértice 2 na Figura B.2(a) são $(2, 2)$, $(2, 4)$ e $(2, 5)$. As arestas que entram no vértice 2 são $(1, 2)$ e $(2, 2)$. Se (u, v) é uma aresta em um grafo não dirigido $G = (V, E)$, dizemos que (u, v) é *incidente nos* vértices u e v. Na Figura B.2(b), as arestas incidentes no vértice 2 são $(1, 2)$ e $(2, 5)$.

Se (u, v) é uma aresta em um grafo $G = (V, E)$, dizemos que o vértice v é *adjacente* ao vértice u. Quando o grafo é não dirigido, a relação de adjacência é simétrica. Quando o grafo é dirigido, a relação de adjacência não é necessariamente simétrica. Se v é adjacente a u em um grafo dirigido, por vezes, escrevemos $u \rightarrow v$. Nas partes (a) e (b) da Figura B.2, o vértice 2 é adjacente ao vértice 1, visto que a aresta $(1, 2)$ pertence a ambos os grafos. O vértice 1 *não* é adjacente ao vértice 2 na Figura B.2(a), visto que a aresta $(2, 1)$ não pertence ao grafo.

O *grau* de um vértice em um grafo não dirigido é o número de arestas que nele incidem. Por exemplo, o vértice 2 na Figura B.2(b) tem grau 2. Um vértice cujo grau é 0, como o vértice 4 na Figura B.2(b), é *isolado*. Em um grafo dirigido, o *grau de saída* de um vértice é o número de arestas que saem dele, e o *grau de entrada* de um vértice é o número de arestas que entram nele. O *grau* de um vértice em um grafo dirigido é seu grau de entrada, mais seu grau de saída. O vértice 2 na Figura B.2(a) tem grau de entrada 2, grau de saída 3 e grau 5.

Um *caminho* de *comprimento* k de um vértice u a um vértice u' em um grafo $G = (V, E)$ é uma sequência $\langle v_0, v_1, v_2, ..., v_k \rangle$ de vértices tais que $u = v_0$, $u' = v_k$ e $(v_{i-1}, v_i) \in E$ para $i = 1, 2, ..., k$. O comprimento do caminho é o número de arestas no caminho, que é 1 a menos que o número de vértices no caminho. O caminho *contém* os vértices $v_0, v_1, ..., v_k$ e as arestas $(v_0, v_1), (v_1, v_2), ..., (v_{k-1}, v_k)$. (Sempre existe um caminho de comprimento 0 de u até u.) Se existe um caminho p de u até u', dizemos que u' é *acessível* a partir de u via p, o que podemos escrever como $u \overset{p}{\rightsquigarrow} u'$. Um caminho é *simples*[4] se todos os vértices no caminho são distintos. Na Figura B.2(a), o caminho $\langle 1, 2, 5, 4 \rangle$ é um caminho simples de comprimento 3. O caminho $\langle 2, 5, 4, 5 \rangle$ não é simples. Um *subcaminho* do caminho $p = \langle v_0, v_1, ..., v_k \rangle$ é uma subsequência contígua de seus vértices. Isto é, para qualquer $0 \leq i \leq j \leq k$, a subsequência de vértices $\langle v_i, v_{i+1}, ..., v_j \rangle$ é um subcaminho de p.

Em um grafo dirigido, um caminho $\langle v_0, v_1, ..., v_k \rangle$ forma um *ciclo* se $v_0 = v_k$ e o caminho contém no mínimo uma aresta. O ciclo é *simples* se, além disso, $v_1, v_2, ..., v_k$ são distintos. Um ciclo que consiste em k vértices tem *comprimento* k. Um laço é um ciclo de comprimento 1. Dois caminhos $\langle v_0, v_1, v_2, ..., v_{k-1}, v_0 \rangle$ e $\langle v'_0, v'_1, v'_2, ..., v'_{k-1}, v'_0 \rangle$ formam o mesmo ciclo se existe um inteiro j tal que $v'_i = v_{(i+j) \bmod k}$ para $i = 0, 1, ..., k-1$. Na Figura B.2(a), o caminho $\langle 1, 2, 4, 1 \rangle$ forma o mesmo ciclo que os caminhos $\langle 2, 4, 1, 2 \rangle$ e $\langle 4, 1, 2, 4 \rangle$. Esse ciclo é simples, mas o ciclo $\langle 1, 2, 4, 5, 4, 1 \rangle$ não é. O ciclo $\langle 2, 2 \rangle$ formado pela aresta $(2, 2)$ é um laço. Um grafo dirigido sem nenhum laço é *simples*. Em um grafo não dirigido, um caminho $\langle v_0, v_1, ..., v_k \rangle$ forma um *ciclo* se $k > 0$, $v_0 = v_k$, e todas suas arestas são distintas. O ciclo é *simples* se $v_1, v_2, ..., v_k$ são distintos. Por exemplo, na Figura B.2(b), o caminho $\langle 1, 2, 5, 1 \rangle$ é um ciclo simples. Um grafo que não tenha nenhum ciclo simples é *acíclico*.

Um grafo não dirigido é *conexo* se todo vértice pode ser alcançado de todos os outros vértices. As *componentes conexas* de um grafo não dirigido são as classes de equivalência de vértices sob a relação "pode ser alcançado de". O grafo da Figura B.2(b) tem três componentes conexas: $\{1, 2, 5\}$, $\{3, 6\}$ e $\{4\}$. Todo vértice na componente conexa $\{1, 2, 5\}$ pode ser alcançado de cada um dos outros vértices em $\{1, 2, 5\}$. Um grafo não dirigido é conexo se tem exatamente uma componente conexa. As arestas de uma componente conexa são

---

[4]Alguns autores referem-se ao que denominamos caminho como um "passeio" e ao que denominamos caminho simples como "caminho" apenas.

as que incidem somente nos vértices da componente. Em outras palavras, a aresta (u, v) é uma aresta de uma componente conexa somente se u e v são vértices da componente.

Um grafo dirigido é *fortemente conexo* se cada vértice pode ser alcançado de qualquer outro vértice. As *componentes fortemente conexas* de um grafo dirigido são as classes de equivalência de vértices sob a relação "são mutuamente acessíveis". Um grafo dirigido é fortemente conexo se tem somente uma componente fortemente conexa. O grafo da Figura B.2(a) tem três componentes fortemente conexas: $\{1, 2, 4, 5\}$, $\{3\}$ e $\{6\}$. Todos os pares de vértices em $\{1, 2, 4, 5\}$ são mutuamente acessíveis. Os vértices $\{3, 6\}$ não formam uma componente fortemente conexa, visto que o vértice 6 não pode ser alcançado do vértice 3.

Dois grafos $G = (V, E)$ e $G' = (V', E')$ são *isomorfos* se existe uma bijeção $f: V \to V'$ tal que $(u, v) \in E$ se, e somente se, $(f(u), f(v)) \in E'$. Em outras palavras, podemos renomear os vértices de G como vértices de G', mantendo as arestas correspondentes em G e G'. A Figura B.3(a) mostra um par de grafos isomorfos G e G' com conjuntos de vértices respectivos $V = \{1, 2, 3, 4, 5, 6\}$ e $V' = \{u, v, w, x, y, z\}$. O mapeamento de V para V' dado por $f(1) = u, f(2) = v, f(3) = w, f(4) = x, f(5) = y, f(6) = z$ dá a função bijetora requerida. Os grafos na Figura B.3(b) não são isomorfos. Embora ambos tenham cinco vértices e sete arestas, o grafo na parte superior da figura tem um vértice de grau 4, e o grafo na parte inferior não tem.

Dizemos que um grafo $G' = (V', E')$ é um *subgrafo* de $G = (V, E)$ se $V' \subseteq V$ e $E' \subseteq E$. Dado um conjunto $V' \subseteq V$, o subgrafo de G *induzido* por V' é o grafo $G' = (V', E')$, em que

$$E' = \{(u, v) \in E : u, v \in V'\} \ .$$

O subgrafo induzido pelo conjunto de vértices $\{1, 2, 3, 6\}$ na Figura B.2(a) aparece na Figura B.2(c) e tem o conjunto de arestas $\{(1, 2), (2, 2), (6, 3)\}$.

Dado um grafo não dirigido $G = (V, E)$, a *versão dirigida* de G é o grafo dirigido $G' = (V, E')$, em que $(u, v) \in E'$ se, e somente se, $(u, v) \in E$. Isto é, substituímos cada aresta não dirigida (u, v) em G pelas duas arestas dirigidas (u, v) e (v, u) na versão dirigida. Dado um grafo dirigido $G = (V, E)$, a *versão não dirigida* de G é o grafo não dirigido $G' = (V, E')$, em que $(u, v) \in E'$ se, e somente se, $u \neq v$ e E contém pelo menos uma das arestas (u, v) e (v, u). Isto é, a versão não dirigida contém as arestas de G "com suas direções eliminadas" e com laços também eliminados. (Como (u, v) e (v, u) são a mesma aresta em um grafo não dirigido, a versão não dirigida de um grafo dirigido contém somente uma vez, mesmo que o grafo dirigido contenha as arestas (u, v) e (v, u).) Em um grafo dirigido $G = (V, E)$, um *vizinho* de um vértice u é qualquer vértice adjacente a u na versão não dirigida de G. Isto é, v é um vizinho de u se $u \neq v$ e, também, $(u, v) \in E$ ou $(v, u) \in E$. Em um grafo não dirigido, u e v são vizinhos se forem adjacentes.

Vários tipos de grafos têm nomes especiais. Um *grafo completo* é um grafo não dirigido no qual todo par de vértices é adjacente. Um *grafo bipartido* é um grafo não dirigido $G = (V, E)$ no qual V pode ser particionado em dois conjuntos V_1 e V_2 tais que $(u, v) \in E$ implica $u \in V_1$ e $v \in V_2$ ou $u \in V_2$ e $v \in V_1$. Isto é, todas as arestas

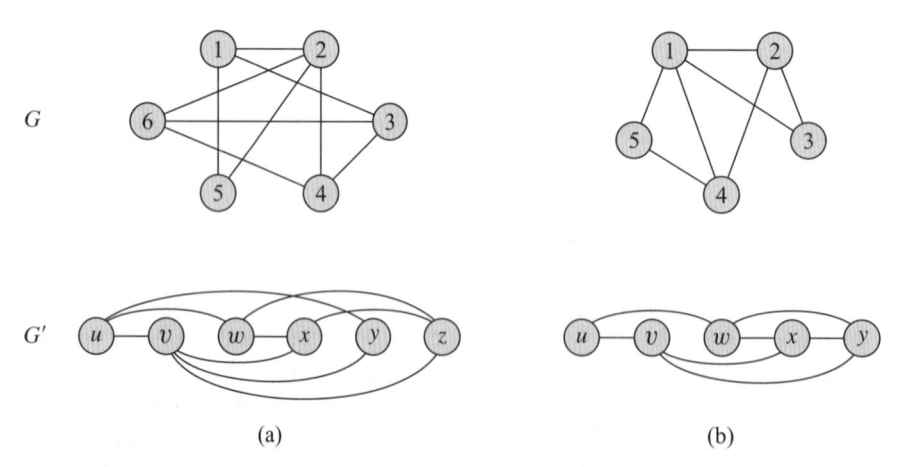

(a)   (b)

Figura B.3 (a) Par de grafos isomorfos. Os vértices do grafo na parte superior da figura são mapeados para os vértices do grafo na parte inferior da figura por $f(1) = u, f(2) = v, f(3) = w, f(4) = x, f(5) = y, f(6) = z$. **(b)** Dois grafos que não são isomorfos, visto que o grafo na parte superior da figura tem um vértice de grau 4, e o grafo na parte inferior da figura não tem.

ficam entre os dois conjuntos V_1 e V_2. Um grafo acíclico não dirigido é uma *floresta*, e um grafo conexo acíclico não dirigido é uma *árvore* (*livre*) (ver Seção B.5). Muitas vezes, tomamos as primeiras letras de "grafo acíclico dirigido" e denominamos tal grafo *gad*.

Há duas variantes de grafos que poderemos encontrar ocasionalmente. Um *multigrafo* é semelhante a um grafo não dirigido, mas pode ter várias arestas entre os mesmos vértices (como duas arestas distintas (u, v) e (u, v)) e laços. Um *hipergrafo* é semelhante a um grafo não dirigido, mas cada *hiperaresta*, em vez de conectar dois vértices, conecta um subconjunto arbitrário de vértices. Muitos algoritmos escritos para grafos dirigidos e não dirigidos comuns podem ser adaptados para funcionar nessas estruturas semelhantes a grafos.

A *contração* de um grafo não dirigido $G = (V, E)$ por uma aresta $e = (u, v)$ é um grafo $G' = (V', E')$, em que $V' = V - \{u, v\} \cup \{x\}$ e x é um novo vértice. O conjunto de arestas E' é formado por E removendo a aresta (u, v) e, para cada vértice w adjacente a u ou v, removendo a aresta (u, w) ou a aresta (v, w), dependendo de qual pertença a E, e em seu lugar adicionando a nova aresta (x, w). Com efeito, u e v são "contraídos" a um vértice só.

Exercícios

B.4-1
Os participantes de uma festa de professores de uma faculdade cumprimentam-se com aperto de mão, sendo que cada par de professores aperta as mãos uma vez. Cada professor memoriza o número de vezes que apertou mãos. No fim da festa, o chefe do departamento pergunta aos professores quantas mãos cada um apertou e soma o número para achar o total. Mostre que o resultado é par, provando o *lema do cumprimento*: se $G = (V, E)$ é um grafo não dirigido, então

$$\sum_{v \in V} \mathrm{grau}(v) = 2\,|E| \ .$$

B.4-2
Mostre que, se um grafo dirigido ou não dirigido contém um caminho entre dois vértices u e v, ele contém um caminho simples entre u e v. Mostre que, se um grafo dirigido contém um ciclo, então ele contém um ciclo simples.

B.4-3
Mostre que qualquer grafo conexo não dirigido $G = (V, E)$ satisfaz $|E| \geq |V| - 1$.

B.4-4
Verifique que, em um grafo não dirigido, a relação "pode ser alcançado de" é uma relação de equivalência para os vértices do grafo. Qual das três propriedades de uma relação de equivalência é válida, em geral, para a relação "pode ser alcançado de" para os vértices de um grafo dirigido?

B.4-5
Qual é a versão não dirigida do grafo dirigido na Figura B.2(a)? Qual é a versão dirigida do grafo não dirigido na Figura B.2(b)?

B.4-6
Mostre como um grafo bipartido pode representar um hipergrafo, permitindo que a incidência no hipergrafo corresponda à adjacência no grafo bipartido. (*Sugestão:* faça com que um conjunto de vértices no grafo bipartido corresponda a vértices do hipergrafo e com que o outro conjunto de vértices do grafo bipartido corresponda a hiperarestas.)

B.5   Árvores

Do mesmo modo que para os grafos, há muitas noções de árvores relacionadas, embora ligeiramente diferentes. Esta seção apresenta definições e propriedades matemáticas de vários tipos de árvores. As Seções 10.3 e 20.1 descrevem como representamos árvores na memória de computadores.

B.5.1 Árvores livres

Como definimos na Seção B.4, uma ***árvore livre*** é um grafo acíclico conexo, não dirigido. Muitas vezes, omitimos o adjetivo "livre" quando dizemos que um grafo é uma árvore. Se um grafo não dirigido é acíclico mas possivelmente desconexo, ele é uma ***floresta***. Muitos algoritmos que funcionam para árvores também funcionam para florestas. A Figura B.4(a) mostra uma árvore livre, e a Figura B.4(b) mostra uma floresta. A floresta na Figura B.4(b) não é uma árvore porque não é conexa. O grafo na Figura B.4(c) é conexo, mas nem é uma árvore nem uma floresta, porque contém um ciclo.

O teorema a seguir abrange muitos fatos importantes sobre árvores livres.

Teorema B.2 (Propriedades de árvores livres)

Seja $G = (V, E)$ um grafo não dirigido. As afirmativas a seguir são equivalentes.

1. G é uma árvore livre.
2. Quaisquer dois vértices em G estão ligados por um caminho simples único.
3. G é conexo, mas, se qualquer aresta for eliminada de E, o grafo resultante é desconexo.
4. G é conexo, e $|E| = |V| - 1$.
5. G é acíclico, e $|E| = |V| - 1$.
6. G é acíclico, mas, se qualquer aresta for adicionada a E, o grafo resultante conterá um ciclo.

Prova $(1) \Rightarrow (2)$: dado que uma árvore é conexa, quaisquer dois vértices em G estão ligados por no mínimo um caminho simples. Suponha, por contradição, que os vértices u e v estão ligados por dois caminhos simples distintos, como mostra a Figura B.5. Seja w o vértice no qual os caminhos divergem pela primeira vez. Isto é, se chamarmos os caminhos de p_1 e p_2, então w é o primeiro vértice em p_1 e p_2 cujo sucessor em p_1 é x e cujo sucessor em p_2 é y, com $x \neq y$. Seja z o primeiro vértice no qual os caminhos reconvergem, isto é, z é o primeiro vértice que vem depois de w em p_1 que também está em p_2. Seja $p' = w \rightarrow x \rightsquigarrow z$ o subcaminho de p_1 que parte de w, passa por x e chega até z, de modo que $p_1 = u \rightsquigarrow w \overset{p'}{\rightsquigarrow} z \rightsquigarrow v$, e seja $p'' = w \rightarrow y \rightsquigarrow z$ o subcaminho de p_2 que parte de w, passa por y e chega até z, de modo que $p_2 = u \rightsquigarrow w \overset{p''}{\rightsquigarrow} z \rightsquigarrow v$. Os caminhos p' e p'' não compartilham nenhum vértice, exceto suas extremidades. Então, como mostra a Figura B.5, o caminho obtido pela concatenação de p' com o inverso de p'' é um ciclo, o que contradiz nossa hipótese de que G é uma árvore. Assim, se G é uma árvore, pode haver, no máximo, um caminho simples entre dois vértices.

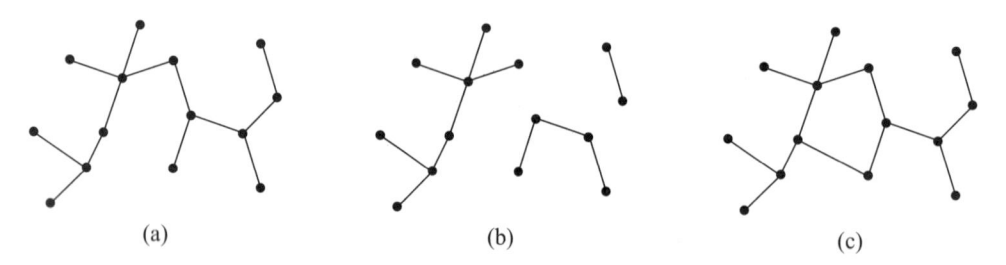

(a)   (b)   (c)

Figura B.4 (**a**) Árvore livre. (**b**) Floresta. (**c**) Grafo que contém um ciclo e que, portanto, nem é uma árvore nem uma floresta.

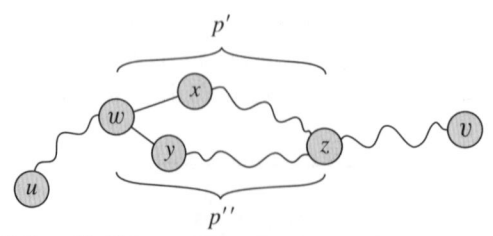

Figura B.5 Etapa na prova do Teorema B.2: se (1) G é uma árvore livre, então (2) quaisquer dois vértices em G estão ligados por um caminho simples único. Considere, por contradição, que os vértices u e v são ligados por dois caminhos simples distintos. Esses caminhos divergem primeiro no vértice w e depois reconvergem primeiro no vértice z. O caminho p' concatenado com o inverso do caminho p'' forma um ciclo, o que produz a contradição.

(2) ⇒ (3): se quaisquer dois vértices em G estão ligados por um caminho simples único, então G é conexo. Seja (u, v) qualquer aresta em E. Essa aresta é um caminho de u a v e, portanto, deve ser o caminho único de u até v. Se eliminarmos (u, v) de G, não haverá nenhum caminho de u a v, e G se tornará desconexo.

(3) ⇒ (4): por hipótese, o grafo G é conexo e, pelo Exercício B.4-3, temos $|E| \geq |V| - 1$. Provaremos $|E| \leq |V| - 1$ por indução em $|V|$. Os casos básicos são quando $|V| = 1$ ou $|V| = 2$ e, de qualquer forma, $|E| = |V| - 1$. Para a etapa indutiva, suponha que $|V| \geq 3$ para o grafo G e que qualquer grafo $G' = (V', E')$, em que $|V'| < |V|$, que satisfaz (3) também satisfaz $|E'| \leq |V'| - 1$. Eliminar uma aresta arbitrária de G separa o grafo em $k \geq 2$ componentes conexas (na realidade, $k = 2$). Cada componente satisfaz (3) ou, do contrário, G não satisfaria (3). Consideramos cada componente conexa V_i, com conjunto de arestas E_i, como uma árvore livre separada, então, visto que cada componente conexo tem menos do que $|V|$ vértices, pela hipótese de indução temos $|E_i| \leq |V_i| - 1$. Assim, o número de arestas em todas as k componentes conexas é, no máximo, $|V| - k \leq |V| - 2$. Adicionar a aresta eliminada produz $|E| \leq |V| - 1$.

(4) ⇒ (5): suponha que G seja conexo e que $|E| = |V| - 1$. Devemos mostrar que G é acíclico. Suponha que G tenha um ciclo contendo k vértices $v_1, v_2, ..., v_k$ e, sem perda da generalidade, suponha que esse ciclo seja simples. Seja $G_k = (V_k, E_k)$ o subgrafo de G que consiste no ciclo, de modo que $|V_k| = |E_k| = k$. Se $k < |V|$, então, como G é conexo, deve existir um vértice $v_{k+1} \in V - V_k$ que é adjacente a algum vértice $v_i \in V_k$. Defina $G_{k+1} = (V_{k+1}, E_{k+1})$ como o subgrafo de G com $V_{k+1} = V_k \cup \{v_{k+1}\}$ e $E_{k+1} = E_k \cup \{v_i, v_{k+1}\}$. Observe que $|V_{k+1}| = |E_{k+1}| = k + 1$. Se $k + 1 < |V|$, podemos continuar, definindo G_{k+2} da mesma maneira, e assim por diante, até obtermos $G_n = (V_n, E_n)$, em que $n = |V|$, $V_n = V$ e $|E_n| = |V_n| = |V|$. Como G_n é um subgrafo de G, temos $E_n \subseteq E$ e, portanto, $|E| \geq |E_n| = |V_n| = |V|$, o que contradiz a hipótese de que $|E| = |V| - 1$. Assim, G é acíclico.

(5) ⇒ (6): suponha que G seja acíclico e que $|E| = |V| - 1$. Seja k o número de componentes conexas de G. Cada componente conexa é uma árvore livre por definição e, visto que (1) implica (5), a soma de todas as arestas em todas as componentes conexas de G é $|V| - k$. Consequentemente, k deve ser igual a 1, e G é de fato uma árvore. Visto que (1) implica (2), quaisquer dois vértices em G estão ligados por um caminho simples único. Portanto, adicionar qualquer aresta a G cria um ciclo.

(6) ⇒ (1): suponha que G seja acíclico, mas que adicionar qualquer aresta a E cria um ciclo. Devemos mostrar que G é conexo. Sejam u e v vértices arbitrários em G. Se u e v ainda não forem adjacentes, adicionar a aresta (u, v) cria um ciclo no qual todas as arestas, com exceção de (u, v), pertencem a G. Assim, o ciclo menos a aresta (u, v) deve conter um caminho de u a v e, visto que u e v foram escolhidos arbitrariamente, G é conexo. ∎

B.5.2 Árvores enraizadas e árvores ordenadas

Uma ***árvore enraizada*** é uma árvore livre na qual um dos vértices é distinto dos outros. Denominamos ***raiz*** da árvore esse vértice distinto. Com frequência, nos referimos a um vértice de árvore enraizada como um ***nó***[5] da árvore. A Figura B.6(a) mostra uma árvore enraizada em um conjunto de 12 nós com raiz 7.

Considere um nó x em uma árvore enraizada T com raiz r. Denominamos qualquer nó y no caminho simples único de r a x por ***ancestral*** de x. Se y é um ancestral de x, então x é um ***descendente*** de y. (Todo nó é ao mesmo tempo ancestral e descendente de si mesmo.) Se y é um ancestral de x e $x \neq y$, então y é um ***ancestral próprio*** de x, e x é um ***descendente próprio*** de y. A ***subárvore enraizada em x*** é a árvore induzida por descendentes de x com raiz em x. Por exemplo, a subárvore enraizada no nó 8 na Figura B.6(a) contém os nós 8, 6, 5 e 9.

Se a última aresta no caminho simples da raiz r de uma árvore T a um nó x é (y, x), então y é o ***pai*** de x, e x é um ***filho*** de y. A raiz é o único nó em T que não tem nenhum pai. Se dois nós têm o mesmo pai, eles são ***irmãos***. Um nó sem nenhum filho é uma ***folha*** ou um ***nó externo***. Um nó que não é uma folha é um ***nó interno***.

O número de filhos de um nó x em uma árvore enraizada T é denominado ***grau*** de x.[6] O comprimento do caminho simples da raiz r a um nó x é a ***profundidade*** de x em T. Um ***nível*** de uma árvore consiste em todos os

---

[5] O termo "nó" é muito usado na literatura da teoria dos grafos como sinônimo de "vértice". Reservaremos o termo "nó" para indicar um vértice de uma árvore enraizada.

[6] Observe que o grau de um nó depende de considerarmos T como uma árvore enraizada ou como uma árvore livre. O grau de um vértice em uma árvore livre é, como em qualquer grafo não dirigido, o número de vértices adjacentes. Porém, em uma árvore enraizada, o grau é o número de filhos — o pai de um nó não conta para definir seu grau.

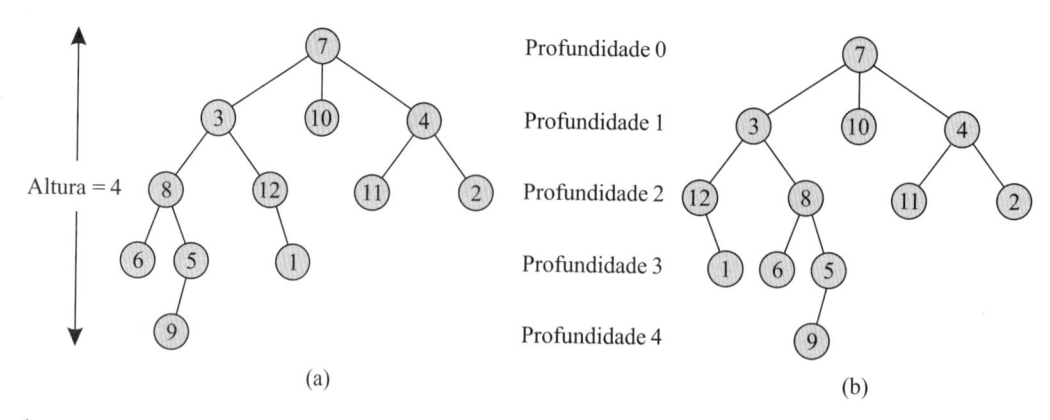

Figura B.6 Árvores enraizadas e árvores ordenadas. (**a**) Árvore enraizada com altura 4. A árvore é desenhada em modo padrão: a raiz (nó 7) está na parte superior, seus filhos (os nós com profundidade 1) estão abaixo dela, os filhos de seus filhos (nós com profundidade 2) estão abaixo destes, e assim por diante. Se a árvore é ordenada, a ordem relativa da esquerda para a direita dos filhos de um nó é importante; caso contrário, não é importante. (**b**) Outra árvore enraizada. Como uma árvore enraizada, ela é idêntica à árvore em (a), mas como árvore ordenada ela é diferente, visto que os filhos do nó 3 aparecem em uma ordem diferente.

nós que estejam na mesma profundidade. A ***altura*** de um nó em uma árvore é o número de arestas no caminho simples descendente mais longo do nó a uma folha, e a altura de uma árvore é a altura de sua raiz. A altura de uma árvore também é igual à maior profundidade de qualquer nó na árvore.

Árvore ordenada é uma árvore enraizada na qual os filhos de cada nó estão ordenados. Isto é, se um nó tem k filhos, então existe um primeiro filho, um segundo filho, ... até um k-ésimo filho, inclusive. As duas árvores na Figura B.6 são diferentes quando consideradas como árvores ordenadas, mas são idênticas quando consideradas apenas como árvores enraizadas.

B.5.3 Árvores binárias e árvores posicionais

Definimos árvores binárias recursivamente. Uma ***árvore binária*** T é uma estrutura definida para um conjunto finito de nós que

* não contém nenhum nó, ou
* é composta por três conjuntos disjuntos de nós: um nó ***raiz***, uma árvore binária denominada sua ***subárvore da esquerda*** e uma árvore binária denominada sua ***subárvore da direita***.

A árvore binária que não contém nenhum nó é denominada ***árvore vazia*** ou ***árvore nula***, eventualmente indicada por NIL. Se a subárvore da esquerda é não vazia, sua raiz é denominada ***filho da esquerda*** da raiz da árvore inteira. Da mesma forma, a raiz de uma subárvore da direita não nula é o ***filho da direita*** da raiz da árvore inteira. Se uma subárvore é a árvore nula NIL, dizemos que o filho está ***ausente*** ou está ***faltando***. A Figura B.7(a) mostra uma árvore binária.

Uma árvore binária não é simplesmente uma árvore ordenada na qual cada nó tem, no máximo, grau 2. Por exemplo, em uma árvore binária, se um nó tem apenas um filho, a posição do filho — seja ele o ***filho da esquerda*** ou o ***filho da direita*** — é importante. Em uma árvore ordenada, não há como distinguir se um filho isolado é um filho da esquerda ou da direita. A Figura B.7(b) mostra uma árvore binária diferente da árvore na Figura B.7(a) em virtude da posição de um único nó. Contudo, se consideradas como árvores ordenadas, as duas árvores são idênticas.

Podemos representar as informações de posicionamento em uma árvore binária pelos nós internos de uma árvore ordenada, como mostra a Figura B.7(c). A ideia é substituir cada filho que falta na árvore binária por um nó que não tenha nenhum filho. Esses nós de folha estão desenhados como quadrados na figura. A árvore resultante é uma ***árvore binária cheia***: cada nó ou é uma folha ou tem grau exatamente 2. Não há nós de grau 1. Consequentemente, a ordem dos filhos de um nó preserva as informações de posição.

A informação de posicionamento que distingue árvores binárias de árvores ordenadas se estende para árvores com mais de dois filhos por nó. Em uma ***árvore posicional***, os filhos de um nó são identificados por números inteiros positivos distintos. O i-ésimo filho de um nó é ***ausente*** se nenhum filho é identificado com o

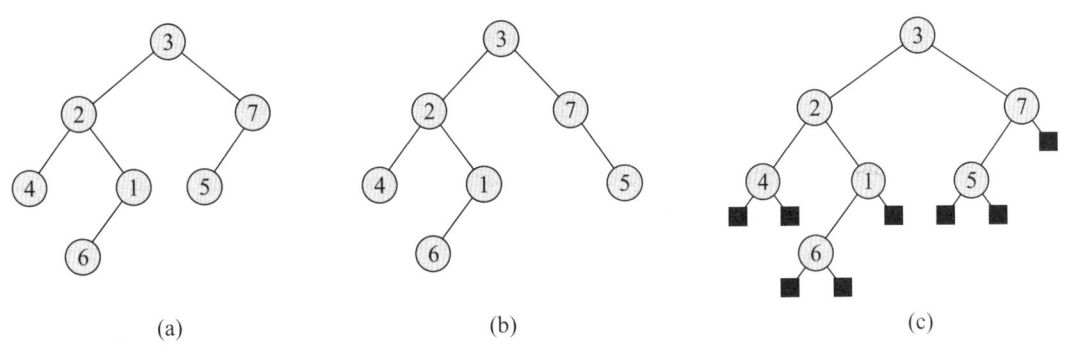

Figura B.7 Árvores binárias. (**a**) Árvore binária desenhada em modo padrão. O filho da esquerda de um nó é desenhado abaixo e à esquerda do nó. O filho da direita é desenhado abaixo e à direita do nó. (**b**) Árvore binária diferente da que está em (a). Em (a), o filho da esquerda do nó 7 é 5, e o filho da direita está ausente. Em (b), o filho da esquerda do nó 7 está ausente e o filho da direita é 5. Como árvores ordenadas, essas árvores são idênticas, mas, como árvores binárias, elas são distintas. (**c**) A árvore binária em (a) representada pelos nós internos de uma árvore binária cheia: uma árvore ordenada na qual cada nó interno tem grau 2. As folhas na árvore são mostradas como quadrados.

inteiro i. Uma árvore ***k-ária*** é uma árvore posicional na qual, para todo nó, todos os filhos com rótulos maiores que k estão faltando. Assim, uma árvore binária é uma árvore k-ária com $k = 2$.

Uma ***árvore k-ária completa*** é uma árvore k-ária na qual todas as folhas têm a mesma profundidade e todos os nós internos têm grau k. A Figura B.8 mostra uma árvore binária completa de altura 3. Quantas folhas tem uma árvore k-ária completa de altura h? A raiz tem k filhos na profundidade 1, cada um deles tem k filhos na profundidade 2, e assim por diante. Então, o número de folhas na profundidade d é k^d. Em uma árvore k-ária completa com altura h, as folhas estão na profundidade h, de modo que existem k^h folhas. Consequentemente, a altura de uma árvore k-ária completa com n folhas é $\log_k n$. O número de nós internos de uma árvore k-ária completa de altura h é

$$1 + k + k^2 + \cdots + k^{h-1} = \sum_{d=0}^{h-1} k^d$$

$$= \frac{k^h - 1}{k - 1} \quad \text{(pela Equação (A.6)}$$

Assim, uma árvore binária completa tem $2^h - 1$ nós internos.

Exercícios

B.5-1
Desenhe todas as árvores livres compostas pelos três vértices x, y e z. Desenhe todas as árvores enraizadas com nós x, y e z que têm x como raiz. Desenhe todas as árvores ordenadas com nós x, y e z que têm x como raiz. Desenhe todas as árvores binárias com nós x, y e z que têm x como raiz.

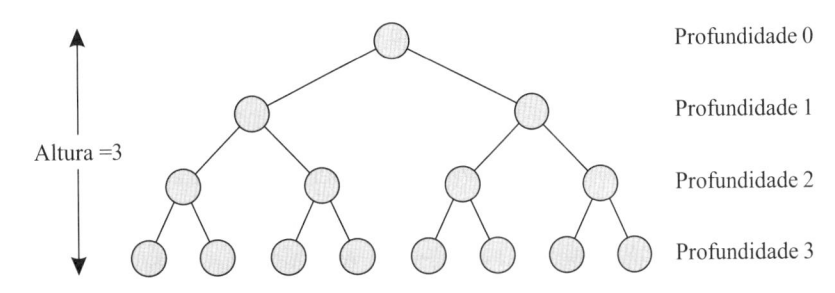

Figura B.8 Árvore binária completa de altura 3 com 8 folhas e 7 nós internos.

B.5-2

Seja $G = (V, E)$ um grafo acíclico dirigido no qual há um vértice $v_0 \in V$ tal que existe um caminho único de v_0 até todo vértice $v \in V$. Prove que a versão não dirigida de G forma uma árvore.

B.5-3

Mostre por indução que o número de nós de grau 2 em qualquer árvore binária não vazia é um a menos que o número de folhas. Conclua que o número de nós internos em uma árvore binária cheia é um a menos que o número de folhas.

B.5-4

Prove que, para qualquer inteiro $k \geq 1$, existe uma árvore binária cheia com k folhas.

B.5-5

Use a indução para mostrar que uma árvore binária não vazia com n nós tem altura de, no mínimo, $\lfloor \lg n \rfloor$.

★ B.5-6

O **comprimento de caminho interno** de uma árvore binária cheia é a soma, aplicada a todos os nós internos da árvore, das profundidades de cada nó. De modo semelhante, o **comprimento de caminho externo** é a soma, aplicada a todas as folhas da árvore, das profundidades de cada folha. Considere uma árvore binária cheia com n nós internos, comprimento de caminho interno i e comprimento de caminho externo e. Prove que $e = i + 2n$.

★ B.5-7

Vamos associar um "peso" $w(x) = 2^{-d}$ a cada folha x de profundidade d em uma árvore binária T, e seja L o conjunto de folhas de T. Prove a **desigualdade de Kraft**: $\sum_{x \in L} w(x) \leq 1$.

★ B.5-8

Mostre que, se $L \geq 2$, então toda árvore binária com L folhas contém uma subárvore que tem entre $L/3$ e $2L/3$ folhas, inclusive.

Problemas

B-1 Coloração de grafos

Dado um grafo não dirigido $G = (V, E)$, uma **k-coloração** é uma função $c : V \rightarrow \{1, 2, ..., k\}$ tal que $c(u) \neq c(v)$ para toda aresta $(u, v) \in E$. Em outras palavras, os números $1, 2, ..., k$ representam as k cores, e vértices adjacentes devem ter cores diferentes.

a. Mostre que qualquer árvore pode ser 2-colorida.

b. Mostre que os itens seguintes são equivalentes:

1. G é bipartido.
2. G é 2-colorido.
3. G não tem nenhum ciclo de comprimento ímpar.

c. Seja d o grau máximo de qualquer vértice em um grafo G. Prove que podemos colorir G com $d + 1$ cores.

d. Mostre que, se G tem $O(|V|)$ arestas, então G pode ser colorido com $O(\sqrt{|V|})$ cores.

B-2 Grafos de amigos

Reescreva cada uma das declarações a seguir como um teorema para grafos não dirigidos e depois prove o teorema. Considere que a amizade é simétrica, mas não reflexiva.

a. Qualquer grupo de no mínimo duas pessoas contém no mínimo duas pessoas com o mesmo número de amigos no grupo.

b. Todo grupo de seis pessoas contém no mínimo três amigos mútuos ou no mínimo três estranhos mútuos.

c. Qualquer grupo de pessoas pode ser repartido em dois subgrupos tais que no mínimo metade dos amigos de cada pessoa pertence ao subgrupo do qual essa pessoa *não* é um membro.

d. Se toda pessoa em um grupo é amiga de no mínimo metade das pessoas no grupo, então o grupo pode se sentar em torno de uma mesa de tal modo que toda pessoa fique sentada entre dois amigos.

B-3 *Bisseção de árvores*

Muitos algoritmos de divisão e conquista que operam sobre grafos exigem que o grafo seja dividido em dois subgrafos de tamanhos aproximadamente iguais, que são induzidos por uma partição dos vértices. Este problema investiga a bisseção de árvores formadas pela eliminação de um pequeno número de arestas. Exige-se que, sempre que dois vértices acabarem na mesma subárvore após a eliminação de arestas, estejam na mesma partição.

a. Mostre que podemos particionar os vértices de qualquer árvore binária de n vértices em dois conjuntos A e B, tais que $|A| \leq 3n/4$ e $|B| \leq 3n/4$, eliminando uma única aresta.

b. Mostre que a constante 3/4 no item (a) é ótima no pior caso, dando um exemplo de árvore binária simples cuja partição de equilíbrio mais uniforme obtida com a eliminação de uma única aresta tenha $|A| = 3n/4$.

c. Mostre que, removendo no máximo $O(\lg n)$ arestas, podemos particionar os vértices de qualquer árvore binária de n vértices em dois conjuntos A e B tais que $|A| = \lfloor n/2 \rfloor$ e $|B| = \lceil n/2 \rceil$.

Notas do apêndice

G. Boole foi pioneiro no desenvolvimento da lógica simbólica e introduziu muitas das notações básicas de conjuntos em um livro publicado em 1854. A moderna teoria dos conjuntos foi criada por G. Cantor no período de 1874 a 1895. Cantor focalizou principalmente os conjuntos de cardinalidade infinita. O termo "função" é atribuído a G. W. Leibniz, que o usou para se referir a várias espécies de fórmulas matemáticas. Sua definição limitada foi generalizada várias vezes. A teoria dos grafos teve origem em 1736, quando L. Euler provou que era impossível cruzar cada uma das sete pontes da cidade de Königsberg exatamente uma vez e retornar ao ponto de partida.

O livro de Harary [208] é um compêndio útil de muitas definições e resultados da teoria dos grafos.

C Contagem e Probabilidade

Este apêndice faz uma revisão da análise combinatória elementar e da teoria da probabilidade. Se o leitor tiver bom conhecimento nessas áreas, basta ler rapidamente o início do capítulo e se concentrar nas últimas seções. A maior parte dos capítulos deste livro não requer que o leitor conheça probabilidade, mas para alguns capítulos tal conhecimento é essencial.

A Seção C.1 faz uma revisão dos eventos elementares da teoria da contagem, incluindo fórmulas padrões para contagem de permutações e combinações. Os axiomas da probabilidade e os fatos básicos relativos a distribuições de probabilidade são apresentados na Seção C.2. Variáveis aleatórias são introduzidas na Seção C.3, com as propriedades de expectativa e variância. A Seção C.4 examina as distribuições geométricas e binomiais que surgem do estudo de tentativas de Bernoulli. O estudo da distribuição binomial continua na Seção C.5, uma discussão avançada das "caudas" da distribuição.

C.1 Contagem

A teoria da contagem tenta responder à pergunta "quantos(as)?" sem realmente enumerar todas as escolhas. Por exemplo, poderíamos perguntar: "Quantos números diferentes de *n bits* existem?" ou "Quantas ordenações de *n* elementos distintos existem?" Nesta seção, faremos uma revisão dos elementos da teoria da contagem. Visto que parte do material pressupõe uma compreensão básica de conjuntos, aconselhamos o leitor a começar pela revisão do material na Seção B.1.

Regras da soma e do produto

Por vezes, podemos expressar um conjunto de itens que desejamos contar como uma união de conjuntos disjuntos ou como um produto cartesiano de conjuntos.

A *regra da soma* afirma que o número de maneiras de escolher um elemento de um entre dois conjuntos *disjuntos* é a soma das cardinalidades dos conjuntos. Ou seja, se A e B são dois conjuntos finitos sem nenhum membro em comum, então $|A \cup B| = |A| + |B|$, que decorre da Equação (B.3), no Apêndice B. Por exemplo, suponha que cada posição na placa de um automóvel possa ser ocupada por uma letra ou um dígito. Portanto, o número de possibilidades para cada posição é $26 + 10 = 36$, já que existem 26 escolhas se for uma letra e 10 escolhas se for um dígito.

A *regra do produto* afirma que o número de maneiras de escolher um par ordenado é o número de maneiras de escolher o primeiro elemento vezes o número de maneiras de escolher o segundo elemento. Isto é, se A e B são dois conjuntos finitos, então $|A \times B| = |A| \cdot |B|$, que é simplesmente a Equação (B.4). Por exemplo, se uma sorveteria oferece 28 sabores de sorvete e quatro coberturas, o número de *sundaes* possíveis com uma bola de sorvete e uma cobertura é $28 \cdot 4 = 112$.

Cadeias

Uma *cadeia* em um conjunto finito S é a sequência de elementos de S. Por exemplo, há oito cadeias binárias de comprimento 3:

000, 001, 010, 011, 100, 101, 110, 111.

(Aqui, usamos a abreviação de omitir os colchetes angulares ao indicarmos uma sequência.) Eventualmente, chamamos uma cadeia de comprimento k de uma ***k-cadeia***. Uma ***subcadeia*** s' de uma cadeia s é a sequência ordenada de elementos consecutivos de s. Uma ***k-subcadeia*** de uma cadeia é a subcadeia de comprimento k. Por exemplo, 010 é uma 3-subcadeia de 01101001 (a 3-subcadeia que começa na posição 4), mas 111 não é uma subcadeia de 01101001.

Podemos ver uma k-cadeia em um conjunto S como um elemento do produto cartesiano S^k de tuplas de k elementos; assim, existem $|S|^k$ cadeias de comprimento k. Por exemplo, o número de cadeias binárias de k elementos é 2^k. Intuitivamente, para construirmos uma cadeia de k elementos em um conjunto de n elementos, temos n modos de escolher o primeiro elemento; para cada uma dessas opções, temos n modos de escolher o segundo elemento, e assim por diante k vezes. Essa construção leva ao produto de k termos $\underbrace{n \cdot n \cdots n}_{k \text{ vezes}} = n^k$ como o número de cadeias de k elementos.

Permutações

Uma ***permutação*** de um conjunto finito S é a sequência ordenada de todos os elementos de S, sendo que cada elemento aparece exatamente uma vez. Por exemplo, se $S = \{a, b, c\}$, então S tem seis permutações:

$abc, acb, bac, bca, cab, cba.$

(Novamente, usamos a abreviação de omitir os colchetes angulares ao indicarmos uma sequência.) Há $n!$ permutações de um conjunto de n elementos, visto que o primeiro elemento da sequência pode ser escolhido de n maneiras, o segundo de $n - 1$ maneiras, o terceiro de $n - 2$ maneiras, e assim por diante.

Uma ***k-permutação*** de S é uma sequência ordenada de k elementos de S na qual nenhum elemento aparece mais de uma vez na sequência. (Assim, uma permutação comum é apenas uma permutação de n elementos de um conjunto de n elementos.) As 2-permutações do conjunto $\{a, b, c, d\}$ são

$ab, ac, ad, ba, bc, bd, ca, cb, cd, da, db, dc.$

O número de k-permutações de um conjunto de n elementos é

$$n(n - 1)(n - 2) \cdots (n - k + 1) = \frac{n!}{(n - k)!} , \qquad \text{(C.1)}$$

visto que há n maneiras de escolher o primeiro elemento, $n - 1$ maneiras de escolher o segundo elemento e assim por diante, até selecionarmos k elementos, sendo o último elemento uma seleção dos $n - k + 1$ elementos restantes. Para o exemplo dado, com $n = 4$ e $k = 2$, a fórmula (C.1) é avaliada em $4!/2! = 12$, correspondendo ao número de 2-permutações listado.

Combinações

Uma ***k-combinação*** de um conjunto S de n elementos é simplesmente um k-subconjunto de S. Por exemplo, o conjunto de quatro elementos $\{a, b, c, d\}$ tem seis 2-combinações:

ab, ac, ad, bc, bd, cd .

(Aqui, usamos a forma reduzida de omitir as chaves em torno de cada subconjunto e omitir as vírgulas entre os elementos pertencentes ao mesmo subconjunto.) Podemos construir uma k-combinação de um conjunto de n elementos escolhendo k elementos distintos (diferentes) do conjunto de n elementos. A ordem da seleção dos elementos não importa.

Podemos expressar o número de combinações de k elementos de um conjunto de n elementos em termos do número de permutações de k elementos de um conjunto de n elementos. Toda k-combinação tem exatamente $k!$ permutações de seus elementos, cada uma sendo uma k-permutação distinta do n-conjunto. Assim, o número de k-combinações de um n-conjunto é o número de k-permutações dividido por $k!$. Pela Equação (C.1), essa quantidade é

$$\frac{n!}{k!\,(n - k)!} . \qquad \text{(C.2)}$$

Para $k = 0$, essa fórmula nos informa que o número de maneiras de escolher 0 elemento de um n-conjunto é 1 (e não 0), já que $0! = 1$.

Coeficientes binomiais

A notação $\binom{n}{k}$ (lê-se "n escolhe k") indica o número de k-combinações em um n-conjunto. Pela Equação (C.2), temos

$$\binom{n}{k} = \frac{n!}{k!\,(n-k)!}\ .$$

Essa fórmula é simétrica em k e em $n - k$:

$$\binom{n}{k} = \binom{n}{n-k}\ . \tag{C.3}$$

Esses números também são conhecidos como **coeficientes binomiais,** porque aparecem no **teorema binomial**:

$$(x + y)^n = \sum_{k=0}^{n} \binom{n}{k} x^k y^{n-k}\ , \tag{C.4}$$

em que $n \in \mathrm{N}$ e $x, y \in \mathrm{R}$. O lado direito da Equação (C.4) é chamado de **expansão binomial** do lado esquerdo. Um caso especial da expansão binomial ocorre quando $x = y = 1$:

$$2^n = \sum_{k=0}^{n} \binom{n}{k}\ .$$

Essa fórmula corresponde a contar as 2^n cadeias binárias de n elementos pelo número de 1s que elas contêm: n-cadeias binárias $\binom{n}{k}$ contêm exatamente k 1s, já que há $\binom{n}{k}$ modos de escolher k dentre as n posições nas quais colocar os $1s$.

Muitas identidades envolvem coeficientes binomiais. Os exercícios no fim desta seção lhe dão a oportunidade de provar algumas delas.

Limites para binomiais

Por vezes, precisamos limitar o tamanho de um coeficiente binomial. Para $1 \le k \le n$, temos o limite inferior

$$\begin{aligned}
\binom{n}{k} &= \frac{n(n-1)\cdots(n-k+1)}{k(k-1)\cdots 1} \\
&= \left(\frac{n}{k}\right)\left(\frac{n-1}{k-1}\right)\cdots\left(\frac{n-k+1}{1}\right) \\
&\ge \left(\frac{n}{k}\right)^k\ .
\end{aligned} \tag{C.5}$$

Tirando proveito da inequação $k! \ge (k/e)^k$ deduzida da aproximação de Stirling (3.25) no Capítulo 3, obtemos os limites superiores

$$\begin{aligned}
\binom{n}{k} &= \frac{n(n-1)\cdots(n-k+1)}{k(k-1)\cdots 1} \\
&\le \frac{n^k}{k!} \\
&\le \left(\frac{en}{k}\right)^k\ .
\end{aligned} \tag{C.6}$$

Para todos os inteiros k tais que $0 \le k \le n$, podemos usar a indução (ver Exercício C.1-12) para provarmos o limite

$$\binom{n}{k} \le \frac{n^n}{k^k(n-k)^{n-k}}\ , \tag{C.7}$$

em que, por conveniência, adotamos $0^0 = 1$. Para $k = \lambda n$, em que $0 \leq \lambda \leq 1$, podemos reescrever esse limite como

$$\binom{n}{\lambda n} \leq \frac{n^n}{(\lambda n)^{\lambda n}((1 - \lambda)n)^{(1 - \lambda)n}}$$

$$= \left(\left(\frac{1}{\lambda} \right)^\lambda \left(\frac{1}{1 - \lambda} \right)^{1 - \lambda} \right)^n$$

$$= 2^{n H(\lambda)},$$

em que

$$H(\lambda) = -\lambda \lg \lambda - (1 - \lambda) \lg(1 - \lambda) \qquad (C.8)$$

é a *função entropia* (*binária*) e em que, por conveniência, adotamos $0 \lg 0 = 0$, de modo que $H(0) = H(1) = 0$.

Exercícios

C.1-1
Quantas subcadeias de k elementos tem uma cadeia de n elementos? (Considere subcadeias idênticas de k elementos em posições diferentes como subcadeias diferentes.) Quantas subcadeias uma cadeia de n elementos tem no total?

C.1-2
Uma *função booleana* de n entradas e m saídas é função de $\{0, 1\}^n$ para $\{0, 1\}^m$. Quantas funções booleanas de n entradas e 1 saída existem? Quantas funções booleanas de n entradas e m saídas existem?

C.1-3
De quantos modos n professores podem se sentar em torno de uma mesa de reuniões redonda? Considere duas arrumações iguais se uma pode ser rodada para formar a outra.

C.1-4
De quantos modos podemos escolher três números distintos no conjunto $\{1, 2, ..., 99\}$ a fim de que sua soma seja par?

C.1-5
Prove a identidade

$$\binom{n}{k} = \frac{n}{k} \binom{n - 1}{k - 1} \qquad (C.9)$$

para $0 < k \leq n$.

C.1-6
Prove a identidade

$$\binom{n}{k} = \frac{n}{n - k} \binom{n - 1}{k}$$

para $0 \leq k < n$.

C.1-7
Para escolher k objetos de n, você pode destacar um dos objetos e considerar se tal objeto diferenciado é escolhido. Use essa abordagem para provar que

$$\binom{n}{k} = \binom{n - 1}{k} + \binom{n - 1}{k - 1}.$$

C.1-8

Usando o resultado do Exercício C.1-7, organize uma tabela para n = 0, 1, ..., 6 e $0 \leq k \leq n$ dos coeficientes binomiais $\binom{n}{k}$ que tenham $\binom{0}{0}$ na parte superior e $\binom{1}{0}$ e $\binom{1}{1}$ na linha seguinte, depois $\binom{2}{0}$, $\binom{2}{1}$ e $\binom{2}{2}$, e assim por diante. Essa tabela de coeficientes binomiais é denominada triângulo de Pascal.

C.1-9

Prove que

$$\sum_{i=1}^{n} i = \binom{n+1}{2}.$$

C.1-10

Mostre que, para quaisquer inteiros $n \geq 0$ e $0 \leq k \leq n$, a expressão $\binom{n}{k}$ alcança seu valor máximo quando $k = \lfloor n/2 \rfloor$ ou $k = \lceil n/2 \rceil$.

★ C.1-11

Demonstre que, para quaisquer inteiros $n \geq 0, j \geq 0, k \geq 0$ e $j + k \leq n$,

$$\binom{n}{j+k} \leq \binom{n}{j}\binom{n-j}{k}. \tag{C.10}$$

Forneça uma prova algébrica e também um argumento baseado em um método para escolher $j + k$ itens de n itens. Forneça um exemplo no qual a igualdade não seja válida.

★ C.1-12

Use indução para todos os inteiros k tais que $0 \leq k \leq n/2$ para provar a Inequação (C.7), e use a Equação (C.3) para estendê-la a todos os inteiros k tais que $0 \leq k \leq n$.

★ C.1-13

Use a aproximação de Stirling para provar que

$$\binom{2n}{n} = \frac{2^{2n}}{\sqrt{\pi n}}(1 + O(1/n)). \tag{C.11}$$

★ C.1-14

Diferenciando a função entropia $H(\lambda)$, mostre que ela alcança seu valor máximo em $\lambda = 1/2$. O que é $H(1/2)$?

★ C.1-15

Mostre que, para qualquer inteiro $n \geq 0$,

$$\sum_{k=0}^{n} \binom{n}{k} k = n\, 2^{n-1}. \tag{C.12}$$

★ C.1-16

A Inequação (C.5) oferece um limite inferior sobre o coeficiente binomial $\binom{n}{k}$. Para pequenos valores de k, um limite mais forte é válido. Prove que

$$\binom{n}{k} \geq \frac{n^k}{4k!} \tag{C.13}$$

para $k \leq \sqrt{n}$.

C.2   Probabilidade

Probabilidade é uma ferramenta essencial para o projeto e a análise de algoritmos probabilísticos e aleatorizados. Esta seção faz uma revisão da teoria básica da probabilidade.

Definimos probabilidade em termos de um ***espaço amostral*** S, que é um conjunto cujos elementos são denominados ***resultados*** ou ***eventos elementares***. Cada evento elementar pode ser visto como resultado possível de um experimento. No caso do experimento de lançar duas moedas distinguíveis, no qual cada lançamento individual resulta em uma cara (H) ou uma coroa (T), podemos considerar como espaço amostral o conjunto de todas as cadeias possíveis de dois elementos em $\{H, T\}$:

$S = \{HH, HT, TH, TT\}$.

Um ***evento*** é um subconjunto[1] do espaço amostral S. Por exemplo, no experimento de lançar duas moedas, o evento de obter uma cara e uma coroa é $\{HT, TH\}$. O evento S é denominado ***evento certo***, e o evento $\emptyset$ é denominado ***evento nulo***. Dizemos que dois eventos A e B são ***mutuamente exclusivos*** se $A \cap B = \emptyset$. Um resultado s também define o evento $\{s\}$, que por vezes é escrito como somente s. Por definição, todos os resultados são mutuamente exclusivos.

Axiomas de probabilidade

Uma ***distribuição de probabilidades*** $\Pr\{\}$ em um espaço amostral S é um mapeamento de eventos de S para números reais que satisfaça aos seguintes ***axiomas de probabilidade***:

1. $\Pr\{A\} \geq 0$ para qualquer evento A.
2. $\Pr\{S\} = 1$.
3. $\Pr\{A \cup B\} = \Pr\{A\} + \Pr\{B\}$ para quaisquer dois eventos mutuamente exclusivos A e B. De modo mais geral, para qualquer sequência de eventos (finita ou infinita contável) $A_1, A_2, \ldots$ que sejam mutuamente exclusivos aos pares,

$$\Pr\left\{\bigcup_i A_i\right\} = \sum_i \Pr\{A_i\} .$$

Denominamos $\Pr\{A\}$ a ***probabilidade*** do evento A. Aqui, observamos que o axioma 2 é um requisito de normalização: na realidade, não há nada de fundamental em escolher 1 como a probabilidade do evento certo, exceto o fato de ser natural e conveniente.

Diversos resultados decorrem imediatamente desses axiomas e da teoria básica dos conjuntos (ver Seção B.1). O evento nulo $\emptyset$ tem probabilidade $\Pr\{\emptyset\} = 0$. Se $A \subseteq B$, então $\Pr\{A\} \leq \Pr\{B\}$. Usando $\overline{A}$ para indicar o evento $S - A$ (o ***complemento*** de A), temos $\Pr\{\overline{A}\} = 1 - \Pr\{A\}$. Para dois eventos quaisquer A e B,

$$\Pr\{A \cup B\} = \Pr\{A\} + \Pr\{B\} - \Pr\{A \cap B\} \tag{C.14}$$
$$\leq \Pr\{A\} + \Pr\{B\} . \tag{C.15}$$

Em nosso exemplo do lançamento de moedas, suponha que cada um dos quatro resultados tenha probabilidade de 1/4. Então, a probabilidade de obter no mínimo uma cara é

$$\Pr\{HH, HT, TH\} = \Pr\{HH\} + \Pr\{HT\} + \Pr\{TH\}$$
$$= 3/4 .$$

---

[1]Quando se trata de uma distribuição de probabilidade geral, podem existir alguns subconjuntos do espaço amostral S que não sejam considerados eventos. Essa situação normalmente surge quando o espaço amostral é infinito não contável. O principal requisito para que subconjuntos sejam eventos é que o conjunto de eventos de um espaço amostral seja fechado às operações de tomar o complemento de um evento, formar a união de um número de eventos finito ou contável e tomar a interseção de um número de eventos finito ou contável. A maioria das distribuições de probabilidades que veremos neste livro refere-se a espaços amostrais finitos ou contáveis e, de modo geral, consideraremos todos os subconjuntos de um espaço amostral como eventos. Uma exceção notável é a distribuição de probabilidade uniforme contínua, que veremos em breve.

Outra maneira de obter o mesmo resultado é observar que, como a probabilidade de obter estritamente menos de uma cara é $\Pr\{\texttt{TT}\} = 1/4$, a probabilidade de obter no mínimo uma cara é $1 - 1/4 = 3/4$.

Distribuições de probabilidades discretas

Uma distribuição de probabilidades *discreta* é definida como um espaço amostral finito ou infinito contável. Seja S o espaço amostral. Então, para qualquer evento A,

$$\Pr\{A\} = \sum_{s \in A} \Pr\{s\} \ ,$$

já que os resultados, especificamente aqueles em A, são mutuamente exclusivos. Se S é finito e todo resultado $s \in S$ tem probabilidade $\Pr\{s\} = 1/|S|$, então temos a *distribuição de probabilidades uniforme* em S. Nesse caso, o experimento é frequentemente descrito como "escolher um elemento de S aleatoriamente".

Como exemplo, considere o processo de lançar uma *moeda não viciada*, uma moeda para a qual a probabilidade de obter uma cara é igual à probabilidade de obter uma coroa, ou seja, $1/2$. Se lançarmos a moeda n vezes, teremos a distribuição de probabilidades uniforme definida no espaço amostral $S = \{\texttt{H}, \texttt{T}\}^n$, um conjunto de tamanho 2^n. Podemos representar cada resultado em S como uma cadeia de comprimento n em $\{\texttt{H}, \texttt{T}\}$, em que cada cadeia ocorre com a probabilidade $1/2^n$. O evento $A = \{$ocorrem exatamente k caras e exatamente $n - k$ coroas$\}$ é um subconjunto de S de tamanho $|A| = \binom{n}{k}$, já que $\binom{n}{k}$ cadeias de comprimento n em $\{\texttt{H}, \texttt{T}\}$ contêm exatamente k $\texttt{H}$'s. Portanto, a probabilidade do evento A é $\Pr\{A\} = \binom{n}{k}/2^n$.

Distribuição de probabilidade uniforme contínua

A distribuição de probabilidade uniforme contínua é um exemplo de distribuição de probabilidade na qual nem todos os subconjuntos do espaço amostral são considerados eventos. A distribuição de probabilidade uniforme contínua é definida em um intervalo fechado $[a, b]$ dos números reais, em que $a < b$. Nossa intuição é que cada ponto no intervalo $[a, b]$ deve ser "igualmente provável". Porém, como há um número incontável de pontos, se dermos a todos os pontos a mesma probabilidade finita, positiva, não poderemos satisfazer simultaneamente aos axiomas 2 e 3. Por essa razão, gostaríamos de associar uma probabilidade a somente *alguns* dos subconjuntos de S, de modo tal que os axiomas sejam satisfeitos para esses eventos.

Para qualquer intervalo fechado $[c, d]$, em que $a \leq c \leq d \leq b$, a *distribuição de probabilidade uniforme contínua* define a probabilidade do evento $[c, d]$ como

$$\Pr\{[c, d]\} = \frac{d - c}{b - a} \ .$$

Com $c = d$, a probabilidade de um ponto isolado é 0. Se eliminarmos as extremidades $[c, c]$ e $[d, d]$ de um intervalo $[c, d]$, obteremos o intervalo aberto (c, d). Visto que $[c, d] = [c, c] \cup (c, d) \cup [d, d]$, o axioma 3 nos dá $\Pr\{[c, d]\} = \Pr\{(c, d)\}$. Em geral, o conjunto de eventos para a distribuição de probabilidade uniforme contínua contém qualquer subconjunto do espaço amostral $[a, b]$ que possa ser obtido por uma união finita ou contável de intervalos abertos e fechados, bem como certos conjuntos mais complicados.

Probabilidade condicional e independência

Por vezes, temos algum conhecimento parcial antecipado sobre o resultado de um experimento. Por exemplo, suponha que um amigo tenha lançado duas moedas não viciadas e lhe tenha dito que no mínimo uma das moedas deu cara. Qual é a probabilidade de ambas as moedas darem cara? A informação dada elimina a possibilidade de duas coroas. Os três resultados restantes são igualmente prováveis, portanto inferimos que cada um ocorre com probabilidade $1/3$. Como apenas um desses resultados dá duas caras, a resposta à nossa pergunta é $1/3$.

A probabilidade condicional formaliza a noção de existir um conhecimento parcial antecipado do resultado de um experimento. A *probabilidade condicional* de um evento A dada a ocorrência de outro evento B é definida como

$$\Pr\{A \mid B\} = \frac{\Pr\{A \cap B\}}{\Pr\{B\}} \tag{C.16}$$

sempre que $\Pr\{B\} \neq 0$. (Lê-se "$\Pr\{A \mid B\}$" como "a probabilidade de A dado B".) A ideia por trás da Equação (C.16) é que, já que sabemos que o evento B ocorre, a probabilidade de o evento A também ocorrer é $A \cap B$. Isto é, $A \cap B$ é o conjunto de resultados em que ocorrem ambos, A e B. Visto que o resultado é um dos eventos elementares em B, normalizamos as probabilidades de todos os eventos elementares em B dividindo-as por $\Pr\{B\}$, de forma que sua soma seja 1. Portanto, a probabilidade condicional de A dado B é a razão entre a probabilidade do evento $A \cap B$ e a probabilidade do evento B. Em nosso exemplo, A é o evento em que ambas as moedas dão cara, e B é o evento em que no mínimo uma moeda dá cara. Assim, $\Pr\{A \mid B\} = (1/4)/(3/4) = 1/3$.

Dois eventos são ***independentes*** se

$$\Pr\{A \cap B\} = \Pr\{A\}\Pr\{B\}\ , \tag{C.17}$$

que é equivalente, se $\Pr\{B\} \neq 0$, à condição

$$\Pr\{A \mid B\} = \Pr\{A\}\ .$$

Por exemplo, suponha que lancemos duas moedas não viciadas e que os resultados sejam independentes. Então, a probabilidade de duas caras é $(1/2)(1/2) = 1/4$. Agora, suponha que um evento seja a primeira moeda dar cara e o outro evento seja as moedas darem resultados diferentes. Cada um desses eventos ocorre com probabilidade $1/2$, e a probabilidade de que ambos os eventos ocorram é $1/4$. Assim, de acordo com a definição de independência, os eventos são independentes — ainda que possamos imaginar que ambos os eventos dependem da primeira moeda. Finalmente, suponha que as moedas estejam soldadas entre si de tal forma que ambas dão cara ou ambas dão coroa, e que as duas possibilidades sejam igualmente prováveis. Então, a probabilidade de cada moeda dar cara é $1/2$, mas a probabilidade de ambas darem cara é $1/2 \neq (1/2)(1/2)$. Por consequência, o evento em que uma das moedas dá cara e o evento em que a outra dá cara não são independentes.

Dizemos que uma coleção $A_1, A_2, \ldots, A_n$ de eventos é ***independente aos pares*** se

$$\Pr\{A_i \cap A_j\} = \Pr\{A_i\}\Pr\{A_j\}$$

para todo $1 \leq i < j \leq n$. Dizemos que os eventos da coleção são (***mutuamente***) ***independentes*** se todo subconjunto de k elementos da coleção em que $2 \leq k \leq n$ e $1 \leq i_1 < i_2 < \ldots < i_k \leq n$, satisfaz

$$\Pr\{A_{i_1} \cap A_{i_2} \cap \cdots \cap A_{i_k}\} = \Pr\{A_{i_1}\}\Pr\{A_{i_2}\}\cdots\Pr\{A_{i_k}\}\ .$$

Por exemplo, suponha que lancemos duas moedas não viciadas. Seja A_1 o evento em que a primeira moeda dá cara, seja A_2 o evento em que a segunda moeda dá cara e seja A_3 o evento em que as duas moedas dão resultados diferentes. Temos

$$\begin{aligned}
\Pr\{A_1\} &= 1/2\ , \\
\Pr\{A_2\} &= 1/2\ , \\
\Pr\{A_3\} &= 1/2\ , \\
\Pr\{A_1 \cap A_2\} &= 1/4\ , \\
\Pr\{A_1 \cap A_3\} &= 1/4\ , \\
\Pr\{A_2 \cap A_3\} &= 1/4\ , \\
\Pr\{A_1 \cap A_2 \cap A_3\} &= 0\ .
\end{aligned}$$

Visto que, para $1 \leq i < j \leq 3$, temos $\Pr\{A_i \cap A_j\} = \Pr\{A_i\}\Pr\{A_j\} = 1/4$, os eventos A_1, A_2 e A_3 são independentes aos pares. Contudo, os eventos não são mutuamente independentes porque $\Pr\{A_1 \cap A_2 \cap A_3\} = 0$ e $\Pr\{A_1\}\Pr\{A_2\}\Pr\{A_3\} = 1/8 \neq 0$.

Teorema de Bayes

Pela definição de probabilidade condicional (C.16) e da lei comutativa $A \cap B = B \cap A$, decorre que, para dois eventos A e B, cada um com probabilidade não nula,

$$\begin{aligned}
\Pr\{A \cap B\} &= \Pr\{B\}\Pr\{A \mid B\} \\
&= \Pr\{A\}\Pr\{B \mid A\}\ .
\end{aligned} \tag{C.18}$$

Resolvendo para $\Pr\{A \mid B\}$, obtemos

$$\Pr\{A \mid B\} = \frac{\Pr\{A\}\Pr\{B \mid A\}}{\Pr\{B\}}, \tag{C.19}$$

que é conhecido como **teorema de Bayes**. O denominador $\Pr\{B\}$ é uma constante de normalização que podemos expressar novamente da seguinte maneira: considerando que $B = (B \cap A) \cup (B \cap \overline{A})$ e que $B \cap A$ e $B \cap \overline{A}$ são eventos mutuamente exclusivos,

$$\begin{aligned} \Pr\{B\} &= \Pr\{B \cap A\} + \Pr\{B \cap \overline{A}\} \\ &= \Pr\{A\}\Pr\{B \mid A\} + \Pr\{\overline{A}\}\Pr\{B \mid \overline{A}\} . \end{aligned}$$

Substituindo na Equação (C.19), obtemos uma forma equivalente do teorema de Bayes:

$$\Pr\{A \mid B\} = \frac{\Pr\{A\}\Pr\{B \mid A\}}{\Pr\{A\}\Pr\{B \mid A\} + \Pr\{\overline{A}\}\Pr\{B \mid \overline{A}\}} . \tag{C.20}$$

O teorema de Bayes pode simplificar o cálculo de probabilidades condicionais. Por exemplo, suponha que tenhamos uma moeda não viciada e uma moeda viciada que sempre dá cara. Executamos um experimento que consiste em três eventos independentes: escolhemos uma das duas moedas aleatoriamente, lançamos essa moeda uma vez e depois a lançamos mais uma vez. Suponha que a moeda escolhida dê cara ambas as vezes. Qual é a probabilidade de ela ser viciada?

Resolvemos esse problema usando o teorema de Bayes. Seja A o evento em que escolhemos a moeda viciada e seja B o evento em que a moeda dá cara ambas as vezes. Desejamos determinar $\Pr\{A \mid B\}$, sabendo que $\Pr\{A\} = 1/2$, $\Pr\{B \mid A\} = 1$, $\Pr\{\overline{A}\} = 1/2$ e $\Pr\{B \mid \overline{A}\} = 1/4$. Consequentemente, temos

$$\begin{aligned} \Pr\{A \mid B\} &= \frac{(1/2) \cdot 1}{(1/2) \cdot 1 + (1/2) \cdot (1/4)} \\ &= 4/5 . \end{aligned}$$

Exercícios

C.2-1

O professor Rosencrantz lança uma moeda não viciada duas vezes. O professor Guildenstern lança uma moeda não viciada uma vez. Qual é a probabilidade de o professor Rosencrantz obter mais caras que o professor Guildenstern?

C.2-2

Prove a **desigualdade de Boole**: para qualquer sequência finita ou infinita contável de eventos $A_1, A_2, ...,$

$$\Pr\{A_1 \cup A_2 \cup \cdots\} \leq \Pr\{A_1\} + \Pr\{A_2\} + \cdots . \tag{C.21}$$

C.2-3

Suponha que embaralhemos muito bem um baralho de 10 cartas e que cada uma das cartas represente um número distinto de 1 até 10. Então, retiramos três cartas do baralho, uma de cada vez. Qual é a probabilidade de selecionarmos as três cartas em sequência ordenada (crescente)?

C.2-4

Prove que

$$\Pr\{A \mid B\} + \Pr\{\overline{A} \mid B\} = 1 .$$

C.2-5

Prove que, para qualquer coleção de eventos $A_1, A_2, ..., A_n$,

$$\begin{aligned} \Pr\{A_1 \cap A_2 \cap \cdots \cap A_n\} = {}&\Pr\{A_1\} \cdot \Pr\{A_2 \mid A_1\} \cdot \Pr\{A_3 \mid A_1 \cap A_2\} \cdots \\ &\Pr\{A_n \mid A_1 \cap A_2 \cap \cdots \cap A_{n-1}\} . \end{aligned} \tag{C.22}$$

★ C.2-6

Mostre como construir um conjunto de n eventos independentes aos pares, mas de tal forma que nenhum subconjunto de $k > 2$ elementos desse conjunto seja mutuamente independente.

★ C.2-7

Dois eventos A e B são **condicionalmente independentes**, dado C, se

$$\Pr\{A \cap B \mid C\} = \Pr\{A \mid C\} \cdot \Pr\{B \mid C\} \ .$$

Dê um exemplo simples, porém não trivial, de dois eventos que não sejam independentes, mas que sejam condicionalmente independentes dado um terceiro evento.

★ C.2-8

O professor Gore dá uma aula de música sobre ritmo na qual três alunos — Jeff, Tim e Carmine — correm o risco de reprovação. O professor Gore diz aos três que um deles será aprovado no curso e os outros dois serão reprovados. Carmine pergunta ao professor Gore em particular qual entre Jeff e Tim será reprovado, argumentando que, como ele já sabe que pelo menos um deles o será, o professor não revelará nenhuma informação sobre o resultado de Carmine. Em uma violação da lei de privacidade, o professor Gore diz a Carmine que Jeff será reprovado. Carmine se sente um pouco aliviado agora, imaginando que ele ou Tim passarão, de modo que sua probabilidade de passar agora é 1/2. Carmine está correto ou sua chance de passar ainda é 1/3? Explique.

C.3   Variáveis aleatórias discretas

Uma **variável aleatória (discreta)** X é uma função de um espaço amostral finito ou infinito contável S para os números reais. Ela associa um número real a cada resultado possível de um experimento, o que nos permite trabalhar com a distribuição de probabilidades induzida no conjunto de números resultante. Variáveis aleatórias também podem ser definidas para espaços amostrais infinitos incontáveis, mas isso dá origem a questões técnicas que não há necessidade de abordar, dadas as nossas finalidades. Daqui em diante, vamos supor que variáveis aleatórias são discretas.

Para uma variável aleatória X e um número real x, definimos o evento $X = x$ como $\{s \in S : X(s) = x\}$; portanto,

$$\Pr\{X = x\} = \sum_{s \in S : X(s) = x} \Pr\{s\} \ .$$

A função

$$f(x) = \Pr\{X = x\}$$

é a **função densidade de probabilidade** da variável aleatória X. Pelos axiomas de probabilidade, $\Pr\{X = x\} \geq 0$ e $\sum_x \Pr\{X = x\} = 1$.

Como exemplo, considere o experimento de lançar um par de dados comuns de seis faces. Há 36 eventos elementares possíveis no espaço amostral. Supomos que a distribuição de probabilidades é uniforme, de modo que cada evento elementar $s \in S$ é igualmente provável: $\Pr\{s\} = 1/36$. Defina a variável aleatória X como o *máximo* dos dois valores resultantes do lançamento dos dados. Temos $\Pr\{X = 3\} = 5/36$, já que X atribui um valor de 3 a 5 dos 36 eventos elementares possíveis, isto é, (1, 3), (2, 3), (3, 3), (3, 2) e (3, 1).

Podemos definir diversas variáveis aleatórias no mesmo espaço amostral. Se X e Y são variáveis aleatórias, a função

$$f(x, y) = \Pr\{X = x \text{ e } Y = y\}$$

é a **função densidade de probabilidade conjunta** de X e Y. Para um valor fixo y,

$$\Pr\{Y = y\} = \sum_x \Pr\{X = x \text{ e } Y = y\} \ ,$$

e, de modo semelhante, para um valor fixo x,

$$\Pr\{X = x\} = \sum_y \Pr\{X = x \text{ e } Y = y\} .$$

Usando a definição (C.16) de probabilidade condicional, temos

$$\Pr\{X = x \mid Y = y\} = \frac{\Pr\{X = x \text{ e } Y = y\}}{\Pr\{Y = y\}} .$$

Dizemos que duas variáveis aleatórias X e Y são ***independentes*** se, para todo x e y, os eventos $X = x$ e $Y = y$ são independentes ou, de modo equivalente, se para todo x e y, temos $\Pr\{X = x \text{ e } Y = y\} = \Pr\{X = x\}\Pr\{Y = y\}$.

Dado um conjunto de variáveis aleatórias definidas em um mesmo espaço amostral, podemos definir novas variáveis aleatórias como somas, produtos ou outras funções das variáveis originais.

Valor esperado de uma variável aleatória

O resumo mais simples e mais útil da distribuição de uma variável aleatória é a "média" dos valores que ela adota. O ***valor esperado*** (ou os sinônimos ***expectativa*** ou ***média***) de uma variável aleatória discreta X é

$$E[X] = \sum_x x \cdot \Pr\{X = x\} , \tag{C.23}$$

que é bem definido se a soma é finita ou absolutamente convergente. Ocasionalmente, a expectativa de X é indicada por μ_x ou, quando a variável aleatória é aparente pelo contexto, simplesmente por μ.

Considere um jogo em que você lança duas moedas não viciadas. Você ganha R\$ 3,00 para cada cara, mas perde R\$ 2,00 para cada coroa. O valor esperado da variável aleatória X que representa seus ganhos é

$$\begin{aligned} E[X] &= 6 \cdot \Pr\{2 \text{ H's}\} + 1 \cdot \Pr\{1 \text{ H}, 1 \text{ T}\} - 4 \cdot \Pr\{2 \text{ T's}\} \\ &= 6 \cdot (1/4) + 1 \cdot (1/2) - 4 \cdot (1/4) \\ &= 1 . \end{aligned}$$

A ***linearidade da expectativa*** diz que a expectativa da soma de duas variáveis aleatórias é a soma de suas expectativas, isto é,

$$E[X + Y] = E[X] + E[Y] , \tag{C.24}$$

sempre que $E[X]$ e $E[Y]$ são definidos. A linearidade da expectativa se aplica a uma grande gama de situações, e ela é válida até mesmo se X e Y não são independentes. Ela também se estende a somatórios de expectativas, tanto finitos quanto absolutamente convergentes. A linearidade de expectativa é a propriedade fundamental que nos permite executar análises probabilísticas utilizando variáveis aleatórias indicadoras (ver Seção 5.2).

Se X é qualquer variável aleatória, qualquer função $g(x)$ define uma nova variável aleatória $g(X)$. Se a expectativa de $g(X)$ é definida, então

$$E[g(X)] = \sum_x g(x) \cdot \Pr\{X = x\} .$$

Fazendo $g(x) = ax$ temos, para qualquer constante a,

$$E[aX] = aE[X] . \tag{C.25}$$

Consequentemente, expectativas são lineares: para quaisquer duas variáveis aleatórias X e Y e uma constante qualquer a,

$$E[aX + Y] = aE[X] + E[Y] . \tag{C.26}$$

Quando duas variáveis aleatórias X e Y são independentes e cada uma tem uma expectativa definida,

$$
\begin{aligned}
E[XY] &= \sum_x \sum_y xy \cdot \Pr\{X = x \text{ and } Y = y\} \\
&= \sum_x \sum_y xy \cdot \Pr\{X = x\} \Pr\{Y = y\} \quad \text{(pela independência de } X \text{ e } Y\text{)} \\
&= \left(\sum_x x \cdot \Pr\{X = x\}\right)\left(\sum_y y \cdot \Pr\{Y = y\}\right) \\
&= E[X]E[Y] \qquad\qquad\qquad\qquad \text{(pela Equação (C.23)).}
\end{aligned}
$$

Em geral, quando n variáveis aleatórias $X_1, X_2, ..., X_n$ são mutuamente independentes,

$$
E[X_1 X_2 \cdots X_n] = E[X_1] E[X_2] \cdots E[X_n] \ . \tag{C.27}
$$

Quando uma variável aleatória X assume valores pertencentes ao conjunto dos números naturais $\mathbb{N} = \{0, 1, 2, ...\}$, existe uma fórmula elegante para representar sua expectativa:

$$
\begin{aligned}
E[X] &= \sum_{i=0}^{\infty} i \cdot \Pr\{X = i\} \\
&= \sum_{i=0}^{\infty} i \cdot (\Pr\{X \geq i\} - \Pr\{X \geq i + 1\}) \\
&= \sum_{i=1}^{\infty} \Pr\{X \geq i\} \ , \tag{C.28}
\end{aligned}
$$

visto que cada termo $\Pr\{X \geq i\}$ é somado i vezes e subtraído em $i - 1$ vezes (exceto $\Pr\{X \geq 0\}$, que é somado 0 vezes e não é subtraído).

Uma função $f(x)$ é **convexa** se

$$
f(\lambda x + (1 - \lambda)y) \leq \lambda f(x) + (1 - \lambda)f(y) \tag{C.29}
$$

para todo x e y e para todo $0 \leq \lambda \leq 1$. A **desigualdade de Jensen** diz que, quando uma função convexa $f(x)$ é aplicada a uma variável aleatória X,

$$
E[f(X)] \geq f(E[X]) \ , \tag{C.30}
$$

desde que as expectativas existam e sejam finitas.

Variância e desvio-padrão

O valor esperado de uma variável aleatória não nos informa como os valores da variável estão "espalhados". Por exemplo, se temos variáveis aleatórias X e Y para as quais $\Pr\{X = 1/4\} = \Pr\{X = 3/4\} = 1/2$ e $\Pr\{Y = 0\} = \Pr\{Y = 1\} = 1/2$, então tanto $E[X]$ quanto $E[Y]$ são $1/2$, ainda que os valores reais adotados por Y estejam mais distantes da média que os valores reais adotados por X.

A noção de variância expressa matematicamente quão afastados da média os valores de uma variável aleatória provavelmente estão. A **variância** de uma variável aleatória X com média $E[X]$ é

$$
\begin{aligned}
\operatorname{Var}[X] &= E\left[(X - E[X])^2\right] \\
&= E\left[X^2 - 2X E[X] + E^2[X]\right] \\
&= E[X^2] - 2E[X E[X]] + E^2[X] \\
&= E[X^2] - 2E^2[X] + E^2[X] \\
&= E[X^2] - E^2[X] \ . \tag{C.31}
\end{aligned}
$$

Para justificar a igualdade $E[E^2[X]] = E^2[X]$, observe que, como $E[X]$ é um número real e não uma variável aleatória, $E^2[X]$ também é um número real. A igualdade $E[XE[X]] = E^2[X]$ decorre da Equação (C.25), com $a = E[X]$). Reescrevendo a Equação (C.31), obtemos uma expressão para a expectativa do quadrado de uma variável aleatória:

$$E[X^2] = \text{Var}[X] + E^2[X] \ .$$

(C.32)

A variância de uma variável aleatória X e a variância de aX estão relacionadas (ver Exercício C.3-10):

$$\text{Var}[a X] = a^2\text{Var}[X].$$

Quando X e Y são variáveis aleatórias independentes,

$$\text{Var}[X + Y] = \text{Var}[X] + \text{Var}[Y].$$

Em geral, se n variáveis aleatórias $X_1, X_2, ..., X_n$ são independentes aos pares, então

$$\text{Var}\left[\sum_{i=1}^{n} X_i\right] = \sum_{i=1}^{n} \text{Var}[X_i] \ .$$

(C.33)

O **desvio-padrão** de uma variável aleatória X é a raiz quadrada não negativa da variância de X. O desvio-padrão de uma variável aleatória X, por vezes, é indicado por σ_x, ou simplesmente σ, quando a variável aleatória X é entendida pelo contexto. Com essa notação, a variância de X é indicada por σ^2.

Exercícios

C.3-1
Suponha que lancemos dois dados comuns de seis faces. Qual é a expectativa da soma dos dois valores exibidos resultantes? Qual é a expectativa do máximo dos dois valores resultantes?

C.3-2
Um vetor $A[1 : n]$ contém n números distintos ordenados aleatoriamente, sendo que cada permutação dos n números é igualmente provável. Qual é a expectativa do índice do elemento máximo no vetor? Qual é a expectativa do índice do elemento mínimo no vetor?

C.3-3
Certo jogo de parque de diversões consiste em três dados dentro de uma gaiola giratória. Um jogador pode apostar R$ 1,00 em qualquer dos números de 1 a 6. A gaiola é girada e o resultado é o seguinte: se o número escolhido pelo jogador não aparece em nenhum dos dados, ele perde seu dinheiro. Caso contrário, se seu número aparece em exatamente k dos três dados, para $k = 1, 2, 3$, o jogador mantém seu dinheiro e ganha k vezes o valor apostado. Qual é o ganho esperado quando se aposta nesse jogo uma vez?

C.3-4
Demonstre que, se X e Y são variáveis aleatórias não negativas, então

$$E[\max\{X, Y\}] \leq E[X] + E[Y] \ .$$

★ C.3-5
Sejam X e Y variáveis aleatórias independentes. Prove que $f(X)$ e $g(Y)$ são independentes para qualquer escolha de funções f e g.

★ C.3-6
Seja X uma variável aleatória não negativa e suponha que $E[X]$ esteja bem definida. Prove a **desigualdade de Markov**:

$$\Pr\{X \geq t\} \leq E[X]/t$$

(C.34)

para todo $t > 0$.

★ C.3-7

Seja S um espaço amostral, e sejam X e X' variáveis aleatórias tais que $X(s) \geq X'(s)$ para todo $s \in S$. Prove que, para qualquer constante real t,

$$\Pr\{X \geq t\} \geq \Pr\{X' \geq t\} \ .$$

C.3-8

O que é maior: a expectativa do quadrado de uma variável aleatória ou o quadrado de sua expectativa?

C.3-9

Mostre que, para qualquer variável aleatória X que adote somente os valores 0 e 1, temos $\mathrm{Var}[X] = \mathrm{E}[X]\,\mathrm{E}[1-X]$.

C.3-10

Prove que $\mathrm{Var}[aX] = a^2\mathrm{Var}[X]$, pela definição (C.31) de variância.

C.4   Distribuições geométrica e binomial

Tentativa de Bernoulli é um experimento que tem somente dois resultados possíveis: ***sucesso***, que ocorre com probabilidade p, e ***fracasso***, que ocorre com probabilidade $q = 1 - p$. O lançamento de uma moeda serve como exemplo em que, dependendo de seu ponto de vista, o resultado de caras corresponde ao sucesso e o de coroas ao fracasso. Quando falamos coletivamente de ***tentativas de Bernoulli***, queremos dizer que as tentativas são mutuamente independentes e, a menos que digamos especificamente o contrário, cada uma delas tem a mesma probabilidade p de sucesso. Duas distribuições importantes surgem das tentativas de Bernoulli: a distribuição geométrica e a distribuição binomial.

Distribuição geométrica

Suponha que tenhamos uma sequência de tentativas de Bernoulli, cada qual com uma probabilidade de sucesso p e uma probabilidade $q = 1 - p$ de fracasso. Quantas tentativas ocorrem antes de obtermos um sucesso?

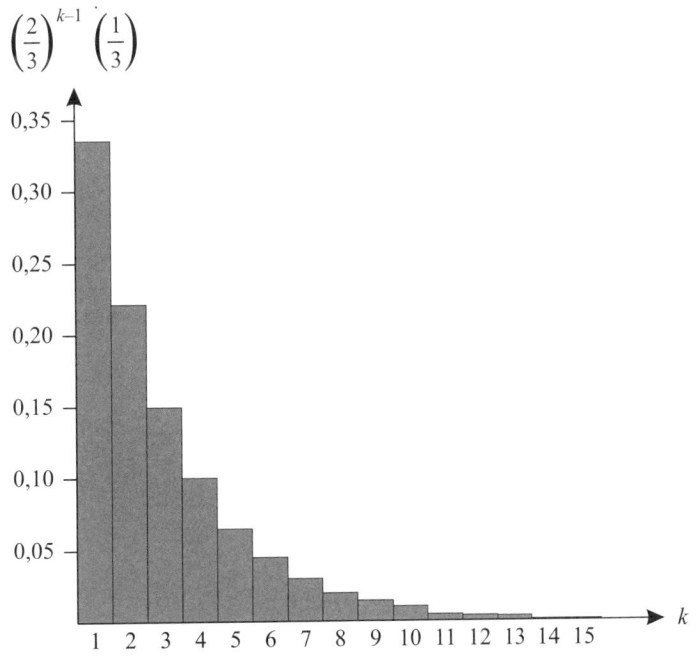

Figura C.1 Uma distribuição geométrica com probabilidade de sucesso $p = 1/3$ e uma probabilidade de fracasso $q = 1 - p$. A expectativa da distribuição é $1/p = 3$.

Vamos definir a variável aleatória X como o número de tentativas necessárias para obter um sucesso. Então, X tem valores no intervalo $\{1, 2, ...\}$ e, para $k \geq 1$,

$$\Pr\{X = k\} = q^{k-1}p \, , \tag{C.35}$$

já que temos $k - 1$ fracassos antes de um sucesso. Dizemos que uma distribuição de probabilidades que satisfaz à Equação (C.35) é uma **distribuição geométrica**. A Figura C.1 ilustra tal distribuição.

Considerando que $q < 1$, podemos calcular a expectativa de uma distribuição geométrica:

$$
\begin{aligned}
\mathrm{E}[X] &= \sum_{k=1}^{\infty} kq^{k-1}p \\
&= \frac{p}{q}\sum_{k=0}^{\infty} kq^{k} \\
&= \frac{p}{q} \cdot \frac{q}{(1-q)^2} \quad \text{(pela Equação (A.11))} \\
&= \frac{p}{q} \cdot \frac{q}{p^2} \\
&= 1/p \, .
\end{aligned}
\tag{C.36}
$$

Assim, em média, ocorrem $1/p$ tentativas antes de obtermos um sucesso, um resultado intuitivo. Conforme o Exercício C.4-3 pede para mostrar, a variância é

$$\mathrm{Var}[X] = q/p^2 \, . \tag{C.37}$$

Como exemplo, suponha que lancemos dois dados repetidas vezes até obtermos um sete ou um onze. Dos 36 resultados possíveis, seis produzem um sete e dois produzem um onze. Assim, a probabilidade de sucesso é $p = 8/36 = 2/9$, e temos de lançar os dados $1/p = 9/2 = 4,5$ vezes em média para obtermos um valor sete ou onze.

Distribuição binomial

Quantos sucessos ocorrem durante n tentativas de Bernoulli, em que um sucesso ocorre com probabilidade p e um fracasso com probabilidade $q = 1 - p$? Defina a variável aleatória X como o número de sucessos em n tentativas. Então, X tem valores na faixa $\{0, 1, ..., n\}$ e, para $k = 0, 1, ..., n$,

$$\Pr\{X = k\} = \binom{n}{k} p^k q^{n-k} \, , \tag{C.38}$$

visto que há $\binom{n}{k}$ maneiras de escolher quais k das n tentativas são sucessos, e a probabilidade de ocorrer cada uma é $p^k q^{n-k}$. Uma distribuição de probabilidades que satisfaça à Equação (C.38) é denominada **distribuição binomial**. Por conveniência, definimos a família de distribuições binomiais usando a notação

$$b(k; n, p) = \binom{n}{k} p^k (1 - p)^{n-k} \, . \tag{C.39}$$

A Figura C.2 ilustra uma distribuição binomial. O nome "binomial" deve-se ao fato de que o lado direito da Equação (C.38) é o k-ésimo termo da expansão de $(p + q)^n$. Consequentemente, visto que $p + q = 1$, a Equação (C.4) no Apêndice C resulta em

$$\sum_{k=0}^{n} b(k; n, p) = 1 \, , \tag{C.40}$$

como é exigido pelo axioma 2 dos axiomas de probabilidade.

Podemos calcular a expectativa de uma variável aleatória cuja distribuição é binomial pelas Equações (C.9) e (C.40). Seja X uma variável aleatória que segue a distribuição binomial $b(k; n, p)$, e seja $q = 1 - p$. Pela definição de expectativa, temos

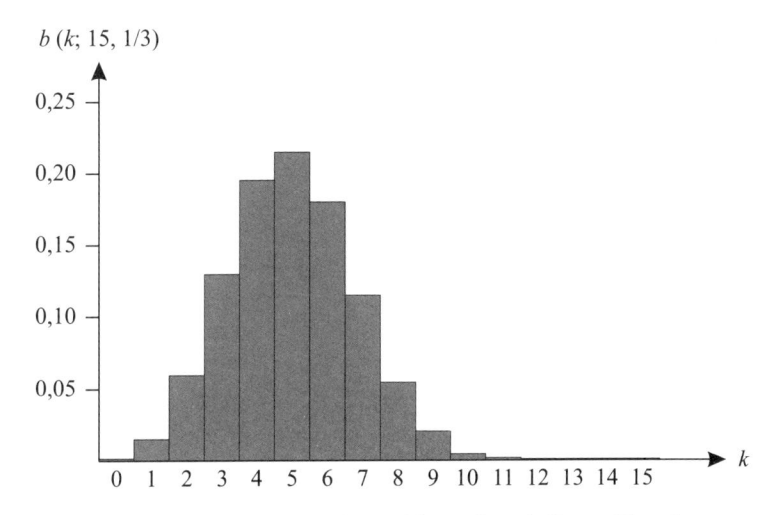

Figura C.2 Distribuição binomial de $b(k; 15, 1/3)$ resultante de $n = 15$ tentativas de Bernoulli, cada uma com probabilidade de sucesso $p = 1/3$. A expectativa da distribuição é $np = 5$.

$$
\begin{aligned}
\mathrm{E}[X] &= \sum_{k=0}^{n} k \cdot \Pr\{X = k\} \\
&= \sum_{k=0}^{n} k \cdot b(k; n, p) \\
&= \sum_{k=1}^{n} k \binom{n}{k} p^k q^{n-k} \\
&= np \sum_{k=1}^{n} \binom{n-1}{k-1} p^{k-1} q^{n-k} \quad \text{(pela Equação (C.9))} \\
&= np \sum_{k=0}^{n-1} \binom{n-1}{k} p^k q^{(n-1)-k} \\
&= np \sum_{k=0}^{n-1} b(k; n-1, p) \\
&= np \quad\quad\quad\quad\quad\quad\quad\quad \text{(pela Equação (C.40))}.
\end{aligned}
\tag{C.41}
$$

Usando a linearidade de expectativa, podemos obter o mesmo resultado com uma quantidade substancialmente menor de cálculos algébricos. Seja X_i a variável aleatória que descreve o número de sucessos na i-ésima tentativa. Então, $\mathrm{E}[X_i] = p \cdot 1 + q \cdot 0 = p$, e o número esperado de sucessos para n tentativas é

$$
\begin{aligned}
\mathrm{E}[X] &= \mathrm{E}\left[\sum_{i=1}^{n} X_i\right] \\
&= \sum_{i=1}^{n} \mathrm{E}[X_i] \quad \text{(pela Equação (C.24))} \\
&= \sum_{i=1}^{n} p \\
&= np.
\end{aligned}
\tag{C.42}
$$

Podemos usar a mesma abordagem para calcularmos a variância da distribuição. Pela Equação (C.31), $\text{Var}[X_i] = E[X_i^2] - E^2[X_i]$. Visto que X_i assume somente os valores 0 e 1, temos $X_i^2 = X_i$, implicando $E[X_i^2] = E[X_i] = p$. Portanto,

$$\text{Var}[X_i] = p - p^2 = p(1 - p) = pq \, . \tag{C.43}$$

Para calcularmos a variância de X, aproveitamos a independência das n tentativas. Assim, pela Equação (C.33), temos

$$
\begin{aligned}
\text{Var}[X] &= \text{Var}\left[\sum_{i=1}^{n} X_i\right] \\
&= \sum_{i=1}^{n} \text{Var}[X_i] \\
&= \sum_{i=1}^{n} pq \\
&= npq \, .
\end{aligned}
\tag{C.44}
$$

Como mostra a Figura C.2, a distribuição binomial $b(k; n, p)$ aumenta com k até alcançar a média np e depois diminui. Podemos provar que a distribuição sempre se comporta dessa maneira examinando a razão entre termos consecutivos:

$$
\begin{aligned}
\frac{b(k; n, p)}{b(k - 1; n, p)} &= \frac{\binom{n}{k} p^k q^{n-k}}{\binom{n}{k-1} p^{k-1} q^{n-k+1}} \\
&= \frac{n!\,(k - 1)!\,(n - k + 1)!\,p}{k!\,(n - k)!\,n!\,q} \\
&= \frac{(n - k + 1)p}{kq} \\
&= 1 + \frac{(n - k + 1)p - kq}{kq} \\
&= 1 + \frac{(n - k + 1)p - k(1 - p)}{kq} \\
&= 1 + \frac{(n + 1)p - k}{kq} \, .
\end{aligned}
\tag{C.45}
$$

Essa razão é maior que 1 exatamente quando $(n + 1)p - k$ é positiva. Consequentemente, $b(k; n, p) > b(k - 1; n, p)$ para $k < (n + 1)p$ (a distribuição aumenta), e $b(k; n, p) < b(k - 1; n, p)$ para $k > (n + 1)p$ (a distribuição diminui). Se $(n + 1)p$ é um inteiro, então, para $k = (n + 1)p$, a razão $b(k; n, p)/b(k - 1; n, p)$ é igual a 1, de modo que $b(k; n, p) = b(k - 1; n, p)$. Nesse caso, a distribuição tem dois máximos: em $k = (n + 1)p$ e em $k - 1 = (n + 1)p - 1 = np - q$. Caso contrário, ela atinge um máximo no único inteiro k que se encontra na faixa $np - q < k < (n + 1)p$.

O lema a seguir dá um limite superior para a distribuição binomial.

Lema C.1

Seja $n \geq 0$, seja $0 < p < 1$, seja $q = 1 - p$ e seja $0 \leq k \leq n$. Então,

$$b(k; n, p) \leq \left(\frac{np}{k}\right)^k \left(\frac{nq}{n - k}\right)^{n-k} \, .$$

Prova Temos

$$b(k;n,p) = \binom{n}{k} p^k q^{n-k}$$

$$\leq \left(\frac{n}{k}\right)^k \left(\frac{n}{n-k}\right)^{n-k} p^k q^{n-k} \quad \text{(pela Inequação (C.7))}$$

$$= \left(\frac{np}{k}\right)^k \left(\frac{nq}{n-k}\right)^{n-k} . \qquad \blacksquare$$

Exercícios

C.4-1
Verifique o axioma 2 dos axiomas da probabilidade para a distribuição geométrica.

C.4-2
Quantas vezes em média devemos lançar seis moedas não viciadas antes de obtermos três caras e três coroas?

C.4-3
Mostre que a variância da distribuição geométrica é q/p^2. (*Sugestão:* use o Exercício A.1-6, no Apêndice A.)

C.4-4
Mostre que $b(k; n, p) = b(n - k; n, q)$, em que $q = 1 - p$.

C.4-5
Mostre que o valor do máximo da distribuição binomial $b(k; n, p)$ é aproximadamente $1/\sqrt{2\pi npq}$, em que $q = 1 - p$.

★ C.4-6
Mostre que a probabilidade de nenhum sucesso em n tentativas de Bernoulli, cada uma com probabilidade $p = 1/n$, é aproximadamente $1/e$. Mostre que a probabilidade de exatamente um sucesso é também aproximadamente $1/e$.

★ C.4-7
O professor Rosencrantz lança uma moeda não viciada n vezes, e o professor Guildenstern faz o mesmo. Mostre que a probabilidade de eles obterem o mesmo número de caras é $\binom{2n}{n}/4^n$. (*Sugestão*: para o professor Rosencrantz, considere sucesso uma cara; para o professor Guildenstern, considere sucesso uma coroa.) Use sua demonstração para verificar a identidade

$$\sum_{k=0}^{n} \binom{n}{k}^2 = \binom{2n}{n} .$$

★ C.4-8
Mostre que, para $0 \leq k \leq n$,

$$b(k; n, 1/2) \leq 2^{n\,H(k/n)-n} ,$$

em que $H(x)$ é a função entropia (C.8).

★ C.4-9

Considere n tentativas de Bernoulli em que, para $i = 1, 2, ..., n$, a i-ésima tentativa tem probabilidade p_i de sucesso, e seja X a variável aleatória que indica o número total de sucessos. Seja $p \geq p_i$ para todo $i = 1, 2, ..., n$. Prove que, para $1 \leq k \leq n$,

$$\Pr\{X < k\} \geq \sum_{i=0}^{k-1} b(i; n, p) .$$

★ C.4-10

Seja X a variável aleatória para o número total de sucessos em um conjunto A de n tentativas de Bernoulli, em que a i-ésima tentativa tem probabilidade p_i de sucesso, e seja X' a variável aleatória para o número total de sucessos em um segundo conjunto A' de n tentativas de Bernoulli, em que a i-ésima tentativa tem probabilidade de sucesso $p_i' \geq p_i$. Prove que, para $0 \leq k \leq n$,

$$\Pr\{X' \geq k\} \geq \Pr\{X \geq k\} .$$

(*Sugestão*: mostre como obter as tentativas de Bernoulli em A' por meio de um experimento envolvendo as tentativas de A e use o resultado do Exercício C.3-7.)

★ C.5   As caudas da distribuição binomial

A probabilidade de haver no mínimo ou no máximo k sucessos em n tentativas de Bernoulli, cada qual com probabilidade de sucesso p, é frequentemente de maior interesse do que a probabilidade de haver exatamente k sucessos. Nesta seção, investigamos as **caudas** da distribuição binomial: as duas regiões da distribuição $b(k; n, p)$ que estão longe do np médio. Demonstraremos vários limites importantes para (a soma de todos os termos de) uma cauda.

Primeiro, damos um limite para a cauda direita da distribuição $b(k; n, p)$. Podemos determinar limites para a cauda esquerda invertendo os papéis de sucessos e fracassos.

Teorema C.2

Considere uma sequência de n tentativas de Bernoulli, em que o sucesso ocorre com probabilidade p. Seja X a variável aleatória que indica o número total de sucessos. Então, para $0 \leq k \leq n$, a probabilidade de no mínimo k sucessos é

$$\Pr\{X \geq k\} = \sum_{i=k}^{n} b(i; n, p)$$

$$\leq \binom{n}{k} p^k .$$

Prova Para $S \subseteq \{1, 2, ..., n\}$, seja A_S o evento em que a i-ésima tentativa é sucesso para todo $i \in S$. Visto que $\Pr\{A_S\} = p^k$, em que $|S| = k$, temos

$$
\begin{aligned}
\Pr\{X \geq k\} &= \Pr\{\text{existe } S \subseteq \{1, 2, \ldots, n\} : |S| = k \text{ e } A_S\} \\
&= \Pr\left\{ \bigcup_{S \subseteq \{1,2,\ldots,n\}:|S|=k} A_S \right\} \\
&\leq \sum_{S \subseteq \{1,2,\ldots,n\}:|S|=k} \Pr\{A_S\} \quad \text{(pela Inequação (C.21))} \\
&= \binom{n}{k} p^k .
\end{aligned}
$$

O corolário a seguir enuncia novamente o teorema para a cauda esquerda da distribuição binomial. Em geral, deixaremos a cargo do leitor adaptar as provas de uma cauda à outra.

Corolário C.3

Considere uma sequência de n tentativas de Bernoulli nas quais o sucesso ocorre com probabilidade p. Se X é a variável aleatória que indica o número total de sucessos, então, para $0 \leq k \leq n$, a probabilidade de haver no máximo k sucessos é

$$\Pr\{X \leq k\} = \sum_{i=0}^{k} b(i;n,p)$$

$$\leq \binom{n}{n-k}(1-p)^{n-k}$$

$$= \binom{n}{k}(1-p)^{n-k} . \qquad \blacksquare$$

Nosso próximo limite refere-se à cauda esquerda da distribuição binomial. Seu corolário mostra que, longe da média, a cauda esquerda diminui exponencialmente.

Teorema C.4

Considere uma sequência de n tentativas de Bernoulli na qual o sucesso ocorre com probabilidade p e o fracasso com probabilidade $q = 1 - p$. Seja X a variável aleatória que indica o número total de sucessos. Então, para $0 < k < np$, a probabilidade de ocorrer um número menor do que k sucessos é

$$\Pr\{X < k\} = \sum_{i=0}^{k-1} b(i;n,p)$$

$$< \frac{kq}{np-k} b(k;n,p) .$$

Prova Limitamos a série $\sum_{i=0}^{k-1} b(i;n,p)$ por uma série geométrica usando a técnica da Seção A.2. Para $i = 1$, $2, ..., k$, a Equação (C.45) resulta em

$$\frac{b(i-1;n,p)}{b(i;n,p)} = \frac{iq}{(n-i+1)p}$$

$$< \frac{iq}{(n-i)p}$$

$$\leq \frac{kq}{(n-k)p} .$$

Se fizermos

$$x = \frac{kq}{(n-k)p}$$

$$< \frac{kq}{(n-np)p}$$

$$= \frac{kq}{nqp}$$

$$= \frac{k}{np}$$

$$< 1 ,$$

decorre que

$$b(i-1;n,p) < x\, b(i;n,p)$$

para $0 < i \leq k$. Aplicando iterativamente essa inequação $k - i$ vezes, obtemos

$$b(i;n,p) < x^{k-i}\, b(k;n,p)$$

para $0 \leq i < k$ e, consequentemente,

$$
\begin{aligned}
\sum_{i=0}^{k-1} b(i;n,p) \;&<\; \sum_{i=0}^{k-1} x^{k-i} b(k;n,p) \\
&<\; b(k;n,p) \sum_{i=1}^{\infty} x^{i} \\
&=\; \frac{x}{1-x}\, b(k;n,p) \\
&=\; \frac{kq/((n-k)p)}{((n-k)p - kq)/((n-k)p)}\, b(k;n,p) \\
&=\; \frac{kq}{np - kp - kq}\, b(k;n,p) \\
&=\; \frac{kq}{np - k}\, b(k;n,p)\,.
\end{aligned}
$$

Corolário C.5

Considere uma sequência de n tentativas de Bernoulli, na qual o sucesso ocorre com probabilidade p e o fracasso com probabilidade $q = 1 - p$. Então, para $0 < k \leq np/2$, a probabilidade de um número de sucessos menor do que k é menor que metade da probabilidade de um número de sucessos menor do que $k + 1$.

Prova Como $k \leq np/2$, temos

$$
\begin{aligned}
\frac{kq}{np-k} \;&\leq\; \frac{(np/2)q}{np - (np/2)} \\
&=\; \frac{(np/2)q}{np/2} \\
&\leq\; 1\,,
\end{aligned}
$$

já que $q \leq 1$. Sendo X a variável aleatória que indica o número de sucessos, o Teorema C.4 e a Inequação (C.46) implicam que a probabilidade de um número de sucessos menor do que k é

$$\Pr\{X < k\} = \sum_{i=0}^{k-1} b(i;n,p) < b(k;n,p)\,.$$

Assim, temos

$$
\begin{aligned}
\frac{\Pr\{X < k\}}{\Pr\{X < k+1\}} \;&=\; \frac{\sum_{i=0}^{k-1} b(i;n,p)}{\sum_{i=0}^{k} b(i;n,p)} \\
&=\; \frac{\sum_{i=0}^{k-1} b(i;n,p)}{\sum_{i=0}^{k-1} b(i;n,p) + b(k;n,p)} \\
&<\; 1/2\,,
\end{aligned}
$$

visto que $\sum_{i=0}^{k-1} b(i;n,p) < b(k;n,p)$.   ∎

Os limites para a cauda direita ocorrem de modo semelhante. Você deve dar a prova no Exercício C.5-2.

Corolário C.6

Considere uma sequência de n tentativas de Bernoulli, na qual o sucesso ocorre com probabilidade p. Seja X a variável aleatória que indica o número total de sucessos. Então, para $np < k < n$, a probabilidade de um número de sucessos maior do que k é

$$\Pr\{X > k\} = \sum_{i=k+1}^{n} b(i; n, p)$$

$$< \frac{(n-k)p}{k - np} b(k; n, p) \,. \quad \blacksquare$$

Corolário C.7

Considere uma sequência de n tentativas de Bernoulli na qual o sucesso ocorre com probabilidade p e o fracasso com probabilidade $q = 1 - p$. Então, para $(np + n)/2 < k < n$, a probabilidade de um número de sucessos maior do que k é menor que metade da probabilidade de um número de sucessos maior do que $k - 1$. $\quad \blacksquare$

O próximo teorema considera n tentativas de Bernoulli, cada uma com probabilidade p_i de sucesso, para $i = 1, 2, ..., n$. Como mostra o corolário subsequente, podemos usar o teorema para dar um limite para a cauda direita da distribuição binomial definindo $p_i = p$ para cada tentativa.

Teorema C.8

Considere uma sequência de n tentativas de Bernoulli na qual a i-ésima tentativa, para $i = 1, 2, ..., n$, obtém sucesso com probabilidade p_i e fracasso com probabilidade $q_i = 1 - p_i$. Seja X a variável aleatória que descreve o número total de sucessos, e seja $\mu = E[X]$. Então para $r > \mu$,

$$\Pr\{X - \mu \geq r\} \leq \left(\frac{\mu e}{r}\right)^r \,.$$

Prova Visto que, para qualquer $\alpha > 0$, a função $e^{\alpha x}$ é estritamente crescente em x,

$$\Pr\{X - \mu \geq r\} = \Pr\{e^{\alpha(X-\mu)} \geq e^{\alpha r}\} \,, \quad (C.47)$$

em que a será determinado mais adiante. Usando a desigualdade de Markov (C.34), obtemos

$$\Pr\{e^{\alpha(X-\mu)} \geq e^{\alpha r}\} \leq E\left[e^{\alpha(X-\mu)}\right] e^{-\alpha r} \,. \quad (C.48)$$

A maior parte da prova consiste em limitar $E[e^{\alpha(X-\mu)}]$ e substituir α por um valor adequado na Inequação (C.48). Primeiro, avaliamos $E[e^{\alpha(X-\mu)}]$. Usando a técnica das variáveis aleatórias indicadoras (ver Seção 5.2), seja $X_i = I\{$a i-ésima tentativa de Bernoulli é um sucesso$\}$ para $i = 1, 2, ..., n$. Isto é, X_i é a variável aleatória que é 1 se a i-ésima tentativa de Bernoulli é um sucesso e 0 se ela é um fracasso. Assim, temos

$$X = \sum_{i=1}^{n} X_i \,,$$

e, por linearidade de expectativa,

$$\mu = E[X] = E\left[\sum_{i=1}^{n} X_i\right] = \sum_{i=1}^{n} E[X_i] = \sum_{i=1}^{n} p_i \,,$$

o que implica

$$X - \mu = \sum_{i=1}^{n} (X_i - p_i) \,.$$

Para avaliarmos $\mathrm{E}[e^{\alpha(X-\mu)}]$, substituímos $X - \mu$, obtendo

$$
\begin{aligned}
\mathrm{E}\left[e^{\alpha(X-\mu)}\right] &= \mathrm{E}\left[e^{\alpha \sum_{i=1}^{n}(X_i - p_i)}\right] \\
&= \mathrm{E}\left[\prod_{i=1}^{n} e^{\alpha(X_i - p_i)}\right] \\
&= \prod_{i=1}^{n} \mathrm{E}\left[e^{\alpha(X_i - p_i)}\right] ,
\end{aligned}
$$

que decorre da Equação (C.27), já que a independência mútua das variáveis aleatórias X_i implica a independência mútua das variáveis aleatórias (ver Exercício C.3-5). Pela definição de expectativa,

$$
\begin{aligned}
\mathrm{E}\left[e^{\alpha(X_i - p_i)}\right] &= e^{\alpha(1-p_i)} p_i + e^{\alpha(0-p_i)} q_i \\
&= p_i e^{\alpha q_i} + q_i e^{-\alpha p_i} \\
&\leq p_i e^{\alpha} + 1 \\
&\leq \exp(p_i e^{\alpha}) ,
\end{aligned}
\tag{C.49}
$$

em que $\exp(x)$ indica a função exponencial: $\exp(x) = e^x$. (A Inequação (C.49) decorre das inequações $\alpha > 0$, $q_i \leq 1$, $\leq e^{\alpha}$, e ≤ 1. A última linha decorre da Inequação (3.14).) Consequentemente,

$$
\begin{aligned}
\mathrm{E}\left[e^{\alpha(X-\mu)}\right] &= \prod_{i=1}^{n} \mathrm{E}\left[e^{\alpha(X_i - p_i)}\right] \\
&\leq \prod_{i=1}^{n} \exp(p_i e^{\alpha}) \\
&= \exp\left(\sum_{i=1}^{n} p_i e^{\alpha}\right) \\
&= \exp(\mu e^{\alpha}) ,
\end{aligned}
\tag{C.50}
$$

visto que $\mu = \sum_{i=1}^{n} p_i$. Portanto, pela Equação (C.47) e pelas Inequações (C.48) e (C.50), decorre que

$$
\Pr\{X - \mu \geq r\} \leq \exp(\mu e^{\alpha} - \alpha r) .
\tag{C.51}
$$

Escolhendo $a = \ln(r/\mu)$, (ver Exercício C.5-7), obtemos

$$
\begin{aligned}
\Pr\{X - \mu \geq r\} &\leq \exp(\mu e^{\ln(r/\mu)} - r \ln(r/\mu)) \\
&= \exp(r - r \ln(r/\mu)) \\
&= \frac{e^r}{(r/\mu)^r} \\
&= \left(\frac{\mu e}{r}\right)^r .
\end{aligned}
$$

∎

Quando aplicado a tentativas de Bernoulli nas quais cada tentativa tem a mesma probabilidade de sucesso, o Teorema C.8 produz o corolário a seguir, que limita a cauda direita de uma distribuição binomial.

Corolário C.9

Considere uma sequência de n tentativas de Bernoulli na qual cada tentativa obtém sucesso com probabilidade p e fracasso com probabilidade $q = 1 - p$. Então, para $r > np$,

$$
\begin{aligned}
\Pr\{X - np \geq r\} &= \sum_{k=\lceil np+r \rceil}^{n} b(k; n, p) \\
&\leq \left(\frac{npe}{r}\right)^r .
\end{aligned}
$$

Prova Pela Equação (C.41), temos $\mu = \mathrm{E}[X] = np$.

∎

Exercícios

★ C.5-1
O que é menos provável: obter exatamente n caras em $2n$ lançamentos de uma moeda não viciada, ou n caras em n lançamentos de uma moeda não viciada?

★ C.5-2
Prove os Corolários C.6 e C.7.

★ C.5-3
Mostre que

$$\sum_{i=0}^{k-1} \binom{n}{i} a^i < (a+1)^n \, \frac{k}{na - k(a+1)} \, b(k; n, a/(a+1))$$

para todo $a > 0$ e todo k tal que $0 < k < na/(a+1)$.

★ C.5-4
Prove que, se $0 < k < np$, em que $0 < p < 1$ e $q = 1 - p$, então

$$\sum_{i=0}^{k-1} p^i q^{n-i} < \frac{kq}{np-k} \left(\frac{np}{k}\right)^k \left(\frac{nq}{n-k}\right)^{n-k} .$$

★ C.5-5
Use o Teorema C.8 para mostrar que

$$\Pr\{\mu - X \geq r\} \leq \left(\frac{(n-\mu)e}{r}\right)^r$$

para $r > n - \mu$. De modo semelhante, use o Corolário C.9 para mostrar que

$$\Pr\{np - X \geq r\} \leq \left(\frac{nqe}{r}\right)^r$$

para $r > n - np$.

★ C.5-6
Considere uma sequência de n tentativas de Bernoulli em cuja i-ésima tentativa, para $i = 1, 2, ..., n$, ocorre sucesso com probabilidade p_i e fracasso com probabilidade $q_i = 1 - p_i$. Seja X a variável aleatória que descreve o número total de sucessos, e seja $\mu = E[X]$. Mostre que, para $r \geq 0$,

$$\Pr\{X - \mu \geq r\} \leq e^{-r^2/2n}$$

(*Sugestão:* prove que $p_i e^{\alpha q_i} + q_i e^{-\alpha p_i} \leq e^{\alpha^2/2}$. Depois, siga o esboço da prova do Teorema C.8, usando esta inequação no lugar da Inequação (C.49).

★ C.5-7
Mostre que escolher $\alpha = \ln(r/\mu)$ minimiza o lado direito da Inequação (C.51).

Problemas

C-1   O problema de Monty Hall
Imagine que você é um participante do programa *Let's Make a Deal* dos anos 1960, apresentado pelo mestre de cerimônias Monty Hall. Um prêmio valioso está escondido atrás de uma das três portas e prêmios comparativamente

sem valor atrás das outras duas portas. Você ganhará o prêmio valioso, geralmente um automóvel ou outro produto caro, se selecionar a porta correta. Depois de escolher uma porta, mas antes que ela seja aberta, Monty, que sabe qual porta esconde o automóvel, instrui sua assistente Carol Merrill a abrir uma das outras portas, revelando uma cabra (não é um prêmio valioso). Ele pergunta se você gostaria de manter sua escolha atual ou mudar para a outra porta fechada. O que você deve fazer para maximizar suas chances de ganhar o automóvel e não a outra cabra?

A resposta a esta pergunta — manter ou trocar? — tem sido muito debatida, em parte porque a configuração do problema é ambígua. Exploraremos diferentes hipóteses sutis.

a. Suponha que sua primeira escolha seja aleatória, com probabilidade 1/3 de escolher determinada porta. Além disso, você sabe que Monty sempre dá a cada competidor (e dará a você) a oportunidade de trocar. Prove que é melhor trocar do que manter. Qual é a sua probabilidade de ganhar o automóvel?

Essa resposta é a normalmente dada, embora o enunciado original do problema raramente mencione a suposição de que Monty sempre oferece ao competidor a oportunidade de trocar. Mas, como o restante deste problema esclarecerá, sua melhor estratégia pode ser diferente se essa suposição não declarada não for válida. Na verdade, no programa real, depois que um competidor escolhia uma porta, Monty simplesmente pedia a Carol para abrir a porta que o competidor havia escolhido.

Vamos modelar as interações entre você e Monty como um experimento probabilístico, no qual ambos empregam estratégias aleatórias. Especificamente, depois de escolher uma porta, Monty oferece a você a oportunidade de trocar com probabilidade p_{certa} se você escolheu a porta certa e com probabilidade p_{errada} se você escolheu a porta errada. Dada a oportunidade de trocar, você escolhe aleatoriamente trocar com probabilidade p_{trocar}. Por exemplo, se Monty sempre oferece a você a oportunidade de trocar, sua estratégia é dada por $p_{certa} = p_{errada} = 1$. Se você sempre troca, sua estratégia é dada por $p_{trocar} = 1$.

O jogo agora pode ser visto como um experimento que consiste em cinco etapas:

1. Você seleciona uma porta ao acaso, escolhendo o automóvel (certa) com probabilidade 1/3 ou uma cabra (errada) com probabilidade 2/3.
2. Carol abre uma das duas portas erradas, revelando uma cabra.
3. Monty oferece a você a oportunidade de trocar com probabilidade p_{certa} se sua escolha for certa e com probabilidade p_{errada} se sua escolha for errada.
4. Se Monty lhe fizer uma oferta na etapa 3, você troca com a probabilidade p_{trocar}.
5. Carol abre a porta que você escolheu, revelando um automóvel (você ganha) ou uma cabra (você perde).

Vamos agora analisar esse jogo e entender como as escolhas de p_{certa}, p_{errada} e p_{trocar} influenciam a probabilidade de vitória.

b. Quais são os seis resultados no espaço amostral para este jogo? Quais resultados correspondem a você ganhar o automóvel? Quais são as probabilidades em termos de p_{certa}, p_{errada} e p_{trocar} de cada resultado? Organize suas respostas em uma tabela.

c. Use os resultados de sua tabela (ou outro meio) para provar que a probabilidade de ganhar o automóvel é

$$\frac{1}{3}(2p_{errada}p_{trocar} - p_{certa}p_{trocar} + 1) .$$

Suponha que Monty conheça a probabilidade p_{trocar} de que você troque e seu objetivo seja minimizar sua chance de ganhar.

d. Se $p_{trocar} > 0$ (você troca com uma probabilidade positiva), qual é a melhor estratégia de Monty, ou seja, sua melhor escolha para p_{certa} e p_{errada}?

e. Se $p_{trocar} = 0$ (você sempre mantém), argumente que todas as estratégias possíveis de Monty são ótimas para ele.

Suponha que agora a estratégia de Monty seja fixa, com valores particulares para p_{certa} e p_{errada}.

f. Se você conhece p_{certa} e p_{errada}, qual é sua melhor estratégia para escolher sua probabilidade p_{trocar} de comutação em função de p_{certa} e p_{errada}?

g. Se você não conhece p_{certa} e p_{errada}, qual escolha de p_{trocar} maximiza a probabilidade mínima de vencer sobre todas as escolhas de p_{certa} e p_{errada}?

Vamos voltar ao problema original conforme declarado, no qual Monty deu a você a opção de trocar, mas você não tem conhecimento das possíveis motivações ou estratégias de Monty.

h. Argumente que a probabilidade condicional de ganhar o automóvel, dado que Monty oferece a você a oportunidade de trocar, é

$$\frac{p_{certa} - p_{certa}p_{trocar} + 2p_{errada}p_{trocar}}{p_{certa} + 2p_{errada}} \tag{C.52}$$

Explique por que $p_{certa} + 2p_{errada} \neq 0$.

i. Qual é o valor da expressão (C.52) quando $p_{trocar} = 1/2$? Mostre que escolher $p_{trocar} < 1/2$ ou $p_{trocar} > 1/2$ permite que Monty selecione valores para p_{certa} e p_{errada} que resultam em um valor menor para a expressão (C.52) do que escolher $p_{trocar} = 1/2$.

j. Suponha que você não conheça a estratégia de Monty. Explique por que a escolha de trocar com probabilidade 1/2 é uma boa estratégia para o problema original conforme enunciado. Resuma o que você aprendeu em geral com este problema.

C-2   *Bolas e caixas*

Neste problema, investigamos o efeito de várias hipóteses sobre o número de modos de colocar n bolas em b caixas distintas.

a. Suponha que as n bolas sejam distintas e que sua ordem dentro de uma caixa não tenha importância. Demonstre que o número de modos de colocar as bolas nas caixas é b^n.

b. Suponha que as bolas sejam distintas e que elas estejam ordenadas em cada caixa. Demonstre que há exatamente $(b + n - 1)!/(b - 1)!$ maneiras de colocar as bolas nas caixas. (*Sugestão:* considere o número de maneiras de arranjar em linha n bolas distintas e $b - 1$ bastões indistintos.)

c. Suponha que as bolas sejam idênticas e, consequentemente, que sua ordem dentro de uma caixa não tenha importância. Mostre que o número de maneiras de colocar as bolas nas caixas é $\binom{b+n-1}{n}$. (*Sugestão:* dos arranjos dados na parte (b), quantos se repetem se as bolas forem idênticas?)

d. Suponha que as bolas sejam idênticas e que nenhuma caixa possa conter mais de uma bola, de modo que $n \leq b$. Demonstre que o número de maneiras de colocar as bolas é $\binom{b}{n}$.

e. Suponha que as bolas sejam idênticas e que nenhuma caixa possa ficar vazia. Considerando que $n \geq b$, mostre que o número de maneiras de colocar as bolas é $\binom{n-1}{b-1}$.

Notas do apêndice

Os primeiros métodos gerais para resolver problemas de probabilidade foram discutidos em uma famosa correspondência entre B. Pascal e P. de Fermat, que começou em 1654, e em um livro de C. Huygens em 1657. A teoria da probabilidade rigorosa começou com o trabalho de J. Bernoulli em 1713 e de A. De Moivre em 1730. Desenvolvimentos adicionais da teoria foram propostos por P.-S. Laplace, S.-D. Poisson e C. F. Gauss.

Somas de variáveis aleatórias foram estudadas originalmente por P. L. Chebyshev e A. A. Markov. Os axiomas da teoria da probabilidade foram desenvolvidos por A. N. Kolmogorov em 1933. Chernoff [91] e Hoeffding [222] determinaram os limites para caudas de distribuições. Um trabalho seminal sobre estruturas combinatórias aleatórias foi realizado por P. Erdös.

Knuth [259] e Liu [302] são boas referências para análise combinatória elementar e contagem. Livros didáticos padrões como os de Billingsley [56], Chung [93], Drake [125], Feller [139] e Rozanov [390] oferecem introduções abrangentes à probabilidade.

D Matrizes

Matrizes aparecem em diversas aplicações, incluindo a ciência da computação, mas não se limitando de modo algum a ela. Se você já estudou matrizes, estará familiarizado com grande parte do material apresentado neste apêndice, mas algumas delas podem ser novas. A Seção D.1 abrange definições e operações básicas com matrizes, e a Seção D.2 apresenta algumas propriedades básicas de matrizes.

D.1 Matrizes e operações com matrizes

Nesta seção, revisamos alguns conceitos básicos da teoria de matrizes e algumas de suas propriedades fundamentais.

Matrizes e vetores

Uma ***matriz*** é um arranjo retangular de números. Por exemplo,

$$A = \begin{pmatrix} a_{11} & a_{12} & a_{13} \\ a_{21} & a_{22} & a_{23} \end{pmatrix}$$
$$= \begin{pmatrix} 1 & 2 & 3 \\ 4 & 5 & 6 \end{pmatrix} \tag{D.1}$$

é uma matriz 2×3 $A = (a_{ij})$ em que, para $i = 1, 2$ e $j = 1, 2, 3$, indicamos o elemento da matriz na linha i e coluna j por a_{ij}. Por convenção, usamos letras maiúsculas para indicar matrizes e índices em letras minúsculas correspondentes às linhas e colunas para indicarem seus elementos. Indicamos o conjunto de todas as matrizes $m \times n$ com entradas de valores reais por $\mathbb{R}^{m \times n}$ e, em geral, o conjunto de matrizes $m \times n$ com entradas retiradas de um conjunto S por $S^{m \times n}$.

A ***transposta*** de uma matriz A é a matriz A^T obtida pela troca das linhas e colunas de A. Para a matriz A da Equação (D.1),

$$A^T = \begin{pmatrix} 1 & 4 \\ 2 & 5 \\ 3 & 6 \end{pmatrix}.$$

Um ***vetor*** é um arranjo unidimensional de números. Por exemplo,

$$x = \begin{pmatrix} 2 \\ 3 \\ 5 \end{pmatrix}$$

é um vetor de tamanho 3. Por vezes, usamos o termo ***n-vetor*** para denominar um vetor de comprimento n. Usamos letras minúsculas para indicarem vetores e indicamos o i-ésimo elemento de um vetor x de tamanho n por x_i, para $i = 1, 2, ..., n$. Tomamos a forma-padrão de um vetor como ***vetor coluna*** equivalente a uma matriz $n \times 1$; o ***vetor linha*** correspondente é obtido tomando a transposta:

$$x^T = (2 \quad 3 \quad 5).$$

O **vetor unitário** e_i é o vetor cujo i-ésimo elemento é 1 e todos os outros elementos são iguais a zero. Em geral, o tamanho de um vetor unitário fica claro no contexto.

Uma **matriz nula** é uma matriz na qual todas as entradas são zero. Tal matriz é frequentemente indicada por 0, já que a ambiguidade entre o número zero e uma matriz de zeros, em geral, é resolvida facilmente pelo contexto. Se pretendemos uma matriz de zeros, então o tamanho da matriz também precisa ser deduzido do contexto.

Matrizes quadradas

Matrizes quadradas $n \times n$ surgem com frequência. Diversos casos especiais de matrizes quadradas têm interesse particular:

1. Uma **matriz diagonal** tem $a_{ij} = 0$ sempre que $i \neq j$. Como todos os elementos fora da diagonal são zero, a matriz pode ser especificada por uma lista de elementos ao longo da diagonal:

$$\text{diag}(a_{11}, a_{22}, \ldots, a_{nn}) = \begin{pmatrix} a_{11} & 0 & \ldots & 0 \\ 0 & a_{22} & \ldots & 0 \\ \vdots & \vdots & \ddots & \vdots \\ 0 & 0 & \ldots & a_{nn} \end{pmatrix}.$$

2. A **matriz identidade** $n \times n$ I_n é uma matriz diagonal contendo números 1 ao longo da diagonal:

$$I_n = \text{diag}(1, 1, \ldots, 1)$$
$$= \begin{pmatrix} 1 & 0 & \ldots & 0 \\ 0 & 1 & \ldots & 0 \\ \vdots & \vdots & \ddots & \vdots \\ 0 & 0 & \ldots & 1 \end{pmatrix}.$$

Quando I aparece sem um subscrito, deduzimos seu tamanho do contexto. A i-ésima coluna de uma matriz identidade é o vetor unitário e_i.

3. Uma **matriz tridiagonal** T é tal que $t_{ij} = 0$ se $|i - j| > 1$. Entradas não nulas aparecem somente na diagonal principal, imediatamente acima da diagonal principal ($t_{i,i+1}$ para $i = 1, 2, ..., n-1$), ou imediatamente abaixo da diagonal principal ($t_{i+1,i}$ para $i = 1, 2, ..., n-1$):

$$T = \begin{pmatrix} t_{11} & t_{12} & 0 & 0 & \ldots & 0 & 0 & 0 \\ t_{21} & t_{22} & t_{23} & 0 & \ldots & 0 & 0 & 0 \\ 0 & t_{32} & t_{33} & t_{34} & \ldots & 0 & 0 & 0 \\ \vdots & \vdots & \vdots & \vdots & \ddots & \vdots & \vdots & \vdots \\ 0 & 0 & 0 & 0 & \ldots & t_{n-2,n-2} & t_{n-2,n-1} & 0 \\ 0 & 0 & 0 & 0 & \ldots & t_{n-1,n-2} & t_{n-1,n-1} & t_{n-1,n} \\ 0 & 0 & 0 & 0 & \ldots & 0 & t_{n,n-1} & t_{nn} \end{pmatrix}.$$

4. Uma **matriz triangular superior** U é tal que $u_{ij} = 0$ se $i > j$. Todas as entradas abaixo da diagonal são zero:

$$U = \begin{pmatrix} u_{11} & u_{12} & \ldots & u_{1n} \\ 0 & u_{22} & \ldots & u_{2n} \\ \vdots & \vdots & \ddots & \vdots \\ 0 & 0 & \ldots & u_{nn} \end{pmatrix}.$$

Uma matriz triangular superior é **triangular superior unitária** se tem apenas números 1 ao longo da diagonal.

5. Uma **matriz triangular inferior** L é tal que $l_{ij} = 0$ se $i < j$. Todas as entradas acima da diagonal são zero:

$$L = \begin{pmatrix} l_{11} & 0 & \ldots & 0 \\ l_{21} & l_{22} & \ldots & 0 \\ \vdots & \vdots & \ddots & \vdots \\ l_{n1} & l_{n2} & \ldots & l_{nn} \end{pmatrix}.$$

Uma matriz triangular inferior é **triangular inferior unitária** se tem somente números 1 ao longo da diagonal.

6. Uma **matriz de permutação** P tem exatamente um número 1 em cada linha ou coluna, e zeros em todas as outras posições. Um exemplo de matriz de permutação é

$$P = \begin{pmatrix} 0 & 1 & 0 & 0 & 0 \\ 0 & 0 & 0 & 1 & 0 \\ 1 & 0 & 0 & 0 & 0 \\ 0 & 0 & 0 & 0 & 1 \\ 0 & 0 & 1 & 0 & 0 \end{pmatrix}.$$

Tal matriz é denominada matriz de permutação porque multiplicar um vetor x por uma matriz de permutação tem o efeito de permutar (rearranjar) os elementos de x. O Exercício D.1-4 explora propriedades adicionais das matrizes de permutação.

7. Uma **matriz simétrica** A satisfaz à condição $A = A^{\mathrm{T}}$. Por exemplo,

$$\begin{pmatrix} 1 & 2 & 3 \\ 2 & 6 & 4 \\ 3 & 4 & 5 \end{pmatrix}$$

é uma matriz simétrica.

Operações básicas com matrizes

Os elementos de uma matriz ou vetor são **números escalares** que pertencem a um sistema numérico, como os números reais, os números complexos ou inteiros módulo um número primo. O sistema numérico define como somar e multiplicar números escalares. Podemos estender essas definições para englobar a adição e a multiplicação de matrizes.

Definimos a **adição de matrizes** da seguinte maneira: se $A = (a_{ij})$ e $B = (b_{ij})$ são matrizes $m \times n$, então a soma dessas matrizes $C = (c_{ij}) = A + B$ é a matriz $m \times n$ definida por

$$c_{ij} = a_{ij} + b_{ij}$$

para $i = 1, 2, ..., m$ e $j = 1, 2, ..., n$. Isto é, a adição de matrizes é executada componente a componente. Uma matriz zero é a identidade para adição de matrizes:

$$A + 0 = A = 0 + A.$$

Se λ é um número escalar e $A = (a_{ij})$ é uma matriz, então $\lambda A = (\lambda a_{ij})$ é o **múltiplo escalar** de A obtido pela multiplicação de cada um de seus elementos por λ. Como caso especial, definimos a **negativa** de uma matriz $A = (a_{ij})$ como $-1 \cdot A = -A$, de modo que a ij-ésima entrada de $-A$ é $-a_{ij}$. Assim,

$$A + (-A) = 0 = (-A) + A.$$

Usamos a negativa de uma matriz para definir **subtração de matrizes**: $A - B = A + (-B)$.

Definimos **multiplicação de matrizes** da maneira descrita a seguir. Começamos com duas matrizes A e B que são **compatíveis** no sentido de que o número de colunas de A é igual ao número de linhas de B. (Em geral, sempre consideramos que uma expressão que contém um produto de matrizes AB implica que as matrizes A e B

são compatíveis.) Se $A = (a_{ik})$ é uma matriz $p \times q$ e $B = (b_{kj})$ é uma matriz $q \times r$, então seu produto de matrizes $C = AB$ é a matriz $p \times r$ $C = (c_{ij})$, em que

$$c_{ij} = \sum_{k=1}^{q} a_{ik} b_{kj} \tag{D.2}$$

para $i = 1, 2, ..., m$ e $j = 1, 2, ..., p$. O procedimento MULTIPLICA-MATRIZ-RETANGULAR no Capítulo 14 implementa a multiplicação de matrizes da maneira direta baseada na Equação (D.2), considerando que C é inicializada em 0, usando pqr multiplicações e $p(q-1)r$ adições para o tempo de execução de $\Theta(pqr)$. Se as matrizes são matrizes quadradas $n \times n$, de modo que $n = p = q = r$, o pseudocódigo se reduz a MULTIPLICA-MATRIZES, no Capítulo 4, cujo tempo de execução é $\Theta(n^3)$. (A Seção 4.2 descreve um algoritmo com tempo assintoticamente mais rápido $\Theta(n^{\lg 7})$, de autoria de V. Strassen.)

Matrizes têm muitas (mas não todas) das propriedades algébricas típicas de números. Matrizes identidade são identidades para multiplicação de matrizes:

$$I_m A = A I_n = A$$

para qualquer matriz A $m \times n$. Multiplicar por uma matriz zero resulta em uma matriz zero:

$$A \cdot 0 = 0 .$$

A multiplicação de matrizes é associativa:

$$A(BC) = (AB)C$$

para matrizes compatíveis A, B e C. A multiplicação de matrizes é distributiva para a adição:

$$A(B + C) = AB + AC ,$$
$$(B + C)D = BD + CD .$$

Para $n > 1$, a multiplicação de matrizes $n \times n$ não é comutativa. Por exemplo, se $A = \begin{pmatrix} 0 & 1 \\ 0 & 0 \end{pmatrix}$ e $B = \begin{pmatrix} 0 & 0 \\ 1 & 0 \end{pmatrix}$,

então $AB = \begin{pmatrix} 1 & 0 \\ 0 & 0 \end{pmatrix}$ e $BA = \begin{pmatrix} 0 & 0 \\ 0 & 1 \end{pmatrix}$.

Definimos produtos matriz-vetor ou produtos vetor-vetor como se o vetor fosse a matriz $n \times 1$ equivalente (ou uma matriz $1 \times n$, no caso de um vetor linha). Assim, se A é uma matriz $m \times n$ e x é um n-vetor, então Ax é um m-vetor. Se x e y são n-vetores, então

$$x^{\mathrm{T}} y = \sum_{i=1}^{n} x_i y_i$$

é um número escalar (na realidade, uma matriz 1×1) denominado **produto interno** de x e y. Também usamos a notação $\langle x, y \rangle$ para indicar $x^{\mathrm{T}}y$. O operador do produto interno é comutativo: $\langle x, y \rangle = \langle y, x \rangle$. A matriz xy^{T} é uma matriz $n \times n$ Z denominada **produto externo** de x e y, em que $z_{ij} = x_i y_j$. A **norma** (**euclidiana**) $\|x\|$ de um n-vetor x é definida por

$$\begin{aligned} \|x\| &= (x_1^2 + x_2^2 + \cdots + x_n^2)^{1/2} \\ &= (x^{\mathrm{T}} x)^{1/2} . \end{aligned}$$

Assim, a norma de x é seu comprimento no espaço euclidiano de n dimensões. Um fato útil, que decorre da igualdade

$$\left((ax_1)^2 + (ax_2)^2 + \cdots + (ax_n)^2\right)^{1/2} = |a| \, (x_1^2 + x_2^2 + \cdots + x_n^2)^{1/2}$$

é que, para qualquer número real a e vetor x de n elementos,

$$\|ax\| = |a| \, \|x\| . \tag{D.3}$$

Exercícios

D.1-1

Mostre que, se A e B são matrizes $n \times n$ simétricas, então $A + B$ e $A - B$ também são simétricas.

D.1-2

Prove que $(AB)^\mathrm{T} = B^\mathrm{T} A^\mathrm{T}$ e que $A^\mathrm{T} A$ é sempre uma matriz simétrica.

D.1-3

Prove que o produto de duas matrizes triangulares inferiores é triangular inferior.

D.1-4

Prove que, se P é uma matriz de permutação $n \times n$ e A é uma matriz $n \times n$, então o produto de matrizes PA é A com suas linhas permutadas, e que o produto de matrizes AP é A com suas colunas permutadas. Prove que o produto de duas matrizes de permutação é uma matriz de permutação.

D.2   Propriedades básicas de matrizes

Nesta seção, definimos algumas propriedades básicas pertinentes a matrizes: inversas, dependência linear, independência linear, posto e determinantes. Definimos também a classe de matrizes positivas definidas.

Inversas, postos e determinantes de matrizes

Definimos a **inversa** de uma matriz A $n \times n$ como a matriz $n \times n$ indicada por A^{-1} (se existir), tal que $AA^{-1} = I_n = A^{-1a}$. Por exemplo,

$$\begin{pmatrix} 1 & 1 \\ 1 & 0 \end{pmatrix}^{-1} = \begin{pmatrix} 0 & 1 \\ 1 & -1 \end{pmatrix}.$$

Muitas matrizes $n \times n$ não nulas não têm inversas. Uma matriz que não tem inversa é denominada **não inversível** ou **singular**. Um exemplo de matriz singular não nula é

$$\begin{pmatrix} 1 & 0 \\ 1 & 0 \end{pmatrix}.$$

Se uma matriz tem uma inversa, ela é denominada **inversível** ou **não singular**. Inversas de matrizes, quando existem, são únicas. (Ver Exercício D.2-1.) Se A e B são matrizes $n \times n$ não singulares, então

$$(BA)^{-1} = A^{-1} B^{-1}.$$

A operação inversa comuta com a operação transposta:

$$(A^{-1})^\mathrm{T} = (A^\mathrm{T})^{-1}.$$

Os vetores $x_1, x_2, ..., x_n$ são **linearmente dependentes** se existem coeficientes $c_1, c_2, ..., c_n$, nem todos iguais a zero, tais que $c_1 x_1 + c_2 x_2 + ... + c_n x_n = 0$. Por exemplo, os vetores linhas $x_1 = (\,1\ 2\ 3\,)$, $x_2 = (\,2\ 6\ 4\,)$ e $x_3 = (\,4\ 11\ 9\,)$ são linearmente dependentes, já que $2x_1 + 3x_2 - 2x_3 = 0$. Se os vetores não são linearmente dependentes, são **linearmente independentes**. Por exemplo, as colunas de uma matriz identidade são linearmente independentes.

O **posto de coluna** de uma matriz A $m \times n$ não nula é o tamanho do maior conjunto de colunas linearmente independentes de A. De modo semelhante, o **posto de linha** de A é o tamanho do maior conjunto de linhas linearmente independentes de A. Uma propriedade fundamental de qualquer matriz A é que seu posto de linha é sempre igual ao seu posto de coluna, de modo que podemos simplesmente nos referir ao **posto** de A. O posto de uma matriz $m \times n$ é um inteiro entre 0 e mín$\{m, n\}$, inclusive. (O posto de uma matriz zero é 0, e o posto de uma matriz identidade $n \times n$ é n.) Uma definição alternativa, embora equivalente e, muitas vezes, mais útil é que o posto de uma matriz A $m \times n$ não nula é o menor número r tal que existem matrizes B e C de tamanhos respectivos $m \times r$ e $r \times n$ tais que $A = BC$. Uma matriz quadrada $n \times n$ tem **posto completo** se seu posto é n. Uma matriz $m \times n$ tem **posto de coluna completo** se seu posto é n. O teorema a seguir dá uma propriedade fundamental dos postos.

Teorema D.1

Uma matriz quadrada tem posto completo se, e somente se, ela é não singular. ∎

Um **vetor anulador** para uma matriz A é um vetor não nulo x tal que $Ax = 0$. O teorema a seguir (cuja prova fica para o Exercício D.2-7) e seu corolário relacionam as noções de posto de coluna e singularidade a vetores anuladores.

Teorema D.2

Uma matriz A tem posto de coluna completo se, e somente se, não tem vetor anulador. ∎

Corolário D.3

Uma matriz quadrada é singular se, e somente se, ela tiver um vetor anulador. ∎

O ij-ésimo **menor** de uma matriz $n \times n$ A, para $n > 1$, é a matriz $(n-1) \times (n-1)$ $A_{[ij]}$ obtida pela eliminação da i-ésima linha e da j-ésima coluna de A. Definimos o **determinante** de uma matriz $n \times n$ A recursivamente em termos de seus menores por

$$\det(A) = \begin{cases} a_{11} & \text{se } n = 1 \,, \\ \sum_{j=1}^{n} (-1)^{1+j} a_{1j} \det(A_{[1j]}) & \text{se } n > 1 \,. \end{cases}$$

O termo $(-1)^{i+j} \det(A_{[ij]})$ é conhecido como **cofator** do elemento a_{ij}.
Os teoremas a seguir, cujas provas são omitidas aqui, expressam propriedades fundamentais do determinante.

Teorema D.4 (Propriedades de determinantes)

O determinante de uma matriz quadrada A tem as seguintes propriedades:

* Se qualquer linha ou qualquer coluna de A é nula, então $\det(A) = 0$.
* O determinante de A é multiplicado por λ se as entradas de qualquer uma das linhas (ou de qualquer uma das colunas) de A são multiplicadas por λ.
* O determinante de A não se altera se as entradas em uma linha (respectivamente, coluna) são adicionadas às de outra linha (respectivamente, coluna).
* O determinante de A é igual ao determinante de A^{T}.
* O determinante de A é multiplicado por -1 se quaisquer duas linhas (ou quaisquer duas colunas) são trocadas.

Além disso, para quaisquer matrizes quadradas A e B, temos $\det(AB) = \det(A)\det(B)$. ∎

Teorema D.5

Uma matriz $n \times n$ A é singular se, e somente se, $\det(A) = 0$. ∎

Matrizes positivas definidas

Matrizes positivas definidas desempenham papel importante em muitas aplicações. Uma matriz A $n \times n$ é **positiva definida** se $x^{\mathrm{T}}Ax > 0$ para todos os n-vetores $x \neq 0$. Por exemplo, a matriz identidade é positiva definida, já que, para qualquer vetor não nulo $x = (x_1\, x_2 \ldots x_n)^{\mathrm{T}}$, então

$$x^{\mathrm{T}} I_n x = x^{\mathrm{T}} x$$
$$= \sum_{i=1}^{n} x_i^2$$
$$> 0 .$$

Matrizes que surgem em aplicações frequentemente são positivas definidas em virtude do teorema a seguir.

Teorema D.6

Para qualquer matriz A com posto de coluna completa, a matriz $A^{\mathrm{T}}A$ é positiva definida.

Prova Devemos mostrar que $x^{\mathrm{T}}(A^{\mathrm{T}}A)x > 0$ para qualquer vetor não nulo x. Para qualquer vetor x,

$$x^{\mathrm{T}}(A^{\mathrm{T}}A)x = (Ax)^{\mathrm{T}}(Ax) \quad \text{(pelo Exercício D.1-2)}$$
$$= \|Ax\|^2 .$$

Observe que o valor $\|Ax\|^2$ é apenas a soma dos quadrados dos elementos do vetor Ax. Portanto, $\|Ax\|^2 \geq 0$. Mostraremos, por contradição, que $\|Ax\|^2 > 0$. Suponha que $\|Ax\|^2 = 0$. Então, todo elemento de Ax é 0, o que significa que $Ax = 0$. Visto que A tem posto de coluna completo, o Teorema D.2 diz que $x = 0$, o que contradiz a exigência de que x seja diferente de zero. Consequentemente, $A^{\mathrm{T}}A$ é positiva definida.   ■

A Seção 28.3 explora outras propriedades de matrizes positivas definidas. A Seção 33.3 utiliza uma condição semelhante, conhecida como matriz semidefinida positiva. Uma matriz $n \times n$ A é ***semidefinida positiva*** se $x^{\mathrm{T}}Ax \geq 0$ para todos os n-vetores $x \neq 0$.

Exercícios

D.2-1
Prove que matrizes inversas são únicas, isto é, se B e C são inversas de A, então $B = C$.

D.2-2
Prove que o determinante de uma matriz triangular inferior ou triangular superior é igual ao produto dos elementos de sua diagonal. Prove que a inversa de uma matriz triangular inferior, se existe, é triangular inferior.

D.2-3
Prove que, se P é uma matriz de permutação, então P é inversível, sua inversa é P^{T}, e P^{T} é uma matriz permutação.

D.2-4
Sejam A e B matrizes $n \times n$ tais que $AB = I$. Prove que, se A' é obtida de A mediante a adição da linha j à linha i, em que $i \neq j$, então subtrair a coluna i da coluna j de B produz a inversa B' de A'.

D.2-5
Seja A uma matriz não singular $n \times n$ com entradas complexas. Mostre que toda entrada de A^{-1} é real se, e somente se, toda entrada de A é real.

D.2-6
Mostre que, se A é uma matriz não singular simétrica $n \times n$, então A^{-1} é simétrica. Mostre que, se B é uma matriz arbitrária $m \times n$, então a matriz $m \times m$ dada pelo produto BAB^{T} é simétrica.

D.2-7
Prove o Teorema D.2. Isto é, mostre que uma matriz A tem posto de coluna completo se, e somente se, $Ax = 0$ implica $x = 0$. (*Sugestão:* expresse a dependência linear de uma coluna com relação às outras como uma equação matriz-vetor.)

D.2-8

Prove que, para quaisquer duas matrizes compatíveis A e B,

$$\text{posto}(AB) \leq \min\{\text{posto}(A), \text{posto}(B)\},$$

em que a igualdade se mantém se A ou B é uma matriz quadrada não singular. (*Sugestão:* use a definição alternativa de posto de uma matriz.)

Problemas

D-1   Matriz de Vandermonde

Dados os números $x_0, x_1, \ldots, x_{n-1}$, prove que o determinante da **matriz de Vandermonde**

$$V(x_0, x_1, \ldots, x_{n-1}) = \begin{pmatrix} 1 & x_0 & x_0^2 & \cdots & x_0^{n-1} \\ 1 & x_1 & x_1^2 & \cdots & x_1^{n-1} \\ \vdots & \vdots & \vdots & \ddots & \vdots \\ 1 & x_{n-1} & x_{n-1}^2 & \cdots & x_{n-1}^{n-1} \end{pmatrix}$$

é

$$\det(V(x_0, x_1, \ldots, x_{n-1})) = \prod_{0 \leq j < k \leq n-1} (x_k - x_j).$$

(*Sugestão:* multiplique a coluna i por $-x_0$ e adicione-a à coluna $i + 1$ para $i = n - 1$, $n - 2$, ..., 1, e depois use indução.)

D-2   Permutações definidas por multiplicação matriz-vetor em GF(2)

Uma classe de permutações de inteiros no conjunto $S_n = \{0, 1, 2, \ldots, 2^n - 1\}$ é definida por multiplicação de matrizes em $GF(2)$, o campo de Galois de dois elementos. Para cada inteiro $x \in S_n$, vemos sua representação binária como um vetor de n bits

$$\begin{pmatrix} x_0 \\ x_1 \\ x_2 \\ \vdots \\ x_{n-1} \end{pmatrix},$$

em que $x = \sum_{i=0}^{n-1} x_i 2^i$. Se A é uma matriz $n \times n$ na qual cada entrada é 0 ou 1, então podemos definir uma permutação mapeando cada valor $x \in S_n$ para o número cuja representação binária é o produto matriz-vetor Ax. Aqui, efetuamos toda a aritmética em **$GF(2)$**: todos os valores são 0 ou 1 e, com uma única exceção, as regras usuais da adição e da multiplicação se aplicam. A exceção é que $1 + 1 = 0$. Você pode muito bem imaginar que a aritmética em $GF(2)$ é exatamente igual à aritmética normal de inteiros, exceto que usará somente o *bit* menos significativo.

Como exemplo, para $S_2 = \{0, 1, 2, 3\}$, a matriz

$$A = \begin{pmatrix} 1 & 0 \\ 1 & 1 \end{pmatrix}$$

define a seguinte permutação π_A: $\pi_A(0) = 0$, $\pi_A(1) = 3$, $\pi_A(2) = 2$, $\pi_A(3) = 1$. Para ver por que $\pi_A(3) = 1$, observe que, trabalhando em $GF(2)$,

$$\pi_A(3) = \begin{pmatrix} 1 & 0 \\ 1 & 1 \end{pmatrix} \begin{pmatrix} 1 \\ 1 \end{pmatrix}$$

$$= \begin{pmatrix} 1 \cdot 1 + 0 \cdot 1 \\ 1 \cdot 1 + 1 \cdot 1 \end{pmatrix}$$

$$= \begin{pmatrix} 1 \\ 0 \end{pmatrix},$$

que é a representação binária de 1.

No restante deste problema, trabalhamos com $GF(2)$, e todas as entradas de matrizes e vetores são 0 ou 1. Definimos a **posto** de uma matriz 0-1 (uma matriz para a qual cada entrada é 0 ou 1) em $GF(2)$ do mesmo modo que para uma matriz comum, porém com toda a aritmética que determina dependência linear executada em $GF(2)$. Definimos a **imagem** de uma matriz 0-1 $n \times n$ A por

$$R(A) = \{y : y = Ax \text{ para algum } x \in S_n\},$$

de modo que $R(A)$ seja o conjunto de números em S_n que podemos produzir multiplicando cada valor de $x \in S_n$ por A.

a. Se r é o posto da matriz A, prove que $|R(A)| = 2^r$. Conclua que A define uma permutação em S_n somente se A tiver posto completo.

Para dada matriz $n \times n$ A e para dado valor $y \in R(A)$, definimos a **pré-imagem** de y por

$$P(A, y) = \{x : Ax = y\},$$

de modo que $P(A, y)$ seja um conjunto de valores em S_n que mapeia para y quando multiplicado por A.

b. Se r é o posto da matriz $n \times n$ A e $y \in R(A)$, prove que $|P(A, y)| = 2^{n-r}$.

Seja $0 \le m \le n$, e suponha que particionamos o conjunto S_n em blocos de números consecutivos, em que o i-ésimo bloco consiste nos 2^m números $i2^m$, $i2^m + 1$, $i2^m + 2$, ..., $(i + 1)2^m - 1$. Para qualquer subconjunto $S \subseteq S_n$, defina $B(S, m)$ como o conjunto de blocos de tamanho 2^m de S_n que contém algum elemento de S. Como exemplo, quando $n = 3$, $m = 1$ e $S = \{1, 4, 5\}$, então $B(S, m)$ consiste em blocos 0 (visto que 1 está no 0-ésimo bloco) e 2 (visto que 4 e 5 estão no bloco 2).

c. Seja r o posto da submatriz inferior esquerda $(n - m) \times m$ de A, isto é, a matriz formada tomando a interseção das $n - m$ linhas inferiores com as m colunas da extrema esquerda de A. Seja S qualquer bloco de tamanho 2^m de S_n, e seja $S' = \{y : y = Ax \text{ para algum } x \in S\}$. Prove que $|B(S', m)| = 2^r$ e que, para cada bloco em $B(S', m)$, exatamente 2^{m-r} números em S mapeiam para aquele bloco.

Como multiplicar o vetor zero por qualquer matriz produz um vetor zero, o conjunto de permutações de S_n definido pela multiplicação de matrizes 0-1 $n \times n$ com posto completo em $GF(2)$ não pode incluir todas as permutações de S_n. Vamos estender a classe de permutações definida pela multiplicação matriz-vetor para incluirmos um termo aditivo, de modo que $x \in S_n$ mapeie para $Ax + c$, em que c é um vetor de n bits e a adição é efetuada em $GF(2)$. Por exemplo, quando

$$A = \begin{pmatrix} 1 & 0 \\ 1 & 1 \end{pmatrix}$$

e

$$c = \begin{pmatrix} 0 \\ 1 \end{pmatrix},$$

obtemos a seguinte permutação $\pi_{A,c}$: $\pi_{A,c}(0) = 2$, $\pi_{A,c}(1) = 1$, $\pi_{A,c}(2) = 0$, $\pi_{A,c}(3) = 3$. Denominamos **permutação linear** qualquer permutação que mapeie $x \in S_n$ para $Ax + c$, para alguma matriz 0-1 $n \times n$ A com posto completo e algum vetor c de n bits.

d. Use um argumento de contagem para mostrar que o número de permutações lineares de S_n é muito menor que o número de permutações de S_n.

e. Forneça um exemplo de valor de n e uma permutação de S_n que não possa ser obtida por nenhuma permutação linear. (*Sugestão:* para dada permutação, pense em como a multiplicação de uma matriz por um vetor unitário relaciona-se com as colunas da matriz.)

Notas do apêndice

Livros didáticos de álgebra linear apresentam muitas informações sobre matrizes. Os livros de Strang [422, 423] são particularmente bons.

Referências Bibliográficas

[1] Milton Abramowitz and Irene A. Stegun, editors. *Handbook of Mathematical Functions*. Dover, 1965.

[2] G.M. Adel'son-Vel'skiĭ and E.M. Landis. An algorithm for the organization of information. *Soviet Mathematics Doklady*, 3(5):1259–1263, 1962.

[3] Alok Aggarwal and Jeffrey Scott Vitter. The input/output complexity of sorting and related problems. *Communications of the ACM*, 31(9):1116–1127, 1988.

[4] Manindra Agrawal, Neeraj Kayal, and Nitin Saxena. PRIMES is in P. *Annals of Mathematics*, 160(2): 781–793, 2004.

[5] Alfred V. Aho, John E. Hopcroft, and Jeffrey D. Ullman. *The Design and Analysis of Computer Algorithms*. Addison-Wesley, 1974.

[6] Alfred V. Aho, John E. Hopcroft, and Jeffrey D. Ullman. *Data Structures and Algorithms*. Addison-Wesley, 1983.

[7] Ravindra K. Ahuja, Thomas L. Magnanti, and James B. Orlin. *Network Flows: Theory, Algorithms, and Applications*. Prentice Hall, 1993.

[8] Ravindra K. Ahuja, KurtMehlhorn, James B. Orlin, and Robert E. Tarjan. Faster algorithms for the shortest path problem. *Journal of the ACM*, 37(2):213–223, 1990.

[9] Ravindra K. Ahuja and James B. Orlin. A fast and simple algorithm for the maximum flow problem. *Operations Research*, 37(5):748–759, 1989.

[10] Ravindra K. Ahuja, James B. Orlin, and Robert E. Tarjan. Improved time bounds for the maximum flow problem. *SIAM Journal on Computing*, 18(5):939–954, 1989.

[11] Miklós Ajtai, Nimrod Megiddo, and Orli Waarts. Improved algorithms and analysis for secretary problems and generalizations. *SIAM Journal on Discrete Mathematics*, 14(1):1–27, 2001.

[12] Selim G. Akl. *The Design and Analysis of Parallel Algorithms*. Prentice Hall, 1989.

[13] Mohamad Akra and Louay Bazzi. On the solution of linear recurrence equations. *Computational Optimization and Applications*, 10(2):195–210, 1998.

[14] Susanne Albers. Online algorithms: A survey. *Mathematical Programming*, 97(1-2):3–26, 2003.

[15] Noga Alon. Generating pseudo-random permutations and maximum flow algorithms. *Information Processing Letters*, 35:201–204, 1990.

[16] Arne Andersson. Balanced search trees made simple. In *Proceedings of the Third Workshop on Algorithms and Data Structures*, volume 709 of Lecture Notes in Computer Science, pages 60–71. Springer, 1993.

[17] Arne Andersson. Faster deterministic sorting and searching in linear space. In *Proceedings of the 37th Annual Symposium on Foundations of Computer Science*, pages 135–141, 1996.

[18] Arne Andersson, Torben Hagerup, Stefan Nilsson, and Rajeev Raman. Sorting in linear time? *Journal of Computer and System Sciences*, 57:74–93, 1998.

[19] TomM. Apostol. *Calculus*, volume 1. Blaisdell Publishing Company, second edition, 1967.

[20] Nimar S. Arora, Robert D. Blumofe, and C. Greg Plaxton. Thread scheduling for multiprogrammed multiprocessors. *Theory of Computing Systems*, 34(2):115–144, 2001.

[21] Sanjeev Arora. *Probabilistic checking of proofs and the hardness of approximation problems*. PhD thesis, University of California, Berkeley, 1994.

[22] Sanjeev Arora. The approximability of NP-hard problems. In *Proceedings of the 30th Annual ACM Symposium on Theory of Computing*, pages 337–348, 1998.

[23] Sanjeev Arora. Polynomial time approximation schemes for euclidean traveling salesman and other geometric problems. *Journal of the ACM*, 45(5):753–782, 1998.

[24] Sanjeev Arora and Boaz Barak. *Computational Complexity: A Modern Approach*. Cambridge University Press, 2009.

[25] Sanjeev Arora, Elad Hazan, and Satyen Kale. The multiplicative weights update method: A meta-algorithm and applications. *Theory of Computing*, 8(1):121–164, 2012.

[26] Sanjeev Arora and Carsten Lund. Hardness of approximations. In Dorit S. Hochbaum, editor, *Approximation Algorithms for NP-Hard Problems*, pages 399–446. PWS Publishing Company, 1997.

[27] Mikhail J. Atallah and Marina Blanton, editors. *Algorithms and Theory of Computation Handbook*, volume 1. Chapman & Hall/CRC Press, second edition, 2009.

[28] Mikhail J. Atallah and Marina Blanton, editors. *Algorithms and Theory of Computation Handbook*, volume 2. Chapman & Hall/CRC Press, second edition, 2009.

[29] G. Ausiello, P. Crescenzi, G. Gambosi, V. Kann, A. Marchetti-Spaccamela, and M. Protasi. *Complexity and Approximation: Combinatorial Optimization Problems and Their Approximability Properties*. Springer, 1999.

[30] Shai Avidan and Ariel Shamir. Seam carving for content-aware image resizing. *ACMTransactions on Graphics*, 26(3), article 10, 2007.

[31] László Babai, Eugene M. Luks, and Ákos Seress. Fastmanagement of permutation groups I. *SIAM Journal on Computing*, 26(5):1310–1342, 1997.

[32] Eric Bach. Private communication, 1989.

[33] Eric Bach. Number-theoretic algorithms. In *Annual Review of Computer Science*, volume 4, pages 119–172. Annual Reviews, Inc., 1990.

[34] Eric Bach and Jeffrey Shallit. *Algorithmic Number Theory* — Volume I: Efficient Algorithms. The MIT Press, 1996.

[35] Nikhil Bansal and Anupam Gupta. Potential-function proofs for first-order methods. *CoRR*, abs/1712.04581, 2017.

[36] Hannah Bast, Daniel Delling, Andrew V. Goldberg, Matthias Müller-Hannemann, Thomas Pajor, Peter Sanders, Dorothea Wagner, and Renato F. Werneck. Route planning in transportation networks. In *Algorithm Engineering — Selected Results and Surveys*, volume 9220 of Lecture Notes in Computer Science, pages 19–80. Springer, 2016.

[37] Surender Baswana, Ramesh Hariharan, and Sandeep Sen. Improved decremental algorithms for maintaining transitive closure and all-pairs shortest paths. *Journal of Algorithms*, 62(2):74–92, 2007.

[38] R. Bayer. Symmetric binary B-trees: Data structure and maintenance algorithms. *Acta Informatica*, 1(4):290–306, 1972.

[39] R. Bayer and E. M. McCreight. Organization and maintenance of large ordered indexes. *Acta Informatica*, 1(3):173–189, 1972.

[40] Pierre Beauchemin, Gilles Brassard, Claude Crépeau, Claude Goutier, and Carl Pomerance. The generation of random numbers that are probably prime. *Journal of Cryptology*, 1(1):53–64, 1988.

[41] L. A. Belady. A study of replacement algorithms for a virtual-storage computer. *IBM Systems Journal*, 5(2):78–101, 1966.

[42] Mihir Bellare, Joe Kilian, and Phillip Rogaway. The security of cipher block chaining message authentication code. *Journal of Computer and System Sciences*, 61(3):362–399, 2000.

[43] Mihir Bellare and Phillip Rogaway. Random oracles are practical: A paradigm for designing efficient protocols. In CCS '93, Proceedings of the *1st ACM Conference on Computer and Communications Security*, pages 62–73, 1993.

[44] Richard Bellman. *Dynamic Programming*. Princeton University Press, 1957.

[45] Richard Bellman. On a routing problem. *Quarterly of Applied Mathematics*, 16(1):87–90, 1958.

[46] Michael Ben-Or. Lower bounds for algebraic computation trees. In *Proceedings of the Fifteenth Annual ACM Symposium on Theory of Computing*, pages 80–86, 1983.

[47] Michael A. Bender, Erik D. Demaine, and Martin Farach-Colton. Cache-oblivious B-trees. *SIAM Journal on Computing*, 35(2):341–358, 2005.

[48] Samuel W. Bent and John W. John. Finding the median requires 2n comparisons. In *Proceedings of the Seventeenth Annual ACM Symposium on Theory of Computing*, pages 213–216, 1985.

[49] Jon L. Bentley. *Writing Efficient Programs*. Prentice Hall, 1982.

[50] Jon L. Bentley. *More Programming Pearls*: Confessions of a Coder. Addison-Wesley, 1988.

[51] Jon L. Bentley. *Programming Pearls*. Addison-Wesley, second edition, 1999.

[52] Jon L. Bentley, Dorothea Haken, and James B. Saxe. A general method for solving divideand-conquer recurrences. *SIGACT News*, 12(3):36–44, 1980.

[53] Claude Berge. Two theorems in graph theory. *Proceedings of the National Academy of Sciences*, 43(9):842–844, 1957.

[54] Aditya Y. Bhargava. Grokking Algorithms: *An Illustrated Guide For Programmers and Other Curious People*. Manning Publications, 2016.

[55] Daniel Bienstock and Benjamin McClosky. Tightening simplex mixed-integer sets with guaranteed bounds. *Optimization Online*, 2008.

[56] Patrick Billingsley. *Probability and Measure*. John Wiley & Sons, second edition, 1986.

[57] Guy E. Blelloch. *Scan Primitives and Parallel Vector Models*. PhD thesis, Department of Electrical Engineering and Computer Science, MIT, 1989. Available as MIT Laboratory for Computer Science Technical Report MIT/LCS/TR-463.

[58] Guy E. Blelloch. Programming parallel algorithms. *Communications of the ACM*, 39(3):85–97, 1996.

[59] Guy E. Blelloch, Jeremy T. Fineman, Phillip B. Gibbons, and Julian Shun. Internally deterministic parallel algorithms can be fast. In *17th ACM SIGPLAN Symposium on Principles and Practice of Parallel Programming*, pages 181–192, 2012.

[60] Guy E. Blelloch, Jeremy T. Fineman, Yan Gu, and Yihan Sun. Optimal parallel algorithms in the binary-forking model. In *Proceedings of the 32nd Annual ACM Symposium on Parallelism in Algorithms and Architectures*, pages 89–102, 2020.

[61] Guy E. Blelloch, Phillip B. Gibbons, and Yossi Matias. Provably efficient scheduling for languages with fine-grained parallelism. *Journal of the ACM*, 46(2):281–321, 1999.

[62] Manuel Blum, Robert W. Floyd, Vaughan Pratt, Ronald L. Rivest, and Robert E. Tarjan. Time bounds for selection. *Journal of Computer and System Sciences*, 7(4):448–461, 1973.

[63] Robert D. Blumofe and Charles E. Leiserson. Scheduling multithreaded computations by work stealing. *Journal of the ACM*, 46(5):720–748, 1999.

[64] Robert L Bocchino, Jr., Vikram S. Adve, Sarita V. Adve, and Marc Snir. Parallel programming must be deterministic by default. In *Proceedings of the First USENIX Conference on Hot Topics in Parallelism (HotPar)*, 2009.

[65] Béla Bollobás. *Random Graphs*. Academic Press, 1985.

[66] Leonardo Bonacci. *Liber Abaci*, 1202.

[67] J. A. Bondy and U. S. R.Murty. *Graph Theory with Applications*. American Elsevier, 1976.

[68] A. Borodin and R. El-Yaniv. *Online Computation and Competitive Analysis*. Cambridge University Press, 1998.

[69] Stephen P. Boyd and Lieven Vandenberghe. *Convex Optimization*. Cambridge University Press, 2004.

[70] Gilles Brassard and Paul Bratley. *Fundamentals of Algorithmics*. Prentice Hall, 1996.

[71] Richard P. Brent. The parallel evaluation of general arithmetic expressions. *Journal of the ACM*, 21(2):201–206, 1974.

[72] Gerth Stølting Brodal. A survey on priority queues. In Andrej Brodnik, Alejandro López-Ortiz, Venkatesh Raman, and Alfredo Viola, editors, *Space-Efficient Data Structures, Streams, and Algorithms: Papers in Honor of J. Ian Munro on the Occasion of His 66th Birthday, volume 8066 of Lecture Notes in Computer Science*, pages 150–163. Springer, 2013.

[73] Gerth Stølting Brodal, George Lagogiannis, and Robert E. Tarjan. Strict Fibonacci heaps. In *Proceedings of the 44th Annual ACM Symposium on Theory of Computing*, pages 1177–1184, 2012.

[74] George W. Brown. Some notes on computation of games solutions. *RAND Corporation Report*, P-78, 1949.

[75] Sébastien Bubeck. Convex optimization: Algorithms and complexity. *Foundations and Trends in Machine Learning*, 8(3-4):231–357, 2015.

[76] Niv Buchbinder and Joseph Naor. The design of competitive online algorithms via a primaldual approach. *Foundations and Trends in Theoretical Computer Science*, 3(2–3):93–263, 2009.

[77] J. P. Buhler, H. W. Lenstra, Jr., and Carl Pomerance. Factoring integers with the number field sieve. In A. K. Lenstra and H.W. Lenstra, Jr., editors, *The Development of the Number Field Sieve*, volume 1554 of *Lecture Notes in Mathematics*, pages 50–94. Springer, 1993.

[78] M. Burrows and D. J. Wheeler. A block-sorting lossless data compression algorithm. SRC Research Report 124, Digital Equipment Corporation Systems Research Center, May 1994.

[79] Neville Campbell. Recurrences. Unpublished treatise available at https://nevillecampbell.com/Recurrences.pdf, 2020.

[80] J. Lawrence Carter and Mark N. Wegman. Universal classes of hash functions. *Journal of Computer and System Sciences*, 18(2):143–154, 1979.

[81] Barbara Chapman, Gabriele Jost, and Ruud van der Pas. *Using OpenMP: Portable Shared Memory Parallel Programming*. The MIT Press, 2007.

[82] Philippe Charles, Christian Grothoff, Vijay Saraswat, Christopher Donawa, Allan Kielstra, Kemal Ebcioglu, Christoph Von Praun, and Vivek Sarkar. X10: An object-oriented approach to non-uniform cluster computing. In ACM SIGPLAN *Conference on Object oriented Programming, Systems, Languages, and Applications (OOPSLA)*, pages 519—538, 2005.

[83] Bernard Chazelle. A minimum spanning tree algorithm with inverse-Ackermann type complexity. *Journal of the ACM*, 47(6):1028–1047, 2000.

[84] Ke Chen and Adrian Dumitrescu. Selection algorithms with small groups. *International Journal of Foundations of Computer Science*, 31(3):355–369, 2020.

[85] Guang-Ien Cheng, Mingdong Feng, Charles E. Leiserson, Keith H. Randall, and Andrew F. Stark. Detecting data races in Cilk programs that use locks. In *Proceedings of the 10th Annual ACM Symposium on Parallel Algorithms and Architectures*, pages 298–309, 1998.

[86] Joseph Cheriyan and Torben Hagerup. A randomized maximum-flow algorithm. *SIAM Journal on Computing*, 24(2):203–226, 1995.

[87] Joseph Cheriyan and S. N. Maheshwari. Analysis of preflow push algorithms for maximum network flow. *SIAM Journal on Computing*, 18(6):1057–1086, 1989.

[88] Boris V. Cherkassky and Andrew V. Goldberg. On implementing the push-relabel method for the maximum flow problem. *Algorithmica*, 19(4):390–410, 1997.

[89] Boris V. Cherkassky, Andrew V. Goldberg, and Tomasz Radzik. Shortest paths algorithms: Theory and experimental evaluation. *Mathematical Programming*, 73(2):129–174, 1996.

[90] Boris V. Cherkassky, Andrew V. Goldberg, and Craig Silverstein. Buckets, heaps, lists and monotone priority queues. *SIAM Journal on Computing*, 28(4):1326–1346, 1999.

[91] H. Chernoff. A measure of asymptotic efficiency for tests of a hypothesis based on the sum of observations. *Annals of Mathematical Statistics*, 23(4):493–507, 1952.

[92] Brian Christian and Tom Griffiths. *Algorithms to Live By: The Computer Science of Human Decisions*. Picador, 2017.

[93] Kai Lai Chung. *Elementary Probability Theory with Stochastic Processes*. Springer, 1974.

[94] V. Chvátal. *Linear Programming*. W. H. Freeman and Company, 1983.

[95] V. Chvátal, D. A. Klarner, and D. E. Knuth. Selected combinatorial research problems. Technical Report STAN-CS-72-292, Computer Science Department, Stanford University, 1972.

[96] Alan Cobham. The intrinsic computational difficulty of functions. In *Proceedings of the 1964 Congress for Logic, Methodology, and the Philosophy of Science*, pages 24–30. North-Holland, 1964.

[97] H. Cohen and H. W. Lenstra, Jr. Primality testing and Jacobi sums. *Mathematics of Computation*, 42(165):297–330, 1984.

[98] Michael B. Cohen, Aleksander Madry, Piotr Sankowski, and Adrian Vladu. Negative-weight shortest paths and unit capacity minimum cost flow in $\widetilde{O}(m^{10/7} \log w)$ time (extended abstract). In *Proceedings of the 28th ACM-SIAM Symposium on Discrete Algorithms*, pages 752–771, 2017.

[99] Douglas Comer. The ubiquitous B-tree. *ACM Computing Surveys*, 11(2):121–137, 1979.

[100] Stephen Cook. The complexity of theorem proving procedures. In *Proceedings of the Third Annual ACM Symposium on Theory of Computing*, pages 151–158, 1971.

[101] James W. Cooley and John W. Tukey. An algorithm for the machine calculation of complex Fourier series. *Mathematics of Computation*, 19(90):297–301, 1965.

[102] Don Coppersmith. Modifications to the number field sieve. *Journal of Cryptology*, 6(3):169–180, 1993.

[103] Don Coppersmith and Shmuel Winograd. Matrix multiplication via arithmetic progression. *Journal of Symbolic Computation*, 9(3):251–280, 1990.

[104] Thomas H. Cormen. *Algorithms Unlocked*. The MIT Press, 2013.

[105] Thomas H. Cormen, Thomas Sundquist, and Leonard F. Wisniewski. Asymptotically tight bounds for performing BMMC permutations on parallel disk systems. *SIAM Journal on Computing*, 28(1):105–136, 1998.

[106] Don Dailey and Charles E. Leiserson. Using Cilk to write multiprocessor chess programs. In H. J. van den Herik and B. Monien, editors, *Advances in Computer Games*, volume 9, pages 25–52. University of Maastricht, Netherlands, 2001.

[107] Sanjoy Dasgupta, Christos Papadimitriou, and Umesh Vazirani. *Algorithms*. McGraw-Hill, 2008.

[108] Abraham de Moivre. De fractionibus algebraicis radicalitate immunibus ad fractiones simpliciores reducendis, deque summandis terminis quarundam serierum aequali intervallo a se distantibus. *Philosophical Transactions*, 32(373):162–168, 1722.

[109] Erik D. Demaine, Dion Harmon, John Iacono, and Mihai Pătrașcu. Dynamic optimality – almost. *SIAM Journal on Computing*, 37(1):240–251, 2007.

[110] Camil Demetrescu, David Eppstein, Zvi Galik, and Giuseppe F. Italiano. Dynamic graph algorithms. In Mikhail J. Attalah and Marina Blanton, editors, *Algorithms and Theory of Computation Handbook*, chapter 9, pages 9-1–9-28. Chapman & Hall/CRC, second edition, 2009.

[111] Camil Demetrescu and Giuseppe F. Italiano. Fully dynamic all pairs shortest paths with real edge weights. *Journal of Computer and System Sciences*, 72(5):813–837, 2006.

[112] Eric V. Denardo and Bennett L. Fox. Shortest-route methods: 1. Reaching, pruning, and buckets. *Operations Research*, 27(1):161–186, 1979.

[113] Martin Dietzfelbinger, Torben Hagerup, Jyrki Katajainen, and Martti Penttonen. A reliable randomized algorithm for the closest-pair problem. *Journal of Algorithms*, 25(1):19–51, 1997.

[114] Martin Dietzfelbinger, Anna Karlin, Kurt Mehlhorn, Friedhelm Meyer auf der Heide, Hans Rohnert, and Robert E. Tarjan. Dynamic perfect hashing: Upper and lower bounds. *SIAM Journal on Computing*, 23(4):738–761, 1994.

[115] Whitfield Diffie and Martin E. Hellman. New directions in cryptography. *IEEE Transactions on Information Theory*, IT-22(6):644–654, 1976.

[116] Edsger W. Dijkstra. A note on two problems in connexion with graphs. *Numerische Mathematik*, 1(1):269–271, 1959.

[117] Edsger W. Dijkstra. *A Discipline of Programming*. Prentice-Hall, 1976.

[118] Dimitar Dimitrov, Martin Vechev, and Vivek Sarkar. Race detection in two dimensions. *ACM Transactions on Parallel Computing*, 4(4):1–22, 2018.

[119] E. A. Dinic. Algorithm for solution of a problem of maximum flow in a network with power estimation. *Soviet Mathematics Doklady*, 11(5):1277–1280, 1970.

[120] Brandon Dixon, Monika Rauch, and Robert E. Tarjan. Verification and sensitivity analysis of minimum spanning trees in linear time. *SIAM Journal on Computing*, 21(6):1184–1192, 1992.

[121] John D. Dixon. Factorization and primality tests. *The American Mathematical Monthly*, 91(6):333–352, 1984.

[122] Dorit Dor, Johan Håstad, Staffan Ulfberg, and Uri Zwick. On lower bounds for selecting the median. *SIAM Journal on Discrete Mathematics*, 14(3):299–311, 2001.

[123] Dorit Dor and Uri Zwick. Selecting the median. *SIAM Journal on Computing*, 28(5):1722–1758, 1999.

[124] Dorit Dor and Uri Zwick. Median selection requires $(2 + \epsilon)n$ comparisons. *SIAM Journal on Discrete Mathematics*, 14(3):312–325, 2001.

[125] Alvin W. Drake. *Fundamentals of Applied Probability Theory*. McGraw-Hill, 1967.

[126] James R. Driscoll, Neil Sarnak, Daniel D. Sleator, and Robert E. Tarjan. Making data structures persistent. *Journal of Computer and System Sciences*, 38(1):86–124, 1989.

[127] Ran Duan, Seth Pettie, and Hsin-Hao Su. Scaling algorithms for weighted matching in general graphs. *ACM Transactions on Algorithms*, 14(1):8:1–8:35, 2018.

[128] Richard Durstenfeld. Algorithm 235 (RANDOM PERMUTATION). *Communications of the ACM*, 7(7):420, 1964.

[129] Derek L. Eager, John Zahorjan, and Edward D. Lazowska. Speedup versus efficiency in parallel systems. *IEEE Transactions on Computers*, 38(3):408–423, 1989.

[130] Jack Edmonds. Paths, trees, and flowers. *Canadian Journal of Mathematics*, 17:449–467, 1965.

[131] Jack Edmonds. Matroids and the greedy algorithm. *Mathematical Programming*, 1(1):127–136, 1971.

[132] Jack Edmonds and Richard M. Karp. Theoretical improvements in the algorithmic efficiency for network flow problems. *Journal of the ACM*, 19(2):248–264, 1972.

[133] Jeff Edmonds. *How To Think About Algorithms*. Cambridge University Press, 2008.

[134] Mourad Elloumi and Albert Y. Zomaya, editors. *Algorithms in Computational Molecular Biology: Techniques, Approaches and Applications*. John Wiley & Sons, 2011.

[135] Jeff Erickson. *Algorithms*. https://archive.org/details/Algorithms-Jeff-Erickson, 2019.

[136] Martin Erwig. *Once Upon an Algorithm*: How Stories Explain Computing. The MIT Press, 2017.

[137] Shimon Even. *Graph Algorithms*. Computer Science Press, 1979.

[138] Shimon Even and Yossi Shiloach. An on-line edge-deletion problem. *Journal of the ACM*, 28(1):1–4, 1981.

[139] William Feller. *An Introduction to Probability Theory and Its Applications*. John Wiley & Sons, third edition, 1968.

[140] Mingdong Feng and Charles E. Leiserson. Efficient detection of determinacy races in Cilk programs. In *Proceedings of the 9th Annual ACM Symposium on Parallel Algorithms and Architectures*, pages 1–11, 1997.

[141] Amos Fiat, Richard M. Karp, Michael Luby, Lyle A. McGeoch, Daniel Dominic Sleator, and Neal E. Young. Competitive paging algorithms. *Journal of Algorithms*, 12(4):685–699, 1991.

[142] Amos Fiat and Gerhard J. Woeginger, editors. *Online Algorithms, The State of the Art, volume 1442 of Lecture Notes in Computer Science*. Springer, 1998.

[143] Sir Ronald A. Fisher and Frank Yates. *Statistical Tables for Biological, Agricultural and Medical Research*. Hafner Publishing Company, fifth edition, 1957.

[144] Robert W. Floyd. Algorithm 97 (SHORTEST PATH). *Communications of the ACM*, 5(6):345, 1962.

[145] Robert W. Floyd. Algorithm 245 (TREESORT). *Communications of the ACM*, 7(12):701, 1964.

[146] Robert W. Floyd. Permuting information in idealized two-level storage. In Raymond E. Miller and James W. Thatcher, editors, *Complexity of Computer Computations*, pages 105–109. Plenum Press, 1972.

[147] Robert W. Floyd and Ronald L. Rivest. Expected time bounds for selection. *Communications of the ACM*, 18(3):165–172, 1975.

[148] L. R. Ford. *Network Flow Theory*. RAND Corporation, Santa Monica, CA, 1956.

[149] Lestor R. Ford, Jr. and D. R. Fulkerson. *Flows in Networks*. Princeton University Press, 1962.

[150] Lestor R. Ford, Jr. and Selmer M. Johnson. A tournament problem. *The American Mathematical Monthly*, 66(5):387–389, 1959.

[151] E. W. Forgy. Cluster analysis of multivariate efficiency versus interpretatbility of classifications. *Biometrics*, 21(3):768–769, 1965.

[152] Lance Fortnow. *The Golden Ticket: P, NP, and the Search for the Impossible*. Princeton University Press, 2013.

[153] Michael L. Fredman. New bounds on the complexity of the shortest path problem. *SIAM Journal on Computing*, 5(1):83–89, 1976.

[154] Michael L. Fredman, János Komlós, and Endre Szemerédi. Storing a sparse table with $O(1)$ worst case access time. *Journal of the ACM*, 31(3):538–544, 1984.

[155] Michael L. Fredman and Michael E. Saks. The cell probe complexity of dynamic data structures. In *Proceedings of the Twenty First Annual ACMSymposium on Theory of Computing*, pages 345–354, 1989.

[156] Michael L. Fredman and Robert E. Tarjan. Fibonacci heaps and their uses in improved network optimization algorithms. *Journal of the ACM*, 34(3):596–615, 1987.

[157] Michael L. Fredman and Dan E. Willard. Surpassing the information theoretic bound with fusion trees. *Journal of Computer and System Sciences*, 47(3):424–436, 1993.

[158] Michael L. Fredman and Dan E.Willard. Trans-dichotomous algorithms for minimum spanning trees and shortest paths. *Journal of Computer and System Sciences*, 48(3):533–551, 1994.

[159] Yoav Freund and Robert E. Schapire. A decision-theoretic generalization of on-line learning and an application to boosting. *Journal of Computer and System Sciences*, 55(1):119–139, 1997.

[160] Matteo Frigo, Pablo Halpern, Charles E. Leiserson, and Stephen Lewin-Berlin. Reducers and other Cilk++ hyperobjects. In *Proceedings of the 21st Annual ACM Symposium on Parallelism in Algorithms and Architectures*, pages 79–90, 2009.

[161] Matteo Frigo and Steven G. Johnson. The design and implementation of FFTW3. *Proceedings of the IEEE*, 93(2):216–231, 2005.

[162] Hannah Fry. *Hello World: Being Human in the Age of Algorithms*. W. W. Norton & Company, 2018.

[163] Harold N. Gabow. Path-based depth-first search for strong and biconnected components. *Information Processing Letters*, 74(3–4):107–114, 2000.

[164] Harold N. Gabow. The weighted matching approach to maximum cardinality matching. *Fundamenta Informaticae*, 154(1-4):109–130, 2017.

[165] Harold N. Gabow, Z. Galil, T. Spencer, and Robert E. Tarjan. Efficient algorithms for finding minimum spanning trees in undirected and directed graphs. *Combinatorica*, 6(2):109–122, 1986.

[166] Harold N. Gabow and Robert E. Tarjan. A linear-time algorithm for a special case of disjoint set union. *Journal of Computer and System Sciences*, 30(2):209–221, 1985.

[167] Harold N. Gabow and Robert E. Tarjan. Faster scaling algorithms for network problems. *SIAM Journal on Computing*, 18(5):1013–1036, 1989.

[168] Harold N. Gabow and Robert Endre Tarjan. Faster scaling algorithms for general graphmatching problems. *Journal of the ACM*, 38(4):815–853, 1991.

[169] D. Gale and L. S. Shapley. College admissions and the stability of marriage. *American Mathematical Monthly*, 69(1):9–15, 1962.

[170] Zvi Galil and Oded Margalit. All pairs shortest distances for graphs with small integer length edges. *Information and Computation*, 134(2):103–139, 1997.

[171] Zvi Galil and Oded Margalit. All pairs shortest paths for graphs with small integer length edges. *Journal of Computer and System Sciences*, 54(2):243–254, 1997.

[172] Zvi Galil and Kunsoo Park. Dynamic programming with convexity, concavity and sparsity. *Theoretical Computer Science*, 92(1):49–76, 1992.

[173] Zvi Galil and Joel Seiferas. Time-space-optimal string matching. *Journal of Computer and System Sciences*, 26(3):280–294, 1983.

[174] Igal Galperin and Ronald L. Rivest. Scapegoat trees. In *Proceedings of the 4th ACM-SIAM Symposium on Discrete Algorithms*, pages 165–174, 1993.

[175] Michael R. Garey, R. L. Graham, and J. D. Ullman. Worst-case analyis of memory allocation algorithms. In *Proceedings of the Fourth Annual ACM Symposium on Theory of Computing*, pages 143–150, 1972.

[176] Michael R. Garey and David S. Johnson. *Computers and Intractability: A Guide to the Theory of NP-Completeness*. W. H. Freeman, 1979.

[177] Naveen Garg and Jochen Könemann. Faster and simpler algorithms for multicommodity flow and other fractional packing problems. *SIAM Journal on Computing*, 37(2):630–652, 2007.

[178] Saul Gass. *Linear Programming: Methods and Applications*. International Thomson Publishing, fourth edition, 1975.

[179] Fănică Gavril. Algorithms for minimum coloring, maximum clique, minimum covering by cliques, and maximum independent set of a chordal graph. *SIAM Journal on Computing*, 1(2):180–187, 1972.

[180] Alan George and Joseph W-H Liu. *Computer Solution of Large Sparse Positive Definite Systems*. Prentice Hall, 1981.

[181] E. N. Gilbert and E. F. Moore. Variable-length binary encodings. *Bell System Technical Journal*, 38(4):933–967, 1959.

[182] Ashish Goel, Sanjeev Khanna, Daniel H. Larkin, and Rober E. Tarjan. Disjoint set union with randomized linking. In *Proceedings of the 25th ACM-SIAM Symposium on Discrete Algorithms*, pages 1005–1017, 2014.

[183] Michel X. Goemans and David P. Williamson. Improved approximation algorithms for maximum cut and satisfiability problems using semidefinite programming. *Journal of the ACM*, 42(6):1115–1145, 1995.

[184] Michel X. Goemans and David P. Williamson. The primal-dual method for approximation algorithms and its application to network design problems. In Dorit S. Hochbaum, editor, *Approximation Algorithms for NP-Hard Problems*, pages 144–191. PWS Publishing Company, 1997.

[185] Andrew V. Goldberg. *Efficient Graph Algorithms for Sequential and Parallel Computers*. PhD thesis, Department of Electrical Engineering and Computer Science, MIT, 1987.

[186] Andrew V. Goldberg. Scaling algorithms for the shortest paths problem. *SIAM Journal on Computing*, 24(3):494–504, 1995.

[187] Andrew V. Goldberg and Satish Rao. Beyond the flow decomposition barrier. *Journal of the ACM*, 45(5):783–797, 1998.

[188] Andrew V. Goldberg and Robert E. Tarjan. A new approach to the maximum flow problem. *Journal of the ACM*, 35(4):921–940, 1988.

[189] D. Goldfarb and M. J. Todd. Linear programming. In G. L. Nemhauser, A. H. G. Rinnooy-Kan, and M. J. Todd, editors, *Handbooks in Operations Research and Management Science, Vol. 1, Optimization*, pages 73–170. Elsevier Science Publishers, 1989.

[190] Shafi Goldwasser and Silvio Micali. Probabilistic encryption. *Journal of Computer and System Sciences*, 28(2):270–299, 1984.

[191] Shafi Goldwasser, Silvio Micali, and Ronald L. Rivest. A digital signature scheme secure against adaptive chosen-message attacks. *SIAM Journal on Computing*, 17(2):281–308, 1988.

[192] Gene H. Golub and Charles F. Van Loan. *Matrix Computations*. The Johns Hopkins University Press, third edition, 1996.

[193] G. H. Gonnet and R. Baeza-Yates. *Handbook of Algorithms and Data Structures in Pascal and C*. Addison-Wesley, second edition, 1991.

[194] Rafael C. Gonzalez and Richard E. Woods. *Digital Image Processing*. Addison-Wesley, 1992.

[195] Michael T. Goodrich and Roberto Tamassia. *Algorithm Design: Foundations, Analysis, and Internet Examples*. John Wiley & Sons, 2001.

[196] Michael T. Goodrich and Roberto Tamassia. *Data Structures and Algorithms in Java*. John Wiley & Sons, sixth edition, 2014.

[197] Ronald L. Graham. Bounds for certain multiprocessor anomalies. *Bell System Technical Journal*, 45(9):1563–1581, 1966.

[198] Ronald L. Graham and Pavol Hell. On the history of the minimum spanning tree problem. *Annals of the History of Computing*, 7(1):43–57, 1985.

[199] Ronald L. Graham, Donald E. Knuth, and Oren Patashnik. *Concrete Mathematics*. Addison-Wesley, second edition, 1994.

[200] David Gries. *The Science of Programming*. Springer, 1981.

[201] M. Grötschel, László Lovász, and Alexander Schrijver. *Geometric Algorithms and Combinatorial Optimization*. Springer, 1988.

[202] Leo J. Guibas and Robert Sedgewick. A dichromatic framework for balanced trees. In *Proceedings of the 19th Annual Symposium on Foundations of Computer Science*, pages 8–21, 1978.

[203] Dan Gusfield and Robert W. Irving. *The Stable Marriage Problem: Structure and Algorithms*. The MIT Press, 1989.

[204] Gregory Gutin and Abraham P. Punnen, editors. *The Traveling Salesman Problem and Its Variations*. Kluwer Academic Publishers, 2002.

[205] Torben Hagerup. Improved shortest paths on the word RAM. In *Procedings of 27th International Colloquium on Automata, Languages and Programming*, ICALP 2000, volume 1853 of Lecture Notes in Computer Science, pages 61–72. Springer, 2000.

[206] H. Halberstam and R. E. Ingram, editors. *The Mathematical Papers of Sir William Rowan Hamilton, volume III* (Algebra). Cambridge University Press, 1967.

[207] Yijie Han. Improved fast integer sorting in linear space. *Information and Computation*, 170(1):81–94, 2001.

[208] Frank Harary. *Graph Theory*. Addison-Wesley, 1969.

[209] Gregory C. Harfst and Edward M. Reingold. A potential-based amortized analysis of the union-find data structure. *SIGACT News*, 31(3):86–95, 2000.

[210] J. Hartmanis and R. E. Stearns. On the computational complexity of algorithms. *Transactions of the American Mathematical Society*, 117:285–306, 1965.

[211] Michael T. Heideman, Don H. Johnson, and C. Sidney Burrus. Gauss and the history of the Fast Fourier Transform. *IEEE ASSP Magazine*, 1(4):14–21, 1984.

[212] Monika R. Henzinger and Valerie King. Fully dynamic biconnectivity and transitive closure. In *Proceedings of the 36th Annual Symposium on Foundations of Computer Science*, pages 664–672, 1995.

[213] Monika R. Henzinger and Valerie King. Randomized fully dynamic graph algorithms with polylogarithmic time per operation. *Journal of the ACM*, 46(4):502–516, 1999.

[214] Monika R. Henzinger, Satish Rao, and Harold N. Gabow. Computing vertex connectivity: New bounds from old techniques. *Journal of Algorithms*, 34(2):222–250, 2000.

[215] Nicholas J. Higham. Exploiting fast matrix multiplication within the level 3 BLAS. *ACM Transactions on Mathematical Software*, 16(4):352–368, 1990.

[216] Nicholas J. Higham. *Accuracy and Stability of Numerical Algorithms*. SIAM, second edition, 2002.

[217] W. Daniel Hillis and Jr. Guy L. Steele. Data parallel algorithms. Communications of the ACM, 29(12): 1170–1183, 1986.

[218] C. A. R. Hoare. Algorithm 63 (PARTITION) and algorithm 65 (FIND). *Communications of the ACM*, 4(7):321–322, 1961.

[219] C. A. R. Hoare. Quicksort. *The Computer Journal*, 5(1):10–15, 1962.

[220] Dorit S. Hochbaum. Efficient bounds for the stable set, vertex cover and set packing problems. *Discrete Applied Mathematics*, 6(3):243–254, 1983.

[221] Dorit S. Hochbaum, editor. *Approximation Algorithms for NP-Hard Problems*. PWS Publishing Company, 1997.

[222] W. Hoeffding. On the distribution of the number of successes in independent trials. *Annals of Mathematical Statistics*, 27(3):713–721, 1956.

[223] Micha Hofri. *Probabilistic Analysis of Algorithms*. Springer, 1987.

[224] John E. Hopcroft and Richard M. Karp. An $n^{5/2}$ algorithm for maximum matchings in bipartite graphs. *SIAM Journal on Computing*, 2(4):225–231, 1973.

[225] John E. Hopcroft, Rajeev Motwani, and Jeffrey D. Ullman. *Introduction to Automata Theory, Languages, and Computation*. Addison Wesley, third edition, 2006.

[226] John E. Hopcroft and Robert E. Tarjan. Efficient algorithms for graph manipulation. *Communications of the ACM*, 16(6):372–378, 1973.

[227] John E. Hopcroft and Jeffrey D. Ullman. Set merging algorithms. *SIAM Journal on Computing*, 2(4):294–303, 1973.

[228] John E. Hopcroft and Jeffrey D. Ullman. *Introduction to Automata Theory, Languages, and Computation*. Addison-Wesley, 1979.

[229] Juraj Hromkovič. *Algorithmics for Hard Problems: Introduction to Combinatorial Optimization, Randomization, Approximation, and Heuristics*. Springer-Verlag, 2001.

[230] T. C. Hu and M. T. Shing. Computation of matrix chain products. Part I. *SIAM Journal on Computing*, 11(2):362–373, 1982.

[231] T. C. Hu and M. T. Shing. Computation of matrix chain products. Part II. *SIAM Journal on Computing*, 13(2):228–251, 1984.

[232] T. C. Hu and A. C. Tucker. Optimal computer search trees and variable-length alphabetic codes. *SIAM Journal on Applied Mathematics*, 21(4):514–532, 1971.

[233] David A. Huffman. A method for the construction of minimum-redundancy codes. *Proceedings of the IRE*, 40(9):1098–1101, 1952.

[234] Oscar H. Ibarra and Chul E. Kim. Fast approximation algorithms for the knapsack and sum of subset problems. *Journal of the ACM*, 22(4):463–468, 1975.

[235] E. J. Isaac and R. C. Singleton. Sorting by address calculation. *Journal of the ACM*, 3(3):169–174, 1956.

[236] David S. Johnson. Approximation algorithms for combinatorial problems. *Journal of Computer and System Sciences*, 9(3):256–278, 1974.

[237] David S. Johnson. The NP-completeness column: An ongoing guide—The tale of the second prover. *Journal of Algorithms*, 13(3):502–524, 1992.

[238] Donald B. Johnson. Efficient algorithms for shortest paths in sparse networks. *Journal of the ACM*, 24(1):1–13, 1977.

[239] Richard Johnsonbaugh and Marcus Schaefer. *Algorithms*. Pearson Prentice Hall, 2004.

[240] Neil C. Jones and Pavel Pevzner. *An Introduction to Bioinformatics Algorithms*. The MIT Press, 2004.

[241] T. Kanungo, D. M. Mount, N. S. Netanyahu, C. D. Piatko, R. Silverman, and A. Y. Wu. A local search approximation algorithm for k-means clustering. *Computational Geometry*, 28:89–112, 2004.

[242] A. Karatsuba and Yu. Ofman. Multiplication of multidigit numbers on automata. *Soviet Physics*–Doklady, 7(7):595–596, 1963. Translation of an article in *Doklady Akademii Nauk SSSR*, 145(2), 1962.

[243] David R. Karger, Philip N. Klein, and Robert E. Tarjan. A randomized linear-time algorithm to find minimum spanning trees. *Journal of the ACM*, 42(2):321–328, 1995.

[244] David R. Karger, Daphne Koller, and Steven J. Phillips. Finding the hidden path: Time bounds for all-pairs shortest paths. *SIAM Journal on Computing*, 22(6):1199–1217, 1993.

[245] Juha Kärkkäinen, Peter Sanders, and Stefan Burkhardt. Linear work suffix array construction. *Journal of the ACM*, 53(6):918–936, 2006.

[246] Howard Karloff. *Linear Programming*. Birkhäuser, 1991.

[247] N. Karmarkar. A new polynomial-time algorithm for linear programming. *Combinatorica*, 4(4):373–395, 1984.

[248] Richard M. Karp. Reducibility among combinatorial problems. In Raymond E. Miller and James W. Thatcher, editors, *Complexity of Computer Computations*, pages 85–103. Plenum Press, 1972.

[249] Richard M. Karp. An introduction to randomized algorithms. *Discrete Applied Mathematics*, 34(1–3):165–201, 1991.

[250] Richard M. Karp and Michael O. Rabin. Efficient randomized pattern-matching algorithms. *IBM Journal of Research and Development*, 31(2):249–260, 1987.

[251] A. V. Karzanov. Determining the maximal flow in a network by the method of preflows. *Soviet Mathematics Doklady*, 15(2):434–437, 1974.

[252] Toru Kasai, Gunho Lee, Hiroki Arimura, Setsuo Arikawa, and Kunsoo Park. Linear-time longest-common-prefix computation in suffix arrays and its applications. In *Proceedings of the 12th Annual Symposium on Combinatorial Pattern Matching*, volume 2089, pages 181–192. Springer-Verlag, 2001.

[253] Jonathan Katz and Yehuda Lindell. *Introduction to Modern Cryptography*. CRC Press, second edition, 2015.

[254] Valerie King. A simpler minimum spanning tree verification algorithm. *Algorithmica*, 18(2):263–270, 1997.

[255] Valerie King, Satish Rao, and Robert E. Tarjan. A faster deterministic maximum flow algorithm. *Journal of Algorithms*, 17(3):447–474, 1994.

[256] Philip N. Klein and Neal E. Young. Approximation algorithms for NP-hard optimization problems. In *CRC Handbook on Algorithms*, pages 34-1–34-19. CRC Press, 1999.

[257] Jon Kleinberg and Éva Tardos. *Algorithm Design*. Addison-Wesley, 2006.

[258] Robert D. Kleinberg. A multiple-choice secretary algorithm with applications to online auctions. In *Proceedings of the 16th ACM-SIAM Symposium on Discrete Algorithms*, pages 630–631, 2005.

[259] Donald E. Knuth. *Fundamental Algorithms*, volume 1 of *The Art of Computer Programming*. Addison-Wesley, third edition, 1997.

[260] Donald E. Knuth. *Seminumerical Algorithms*, volume 2 of *The Art of Computer Programming*. Addison-Wesley, third edition, 1997.

[261] Donald E. Knuth. *Sorting and Searching*, volume 3 of *The Art of Computer Programming*. Addison-Wesley, second edition, 1998.

[262] Donald E. Knuth. *Combinatorial Algorithms*, volume 4A of *The Art of Computer Programming*. Addison-Wesley, 2011.

[263] Donald E. Knuth. Satisfiability, volume 4, fascicle 6 of *The Art of Computer Programming*. Addison-Wesley, 2015.

[264] Donald E. Knuth. Optimum binary search trees. *Acta Informatica*, 1(1):14–25, 1971.

[265] Donald E. Knuth. Big omicron and big omega and big theta. *SIGACT News*, 8(2):18–23, 1976.

[266] Donald E. Knuth. *Stable Marriage and Its Relation to Other Combinatorial Problems: An Introduction to the Mathematical Analysis of Algorithms*, volume 10 of *CRM Proceedings and Lecture Notes*. American Mathematical Society, 1997.

[267] Donald E. Knuth, James H. Morris, Jr., and Vaughan R. Pratt. Fast pattern matching in strings. *SIAM Journal on Computing*, 6(2):323–350, 1977.

[268] Mykel J. Kochenderfer and Tim A. Wheeler. *Algorithms for Optimization*. The MIT Press, 2019.

[269] J. Komlós. Linear verification for spanning trees. *Combinatorica*, 5(1):57–65, 1985.

[270] Dexter C. Kozen. *The Design and Analysis of Algorithms*. Springer, 1992.

[271] David W. Krumme, George Cybenko, and K. N. Venkataraman. Gossiping in minimal time. *SIAM Journal on Computing*, 21(1):111–139, 1992.

[272] Joseph B.Kruskal, Jr. On the shortest spanning subtree of a graph and the traveling salesman problem. *Proceedings of the American Mathematical Society*, 7(1):48–50, 1956.

[273] Harold W. Kuhn. The Hungarian method for the assignment problem. *Naval Research Logistics Quarterly*, 2:83–97, 1955.

[274] William Kuszmaul and Charles E. Leiserson. Floors and ceilings in divide-and-conquer recurrences. In *Proceedings of the 3rd SIAM Symposium on Simplicity in Algorithms*, pages 133–141, 2021.

[275] Leslie Lamport. How to make a multiprocessor computer that correctly executes multiprocess programs. *IEEE Transactions on Computers*, C-28(9):690–691, 1979.

[276] Eugene L. Lawler. *Combinatorial Optimization: Networks and Matroids*. Holt, Rinehart, and Winston, 1976.

[277] Eugene L. Lawler, J. K. Lenstra, A. H. G. Rinnooy Kan, and D. B. Shmoys, editors. *The Traveling Salesman Problem*. John Wiley & Sons, 1985.

[278] François Le Gall. Powers of tensors and fast matrix multiplication. In *Proceedings of the 2014 International Symposium on Symbolic and Algebraic Computation, (ISSAC)*, pages 296–303, 2014.

[279] Doug Lea. A Java fork/join framework. In *ACM 2000 Conference on Java Grande*, pages 36–43, 2000.

[280] C. Y. Lee. An algorithm for path connection and its applications. *IRE Transactions on Electronic Computers*, EC-10(3):346–365, 1961.

[281] Edward A. Lee. The problem with threads. *IEEE Computer*, 39(3):33–42, 2006.

[282] I-Ting Angelina Lee, Charles E. Leiserson, Tao B. Schardl, Zhunping Zhang, and Jim Sukha. On-the-fly pipeline parallelism. *ACM Transactions on Parallel Computing*, 2(3):17:1–17:42, 2015.

[283] I-Ting Angelina Lee and Tao B. Schardl. Efficient race detection for reducer hyperobjects. *ACM Transactions on Parallel Computing*, 4(4):1–40, 2018.

[284] Mun-Kyu Lee, Pierre Michaud, Jeong Seop Sim, and Daehun Nyang. A simple proof of optimality for the MIN cache replacement policy. *Information Processing Letters*, 116(2):168–170, 2016.

[285] Yin Tat Lee and Aaron Sidford. Path finding methods for linear programming: Solving linear programs in $\widetilde{O}(\sqrt{rank})$ iterations and faster algorithms for maximum flow. In *Proceedings of the 55th Annual Symposium on Foundations of Computer Science*, pages 424–433, 2014.

[286] Tom Leighton. Tight bounds on the complexity of parallel sorting. *IEEE Transactions on Computers*, C-34(4):344–354, 1985.

[287] Tom Leighton. Notes on better master theorems for divide-and-conquer recurrences. Class notes. Available at http://citeseerx.ist.psu.edu/viewdoc/summary?doi=10.1.1.39.1636, 1996.

[288] Tom Leighton and Satish Rao. Multicommodity max-flow min-cut theorems and their use in designing approximation algorithms. *Journal of the ACM*, 46(6):787–832, 1999.

[289] Daan Leijen and Judd Hall. Optimize managed code for multi-core machines. *MSDN Magazine*, 2007.

[290] Charles E. Leiserson. The Cilk++ concurrency platform. *Journal of Supercomputing*, 51(3):244–257, March 2010.

[291] Charles E. Leiserson. Cilk. In David Padua, editor, *Encyclopedia of Parallel Computing*, pages 273–288. Springer, 2011.

[292] Charles E. Leiserson, Tao B. Schardl, and Jim Sukha. Deterministic parallel randomnumber generation for dynamic-multithreading platforms. In *Proceddings of the 17th ACM SIGPLAN Symposium on Principles and Practice of Parallel Programming (PPoPP)*, pages 193–204, 2012.

[293] Charles E. Leiserson, Neil C. Thompson, Joel S. Emer, Bradley C. Kuszmaul, Butler W. Lampson, Daniel Sanchez, and Tao B. Schardl. There's plenty of room at the Top: What will drive computer performance after Moore's law? *Science*, 368(6495), 2020.

[294] Debra A. Lelewer and Daniel S. Hirschberg. Data compression. *ACM Computing Surveys*, 19(3):261–296, 1987.

[295] A. K. Lenstra, H.W. Lenstra, Jr., M. S. Manasse, and J. M. Pollard. The number field sieve. In A. K. Lenstra and H.W. Lenstra, Jr., editors, *The Development of the Number Field Sieve, volume 1554 of Lecture Notes in Mathematics*, pages 11–42. Springer, 1993.

[296] H. W. Lenstra, Jr. Factoring integers with elliptic curves. *Annals of Mathematics*, 126(3):649–673, 1987.

[297] L. A. Levin. Universal sequential search problems. *Problems of Information Transmission*, 9(3):265–266, 1973. Translated from the original Russian article in *Problemy Peredachi Informatsii* 9(3): 115–116, 1973.

[298] Anany Levitin. *Introduction to the Design & Analysis of Algorithms*. Addison-Wesley, third edition, 2011.

[299] Harry R. Lewis and Christos H. Papadimitriou. *Elements of the Theory of Computation*. Prentice Hall, second edition, 1998.

[300] Nick Littlestone. Learning quickly when irrelevant attributes abound: A new linearthreshold algorithm. *Machine Learning*, 2(4):285–318, 1988.

[301] Nick Littlestone and Manfred K. Warmuth. The weighted majority algorithm. *Information and Computation*, 108(2):212–261, 1994.

[302] C. L. Liu. *Introduction to Combinatorial Mathematics*. McGraw-Hill, 1968.

[303] Yang P. Liu and Aaron Sidford. Faster energy maximization for faster maximum flow. In *Proceedings of the 52nd Annual ACM Symposium on Theory of Computing*, pages 803–814, 2020.

[304] S. P. Lloyd. Least squares quantization in PCM. *IEEE Transactions on Information Theory*, 28(2):129–137, 1982.

[305] Panos Louridas. *Real-World Algorithms: A Beginner's Guide*. The MIT Press, 2017.

[306] László Lovász and Michael D. Plummer. *Matching Theory*, volume 121 of *Annals of Discrete Mathematics*. North Holland, 1986.

[307] John MacCormick. *9 Algorithms That Changed the Future: The Ingenious Ideas That Drive Today's Computers*. Princeton University Press, 2012.

[308] Aleksander Madry. Navigating central path with electrical flows: From flows to matchings, and back. In *Proceedings of the 54th Annual Symposium on Foundations of Computer Science*, pages 253–262, 2013.

[309] Bruce M. Maggs and Serge A. Plotkin. Minimum-cost spanning tree as a path-finding problem. *Information Processing Letters*, 26(6):291–293, 1988.

[310] M. Mahajan, P. Nimbhorkar, and K. Varadarajan. The planar k-means problem is NP-hard. In S. Das and R. Uehara, editors, WALCOM 2009: *Algorithms and Computation*, volume 5431 of *Lecture Notes in Computer Science*, pages 274–285. Springer, 2009.

[311] Michael Main. *Data Structures and Other Objects Using Java*. Addison-Wesley, 1999.

[312] Udi Manber and Gene Myers. Suffix arrays: A new method for on-line string searches. *SIAM Journal on Computing*, 22(5):935–948, 1993.

[313] David F. Manlove. *Algorithmics of Matching Under Preferences*, volume 2 of *Series on Theoretical Computer Science*. World Scientific, 2013.

[314] Giovanni Manzini. An analysis of the Burrows-Wheeler transform. *Journal of the ACM*, 48(3):407–430, 2001.

[315] Mario Andrea Marchisio, editor. *Computational Methods in Synthetic Biology*. Humana Press, 2015.

[316] William J. Masek and Michael S. Paterson. A faster algorithm computing string edit distances. *Journal of Computer and System Sciences*, 20(1):18–31, 1980.

[317] Yu. V. Matiyasevich. Real-time recognition of the inclusion relation. *Journal of Soviet Mathematics*, 1(1):64–70, 1973. Translated from the original Russian article in *Zapiski Nauchnykh Seminarov Leningradskogo Otdeleniya Matematicheskogo Institute im. V. A. Steklova Akademii Nauk SSSR* 20: 104–114, 1971.

[318] H. A. Maurer, Th. Ottmann, and H.-W. Six. Implementing dictionaries using binary trees of very small height. *Information Processing Letters*, 5(1):11–14, 1976.

[319] ErnstW. Mayr, Hans Jürgen Prömel, and Angelika Steger, editors. *Lectures on Proof Verification and Approximation Algorithms*, volume 1367 of *Lecture Notes in Computer Science*. Springer, 1998.

[320] Catherine C. McGeoch. All pairs shortest paths and the essential subgraph. *Algorithmica*, 13(5):426–441, 1995.

[321] Catherine C. McGeoch. A Guide to Experimental Algorithmics. Cambridge University Press, 2012.

[322] Andrew McGregor. Graph stream algorithms: A survey. *SIGMOD Record*, 43(1):9–20, 2014.

[323] M. D. McIlroy. A killer adversary for quicksort. *Software—Practice and Experience*, 29(4):341–344, 1999.

[324] Kurt Mehlhorn and Stefan Näher. *LEDA: A Platform for Combinatorial and Geometric Computing*. Cambridge University Press, 1999.

[325] Kurt Mehlhorn and Peter Sanders. *Algorithms and Data Structures: The Basic Toolbox*. Springer, 2008.

[326] Dinesh P. Mehta and Sartaj Sahni. *Handbook of Data Structures and Applications*. Chapman and Hall/CRC, second edition, 2018.

[327] Gary L. Miller. Riemann's hypothesis and tests for primality. *Journal of Computer and System Sciences*, 13(3):300–317, 1976.

[328] Marvin Minsky and Seymore A. Pappert. *Perceptrons*. The MIT Press, 1969.

[329] John C. Mitchell. *Foundations for Programming Languages*. The MIT Press, 1996.

[330] Joseph S. B. Mitchell. Guillotine subdivisions approximate polygonal subdivisions: A simple polynomial-time approximation scheme for geometric TSP, k-MST, and related problems. *SIAM Journal on Computing*, 28(4):1298–1309, 1999.

[331] Michael Mitzenmacher and Eli Upfal. *Probability and Computing*. Cambridge University Press, second edition, 2017.

[332] Louis Monier. *Algorithmes de Factorisation D'Entiers*. PhD thesis, L'Université Paris-Sud, 1980.

[333] Louis Monier. Evaluation and comparison of two efficient probabilistic primality testing algorithms. *Theoretical Computer Science*, 12(1):97–108, 1980.

[334] Edward F. Moore. The shortest path through a maze. In *Proceedings of the International Symposium on the Theory of Switching*, pages 285–292. Harvard University Press, 1959.

[335] Rajeev Motwani, Joseph (Seffi) Naor, and Prabhakar Raghavan. Randomized approximation algorithms in combinatorial optimization. In Dorit Hochbaum, editor, *Approximation Algorithms for NP-Hard Problems*, chapter 11, pages 447–481. PWS Publishing Company, 1997.

[336] Rajeev Motwani and Prabhakar Raghavan. *Randomized Algorithms*. Cambridge University Press, 1995.

[337] James Munkres. Algorithms for the assignment and transportation problems. *Journal of the Society for Industrial and Applied Mathematics*, 5(1):32–38, 1957.

[338] J. I.Munro and V. Raman. Fast stable in-place sorting with $O(n)$ data moves. *Algorithmica*, 16(2):151–160, 1996.

[339] Yoichi Muraoka and David J. Kuck. On the time required for a sequence of matrix products. *Communications of the ACM*, 16(1):22–26, 1973.

[340] Kevin P. Murphy. *Machine Learning: A Probabilistic Perspective*. MIT Press, 2012.

[341] S. Muthukrishnan. Data streams: Algorithms and applications. *Foundations and Trends in Theoretical Computer Science*, 1(2), 2005.

[342] Richard Neapolitan. *Foundations of Algorithms*. Jones & Bartlett Learning, fifth edition, 2014.

[343] Yurii Nesterov. *Introductory Lectures on Convex Optimization: A Basic Course, volume 87 of Applied Optimization*. Springer, 2004.

[344] J. Nievergelt and E. M. Reingold. Binary search trees of bounded balance. *SIAM Journal on Computing*, 2(1):33–43, 1973.

[345] Ivan Niven and Herbert S. Zuckerman. *An Introduction to the Theory of Numbers*. John Wiley & Sons, fourth edition, 1980.

[346] National Institute of Standards and Technology. Hash functions. https://csrc.nist.gov/projects/hash-functions, 2019.

[347] Alan V. Oppenheim and Ronald W. Schafer, with John R. Buck. *Discrete-Time Signal Processing*. Prentice Hall, second edition, 1998.

[348] Alan V. Oppenheim and Alan S. Willsky, with S. Hamid Nawab. *Signals and Systems*. Prentice Hall, second edition, 1997.

[349] James B. Orlin. A polynomial time primal network simplex algorithm for minimum cost flows. *Mathematical Programming*, 78(1):109–129, 1997.

[350] James B. Orlin. Max flows in $O(nm)$ time, or better. In *Proceedings of the 45th Annual ACM Symposium on Theory of Computing*, pages 765–774, 2013.

[351] Anna Pagh, Rasmus Pagh, and Milan Ruzic. Linear probing with constant independence. https://arxiv.org/abs/cs/0612055, 2006.

[352] Christos H. Papadimitriou. *Computational Complexity*. Addison-Wesley, 1994.

[353] Christos H. Papadimitriou and Kenneth Steiglitz. *Combinatorial Optimization: Algorithms and Complexity*. Prentice Hall, 1982.

[354] Michael S. Paterson. Progress in selection. In *Proceedings of the Fifth Scandinavian Workshop on Algorithm Theory*, pages 368–379, 1996.

[355] Seth Pettie. A new approach to all-pairs shortest paths on real-weighted graphs. *Theoretical Computer Science*, 312(1):47–74, 2004.

[356] Seth Pettie and Vijaya Ramachandran. An optimal minimum spanning tree algorithm. *Journal of the ACM*, 49(1):16–34, 2002.

[357] Seth Pettie and Vijaya Ramachandran. A shortest path algorithm for real-weighted undirected graphs. *SIAM Journal on Computing*, 34(6):1398–1431, 2005.

[358] Steven Phillips and Jeffery Westbrook. Online load balancing and network flow. *Algorithmica*, 21(3):245–261, 1998.

[359] Serge A. Plotkin, David. B. Shmoys, and Éva Tardos. Fast approximation algorithms for fractional packing and covering problems. *Mathematics of Operations Research*, 20:257–301, 1995.

[360] J.M. Pollard. Factoring with cubic integers. In A. K. Lenstra and H.W. Lenstra, Jr., editors, *The Development of the Number Field Sieve*, volume 1554 of Lecture Notes in Mathematics, pages 4–10. Springer, 1993.

[361] Carl Pomerance. On the distribution of pseudoprimes. *Mathematics of Computation*, 37(156):587–593, 1981.

[362] Carl Pomerance, editor. *Proceedings of the AMS Symposia in Applied Mathematics: Computational Number Theory and Cryptography*. American Mathematical Society, 1990.

[363] William K. Pratt. *Digital Image Processing*. John Wiley & Sons, fourth edition, 2007.

[364] Franco P. Preparata and Michael Ian Shamos. *Computational Geometry: An Introduction*. Springer, 1985.

[365] William H. Press, Saul A. Teukolsky, William T. Vetterling, and Brian P. Flannery. *Numerical Recipes in C++: The Art of Scientific Computing*. Cambridge University Press, second edition, 2002.

[366] William H. Press, Saul A. Teukolsky, William T. Vetterling, and Brian P. Flannery. *Numerical Recipes: The Art of Scientific Computing*. Cambridge University Press, third edition, 2007.

[367] R. C. Prim. Shortest connection networks and some generalizations. *Bell System Technical Journal*, 36(6):1389–1401, 1957.

[368] Robert L. Probert. On the additive complexity of matrix multiplication. *SIAM Journal on Computing*, 5(2):187–203, 1976.

[369] William Pugh. Skip lists: A probabilistic alternative to balanced trees. *Communications of the ACM*, 33(6):668–676, 1990.

[370] Simon J. Puglisi, W. F. Smyth, and Andrew H. Turpin. A taxonomy of suffix array construction algorithms. *ACM Computing Surveys*, 39(2), 2007.

[371] Paul W. Purdom, Jr. and Cynthia A. Brown. *The Analysis of Algorithms*. Holt, Rinehart, and Winston, 1985.

[372] Michael O. Rabin. Probabilistic algorithms. In J. F. Traub, editor, *Algorithms and Complexity: New Directions and Recent Results*, pages 21–39. Academic Press, 1976.

[373] Michael O. Rabin. Probabilistic algorithm for testing primality. *Journal of Number Theory*, 12(1):128–138, 1980.

[374] P. Raghavan and C. D. Thompson. Randomized rounding: A technique for provably good algorithms and algorithmic proofs. *Combinatorica*, 7(4):365–374, 1987.

[375] Rajeev Raman. Recent results on the single-source shortest paths problem. *SIGACT News*, 28(2):81–87, 1997.

[376] James Reinders. *Intel Threading Building Blocks: Outfitting C++ for Multi-core Processor Parallelism*. O'Reilly Media, Inc., 2007.

[377] Edward M. Reingold, Kenneth J. Urban, and David Gries. K-M-P string matching revisited. *Information Processing Letters*, 64(5):217–223, 1997.

[378] Hans Riesel. *Prime Numbers and Computer Methods for Factorization, volume 126 of Progress in Mathematics*. Birkhäuser, second edition, 1994.

[379] Ronald L. Rivest, M. J. B. Robshaw, R. Sidney, and Y. L. Yin. The RC6 block cipher. In *First Advanced Encryption Standard (AES) Conference*, 1998.

[380] Ronald L. Rivest, Adi Shamir, and Leonard M. Adleman. A method for obtaining digital signatures and public-key cryptosystems. *Communications of the ACM*, 21(2):120–126, 1978. See also U.S. Patent 4,405,829.

[381] Herbert Robbins. A remark on Stirling's formula. *American Mathematical Monthly*, 62(1):26–29, 1955.

[382] Julia Robinson. An iterative method of solving a game. *The Annals of Mathematics*, 54(2):296–301, 1951.

[383] Arch D. Robison and Charles E. Leiserson. Cilk Plus. In Pavan Balaji, editor, *Programming Models for Parallel Computing*, chapter 13, pages 323–352. The MIT Press, 2015.

[384] D. J. Rosenkrantz, R. E. Stearns, and P. M. Lewis. An analysis of several heuristics for the traveling salesman problem. *SIAM Journal on Computing*, 6(3):563–581, 1977.

[385] Tim Roughgarden. *Algorithms Illuminated, Part 1: The Basics. Soundlikeyourself Publishing*, 2017.

[386] Tim Roughgarden. *Algorithms Illuminated, Part 2: Graph Algorithms and Data Structures*. Soundlikeyourself Publishing, 2018.

[387] Tim Roughgarden. *Algorithms Illuminated, Part 3: Greedy Algorithms and Dynamic Programming*. Soundlikeyourself Publishing, 2019.

[388] Tim Roughgarden. *Algorithms Illuminated, Part 4: Algorithms for NP-Hard Problems*. Soundlikeyourself Publishing, 2020.

[389] Salvador Roura. Improved master theorems for divide-and-conquer recurrences. *Journal of the ACM*, 48(2):170–205, 2001.

[390] Y. A. Rozanov. *Probability Theory: A Concise Course*. Dover, 1969.

[391] Stuart Russell and Peter Norvig. *Artificial Intelligence: A Modern Approach*. Pearson, fourth edition, 2020.

[392] S. Sahni and T. Gonzalez. P-complete approximation problems. *Journal of the ACM*, 23(3):555–565, 1976.

[393] Peter Sanders, Kurt Mehlhorn, Martin Dietzfelbinger, and Roman Dementiev. *Sequential and Parallel Algorithms and Data Structures: The Basic Toolkit*. Springer, 2019.

[394] Piotr Sankowski. Shortest paths in matrix multiplication time. In *Proceedings of the 13th Annual European Symposium on Algorithms*, pages 770–778, 2005.

[395] Russel Schaffer and Robert Sedgewick. The analysis of heapsort. *Journal of Algorithms*, 15(1):76–100, 1993.

[396] Tao B. Schardl, I-Ting Angelina Lee, and Charles E. Leiserson. Brief announcement: Open Cilk. In *Proceedings of the 30th Annual ACM Symposium on Parallelism in Algorithms and Architectures*, pages 351–353, 2018.

[397] A. Schönhage, M. Paterson, and N. Pippenger. Finding the median. *Journal of Computer and System Sciences*, 13(2):184–199, 1976.

[398] Alexander Schrijver. *Theory of Linear and Integer Programming*. John Wiley & Sons, 1986.

[399] Alexander Schrijver. Paths and flows—A historical survey. *CWI Quarterly*, 6(3):169–183, 1993.

[400] Alexander Schrijver. On the history of the shortest paths problem. *Documenta Mathematica*, 17(1):155–167, 2012.

[401] Robert Sedgewick. Implementing quicksort programs. *Communications of the ACM*, 21(10):847–857, 1978.

[402] Robert Sedgewick and Kevin Wayne. *Algorithms*. Addison-Wesley, fourth edition, 2011.

[403] Raimund Seidel. On the all-pairs-shortest-path problem in unweighted undirected graphs. *Journal of Computer and System Sciences*, 51(3):400–403, 1995.

[404] Raimund Seidel and C. R. Aragon. Randomized search trees. *Algorithmica*, 16(4–5):464–497, 1996.

[405] João Setubal and João Meidanis. *Introduction to Computational Molecular Biology*. PWS Publishing Company, 1997.

[406] Clifford A. Shaffer. *A Practical Introduction to Data Structures and Algorithm Analysis*. Prentice Hall, second edition, 2001.

[407] Jeffrey Shallit. Origins of the analysis of the Euclidean algorithm. *Historia Mathematica*, 21(4):401–419, 1994.

[408] M. Sharir. A strong-connectivity algorithm and its applications in data flow analysis. *Computers and Mathematics with Applications*, 7(1):67–72, 1981.

[409] David B. Shmoys. Computing near-optimal solutions to combinatorial optimization problems. In William Cook, László Lovász, and Paul Seymour, editors, *Combinatorial Optimization*, volume 20 of *DIMACS Series in Discrete Mathematics and Theoretical Computer Science*. American Mathematical Society, 1995.

[410] Avi Shoshan and Uri Zwick. All pairs shortest paths in undirected graphs with integer weights. In *Proceedings of the 40th Annual Symposium on Foundations of Computer Science*, pages 605–614, 1999.

[411] Victor Shoup. *A Computational Introduction to Number Theory and Algebra*. Cambridge University Press, second edition, 2009.

[412] Julian Shun. *Shared-Memory Parallelism Can Be Simple*, Fast, and Scalable. Association for Computing Machinery and Morgan & Claypool, 2017.

[413] Michael Sipser. *Introduction to the Theory of Computation*. Cengage Learning, third edition, 2013.

[414] Steven S. Skiena. *The Algorithm Design Manual*. Springer, second edition, corrected printing, 2012.

[415] Daniel D. Sleator and Robert E. Tarjan. A data structure for dynamic trees. *Journal of Computer and System Sciences*, 26(3):362–391, 1983.

[416] Daniel D. Sleator and Robert E. Tarjan. Amortized efficiency of list update rules. In *Proceedings of the Sixteenth Annual ACMSymposium on Theory of Computing*, pages 488–492, 1984.

[417] Daniel D. Sleator and Robert E. Tarjan. Amortized efficiency of list update and paging rules. *Communications of the ACM*, 28(2):202–208, 1985.

[418] Daniel D. Sleator and Robert E. Tarjan. Self-adjusting binary search trees. *Journal of the ACM*, 32(3):652–686, 1985.

[419] Michael Soltys-Kulinicz. *An Introduction to the Analysis of Algorithms*. World Scientific, third edition, 2018.

[420] Joel Spencer. *Ten Lectures on the Probabilistic Method*, volume 64 of *CBMS-NSF Regional Conference Series in AppliedMathematics*. Society for Industrial and AppliedMathematics, 1993.

[421] Daniel A. Spielman and Shang-Hua Teng. Smoothed analysis of algorithms: Why the simplex algorithm usually takes polynomial time. *Journal of the ACM*, 51(3):385–463, 2004.

[422] Gilbert Strang. *Introduction to Applied Mathematics*. Wellesley-Cambridge Press, 1986.

[423] Gilbert Strang. *Linear Algebra and Its Applications*. Thomson Brooks/Cole, fourth edition, 2006.

[424] Volker Strassen. Gaussian elimination is not optimal. *Numerische Mathematik*, 14(3):354–356, 1969.

[425] T. G. Szymanski. A special case of the maximal common subsequence problem. Technical Report TR-170, Computer Science Laboratory, Princeton University, 1975.

[426] Robert E. Tarjan. Depth first search and linear graph algorithms. *SIAM Journal on Computing*, 1(2):146–160, 1972.

[427] Robert E. Tarjan. Efficiency of a good but not linear set union algorithm. *Journal of the ACM*, 22(2):215–225, 1975.

[428] Robert E. Tarjan. A class of algorithms which require nonlinear time to maintain disjoint sets. *Journal of Computer and System Sciences*, 18(2):110–127, 1979.

[429] Robert E. Tarjan. *Data Structures and Network Algorithms*. Society for Industrial and Applied Mathematics, 1983.

[430] Robert E. Tarjan. Amortized computational complexity. *SIAM Journal on Algebraic and Discrete Methods*, 6(2):306–318, 1985.

[431] Robert E. Tarjan. Class notes: Disjoint set union. COS 423, Princeton University, 1999. Available at https://www.cs.princeton.edu/courses/archive/spr00/cs423/handout3.pdf.

[432] Robert E. Tarjan and Jan van Leeuwen. Worst-case analysis of set union algorithms. *Journal of the ACM*, 31(2):245–281, 1984.

[433] George B. Thomas, Jr., Maurice D. Weir, Joel Hass, and Frank R. Giordano. *Thomas' Calculus*. Addison-Wesley, eleventh edition, 2005.

[434] Mikkel Thorup. Faster deterministic sorting and priority queues in linear space. In *Proceedings of the 9th ACM-SIAM Symposium on Discrete Algorithms*, pages 550–555, 1998.

[435] Mikkel Thorup. Undirected single-source shortest paths with positive integer weights in linear time. *Journal of the ACM*, 46(3):362–394, 1999.

[436] Mikkel Thorup. On RAM priority queues. *SIAM Journal on Computing*, 30(1):86–109, 2000.

[437] Mikkel Thorup. High speed hashing for integers and strings. http://arxiv.org/abs/1504. 06804, 2015.

[438] Mikkel Thorup. Linear probing with 5-independent hashing. http://arxiv.org/abs/1509. 04549, 2015.

[439] Richard Tolimieri, Myoung An, and Chao Lu. *Mathematics of Multidimensional Fourier Transform Algorithms*. Springer, second edition, 1997.

[440] P. van Emde Boas. Preserving order in a forest in less than logarithmic time and linear space. *Information Processing Letters*, 6(3):80–82, 1977.

[441] P. van Emde Boas, R. Kaas, and E. Zijlstra. Design and implementation of an efficient priority queue. *Mathematical Systems Theory*, 10(1):99–127, 1976.

[442] Charles Van Loan. *Computational Frameworks for the Fast Fourier Transform*. Society for Industrial and Applied Mathematics, 1992.

[443] Benjamin Van Roy. A short proof of optimality for the MIN cache replacement algorithm. *Information Processing Letters*, 102(2–3):72–73, 2007.

[444] Robert J. Vanderbei. *Linear Programming: Foundations and Extensions*. Kluwer Academic Publishers, 1996.

[445] Virginia Vassilevska Williams. Multiplying matrices faster than Coppersmith-Winograd. In *Proceedings of the 44th Annual ACM Symposium on Theory of Computing*, pages 887–898, 2012.

[446] Vijay V. Vazirani. *Approximation Algorithms*. Springer, 2001.

[447] Rakesh M. Verma. General techniques for analyzing recursive algorithms with applications. *SIAM Journal on Computing*, 26(2):568–581, 1997.

[448] Berthold Vöcking, Helmut Alt, Martin Dietzfelbinger, Rüdiger Reischuk, Christian Scheideler, Heribert Vollmer, and Dorothea Wager, editors. *Algorithms Unplugged*. Springer, 2011.

[449] Antony F. Ware. Fast approximate Fourier transforms for irregularly spaced data. *SIAM Review*, 40(4):838–856, 1998.

[450] Stephen Warshall. A theorem on boolean matrices. *Journal of the ACM*, 9(1):11–12, 1962.

[451] Mark Allen Weiss. *Data Structures and Problem Solving Using C++*. Addison-Wesley, second edition, 2000.

[452] Mark Allen Weiss. *Data Structures and Problem Solving Using Java*. Addison-Wesley, third edition, 2006.

[453] Mark AllenWeiss. *Data Structures and Algorithm Analysis in C++*. Addison-Wesley, third edition, 2007.

[454] Mark Allen Weiss. *Data Structures and Algorithm Analysis in Java*. Addison-Wesley, second edition, 2007.

[455] Herbert S. Wilf. *Algorithms and Complexity*. A K Peters, second edition, 2002.

[456] J. W. J. Williams. Algorithm 232 (HEAPSORT). *Communications of the ACM*, 7(6):347–348, 1964.

[457] Ryan Williams. Faster all-pairs shortest paths via circuit complexity. *SIAM Journal on Computing*, 47(5):1965–1985, 2018.

[458] David P. Williamson. *Network Flow Algorithms*. Cambridge University Press, 2019.

[459] David P. Williamson and David B. Shmoys. *The Design of Approximation Algorithms*. Cambridge University Press, 2011.

[460] Shmuel Winograd. On the algebraic complexity of functions. In *Actes du Congrès International des Mathématiciens*, volume 3, pages 283–288, 1970.

[461] Yifan Xu, I-Ting Angelina Lee, and Kunal Agrawal. Efficient parallel determinacy race detection for two-dimensional dags. In *Proceedings of the 23rd ACM SIGPLAN Symposium on Principles and Practice of Parallel Programming (PPoPP)*, pages 368—380, 2018.

[462] Chee Yap. A real elementary approach to the master recurrence and generalizations. In M. Ogihara and J. Tarui, editors, *Theory and Applications of Models of Computation. TAMC 2011*, volume 6648 of *Lecture Notes in Computer Science*, pages 14–26. Springer, 2011.

[463] Yinyu Ye. *Interior Point Algorithms: Theory and Analysis*. John Wiley & Sons, 1997.

[464] Neal E. Young. Online paging and caching. In *Encyclopedia of Algorithms*, pages 1457–1461. Springer, 2016.

[465] Raphael Yuster and Uri Zwick. Answering distance queries in directed graphs using fast matrix multiplication. In *Proceedings of the 46th Annual Symposium on Foundations of Computer Science*, pages 389–396, 2005.

[466] Jisheng Zhao and Vivek Sarkar. The design and implementation of the Habanero-Java parallel programming language. In *Symposium on Object-Oriented Programming, Systems, Languages and Applications (OOPSLA)*, pages 185—-186, 2011.

[467] Uri Zwick. All pairs shortest paths using bridging sets and rectangular matrix multiplication. *Journal of the ACM*, 49(3):289–317, 2002.

[468] Daniel Zwillinger, editor. *CRC Standard Mathematical Tables and Formulae*. Chapman & Hall/CRC Press, 31st edition, 2003.

Índice Alfabético